D1573825

Kuntze/Ertl/Herrmann/Eickmann
Grundbuchrecht, 5. Auflage

Sammlung Guttentag

Grundbuchrecht
Kommentar
zu Grundbuchordnung und Grundbuchverfügung
einschließlich Wohnungseigentumsgrundbuchverfügung

von

Dr. Joachim Kuntze
Vorsitzender Richter
am Oberlandesgericht Hamm a. D.

Dr. Hans Herrmann
Notar in Memmingen

Dieter Eickmann
Professor an der Fachhochschule
für Verwaltung und Rechtspflege
Berlin

Sigrun Erber-Faller
Geschäftsführerin der
Bundesnotarkammer in Köln
Notarin a. D.

Dr. Jörg Munzig
Notar in Neu-Ulm

Fünfte, neubearbeitete Auflage

W
DE
G

1999
Walter de Gruyter · Berlin · New York

Es haben bearbeitet:

Grundbuchordnung:

Einleitung: Abschn. A−C, J−L: Munzig, E−F, M−P: Herrmann, D, Q−T: Eickmann, G−H: Erber Faller, §§ 1−10, 11−12c, 44−70, 116−125, 143−144: Eickmann, §§ 10a 126−134, 141: Erber-Faller, §§ 13−18, 29−43: Herrmann, §§ 19−28: Munzig, §§ 71−115, §§ 135−142: Kuntze

Grundbuchverfügung:

§§ 1−60, 94−105: Eickmann, §§ 61−93: Erber-Faller
WE-Grundbuchverfügung: Eickmann
Gebäudegrundbuchverfügung: Eickmann

Zitiervorschlag: KEHE-*Kuntze*, GBR 5. Aufl., § 71 Rdn. 35

Die Deutsche Bibliothek − CIP-Einheitsaufnahme

Grundbuchrecht : Kommentar zu Grundbuchordnung und Grundbuchverfügung einschließlich Wohnungseigentumsgrundbuchverfügung / von Joachim Kuntze ... −
5. Aufl. − Berlin ; New York : de Gruyter, 1999
  (Sammlung Guttentag)
  ISBN 3-11-015390-4

© Copyright 1999 by Walter de Gruyter GmbH & Co. KG, D-10785 Berlin

Dieses Werk einschließlich aller seiner Teile ist urheberrechtlich geschützt. Jede Verwertung außerhalb der engen Grenzen des Urheberrechtsgesetzes ist ohne Zustimmung des Verlages unzulässig und strafbar. Das gilt insbesondere für Vervielfältigungen, Übersetzungen, Mikroverfilmungen und die Einspeicherung und Verarbeitung in elektronischen Systemen.
Printed in Germany

Satz: Arthur Collignon GmbH, D-10785 Berlin
Druck und Bindung: Kösel GmbH & Co., D-87409 Kempten

Vorwort zur 5. Auflage

Fast 25 Jahre nach dem erstmaligen Erscheinen dieses Kommentars kann die 5. Auflage vorgelegt werden. Die Zielsetzung, das gesamte Grundbuchverfahrensrecht in einem einzigen Band darzustellen, der für die Praxis bestimmt ist, auf die Entwicklung und Anpassung des Grundbuchrechts an die Bedürfnisse des Grundstückverkehrs Einfluß nehmen will, aber kein Großkommentar sein will, war auch für die Neuauflage maßgebend. Trotz der vielfältigen Veränderungen, die das Grundbuchverfahrensrecht in den letzten Jahren erfahren hat, vor allem durch die Einführung des maschinellen Grundbuchverfahrens, konnte durch Einsparungen an anderen Stellen eine unverhältnismäßige Ausweitung des Umfangs vermieden werden. Die 5. Auflage des Kommentars berücksichtigt Rechtsprechung und Literatur bis Mitte 1998, so daß der Stand vom 1. Juli 1998 erreicht wird; Gesetzgebung ist bis zum 1. 9. 1998 berücksichtigt.

Im Kreis der Bearbeiter sind Veränderungen notwendig geworden. Herr Notar a. D. Rudolf Ertl, der Mitbegründer und Initiator des Werkes, konnte aus Altersgründen seine Mitarbeit nicht weiter fortsetzen. Er hat wesentliche Teile des Kommentars entscheidend mitgestaltet; außerdem hat er – ohne daß dies besonders geregelt war – kraft seiner Kenntnisse und Fähigkeiten die Arbeiten vorangetrieben, koordiniert und zu einem einheitlichen Ganzen zusammengeführt. Sein Ausscheiden ist deshalb außerordentlich zu bedauern. Auch Herr Notar Dr. Andreas Albrecht, der in der 4. Auflage bei der Bearbeitung der Gesetzestexte und einiger Abschnitte der Einleitung mitgewirkt hatte, hat aus beruflichen Gründen eine weitere Mitarbeit ablehnen müssen. Neu in den Autorenkreis sind Frau Notarin a. D. Sigrun Erber-Faller und Herr Notar Dr. Jörg Munzig eingetreten. Frau Erber-Faller ist Geschäftsführerin der Bundesnotarkammer und hat in dieser Eigenschaft im Rahmen des Projekts „Elektronischer Rechtsverkehr" sowohl die Fragen der zivilrechtlichen Form als auch der prozeßrechtlichen Beweiswirkung des digitalen Dokuments und außerdem die Fragen des EDV-Einsatzes im Notariat zu betreuen. Herr Dr. Munzig ist Notar in Neu-Ulm und hat seine Kenntnisse und Erfahrungen aus dieser Tätigkeit einbringen können. Die neu hinzugekommenen Autoren haben im wesentlichen die bisher von Herrn Notar a. D. Ertl bearbeiteten Teile und die neu in die GBO und die Grundbuchverfügung – GBV – eingefügten Vorschriften übernommen.

Das Grundbuchverfahrensrecht hat seit Erscheinen der Vorauflage wesentliche Veränderungen erfahren. Das Registerverfahrensbeschleunigungsgesetz – RegVBG – vom 20. 12. 1993 (BGBl. I 2182) hat eine Reihe von Vorschriften der GBO und der GBV geändert und vor allem die §§ 126 bis 134 in die GBO und die §§ 61 bis 93 in die GBV über das maschinell geführte Grundbuch eingefügt. Durch die Neukommentierung dieser Bestimmungen ist das Werk um eine rechtspolitische Dimension erweitert worden. Die neuen Vorschriften schaffen die Rechtsgrundlage für einen Einstieg der Freiwilligen Gerichtsbarkeit in das Informationszeitalter. Mit § 75 BGV ist im deutschen Recht die erste Bestimmung überhaupt geschaffen worden, die die sogenannte elektronische Unterschrift als Mittel zur Sicherung digitaler Dokumente einsetzt. Da Frau Erber-Faller an dem Projekt „Elektronischer Rechtsverkehr" mitgewirkt hat und hierbei die elektronische Kommunikation zwischen Grundbuchamt und Notaren sowie weiteren an der Abwicklung von Vorgängen beteiligten Kommunikationspartnern Gegenstand einer besonderen Untersuchung war, war sie in fachlicher Hinsicht in besonderer Weise für die Kommentierung der einschlägigen Vorschriften berufen. Sie hat auch die Erläuterung aller weiteren Bestimmungen, die mit dem maschinellen Grundbuchverfahren in Zusammenhang stehen, übernommen, so z. B. der §§ 10 a, 141 Abs. 2 und 3 GBO. Die übrigen in die GBO vom RegVBG eingefügten neuen Vorschriften, die §§ 6 a, 10 a,

12 a bis 12 c, 55 a, 116 bis 125, 143, 144 sind von Herrn Professor Dieter Eickmann erstmalig kommentiert worden. Auch die übrigen Änderungen der GBO und der GBV sind von den jeweiligen Bearbeitern in ihren Bereichen behandelt worden. Der Einfluß des Grundbuchbereinigungsgesetzes (Unterabschnitt 1 Art. 2 RegVBG) auf das Grundbuchverfahrensrecht hat in der Weise Berücksichtigung gefunden, daß die Vorschriften dieses Gesetzes an den Stellen eingearbeitet worden sind, an denen sie eine Rolle spielen, so z. B. § 5 Abs. 3 im Rahmen von § 84 Rdn. 6 oder § 14 im Rahmen von § 82 Rdn. 27 ff.

Der Abschnitt „Besonderheiten in den neuen Bundesländern" (Anhang IV der 4. Auflage) ist entfallen. Die Vorschriften, die für das Grundbuchverfahren in den neuen Bundesländern von Bedeutung sind, sind an den Stellen eingearbeitet worden, zu denen sie thematisch gehören, so z. B. in der Einleitung das Gebäudeeigentum unter Abschnitt D, das Mitbenutzungsrecht unter Abschnitt O und die Aufbauhypothek unter Abschnitt S. Dasselbe gilt für das Sachenrechtsbereinigungsgesetz, so z. B. dessen § 78 im Rahmen von § 82 Rdn. 23 ff. Außerdem hat Herr Professor Eickmann die Gebäudegrundbuchverfügung erstmals kommentiert. Angemerkt sei schließlich noch, daß der Entwurf eines Immobilienrechts-Bereinigungsgesetzes (vgl. ZflR 1998, 241) keine Erwähnung gefunden hat, weil es sich bisher nur um einen Referentenentwurf handelt.

Im übrigen sind die Erläuterungen an allen Stellen überarbeitet und auf den neuesten Stand gebracht worden; neue, in der Vorauflage nicht oder nicht ausreichend erkannte Probleme haben eine ausführliche Darstellung erfahren. Auch das 3. Gesetz zur Änderung des Rechtspflegergesetzes und anderer Gesetze vom 6. 8. 1998 (BGBl. I 2030) konnte noch eingearbeitet werden. Um Raum für die umfangreicher gewordene Kommentierung zu schaffen, haben wir weitgehend auf die Wiedergabe von Gesetzestexten verzichtet. Es sind nur noch die Grundbuchverfügung, die Verfügung über die grundbuchmäßige Behandlung der Wohnungseigentumssachen, die Gebäudegrundbuchverfügung, das Grundbuchbereinigungsgesetz und das Grundbuchmaßnahmengesetz abgedruckt worden. Auch das Verzeichnis der Gesetzesfundstellen ist entfallen. Schließlich hat sich auch das äußere Bild des Kommentars verändert. Er hat nicht nur ein etwas größeres Format erhalten, sondern auch die bisher im Text in Klammern befindlichen Zitate von Rechtsprechung und Literatur sind in Fußnoten umgewandelt worden. Außerdem haben Eigennamen zur besseren Kenntlichkeit einen Kursivdruck erhalten.

Hinweise und Kritik, die uns in dem Bestreben nach einer ständigen Verbesserung des Werkes unterstützen, nehmen wir dankbar entgegen.

Hamm, Memmingen, Berlin, Neu-Ulm, Köln

im März 1999

Die Verfasser

Aus dem Vorwort zur 1. Auflage

Mit dem vorliegenden Werk haben wir uns die Aufgabe gestellt, einen Praktikerkommentar des gesamten Grundbuchverfahrensrechts in einem einzigen Band zu verfassen, der mehr als ein Kurzkommentar bieten, aber kein Großkommentar sein will. Diese Zielsetzung ist richtungsweisend für die grundsätzlichen Überlegungen, die für die Gestaltung unseres Kommentars entscheidend waren:

1. Wir führen die noch nicht in Vergessenheit geratene verfahrensrechtliche Tradition des Grundbuchkommentars von Hesse-Saage-Fischer fort, der zuletzt 1957 in seiner 4. Auflage erschienen ist und zu dessen Neuauflage sich leider keiner seiner Bearbeiter entschließen konnte.

2. Wir kommentieren das gesamte Grundbuchrecht, also nicht nur die Grundbuchordnung, sondern auch die Grundbuch-Verfügung und Wohnungseigentums-Grundbuch-Verfügung, und versuchen, seine Problematik durch Fälle aus der Praxis verständlich und durch Formulierungsvorschläge für Grundbucheintragungen anschaulich zu machen. Dabei beschränken wir uns auf das für das Grundbuch bundeseinheitlich geregelte Verfahrensrecht. Die Aufnahme des Landesrechts würde den Rahmen dieses Buches sprengen.

3. Für die Behandlung des Verfahrensrechts suchen wir zuerst nach einer verfahrensrechtlichen Lösung und greifen nur dann und nur analog auf das materielle Recht zurück, wenn wir keinen rechtlich fundierten und praktisch gangbaren verfahrensrechtlichen Weg gefunden haben. Dabei geraten wir in Einzelfragen in einen Gegensatz zur Rechtsprechung, der in einem für die Praxis bestimmten Kommentar nicht immer als wünschenswert erscheinen mag. Trotzdem sind wir der Überzeugung, daß die geistige Auseinandersetzung zwischen Rechtsprechung und Schrifttum unser Recht lebendig hält, für das immer mehr in den Trubel der täglichen Routinearbeit geratende Grundbuchverfahren nützlich und für seine durch ständig neue Probleme bedingte Weiterentwicklung notwendig ist.

4. Das Grundbuchverfahren weist seiner Natur nach vielfältige Berührungs- und Schnittpunkte mit anderen Rechtsgebieten auf: mit dem materiellen Grundstücksrecht, dem öffentlichen Bodenrecht und dem allgemeinen Verfahrensrecht. Sie lassen sich auch aus einem Verfahrenskommentar nicht völlig ausklammern. Wir behandeln sie in dem Umfang, der uns für die praktische Handhabung des Verfahrens nützlich erscheint. Unser Buch ist aber kein Ersatz für die übrige Literatur, die der Grundbuchpraktiker für seine tägliche Arbeit braucht und auf die er durch Zitate hingewiesen wird.

5. Trotz seines über einen Kurzkommentar hinausgehenden Inhalts umfaßt unser Kommentar zur Erhaltung der Übersichtlichkeit und Handlichkeit nur einen einzigen Band.

6. Alle Bearbeiter stehen in der Praxis und haben ihre Erfahrungen im Grundbuchrecht in ihrer beruflichen Praxis erworben:
Herr Dr. Kuntze als Richter in einem nur für Verfahren der freiwilligen Gerichtsbarkeit zuständigen Senat des OLG Hamm und als Mitglied der vom Bundesjustizministerium zur Reform des Rechts der freiwilligen Gerichtsbarkeit eingesetzten Kommission,
die Herren Ertl und Dr. Herrmann als Notare, die sich überwiegend mit dem Grundstücksrecht befassen und mit dessen rechtlichen und wirtschaftlichen Problemen in Stadt und Land vertraut sind,
Herr Eickmann als Rechtspfleger mit einer jahrelangen Praxis am Grundbuchamt und Vollstreckungsgericht des Amtsgerichts München, als Lehrer an einer Rechtspflegerschule und als Bearbeiter eines Kommentars zum Rechtspflegergesetz und Handbuchs für Rechtspfleger.

Aus dem Vorwort zur 1. Auflage

7. Die Auswertung eigener praktischer Erfahrungen aller Bearbeiter aus der Sicht des Richters, Notars und Rechtspflegers ermöglicht eine umfassende Behandlung der Probleme, vor die sich die tägliche Praxis gestellt sieht. In Fragen von grundsätzlicher Bedeutung vertreten wir einen gemeinsamen Standpunkt. Die Sorge für die äußere Einheitlichkeit des Kommentars und für die Einhaltung des Zeitplanes hat uns Herr Dr. Hassenpflug vom Verlag de Gruyter neben seiner verlegerischen Tätigkeit in dankenswerter Weise abgenommen.

Wir hoffen, den Grundbuchpraktikern, zu denen wir selbst gehören, aber auch all denen, die sich in das Grundbuchverfahren einarbeiten wollen oder nur am Rande ihres Berufes oder Studiums mit ihm befassen nüssen, ein Buch an die Hand geben zu können, dessen sie sich gerne und mit Erfolg bedienen. Kritik, Anregungen und Hinweise werden wir dankbar aufnehmen und sorgfältig prüfen in dem Bestreben, dieses Werk ständig zu verbessern, den Bedürfnissen der Praxis und der Wissenschaft anzupassen und dem Recht zu dienen.

Hamm, Kempten, Memmingen, München
Im Januar 1974

Die Verfasser

Aus dem Vorwort zur 2. Auflage

Der starke Anklang, den unser Kommentar in der Praxis, Rechtsprechung, Literatur und Wissenschaft gefunden hat, ist ein Zeichen dafür, daß wir mit den im Vorwort zur 1. Auflage aufgezeigten Zielen den richtigen Weg beschritten haben. Wir haben deshalb die 2. Auflage in erster Linie wieder für die Praxis, aber auch für die Wissenschaft geschrieben. Die Praktiker wollen wir davon überzeugen, daß sie nur dann Zufallsentscheidungen vermeiden und das Recht verwirklichen können, wenn das Grundbuchverfahren auf dem Boden wissenschaftlich gesicherter Erkenntnisse nach rechtsstaatlichen Grundsätzen durchgeführt wird. Die in der Wissenschaft und Gesetzgebung tätigen Juristen sollen erkennen, daß das Grundbuchrecht als Zweckmäßigkeitsrecht nicht immer mit dem Idealrecht übereinstimmen kann, wenn es das Leben, das sich täglich in Tausenden von Grundbuchverfahren widerspiegelt, sinnvoll gestalten soll. Allen, die mit dem Grundbuch arbeiten, wollen wir ein Buch an die Hand geben, in dem sie zu den kleinen Zweifelsfragen und den großen Problemen des Grundbuchrechts neben den verschiedenen in der Rechtsprechung und Literatur vertretenen Meinungen unseren Standpunkt mit einer möglichst überzeugenden Begründung und einer praktisch brauchbaren Lösung finden.

Deshalb haben wir die der Kommentierung vorangestellte Einleitung den praktischen und wissenschaftlichen Bedürfnissen entsprechend erweitert. In ihrem 1. Teil behandeln wir Grundsatzfragen des materiellen Grundstücksrechts und formellen Grundbuchrechts zum besseren Verständnis dieser beiden Rechtsgebiete. Im 2. Teil haben wir die Fragen der Eintragungsfähigkeit der einzelnen Rechte und Vermerke zusammengefaßt, die in zahllosen Gesetzen verstreut geregelt sind. Ein Kommentar des Grundbuchverfahrens kann zwar die außerhalb der Grundbuchordnung bestehenden Gesetze nicht erschöpfend behandeln. Der Benutzer unseres Buches soll aber von uns den Überblick über die einschlägigen Vorschriften, Entscheidungen und Meinungen erhalten, den er für die Prüfung der Eintragungsfähigkeit braucht.

Hamm, Kempten, Memmingen, München

Im Januar 1979

Die Verfasser

Inhaltsverzeichnis

Vorwort zur 5. Auflage V
Weitere Vorworte... VII
Abkürzungsverzeichnis.................................... XXI
Literaturverzeichnis...................................... XXVII

Gesetzestexte

I. Verordnung zur Durchführung der Grundbuchordnung 1
II. Grundbuchbereinigungsgesetz 29
III. Verordnung über die Anlegung und Führung von Gebäudegrundbüchern (Gebäudegrundbuchverfügung) 37
IV. Verordnung über die Anlegung und Führung der Wohnungs- und Teileigentumsgrundbücher (Wohnungsgrundbuchverfügung) 44
V. Gesetz über Maßnahmen auf dem Gebiete des Grundbuchwesens 47

Kommentar

I. Grundbuchordnung

Einleitung 55
Systematische Übersicht.................................. 55
Alphabetische Übersicht 56
Grundlagen des Grundstücks- und Grundbuchrechts (Abschnitte A–C) 60
  A. Bedeutung des Grundbuchs und Grundbuchrechts (Munzig) 60
  B. Rechtsgrundlagen der Eintragungsfähigkeit (Munzig) 76
  C. Pflichten des Grundbuchamts im Eintragungsverfahren (Munzig) 92
Eintragungsfähigkeit der einzelnen Rechte und Vermerke (Abschnitte D–T) 115
Vorbemerkung (Eickmann)................................. 115
  D. Eigentum an Grundstücken und rechtlich selbständigen Gebäuden (Eickmann) 116
  E. Wohnungs- und Teileigentum (Herrmann) 125
  F. Erbbaurecht und Wohnungserbbaurecht (Herrmann) 152
  G. Vormerkungen (§ 883 BGB) (Erber-Faller) 171
  H. Widersprüche (§ 899 BGB) (Erber-Faller) 184
  J. Verfügungsbeschränkungen und Vermerke sonstiger Art (Munzig) 187
  K. Vorkaufsrechte und Wiederkaufsrechte (Munzig) 199
  L. Rechtslage zwischen Auflassung und Eintragung (Munzig) 207
  M. Der Nießbrauch (Herrmann) 224
  N. Dienstbarkeiten (Herrmann) 229
  O. Dauerwohn- und Dauernutzungsrecht, Sondernutzungsrecht (Herrmann) 251
  P. Sonstige Nutzungsrechte (Herrmann) 256
  Q. Reallast und ähnliche Rechte (Eickmann) 257
  R. Hypothek (Eickmann) 261
  S. Grundschuld (Eickmann) 267
  T. Eintragungen bei Grundpfandrechten (Eickmann) 271

Erster Abschnitt
Allgemeine Vorschriften

Vorbemerkungen (Eickmann) 273
§ 1   Grundbuchämter; Sachl. u. örtl. Zuständigkeit (Eickmann) 273

§ 2	Grundbuchbezirke; Bezeichnung der Grundstücke; Abschreibung von Grundstücksteilen (Eickmann)	287
§ 3	Grundbuchblatt (Realfolium); buchungsfreie Grundstücke; Buchung von Miteigentumsanteilen (Eickmann)	292
§ 4	Zusammenschreibung (Eickmann)	298
§ 5	Vereinigung (Eickmann)	300
§ 6	Zuschreibung (Eickmann)	307
§ 6 a	Eintragung eines Erbbaurechts (Eickmann)	312
§ 7	Belastung eines Grundstücksteils (Eickmann)	313
§ 8	Alte Erbbaurechte (Eickmann)	322
§ 9	Subjektiv-dingliche Rechte (Eickmann)	324
§ 10	Aufbewahrung von Urkunden (Eickmann)	327
§ 10 a	Aufbewahrung auf Datenträgern; Nachweis der Übereinstimmung (Erber-Faller)	331
§ 11	Mitwirkung gesetzlich ausgeschlossener Grundbuchbeamter (Eickmann)	335
§ 12	Grundbucheinsicht; Abschriften (Eickmann)	338
§ 12 a	Verzeichnisse des Grundbuchamtes (Eickmann)	345
§ 12 b	Einsicht in nicht vom GBA aufbewahrte Grundbücher und Grundakten (Eickmann)	348
§ 12 c	Zuständigkeiten des Urkundsbeamten der Geschäftsstelle (Eickmann)	349

Zweiter Abschnitt
Eintragungen in das Grundbuch

Vorbemerkungen (Herrmann)		352
§ 13	Antrag (Herrmann)	352
§ 14	Erweiterung des Antragsrechts bei Berichtigung (Herrmann)	370
§ 15	Antragsrecht des Notars (Herrmann)	374
§ 16	Antrag unter Vorbehalt (Herrmann)	385
§ 17	Reihenfolge der Antragserledigung (Herrmann)	391
§ 18	Eintragungshindernisse, Zwischenverfügung (Herrmann)	396
§ 19	Eintragungsbewilligung (Munzig)	419
§ 20	Nachweis der Einigung (Munzig)	497
§ 21	Wegfall der Bewilligung mittelbar Betroffener (Munzig)	567
§ 22	Berichtigung des Grundbuchs (Munzig)	570
§ 23	Löschung auf Lebenszeit beschränkter Rechte (Munzig)	591
§ 24	Löschung zeitlich beschränkter Rechte (Munzig)	600
§ 25	Löschung von Vormerkungen und Widersprüchen (Munzig)	604
§ 26	Abtretung und Belastung von Grundpfandrechten (Munzig)	609
§ 27	Löschung von Grundpfandrechten (Munzig)	620
§ 28	Bezeichnung des Grundstücks und des Geldbetrages (Munzig)	630
§ 29	Nachweis der Eintragungsgrundlagen (Herrmann)	645
§ 29 a	Glaubhaftmachung bei Löschungsvormerkung (Herrmann)	682
§ 30	Form des Antrags und der Vollmacht dazu (Herrmann)	684
§ 31	Form der Antragsrücknahme und des Vollmachtswiderrufs (Herrmann)	686
§ 32	Nachweis der Vertretungsberechtigung bei Handelsgesellschaften (Herrmann)	691
§ 33	Nachweis des Güterrechts (Herrmann)	696
§ 34	Bezugnahme auf Register (Herrmann)	700
§ 35	Nachweis der Erbfolge (Herrmann)	702
§ 36	Zeugnis über Auseinandersetzung eines Nachlasses oder Gesamtgutes (Herrmann)	719
§ 37	Ausdehnung des § 36 auf Grundpfandrechte (Herrmann)	724
§ 38	Eintragung auf Ersuchen von Behörden (Herrmann)	725
§ 39	Voreintragung des Betroffenen (Herrmann)	739
§ 40	Ausnahmen vom Voreintragungszwang (Herrmann)	748

Inhaltsverzeichnis

§ 41	Vorlegung des Hypothekenbriefs (Herrmann)	754
§ 42	Vorlegung des Grundschuld- oder Rentenschuldbriefs (Herrmann)	760
§ 43	Vorlegung bei Hypothek für Inhaber- oder Orderpapier (Herrmann)	763
§ 44	Inhalt und Form der Eintragung (Eickmann)	765
§ 45	Grundbuchmäßige Darstellung des Ranges (Eickmann)	770
§ 46	Löschung (Eickmann)	782
§ 47	Gemeinschaftliche Eintragung (Eickmann)	785
§ 48	Mitbelastung (Eickmann)	792
§ 49	Eintragung von Altenteilen (Eickmann)	798
§ 50	Hypothek für Teilschuldverschreibungen auf den Inhaber (Eickmann)	801
§ 51	Eintragung des Nacherben (Eickmann)	802
§ 52	Eintragung der Testamentsvollstreckung (Eickmann)	813
§ 53	Amtswiderspruch und Löschung von Amts wegen (Eickmann)	818
§ 54	Öffentliche Lasten (Eickmann)	825
§ 55	Bekanntmachung der Eintragungen (Eickmann)	827
§ 55 a	Mitteilungen an ein anderes GBA (Eickmann)	831
§ 55 b	Mitteilungen aufgrund von Rechtsvorschriften (Eickmann)	832

Dritter Abschnitt
Hypotheken-, Grundschuld-, Rentenschuldbrief

Vorbemerkung (Eickmann)		833
§ 56	Erteilung und wesentlicher Inhalt des Hypothekenbriefes (Eickmann)	833
§ 57	Nicht wesentlicher Inhalt des Hypothekenbriefes (Eickmann)	834
§ 58	Verbindung mit der Schuldurkunde (Eickmann)	836
§ 59	Gesamthypothekenbrief (Eickmann)	837
§ 60	Aushändigung des Hypothekenbriefes (Eickmann)	838
§ 61	Teilhypothekenbrief (Eickmann)	840
§ 62	Vermerk späterer Eintragungen (Eickmann)	843
§ 63	Nachträgliche Mitbelastung (Eickmann)	845
§ 64	Verteilung einer Gesamthypothek (Eickmann)	846
§ 65	Umwandlung der Hypothek und Forderungsauswechslung (Eickmann)	846
§ 66	Gemeinschaftlicher Hypothekenbrief (Eickmann)	847
§ 67	Erteilung eines neuen Hypothekenbriefs (Eickmann)	849
§ 68	Inhalt des neuen Hypothekenbriefs (Eickmann)	850
§ 69	Unbrauchbarmachung des Hypothekenbriefs (Eickmann)	851
§ 70	Grundschuld- und Rentenschuldbriefe (Eickmann)	852

Vierter Abschnitt
Beschwerde

Vorbemerkungen (Kuntze)		854
§ 71	Zulässigkeit der Beschwerde (Kuntze)	856
§ 72	Beschwerdegericht (Kuntze)	887
§ 73	Einlegung der Beschwerde (Kuntze)	889
§ 74	Neues Vorbringen (Kuntze)	893
§ 75	Abhilfe durch das Grundbuchamt (Kuntze)	896
§ 76	Einstweilige Anordnung; aufschiebende Wirkung (Kuntze)	898
§ 77	Beschwerdeentscheidung (Kuntze)	902
§ 78	Zulässigkeit der weiteren Beschwerde (Kuntze)	912
§ 79	Gericht der weiteren Beschwerde (Kuntze)	922
§ 80	Einlegung der weiteren Beschwerde (Kuntze)	930
§ 81	Ergänzende Vorschriften (Kuntze)	941

Fünfter Abschnitt
Verfahren des Grundbuchamts in besonderen Fällen

Vorbemerkungen (Kuntze) 945

I. Grundbuchberichtigungszwang

§ 82	Verpflichtung zur Antragstellung (Kuntze)	946
§ 82 a	Berichtigung von Amts wegen (Kuntze)	957
§ 83	Mitteilungspflichten des Nachlaßgerichts (Kuntze)	959

II. Löschung gegenstandsloser Eintragungen

§ 84	Begriff der gegenstandslosen Eintragung (Kuntze)	961
§ 85	Einleitung und Durchführung des Verfahrens (Kuntze)	966
§ 86	Anregung des Verfahrens durch einen Beteiligten (Kuntze)	967
§ 87	Voraussetzung der Löschung (Kuntze)	968
§ 88	Verfahren (Kuntze)	971
§ 89	Beschwerde gegen den Feststellungsbeschluß (Kuntze)	972

III. Klarstellung der Rangverhältnisse

§ 90	Voraussetzungen (Kuntze)	973
§ 91	Einleitung des Verfahrens (Kuntze)	975
§ 92	Beteiligte (Kuntze)	976
§ 93	Anzeigepflicht des Buchberechtigten (Kuntze)	978
§ 94	Ermittlung des wahren Berechtigten (Kuntze)	978
§ 95	Wechsel der Berechtigten (Kuntze)	979
§ 96	Bestellung eines Pflegers (Kuntze)	980
§ 97	Zustellungsbevollmächtigter (Kuntze)	981
§ 98	Verbot der öffentlichen Zustellung (Kuntze)	982
§ 99	Vorlegung von Urkunden (Kuntze)	982
§ 100	Ladung zum Verhandlungstermin (Kuntze)	983
§ 101	Ladungsfrist (Kuntze)	983
§ 102	Verhandlungstermin (Kuntze)	984
§ 103	Vorschlag des Grundbuchamts (Kuntze)	986
§ 104	Widerspruch gegen den Vorschlag (Kuntze)	986
§ 105	Wiedereinsetzung in den vorigen Stand (Kuntze)	987
§ 106	Aussetzung des Verfahrens (Kuntze)	988
§ 107	Fortsetzung des Verfahrens (Kuntze)	989
§ 108	Feststellung der neuen Rangordnung (Kuntze)	989
§ 109	Einstellung des Verfahrens (Kuntze)	991
§ 110	Sofortige Beschwerde (Kuntze)	991
§ 111	Umschreibung des Grundbuchs (Kuntze)	992
§ 112	Neue Rangordnung (Kuntze)	993
§ 113	Löschung des Einleitungsvermerks (Kuntze)	994
§ 114	Kosten des Verfahrens (Kuntze)	994
§ 115	Kosten eines erledigten Rechtsstreites (Kuntze)	995

Sechster Abschnitt
Anlegung von Grundbuchblättern

Vorbemerkungen (Eickmann)		996
§ 116	Anlegung von Amts wegen (Eickmann)	996
§ 117	Auszug aus dem Liegenschaftskataster (Eickmann)	997

Inhaltsverzeichnis

§ 118	Amtsermittlung (Eickmann)	997
§ 119	Aufgebot (Eickmann)	998
§ 120	Inhalt des Aufgebots (Eickmann)	999
§ 121	Bekanntmachung des Aufgebots (Eickmann)	999
§ 122	Bekanntmachung der bevorstehenden Blattanlegung (Eickmann)	1000
§ 123	Eintragung des Eigentümers (Eickmann)	1001
§ 124	Eintragung beschränkter dinglicher Rechte und sonstiger Eigentumsbeschränkungen (Eickmann)	1002
§ 125	Rechtsmittel (Eickmann)	1004

Siebenter Abschnitt
Das maschinell geführte Grundbuch

Vorbemerkung (Erber-Faller)		1005
§ 126	Führung als automatisierte Datei (Erber-Faller)	1006
§ 127	Integration mit dem Liegenschaftskataster (Erber-Faller)	1014
§ 128	Anlegung und Freigabe (Erber-Faller)	1016
§ 129	Wirksamwerden der Eintragung (Erber-Faller)	1019
§ 130	Eintragungsverfügung und Eintragung (Erber-Faller)	1021
§ 131	Ausdrucke (Erber-Faller)	1023
§ 132	Einsicht (Erber-Faller)	1026
§ 133	Automatisiertes Abrufverfahren; Genehmigung (Erber-Faller)	1027
§ 134	Regelung der Einzelheiten (Erber-Faller)	1036

Achter Abschnitt
Übergangs- und Schlußbestimmungen

Vorbemerkung (Kuntze)		1038
§ 135	Inkrafttreten; Verhältnis zu anderen Gesetzen (Kuntze)	1038
§ 136	Vorbehalte für Landesgrundbuchrecht (Kuntze)	1040
§ 137	Vorbehalt für auf Landesrecht beruhende grundstücksgleiche Rechte (Kuntze)	1044
§ 138	Fortführung bisheriger Bücher (Kuntze)	1045
§ 139	Mehrere alte Bücher für ein Grundstück (Kuntze)	1046
§ 140	Bezeichnung der Grundstücke in bisherigen Büchern (Kuntze)	1047
§ 141	Wiederherstellung von Grundbüchern (Kuntze/Erber-Faller)	1047
§ 142	Einsicht in Grundakten (Kuntze)	1051
§ 143	Vorbehalt für Baden-Württemberg (Eickmann)	1051
§ 144	Anwendung der GBO im Beitrittsgebiet (Eickmann)	1052

II. Allgemeine Verfügung über die Einrichtung und Führung des Grundbuchs (Grundbuchverfügung)

Vorbemerkungen (Eickmann)		1057

I. Das Grundbuch
1. Grundbuchbezirke

§ 1	Gemeindebezirke (Eickmann)	1058

2. Die äußere Form des Grundbuchs

§ 2	Grundbuchbände (Eickmann)	1059
§ 3	Nummernfolge (Eickmann)	1061

II. Das Grundbuchblatt

§ 4	Einteilung des Grundbuchblatts (Eickmann)	1062
§ 5	Aufschrift (Eickmann)	1063
§ 6	Bestandsverzeichnis (Eickmann)	1064
§ 7	Subjektiv-dingliche Rechte (Eickmann)	1073
§ 8	Miteigentumsanteile (Eickmann)	1075
§ 9	Abteilung I (Eickmann)	1077
§ 10	Abteilung II (Eickmann)	1080
§ 11	Abteilung III (Eickmann)	1089
§ 12	Vormerkung (Eickmann)	1097

III. Die Eintragungen

	Vorbemerkung (Eickmann)	1098
§ 13	Vereinigung; Zuschreibung; Abschreibung (Eickmann)	1098
§ 14	Veränderung bei subjektiv-dinglichen Rechten; Rötung (Eickmann)	1104
§ 15	Bezeichnung des Berechtigten (Eickmann)	1105
§ 16	Rötung bei Eigentumswechsel (Eickmann)	1109
§ 17	Geldbeträge in Buchstaben; Rötung in Abteilung II und III (Eickmann)	1109
§ 17 a	Entsprechende Anwendung (Eickmann)	1111
§ 18	Rangvermerke (Eickmann)	1112
§ 19	Vormerkung und Widerspruch in Halbspalte (Eickmann)	1112
§ 20	Eintragung in mehreren Spalten (Eickmann)	1114
§ 21	Äußere Form der Eintragung (Eickmann)	1114
§ 22	Eintragungsmuster (Eickmann)	1116
§ 23	Umschreibung bei Raummangel (Eickmann)	1117

IV. Die Grundakten

§ 24	Inhalt der Grundakten; Handblatt (Eickmann)	1117
§ 24 a	Gestaltung der aufzubewahrenden Urkunden (Eickmann)	1118

V. Der Zuständigkeitswechsel

§ 25	Schließung und Neuanlegung des Grundbuchblatts (Eickmann)	1119
§ 26	Abgabe des Grundbuchbandes (Eickmann)	1123
§ 27	Wechsel der Grundbuchbezirke (Eickmann)	1125
§ 27 a	Abgabe von Grundbuchblättern (Eickmann)	1125

VI. Die Umschreibung von Grundbüchern

§ 28	Fälle der Umschreibung (Eickmann)	1126
§ 29	Verfahren vor Umschreibung (Eickmann)	1127
§ 30	Gestaltung des neuen Blattes (Eickmann)	1128
§ 31	Muster für Umschreibung (Eickmann)	1131
§ 32	Neues Handblatt (Eickmann)	1132
§ 33	Teilweise Unübersichtlichkeit (Eickmann)	1132

VII. Die Schließung des Grundbuchblatts

§ 34	Weitere Fälle der Schließung; Voraussetzungen (Eickmann)	1133
§ 35	Nicht nachweisbares Grundstück (Eickmann)	1134
§ 36	Form der Schließung (Eickmann)	1135
§ 37	Wiederverwendung geschlossener Blätter (Eickmann)	1136

Inhaltsverzeichnis

VIII. Die Beseitung einer Doppelbuchung

§ 38	Die Beseitigung einer Doppelbuchung (Eickmann)	1137

IX. Die Bekanntmachung der Eintragungen

§ 39	Bekanntmachung an Behörden (Eickmann)	1139
§ 40	Benachrichtigungen bei Zuständigkeitswechsel (Eickmann)	1140
§ 41	– aufgehoben –	1140
§ 42	Inhalt der Benachrichtigungen (Eickmann)	1140

X. Grundbucheinsichten und -abschriften

§ 43	Grundbucheinsicht durch Notare und Behörden (Eickmann)	1141
§ 44	Grundbuchabschriften (Eickmann)	1143
§ 45	Beglaubigte Abschrift von Blatteilen (Eickmann)	1144
§ 46	Einsicht in die Grundakten (Eickmann)	1145

XI. Hypotheken-, Grundschuld- und Rentenschuldbriefe

§ 47	Überschrift des Briefes (Eickmann)	1146
§ 48	Kennzeichnung bei Teillöschungen und Teilbriefen (Eickmann)	1146
§ 49	Nachtragsvermerke (Eickmann)	1147
§ 49 a	Versendung (Eickmann)	1148
§ 50	Verbindung durch Schnur und Siegel (Eickmann)	1148
§ 51	Grundschuld- und Rentenschuldbriefe (Eickmann)	1148
§ 52	Muster und Vordrucke für Briefe (Eickmann)	1149
§ 53	Unbrauchbarmachung (Eickmann)	1149

XII. Das Erbbaugrundbuch

§ 54	Entsprechende Anwendung der allgemeinen Vorschriften (Eickmann)	1150
§ 55	Nummernfolge; Aufschrift (Eickmann)	1150
§ 56	Bestandsverzeichnis beim Erbbaugrundbuch (Eickmann)	1151
§ 57	Eintragungen in den Abteilungen des Erbbaugrundbuchs (Eickmann)	1153
§ 58	Muster für Erbbaugrundbuch (Eickmann)	1154
§ 59	Hypotheken-, Grundschuld- und Rentenschuldbriefe bei Erbbaurechten (Eickmann)	1154
§ 60	Grundbuchblatt für die bis 21. 1. 1919 begründete Erbbaurechte (Eickmann)	1154

XIII. Vorschriften über das maschinell geführte Grundbuch

Vorbemerkung (Erber-Faller)		1155

1. Das maschinell geführte Grundbuch

§ 61	Grundsatz (Erber-Faller)	1155
§ 62	Begriff des maschinell geführten Grundbuchs (Erber-Faller)	1157
§ 63	Gestaltung des maschinell geführten Grundbuchs (Erber-Faller)	1158
§ 64	Anforderungen an Anlagen und Programme (Erber-Faller)	1159
§ 65	Sicherung der Anlagen und Programme (Erber-Faller)	1164
§ 66	Sicherung der Daten (Erber-Faller)	1166

2. Anlegung des maschinell geführten Grundbuchs

§ 67	Festlegung der Anlegungsverfahren (Erber-Faller)	1168
§ 68	Anlegung des maschinell geführten Grundbuchs durch Umschreibung (Erber-Faller)	1169

§ 69	Anlegung des maschinell geführten Grundbuchs durch Neufassung (Erber-Faller)	1171
§ 70	Anlegung des maschinell geführten Grundbuchs durch Umstellung (Erber-Faller)	1173
§ 71	Freigabe des maschinell geführten Grundbuchs (Erber-Faller)	1175
§ 72	Umschreibung, Neufassung und Schließung des maschinell geführten Grundbuchs (Erber-Faller)	1177
§ 73	Grundakten (Erber-Faller)	1179

3. Eintragungen in das maschinell geführte Grundbuch

§ 74	Veranlassung der Eintragung (Erber-Faller)	1180
§ 75	Elektronische Unterschrift (Erber-Faller)	1182
§ 76	Äußere Form der Eintragung (Erber-Faller)	1187

4. Einsicht in das maschinell geführte Grundbuch und Abschriften hieraus

§ 77	Grundsatz (Erber-Faller)	1188
§ 78	Ausdrucke aus dem maschinell geführten Grundbuch (Erber-Faller)	1189
§ 79	Einsicht (Erber-Faller)	1191

5. Automatisierter Abruf von Daten

§ 80	Abruf von Daten (Erber-Faller)	1194
§ 81	Genehmigungsverfahren, Einrichtungsvertrag (Erber-Faller)	1197
§ 82	Einrichtung der Verfahren (Erber-Faller)	1200
§ 83	Überprüfung (Erber-Faller)	1202
§ 84	Kontrolle (Erber-Faller)	1205
§ 85	Gebühren, Entgelte (Erber-Faller)	1206

6. Zusammenarbeit mit den katasterführenden Stellen und Versorgungsunternehmen

| § 86 | Zusammenarbeit mit den katasterführenden Stellen (Erber-Faller) | 1209 |
| § 86 a | Zusammenarbeit mit Versorgungsunternehmen (Erber-Faller) | 1211 |

7. Hypotheken-, Grundschuld- und Rentenschuldbriefe

§ 87	Erteilung von Briefen (Erber-Faller)	1211
§ 88	Verfahren bei Schuldurkunden (Erber-Faller)	1212
§ 89	Ergänzungen des Briefes (Erber-Faller)	1213

8. Schlußbestimmungen

§ 90	Datenverarbeitung im Auftrag (Erber-Faller)	1213
§ 91	Behandlung von Verweisungen, Löschungen (Erber-Faller)	1215
§ 92	Ersetzung von Grundbuchdaten, Ersatzgrundbuch (Erber-Faller)	1216
§ 93	Ausführungsvorschriften (Erber-Faller)	1217

XIV. Übergangs- und Schlußvorschriften

§ 94	Inkrafttreten (Eickmann)	1218
§ 95	Frühere Grundbuchbezirke (Eickmann)	1219
§ 96	Fortführung bisheriger Grundbuchhefte (Eickmann)	1219

Inhaltsverzeichnis

§ 97	Umschreibung auf den neuen Vordruck (Eickmann)	1220
§ 98	Frühere Vorschriften bei Benutzung alter Vordrucke (Eickmann)	1221
§ 99	Verfahren bei Umschreibung auf neuen Vordruck (Eickmann)	1221
§ 100	Weiterführung und Neuanlegung von Grundakten (Eickmann)	1222
§ 101	Umstellung auf das Loseblattgrundbuch (Eickmann)	1222
§ 102	Briefvordrucke (Eickmann)	1223
§ 103	Landesrecht (Eickmann)	1223
§ 104	Erbpacht-, Büdner-, Häusler- und Abbaurechte (Eickmann)	1224
§ 104 a	Nachweis der Rechtsinhaberschaft (Eickmann)	1224
§ 105	Maßgaben für das Beitrittsgebiet (Eickmann)	1225

III. Verfügung über die grundbuchmäßige Behandlung der Wohnungseigentumssachen

Vorbemerkung (Eickmann)		1231
§ 1	Entsprechende Anwendung der Grundbuchverfügung (Eickmann)	1231
§ 2	Aufschrift (Eickmann)	1232
§ 3	Bestandsverzeichnis (Eickmann)	1232
§ 4	Nicht teilbare Grundstücksrechte (Eickmann)	1237
§ 5	Hypotheken-, Grundschuld- und Rentenschuldbriefe (Eickmann)	1237
§ 6	Verfahren bei Anlegung besonderer Wohnungsgrundbuchblätter (Eickmann)	1237
§ 7	Verfahren bei Absehen von der Anlegung besonderer Wohnungsgrundbuchblätter (Eickmann)	1238
§ 8	Anwendung für Wohnungs- und Teilerbbaugrundbücher (Eickmann)	1239
§ 9	Muster für Wohnungsgrundbuch (Eickmann)	1239
§ 10	Zuständigkeitsvorbehalt für Landesbehörden (Eickmann)	1240
§ 11	Inkrafttreten (Eickmann)	1240

IV. Verordnung über die Anlegung und Führung von Gebäudegrundbüchern (Gebäudegrundbuchverfügung)

§ 1	Anwendungsbereich (Eickmann)	1241
§ 2	Grundsatz für vorhandene Grundbuchblätter (Eickmann)	1243
§ 3	Gestaltung und Führung neu anzulegender Gebäudegrundbuchblätter (Eickmann)	1243
§ 4	Nachweis des Gebäudeeigentums oder des Rechts zum Besitz gem. Art. 233 § 2 a EGBGB (Eickmann)	1246
§ 5	Eintragung des dinglichen Nutzungsrechts (Eickmann)	1252
§ 6	Eintragung des Gebäudeeigentums gem. Art. 233 §§ 2 b und 8 EGBGB (Eickmann)	1254
§ 7	Vermerk zur Sicherung der Ansprüche aus der Sachenrechtsbereinigung aus dem Recht zum Besitz gemäß Art. 233 § 2 a EGBGB (Eickmann)	1255
§ 8	Nutzungsrecht, Gebäudeeigentum oder Recht zum Besitz für mehrere Berechtigte (Eickmann)	1257
§ 9	Nutzungsrecht oder Gebäudeeigentum auf bestimmten Grundstücksteilen (Eickmann)	1259
§ 10	Nutzungsrecht, Gebäudeeigentum oder Recht zum Besitz auf nicht bestimmten Grundstücken oder Grundstücksteilen (Eickmann)	1260
§ 11	Widerspruch (Eickmann)	1261
§ 12	Aufhebung des Gebäudeeigentums (Eickmann)	1266
§ 13	Bekanntmachungen (Eickmann)	1269
§ 14	Begriffsbestimmungen, Teilung von Grundstück und von Gebäudeeigentum (Eickmann)	1270
§ 15	Überleitungsvorschrift (Eickmann)	1272

Sachregister 1275

Abkürzungsverzeichnis

Wegen der hier nicht aufgeführten Abkürzungen wird auf die Abkürzungshinweise in der Kommentierung, auf das Verzeichnis der Abkürzungen von Gesetzen, Rechtsverordnungen und allgemeinen Verwaltungsvorschriften des Bundes, 1974 (GMBl. 1975, 230, 459) und auf Kirchner, Abkürzungsverzeichnis der Rechtssprache, verwiesen.

a. A.	anderer Ansicht
a. a. O.	am angegebenen Ort
ABl.	Amtsblatt
Abs.	Absatz
Abschn.	Abschnitt
Abt.	Abteilung
abw.	abweichend
AcP	Archiv für die civilistische Praxis (Band, Seite)
ÄndG	Änderungsgesetz
a. E.	am Ende
a. F.	alte Fassung
AG	Amtsgericht
AgrarR	Agrarrecht (Zeitschrift für das gesamte Recht der Landwirtschaft)
AktO	Aktenordnung
Anh.	Anhang
Anl.	Anlage
Anm.	Anmerkung
Art.	Artikel
Aufl.	Auflage
AV	Allgemeine Verfügung
AVO	Ausführungsverordnung
bad.	badisch
BAnz	Bundesanzeiger
BauR	Baurecht (Jahrgang, Seite)
bay.	bayerisch
BayBS	Bereinigte Sammlung des bay. Landesrechts
BayBSVJu	Bereinigte Sammlung der bay. Justizverwaltungsvorschriften
BayJMBl.	Bayerisches Justizministerialblatt
BayObLG	Bayerisches Oberstes Landesgericht
BayObLGZ	Entscheidungssammlung des BayObLG in Zivilsachen
BayRS	Bayerische Rechtssammlung
BayVBl.	Bayerische Verwaltungsblätter
BB	Der Betriebs-Berater (Jahrgang, Seite)
BBauBl.	Bundesbaublatt
BBauG	Bundesbaugesetz (jetzt Baugesetzbuch)
BBergG	Bundesberggesetz v. 13. 8. 1980 (BGBl. I, 1310)
Bd.	Band
BdF	Bundesminister der Finanzen
Beil.	Beilage
Bek.	Bekanntmachung
Bem.	Bemerkung

Beschl.	Beschluß
bestr.	bestritten
Betr.	Der Betrieb (Jahrgang, Seite)
betr.	betreffend
BGB	Bürgerliches Gesetzbuch v. 18. 8. 1896 (BGBl. 195)
BFH	Bundesfinanzhof
BeurKG	Beurkundungsgesetz v. 28. 8. 1969 (BGBl. I, 1513)
BezG	Bezirksgericht
BGBl.	Bundesgesetzblatt
BGH	Bundesgerichtshof
BGHZ	Entscheidungssammlung des BGH in Zivilsachen (Band, Seite)
BJM	Bundesjustizministerium
Bl.	Blatt
BlGWB	Blätter für Grundstücks-, Bau- und Wohnungsrecht
BRS	Baurechtssammlung. Begründet von Thiel, weitergeführt von Gelzer (Band, Seite)
BrZ	Britische Zone
BS	Bereinigte Sammlung
BStBl.	Bundessteuerblatt
BT	Bundestag
Buchst.	Buchstabe
Büro (oder JurBüro)	Das juristische Büro (Jahrgang, Seite)
BVerfG	Bundesverfassungsgericht
BVerfGE	Entscheidungen des Bundesverfassungsgerichts (Band, Seite)
BVerwG	Bundesverwaltungsgericht
BWNotZ	Zeitschrift für das Notariat in Baden-Württemberg (Jahrgang, Seite)
bzw.	beziehungsweise
DDR	Deutsche Demokratische Republik
DFG	Deutsche Freiwillige Gerichtsbarkeit (Jahrgang, Seite)
dgl.	dergleichen, desgleichen
d. h.	das heißt
DJ	Deutsche Justiz (Jahrgang, Seite)
DJZ	Deutsche Juristen-Zeitung (Jahrgang, Seite)
DNotV	Zeitschrift des Deutschen Notarvereins (Jahrgang, Seite)
DNotZ	Deutsche Notar-Zeitschrift (Jahrgang, Seite)
DONot	Dienstordnung für Notare
DÖV	Die Öffentliche Verwaltung (Jahrgang, Seite)
DR	Deutsches Recht (Jahrgang, Seite)
DRiZ	Deutsche Richterzeitung (Jahrgang, Seite)
DRspr	Deutsche Rechtsprechung
DRZ	Deutsche Rechtszeitschrift (Jahrgang, Seite)
DtZ	Deutsch-Deutsche Rechts-Zeitschrift (Jahrgang, Seite)
DV	Deutsche Verwaltung (Jahrgang, Seite)
DVBl.	Deutsches Verwaltungsblatt (Jahrgang, Seite)
DVO	Durchführungsverordnung
DWW	Deutsche Wohnungswirtschaft (Jahrgang, Seite)
EG	Einführungsgesetz
Einigungsvertrag	Einigungsvertrag v. 31. 8. 1990 (BGBl. II, 889)

Abkürzungsverzeichnis

Einl.	Einleitung
einschl.	einschließlich
ErbbauVO	Verordnung über das Erbbaurecht v. 15. 1. 1919 (RGBl. I, 72)
ErgBd.	Ergänzungsband
Erl.	Erlaß
EStG	Einkommensteuergesetz
e. V.	eingetragener Verein
ev.	eventuell
FA	Finanzamt
FamRZ	Zeitschrift für das gesamte Familienrecht (Jahrgang, Seite)
ff.	und folgende (Seiten, Paragraphen)
FGG	Gesetz über die Angelegenheiten der freiwilligen Gerichtsbarkeit i. d. F. v. 20. 5. 1898 (RGBl. 771)
FGPrax	Praxis der Freiwilligen Gerichtsbarkeit (Jahrgang, Seite)
FinMin	Finanzministerium
FlstNr.	Flurstücksnummer
fr.	früher
FS	Festschrift (für ...; Jahr, Seite)
Fußn. (oder Fn.)	Fußnote
G	Gesetz
GB (oder Gb)	Grundbuch
GBA	Grundbuchamt
GBBerG	Grundbuchbereinigungsgesetz v. 20. 12. 1993 (BGBl. I, 2192)
GBl.	Gesetzblatt
GBGeschO	Geschäftsordnung für die Grundbuchämter
GBMaßnG	Gesetz über Maßnahmen auf dem Gebiete des Grundbuchwesens v. 20. 12. 1963 (BGBl. I, 986)
GemErl.	Gemeinsamer Erlaß
GrEstG	Grunderwerbssteuergesetz v. 17. 12. 1992 (BGBl. I, 1717)
GS	Gesetzessammlung
GVBl.	Gesetz- und Verordnungsblatt
GVG	Gerichtsverfassungsgesetz i. d. F. v. 9. 5. 1975 (BGBl., 1077)
Halbs. (oder HS)	Halbsatz
HannRpfl	Hannoversche Rechtspflege (Jahr, Seite), später NdsRpfl.
HansJVBl.	Hanseatisches Justizverwaltungsblatt
hess.	hessisch
HEZ	Höchstrichterliche Entscheidung
HFR	Höchstrichterliche Finanz-Rechtsprechung
HGA	Hypothekengewinnabgabe
h. L.	herrschende Lehre
h. M.	herrschende Meinung
HRR	Höchstrichterliche Rechtsprechung
HW	Haus und Wohnung (Jahrgang, Seite)
i. d. F.	in der Fassung
i. S.	im Sinne
i. V. m.	in Verbindung mit

JA	Juristische Arbeitsblätter
JBl.	Justizblatt
JFG	Jahrbuch der Entscheidungen in Angelegenheiten der freiwilligen Gerichtsbarkeit und des Grundbuchrechts (Jahrgang, Seite)
JM	Justizministerium
JMBl.	Justizministerialblatt
JR	Juristische Rundschau (Jahrgang, Seite)
Jura	Juristische Ausbildung (Jahrgang, Seite)
JurBüro (oder Büro)	Das Juristische Büro (Jahrgang, Seite)
JuS	Juristische Schulung (Jahrgang, Seite)
Justiz	Die Justiz, Amtsblatt des Justizministeriums Baden-Württemberg (Jahrgang, Seite)
JVBl.	Justizverwaltungsblatt (Jahrgang, Seite)
JW	Juristische Wochenschrift (Jahrgang, Seite)
JZ	Juristenzeitung (Jahrgang, Seite)
KG	Kammergericht
KGJ	Jahrbuch für Entscheidungen des Kammergerichts
KostO	Kostenverordnung i. d. F. v. 26. 7. 1957 (BGBl. I, 861)
KRG	Kontrollratsgesetz
KTS	Zeitschrift für Konkurs-, Treuhand- und Schiedsgerichtswesen (Jahrgang, Seite)
LAG	Gesetz über den Lastenausgleich i. d. F. v. 2. 6. 1993 (BGBl., 845)
lfd. Nr.	laufende Nummer
LFGG	(bad-württ) Landesgesetz über die freiwillige Gerichtsbarkeit
LG	Landgericht
LM	Nachschlagewerk des Bundesgerichtshofs in Zivilsachen, herausgegeben von Lindenmaier, Möhring u. a.
Lw	Landwirtschaft
LZ	Leipziger Zeitschrift für Deutsches Recht
MBl.	Ministerialblatt
MDR	Monatsschrift für Deutsches Recht (Jahrgang, Seite)
Min.	Ministerium
MittBayNot	Mitteilungen des Bay. Notarvereins, der Notarkasse und der Landesnotarkammer Bayern (Jahrgang, Seite)
MittRhNotK	Mitteilungen der Rheinischen Notarkammer (Jahrgang, Seite)
MRG	Militärregierungsgesetz
MRVO	Militärregierungsverordnung
mwN	mit weiteren Nachweisen
N	Note
nachst.	nachstehend
nds.	niedersächsisch
NdsRpfl.	Niedersächsische Rechtspflege (Jahrgang, Seite)
n. F.	neue Fassung
NJW	Neue Juristische Wochenschrift (Jahrgang, Seite)
Nr.	Nummer
NRW	Nordrhein-Westfalen
NVwZ	Neue Zeitschrift für Verwaltungsrecht (Jahrgang, Seite)

Abkürzungsverzeichnis

OGH	Oberster Gerichtshof für die britische Zone
OHG	offene Handelsgesellschaft
OLG	Oberlandesgericht
OLGZ (früher OLGE)	Entscheidungen der Oberlandesgerichte in Zivilsachen (ab 1965; Jahrgang, Seite)
OVG	Oberverwaltungsgericht
pr.	preußisch
RdErl.	Runderlaß
RdJ	Reichsminister der Justiz
RdL	Recht der Landwirtschaft (Jahrgang, Seite)
Rdn.	Randnummer
Recht	Das Recht (Beilage zur Deutschen Justiz)
RegBl.	Regierungsblatt
RegVBG	Register-Verfahrensbeschleunigungsgesetz v. 20. 12. 1993 (BGBl. I, 2182)
RG	Reichsgericht
RGBl.	Reichsgesetzblatt
RHSG	Reichsheimstättengesetz i. d. F. v. 25. 11. 1937 (RGBl. I, 1291)
RGZ	Entscheidungen des Reichsgerichts in Zivilsachen (Band, Seite)
RJA	Reichsjustizamt, Entscheidungssammlung in Angelegenheiten der freiwilligen Gerichtsbarkeit (Band, Seite)
RJM	Reichsjustizministerium
RhPf	Rheinland-Pfalz
RLA	Rundschau für den Lastenausgleich
Rpfleger	Der Deutsche Rechtspfleger (Jahrgang, Seite)
RpflJB	Rechtspfleger-Jahrbuch (Jahrgang, Seite)
RpflStud.	Rechtspfleger-Studienhefte (Jahrgang, Seite)
RReport	Rechtsprechungs-Report der betr. Oberlandesgerichte
S.	Seite
s.	siehe
SachenRBerG	Sachenrechtsbereinigungsgesetz v. 21. 9. 1994 (BGBl. I, 2457)
SchlHA	Schleswig-Holsteinische Anzeigen (Jahrgang, Seite)
SchRG	Gesetz zur Regelung der landwirtschaftlichen Schuldverhältnisse
SeuffA	Seufferts Archiv für Entscheidungen der obersten Gerichte (Band, Nr.)
SeuffBl.	Seufferts Blätter für Rechtsanwendung (Jahrgang, Seite)
SJZ	Süddeutsche Juristenzeitung (Jahrgang, Seite)
sog.	sogenannt
Sp.	Spalte
StAnz.	Staatsanzeiger
stRspr.	ständige Rechtsprechung
StBauFG	Städtebauförderungsgesetz (jetzt Baugesetzbuch)
str.	strittig
TV	Testamentsvollstrecker
u.	und
u. a.	unter anderem

unbestr.	unbestritten
Urt.	Urteil
u. U.	unter Umständen
v.	vom, von
VereinfVO	Vereinfachungsverordnung
VermG	Vermögensgesetz i. d. F. v. 2. 12. 1994 (BGBl. I, 3610)
VersR	Versicherungsrecht (Jahrgang, Seite)
VerBl.	Verwaltungsblatt (Jahrgang, Seite)
Vfg.	Verfügung
VG	Verwaltungsgericht
VGH	Verwaltungsgerichtshof
vgl.	vergleiche
VO	Verordnung
VOBl.	Verordnungsblatt
VollzVO	Vollzugsverordnung
Vorbem.	Vorbemerkung
vorst.	vorstehend
WarnErgBd.	Warneyer, Die Rechtsprechung des Reichsgerichts auf dem Gebiete des Zivilrechts (Ergänzungsband)
WarnJ	Warneyer, Jahrbuch der Entscheidungen des RG (Jahrgang, Seite)
WE	Der Wohnungseigentümer (Jahrgang, Seite)
WEG	Gesetz über das Wohnungseigentum und das Dauerwohnrecht v. 15. 3. 1951 (BGBl. I, 175)
WG	Wechselgesetz v. 21. 6. 1933
WiGBl.	Gesetzblatt der Verwaltung des Vereinigten Wirtschaftsgebietes
WM	Wertpapier-Mitteilungen (Jahrgang, Seite)
WSG	Wohnsiedlungsgesetz
WuM	Wohnungswirtschaft und Mietrecht
württ.	württembergisch
WürttNV	Württ. Notarverein, Mitteilungen aus der Praxis (Jahrgang, Seite)
WürttZ	Zeitschrift für die freiwillige Gerichtsbarkeit in Württemberg (Jahrgang, Seite)
z. B.	zum Beispiel
ZBlFG	Zentralblatt für freiwillige Gerichtsbarkeit und Notariat sowie Zwangsversteigerung
Ziff.	Ziffer
ZIP	Zeitschrift für Wirtschaftsrecht (Jahrgang, Seite)
ZJBl.	Zentraljustizblatt für die britische Zone
ZMR	Zeitschrift für Miet- und Raumrecht (Jahrgang, Seite)
ZPO	Zivilprozeßordnung i. d. F. v. 12. 9. 1950 (BGBl. 533)
ZRP	Zeitschrift für Rechtspolitik (Jahrgang, Seite)
ZS	Zivilsenat
ZVG	Gesetz über die Zwangsversteigerung und die Zwangsverwaltung i. d. F. v. 20. 5. 1898 (RGBl. 713)
ZZP	Zeitschrift für Zivilprozeß (Jahrgang, Seite)
z. Zt.	zur Zeit

Literaturverzeichnis

1. Zum Grundbuchrecht
a) Kommentare zur GBO
Gantzer (1973); **Güthe/Triebel** (6. Aufl. 1936/37); **Hesse/Saage/Fischer** (4. Aufl. 1957); **Demharter** (22. Aufl. 1997); **Meikel/Bearbeiter** (7. Aufl. 1986–1993; 8. Aufl. (Bd. I teilw., II, III 1997)); **Thieme** (4. Aufl. 1955).

b) Kommentare zum FGG
Bassenge/Herbst (7. Aufl. 1995); **Bumiller/Winkler** (6. Aufl. 1995); **Jansen** (2. Aufl. 1969–1971); **Keidel/Kuntze/Winkler** (13. Aufl. 1992); **Schlegelberger** (7. Aufl. 1956).

c) Kommentare zum Rechtspflegergesetz
Arnold/Meyer/Stolte (4. Aufl. 1994); **Bassenge/Herbst** (7. Aufl. 1995); **Dallmayer/Eickmann** (1. Aufl. 1996).

d) Kommentare zur ZPO
Baumbach/Lauterbach/Albers/Hartmann (55. Auflage 1997);
Stein/Jonas/Bearbeiter (21. Auflage 1993 ff.).

e) Lehr- und Handbücher
Bengel/Simmerding, Grundbuch, Grundstück, Grenze (4. Aufl. 1996);
Brand/Schnitzler, Die Grundbuchsachen in der gerichtlichen Praxis (9. Aufl. 1957);
Eickmann, Grundbuchverfahrensrecht (4. Aufl. 1994);
Eickmann/Gurowski, Grundbuchrecht (4. Aufl. 1992);
Habscheid, Freiwillige Gerichtsbarkeit (7. Aufl. 1983);
Haegele/Schöner/Stöber, Grundbuchrecht (11. Aufl. 1997);
Kehrer/Bühler/Schön/Tröster, Notar und Grundbuch (2. Aufl. 1979);
Löffler, Grundbuch- und Grundstücksrecht (3. Aufl. 1980);
Löscher, Grundbuchrecht (1974);
Planck/Kettnacker, Die Führung des Grundbuchs (4. Aufl. 1960);
Reithmann, Vorsorgende Rechtspflege durch Notare und Gerichte (1989);
Reithmann, Allgemeines Urkundenrecht (1977);
Reithmann/Albrecht/Basty, Handbuch der notariellen Vertragsgestaltung (7. Aufl. 1995);
Ripfel, Grundbuchrecht (1961);
Schmidt/Nickerl, Grundbuchrechtsprechung (1981);
Sichtermann/Hennings, Bedeutung und Behandlung der Eintragung in Abt. II des Grundbuchs (11. Aufl. 1988).

2. Zum Immobiliarsachenrecht
a) Kommentare zum BGB: Alternativ-Kommentar (1983); **Erman** (9. Aufl. 1993); **Jauerning** (7. Aufl. 1994); **Münchener Kommentar** (3. Aufl. 1997); **Palandt** (56. Aufl. 1997); Reichsgerichtsräte-Kommentar (12. Aufl. 1979 ff.); **Soergel** (12. Aufl. 1990); Staudinger (13. Aufl. 1995 ff.).

b) Lehr- und Handbücher
  Baur/Stürner, Sachenrecht (16. Aufl. 1992);
  J. v. Gierke, Sachenrecht (4. Aufl. 1954);
  Heck, Grundriß des Sachenrechts (1930);
  Hedemann, Sachenrecht (3. Aufl. 1960);

Lange, Sachenrecht (1967);
Lent/Schwab, Sachenrecht (22. Aufl. 1989);
Müller, Sachenrecht (1990);
Schapp, Sachenrecht (1989);
Weirich, Grundstücksrecht (1985);
Westermann, Sachenrecht (6. Aufl. 1988);
E. Wolf, Sachenrecht (2. Aufl. 1979);
M. Wolf, Sachenrecht (9. Aufl. 1990);
Wolff-Raiser, Sachenrecht (10. Bearbeitung 1957).

c) Zum Wohnungseigentum: vgl. Einl. E

d) Zum ErbbauR und WohnungserbbauR Einl. F

3. Zum Immobiliarvollstreckungsrecht
a) Kommentare zur ZPO §§ 864 ff. und zum ZVG
b) Lehr und Handbücher
Balser/Bögner, Vollstreckung im Grundbuch (6. Aufl. 1981);
Baumann/Brehm, Zwangsvollstreckung (2. Aufl. 1982);
Baur/Stürner, Zwangsvollstr.-, Konkurs- u. Vergleichsrecht (12. Aufl. 1996);
Drischler, Immobiliarvollstreckungsrecht (1969);
Eickmann, Zwangsversteigerungs- und Zwangsverwaltungsrecht (1991);
Hagemann, Die Zwangsvollstreckung in das Erbbaurecht (1929);
Jauernig/Othmar, Zwangsvollstreckungs- und Konkursrecht (19. Aufl. 1990);
Mohrbutter-Drischler, Die Zwangsversteigerungs- und Zwangsverwaltungspraxis (7. Aufl. 1986/89);
Mohrbutter, Handbuch des gesamten Vollstreckungs- und Insolvenzrechts (2. Aufl. 1974);
Quardt, Zwangsvollstreckung in das Grundbuch (1960);
Rosenberg/Gaul/Schilken, Zwangsvollstreckungsrecht (10. Aufl. 1987)
Schiffhauer, Zwangsvollstreckung in das unbewegliche Vermögen (5. Aufl. 1979);
Schönke/Baur, Zwangsvollstreckungs-, Konkurs- und Vergleichsrecht (10. Aufl. 1978);
Stöber, Zwangsvollstreckung in das unbewegliche Vermögen (6. Aufl. 1992);
Stöber, Forderungspfändung (11. Aufl. 1996);
Stöber/Schiffhauer, Praxis der Zwangsversteigerung (2. Aufl. 1983);
Wolfsteiner, Die vollstreckbare Urkunde (1978);
Zeller/Stöber, Zwangsversteigerungsgesetz (15. Aufl. 1996).

I. Verordnung zur Durchführung der Grundbuchordnung (Grundbuchverfügung – GBV)

In der Fassung vom 24. Januar 1995
(BGBl. I S. 114)

ERSTER ABSCHNITT
Das Grundbuch

ERSTER UNTERABSCHNITT
Grundbuchbezirke

§ 1 [Gemeindebezirke]

(1) Grundbuchbezirke sind die Gemeindebezirke. Soweit mehrere Gemeinden zu einem Verwaltungsbezirk zusammengefaßt sind (Gesamtgemeinden; zusammengesetzte Gemeinden), bilden sie einen Grundbuchbezirk. Jedoch kann ein Gemeindebezirk durch Anordnung der Landesjustizverwaltung oder der von ihr bestimmten Stelle in mehrere Grundbuchbezirke geteilt werden.

(2) Wird ein Gemeindebezirk mit einem anderen Gemeindebezirk vereinigt oder wird ein Gemeindebezirk oder ein Verwaltungsbezirk der im Absatz 1 Satz 3 genannten Art in mehrere selbständige Verwaltungsbezirke zerlegt, so können die bisherigen Grundbuchbezirke beibehalten werden.

ZWEITER UNTERABSCHNITT
Die äußere Form des Grundbuchs

§ 2 [Grundbuchbände]

Die Grundbücher werden in festen Bänden oder nach näherer Anordnung der Landesjustizverwaltungen in Bänden oder Einzelheften mit herausnehmbaren Einlegebogen geführt. Die Bände sollen regelmäßig mehrere Grundbuchblätter umfassen; mehrere Bände desselben Grundbuchbezirks erhalten fortlaufende Nummern. Soweit die Grundbücher in Einzelheften mit herausnehmbaren Einlegebögen geführt werden, sind die Vorschriften, die Grundbuchbände voraussetzen, nicht anzuwenden.

§ 3 [Nummernfolge]

(1) Sämtliche Grundbuchblätter desselben Grundbuchbezirks erhalten fortlaufende Nummern. Besteht das Grundbuch aus mehreren Blättern, so schließen sich die Blattnummern jedes weiteren Bandes an die des vorhergehenden an.

(2) Von der fortlaufenden Nummernfolge der Grundbuchblätter kann abgewichen werden, wenn das anzulegende Grundbuchblatt einem Bande zugeteilt werden soll, in dem der Umfang der Grunbbuchblätter von dem des sonst nach Absatz 1 zu verwendenden Grundbuchblatts verschieden ist.

(3) Wird das Grundbuch in Einzelheften mit herausnehmbaren Einlegebogen geführt, so kann nach Anordnung der Landesjustizverwaltung bei der Numerierung der in Einzelheften anzulegenden Grundbuchblätter eines Grundbuchbezirks neu mit der Nummer 1 oder mit der auf den nächsten Tausender folgenden Nummer begonnen werden.

ZWEITER ABSCHNITT
Das Grundbuchblatt

§ 4 [Einteilung des Grundbuchblatts]

Jedes Grundbuchblatt besteht aus der Aufschrift, dem Bestandsverzeichnis und drei Abteilungen.

§ 5 [Aufschrift]

In der Aufschrift sind das Amtsgericht, der Grundbuchbezirk und die Nummer des Bandes und des Blattes anzugeben. In den Fällen des § 1 Abs. 2 ist durch einen Zusatz auf die Vereinigung oder Teilung des Bezirks hinzuweisen.

§ 6 [Bestandsverzeichnis]

(1) In dem Bestandsverzeichnis ist die Spalte 1 für die Angabe der laufenden Nummer des Grundstücks bestimmt.

(2) In der Spalte 2 sind die bisherigen laufenden Nummern der Grundstücke anzugeben, aus denen das Grundstück durch Vereinigung, Zuschreibung oder Teilung entstanden ist.

(3 a) Die Spalte 3 dient zur Bezeichnung der Grundstücke gemäß dem amtlichen Verzeichnis im Sinne des § 2 Abs. 2 der Grundbuchordnung. Hier sind einzutragen:
1. in Unterspalte a: die Bezeichnung der Gemarkung oder des sonstigen vermessungstechnischen Bezirks, in dem das Grundstück liegt;
2. in Unterspalte b: die vermessungstechnische Bezeichnung des Grundstücks innerhalb des in Nummer 1 genannten Bezirks nach den Buchstaben oder Nummern der Karte;
3. in Unterspalte c und d: die Bezeichnung des Grundstücks nach den Artikeln oder Nummern der Steuerbücher (Grundsteuermutterrolle, Gebäudesteuerrolle oder ähnliches), sofern solche Bezeichnungen vorhanden sind;
4. in Unterspalte e: die Wirtschaftsart des Grundstücks (z. B. Acker, Wiese, Garten, Wohnhaus mit Hofraum, Wohnhaus mit Garten, unbebauter Hofraum) und die Lage (Straße, Hausnummer oder die sonstige ortsübliche Bezeichnung).

Die für die Bezeichnung des Grundstücks nach der Gebäudesteuerrolle oder einem ähnlichen Buch bestimmte Unterspalte d kann nach näherer Anordnung der Landesjustizverwaltung mit der Maßgabe weggelassen werden, daß die Unterspalte c durch die Buchstaben c/d bezeichnet wird; im Rahmen dieser Änderung kann von den Mustern in der Anlage zu dieser Verfügung abgewichen werden. Ferner kann die Landesjustizverwaltung anordnen, daß die in Nummer 3 bezeichneten Eintragungen unterbleiben.

(3 b) Soweit das Grundbuch in Loseblattform mit einer Vordruckgröße von 210 × 297 mm (DIN A 4) geführt wird, kann die Landesjustizverwaltung abweichend von den Bestimmungen des Absatzes 3 a und von den Mustern in der Anlage zu dieser Verfügung anordnen, daß
1. die Unterspalten a und b der Spalte 3 in der Weise zusammengelegt werden, daß die vermessungstechnische Bezeichnung des Grundstücks unterhalb der Bezeichnung der Gemarkung oder des sonstigen vermessungstechnischen Bezirks einzutragen ist; die Eintragung der Bezeichnung der Gemarkung oder des sonstigen vermessungstechnischen Bezirks kann nach näherer Anordnung der Landesjustizverwaltung unterbleiben, wenn sie mit der des Grundbuchbezirks übereinstimmt;
2. die Unterspalten c und d der Spalte 3 weggelassen werden und die für die Eintragung der Wirtschaftsart des Grundstücks und der Lage bestimmte Unterspalte e der Spalte 3 durch den Buchstaben c bezeichnet wird.

(3 c) Soweit in besonderen Fällen nach den bestehenden gesetzlichen Vorschriften ein Grundstück, das nicht im amtlichen Verzeichnis aufgeführt ist, im Grundbuch eingetragen werden kann, behält es hierbei sein Bewenden.

(4) Besteht ein Grundstück aus mehreren Teilen, die in dem maßgebenden amtlichen Verzeichnis als selbständige Teile aufgeführt sind (z. B. Katasterparzellen), so kann die in Absatz 3 a Nr. 2 und 3 vorgeschriebene Angabe unterbleiben, soweit dadurch das Grundbuch nach dem Ermessen des Grundbuchamts unübersichtlich werden würde. In diesem Falle müssen jedoch die fehlenden Angaben in einem bei den Grundakten aufzubewahrenden beglaubigten Auszug aus dem maßgebenden amtlichen Verzeichnis der Grundstücke nachgewiesen werden. Das Grundbuchamt berichtigt den beglaubigten Auszug auf Grund der Mitteilung der das amtliche Verzeichnis führenden Behörde, sofern der bisherige Auszug nicht durch einen neuen ersetzt wird. Sofern das Verzeichnis vom Grundbuchamt selbst geführt wird, hat dieses das Verzeichnis auf dem laufenden zu halten. Statt der in Absatz 3 a Nr. 4 vorgeschriebenen Angabe genügt alsdann die Angabe einer Gesamtbezeichnung (z. B. Landgut).

I. Grundbuchordnung

(5) Die Spalte 4 enthält die Angaben über die Größe des Grundstücks nach dem maßgebenden amtlichen Verzeichnis. Besteht ein Grundstück aus mehreren Teilen, die in diesem Verzeichnis als selbständige Teile aufgeführt sind (z. B. Katasterparzellen), so ist entweder die Gesamtgröße oder die Größe getrennt nach den aus dem Grundbuch ersichtlichen selbständigen Teilen anzugeben; ist das Grundstück nach Maßgabe des Absatzes 4 bezeichnet, so ist die Gesamtgröße anzugeben.

(6) In der Spalte 6 sind einzutragen:

a) der Vermerk über die Eintragung des Bestandes des Blattes bei der Anlegung (Zeit der Eintragung, Nummer des bisherigen Blattes usw.).
b) die Übertragung eines Grundstücks auf das Blatt; soll das Grundstück mit einem auf dem Blatt bereits eingetragenen Grundstück vereinigt oder einem solchen Grundstück als Bestandteil zugeschrieben werden, so ist auch dies anzugeben;
c) die Vereinigung mehrerer auf dem Blatt eingetragener Grundstücke zu einem Grundstück sowie die Zuschreibung eines solchen Grundstücks zu einem anderen als Bestandteil;
d) die Vermerke, durch welche bisherige Grundstücksteile als selbständige Grundstücke eingetragen werden, insbesondere im Falle des § 7 Abs. 1 der Grundbuchordnung, sofern nicht der Teil auf ein anderes Blatt übertragen wird;
e) die Vermerke über Berichtigungen der Bestandsangaben; eines Vermerks in Spalte 6 bedarf es jedoch nicht, wenn lediglich die in Absatz 3 a Nr. 3 für die Unterspalte c vorgeschriebene Angabe nachgetragen oder berichtigt wird.

(7) Die Spalte 8 ist bestimmt für die Abschreibungen, bei denen das Grundstück aus dem Grundbuchblatt ausscheidet.

(8) Bei Eintragungen in den Spalten 6 und 8 ist in den Spalten 5 und 7 auf die laufende Nummer des von der Eintragung betroffenen Grundstücks zu verweisen.

§ 7 [Subjektiv-dingliche Rechte]

(1) Vermerke über Rechte, die dem jeweiligen Eigentümer eines auf dem Blatt verzeichneten Grundstücks zustehen, sind in den Spalten 1, 3 und 4 des Bestandsverzeichnisses einzutragen.

(2) In Spalte 1 ist die laufende Nummer der Eintragung zu vermerken. Dieser ist, durch einen Bruchstrich getrennt, die laufende Nummer des herrschenden Grundstücks mit dem Zusatz „zu" beizufügen (z. B. 7/zu 3).

(3) In dem durch die Spalten 3 und 4 gebildeten Raum sind das Recht nach seinem Inhalt sowie Veränderungen des Rechts wiederzugeben. Im Falle der Veränderung ist in der Spalte 2 die bisherige laufende Nummer der Eintragung zu vermerken.

(4) In Spalte 6 ist der Zeitpunkt der Eintragung des Rechts zu vermerken.

(5) In Spalte 8 ist die Abschreibung des Rechts zu vermerken.

(6) Bei Eintragungen in den Spalten 6 und 8 ist in den Spalten 5 und 7 auf die laufende Nummer des von der Eintragung betroffenen Rechts zu verweisen.

§ 8 [Miteigentumsanteile]

Für die Eintragung eines Miteigentumsanteils nach § 3 Abs. 5 der Grundbuchordnung gilt folgendes:

a) in Spalte 1 ist die laufende Nummer der Eintragung zu vermerken. Dieser ist, durch einen Bruchstrich getrennt, die laufende Nummer des herrschenden Grundstücks mit dem Zusatz „zu" beizufügen;
b) in dem durch die Spalten 3 und 4 gebildeten Raum ist der Anteil der Höhe nach zu bezeichnen. Hierbei ist das gemeinschaftliche Grundstück zu beschreiben;
c) für die Ausfüllung der Spalten 5 bis 8 gilt § 6 Abs. 6 bis 8 entsprechend.

§ 9 [Abteilung I]

In der ersten Abteilung sind einzutragen:

a) in Spalte 1: die laufende Nummer der unter Buchstabe b vorgesehenen Eintragung. Mehrere Eigentümer, die in einem Verhältnis der im § 47 der Grundbuchordnung genannten Art stehen, werden unter einer laufenden Nummer eingetragen; jeder Eigentümer ist in diesem Fall unter einem besonderen Buchstaben oder in vergleichbarer Weise aufzuführen;

b) in Spalte 2: der Eigentümer, bei mehreren gemeinschaftlichen Eigentümern auch die in § 47 der Grundbuchordnung vorgeschriebene Angabe; besteht zwischen mehreren Eigentümern kein Rechtsverhältnis der in § 47 der Grundbuchordnung genannten Art, so ist bei den Namen der Eigentümer der Inhalt ihres Rechts anzugeben;
c) in Spalte 3: die laufende Nummer der Grundstücke, auf die sich die in Spalte 4 enthaltenen Eintragungen beziehen;
d) in Spalte 4: der Tag der Auflassung oder die anderweitige Grundlage der Eintragung (Erbschein, Testament, Zuschlagsbeschluß, Bewilligung der Berichtigung des Grundbuchs, Ersuchen der zuständigen Behörde, Enteignungsbeschluß usw.), der Verzicht auf das Eigentum an einem Grundstück (§ 928 Abs. 1 des Bürgerlichen Gesetzbuchs) und der Tag der Eintragung.

§ 10 [Abteilung II]

(1) In der zweiten Abteilung werden eingetragen:
a) alle Belastungen des Grundstücks oder eines Anteils am Grundstück, mit Ausnahme von Hypotheken, Grundschulden und Rentenschulden, einschließlich der sich auf diese Belastungen beziehenden Vormerkungen und Widersprüche;
b) die Beschränkung des Verfügungsrechts des Eigentümers sowie die das Eigentum betreffenden Vormerkungen und Widersprüche;
c) die im Enteignungsverfahren, im Verfahren zur Klarstellung der Rangverhältnisse (§§ 90 bis 115 der Grundbuchordnung) und in ähnlichen Fällen vorgesehenen, auf diese Verfahren hinweisenden Grundbuchvermerke.

(2) In der Spalte 1 ist die laufende Nummer der in dieser Abteilung erfolgenden Eintragungen anzugeben.

(3) Die Spalte 2 dient zur Angabe der laufenden Nummer, unter der das betroffene Grundstück im Bestandsverzeichnis eingetragen ist.

(4) In der Spalte 3 ist die Belastung, die Verfügungsbeschränkung oder der sonstige Vermerk inhaltlich einzutragen.

(5 a) Die Spalte 5 ist zur Eintragung von Veränderungen der in den Spalten 1 bis 3 eingetragenen Vermerke bestimmt, und zwar einschließlich der Beschränkungen des Berechtigten in der Verfügung über ein in den Spalten 1 bis 3 eingetragenes Recht, auch wenn die Beschränkung nicht erst nachträglich eintritt.

(5 b) In der Spalte 5 ist auch die Eintragung des in § 9 Abs. 1 der Grundbuchordnung vorgesehenen Vermerks ersichtlich zu machen (§ 9 Abs. 3 der Grundbuchordnung).

(6) In der Spalte 7 erfolgt die Löschung der in den Spalten 3 und 5 eingetragenen Vermerke.

(7) Bei Eintragungen in den Spalten 5 und 7 ist in den Spalten 4 und 6 die laufende Nummer anzugeben, unter der die betroffene Eintragung in der Spalte 1 vermerkt ist.

§ 11 [Abteilung III]

(1) In der dritten Abteilung werden Hypotheken, Grundschulden und Rentenschulden einschließlich der sich auf diese Rechte beziehenden Vormerkungen und Widersprüche eingetragen.

(2) Die Spalte 1 ist für die laufende Nummer der in dieser Abteilung erfolgenden Eintragungen bestimmt.

(3) In der Spalte 2 ist die laufende Nummer anzugeben, unter der das belastete Grundstück im Bestandsverzeichnis eingetragen ist.

(4) Die Spalte 3 dient zur Angabe des Betrags des Rechts, bei den Rentenschulden der Ablösungssumme.

(5) In der Spalte 4 wird das Recht inhaltlich eingetragen.

(6) In der Spalte 7 erfolgt die Eintragung von Veränderungen der in den Spalten 1 bis 4 vermerkten Rechte, einschließlich der Beschränkungen des Berechtigten in der Verfügung über ein solches Recht, auch wenn die Beschränkung nicht erst nachträglich eintritt.

(7) In der Spalte 10 werden die in den Spalten 3, 4 und 6, 7 eingetragenen Vermerke gelöscht.

(8) Bei Eintragungen in den Spalten 7 und 10 ist in den Spalten 5 und 8 die laufende Nummer, unter die betroffene Eintragung in der Spalte 1 eingetragen ist, und in den Spalten 6 und 9 der von der Veränderung oder Löschung betroffene Betrag des Rechts anzugeben.

I. Grundbuch~~ordnung~~

§ 12 [Vormerkung]

(1) Eine Vormerkung wird eingetragen:
a) wenn die Vormerkung den Anspruch auf Übertragung des Eigentums sichert, in den Spalten 1 bis 3 der zweiten Abteilung;
b) wenn die Vormerkung den Anspruch auf Einräumung eines anderen Rechts an dem Grundstück oder an einem das Grundstück belastenden Recht sichert, in der für die endgültige Eintragung bestimmten Abteilung und Spalte;
c) in allen übrigen Fällen in der für Veränderungen bestimmten Spalte der Abteilung, in welcher das von der Vormerkung betroffene Recht eingetragen ist.

(2) Diese Vorschriften sind bei der Eintragung eines Widerspruchs entsprechend anzuwenden.

DRITTER ABSCHNITT
Die Eintragungen

§ 13 [Vereinigung; Zuschreibung; Abschreibung]

(1) Bei der Vereinigung und der Zuschreibung von Grundstücken (§ 6 Abs. 6 Buchstabe b und c) sind die sich auf die beteiligten Grundstücke beziehenden Eintragungen in den Spalten 1 bis 4 rot zu unterstreichen. Das durch die Vereinigung oder Zuschreibung entstehende Grundstück ist unter einer neuen laufenden Nummer einzutragen; neben dieser Nummer ist in der Spalte 2 auf die bisherigen laufenden Nummern der beteiligten Grundstücke zu verweisen, sofern sie schon auf demselben Grundbuchblatt eingetragen werden.

(2) Bisherige Grundstücksteile (§ 6 Abs. 6 Buchstabe d) werden unter neuen laufenden Nummern eingetragen; neben diesen Nummern ist in der Spalte 2 auf die bisherige laufende Nummer des Grundstücks zu verweisen. Die Eintragungen, die sich auf das ursprüngliche Grundstück beziehen, sind in den Spalten 1 bis 4 rot zu unterstreichen.

(3) Wird ein Grundstück ganz abgeschrieben, so sind die Eintragungen in den Spalten 1 bis 6, die sich auf dieses Grundstück beziehen, sowie die Vermerke in den drei Abteilungen, die ausschließlich das abgeschriebene Grundstück betreffen, rot zu unterstreichen. Dasselbe gilt für die nach § 3 Abs. 5 der Grundbuchordnung eingetragenen Miteigentumsanteile, wenn nach § 3 Abs. 8 und 9 der Grundbuchordnung für das ganze gemeinschaftliche Grundstück ein Blatt angelegt wird.

(4) Wird ein Grundstücksteil abgeschrieben, so ist Absatz 2 entsprechend anzuwenden. Besteht das Grundstück aus mehreren Teilen, die in dem amtlichen Verzeichnis im Sinne des § 2 Abs. 2 der Grundbuchordnung als selbständige Teile aufgeführt sind, und wird ein solcher Teil abgeschrieben, so kann das Grundbuchamt von der Eintragung der bei dem Grundstück verbleibenden Teile unter neuer laufender Nummer absehen; in diesem Fall sind lediglich die Angaben zu dem abgeschriebenen Teil rot zu unterstreichen; ist die Gesamtgröße angegeben, so ist auch diese rot zu unterstreichen und die neue Gesamtgröße in Spalte 4 des Bestandsverzeichnisses anzugeben. Ist das Grundstück nach Maßgabe des § 6 Abs. 4 bezeichnet, so ist auch in dem bei den Grundakten aufzubewahrenden beglaubigten Auszug aus dem maßgebenden amtlichen Verzeichnis der Grundstücke die Abschreibung zu vermerken; eine ganz oder teilweise abgeschriebene Parzelle ist rot zu unterstreichen; eine bei dem Grundstück verbleibende Restparzelle ist am Schluß neu einzutragen.

(5) Die Vorschriften der Absätze 3 und 4 gelten auch für den Fall des Ausscheidens eines Grundstücks oder Grundstücksteils aus dem Grundbuch (§ 3 Abs. 3 der Grundbuchordnung).

§ 14 [Veränderung bei subjektiv-dinglichen Rechten; Rötung]

(1) Wird ein Vermerk über eine Veränderung eines Rechts, das dem jeweiligen Eigentümer eines auf dem Blatt verzeichneten Grundstücks zusteht, eingetragen, so ist der frühere Vermerk in den Spalten 3 und 4 insoweit rot zu unterstreichen, als er durch den Inhalt des Veränderungsvermerks gegenstandslos wird. Ferner ist bei der bisherigen Eintragung in Spalte 1 ein Hinweis auf die laufende Nummer des Veränderungsvermerks einzutragen.

(2) Im Falle der Abschreibung eines solchen Rechts sind in den Spalten 1 bis 6 des Bestandsverzeichnisses die Eintragungen, die sich auf dieses Recht beziehen, rot zu unterstreichen.

§ 15 [Bezeichnung des Berechtigten]

(1) Zur Bezeichnung des Berechtigten sind im Grundbuch anzugeben:

a) bei natürlichen Personen der Name (Vorname und Familienname), der Beruf, der Wohnort sowie nötigenfalls andere die Berechtigten deutlich kennzeichnende Merkmale (zum Beispiel das Geburtsdatum); das Geburtsdatum ist stets anzugeben, wenn es sich aus den Eintragungsunterlagen ergibt; wird das Geburtsdatum angegeben, so bedarf es nicht der Angabe des Berufs und des Wohnorts;

b) bei juristischen Personen, Handels- und Partnerschaftsgesellschaften der Name oder die Firma und der Sitz.

(2) Bei Eintragungen für den Fiskus, eine Gemeinde oder eine sonstige juristische Person des öffentlichen Rechts kann auf Antrag des Berechtigten der Teil seines Vermögens, zu dem das eingetragene Grundstück oder Recht gehört, oder die Zweckbestimmung des Grundstücks oder des Rechts durch einen dem Namen des Berechtigten in Klammern beizufügenden Zusatz bezeichnet werden. Auf Antrag kann auch angegeben werden, durch welche Behörde der Fiskus vertreten wird.

(3) Steht das Eigentum oder ein beschränktes dingliches Recht nach dem Inhalt des Grundbuchs den Mitgliedern einer Gesellschaft bürgerlichen Rechts zur gesamten Hand zu und wird diese Gesellschaft bürgerlichen Rechts eine Handels- oder Partnerschaftsgesellschaft, so ist das Grundbuch auf Antrag zu berichtigen, indem die Handelsgesellschaft oder die Partnerschaft als Eigentümerin oder Inhaberin des Rechts eingetragen wird. Zum Nachweis genügt eine Bescheinigung des Registergerichts über die Eintragung und darüber, daß die Handelsgesellschaft oder die Partnerschaft nach dem eingereichten Vertrag aus der Gesellschaft bürgerlichen Rechts hervorgegangen ist. Die Sätze 1 und 2 gelten für Vormerkungen und Widersprüche zugunsten der Gesellschaft bürgerlichen Rechts sinngemäß.

§ 16 [Rötung bei Eigentumswechsel]

Bei der Eintragung eines neuen Eigentümers sind die Vermerke in den Spalten 1 bis 4 der ersten Abteilung, die sich auf den bisher eingetragenen Eigentümer beziehen, rot zu unterstreichen.

§ 17 [Geldbeträge in Buchstaben; Rötung in Abteilung II und III]

(1) Bei Reallasten, Hypotheken, Grundschulden und Rentenschulden sind die in das Grundbuch einzutragenden Geldbeträge (§ 1107, § 1115 Abs. 1, § 1190 Abs. 1, §§ 1192, 1199 des Bürgerlichen Gesetzbuchs) in den Vermerken über die Eintragung des Rechts mit Buchstaben zu schreiben. Das gleiche gilt für die Eintragung einer Veränderung oder einer Löschung bezüglich eines Teilbetrags eines Rechts sowie im Falle des § 882 des Bürgerlichen Gesetzbuchs für die Eintragung des Höchstbetrags des Wertersatzes.

(2) Wird in der zweiten oder dritten Abteilung eine Eintragung ganz gelöscht, so ist sie rot zu unterstreichen. Dasselbe gilt für Vermerke, die ausschließlich die gelöschte Eintragung betreffen. Die rote Unterstreichung kann dadurch ersetzt werden, daß über der ersten und der letzten Zeile der Eintragung oder des Vermerks ein waagerechter roter Strich gezogen wird und beide Striche durch einen von oben links nach unten rechts verlaufenden roten Schrägstrich verbunden werden; erstreckt sich eine Eintragung oder ein Vermerk auf mehr als eine Seite, so ist auf jeder Seite entsprechend zu verfahren. Im Falle der Löschung eines Erbbaurechts unter gleichzeitiger Eintragung der im § 31 Abs. 4 Satz 3 der Verordnung über das Erbbaurecht vom 15. Januar 1919 (Reichsgesetzbl. S. 72) bezeichneten Vormerkung ist auf diese im Löschungsvermerk hinzuweisen.

(3) Wird in der zweiten oder dritten Abteilung ein Vermerk über eine Veränderung eingetragen, nach dessen aus dem Grundbuch ersichtlichen Inhalt ein früher eingetragener Vermerk ganz oder teilweise gegenstandslos wird, so ist der frühere Vermerk insoweit rot zu unterstreichen. Wird der früher eingetragene Vermerk ganz gegenstandslos, so gilt Absatz 2 Satz 3 entsprechend.

(4 a) Bei Teilabtretungen der in der dritten Abteilung eingetragenen Rechte ist der in Spalte 5 einzutragenden Nummer ein Buchstabe hinzuzufügen.

(4 b) Werden von einem Teilbetrag weitere Teilbeträge abgetreten, so ist der in Spalte 5 einzutragenden Nummer außer dem nach Absatz 4a vorgesehenen Buchstaben eine römische Zahl beizufügen.

I. Grundbuchordnung

(5) Wird eine Hypothek, Grundschuld oder Rentenschuld teilweise gelöscht, so ist in der Spalte 3 der dritten Abteilung der gelöschte Teil von dem Betrag abzuschreiben. Bezieht sich diese Löschung auf einen Teilbetrag (Absätze 4 a, 4 b), so ist der gelöschte Teil auch in Spalte 6 von dem Teilbetrag abzuschreiben.

§ 17 a [Entsprechende Anwendung]

§ 17 Abs. 2 Satz 3 ist auch bei Löschungen in dem Bestandsverzeichnis oder in der ersten Abteilung sinngemäß anzuwenden.

§ 18 [Rangvermerke]

Angaben über den Rang eines eingetragenen Rechts sind bei allen beteiligten Rechten zu vermerken.

§ 19 [Vormerkung und Widerspruch in Halbspalte]

(1) In den Fällen des § 12 Abs. 1 Buchstabe b und c ist bei Eintragung der Vormerkung die rechte Hälfte der Spalte für die endgültige Eintragung freizulassen. Das gilt jedoch nicht, wenn es sich um eine Vormerkung handelt, die einen Anspruch auf Aufhebung eines Rechts sichert.

(2) Soweit die Eintragung der Vormerkung durch die endgültige Eintragung ihre Bedeutung verliert, ist sie rot zu unterstreichen.

(3) Diese Vorschriften sind bei der Eintragung eines Widerspruchs entsprechend anzuwenden.

§ 20 [Eintragung in mehreren Spalten]

Sind bei einer Eintragung mehrere Spalten desselben Abschnittes oder derselben Abteilung auszufüllen, so gelten die sämtlichen Vermerke im Sinne des § 44 der Grundbuchordnung nur als eine Eintragung.

§ 21 [Äußere Form der Eintragung]

(1) Eintragungen sind deutlich und ohne Abkürzungen herzustellen. In dem Grundbuch darf nichts radiert und nichts unleserlich gemacht werden.

(2) Für Eintragungen, die mit gleichlautendem Text in einer größeren Zahl von Grundbuchblättern vorzunehmen sind, ist die Verwendung von Stempeln mit Genehmigung der Landesjustizverwaltung oder der von ihr bestimmten Stelle zulässig.

(3) Die sämtlichen Eintragungen in das Bestandsverzeichnis und in der zweiten und dritten Abteilung sind an der zunächst freien Stelle in unmittelbarem Anschluß an die vorhergehende Eintragung derselben Spalte und ohne Rücksicht darauf, zu welcher Eintragung einer anderen Spalte sie gehören, vorzunehmen.

(4) Sollen bei einem in Loseblattform geführten Grundbuch Eintragungen gedruckt werden, so kann abweichend von Absatz 3 der vor ihnen noch vorhandene freie Eintragungsraum in den Spalten, auf die sich die zu druckende Eintragung erstreckt, nach Maßgabe der folgenden Vorschriften gesperrt werden. Unmittelbar im Anschluß an die letzte Eintragung wird der nicht zu unterzeichnende Hinweis angebracht: „Anschließender Eintragungsraum gesperrt im Hinblick auf nachfolgende Eintragung"; für den Hinweis können Stempel verwendet werden, ohne daß es der Genehmigung nach Absatz 2 bedarf. Sodann werden auf jeder Seite in dem freien Eintragungsraum oben und unten über die ganze Breite der betroffenen Spalten waagerechte Striche gezogen und diese durch einen von oben links nach unten rechts verlaufenden Schrägstrich verbunden. Der obere waagerechte Strich ist unmittelbar im Anschluß an den in Satz 2 genannten Hinweis und, wenn dieser bei einer sich über mehrere Seiten erstreckenden Sperrung auf einer vorhergehenden Seite angebracht ist, außerdem auf jeder folgenden Seite unmittelbar unter der oberen Begrenzung des Eintragungsraumes, der untere waagerechte Strich unmittelbar über der unteren Begrenzung des zu sperrenden Raumes jeder Seite zu ziehen. Liegen nicht sämtliche betroffenen Spalten auf einer Seite nebeneinander, so ist die Sperrung nach den vorstehenden Vorschriften für die Spalten, die nebeneinanderliegen, jeweils gesondert vorzunehmen.

§ 22 [Eintragungsmuster]

Die nähere Einrichtung und die Ausfüllung des Grundbuchblattes ergibt sich aus dem in Anlage 1 beigefügten Muster.[1] Die darin befindlichen Probeeintragungen sind als Beispiele nicht Teil dieser Verfügung.

§ 23 [Umschreibung bei Raummangel]

(1) Bietet ein Grundbuchblatt für Neueintragungen keinen Raum mehr, so ist es umzuschreiben.

(2) Eine Fortsetzung eines Grundbuchblattes auf einem anderen, auch auf einem geschlossenen Blatt desselben oder eines anderen Bandes ist unzulässig.

VIERTER ABSCHNITT
Die Grundakten

§ 24 [Inhalt der Grundakten; Handblatt]

(1) Die Urkunden und Abschriften, die nach § 10 der Grundbuchordnung von dem Grundbuchamt aufzubewahren sind, werden zu den Grundakten genommen, und zwar die Bewilligung der Eintragung eines Erbbaurechts zu den Grundakten des Erbbaugrundbuchs.

(2) Betrifft ein Schriftstück der in Absatz 1 bezeichneten Art Eintragungen auf verschiedenen Grundbuchblättern desselben Grundbuchamts, so ist es zu den Grundakten eines der beteiligten Blätter zu nehmen; in den Grundakten der anderen Blätter ist auf diese Grundakten zu verweisen.

(3) Ist ein Schriftstück der in Absatz 1 bezeichneten Art in anderer der Vernichtung nicht unterliegenden Akten des Amtsgerichts enthalten, welches das Grundbuch führt, so genügt eine Verweisung auf die anderen Akten.

(4) Bei den Grundakten ist ein in seiner Einrichtung dem Grundbuchblatt entsprechender Vordruck (Handblatt) zu verwahren, welcher eine wörtliche Wiedergabe des gesamten Inhalts des Grundbuchblattes enthält. Die mit der Führung des Grundbuchs beauftragten Beamten haben für die Übereinstimmung des Handblatts mit dem Grundbuchblatt zu sorgen.

§ 24 a [Gestaltung der aufzubewahrenden Urkunden]

Urkunden oder Abschriften, die nach § 10 der Grundbuchordnung bei den Grundakten aufzubewahren sind, sollen tunlichst doppelseitig beschrieben sein, nur die Eintragungsunterlagen enthalten und nur einmal zu der betreffenden Grundakte eingereicht werden. § 18 der Grundbuchordnung findet insoweit keine Anwendung. Das Bundesministerium der Justiz gibt hierzu im Einvernehmen mit den Landesjustizverwaltungen und der Bundesnotarkammer Empfehlungen heraus.

FÜNFTER ABSCHNITT
Der Zuständigkeitswechsel

§ 25 [Schließung und Neuanlegung des Grundbuchblatts]

(1) Geht die Zuständigkeit für die Führung eines Grundbuchblatts auf ein anderes Grundbuchamt über, so ist das bisherige Blatt zu schließen; dem anderen Grundbuchamt sind die Grundakten zu übersenden, nachdem die wörtliche Übereinstimmung des Handblatts mit dem Grundbuchblatt von dem *Richter* und dem Urkundsbeamten der Geschäftsstelle bescheinigt ist.

(2 a) In der Aufschrift des neuen Blattes ist auf das bisherige Blatt zu verweisen.

(2 b) Gelöschte Eintragungen werden in das neue Blatt insoweit übernommen, als dies zum Verständnis der noch gültigen Eintragungen erforderlich ist. Im übrigen sind nur die laufenden Nummern der Eintragungen mit dem Vermerk „Gelöscht" zu übernehmen. Die Übernahme der

---

[1] Vom Abdruck der Muster wurde abgesehen.

I. Grundbuchordnung

Nummern der Eintragungen mit dem Vermerk „Gelöscht" kann unterbleiben und der Bestand an Eintragungen unter neuen laufenden Nummern übernommen werden, wenn Unklarheiten nicht zu besorgen sind.

(2 c) Die Übereinstimmung des Inhalts des neuen Blattes mit dem Inhalt des bisherigen Blattes ist im Bestandsverzeichnis und jeder Abteilung von dem *Richter* und dem Urkundsbeamten der Geschäftsstelle zu bescheinigen. Die Bescheinigung kann im Bestandsverzeichnis oder einer Abteilung mehrfach erfolgen, wenn die Spalten nicht gleich weit ausgefüllt sind. Befinden sich vor einer Bescheinigung leergebliebene Stellen, so sind sie zu durchkreuzen.

(2 d) Das Grundbuchamt, welches das neue Blatt anlegt, hat dem früher zuständigen Grundbuchamt die Bezeichnung des neuen Blattes mitzuteilen. Diese wird dem Schließungsvermerk (§ 36 Buchstabe b) auf dem alten Blatt hinzugefügt.

(3 a) Geht die Zuständigkeit für die Führung des Grundbuchs über eines von mehreren, auf einem gemeinschaftlichen Blatt eingetragenen Grundstücken oder über einen Grundstücksteil auf ein anderes Grundbuchamt über, so ist das Grundstück oder der Grundstücksteil abzuschreiben. Dem anderen Grundbuchamt sind ein beglaubigter Auszug aus dem Handblatt sowie die Grundakten zwecks Anfertigung von Abschriften und Auszügen der das abgeschriebene Grundstück betreffenden Urkunden zu übersenden.

(3 b) Ist der Übergang der Zuständigkeit von einem vorherigen, die Eintragung des neuen Eigentümers erfordernden Wechsel des Eigentums abhängig, so hat das bisher zuständige Grundbuchamt den neuen Eigentümer auf einem neu anzulegenden Blatt einzutragen; sodann ist nach den Absätzen 1 und 2 zu verfahren. Das bisher zuständige Grundbuchamt kann jedoch auch, wenn der Übergang der Zuständigkeit auf das andere Grundbuchamt durch Verständigung mit diesem gesichert ist, die Eintragung des neuen Eigentümers mit dem Abschreibungsvermerk verbinden und sodann nach Absatz 3 a verfahren, falls durch die Verbindung Verwirrung nicht zu besorgen ist und andere gemäß § 16 Abs. 2 der Grundbuchordnung zu berücksichtigende Eintragungsanträge nicht vorliegen. Tritt in diesem Fall der Zuständigkeitswechsel infolge nachträglicher Ablehnung der Übernahme durch das andere Grundbuchamt nicht ein, so hat das Grundbuchamt ein neues Grundbuchblatt anzulegen.

(4) Im Abschreibungsvermerk (Absätze 3 a und 3 b Satz 2) ist die Bezeichnung des Blattes, auf das das Grundstück oder der Grundstücksteil übertragen wird, zunächst offen zu lassen. Sie wird auf Grund einer von dem nunmehr zuständigen Grundbuchamt dem früher zuständigen Grundbuchamt zu machenden Mitteilung nachgetragen. Im Falle des Absatzes 3 b Satz 3 ist der Abschreibungsvermerk durch Nachtragen des neu angelegten Blattes zu ergänzen.

§ 26 [Abgabe des Grundbuchbandes]

(1) Geht bei einer Bezirksänderung die Führung des Grundbuches in Ansehung aller Blätter eines Grundbuchbandes auf ein anderes Grundbuchamt über, so ist der Band an das andere Grundbuchamt abzugeben. Dasselbe gilt, wenn von der Bezirksänderung nicht alle, aber die meisten Blätter eines Bandes betroffen werden und die Abgabe den Umständen nicht zweckmäßig ist.

(2 a) Der abzugebende Band ist an das andere Grundbuchamt zu übersenden.

(2 b) Die von der Bezirksänderung nicht betroffenen Grundbuchblätter sind zu schließen. Ihr Inhalt ist auf ein neues Grundbuchblatt zu übertragen. § 25 Abs. 2 a bis 2 c findet entsprechende Anwendung. In dem Schließungsvermerk (§ 36 Buchstabe b) ist die Bezeichnung des neuen Blattes anzugeben.

(3) Die abgegebenen Grundbuchbände und Blätter erhalten nach Maßgabe des § 2 Satz 2 und des § 3 neue Bezeichnungen. In der neuen Aufschrift (§ 5) sind in Klammern mit dem Zusatz „früher" auch der bisherige Bezirk und die bisherigen Band- und Blattnummern anzugeben.

(4) Mit den Grundbuchbänden sind die Grundakten sowie die sonstigen sich auf die darin enthaltenen Grundbuchblätter beziehenden und in Verwahrung des Gerichts befindlichen Schriftstücke abzugeben.

(5) Bei Grundstücken, die kein Grundbuchblatt haben, sind die sich auf sie beziehenden Schriftstücke gleichfalls abzugeben.

(6) Geht die Führung der Grundbuchblätter eines ganzen Grundbuchbezirks auf ein anderes Grundbuchamt über, so sind auch die Sammelakten und Verzeichnisse (z. B. Katasterurkunden) abzugeben, soweit sie sich auf diesen Bezirk beziehen.

(7) In den Fällen der Absätze 4, 5, und 6 ist über die Abgabe ein Vermerk zurückzubehalten.

§ 27 [Wechsel des Grundbuchbezirks]

Die Vorschriften des § 25 und des § 26 Abs. 1, 2 und 3 sind entsprechend anzuwenden, wenn ein Grundstück in einen anderen Grundbuchbezirk desselben Grundbuchamts übergeht.

§ 27 a [Abgabe von Grundbuchblättern]

(1) Geht die Zuständigkeit für die Führung eines oder mehrerer Grundbuchblätter auf ein anderes Grundbuchamt über und wird bei beiden beteiligten Grundbuchblättern für die in Frage kommenden Bezirke das Grundbuch in Einzelheften mit herausnehmbaren Einlegebogen geführt, so sind die betroffenen Blätter nicht zu schließen, sondern an das nunmehr zuständige Grundbuchamt abzugeben. § 26 Abs. 3, 4, 6 und 7 ist entsprechend anzuwenden. Im Fall des § 27 ist nach Satz 1 und § 26 Abs. 3 zu verfahren.

(2) Wird das Grundbuch in Einzelheften mit herausnehmbaren Einlegebogen nur bei einem der beteiligten Grundbuchämter für den in Frage kommenden Bezirk geführt, so ist nach § 25 Abs. 1 und 2, § 26 Abs. 3, 4, 6 und 7 zu verfahren. Im Fall des § 27 ist nach § 25 Abs. 1 und 2, § 26 Abs. 3 zu verfahren.

SECHSTER ABSCHNITT
Die Umschreibung von Grundbüchern

§ 28 [Fälle der Umschreibung]

(1) Ein Grundbuchblatt ist, außer im Falle des § 23 Abs. 1, umzuschreiben, wenn es unübersichtlich geworden ist.

(2) Ein Grundbuchblatt kann umgeschrieben werden:
a) wenn es durch Umschreibung wesentlich vereinfacht wird;
b) wenn außer ihm in demselben Grundbuchband keine oder nur wenige in Gebrauch befindliche Blätter enthalten sind und die Ausscheidung des Bandes angezeigt ist.

§ 29 [Verfahren vor Umschreibung]

Vor der Umschreibung hat der *Grundbuchrichter* Eintragungen, die von Amts wegen vorzunehmen sind, zu bewirken (z. B. §§ 4, 53 der Grundbuchordnung). Er hat über die Einleitung eines Löschungsverfahrens (§§ 84 bis 89 der Grundbuchordnung) oder eines Verfahrens zur Klarstellung der Rangverhältnisse (§§ 90 bis 115 der Grundbuchordnung) zu beschließen und das Verfahren vor der Umschreibung durchzuführen; auch hat er gegebenenfalls die Beteiligten über die Beseitigung unrichtiger Eintragungen sowie über die Vereinigung oder Zuschreibung von Grundstücken zu belehren.

§ 30 [Gestaltung des neuen Blattes]

(1) Für das neue Blatt gelten die folgenden Bestimmungen:
a) Das Blatt erhält die nächst fortlaufende Nummer; § 3 Abs. 2 ist anzuwenden.
b) In der Aufschrift des neuen Blattes ist auf das bisherige Blatt zu verweisen.
c) Gelöschte Eintragungen werden unter ihrer bisherigen laufenden Nummer in das neue Blatt insoweit übernommen, als dies zum Verständnis der noch gültigen Eintragungen erforderlich ist. Im übrigen sind nur die laufenden Nummern der Eintragungen mit dem Vermerk „Gelöscht" zu übernehmen. Die Übernahme der Nummern der Eintragungen mit dem Vermerk „Gelöscht" kann unterbleiben und der Bestand an Eintragungen unter neuen laufenden Nummern übernommen werden, wenn Unklarheiten nicht zu besorgen sind.
d) Die Eintragungsvermerke sind tunlichst so zusammenzufassen und zu ändern, daß nur ihr gegenwärtiger Inhalt in das neue Blatt übernommen wird.
e) Veränderungen eines Rechts sind tunlichst in den für die Eintragung des Rechts selbst bestimmten Spalten einzutragen; jedoch sind besondere Rechte (z. B. Pfandrechte), Löschungsvormer-

I. Grundbuchordnung

kungen sowie Vermerke, die sich auf mehrere Rechte gemeinsam beziehen, wieder in den für Veränderungen bestimmten Spalten einzutragen.

f) *(weggefallen)*

g) In der zweiten und dritten Abteilung ist der Tag der ersten Eintragung eines Rechts mit zu übertragen.

h) 1. Jeder übertragene Vermerk, dessen Unterzeichnung erforderlich ist, ist mit dem Zusatz „Umgeschrieben" zu versehen und von dem *Richter* und dem Urkundsbeamten der Geschäftsstelle zu unterzeichnen.

2. In Spalte 6 des Bestandsverzeichnisses genügt der Vermerk „Bei Umschreibung des unübersichtlich gewordenen Blattes ... als Bestand eingetragen am ..."; der Vermerk in Spalte 4 der ersten Abteilung hat zu lauten: „Das auf dem unübersichtlich gewordenen Blatt ... eingetragene Eigentum bei Umschreibung des Blattes ist hier eingetragen am ...".

i) In den Fällen des § 30 (§§ 31, 32) des Reichsgesetzes über die Bereinigung der Grundbücher vom 18. Juli 1930 (Reichsgesetzbl. I S. 305) ist nach Möglichkeit an Stelle der Bezugnahme auf das Auswertungsgesetz ein Widerspruch mit dem im § 30 des Gesetzes über die Bereinigung der Grundbücher bezeichneten Inhalt einzutragen, sofern eine endgültige Klarstellung in einem Verfahren zur Klarstellung der Rangverhältnisse (§§ 90 bis 115 der Grundbuchordnung) oder auf andere Weise nicht erreichbar ist.

(2) Das umgeschriebene Blatt ist zu schließen. In dem Schließungsvermerk (§ 36 Buchstabe b) ist die Bezeichnung des neuen Blattes anzugeben.

§ 31 [Muster für Umschreibung]

Die Durchführung der Umschreibung im einzelnen ergibt sich aus den in den Anlagen 2 a und 2 b beigefügten Mustern. § 22 Satz 2 gilt entsprechend.

§ 32 [Neues Handblatt]

(1) Die für das geschlossene Grundbuchblatt gehaltenen Grundakten werden unter entsprechender Änderung ihrer Bezeichnung für das neue Blatt weitergeführt. Nach dem umgeschriebenen Blatt ist ein neues Handblatt herzustellen. Das alte Handblatt ist bei den Grundakten zu verwahren; es ist deutlich als Handblatt des wegen Umschreibung geschlossenen Blattes zu kennzeichnen.

(2) Mit Genehmigung der Landesjustizverwaltung oder der von ihr bestimmten Stelle können auch die für das geschlossene Grundbuchblatt gehaltenen Akten geschlossen werden. Das alte Handblatt und Urkunden, auf die eine Eintragung in dem neuen Grundbuchblatt sich gründet oder Bezug nimmt, können zu den Grundakten des neuen Blattes genommen werden; in diesem Fall ist Absatz 1 Satz 3 Halbsatz 2 entsprechend anzuwenden. Die Übernahme ist in geschlossenen Grundakten zu vermerken.

§ 33 [Teilweise Unübersichtlichkeit]

(1) Sind nur das Bestandsverzeichnis oder einzelne Abteilungen des Grundbuchblatts unübersichtlich geworden, so können sie für sich allein neu gefaßt werden, falls dieser Teil des Grundbuchblattes hierfür genügend Platz bietet.

(2 a) § 29 ist entsprechend anzuwenden.

(2 b) Der neu zu fassende Teil des Grundbuchblattes ist durch einen quer über beide Seiten zu ziehenden rot-schwarzen Doppelstrich abzuschließen und darunter der Vermerk zu setzen: „Wegen Unübersichtlichkeit neu gefaßt." Die über dem Doppelstrich stehenden Eintragungen sind rot zu durchkreuzen.

(2 c) § 30 Abs. 1 Buchstaben c, d, e, g und i ist entsprechend anzuwenden. Buchstabe c jedoch mit Ausnahme seines Satzes 3.

(2 d) 1. Jeder übertragene Vermerk, dessen Unterzeichnung erforderlich ist, ist mit dem Zusatz „Bei Neufassung übertragen" zu versehen und von dem *Richter* und dem Urkundsbeamten der Geschäftsstelle zu unterzeichnen.

2. In Spalte 6 des Bestandsverzeichnisses genügt der Vermerk: „Bei Neufassung des unübersichtlich gewordenen Bestandsverzeichnisses als Bestand eingetragen am ...".

(2 e) Die nicht neu gefaßten Teile des Grundbuchblattes bleiben unverändert.

SIEBENTER ABSCHNITT
Die Schließung des Grundbuchblatts

§ 34 [Weitere Fälle der Schließung]

Außer den Fällen des § 25 Abs. 1, § 26 Abs. 2, § 27, § 27a Abs. 2 und § 30 Abs. 2 wird das Grundbuchblatt geschlossen, wenn:
a) alle auf einem Blatt eingetragenen Grundstücke aus dem Grundbuchblatt ausgeschieden sind;
b) an Stelle des Grundstücks die Miteigentumsanteile der Miteigentümer nach § 3 Abs. 4 und 5 der Grundbuchordnung im Grundbuch eingetragen werden und weitere Grundstücke nicht eingetragen sind;
c) das Grundstück untergegangen ist.

§ 35 [Nicht nachweisbares Grundstück]

(1) Das Grundbuchblatt wird ferner geschlossen, wenn das Grundstück sich in der Örtlichkeit nicht nachweisen läßt.

(2) Vor der Schließung sind alle, denen ein im Grundbuch eingetragenes Recht an dem Grundstück oder an einem solchen Rechte zusteht, aufzufordern, binnen einer vom Grundbuchamt zu bestimmenden angemessenen Frist das Grundstück in der Örtlichkeit nachzuweisen, mit dem Hinweis, daß nach fruchtlosem Ablauf der Frist das Blatt geschlossen werde. Die Aufforderung ist den Berechtigten, soweit ihre Person und ihr Aufenthalt dem Grundbuchamt bekannt ist, zuzustellen. Sie kann nach Ermessen des Grundbuchamts außerdem öffentlich bekanntgemacht werden; dies hat zu geschehen, wenn Person oder Aufenthalt eines Berechtigten dem Grundbuchamt nicht bekannt ist. Die Art der Bekanntmachung bestimmt das Grundbuchamt.

§ 36 [Form der Schließung]

Das Grundbuchblatt wird geschlossen, indem
a) sämtliche Seiten des Blattes, soweit sie Eintragungen enthalten, rot durchkreuzt werden;
b) ein Schließungsvermerk, in dem der Grund der Schließung anzugeben ist, in der Aufschrift eingetragen wird.

§ 37 [Wiederverwendung geschlossener Blätter]

(1) Geschlossene Grundbuchblätter dürfen zur Anlegung eines neuen Blattes nicht wieder verwendet werden.

(2a) Jedoch kann der zuständige *Oberlandesgerichtspräsident* unter Berücksichtigung der besonderen örtlichen Verhältnisse bei allen oder einzelnen Grundbuchämtern seines Bezirks die Wiederverwendung geschlossener Grundbuchblätter zur Einrichtung eines neuen Blattes desselben Grundbuchbezirks gestatten, sofern dadurch eine nennenswerte Ersparnis erzielt und die Übersichtlichkeit des Grundbuchs nicht beeinträchtigt wird.

(2b) Das neue Blatt erhält die Nummer des alten Blattes unter Hinzufügung des Buchstaben „A".

(2c) Das alte Blatt ist in der Aufschrift, im Bestandsverzeichnis und in den drei Abteilungen, soweit sich darin Eintragungen befinden, durch einen quer über beide Seiten zu ziehenden rotschwarzen Doppelstrich abzuschließen und darunter mit dem Vermerk zu versehen: „Wieder benutzt als Blatt Nr. ... A". In der Aufschrift ist dieser Vermerk durch Angabe des Amtsgerichts und des Bezirks zu ergänzen. Die neuen Eintragungen haben unter neuen laufenden Nummern zu erfolgen.

(3) Die Absätze 2a bis 2c sind nicht anzuwenden, wenn das Grundbuch in Einzelheften mit herausnehmbaren Einlegebogen geführt wird. In diesem Fall kann jedoch nach Anordnung der Landesjustizverwaltung die Nummer eines geschlossenen Grundbuchblatts im Einzelheft für ein neues Blatt desselben Grundbuchbezirks unter Hinzufügung des Buchstaben A (B, C usw.) wiederverwendet werden.

I. Grundbuchordnung

ACHTER ABSCHNITT
Die Beseitigung einer Doppelbuchung

§ 38 [Beseitigung einer Doppelbuchung]

(1) Ist ein Grundstück für sich allein auf mehreren Grundbuchblättern eingetragen, so gilt folgendes:

a) Stimmen die Eintragungen auf den Blättern überein, so sind die Blätter bis auf eins zu schließen. Im Schließungsvermerk (§ 36 Buchstabe b) ist die Nummer des nicht geschlossenen Blattes anzugeben.

b) 1. Stimmen die Eintragungen auf den Blättern nicht überein, so sind alle Blätter zu schließen. Für das Grundstück ist ein neues Blatt anzulegen. Im Schließungsvermerk (§ 36 Buchstabe b) ist die Nummer des neuen Blattes anzugeben.

2. Das Grundbuchamt entscheidet darüber, welche Eintragungen aus den geschlossenen Blättern auf das neue Blatt zu übernehmen sind. Nicht übernommene Eintragungen sind durch Eintragung von Widersprüchen zu sichern. Das Grundbuchamt hat vor der Entscheidung, soweit erforderlich und tunlich, die Beteiligten zu hören und eine gütliche Einigung zu versuchen.

c) Die wirkliche Rechtslage bleibt durch die nach den Buchstaben a und b vorgenommenen Maßnahmen unberührt.

(2 a) Ist ein Grundstück oder Grundstücksteil auf mehreren Grundbuchblättern eingetragen, und zwar wenigstens auf einem der Grundbuchblätter zusammen mit anderen Grundstücken oder Grundstücksteilen (§§ 4, 5, 6, 6 a der Grundbuchordnung), so ist das Grundstück oder der Grundstücksteil von allen Blättern abzuschreiben. Für das Grundstück oder den Grundstücksteil ist ein neues Blatt anzulegen.

(2 b) Für die Anlegung des neuen Blattes gilt Absatz 1 Buchstabe b Nr. 2 entsprechend.

(2 c) Würde das nach den Absätzen 2 a und 2 b anzulegende neue Blatt mit einem der alten Blätter übereinstimmen, so wird dieses fortgeführt und das Grundstück oder der Grundstücksteil nur von den anderen alten Blättern abgeschrieben.

(2 d) Die wirkliche Rechtslage bleibt von den nach den Absätzen 2 a bis 2 c vorgenommenen Maßnahmen unberührt.

NEUNTER ABSCHNITT
Die Bekanntmachung der Eintragungen

§ 39 [Bekanntmachung an Behörden]

(1) *(weggefallen)*

(2) *(weggefallen)*

(3) Die Umschreibung eines Grundbuchblatts ist dem Eigentümer, den eingetragenen dinglich Berechtigten und der Katasterbehörde (Flurbuchbehörde, Vermessungsbehörde) bekanntzugeben. Inwieweit hiermit eine Mitteilung von etwaigen Änderungen der Eintragungsvermerke zu verbinden ist, bleibt unbeschadet der Vorschrift des § 55 der Grundbuchordnung, dem Ermessen des *Grundbuchrichters* überlassen. Die Änderung der laufenden Nummern von Eintragungen (§ 30 Abs. 1 Buchstabe c Satz 3) ist dem Eigentümer stets, einem eingetragenen dinglich Berechtigten, wenn sich die laufende Nummer seines Rechts ändert oder die Änderung für ihn sonst von Bedeutung ist, bekanntzugeben. Ist über eine Hypothek, Grundschuld oder Rentenschuld ein Brief erteilt, so ist bei der Bekanntgabe der Gläubiger aufzufordern, den Brief zwecks Berichtigung, insbesondere der Nummer des Grundbuchblatts, dem Grundbuchamt alsbald einzureichen.

(4) *(weggefallen)*

§ 40 [Bekanntmachungen bei Zuständigkeitswechsel]

(1) Geht die Zuständigkeit für die Führung des Grundbuchblatts infolge einer Bezirksänderung oder auf sonstige Weise auf ein anderes Grundbuchamt über (§§ 25, 26), so hat dieses hiervon

den eingetragenen Eigentümer und die aus dem Grundbuch ersichtlichen dinglich Berechtigten unter Mitteilung der künftigen Aufschrift des Grundbuchblattes zu benachrichtigen. Die Vorschriften des § 39 Abs. 3 Satz 3 und 4 sind entsprechend anzuwenden. Die vorstehenden Bestimmungen gelten nicht, wenn die Änderung der Zuständigkeit sich auf sämtliche Grundstücke eines Grundbuchbezirks erstreckt und die Bezeichnung des Grundbuchbezirks sowie die Band- und Blattnummern unverändert bleiben.

(2) Die Vorschriften des Absatzes 1 Satz 1 und des § 39 Abs. 3 Satz 3 und 4 sind entsprechend anzuwenden, wenn ein Grundstück in einen anderen Grundbuchbezirk desselben Grundbuchamts übergeht (§ 27).

§ 41 *(weggefallen)*

§ 42 [Form der Benachrichtigung]

Erforderliche maschinell erstellte Zwischenverfügungen und die nach den §§ 55 bis 55 b der Grundbuchordnung vorzunehmenden Mitteilungen müssen nicht unterschrieben werden. In diesem Fall soll auf dem Schreiben der Vermerk „Dieses Schreiben ist maschinell erstellt und auch ohne Unterschrift wirksam" angebracht sein. Zwischenverfügungen und Mitteilungen können, wenn die Kenntnisnahme durch den Empfänger allgemein sichergestellt ist und der Lauf von gesetzlichen Fristen wirksam in Gang gesetzt und überwacht werden kann, auch durch Bildschirmmitteilung oder in anderer Weise elektronisch erfolgen.

ZEHNTER ABSCHNITT
Grundbucheinsicht und -abschriften

§ 43 [Einsicht durch Notare und Behörden]

(1) Beauftragte inländischer öffentlicher Behörden sind befugt, das Grundbuch einzusehen und eine Abschrift zu verlangen, ohne daß es der Darlegung eines berechtigten Interesses bedarf.

(2) Dasselbe gilt für Notare sowie für Rechtsanwälte, die im nachgewiesenen Auftrag eines Notars das Grundbuch einsehen wollen, für öffentlich bestellte Vermessungsingenieure und dinglich Berechtigte, soweit Gegenstand der Einsicht das betreffende Grundstück ist. Unbeschadet dessen ist die Einsicht in das Grundbuch und die Erteilung von Abschriften hieraus zulässig, wenn die für den Einzelfall erklärte Zustimmung des eingetragenen Eigentümers dargelegt wird.

§ 44 [Grundbuchabschriften]

(1) Grundbuchabschriften sind auf Antrag zu beglaubigen.

(2) Die Bestätigung oder Ergänzung früher gefertigter Abschriften ist zulässig. Eine Ergänzung einer früher erteilten Abschrift soll unterbleiben, wenn die Ergänzung gegenüber der Erteilung einer Abschrift durch Ablichtung einen unverhältnismäßigen Arbeitsaufwand, insbesondere erheblich oder zeitraubende Schreibarbeiten erfordern würde, andere Versagungsgründe bleiben unberührt.

(3) Auf einfachen Abschriften ist der Tag anzugeben, an dem sie gefertigt sind. Der Vermerk ist jedoch nicht zu unterzeichnen.

(4) Von gelöschten Eintragungen wird lediglich die laufende Nummer der Eintragung mit dem Vermerk „Gelöscht" in die Abschrift aufgenommen. Dies gilt nicht, wenn ihre Aufnahme in vollem Wortlaut beantragt ist oder soweit die Abschrift durch Ablichtung hergestellt wird.

§ 45 [Beglaubigte Abschrift von Blatteilen]

(1) Die Erteilung einer beglaubigten Abschrift eines Teils des Grundbuchblatts ist zulässig.

(2) In diesem Fall sind in die Abschrift die Eintragungen aufzunehmen, welche den Gegenstand betreffen, auf den sich die Abschrift beziehen soll. In dem Beglaubigungsvermerk ist der Gegenstand anzugeben und zu bezeugen, daß weitere ihn betreffende Eintragungen in dem Grundbuch nicht enthalten sind.

I. Grundbuchordnung

(3) Im übrigen ist das Grundbuchamt den Beteiligten gegenüber zur Auskunftserteilung nur auf Grund besonderer gesetzlicher Vorschrift verpflichtet. Die Erteilung eines abgekürzten Auszugs aus dem Inhalt des Grundbuchs ist nicht zulässig.

§ 46 [Einsicht in die Grundakten]

(1) Die Einsicht von Grundakten ist jedem gestattet, der ein berechtigtes Interesse darlegt, auch soweit es sich nicht um die im § 12 Abs. 1 Satz 2 der Grundbuchordnung bezeichneten Urkunde handelt.

(2) Die Vorschrift des § 43 ist auf die Einsicht von Grundakten entsprechend anzuwenden.

(3) Soweit die Einsicht gestattet ist, kann eine Abschrift verlangt werden, die auf Antrag auch zu beglaubigen ist.

ELFTER ABSCHNITT

Hypotheken-, Grundschuld- und Rentenschuldbriefe

§ 47 [Überschrift des Briefes]

Die Hypothekenbriefe sind mit einer Überschrift zu versehen, welche die Worte „Deutscher Hypothekenbrief" und die Bezeichnung der Hypothek (§ 56 Abs. 1 der Grundbuchordnung) enthält, über die der Brief erteilt wird. Die laufende Nummer, unter der die Hypothek in der dritten Abteilung des Grundbuchs eingetragen ist, ist dabei in Buchstaben zu wiederholen.

§ 48 [Kennzeichnung bei Teillöschungen und Teilbriefen]

(1) Wird eine Hypothek im Grundbuch teilweise gelöscht, so ist auf dem Brief der Betrag, für den die Hypothek noch besteht, neben der in der Überschrift enthaltenen Bezeichnung des Rechts durch den Vermerk ersichtlich zu machen: „Noch gültig für (Angabe des Betrags)." Der alte Betrag ist rot zu unterstreichen.

(2) In derselben Weise ist bei der Herstellung von Teilhypothekenbriefen auf dem bisherigen Brief der Betrag ersichtlich zu machen, auf den sich der Brief noch bezieht.

§ 49 [Nachtragsvermerke]

Vermerke über Eintragungen, die nachträglich bei der Hypothek erfolgen, wie Vermerke über Änderungen der im § 57 der Grundbuchordnung genannten Angaben werden auf dem Brief im Anschluß an den letzten vorhandenen Vermerk oder, wenn hierfür auf dem Brief kein Raum mehr vorhanden ist, auf einen mit dem Brief zu verbindenden besonderen Bogen gesetzt.

§ 49 a [Versendung]

Wird der Grundpfandrechtsbrief nicht ausgehändigt, soll er durch die Post mit Zustellungsurkunde oder durch Einschreiben versandt werden. Die Landesjustizverwaltungen können durch Geschäftsanweisung oder Erlaß ein anderes Versendungsverfahren bestimmen. Bestehende Anweisungen oder Erlasse bleiben unberührt.

§ 50 [Verbindung durch Schnur und Siegel]

Die im § 58 Abs. 1 und § 59 Abs. 2 der Grundbuchordnung sowie im § 49 dieser Verfügung vorgeschriebene Verbindung erfolgt durch Schnur und Siegel.

§ 51 [Grundschuld- und Rentenschuldbriefe]

Die Vorschriften der §§ 47 bis 50 sind auf Grundschuld- und Rentenschuldbriefe entsprechend anzuwenden. In der Überschrift eines Rentenschuldbriefes ist der Betrag der einzelnen Jahresleistung, nicht der Betrag der Ablösungssumme, anzugeben.

§ 52 [Muster und Vordrucke für Briefe]

(1) Für die Hypotheken-, Grundschuld- und Rentenschuldbriefe dienen die Anlagen 3 bis 8 als Muster.[2]

(2) Für die Ausfertigung der Hypotheken-, Grundschuld- und Rentenschuldbriefe sind die amtlich ausgegebenen, mit laufenden Nummern versehenen Vordrucke nach näherer Anweisung der Landesjustizverwaltung zu verwenden.

§ 53 [Unbrauchbarmachung]

(1) Ist nach dem Gesetz ein Hypotheken-, Grundschuld- oder Rentenschuldbrief unbrauchbar zu machen, so wird, nachdem die bei dem Recht bewirkte Grundbucheintragung auf dem Brief vermerkt ist, der Vermerk über die erste Eintragung des Rechts durchstrichen und der Brief mit Einschnitten versehen.

(2) Ist verfügt worden, daß der Brief unbrauchbar zu machen ist, und ist in den Grundakten ersichtlich gemacht, daß die Verfügung ausgeführt ist, so ist der Brief mit anderen unbrauchbar gemachten Briefen zu Sammelakten zu nehmen. Die Sammelakten sind für das Kalenderjahr anzulegen und am Schluß des folgenden Kalenderjahres zu vernichten. In der Verfügung kann angeordnet werden, daß ein unbrauchbar gemachter Brief während bestimmter Zeit bei den Grundakten aufzubewahren ist.

ZWÖLFTER ABSCHNITT
Das Erbbaugrundbuch

§ 54 [Entsprechende Anwendung der allgemeinen Vorschriften]

Auf das für ein Erbbaurecht anzulegende besondere Grundbuchblatt (§ 14 Abs. 1 der Verordnung über das Erbbaurecht vom 15. Januar 1919 – Reichsgesetzbl. S. 72) sind die vorstehenden Vorschriften entsprechend anzuwenden, soweit sich nicht aus den §§ 55 bis 59 Abweichendes ergibt.

§ 55 [Nummernfolge; Aufschrift]

(1) Das Erbbaugrundbuchblatt erhält die nächste fortlaufende Nummer des Grundbuchs, in dem das belastete Grundstück verzeichnet ist.

(2) In der Aufschrift ist unter die Blattnummer in Klammern das Wort „Erbbaugrundbuch" zu setzen.

§ 56 [Bestandsverzeichnis beim Erbbaugrundbuch]

(1) Im Bestandsverzeichnis sind in dem durch die Spalten 2 bis 4 gebildeten Raum einzutragen:
a) die Bezeichnung „Erbbaurecht" sowie die Bezeichnung des belasteten Grundstücks, wobei der Inhalt der Spalten 3 und 4 des Bestandsverzeichnisses des belasteten Grundstücks in die Spalten 3 und 4 des Erbbaugrundbuchs zu übernehmen ist;
b) der Inhalt des Erbbaurechts;
c) im unmittelbaren Anschluß an die Eintragung unter b der Eigentümer des belasteten Grundstücks;
d) Veränderungen der unter a bis c genannten Vermerke.

(2) Bei Eintragung des Inhalts des Erbbaurechts (Absatz 1 Buchstabe b) ist die Bezugnahme auf die Eintragungsbewilligung zulässig; jedoch sind Beschränkungen des Erbbaurechts durch Bedingungen, Befristungen oder Verfügungsbeschränkungen (§ 5 der Erbbaurechtsverordnung) ausdrücklich einzutragen.

(3) In der Spalte 1 ist die laufende Nummer der Eintragung anzugeben.

(4) In der Spalte 6 sind die Vermerke über die Berichtigungen des Bestandes des belasteten Grundstücks, die auf dem Blatt dieses Grundstücks zur Eintragung gelangen (§ 6 Abs. 6 Buchstabe e),

---

[2] Vom Abdruck wurde abgesehen.

I. Grundbuchordnung

einzutragen. In der Spalte 5 ist hierbei auf die laufende Nummer hinzuweisen, unter der die Berichtigung in den Spalten 3 und 4 eingetragen wird.

(5) Verliert durch die Eintragung einer Veränderung nach ihrem aus dem Grundbuch ersichtlichen Inhalt ein früherer Vermerk ganz oder teilweise seine Bedeutung, so ist er insoweit rot zu unterstreichen.

(6) Die Löschung des Erbbaurechts ist in der Spalte 8 zu vermerken.

§ 57 [Eintragungen in den Abteilungen des Erbbaugrundbuchs]

(1) Die erste Abteilung dient zur Eintragung des Erbbauberechtigten.

(2) Im übrigen sind auf die Eintragungen im Bestandsverzeichnis sowie in den drei Abteilungen die für die Grundbuchblätter über Grundstücke geltenden Vorschriften (Abschnitte II, III) entsprechend anzuwenden.

§ 58 [Muster für Erbbaugrundbuch]

Die nähere Einrichtung und die Ausfüllung des für ein Erbbaurecht anzulegenden besonderen Grundbuchblatts ergibt sich aus dem in der Anlage 9 beigefügten Muster.[3] § 22 Satz 2 ist entsprechend anzuwenden.

§ 59 [Hypothekenbriefe bei Erbbaurechten]

Bei der Bildung von Hypotheken-, Grundschuld- und Rentenschuldbriefen ist kenntlich zu machen, daß der belastete Gegenstand ein Erbbaurecht ist.

§ 60 [Grundbuchblatt für bis 21. 1. 1919 begründete Erbbaurechte]

Die vorstehenden Vorschriften sind auf die nach § 8 der Grundbuchordnung anzulegenden Grundbuchblätter mit folgenden Maßgaben entsprechend anzuwenden:

a) In der Aufschrift ist an Stelle des Wortes „Erbbaugrundbuch" (§ 55 Abs. 2) das Wort „Erbbaurecht" zu ersetzen;

b) bei der Eintragung des Inhalts des Erbbaurechts ist die Bezugnahme auf die Eintragungsbewilligung (§ 56 Abs. 2) unzulässig.

DREIZEHNTER ABSCHNITT
Vorschriften über das maschinell geführte Grundbuch

ERSTER UNTERABSCHNITT
Das maschinell geführte Grundbuch

§ 61 [Grundsatz]

Für das maschinell geführte Grundbuch und das maschinell geführte Erbbaugrundbuch gelten die Bestimmungen dieser Verordnung und, wenn es sich um Wohnungsgrundbuchblätter handelt, auch die Wohnungsgrundbuchverfügung und die sonstigen allgemeinen Ausführungsvorschriften, soweit im folgenden nichts abweichendes bestimmt wird.

§ 62 [Begriff des maschinell geführten Grundbuchs]

Bei dem maschinell geführten Grundbuch ist der in den dafür bestimmten Datenspeicher aufgenommene und auf Dauer unverändert in lesbarer Form wiedergabefähige Inhalt des Grundbuchblatts (§ 3 Abs. 1 Satz 1 der Grundbuchordnung) das Grundbuch. Die Bestimmung des Datenspeichers nach Satz 1 kann durch Verfügung der zuständigen Stelle geändert werden, wenn dies dazu dient, die Erhaltung und die Abrufbarkeit der Daten sicherzustellen oder zu verbessern, und die Datei dabei nicht verändert werden.

---

[3] Vom Abdruck wurde abgesehen.

§ 63 [Gestaltung des maschinell geführten Grundbuchs]

Der Inhalt des maschinell geführten Grundbuchs muß auf dem Bildschirm und in Ausdrucken so sichtbar gemacht werden können, wie es den durch diese Verordnung und die Wohnungsgrundbuchverfügung vorgeschriebenen Vordrucken entspricht. Die Vorschriften, die Grundbuchbände voraussetzen, sind nicht anzuwenden.

§ 64 [Anforderungen an Anlagen und Programme]

(1) Für das maschinell geführte Grundbuch dürfen nur Anlagen und Programme verwendet werden, die den bestehenden inländischen oder international anerkannten technischen Anforderungen an die maschinell geführte Verarbeitung geschützter Daten entsprechen. Sie sollen über die in Absatz 2 bezeichneten Grundfunktionen verfügen. Das Vorliegen dieser Voraussetzungen ist, soweit es nicht durch ein inländisches oder ausländisches Prüfzeugnis bescheinigt wird, durch die zuständige Landesjustizverwaltung in geeigneter Weise festzustellen.

(2) Das eingesetzte Datenverarbeitungssystem soll gewährleisten, daß

1. seine Funktionen nur genutzt werden können, wenn sich der Benutzer dem System gegenüber identifiziert und authentisiert (Identifikation und Authentisierung),
2. die eingeräumten Benutzungsrechte im System verwaltet werden (Berechtigungsverwaltung),
3. die eingeräumten Benutzungsrechte von dem System geprüft werden (Berechtigungsprüfung),
4. die Vornahme von Veränderungen und Ergänzungen des maschinell geführten Grundbuchs im System protokolliert wird (Beweissicherung),
5. eingesetzte Subsysteme ohne Sicherheitsrisiken wiederhergestellt werden können (Wiederaufbereitung),
6. etwaige Verfälschungen der gespeicherten Daten durch Fehlfunktionen des Systems durch geeignete technische Prüfmechanismen rechtzeitig bemerkt werden können (Unverfälschheit),
7. die Funktionen des Systems fehlerfrei ablaufen und auftretende Fehlfunktionen unverzüglich gemeldet werden (Verläßlichkeit der Dienstleistung),
8. der Austausch von Daten aus dem oder für das Grundbuch im System und bei Einsatz öffentlicher Netze sicher erfolgen kann (Übertragungssicherheit).

Das System soll nach Möglichkeit Grundbuchdaten übernehmen können, die in Systemen gespeichert sind, die die Führung des Grundbuchs in Papierform unterstützen.

§ 65 [Sicherung der Anlagen und Programme]

(1) Die Datenverarbeitungsanlage ist so aufzustellen, daß sie keinen schädlichen Witterungseinwirkungen ausgesetzt ist, kein Unbefugter Zugang zu ihr hat und ein Datenverlust bei Stromausfall vermieden wird. In dem Verfahren ist durch geeignete systemtechnische Vorkehrungen sicherzustellen, daß nur die hierzu ermächtigten Personen Zugriff auf die Programme und den Inhalt der maschinell geführten Grundbuchblätter haben. Die Anwendung der Zugangssicherungen und Datensicherungsverfahren ist durch Dienstanweisungen sicherzustellen.

(2) Ist die Datenverarbeitungsanlage an ein öffentliches Telekommunikationsnetz angeschlossen, müssen Sicherungen gegen ein Eindringen unbefugter Personen oder Stellen in das Verarbeitungssystem (Hacking) getroffen werden.

§ 66 [Sicherung der Daten]

(1) Das Datenverarbeitungssystem soll so angelegt werden, daß die eingegebenen Eintragungen auch dann gesichert sind, wenn sie noch nicht auf Dauer unverändert in lesbarer Form wiedergegeben werden können.

(2) Das Grundbuchamt bewahrt mindestens eine vollständige Sicherungskopie aller bei ihm maschinell geführten Grundbuchblätter auf. Sie ist mindestens am Ende eines jeden Arbeitstages auf den Stand zu bringen, den die Daten der maschinell geführten Grundbuchblätter (§ 62) dann erreicht haben.

(3) Die Kopie ist so aufzubewahren, daß sie bei einer Beschädigung der maschinell geführten Grundbuchblätter nicht in Mitleidenschaft gezogen und unverzüglich zugänglich gemacht werden kann. Im übrigen gilt § 65 Abs. 1 sinngemäß.

I. Grundbuchordnung

ZWEITER UNTERABSCHNITT
Anlegung des maschinell geführten Grundbuchs

§ 67 [Festlegung der Anlegungsverfahren]

Das Grundbuchamt entscheidet nach pflichtgemäßem Ermessen, ob es das maschinell geführte Grundbuch durch Umschreibung nach § 68, durch Neufassung nach § 69 oder durch Umstellung nach § 70 anlegt. Die Landesregierungen oder die von diesen ermächtigten Landesjustizverwaltungen können in der Verordnung nach § 126 Abs. 1 Satz 1 Grundbuchordnung die Anwendung eines der genannten Verfahren ganz oder teilweise vorschreiben. Sie können hierbei auch unterschiedliche Bestimmungen treffen. Der in dem Muster der Anlage 2 b zu dieser Verordnung vorgesehene Vermerk in der Aufschrift des neu anzulegenden Blattes wird durch den Freigabevermerk, der in dem Muster der Anlage 2 a zu dieser Verordnung vorgesehene Vermerk in der Aufschrift des abgeschriebenen Blattes wird durch den Abschreibevermerk nach § 71 ersetzt.

§ 68 [Anlegung des maschinell geführten Grundbuchs durch Umschreibung]

(1) Ein bisher in Papierform geführtes Grundbuchblatt kann auch umgeschrieben werden, wenn es maschinell geführt werden soll. Die Umschreibung setzt nicht voraus, daß für neue Eintragungen in dem bisherigen Grundbuchblatt kein Raum mehr ist oder daß dieses unübersichtlich geworden ist.

(2) Für die Durchführung der Umschreibung nach Absatz 1 gelten § 44 Abs. 3 der Grundbuchordnung und im übrigen die Vorschriften des Abschnitts VI sowie § 39 Abs. 3 mit der Maßgabe, daß die zu übernehmenden Angaben des umzuschreibenden Grundbuchblatts in den für das neue Grundbuchblatt bestimmten Datenspeicher durch Übertragung dieser Angaben in elektronische Zeichen aufzunehmen sind. § 32 Abs. 1 Satz 2 und 3 und § 33 finden keine Anwendung.

(3) *(weggefallen)*

§ 69 [Anlegung des maschinell geführten Grundbuchs durch Neufassung]

(1) Das maschinell geführte Grundbuch kann durch Neufassung angelegt werden. Für die Neufassung gilt § 68, soweit hier nicht etwas abweichendes bestimmt wird.

(2) Das neugefaßte Grundbuchblatt erhält keine neue Nummer. Im Bestandsverzeichnis soll, soweit zweckmäßig, nur der aktuelle Bestand, in den einzelnen Abteilungen nur der aktuelle Stand der eingetragenen Rechtsverhältnisse dargestellt werden. Soweit Belastungen des Grundstücks in einer einheitlichen Abteilung eingetragen sind, sollen sie, soweit tunlich, getrennt in einer zweiten und dritten Abteilung dargestellt werden. § 39 Abs. 3 gilt nicht.

(3) In Spalte 6 des Bestandsverzeichnisses ist der Vermerk „Bei Neufassung der Abteilung O/ des Bestandsverzeichnisses als Bestand eingetragen am ..." und in Spalte 4 der ersten Abteilung der Vermerk „Bei Neufassung der Abteilung ohne Eigentumswechsel eingetragen am ..." einzutragen. Wird eine andere Abteilung neu gefaßt, so ist in dem neugefaßten Blatt der Vermerk „Bei Neufassung der Abteilung eingetragen am ..." einzutragen. In den Fällen der Sätze 1 und 2 ist der entsprechende Teil des bisherigen Grundbuchblatts durch einen Vermerk „Neu gefaßt am ..." abzuschließen. Die für Eintragungen in die neugefaßten Abteilungen bestimmten Seiten oder Bögen sind deutlich sichtbar als geschlossen kenntlich zu machen. Der übrige Teil des Grundbuchblatts ist nach § 68 oder § 70 zu übernehmen. § 30 Abs. 1 Buchstabe h Nr. 1 ist nicht anzuwenden.

(4) Die Durchführung der Neufassung im einzelnen ergibt sich aus den in den Anlagen 10 a und 10 b beigefügten Mustern. Die darin enthaltenen Probeeintragungen sind als Beispiele nicht Teil dieser Verordnung.

§ 70 [Anlegung des maschinell geführten Grundbuchs durch Umstellung]

(1) Die Anlegung eines maschinell geführten Grundbuchs kann auch durch Umstellung erfolgen. Dazu ist der Inhalt des bisherigen Blattes elektronisch in den für das maschinell geführte Grundbuch bestimmten Datenspeicher aufzunehmen. Die Umstellung kann auch dadurch erfolgen, daß ein Datenspeicher mit dem Grundbuchinhalt zum Datenspeicher des maschinell geführ-

ten Grundbuchs bestimmt wird (§ 62). Die Speicherung des Schriftzugs von Unterschriften ist dabei nicht notwendig.

(2) § 101 Abs. 2 Satz 1, Abs. 4, Abs. 5 Satz 1, Abs. 7 und § 36 Buchstabe b gelten entsprechend. Das geschlossene Grundbuch muß deutlich sichtbar als geschlossen kenntlich gemacht werden.

§ 71 [Freigabe des maschinell geführten Grundbuchs]

Das nach den §§ 68 bis 70 angelegte maschinell geführte Grundbuch tritt mit seiner Freigabe an die Stelle des bisherigen Grundbuchblatts. Die Freigabe erfolgt, wenn die Vollständigkeit und Richtigkeit des angelegten maschinell geführten Grundbuchs und seine Abrufbarkeit aus dem Datenspeicher gesichert sind. In der Wiedergabe des Grundbuchs auf dem Bildschirm oder bei Ausdrucken soll in der Aufschrift anstelle des in Anlage 2 b vorgesehenen Vermerks der Freigabevermerk erscheinen. Der Freigabevermerk lautet:

1. in den Fällen der §§ 69 und 70:
„Dieses Blatt ist zur Fortführung auf EDV umgestellt/neu gefaßt worden und dabei an die Stelle des bisherigen Blattes getreten. In dem Blatt enthaltene Rötungen sind schwarz sichtbar. Freigegeben am/zum
Name(n)",

2. in den Fällen des § 68:
„Dieses Blatt ist zur Fortführung auf EDV umgeschrieben worden und an die Stelle des Blattes (nähere Bezeichnung) getreten. In dem Blatt enthaltene Rötungen sind schwarz sichtbar. Freigegeben am/zum ...
Name(n)".

In der Aufschrift des bisherigen Blattes ist anstelle des in Anlage 2 a zu dieser Verordnung vorgesehenen Vermerks folgender Abschreibevermerk einzutragen:

1. in den Fällen der §§ 69 und 70:
„Zur Fortführung auf EDV umgestellt/neu gefaßt und geschlossen am/zum ...
Unterschrift(en)",

2. in den Fällen des § 68:
„Zur Fortführung auf EDV auf das Blatt ... umgeschrieben und geschlossen am/zum ...
Unterschrift(en)".

§ 72 [Umschreibung, Neufassung und Schließung des maschinell geführten Grundbuchs]

(1) Für die Umschreibung, Neufassung und Schließung des maschinell geführten Grundbuchs gelten die Vorschriften der Abschnitte VI und VII sowie, außer im Fall der Neufassung, § 39 Abs. 3 sinngemäß, soweit in diesem Abschnitt nichts Abweichendes bestimmt ist.

(2) Der Inhalt der geschlossenen maschinell geführten Grundbuchblätter soll weiterhin wiedergabefähig oder lesbar bleiben.

§ 73 [Grundakten]

Auch nach Anlegung des maschinell geführten Grundbuchs sind die Grundakten gemäß § 24 Abs. 1 bis 3 zu führen. Das bisher geführte Handblatt kann ausgesondert und auch vernichtet werden; dies ist in den Grundakten zu vermerken. Wird das hier geführte Handblatt bei den Grundakten verwahrt, gilt § 32 Abs. 1 Satz 3 Halbsatz 2 entsprechend.

DRITTER UNTERABSCHNITT
Eintragungen in das maschinell geführte Grundbuch

§ 74 [Veranlassung der Eintragung]

(1) Die Eintragung in das maschinell geführte Grundbuch wird, vorbehaltlich der Fälle des § 127 der Grundbuchordnung, von der für die Führung des maschinell geführten Grundbuchs zuständigen Person veranlaßt. Einer besonderen Verfügung hierzu bedarf es in diesem Fall nicht. Die Landesregierung oder die von ihr ermächtigte Landesjustizverwaltung kann in der Rechtsverordnung nach § 126 der Grundbuchordnung oder durch gesonderte Rechtsverordnung bestimmen, daß auch bei

I. Grundbuchordnung

dem maschinell geführten Grundbuch die Eintragung von dem Urkundsbeamten der Geschäftsstelle auf Verfügung der für die Führung des Grundbuchs zuständigen Person veranlaßt wird.

(2) Die veranlassende Person soll die Eintragung auf ihre Richtigkeit und Vollständigkeit prüfen; die Aufnahme in den Datenspeicher (§ 62) ist zu verifizieren.

§ 75 [Elektronische Unterschrift]

Bei dem maschinell geführten Grundbuch soll eine Eintragung nur möglich sein, wenn die für die Führung des Grundbuchs zuständige Person oder, in den Fällen des § 74 Abs. 1 Satz 3, der Urkundsbeamte der Geschäftsstelle der Eintragung ihren oder seinen Nachnamen hinzusetzt und beides elektronisch unterschreibt. Die elektronische Unterschrift soll in einem allgemein als sicher anerkannten automatisierten kryptographischen Verfahren textabhängig und unterzeichnerabhängig hergestellt werden. Die unterschriebene Eintragung und die elektronische Unterschrift werden Bestandteil des maschinell geführten Grundbuchs. Die elektrinische Unterschrift soll durch die zuständige Stelle überprüft werden können.

§ 76 [Äußere Form der Eintragung]

Die äußere Form einer Eintragung bestimmt sich nach dem Abschnitt III.

VIERTER UNTERABSCHNITT
Einsicht in das maschinell geführte Grundbuch und Abschriften hieraus

§ 77 [Grundsatz]

Für die Einsicht in das maschinell geführte Grundbuch und die Erteilung von Abschriften hieraus gelten die Vorschriften des Abschnitts X entsprechend, soweit im folgenden nichts abweichendes bestimmt ist.

§ 78 [Ausdrucke aus dem maschinell geführten Grundbuch]

(1) Der Ausdruck aus dem maschinell geführten Grundbuch ist mit der Aufschrift „Ausdruck" und dem Hinweis auf das Datum des Abrufs der Grundbuchdaten zu versehen. Der Ausdruck kann dem Antragsteller auch elektronisch übermittelt werden.

(2) In den Fällen des § 44 Abs. 1 ist die Beglaubigung in der Form vorzunehmen, daß ein Ausdruck verfügt wird, der die Aufschrift „Amtlicher Ausdruck", den Vermerk „beglaubigt" mit dem Namen der Person, die den Ausdruck veranlaßt hat, trägt und gesiegelt ist. Anstelle der Siegelung kann in dem Vordruck maschinell ein Abdruck des Dienstsiegels eingedruckt sein oder aufgedruckt werden; in beiden Fällen muß auf dem Ausdruck „Amtlicher Ausdruck" und der Vermerk „Dieser Ausdruck wird nicht unterschrieben und gilt als beglaubigte Abschrift." aufgedruckt sein oder werden. Absatz 1 Satz 2 gilt nicht.

(3) Auf dem Ausdruck oder dem amtlichen Ausdruck kann angegeben werden, welchen Eintragungsstand er wiedergibt.

§ 79 [Einsicht]

(1) Die Einsicht erfolgt durch Wiedergabe des betreffenden Grundbuchblatts auf einem Bildschirm. Der Einsicht nehmenden Person kann gestattet werden, das Grundbuchblatt selbst auf dem Bildschirm aufzurufen, wenn technisch sichergestellt ist, daß der Umfang der nach § 12 oder § 12 b der Grundbuchordnung oder den Vorschriften dieser Verordnung zulässigen Einsicht nicht überschritten wird und Veränderungen des Grundbuchinhalts nicht vorgenommen werden können.

(2) Anstelle der Wiedergabe auf einem Bildschirm kann auch die Einsicht in einen Ausdruck gewährt werden.

(3) Die Einsicht nach Absatz 1 oder 2 kann auch durch ein anderes als das Grundbuchamt bewilligt und gewährt werden, das das Grundbuchblatt führt. Die für diese Aufgabe zuständigen Bediensteten sind besonders zu bestimmen. Sie dürfen Zugang zu den maschinell geführten Grundbuchblättern des anderen Grundbuchamts nur haben, wenn sie eine von dem das Grundbuchblatt

führenden Grundbuchamt vergebene Kennung (§ 75 Satz 2 Halbsatz 1) verwenden, die ihnen von der Leitung ihres Grundbuchamts zugeteilt wird. Diese Form der Einsichtnahme ist auch über die Grenzen des betreffenden Landes hinweg zulässig, wenn die Landesjustizverwaltungen dies vereinbaren.

(4) Die Einsicht schließt die Erteilung von Abschriften ein.

FÜNFTER UNTERABSCHNITT
Automatisierter Abruf von Daten

§ 80 [Abruf von Daten]

Die Gewährung des Abrufs von Daten im automatisierten Verfahren nach § 133 der Grundbuchordnung berechtigt zur Einsichtnahme in das Grundbuch in dem durch §§ 12 und 12b der Grundbuchordnung und in dieser Verordnung bestimmten Umfang sowie zur Fertigung von Abdrucken des Grundbuchblattes. Abdrucke stehen den Ausdrucken nicht gleich.

§ 81 [Genehmigungsverfahren, Einrichtungsvertrag]

(1) Die Einrichtung eines automatisierten Abrufverfahrens bedarf bei Gerichten, Behörden und der Staatsbank Berlin einer Verwaltungsvereinbarung, im übrigen, soweit nicht ein öffentlich-rechtlicher Vertrag geschlossen wird, einer Genehmigung durch die dazu bestimmte Behörde der Landesjustizverwaltung.

(2) Eine Genehmigung wird nur auf Antrag erteilt. Zuständig ist die Behörde, in deren Bezirk das betreffende Grundbuchamt liegt. In der Rechtsverordnung nach § 93 kann die Zuständigkeit abweichend geregelt werden. Für das Verfahren gelten im übrigen das Verwaltungsverfahrens- und das Verwaltungszustellungsgesetz des betreffenden Landes entsprechend.

(3) Die Genehmigung kann auf entsprechenden Antrag hin auch für die Grundbuchämter des Landes erteilt werden, bei denen die gesetzlichen Voraussetzungen dafür gegeben sind. In der Genehmigung ist in jedem Fall das Vorliegen der Voraussetzungen nach § 133 Abs. 2 Satz 2 und 3 Nr. 1 und 2 der Grundbuchordnung besonders festzustellen.

(4) Der Widerruf einer Genehmigung erfolgt durch die genehmigende Stelle. Ist eine Gefährdung von Grundbüchern zu befürchten, kann in den Fällen des Absatzes 3 Satz 1 die Genehmigung für einzelne Grundbuchämter auch durch die für diese jeweils zuständige Stelle ausgesetzt werden. Der Widerruf und die Aussetzung einer Genehmigung sind den übrigen Landesjustizverwaltungen unverzüglich mitzuteilen.

§ 82 [Einrichtung der Verfahren]

(1) Wird ein Abrufverfahren eingerichtet, so ist systemtechnisch sicherzustellen, daß Abrufe nur unter Verwendung eines der berechtigten Stelle zugeteilten Codezeichens erfolgen können. Der berechtigten Stelle ist in der Genehmigung zur Auflage zu machen, dafür zu sorgen, daß das Codezeichen nur durch deren Leitung und bestimmte, der genehmigenden Stelle vorher zu benennende, Mitarbeiter verwendet und mißbrauchssicher verwahrt wird. Der Wechsel der als Verwender des Codezeichens benannten Person ist der Genehmigungsbehörde anzuzeigen, die dann ein neues Codezeichen ausgibt, wenn dies notwendig erscheint, um einen unbefugten Zugriff auf die Grundbuchdaten zu verhindern.

(2) Wird ein Abrufverfahren für den Fall eigener Berechtigung an einem Grundstück, einem grundstücksgleichen Recht oder einem Recht an einem solchen Recht, für den Fall der Zustimmung des Eigentümers oder für Maßnahmen der Zwangsvollstreckung eingerichtet (eingeschränktes Abrufverfahren), so ist der berechtigten Stelle in der Genehmigung zusätzlich zur Auflage zu machen, daß der einzelne Abruf nur unter Verwendung eines Codezeichens erfolgen darf, das die Art des Abrufs bezeichnet. Das zusätzliche Codezeichen kann mit dem Codezeichen für die Abrufberechtigung verbunden werden. Die berechtigte Stelle wird verpflichtet, die Abrufe zu protokollieren und das Protokoll zur Prüfung durch die Aufsichtsbehörde oder, wenn eine solche nicht besteht, durch die in § 84 bezeichnete Stelle bis zum Ablauf des auf den Abruf folgenden Kalenderjahres bereitzuhalten. § 83 Abs. 1 Satz 2 gilt entsprechend. Von der Verpflichtung nach Satz 3 kann abgesehen werden, wenn das Grundbuchamt die Abrufe sämtlich protokolliert.

I. Grundbuchordnung

§ 83 [Überprüfung]

(1) Das Grundbuchamt protokolliert mindestens jeden zehnten Abruf im Durchschnitt einer zum automatisierten Abrufverfahren berechtigten Person oder Stelle. Das Protokoll muß das Grundbuchamt, das Grundbuchblatt, die abrufende Person oder Stelle, deren Geschäfts- oder Aktenzeichen, das Datum, zu welchem der Abruf erfolgte, bei eingeschränktem Abrufverfahren auch eine Angabe über die Art des Abrufes ausweisen. Einer Speicherung des Akten- oder Geschäftszeichens bedarf es nicht, wenn die abrufende Person oder Stelle selbst eine Protokollierung der Abrufe durchführt und das Protokoll zur Einsicht durch die zur Prüfung befugten Stellen und den Eigentümer des Grundstücks oder grundstücksgleichen Rechts bis zum Ende des auf den Abruf folgenden Kalenderjahres bereithält.

(2) Am Ende eines jeden Kalenderjahres wird das Protokoll nach Absatz 1 Satz 1 und 2 kopiert oder ausgedruckt. Der Eigentümer des jeweils betroffenen Grundstücks, Gebäudeeigentums oder grundstücksgleichen Rechts kann bis zum Ablauf des folgenden Kalenderjahres Auskunft darüber verlangen, wer im Abrufverfahren Einsicht in das Grundbuch genommen hat, bei eingeschränktem Abruf auch über die Art des Abrufs. Nach Ablauf der in Satz 2 bezeichneten Frist werden das Protokoll, die Kopie und der Ausdruck vernichtet.

(3) Mindestens einmal im Jahr wird für jeden Abrufberechtigten ein seine Abrufe auflistender Ausdruck des Protokolls erstellt und der für die Aufsicht über die Person oder Stelle zuständigen Behörde, bei Banken und Versicherungen dem jeweiligen Bundesaufsichtsamt, bei Genossenschaften, die einer gesetzlichen Prüfpflicht durch einen Prüfverband unterliegen, diesem Verband, im übrigen der genehmigenden Stelle zum Zweck der Stichprobenkontrolle zugeleitet. Das Protokoll wird dort nach Durchführung der Kontrolle, spätestens ein Jahr nach seinem Eingang vernichtet, sofern es nicht für weitere Prüfungen benötigt wird.

§ 84 [Kontrolle]

Die berechtigte Person oder Stelle, die einer allgemeinen Aufsicht nicht unterliegt oder die zum eingeschränkten Abrufverfahren berechtigt ist, muß sich schriftlich bereit erklären, eine Kontrolle der Anlage und ihrer Benutzung durch die genehmigende Stelle zu dulden, auch wenn diese keinen konkreten Anlaß dafür hat. § 133 Abs. 5 der Grundbuchordnung bleibt unberührt.

§ 85 [Gebühren, Entgelte]

(1) Für die Einrichtung und Nutzung des automatisierten Abrufverfahrens werden von dem Empfänger für die Einrichtung eine einmalige Einrichtungsgebühr und für die Nutzung eine monatlich fällig werdende Grundgebühr sowie Abrufgebühren erhoben. Die Abrufgebühren sind zu berechnen
1. bei dem Abruf von Daten aus dem Grundbuch für jeden Abruf aus einem Grundbuchblatt,
2. bei dem Abruf von Daten aus Verzeichnissen nach § 12a der Grundbuchordnung für jeden einzelnen Suchvorgang.

(2) Wird eine Vereinbarung zwischen der zuständigen Behörde der Landesjustizverwaltung und dem Empfänger über die Einrichtung und Nutzung geschlossen, so ist ein Entgelt zu verabreden, das sich an dem Umfang der im Falle einer Genehmigung anfallenden Gebühren ausrichtet. Mit Stellen der öffentlichen Verwaltung können abweichende Vereinbarungen geschlossen werden.

(3) Die Höhe der in Absatz 1 bestimmten Gebühren wird durch besondere Rechtsverordnung des Bundesministeriums der Justiz mit Zustimmung des Bundesrates festgelegt.

SECHSTER UNTERABSCHNITT
Zusammenarbeit mit den katasterführenden Stellen

§ 86 [Zusammenarbeit mit den katasterführenden Stellen]

(1) Soweit das amtliche Verzeichnis (§ 2 Abs. 2 der Grundbuchordnung) maschinell geführt wird und durch Rechtsverordnung nach § 127 der Grundbuchordnung nichts anderes bestimmt ist, kann das Grundbuchamt die aus dem amtlichen Verzeichnis für die Führung des Grundbuchs benötigten Daten aus dem Liegenschaftskataster anfordern, soweit dies nach den katasterrechtlichen Vorschriften zulässig ist.

(2) Soweit das Grundbuch maschinell geführt wird, dürfen die für die Führung des amtlichen Verzeichnisses zuständigen Behörden die für die Führung des automatisierten amtlichen Verzeichnisses benötigten Angaben aus dem Bestandsverzeichnis und der ersten Abteilung anfordern.

(3) Die Anforderung nach den Absätzen 1 und 2 bedarf keiner besonderen Genehmigung oder Vereinbarung. Auf Ersuchen der Flurbereinigungsbehörde, der Umlegungsstelle, der Bodensonderungsbehörde, der nach § 53 Abs. 3 und 4 des Landwirtschaftsanpassungsgesetzes zuständigen Stelle oder des Amtes oder Landesamtes zur Regelung offener Vermögensfragen übermittelt das Grundbuchamt diesen Behörden die für die Durchführung eines Bodenordnungsverfahrens erforderlichen Daten aus dem Grundbuch der im Plangebiet belegenen Grundstücke, Erbbaurechte und dinglichen Nutzungsrechte. Bei Fortführungen der Pläne durch diese Behörden gelten Absatz 1 und Satz 1 entsprechend.

(4) Die Übermittlung der Daten kann in den Fällen der vorstehenden Absätze auch im automatisierten Verfahren erfolgen.

SIEBENTER UNTERABSCHNITT
Hypotheken-, Grundschuld- und Rentenschuldbriefe

§ 87 [Erteilung von Briefen]

Hypotheken-, Grundschuld- und Rentenschuldbriefe für in dem maschinell geführten Grundbuch eingetragene Rechte müssen abweichend von § 56 Abs. 1 Satz 2 der Grundbuchordnung nicht unterschrieben und mit einem Siegel oder Stempel versehen werden, wenn sie maschinell hergestellt werden. Sie tragen dann anstelle der Unterschrift den Namen des Bediensteten, der die Herstellung des Briefes veranlaßt hat, und den Vermerk „Maschinell hergestellt und ohne Unterschrift gültig." Der Brief muß mit dem Aufdruck des Siegels oder Stempels des Grundbuchamts versehen sein oder werden.

§ 88 [Verfahren bei Schuldurkunden]

Abweichend von § 58 und § 61 Abs. 2 Satz 3 der Grundbuchordnung muß ein Brief nicht mit einer für die Forderung ausgestellten Urkunde, Ausfertigung oder einem Auszug der Urkunde verbunden werden, wenn er maschinell hergestellt wird. In diesem Fall muß er den Aufdruck „Nicht ohne Vorlage der Urkunde für die Forderung gültig." enthalten. Handelt es sich um ein Gesamtrecht, ist die in § 59 Abs. 2 der Grundbuchordnung bestimmte Verbindung nicht notwendig.

§ 89 [Ergänzungen des Briefes]

Bei einem maschinell hergestellten Brief für ein im maschinell geführten Grundbuch eingetragenes Recht können die in den §§ 48 und 49 vorgesehenen Ergänzungen auch in der Weise erfolgen, daß ein entsprechend ergänzter neuer Brief erteilt wird. Dies gilt auch, wenn der zu ergänzende Brief nicht nach den Vorschriften dieses Abschnitts hergestellt worden ist. Der bisherige Brief ist einzuziehen und unbrauchbar zu machen. Sofern mit dem Brief eine Urkunde verbunden ist, ist diese zu lösen und dem Antragsteller zurückzugeben.

ACHTER UNTERABSCHNITT
Schlußbestimmungen

§ 90 [Datenverarbeitung im Auftrag]

Die Bestimmungen dieser Verordnung gelten für die Verarbeitung von Grundbuchdaten durch eine andere Stelle im Auftrag des Grundbuchamts sinngemäß. Hierbei soll sichergestellt sein, daß die Eintragung in das maschinell geführte Grundbuch und die Auskunft hieraus nur erfolgt, wenn sie von dem zuständigen Grundbuchamt verfügt wurde oder nach § 133 der Grundbuchordnung oder den Unterabschnitten 5 und 6 zulässig ist.

I. Grundbuchordnung

§ 91 [Behandlung von Verweisungen, Löschungen]

Sonderregelungen in den §§ 54 bis 60 dieser Verordnung, in der Wohnungsgrundbuchverfügung und in der Gebäudegrundbuchverfügung gehen auch dann den allgemeinen Regelungen vor, wenn auf die §§ 1 bis 53 in den §§ 61 bis 89 verwiesen wird. Soweit nach den in Satz 1 genannten Vorschriften Unterstreichungen, Durchkreuzungen oder ähnliche Kennzeichnungen in rot vorzunehmen sind, können sie in dem maschinell geführten Grundbuch schwarz dargestellt werden.

§ 92 [Ersetzung von Grundbuchdaten, Ersatzgrundbuch]

(1) Kann das maschinell geführte Grundbuch (§ 62 Satz 1) ganz oder teilweise auf Dauer nicht mehr in lesbarer Form wiedergegeben werden, so ist es wiederherzustellen. Sein Inhalt kann unter Zuhilfenahme aller geeigneten Unterlagen ermittelt werden. Für das Verfahren gilt im übrigen in allen Ländern die Verordnung über die Wiederherstellung zerstörter oder abhanden gekommener Grundbücher und Urkunden in ihrer im Bundesgesetzblatt Teil III, Gliederungsnummer 315-11-4, veröffentlichten bereinigten Fassung.

(2) Für die Anlegung und Führung des Ersatzgrundbuchs (§ 141 Abs. 2 Satz 1 der Grundbuchordnung) gelten die Bestimmungen dieser Verordnung, die Wohnungsgrundbuchverfügung und die in § 144 Abs. 1 Nr. 4 der Grundbuchordnung bezeichneten Vorschriften sinngemäß. Das Ersatzgrundbuch entspricht dem Muster der Anlage 2 b dieser Verordnung, jedoch lautet der in der Abschrift anzubringende Vermerk „Dieses Blatt ist als Ersatzgrundbuch an die Stelle des maschinell geführten Blattes von ... Band ... Blatt ... getreten. Eingetragen am ...". Dies gilt für Erbbaugrundbücher, Wohnungs- und Teileigentumsgrundbücher sowie Gebäudegrundbücher entsprechend.

§ 93 [Ausführungsvorschriften]

Die Landesregierungen werden ermächtigt, durch Rechtsverordnung die Anlegung des maschinell geführten Grundbuchs einschließlich seiner Freigabe ganz oder teilweise dem Urkundsbeamten der Geschäftsstelle zu übertragen und in der Grundbuchordnung oder in dieser Verordnung nicht geregelte weitere Einzelheiten des Verfahrens nach diesem Abschnitt zu regeln, soweit dies nicht durch Verwaltungsvorschriften nach § 134 Satz 2 der Grundbuchordnung geschieht. Sie können diese Ermächtigung auf die Landesjustizverwaltungen übertragen.

VIERZEHNTER ABSCHNITT
Übergangs- und Schlußvorschriften

§ 94 [Inkrafttreten, Außerkrafttreten von Landesrecht]

§ 95 [Frühere Grundbuchbezirke]

Soweit die Grundbücher bisher für andere Bezirke als die im § 1 Abs. 1 Satz 1 und 2 genannten angelegt sind, behält es bis zur Auflösung dieser Bezirke bei dieser Einrichtung sein Bewenden; jedoch bedarf es zur Änderung dieser Bezirke einer Anordnung der Landesjustizverwaltung.

§ 96 [Fortführung bisheriger Grundbuchhefte]

(1) Soweit bisher jedes Grundbuchblatt in einem besonderen Grundbuchheft geführt worden ist, bedarf es der Zusammenfassung zu festen, mehrere Blätter umfassenden Bänden (§ 2) nicht, solange die bisherigen Blätter fortgeführt werden (§§ 97 bis 99).

(2) *(weggefallen)*

§ 97 [Umschreibung auf den neuen Vordruck]

(1) Vom Zeitpunkt des Inkrafttretens dieser Verfügung an sind neue Grundbuchblätter nur unter Verwendung des hier vorgeschriebenen Vordrucks (§§ 4 bis 12, 22) anzulegen, soweit nicht für eine Übergangszeit die Weiterverwendung des alten Vordrucks besonders zugelassen wird.

(2) Sämtliche Grundbuchblätter sind nach näherer Anordnung der Landesjustizverwaltung unter Verwendung des neuen Vordrucks umzuschreiben, sofern nicht ihre Weiterführung besonders zugelassen wird.

§ 98 [Frühere Vorschriften bei Benutzung alter Vordrucke]

Die bestehenden Vorschriften über die Nummernbezeichnung und die Eintragung im Grundbuch bleiben unberührt, solange die alten Vordrucke weder umgeschrieben sind noch ihre Weiterführung nach § 97 Abs. 2 besonders zugelassen ist. Jedoch ist ein Grundbuchblatt, das für Neueintragungen keinen Raum mehr bietet, in jedem Fall unter Verwendung des neuen Vordrucks umzuschreiben.

§ 99 [Verfahren bei Umschreibung auf neuen Vordruck]

Bei der Umschreibung der bereits angelegten Grundbuchblätter auf den neuen Vordruck sind die §§ 29, 30 sinngemäß anzuwenden. Weitere Anordnungen zur Behebung von hierbei etwa entstehenden Zweifeln bleiben vorbehalten.

§ 100 [Weiterführung und Neuanlegung von Grundakten]

(1) Die bisher für jedes Grundbuchblatt geführten Grundakten können weitergeführt werden.
(2) Sofern bisher Grundakten nicht geführt sind, sind sie für jedes Grundbuchblatt spätestens bei der Neuanlegung (§ 97 Abs. 1) oder bei der Umschreibung des bisherigen Blattes (§ 97 Abs. 2, § 98 Satz 2) anzulegen, und zwar aus sämtlichen das Grundbuchblatt betreffenden Schriftstücken, die nach dem für die Führung von Grundaken geltenden allgemeinen Vorschriften zu diesen gehören, auch sofern sie schon vor der Anlegung der Grundakten bei dem Grundbuchamt eingegangen sind. Das gleiche gilt für das Handblatt (§ 24 Abs. 3).

§ 101 [Umstellung auf das Loseblattgrundbuch]

(1) Grundbuchblätter in festen Bänden können nach näherer Anordnung der Landesjustizverwaltung durch die Verwendung von Ablichtungen der bisherigen Blätter auf Bände mit herausnehmbaren Einlegebogen umgestellt werden.
(2) Das neue Blatt behält seine bisherige Bezeichnung; ein Zusatz unterbleibt. In der Aufschrift ist zu vermerken, daß das Blatt bei der Umstellung an die Stelle des bisherigen Blattes getreten ist und daß im bisherigen Blatt enthaltene Rötungen schwarz sichtbar sind.
(3) Die Übereinstimmung des Inhalts des neuen Blatts mit dem bisherigen Blatt ist im Bestandsverzeichnis und in jeder Abteilung zu bescheinigen. § 25 Abs. 2 Buchstabe c gilt entsprechend.
(4) Enthält die zweite oder dritte Abteilung nur gelöschte Eintragungen, kann von der Ablichtung der betreffenden Abteilung abgesehen werden, wenn nicht die Übernahme zum Verständnis noch gültiger Eintragungen erforderlich ist. Auf dem für die jeweilige Abteilung einzufügenden Einlegebogen sind die laufenden Nummern der nicht übernommenen Eintragungen mit dem Vermerk „Gelöscht" anzugeben. Die Bescheinigung nach Absatz 3 lautet in diesem Falle inhaltlich: „Bei Umstellung des Blattes neu gefaßt." Enthält die zweite oder dritte Abteilung keine Eintragungen, so braucht für die betreffende Abteilung lediglich ein neuer Einlegebogen eingefügt zu werden; Absatz 3 ist anzuwenden.
(5) Das bisherige Blatt ist zu schließen. § 30 Abs. 2 Satz 2 und § 36 gelten entsprechend.
(6) Für Grundbuchblätter in einem festen Band, die vor der Umstellung geschlossen wurden, können in den Band mit herausnehmbaren Einlegebogen neue Blätter zur Wiederverwendung eingefügt werden. Das neue Blatt erhält die Nummer des alten Blattes unter Hinzufügung des Buchstabens A. Tritt das neue Blatt an die Stelle eines Blattes, das bereits mit einem solchen Zusatz versehen ist, ist an Stelle dieses Zusatzes der Buchstabe B hinzuzufügen.
(7) Die Umstellung braucht dem Eigentümer, den eingetragenen dinglich Berechtigten und der Katasterbehörde nicht mitgeteilt zu werden.

§ 102 [Briefvordrucke]

Die noch vorhandenen Vordrucke für Hypotheken-, Grundschuld- und Rentenschuldbriefe können nach näherer Anordnung der Landesjustizverwaltung oder der von ihr bestimmten Stelle

I. Grundbuchordnung

weiterverwendet zu werden. Jedoch ist die etwa am Kopfe des Briefes befindliche Angabe des Landes, in dem der Brief ausgegeben wird, zu durchstreichen und durch die Überschrift „Deutscher Hypothekenbrief" („Grundschuldbrief" o. ä.) zu ersetzen.

§ 103 [Landesrecht]

In den Fällen des § 136 der Grundbuchordnung behält es bei den landesrechtlichen Vorschriften über Einrichtung und Führung von Grundbüchern sein Bewenden.

§ 104 [Erbpacht-, Büdner-, Häusler- und Abbaurechte]

Soweit auf die in den Artikeln 63 und 68 des Einführungsgesetzes zum Bürgerlichen Gesetzbuche bezeichneten Rechte nach den Landesgesetzen die §§ 14 bis 17 der Verordnung über das Erbbaurecht für entsprechend anwendbar erklärt worden sind (§ 137 Abs. 3 der Grundbuchordnung), sind die Vorschriften über das Erbbaugrundbuch (Abschnitt XII) entsprechend anzuwenden.

§ 104 a [Nachweis der Rechtsinhaberschaft]

Zum Nachweis der Rechtsinhaberschaft ausländischer staatlicher oder öffentlicher Stellen genügt gegenüber dem Grundbuchamt eine mit dem Dienstsiegel oder Dienststempel versehene und unterschriebene Bestätigung des Auswärtigen Amtes. § 39 der Grundbuchordnung findet in diesem Fall keine Anwendung.

§ 105 [Maßgaben für das Gebiet der früheren DDR]

(1) In dem in Artikel 3 des Einigungsvertrages genannten Gebiet gilt diese Verordnung mit folgenden Maßgaben:
1. Die §§ 43 bis 53 sind stets anzuwenden.
2. Die Einrichtung der Grundbücher richtet sich bis auf weiteres nach den am Tag vor dem Wirksamwerden des Beitritts bestehenden oder von dem jeweiligen Lande erlassenen späteren Bestimmungen. Im übrigen ist für die Führung der Grundbücher diese Verordnung entsprechend anzuwenden, soweit sich nicht aus einer abweichenden Einrichtung des Grundbuchs etwas anderes ergibt oder aus besonderen Gründen Abweichungen erforderlich sind; solche Abweichungen sind insbesondere auch dann als erforderlich anzusehen, wenn sonst die Rechtsverhältnisse nicht zutreffend dargestellt werden können oder Verwirrung zu besorgen ist.
3. Soweit nach Nummer 2 Bestimmungen dieser Verordnung nicht herangezogen werden können, sind stattdessen die am Tag vor dem Wirksamwerden des Beitritts geltenden oder von dem jeweiligen Lande erlassen späteren Bestimmungen anzuwenden. Jedoch sind Regelungen, die mit dem in Kraft tretenden Bundesrecht nicht vereinbar sind, nicht mehr anzuwenden. Dies gilt insbesondere auch für derartige Regelungen über die Voraussetzungen und den Inhalt von Eintragungen. Am Tag vor dem Wirksamwerden des Beitritts nicht vorgesehene Rechte oder Vermerke sind in entsprechender Anwendung dieser Verordnung einzutragen.
4. Im Falle der Nummer 3 sind auf die Einrichtung und Führung der Erbbaugrundbücher sowie auf die Bildung von Hypotheken-, Grundschuld- und Rentenschuldbriefen bei Erbbaurechten die §§ 56, 57 und 59 mit der Maßgabe entsprechend anzuwenden, daß die in § 56 vorgesehenen Angaben in die entsprechenden Spalten für den Bestand einzutragen sind. Ist eine Aufschrift mit Blattnummer nicht vorhanden, ist die in § 55 Abs. 2 vorgesehene Bezeichnung „Erbbaugrundbuch" an vergleichbarer Stelle im Kopf der ersten Seite des Grundbuchblatts anzubringen. Soweit in den oben bezeichneten Vorschriften auf andere Vorschriften dieser Verordnung verwiesen wird, deren Bestimmungen nicht anzuwenden sind, treten an die Stelle der in Bezug genommenen Vorschriften dieser Verordnung die entsprechend anzuwendenden Regelungen über die Einrichtung und Führung der Grundbücher.
5. Für die Anlegung von Grundbuchblättern für ehemals volkseigene Grundstücke ist ein Verfahren nach dem Sechsten Abschnitt der Grundbuchordnung nicht erforderlich, soweit für solche Grundstücke Bestandsblätter im Sinne der Nummer 160 Abs. 1 der Anweisung Nr. 4/87 des Ministers des Innern und Chefs der Deutschen Volkspolizei über Grundbuch und Grundbuch-

verfahren unter Colidobedingungen – Colido-Grundbuchanweisung – vom 27. Oktober 1987 vorhanden sind oder das Grundstück bereits gebucht war und sich nach der Schließung des Grundbuchs seine Bezeichnung nicht verändert hat.
6. Gegenüber dem Grundbuchamt genügt es zum Nachweis der Befugnis, über beschränkte dingliche Rechte an einem Grundstück, Gebäude oder sonstigen grundstücksgleichen Rechten oder über Vormerkungen zu verfügen, deren Eintragung vor dem 1. Juli 1990 beantragt worden ist und als Gläubiger oder sonstiger Berechtigter im Grundbuch

    a) eine Sparkasse oder Volkseigentum in Rechtsträgerschaft einer Sparkasse,
    b) ein anderes Kreditinstitut, Volkseigentum in Rechtsträgerschaft eines Kreditinstituts, eine Versicherung oder eine bergrechtliche Gewerkschaft,
    c) Volkseigentum in Rechtsträgerschaft des Staatshaushalts oder eines zentralen Organs der Deutschen Demokratischen Republik, des Magistrats von Berlin, des Rates eines Bezirks, Kreises oder Stadtbezirks, des Rates einer Stadt oder sonstiger Verwaltungsstellen oder staatlicher Einrichtungen,
    d) eine juristische Person des öffentlichen Rechts oder ein Sondervermögen einer solchen Person, mit Ausnahme jedoch des Reichseisenbahnvermögens und des Sondervermögens Deutsche Post,

eingetragen ist, wenn die grundbuchmäßigen Erklärungen von der Bewilligungsstelle abgegeben werden; § 27 der Grundbuchordnung bleibt unberührt. Bewilligungsstelle ist in den Fällen des Satzes 1 Buchstabe a die Sparkasse, in deren Geschäftsgebiet das Grundstück, Gebäude oder sonstige grundstücksgleiche Recht liegt, und in Berlin die Landesbank, in den übrigen Fällen des Satzes 1 jede Dienststelle des Bundes oder einer bundesunmittelbaren Körperschaft oder Anstalt des öffentlichen Rechts. Für die Löschung

    a) von Vermerken über die Entschuldung der Klein- und Mittelbauern beim Eintritt in Landwirtschaftliche Produktionsgenossenschaften auf Grund des Gesetzes vom 17. Februar 1954 (GBl. Nr. 23 S. 224).
    b) von Verfügungsbeschränkungen zugunsten juristischer Personen des öffentlichen Rechts, ihrer Behörden oder von Rechtsträgern sowie
    c) von Schürf- und Abbauberechtigungen

gilt Satz 1 entsprechend. Bewilligungsstelle ist in den Fällen des Buchstabens a die Staatsbank Berlin, im übrigen jede Dienststelle des Bundes. Die Bewilligungsstellen können durch dem Grundbuchamt nachzuweisende Erklärung sich wechselseitig oder andere öffentliche Stellen zur Abgabe von Erklärungen nach Satz 1 ermächtigen. In den vorgenannten Fällen findet § 39 der Grundbuchordnung keine Anwendung. Der Vorlage eines Hypotheken-, Grundschuld- oder Rentenschuldbriefes bedarf es nicht; dies gilt auch bei Eintragung eines Zustimmungsvorbehalts nach § 11 c des Vermögensgesetzes.

(2) Als Grundbuch im Sinne der Grundbuchordnung gilt ein Grundbuchblatt, das unter den in Absatz 1 Nr. 5 genannten Voraussetzungen vor Inkrafttreten dieser Verordnung ohne ein Verfahren nach dem Sechsten Abschnitt der Grundbuchordnung oder den §§ 7 bis 17 der Verordnung zur Ausführung der Grundbuchordnung in ihrer im Bundesgesetzblatt Teil III, Gliederungsnummer 315-11-2, veröffentlichten bereinigten Fassung vom 8. August 1935 (RGBl. I S. 1089), die durch Artikel 4 Abs. 1 Nr. 1 des Gesetzes vom 20. Dezember 1993 (BGBl. I S. 2182) aufgehoben worden ist, angelegt worden ist.

(3) Bei Eintragungen, die in den Fällen des Absatzes 1 Nr. 6 vor dessen Inkrafttreten erfolgt oder beantragt worden sind, gilt für das Grundbuchamt der Nachweis der Verfügungsbefugnis als erbracht, wenn die Bewilligung von einer der in Absatz 1 Nr. 6 genannten Bewilligungsstellen oder von der Staatsbank Berlin erklärt worden ist. Auf die in Absatz 1 Nr. 6 Satz 2 und 3 bestimmten Zuständigkeiten kommt es hierfür nicht an.

§ 106 *(weggefallen)*

II. Grundbuchbereinigungsgesetz
(GBBerG)

Vom 20. Dezember 1993
(BGBl. I S. 2192)
Geändert durch das SachenRÄndG vom 21. 9. 1994 (BGBl. I S. 2457),
das TelekommunikationsG vom 25. 7. 1996 (BGBl. I S. 1120) und das EigentumsfristenG
vom 20. 12. 1996 (BGBl. I S. 2028)

ERSTER ABSCHNITT
Behandlung wertbeständiger und ähnlicher Rechte

§ 1 [Umstellung wertbeständiger Rechte]

(1) In dem in Artikel 3 des Einigungsvertrages bestimmten Gebiet kann aus einer Hypothek, Grundschuld oder Rentenschuld, die vor dem 1. Januar 1976 in der Weise bestellt wurde, daß die Höhe der aus dem Grundstück zu zahlenden Geldsumme durch den amtlich festgestellten oder festgesetzten Preis einer bestimmten Menge von Feingold, den amtlich festgestellten oder festgesetzten Preis einer bestimmten Menge von Roggen, Weizen oder einer bestimmten Menge sonstiger Waren oder Leistungen oder durch den Gegenwert einer bestimmten Geldsumme in ausländischer Währung bestimmt wird (wertbeständiges Recht), vom Inkrafttreten dieses Gesetzes an nur die Zahlung eines Geldbetrages nach den folgenden Vorschriften aus dem Grundstück verlangt werden.

(2) Ist die Leistung oder Belastung in einer bestimmten Menge von Roggen und daneben wahlweise in einer bestimmten Menge von Weizen ausgedrückt, so ist der höhere Betrag maßgeblich. Ist die Leistung oder Belastung in einer bestimmten Menge von Roggen oder Weizen und daneben wahlweise in Reichsmark, Rentenmark, Goldmark, in ausländischer Währung oder in einer bestimmten Menge von Feingold ausgedrückt, so kann aus dem Grundstück nur die Zahlung des Betrages in Deutsche Mark verlangt werden, auf den der in Reichsmark, Rentenmark, Goldmark, ausländischer Währung oder der in einer bestimmten Menge von Feingold ausgedrückte Betrag umzurechnen ist.

§ 2 [Umgestellte wertbeständige Rechte]

(1) Bei wertbeständigen Rechten, die bestimmen, daß sich die Höhe der aus dem Grundstück zu zahlenden Geldsumme durch den amtlich festgestellten oder festgesetzten Preis einer bestimmten Menge von Feingold bestimmt, entsprechen einem Kilogramm Feingold 1395 Deutsche Mark.

(2) Ist bei wertbeständigen Rechten die aus dem Grundstück zu zahlende Geldsumme durch den amtlich festgestellten oder festgesetzten Preis einer bestimmten Menge von Roggen oder Weizen bestimmt, so entsprechen einem Zentner Roggen 3,75 Deutsche Mark und einem Zentner Weizen 4,75 Deutsche Mark. Satz 1 gilt nicht

1. für wertbeständige Rechte, die auf einem Grundstücksüberlassungsvertrag oder einem mit einer Grundstücksüberlassung in Verbindung stehenden Altenteilsvertrag (Leibgedings-, Leibzuchts- oder Auszugsvertrag) beruhen,
2. für wertbeständige bäuerliche Erpachtrechte und ähnliche Rechte (Kanon, Erbzins, Grundmiete, Erbleihe).

Die Sätze 1 und 2 gelten für Reallasten, die auf die Leistung einer aus dem Roggen- oder Weizenpreis errechneten Geldsumme aus dem Grundstück gerichtet sind, entsprechend.

(3) Dem Verpflichteten bleibt es unbenommen, sich auf eine andere Umstellung zu berufen, wenn er deren Voraussetzungen nachweist.

§ 3 [Umstellung anderer wertbeständiger Rechte]

(1) Bei sonstigen wertbeständigen Rechten einschließlich den in § 2 Abs. 2 Satz 2 genannten, bei denen sich die aus dem Grundstück zu zahlende Geldsumme nach dem Gegenwert einer be-

stimmten Menge Waren oder Leistungen bestimmt, kann nur Zahlung eines Betrages verlangt werden, der dem für die Umrechnung am Tag des Inkrafttretens dieses Gesetzes an den deutschen Börsen notierten Mittelwert, bei fehlender Börsennotierung dem durchschnittlichen Marktpreis für den Ankauf dieser Waren entspricht. Das Bundesministerium der Justiz wird ermächtigt, diese Mittelwerte, bei ihrem Fehlen die durchschnittlichen Marktpreise, durch Rechtsverordnung festzustellen.[1]

(2) Absatz 1 gilt entsprechend, wenn sich die Höhe der aus dem Grundstück zu zahlenden Geldsumme nach dem Gegenwert einer bestimmten Geldsumme in ausländischer Währung bestimmt. Die besonderen Vorschriften über schweizerische Goldhypotheken bleiben unberührt.

§ 4 [Grundbuchvollzug]

Die nach den §§ 1 bis 3 eintretenden Änderungen bedürfen zum Erhalt ihrer Wirksamkeit gegenüber dem öffentlichen Glauben des Grundbuchs nicht der Eintragung. Die Beteiligten sind verpflichtet, die zur Berichtigung, die auch von Amts wegen erfolgen kann, erforderlichen Erklärungen abzugeben. Gebühren für die Grundbuchberichtigung werden nicht erhoben.

ZWEITER ABSCHNITT
Überholte Dienstbarkeiten und vergleichbare Rechte

§ 5 [Erlöschen von Dienstbarkeiten und vergleichbaren Rechten]

(1) Im Grundbuch zugunsten natürlicher Personen eingetragene nicht vererbliche und nicht veräußerbare Rechte, insbesondere Nießbrauche, beschränkte persönliche Dienstbarkeiten und Wohnungsrechte, gelten unbeschadet anderer Erlöschenstatbestände mit dem Ablauf von einhundertzehn Jahren von dem Geburtstag des Berechtigten an als erloschen, sofern nicht innerhalb von 4 Wochen ab diesem Zeitpunkt eine Erklärung des Berechtigten bei dem Grundbuchamt eingegangen ist, daß er auf dem Fortbestand seines Rechts bestehe; die Erklärung kann schriftlich oder zur Niederschrift des Urkundsbeamten der Geschäftsstelle abgegeben werden. Ist der Geburtstag bei Inkrafttreten dieses Gesetzes nicht aus dem Grundbuch oder den Grundakten ersichtlich, so ist der Tag der Eintragung des Rechts maßgeblich. Liegt der nach den vorstehenden Sätzen maßgebliche Zeitpunkt vor dem Inkrafttreten dieses Gesetzes, so gilt das Recht mit dem Inkrafttreten dieses Gesetzes als erloschen, sofern nicht innerhalb von 4 Wochen ab diesem Zeitpunkt eine Erklärung des Berechtigten gemäß Satz 1 bei dem Grundbuchamt eingegangen ist.

(2) In dem in Artikel 3 des Einigungsvertrages genannten Gebiet in dem Grundbuch eingetragene Kohleabbaugerechtigkeiten und dem Inhaber dieser Gerechtigkeiten zu deren Ausübung eingeräumte Dienstbarkeiten, Vormerkungen und Vorkaufsrechte erlöschen mit Inkrafttreten dieses Gesetzes. Der Zusammenhang zwischen der Kohleabbaugerechtigkeit und der Dienstbarkeit, der Vormerkung oder dem Vorkaufsrecht ist glaubhaft zu machen. § 29 der Grundbuchordnung ist nicht anzuwenden.

(3) Ein nach Maßgabe des Absatzes 1 als erloschen geltendes oder gemäß Absatz 2 erloschenes Recht kann von dem Grundbuchamt von Amts wegen gelöscht werden.

---

[1] Siehe dazu § 12 SachenR-DV vom 20. 12. 1994 (BGBl. I S. 3900), der wie folgt lautet: „**Mittelwerte und Marktpreise bei sonstigen wertbeständigen Grundpfandrechten.** Bei wertbeständigen Grundpfandrechten im Sinne des § 3 Abs. 1 Satz 1 und Abs. 2 des Grundbuchbereinigungsgesetzes sind für die jeweils bestimmten Waren oder Leistungen folgende Werte zugrundezulegen:
1. für einen US-Dollar 1,70 Deutsche Mark,
2. für eine Tonne Fettförderkohle des Rheinisch-Westfälischen Kohlesyndikats 285,66 Deutsche Mark,
3. für eine Tonne gewaschene Fettnuß IV des Rheinisch-Westfälischen Kohlesyndikats 314,99 Deutsche Mark,
4. für eine Tonne oberschlesische Flammstückkohle 192,80 Deutsche Mark,
5. für eine Tonne niederschlesische Stückkohle 114,60 Deutsche Mark,
6. für eine Tonne niederschlesische gewaschene Nußkohle I 314,99 Deutsche Mark,
7. für einen Doppelzentner zu je 100 kg Kalidüngersalz 40 vom Hundert 23,00 Deutsche Mark."

II. Grundbuchbereinigungsgesetz

§ 6 [Berechtigte unbekannten Aufenthalts, nicht mehr bestehende Berechtigte]

(1) Ist bei einem Nießbrauch, einer beschränkten persönlichen Dienstbarkeit oder einem eingetragenen Mitbenutzungsrecht (Artikel 233 § 5 Abs. 1 des Einführungsgesetzes zum Bürgerlichen Gesetzbuche) der Begünstigte oder sein Aufenthalt unbekannt, so kann der Begünstigte im Wege des Aufgebotsverfahrens mit seinem Recht ausgeschlossen werden, wenn seit der letzten sich auf das Recht beziehenden Eintragung in das Grundbuch 30 Jahre verstrichen sind und das Recht nicht innerhalb dieser Frist von dem Eigentümer in einer nach dem Bürgerlichen Gesetzbuch zur Unterbrechung der Verjährung geeigneten Weise anerkannt oder von einem Berechtigten ausgeübt worden ist. Satz 1 gilt entsprechend bei Dienstbarkeiten, die zugunsten des jeweiligen Eigentümers oder Besitzers eines Familienfideikommisses, einer Familienanwartschaft, eines Lehens, eines Stammgutes oder eines ähnlichen gebundenen Vermögens eingetragen sind, sowie bei Grunddienstbarkeiten, die zugunsten des jeweiligen Eigentümers eines Grundstücks eingetragen sind, dessen Grundakten vernichtet und nicht mehr wiederherzustellen sind.

(1 a) Soweit auf § 1170 des Bürgerlichen Gesetzbuchs verwiesen wird, ist diese Bestimmung auf die vor dem 3. Oktober 1990 begründeten Rechte auch dann anzuwenden, wenn der Aufenthalt des Gläubigers unbekannt ist. § 1104 Abs. 2 des Bürgerlichen Gesetzbuchs findet auf die vor dem 3. Oktober 1990 begründeten Vorkaufsrechte und Reallasten keine Anwendung.

(2) Für das Aufgebotsverfahren sind die besonderen Vorschriften der §§ 982 bis 986 der Zivilprozeßordnung sinngemäß anzuwenden.

(3) Diese Vorschrift gilt nur in dem in Artikel 3 des Einigungsvertrages genannten Gebiet. Sie kann im übrigen Bundesgebiet durch Rechtsverordnung der Landesregierung in Kraft gesetzt werden.

§ 7 [Verkaufserlaubnis]

(1) Ein gesetzlicher Vertreter des Eigentümers (§ 11 b des Vermögensgesetzes, Artikel 233 § 2 Abs. 3 des Einführungsgesetzes zum Bürgerlichen Gesetzbuche) oder der für den Eigentümer eines in dem in Artikel 3 des Einigungsvertrages genannten Gebietes belegenen Grundstücks oder Gebäudes bestellte Pfleger darf dieses unbeschadet der allgemeinen Vorschriften belasten oder veräußern, wenn das Vormundschaftsgericht ihm dies erlaubt hat. Die Erlaubnis kann erteilt werden, wenn
1. der Vertreter oder Pfleger eine juristische Person des öffentlichen Rechts ist,
2. der Eigentümer oder sein Aufenthalt nicht ausfindig zu machen ist und
3. die Verfügung etwa zur Sicherung der Erhaltung eines auf dem Grundstück befindlichen Gebäudes oder zur Durchführung besonderer Investitionszwecke nach § 3 Abs. 1 des Investitionsvorranggesetzes erforderlich ist.

In Ergänzung der gesetzlichen Ermittlungspflichten muß der Eigentümer des Grundstücks oder Gebäudes öffentlich zur Geltendmachung seiner Rechte aufgefordert worden und eine Frist von mindestens sechs Monaten von dem öffentlichen Aushang an verstrichen sein.

(2) Die Erlaubnis ist öffentlich bekannt zu machen; dem Eigentümer steht gegen die Entscheidung die Beschwerde zu.

(3) Der Vertreter oder Pfleger ist verpflichtet, dem Eigentümer den Erlös, mindestens aber den Verkehrswert zu zahlen. Bei einer Belastung erfolgt ein entsprechender Ausgleich, wenn die Belastung nicht dem Grundstück zugute gekommen ist. Dieser Anspruch unterliegt den Vorschriften des Bürgerlichen Gesetzbuchs über Schuldverhältnisse. Der Anspruch ist zu verzinsen; er verjährt nach Ablauf von 30 Jahren.

(4) Die Vorschrift gilt bis zum Ablauf des 31. Dezember 2005.

DRITTER ABSCHNITT
Nicht eingetragene dingliche Rechte

§ 8 [Nicht eingetragene Rechte]

(1) Ein nicht im Grundbuch eingetragenes Mitbenutzungsrecht der in Artikel 233 § 5 Abs. 1 des Einführungsgesetzes zum Bürgerlichen Gesetzbuche bezeichneten Art oder ein sonstiges nicht im Grundbuch eingetragenes beschränktes dingliches Recht mit Ausnahme der in Artikel 233 § 4 Abs. 2 des Einführungsgesetzes zum Bürgerlichen Gesetzbuche genannten Nutzungsrechte, das

zur Erhaltung der Wirksamkeit gegenüber dem öffentlichen Glauben des Grundbuchs nicht der Eintragung bedarf, erlischt mit dem Ablauf des 31. Dezember 1995, wenn nicht der Eigentümer des Grundstücks vorher das Bestehen dieses Rechts in der Form des § 29 der Grundbuchordnung anerkennt und die entsprechende Grundbuchberichtigung bewilligt oder der jeweilige Berechtigte von dem Eigentümer vorher die Abgabe dieser Erklärungen in einer zur Unterbrechung der Verjährung nach § 209 des Bürgerlichen Gesetzbuchs geeigneten Weise verlangt hat. Die Frist des Satzes 1 kann durch Rechtsverordnung des Bundesministeriums der Justiz mit Zustimmung des Bundesrates einmal verlängert werden.[2]

(2) Wird in dem Anerkenntnis oder der Eintragungsbewilligung gemäß Absatz 1 ein Zeitpunkt für die Entstehung dieses Rechts nicht angegeben, so gilt dieses als am Tage des Inkrafttretens dieses Gesetzes entstanden.

(3) Diese Vorschrift gilt nicht für beschränkte dingliche Rechte, die die Errichtung und den Betrieb von Energieanlagen (§ 9) oder Anlagen nach § 40 Abs. 1 Buchstabe c des Wassergesetzes vom 2. Juli 1982 (GBl. I Nr. 26 S. 467) zum Gegenstand haben. Sie gilt im übrigen nur in dem in Artikel 3 des Einigungsvertrages genannten Gebiet. Sie kann im übrigen Bundesgebiet durch Rechtsverordnung der Landesregierung auch für einzelne Arten von Rechten, sofern es sich nicht um Rechte für Anlagen der in § 9 bezeichneten Art handelt, in Kraft gesetzt werden.

(4) Wird eine Klage nach Absatz 1 rechtshängig, so ersucht das Gericht auf Antrag des Klägers das Grundbuchamt um Eintragung eines Rechtshängigkeitsvermerks zugunsten des Klägers. Der Vermerk hat die Wirkungen eines Widerspruchs. Er wird mit rechtskräftiger Abweisung der Klage gegenstandslos.

§ 9 [Leitungen und Anlagen für die Versorgung mit Energie und Wasser sowie die Beseitigung von Abwasser]

(1) Zum Besitz und Betrieb sowie zur Unterhaltung und Erneuerung von Energieanlagen (Anlagen zur Fortleitung von Elektrizität, Gas und Fernwärme, einschließlich aller dazugehörigen Anlagen, die der Fortleitung unmittelbar dienen) auf Leitungstrassen, die am 3. Oktober 1990 in dem in Artikel 3 des Einigungsvertrages genannten Gebiet genutzt waren, wird zugunsten des Versorgungsunternehmens (Energieversorgungsunternehmen im Sinne des Energiewirtschaftsgesetzes und Fernwärmeversorgungsunternehmen), das die jeweilige Anlage bei Inkrafttreten dieser Vorschrift betreibt, am Tage des Inkrafttretens dieser Vorschrift eine beschränkte persönliche Dienstbarkeit an den Grundstücken begründet, die von der Energieanlage in Anspruch genommen werden. § 892 des Bürgerlichen Gesetzbuches gilt in Anschauung des Ranges für Anträge, die nach dem Inkrafttreten dieser Vorschrift, im übrigen erst für Anträge, die nach dem 31. Dezember 2010 gestellt werden. Ist das Grundstück mit einem Erbbaurecht oder einem dinglichen Nutzungsrecht im Sinne des Artikels 233 § 4 des Einführungsgesetzes zum Bürgerlichen Gesetzbuche belastet, ruht die Dienstbarkeit als Gesamtbelastung auf dem Grundstück und dem Erbbaurecht oder Gebäudeeigentum.

(2) Absatz 1 findet keine Anwendung, soweit Kunden und Anschlußnehmer, die Grundstückseigentümer sind, nach der Verordnung über Allgemeine Bedingungen für die Elektrizitätsversorgung von Tarifkunden vom 21. Juni 1979 (BGBl. I S. 684), der Verordnung über Allgemeine Bedingungen für die Gasversorgung von Tarifkunden vom 21. Juni 1979 (BGBl. I S. 676) oder der Verordnung über Allgemeine Bedingungen für die Versorgung mit Fernwärme vom 20. Juni 1980 (BGBl. I S. 742) zur Duldung von Energieanlagen verpflichtet sind, sowie für Leitungen über oder in öffentlichen Verkehrswegen oder Verkehrsflächen.

(3) Das Versorgungsunternehmen ist verpflichtet, dem Eigentümer des nach Absatz 1 mit dem Recht belasteten Grundstücks, in den Fällen des Absatzes 1 Satz 3 als Gesamtgläubiger neben dem Inhaber des Erbbaurechtes oder Gebäudeeigentums, einen einmaligen Ausgleich für das Recht zu zahlen. Dieser Ausgleich bestimmt sich nach dem Betrag, der für ein solches Recht allgemein üblich ist. Die erste Hälfte dieses Betrags ist unverzüglich nach Eintragung der Dienstbarkeit zugunsten des Versorgungsunternehmens und Aufforderung durch den Grundstückseigentümer, frühestens jedoch am 1. Januar 2001 zu zahlen, die zweite Hälfte wird am 1. Januar 2011 fällig.

---

[2] S. dazu § 13 SachenR-DV v. 20. 12. 1994 (BGBl. S. 3900): verlängert bis 31. 12. 2005, längstens jedoch bis zur vollen Wiederherstellung des Öffentlichen Glaubens des Grundbuches.

II. Grundbuchbereinigungsgesetz

Das Energieversorgungsunternehmen ist zur Zahlung eines Ausgleichs nicht verpflichtet, wenn das Grundstück mit einer Dienstbarkeit des in Absatz 1 bezeichneten Inhalts belastet ist oder war und das Grundstück in einem diese Berechtigung nicht überschreitenden Umfang genutzt wird oder wenn das Versorgungsunternehmen auf die Dienstbarkeit nach Absatz 6 vor Eintritt der jeweiligen Fälligkeit verzichtet hat. Zahlungen auf Grund der Bodennutzungsverordnung vom 26. Februar 1981 (GBl. I Nr. 10 S. 105), früherer oder anderer Vorschriften entsprechenden Inhalts genügen im übrigen nicht. Abweichende Vereinbarungen sind zulässig.

(4) Auf seinen Antrag hin bescheinigt die Aufsichtsbehörde nach dem Energiewirtschaftsgesetz dem Versorgungsunternehmen, welches Grundstück in welchem Umfang mit der Dienstbarkeit belastet ist. Die Aufsichtsbehörde macht den Antrag unter Beifügung einer Karte, die den Verlauf der Leitungstrasse auf den im Antrag bezeichneten Grundstücken im Maßstab von nicht kleiner als 1 zu 10 000 erkennen läßt, in ortsüblicher Weise öffentlich bekannt. Sie kann von der Beifügung einer Karte absehen, warum sie öffentlich bekannt macht, daß der Antrag vorliegt und die Antragsunterlagen bei ihr eingesehen werden können. Sie erteilt nach Ablauf von vier Wochen von der Bekanntmachung an die Bescheinigung. Widerspricht ein Grundstückseigentümer rechtzeitig, wird die Bescheinigung mit einem entsprechenden Vermerk erteilt.

(5) Auf Antrag des Versorgungsunternehmens berichtigt das Grundbuchamt das Grundbuch entsprechend dem Inhalt der Bescheinigung, wenn die Bescheinigung
1. unterschrieben und mit dem Dienstsiegel der Aufsichtsbehörde versehen ist und
2. der Inhalt des Rechts, der Berechtigte, das belastete Grundstück und, wobei eine grafische Darstellung genügt, der räumliche Umfang der Befugnis zur Ausübung des Rechts auf dem Grundstück angegeben sind.

Ist in der Bescheinigung ein rechtzeitiger Widerspruch vermerkt, wird im Grundbuch ein Widerspruch zugunsten des Versorgungsunternehmens eingetragen, das den Eigentümer oder Inhaber eines mitbelasteten Gebäudeeigentums oder Erbbaurechts im ordentlichen Rechtsweg auf Bewilligung der Eintragung in Anspruch nehmen kann. Die Bescheinigung ist für den Eigentümer, Erbbauberechtigten oder sonstigen dinglich Berechtigten an dem Grundstück unanfechtbar. Diesem bleibt es jedoch unbenommen, den in der Bescheinigung bezeichneten Inhaber der Dienstbarkeit vor den ordentlichen Gerichten auf Berichtigung des Grundbuchs und auf Bewilligung der Löschung des Widerspruchs in Anspruch zu nehmen. Das Energieversorgungsunternehmen trägt die Beweislast für den Lagenachweis, es sei denn, daß das Grundstück nach dem Inhalt des Grundbuchs vor dem Inkrafttreten dieser Vorschrift mit einer Dienstbarkeit für Energieanlagen belastet war.

(6) Verzichtet das Versorgungsunternehmen auf die Dienstbarkeit vor ihrer Bescheinigung nach Absatz 4, so erlischt die Recht; sein Erlöschen kann auf Antrag durch die nach Absatz 4 zuständige Behörde bescheinigt werden. Im übrigen gelten für die Aufhebung, Änderung und Ausübung der Dienstbarkeit die Vorschriften des Bürgerlichen Gesetzbuchs. In Ansehung von Leitungsrechten vor Inkrafttreten dieses Gesetzes getroffene Vereinbarungen bleiben unberührt.

(7) Die nach Absatz 4 zuständige Behörde kann auf Antrag bescheinigen, daß eine im Grundbuch eingetragene beschränkte persönliche Dienstbarkeit für Energieanlagen nicht mehr besteht, wenn das Recht nicht mehr ausgeübt wird, das Energieversorgungsunternehmen, dem die Anlage wirtschaftlich zuzurechnen wäre, zustimmt und ein anderer Berechtigter nicht ersichtlich ist. Die Bescheinigung ist zur Berichtigung des Grundbuchs genügend. Die Behörde kann den Antragsteller auf das Aufgebotsverfahren verweisen.

(8) Das Bundesministerium der Justiz wird ermächtigt, durch Rechtsverordnung mit Zustimmung des Bundesrates die näheren technischen Einzelheiten des in Absatz 1 beschriebenen Inhalts der Dienstbarkeit, nähere Einzelheiten des Verfahrens, insbesondere zum Inhalt der Bescheinigung, zum Antrag und zur Beschreibung des Rechts, zu regeln.[3]

(9) Die Bundesregierung wird ermächtigt, durch Rechtsverordnung mit Zustimmung des Bundesrates die vorstehende Regelung und auf Grund von Absatz 8 erlassene Bestimmungen ganz oder teilweise zu erstrecken auf
1. Anlagen der öffentlichen Wasserversorgung und Abwasserbeseitigung, insbesondere Leitungen und Pumpstationen, mit Ausnahme jedoch von Wasserwerken und Abwasserbehandlungsanlagen,

---

[3] Siehe dazu §§ 4 ff. SachenR-DV vom 20. 12. 1994 (BGBl. I S. 3900).

2. Hochwasserrückhaltebecken ohne Dauer- oder Teildauerstau und Schöpfwerke, die der Aufrechterhaltung der Vorflut dienen und im öffentlichen Interesse betrieben werden,
3. gewässerkundliche Meßanlagen wie Pegel, Gütemeßstationen, Grundwasser- und andere Meßstellen nebst den dazugehörigen Leitungen.[4]

Die Erstreckung ist nur bis zum Ablauf des 31. Dezember 1995 zulässig und soll erfolgen, soweit dies wegen der Vielzahl der Fälle oder der Unsicherheit der anderweitigen rechtlichen Absicherung erforderlich ist. In der Rechtsverordnung kann von den Bestimmungen der Absätze 4 bis 7 sowie der auf Grund von Absatz 8 erlassenen Rechtsverordnung abgewichen, insbesondere Absatz 7 von der Erstreckung ausgenommen werden, soweit dies aus Gründen des Wasserrechts geboten ist. Bis zum Erlaß der Rechtsverordnung bleiben Vorschriften des Landesrechts unberührt. Eine Verpflichtung zur Zahlung eines Ausgleichs nach Absatz 3 besteht nicht, soweit nach Landesrecht bereits Entschädigung geleistet worden ist.

(10) Die Landesregierungen werden ermächtigt, durch Rechtsverordnung die Zuständigkeit der in den Absätzen 4, 6 und 7 genannten oder in der Rechtsverordnung nach Absatz 9 bestimmten Behörden ganz oder teilweise auf andere Behörden zu übertragen. Die nach Absatz 4 oder Satz 1 dieses Absatzes zuständige Landesbehörde kann auch andere geeignete Stellen, bei nichtöffentlichen Stellen unter Beleihung mit hoheitlichen Aufgaben, beauftragen, die Bescheinigungen zu erteilen; diese stehen denen nach Absatz 4 gleich.

(11) Die Absätze 1 bis 10 und die auf ihrer Grundlage erlassenen Verordnungen gelten entsprechend für
1. Telekommunikationsanlagen der früheren Deutschen Post,
2. Anlagen zur Versorgung von Schienenwegen der früheren Reichsbahn und der öffentlichen Verkehrsbetriebe mit Strom und Wasser sowie zur Entsorgung des Abwassers solcher Anlagen,
3. Anlagen zur Fortleitung von Öl oder anderer Rohstoffen einschließlich aller dazugehörigen Anlagen, die der Fortleitung unmittelbar dienen, und
4. Anlagen zum Transport von Produkten zwischen den Betriebsstätten eines oder mehrerer privater oder öffentlicher Unternehmen,

die in dem in Artikel 3 des Einigungsvertrages genannten Gebiet liegen und vor dem 3. Oktober 1990 errichtet worden sind. Absatz 1 findet keine Anwendung, soweit Grundstückseigentümer auf Grund einer abgegebenen Grundstückseigentümererklärung nach § 7 der Telekommunikationsverordnung vom 24. Juni 1991 (BGBl. I S. 1376) oder nach § 8 der Telekommunikations-Kundenschutzverordnung vom 19. Dezember 1995 (BGBl. I S. 2020) zur Duldung von Telekommunikationsanlagen verpflichtet sind. An die Stelle der Aufsichtsbehörde im Sinne des Absatzes 4 treten das Bundesministerium für Post und Telekommunikation für Anlagen nach Satz 1 Nr. 1 und das Bundeseisenbahnvermögen für Anlagen der früheren Reichsbahn nach Satz 1 Nr. 2. Diese können mit der Erteilung der Bescheinigung auch eine andere öffentliche Stelle oder eine natürliche Person beauftragen, die nicht Bediensteter des Bundesministerium oder des Bundeseisenbahnvermögens sein muß. Für Dienstbarkeiten nach Satz 1 Nr. 3 und 4 gilt § 1023 Abs. 1 Satz 1 Halbsatz 2 des Bürgerlichen Gesetzbuchs bei der Anlegung neuer öffentlicher Verkehrswege nur, wenn die Dienstbarkeit im Grundbuch eingetragen ist. Vor diesem Zeitpunkt hat der Inhaber der Dienstbarkeit die Kosten einer erforderlichen Verlegung zu tragen.

VIERTER ABSCHNITT
Ablösung von Grundpfandrechten

§ 10 [Ablöserecht]

(1) Eine vor dem 1. Juli 1990 an einem Grundstück in dem in Artikel 3 des Einigungsvertrages genannten Gebiet bestellte Hypothek oder Grundschuld mit einem umgerechneten Nennbetrag von nicht mehr als 10 000 Deutsche Mark erlischt, wenn der Eigentümer des Grundstücks eine

---

[4] Siehe dazu §§ 1 bis 3 SachenR-DV vom 20. 12. 1994 (BGBl. I S. 3900).

II. Grundbuchbereinigungsgesetz

dem in Deutsche Mark umgerechneten und um ein Drittel erhöhten Nennbetrag entsprechende Geldsumme zugunsten des jeweiligen Gläubigers unter Verzicht auf die Rücknahme hinterlegt hat; bei einer Höchstbetragshypothek entfällt die in Halbsatz 1 genannte Erhöhung des Nennbetrags. Satz 1 gilt für Rentenschulden und Reallasten entsprechend; anstelle des Nennbetrages tritt der für Rechte dieser Art im Verfahren nach dem Vermögensgesetz anzusetzende Ablösebetrag, der nicht zu erhöhen ist. Das Bundesministerium der Justiz wird ermächtigt, durch Rechtsverordnung anstelle der Hinterlegung andere Arten der Sicherheitsleistung zuzulassen.

(2) Die §§ 1 bis 3 gelten auch für die Berechnung des Nennbetrages des Grundpfandrechts.

(3) Der Eigentümer des Grundstücks kann von dem jeweiligen Gläubiger die Zustimmung zur Auszahlung des die geschuldete Summe übersteigenden Teils eines hinterlegten Betrages oder im Falle der Leistung einer anderen Sicherheit entsprechende Freigabe verlangen.

(4) Ein für das Grundpfandrecht erteilter Brief wird mit dem Zeitpunkt des Erlöschens des Rechts kraftlos. Das Kraftloswerden des Briefes ist entsprechend § 26 Abs. 3 Satz 2 des Gesetzes über Maßnahmen auf dem Gebiet des Grundbuchwesens vom 20. Dezember 1963 (BGB. I S. 986, zuletzt geändert durch Artikel 3 Abs. 3 des Registerverfahrensbeschleunigungsgesetzes vom 20. Dezember 1993 (BGBl. I S. 2182) bekanntzumachen.

FÜNFTER ABSCHNITT
Sonstige Erleichterungen

§ 11 [Ausnahmen von der Voreintragung des Berechtigten]

(1) § 39 Abs. 1 der Grundbuchordnung ist nicht anzuwenden, wenn eine Person aufgrund eines Ersuchens nach § 34 des Vermögensgesetzes einzutragen ist. Er ist ferner nicht anzuwenden, wenn die durch den Bescheid, der dem Ersuchen nach § 34 des Vermögensgesetzes zugrundeliegt, begünstigte Person oder deren Erbe verfügt. Die Sätze 1 und 2 geltend entsprechend für Eintragungen und Verfügungen aufgrund eine Bescheids, der im Verfahren nach § 2 des Vermögenszuordnungsgesetzes ergangen ist, sowie für Verfügungen nach § 8 des Vermögenszuordnungsgesetzes.

(2) Bis zum Ablauf des 31. Dezember 1999 ist in dem in Artikel 3 des Einigungsvertrages genannten Gebiet § 40 Abs. 1 der Grundbuchordnung für Belastungen entsprechend anzuwenden.

§ 12 [Nachweis der Rechtsnachfolge bei Genossenschaften]

(1) Zum Nachweis gegenüber dem Grundbuchamt oder dem Schiffsregistergericht, daß in dem in Artikel 3 des Einigungsvertrages genannten Gebiet ein Recht von einer vor dem 3. Oktober 1990 gegründeten Genossenschaft auf eine im Wege der Umwandlung, Verschmelzung oder Spaltung aus einer solchen hervorgegangenen Kapitalgesellschaft oder eingetragenen Genossenschaft übergegangen ist, genügt unbeschadet anderer entsprechender Vorschriften eine Bescheinigung der das Register für den neuen Rechtsträger führenden Stelle.

(2) Eine Genossenschaft, die am 1. Januar 1990 in einem örtlich abgegrenzten Bereich des in Artikel 5 des Einigungsvertrages genannten Gebietes tätig war, gilt gegenüber dem Grundbuchamt oder dem Schiffsregistergericht als Rechtsnachfolger der Genossenschaften der gleichen Art, die zwischen dem 8. Mai 1945 und dem 31. Dezember 1989 in diesem örtlichen Bereich oder Teilen hiervon tätig waren und nicht mehr bestehen. Fällt der Genossenschaft nach Satz 1 ein Vermögenswert zu, der ihr nicht zukommt, so gelten die Vorschriften des Bürgerlichen Gesetzbuchs über den Ausgleich einer ungerechtfertigten Bereicherung entsprechend.

§ 13 [Dingliche Rechte im Flurneuordnungsverfahren]

In Verfahren nach dem 8. Abschnitt des Landwirtschaftsanpassungsgesetzes können dingliche Rechte an Grundstücken im Plangebiet und Rechte an einem ein solches Grundstück belastenden Recht aufgehoben, geändert oder neu begründet werden. Die Bestimmung über die Eintragung des Zustimmungsvorbehalts für Veräußerungen in § 6 Abs. 4 des Bodensonderungsgesetzes ist entsprechend anzuwenden.

§ 14 [Gemeinschaftliches Eigentum von Ehegatten]

In den Fällen des Artikels 234 § 4a Abs. 1 Satz 1 des Einführungsgesetzes zum Bürgerlichen Gesetzbuche gelten die §§ 82, 82a Satz 1 der Grundbuchordnung entsprechend. Der für die Berichtigung des Grundbuchs erforderliche Nachweis, daß eine Erklärung nach Artikel 234 Abs. 2 und 3 des Einführungsgesetzes zum Bürgerlichen Gesetzbuche nicht abgegeben wurde, kann durch Berufung auf die Vermutung nach Artikel 234 § 4a Abs. 3 des Einführungsgesetzes zum Bürgerlichen Gesetzbuche oder durch übereinstimmende Erklärung beider Ehegatten, bei dem Ableben eines von ihnen durch Versicherung des Überlebenden und bei dem Ableben beider durch Versicherung der Erben erbracht werden; die Erklärung, die Versicherung und der Antrag bedürfen nicht der in § 29 der Grundbuchordnung vorgeschriebenen Form. Die Berichtigung ist in allen Fällen des Artikels 234 § 4a des Einführungsgesetzes zum Bürgerlichen Gesetzbuche gebührenfrei.

III. Verordnung über die Anlegung und Führung von Gebäudegrundbüchern (Gebäudegrundbuchverfügung – GGV)

Vom 15. Juli 1994
(BGBl. I S. 1606)

§ 1 [Anwendungsbereich]
Diese Verordnung regelt
1. die Anlegung und Führung von Gebäudegrundbüchern für Gebäudeeigentum nach Artikel 231 § 5 und Artikel 233 §§ 2b, 4 und 8 des Einführungsgesetzes zum Bürgerlichen Gesetzbuche,
2. die Eintragung
   a) eines Nutzungsrechts,
   b) eines Gebäudeeigentums ohne Nutzungsrecht und
   c) eines Vermerks zur Sicherung der Ansprüche aus der Sachenrechtsbereinigung aus dem Recht zum Besitz gemäß Artikel 233 § 2a des Einführungsgesetzes zum Bürgerlichen Gesetzbuche

in das Grundbuchblatt des betroffenen Grundstücks.

§ 2 [Grundsatz für vorhandene Grundbuchblätter]
Die Führung von vorhandenen Gebäudegrundbuchblättern richtet sich nach den in § 144 Abs. 1 Nr. 4 Satz 1 und 2 der Grundbuchordnung bezeichneten Vorschriften. Diese Grundbuchblätter können auch gemäß § 3 fortgeführt, umgeschrieben oder neu gefaßt werden.

§ 3 [Gestaltung und Führung neu anzulegender Gebäudegrundbuchblätter]
(1) Für die Gestaltung und Führung von neu anzulegenden Gebäudegrundbuchblättern gelten die Vorschriften über die Anlegung und Führung eines Erbbaugrundbuches, soweit im Folgendes nichts Abweichendes bestimmt ist.

(2) Ist ein Gebäudegrundbuchblatt neu anzulegen, so kann nach Anordnung der Landesjustizverwaltung bestimmt werden, daß es die nächst fortlaufende Nummer des bisherigen Gebäudegrundbuchs erhält.

(3) In der Aufschrift des Blattes ist anstelle der Bezeichnung „Erbbaugrundbuch" die Bezeichnung „Gebäudegrundbuch" zu verwenden.

(4) Im Bestandsverzeichnis ist bei Gebäudeeigentum auf Grund eines dinglichen Nutzungsrechts in der Spalte 1 die laufende Nummer der Eintragung, in der Spalte 2 die bisherige laufende Nummer der Eintragung anzugeben. In dem durch die Spalten 3 und 4 gebildeten Raum sind einzutragen:
1. die Bezeichnung „Gebäudeeigentum auf Grund eines dinglichen Nutzungsrechts auf" sowie die grundbuchmäßige Bezeichnung des Grundstücks, auf dem das Gebäude errichtet ist, unter Angabe der Eintragungsstelle; dabei ist der Inhalt der Spalten 3 und 4 des Bestandsverzeichnisses des belasteten oder betroffenen Grundstücks zu übernehmen;
2. der Inhalt und der räumliche Umfang des Nutzungsrechts, auf Grund dessen das Gebäude errichtet ist, soweit dies aus den der Eintragung zugrundeliegenden Unterlagen ersichtlich ist; sind auf Grund des Nutzungsrechts mehrere Gebäude errichtet, so sind diese nach Art und Anzahl zu bezeichnen;
3. Veränderungen der unter den Nummern 1 und 2 genannten Vermerke, vorbehaltlich der Bestimmungen des Satzes 5.

Bei der Eintragung des Inhalts des Nutzungsrechts sollen dessen Grundlage und Beschränkungen angegeben werden. Bezieht sich das Nutzungsrecht auf die Gesamtfläche mehrerer Grundstücke oder Flurstücke, gilt Satz 2 Nr. 1 für jedes der betroffenen Grundstücke oder Flurstücke. Die Spalte 6 ist zur Eintragung von sonstigen Veränderungen der in den Spalten 1 bis 3 eingetragenen Vermerke bestimmt. In der Spalte 8 ist die ganze oder teilweise Löschung des Gebäudeeigentums zu vermerken. Bei Eintragungen in den Spalten 6 und 8 ist in den Spalten 5 und 7 die laufende Nummer anzugeben, unter der die betroffene Eintragung in der Spalte 1 vermerkt ist.

(5) Verliert ein früherer Vermerk durch die Eintragung einer Veränderung nach ihrem aus dem Grundbuch ersichtlichen Inhalt ganz oder teilweise seine Bedeutung, so ist er insoweit rot zu unterstreichen.

(6) Bei dinglichen Nutzungsrechten zur Errichtung eines Eigenheims sowie für Freizeit- und Erholungszwecke sind mehrere Gebäude unter einer laufenden Nummer im Bestandsverzeichnis zu buchen, es sei denn, daß die Teilung des Gebäudeeigentums gleichzeitig beantragt wird. Im übrigen sind mehrere Gebäude jeweils unter einer besonderen laufenden Nummer im Bestandsverzeichnis oder in besonderen Blättern zu buchen, es sei denn, daß die Vereinigung gleichzeitig beantragt wird. Bei der Einzelbuchung mehrerer Gebäude gemäß Satz 2 können die in Absatz 4 Satz 2 bezeichneten Angaben zusammengefaßt werden, soweit die Übersichtlichkeit nicht leidet.

(7) Für die Auslegung eines Grundbuchblattes für nutzungsrechtsloses Gebäudeeigentum gemäß Artikel 233 §§ 2 b und 8 des Einführungsgesetzes zum Bürgerlichen Gesetzbuche gelten die vorstehenden Absätze sinngemäß mit der Maßgabe, daß an die Stelle des Nutzungsrechts das Eigentum am Gebäude tritt. An die Stelle des Vermerks „Gebäudeeigentum auf Grund eines dinglichen Nutzungsrechts auf ..." tritt der Vermerk „Gebäudeeigentum gemäß Artikel 233 § 2 b EGBGB auf ..." oder „Gebäudeeigentum gemäß Artikel 233 § 8 EGBGB auf ...".

§ 4 [Nachweis des Gebäudeeigentums oder des Rechts zum Besitz gemäß Artikel 233 § 2 a EGBGB]

(1) Zum Nachweis des Bestehens des Gebäudeeigentums gemäß Artikel 233 § 4 des Einführungsgesetzes zum Bürgerlichen Gesetzbuche und des Eigentums daran genügt die Nutzungsurkunde, die über das diesem Gebäudeeigentum zugrundeliegende Nutzungsrecht ausgestellt ist und die Genehmigung zur Errichtung des Gebäudes auf dem zu belastenden Grundstück oder ein Kaufvertrag über das auf dem belasteten Grundstück errichtete Gebäude. Anstelle der Genehmigung oder des Kaufvertrages kann auch eine Bescheinigung der Gemeinde vorgelegt werden, wonach das Gebäude besteht. Eine Entziehung des Gebäudeeigentums oder des Nutzungsrechts ist nur zu berücksichtigen, wenn sie offenkundig, aktenkundig oder auf andere Weise dem Grundbuchamt bekannt ist.

(2) Zum Nachweis von Gebäudeeigentum gemäß Artikel 233 § 2 b des Einführungsgesetzes zum Bürgerlichen Gesetzbuche genügt der Bescheid des Präsidenten der Oberfinanzdirektion nach Absatz 3 dieser Vorschrift, wenn auf dem Bescheid seine Bestandskraft bescheinigt wird.

(3) Zum Nachweis von Gebäudeeigentum gemäß Artikel 233 § 8 des Einführungsgesetzes zum Bürgerlichen Gesetzbuche genügt
1. die Vorlage des Vertrages, der die Gestattung zur Errichtung von Bauwerken enthalten muß, und
2. a) die Zustimmung nach § 5 der Verordnung über die Sicherung des Volkseigentums bei Baumaßnahmen von Betrieben auf vertraglich genutzten nichtvolkseigenen Grundstücken vom 7. April 1983 (GBl. I Nr. 12 S. 129) oder
   b) ein Prüfbescheid der staatlichen Bauaufsicht nach § 7 Abs. 5 und § 11 der Verordnung der Deutschen Demokratischen Republik über die staatliche Bauaufsicht vom 30. Juli 1981 (GBl. I Nr. 26 S. 313), der sich auf den Zustand des Gebäudes während oder nach der Bauausführung bezieht; der Nachweis der Bauausführung durch andere öffentliche Urkunden ist zulässig.

(4) Zum Nachweis der Ansprüche aus der Sachenrechtsbereinigung aus dem Recht zum Besitz gemäß Artikel 223 § 2 a des Einführungsgesetzes zum Bürgerlichen Gesetzbuche genügt:
1. ein Nachweis seines Gebäudeeigentums nach Absatz 2 oder 3, oder
2. die Vorlage eines Prüfbescheids der staatlichen Bauaufsicht oder ein Abschlußprotoll nach § 24 Abs. 6 der Verordnung über die Vorbereitung und Durchführung von Investitionen vom 30. November 1988 (GBl. I Nr. 26 S. 287), aus dem sich ergibt, daß von einem anderen Nutzer als dem Grundstückseigentümer ein Gebäude auf dem zu belastenden Grundstück oder Flurstück errichtet worden ist, oder
3. die Vorlage eines den Nutzer zu anderen als Erholungs- und Freizeitzwecken berechtigenden Überlassungsvertrages für das Grundstück oder

III. Gebäudegrundbücher

4. die Vorlage eines vor dem 22. Juli 1992 geschlossenen oder beantragten formgültigen Kaufvertrages zugunsten des Nutzers über ein Gebäude auf einem ehemals volkseigenen oder LPG-genutzten Grundstück oder
5. die Vorlage einer gerichtlichen Entscheidung, durch die die Eintragung angeordnet wird, oder
6. die Vorlage der Eintragungsbewilligung (§ 19 der Grundbuchordnung) des Grundstückseigentümers.

(5) Die Nachweise nach den Absätzen 1 bis 4 sind zu den Gedanken des Gebäudegrundbuchblattes oder, wenn dieses nicht besteht, zu den Grundakten des belasteten oder betroffenen Grundstücks zu nehmen.

§ 5 [Eintragung des dinglichen Nutzungsrechts]

(1) In den Fällen des Artikels 233 § 4 Abs. 1 Satz 2 des Einführungsgesetzes zum Bürgerlichen Gesetzbuche ist das dem Gebäudeeigentum zugrundeliegende Nutzungsrecht in der zweiten Abteilung des für das belastete Grundstück bestehenden Grundbuchblättern nach Maßgabe des Absatzes 2 einzutragen. Ist ein Gebäudegrundbuchblatt bereits angelegt, so gilt Satz 1 entsprechend mit der Maßgabe, daß die Eintragung bei der nächsten anstehenden Eintragung im Gebäudegrundbuchblatt oder, soweit das Bestehen des Nutzungsrechts dem Grundbuchamt bekannt ist, im Grundbuchblatt des belasteten Grundstücks vorzunehmen ist.

(2) In Spalte 1 ist die laufende Nummer der Eintragung anzugeben. In der Spalte 2 ist die laufende Nummer anzugeben, unter der das belastete Grundstück im Bestandsverzeichnis eingetragen ist. In Spalte 3 sind einzutragen das Nutzungsrecht unter der Bezeichnung „Dingliches Nutzungsrecht für den jeweiligen Gebäudeeigentümer unter Bezugnahme auf das Gebäudegrundbuchblatt …" unter Angabe der jeweiligen Bezeichnung des oder der Gebäudegrundbuchblätter. Die Spalte 5 ist zur Eintragung von Veränderungen der in den Spalten 1 bis 3 eingetragenen Vermerke bestimmt, und zwar einschließlich der Beschränkungen in der Person des Nutzungsberechtigten in der Verfügung über das in den Spalten 1 bis 3 eingetragene Recht, auch wenn die Beschränkung nicht erst nachträglich eintritt. In der Spalte 7 erfolgt die Löschung der in den Spalten 3 und 5 eingetragenen Vermerke. Bei Eintragungen in den Spalten 5 und 7 ist in den Spalten 4 und 6 die laufende Nummer anzugeben, unter der die betroffene Eintragung in der Spalte 1 vermerkt ist.

(3) Bezieht sich das Nutzungsrecht auf mehrere Grundstücke oder Flurstücke, ist § 48 der Grundbuchordnung anzuwenden.

§ 6 [Eintragung des Gebäudeeigentums gemäß Artikel 233 §§ 2 b und 8 EGBGB]

Vor Anlegung des Gebäudegrundbuchblattes ist das Gebäudeeigentum von Amts wegen in der zweiten Abteilung des Grundbuchblattes für das von dem Gebäudeeigentum betroffenen Grundstück einzutragen. Für die Eintragung gelten die Vorschriften des § 5 Abs. 2 und 3 sinngemäß mit der Maßgabe, daß an die Stelle des Nutzungsrechts das Eigentum am Gebäude tritt. An die Stelle des Vermerks „Dingliches Nutzungsrecht …" tritt der Vermerk „Gebäudeeigentum gemäß Artikel 233 § 2 b EGBGB …" oder „Gebäudeeigentum gemäß Artikel 233 § 8 EGBGB …". § 5 Abs. 1 gilt entsprechend.

§ 7 [Vermerk zur Sicherung der Ansprüche aus der Sachenrechtsbereinigung aus dem Recht zum Besitz gemäß Artikel 233 § 2 a EGBGB]

(1) Die Eintragung eines Vermerks zur Sicherung der Ansprüche aus der Sachenrechtsbereinigung aus dem Recht zum Besitz gemäß Artikel 233 § 2 a des Einführungsgesetzes zum Bürgerlichen Gesetzbuche erfolgt in der zweiten Abteilung und richtet sich nach Absatz 2.

(2) In der Spalte 1 ist die laufende Nummer der Eintragung, in der Spalte 2 die laufende Nummer, unter der das betroffene Grundstück in dem Bestandsverzeichnis eingetragen ist, anzugeben. In der Spalte 3 ist einzutragen „Recht zum Besitz gemäß Artikel 233 § 2 a EGBGB …" unter Angabe des Besitzberechtigten des Umfangs und Inhalts des Rechts, soweit dies aus den der Eintragung zugrundeliegenden Unterlagen hervorgeht, sowie der Grundlage der Eintragung (§ 4 Abs. 4). § 44 Abs. 2 der Grundbuchordnung gilt sinngemäß. § 9 Abs. 1 und 2 gilt sinngemäß mit der Maßgabe, daß an die Stelle der grundbuchmäßigen Bezeichnung des oder der betroffenen Grundstücke die laufende Nummer tritt, unter der diese im Bestandsverzeichnis eingetragen sind. Die

Spalte 5 ist zur Eintragung von Veränderungen der in den Spalten 1 bis 3 eingetragenen Vermerke bestimmt, und zwar einschließlich der Beschränkungen in der Person des Besitzberechtigten in der Verfügung über das in den Spalten 1 bis 3 eingetragene Recht, auch wenn die Beschränkung nicht erst nachträglich eintritt. In der Spalte 7 erfolgt die Löschung der in den Spalten 3 und 5 eingetragenen Vermerke. Bei Eintragungen in den Spalten 5 und 7 ist in den Spalten 4 und 6 die laufende Nummer anzugeben, unter der die betroffene Eintragung in der Spalte 1 vermerkt ist.

§ 8 [Nutzungsrecht, Gebäudeeigentum oder Recht zum Besitz für mehrere Berechtigte]

Soll ein dingliches Nutzungsrecht oder ein Gebäudeeigentum als Eigentum von Ehegatten eingetragen werden (§ 47 GBO), kann der für die Eintragung in das Grundbuch erforderliche Nachweis, daß eine Erklärung nach Artikel 234 § 4 Abs. 2 und 3 des Einführungsgesetzes zum Bürgerlichen Gesetzbuche nicht abgegeben wurde, auch durch übereinstimmende Erklärung beider Ehegatten, bei dem Ableben eines von ihnen durch Versicherung des Überlebenden und bei dem Ableben beider durch Versicherung der Erben erbracht werden. Die Erklärung, die Versicherung und der Antrag bedürfen nicht der Form des § 29 der Grundbuchordnung. Für die bereits ohne Beachtung der Vorschrift des § 47 der Grundbuchordnung eingetragenen Rechte nach Satz 1 gilt Artikel 234 § 4a Abs. 3 des Einführungsgesetzes zum Bürgerlichen Gesetzbuche entsprechend mit der Maßgabe, daß die Eintragung des maßgeblichen Verhältnisses nur auf Antrag eines Antragsberechtigten erfolgen soll.

§ 9 [Nutzungsrecht oder Gebäudeeigentum auf bestimmten Grundstücksteilen]

(1) Bezieht sich das Gebäudeeigentum nur auf eine Teilfläche des oder der belasteten oder betroffenen Grundstücke oder Flurstücke, so sind dem in § 3 Abs. 4 Satz 2 Nr. 1 oder § 6 Abs. 1 Satz 3 vorgesehenen Vermerk die Bezeichnung „… einer Teilfläche von …", die Größe der Teilfläche sowie die grundbuchmäßige Bezeichnung des oder der belasteten oder betroffenen Grundstücke oder Flurstücke anzufügen. Soweit vorhanden, soll die Bezeichnung der Teilfläche aus dem Bestandsblatt des Grundbuchblattes für das Grundstück übernommen werden.

(2) Soweit sich im Falle des Absatzes 1 das Gebäudeeigentum auf die Gesamtfläche eines oder mehrerer Grundstücke oder Flurstücke sowie zusätzlich auf eine oder mehrere Teilflächen weiterer Grundstücke oder Flurstücke bezieht, sind die grundbuchmäßige Bezeichnung der insgesamt belasteten oder betroffenen Grundstücke oder Flurstücke und der Vermerk „… und einer Teilfläche von …" unter Angabe der Größe der Teilfläche sowie der grundbuchmäßigen Bezeichnung der teilweise belasteten oder betroffenen Grundstücke oder Flurstücke anzugeben.

(3) Für die Eintragung des Nutzungsrechts oder des Gebäudeeigentums im Grundbuch des oder der belasteten oder betroffenen Grundstücke gelten die Absätze 1 und 2 sinngemäß mit der Maßgabe, daß statt der grundbuchmäßigen Bezeichnung des oder der Grundstücke die laufende Nummer anzugeben ist, unter der das oder die Grundstücke im Bestandsverzeichnis eingetragen sind.

§ 10 [Nutzungsrecht, Gebäudeeigentum oder Recht zum Besitz auf nicht bestimmten Grundstücken oder Grundstücksteilen]

(1) Besteht ein dingliches Nutzungsrecht, ein Gebäudeeigentum oder ein Recht zum Besitz an einem oder mehreren nicht grundbuchmäßig bestimmten Grundstücken oder an Teilen hiervon, so fordert das Grundbuchamt den Inhaber des Rechts auf, den räumlichen Umfang seines Rechts auf den betroffenen Grundstücken durch Vorlage eines Auszugs aus dem beschreibenden Teil des amtlichen Verzeichnisses oder einer anderen Beschreibung nachzuweisen, die nach den gesetzlichen Vorschriften das Liegenschaftskataster als amtliches Verzeichnis der Grundstücke ersetzt.

(2) Soweit die in Absatz 1 genannten Nachweise nicht vorgelegt werden können und der Berechtigte dies gegenüber dem Grundbuchamt versichert, genügen andere amtliche Unterlagen, sofern aus ihnen die grundbuchmäßige Bezeichnung der belasteten oder betroffenen Grundstücke hervorgeht oder bestimmt werden kann; diese Unterlagen und die Versicherung bedürfen nicht der in § 29 der Grundbuchordnung bestimmten Form. Ausreichend ist auch die Bestätigung der für die Führung des Liegenschaftskatasters zuständigen Stelle oder eines öffentlich bestellten Vermessungsingenieurs, aus der sich ergibt, auf welchem oder welchen Grundstücken oder Flurstük-

III. Gebäudegrundbücher

ken das dingliche Nutzungsrecht, das Gebäudeeigentum oder das Recht zum Besitz lastet. Vervielfältigungen dieser anderen amtlichen Unterlagen sowie dieser Bestätigungen hat das Grundbuchamt der für die Führung des amtlichen Verzeichnisses zuständigen Stelle zur Verfügung zu stellen.

§ 11 [Widerspruch]

(1) In den Fällen der §§ 3, 5 und 6 hat das Grundbuchamt gleichzeitig mit der jeweiligen Eintragung einen Widerspruch gegen die Richtigkeit dieser Eintragung nach Maßgabe der Absätze 2 bis 5 von Amts wegen zugunsten des Eigentümers des zu belastenden oder betroffenen Grundstücks einzutragen, sofern nicht dieser die jeweilige Eintragung bewilligt hat oder ein Vermerk über die Eröffnung eines Vermittlungsverfahrens nach dem in Artikel 233 Abs. 3 Abs. 2 des Einführungsgesetzes zum Bürgerlichen Gesetzbuche genannten Gesetz (Sachenrechtsbereinigungsgesetz) in das Grundbuch des belasteten oder betroffenen Grundstücks eingetragen ist oder gleichzeitig eingetragen wird.

(2) Die Eintragung des Widerspruchs nach Absatz 1 erfolgt

1. in den Fällen des § 3 in der Spalte 3 der zweiten Abteilung des Gebäudegrundbuchblattes; dabei ist in der Spalte 1 die laufende Nummer der Eintragung anzugeben;
2. in den Fällen der §§ 5 und 6 in der Spalte 5 der zweiten Abteilung des Grundbuchblattes für das Grundstück; dabei ist in der Spalte 4 die laufende Nummer anzugeben, unter der die betreffende Eintragung in der Spalte 1 vermerkt ist.

(3) Der Widerspruch wird nach Ablauf von vierzehn Monaten seit seiner Eintragung gegenstandslos, es sei denn, daß vorher ein notarielles Vermittlungsverfahren eingeleitet oder eine Klage auf Grund des Sachenrechtsbereinigungsgesetzes oder eine Klage auf Aufhebung des Nutzungsrechts erhoben und dies bis zu dem genannten Zeitpunkt dem Grundbuchamt in der Form des § 29 der Grundbuchordnung nachgewiesen wird.

(4) Ein nach Absatz 3 gegenstandsloser Widerspruch kann von Amts wegen gelöscht werden; er ist von Amts wegen bei der nächsten anstehenden Eintragung im Grundbuchblatt für das Grundstück oder Gebäude oder bei Eintragung des in Absatz 1 Halbsatz 2 genannten Vermerks zu löschen.

(5) Ein Widerspruch nach den vorstehenden Absätzen wird nicht eingetragen, wenn

1. der Antrag auf Eintragung nach Absatz 1 nach dem 31. Dezember 1996 bei dem Grundbuchamt eingeht oder
2. der Antragsteller eine mit Siegel oder Stempel versehene und unterschriebene Nutzungsbescheinigung vorlegt oder
3. sich eine Nutzungsbescheinigung nach Nummer 2 bereits bei der Grundakte befindet.

Die Nutzungsbescheinigung wird von der Gemeinde, in deren Gebiet das Grundstück belegen ist, erteilt, wenn das Gebäude vom 20. Juli 1993 bis zum 1. Oktober 1994 von dem Antragsteller selbst, seinem Rechtsvorgänger oder auf Grund eines Vertrages mit einem von beiden durch einen Mieter oder Pächter genutzt wird. In den Fällen des Satzes 1 Nr. 2 und 3 wird der Widerspruch nach Absatz 1 auf Antrag des Grundstückseigentümers eingetragen, wenn dieser Antrag bis zum Ablauf des 31. Dezember 1996 bei dem Grundbuchamt eingegangen ist. Der Widerspruch wird in diesem Fall nach Ablauf von 3 Monaten gegenstandslos, es sei denn, daß vorher ein notarielles Vermittlungsverfahren eingeleitet oder eine Klage auf Grund des Sachenrechtsbereinigungsgesetzes oder eine Klage auf Aufhebung des Nutzungsrechts erhoben und dies bis zu dem genannten Zeitpunkt dem Grundbuchamt in der Form des § 29 der Grundbuchordnung nachgewiesen wird. Absatz 4 gilt entsprechend.

§ 12 [Aufhebung des Gebäudeeigentums]

(1) Die Aufhebung eines Nutzungsrechts oder Gebäudeeigentums nach Artikel 233 § 4 Abs. 5 des Einführungsgesetzes zum Bürgerlichen Gesetzbuche oder nach § 16 Abs. 3 des Vermögensgesetzes ist in der zweiten Abteilung des Grundbuchs des oder der belasteten oder betroffenen Grundstücke oder Flurstücke einzutragen, wenn das Recht dort eingetragen ist; ein vorhandenes Gebäudegrundbuchblatt ist zu schließen.

(2) Sofern im Falle des Absatzes 1 eine Eintragung im Grundbuch des belasteten Grundstücks oder die Schließung des Gebäudegrundbuchblattes nicht erfolgt ist, sind diese bei der nächsten in

einem der Grundbuchblätter anstehenden Eintragung nachzuholen. Ist das Grundbuchblatt des belasteten Grundstücks infolge der Aufhebung des Nutzungsrechts oder Gebäudeeigentums gemäß Absatz 1 geschlossen oder das belastete oder betroffene Grundstück in das Gebäudegrundbuchblatt übertragen worden, so gilt ein als Grundstücksgrundbuchblatt fortgeführtes Gebäudegrundbuchblatt als Grundbuch im Sinne der Grundbuchordnung.

(3) Sind die für Aufhebung des Nutzungsrechts oder Gebäudeeigentums erforderlichen Eintragungen erfolgt, ohne daß eine Aufgabeerklärung nach Artikel 233 § 4 Abs. 5 des Einführungsgesetzes zum Bürgerlichen Gesetzbuche dem Grundbuchamt vorgelegen hat, hat das Grundbuchamt die Erklärung von dem eingetragenen Eigentümer des Grundstücks bei der nächsten in einem der Grundbuchblätter anstehenden Eintragung nachzufordern. Ist der jetzt eingetragene Eigentümer des Grundstücks nicht mit dem zum Zeitpunkt der Schließung des Grundbuchblattes für das Grundstück oder das Gebäude eingetragenen Eigentümer des Gebäudes identisch, so hat das Grundbuchamt die in Satz 1 bezeichnete Erklärung von beiden anzufordern. Nach Eingang der Erklärungen hat das Grundbuchamt die seinerzeit ohne die notwendigen Erklärungen vorgenommenen Eintragungen zu bestätigen; Absatz 2 Satz 2 gilt entsprechend. Wird die Erklärung nicht abgegeben, werden Grundstück und Gebäude in der Regel wieder getrennt gebucht.

§ 13 [Bekanntmachungen]

Auf die Bekanntmachungen bei Eintragungen im Grundbuch des mit einem dinglichen Nutzungsrecht belasteten oder von einem Gebäudeeigentum betroffenen Grundstücks oder Flurstücks sowie bei Eintragungen im Gebäudegrundbuchblatt ist § 17 der Erbbaurechtsverordnung sinngemäß anzuwenden. Bei Eintragungen im Gebäudegrundbuchblatt sind Bekanntmachungen gegenüber dem Eigentümer des belasteten oder betroffenen Grundstücks jedoch nur dann vorzunehmen, wenn das Recht dort eingetragen ist oder gleichzeitig eingetragen wird und der Eigentümer bekannt ist.

§ 14 [Begriffsbestimmungen, Teilung von Grundstück und von Gebäudeeigentum]

(1) Nutzer im Sinne dieser Verordnung ist, wer ein Grundstück im Umfang der Grundfläche eines darauf stehenden Gebäudes einschließlich seiner Funktionsflächen, bei einem Nutzungsrecht einschließlich der von dem Nutzungsrecht erfaßten Flächen unmittelbar oder mittelbar besitzt, weil er das Eigentum an dem Gebäude erworben, das Gebäude errichtet oder gekauft hat.

(2) Bestehen an einem Grundstück mehrere Nutzungsrechte, so sind sie mit dem sich aus Artikel 233 § 9 Abs. 2 des Einführungsgesetzes zum Bürgerlichen Gesetzbuche ergebenden Rang einzutragen.

(3) Die Teilung oder Vereinigung von Gebäudeeigentum nach Artikel 233 § 2b oder 8 des Einführungsgesetzes zum Bürgerlichen Gesetzbuche kann im Grundbuch eingetragen werden, ohne daß die Zustimmung des Grundstückseigentümers nachgewiesen wird. Bei Gebäudeeigentum nach Artikel 233 § 4 jenes Gesetzes umfaßt die Teilung des Gebäudeeigentums auch die Teilung des dinglichen Nutzungsrechts.

(4) Soll das belastete oder betroffene Grundstück geteilt werden, so kann der abgeschriebene Teil in Ansehung des Gebäudeeigentums, des dinglichen Nutzungsrechts oder des Rechts zum Besitz gemäß Artikel 233 § 2 des Einführungsgesetzes zum Bürgerlichen Gesetzbuche lastenfrei gebucht werden, wenn nachgewiesen wird, daß auf dem abgeschriebenen Teil das Nutzungsrecht nicht lastet und sich hierauf das Gebäude, an dem selbständiges Eigentum oder ein Recht zum Besitz gemäß Artikel 233 § 2a des Einführungsgesetzes zum Bürgerlichen Gesetzbuche besteht, einschließlich seiner Funktionsfläche nicht befindet. Der Nachweis kann auch durch die Beseitigung der für die Führung des Liegenschaftskatasters zuständigen Stelle oder eines öffentlich bestellten Vermessungsingenieurs, daß die in Satz 1 genannten Voraussetzungen gegeben sind, erbracht werden.

§ 15 [Überleitungsvorschrift]

(1) Es werden aufgehoben:
1. § 4 Abs. 3 des Gesetzes über die Verleihung von Nutzungsrechten an volkseigenen Grundstücken vom 4. Dezember 1970 (GBl. I Nr. 24 S. 372),

III. Gebäudegrundbücher

2. § 10 Abs. 1 der Verordnung über die Sicherung des Volkseigentums bei Baumaßnahmen von Betrieben auf vertraglich genutzten nichtvolkseigenen Grundstücken vom 7. April 1983 (GBl. I Nr. 12 S. 129),
3. Nummer 9 Abs. 3 Buchstabe a, Nummer 12 Abs. 2 Buchstabe a, Nummer 18 Abs. 2, Nummer 40 und Nummer 75 Abs. 3 sowie Anlage 16 der Anweisung Nr. 4/87 des Ministers des Innern und Chefs der Deutschen Volkspolizei über Grundbuch und Grundbuchverfahren unter Colidobedingungen − Colido-Grundbuchanweisung − vom 27. Oktober 1987.

Nach diesen Vorschriften eingetragene Vermerke über die Anlegung eines Gebäudegrundbuchblattes sind bei der nächsten anstehenden Eintragung in das Grundbuchblatt für das Grundstück oder für das Gebäudeeigentum an die Vorschriften des § 5 Abs. 2 und 3, § 6, § 9 Abs. 3 und § 12 anzupassen.

(2) § 4 Abs. 1 gilt nicht für Gebäudegrundbuchblätter, die vor dem Inkrafttreten dieser Verordnung angelegt worden sind oder für die der Antrag auf Anlegung vor diesem Zeitpunkt bei dem Grundbuchamt eingegangen ist.

(3) § 14 Abs. 2 und 3 gilt nur für Eintragungen, die nach Inkrafttreten dieser Verordnung beantragt worden sind.

IV. Verordnung über die Anlegung und Führung der Wohnungs- und Teileigentumsgrundbücher (Wohnungsgrundbuchverfügung — WGV)

In der Fassung vom 24. Januar 1995
(BGBl. I S. 134)

§ 1

Für die gemäß § 7 Abs. 1, § 8 Abs. 2 des Wohnungseigentumsgesetzes vom 15. März 1951 (Bundesgesetzbl. I S. 175)[1] für jeden Miteigentumsanteil anzulegenden besonderen Grundbuchblätter (Wohnungs- und Teileigentumsgrundbücher) sowie für die gemäß § 30 Abs. 3 des Wohnungseigentumsgesetzes anzulegenden Wohnungs- und Teilerbbaugrundbücher gelten die Vorschriften der Grundbuchverfügung[2] entsprechend, soweit sich nicht aus den §§ 2 bis 5, 8 und 9 etwas anderes ergibt.

§ 2

In der Aufschrift ist unter die Blattnummer in Klammern das Wort „Wohnungsgrundbuch" oder „Teileigentumsgrundbuch" zu setzen, je nachdem, ob sich das Sondereigentum auf eine Wohnung oder auf nicht zu Wohnzwecken dienende Räume bezieht. Ist mit dem Miteigentumsanteil Sondereigentum sowohl an einer Wohnung als auch an nicht zu Wohnzwecken dienenden Räumen verbunden und überwiegt nicht einer dieser Zwecke offensichtlich, so ist das Grundbuchblatt als „Wohnungs- und Teileigentumsgrundbuch" zu bezeichnen.

§ 3

(1) Im Bestandsverzeichnis sind in dem durch die Spalte 3 gebildeten Raum einzutragen:
a) der in einem zahlenmäßigen Bruchteil ausgedrückte Miteigentumsanteil an dem Grundstück;
b) die Bezeichnung des Grundstücks nach den allgemeinen Vorschriften; besteht das Grundstück aus mehreren Teilen, die in dem maßgebenden amtlichen Verzeichnis (§ 2 Abs. 2 der Grundbuchordnung) als selbständige Teile eingetragen sind, so ist bei der Bezeichnung des Grundstücks in geeigneter Weise zum Ausdruck zu bringen, daß die Teile ein Grundstück bilden;
c) das mit dem Miteigentumsanteil verbundene Sondereigentum an bestimmten Räumen und die Beschränkung des Miteigentums durch die Einräumung der zu den anderen Miteigentumsanteilen gehörenden Sondereigentumsrechte; dabei sind die Grundbuchblätter der übrigen Miteigentumsanteile anzugeben.

(2) Wegen des Gegenstandes und des Inhalts des Sondereigentums kann auf die Eintragsbewilligung Bezug genommen werden (§ 7 Abs. 3 des Wohnungseigentumsgesetzes), vereinbarte Veräußerungsbeschränkungen (§ 12 des Wohnungseigentumsgesetzes) sind jedoch ausdrücklich einzutragen.

(3) In Spalte 1 ist die laufende Nummer der Eintragung einzutragen. In Spalte 2 ist die bisherige laufende Nummer des Miteigentumsanteils anzugeben, aus dem der Miteigentumsanteil durch Vereinigung oder Teilung entstanden ist.

(4) In Spalte 4 ist die Größe des im Miteigentum stehenden Grundstücks nach den allgemeinen Vorschriften einzutragen.

(5) In den Spalten 6 und 8 sind die Übertragung des Miteigentumsanteils auf das Blatt sowie die Veränderungen, die sich auf den Bestand des Grundstücks, die Größe des Miteigentumsanteils oder den Gegenstand oder den Inhalt des Sondereigentums beziehen, einzutragen. Der Vermerk über die Übertragung des Miteigentumsanteils auf das Blatt kann jedoch in Spalte 6 auch in die Eintragung in Spalte 3 aufgenommen werden.

(6) Verliert durch die Eintragung einer Veränderung nach ihrem aus dem Grundbuch ersichtlichen Inhalt eine frühere Eintragung ganz oder teilweise ihre Bedeutung, so ist sie insoweit rot zu unterstreichen.

IV. Wohnungsgrundbuchverfügung

(7) Vermerke über Rechte, die dem jeweiligen Eigentümer des Grundstücks zustehen, sind in den Spalten 1, 3 und 4 des Bestandsverzeichnisses sämtlicher für Miteigentumsanteile an dem herrschenden Grundstück angelegten Wohnungs- und Teileigentumsgrundbücher einzutragen. Hierauf ist in dem in Spalte 6 einzutragenden Vermerk hinzuweisen.

§ 4

(1) Rechte, die ihrer Natur nach nicht an dem Wohnungseigentum als solchen bestehen können (wie z. B. Wegerechte), sind in Spalte 3 der zweiten Abteilung in der Weise einzutragen, daß die Belastung des ganzen Grundstücks erkennbar ist. Die Belastung ist in sämtlichen für Miteigentumsanteile an dem belasteten Grundstück angelegten Wohnungs- und Teileigentumsgrundbüchern einzutragen, wobei jeweils auf die übrigen Eintragungen zu verweisen ist.

(2) Absatz 1 gilt entsprechend für Verfügungsbeschränkungen, die sich auf das Grundstück als Ganzes beziehen.

§ 5

Bei der Bildung von Hypotheken-, Grundschuld- und Rentenschuldbriefen ist kenntlich zu machen, daß der belastete Gegenstand ein Wohnungseigentum (Teileigentum) ist.

§ 6

Sind gemäß § 7 Abs. 1 oder § 8 Abs. 2 des Wohnungseigentumsgesetzes für die Miteigentumsanteile besondere Grundbuchblätter anzulegen, so werden die Miteigentumsanteile in den Spalten 7 und 8 des Bestandsverzeichnisses des Grundbuchblattes des Grundstücks abgeschrieben. Die Schließung des Grundbuchblattes gemäß § 7 Abs. 1 Satz 3 des Wohnungseigentumsgesetzes unterbleibt, wenn auf dem Grundbuchblatt, von der Abschreibung nicht betroffene Grundstücke eingetragen sind.

§ 7

Wird von der Anlegung besonderer Grundbuchblätter gemäß § 7 Abs. 2 des Wohnungseigentumsgesetzes abgesehen, so sind in der Aufschrift unter die Blattnummer in Klammern die Worte „Gemeinschaftliches Wohnungsgrundbuch" oder „Gemeinschaftliches Teileigentumsgrundbuch" (im Falle des § 2 Satz 2 dieser Verfügung „Gemeinschaftliches Wohnungs- und Teileigentumsgrundbuch") zu setzen; die Angaben über die Einräumung von Sondereigentum sowie über den Gegenstand und Inhalt des Sondereigentums sind als Bezeichnung des Gemeinschaftsverhältnisses im Sinne des § 47 der Grundbuchordnung gemäß § 9 Buchstabe b der Grundbuchverfügung in den Spalten 2 und 4 der ersten Abteilung einzutragen.

§ 8

Die Vorschriften der §§ 2 bis 7 gelten für Wohnungs- und Teilerbbaugrundbücher entsprechend.

§ 9

Die nähere Einrichtung der Wohnungs- und Teileigentumsgrundbücher sowie der Wohnungs- und Teilerbbaugrundbücher ergibt sich aus den als Anlagen 1 bis 3 beigefügten Mustern. Für den Inhalt eines Hypothekenbriefes bei der Aufteilung des Eigentums am belasteten Grundstück in Wohneigentumsrechte nach § 8 des Wohnungseigentumsgesetzes dient die Anlage 4 als Muster. Die in den Anlagen befindlichen Probeeintragungen sind als Beispiele nicht Teil dieser Verfügung.

§ 10

(1) Die Befugnis der zuständigen Landesbehörden, zur Anpassung an landesrechtliche Besonderheiten ergänzende Vorschriften zu treffen, wird durch diese Verfügung nicht berührt.

(2) Soweit auf die Vorschriften der Grundbuchverfügung verwiesen wird und deren Bestimmungen nach den für die Überleitung der Grundbuchverfügung bestimmten Maßgaben nicht anzuwenden sind, treten an die Stelle der in Bezug genommenen Vorschriften der Grundbuchverfügung

die entsprechenden anzuwendenden Regelungen über die Einrichtung und Führung der Grundbücher. Die in § 3 vorgesehenen Angaben sind in diesem Falle in die entsprechenden Spalten für den Bestand einzutragen.

(3) Ist eine Aufschrift mit Blattnummer nicht vorhanden, ist die in § 2 erwähnte Bezeichnung an vergleichbarer Stelle im Kopf der ersten Seite des Grundbuchblattes anzubringen.

§ 11 *(Inkrafttreten)*

V. Gesetz über Maßnahmen auf dem Gebiete des Grundbuchwesens

Vom 20. Dezember 1963
(BGBl. I S. 986)

Geändert durch das 2. VermRÄndG vom 14. 7. 1992 (BGBl. I S. 1257, 1283), das RegVBG vom 20. 12. 1993 (BGBl. I S. 2182) und das VermRAnpG vom 4. 7. 1995 (BGBl. I S. 895)

ERSTER ABSCHNITT
Eintragung der Umstellung

§ 1 [Eintragung eines höheren Umstellungsbetrages]

Der Antrag, bei einer Hypothek einen Umstellungsbetrag, der sich auf mehr als eine Deutsche Mark für je zehn Reichsmark beläuft, in das Grundbuch einzutragen, kann nach dem Ende des Jahres 1964 nur noch gestellt werden, wenn

a) ein Verfahren nach § 6 der Vierzigsten Durchführungsverordnung zum Umstellungsgesetz, in dem über die Umstellung der Hypothek zu entscheiden ist, (Umstellungsverfahren) vor dem Ende des Jahres 1964 eingeleitet, aber noch nicht durch rechtskräftige Entscheidung oder anderweitig beendet ist oder

b) die Voraussetzungen, unter denen die Umstellung der Hypothek sich nach § 2 Nr. 4 der Vierzigsten Durchführungsverordnung zum Umstellungsgesetz richtet, vorliegen und seit dem Ende des Jahres, in dem sie eingetreten sind, nicht mehr als drei Jahre verstrichen sind.

§ 2 [Zurückweisung der Eintragung eines höheren Umstellungsbetrages]

(1) Weist das Grundbuchamt einen Antrag des in § 1 bezeichneten Inhalts zurück, so ist die sofortige Beschwerde nach den Vorschriften des Reichsgesetzes über die Angelegenheiten der freiwilligen Gerichtsbarkeit zulässig. Auf den zur Zustellung bestimmten Ausfertigungen der Verfügung, durch die der Antrag zurückgewiesen wird, soll vermerkt werden, welcher Rechtsbehelf gegen die Verfügung gegeben ist und bei welcher Behörde, in welcher Form und binnen welcher Frist er einzulegen ist.

(2) Gegen die Entscheidung des Beschwerdegerichts ist die sofortige weitere Beschwerde nach den Vorschriften des Reichsgesetzes über die Angelegenheiten der freiwilligen Gerichtsbarkeit zulässig. Absatz 1 Satz 2 ist entsprechend anzuwenden.

(3) Hat das Grundbuchamt vor dem Inkrafttreten dieses Gesetzes den Antrag zurückgewiesen, so beginnt die Frist für die sofortige Beschwerde mit dem Ablauf von drei Monaten nach dem Inkrafttreten dieses Gesetzes, jedoch nicht vor dem Zeitpunkt, an dem die Verfügung dem Beschwerdeführer bekanntgemacht worden ist. Absatz 1 Satz 2 ist nicht anzuwenden.

(4) Hat das Beschwerdegericht vor dem Inkrafttreten dieses Gesetzes eine Beschwerde gegen eine Verfügung zurückgewiesen, durch die das Grundbuchamt den Antrag zurückgewiesen hatte, so findet die sofortige weitere Beschwerde statt. Für den Beginn der Frist gilt Absatz 3 Satz 1 entsprechend; Absatz 1 Satz 2 ist nicht anzuwenden.

(5) Weist das Beschwerdegericht nach dem Inkrafttreten dieses Gesetzes eine vor diesem Zeitpunkt erhobene Beschwerde der in Absatz 4 bezeichneten Art zurück, so findet die sofortige weitere Beschwerde statt; Absatz 1 Satz 2 ist entsprechend anzuwenden.

§ 3 [Eintragung eines höheren Umstellungsbetrages ab 1966]

Nach dem Ende des Jahres 1965 darf bei einer Hypothek ein Umstellungsbetrag, der sich auf mehr als eine Deutsche Mark für je zehn Reichsmark beläuft, in das Grundbuch nur eingetragen werden, wenn

a) zur Zeit der Eintragung bei der Hypothek ein Umstellungsschutzvermerk eingetragen ist oder

b) ein nach § 1 Buchstabe b zulässiger Eintragungsantrag gestellt worden ist.

§ 4 [Eintragung eines Umstellungsschutzvermerkes]

(1) Ein Umstellungsschutzvermerk wird von Amts wegen eingetragen, wenn ein Eintragungsantrag des in § 1 bezeichneten Inhalts vor dem 1. November 1965 nicht erledigt wird. Ist in einem Verfahren über einen Antrag des in § 1 bezeichneten Inhalts oder in einem vor dem Ende des Jahres 1964 eingeleiteten Umstellungsverfahren ein Rechtsmittel oder ein Antrag auf Wiedereinsetzung in den vorigen Stand anhängig und wird über das Rechtsmittel oder den Antrag vor dem 1. November 1965 nicht entschieden, so hat das Gericht das Grundbuchamt um die Eintragung eines Umstellungsschutzvermerkes für den Fall zu ersuchen, daß ein solcher Vermerk bei der Hypothek noch nicht eingetragen ist.

(2) Ein Umstellungsschutzvermerk wird auf Antrag eines Beteiligten in das Grundbuch eingetragen, wenn

a) ein Eintragungsantrag des in § 1 bezeichneten Inhalts von Grundbuchamte zurückgewiesen ist und die zurückweisende Verfügung noch nicht rechtskräftig ist oder im Falle der Versäumung der Beschwerdefrist über einen Antrag auf Wiedereinsetzung in den vorigen Stand noch nicht rechtskräftig entschieden ist oder

b) ein vor dem Ende des Jahres 1964 eingeleitetes Umstellungsverfahren anhängig oder in einem solchen Verfahren die Entscheidung über die Umstellung noch nicht rechtskräftig oder im Falle der Versäumung der Beschwerdefrist über einen Antrag auf Wiedereinsetzung in den vorigen Stand noch nicht rechtskräftig entschieden ist oder

c) die Voraussetzungen vorliegen oder noch eintreten können, unter denen die Umwandlung der Hypothek sich nach § 2 Nr. 4 der Vierzigsten Durchführungsverordnung zum Umgestellungsgesetz richtet, es sei denn, daß ein Eintragungsantrag des in § 1 bezeichneten Inhalts keinen Erfolg mehr haben könnte.

Ein Antrag auf Eintragung eines Umstellungsvermerkes darf nicht aus dem Grunde zurückgewiesen werden, weil er vor Entscheidung eines Eintragungsantrages des in § 1 bezeichneten Inhalts für den Fall der Zurückweisung dieses Antrags gestellt worden ist. Wird vor Erledigung eines Eintragungsantrags des in § 1 bezeichneten Inhalts ein Antrag auf Eintragung eines Umstellungsbetrages, der sich auf eine Deutsche Mark für je zehn Reichsmark beläuft, gestellt, so wird der spätere Antrag erst erledigt, wenn auf den ersten Antrag der Umstellungsbetrag eingetragen oder der erste rechtskräftig zurückgewiesen worden oder anderweitig erledigt ist.

(3) Zum Nachweis der Voraussetzungen des Absatzes 2 Satz 1 Buchstaben a) und b) genügt ein Zeugnis des Gerichts, bei dem das Verfahren anhängig ist oder wahr, in der Form des § 29 Abs. 3 der Grundbuchordnung. Im Falle des Absatzes 2 Satz 1 Buchstabe c bedarf es lediglich des Nachweises, daß der, dem die Hypothek bei Ablauf des 20. Juni 1948 zustand oder zur Sicherung abgetreten oder verpfändet war, Angehöriger der Vereinten Nationen im Sinne des § 13 Abs. 4 des Umstellungsgesetzes in der Fassung des Gesetzes Nr. 55 der ehemaligen Alliierten Hohen Kommission ist.

(4) Wird der Antrag auf Eintragung eines Umstellungsschutzvermerkes zurückgewiesen, so gilt § 2 Abs. 1, 2 entsprechend.

(5) Soweit eine Beschwerde gegen die Eintragung des Umstellungsschutzvermerkes darauf gegründet wird, daß diejenigen Voraussetzungen des Absatzes 2 Satz 1 Buchstabe c, die keines Nachweises bedürfen, nicht gegeben seien, hat der Beschwerdeführer nachzuweisen, daß diese Voraussetzungen nicht vorliegen.

(6) Ein Antrag auf Eintrag des Umstellungsvermerkes kann in den Fällen des Absatzes 2 Satz 1 Buchstabe a und b nur bis zum 31. Oktober 1965 gestellt werden.

(7) Nach dem Ende des Jahres 1965 darf ein Umstellungsschutzvermerk nur noch auf Grund des Absatzes 2 Satz 1 Buchstabe c eingetragen werden.

§ 5 [Löschung des Umstellungsschutzvermerkes]

(1) Der Umstellungsschutzvermerk wird von Amts wegen im Grundbuch gelöscht, wenn

a) der Umstellungsbetrag eingetragen wird oder

b) der Antrag des in § 1 bezeichneten Inhalts oder der Antrag auf Wiedereinsetzung in den vorigen Stand zurückgenommen oder rechtskräftig nachgewiesen worden ist oder

c) das Umstellungsverfahren auf andere Weise als durch die rechtskräftige Entscheidung, daß der Umstellungsbetrag sich auf mehr als eine Deutsche Mark für je zehn Reichsmark beläuft, been-

V. Grundbuchwesen

det ist oder der Antrag auf Wiedereinsetzung in den vorigen Stand zurückgenommen oder rechtskräftig zurückgewiesen worden ist,
jedoch in den Fällen der Buchstaben b und c nicht, wenn der Umstellungsschutzvermerk auf Grund des § 4 Abs. 2 Satz 1 Buchstabe c eingetragen ist.

(2) Sind die in Absatz 1 Buchstabe c bezeichneten Voraussetzungen eingetreten, so hat das Amtsgericht dies dem Grundbuchamte mitzuteilen.

(3) Ist der Umstellungsschutzvermerk auf Antrag eingetragen worden, so wird er auch auf Antrag dessen gelöscht, der seine Eintragung beantragt hat.

§ 6 [Hypothekenbrief]

Zur Eintragung oder Löschung des Umstellungsschutzvermerks bei einer Hypothek, über die ein Brief erteilt ist, bedarf es nicht der Vorlegung des Briefs. Die Eintragung und die Löschung werden auf dem Brief nicht vermerkt.

§ 7 [Hypothekenumstellung 10 : 1]

(1) Darf gemäß § 3 der dort bezeichnete Umstellungsbetrag nicht mehr eingetragen werden, so besteht die Hypothek nur in Höhe eines Umstellungsbetrags, der sich auf eine Deutsche Mark für je zehn Reichsmark beläuft.

(2) Die durch die Hypothek gesicherte persönliche Forderung wird durch die Vorschrift des Absatzes 1 nicht berührt.

§ 8 [Grundbuchberichtigung bei Hypotheken ohne Umstellungsschutzvermerk]

(1) Ist bei der Hypothek ein Umstellungsschutzvermerk nicht eingetragen, so gelten nach dem Ende des Jahres 1965 für die Berichtigung des Grundbuchs durch Eintragung eines Umstellungsbetrags, der sich auf eine Deutsche Mark für je zehn Reichsmark beläuft, die besonderen Vorschriften der Absätze 2 bis 8.

(2) Antragsberechtigt ist auch der Inhaber eines im Grundbuch eingetragenen Rechtes, das der Hypothek im Range gleichsteht oder nachgeht, sowie derjenige, der auf Grund eines vollstreckbaren Titels die Zwangsvollstreckung in ein solches Recht oder in das belastete Grundstück betreiben kann.

(3) Die Berichtigung kann auch von Amts wegen vorgenommen werden.

(4) Ist für die Hypothek ein Brief erteilt worden, so kann der Antragsberechtigte von dem Gläubiger die Vorlegung des Briefs beim Grundbuchamt und von jedem früheren Gläubiger Auskunft darüber verlangen, was diesem über die Rechtsnachfolge bekannt ist.

(5) Ist der Gläubiger nicht als Berechtigter im Grundbuch eingetragen, so kann der Antragsberechtigte von dem Eigentümer Auskunft darüber verlangen, was diesem über die Rechtsnachfolge bekannt ist.

(6) Die Berichtigung kann ohne die Bewilligung des Gläubigers vorgenommen werden, wenn der Gläubiger nicht innerhalb einer ihm vom Grundbuchamt zu setzenden Frist diesem gegenüber schriftlich oder durch Erklärung zur Niederschrift des Grundbuchamts der Berichtigung widersprochen hat. In diesem Falle bedarf es nicht des Nachweises, daß ein Umstellungsbetrag, der sich auf mehr als eine Deutsche Mark für je zehn Reichsmark beläuft, nach § 3 Buchstabe b nicht mehr eingetragen werden darf. Kann dem Gläubiger keine Gelegenheit zur Äußerung gegeben werden, so ist eine Berichtigung auf Grund dieses Absatzes nicht statthaft.

(7) Die Vorschriften des Absatzes 6 gelten sinngemäß für den Eigentümer.

(8) Ist der Gläubiger nicht als Berechtigter im Grundbuch eingetragen, so kann der Antragsberechtigte von ihm verlangen, die Berichtigung der Eintragung des Berechtigten im Grundbuch zu erwirken. Dies gilt nicht, wenn sich der Gläubiger im Besitz des Hypothekenbriefs befindet und dem Grundbuchamt gegenüber sein Gläubigerrecht nach § 1155 des Bürgerlichen Gesetzbuches nachweist.

(9) Hat der Gläubiger oder der Eigentümer der Berichtigung des Grundbuchs widersprochen, so kann der Antragsberechtigte von ihm verlangen, die Berichtigung des Grundbuchs durch Eintragung des Umstellungsbetrags oder die Eintragung eines Umstellungsschutzvermerkes auf Grund des § 4 Abs. 2 Satz 1 Buchstabe c zu erwirken.

§ 9 [Zulässigkeit von Umstellungsverfahren]

(1) Die Zulässigkeit eines Umstellungsverfahrens wird durch die Vorschriften des § 7 Abs. 1 nicht berührt. § 7 Abs. 1 gilt jedoch auch dann, wenn in einem Umstellungsverfahren entschieden worden ist oder entschieden wird, daß der Umstellungsbetrag sich auf mehr als eine Deutsche Mark für je zehn Reichsmark beläuft.

(2) § 7 Abs. 1 gilt nicht als eine Umstellungsvorschrift im Sinne des Lastenausgleichsgesetzes.

§ 10 [Bestellung einer weiteren Hypothek bei Verminderung durch Umstellung]

(1) Hat die dem Gläubiger zustehende Hypothek sich auf Grund des § 7 Abs. 1 vermindert, so kann der Gläubiger verlangen, daß der Eigentümer ihm in Höhe der Verminderung eine weitere Hypothek an nächstbereiter Rangstelle bestellt. Ist ein anderer als derjenige, der bei Eintritt der Verminderung der Hypothek Eigentümer gewesen ist, Eigentümer des Grundstücks, so kann jedoch der Anspruch nur geltend gemacht werden

a) im Falle des Erwerbes durch Gesamtrechtsnachfolge oder

b) im Falle des Erwerbes durch Einzelrechtsnachfolge mittels Rechtsgeschäftes, wenn in dem nach § 892 Abs. 2 des Bürgerlichen Gesetzbuches maßgebenden Zeitpunkt der Erwerber das Bestehen des Anspruchs kannte oder die Verminderung der Hypothek noch nicht eingetreten war.

(2) Der Gläubiger hat dem Eigentümer die Auslagen zu erstatten, die mit der Bestellung der weiteren Hypothek verbunden sind.

§ 11 [Grundschulden, Rentenschulden usw.]

Die Vorschriften dieses Abschnitts sind auf Grundschulden und Rentenschulden sowie auf Pfandrechte an Bahneinheiten und auf Schiffshypotheken entsprechend anzuwenden, jedoch gilt § 8 Abs. 3 für Schiffshypotheken nicht.

§ 12 [Reallasten]

Die Vorschriften dieses Abschnitts sind auf Reallasten entsprechend anzuwenden. Im übrigen gelten auch für Reallasten die §§ 5 und 6 der Vierzigsten Durchführungsverordnung zum Umstellungsgesetz.

§ 13 [Kosten]

(1) Für die Eintragung des Umstellungsbetrags wird die Hälfte der nach § 64 der Kostenordnung zu entrichtenden Gebühr erhoben. Geschäftswert ist der Umstellungsbetrag. Wird die Berichtigung von Amts wegen vorgenommen oder hätte sie auch von Amts wegen vorgenommen werden können, so ist nur der Eigentümer Kostenschuldner.

(2) Die Eintragung und die Löschung des Umstellungsschutzvermerkes sind kostenfrei.

ZWEITER ABSCHNITT
Umstellungsgrundschulden

§ 14 [Eintragung des Übergangs auf den Eigentümer]

(1) Der Antrag, den Übergang einer eingetragenen Umstellungsgrundschuld auf den Eigentümer in das Grundbuch einzutragen, kann nur bis zum Ende des Jahres 1964 gestellt werden. Das gleiche gilt für den Antrag, eine nicht eingetragene Umstellungsgrundschuld, die auf den Eigentümer übergegangen ist, für den Eigentümer in das Grundbuch einzutragen.

(2) In den Fällen des Absatzes 1 gelten die Vorschriften in § 2 sinngemäß.

§ 15 [Erlöschen der Umstellungsgrundschuld]

Ist der Übergang einer eingetragenen Umstellungsgrundschuld auf den Eigentümer im Grundbuch nicht eingetragen und ist die Eintragung bis zum Ende des Jahres 1964 nicht beantragt worden oder eine Verfügung, durch die der Eintragungsantrag zurückgewiesen ist, rechtskräftig

V. Grundbuchwesen

geworden, so erlischt die Umstellungsgrundschuld, soweit sie nicht vorher erloschen ist. Die Umstellungsgrundschuld kann von Amts wegen im Grundbuch gelöscht werden. Die Löschung der Umstellungsgrundschuld ist kostenfrei.

§ 16 [Erlöschen nicht eingetragener Umstellungsgrundschulden]

Eine im Grundbuch nicht eingetragene Umstellungsgrundschuld, die auf den Eigentümer übergegangen ist, erlischt, wenn der in § 14 Abs. 1 Satz 2 bezeichnete Antrag nicht bis zum Ende des Jahres 1964 gestellt worden ist oder eine Verfügung, durch die der Antrag zurückgewiesen ist, rechtskräftig geworden ist.

§ 17 [Rangrücktritt der Umstellungsgrundschuld]

Ein durch Rangrücktritt der Umstellungsgrundschuld dem vortretenden Recht eingeräumter Rang geht nicht dadurch verloren, daß die Umstellungsgrundschuld erlischt.

DRITTER ABSCHNITT
Löschung umgestellter Grundpfandrechte und Schiffshypotheken

§ 18 [Erleichterungen zur Löschung kleinerer Rechte]

(1) Wird die Löschung einer umgestellten Hypothek oder Grundschuld beantragt, deren Geldbetrag 5000 Deutsche Mark nicht übersteigt, so bedürfen die erforderlichen Erklärungen und Nachweise nicht der Form des § 29 der Grundbuchordnung. Bei dem Nachweis einer Erbfolge oder des Bestehens einer fortgesetzten Gütergemeinschaft kann das Grundbuchamt von den in § 35 Abs. 1 und 2 der Grundbuchordnung genannten Beweismittel absehen und sich mit anderen Beweismitteln, für welche die Form des § 29 der Grundbuchordnung nicht erforderlich ist, begnügen, wenn die Beschaffung des Erbscheins oder des Zeugnisses nach § 1507 des Bürgerlichen Gesetzbuches nur mit unverhältnismäßigem Aufwand an Kosten oder Mühe möglich ist; der Antragsteller kann auch zur Versicherung an Eides Statt zugelassen werden.

(2) Bei Berechnung des Geldbetrags der Hypothek oder Grundschuld ist von dem im Grundbuch eingetragenen Umstellungsbetrag auszugehen. Ist der Umstellungsbetrag nicht eingetragen und liegen die Voraussetzungen vor, unter denen eine Berichtigung des Grundbuchs durch Eintragung eines Umstellungsbetrags, der sich auf eine Deutsche Mark für je zehn Reichsmark beläuft, zulässig ist, so ist von diesem Umstellungsbetrag auszugehen; liegen diese Voraussetzungen nicht vor, so ist von einem Umstellungsbetrag auszugehen, der sich auf eine Deutsche Mark für je eine Reichsmark beläuft.

§ 19 [Rentenschulden, Reallasten]

Die Vorschriften des § 18 gelten sinngemäß für eine umgestellte Rentenschuld oder Reallast, deren Jahresleistung fünfundzwanzig Deutsche Mark nicht übersteigt.

§ 20 [Schiffshypothek]

Die Vorschriften des § 18 gelten für eine umgestellte Schiffshypothek, deren Geldbetrag fünfhundert Deutsche Mark nicht übersteigt, entsprechend mit der Maßgabe, daß statt auf den § 29 und den § 35 Abs. 1 und 2 der Grundbuchordnung auf die §§ 37 und 41 der Schiffsregisterordnung vom 26. Mai 1951 (Bundesgesetzbl. I S. 360) verwiesen wird.

VIERTER ABSCHNITT
Öffentliche Last der Hypothekengewinnabgabe. Änderung des Lastenausgleichsgesetzes

§ 21 *(aufgehoben)*

FÜNFTER ABSCHNITT
Abgeltungshypotheken und Abgeltungslasten

§ 22 [Unzulässigkeit der Eintragung von Abgeltungshypotheken]

Nach dem Ende des Jahres 1964 darf eine Abgeltungshypothek (§ 8 der Verordnung zur Durchführung der Verordnung über die Aufhebung der Gebäudeentschuldungssteuer vom 31. Juli 1942 − Reichsgesetzbl. I S. 503) nicht mehr in das Grundbuch eingetragen werden.

§ 23 [Erlöschen von Abgeltungslasten]

Abgeltungslasten (§ 2 Abs. 2 der Verordnung über die Aufhebung der Gebäudeentschuldungssteuer vom 31. Juli 1942 − Reichsgesetzbl. I S. 501) erlöschen mit dem Ende des Jahres 1964, soweit sie nicht vorher erloschen sind.

§ 24 [Löschung von Abgeltungshypotheken]

(1) Ist eine Abgeltungshypothek im Grundbuch eingetragen, so kann das Grundbuchamt nach dem Ende des Jahres 1964, jedoch frühestens drei Jahre nach der Eintragung der Abgeltungshypothek in das Grundbuch, den Gläubiger auffordern, binnen einer Frist von drei Monaten bei dem Grundbuchamt eine schriftliche Erklärung einzureichen, ob eine Forderung aus dem Abgeltungsdarlehen noch besteht; in der Aufforderung ist auf die Rechtsfolge ihrer Nichtbeachtung hinzuweisen. Auf einen vor Ablauf der Frist eingegangenen Antrag des Gläubigers kann das Grundbuchamt die Frist auf bestimmte Zeit verlängern. Die Frist beginnt mit der Zustellung der Aufforderung an den, der als Gläubiger der Abgeltungshypothek eingetragen ist.

(2) Ergibt die Erklärung des Gläubigers, daß eine Forderung aus dem Abgeltungsdarlehen nicht mehr besteht, so gilt die Erklärung als Antrag auf Löschung der Abgeltungshypothek.

(3) Reicht der Gläubiger die Erklärung nicht ein, so ist die Abgeltungshypothek nach dem Ablauf der Frist von Amts wegen im Grundbuch zu löschen.

(4) Sind nach Ablauf der Frist die Voraussetzungen für die Löschung der Abgeltungshypothek nicht gegeben, so kann das Grundbuchamt, wenn seit dem Ablauf der Frist drei Jahre verstrichen sind, die Aufforderung wiederholen. Im Falle einer wiederholten Aufforderung gelten die Vorschriften der Absätze 1 bis 3 entsprechend.

(5) Mit der Löschung erlischt die Abgeltungshypothek, soweit sie nicht vorher erloschen ist; ein durch Rangrücktritt der Abgeltungshypothek den vortretenden Recht eingeräumter Rang geht dadurch nicht verloren. Die Löschung ist kostenfrei.

(6) Die Vorschriften der Grundbuchordnung über die Löschung gegenstandsloser Eintragungen bleiben unberührt.

§ 25 [Forderungen aus Abgeltungsdarlehen]

Die Forderung aus dem Abgeltungsdarlehen wird nicht dadurch berührt, daß die Abgeltungslast oder die Abgeltungshypothek nach den Vorschriften dieses Abschnitts erlischt.

SECHSTER ABSCHNITT
Zusätzliche Vorschriften des Grundbuchrechts

§ 26 [Erteilung eines neuen Briefs]

(1) Einen Antrag des Berechtigten auf Erteilung eines neuen Hypothekenbriefs ist außer in den Fällen des § 67 der Grundbuchordnung auch stattzugeben, wenn der Brief durch Kriegseinwirkung oder im Zusammenhang mit besatzungsrechtlichen oder besatzungshoheitlichen Enteignungen von Banken oder Versicherungen in dem in Artikel 3 des Einigungsvertrages genannten Gebiet vernichtet worden oder abhanden gekommen und sein Verbleib seitdem nicht bekanntgeworden ist. § 68 der Grundbuchordnung gilt auch hier. Mit der Erteilung des neuen Briefs wird der bisherige Brief kraftlos. Die Erteilung des neuen Briefs ist kostenfrei.

V. Grundbuchwesen

(2) Soll die Erteilung des Briefs nachträglich ausgeschlossen oder die Hypothek gelöscht werden, so genügt an Stelle der Vorlegung des Briefs die Feststellung, daß die Voraussetzungen des Absatzes 1 vorliegen. Die Feststellung wird vom Grundbuchamt auf Antrag des Berechtigten getroffen. Mit der Eintragung der Ausschließung oder mit der Löschung wird der Brief kraftlos. Die Feststellung ist kostenfrei.

(3) Das Grundbuchamt hat die erforderlichen Ermittlungen von Amts wegen anzustellen. Es kann das Kraftloswerden des alten Briefs durch Aushang an der für seine Bekanntmachungen bestimmten Stelle oder durch Veröffentlichung in der für seine Bekanntmachungen bestimmten Zeitung bekanntmachen.

(4) Die Vorschriften der Absätze 1 bis 3 gelten für Grundschuld- und Rentenschuldbriefe sinngemäß.

§ 27 *(aufgehoben)*

§ 28 [Landesrecht zur Wiederherstellung von Grundbüchern]

Die Landesregierungen oder die von ihnen bestimmten obersten Landesbehörden können durch Rechtsverordnung die vor dem Inkrafttreten dieses Gesetzes auf Grund des § 141 der Grundbuchordnung getroffenen Vorschriften ändern, ergänzen oder aufheben.

§ 29 *(aufgehoben)*

§ 30 [Aufgehobene Vorschriften]

Aufgehoben werden
1. die §§ 5 bis 10 der Verordnung zur Vereinfachung des Grundbuchverfahrens vom 5. Oktober 1942 (Reichsgesetzbl. I S. 573) und folgende zu ihrer Ergänzung erlassenen Vorschriften:
    a) die Verordnung des Präsidenten des Zentral-Justizamtes für die Britische Zone vom 12. Mai 1947 (Verordnungsblatt für die Britische Zone S. 52),
    b) das Badische Landesgesetz vom 7. Juli 1948 (Badisches Gesetz- und Verordnungsblatt S. 127),
    c) das Gesetz des Landes Wüttemberg-Hohenzollern vom 6. August 1948 (Regierungsblatt für das Land Württemberg-Hohenzollern S. 93),
    d) das Rheinland-Pfälzische Landesgesetz vom 8. Oktober 1948 (Gesetz- und Verordnungsblatt der Landesregierung Rheinland-Pfalz S. 369),
    e) das Berliner Gesetz vom 11. Dezember 1952 (Gesetz- und Verordnungsblatt für Berlin S. 1075),
    f) die Allgemeinen Verfügungen des Reichsministers der Justiz vom 15. Dezember 1942 (Deutsche Justiz S. 823) und vom 7. Januar 1943 (Deutsche Justiz S. 44);
2. die Entscheidung über die sachliche Zuständigkeit für den Erlaß von Verordnungen über die Wiederherstellung von Grundbüchern und die Wiederbeschaffung von grundbuchrechtlichen Urkunden vom 27. Juni 1951 (Bundesgesetzbl. I. S. 443).

§ 31 [Sondervorschriften für Rechtspfleger]

(1) *(gegenstandslos)*

(2) Soll nach diesem Gesetz bei der Bekanntgabe einer Verfügung eine Belehrung über den gegebenen Rechtsbehelf erteilt werden, so gilt dies zugleich für diejenigen Verfügungen des Rechtspflegers, gegen die nach *§ 10 Abs. 1 Satz 2 des Rechspflegergesetzes* die Erinnerung binnen der dort bezeichneten Frist einzulegen ist.

§ 32 [Bestehenbleiben landesrechtlicher Sonderregelungen]

Soweit nach landesrechtlichen Vorschriften für die dem Grundbuchamt obliegenden Verrichtungen andere Behörden als die Amtsgerichte zuständig sind, bleiben die Bestimmungen, wonach die Abänderung einer Entscheidung des Grundbuchamts zunächst bei dem Amtsgericht nachzusuchen ist, unberührt.

SIEBENTER ABSCHNITT
Änderung der Zivilprozeßordnung

§ 33[1]

ACHTER ABSCHNITT
Änderung der Kostenordnung

§ 34[1]

NEUNTER ABSCHNITT
Schlußbestimmungen

§ 35 [Geltung im Saarland]

Die Vorschriften des Ersten, des Zweiten, des Dritten und des Vierten Abschnitts gelten nicht im Saarland.

§ 36 [Geltung in Berlin]

(1) Dieses Gesetz, mit Ausnahme des Zweiten Abschnitts, gilt nach Maßgabe des § 12 Abs. 1 und § 13 Abs. 1 des Dritten Überleitungsgesetzes vom 4. Januar 1952 (Bundesgesetzbl. I S. 1) auch im Land Berlin.

(2) Für die Anwendung des Ersten Abschnitts und des Vierten Abschnitts treten im Land Berlin
1. an die Stelle des 20. Juni 1948 der 24. Juni 1948;
2. an die Stelle des § 13 Abs. 4 des Umstellungsgesetzes Artikel 11 Nr. 27 der Umstellungsverordnung in der Fassung der Verordnung Nr. 509 der Kommandanten des amerikanischen, britischen und französischen Sektors;
3. an die Stelle der Vorschriften der Vierzigsten Durchführungsverordnung zum Umstellungsgesetz die entsprechenden Vorschriften des Gesetzes über die Umstellung von Grundpfandrechten und über Aufbaugrundschulden in der Fassung vom 15. Januar 1953 (Gesetz- und Verordnungsblatt für Berlin S. 63) und in der Fassung des § 113 des Gesetzes zur Ausführung des Abkommens vom 27. Februar 1953 über deutsche Auslandsschulden vom 24. August 1953 (Bundesgesetzbl. I S. 1031).

§ 36a [Geltung im Gebiet der früheren DDR]

In dem in Artikel 3 des Einigungsvertrages genannten Gebiet gelten nur die §§ 18 bis 20, 22 bis 26 und 28, § 18 Abs. 2 Satz 2 jedoch mit der Maßgabe, daß an die Stelle eines Umrechnungsbetrages von einer Deutschen Mark zu zehn Reichsmark der Umrechnungssatz von einer Deutschen Mark zu zwei Reichsmark oder Mark der Deutschen Demokratischen Republik tritt, und die §§ 22 bis 25 mit der Maßgabe, daß das Jahr 1964 durch das Jahr 1995 ersetzt wird. Die Verjährung am 9. Juli 1995 noch nicht verjährter Forderungen aus Abgeltungsdarlehen (§ 25) ist gehemmt. Das Bundesministerium der Justiz wird ermächtigt, durch Rechtsverordnung im Einvernehmen mit dem Bundesministerium der Finanzen das Datum festzulegen, zu dem die Hemmung nach Satz 2 endet.

§ 37 [Inkrafttreten]

Dieses Gesetz tritt mit dem Beginn des zweiten Kalendermonats nach der Verkündung in Kraft, jedoch § 21 Nr. 4 mit Wirkung vom Inkrafttreten des Lastenausgleichsgesetzes (§ 375).

---

[1] Hier nicht abgedruckt.

KOMMENTAR

I. Grundbuchordnung

Einleitung

Die Einleitung besteht aus zwei Teilen und ist in einzelne Abschnitte gegliedert, die durch mit einem Buchstaben versehene Randnummern gekennzeichnet sind. Zitierweise für die Einleitung z. B. „Einl. B 12".

Systematische Übersicht

1. TEIL
Grundlagen des Grundstücks- und Grundbuchrechts

Abschnitt		Seite
A	Bedeutung des Grundbuchs und Grundbuchrechts	60
B	Rechtsgrundlagen der Eintragungsfähigkeit	76
C	Pflichten des Grundbuchamts im Eintragungsverfahren	92

2. TEIL
Eintragungsfähigkeit der einzelnen Rechte und Vermerke

Gruppe 1: Eigentum und Erbbaurecht

D	Eigentum an Grundstücken und rechtlich selbständigen Gebäuden	116
E	Wohnungs- und Teileigentum	125
F	Erbbaurecht und Wohnungserbbaurecht	152

Gruppe 2: Vormerkungen, Widersprüche, sonstige Vermerke

G	Vormerkungen (§ 883 BGB)	171
H	Widersprüche (§ 899 BGB)	184
J	Verfügungsbeschränkungen und Vermerke sonstiger Art	187

Gruppe 3: Rechte und Ansprüche auf Eigentumserwerb

K	Vorkaufsrechte und Wiederkaufsrechte	199
L	Rechtslage zwischen Auflassung und Eintragung	207

Gruppe 4: Rechte auf Grundstücksnutzung

M	Der Nießbrauch	224
N	Dienstbarkeiten	229
O	Dauerwohnrecht und Dauernutzungsrecht, Sondernutzungsrecht	251
P	Sonstige Nutzungsrechte	256

Gruppe 5: Rechte auf Zahlungen und Leistungen (Verwertungsrechte)

Q	Reallast und ähnliche Rechte	257
R	Hypothek	261
S	Grundschuld	267
T	Eintragungen bei Grundpfandrechten (Löschungs- und Abtretungsvormerkung, Zwangsvollstreckungsunterwerfung, Wirksamkeitsvermerk)	271

Alphabetische Übersicht

Abbaurecht P 2
Abgeschlossenheitsbescheinigung E 29
Absolutheitsgrundsatz C 1
Abstraktionsprinzip A 41
Abtretbarkeitsausschluß J 12
Abtretung = Übertragung
Abtretungsvormerkung G 11; T 3
AGB-Gesetz C 75; E 87; F 36
Akzessorietät R 3
Alleineigentum D 14, 18
Altenteil N 67
Amtsermittlung C 54
Amtspflichten = Pflichten
Amtsverfahren C 49
Amtswiderspruch B 50
Anhängigkeit eines Verfahrens J 30
Ankaufsrecht B 53; G 49; K 2
Anspruch
    Auflassungs – L 3
    bedingter/befristeter – G 20
    Eigentumverschaffungs – L 3
    Hypotheken – R 1, 11
    künftiger – G 20, 24
    vormerkungsfähiger – G 6, 12
Antrag A 40; C 3, 8, 10, 51
Anwartschaft L 2
Anwartschaftsrecht L 2, 6, 25
– schutz L 26
Aufhebung von Rechten D 55; E 7, 41, 62; M 25; S 9
Aufklärungspflicht C 56
Auflassung A 1; L 1 ff.
– Vormerkung G 7, 13, 14; L 6 ff., 27
Auflassung und Eintragung L 1
Auslegung C 13 ff.
Aufteilungsplan E 29, 47

Auslandsberührung J 9
Auslegung von Grundbucherklärungen C 25
Aussetzung des Verfahrens C 53

Bau- und Bodenrecht F 24
Baugesetzbuch J 20, 22; K 32, 33, 38
Bauträger E 67
Bedingung/Befristung B 26 ff.; G 19 ff.
Behörden C 33; J 18
Beibringungsgrundsatz C 54
Belastung eines
– Erbbaurechts F 51, 52
– Miteigentumsanteils D 19, 20
– Wohnungseigentums E 41 ff., 59
Benutzungsregelung D 22; E 45
Berechtigte Zweifel C 57, 62, 64, 65, 68, 70
  Grundbuchfähigkeit B 62
Berechtigter B 62; D 28; N 9, 45, 64; O 3
Berichtigungsanspruch B 40
Berichtigungsbewilligung A 13, 48
Beschlagnahme J 18, 19
Beschränkte persönliche Dienstbarkeit M 12; N 43, 51, 54; O 1
Beschwerde C 38
Bestandsverzeichnis E 90
Bestandteile E 7; M 15
Bestellung dinglicher Rechte N 56
Bestimmtheitsgrundsatz B 28; C 1, 7
Beweisgrundsatz C 8
Beweislast C 64
Bewilligung A 35, 40, 45; B 40, C 4, 80
  Auslegung der – C 25 ff.
  Umdeutung der – C 29
Bezugnahme B 40; C 22
BGB-Gesellschaft D 41
Bindung des GBA C 61

I. Grundbuchordnung

Briefrecht A 39
Bruchteilsgemeinschaft D 10, 15; K 13; O 3
Buchrecht A 1; B 11, 14, 15, 16; C 69, 72
  BGB A 4, 18; B 10
Buchungszwang A 9; B 4
BundesversorgungsG J 20

Dauerwohnrecht O 1
Dienstbarkeiten N 1
Dingliche Erklärungen C 35
Dingliche Rechte A 1, 11; B 2, 4, 19; C 1
Dingliche Rechte, schuldrechtlicher Anspruch G 15
  Verdinglichtes Recht B 10
Doppelnatur A 29, 35
Doppeltatbestand A 26, 27, 51
Duldungspflichten N 14

Eigentum D 1; L 2
  Beschränkungen des – D 6
  Bruchteils – D 10
  Gemeinschafts – E 17
  Gesamthands – D 17, 34
  Mitsonder – E 20
  Sonder – E 8
  Wohnungs – E 1, 41
Eigentümerrecht D 44
Einigung A 1, 39, 52
Einigung und Eintragung A 1; 54, 60; C 72; E 12, 41
Einstweilige Verfügung J 18
Eintragung A 1, 39; B 37; C 2
  Auslegung der – C 20
  Bedeutung der – A 11 ff.
  fehlerhafte – B 6, 8, 59
  gegenstandslose – B 9, 61
  Inhalt der – B 37 ff.
  unrichtige – B 60; C 73
  unwirksame – B 7, 45 ff.
  unzulässige – B 52
  wirksame – B 59 ff.
  Voraussetzungen der – A 40
  Wesen der – A 54 ff.
  Wirkungen der – A 8, 12, 57 ff.
Eintragungsantrag A 40
Eintragungsfähigkeit B 1
– dingliche Rechte B 39
  Rechtsquellen der – B 3, 19 ff.
– Verfügungsbeschränkungen B 24; J 1
– Vermerke sonstiger Art B 25; J 1
  Voraussetzungen der – B 2
– Vormerkungen B 22; G 1
– Widersprüche B 23; H 1
Eintragungsvermerk B 38 ff.
Einzeltatbestand A 26, 33

Einl

Enteignungsvermerk B 5, J 30
Entschuldungsvermerk J 22
Entstehung dinglicher Rechte A 1
Entwicklungsvermerk J 22
Erbanteil D 38
Erbbaurecht F 1
  Wohnungs – F 52
Erbbaugrundbuch F 38
Erbbauzins F 42
Erbengemeinschaft D 43; K 33
Erbpachtrecht P 1
Erklärungen
  Grundbuch – A 43 ff.
  materielle – A 17, 18
  verfahrensrechtliche – A 16 ff.
Erwerberschutz L 30
Erwerbsfähigkeit B 62 ff.
Erwerbsrechte vor K 1
Erwirkungshandlungen A 22

Fassung der Anträge B 37; J 25
Feststellungslast C 64, 65
Fideikommiß J 21
Firma D 5
Fischereirecht P 3
Flurbereinigung J 18
Flurbereinigungsvermerk J 30
Forderungsrecht A 39; R 3, 6, 7, 11; S 1, 5
Formelles Grundbuchrecht A 5
Formularmäßige Klauseln C 79
  FGG A 61; E 1
Fremdhypothek B 16
Frist und GB-Verfahren C 53
Funktion des GB A 6 ff.

Gebäude E 8; F 24, 25; N 59
Gebäudeeigentum D 49
Gemeinschaftsordnung E 75
Gemeinschaftsverhältnis B 39; D 3; F 15; G 36; K 11
Gemischter Antrag A 48
Gerichtliche Entscheidungen A 56; C 33; H 62
Gerichtliches Verfügungsverbot J 18
Gesamtberechtigung D 3; M 10
Gesamtgläubigerschaft O 3
Gesamthandsanteil D 41
Gesamthandseigentum D 17, 34
Gesetzliche Vermutung § 891 BGB A 11; C 5
Gesetzliche Vorkaufsrechte K 1
Grenzregelung J 22
Grunddienstbarkeit N 2
Grundbuch
  Aufgaben des – A 7
– Eintragung = Eintragung
– Erklärungen A 43 ff.
– fähigkeit B 62

57

Einl   I. Grundbuchordnung

– Inhalt B 38 ff.
    Nebengrundbücher J 33
    Warnfunktion des – A 10
– Recht A 1 ff.
Grundgeschäft A 41, 42
Grundpfandrechte C 7; T 1
Grundsätze der GBO C 1 ff.
Grundschuld S 1
Grundstück A 6
    Erbbau – F 6, 16
Grundstücksgleiche Rechte F 5, 51; M 2; N 3
Grundstücksrecht A 4, 15
Grundstücksteile, reale C 41
Gutglaubensschutz A 11, 60; C 5, 9, 11; G 11; J 6, 18; L 28, 32; M 25; R 2, 3

Höfevermerk J 21
Hypothek R 1
    Sicherungs – R 3, 11; L 38, 40 ff.

Immobiliar
– Sachenrecht A 2
– Vollstreckungsrecht A 2
Inhalt eines dinglichen Rechts A 4
    Duldungsrecht und Zwangsvollstreckungsunterwerfung T 4

Jagdrecht N 52

Kapitalanlagegesellschaft J 17
Käuferschutz L 31
Klarstellungsvermerk J 25
Konkursvermerk G 7; J 18

Landesrecht K 34, 35; N 1, 67; P 5
Landwirtschaftsrecht K 26, 33
Legalitätsgrundsatz C 10, 80
Legalschuldverhältnis B 10, 20
Leibgeding B 40
Liegenschaftsrecht A 2
Löschung A 55; B 17
– Erleichterungsvermerk J 28
– Vermerk J 24
Löschungsvormerkung T 1

Materielle Grundbuchrichtigkeit A 15; C 71
Messungsverkauf L 31
Miteigentum D 10
Mithaftvermerk J 24

Nachbarrecht D 7; P 5
Nacherbfolgevermerk J 15
Nachlaßverwaltung J 14
Name im Grundbuch D 5
Nebengrundbuch J 33
Nebenleistungen R 15; S 6

Nießbrauch M 1
Notar und GBA C 59
Notwegrente D 8
Nutzungsrechte vor M 1; N 1

Optionsrecht G 50
Öffentliche Last B 5; J 31
Öffentliches Recht B 13, 58; J 33
Öffentlichkeitsgrundsatz C 9

Pfandrecht am
– – Anspruch L 36, 41
– Anwartschaftsrecht L 39, 43
– Dauerwohnrecht O 14
– Dienstbarkeit N 57
– Erbanteil D 39
– Gesellschaftsanteil D 41
– Gesamtgutsanteil D 42
– Grundschuld S 8
– Hypothek R 20
– Nacherbenrecht J 12
– Nießbrauch M 18
– Reallast Q 9
Pfändungsvermerk J 24; L 29, 37, 42
Pflichten des GBA C 40 ff.
– im Amtsverfahren C 49
– im Antragsverfahren C 51 ff.
– bei Erbbaurecht F 36
– bei Vormerkung G 32
– bei Wohnungseigentum E 87
Prioritätsgrundsatz C 6
Prozeßhandlung A 19 ff.
Prüfungspflicht A 40; C 60, 80

Quotenbelastung D 14; E 50

Rangklarstellung J 25
Rangvermerk J 25
Raum E 9; O 5
Reallast N 1
Recht B 10, 13
– bedingt/befristet B 31
    Briefrecht R 2
    Buchrecht B 11, 15; R 2
    formelles – A 3 ff, 15 ff., 65
– im Sinn der GBO B 12, 42
    materielles – A 3 ff., 15 ff., 64
    subj.-dingliches – J 28
Rechtsänderung A 1, 39
Rechtsfähigkeit B 62
Rechtsgeschäft A 18, 41
Rechtshängigkeitsvermerk J 30
Rechtskraft A 60
Rechtsquellen A 4, 5
Rechtsscheinwirkung einer Eintragung A 12

I. Grundbuchordnung

Rechtsverlust C 59
Rechtsvermutungen C 65
Rechtliches Gehör C 58
Reichsheimstätte J 21
ReichsversicherungsO J 20
Rückerstattung J 22

Sachenrecht B 10, 54; C 76; E 3; F 6, 53
Sanierungsvermerk J 22
Schuldrecht A 41; B 10
Schuldverhältnis beim
– Erbbaurecht F 28, 47
– Erbbauzins F 47
– Miteigentum D 22
– Vormerkung E 95; G 1, 6, 19, 29
– Wohnungseigentum E 77, 92
– Wohnungserbbaurecht F 53
Sicherungshypothek R 3, 11; L 38, 40 ff.
Sondernutzungsrecht E 15

Tatbestand
    Doppel – A 26, 27, 51
    Einzel – A 28
Teilung E 50; N 27, 40
Teilungserklärung E 41
Testamentsvollstreckung J 14

Überbaurente D 8
Übertragung von
– Anwartschaftsrecht L 15
– Auflassungsanspruch L 4
– Dauerwohnrecht O 13
– Dienstbarkeit N 57
– Erbanteil D 38
– Gesellschafteranteil D 41
– Miteigentumsanteil D 19
– Nießbrauch M 17
– Wohnungseigentum E 45
Umdeutung C 29
Umlegungsvermerk J 22, 31
Umstellungsrecht J 28
Unrichtigkeit des Grundbuchs
– Pflichten des GBA C 66
– bei Widerspruch H 9
Unwirksamkeit einer Eintragung B 37, 59
Unzulässigkeit einer Eintragung B 52
Urkunden C 23, 54

Verfahrenshandlung A 19
Verfahrensrecht C 3, 49
Verfügung, bedingte und befristete B 27
Verfügungsberechtigung L 13

Einl

Verfügungsbeschränkung B 24; J 1
    absolute – J 9, 13 ff.
    rechtsgeschäftliche – J 10 ff.
    relative – J 13 ff.
– bei bedingter Verfügung J 16
– beim Erbbaurecht F 32
– beim Wohnungseigentum E 63 ff.
Verfügungsverbote J 4, 17, 18
VergleichsO J 18
Verkäuferschutz L 31
Verkehrshypothek R 2
Verkehrsfähigkeit L 4, 18
Vermerke im Grundbuch B 25; J 23 ff.
Verpfändung = Pfandrecht
Verpfändungsvermerk J 24, L 29, 37
VersicherungsaufsichtsG J 17
VertragshilfeG J 18
Verwaltungsregelung beim Miteigentum D 22
Voraussetzungen der
– Eintragung A 40; C 80
– Rechtsänderung A 39
Voreintragungsgrundsatz C 5
Vorerbschaft J 15
Vorkaufsrecht K 1
    dingliches – K 3
    gesetzliches – J 32; K 31
    schuldrechtliches – K 2
Vormerkung B 22, 41; G 1
– Schutz L 27
Vormerkungsfähigkeit eines Anspruchs G 12
Vorvertrag G 46

Wasserrecht P 6
Widerspruch B 23; H 1, 17
Wiederkaufsrecht K 27
Wirksamkeitsvermerk J 25
Wohnungseigentum E 1
– Aufhebung E 61
– Begründung, Änderung E 41
– Belastung E 59
– Gegenstand E 16
– Gemeinschaft E 72
– Gemeinschaftsregelung E 75
Wohnungserbbaurecht F 52
Wohnungsgrundbuch E 89
Wohnungsrecht N 58

Zeitbestimmung B 26 ff.
Zug-um-Zug-Leistung L 1
Zwangsversteigerung J 18
ZwangsvollstrUnterwerfung J 29
Zweiterwerberschutz L 33

1. TEIL
Grundlagen des Grundstücks- und Grundbuchrechts
(Abschnitte A−C)

ABSCHNITT A
Bedeutung des Grundbuchs und Grundbuchrechts

Übersicht

	Rdn.		Rdn.
I. Grundstücks- und Grundbuchrecht	A 1	V. Grundbucherklärungen	A 43
II. Funktionen des Grundbuchs	A 6	VI. Wesen und Wirkungen der Grundbucheintragungen	A 53
III. Materielle und verfahrensrechtliche Erklärungen	A 15		
IV. Voraussetzungen der Rechtsänderung und Eintragung	A 39	VII. Materiell- und verfahrensrechtliche Lösung im GB-Recht	A 64

Literatur:

a) Zum Liegenschaftsrecht

Kommentare zum BGB: Einleitung zum Sachenrecht, zu §§ 873, 925. *Hedemann* Die Fortschritte des Zivilrechts im XIX. Jh., Bd. II. Die Entwicklung des Bodenrechts von der französischen Revolution bis zur Gegenwart. 1. Das materielle Bodenrecht (1930); 2. Die Entwicklung des formellen Bodenrechts (1935); *Schubert* Die Entstehung der Vorschriften des BGB über Besitz und Eigentumsübergang (1966); *Baur* Entwicklungstendenzen im Sachenrecht, JurJb 8, 19 (1977/78); *Baur* Die gegenseitige Durchdringung von privatem und öffentlichem Recht im Bereich des Bodeneigentums, in: FS Sentis, 1977, 181.

b) Zur Geschichte des Grundbuchs

Aubert Beiträge zur Geschichte der deutschen Grundbücher, ZfRG Bd. XIV, 1; Meikel/*Böhringer* Einl. A 1 ff.; *Eickmann* GBVerfR 1. Kap. § 2; Bengel/*Simmerding* Einf. Rdn. 1 ff.; *Böhringer* BWNotZ 1986, 1; 1989, 25; *Stewing* Rpfleger 1989, 445.

c) Zur Bedeutung des Grundbuchs im Grundstücksverkehr

Bruhn Rpfleger 1948, 6; 1949, 203; 1949, 539; 1951, 64; 1951, 147; 1951, 399; *Haegele* Rpfleger 1949, 247; *Weber* DNotZ 1950, 88; *Hieber* DNotZ 1950, 116; *Heseler* NJW 1950, 521; *Giese* DNotZ 1951, 390; *Weitnauer* DNotZ 1951, 486; *v. Spreckelsen* DNotZ 1952, 457; *Weber* DNotZ 1955 453; *Feyock* DNotZ-Sonderheft 1956, 11; *Pikalo* DNotZ 1957, 227; *Schönfeld* JZ 1959, 140; *Westermann* JuS 1963, 1; *Seidl* DNotZ 1964, 67; *Haegele* Rpfleger 1964, 3; *Lutter* AcP 164 (1964) 122; *Wacke* ZZP 1969, 377; *Westermann* in: FS Michaelis, 1972, 337; *Wiegand* JuS 1975, 205; *Reithmann* DNotZ 1979, 67; *Sachse* NJW 1979, 195; *Huhn* RpflStudH 1980, 1; *Walter* JA 1981, 322; *Kollhosser* JA 1984, 558; 1984, 714; *Berg* MittBayNot 1988, 197; *Michalski* MittBayNot 1988, 204; *Wehrens* ÖstNotZ 1989, 25.

d) Zur Entwicklung des Grundbuchrechts

Hesse DNotZ 1935, 700; DFG 1936, 4; *Bruhn* Rpfleger 1952, 463; *Hedemann* JR 1953, 117; *Haegele* Rpfleger 1964, 3; 1965, 163; *Staudenmaier* Rpfleger 1968, 14; *Haegele* 1969, 266; *Riedel* Rpfleger 1970, 277; *Eickmann* Rpfleger 1973, 341; *Weitnauer* DNotZ-Sonderheft 1977, 31; *Quack* Rpfleger 1978, 197; *Eickmann* Rpfleger 1978, 1; 1979, 169; *Ertl* Rpfleger 1980, 1; *Keim* MittBayNot 1980, 189; *Kollhosser* ZZP 1980, 265; *Österle* BWNotZ 1981 106; *Nieder* NJW 1984, 329; *Hagen* DNotZ 1984, 267; *Keim* DNotZ 1984, 724; *Sprau* MittBayNot 1987, 117; *Wolf* NJW 1987, 2647; *Böhringer* Rpfleger 1989, 309; *Keller* BWNotZ 1994, 73; *Holzer* NJW 1994, 481.

e) Zur Entwicklung der freiwilligen Gerichtsbarkeit

Habscheid FG § 3; *Lent* DNotZ 1950, 320; *Baur* DNotZ 1955, 507; *Habscheid* Pfleger 1957, 64; *Arnold* Rpfleger 1979, 161; 1979, 241; *Firsching* in: FS Baitzke, 1979, 981; *Winkler* DNotZ 1979, 452; *Kollhosser* ZZP 1980, 265; *Wacke* DNotZ 1988, 732.

f) Zum Rechtsvergleich mit ausländischen Buchsystemen

Meikel/*Böhringer* Einl. A 57 ff.; *Bärmann/Pick/Merle*, WEG, Einl. Rdn. 5 ff.; *M. Wolff* Sachenrecht Rdn. 347 ff., 381, 382, 655 ff.; *Bärmann* AcP 155 (1956) 440; *Bärmann* in: FS Ficker, 1967, 15; *Sturm* in: FS Ficker, 1967, 459; *Küppers* DNotZ 1973, 645; *Denk* BWNotZ 1976, 153; *Böhringer* BWNotZ 1987, 25.

I. Grundstücks- und Grundbuchrecht

1. Grundsatz von Einigung und Eintragung

Die privatrechtliche Verfügung über Grundstücksrechte setzt eine privatrechtliche Einigung und eine hoheitliche Eintragung voraus, § 873 BGB. Die staatliche Mitwirkung am Grundstücksverkehr entspricht der volkswirtschaftlichen Bedeutung des Grund und Bodens und dient der Sicherheit aller, die daran Rechte und Pflichten haben. Die Vorschriften über die staatliche Mitwirkung beruhen darauf, daß für jedes am Rechtsverkehr teilnehmende Grundstück ein amtliches Grundstücksverzeichnis (§ 2 GBO) und ein mit ihm übereinstimmendes Grundbuch (§ 3 GBO) gewissenhaft geführt wird und daß funktionsfähige Grundbuchämter (§ 1 GBO) in der Lage sind, nach rechtsstaatlichen Grundsätzen die anfallenden Grundstücksgeschäfte in Zusammenarbeit mit den für ihre Beurkundung, Genehmigung und Abwicklung zuständigen Gerichten, Behörden und Organen der Rechtspflege zu einem reibungslosen Vollzug zu bringen. Die Doppelspurigkeit von rechtsgeschäftlichen Willenserklärungen und gerichtlichem Eintragungsverfahren gehört zu den **Eigenarten des privaten Grundstücks- und Grundbuchrechts:**[1]

A 1

a) Über dingliche Rechte kann rechtsgeschäftlich weder allein durch Einigung noch GB-Eintragung verfügt werden (Ausnahme z. B. § 1154 BGB).

b) Die Voraussetzungen der GB-Eintragung richten sich nach Verfahrensrecht (Einl. A 40), die Voraussetzungen und Wirkungen der dinglichen Rechtsänderung nach materiellem Recht (Einl. A 39; 57 ff.). Ein „Buchrecht" (Einl. B 11) ist deshalb nicht wirkungslos und ein Verfahrensverstoß für sich allein kein Hindernis für die materielle Rechtsänderung (vgl. Einl. L 2; § 19 Rdn. 2; § 20 Rdn. 4; § 53 Rdn. 1; 6 ff.).

2. Liegenschaftsrecht und seine Teilgebiete

Materielles Grundstücksrecht, formelles Grundbuchrecht, öffentliches Bodenrecht und Immobiliarvollstreckungsrecht sind selbständige Teilgebiete des Liegenschaftsrechts, die eine getrennte Kodifizierung erfahren und sich trotz ihrer engen Verflechtung eigenständig entwickelt haben. Sie unterscheiden sich nach Wesen, Voraussetzungen und Wirkungen grundlegend voneinander, auch wenn sie sich letztlich doch ergänzen.[2]

A 2

a) „Liegenschaftsrecht" ist der Oberbegriff, der das materielle und formelle Recht umfaßt, „Grundbuchrecht" nur das formelle Recht.

A 3

---

[1] Staudinger/*Gursky* § 873 Rdn. 4 ff.   [2] Staudinger/*Gursky* Vorbem. zu § 873 Rdn. 9.

Einl I. Grundbuchordnung

A 4 b) Das **materielle Grundstücksrecht** beantwortet die Fragen nach den Voraussetzungen und dem Eintritt der dinglichen Rechtsänderung und nach ihren Wirkungen. Aus materiellrechtlicher Sicht ist die inhaltliche Richtigkeit des GB zu beurteilen. Materielles Grundstücksrecht ist im wesentlichen im BGB, ErbbauVO und WEG enthalten. Aber auch die GBO enthält materielles Grundstücksrecht, so z. B. in den § 3 Abs. 1 Satz 2 und § 49 GBO.

A 5 c) **Formelles GBRecht** regelt das Verfahren der Eintragung und Löschung im GB. Es beantwortet die Fragen von welchen Voraussetzungen die GB-Eintragung abhängig ist, welcher Form sie genügen muß und ob die Eintragung ordnungsgemäß erfolgt ist. Es ist im wesentlichen in der GBO und ihren Ausführungsvorschriften enthalten. Verfahrensvorschriften finden sich allerdings auch im BGB, etwa in den §§ 1115 ff. BGB, im WEG, so in den §§ 7, 9 Abs. 1, 32, 43 ff. und in der ErbbauVO, §§ 14 bis 17. Das formelle Grundbuchrecht ist Teil des Liegenschaftsrechts, aber auch des allgemeinen Verfahrensrechts und kann sich deshalb den Entwicklungen dieser Rechtsgebiete nicht entziehen.[3]

II. Funktionen des Grundbuchs

1. Das Grundstück im materiell-rechtlichen Sinne

A 6 Das materielle Grundstücksrecht beruht auf dem Grundstück im rechtlichen Sinn, das als rechtliche Einheit im GB eingetragen ist. Dieses „**Grundbuchgrundstück**" ist nicht notwendig identisch mit dem katastertechnischen Flurstück und erst recht nicht mit dem Grundstück im Sinne des täglichen Sprachgebrauchs, dessen Grenzen sich nach der natürlichen Anschauung und nicht nach dem Ergebnis einer amtlichen Vermessung oder nach dem rechtlich maßgeblichen Inhalt des GB richten.[4]

2. Aufgaben des Grundbuchs

A 7 a) **Das GB ist der Spiegel der privaten dinglichen Rechte** an Grundstücken. Es soll über diese Rechtsverhältnisse möglichst erschöpfend und zuverlässig Auskunft geben.[5] Das GB ist die Rechtsgrundlage für den Verkehr mit Grundstücken und Gebäuden, für die Beziehungen zwischen Eigentümer und dinglichen Berechtigten und für den Realkredit.

A 8 b) **Die drei Hauptwirkungen der GB-Eintragungen** die Rechtsbegründungs- und -änderungsfunktion (§§ 873, 875 BGB), die Richtigkeitsvermutung (§ 891 BGB) und der öffentliche Glaube des GB (§§ 892, 893 BGB) gewährleisten im privaten Grundstücksrecht die Sicherheit des Rechtsverkehrs und haben den Buchungszwang zur Folge, der im Grunde nur ein „freiwilliger Zwang" ist. In aller Regel greift nicht das GBA von Amts wegen ein, um eine Eintragung oder Berichtigung zu erzwingen, sondern das Gesetz versagt dem seinen Schutz, der nicht freiwillig die Eintragung in dem auf Grund des Buchungszwanges angelegten GB-Blatt vornehmen läßt (Einl. C 3; § 3 Rdn. 1 ff.).

A 9 c) **Der Buchungszwang** wird nicht lückenlos durchgeführt. Von ihm befreit § 3 Abs. 2 die Grundstücke, deren Eigentum auch ohne GB leicht feststellbar ist. Jede

---

[3] Ertl Rpfleger 80, 1. Zu den Rechtsquellen des Grundbuchrechts Haegele/Schöner/Stöber GBR 29 ff.; Staudinger/Gursky Vorbem. zu § 873 Rdn. 27 f.

[4] Wegen Einzelheiten über die verschiedenen Grundstücksbegriffe vgl. § 2 Rdn. 4–6; Staudinger/Gursky Vorbem. zu § 873 Rdn. 15 ff.

[5] RGZ 143, 159; 145, 343; OLG Hamm NJW 86, 3213.

Durchbrechung des Buchungszwanges, auch wenn sie mit öffentlichen Interessen begründet wird, führt zu Rechtsunsicherheit.[6] Das Wiedervereinigungsrecht mit seinen aus „unsichtbaren Grundbuchlasten" herrührenden Unsicherheiten legt hierfür beredt Zeugnis ab.[7]

d) Warn- und Schutzfunktion als zweite Aufgabe des Grundbuchs. Je mehr das öffentliche Recht in den privaten Grundstücksverkehr eingreift, um so dringender wird zur Verhinderung einer mit rechtsstaatlichen Grundsätzen (Art. 20 Abs. 3 GG) nicht in Einklang stehenden Unsicherheit im Grundstücksverkehr eine befriedigende Lösung des Problems, ob und wie das GB eine zusätzliche Warn- und Schutzfunktion gegenüber den Staatsbürgern übernehmen kann und muß. Das GB wäre überfordert, wenn man es auch zum Spiegel sämtlicher öffentlichen Rechte, Lasten und Beschränkungen machen oder an die GB-Eintragung eine Vermutung oder Fiktion der Richtigkeit oder der Vollständigkeit von Rechtsverhältnissen öffentlichen Rechts knüpfen wollte. Aus rechtsstaatlichen Gründen ist es aber notwendig, gutgläubige Erwerber gegen öffentlich-rechtliche Eingriffe zu schützen, die ihnen weder bekannt sind noch sein können. Ein solcher Schutz ist auf verschiedene Weise denkbar, z. B. Anwendung der §§ 892; 893 BGB, Pflicht der Behörde zur Genehmigung des Rechtserwerbs, bei Vorkaufsrechten Nichtausübung des gesetzlichen Vorkaufsrechts, Rangverlust oder Erlöschen öffentlicher Lasten, Schadenersatz für einen Rechtsverlust. **Der einfachste und wirkungsvollste Schutz ist ein rechtzeitiger Vermerk im Grundbuch,** nicht in irgendwelchen „Nebengrundbüchern" oder Registern für öffentliche Rechtsverhältnisse (dazu Einl. J 33).[8]

A 10

3. Bedeutung der Grundbucheintragung dinglicher Rechte

a) Die Eintragung und Löschung dinglicher Rechte ist:

A 11

1. die nach außen sichtbare **Voraussetzung der dinglichen Rechtsänderung** (§ 873 Abs. 1; § 875 Abs. 1 BGB) mit der gleichen Funktion, die im Recht der beweglichen Sachen vom Besitz ausgeübt wird (§ 929 BGB),

2. die **Grundlage der gesetzlichen Vermutung des § 891 BGB,** daß ein eingetragenes Recht dem Berechtigten zusteht und ein gelöschtes Recht nicht besteht,

3. die **Grundlage des Gutglaubensschutzes** (§§ 892; 893 BGB) bei Verfügungen über eingetragene Rechte und bei Leistungen an den Eingetragenen.[9]

b) Eintragungen und Löschungen haben (nach h. M.) eine Tatbestands- und Rechtsscheinwirkung, keine Rechtskraftwirkung (dazu Einl. A 58; 60 ff.). Der Grundsatz von Einigung und Eintragung (§§ 873, 875, 877, 925 BGB) und der materiellen Publizität des Grundbuchs (§§ 891, 892, 893 BGB) sind die wichtigsten Prinzipien des bürgerlichen Rechts für den Erwerb und Verlust des Eigentums und der beschränkten dinglichen Rechte an Grundstücken.[10] Diese Grundsätze finden ihren Niederschlag auch in dem für Eintragungen und Löschungen notwendigen GB-Verfahren.

A 12

c) Rechtsändernde und berichtigende Eintragungen? Wenn aufgrund der sog. „rechtsändernden Eintragungsbewilligung" (§ 19 Rdn. 7) die GB-Eintragung herbeige-

A 13

---

[6] *Feyock* Sonderheft der DNotZ zum Deutschen Notartag 1956, 13/21.
[7] Vgl. etwa *Aumüller* MittBayNot 1991, 9.
[8] S. a. Staudinger/*Gursky* § 892 Rdn. 55; MünchKomm/*Falckenberg* Vorbem. 15 zu § 1018; Haegele/Schöner/*Stöber* GBR 3 ff., 3195 ff.; Meikel/*Böhringer* Einl. A 46 ff.; Meikel/*Böttcher* Einl. B 14; *Eickmann*

GBVerfR 1. Kap. § 1 II 6; *Michalski* MittBayNot 88, 204; vgl. auch *Meendermann-Lassek* NJW 1993, 424; *Masloh* NJW 1995, 1993.
[9] Staudinger/*Gursky* § 892 Rdn. 11 ff.; § 893 Rdn. 1.
[10] Staudinger/*Gursky* § 892 Rdn. 7.

führt wird, spricht man von „rechtsändernder Eintragung", wenn sie aufgrund Berichtigungsbewilligung oder Unrichtigkeitsnachweis (§ 22 Rdn. 57; 67) erfolgt ist, von „berichtigender Eintragung".[11] Diese Unterscheidung geht nur von der im GB vermerkten Eintragungsgrundlage aus und hat nichts mit der Frage zu tun, ob die Eintragung die beabsichtigte Rechtsänderung bzw. Berichtigung tatsächlich bewirkt.[12] Das GBA kann mit den ihm zur Verfügung stehenden Mitteln eine Entscheidung über die materielle Rechtsänderungs-oder Berichtigungswirkung der ihm vorgelegten Bewilligung und seiner GB-Eintragung gar nicht treffen und hat auch keine Pflicht dazu.[13] Nur so ist der aus materiellrechtlicher Sicht absurde Widerspruch zu erklären, daß eine „Berichtigungsbewilligung" und die auf ihrer Grundlage erfolgte „berichtigende Eintragung" nicht immer die materiellrechtliche Unrichtigkeit beseitigt oder sogar das vorher richtige GB unrichtig machen kann.[14] Vgl. dazu § 22 Rdn. 28 ff. Deshalb sollten besser die Begriffe „Änderungseintragung" bzw. „Berichtigungseintragung" (Einl. B 15) und demgemäß „Änderungsbewilligung" bzw. „Berichtigungsbewilligung" (§ 19 Rdn. 7; § 22 Rdn. 67) gebraucht werden, die als verfahrensrechtliche Begriffe nichts über die materiellen Wirkungen aussagen. Es ist hier nicht anders als bei der „Löschungsbewilligung", die verfahrensrechtlich keine Aussage darüber enthalten muß, ob die Löschung zur Aufgabe des Rechts (§ 875 BGB) oder zur Berichtigung des GB (§ 894 BGB) bewilligt wird (vgl. § 19 Rdn. 36; § 22 Rdn. 68; § 27 Rdn. 20), und selbst bei erkenntlich gemachtem Löschungszweck zum gegenteiligen Erfolg führen kann (vgl. § 22 Rdn. 28; 67).

4. Eintragungsarten

A 14 Folgende Eintragungskriterien lassen sich unterscheiden (Einl. A 57):
a) Rechtsverhältnisse und tatsächliche Angaben über das Grundstück (§ 6 GBVfg.) und den Berechtigten (§ 15 GBVfg.);
b) dingliche Rechte, Vormerkungen, Widersprüche, Verfügungsbeschränkungen, Vermerke mit sachenrechtlicher Bedeutung und Vermerke sonstiger Art (Einl. B 12);
c) Eintragungen und Löschungen (Einl. A 11 ff., 53 ff.);
d) eintragungsbedürftige und -fähige Eintragungen (Einl. B. 4, 5);
e) richtige und unrichtige Eintragungen (Einl. B 60; § 22 Rdn. 1 ff.);
f) wirksame und unwirksame Eintragungen (Einl. B 45 ff., 59 ff.).

III. Materielle und verfahrensrechtliche Erklärungen

1. Wechselwirkungen des materiellen und formellen Rechts

A 15 a) Das GB-Recht dient dem GBvollzug zur Verwirklichung des materiellen Rechts (Einl. A 11). Es muß sich daher dem materiellen Recht unterordnen, wo es mit diesem in Konflikt zu geraten droht (Einl. C 71 ff.).

A 16 b) Verfahrensrechtliche GB-Erklärungen können materielle Nebenwirkungen haben: Die Aushändigung der EintrBewilligung bewirkt Bindung an die Einigung (§ 873 Abs. 2 BGB). Die EintrBewilligung kann GB-Inhalt werden und dadurch am Gutglaubensschutz teilnehmen (§ 874 BGB). Die Einreichung des Antrags beim GBA beeinflußt die

---

[11] So z. B. BayObLG DNotZ 88, 781; *Demharter*, § 19 Rdn. 3; § 22 Rdn. 31.
[12] *Güthe/Triebel* in § 19 Rdn. 24 und § 22 Rdn. 8–11.
[13] *Güthe/Triebel* § 19 Rdn. 24.
[14] *Güthe/Triebel* § 22 Rdn. 7 letzter Satz.

Wirksamkeit von Verfügungsbeschränkungen (§ 878 BGB) und des Gutglaubensschutzes (§ 892 Abs. 2 BGB). Die durch § 17 GBO vorgeschriebene Reihenfolge der Eintragung entscheidet über den Rang dinglicher Rechte (§ 879 BGB).

2. Trennung von materiellen und formellen Erklärungen

A 17 Die getrennte Kodifizierung und die verschiedenen Denkweisen des materiellen und formellen Rechts (Einl. A 2 ff.) führen auch im Liegenschaftsrecht zu einer getrennten rechtlichen Behandlung der Erklärungen des materiellen Grundstücks- und formellen Grundbuchrechts und der sonstigen materiellen Rechtsänderungs- (Einl. A 39) und formellen Eintragungsvoraussetzungen (Einl. A 40). Vorschriften aus dem einen Rechtsgebiet können wegen der Wesensunterschiede nicht unmittelbar auf das andere angewandt werden (Einl. A 24). Zwingende Vorschriften des materiellen Rechts sind von Ordnungsvorschriften des Verfahrensrechts, rechtsgeschäftliche Willenserklärungen von Verfahrenshandlungen, Einigung von Bewilligung zu unterscheiden.

3. Willenserklärungen und Rechtsgeschäfte des bürgerlichen Rechts

A 18 a) Sie sind im Allgemeinen Teil des BGB eingehend geregelt und wissenschaftlich durchdrungen.

b) Die beiden charakteristischen Merkmale der Willenserklärung ist der auf die Herbeiführung einer bestimmten materiellrechtlichen Wirkung gerichtete innere Wille und die nach außen gerichtete Erklärung dieses Willens.

c) Als Rechtsgeschäft bezeichnet man den Gesamttatbestand, der mindestens eine Willenserklärung enthalten muß, aber auch die übrigen als Grundlage der gewollten Rechtswirkung erforderlichen Voraussetzungen umfaßt, also z. B. bei einem Vertrag mehrere Willenserklärungen. Dieser bei den einzelnen Rechtsgeschäften sehr verschiedene Tatbestand ist ein privater Rechtsetzungsakt und bewirkt die Rechtsfolgen gerade deshalb, weil sie auf dem Willen der am Rechtsgeschäft Beteiligten beruhen. Daß der gewollte Rechtserfolg wirklich eintritt, ist nicht erforderlich. Zur Frage, ob die GB-Eintragung ein Teil des dinglichen Rechtsgeschäfts ist, vgl. Einl. A 54 ff.

4. Prozeß- und Verfahrenshandlungen

A 19 Wegen der lückenhaften gesetzlichen Regelungen wurden im Zivilprozeßrecht Grundsätze erarbeitet, die im gesamten Prozeßrecht heute weitgehend anerkannt sind.[15]

A 20 a) Zwischen „Prozeßhandlung" und „Verfahrenshandlung" besteht nur ein sprachlicher Unterschied. Hier wird die für das GB-Verfahren besser passende Bezeichnung „Verfahrenshandlung" bevorzugt.

A 21 b) Verfahrenshandlungen sind alle bewußten verfahrensgestaltenden Betätigungen (Erklärungen, Handlungen und Unterlassungen), deren Voraussetzungen und Wirkungen im Verfahrensrecht geregelt sind. Sie tragen zur Gestaltung eines Verfahrens bei und nicht oder allenfalls mittelbar (auf dem Umweg über die richterliche Entscheidung) zur Änderung der materiellen Rechtslage.

---

[15] Vgl. BGHZ 12, 284; 16, 388/390; 20, 198; 31, 77/83; 75, 348; Rosenberg/*Schwab* Zivilprozeßrecht §§ 63 ff.; Staudinger/*Dilcher* Vorbem. 33 zu § 104; Vorbem. 87 zu § 116; Thomas/*Putzo* ZPO Einl. III; *Habscheid* FG § 7 III; Keidel/Kuntze/Winkler/*Kahl* FGG Vorbem. 1 ff. zu § 8; Palandt/*Heinrichs* Überbl. Vor § 104 Rdn. 37; *Baumgärtel* Wesen und Begriff der Prozeßhandlung einer Partei im Zivilprozeß S. 44 ff.; *Niese* Doppelfunktionelle Prozeßhandlungen; *Ertl* Rpfleger 80, 1.

A 22 c) „Erwirkungshandlungen" (z. B. Anträge, Gesuche, Klage) verfolgen den Zweck, eine gerichtliche Entscheidung zu erwirken. Sie haben unmittelbare verfahrensgestaltende Kraft, weil sie ein Verfahren einleiten und das Gericht zu einer Entscheidung zwingen. Ihre Wirkungen treten nicht von selbst, sondern erst durch hoheitliche Willensbetätigung ein.

A 23 d) „Bewirkungshandlungen" sind Handlungen oder Erklärungen, die eine bestimmte Verfahrensrechtslage bewirken, haben jedoch keine aktive verfahrensgestaltende Kraft. Zwei Beispiele: Das Prozeßanerkenntnis verschafft (§ 307 ZPO) dem Prozeßgegner eine vorteilhafte Prozeßlage und gestattet dem Gericht auf Antrag ein Anerkenntnisurteil zu erlassen.[16] Die Vorlage einer Urkunde bei Gericht erlaubt den Beteiligten und dem Gericht, den Inhalt der Urkunde im Verfahren auszuwerten (vgl. § 420 ZPO).

A 24 e) **Für Verfahrenshandlungen gilt das entsprechende Verfahrensrecht,** dessen Lücken in erster Linie durch allgemeine Verfahrensgrundsätze und analoge Anwendung anderer wesensgleicher oder ähnlicher Verfahrensvorschriften ausgefüllt werden müssen. Die ergänzende Heranziehung des Zivilprozeßrechts in der freiwilligen Gerichtsbarkeit einschließlich des GBVerfahrens findet dort ihre Grenzen, wo dies mit dem Gesetz oder mit den wesensbedingten Unterschieden der Verfahrensgestaltung nicht mehr vereinbar ist.[17] Schweigt das anwendbare Verfahrensrecht, kann unter Beachtung des Grundsatzes, daß Verfahrensrecht im Gegensatz zum BGB reines Zweckmäßigkeitsrecht ist,[18] das bürgerliche Recht entsprechend, niemals unmittelbar angewandt werden.[19]

A 25 f) Verfahrenshandlungen können je nach Gesetz oder Zweck abgegeben werden: formfrei, schriftlich oder beglaubigt; im, vor oder außerhalb des Verfahrens; gegenüber Gericht und/oder Beteiligten; regelmäßig einseitig, unter Umständen vertragsmäßig.[20] Ihr Inhalt ist grds. auslegungsfähig. Befristungen sind meistens, Bedingungen jedenfalls dann unzulässig, wenn ihr Eintritt mit verfahrensrechtlichen Mitteln nicht sicher festgestellt werden kann.

Sie sind bis zur Entscheidung widerruflich und nur unwiderruflich, wenn dies das Gesetz vorschreibt, der Verfahrenszweck verlangt oder ein anderer durch sie eine vorteilhafte Verfahrensstellung erlangt hat. Wirksamkeit und Unwiderruflichkeit können, müssen aber nicht zusammentreffen. Verfahrenshandlungen müssen zur Zeit der Entscheidung wirksam sein. Mängel können vorher behoben, Willensmängel nicht durch Anfechtung, sondern nur durch Berichtigung, Ergänzung, Widerruf geltend gemacht werden. Verfahrenshandlungen können vor der Entscheidung unwirksam werden, nicht nur durch Widerruf, der nicht in einer Erklärung, sondern in einer neuen Verfahrenshandlung besteht. Deshalb kein Widerruf der Zurücknahme, sondern nur Neuvornahme. Verfahrenshandlungen verlieren ohne oder gegen den Willen des Erklärenden ihre Wirksamkeit durch Maßnahmen des Gerichts (z. B. Zurückweisung des Antrags), sonstige Ereignisse (z. B. Verlust des Antragsrechts) oder Handlungen anderer Beteiligten (z. B. beim Prozeßanerkenntnis des Beklagten, § 307 ZPO, dadurch, daß der Kläger auf ein Anerkenntnisurteil verzichtet oder die Klage zurücknimmt.[21]

5. Trennung von Doppeltatbeständen

A 26 Bei Grenzfällen ist zu prüfen, ob ein „Doppel-" (Einl. A 27, 30 bis 32) oder ein „Einzeltatbestand" (Einl. A 28, 33—38) vorliegt.

---

[16] Vgl. BGHZ 10, 333.
[17] Vgl. BGHZ 14, 183; BayObLGZ 1950, 397/399; Keidel/Kuntze/Winkler/*Kahl*, Vorbem. 1 Vor § 8 FGG.
[18] BGHZ 10, 359.
[19] Vgl. BGHZ 12, 284; 16, 388/390; 20, 198/205; 75, 348; 80, 391; Rosenberg/*Schwab* § 65.
[20] Vgl. Rosenberg/*Schwab* § 66.
[21] Vgl. BGHZ 10, 333.

a) „Doppeltatbestand" ist ein Komplex von Erklärungen oder Handlungen, der nur äußerlich als Einheit erscheint, sich in Wirklichkeit aber aus mehreren Bestandteilen zusammensetzt, von denen jeder unabhängig vom anderen rechtlich selbständig geregelt ist. Typisches Beispiel: Kauf und Übereignung von Waren, die nach laienhafter Auffassung eine Einheit bilden, rechtlich aber zu trennen sind. **A 27**

b) „Einzeltatbestand" ist eine Erklärung oder Handlung, die nicht in mehrere rechtlich selbständige Teile zerlegbar ist. **A 28**

c) Die Begriffe „Doppeltatbestand" und „Doppelnatur" werden nicht einheitlich gebraucht. Unter „Doppelnatur" wird hier die Rechtsnatur eines nicht mehr teilbaren Einzeltatbestandes mit materiellrechtlichem und zugleich verfahrensrechtlichem Wesen verstanden, während der Doppeltatbestand durch Zerlegung in einzelne selbständige Bestandteile eine klare Antwort auf die Frage nach der Rechtsnatur eines jeden dieser Teile ermöglicht. **A 29**

d) Materiellrechtliche Doppeltatbestände sind allgemein anerkannt, z. B. Auftrag und Vollmacht, Besitzübergabe und Eigentumsübertragung, Erbschaft und Vermächtnis. **A 30**

e) Der typische Fall eines verfahrensrechtlichen Doppeltatbestandes ist der in § 30 GBO geregelte gemischte Antrag (§ 30 Rdn. 7), der gleichzeitig auch die Bewilligung (§ 19) enthält. **A 31**

f) Ein gemischtrechtlicher Doppeltatbestand setzt sich aus einem materiellrechtlichen und einem verfahrensrechtlichen Bestandteil zusammen. Anerkanntes Beispiel: die im Zivilprozeß erklärten bürgerlich-rechtlichen Gestaltungsgeschäfte der Aufrechnung, Anfechtung, Kündigung oder des Widerrufs, die nicht dadurch Prozeßhandlung werden, daß man sie im Prozeß erklärt oder geltend macht. Umgekehrt wird die Prozeßhandlung (z. B. Klagerücknahme) nicht dadurch zum Rechtsgeschäft, daß sie unmittelbar mit einem Rechtsgeschäft (z. B. Erlaß einer Forderung) vorgenommen wird. Beispiele: Schuldanerkenntnis kann zugleich Prozeßanerkenntnis (§ 781 BGB, § 307 ZPO) sein; Erlaßvertrag zugleich Klageverzicht (§ 397 BGB, § 306 ZPO). **A 32**

In diesen Fällen sind Voraussetzungen und Wirkungen des Rechtsgeschäfts nach materiellem Recht und ihre Geltendmachung im Prozeß nach Prozeßrecht zu beurteilen.[22]

6. Rechtsnatur von Einzeltatbeständen

a) Einzeltatbestände lassen sich nicht mehr in rechtlich selbständig beurteilbare Teile zerlegen. Ist ihre Rechtsnatur bestritten, so gibt es zwei Möglichkeiten: die Lehre von der Doppelnatur und die Trennungstheorie. **A 33**

b) Im Zivilprozeßrecht ist der Streit längst entschieden: **A 34**
Während nur noch dem nach h. M. doppelfunktionellen Prozeßvergleich[23] materielle und prozessuale Wirkungen beigemessen werden, sind Klageverzicht, § 306,[24] Prozeßanerkenntnis, § 307 ZPO,[25] Unterwerfung unter die Zwangsvollstreckung, § 794 Abs. 1 Nr. 5 ZPO[26] einhellig als reine Prozeßhandlungen anerkannt.

---

[22] Vgl. Staudinger/*Dilcher* Vorbem. 87 zu § 116; Thomas/*Putzo* § 145 II; Rosenberg/*Schwab* § 63 VI; § 106; Palandt/*Heinrichs* Überbl. Vor § 104 Rdn. 37 (der von einer „Doppelnatur" statt eines Doppeltatbestandes sprechen. BGHZ 16, 390; 16, 128; 17, 126.

[23] BGHZ 16, 388/390; Thomas/*Putzo* § 794 II 1.
[24] BGH LM § 306 ZPO Nr. 1.
[25] BGHZ 10, 333/335.
[26] BGHZ 16, 180; BGH DNotZ 81, 738; 85, 474.

A 35   c) Die Lehre von der Doppelnatur geht einer klaren Stellungnahme aus dem Weg, steht später aber vor neuen ungelösten Problemen, die letztlich doch entweder einheitlich nach materiellem oder Verfahrensrecht entschieden werden müssen. Das Musterbeispiel einer „dem Verfahrensrecht angehörenden rechtsgeschäftlichen Willenserklärung" bietet die (inzwischen aufgegebene) Ansicht von der echten Doppelnatur der Eintragungsbewilligung (vgl. § 19 Rdn. 16 ff.).

A 36   d) Die Voraussetzungen und Wirkungen der Rechtsgeschäfte sind im materiellen Recht und der Verfahrenshandlungen im Verfahrensrecht geregelt. Nach diesem Grundsatz ist die Rechtsnatur zu ermitteln.

A 37   e) In Zweifelsfällen ist für die Rechtsnatur allein entscheidend, auf welchem Rechtsgebiet die Handlung ihre unmittelbare Hauptwirkung entfaltet.[27] Hat die Beendigung der Verfahrenswirkung auch das Ende der materiellen Wirkung zur Folge, so spricht dies für ein verfahrensrechtliches Wesen (z. B. der Klage trotz § 212 BGB oder des EintrAntrags trotz § 878 BGB), bleibt die materielle Wirkung bestehen, so für eine materielle Rechtsnatur.

A 38   f) Verfahrenshandlungen können auch außerhalb oder vor einem Verfahren abgegeben werden, wenn nur die bezweckte Hauptwirkung auf verfahrensrechtlichem Gebiet liegt.[28] Dies ist jedenfalls die h. M. für die Unterwerfung unter die Zwangsvollstreckung, die eine Prozeßhandlung ist, obwohl sie vor dem Vollstreckungsverfahren abgegeben wird, und an deren Verfahrensnatur sich nichts ändert, auch wenn es nie zu einer Zwangsvollstreckung kommt.[29]

IV. Voraussetzungen der Rechtsänderung und Eintragung

1. Voraussetzungen der dinglichen Rechtsänderung

A 39   Sie sind im materiellen Recht geregelt.

Die dingliche Rechtsänderung im Grundstücksrecht tritt nur ein, wenn folgende Voraussetzungen erfüllt sind, zu irgend einem Zeitpunkt zeitlich zusammenfallen und inhaltlich übereinstimmen:[30]

a) die materiellrechtliche Einigung (§§ 873, 925 BGB) der Beteiligten, an deren Stelle in besonderen Ausnahmefällen eine ebenfalls materiellrechtliche, aber einseitige empfangsbedürftige Willenserklärung über die Bestellung, Änderung oder Aufhebung eines dinglichen Rechts genügt (z. B. vgl. §§ 875, 885, 928, 1168, 1183, 1188, 1196 BGB; 8 Abs. 1, 30 Abs. 2 WEG).

b) die Grundbucheintragung, die das GBA grds. ohne Prüfung der materiellrechtlichen Voraussetzungen vorzunehmen hat.

c) Ggf. weitere bzw. alternative Voraussetzungen, etwa bei Briefrechten die Übergabe des Briefes oder ein Übergabeersatz (§§ 1117, 1192 BGB), wodurch sich bei Übertragung von Briefrechten die GB-Eintragung erübrigt (§ 1154 Abs. 1 BGB).

d) Zur Bestellung von Hypotheken außerdem das Entstehen einer Forderung (§ 1163 Abs. 1 S. 1 BGB).

Diese Voraussetzungen sind zwingend. Fehlt eine, wird das GB durch die Eintragung unrichtig (§ 894 BGB), auch wenn die formellen Bestimmungen der GBO beachtet wurden.

---

[27] Rosenberg/*Schwab* § 63 II.
[28] Vgl. Rosenberg/*Schwab* § 63 V; Lent/*Jauernig* § 29 IV; *Baumgärtel* S. 291.
[29] Vgl. BGHZ 16, 180.
[30] Staudinger/*Gursky* § 873 Rdn. 6 ff., 197 ff.

2. Voraussetzungen der GB-Eintragung

Sie sind im Grundbuchverfahrensrecht geregelt oder durch Rspr. und Lehre entwik- **A 40**
kelt worden. Sie geben an, ob die Eintragung vorgenommen oder abgelehnt werden
muß. Sie bestimmen Gegenstand und Umfang der Prüfung und der Eintragungstätigkeit
des GBA.

Abgesehen von der Eintragungsfähigkeit (vgl. Einl. B 1) hängt in der Regel die GB-Eintragung von folgenden formellen Voraussetzungen ab:

a) Eintragungsantrag des Betroffenen oder Begünstigten (§ 13),
b) Eintragungsbewilligung des Betroffenen (§ 19) in der Form des § 29,
c) Voreintragung des Betroffenen (§ 39), ferner in besonderen Fällen:
d) bei Auflassung, Bestellung, Änderung und Übertragung eines Erbbaurechts (§ 20):
Nachweis der Einigungserklärungen in der Form des § 29,
e) bei Berichtigung des GB durch Eintragung des Eigentümers oder Erbbauberechtigten: deren Zustimmung (§ 22 Abs. 2) in der Form des § 29,
f) bei Löschung eines Grundpfandrechts: Zustimmung des Grundstückseigentümers
(§ 27) in der Form des § 29,
g) bei Briefrechten: Vorlage des Briefes (§§ 41, 42),
h) bei Inhaber- oder Orderhypotheken: Vorlage des Inhaber- oder Orderpapiers
(§ 43).

Dies alles sind **nur Ordnungsvorschriften,** deren Beachtung zwar Amtspflicht des
GBA ist, deren Verletzung aber den Eintritt der materiellen Rechtsänderung nicht hindert.

3. Keine Prüfung des schuldrechtlichen Grundgeschäfts

Der Grundsatz der Trennung von schuldrechtlichem und dinglichem Rechtsgeschäft **A 41**
beherrscht auch das GB-Verfahren.[31] Das GBA ist weder verpflichtet noch berechtigt,
die Wirksamkeit des der dinglichen Rechtsänderung zugrundeliegenden Rechtsgeschäfts zu prüfen und die Eintragung der Rechtsänderung davon abhängig zu machen.
Anders ist es nur dann, wenn die Nichtigkeit oder Unwirksamkeit des Grundgeschäfts
auch die dingliche Einigung erfaßt oder das Grundgeschäft in anderem Zusammenhang
(dazu Einl. A 42) für das Vorliegen der Eintragungsvoraussetzungen bedeutsam ist.[32]
In aller Regel sind die Eintragungsvoraussetzungen von der Wirksamkeit des schuldrechtlichen Grundgeschäfts ebenso unabhängig wie von der des dinglichen Rechtsgeschäfts (§§ 873; 875 BGB). Das GBA hat in Fällen des § 20 lediglich die dinglichen
Einigungserklärungen (§ 20 Rdn. 1 ff.), nicht das schuldrechtliche Geschäft zu prüfen
und bei Vorliegen aller formellen Eintragungsvoraussetzungen die Eintragung (z. B. der
Eigentumsübertragung) vorzunehmen, auch wenn das schuldrechtliche Verpflichtungsgeschäft unwirksam ist.[33]

4. Ausnahmsweise Prüfung schuldrechtlicher Vereinbarungen

Das GBA hat ausnahmsweise die Pflicht zur Prüfung des schuldrechtlichen Grundge- **A 42**
schäfts, wenn es konkrete Anhaltspunkte dafür hat (Einl. C 56 ff.; C 60 ff.), daß es nach
dem Willen der Beteiligten für die Wirksamkeit oder den Inhalt verfahrensrechtlicher
Eintragungsvoraussetzungen (Einl. A 40) von Bedeutung ist.

---

[31] Staudinger/*Gursky* § 873 Rdn. 52, 117 ff. [33] OLG Frankfurt DNotZ 81, 40.
[32] BayObLG DNotZ 90, 509.

Einzelfälle: Wenn das Grundgeschäft oder einzelne schuldrechtliche Vereinbarungen: a) zum Inhalt des einzutragenden Rechts erhoben werden (dazu Einl. D 22 ff.; E 71 ff.; F 28 ff.; § 19 Rdn. 38) oder für dessen Auslegung bedeutsam sind (Einl. C 25 ff.); b) nach dem erklärten Willen der Beteiligten zur Voraussetzung des Entstehens oder Erlöschens eines dinglichen Rechts gemacht werden;[34] dann entweder als „bedingtes Recht" eintragbar (Einl. B 31 ff.) oder Eintragungshindernis (Einl. B 28); c) Voraussetzung der Vormerkungsfähigkeit des schuldrechtlichen Anspruchs sind (Einl. G 12); d) für die Wirksamkeit einer Vollmacht bedeutsam sind (§ 19 Rdn. 185 ff.; § 20 Rdn. 87 ff.); e) vom GBA geprüft werden müssen, z. B. zur Frage des § 181 BGB; Bewilligungsberechtigung des Vorerben,[35] Erwerbsfähigkeit des Erwerbers (§ 20 Rdn. 54 ff.), öffentlichrechtlicher Genehmigungspflichten;[36] f) wegen Nichtigkeit des Grundgeschäfts auch das dingliche Erfüllungsgeschäft nichtig ist, was auf ganz besondere Ausnahmefälle beschränkt bleibt[37] und vom GBA selten festgestellt werden kann.[38] Zur AGB-Kontrolle vgl. Einl. C 75 ff.

V. Grundbucherklärungen

1. Begriff

A 43 Grundbucherklärungen sind alle zum GB-Vollzug erforderlichen Erklärungen von Beteiligten oder Behörden, vgl. § 29.

A 44 2. **GB-Erklärungen** dürfen als Voraussetzungen der GB-Eintragung nur verwendet werden, wenn sie wirksam sind und nach Form und Inhalt den Vorschriften des GB-Rechts entsprechen. Fehlt eine zur GB-Eintragung notwendige GB-Erklärung oder ist sie fehlerhaft, so hat das GBA dies nach § 18 zu beanstanden. Ihre Wirksamkeit richtet sich bei materiellrechtlichen Erklärungen nach materiellem Recht, bei verfahrensrechtlichen Erklärungen nach formellem Recht.

3. Zu den GB-Erklärungen gehören:

A 45 a) die Eintragungsbewilligung (§ 19), als wichtigste in § 29 Abs. 1 ausdrücklich erwähnt,

b) die sonstigen zur Eintragung erforderlichen Erklärungen von Beteiligten (§ 29 Abs. 1 S. 1), vgl. § 29 Rdn. 18.

c) Erklärungen und Ersuchen von Behörden, aufgrund deren eine Eintragung vorgenommen werden soll (§ 29 Abs. 3), vgl. § 29 Rdn. 36, 53, 65.

d) alle Erklärungen, die zur Ergänzung und Begründung der eigentlichen GB-Erklärungen für die Eintragung benötigt werden, z. B. Vollmachten, Vollmachtsbestätigungen, Zustimmungen, Genehmigungen, löschungsfähige Quittungen, vgl. § 29 Rdn. 20.

4. Keine GB-Erklärungen sind demnach:

A 46 a) zur Eintragung nicht erforderliche Erklärungen, insbesondere solche, die zwar für die dingliche Rechtsänderung unerläßlich, vom GBA aber im Eintragungsverfahren

---

[34] BGHZ 31, 321/323; 38, 193; DNotZ 90, 169/170.
[35] OLG Düsseldorf Rpfleger 57, 413; OLG Hamm Rpfleger 71, 147.
[36] BVerwG 19, 79/81; BayObLG DNotZ 81, 570.
[37] BGH NJW 52, 60/61; 67, 1128/1130; DNotZ 88, 572; 90, 169/170.
[38] BayObLG Rpfleger 69, 48; Haegele/Schöner/*Stöber* GBR 208.

nicht zu prüfen sind (z. B. Einigung, § 873 Abs. 1 BGB, einseitige materielle Bestellungs-, Änderungs- oder Aufgabeerklärungen; Einl. A 39),

b) die „anderen Voraussetzungen der Eintragung" (§ 29 Abs. 1 S. 2), die für die GB-Eintragung bedeutsam sind, aber nicht in Erklärungen bestehen, z. B. gerichtliche und behördliche Entscheidungen (Staatshoheitsakte) und rechtlich erhebliche Tatsachen wie Geburt, Lebensalter, Heirat, Tod, gesetzliche Vertretung (vgl. § 29 Rdn. 27 ff.),

c) Erklärungen und Handlungen, die sich nicht auf eine GB-Eintragung beziehen, also entweder die Eintragung verhindern sollen (z. B. Widerruf der Eintragungsbewilligung) oder eine andere Tätigkeit des GBA begehren oder gestatten (z. B. Bestimmungen über die Brieferteilung nach § 60 Abs. 2),

d) sonstige Verfahrenshandlungen, die keine Erklärungen sind, z. B. Vorlage und Zurücknahme von Urkunden und der Eintragungsantrag (§ 13) oder die Antragsvollmacht (§ 30), die zwar auch notwendige Eintragungsvoraussetzungen darstellen, aber sich in ihrem Wesen von den verfahrensrechtlichen Erklärungen unterscheiden (vgl. Einl. A 22; 23).

5. Verschiedene Wirkungen der GB-Erklärungen

GB-Erklärungen haben z. T. ausschließlich oder jedenfalls hauptsächlich Verfahrenswirkungen (vgl. Einl. A 23, 48), andere auch eine materiell-rechtliche Bedeutung (vgl. Einl. A 49 ff.; § 29 Rdn. 18 ff.). **A 47**

6. GB-Erklärungen mit rein formeller Bedeutung

a) Die bedeutungsvollste ist die Eintragungsbewilligung (§ 19) mit ihren Unterarten: **A 48** Berichtigungsbewilligung (§ 22 Abs. 1), Löschungsbewilligung, Berichtigungszustimmung (§ 22 Abs. 2) und Löschungszustimmung (§ 27), ferner der gemischte Antrag (§ 30). Auch die Vollmacht zur Vertretung bei Verfahrenshandlungen aller Art ist verfahrensrechtlicher Natur, wenn sie keine Vollmacht zu Rechtsgeschäften umfaßt.

b) Ihre Voraussetzungen und Wirkungen richten sich ausschließlich nach Verfahrensrecht und höchstens analog nach BGB, wenn das gesamte Verfahrensrecht schweigt (vgl. Einl. A 24).

7. Materiellrechtliche Erklärungen mit zugleich formeller Bedeutung

a) Sie kommen als vertragliche Vereinbarungen und als einseitige Erklärung vor. **A 49**

aa) Die Erklärungen über die Einigung als dinglicher Vertrag müssen nur in den Fällen des § 20 dem GBA nachgewiesen und von ihm geprüft werden, behalten jedoch gleichwohl ihren materiellrechtlichen Charakter.[39]

bb) Einseitige Erklärungen mit verfahrensrechtlicher Bedeutung sind z. B. die Erklärungen über Vereinigung, Bestandteilszuschreibung und Teilung eines Grundstücks (§ 890 BGB, §§ 5, 6 GBO), Verzicht auf das Eigentum (§ 928 BGB), Aufteilung in Wohnungseigentum (§ 8 WEG).

b) Diese Erklärungen bereiten wegen des Zwiespalts zwischen materiellrechtlicher **A 50** und verfahrensrechtlicher Bedeutung Schwierigkeiten, die am besten nach den Grundsätzen für Doppeltatbestände (Einl. A 26 ff.) behoben werden.[40]

---

[39] A. A. Vorauflage Einl. A 49; wie hier Meikel/Lichtenberger § 20 Rdn. 39.

[40] S. a. Staudinger/*Pfeifer* § 925 Rdn. 8

Einl I. Grundbuchordnung

aa) Über ihre Wirksamkeit entscheidet ausschließlich das materielle Recht, das vom Verfahrensrecht abweicht, insbesondere bezüglich Form und Inhalt.

bb) Ihre Verwendbarkeit zur GB-Eintragung richtet sich nach GB-Verfahrensrecht. Das GBA darf auf sie keine Eintragung stützen, wenn sie trotz materieller Wirksamkeit den Verfahrensvorschriften nicht genügen. Das GBA hat (im Gegensatz zum Prozeßgericht) nicht die Aufgabe und nicht die Beweismittel, über ihre materielle Wirksamkeit zu entscheiden, sondern im Rahmen seiner Amtspflichten zu prüfen, ob es die Eintragung vornehmen darf (dazu Einl. C 60 ff.; § 20 Rdn. 4; § 26 Rdn. 21).

8. GB-Erklärungen als Doppeltatbestand

A 51 GB-Erklärungen können einen Doppeltatbestand mit anderen rechtsgeschäftlichen Erklärungen oder Verfahrenshandlungen bilden. Ob dies der Fall ist, muß durch Auslegung ermittelt werden (vgl. Einl. C 25 ff.). Jeder seiner Einzeltatbestandteile ist rechtlich selbständig zu beurteilen (vgl. Einl. A 33 ff.). Neben Fällen, in denen nur einer eine GB-Erklärung ist, gibt es solche, in denen beide GB-Erklärungen sind.

Das Gesetz nennt in § 30 als Beispiel den gemischten Antrag, der die Aufgabe des Antrags nach § 13 hat und zugleich eine GB-Erklärung ersetzt, z. B. die Eintragungsbewilligung (§ 19) oder die Zustimmung des Eigentümers zur Löschung eines Grundpfandrechts (§ 27). Die Löschungsbewilligung enthält in der Regel die materielle Aufgabeerklärung (§ 875 Abs. 1 BGB), die Bewilligung zur Eintragung einer Eigentümergrundschuld auch die materielle Bestellungserklärung (§ 1196 BGB) und die Auflassung mitunter auch die Eintragungsbewilligung des Betroffenen (vgl. § 20 Rdn. 5 ff.).

A 52 **9. Die grundbuchmäßige Behandlung von GB-Erklärungen** soll durch Beispiele verdeutlicht werden:

Fall a) Dem GBA wird zur Eintragung einer Grundschuld nur der Antrag (§ 13) und die Bewilligung des Grundstückseigentümers (§ 19) vorgelegt, obwohl noch keine Einigung mit dem Gläubiger besteht (§ 873 Abs. 1 BGB). Das GBA muß eintragen, weil es nur die Bewilligung, nicht die Einigung prüfen darf. Das GB wird unrichtig. Die Eintragung darf nur in Ausnahmefällen (Einl. C 71 ff.) verweigert werden.

Fall b) Ist die Auflassung nicht bei gleichzeitiger Anwesenheit beider Teile mündlich vor dem Notar erklärt worden (§ 925 Abs. 1 BGB) oder enthält sie eine Bedingung oder Zeitbestimmung (§ 925 Abs. 2 BGB), so ist sie materiell unwirksam und darf deshalb nicht zur Eintragung verwendet werden. Durch die Eintragung würde das GB unrichtig.[41] Das GBA dürfte auch nicht eintragen, wenn ihm der Eintritt der Bedingung nachgewiesen würde. Entspricht die Auflassung dem § 925 BGB, ist sie aber nicht in der Form des § 29 nachweisbar, so ist die Auflassung materiell wirksam, aus formellen Gründen (§§ 20, 29) aber nicht einzutragen. Trägt das GBA trotzdem ein, ist das GB richtig (§ 20 Rdn. 5 ff.).

Fall c) Ist die materiell formfreie Einigung über die Bestellung eines Erbbaurechts (§ 11 Abs. 1 ErbbauVO) durch eine auflösende Bedingung beschränkt (§ 1 Abs. 4 ErbbauVO) oder umfaßt sie einen unzulässigen dinglichen Inhalt, so ist sie materiell unwirksam und darf nicht eingetragen werden. Durch Eintragung würde das GB unrichtig. Zur Eintragung eines materiell wirksamen Erbbaurechts reicht die Eintragungsbewilligung des Grundstückseigentümers (§ 19) nicht aus, weil § 20 den Nachweis der Einigung beider Vertragsteile in der Form des § 29 vorschreibt. Würde das GBA dennoch unter Verletzung der §§ 20, 29 eintragen, so wäre das GB richtig.

---

[41] BayObLG DNotZ 90, 37 m. Anm. *Ertl*.

Fall d) Die Vereinigungserklärung des § 890 Abs. 1 BGB ist materiell unwirksam, wenn die vereinigten Grundstücke nicht dem gleichen Eigentümer gehören, und muß deshalb vom GBA abgelehnt werden. Die Eintragung würde das GB unrichtig machen und die Vereinigung nicht eintreten lassen. Die materielle Rechtslage wäre die gleiche, wenn im GB der gleiche Eigentümer eingetragen und an einem der beiden Grundstücke in Wirklichkeit nicht Eigentümer wäre. Das GBA müßte zwar eintragen, weil es sich auf die Vermutung des § 891 BGB verlassen darf, das GB würde aber unrichtig. Hat das GBA aufgrund wirksamer Vereinigungserklärung trotz Besorgnis der Verwirrung eingetragen, so ist das GB richtig, weil der Ablehnungsgrund der Verwirrungsbesorgnis (§ 5) nur eine Ordnungsvorschrift ohne materielle Wirkung ist.

VI. Wesen und Wirkungen der Grundbucheintragungen

1. Eintragungstätigkeit und Eintragungszustand

Unter „Grundbucheintragung" versteht das Gesetz zweierlei: **A 53**

a) **die Tätigkeit des Eintragens und Löschens,** die das GBA entsprechend dem GB-Verfahrensrecht vorzunehmen hat, b) den sich daran anschließenden **Zustand des Eingetragen- oder Nichteingetragenseins,** auf dem die Vermutung des § 891 BGB beruht, den § 892 Abs. 1 BGB als „Grundbuchinhalt" bezeichnet und der mit materiellen, aber auch anderen Wirkungen ausgestattet sein kann. Die GBO regelt nur die Eintragungs- und Löschungstätigkeit. Nur in einzelnen Vorschriften der GBO (z. B. § 53 Abs. 1 S. 2) und vor allem (aber nicht immer) im BGB (z. B. §§ 873 Abs. 1; 880 Abs. 2) ist der Zustand des Eingetragenseins gemeint, auf den es im materiellen Recht ankommt.

2. Wesen der GB-Eintragung

a) **Ist die GB-Eintragung ein Teil des dinglichen Vertrages?** Diese alte Streitfrage[42] **A 54** wird jetzt mit der Begründung verneint, daß **die Einigung allein der dingliche Vertrag und die Eintragung ein davon unabhängiger Staatshoheitsakt ist.**[43] Einigung und Eintragung sind nach verschiedenen Vorschriften zu beurteilen, haben unterschiedliche Wirkungen und können ein getrenntes rechtliches Schicksal haben. Eine Einigung ist neben der Eintragung nicht immer nötig (z. B. bei GB-Berichtigungen). Wären beide eine rechtliche Einheit, müßte die Nichtigkeit des dinglichen Vertrags auch die Eintragung ergreifen und dem Gutglaubensschutz die Grundlage entziehen.[44]

Der Rechtssatz, daß die Verfügungsbefugnis bis zur Vollendung des Rechtserwerbs fortdauern muß,[45] läßt sich auch erklären, wenn Einigung und Eintragung selbständige Teile eines Doppeltatbestandes sind. Denn beide müssen in dem Zeitpunkt wirksam sein, in dem sich der Doppeltatbestand vollendet.[46]

b) **Die Frage nach dem Wesen der Eintragung und Löschung als Staatshoheitsakt** ist **A 55** zu allen Zeiten gestellt und verschieden beantwortet worden, von Güthe/*Triebel* noch 1936 (GBO § 18 Rdn. 2) als „verwaltende Tätigkeit" im Sinne eines Verwaltungsakts, von einer moderneren Richtung als „Gerichtsverwaltungsakt",[47] nach jetzt wohl über-

---

[42] Z. B. früher bejaht von BGH DNotZ 63, 434.
[43] Staudinger/*Gursky* § 873 Rdn. 6 f.; Meikel/Böttcher Einl. B 35; *Streuer* Rpfleger 88, 513.
[44] BGHZ 7, 64.
[45] BGH DNotZ 63, 434.
[46] BGHZ 27, 360; Staudinger/*Gursky* § 873 Rdn. 9 und 197 ff.
[47] *Baur* DNotZ 55, 507/519.

wiegender Meinung als „gerichtliche Verfahrenshandlung",[48] die nach Ansicht des BVerfG[49] zur „Rechtsprechung im weiten Sinne" gehört und von *Habscheid*[50] zutreffend als „Rechtspflegeakt" charakterisiert wird.[51] Wenn § 11 Abs. 3 RpflG von „gerichtlichen Verfügungen nach der GBO" spricht und dazu auch GB-Eintragungen rechnet, dann nicht im Sinne „rechtsgeschäftlicher Verfügungen",[52] sondern „verfahrensrechtlicher Verfügungen" (vgl. § 19 Rdn. 44), wie z. B. die sog. „Zwischenverfügungen" (§ 18 GBO).

A 56 c) Zur Streitfrage, ob die GB-Eintragung eine gerichtliche Entscheidung ist, wird man unterscheiden müssen: Verfahrensrechtlich ist sie im Antragsverfahren eine Entscheidung über den Antrag (§§ 13; 18 GBO). Denn sie schließt das Antragsverfahren ab, sofern es sich nicht um eine „unwirksame Eintragung" handelt (Einl. B 50). Materiell ist sie keine Entscheidung über das dingliche Recht, das im GB verlautbart wird. Denn für solche Entscheidungen ist nicht das GBA sondern das Prozeßgericht zuständig. Zu den Entscheidungen des GBA: § 71 Rdn. 13 ff.

3. Wirkungen der GB-Eintragung und Löschung

A 57 a) **GB-Eintragungen und Löschungen haben verschiedene Wirkungen,** die sich nach der Art der Eintragung unterscheiden und dazu führen, daß das GBA an die erfolgte Eintragung gebunden ist (Einl. A 62) und nur unter bestimmten Voraussetzungen (ausnahmsweise) Mängel fehlerhafter Eintragungen selbst beheben kann (Einl. J 25; § 22 Rdn. 15; § 53 Rdn. 22).[53] Die materiellrechtlichen Wirkungen der Eintragung an sich sind in §§ 873, 891, 892 BGB und bezüglich des Ranges in § 879 BGB geregelt.

A 58 b) **Die meisten Eintragungen haben eine Tatbestandswirkung,** auf die sich das materielle Recht gründet (z. B. auf die Fiktion des § 892 BGB) und eine Rechtsscheinwirkung, die Vorteile (z. B. § 891 BGB), aber auch nicht zu unterschätzende Gefahren in sich birgt (z. B. bei unwirksamen Eintragungen).

A 59 c) **Alle wirksamen Eintragungen** haben gemeinsam die Eigenschaft eines „grundbuchmäßigen Rechts im Sinne der GBO" (Einl. B 12), die aber nichts über die Wirkungen der Eintragung aussagt.

4. Rechtskraftfähigkeit der GB-Eintragung

A 60 a) Wer die Frage nach der Rechtskraftfähigkeit der GB-Eintragung bejaht,[54] setzt sich in Widerspruch zur h. M.[55] Gegen jede Art von Rechtskraft spricht, daß sich der BGB-Gesetzgeber in Abkehr historischer Vorbilder[56] nicht für das reine Eintragungsprinzip, sondern für seine dualistische Verbindung mit dem Einigungsgrundsatz entschieden hat. § 891 BGB begründet nur eine widerlegbare Vermutung für die Richtigkeit des eingetragenen Rechts und das Nichtbestehen eines gelöschten Rechts und § 892 BGB keine allgemeine Fiktion der Richtigkeit, sondern nur zugunsten des gutgläubigen rechtsgeschäftlichen Erwerbs eines dinglichen Rechts.

---

[48] KG OLGZ 75, 301; Staudinger/*Gursky* Vorbem. Zu §§ 873 ff. BGB Rdn. 25.
[49] BVerfGE 22 49/74 = NJW 67, 219.
[50] FG § 40 I 3; § 4 IV. § 5 III; NJW 67, 226; so auch BayObLG Rpfleger 1992, 147.
[51] Meikel/*Böttcher* Einl. B 36.
[52] BGHZ 1, 304.
[53] Staudinger/*Gursky* § 873 Rdn. 269 ff.
[54] So *Eickmann* GBVerfR 2. Kap. § 2 VII; ihm folgend Meikel/*Böttcher* Einl. B 44; F 129.
[55] MünchKomm/*Wacke* § 891 Rdn. 1; Staudinger/*Gursky* § 891 Rdn. 1.
[56] Vgl. Überblick bei Staudinger/*Gursky* § 873 Rdn. 2.

b) Nach h. M. sind materieller Rechtskraft nur die gerichtlichen Entscheidungen der freiwilligen Gerichtsbarkeit fähig, die in den sogenannten streitigen Verfahren der FG erlassen werden, zu denen jedoch das GB-Verfahren nicht gehört.[57] **A 61**

c) Die Unanfechtbarkeit einer Eintragung (§ 71 Abs. 2) kann einer formellen Rechtskraft nicht gleichgesetzt werden.[58] *Habscheid* (FG § 26, § 27, § 42 II) bezeichnet sie als „formale Selbstbindung" des GBA an die erfolgte Eintragung, die einer Beseitigung im Weg der GB-Berichtigung auf Antrag (§ 22) oder von Amts wegen (§ 82 a) zugänglich ist und dazu führt, daß das GBA nur ausnahmsweise Mängel fehlerhafter Eintragungen selbst beheben kann (Einl. J 25; § 1 Rdn. 37; § 22 Rdn. 15; § 53 Rdn. 22).[59] **A 62**

d) Nach h. M.[60] gibt es eine auf die Rangordnung beschränkte formelle Rechtskraft bei Rechten, die in einem materiellen Rangverhältnis stehen (§ 45 Rdn. 1, 7) und ohne Rangvermerk[61] oder mit einem mangels Einigung unrichtigen Rangvermerk[62] mit dem gesetzlichen Rang des § 879 Abs. 1 BGB eingetragen sind.[63] Haben sich der Besteller und Gläubiger eines Rechts über die Eintragung an einer bestimmten Rangstelle geeinigt, wird es aber an anderer Rangstelle eingetragen, so ist das Recht nicht entstanden und das GB bezüglich des Rechts (nicht nur des Ranges) unrichtig; anders wenn die Beteiligten (gemäß § 139 BGB) das Recht wenigstens mit dem gesetzlichen Rang des § 879 Abs. 1 BGB entstehen lassen wollten.[64] **A 63**

VII. Materiell- und verfahrensrechtliche Lösungen im Grundbuchrecht

1. **Die Verfechter der materiellrechtlichen Lösung** berufen sich auf den Vorrang des materiellen Rechts, dem sich das Verfahrensrecht unterzuordnen habe, weil Verfahrensrecht nicht zum Selbstzweck werden dürfe. Die Vorschriften der GBO hätten der formellen Sicherung der materiellrechtlichen Normen zu dienen. Diese Zweckbestimmung umgrenze ihren Anwendungsbereich.[65] **A 64**

2. **Die verfahrensrechtliche Lösung** ist nach der Gegenmeinung besser zur Beantwortung von Streitfragen des Verfahrensrechts geeignet, weil die Eigenarten des Verfahrensrechts eine gesetzlich geregelte selbständige Bedeutung haben, auf Zweckmäßigkeitsrecht beruhen und mit dem „Idealrecht" nicht immer in Einklang stehen können. **A 65**

3. **Nach richtiger Ansicht** gibt es keine allgemein gültige Lösung. Für die Behandlung verfahrensrechtlicher Fragen ist der Lösungsansatz zunächst im Verfahrensrecht zu suchen und auf das materielle Recht nur zur Lückenfüllung zurückzugreifen. Der unmittelbare Rückgriff auf materielles Recht im Rahmen einer verfahrensrechtlichen Fragestellung ist keineswegs unproblematisch, im Gegenteil, er ist in aller Regel nicht erlaubt.[66] Dieser Weg ist auch in dem weitgehend vom materiellen Sachenrecht beeinflußten GB-Verfahrensrecht richtig.[67] **A 66**

---

[57] Zur Rechtskraft Rosenberg/*Schwab* ZPR §§ 150 ff.; *Habscheid*, FG § 28; § 42 II; Keidel/Kuntze/*Winkler/Zimmermann* FGG § 31 Rdn. 1 ff., 14, 18 ff.; zur Rechtskraft von Urteilen bei Klage aus § 894 BGB vgl. Staudinger/*Gursky* § 894 Rdn. 118.
[58] *Schmidt* Rpfleger 74, 177.
[59] Staudinger/*Gursky* § 873 Rdn. 272.
[60] Dagegen mit beachtlichen Gründen *Wilhelm* JZ 90, 501; vgl. auch allgemein *Jungwirth* Der vereinbarte Rang von Grundstücksrechten, 1990.
[61] BGHZ 21, 98/99.
[62] BayObLG DNotZ 77, 367/370.
[63] Dazu *Demharter* § 45 Rdn. 5; Staudinger/*Kutter* § 879 Rdn. 25; *Streuer* Rpfleger 85, 388; *Böttcher* BWNotZ 88, 73/75.
[64] BGH MittBayNot 90, 102.
[65] OLG Hamburg DNotZ 55, 148 Anm. *Hoche*.
[66] *Quack* Rpfleger 78, 197/198.
[67] *Habscheid* ZZP 77, 199; *Bassenge* DNotZ 75, 187.

ABSCHNITT B
Rechtsgrundlagen der Eintragungsfähigkeit

Übersicht

	Rdn.		Rdn.
I. Bedeutung der Eintragungsfähigkeit	B 1	V. Inhalt der Grundbucheintragungen	B 37
II. Begriff „Recht" im BGB und GBO	B 10	VI. Unwirksame Eintragungen	B 45
III. Rechtsquellen der Eintragungsfähigkeit	B 19	VII. Wirksame fehlerhafte Eintragungen	B 59
IV. Eintragung von Bedingungen und Zeitbestimmungen	B 26	VIII. Grundbuchfähigkeit	B 62

I. Bedeutung der Eintragungsfähigkeit

B 1 1. Was nicht eintragungsfähig ist, darf nicht eingetragen werden, weil solche Eintragungen als inhaltlich unzulässig von Amts wegen gelöscht werden müssen (§ 53 Rdn. 16 ff.). **Das GBA muß die Eintragungsfähigkeit deshalb von Amts wegen prüfen** (Einl. C 60 ff.) und dabei in Zweifelsfällen seiner Auslegungs- und Umdeutungspflicht nachkommen (Einl. C 25 ff.).

2. Voraussetzungen der Eintragungsfähigkeit

B 2 Eintragungsfähig sind alle dinglichen Rechte, Vormerkungen, Widersprüche, Verfügungsbeschränkungen und sonstigen Vermerke, deren Eintragung entweder im Gesetz ausdrücklich vorgeschrieben oder zugelassen ist. Problematisch ist die Eintragungsfähigkeit, wo das Gesetz an die Eintragung oder Nichteintragung eine Rechtswirkung materieller oder formeller Art knüpft aber keine ausdrückliche Aussage zur Eintragungsfähigkeit macht.[1]

3. Kein Katalog der eintragungsfähigen Rechte

B 3 Was eingetragen werden darf, ist überwiegend (aber nicht nur) im materiellen Sachenrecht und verstreut in vielen anderen Gesetzen sogar im öffentlichen Recht zu finden. § 84 Abs. 3 GBO und §§ 4 bis 23 GBVerf. enthalten wichtige Hinweise darüber.

4. Eintragungsbedürftigkeit und Eintragungsfähigkeit

B 4 a) **Eintragungsbedürftig** ist alles, was dem Buchungszwang (Einl. A 9) deshalb unterliegt, weil das Gesetz die Rechtswirksamkeit von der GB-Eintragung abhängig macht. Hier handelt es sich um die dinglichen Rechte, die nach § 873 Abs. 1 BGB nur durch Einigung und Eintragung entstehen, aber auch um andere Eintragungen, z. B.

---

[1] Vgl. OLG München Rpfleger 66, 306; OLG Frankfurt OLGZ 80, 160/161; OLG Zweibrücken Rpfleger 82, 413; *Böttcher* Rpfleger 83, 49/54; *Eickmann* GBVerfR 5. Kap. § 3 V 2; *Ertl* Rpfleger 80, 1/6, *Michalski* MittBayNot 88, 204/206. A. A. bezüglich der Eintragungsfähigkeit von Vermerken des öffentlichen Rechts *Demharter* Anh. zu § 13 Anm. 7 c; Meikel/*Morvilius* Einl. C 4; Haegele/Schöner/*Stöber* GBR 22, 27; die ihre Auffassung zu Unrecht auf § 54 GBO stützen, obwohl diese Vorschrift nur für öffentliche Lasten gilt (Einl. J 6, 31; K 31; § 54 Rdn. 1.

Vormerkung (§ 883 BGB), Widerspruch (§ 899 BGB), Verfügungsbeschränkung nach § 75 BVersG; Zwangsvollstreckungsunterwerfung nach § 800 Abs. 1 S. 2 ZPO.

b) Eintragungsfähig kann dagegen auch sein, was nicht eintragungsbedürftig ist und nicht eine der drei materiellen Hauptwirkungen der GB-Eintragung ausübt (Einl. A 11), z. B. Vermerke nach § 23 Abs. 2 GBO (§ 23 Rdn. 34), öffentliche Lasten nach § 54 GBO (§ 54 Rdn. 3), Enteignungsvermerke (Einl. J 26 ff.). Regelungen aus einem Begleitschuldverhältnis des dinglichen Rechts (§ 22 Rdn. 39 ff.).   **B 5**

5. Fehlerhafte Eintragungen

a) Fehlerhaft sind Eintragungen, die unter Verletzung gesetzlicher Vorschriften vorgenommen werden (dazu § 53 Rdn. 5 ff.). Der Fehler kann sich auf die Eintragungstätigkeit des GBA beschränken oder auf den Eintragungsinhalt auswirken (Einl. A 53) und unterschiedliche Folgen materiell- und verfahrensrechtlicher Art auslösen (Einl. B 45 ff.; 59 ff.).   **B 6**

b) Unwirksame Eintragungen sind wegen des dem Eintragungsakt oder -inhalt anhaftenden schwerwiegenden Mangels wirkungslos. Sie unterliegen der Amtslöschung, weil sie keine Eintragung im Rechtssinn sind (Einl. B. 37, 45 ff.).   **B 7**

c) Die trotz eines Fehlers wirksame Eintragungstätigkeit des GBA (z. B. Verfahrens- oder Zuständigkeitsverstoß) hat keinen Einfluß auf die Wirksamkeit des Grundbuchinhalts (Einl. B 59), wenn wenigstens die zwingende Vorschrift des § 44 S. 2 gewahrt ist.[2]   **B 8**

d) Zu einem **trotz eines Fehlers wirksamen Eintragungsinhalt** (Einl. B 59, 61) gehören die vom GBA selbst behebbaren Inhaltsfehler, die **gegenstandslosen** Eintragungen, die aus rechtlichen oder tatsächlichen Gründen bedeutungslos sind und zur Vermeidung eines Amtslöschungsverfahrens nicht eingetragen werden sollen (§§ 84 ff.), und die **überflüssigen** Eintragungen, die aus Gründen der Übersichtlichkeit des Grundbuchs nicht eingetragen werden sollen, weil sie unnötigerweise lediglich den Inhalt gesetzlicher Regelungen wiederholen[3] oder einen sachenrechtlich unerheblichen Inhalt haben[4] und nach ihrer Eintragung keiner Amtslöschung unterliegen.[5]   **B 9**

II. Der Begriff „Recht" im BGB und in der GBO

1. Das „Recht" im Sinne des BGB hat seine Rechtsgrundlage im materiellen Sachenrecht und unterscheidet sich vom schuldrechtlichen Anspruch (§§ 241; 194 Abs. 1 BGB). Dingliche Rechte sind Rechte einer Person zur unmittelbaren Herrschaft über eine Sache, beim Eigentum grundsätzlich unbeschränkt, bei den übrigen dinglichen Rechten in bestimmten Beziehungen. Die dinglichen Rechte sind absolute Rechte, die gegen jedermann wirken.[6] Das materielle Sachenrecht bezeichnet nur die materiellrechtlich wirksamen dinglichen Rechte als „Recht".[7] Dazu gehören auch die zu Unrecht gelöschten Rechte, solange sie außerhalb des GB weiterbestehen (Einl. B 14). Andere Rechtsgebilde, z. B. „Anwartschaftsrecht" (Einl. L 12), „Sondernutzungsrecht" (Einl. E 82), die als „Belastung" eingetragenen Regelungen nach § 1010 BGB (Einl. D 22), die mit einem dinglichen Recht verknüpften Rechtsverhältnisse mit sog. „Verdinglichungswirkung" (§ 22 Rdn. 39 ff.), sind keine dinglichen Rechte i. S. des BGB. „Dinglich" ist   **B 10**

---

[2] Staudinger/*Gursky* § 873 Rdn. 268 ff.
[3] RGZ 119, 211; 130, 250; BayObLGZ 53, 251; Rpfleger 53, 451.
[4] KG JFG 3, 400.
[5] RGZ 118, 164.
[6] Palandt/*Bassenge* Einl. vor § 854 Rdn. 1,2.
[7] Staudinger/*Ertl* Vorbem. 13 zu § 873.

ein gegen jedermann wirkendes Recht einer Person an einer Sache (z. B. Grundstück), „verdinglicht" (teils kraft Gesetzes, teils kraft GB-Eintragung) ein Rechtsverhältnis, das die Rechtsbeziehungen zwischen mehreren Personen untereinander regelt, in das der Sonderrechtsnachfolger mit dem Erwerb des dinglichen Rechts eintritt, ohne daß es dazu einer Forderungsabtretung, Schuldübernahme oder sonstigen Vereinbarung über den Eintritt in das Rechtsverhältnis bedarf.[8] „Verdinglichungswirkung" gegen den jeweiligen Grundstückseigentümer hat z. B. auch der prozeßrechtliche Vermerk nach § 800 Abs. 1 ZPO nur, wenn die Unterwerfungserklärung wirksam ist.[9]

B 11   2. Das „Buchrecht" im Sinne des BGB ist ein Begriff des materiellen Sachenrechts. Man versteht darunter ein im GB eingetragenes dingliches Recht, dem eine materielle Voraussetzung seiner Wirksamkeit fehlt. Trotzdem hat das Buchrecht materiellrechtliche Wirkungen: Richtigkeitsvermutung (§ 891 BGB); öffentlichen Glauben (§§ 892; 893 BGB); rangwahrende Wirkung (§ 879 Abs. 2 BGB). Das Buchrecht genießt den Schutz der GBO nach § 71 Abs. 2 S. 1 (keine Anfechtbarkeit durch Beschwerde; vgl. § 71 Rdn. 1; 24), nach § 53 Abs. 1 S. 1 (kein Amtswiderspruch wegen Unrichtigkeit allein; vgl. § 53 Rdn. 2; 6 ff.) und nach §§ 23 Abs. 1; 24 (Erschwerung der Löschung, falls Rückstände von Leistungen nicht ausgeschlossen sind; vgl. § 23 Rdn. 2). Zu Unrecht gelöschte Rechte sind vor ihrer Wiedereintragung keine Buchrechte (Einl. B 14). Die Bezeichnung „Buchrecht" wird daneben auch als Gegensatz zum „Briefrecht" bei Grundpfandrechten verwendet (vgl. § 1116 BGB).

B 12   3. Das „Recht im Sinne der GBO" (= grundbuchmäßiges Recht) unterscheidet sich hiervon in zweifacher Weise:[10]

a) Die GBO verwendet den Begriff des Rechts in einem formellen Sinn und umfaßt dingliche Rechte und Buchrechte im Sinne des BGB, Vormerkungen, Widersprüche, Verfügungsbeschränkungen und sonstige Vermerke aller Art, also alles, was als „eintragungsfähig" wirksam im GB eingetragen ist. Dies ergibt sich aus § 84 Abs. 3 GBO (Einzelheiten Einl. B 19 ff.).

b) Voraussetzung des Rechts im Sinne der GBO ist seine wirksame Eintragung (Einl. B 37 ff.; 59 ff.), nicht seine Wirksamkeit nach materiellem Recht. Gelöschte Rechte, auch wenn sie zu Unrecht gelöscht wurden (Einl. B 14), und unwirksame Eintragungen (Einl. B 45 ff.) gehören nicht zu den Rechten im Sinne der GBO, weil sie keine „Eintragungen im Rechtssinn" sind.

B 13   4. **Öffentliche Liegenschaftsrechte** sind Rechte des öffentlichen Bodenrechts mit absoluten materiellen Wirkungen, die wie die Rechte i. S. des BGB die Rechtsbeziehungen an einem Grundstück beeinflussen, ihnen z. T. im Rang vorgehen, aber überwiegend außerhalb des GB bestehen[11] und die Funktionsfähigkeit des Grundbuchs jedenfalls dann in bedenklicher Weise aushöhlen, wenn sie im Grundstücksverkehr nicht erkennbar sind und trotzdem nicht für eintragungsfähig gehalten (Einl. B 2; J 3 ff., 32, 33) oder nicht rechtzeitig eingetragen werden (Einl. A 10).

5. Zu Unrecht gelöschte Rechte

B 14   Dingliche Rechte, Buchrechte, Vormerkungen und Widersprüche des materiellen Sachenrechts bleiben bei zu Unrecht erfolgter Löschung außerhalb des GB bestehen

---

[8] Dazu Staudinger/*Ertl* Vorbem. 44 zu § 873 mwN; *Ertl* DNotZ 88, 4/17 ff.; *Amann* DNotZ 89, 531/534 ff.

[9] § 19 Rdn. 70; BGH Rpfleger 90, 16.

[10] So auch Meikel/*Morvilius* Einl. C 6 ff.

[11] Dazu Staudinger/*Gursky* Einl. zu §§ 854 Rdn. 87 ff.; *Walter* JA 81, 322; *Michalski* MittBayNot 88, 204; Meikel/*Böhringer* Einl. A 48 ff.

und müssen auf Antrag grundsätzlich wieder mit dem alten Inhalt und Rang im GB eingetragen werden (§ 22 Rdn. 4, 27, 49; § 28 Rdn. 10). Sie haben weder die von der Eintragung abhängigen Buchrechtswirkungen der §§ 891 Abs. 1; 892; 893 BGB noch sind sie Rechte i. S. der GBO.

6. Die GBO kennt keinen Unterschied zwischen Voll- und Buchrecht

Das GBA muß nach §§ 19; 22 GBO das Buchrecht als Vollrecht,[12] den Buchberechtigten als materiell Berechtigten (§ 19 Rdn. 50; § 22 Rdn. 70) und die Berichtigungsbewilligung ebenso wie eine Änderungsbewilligung (Einl. A 13; § 19 Rdn. 7; § 22 Rdn. 67) behandeln.[13] Denn ihm fehlen die zur Unterscheidung zwischen materieller Richtigkeit und Unrichtigkeit erforderlichen Beweismittel. Im GBVerfahren kommt es nur auf die Eintragung oder Löschung, nicht auf ihre materiellen Wirkungen (Einl. B 12; A 57) und nur darauf an, ob das GBA eine fehlerfreie oder fehlerhafte, wirksame oder unwirksame Eintragung oder Löschung vorgenommen hat (Einl. B 45 ff.).   **B 15**

Vier Beispiele dazu: **B 16**

a) Wohnungseigentum ist als „grundbuchmäßiges Raumeigentum" bereits eintragungsfähig, wenn das Grundstück noch unbebaut ist und das „Raumeigentum" nur „auf dem Papier" steht. Das Gesetz erlaubt es, ein materiell noch nicht bestehendes Sondereigentum im GB einzutragen, zu veräußern und zu belasten, obwohl noch niemand weiß, ob jemals eine Wohnung entstehen und sich das Bruchteilseigentum in echtes Raumeigentum verwandeln wird. Dazu Einl. E 9.

b) Die nicht valutierte Hypothek muß als „Fremdhypothek" eingetragen werden, obwohl sie materiell „vorläufige Eigentümergrundschuld" ist und erst durch Valutierung zum dinglichen Recht erstarkt.[14] Das Gesetz läßt bewußt diese Unrichtigkeit des GB zu und gestattet die Verfügung über dieses Anwartschaftsrecht wie über das Vollrecht.[15]

c) Der Gläubiger erwirbt eine Briefhypothek erst mit der Briefübergabe (§ 1117 Abs. 1 BGB) oder Vereinbarung nach § 1117 Abs. 2 BGB. Das GBA muß sie als „Fremdhypothek" eintragen, obwohl sie bis dahin „vorläufige Eigentümergrundschuld" ist (§ 1163 Abs. 2 BGB) und das GBA ohne abweichende Bestimmung des Eigentümers den Hypothekenbrief dem Grundstückseigentümer aushändigen muß (§ 60 Abs. 1 und 2 GBO).

d) Auch wenn die Einigung noch fehlt, muß das GBA ein dingliches Recht nach § 19 GBO in aller Regel eintragen (§ 19 Rdn. 6 ff.). Die Eintragung dieses Rechtes, das in Wirklichkeit ein „Buchrecht" ist, hat die materiellen Buchrechtswirkungen (Einl. B 11) und die verfahrensrechtlichen Wirkungen eines „Rechtes im Sinne der GBO", die weder vom GBA durch Amtslöschung (§ 53 Abs. 1 GBO) noch durch ein Beschwerdegericht (§ 71 Rdn. 1; 24) beseitigt werden dürfen. Durch eine zu Unrecht erfolgte Löschung würden die Buchrechtswirkungen nicht untergehen. Das Recht müßte wieder eingetragen werden (Einl. B 14).

7. Für Eintragung und Löschung gilt GB-Verfahrensrecht

Die Eintragung und Löschung von Rechten i. S. der GBO erfolgt trotz ihrer Wesensunterschiede grundsätzlich auf Antrag (§ 13) und Bewilligung (§ 19) oder auf Ersuchen   **B 17**

---

[12] KG J 51, 224.
[13] Ebenso *Eickmann* GBVerfR 5. Kap. § 3 III 2.
[14] Staudinger/*Wolfsteiner* § 1163 Rdn. 13.
[15] Staudinger/*Wolfsteiner* § 1163 Rdn. 31 ff.

der dafür zuständigen Behörde (§ 38), sofern das GB-Recht nicht für bestimmte Fälle Sondervorschriften enthält (z. B. § 20).

B 18 Beispiel: Die Eintragung einer Hypothek für G (§ 1113 BGB) mit dinglicher Zwangsvollstreckungsklausel (§ 800 Abs. 1 ZPO), Vermerk über die Löschungserleichterung bei Tod des Gläubigers (§ 23 Rdn. 33) und Löschungsvormerkung für den nachrangigen Dienstbarkeitsberechtigten (§ 1179 BGB), Eintragung eines Widerspruchs gegen die Eintragung des Gläubigers als Hypothekengläubiger (§ 899 BGB) und Rechtshängigkeitsvermerks, wonach darüber ein Prozeß anhängig ist (Einl. J 30), und die spätere GB-Berichtigung durch Löschung der Hypothek (§§ 22; 27) erfolgen alle auf Antrag und Bewilligung. Die verschiedenen Rechtswirkungen und Entstehungsvoraussetzungen dieser Rechte bleiben im GB-Verfahren unberücksichtigt.

III. Rechtsquellen der Eintragungsfähigkeit

1. Grundsatz der Geschlossenheit der dinglichen Rechte

B 19 a) Im Sachenrecht herrscht im Gegensatz zum Schuldrecht keine Vertragsfreiheit. Zahl und Art der dinglichen Rechte sind im Gesetz erschöpfend bestimmt, ihr Inhalt zwingend vorgeschrieben und jedes dingliche Recht in seinen Merkmalen von jedem anderen dinglichen Recht scharf abgegrenzt.[16] Es gibt dingliche Rechte mit einem gesetzlich gebotenen Mindestinhalt und einem vom Gesetz abgesteckten Rahmen, der dinglichen oder verdinglichten Vereinbarungen (Einl. B 10) und vertraglichen Verfügungsbeschränkungen (Einl. J 11) zugänglich ist.

B 20 b) **Die gegen das Wesen des bestellten dinglichen Rechts verstoßenden Vereinbarungen sind nichtig.** Es ist nicht zulässig, ihnen durch GB-Eintragung dingliche Wirkungen gegen jedermann verleihen zu wollen, auch wenn das Schuldrecht solche Vereinbarungen gestattet.[17] So z. B. BayObLG DNotZ 77, 303 (zur Grunddienstbarkeit); BayObLGZ 72, 366 = Rpfleger 73, 56 (zum Nießbrauch): „Eine Parteivereinbarung mit dinglicher Wirkung ist nur insoweit zulässig, als dadurch nicht gegen das Wesen des Nießbrauchs verstoßen wird und insbesondere die begriffswesentlichen Grenzen zwischen Eigentum und Nießbrauch nicht verletzt werden". Ein völliger Ausschluß des Nießbrauchers von den Nutzungen und vom Besitz wäre mit dem Wesen des Nießbrauchs nicht vereinbar,[18] ein unveräußerliches oder unvererbliches Erbbaurecht ein Verstoß gegen die zwingende Norm des § 1 ErbbauVO (Einl. F 9, 35). Es gibt aber auch mit einem dinglichen Recht verknüpfte schuldrechtliche Regelungen (Begleitschuldverhältnisse), die durch ihre Eintragung im GB „Verdinglichungswirkung" gegenüber Sondernachfolger erhalten und Parteivereinbarungen einen größeren Gestaltungsspielraum ermöglichen (Einl. B 10; § 22 Rdn. 39 ff.).[19]

B 21 c) Die Eintragungsfähigkeit der einzelnen dinglichen Rechte und ihres Inhalts richtet sich nach den für sie maßgeblichen sachenrechtlichen Vorschriften des materiellen Rechts, die im BGB, ErbbauVO, WEG, anderen Bundesgesetzen, durch Art. 55 ff. EGBGB vorbehaltenem Landesrecht und Sondervorschriften (z. B. § 49 GBO) geregelt sind. Einzelheiten Einl. D bis T.

---

[16] BayObLGZ 67, 275/277 = Rpfleger 68, 52; BayObLGZ 80, 235 = MittBayNot 80, 201.
[17] BGH DNotZ 64, 341.
[18] OLG Hamm Rpfleger 83, 144.
[19] S. a. *Ertl* DNotZ 88, 4; *Amann* DNotZ 89, 531 mwN.

2. Vormerkungen

Ihre Eintragungsfähigkeit und Rechtsnatur richtet sich nach unterschiedlichen Vorschriften: **B 22**

a) Vormerkungen zur Sicherung eines schuldrechtlichen Anspruchs auf eine dingliche Rechtsänderung nach §§ 883 ff. BGB (Einl. G 1 ff.; § 22 Rdn. 39 ff.; § 25 Rdn. 2 ff.);
b) Löschungsvormerkungen nach §§ 1179; 1179 a; 1179 b BGB (Einl. U 1 ff.);
c) verfahrensrechtliche Vormerkungen (Schutzvermerk auf grundbuchmäßige Erledigung) nach §§ 18 Abs. 2 und 76 Abs. 1 GBO (dazu § 18 Rdn. 70 ff.; § 76 Rdn. 6 ff.).
d) Vormerkungen aufgrund öffentlichen Rechts, z. B. gemäß § 28 Abs. 2 BauGB auf Ersuchen der Gde. im Verfahren über das gesetzliche Vorkaufsrecht (Einl. K 38); als Warnvermerk gemäß § 24 Abs. 4 preuß. EnteignungsG.[20] Dazu Einl. J 30; § 20 Rdn. 227.

3. Widersprüche

Eintragungsfähigkeit und Rechtsnatur beruhen auf verschiedenen Vorschriften im BGB, GB-Recht und öffentlichen Recht (Einl. H 1 ff.): **B 23**

a) Widersprüche des materiellen Sachenrechts: §§ 899; 1139; 1157 BGB (Einl. H 1 ff.).
b) Amtswiderspruch: § 53 Abs. 1 S. 1 GBO (§ 53 Rdn. 2 ff.);
c) Widerspruch des GB-Rechts: §§ 23; 24 GBO (§ 23 Rdn. 29 ff.);
d) Widerspruch des GB-Verfahrens: §§ 18 Abs. 2; 76 Abs. 1 GBO;
e) Widersprüche des öffentlichen Rechts auf Ersuchen einer Behörde bei nicht genehmigten Grundstücksveräußerungen (§ 38 Rdn. 33 ff.);
f) Widerspruch des DM-Umstellungsrechts: § 5 Abs. 2 der 40. DVOUmstG.[21]

4. Verfügungsbeschränkungen sind teils eintragungsfähig, teils nicht. Sie weisen nach den für sie maßgeblichen Gesetzen sehr unterschiedliche Eigenarten auf. Haben sie materielle Wirkungen oder verfolgen sie eine Warn- und Schutzfunktion, so halten wir sie für eintragungsfähig, auch wenn das Gesetz dazu schweigt (Einl. B 2). Einzelheiten Einl. J 1 ff. **B 24**

5. Vermerke sonstiger Art

Sie verlautbaren keine dinglichen Rechte, Vormerkungen, Widersprüche oder Verfügungsbeschränkungen. Sie sind in den verschiedensten Gesetzen des materiellen und formellen, privaten und öffentlichen Rechts zu finden. Einige von ihnen haben materielle, andere verfahrensrechtliche Wirkungen, manche nur eine Warn- und Schutzfunktion ohne sonstige Wirkungen. Einzelheiten Einl. J 26 ff. **B 25**

IV. Eintragung von Bedingungen und Zeitbestimmungen

1. Zuerst die Frage Was ist bedingt oder befristet?

Das dingliche Recht selbst (sein Rechtsbestand), die Übertragung oder Änderung dieses Rechts, die Ausübung des Rechts, die Vormerkung oder der vorgemerkte Anspruch? Das GBA hat die Antwort auf diese Frage zu suchen, notfalls im Wege der Auslegung[22] oder der Aufklärung durch Zwischenverfügung (Einl. C 56). **B 26**

---

[20] LG Duisburg NJW 64, 670.
[21] BGH NJW 52, 1175.
[22] KG DNotZ 56, 555; BayObLGZ 73, 24 = Rpfleger 73, 134; *Ertl* MittBayNot 89, 297/299.

B 27 2. **Bedingte und befristete Verfügungen über dingliche Rechte** sind zulässig, sofern nicht ausnahmsweise eine gesetzliche Vorschrift entgegensteht.[23] Dies ergibt sich aus § 161 BGB, der dem Rechtsinhaber während der Schwebezeit die Befugnis zu weiteren Verfügungen beläßt und ihm eine absolute, dem Gutglaubensschutz unterliegende Verfügungsbeschränkung auferlegt.[24] Der Geschützte erhält dadurch ein unentziehbares Anwartschaftsrecht, das der Rechtsstellung des Nacherben gleicht (Einl. J. 16; § 19 Rdn. 130 ff.; § 51 Rdn. 8 ff.). Diese Verfügungsbeschränkung ist daher eintragungsfähig.[25]

3. Unzulässige bedingte und befristete Verfügungen

B 28 a) **Das Gesetz verbietet sie** z. B. in § 925 Abs. 2 BGB; §§ 4 Abs. 2; 33 Abs. 1 WEG; § 1 Abs. 4 ErbbauVO (§ 19 Rdn. 3).[26] Nicht übertragbare dingliche Rechte können auch nicht bedingt oder befristet abgetreten werden. Der Bestimmtheitsgrundsatz, der nicht bei allen dinglichen Rechten gleich streng ist (Einl. C 7), setzt den Bedingungen und Zeitbestimmungen im Sachenrecht engere Grenzen als im Schuldrecht.[27]

B 29 b) **Löschungen aufgrund einer bedingten Bewilligung** dürfen nicht ohne weiteres im GB vollzogen werden.[28] Nach §§ 23; 24 GBO bestehen Löschungserschwerungen und -erleichterungen bei auflösend bedingten und befristeten Rechten.

B 30 c) **Der staatliche Hoheitsakt der GB-Eintragung und Löschung** darf – im Gegensatz zum eingetragenen Recht – im Interesse der Rechtssicherheit nicht durch ein zukünftiges ungewisses Ereignis oder einen Endtermin außer Kraft gesetzt werden. Deshalb sind Antrag, Eintragungs- und Löschungsbewilligung (im Gegensatz zur Einigung) grundsätzlich bedingungsfeindlich und bei Abhängigkeit von einem Endtermin unwirksam (§ 16 Rdn. 6 ff.; § 19 Rdn. 32).

B 31 4. **Ein bedingtes oder befristetes Recht** liegt vor, wenn das materiellrechtliche Entstehen oder Erlöschen des Rechts[29] in sachenrechtlich zulässiger Weise von einer aufschiebenden oder auflösenden Bedingung oder einem Anfangs- oder Endtermin i. S. §§ 158 ff. BGB abhängig ist. Das für Beginn oder Ende des dinglichen Rechts maßgebliche Ereignis muß mit genügender Bestimmtheit feststellbar sein,[30] z. B. Kündigung oder Dauer eines bestimmten Vertragsverhältnisses[31] und muß sich nicht in Form des § 29 feststellen lassen.[32] Die h. M. hält auch eine bedingte oder befristete Vormerkung für zulässig.[33] Ein Recht, z. B. Grundschuld, kann nicht zugleich bedingt und unbedingt[34] und nicht mit einem zeitlich vor der Eintragung liegenden Anfangstermin bestellt werden, weil die Eintragung eine notwendige Voraussetzung für die Entstehung des Rechts ist.[35] Es kann aber zugleich bedingt und befristet,[36] aufschiebend und auflö-

---

[23] OLG Hamm Rpfleger 59, 19; Staudinger/Gursky § 873 Rdn. 108.
[24] Staudinger/Dilcher § 161 Rdn. 1, 10, 12; Palandt/Heinrichs § 161 Rdn. 1.
[25] Winkler MittBayNot 78, 1; Staudenmaier BWNotZ 59, 191; Keller BWNotZ 62, 286; Einl. B 34.
[26] S. a. Staudinger/Gursky § 873 Rdn. 113.
[27] OLG Hamm Rpfleger 59, 19/20; dazu Einl. B 31; § 24 Rdn. 3.
[28] OLG Frankfurt Rpfleger 75, 177; § 19 Rdn. 114.
[29] Staudinger/Gursky § 873 Rdn. 108.
[30] BayObLG Rpfleger 84, 405.
[31] BayObLG Rpfleger 85, 488; MittBayNot 90, 174.
[32] OLG Zweibrücken DNotZ 90 177, z. B. auflösende Bedingung ist das Erlöschen eines bestimmten Pachtvertrages.
[33] Ertl Rpfleger 77, 353; MittBayNot 89, 297; Einl. G 34.
[34] BayObLGZ 78, 233 = Rpfleger 78, 409.
[35] BGHZ 61, 209 = NJW 73, 1838; vgl. Einl. F 26, 46.
[36] OLG Köln DNotZ 63, 48.

send bedingt, für die Zeit zwischen einem Anfangs-und Endtermin bestellt und als solches eingetragen werden (Einl. B 33, 36),[37] ein subjektiv-dingliches Vorkaufsrecht (§ 1094 Abs. 2 BGB) auch unter der (auflösenden) Bedingung, daß es für bestimmte Teile des herrschenden Grundstücks erlischt sobald diese vom Grundstück abgetrennt werden (vgl. § 7 Rdn. 34, 35), und für den jeweiligen Eigentümer des Restgrundstücks bestehen bleibt.[38]

5. Fälle, in denen kein bedingtes oder befristetes Recht vorliegt

a) Die Ausübung eines unbedingten und unbefristeten Rechts ist zeitlich beschränkt (z. B. Fahrtrecht an Werktagen von 9 bis 11 Uhr) oder von bestimmten Bedingungen (z. B. Zahlung einer Ausübungsvergütung) abhängig. Solche Vereinbarungen gehören zum dinglichen Inhalt des Rechts.[39] Aber ein auflösend bedingtes Recht liegt vor, wenn durch Verzug mit Entschädigungszahlungen das Recht erlischt.

B 32

b) Gesichert wird ein bedingter, befristeter oder künftiger Anspruch oder (wie z. B. bei Grundpfandrechten) eine bedingte Nebenverpflichtung (dazu Einl. G 16; S 17).

c) „Rechtsbedingungen" (§ 20 Rdn. 105), betagte Ansprüche,[40] dingliche Rechte, deren Inhalt einer näheren Bestimmung nach §§ 315 ff. BGB bedürfen (z. B. Geländebestimmungsrecht).

d) „Vollzugsvorbehalte", die mit verfahrensrechtlicher (nicht materieller) Wirkung eine Eintragung oder Löschung von einer anderen oder von einem sonstigen Vorbehalt i. S. des § 16 Abs. 2 abhängig machen (§ 16 Rdn. 23; § 20 Rdn. 8, 112). Anders bei Einräumung gegenseitiger Rechte mit vereinbarter materieller gegenseitiger Abhängigkeit, z. B. gegenseitige Fahrtrechte, von denen keines vor dem anderen entsteht oder jedes mit dem anderen erlischt.

6. Eintragung der Bedingungen und Zeitbestimmungen

a) **Bedingte oder befristete Rechte müssen als „bedingt" oder „befristet" im Eintragungsvermerk** bezeichnet werden; Bezugnahme ohne Erwähnung im Eintragungsvermerk ist unzulässig.[41] Sind sie bedingt und befristet, muß beides in den Eintragungsvermerk aufgenommen werden.[42] Änderungen der Bedingung oder Befristung sind wie die Inhaltsänderung des Rechts zu behandeln.[43]

B 33

b) Die bedingte oder befristete Übertragung oder Änderung eines Rechts[44] muß aus dem Eintragungsvermerk hervorgehen. Dazu Einl. B 27; J 16; 17; § 19 Rdn. 130 ff; § 20 Rdn. 23.

B 34

c) Bezugnahme auf die Bewilligung ist nur zulässig zur näheren Kennzeichnung der Bedingung oder Zeitbestimmung.[45] Auch Bedingungen und Befristungen der Rechtsausübung können durch Bezugnahme auf die Bewilligung zum GB-Inhalt gemacht werden, weil sie zum Inhalt (§ 874 BGB) und nicht zum Bestand des Rechts gehören.[46] Die

B 35

---

[37] S. a. Staudinger/*Gursky* § 873 Rdn. 112.
[38] BayObLGZ 73, 21/24 = DNotZ 73, 415/417.
[39] OLG Karlsruhe DNotZ 68, 432.
[40] Palandt/*Thomas* § 813 Anm. 3.
[41] KG DNotZ 56, 555; BayObLG Rpfleger 67, 12; 73, 134; OLG Frankfurt Rpfleger 74, 430; OLG Düsseldorf OLGZ 83, 352.
[42] OLG Köln Rpfleger 63, 381 = DNotZ 63, 48.
[43] BayObLGZ 59, 520/527; vgl. § 19 Rdn. 68.
[44] Oder des vorgemerkten Anspruchs; BayObLG MittBayNot 86, 77.
[45] Rspr. oben B 33; Haegele/Schöner/*Stöber* GBR 266; Staudinger/*Gursky* § 874 Rdn. 21.
[46] H. M.; OLG Karlsruhe DNotZ 68, 432; Palandt/*Bassenge* § 874 Rdn. 4.

Einl

Ansicht, sie müßten aus dem Eintragungsvermerk hervorgehen[47] ist abzulehnen. Wird die Bedingung oder Befristung der Rechtsausübung in den Vermerk aufgenommen, wäre die Eintragung als „bedingtes (befristetes) Recht" unrichtig; dagegen richtig z. B. der Vermerk: „Geh- und Fahrtrecht für XY, bedingt (zeitlich beschränkt) ausübbar gemäß Bewilligung ..." Ist nicht die Vormerkung, sondern der Anspruch bedingt (Einl. G 16 ff.), wäre die Eintragung „Bedingte Auflassungsvormerkung" falsch und muß richtig lauten: „Vormerkung für den (bedingten) Übereignungsanspruch des Z, unter Bezugnahme auf die Bewilligung ...".

B 36 7. Fehlende oder unrichtige Eintragung der Bedingung oder Zeitbestimmung führt materiell nur zum Entstehen des bedingten oder befristeten Rechts (wenn die Einigung die Bedingung oder Befristung umfaßt); macht aber das GB unrichtig und ermöglicht dem Gutgläubigen den Erwerb des unbedingten oder unbefristeten Rechts gemäß § 161 Abs. 3 BGB.[48]

V. Inhalt der Grundbucheintragungen

B 37 1. „Eintragung im Rechtssinn" ist nur eine den zwingenden Vorschriften entsprechende Eintragung in dem für das Grundstück (WE, ErbbauR) maßgeblichen „Grundbuch i. S. des BGB (Einl. B 45; § 3 Rdn. 3), die erst mit Eintritt der Voraussetzungen des § 44 Satz 2 vollendet wird (vgl. § 44 Rdn. 5 ff).

Der Zweck des GB (Einl. A 6 ff.) verlangt so klare und eindeutige Eintragungen, daß jedermann Art, Inhalt und Umfang des eingetragenen Rechts (Einl. B 12, 19 ff.) und seine Wirkungen (Einl. A 57) erkennen kann. Die dazu notwendige Fassung (Formulierung) des Eintragungsvermerks ist bei den einzelnen GB-Eintragungen verschieden. Selbständige Rechte sind grundsätzlich im GB unter einer besonderen Nummer einzutragen,[49] Nebeneintragungen bei dem zu ihnen gehörenden Recht (zu Sammelbuchungen § 44 Rdn. 10 ff.). Das GBA hat den Wortlaut knapp, klar und allgemein verständlich zu halten.[50] Es ist an Fassungsvorschläge nicht gebunden.[51] Einzelheiten über Form, Inhalt und Ort der Eintragungen §§ 44 ff. GBO; §§ 4 ff. GBVfg.; §§ 2, 4 AVO GBO; §§ 1 ff. WEGBVfg.; §§ 3 Nr. 1 h, 4, 8 RpflG; §§ 27 ff. Allg. Verf. GeschBeh; überflüssige Eintragungen (Einl. B 9), Fassungsbeschwerde (§ 71 Rdn. 34); Klarstellungsvermerke (Einl. J 25).

B 38 2. Der Inhalt des Grundbuchs setzt sich aus dem Eintragungsvermerk und aus dem zulässigerweise in Bezug Genommenen zusammen[52] und ist nach dem Auslegungsgrundsatz so zu verstehen, wie er sich für einen unbefangenen Betrachter als nächstliegende Bedeutung des Eingetragenen ergibt (Einl. C 20 ff.).[53] Eintragungen in der Ergänzungsspalte sind als Ergänzungen der Hauptspalte anzusehen und haben grundsätzlich die gleiche Stellung wie die Eintragungen in der Hauptspalte, zu der sie gehören (GBVfg. § 10 Rdn. 1; § 11 Rdn. 1; zum Klarstellungsvermerk Einl. J 25). Eine unzulässige Bezugnahme wirkt nicht als GB-Eintragung und führt zu einer ganz oder teilweise unwirksamen Eintragung (Einl. B 45). Von der zulässigen Bezugnahme soll nur abgese-

---

[47] OLG Frankfurt Rpfleger 74, 430.
[48] RG DNotZ 34, 616; OLG Karlsruhe DNotZ 68, 435; Staudinger/*Gursky* § 873 Rdn. 183; § 874 Rdn. 21; MünchKomm/*Wacke* § 873 Rdn. 52.
[49] BayObLGZ 84, 256.
[50] BayObLG DNotZ 56, 547; 60, 299; Rpfleger 73, 56.
[51] BGHZ 47, 46; BayObLG Rpfleger 75, 363; 88, 310.
[52] BGHZ 21, 41 = DNotZ 56, 546; BayObLGZ 81, 119; 86, 516; OLG Düsseldorf NJW-RR 87, 1102.
[53] BGH DNotZ 76, 16.

hen werden, wenn sich der Inhalt des Rechts mit wenigen Worten eindeutig bezeichnen läßt[54] oder wenn die Aufnahme einer Besonderheit des Rechtsinhalts in den Eintragungsvermerk wegen ihrer Bedeutung für den Rechtsverkehr geboten erscheint,[55] z. B. Ausschluß der Übertragbarkeit eines Grundpfandrechts (Einl. J 12), Vorkaufsrecht für mehrere oder alle Verkaufsfälle (Einl. K 23) und Sondernutzungsrechte.[56] Zu den Folgen einer Abweichung zwischen Eintragungsvermerk und Bewilligung vgl. Einl. C 22; § 22 Rdn. 32 ff.

3. Inhalt des Eintragungsvermerks bei dinglichen Rechten

Aus dem Eintragungsvermerk selbst müssen sich ergeben: **B 39**

a) Art und gesetzliche Bezeichnung des Rechts, z. B. Hypothek; Nießbr.; VorkR; ErbbR; bei Dienstbarkeiten und Reallasten der wesentliche konkrete Inhalt wenigstens schlagwortartig, z. B. WohnungsR, RentenR;[57] diesen Anforderungen nicht genügend und deshalb inhaltlich unzulässig, z. B. „Benützungsrecht und Benützungsbeschränkung für den jeweiligen Eigentümer des Grundstücks Fl.Nr. ... unter Bezugnahme auf die Bewilligung".[58]

b) Bedingungen und Zeitbestimmungen, die den sachenrechtlichen Bestand des Rechts, die Übertragung oder Inhaltsänderung des Rechts betreffen (Einl. B 31; 33; 34).

c) Inhalt und Umfang des Rechts, soweit keine Bezugnahme zulässig ist (Einl. B 40).[59]

d) Der Berechtigte (§ 15 GBVfg.; Einl. B 62 ff.);[60] bei mehreren das Gemeinschaftsverhältnis (§ 47 Rdn. 1 ff.).[61] Zu den subjektiv-dinglichen Rechten § 9 Rdn. 2 ff.; Eigentümerrechten Einl. D 44 ff. Zu unterscheiden davon ist die Eintragung je eines eigenen Rechts für jeden Berechtigten (§ 44 Rdn. 10 ff.).

e) Das betroffene Grundstück oder Recht (§ 19 Rdn. 41; § 28 Rdn. 3 ff.); bei Gesamtbelastungen alle Grundstücke (§ 48 Rdn. 2 ff.), ggf. Mithaftvermerk (§ 48 Rdn. 8 ff.).

f) Der sachlichrechtliche Grund der Eintragung (Einl. D 1), der bei zulässiger Bezugnahme in der Bewilligung (§ 19 Rdn. 36 ff.) und bei Löschungen weder in der Bewilligung noch im GB angegeben werden muß (§ 27 Rdn. 20).

g) Tatsächliche Angaben über das Grundstück (§ 6 GBVfg.); über den Berechtigten (§ 15 GBVfg.).

h) Tag der Eintragung und Unterschrift der zuständigen Beamten (§ 44 Rdn. 1 ff.).

4. Bezugnahme auf die Bewilligung oder die sie ersetzenden Urkunden (§ 19 Rdn. 38, **B 40** 200)[62] ist nur zulässig zur näheren Bezeichnung des Inhalts des dinglichen Rechts (§ 874 BGB), des vorgemerkten Anspruchs (§ 885 Abs. 2 BGB), des Berichtigungsanspruchs (§ 899 BGB), der Hypothekenforderung (§ 1115 Abs. 1 BGB), des Inhalts des Erbbaurechts (§ 14 Abs. 1 ErbbauVO), des Gegenstands und Inhalts des Sondereigentums (§ 7 Abs. 3 WEG) oder Dauerwohnrechts (§ 32 Abs. 2 WEG). Die Bewilligung kann auf

---

[54] BayObLGZ 56, 196.
[55] Staudinger/*Gursky* § 874 Rdn. 1.
[56] Ertl Rpfleger 79, 81/83.
[57] BGHZ 35, 382 = NJW 61, 2157; NJW 65, 2398; KG OLGZ 75, 301; OLG Hamm Rpfleger 60, 154; OLG Düsseldorf DNotZ 58, 156; OLG Köln NJW 67, 992; DNotZ 81, 268; OLG Hamm DNotZ 54, 207; OLG Nürnberg OLGZ 78, 79; BayObLGZ 58, 323; 64, 1/2; 73, 184; Rpfleger 81, 479; 86, 296; DNotZ 89, 572; 90, 175.
[58] BayObLGZ 90, 35 = MittBayNot 90, 173.
[59] S. a. Staudinger/*Gursky* § 874 Rdn. 4.
[60] BGH DNotZ 61, 485; Rpfleger 70, 280; BayObLG Rpfleger 81, 192; 88, 309.
[61] OLG Hamm Rpfleger 89, 17.
[62] S. a. Haegele/Schöner/*Stöber* GBR 262 ff.; Staudinger/*Gursky* § 874 Rdn. 3 ff.; *Haegele* BWNotZ 75, 29.

Einl I. Grundbuchordnung

bestimmte allgemein zugängliche weitere Eintragungsgrundlagen (§ 19 Rdn. 39) und beim Leibgeding auf die Art der einzelnen Rechte einschließlich Gemeinschaftsverhältnis der Berechtigten und Belastungsgegenstand (§ 49 Rdn. 1)[63] Bezug nehmen.

5. Eintragungsvermerk bei Vormerkungen und Widersprüchen

B 41 Für die im Sachenrecht geregelten Vormerkungen und Widersprüche gelten die gleichen Grundsätze wie für den Eintragungsvermerk bei dinglichen Rechten[64] mit einigen durch ihre Rechtsnatur bedingten Abweichungen (Einl. G 33 ff.; H 15).

6. Eintragungsvermerk bei sonstigen Rechten i. S. der GBO

B 42 Dazu gehören die nichtsachenrechtlichen Vormerkungen und Widersprüche (Einl. B 22; 23), Verfügungsbeschränkungen (Einl. B 24) und sonstige Vermerke (Einl. B 25; J 26 ff.).

a) Der Eintragungsvermerk muß stets enthalten:
ihre Art und gesetzliche Bezeichnung (am besten durch Formulierung mit dem gesetzlichen Wortlaut oder Angabe der gesetzlichen Grundlage), das betroffene Grundstück oder Recht, den Grund der Eintragung (außer bei Löschungen), den Tag der Eintragung und die Unterschriften (wie Einl. B 39).

B 43 b) Von der Angabe des Inhalts und des Berechtigten gibt es Ausnahmen: Umfang und Inhalt sind nur nötig, wenn das Gesetz allein ihn nicht eindeutig genug bestimmt (deshalb z. B. wichtig, ob allgemeines Verfügungsverbot oder nur Veräußerungs- oder Belastungsbeschränkung). Ein bestimmter Berechtigter ist nicht vorhanden z. B. beim Umlegungs-, Sanierungs-, Entwicklungs-, Enteignungsvermerk (Einl. J 22). Ist ein „Berechtigter" eingetragen, dann liegt insoweit eine „Teil"-Unwirksamkeit vor, wenn der Vermerk im übrigen allen gesetzlichen Anforderungen genügt (vgl. Einl. B 46); deshalb nur teilweise Amtslöschung (unter diesem Gesichtspunkt ist Voll-Löschung wie im Fall des BayObLG DNotZ 88, 784 bedenklich). Der Eintragungsvermerk muß aber den Berechtigten enthalten, wenn nur ein bestimmter Berechtigter geschützt wird.[65] Vermerke mit ausschließlicher Warn- und Schutzfunktion richten sich an die Allgemeinheit und haben keinen besonderen eintragungsfähigen Inhalt.

B 44 7. **Unvollständige Eintragungen,** denen ein wesentliches Erfordernis fehlt, sind in der Regel unwirksam. Sie können unter bestimmten Umständen und mit beschränkten Wirkungen nachträglich vervollständigt werden (dazu § 53 Rdn. 19).

VI. Unwirksame Eintragungen

1. Voraussetzungen der Unwirksamkeit der Eintragung

B 45 Nur bei einem schwerwiegenden Mangel ist nach dem für nichtige Staatsakte geltenden Grundsatz (§ 44 VwVfG) eine Eintragung im Grundbuch dauernd und völlig unwirksam (Einl. B 37 ff.).[66] Dazu gehören:

a) **Einträge ohne wirksamen Eintragungsakt** des GBA (§ 44 S. 2), z. B. auch die unter Bedrohung erzwungene,[67] nicht die durch Geschäftsunfähigkeit oder Willensmangel des Beamten beeinflußte Eintragung;

---

[63] S. a. Staudinger/*Gursky* § 874 Rdn. 3.
[64] BayObLGZ 56, 201 = DNotZ 56, 547.
[65] RGZ 89, 159; z. B. bei relativen Verfügungsbeschränkungen §§ 135; 136 BGB.
[66] S. a. Staudinger/*Gursky* § 873 Rdn. 268 ff.
[67] BGHZ 7, 64.

b) **Löschungen,** die auf andere als in § 46 vorgeschriebene Weise erfolgt sind (vgl. § 46 Rdn. 1),[68] z. B. bloßes Durchstreichen, Röten, Einklammern, Radieren;

c) **inhaltlich unzulässige Eintragungen** (§ 53 Abs. 1 S. 2), deren Wirkungslosigkeit aus dem GB-Inhalt selbst ohne Zuhilfenahme anderer, außerhalb des GB liegender Auskunfts- oder Beweismittel ersichtlich ist (Einl. B 52 ff.);

d) **Eintragungen im falschen GB-Blatt,** das nach dem Grundbuchsystem nicht das für diese Eintragung maßgebliche Grundbuch i. S. des BGB ist (§ 3 Rdn. 3), im Gegensatz zur Eintragung lediglich an einer falschen Stelle des maßgeblichen GB-Blattes.

e) Unzulässige Bezugnahme auf die Bewilligung (Einl. B 38, 40).[69]

2. Teilweise Unwirksamkeit einer Eintragung ist möglich: **B 46**

a) Genügt die restliche Eintragung für sich den wesentlichen Erfordernissen einer wirksamen GB-Eintragung, so ist dieser Teil wirksam und nur der andere unwirksam.[70] Die unwirksame Begründung von SE an einem Gebäudeteil berührt die Aufteilung der Miteigentumsanteile nicht; es entsteht ein „isolierter" ME-Anteil.[71] Vgl. dazu auch Einl. B 43 zur unwirksamen Angabe eines „Berechtigten", wenn es keinen gibt.

b) Bei Doppelbuchungen sind nur die Teile unwirksam, die eine von der anderen Eintragung abweichende oder ihr widersprechende Wirkung hätten. Soweit sie übereinstimmen, wird ihre Wirksamkeit nicht berührt.[72] Zur Behebung der Doppelbuchung vgl. § 38 GBVfg.

3. Keine unwirksame Eintragung sind **B 47**

a) trotz eines Fehlers wirksame Eintragungen (Einl. B 59 ff.),
b) gegenstandslose Eintragungen (Einl. B 9; § 84 Rdn. 2 ff.),
c) überflüssige Eintragungen (Einl. B 9),
d) unrichtige Eintragungen (Einl. B 60; § 22 Rdn. 7).

4. Folgen der unwirksamen Eintragung und Löschung

a) Die unwirksame Eintragung oder Löschung ist keine GB-Eintragung im Rechtssinn (Einl. B 37). Die Wirkungslosigkeit gilt für und gegen jedermann, auch wenn er die Unwirksamkeit der Eintragung oder Löschung nicht erkannt hat oder schuldlos nicht erkennen konnte. Niemand kann sich deshalb auf §§ 891, 892, 893 BGB berufen. **B 48**

b) Unwirksame Eintragungen und Löschungen haben **keine materiellrechtlichen Wirkungen,** also (im Gegensatz zu den Buchrechten) nicht die Wirkungen der §§ 879, 891, 892, 893 BGB (Einl. B 11) und machen das GB nicht i. S. des § 894 BGB unrichtig (§ 22 Rdn. 7 ff.; 84 ff.). Gegen sie kann kein Widerspruch (§ 899 BGB) und kein Amtswiderspruch (§ 53 Abs. 1 S. 1) eingetragen werden, weil sie am öffentlichen Glauben des GB nicht teilnehmen (§ 53 Rdn. 2 ff.).[73] Zur Teilunwirksamkeit Einl. B 46. **B 49**

c) Unwirksame Eintragungen und Löschungen haben auch keine verfahrensrechtlichen Wirkungen, beenden das Eintragungsverfahren nicht[74] und lassen die formellen und materiellen Wirkungen des nicht erledigten Antrags fortbestehen (§ 13 Rdn. 6 ff.). **B 50**

---

[68] OLG Frankfurt Rpfleger 81, 479; Staudinger/*Gursky* § 875 Rdn. 29.
[69] S. a. Haegele/Schöner/*Stöber* GBR 267; Staudinger/*Gursky* § 874 Rdn. 24.
[70] BGH DNotZ 67, 106; § 53 Rdn. 20.
[71] BGH Rpfleger 90, 62; *Röll* BayMittNot 90, 85.
[72] RGZ 156, 60; 85, 316; KG JFG 18, 180; OLG Kassel JW 33, 1339; OLG Stuttgart BWNotZ 78, 124.
[73] BGH DNotZ 1962, 399; OLG Düsseldorf DNotZ 58, 156; OLG Frankfurt Rpfleger 75, 305; OLG Hamm DNotZ 77, 308/312; BayObLG Rpfleger 86, 372; 88, 102.
[74] OLG Hamm Rpfleger 76, 131.

Einl I. Grundbuchordnung

B 51 d) Die Maßnahmen des GBA müssen dieser Rechtslage Rechnung tragen und die Wirkungslosigkeit der unwirksamen Eintragung oder Löschung im GB sichtbar machen. Das GBA hat den unwirksamen Eintrag nicht nur von Amts wegen nach § 53 Abs. 1 S. 2 zu löschen (§ 53 Rdn. 15 ff.), sondern auch über den noch unerledigten Antrag neu zu entscheiden[75] unter Beachtung der Reihenfolge des § 17 GBO und des Grundsatzes, daß erst mit der Behebung des Mangels des in unzulässiger Weise nicht zurückgewiesenen Antrags der Antrag als beim GBA eingegangen gilt (§ 18 Rdn. 29) und daß bei Umdeutungsfähigkeit die unwirksame Eintragung durch eine wirksame zu ersetzen ist (Einl. C 31), daß aber in der Zwischenzeit erfolgte Eintragungen ihre Wirksamkeit und ihren Rang nicht verlieren (§ 17 Rdn. 34, 35). Bei unwirksamen Löschungen muß das GBA, wenn kein Löschungsantrag vorliegt, von Amts wegen die Unwirksamkeit der Löschung durch einen Vermerk klarstellen (Einl. J 25) und die buchungstechnischen Hilfsmittel (z. B. Rötung, Streichung) beseitigen. Liegt ein noch unerledigter Löschungsantrag vor, hat es im Löschungsvermerk (z. B. gegenüber den in der Zwischenzeit erfolgten anderen Eintragungen) klarzustellen, wann die Löschung wirksam geworden ist.

5. Inhaltlich unzulässige Eintragungen

B 52 „Inhaltlich unzulässig" (§ 53 Abs. 1 S. 2) ist eine GB-Eintragung nur, wenn ihre rechtliche Wirkungslosigkeit aus dem GB-Inhalt, also aus dem Eintragungsvermerk und der zulässig in Bezug genommenen Bewilligung (Einl. B 38) ohne Zuhilfenahme anderer, außerhalb des GB liegender Auskunfts- oder Beweismittel ersichtlich ist.[76]

Darunter versteht man Eintragungen
 a) für die das GB aufgrund seiner Aufgaben und Wirkungen überhaupt nicht bestimmt ist und die daher nicht nur nach ihrem Inhalt, sondern schon aufgrund ihres ganzen Wesens nicht grundbuchfähig sind (Einzelheiten Einl. B 53; § 53 Rdn. 16),
 b) ohne den gesetzlich zwingend vorgeschriebenen Inhalt (§ 53 Rdn. 17, 18),
 c) mit einem gesetzlich nicht erlaubten Inhalt (§ 53 Rdn. 17),
 d) mit einem unvollständigen Inhalt, der einen für das betreffende Recht wesentlichen Bestandteil nicht enthält (§ 53 Rdn. 23 ff.),
 e) mit einem widerspruchsvollen oder unklaren Inhalt, der trotz zulässiger Auslegung (Einl. C 20 ff.) die wahre Bedeutung nicht erkennen läßt (§ 53 Rdn. 19).

6. Einzelfälle der nach ihrem Wesen unzulässigen Eintragungen

B 53 a) **Im Schuldrecht** Miete und Pacht,[77] Vormietrecht,[78] Wiederkaufsrecht §§ 497 ff. BGB,[79] Ankaufsrecht[80] und schuldrechtliches Vorkaufsrecht, §§ 504 ff. BGB. Aber Sicherung durch Vormerkung ist zulässig, wenn Bestellung eines Wieder-, An- oder Vorkaufsrechts in schuldrechtlichen Eigentumsverschaffungsanspruch umgedeutet werden kann (dazu Einl. L 5; 14 ff.; § 22 Rdn. 45).

---

[75] OLG Hamm DNotZ 54, 209; Rpfleger 76, 131.
[76] RGZ 88, 86; 113, 229; BayObLGZ 57, 224 = DNotZ 58, 413; BayObLGZ 75, 403 = Rpfleger 76, 66.
[77] RGZ 54, 233; OLG Hamm DNotZ 57, 314.
[78] RGZ 123, 265; BGH MDR 58; 234; KG OLG 7, 35.
[79] RGZ 125, 247; 144, 282; 121, 369; BGH NJW 59, 526; 63, 709; JZ 65, 215; BayObLGZ 61, 63; *Ripfel* BWNotZ 69, 26.
[80] BayObLGZ 67, 275 = Rpfleger 68, 52; BGH DNotZ 63, 230.

b) Im Sachenrecht geregelte Ansprüche und Rechtsverhältnisse, die aber keine dinglichen Rechte sind: Besitz § 854 BGB,[81] Berichtigungsanspruch § 894 BGB[82] und ebenso der Verzicht auf § 894 BGB;[83] Herausgabeanspruch des Eigentümers § 985 BGB; Befriedigungsrecht nach § 1003 BGB[84] und nach §§ 1086, 1089 BGB;[85] Übertragung, Verpfändung und Pfändung der Ausübung eines Nießbrauchs, § 1059 BGB oder einer beschränkten persönlichen Dienstbarkeit, § 1092 BGB, weil sie die dingliche Rechtslage nicht ändern, keinen Gutglaubensschutz gewähren[86] und nur schuldrechtlich wirken.[87] **B 54**

c) Im Familienrecht: gesetzlicher Güterstand §§ 1363 ff. BGB, Gütertrennung § 1414 BGB; Sondergut § 1417 BGB; Vorbehaltsgut §§ 1418, 1486 BGB; elterliches Nutznießungsrecht[88] eintragungsfähig nach § 47 dagegen Gütergemeinschaft §§ 1415 ff. BGB und fortgesetzte Gütergemeinschaft §§ 1483 ff. BGB. **B 55**

d) Im Erbrecht: Vorkaufsrecht der Miterben §§ 2034 ff. BGB.[89] Abtretung des Auseinandersetzungsanspruches eines Miterben;[90] Beschränkung der Erbauseinandersetzung.[91] **B 56**

e) Privatrechtliche gesetzliche Eigentumsbeschränkungen, die zwar dingliche Wirkung haben, aber keine dinglichen Rechte sind: **B 57**
aa) Überbauduldungspflicht und Überbaurente, §§ 912 ff. 914 Abs. 2 BGB; Notwegrecht und Notwegrenten §§ 917 ff. Abs. 2 BGB (vertragliche Vereinbarungen über die Änderung oder Klärung der gesetzlichen Regelung sind eintragungsfähig [Einl. D 9]).
bb) Die übrigen nachbarrechtlichen Befugnisse und Beschränkungen nach §§ 906 und 924 BGB und ergänzendem Landesrecht.

f) Öffentliche Rechte: sie entstehen und erlöschen kraft Gesetzes außerhalb des GB und sind ihrem Wesen nach von der GB-Eintragung ausgeschlossen.[92] Zum Streit um die Eintragungsfähigkeit von öffentlich-rechtlichen Beschränkungen, Vorkaufsrechten und Lasten vgl. Einl. B 2; J 3 ff., 31, 32; K 31 ff. **B 58**

VII. Wirksame fehlerhafte Eintragungen

1. **Für fehlerhafte Eintragungen,** die das GBA unter Verletzung einer Vorschrift des materiellen oder formellen Rechts vorgenommen hat (Einl. B 6), gilt der für fehlerhafte Staatsakte anerkannte Grundsatz (§ 44 VwVfG), daß ein Fehler des GBA in der Regel den Eintritt der Eintragungswirkungen entweder von Anfang an oder nach Behebung des Mangels nicht hindert (Einl. B 8, 9) und nur ausnahmsweise aus schwerwiegenden Gründen zur dauernden und völligen Unwirksamkeit führt (Einl. B 48 ff.). **B 59**

2. **Unrichtige Eintragungen** sind wirksame Eintragungen, die mit der wahren Rechtslage nicht übereinstimmen (§ 894 BGB) und fehlerhafte Eintragungen sein können (dann Amtswiderspruch gemäß § 53 Abs. 1 S. 1; vgl. § 53 Rdn. 2 ff.), aber in der Regel **B 60**

---

[81] RGZ 61, 378.
[82] KGJ 47, 170.
[83] LG Hamburg Rpfleger 59, 52 zust. *Bruhn*.
[84] RGZ 71, 430; 142, 422.
[85] RGZ 70, 348.
[86] KG OLG 18, 152.
[87] BGHZ 55, 115; RGZ 159, 193/207; KGJ 40, 254; 48, 212; OLG Frankfurt NJW 61, 1928; Palandt/*Bassenge* § 1059 Rdn. 3; *Strutz* Rpfleger 68, 145 mit Lit. [die Zulässigkeit dieser Übertragung als dinglicher Inhalt einer Dienstbarkeit ist dagegen eintragbar § 1092 Abs. 1 Abs. 2 BGB].
[88] KGJ 49, 211.
[89] BayObLGZ 52, 231.
[90] BayObLGZ 30, 129.
[91] KG DNotZ 44, 15.
[92] Z. B. landesrechtliche Gemeindenutzungsrechte, BayObLGZ 60, 447; 82, 400/403; MittBayNot 90, 33.

nicht fehlerhaft sind, weil dem GBA die Prüfung der materiellen Rechtslage nur ausnahmsweise möglich ist (dazu Einl. C 73; § 53 Rdn. 6). Eintragungen, die unrichtig und unwirksam zugleich sind, gibt es nicht.[93] Unrichtige Eintragungen unterliegen der Berichtigung nur auf Antrag unter Vorlage der entsprechenden Berichtigungsvoraussetzungen (§ 22), unwirksame Eintragungen der Amtslöschung (§ 53 Abs. 1 S. 2).

3. Einzelfälle wirksamer fehlerhafter Eintragungen

B 61 Die Eintragung ist wirksam[94] z. B. bei

a) **Verfahrensverstoß** (z. B. gegen §§ 13, 19, 20, 39), weil Verfahrensnormen lediglich Ordnungsvorschriften sind (vgl. § 13 Rdn. 19; § 19 Rdn. 2; § 20 Rdn. 4; § 39 Rdn. 1),

b) **Zuständigkeitsverstoß**, z. B. gegen die sachliche (§ 1 Rdn. 4), örtliche (§ 1 Rdn. 8) oder funktionelle Zuständigkeit des GBA (§ 1 Rdn. 18, 19, 26), unwirksam dagegen die Wahrnehmung von Richter- oder Rechtspflegeraufgaben durch einen Urkundsbeamten, sonstigen Beamten, Bediensteten oder Nichtbediensteten wegen Verstoß gegen den zwingenden § 44 S. 2 (vgl. § 1 Rdn. 22 ff.; § 44 Rdn. 7),

c) **Inhaltsfehler**, die vom GBA selbst behoben werden können,[95] z. B. durch Vervollständigung des Eintragungsvermerks (§ 53 Rdn. 22), Klarstellungsvermerk (Einl. J. 25; § 53 Rdn. 3), Berichtigung offensichtlicher Unrichtigkeiten (§ 29 Abs. 3 GeschO; § 22 Rdn. 15; § 53 Rdn. 3), unwirksam dagegen Eintragungen mit Inhaltsfehlern, die über bloße Ungenauigkeiten hinausgehen,[96]

d) **gegenstandslose** Eintragungen, die aus rechtlichen oder tatsächlichen Gründen bedeutungslos sind (§ 84 Abs. 2, 3) und vom GBA im Amtslöschungsverfahren beseitigt werden können (§ 85),

e) **überflüssige** Eintragungen (Einl. B 9), die keiner Amtslöschung unterliegen.

VIII. Grundbuchfähigkeit

1. Rechtsfähigkeit, Erwerbsfähigkeit, Grundbuchfähigkeit

B 62 Die Voraussetzungen der Rechtsfähigkeit sind durch Gesetz, Rspr. und Rechtslehre weitgehend geklärt. Für die Voraussetzungen der Eintragungsfähigkeit und Grundbuchfähigkeit trifft dies nicht zu, obwohl es sich hier um wichtige Fragen im Grundstücksverkehr und GB-Verfahren handelt.

a) **Rechtsfähigkeit** ist die Eigenschaft einer Person, durch die sie fähig ist, Träger von Rechten und Verbindlichkeiten zu sein. Sie kommt natürlichen und juristischen Personen zu.[97] Bei den Gesamthandsgemeinschaften ist das Vermögen zwar zweckgebunden. Träger von Rechten und Pflichten sind aber die Mitglieder der Gemeinschaft, nicht eine von ihnen begrifflich verschiedene „Person".[98] Einigkeit besteht darüber, daß die Gemeinschaften zur gesamten Hand (in unterschiedlichem Umfang) einer juristischen Person angenähert sind und daß es zwischen Rechtsfähigkeit und Nichtrechtsfähigkeit Zwischenformen einer „Teilrechtsfähigkeit" gibt, die weitgehend auf Zweckmäßigkeitserwägungen beruhen.[99]

---

[93] *Ertl* DNotZ 90, 684/686.
[94] Vgl. Staudinger/*Gursky* § 873 Rdn. 179 ff.
[95] Vgl. BayObLGZ 61, 23; OLG Frankfurt Rpfleger 80, 186.
[96] Dazu OLG Frankfurt Rpfleger 64, 116.
[97] Staudinger/*Coing* § 1 Rdn. 1.
[98] BGH NJW 88, 556; Palandt/*Heinrichs* Einf. 2 vor § 21.
[99] Staudinger/*Coing* Vorbem. 3 zu § 1.

b) Als Eintragungsfähigkeit wird im Liegenschaftsrecht die Eigenschaft bezeichnet, die der Inhalt einer Eintragung im GB haben muß, um wirksam zu sein (Einl. B 1 ff.). Sie steht im Gegensatz zum nichteintragungsfähigen Inhalt des GB, der wegen seiner Unwirksamkeit nicht eingetragen werden darf und im Verstoßfall von Amts wegen gelöscht werden muß (Einl. B 45 ff.).

c) Unter „Grundbuchfähigkeit" versteht man (üblicherweise) die Eigenschaft, die der Erwerber eines eintragungsfähigen Rechts (Einl. B 10 ff.) für seine wirksame Eintragung im Grundbuch haben muß. Rechtsfähigkeit und Grundbuchfähigkeit decken sich nicht, wie sich aus der h. M. zu vielen Fällen ergibt (Einl. B 63). Ob sich Grundbuchfähigkeit und Erwerbsfähigkeit decken, ist noch nicht geklärt, wie das Beispiel der „Vor-OHG" zeigt. Denn nach der wohl überwiegenden Meinung darf das GBA sie nicht im GB als Eigentümerin eintragen, obwohl das Grundstück an sie wirksam aufgelassen werden kann (Nachweise dazu § 20 Rdn. 67). Die Rechtsentwicklung scheint dahin zu gehen, daß es mit der Rechtsstellung eines Auflassungsempfängers im Grundstücksverkehr (Einl. L 1 ff.) unvereinbar wäre, wenn er nicht wirksam eingetragen werden könnte oder wenn das GBA (obwohl eine solche Eintragung wirksam, das GB also richtig wäre) seine Eintragung ablehnen müßte (Nachweise in § 20 Rdn. 68 zur Vor-GmbH).

2. Grundbuchfähigkeit eines nichtrechtsfähigen Berechtigten

Das GBA darf keine Amtslöschung vornehmen (§ 53 Abs. 1 S. 2; Einl. B 48, 51), **B 63** wenn die Eintragung wirksam ist (Einl. B 45 ff.). Wirksam ist z. B. die Eintragung eines Verstorbenen (§ 20 Rdn. 55), einer Erbengemeinschaft, bei der die Voraussetzungen des § 2041 BGB nicht vorliegen (§ 20 Rdn. 56), einer ungeborenen Person in den im Gesetz zugelassenen Fällen (§ 20 Rdn. 57), eines nicht bekannten Erwerbers eines Rechts (z. B. Hypothek) oder einer Vormerkung, der im GB in einer für seine Identifizierung ausreichenden Weise eingetragen ist (§ 20 Rdn. 63),[100] einer Vor-GmbH im Gründungsstadium (§ 20 Rdn. 68); einer Person, gegen die ein Erwerbsverbot besteht (§ 20 Rdn. 70 ff.).

3. Umstrittene Fälle der Grundbuchfähigkeit

In einer Reihe von Fällen ist die Grundbuchfähigkeit noch umstritten, wie folgende **B 64** Beispiele aus der Praxis zeigen:

a) Die Vor-OHG (Vor-KG), die nach der von uns vertretenen Meinung grundbuchfähig ist (dazu § 20 Rdn. 67).

b) Der nichtrechtsfähige Verein, dem nach überwiegender Meinung die Grundbuchfähigkeit fehlt (dazu § 20 Rdn. 65), wohl mit Recht; denn er könnte sich im Vereinsregister eintragen lassen.

c) Bei der Gemeinschaft von Wohnungseigentümern sprechen beachtliche Gesichtspunkte und Zweckmäßigkeitserwägungen für ihre Grundbuchfähigkeit (dazu § 20 Rdn. 65). Denn im GB ist nicht die Rechtsfähigkeit des eingetragenen Berechtigten zu verlautbaren. Grundbuchrechtlich kommt es darauf an, daß ein unbefangener Betrachter bei Einsicht in das GB aus dessen Inhalt (Einl. B 38 ff.) die Inhaber des eingetragenen Rechts und ihr Gemeinschaftsverhältnis zweifelsfrei feststellen kann. Diese Voraussetzungen liegen (anders als beim nichtrechtsfähigen Verein) hier ebenso vor, wie in

---

[100] S. a. Staudinger/*Scherübl* § 1115 Rdn. 4;
Staudinger/*Gursky* § 883 Rdn. 55 ff.

anderen Fällen (Einl. B 63), in denen die Grundbuchfähigkeit allgemein anerkannt wird. Hauptfall in der Praxis ist die Eintragung einer Zwangshypothek. Mindestens ebenso große Schwierigkeiten würde im Grundstücksverkehr die Eintragung einer Vormerkung bereiten, wenn die Eigentümer einer WE-Gemeinschaft ein Grundstück (oder eine Teilfläche) hinzuerwerben und bei der Vormerkung unter ihrem Namen eingetragen werden müßten.

d) Unter der pauschalen Bezeichnung „Bauherrengemeinschaft W-Straße in K-Stadt" kann der Erwerber eines dinglichen Rechts nicht im GB eingetragen werden. Deshalb genügt diese Bezeichnung auch nicht den Anforderungen, die gemäß § 1155 BGB an den Erwerber eines Briefrechts gestellt werden müssen.[101]

ABSCHNITT C

Pflichten des Grundbuchamts im Eintragungsverfahren

Übersicht

	Rdn.		Rdn.
I. Grundsätze der GBO als Entscheidungsgrundlagen	C 1	IV. Pflichten des GBA im Amtsverfahren	C 49
II. Auslegung und Umdeutung im BGB und GB-Recht	C 11	V. Pflichten des GBA im Antragsverfahren	C 51
III. Grundlagen der Pflichten	C 40	VI. Umfang der Prüfung des GBA	C 80

Literatur:

Ripfel Rpfleger 1963, 140; *Riedel* BlGBW 1966, 221; *Habscheid* NJW 1968, 225; *Eickmann* Rpfleger 1972, 77; 1973, 341; *Ertl* Rpfleger 1980, 1; *Ritzinger* BWNotZ 1981, 6; *Grziwotz* Mitt-BayNot 1995, 97.

Dissertationen: *Liebers* (Berlin 1952); *Riedl* (Köln 1962); *Vassel* (Marburg 1970).

I. Grundsätze der GBO als Entscheidungsgrundlagen

Grundsätze des Sachenrechts und Grundbuchrechts

C 1 a) **Die Grundsätze des materiellen Grundstücksrechts** dienen dem Bedürfnis des Grundstücksverkehrs nach Sicherheit und Klarheit:

(1) Absolutheitsgrundsatz: Jedes dingliche Recht wirkt als Recht einer Person über eine Sache (Grundstück) gegen jedermann (dazu Einl. B 10).

(2) Grundsatz der Geschlossenheit dinglicher Rechte (numerus clausus-Prinzip): Er zwingt die Beteiligten, sich zur Regelung dinglicher Rechtsverhältnisse bestimmter dinglicher Rechte zu bedienen (dazu Einl. B 10, 19 ff.).

(3) Eintragungsgrundsatz: Er dient der „Sichtbarmachung" dinglicher Rechte (dazu Einl. A 1; C 2, 3).

(4) Einigungsgrundsatz: Er verwirklicht die Privatautonomie (dazu Einl. A 1; C 4).

(5) Prioritätsgrundsatz: Jedes Recht steht zu den anderen Rechten am gleichen Grundstück in einem Rangverhältnis (dazu Einl. C 6).

---

[101] So mit zutr. Begründung BGH DNotZ 1990, 737; vgl. dazu § 26 Rdn. 24 ff.

(6) **Bestimmtheitsgrundsatz:** Inhaber, Gegenstand und Inhalt dinglicher Rechte müssen bestimmt und für Dritte genau feststellbar sein (dazu Einl. C 7).

(7) **Publizitätsgrundsatz:** Das Grundbuch nimmt dem als Inhaber eines Rechts Eingetragenen die Beweislast ab und schützt den redlichen Grundstücksverkehr durch den Öffentlichen Glauben (dazu Einl. A 1, 11, 12; C 9).

(8) **Abstraktionsgrundsatz:** Er macht dingliche Rechtsverhältnisse von einer Zweckbestimmung und vom Bestand des schuldrechtlichen Geschäfts unabhängig (dazu Einl. A 41, 42).

b) **Die Grundsätze des Grundbuchverfahrensrechts** dürfen nicht isoliert vom materiellen Grundstücksrecht betrachtet werden. Sie haben meistens ein Gegenstück im materiellen Recht, das sie trotz der Unterschiede oder scheinbaren Widersprüche sinnvoll ergänzen. Auch die Grundsätze des GB-Verfahrens haben (wie alle Grundsätze) Grenzen und Grenzzonen, in deren Bereich der Grundsatz abgeschwächt oder durch andere Grundsätze überlagert wird. Rechtsfragen können mitunter gerade im Verfahrensrecht mangels gesetzlicher Vorschriften nur nach diesen Grundsätzen gelöst werden. Die Berufung auf einen Grundsatz muß diese Grenzen und Grenzzonen beachten, sonst wird das Ergebnis fragwürdig oder falsch.

1. Eintragungsgrundsatz

a) **Im materiellen Recht** ist die GB-Eintragung entweder eine notwendige Voraussetzung, ohne die ein dingliches Recht nicht bestellt, geändert oder aufgehoben werden kann (§§ 873; 875 BGB; vgl. Einl. A 1), oder eine Maßnahme, um bei unrichtigem GB (§ 894 BGB) den Zwiespalt zwischen Buchlage und wahrer Rechtslage zu beseitigen und sich gegen die Gefahren der Richtigkeitsvermutung (§ 891 BGB) und des öffentlichen Glaubens des GB (§§ 892; 893 BGB) zu schützen. Das materielle Recht setzt das Vorhandensein des Grundbuchs voraus und knüpft seine Wirkungen an den GB-Inhalt ohne Rücksicht darauf, ob er formell ordnungsgemäß zustandegekommen ist.

C 2

b) **Das GB-Verfahrensrecht** regelt nur den Weg bis zur Eintragung und befaßt sich demgemäß mit den formellen Voraussetzungen und der Art und Weise der Eintragungstätigkeit des GBA.

2. Antragsgrundsatz

a) **Antragsverfahren**
Das GB-Recht verwirklicht die Privatautonomie durch das Antragserfordernis, § 13. Das GBA darf ohne Antrag weder Eintragungen noch Löschungen noch Berichtigungen vornehmen und nicht mehr und nichts anderes eintragen, als beantragt ist. Der Antragsteller hat die erforderlichen Unterlagen dem GBA vorzulegen. Das GBA ist zu eigenen Ermittlungen oder Beweiserhebungen grds. weder berechtigt noch verpflichtet (Einl. C 51).

C 3

b) In den Fällen des Amtsverfahrens überwiegt das öffentliche Interesse an der Richtigkeit und Vollständigkeit des GB diese privaten Interessen. Das GBA muß von Amts wegen tätig werden, Ermittlungen anstellen und Beweise erheben (§ 12 FGG). Dazu Einl. C 49 ff.

c) Im materiellen Recht hat der Antrag Nebenwirkungen in §§ 878, 892 Abs. 2 BGB und auf dem Umweg über §§ 17, 45 GBO in § 879 BGB (Einl. A 15 ff.).

3. Bewilligungsgrundsatz

a) **Das materielle Grundstücksrecht beruht auf dem materiellen Konsensprinzip** und verlangt neben der GB-Eintragung die Einigung der an der Rechtsänderung beteiligten

C 4

Personen (§ 873 Abs. 1 BGB), in bestimmten Fällen eine einseitige materielle Willenserklärung (Einl. A 39).

b) Das GB-Recht begnügt sich grundsätzlich für die Eintragung mit der einseitigen verfahrensrechtlichen Eintragungsbewilligung des von der Eintragung Betroffenen (§ 19). Das Gesetz geht von der durch die praktische Erfahrung begründeten Erwartung aus, daß der Betroffene eine für ihn rechtlich nachteilige Eintragung nur bewilligt, wenn er sich mit dem Begünstigten über die dingliche Rechtsänderung bereits einig ist oder noch einigen wird. Diese Regelung erleichtert, beschleunigt und verbilligt das GB-Verfahren für die Beteiligten und für das GBA. Das Gesetz nimmt damit bewußt ein mangels Einigung unrichtiges GB in Kauf (§ 19 Rdn. 6; Einl. C 72).

c) Der Grundsatz der formellen Bewilligung reicht in den Fällen des § 20 nicht. Beim Eigentumsübergang eines Grundstücks und bei der Bestellung, Inhaltsänderung und Übertragung eines Erbbaurechts verdient das Interesse an der Richtigkeit des Grundbuchs den Vorrang vor der verfahrensmäßigen Erleichterung (§ 20 Rdn. 2).

d) Die Pflicht des GBA, trotz einer Bewilligung nicht an einer Unrichtigkeit des GB mitzuwirken, ist im Gesetz nicht ausdrücklich geregelt, steht im Gegensatz zu dem gesetzlich verankerten Bewilligungsgrundsatz und muß daher auf Ausnahmen beschränkt bleiben (Einl. C 66 ff.).

4. Voreintragungsgrundsatz

C 5 a) Der durch eine Eintragung Betroffene (§ 19) muß im GB eingetragen sein, damit seine Bewilligung den Grundbuchvollzug rechtfertigt (§ 39 Abs. 1).

b) Die Legitimations- und Schutzfunktion des § 39 Abs. 1 (vgl. dort Rdn. 1, 2) und die Aufgabe, den GB-Inhalt nicht nur im Endzustand, sondern in seinen Entwicklungsstufen klar und verständlich wiederzugeben,[1] ist im Schrifttum auf Kritik gestoßen. Die Voreintragung wird für ein überflüssiges, kostspieliges, gelegentlich sogar schädliches Instrument des Grundbuchrechts gehalten,[2] das in der Praxis durch § 185 BGB umgangen (vgl. § 19 Rdn. 79 ff.) und durch erweiterte Anwendung der §§ 39 Abs. 2, 40 vermieden werden kann.

c) Im GB-Verfahren kann häufig der wahre Rechtsinhaber nicht sicher festgestellt und die Vermutung des § 891 BGB nicht widerlegt werden (Einl. C 8, 54, 65). Der Erwerber eines Grundstücks (oder dinglichen Rechts) und auch der Grundstückseigentümer, dessen Grundstück von einem Recht freigestellt werden soll, hat jedenfalls dann ein Interesse am Schutz durch §§ 891, 892, 893, 1155 BGB, wenn der Veräußerer seine Verfügungsmacht auf andere Weise nicht nachweisen kann. Es gibt Fälle, in denen die Voreintragung zur Vermeidung einer andernfalls zu befürchtenden, vom GBA nicht zu verhindernden (§ 22 Rdn. 84) dauernden Unrichtigkeit des GB sogar erwünscht oder − wie § 895 BGB zeigt − zur Durchsetzung des Berichtigungsanspruchs notwendig ist.[3] Es mehren sich Stimmen aus der Praxis, die im Interesse des durch eine Eintragung Begünstigten vor einer zu großzügigen (auf Auslegung gestützten) Anwendung des § 185 BGB im GB-Verfahren warnen (§ 19 Rdn. 81) und jedenfalls in zweifelhaften Fällen die Voreintragung der Erben,[4] die GB-Berichtigung durch Eintragung eines Verstorbenen[5] und bei Briefrechten die Beachtung des § 1155 BGB[6] empfehlen, obwohl dies nach §§ 39 Abs. 2; 40 GBO und § 1154 BGB nicht notwendig ist.

---

[1] RGZ 133, 283; BGHZ 16, 101.
[2] Vgl. *Eickmann* GBVerfR 5. Kap. § 4 I, II; Meikel/*Sieveking* § 39 Rdn. 1, 2.
[3] Vgl. Staudinger/*Gursky* § 895 Rdn. 1.
[4] Vgl. *Vollhardt* MittBayNot 86, 114.
[5] *Hagena* Rpfleger 75, 389.
[6] *Gaberdiel* Kreditsicherung durch Grundschulden, Rdn. 4, 23 ff.; *Ertl* DNotZ 90, 684/702, 703.

d) Die Ausnahmeregelungen der §§ 39 Abs. 2; 40 gehen davon aus, daß die Voreintragung nicht notwendig ist, wenn der Bewilligende Gläubiger eines Briefrechtes oder Erbe des im Grundbuch eingetragenen Berechtigten ist und sein Recht aufgrund eines außerhalb des GB erfolgten Rechtsüberganges (in bestimmter Form, § 35, § 1155 BGB) nachweisen kann.

5. Prioritätsgrundsatz

a) Jedes Recht an einem Grundstück (oder grundstücksgleichen Recht) erhält mit seiner Entstehung (soweit § 879 Abs. 2 BGB eingreift, mit seiner Eintragung) im Verhältnis zu den anderen am gleichen Grundstück lastenden Rechten einen bestimmten Rang, der für den wirtschaftlichen Wert des Rechts entscheidend und wegen der „Befriedigungsreihenfolge" in der Zwangsvollstreckung von Bedeutung ist. Das Rangverhältnis richtet sich nach dem auf dem Prioritätsgrundsatz beruhenden § 879 BGB, (dazu Einl. A 63; § 17 Rdn. 2; § 19 Rdn. 67; § 45 Rdn. 7; zum Rangklarstellungsverfahren §§ 90 ff.), der Rang außerhalb des GB entstehender Rechte untereinander und im Verhältnis zu eingetragenen Rechten grundsätzlich nach der Entstehungszeit (dazu Einl. L 46, 47; § 45 Rdn. 10). Gesetzliche Privilegien mit verkehrsfeindlichen Auswirkungen genießen vor allem öffentliche Lasten (§ 54), gesetzliche Vorkaufsrechte (dazu Einl. K 31 ff.) und sonstige öffentliche Rechtsverhältnisse an Grundstücken (dazu Einl. B 13).

C 6

b) Es gibt Rechtsvorgänge, die in keinem Rangverhältnis stehen, aber nach dem Zeitpunkt der maßgeblichen Voraussetzungen für die Wirksamkeit eines dinglichen Rechts von Bedeutung sind oder jedenfalls sein können (z. B. gemäß §§ 878, 892, 893, 2113 BGB). Beispiele dafür sind der Widerspruch (§ 899 BGB) und die im GB verlautbarten Verfügungsbeschränkungen (Einl. J 1 ff.; § 19 Rdn. 82 ff.).

c) Im GB-Verfahren gelten wegen der materiellrechtlichen Bedeutung der Reihenfolge der Eintragungen die §§ 17 und 45 GBO, die beide auf dem Prioritätsgrundsatz beruhen. § 17 regelt die „Entscheidungsreihenfolge des GBA" über die Eintragungsanträge (vgl. § 17 Rdn. 1 ff., 19 ff.), § 45 die „Eintragungsreihenfolge" (vgl. § 45 Rdn. 7 ff.) entsprechend dem Eingangszeitpunkt des Antrags (§ 13 Abs. 1 S. 2). Die Einhaltung der §§ 17 und 45 durch das GBA ist nicht nur für das Rangverhältnis (§ 879 BGB), sondern auch für die Fälle von Bedeutung, in denen es auf die „Wirksamkeitsreihenfolge" ankommt (dazu Einl. L 30; § 19 Rdn. 86, 87, 98, 100, 110; § 45 Rdn. 8).

6. Bestimmtheitsgrundsatz

a) **Das materielle Grundstücksrecht** wird vom Grundsatz der Bestimmtheit der dinglichen Rechte beherrscht. Diesem materiellen Grundsatz entspricht der Verfahrensgrundsatz, daß das GBA nur klare und eindeutige Eintragungsunterlagen verwenden darf.[7] Der Grundsatz wird durch die Möglichkeit der Auslegung gemildert (Einl. C 11 ff.).

C 7

b) Der Bestimmtheitsgrundsatz ist nicht bei allen dinglichen Rechten gleich streng ausgeprägt: Während §§ 1113, 1191 BGB bei Grundpfandrechten eine „bestimmte Geldsumme"[8] verlangen, genügt bei Reallasten die „Bestimmbarkeit" (§ 28 Rdn. 28).[9] Bei Dienstbarkeiten können wirtschaftliche oder technische Veränderungen[10] oder normale Bedürfnissteigerungen[11] zu einer Änderung oder Erweiterung des dinglichen Inhalts führen. Sogar im sonst so strengen Hypothekenrecht wird die Zinsänderung in-

---

[7] BGH Rpfleger 79, 56.
[8] MünchKomm/*Eickmann* § 1113 Rdn. 34 ff.
[9] BGHZ 22, 58.
[10] BGH DNotZ 59, 240; DNotZ 89, 562.
[11] BayObLGZ 59, 478/484.

Einl I. Grundbuchordnung

nerhalb des eingetragenen Höchstbetrages unter bestimmten Voraussetzungen nicht als Verstoß gegen den Bestimmtheitsgrundsatz angesehen (Einl. S 16, 18).[12] Bei Vormerkungen haben sich die Bestimmt- oder Bestimmbarkeitsanforderungen i. d. R. nicht am vorgemerkten Anspruch, sondern an dem durch die Vormerkung vorbereiteten Recht zu orientieren (Einl. G 26).

7. Beweisgrundsatz

C 8 a) Der Zweck des GB erfordert nicht nur inhaltlich bestimmte, sondern auch beweissichere Eintragungsunterlagen (§ 29).

b) Unter bestimmten Voraussetzungen ist der Urkundenbeweis durchbrochen vom Erfordernis der Aktenkundigkeit, Offenkundigkeit (§ 29 Abs. 1 Satz 2), durch gesetzliche Beweiserleichterungen (§§ 32 bis 37), gesetzliche Vermutungen (§ 891 BGB; § 15 GBO; § 24 Abs. 3 BNotO), Sondervorschriften (vgl. § 29 Rdn. 10 ff.) und nicht zuletzt durch freie Beweiswürdigung unter Verwertung von Erfahrungssätzen (vgl. § 29 Rdn. 129 ff.).

c) **Der Beweisgrundsatz gilt im Antrags- und Amtsverfahren** mit dem Unterschied: Im Antragsverfahren müssen grds. die Beteiligten dem GBA die Unterlagen vorlegen, im Amtsverfahren muß das GBA die Beweise selbst erheben. Im Antragsverfahren darf das GBA nur die in §§ 29 ff. zugelassenen Beweise verwenden, selbst wenn die im Amtsverfahren zusätzlich zugelassenen Beweismittel (vgl. § 12 FGG) zu einem anderen Ergebnis führen könnten.

d) Im Gegensatz zum beweisstrengen GB-Recht herrscht im materiellen Grundstücksrecht weitgehend Formfreiheit mit Ausnahme der Auflassungsform (§ 925 Abs. 1 BGB). Dies ist durchaus sinnvoll, weil für die GB-Eintragung doch beweissichere Eintragungsunterlagen benötigt werden.

8. Publizitätsgrundsatz

C 9 a) Die Vermutung der Richtigkeit und der öffentliche Glaube des GB (§§ 891, 892, 893 BGB), die zu den wichtigsten Grundsätzen des bürgerlichen Rechts für den Erwerb und Verlust von Rechten an Grundstücken gehören (Einl. A 8, 11, 12), können nur deshalb Grundlagen des Grundstücksverkehrs sein, weil nach § 12 GBO jedem, der ein berechtigtes Interesse darlegt, die Einsicht in das GB und in die in Bezug genommenen Urkunden gestattet ist.

b) Das Recht, auch die noch nicht erledigten Eintragungsanträge einzusehen (§ 12 Abs. 1) und die Erteilung von Abschriften davon zu verlangen (§ 12 Abs. 2), steht im Zusammenhang mit der Verfahrensvorschrift des § 17 GBO und beschränkt sich daher auf die unerledigten Anträge, die das GBA bei seiner Entscheidung im Rahmen des § 17 beachten muß (dazu § 12 Rdn. 7, 8).

9. Legalitätsgrundsatz

C 10 a) **Das GBA hat im Antrags- und Amtsverfahren die Gesetzmäßigkeit jeder Eintragung und Löschung zu prüfen** und (auch gegen den Willen der Beteiligten) alle im Einzelfall einschlägigen gesetzlichen Vorschriften materiell- und verfahrensrechtlicher, privat- und öffentlichrechtlicher Art zu beachten, auch bloße Ordnungsvorschriften, deren Verletzung eine Eintragung nicht unwirksam und das GB nicht unrichtig machen würde (Einl. C 73).

---

[12] BGHZ 35, 22; BGH DNotZ 63, 436; KG Rpfleger 71, 316; BGH Rpfleger 75, 296.

b) Aus dem Legalitätsgrundsatz werden die verschiedenen Amtspflichten des GBA abgeleitet. Denn das GBA hat als das mit der Führung des GB betraute staatliche Rechtspflegeorgan darüber zu wachen, daß das GB seine Aufgaben (Einl. A 7 bis 10) erfüllen kann und das GB-Verfahren im Einklang mit den Gesetzen steht (dazu Einl. C 40 ff.).

II. Auslegung und Umdeutung im BGB und Grundbuchrecht

1. Bedeutung der Auslegung

C 11 Der Auslegung kommt im GB-Recht eine größere Bedeutung zu, als angenommen wird.[13]

Die Auslegung darf nie die besonderen Umstände des Einzelfalles außer acht lassen. Deshalb muß vor einer Verallgemeinerung veröffentlichter Entscheidungen ohne Prüfung ihrer Besonderheiten gewarnt werden.

2. Auslegungspflicht im Grundbuchrecht

C 12 Die durch § 242 BGB ergänzten Auslegungsvorschriften der §§ 133 und 157 BGB beherrschen als allgemeiner Rechtsgrundsatz das gesamte private und öffentliche, materielle und formelle Recht, auch das materielle und formelle Grundstücksrecht. Das GBA hat im Antrags- und Amtsverfahren die Pflicht, die Auslegungsgrundsätze zu berücksichtigen, die Beteiligten haben ein Recht darauf, daß sie beachtet werden.[14]

3. Allgemeine Auslegungsgrundsätze

C 13 a) **Auslegung bedeutet** Ermittlung des wirklichen Inhalts und Sinnes einer Erklärung, deren Wortlaut wegen Unklarheiten zu Zweifeln Anlaß gibt. Die Auslegung darf nicht gegen den erklärten oder mutmaßlichen Willen nach objektiven Gesichtspunkten erfolgen[15] und nicht zu einer Umdeutung im Sinne des § 140 BGB führen,[16] wohl aber zu einer Berichtigung eines mißlungenen Ausdrucks.

C 14 b) Um den wirklichen Willen zu erforschen, muß losgelöst vom buchstäblichen Sinn des Ausdrucks der Gesamtinhalt der Erklärung einschließlich aller Begleitumstände gewürdigt und der Zusammenhang aller einzelnen Teile in der Erklärung miteinander berücksichtigt werden.[17] Ausgangspunkt ist zwar der Wortlaut,[18] entscheidend aber nicht der verborgene, unkontrollierbare innere Wille des Erklärenden,[19] sondern der Inhalt und allgemein verständliche Sinn der Erklärung unter Berücksichtigung des ganzen Zusammenhangs entsprechend den zwischen objektiv denkenden Menschen herrschenden Anschauungen und der Verkehrssitte.[20]

C 15 c) **Auslegung muß das richtige Maß finden** zwischen dem Bestreben des Erklärenden an der Durchsetzung seines Willens und dem berechtigten Interesse des Erklärungsempfängers an einem Schutz gegen die Verwertung der ihm nicht erkennbaren Umstände.

---

[13] Eingehend dazu *Böhringer* Rpfleger 88, 389; *Wulf* MittRhNotK 1996, 41; DNotZ 1997, 331; Haegele/Schöner/*Stöber* GBR 172 ff.; Meikel/*Böhringer* Einl. G 1; Meikel/*Böhringer* § 13 Rdn. 22; *Demharter* § 19 Rdn. 28 f.; krit. *Falkenberg* und *Joost* in MünchKomm § 1018 Rdn. 16 ff.; § 1105 Rdn. 13 ff.

[14] BayObLGZ 52, 24/28; Meikel/*Böhringer* Einl G 8.

[15] BGHZ 19, 273.
[16] OGHZ 2, 201.
[17] BGH LM Nr. 1 u. 3 zu § 133 B.
[18] BGH NJW 84, 722.
[19] RGZ 131, 350.
[20] RGZ 131, 351; BGHZ 16, 8; 16, 76; 79, 18.

Die Spannbreite reicht von der weitgehenden Berücksichtigung des subjektiven Willens beim Testament bis zum strengsten Maßstab der Auslegung sog. „Erklärungen an die Öffentlichkeit".[21]

C 16 d) **Bei Auslegung empfangsbedürftiger Erklärungen und Verträge** ist nur verwertbar, was dem Erklärungsempfänger im Zeitpunkt des Zugehens der Erklärung erkennbar war[22] und bei den an eine unbestimmte Personenmehrheit oder an die Öffentlichkeit gerichteten Erklärungen, was die Allgemeinheit erkennen kann.[23] Andererseits ist der vom Empfänger richtig verstandene, aber Dritten verborgene Wille dann maßgebend und für eine anderweitige Auslegung nach objektiven Gesichtspunkten kein Raum, wenn beide Parteien sich über die Bedeutung einer objektiv zweideutigen Erklärung einig waren.[24] Dies gilt aber nur im Innenverhältnis unter diesen Vertragspartnern, dagegen nicht für eine in die Rechtssphäre Dritter eingreifende Auslegung.

C 17 e) **Bei Auslegung formbedürftiger Erklärungen**[25] stellt sich die Formfrage erst, wenn zuvor der Erklärungsinhalt durch Auslegung ermittelt worden ist.[26] Dabei ist auch die Berücksichtigung von Umständen außerhalb der Urkunde zulässig und geboten.[27] Zur Wahrung der vorgeschriebenen Form muß aber der Wille in der Urkunde (bei der Auflassung in den in der Auflassungsform des § 925 Abs. 1 BGB abgegebenen Erklärungen) eine hinreichende Stütze durch einen, wenn auch unvollkommenen, Ausdruck gefunden haben.[28] Selbst bei unrichtiger Bezeichnung des Vertragsgegenstands im Urkundentext (§ 313 BGB) bzw. in den Auflassungserklärungen (§ 925 Abs. 1 BGB) gilt die gesetzliche Form bezüglich des wirklich gewollten Gegenstands als erfüllt, wenn beide Vertragspartner über den wirklich gewollten Gegenstand einig sind, ihn aber infolge eines beiderseitigen Irrtums unrichtig bezeichnet haben.[29] Zur Bezeichnung des in Wirklichkeit gewollten Grundstücks vgl. § 28 Rdn. 10.

4. Besonderheiten der Auslegung im Grundbuchverkehr

C 18 Auf diesen allgemeinen Grundsätzen beruht auch die Auslegung im GB-Verkehr, für die zwei Besonderheiten von zusätzlicher Bedeutung sind:[30]

a) Entsprechend der Aufgabe des GB, sichere Rechtsverhältnisse zu schaffen und das Vertrauen auf die Richtigkeit und Vollständigkeit des GB-Inhalts zu schützen, muß bei der Auslegung von GB-Erklärungen und des GB selbst dem Standpunkt eines objektiven Betrachters in besonderem Maße Rechnung getragen werden.[31]

b) Da das GBA seine Tätigkeit auf die ihm vorgelegten Urkunden stützen muß und keine Amtsermittlungen anstellen und keine sonstigen Beweismittel verwerten darf,

---

[21] Vgl. *Westermann* DNotZ 58, 260; *Jahr* JuS 89, 252.

[22] RGZ 101, 247; BGHZ 36, 33; 103, 280; BGH NJW 70, 321; 82, 2235; 86, 1683; 88 2879.

[23] BGHZ 53, 307.

[24] BGHZ 20, 109/110; 86, 41; BGH LM Nr. 22 zu § 133 C; WM 81, 266, 81, 1137; 84, 91; NJW 88, 202.

[25] Dazu *Köbl* DNotZ 83, 207/212.

[26] BGHZ 80, 242 = WM 81, 746; BGH WM 84, 91.

[27] BGH LM Nr. 1 zu § 133 A; BGHZ 63, 362; 86, 46.

[28] BGH LM Nr. 2 zu § 133 B; Nr. 19 zu § 125; BGHZ 63, 359/362; 74, 116/119; 87, 150/154, „Andeutungstheorie" − krit. dazu die Literatur, Überblick bei MünchKomm/ *Mayer-Maly* § 133 Rdn. 49.

[29] BGH LM Nr. 22 zu § 133 C = DNotZ 65, 38. Zur falsa demonstratio in formbedürftigen Verträgen vgl. *Köbl* DNotZ 83, 212; *Hagen* WM 81, 422/ 424; DNotZ 84, 284; BGHZ 74, 116 = DNotZ 79, 403; BGHZ 87, 150 = DNotZ 83, 618.

[30] Meikel/*Böhringer* Einl. G 15 ff., 85 ff.; *Böhringer* Rpfleger 88, 389; BayObLGZ 74, 112/114; 83, 118/123; 90, 51/55.

[31] BGHZ 59, 205 = NJW 72, 1464.

können für die Auslegung nur die für die Eintragung verwendbaren Urkunden, Unterlagen und Umstände herangezogen werden.[32]

Diese Besonderheiten ergeben sich aus dem Bestimmtheits-, Beweis- und Öffentlichkeitsgrundsatz (Einl. C 7; 8; 9). Treffen diese Besonderheiten nicht zu, gelten die allgemeinen Auslegungsregeln.

5. Auslegung von Gesetzen

Gesetze sind so auszulegen, daß man, ohne an ihrem Wortlaut zu haften, durch Erforschung ihres Sinnes und Zweckes feststellt, was der Gesetzgeber gewollt hat.[33] Für die Auslegung ist der in der Bestimmung zum Ausdruck kommende objektive Wille maßgebend, wie er sich aus dem Wortlaut und Sinnzusammenhang ergibt,[34] bei klarem Gesetzeswillen auch gegen den Gesetzeswortlaut.[35] Die Auslegung und Anwendung der Gesetze ist grundsätzlich Sache der Gerichte, für die die vom BVerfG nach Verfassungsrecht bestimmten Maßstäbe und Grenzen der Gesetzesauslegung verbindlich sind.[36] Wie die ZPO[37] enthält die GBO Zweckvorschriften, die daher entsprechend ihrem Zweck ausgelegt werden müssen. Im Verfahrensrecht haben Rechtsbegriffe oft einen anderen Sinn als im BGB (Einl. A 3; B 10 ff.).[38]

C 19

6. Auslegung von Grundbucheintragungen

a) GB-Eintragungen müssen nach ihrem Wortlaut und Sinn ausgelegt werden, wie er sich aus dem GB selbst und aus den zulässig in Bezug genommenen Urkunden für einen unbefangenen Betrachter als nächstliegende Bedeutung des Eingetragenen ergibt.[39] Außerhalb dieser Urkunden liegende Umstände dürfen nur insoweit herangezogen werden, als sie nach den besonderen Verhältnissen des Einzelfalles für jedermann ohne weiteres erkennbar sind.[40] Dies ist st.Rspr. und allgemein anerkannt.[41] GB-Eintragungen unterliegen der freien Auslegung durch das Revisionsgericht[42] und Rechtsbeschwerdegericht (vgl. § 78 Rdn. 14 ff.).[43]

C 20

b) Einzelfälle der Auslegung von GB-Eintragungen: BGH DNotZ 67, 756; 73, 20; 76, 16 (ErbbauR); 63, 235/238 (VorkR); 74, 294/295 (Nießbr.); 71, 96 (Identität von Kauffläche mit vermessener Fläche); 66, 486 (Baubeschränkung); 65, 474 (FahrtR); 66, 484; 76, 529 (WegeR); 59, 240 (Dienstbarkeitsumfang); 69, 357 (Grunddienstbark. gewollt trotz Bezeichnung als beschr. pers. Dienstbark.); 63, 436 (Grundschuldzinsen); OLG Stuttgart Rpfleger 81, 109 (Wohnungseigentum); BayObLG Rpfleger 76, 250 (Berechtigter einer Grunddienstbarkeit); BayObGLZ 77, 226/230; 78, 214/217 (als Inhalt des SE eingetragene Regelungen der Gemeinschaftsordnung; § 10 Abs. 2 WEG).

C 21

---

[32] BayObLG Rpfleger 82, 141.
[33] BGHZ 2, 184; 3, 89.
[34] BVerfG 1, 312.
[35] BGHZ 17, 275; 18, 49.
[36] BVerfGE 40, 88 = Rpfleger 75, 294.
[37] BGHZ 10, 359.
[38] Zur Gesetzesauslegung *Zeller* Auslegung von Gesetz und Vertrag, 1989; Meikel/*Böhringer* Einl. G 88 ff.; Staudinger/*Coing* Einl. 113 ff.; Palandt/*Heinrichs* Einl. VI vor § 1; BGHZ 85, 64/66 (zur Gesetzesauslegung unter dem Gesichtspunkt des Vertrauensschutzes).

[39] RGZ 136, 232/234; BGH DNotZ 76, 16; dazu Einl. C 18, 22, 23.
[40] BGHZ 44, 171; dazu Einl. C 24.
[41] BayObLGZ 61, 23/32; 64, 1/4; KG OLGZ 82, 131/135; Meikel/*Böhringer* Einl. G 92 ff.; *Demharter* § 53 Rdn. 4; Haegele/Schöner/*Stöber* GBR 293; *Demharter* Rpfleger 87, 497.
[42] BGH MDR 62, 672; DNotZ 76, 16.
[43] BGH Rpfleger 85, 101; BayObLG DNotZ 84, 565.

C 22 c) Für die Auslegung ist zunächst das GB selbst maßgebend[44] einschließlich der zulässig in Bezug genommenen Bewilligung, die durch § 874 BGB GB-Inhalt geworden ist[45] und zusammen mit ihm eine Einheit bildet (dazu Einl. B 38 ff.) und daher auch als Einheit ausgelegt werden muß.[46] Bei widerspruchsvollem oder unklarem Eintragungsvermerk entscheidet der Wortlaut der Bewilligung bei zulässiger Bezugnahme über den Inhalt der Eintragung.[47] Weicht der Eintragungsvermerk (oder ein Teil davon) von der zulässig in Bezug genommenen Bewilligung ab, dann kommt in der Regel (aus der Sicht eines unbefangenen Betrachters zu dessen Schutz) dem Eintragungsvermerk eine dominierende rechtliche Bedeutung für den Inhalt des GB zu.[48]

C 23 d) Zur Frage, welche Urkunden für die Auslegung herangezogen werden dürfen, geht die Meinung, daß alle der Eintragung zugrundeliegenden Urkunden verwertbar seien, sofern sie nur jedermann zugänglich sind, zu weit. Zur Auslegung sind alle Urkunden i. S. § 29 GBO verwertbar, die zwei Voraussetzungen erfüllen.[49]

1. Auf sie muß im Eintragungsvermerk oder in der GB-Inhalt gewordenen Bewilligung bezuggenommen worden sein. Nur dadurch wird ihre Bedeutung als „GB-Inhalt" hervorgehoben wird. Bezugnahme ist möglich auf Anlagen i. S. § 9 Abs. 1 S. 2 BeurkG, andere GB-Eintragungen und Urkunden.[50] Dabei sind als Bestandteil der in Bezug genommenen Urkunde Abreden auch dann zu berücksichtigen, wenn sie vereinbarungsgemäß nicht eingetragen werden sollen.[51] Wurde auf einen bestimmten Teil oder Abschnitt einer Urkunde verwiesen, ist nur er Inhalt des GB[52] und für die Auslegung verwertbar.[53]

2. Die Urkunden müssen jedermann (wie das GB) zugänglich sein, was bei den in §§ 12; 124 GBO; § 46 GBVfg. genannten Urkunden und Akten des gleichen Gerichts zutrifft (dazu § 35 Rdn. 72). Bei Bezugnahme auf Urkunden in anderen Grundakten oder Akten, müssen diese ausreichend bezeichnet sein.[54]

C 24 e) Umstände außerhalb der Urkunde dürfen zur Ermittlung von Inhalt und Umfang des eingetragenen Rechts nur insoweit herangezogen werden, als sie nach den besonderen Verhältnissen des Einzelfalles für jedermann ohne weiteres erkennbar sind.[55]

Dazu gehören insbes. Orientierungshilfen in der Natur, z. B. Bäume, Hecken, Zäune, Gräben;[56] Karten, Skizzen, Lagepläne sind gem. § 9 BeurkG als zur Urkunde gehörig anzusehen.

7. Auslegung der Bewilligung und anderer GB-Erklärungen

C 25 a) **Auslegung ist Amtspflicht.** Bewilligung und sonstige GB-Erklärungen (Einl. A 43) sind unter Beachtung des § 28[57] und der für ihre Auslegung gezogenen Grenzen[58] der

---

[44] BGHZ 37, 147/149.
[45] BGHZ 21, 34 = Rpfleger 56, 231.
[46] RGZ 113, 229.
[47] KG DNotZ 56, 555, wonach künftige Mißverständnisse durch einen Klarstellungsvermerk ausgeschlossen werden sollten.
[48] *Ertl* MittBayNot 89, 297/298 krit. und einschr. zu KG a. a. O. Dazu BayObLG Rpfleger 87, 101.
[49] Staudinger/*Gursky* § 873 Rdn. 258; Meikel/ *Böhringer* Einl. G 100, 103; Haegele/Schöner/*Stöber* GBR 293.
[50] Keidel/Kuntze/*Winkler* § 9 BeurkG Rdn. 15 ff.
[51] BGH DNotZ 70, 567 Nr. 23.
[52] BayObLG Rpfleger 81, 295/296.
[53] *Weber* DNotZ 72, 133/140 ff.
[54] BayObLG NJW-RR 87, 1101 = Rpfleger 87, 451.
[55] BGHZ 44, 171; 47, 190/196; 59, 205/209; 90, 181/184; 92, 351/355; BGH DNotZ 66, 484; 69, 486; 71, 95/96; 85, 37; BGH Rpfleger 76, 91; 83, 15; 85, 101; BayObLG DNotZ 89, 164/165; 89, 568.
[56] BGH DNotZ 69, 286; OLG München DNotZ 71, 544.
[57] BayObLG DNotZ 83, 434; 88, 177; OLG Zweibrücken Rpfleger 88, 183; *Böhringer* Rpfleger 88, 389/391.
[58] Einl. C 18; BayObLGZ 74, 112/115; 83, 118/123 = DNotZ 84, 562.

Auslegung zugänglich, die unter Beachtung der Grundsätze der §§ 133; 157 BGB und der Besonderheiten des GBVerkehrs zu den Amtspflichten des GBA gehört,[59] sofern nicht die Eindeutigkeit der Erklärungen eine Auslegung ausschließt.[60] GB-Erklärungen (Verfahrenshandlungen) unterliegen der freien Auslegung durch das Gericht der weiteren Beschwerde (§ 78 Rdn. 14). Dies gilt auch für die Eintragungsbewilligung (mit ihren Unterarten; § 19 Rdn. 7), weil sie eine Verfahrenshandlung ist.[61]

b) Bei der Auslegung der Bewilligung und sonstigen GB-Erklärungen ist wie bei der Auslegung von GB-Eintragungen auf ihren Wortlaut und Sinn abzustellen, wie er sich für einen unbefangenen Betrachter als nächstliegende Bedeutung der Erklärung ergibt.[62] Dabei kommt es nicht auf den Willen der an der GB-Erklärung Beteiligten an, sondern darauf, was jeder gegenwärtige und zukünftige Betrachter als objektiven Inhalt der GB-Erklärung ansehen muß.[63] Im Interesse späterer Rechtsnachfolger und Dritter dürfen zur Auslegung nur die allgemein für jedermann ohne weiteres erkennbaren (Einl. C 24) und die aus den Eintragungsunterlagen konkret ersichtlichen Umstände herangezogen werden, wie sie jeder dinglich Berechtigte und Verpflichtete aus den Urkunden entnehmen muß, die die Grundlage des eingetragenen Rechtes und der sich daraus ergebenden Verpflichtungen bilden.[64] Stillschweigende oder schlüssige Erklärungen genügen dem GB-Verkehr nur ausnahmsweise, wenn sie ohne Widerspruch zum Inhalt der beurkundeten Erklärungen einen unbedingt zwingenden und eindeutigen Schluß zulassen.[65]

C 26

c) Die Auslegung muß zu einem den Anforderungen des GB-Verkehrs an Klarheit und Bestimmtheit entsprechenden zweifelsfreien und eindeutigen Ergebnis führen.[66] Es genügt nicht, daß das GBA einen eintragungsfähigen Inhalt als möglich erachtet[67] oder daß mehrere Auslegungen möglich sind, von denen jede zu einem anderen auslegungsfähigen Ergebnis führt.[68] Das GBA darf aber nicht alle entfernt liegenden Möglichkeiten heranziehen, für die keine konkreten Anhaltspunkte ersichtlich sind, und selbst naheliegenden Zweifeln am Erklärungsinhalt nicht nachgehen, wenn zur Behebung solcher Zweifel Umstände außerhalb der Eintragungsunterlagen zu berücksichtigen wären, die nicht offenkundig sind.[69] Es ist vielmehr für die Auslegung vom Regelfall auszugehen[70] oder mit den Worten des BGH „von der für einen unbefangenen Betrachter nächstliegenden Bedeutung".[71] Das Nächstliegende ist maßgebend, solange keine gegenteiligen Anhaltspunkte ersichtlich sind; es bedarf keiner Hervorhebung.[72] Keine Gesetzesverletzung, wenn die Eintragung aufgrund rechtlich vertretbarer Auslegung erfolgt ist.[73]

C 27

---

[59] BayObLG Rpfleger 76, 304; KG DNotZ 58, 203; 68, 95; OLG Karlsruhe DNotZ 58, 257; OLG Köln Rpfleger 60, 56.
[60] BGHZ 32, 60/63; BayObLGZ 79, 12; 84, 122/123; 90, 51/55.
[61] *Demharter* § 78 Rdn. 15; **a. A.** noch OLG Hamm Rpfleger 88, 404.
[62] BGHZ 59, 205/209; BGH NJW 85, 386; BayObLG DNotZ 76, 744; 80, 101; 84, 562; 89, 568; BayObLG Rpfleger 77, 360; 82, 141; 87, 156.
[63] BayObLGZ 74, 112/115 = Rpfleger 74, 222.
[64] OLG Karlsruhe DNotZ 58, 257/258.
[65] BayObLG Rpfleger 76, 13 = DNotZ 76, 373.
[66] KG DNotZ 58, 204; BayObLGZ 53, 333/335; 80, 108/113; 83, 118/123 = DNotZ 84, 563.
[67] KG a. a. O.
[68] OLG Hamm DNotZ 70, 417.
[69] BayObLG DNotZ 76, 371/374.
[70] OLG Köln NJW 60, 1108; *Riedel* Rpfleger 66, 359.
[71] BGH DNotZ 76, 16.
[72] RGZ 136, 232/234; BayObLG Rpfleger 76, 304 = DNotZ 76, 744.
[73] KG Rpfleger 72, 58; OLG Frankfurt Rpfleger 76, 132.

Einl I. Grundbuchordnung

C 28 d) Einzelfälle: Zur Auslegung der Auflassung,[74] Eintragungsbewilligung,[75] Löschungsbewilligung,[76] Löschungsantrag,[77] Aufgabeerklärung,[78] Löschungszustimmung,[79] Rangbeschaffungsbewilligung,[80] Abtretungserklärung,[81] Teilungserklärung,[82] Berichtigungsbewilligung, (vgl. § 22 Rdn. 68), Berichtigungszustimmung (vgl. § 22 Rdn. 79), Vollmacht,[83] GB-Erklärungen durch das Rechtsbeschwerdegericht.[84]

8. Umdeutung von GB-Erklärungen

C 29 a) **Die Umdeutungsfähigkeit (§ 140 BGB) ist im GB-Verfahren nicht völlig ausgeschlossen,** sondern stets vom GBA mit den ihm zur Verfügung stehenden Mitteln zu prüfen, wenn GB-Erklärungen trotz Auslegung zur Eintragung nicht ausreichen.[85] Die unwirksame Begründung von Sondereigentum kann in die Bestellung von Sondernutzungsrechten umgedeutet werden.[86]

b) Umdeutung setzt voraus, daß die GB-Erklärung mit dem durch Auslegung ermittelten Inhalt nicht eintragungsfähig ist, aber mit einem anderen Inhalt objektiv den Erfordernissen und dem wirtschaftlichen Ergebnis eines anderen eintragungsfähigen Rechtes voll oder wenigstens weitgehend entspricht und mit diesem Inhalt nach dem hypothetischen Willen der Beteiligten bei Kenntnis der wahren Rechtslage gewollt wäre. Ist die Erklärung in diesem Sinn umdeutungsfähig und gestattet sie eine abschließende Würdigung, dann ist das GBA zur Eintragung nicht nur berechtigt, sondern verpflichtet.[87]

C 30 c) Umdeutung ist unzulässig, wenn diese Voraussetzungen nicht (auch nicht durch Auslegung)[88] mit der für das GB erforderlichen Klarheit festgestellt werden können.[89] Entgegen *Hieber*[90] kann der hypothetische Wille der Beteiligten nicht gegen ihren Willen und nicht nach rein objektiven Gesichtspunkten ermittelt werden.[91] Er muß aber vom GBA bejaht werden, wenn die Auslegung ergibt, daß die Beteiligten mit der Ersatzlösung einen gleichen oder nahezu gleichen Erfolg erreichen und der von ihnen gewählten Rechtsform kein besonderes Gewicht beigemessen haben.[92]

9. Umdeutung von Grundbucheintragungen

C 31 Die „Umdeutung" einer unwirksamen in eine wirksame Eintragung wird von der h. M. unter Hinweis auf den hoheitlichen Charakter der Eintragung und die Publizi-

---

[74] BayObLGZ 74, 112/115 = DNotZ 74, 442; BayObLGZ 77, 189 = Rpfleger 77, 360; vgl. § 20 Rdn. 94.
[75] BGH DNotZ 70, 567; BayObLG Rpfleger 76, 304; vgl. § 19 Rdn. 30.
[76] BayObLGZ 76, 372; vgl. § 27 Rdn. 18.
[77] BayObLGZ 73, 220.
[78] BGHZ 60, 46/52 = DNotZ 73, 367/370.
[79] BayObLG Rpfleger 80, 19; vgl. § 27 Rdn. 9.
[80] BayObLG DNotZ 80, 230.
[81] BGH Rpfleger 69, 202; vgl. § 26 Rdn. 21, 25 ff.
[82] BayObLGZ 78, 305/307.
[83] BayObLG DNotZ 97, 470 ff. m. Anm. *Brambring*; OLG Köln Rpfleger 81, 440; vgl. § 19 Rdn. 185; § 20 Rdn. 90.
[84] BayObLG DNotZ 80, 100; 82, 254; vgl. § 78 Rdn. 12 ff.
[85] KG DNotZ 68, 95 = Rpfleger 68, 50; zust. *Riedel* mit Lit. zur Streitfrage.
[86] OLG Köln MittRhNotK 1996, 71 mwN.
[87] KG DNotZ 68, 95; Staudinger/*Dilcher* § 140 Rdn. 18; Staudinger/*Gursky* § 873 Rdn. 65; *Güthe/Triebel* Rdn. 101 vor § 13; Haegele/Schöner/*Stöber* GBR 173; MünchKomm/*Mayer-Maly* § 140 Rdn. 6, 35; *Hieber* DNotZ 54, 303.
[88] BGHZ 19, 269/273.
[89] BayObLG Rpfleger 1997, 373; OLG Hamm Rpfleger 57, 117; OLG Stuttgart OLGZ 79, 21/25; *Demharter* § 19 Rdn. 30.
[90] DNotZ 54, 304.
[91] BGHZ 19, 269/272.
[92] Staudinger/*Dilcher* § 140 Rdn. 7, 9.

tiätsfunktion des GB verneint,[93] von einem Teil der Literatur aber analog den für umdeutungsfähige Verwaltungsakte geltenden Vorschriften (§ 47 VwVfG) für zulässig erachtet.[94] Allein *Wacke* vertritt diese Ansicht allerdings konsequent. Im übrigen wird die „Umdeutung" lediglich im Vollzug des infolge unrichtiger Eintragung noch unerledigten Antrags mit Rückwirkung nur inter partes gesehen. Im Interesse der Rechtssicherheit ist deshalb der h. M. der Vorzug zu geben.

10. Auslegung und Umdeutung sonstiger Verfahrenshandlungen, die nicht zu den GB-Erklärungen gehören (Einl. A 46), z. B. Antrag (§ 13), Antragsvollmacht (§ 30), Bestimmungen über Briefaushändigung (§ 60 Abs. 2) sind nach den für GB-Erklärungen geltenden Grundsätzen nicht völlig ausgeschlossen (§ 13 Rdn. 35),[95] aber nur mit Einschränkungen unter der gebotenen Zurückhaltung möglich. Sie genügen den im GB-Verkehr an sie zu stellenden Anforderungen nur, wenn sie ohne Hinzuziehung anderer Erkenntnisquellen und ohne weitere Ermittlungen eine zweifelsfreie abschließende Würdigung gestatten, welche Tätigkeit vom GBA verlangt wird.[96] **C 32**

11. Auslegung gerichtlicher und behördlicher Hoheitsakte

a) Öffentlich-rechtliche Erklärungen sind ebenfalls nach den Grundsätzen der §§ 133; 157 BGB auszulegen.[97] **C 33**

b) Die Auslegung solcher Hoheitsakte obliegt dem GBA, für dessen Entscheidung der Inhalt des Hoheitsaktes von Bedeutung ist.[98] Bei der Auslegung kommt es auf den nach außen erkennbaren Willen der Behörde an, die den Hoheitsakt erlassen hat, nicht auf die subjektive Beurteilung dieser Behörde oder der Parteien.[99] **C 34**

12. Zur Auslegung außerhalb des GB-Verfahrens von materiellen Willenserklärungen (z. B. Einigung § 873 BGB; Aufgabeerklärung § 875 BGB; Einl. A 39) stehen sich zwei Meinungen, aber auch zwei Fälle gegenüber, die zu unterscheiden sind. **C 35**

a) **Nach der einen Meinung** wird zur Auslegung solcher dinglicher Erklärungen nicht gefragt: „Was haben die Beteiligten gewollt und wie mußte der Erklärungsempfänger dies verstehen?" (Einl. C 13 bis 17), sondern: „Wie mußte die Erklärung von jedem ursprünglichen und künftigen dinglich Berechtigten und Verpflichteten unter Anwendung der im GB-Verkehr geltenden Grundsätze (Einl. C 18) objektiv verstanden werden?".[100]

b) Nach der zutreffenden a. A. bedürfen dingliche Willenserklärungen außerhalb des GB-Verfahrens nicht des strengen Auslegungsmaßstabes.[101] Denn die allgemeinen Auslegungsregeln gelten immer dann, wenn sie nicht aus besonderen Gründen eingeschränkt werden müssen.[102] Dieser Meinung folgt z. B. BGH DNotZ 66, 172/174, wonach „keine rechtsgültige Auflassung für die vom übereinstimmenden Willen der **C 36**

---

[93] Staudinger/*Gursky* § 873 Rdn. 265; MünchKomm/*Mayer-Maly* § 140 Rdn. 6.
[94] So Meikel/*Böhringer* Einl. G 138 ff.; MünchKomm/*Wacke* § 873 Rdn. 55; *Krampe* JZ 75, 575; *Ertl* MittBayNot 85, 180, *Böhringer* MittBayNot 90, 12; LG Regensburg MittBayNot 90, 43.
[95] BayObLG DNotZ 79, 428; NJW-RR 86, 380.
[96] OLG Köln JMBl. NRW 82, 76; Meikel/*Böhringer* Einl. G 83.
[97] MünchKomm/*Mayer-Maly* § 133 Rdn. 36.
[98] BGH LM § 857 ZPO Nr. 8; Meikel/*Böhringer* Einl. G 84; Keidel/*Kuntze*/Winkler FGG § 27 Rdn. 49.
[99] Vgl. RGZ 109, 380; 119, 364; 147, 29.
[100] RGZ 131, 168 BGHZ 60, 231; Staudinger/*Seufert*11 § 873 Rdn. 41; *Wolff-Raiser* § 38 II 3.
[101] Staudinger/*Gursky* § 873 Rdn. 59; BayObLG DNotZ 1995, 56.
[102] *Westermann* DNotZ 58, 259; MünchKomm/*Wacke* § 873 Rdn. 38; BGH NJW 60, 673; DNotZ 66, 487.

Beteiligten nicht umfaßte Grundfläche vorliegt, wenn der Wortlaut der Auflassungserklärung weitergeht als der wirkliche Wille der Beteiligten" ... „Auf § 892 BGB käme es nur an, wenn ein Dritter das Grundstück von dem als Eigentümer Eingetragenen erwerben würde. Nur in diesem Fall würde nämlich der Grundsatz Anwendung finden, daß es für die Feststellung des Inhalts eines dinglichen Rechts nicht auf das ankommt was die ursprünglichen Parteien gewollt haben, sondern auf das, was jeder gegenwärtige und künftige Beteiligte als Inhalt annehmen muß."

C 37 c) Für die Anwendung der verschiedenen Auslegungsgrundsätze gilt folgende Regel:[103]

(1) Die allgemeinen Auslegungsgrundsätze gelten (Einl. C 13 bis 17), wenn im Verhältnis zwischen den an der Einigung Beteiligten festgestellt werden muß, ob und mit welchem Inhalt sie die Einigung erklärt haben und ob zwischen ihnen Willensübereinstimmung bestanden hat.

(2) Die strengen Auslegungsmaßstäbe des GB-Verkehrs sind anzuwenden (Einl. C 18; 20 ff.), wenn das GBA die Eintragungsgrundlagen prüfen oder ein Gericht aus der Sicht eines durch §§ 891; 892 BGB geschützten Dritten den Inhalt des GB oder der zu dessen Auslegung heranzuziehenden Urkunden und sonstigen Umstände feststellen muß.

13. Nachprüfung der Auslegung im Beschwerdeverfahren

C 38 Im GB-Verfahren ist das Beschwerdegericht (§§ 71 ff. GBO) an die Auslegung des GBA nicht gebunden (dazu § 77 Rdn. 5).[104] Das Gericht der weiteren Beschwerde (§§ 78 ff.) hat nur ein eingeschränktes Nachprüfungsrecht, aber ein eigenes (in Einzelfragen allerdings noch umstrittenes) Recht zur Auslegung von Verfahrenshandlungen, GB-Erklärungen und GB-Eintragungen (dazu § 78 Rdn. 12 ff.).[105]

14. Nachprüfung der Auslegung in anderen Verfahren

C 39 Im Zivilprozeß und anderen Verfahren ist das Gericht in seiner Entscheidung über die Auslegung des GB-Inhalts, der GB-Erklärungen und der dinglichen Willenserklärungen völlig frei, gleichgültig, ob der Prozeß über dingliche Rechte und Ansprüche oder über Haftpflichtfragen geführt wird. Auch das Revisionsgericht hat das freie Auslegungsrecht.[106]

III. Grundlagen der Pflichten des Grundbuchamts[107]

C 40 1. Umfang und Grenzen der Amtspflichten des GBA sind und waren umstritten, solange es ein GB gibt.

2. Rechtsgrundlagen der Amtspflichten

C 41 Die im Gesetz nirgends ausdrücklich geregelten Amtspflichten des GBA ergeben sich nach den Motiven zur GBO „daraus, daß dem GBA die Anordnung der Eintragung übertragen ist und daß das Gesetz die Voraussetzungen für die Zulässigkeit der Anordnung bestimmt." Gesetz ist das materielle Recht ebenso wie das GB-Verfahrensrecht.

---

[103] Dazu BayObLGZ 74, 122 = Rpfleger 74, 222; BayObLG DNotZ 76, 373; OLG Hamm Rpfleger 83, 349/350; Meikel/*Böhringer* Einl. G 87.

[104] S. a. Meikel/*Böhringer* Einl. G 111 ff.

[105] S. a. Meikel/*Böhringer* Einl. G 114 ff.; *Demharter* § 78 Rdn. 15.

[106] RGZ 136, 232/234; 142, 156/159; BGHZ 37, 147/149 = DNotZ 63, 235/236.

[107] Dazu *Eickmann* GBVerfR 6. Kap.; Haegele/Schöner/*Stöber* GBR 206 ff.; Meikel/*Böttcher* Anh. zu § 18 GBO.

3. Sind die Rechte des GBA größer als seine Pflichten?

Drei Meinungen werden dazu vertreten: **C 42**

a) Die früher überwiegende Ansicht[108] hat diese Frage bejaht: Das Gesetz gebe dem GBA das Recht zur Prüfung und Verwertung materiellen Rechts, auch wenn es ihm keine entsprechende Amtspflicht auferlege. Charakteristisch für diese Ansicht ist der Satz: Das Recht ist die „Maximalnorm", die Amtspflicht die „Minimalnorm". Ähnliche Auffassungen wurden neuerdings auch zur AGB-Prüfung im Grundbuchverfahren vertreten.[109]

b) Nach der Mittelmeinung „geht das Prüfungsrecht grundsätzlich nicht weiter als die Prüfungspflicht".[110]

c) Nach der jetzt h. M.[111] gehen die Rechte des GBA nie weiter als seine Amtspflichten.

4. Die Rechte und Pflichten des GBA sind stets gleich.
Es widerspricht rechtsstaatlichen Grundsätzen, daß das GBA ohne eine Amtspflicht Rechte ausübt. Dies wäre nicht Erfüllung, sondern Verletzung von Amtspflichten. Die Beteiligten haben ein Recht darauf, daß das GBA seinen Pflichten nachkommt und nicht über die Grenzen dieser Pflichten hinausgeht. **C 43**

5. Rechte und Pflichten der Beschwerdegerichte sind identisch mit denen des GBA.
Wären sie größer, würden viele Eintragungsverfahren in die Rechtsmittelinstanzen verlagert. Es ist jedoch möglich, daß das Beschwerdegericht eine vom GBA abweichende Entscheidung nur deshalb treffen muß, weil die Beteiligten dem Beschwerdegericht einen anderen Sachverhalt unterbreiten als dem GBA. **C 44**

6. Die Amtspflichten im Antrags- und Amtsverfahren

Zwischen diesen beiden Verfahrensarten bestehen grundlegende Unterschiede (Einl. C 3). Deshalb können die Rechte und Pflichten des GBA im Antrags- und Amtsverfahren nicht gleich sein (dazu Einl. C 49 ff.). **C 45**

7. Folgen der Verletzung gesetzlicher Vorschriften durch das GBA

a) Hat das GBA unter Verletzung gesetzlicher Vorschriften eine Eintragung vorgenommen, so hat es die dadurch entstandene Rechtslage zu prüfen und je nach dem Ergebnis seiner Prüfung entweder von Amts wegen selbst tätig zu werden (z. B. Amtswiderspruch, Amtslöschung, Umdeutung, Behebung des Mangels; vgl. § 22 Rdn. 15; § 53 Rdn. 2 ff.; 14 ff.; Einl. C 31) oder zur Abhilfe eine Antragstellung der Beteiligten anzuregen (z. B. § 22 Rdn. 84) oder über einen noch nicht erledigten Antrag zu entscheiden (Einl. B 51; C 31, 51). **C 46**

b) Die Verletzung einer Amtspflicht erfüllt den objektiven Tatbestand des Art. 34 GG und § 839 Abs. 1 BGB. Auch die pflichtwidrige Verweigerung oder Verzögerung einer dem GBA obliegenden Amtshandlung (z. B. GB-Eintragung) ist Amtspflichtverletzung.[112] Richter und Rechtspfleger des GBA genießen das Richterprivileg des § 839 **C 47**

---

[108] *Güthe/Triebel* Vorb. 99; 100 vor § 13.
[109] Vgl. Übersicht bei Haegele/Schöner/*Stöber* GBR 211 ff.
[110] Zitat aus KG DNotZ 72, 173/176 = Rpfleger 72, 94/95.
[111] Meikel/*Böttcher* Anh. zu § 18 Rdn. 2; Staudinger/*Gursky* Vorbem. Rdn. 46 zu § 873; Haegele/Schöner/*Stöber* GBR 207; *Ritzinger* BWNotZ 81, 6.
[112] Palandt/*Thomas* § 839 Rdn. 104.

Einl I. Grundbuchordnung

Abs. 2 BGB nicht, weil GB-Eintragungen und Entscheidungen nach § 18 GBO das maßgebliche Kriterium der materiellen Rechtskraft[113] nicht erfüllen (Einl. A 60 ff.).

C 48 8. **Im GB-Verfahren hat das GBA viele Einzelpflichten**, nämlich die Pflicht zur: a) Eintragung oder Löschung; b) Ermittlung und Beweiserhebung; c) Aufklärung; d) Wahrung des rechtlichen Gehörs; e) Schutz der Beteiligten vor Rechtsverlust; f) Prüfung der Eintragungsgrundlagen; g) Wahrung der Richtigkeit des GB. Diese Pflichten sind im Antrags- und Amtsverfahren verschieden zu beurteilen.

IV. Pflichten des Grundbuchamts im Amtsverfahren

C 49 1. **Das Amtsverfahren ist die gesetzliche Ausnahme.** Das GBA muß ohne Antrag und sogar gegen den Willen der Beteiligten tätig werden, weil das Gesetz das öffentliche Interesse an der Richtigkeit und Vollständigkeit des GB über die privaten Interessen stellt. Zu den Einzelfällen § 13 Rdn. 3 ff.

C 50 2. **Im Amtsverfahren hat das GBA allen Einzelpflichten (Einl. C 48) nachzukommen.** Für einzelne Verfahrensarten gelten zusätzliche Sondervorschriften, z. B. für GB-Anlegungsverfahren (§ 3 Rdn. 7 ff.); GB-Berichtigungszwang (§§ 82 ff. GBO); Löschung gegenstandsloser Eintragungen (§§ 84 ff. GBO); Rangklarstellungsverfahren (§§ 90 ff. GBO); Wiederherstellung von Grundbüchern (§ 123 GBO). In allen Amtsverfahren gilt § 12 FGG uneingeschränkt.[114] In eilbedürftigen Fällen und bei Gefahr der Rechtsvereitelung ist eine Einschränkung des Anspruchs auf rechtliches Gehör nötig.[115]

V. Pflichten des Grundbuchamts im Antragsverfahren

1. Oberster Grundsatz des Antragsverfahrens

C 51 Das Gesetz überläßt die Wahrung der Interessen an der Richtigkeit und Vollständigkeit des GB den Beteiligten selbst. Das GBA darf nicht ohne oder gegen den Willen der Beteiligten tätig werden, nicht über den Antrag hinausgehen und nicht hinter ihm zurückbleiben. (§ 13 Rdn. 1; 6; Einl. C 3). Es hat über jeden Antrag zu entscheiden, entweder durch Eintragung oder Löschung, Antragszurückweisung oder vorläufig durch Zwischenverfügung (§ 18 GBO). Bei mehreren Anträgen regelt § 16 Abs. 2 GBO, ob einer ohne den anderen erledigt werden darf, § 17 GBO, welcher zuerst erledigt werden muß. Die Beteiligten haben ein Recht darauf, daß das GBA die Eintragung vornimmt, sobald alle Eintragungsvoraussetzungen (Einl. A 40; C 80) vorliegen. Denn sie können die erstrebten materiellen Wirkungen nicht ohne Mitwirkung des GBA herbeiführen (Einl. A 1).

C 52 2. **Die Pflicht des GBA zur Eintragung** hat ihre formellen Rechtsgrundlagen in §§ 13; 18 GBO und materiell in den für die jeweilige Eintragung maßgeblichen Gesetzen, für dingliche Rechte z. B. in §§ 873; 875 BGB.

C 53 **Das GBA muß selbst entscheiden.** Aussetzung und Ruhen des Verfahrens oder Verweisung auf den Prozeßweg sind dem GB-Recht fremd (§ 18 Rdn. 47). Eine bestimmte Frist kennt die GBO nicht. Aus dem Recht zur Setzung einer angemessenen Frist nach § 18 GBO folgt auch die Pflicht des GBA zur Entscheidung innerhalb angemessener

---

[113] BGHZ 51, 326/329; Palandt/*Thomas* § 839 70. 52, 28; 75, 408; vgl. § 13 Rdn. 5; § 82 Rdn. 7; § 84 Rdn. 12; § 94 Rdn. 2.
[114] OLG Hamm Rpfleger 57, 119; BayObLGZ
[115] *Eickmann*, GBVerfR 2. Kap. § 2 V.

Frist. Soweit nicht § 17 GBO entgegensteht, hat das GBA Anträge, an deren schneller Erledigung ein sachlich berechtigtes Interesse besteht, nach pflichtgemäßem Ermessen bevorzugt zu behandeln (vgl. Einl. A 10).

3. Keine Pflicht zur Ermittlung, Beweiserhebung, Beweissicherung

a) **Im Antragsverfahren gilt** § 12 FGG nicht. Das GBA hat kein Recht und keine Pflicht zu eigenen Ermittlungen und Beweiserhebungen hinsichtlich des Sachverhalts.[116] Der Antragsteller muß die Entscheidungsgrundlagen in der vorgeschriebenen Form selbst beschaffen und dem GBA vorlegen, auch im Verfahren auf GB-Berichtigung (§ 22), in dem der Antragsgrundsatz mit allen sich daraus ergebenden Folgen gilt (§ 22 Rdn. 84). Er trägt die Gefahr der Zurückweisung, wenn er dem GBA nicht die erforderliche Gewißheit über das Bestehen aller Eintragungsvoraussetzungen verschaffen kann.[117] Das GBA hat jedoch die von der Eintragung Betroffenen, also die am Verfahren materiell Beteiligten, selbst zu ermitteln.[118] Schwerwiegende Bedenken bestehen gegen die Verwertung pflichtwidrig erhobener oder zurückbehaltener Beweise.[119] **C 54**

b) **Außerhalb eines Antragsverfahrens** hat das GBA keine Pflicht zur Verwahrung von Urkunden, die nicht nach § 10 GBO Gegenstand der Verwahrungspflicht sind[120] und entgegen BayObLG MittBayNot 89, 209 auch kein Recht dazu.[121] Soweit das materielle Recht die Abgabe von Erklärungen gegenüber dem GBA vorschreibt oder zuläßt, ist das GBA deshalb nur im Rahmen eines Antragsverfahrens berechtigt und verpflichtet, sie entgegenzunehmen (§ 130 Abs. 2 BGB). **C 55**

4. Aufklärungspflicht des GBA

a) **Rechtsgrundlage** ist der allgemeine Verfahrensgrundsatz, der in § 139 ZPO seinen Ausdruck findet.[122] **C 56**

b) **Die Aufklärungspflicht hat im Antragsverfahren Grenzen.**[123] Das GBA hat durch Zwischenverfügung auf Vervollständigung der Unterlagen und Beseitigung von Zweifeln nur hinzuwirken, **wenn es aufgrund konkreter Umstände des Einzelfalles berechtigte Zweifel** darüber hat, ob die vorgelegten Entscheidungsgrundlagen die Eintragung rechtfertigen,[124] insbesondere wenn das GB durch die Eintragung dauernd unrichtig werden könnte.[125] Das GBA darf z. B. nicht in anderen GB-Blättern oder Grundakten selbst nach Eintragungshindernissen forschen,[126] entfernt liegenden Möglichkeiten oder bloßen Vermutungen nachgehen, um die in Form des § 29 vorgelegten Entscheidungsgrundlagen zu entkräften;[127] materielle Voraussetzungen aufklären, von deren Prüfung es durch das Verfahrensrecht entbunden ist, z. B. wenn die Bewilligung genügt (§ 19 GBO) oder entbehrlich ist (§ 21 GBO).[128] Beachtliche Gründe sprechen dagegen, **C 57**

---

[116] BGHZ 30, 255/258; 35, 139; BayObLG MittBayNot 1996, 377; *Demharter* § 1 Rdn. 46; § 13 Rdn. 5; Meikel/*Böttcher* Einl. F 81 ff.
[117] Meikel/*Böttcher* Einl. F 107 ff.
[118] BayObLG MittBayNot 1996, 377.
[119] KG Rpfleger 68, 224; BayObLGZ 73, 246; *Wolfsteiner* DNotZ 87, 67/70 ff.; *Ertl* DNotZ 90, 684/700.
[120] BayObLGZ 75, 264 = Rpfleger 75, 360; dazu § 10 Rdn. 7 ff.
[121] *Ertl* DNotZ 90, 684/700 unter Hinweis auf BGH DNotZ 83, 309/312.
[122] RZG 139, 213; 145, 324; BGH NJW 67, 1631; BVerfGE 42, 64 = Rpfleger 76, 389; *Stöber* Rpfleger 76, 392; *Vollkommer* Rpfleger 76, 393.
[123] Dazu Meikel/*Böttcher* Einl. F 67.
[124] BGHZ 35, 140 = Rpfleger 61, 233; BayObLGZ 73, 249 = Rpfleger 73, 429; BayObLGZ 74, 336 = Rpfleger 74, 396.
[125] OLG Hamm Rpfleger 73, 137.
[126] OLG Düsseldorf Rpfleger 66, 261.
[127] OLG Hamm Rpfleger 69, 359; BayObLG Rpfleger 71, 430; KG DNotZ 72, 173.
[128] Dazu OLG Köln DNotZ 66, 277.

Einl I. Grundbuchordnung

daß das GBA bei begründeten Zweifeln an der Richtigkeit des GB durch Zwischenverfügung auf Behebung seiner Zweifel hinwirken müsse.[129] Ist das GBA darauf angewiesen, daß mangels anderer Beweismittel die Beteiligten ihm selbst Beweise liefern, sollte es ihnen eine befristete Gelegenheit zum Antritt entsprechender Beweise analog § 18 geben.[130]

5. Rechtliches Gehör

C 58   **Der Anspruch auf rechtliches Gehör besteht auch im GB-Verfahren** (Art. 103 Abs. 1 GG),[131] insbesondere vor GB-Berichtigung aufgrund Unrichtigkeitsnachweises (§ 22 Rdn. 81) und im Beschwerdeverfahren (§ 77 Rdn. 3). Im Antragsverfahren ist das rechtliche Gehör dadurch gewahrt, daß das GBA zur Eintragung die Bewilligung aller Personen benötigt, deren Rechtsstellung durch die Eintragung ungünstiger gestaltet wird oder werden kann (§ 19 Rdn. 56), und vor Antragszurückweisung in den Fällen rückwirkender Heilbarkeit von Eintragungshindernissen den Beteiligten durch Zwischenverfügung Gelegenheit zur Stellungnahme geben muß (§ 18 Rdn. 43).

6. Keine besondere Fürsorgepflicht

C 59   **Eine besondere Fürsorgepflicht des GBA zum Schutz vor Rechtsverlusten hat das GBA in aller Regel nicht.** Denn es darf davon ausgehen, daß der Urkunds- oder Antragsnotar (§ 15 GBO) seinen Amtspflichten nach BNotO und BeurkG nachgekommen ist. Antragsteller, die ohne Notar einen Antrag schriftlich stellen dürfen, sind von der Eintragung begünstigt (§ 13 Abs. 2 GBO), bedürfen also keines besonderen Schutzes durch das GBA.[132]

7. Prüfungspflicht des GBA

C 60   a) **Die Prüfungspflicht hat ihre Rechtsgrundlage im Legalitätsgrundsatz.** Sie dient der Verwirklichung der Gesetzmäßigkeit des GB-Verfahrens und betrifft die verfahrensrechtlichen Eintragungsvoraussetzungen (Einl. A 40 ff. C 80), umfaßt aber auch materiellrechtliche Fragen, die insbesondere für die Eintragungsfähigkeit (Einl. B 1 ff.) und für die Wahrung der Richtigkeit des GB (Einl. C 66 ff.) zu beurteilen sind. Der Mindestumfang der Prüfung ergibt sich aus dem Antrag und den vorgelegten Eintragungsunterlagen. Der Antragsteller kann ihn begrenzen, wenn er nur einzelne Anträge stellt oder nur bestimmte Teile vorgelegter Urkunden „durch Bezugnahme" zum Verfahrensgegenstand macht (§ 19 Rdn. 42).

C 61   b) Die Streitfrage, ob das GBA sein Prüfungsrecht nur innerhalb der durch Antrag und Bewilligung gezogenen Grenzen ausüben darf, wird von der Rspr.[133] und h. M.[134] mit Recht verneint, aber auf die Eintragungsvoraussetzungen beschränkt (Einl. A 40, C 63, 80).[135] Denn das GB-Recht kennt keine Bindung des GBA an das vorgelegte Urkundenmaterial und keine Bindung zwischen den Parteien im Sinne einer materiellen

---

[129] Staudinger/*Gursky* § 891 Rdn. 52; BayObLG DNotZ 1995, 56.
[130] Ertl DNotZ 90, 684/701.
[131] *Eickmann* GBVerfR 2. Kap. § 2 V; Meikel/*Böttcher* Einl. F 68 ff.; *Demharter* § 1 Rdn. 48; vgl. auch BGH Rpfleger 89, 107.
[132] Zur Fürsorgepflicht von Gerichten in anderen Verfahren vgl. BVerfGE 42, 64 = Rpfleger 76, 389; BVerfG Rpfleger 78, 197; *Stöber* Rpfleger 76, 392; *Vollkommer* Rpfleger 76, 393; Quack Rpfleger 78, 197.
[133] BayObLGZ 54, 286/292; 59, 302.
[134] Staudinger/*Gursky* § 873 Rdn. 144 mwN.
[135] S. a. Staudinger/*Gursky* Vorbem. zu § 873 Rdn. 46 mwN.

Rechtskraft (Einl. A 61). An die Erklärungen der Beteiligten ist das GBA nicht gebunden, wenn es weiß, daß sie nicht der Wahrheit entsprechen. §§ 288; 306; 307 ZPO gelten im GB-Recht nicht. Das GBA muß sein Wissen nicht nur zum Nachteil, sondern auch zum Vorteil des Antragstellers verwerten. Außerhalb des Verfahrens erworbenes Wissen hat es aktenkundig zu machen und den Beteiligten zur Stellungnahme mitzuteilen (§ 29 Rdn. 127; Einl. C 58). Geht das GBA über seine Prüfungspflicht hinaus, darf es diesen Teil des Prüfungsergebnisses bei seiner Entscheidung jedenfalls dann nicht verwerten wenn es dadurch eine Amtspflicht verletzen würde (Einl. C 40, 43, 54, 55).

c) Die **Wirksamkeit aller Eintragungsvoraussetzungen** (Einl. A 40; C 80) muß bis zur Eintragung fortbestehen. Hiervon ist nach ihrem einmal erfolgten Eintritt für den Regelfall auszugehen. Bestehen aber aufgrund konkreter Anhaltspunkte berechtigte Zweifel darüber,[136] muß das GBA ihre Behebung durch Zwischenverfügung verlangen. Eignet sich das GB-Verfahren wegen der Beweismittelbeschränkung (§ 29) für die Führung des Nachweises nicht, genügt die Ausräumung bestehender Zweifel; der volle Nachweis kann nicht geführt und darf nicht verlangt werden (§ 29 Rdn. 129 ff.).[137] So genügt z. B. bei ernsthaften, aufgrund Tatsachen beruhender Zweifel an der Geschäftsfähigkeit die Ausräumung dieser Zweifel.[138]

d) Das schuldrechtliche Grundgeschäft ist ohne besonderen Anlaß nicht zu prüfen. Ausnahmen bestehen, wenn das GBA weiß oder konkrete Anhaltspunkte dafür hat, daß es für die Wirksamkeit oder den Inhalt des einzutragenden Rechts oder der Eintragungsvoraussetzungen von Bedeutung ist (dazu Einl. A 41, 42).

e) **Die Regeln der Beweislast** für die Ordnungsmäßigkeit der Eintragungsvoraussetzungen (Feststellungslast) sind im Rahmen der Prüfungspflicht zu beachten und dafür maßgebend, ob und unter welchen Umständen das GBA die Beibringung von Beweisen verlangen, Anträge wegen fehlender Nachweise zurückweisen und wie es (bei einem „non liquet") entscheiden muß, wenn eine entscheidungserhebliche Tatsache im GB-Verfahren ungeklärt bleibt (vgl. § 1 Rdn. 32, 33).[139] Im Antragsverfahren ist die Beweislast verteilt. Den Antragsteller trifft sie für die Ordnungsmäßigkeit der Eintragungsvoraussetzungen (z. B. der Eintragungsbewilligung) bezüglich der Tatsachen, die er auch im Zivilprozeß zur Schlüssigkeit seiner Klage vortragen müßte. Für Einwendungen und Einreden liegt sie dagegen beim GBA, also z. B. für Beeinträchtigungen der Verfügungsmacht, Sittenwidrigkeit, Vertragsaufhebung, Widerruf, Anfechtung, fehlende Geschäftsfähigkeit.[140]

f) Rechtsvermutungen und Regel-/Ausnahmevorschriften sind für die Beweislast von besonderer Bedeutung.[141] Das GBA hat den Inhalt des GB wegen der Vermutung des § 891 BGB den weiteren Eintragungen zugrunde zu legen, sofern es nicht die volle Überzeugung von der Unrichtigkeit der Eintragung oder Löschung erlangt hat. Wer sich auf eine dem GB widersprechende Rechtslage beruft, muß dem GBA die volle Überzeugung von der Unrichtigkeit verschaffen (vgl. § 19 Rdn. 52). Sind die Voraussetzungsnormen, rechtsändernden oder rechtsvernichtenden Normen als Regel-/Ausnahmevorschriften ausgestaltet (z. B. „es sei denn", „dies gilt nicht", „ausgenommen") ist

---

[136] BayObLGZ 59, 297 = DNotZ 60, 50; BayObLGZ 67, 13 = Rpfleger 67, 145; KG DNotZ 72, 18.
[137] S. a. Meikel/*Böttcher* Einl. F 84 ff.; § 18 Rdn. 10 ff.
[138] BayObLGZ 89, 111 = MittBayNot 89, 307.
[139] S. a. Haegele/Schöner/*Stöber* GBR 209 a;
Eickmann Rpfleger 79, 169/174; *Böttcher* MittBayNot 86, 1; *Wolfsteiner* DNotZ 87, 67/74; Meikel/*Böttcher* Einl. F 105 ff.
[140] BayObLGZ 89, 111 = MittBayNot 89, 307; es genügt die Ausräumung bestehender Zweifel.
[141] Meikel/*Böttcher* Einl. F 109, 110.

Einl I. Grundbuchordnung

darauf abzustellen, ob die Regelnorm (z. B. § 39 Abs. 1) oder die Ausnahmenorm (z. B. § 39 Abs 2) für den Antragsteller günstig ist. Für die günstige Ausnahme trifft ihn die Beweislast, für die ungünstige nicht.

8. Pflicht des GBA zur Wahrung der materiell-rechtlichen Richtigkeit des GB

C 66 a) Diese Pflicht wird als die sich aus dem Legalitätsgrundsatz ergebende oberste Pflicht des GBA bezeichnet (Einl. C 10). Im Gesetz ist für sie keine ausdrückliche Vorschrift zu finden. Nur im Amtsverfahren (z. B. §§ 53; 82 ff. GBO) muß das GBA von Amts wegen gegen ein unrichtiges GB einschreiten (Einl. C 50). Im übrigen müssen sich die Beteiligten selbst gegen die Unrichtigkeit des GB schützen (Einl. C 51; § 22 Rdn. 84). Unser Recht nimmt bestimmte Unrichtigkeiten des GB durch Zweckmäßigkeitsvorschriften (§ 19 Rdn. 6; 7; § 21 Rdn. 13; 14) und das vom Antragsgrundsatz beherrschte Berichtigungsverfahren nach §§ 22 bis 26 GBO in Kauf.

C 67 b) Fehlt eine materielle Voraussetzung, die zugleich Verfahrensvoraussetzung ist (Einl. A 49; 50), dann hat das GBA schon aus diesem Grund die Eintragung nach GB-Recht abzulehnen.[142] Eine zusätzliche Begründung, daß es das GB nicht bewußt unrichtig machen darf, ist in solchen Fällen überflüssig (aber in der Rspr. oft zu finden).

C 68 c) **In Fällen des § 20** muß das GBA die ihm vorgelegten Einigungserklärungen der Beteiligten prüfen und die Ordnungsvorschrift des § 20 beachten (§ 20 Rdn. 4). Hat das GBA aufgrund konkreter Anhaltspunkte des Einzelfalles berechtigte Zweifel, ob die in Form des § 29 nachgewiesene Einigung wirksam ist, erstreckt sich seine Aufklärungs- und Prüfungspflicht auch auf diese Umstände. Kommt es zum Ergebnis, daß die Einigung nicht wirksam ist, darf es nicht eintragen (§ 20 Rdn. 4), selbst wenn der Erwerber einen vorgemerkten Anspruch auf die dingliche Rechtsänderung hat (dazu Einl. L 19) oder mit Sicherheit damit gerechnet werden kann, daß eine wirksame Einigung nachfolgen wird. Diese Pflicht ergibt sich aus § 20 GBO, nicht aus dem materiellen Recht (Einl. C 72).[143]

C 69 d) **Zwischen „Eintragungen" und „Löschungen" ist zu unterscheiden** (Einl. C 72). Zu Unrecht gelöschte Rechte bleiben außerhalb des GB bestehen. Sie können entweder (soweit rechtlich noch möglich) im Weg der GB-Berichtigung wieder eingetragen (§ 22 Rdn. 4, 27) oder durch wirksame Nachholung der materiellen Voraussetzungen aufgehoben werden.[144] Bis zu ihrer Wiedereintragung sind sie aber (im Gegensatz zu den unrichtig eingetragenen Rechten (Einl. B 11) aus dem GB nicht ersichtlich, also keine Buchrechte, haben die Buchrechtswirkungen des BGB nicht (Einl. B 11, 14) und sind auch keine Rechte i. S. der GBO (Einl. B 12, 14). Für Löschungen fehlen deshalb die Gründe, die bei Eintragungen dafür sprechen, eine vorübergehende Unrichtigkeit nicht zur Antragszurückweisung ausreichen zu lassen. Das GBA darf das GB durch eine Löschung jedenfalls dann nicht bewußt vorübergehend unrichtig werden lassen, wenn die zur Unrichtigkeit führenden Tatsachen feststehen (Einl. C 64, 65, 70).

C 70 e) Einigkeit besteht darüber, daß die zur Unrichtigkeit führenden Tatsachen zur Überzeugung des GBA feststehen,[145] aber nicht in Form des § 29 nachgewiesen sein müssen.[146] Anders aber, wenn es sich um Erklärungen von Beteiligten handelt.[147] Mög-

---

[142] BayObLGZ 86, 81 = Rpfleger 86, 369.
[143] S. a. Haegele/Schöner/*Stöber* GBR 209 a, 427; Nieder NJW 84, 329/337.
[144] Staudinger/*Gursky* § 875 Rdn. 67.
[145] BGHZ 35, 135/139 = Rpfleger 61, 233/235; BayObLGZ 69, 281; 81, 112; 85, 293; 87, 360.
[146] BayObLGZ 67, 13 = Rpfleger 67, 145; *Demharter* Anh. zu § 13 Rdn. 29.
[147] Dazu Ertl DNotZ 90, 684/700; *Demharter* § 29 Rdn. 63, a. A. BayObLG DNotZ 90, 739.

lichkeiten oder Wahrscheinlichkeiten reichen dazu nicht.[148] Berechtigte Zweifel aufgrund konkreter Umstände verpflichten das GBA zur Aufklärung (Einl. C 57). Nach dem Ergebnis der Prüfung des GBA muß wenigstens ein so hoher Grad an Kenntnis erreicht sein, daß er nach allgemeiner Lebenserfahrung unter Berücksichtigung der Beweislastregeln (Einl. C 64, 65) und der Umstände des Einzelfalles der Gewißheit über die GB-Unrichtigkeit gleichkommt.

f) Die Pflicht des GBA zur Wahrung der materiell-rechtlichen Richtigkeit des GB hat **Ausnahmecharakter.** Die GBO stellt das Interesse an einer möglichst raschen Eintragung höher als das Interesse an der vollständigen Richtigkeit des GB, zumal der Eintragung (oder deren Ablehnung) keine irgendwie geartete Rechtskraftwirkung zukommt. Dies ist h. M. in Rspr.[149] und im Schrifttum.[150] Dabei ist zu beachten, daß ein gutgläubiger Erwerb das GB nicht unrichtig macht (§§ 892, 893 BGB; dazu § 19 Rdn. 100, 114). **C 71**

g) In den Fällen des § 19 GBO genügt eine vorübergehende Unrichtigkeit zur Antragszurückweisung nicht, wenn eine Eintragung beantragt ist (zu den Fällen einer beantragten Löschung vgl. Einl. C 69). Das BGB zwingt nicht zur vorherigen Einigung. Im Gegenteil: Die Eintragung ohne Einigung wird vom BGB allgemein (auch in Fällen des § 20 GBO) zugelassen,[151] in § 879 Abs. 2 BGB ausdrücklich erwähnt und mit materiellen Wirkungen ausgestattet, sog. „Buchrechtswirkungen" (Einl. B 11). Das „Buchrecht" ist zwar ein „noch unvollständiges Recht", aber immerhin ein eingetragenes Recht, gegen das kein Rechtsmittel zulässig ist (§ 71 Rdn. 1) und dessen Beseitigung vom Gesetz den Beteiligten überlassen (§ 22 GBO; § 899 BGB) und nicht dem GBA zur Pflicht gemacht wird. Die GBO setzt verfahrensrechtlich nur in Fällen des § 20 eine vorherige Einigung voraus. Der Umkehrschluß daraus: In Fällen des § 19 hat auch das Verfahrensrecht keine Bedenken gegen eine vorübergehende Unrichtigkeit des GB, sofern die Einigung wirksam nachgeholt werden kann und nach allgemeiner Lebenserfahrung unter Berücksichtigung der Umstände des Einzelfalles nachgeholt werden wird.[152] Diese Auffassung wird zwar von Meikel/*Böttcher* (Einl. F 124 ff.) abgelehnt. Für die Fälle, in denen das GB durch eine Eintragung vorübergehend unrichtig wird, entspricht sie aber der jetzt h. M.[153] und der Rspr.:[154] Die Möglichkeit einer nur vorübergehenden Unrichtigkeit bis zur Nachholung der Einigung, Briefübergabe oder sonstiger Entstehungsvoraussetzungen ist kein Hinderungsgrund für die Eintragung. **C 72**

h) Eine unrichtige Eintragung ist eine wirksame Eintragung. Sie kann, aber muß nicht eine Amtspflichtverletzung enthalten (vgl. § 53 GBO; Einl. B 60)[155] und kann nachträglich richtig werden (§ 22 Rdn. 8). Umgekehrt kann das GBA mit der zu einem richtigen GB führenden Eintragung gegen eine Amtspflicht verstoßen, wenn es eine Ordnungsvorschrift verletzt.[156] **C 73**

---

[148] BayObLGZ 81, 110/112.
[149] BGH DNotZ 86, 227/228; BayObLGZ 79, 434/437; 81, 110/112 = DNotZ 81, 750; OLG Hamm Rpfleger 73, 137; DNotZ 79, 752/757.
[150] Staudinger/*Gursky* § 873 Rdn. 227 und § 891 Rdn. 50 ff.; Haegele/Schöner/*Stöber* GBR 209 a; *Demharter* Anh. zu § 13 Rdn. 29; *Schmidt* MittBayNot 78, 89; *Ritzinger* BWNotZ 81, 6/10; *Wolfsteiner* DNotZ 87, 67/77; *Ertl* DNotZ 90, 684/702.
[151] Staudinger/*Gursky* § 873 Rdn. 230.
[152] OLG Hamm Rpfleger 73, 137.
[153] BayObLGZ 86, 81 = DNotZ 87, 98; *Demharter* Anh. zu § 13 Rdn. 29; *Wolfsteiner* DNotZ 87, 67/74.
[154] BGH DNotZ 86, 227/228.
[155] Dazu BGH Rpfleger 86, 215.
[156] BayObLGZ 56, 483 = DNotZ 58, 397.

Einl I. Grundbuchordnung

C 74 i) Einzelfälle, in denen das GBA die beantragte Eintragung nicht vornehmen darf: Kenntnis des GBA, daß dem Erwerber durch einstweilige Verfügung oder Urteil der Erwerb des dinglichen Rechts oder die Durchführung der GB-Eintragung verboten ist (§ 19 Rdn. 204; § 20 Rdn. 70 ff.); daß Widerspruch nach § 899 BGB deshalb unzulässig ist, weil das GB nicht unrichtig geworden sein kann,[157] Verstoß gegen ein gesetzliches Verbot i. S. § 134 BGB.[158] Sehr zweifelhaft aber, ob andere Nichtigkeitsgründe, z. B. Sittenwidrigkeit (§ 138 BGB),[159] Wucher (§ 138 Abs. 2 BGB),[160] Verstoß gegen Treu und Glauben (§ 242 BGB) im GB-Verfahren abschließend (Einl. C 70) beurteilt werden können.[161]

9. AGB-Kontrolle durch das Grundbuchamt[162]

C 75 Zu Sonderfragen der AGB-Kontrolle bei Vormerkungen (Einl. G 15), Wohnungseigentum (Einl. E 86; 87),[163] Erbbaurecht (Einl. F 36), Hypotheken (Einl. S 19; H 20).

a) **Die Meinungen im Schrifttum**[164] reichen von der Ablehnung und Beschränkung der GB-Kontrolle auf Ausnahmefälle aus Sorge um die Sicherheit und Schnelligkeit des GB-Verfahrens (so die überwiegende Lit. zur GBO) bis zur Bejahung einer uneingeschränkten und z. T. über den Gesetzeswortlaut hinausgehenden Kontrollpflicht des GBA.[165] Die Rspr. hatte sich bisher fast nur mit Fällen von Formularhypotheken zu befassen.[166] Rspr. und Lit. zur AGB-Kontrolle haben weit mehr als bei früheren Anlässen (z. B. zu § 1365 BGB) zur Klärung vieler Zweifelsfragen der Aufklärungs- und Prüfungspflicht des GBA beigetragen. Sie haben deshalb für Umfang und Grenzen der im Gesetz nicht geregelten Pflichten des GBA über den aktuellen Anlaß hinaus auch für die Zukunft eine große Bedeutung. Die zweifellos vorhandenen Verstöße gegen das AGBG und andere Vorschriften (z. B. §§ 138, 242 BGB) können aber – wie die Rspr. zeigt – meist nicht im GB-Verfahren, sondern erst später bei der Ausübung des eingetragenen Rechts beanstandet oder verhindert werden. Vgl. dazu die Rspr. des BGH.[167]

C 76 b) Das Anwendungsgebiet des AGBG im Sachenrecht ist beschränkt. Denn es ist ein materiellrechtliches Sondergesetz zur Verhinderung des Mißbrauchs der vom Klauselverwender allein in Anspruch genommenen Vertragsgestaltung[168] und ist nur auf den der Vertragsfreiheit zugänglichen Inhalt dinglicher Rechte (§ 22 Rdn. 40) anwendbar. Deshalb kann auf eine nach § 134 oder § 138 BGB nichtige Einigung das AGBG nicht

---

[157] BayObLGZ 74, 263 = DNotZ 75, 149/150.
[158] BGHZ 76, 371 = DNotZ 80, 475; Haegele/Schöner/*Stöber* 210.
[159] BGH Rpfleger 1997, 152; Staudinger/*Gursky* § 873 Rdn. 132.
[160] Staudinger/*Gursky* § 873 Rdn. 138.
[161] Haegele/Schöner/*Stöber* a. a. O.; offen gelassen in BayObLGZ 79, 434/437; 81, 110/112.
[162] Dazu *Eickmann* GBVerfR 6. Kap. § 2 V; Haegele/Schöner/*Stöber* GBR 211 ff.; Meikel/*Böttcher* Anh. zu § 18 Rdn. 105 ff.; *Demharter* § 19 Rdn. 41. *Eickmann* Rpfleger 1978, 1; *Heß* BWNotZ 1978, 1; *Schmidt* MittBayNot 1978, 89; *Schmid* BB 1979, 1639; Schöner DNotZ 1979, 624; *Böhringer* BWNotZ 1980, 129; *Schmitz* MittBayNot 1982, 57; *Schlenker* (Diss. Tübingen 1982).
[163] BayObLGZ 88, 287 = DNotZ 89, 430 m. Anm. *Weitnauer* = Rpfleger 90, 160 m. Anm. *Böttcher*.
[164] Überblick bei Haegele/Schöner/*Stöber* GBR 211.
[165] So *Schlenker* a. a. O. und die Lit. zum AGBG, die meist nicht auf die grundbuchrechtliche Problematik eingeht.
[166] Vgl. Rspr.-Überblick bei *Ertl* DNotZ 81, 155; ferner BayObLG Rpfleger 81, 297; 81, 396.
[167] *Eickmann* ZIP 89, 137; zur Sicherungsvereinbarung bei Grundschulden DNotZ 82, 314; 87, 487; 87, 493; 87, 495; 88, 484; 89, 609; 89, 618; 89, 621; 92, 562; NJW 1994, 1796 und bei Dienstbarkeiten DNotZ 88, 572; 88, 576; 90, 169.
[168] *Heinrichs* NJW 77, 1505.

angewandt werden.[169] In den der AGB-Prüfung unterliegenden Fällen geht es nicht um die Fragen der Eintragungsfähigkeit (Einl. B 1 ff.) oder Unwirksamkeit der GB-Eintragung (Einl. B 45 ff.), wie *Schlenker, Meikel/Böttcher* (Anh. zu § 18 Rdn. 126) und *H. Schmid* (Rpfleger 87, 133) zu Unrecht meinen, sondern darum, ob das GB durch die Eintragung eines nach AGBG „unwirksamen" oder „teilweise unwirksamen" Rechts unrichtig werden würde (§ 894 BGB) oder ob und wie später die Ausübung des wirksam eingetragenen Rechts verhindert werden kann.[170] Soweit ersichtlich ist die Auffassung von *Schlenker* in der Rspr. noch nirgends vertreten worden.

c) Für AGB-Kontrolle im GB-Verfahren gelten die allgemeinen Normen und Grundsätze des GB-Rechts. Denn das AGBG enthält keine besonderen Grundbuchvorschriften. Dies ist jetzt h. M. in der Rspr.[171] und Lit.[172] **C 77**

d) AGB-Kontrolle gehört nur dann zu den Rechten und Pflichten des GBA (Einl. C 43), wenn es im Einzelfall aufgrund konkreter Anhaltspunkte berechtigte Zweifel hat, ob es wegen einer zu befürchtenden GB-Unrichtigkeit die Eintragung verweigern muß (Einl. C 56; 57). Antragszurückweisung (nach Zwischenverfügung; § 18 Rdn. 43 ff.) ist nur zulässig, wenn das GBA weiß, daß eine AGB vorliegt (Einl. C 70) und durch die Eintragung das GB in Fällen des § 20 vorübergehend (Einl. C 68; 71) und in Fällen des § 19 dauernd unrichtig werden würde (Einl. C 72). Die AGB-Kontrolle würde das GBA wegen der Abhängigkeit von Wertungen vor beträchtliche Schwierigkeiten stellen; daher ist sie grundsätzlich dem Prozeßgericht zu überlassen.[173] **C 78**

e) Praktische Bedeutung hat die AGB-Kontrolle im GB-Verfahren nur, wenn formularmäßige Klauseln Bestandteil der Bewilligung (§ 19) sind, am ehesten denkbar im Hypothekenrecht bei Verstößen gegen § 11, eingeschränkt bei Verstößen gegen § 10 und nur in extremen Ausnahmefällen bei Verstößen gegen § 9 AGBG (dazu Einl. C 75). Wegen § 6 AGBG bedarf das Grundgeschäft und folglich auch die Eintragung einer Vormerkung zur Sicherung des schuldrechtlichen Anspruchs durchwegs keiner Prüfung.[174] Nach der hier vertretenen Meinung liegen die Voraussetzungen einer AGB-Prüfung nicht vor bei der Eintragung von Regelungen nach §§ 10 ff. WEG (Einl. E 87) und von Vereinbarungen nach § 2 ErbbVO (Einl. F 36) und sind vermeidbar bei Formularhypotheken durch den Vermerk eines Widerspruchs gem. § 1157 BGB (Einl. H 20). **C 79**

VI. Umfang der Prüfung des Grundbuchamts

Als Folge des Legalitätsgrundsatzes richtet sich dieser Umfang nach allen im konkreten Einzelfall einschlägigen Gesetzen. Das GBA hat die Eintragungsvoraussetzungen (Einl. A 40, 42) zu prüfen, insbesondere: **C 80**

1) seine Zuständigkeit (§ 1)
2) Eintragungsfähigkeit (Einl. B 1 ff.)
3) Eintragungsantrag (§ 13): Wirksamkeit, Inhalt, Form, Antragsrecht
4) Eintragungsbewilligung (§ 19): Wirksamkeit, Inhalt, Form, Bewilligungsberechtigung des Betroffenen, Erwerbsfähigkeit des Erwerbers, nicht dessen Rechtsfähigkeit

---

[169] BGHZ 76, 371 = DNotZ 80, 475; dazu *Vogt* LM Nr. 2 zu § 1136 BGB.
[170] *Ertl* Rpfleger 80, 1/8; DNotZ 81, 149/159; Haegele/Schöner/*Stöber* GBR 212.
[171] OLG Hamm Rpfleger 79, 405; BayObLGZ 79, 434 = DNotZ 80, 357; Rpfleger 81, 297; 81, 396.
[172] Haegele/Schöner/*Stöber* GBR 211; *Schmidt* MittBayNot 78, 89; *Ritzinger* BWNotZ 81, 6; *Schmitz* MittBayNot 82, 57.
[173] *Demharter* § 19 Rdn. 41; Haegele/Schöner/*Stöber* GBR 212.
[174] Haegele/Schöner/*Stöber* GBR 218.

5) Einigung nur in Fällen des § 20: Wirksamkeit, Inhalt, Form, Verfügungsbefugnis des Veräußerers, Rechts- und Erwerbsfähigkeit des Erwerbers
6) Voreintragung des Betroffenen (§§ 39; 40)
7) notwendige Zustimmung Dritter, wenn sie durch die Eintragung betroffen sind oder sein können;
8) behördliche Genehmigungen
9) Negativzeugnis zum VorkR nach BauGB (§ 28 Abs. 1 S. 2);
10) bei Briefrechten Briefvorlage (§§ 41 ff.)
11) bei Erklärungen durch Bevollmächtigte deren Vertretungsmacht;
12) bei Verfahren auf Ersuchen einer Behörde: Besonderheiten des § 38
13) bei konkretem Anlaß das schuldrechtliche Geschäft (Einl. A 41; 42).

2. TEIL

Eintragungsfähigkeit der einzelnen Rechte und Vermerke
(Abschnitte D—T)

Vorbemerkung

Die Eintragungsfähigkeit der einzelnen Rechte und Vermerke ist zwar überwiegend im materiellen Recht geregelt. Sie muß aber in jedem Eintragungsverfahren vom GBA als Vorfrage geprüft und entschieden werden. In einem Kommentar des Grundbuchrechts können diese Fragen des materiellen Rechts weder übergangen noch in allen Einzelheiten behandelt werden. Wir wollen mit einer zusammengefaßten Darstellung der in vielen Gesetzen verstreuten Vorschriften den Benützern unseres Buches eine — wie wir meinen — notwendige Hilfe leisten und die wichtigsten Fundstellen aufzeigen.

Die allgemeinen Rechtsgrundlagen der Eintragungsfähigkeit haben wir in Abschnitt B im 1. Teil, die Fragen der Eintragungsfähigkeit der einzelnen Rechte und Vermerke im 2. Teil jeweils in einem eigenen Abschnitt zusammengefaßt. Dabei halten wir uns grundsätzlich an die gebräuchliche Einteilung in vier Gruppen von dinglichen Rechten, Eigentum, Erwerbsrechte, Nutzungsrechte und Verwertungsrechte und getrennt davon in die Gruppe der nicht zu den dinglichen Rechten gehörenden Eintragungen.[1]

Der Eintragungsfähigkeit der Verpfändung und Pfändung haben wir keinen eigenen Abschnitt gewidmet. Auf sie gehen wir bei den Rechten ein, an denen das Pfandrecht außerhalb des Grundbuchs entsteht.

Wegen der **Mustervorschläge für Eintragungsvermerke** verweisen wir auf die Kommentierung der GBVerf und WE-GBVerf.

GRUPPE 1

Eigentum und Erbbaurecht

Als Eigentum im Sinn des bürgerlichen Rechts gehören in diese Gruppe nur das Alleineigentum, Miteigentum, Gesamthandseigentum und Wohnungseigentum. Die Eigenschaft des Erbaurechts als grundstücksgleiches Recht, die wirtschaftlich im Verkehr mit Erbbaurechten im Vordergrund steht, hat uns dazu veranlaßt, das Erbbaurecht in dieser Gruppe zu behandeln, obwohl es rechtlich zu den Nutzungsrechten und der Erbbauzins zu den Verwertungsrechten gehört.

---

[1] Staudinger/*Seiler* Einl. 22, 23 zu § 854; MünchKomm/*Quack* Einl. 20 zum SachenR; Palandt/*Bassenge* Anm. 2 Einl. vor § 854 BGB.

ABSCHNITT D
Eigentum an Grundstücken und rechtlich selbständigen Gebäuden

Übersicht

	Rdn.		Rdn.
I. Eintragungsfähigkeit des Eigentums	D 1–D 5	IV. Regelungen der Miteigentümer nach § 1010 BGB	D 22–D 33
II. Eintragungsfähigkeit der Eigentumsbeschränkungen	D 6–D 9	V. Gesamthandseigentum	D 34–D 43
III. Miteigentum nach Bruchteilen	D 10–D 21	VI. Bestellung von Eigentümerrechten	D 44–D 48
		VII. Das Gebäudeeigentum	D 49–D 56

I. Eintragungsfähigkeit des Eigentums

Literatur:

Vgl. Kommentare zu § 903 BGB.

1. Wesen und Inhalt des Eigentums

D 1 Das Eigentum ist das umfassendste dingliche Recht an einer Sache, dessen Inhalt sich aus dem Gesetz (Art. 14 GG; § 903 BGB), nicht aus dem Grundbuch ergibt. Eintragungsfähig und -bedürftig sind (§ 9 GBV): die Person des oder der Eigentümer; die am öffentlichen Glauben nicht teilnehmende sachenrechtliche Grundlage der Eigentumseintragung, z. B. Auflassung, Erbschein, Testament, Zuschlagsbeschluß, Enteignungsbeschluß. Von den zahlreichen Eigentumsbeschränkungen[1] sind nur einzelne eintragungsfähig (Einl. D 6 ff.).

2. Arten des Eigentums

D 2 a) Das BGB kennt nur Alleineigentum, Miteigentum nach Bruchteilen, Gesamthandseigentum und nach WEG Wohnungs- und Teileigentum sowie Stockwerkseigentum nach Art. 131 und 182 EGBGB; im Beitrittsgebiet gibt es das aus dem Recht der DDR fortgeführte Gebäudeeigentum, dazu unten D 49 ff.

D 3 b) **Nicht eintragungsfähig**, weil mit dem geltenden Recht unvereinbar, sind: Gesamtberechtigungsverhältnis mehrerer Eigentümer nach § 428 BGB;[2] Ober- und Untereigentum;[3] Treuhandeigentum, da treuhänderische Bindungen nur schuldrechtliche Wirkung haben;[4] wirtschaftliches Eigentum i. S. von § 39 Abs. 1 Nr. 2 AO und Bergwerkseigentum gem. § 9 Abs. 1 BBergG.

D 4 c) **Beim Eigentum mehrerer Personen** ist zwischen Miteigentum nach Bruchteilen (Einl. D 10) und den verschiedenen Arten von Gesamthandseigentum (Einl. D 34) zu unterscheiden. Deshalb verlangt § 47 GBO die Angabe des Gemeinschaftsverhältnisses.

D 5 d) **Bezeichnungsarten:** OHG und KG sowie Partnergesellschaft und EWiV sind unter ihrer Firma (§ 124 Abs. 1 HGB), Alleininhaber eines Handelsunternehmens unter ihrem Namen, juristische Personen unter ihrem Namen oder Firma im GB einzutragen (§ 15 GBV Rdn. 4 ff.).

---

[1] Palandt/*Bassenge* § 903 Rdn. 11 ff.
[2] BayObLGZ 63, 128 = DNotZ 64, 343.
[3] RGRK § 1008 Rdn. 15.
[4] Palandt/*Bassenge* § 903 Rdn. 33; RGRK § 903 Rdn. 3.

II. Eintragungsfähigkeit der Eigentumsbeschränkungen

Literatur:

Vgl. Kommentare zu §§ 912 ff. BGB; *Sichtermann* Bedeutung und Behandlung der Eintragungen in Abt. II des Grundbuchs.

1. Arten

Die Beschränkungen des Eigentums sind entweder öffentlich- oder privatrechtlicher Art; die privatrechtlichen teils gesetzlich, teils vertraglich. Ihre Eintragungsfähigkeit ist unterschiedlich geregelt. Zu den Verfügungsbeschränkungen Einl. J 1 ff. **D 6**

2. Die im privaten Nachbarrecht geregelten gesetzlichen Beschränkungen sind weder eintragungsfähig noch eintragungsbedürftig, z. B. die gesetzliche Pflicht zur Duldung eines Überbaues (§ 912 BGB) oder Notweges (§ 917 BGB). Als Grunddienstbarkeit können aber die vom Gesetz nach Umfang oder Inhalt abweichenden oder zur Beseitigung von Zweifeln klarstellenden Vereinbarungen über den Überbau oder Notweg eingetragen werden.[5] **D 7**

3. Überbaurente (§ 913) und Notwegrente (§ 917 BGB)

a) **Diese Renten sind nicht eintragungsfähig.** Sie ruhen auf dem rentenpflichtigen Grundstück als gesetzliche Last ohne Eintragung mit Rang vor allen (auch älteren) Rechten (§§ 914 Abs. 1 und 2; 917 Abs. 2 BGB).[6] **D 8**

b) **Vertragliche Regelungen über diese Renten** wirken gegen Dritte nur bei GB-Eintragung (z. B. Feststellung der Höhe, Inhaltsänderung, Verzicht), die in Abt. II des Blattes des rentenpflichtigen Grundstücks erfolgt und nach § 9 GBO am rentenberechtigten Grundstück vermerkt werden kann.[7] **D 9**

III. Miteigentum nach Bruchteilen

Literatur:

Vgl. Kommentare zu §§ 741, 1008 BGB.

1. Miteigentum nach Bruchteilen (§ 1008 BGB) ist eine Eigentumsart, deren Wesen sich aus der Bruchteilsgemeinschaft ergibt (§§ 741 ff. BGB). Das Eigentumsrecht mehrerer Personen erstreckt sich zwar auf das ganze Grundstück, aber nur in einem ziffernmäßig bestimmten ideellen (= gedachten) Anteil. Das Anteilsrecht eines jeden Miteigentümers ist echtes Eigentumsrecht, über das er nach den sachenrechtlichen Grundsätzen (§§ 873; 925 BGB) und den unabdingbaren Grundregeln der §§ 741; 747 BGB frei verfügen kann.[8] **D 10**

---

[5] BGHZ 15, 216; BGH LM § 912 Nr. 9; BGH DNotZ 77, 366; Palandt/*Bassenge* § 912 Rdn. 11; § 917 Rdn. 11; Staudinger/*Roth* § 912 Rdn. 70.

[6] Staudinger/*Roth* § 914 Rdn. 2 ff.

[7] BayObLG Rpfleger 76, 180 = DNotZ 77, 111; OLG Düsseldorf Rpfleger 78, 16; OLG Bremen DNotZ 65, 295; KG Rpfleger 68, 52 zust. *Haegele*; Staudinger/*Roth* § 914 Rdn. 5; Münch Komm/*Säcker* § 914 Rdn. 4; a. A. *Bessell* DNotZ 65, 297; 68, 617.

[8] BGHZ 36, 368; Staudinger/*Gursky* § 1008 Rdn. 2, 6.

2. Rechtsverhältnis der Miteigentümer untereinander

D 11 a) **Das Innenverhältnis** richtet sich nach §§ 741 ff. BGB, die in beschränktem Umfang abweichende oder ergänzende Regelungen teils durch Vertrag, teils durch Mehrheitsbeschluß (§§ 745; 749 Abs. 2 BGB) und nach § 1010 BGB Vereinbarungen mit verdinglichten Wirkungen gestatten (Einl. D 22 ff.) und zusammen wie nach §§ 10 ff. WEG eine Art Statut bilden (Einl. E 71 ff.).

D 12 b) Der Miteigentümer tritt in diese Gemeinschaft auch beim rechtsgeschäftlichen Erwerb und auch wenn er es nicht weiß oder nicht will, kraft Gesetzes mit dem Erwerb des Miteigentumsanteils ein und scheidet aus ihr mit dem Verlust seines Eigentums aus.[9] Eine Anwachsung seines Anteils (§ 738 BGB) ist ausgeschlossen.

D 13 3. **Bruchteilseigentum entsteht** durch rechtsgeschäftlichen oder gesetzlichen Eigentumsübergang auf mehrere Personen, sofern sich nicht aus dem Gesetz oder aus den Vereinbarungen ein anderes Gemeinschaftsverhältnis ergibt.[10] Zum Erwerb eines Miteigentumsanteils vgl. § 20 Rdn. 96 ff.; § 28 Rdn. 17.

D 14 a) **Unzulässig** ist die quotenmäßige Vorratsteilung des Alleineigentums in gewöhnliches Miteigentum (anders § 8 WEG; Einl. E 12) und Neubelastung eines Miteigentumsanteils (Quotenbelastung) durch den Alleineigentümer.[11]

D 15 b) **Am Miteigentumsanteil kann keine Bruchteilsgemeinschaft entstehen.**[12] Bei Teilveräußerung spaltet sich der Anteil in neue Bruchteile. Durch Hinzuerwerb vereinigen sich die Anteile des gleichen Miteigentümers. Mit der Vereinigung aller Anteile in einer Hand verwandelt sich Bruchteilseigentum kraft Gesetzes in Alleineigentum. Diese Regeln werden durchbrochen bei Bruchteilsgemeinschaften besonderen Rechts,[13] z. B. nach WEG[14] und in Sonderfällen (Einl. D 18).

D 16 c) Die „**Auflassung eines halben Miteigentumsanteils**" durch alle Miteigentümer an einen Dritten hat die nächstliegende Bedeutung, daß jeder Veräußerer die Hälfte seines Miteigentumsanteils an den Erwerber übertragen und der Erwerber diese Anteile erwerben will.[15] Ebenso wenn „A und B ihr Grundstück an X und Y zum Miteigentum je zur Hälfte" auflassen. Anders wenn A seinen Hälfteanteil an X und B seinen Hälfteanteil an Y aufläßt, was bei unterschiedlicher Belastung der Anteile von Bedeutung ist.

D 17 d) Strittig, ob beim **Erwerb durch Gesamthänder** (z. B. Ehegatten in Gütergemeinschaft) zuerst wenigstens eine logische Sekunde Bruchteilseigentum entstehen und erst dann kraft Gesetzes in Gesamthandseigentum übergehen kann.[16]

D 18 4. **Die Selbständigkeit eines auf den Alleineigentümer übergegangenen Miteigentumsanteils muß ausnahmsweise aufrecht erhalten bleiben,** wenn der Anteil im Zeitpunkt der Belastung noch im Eigentum eines Dritten stand und der vom nunmehrigen Alleineigentümer hinzuerworbene Eigentumsbruchteil einer besonderen, die Ausscheidung aus dem Alleineigentum zulassenden oder gebietenden Rechtszuständigkeit unterliegt.[17]

---

[9] Staudinger/*Langhein* § 747 Rdn. 30.
[10] Staudinger/*Langhein* § 741 Rdn. 224.
[11] BGHZ 49, 253 = Rpfleger 68, 114.
[12] BGHZ 13, 141 = NJW 54, 1035.
[13] Staudinger/*Langhein* § 741 Rdn. 177 ff.
[14] BGHZ 49, 250/252.
[15] BayObLGZ 77, 189 = Rpfleger 77, 360; OLG Frankfurt Rpfleger 78, 213.
[16] Zur Durchgangs- und Unmittelbarkeitstheorie *Hofmann* FamRZ 72, 117; *Tiedtke* FamRZ 76, 510. Dazu wohl im Sinne der Unmittelbarkeitstheorie BGHZ 82, 346 = Rpfleger 82, 135; vgl. auch § 20 Rdn. 99 ff.
[17] Dazu BayObLGZ 74, 466 = Rpfleger 75, 90; BayObLG DNotZ 71, 659; BGH ZIP 85, 372. Vgl. § 7 Rdn. 11 ff.

5. Der Miteigentümer kann seinen Anteil frei veräußern und belasten (§ 747 S. 1 BGB). Nur die Bestellung eines auf Nutzung des ganzen Grundstücks oder realen Teiles gerichteten dinglichen Rechts an einem ideellen Bruchteilsanteil ist praktisch nicht möglich und daher rechtlich nicht zulässig,[18] auch nicht bei Regelungen nach § 1010 BGB (Einl. D 22 ff.). Zur Verfügung über Miteigentumsanteile vgl. § 20 Rdn. 96 ff.; § 28 Rdn. 17; zur Belastung mit Nießbrauch Einl. N 2.

D 19

6. An der Veräußerung und Belastung des ganzen Grundstücks müssen alle Miteigentümer mitwirken.[19] Ist dies nicht der Fall, können die Erklärungen nicht als Verfügung nur über die Anteile der mitwirkenden Miteigentümer umgedeutet werden, auch dann nicht, wenn zunächst alle mitgewirkt haben und die Erklärungen eines von ihnen unwirksam sind oder werden.[20] Bei Bestellung einer Gesamthypothek an zwei Miteigentumsanteilen hat die Unwirksamkeit der Bestellung an einem nicht ohne weiteres die Unwirksamkeit der Bestellung am anderen Anteil zur Folge.

D 20

7. GB-Eintragung von Miteigentum nach Bruchteilen erfolgt in Abt. I unter Angabe der Größe der Bruchteile (§ 47 GBO); dazu § 9 GBV. Buchmäßige Verselbständigung der Miteigentumsanteile ist nach § 3 Abs. 4, 5 GBO möglich (§ 3 Rdn. 3). Wird der Anteil an einer Erbengemeinschaft geteilt, entsteht eine Bruchteilsgemeinschaft am Erbteil, die aus praktischen Gründen im GB eingetragen werden kann, obwohl rechtlich keine Bruchteilsgemeinschaft am Nachlaßgrundstück entsteht.[21] Die a. A.[22] wird überwiegend abgelehnt. Überträgt aber ein Miterbe seinen Anteil an alle übrigen Miterben, so entsteht insoweit keine Bruchteilsgemeinschaft; er wächst den Miterben zur gesamten Hand an.[23]

D 21

IV. Regelungen der Miteigentümer nach § 1010 BGB

Literatur:

Vgl. Kommentare zu § 1010 BGB; zur Verdinglichung vgl. § 22 Rdn. 39; *Sichtermann* Bedeutung und Behandlung der Eintragungen in Abt. II des Grundbuchs (Rdn. 13); Haegele/Schöner/*Stöber* (GBR 1459 ff.)

1. Durch GB-Eintragung als „Belastung eigener Art", die keinem der sonst im BGB vorkommenden Typen von dinglichen Rechten entspricht,[24] können die Miteigentümer ihr Rechtsverhältnis untereinander nach § 1010 BGB regeln. Bestellung, Änderung und Aufhebung dieser „Belastung" richten sich nach h. M. materiell nach §§ 873 ff. BGB und formell nach § 19 GBO.[25]

D 22

---

[18] § 7 Rdn. ff.; Staudinger/*Langhein* § 747 Rdn. 13; BGHZ 36, 187/188 = NJW 62, 634; KG DNotZ 75, 105.

[19] RGZ 146, 364; BGHZ 36, 368; Palandt/*Bassenge* § 1008 Rdn. 4.

[20] OLG Düsseldorf JMBl. NRW 59, 180; Staudinger/*Langhein* § 747 Rdn. 74.

[21] OLG Düsseldorf Rpfleger 68, 188; OLG Köln Rpfleger 74, 109; *Demharter* § 47 Rdn. 9; Palandt/*Bassenge* § 1008 Rdn. 3; *Haegele* Rpfleger 68, 173.

[22] BayObLGZ 67, 405 = Rpfleger 68, 187.

[23] BayObLGZ 80, 328.

[24] BayObLGZ 73, 84 = Rpfleger 73, 246; BayObLG DNotZ 76, 744; OLG Hamm DNotZ 73, 546.

[25] Staudinger/*Gursky* § 1010 Rdn. 5; dort auch Hinweise zur − umstrittenen − dogmatischen Erklärung und zu abw. Auffassungen.

2. Wirkungen

D 23 a) **Wirkungen gegen alle späteren Sondernachfolger** erhalten diese Regelungen nur durch GB-Eintragung, ohne Eintragung nach h. M.[26] selbst dann nicht, wenn der Sondernachfolger sie kennt,[27] Wirkungen gegen Gesamtrechtsnachfolger immer. Die Wirkungen bestehen nur untereinander (= „inter partes"), also nicht wie bei echten dinglichen Rechten absolut gegen alle.[28]

D 24 b) **Wirkungen für** Sondernachfolger und Gesamtrechtsnachfolger haben die Regelungen auch ohne Eintragung.[29]

D 25 c) **Eintragungen nach § 1010 sind keine Verfügungsbeschränkung.**[30] Ein Verstoß ist zwar vertragswidrig, aber sachenrechtlich wirksam; z. B. Nießbrauchbestellung für einen Dritten an einem Miteigentumsanteil, wenn jedem von drei Miteigentümern das Recht zur Verwaltung und Alleinnutzung an einem der drei auf dem Grundstück stehenden Gebäude zugewiesen ist.[31]

D 26 3. **Eintragungsfähig** als „Belastung einzelner oder aller Miteigentumsanteile" sind die Regelungen nur bei Bruchteilseigentum, nicht bei Gesamthandseigentum, auch bei Alleineigentum belastet mit Bruchteilsnießbrauch.[32] Sie stehen in einem echten Rangverhältnis zu anderen Belastungen, erlöschen mit der Beendigung des Gemeinschaftsverhältnisses und werden in Abteilung II des GB eingetragen. Es genügt der Eintragungsvermerk „Verwaltungs- und Benützungsregelung";[33] auf Bewilligung und allgemein zugängliche Karte kann Bezug genommen werden.

D 27 4. **Der Berechtigte dieser Belastung** muß in der Bewilligung und im GB bezeichnet werden.[34]

Berechtigte können sein:

D 28 a) **subjektiv-dinglich** die jeweiligen Eigentümer einzelner oder aller übrigen Miteigentumsanteile; schließen alle Miteigentümer für immer die Aufhebung ihrer Gemeinschaft aus, dann ist dies in der Regel als Belastung aller Anteile zugunsten der jeweiligen Eigentümer aller übrigen Anteile zu verstehen;[35]

D 29 b) **subjektiv-persönlich:** alle oder einzelne Miteigentümer, deren Berechtigung dann mit dem Verlust ihres Miteigentums erlischt.[36]

D 30 c) **strittig ob auch Dritte,**[37] Zutreffend wird dies jedoch abgelehnt,[38] weil § 1010 nur die Verdinglichung der das Rechtsverhältnis der Miteigentümer untereinander betreffenden Regelungen zuläßt,[39] und für Benützungsrechte Dritter Dienstbarkeiten bestellt werden können. Zur gleichen Rechtslage nach § 10 WEG vgl. Einl. E 71 ff.

---

[26] Krit. Staudinger/*Gursky* § 1010 Rdn. 1; *Ertl* DNotZ 79, 267/271; *Fischer* LM Nr. 1 zu § 1010.
[27] OLG München NJW 55, 637.
[28] OLG Köln DNotZ 71, 373/376.
[29] OLG München NJW 55, 637; BayObLG Rpfleger 80, 478; Staudinger/*Langhein* § 746 Rdn. 3.
[30] BayObLG DNotZ 82, 250/251; *Walter* DNotZ 75, 518.
[31] BGHZ 40, 326 = NJW 64, 648.
[32] Staudinger/*Frank* § 1066 Rdn. 15, 16; *Erman*/*Michalski* § 1010 Rdn. 4; a. A. LG München I MittBayNot 72, 294.
[33] BayObLGZ 73, 84 = Rpfleger 73, 246.
[34] BayObLG DNotZ 76, 744; OLG Hamm Rpfleger 73, 167; BayObLG MittBayNot 81, 183.
[35] BayObLG DNotZ 76, 744; BayObLG MittBayNot 81, 183.
[36] BayObLG MittBayNot 64, 275; OLG Hamm DNotZ 73, 546.
[37] Ja: OLG Hamm a. a. O.; *Hilgers* MittRhNotK 70, 627; offengelassen: BayObLG MittBayNot 81, 183.
[38] *Pöschl* BWNotZ 74, 79; *Fleitz* BWNotZ 77, 36, 40.
[39] Staudinger/*Gursky* § 1010 Rdn. 6; *Ertl* Rpfleger 79, 81.

5. Eintragungsfähig sind nur die in § 1010 bestimmten Regelungen über die Verwaltung und Benutzung (§§ 744 ff. BGB), Ausschluß des Anspruchs auf Aufhebung der Gemeinschaft (§§ 749 ff. BGB), Weiterbestehen der in §§ 755; 756 BGB genannten Ansprüche gegen Sondernachfolger;[40] wegen des praktischen Bedürfnisses und der Lebenserfahrung, daß Regelungen über Nutzen und Lasten zusammengehören, ist die Eintragungsfähigkeit der Pflicht zur Lasten- und Kostentragung zu bejahen.[41]   **D 31**

6. Nicht eintragungsfähig sind z. B. Teilungsvereinbarungen,[42] Vereinbarungen gegen zwingendes Recht z. B. §§ 741; 747; 749 Abs. 2; 751 S. 2 BGB; § 16 Abs. 2 KO oder Regelungen, die nicht die Miteigentumsanteile betreffen, sondern ein daran eingetragenes dingliches Recht.   **D 32**

7. Praktische Bedeutung. § 1010 schafft interne Bindungen, die an das Gemeinschaftsrecht des § 10 Abs. 2 WEG erinnern, trotzdem aber davon zu unterscheiden sind. Bei Sondereigentum besteht Eigentum (§ 13 WEG), bei § 1010 kein dingliches Recht, sondern ein „verdinglichtes" Rechtsverhältnis („inter partes") auf Benützung von Wohnungen, Gebäudeteilen oder Flächen im Freien. Im Rang hinter Grundpfandrechten eingetragene Vereinbarungen nach § 1010 sind bei Zwangsversteigerung der Gefahr des Ausfalls ausgesetzt, Regelungen nach § 10 Abs. 2 WEG nicht. Wohnungseigentum ist wie Eigentum belastbar, der Miteigentumsanteil trotz § 1010 nur mit Einschränkungen (Einl. D 19). § 12 WEG ermöglicht Verfügungsbeschränkungen, § 1010 nicht (Einl. D 25). Die Grundsätze für die Übertragung von Sondernutzungsrechten i. S. § 15 WEG gelten für Benutzungsregelungen nach § 1010 BGB nicht, auch nicht analog.[43] Zur Vereinbarung einer Benutzungsregelung an mehreren Wohnungen müssen diese nicht im Sinne von § 3 Abs. 2 S. 1 WEG abgeschlossen sein. Der Erwerber eines Miteigentumsanteils an einem Grundstück kann nach §§ 748, 755 BGB für Verbindlichkeiten seines Rechtsvorgängers haften, wenn der Anspruch im Grundbuch eingetragen ist;[44] nach § 16 WEG haftet nur der jeweilige Eigentümer. Vgl. auch Einl. E 62 ff.; E 71 ff.   **D 33**

V. Gesamthandseigentum

Literatur:

Vgl. Kommentare zu §§ 54, 705, 1416, 2032 BGB; *Jaschke* Gesamthand und Grundbuchrecht, 1991.

1. Diese Eigentumsart ist aus dem Wesen der Gesamthandsgemeinschaft abgeleitet und kann daher nur an den zum Vermögen einer Gesamthandsgemeinschaft gehörenden Grundstücken entstehen. Der einzelne Gesamthänder hat im Gegensatz zum Bruchteilseigentum keinen sachenrechtlich faßbaren Anteil. Sein Eigentum ist beschränkt durch das gleiche Eigentumsrecht der übrigen Gesamthänder. Über das Grundstück können daher nur alle Gesamthänder gemeinsam verfügen. Der Übergang von Anteilen der Gesamthänder erfolgt nach dem für sie geltenden Recht außerhalb   **D 34**

---

[40] Dazu Staudinger/*Gursky* § 1010 Rdn. 9.
[41] LG Traunstein MittBayNot 78, 157; KG OLGZ 43, 5; Haegele/Schöner/*Stöber* Rdn. 1467; Meikel/*Morvilius* Einl. C 64; a. A. OLG Hamm DNotZ 73, 546 MünchKomm/ *K. Schmidt* § 1010 Rdn 9; Staudinger/ *Gursky*, § 1010 Rdn. 15.
[42] OLG Frankfurt Rpfleger 76, 397; OLG Köln Rpfleger 71, 217.
[43] BayObLG DNotZ 82, 250.
[44] Staudinger/*Langhein* § 755 Rdn. 2.

des GB, also nicht nach Sachenrecht (dazu § 20 Rdn. 23; 25; 28; 30; 38 und Einl. D 38 ff.).

D 35 2. **Eintragungsfähig sind nur die vom Gesetz zugelassenen Gesamthandsgemeinschaften:** nichtrechtsfähiger Verein, Gesellschaft bürgerlichen Rechts, Gütergemeinschaft (§ 20 Rdn. 99 ff.), fortgesetzte Gütergemeinschaft, Errungenschaftsgemeinschaft, Erbengemeinschaft. Vertragliche Begründung anderer Gesamthandsgemeinschaften ist nicht zulässig. Die eheliche Vermögensgemeinschaft nach DDR-Recht, die bei einer Option nach Art. 234 § 4 Abs. 2 EGBGB fortbesteht, ist ein Gesamthandsverhältnis; auf sie finden die §§ 1450–1470 BGB entsprechende Anwendung, Art. 234 §§ 4a Abs. 2 EGBGB (vgl. auch § 19 Rdn. 136).

D 36 3. Im GB sind alle Gesamthänder unter ihrem Namen mit dem konkreten Gesamthandsverhältnis ohne Angabe ihres rechnerischen Anteils einzutragen (§ 9 GBV).

D 37 4. **Im Eigentum einer Gesamthandsgemeinschaft** können Grundstücke, Miteigentumsanteile, Wohnungs- und Teileigentum sowie Gebäudeeigentum stehen.

5. **Eintragungsfähigkeit von Verfügungen über Erbanteile**

D 38 a) **Übertragung des Erbanteils** (§ 2033 BGB) wird am Nachlaßgrundstück durch GB-Berichtigung eingetragen (§ 22 GBO), ebenso Teilabtretung[45], die nach h. M. unter Angabe der Bruchteilsanteile eintragungsfähig ist (dazu Einl. D 21). Aufschiebend bedingte Abtretung macht GB erst bei Bedingungseintritt unrichtig; aber die nach § 161 BGB entstandene Verfügungsbeschränkung ist bereits vorher eintragbar.[46] Auflösend bedingte Abtretung ist zulässig[47] und nach § 22 GBO eintragungsfähig, aber nicht ohne, sondern nur mit gleichzeitiger Eintragung der Verfügungsbeschränkung des § 161 BGB,[48] weil GB sonst unrichtig würde (Einl. B 36). Zu den bedingten und befristeten Verfügungen vgl. Einl. B 26 ff.

D 39 b) **Verpfändung und Pfändung eines Erbteils** ist zulässig und kann im Weg der GB-Berichtigung im GB vermerkt werden;[49] zum Pfändungsvermerk vgl. § 22 Rdn. 85 (d). Ebenso ist Nießbrauchbestellung am Erbanteil zulässig und eintragbar.

D 40 c) **Eintragung der Übertragung** des verpfändeten oder gepfändeten Erbanteils im GB ist ohne Zustimmung des Pfandrechtsgläubigers zulässig, wenn Pfandrechtsvermerk spätestens gleichzeitig eingetragen wird und bleibt, weil GB dadurch nicht unrichtig wird und Pfandrecht bestehen bleibt, auch wenn der Erwerber als Alleineigentümer eingetragen wird.[50]

6. **Vermerk von Verfügungen über Gesamthandsanteile**

D 41 a) **Anteile an BGB-Gesellschaft, OHG, KG:** Verfügungen über diese Anteile am Gesellschaftsvermögen sind zulässig, wenn der Gesellschaftsvertrag sie gestattet oder alle Gesellschafter zustimmen, weil § 719 BGB, der auch für OHG und KG gilt, dispositives Recht ist. Treffen diese Voraussetzungen zu, sind Verpfändung und Nießbrauchbestellung am Gesell-

---

[45] BGH DNotZ 64, 622; *Staudenmaier* DNotZ 66 724.
[46] *Winkler* MittBayNot 78, 1/4; LG Nürnberg-Fürth MittBayNot 82, 21.
[47] Palandt/*Edenhofer* § 2033 Rdn. 9.
[48] *Winkler* MittBayNot 78, 1; Meikel/*Böttcher* § 22 Rdn. 37.
[49] BayObLGZ 59, 50 = Rpfleger 60, 157; OLG Frankfurt Rpfleger 79, 205; Haegele/Schöner/*Stöber* GBR 974; Palandt/*Edenhofer* § 2033 Rdn. 18.
[50] BayObLGZ 59, 50 = NJW 59, 1780, dazu *Ripfel* NJW 58, 694.

schafteranteil als GB-Berichtigung eintragungsfähig.[51] Die berichtigende Eintragung eines Vermerks über die (außerhalb des GB erfolgte) Pfändung des Anteils ist nach inzwischen h. M.[52] nicht zulässig, da das Verfügungsverbot im Pfändungsbeschluß den Gesellschaftsanteil und nicht die zum Gesellschaftsvermögen gehörenden Gegenstände betrifft.

b) **Anteile an familienrechtlichen Gesamthandsgemeinschaften:** Verfügungen über diese Anteile sind bis zur Auseinandersetzung zwingenden Rechts nichtig (§§ 1419; 1471 Abs. 2; 1487 Abs. 1 BGB). Nach Beendigung der Gütergemeinschaft sind die Anteile aber pfändbar (§ 860 ZPO), Pfändung deshalb sodann eintragungsfähig. **D 42**

c) Ist eine **Erbengemeinschaft an einer Gesamthandsgemeinschaft** beteiligt (durch Tod eines Gesamthänders ohne Anwendung), kann der Miterbe durch Verfügung über den Erbanteil mittelbar auch über seinen Gesamtgutsanteil verfügen.[53] Solche Verfügungen über den Erbanteil sind daher am Gesamtgutsanteil eintragungsfähig, wenn gleichzeitig die übrigen Erben eingetragen werden.[54] **D 43**

VI. Bestellung von Eigentümerrechten

Literatur:

Vgl. Kommentare zu §§ 889, 1009, 1196 BGB.

1. **Die Neubegründung von Eigentümerrechten** ist gesetzlich geregelt in §§ 1009; 1188; 1195; 1196; 1200 BGB und wird bei subjektiv-dinglichen Rechten (§ 9 Rdn. 1) ohne besondere Voraussetzungen für zulässig erachtet, z. B. bei Grunddienstbarkeiten[55] und subjektiv-dinglichen Vorkaufsrechten nach § 1094 Abs. 1 BGB (Einl. K 9). **D 44**

2. **Bestellung anderer dinglicher Rechte am eigenen Grundstück** ist nach der Rspr. zulässig, wenn die Natur des zu begründenden Rechts nicht entgegensteht und ein eigenes oder fremdes schutzwürdiges wirtschaftliches oder ideelles Interesse vorliegt.[56] Die jetzt h. L. im Schrifttum[57] bejaht mit überzeugenden Gründen die Zulässigkeit der Bestellung aller nichtakzessorischen Eigentümerrechte, auch wenn im Einzelfall kein besonderes Interesse dargelegt oder nachgewiesen wird.[58] **D 45**

Zulässige Einzelfälle: Beschränkt persönliche Dienstbarkeit (Einl. O 46); Wohnungsrecht (Einl. O 64); Nießbrauch (Einl. N 11); Dauerwohnrecht (Einl. P 4); Reallast (Einl. R 6); Eigentümergrundschuld (§ 1196 BGB); Erbbaurecht (Einl. F 14).

3. **Umstritten** ob Bestellung als Eigentümerrecht zulässig: subjektiv-persönliches Vorkaufsrecht (Einl. K 8; ja); Vormerkung (Einl. G 10) und Hypothek (Einl. S 7) nein, weil beide forderungsabhängig, aber Anspruch gegen sich selbst nicht möglich ist. **D 46**

4. **Bestellung** von Eigentümerrechten erfolgt durch einseitige formlose materiellrechtliche Bestellungserklärung und GB-Eintragung (§ 1196 Abs. 2 BGB). **D 47**

5. **GB-Eintragung** wird vorgenommen aufgrund Bewilligung des Eigentümers des betroffenen Grundstücks (§ 19 GBO). **D 48**

---

[51] OLG Hamm Rpfleger 77, 136; LG Hamburg Rpfleger 82, 142; a. A. *Rupp/Fleischmann* Rpfleger 84, 223.
[52] OLG Zweibrücken Rpfleger 82, 413; OLG Hamm DNotZ 87, 357 unter Aufgabe seiner in Rpfleger 77, 136 vertretenen Ansicht; *Demharter* Anh. § 13 Rdn. 21.
[53] Staudinger/*Thiele* § 1471 Rdn. 10.
[54] OLG Hamm DNotZ 66, 744.
[55] RGZ 142, 234; BGH MittBayNot 84, 126.
[56] BGHZ 41, 209 = DNotZ 64, 226; BGH MittBayNot 84, 126.
[57] Staudinger/*Seiler* Einl. zu §§ 854 ff. Rdn. 22.
[58] *Weitnauer* DNotZ 58, 352; 64, 716; *Diester* Rpfleger 65, 217; *Riedel* Rpfleger 66, 131; *Staudenmaier* Rpfleger 68, 14; *Haegele* Rpfleger 69, 266; *Harder* NJW 278; DNotZ 70, 267; *Kirchner* MittBayNot 72, 53.

VII. Das Gebäudeeigentum

Literatur:

Eickmann Grundstücksrecht in den neuen Bundesländern, 3. Aufl., 1996; *ders.* Die Sachenrechtsbereinigung, DNotZ 1996, 139; *Keller* Das Gebäudeeigentum und seine grundbuchmäßige Behandlung nach der Gebäudegrundbuchverfügung, MittBayNot 1994, 389; *Schmidt* Zusammenführung von Grundstücks- und Gebäudeeigentum, VIZ 1995, 377; *Thöne/Knauber* Boden- und Gebäudeeigentum in den neuen Bundesländern, 2. Aufl., 1996.

1. Bisheriger Rechtszustand

D 49 Eine Besonderheit des Bodenrechts der DDR war die Zulassung eines vom Grundeigentum getrennten, selbständigen Eigentums an Gebäuden. Die vorwiegend aus wirtschaftlichen Gründen im BGB getroffenen Bestandteilsregeln − insbes. § 93 BGB − enthalten, wie etwa auch die Institution des Erbbaurechts zeigt, keine quasi naturnotwendigen Zustandsbeschreibungen, sondern entsprechen wechselnden Intentionen zur Vermögenszuordnung und zum Vermögenszusammenhalt.

D 50 Nach dem Zivilgesetzbuch der DDR (künftig: ZGB) und ergänzenden Rechtsvorschriften konnte isoliertes Eigentum begründet werden:

a) aufgrund der Verleihung des Nutzungsrechts an einem volkseigenen Grundstück für den Bau und die Nutzung von Eigenheimen (§ 286 Abs. 1, §§ 287−290 ZGB);

b) aufgrund der Zuweisung genossenschaftlich genutzten Bodens für den Bau und die persönliche Nutzung von Eigenheimen (§ 286 Abs. 1, §§ 291−294 ZGB);

c) bei Gebäuden und Anlagen, die von volkseigenen Betrieben, staatlichen Organen oder Einrichtungen auf vertraglich genutzten Grundstücken errichtet wurden (§ 459 Abs. 1 ZGB).

Daneben war isoliertes Eigentum möglich;

d) nach § 27 des Gesetzes über die landwirtschaftlichen Produktionsgenossenschaften vom 2. 7. 1982 (Gbl. I Nr. 25 S. 443) in bezug auf Gebäude und Anlagen, die von einer landwirtschaftlichen Produktionsgenossenschaft auf fremdem Boden errichtet wurden;

e) an Wohngebäuden, die im genossenschaftlichen Wohnungsbau auf fremden Grundstücken errichtet wurden (VO über die Arbeiterwohnungsbaugenossenschaften vom 21. 11. 1963, Gbl. I Nr. 12 S. 109);

f) nach §§ 1, 2, 4 Abs. 1 des Gesetzes über den Verkauf volkseigener Gebäude vom 7. 3. 1990 (Gbl. I Nr. 18 S. 157).

Weitere − praktisch weniger bedeutsame − Fälle bei *Eickmann* Grundstücksrecht ..., Rdn. 140 b.

2. Geltendes Recht

2.1. Bestehenbleiben

D 51 Nach Art. 231 EGBGB § 5 Abs. 1 und Art. 233 § 8 bleibt das isolierte Gebäudeeigentum erhalten, das am 2. 10. 1990 bestanden hat. Art. 231 § 5 EGBGB nimmt die Gebäude, Anlagen, Anpflanzungen oder Einrichtungen, die nach dem am 2. 10. 1990 in der DDR geltenden Recht selbständiges Eigentum waren, von den §§ 93, 94 BGB aus.

2.2. Neubegründung

D 52 Das Entstehen von selbständigem Gebäudeeigentum ist jedoch auch nach dem 3. 10. 1990 noch möglich: Die Unanwendbarkeit der Bestandteilsregeln des BGB ist auch vorgesehen, wenn Gebäude am 3. 10. 1990 oder danach errichtet werden, soweit dies aufgrund eines vor dem 3. 10. 1990 begründeten Nutzungsrechts zulässig ist.

Dies ist problemlos in den Fällen Rdn. a und b. In den Fällen c−f kann Gebäudeeigentum nach dem 2. 10. 1990 nicht mehr entstehen,[59] früher entstandenes aber übertragen werden.

2.3. Eintragung

Gebäudeeigentum hat ein eigenes Grundbuchblatt zu erhalten. Die Auslegungs- und Eintragungsregeln finden sich in der „Gebäudegrundbuchverfügung", dazu s. unten Teil IV. **D 53**

2.4. Rechtliche Behandlung

Für das fortgeltende und neu begründbare Gebäudeeigentum gilt Grundstücksrecht mit Ausnahme der §§ 927, 928 BGB (vgl. Art. 233 § 4 Abs. 1, § 26 Abs. 4, § 8 S. 2 EGBGB). Das Gebäudeeigentum wird also nach allgemeinem Grundstücksrecht übertragen und belastet. **D 54**

2.5. Aufhebung

Sie erfolgt gem. § 875 BGB; § 876 BGB gilt entsprechend.[60] Ist das Gebäudeeigentum **nicht eingetragen**, so ist gegenüber dem GBAmt eine notariell beurkundete(!) Aufhebungserklärung abzugeben, Art. 233 § 4 Abs. 6 S. 2, § 2 Abs. 4, § 8 S. 2 EGBGB. **D 55**

2.6. Vereinigung mit dem Grundeigentum in einer Hand

Vereinigen sich Grundstücks- und Gebäudeeigentum in einer Hand, so gilt § 78 SachenRBerG. Er macht deutlich, daß − dem Rechtsgedanken des § 889 BGB folgend − das Gebäudeeigentum durch die Vereinigung nicht erlischt. Der Eigentümer ist jedoch unter bestimmten Voraussetzungen dazu verpflichtet, das Gebäudeeigentum aufzuheben. Vgl. dazu § 82 Rdn. 23. **D 56**

ABSCHNITT E

Wohnungs- und Teileigentum

Übersicht

	Rdn.		Rdn.
I. Gesetzliche Regelung des WE	E 1−E 3	V. Veräußerungsbeschränkungen (§12 Abs. 1 WEG)	E62−E 70
II. Sachenrechtliche Grundlagen	E4−E15	VI. Rechtsverhältnis der Wohnungseigentümer untereinander	E 71−E 87
III. Gegenstand von Gemeinschafts- und Sondereigentum	E 16−E 40	VII. Eintragung im Grundbuch	E 88−E 91
IV. Begründung, Änderung, Belastung, Aufhebung von WE	E 41−E 61	VIII. Schuldrechtliches Verpflichtungsgeschäft und Vormerkung	E 92−E 97

---

[59] Vgl. *Eickmann* Rdn. 97−99.
[60] Vgl. dazu u. zu den Zweifelsfragen, die der damit verbundene Erwerb des Grundstückseigentümers aufwirft: *Eickmann* Rdn. 165.

Einl

I. Grundbuchordnung

Abkürzungen in diesem Abschnitt

WE = Wohnungseigentum; TE = Teileigentum; WEer = Wohnungseigentümer; SE = Sondereigentum; ME = Miteigentum; MEAnteil = Miteigentumsanteil; W-GB = Wohnungsgrundbuch; GO = Gemeinschaftsordnung, GE = Gemeinschaftseigentum

Literatur:

a) Kommentare zum WEG: Bärmann/Pick/*Merle* 6. Aufl. (1987); Bärmann/*Pick* 11. Aufl. (1985); *Diester* (1952); *Weitnauer* 7. Aufl. (1988); ferner Kommentare zum BGB.

b) Lehr- und Handbücher: Bärmann/*Seuß* Praxis des Wohnungseigentums, 3. Aufl. (1980); *Diester* Wichtige Rechtsfragen des Wohnungseigentums (1974); Haegele/Schöner/*Stöber* GBR 2800 ff.; *Merle* Das Wohnungseigentum im System des bürgerlichen Rechts (1979); Reithmann/Brych/*Manhart* Kauf vom Bauträger, 5. Aufl. (1983); Reithmann/Röll/*Gessele* Handbuch der notariellen Vertragsgestaltung 6. Aufl. Rdn. 787 ff.; *Röll* Teilungserklärung und Entstehung des Wohnungseigentums (1975); *Röll* Handbuch für Wohnungseigentümer und Verwalter, 5. Aufl. (1990).

c) Sondernutzungsrechte im Grundbuch (*Schneider* Rpfleger 98, 9 ff.).

I. Gesetzliche Regelung des Wohnungseigentums

E 1 1. Gesetzliche Grundlagen

a) Materielles Recht: WEG; §§ 741 ff.; 903 ff.; 1008 ff. BGB;
b) GB-Verfahrensrecht: §§ 7 bis 9 WEG; GBO; GBVfg; WEGBVfg;
c) Verfahren in WE-Sachen: §§ 43 ff. WEG; ergänzend FGG.[1]
d) Freiwillige Versteigerung: §§ 53 ff. WEG, ergänzend BeurkG.[2]
e) WE als Reichsheimstätte.[3]
f) WE Höferecht: Wohnungseigentum geht dem Höferecht vor. Nach Bildung von Wohnungseigentum am Hofstellengrundstück führt die Veräußerung einer Einheit zum Wegfall der Höfeeigenschaft.[4]

2. Novelle zum WEG

E 2 Zu den Reformbestrebungen, die wegen zu großer Meinungsverschiedenheiten nicht verwirklicht worden sind.[5]

3. Grundstrukturen des Wohnungseigentums

E 3 Ihre Bedeutung liegt darin, daß sich mit ihrer Hilfe die im Gesetz nicht geregelten Fragen sachgerecht beantworten lassen. Denn das WEG fügt sich seiner Struktur nach nahezu reibungslos in unser Sachen-, Schuld- und Grundbuchrecht ein.[6]

a) **Sachenrechtlich:** WE ist echtes Eigentum bürgerlichen Rechts in Form einer rechtlichen Verbindung von Miteigentum am Grundstück und Gebäude (§ 1008 BGB) mit

---

[1] Dazu *Kapellmann* MDR 69, 620; Merle/Trautmann NJW 73, 118.
[2] Dazu *Röll* MittBayNot 81, 64.
[3] BayObLGZ 67, 128 = DNotZ 68, 33; OLG Frankfurt DNotZ 63, 442; OLG Neustadt Rpfleger 63, 85; *Diester* Rpfleger 60, 140; 67, 276.
[4] OLG Oldenburg Rpfleger 39, 149 m. Anm. v. Hornung.
[5] Dazu *Röll* DNotZ 82, 334; 82, 731; vgl. Weitnauer Rpfleger 76, 341; DNotZ Sonderheft 77, 42; *Bärmann* Rpfleger 77, 233; *Demharter* Rpfleger 77, 41; 78, 117; *Zimmermann* Rpfleger 78, 120; *Röll* DNotZ 78, 579; *Brambring* DNotZ 79, 155; *Ertl* DNotZ 79, 267.
[6] *Weitnauer* DNotZ Sonderheft 77, 34 ff.

Sondereigentum an einer Wohnung (dazu Einl. E 4 ff.). Es steht insoweit einem Grundstück gleich.

b) **Schuldrechtlich:** Das Rechtsverhältnis der WEer untereinander ist auf der Grundlage der § 741 ff. BGB durch eine wie ein Statut verbindliche Gemeinschaftsordnung geregelt, die neben gesetzlichen (§§ 10 ff. WEG) auch vertragliche, beschlußmäßige und richterliche Regelungen enthalten kann (dazu Einl. E 71 ff.).

c) **GB-Recht:** Für jedes WE-Recht wird wegen seiner rechtlichen Selbständigkeit ein besonderes GB-Blatt als „Wohnungsgrundbuch" geführt (dazu Einl. E 88 ff.).

II. Sachenrechtliche Grundlagen des Wohnungseigentums

1. **Kein rechtlicher Unterschied zwischen Wohnungs- und Teileigentum** (§ 1 Abs. 2; 3; 6 WEG). Es kommt auf die bauliche Ausgestaltung der Räume und ihre Zweckbestimmung an, nicht auf ihre tatsächliche Benutzung (Begriff der „Wohnung" vgl. Einl. E 28).[7] Ist mit der Umwandlung von TE in WE eine materielle Änderung der Zweckbestimmung verbunden, bedarf sie der Zustimmung aller WEer (vgl. auch E 44).[8]   **E 4**

2. **Wohnungseigentum ist eine besondere Art von Eigentum bürgerlichen Rechts;** es verbindet das Alleineigentum an einer Wohnung oder sonstigen Raumeinheit (SE) mit Bruchteilseigentum am Grundstück,[9] bei dem das SE als Bestandteil (nicht als Belastung) des ME-Anteils dessen rechtliches Schicksal teilt,[10] während es nach a. A. eine untrennbare dreigliedrige Einheit von ME-Anteil, SE und verdinglichtem Mitgliedschaftsrecht an der WE-Gemeinschaft ist.[11] Jedenfalls steht trotz der wirtschaftlichen Erstrangigkeit des SE juristisch das Miteigentum im Vordergrund.[12]   **E 5**

Da das Wohnungseigentum wie ein selbständiges Grundstück behandelt wird, ist die Zuschreibung eines Grundstückes[13] oder Miteigentumsanteils als Bestandteil möglich.[14]

3. Jeder WEer hat als Inhaber eines ideellen Anteils am Gemeinschaftseigentum (§ 1 Abs. 5 WEG; § 1008 BGB) und Alleineigentümer am realen Bereich seines SE (§ 5 Abs.1; § 13 WEG) **in beiden Sphären eine echte Eigentümerstellung.** Das WEG verbietet die völlige Trennung des SE vom ME-Anteil (§ 6 WEG) und Vereinbarungen, wonach ein Miteigentümer kein SE erhalten[15] oder SE mit Gesamthandseigentum verbunden würde.[16]   **E 6**

4. **Die rechtliche Einheit von Grundstück, Gebäude und wesentlichen Gebäudebestandteilen** (§§ 93; 94 BGB) ist nur im unumgänglich notwendigem Umfang durch das SE durchbrochen[17] und **durch zwingendes Recht gewahrt:**   **E 7**

a) § 1 Abs. 4: WE kann nur an einem einzigen Grundstück begründet werden. Mehrere Katasternummern müssen rechtlich zu einem Grundstück vereinigt werden und

---

[7] BayObLGZ 73, 1/8 = Rpfleger 73, 139; OLG Düsseldorf Rpfleger 76, 215.
[8] BayObLGZ 83, 79 = DNotZ 84, 104; Rpfleger 91, 500.
[9] BGHZ 49, 250/251 = DNotZ 68, 417 = Rpfleger 68, 114; BGHZ 91, 343 = DNotZ 84, 695.
[10] So die rein sachenrechtliche Auffassung: *Weitnauer* Vorb. 17 vor § 1.
[11] Bärmann/Pick/*Merle* § 1 Rdn. 5 ff.; 32 ff.
[12] BGHZ 49, 250/251.
[13] BayObLG Rpfleger 93, 108.
[14] Vgl. dazu jedoch auch § 5 Rdn. 10 und § 6 u. § 6 Rdn. 11.
[15] *Weitnauer* § 3 Rdn. 6.
[16] *Weitnauer* § 3 Rdn. 3.
[17] *Weitnauer* Vorb. 18 vor § 1.

dürfen in Abt. III nicht rechtlich verschieden belastet sein.[18] b) §§ 1 Abs. 5; 5 Abs. 2: am Grundstück, konstruktiven Gebäudeteilen und dem gemeinschaftlichen Gebrauch dienenden Anlagen kann kein SE bestehen. c) § 6 Abs. 1: SE teilt stets das rechtliche Schicksal des ME-Anteils. d) § 11: Aufhebung der WE-Gemeinschaft kann nicht erzwungen werden.

Zur Problematik bei Grenzüberbauung vgl. OLG Hamm OLGZ 77, 264; Rpfleger 84, 98; OLG Stuttgart DNotZ 83, 444; OLG Karlsruhe DNotZ 86, 753 m. Anm. *Ludwig*; *Weitnauer* ZfBR 82, 101; *Röll* MittBayNot 83, 5; *Demharter* Rpfleger 83, 133; *Ludwig* DNotZ 83, 411; *Brünger* MittRhNotK 87, 269.

5. Sondereigentum ist echtes Raumeigentum

E 8 a) „**Raumeigentum**" bedarf einer baulichen Substanz. Gegenüber der „Fertigstellungstheorie" hat sich die Meinung von der „schrittweisen Entstehung von SE" durchgesetzt, wonach die Anwartschaft des Miteigentümers fortschreitend in SE an jedem einzelnen seiner SE-Räume übergeht, sobald der Raum (Rohbau ohne Fenster und Türen) durch seine Ummauerung seine natürliche und rechtliche Grenze erhalten hat.[19] Nicht alle Räume müssen im SE stehen (§ 5 Abs. 3 WEG). Art und Zahl der Raumeinheiten und Gebäude ist rechtlich unerheblich.[20]

E 9 b) **WE kann vor Herstellung eines Raumes wirksam begründet,** im GB eingetragen, veräußert und belastet werden,[21] selbst wenn zum Zeitpunkt der Eintragung der Teilungserklärung nach öffentlichem Recht ein Bauverbot besteht.[22] Notwendig aber auch genügend sind Aufteilungsplan und Abgeschlossenheitsbescheinigung. Diese „Grundstruktur eines rein buchmäßigen WE" hat sich wirtschaftlich als unerläßlich erwiesen und ist durch den Wortlaut des § 3 Abs. 1 WEG gedeckt.

E 10 6. **Das WEG zwingt nicht zu einem bestimmten Größen- oder Wertverhältnis zwischen ME-Anteil und SE.** Wie ihr Verhältnis festgelegt wird, ist der freien Bestimmung der WEer überlassen,[23] was eine den praktischen Bedürfnissen entsprechende Vergrößerung oder Verkleinerung des Raumeigentums erleichtert. Trotzdem empfiehlt sich entweder ein objektiver Maßstab bei der Bruchteilsfestsetzung oder eine angemessene Verteilung von Nutzen und Lasten.[24] Änderungen ungerechter Regelungen können im Verfahren nach § 43 ff. WEG erzwungen werden.[25]

E 11 7. **Der Bestimmtheitsgrundsatz zwingt zur genauen Abgrenzung** zwischen Gemeinschafts- und Sondereigentum und zwischen den SE-Bereichen der einzelnen WEer. Sie erfolgt durch Gesetz (§§ 1 Abs. 5; 5 Abs. 1 bis 3 WEG), die zum GB-Inhalt gemachten Vereinbarungen i. V. mit Aufteilungsplan (§§ 3; 7 Abs. 3; 4 Abs. 1 WEG), bauliche Abgeschlossenheit der Raumeinheiten (§§ 3 Abs. 2; 7 Abs. 4 Nr. 2 WEG) und die Vermutungswirkung des § 1 Abs. 5 WEG, die im Zweifel für gemeinschaftliches Eigentum spricht.[26] Der Aufteilungsplan wird durch Bezugnahme Inhalt des W-GB. Soweit es sich um die Abgrenzung von SE und GE handelt, hat er am öffentlichen Glauben des

---

[18] OLG Hamm Rpfleger 98, 155.
[19] BayObLGZ 73, 80; OLG Karlsruhe DNotZ 73, 235; *Röll* DNotZ 77, 69/71.
[20] *Weitnauer* § 3 Rdn. 14 ff.
[21] BGH DNotZ 90, 259; *Weitnauer* § 3 Rdn. 11.
[22] BGH DNotZ 90, 259.

[23] BGH Rpfleger 76, 352; BGH Rpfleger 86, 430 = DNotZ 87, 208.
[24] *Röll* NJW 76, 1473; DNotZ 77, 73.
[25] *Weitnauer* § 16 Rdn. 2 a; BayObLGZ 85, 47.
[26] OLG Hamm DNotZ 77, 308/309; *Röll* DNotZ 77, 643.

GB teil.[27] Deshalb ist im Aufteilungsplan SE von GE genau abzugrenzen[28] und wenn sich auf dem Grundstück mehrere selbständige Bauwerke befinden, im Lageplan der Standort der Baukörper innerhalb des Grundstücks festzulegen.[29] Das Erfordernis der Abgeschlossenheitsbescheinigung bezieht sich nicht auf die Abschließung gegen Räume auf einem anderen Grundstück.[30]

Zu den Voraussetzungen an die Bestimmtheit von Räumen, Gebäuden, Garagen, die erst noch gebaut werden sollen, vgl. OLG Frankfurt Rpfleger 78, 380; 78, 381. Zur Abweichung des Aufteilungsplanes von der Teilungserklärung vgl. BayObLG DNotZ 82, 244; zur Abweichung der Bauausführung vom Aufteilungsplan.[31]

8. Vorratsteilung

Neben dem Grundsatz von Einigung (in Auflassungsform) und Eintragung (§§ 873; 925 BGB) steht die (dem BGB fremde) „**Vorratsteilung**" (§ 8 WEG). Sie ist die notwendige Folge des WE, das aus mindestens zwei selbständigen mit SE an verschiedenen Raumeinheiten verbundenen ME-Anteilen bestehen muß. Die Vorratsteilung erfolgt durch einseitige Erklärung entsprechend dem Grundsatz des § 1196 BGB.   **E 12**

9. Änderung von SE ist „Inhaltsänderung des Miteigentums", auf die materiell und verfahrensrechtlich §§ 876; 877 BGB mindestens entsprechend anzuwenden sind;[32] sie bedarf der Einigung in der Form der Auflassung und der Eintragung in das Grundbuch.[33]   **E 13**

10. Jedes WE-Recht ist eine rechtlich selbständige Einheit: an ihm kann Allein-, Mit- und Gesamthandseigentum erworben werden.[34] Es wird wie Miteigentum veräußert und belastet[35] und kann herrschendes Grundstück subjektiv-dinglicher Rechte sein.[36]   **E 14**

11. Wohnungseigentum unterscheidet sich von:

a) **Miteigentum** mit Vereinbarungen nach § 1010 BGB ist gewöhnliches ME (§ 1008 BGB) mit verdinglichten schuldrechtlichen Vereinbarungen über Verwaltung und Benützung, aber ohne Raumeigentum (Einl. D 22 ff.).   **E 15**

b) **Gesamthandseigentum** hat gesamthänderische Bindungen der Eigentümer zur Folge (Einl. D 34), WE nicht (§ 741 BGB).

c) **Erbbaurecht** ist ein beschränktes dingliches Recht auf bauliche Nutzung eines fremden Grundstücks, das als „grundstücksgleiches Recht" wie ein Grundstück veräußert und belastet werden kann (Einl. F 3 ff.).

d) **Wohnungserbbaurecht** ist ein besonders ausgestaltetes Erbbaurecht, kein Eigentum (Einl. F52).

e) **Sondernutzungsrechte** (§ 15 WEG) sind keine dinglichen Rechte, sondern durch GB-Eintragung verdinglichte Vereinbarungen der WEer über den Gebrauch bestimmter Teile des gemeinschaftlichen Eigentums (Einl. E 82).

---

[27] BayObLG DNotZ 82, 244 mwN.
[28] OLG Frankfurt Rpfleger 80, 391.
[29] OLG Bremen DNotZ 80, 489.
[30] BayObLG DNotZ 91, 480.
[31] BayObLGZ 81, 332 = DNotZ 82, 242; BayObLG DNotZ 90, 263; OLG Stuttgart OLGZ 79, 21; OLG Celle OLGZ 81, 106; *Röll* Rpfleger 83, 382.
[32] BayObLGZ 58, 263/267; BayObLGZ 58, 273/276 = DNotZ 59, 91.
[33] BayObLG DNotZ 86, 237; *Weitnauer* § 3 Rdn. 27 ff.
[34] BayObLGZ 69, 82; *Weitnauer* DNotZ 60, 115/118; *Diester* Rpfleger 69, 432.
[35] *Weitnauer* § 3 Rdn. 26 ff.
[36] LG Essen Rpfleger 72, 367; BayObLG MittBayNot 90, 353; AG Coburg MittBayNot 90, 114; *Weitnauer* § 3 Rdn. 35 a.

f) „**Wohnbesitzberechtigung**"[37] ist kein Eigentum und kein dingliches Recht. Die Berechtigten haben einen im Wohnbesitzbrief festgelegten Anspruch auf dauernde Eigennutzung ihrer zur späteren Überführung in WE vorgesehenen Wohnung und eine Beteiligung an einem aus ihren Beiträgen gebildeten Treuhandvermögen.[38] Die Wohnbesitzberechtigung wurde mit Gesetz vom 11. 7. 85[39] ersatzlos aufgehoben.

g) **Stockwerkseigentum** gibt es landesrechtlich noch z. B. in Baden-Württemberg[40] oder nach Rheinischem Code civil Art. 553 u. 664.[41]

h) **Gebäudeeigentum**; daran ist WE nicht begründbar.[42]

III. Gegenstand des Gemeinschafts- und Sondereigentums

E 16 1. Der **Bestimmtheitsgrundsatz** zwingt zur sachenrechtlichen Abgrenzung zwischen dem gemeinschaftlichen Eigentum (Einl. E 17; 18), Sondereigentum (Einl. E 19), den Sonderformen „Mitsondereigentum" (Einl. E 20 bis 23) und „abgesondertes Miteigentum" (Einl. E 24; 25), gewöhnlichem Eigentum einzelner WEer oder Dritter (Einl. E 26).

E 17 2. **Gemeinschaftliches Eigentum** sind nach zwingendem Recht das Grundstück einschließlich aller Flächen im Freien, die konstruktiven Teile des Gebäudes, die dem gemeinschaftlichen Gebrauch der WEer dienenden Anlagen und Einrichtungen (§§ 1 Abs. 5; 5 Abs. 2 WEG) und die äußere Gestaltung des Gebäudes betreffenden Bestandteile, auch wenn sie mit SE-Räumen in Verbindung stehen (§ 5 Abs. 1 WEG).

3. Zum gemeinschaftlichen Eigentum gehören außerdem:

E 18 a) die Räume und zu ihnen gehörenden Bestandteile, an denen kein SE gegründet worden ist (§ 1 Abs. 5 WEG) und die SE-fähigen Gegenstände, die zum gemeinschaftlichen Eigentum erklärt sind (§ 5 Abs. 3 WEG);

b) nach der einen Meinung auch die gemeinschaftlichen Gelder,[43] nach anderer Ansicht nicht.[44]

E 19 4. **Sondereigentum** sind der lichte Raum der gemäß § 3 Abs. 1 oder § 8 Abs. 1 WEG bestimmten Räume und die zu diesen Räumen gehörenden wesentlichen Bestandteile des Gebäudes, die die Voraussetzungen des § 5 Abs. 1 WEG erfüllen.

Nicht sondereigentumsfähig sind Räume, die den einzigen Zugang zu Gemeinschaftseigentum[45] oder zur gemeinschaftlichen Heizanlage oder sonstigen zentralen Versorgungseinrichtungen darstellen[46] oder die den gemeinschaftlichen Zugang zu mehreren Sondereigentumseinheiten gewähren wie z.B. ein Vorflur.[47] An solchen Räumen können nur Sondernutzungsrechte bestellt werden.[48]

---

[37] Gesetz vom 23. 3. 76; BGBl. I 737; vergl. DNotZ 76, 323.
[38] Dazu *Pick* NJW 76, 1049; *Brambring* NJW 76, 1493; *Schopp* Rpfleger 76, 380; *Weitnauer* DNotZ-Sonderheft 77, 34.
[39] BGBl. I 1277.
[40] Dazu *Thümmel* BWNotZ 80, 97; 84, 5; vgl. EGBGB Art. 131, 182.
[41] Vgl. dazu OLG Düsseldorf DNotZ 90, 109.
[42] Thür. OLG Jena, Rpfleger 96, 194 = FG Prax 96, 194.
[43] KG NJWRR 88, 844; *Bärmann* § 1 Rdn. 39 ff.
[44] *Weitnauer* § 1 Rdn. 4 e ff.; BayObLG DNotZ 85, 416.
[45] BayObLG Rpfleger 86, 220.
[46] BGH Rpfleger 91, 454.
[47] BGH DNotZ 90, 48.
[48] BayObLG DNotZ 92, 490.

5. Mitsondereigentum

a) Dieser Begriff bezeichnet eine besondere Gemeinschaftsform von SE an einem Raum oder sonstigen SE-fähigen Gegenständen, die den Eigentümern von zwei oder mehreren (nicht jedoch allen) Raumeinheiten als Bruchteilseigentum zustehen. Beispiele: gemeinsame Speicher oder Keller für zwei Eigentumswohnungen; nichttragende Wände zwischen zwei Wohnungen; gemeinsame Teile einer Wasserleitung zwischen Hauptstrang und Verteilerstelle, die von da ab getrennt zu zwei Wohnungen führen. Zu einem anderen Fall von sog. Mitsondereigentum vgl. Einl. E 24, 25.

E 20

b) Zulässig ist kraft Gesetzes entstehendes Mitsondereigentum als „Nachbareigentum", z. B. die nichttragende Wand zwischen zwei Wohnungen.[49]

E 21

c) Strittig, aber abzulehnen ist die vertragliche Begründung von Mitsondereigentum an einem SE-fähigen Raum (z. B. 1 Keller für 2 Wohnungen) durch Verbindung mit mehreren Miteigentumsanteilen, weil das WEG eine solche Eigentumsart nicht kennt und daher rechtsgeschäftlich nicht begründen läßt.[50] Dem nicht bestreitbaren Bedürfnis an einer solchen Lösung kann durch Sondernutzungsrecht (Einl. E 82 ff.) abgeholfen werden.[51]

E 22

d) Unzulässig ist die Bildung von Mitsondereigentum durch Verbindung von SE an einer einzigen Wohnung mit zwei selbständigen ME-Anteilen (z. B. von je ¼), weil sie zwei Eigentumseinheiten an einem einzigen WE-Recht zur Folge hätte.[52]

E 23

6. Abgesondertes Miteigentum

a) Darunter versteht man eine besondere Form von gemeinschaftlichem Eigentum einzelner WEer an einem nicht sondereigentumsfähigen Gebäudeteil, der nur einzelnen WE-Rechten dient. Beispiele: Treppenhäuser und Lifte in großen Wohnanlagen mit mehreren Gebäuden; Sammelgaragen, in denen nicht alle WEer einen Stellplatz haben; WE in Form von mehreren Einfamilienhäusern.

E 24

b) Eine solche Aufspaltung des Gemeinschaftseigentums verstößt gegen das WEG.[53] Das WEG kennt nur gemeinschaftliches Eigentum aller WEer und gestattet Sonderregelungen durch Sondernutzungsrechte (Einl. E 82), Gruppen- und Sonderstimmrechte,[54] von § 16 WEG abweichende Vereinbarungen (Einl. E 10; 79). Gegen diese Sonderform von Gemeinschaftseigentum spricht auch BGHZ 50, 56 = DNotZ 68, 420.

E 25

7. Gewöhnliches Eigentum einzelner WEer oder Dritter sind die nichtwesentlichen Bestandteile des Gebäudes, die nicht die Voraussetzungen der §§ 93; 94 BGB erfüllen und daher rechtlich selbständig sein können. Sie unterliegen nicht der Bindung des § 6 Abs. 1 WEG und gehören weder zum SE noch zum Gemeinschaftseigentum.[55]

E 26

---

[49] *Weitnauer* § 5 Rdn. 23; *Bärmann* § 5 Rdn. 66; OLG Zweibrücken Rpfleger 87, 106 = DNotZ 88, 705.

[50] BayObLG Rpfleger 88, 102 = DNotZ 88, 316; BayObLG Rpfleger 86, 220 = DNotZ 86, 494; OLG Düsseldorf Rpfleger 75, 308; OLG Oldenburg DNotZ 90, 48; *Weitnauer* § 3 Rdn. 6 a; § 5 Rdn. 17; MünchKomm/*Röll* WEG § 5 Rdn. 10; a. A. *Bärmann* § 5 Rdn. 66; *Hurst* DNotZ 68, 151; LG Kempten DNotZ 76, 600.

[51] *Röll* Rpfleger 76, 285.

[52] OLG Köln Rpfleger 84, 268; *Weitnauer* DNotZ 60, 115.

[53] So BayObLGZ 81, 407 = DNotZ 82, 246; *Weitnauer* § 3 Rdn. 6 a; § 5 Rdn. 17; MünchKomm/*Röll* WEG § 5 Rdn. 10 im Gegensatz zu *Bärmann* § 5 Rdn. 66; *Hurst* DNotZ 68, 297, die sie bejahen.

[54] MünchKomm/*Röll* WEG § 25 Rdn. 11, 12.

[55] BGH DNotZ 75, 533 = Rpfleger 75, 124; BayObLGZ 69, 29 = Rpfleger 69, 206; *Weitnauer* § 5 Rdn. 4.

Einl I. Grundbuchordnung

E 27 8. **Grundstück und Grundstücksflächen im Freien** sind zwingenden Rechts gemeinschaftliches Eigentum (§ 1 Abs. 5 WEG). An Flächen im Freien, z. B. Hof und Garten,[56] Lager- oder Kfz-Stellplätzen ist auch bei dauerhafter Markierung kein SE, sondern nur ein Sondernutzungsrecht möglich (Einl. E 82), jedenfalls dann, wenn sie nicht gegenüber der umgebenden freien Grundstücksfläche baulich eingefriedet sind.[57] Zur Sondereigentumsfähigkeit eines Kfz-Abstellplatzes auf einem nicht überdachten Oberdeck eines Parkhauses: OLG Köln DNotZ 84, 700.[58] Zur Umdeutung nicht sondereigentumsfähiger Kfz-Abstellplätze in Sondernutzungsrechte: LG Regensburg MittBayNot 90, 43.[59]

9. **Wohnungen und nicht zu Wohnzwecken dienende Räume**

E 28 a) Sie sind SE, wenn sie nach § 3 Abs. 1 oder § 8 WEG zum SE bestimmt und nach Lage und Größe aus dem Aufteilungsplan ersichtlich sind.

Zum Begriff „Wohnung" und „nicht zu Wohnzwecken dienende Räume": Verwaltungsvorschrift vom 19. 3. 74 (BAnz. Nr. 58):

„Eine Wohnung ist die Summe der Räume, welche die Führung eines Haushaltes ermöglichen; dazu gehören stets eine Küche oder ein Raum mit Kochgelegenheit sowie Wasserversorgung, Ausguß und WC. Die Eigenschaft als Wohnung geht nicht dadurch verloren, daß Einzelräume vorübergehend oder dauernd zu beruflichen oder gewerblichen Zwecken benutzt werden. Nicht zu Wohnzwecken dienende Räume sind z. B. Läden, Werkstatträume, sonstige gewerbliche Räume, Praxisräume, Garagen und dergleichen."

E 29 b) „**Abgeschlossenheit**" wird nur verlangt gegenüber fremden Räumen, die im Gemeinschaftseigentum oder SE eines anderen WEer stehen[60] und nachgewiesen sind durch die Aufteilungspläne und die Abgeschlossenheitsbescheinigung. Gehören zum SE mehrere Wohnungen, müssen sie nur in sich, aber nicht als Gesamtheit abgeschlossen sein.[61] Das Erfordernis besteht nicht für die Abschließung gegenüber Räumen auf einem anderen Grundstück.[62] Daher sind Dienstbarkeiten auf Unterlassung der Errichtung von Abgrenzungsmauern in Einheiten auf verschiedenen Grundstücken möglich. In Teilungserklärung und Aufteilungsplan sind sämtliche zum Sondereigentum gehörenden Räume genau zu bezeichnen.[63] Bauplanungsrechtliche Gesichtspunkte sind im Verfahren um die Erteilung der Abgeschlossenheitsbescheinigung nicht zu berücksichtigen.[64] Wohnungen und sonstige Räume in bestehenden Gebäuden können auch dann „abgeschlossen" sein, wenn Trennwände und Trenndecken nicht den Anforderungen entsprechen, die das Bauordnungsrecht des jeweiligen Bundeslandes aufstellt.[65]

Die Abgeschlossenheitsbescheinigung des Aufteilungsplanes ist Voraussetzung für die Eintragung im Grundbuch. Wird sie nach Vorlage an das Grundbuchamt widerrufen, so ist dies vom Grundbuchamt nur dann zu beachten, wenn eine räumliche Abgeschlossenheit nicht gegeben ist.[66] Das GBA hat die Abgeschlossenheit selbständig zu prüfen und ist an die erteilte Abgeschlossenheitsbescheinigung nicht gebunden, wenn sich aus

---

[56] BayObLG DNotZ 72, 613.
[57] BayObLG Rpfleger 86, 217 = MittBayNot 86, 79.
[58] *Weitnauer* § 5 Rdn. 2 a; Haegele/Schöner/Stöber GBR 2785.
[59] *Böhringer* MittBayNot 90, 12.
[60] LG München I DNotZ 73, 417; *Weitnauer* § 3 Rdn. 7 b.
[61] BayObLG DNotZ 71, 473.
[62] BayObLGZ 90, 279 ff.
[63] LG Köln Rpfleger 92, 478.
[64] BVerwG Rpfleger 88, 256 = DNotZ 88, 702.
[65] Gem. Senat OGB Rpfleger 93, 238 = DNotZ 93, 48.
[66] BayObLG DNotZ 91, 477.

den Eintragungsunterlagen eindeutig die Unrichtigkeit der Bescheinigung ergibt.[67] Stimmen wörtliche Beschreibung in der Aufteilungserklärung und Angaben in dem Aufteilungsplan nicht überein, ist grundsätzlich keiner der sich widersprechenden Erklärungsinhalte vorrangig und Sondereigentum damit nicht entstanden.[68] Die Räume bleiben gemeinschaftliches Eigentum; es besteht lediglich die Verpflichtung der Eigentümer untereinander, den Gründungsakt zu ändern. Das gleiche gilt, wenn die als Aufteilungsplan vorgelegten Bauzeichnungen — Grundrisse und Schnitte — sich widersprechen.[69] Allgemeinen Zweifeln, die sich nicht aus den vorgelegten Eintragungsunterlagen ergeben, hat das GBA nicht nachzugehen,[70] da wegen der Soll-Vorschrift des § 3 Abs. 2 S. 1 WEG das Fehlen der Abgeschlossenheit nur in eindeutigen Fällen ein Eintragungshindernis darstellt.

10. Keller, Speicher und sonstige Nebenräume[71] können entweder unselbständige Einzelräume von SE an einer Wohnung oder selbständiges TE[72] oder gemeinschaftliches Eigentum sein (z. B. Heizkeller, Waschküchen). Zulässig ist die Begründung von Teileigentum nur an Kellerräumen[73] oder Garagen[74] und Sondernutzungsrechten an Wohnräumen.[75] Kellerräume, die den einzigen Zugang zu einem im gemeinschaftlichen Eigentum stehenden Geräte- oder Heizungsraum bilden, können nicht im Sondereigentum stehen.[76]

E 30

Der Eigenschaft als gemeinschaftliches Eigentum eines Speicherraumes steht nicht entgegen, daß der Raum nur über das Sondereigentum eines Wohnungseigentümers erreichbar ist, wenn nach Beschaffenheit und Zugang der Raum nicht dem ständigen Mitgebrauch aller Wohnungseigentümer dienen kann.[77]

11. Balkone, Loggias, Terrassen, Dachgärten

a) **Konstruktive Teile**, Außenwand, Außenseiten sind zwingend Gemeinschaftseigentum.[78]

E 31

b) **Innenseiten**, Bodenbelag samt „Luftraum" können zum SE an dem mit ihnen in einem räumlichen Zusammenhang stehenden WE-Recht als dessen unselbständiger Bestandteil gehören, wenn ein so hinreichend umgrenzter Raum vorhanden ist, daß sie nur von dieser Wohnung aus betreten werden können.[79] Ebenerdige Terrassen und Dachterrassen, die von verschiedenen Wohnungen aus zugänglich sind und keinen umgrenzten Raum bilden,[80] können daher nur Gemeinschaftseigentum sein.

12. Einzelgaragen können entweder wie unselbständige Nebenräume zum SE an einer bestimmten Wohnung gehören oder selbständiges TE oder Gemeinschaftseigentum sein, an dem Sondernutzungsrechte möglich sind.

E 32

---

[67] BayObLGZ 84, 136 = MittBayNot 84, 184; OLG Frankfurt Rpfleger 77, 312 = DNotZ 77, 635; BayObLG DNotZ 91, 477.
[68] BGH Rpfleger 96, 19.
[69] BayObLG Rechtspfleger 93, 335.
[70] BayObLG MittBayNot 90, 109.
[71] BayObLG DNotZ 81, 123; 81, 565; MDR 81, 145.
[72] Gilt nicht für Toiletten, die nicht zu einer Wohnung gehören; OLG Düsseldorf Rpfleger 76, 215.
[73] BayObLGZ 91, 375 ff., DNotZ 92, 718, Rpfleger 92, 154 m. Anm. *Eckhardt*.
[74] OLG Hamm Rpfleger 93, 445.
[75] A. A. LG Braunschweig Rpfleger 91, 201.
[76] BayObLG Rpfleger 95, 409.
[77] BayObLG Rpfleger 96, 25 mwN.
[78] BayObLGZ 74, 269; 82, 203 = Rpfleger 82, 278; OLG Frankfurt NJW 75, 2297; OLG Köln Rpfleger 76, 185; *Diester* NJW 61, 302.
[79] BayObLG Rpfleger 74, 316; OLG Frankfurt Rpfleger 75, 178.
[80] OLG Köln Rpfleger 82, 278.

13. Doppel- und Sammelgaragen

E 33 Dazu *Staudenmaier* BWNotZ 75, 170.[81]
An Garagenstellplätzen in Gebäuden können seit 1. 10. 73 (§ 3 Abs. 2 WEG n. F.) die gleichen Eigentumsverhältnisse begründet werden wie an Einzelgaragen. Sollen Garagen gemeinschaftliches Eigentum sein, so genügen für den Aufteilungsplan Grundrisse ohne Schnitte und Ansichten.[82] Voraussetzung der SE-Fähigkeit ist eine dauerhafte Markierung (Wand, fest verankertes Geländer, Begrenzungsschwellen, in den Boden eingelassene Markierungssteine). Ist die Sammelgarage selbständiges TE, können sich daran mehrere Bruchteilseigentümer beteiligen und die Stellplatzbenützung nach § 1010 Abs. 1 BGB regeln (Einl. D 22 ff.) Am Stellplatz auf der Hebebühne einer Doppelstockgarage ist kein SE sondern nur Gebrauchsregelung nach § 15 Abs. 1 WEG möglich, gleichgültig ob der Stellplatz Gemeinschaftseigentum darstellt oder Teileigentum und das Teileigentum im Alleineigentum oder Miteigentum mehrerer Eigentümer steht, besonders auch bei einer Duplex-Garage,[83] oder Benützungsregelung nach § 1010 BGB (wenn sie selbständiges Teileigentum ist).[84] An ebenerdigen Stellplätzen im Freien ist auch bei dauerhafter Markierung kein SE möglich;[85] zum teilweise um-/überbauten Kfz-Abstellplatz vgl. E 27.

E 34 14. **Konstruktive Teile**, z. B. Fundamente, tragende Wände,[86] Außenwände, Decken, Dächer, Schornsteine, Brandmauern,[87] Außenputz,[88] Isolierschicht am Flachdach,[89] schwimmender Estrich,[90] sind zwingend Gemeinschaftseigentum aller WEer (§ 5 Abs. 2 WEG), auch wenn mehrere selbständige Gebäude auf dem gleichen Grundstück stehen, z. B. Einfamilienhäuser,[91] Doppelhäuser.[92]

E 35 15. **Nichtkonstruktive Bestandteile des Gebäudes**, z. B. nichttragende Wände, Fußbodenbelag, Wand- und Deckenputz, Wandverkleidungen, Innenanstrich, Tapeten, Einbauschränke, Fenster, Türen, Rolläden sind

a) **SE-fähige Bestandteile** des WE-Rechts, mit dem sie in räumlicher Verbindung stehen;

b) **zwingend Gemeinschaftseigentum**, wenn sie die äußere Gestaltung des Gebäudes betreffen (§ 5 Abs. 1 WEG), z. B. Wohnungsabschlußtüren,[93] Außenfenster und zwar die Innen- wie die Außenseite,[94] Außenläden, Außenfensterbänke,[95] was bei Rolläden, die deshalb SE sind, nicht zutrifft.[96] Innerhalb des Gebäudes ist an dem Luftraum über der Kehlbalkendecke einer Dachgeschoßwohnung Sondereigentum nur möglich, wenn nach Plan das Sondereigentum entsprechend ausgedehnt wurde;[97]

c) **gewöhnliches Eigentum** eines WEer oder Dritten, wenn sie nichtwesentliche Scheinbestandteile (§ 95 Abs. 2 BGB) sind, z. B. Wandvertäfelungen.[98, 99]

---

[81] *Noack* Rpfleger 76, 193; *Weitnauer* Rpfleger 76, 341; Haegele/Schöner/*Stöber* GBR 2835 ff.; *Weitnauer* § 5 Rdn. 16 f.; *Ertl* DNotZ 88, 4; *Röll* Automatische Garagensysteme in Eigentumswohnungen Rpfleger 96, 322 ff.
[82] BayObLG Rpfleger 93, 398.
[83] BayObLGZ 94, 195 = Rpfleger 95, 67 = DNotZ 95, 70; BayObLGZ 95, 53.
[84] BayObLG DNotZ 76, 28; OLG Düsseldorf MittRhNotK 78, 85; kritisch OLG Hamm OLGZ 83, 1 = Rpfleger 83, 19.
[85] OLG Hamm Rpfleger 75, 27.
[86] BayObLGZ 82, 203.
[87] BayObLGZ 71, 279.
[88] OLG Düsseldorf BauR 75, 62.
[89] OLG Frankfurt OLGZ 87, 23.
[90] OLG München Rpfleger 86, 437.
[91] BGHZ 50, 56 = DNotZ 68, 420.
[92] BayObLGZ 66, 20 = Rpfleger 66, 149.
[93] LG Stuttgart Rpfleger 73, 401.
[94] LG Lübeck Rpfleger 85, 490; MünchKomm/*Röll* § 5 WEG Rdn. 7.
[95] OLG Frankfurt NJW 75, 2297.
[96] LG Memmingen Rpfleger 78, 101.
[97] OLG Düsseldorf DNotZ 95, 82.
[98] RGZ 158, 367.
[99] Vgl. dazu Einl. E 26, 37.

16. Versorgungsanlagen und Leitungen, z. B. für Heizung, Elektrizität, Gas, Wasser, Abwasser, Telefon.[100]

a) **Gemeinschaftseigentum,** soweit sie dem gemeinschaftlichen Gebrauch aller WEer dienen (§ 5 Abs. 2 WEG), also bis zur Abzweigung von den Hauptleitungen zu den Einzelwohnungen, auch wenn sie sich im Bereich des SE befinden.[101]

b) **SE** unter den Voraussetzungen des § 5 Abs. 1 WEG, z. B. Etagenheizung, Heizkörper, Öfen, Herde, Wasch- und Badeeinrichtungen, Leitungen einer Gemeinschaftsanlage von der Hauptleitung bzw. Abzweigung zur Einzelwohnung, wenn ihre Veränderung und Beschädigung nicht in das gemeinschaftliche Eigentum eingreift.

c) **Sonderfälle:** Anlagen samt Leitungen, die auch andere Gebäude mitversorgen, z. B. gewerblich betriebene Heiz- und Warmwasseranlagen, Antennenanlagen, können SE sein.[102] Bei Anlagen außerhalb des WE-Gebäudes (z. B. großen Fernheizwerken, Elektrizitäts- oder Gaswerken) sind die Leitungen von der Grundstücksgrenze bis zum Gebäude und die im Gebäude befindlichen Heizstationen kein Grundstücksbestandteil (§ 95 Abs. 2 BGB).

17. Im Gebäude befindliche Gemeinschaftseinrichtungen, die allen WEer dienen, sind Gemeinschaftseigentum (§ 5 Abs. 2 WEG), z. B. Treppenhaus, Lift, Waschmaschine,[103] Heizungsraum[104] (dazu Einl. E 17).

18. Gemeinschaftsräume, z. B. Hausmeisterwohnung, Heizkeller, Abstell- oder Trockenräume, Waschküche, Flur,[105] Hallenbad, Sauna sind in aller Regel Gemeinschaftseigentum, können aber bei Abgeschlossenheit als SE mit einem Miteigentumsanteil verbunden werden. Die gemeinschaftliche Zweckbestimmung hindert eine solche (möglicherweise unzweckmäßige) Bildung von Wohnungs- oder Teileigentum nicht.[106]

19. Gemeinschaftsanlagen im Freien, z. B. Kinderspielplatz, Trockenplatz, Liegewiese, Freibad, Kfz-Stellplatz können nur zum gemeinschaftlichen Eigentum gehören.

IV. Begründung, Änderung, Belastung, Aufhebung von WE

1. Grundsatz von Einigung und Eintragung im WEG:

a) Zur Einräumung und Aufhebung von SE und zur im Gesetz nicht geregelten Änderung des sachenrechtlichen Inhalts des WE ist Einigung durch vertragliche Vereinbarung aller Miteigentümer in Auflassungsform (§ 4 Abs. 2 WEG)[107] und GB-Eintragung erforderlich (§ 4 Abs. 1 WEG). Änderungen der Teilungserklärung und nachfolgende Zustimmung der Miteigentümer genügt nicht.[108] Zu den Eintragungsvoraussetzungen im GB-Verfahren vgl. § 20 Rdn. 122; zur Übertragung von WE vgl. § 20 Rdn. 123. Zu Verkehrsbeschränkungen in Fremdenverkehrsgebieten vgl. § 20 Rdn. 173 (§ 22 BauGB).

---

[100] Dazu *Diester* Rechtsfragen 128 ff.; *Conitz* Rpfleger 73, 390; *Schopp* Rpfleger 74, 91; *Hurst* DNotZ 84, 66 ff., 140 ff. mwN.
[101] BGHZ 73, 302 = Rpfleger 79, 255.
[102] BGH DNotZ 75, 553 = Rpfleger 75, 124; BGHZ 73, 302; *Schopp* Rpfleger 74, 91; a. A. *Conitz* Rpfleger 73, 390; LG Bayreuth Rpfleger 73, 401.
[103] BayObLG NJW 75, 2296.
[104] BGH MittBayNot 90, 30.
[105] OLG Hamm DNotZ 87, 225 = Rpfleger 86, 374.
[106] *Röll* Teilungserklärung S. 22; 23.
[107] Dazu zuletzt BGH MittBayNot 90, 30.
[108] BGH a. a. O.

E 42 b) **Statt der Einigung genügt die einseitige (materiell formlose) Erklärung,** wenn nur ein einziger WEer oder eine als Eigentümer eingetragene Personenmehrheit betroffen wird, die nach der Rechtsänderung das vorher zwischen ihnen bestehende Gemeinschaftsverhältnis unverändert fortsetzt. Dies folgt aus der einseitigen Verfügungs- und Normsetzungsbefugnis des Eigentümers,[109] die in § 8 WEG ihren Ausdruck findet und die Auflassungsform entbehrlich macht.[110] Zur Eintragung ist die Form des § 29 GBO erforderlich.

E 43 c) **Beispiel:** Die Miterben A, B und C können die Teilungserklärung nach § 8 WEG abgeben, wenn sie an allen WE-Rechten wie vorher Miterben bleiben. Sie müssen aus dem Gesamthandseigentum Miteigentum zu je ⅓ bilden (§§ 873; 925 BGB) und WE vertraglich begründen (§§ 3; 4 WEG), wenn jeder von ihnen allein ein eigenes WE-Recht verbunden mit einem Drittel-Miteigentumsanteil erhalten soll.

2. Als Eigentümer sind beteiligt:

E 44 a) **an Einräumung und Aufhebung von SE** alle Miteigentümer.[111] Dies gilt auch dann, wenn einem Wohnungseigentümer an den gemeinschaftlichen Räumen ein Sondernutzungsrecht zusteht.[112] b) **an der Inhaltsänderung** von WE nur die davon berührten WEer; der Mitwirkung auch der WEer, deren Miteigentumsanteil, Gemeinschafts- oder Sondereigentum keine Änderung erfährt, bedarf es nicht[113] (vgl. aber auch Einl. E 4).

Auch die bloße Umwandlung von Teileigentum in Wohnungseigentum ist nach dieser Regel zu behandeln, es sei denn, in der Gemeinschaftsordnung wurde die Mitwirkung der übrigen Eigentümer ausdrücklich ausgeschlossen.[114]

Wird ein Wohnungs- oder Teileigentum durch den Eigentümer lediglich aufgeteilt, so ist die Zustimmung der übrigen Wohnungseigentümer oder Dritter nicht erforderlich, sofern die Gemeinschaftsordnung nichts abweichendes bestimmt.[115]

Keine materielle Änderung stellt die Änderung des Beschriebes „Gewerbe- und Lagerraum" in „Kellerteil" dar.[116]

3. Zustimmung der dinglich Berechtigten zur Begründung oder Änderung von WE

E 45 ist nur notwendig, soweit sie davon betroffen werden oder möglicherweise nachteilig berührt werden können.[117]

Wurde die Zustimmung erteilt und vorgelegt, so wirkt sie gegen Sonderrechtsnachfolger; jedoch ist deren gutgläubiger Erwerb im Vertrauen auf den Rechtszustand des Grundbuches möglich.[118]

Einzelfälle:

a) **Grundstück ist als Ganzes belastet:** Zustimmung nicht erforderlich, wenn Haftungsobjekt als Ganzes unverändert bleibt.[119]

---

[109] BayObLG Rpfleger 74, 315 = DNotZ 75, 32.
[110] BGH Rpfleger 76, 352 = DNotZ 76, 741.
[111] *Weitnauer* § 3 Rdn. 6.
[112] BayObLG Rpfleger 93, 488 = MitBayNot 94, 287 = MitRhNot 94, 224.
[113] Jetzt h. M. BGHZ 49, 250 = DNotZ 68, 417; BGH Rpfleger 76, 352; BayObLGZ 83, 79.
[114] BayObLG DNotZ 90, 42.
[115] BayObLG Rpfleger 91, 455.
[116] BayObLG a. a. O.
[117] BayObLGZ 74, 217 = DNotZ 75, 32 = Rpfleger 74, 314; BGHZ 66, 341/345; 73, 145/149; 91, 343 = DNotZ 84, 695 = Rpfleger 84, 408.
[118] OLG Hamm Rpfleger 95, 246.
[119] BGHZ 49, 250; BayObLGZ 58, 263; BayObLG Rpfleger 74, 314.

b) **Gesamtbelastung an allen ME-Anteilen oder WE-Rechten:** Keine Zustimmung des dinglich Berechtigten nötig, weil das Haftungsobjekt als Ganzes unverändert bleibt.

c) **Selbständige Belastung des ME-Anteils** oder WE-Rechts: Zustimmung der dinglich Berechtigten notwendig[120] aber keine Freigabe bezüglich des nicht belasteten ME-Anteils oder WE-Rechts.[121]

d) **Rechtsausübung beschränkt auf den in SE zu überführenden Gebäudeanteil** (z. B. Wohnungsrecht oder Dauerwohnrecht): Zustimmung des Berechtigten nicht erforderlich.[122] Die spätere Inhaltsänderung oder Aufhebung des WE-Rechts, an dem diese Belastung fortbesteht, bedarf der Zustimmung des Berechtigten.

e) **Bei Benutzungsregelung nach § 1010** (Einl. D 22): Zustimmung des Berechtigten nicht nötig, da sie wie eine Dienstbarkeit an dem WE-Recht, dem die der Benützungsregelung unterliegende Wohnung zugeordnet ist, fortbesteht.[123]

f) **Vormerkung auf Bildung oder Übertragung von WE:** Zur Abänderung einer im GB eingetragenen Vereinbarung, die die sachenrechtliche Gestaltung des WE (Einl. E 16 ff.) oder die Gemeinschaftsordnung (Einl. E 74 ff.) betrifft, ist Zustimmung des Vormerkungsberechtigten nötig.[124]

4. Begründung von Wohnungseigentum

Materiell entweder durch Vertrag aller Miteigentümer (§ 3 WEG) oder einseitige Teilungserklärung des Grundstückseigentümers (§ 8 WEG) und Eintragung im GB (§ 4 Abs. 1 WEG); nicht unter einer Bedingung oder Zeitbestimmung möglich (§ 4 Abs. 2 S. 2 WEG). Eine einseitig aufgestellte Gemeinschaftsordnung gem. § 8 WEG unterliegt der Inhaltskontrolle gem. § 242 BGB.[125] Alle WE-Erwerber müssen bereits Miteigentümer des Grundstückes sein oder gleichzeitig mit Einräumung von SE werden;[126] auch zulässig, daß sie sowohl die Zahl der ME-Anteile verändern (zusammenlegen) als auch diesen (neuen) Anteilen das SE an einer Wohnung zuordnen.[127] In der Praxis meistens Teilung nach § 8 WEG, die materiell keiner, verfahrensrechtlich der Form des § 29 GBO bedarf. Sollen Wohnungen vor GB-Vollzug der Teilungserklärung veräußert werden, ist aus beurkundungsrechtlichen Gründen (§ 13 a BeurkG) notarielle Beurkundung der Teilungserklärung erforderlich, um auf sie Bezug nehmen zu können (§ 28 Rdn. 10).

E 46

5. Mindestinhalt der Erklärungen über Begründung von WE

a) Das Grundstück muß nach § 28 GBO bezeichnet und ein „einziges GB-Grundstück" sein (§ 1 Abs. 4 WEG). b) Alle ME-Anteile müssen nach Bruchteilen bestimmt sein (§ 1008 BGB) und zusammen ein Ganzes ergeben (z. B. 1000/1000stel). c) Mit jedem ME-Anteil muß SE an einer bestimmten Wohnung oder an nicht zu Wohnzwecken dienenden bestimmten Räumen verbunden und in Übereinstimmung mit dem Aufteilungsplan „bestimmt" bezeichnet werden (§§ 3 Abs. 1; 7 Abs. 4 WEG) und soll in sich abgeschlossen sein (§ 7 Abs. 4 Nr. 2 WEG). Kellerräume müssen mit der gleichen Nummer bezeichnet sein wie die Wohnräume, zu denen sie gehören. Dies gilt jedenfalls für die erst-

E 47

---

[120] BayObLGZ 74, 217/221 = DNotZ 75, 31/34.
[121] Unrichtig daher LG Wuppertal Rpfleger 87, 366.
[122] BayObLGZ 57, 102 = NJW 57, 1840; *Weitnauer* § 3 Rdn. 21.
[123] OLG Hamm MDR 68, 413.
[124] BayObLG Rpfleger 74, 314.
[125] BayObLG DNotZ 36, 97.
[126] *Weitnauer* § 3 Rdn. 2.
[127] BGHZ 86, 393 = Rpfleger 83, 270; *Weitnauer* DNotZ 60, 118.

malige Anlegung des Grundbuchs.[128] Die Art der Abgrenzung von TG-Stellplätzen muß in der Teilungserklärung nicht erwähnt sein,[129] Wohnungen oder Räume, die nicht zum SE erklärt sind, gehören zum Gemeinschaftseigentum. Räumlichkeiten, die den einzigen Zugang zu einem im gemeinschaftlichen Eigentum stehenden Raum bilden, müssen grundsätzlich gemeinschaftliches Eigentum sein.[130] Jedoch kann ein solcher Raum dann im Sondereigentum stehen, wenn der Raum seiner Beschaffenheit nach nicht dem ständigen Mitgebrauch der Wohnungseigentümer dient.[131] Ein Kellerraum, der den einzigen Zugang zu einem im gemeinschaftlichen Eigentum stehenden Geräteraum bildet, kann daher nicht im Sondereigentum stehen.[132] Andererseits steht es der Begründung von WE nicht entgegen, daß ein im gemeinschaftlichen Eigentum stehender Spitzboden nur über eine Wohnung erreichbar ist, wenn dieser nach Beschaffenheit und Zugang nicht im ständigen Mitgebrauch aller Wohnungseigentümer ist.[133] d) Das Rechtsverhältnis der WEer untereinander kann, aber muß nicht geregelt werden. Es gilt dann die „gesetzliche Gemeinschaftsregelung" der §§ 10 ff. WEG (Einl. E 74 ff.). Wenn die Begründung von Sondereigentum an einem Gebäudeteil gegen zwingende gesetzliche Vorschriften verstößt, entsteht[134] ein isolierter Miteigentumsanteil, der – im Zweifel – anteilig an die anderen Miteigentümer zu übertragen ist,[135] wenn die vorgesehene Einheit nicht vorhanden oder sonderrechtsunfähig ist. Anderenfalls besteht ein Anspruch auf Mitwirkung bei Beseitigung des Gründungsmangels.[136] Ist die Aufteilung in Wohnungseigentum ganz oder teilweise nichtig, wird dieser Fehler insgesamt durch den gutgläubigen Erwerb einer Wohnung durch einen Dritten geheilt.[137]

Wird das Gebäude abweichend vom Aufteilungsplan an anderer Stelle auf dem Grundstück errichtet, so entsteht trotzdem Wohnungseigentum, wenn Gemeinschaftseigentum und Sondereigentum zweifelsfrei abgrenzbar sind.[138]

Der notwendige Aufteilungsplan muß alle Gebäudeteile, auch einen nur beschränkt nutzbaren Spitzboden enthalten. Die Darstellung im Schnittplan genügt nicht.[139]

E 48 6. **Vereinigung und Bestandteilszuschreibung:** § 890 BGB ist auch beim WE anwendbar.[140] Vereinigung von Wohnungseinheiten setzt nicht die Abgeschlossenheit der nunmehr gebildeten Einheit voraus.[141]

E 49 7. **Unterteilung eines WE-Rechtes** in zwei oder mehrere in sich wiederum abgeschlossene, rechtlich selbständige Raumeinheiten ohne Veräußerung von WE durch Teilungserklärung (§ 8 WEG) und GB-Eintragung ist zulässig,[142] wenn alle im Sondereigentum stehenden Räume mit einem Miteigentumsanteil verbunden werden. Anderenfalls Nichtigkeitsfolge, die vorgenommenen Eintragungen im Grundbuch sind inhaltlich unzulässig;[143] erforderlich sind Aufteilungsplan und Abgeschlossenheitsbescheinigung auch dann, wenn das Wohnungseigentum durch die Vereinigung zweier Einheiten entstanden ist und der frü-

---

[128] BayObLG Rpfleger 91, 414.
[129] LG Nürnberg, MittBayNot 97, 37.
[130] BGH Rpfleger 91, 454 = DNotZ 92, 224.
[131] BayObLGZ 91, 165/169; BayObLGZ 92, 492.
[132] BayObLG DNotZ 95, 631.
[133] BayObLG DNotZ 96, 27 ff.
[134] Nach BGH MittBayNot 90, 30; m. Anm. *Röll* MittBayNot 90, 85.
[135] BGH DNotZ 90, 377.
[136] BGH Rpfleger 96, 21.
[137] BGH a. a. O.
[138] BayObLG DNotZ 90, 263.
[139] BayObLG DNotZ 97, 377 ff.
[140] Einzelheiten § 5 Rdn. 8 ff.; OLG Hamburg Rpfleger 66, 79 = DNotZ 66, 176; OLG Frankfurt Rpfleger 73, 394; OLG Zweibrücken MittBayNot 90, 175; *Röll* Rpfleger 76, 285; *Nieder* BWNotZ 84, 49/50.
[141] KG OLGZ 89, 385 = NJWRR 89, 360 = MDR 89, 111.
[142] BGHZ 49, 250 = DNotZ 68, 417; BayObLGZ 77, 1; 88, 102; 88, 256.
[143] BayObLGZ 95, 399 = Rpfleger 96, 240 = DNotZ 96, 660.

here Rechtszustand wiederhergestellt werden soll.¹⁴⁴ Zur Prüfungspflicht des GBA OLG Köln Rpfleger 82, 374; zur Veräußerung nach Unterteilung BGHZ 73, 150 = Rpfleger 79, 96; zum Stimmrecht nach Unterteilung OLG Düsseldorf NJW-RR 90, 521.

8. Teilung des Miteigentumsanteils ohne Änderung der Raumeinheit

Bildung von Bruchteilseigentum an einem selbständigen WE-Recht ist nur zusammen mit der Veräußerung eines ME-Anteils möglich, z. B. Ehemann überträgt seiner Ehefrau einen Hälfteanteil, damit beide Miteigentümer zu je ½ des WE-Rechts werden Vereinbarungen, wonach sie am SE nicht oder mit einem anderen Bruchteil als am Gemeinschaftseigentum beteiligt werden soll, sind unzulässig. Vorratsteilung ohne gleichzeitige Bildung neuer selbständiger WE-Rechte (z. B. zur Quotenbelastung) ist nicht zulässig.¹⁴⁵ Zum Sonderfall der selbständigen Buchung von ME-Anteilen eines WE-Rechts vgl. § 3 Rdn. 15.

E 50

9. Vergrößerung oder Verkleinerung von Miteigentumsanteilen ohne Änderung des damit verbundenen SE ist ohne Mitwirkung der übrigen WEer zulässig. Eine solche Inhaltsänderung des WE erfordert Abänderungsvereinbarungen und Teilauflassungen zwischen den beteiligten WEer und GB-Eintragung, wobei die Auflassungserklärungen nicht erkennen lassen müssen, welchem bestimmten Wohnungseigentumsrecht der von einem anderen abgespaltene Miteigentumsanteil zugeschlagen wird. Notwendig ist die Zustimmung der dinglichen Berechtigten an den Wohnungseigentumsrechten, deren Anteil kleiner wird und Pfandunterstellung der vergrößerten Miteigentumsanteile.¹⁴⁶ Befinden sich die davon berührten ME-Anteile in einer Hand, kann sie der Eigentümer allein ohne Auflassung durch einseitige Erklärung und GB-Eintragung vornehmen. Lediglich die Zustimmung der am verkleinerten WE-Recht eingetragenen dinglich Berechtigten ist notwendig.¹⁴⁷

E 51

10. Änderung des Sondereigentums ohne Änderung der Miteigentumsanteile ist auf verschiedene Weise möglich:

E 52

a) **Ein SE-Raum wird Gemeinschaftseigentum:** nötig Vereinbarung des betroffenen WEer einerseits mit allen WEer andererseits in Auflassungsform und GB-Eintragung.¹⁴⁸ Da ein Beschluß der Eigentümergemeinschaft hierüber nicht ausreicht, ist auch ein Eigentümerbeschluß, in dem eine Vollmacht zur Umwandlung von Gemeinschaftseigentum in SE enthalten ist, nichtig.¹⁴⁹

Das Erfordernis der Zustimmung kann durch Regelung in der Teilungserklärung abbedungen werden.¹⁵⁰

Die vorweggenommene Zustimmung oder Ermächtigung, SE in gemeinschaftliches Eigentum umzuwandeln oder umgekehrt, kann nicht mit einer die Sondernachfolge bindenden Wirkung als „Inhalt des SE" vereinbart werden.¹⁵¹

Ein berichtigter amtlicher Aufteilungsplan ist nicht erforderlich, wenn der betroffene Raum auch ohne einen solchen in der Eintragsbewilligung eindeutig und zweifelsfrei bezeichnet werden kann.¹⁵²

b) **Ein zum Gemeinschaftseigentum gehörender Raum wird SE:**¹⁵³ nötig Vereinbarung aller WEer einerseits mit dem WEer, dem das SE zugewiesen wird, in Auflassungs-

E 53

---

¹⁴⁴ BayObLG DNotZ 95, 59.
¹⁴⁵ BayObLGZ 74, 466 = Rpfleger 75, 90.
¹⁴⁶ BayObLGZ 93, 166; Rpfleger 93, 444.
¹⁴⁷ BayObLGZ 58, 263 = NJW 58, 2116 = DNotZ 59, 40; BGH DNotZ 76, 741 = Rpfleger 76, 352; BayObLGZ 84, 10 = DNotZ 84, 381.
¹⁴⁸ *Tasche* DNotZ 72, 710; *Weitnauer* § 5 Rdn. 13; BayObLG DNotZ 83, 752/753; BayObLGZ 89/390, 394.
¹⁴⁹ BayObLGZ 86, 444 = Rpfleger 87, 64.
¹⁵⁰ BayObLG Rpfleger 98, 19.
¹⁵¹ BayObLG a. a. O.
¹⁵² BayObLG Rpfleger 98, 194.
¹⁵³ Vgl. BayObLGZ 91, 313, 316 ff.

Einl I. Grundbuchordnung

form und GB-Eintragung sowie Zustimmung aller dinglich Berechtigten[154] auch wenn ein Wohnungseigentümer an diesem Raum ein Sondernutzungsrecht hat.[155]

E 54 c) **Ein SE-Raum wird abgetrennt und mit einem anderen ME-Anteil verbunden** (also reine Raumveräußerung/Raumtausch ohne Veränderung der ME-Anteile): nötig Vereinbarung der davon betroffenen WEer in Auflassungsform und GB-Eintragung sowie Zustimmung der am verkleinerten SE eingetragenen dinglich Berechtigten, aber keine Mitwirkung der übrigen WEer.[156] Auf gleiche Weise kann ein vollständiger Austausch des SE unter Beibehaltung der jeweiligen ME-Anteile vereinbart werden.[157] Erfordert die Verbindung des erworbenen Raumes mit der neuen Einheit einen Wanddurchbruch, so ist die Zustimmung aller Wohnungseigentümer erforderlich, gleichgültig ob es sich um eine tragende oder nicht tragende Wand handelt.[158]

Einer solchen Zustimmung der übrigen Eigentümer bedarf es nicht, wenn die Abgeschlossenheit des um den hinzuerworbenen Raum vergrößerten Wohnungseigentums nur durch einen Deckendurchbruch hergestellt werden kann.[159]

E 55 d) **Umwandlung von Teileigentum in Wohnungseigentum oder Wohnungseigentum in Teileigentum:** Umwandlung bedarf der Mitwirkung aller Wohnungs- und Teileigentümer und Eintragung im Grundbuch.

Mitwirkung von Sonderrechtsnachfolgern ist entbehrlich, wenn sie durch Vereinbarung oder vereinbarungsersetzende Regelung (§§ 5 Abs. 4; 8 Abs. 2; 10 Abs. 1 S. 2 und Abs. 2 WEG) ausgeschlossen wurden.[160]

Die bauliche Veränderung des Gemeinschaftseigentums — Waschküche im Versammlungsraum — bedarf als bauliche Veränderung und als eine, von der festgelegten abweichenden Gebrauchsregelung der Zustimmung aller Wohnungseigentümer.[161]

11. Bildung eines neuen WE-Rechts aus anderen WE-Rechten

E 56 Vgl. dazu auch Röll, die Unterteilung von Eigentumswohnungen.[162]

Der Eigentümer mehrerer WE-Rechte kann durch einseitige Erklärung ohne Mitwirkung der übrigen WEer Teile seiner ME-Anteile abtrennen, diese zu einem neuen ME-Anteil vereinigen und mit diesem gleichzeitig neues SE verbinden. Dadurch entsteht ein neues WE-Recht unter gleichzeitiger Veränderung der dazu verwendeten alten WE-Rechte.[163] Abgeschlossenheitsbescheinigung und Aufteilungsplan sind auch dann nötig, wenn der frühere Rechtszustand wiederhergestellt werden soll.[164]

12. Neuerrichtung und Änderung von Räumen

E 57 Die Rechtsverhältnisse müssen der neuen baulichen Lage angepaßt werden, da WE als Raumeigentum rechtlich mit den räumlichen Gegebenheiten übereinstimmen muß. Bis zur Neuregelung gehören neue Räume zum Gemeinschaftseigentum.[165] Wird ein

---

[154] BayObLGZ 73, 267 = Rpfleger 74, 111; BayObLG DNotZ 82, 244; BGH DNotZ 87, 208.
[155] BayObLGZ 91, 313; Rpfleger 93, 488.
[156] BGH Rpfleger 76, 352; BayObLGZ 76, 227 = DNotZ 76, 743; OLG Celle Rpfleger 74, 267 = DNotZ 75, 42; *Tasche* DNotZ 72, 710.
[157] BayObLG Rpfleger 84, 268.
[158] BayObLG MittBayNot 97, 366.
[159] BayObLGZ 98, 2.
[160] BayObLG Rpfleger 98, 19.
[161] BayObLG MittBayNot 97, 122 nur LS.
[162] DNotZ 93, 159.
[163] BayObLGZ 76, 227 = Rpfleger 76, 403 = DNotZ 76, 743.
[164] BayObLG Rpfleger 94, 498.
[165] BayObLGZ 73, 267 = Rpfleger 74, 111; *Diester* Rpfleger 65, 193/210; *Tasche* DNotZ 72, 710.

neues Gebäude errichtet, so ist die Bildung von neuen Wohnungseinheiten dadurch möglich, daß das bestehende Sondereigentum in Gemeinschaftseigentum umgewandelt wird, der vorhandene Miteigentumsanteil aufgespalten und mit jedem Teil Sondereigentum verbunden wird, das durch Umwandlung von Gemeinschaftseigentum geschaffen wird. Mitwirkung aller Wohnungseigentümer und Zustimmung der dinglichen Berechtigten ist erforderlich.[166]

Der Anspruch auf zu errichtendes Wohnungseigentum kann durch Vormerkung gesichert werden.[167]

13. Hinzuerwerb neuer Grundstücksflächen

a) **Zuerwerb ist zulässig und setzt voraus:** 1. Auflassung des Grundstücksveräußerers an alle WEer und Umwandlung der gewöhnlichen ME in ME nach WEG;[168] 2. Vereinigung oder Bestandteilszuschreibung der erworbenen Fläche mit dem WE-Grundstück;[169] 3. gegebenenfalls Einräumung von SE an der Zuerwerbsfläche; 4. GB-Eintragung.

b) **Zustimmung** nach § 12 WEG und Zustimmung der dinglich Berechtigten am WE ist wegen Vergrößerung des Belastungsobjekts nicht nötig.

c) **Keine gesetzliche Pflicht der WEer zum Zuerwerb**, auch wenn er unentgeltlich ist, sofern die Erwerbspflicht nicht als Inhalt des SE[170] eingetragen ist.[171]

14. Belastung des einzelnen WE-Rechts

a) **Uneingeschränkt zulässig** mit Grundpfandrechten, Reallast, Nießbrauch, dinglichem Vorkaufsrecht;[172] schuldrechtliches Vorkaufsrecht ist nur als „Inhalt des SE" eintragungsfähig.[173] Die Belastung von noch nicht gebildetem WE kann nicht als Belastung des ME-Anteils ausgelegt werden.[174]

b) **Mit Dienstbarkeiten nur zulässig,** soweit es als Raumeigentum seiner Natur nach die Grundlage für deren Ausübung bieten kann,[175] auch mit Wohnungsrecht, Dauerwohn- oder Dauernutzungsrecht, sofern es sich um aus dem Sondereigentum fließende Befugnisse handelt, sogar dann, wenn das Objekt der Ausübungsberechtigung zum gemeinschaftlichen Eigentum gehört.[176]

Bestritten ist die Möglichkeit, den Ausübungsbereich der Dienstbarkeit auf das Sondernutzungsrecht zu beschränken.[177] Die Entscheidung muß sicherlich danach getroffen werden, welche Auswirkungen die Dienstbarkeit für sämtliche Mitglieder der Miteigentümergemeinschaft hat.

c) **Nicht zulässig** sog. „Unter-WE" am WE.[178]

---

[166] BayObLGZ 94, 233.
[167] BayObLG Rpfleger 92, 292.
[168] OLG Zweibrücken MittBayNot 90, 175; OLG Zweibrücken NJW RR 90, 782 = DNotZ 91, 605; LG Dortmund Rpfleger 92, 478; ausführlich *Meyer-Stolte* Rpfleger 90, 291 und *Mottau* Rpfleger 90, 455.
[169] Wegen § 1 Abs. 4 WEG.
[170] § 10 Abs. 2 WEG.
[171] BayObLGZ 73, 30 = Rpfleger 73, 140.
[172] OLG Celle DNotZ 55, 320; *Bärmann* § 1 Rdn. 51 ff.
[173] *Diester* Rpfleger 65, 203.
[174] OLG Hamm Rpfleger 83, 395.
[175] KG DNotZ 68, 57; *Weitnauer* § 3 Rdn. 35; *Bärmann* § 1 Rdn. 100 ff.
[176] BGH DNotZ 90, 493 m. Anm. *Amann* (zur Pflicht ein Fenster geschlossen zu halten); enger BayObLGZ 74, 396 = Rpfleger 75, 22; OLG Karlsruhe Rpfleger 75, 356; *Weitnauer* § 3 Rdn. 35 b; dazu *Ertl* FS Bärmann und *Weitnauer* 1990, 251 zur Belastung von WE mit einem Wohnungsrecht.
[177] Abl. BayObLGZ 74, 396; DNotZ 90, 496; diff. dafür *Amann* Anm. DNotZ 90, 498 ff.
[178] OLG Köln Rpfleger 84, 268.

Einl

15. Belastung des ganzen WE-Grundstücks

E 60 durch alle WEer ist nach allgemeinen Grundsätzen zulässig.[179] Dienstbarkeiten, die ihrer Natur nach nicht an einzelnem WE-Recht, sondern nur am Grundstück als Ganzem bestehen können, sind in Abteilung II jedes einzelnen Wohnungsgrundbuchs mit Hinweis darauf einzutragen, daß das Recht am ganzen Grundstück besteht.[180]

E 61 16. Keine sachenrechtliche Verfügung über das WE ist die Einräumung, Übertragung, Änderung und Aufhebung von Sondernutzungsrechten, weil sie keine dinglichen Rechte sind, nicht den sachenrechtlichen Gegenstand des WE betreffen, sondern das Rechtsverhältnis der WEer untereinander (dazu Einl. E 82 ff.).

17. Aufhebung von Sondereigentum

E 62 ist Inhaltsänderung, da WE in gewöhnliches Miteigentum (§ 1008 BGB) oder bei Vereinigung aller Anteile in einer Hand in Alleineigentum umgewandelt wird. Eine Aufgabe durch Verzicht ist nicht möglich.[181]

Voraussetzung: Einigung aller WEer über die Aufhebung in Auflassungsform (§ 4 Abs. 1 WEG) oder bei Vereinigung aller WE-Rechte in einer Hand Antrag nach § 9 Abs. 1 Nr. 3 WEG und GB-Eintragung.[182] Notwendig dazu Zustimmung der dinglich Berechtigten, deren Recht nicht am ganzen WE-Grundstück oder nicht an allen einzelnen WE-Rechten lastet.[183]

V. Veräußerungsbeschränkungen (§ 12 Abs. 1 WEG)

Literatur:

Diester Rpfleger 74, 245; *Sohn* Die Veräußerungsbeschränkung im WE-Recht (1982); *Hallmann* MittRhNotK 85, 1; *Liessen* NJW 88, 1306; *Sohn* NJW 85, 3060.

1. Zwei Voraussetzungen für die Begründung

E 63 1. Vereinbarung aller WEer (nicht in Auflassungsform) oder einseitige Erklärung nach § 8 WEG (Einl. E 42) und
Keine Zustimmung erforderlich der Gläubiger, deren Grundpfandrechte das ganze Grundstück belasten.[184]
2. GB-Eintragung als Inhalt des SE (Einl. E 88 ff.).
Nachträgliche Begründung wie Inhaltsänderung durch Vereinbarung aller WEer[185] mit Zustimmung aller dinglich Berechtigten (Einl. E 45).

2. Wirkung

E 64 a) **Absolute Verfügungsbeschränkung und GB-Sperre** von ihrer Eintragung an.[186] Zustimmungsbedürftige Verfügungen dürfen nur unter Nachweis der Zustimmung (in Form des § 29) im GB eingetragen werden (§ 12 Abs. 3 WEG).

---

[179] *Weitnauer* § 3 Rdn. 30; *Bärmann* § 7 Rdn. 31.
[180] § 4 WE-GBVerf; BayObLG Rpfleger 95, 455.
[181] BayObLGZ 91, 90 = Rpfleger 91, 247.
[182] Schließung der WE-Grundbücher.
[183] Haegele/Schöner/*Stöber* GBR Rdn. 2896 ff.; OLG Frankfurt DNotZ 91, 604.
[184] OLG Frankfurt Rpfleger 96, 340.
[185] *Haegele* Rpfleger 67, 285; *Lutter* DNotZ 60, 237.
[186] Dazu § 19 Rdn. 116 ff.

b) Handelt es sich um eine werdende Eigentümergemeinschaft, so gilt die Beschränkung trotz bereits früher erfolgter Eintragung ab der Eigentumseintragung des ersten Wohnungseigentumerwerbers.[187]

c) Im Grundbuch eingetragene Befreiungen oder Ausnahmen vom Veräußerungsverbot sind nach den allgemeinen Regeln auslegungsfähig.[188]

3. **Zum Unterschied zur schuldrechtlichen Veräußerungsbeschränkung:** Schuldrechtliche Verpflichtungen, WE nicht oder nur unter bestimmten Voraussetzungen zu veräußern oder zu belasten (§ 137 S. 2 BGB) wirken zwar durch Eintragung als Inhalt des SE (§ 10 Abs. 2 WEG) auch gegen Sondernachfolger (Einl. E 74), machen aber ein dagegen verstoßendes Rechtsgeschäft nicht unwirksam, lösen höchstens Schadensersatzfolgen aus und bewirken keine GB-Sperre.[189] **E 65**

4. Bei Veräußerungsbeschränkungen mit dem gesetzlichen Inhalt des § 12 Abs. 1 WEG sind genehmigungsbedürftig: Veräußerungen von WE, auch im Wege der Zwangsvollstreckung; durch den Konkursverwalter; unter nahen Verwandten, unter WEer;[190] an den Grundpfandgläubiger zur Rettung seines Grundpfandrechts;[191] Rückauflassung nach Vertragsaufhebung;[192] des Bruchteils eines WE-Rechts;[193] des ganzen WE-Rechts an andere WEer;[194] quotenmäßige Änderung von ME-Bruchteilen mehrerer WE-Rechte;[195] Übertragung eines WE von der Erbengemeinschaft auf einen Miterben in Erfüllung einer Vermächtnis- oder Teilungsanordnung,[196] nicht die Verfügung eines Miterben über einen Erbanteil.[197] **E 66**

5. **Erstveräußerung durch den Eigentümer (Bauträger),** der selbst gemäß § 8 WE gebildet hat, bedarf der Zustimmung des Verwalters[198] wenn die Teilungserklärung das Zustimmungserfordernis enthält und für die Erstveräußerung eine Ausnahme ausdrücklich nicht vorgesehen ist. **E 67**

6. **Einschränkung des gesetzlichen Inhalts** durch GB-Eintragung der Vorwegzustimmung oder Ausnahme von der Zustimmungspflicht in besonderen Fällen (z. B. bei Veräußerungen im Wege der Zwangsvollstreckung, durch Konkursverwalter, durch bestimmten Grundpfandrechtsgläubiger). **E 68**

7. **Erweiterung der Zustimmungspflicht:** zulässig zur Unterteilung ohne Veräußerung,[199] zur Veräußerung von SE ohne Änderung der ME-Anteile,[200] zur Übertragung des WE von der Erbengemeinschaft auf einen Miterben als Erfüllung eines Vermächtnisses oder einer Teilungsanordnung.[201] **E 69**

8. **Belastungsbeschränkungen:** Nach dem Wortlaut des § 12 WEG nicht zulässig. Trotzdem hält BGH die Vereinbarung einer Zustimmungspflicht zur Belastung mit **E 70**

---

[187] OLG Hamm Rpfleger 94, 460; vgl. auch E 66.
[188] BayObLGZ 94, 18; KG Rpfleger 96, 448 für eine Befreiung von Ehegatten von der Genehmigungspflicht bei einer Auflassung nach Rechtskraft des Scheidungsurteils.
[189] OLG Frankfurt DNotZ 59, 476; *Weitnauer* § 12 Rdn. 1 c; *Bärmann* § 12 Rdn. 8.
[190] BayObLGZ 77, 40.
[191] LG Düsseldorf Rpfleger 81, 193.
[192] BayObLGZ 76, 328.
[193] OLG Celle Rpfleger 74, 438.
[194] BayObLGZ 77, 40.
[195] Palandt-Bassenge § 12 Anm. 1 b.
[196] BayObLGZ 82, 46 = Rpfleger 82, 177.
[197] OLG Hamm DNotZ 80, 53.
[198] BGH Rpfleger 91, 246; OLG Köln Rpfleger 92, 293.
[199] BGHZ 49, 250/257 = Rpfleger 68, 114.
[200] OLG Celle DNotZ 75, 42.
[201] BayObLGZ 82, 46 = Rpfleger 82, 177.

Einl I. Grundbuchordnung

Dauerwohn-, Dauernutzungs- und dinglichen Wohnungsrechten für zulässig.[202] Dagegen bestehen berechtigte Bedenken.[203]

E 71 9. Unwirksam sind: völliges Veräußerungsverbot, da es dem Wesen des WE widersprechen würde;[204] Abhängigkeit von der Zustimmung eines Grundpfandrechtsgläubigers.[205]

VI. Rechtsverhältnis der Wohnungseigentümer untereinander

E 72 1. Die Wohnungseigentümergemeinschaft ist eine besondere Art der Gemeinschaft bürgerlichen Rechts (§ 741 BGB), keine Gesellschaft und keine juristische Person, daher nicht rechtsfähig und nicht parteifähig.[206] Die internen Rechtsbeziehungen der WEer untereinander haben entsprechend der Grundstruktur der Bruchteilsgemeinschaft (Einl. D 10 ff.) eine ihrer Eigenart entsprechende Sonderregelung in §§ 10 ff. WEG gefunden,[207] die[208] ein gesetzliches Schuldverhältnis mit „verdinglichten" Wirkungen[209] darstellt und vom BGH[210] als „Satzung" der WEer-Gemeinschaft bezeichnet wird (vgl. Einl. E 74). Eintritt in die WEer-Gemeinschaft und Ausscheiden aus ihr vollziehen sich kraft Gesetzes mit dem Erwerb und Verlust des WE-Rechts (Einl. D 12). Diese Grundregeln des § 741 BGB sind auch beim WE der Privatautonomie entzogen.

2. Entstehung der Wohnungseigentümergemeinschaft

E 73 a) Diese Gemeinschaft setzt mindestens zwei Personen, aber kein Gebäude voraus (Einl. E 9). Ebensowenig erforderlich ist die baurechtliche Zulässigkeit des geplanten Gebäudes;[211] die Gemeinschaft entsteht mit Anlegung des Wohnungsgrundbuchs (§ 7 Abs. 1 WEG), bei Teilung nach § 8 WEG mit der Eintragung eines Dritten als WEer.

E 74 b) Entgegen der früher verbreiteten Ansicht[212] kann seit der Entscheidung des BGH[213] die „faktische WEer-Gemeinschaft" nicht mehr anerkannt werden. Eine Vorverlegung des Zeitpunkts des Entstehens der Gemeinschaft vor die Eintragung von mindestens zwei Wohnungseigentümern ist demnach nicht möglich. Nach Eintragung der Vormerkung für den ersten WE-Erwerber entsprechend § 877 BGB für eine Änderung der Gemeinschaftsordnung wird dessen Zustimmung erforderlich.[214]

E 75 3. Die Bedeutung der „Gemeinschaftsordnung" besteht darin, daß alle für das Verhältnis der WEer untereinander (Innenverhältnis) verbindlichen Regelungen für und gegen jeden WEer und Sondernachfolger kraft Gesetzes wirken, auch wenn er sie nicht

---

[202] BGHZ 37, 203 = DNotZ 63, 180.
[203] Weitnauer § 12 Rdn. 1 b; Palandt/Bassenge § 12 Anm. 1 c: nur zur Belastung mit eigentumsähnlichen Dauerwohn- oder Dauernutzungsrecht zulässig; Bärmann (§ 1 Rdn. 91 ff.; § 12 Rdn. 4: Belastungsbeschränkungen jeglicher Art unzulässig.
[204] BayObLGZ 60, 476 = DNotZ 61, 266.
[205] Weitnauer § 12 Rdn. 6 a; a. A. Bärmann § 12 Rdn. 23.
[206] BGH NJW 77, 1686.
[207] Weitnauer Vorb. 17 ff. vor § 1; Weitnauer Rpfleger 76, 342.
[208] Nach Bärmann § 10 Rdn. 24 ff.
[209] Staudinger/Ertl Vorbem. 42 ff. zu § 873; Ritzinger BWNotZ 81, 153; Staudinger/Huber § 741 Rdn. 5, 164, 175; vgl. § 22 Rdn. 39 ff. mit Lit.
[210] BGHZ 49, 250/258.
[211] BGH DNotZ 90, 259.
[212] Weitnauer § 43 Rdn. 4 f.; Bärmann § 3 Rdn. 84; Röll DNotZ 77, 69.
[213] DNotZ 89, 422 = Rpfleger 89, 150.
[214] So auch BayObLGZ 74, 217 = Rpfleger 74, 314 = DNotZ 75, 31 für die „faktische WE-Gemeinschaft"; ebenso BayObLG Rpfleger 94, 18.

kennt, an ihnen nicht mitgewirkt, gegen sie gestimmt, sich ihnen nicht rechtsgeschäftlich unterworfen hat oder diese Wirkungen gar nicht will (Einl. D 11 ff.; 23 ff.). Sie hat die **Wirkung eines „Statuts"** wie die Satzung eines Vereins.[215] Außenstehende Dritte erhalten durch sie keinen unmittelbaren Anspruch.[216]

4. Die Gemeinschaftsordnung besteht aus: a) zwingenden Vorschriften der §§ 10 ff. WEG; b) rechtsgeschäftlichen Vereinbarungen, die als Inhalt des SE im GB eingetragen sind.[217] Bestritten ist die Anwendung von AGB-Recht auf die Gemeinschaftsordnung;[218] c) Beschlüssen der WEer gemäß § 23 WEG und ihnen gleichstehenden Entscheidungen des Richters gemäß § 43 WEG, die keiner Eintragung bedürfen,[219] d) abdingbaren gesetzlichen Vorschriften der §§ 10 bis 29 WEG, soweit sie nicht erkennbar abgeändert oder ergänzt worden sind;[220] e) subsidiär gemäß § 10 Abs. 1 WEG geltenden gesetzlichen Vorschriften der §§ 742 ff. BGB.[221]

E 76

5. Nicht zur Gemeinschaftsordnung gehören die nicht im GB eingetragenen schuldrechtlichen Regelungen (§§ 746 ff. BGB) und die dinglichen Vereinbarungen mit absoluter sachenrechtlicher Wirkung, z. B. § 5 Abs. 3 WEG.[222]

E 77

6. Zwischen Vereinbarungen und Beschlüssen ist zu unterscheiden.[223] Was beschlußmäßig geregelt werden kann, ergibt sich aus dem Gesetz und den Vereinbarungen gemäß § 10 Abs. 2 (§ 23 Abs. 1 WEG). Durch Mehrheitsbeschluß kann in SE und dingliche Anwartschaftsrechte nicht eingegriffen werden,[224] ohne Zustimmung des Betroffenen auch nicht in seine Sonderrechte (§ 35 BGB). Zu den Wirkungen fehlerhafter Mehrheitsbeschlüsse BGHZ 54, 65/69 = NJW 70, 1316.[225] Eine einstimmig gefaßte Regelung, wonach Änderungen der GO (allgemein oder in bestimmten Punkten) durch Mehrheitsbeschluß getroffen werden können, ist nach BGHZ 95, 137 = DNotZ 86, 83 zulässig, wenn ein sachlicher Grund vorliegt und einzelne Wohnungseigentümer gegenüber dem früheren Rechtszustand nicht unbillig benachteiligt werden.[226]

E 78

Vereinbarungen wirken gegen den Sonderrechtsnachfolger nur, wenn sie aufgrund einer Bewilligung aller WE ins Grundbuch eingetragen worden sind;[227] dazu reicht ein Mehrheitsbeschluß nicht.[228] Dagegen entfalten Beschlüsse der WE und Entscheidungen des Richters nach § 43 WEG Wirkung auch ohne Grundbucheintrag gegen den Sonderrechtsnachfolger; sie können auch nicht eingetragen werden.[229] Werden Gegenstände, die einer Vereinbarung bedürfen, durch Beschluß geregelt und nicht innerhalb der Monatsfrist des § 23 ABs. 4 S. 2 WEG angefochten, so wirken sie auch gegen Sonderrechtsnachfolger,[230] solange sie nicht nichtig sind.[231]

---

[215] BayObLGZ 59, 457/465 = NJW 60, 292; *Diester* Rpfleger 65, 199; *Röll* Rpfleger 76, 283.
[216] OLG Frankfurt MDR 83, 580.
[217] § 10 Abs. 2 WEG.
[218] Vgl. dazu LG Magdeburg Rpfleger 97, 108 m. Anm. v. *Röll*.
[219] § 10 Abs. 3 WEG.
[220] BayObLGZ 72, 150.
[221] Dazu *Weitnauer* § 10 Rdn. 1 ff.; *Bärmann* § 10 Rdn. 3 ff.
[222] *Weitnauer* § 10 Rdn. 13 c.
[223] BayObLGZ 78, 377 = DNotZ 79, 174; BayObLGZ 83, 79; *Tasche* DNotZ 74, 581; *Schmidt* DNotZ 75, 138.
[224] BayObLGZ 73 = DNotZ 73, 611.
[225] BayObLGZ 86, 444 = Rpfleger 87, 64; BayObLG DNotZ 84, 101.
[226] Ebenso BayObLGZ 89, 437 (für bauliche Veränderungen); *Weitnauer* § 10 Rdn. 17 c; a. A. *Bärmann* § 10 Rdn. 54: Mehrheitsbeschluß nur für einzelne bestimmte Regelungsbereiche.
[227] § 10 Abs. 2 WEG.
[228] Haegele/Schöner/*Stöber* GBR 2885.
[229] Vgl. dazu näher *Demharter* DNotZ 91, 28 ff.
[230] BayObLG DNotZ 84, 101 = Rpfleger 83, 348.
[231] BayObLGZ 86, 444 für die Umwandlung von Gemeinschaftseigentum in SE.

Einl I. Grundbuchordnung

7. Eintragungsfähigkeit von Gemeinschaftsregelungen

E 79 a) **Eintragungsfähig** sind nur die nach §§ 3; 10 Abs. 2 WEG vereinbarten oder nach § 8 WEG einseitig „zum Inhalt des SE" erklärten Regelungen über das Verhältnis der WEer untereinander, soweit sie sich im gesetzlich zulässigen Rahmen halten. „Vereinbarungen" i. S. § 10 Abs. 2 bedürfen zur materiellen Wirksamkeit nicht der für die „sachenrechtliche Einigung" (§ 873 BGB) vorgeschriebenen Auflassungsform (§§ 4 Abs. 2 WEG; 925 Abs. 1 BGB). Enthält die Gemeinschaftsordnung daneben die Wiederholung gesetzlicher Bestimmungen, so genügt bei der Eintragung trotzdem die globale Bezugnahme auf die Gemeinschaftsordnung.[232]

Besteht für den jeweiligen Eigentümer eines in Wohnungseigentum aufgeteilten Grundstücks eine Grunddienstbarkeit z. B. zur Benutzung von Garagen, an einem anderen Grundstück, so kann eine Regelung der Wohnungseigentümer über die Ausübung der Dienstbarkeit als Inhalt des Sondereigentums in die Wohnungsgrundbücher eingetragen werden.[233]

b) **Nicht eintragungsfähig** sind die nicht abgeänderten gesetzlichen Regelungen der §§ 10 ff. WEG; 741 ff. BGB und die nach § 10 Abs. 3 WEG auch ohne GB-Eintragung gegen die Sondernachfolger wirkenden Beschlüsse der WEer und richterlichen Entscheidungen.[234] (Einl. B 9).

8. Vertragsfreiheit und ihre Ausnahmen

E 80 Zur Regelung der internen Rechtsbeziehung besteht grundsätzlich Vertragsfreiheit, die über § 1010 BGB (Einl. D 22 ff.) und die ErbbVO (Einl. F 28 ff.) hinausgeht, mit folgenden **Ausnahmen:** a) zwingendes Recht des WEG (Rdn. 80), b) zwingendes Recht der §§ 741; 747 BGB (Rdn. 71); c) allgemeine Grenzen der Vertragsfreiheit (§§ 134; 138; 276 S. 2 BGB); d) die Vertragsfreiheit einschränkendes Sonderrecht (Rdn. 86, 87).

9. Zwingendes Recht für die Gemeinschaftsordnung nach WEG:

E 81 a) § 5 Abs. 2: bestimmte Teile des Gebäudes sind nicht sondereigentumsfähig;
b) § 6: Unselbständigkeit des SE;
c) § 11: kein Anspruch auf Aufhebung der Gemeinschaft;
d) § 12 Abs. 2 S. 1: Versagung der Zustimmung zur Veräußerung nur aus wichtigem Grund;
e) § 18 Abs. 4: kein Ausschluß des Entziehungsrechts des WE/TE;
f) § 19 Abs. 1 und 3: Verurteilung zur Veräußerung des WE/TE;[235]
g) § 20 Abs. 2: Bestellung eines Verwalters; nur eine natürliche oder juristische Person oder eine Personengesellschaft des Handelsrechtes dürfen berufen werden.[236] Nichtig ist eine Vereinbarung, daß zum Verwalter nur Wohnungseigentümer bestellt werden dürfen.[237]
h) § 23 Abs. 3: Schriftliche Abstimmung nur einstimmig;[238]

---

[232] OLG Hamm DNotZ 97, 972.
[233] BayObLGZ 90, 124.
[234] OLG Frankfurt Rpfleger 80, 231; BayObLG DNotZ 84, 101 = Rpfleger 83, 348; *Weitnauer* § 10 Rdn. 18). Die Gegenmeinung (z. B. *Bärmann* § 10 Rdn. 64), sie seien nicht eintragungsbedürftig, aber eintragungsfähig, ist zum Schutz des GB vor überflüssigen Eintragungen abzulehnen.
[235] Abs. 2 ist abdingbar; *Weitnauer* § 19 Rdn. 8.
[236] BGH DNotZ 90, 34; KG Rpfleger 95, 17 = FG Prax 95, 24.
[237] BayObLG Rpfleger 95, 155.
[238] BayObLGZ 80, 331 = MittBayNot 81, 27.

i) § 24 Abs. 2: Minderheitsrecht zur Einberufung der Versammlung;[239]
j) § 26 Abs. 1 bis 3: Bestellung, Abberufung und Amtsdauer des Verwalters; Notverwalter;
k) § 27 Abs. 1 bis 3, Abs. 4 S. 1: Mindestaufgaben und -rechte des Verwalters;[240]
l) §§ 43 ff.: Verfahren in WEG-Sachen.[241]

Nichtigkeit einzelner Bestimmungen der Gemeinschaftsordnung berührt die Wirksamkeit der übrigen nicht.[242] Das GBA darf aber gegen zwingendes Recht verstoßende Vereinbarungen nicht eintragen.

10. Einzelfälle eintragungsfähiger Gemeinschaftsregelungen

a) Gegenseitige schuldrechtliche Vorkaufsrechte; nicht die nur als Belastung eintragungsfähigen dinglichen Vorkaufsrechte;[243] b) Richtlinien für den Verwaltervertrag, nicht der Abschluß dieses Vertrages selbst;[244] c) Voraussetzungen für Geldstrafen, die wie Vereinsstrafen (nicht Vertragsstrafen) wirken;[245] d) Schiedsvereinbarungen;[246] e) Vereinbarungen über Vertretung nach außen mit entsprechenden Vollmachten z. B. für Verwalter oder Mitglieder des Verwaltungsbeirats;[247] f) dingliche Unterwerfung des WE-Rechts unter die Zwangsvollstreckung wegen bestimmter Wohngeldbeträge analog § 800 ZPO; g) Haftung des WE-Erwerbers für vom Veräußerer geschuldete Verwaltungskostenbeiträge,[248] als Sonderrechtsnachfolger des Veräußerers; grundsätzlich kein Eintritt in Verpflichtungen des Vorgängers;[249] h) Pflicht zum Zuerwerb von Grundstücksflächen;[250] i) Verteilung von Betriebskosten abw. von § 16 WEG;[251] k) Gebrauchsregelungen nach § 15 Abs. 1 WEG: Beispiele: Verbot gewerblicher Nutzung; Erfordernis der Zustimmung anderer WEer oder des Verwalters zur Vermietung;[252] Pflicht zur Teilnahme an Gemeinschaftsanlagen (z. B. Gemeinschaftsantennen); vereinbarungswidriger Gebrauch hat nur Unterlassungs- und Schadensersatzansprüche zur Folge, aber keine absolute Wirkung gegen Dritte (z. B. auch nicht gegen den Mieter). Nach den Novellen zum WEG (Einl. E 2) soll die Zulässigkeit von Gebrauchsregelungen eingeschränkt werden.[253] l) Sondernutzungsrechte (Einl. E 82 ff.). m) Vereinbarung über die Ausübung einer für das gemeinschaftliche Grundstück bestellten Grunddienstbarkeit durch einen Miteigentümer.[254] n) Stimmrechtsregelung (Vetorecht oder Mitstimmrecht eines Eigentümers.[255]

E 82

---

[239] BayObLGZ 72, 314 = NJW 73, 151.
[240] Zum Streit, ob § 27 Abs. 4, § 24 Abs. 1 und 2 abdingbar sind, vgl. *Weitnauer* § 27 Rdn. 14 und *Bärmann* § 27 Rdn. 10.
[241] Können aber einem Schiedsgericht übertragen werden BayObLGZ 73, 1; *Weitnauer* § 43 Rdn. 14).
[242] BGHZ 47, 172/179.
[243] OLG Celle DNotZ 55, 320; OLG Bremen Rpfleger 77, 313.
[244] *Weitnauer* § 10 Rdn. 14 a.
[245] BayObLGZ 59, 457/465 = NJW 60, 292.
[246] BayObLGZ 73, 1 = Rpfleger 73, 139.
[247] *Weitnauer* § 10 Rdn. 14 d; zu den Grenzen solcher Vollmachten BayObLG DNotZ 75, 308.
[248] OLG Düsseldorf DNotZ 73, 553; OLG Frankfurt Rpfleger 80, 349; OLG Köln DNotZ 81, 584; BGH Rpfleger 94, 498.
[249] *Röll* NJW 76, 937, ohne solche Regelung nur Haftung für die Verbindlichkeiten, die nach dem Eigentumserwerb durch Beschluß begründet wurden; BGHZ 104, 197 = DNotZ 89, 148 = Rpfleger 88, 357; BGH DNotZ 90, 371.
[250] BayObLGZ 73, 30 = Rpfleger 73, 140.
[251] BGHZ 92, 18 = Rpfleger 84, 465.
[252] BGHZ 37, 203 = DNotZ 63, 180; BayObLGZ 87, 291.
[253] *Zimmermann* Rpfleger 78, 120.
[254] OLG Köln Rpfleger 93, 335; BayObLG DNotZ 91, 600.
[255] BayObLg Rpfleger 97, 375.

Einl

E 83 11. **Sondernutzungsrechte grundsätzlich am gemeinschaftlichen Eigentum**, ausnahmsweise auch bei einem im Miteigentum stehenden Teileigentum.[256]

a) **Als Sondernutzungsrecht bezeichnet man die verdinglichte Rechtsstellung eines WEers auf der Grundlage der §§ 15 Abs. 1; 5 Abs. 4; 10 Abs. 2 WEG, die**[257] weder ein selbständiges dingliches Recht noch ein rein schuldrechtlicher Anspruch ist[258] (vgl. auch P 16).

Die Eigenarten des Sondernutzungsrechtes bestehen unbestritten darin, daß es durch eine Vereinbarung oder einseitige Erklärung nach § 8 WEG über den Gebrauch von gemeinschaftlichem Eigentum gem. § 15 Abs. 1 WEG begründet und einem bestimmten WE-Recht zugeordnet wird, dem begünstigten WEer nicht ohne seine Mitwirkung entzogen werden kann (§ 35 BGB); an außenstehende Dritte nicht übertragbar ist (§ 6 WEG bzw. § 399 BGB) und durch Eintragung im GB mit dinglichen, richtiger „verdinglichten" Wirkungen gemäß § 10 Abs. 2 WEG ausgestattet werden kann, wonach[259] zum Inhalt des Sondereigentums des begünstigten WEers (positiv) seine ausschließliche Benutzungsberechtigung und zum Inhalt des Sondereigentums aller übrigen WEer (negativ) der Ausschluß ihrer eigenen gesetzlichen Berechtigung zum Mitgebrauch gehört (§ 5 Abs. 4 WEG). Inhalt des Sondereigentums der übrigen Eigentümer wird nur der Ausschluß der eigenen Berechtigung[260] mit der Folge, daß nur inhaltliche, nicht räumliche Erweiterungen der Zustimmung der eingetragenen Gläubiger nicht bedürfen.[261] Sondernutzungsrechte müssen nicht (wie Dienstbarkeiten) auf bestimmte Einzelnutzungen beschränkt werden.[262]

Zur praktischen Bedeutung von Sondernutzungsrechten[263] bei Flächen im Freien (Einl. E 27), Nebenräumen (Einl. E 30), ebenerdigen Terrassen (Einl. E 31), Stellplätzen in Sammelgaragen (Einl. E 33); ganzen Gebäuden oder Gebäudeteilen,[264] an Grundstücken Dritter, an denen zugunsten des in WE aufgeteilten Grundstücks eine Grunddienstbarkeit bestellt ist[265] als Inhalt auch möglich die Befugnis zu baulichen Veränderungen.[266]

E 84 b) **Begründung von Sondernutzungsrechten:** zusammen mit der Begründung von SE entweder nach § 3 oder § 8 WEG. Bei Vorratsteilung nach § 8 WEG kann der teilende Eigentümer Sondernutzungsrechte einseitig in der Weise begründen, daß er sich selbst oder ermächtigten Dritten die Begründung vorbehält. Auch kann die Gemeinschaft von der Nutzung der Fläche zunächst nur ausgeschlossen werden (negatives Sondernutzungsrecht) an dem teilenden Eigentümer oder ermächtigten Dritten das Recht zugewiesen werden Sondernutzungsrechte daran zuzuteilen (positives Sondernutzungsrecht) nunmehr ständige Rechtsprechung.[267]

Die betroffene Fläche muß bestimmbar sein. Ist sie im Aufteilungs- oder einem anderen Plan nicht gekennzeichnet, jedoch bei der Begründung auf diesen Plan Bezug genommen, so entsteht das Recht nicht.[268] Nachträgliche Begründung ist „Inhaltsände-

---

[256] BayObLGZ 94, 195 ff.
[257] Wie BGH Rpfleger 1979, 57; BayObLGZ 74, 396 = Rpfleger 75, 22/23 bestätigen.
[258] Dazu Staudinger/*Ertl* Vorbem. 44 zu § 873 mwN.
[259] So BGHZ 91, 343 = DNotZ 84, 695 = Rpfleger 79, 108.
[260] OLG Hamm Rpfleger 97, 376.
[261] a. a. O. m. w. N.
[262] Jetzt h. M.: BayObLGZ 81, 56; KG Rpfleger 83, 20; BayObLG DNotZ 90, 381.
[263] *Ertl* DNotZ 77, 669; Rpfleger 79, 81.
[264] BayObLGZ 81, 56 = Rpfleger 81, 299; OLG Düsseldorf MittRhNotK 86, 169.
[265] BayObLG MittBayNot 90, 353.
[266] BayObLG DNotZ 90, 377.
[267] Zuletzt BayObLG Rpfleger 97, 64.
[268] BayObLG Rpfleger 94, 294 = DNotZ 94, 244.

rung der Gemeinschaftsordnung", die von allen WEern vereinbart werden muß.[269] Nicht durch Mehrheitsbeschluß[270] und nicht durch öffentliche Erlaubnis.[271] Für die Vereinbarung gilt weder § 925 BGB noch § 20 GBO.[272] Sie bedarf der Zustimmung aller dinglich Berechtigten mit Ausnahme der am begünstigten WE-Recht.[273] Die vorbehaltene Zuweisung eines Sondernutzungsrechts bedarf aber keiner Zustimmung der anderen WEer.[274] Ebensowenig bei der Begründung von weiteren Sondernutzungsrechten an Flächen, von deren Mitgebrauch sie ausgeschlossen sind,[275] wenn den Erwerbern die Einschränkung ihrer Rechte nach Art und Umfang ohne weiteres erkennbar ist.[276] Zur Begründung durch Bevollmächtigte oder aufgrund Vorbehalts in der Teilungserklärung BayObLGZ 74, 217.[277] Gutgläubiger Erwerb möglich.[278]

c) Die „isolierte Übertragung eines Sondernutzungsrechts" auf den Eigentümer eines anderen WE-Rechts derselben WE-Gemeinschaft bedarf einer Vereinbarung zwischen dem bisher und dem neu benutzungsberechtigten WEer, aber nach dem Gesetz keiner Zustimmung der anderen WEer oder des Verwalters (sofern ihre Wirksamkeit nicht nach § 12 WEG davon abhängig gemacht worden ist). Daran besteht seit dem Beschluß des BGH vom 24. 11. 78,[279] kein Zweifel mehr.[280] Die Neuzuordnung ist deshalb nur an dem von ihr betroffenen und begünstigten WE im GB einzutragen.[281] Nach h. M. ist ferner die Zustimmung der am betroffenen WE dinglich Berechtigten erforderlich, sofern sie dadurch beeinträchtigt werden (Einl. E 45). Ob ein gutgläubiger Erwerb eines eingetragenen Sondernutzungsrechts bei rechtsgeschäftlichem Erwerb möglich ist,[282] ist umstritten, aber entsprechend § 893 BGB zu bejahen.

E 85

d) **Aufhebung des Sondernutzungsrechts** kann nicht ohne oder gegen den Willen des begünstigten WEer (§ 35 BGB) und der an diesem WE-Recht dinglichen Berechtigten (Einl. E 45) erfolgen.[283] Die Aufgabe- bzw. Zustimmungserklärung (nach GB-Recht in Form des § 29) und Eintragung der Aufhebung im GB bedarf der Zustimmung der übrigen WEer[284] und der eingetragenen Auflassungsberechtigten.[285]

E 86

12. Prüfung der Gemeinschaftsordnung durch das GBA

a) Eine **Inhaltsprüfung** obliegt dem GBA nur für die Regelungen, die gemäß § 10 Abs. 2 WEG durch GB-Eintragung verdinglicht werden sollen.[286] Verstöße gegen zwingendes Recht, die die Nichtigkeit zur Folge hätten (§ 134 BGB), sind zu beanstanden.[287]

E 87

---

[269] BGHZ 91, 343; BayObLG Rpfleger 97, 64 mwN.
[270] Wie KG Rpfleger 76, 62 meint, BayObLGZ 86, 444.
[271] OLG Frankfurt Rpfleger 80, 39.
[272] BayObLG DNotZ 79, 174; Rpfleger 80, 111.
[273] BayObLG Rpfleger 74, 314; OLG Frankfurt Rpfleger 75, 309; BGH MittBayNot 84, 129 = Rpfleger 84, 408; vgl. dazu auch OLG Hamm Rpfleger 89, 280.
[274] BayObLG MittBayNot 90, 108.
[275] BayObLG Rpfleger 91, 308.
[276] BGH NJW 74, 1135; LG Bielefeld Rpfleger 93, 241.
[277] 74, 294; 85, 378 = DNotZ 86, 479; BGH a. a. O. = DNotZ 84, 700 m. krit. Anm. *Schmidt*; Haegele/Schöner/*Stöber* GBR 2913 a; *Ertl* DNotZ 86, 485.
[278] BayObLG DNotZ 90, 382 ff. m. Anm. v. *Weitnauer*.
[279] BGHZ 73, 145; ebenso jetzt BayObLG DNotZ 79, 307.
[280] *Merle* Rpfleger 78, 86.
[281] *Weitnauer* Rpfleger 78, 342; *Ertl* Rpfleger 79, 81/83; *Ertl* DNotZ 79, 172.
[282] Dafür: BayObLG DNotZ 90, 381; OLG Stuttgart OLGZ 86, 35; *Ertl* DNotZ 88, 4; dagegen: *Weitnauer* § 15 Rdn. 34.
[283] BayObLGZ 74, 217 ff. = Rpfleger 74, 314.
[284] OLG Düsseldorf DNotZ 96, 674 m. zust. Anm. v. *Lühe* u. *Becher*.
[285] A. A. LG Augsburg MitBayNot 90, 175.
[286] OLG Köln DNotZ 82, 756.
[287] OLG Düsseldorf DNotZ 73, 552; BayObLG DNotZ 89, 428 m. Anm. *Weitnauer*.

Einl   I. Grundbuchordnung

Die §§ 138, 242 sind zu beachten jedoch nur, soweit nicht eine wertende Beurteilung und Berücksichtigung aller Umstände erforderlich ist, die den Verfahren nach § 43 WEG vorbehalten bleiben muß.

Stimmrechtsregelungen mit Vetorecht eines Eigentümers oder Stimmenmehrheit eines Eigentümers sind grundsätzlich zulässig.[288]

Die baurechtliche Zulässigkeit ist nicht zu prüfen, da das Wohnungseigentum trotz baurechtlicher Unzulässigkeit sachenrechtlich entstehen kann.[289] Zur Aufklärungs- und Prüfungspflicht des GBA vgl. Einl. C 56, 60 ff.

E 88   b) Zu einer **AGB-Kontrolle** der Gemeinschaftsordnung, gleich ob sie vereinbart (§ 10 Abs. 2 WEG) oder einseitig begründet worden ist (§ 8 WEG), ist entgegen der im Schrifttum zum AGBG vertretenen Ansicht[290] das GBA nach h. M. weder berechtigt noch verpflichtet.[291] Dazu besteht auch kein rechtliches Bedürfnis. Eine Prüfung von Klauseln, die gegen AGBG verstoßen oder unzumutbar sind (§ 242 BGB), und ihre rechtskräftige Abänderung bleibt dem Verfahren nach §§ 43 ff. WEG vorbehalten,[292] weil die Gemeinschaftsordnung als Statut einer richterlichen Inhaltskontrolle ebenso unterworfen ist wie Satzungen sonstiger Art.[293]

VII. Eintragung im Wohnungsgrundbuch

E 89   **1. Das Wohnungsgrundbuch als besonderes GB-Blatt für das einzelne WE-Recht nimmt die Aufgaben des GB wahr** (Einl. A 7), bildet die Grundlage für die rechtliche Selbständigkeit des WE-Rechts (Einl. E 14) und macht durch den der Bewilligung als Anlage beigefügten Aufteilungsplan (§ 7 Abs. 4 WEG) die Aufteilung des Gebäudes und die Lage und Größe der im Sonder- und Gemeinschaftseigentum stehenden Gebäudeteile für den allgemeinen Rechtsverkehr ersichtlich (Einl. E 16 ff.). Das GB-Verfahren entspricht den allgemeinen Vorschriften und Grundsätzen des GB-Rechts, ergänzt durch §§ 7 bis 9 WEG und die WE-GBVerf. (dazu Einl. A 40).[294]

E 90   **2. In den Eintragungsvermerk im Bestandsverzeichnis sind aufzunehmen:**[295]

a) **Das einzelne WE-Recht:** der Miteigentumsbruchteil mit Bezeichnung des Grundstücks, das mit ihm verbundene SE unter seiner in Bewilligung und Aufteilungsplan angegebenen Nummer und die übrigen in § 3 Abs. 1 WE-GBVerf. vorgeschriebenen Angaben;[296]

b) **Veräußerungsbeschränkungen** nach § 12 WEG; wegen der Einzelheiten ihres Inhalts kann auf die Bewilligung Bezug genommen werden[297] (Einl. E 62);

c) **Vermerke** nach § 9 GBO;[298]

---

[288] BayObLG Rpfleger 97, 375.
[289] BGH DNotZ 90, 259.
[290] Palandt/*Heinrichs* AGBG § 1 Anm. 2 a; *Ulmer* FS Weitnauer 1980, 205.
[291] Offengelassen in BGHZ 99, 94; wie hier OLG Karlsruhe NJW-RR 87, 651 = Rpfleger 87, 412; *Ertl* DNotZ 81, 149 mwN.; *Röll* DNotZ 78, 720; *Schmidt* BauR 79, 187; Haegele/Schöner/*Stöber* GBR 2814; *Bärmann* § 7 Rdn. 76; *Weitnauer* § 7 Rdn. 10 e, f; MünchKomm/*Röll* § 10 Rdn. 26 ff.; *Horber* Anh. zu § 3 Anm. 4 a.

[292] BGHZ 99, 90 = JZ 87, 463; BayObLG Rpfleger 90, 160 m. Anm. *Böttcher* = DNotZ 89, 428 m. Anm. Weitnauer.
[293] Palandt/*Heinrichs* BGB § 25 Anm. 3 c.
[294] *Diester* Rpfleger 65, 193; 67, 270; *Ritzinger* BWNotZ 73, 104; Haegele/Schöner/*Stöber* GBR 2860 ff.
[295] Dazu Einl. B 39.
[296] Dazu WE-GBVerf. § 3 Rdn. 1 ff. mit Mustern Rdn. 10 ff.
[297] § 3 WE-GBVerf. Rdn. 8.
[298] § 3 WE-GBVerf. Rdn. 9.

d) **Sondernutzungsrechte** (Einl. E 82), deren Bestehen im GB auf ausdrücklichen Antrag[299] vermerkt werden kann (bezüglich ihres Inhalts ist Bezugnahme zulässig;[300] zur Formulierung *Ertl* DNotZ 77, 671.[301]

Ist eine Eintragung erfolgt, jedoch versehentlich anläßlich einer Bestandsabschreibung nicht in das Bestandsverzeichnis des neu angelegten Grundbuches übernommen worden, so wird das Grundbuch lediglich unrichtig; der Gutglaubensschutz des § 892 BGB kann eingreifen. Die Bindungswirkung des § 10 Abs. 2 WEG wird jedoch nicht beseitigt.[302]

3. Bezugnahme auf die Eintragungsbewilligung ist nach § 7 Abs. 3 WEG gestattet **E 91** (dazu Einl. B 40) sowohl bezüglich des Gegenstands (§ 5 Abs. 1–3 WEG: Räume, Bestandteile, Anlagen, Einrichtungen) als auch des Inhalts des SE (§ 10 Abs. 2 WEG).[303] Wohnungsgrößen sind niemals Teil der Eintragungsbewilligung. Wurden sie falsch angegeben, bedarf es keiner Grundbuchberichtigung.[304] Zur Auslegung der Eintragung, wenn der Erklärungsinhalt der Bewilligung in der Teilungserklärung und die zeichnerische Darstellung im Aufteilungsplan sich widersprechen vgl. OLG Stuttgart OLGZ 81, 160 = Rpfleger 81, 109.

4. Übrige Eintragungen nach GB-Recht (Einl. B 37 ff.). Eintragungen, die sich auf **E 92** das Grundstück als Ganzes beziehen (Einl. E 59), sind in allen Wohnungsgrundbüchern dieses Grundstücks einzutragen und als solche besonders erkennbar zu machen.[305]

X. Schuldrechtliches Verpflichtungsgeschäft und Vormerkung

1. Notarielle Beurkundung (§ 313 BGB) ist notwendig, wenn die Verpflichtung gerichtet ist auf: **E 93**

a) Einräumung, Erwerb oder Aufhebung von SE (§ 4 Abs. 3 WEG);[306] b) Übertragung des ganzen WE-Rechts oder eines Bruchteilsanteils;[307] c) Übertragung eines ME-Anteils ohne SE und Übertragung des SE an einem Raum ohne Änderung des ME-Anteils, weil hier echtes Eigentum übertragen wird (Einl. E 5 ff.); d) Übereignung einer unbebauten Fläche mit Aufhebung des SE;[308] e) Änderung der Vereinbarungen über den Gegenstand des Gemeinschafts- oder Sondereigentums (Einl. E 16 ff.). f) **Keine Beurkundungspflicht** bei Verpflichtungsgeschäften zu einer Änderung der im GB eingetragenen Gemeinschaftsregelungen i. S. § 10 Abs. 2 WEG (Einl. E 71 ff.).[309]

2. Kaufvertrag über ein Grundstück mit einem vom Verkäufer (Bauträger) zu erstellenden Gebäude oder WE ist nach h. M. ein gemischter Kauf-Werkvertrag,[310] der als Gesamtheit beurkundungspflichtig ist[311] einschließlich der Baubeschreibung.[312] **E 94**

---

[299] LG Köln Rpfleger 92, 479.
[300] OLG Hamm DNotZ 85, 552 = Rpfleger 85, 109.
[301] Rpfleger 79, 81/83; Haegele/Schöner/*Stöber* GBR 2915.
[302] OLG Hamm Rpfleger 94, 60.
[303] Dazu § 3 WE-GBVerf. Rdn. 7.
[304] Ebenso *Röll* Rpfleger 94, 501; a. A. LG Passau Rpfleger 94, 500.
[305] § 4 WE-GBVerf.
[306] Dazu BGH DNotZ 78, 148.
[307] BGH MDR 74, 744 = Rpfleger 74, 260.
[308] BayObLGZ 74, 118 = DNotZ 75, 36/42.
[309] BGH NJW 84, 612 = DNotZ 84, 238; dazu *Bärmann* § 10 Rdn. 37; *Ertl* DNotZ 79, 266 ff.
[310] BGHZ 60, 362/364; 63, 96/97; 100, 391; 101, 350; BGH DNotZ 76, 414; 77, 618; 87, 681; 88, 292; *Brambring* NJW 78, 777/779.
[311] BGHZ 63, 359/361 = DNotZ 75, 358.
[312] BGH DNotZ 78, 148 in Abweichung von BGHZ 63, 359.

3. Vormerkungsfähigkeit schuldrechtlicher Ansprüche

E 95 a) **Nach Anlegung des Wohnungsgrundbuchs** können schuldrechtliche Ansprüche nach den allgemeinen Grundsätzen der §§ 883 ff. BGB vorgemerkt werden.[313]

E 96 b) **Vor Anlegung des Wohnungsgrundbuchs und auch vor Baugenehmigung oder Baubeginn** ist der Anspruch auf Übertragung von Miteigentum und Einräumung von Sondereigentum am noch ungeteilten Grundstück vormerkungsfähig, wenn 1. der ME-Anteil ziffernmäßig bestimmt ist[314] und 2. entweder der Aufteilungsplan oder ein sonst allseits anerkannter Plan über die Beschaffenheit des künftigen Gebäudes und der darin vorgesehenen Wohnungen vorliegt[315] oder das zu bildende Sondereigentum in der Urkunde auf andere Weise bestimmt oder eindeutig bestimmbar bezeichnet ist.[316] Ist das Gebäude bereits errichtet, erübrigt sich ein Aufteilungs- oder Bauplan, wenn die Wohnung in der Bewilligung so beschrieben ist, daß sie daraus in der Örtlichkeit zweifelsfrei festgestellt werden kann.[317]

E 97 c) **Der Anspruch auf Errichtung des Bauwerks** kann nicht durch Vormerkung gesichert werden.[318] Die durch dieses BGH-Urteil entstandenen Zweifel an der Vormerkungsfähigkeit der Ansprüche aus einem Bauträgervertrag sind durch Gesetz v. 22. 6. 1977[319] beseitigt.[320]

E 98 d) **Ob Vormerkung an allen oder nur einzelnen WE-Rechten** eingetragen werden muß, richtet sich nach dem Einzelfall.[321]

ABSCHNITT F
Erbbaurecht und Wohnungserbbaurecht

Übersicht

	Rdn.		Rdn.
I. Rechtsgrundlagen des Erbbaurechts	F 1–F 6	V. Erbbauzins	F 42–F 50
II. Sachenrechtliche Vereinbarungen	F 7–F 27	VI. Belastung des Erbbaurechts	F 51
III. Rechtsverhältnis zwischen Eigentümer und Erbbauberechtigten	F 28–F 36	VII. Wohnungserbbaurecht	F 52–F 57
IV. Grundbucheintragung des Erbbaurechts	F 37–F 41	VIII. Schuldrechtliches Verpflichtungsgeschäft	F 58–F 60
		IX. Eintragungen nach Erlöschen	F 61–F 66

Literatur:

a) Kommentare zur ErbbauVO: *Ingenstau* 6. Aufl. (1987); ferner Kommentare zum BGB §§ 1012 ff.

---

[313] BayObLGZ 74, 118 = Rpfleger 74, 261 = DNotZ 75, 36.
[314] BGH DNotZ 86, 273.
[315] BayObLGZ 74, 118 = DNotZ 75, 36.
[316] OLG Frankfurt DNotZ 72, 180.
[317] BayObLGZ 77, 155 = DNotZ 77, 544 = Rpfleger 77, 300; dazu *Schmedes* Rpfleger 75, 284; *Meyer-Stolte* Rpfleger 77, 121; *Glage* NJW 68, 813.
[318] So richtig BGH DNotZ 77, 234 = Rpfleger 77, 17; *Ertl* Rpfleger 77, 81 Fn. 3; *Weitnauer* DNotZ 77, 225; *Lichtenberger* NJW 77, 519.
[319] BGBl. I 998 (DNotZ 77, 450).
[320] Vgl. *Kissel* NJW 77, 1760; dazu BGH v. 21. 4. 78 DNotZ 78, 623.
[321] Dazu BayObLGZ 74, 118 = Rpfleger 74, 261; *Röll* DNotZ 77, 69/77.

b) Lehr- und Handbücher: *Glas/Scheidt* Das Erbbaurecht, 2. Aufl. (1930); *Glaser* Erbbaurecht in der Praxis (1975); Haegele/Schöner/*Stöber* GBR 1675; *v. Oefele/Winkler* Handbuch des Erbbaurechts (1987); *Knothe* Das Erbbaurecht (1987).

I. Rechtsgrundlagen des Erbbaurechts

1. Gesetzliche Grundlagen

a) Für „neue" Erbbaurechte: ErbbauVO; GB-Verfahren: §§ 14–17 ErbbauVO; §§ 54 bis 59 GB-Verf. **F 1**

b) Für „alte" Erbbaurechte, die vor dem 22. 1. 1919 begründet worden sind: §§ 1012 bis 1017 BGB; § 8 GBO; § 60 GB-Verf. (§ 38 ErbbauVO).

c) Für Wohnungserbbaurechte: § 30 WEG.

d) Zum Erbbaurecht als Heimstätte: Staudinger/*Ring* ErbbauVO § 1 Rdn. 10.

2. Reformvorschläge: dazu Ingenstau Einl. III; Staudinger/*Ring* ErbbVO Einl. 11; **F 2** *Stahlhacke* Vorschläge zur Neuordnung des Erbbaurechts, 2. Aufl. 1960.

3. Wesen des Erbbaurechts:

a) Das Erbbaurecht ist das einer natürlichen oder juristischen Person zustehende **F 3** (also subjektiv-persönliche) veräußerliche und vererbliche Recht, für eine bestimmte Zeit auf oder unter fremdem Boden ein Bauwerk haben (§ 1012 BGB; § 1 Abs. 1 ErbbauVO). Jede baurechtlich zulässige Art von Bauwerk genügt.[322] Nach Gesetz besteht keine Pflicht zum Bauen.

b) Das Erbbaurecht ist ein auf bauliche Nutzung eines fremden Grundstücks gerichtetes dingliches Recht, keine Sache und keine besondere Art von Eigentum bürgerlichen Rechts (Einl. E 15). **F 4**

Zum Grundstück vgl. F 21 ff.

c) Als „grundstücksgleiches Recht" wird das Erbbaurecht für seine Laufzeit einem **F 5** Grundstück (also einer Sache) gleichgestellt und kann selbständig wie ein Grundstück veräußert und mit dinglichen Rechten belastet werden (§ 11 Abs. 1 ErbbauVO). Es wird daher zutreffend als „juristisches Grundstück" bezeichnet und behandelt.[323]

4. Grundstrukturen des Erbbaurechts

a) **Sachenrechtlich** sind Eigentum am Grundstück und am neu errichteten und bei **F 6** Erbbaurechtsbestellung bereits vorhandenen Bauwerk auf die Dauer des Erbbaurechts getrennt (§ 12 ErbbauVO).

b) **Kein gesetzliches Schuldverhältnis** zwischen Grundstückseigentümer und Erbbauberechtigten; aber bestimmte schuldrechtliche Vereinbarungen können durch Eintragung als „Inhalt des Erbbaurechts" für und gegen die Sonderrechtsnachfolger verdinglicht werden (Einl. F 28 ff.).

c) **GB-Recht:** Zwei Grundbücher (§ 14 ErbbauVO) wegen der sachenrechtlichen Trennung von Grundstück und ErbbauR. (Einl. F 38).

d) **Steuerlich und wirtschaftlich** wird Erbbaurecht weitgehend wie Grundstückseigentum behandelt.[324]

---

[322] BGH Rpfleger 94, 461.
[323] Staudinger/*Ring* § 11 Rdn. 2.
[324] *Ingenstau* Anh. I.

II. Sachenrechtliche Vereinbarungen über das Erbbaurecht

F 7 1. **Das Erbbaurecht entsteht durch Einigung und Eintragung** (§ 873 Abs. 1 BGB). Die Einigung ist materiell formlos wirksam; § 925 BGB gilt nicht (§ 11 Abs. 1 ErbbauVO). Ist im schuldrechtlichen Erbbaurechtsvertrag die Einigung enthalten, so erfaßt § 11 Abs. 2 ErbbauVO i. V. m. § 313 BGB das ganze Geschäft. Eintragung muß am Grundstück an erster Rangstelle erfolgen.[325]

2. Bedingte und befristete Bestellung des Erbbaurechts

F 8 a) **Zulässig**: Bestellung unter aufschiebender Bedingung,[326] ab bestimmtem Anfangstermin (nicht vor GB-Eintragung) oder bis zu bestimmtem Endtermin (Ingenstau § 1 Rdn. 35; 40); zur Daur Einl. F 26.

F 9 b) **Nicht zulässig**: Bestellung unter auflösender Bedingung (§ 1 Abs. 4 ErbbauVO) oder ungewissem Anfangs- oder Endtermin, z. B. Befristung auf Lebenszeit des Erbbauberechtigten[327] oder Bestellung durch nicht befreiten Vorerben ohne Zustimmung des Nacherben;[328] Befristung bis zum Tod des Bestellers.[329]

3. Die Einigung muß Übereinstimmung enthalten über:

F 10 a) Bestellung des Erbbaurechts und Art des zulässigen Bauwerks (Einl. F 11 ff.; 24; 25);
b) Erbbauberechtigten, bei mehreren deren Gemeinschaftsverhältnis (Einl. F 14; 15);
c) Erbbaugrundstück (Einl. F 16);
d) Inhalt des Erbbaurechts (Einl. F 17 ff.; F 28 ff.);
c) Zeitdauer (Einl. F 26; 27).

4. Inhalt der Erbbaurechtsbestellung

F 11 Für die Wirksamkeit der Erbbaurechtsbestellung kommt nach BGHZ 47, 190/193 nur eine Ansicht in Betracht, die den Bestimmtheitsgrundsatz (Einl. C 7) nicht zu engherzig anwendet und auf die anerkannten Auslegungsgrundsätze zurückgreift (Einl. C 11; F 25). Zum Inhalt des Vertrages ein Zitat aus BGH v. 13. 7. 73 Rpfleger 73, 355 = DNotZ 74, 90: „Es reicht nicht aus, daß man sich über die Bestellung ‚eines Erbbaurechts' einig ist. Zur Eintragung im GB ist vielmehr erforderlich, daß Einigung und Eintragungsbewilligung Art, Inhalt und Umfang des dinglichen Rechts festlegen. Zu diesen Einzelheiten gehört eine Bezeichnung des Bauwerks, das der Berechtigte haben darf, mindestens wie die Bebauung ungefähr beschaffen sein soll, ob es z. B. um ein Wohnhaus oder um ein Bauwerk oder um mehrere handeln soll"[330] … „Sollte das vorgesehene Bauwerk nicht den gesamten Umfang des Grundstücks einnehmen, kann das Erbbaurecht auf den unbebauten Teil erstreckt werden, wenn das Bauwerk wirtschaftlich die Hauptsache bleibt (§ 1 Abs. 2 ErbbauVO). Auch dies muß ggfs. durch Angabe von Einzelheiten in der Einigung und Eintragungsbewilligung enthalten sein." Die Erstreckungsvereinbarung hat grundsätzlich die genauen Einzelheiten anzugeben. Jedoch ist Auslegung möglich, daß das ganze Grundstück betroffen sein soll, wenn es sich um Befugnisse handelt, deren Ausübung für eine ordnungsmäßige Nutzung des

---

[325] Einl. F 39.
[326] RGZ 61, 1.
[327] BGHZ 52, 271 = Rpfleger 69, 346 = DNotZ 70, 32; OLG Celle Rpfleger 64, 213; Staudinger/*Ring* § 1 Rdn. 28, 21.
[328] BGHZ 52, 271; *Ingenstau* § 1 Rdn. 110;
a. A. *Winkler* DNotZ 70, 651; Staudinger/*Ring* § 1 Rdn. 38.
[329] BGHZ 52, 271; Haegele/Schöner/*Stöber* GBR 1682.
[330] Vgl. BGHZ 47, 190/193; BGH WM 1969, 564/566.

vom Erbbaurecht erfaßten Bauwerkes zwingend erforderlich ist.[331] Da die Entstehung des Erbbaurechts dessen Eintragung im Grundbuch voraussetzt, ist eine Bestimmung des Anfangszeitpunktes nur zulässig, wenn dieser Zeitpunkt sich mit der Eintragung deckt oder ihr nachfolgt. Eine derartige Zeitbestimmung bildet einen wesentlichen Teil des Erbbaurechts und bedarf der Einigung der Parteien.

5. **Gesetzlicher Inhalt:** § 1 Abs. 1 ErbbauVO.[332] **F 12**
Ist keine Erstreckung nach Abs. 2 vereinbart und eingetragen,[333] bleibt Ausübung des Erbbaurechts auf den für das Bauwerk benötigten Teil des Grundstücks beschränkt. Erbbaurecht als solches lastet materiell am ganzen Grundstück; nur der Ausübungsbereich ist beschränkt.[334] Das GBA darf die Erstreckung nur ablehnen, wenn es konkrete Anhaltspunkte dafür hat, daß die hinzukommende unbebaute Fläche nicht Nebenfläche nach § 1 Abs. 2 ErbbauVO ist.[335]

6. **Besteller eines Erbbaurechts** kann jeder Grundstückseigentümer sein, auch Gemeinschaft von Miteigentümern für einen Miteigentümer (§ 1009 BGB) oder Erbengemeinschaft für einen Miterben.[336] Bestellung als Reichsheimstätte zulässig nur durch eine als Ausgeber zugelassene Körperschaft (§ 26 RHeimstG).[337] **F 13**

7. **Erbbauberechtigter**

a) kann jede rechts- und erwerbsfähige natürliche oder juristische Person sein (§ 20 Rdn. 54 ff.), nicht der jeweilige Eigentümer eines anderen Grundstücks (§ 1 Abs. 1 ErbbauVO). Eigentümererbbaurecht ist zulässig.[338] Dazu Einl. D 45. **F 14**

b) **Gemeinschaftsverhältnis** (§ 20 Rdn. 97 ff.) muß im GB eingetragen werden (§ 47 GBO). Zulässig: Bruchteilsgemeinschaft (§ 47 Rdn. 4 c), Gesamthandsgemeinschaften (Einl. D 34 ff.), Erbengemeinschaft unter Voraussetzung des § 2041 BGB (§ 20 Rdn. 56); Gesamtberechtigte nach § 428 BGB (str., vgl. § 47 Rdn. 10 c). **F 15**

8. **Erbbaugrundstück**

a) Zwischen **Belastungsgegenstand und Ausübungsbereich** ist zu unterscheiden (Einl. F 12). Belastungsgegenstand kann nur das ganze Grundstück oder eine nach § 7 Abs. 1 GBO abzuschreibende reale Fläche sein,[339] nicht ideeller Miteigentumsanteil.[340] Zum Gesamterbbaurecht am ideellen Miteigentumsanteil eines Zuwegungsgrundstücks vgl. *Dickgräf*.[341] **F 16**

b) **Ausübungsbereich** ist kraft Gesetzes auf den für das Bauwerk erforderlichen Teil beschränkt (Einl. F 12). Durch Einigung und Eintragung kann diese Einschränkung[342] oder Erstreckung auf die für das Bauwerk nicht benötigte Fläche dinglicher Inhalt werden.[343] **F 17**

---

[331] KG Rpfleger 91, 496 ff.
[332] Vgl. BGHZ 47, 191.
[333] BGH Rpfleger 73, 355; Palandt/*Bassenge* ErbbauVO § 1 Anm. 2.
[334] BayObLG DNotZ 58, 409.
[335] BayObLG DNotZ 85, 375 = Rpfleger 84, 313.
[336] LG Düsseldorf DNotZ 55, 155.
[337] *Ingenstau* § 11 Rdn. 138.
[338] BGH NJW 82, 2381 = Rpfleger 82, 143 = MittBayNot 82, 127; OLG Düsseldorf DNotZ 58, 423; *Weitnauer* DNotZ 58, 352.
[339] KG OLG 14, 86.
[340] BayObLGZ 20, 405.
[341] DNotZ 96, 338.
[342] BayObLGZ 57, 217 = Rpfleger 57, 383; OLG Frankfurt DNotZ 67, 690.
[343] OLG Hamm Rpfleger 72, 171 = DNotZ 72, 496.

Einl I. Grundbuchordnung

9. **Bei Beschränkung des Ausübungsbereichs auf einzelne Gebäude oder Gebäudeteile sind zu unterscheiden:**

F 18 a) **Horizontale Beschränkung** (z. B. auf Stockwerk, Stockwerksanteil, ober- oder unterirdischen Teil) verstößt gegen § 1 Abs. 3 ErbbauVO;[344] nur als Wohnungserbbaurecht zulässig (dazu Einl. F 52).

F 19 b) **Vertikale Beschränkung mehrerer am gleichen Grundstück bestellter Erbbaurechte** auf je ein selbständiges Gebäude ohne Grundstücksteilung unzulässig.[345]

F 20 c) **Vertikale Beschränkung des Ausübungsbereichs** auf eines von mehreren selbständigen Gebäuden auf dem gleichen Grundstück ist zulässig, wenn das Erbbaurecht am ganzen Grundstück an 1. Rangstelle lastet;[346] denn hier keine Beschränkung auf Gebäudeteil (§ 1 Abs. 3), sondern auf Grundstücksteil (§ 1 Abs. 2 ErbbauVO).

F 21 d) **Die vertikale Beschränkung des Erbbaurechts auf eines (einzelne) von mehreren Grundstücken,** auf denen der Erbbauberechtigte ein einziges Gebäude in grenzüberschreitender Bauweise entweder aufgrund mehrerer Einzel- oder Gesamtbaurechte (sog. „Nachbarerbbaurechte") oder auf dem Erbbaugrundstück und dem eigenen Nachbargrundstück errichtet, verstößt nach der von *Weitnauer*[347] überzeugend begründeten Meinung nicht gegen § 1 Abs. 3 ErbbauVO und ist daher wirksam. Den abweichenden Ansichten, daß sie stets[348] oder jedenfalls dann unwirksam ist, wenn die Errichtung eines Gebäudes auf dem Erbbaugrundstück und einem anderen Grundstück schon zur Zeit des Vertragsabschlusses von den Vertragsparteien vereinbart war,[349] oder daß sie nur zulässig ist, wenn der vertikal abgetrennte Gebäudeteil nach der der Verkehrsanschauung nicht widersprechenden Anschauung der Beteiligten als selbständige Baulichkeit anzusehen ist,[350] können wir uns nicht anschließen.

Denn die vertikale Beschränkung des Erbbaurechts auf ein Grundstück in Übereinstimmung mit den abgemarkten Grundstücksgrenzen wird vom Wortlaut und Sinn des Verbotes des § 1 Abs. 3 ErbbauVO nicht erfaßt und entspricht dem Bestimmtheitsgrundsatz. Diese Auffassung kann inzwischen als h. M. angesehen werden.[351]

F 22 10. **Gesamterbbaurecht als Belastung mehrerer Grundstücke mit einem einzigen Erbbaurecht** ist nach h. M. zulässig[352] durch anfängliche Gesamtbelastung,[353] durch Teilung des Grundstücks ohne Teilung des Erbbaurechts (§ 7 Rdn. 21) oder nachträgliche Erstreckung auf ein weiteres Grundstück ohne Vereinigung.[354] Dazu ist keine Zustimmung der am Erbbaurecht dinglich Berechtigten nötig.[355] Die Vereinigung mehrerer Erbbaurechte zum Gesamterbbaurecht ist möglich bei gleicher Erbbaurechts-

---

[344] OLG Düsseldorf DNotZ 74, 698; *Krämer* DNotZ 74, 653.
[345] OLG Frankfurt DNotZ 67, 688; Rpfleger 67, 280; *Ingenstau* § 10 Rdn. 8. Die a. A. (LG Kassel Rpfleger 55, 231) verstößt gegen § 10 Abs. 1 ErbbauVO.
[346] BayObLGZ 57, 217 = Rpfleger 57, 383; pfälz. OLG Zweibrücken MitBayNot 96, 299.
[347] DNotZ 58, 414.
[348] KGJ 25 A 139; *Ingenstau*[4] § 1 Rdn. 26.
[349] BGH DNotZ 73, 609.
[350] BayObLGZ 57, 217 = Rpfleger 57, 383.
[351] OLG Düsseldorf DNotZ 74, 698; OLG Stuttgart Rpfleger 75, 131; Palandt/*Bas-*

senge § 1 Anm. 1 a bb ErbbauVO; Haegele/Schöner/*Stöber* GBR 1694; Staudinger/*Ring* ErbbVO § 1 Rdn. 34; *Ingenstau*[5] § 1 Rdn. 76 ff.; a. A. neuerdings *v. Oefele/Winkler* 3.71 ff.
[352] Palandt/*Bassenge* ErbbVO § 1 Anm. 2; a. A. Staudinger/*Ring* § 1 Rdn. 22.
[353] BGHZ 65, 345 = Rpfleger 76, 126 = DNotZ 76, 369 hat den Streit für die Praxis entschieden.
[354] BayObLG Rpfleger 84, 313.
[355] BayObLG DNotZ 60, 540; *Haegele* Rpfleger 67, 279/280. Zur Bestandteilszuschreibung OLG Hamm DNotZ 74, 94.

dauer.[356] Nicht zulässig Teilung des Erbbaurechts ohne Teilung des Grundstücks (§ 7 Rdn. 23).

11. Untererbbaurecht nach h. M. zulässig, wenn es am Obererbbaurecht an 1. Rang eingetragen wird und sich in dessen Rahmen hält,[357] obwohl die Lit. dagegen gewichtige Bedenken erhebt.[358] Grundbuchrechtlich sind drei GB-Blätter nötig: für das Grundstück, Obererbbaurecht, Untererbbaurecht. Zum praktischen Bedürfnis nach einem Untererbbaurecht v. *Oefele/Winkler* 3.15. **F 23**

12. Bauwerk

a) Der Begriff „Bauwerk" umfaßt nicht nur Gebäude, sondern jede unbewegliche, durch Verwendung von Arbeit und Material in fester Verbindung mit dem Erdboden hergestellte Sache;[359] jede baurechtlich zulässige Art von Bauwerken genügt;[360] z. B. Brücken, Seilbahnen, Leitungsmasten, Keller,[361] unterirdische Tankanlagen,[362] Gleisanlagen,[363] Gastank,[364] Tankstelle.[365] Auch das „Haben" eines landwirtschaftlichen Betriebes, wenn im Vordergrund der Bestellung die Bewirtschaftung und Erhaltung vorhandener oder zu errichtender Wohn- und Wirtschaftsgebäude steht und die nicht überbauten Flächen als Nutzungsfläche i. S. des § 1 Abs. 2 ErbbauVO anzusehen sind, genügt[366] oder eine Golfanlage.[367] **Kein Bauwerk:** Lose angelegte Rohrleitungen;[368] nicht fest verankerte Maschinen,[369] Sportplatz als solcher;[370] Bauwerk aber z. B. mit Zuschauertribünen oder Wirtschaftsgebäude,[371] Tennisplatz mit Kindergarten.[372] Der Begriff des Bauwerkes ist großzügig auszulegen; jedoch darf z. B. nicht durch ein kleines Gebäude (Garage) im Verhältnis zum großen Grundstück eine unzulässige Erbpacht herbeigeführt werden.[373] **F 24**

b) **Die Art des Bauwerkes muß im Vertrag festgelegt sein;**[374] (Einl. F 11); nicht ausreichend, daß ein Bauwerk jeglicher Art[375] oder Gebäude als Mietwohnungen oder als Eigenheime errichtet werden dürfen;[376] zulässig aber, daß Gebäude aller Art in Übereinstimmung mit dem zu erstellenden Bebauungsplan errichtet werden dürfen.[377] Notwendig, aber auch genügend sind zusätzliche Angaben, wie viele Gebäude auf den einzelnen Grundstücken errichtet werden und welcher Art diese Gebäude sein sollen. Vereinbarungen über die Zahl der Stockwerke und die Höchstgrenze der zu bebauenden Grundstücksflächen[378] sind zwar zweckmäßig, um spätere Streitigkeiten auszuschließen, aber nicht erforderlich.[379] Die Angabe „Einfamilienhaus", oder „Reihenhaus" muß vielmehr genügen.[380] **F 25**

---

[356] BayObLGH 95, 397 ff.
[357] BGHZ 62, 179 = Rpfleger 74, 219; OLG Celle DNotZ 72, 538; *Ingenstau* § 11 Rdn. 14.
[358] Z. B. Staudinger/*Ring* ErbbauVO § 11 Rdn. 11; *Schneider* DNotZ 76, 411.
[359] RGZ 56, 43.
[360] BGH Rpfleger 94, 461.
[361] KG JW 33, 1335.
[362] *Grund* BWNotZ 52, 83.
[363] KG KGJ 29, 132.
[364] LG Oldenburg Rpfleger 83, 105.
[365] BayObLG MDR 58, 691.
[366] Thür. OLG Jena Rpfleger 96, 242.
[367] BGH DNotZ 92, 567.
[368] KG KGJ 29, 133.
[369] BayObLGZ 6, 596.
[370] LG Braunschweig MDR 53, 480.
[371] LG Paderborn MDR 76, 579.
[372] LG Itzehoe Rpfleger 73, 304.
[373] BayObLGZ 97, 103.
[374] Vgl. BGHZ 47, 190; OLG Frankfurt Rpfleger 75, 305; KG Rpfleger 79, 208; OLG Hamm Rpfleger 83, 342.
[375] *Haegele* Rpfleger 67, 279/282.
[376] OLG Hamm NJW 66, 1416.
[377] BGHZ 101, 143 = DNotZ 88, 161 = Rpfleger 87, 361.
[378] *Ripfel* NJW 57, 1826 hält sie für nötig.
[379] Vgl. BGHZ 47, 190.
[380] *Lutter* DNotZ 60, 87 Fn. 39.

Einl I. Grundbuchordnung

13. Dauer des Erbbaurechts

F 26 a) Die **Dauer** bedarf als wesentlicher Teil des dinglichen Inhalts der Einigung und Eintragung[381] (dazu Einl. F 7 bis 11). Das Gesetz bestimmt weder eine Dauer noch Mindest- oder Höchstdauer, läßt auch „ewige Erbbaurechte" zu.[382] Das ErbbauR kann nur nicht vor seiner GB-Eintragung beginnen;[383] schuldrechtlich können seine Wirkungen aber vorgezogen werden.[384]2 Außerdem ist ein „Beginn" vor Eintragung ausdrücklich auszulegen als zulässige Berechnung eines Endtermins.[385] Der Tag seines Erlöschens muß von Anfang an und für jeden Dritten eindeutig bestimmt (nicht bloß bestimmbar) sein. In diesem Rahmen kann es entweder auf bestimmte Zahl von Jahren ab GB-Eintragung, Beurkundungstag oder sonst bestimmtem Datum oder unter Angabe des Tages des Zeitablaufes bestellt werden.[386] Kurze Dauer beeinträchtigt Beleihungsfähigkeit (§§ 18 ff.) und öffentliche Förderung (z. B. WoBauG § 33 Abs. 2).

F 27 b) **Automatische Verlängerung** um bestimmte Zeit kann als dinglicher Inhalt vereinbart und eingetragen werden (z. B. falls nicht 6 Monate vor normalem Zeitablauf ein Vertragsteil der Verlängerung widerspricht), weil die Mindestdauer von Anfang an bestimmt und für Dritte erkennbar ist.[387]

III. Rechtsverhältnis zwischen Eigentümer und Erbbauberechtigten

1. Schuldverhältnis und seine Verdinglichung

F 28 a) Da es **kein gesetzliches Schuldverhältnis** zwischen dem Grundstückseigentümer und Erbbauberechtigten gibt,[388] sind sie darauf angewiesen, ihr Rechtsverhältnis untereinander vertraglich zu regeln (vgl. dazu § 22 Rdn. 39 ff. mit Lit.).

b) **Durch Eintragung** als Inhalt des Erbbaurechts (Einl. F 29) können schuldrechtliche Vereinbarungen (§ 305 BGB) im gesetzlich zugelassenen Rahmen **verdinglichte Wirkung** für und gegen Sonderrechtsnachfolger, nach h. L. nicht auch gegen Dritte,[389] aber nicht volle Wirkungen eines dinglichen Rechts erhalten und deshalb auch nicht mit dem öffentlichen Glauben des GB ausgestattet werden.[390] Die Vereinbarungen bestehen im Innenverhältnis zwischen den Vertragspartnern auch ohne Eintragung, die hier (im Gegensatz zu den Fällen des § 873 BGB) keine Konstitutiv-, sondern Erstreckungswirkung für und gegen Sonderrechtsnachfolger hat.[391] Zum Unterschied davon sind die Verfügungsbeschränkungen des § 5 ErbbVO dinglich wirkende absolute Beschränkungen der Verfügungsmacht des Erbbauberechtigten (Einl. F 32 ff.), der Erbbauzins ein (nicht zwingend vorgeschriebenes) dingliches Recht am Erbbaurecht (Einl. F 42 ff.), das Erneuerungsvorrecht ein dem subjektiv-dinglichen Vorkaufsrecht ähnliches und mit Vormerkungswirkung ausgestattetes Rechtsgebilde (Einl. F 63) und der Entschädigungsanspruch ein reallastähnliches dingliches Recht, das nach dem Erlöschen des Erbbaurechts an dessen Stelle tritt (Einl. F 62, 64 ff.).

c) Für **rein schuldrechtliche Vereinbarungen** besteht Vertragsfreiheit, soweit nicht zwingendes Recht entgegensteht. Sie wirken nur bei vereinbartem Eintritt in das beste-

---

[381] BGH Rpfleger 73, 355.
[382] Dazu v. Oefele/Winkler 2.146.
[383] BGH a. a. O.
[384] BayObLGZ 91, 98 ff. = Rpfleger 91, 303.
[385] Pfälz. OLG Zweibrücken Rpfleger 95, 155.
[386] LG Würzburg Rpfleger 75, 249; Promberger 75, 233.
[387] BHGZ 52, 271 = DNotZ 70, 32/35.

[388] Staudinger/Ring § 1 Rdn. 40; § 2 Rdn. 1.
[389] A. A. BGH NJW 54, 1453.
[390] Ingenstau § 2 Rdn. 2 ff.; Staudinger/Ring § 2 Rdn. 2 ff.; Rahn BWNotZ 61, 53/57.
[391] Staudinger/Ertl § 873 Rdn. 17, 20; vgl. § 22 Rdn. 39 ff.; Haegele/Schöner/Stöber GBR 1745.

hende Schuldverhältnis für und gegen Sonderrechtsnachfolger.[392] Die Vereinbarung eines einseitigen Kündigungsrechts oder Rücktrittsrechts vom eingetragenen Erbbaurecht verstößt gegen den Charakter des Erbbaurechts als dingliches Recht und ist daher nach Eintragung nicht zulässig;[393] solange das Erbbaurecht noch nicht eingetragen ist, ist ein Rücktritt möglich.[394]

2. Eintragungsfähigkeit „verdinglichter" Vereinbarungen:

a) **Gesetzlich zulässiger Inhalt:** Nur die vom Gesetz für die Verdinglichung zugelassenen Vereinbarungen (Einl. F 31) dürfen in das GB eingetragen werden.[395] Die Bestimmungen der ErbbauVO, welche Vereinbarungen zum Inhalt des Erbbaurechts gemacht werden können, sind dabei eng auszulegen.[396] Die Beteiligten (nicht das GBA) haben unzweideutig und übereinstimmend zu erklären, was als Inhalt des Erbbaurechts eingetragen werden soll. Allgemeine Formulierungen z. B. „Erbbaurecht mit dem gesetzlichen und, soweit zulässig, vertraglichen Inhalt" oder „alle Vereinbarungen dieses Vertrages sind Inhalt des Erbbaurechts" sind unzulässig und bedürfen einer Klarstellung durch die Beteiligten, um welche einzelnen Vereinbarungen es sich dabei handelt.[397] Das GBA hat durch Zwischenverfügung darauf hinzuwirken (Einl. C 56). Zweifel an der Eintragungsfähigkeit können nur durch Nachweis in der Form des § 29 GBO zerstreut werden.[398]

F 29

b) Die Eintragung einer **nichteintragungsfähigen Vereinbarung** hat das GBA abzulehnen. Ist die Eintragung erfolgt, so hat das GBA nach den Umständen des Einzelfalles zu klären, ob nur diese Vereinbarung zwar keine verdinglichte, aber eine rein schuldrechtliche Wirkung zwischen den Vertragspartnern hat (was im Zweifel anzunehmen ist; § 139 BGB) oder ob das ganze Erbbaurecht nichtig, das GB also unrichtig (§ 894 BGB) ist oder ob eine wegen inhaltlicher Unzulässigkeit teilweise unwirksame Eintragung ohne jede materiell- oder verfahrensrechtliche Wirkung vorliegt (Einl. B 45 ff.). Gleich welche dieser Rechtsfolgen im Einzelfall eintritt, ein gutgläubiger Erwerb von Rechten aus der nichteintragungsfähigen Vereinbarung kommt nicht in Betracht, weil auch die eintragungsfähigen Vereinbarungen nicht mit dem öffentlichen Glauben ausgestattet sind (Einl. F 28). Das GBA hat von Amts wegen nur die nicht eintragungsfähige Vereinbarung, nicht das ganze Erbbaurecht zu löschen (§ 53 Abs. 1 S. 2; Einl. B 46, 51). Ein Amtswiderspruch (§ 53 Abs. 1 S. 1) oder Widerspruch (§ 899 BGB) kommt nicht gegen die nichteintragungsfähige Vereinbarung (Einl. H 4), aber allenfalls gegen die Eintragung des Erbbaurechts in Betracht, wenn die Voraussetzungen dafür vorliegen (vgl. § 22 Rdn. 20).

F 30

3. Eintragungsfähige Vereinbarungen

a) § 2 Nr. 1: Einrichtung, Instandhaltung und Verwendung des Bauwerks (z. B. Pflicht zum Bauen);[399] bei bestimmter Verwendung des Bauwerks und Instandhaltungspflicht, auch ein Besichtigungsrecht des Eigentümers;[400]

F 31

b) § 2 Nr. 2: Versicherung des Bauwerks und sein Wiederaufbau bei Zerstörung;[401]

---

[392] OLG Hamm DNotZ 76, 534.
[393] BGH DNotZ 69, 490.
[394] BGHZ 96, 395 = DNotZ 86, 286.
[395] Staudinger/*Ring* § 2 Rdn. 2 ff.; *Ingenstau* § 2 Rdn. 4 ff.
[396] BayObLGZ 91, 98 ff.
[397] BayObLGZ 67, 48; BayObLGZ 69, 97 = DNotZ 69, 492.
[398] BayObLGZ 91, 98 ff.
[399] OLG Kiel OLGZ 26, 126.
[400] LG Regensburg Rpfleger 91, 363.
[401] Dazu BGHZ 48, 296; 59; 205; DNotZ 68, 802.

c) § 2 Nr. 3: Tragung öffentlicher und privatrechtlicher Lasten und Abgaben; derartige Vereinbarungen wirken nur im Innenverhältnis zwischen Erbbauberechtigten und Grundstückseigentümer;[402]

d) § 2 Nr. 4: Verpflichtung zur Übertragung des Erbbaurechts bei Eintritt bestimmter Voraussetzungen auf den Grundstückseigentümer oder von ihm benannten Dritten;[403] bestritten ob Verlangen nach § 3 zur Übertragung an Dritte ausgeschlossen werden kann, was wegen des sachenrechtlichen Typenzwangs zu verneinen ist.[404] Zu Einzelfällen[405]. Vereinbarungen über Zustimmungsvorbehalte des Grundstückseigentümers, die unter § 5 fallen, können wegen § 6 Abs. 2 ErbbauVO nicht zur Voraussetzung für einen Heimfallanspruch gemäß § 2 Nr. 4 ErbbauVO gemacht werden;[406]

e) § 2 Nr. 5: Verpflichtung zu Vertragsstrafen (dazu § 4);[407]

f) § 2 Nr. 6: Einräumung eines Vorrechts auf Erneuerung des Erbbaurechts nach dessen Ablauf (dazu § 31);

g) § 2 Nr. 7: Verpflichtung des Grundstückseigentümers zum Verkauf des Grundstücks an den jeweiligen Erbbauberechtigten;[408] nicht eintragungsfähig die (nicht ohne weiteres sittenwidrige oder gegen AGBG verstoßende) Vereinbarung einer sog. Kaufzwangklausel über die Verpflichtung des Erbbauberechtigten zum Ankauf des Grundstücks;[409] das Ankaufsrecht hat nicht die Wirkung einer Auflassungsvormerkung, Belastungen des Grundstücks wirken auch gegen den Erbbauberechtigten; da der aufschiebend bedingte Anspruch aus dem Ankaufsrecht vormerkungsfähig ist, kann bereits mit Eintragung des Erbbaurechts eine entsprechende Vormerkung eingetragen werden;[410]

h) § 27 Abs. 1 S. 2: Vereinbarungen über Höhe der Entschädigung, Art ihrer Zahlung oder ihre Ausschließung bei Erlöschen durch Zeitablauf;[411]

i) § 32 Abs. 1: Vereinbarungen über Höhe, Zahlungsart oder Ausschluß der Vergütung beim Heimfall;[412]

k) § 5 Abs. 1 und 2: Veräußerungs- und Belastungsbeschränkungen (Einzelheiten Einl. F 32 ff.).

l) Nicht als Inhalt, sondern als Belastung sind eintragungsfähig: Erbbauzins (Einl. F 42); Vorkaufsrecht am Erbbaurecht für den jeweiligen Grundstückseigentümer und Vorkaufsrecht am Grundstück für den jeweiligen Erbbauberechtigten (Einl. K 9).

m) Strittig ist, ob neben oder anstelle dinglich wirkender Vereinbarungen nach § 2 ErbbauVO gleichlautende Dienstbarkeiten oder Reallasten eingetragen werden können.[413] Soweit die zusätzliche Belastung dem Berechtigten keinen weitergehenden

---

[402] *v. Oefele/Winkler* 4.76.
[403] Sog. Heimfall; vgl. §§ 4; 6 Abs. 2; 9 Abs. 3.
[404] Wie hier *v. Oefele/Winkler* 4.102; a. A. Palandt/*Bassenge* § 3 Anm. 1.
[405] OLG Hamm DNotZ 66, 41; BGH WM 73, 1074; OLG Braunschweig Rpfleger 75, 399; BGH DNotZ 85, 370 = Rpfleger 84, 352; zum Streit über die Rechtsnatur des Heimfallanspruchs vgl. *Rahn* BWNotZ 61, 53; *Weichhaus* Rpfleger 79, 329; *Scharen* Rpfleger 83, 342; *Behmer* Rpfleger 83, 477; *v. Oefele/Winkler* 4.94.
[406] BayObLG Rpfleger 91, 303.
[407] Dazu BGH NJW 70, 243.
[408] OLG Hamm DNotZ 74, 178 = Rpfleger 74, 68; NJW 77, 203.
[409] BGHZ 68, 1 = LM § 138 (Bc) BGB Nr. 30a Anm. *Räfle* =DNotZ 77, 629; BGH NJW 79, 2387; *Ingenstau* § 2 Rdn. 74 ff.; *Makke* NJW 77, 2233; *Uibel* NJW 79, 24; *Demmer* NJW 83, 1636).
[410] *v. Oefele/Winkler* 4.162; a. A. Staudinger/*Ring* § 2 Rdn. 32.
[411] Dazu §§ 27, 28; 29.
[412] Dazu §§ 32 Abs. 2; 33; 34; BGH NJW 76, 895.
[413] Dafür: Palandt/*Bassenge* § 2 Anm. 1; *Ingenstau* § 2 Rdn. 3; dagegen: Haegele/Schöner/*Stöber* GBR 1747; MünchKomm/*v. Oefele* § 2 Rdn. 7.

Schutz als die Vereinbarung nach § 2 gewährt, dürfte die Frage wegen fehlenden Rechtsschutzinteresses zu verneinen sein.

4. Absolut wirkende Veräußerungs- und Belastungsbeschränkungen (dazu § 19 Rdn. 116). **F 32**

Durch Einigung und Eintragung kann von der Zustimmung des Grundstückseigentümers (nicht Dritter) abhängig gemacht werden. „Eigentümer" ist dabei der jeweilige Eigentümer. Bei einem Eigentumswechsel vor Eingang des zustimmungspflichtigen Vorgangs beim Grundbuchamt wird die vom Rechtsvorgänger erteilte Zustimmung wirkungslos.[414] Tritt der Eigentumswechsel erst ein, nachdem die Zustimmungserklärung durch Eingang beim Grundbuchamt bindend geworden ist, ist der Nachfolger daran gebunden.[415]

a) **§ 5 Abs. 1 ErbbauVO:** Veräußerung des Erbbaurechts; strittig, ob Belastung mit eigentumsähnlichem Dauerwohnrecht der „Veräußerung" gleichzusetzen;[416] nicht anwendbar auf Teilung des Erbbaurechts (§ 7 Rdn. 23) und Aufteilung in Wohnungserbbaurecht.[417]

b) **§ 5 Abs. 2 ErbbauVO:** Belastung des Erbbaurechts mit Grundpfandrechten, Reallasten und deren Inhaltsänderung, die eine weitere Belastung enthalten; zur Eintragung einer Reallast, mit der ein erhöhter Erbbauzins vereinbart wurde, ist die Zustimmung des Eigentümers in keinem Fall erforderlich;[418] auch Belastung mit Dauerwohn- oder Dauernutzungsrecht,[419] Hypotheken nach § 1287 S. 2 BGB und § 648 BGB,[420] selbst dann, wenn an einem Eigentümerrecht eine Zwangssicherungshypothek eingetragen werden soll.[421] Nicht sonstige Belastungen[422] und Beschränkung der Grundpfandrechtsbestellung zu bestimmtem Zweck oder für bestimmte Gläubiger.[423] **F 33**

c) **Zu verneinen ist die Streitfrage, ob Eintragung von Vormerkungen** für Ansprüche auf Bestellung der in § 5 Abs. 2 ErbbauVO genannten Rechte zustimmungspflichtig ist[424] und ob eine solche Zustimmungsbedürftigkeit als Inhalt des Erbbaurechts vereinbart und für solche Vormerkungen eingetragen werden kann, die nach § 33 ErbbauVO beim Heimfall erlöschen.[425] **F 34**

d) **Unzulässig ist ein völliges Veräußerungsverbot**,[426] weil es mit dem Wesen des Erbbaurechts als „veräußerliches Recht" nicht vereinbar wäre, und ein über § 5 Abs. 2 ErbbauVO hinausgehendes Belastungsverbot. **F 35**

5. AGB-Kontrolle durch das GBA

Gegen die Ansicht, daß das GBA die verdinglichten Vereinbarungen über das Rechtsverhältnis zwischen Eigentümer und Erbbauberechtigten der AGB-Kontrolle unterziehen muß, wenn die Voraussetzungen des AGB-Gesetzes vorliegen[427] bestehen Bedenken, die noch nicht widerlegt worden sind: **F 36**

---

[414] OLG Düsseldorf Rpfleger 96, 340.
[415] OLG Köln Rpfleger 96, 106.
[416] Dazu *Weitnauer* DNotZ 53, 119; 63, 185; 68, 304.
[417] OLG Celle Rpfleger 81, 22.
[418] LG Münster Rpfleger 94, 207.
[419] OLG Stuttgart NJW 52, 979; Palandt/*Bassenge* § 5 Anm. 1.
[420] *Ingenstau* § 5 Rdn. 20; § 6 Rdn. 12.
[421] BayObLGZ 96, 107 = Rpfleger 96, 447.
[422] OLG Hamm OLGZ 86, 14 = Rpfleger 86, 51.
[423] BayObLGZ 59, 319 = DNotZ 60, 104.
[424] Staudinger/*Ring* § 5 Rdn. 16; Haegele/Schöner/*Stöber* GBR 1786.
[425] *Ingenstau* § 6 Rdn. 11; Staudinger/*Ring* § 33 Rdn. 12.
[426] BayoblGZ 60, 476 = DNotZ 61, 266; 72, 260 = DNotZ 73, 237.
[427] *Eickmann* Rpfleger 78, 1/4; GBVerfR 6. Kap. § 2 V 1; Ulmer/Brandner/Hensen AGBG § 9 Rdn. 55.

Einl I. Grundbuchordnung

a) Ob und in welchem Umfang diese Vereinbarungen AGB (§ 1) sind und ob sie z. B. auf die Bemessung des Erbbauzinses (der keiner AGB-Kontrolle unterliegt) einen Einfluß ausgeübt haben, wird das GBA selten mit Sicherheit feststellen können.

b) Das AGB-Gesetz geht in § 6 Abs. 2 davon aus, daß anstelle unwirksamer Vereinbarungen sich der Inhalt des Vertrages nach den gesetzlichen Vorschriften richtet. Solche gibt es beim Erbbaurecht zwischen Grundstückseigentümer und Erbbauberechtigten nicht (dazu Einl. F 6; 28). Die unwirksame Klausel würde also ersatzlos wegfallen. Eine Lückenausfüllung nach §§ 157; 242; 315 BGB[428] könnte das GBA nicht vornehmen.

c) Der Erbbauberechtigte selbst, der die Vereinbarung getroffen hat, kann gegen den Grundstückseigentümer auch im Fall der Eintragung die Unwirksamkeit von AGB-Klauseln geltend machen. Sein Sonderrechtsnachfolger ist dadurch geschützt, daß sich der Grundstückseigentümer und Grundstückserwerber bezüglich der verdinglichten Vereinbarungen nicht auf den öffentlichen Glauben des GB berufen können (Einl. F 28).

d) Wegen sonstiger Bedenken Einl. C 75 ff., E 87. Die h. M.[429] wendet sich deshalb gegen die AGB-Kontrolle des GBA.

IV. Grundbucheintragung des Erbbaurechts

Voraussetzungen § 20 Rdn. 124 ff.; Muster § 10 GBVerf. Rdn. 10; GBVerf. §§ 54 bis 60.

F 37 1. **Der Eintragungsvermerk muß enthalten** (dazu Einl. B 37 ff.):

a) Bezeichnung als „Erbbaurecht";
b) den Erbbauberechtigten (Einl. F 14), bei mehreren das Gemeinschaftsverhältnis (Einl. F 15);
c) das Erbbaugrundstück (Einl. F 16);
d) die Dauer des Erbbaurechts (Einl. F 26).

Wenn entsprechende Vereinbarungen getroffen worden sind, muß der Eintragungsvermerk außerdem enthalten:

e) bei bedingter Bestellung den Hinweis „bedingtes Erbbaurecht" (dazu Einl. B 33; F 8);
f) Veräußerungs- und Belastungsbeschränkungen nach § 5 ErbbauVO (Einl. F 32 ff.); bezüglich der Ausnahmen von solchen Beschränkungen genügt Bezugnahme auf die Bewilligung;[430]
g) Lösungserleichterungsvermerk nach §§ 23 Abs. 2; 24 GBO[431] kann eingetragen werden;
h) Bezugnahme auf die Bewilligung ist zulässig (§ 14 Abs. 2 Erbbau VO) zur näheren Bezeichnung des sachenrechtlichen Inhalts (Einl. F 7 ff.) und der als Inhalt des Erbbaurechts vereinbarten Regelungen über das Rechtsverhältnis zwischen Grundstückseigentümer und Erbbauberechtigten (Einl. F 28 ff.).

---

[428] Palandt/*Heinrichs* AGBG § 6 Anm. 3.
[429] Staudinger/*Ring* § 2 Rdn. 6; Haegele/Schöner/*Stöber* GBR 1723; *Ertl* Rpfleger 80, 1/8; *v. Oefele/Winkler* 4.22.
[430] BayObLGZ 79, 227 = DNotZ 80, 50.
[431] Dazu § 24 Rdn. 18.

2. Zwei selbständige Grundbücher für Grundstück und Erbbaurecht

a) Jedes von beiden ist nur für bestimmte Eintragungen „das Grundbuch". Nach **F 38** ihm richten sich die Folgen, wenn sich Eintragungen in beiden GB widersprechen oder im maßgeblichen GB fehlen. Eintragung und Unterlassung des durch eine Ordnungsvorschrift angeordneten Vermerks im anderen GB-Blatt (z. B. § 14 Abs. 1 S. 2; Abs. 3 S. 2 ErbbauVO) sind materiell ohne Bedeutung, ersetzen die Eintragung im maßgeblichen GB nicht und haben nicht die Wirkungen der §§ 873; 891; 892 BGB.

b) Die Eintragungen im GB des belasteten Grundstücks sind maßgeblich für Entstehung, Dauer, Rang, Bestand und Erlöschen des Erbbaurechts als dingliches Recht. Nur zur näheren Bezeichnung seines Inhalts kann auf das Erbbau-GB Bezug genommen werden (§ 14 Abs. 2 ErbbauVO).

c) Das Erbbau-GB ist für alle übrigen Eintragungen über das Erbbaurecht „das Grundbuch" (§ 14 Abs. 3 ErbbauVO), also für Erbbaurechtsinhalt, Übertragung und Belastung des Erbbaurechts, Verfügungsbeschränkungen des Erbbauberechtigten. Zur näheren Bezeichnung des Inhalts kann auf die Bewilligung Bezug genommen werden (§ 14 Abs. 1 S. 3 ErbbauVO). Vgl. dazu auch §§ 54 ff. GB-Verf.

3. Eintragung des Erbbaurechts nur an ausschließlich 1. Rangstelle (§ 10 Abs. 1 Erb- **F 39** bauVO), sofern keine Ausnahme besteht (Einl. F 40). Andernfalls ist es nichtig[432] und muß nach h. M. als „inhaltlich unzulässig" von Amts wegen gelöscht werden;[433] eine Heilung durch den Vollzug von Rangrücktritten ist nicht möglich. Dazu Einl. B 45 ff.

4. Ausnahmen vom Zwang zur 1. Rangstelle

a) § 10 Abs. 1 S. 2 ErbbauVO: Rechte, die zur Erhaltung der Wirksamkeit gegenüber **F 40** dem öffentlichen Glauben keiner Eintragung bedürfen, können im Rang vorgehen: z. B. altrechtliche Dienstbarkeiten;[434] gesetzliche Vorkaufsrechte; öffentliche Lasten; Vermerke über Verfügungsbeschränkungen z. B. Nacherbenvermerk;[435] nicht Vormerkungen.[436]

b) **Landesrechtliche Ausnahmen:** z. B. Hamburg (Art. 42 a AGBGB); PreußVO vom 30. 4. 1919.[437] Die entsprechende bayerische VO wurde zum 1. 1. 82 aufgehoben.

c) **Gesetzliche** Rangverschlechterung: Nach unrechtmäßiger Löschung kann das Erbbaurecht im Rang hinter zwischenzeitlich eingetragenen anderen Rechten wieder eingetragen werden.[438]

d) **Gleichrangige Vorkaufsrecht** für den jeweiligen Erbbauberechtigten auf Dauer des Erbbaurechts ist zulässig.[439] Möglicherweise gilt dies auch für sonstige subjektiv-dingliche Rechte für den Erbbauberechtigten.[440]

e) **Bestritten,** ob andere Vorkaufsrechte Gleichrang haben dürfen.[441] Das GBA sollte dies wegen der äußerst unsicheren Rechtslage verhindern.

---

[432] *Ingenstau* § 10 Rdn. 26.
[433] OLG Hamm Rpfleger 76, 131 = DNotZ 77, 613; OLG Frankfurt Rpfleger 73, 400.
[434] BayObLGZ 82, 210 = Rpfleger 82, 339.
[435] OLG Hamm Rpfleger 89, 232.
[436] *Ingenstau* § 10 Rdn. 7 ff.
[437] Dazu OLG Hamm DNotZ 66, 102; OLG Hamburg DNotZ 67, 373; *Winkler* DNotZ 70, 654; Haegele/Schöner/*Stöber* GBR 1735.
[438] BGHZ 51, 50 = Rpfleger 69, 113.
[439] BGH Rpfleger 54, 514; NJW 73, 1838.
[440] *v. Oefele/Winkler* 2.102.
[441] OLG Düsseldorf NJW 56; 875; Staudinger/*Ring* § 10 Rdn. 8 f.; Haegele/Schöner/*Stöber* GBR 1738.

f) **Eingetragene Verfügungsbeschränkungen** des Eigentümers hindern die Entstehung des Erbbaurechts nicht; dies gilt für die öffentlich-rechtlichen Beschränkungen des Umlegungsvermerks nach § 54 Abs. 1 BauGB, die Sanierungs- und Entwicklungsvermerke nach §§ 143, 170 BauGB, den Heimstättenvermerk und auch für den Nacherbenvermerk, weil zu diesen kein Rangverhältnis besteht.[442] Die Bestellung eines Erbbaurechts im Nachrang zu einem Versteigerungsvermerk ist nur mit Zustimmung aller betreibenden Gläubiger möglich.[443]

5. Rechtsfolgen der Unwirksamkeit des Erbbaurechts

F 41   Zwei Fallgruppen sind zu unterscheiden:

a) **Ist das Grundbuch unrichtig**,[444] ist ein gutgläubiger Erwerb des Erbbaurechts selbst und von Rechten Dritter am Erbbaurecht möglich. Dagegen kann ein Amtswiderspruch in das Grundstücks-Grundbuch eingetragen werden.[445] Wird das Erbbaurecht im Wege der Grundbuchberichtigung gelöscht, sollen nach der in der Vorauflage vertretenen Meinung die an ihm eingetragenen gutgläubig erworbenen Rechte Dritter am Grundstück im Rang vor den übrigen Belastungen weiterbestehen;[446] nach der vorzugswürdigen Ansicht steht den Grundpfandrechtsgläubigern nurmehr ein Pfandrecht an den Bereicherungsansprüchen des Erbbauberechtigten gegen den Grundstückseigentümer wegen der Werterhöhung des Grundstücks zu.[447] Nach einer weiteren Ansicht gilt das Erbbaurecht gegenüber den Pfandrechtsgläubigern als bestehend; wenn diese ihre Rechte geltend machen, erwirbt der Ersteher in der Zwangsversteigerung des Erbbaurecht.[448]

b) **Ist die Eintragung des Erbbaurechts unwirksam**[449] und deshalb von Amts wegen zu löschen, greift der Gutglaubensschutz nicht ein. Wer ein solches nicht existentes Erbbaurecht oder ein Recht daran erwerben will (z. B. Grundpfandrechtsgläubiger), wird trotz seiner Eintragung im Erbbaugrundbuch und trotz seiner Gutgläubigkeit nicht geschützt und erwirbt auch kein dingliches Recht am Grundstück.[450]

V. Erbbauzins (§§ 9, 9a ErbbauVO)

Literatur zum Erbbauzins:

Kommentare zu § 9 ErbbauVO; Haegele/Schöner/*Stöber* GBR 1795; *v. Oefele/Winkler* 6.1 ff.; *Knothe* S. 213 ff.; ausführliche Literaturübersicht bei Haegele/Schöner/*Stöber* GBR vor 1677. *Mohrguter* Die Neuregelung des Erbbauzinses, ZIP 95, 806; neue Erbbauzinsreallast *Klawikonsky* Rpfleger 95, 145; zur Auslegung des § 9 Abs. 2 ErbbauVO i. d. F. des Sachenrechtsänderungsgesetzes 1994 *Wilke* DNotZ 95, 654 ff.

F 42   1. Der Erbbauzins ist ein reallastartiges dingliches Recht am Erbbaurecht[451] das in wiederkehrenden Geld- oder Sachleistungen[452] an den jeweiligen Eigentümer des

---

[442] OLG Hamm Rpfleger 89, 232 = MittBayNot 89, 154 = DNotZ 90, 46 unter Aufgabe seiner früheren Rechtsprechung; Haegele/Schöner/*Stöber* GBR 1737; *v. Oefele/Winkler* 2.107–109.
[443] Haegele/Schöner/*Stöber* GBR 1737.
[444] § 894 BGB; vgl. § 22 Rdn. 19 ff.
[445] BayObLGZ 86, 294 = Rpfleger 86, 471.
[446] BGH WM 63, 533; Ingenstau § 11 Rdn. 54; Mohrbutter-Riedel NJW 57, 1500.
[447] Ebenso Haegele/Schöner/*Stöber* GBR 1744.
[448] MünchKomm/v. Oefele § 11 Rdn. 15.
[449] Einl. B 45 ff.
[450] Ingenstau § 11 Rdn. 55 ff.; Haegele/Schöner/*Stöber* GBR 1743.
[451] BGH DNotZ 86, 472 = Rpfleger 86, 92.
[452] OLG Celle DNotZ 55, 316.

Erbbaugrundstücks besteht,[453] daher nicht dem jeweiligen Inhaber eines Miteigentumsanteils am Erbbaurechtgrundstück zugewiesen werden kann,[454] vom Gesetz nicht zwingend vorgeschrieben ist[455] und wie jedes andere dingliche Recht gemäß § 91 ZVG erlischt, wenn es bei Versteigerung des Grundstücks nicht in das geringste Gebot fällt.[456] Zum Erbbaurecht ohne Erbbauzins *Groth* DNotZ 83, 652; 84, 372; *Tradt* DNotZ 84, 370.

2. Voraussetzungen

Als dingliche Belastung setzt der Erbbauzins Einigung und Eintragung am Erbbaurecht und eintragungsfähigen Inhalt voraus. **F 43**

a) **Gläubiger** kann nur der jeweilige Eigentümer des Erbbaugrundstücks sein;[457] nicht ein anderer Berechtigter.[458]

b) **Erbbauzins muß nach Zeit und Höhe für die ganze Erbbaurechtsdauer im voraus bestimmt**, (§ 9 Abs. 2 S. 1 ErbbauVO), nicht nur bestimmbar sein.[459] Unter der Voraussetzung ziffernmäßiger genauer Bestimmtheit der Höhe sind Änderungen während der Erbbaurechtsdauer zulässig, entweder im voraus aufgrund Erbbaurechtsvertrags oder nachträglich mit Zustimmung aller nachrangig dinglich Berechtigten oder nachträglich zusätzlich als Neubelastung im Rang nach den anderen Belastungen.[460] Daneben ist die Bestellung eines zunächst bestimmten Erbbauzinses mit Anpassungsvereinbarung als Inhalt des Erbbauzinses möglich (§ 9 Abs. 2 S. 2 ErbbauVO), weiterhin eine Vereinbarung für den Fall der Zwangsversteigerung (§ 9 Abs. 3 ErbbauVO). Die Verpflichtung zur Anpassung aufgrund veränderter wirtschaftlicher Verhältnisse muß lediglich nach Zeit- und Wertmaßstab bestimmbar sein (§ 9 Abs. 2 S. 2 ErbbauVO). Es kann sich um eine echte, automatisch wirkende Gleitklausel handeln.[461] Auch nachträglich ist eine solche Inhaltsänderung möglich. Wird nachträglich eine solche eingetragen, so wird eine bereits eingetragene Vormerkung zur Sicherung des Anspruchs auf Abänderung der Erbbauzinsreallast damit gegenstandslos.[462] Umstritten, ob nach Eintragung einer Anpassungsvereinbarung künftige Erhöhungen der Eintragung im Grundbuch bedürfen.[463] Wenn überhaupt, ist eine Eintragung nur in der Veränderungsspalte möglich. **F 44**

c) **Verstoß** macht nicht nur den Erbbauzins, sondern im Zweifel den ganzen Vertrag nichtig (§ 139 BGB). Der unzulässige Erbbauzins (aus dem GB ersichtlich) ist von Amts wegen zu löschen (§ 53 Abs. 1 S. 2 GBO). Gegen das Erbbaurecht ist, weil nur „im Zweifel" nichtig und unter Verletzung des § 16 Abs. 2 GBO eingetragen (Erbbaurecht ohne Erbbauzins kaum gewollt), ein Amtswiderspruch nach § 53 Abs. 1 S. 1 GBO einzutragen.[464] **F 45**

d) **Erbbauzins kann mit dinglicher Wirkung nicht rückwirkend für die Zeit vor seiner Eintragung** bestellt und nicht rückwirkend erhöht werden.[465] Zulässig, daß Leistungen für den Zeitraum vor Eintragung zu einem Betrag zusammengefaßt werden und der Anspruch im Zeitpunkt der Eintragung zugleich entsteht[466] oder daß ein nicht- **F 46**

---

[453] § 9 Abs. 1 ErbbauVO.
[454] BayObLG DNotZ 91, 398.
[455] BGH NJW 70, 944.
[456] BGHZ 100, 107 = MittBayNot 87, 194 = Rpfleger 87, 257.
[457] BayObLGZ 61, 23 = NJW 61, 1263.
[458] OLG Düsseldorf DNotZ 77, 305.
[459] BGH DNotZ 75, 154 = Rpfleger 75, 56.
[460] BGH DNotZ 57, 300; 58, 314.
[461] BayObLG Rpfleger 96, 500.
[462] BayObLG Rpfleger 96, 445 ff.
[463] Vgl. dazu BayObLG Rpfleger 96, 446.
[464] Palandt/*Bassenge* § 9 Anm. 1 b; Mohrbutter/*Riedel* NJW 57, 1500; Haegele/Schöner/Stöber GBR 1811.
[465] OLG Frankfurt Rpfleger 73, 136.
[466] BGH DNotZ 75, 154 = Rpfleger 75, 56: so in der Regel sonst nicht eintragungsfähige Vereinbarung auslegbar.

Einl   I. Grundbuchordnung

eingetragenes Nutzungsentgelt vereinbart wird. Eine dagegen verstoßende Eintragung für Zeit vorher führt nur zur Unzulässigkeit der vor Eintragung liegenden Erbbauzinsbeträge, nicht des ganzen Erbbauzinses.[467]

e) **Der Rang der Erbbauzinsreallast** ist gesetzlich nicht vorgeschrieben. Der Erbbauzins kann deshalb z. B. hinter Grundpfandrechte für Finanzierungsgläubiger zurücktreten, was aber das Risiko für den Grundstückseigentümer beinhaltet, daß der Erbbauzins in der Zwangsversteigerung nicht in das geringste Gebot fällt und erlischt; der Grundstückseigentümer erhält dann für die restliche Laufzeit keinen Erbbauzins![468] Zur Sicherung des zurücktretenden Grundstückseigentümers kann eine Löschungsvormerkung nach § 1179 Nr. 1 BGB bei der Grundschuld eingetragen werden; die Grundschuld-Rückgewähransprüche können durch eine Vormerkung nach § 883 BGB gesichert werden; schließlich kann eine Stillhaltevereinbarung zwischen dem Grundstückseigentümer und dem Gläubiger getroffen werden.[469] Vollständige Sicherheit kann aber auch durch diese Gestaltungen nicht erreicht werden.[470]

3. Schuldrechtliche Verpflichtungen auf Neufestsetzung des Erbbauzinses

F 47   a) Sie sind neben dem für die ganze Erbbaurechtsdauer fest bestimmten Erbbauzins **zulässig, wenn** in bestimmten Zeitabständen der Erbbauzins entsprechend den wirtschaftlichen Verhältnissen (z. B. Änderung des Bodenwertes, der Mieten, Beamtenbezüge, Index für Lebenshaltung) neu festgesetzt werden soll.[471]

F 48   b) § 9 a ErbbauVO beschränkt bei Wohnzwecken dienenden Erbbaurechten die Zulässigkeit schuldrechtlicher Vereinbarungen, schließt sie aber nicht aus. § 9 a erfaßt Gleit- und Spannungsklauseln und Leistungsvorbehalte.[472] Bei gewerblichen Zwecken dienenden Erbbaurechten gilt § 9 a nicht, bei gemischter Nutzung teilweise.[473] Das GBA hat die Anpassungsklausel nicht auf ihre Vereinbarkeit mit § 9 a zu prüfen, weil diese Vorschrift nicht die Wirksamkeit der Vereinbarung, sondern der Geltendmachung des jeweiligen Erhöhungsverlangens betrifft.[474] Eine nach den Grundsätzen der Deutschen Bundesbank zu § 3 WährG[475] genehmigungsfähige Wertsicherungsklausel widerspricht den vom BGH[476] entwickelten Grundsätzen zu § 9 a ErbbauVO zur Anpassung des Erbbauzinses, wonach nicht nur der Anstieg der Lebenshaltungskosten, sondern auch der Einkommensanstieg berücksichtigt werden muß. Dieses Dilemma kann dadurch gelöst werden, daß zunächst eine genehmigungsfähige Klausel gewählt wird, die anschließend durch die Berücksichtigung der Einkommensentwicklung wieder modifiziert wird.[477]

4. Vormerkungsfähigkeit des Anspruchs auf Neufestsetzung

F 49   a) **Der künftige schuldrechtliche Anspruch** auf Eintragung einer Reallast, wonach der dann neu festgesetzte Erbbauzins zu entrichten ist, kann durch Vormerkung gesichert werden, wenn er nach Inhalt und Gegenstand genügend bestimmt oder bestimmbar ist.[478] Die Bestimmbarkeit ist bei einem Wohnungserbbaurecht hinreichend, wenn die Änderung von einer wesentlichen Änderung der wirtschaftlichen Verhältnisse, die sich aus einer Änderung der Lebenshaltungskosten sowie der Löhne und Gehälter erge-

---

[467] Einl. B 46.
[468] Vgl. BGHZ 81 = NJW 82, 234.
[469] Dazu mit Formulierungsvorschlägen Haegele/Schöner/*Stöber* GBR 1804 ff.; *v. Oefele/Winkler* 6.33 ff.
[470] Vgl. zur Diskussion der Sicherungsmittel *Groth* DNotZ 84, 372.
[471] BGHZ 22, 220 = DNotZ 57, 300; BGHZ 61, 209 = DNotZ 74, 90.
[472] BGH NJW 77, 433; dazu § 28 Rdn. 23 ff.
[473] BGH NJW 70, 944.
[474] LG Flensburg, Rpfleger 75, 132; *v. Oefele/Winkler* 6.149; Staudinger/*Ring* § 9 a Rdn. 5 ff.; Haegele/Schöner/*Stöber* GBR 1826.
[475] § 28 Rdn. 26; DNotZ 1983, 201.
[476] BGHZ 75, 279 = DNotZ 80, 312.
[477] *Winkler* MittBayNot 90, 153/154.
[478] BGH 22, 220; BayObLGZ 69, 97/102 =

ben, abhängig ist.[479] Der Anspruch auf Bestellung je einer Reallast für jede künftige Erhöhung des Erbbauzinses kann durch eine einzige Vormerkung gesichert werden. Die erstmalige und die späteren Umschreibungen der Vormerkung in die Reallast erschöpfen ihre Sicherungswirkung für die zukünftigen Erhöhungen nicht.[480] Erfolgt die spätere Erhöhung im Rahmen der vorgemerkten Vereinbarung, so bedarf es einer Vorrangseinräumung nachrangiger Gläubiger nicht.[481]

Sind mehrere rangfolgende Reallasten zugunsten des Eigentümers wegen der Beträge eingetragen, um die der Erbbauzins in der Folgezeit erhöht wurde, so können diese mehreren Reallasten zu einer einheitlichen Reallast als Inhaltsänderung zusammengefaßt werden.

b) **Beispiele von Bezugsgrößen für die Vormerkungsfähigkeit dieses Anspruchs**.[482]

(1) Bestimmter Preisindex für Lebenshaltung, der vom Statistischen Bundesamt oder Landesamt ermittelt wird;[483]

(2) jeweiliges Gehalt einer bestimmten Beamtengruppe[484] oder bestimmter Handwerkerlohn;[485]

(3) Grundstückswert des Erbbaugrundstücks[486] oder eines Grundstücks gleicher Art und Lage;[487] vgl. dazu aber Einl. F 50;

(4) Mietzins[488] oder Pachtzins.[489]

(5) Umsatzentwicklung auf dem Erbbaugrundstück.[490]

c) **Vormerkungsfähigkeit und Genehmigungsfähigkeit** des vereinbarten Anspruchs **F 50** auf Neufestsetzung des Erbbauzinses sind unabhängig voneinander zu beurteilen, weil sich die Vormerkungsfähigkeit nach § 883 BGB (Einl. F 49; G 12 ff.), die Genehmigungsbedürftigkeit und Genehmigungsfähigkeit nach § 3 WährG richtet (vgl. § 28 Rdn. 22 ff.). Auch wenn die Wirksamkeit des Anspruchs von der Genehmigung nach § 3 WährG abhängig ist, kann er schon vor dieser Genehmigung vorgemerkt werden (Einl. G 22 ff.). Die Ablehnung des Genehmigungsantrags durch die LZB hat die Unwirksamkeit der Klausel zur Folge, die des gesamten Erbbauzinses und des ganzen Erbbaurechtsvertrages nur dann, wenn die Vertragsteile ihn ohne die nichtige Klausel nicht abgeschlossen hätten.[491] In der Praxis ist zu beachten, daß nach den Genehmigungsgrundsätzen zu § 3 WährG (§ 28 Rdn. 26) Wertsicherungsvereinbarungen nur unter den dort genannten Voraussetzungen genehmigungsfähig sind. Klauseln, die auf die Preis- oder Wertentwicklung von Grundstücken abstellen (außer bei landwirtschaftlicher Nutzung), werden nicht mehr genehmigt.

VI. Sonstige Belastungen des Erbbaurechts

Grundsatz: Das Erbbaurecht ist als grundstücksgleiches Recht wie ein Grundstück **F 51** belastbar (Einl. F 5). **Besonderheiten ergeben sich bei der Belastung mit Dienstbarkeiten, Dauerwohn- und Dauernutzungsrechten**, weil der Erbbauberechtigte anderen nur solche Rechte einräumen kann, die ihm selbst aufgrund des Erbbaurechts gegen den

---

Rpfleger 69, 241; OLG Hamm FGPrax 95, 136; OLG Hamm Rpfleger 95, 499 mwN.
[479] OLG Hamm a. a. O.
[480] BayObLG Rpfleger 77, 55 = DNotZ 78, 239. Dazu OLG Frankfurt Rpfleger 78, 312.
[481] LG Marburg Rpfleger 91, 453.
[482] Haegele/Schöner/*Stöber* GBR 1830 ff.; *v. Oefele/Winkler* 6.187 ff.; Staudinger/*Ring* § 9 Rdn. 20 ff.
[483] BGHZ 61, 209 = DNotZ 74, 90; OLG Celle Rpfleger 84, 462.
[484] OLG Hamm DNotZ 64, 346.
[485] OLG Oldenburg DNotZ 62, 250.
[486] OLG Düsseldorf DNotZ 76, 539; KG Rpfleger 76, 244.
[487] OLG Düsseldorf DNotZ 69, 297.
[488] BGH DNotZ 60, 380.
[489] OLG Düsseldorf DNotZ 69, 297.
[490] BGH WM 73, 999.
[491] BGH BB 63, 793; BGHZ 63, 132/136; BGH DNotZ 79, 418; *Hafke* NWB 82, 1067/1082.

Einl I. Grundbuchordnung

Grundstückseigentümer zustehen. Diese Frage bedarf jeweils der Prüfung im Einzelfall. Unzulässig z. B. Bestellung einer Tankstellendienstbarkeit am Erbbaurecht, das Errichtung eines Wohngebäudes gestattet,[492] zulässig jedoch eine Dienstbarkeit am Erbbaurecht, die sich auf das ganze Grundstück erstreckt, wenn sich − zumindestens durch Auslegung − ergibt, daß das Erbbaurecht sich auf das ganze Grundstück erstreckt und die Dienstbarkeit die Benutzung des Bauwerkes ermöglicht.[493] Zur Belastung mit Dienstbarkeiten (*Rutenfranz* DNotZ 65, 464); mit Dauerwohnrecht (*Weitnauer* DNotZ 53, 119; 58, 415); mit Mündelhypotheken (*v. Oefele/Winkler* 5.117 ff.).

VII. Wohnungserbbaurecht (§ 30 WEG)

Literatur:

Kommentare zu § 30 WEG, *v. Oefele/Winkler* 3.96 ff.

F 52 1. **Das Wohnungserbbaurecht ist eine besondere Art des Erbbaurechts** (Einl. E 15) auf der Rechtsgrundlage des § 30 WEG. Praktische Bedeutung nur bei „neuen Erbbaurechten" (Einl. F 1), gilt aber auch für alte Erbbaurechte,[494] die hier nicht erörtert werden.[495]

F 53 2. **Das Rechtsverhältnis zwischen Grundstückseigentümer und den Wohnungserbbauberechtigten** beurteilt sich
a) **sachenrechtlich** nach ErbbauVO und den sachenrechtlichen Vereinbarungen des Erbbaurechts (Einl. F 7 ff.);
b) **schuldrechtlich** nach den als Inhalt des Erbbaurechts eingetragenen Vereinbarungen (Einl. F 28 ff.) und etwaigen rein schuldrechtlichen Vereinbarungen;
c) **bezüglich des Erbbauzinses** nach dessen Inhalt (Einl. F 42), also nur bei Aufteilung des Erbbauzinses (aufgrund Vereinbarung mit dem Grundstückseigentümer, entsprechender GB-Eintragung und Zustimmung der Berechtigten am Grundstück) beschränkt auf den anteiligen Erbbauzins, andernfalls unter Haftung für den unveränderten Gesamterbbauzins.[496]

3. **Begründung von Wohnungserbbaurecht**

F 54 a) **Jeder WErbbBerechtigte muß Bruchteilsberechtigter am Erbbaurecht sein oder gleichzeitig werden** (Einl. E 5; 6). Begründung auch am Gesamterbbaurecht möglich.[497] Die Begründung erfolgt entsprechend §§ 3 oder 8 WEG durch Verbindung eines jeden Mitberechtigungsanteils mit SE an einer bestimmten Wohnung (Einl. E 46). Nach § 12 ErbbauVO ist SE möglich, weil jeder Mitberechtigte Miteigentümer am Gebäude ist (Einl. F 6), also rechtlich Miteigentümer an den zum gemeinschaftlichen Eigentum gehörenden Teilen des Gebäudes und Alleineigentümer seines SE werden kann. Zu Verkehrsbeschränkungen in Fremdenverkehrsgebieten vgl. § 20 Rdn. 173 (§ 22 BauGB).

F 55 b) Als „**Inhaltsänderung des Erbbaurechts**" (Einl. E 13) bedarf die bloße Vorratsteilung nach § 8 WEG nicht der Zustimmung des Grundstückseigentümers,[498] auch nicht nach § 5 Abs. 1 ErbbauVO,[499] der nur für „Veräußerung des Erbbaurechts" gilt.[500] Ein bestehendes Zustimmungserfordernis wird Bestandteil jeder Einheit. Die Aufhebung

---

[492] BayObLGZ 58, 105 = Rpfleger 59, 17 = DNotZ 58, 542.
[493] KG Rpfleger 91, 496 ff. = DNotZ 92, 312.
[494] Palandt/*Bassenge* WEG § 30.
[495] Literatur: *Weitnauer* DNotZ 51, 493; *Diester* Rpfleger 65, 213; OLG Saarbrücken Rpfleger 68, 57.
[496] *v. Oefele/Winkler* 3.119 ff.
[497] BayObLGZ 89, 354 = MDR 90, 53.
[498] BayObLG DNotZ 78, 626.
[499] LG München I MittBayNot 77, 68; LG Augsburg MittBayNot 79, 68.
[500] OLG Celle Rpfleger 81, 22.

dieses Erfordernisses an einer Einheit bedarf weder der Zustimmung der übrigen Wohnungserbbauberechtigten noch der dinglich Berechtigten.[501]

Die Umwandlung von Gesamthandseigentum einer Erbengemeinschaft in Bruchteilseigentum bedarf nicht der Zustimmung nach § 5 ErbbauVO.[502]

4. Das Rechtsverhältnis der WErbbBerechtigten untereinander richtet sich nach §§ 10 ff. WEG (Einl. E 71 ff.). Zwischen ihnen kann kein Erbbauzins vereinbart werden.[503] **F 56**

5. Die Eintragung im WErbb-Grundbuch erfolgt entsprechend §§ 7 und 9 WEG (dazu § 8 WE-GBVerf.). Es werden also neben dem GB-Blatt des Grundstücks je ein besonderes GB-Blatt (Wohnungserbbaugrundbuch) für jeden Anteil angelegt (§ 30 Abs. 3 WEG). Zur „Pfanderstreckung" von Grundschulden von Wohnungserbbaurechten auf Wohnungseigentum siehe BayObLG.[504] **F 57**

6. Die Veräußerung des Wohnungserbbaurechtes richtet sich einerseits nach den Bestimmungen des Erbbaurechtes, andererseits zusätzlich nach den Regeln des WEG.

VIII. Schuldrechtliches Verpflichtungsgeschäft und Vormerkung

1. Die Beurkundungsform des § 313 BGB gilt beim Erbbaurecht für das schuldrechtliche Verpflichtungsgeschäft (§ 11 Abs. 2 ErbbauVO) auf Bestellung, Erwerb und Übertragung eines Erbbaurechts, sowie auf Änderung des sachrechtlichen Inhalts, wenn darin eine weitergehende Belastung des Grundstücks liegt (vgl. dazu § 19 Rdn. 63; 68). **F 58**

2. Beurkundungspflicht zweifelhaft:

a) Verpflichtung zur Aufhebung des Erbbaurechts (von § 11 ErbVO nicht umfaßt): ja;[505] b) Änderung der als „Inhalt des Erbbaurechts" eingetragenen verdinglichten Vereinbarungen (F 28), die ihrem Wesen nach „verdinglichter" schuldrechtlicher Art, aber kein „dingliches Recht" sind (vgl. Einl. E 92):[506] grundsätzlich nein; aber Beurkundungspflicht bei Vereinbarung von Heimfall- oder Verkaufsverpflichtungen und Erneuerungsvorrecht. Zur Vermeidung von Zweifelsfällen ist die Beurkundung der in § 2 ErbbauVO genannten Vereinbarungen ratsam.[507] **F 59**

3. Vormerkungsfähig ist der schuldrechtliche Anspruch auf Bestellung, Übertragung, Änderung und Aufhebung des Erbbaurechts nach den für Vormerkungen geltenden allgemeinen Grundsätzen (Einl. G 12 ff.). **F 60**

IX. Eintragungen nach Erlöschen des Erbbaurechts

Literatur:

Kommentare zu §§ 27 ff. ErbbVO; *v. Oefele/Winkler* 5.194 ff.

1. Rechtsfolgen des Erlöschens durch Zeitablauf

a) Das GB ist bezüglich des Erbbaurechts unrichtig (§ 894 BGB), darf aber nicht von Amts wegen, sondern nur auf Antrag (§ 22 GBO) und nur unter Beachtung des **F 61**

---

[501] BayObLGZ 89, 354 = MDR 90, 53.
[502] LG Lübeck Rpfleger 91, 201.
[503] OLG Düsseldorf DNotZ 77, 305.
[504] DNotZ 95, 61 ff.
[505] Staudinger/*Ring* § 11 Rdn. 23; *Wufka* DNotZ 86, 473.
[506] Staudinger/*Wufka* § 313 Rdn. 9, 10; Staudinger/*Ring* ErbbVO § 11 Rdn. 23.
[507] *v. Oefele/Winkler* 4.34.

Einl I. Grundbuchordnung

§ 24 GBO gelöscht werden (Einzelheiten dazu § 24 Rdn. 11 ff.). Eine Aufhebung bedarf der Zustimmung der am Erbbaurecht dinglich Berechtigten nicht, wenn deren Rechte nach Aufhebung am Grundstück weiter bestehen.[508]

F 62 b) **In Höhe der Entschädigungsforderung**, über die nach § 27 Abs. 1 S. 2 ErbbauVO dinglich wirkende Vereinbarungen sowohl wegen der Höhe, Art der Festsetzung und Zahlung als auch wegen eines Ausschlusses getroffen werden können und die nach § 27 Abs. 2 ErbbauVO in bestimmten Fällen zwingend zwei Drittel des gemeinen Wertes des Bauwerkes betragen muß, entsteht kraft Gesetzes ein dingliches Recht am Grundstück (§ 28 ErbbauVO). Daran haben erwaige Realgläubiger die gleichen Rechte, die sie bei Zwangsversteigerung des Erbbaurechts hätten.[509] Zur Frage des Erlöschens des Entschädigungsanspruchs durch Angebot auf Verlängerung des Erbbaurechts vgl. BGH.[510] Zur Frage der Fälligkeit der Entschädigungsforderung BGH.[511]

F 63 c) Im Falle eines dinglich wirkenden Erneuerungsvorrechts (§§ 2 Nr. 6; 31 Abs. 1 ErbbauVO) ist von Amts wegen zur Erhaltung des Vorrechtes eine Vormerkung mit dem bisherigen Rang des Erbbaurechts einzutragen, falls das Erbbaurecht vor Ablauf von 3 Jahren gelöscht wird (§ 31 Abs. 4 ErbbauVO).

F 64 2. **Zur Rechtsnatur des dinglichen Entschädigungsanspruchs** werden drei Meinungen vertreten:

a) **Ein nicht eintragungsfähiges dingliches Recht eigener Art**.[512] Dagegen spricht, daß private dingliche Rechte außerhalb des GB eine Gefahr für den Rechtsverkehr jedenfalls dann sind, wenn sie durch einen gutgläubigen Erwerb nicht erlöschen.

F 65 b) **Dingliches Recht einer Sicherungshypothek**, die kraft Gesetzes außerhalb des GB entsteht (ähnlich § 1287 BGB) und im Wege der GB-Berichtigung auf Antrag eingetragen werden kann.[513] Dagegen spricht, daß keineswegs immer die Höhe der Forderung und ihre Zahlungsweise nach § 27 Abs. 1 ErbbauVO dinglich geregelt ist und daß sowohl in diesen als auch in den Fällen des § 27 Abs. 2 ErbbauVO darüber ein jahrelanger Streit besteht, eine Sicherungshypothek also nicht eingetragen und damit das Erbbaurecht solange auch nicht gelöscht werden kann.

F 66 c) **Ein eintragungsfähiges dingliches Recht eigener Art** an der gleichen Rangstelle, an der das erloschene Erbbaurecht steht, das mit dem Erlöschen des Erbbaurechts kraft Gesetzes entsteht, wie eine Reallast zu behandeln ist und im Wege der GB-Berichtigung eingetragen werden kann.[514] Diese Lösung ist nicht nur rechtlich zulässig, sondern als einzige praktisch durchführbar und brauchbar, da ihre Eintragung auch vor der Festsetzung der Höhe erfolgen kann und die Löschung des Erbbaurechts im GB im Streitfall nicht verzögert.

---

[508] BayObLG MittBayNot 97, 39.
[509] § 29 ErbbauVO.
[510] NJW 81, 1045.
[511] MittBayNot 90, 242.
[512] Planck ErbbauVO § 28 Anm. 2.
[513] Staudinger/*Ring* ErbbauVO § 28 Rdn. 1; Soergel/*Stürner* ErbbauVO § 28 Rdn. 1; *v. Oefele/Winkler* 5.237.
[514] *Ingenstau* § 28 Rdn. 4; RGRK/*Räfle* § 28 Rdn. 1; *Erman/Hagen* Erbbau VO § 28 Rdn. 1; Palandt/*Bassenge* § 28 Anm. 1; MünchKomm/*v. Oefele* § 28 Rdn. 1.

GRUPPE 2

Vormerkungen, Widersprüche, sonstige Vermerke

Diese Eintragungen haben nur eine einzige Gemeinsamkeit: Sie sind keine dinglichen Rechte, aber wegen ihrer Sicherungs-, Warn- und Schutzfunktionen gerade beim Eigentumserwerb eine wichtige rechtliche Hilfe. Die Frage ihrer Eintragungsfähigkeit bereitet vielfach mehr Schwierigkeiten als bei den dinglichen Rechten.

ABSCHNITT G

Vormerkungen (§ 883 BGB)

Übersicht

	Rdn.		Rdn.
I. Wesen und Wirkungen der Vormerkung	G 1	IV. Voraussetzungen der GB-Eintragung	G 28
II. Voraussetzungen der Vormerkungsfähigkeit	G 12	V. Grundbucheintragung der Vormerkung	G 36
III. Bedingte, befristete, künftige Ansprüche	G 19	VI. Einzelfälle	G 41

Literatur:

Kommentare zu § 883 BGB; Haegele/Schöner/*Stöber* GBR 1475 ff. mit ausführlicher Literaturübersicht bei 1476.

I. Wesen und Wirkungen der Vormerkung des § 883 BGB

1. Die Vormerkung ist kein dingliches Recht, sondern ein sachenrechtliches Sicherungsmittel, das dem geschützten schuldrechtlichen Anspruch dingliche Wirkungen im Sinne einer dinglichen Gebundenheit des Grundstücks verleiht,[1] als **grundbuchmäßiges Recht i. S. der GBO** (Einl. B 12) nach den Vorschriften des GB-Rechts zu behandeln ist (Einl. G 28 ff.) und trotz seines dinglichen Charakters das rechtliche Schicksal des vorgemerkten schuldrechtlichen Anspruchs teilt (Einl. G 10; § 22 Rdn. 47 ff.), also **schuldrechtliche und sachenrechtliche Elemente in sich vereinigt.** Der Vormerkungsschutz ermöglicht es dem Vormerkungsberechtigten, sich nicht nur kurzfristig zwischen Verpflichtungsgeschäft und Eigentumsumschreibung, sondern langfristig meistens abhängig von Bedingungen oder Zeitbestimmungen eine mit dinglichen Wirkungen ausgestattete, unter bestimmten Voraussetzungen eigentumsähnliche Rechtsstellung zu verschaffen (Einl. G 7). Die Gefahren der Vormerkung bestehen im Rechtsschein ihrer Eintragung, die nicht immer eine Gewähr für einen wirksamen Vormerkungsschutz bietet (Einl. G 10; 11). Durch Übertragung, Verpfändung und Pfändung des vorgemerkten Anspruchs (Einl. L 21 ff.) nimmt der An-

G 1

---

[1] BGHZ 60, 46/49 = DNotZ 73, 367/368; BayObLGZ 73, 309/312 = Rpfleger 74, 65; Staudinger/*Gursky* § 883 Rdn. 39; *Knöpfle* JuS 81, 157; *Schneider* DNotZ 82, 523.

Einl I. Grundbuchordnung

spruchserwerber oder Pfandrechtsgläubiger am Vormerkungsschutz wie an den Gefahren des Vormerkungsscheines teil.[2]

G 2 2. **Unser Recht kennt auch Vormerkungen anderer Art,** die sich von den sachenrechtlichen Vormerkungen unterscheiden (dazu Einl. B 22).

3. Gesetzliche Grundlagen der Vormerkung

G 3 a) **Nach Schuldrecht** ist der schuldrechtliche Anspruch zu beurteilen,[3] also ob er entstanden, geändert, übertragen oder erloschen ist, welchen Inhalt er hat[4] und ob er verkehrsfähig ist (§ 399 BGB).[5]

G 4 b) **Nach Sachenrecht** richten sich die Vormerkungsfähigkeit, Voraussetzungen und Wirkungen der Vormerkung, auf die wegen ihres dinglichen Charakters verschiedene für dingliche Rechte geltende Rechtssätze entsprechend angewendet werden müssen.[6]

G 5 c) **GB-Recht** gilt für die verfahrensmäßige Behandlung (Einl. G 28 ff.; § 22 Rdn. 39 ff.)

4. Schuldverhältnis und Anspruch

G 6 Das Schuldverhältnis ist die Rechtsbeziehung zwischen Gläubiger und Schuldner. Aus ihm entstehen meistens eine Reihe von Einzelansprüchen,[7] von denen nicht alle vormerkungsfähig sind. **Die Vormerkung hat die Aufgabe,** die Verwirklichung des Anspruchs in die Wege zu leiten, den Vormerkungsberechtigten gegen Vereitelung oder Beeinträchtigung seines Anspruchs zu schützen und den Rechtserwerb im Range der Vormerkung zu sichern.[8]

5. Die Vormerkung[9] hat

G 7 a) **Sicherungswirkung** (§ 883 Abs. 2 BGB; § 888 Abs. 1 BGB), aber keine Verfügungsbeschränkung und keine GB-Sperre[10] zur Folge; die Vormerkung hindert den Schuldner nicht an vormerkungswidrigen Verfügungen (§ 19 Rdn. 110 ff.);[11]

b) **Rangwirkung** (§ 883 Abs. 3 BGB), die dem vorgemerkten dinglichen Recht bei dessen Eintragung kraft Gesetzes den Rang der Vormerkung verleiht;

c) **Konkursschutzwirkung** (§ 24 KO; § 50 Abs. 4 VerglO i. F. Gesetz vom 22. 6. 77[12]) und **Schutzwirkung gegen Zwangsvollstreckungsmaßnahmen** (§ 883 Abs. 2 S. 2; § 48 ZVG[13]): Die wirksame Vormerkung wirkt im Konkurs wie das eingetragene dingliche Recht (zu Ausnahmen Einl. G 21).[14]

---

[2] *Ertl* DNotZ 77, 81; *Ertl* MittBayNot 89, 53/57.
[3] BayObLGZ 73, 309/312 = DNotZ 74, 174.
[4] Dazu *Ertl* Rpfleger 77, 347.
[5] Staudinger/*Kaduk* Einl. zu § 398 Rdn. 47 ff., 63 ff.
[6] BGHZ 60, 46 = DNotZ 73, 368.
[7] Palandt/*Heinrichs* vor § 241 Rdn. 1 f.; *Ertl* Rpfleger 77, 347.
[8] BayObLG DNotZ 76, 160 = Rpfleger 75, 395.
[9] Dazu Staudinger/*Gursky* § 883 Rdn. 135 ff.
[10] Staudinger/*Gursky* § 883 Rdn. 136.
[11] RGZ 132, 419/424; Staudinger/*Gursky* § 883 Rdn. 138, 166 mwN.
[12] BGBl. I 1998; dazu DNotZ 77, 450; BGH DNotZ 78, 623.
[13] Haegele/Schöner/*Stöber* GBR 1532; DNotI-Report 94/5, 2.
[14] Kuhn/*Ulenbruck* KO § 24 Rdn. 8; *Ertl* Rpfleger 77, 84.

6. **Die Vormerkung ist nur wirksam, wenn ihre materiellen Voraussetzungen vorliegen** **G 8**
– gleich in welcher Reihenfolge[15] – und sich inhaltlich decken:
a) materielle Bewilligungserklärung oder einstweilige Verfügung (§ 885 Abs. 1 BGB; dazu § 19 Rdn. 5; § 25 Rdn. 3);
b) schuldrechtlicher Anspruch (§§ 194 Abs. 1; 241 BGB), der einen vormerkungsfähigen Inhalt haben muß (dazu Einl. G 12 ff.);
c) Eintragung der Vormerkung im GB (dazu Einl. G 36 ff.).

7. **Aufhebung der Vormerkung** setzt Aufgabeerklärung (§ 875 Abs. 1 BGB) und Löschung im GB voraus, nicht Löschung allein. Die zu Unrecht gelöschte Vormerkung bleibt materiell wirksam[16] und muß nach § 894 BGB[17] möglichst wieder mit altem Rang und Hinweis auf ihre frühere Eintragung und unrechtmäßige Löschung eingetragen werden (dazu § 22 Rdn. 50). Zum Sonderfall des § 25 GBO dort Rdn. 4. **G 9**

8. **Die Vormerkung teilt das rechtliche Schicksal des vorgemerkten Anspruchs.** Sie ist von dessen Bestehen abhängig (§ 22 Rdn. 45),[18] geht mit ihm auf den neuen Gläubiger über (§ 22 Rdn. 47),[19] erlischt mit ihm (§ 22 Rdn. 45),[20] kann bei dauernden Einreden gegen den Anspruch beseitigt werden (§ 886 BGB). **G 10**

9. **Gutgläubiger Erwerb der Vormerkung?**

Die Vormerkung als sachenrechtliches Sicherungsmittel kann gutgläubig erworben werden, wenn die Bewilligung von einem Nichtberechtigten abgegeben worden ist.[21] Sie ermöglicht aber keinen gutgläubigen Erwerb eines nicht bestehenden Anspruchs,[22] fingiert nicht das Bestehen des Anspruchs[23] und heilt einen Formmangel des schuldrechtlichen Geschäfts nicht.[24] Wird ein bestehender Anspruch, für den eine Vormerkung eingetragen, aber (z. B. wegen Bösgläubigkeit des Erwerbers) nicht entstanden ist, an einen gutgläubigen Zweiterwerber weiterübertragen, so erwirbt dieser mit dem Anspruch (nach sehr umstrittener Auffassung) auch die Vormerkung.[25] Wegen der Abhängigkeit des Vormerkungserwerbs vom Bestand des Anspruchs (der nicht gutgläubig erworben werden kann) bietet die abgetretene Vormerkung nie die gleiche Sicherheit wie die originäre.[26] Davon zu unterscheiden ist der gutgläubig lastenfreie Erwerb bei Abtretung der wirksam bestehenden Vormerkung (richtig: Abtretung des zugrundeliegenden gesicherten schuldrechtlichen Anspruchs): Ein gutgläubiger Zweiterwerber eines Grundstücks – auch wenn die Auflassung im Kaufvertrag erklärt ist – erwirbt lastenfrei, wenn sich die Übereignung durch den Veräußerer an den Zweiterwerber als Erfüllung des gesicherten Anspruchs darstellt.[27,28] **G 11**

---

[15] Vgl. Staudinger/*Gursky*, § 885 Rdn. 11; BGH DNotZ 81, 179/181.
[16] BGH DNotZ 73, 367.
[17] LG Konstanz MittRhNotK 84, 81.
[18] BayObLG Rpfleger 80, 294.
[19] BayObLGZ 71, 310.
[20] BGH DNotZ 81, 181.
[21] BGHZ 25, 16/23 = NJW 57, 1229; BGHZ 28, 182 = DNotZ 59, 36; BGHZ 57, 341; BGH DNotZ 81, 179 = JR 82, 61, Anm. *Goetzke* und *Habermann*; *Ludwig* DNotZ 87, 403.
[22] RGZ 139, 353/356.
[23] BGH DNotZ 70, 597.
[24] BGH DNotZ 61, 314.
[25] BGHZ 25, 16; zum Streitstand in der Lit.: Haegele/Schöner/*Stöber* GBR 1535 Fn. 171.
[26] Dazu Haegele/Schöner/*Stöber* GBR 1535 mwN; Staudinger/*Gursky* § 892 Rdn. 45, 47 mwN.
[27] BGH DNotZ 95, 47.
[28] Zum gutgläubigen Vormerkungserwerb und gutgläubig lastenfreien Erwerb vgl. a. DNotI-Report 96/9, 73.

II. Voraussetzungen der Vormerkungsfähigkeit eines Anspruchs

G 12 1. Nur ein **Anspruch** auf eine eintragungsfähige dingliche Rechtsänderung ist vormerkungsfähig,[29] z. B. auf Bestellung, Änderung, Übertragung oder Aufhebung eines dinglichen Rechts. Was nicht eintragungsfähig ist (Einl. B 52 ff.) oder im konkreten Fall (z. B. Dienstbarkeit[30] oder Anspruch auf Übertragung einer Teilfläche[31] jeweils am Miteigentumsanteil) oder am vormerkungsbelasteten Objekt nicht eingetragen werden kann (z. B. vorläufige Eigentümergrundschuld[32]), kann nicht vorgemerkt werden. Nach dem Bestimmtheitsgrundsatz muß der Inhalt des Anspruchs aus dem GB oder der in Bezug genommenen Bewilligung für jeden Dritten eindeutig erkennbar sein.[33] Die unterschiedlichen Anforderungen an die Bestimmtheit (vgl. Einl. G 29 ff.; § 28 Rdn. 8 ff.) und bezüglich der Auflassungsvormerkung (vgl. Einl. G 41 ff.) sind zu berücksichtigen. Erbrechtliche Ansprüche sind vor dem Tod des Erblassers nicht vormerkbar, selbst wenn dieser durch eine bindende Verfügung beschränkt ist,[34] weil noch kein Anspruch (auch kein künftiger) des Begünstigten besteht. Die erbvertragliche Erwerbsaussicht kann durch die Verpflichtung, ein Grundstück nicht zu veräußern und es im Fall des Verstoßes auf Verlangen auf den Vertragserben zu übertragen, gesichert werden; dieser Anspruch ist vormerkungsfähig.[35]

Nach dem Tod des Erblassers sind auf eintragungsfähige dingliche Rechtsänderungen gerichtete erbrechtliche Ansprüche durch Vormerkung sicherbar.

G 13 2. Für den **Anspruch auf Auflassung und Eigentumsverschaffung** gilt:

a) Der „Anspruch auf Auflassung" ist auf Erklärung der Auflassung gerichtet und mit der wirksamen Erklärung der Auflassung erfüllt.[36] Der „Anspruch auf Eigentumsverschaffung" (z. B. § 433 Abs. 1 S. 1 BGB) geht weiter und kann auch noch nach wirksamer Auflassung vorgemerkt werden und nach Eintragung des Eigentumsüberganges vorgemerkt bleiben, bis der Anspruchsberechtigte das von vormerkungswidrigen Verfügungen freie Eigentum erhält.[37]

G 14 b) Die Bezeichnung „Auflassungsvormerkung" hat sich eingebürgert. Begrifflich besser und allgemeinverständlicher wäre die Bezeichnung „Eigentumsvormerkung".[38]

G 15 c) Schuldrechtlicher Anspruch und dingliches Recht: Die Bezeichnung „Recht" hat sich (begrifflich falsch) für viele schuldrechtliche Ansprüche eingebürgert, die keine dinglichen Rechte sind, z. B.

aa) Ankaufs-, Options-, Grunderwerbsrecht (Einl. G 49; 50),

bb) Vorkaufsrecht, das entweder ein dingliches Recht (§§ 1094 ff. BGB; dazu Einl. K 3) oder ein schuldrechtlicher Anspruch auf Vorkauf (§§ 504 ff. BGB; dazu Einl. G 51) sein kann;

cc) Wiederkaufs-, Rückkaufs-, Rückerwerbsrecht (Einl. G 52; 53).

Deshalb ist in diesen Fällen die Bezeichnung „Vormerkung zur Sicherung des Ankaufsrechts (Wiederkaufs-, Vorkaufsrechts)" falsch (Einl. C 29 ff.)[39] und muß richtig

---

[29] BayObLGZ 63, 131 = DNotZ 64, 343.
[30] BayObLG Rpfleger 72, 442.
[31] BayObLG DNotZ 87, 367 = Rpfleger 87, 154.
[32] BayObLGZ 69, 316 = DNotZ 70, 155.
[33] BayObLG Rpfleger 57, 49.
[34] BayObLG DNotZ 53, 599; OLG Hamm DNotZ 66, 181 = Rpfleger 66, 366; Haegele/Schöner/*Stöber* GBR 1484.
[35] BayObLG DNotZ 89, 370 = Rpfleger 89, 190.
[36] BayObLG DNotZ 72, 233/234.
[37] KG DNotZ 71, 418/420; BayObLG Rpfleger 75, 395; *Ertl* DNotZ 77, 81/89; Haegele/Schöner/*Stöber* GBR 1486.
[38] *Wörbelauer* DNotZ 63, 580; 652; 718; *Weirich* DNotZ 82, 669; Staudinger/*Gursky* § 883 Rdn. 67.
[39] BayObLGZ 67, 275 = Rpfleger 68, 52, i. d. R. aber umdeutungsfähig.

lauten: „Vormerkung zur Sicherung des Anspruchs auf Übertragung des Eigentums am Grundstück Nr. ... aus der Ankaufsvereinbarung (Wiederkaufs-, Rückerwerbs-, Vorkaufsvereinbarung; Verkaufsangebot). Es handelt sich um eine Vormerkung für einen bedingten oder künftigen Anspruch (Einl. G 19 ff.), was im Eintragungsvermerk verlautbart werden kann, nicht muß (Einl. G 37).

3. **Anspruchsschuldner** bei Eintragung der Vormerkung muß der Eigentümer des von der Vormerkung betroffenen Grundstücks (oder der Inhaber des betroffenen Rechts) sein. Vormerkbar ist aber auch ein nur gegen die Erben durchsetzbarer Anspruch, sofern er aus einer Erblasserschuld stammt und keine Eigenverbindlichkeit des künftigen Erben darstellt (vgl. Einl. G 47; 48).[40]

G 16

4. **Anspruchsgläubiger** muß der Vormerkungsberechtigte sein, der seiner Person nach bestimmt und bei Verträgen zugunsten Dritter durch sachliche, auch Dritten zugängliche Merkmale eindeutig bestimmbar sein muß.[41] Es genügt nicht, wenn der Vormerkungsberechtigte durch den Vertragspartner oder durch Dritte erst bestimmt werden muß.[42] Verpflichtet sich jemand in einem echten Vertrag zugunsten Dritter zur Grundstücksübereignung an einen vom Versprechensempfänger noch zu benennenden Dritten, ist nur der Anspruch des Versprechensempfängers (§ 335 BGB) auf Übereignung an den Dritten vormerkungsfähig.[43] Keine Vormerkbarkeit besteht bei unechtem Vertrag zugunsten Dritter hinsichtlich des Anspruchs des Dritten.[44] Die Eintragung einer Vormerkung für eine Vor-GmbH oder eine noch nicht im Handelsregister eingetragene OHG oder KG ist möglich.[45]
Steht der Anspruch mehreren Gläubigern zu, ist die Eintragung des Berechtigungsverhältnisses erforderlich; allerdings kann das Grundbuchamt die Eintragung einer Vormerkung für einen mit einem Ausländer verheirateten Erwerber nicht deshalb ablehnen, weil das ausländische Güterrecht möglicherweise einem Alleinerwerb entgegensteht.[46] Zur Frage, ob zur Sicherung eines Anspruchs für mehrere Gläubiger eine oder mehrere Vormerkungen eingetragen werden müssen s. u. Einl. G 39; 40.

G 17

5. **Der Anspruch muß wirksam** bestehen oder wenigstens ein bedingter oder künftiger Anspruch im Sinne des § 883 Abs. 1 S. 2 BGB sein (dazu Einl. G 19 ff.). Auch wenn das schuldrechtliche Verpflichtungsgeschäft unwirksame AGB-Klauseln enthalten sollte, bleibt der Vertrag in der Regel im übrigen wirksam (§ 6 Abs. 2 AGBG) und beeinträchtigt die Wirksamkeit des vorzumerkenden Anspruchs nicht (Einl. C 75 ff.).[47] Ist das Rechtsgeschäft formbedürftig (z. B. § 313 BGB), entsteht der Anspruch bei Formverstoß nicht und kann auch nicht wirksam vorgemerkt werden (Einl. G 10).[48]

G 18

---

[40] BGHZ 12, 120 = NJW 54, 633; KG JFG 21, 32; BayObLG DNotZ 53, 599/600; BayObLG DNotZ 78, 159 = Rpfleger 78, 135.
[41] BGHZ 28, 99; RGZ 61, 355; 128, 246; BayObLG MittBayNot 75, 93; LG Köln Rpfleger 82, 17; Palandt/*Bassenge* § 883 Rdn. 11 ff.
[42] BGH DNotZ 83, 484 = Rpfleger 83, 169.
[43] BGH DNotZ 83, 484; vgl. *Denck* NJW 84, 1009; *Hörer* Rpfleger 84, 36; DNotI-Report 8/94, 1; 20/96, 177.
[44] DNotI-Report 23/96, 211.
[45] BayObLG DNotZ 79, 502 = Rpfleger 79, 303; BayObLG DNotZ 86, 156 = Rpfleger 85, 353; Haegele/Schöner/*Stöber* GBR 990.
[46] BayObLG DNotZ 87, 101 = Rpfleger 86, 294.
[47] Dazu *Eickmann* Rpfleger 78, 1/4; Haegele/Schöner/*Stöber* GBR 1488.
[48] Zur Beurkundungspflicht bei Grundstücksverträgen vgl. *Hagen* DNotZ 84, 267 (mit Überblick über die BGH-Rspr.) und *Korte*.

III. Bedingte, befristete und künftige Ansprüche

G 19 1. **Rechtsgrundlage ihrer Vormerkungsfähigkeit:** § 883 Abs. 1 S. 2 BGB[49]

G 20 a) **Bedingte und künftige Ansprüche sind zu unterscheiden,** auch bezüglich ihrer Vormerkungsfähigkeit.[50] Gemeinsame Voraussetzung ihrer Vormerkungsfähigkeit ist eine feste, die Gestaltung des Anspruchs bestimmende Rechtsgrundlage.[51]

G 21 b) **Wichtige Rechtsfolge:** Vormerkungen für bedingte und befristete Ansprüche bewirken vollen Vormerkungsschutz (Einl. G 7), für künftige Ansprüche zwar Sicherungs- und Rangschutz, aber keinen Konkursschutz.[52] Die Frage, ob und unter welchen Voraussetzungen Konkursschutz besteht, ist äußerst umstritten und wohl noch nicht ausdiskutiert.

G 22 2. **Alle bedingten und befristeten Ansprüche sind vormerkungsfähig,** sofern sie von einer echten Bedingung oder Zeitbestimmung i. S. §§ 158 ff. BGB abhängen und die sonstigen Voraussetzungen (Einl. G 12 ff.) erfüllen.[53] Jedenfalls gelten für sie die für künftige Ansprüche bestehenden Einschränkungen nicht.[54] Denn sie beruhen auf einem bereits „begründeten Rechtsverhältnis",[55] das gegenseitige Gebundenheit (§§ 160; 162 BGB) und vollen Vormerkungsschutz (Einl. G 7) auch gegen Konkurs- und Zwangsversteigerung[56] von der Eintragung der Vormerkung an bewirkt, nicht erst ab Eintritt der Bedingung.[57] Der einschränkenden Ansicht, bedingte Ansprüche seien nicht vormerkbar, wenn ihre Entstehung von der Willkür des demnächst Verpflichteten abhängt,[58] kann für die vom Verhalten des Gläubigers oder Schuldner abhängigen Potestativbedingungen (die echte Bedingungen sind) nicht zugestimmt werden.[59] Vormerkungsfähig ist daher auch ein mehrfach aufschiebend bedingter Rückauflassungsanspruch zur Sicherung eines schuldrechtlichen Verfügungsverbots, wenn die Bedingung erst nach dem Tod des Grundstückseigentümers eintreten kann und der Eintritt der Bedingung von einem Verhalten des Erben abhängig sein kann.[60]

G 23 3. **Ob aus einem „Vertragsabschluß unter Wollensbedingungen" bereits ein bedingter, daher vormerkbarer Anspruch oder wie in der Regel noch kein Schuldverhältnis, also auch kein Anspruch entstanden ist, hängt vom Einzelfall ab.**[61]

G 24 4. **Nicht jeder künftige Anspruch ist vormerkungsfähig.** Denn ein künftiger Anspruch ist noch kein Anspruch.[62] Vormerkungsfähig ist ein künftiger Anspruch nur,

---

[49] BGHZ 12, 115 = NJW 54, 633; KG Rpfleger 72, 94 = DNotZ 72, 173; BayObLG Rpfleger 77, 361; BayObLGZ 77, 247 = Rpfleger 78, 14 = DNotZ 78, 39; BayObLGZ 77, 268 = Rpfleger 78, 135 = DNotZ 78, 159; OLG Hamm Rpfleger 78, 137 = DNotZ 78, 356; *Lichtenberger* NJW 77, 1755; Rspr.- und Lit.-Überblick: *Ertl* Rpfleger 77, 345; 78, 15.

[50] BayObLGZ 77, 247; OLG Hamm Rpfleger 78, 137; BayObLG DNotZ 89, 370.

[51] BGHZ 12, 115/118.

[52] Jaeger/*Lent* KO § 24 Rdn. 7; *Ertl* Rpfleger 77, 81; a. A. Staudinger/*Gursky* § 883 Rdn. 196 mwN.

[53] OLG Hamm Rpfleger 78, 137; *Ertl* Rpfleger 77, 353; *Lichtenberger* NJW 77, 1757.

[54] BayObLGZ 77, 247; 77, 268.

[55] BGHZ 38, 369/371.

[56] Palandt/*Bassenge* § 883 Rdn. 24 ff.

[57] Staudinger/*Gursky* § 883 Rdn. 153.

[58] KG Rpfleger 72, 94; Soergel/*Stürner* § 883 Rdn. 6, offengelassen durch BayObLGZ a. a. O.

[59] OLG Hamm Rpfleger 78, 138; BayObLG DNotZ 79, 27; 89, 370/373 und neuerdings 96, 374 m. Anm. *Liedel.*

[60] BGH DNotZ 97, 720 zu BayObLG DNotZ 97, 155 (Vorlage an den BGH wegen Abweichung von OLG Hamm DNotZ 95, 315).

[61] Dazu RGZ 72, 385; BGH DNotZ 63, 230; *Ertl* Rpfleger 77, 347; 78, 16.

[62] *Ertl* Rpfleger 77, 354.

wenn sein Rechtsboden durch ein rechtsverbindliches Angebot oder Abkommen soweit vorbereitet ist, daß eine wenn auch nur vorläufige, aber vom Verpflichteten nicht mehr einseitig zerstörbare Bindung an das Rechtsgeschäft besteht,[63] die nicht mehr von der Willkür des künftig Verpflichteten abhängig sein darf.[64] Vormerkungsfähigkeit ist z. B. zu bejahen, wenn seine Entstehung nur noch vom Willen des demnächst Berechtigten abhängt.[65]

5. Schwebend unwirksame Ansprüche sind nur wie künftige Ansprüche vormerkungsfähig. Kennzeichen für sie ist ein Schwebezustand, weil ein nachholbares Wirksamkeitserfordernis (z. B. Genehmigung von Behörden, Gerichten, Dritten) fehlt, mit dessen Eintritt das Rechtsgeschäft rückwirkend von Anfang an wirksam wird.[66] Für die umstrittene Frage ihrer Vormerkungsfähigkeit vor Erteilung der fehlenden Genehmigung ist nach unserer Ansicht zu unterscheiden:

G 25

a) **Sie ist zu bejahen,** wenn für den künftig Verpflichteten bereits eine Gebundenheit besteht, wonach er die fehlende Genehmigung herbeiführen und alles unterlassen muß, was die Genehmigung gefährden oder vereiteln könnte.[67] **Beispiele:** wenn Genehmigung fehlt nach GrdstVG, § 51 BauGB § 75 BVG; § 610 RVO; Gemeindeordnungen der Länder; Devisenrecht; § 3 WährG;[68] RHeimstG;[69] § 1365 BGB; § 1821 Abs. 1 Nr. 5 BGB;[70] § 5 ErbbauVO; § 12 WEG und bei allen relativen Veräußerungs- und Belastungsbeschränkungen.

G 26

b) **Sie ist zu verneinen,** wenn der künftig Verpflichtete nicht in solcher Weise gebunden ist, vor allem, wenn die zur wirksamen Vertretung erforderlichen Erklärungen, Genehmigungen, Beschlüsse noch nicht vorliegen und grundlos verweigert werden können.[71] Beispiele: wenn Genehmigung fehlt durch den ohne Vertretungsmacht Vertretenen, TestVollstr., KVerwalter, Eltern, Vormund, Vormundschaftsgericht, Gemeinderat (wenn Beschlußorgan), Aufsichtsbehörden für Gemeinden, Kirchen, Stiftungen (§ 20 Rdn. 202 ff.) bei Beschlagnahme des gesamten Vermögens (§ 20 Rdn. 216).

G 27

IV. Verfahrensrechtliche Voraussetzungen der GB-Eintragung

1. Eintragung, Berichtigung und Löschung der Vormerkung richten sich nach GB-Recht, nötig also Antrag (§ 13) und Bewilligung (§ 19), bei Unrichtigkeit Berichtigungsbewilligung oder Unrichtigkeitsnachweis (§ 22). Die Bewilligung muß alle Voraussetzungen des § 19 erfüllen. Für Vormerkungen gelten also die allgemeinen Grundsätze des Bewilligungsprinzips (§ 19 Rdn. 36 ff.) und der Prüfungs-, Aufklärungs- und Eintragungspflicht des GBA (Einl. C 52; 56; 60), das zur Feststellung der Vormerkungsfähigkeit Fragen des Sachen- und Schuldrechts prüfen muß. Bloße Zweifel an der Wirksamkeit oder Zweckmäßigkeit des zugrundeliegenden Vertrags können jedoch die Zurückweisung des Eintragungsantrags nicht rechtfertigen.[72]

G 28

---

[63] BayObLG Rpfleger 77, 361; 89, 190; OLG Hamm Rpfleger 78, 137.
[64] KG Rpfleger 72, 94.
[65] BGHZ 12, 115/117; RGZ 151, 75/77; BGH DNotZ 82, 238/239; BayObLG DNotZ 90, 297.
[66] Palandt/*Heinrichs* vor § 104 Rdn. 31 f.; *Ertl* Rpfleger 77, 349.
[67] RGZ 129, 357/359; BGH DNotZ 66, 739/742; Palandt/*Heinrichs* § 242 Rdn. 32 ff.
[68] § 3 des WährG wird im Zuge der Errichtung der Europäischen Zentralbank und der Einführung des Euro wegfallen, vgl. EuroEG v. 9. 6. 1998, BGBl. I 1242 (Artt. 9 § 1, 16).
[69] Aufgehoben mit Wirkung zum 1. 10. 1993 durch Gesetz vom 17. 6. 93, BGBl. I 912.
[70] BayObLG DNotZ 94, 182.
[71] BayObLG Rpfleger 77, 361.
[72] BayObLG DNotZ 95, 63.

2. Anforderungen an die Bestimmtheit der Bewilligung

G 29 a) Die Bestimmtheit des schuldrechtlichen Anspruchs richtet sich nach Schuldrecht (Einl. G 3). Danach muß der Gläubiger bestimmt, bei Verträgen zugunsten Dritter bestimmbar, der Schuldner bestimmt und der Inhalt der Leistung bestimmt oder eindeutig bestimmbar sein.[73] Wegen der durch die Vormerkung vermittelten Drittwirkung des gesicherten Anspruchs (Sicherungs- und Rangwahrungswirkung; Einl. G 7) genügen die Bestimmtheitsanforderungen des Schuldrechts nicht immer den Anforderungen des Sachenrechts, die nicht bei allen dinglichen Rechten gleich streng sind (vgl. Einl. C 7). Grundsätzlich muß der Anspruch, um vormerkungsfähig zu sein, den für das dingliche Recht geltenden Bestimmtheits- oder Bestimmbarkeitsanforderungen entsprechen, das die Vormerkung vorbereiten soll. In Ausnahmefällen (z. B. wenn die Vormerkung am ganzen Grundstück lastet, der Anspruch sich aber nur auf einen Grundstücksteil bezieht) sind an die Bestimmtheit der Vormerkung keine strengeren Anforderungen zu stellen als an die des zu sichernden Anspruchs.[74] So bedarf z. B. keiner näheren Bezeichnung der Teilfläche, wenn das Geländebestimmungsrecht einem Vertragsteil oder Dritten zugewiesen ist.[75] Bezieht sich der Anspruch dagegen auf eine im Vertrag bereits bestimmte Fläche, muß sie in der Bewilligung so genau bezeichnet werden, daß sich ihre Größe und Lage in einer dem Verkehrsbedürfnis entsprechenden Weise zweifelsfrei ergibt, z. B. durch Flächenbeschreibung oder allgemein zugängliche Karte (vgl. § 28 Rdn. 16).[76] Der zukünftige oder bedingte Anspruch auf Übertragung eines Miteigentumsanteils an einem Grundstück kann durch eine Vormerkung gesichert werden, wenn die Quote bei Eintragung noch nicht bestimmt ist; die Bestimmung kann einem Dritten überlassen werden.[77]

G 30 b) Die Erklärungen zu den nach Sachenrecht zu beurteilenden Voraussetzungen (Einl. G 4) müssen dem Bestimmtheitsgrundsatz des Sachen- und GB-Rechts entsprechen (Einl. C 7). Dazu gehören die Erklärungen darüber, daß, von wem, für wen, an welchem Grundstück oder Recht, ob unter Vorbehalt des § 16 Abs. 2, an einer bestimmten Rangstelle die Vormerkung bewilligt wird (§ 19 Rdn. 1) und welcher Art der im Eintragungsvermerk anzugebende Anspruch ist (Einl. G 12; 36). Die unterschiedlichen Anforderungen des Schuld-, Sachen- und Grundbuchrechts haben zur Folge, daß nicht jeder schuldrechtlich wirksame Anspruch sachenrechtlich bestimmt genug für eine wirksame Vormerkung oder grundbuchrechtlich verwendbar für die Eintragung einer Vormerkung ist, vgl. Einl. G 12; § 28 Rdn. 8 ff.

G 31 c) Die Eintragung des Schuldgrundes des vorgemerkten Anspruchs im GB ist in der Regel entbehrlich,[78] vor allem, wenn der gesicherte Anspruch ohne Verwechslungsgefahr festgestellt werden kann[79] oder wenn von zwei künftigen Ansprüchen des gleichen Gläubigers, die auf die gleiche Leistung gerichtet sind und deren Entstehung in der gleichen Urkunde vorbereitet ist, je nach der künftigen Entwicklung nur der eine oder der andere Anspruch entstehen kann.[80] Ist der Schuldgrund weder im Eintragungsvermerk noch in der in Bezug genommenen Bewilligung angegeben, darf die Amtslöschung nur unter den Voraussetzungen des § 53 Abs. 1 S. 2 GBO erfolgen, z. B. wenn die Vormerkung einen so widerspruchsvollen Inhalt hat, daß trotz zulässiger Auslegung (Einl.

---

[73] Palandt/*Heinrichs* § 241 Rdn. 2 ff.; *Ertl* Rpfleger 77, 347.
[74] BayObLGZ 56, 408/409 = Rpfleger 57, 49; DNotZ 89, 365/366.
[75] BGH Rpfleger 69, 44; BayObLG DNotZ 74, 175; 85, 44.
[76] BGH DNotZ 73, 96; BayObLG DNotZ 74, 173; 74, 176; 81, 560; 84, 440; 85, 44.
[77] OLG Düsseldorf, DNotZ 97, 162.
[78] H. M.; Staudinger/*Gursky* § 885 Rdn. 54.
[79] BGH NJW 52, 62; KG Rpfleger 69, 49.
[80] KG DNotZ 72, 173/175.

C 20 ff.) der vorgemerkte Anspruch nicht sicher festgestellt werden kann (Einl. B 52; § 53 Rdn. 18).

d) In der Eintragungsbewilligung muß der Schuldgrund schlüssig dargestellt werden **G 32**
(§ 19 Rdn. 36 ff.). Darauf hat das GBA vor der Eintragung notfalls durch Zwischenverfügung zur Schaffung klarer Rechtsverhältnisse hinzuwirken.[81] Als verfahrensrechtliche Eintragungsvoraussetzung muß die Bewilligung zwar nicht alle Einzelheiten des Schuldverhältnisses enthalten.[82] Der Bewilligende darf sich aber nicht nur auf Rechtsausführungen beschränken, sondern muß in der Bewilligung den vorzumerkenden Anspruch und die anspruchsbegründenden Tatsachen (vgl. §§ 253 Abs. 2 Nr. 2; 592 ZPO) schlüssig wiedergeben, damit das GBA daraus Art und Inhalt des Anspruchs selbst nachprüfen und seine Vormerkungsfähigkeit feststellen kann.

3. Die Wirksamkeit des Anspruchs muß dem GBA nicht nachgewiesen werden.[83] Es **G 33**
genügt, daß der Anspruch nach Eintragung der Vormerkung noch entstehen kann (Einl. G 24). Denn das GB ist nicht dazu bestimmt, über die Wirksamkeit des gesicherten Anspruchs Auskunft zu geben.[84] Das Gesetz begründet nämlich (anders als in § 1138 BGB) keine Vermutung und keine Fiktion für das Bestehen des vorgemerkten Anspruchs, ermöglicht keinen gutgläubigen Erwerb des Anspruchs und gestattet die Eintragung einer Vormerkung für einen noch nicht entstandenen „künftigen" Anspruch (Einl. G 24). Gelangt das GBA aber aus den ihm vorgelegten Urkunden und Erklärungen oder ihm sonst bekannten Umständen zur Gewißheit, daß der Anspruch nicht besteht und auch künftig nicht wirksam werden kann, muß es die Eintragung ablehnen (Einl. C 72)[85] und vorher begründeten Zweifeln aufgrund konkreter Anhaltspunkte des Einzelfalles nachgehen (Einl. C 56; 57).

4. Ist in Fällen des § 313 BGB die notarielle Urkunde vorzulegen?

a) Die h. M. verneint diese Frage mit dem Hinweis, daß das Bestehen des Anspruchs **G 34**
nicht nachgewiesen werden muß[86] und läßt zur Eintragung der Auflassungsvormerkung die Angabe der Urkunde nach Datum, Namen und URNr. des Urkundsnotars genügen, ohne die Urkundsvorlage zu verlangen.[87]

b) Wir bejahen diese Pflicht.[88] Denn wir halten den Nachweis darüber, daß eine **G 35**
notarielle Beurkundung stattgefunden hat, und über die Einhaltung der Beurkundungsvorschriften durch Vorlage der Urkunde (oder eines begl. Auszugs, woraus sich die Wahrung der Urkundsform und die Kennzeichnung des vorzumerkenden Anspruchs ergibt) in den Fällen des § 313 BGB für eine Voraussetzung der Eintragungsfähigkeit der Vormerkung, die das GBA von Amts wegen prüfen muß (Einl. B 1). Aus einem Rechtsgeschäft, das entweder nie geschlossen worden ist oder nach einer (bewußt oder irrtümlich) falschen Behauptung des Bewilligenden dem § 313 BGB entsprechen soll, aber in Wirklichkeit wegen Verstoßes gegen den Beurkundungszwang nichtig ist (§ 125 BGB), kann kein wirksamer Anspruch, also auch kein vormerkungsfähiger künftiger Anspruch entstehen.[89] Die Eintragung der Vormerkung ohne Vorlage dieser Urkunde

---

[81] KG Rpfleger 69, 49/50; *Jansen* DNotZ 53, 382/385.
[82] KG a. a. O.
[83] KG Rpfleger 69, 49; 71, 312; 72, 94.
[84] KG Rpfleger 69, 49; *Jansen* DNotZ 53, 384.
[85] KG a. a. O.; Staudinger/*Gursky* § 885 Rdn. 49.
[86] KG DNotZ 72, 173/174; *Jansen* DNotZ 53, 585.
[87] Haegele/Schöner/*Stöber* GBR 1514.
[88] *Ertl* Rpfleger 79, 361; *Eickmann* GBVerfR 6. Kap. § 2 IV; MünchKomm/*Wacke* § 885 Rdn. 26; Staudinger/*Gursky* § 885 Rdn. 49.
[89] RGZ 151, 75.

wäre eine dauernd unrichtige Eintragung,[90] die sich nach Urkundenvorlage als eine von Anfang an inhaltlich unzulässige Eintragung entpuppt (dazu § 22 Rdn. 43)[91] und nur deshalb den Schein eines Vormerkungsschutzes vortäuscht (Einl. G 1) und einem Mißbrauch gegen spätere dinglich Berechtigte Vorschub leistet,[92] weil sich das GBA vor der Eintragung keinen Einblick in die Urkunde verschafft hat. Dazu darf das GBA nicht mitwirken, zumal der Zweck des § 19, den GB-Verkehr zu erleichtern (Einl. C 4; Rdn. 6), fehlt und die Urkundenvorlage dem Bewilligenden ohne Schwierigkeiten möglich gewesen wäre. Die Heilung nach § 313 S. 2 BGB ist in diesem Zeitpunkt noch nicht eingetreten; sie hat keine rückwirkende Kraft,[93] die Eintragung ist und bleibt wirkungslos.[94] Die Möglichkeit einer „Heilung" nach § 242 BGB ist auf die gegen Treu und Glauben verstoßenden Ausnahmefälle beschränkt,[95] die nur vom Prozeßgericht, nicht vom GBA abschließend beurteilt werden können. Im übrigen hat das GBA (wie die h. M. mit Recht feststellt) anders als ein Prozeßgericht keine Pflicht zur Prüfung der Wirksamkeit des vorzumerkenden Anspruchs. Dies ergibt sich daraus, daß (von Ausnahmen abgesehen) auch künftige (also noch nicht wirksame) Ansprüche vorgemerkt werden können (vgl. Einl. G 24 ff.).

V. Grundbucheintragung der Vormerkung

G 36 1. Der **Eintragungsvermerk** muß den Vormerkungsberechtigten, Schuldner und Leistungsgegenstand enthalten,[96] bei mehreren Berechtigten deren Gemeinschaftsverhältnis.[97] Als Berechtigter kann auch der jeweilige Eigentümer eines anderen Grundstücks eingetragen werden,[98] eine Gründungs-GmbH[99] oder ein Dritter unter den Voraussetzungen in Einl. G 17. Richtet sich das Gemeinschaftsverhältnis nach § 513 BGB (VorkR; AnkaufsR), ist keine Gemeinschaftsangabe nötig (vgl. Einl. K 11).[100] Der Eintragungsvermerk muß Art und Umfang des Anspruchs enthalten, z. B. daß er auf Einräumung, Aufhebung, Inhaltsänderung oder Rangänderung eines bestimmten dinglichen Rechts (z. B. Erbbaurecht; Grunddienstbarkeit usw.), Übereignung des ganzen Grundstücks, einer Teilfläche,[101] eines bestimmten Miteigentumsanteils oder Begründung von Wohnungseigentum gerichtet ist.[102]

G 37 2. **„Bedingte" oder „befristete" Vormerkungen** müssen als solche im Eintragungsvermerk bezeichnet werden (Einl. B 33).[103] Bei ihnen ist ein Löschungserleichterungsvermerk zulässig (§ 23 Rdn. 9; 22). Bezugnahme ist nur wegen der Einzelheiten der Bedingung oder Zeitbestimmung zulässig (Einl. B 33 ff.). Davon zu unterscheiden ist die Vormerkung für einen bedingten oder befristeten Anspruch (Einl. G 19 ff.), bei dem die Bedingung oder Zeitbestimmung nicht in den Eintragungsvermerk aufgenommen werden muß (Einl. B 35)[104] und die bedingte (befristete) Abtretung des durch Vormerkung gesicherten Anspruchs (Einl. G 10), die im GB als solche ausdrücklich eingetragen werden kann und (zur Vermeidung einer Unrichtigkeit) muß.[105] Wurde zur Sicherung eines

---

[90] BGH DNotZ 61, 316.
[91] *Ertl* Rpfleger 77, 354 Nr. XI 4.
[92] *Lichtenberger* NJW 77, 1755/1758.
[93] BGHZ 32, 12; 54, 63.
[94] BGH NJW 83, 1545; Staudinger/*Gursky* § 883 Rdn. 37.
[95] *Hagen* DNotZ 84, 267/292.
[96] KG Rpfleger 69, 50; DNotZ 72, 173.
[97] BayObLG DNotZ 76, 603.
[98] RGZ 128, 246/248.
[99] BayObLGZ 79, 172 = Rpfleger 79, 303.
[100] BayObLG NJW 68, 553.
[101] BGH Rpfleger 72, 437.
[102] *Ertl* Rpfleger 77, 351; *Jansen* DNotZ 53, 384.
[103] *Ertl* Rpfleger 77, 353.
[104] *Ertl*, MittBayNot 1989, 297 und BayObLG MittBayNot 89, 312.
[105] BayObLG Rpfleger 86, 217.

befristet eingeräumten Ankaufsrechts eine ebenfalls zeitlich befristete Auflassungsvormerkung eingetragen, stellt die Verlängerung der Annahmefrist eine wesentliche Änderung des Inhalts des sich hieraus ergebenden Anspruchs dar, so daß zur Erhaltung der Sicherungswirkung die Verlängerung der Eintragung in das Grundbuch bedarf.[106]

3. Bezugnahme auf die Bewilligung (einstweilige Verfügung) ist zur näheren Bezeichnung des Anspruchs gemäß § 885 Abs. 2 BGB zulässig[107] z. B. wegen der Beschreibung der erst zu vermessenden Fläche, dazu § 28 Rdn. 16. **G 38**

4. Eine oder mehrere selbständige Vormerkungen?

a) **Eine einzige Vormerkung genügt,** wenn ein Anspruch identisch bleibt, auch wenn er mehreren Gläubigern gleichzeitig oder nacheinander zusteht, z. B., wenn der Anspruch mehreren in Gemeinschaftsverhältnis stehenden Berechtigten[108] oder zunächst beiden Ehegatten je zur Hälfte und nach Tod des einen dem anderen allein zusteht.[109] Der Begriff der Sukzessivberechtigung umfaßt verschiedene Fallgruppen.[110] Zur sukzessiv ausnützbaren Vormerkung des Anspruchs auf Neufestsetzung des Erbbauzinses s. o. Einl. F 49. Die Identität des gesicherten Anspruchs kann in den häufigen Fällen eines Rückübertragungsanspruchs, der zunächst Ehegatten gemeinsam und später dem Überlebenden von ihnen zustehen soll, durch Erbregelung, Vorausabtretung oder eine entsprechende Gestaltung des Gemeinschaftsverhältnisses erreicht werden.[111] Die Entscheidung des BayObLG MittBayNot 90, 243 betraf einen Sonderfall und ist überholt durch den Beschluß des BayObLG DNotZ 1996, 366 (m. Anm. *Liedel*).[112] **G 39**

b) **Zwei selbständige Vormerkungen sind erforderlich,** z. B. für den Anspruch, der zunächst nur A und nach Ablauf von 5 Jahren nur B zusteht, falls A dann nicht mehr lebt,[113] oder für Ansprüche des A aus schuldrechtlichen Vereinbarungen über Vorkaufsrecht und Ankaufsrecht (dazu Einl. G 49; 51)[114] oder wenn die Auslegung ergibt, daß zwei Ansprüche zeitlich hintereinander geschaffen werden sollten.[115] **G 40**

VI. Einzelfälle

1. Anspruch auf Übereignung einer nicht vermessenen Fläche ist vormerkbar, wenn die Fläche so genau bezeichnet ist, daß sich ihre Größe und Lage in einer dem Verkehrsbedürfnis entsprechenden Weise zweifelsfrei ergibt; Einzelheiten § 28 Rdn. 16.[116] **G 41**

2. Wirksame Ansprüche sind auch vormerkungsfähig[117] bei Abhängigkeit von einer Zug-um-Zug-Leistung oder Vorausleistung[118] oder wenn der Käufer das Wahlrecht auf Übereignung eines von zwei Grundstücken hat, vor Ausübung dieses Wahlrechtes eintragbar an beiden Grundstücken, nachher nur noch am ausgewählten.[119] **G 42**

---

[106] OLG Frankfurt DNotZ 94, 247 m. Anm. *Promberger*.
[107] KG JFG 9, 202.
[108] BayObLGZ 63, 128 = DNotZ 64, 343; OLG Köln Rpfleger 75, 19.
[109] LG Oldenburg Rpfleger 74, 263; BayObLGZ 84, 252 = DNotZ 85, 702; *Haegele* Rpfleger 75, 157.
[110] *Liedel* DNotZ 91, 855.
[111] *Amann* MittBayNot 90, 225.
[112] Vgl. a. Haegele/Schöner/*Stöber* GBR 1495 ff.
[113] BayObLGZ 75, 215 = Rpfleger 75, 334; zur Alternativberechtigung BayObLGZ 84, 252 = DNotZ 85, 702.
[114] OLG Köln Rpfleger 60, 56.
[115] BayObLG MittBayNot 90, 243.
[116] BayObLG DNotZ 85, 44; Haegele/Schöner/*Stöber* GBR 1503 ff.; *Wirner* MittBayNot 81, 221; *Stumpp* Rpfleger 73, 389.
[117] *Ertl* Rpfleger 77, 349.
[118] RGRK § 883 Rdn. 82.
[119] BayObLGZ 73, 309/312 = DNotZ 75, 36/39; OLG Frankfurt MittBayNot 83, 59.

G 43 3. **Bedingte oder befristete Ansprüche** sind bereits vor Eintritt der Bedingung oder Zeitbestimmung vormerkbar, z. B. a) aus einem erst mit Baugenehmigung wirksamen Kauf,[120] b) bei Kauf unter auflösender Bedingung der Kaufpreiszahlung,[121] c) aus auflösend bedingter Schenkung.[122]

G 44 4. **Schwebend unwirksame Ansprüche** sind nach den für künftige Ansprüche geltenden Grundsätzen teils vor und teils erst nach der erforderlichen Genehmigung vormerkungsfähig.[123]

G 45 5. **Künftige Ansprüche aus Angebot** (§ 145 BGB) sind nur unter den in Einl. G 24 erläuterten Voraussetzungen vormerkungsfähig.

a) **Vormerkungsfähig** z. B.: Auflassungsanspruch des Angebotsempfängers aus beurkundetem Verkaufsangebot, das für den Anbietenden dauernd oder befristet unwiderruflich ist,[124] das erst nach dem Tod des Anbietenden,[125] nur nach Eintritt einer Bedingung oder zeitlich befristet angenommen werden darf.[126] Vormerkungsfähig ist auch der Anspruch aus einem bedingten und befristeten Angebot.[127]

b) **Nicht vormerkungsfähig** z. B.: Anspruch aus einem nicht beurkundeten, daher formnichtigen Verkaufsangebot.[128]

G 46 6. **Künftige Ansprüche aus Vorvertrag**[129] sind nur unter den in Einl. G 24 erläuterten Voraussetzungen **vormerkbar**, z. B. wenn sich der Grundstückseigentümer in einem beurkundeten Vorvertrag zum Abschluß eines Kaufhauptvertrages verpflichtet hat.[130] **Nicht vormerkungsfähig** z. B. aus nicht beurkundetem Vorvertrag und nicht für Dritte aus unechtem Vertrag nach §§ 328 ff. BGB, also nicht für Kinder des Übernehmers, wenn sich der Übernehmer gegenüber dem Übergeber zur späteren Übergabe des Grundbesitzes an eines seiner Kinder verpflichtet hat.[131] Bei einem echten Vertrag zugunsten eines noch zu benennenden Dritten ist nur der Anspruch des Versprechensempfängers, nicht der des noch unbekannten Dritten vormerkungsfähig.[132]

G 47 7. **Künftige Ansprüche aus Testament oder Erbvertrag** sind nicht vormerkungsfähig vor dem Erbfall,[133] sondern erst nach dem Erbfall, wenn die letztwillige Verfügung wirksam ist und das Grundstück zum Nachlaß gehört.[134] Vormerkungsfähig aber als bedingter Anspruch aus einem Vertrag unter Lebenden (vgl. Einl. G 48; 53).[135]

G 48 8. **Erst nach dem Tode des Verpflichteten zu erfüllende Auflassungsansprüche aus Verträgen unter Lebenden** sind vormerkungsfähig (Einl. G 16), z. B. wenn erst die Erben des Schenkers zur Erfüllung der Schenkung verpflichtet sind,[136] aus einem nach dem Tode des Verpflichteten ausübbaren Wiederkaufsrecht[137] oder Ankaufsrecht.[138]

---

[120] OLG Frankfurt DNotZ 72, 180.
[121] RGRK § 883 Rdn. 72.
[122] BGH NJW 52, 1171.
[123] Einzelfälle Einl. G 25 ff.
[124] RG JW 36, 647; BGH DNotZ 82, 239.
[125] KG JFG 21, 32.
[126] Zur Eintragung der Fristverlängerung: OLG Köln Rpfleger 77, 166; *Promberger* Rpfleger 77, 157.
[127] BayObLG MittBayNot 89, 312; *Ertl* MittBayNot 89, 297.
[128] BGH DNotZ 61, 315/316.
[129] Palandt/*Heinrichs* vor § 145 Rdn. 19 ff.
[130] BGH LM § 883 BGB Nr. 13; DNotZ 75, 546; MünchKomm/*Wacke* § 883 Rdn. 25 f.
[131] BayObLGZ 76, 297 = Rpfleger 77, 60; im Ergebnis richtig, in der Begründung falsch; dazu § 20 Rdn. 62.
[132] BGH DNotZ 83, 484; BayObLG MittBayNot 86, 175.
[133] BGHZ 12, 115/118 = NJW 54, 633.
[134] BayObLG Rpfleger 81, 190.
[135] BayObLGZ 78, 287 = Rpfleger 78, 442; Staudinger/*Gursky* § 883 Rdn. 50 ff.; Haegele/Schöner/*Stöber* GBR 1484, 1485.
[136] BayObLGZ 75, 215 = Rpfleger 75, 334.
[137] BayObLG DNotZ 70, 150.
[138] BayObLG DNotZ 56, 206; *Haegele* Rpfleger 66, 367; 69, 47; 69, 271; 75, 157; *Saffling* Rpfleger 73, 413; *Angermaier* MittBay-

9. Ansprüche aus „Ankaufsrecht" sind verschieden zu beurteilen[139]   **G 49**
a) entweder als Verkaufsangebot (bei einseitigen Erklärungen), dazu Einl. G 45;
b) oder als Kaufvorvertrag: in der Regel nur bei unvollständig geregelten Vertragsverhältnissen, die erst durch später zu treffende Vereinbarungen vervollständigt werden müssen, dazu Einl. G 46.
c) oder als bedingter Kaufvertrag, der durch einseitige Ausübungserklärung des Ankaufsberechtigten zustande kommt; dazu Einl. G 53.

10. Ansprüche aus „Options- oder Grunderwerbsrecht" sind nach den Grundsätzen   **G 50**
für „Ankaufsrechte" zu beurteilen.[140] Statt „Ankauf" kann der Erwerb im Tauschweg, als Schenkung, gemischte Schenkung, Ausstattung erfolgen.[141]

11. Ansprüche aus dem „schuldrechtlichen Vorkaufsrecht" (§§ 504 ff. BGB) sind vor-   **G 51**
merkungsfähig (Einl. G 15),[142] auch wenn die Rechtsnatur des Vorkaufsrechts umstritten ist.[143] Die Wirksamkeit und Vormerkungsfähigkeit (Einl. G 12 ff.) ist von der Einhaltung der Form des § 313 BGB abhängig.[144] Auch der Anspruch der Gemeinde aus einem gesetzlichen Vorkaufsrecht kann nach Eintritt des Vorkaufsfalles durch Vormerkung gesichert werden (§ 28 Abs. 2 S. 3 BauGB; Einl. K 38).

12. Rückübereignungsansprüche aus „Wiederkaufsrecht" (§§ 497 ff. BGB) oder   **G 52**
„Rücktrittsvorbehalt" (§ 346 BGB) sind durch Ausübung des Wiederkaufsrechts (Rücktrittsrecht) bedingte Ansprüche und als solche vormerkungsfähig,[145] auch wenn dieses Recht nach dem Tode des Verpflichteten ausgeübt werden kann,[146] aber nicht, wenn es bei Eintritt der Bedingung nicht mehr besteht.[147] Nicht vormerkungsfähig ist der Anspruch auf Rückgewähr nach AnfechtungsG.[148]

13. Bedingte Übereignungs- oder Rückübereignungsansprüche aus Vereinbarungen   **G 53**
über die Geschäftsgrundlage von Schenkungs- oder Übergabeverträgen sind vormerkungsfähig, z. B. für den Fall, daß die Ehe zwischen Übergeber und Erwerber geschieden wird; wenn der Übergeber bei Vorversterben des Erwerbers das Grundstück nicht zurückerhält; wenn der Grundbesitz ohne Zustimmung des Veräußerers (oder erbvertraglich als Erbe Eingesetzten) veräußert, belastet wird, in Konkurs, Zwangsversteigerung gerät; nicht bis zu einem Endtermin an jemand aus einem bestimmten Personenkreis (z. B. Abkömmlinge) übergeben wird.[149]

Not 73, 77; BGH DNotZ 53, 275/276 m. Hinw., daß Verträge solcher Art ihre Begrenzung nur in § 2301 Abs. 1 BGB finden.
[139] BGHZ 71, 276; DNotZ 61, 314; 61, 485; 63, 230; 75, 546; 78, 37; 79, 682; 84, 319; Haegele/Schöner/*Stöber* GBR 1453 ff.; Sichtermann/*Hennings* Rdn. 11 mwN.
[140] Staudinger/*Mader* Vorbem. 33 ff. zu § 504.
[141] Dazu Palandt/*Heinrichs* vor § 145 Rdn. 23.
[142] Haegele/Schöner/*Stöber* GBR 1441; Erman/ *Weitnauer* § 504 Rdn. 1; Staudinger/*Mader* Vorbem. 25 ff. zu § 504.
[143] Zum Meinungsstand Staudinger/*Mader* Vorbem. 24 ff. zu § 504.
[144] Haegele/Schöner/*Stöber* GBR 1487.
[145] BGHZ 38, 369/371; BayObLGZ 61, 63 = DNotZ 61, 587; OLG Zweibrücken Rpfleger 81, 189; LG Nürnberg-Fürth MittBay-

Not 87, 131 mit Anm. *Eckhardt*; *Ripfel* BWNotZ 69, 26; Haegele/Schöner/*Stöber* GBR 1606.
[146] BayObLGZ 69, 258 = DNotZ 70, 150.
[147] OLG Stuttgart Rpfleger 74, 66.
[148] OLG Frankfurt OLGZ 79, 75/77.
[149] Dazu OLG Hamm Rpfleger 78, 137; BayObLGZ 77, 268 = DNotZ 78, 159; BayObLGZ 78, 287 = Rpfleger 78, 442; OLG Zweibrücken OLGZ 81, 167/168; OLG Düsseldorf OLGZ 84, 90; BayObLG DNotZ 89, 370; *Picalo* DNotZ 72, 644/650; *Haegele* Rpfleger 75, 157; *Lichtenberger* NJW 77, 1755; *Ertl* Rpfleger 77, 345/352 ff.; *Kohler* DNotZ 89, 339; Staudinger/*Gursky* § 883 Rdn. 119 ff.; Haegele/Schöner/*Stöber* GBR 1489.

Einl

ABSCHNITT H
Widersprüche (§ 899 BGB)

Übersicht

	Rdn.		Rdn.
I. Wirkungen des Widerspruchs	H 1	III. Voraussetzungen der GB-Eintragung	H 12
II. Voraussetzungen der Wirksamkeit des Widerspruchs	H 9	IV. Grundbucheintragung	H 15
		V. Besondere Arten von Widersprüchen	H 17

Literatur:

Kommentare zu §§ 899, 1139, 1157 BGB; § 53 Abs. 1 Satz 1 GBO.

I. Wesen und Wirkungen des Widerspruchs (§ 899 BGB)

H 1 1. **Der Widerspruch ist kein dingliches Recht**, aber ein sachenrechtliches Sicherungsmittel, das als „Schutzeintragung" den Widerspruchsberechtigten gegen die aus § 892 BGB drohenden Gefahren eines unrichtig eingetragenen anderen Rechts schützt,[1] keine Verfügungsbeschränkung und keine GB-Sperre enthält (Einl. H 7) und als grundbuchmäßiges Recht im Sinne der GBO (Einl. B 12) nach GB-Recht zu behandeln ist (Einl. H 3 b); 12 ff.).

H 2 2. **Gemeinsamkeiten** bestehen mit den Widersprüchen nach: a) §§ 1139; 1157 BGB (Einl. H 17 ff.); b) § 53 Abs. 1 S. 1 GBO Amtswiderspruch (§ 53 Rdn. 11; § 38 Abs. 1 b GBVerf.);
Widersprüche anderer Art und Wirkung vgl. Einl. B 23.

3. **Rechtsgrundlagen:**

H 3 a) Materiellrechtlich für Voraussetzungen und Wirkungen: §§ 899; 894; 892 Abs. 1 BGB; § 25 GBO.

b) GB-Recht: Für Voraussetzungen der Eintragung (Einl. H 12 ff.), Löschung (§ 25 Rdn. 10 ff.) und GB-Berichtigung (§ 22 Rdn. 50 ff.).

4. **Unzulässigkeit eines Widerspruchs**

H 4 Aus dem Wesen des Widerspruchs (Einl. H 1) ergibt sich, daß seine Eintragung unzulässig ist, wenn er sich gegen eine keinem gutgläubigen Erwerb zugängliche Eintragung richten würde. **Beispiele:** Widerspruch gegen eine Vormerkung, die nicht gutgläubig erworben werden kann, z. B. Vormerkung für einen nichtigen Anspruch (dazu Einl. G 11; § 22 Rdn. 45);[2] Widerspruch gegen Widerspruch;[3] Widerspruch gegen Verfügungsbeschränkung;[4] Widerspruch gegen eine nicht eintragungsfähige Vereinbarung über das Schuldverhältnis zwischen Grundstückseigentümer und Erbbauberechtigten (Einl. F 30). Dagegen zulässig ein Widerspruch gegen eine eintragungsfähige, aber zu Unrecht gelöschte Verfügungsbeschränkung (§ 22 Rdn. 55 f.).[5] Zu den Folgen der unzulässigen Eintragung Einl. B 48 und der Unrichtigkeit eines Widerspruchs § 22 Rdn. 50 ff.

---

[1] Staudinger/*Gursky* § 899 Rdn. 14.
[2] KG OLGZ 78, 122.
[3] RGZ 117, 352.
[4] H. M.: Palandt/*Bassenge* § 899 Rdn. 5; Staudinger/*Gursky* § 899 Rdn. 26.
[5] Staudinger/*Gursky* § 899 Rdn. 26.

5. **Widerspruch und Vormerkung** haben gleiche Rechtsnatur (Einl. G 1; H 1) und **H 5** für bestimmte Voraussetzungen gleiche rechtliche Regelungen (§§ 899 Abs. 2; 885 BGB). Trotzdem bestehen Wesensunterschiede: Die Vormerkung dient der Verwirklichung eines schuldrechtlichen Anspruchs auf eine dingliche Rechtsänderung (Einl. G 12), der Widerspruch dem Schutz eines dinglichen Berichtigungsanspruchs (Einl. H 1).

6. **Wirkungen des Widerspruchs**

a) **Der wirksame Widerspruch** (Einl. H 10) **verhindert den gutgläubigen Erwerb** des **H 6** dinglichen Rechts, gegen das er gerichtet ist, durch Beseitigung der Fiktion des § 892 BGB, auf die sich ohne Eintragung des Widerspruchs nicht nur der Widerspruchsberechtigte, sondern auch jeder Dritte berufen kann.[6]

b) **Weitergehende materielle Wirkungen hat er nicht** (außer §§ 900; 902 Abs. 2; 927 **H 7** Abs. 3 BGB). Er bewirkt keine Verfügungsbeschränkung und keine GB-Sperre,[7] beeinträchtigt weder das Bestehen[8] noch die Richtigkeitsvermutung des betroffenen Rechts.[9] §§ 879; 891; 892 BGB gelten für ihn nicht: daher kein eigenes Rangverhältnis,[10] keine Vermutung der Richtigkeit[11] und kein Gutglaubensschutz bei Erwerb des Widerspruchs.[12]

7. **Der Widerspruch ist untrennbarer Bestandteil des von ihm geschützten dinglichen** **H 8** **Rechts**, teilt also dessen rechtliches Schicksal (zu den Folgen § 22 Rdn. 53).[13]

II. **Voraussetzungen der Wirksamkeit des Widerspruchs**

1. **Der Widerspruch ist materiell nur wirksam, wenn folgende Voraussetzungen** vor- **H 9** liegen und sich inhaltlich decken:

a) § 899 Abs. 2 BGB: materielle Bewilligungserklärung desjenigen, dessen Recht durch die GB-Berichtigung betroffen wird (dazu § 19 Rdn. 5) oder einstweilige Verfügung oder vorläufig vollstreckbares Urteil (§ 895 ZPO; dazu § 25 Rdn. 3; wie bei Vormerkungen Einl. G 8).

b) Das betroffene Recht muß unrichtig (§ 894 BGB) sein, also mit der wirklichen Rechtslage nicht in Einklang stehen und einem gutgläubigen Erwerb durch einen Dritten zugänglich sein (dazu § 22 Rdn. 7 ff.).[14]

c) Der Widerspruchsberechtigte muß einen dinglichen Anspruch nach § 894 BGB auf Berichtigung des vom Widerspruch betroffenen Rechts haben.[15]

d) Eintragung des Widerspruchs im GB mit dem vorgeschriebenen Inhalt (Einl. B 37 ff.; H 15 ff.).

2. **Nur der materiell wirksame Widerspruch hat die Schutzwirkung** des § 892 Abs. 1 **H 10** BGB. Fehlt eine Voraussetzung von Anfang an, ist er wirkungslos. Fällt eine Voraussetzung nachträglich weg, verliert er rückwirkend seine Wirkungen.[16] Wird er zu Unrecht

---

[6] Staudinger/*Gursky* § 899 Rdn. 5.
[7] RGZ 117, 351/352; Staudinger/*Gursky* § 899 Rdn. 12 ff.
[8] BGHZ 25, 16/26.
[9] BGH DNotZ 70, 411/412.
[10] RGZ 129, 124.
[11] Palandt/*Bassenge* § 899 Rdn. 2.
[12] RGZ 117, 352; BayObLGZ 52, 26.
[13] BGH WM 72, 384; RGZ 158, 40/43; Staudinger/*Gursky* § 894 Rdn. 48 ff.; § 899 Rdn. 17.
[14] Staudinger/*Gursky* § 899 Rdn. 21.
[15] Staudinger/*Gursky* § 899 Rdn. 21 ff.
[16] Palandt/*Bassenge* § 899 Rdn. 8.

Einl I. Grundbuchordnung

gelöscht, bleibt er materiell bestehen und muß möglichst wieder eingetragen werden (vgl. § 22 Rdn. 54).[17] Der aufgrund einstweiliger Verfügung (vorl. vollstr. Urteils) eingetragene Widerspruch verliert mit der Aufhebung dieser Entscheidung seine materiellen Wirkungen (§ 25 Rdn. 4).

H 11 3. **Kein Verbot der Doppelsicherung,** wenn bereits ein Widerspruch aufgrund einstweiliger Verfügung eingetragen ist, dann ist aufgrund Bewilligung ein zweiter Widerspruch eintragungsfähig, der zwar keine anderen Wirkungen hat, aber seine Schutzwirkung nicht nach § 25 GBO verliert (dazu § 25 Rdn. 6).[18]

III. Verfahrensrechtliche Voraussetzungen der GB-Eintragung

H 12 1. Die Voraussetzungen der Eintragung, Löschung und Berichtigung des Widerspruchs richten sich nach GB-Recht. Nötig also **Antrag** (§ 13) **und Bewilligung** (§ 19) in der Form des § 29.

H 13 2. **Die Bewilligung** muß alle Voraussetzungen erfüllen, die an eine wirksame Bewilligung gestellt werden (§ 19 Rdn. 1). Aus ihr muß sich also ergeben: a) wer die Eintragung des Widerspruchs bewilligt; b) der Berechtigte und sein Recht, die durch den Widerspruch geschützt werden sollen; bei mehreren Berechtigten alle; c) das betroffene Recht, gegen das sich der Widerspruch richtet; d) der Inhalt des Berichtigungsanspruchs, dessen Schutz der Widerspruch dient; dagegen nicht der Grund der Unrichtigkeit.[19]

H 14 3. **Einstweilige Verfügung** (vorl. vollstr. Urteil) muß die gleichen Voraussetzungen erfüllen. Sonst keine ausreichende Eintragungsgrundlage, die das GBA beanstanden muß (§ 18), auch wenn das Vollzugshindernis durch ein Gericht verursacht wurde.

IV. Grundbucheintragung

H 15 1. Aus dem Eintragungsvermerk müssen sich ergeben (Einl. B 39; 41): die Art der Eintragung als „Widerspruch" (nicht wörtlich), der Widerspruchsberechtigte (bei mehreren alle), das vom Widerspruch betroffene Recht, bei bedingtem oder befristetem Widerspruch die Bezeichnung als „bedingt" bzw. „befristet" (Einl. B 33).

H 16 2. **Bezugnahme auf die Bewilligung** (einstw. Verfügung) ist zulässig zur näheren Bezeichnung der Unrichtigkeit, gegen die sich der Widerspruch richtet (analog § 885 Abs. 2 BGB); wichtig zur Unterscheidung des Widerspruchs nach § 899 von denen nach § 1139 oder 1157 BGB (dazu Einl. H 17 ff.).

V. Besondere Arten sachenrechtlicher Widersprüche

1. **Widerspruch nach § 1139 BGB bei Darlehensbuchhypotheken:**

H 17 a) **Wirkung:** Schutz des Eigentümers gegen die aus § 1138 BGB drohenden Folgen der Unrichtigkeit des GB, die bis zur Darlehenshingabe bestehen. Rückwirkende Kraft,

---

[17] Str. a. A. Staudinger/*Gursky* § 899 Rdn. 57.
[18] KG JFG 12, 303; Staudinger/*Gursky* § 899 Rdn. 44: Eintragung nicht eines zweiten Widerspruchs, sondern Hinw. in der Veränderungsspalte auf die zusätzliche Eintragungsgrundlage.
[19] KG JFG 2, 293.

wenn der Widerspruch aufgrund eines vor Ablauf eines Monats nach Hypothekeneintragung beim GBA eingegangenen Antrags im GB eingetragen wird.

b) Voraussetzungen: 1. Einseitige Erklärung des Eigentümers in Form des § 29, daß **H 18** das Darlehen nicht ausbezahlt worden ist (kein Nachweis und keine Glaubhaftmachung nötig) und Antrag des Eigentümers in Form des § 29,[20] weil kein Grund für Durchbrechung des Bewilligungsgrundsatzes besteht, also „gemischter Antrag" (§ 30 GBO) nötig ist; fristgerechter Eingang des Antrags beim GBA; 2. Darlehensbuchhypothek (nicht Briefrecht, Grundschuld, Sicherungshypothek oder Hypothek für andere als Darlehensforderungen); 3. GB-Eintragung des Widerspruchs (Einl. H 15; 16), wobei mindestens aus der in Bezug genommenen Bewilligung die besondere Art dieses Widerspruchs erkennbar sein muß (am besten als „Widerspruch nach § 1139 BGB" oder „Widerspruch wegen unterbliebener Darlehenshingabe").

2. Widerspruch nach § 1157 BGB

a) Wirkung: Schutz des Eigentümers gegen Verlust der (eintragungsfähigen, aber **H 19** nicht eingetragenen) Einreden (§ 1137 BGB) im Falle des Überganges der Hypothek auf einen neuen Gläubiger, der die Einreden nicht kennt. Gilt bei Grundpfandrechten aller Art, auch Eigentümergrundschulden.[21] Der Widerspruch geht mit dem Eigentum am Grundstück auf den neuen Eigentümer über (Einl. H 8; § 22 Rdn. 53).

b) Voraussetzungen: Wie für Widerspruch des § 899 BGB (Einl. H 9ff.; 12ff.); aus **H 20** dem GB-Vermerk oder der in Bezug genommenen Bewilligung muß sich ergeben, daß und welche Einreden durch den Widerspruch geschützt werden sollen. Diesen besonderen Inhalt muß daher auch die Bewilligung haben. Der Eigentümer kann diesen Widerspruch, der nachträglich nur auf Bewilligung des Hypothekengläubigers oder einstw. Verfügung eingetragen werden darf, gleichzeitig mit der Eintragung der Hypothek für sich selbst bewilligen und beantragen.[22] Er kann sich z. B. gegen den Verlust von Einreden aufgrund eines AGBG-Verstoßes gegenüber einem gutgläubigen Hypothekenerwerber schützen (vgl. Einl. C 79).[23]

ABSCHNITT J
Verfügungsbeschränkungen und Vermerke sonstiger Art

Übersicht

	Rdn.		Rdn.
I. Eintragungsfähigkeit von Verfügungsbeschränkungen.	J 1	IV. Eintragungsfähige Verfügungsbeschränkungen.	J 13
II. Nicht eintragungsfähige Verfügungsbeschränkungen	J 9	V. Vermerke mit sachenrechtlicher Bedeutung	J 23
III. Rechtsgeschäftliche Verfügungsbeschränkungen.	J 10	VI. Vermerke sonstiger Art.	J 26

---

[20] H. M. *Horber* § 30 Rdn. 4; MünchKomm/*Eickmann* § 1139 Rdn. 5; **a. A.** formlos: Palandt/*Bassenge* § 1139 Rdn. 1.
[21] RGZ 135, 364.
[22] Wie z. B. Vermerk nach § 23 Abs. 2; vgl. BGHZ 66, 341.
[23] *Ertl* DNotZ 81, 149/161; Haegele/Schöner/Stöber GBR 2340.

Einl I. Grundbuchordnung

Literatur:

Haegele/Schöner/*Stöber* GBR 24 ff.; Sichtermann/*Hennings* Bedeutung und Behandlung der Eintragungen in Abt. II des Grundbuchs (11. Aufl. 1988); *Eickmann* Die Auswirkungen von Grundbucheintragungen in Abt. II auf die Kreditsicherungspraxis (2. Aufl. 1989). Dazu auch § 19 Rdn. 82 ff.; § 20 Rdn. 155; § 38 Rdn. 10 ff.

I. Eintragungsfähigkeit von Verfügungsbeschränkungen

J 1 1. **Zur Entscheidung über die Eintragungsfähigkeit** ist zu prüfen, ob es sich überhaupt um eine Verfügungsbeschränkung handelt (Einl. J 2; § 19 Rdn. 84), wenn ja, ob sie absoluter, relativer oder vertraglicher Art ist (§ 19 Rdn. 101 ff.), einen gutgläubigen Erwerb verhindert (§ 19 Rdn. 106; 110), mit GB-Eintragung oder außerhalb des GB entsteht (Einl. J 20), auf privatem oder öffentlichem Recht beruht (§ 19 Rdn. 155 ff.; § 20 Rdn. 166 ff.) und ob das Gesetz ihre Eintragungsfähigkeit regelt. Vgl. Überblick § 19 Rdn. 82.

J 2 2. **Grundbuchvermerke anderer Art** haben sachenrechtliche (Einl. J 23 ff.) oder sonstige Bedeutung (Einl. J 26 ff.). Die Voraussetzungen ihrer Eintragung (Einl. A 40; B 17; J 27) richten sich nach den allgemeinen Grundsätzen (Einl. B 2; J 6).

3. **Eintragungsfähigkeit von Verfügungsbeschränkungen**

J 3 Hierzu werden unterschiedliche Meinungen vertreten:

a) **Eintragungsfähig** sind als Schutz gegen einen gutgläubigen Erwerb unbestritten alle relativen, nicht eintragungsfähig absolute und vertragliche Verfügungsbeschränkungen, sofern sie nicht durch eine abweichende Gesetzesbestimmung für eintragungsfähig erklärt werden.[1]

J 4 b) **Verfügungsverbote des öffentlichen Rechts** entstehen und erlöschen außerhalb des GB und schließen einen gutgläubigen Erwerb aus. Sie sind deshalb nicht eintragungsbedürftig und nicht eintragungsfähig, sofern das Gesetz nicht ihre Eintragung ausdrücklich vorschreibt oder zuläßt.[2]

4. **Stellungnahme zu diesen Meinungen:**

J 5 Diese Meinungen sind für Verfügungsbeschränkungen unbrauchbar, deren absolute oder relative Natur umstritten (§ 19 Rdn. 101 ff.)[3] bzw. deren Eintragungsfähigkeit nicht gesetzlich geregelt ist. Es gibt unstreitig Verfügungsverbote und andere Rechtsverhältnisse des öffentlichen Rechts, die nicht eintragungsbedürftig, aber eintragungsfähig sind und vom öffentlichen Glauben des Grundbuchs nicht erfaßt werden (z. B. die Vermerke über die Einleitung eines Umlegungs-, Enteignungs-, Sanierungs- oder Entwicklungsverfahrens und über öffentliche Lasten; vgl. Einl. J 22, 31; dazu auch Einl. A 10).

5. **Eigene Ansicht zur Eintragungsfähigkeit**

J 6 Verfügungsbeschränkungen sind eintragungsfähig:

a) wenn die Eintragung (ausnahmsweise) konstitutiv wirkt (also die Beschränkung erst herbeiführt), das Gesetz ihre Eintragung vorschreibt oder zuläßt oder an ihre Eintragung oder Nichteintragung eine Rechtswirkung knüpft[4] oder

---

[1] Mit dieser Einschränkung *Demharter* Anh. zu § 13 Rdn. 23.
[2] RGZ 55, 270/273; Palandt/*Bassenge* Überbl. vor § 873 Rdn. 9; Meikel/*Sieveking* Anh. zu § 19 Rdn. 33.
[3] S. a. *Sieveking* DNotZ 88, 786.
[4] Ebenso Meikel/*Sieveking* Anh. zu § 19 Rdn. 33; *Eickmann* GBVerfR 5. Kap. § 3 V 2; *Böttcher* Rpfleger 83, 49/54.

b) wenn zwar eine ausdrückliche Gesetzesbestimmung über die Eintragungsfähigkeit fehlt, die Eintragung wegen der Warn- und Schutzfunktion des GB zur Verhinderung einer mit rechtsstaatlichen Grundsätzen (Art. 11 Abs. 3 GG) nicht in Einklang stehenden Unsicherheit im Grundstücksverkehr aber notwendig ist, weil die Verfügungsbeschränkung sonst im Rechtsverkehr nicht genügend erkennbar wäre (dazu Einl. A 10).[5]

Eintragungsfähig sind also von den Verfügungsbeschränkungen (gleich ob privat- oder öffentlichrechtlich):
1. alle relativen als Schutz gegen gutgläubigen Erwerb (§ 135 Abs. 2 BGB);
2. von den absoluten diejenigen,
   a) die nur durch Eintragung entstehen,
   b) die nur bei Eintragung einen gutgläubigen Erwerb verhindern,
   c) die ohne GB-Vermerk nicht erkennbar wären;
3. von den rechtsgeschäftlichen (§ 137 BGB) nur diejenigen, die durch Eintragung Inhalt eines eintragungsfähigen Rechts werden können.

Nicht eintragungsfähig sind nur die Verfügungsbeschränkungen, deren Eintragungsfähigkeit durch das Gesetz (ausdrücklich oder bei Gesetzesauslegung) **verneint wird**. Die umgekehrte Regelung, wonach die Eintragungsfähigkeit nur besteht, wenn sie „gesetzlich besonders zugelassen oder angeordnet ist", gilt nur für öffentliche Lasten (§ 54 GBO; Einl. J 31) und kann wegen der Warn- und Schutzfunktion des GB auf Verfügungsbeschränkungen privat- oder öffentlich-rechtlicher Art nicht angewendet werden.

6. Voraussetzungen der GB-Eintragung

a) **Es gilt der Antragsgrundsatz** (Einl. C 3), sofern nicht ausnahmsweise die Eintragung von Amts wegen vorgeschrieben ist (z. B. §§ 51; 52 GBO). Auch öffentlichrechtliche Verfügungsbeschränkungen hat das GBA nur auf Ersuchen (§ 38) oder auf eine wie ein Ersuchen zu behandelnde Mitteilung[6] der dafür zuständigen Behörde einzutragen, allerdings mit der im Interesse des Rechtsverkehrs gebotenen Vordringlichkeit (Einl. C 53). Ein Amtsverfahren, wonach das GBA ohne Ersuchen oder Mitteilung der zuständigen Behörde stets von Amts wegen tätig werden müßte, ist weder im Gesetz vorgesehen noch geboten. Die Verantwortung für ein rechtzeitiges Ersuchen an das GBA tragen die dafür zuständigen Behörden. **J 7**

b) **Außerdem gilt der Bewilligungsgrundatz** (Einl. C 4; § 19 Rdn. 6ff.), der als verfahrensrechtlicher Grundsatz neben § 38 seine volle Bedeutung behält (§ 19 Rdn. 200; § 38 Rdn. 67). Die Eintragung der Verfügungsbeschränkungen kann daher – nach Wahl der Beteiligten – entweder auf Ersuchen der zuständigen Behörde (§ 38 Rdn. 10 ff.)[7] unter den Voraussetzungen des § 38 oder auf Bewilligung desjenigen erfolgen, dessen grundbuchmäßiges Recht von der Eintragung der Verfügungsbeschränkung betroffen (= beeinträchtigt) wird oder werden kann (§ 19 Rdn. 51 ff.). Bei Verfügungsbeschränkungen, die erst mit GB-Eintragung entstehen oder gleichzeitig mit dem davon betroffenen Recht eingetragen werden,[8] handelt es sich um eine Bewilligung im Sinne des § 19 (§ 19 Rdn. 64), bei außerhalb des GB entstandenen Verfügungsbeschränkungen um eine „Berichtigungsbewilligung" (§ 22 Rdn. 67),[9] an deren Stelle die Eintragung auch unter Nachweis der Entstehung der Verfügungsbeschränkung (§ 22 Rdn. 57 ff.) beantragt werden kann (§ 22 Rdn. 86).[10] **J 8**

---

[5] S. a. *Ertl* Rpfleger 80, 1/6; *Eickmann* GBVerfR 1. Kap. § 1 II 6; *Michalski* Mitt-BayNot 88, 204/207; Meikel/*Böttcher* Einl. B 14.
[6] BayObLG Rpfleger 70, 346.
[7] BayObLGZ 64, 394 = DNotZ 65, 684; OLG Frankfurt Rpfleger 72, 104.
[8] LG Koblenz Rpfleger 71, 22.
[9] OLG Frankfurt Rpfleger 72, 104.
[10] BayObLGZ 64, 394.

Einl   I. Grundbuchordnung

II. Nicht eintragungsfähige Verfügungsbeschränkungen

J 9   Einzelfälle:

a) GrdstVG: durch Art des Grundstücks erkennbar (dazu § 20 Rdn. 192 ff.);

b) Gemeinde-, Kirchen-, Stiftungsrecht aus der Person des Vertragspartners erkennbar (dazu § 20 Rdn. 202 ff.);

c) Außenwirtschafts- und Devisenrecht: durch Auslandsberührung erkennbar (dazu § 20 Rdn. 210).

d) § 1365 BGB (§ 19 Rdn. 137).

e) Gütergemeinschaft (§§ 1422 ff.; 1450 ff.; 1487 BGB): im GB steht nicht der Gesamtgutsverwalter, sondern das Bestehen der Gütergemeinschaft (§ 47 GBO).

III. Rechtsgeschäftliche Verfügungsbeschränkungen

J 10   1. Sie sind nicht eintragungsfähig (§ 137 S. 1 BGB), sofern nicht ausnahmsweise das Gesetz die Eintragungsfähigkeit vorsieht.[11]

J 11   2. **Eintragungsfähig** sind sie nur als Inhalt eines Erbbaurechts (§ 5 ErbbauVO), Wohnungs- oder Teileigentums (§ 12 WEG), Dauerwohn- oder Dauernutzungsrecht (§ 35 WEG). Dazu Einl. E 62; F 32 ff.

J 12   3. **Ähnliche Wirkungen** wie eine Verfügungsbeschränkung können erreicht werden durch:[12]

a) Eintragung einer Vormerkung (§ 883 BGB) zur Sicherung des bedingten Übereignungsanspruchs bei Zuwiderhandlung gegen die rechtsgeschäftliche Verpflichtung, nicht zu veräußern oder nicht zu belasten (dazu Einl. L 18).

b) Eintragung einer Sicherungshypothek für eine Vertragsstrafe bei Zuwiderhandlung.[13]

c) Eintragung über Ausschluß oder Beschränkung der Abtretbarkeit oder Verpfändbarkeit (§§ 399; 1274) einer Hypothekenforderung[14] oder Grundschuld.[15]

d) Eintragung der auflösenden Bedingung, wonach ein übertragbares Recht bei Abtretung, Verpfändung oder Pfändung erlischt.[16]

e) Eintragung der Verpfändung eines übertragbaren Rechts, z. B. Erbanteils,[17] Nacherbenrechts.[18]

f) **Nicht** durch sog. „verdrängende Vollmacht", deren Zulässigkeit überwiegend verneint wird[19] und falls man sie bejaht, nicht eintragungsfähig ist.[20]

IV. Eintragungsfähige Verfügungsbeschränkungen

1. Verfügungsentziehungen

J 13   Die Fälle des völligen Entzugs der Verfügungsbefugnis haben drei gemeinsame Besonderheiten 1. Der Rechtsinhaber verliert seine Verfügungsbefugnis, die einem Verwal-

---

[11] Dazu RGZ 73, 18; BGHZ 56, 278; Staudinger/*Dilcher* § 137 Rdn. 3; *Picalo* DNotZ 72, 644.

[12] Vgl. Staudinger/*Dilcher* § 137 Rdn. 6 ff.

[13] RGZ 73, 18.

[14] OLG Hamm DNotZ 68, 631; *Däubler* NJW 68, 1117.

[15] OLG Köln DNotZ 70, 419/422; a. A. *Däubler* NJW 68, 1117/1122; *Böttcher* Rpfleger 83, 49/51; Meikel/*Böttcher* § 26 Rdn. 19, 23.

[16] KGJ 40, 132; KGJ 49, 187. Dazu RG DNotZ 34, 616; *Furtner* NJW 66, 184; *Schlosser* NJW 70, 682. Einl. B 26 ff.

[17] RGZ 90, 232.

[18] RGZ 83, 438.

[19] H. M. BGHZ 20, 364; *Weitnauer* in: FS Weber, 1975, 437.

[20] *Ertl* DNotZ 75, 644/656. Zur verdrängenden Vollmacht im GB-Verfahren OLG Hamm DNotZ 75, 686; vgl. § 13 Rdn. 62.

Verfügungsbeschränkungen und Vermerke sonstiger Art (Munzig) **Einl**

ter übertragen wird. 2. Die Beschränkungen wirken absolut, zwar nur im Rahmen ihres Schutzzweckes, aber mit der Wirkung einer GB-Sperre. 3. Der gutgläubige Erwerber wird geschützt, deshalb die Eintragungsfähigkeit. Einzelheiten § 19 Rdn. 125 ff.

Vier Einzelfälle der Verfügungsentziehung

a) **Konkursvermerk** (§§ 6 ff. KO): auf Ersuchen des Konkursgerichts (§ 113 Abs. 2 KO) oder Antrag des Konkursverwalters (§ 113 Abs. 3 KO) unter Vorlage des Eröffnungsbeschlusses (§§ 108 ff. KO), auch bei Konkurseröffnung im Ausland, die inländisches Vermögen erfaßt.[21]

J 14

b) **Vermerk über Nachlaßverwaltung** (§§ 1975 ff.; 1984 BGB) auf Antrag des Nachlaßverwalters im Wege der GB-Berichtigung ohne Zustimmung der Erben unter Vorlage des Anordnungsbeschlusses (§§ 1981; 1983 BGB) oder auf Ersuchen des Nachlaßgerichts, das dazu ebenfalls verpflichtet ist.[22]

c) **Testamentsvollstreckervermerk** (§§ 2197 ff.; 2211 BGB): Eintragung von Amts wegen (§ 52 GBO) gleichzeitig mit Eintragung des Erben, nicht ohne sie [23] ohne Namen des TV und ohne Angabe seiner Befugnisse; nur bei TV nach § 2222 BGB zur Wahrnehmung der Rechte des Nacherben ist diese Aufgabe zu vermerken.[24] Dazu § 52 Rdn. 5 ff.[25]

d) **Vermerk über Entzug des Verfügungsrechts des Vorerben** (§§ 2129, 1052 BGB): nicht von Amts wegen, sondern auf Antrag des Nacherben oder Verwalters im Wege der GB-Berichtigung unter Vorlage des Anordnungsbeschlusses (§ 764 ZPO) oder auf Ersuchen des Vollstreckungsgerichts.[26]

2. **Die Fälle der Anwartschaft eines bedingt Berechtigten** haben folgende Besonderheiten: 1. Dem Rechtsinhaber wird die Verfügungsbefugnis nicht entzogen, sondern nur beschränkt. 2. Die Beschränkung wirkt absolut, aber erst nach Eintritt der Bedingung. 3. Der gutgläubige Erwerber wird geschützt (§ 161 Abs. 3 BGB), daher Eintragungsfähigkeit der Verfügungsbeschränkung. Einzelheiten § 51 Rdn. 13 ff; § 19 Rdn. 130 ff.; Einl. B 2; 27.[27]

J 15

Einzelfälle eintragungsfähiger Vermerke:

J 16

a) **Nacherbenvermerk** (§§ 2100 ff. BGB): Eintragung von Amts wegen (§ 51 GBO) gleichzeitig mit Eintragung des Vorerben, nicht ohne sie, unter genauer Bezeichnung aller Nacherben und Ersatznacherben, § 2102 BGB[28] und weiterer Nacherben[29] und unter Angabe der Befreiung von §§ 2113 Abs. 1; 2114 BGB.[30] Dazu § 51 Rdn. 13 ff.[31]

b) **Vermerk über die Verfügungsbeschränkung des Rechtsinhabers bei auflösend bedingter oder von Endtermin abhängiger Verfügung** (§ 161 BGB): Eintragung von Amts

---

[21] BGHZ 95, 256; 95, 269; OLG Zweibrücken Rpfleger 90, 87; Haegele/Schöner/*Stöber* GBR 1641; *Lau* BB 86, 1450; vgl. Sichtermann/*Hennings* Rdn. 16.31; Haegele/Schöner/*Stöber* GBR 1632 ff.; DNotI-Report 1998, 14 ff.

[22] Staudinger/*Marotzke* § 1984 Rdn. 13; a. A. nur Nachlaßverwalter, nicht Nachlaßgericht ist berechtigt Palandt/*Edenhofer* § 1983 Rdn. 2. Dazu § 38 Rdn. 18; Sichtermann/ *Hennings* Rdn. 16.48; Haegele/Schöner/*Stöber* GBR 3135.

[23] KG DNotZ 56, 195.

[24] KG JW 38, 1411.

[25] S. a. Sichtermann/*Hennings* Rdn. 16.47; Haegele/Schöner/*Stöber* GBR 3465.

[26] Palandt/*Edenhofer* § 2129 Rdn. 1; Meikel/*Sieveking* Anh. zu § 19 Rdn. 92.

[27] S. a. Sichtermann/*Hennings* Rdn. 16.4; *Eickmann* GBVerfR 9. Kap. § 2; Meikel/*Sieveking* Anh. zu § 19 Rdn. 29 ff.

[28] BGHZ 40, 115/124; OLG Hamm DNotZ 70, 688.

[29] KG JW 38, 1411.

[30] Staudinger/*Behrends* § 2100 Rdn. 87 ff.

[31] S. a. Sichtermann/*Hennings* Rdn. 16.44; Haegele/Schöner/*Stöber* GBR 3477; 3489 ff.

Einl I. Grundbuchordnung

wegen mit der Eintragung des Erwerbers, wenn das GBA weiß, daß er unter einer auflösenden Bedingung oder Endtermin erworben hat, wodurch eine Verfügungsbeschränkung nach § 161 BGB ausgelöst wird (Einl. B 2; 27).

c) **Vermerk über die Verfügungsbeschränkung des Rechtsinhabers bei aufschiebend bedingter oder von Anfangstermin abhängiger Verfügung** (§ 161 BGB): Eintragung im Wege der GB-Berichtigung auf Antrag (§ 13) und entweder Berichtigungsbewilligung des Betroffenen (§§ 19; 22 GBO) oder Nachweis dieser Verfügung (§ 22 Rdn. 58) in Form des § 29. Dazu Einl. B 2; 27.

J 17 3. **Relative Verfügungsverbote, die auf Gesetz beruhen** (§ 135 BGB): eintragungsfähig als Schutz gegen gutgläubigen Erwerb (§ 135 Abs. 2 BGB). Dazu § 19 Rdn. 110 ff.; § 20 Rdn. 206.[32] Der Sperrvermerk muß in das GB eingetragen werden; Bezugnahme genügt nicht.[33] Eintragungsvoraussetzungen Einl. J 7, 8.[34]

Einzelfälle eintragungsfähiger Vermerke:

a) Sperrvermerk nach §§ 70 ff. VerAufsG. wonach über den Deckungsstock des Versicherungsunternehmens nicht ohne Zustimmung des Treuhänders verfügt werden darf (§ 72 VersAufsG);

b) Sperrvermerk nach § 110 Abs. 2 VersAufsG., wonach über den Deckungsstock ausländischer Versicherungsunternehmen nicht ohne Zustimmung des Bundesaufsichtsamtes verfügt werden darf; GB-Behandlung wie §§ 70 ff. mit dem Unterschied, daß hier kein Treuhänder bestellt wird und an dessen Stelle das Bundesaufsichtsamt tritt (vgl. § 38 Rdn. 30);

c) Sperrvermerk nach § 31 Abs. 4 Ges. über Kapitalanlagegesellschaften (KAGG), wonach die Gesellschaft nur mit Zustimmung der Depotbank über das zum Sondervermögen gehörende Grundstück verfügen darf.[35]

d) Landesrechtliche Verfügungsbeschränkungen (Art. 168 EGBGB); dazu RGZ 132, 145 und Kommentare zu Art. 168 EGBGB.

4. **Relative gerichtliche/behördliche Verfügungsverbote**

J 18 Relative Veräußerungs- und Belastungsverbote, die in bestimmten Verfahren von einem Gericht oder einer Behörde erlassen werden (§ 136 BGB) sind eintragungsfähig als Schutz gegen gutgläubigen Erwerb (§ 135 Abs. 2 BGB). Dazu § 19 Rdn. 110 ff.;[36] zu den Eintragungsvoraussetzungen Einl. J 7; 8.

Einzelfälle eintragungsfähiger Vermerke:

a) Vermerk über Zwangsversteigerung (§§ 20 ff. ZVG) und Zwangsverwaltung (§§ 146 ff. ZVG); GB-Eintragung auf Ersuchen des Versteigerungsgerichts (§ 19 ZVG); dazu § 38 Rdn. 45 ff.[37]

b) Verbote nach § 106 KO: auf Ersuchen des Konkursgerichts (§ 113 KO); dazu § 38 Rdn. 14; GBVfg. § 10 Rdn. 26.[38]

c) Verbote nach §§ 12; 24; 58 ff. VerglO: auf Ersuchen des Vergleichsgerichts (§§ 61; 63 VerglO); Vergleichsschuldner bleibt verfügungsberechtigt, aber nur mit Zustimmung

---

[32] S. a. Haegele/Schöner/*Stöber* GBR 2004; 4065 ff.; Sichtermann/*Hennings* Rdn. 16.7; Meikel/*Sieveking* Anh. zu § 19 Rdn. 20.
[33] LG Bonn DNotZ 79, 309.
[34] LG Koblenz Rpfleger 71, 22 Anm. *Haegele*; OLG Frankfurt Rpfleger 72, 164 Anm. *Haegele*; BayObLGZ 64, 394 = DNotZ 65, 684;
LG Wiesbaden Rpfleger 68, 393 Anm. *Haegele*; *Pöschl* BWNotZ 64, 301.
[35] Dazu Haegele/Schöner/*Stöber* GBR 4067; Sichtermann/*Hennings* Rdn. 16.72.
[36] S. a. Meikel/*Sieveking* Anh. zu § 19 Rdn. 26.
[37] S. a. Sichtermann/*Hennings* Rdn. 16.2.
[38] S. a. Sichtermann/*Hennings* Rdn. 16.31.

des Vergleichsverwalters (§ 64 VerglO). Die Eröffnung dieses Verfahrens ist nicht eintragungsfähig; dazu § 38 Rdn. 15; GBVfg. § 10 Rdn. 30.[39]

d) Verbote nach § 12 VertragshilfeG entsprechend §§ 58 ff. VerglO: auf Ersuchen des Vertragshilfegerichts; die Stellung wie ein Vergleichsverwalter hat hier eine Vertrauensperson; dazu § 38 Rdn. 17.[40]

e) Verbote aufgrund einstweiliger Verfügung (§§ 935; 938 ZPO): auf Ersuchen des Prozeßgerichts (§ 941 ZPO); dazu § 38 Rdn. 10 ff.[41]

f) Verbote nach §§ 52; 53 FlurberG: auf Ersuchen des Flurbereinigungsamts; Flurbereinigung bewirkt grundsätzlich keine Verfügungsbeschränkung;[42] dazu § 38 Rdn. 31; GBVfg. § 10 Rdn. 31.[43]

g) Beschlagnahme eines Grundstücks oder Rechts (§ 111 c Abs. 2 StPO): auf Ersuchen des Gerichts oder der Staatsanwaltschaft (§ 111 f. StPO) unter Vorlage der Beschlagnahmeanordnung (§ 111 e StPO). Wirkung wie Zwangsversteigerungsvermerk (§ 111 c Abs. 2 und 5 StPO).

5. Beschlagnahme des gesamten Vermögens

Die von einem Gericht oder Behörde angeordnete Beschlagnahme des gesamten Vermögens hat (im Gegensatz zur Beschlagnahme einzelner Gegenstände z. B. nach § 111 c StPO) die Wirkung eines absoluten Verfügungsverbotes nach § 134 BGB (so ausdrücklich § 292 StPO), bei dem ein Gutglaubensschutz ausgeschlossen ist. Einzelheiten § 19 Rdn. 101 ff. Obwohl eine ausdrückliche Gesetzesvorschrift über die Eintragungsfähigkeit fehlt, sind Beschlagnahmeanordnungen dieser Art wegen der Warn- und Schutzfunktion des GB (Einl. A 10; J 6) eintragungsfähig.[44]

J 19

Einzelfälle eintragungsfähiger Vermerke (dazu § 20 Rdn. 216):

a) Vermögensbeschlagnahme nach § 290 oder § 443 StPO auf Ersuchen des Gerichts oder der Staatsanwaltschaft (analog § 111 f. StPO) unter Vorlage der Beschlagnahmeanordnung oder Hinweis auf Bekanntmachung im Bundesanzeiger (§ 292 Abs. 1 ScPO).

b) Vermögensbeschlagnahme nach § 380 AO alter Fassung war nach Abs. 3 eintragungsfähig; jetzt aufgehoben.

c) Sonstige eintragungsfähige Fälle einer Beschlagnahme nach StPO und StGB vgl. § 20 Rdn. 216.

6. Verfügungsverbote, die durch GB-Eintragung entstehen, also ohne GB-Eintragung nicht wirksam sind und absolute Wirkungen haben.[45] Zu den Eintragungsvoraussetzungen Einl. J 7; 8.

J 20

Einzelfälle: (vgl. dazu § 20 Rdn. 215):

a) Veräußerungs- und Belastungsverbot nach § 75 BVersG: eintragungsfähig an dem mit Kapitalabfindung erworbenen oder wirtschaftlich gestärkten Grundstück, Erbbaurecht, Wohnungseigentum oder Wohnungserbbaurecht auf die Höchstdauer von fünf Jahren. Löschung nach Fristablauf gemäß § 22 oder § 87.[46] Dazu § 38 Rdn. 28.[47]

---

[39] S. a. Sichtermann/*Hennings* Rdn. 16.32.
[40] S. a. Sichtermann/*Hennings* Rdn. 18.8.
[41] S. a. Sichtermann/*Hennings* Rdn. 16.12; Meikel/*Sieveking* Anh. zu § 19 Rdn. 26.
[42] OVG Koblenz DNotZ 68, 548.
[43] S. a. Haegele/Schöner/*Stöber* GBR 4032 ff.; 4040; Sichtermann/*Hennings* Rdn. 16.12.
[44] Ebenso *Eickmann* GBVerfR 5. Kap. § 3 IV; a. A. Staudinger/*Gursky* § 892 Rdn. 216.
[45] Sichtermann/*Hennings* Rdn. 16.81.
[46] *Wolber* Rpfleger 82, 211.
[47] S. a. Haegele/Schöner/*Stöber* GBR 4061; Sichtermann/*Hennings* Rdn. 16.81.

b) Veräußerungs- und Belastungsverbot nach § 610 Abs. 2 RVO: auf Ersuchen des Trägers der Unfallversicherung eintragungsfähig an dem mit Abfindungssumme erworbenen Grundstück oder grundstücksgleichen Recht auf Höchstdauer von fünf Jahren. Zur Wirkung, Eintragung und Löschung Wolber Rpfleger 78, 433; 82, 210; BGH DNotZ 56, 228, Haegele/Schöner/*Stöber* GBR 4062; Sichtermann/*Hennings* Rdn. 16.82;

c) Veräußerungsverbot nach § 35 Abs. 6 BauGB: auf Ersuchen der Baugenehmigungsbehörde zeitlich unbefristet eintragungsfähig, aber nicht als Belastungsverbot.[48]

7. Grundbuchvermerke über Zugehörigkeit zu Sondervermögen

J 21 Einzelfälle eintragungsfähiger Vermerke:

a) Reichsheimstättenvermerk nach § 4 RHG; zur Eintragung des Vermerks §§ 5; 61 GBVerf.; dazu § 20 Rdn. 211; § 35 Rdn. 7 ff.;[49] zur Löschung keine Bewilligung des Heimstätters erforderlich;[50] zum Vorkaufsrecht des Ausgebers und Nichtausübungsbescheinigung im GB-Verfahren vgl. Einl. K 33; § 20 Rdn. 222. Das RHeimstG, das Gesetz zur Änderung des RHeimstG und die DurchführungsVO sind mit Gesetz vom 1. 10. 1993 (BGBl. I 912) aufgehoben worden und haben deshalb nur noch teilweise und übergangsweise Bedeutung.[51]

b) Vermerk über Landarbeiter- und Handwerker-Rentenstellen; zur Aufhebung dieser VO vgl. § 20 Rdn. 213.

c) Hofvermerk nach Höfeordnung auf Ersuchen des Landwirtschaftsgerichts (§ 3 HöfeVfO); bei nachträglich hinzuerworbenem Grundstück genügt in der Regel der Antrag des Hofeigentümers[52] Eintragungsfähig ist auch ein Vermerk über die Nutzverwaltung des überlebenden Ehegatten;[53] nicht zulässig die Eintragung des Hofvermerks bei Bildung von Wohnungseigentum.[54] Zum Vermerk § 5 GBVerf.; § 20 Rdn. 212; § 35 Rdn. 38 ff.; § 38 Rdn. 20.[55]

d) Fideikommißvermerk: nur noch selten (vgl. Art. 59 EGBGB). Fideikommißvermögen kann nicht mehr neu begründet werden (dazu § 20 Rdn. 214; § 35 Rdn. 6).[56]

e) Rentenguts-Sperrvermerk (nach Landesrecht).[57]

8. Grundbuchvermerke über öffentlichrechtliche Verfahren

J 22 Unsere Rechtsordnung kennt GB-Vermerke, die auf die Einleitung eines mit absoluten Verfügungsbeschränkungen verbundenen Verfahrens des öffentlichen Rechts hinweisen, lediglich deklaratorische Bedeutung haben und vom öffentlichen Glauben des Grundbuchs nicht erfaßt werden (dazu Einl. A 10; J 33, auch B 43, 46).

Einzelfälle eintragungsfähiger Vermerke:

a) Umlegungsvermerk (§§ 45 ff.; 54 Abs. 1 BauGB): auf Ersuchen der Umlegungsbehörde,[58] dazu § 19 Rdn. 157; § 20 Rdn. 174; § 38 Rdn. 35.[59]

---

[48] Haegele/Schöner/*Stöber* GBR 3853 ff.; Meikel/*Sieveking* Anh. zu § 19 Rdn. 164.
[49] S. a. Haegele/Schöner/*Stöber* GBR 3904; Sichtermann/*Hennings* Rdn. 16.5.
[50] BayObLGZ 81, 156 = Rpfleger 81, 354.
[51] Vgl. Haegele/Schöner/*Stöber* GBR 3904.
[52] OLG Celle Rpfleger 74, 433.
[53] *Herminghausen* DNotZ 60, 43.
[54] OLG Hamm Rpfleger 89, 18.
[55] S. a. Haegele/Schöner/*Stöber* GBR 559; 2847.
[56] S. a. Sichtermann/*Hennings* Rdn. 18.3; Staudinger/*Promberger/ Schreiber* EGBGB Art. 59.
[57] Dazu Sichtermann/*Hennings* Rdn. 18.6; Staudinger/*Kriegbaum* EGBGB Art. 62.
[58] BayObLG Rpfleger 70, 346.
[59] S. a. Haegele/Schöner/*Stöber* GBR 3856 ff.; Sichtermann/*Hennings* Rdn. 17.11.

b) **Grenzregelungsverfahren** (§§ 80 ff. BauGB) nicht eintragungsfähig, nicht mit Verfügungsbeschränkungen verbunden; dazu § 19 Rdn. 158; § 20 Rdn. 178; § 38 Rdn. 36.[60]
c) **Sanierungs- und Entwicklungsvermerk** (§§ 143; 165 Abs. 9 BauGB): auf Ersuchen der Gemeinde unter Vorlage der rechtsverbindlichen Satzung über die förmliche Festlegung des Sanierungsgebiets (bzw. Entwicklungsbereichs). Dazu § 19 Rdn. 159; § 20 Rdn. 180; § 38 Rdn. 36.[61]
d) **Enteignungsvermerk** nach § 108 Abs. 6 BauGB (und anderen Enteignungsgesetzen): auf Ersuchen der Enteignungsbehörde; dazu Einl. J. 30; § 19 Rdn. 157; § 20 Rdn. 179.[62]
e) **Entschuldungsvermerk** nach § 80 SchRG: dazu § 20 Rdn. 199.[63]

V. Vermerke mit sachenrechtlicher Bedeutung

1. Gemeinsames Wesensmerkmal dieser Vermerke ist ihre Bedeutung und Wirkung, die sie für die materielle Rechtslage haben oder jedenfalls haben können. **J 23**

2. Einzelfälle eintragungsfähiger sachenrechtlicher Vermerke

a) **Rangvermerke** über abweichende Rangbestimmung (§ 879 Abs. 3 BGB), Rangänderung (§ 880 BGB), Rangvorbehalt (§ 881 BGB). Dazu § 45 Rdn. 11 ff. **J 24**

b) **Rangvermerk** nach § 112 GBO aufgrund eines Rangfeststellungsbeschlusses des GBA nach §§ 90 ff. GBO. Dazu §§ 108; 111; 112 GBO.

c) **Mithaftvermerke** (§ 48 GBO) bei Gesamtbelastung mehrerer Grundstücke mit einem Recht. Dazu § 48 Rdn. 1.

d) **Verpfändungs- und Pfändungsvermerke**: vgl. dazu § 20 Rdn. 138 ff.; § 26 Rdn. 12, 18 ff.; GBVfg. § 10 Rdn. 19 ff.; § 11 Rdn. 24.[64]

e) **Löschungsvermerke** (§ 46 GBO): dazu § 46 Rdn. 4.

3. Klarstellungsvermerke und Wirksamkeitsvermerke

Ihre Eintragungsfähigkeit ist allgemein anerkannt.[65] **J 25**

a) **Klarstellungsvermerke** kommen (wegen des Abänderungsverbots; § 1 Rdn. 37) nur in Betracht, wenn das Recht wirksam im GB eingetragen ist und lediglich seine buchmäßige Verlautbarung mangels notwendiger oder wünschenswerter Klarheit unzureichend erscheint. Denn der Eintragungsvermerk ist vom GBA so klar und eindeutig zu fassen, daß jedermann Art, Umfang, Inhalt und Rang der Eintragung aus dem GB erkennen kann (Einl. B 37). Erfüllt er diese Anforderungen nur unzulänglich, kann das

---

[60] S. a. Haegele/Schöner/*Stöber* GBR 3879; *Waibel* Rpfleger 76, 347; Sichtermann/*Hennings* Rdn. 17.12.
[61] S. a. Haegele/Schöner/*Stöber* GBR 3884; Sichtermann/*Hennings* Rdn. 17.2; 17.3.
[62] S. a. Sichtermann/*Hennings* Rdn. 17.44.
[63] S. a. Haegele/Schöner/*Stöber* GBR 4055 ff.; Sichtermann/*Hennings* Rdn. 18.7.
[64] S. a. Meikel/*Sieveking* Anh. zu § 19 Rdn. 156 ff.
[65] Dazu RGZ 132, 106/112; BayObLGZ 52, 141/142; 61, 23/24; 88, 124/126; Rpfleger 76, 250/251; 79, 123; FGPrax 97, 135; KG DNotZ 56, 555/558; OLG Düsseldorf DNotZ 58, 155/157; OLG Frankfurt Rpfleger 80, 185/186; OLG Hamm Rpfleger 57, 19; 85, 17/20; 85, 286; OLG Stuttgart Rpfleger 81, 355; Meikel/*Böhringer* Einl. G 106 ff.; *Demharter* § 22 Rdn. 19; § 53 Anm. 3 a; Haegele/Schöner/*Stöber* GBR 294 ff.; *Haegele* und *Riedel* Rpfleger 63, 262/266; *Meyer-Stolte* Rpfleger 85, 287; *Demharter* Rpfleger 87, 497; *Eickmann* RpflStudH 84.1; *Frank* MittBayNot 1996, 271; *Stöber* MittBayNot 1997, 143.

GBA (von Amts wegen) bestehende Zweifel, Unklarheiten, Ungenauigkeiten, Zweideutigkeiten durch einen entsprechenden Klarstellungsvermerk beheben, aber nicht die erfolgte Eintragung (ganz oder teilweise) inhaltlich verändern, berichtigen oder löschen. Die erstmalige Eintragung eines Klarstellungsvermerks oder seine Wiedereintragung kann beantragt oder mit Fassungsbeschwerde (vgl. § 71 Rdn. 34) verlangt werden.[66] Ein Klarstellungsvermerk kommt nicht in Betracht, wo der Berechtigte einer Grunddienstbarkeit im GB eindeutig durch Angabe einer Parzellennummer (aber falsch) bezeichnet ist.[67]

b) **Wirksamkeitsvermerke** sind eine besondere Art von Vermerken mit lediglich deklaratorischer Bedeutung. Sie sind nach materiellem Recht nicht notwendig, aber in bestimmten Fällen empfehlenswert, z. B. um aus dem GB ersichtlich zu machen, daß ein eingetragenes Recht gegenüber einer Verfügungsbeschränkung oder gegenüber dem Nacherben wirksam ist (dazu § 45 Rdn. 8; § 46 Rdn. 10; § 51 Rdn. 16),[68] daß die Eintragung des Eigentumswechsels auf einer anderen (erneuten) Auflassung beruht,[69] daß sich das später bestellte Finanzierungsgrundpfandrecht gegen die für den Käufer bereits eingetragene Eigentumsvormerkung durchsetzt.[70]

VI. Vermerke sonstiger Art

J 26 1. **Einzige Gemeinsamkeit** dieser Vermerke: Sie haben **keine materiellrechtliche Bedeutung und Wirkung** (wie die sachenrechtlichen Vermerke (Einl. J 23 ff.); sind keine Verfügungsbeschränkungen (Einl. J 13 ff.); § 19 Rdn. 82).

J 27 2. **Eintragungsfähigkeit und Eintragungsvoraussetzungen** solcher Vermerke richten sich nach den allgemeinen Grundsätzen (Einl. B 2; J 6), ohne Rücksicht darauf, ob sie privat- oder öffentlichrechtlicher Art sind.

3. **Verfahrensrechtliche Vermerke des Grundbuchrechts**

J 28 Sie sind im formellen GB-Recht geregelt und haben **keine materiellrechtlichen Wirkungen**.[71] Das GBA hat sie trotzdem als Ordnungsvorschrift zu beachten.[72]

Einzelfälle:
a) Vermerk eines subjektiv-dinglichen Rechts am herrschenden Grundstück (§ 9 GBO). Dazu § 9 Rdn. 7 ff.; § 21 Rdn. 2; 8 ff.
b) Löschungserleichterungsvermerk (§§ 23; 24 GBO). Dazu § 23 Rdn. 23 ff.
c) Umstellungsschutzvermerk (§ 4 GBMaßnG). Dazu § 28 Rdn. 30.

4. **Vermerk über die dingliche Zwangsvollstreckungsunterwerfung**

J 29 Vgl. dazu Einl. U 4; § 19 Rdn. 70.
Gemäß § 800 Abs. 1 ZPO kann sich der Eigentümer in einer nach § 794 Abs. 1 Nr. 5 ZPO aufgenommenen Urkunde eines deutschen Notars (§§ 8 ff.; 14 Abs. 1 BeurkG) in

---

[66] BayObLGZ 88, 124 = Rpfleger 88, 237.
[67] BGH MittBayNot 1994, 35 gegen OLG Düsseldorf DNotZ 1988, 122.
[68] BayObLG FGPrax 97, 135; KG JFG 13, 111; OLG Hamm Rpfleger 57, 19; *Demharter* § 22 Rdn. 10, § 46 Rdn. 4; § 51 Rdn. 25; Sichtermann/*Hennings* Rdn. 16.44.
[69] Dazu KG JFG 4, 329/334; BayObLG Rpfleger 79, 123; Staudinger/*Gursky* § 873 Rdn. 199.
[70] *Frank* MittBayNot 1996, 271, *Stöber* MittBayNot 1997, 143; gegen die Eintragungsfähigkeit in diesem Fall OLG Köln DNotI-Report 1997, 214.
[71] BGH DNotZ 76, 490/494 zu § 23 GBO.
[72] BayObLGZ 71, 105.

Ansehung einer Hypothek, Grundschuld oder Rentenschuld[73] der sofortigen Zwangsvollstreckung in der Weise unterwerfen, daß sie aus der Urkunde gegen den jeweiligen Eigentümer des mit dem Grundpfandrecht belasteten Grundstücks (Miteigentumsanteils, Wohnungseigentums, Erbbaurechts) zulässig sein soll. Die Unterwerfung bedarf in diesem Fall der Eintragung in das GB (§ 800 Abs. 1 S. 2 ZPO Einl. U 4; § 19 Rdn. 70). Bei einer Veräußerung des Pfandobjekts ist eine erneute dingliche Unterwerfung möglich und empfehlenswert,[74] aber nicht nötig, wenn Unterwerfung und Eintragung wirksam sind und sich inhaltlich decken. Die Eintragung des Vermerks besagt nichts über die Wirksamkeit der Unterwerfung. Als prozessuales Nebenrecht teilt sie das rechtliche Schicksal des Grundpfandrechts, bei dem sie eingetragen ist, ohne dessen Inhalt zu ändern. Sie nimmt (anders als das Grundpfandrecht) weder an der Bestandsvermutung noch am öffentlichen Glauben des GB (§§ 891, 892 BGB) teil. Sie hat Bedeutung lediglich für die Frage, ob und unter welchen Voraussetzungen gegen den Erwerber des Grundstücks bei Einzelrechtsnachfolge eine vollstreckbare Ausfertigung erteilt werden kann.[75] Das GBA hat den Vermerk einzutragen, wenn die Eintragungsvoraussetzungen vorliegen (§ 19 Rdn. 70), aber keine weitergehende Prüfung vorzunehmen. Nur wenn die Unwirksamkeit der Unterwerfung zweifelsfrei feststeht, darf es die Eintragung ablehnen. Zweifelsfragen materiell-, vollstreckungs-, und beurkundungsrechtlicher Art sind nicht im GB-Verfahren zu entscheiden.

5. Vermerke über die Anhängigkeit eines Verfahrens. Gemeinsamkeit: Keine GB-Sperre und keine Verfügungsbeschränkung, sondern nur Hinweis auf mögliche nachteilige Folgen eines Verfahrens. Eintragungsfähig wegen der Warn- und Schutzfunktion des GB (Einl. A 10). Durch solche Vermerke werden Eintragungen und Löschungen im GB nicht gehindert.

J 30

Einzelfälle eintragungsfähiger Vermerke:
a) Vermerk über Anhängigkeit eines Rangklarstellungsverfahrens (§ 91 Abs. 3 GBO). Dazu § 91 Rdn. 7.[76]

b) Vermerk über Anhängigkeit eines Zivilprozesses: Ein solcher Vermerk ist unbestritten eintragungsfähig als Schutz dagegen, daß die Rechtskrafterstreckung des Urteils gegen Rechtsnachfolger (die die Rechtshängigkeit nicht kennen) entfällt (§ 325 Abs. 1, 2 ZPO). Strittig ist, ob die Eintragung (gemäß § 899 BGB) nur aufgrund einstweiliger Verfügung oder Bewilligung des Betroffenen[77] oder auch (analog § 22 GBO) bei Nachweis der Rechtshängigkeit in Form des § 29 zulässig ist.[78] Die letztere Ansicht verdient den Vorzug,[79] weil ohne einen solchen Vermerk das GB „unvollständig" wäre und zum Schutz gegen den Verlust der Rechtskrafterstreckung einer Ergänzung bedarf (§ 22 Rdn. 2). Es gibt Fälle, in denen die nach § 899 Abs. 2 BGB zu einer einstweiligen Verfügung erforderliche Glaubhaftmachung nicht möglich ist oder nicht gelingt, aber der Nachweis der Rechtshängigkeit ohne Schwierigkeiten erbracht werden kann.[80]

c) „Enteignungsvermerke" (vgl. § 84 Abs. 3) als Vermerke über Anhängigkeit eines Enteignungsverfahrens aufgrund bundes- oder landesrechtlicher Enteignungsgesetze:

---

[73] Nicht aus Reallasten; BayObLG DNotZ 59, 402.
[74] *Wolfsteiner* DNotZ 68, 392.
[75] BGH Rpfleger 90, 16; *Wolfsteiner* DNotZ 88, 234; 90, 531/535.
[76] S. a. Sichtermann/*Hennings* Rdn. 19.4.
[77] So OLG München NJW 66, 1030; *Wächter* NJW 66, 1366; MünchKomm/*Wacke* § 899 Rdn. 33; Staudinger/*Gursky* § 899 Rdn. 64.
[78] So OLG Stuttgart DNotZ 80, 106; OLG Zweibrücken DNotZ 89, 580; OLG Schleswig NJW-RR 1994, 1498; Haegele/Schöner/*Stöber* GBR 1654ff.; *Rahn* BWNotZ 60, 61; Palandt/*Bassenge* § 899 Rdn. 5; Soergel/*Stürner* § 899 Rdn. 14.
[79] So auch Meikel/*Sieveking* Anh. zu § 19 Rdn. 161.
[80] So OLG Zweibrücken a. a. O.

Einl   I. Grundbuchordnung

Eintragung auf Ersuchen der Enteignungsbehörde (§ 38 Rdn. 35, 41; dazu auch Einl. J 22 (d); EGBGB Art. 52; 53).

d) „Flurbereinigungsvermerk" über Anhängigkeit eines Flurbereinigungsverfahrens (BGBl. III 7815-1), in dem kein allgemeines Verfügungsverbot besteht (vgl. § 20 Rdn. 200), ist gesetzlich nicht vorgeschrieben, aber zulässig[81] und sinnvoll, weil das Verfahren für die Beteiligten und Erwerber eines im Flurbereinigungsgebiet liegenden Grundstücks mit Rechtsfolgen (§ 15 FlurbG), für das GBA mit Mitteilungspflichten[82] und für den Notar mit Belehrungspflichten[83] verbunden ist.[84]

6. Vermerke über öffentliche Lasten

J 31   **Eintragungsfähigkeit** öffentlicher Lasten setzt **nach § 54 GBO** voraus, daß sie besonders zugelassen oder angeordnet ist (§ 54 Rdn. 1 ff.). Diese Vorschrift, die kein Dogma sein sollte,[85] wird von der h. M. zu Unrecht als Argument gegen die Eintragungsfähigkeit öffentlichrechtlicher Verfügungsbeschränkungen und Vorkaufsrechte benützt (Einl. B 2; J 3, 4) im Gegensatz zu der hier vertretenen Ansicht (Einl. J 6; K 31).

Einzelfälle eintragungsfähiger Vermerke:

Beitrag nach § 64 Abs. 3; 6 BauGB); dazu § 38 Rdn. 35.

7. Vermerke über öffentlichrechtliche Vorkaufsrechte

J 32   **Die Eintragungsfähigkeit solcher Vermerke ist umstritten** und nicht für alle öffentlichrechtlichen Vorkaufsrechte gleich zu beantworten (Einl. K 33 ff.). Die zuständigen Behörden sollten ihre bisherige Praxis, sie trotz Eintragungsfähigkeit in aller Regel nicht im GB vermerken zu lassen, zum Schutze des Rechtsverkehrs ändern (Einl. K 37).

8. Register für öffentliche Rechtsverhältnisse

J 33   a) Vor „Nebengrundbüchern" muß gewarnt werden (dazu Einl. A 10), weil sie das vorbildliche deutsche Grundbuch durch Führung mehrerer Register praktisch entwerten, dessen Qualität auch nicht annähernd erreichen und zum Irrtum verführen würden, die Eintragungen darin müßten mit den gleichen Wirkungen wie das Grundbuch ausgestattet sein. Es gibt Verfügungsbeschränkungen (Einl. J 22) und andere auf öffentlichem Recht beruhende Rechtsverhältnisse, die in das Grundbuch eingetragen werden können und bei Einführung eines Registers für öffentliches Recht aus dem Grundbuch entfernt werden müßten.

Dies wäre nicht sinnvoll und ist praktisch kaum durchführbar, weil am einzelnen Grundstück neben Rechtsverhältnissen des bürgerlichen Rechts auch solche des öffentlichen Rechts bestehen oder jedenfalls bestehen können. Deshalb erscheint es richtiger, das bereits vorhandene Grundbuch für die Sichtbarkeit von Rechtsverhältnissen des öffentlichen Rechts in den Fällen zu verwenden, in denen sie im privaten Grundstücksverkehr auf andere Weise nicht erkennbar sind (dazu Einl. A 10).

---

[81] Vgl. *Flick* Rpfleger 1997, 336; BWNotZ 87, 88; **a. A.** *Demharter* Anh. § 13 Rdn. 14, Haegele/Schöner/*Stöber* GBR 4037.

[82] Z. B. BayBekanntm. v. 12. 8. 1981; BayJBBl. S. 146.

[83] Vgl. *Tönnies* MittRhNotK 87, 93.

[84] Zur Rechtslage bei Flurbereinigung vgl. Haegele/Schöner/*Stöber* GBR 4030 ff.; vgl. auch § 20 Rdn. 41; 108.

[85] *Flick*, Rpfleger 1997, 333 ff.; *Quack* Rpfleger 79, 281/283.

b) Diese Warnung gilt auch für die landesrechtlich bestehenden Baulastenbücher.[86] Das Baulastenrecht verrät eine gefährliche Gleichgültigkeit gegenüber der geschichtlichen Entwicklung des Grundbuch- und Katasterwesens. Eintragungen in Baulastenbücher haben (jedenfalls in einer Reihe von Bundesländern) weder konstitutive noch konfirmatorische Wirkungen, weder öffentlichen Glauben noch negative Publizität. Deshalb kann man sich auf ihre Richtigkeit und Vollständigkeit ebensowenig verlassen, wie auf ihr Schweigen. Nicht einmal ihre Übereinstimmung mit dem Grundbuch und Kataster ist gewährleistet.

GRUPPE 3
Rechte und Ansprüche auf Eigentumserwerb

Auf Eigentumserwerb gerichtete dingliche Rechte sind nur das dingliche Vorkaufsrecht und das (seltene) siedlungsrechtliche Wiederkaufsrecht. Zusammen mit ihnen werden die vormerkungsfähigen schuldrechtlichen Ansprüche auf Eigentumserwerb an Grundstücken und das äußerst umstrittene Anwartschaftsrecht des Auflassungsempfängers als Vorstufe des Grundstückseigentums behandelt, die zwar alle keine dinglichen Rechte sind, aber im Grundstücksverkehr eine größere Bedeutung erlangt haben als die echten dinglichen Erwerbsrechte.

ABSCHNITT K
Vorkaufsrechte und Wiederkaufsrechte

Übersicht

	Rdn.		Rdn.
I. Vorkaufsrechte und verwandte Rechtsformen	K 1	III. Siedlungsrechtliche Wiederkaufsrechte	K 26
II. Dingliches Vorkaufsrecht (§ 1094 BGB)	K 3	IV. Gesetzliche Vorkaufsrechte	K 31

Literatur:

Kommentare zu §§ 504, 1094 BGB; Haegele/Schöner/*Stöber* GBR 1394 ff. (dingliches Vorkaufsrecht); 3810, 4108 (öffentlich-rechtliche Vorkaufsrechte); Sichtermann/*Hennings*, Die Bedeutung und Behandlung der Eintragungen in Abt. II des Grundbuchs Rdn. 9; dazu auch § 20 Rdn. 223.

I. Vorkaufsrechte und verwandte Rechtsformen

1. Arten von Vorkaufsrechten

Vorkaufsrechte lassen sich unter verschiedenen Gesichtspunkten unterscheiden: **K 1**
a) nach ihrer Entstehung: rechtsgeschäftliche (Einl. K 3 ff.) und gesetzliche (Einl. K 31 ff.);

---

[86] Dazu *Sachse* NJW 79, 195; *Harst* MittRhNotK 84, 922; *Ring* DNotZ 86, 234; *Drischler* Rpfleger 86, 289; *Lohre* NJW 87, 877; *Michalski* MittBayNot 88, 204/207; Sichtermann/*Hennings* Rdn. 4.5; *Masloh* NJW 1995, 1993.

b) nach ihrer Rechtsgrundlage: privat- und öffentlichrechtliche (Beispiele Einl. K 3; 36 ff.);

c) nach ihrer Wirkung: dingliche (Einl. K 3 ff.) und schuldrechtliche (Einl. L 5; 16). Gesetzliche Vorkaufsrechte sind teils dinglicher, teils schuldrechtlicher Art (Einl. K 31 ff.).

Die Unterscheidung der drei Stufen (Entstehung, Vorkaufsfall, Ausübung) des Vorkaufsrechts dient dem besseren Verständnis der rechtlichen Konstruktion. Sie ist für die Beantwortung vieler Rechtsfragen hilfreich, die bei allen Arten von Vorkaufsrechten auftreten können (dazu § 20 Rdn. 224).

K 2 2. **Verwandte Rechtsformen** sind
a) schuldrechtliches VorkR (§§ 504 ff. BGB; Einl. G 13);
b) dingliches Wiederkaufsrecht (Einl. K 27 ff.);
c) schuldrechtliches Wiederkaufsrecht (Einl. G 48);
d) schuldrechtliches Ankaufsrecht (Einl. G 49);
e) Erneuerungsvorrecht (§§ 2 Nr. 6; 31 ErbbauVO);
f) Heimfallanspruch (§ 2 Nr. 4 ErbbauVO; § 36 WEG).

II. Dingliches Vorkaufsrecht (§ 1094 BGB)

1. Wesen und Rechtsgrundlagen

K 3 a) Das dingliche Vorkaufsrecht gewährt dem Vorkaufsberechtigten das Recht, vom Verpflichteten das belastete Grundstück zu den gleichen Vertragsbedingungen zu kaufen, zu denen der Verpflichtete es an einen Dritten verkauft hat. Rechtsgrundlagen sind §§ 1094 ff., ergänzend §§ 504 ff. BGB.

K 4 b) Das dingliche Vorkaufsrecht ist eine dingliche Belastung des Grundstücks,[1] die durch Einigung und Eintragung entsteht (§ 873 BGB), auf das die §§ 889; 891 ff.; 902 BGB (anders als bei vorgemerkten schuldrechtlichen Vorkaufsrechten) anwendbar sind und das nach dem Abstraktionsprinzip von keinem schuldrechtlichen Grundgeschäft abhängig ist.[2]

K 5 2. **Wirkungen des Vorkaufsrechtes** a) Dem Dritten gegenüber hat es die Wirkung einer **Vormerkung** zur Sicherung des durch und mit Ausübung des Vorkaufsrechts entstehenden Übereignungsanspruchs (§§ 1098 Abs. 2; 883 ff. BGB) und zwar gegenüber belastenden Verfügungen frühestens ab Eintritt des Vorkaufsfalles,[3] gegenüber der Übertragung des Eigentums aufgrund Kaufs schon mit der Entstehung und nicht erst mit der Ausübung des Vorkaufsrechts.[4] Ein durch Vormerkung gesichertes schuldrechtliches Vorkaufsrecht ist stärker in seinen Wirkungen als ein dingliches Vorkaufsrecht.[5] Zu den Vormerkungswirkungen Einl. G 7.

b) **Keine GB-Sperre**, weder nach Eintragung noch nach Ausübung (wie die Vormerkung, Einl. G 6; 7; § 19 Rdn. 84).

3. Entstehung und GB-Eintragung

K 6 a) Das Vorkaufsrecht entsteht durch Einigung und Eintragung.[6] Das schuldrechtliche Verpflichtungsgeschäft zur Vorkaufsrechtsbestellung bedarf der notariellen Beur-

---

[1] RGZ 167, 300.
[2] Palandt/*Bassenge* Überbl. vor § 1094 Rdn. 1; Staudinger/*Mayer-Maly* Einl. zu §§ 1094 ff. Rdn. 12 m. Hinw. auf die umstr. Meinungen zur Rechtsnatur.
[3] RGZ 154, 370.
[4] BGHZ 60, 275 = DNotZ 73, 603.
[5] Vgl. Sichtermann/*Hennings* Rdn. 9.2.
[6] BGH DNotZ 68, 93; BayObLG Rpfleger 75, 26.

kundung (§ 313 S. 1 BGB). Ein Formmangel wird durch Einigung und Eintragung insoweit geheilt, als zwischen den Parteien im Zeitpunkt des Erfüllungsgeschäfts eine Willensübereinstimmung über die Bestellung des Vorkaufsrechtes noch besteht.[7] Beim schuldrechtlichen Vorkaufsrecht (und der zu seiner Sicherung eingetragenen Vormerkung) ist die Beurkundungform des § 313 BGB unabdingbare Wirksamkeitsvoraussetzung, deren Verletzung durch Eintragung der Vormerkung nicht geheilt wird.

b) **Für GB-Eintragung genügt die Bewilligung** des betroffenen Grundstückseigentümers (§ 19),[8] weil das Vorkaufsrecht eine Belastung des Grundstücks ist.[9] Das notariell beurkundete Verpflichtungsgeschäft muß dem GBA zur Eintragung nach h. M. weder vorgelegt noch in der Bewilligung erwähnt werden.[10] Das Verpflichtungsgeschäft ist vom GBA nicht zu prüfen (Einl. A 41); es kann auch völlig fehlen;[11] aber der Notar hat es zu prüfen und ggf. die Unterschriftsbeglaubigung abzulehnen,[12] wenn die Beurkundungspflicht verletzt wird.[13] Zur GB-Eintragung Einl. K 22; 23. **K 7**

4. **Vorkaufsberechtigter** kann sein:

a) **subjektiv-persönlich** jede erwerbsfähige natürliche und juristische Person (Einl. K 19; 20); auch wenn sie bereits ein inhaltlich oder rangmäßig anderes VorkR am gleichen Grundstück hat;[14] **K 8**

b) **auch der Grundstückseigentümer selbst**[15] nach den für Eigentümerrechte geltenden Grundsätzen (Einl. D 45), weil das Vorkaufsrecht als dingliche Belastung den § 889 BGB nicht ausschließt (Einl. K 4)[16] und bei Bestellung gemäß § 1094 Abs. 2 BGB der Eigentümer des herrschenden und dienenden Grundstücks identisch sein können (Einl. D 44);

c) **subjektiv-dinglich der** jeweilige Eigentümer eines Grundstücks (§ 1094 Abs. 2 BGB), Miteigentumsanteils,[17] Wohnungseigentums, Erbbaurechts, auch der jeweilige Inhaber eines Miteigentumsanteils an dem mit Vorkaufsrecht belasteten Grundstück (§ 1009 Abs. 1 BGB). Ein „für den Berechtigten und seine Rechtsnachfolger" bestelltes Vorkaufsrecht ist kein subjektiv-dingliches,[18] sondern richtig ein „vererbliches und übertragbares Vorkaufsrecht",[19] dessen Vererblichkeit aber nicht auf die Abkömmlinge des Berechtigten beschränkt werden kann.[20] **K 9**

d) **Umwandlung** dieser beiden Arten ist unzulässig (§ 1103 BGB), kann nur durch Aufhebung der einen und Neubestellung der anderen Art bewirkt werden. Wird statt des vereinbarten subjektiv-persönlichen ein subjektiv-dingliches VorkR eingetragen, entsteht letzteres mangels Übereinstimmung von Einigung und Eintragung nicht.[21] Die vom BayObLG[22] offen gelassene Frage, ob wenigstens dann ein subjektiv-persönliches VorkR entstanden ist, wenn seine Eintragung bewilligt worden ist, läßt sich nach den für Grundbucheintragungen geltenden Auslegungsgrundsätzen bejahen (Einl. C 22).[23] Im umgekehrten Fall[24] kann (wenn überhaupt) eine „Umdeutung" helfen (dazu Einl. C 29 ff.). **K 10**

---

[7] BGH DNotZ 68, 93; 80, 222.
[8] RGZ 125, 264.
[9] BayObLG DNotZ 75, 685.
[10] LG Verden Rpfleger 56, 129; *Haegele* BWNotZ 71, 49; *Demharter* Anh. zu § 44 Rdn. 82; a. A. OLG Celle NJW 49, 548.
[11] Palandt/*Bassenge* Überbl. v. § 1094 Rdn. 1.
[12] *Haegele* BWNotZ 71, 52.
[13] Seybold/*Schippel* BNotO § 14 Rdn. 11.
[14] KGJ 51, 273; LG Lübeck, DNotZ 63, 755.
[15] Haegele/Schöner/*Stöber* GBR 1402.
[16] BayObLG MittBayNot 83, 229.
[17] LG Nürnberg NJW 57, 1521; BayObLG Rpfleger 82, 274.
[18] BGH DNotZ 63, 235.
[19] Haegele/Schöner/*Stöber* GBR 1401.
[20] LG Stuttgart BWNotZ 74, 85.
[21] BayObLG Rpfleger 82, 274.
[22] A. a. O.
[23] S. a. MünchKomm/*Westermann* § 1094 Rdn. 10.
[24] BayObLG NJW 61, 1265.

5. Mehrheit von Vorkaufsberechtigten

K 11 a) **Das Gemeinschaftsverhältnis** richtet sich grds. nach § 513 BGB und bedarf hierwegen keiner besonderen Eintragung nach § 47 GBO.[25] Bei Teilung des herrschenden Grundstücks bleibt das subjektiv-dingliche Vorkaufsrecht für die Teile fortbestehen;[26] unter den jeweiligen Eigentümern der herrschenden Grundstücke entsteht ein Gemeinschaftsverhältnis nach § 513 BGB (vgl. Einl. B 31 zu einem Ausnahmefall).

K 12 b) **Zulässig** ein übertragbares Vorkaufsrecht für Ehegatten in Gütergemeinschaft[27] oder sonstige Gesamthänder (§ 47 Rdn. 7 c).

K 13 c) **Nicht zulässig** für Bruchteilsberechtigte (§ 47 Rdn. 4 j) und nicht zugunsten eines Dritten,[28] bestritten ob es als Vorkaufsrecht für Gesamtberechtigte nach § 428 BGB in der Weise bestellt werden kann, daß derjenige das Eigentum allein und im ganzen beanspruchen kann, der das Vorkaufsrecht zuerst ausübt (§ 47 Rdn. 10 h).[29]

6. Für jeden Berechtigten ein eigenes Vorkaufsrecht

K 14 a) **Zulässig,** wenn die Vorkaufsrechte verschiedenen Rang haben.[30]

K 15 b) **Mehrere Vorkaufsrechte sind im Gleichrang** eintragungsfähig nach jetzt h. M.[31] und ohne Bedenken, wenn sie gemäß ihrer dinglichen Ausgestaltung bei der Ausübung nicht kollidieren können.[32] Wie bei ranggleichen Auflassungsvormerkungen[33] ist diese Einschränkung nicht notwendig.[34]

7. Belastungsobjekt

K 16 a) **Eintragungsfähig am ganzen Grundstück,** Miteigentumsanteil (§ 1095 BGB), Wohnungseigentum (Einl. E 14), Erbbaurecht (Einl. F 51), nicht am Gesamthandsanteil[35] oder Dauerwohnrecht.[36]

K 17 b) **Am realen Grundstücksanteil eintragungsfähig nur** bei Abschreibung und Verselbständigung (§ 7 Rdn. 5) oder als Belastung des ganzen Grundstücks unter Beschränkung des Ausübungsbereichs auf eine dem Bestimmtheitsgrundsatz entsprechend zu bezeichnende Teilfläche (§ 28 Rdn. 16).

K 18 c) **Nicht bestellbar als Gesamtbelastung** mehrerer Grundstücke,[37] aber auslegungsfähig als Bestellung mehrerer Einzelvorkaufsrechte.[38] Durch Teilung des dienenden Grundstücks entstehen Einzelvorkaufsrechte.

---

[25] BayObLGZ 58, 202.
[26] BayObLGZ 73, 21 = DNotZ 73, 415.
[27] LG Amberg MittBayNot 64, 385.
[28] LG Düsseldorf RhNotK 77, 129.
[29] Zulässig nach OLG Frankfurt DNotZ 86, 239; Haegele/Schöner/*Stöber* GBR 1404.
[30] BGHZ 35, 146 = DNotZ 61, 544.
[31] OLG Hamm DNotZ 90, 178; LG Landshut MittBayNot 79, 69; LG Düsseldorf Rpfleger 81, 479; *Demharter* Anh. zu § 44 Rdn. 82; Haegele/Schöner/*Stöber* GBR 1405; Palandt/*Bassenge* § 1094 Rdn. 1; *Holderbaum* JZ 65, 713; *Lütke/Handjery* Betrieb 74, 517; *Promberger* MittBayNot 74, 145; a. A. LG Darmstadt MDR 58, 35; MünchKomm/*Westermann* § 1094 Rdn. 8; einschränkend Staudinger/*Mayer-Maly/Mader* § 1094 Rdn. 12.
[32] AG Gemünden MittBayNot 74, 145 zust. *Promberger*; LG Düsseldorf Rpfleger 81, 479; Palandt/*Bassenge* § 1094 Rdn. 1; *Haegele* Rpfleger 75, 176; a. A. *Zimmermann* Rpfleger 80, 326.
[33] Dazu Staudinger/*Gursky* § 883 Rdn. 180.
[34] OLG Hamm DNotZ 90, 178; Haegele/Schöner/*Stöber* Rdn. 1405, 1506.
[35] Staudinger/*Mayer-Maly/Mader* § 1095 Rdn. 5.
[36] BGH BWNotZ 63, 217.
[37] BayObLGZ 74, 365 = Rpfleger 75, 23.
[38] *Haegele* Rpfleger 61, 40.

8. Zwingender gesetzlicher Inhalt

a) §§ 1094 ff. und §§ 504 bis 514 BGB sind für dingliches VorkR zwingend (§ 1098 Abs. 1 S. 1) und lassen nur in den vom Gesetz gezogenen Grenzen abweichende Vereinbarungen zu.[39] Zur Umdeutungsfähigkeit in schuldrechtliches VorkR: Einl. C 29 ff.

K 19

b) Einzelfälle unzulässiger Vereinbarungen limitiertes VorkR, z. B. zum Höchstpreis, Schätzpreis, Festpreis;[40] Erstreckung auf Veräußerungsfälle, die kein Kauf sind;[41] Vereinbarungen entgegen § 506 BGB; Vereinbarungen entgegen § 512 BGB, soweit nicht nach § 1098 Abs. 1 S. 2 BGB Abweichungen zulässig sind; § 1103 BGB für subjektiv-dingliche VorkR; Bestellung mit dem Inhalt, daß es nur ausgeübt werden kann, wenn das Grundstück als „Untersuchungsgebiet" ausgewiesen ist.[42]

K 20

9. Zulässige abweichende Vereinbarungen

Um dinglicher Inhalt zu werden, bedürfen sie der Einigung und Eintragung,[43] zulässig auch unter Bezugnahme auf die Bewilligung (Einl. K 23).

K 21

Beispiele zulässiger Vereinbarungen:

a) Übertragbarkeit oder Vererblichkeit abweichend von § 514 BGB;[44]

b) Ausschluß, Einschränkung oder Erweiterung der Übertragbarkeit oder Vererblichkeit abweichend von §§ 1098 Abs. 3; 1059 a ff. BGB;[45]

c) VorkR für bestimmte, mehrere oder alle Verkaufsfälle abweichend von § 1097 BGB;[46]

d) Verlängerung oder Verkürzung der Ausübungsfrist des § 510 Abs. 2 BGB;[47]

e) Erstreckung auf Vorkauf an Erben abweichend von § 511 BGB;

f) Ausschluß bei freihändigem Verkauf durch KVerwalter abweichend von § 1098 Abs. 1 S. 2 BGB;

g) Höchstbetrag als Wertersatz (§ 882 BGB);

h) Bedingtes/befristetes VorkR, z. B. auf Dauer eines bestimmten Miet- oder Pachtvertrages.[48]

10. GB-Eintragung

a) Aus dem Eintragungsvermerk selbst müssen sich ergeben die Bezeichnung „Vorkaufsrecht"; der Berechtigte, bei mehreren das Gemeinschaftsverhältnis, sofern es von § 513 BGB abweicht (Einl. B 39; K 11 ff.) Bedingung oder Befristung des Vorkaufsrechts (Einl. B 33).

K 22

b) Bezugnahme auf Bewilligung ist zulässig zur näheren Bezeichnung des dinglichen Inhalts des VorkR, auch für alle in Einl. K 21 aufgeführten abweichenden Vereinbarungen;[49] z. B. auch ob VorkR für alle, einzelne oder ersten Verkaufsfall.[50] In der Praxis

K 23

---

[39] Staudinger/*Mayer-Maly*/*Mader* § 1098 Rdn. 5.
[40] RGZ 154, 358.
[41] BGHZ 49, 7; BGH DNotZ 70, 423.
[42] BayObLG Rpfleger 78, 435.
[43] OLG Hamm Rpfleger 60, 154; OLG Düsseldorf Rpfleger 67, 13.
[44] Nicht eintragbar: Übertragung der Rechte aus Ausübung BayObLG Rpfleger 71, 215; Beschränkung der Vererbung auf Abkömmlinge; LG Stuttgart BWNotZ 74, 85.
[45] BGH DNotZ 69, 161.
[46] Zum Erlöschen nach § 1097 BGH DNotZ 70, 423; BayObLG MittBayNot 81, 18.
[47] Palandt/*Putzo* § 510 Rdn. 2.
[48] OLG Zweibrücken DNotZ 90, 177; BayObLG MittBayNot 90, 174.
[49] Staudinger/*Mayer-Maly*/*Mader* § 1094 Rdn. 27; § 1097 Rdn. 11; 18.
[50] LG Frankfurt Rpfleger 79, 454; OLG Köln Rpfleger 82, 16.

Einl I. Grundbuchordnung

sollte von der zulässigen Bezugnahme abgesehen werden, wenn (wie hier) die Aufnahme in den Eintragungsvermerk wegen ihrer Bedeutung für den Rechtsverkehr geboten erscheint (Einl. B 38).

11. Genehmigungsbedürftigkeit der Vorkaufsrechtsbestellung

K 24 a) **Genehmigungsbedürftig**, wenn das Grundstück einer allgemeinen Verfügungsbeschränkung unterliegt (§ 19 Rdn. 155 ff.). Es kommt weder darauf an, ob der Kaufvertrag, der durch Ausübung begründet wird (§ 505 Abs. 2 BGB), genehmigungspflichtig ist[51] noch darauf, ob die Bewilligung einer Vormerkung genehmigungspflichtig ist, weil das dingliche Vorkaufsrecht anders als die Vormerkung eine dingliche Belastung ist (Einl. K 4).

K 25 b) **Einzelfälle Genehmigungsbedürftig** im Umlegungsverfahren (§ 19 Rdn. 175), Sanierungs- und Entwicklungsverfahren (§ 19 Rdn. 181), Bestellung am Kindesgrundstück (§ 19 Rdn. 188 f.), bei Belastungsbeschränkungen juristischer Personen (§ 20 Rdn. 202 ff.). **Genehmigungsfrei** nach § 1365 BGB (§ 19 Rdn. 143), GrdstVG.[52]

III. Siedlungsrechtliche Wiederkaufsrechte

K 26 1. **Gesetzliche Grundlage §§ 20; 21 Reichssiedlungsgesetz**

Literatur:

Haegele/Schöner/*Stöber* GBR 4177; Sichtermann/*Hennings* Rdn. 10.2; *Rötelmann* NJW 63, 285; *Hoche* NJW 68, 1661; *Panowitz* RdL 68, 146; *Herminghausen* AgrarR 80, 300.

a) Gemäß § 20 RSG hat das Siedlungsunternehmen ein Wiederkaufsrecht an der von ihm begründeten Siedlerstelle, wenn der Ansiedler sie ganz oder teilweise veräußert, aufgibt oder nicht dauernd bewohnt oder bewirtschaftet.

b) Gemäß § 21 RSG steht dem früheren Eigentümer ein Wiederkaufsrecht gegen das Siedlungsunternehmen zu, wenn es das erworbene Grundstück nicht innerhalb einer Frist von zehn Jahren für Siedlungszwecke verwendet hat.

2. **Rechtsnatur eines dinglichen Rechts**

K 27 Das siedlungsrechtliche Wiederkaufsrecht ist nach Eintragung im GB ein allen Regeln des GB-Rechts unterliegendes Recht mit dinglicher Wirkung, das als „Belastung des Grundstücks" in das GB einzutragen ist, Dritten gegenüber wie eine Vormerkung auf Rückübereignung des Grundstücks nach § 883 BGB wirkt.[53]

K 28 3. **Die Voraussetzungen der Entstehung des Wiederkaufsrechts** ergeben sich aus dem Gesetz. Als dingliches Recht entsteht es nach h. M. erst mit seiner Eintragung im GB, die auf Bewilligung des Siedlers (§ 19) und Antrag des Siedlers oder Siedlungsunternehmens (§ 13) im Rang nach etwaigen Siedlungskrediten[54] vorzunehmen ist.

4. **Wiederkaufsrecht für das Siedlungsunternehmen (§ 20 RSG)**

K 29 a) **Gesetzlicher Inhalt** § 20 Abs. 1 RSG. Ausgeschlossen bei Verkauf an Körperschaft des öffentlichen Rechts, Ehegatten oder nahe Verwandte i. S. §§ 20; 4 Abs. 2 RSG. Vom

---

[51] BGHZ 32, 375; Palandt/*Putzo* § 505 Rdn. 1. 72, 349; BGHZ 59, 94 = Rpfleger 72, 398;
[52] BGH NJW 52, 1055. BGHZ 75, 288 = NJW 80, 833.
[53] So für § 20 RSG BGHZ 57, 356 = DNotZ [54] BGHZ 57, 356.

Wiederkaufsrecht betroffener Grundbesitz ist nicht nur das hinzuerworbene Grundstück, sondern die ganze, durch den Neuerwerb gestaltete Siedlerstelle.[55]

b) **Die Zeitdauer** muß vereinbart und im GB eingetragen werden, weil das Gesetz keine Vorschriften über die Dauer enthält, aber auch kein „ewiges Recht" zuläßt;[56] zweifelhaft, ob mangels Vereinbarung auf 30 Jahre befristet (vgl. § 503 BGB); jedenfalls nicht zeitlich unbefristet. **Vereinbarungen über Wiederkaufspreis und nähere Bedingungen** bedürfen der Eintragung. Ohne gegenteilige Vereinbarung gelten §§ 497 ff. BGB und besteht das Wiederkaufsrecht für alle Veräußerungs- und sonstigen Fälle des § 20 Abs. 1,[57] die vor seinem Zeitablauf stattfinden. Es kann auch für den Fall schlechter Bewirtschaftung vereinbart werden.[58]

5. Wiederkaufsrecht für den früheren Eigentümer (§ 21 RSG)

Wesen und Wirkungen wie Wiederkaufsrecht nach § 20 RSG. Inhalt und Dauer § 21 RSG. Abweichende Vereinbarungen bedürfen der GB-Eintragung.[59] **K 30**

IV. Gesetzliche Vorkaufsrechte

1. Zwei Meinungen zu ihrer Eintragungsfähigkeit

a) **Gesetzliche Vorkaufsrechte sind nicht eintragungsfähig**, weil sie kraft Gesetzes entstehen und keiner Eintragung bedürfen (Begründung wie für Verfügungsbeschränkungen öffentlichen Rechts: Einl. J 4). **K 31**

b) **Sie sind nach der hier vertretenen Ansicht dann eintragungsfähig**, wenn sie allen Anforderungen eines dinglichen Vorkaufsrechts (§§ 1094 ff. BGB) entsprechen, auf andere Weise im Rechtsverkehr nicht genügend erkennbar wären und der Eintrag nicht gesetzlich ausgeschlossen ist (Einl. B 2). Denn eintragungsfähig können auch Rechte sein, die nicht eintragungsbedürftig sind (Einl. B 5; J 33; K 32). Eintragungsfähig sind danach insbes. solche VorkRe, für die § 1098 Abs. 2 BGB für entsprechend anwendbar erkärt wird, während solche VorkRe, die eine Grundbuchsperre bewirken, keiner Eintragung bedürfen. Eintragungsfähig und -bedürftig ist danach das Vorkaufsrecht von Mietern und Nutzern gem. § 20 VermG und des Berechtigten gem. § 20 a VermG.

2. Gesetzliches Vorkaufsrecht nach BBauG (alter Fassung). Bis zum 1. 1. 1977 war das gesetzliche Vorkaufsrecht nach §§ 24 ff. BBauG zwar nicht eintragungsbedürftig, aber eintragungsfähig, weil es allen Anforderungen des dinglichen Vorkaufsrechts entsprochen hat, Vormerkungswirkung hatte[60] und keine öffentliche Last war, die gemäß § 54 GBO von der Eintragung ausgeschlossen wäre.[61] **K 32**

3. Nicht eintragungsfähig sind z. B. **K 33**

a) § 2034 BGB: das gesetzliche VorkR der Miterben.[62]

b) §§ 24, 25 BauGB: die gesetzlichen VorkR der Gde. haben seit 1. 1. 1977 keine dingliche Wirkung mehr (§ 20 Rdn. 223; Einl. K 38).

c) § 11 RHeimstG: Das RHeimstG ist mit Wirkung vom 1. 10. 1993 aufgehoben worden. Zu seiner Bedeutung vgl. die Vorauflage.

---

[55] BGH MDR 67, 397 = RdL 67, 75.
[56] OLG Hamm Rpfleger 56, 72; OLG Stuttgart RdL 54, 125.
[57] OLG Celle RdL 70, 187.
[58] BGHZ 97, 238 = DNotZ 87, 36.
[59] Haegele/Schöner/*Stöber* GBR 4177, 4178.
[60] BGH NJW 72, 488; 73, 1278.
[61] KG DNotZ 62, 555.
[62] Dazu BGH DNotZ 75, 726; Rpfleger 77, 14; NJW 82, 330.

d) **Siedlungsrechtliche Vorkaufsrechte** (§§ 1; 4 RSG): nicht eintragungsfähig, weil Ausübung in das Genehmigungsverfahren nach GrstVG eingebaut, GB-Vermerk also überflüssig.[63]

e) **§ 69 LandbeschaffungsG**: Besonderer Fall des siedlungsrechtlichen Vorkaufsrechts; wie dieses nicht eintragungsfähig.[64]

f) **§ 2 b WohnungsbindungsG**:[65] VorkR des Mieters beim Verkauf einer öffentlich geförderten Wohnung, die in Wohnungseigentum umgewandelt worden ist oder werden soll; es hat keine dingliche Wirkung und keinen Einfluß auf das GB-Verfahren.[66]

g) **§ 570 b BGB**, das dem VorkR des § 2 b WoBindG nachgebildet ist; es ist nicht dinglich ausgestaltet;[67] erst ab Ausübung kann eine Vormerkung erzwungen werden.[68]

4. Gesetzliche Vorkaufsrechte nach Landesrecht

K 34 Ihre Rechtsgrundlagen sind Art. 64; 67; 109, 119 EGBGB (vgl. die Lit. dazu).[69] Die Länder haben davon unterschiedlichen Gebrauch gemacht, teils zum privaten Schutz von Mitbeteiligten (Einl. K 35), teils zur Wahrung öffentlicher Interessen, z. B. am Wiederaufbau, Naturschutz, Landschaftsschutz, Denkmalschutz (Einl. K 36).[70]

5. Beispiele nicht eintragungsfähiger Vorkaufsrechte

K 35 a) Art. 3 Bayer AlmG (§ 20 Rdn. 201);[71]

b) Art. 26 Bayer. FischereiG v. 15. 8. 1908.[72] Die Rechtslage ist dem § 2034 BGB (Vorkaufsrecht der Miterben) ähnlich: bei Verkauf eines Anteils haben die anderen Mitberechtigten ein gesetzliches Vorkaufsrecht, das aus den gleichen Gründen wie das gesetzliche Vorkaufsrecht der Miterben nicht eintragungsfähig ist (Einl. K 33). Die Notwendigkeit eines Warn- und Schutzvermerks im GB besteht hier nicht.

6. Beispiele eintragungsfähiger gesetzlicher Vorkaufsrechte

K 36 a) Art. 34 Bayer. NaturschutzG;[73]

b) Früher Art. 19 Bayer. DenkmalschutzG (vgl. Voraufl.): gilt nicht mehr für Grundstücke;[74]

c) § 44 LandschaftspflegeG des Landes Schleswig-Holstein v. 19. 11. 1982 (GVOBl. 256).[75]

K 37 Es gibt gesetzliche Vorkaufsrechte, die beim Verkauf von Grundstücken der öffentlichen Hand zustehen, allen Voraussetzungen des dinglichen VorkR des BGB entsprechen, allen rechtsgeschäftlichen Vorkaufsrechten (soweit sie nach dem Inkrafttreten des

---

[63] Dazu Haegele/Schöner/*Stöber* GBR 4137; Sichtermann/*Hennings* Rdn. 9.4; für die Neuen Bundesländer Meikel/*Böhringer* C Rdn. 1121.

[64] Sichtermann/*Hennings* Rdn. 9.5.

[65] I. d. F. v. 22. 7. 1982; BGBl. I 972.

[66] Haegele/Schöner/*Stöber* GBR 4180; dazu Becker MittRhNotK 80, 213; 82, 12; 85, 209.

[67] MünchKomm/*Voelskow* § 570 b Rdn. 6.

[68] Palandt/*Putzo* § 570 b Rdn. 4.

[69] Ein Überblick findet sich bei *Grauel* MittRhNotK 1993, 243, 1994, 190 und 1995 363.

[70] Einzelheiten Haegele/Schöner/*Stöber* GBR 4187 ff.

[71] BayObLGZ 82, 222/229 = Rpfleger 82, 337.

[72] BayBS IV S. 453.

[73] I. d. F. v. 10. 10. 1982; GVBl. 874; in Kraft seit 1. 8. 1973. vgl. MittBayNot 73, 329; 76, 98; 77, 39; BayObLG MittBayNot 90, 257; Engelhardt/*Brenner* Naturschutzrecht in Bayern, Besprechung durch *Grziwotz* MittBayNot 90, 157.

[74] Haegele/Schöner/*Stöber* GBR 4188.

[75] Vgl. Sichtermann/*Hennings* Rdn. 9.8.

Gesetzes bestellt worden sind) im Range vorgehen und auch gegenüber einem gutgläubigen Grundstückskäufer **Vormerkungswirkung (§ 1098 Abs. 2 BGB)** haben. Ohne GB-Vermerk sind sie eine Gefahr für den rechtsgeschäftlichen Erwerber. **Diese Vorkaufsrechte sind eintragungsfähig** (Einl. K 32). Statt solche Grundstücke in Plänen und Listen festzuhalten, sollten die zuständigen Behörden durch einen GB-Vermerk den Rechtsverkehr wirksamer schützen und sich und den Beteiligten die lästigen Vorkaufsrechtsanfragen ersparen.

7. Vormerkungsfähigkeit des gesetzlichen VorkR nach BauGB

Das gesetzliche VorkR der Gde. nach BauGB (dazu § 20 Rdn. 223 ff.) ist (seit 1. 1. 1977; vgl. Einl. K 32) nicht im GB eintragungsfähig, aber nach dem Eintritt des Vorkaufsfalles unter bestimmten Voraussetzungen vormerkungsfähig (vgl. § 20 Rdn. 224b). Gemäß § 28 Abs. 2 S. 3 BauGB hat das GBA auf Ersuchen der Gde. zur Sicherung ihres bedingten (= von der Ausübung abhängigen) Anspruchs auf Übereignung des Grundstücks eine Vormerkung in das GB einzutragen. Dazu ist die Gde. erst nach Mitteilung des Kaufvertrages berechtigt. Das GBA hat diese Eintragung abzulehnen, wenn es nach Prüfung der ihm vorliegenden Urkunden und Unterlagen zur Überzeugung gelangt, daß ein VorkR nicht bestehen oder nicht ausgeübt werden und folglich auch kein vormerkungsfähiger Anspruch vorliegen kann (Einl. G 30 § 20 Rdn. 227). Deshalb kann eine solche Vormerkung nicht mehr eingetragen werden, wenn der Käufer im GB bereits als Eigentümer eingetragen ist.[76]

K 38

ABSCHNITT L

Rechtslage zwischen Auflassung und Eintragung

Übersicht

	Rdn.		Rdn.
I. Rechtsstellung des Auflassungsempfängers	L 1	III. Schutz des Auflassungsempfängers	L 26
II. Anwartschaftsrecht des Auflassungsempfängers	L 6	IV. Verkäuferschutz und Käuferschutz	L 31
		V. Verpfändung und Pfändung	L 35

Rechtsprechung des BGH:

BGHZ 45, 186 = JZ 1966, 796 (Anm. *Kuchinke*); BGHZ 49, 197/199 = DNotZ 1968, 483 (dazu *Mattern* LM § 857 ZPO Nr. 9/10; *Rose* NJW 68, 1087); BGH DNotZ 1976, 96/97 = Rpfleger 1975, 432 (dazu *Münzberg* in: FS Schiedermair, 1976, 439); BGHZ 83, 395/399 = DNotZ 1982, 619 (Anm. *Ludwig*); BGHZ 89, 41/44 = DNotZ 1984, 319 (dazu *Hagen* DNotZ 84, 267/269); BGHZ 106, 108 = DNotZ 1990, 289 (dazu *Hintzen* Rpfleger 1989, 439; *Medicus* DNotZ 1990, 275; *Ertl* MittBayNot 1989, 53/58).

Literatur:

Kommentare zu §§ 925, 1273, 1287 BGB; §§ 848, 857 ZPO; Haegele/Schöner/*Stöber* GBR 1557, 1589, 1599, 3106, 3317; *Stöber* Forderungspfändung Rdn. 2034, 2054.

---

[76] BayObLG DNotZ 84, 378.

I. Rechtsstellung des Auflassungsempfängers

1. Kein Eigentumsvorbehalt, keine Zug-um-Zug-Leistung

L 1 Die rechtsgeschäftliche Eigentumsübertragung gem. §§ 873, 925 BGB kann nicht von einer Bedingung (z. B. Kaufpreiszahlung) oder Zeitbestimmung abhängig gemacht werden (Einl. B 27, 30). Deshalb gibt es (anders als beim Kauf beweglicher Sachen; § 455 BGB) keinen Eigentumsvorbehalt (§ 925 Abs. 2 BGB). Eine Zug-um-Zug-Leistung von Kaufpreiszahlung und Erklärung der Auflassung bietet dem Käufer keine Sicherheit dafür, daß er eingetragen wird (Einl. L 32). Eine Zug-um-Zug-Leistung von Kaufpreiszahlung und GB-Eintragung ist durch § 16 Abs. 1 ausgeschlossen. Die Vorleistung einer Vertragsseite ist daher unvermeidlich. Um deren Risiken möglichst klein zu halten, sind Maßnahmen notwendig, von denen die meisten ohne Vormerkung und ohne Einschaltung eines Notars nicht denkbar wären (vgl. Einl. L 25 ff.; 31 ff.).[1] Bei der Vertragsgestaltung ist folgendes zu berücksichtigen:

(1) Der Anwartschaftsschutz des Auflassungsempfängers ist in keiner Stufe absolut (Einl. L 26). Er bedarf der Ergänzung durch zusätzliche Maßnahmen (Einl. L 27 ff., 32).

(2) Die Eintragung einer Vormerkung gewährt noch keinen wirksamen Schutz (Einl. G 10, 11, 32; L 1; M 27). Der Berechtigte benötigt dazu einen durchsetzbaren Anspruch (Einl. L 25).

(3) Durch Betreuungstätigkeiten eines Notars (§§ 14 Abs. 4; 23, 24 BNotO) können die mit der Vorleistung des Veräußerers oder des Erwerbers verbundenen Risiken nur verringert, nicht ausgeschlossen werden (dazu Einl. L 5; § 12 Rdn. 7; § 19 Rdn. 98).[2]

2. Die Begriffe „Anwartschaft" und „Anwartschaftsrecht"

L 2 a) Diese beiden Begriffe, für die es keine gesetzliche Definition gibt, werden in unterschiedlichem Sinn verwendet.[3] Über die im Gesetz nicht geregelte Frage, unter welchen Voraussetzungen der Auflassungsempfänger ein Anwartschaftsrecht als „selbständig verkehrsfähige Vorstufe des Grundstückseigentums"[4] hat, herrscht Streit.[5] In der BGH-Rspr.[6] zeichnet sich aber eine eindeutige Haltung ab, an der sich die Praxis orientieren kann und wird.

b) Ein „Anwartschaftsrecht" liegt danach nur vor, wenn bei einem mehraktigen Entstehungstatbestand eines Rechts schon soviele Erfordernisse erfüllt sind, daß von einer gesicherten Rechtsstellung des Erwerbers gesprochen werden kann, die der andere Vertragsteil bzw. Dritte nicht mehr durch einseitige Erklärungen, Handlungen oder Unterlassungen zerstören kann.[7]

c) Beim Erwerb des Eigentums am Grundstück erfolgt in der Regel zuerst die Auflassung und dann die Eintragung im GB. Es ist nach materiellem Recht auch möglich, daß in umgekehrter Reihenfolge die Eintragung vorausgeht (§ 20 Rdn. 4) und als erste

---

[1] S. a. Staudinger/*Pfeifer* § 925 Rdn. 143 ff.; Haegele/Schöner/*Stöber* GBR 852, 1477.

[2] Bundesnotarkammer in DNotZ 87, 1, *Brambring* DNotZ 90, 615/616, 628; *Ertl* DNotZ 69, 650/660.

[3] Staudinger/*Seiler* Einl. 46; MünchKomm/ *Quack* Einl. 21 ff. je zu §§ 854 ff. BGB; MünchKomm/*Wacke* § 873 Rdn. 43.

[4] BGHZ 83, 395/399.

[5] Meinungsüberblick bei OLG Hamm DNotZ 75, 488; Westermann/*Eickmann*, Immobiliarsachenrecht § 92 I 6; Staudinger/*Pfeifer* Rdn. 121, 122; Palandt/*Bassenge* Rdn. 25; MünchKomm/*Kanzleiter* Rdn. 32 je zu § 925.

[6] Einl. L 4; *Hagen* DNotZ 84, 267/269.

[7] BGHZ 27, 360/368; 35, 85/87; 37, 319/321; 45, 186/189; 106, 108.

Voraussetzung des mehraktigen Tatbestands ein „Bucheigentum" entsteht, das als unrichtig (§ 894 BGB), aber wirksam eingetragenes Recht Buchrechtswirkungen hat (Einl. B 11, 60), die wesentlich stärker als die des (nicht eintragungsfähigen) Anwartschaftsrechts des Auflassungsempfängers sind. Dieser umgekehrten Reihenfolge steht die vom GBA zu beachtende Verfahrensvorschrift des § 20 GBO entgegen (dazu Einl. C 68). In Fällen des § 19 GBO ist sie möglich, wenn sie zu einer vorübergehenden Unrichtigkeit führt (Einl. C 72). Bedenken bestehen aber gegen eine Löschung, die das GB vorübergehend unrichtig machen würden (Einl. C 69).

3. Vorstufen des Grundstückseigentums

a) Erste Voraussetzung des Rechts des Auflassungsempfängers ist eine wirksame **L 3** Auflassung (§ 925 BGB), weil ohne sie die mehraktige Eigentumsübertragung noch nicht begonnen hat und sich daran auch dann nichts ändert, wenn zur Sicherung des Anspruchs auf Eigentumsverschaffung eine Vormerkung eingetragen ist.[8]

b) Auf dem Weg zum Erwerb des Eigentums am Grundstück (§ 873 Abs. 1 BGB) gibt es Vorstufen mit unterschiedlichen Voraussetzungen und Wirkungen:
(1) Auflassung (§ 925 BGB; § 20 GBO) ohne Bewilligung
(2) Auflassung und Bewilligung (§ 19 GBO) ohne Antrag
(3) Auflassung, Bewilligung und Antrag des Veräußerers (§ 13 GBO)
(4) Auflassung, Bewilligung und Antrag des Erwerbers (§ 13 GBO)
(5) Auflassung und Vormerkung; keine Bewilligung der Eigentumsumschreibung
(6) Auflassung, Bewilligung (§ 19 GBO) und Vormerkung
(7) Auflassung, Bewilligung, Erwerberantrag und Vormerkung.

c) Der Erwerb einer Vormerkung (§§ 883, 885 BGB) verläuft in ähnlichen Stufen, ist aber (wie § 873 Abs. 1 BGB zeigt) keine rechtlich notwendige Vorstufe des Grundstückseigentums. Die Vormerkung ist allerdings ein im Grundstücksverkehr übliches Sicherungsmittel zum Schutz des Anspruchs auf Eigentumsverschaffung (Einl. G 6 ff., L 1 ff.; M 24, 32), ohne das die Rechtsstellung des Auflassungsempfängers weniger gesichert wäre.[9]

d) Diese Stufen sind aus verschiedenen Gründen von Bedeutung
(1) Wie ist der Auflassungsempfänger in den einzelnen Stufen gegen Beeinträchtigungen seiner Rechtsstellung geschützt? Dies ist wichtig für die Frage, welche Sicherheit der Käufer hat, wenn er vor dem Eigentumserwerb den Kaufpreis zahlt (dazu Einl. L 32).
(2) In welcher dieser Stufen kann über das Recht des Auflassungsempfängers wirksam verfügt werden, wann ist es also „verkehrsfähig" (Einl. L 4) ?.
(3) Die Fragen, ob ein Recht besteht und ob es verkehrsfähig ist, sind voneinander zu trennen.[10] Denn es gibt Rechte (Rechtspositionen), die nicht oder nur eingeschränkt verkehrsfähig sind (z. B. §§ 1059 ff., 1092 BGB).

4. Verkehrsfähigkeit des Rechts

a) Nach st.Rspr. des BGH liegt ein übertragbares und damit pfändbares (verpfänd- **L 4** bares) Recht eines Auflassungsempfängers erst dann vor, wenn ein Antrag auf Eigentumsumschreibung vom Erwerber beim Grundbuch gestellt ist oder eine Auflassungs-

---

[8] BGHZ 89, 41/44 = DNotZ 84, 319/320.
[9] BGHZ 45, 186/190.
[10] Staudinger/*Kaduk* Einl. zu § 398 Rdn. 2 ff., 47 ff.; § 399 Rdn. 84, 90; § 413 Rdn. 18 ff.

Einl I. Grundbuchordnung

vormerkung vorliegt.[11] Übertragbar, verpfändbar und pfändbar ist es nach Auffassung des BGH in der Stufe 4 (Einl. L 6), Stufe 6 (Einl. L 18, 20), kombinierten Stufe 7 (Einl. L 23), ungeklärt ob bereits in der Stufe 5 (Einl. L 21).

b) Nach einer in der Lit. verbreiteten Auffassung genügt für die Annahme einer verkehrsfähigen Anwartschaft (der noch die spezifischen Schutzwirkungen des Anwartschaftsrechts fehlen) bereits die rechtswirksame Auflassung.[12]

5. Verfahrensrechtliche Stellung des Auflassungsempfängers

L 5 Die Rechtslage zwischen Auflassung und Eintragung wird vom Grundbuchverfahrensrecht bestimmt, das (wie z. B. §§ 873, 874, 878, 879, 892 BGB zeigen) Wechselwirkungen mit dem materiellen Recht hat (Einl. A 15 ff.). Die Rechtsstellung des Auflassungsempfängers ist nicht gesichert, wenn der Eigentumsumschreibung ein Eintragungshindernis (§ 18) entgegensteht, das zur Zurückweisung seines Antrags führt (vgl. dazu § 18 Rdn. 16 ff.; § 74 Rdn. 9; § 75 Rdn. 2).[13]

Antrag (§ 13), Bewilligung (§ 19), Nachweis der Auflassung (§§ 20, 29) und Voreintragung des Veräußerers (§ 39 Abs. 1) sind nicht die einzigen Eintragungsvoraussetzungen im GB-Verfahren (Einl. A 40; C 80; § 20 Rdn. 1, 4; § 28 Rdn. 9). Mit der im Grundstücksverkehr (z. B. vom Käufer oder Kreditgeber) gewünschten Sicherheit läßt sich feststellen, an welchem Rang die Vormerkung eingetragen ist, aber nie vorausschauend beurteilen, ob der Antrag zur Eintragung des Eigentumsüberganges führen wird (dazu § 12 Rdn. 7; § 19 Rdn. 98).

Daraus folgt zweierlei: Das Mißtrauen gegen das nicht eintragungsfähige Anwartschaftsrecht ist durchaus berechtigt. Die dem „werdenden Eigentümer"[14] zum Eigentumserwerb fehlende Eintragung im Grundbuch kann durch nichts ersetzt werden, auch nicht durch eine Notarbestätigung.[15]

II. Das Anwartschaftsrecht des Auflassungsempfängers

1. Das „gesicherte" Anwartschaftsrecht

L 6 a) Das durch § 878 BGB, §§ 13, 17 GBO gesicherte Recht des Auflassungsempfängers, der selbst den Umschreibungsantrag gestellt hat, ist nach BGH ein vom schuldrechtlichen Anspruch unabhängiges, dem späteren Vollrecht vergleichbares, selbständig verkehrsfähiges Recht = „Anwartschaftsrecht".[16] Weil der Erwerb des Eigentums am Grundstück Einigung und Eintragung erfordert (§ 873 Abs. 1 BGB), kann man ein verkehrsfähiges Anwartschaftsrecht nicht unabhängig vom Vorliegen der Eintragungsvoraussetzungen annehmen.[17]

L 7 b) **Voraussetzungen** dafür sind (Einl. L 3 Stufe 4):
1. Auflassung (§ 925 BGB, §§ 20, 29 GBO), die wirksam, bindend und dem GBA nachgewiesen sein muß (dazu § 20 Rdn. 1, 3, 4, 53);

---

[11] So BGHZ 106, 108 unter Hinweis auf BGH DNotZ 76, 96/97, BGHZ 83, 395/399, 89, 41/44.
[12] Vgl. Überblick bei Staudinger/*Gursky* § 873 Rdn. 173.
[13] S. a. *Böttcher* MittBayNot 87, 9; 87, 65; Haegele/Schöner/*Stöber* GBR 434 ff.; Demharter Rdn. 8, 16, 21; Meikel/*Böttcher* Rdn. 30 ff. je zu § 18 GBO.
[14] Vgl. BGHZ 87, 138; 106, 113.
[15] *Ertl* DNotZ 69, 650.
[16] BGHZ 45, 186/188; 49, 197/200; 83, 395/399; 106, 108; DNotZ 76, 96/97.
[17] So BGHZ 106, 108/111.

2. Eintragungsantrag des Auflassungsempfängers (§ 13 GBO), der nicht zurückgenommen und nicht zurückgewiesen sein darf;[18]
3. Eintragungsbewilligung des von der Eintragung Betroffenen (§§ 19, 29, 39 Abs. 1 GBO), die wirksam, unwiderruflich und dem GBA nachgewiesen sein muß (dazu § 19 Rdn. 1, 167 ff.).
Wer die Bewilligung des Betroffenen (§§ 19, 39 Abs. 1 GBO) zu den Eintragungsvoraussetzungen rechnet (§ 20 Rdn. 7 ff.) und berücksichtigt, daß die Bewilligung und die Auflassung dem GBA nachgewiesen werden muß (§§ 19, 20, 29 GBO), kann von einem verkehrsfähigen Recht nicht sprechen, wenn der Veräußerer zwar die Auflassung und Bewilligung erklärt, aber dem Auflassungsempfänger die zur GB-Eintragung notwendige Urkunde vorenthalten kann.[19]

c) Das Anwartschaftsrecht des Auflassungsempfängers **erlischt** (samt Pfandrecht),[20] wenn die Auflassung unwirksam wird (Einl. L 3, 9). Es verliert seine Verkehrsfähigkeit, wenn eine der dazu notwendigen Voraussetzungen wegfällt, also wenn die Bewilligung vor der GB-Eintragung unwirksam wird (vgl. § 19 Rdn. 87 ff.; 168), wenn der Auflassungsempfänger seinen Antrag zurücknimmt (vgl. § 13 Rdn. 46 ff.), wenn sein Antrag (zu Recht oder Unrecht) zurückgewiesen wird (§ 18 Rdn. 30, 31, 93) und er kein Rechtsmittel einlegt, die Beschwerde zurückgewiesen wird oder zwar Erfolg hat, aber als neuer Antrag zu behandeln ist (vgl. § 74 Rdn. 9). In solchen Fällen geht eine Übertragung, Verpfändung, Pfändung ins Leere.

L 8

d) Welche **Ausnahmen** es davon gibt, bedarf einer Klärung.
(1) Wenn die Auflassung unwirksam wird, kann sie nicht wieder aufleben. Nur eine neue Auflassung kann zusammen mit der Eintragung den Eigentumsübergang herbeiführen (vgl. Einl. L 30; § 20 Rdn. 118).
(2) Das Anwartschaftsrecht samt einem Pfandrecht, das vorher daran bestanden hat, besteht (soweit nicht in wirksam entstandene Rechte Dritter eingegriffen wird; Einl. L 26) weiter, wenn die Antragszurückweisung zu Unrecht erfolgt ist, im Rechtsmittelverfahren aufgehoben, die Beschwerde nicht auf neues Vorbringen gestützt (§ 74) und der zu Unrecht aufgehobene Antrag wieder als unerledigt angesehen wird mit der Folge, daß seine früheren Wirkungen, auch die aus § 878 BGB und § 17 GBO wieder aufleben.[21]
(3) Sind vor der Antragszurückweisung durch Auflassung und Vormerkung die Voraussetzungen der Verkehrsfähigkeit (also auf andere Weise als durch Antragstellung) eingetreten (Einl. L 18 ff.), dann ist folgende für Pfandrechtsgläubiger wichtige Frage zu klären: Handelt es sich hier um zwei verschiedene Rechte, von denen das eine durch Antragszurückweisung erloschen und das andere nicht verpfändet (gepfändet) ist? Oder liegt ein einziges Recht vor, dessen Verkehrsfähigkeit weiterbesteht, weil durch die Antragszurückweisung weder die Auflassung noch die Vormerkung unwirksam geworden ist und beide zusammen die Verkehrsfähigkeit bewirken. Die letztere Auffassung, für die vieles[22] spricht, wird bejaht.[23]

L 9

e) **Bei wirksamer Übertragung** dieses Rechts tritt der Anwartschaftserwerber in die volle dingliche und grundbuchmäßige Stellung des Auflassungsempfängers aus der Auf-

L 10

---

[18] BGH DNotZ 76, 96; 90, 289.
[19] Ebenso zu § 20 GBO LG Bonn Rpfleger 89, 449; MünchKomm/*Kanzleiter* § 925 Rdn. 27 a, 34; *Kehrbusch* Rpfleger 88, 475/477; *Hintzen* Rpfleger 89, 439/441 Fußn. 39, 40; vgl. auch *Weser* MittBayNot 1993, 256 ff.
[20] BGH DNotZ 76, 96.
[21] RGZ 135, 378/385; BGHZ 45, 186/191;

BayObLG Rpfleger 83, 101; KG DNotZ 34, 284/285; vgl. § 17 Rdn. 23 § 18 Rdn. 95, 96; § 19 Rdn. 90; § 74 Rdn. 9.
[22] Auch die Formulierung in BGHZ 106, 108, 111.
[23] Z. B. von LG Düsseldorf Rpfleger 85, 301 Anm. *Münzberg*; *Stöber*, Forderungspfändung Rdn. 2064, 2065.

Einl I. Grundbuchordnung

lassung, Bewilligung und Antrag einschließlich der sich aus § 17 GBO ergebenden Verfahrenslage anstelle des Auflassungsempfängers ein. Der Anwartschaftserwerber erwirbt das Eigentum am Grundstück unmittelbar vom eingetragenen Eigentümer ohne Zwischenerwerb des Anwartschaftsveräußerers.[24]

L 11 f) Das Anwartschaftsrecht ist ein dem späteren Vollrecht vergleichbares, vom schuldrechtlichen Anspruch unabhängiges Recht.[25] Wer sein Grundstück ohne Rechtsgrund aufgelassen hat, kann die Verfügung über das Anwartschaftsrecht nur durch gerichtliches Veräußerungsverbot gegen den Auflassungsempfänger verhindern, das gegen einen Dritten nur wirkt, wenn er das Verbot kennt[26] (dazu Einl. L 25, 26).

L 12 g) Das Anwartschaftsrecht ist **kein dingliches Recht**, noch kein Eigentum, wegen § 925 Abs. 2 BGB kein bedingtes Eigentum und auch kein beschränktes dingliches Recht am Grundstück.[27] Es kann nicht im GB eingetragen und nicht gutgläubig erworben werden (Einl. L 28, 29).

L 13 h) **Der Grundstückseigentümer bleibt verfügungsberechtigt.** Er kann sein Grundstück wirksam an einen Dritten auflassen (oder ein dingliches Recht bestellen; Einl. L 26), selbst wenn dieser die erste Auflassung kennt.[28] Dritte können aber wegen § 17 GBO nicht als Eigentümer oder dinglich Berechtigte im GB eingetragen werden, wenn nicht der vom Auflassungsempfänger vorher gestellte Antrag zurückgenommen oder (zu Recht oder Unrecht) zurückgewiesen wird oder das GBA gegen die verfahrensrechtliche (materiell nicht beachtliche) Vorschrift des § 17 GBO verstößt.

L 14 i) Durch Verfügungsbeschränkungen kann ein nach § 878 BGB gesichertes Anwartschaftsrecht nicht mehr beeinträchtigt werden (§ 19 Rdn. 87 ff.).[29] Umgekehrt kann in das Anwartschaftsrecht die Zwangsvollstreckung betrieben werden;[30] es fällt bei Konkurs des Auflassungsempfängers in die Konkursmasse. Der Schutz des Auflassungsempfängers ist aber nicht absolut (Einl. L 26).

2. Die „unsichere" Anwartschaft des Auflassungsempfängers

L 15 a) Der Auflassungsempfänger kann aufgrund Auflassung, Bewilligung und Antrag des Veräußerers (§§ 13, 19 GBO; Einl. L 3 Stufe 3) im GB eingetragen werden und das Eigentum am aufgelassenen Grundstück erwerben (§ 873 Abs. 1 BGB). Er ist aber nicht gegen eine Antragszurücknahme des Veräußerers (§ 13 Rdn. 46 ff.) und auch nicht gegen Beeinträchtigungen der Verfügungs- und Bewilligungsbefugnis des Veräußerers gesichert (§ 19 Rdn. 90).

Deshalb kann die „unsichere" Anwartschaft des Auflassungsempfängers (Einl. L 3 Stufen 1, 2, 3) nach BGH nicht wirksam übertragen, verpfändet, gepfändet werden. Die gegenteilige Meinung in Rspr.[31] und h. L. (vgl. Einl. L 2),[32] der Auflassungsempfänger habe durch Auflassung (ohne eigenen Antrag und ohne Vormerkung) ein bereits verkehrsfähiges Vermögensrecht, wird hier nicht mehr vertreten, weniger wegen der „Unsicherheit" der Anwartschaft als deshalb, um der Eigendynamik, die diese Rechtsfigur ohne Not entwickelt, Einhalt zu gebieten.

L 16 b) Der Auflassungsempfänger ist statt dessen auf andere, im Gesetz selbst angelegte Vertragsgestaltungen angewiesen, z. B. auf die Mitwirkung des Grundstückseigen-

---

[24] BGHZ 49, 197/205.
[25] BGHZ 83, 395/399; 106, 108/111.
[26] *Löwisch/Friedrich* JZ 72, 302/303.
[27] Staudinger/*Pfeifer* § 925 Rdn. 124.
[28] BGHZ 45, 186/190; 49, 197/200; BGH Rpfleger 75, 432.

[29] S. a. Staudinger/*Pfeifer* § 925 Rdn. 137.
[30] BGHZ 49, 197.
[31] Z. B. KG JFG 4, 339/342; BayObLGZ 71, 307/311.
[32] Auch in Staudinger/*Pfeifer* § 925 Rdn. 125, 133, 134, 136.

tümers bei der Belastung des Grundstücks zur Kaufpreisfinanzierung (§ 20 Rdn. 148), Verpfändung des vorgemerkten schuldrechtlichen Anspruchs (Einl. L 36; § 20 Rdn. 138), Einwilligung des Grundstückseigentümers (§ 185 Abs. 1 BGB) zur Weiterveräußerung des noch in seinem Eigentum stehenden Grundstücks an einen Dritten (§ 20 Rdn. 137).[33]

c) Eine Verfügung über das „künftige" Anwartschaftsrecht zu einem Zeitpunkt, in dem eine zu seiner Verkehrsfähigkeit notwendige Voraussetzung noch fehlt (Einl. L 7, 20), ist unwirksam und bleibt nach der von BGHZ 106, 1 08 bestätigten Auffassung[34] (anders Voraufl. M 17, 30) auch dann unwirksam, wenn diese Voraussetzung später mit rückwirkender Kraft eintritt. Ein solcher Fall liegt z. B. vor, wenn zur Zeit der Verfügung (Übertragung, Verpfändung, Pfändung) die Auflassung schwebend unwirksam war und durch Genehmigung rückwirkend (§ 184 Abs. 1 BGB) wirksam wird oder wenn in der Zeit zwischen Antragsrückweisung und Aufhebung des Zurückweisungsbeschlusses (als kein Eintragungsverfahren anhängig war) die Verfügung erfolgt ist und erst später der zurückgewiesene Antrag wieder auflebt (Unterschied zu Einl. L 9 Fall 2).

L 17

3. Recht des Auflassungsempfängers aus Auflassung und Vormerkung

a) **Meinung des BGH**

L 18

Das Recht des Auflassungsempfänger, für den eine Vormerkung eingetragen ist, wurde vom BGH mit der Begründung als selbständig verkehrsfähiges Anwartschaftsrecht anerkannt, daß in diesem Fall auch ohne eigenen Antrag des Auflassungsempfängers sein Recht wegen des durch §§ 883 Abs. 2, 888 BGB gewährten Schutzes vom Veräußerer nicht mehr einseitig zerstört werden kann[35] Nach OLG Düsseldorf[36] ist die Verkehrsfähigkeit bereits bei Auflassung und Antrag des Auflassungsempfängers auf Eintragung einer Auflassungsvormerkung zu bejahen, also zu dem auch für die Gutgläubigkeit des Auflassungsempfängers maßgebenden Zeitpunkt (Einl. L 28).

b) Die **Gegenmeinung** lehnt ein durch Vormerkung gesichertes Anwartschaftsrecht ab.[37] Ein vom Anspruch auf Eigentumsverschaffung abhängiges Anwartschaftsrecht ist kein mit dem abstrakten Volleigentum vergleichbares Recht. Einer Anwartschaft ohne Antrag des Auflassungsempfängers fehlt der Schutz der §§ 878 BGB, 13, 17 GBO. Wird die Auflassung trotz Vormerkung unwirksam, (z. B. durch Konkurs des Veräußerers oder weil das GBA einen anderen als Eigentümer eintragen muß; Einl. G 7), dann wird der Auflassungsempfänger nur geschützt, wenn ihm die Vormerkung zusteht und der vorgemerkte Anspruch wirksam ist (§§ 883 Abs. 2; 888 Abs. 1 BGB). Versagt der Vormerkungsschutz, hilft auch das von Auflassung und Vormerkung abhängige Anwartschaftsrecht nicht weiter.

L 19

c) Die **Verkehrsfähigkeit ist zu bejahen** (Einl. L 3 Stufe 6), wenn Auflassung und Bewilligung der Eigentumsumschreibung vorliegen (wie Einl. L 7), eine Vormerkung für den Auflassungsempfänger zur Sicherung seines (wirksamen, verkehrsfähigen) Anspruchs auf Verschaffung des Eigentums am aufgelassenen Grundstück eingetragen ist (§§ 883, 885 BGB) und Auflassung und Vormerkung (auf die sich die Verkehrsfähigkeit

L 20

---

[33] BGHZ 106, 108/111.
[34] BGH DNotZ 76, 96.
[35] BGHZ 83, 395/399; 89, 41, 44; 106, 108; ebenso OLG Hamm NJW 75, 879; OLG Düsseldorf Rpfleger 81, 199; Palandt/*Bassenge* § 925 Anm. 6 B; MünchKomm/*Kanzleiter* § 925 Rdn. 34; *Demharter* Anh. zu § 26 Rdn. 53.
[36] A. a. O.
[37] So *Vollkommer* Rpfleger 69, 409/414; 72, 18; *Eickmann* Rpfleger 81, 200; *Reinicke/Tiedtke* NJW 82, 2281/2285; *Münzberg* Rpfleger 85, 306; *Böttcher* Rpfleger 88, 252/254; *Hintzen* Rpfleger 89, 439/441; *Jauernig* § 873 Anm. 3; Staudinger/*Pfeifer* § 925 Rdn. 140.

Einl I. Grundbuchordnung

der Rechtsstellung stützt) sich beide in einer Hand befinden. Nicht das Recht des Auflassungsempfängers ist vom vorgemerkten Anspruch abhängig, sondern lediglich seine Verkehrsfähigkeit (Einl. L 3). Die Verkehrsfähigkeit eines Rechts setzt nicht voraus, daß es gegen jede Art der Zerstörung gesichert ist (Einl. L 26).[38] Das gesicherte Anwartschaftsrecht kann erlöschen (Einl. L 8) und wird trotzdem (nahezu unbestritten) für verkehrsfähig gehalten. Die (bisher) h. L. hatte keine Bedenken gegen die Verkehrsfähigkeit der ungesicherten Anwartschaft (Einl. L 15), obwohl sie weniger gesichert ist, als durch Auflassung und Vormerkung.

L 21 d) **Die Verkehrsfähigkeit besteht nicht,** wenn die Voraussetzungen dafür noch nicht vorliegen oder weggefallen sind (zur Begründung vgl. Einl. L 7 ff.).
Einzelfälle:
(1) Auflassung ohne Bewilligung (§ 19 GBO; Einl. L 3 Stufe 5): Der Veräußerer hat in dieser Stufe noch nicht alles verfahrensrechtlich zur Eigentumsumschreibung Erforderliche getan.[39] Einem Antrag des Auflassungsempfängers steht noch ein Eintragungshindernis (§ 18) entgegen, das zur Zurückweisung seines Antrags führt (Einl. L 5). Dagegen kann in der Stufe 6 (Auflassung und Bewilligung) der Auflassungsempfänger seine Eintragung als Eigentümer durch einen Antrag selbst herbeiführen. Auf eine Mitwirkung des Veräußerers ist er nicht mehr angewiesen.
(2) Unwirksamkeit des vorgemerkten Anspruchs:
In diesem Fall ist auch die Vormerkung unwirksam (Einl. G 10). Es fehlt eine der Voraussetzungen der Verkehrsfähigkeit (Einl. L 20), wenn sich das Anwartschaftsrecht nicht auf Auflassung, Eintragungsbewilligung und Antragstellung stützen kann.
(3) Ausschluß der Abtretung/Verpfändung (§§ 399, 1274 BGB): Da dem Anspruch die erforderliche Verkehrsfähigkeit fehlt,[40] kann der Auflassungsempfänger seine Rechtsstellung aus Auflassung und Vormerkung nicht oder jedenfalls nicht ohne Zustimmung des Grundstückseigentümers übertragen oder verpfänden.
(4) Bei der Pfändung ist zu unterscheiden:
Ist die Abtretung des Anspruchs durch Vereinbarung ausgeschlossen (§ 399 BGB Fall 2), so ist er trotzdem pfändbar (§ 851 Abs. 2 ZPO). Ist sie wegen Veränderung des Leistungsinhalts ausgeschlossen (§ 399 BGB Fall 1), so ist er nicht pfändbar.[41]
(5) Anwartschaftsrecht und Vormerkung nicht in einer Hand: Wenn sich das Anwartschaftsrecht auf Auflassung und Antragstellung stützt (wie in den Fällen Einl. L 6 und M 24), ist es unabhängig vom vorgemerkten Anspruch verkehrsfähig. Ist es von Auflassung und Vormerkung abhängig, muß es sich in der Hand des Vormerkungsberechtigten befinden (dazu Einl. L 18, 20, 22).

L 22 e) **Abtretung des Anwartschaftsrechts und des Anspruchs**
(1) Die Abtretung des Anwartschaftsrechts ist von der Einhaltung der Auflassungsform abhängig (§ 925 Abs. 1 BGB), bedingungsfeindlich (§ 925 Abs. 2 BGB), bedarf keiner Zustimmung des Grundstückseigentümers, keiner Anzeige an ihn und keiner Eintragung (dazu § 20 Rdn. 134).
(2) Die Abtretung des Anspruchs auf Eigentumsverschaffung (Einl. L 3) ist formlos wirksam, kann von Bedingungen und Zeitbestimmungen abhängig gemacht werden, bedarf keiner Zustimmung des Veräußerers, keiner Anzeige an ihn und keiner Eintragung bei der Vormerkung, die mit dem Anspruch übergeht (Einl. G 10). Sie kann aber bei der Vormerkung vermerkt werden (dazu § 20 Rdn. 129, 130).

---

[38] BGHZ 49, 197/202.
[39] Staudinger/*Pfeifer* § 925 Rdn. 134, 135.
[40] Staudinger/*Kaduk* Einl. zu § 398 Rdn. 63 ff.; § 399 Rdn. 90.
[41] *Stöber*, Forderungspfändung Rdn. 14, 15, 2035, 2065.

(3) Die Abtretung des Anwartschaftsrechts und des Anspruchs sind rechtlich voneinander unabhängig. Die Beteiligten werden aber bedenken müssen, daß die auf Auflassung und Vormerkung gestützte Rechtsstellung des Auflassungsempfängers nicht wirksam übertragen werden kann und erlischt, wenn sie nicht mehr dem Vormerkungsberechtigten zusteht (dazu Einl. L 21 Fall 5).

4. Das durch Anwartschaftsrecht und Vormerkung gesicherte Recht

a) **Voraussetzungen** (Einl. L 3 Stufe 7): **L 23**
Wenn Auflassung, Bewilligung und Antrag des Auflassungsempfängers vorliegen und für ihn eine Vormerkung eingetragen ist, hat der Auflassungsempfänger nach geltendem Recht die sicherste — kumulierte — Rechtsstellung, die ihm Anwartschafts-, Vormerkungs- und Gutglaubensschutz gewährt (Einl. L 26, 27, 28).[42]

b) Eine Übertragung (Verpfändung) des Anwartschaftsrechts erst in dieser letzten **L 24** Stufe wird in der Praxis kaum Bedeutung haben, ist aber (anders als Einl. L 21) auch unabhängig von bzw. neben der Übertragung (Verpfändung) des Anspruchs möglich (Einl. L 6, 7). Sicherer für einen Dritten (Anwartschaftserwerber, Pfandrechtsgläubiger) ist wegen der nie auszuschließenden Gefahr einer Antragszurückweisung (Einl. L 5, 8) die Übertragung (Verpfändung) des Anspruchs samt Vormerkung (Einl. L 22) allerdings nur, wenn der Anspruch und die Vormerkung besteht und die Abtretung des Anspruchs nicht ausgeschlossen ist.

III. Schutz des Auflassungsempfängers

1. Grundlagen des rechtsgeschäftlichen Eigentumserwerbs

Nach Grundbuchrecht richtet sich die Frage, ob der Auflassungsempfänger eingetragen **L 25** wird, nach Sachenrecht ob er Eigentum erwirbt, nach Schuld- und Sachenrecht, ob er durch eine eingetragene Vormerkung wirklich gesichert ist, nach Schuldrecht ob er auf Verschaffung des Eigentums einen Anspruch (§§ 241, 194 BGB) hat und das Eigentum behalten darf. Denn wenn der Auflassungsempfänger das Eigentum ohne Rechtsgrund erhalten hat, kann der Veräußerer die Rückübereignung verlangen (§ 812 BGB) und seinen Rückübereignungsanspruch erforderlichenfalls aufgrund einstweiliger Verfügung durch Vormerkung sichern lassen (§ 885 Abs. 1 BGB; dazu auch Einl. L 11).

2. Anwartschaftsschutz

Der Schutz des Auflassungsempfängers gegen Beeinträchtigungen seiner Rechtsstellung **L 26** besteht nur während des Eintragungsverfahrens, ist nicht vom Anspruch abhängig, aber in keiner Stufe absolut (Einl. L 8, 13, 20).[43] Denn dieser Schutz setzt voraus, daß der Antrag zur Eintragung führt (§ 878 BGB), das GBA sich an die Antragsreihenfolge hält (§ 17 GBO), der Antrag nicht zurückgenommen und nicht zurückgewiesen wird oder mindestens durch Aufhebung des Zurückweisungsbeschlusses (Einl. L 9) wieder auflebt, bevor das Eigentum auf einen Dritten übergegangen ist. Ein unter Verstoß gegen § 17 oder nach Antragszurückweisung für einen Dritten eingetragenes Recht ist durch Einigung und Eintragung wirksam entstanden; das GB ist richtig (§ 18 Rdn. 95).[44] Verliert der Ver-

---

[42] S. a. Staudinger/*Pfeifer* § 925 Rdn. 141.
[43] S. a. Staudinger/*Pfeifer* § 925 Rdn. 125 c, 138.
[44] BGHZ 45, 186/191; 49, 197/201.

äußerer vor Vollendung des Eigentumserwerbs des Auflassungsempfängers sein Eigentum,[45] wird die Auflassung und mit ihr das Recht des Auflassungsempfängers unwirksam.[46] Durch den Reformvorschlag, der Beschwerde aufschiebende Wirkung beizulegen und sie zu einem befristeten Rechtsmittel umzugestalten (vgl. § 74 Rdn. 9), würde dieser Schutz verbessert.

3. Vormerkungsschutz

L 27 Die Vormerkung (§§ 883, 885 BGB) teilt das rechtliche Schicksal des vorgemerkten Anspruchs (Einl. G 10). Sie schützt den Vormerkungsberechtigten gemäß §§ 883 Abs. 2; 888 Abs. 1 BGB gegen Vereitelung oder Beeinträchtigung seines Anspruchs auf Eigentumsverschaffung (Einl. G 1, 6, 7) vor und nach Erklärung der Auflassung bis zum Eigentumsübergang, bei Eintragung vormerkungswidriger Verfügungen auch noch nach der Eigentumsumschreibung (Einl. L 1, 3). Der Vormerkungsschutz ist ein wichtiges Instrument im Grundstücksverkehr (Einl. G 6, 7; L 1; M 32), auch und gerade dann, wenn der Anwartschaftsschutz versagt. Verfügungen über den Anspruch (samt Vormerkung) sind vor und nach Erklärung der Auflassung möglich (§ 20 Rdn. 129, 138),[47] von der Verkehrsfähigkeit des Anspruchs abhängig (§ 399 BGB; Einl. L 21), aber nicht davon, daß auch über das Anwartschaftsrecht verfügt wird.

4. Gutglaubensschutz

L 28 Ein gutgläubiger Auflassungsempfänger bedarf auch im GB-Verfahren eines auf § 892 Abs. 2 BGB und § 17 GBO gestützten Schutzes (§ 19 Rdn. 98, 100). Der bei Stellung des Antrags auf Eintragung der Vormerkung bestehende gute Glaube bleibt auch für den späteren Erwerb des durch die Vormerkung gesicherten dinglichen Rechts maßgebend (vgl. § 19 Rdn. 86).[48] Dieser Erwerberschutz, auf den die Praxis vertraut, darf nicht in Frage gestellt werden und dem Auflassungsempfänger während des für seinen Eigentumserwerb notwendigen GB-Verfahrens nicht verloren gehen (dazu Einl. L 9 Fall 2; M 26, 30; § 19 Rdn. 98).

Anders ist die Rechtslage eines Dritten (z. B. des Zweiterwerbers C). Er kann weder den vorgemerkten Anspruch (Einl. G 11) noch das Anwartschaftsrecht des Auflassungsempfängers gutgläubig erwerben.[49]

5. Schutz durch einen Vermerk im Grundbuch?

L 29 a) Das Anwartschaftsrecht des Auflassungsempfängers ist nicht eintragungsfähig (Einl. L 12). Dadurch unterscheidet es sich in einem wesentlichen Punkt vom „Bucheigentum", dem die Auflassung fehlt (Einl. L 2).

b) Zur Übertragung, Verpfändung, Pfändung des Anwartschaftsrechts ist keine Eintragung im GB erforderlich (Einl. L 22).[50] Ob eine solche Verfügung eingetragen werden kann, ist umstritten. Die h. M. geht davon aus, daß ein Vermerk nur dann möglich und zulässig ist, wenn für den Auflassungsempfänger eine Vormerkung eingetragen ist.[51] Dies

---

[45] BGH LM § 185 Nr. 6.
[46] Vgl. Staudinger/*Pfeifer* § 925 Rdn. 138.
[47] KG Rpfleger 71, 312; *Vollkommer* Rpfleger 69, 409/412.
[48] BGH DNotZ 81, 179/181; *Linden* MittBayNot 81, 169/172; Staudinger/*Gursky* § 883 Rdn. 146, 147; § 892 Rdn. 149, 173, 174.

[49] MünchKomm/*Kanzleiter* § 925 Rdn. 36; Staudinger/*Pfeifer* § 925 Rdn. 129.
[50] BGHZ 49, 197/202.
[51] So *Demharter* Anh. § 26 Rdn. 53; MünchKomm/*Damrau* § 1274 Rdn. 38; Haegele/Schöner/*Stöber* GBR 1594, 1601; *Vollkommer* Rpfleger 69, 409/411.

ist höchstrichterlich keineswegs gefestigt[52] und nach der hier vertretenen Meinung abzulehnen.[53]

c) Die Frage nach Sinn und Folgen der Eintragung eines solchen Vermerks ist keineswegs geklärt. Sie bedarf einer eingehenden Prüfung, insbes. im Hinblick darauf, daß die Vormerkung (anders als das Anwartschaftsrecht) mit dem Anspruch erlischt und dann samt einem solchen Vermerk der GB-Berichtigung unterliegt (Einl. G 10; M 22, 27), daß Vormerkung und Anwartschaftsrecht nicht die gleichen Voraussetzungen haben und ein unterschiedliches rechtliches Schicksal haben können (Einl. L 22, 26), daß der Eigentümer durch die Vormerkung, durch die Auflassung und durch Verfügungen über das Anwartschaftsrecht nicht in seiner Verfügungsbefugnis über das Grundstück beeinträchtigt wird (Einl. G 7; M 13) und daß der gutgläubige Erwerb eines Anwartschaftsrechts ausgeschlossen ist (Einl. L 12, 28). Hat der Vermerk einen Sinn, müßte er am Grundstück (nicht an der Vormerkung) eingetragen werden und dürfte nicht von der Existenz der Vormerkung abhängig sein.

6. Schutz gegen Rechtsvorgänge außerhalb des Grundbuchs

Zwischen Auflassung und Eintragung können Rechtsvorgänge außerhalb des Grundbuchs stattfinden, die die zu diesem Zeitpunkt bestehende Rechtsstellung des Auflassungsempfängers gefährden. **L 30**

a) Gemäß § 878 BGB hindert eine nachträglich eingetretene Verfügungsbeschränkung die Rechtsänderung und die GB-Eintragung nicht (§ 19 Rdn. 87 ff.). Dieser Schutz genügt nicht (Einl. L 1, 26 ff., 32).

b) Veränderungen im Wege einer Gesamtrechtsnachfolge machen weder eine neue Auflassung noch eine neue Bewilligung erforderlich. Dies ist bei Eintritt der Erbfolge unbestritten (§ 20 Rdn. 23, 55), muß aber auch für andere Fälle einer Gesamtrechtsnachfolge gemäß den in der Rechtsprechung zu § 40 GBO entwickelten Grundsätzen gelten (vgl. § 40 Rdn. 9 ff.; Einzelfälle in § 19 Rdn. 145, 150; § 20 Rdn. 21 ff., 67, 68, 101).

c) Nach dem Surrogationsprinzip erübrigt sich bei Veränderungen des aufgelassenen Grundstücks (z. B. im Flurbereinigungs-, Umlegungs-, Grenzregelungsverfahren) eine neue Auflassung (§ 20 Rdn. 108).

d) Unter dem Gesichtspunkt des Erwerberschutzes (Einl. L 28, 32) hat das GBA bei Anträgen auf Eintragung eines Vermerks über eine Verfügungsbeschränkung (§ 19 Rdn. 82 ff., 101 ff.) den in § 17 GBO verankerten Grundsatz der Entscheidungsreihenfolge zu beachten (dazu Einl. C 6; § 45 Rdn. 8),[54] eine Verletzung macht das GB aber nicht unrichtig.[55]

e) Aus Gründen des Vertrauensschutzes und der Rechtssicherheit kann Gesetzesänderungen (z. B. über Einführung eines Genehmigungszwangs oder gesetzlichen Vorkaufsrechts) in aller Regel keine Rückwirkung beigemessen werden (dazu § 20 Rdn. 164, 173, 223).

f) Rechtsvorgänge, die nicht eintragungsfähig und dem öffentlichen Glauben des GB entzogen sind, bedrohen den Grundstücksverkehr (dazu Einl. A 10). Im Interesse der Rechtssicherheit aller am Grundstücksverkehr Beteiligten wird man Abhilfe schaffen müssen (auch im Beitrittsgebiet). Der Gesetzgeber sieht dies aber offentlich anders[56]

---

[52] Deshalb warnend *Münzberg* Rpfleger 85, 306/307.
[53] So auch Staudinger/*Pfeifer* § 925 Rdn. 129.
[54] S. a. Meikel/*Böttcher* Einl. D 8, 9; *Eickmann* GBVerfR 8. Kap. § 2 I; *Eickmann* Rpfleger 72, 77; *Böttcher* Rpfleger 83, 49/55.
[55] *Demharter* § 17 Rdn. 17.
[56] Vgl. die Verlängerung der Fristen zu Art.

IV. Verkäuferschutz und Käuferschutz im Grundstücksverkehr

1. Maßnahmen zum Schutz des Verkäufers

L 31 Dem Schutz des Verkäufers gegen die Risiken des Verlustes seines Eigentums vor Kaufpreiszahlung (Einl. L 1) dienen z. B.:

a) **Trennung von Kaufvertrag und Auflassung** mit der Verpflichtung des Verkäufers zur späteren Auflassung erst nach Kaufpreiszahlung.[57]

b) **Übertragung des Eigentums** (§ 873 BGB) verbunden mit einem Rücktrittsvorbehalt vom schuldrechtlichen Vertrag (§ 346 BGB, z. B. bei Zahlungsverzug), der durch Vormerkung für den Verkäufer gesichert werden kann (Einl. L 5, 8, 17, 18).

c) **Bei Messungskauf** (Verkauf einer noch nicht vermessenen Teilfläche) Übertragung des Eigentums am ganzen Grundstück verbunden mit der durch Vormerkung gesicherten Verpflichtung zur Rückübereignung der nichtverkauften Fläche (Einl. L 6; § 28 Rdn. 16), erwägenswert z. B. wenn der Käufer das Grundstück zur Finanzierung des Kaufpreises belasten muß und der Verkäufer dabei nicht mitwirken will.

d) **Vollzugsvorbehalt** nach § 16 Abs. 2 GBO, wonach die Auflassung nicht ohne Kaufpreishypothek eingetragen werden darf (§ 16 Rdn. 13 ff.; § 19 Rdn. 32; § 20 Rdn. 8).

e) **Vorbehalt der Eintragungsbewilligung** (§ 19 GBO) in der Weise, daß in der Urkunde nur die Auflassung erklärt, aber die Eintragung nicht bewilligt und nicht beantragt wird (§ 20 Rdn. 9)[58] und dem Notar entweder die Eintragungsbewilligung in einer eigenen Urkunde (§§ 39, 40 BeurkG) zur Treuhandverwahrung übergeben (§ 19 Rdn. 249 ff.) oder eine Vollmacht zur Bewilligung und Antragstellung (§ 19 Rdn. 195, 196) mit der Weisung erteilt wird, von der Bewilligung oder Vollmacht erst nach Bestätigung des Verkäufers über den Empfang des Kaufpreises Gebrauch zu machen (§ 19 Rdn. 236, 238, 240, 246, 249).

f) **Vorbehalt der Eigentumsumschreibung** durch Anweisung an den Notar gemäß § 51 Abs. 1 BeurkG (§ 19 Rdn. 241, 242), bis zum Nachweis der Kaufpreiszahlung nur auszugsweise Ausfertigungen und Abschriften der Urkunde ohne Wortlaut der Auflassung und Eintragungsbewilligung zu erteilen.[59]

g) **Schuldrechtliche Vereinbarung** über den zeitlichen Aufschub des Vollzugs der Auflassung im Grundbuch,[60] nicht empfehlenswert, weil sie weder vom GBA noch vom Notar beachtet werden muß (§ 13 Rdn. 62).

h) **Verzicht auf das eigene Antragsrecht** der Beteiligten und (verdrängende) Vollmacht für den Notar, in ihrem Namen den Grundbuchvollzug zu beantragen;[61] nach h. M. unzulässig und deshalb nicht empfehlenswert (§ 13 Rdn. 62)[62]

2. Maßnahmen zum Schutz des Käufers

L 32 Die Zahlung des Kaufpreises ohne Sicherung ist Vertrauensangelegenheit (Einl. L 1). Deshalb wird dem Käufer empfohlen, seine Leistungen von einem vorherigen Schutz abhängig zu machen, z. B.

---

[231] § 5 Abs. 3 EGBGB, vgl. DNotI-Report 1996, 217.
[57] OLG Frankfurt DNotZ 90, 672; *Kanzleiter*, DNotZ 1996, 249.
[58] S. a. *Weser* MittBayNot 1993, 253 ff.
[59] *Reithmann* DNotZ 75, 324/330; *Ertl* DNotZ 75, 644/646; *Eckhardt* DNotZ 83, 96.
[60] BGH DNotZ 90, 289/290; OLG Düsseldorf NJW 54, 1041.
[61] OLG Hamm DNotZ 75, 686.
[62] S. a. Haegele/Schöner/*Stöber* Rdn. 88, 183; *Ertl* DNotZ 1975, 644/649 ff.

Rechtslage zwischen Auflassung und Eintragung (Munzig)

a) **Übertragung des Eigentums** an den Käufer, bevor er den Kaufpreis zu zahlen hat. Dies ist i. d. R. dem Verkäufer nicht ohne weiteres zumutbar.

b) **Vormerkungsschutz** (Einl. G 7; M 27): Kaufpreiszahlung erst nach Eintragung der Auflassungsvormerkung, die den Anspruch des Käufers auf Eigentumsübertragung sichert. Die Belastung des Grundstücks mit einer Vormerkung ist eine im Grundstücksverkehr übliche Vorleistung des Verkäufers. Er kann sich (allerdings nicht absolut) auf verschiedene Weise schützen, z. B. durch eine vom Notar treuhänderisch verwahrte und überwachte Löschungsbewilligung des Käufers oder Vollmacht zur Löschung der Vormerkung[63], Sicherheitsleistung (§§ 232 ff. BGB; z. B. Bankbürgschaft) oder Hinterlegung eines zur Löschung der Vormerkung einschließlich Prozeßkosten ausreichenden Betrages.[64]

c) **Anwartschaftsschutz** (§§ 878 BGB, 17 GBO), der in den einzelnen Stufen zwischen Auflassung und Eintragung unterschiedlich groß (Einl. L 3 ff.) und nicht absolut ist (Einl. L 26).

d) **Verfahrensschutz:** Dazu gehören eigene Antragstellung des Erwerbers (§ 13 Rdn. 61; § 19 Rdn. 90, 100), Unwiderruflichkeit der Eintragungsbewilligung (§ 19 Rdn. 174, 177 ff.) und das originäre Recht des Erwerbers auf Urschrift oder Ausfertigung der für den Grundbuchvollzug notwendigen Urkunden (§ 19 Rdn. 181).

e) **Gutglaubensschutz,** den es beim Grundstückserwerb vom eingetragenen Bucheigentümer (§§ 892, 893 BGB) gibt (§ 19 Rdn. 94 ff., 100), nur beschränkt beim Vormerkungserwerb,[65] gar nicht beim Anwartschaftserwerb (Einl. L 28).

f) Abwicklung der Kaufpreiszahlung über **Notaranderkonto**[66].

3. Maßnahmen zum Schutz des Zweiterwerbers

Verkauft der Auflassungsempfänger B das noch im Eigentum des A stehende Grundstück weiter an C, gibt es Vertragsgestaltungen mit unterschiedlichen Voraussetzungen und Folgen für den Schutz des Zweiterwerbers C:

a) **Grundstücksübertragung** (§ 19 Rdn. 81; § 20 Rdn. 137):
Diese Vertragsgestaltung, die gemäß § 185 Abs. 1 BGB eine Verfügungsermächtigung durch A voraussetzt, hat den Vorteil, daß eine Zwischeneintragung des B und ein gutgläubiger Erwerb des Grundstücks durch C (der das Eigentum von A erwirbt) möglich ist. In der Praxis, die das geringste Risiko sucht und den öffentlichen Glauben des Grundbuchs zu schätzen weiß, wird dieser Weg (ergänzt durch Übertragung des Anspruchs samt Vormerkung) häufig beschritten. Bestehen Zweifel, ob B zur Grundstücksübertragung von A ermächtigt worden ist (§ 19 Rdn. 81), sollte B sich als Eigentümer eintragen lassen (§ 39 Abs. 1; Einl. C 5). Dann kann er selbst sein Grundstück an C verkaufen, ihm eine Vormerkung bestellen und das Eigentum übertragen.

b) **Anspruchsübertragung** (§ 20 Rdn. 129):
Sie ist als zusätzliche Sicherung des Zweiterwerbers C empfehlenswert, weil mit dem Anspruch auch die Vormerkung übergeht und dem C Vormerkungsschutz gewährt (Einl. G 7; M 27). Die Rechtsstellung des C ohne Anspruch und ohne Vormerkung wäre wesentlich schwächer. Trotzdem ist zu beachten: Die abgetretene Vormerkung

---

[63] Beck'sches Notarhandbuch/Amann A I Rdn. 173
[64] Dazu *Burkhardt* BWNotZ 1985, 156/160 ff.; *Brambring* DNotZ 90, 615/616; *Möller* MittRhNotK 90, 33.
[65] Staudinger/*Gursky* § 892 Rdn. 44 ff.
[66] § 23 BNotO; *Brambring* DNotZ 90, 615.

kann nicht die gleiche Sicherheit bieten wie eine originär von A für C bestellte Vormerkung. Denn ein nicht bestehender Anspruch kann nicht gutgläubig erworben werden (Einl. G 11).

c) **Übertragung des Anwartschaftsrechts** (§ 20 Rdn. 134):
Sie hat eine Reihe von Nachteilen (Einl. L 8, 12, 21, 24, 26) und sollte nur in Erwägung gezogen werden, wenn die Grundstücksübertragung an § 185 Abs. 1 BGB scheitert, die Anspruchsübertragung nicht zulässig (§ 399 BGB) oder der Anspruch nicht vorgemerkt ist (§ 20 Rdn. 130).

d) **Übertragung von Grundstück, Anspruch und Anwartschaft:**
Dieser dreifache Weg hat keine Vorteile, sondern den Nachteil, daß ein Zwischenerwerb des Eigentums am Grundstücks durch B (von dem dann C das Eigentum erwerben könnte) nicht möglich ist, weil keine wirksame Auflassung von A an B, sondern (wegen Übertragung der Anwartschaft) eine Auflassung von A an C vorliegt (§ 20 Rdn. 135).

e) **Rechtskauf** (§ 433 Abs. 1 S. 2 BGB):
Verkauft der Auflassungsempfänger B lediglich seinen Anspruch (gegen A) an C (also nicht das Grundstück),[67] dann kann der Zweiterwerber C das Eigentum am Grundstück nur erwerben, wenn B ihm das Grundstück (§ 20 Rdn. 137) oder das Anwartschaftsrecht überträgt. Denn A, der die Auflassung bereits an B erklärt und den gegen ihn gerichteten Anspruch auf Auflassung erfüllt hat (§ 362 Abs. 1 BGB; Einl. L 3), könnte die nochmalige Auflassung an C verweigern (Einl. L 3).

4. Der sicherste Weg

L 34 a) Für den Verkäufer
Der für ihn sicherste Weg, sich vor Erklärung der Auflassung und vor Bewilligung einer Vormerkung den vollen Kaufpreis auszahlen zu lassen und die unvermeidliche Vorleistung allein dem Käufer aufzubürden (Einl. L 1), ist dem Käufer nur zumutbar, wenn er zum Verkäufer volles Vertrauen hat und kein vernünftiger Grund zu Zweifeln an der Vertragstreue des Verkäufers besteht. In der Regel ist entsprechend den Umständen des Einzelfalles ein ausgewogener Ausgleich zwischen den berechtigten Sicherungsbedürfnissen des Verkäufers und des Käufers zu suchen.

b) Für den Auflassungsempfänger
Ihm ist neben einer möglichst frühen Vormerkung die eigene Antragstellung auf Eintragung der Vormerkung und der Eigentumsumschreibung zu empfehlen. Sein Recht aus der Auflassung führt, wenn die Eintragungsvoraussetzungen vorliegen, dem Antrag keine vorausgehenden Anträge entgegenstehen (§ 17 GBO) und das GBA nicht gegen diese Vorschrift verstößt, mit der Eintragung im GB zum Eigentumserwerb.

c) Für Zweiterwerber und Pfandrechtsgläubiger
Übertragung (Verpfändung, Pfändung) des Rechts des Auflassungsempfängers und des vorgemerkten Anspruchs sind von unterschiedlichen Voraussetzungen abhängig und haben unterschiedliche Wirkungen. Die Doppel-Übertragung (Verpfändung, Pfändung) von Anwartschaft und Anspruch ist als der sicherste Weg empfohlen worden.[68] Diese Empfehlung läßt sich allenfalls (nicht immer) bei der Pfändung aufrecht erhalten (Einl. L 47). Von der erst relativ spät zulässigen Übertragung und Verpfändung des

---

[67] Dazu *Wolfsteiner* Rpfleger 76, 120; *Ertl* DNotZ 77, 81/97 ff. Rpfleger 85, 306/308; krit. *Amann* DNotZ 1997, 120.

[68] *Reithmann* DNotZ 83, 716/721; *Münzberg*

Anwartschaftsrechts wird man in aller Regel abraten und statt dessen im Einzelfall prüfen müssen, welcher Weg schneller und sicherer zum Ziel führt oder ob die Übertragung oder Belastung des Grundstücks unter Mitwirkung des Grundstückseigentümers in Betracht kommt (Einl. L 33; § 20 Rdn. 137, 148).

V. Verpfändung und Pfändung

Zur GB-Behandlung der Verpfändung (§ 20 Rdn. 138 ff.) und Pfändung (§ 20 Rdn. 149 ff.). In den folgenden Fällen sind bezeichnet: **L 35**
A = Grundstückseigentümer; B = Käufer und Auflassungsempfänger; X = Pfandrechtsgläubiger.

1. Verpfändung des schuldrechtlichen Anspruchs

a) **Voraussetzungen:** **L 36**
B kann durch Vertrag mit X seinen schuldrechtlichen Anspruch auf Eigentumsverschaffung ohne GB-Eintragung und ohne Zustimmung des A an X verpfänden, sofern dieser Anspruch verpfändbar ist (Einl. L 21), muß die Verpfändung aber dem A anzeigen (§§ 1273 Abs. 2; 1205; 1280 BGB). Die Verpfändung ist formlos wirksam (dazu § 20 Rdn. 138).

b) Der **Verpfändungsvermerk** kann bei der Vormerkung des B im Wege der GB-Berichtigung eingetragen werden.[69] **L 37**

c) **Die Sicherungshypothek kraft Gesetzes für X** (§ 1287 BGB) entsteht mit der Eintragung des B als Eigentümer, wenn sie „in Gemäßheit der §§ 1281; 1282 BGB" erfolgt ist.[70] Sie entsteht nicht, wenn die Verpfändung nicht wirksam ist, der Ausschluß der §§ 1281; 1282 BGB oder eine auflösende Bedingung vereinbart ist, wonach die Verpfändung mit der Eintragung der Auflassung oder vorher (z. B. mit Eintragungsverfügung des Rechtspflegers) erlischt.[71] Das GB ist unrichtig (§ 894 BGB), solange die außerhalb des GB entstandene Sicherungshypothek besteht und nicht im GB eingetragen ist. Ihre Eintragung erfolgt nach § 22 und nur auf Antrag (vgl. § 20 Rdn. 143).[72] **L 38**

2. Verpfändung des Anwartschaftsrechts

a) **Voraussetzungen:** **L 39**
Der Auflassungsempfänger B kann nur ein verkehrsfähiges Anwartschaftsrecht (Einl. L 4, 6, 18, 20, 23) in Auflassungsform (§ 925 Abs. 1 BGB) ohne GB-Eintragung (Einl. L 29) und ohne Zustimmung des A an X verpfänden. Die Verpfändung kann (anders als die Abtretung) bedingt oder befristet vereinbart werden. Eine Anzeige an A ist (im Gegensatz zu § 1280 BGB) nach h. M. zur Wirksamkeit der Verpfändung nicht notwendig, aber empfehlenswert (Einzelheiten dazu § 20 Rdn. 145 ff.).

b) **Mit Eintragung des B als Eigentümer entsteht eine Sicherungshypothek kraft Gesetzes** analog § 1287 BGB für den Verpfändungsgläubiger X.[73] Ist das verpfändete Anwartschaftsrecht oder das Verpfändungspfandrecht bei Eintragung des B als Eigentümer erloschen (Einl. L 8), entsteht keine Sicherungshypothek.[74] Zur Unrichtigkeit des GB vgl. Einl. L 38, zur Eintragung vgl. § 20 Rdn. 147. **L 40**

---

[69] BayObLGZ 67, 295/297; 76, 190/192; dazu § 20 Rdn. 139.
[70] BayObLGZ 67, 295/300; *Vollkommer* Rpfleger 69, 410.
[71] Dazu *Reithmann* DNotZ 83, 716.
[72] Dazu Haegele/Schöner/*Stöber* GBR 1560 ff.
[73] BGHZ 49, 197/205; *Hoche* NJW 55, 654, 931.
[74] Vgl. BGH DNotZ 76, 96.

3. Pfändung des schuldrechtlichen Anspruchs

L 41 a) Voraussetzungen (§§ 828; 829 ZPO):
Die Pfändung setzt einen wirksamen und pfändbaren Anspruch des B gegen A auf Eigentumsverschaffung (Einl. L 21), einen gerichtlichen Pfändungsbeschluß und die Zustellung dieses Beschlusses an den Vollstreckungsschuldner B und an den Grundstückseigentümer A als Drittschuldner voraus (dazu § 20 Rdn. 149). Der Pfändungsvermerk kann bei der Vormerkung des B eingetragen werden (§ 20 Rdn. 150).

L 42 b) Mit Eintragung des B als Eigentümer entsteht eine Sicherungshypothek kraft Gesetzes außerhalb des GB, sofern die Auflassung unter Beachtung der Vorschriften des § 848 Abs. 2 ZPO und § 925 BGB erfolgt ist (§ 848 Abs. 2 S. 2 ZPO). Die Rechtslage ist im übrigen wie bei der Sicherungshypothek nach § 1287 BGB (dazu Einl. L 38).

4. Pfändung des Anwartschaftsrechts

L 43 a) Voraussetzungen:
Die Pfändung setzt ein wirksames, pfändbares Anwartschaftsrecht des B (Einl. L 6, 18, 20, 23), einen gerichtlichen Pfändungsbeschluß und die Zustellung dieses Beschlusses an den Auflassungsempfänger B voraus (dazu § 20 Rdn. 153). Einer Zustellung an den Grundstückseigentümer A bedarf es nach h. M. nicht.[75] Zur Streitfrage, ob die Pfändung im GB bei der Vormerkung des B vermerkt werden kann, vgl. Einl. L 29.

L 44 b) Mit Eintragung des B als Eigentümer erwirbt der Pfändungsgläubiger X eine Sicherungshypothek kraft Gesetzes außerhalb des GB analog § 848 Abs. 2 ZPO.[76] Die Rechtslage ist im übrigen die gleiche wie bei der Sicherungshypothek nach § 848 Abs. 2 ZPO oder § 1287 BGB. Ist das gepfändete Anwartschaftsrecht nicht entstanden, erloschen, nicht pfändbar oder ist die Pfändung vorher unwirksam geworden, entsteht keine Sicherungshypothek[77] (dazu Einl. L 4, 8, 15, 18, 20 ff.).

L 45 5. Die Frage, ob zwei oder nur eine Sicherungshypothek bei Verpfändung (Pfändung) des schuldrechtlichen Anspruchs und Anwartschaftsrechts entstehen kann, ist nach dem Grundsatz des Verbots der Doppelsicherung zu beantworten.[78] Dafür, daß das Pfandrecht am Anwartschaftsrecht stärker als das am schuldrechtlichen Anspruch ist, fehlt jeglicher Anhaltspunkt.[79] Wenn beide Verpfändungen (Pfändungen) zur Entstehung einer Sicherungshypothek geführt haben und nicht ins Leere gegangen sind (Einl. L 8 ff., 15, 20 ff.) erwirbt der Pfandrechtsgläubiger nur die mit dem besseren Rang ausgestattete Sicherungshypothek, die an die Stelle des früher entstandenen Pfandrechts tritt (Einl. L 47).

6. Rang der Sicherungshypothek gegenüber anderen Rechten

L 46 Die Sicherungshypothek erhält außerhalb des GB ohne Eintragung Rang vor allen Belastungen, die B am Grundstück bestellt, selbst wenn Bewilligung und Antrag auf deren Eintragung zeitlich vor der Verpfändung bzw. Pfändung liegen[80] aber Rang nach einer Kaufpreishypothek oder anderen gemäß einem (ausdrücklich oder stillschwei-

---

[75] BGHZ 49, 197/203.
[76] BGHZ 49, 206.
[77] So BGH DNotZ 76, 96; BGHZ 106, 108.
[78] Palandt/*Bassenge* § 1113 Rdn. 10; *Reuter* MittBayNot 70, 132.
[79] *Vollkommer* Rpfleger 69, 413.
[80] So BGHZ 49, 197/202; a. A. aber nicht zutr. *Böttcher* Rpfleger 88, 252/253 für Rechte Dritter zur Kaufpreisfinanzierung.

gend) erklärten Vorbehalt nach § 16 Abs. 2 GBO gleichzeitig mit der Auflassung einzutragenden Belastungen, z. B. Reallast, Wohnungsrecht für den Verkäufer, Grunddienstbarkeit für den jeweiligen Eigentümer des dem Verkäufer verbleibenden Restgrundstücks.[81] Eingehend zur Entstehung und zum Rang s. Fn.[82]

7. Rang mehrerer Sicherungshypotheken untereinander

Nach dem für den Rang dinglicher Rechte **maßgeblichen Prioritätsgrundsatz** sind **L 47** vier Zeitpunkte denkbar: 1. Entstehung des Pfandrechts, 2. Eintragung des Vermerks bei der Vormerkung, 3. Eintragung des Eigentumsüberganges auf B, 4. Eintragung der Sicherungshypothek im GB.

Nach hier vertretener Auffassung[83] entscheidet der Zeitpunkt der Entstehung des Pfandrechts über den Rang. Die Sicherungshypotheken der §§ 1287 BGB; 848 ZPO treten kraft Gesetzes an die Stelle des Pfandrechts und bedürfen zur Entstehung ebensowenig ihrer Eintragung im GB (§ 873 BGB gilt für sie nicht) wie eines Vermerks bei der Vormerkung, der im übrigen bei Pfandrechten am Anwartschaftsrecht gar nicht zulässig wäre (Einl. L 29).

Da das Pfandrecht am Anwartschaftsrecht nach h. M. keiner Anzeige der Verpfändung bzw. Zustellung der Pfändung an den Eigentümer A bedarf (Einl. L 39; 43) und deshalb vor dem Pfandrecht am Anspruch entstehen kann, wird die gleichzeitige Doppelpfändung von Anspruch und Anwartschaftsrecht empfohlen.[84] Auf jeden Fall sollte der Anspruch gepfändet werden, sofern er pfändbar ist (Einl. L 21).[85] Denn in der Praxis gibt es Fälle, in deren das Anwartschaftsrecht nicht pfändbar ist oder nach der Pfändung (samt Pfandrecht) erlischt (dazu Einl. L 8, 15, 21).

8. Aufhebung der Sicherungshypothek

a) Die kraft Gesetzes im Wege der Surrogation aus dem Pfandrecht entstandenen **L 48** Hypotheken (§§ 1287 S. 2 BGB; 848 Abs. 2 ZPO) sind eintragungsfähige Sicherungshypotheken i. S. des § 1184 BGB, die ohne Eintragung im GB entstehen und fortbestehen.[86] Nach ihrer Eintragung im GB erfolgt ihre Aufhebung gemäß §§ 875, 1183 BGB.

b) Die Aufhebung vor ihrer Eintragung ist im Gesetz nicht geregelt. Zur Wahl stehen[87] die unmittelbare Anwendung der §§ 875, 1183 BGB mit Voreintragung (vgl. § 20 Rdn. 143) und anschließender Löschung des Rechts (ihr Vorteil ist die Vermutungswirkung des § 891 Abs. 2 BGB) und wie in den Fällen der Art. 189 Abs. 3 und Art. 233 § 3 Abs. 3 EGBGB und anderer Ausnahmeregelungen[88] die analoge Anwendung des in §§ 875, 1183 BGB zum Ausdruck gebrachten Rechtsgedankens ohne Voreintragung und ohne Löschung (diese Lösung ist schneller und billiger). In beiden Fällen kann die Aufhebung unter einer Bedingung erklärt werden (Einl. B 319),[89] z. B. daß die für den Gläubiger bestellte Grundschuld an der bedungenen Rangstelle materiellrechtlich wirksam entsteht (vgl. dazu § 20 Rdn. 142).

---

[81] BayObLGZ 72, 46 = DNotZ 72, 536.
[82] Haegele/Schöner/*Stöber* GBR 1562, 1597; *Böttcher* Rpfleger 88, 252; *Kehrbusch* Rpfleger 88, 475/476; *Hintzen* Rpfleger 89, 439/441.
[83] Ebenso *Vollkommer* Rpfleger 69, 413; *Stöber*, Forderungspfändung Rdn. 2078.
[84] So z. B. von *Münzberg* Rpfleger 85, 306/308; *Stöber*, Forderungspfändung Rdn. 2079.
[85] Vgl. auch *Amann* DNotZ 1997, 121.
[86] Staudinger/*Wolfsteiner* § 1184 Rdn. 12.
[87] Dazu Staudinger/*Gursky* § 875 Rdn. 69.
[88] KEHE/*Herrmann* § 39 Rdn. 9; Meikel/*Sieveking* § 39 Rdn. 36 ff.
[89] S. a. Staudinger/*Gursky* § 875 Rdn. 28.

Einl I. Grundbuchordnung

GRUPPE 4

Rechte auf Grundstücksnutzung

Auf Grundstücksnutzung gerichtet sind die in dieser Gruppe erörterten dinglichen Rechte: Nießbrauch, Dienstbarkeiten (Grunddienstbarkeit und beschränkte persönliche Dienstbarkeit), Dauerwohn- und Dauernutzungsrecht, Sondernutzungsrecht, sonstige Nutzungsrechte meist landesrechtlicher Art und außerdem das in der Gruppe 1 Absch. F behandelte Erbbaurecht und Wohnungserbbaurecht.

ABSCHNITT M

Der Nießbrauch

Übersicht

	Rdn.		Rdn.
I. Gegenstand	M 1–M 9	IV. Übertragung, Pfändung	M 17–M 22
II. Berechtigte	M 10–M 11	V. Erlöschensgründe	M 23–M 25
III. Inhalt	M 12–M 16		

Literatur zu Grundsatzfragen:

BGB-Kommentare zu § 1030 ff. BGB; *Haegele* Der Nießbrauch im Grundstücksrecht, BIGBW 60, 129; *ders.* Der Nießbrauch im Steuerrecht, BWNotZ 69; 202; *v. Lobtow* Der Eigentümernießbrauch an Grundstücken, NJW 62, 2751; *Tikalo* Der Nießbrauch im Landwirtschaftsrecht, DNotZ 71, 389; *Roellenbleg* Ausgewählte Probleme der Grundstücksüberlassung in zivilrechtlicher und steuerrechtlicher Sicht, DNotZ 73, 708; *Frick* Der Nießbrauch unter bürgerlich- und steuerrechtlichen Gesichtspunkten, vor allem bei den Einkaufsarten Land- und Forstwirtschaft und Vermietung und Verpachtung unter besonderer Brücksichtigung der Übernutzung. Dissertation Hohenheim 1973; *Wolff/Raiser* Sachenrecht, § 117 2. Aufl. 1984.

M 1 Der Nießbrauch stellt eine besonders ausgestaltete Dienstbarkeit dar, kraft deren der Berechtigte den belasteten Gegenstand umfassend nutzen darf. Mit dem Nießbrauch sind schuldrechtliche Beziehungen verbunden. Diese schuldrechtlichen, kraft Gesetzes bestehenden Rechte und Pflichten des Nießbrauches und Eigentümers gehören ungeachtet ihres schuldrechtlichen Charakters zum Inhalt des Nießbrauchs.[1] Davon zu unterscheiden sind schuldrechtliche Vereinbarungen, die der Nießbrauchsbestellung zugrundeliegen.[2]

I. Gegenstand des Nießbrauches können sein:

M 2 **Grundstücke**, Erbbaurecht, Schiffe (zu beachten § 9 Abs. 1 Schiffsregistergesetz), sonstige grundstücksgleiche Rechte, Wohnungs- und Teileigentum, **reale Grundstücksteile**, sobald sie nach § 7 Abs. 1 GBO verselbständigt sind; zulässig auch an einem Grundstück, in der Ausübung beschränkt auf einen bestimmten Grundstücksteil.[3] **Miteigentumsbruchteile**, auch der ideelle Bruchteil eines Alleineigentümers.[4]

---

[1] Vgl. BayObLG DNotZ 73, 300.
[2] BGH NJW 74, 2123.
[3] Vgl. dazu Rdn. N 7 u. M 9.
[4] Vgl. dazu BGH LM § 743 Nr. 3–4 Abschnitt III; Staudinger/*Promberger* § 1030 Rdn. 16.

Grundstückszuschreibung, nach § 890 Abs. 2 BGB bewirkt keine Ausdehnung des Nießbrauchs auf die zugeschriebene Fläche. Bei Vereinigung zweier ranggleich mit Nießbrauch belasteter Grundstücke können die beiden Rechte nicht als einheitliches Recht eingetragen werden.[5] **M 3**

Ein an **mehreren Grundstücken** bestellter Nießbrauch ist kein einheitliches Recht, vielmehr handelt es sich um mehrere Einzelrechte.[6] **M 4**

Zulässig an **übertragbaren Rechten** also beispielsweise am Erbteil,[7] an einer **Hypothek**,[8] einer **Grund-** und **Rentenschuld** (§ 1080 BGB). Zulässig auch an einer **subjektivpersönlichen Reallast** (RGRK § 1080 BGB Rdn. 2; § 1069 BGB Rdn. 2) mit der Folge, daß die einzelnen Leistungen dem Nießbraucher zustehen (a. a. O.) Möglich ist Bestellung am Dauerwohn- u. Nutzungsrecht (§ 33 WEG; § 1069 Rdn. 4 b). An einer Leibrente (§ 1073 BGB). **Am Anteil einer BGB-Gesellschaft**; Vermerk im Grundbuch im Wege der Grundbuchberichtigung möglich.[9] Bei Nießbrauch an einem Handelsgesellschaftsanteil nach h. M. ist eine Eintragung nicht möglich, da die Firma unter ihrem Namen im Grundbuch eingetragen ist. Es gilt jedoch das gleiche wie beim BGB-Gesellschaftsanteil. **M 5**

Bei Nießbrauch an einem **Vermögen** (§ 1085 ff. BGB) ist Bestellung nur an den einzelnen Gegenständen möglich. Dies gilt auch für den Nießbrauch an Sondervermögen, wie z. B. am Vorbehaltsgut eines in Gütergemeinschaft lebenden Ehegatten, am Hof im Sinne der Höfeordnung.[10] **M 6**

Dies gilt auch für den Nießbrauch an einer **Erbschaft** (§ 1089 BGB), der vom Nießbrauch an einem Erbteil zu unterscheiden ist.[11] **M 7**

An der **gleichen Sache** können mehrere **Nießbrauchsrechte** bestehen (§ 1060 BGB). Ein Rechtsverhältnis, das für die Ausübung der einzelnen Rechte maßgebend ist, braucht nicht ersichtlich zu sein.[12] Gleichrang und verschiedener Rang sind zulässig.[13] **M 8**

Unzulässig ist: Die Bestellung am Nießbrauch selbst (§§ 1059 S. 1, 1059 b BGB), an einer beschränkt persönlichen Dienstbarkeit (§§ 1092, 1093 BGB). Unzulässig auch Bestellung an bestimmten **Gebäudeteilen**, soweit sie nicht rechtlich verselbständigt sind. Hier nur beschränkte persönliche Dienstbarkeit möglich.[14] Weiter die Beschränkung auf einzelne Bestandteile.[15] **M 9**

Von dem Nießbrauch am Grundstück ist zu unterscheiden der Nießbrauch zu einem Bruchteil oder Prozentsatz an einem Grundstück – sogenannter **Quotennießbrauch**. Ein solcher ist **zulässig**.[16]

II. Berechtigte des Nießbrauchs können sein:

Natürliche und juristische Personen, OHG und KG[17] wegen seiner subjektiv-persönlichen Natur nicht möglich für den jeweiligen Eigentümer eines Grundstücks. Bei einer **M 10**

---

[5] *Meyer-Stolte* Rpfleger 82, 217; a. A. LG Darmstadt, Rpfleger 82, 216.
[6] KGJ 43, 347; LG Verden Nds Rpfleger 65, 252; LG Düsseldorf MittRhNot 73, 658.
[7] RG DNotZ 37, 578 zu Nr. 12; OLG Hamm, DNotZ 77, 377.
[8] § 1080 BGB.
[9] OLG Hamm DNotZ 77, 377 mwN.
[10] RGRK Vorb § 1085 BGB Rdn. 3.
[11] RGRK Vorb. § 1085 Rdn. 2; Staudinger/*Spreng* § 1089 Rdn. 4; Rdn. 2.
[12] OLG Celle, Nieders. Rpfleger 49, 30; Staudinger/*Promberger* § 1060 Rdn. 1.
[13] OLG Celle, a. a. O.; Staudinger/*Promberger* § 1030 Rdn. 27.
[14] RGZ 164, 199 ff.
[15] BayObLGZ 79, 361 ff. = Rpfleger 80, 17.
[16] LG Wuppertal Rpfleger 95, 209.
[17] Vgl. auch BGHZ 50, 310.

Mehrzahl von Personen möglich Gemeinschaft nach Bruchteilen[18] oder Gesamtberechtigte entsprechend § 428 BGB.[19] Auch Gesamthandsgemeinschaft möglich, insbesondere bei BGB-Gesellschaft.[20] Nießbrauchsbestellung für **minderjährige Kinder** durch Eltern als Eigentümer unzulässig.[21]

M 11 Bestritten die Möglichkeit eines **Eigentümernießbrauchs**;[22] da die Rechtsprechung die Eigentümerdienstbarkeit grundsätzlich zugelassen hat und praktische Gründe, insbesondere bei bevorstehender Veräußerung oder Übergabe an Kinder, für die Zulassung sprechen, außerdem die Kostenfolge bei Notar und Grundbuch ohnehin hemmend wirkt, bestehen keine grundsätzlichen Bedenken, auch den Nießbrauch an eigener Sache zuzulassen.[23]

Nach h. M. zulässig, wenn ein besonders schutzwürdiges Interesse besteht (Nachweise siehe OLG Frankfurt Rpfleger 94, 205). Auf jeden Fall aber zulässig ein Nießbrauch am ganzen Grundstück für einen Miteigentümer.[24]

M 12 III. Inhalt des Nießbrauchs: Grundsätzlich **sämtliche Nutzungen**. Abdingbar (§ 1030 Abs. 2 BGB) mit Eintragungspflicht,[25] daß einzelne Nutzungen qualitativer Art von diesem Recht ausgenommen werden.[26] Schuldrechtliche Verpflichtungen können mit dinglicher Wirkung beschränkt oder erweitert werden.[27] Eintragbar ist daher beispielsweise eine Vereinbarung, daß der Nießbraucher keine Mietverträge mit einer Laufzeit von mehr als 12 Monaten abschließen darf[28] oder daß der Nießbraucher die Kosten für außerordentliche Ausbesserungen und Erneuerungen des Grundstücks zu tragen hat.[29] Unzulässig eine Einschränkung dahingehend, daß der Nießbraucher bloß noch einzelne Benutzungen behält. Dies wäre eine Reallast oder beschränkt persönliche Dienstbarkeit. Die **Grenze zur Dienstbarkeit** liegt dort, wo die Nutzung nur auf eine Nutzungsart beschränkt ist, wenn mehrere Nutzungsmöglichkeiten denkbar sind.[30] Zulässig ist jedoch, den Gebrauch der Sache selbst auszuschließen.[31] **Nicht abdingbar** allgemein die gesetzlichen Regelungen §§ **1037 Abs. 1, 1039 Abs. 1 S. 2 BGB**.[32] Als unzulässiges Abbedingen des § 137 Abs. 1 BGB ist auch anzusehen die Gestattung, auf einer unbebauten Teilfläche ein Bauwerk zu errichten.[33]

M 13 Unzulässig als Typus ist der **Dispositionsnießbrauch**;[34] jedoch rechtsgeschäftliche Ermächtigung zur Verfügung zulässig.[35]

M 14 Abdingbar auch die grundsätzlich (§ 1047 BGB) bestehende Pflicht zur **Lastentragung**. Unzulässig jedoch ist ein Nießbrauch, der **dinglich** dem **Eigentümer** eine sonstige Leistungs-

---

[18] Vgl. RG DR 44 774 Nr. 14.
[19] Vgl. KG JW 33, 402; BGHZ 46, 255; OLG Hamm DNotZ 79, 366 ff.; Rpfleger 80, 21; BGH Rpfleger 80, 464.
[20] Vgl. RGZ 155, 85 ff.
[21] LG Kaiserslautern MittBayNot 77, 8; teilw. a. A. „dann nicht, wenn die Pflichten aus den §§ 1041 S. 2 u. 1047 BGB beim Eigentümer bleiben" LG Augsburg MittBayNot 77, 181.
[22] Vgl. Nachw. bei *Harder* DNotZ 70, 267 ff.
[23] RGRK § 1030 Rdn. 5 mwN.; a. A. OLG Düsseldorf NJW 61, 561; teilw. zust. Soergel/*Siebert* § 1030 Rdn. 3.
[24] OLG Frankfurt a. a. O.
[25] Vgl. BayObLGZ 73, 300.
[26] BayObLG DNotZ 78, 99; MittBayNot 79, 166; DNotZ 79, 230 = Rpfleger 80, 18.
[27] BayObLGZ 72, 366; LG Nürnberg Rpfleger 79, 199.
[28] LG Aachen Rpfleger 86, 468.
[29] BayObLGZ 85, 6; DNotZ 86, 151.
[30] BayObLG Rpfleger 81, 439; MittBayNot 81, 185.
[31] BGH LM § 2203 Nr. 1.
[32] BayObLG MittBayNot 77, 120; Rpfleger 77, 252; DNotZ 78, 99; LG Köln MittRhNot 86, 24.
[33] KG Rpfleger 92, 14 = DNotZ 92, 675 ff.; dagegen m. zutr. Anm. *Frank* a. a. O.
[34] *Westermann* § 121, III, 3; Staudinger/*Promberger* Vorb. 9 zu § 1030.
[35] OLG Celle DNotZ 74, 731.

pflicht auferlegt, beispielsweise ein abgeholztes Waldgrundstück wieder aufzuforsten.[36] Dies ergibt sich aus der Eigenschaft des Nießbrauches als besonders geartete Dienstbarkeit. Unzulässig Pflicht zur Tilgung von Grundpfandrechten,[37] von Verzugszinsen oder Zinsen für bloße Forderungen, mögen sie auch durch Grundschuld gesichert sein.

Der Nießbrauch erfaßt auch die **Bestandteile** (§ 93 ff. BGB), bei einem Grundstück daher die mit dem Eigentum verbundenen Rechte, deren Ausübung einem anderen überlassen werden kann:[38] Die Erstreckung tritt kraft Gesetzes ein, ein Vermerk im Grundbuch ist überflüssig. **Unzulässig** daher der Ausschluß des Nießbrauches an wesentlichen Bestandteilen, beispielsweise an einem bebauten Grundstück mit der Beschränkung, daß sich der Eigentümer die Nutzung einer bestimmten Wohnung vorbehält.[39] **M 15**

Bedingte und **befristete** Bestellung zulässig.[40] Zulässig ist auch die auflösenden Bedingung, daß mit dem Tod eines Dritten der Nießbrauch erlöschen soll.[41] Unzulässig ist es, die auflösende Bedingung für die Zeit nach dem Tod des Nießbrauchers zu setzen.[42] Zulässig ist es, die Befriedigung des Berechtigten als auflösende Bedingung zu vereinbaren[43] oder die Kündigung des Nießbrauches als auflösende Bedingung.[44] Wird jedoch nur vereinbart, daß der Berechtigte in diesem Fall „aufgeben muß", so handelt es sich im Regelfall um eine obligatorische Verpflichtung.[45] **M 16**

IV. Übertragung, Pfändung

1. Grundsatz. Die **Übertragung** des Nießbrauches ist grundsätzlich ausgeschlossen (§ 1059 BGB), damit auch die rechtsgeschäftliche Verpfändung (§ 1274 Abs. 2 BGB). Davon zu unterscheiden ist die Überlassung der Ausübung. Steht der Nießbrauch einer Mehrheit von Personen in Bruchteilsgemeinschaft zu, so liegt in der bei Wegfall eines Berechtigten vereinbarungsgemäß eintretenden „Anwachsung" seines Bruchteils zugunsten der übrigen keine unzulässige Übertragung, sondern die aufschiebend bedingte Entstehung eines zusätzlichen Nießbrauchsbruchteils für die anderen Berechtigten.[46] **M 17**

Die **Pfändung** eines Grundstücksnießbrauches ist zulässig und kann im Grundbuch vermerkt werden.[47] Notwendig ist dies jedoch nicht.[48] Ist die Pfändung im Grundbuch vermerkt, kann sie nur mit Bewilligung des Pfändungsgläubigers gelöscht werden. Weiß das Grundbuchamt, daß eine Pfändung erfolgt, jedoch im Grundbuch nicht eingetragen ist, so gilt das gleiche.[49] **M 18**

Die Berechtigung des Nießbrauchers, die **Ausübung** seines Rechtes einem anderen zu überlassen (§ 1059 S. 2 BGB) kann ausgeschlossen werden.[50] Wird dagegen die Ausübung überlassen, so ist dies wegen des schuldrechtlichen Charakters dieser Vereinbarung nicht eintragungsfähig.[51] **M 19**

---

[36] BayObLGZ 72, 364 = Rpfleger 73, 55; BayObLG Rpfleger 77, 407; BayObLGZ 85, 9.
[37] OLG Düsseldorf OLGZ 75, 341.
[38] Rentenansprüche aus §§ 912, 919 BGB, subjektiv-dingliche Rechte.
[39] BayObLGZ 79, 361 = Rpfleger 80, 17.
[40] Soergel/*Siebert* § 1030 Rdn. 11.
[41] LG Nürnberg-Fürth DNotZ 54, 262.
[42] Soergel/*Siebert* a. a. O. mwN.
[43] RGZ 106, 109.
[44] BayObLG MittRhNot 89, 254.
[45] Staudinger/*Spreng* § 1030 Rdn. 17.
[46] BGH WM 64, 636.
[47] LG Bonn Rpfleger 79, 349.
[48] RGZ 74, 85; BGHZ 62, 133; BayObLG Rpfleger 98, 69 a. A. „unzulässig" *Palandt* § 1059, An. 3 mwN.
[49] BayObLG Rpfleger 98, 69.
[50] BGH DNotZ 86, 23; MittRhNot 85, 214; BayObLG DNotZ 73, 300; RGRK § 1059 Rdn. 5.
[51] RGRK § 1059, Rdn. 39; *Haegele* Rdn. 602.

M 20 2. Eine **Sonderregelung** besteht für **juristische Personen** als Berechtigte (§ 1059 a ff. BGB).

a) Das Recht besteht für „juristische Personen", auch des öffentlichen Rechts,[52] auch solche in Liquidation, sowie für die OHG und KG,[53] nicht dagegen für Einzelunternehmer. Entsprechende Nachfolgeklauseln sind zulässig und eintragungsfähig.[54] **Erwerbender** kann jede Person und Personenmehrheit sein.

b) Möglich ist die **Übertragung** in zwei Fällen:

M 21 Im Fall der **Gesamtrechtsnachfolge** (§§ 339 AktG § 142 HGB). Keine Gesamtrechtsnachfolge stellt die Umwandlung von Handelsgesellschaften sowie das Absinken einer Personalgesellschaft des Handelsrechtes zur BGB-Gesellschaft dar, da in diesen Fällen der bisherige Rechtsträger, wenn auch in geänderter Form, bestehen bleibt.[55] Der Rechtsübergang tritt außerhalb des Grundbuches ein; das Grundbuch ist lediglich zu berichtigen. Für die bloße Übertragung von Aktiv- u. Passivvermögen gilt § 1059 a Ziff. 2 BGB.

M 22 Bei **Unternehmensübertragungen** können Nießbrauchsrechte mitübertragen werden, rechtlich notwendig ist dies nicht.

Der Begriff des „Unternehmens" umfaßt nicht nur Handelsgeschäfte. Er ist wirtschaftlich zu verstehen.[56]

Für die Rechtswirksamkeit ist die Eintragung im Grundbuch (§ 873 BGB) erforderlich. Einer Zustimmung des Eigentümers des belasteten Grundstücks bedarf es nicht.

Die Feststellung, daß der Nießbrauch sich eignet, den Zwecken des übertragenen Unternehmens oder Unternehmensteiles zu dienen, erfolgt durch den zuständigen Landgerichtspräsidenten, in Hamburg durch den Amtsgerichtspräsidenten.[57]

V. **Erlöschensgründe** sind

M 23 1. Tod der natürlichen oder Erlöschen der juristischen Person.
M 24 2. Bedingungseintritt oder Endtermin, aber auch Tod eines Dritten. Wird die Geltungsdauer des zeitlich beschränkten Nießbrauches verlängert, so stellt der für den neuen Zeitraum bestellte Nießbrauch eine neue Grundstücksbelastung dar und muß demgemäß eingetragen werden.[58]

Sind mehrere Berechtigte nach Bruchteilen vorhanden, so fällt beim Tod eines Berechtigten die freigewordene Quote an den Eigentümer zurück. Abweichende Vereinbarungen sind jedoch zulässig.[59] Tod eines Gesamt- oder Gesamthandsberechtigten berührt das Recht der übrigen nicht.

M 25 3. Durch rechtsgeschäftliche Aufhebung (§ 875, 876 BGB).

4. Durch Nichtaufnahme in das geringste Gebot bei der Zwangsversteigerung, und Gutglaubenserwerb (§ 892), nicht jedoch durch Vereinigung mit dem Eigentum in einer Person (§ 889 BGB).

---

[52] RGRK § 1059 a Rdn. 2; Soergel/*Siebert* § 1059 a Rdn. 2; BayObLG Rpfleger 82, 14 nur Leitsatz.
[53] BGHZ 50, 307 mwN.
[54] OLG Düsseldorf MittBayNot 76, 215.
[55] BGHZ 155, 84.
[56] RGRK § 1059 a Rdn. 4.
[57] AVRJM v. 8. 12. 38, DJ 1974; für Baden-Württemberg AV v. 2. 5. 57 Just. 71 Bayern Bek. v. 16. 8. 56 BSV Ju III 156; Berlin AV v. 27. 8. 54 AV 1008; Niedersachsen AV v. 15. 3. 54 nieders. Rpfleger 58.
[58] OGH Brit. Zone MDR 49, 470; Soergel/*Siebert* § 1030 Rdn. 11; a. A. KG JFG 13, 75 = HRR 35 Nr. 1516.
[59] KG DRZ 29, 370; RG DR 44, 774; LG Aachen, MittRhNot 70, 51.

ABSCHNITT N

Dienstbarkeiten

Übersicht

	Rdn.		Rdn.
A. Definition	N 1	I. Begriff	N 43
B. Grunddienstbarkeit	N 2–N 42	II. Belastungsgegenstand	N 44
I. Allgemeines	N 2	III. Berechtigter	N 45–N 49
II. Belastungsgegenstand	N 3–N 8	IV. Vorteil	N 50
III. Berechtigter	N 9–N 14	V. Inhalt	N 51–N 55
IV. Inhalt	N 15–N 31	VI. Entstehen und Erlöschen	N 56–N 57
V. Entstehung	N 32–N 34	VII. Insbesondere das Wohnungsrecht	N 58–N 67
VI. Erlöschen	N 35–N 42		
C. Beschränkte persönliche Dienstbarkeit	N 43–N 67		

Literatur:

Meisner/*Ring* Nachbarrecht in Bayern; Meisner/*Stern*/*Hodes* Nachbarrecht im Bundesgebiet ohne Bayern; *Dittus* Die Grenzen der Anwendbarkeit von Servituten, NJW 54, 1825; *Feckler* Die grundbuchmäßige Absicherung von Wettbewerbsverboten; *Knöchlein* Wettbewerbs- und Verkaufsbeschränkung als Inhalt von Dienstbarkeiten, BB 61, 589; *Roquette* Dingliche Benützungsrechte in der gewerblichen Wirtschaft, BB 67, 1177; *Wolff*/*Raiser* Sachenrecht, § 105 ff. Sukzessivberechtigung bei dinglichen Rechten und Vormerkungen Streuer Rpfleger 94, 297 ff.

A. Definition

Das BGB gibt keine Definition des Begriffs Dienstbarkeit. Auch altrechtliche Servituten sind grundsätzlich nach Dienstbarkeitsrecht zu behandeln, obwohl insoweit eine Eintragungspflicht nicht besteht. Im BGB geregelt sind: **N 1**

a) Grunddienstbarkeiten §§ 1018 ff. BGB: Sie geben nur dem jeweiligen Eigentümer eines Grundstücks Rechte an einem anderen Grundstück;

b) beschränkte persönliche Dienstbarkeiten §§ 1090 ff. BGB: Sie können nur bestimmten natürlichen oder juristischen Personen gegenüber einem anderen Grundstück zustehen;

c) Nießbrauch §§ 1030 ff. BGB: Er kann einer bestimmten natürlichen oder juristischen Person, an einer Sache, an einem Recht oder an einem Vermögensbegriff zustehen.

Die Dienstbarkeiten sind zu unterscheiden:

a) von den gesetzlichen Verfügungsbeschränkungen des Eigentums (vgl. oben J 9 ff.);

b) von der Reallast. Die Dienstbarkeit gibt die Befugnis zur unmittelbaren oder mittelbaren Einwirkung auf das Grundstück zum Zweck der Nutzung, während der Reallast Leistungen des Grundstückseigentümers verdinglicht. Eine Mischung aus Reallast und beschränkter persönlicher Dienstbarkeit stellt das Altenteils- oder Leibgedingsrecht dar;[1]

c) Vom Erbbaurecht. Die Dienstbarkeit gibt die Befugnis zur Nutzung mit einen sachlich engeren Umfang (bei der Grunddienstbarkeit) oder nur einer bestimmten na-

---

[1] Vgl. RGZ 152, 107; 162, 56.

türlichen oder juristischen Person (beim Nießbrauch) oder in beider Hinsicht (bei der beschränkten persönlichen Dienstbarkeit);

d) Von den grundstücksgleichen Berechtigungen des Landesrechts. Diese sind frei veräußerlich und vererblich;

e) Von den öffentlichen Lasten. Diese sind nicht einntragungsfähig. Damit steht nicht im Widerspruch, daß die Begründung einer Dienstbarkeit von an sich öffentlich-rechtlichem Inhalt durch privatrechtlichen Begründungsakt möglich ist mit der Folge, daß dem Berechtigten jeweils ein Privatrecht erwächst.[2]

Bayr. **Forstrechte** und Forstnebenrechte sind im Regelfall Grunddienstbarkeiten oder beschränkte persönliche Dienstbarkeiten.[3] Die Neubestellung ist untersagt.[4]

B. Grunddienstbarkeit

N 2 I. **Allgemeines.** Die Grunddienstbarkeit erzeugt dingliche Rechtsbeziehungen unmittelbar zwischen dem dienenden und herrschenden Grundstück (oder grundstücksgleichen Recht). Da sie mit dem Eigentum am herrschenden Grundstück untrennbar verbunden ist, bildet sie einen Bestandteil dieses Grundstücks § 96 BGB). Im einzelnen dazu vergleiche RGZ 142, 237 ff. Mit der Bewilligung einer „beschränkten persönlichen Dienstbarkeit" zugunsten der jeweiligen Eigentümer eines Grundstücks kann eine Grunddienstbarkeit gewollt sein (BGH MDR 69, 380).

II. **Belastungsgegenstand** (dienendes Grundstück)

N 3 1. Grundsätzlich nur **Grundstücke** und **grundstücksgleiche Rechte.** Zum Begriff des Grundstücks vgl. BGHZ 49, 145, 146. Grundstücksgleiche Rechte sind außer dem Erbbaurecht (vgl. § 11 Abs. 11 Satz 1 ErbbauVO), die in den Artikeln 63, 68, 196 EG erwähnten, der Landesgesetzgebung vorbehaltenen Erbpacht-, Abbau- und sonstigen Rechte.

N 4 2. Ob und unter welchen Voraussetzungen **mehrere Grundstücke** mit der gleichen Dienstbarkeit belastet werden können, ist streitig.[5] Die Frage ist zu bejahen,[6] jedenfalls dann, wenn sich der Ausübungsbereich auf mehrere Grundstücke erstreckt.[7] Dies ist nicht der Fall, wenn ein unbebautes Grundstück als Gartenland wegen eines Wohnungsrechtes belastet wird.[8] Zur Frage, wann die Ausübung der Dienstbarkeit sich notwendig auf mehrere Grundstücke erstreckt, vgl. RGRK § 1018 Rdn. 5.

N 5 Dem **Gemeinbrauch** gewidmeten Grundstücke im **öffentlichen oder privaten Besitz** – insbesondere öffentliche Wege – können Belastungsgegenstand sein, soweit nicht die öffentlich-rechtliche Zweckbestimmung der betreffenden Fläche entgegensteht.

---

[2] Vgl. Meisner/*Ring* § 27 III 1 c.
[3] BayObLG, BayVerwBl. 76, 570; BayObLGZ 76, 58.
[4] Art. 33 ForstG v. 28. 3. 1852 BayBSW 833; Art. 2 Abs. 1 ForstrechteG v. 3. 4. 58 GVBl. 43; vgl. dazu auch BayObLG 75, 70.
[5] Zum Meinungsstand vgl. BayObLGZ 55, § 174; OLG Frankfurt NJW 69, 469; BayObLG DNotZ 66, 174; BayObLGZ 89, 446 ausdr. bejahend für die beschränkte persönliche Dienstbarkeit. Gegen eine einheitliche Dienstbarkeit Soergel/*Siebert* § 1018 Rdn. 4; *Horber* 2 B zu § 48; *Haegele* Rpfleger 69, 267; Meisner/*Ring* § 27 III 4. Für eine einheitliche Dienstbarkeit *Hergeth* NJW 66, 1060; Meisner/*Stern*/*Hodes* § 30 I.
[6] Überzeugend BayObLG a. a. O.
[7] BayObLGZ DNotZ 91, 254.
[8] LG Koblenz Rpfleger 98, 197.

Bedeutung hat dies für das Bestehenbleiben von Dienstbarkeiten bei Zuschreibung von Grundstücksflächen zu öffentlichen Straßen. Eine grundsätzliche Löschung der Dienstbarkeiten ist nicht empfehlenswert, da bei einer Entwidmung der öffentlichen Fläche unvorhergesehene neue Rechtslagen entstehen können.

3. Auch **buchungsfreie** und nicht eingetragene Grundstücke können Gegenstand einer Dienstbarkeit sein. Hierfür gelten die in Artikel 128 EGBGB vorbehaltenen landesrechtlichen Vorschriften.[9]   **N 6**

4. Zulässig ist die Belastung realer **Grundstücksteile**, d. h. bestimmter abgegrenzter Grundflächen, die zusammen mit anderen unter einer einheitlichen Nummer im Bestandsverzeichnis vorgetragen sind. Die sonst erforderliche vorherige Abschreibung (§ 7 Abs. 2) ist nicht erforderlich, wenn keine Verwirrung zu befürchten ist und eine Karte (§ 2 Abs. 3) vorgelegt wird. Wird ein belastetes Grundst. mit einem Teil des herrschenden Grundst. vereinigt, so erstreckt sich die Dienstbarkeit nicht auf den zum dienenden Grundst. hinzugekommenen Grundstücksteil.[10]   **N 7**

Davon **zu unterscheiden** ist die Belastung des ganzen Grundstücks bei gleichzeitiger **Beschränkung** der **Ausübung auf eine bestimmte Teilfläche** (vgl. §§ 1023, 1026 BGB). In diesem Fall kommt § 7 nicht zur Anwendung.[11] Schwierigkeiten bereitet in der Praxis oft die Festlegung der Teilfläche. Sie muß so genau bezeichnet sein, daß sie aus dem Eintragungsvermerk selbst in Verbindung mit der darin in zulässigem Umfang in Bezug genommenen Eintragungsbewilligung erkennbar ist. Die Eintragungsbewilligung muß diese Fläche daher wörtlich oder im Zusammenhang mit einer Karte genau bezeichnen (vgl. zu letzteren näher § 2). Die Fläche kann auch dadurch im Grundbuch bezeichnet werden, daß sie in den bezuggenommenen Eintragungsbewilligungen oder sonstigen Eintragungsgrundlagen durch weitere Bezugnahme auf eine bereits bestehende Anlage oder auf andere Merkmale beschrieben wird, die für jedermann in der Natur ohne weiteres erkennbar sind.[12] Die Merkmale brauchen nicht unveränderlich zu sein. Es genügt, wenn sie die Ausübungsstelle im Zeitpunkt der Bestellung der Dienstbarkeit in einer jeden Zweifel ausschließenden Weise bestimmen.[13] Enthält die Eintragungsbewilligung die Befugnis des Eigentümers des herrschenden oder dienenden Grundstücks, die von der Ausübung betroffene Fläche nach eigener Wahl irgendwo auf dem dienenden Grundstück festzulegen, so ist die Ausübung der Dienstbarkeit nicht mehr auf einen Teil des Grundstücks beschränkt.[14]

Zulässig ist eine Gesamtbelastung mehrerer Grundstücke, wenn sich der Ausübungsbereich auf mehrere Grundstücke erstreckt.[15]

5. Die Belastung eines **ideellen Miteigentumsbruchteils** ist unzulässig, da die Dienstbarkeit das ganze Grundstück ergreift.[16] Die Frage, ob eine Belastung möglich ist, wenn es um den Ausschluß teilbarer Befugnisse geht, ist noch nicht entschieden.[17] Steht das zu belastende Grundstück im Miteigentum, so muß die Dienstbarkeit von sämtlichen Miteigentümern bestellt werden.   **N 8**

Eine **Ausnahme** gilt für das **Wohnungs-** bzw. **Teileigentum** (§ 1 Abs. 2 WEG). Es ist selbständig belastbar, soweit sich die Dienstbarkeitsausübung auf den Gebrauch des

---

[9] Vgl. dazu Soergel/*Siebert*; Rdn. 1 u. 2.
[10] BGH DNotZ 78, 156 = Rpfleger 78, 52.
[11] Vgl. KGJ 50 Nr. 40 35 A 258; BGHZ 59, 11; KG Rpfleger 73, 300; BayObLG MittBayNot 68, 215.
[12] BGH NJW 69, 502, 203; BayObLGZ 88, 106.
[13] BGH a. a. O.; BayObLG a. a. O.
[14] BGH NJW 69, 502; BayObLG Rpfleger 66, 367.
[15] BayObLG DNotZ 91, 254.
[16] BGHZ 36, 189.
[17] Dazu *Jauernig* 4. Aufl. BGB § 1018 An. 1 c.

Sondereigentums beschränkt.[18] Gehört zum Inhalt des Wohnungseigentums ein Sondernutzungsrecht an Gemeinschaftsflächen, so kann das Wohnungseigentum auch belastet werden mit einer Dienstbarkeit dahingehend, daß die Ausübung dieses Nutzungsrechtes ausgeschlossen ist,[19] also zugunsten des jeweiligen Eigentümers eines anderen Wohnungseigentums in der Weise, daß die Ausübung des Sondernutzungsrechtes an einer bestimmten Fläche ausgeschlossen wird.[20] Wird ein Wohnungseigentum mit einem Wohnungsrecht belastet des Inhalts, daß der Berechtigte neben den Räumen auch die vom Sondernutzungsrecht erfaßte Gemeinschaftsfläche benutzen darf, so wird auf jeden Fall die alleinige Nutzungsbefugnis an diesem Teil der Fläche kraft Gesetzes auf den Wohnungsberechtigten mitübertragen.[21]

Wird das belastete dienende Grundstück geteilt in Wohnungseigentum, so führt dies zu selbständigen Einzelrechten.[22]

Die Löschung einer Tankstellendienstbarkeit bei Bildung von Wohnungseigentum an allen übrigen Einheiten bei Bestehenbleiben an einem einzigen Miteigentumsanteil ist unzulässig, wenn ihre Ausübungsbefugnis räumlich über das eigentliche Sondereigentum auf Gemeinschaftsflächen hinausgreift, auch wenn für den Teileigentümer ein Sondernutzungsrecht an der Gemeinschaftsfläche besteht.[23]

Unzulässig ist die Bestellung der Dienstbarkeit an einem Dauerwohn- oder Dauernutzungsrecht nach § 31 WEG.[24]

III. Berechtigter (herrschendes Grundstück)

N 9 1. **Herrschendes Grundstück** ist nur das **selbständige** Grundstück im Rechtssinn, auch wenn es im Wohnungs- der Teileigentum aufgeteilt ist;[25] bei altrechtlichen Grunddienstbarkeiten, die im Grundbuch nicht eingetragen werden brauchen, auch das Grundstück im wirtschaftlichen Sinn.[26] Für den ideellen Anteil eines Miteigentümers kann eine Grunddienstbarkeit nicht bestellt werden,[27] jedoch für eine Wohnungseigentumseinheit.[28] Das herrschende Grundstück kann im Miteigentum mehrerer Personen stehen, von denen eine zugleich Alleineigentümerin des dienenden Grundstücks ist (§ 1009 Abs. 2 BGB).

N 10 Unzulässig ist die Bestellung einer Grunddienstbarkeit zugunsten eines realen **Grundstücksanteils**.[29] Der Teil muß zuvor als selbständiges Grundstück im Rechtssinne gebildet werden. Zulässig dagegen Bestellung mit der Maßgabe, daß die Ausübung auf den Vorteil eines realen Teils des herrschenden Grundstücks beschränkt ist.[30] Zulässig also **Beschränkung der Ausübung** der Dienstbarkeit zugunsten eines realen Teiles des herrschenden Grundstücks. Zulässig ist die Sicherung des **Anspruchs auf Einräumung** einer

---

[18] BayObLGZ 76, 221 = Rpfleger 76, 397; KG DNotZ 68, 751; BayObLGZ 79, 444 ff.; Rpfleger 80, 150; BayObLGZ 87, 360, auch wenn als Objekt Gemeinschaftseigentum betroffen ist BayObLG MittBayNot 82, 273; BGH NJW 89, 2391; allg. dazu *Zimmermann* Rpfleger 81, 333 ff.

[19] OLG Hamm Rpfleger 80, 469.

[20] OLG Hamm a. a. O.; **a. A.** OLG Düsseldorf MittRhNot 86, 168; BayObLG DNotZ 90, 496 m. abl. Anm. v. *Amann*; BayObLG Rpfleger 97, 431. Zulässig beispielsweise ein Terassenalleinnutzungsrecht BayObLG Rpfleger 85, 486, nur Leitsatz.

[21] BayOLG Rpfleger 98, 68.

[22] OLG Hamm Rpfleger 80, 468.

[23] OLG Karlsruhe Rpfleger 75, 10.

[24] BayObLG NJW 75, 79.

[25] OLG Düsseldorf MittRhNot 88, 175.

[26] Vgl. zu letzterem *Westermann* Sachenrecht § 71, II.

[27] Vgl. RGJW 33, 626; KGJW 33, 20 ff.

[28] BayObLGZ 76, 221 = MittBayNot 76, 141; *Bolz* MittBayNot 85, 130.

[29] KGJ 53, 171; 50, 131.

[30] BayObLG 65, 272 = Rpfleger 66, 367 m. Anm. v. *Haegele*.

Grunddienstbarkeit zugunsten einer erst noch durch Vermessung zu bildenden Grundstücksfläche durch Vormerkung in der Weise, daß der Anspruchsberechtigte als solcher namentlich bezeichnet wird.[31] Wird dem herrschenden Grundstück ein anderes nicht berechtigtes **als Bestandteil zugeschrieben,** so wirkt die Grunddienstbarkeit nicht ohne weiteres für den zugeschriebenen Teil.[32] Die **Vereinigung** als solche von Grundstücken, von denen eines herrschendes Grundstück einer Grunddienstbarkeit ist, läßt grundsätzlich eine Verwirrung des Grundbuchs nicht besorgen und ist daher zulässig.[33]

Die Frage, ob eine Dienstbarkeit zugunsten der Eigentümer **mehrerer Grundstücke** zulässig ist, wird sehr umstritten.[34] Von der Rechtsprechung wird die Frage zu Recht überwiegend bejaht.[35] Eine höchstrichterliche Entscheidung ist noch nicht erfolgt.

N 11

Zulässig ist die Bestellung einer Grunddienstbarkeit auch dann, wenn **Eigentümer** des dienenden und herrschenden Grundstücks **identisch** sind.[36] Zulässig ist auch die Bestellung inhaltsgleicher Grunddienstbarkeiten am Erbbaurecht und Erbbaugrundstück.[37] Dies ist zweckmäßig, da beim Heimfall des Erbbaurechts die Dienstbarkeit nicht bestehen bleißbt.[38] Der Dienstbarkeitsberechtigte am Grundstück sollte sich außerdem zweckmäßigerweise die Löschung des ihm vorgehenden Erbbaurechts bei Heimfall durch Eintragung einer Löschungsvormerkung sichern.

N 12

2. Nachbarschaft zwischen herrschendem und dienendem Grundstück ist häufig, jedoch rechtlich unbeachtlich. Bei voneinander entfernt gelegenen Grundstücken muß das dienende dem herrschenden Grundstück einen **Vorteil** gewähren.[39]

N 13

Das Erfordernis des Vorteils kann nicht abbedungen werden,[40] ist jedoch in der Regel wirtschaftlicher Natur.[41] Bloße Annehmlichkeiten,[42] ästhetische[43] und soziale Gesichtspunkte[44] genügen. Nicht erforderlich ist, daß der Vorteil derzeit schon vorhanden oder dauernder Natur ist. Auch künftige[45] und vorübergehende Vorteile genügen, nicht ein einmaliger Vorgang.[46] Jedoch muß mit dem späteren Eintritt des Vorteils gerechnet werden können, eine bloße vage Möglichkeit genügt nicht. Ein Vorteil ist gegeben, wenn bei Unklarheit darüber, ob ein Überbau unbeabsichtigt oder beabsichtigt erfolgte, durch Eintragung einer Dienstbarkeit auf Duldung des Überbaus neben dem Verzicht auf die Überbaurente Zweifel ausgeschlossen werden.[47] Weiter ist ein Vorteil zu bejahen auch für ein Garagengrundstück als herrschendes Grundstück mit dem Inhalt, kein Gewerbe auszuüben und die einheitliche Gestaltung der umliegenden Siedlung nicht durch bautechnische Maßnahmen zu verändern.[48]

Das Grundbuchamt hat dieses Erfordernis zu prüfen und bei Fehlen den Antrag wegen Nichtigkeit der Bestellung zurückzuweisen (§ 1019 BGB). Jedoch muß für die Verneinung das GBA sich auf den Ausschluß aller vorstehend aufgeführten Möglichkeiten stützen können, der jeweils durch Tatsachen untermauert ist.

---

[31] LG München II MittBayNot 72, 229.
[32] vgl. BayObLG DJZ 33, 1439; KG HRR 36 Nr. 804.
[33] LG Aschaffenburg MittBayNot 70, 111.
[34] Vgl. dazu einerseits RGRK § 1018 Rdn. 10, andererseits Staudinger/*Ring* § 1018 RN 15 mwN.
[35] BayObLG 765, 267 = DNotZ 66, 174 = Rpfleger 66, 367; KG NJW 70, 1687 = Rpfleger 70, 282; OLG Frankfurt NJW 69, 469; a. A. LG Dortmund Rpflegr 63, 167.
[36] Vgl. BGHZ 41, 210 ff.
[37] Vgl. *Rutenfranz* NotZ 65, 464.
[38] § 33 ErbbauVO.
[39] § 1019 BGB; BGHLM Codecivil Nr. 5.
[40] RGZ 60, 319.
[41] RGZ 61, 340 ff.
[42] KG JR 63, 18.
[43] RGRK § 1019 RN 4.
[44] KG JA 216.
[45] RGZ 61, 340.
[46] RGRK § 1019 Rdn. 5.
[47] OLG Düsseldorf MittBayNot 78, 6; KG HRR 1933 Nr. 1587.
[48] BGH NJW 83, 115.

IV. Inhalt der Grunddienstbarkeit

1. Allgemeines

N 14 a) Der Inhalt ist in § 1018 BGB **erschöpfend** geregelt. Abweichende Inhaltsbestimmungen müssen daher vom Grundbuchamt ohne Zwischenverfügungen abgelehnt werden. Zulässig ist eine Kombination der verschiedenen zulässigen Möglichkeiten zu einem einheitlichen Recht.[49]

N 15 b) Der **Inhalt** muß **bestimmbar** sein. Er muß gestatten, daß eine mit Fachkenntnissen auf dem Gebiet des Grundbuchrechtes vertraute Person über Inhalt und Umfang der Belastung Aufklärung geben kann[50]. Unzulässig daher eine Dienstbarkeit, die für die Bestimmung des Inhalts verschiedene Auslegungen zuläßt (Nutzung des Grundstücks in Übereinstimmung mit den Interessen des Natur- und Landschaftsschutzes).[51] Die notwendige „Feststellbarkeit für jedermann" verlangt nicht Erkennbarkeit durch Einsicht ins Grundbuch und die Grundakten. Vielmehr bezieht sie sich gerade auf andere Erkenntnismittel, wie etwa Feststellung des bestehenden Zustandes.[52] Es gilt nichts anderes als bei der Bezeichnung der rechtsgeschäftlich festgelegten Ausübungsstelle.[53] Bezugnahme auf Punkte in der Natur oder auf vorhandenen Zustand genügt.[54] Daher genügt es, wenn Grundstücksnachbarn sich gegenseitig Dienstbarkeiten zur Belastung, Benutzung und Unterhaltung aller bestehenden Versorgungs- und Entsorgungsanlagen bewilligen.[55] Ist die Verpflichtung nicht ausreichend bestimmt, so kann sie nicht Inhalt einer Dienstbarkeit sein.[56]

N 16 c) Die Grunddienstbarkeit kann **aufschiebend** oder **auflösend bedingt** oder **befristet** bestellt werden. Sie kann infolgedessen auch von Gegenleistungen abhängig gemacht werden. Zulässig ist es, die Dienstbarkeit so zu gestalten, daß der Berechtigte die einzelnen Ausübungshandlungen nur Zug um Zug gegen die bedungene Gegenleistung oder erst nach deren Empfangnahme vornehmen kann.[57] Eine Grunddienstbarkeit kann auch in der Weise auf bestimmte Zeit bestellt werden, daß sie bei Eintritt des Endtermins jeweils auf weitere bestimmte Zeit in Kraft bleiben soll.[58] Als auflösende Bedingung für eine Dienstbarkeit kann auch die Erklärung eines Dritten vorgesehen werden.[59] Zulässig die Bestellung, daß eine Dienstbarkeit erlöschen soll, sobald das Grundstück, zu dessen Gunsten sie bestellt ist, in das Eigentum einer anderen Person als eines Abkömmlings des gegenwärtigen Eigentümers gelangt.[60] Zur **Auslegung** des Inhalts einer Eintragungsbewilligung vgl. BGH WM 71, 1186.[61] Zur **Veränderung durch Zeitentwicklung** vgl. BGH NJW 60, 673.[62]

N 17 d) **Nicht eintragungsfähig** sind Duldungs- und Unterlassungspflichten, die bereits **kraft Gesetzes** bestehen. Eine Grunddienstbarkeit kann jedoch auch **neben** einer öffentlichen Last zulässig sein.[63]

---

[49] Vgl. BGHZ 29, 246; KG HRR 1941 Nr. 185.
[50] OLG Frankfurt Rpfleger 80, 280 für „bauliche Ausnutzungsziffer".
[51] LG Dortmund Rpfleger 93, 108.
[52] BGH NJW 69, 503; 76, 418; 82, 1039 = DNotZ 82, 230; OLG Oldenburg Rpfleger 79, 200.
[53] BGH NJW 82, 1039.
[54] BGH a. a. O.
[55] BayObLG DNotZ 89, 568 = MittBayNot 88, 231.
[56] BayObLG NJW 82, 1054 = Rpfleger 82, 60, jeweils mwN.
[57] Vgl. RGZ 79, 379; BayObLGZ 13, 143; Recht 1912 Nr. 1618.
[58] Vgl. KG OLG 43, 225.
[59] Vgl. KG HRR 1941 Nr. 185.
[60] KGJ 44, 356.
[61] WM 71, 1383; NJW 63, 1247.
[62] BGHZ 42, 67; BGHZ 44, 171 ff.
[63] Vgl. KG HRR 1941 Nr. 441 = DNotZ 41, 351; Meisner/*Ring* § 27 III c.

Weiter ist zu beachten, daß die Eintragung einer Dienstbarkeit zulässig ist, wenn sich die Pflicht auch aus einem Verwaltungsakt ergibt oder eine Rechtsnorm zwar besteht, von der durch Verwaltungsakt jedoch dispensiert werden kann. Auch wenn in diesen Fällen die Grunddienstbarkeit den gleichen Inhalt hat wie die öffentlichrechtliche Norm, wird die öffentlichrechtliche Pflicht dadurch nicht verdinglicht, sondern daneben eine selbständige privatrechtliche Pflicht begründet, die weitergeht, weil sie vom Willen einer Behörde unabhängig ist.[64] Schließlich kann, auch wenn eine verbindliche, von dem Behördenwillen unabhängige Rechtsnorm vorliegt, eine Dienstbarkeit mit dem gleichen Inhalt unter der aufschiebenden Bedingung bestellt werden, daß sie erst dann wirksam werden soll, wenn die Rechtsnorm wegfällt. Dies hat Sinn gerade bei Beschränkungen, die in Bebauungsplänen auferlegt sind, zur Sicherung der Rechte des einzelnen Eigentümers gegen spätere Änderung des Bebauungsplanes, die oft aus persönlichen oder politischen Gründen erfolgen. Inhalt einer Dienstbarkeit können auch Vereinbarungen sein, welche eine an sich zweifelhafte Bedeutung oder Tragweite einer Vorschrift oder den Umfang einer öffentlich-rechtlichen Eigentumsbeschränkung klarstellen.[65]

Zulässig ist weiter die Eintragung einer Grunddienstbarkeit auf **Duldung des Überbaues** neben der Eintragung des Verzichtes auf eine Überbaurente, wenn nicht zweifelsfrei feststeht, ob ein entschuldigter oder ein nichtentschuldigter Überbau vorliegt.[66]

2. Recht zur Benutzung in einzelnen Beziehungen

a) **Benutzen** ist ein fortgesetztes oder doch mehr oder weniger häufig und regelmäßig wiederkehrendes, für den Berechtigten mit einem Vorteil verbundenes Gebrauchmachen von dem belasteten Grundstück.[67] Das Benutzungsrecht kann von Handlungen des Berechtigten bedingt abhängig gemacht werden. Daher kann ein Geh- und Fahrtrecht als Grunddienstbarkeit auch den Inhalt haben, daß der Berechtigte die Verkehrssicherungspflicht für das ganze Grundstück trägt, wenn Ausübungsbereich das gesamte Grundstück ist.[68] Die Befugnis zur Vornahme lediglich einer einmaligen Handlung stellt keine solche Benutzung dar.[69] Zulässig ist die Berechtigung zur Vornahme einer einmaligen Handlung, durch die in erster Linie sichergestellt werden soll, daß auf dem dienenden Grundstück gewisse Handlungen nicht vorgenommen werden dürfen.[70]

b) Die Dienstbarkeit muß die Befugnis eröffnen zur Benutzung des Grundstücks in **einzelnen** Beziehungen. Dies setzt nicht zwingend voraus, daß dem Eigentümer des belasteten Grundstücks — neben der Nutzung durch den Dienstbarkeitsberechtigten — nicht nur unwesentliche Nutzungsmöglichkeiten verbleiben.[71]

Das Abstellen auf die verbleibende Nutzungsmöglichkeit des Eigentümers führt jedoch in die Irre, da bereits bei einem einfachen Geh- und Fahrtrecht auf einem kleinen Grundstück der Eigentümer von sämtlichen Nutzungen ausgeschlossen sein kann. Um die Dienstbarkeit vom Nießbrauch abzugrenzen, kann es daher nur auf den Inhalt der bestellten Dienstbarkeit ankommen, ob dem Berechtigten nur einzelne Nutzungen eingeräumt werden. Dabei muß die Prüfung jeweils beschränkt bleiben auf die Fläche,

---

[64] Ebenso OLG Hamm Rpfleger 96, 444.
[65] OLG Celle NJW 58, 1096.
[66] OLG Düsseldorf MittBayNot 78, 6.
[67] KGJ 39 A 216 ff.
[68] BayObLG DNotZ 91, 257.
[69] RGZ 60, 320; BGH 41, 212; BayObLGZ 21, 98.
[70] Vgl. BayObLG DNotZ 66, 538.
[71] Gegen BayObLGZ 79, 444 ff.; Rpfleger 80, 151, jeweils mwN; nun *Ertl* DNotZ 88, 53; BayObLGZ 87, 360; BayObLGZ 89, 445.

die von der Dienstbarkeit erfaßt wird, um die Abgrenzung gegenüber dem Nießbrauch, in der Ausübung beschränkt auf eine Teilfläche, herbeizuführen. Bedenklich daher die Auffassung[72] eine Grunddienstbarkeit, eine Teilfläche unter Ausschluß des Eigentümers zu nutzen sei zulässig, da dem Eigentümer die Nutzung der Restfläche verbleibe.[73] Eine Ablehnung der Eintragung kann in jedem Fall nur dann erfolgen, wenn die Unzulässigkeit eindeutig feststeht.[74]

Steht das herrschende Grundstück im Eigentum mehrerer Personen, so ist bei der Grunddienstbarkeit unzulässig die Eintragung der Benützungsregelung unter den Berechtigten.[75]

Hauptsächlich kommen in Frage als Benutzungsmöglichkeiten

N 19 aa) die Befugnis, das belastete Grundstück zu **betreten**, auch um nur rechtserhebliche Feststellung zu treffen,[76] dort zu gehen, zu fahren — gegebenenfalls auch mit Wasserfahrzeugen, Vieh zu treiben oder es weiden zu lassen (RGZ 104, 147), Eisenbahnwaggons über Gleisanlagen des dienenden Grundstücks heranzuführen und abzuholen;[77]

N 20 bb) **Bauwerke** und sonstige Anlagen auf dem Grundstück **zu haben**, z. B. eine Drahtseilbahn,[78] eine Wasserleitung;[79] an eine Giebelmauer auf der Grenze der beiden Grundstücke anzubauen;[80]

N 21 cc) ein Gewerbe auf dem belasteten Grundstück auszuüben, z. B. eine Tankstelle zu betreiben;[81]

N 22 dd) natürliche Eigenschaften des dienenden Grundstücks zu verwerten, beispielsweise Ton, Torf und andere Bodenbestandteile zu entnehmen,[82] Kieslager auszubeuten,[83] Wasser oder Eis aus einem Teich zu entnehmen.[84]

N 23 c) **Unzulässig** als Gegenstand der Dienstbarkeit ist die **Pflicht** des Eigentümers des belasteten Grundstücks zu einem **positiven** Handeln. Dies gilt auch dann, wenn praktisch aufgrund sonstiger Unterlassungsverpflichtungen nur eine Verpflichtung zu positivem Tun übrigbleibt.[85] Unzulässig die Verpfl. zu unterlassen, Wärme zu beziehen, außer aus der im Bereich eines bestimmten Teileigentums gewerblich betriebenen Warmwasseranlage (BayObLG DNotZ 77, 303). Die Pflicht zum Handeln kann nur Nebenverpflichtung des Eigentümers des dienenden Grundstücks sein, z. B. die Verpflichtung zur gemeinsamen oder einseitigen Unterhaltung einer Zufahrtsstraße, an der ein Geh- und Fahrtrecht bestellt wird.[86] Die Nebenpflicht kann sowohl für den Eigentümer des herrschenden als auch für den des dienenden Grundstücks allein bestehen, sofern nicht ohnehin gesetzliche Verpflichtungen (§ 1020 Satz 2 BGB einerseits; §§ 1021–1023 BGB andererseits) bestehen.

3. Verbot der Vornahme gewisser Handlungen

Der **Berechtigte** hat ein **Untersagungsrecht**, der **Eigentümer** des belasteten Grundstückes eine **Unterlassungspflicht**.

---

[72] BGH Rpfleger 92, 338.
[73] Nach der hier vertretenen Auffassung richtig entschieden von BayObLGZ 86, 54 = Rpfleger 86, 255; KG Rpfleger 91, 441.
[74] BayObLGZ 91, 255.
[75] BayObLG MittBayNot 79, 161.
[76] KGJ 36 A 216, 221.
[77] BGH LM § 1018 Nr. 4.
[78] BGH LM § 242 D Nr. 31.
[79] KGRJA 5, 205.
[80] BGH LM § 912 Nr. 19; BGH WM 76, 128.
[81] BGHZ 29, 244; 35, 378.
[82] RGJW 05 393 Nr. 12 a. E.
[83] BGHZ 28, 99.
[84] RG Warn Rspr. 30 Nr. 171.
[85] BayObLG StSpr., Rpfleger 80, 279 für die Verpflichtung, außer Erdgas jede andere Wärmeenergieversorgung zu unterlassen.
[86] BayObLGZ 90, 8.

a) Bei den Handlungen, die der Eigentümer **nicht** vornehmen darf, muß es sich um **Maßnahmen tatsächlicher Art** handeln, die sich aus dem Eigentum am Grundstück ergeben. Die Unterlassungspflicht muß inhaltlich bestimmt sein.[87]

Zulässig beispielsweise das Verbot, ein Grundstück gar nicht[88] oder nur mit Einfamilienhäusern im Villenstil und solider Bauausführung,[89] nur mit Gebäuden bestimmter Höhe oder nur mit Wahrung gewisser Mindestgrenzabstände[90] zu bebauen; an einer Hauswand keine Fenster einzubauen, die dem herrschenden Grundstück zugekehrt sind,[91] eine zerstörte Grenzmauer nicht wieder aufzubauen;[92] daß ein Haus nicht oder nur von einer bestimmten Zahl von Personen bewohnt werden dürfe; daß der Eigentümer des belasteten Wegegrundstücks den Weg zu bestimmten Zwecken in tatsächlicher Hinsicht nicht benützen dürfe[93] oder daß nach der bayerischen Bauordnung bestimmte Abstandsflächen nicht überbaut und für den vom Eigentümer des dienenden Grundstücks selbst einzuhaltenden Grenzabstand nicht angerechnet werden dürfen.

Ist Belastungsgegenstand Wohnungseigentum, so können die aus dem Sondereigentum fließenden Befugnisse Gegenstand einer Belastung des Sondereigentums sein. Das gilt auch dann, wenn das Objekt des Ausübungsberechtigten zum gemeinschaftlichen Eigentum gehört. Zulässig ist daher eine Dienstbarkeit Fenster ständig geschlossen zu halten.[94]

Durch das Verbot muß eine **bestimmte** Art der qualitativen **tatsächlichen** Nutzung des Grundstücks untersagt werden, die aus dem Eigentum des dienenden Grundstücks heraus grundsätzlich möglich wäre.

Unzulässig ist das Verbot, Bier aus einer anderen als einer bestimmten Brauerei auszuschenken, weil keine tatsächliche Art der Nutzung des dienenden Grundstücks, sondern lediglich die persönliche gewerbliche Freiheit des Gastwirtes beschränkt wird. Zulässig ist daher lediglich das Verbot, auf dem Grundstück überhaupt Bier zu vertreiben oder auszuschenken, wobei der Berechtigte sodann Ausnahmen von diesem Verbot zulassen kann, sofern nicht ein Knebelungsvertrag mit der Folge der Nichtigkeit aus § 138 BGB gegeben ist,[95] sittenwidrig ist eine zeitlich unbeschränkte Bindung bei Wettbewerbsdienstbarkeiten.[96] Zu Wettbewerbsdienstbarkeiten näher siehe N 53. Zu beachten ist, daß die zu unterlassenden Handlungen stets genügend **klar** bezeichnet und **bestimmt** abgegrenzt sein müssen.[97] Unzulässig ist daher eine Dienstbarkeit dahingehend, daß auf einem dienenden Grundstück lediglich Bierbrauerei und Landwirtschaft betrieben und jede irgendwie andersgeartete Nutzung ausgeschlossen ist.[98]

Unzulässig sind Beschränkungen der rechtlichen Verfügungsfreiheit.[99]

Unzulässig ist daher beispielsweise das Verbot, ein Grundstück zu teilen[100] oder es zu belasten, zu vermieten oder zu verpachten;[101] ein Grundstück nicht ohne ein anderes und nur mit Zustimmung der Genehmigungsbehörde für den Bodenverkehr zu veräußern.[102]

---

[87] KG KGJ 52 A, 152 ff.; ByObLG DNotZ 90, 506.
[88] RGZ 47, 356.
[89] BGH LM § 1019 Nr. 2.
[90] RGJW 1900 900 Nr. 19.
[91] LG Lübeck DNotZ 56, 558.
[92] KGJ 26 A 277.
[93] RGJW 09 688 Nr. 15.
[94] BGH Rpfleger 89, 452.
[95] Vgl. dazu BGH NJW 70, 2157; BayObLGZ 52, 287; 53, 296; BayObLG Rpfleger 72, 18; BGH Rpfleger 75, 171; OLG Düsseldorf Rpfleger 79, 304 für Heizwärme. BGH DNotZ 90, 169.
[96] BGH Rpfleger 79, 376.
[97] OLG Frankfurt f. Wohnungsrecht Rpfleger 82, 465.
[98] Vgl. KGJ 53, 155.
[99] Vgl. BGHZ 29, 244; BGH NJW 62, 468 = DNotZ 63, 44; *Riedel* Rpfleger 66, 132; DNotZ 90, 506, BayObLG mit Zustimmung Anmerkung von *Ring*.
[100] KGRecht 1911 Nr. 2570; OLG Düsseldorf NJW 61, 176.
[101] KGJ 36, 219; 51, 297.
[102] OLG Frankfurt Rpfleger 78, 306.

Ein Kontrahierungszwang zugunsten eines bestimmten Lieferanten beschränkt nur die gewerbliche Freiheit und kann nicht Gegenstand einer Dienstbarkeit sein;[103] für die Verpflichtung eines Wohnungseigentümers, die Heizwärme nur von einem bestimmten Wärmeversorgungsunternehmen zu beziehen.[104]

Die Verpflichtung zur Unterlassung bestimmter Handlungen ist ausgeschlossen, wenn sie einer Pflicht zu positivem Tun als alleinigen Inhalt praktisch hätte[105] (vgl. näher N 23).

N 28 Unzulässig ist die Bestellung einer Dienstbarkeit, die die von den Behörden gewünschte Nutzungsart sichern und die Nutzung von Bauwerken bei Erteilung der Baugenehmigung im öffentlichen Interesse einschränken soll, wenn die Beschränkung der Nutzung sich auf die **Person** des Benützers bezieht. Unzulässig daher eine Dienstbarkeit, ein im Außenbereich als Pfründehaus bei einem Bauernhof errichtetes Wohnhaus nur durch Familienangehörige des Landwirts benützen zu lassen. Unzulässig auch eine Dienstbarkeit, ein als Hotel vorgesehenes Gebäude nicht in Eigentumswohnungen aufzuteilen. Nur dann, wenn sich aus der Person dessen, der das Gebäude nutzt, eine andere tatsächliche Nutzungsart ergeben würde, ist die Dienstbarkeit zulässig. Bleibt die Nutzungsart dieselbe, so kann die negative Auswahl der Bewohner nicht Inhalt einer Dienstbarkeit sein.[106] Zum Wohnungsbesetzungsrecht vgl. OLG Stuttgart MDR 56, 679.[107] Zulässig dagegen die Tankstellendienstbarkeit: Der Eigentümer des herrschenden Grundstücks hat das alleinige Recht zum Errichten und Betreiben einer Tankstelle auf dem belasteten Grundstück, auf dem keine weitere Tankstelle von Konkurrenzunternehmen errichtet werden darf.[108]

N 29 b) Das Verbot tatsächlicher Handlung ist **unzulässig**, wenn die Handlung durch das **Gesetz ohnehin verboten** ist, wie beispielsweise durch das Nachbarrecht. Zum Nebeneinander von Duldungsdienstbarkeit und Verzicht auf die Überbaurente.[109]

N 30 c) **Nebenpflicht** der Unterlassung kann die Pflicht zu einem aktiven Tun sein. Unzulässig das Versprechen einer Vertragsstrafe durch den Eigentümer des dienenden Grundstücks für den Fall der Zuwiderhandlung gegen die durch eine Grunddienstbarkeit verbotenen Handlungen, da es sich dabei lediglich um eine persönliche Verpflichtung handelt.[110] Jedoch inhaltlich als Reallast sicherbar.

N 31 4. **Ausschluß der Ausübung von Rechten** — meist nachbarrechtlicher Art.

Ausschluß ist möglich sowohl nach der aktiven Seite — der Eigentümer hat bestimmte Einwirkung auf das herrschende Grundstück zu unterlassen — als auch nach der passiven Seite: Er hat Einwirkungen, die er gemäß § 1004 BGB abwehren könnte, zu dulden. Als Nebenpflicht können auch Verzicht auf Rechtsmittel gegen entsprechende behördliche Bescheide Dienstbarkeitsinhalt sein.[111] Eine Dienstbarkeit ist unzulässig, die lediglich eine gesetzliche Duldungspflicht wiederholt[112]. Ausschluß ist möglich bei Immission nach § 906 BGB.[113] Unter diese Form fallen auch Dienstbarkeiten, die für den Verzicht oder die Herabsetzung der gesetzlichen Überbaurente oder Notwe-

---

[103] KGJFG 6, 282; KGJ 41, 228; KG OLG 18, 146; 26, 81.
[104] Vgl. N 23; BayObLGZ 76, 218; Rpfleger 76, 397.
[105] BayObLG Rpfleger 80, 279 ff.
[106] Vgl. OLG Düsseldorf NJW 61, 176.
[107] BayObLG Rpfleger 80, 215 mwN. BayObLGZ 82, 184 ff.; BayObLGZ 89, 89 ff.
[108] Vgl. BGHZ 29, 246; 35, 378.
[109] Vgl. OLG Düsseldorf MittBayNot 78, 6.
[110] Vgl. BayObLGZ 9, 4187.
[111] LG Köln Rpfleger 94, 56.
[112] OLG Köln Rpfleger 82, 436.
[113] Vgl. BGH LM § 149 HA Nr. 27; KGJ 23 A 229.

grente eingetragen werden. Der Rentenanspruch ist ein Teil des Eigentumsrechtes am rentenberechtigten Grundstück. Die Eintragung der Dienstbarkeit sollte am rentenberechtigten Grundstück erfolgen.[114] Zulässig der Verzicht auf Bergschädenersatz, jedenfalls dann, wenn gleichzeitig die vertragliche Verpflichtung besteht, den Bergbau auf dem Nachbargelände zu dulden.[115] Zulässig der Verzicht auf Schadensersatzansprüche – bei Baumwurf – die zum Inhalt des Eigentums gehören.[116]

Der Umfang des Ausschlusses muß klar eindeutig bestimmt sein. Unzulässig ist daher, weil nicht genügend bestimmt, eine Dienstbarkeit, alle von Bergwerken, Anlagen und Grundstücken eines Eigentümers ausgehenden Einwirkungen zu dulden (OLG Hamm Rpfleger 86, 364).

V. Entstehung

1. Ersitzung § 900 Abs. 2 BGB. An buchungsfreien Grundstücken ist eine Ersitzung seit 1. 1. 1900 ausgeschlossen.

N 32

2. Rechtsgeschäftliche Begründung

a) **bis 1900 in der jeweils landesrechtlich vorgeschriebenen Form**;[117] einer Eintragung in das Grundbuch bedarf es zur Erhaltung der Wirksamkeit des öffentlichen Glaubens des Grundbuchs grundsätzlich nicht (Art. 187 Abs. 1 Satz 1 EGBGB).[118]

Soll eine altrechtliche Dienstbarkeit durch Grundbuchberichtigung eingetragen werden, so setzt diese Eintragung beim Fehlen einer Eintragungsbewilligung den vollen Nachweis ihres Entstehens und ihres Fortbestehens voraus in der Form des § 29 GBO.[119] Bei Teilung des belasteten Grundstücks kann der Nachweis auch durch eine amtliche Bescheinigung des Vermessungsamtes geführt werden.[120] Zum Erwerb einer durch unvordenkliche Verjährung erworbenen altrechtlichen Dienstbarkeit vgl. LG Regensburg;[121] zum Unterschied von altrechtlichen Servituten und Personalobligationen vgl. BayObLG.[122]

b) **seit Inkrafttreten des BGB Einigung und Eintragung** § 873 BGB.

Einigung formlos, jedoch Eintragungsbewilligung gemäß § 29. Zur Vertretung von geschäftsunfähigen Kindern, wenn auf beiden Seiten Kinder oder Eltern und Kinder vertreten sind und das Rechtsgeschäft dem vertretenen geschäftsunfähigen Kind nur einen rechtlichen Vorteil bringt (vgl. Meyer-Stolte Rpfleger 74, 85). Wurde die Dienstbarkeit bei fehlender Einigung eingetragen, so kann dem auf Löschung gerichteten Berichtigungsbegehren des Eigentümers der Einwand der unzulässigen Rechtsausführung entgegengehalten werden, wenn er schuldrechtlich zur Bestellung der Dienstbarkeit verpflichtet ist.[123] Dies kann vom Grundbuchamt berücksichtigt werden.

N 33

---

[114] Vgl. Meisner/*Ring* § 21 VI; *Bessel* DNotZ 68, 617; *Böck* MittBayNot 76, 63; **a. A.** BayObLG MittBayNot 76, 63; DNotZ 77, 111 mwN.
[115] Vgl. BGH LM § 839 ff. Nr. 14; KG HRR 1933 Nr. 1768; RGZ 119, 211; 130, 350; 166, 110; OLG Hamm MDR 65, 659; BGH MDR 70, 998.
[116] BayObLG DNotZ 91, 253.
[117] Vgl. dazu Staudinger/*Ring* Vorb. 1018 Rdn. 4.
[118] BGH MittBayNot 88, 174.
[119] BayObLGZ 88, 102 = DNotZ 89, 164; BayObLG DNotZ 91, 160 ff.; vgl. auch *Odersky* DNotZ 91, 108 ff.
[120] BayObLG a. a. O.
[121] DNotZ 90, 112.
[122] DNotZ 90, 106.
[123] BGH DNotZ 76, 22.

Zur Begründung einer **Eigentümergrunddienstbarkeit** genügt die einseitige Erklärung des Eigentümers gegenüber dem Grundbuchamt. Geht das Eigentum am dienenden Grundstück bei einer Eigentümergrunddienstbarkeit auf einen Dritten über, bevor die Dienstbarkeit eingetragen ist, so muß die Einigung über die Bestellung der Dienstbarkeit noch nachgeholt werden.[124]

N 34 c) **Die Eintragung** hat an dem dienenden Grundstück zu erfolgen. Ist das Grundstück in Wohnungs- oder Teileigentum aufgeteilt, so muß das Recht an sämtlichen Einheiten eingetragen sein.[125] Der Vermerk am herrschenden Grundstück ist für das Entstehen der Dienstbarkeit unerheblich. Der Inhalt der Grunddienstbarkeit ist im Eintragungsvermerk anzugeben, Bezugnahme für sich genügt nicht.[126] Das Recht muß schlagwortartig bezeichnet sein. Eine Bezeichnung als Benutzungsrecht und Benutzungsbeschränkung genügt grundsätzlich nicht[127] auch wenn an einem Wohnungseigentum eingetragen.[128] Die Auslegung einer als „Baubeschränkung" eingetragenen Dienstbarkeit als Gebäudenutzungsrecht ist nicht möglich.[129] Bei Abweichungen in den Eintragungen ist der Vermerk auf dem Blatt des dienenden Grundstücks entscheidend.[130] Der Vermerk auf dem Blatt des herrschenden Grundstücks schafft keine Vermutung für das Bestehen der Grunddienstbarkeit.[131] Ist eine Dienstbarkeit richtig bewilligt, aber unrichtig eingetragen und deshalb nicht entstanden, so dauert die Pflicht zur Bestellung fort.[132] Der Gutglaubensschutz gilt nicht gegenüber dem Eigentümer des herrschenden Grundstücks; soweit er geglaubt hat, daß beim Erwerb vorgefundene tatsächliche Verhältnisse dem Inhalt der Dienstbarkeit entsprechen, kann er nicht geschützt werden.[133] Ist eine Grunddienstbarkeit in grundbuchmäßiger Form bewilligt, so geht mit Übertragung des herrschenden Grundstücks die Anwartschaft hierauf auf den Erwerber über, so daß dieser berechtigt ist, die Eintragung der Dienstbarkeit im Grundbuch zu beantragen.[134]

VI. Erlöschen der Grunddienstbarkeit

N 35 1. Durch **Aufgabeerklärung und Löschung** (§ 875 BGB) am Blatt des dienenden Grundstücks. Für Löschungsbewillilgungen bei Wohnungseigentum s. BayObLG Rpfleger 83, 434. Wird die Grunddienstbarkeit an dem Anteil eines Miteigentümers des dienenden Grundstücks gelöscht, so geht sie automatisch auch in allen übrigen Anteilen unter.[135] Ohne Bedeutung ist die Löschung auf dem Blatt des herrschenden Grundstücks. Ist dieses jedoch mit Rechten Dritter belastet, so ist zur Löschung auch deren **Zustimmung** erforderlich, soweit sie von der Löschung berührt werden (§ 876 BGB Art. 120 EGBGB). Die Aufhebung **nicht eingetragener altrechtlicher Grunddienstbarkeiten** richtet sich nach Landesrecht oder früherem Recht (Art. 187, 128 EGBGB).[136] Für die Löschung **eingetragener altrechtlicher Dienstbarkeiten** wird aus den Erklärungen der Beteiligten zu entnehmen sein, daß sie die Dienstbarkeiten den Vorschriften des BGB unterstellen wollten. Ist eine altrechtliche Dienstbarkeit im Grundbuch eingetragen und wird sie später zu Unrecht gelöscht, so nimmt sie am öffentlichen Glauben

---

[124] OLG Hamm Rpfleger 73, 137.
[125] BayObLG Rpfleger 95, 455.
[126] RG HRR 36 Nr. 559.
[127] BayObLG DNotZ 91, 258 mwN.
[128] BayObLG DNotZ 94, 888.
[129] BGH NJW 65, 2398.
[130] Vgl. RG HRR 29 Nr. 304.
[131] *Seuff* Arch. 98 Nr. 11.
[132] BGH WM 71, 1475.
[133] BGH Rpfleger 76, 91.
[134] OLG Köln OLGZ 68, 453.
[135] BGH NJW 74, 1553; a. A. *Brachvogel* NJW 33, 2011; Staudinger/*Ring* § 1018 Rdn. 2.
[136] Vgl. RGZ 93, 63.

des Grundbuches mit der Folge teil, daß ein gutgläubiger Erwerber das dienende Grundstück lastenfrei erwerben kann.[137]

Die Grunddienstbarkeit ist **unübertragbar**. Mit selbständiger Übertragung, welche die Trennung vom herrschenden Grundstück bedeutet, erlischt sie.[138] Dies gilt auch für den Fall der Abtretung des Rechtes von dem Eigentümer des herrschenden Grundstücks an den Erbbauberechtigten des herrschenden Grundstücks.[139]

Wird das herrschende Grundstück in Wohnungseigentum aufgeteilt, so kann nach Begründung der Wohnungseigentümerschaft aufgrund der Bewilligung nur eines einzelnen Wohnungseigentümers auch nicht die Grunddienstbarkeit teilweise gelöscht werden hinsichtlich des ihm zustehenden Wohnungseigentums.[140]

2. **Zwangsversteigerung** des dienenden Grundstücks, wenn die Dienstbarkeit im geringsten Gebot nicht berücksichtigt worden ist, gleichgültig aus welchem Grund (§§ 59, 91 ZVG). Auch, wenn nur ein Miteigentumsant. versteigert wird, bei dem nach den Versteigerungsbedingungen die Grddbk. nicht in das geringste Gebot fällt.[141] Für Wohnungseigentum vgl. OLG Frankfurt Rpfleger 79, 149). Zu beachten ist die Ausnahmeregelung in § 9 EGZVG. Danach bleiben Leibgedings-, Altenteils- und Auszugsrechte trotz Zwangsversteigerung und Nichtaufnahme in das geringste Gebot erhalten, ebenso alle Dienstbarkeiten, die aufgrund des Vorbehalts in Artikel 187 EGBGB durch landesrechtliche Vorschrift vom Eintragungszwang befreit sind.[142]

3. Mit **Eintritt der Bedingung oder Befristung:** Löschungsnachweis in der Form der §§ 19, 22.

4. Mit **dauerndem Unmöglichwerden der Ausübung** der Grunddienstbarkeit sowie dadurch, daß der notwendige Vorteil für das herrschende Grundstück infolge grundlegender Änderung der tatsächlichen oder rechtlichen Grundlage dauernd wegfällt.[143] Dauernde Unmöglichkeit der Ausübung liegt nicht vor, wenn der Dienstbarkeitsberechtigte den Plan zur Nutzung des dienenden Grundstücks für dauernd aufgibt, solange objektiv die Möglichkeit zur Nutzung noch gegeben ist.[144] Unmöglichkeit der Ausübung liegt auch nicht vor, solange und soweit noch eine teilweise Nutzung möglich ist. Die Widmung einer Fläche für den öffentlichen Verkehr bringt ein Fahrtrecht hieran nicht zum Erlöschen.[145] Wird durch einen Bebauungsplan die Nutzungsmöglichkeit eines Grundstücks geändert, so ist dies ohne Einfluß auf die bestehenden Grunddienstbarkeit.[146] Keine Unmöglichkeit besteht bei Änderung des Bedarfs des herrschenden Grundstücks. Dieser Bedarf ist wandelbar.[147]

5. **Vereinigung** der beteiligten Grundstücke zu einer rechtlichen Einheit und die Zuschreibung des einen Grundstücks als Bestandteil des andern berühren die Grunddienstbarkeiten **nicht**. Eine vor dem Inkrafttreten des BGB durch Konfusion erloschene altrechtliche Dienstbarkeit lebt jedoch auch dann nicht wieder auf, wenn die Trennung der Grundstücke nach Inkrafttreten des BGB erfolgt ist.[148]

---

[137] BGH MittBayNot 88, 174.
[138] KG OLGZ 34, 193.
[139] OLG Hamm Rpfleger 80, 225 = DNotZ 81, 264.
[140] BayObLG MittBayNot 83, 168.
[141] KG Rpfleger 75, 68; DNotZ 75, 105 mwN.
[142] Vgl. dazu *Hagena* Rpfleger 75, 73.
[143] Vgl. BGH WM 66, 739; OLG Köln Rpfleger 80, 389; BayObLGZ 88, 14 = Rpfleger 88, 246.
[144] Vgl. RG Recht 1924 Nr. 394; KG OLG 31, 336.
[145] BayObLGZ 71, 1.
[146] Vgl. BGH NJW 67, 1609.
[147] BGH BNotZ 71, 471; WM 75, 625 = MittBayNot 75, 163.
[148] BGHZ 56, 374.

N 40 6. **Teilung** des berechtigten oder belasteten Grundstücks. Bei Teilung des berechtigten Grundstücks besteht die Grunddienstbarkeit mit der Einschränkung des § 1025 BGB für die einzelnen Teile grundsätzlich fort. Nicht als Teilung anzusehen ist die Bestellung eines Erbbaurechts am herrschenden Grundstück.[149] Bei Teilung des belasteten Grundstücks werden die von der Ausübung nicht betroffenen Teile des Grundstücks von der Dienstbarkeit frei (§ 1026 BGB). Die Zustimmung der dinglich Berechtigten am herrschenden Grundstück zur pfandfreien Abschreibung von Flächen des belasteten Grundstücks kann durch ein Unschädlichkeitszeugnis ersetzt werden.[150]

N 41 7. Bei **Zwangsenteignung**, sei es nach den Gesetzen des Bundes (z. B. BauGB; Bundesfernstraßengesetz; Flurbereinigungsgesetz; u. a.), sei es nach den allgemeinen Enteignungsgesetzen der Länder.

N 42 8. Gemäß § 1028. Wenn der Anspruch auf Beseitigung einer der Ausübung der Dienstbarkeit entstehenden Anlage verjährt ist. Nachweis in der Form des § 22, der allerdings praktisch nur durch Feststellungsurteil erbracht werden können dürfte.

C. Beschränkte persönliche Dienstbarkeit

I. Begriff § 1090 BGB

N 43 Die beschränkte persönliche Dienstbarkeit gibt im Gegensatz zur Grunddienstbarkeit einer **Person** die Befugnis, Grundbesitz in **einzelnen** Beziehungen zu benutzen. Soll das Grundstück im ganzen genutzt werden, so handelte es sich um einen Nießbrauch, z. B. bei der Nutzung eines Einfamilienhauses samt Garten, wenn dies den gesamten Grundstücksbestand bildet. Zur Abgrenzung gegenüber dem Nießbrauch BayObLG Rpfleger 81, 439.[151]

II. Belastungsgegenstand

N 44 Er ist der gleiche wie bei der Grunddienstbarkeit (vgl. Rdn. N 3—7), auch das eigene Grundstück (vgl. N 46). Die Dienstbarkeit kann als Gesamtbelastung bestellt werden, wenn sich ihr Ausübungsbereich auf mehrere Grundstücke erstreckt.[152]

III. Berechtigter

N 45 muß eine individuell bestimmte — natürliche oder juristische — Person sein. Auch jur. **Personen des öff. Rechts,** wie Anstalten, Stiftungen und Körperschaften, insbesondere Gemeinden können Träger sein.[153] Die Begründung muß in der Weise erfolgen, daß die Dienstbarkeit entweder dem Interesse der Gemeinde oder dem Interesse der Gemeindebürger oder der Allgemeinheit zugute kommt. Zu beachten ist jedoch, daß das Recht nicht bestimmten oder allen Grundstücken der Gemeinde, sondern dieser selbst als Interessenvertretung der Allgemeinheit zusteht.[154] Zulässig beispielsweise

---

[149] OLG Hamm Rpfleger 80, 225.
[150] Art. 120 EGBGB; Pr. AGBGB; Bayer. Gesetz vom 15. 6. 1898, 14. 8. 1923, 28. 4. 1953 — GVBl. 1953, 48.
[151] = MittBayNot 81, 185.
[152] BayObLGZ 89, 442 = Rpfleger 90, 110.
[153] BGH LM § 1028 Nr. 1; BayObLG NJW 65, 1484 Nr. 5.
[154] RGZ 44, 145; 61, 342; BayObLGZ 3, 119.

eine Dienstbarkeit für die Gemeinde dahingehend, daß ein Grundstück für keinen anderen Zweck als für das Einstellen von Kraftfahrzeugen und deren Zufahrt benutzt werden darf.[155] **Behörden** und **Dienststellen** haben keine eigene Rechtspersönlichkeit, können daher nicht Träger von Dienstbarkeiten sein.[156]

Zulässig für Berechtigte in BGB-Gesellschaft.[157]

Dienstbarkeitsberechtigter kann auch der Eigentümer des belasteten Grundstücks **N 46** sein.[158] Ob eine **Eigentümerdienstbarkeit** ohne jede Einschränkung bestellt werden kann, ist bestritten.[159] Die Rechtsprechung verlangt für die Bestellung einer Eigentümerdienstbarkeit das Vorlegen eines besonderen Bedürfnisses, beispielsweise die beabsichtigte Veräußerung des Grundstücks.[160] Dies ist abzulehnen. Die Frage, ob dieses Bedürfnis in der Form des § 29 nachzuweisen ist, ist nicht entschieden. Ein solcher Nachweis dürfte stets schwierig sein. Würde man auf den Nachweis verzichten, wäre die Einschränkung der Rechtsprechung ohnehin weitgehend ohne Bedeutung. Ein Grund für die Einschränkung der Rechtsprechung ist darüber hinaus nicht ersichtlich, da für die persönliche Dienstbarkeit die allgemeine Grenze gilt, daß sie einen Vorteil bieten muß (vgl. unten Rdn. N 50). Dieser Nachweis braucht in der Form des § 29 jedoch nicht geführt werden. Das Grundbuchamt kann daher die Eintragung nur ablehnen, wenn diese offensichtlich niemand einen erlaubten Vorteil bringt oder dieser Vorteil bereits durch andere gesetzliche Bestimmungen hinreichend gesichert ist, da ein Rechtsschutzbedürfnis, das dem „Vorteil" entspricht, dann nicht vorhanden ist.

Zugunsten eines Miteigentümers kann eine beschränkte persönliche Dienstbarkeit im Hinblick auf § 1009 Abs. 1 BGB auf jeden Fall ohne Bedürfnisprüfung bestellt werden,[161] auch wenn damit gegen familiäre oder rechtliche Streitigkeiten vorgebeugt werden soll.[162]

Berechtigter kann auch eine **Mehrheit von Personen** sein. Möglich ist eine Bruchteils- **N 47** gemeinschaft, wenn das Recht teilbar ist, also das Maß der Nutzungen quantitativ festgesetzt ist, beispielsweise bei Weide-, Forst- und Ausbeuterechten. Ist das Recht unteilbar, so sind Gesamtberechtigungen nach § 428 BGB möglich,[163] auch beim Leibgeding;[164] bei letzterem bedarf es zur Löschung dann der Bewilligung aller Berechtigten.[165] Möglich ist auch die Bestellung mehrerer selbständiger Dienstbarkeiten gleichen Inhalts und Ranges zugunsten verschiedener Berechtigten mit der Folge, daß die Dienstbarkeiten sich gegenseitig nur in der tatsächlichen Ausübung ihrer Befugnisse beschränken.[166] Zur Frage, inwieweit Gesellschafter nach § 705 BGB Berechtigte einer Dienstbarkeit sein können vgl. OLG Köln DNotZ 67, 501.[167]

Nicht möglich ist die Eintragung einer Dienstbarkeit zugunsten einer bestimmten **N 48** Person „und deren Rechtsnachfolger", da die Dienstbarkeit unvererblich und grundsätzlich unübertragbar ist.[168] Umdeutung ist unter Umständen dahingehend möglich,

---

[155] Vgl. BayObLGZ 65, 181.
[156] KGJ 39 A 210.
[157] LG Landshut Rpfleger 97, 433.
[158] BGHZ 41, 209 = NJW 64, 1226; OLG Oldenburg DNotZ 67, 687 = Rpfleger 67, 407.
[159] Dafür: *Weitnauer* DNotZ 64, 716; *Riedl* Rpfleger 66, 131; Palandt/*Bassenge* 1 b vor § 1090; Staudinger/*Ring* § 1090 Rdn 3.
[160] BGH a. a. O.; OLG Oldenburg a. a. O.; LG Karlsruhe Rpfleger 56, 344; LG Koblenz NJW 61, 1281; *Maidl* MittBayNot 76, 218; OLG Frankfurt Rpfleger 80, 63; OLG Frankfurt Rpfleger 84, 264.
[161] BayObLG Rpfleger 92, 192 = DNotZ 92, 366.
[162] LG Frankfurt Rpfleger 92, 246.
[163] Vgl. BGHZ 46, 253 = DNotZ 67, 187 m. krit. Anm. von *Fassbender*.
[164] BayObLG MittBayNot 75, 167.
[165] a. a. O.
[166] BayObLG Rpfleger 80, 152.
[167] *Fassbender* DNotZ 65, 662.
[168] RGZ 119, 214; BGH LM § 1018 Nr. 11.

daß das Recht zulässigerweise unter einer auflösenden Bedingung oder mit einem Endtermin für die eine Person und unter einer aufschiebenden Bedingung bzw. einem Anfangstermin für die andere bestellt wurde.[169]

Zulässig ist eine beschränkte persönliche Dienstbarkeit für zwei Berechtigte mit der Maßgabe, daß das Recht nach dem Tod des einen dem Überlebenden in vollem Umfang zustehen soll.[170] Unzulässig ist bei einer Dienstbarkeit der Zusatz, daß sie auf den Rechtsnachfolger übergehen soll. Hier liegt eine unzulässige und nicht eintragungsfähige Nebenabrede (§ 1092 BGB) vor. Dies gilt jedoch nicht bei einer juristischen Person oder Handelsgesellschaft.[171] Die Dienstbarkeit wird damit aber nicht von vornherein im ganzen unwirksam (§ 139 BGB).

N 49 Die **Bezeichnung** des Berechtigten muß zweifelsfrei erfolgen. Ungenaue Bezeichnungen sind vom Grundbuchamt mit Zwischenverfügung zu beanstanden. Ist jedoch die Eintragung ohne Klarstellung erfolgt, so ist die Eintragung zu überprüfen, ob der Bezeichnete sich zweifelsfrei ermitteln läßt. Die Zweifelsfreiheit kann sich auch aus den gesamten Umständen ergeben.[172]

IV. Vorteil

N 50 Vorteilhaft muß auch die beschränkte persönliche Dienstbarkeit sein. Im Gegensatz zu § 1019 BGB bindet § 1091 die Beteiligten nicht; sie sind berechtigt, von diesem Rahmen abzuweichen.[173] Es genügt jeder **erlaubte** und **rechtsschutzwürdige** Zweck, der sich mit privatrechtlichen Mitteln verfolgen läßt.[174] Auch **fremde** Bedürfnisse genügen.[175] Die Förderung öffentlicher Interessen genügt,[176] jedoch darf damit nicht lediglich die vom Gesetzgeber zur Verfügung gestellte öffentlich-rechtliche Rechtsnorm ausgeschlossen werden. Hier würde ein **Rechtsschutzbedürfnis** fehlen.[177] Das Rechtsschutzbedürfnis wird bei einer beschränkten persönlichen Dienstbarkeit für die öffentliche Hand nicht dadurch ausgeschlossen, daß eine inhaltsgleiche Grunddienstbarkeit für ein berechtigtes Grundstück besteht.[178]

Der Vorteil braucht nicht dauernd bestehen, darf sich jedoch nicht in einem einmaligen Vorgang erschöpfen.

V. Inhalt

N 51 der beschränkten persönlichen Dienstbarkeit. Dieser deckt sich weitgehend mit der Grunddienstbarkeit. Auf das dort Aufgeführte wird verwiesen (vgl. Rdn. N 15 ff.). Zum positiven Handeln ist der Eigentümer nur im Rahmen einer Nebenpflicht verpflichtet.[179] Im übrigen sind alle drei Belastungsarten zulässig, auch der dritte Tatbestand des § 1018.[180] Die einzelnen Arten können miteinander verbunden werden. Es handelt sich dann um ein einheitliches dingliches Recht, das verschiedene Arten der

---

[169] BGHZ 28, 100 mwN.
[170] Vgl. BayObLG in BayZ 1929, 162.
[171] Vgl. OLG Düsseldorf MittBayNot 76, 215 a; a. A. LG Bochum Rpfleger 75, 432.
[172] OLG Frankfurt Rpfleger 80, 186.
[173] RGZ 60, 317.
[174] RGZ 159, 197, BGHZ 41, 209; BGH Rpfleger 83, 15.
[175] BGH a. a. O.
[176] BayObLG NJW 65, 1484 Nr. 5; BGH NJW 84, 924 ff.
[177] Ebenso *Quack* Rpfleger 79, 81 ff.
[178] BayObLG Rpfleger 82, 372.
[179] Vgl. BGH LM § 242 D Nr. 31; BayObLG Rpfleger 80, 385 für Kostentragung des Eigentümers von Heizung und Müllabfuhr.
[180] Vgl. hierzu BGHZ 35, 381; BayObLG NJW 65, 1484 Nr. 5.

Belastungen in sich vereinigt.¹⁸¹ Welche Belastungsart gemeint ist, muß aber in der Eintragungsbewilligung und im Grundbucheintrag zweifelsfrei gekennzeichnet sein.¹⁸² Zur Bestimmbarkeit der Leistung vgl. OLG Hamm DNotZ 86, 826.

Im **einzelnen** gilt beispielsweise: **N 52**
Zum Recht, in **einzelnen Beziehungen zu nutzen** (vgl. dazu auch N 18). Das Recht, ein Grundstück zu nutzen oder nutzen zu lassen, kann nicht Inhalt sein, auch nicht für einen Teil des Grundstücks,¹⁸³ ebenso, daß einem Berechtigten die Nutzung der gesamten Grundstücksfläche überlassen wird, auf der ein Freizeitzentrum errichtet werden soll.¹⁸⁴ Zulässig die Begründung eines Teilrechtes (Mitbenutzung) am ganzen Grundstück.¹⁸⁵ Wege- und Durchfahrtsrechte können sich in der Ausübung auf die ganze Fläche des Grundstücks erstrecken oder auf bestimmte Teile beschränken.¹⁸⁶ Das Recht dritter Personen (Besucher, Kunden usw.) den Weg zu benutzen, bedarf jedoch im Gegensatz zur Grunddienstbarkeit einer besonderen Gestattung des Grundstückseigentümers. Eine an sich zulässige Auslegung¹⁸⁷ sollte durch entsprechend klare Fassung der Eintragungsbewilligung vermieden werden.

Zulässig Recht zur Entnahme von Bodenbestandteilen,¹⁸⁸ zur Mitbenutzung von Gleisanlagen.¹⁸⁹ Nicht zulässig eine Dienstbarkeit im Hinblick auf die Jagdausübung (§ 3 Abs. 1 Bundesjagdgesetz). Zulässig Verwendung des Grundstücks für geschäftliche oder gewerbliche Zwecke,¹⁹⁰ soweit kein Nießbrauch vorliegt.

Beim **Ausschluß gewisser Handlungen** muß in der Eintragungsbewilligung zweifelsfrei, **N 53** bestimmt werden,¹⁹¹ welche Handlungen im einzelnen zu unterlassen sind. Nur einzelne, nicht alle Benutzungsarten sind ausschließbar. Die Nennung der erlaubten Handlungen genügt.¹⁹² Dem Eigentümer muß eine tatsächliche oder rechtliche Nutzungsart verbleiben. Bei Wohnungseigentum oder Teileigentum genügt für den Eigentümer die Nutzung des Miteigentumsanteils (BayObLG Rpfleger 88, 62). Die Grenze zur Unzulässigkeit liegt dort, wo durch die Dienstbarkeit eine Verpflichtung zu positivem Tun entsteht. Dies ist nicht der Fall, wenn aufgrund der Dienstbarkeit nur eine „sinnvolle" Nutzung übrig bleibt, weil der Eigentümer diese Nutzung auch unterlassen kann, ohne die Dienstbarkeit zu verletzen.¹⁹³ Daher zulässig die Untersagung, das Grundstück zu anderen Zwecken als zum Betrieb einer Behindertenwerkstatt zu nutzen. Weiterhin, Wohnung zu ständig wechselnder Belegung zu nutzen oder selbst zu beziehen.¹⁹⁴

Die Eintragung darf nur abgelehnt werden, wenn eindeutig feststeht, daß dem Eigentümer keine wirtschaftlich sinnvolle Nutzungsmöglichkeit mehr verbleibt.¹⁹⁵ Der Ausschluß jeder Nutzung einer Wohnung durch Dritte ist unzulässig.¹⁹⁶ Die zu unterlassenden Handlungen müssen zu den belasteten Grundstücken in Beziehung stehen. Es muß sich um Maßnahmen tatsächlicher Art handeln, Beschränkungen der rechtsgeschäftlichen Verfügungsfreiheit sind unzulässig.¹⁹⁷

---

¹⁸¹ BGHZ 29, 246; KG HRR 1941 Nr. 185.
¹⁸² Vgl. BGHZ 35, 382.
¹⁸³ OLG Zweibrücken Rpfleger 82, 89; BayObLG Rpfleger 86, 255 = DNotZ 86, 33; a. A. bei einem Teil des Grundstücks – da dem Eigentümer die Nutzung der restlichen Fläche verbleibt – BGH Rpfleger 92, 338 = DNotZ 93, 55.
¹⁸⁴ OLG Köln Rpfleger 82, 61.
¹⁸⁵ OLG Frankfurt Rpfleger 85, 393.
¹⁸⁶ Vgl. RG Recht 1907 Nr. 3819.
¹⁸⁷ Vgl. dazu BGH NJW 62, 1393.
¹⁸⁸ RG HRR 1936 Nr. 662.
¹⁸⁹ BGH LM § 1018 Nr. 4.
¹⁹⁰ KGJ 53, 157.
¹⁹¹ Vgl. dazu KGJ 53, 156; BayObLG NJW 65, 1484 Nr. 5; OLG Düsseldorf Rpfleger 79, 305.
¹⁹² BayObLGZ 65, 180 = DNotZ 66, 99.
¹⁹³ BayObLGZ 85, 285 = Rpfleger 86, 10; BayObLG Rpfleger 86, 10 = DNotZ 86, 231.
¹⁹⁴ LG Ravensburg Rpfleger 92, 192.
¹⁹⁵ BayObLG Rpfleger 90, 105.
¹⁹⁶ BayObLG Rpfleger 82, 273.
¹⁹⁷ RGZ 111, 395; BGHZ 29, 248 ff.

Die Verpflichtung, auf einem Grundstück eine Gastwirtschaft oder Bierverkaufsstelle nur mit Zustimmung einer Brauerei zu betreiben, stellt keine rechtliche Verpflichtung des belasteten Eigentümers dar und ist daher zulässig.[198] Daß der Eigentümer **auch** in der rechtlichen Verfügungsmacht beschränkt ist, schadet nicht.[199]

Bei **Dienstbarkeiten** zur **Sicherung von Wettbewerbsverboten** ist zu beachten:

Jede mögliche Handlungsart kann ausgeschlossen werden, beispielsweise der Betrieb einer Tankstelle,[200] eines Flaschenbierhandels.[201] Bei Bezugs-, Lagerungs- und Handelsverboten muß das Verbot die gesamte Tätigkeitsart umfassen.

Die zeitlich völlig unbeschränkte Unterlassungspflicht zur Sicherung von Wettbewerbsverboten ist sittenwidrig;[202] wegen der Abstraktheit des dinglichen Rechtes wirkt dies jedoch nur dann auf die Dienstbarkeit, wenn eine Verknüpfung mit dem Lieferungsvertrag, also Bezugsbindung vorliegt.[203] Ein wirtschaftlicher Zusammenhang und die Zusammenfassung von Grund- und Erfüllungsgeschäft in einer Urkunde genügen nicht.[204] Selbst die Nichtigkeit des Grundgeschäftes beeinflußt die Wirksamkeit der Dienstbarkeit nicht ohne weiteres.[205]

Zulässig ist daher eine auf immerwährende Zeiten für den Berechtigten eingeräumte Dienstbarkeit, auf dem belasteten Grundstück Biersorten zu vertreiben. Die bloße Absicht der Beteiligten, eine noch abzuschließende Bezugsbindung zu sichern, macht die zeitlich unbefristet bestellte Dienstbarkeit nicht sittenwidrig.[206]

Grundsätzlich ohne Bedeutung ist, daß durch die Beschränkung des tatsächlichen Gebrauchs der Eigentümer **auch** in seiner rechtlichen Verfügungsfreiheit eingeschränkt wird.

Zulässig daher, überhaupt auf dem belasteten Grundstück keinen Gewerbebetrieb einzurichten oder eine bestimmte Art des Gewerbes nicht auszuüben.[207] Unzulässig jedoch in jedem Fall, keine anderen Waren als die des Berechtigten zu vertreiben.[208]

N 54 Die gleichen Beschränkungen gelten auch für Dienstbarkeiten zur Sicherung von Verpflichtungen, die an sich im **öffentlichen Bereich** liegen.[209] Sie sind grundsätzlich zulässig, beispielsweise die beschränkte persönliche Dienstbarkeit zugunsten einer Gemeinde zum Zwecke der Widmung einer Fläche zur öffentlichen Straße.[210] Wohnungsbesetzungsrechte werden nunmehr als gewohnheitsrechtlich eingeführt zugelassen.[211] Zu Baubeschränkungen und Bauverboten vgl. BGH JZ 67, 322.[212] Zuläßlich das Verbot, ein Grundstück oder ein Wohnungseigentum nur eine bestimmte Zeit im Jahr zu bewohnen oder bewohnen zu lassen und es zu anderen Zwecken als denen eines gewerblichen Fremdenverkehrsbeherbergungsbetriebes zu verwenden[213] oder ein

---

[198] OLG Karlsruhe MittBayNot 86, 256.
[199] BayObLG MittBayNot 89, 214.
[200] BGHZ 35, 378.
[201] BGH LM § 1090 Nr. 5.
[202] BGH Rpfleger 79, 376; OLG Düsseldorf Rpfleger 79, 304.
[203] BayObLGZ 85, 290, 292; BGH Rpfleger 88, 403 = DNotZ 88, 572 mit Anm. v. *Amann*; BGH MittBayNot 89, 142; BGH DNotZ 90, 169; BayObLG Rpfleger 97, 371.
[204] A. a. O.
[205] BGH a. a. O.
[206] BGH Rpfleger 88, 403; BGH Rpfleger 89, 278.
[207] BGHZ 74, 293 = NJW 79, 2150; NJW 81, 344; NJW 83, 116; 84, 924.
[208] Vgl. BGHZ 29, 244.
[209] BGH NJW 84, 924 mwN.
[210] BayObLGZ 20, 436.
[211] Vgl. dazu KG NJW 54, 1245; OLG Stuttgart MDR 56, 679; OLG Stuttgart MDR 56, 579.
[212] NJW 64, 2297; KG JR 63, 19; OLG Celle DNotZ 58, 422.
[213] BayObLGZ 85, 193 ff. = NJW 85, 2485 = DNotZ 86, 228.

Grundstück für andere Zwecke als eine Behindertenwerkstatt zu nutzen.[214] Der Umfang der ausgeschlossenen Rechte muß bestimmbar sein.[215]

Zulässig Verpflichtung, ein Grundstück zu keinem anderen Zweck zu verwenden als zum Einstellen von Pkw,[216] Recht, ein Grundstück zur Straße auszubauen und dem öffentlichen Verkehr zu widmen.[217]

Die äußerste Grenze für die Eintragung solcher Dienstbarkeiten zugunsten öffentlich-rechtlicher Körperschaften ist das **Rechtschutzinteresse**. Auch öffentlich-rechtliche Körperschaften können einen zulässigen Zweck mit privatrechtlichen Mitteln verfolgen. Was diese Körperschaft ohne weiteres schon auf der Grundlage öffentlich-rechtlicher Vorschriften durchsetzen könnte, bedürfte nicht erst privater Regelungen, so daß ein Rechtschutzinteresse daran fehlt.[218] Dienstbarkeiten kommen aber dann in Betracht zur Erreichung öffentlicher Zwecke, falls sich dafür nicht oder nicht ohne weiteres die rechtliche Möglichkeit einer hoheitlichen Anordnung bietet.[219] Zulässig, da über den Rahmen der gesetzl. Regelung (Bayr. Denkmalschutzgesetz) hinausgehend, ist eine beschränkte persönliche Dienstbarkeit, daß bei Gebäuden, die unter Denkmalschutz stehen, Abbruch, Veränderung oder Instandsetzungsmaßnahmen von der schriftlichen Zustimmung des Landesamts für Denkmalpflege abhängig gemacht werden, für den Freistaat Bayern.[220]

Bedenklich ist das — weitgehend gedankenlose — Vordringen von Dienstbarkeiten zur Sicherung von Verpflichtungen, die an sich im öffentlich-rechtlichen Bereich liegen. Sie sind grundsätzlich zulässig, beispielsweise die persönliche Dienstbarkeit zugunsten einer Gemeinde zum Zweck der Widmung einer Fläche zur öffentlichen Straße,[221] Wohnbesetzungsrechte zugunsten öffentlich-rechtlicher Körperschaften,[222] Verpflichtung, ein Grundstück zu keinem anderen Zweck zu verwenden als zum Einstellen von Pkw,[223] Recht ein Grundstück zur Straße auszubauen und dem öffentlichen Verkehr zu widmen.[224]

Die dritte Belastungsart — **Ausschluß der Ausübung von Rechten** — kommt insbesondere vor bei Immissionen (§ 906 BGB) sowie bei Grenzüberbauten (§ 912 BGB). Möglich ist der Verzicht auf eine Überbaurente dann als Dienstbarkeit, wenn Zweifel über die Entschuldbarkeit des Überbaues vorliegen.[225] Auch hier muß der Rechtsausschluß genügend bestimmt sein[226] (für Bergschädenverzicht).

N 55

VI. Entstehung und Erlöschen

der beschränkten persönlichen Dienstbarkeit erfolgen in gleicher Weise wie bei der Grunddienstbarkeit. Auf das dort Gesagte kann daher verwiesen werden. Eine beschränkt persönliche Dienstbarkeit entsteht wirksam nicht, wenn ihre Ausübung schon bei der Bestellung objektiv und dauernd unmöglich ist.[227] Ist ein Grundstück, daß im Miteigentum steht, mit einer Dienstbarkeit belastet, nach deren Inhalt die Ausübung

N 56

---

[214] BayObLGZ 85, 285 ff. = Rpfleger 86, 10 = DNotZ 86, 231.
[215] OLG Hamm MittBayNot 86, 197.
[216] BayObLGZ 65, 180; MDR 65, 743.
[217] Vgl. dazu *Maidl* MittBayNot 76, 218.
[218] BGH NJW 84, 924 = DNotZ 85, 34 ff.; Quack Rpfleger 79, 281.
[219] BGH a. a. O.
[220] LG Passau MittBayNot 77, 191.
[221] BayObLGZ 20, 436.
[222] OLG Stuttgart MDR 56, 579.
[223] BayObLGZ 65, 180; MDR 65, 743.
[224] Vgl. dazu *Maidl* MittBayNot 76, 218.
[225] OLG Düsseldorf DNotZ 78, 353.
[226] Dazu ausführlich OLG Hamm MittRheiNot 86, 197.
[227] BGH Rpfleger 85, 185.

eines Rechtes ausgeschlossen ist, so kann die Belastung an einem Miteigentumsanteil gelöscht werden.[228] Grundsätzlich ist die beschränkte persönliche Dienstbarkeit nicht übertragbar. Eine Überleitung nach § 90 BSHG kann nicht erfolgen, deswegen auch nicht im Grundbuch eingetragen werden.[229] Eine Ausnahmebestimmung enthält § 1092 Abs. 2 und 3 BGB. Durch diese Übertragbarkeit wird in vielen Fällen entbehrlich, für Berechtigte Grunddienstbarkeiten zu bestellen, insbesondere bei Gas-, Wasser- und Stromleitungsrechten für Versorgungsunternehmen in der Rechtsform der juristischen Person[230] oder Personengesellschaft (§ 1092 Abs. 3). Zu den Einzelheiten vgl. oben Rdn. N 20–22. Werden Genossenschaften verschmolzen, so geht die Dienstbarkeit über.[231]

N 57 Möglich ist in jedem Fall die **Überlassung der Ausübung**, wenn der Grundstückseigentümer dies gestattet hat. Diese Gestattung bedarf der Eintragung in das Grundbuch, wenn der Inhalt der Dienstbarkeit dadurch erweitert wird.[232] Wegen ihrer Nichtübertragbarkeit kann die beschränkt persönliche Dienstbarkeit weder mit einem Nießbrauch (§ 1019 Abs. 2) noch mit einem **Pfandrecht** (§ 1274 Abs. 2 BGB) belastet werden. **Pfändung** ist möglich, wenn den Berechtigten die Überlassung der Ausübung gestattet und dies im Grundbuch eingetragen ist.[233] Die Eintragung der Pfändung im Grundbuch ist nicht Wirksamkeitsvoraussetzung, jedoch zulässige Grundbuchberichtigung. Unter den vorgenannten Voraussetzungen fällt die beschränkte persönliche Dienstbarkeit auch in die Masse bei Konkurseröffnung über das Vermögen des Berechtigten.[234]

VII. Insbesondere das Wohnungsrecht (§ 1039 BGB)

N 58 1. **Allgemeines.** Es handelt sich um eine Unterart der beschränkt persönlichen Dienstbarkeit.[235] Vom Dauerwohnrecht nach dem Wohnungseigentumsgesetz unterscheidet es sich durch die fehlende Vererblichkeit und die Unmöglichkeit, veräußert zu werden, vom Nießbrauch dadurch, daß der Nießbrauch sämtliche Nutzungen gewährt, von denen allenfalls einzelne ausgeschlossen sein können. Hauptzweck der Benutzung muß das Wohnen sein, doch kann der Berechtigte nebenbei, falls nichts anderes vereinbart wurde, die Räume auch gewerblichen oder geschäftlichen Zwecken dienstbar machen.[236]

N 59 Die **Bestellung** des Wohnrechts ist schon vor Erstellung der davon betroffenen Gebäude zulässig,[237] auch vor Eigentumsübergang im Grundbuch.[238] Ebensowenig ist Voraussetzung, daß das Gebäude baupolizeilich genehmigt ist oder sich tatsächlich bis an das Lebensende des Berechtigten zum Bewohnen eignet.[239] Es kann sich auch auf unbebaute Grundstücksteile erstrecken, sofern damit dem eigenen Bedarf des Wohnberechtigten gedient werden soll,[240] auch untergeordnete weitere Nutzungen sind zuläs-

---

[228] OLG Hamm Rpfleger 80, 468; LG Bochum Rpfleger 82, 372; kritisch Zimmermann Rpfleger 81, 333 ff.
[229] OLG Braunschweig FG Prax 95, 224 = MitRhNot 96, 222.
[230] Vgl. BGHZ 37, 362.
[231] BayObLG Rpfleger 83, 391.
[232] RGZ 159, 204.
[233] KG NJW 68, 1882.
[234] BGH LM § 1 Nr. 5.
[235] KGJ 53, 158.
[236] Vgl. KGJ 53, 158 ff.; RG HRR 1932 Nr. 1660.
[237] Vgl. BayObLGZ 56, 94 = NJW 56, 871.
[238] BayObLG DNotZ 80, 543.
[239] BGH WM 68, 38.
[240] Für den Hausgarten vgl. OLG Schleswig SchlHA 66, 67; LG München I, MittBayNot 70, 153, vgl. auch LG Koblenz DNotZ 70, 164; BayObLG Rpfleger 76, 145.

sig.²⁴¹ Auf einen als selbständiges Teileigentum gebuchten Tiefgaragenplatz kann ein Wohnungsrecht nicht ausgedehnt sein.²⁴² Räumlichkeiten und Grundstücke²⁴³ müssen in Bewilligung und Grundbuch eindeutig und unmißverständlich bezeichnet sein.²⁴⁴ Bei Gartenbenutzung genügt jedoch die Bezeichnung ohne nähere Konkretisierung.²⁴⁵ Ein Verstoß gegen dieses Bestimmtheitserfordernis macht die Eintragung unwirksam, sofern nicht nachträglich durch Auslegung eine Bestimmung getroffen werden kann.²⁴⁶ Die Bestimmung der Räume kann nicht für eine spätere Zeit dem Berechtigten vorbehalten werden.²⁴⁷ Zulässig die Bestellung unter auflösenden und aufschiebenden Bedingung, daher zulässig Einräumung der Benutzungsmöglichkeit des einen oder anderen Raumes oder Gebäudes²⁴⁸ oder des Erlöschens, wenn der Berechtigte das Anwesen nicht nur vorübergehend verläßt.²⁴⁹ Für Pfändbarkeit und Verpfändung gelten die Grundsätze für die beschränkt persönliche Dienstbarkeit.

N 60 2. Durch das Wohnrecht muß der **Eigentümer** von der **Mitbenützung** der Räumlichkeiten auf Dauer **ausgeschlossen** sein. Fehlt es am Ausschluß des Eigentümers, so handelt es sich um kein Wohnrecht nach § 1093, sondern um ein gewöhnliches Benutzungsrecht nach § 1090 mit entsprechendem Rechtsfolgen.²⁵⁰ Zulässig ist an den gleichen Räumen neben einem Wohnrecht für einen Dritten nach § 793 BGB die Begründung eines Mitbenutzungsrechtes nach § 1090 BGB für den derzeitigen Eigentümer.²⁵¹

Dies gilt auch für die gleichzeitige Bestellung eines solchen Rechtes sowohl für den Eigentümer als auch für einen Dritten.²⁵² Nur wenn der Ausschluß für eine kurze vorübergehende Zeit zunächst nicht erfolgt, kann ausnahmsweise eine Eigentümerdienstbarkeit zulässig sein.²⁵³

N 61 Zur Frage, ob und unter welchen Voraussetzungen ein **Mietvertrag** neben dem Wohnrecht bestehen kann.²⁵⁴ Ein dingliches Wohnrecht ist unzulässig, wenn sich das Recht in seinem Inhalt nach einem Mietvertrag richten soll, der zwischen den Beteiligten besteht.²⁵⁵ Wird mit dem Wohnrecht lediglich die Verdinglichung der gegenseitigen Ansprüche beabsichtigt, dann ist die Vereinbarung nichtig.²⁵⁶ Jedoch können ohne rechtlichen Nachteil beide Formen nebeneinander bestehen.²⁵⁷ Wird das Wohnrecht nach Abschluß des Mietvertrages bestellt, so kann darin auch eine stillschweigende Aufhebung des Mietverhältnisses liegen.²⁵⁸ Normalerweise berührt jedoch das Schicksal der einen Rechtsform die andere nicht.²⁵⁹

Das Entgelt läßt sich jedoch dadurch sichern, daß das Weiterbestehen des Wohnrechts von der rechtzeitigen Zahlung des Entgelts abhängig gemacht und diese **auflösende Bedingung** in das Grundbuch eingetragen wird. Die Befugnis der Ausübung auf-

---

²⁴¹ f. Garage LG Osnabrück Rpfleger 72, 308; im Ergebnis ebenso BayObLG Rpfleger 87, 62 am Schluß; f. Doppelgarage *Haegele* Rpfleger 1972, 96; **a. A.** LG Stade, ebd.
²⁴² BayObLG Rpfleger 87, 62.
²⁴³ OLG Oldenburg Rpfleger 78, 411.
²⁴⁴ OLG Hamm Rpfleger 62, 59; BayObLG DNotZ 65, 166.
²⁴⁵ OLG Frankfurt Rpfleger 82, 465.
²⁴⁶ RGZ 1932, 1368 Nr. 4; BGHZ 35, 26.
²⁴⁷ BayObLG DNotZ 65, 166.
²⁴⁸ BayObLGZ 88, 128.
²⁴⁹ BayObL, MittBayNot 98, 33.
²⁵⁰ KG HRR 1929 Nr. 906; KG Rpfleger 85, 185; OLG Düsseldorf Rpfleger 97, 472.
²⁵¹ OLG Saarbrücken Rpfleger 92, 16; *Reiff* Rpfleger 92, 151.
²⁵² KG a.a.O.
²⁵³ OLG Oldenburg Rpfleger 67, 410; ähnl. LG Köln MittRhNot 73, 583.
²⁵⁴ Vgl. im einzelnen *Haegele* Rpfleger 73, 349 ff. mwN.
²⁵⁵ OLG Hamm DNotZ 57, 314 m. Anm. v. *Jean*; LG Mannheim DNotZ 72, 617; vgl. auch BGH Rpfleger 74, 187.
²⁵⁶ RG HRR 1929, 1902; BGH WM 62, 746; 65, 649.
²⁵⁷ Vgl. BGH LM § 1090 Nr. 7 WM 66, 1088.
²⁵⁸ BGH LM § 398 Nr. 20.
²⁵⁹ BGH WM 66, 1089.

lösend zu bedingen,[260] begegnet stärksten Bedenken.[261] Zu beachten ist stets, daß bei Weiterveräußerung des belasteten Grundstücks der Entgeltanspruch nicht entsprechend § 571 BGB automatisch auf den Erwerber übergeht, sondern ausdrücklich abgetreten werden muß.[262] Auf regelmäßig wiederkehrende Leistungen finden die Vorschriften des öffentlichen Mietrechts keine Anwendung.[263]

Als dinglicher Inhalt des Wohnrechts können wiederkehrende Leistungen des Berechtigten dem Grundstückseigentümer gegenüber nicht vereinbart werden. Unzulässig ist daher die Vereinbarung, daß der Wohnungsberechtigte die Hälfte sämtlicher Grundstückslasten zu tragen hat.[264]

Unentgeltlichkeit der Nutzung kann nicht Dienstbarkeitsinhalt sein.[265]

N 62 Dem **Eigentümer** als Verpflichteten können im Rahmen des Wohnungsrechtes Verpflichtungen zur **Tragung laufender Lasten** auferlegt werden;[266] ebenso SchlHOLG Schleswig[267] für die Übernahme der Kosten von Schönheitsreparaturen, Strom, Wasser, Abwasser und Heizung.[268]

N 63 Erfaßt das Wohnrecht nicht das gesamte Gebäude, so hat der Berechtigte die gesetzliche Befugnis zur **Mitbenutzung** der **Gemeinschaftsanlagen**. Was dazu gehört, richtet sich nach den allgemeinen Lebens- und Wohngewohnheiten.[269] Konkretisierung in der Eintragungsbewilligung daher ratsam. Abweichende Vereinbarungen sind zulässig als dinglicher Inhalt. Nicht zulässig ist die Erstreckung auf rechtlich selbständige unbebaute Grundstücke.[270]

N 64 3. **Berechtigter** kann eine natürliche oder juristische Person sein (§ 1092 Abs. 2; § 1093 Abs. 1 Satz 1 BGB). Letztere kann ein privatrechtliches Interesse[271] daran haben, einem bestimmten Personenkreis Räume zu Wohnzwecken überlassen.[272] Zur Zulässigkeit der Eigentümerdienstbarkeit vgl. OLG Oldenburg DNotZ 67, 687[273] (vgl. auch oben Rdn. O 46).

N 65 Sind **mehrere** für das gleiche Gebäude oder die gleichen Räume dinglich wohnberechtigt, so handelt es sich im Regelfall um ein bloßes Nebeneinander mehrerer selbständiger Rechte, die sich gegenseitig nur in ihrer Ausübung beschränken.[274] Als Gemeinschaftsverhältnis sind möglich Gesamthand bei Gesellschaft oder ehelicher Gütergemeinschaft, Gesamtberechtigung nach § 428 (Gesamtgläubigerschaft). Stirbt im letzteren Fall ein Berechtigter, so erlischt damit das Wohnrecht nicht.[275] Wird für Ehegatten, die in Gütergemeinschaft leben, ein gemeinsames Wohnrecht bestellt, so fällt dieses in das Gesamtgut.[276] Bruchteilsgemeinschaft ist unzulässig.[277]

N 66 Welcher **Personenkreis** gemäß § 1093 von den Berechtigten **aufgenommen** werden darf, richtet sich nach der Auffassung des gewöhnlichen Lebens. Die Aufnahme von

---

[260] Vgl. OLG Karlsruhe DNotZ 68, 432.
[261] Vgl. *Ripfel* DNotZ 68, 404 ff.
[262] Vgl. dazu BGH WM 65, 651; BGH LM § 398 Nr. 20.
[263] Vgl. BGH WM 65, 652.
[264] BayObLGZ 88, 268 = Rpfleger 88, 523 = MittBayNot 88, 234.
[265] BayObLG Rpfleger 93, 189 = MittBayNot 93, 17.
[266] BayObLG DNotZ 81, 124 ff. für Heizung und Müllabfuhrkosten; ausf. dazu *Amann* DNotZ 82, 396 ff.; LG Giessen, Rpfleger 86, 174.
[267] Rpfleger 95, 13 = DNotZ 94, 895.

[268] A. A. LG Itzehoe Rpfleger 94, 159.
[269] Vgl. LG Verden niedersächsischer Rpfleger 65, 84.
[270] BayObLG MittBayNot 75, 260.
[271] Vgl. RGZ 61, 342.
[272] KGJ 53, 158; BayObLGZ 82, 184.
[273] BGHZ 41, 209 = NJW 64, 1226.
[274] BayObLG DNotZ 80, 543.
[275] BGHZ 46, 253; BGH LM § 1093 Nr. 4; a. A. *Reinecke* JZ 67, 417; Ehrmann/*Ronke* Rdn. N 8; vgl. auch *Fassbender* DNotZ 65, 662.
[276] BayObLGZ 67, 480.
[277] Vgl. OLG Köln DNotZ 65, 686; *Baader* ebd. Seite 681 ff.

Besuchern ist grundsätzlich zulässig. Sonstige Personen dürfen nur aufgenommen werden, wenn eine solche Belassung ausdrücklich gestattet ist.[278] Abweichende Vereinbarungen mit dinglicher Wirkung müssen im Grundbuch vermerkt werden. Zum Recht, einen Lebenspartner aufzunehmen, vgl. BGH Rpfleger 82, 336.

Erlöschen

N 67

Löschung erfolgt mit Bewilligung des Berechtigten, bei zulässiger Löschungserleichterung[279] auch durch Antrag des Eigentümers mit Vorlage der Sterbeurkunde. Ist die Löschungserleichterung in der Weise formuliert, daß das Wohnrecht auflösend bedingt bis zum Eintritt eines bestimmten Ereignisses bestellt worden ist — „auf die Dauer des ledigen und besitzlosen Standes" — so ist beim Nachweis auch nur eine dieser beiden Voraussetzungen zu löschen.[280]

Neben den allgemeinen **Erlöschensgründen** für beschränkte persönliche Dienstbarkeiten gilt bei Wohnrechten auch der Untergang des Gebäudes oder Gebäudeteiles.[281] Die Errichtung eines neuen Gebäudes als Ersatz für das zerstörte führt zu keinem Wiederaufleben. Soweit eine Pflicht zur Wiederherstellung aufgrund landesrechtlicher Vorschriften besteht,[282] bleibt das Recht erloschen.[283] Aber der Berechtigte hat obligatorischen Anspruch auf erneute Wohnrechtseinräumung, die sich durch Vormerkung sichern läßt.

Soweit ein Wohnrecht zu einem Altenteil gehört, gilt laut Art. 96 EBGBG Landesrecht. Dinglich ist zu beachten, daß eingetragene Altenteilsrechte nach § 9 Abs. 1 EGZVG Abs. 2 auch dann von einer Zwangsversteigerung des belasteten Grundstücks unberührt bleiben, wenn sie nicht in das geringste Gebot fallen.[284]

Zu altrechtlichen Dienstbarkeiten, deren Bestehen und Erlöschen wenn sie im Grundbuch eingetragen sind.[285]

Die Pfändung des Anspruchs des Berechtigten auf Wertersatz (§ 92 ZVG) ist nicht eintragbar (SchlHOLG Schleswig Rpfleger 97, 256).

ABSCHNITT O

Dauerwohn- und Dauernutzungsrecht, Sondernutzungsrecht

Übersicht

	Rdn.		Rdn.
I. Allgemeines	O 1	V. Bestellung	O 12
II. Belastungsgegenstand	O 2	VI. Besonderheiten	O 13–O 14
III. Berechtigter	O 3–O 4	VII. Erlöschen	O 15
IV. Inhalt	O 5–O 11	VIII. Sondernutzungsrecht	O 16

---

[278] Vgl. KGJW 23, 760 Nr. 2.
[279] BayObLGZ 79, 373 = Rpfleger 80, 20 = DNotZ 80, 157; OLG Düsseldorf Rpfleger 95, 248.
[280] BayObLG Rpfleger 83, 62.
[281] BGHZ 7, 268; 8, 58; a. A. Palandt/*Bassenge* Anmerkung 3 d.; vgl. auch BayObLG NJW 56, 872.
[282] Vgl. für frühere preußische Landesteile Art. 15 § 5 AGBGB, für Bayern Art. 37 AGBGB, für Württemberg Art. 158 AGBGB.
[283] Vgl. OLG München DNotZ 54, 103.
[284] Vgl. dazu RGZ 162, 52.
[285] Vgl. BayObLGZ 95, 413 ff. und 91, 139 ff.; zu Kellerrechten vgl. BayObLGZ 91, 178 ff.

Einl

I. Grundbuchordnung

Literatur

Hornig Wohnungseigentum und Dauerwohnrecht, DNotZ 51, 197; *Dister* Wohnungseigentum und Dauerwohnrecht im Lichte der neuesten Erfahrungen, GmbH-Rundschau 55, 108; *Weitnauer* Können Erbbaurecht und Dauerwohnrecht zugunsten des Eigentümers bestellt werden?, DNotZ 58, 352; *Staak* Der Heimfallanspruch des Grundstückseigentümers beim Dauerwohnrecht, SchlHA 59, 141; *Marschall* Befristung eines Dauerwohnrechts auf Lebenszeit des Berechtigten, DNotZ 1962, 381; *Dister* Kann ein Dauerwohnrecht auf die Lebensdauer des Berechtigten befristet werden?, NJW 63, 183; *Wolff/Raiser* Lehrbuch des Sachenrechts, § 89, § 113 a.

O 1 I. **Allgemeines.** Gesetzliche Grundlage § 31 WEG. Die beiden Arten unterscheiden sich lediglich durch die verschiedene Art der Nutzung. Eine Vermischung beider Nutzungsformen ist möglich, wenn kein Verwendungszweck überwiegt.[1]

Zwischen Eigentümer und Berechtigten besteht ein gesetzliches Schuldverhältnis (vgl. § 32 ff. WEG). Bestritten ist, ob und wie weit die Vorschriften über Nießbrauch und beschränkt persönliche Dienstbarkeit ergänzend anzuwenden sind.[2] Die Umdeutung eines Dauerwohnrechts in eine beschränkte persönliche Dienstbarkeit ist nicht möglich. Dagegen kann ein Anspruch auf Bestellung von Wohnungseigentum in einen Anspruch auf Bestellung eines Dauerwohnrechts umgedeutet werden.[3]

O 2 II. **Belastungsgegenstand** kann sein Alleineigentum am Grundstück, Wohnungseigentum, Erbbaurecht und Wohnungserbbaurecht.[4] Ein ideeller Miteigentumsanteil kann nicht belastet werden.[5] Belastung mehrerer Grundstücke ist möglich mit einem Gesamtdauerwohnrecht, wenn die Wohnung sich auf mehrere Grundstücke erstreckt.[6]

III. **Berechtigter:**

O 3 Alleininhaber, Bruchteilsgemeinschaft, Gesamtgläubigerschaft i. S. des § 428[7] sowie Gesamthandsgemeinschaft.

O 4 Die Zulässigkeit des **Eigentümerdauerwohnrechts** ist bestritten.[8]

Für die Zulassung spricht ein praktisches Bedürfnis, insbesondere bei bevorstehender Veräußerung (vgl. dazu auch Rdn. O 46).

IV. **Inhalt**

1. **Gegenstand**

O 5 a) des **Dauerwohnrechts** eine Wohnung, jedoch auch nur ein einzelner Raum oder ein ganzes Gebäude.[9]

---

[1] BayObLGZ 60, 237, DNotZ 60, 596.
[2] Vgl. dazu Soergel/*Siebert* § 31 WEG Anm. 2; Staudinger/*Ring* § 31 Rdn. 5 einerseits, RGRK/*Fritsch* Vorbem. VI, 2 vor § 31 WEG, *Bärmann* Vorbem. IV vor § 31 WEG andererseits. Weitnauer/*Wirths* Vorbem. 2 vor § 31; OLG Frankfurt NJW 54, 1613; BayObLG 57, 107.
[3] Vgl. BGH NJW 63, 339.
[4] Vgl. *Weitnauer* DNotZ 53, 124; *Bärmann* Bem. II, 1 zu § 31 WEG.
[5] Vgl. BayObLGZ 57, 102.
[6] LG Hildesheim NJW 60, 49.
[7] BGHZ 46, 253; Weitnauer/*Wirths* § 31 WEG Bem. 3 a; *Fassbender* DNotZ 65, 662.
[8] Dafür *Diester* § 31 WEG, Bem. 2 a; Staudinger/*Ring* § 31 Bem. 12; a. A. LG Münster DNotZ 53, 150; AG Düsseldorf DNotZ 58, 426; Palandt/*Huche* § 31 WEG Bem. 2; Weitnauer/*Wirths* Einl. zu § 31 WEG, Bem. 2; RGRK/*Pritsch* § 31 WEG Bem. III.
[9] LG Münster DNotZ 53, 148; *Diester* § 31 WEG Bem. I 2 a.

b) beim **Dauernutzungsrecht** jeder Raum, der Gegenstand von Teileigentum sein kann, daneben auch Wohnungen, beispielsweise bei vorübergehender, wenn auch längerdauernder beruflicher Nutzung als Büro.

Beide Arten von Rechten können sich auch auf einen außerhalb des Gebäudes liegenden Teil des Grundstücks erstrecken.[10]

2. Zulässig ist die Bestellung für unbestimmte **Zeit**. Erfolgt die Bestellung zulässigerweise befristet,[11] wirkt diese gegen gutgläubige Erwerber nur, wenn sie sich aus dem Grundbuch selbst ergibt.[12] Unzulässig ist eine Befristung auf den Tod des Berechtigten.[13]

Auf jeden Fall unzulässig ist eine Befristung, die dazu führt, daß für die Ausübung das Merkmal der Dauer beseitigt wird. Unzulässig ist daher die Bestellung von 52 auf eine Woche befristeten Dauernutzungsrechten an einem Wohnungseigentumshotelappartement.[14]

3. **Vereinbarungen** nach § 33 Abs. 4 WEG müssen eingetragen sein; Bezugnahme auf die Eintragungsbewilligung genügt. Zulässig die Abrede, eine Wohnung nur mit Zustimmung des Eigentümers zu vermieten.[15] Auch **Ausschluß** von bestimmten Nutzungsarten ist zulässig. **Instandsetzungspflichten** für das ganze Gebäude sind nur zulässig, wenn sich das Dauerwohnrecht auf das ganze Gebäude bezieht;[16] zulässig sind Verpflichtungen zur Unterhaltung des dem gemeinschaftlichen Gebrauch dienenden Eigentums; auch Schiedsgutachterklausel zulässig.[17]

Zulässig **Vereinbarung der Zustimmung** des Eigentümers oder eines Dritten **zur Veräußerung** des Dauerwohnrechts (§ 35 WEG). Aus Gründen der Rechtssicherheit und Grundbuchklarheit sollte in diesem Fall eine Bezugnahme auf die Eintragungsbewilligung, die von der h. M. für zulässig gehalten wird, unterbleiben.

Zulässig **Heimfallvereinbarung** (§ 36 WEG). Die Voraussetzungen können beliebig vereinbart werden. Bestritten ist die Zulässigkeit eines Heimfallanspruchs für den Fall des Todes des Berechtigten. Dies ist zu bejahen.[18] Die Meinung, in diesem Fall sei Heimfallgrund möglich, wenn ein wichtiger Grund in der Person des Erwerbers bestehe,[19] überfordert das Grundbuchamt, das diesen Grund nicht nachprüfen kann. Eine Entschädigung muß nur bei langfristigen Dauerwohnrechten vereinbart sein (§ 41, Abs. 3 WEG). Dies ist unabdingbar.[20] Jedoch sind Vereinbarungen über Berechnung und Höhe der Entschädigung sowie Art der Zahlung zulässig. Bei offensichtlich unangemessener Vergütung kann das Grundbuchamt die Eintragung ablehnen.[21]

4. Zulässig ist die Vereinbarung, daß das Dauerwohnrecht bei **Zwangsversteigerung** auch dann bestehen bleibt, wenn es nicht in das geringste Gebot fällt.[22] Bezugnahme

---

[10] Vgl. LG Münster DNotZ 53, 150.
[11] Vgl. *Hoche* DNotZ 53, 154.
[12] KG NotZ 56, 556.
[13] OLG Neustadt NJW 61, 1974 = DNotZ 62, 221 = Rpfleger 62, 22; RGRK/*Pritsch* WEG § 33 Rdn. 3; Soergel/*Baur* WEG § 33 Rdn. 3; a. A. Weitnauer/*Wirths* § 33 WEG Bem. 3; MünchKomm/*Roll* WEG § 33 Rdn. 3; Palandt/*Bassenge* WEG § 33 An. 2 a; *Diester* NJW 63, 183 u. Rpfleger 65, 216; *Klingenstein* BWNotZ 65, 228; *Marschall* DNotZ 62, 381.
[14] OLG Stuttgart MittBayNot 87, 99.
[15] § 33 Abs. 4 Ziffer 1 WEG; BayObLGZ 60, 239.
[16] BayObLG NJW 60, 540.
[17] Vgl. Weitnauer/*Wirths* § 33 Bem. 13; *Bärmann* Bem. V, 2.
[18] Für die Zulässigkeit *Diester* § 36 Bem. IV; a. A. Soergel/*Siebert* § 36 Rdn. 4; *Bärmann* Bem. II, 3 zu § 36 WEG.
[19] Vgl. Soergel/*Siebert* a. a. O.
[20] Vgl. BGHZ 27, 162.
[21] Vgl. *Bärmann* § 41 WEG Bem. VI; *Diester* § 41 WEG Bem. 19.
[22] § 39 WEG.

Einl I. Grundbuchordnung

auf die Eintragungsbewilligung ist nicht genügend.[23] Die für die Vereinbarung notwendige **Zustimmung** der im Rang vorgehenden **Grundpfandrechtsgläubiger** ist beim Recht der Zustimmenden zu vermerken.[24]

Eintragung ist auch vor Erteilung der Zustimmung zulässig, wirkt dann jedoch nicht gegenüber denjenigen Grundpfandgläubigern, die ihre Zustimmung nicht erteilt haben.

O 11   5. **Bedingte** Bestellung ist unzulässig.[25] Ungewisse künftige Ereignisse können berücksichtigt werden durch Vereinbarungen eines **bedingten** Heimfallanspruchs.[26] Äußerste Grenze ist eine beabsichtigte Gesetzumgehung.

V. Bestellung, Erwerb

O 12   Der zur Begründung notwendige Aufteilungsplan muß lediglich in einem Stockwerksplan die Lage der erfaßten Räume und ihre Abgrenzung zu weiteren Räumen darstellen.[27]

Gutgläubiger Erwerb möglich.[28] Zustande kommt es gemäß § 31 ff. WEG durch formlose Einigung und Eintragung.

Bei Dauerwohn- und -nutzungsrecht Vorlage der Unterlagen nach § 32 Abs. 1 und 2 WEG notwendig. Bestritten ist, ob das Grundbuchamt auch eine materiell-rechtliche Prüfung der Vereinbarungen vornehmen darf.[29] Verpflichtet zur materiellrechtlichen Prüfung ist das Grundbuchamt nicht.

Bestellung ist auch möglich, wenn das Gebäude noch nicht errichtet ist, sofern die Bauplanung abgeschlossen vorliegt.[30]

VI. Besonderheiten

O 13   **Übertragung des Dauerwohnrechts und Vererblichkeit** dürfen nicht ausgeschlossen sein.[31] Genehmigung des Vormundschaftsgerichts erforderlich nach §§ 1281 Abs. 1 Nr. 1, 1643 Abs. 1 BGB bei Veräußerung, nach § 1821 Abs. 1 Nr. 5 BGB bei Erwerb.

Zulässig ist, **für den Fall der Veräußerung ein Heimfallrecht** zu vereinbaren, ebenso bei Veräußerung an einen anderen als einen bestimmten Kreis von Personen. Die **Übertragung** kann auch **bedingt** erfolgen, da § 33 Abs. 1 Satz 2 WEG den Fall der Übertragung nicht erfaßt.[32]

O 14   Belastung des Rechtes ist nur möglich mit einem Nießbrauch. Weiterhin ist Verpfändung und Pfändung möglich. Insoweit Vermerk im Grundbuch notwendig.

VII. Erlöschen

O 15   Erlöschen des Dauerwohn- und Dauernutzungsrechtes nach § 875 BGB, nicht durch Zerstörung des Gebäudes.[33] Ist das Recht an einem Erbbaurecht begründet, so erlischt

---

[23] Weitnauer/*Wirths* § 39 Bem. 13; a. A. Soergel/*Siebert* § 39 Rdn. 3.
[24] *Bärmann* § 39 WEG Bem. IV, 3; Weitnauer/*Wirths* § 39 Bem. 13.
[25] § 33 Abs. 1 Satz 2 WEG.
[26] Vgl. *Bärmann* § 33 Bem. II, 2 a, c; *Diester* § 33 Bem. 3; Weitnauer/*Wirths* Bem. 3.
[27] BayObLG MittBayNot 97, 289.
[28] BayObLG Rpfleger 89, 503 nur Leitsatz.

[29] Dafür *Bärmann* § 32 Bem. VI, 1; Staudinger/*Ring* § 32 Bem. 12; a. A. *Diester* § 32 Bem. 10, Ermann-Westermann Bem. zu § 31 WEG; Palandt/*Hoche* § 31 Bem. 2; Weitnauer/*Wirths* Bem. 6.
[30] Vgl. § 32 Abs. 2 Nr. 1 WEG.
[31] § 33 Abs. 1 WEG.
[32] Vgl. *Bärmann* § 33 Bem. II, 1 a.
[33] *Bärmann* § 31 Bem. V, 3.

es nicht beim Heimfall des Erbbaurechts.³⁴ Diese Regelung ist jedoch mit dinglicher Wirkung abdingbar.³⁵ In jedem Fall erlischt das Recht jedoch bei einem Erlöschen des Erbbaurechts.³⁶

Vom Dauernutzgsr. zu unterscheiden ist das **Sondernutzungsrecht**. Es gewährt dem jeweiligen Inhaber eines Miteigentumsanteils, verbunden mit dem Sondereigentum an einer Wohnung oder nicht Wohnzwecken dienenden Räumen das Sonderrecht auf Nutzung eines bestimmten Teils der Gemeinschaftsteile oder von räumlichen Teilen eines Sondereigentums³⁷ insbesondere einer näher bestimmten Teilfläche. Es schafft beim berechtigten Eigentümer ein positives Nutzungsrecht, bei den anderen einen negativen Nutzungsausschluß.³⁸ Die Einräumung erfolgt bei Begründung des Wohnungs- und Teileigentums mindestens durch Ausschluß der Eigentümer (negative Komponente), verbunden mit dem Recht eines Eigentümers das Recht zu haben oder es anderen Eigentümern zuzuweisen.³⁹ Solange dieser Eigentümer ist, steht ihm das Recht zu.⁴⁰ Bei nachträglicher Bestellung ist Zustimmung aller Wohnungs- u. Teileigentümer und aller Gläubiger notwendig, denen an einer Sondereigentumseinheit ein dingliches Recht zusteht.

An einer ohne wirksame Zustimmung der übrigen Eigentümer angelegten Dachterrasse keine Einräumung möglich durch Mehrheitsbeschluß.⁴¹ Das Recht kann ohne Zustimmung der übrigen Miteigentümer an den Inhaber eines anderen Wohnungseigentums oder Teileigentums des gleichen Grundstücks übertragen werden.⁴² Lediglich die Zustimmung der eingetragenen Gläubiger der abgebenden Eigentümers ist erforderl. Zur Belastung mit einer Dienstbarkeit vgl. *Röll* Rpfleger 78, 352 ff.

Das Sondernutzungsrecht gehört zum Inhalt des Wohnungs- oder Teileigentums⁴³ und ist wesentlicher Bestndteil des Wohnungseigentums; gutgläubiger Erwerb ist möglich.⁴⁴

Wenn die Gemeinschaft der Miteigentümer von der Nutzung eines bestimmt bezeichneten Teiles der Gemeinschaftsoberfläche ausgeschlossen ist, bedarf es ihrer Mitwirkung nicht, wenn bei einer Vereinbarung, durch welche einem bestimmten Wohnungseigentümer die Befugnis zum alleinigen Gebrauch dieser Fläche als Sondernutzungsrecht eingeräumt wird.⁴⁵ Zulässig ist die Einräumung eines Sondernutzungsrechtes auch an solchen Räumen, die im Sondereigentum eines anderen Wohnungseigentümers stehen.⁴⁶ Steht dem Eignetümer eines in Wohnungs- und Teileigentum aufgeteilten Grundstücks als Grunddienstbarkeitsberechtigtem eine Grunddienstbarkeit an einem anderen Grundstück zu, so kann die Ausübung dieser Grunddienstbarkeit als Sondernutzungsrecht einzelnen Wohnungseigentümern zugewiesen werden.⁴⁷ Inhalt des Sondernutzungsrechtes kann auch sein, bestimmte bauliche Veränderungen am Gemeinschafts- und Sondereigentum vorzunehmen.⁴⁸

Sondernutzungsrechte sind möglich an Räumen eines Teileigentums. Sie können zum Inhalt des Sondereigentums gemacht werden.⁴⁹

---

³⁴ § 42 WEG.
³⁵ Vgl. Soergel/*Siebert* § 42 Rdn. 3.
³⁶ Soergel/*Siebert* § 42 Rdn. 4.
³⁷ LG Mü II, MittBayNot 88, 78.
³⁸ BGH DNotZ 79, 168 m. Anm. v. *Ertl*.
³⁹ BayObLG Rpfleger 86, 257.
⁴⁰ BayObLG a. a. O.
⁴¹ OLG Stuttgart BW NotZ 87, 91.
⁴² BGH DNotZ 79, 168.
⁴³ § 5 Abs. 4; § 8 Abs. 2 Satz 1; § 10 Abs. 2 WEG.
⁴⁴ BayObLG MittBayNot 89, 216.
⁴⁵ BayObLGZ 85, 124 = MittBayNot 85/74 m. Anm. v. *Schmidt*.
⁴⁶ OLG Zweibrücken Rpfleger 90, 19.
⁴⁷ OLG Stuttgart Rpfleger 90, 254.
⁴⁸ OLG Düsseldorf MittRhNot 86, 169.
⁴⁹ LG München II MittBayNot 88, 78.

Einl

Zulässiger Inhalt, nicht bebaute Grundstücksteile zu bebauen und bauliche Veränderungen vorzunehmen, zumindestens dann, wenn das Grundstück mit mehreren, völlig getrennten Häusern bebaut ist.[50]

Zur inhaltlichen Bestimmung genügt die Einräumung zur beliebigen rechtlich zulässigen Nutzung.[51]

ABSCHNITT P
Sonstige Nutzungsrechte

I. Erbpachtrechte Art. 63 EGBGB

P 1 Vgl. dazu Soergel/*Siebert* Art. 63 m. ausf. w. Nachw.; Staudinger 10. Auflage, ebd.). Zur grundbuchrechtlichen Seite vgl. § 118, Rdn. 1–7.

II. Abbaurechte Art. 68 EGBGB

P 2 Für Bayern Gesetz über Graphitgewinnung vom 12. 11. 1937 Art. 4 Abs. IV (BayBS IV 164); Hessen, Niedersachsen, Westfalen, Rheinland-Pfalz, Schleswig-Holstein: Art. 40 AGBGB Preußen (GVBl. II, 230-2; GVBl. Sb III 400; SVG NW 40; GVBl. Rh-Pf 1968 Nr. 1 a, 400-1; GS Schl-H 400). Für Niedersachsen vgl. auch Gesetz über die Bestellung von Salzabbaugerechtigkeiten in der Provinz Hannover vom 4. 8. 04 (GVBl. Sb III 751).

III. Art. 69 EGBGB Fischereirechte

P 3 Zur gesetzlichen Regelung der Länder vgl. ausf. Soergel/*Siebert* Art. 69 EGBGB Rdn. 4. Für Bayern genügt zur Begründung des Rechtes gem. Art. 13 Fischereig. die Einigung.[1] Für baden-württembergisches Fischereirecht (vgl. BGH Rpfleger 98, 198 nur Leitsatz).

IV. Art. 80, Abs. 2 EGBGB, Pfarrnutzungsrechte (Pfründerechte)

P 4 Sie können im Grundbuch eingetragen werden.[2] Zum Inhalt vgl. Soergel/*Siebert* Art. 69 EGBGB Rdn. 4, zur gesetzlichen Regelung ebd. Rdn. 5.

V. Nachbarrechtliche Beschränkungen aufgrund Landesrecht (Art. 124 EGBGB)

P 5 Soweit das Landesrecht Legalservituten begründet hat, können diese in das Grundbuch nicht eingetragen werden.[3] Beschränkungen des Eigentümers, die das Landesnachbarrecht nicht oder nicht mehr vorsieht, können vertraglich vereinbart werden. Insofern ist auch die Bestellung einer Grunddienstbarkeit zulässig.

---

[50] LG Oldenburg Rpfleger 89, 59.
[51] LG Wuppertal MittRhNot 89, 17.
[1] LG Landshut, MittBayNot 77, 24 m. Anm. v. *Reimann*.
[2] Güthe/*Triebel* GBO 1965.
[3] Güthe/*Triebel* GBO § 13 Vorbem. von VRB 65.

Nachweis der landesrechtlichen Regelung im einzelnen vgl. Soergel/*Siebert* Art. 124 EGBGB Rdn. 8.

VI. Öffentliches Recht geworden und daher für das Grundbuch bezüglich einer Neubegründung unbeachtlich geworden sind Sondernutzungsrechte nach dem Wasserrecht (§§ 7, 8 WHG; Art. 65 EGBGB), Jagdrechte (§ 1 BJagdG; Art. 69 EGBGB) und Rechte an Kirchenstühlen und Begräbnisstätten.[4]

Nutzungsrechte an Gemeindevermögen können öffentlich-rechtlicher oder privater Natur sein.[5]

Soweit sie als radizierte Gemeinderechte oder radizierte Gerechtssame im Grundbuch eingetragen sind, sind sie unabhängig von ihrer Natur nach Grundbuchrecht zu behandeln.[6] Demgemäß ist ein solches Recht als subjektiv-dingliches Recht zu behandeln. Weil es sich um einen nicht wesentlichen Bestandteil des Grundstücks handelt,[7] bestehen gegen die isolierte Übertragbarkeit keine Bedenken,[8] auch nicht auf ein Wohnungseigentum.[9]

Ist ein Gemeindenutzungsrecht im Bestandsverzeichnis eingetragen, so ist es von Amts wegen zu löschen, wenn dem Grundbuchamt die öffentlich-rechtliche Natur des Rechtes nachgewiesen wird. Steht die öffentlich-rechtliche Natur nicht fest, so ist nach § 22 GBO zu löschen, wenn eine Löschung nachgewiesen ist. Für den Nachweis reicht die Erklärung der Beteiligten in der Form des § 29 GBO aus.[10]

GRUPPE 5

Rechte auf Zahlungen und Leistungen (Verwertungsrechte)

Die dinglichen Verwertungsrechte Reallast, Hypothek, Grundschuld und Rentenschuld sind auf Zahlungen und Leistungen aus dem Grundstück im Wege der Grundstücksverwertung (Zwangsvollstreckung) gerichtet. Rechtlich gehören zu ihnen auch der beim Erbbaurecht in Abschn. F mitbehandelte Erbbauzins und der dingliche Entschädigungsanspruch beim Erlöschen des Erbbaurechts. Im Zusammenhang mit den Grundpfandrechten erörtern wir am Schluß dieser Gruppe die Eintragung der Löschungsvormerkung, Abtretungsvormerkung und Zwangsvollstreckungsunterwerfung, obwohl sie rechtlich der Gruppe 2 angehören.

ABSCHNITT Q

Reallast und ähnliche Rechte

Übersicht

	Rdn.		Rdn.
I. Wesen	Q 1	III. Pfändung und Verpfändung	Q 9 – Q 10
II. Zulässiger und unzulässiger Inhalt	Q 2 – Q 8		

---

[4] Art. 133 EGBGB; vgl. dazu Soergel/*Siebert* Ausführungen zu Art. 133.
[5] Für Bayern vgl. *Glaser* MittBayNot 88, 113.
[6] BayObLGZ 64, 212.
[7] BayObLG a. a. O.; BayObLGZ 70, 25.
[8] BayObLGZ 64, 212.
[9] BayObLG MittBayNot 85, 131.
[10] BayObLG MittBayNot 90, 33.

I. Das Wesen der Reallast

Q 1 Sie ist die dingliche Belastung eines Grundstücks mit aus dem Grundstück zu entrichtenden wiederkehrenden Leistungen. § 1105 Abs. 1 BGB.

Zu unterscheiden sind das Stammrecht und die Einzelleistungen, für die gem. § 1107 BGB das Recht der Hypothekenzinsen entsprechend gilt.

Die Leistungen sind zwar „aus dem Grundstück" zu erbringen, trotzdem verleiht die Reallast kein Nutzungsrecht am Grundstück; dieses haftet vielmehr nur für die Erbringung der geschuldeten Leistungen; der Gläubiger kann sich im Wege der Immobiliarvollstreckung aus dem Grundstück befriedigen. Die Reallast ist also ein Verwertungsrecht.

II. Zulässiger und unzulässiger Inhalt

1. Belastungsgegenstand

Q 2 Die Reallast kann an einem Grundstück, einem grundstücksgleichen Recht und auch an einem Wohnungs- oder Teileigentumsrecht bestellt werden.

Ein ideeller Bruchteil ist belastbar, sofern es sich um einen Miteigentumsanteil handelt. § 1106 BGB. Dies gilt auch für Miteigentumsanteile am Wohnungseigentum.

Auch die Belastung eines realen Grundstücksteiles ist zulässig; dabei kann die Abschreibung nach § 7 GBO unterbleiben, wenn Verwirrung nicht zu besorgen und der belastete Teil genau bezeichnet ist (vgl. dazu § 7 GBO Rdn. 7). Die Eintragung auf dem ganzen Grundstück, verbunden mit einer sog. Ausübungsbeschränkung (vgl. § 7 Rdn. 20) ist bei der Reallast nicht zulässig; sie ist nur bei Gebrauchs- und Nutzungsrechten, nicht aber bei Verwertungsrechten möglich. Die Gesamtbelastung mehrerer Grundstücke ist nach allgemeiner Meinung zulässig.[1]

2. Berechtigter

Q 3 Die Reallast kann für einen bestimmten Berechtigten (= subjektiv-persönlich) oder für den jeweiligen Eigentümer eines anderen Grundstückes (= subjektiv-dinglich) bestellt werden. § 1105 Abs. 1, 2 BGB.

Q 4 Bei mehreren Berechtigten eines subjektiv-persönlich bestellten Rechts ist die Eintragung möglich

a) in Bruchteilsgemeinschaft, sofern teilbare Leistungen geschuldet werden und Recht übertragbar,[2]

b) als Gesamtberechtigung nach § 428 BGB;[3]

c) bei ehelicher Gütergemeinschaft als Gesamtgutsgegenstand.[4]

Bei Teilung des Grundstückes vgl. § 1109 BGB.

Q 5 Umwandlung der einen Art in die andere ist nicht zulässig (§§ 1110, 1111 BGB); wird das gewünscht, so muß das Recht aufgehoben und in der anderen Art neu bestellt werden.

Q 6 Die Zulässigkeit einer Reallast für den Eigentümer des belasteten Grundstücks (sei sie subjektiv-dinglich oder subjektiv-persönlich) ist umstritten.

---

[1] *Hampel* Rpfleger 62, 126 m. Nachw.; MünchKomm/*Joost* § 1105 Rdn. 34; OLG Hamm DNotZ 1976, 229.

[2] Staudinger/*Amann* § 1105 Rdn. 3.

[3] BGHZ 46, 255; BayObLG DNotZ 1975, 619.

[4] BayObLG NJW 66, 56; OLG Oldenburg DNotZ 69, 46.

Nach der grundlegenden Entscheidung des BGH in BGHZ 41, 209 ist sie jedenfalls dann zuzulassen, wenn für ihre Bestellung ein schutzwürdiges eigenes oder fremdes Interesse dargetan wird. Mit der herrschenden Auffassung in der Literatur (vgl. oben D 45) ist jedoch auf die Darlegung eines besonderen Interesses zu verzichten. Streitig ist, ob eine Eigentümerreallast entsprechend § 1163 Abs. 1 S. 2 BGB entstehen kann.[5] Man wird unterscheiden müssen: Da nach § 1107 BGB bezüglich der Einzelleistungen auf das Recht der Hypothekenzinsen verwiesen ist, sind die dort geltenden Regeln entsprechend anzuwenden. Das bedeutet, daß ein Eigentümerrecht nicht entstehen kann, wenn bei Vereinigung (= Leistung) bereits fällige Nebenleistungen, also rückständige, vorlagen. § 1178 Abs. 1 BGB. Wird auf noch nicht fällige Raten geleistet, also insbes. bei der Ablösung des Rechts, so muß ein Eigentümerrecht entstehen können.

3. Art der gesicherten Ansprüche

Das Gesetz beschreibt die zu sichernden Ansprüche als „wiederkehrende Leistungen".

a) „wiederkehrend"   Q 7

ist das Gegenteil zu „einmalig". Eine Leistung, die ihrer Natur nach nur einmal erbracht werden kann (z. B. Begräbniskosten), oder nach den getroffenen Vereinbarungen nur einmal erbracht werden muß, ist durch eine eigene Reallast nicht sicherbar, sondern − neben der Sicherung dch. Grundpfandrecht − nur im Rahmen eines Altenteils.[6]

„Wiederkehrend" bedeutet nicht „regelmäßig" und auch nicht „dauernd". Es bedeutet jedoch eine Gleichheit sich wiederholender Leistungen, sei es in bezug auf Höhe oder Art des zu Leistenden.[7]

b) „Leistung"   Q 8

kann sein: Zahlung von Geld, Lieferung von Naturalien oder Vornahme bestimmter Handlungen. Ausgeschlossen ist somit ein bloßes Dulden oder Unterlassen.[8]

Während das RG noch verlangt hatte,[9] daß die Leistungen ihrer Art nach in einer Beziehung zum Grundstück stehen, dürfte diese Auffassung heute als überholt gelten. Die Reallast ist eben kein Nutzungs-, sondern ein reines Verwertungsrecht, deshalb ist jede Art der Sachleistung sicherbar, sofern sie nur in einen Geldbetrag umgerechnet werden kann.[10] Besonderheiten gelten insbes. in Nordrhein-Westfalen wegen Art. 115 EGBGB i. V. mit § 22 GemeinheitsteilungsG in bezug auf Rechte mit anderen als Geldleistungen.[11] Wegen weiteren Landesrechts vgl. *Linde* (BW NotZ 80, 30ff.); Zusammenstellung auch im MünchKomm. § 1105 Rdn. 49.

---

[5] Verneinend: Staudinger/*Amann* § 1105 Rdn. 22; Palandt/*Bassenge* § 1107 Rdn. 1; bejahend: *v. Lübtow* FS für *Lehmann* 1956, S. 355 u. MünchKomm/*Joost* § 1105 Rdn. 40.

[6] OLG Hamm Rpfleger 73, 98; zur Reallast für eine Kaufpreisrente vgl. BayObLG Rpfleger 81, 106.

[7] RGZ 131, 175; KG JFG 1, 438; MünchKomm/*Joost* § 1105 Rdn. 11.

[8] Vgl. zur Abgrenzung BayOLGZ 59, 301; s. zur sog. Wohnungsreallast BayObLG Rpfleger 81, 353.

[9] JW 21, 895.

[10] OLG Celle DNotZ 52, 126; Soergel/*Stürner* § 1105 Rdn. 23, 24; Palandt/*Bassenge* § 1105 Rdn. 4.; vgl. auch zu Bezugsrecht u. Lieferungsverpflichtung BayObLG NJW-RR 93, 530.

[11] Vgl. *Custodis* Rpfleger 87, 233 u. LG Köln, LG Duisburg Rpfleger 87, 362; unzutr. OLG Düsseldorf Rpfleger 86, 366 m. Anm. *Meyer-Stolte* weil Beschränkung nur für „beständige" Rechte gilt.

c) Bestimmbarkeit

Der Geldwert der wiederkehrenden Leistung muß bestimmbar sein, mithin kann auf außerhalb der Eintragung (§ 874 BGB) liegende Umstände zurückgegriffen werden, wenn auf sie Bezug genommen ist.[12]

Wegen der häufigen **Wertsicherung** vgl. § 28 GBO Rdn. 22 ff.

Die Eintragung einer **Unterwerfungsklausel** nach § 800 ZPO ist bei der Reallast unzulässig,[13] zulässig ist hingegen Unterwerfung gem. § 794 Abs. 1 Nr. 5 ZPO, sofern Geldleistung geschuldet.[14] Zulässig ist auch die Eintragung einer sog. **Einheitsreallast**, also die Zusammenfassung mehrerer Einzelrechte zu einem einheitlichen Recht.[15]

III. Pfändung und Verpfändung

1. Pfändung

Q 9 a) Die **subjektiv-dingliche** Reallast kann wegen §§ 1110 BGB, § 851 Abs. 1 ZPO nicht gepfändet werden. Die Pfändung des Stammrechts ist deshalb, sollte sie vorgenommen werden, nicht eintragbar. Pfändbar sind hier lediglich die Einzelleistungen, vgl. dazu unten d).

b) Die **subjektiv-persönliche** Reallast kann grundsätzlich auch im Stammrecht gepfändet werden; Ausnahmen gelten, wenn der Anspruch auf die Einzelleistungen unübertragbar ist (Fälle der §§ 399, 400, 413 BGB; Art. 113–115 EGBGB), denn dann ist es auch das Stammrecht, § 1111 Abs. 2 BGB.

c) Die Reallast wird gepfändet wie eine Buchhypothek (vgl. unten Rdn. 20).

d) Einzelleistungen sind selbständig pfändbar. Künftige (= noch nicht fällige) Leistungen werden gem. §§ 857 Abs. 6, 830 ZPO gepfändet, also durch Pfändungsbeschluß und Eintragung.

Rückständige (= bereits fällige) Leistungen: Pfändung setzt Zustellung an den Drittschuldner (= Grundstückseigentümer) voraus.

2. Verpfändung

Q 10 Auch hier gilt die Unterscheidung nach der Art der Bestellung in bezug auf den Berechtigten:

a) die **subjektiv-dingliche** Reallast ist nicht verpfändbar (§ 1274 Abs. 2, § 1110 BGB); eine evtl. dahingehende Vereinbarung wäre unwirksam und daher nicht eintragbar;

b) die **subjektiv-persönliche** Reallast ist als solche verpfändbar. Die Notwendigkeit der Eintragung ergibt sich aus § 1274 Abs. 1 BGB, sie ist keine Grundbuchberichtigung, sondern läßt das Pfandrecht erst entstehen.

---

[12] BayObLG Rpfleger 93, 485 u. DNotZ 94, 180; KG OLGZ 84, 425; OLG Frankfurt/M. Rpfleger 88, 247. Vgl. auch: OLG Celle Rpfleger 84, 462 (= Lebenshaltungskostenindex); OLG Düsseldorf MittRheinNotK 90, 167 (= Unterhalt, soweit Berechtigter nicht selbst in der Lage, sich zu versorgen). BayObLG DNotZ 94, 180 (= Wartung u. Pflege, soweit zumutbar).

[13] BayOLGZ 59, 83; KG DNotZ 58, 207; *Hieber* DNotZ 59, 390; **a. A.** MünchKomm/*Joost* § 1105 Rdn. 37.

[14] *Soergel/Stürner* § 1107 Rdn. 2; *Wolfsteiner* Vollstreckbare Urkunde, § 64, 1 u. 5.

[15] BayObLG MittBayNot 96, 372.

c) Der Anspruch auf die Einzelleistungen kann wiederum selbständig verpfändet werden:

Künftige Leistungen werden gem. § 1154 Abs. 3 BGB behandelt, d. h. die Verpfändung wird mit der Eintragung im Grundbuch wirksam.

Rückstände werden gem. § 1274 Abs. 1, §§ 1279, 1280 BGB dch. Verpfändungsvertrag und Anzeige an den Schuldner (= Grundstückseigentümer) verpfändet. Da die Verpfändung **allein** der rückständigen Hypothekenzinsen nicht eintragungsfähig ist (vgl. unten Rdn. 23) und § 1107 BGB auf das Recht der Hypothekenzinsen verweist, wird man auch die Verpfändung **nur** der rückständigen Einzelleistungen der Reallast als nicht eintragungsfähig ansehen müssen. Die Verpfändung von Einzelleistungen ist somit nur eintragbar

– wenn entweder nur die laufenden, oder
– wenn rückständige neben den laufenden Einzelleistungen verpfändet sind.

ABSCHNITT R

Hypothek

Übersicht

	Rdn.		Rdn.
I. Wesen und Arten der Hypothek	R 1–R 4	III. Pfändung und Verpfändung	R 20–R 23
II. Zulässiger Inhalt	R 5–R 19	IV. Fortgeltende Hypotheken des DDR-Rechts	R 24–R 27

I. 1. Wesen

Die Hypothek sichert eine persönliche Forderung des Gläubigers, mag diese gegen den Grundstückseigentümer oder gegen einen Dritten bestehen. Sie ist ein Verwertungsrecht, weil sie auf Zahlung der gesicherten Forderung „aus dem Grundstück" (§ 1113 BGB) gerichtet ist. **R 1**

I. 2. Arten

a) **Verkehrshypothek.** Sie ist die Regelform, die zum Umlauf in besonderem Maße geeignet ist, weil sie dem Erwerber im Rahmen des Gutglaubensschutzes auch hinsichtlich der Forderung und der gegen sie bestehenden Einreden (§ 1137 BGB) besonderen Schutz gewährt. **R 2**

Sie ist entweder Brief- oder Buchrecht, wobei das Gesetz ersteres als Regelfall ansieht, weshalb der Ausschluß der Brieferteilung ausdrücklicher Eintragung bedarf. § 1163 Abs. 2 S. 3 BGB.

b) **Sicherungshypothek:** Sie ist nicht zum Umlauf bestimmt, deshalb ist bei ihr auch der Akzessorietätsgrundsatz strenger verwirklicht: Der Gutglaubensschutz erfaßt hier nur das dingliche Recht als solches (§ 1184 Abs. 1 BGB). Gesetzlich entstehende Hypotheken sind stets Sicherungshypotheken; sie sollen den Gläubiger nur sichern, ihm jedoch nicht einen umlauffähigen Bodenkredit verschaffen. Da sie deswegen gegenüber der Verkehrshypothek ein minderes Recht darstellt, muß die Eigenschaft als Sicherungshypothek ausdrücklich im Buch verlautbart werden. § 1184 Abs. 2 BGB. **R 3**

Eine Sicherungshypothek entsteht:
a) gem. § 873 BGB, wenn ausdrücklich eine Sicherungshypothek vereinbart und eingetragen wird;
b) im Wege der Zwangsvollstreckung gem. §§ 867, 932 ZPO;
c) aufgrund behördl. Ersuchen gem. §§ 128, 130 Abs. 1 S. 2 ZVG, Art. 91 EGBGB;
d) kraft Gesetzes gem. § 1287 S. 2 BGB, § 848 Abs. 2 ZPO, sowie in einigen anderen – praktisch weniger bedeutsamen – Fällen.[1]

Unterarten der Sicherungshypothek sind die **Wertpapierhypothek** (§§ 1187 ff. BGB) und die **Höchstbetragshypothek** (§ 1190 BGB). Letztere ist dadurch charakterisiert, daß die Haftung des Grundstücks zunächst nur nach oben begrenzt ist, weil die gesicherte Forderung ihrer Höhe nach unbestimmt ist (z. B. Ansprüche aus einem Kontokorrentverhältnis) und erst zu einem späteren Zeitpunkt endgültig festgestellt werden soll.[2] Als Sicherungshypotheken werden behandelt alle **fortgeltenden Hypotheken**, die nach dem **ZGB-DDR** entstanden sind, Art. 233 § 6 EGBGB; vgl. unten R 24 ff.

R 4 c) **Tilgungshypothek:** Sie ist dadurch gekennzeichnet, daß der Schuldner gleichbleibende, aus Zinsen und Kapitaltilgung sich zusammensetzende einheitliche Jahresleistungen (Annuitäten) zu entrichten hat, die in einem bestimmten Prozentsatz des Kapitals bestehen. Durch das fortschreitende Geringerwerden des Zinsanteiles innerhalb dieser Annuitäten ergibt sich ein fortschreitendes Ansteigen des Tilgungsanteiles und damit die letztendliche Tilgung der Forderung.[3]

Wegen der Tilgungsfonds – und der Abzahlungshypothek vgl. *Brox* Rpfleger 59, 176.

Zur Gesamthypothek s. unten Rdn. R 6.

II. Zulässiger Inhalt

1. Belastungsgegenstand

R 5 Belastbar sind ein Grundstück sowie ein grundstücksgleiches Recht und ein Wohnungs- oder Teileigentumsrecht.

Ein ideeller Grundstücksteil ist dann belastbar, wenn er in dem Anteil eines Miteigentümers besteht (§ 1114 BGB); nicht zulässig ist die Belastung eines Gesamthandanteiles oder eines Bruchteiles von Alleineigentum. Von diesen Grundsätzen haben Lehre und Rspr. jedoch Ausnahmen anerkannt, vgl. dazu ausf. § 7 GBO Rdn. 12 mit 19.

R 6 Belastbar sind für eine einheitliche Forderung auch mehrere Grundstücke oder mehrere andere Belastungsgegenstände (§ 1132 BGB), dabei wird es nicht erforderlich sein, daß die mehreren Belastungsgegenstände gleichartig sind (also nicht nur: mehrere Grundstücke, oder mehrere Miteigentumsanteile usw., sondern auch: Grundstück u. Miteigentumsanteil, oder: Miteigentumsanteil und Erbbaurecht usw.).

Ausf. z. Gesamthypothek: Haegele/Schöner/*Stöber* Rdn. 2237 ff.

2. Gläubiger

R 7 Der Gläubiger der Hypothek und der Forderung müssen identisch sein.[4] Ausnahmen bei der Wertpapierhypothek (§ 1187 BGB: Gläubiger der Hypothek der jeweiligen Besitzer des Papiers; ebenso § 1188 BGB).

---

[1] Vgl. dazu MünchKomm/*Eickmann* § 1184 Rdn. 17 ff.
[2] Vgl. dazu im einzelnen: *Bourier* in: Festgabe FS für Oberneck S. 87 ff. u. Felgentraeger in: FS für J. v. Gierke 1950, S. 157 ff.
[3] Ausführlich z. Tilgungshypothek: *Kaps* DR 41, 401 u. *Riggers* JurBüro 71, 29.
[4] BGH NJW 59, 984; BayObLGZ 58, 167.

Wird die Forderung durch echten Vertrag zugunsten eines Dritten begründet, so ist **R 8** deshalb nur dieser, nicht der Vertragspartner (= Versprechensempfänger) eintragbar.[5] Die abw. Auff. ist abzulehnen, weil dem Versprechensempfänger der Anspruch nicht zusteht. Etwas anderes mag gelten für die − seltenen − **unechten** Verträge zugunsten Dritter, weil hier der Anspruch dem Versprechensempfänger zusteht und die Leistung an den Dritten nur eine Erfüllungsmodalität darstellt.

Gläubiger können auch sein künftige Abkömmlinge oder noch unbekannte Erben **R 9** eines Verstorbenen, nicht aber die Erben eines Lebenden oder von ihm zu bezeichnende Personen.

Wegen der Form der Eintragung s. die Erl. zu § 15 GBV. **R 10**

3. Forderungsart

Sicherbar ist jede Geldforderung, sie kann bedingt oder befristet sein. **R 11**

Nach § 1113 Abs. 2 BGB kann auch für eine künftige Forderung eine Hypothek bestellt werden. Die Forderung muß dann nach h. M. hinsichtlich Inhalt und Gegenstand bestimmbar sein und mindestens auf der Anwartschaft eines formgerechten Angebots beruhen.[6] Im Hinblick auf eine sonst mögliche, gläubigerschädliche Grundbuchblockade sollten auch auf die Hypothek für eine künftige Forderung die Grundsätze angewendet werden, die von Lehre und Rechtsprechung für die Vormerkbarkeit künftiger Ansprüche entwickelt worden sind, d. h. daß eine Sicherung künftiger Forderungen voraussetzt:

− Bindung des Schuldners, die einseitig nicht mehr zu beseitigen ist, und
− Abhängigsein der Anspruchsentstehung vom Willen des Berechtigten.

Etwas anderes gilt für die **Höchstbetragshypothek**, mit der auch künftig bloß mögliche, so also noch nicht den o. e. Kriterien genügende Forderungen sicherbar sind.

Öffentlich-rechtliche Ansprüche, die keine öffentlichen Lasten i. S. des § 54 GBO **R 12** sind, können jedenfalls dch. Sicherungshypothek gesichert werden.[7]

Ansprüche, die eine öffentliche Last darstellen, sind − neben der schon kraft Gesetzes bestehenden dinglichen Sicherung − nur ausnahmsweise und unter bestimmten Voraussetzungen zusätzlich dch. Hypothek sicherbar, vgl. dazu § 54 GBO Rdn. 5 ff.

Wertgesicherte Forderungen sind nur i. d. Form der Höchstbetragshypothek eintragbar, weil § 1113 Abs. 1 BGB für die Verkehrshypothek eine „bestimmte" d. h. in ihrem **R 13** Umfang feststehende Geldsumme verlangt.

Wegen der **mehrfachen** Sicherung ein- und derselben Forderung, die außer in der **R 14** Form der Gesamthypothek, durch Verkehrshypotheken nicht zulässig ist, vgl. Münch-Komm/*Eickmann* § 1113 Rdn. 66 ff.

4. Nebenleistungen

a) Arten

Nebenleistungen (NL) sind Beträge, die außerhalb des Kapitals zu entrichten sind **R 15** (vgl. §§ 1115, 1118 BGB); Tilgungsleistungen sind deshalb keine NL.[8] Ausf. zu Begriff u. Eintragung: *Böttcher* Rpfleger 1980, 81 ff.

---

[5] BayObLGZ 58, 167 = NJW 58, 1917; MünchKomm/*Eickmann* § 1113 Rdn. 14. A. A. *Hieber* DNotZ 58, 639 u. *Baur/Stürner* Lehrbuch, § 37 II 2 a.

[6] Ausf. MünchKomm/*Eickmann* § 1113 Rdn. 47 ff.; RGZ 51, 43; *Westermann* JZ 1962, 302. A. A. − geringere Anforderungen: Haegele/Schöner/*Stöber* Rdn. 1930.

[7] Baur/Stürner § 37 II 1; MünchKomm/*Eickmann* § 1113 Rdn. 62 ff.

[8] BGH Rpfleger 67, 111.

Als NL sind u. a. zu nennen:

aa) Zinsen. Sie können in einem Prozentsatz oder in einem wiederkehrenden Festbetrag vereinbart werden (KGJ 36, 233). Soweit es sich um gesetzlich geschuldete Zinsen handelt (§§ 288, 289, 191 BGB), sind sie nicht eintragungsfähig (§ 1118 BGB). Strafzinsen bei unpünktlicher Zahlung sind eintragungsfähig, sofern ihr Entstehen von einem Verschulden (Vertretenmüssen) des Eigentümers abhängt.[9]

bb) Auszahlungsentschädigung;[10]
cc) Verwaltungskostenbeiträge;[11]
dd) Bürgschaftsgebühren;[12]
ee) Disagio;[13]
ff) Geldbeschaffungskosten;[14]
gg) Vorfälligkeitsentschädigung. Sie war regelmäßig wegen § 247 Abs. 1 S. 2 BGB a. F. nichtig[15] und deshalb nicht eintragbar; seit 1. 1. 1987 ist § 247 BGB außer Kraft, so daß nur noch Altverträge betroffen sein können.

b) Zinshöhe

R 16 Der Zinssatz muß bestimmt sein.[16] Dem genügt die Eintragung eines Höchstzinssatzes, wenn sich aus der Bewilligung über § 874 BGB ergeben
— der regelmäßige oder Mindestzinssatz
— Voraussetzung und Umfang der Änderungen.[17]

c) Bedingungen, Befristungen

R 17 Die Tatsache der Bedingung oder Befristung muß im Buch unmittelbar eingetragen werden.[18] Wegen des Bedingungsinhaltes (= Bezeichnung des Ereignisses, von dem Wirksamkeit abhängen soll) ist Bezugnahme gem. § 874 BGB möglich.

Ob der Endtermin einer Befristung unmittelbar eingetragen werden muß, ist streitig.[19] Es muß genügen, wenn aus dem Buch die Tatsache der Befristung erkennbar ist. Jeder, der das Buch einsieht, ist wegen einer Vielzahl von Umständen genötigt, die Bewilligung einzusehen, das kann dann auch wegen des Endtermins einer Befristung geschehen. Dies bedeutet also keine zusätzliche Erschwernis für denjenigen, der das GB einsieht, erleichtert aber andererseits die Grundbuchführung.

d) Zusammenfassung von Nebenleistungen

R 18 Vgl. dazu ausf. *Böttcher* Rpfleger 80, 81, 85. Grundsätze s. auch MünchKomm/ *Eickmann* § 1115 Rdn. 38 ff. m. Nachw.

---

[9] OLG München WPM 66, 666.
[10] OLG Karlsruhe Rpfleger 68, 353.
[11] OLG Neustadt DNotZ 61, 666; OLG Frankfurt Rpfleger 78, 409.
[12] LG Bielefeld Rpfleger 70, 335.
[13] BayObLGZ 68, 315 = WPM 69, 775.
[14] LG Düsseldorf Rpfleger 63, 50; AG Bonn DNotZ 55, 400.
[15] BGH Rpfleger 81, 226 m. Anm. *Eickmann*.
[16] Vgl. dazu ausf. *Schaefer* BWNotZ 55, 237 u. *Bühler* BWNotZ 67, 41/113.
[17] Vgl. dazu BGHZ 35, 22 u. BGH DNotZ 63, 437 (nach letztgenannter Entscheidung darf insbes. die Zinserhöhung nicht ausschließlich vom Willen des Gläubigers abhängig sein! Dazu auch BayObLG Rpfleger 75, 221.
[18] *Haegele* Rpfleger 64, 179, u. 71, 237.
[19] Bejahend: BGHZ 47, 41/43; OLG Stuttgart OLGZ 66, 105; OLG Karlsruhe Rpfleger 68, 352; OLG Zweibrücken Rpfleger 68, 390. Verneinend: *Bühler* BWNotZ 67, 41/53; *Schäfer* BWNotZ 55, 237; *Haegele* Rpfleger 64, 179; 68, 364/391; 71, 237; 73, 212; 74, 190; vgl. auch Haegele/Schöner/*Stöber* Rdn. 266.

Regeln:

a. einmalige Nebenleistungen: Zusammenfaßbar untereinander, **nicht** jedoch mit Zinsen, anderen kontinuierlichen NL und auch nicht mit befristeten NL.

b. Kontinuierliche Nebenleistungen: Zusammenfaßbar untereinander (wohl auch im Verhältnis Zinsen/andere kontinuierliche NL); **nicht** zusammenfaßbar mit befristeten oder einmaligen NL.

c. Befristete Nebenleistungen: Zusammenfaßbar untereinander, **sofern** gleiche Laufzeit; **nicht** zusammenfaßbar mit Zinsen, einmaligen od. kontinuierlichen and. NL.

d. Bedingte Nebenleistungen: Zusammenfaßbar, wenn alle einmalig oder (als kontinuierliche) alle gleiche Laufzeit.

5. Sonstiger Inhalt

Die vielfältigen, als Inhalt der Hypothek vereinbarten Klauseln, die gem. § 874 BGB eingetragen werden sollen, bedürfen stets der genauen Kontrolle durch Notar und GBA, weil sie häufig unzulässige und deshalb nicht eintragungsfähige Regelungen enthalten.[20]

R 19

III. Pfändung und Verpfändung

Literatur:

Behr/Eickmann Pfändung von Grundpfandrechten und ihre Auswirkungen auf die Zwangsversteigerung, 2. Aufl., 1989; *Böttcher* Zwangsvollstreckung im Grundbuch, 1997.

1. Pfändung der Hypothek

Nach § 830 ZPO setzt die Pfändung (N. B.: der Forderung, die das Sicherungsrecht Hypothek mit erfaßt!) neben dem gerichtlichen Pfändungsbeschluß voraus
— bei Briefrechten: Übergabe des Briefes (ggf. Wegnahme)
— bei Buchrechten: Eintragung in das Buch.

Daraus ergibt sich: Die Eintragung der Pfändung ist beim Buchrecht konstitutiver Natur, während sie beim Briefrecht eine Grundbuchberichtigung darstellt.
Zum Inhalt des Pfändungsbeschlusses vgl. Stöber, Forderungspfändung, Rdn. 1803 ff.
Bei Eintragung der Pfändung einer Briefhypothek muß der Pfandgläubiger das Vorliegen des Übergabeerfordernisses durch Vorlage des Briefes nachweisen. Ist er im Besitz des Briefes, so kann das GBA die ordnungsgemäße Übergabe oder Wegnahme unterstellen. Die Eintragung der Pfändung einer Buchhypothek setzt neben dem — formlosen — Antrag die Vorlage des Pfändungsbeschlusses voraus, der nicht zugestellt sein muß. Die Vorlage des Vollstreckungstitels an das GBA ist entbehrlich, weil ein reguläres GB-Verfahren vorliegt.[21]

R 20

2. Verpfändung

a) **Briefhypothek:** Verpfändet wird die Forderung, dadurch entsteht dann — bei Vorliegen der weiteren Voraussetzungen — das Pfandrecht auch am dinglichen Recht. Nach

R 21

---

[20] Vgl. dazu *Eickmann* in Rpfleger 73, 341 (hier: 343–345); *Erwig* Das Hypothekenrecht am Scheidewege, S. 100 ff., sowie die Erl. bei § 11 GBV zu Einzelklauseln.

[21] Vgl. ausf. *Behr/Eickmann* S. 63 mwN.

§ 1274 Abs. 1, § 1154 Abs. 1 BGB entsteht das Pfandrecht dch. Verpfändungserklärung und Briefübergabe. Die Eintragung ist also auch hier Grundbuchberichtigung. Für sie gilt § 26 GBO (vgl. Erl. dort).

Die Briefübergabe kann nach Maßgabe von § 1274 Abs. 1 S. 2, §§ 1205, 1206 BGB ersetzt werden, insbes. durch Einräumung des mittelbaren Mitbesitzes am Brief, etwa in der Form der Begründung einer Treuhänderstellung des Notars.[22] Bei Anzeige an das GBA soll nach *Wolff/Raiser* (§ 175 Anm. 15) auch eine Abrede gem. § 1117 Abs. 2, § 1154 Abs. 1, S. 1 BGB ausreichen.

R 22 b) **Buchhypothek:** Die Verpfändung geschieht durch Einigung und Eintragung im Buch, §§ 1274, 873 BGB, verfahrensrechtlich somit gem. §§ 13, 19 GBO.

R 23 c) **Zinsen:** Bei der Verpfändung eines Briefrechts ist die Angabe, ob und seit wann Zinsen mit verpfändet sind, stets erforderlich (vgl. dazu § 26 Rdn. 35). Beim Buchrecht ist eine solche Angabe nicht geboten, jedoch zweckmäßig. Die Verpfändung von lediglich rückständigen Zinsen allein ist nicht eintragungsfähig; die Verpfändung von Zinsrückständen ist dies nur zusammen mit der von laufenden Zinsen.

IV. Fortgeltende Hypotheken des DDR-Rechts

1. Grundsatz

R 24 Nach Art. 233 § 3 Abs. 1 EGBGB bleiben Rechte, mit denen ein Grundstück (Erbbaurecht, Gebäudeeigentum) am 2. 10. 1990 belastet war, mit ihrem bisherigen Inhalt und Rang bestehen. In Art. 233 § 6 EGBGB wird dies für die Hypotheken dahin ergänzt, daß sie künftig wie Sicherungshypotheken zu behandeln sind.

2. Fortgeltende Hypothekenarten

a) **Die reguläre Sicherungshypothek des § 452 ZGB**

R 25 Notwendig war ein schriftlicher Vertrag zwischen Eigentümer und Gläubiger, § 453 Abs. 1 Satz 1 ZGB. Sofern es sich nicht um ein Recht zugunsten eines Kreditinstitutes handelte, bedurfte der gesamte Vertrag der Beglaubigung, andernfalls genügte die Beglaubigung der Erklärung des Grundstückseigentümers, § 453 Abs. 1 Satz 2 ZGB. Das Recht entstand mit der Eintragung im Grundbuch, § 453 Abs. 1 Satz 3 ZGB.

Die Hypothek ist streng akzessorisch; ihr hervorstechendstes Merkmal ist – im Gegensatz zu § 1163 BGB – das **Erlöschen** des Rechts bei Erlöschen der Forderung (einschließlich Zinsen und Nebenforderungen), § 454 Abs. 2 ZGB. Abtretung der Forderung und der von ihr mitbewirkte Übergang der Hypothek werden wirksam mit der Eintragung des neuen Gläubigers im Grundbuch.

Als Sicherungshypothek dieser Art gilt auch die Zwangshypothek nach Maßgabe von § 5 der GrundstücksvollstreckungsVO.

b) **Die Höchstbetragshypothek des § 454 a ZGB**

R 26 Sie übernimmt im wesentlichen die Charakteristika der Höchstbetragshypothek nach § 1190 BGB: Ausgestaltung als Sicherungshypothek; Bemessung des Höchstbetrages unter Einrechnung der Zinsen, isolierte Übertragbarkeit (Abtrennung der Forderung).

---

[22] Vgl. dazu MünchKomm/*Eickmann* § 1154 Rdn. 20.

Diese durch das 1. ZivilrechtsänderungsG vom 28. 6. 1990 in das ZGB eingefügte Hypothekenart hat praktische Bedeutung nicht mehr erlangt.

c) Die Aufbauhypothek des § 456 ZGB

Ihre Besonderheit lag in dem ihr durch § 456 Abs. 3 ZGB eingeräumten Vorrang vor anderen Hypotheken, unabhängig von der sonst für den Rang entscheidenden Zeit der Eintragung. Abs. 3 des § 456 ZGB ist zwar durch das 1. ZivilrechtsänderungsG vom 28. 6. 1990 aufgehoben worden; nach § 3 des Gesetzes ist die aufgehobene Bestimmung jedoch weiter anzuwenden, wenn das Recht vor dem 1. 7. 1990 begründet wurde. **R 27**

Die Aufbauhypothek konnte nur bestellt werden für Kredite, die von einem Kreditinstitut für Baumaßnahmen gegeben wurden.

Inhalts- und Rangfragen sind ausführlich behandelt bei *Eickmann* Grundstücksrecht ..., Rdn. 147 ff.

ABSCHNITT S

Grundschuld

Übersicht

	Rdn.		Rdn.
I. Wesen und Arten	S 1–S 2	III. Pfändung und Verpfändung	S 8–S 13
II. Inhalt	S 3–S 7		

Literatur:

Zur Sicherungsgrundschuld: *Huber* Die Sicherungsgrundschuld, 1965; *Seckelmann* Die Grundschuld als Sicherungsmittel, 1963; *Serick* Eigentumsvorbehalt und Sicherungsübereignung, Bd. II, § 28, §§ 34–39; *Weber* Sicherungsgeschäfte, 1973; *Clemente* Recht der Sicherungsgrundschuld 2. Aufl., 1992. Zur isolierten Grundschuld: *Eickmann* NJW 81, 545.

I. Wesen und Arten der Grundschuld

Die Hypothek setzt ihrem Wesen nach eine Forderung voraus, zu deren Sicherung sie bestellt wird § 1113 BGB. Demgegenüber ist die Grundschuld eine Grundstücksbelastung des Inhalts, daß aus dem Grundstück eine bestimmte Geldsumme zu bezahlen ist. § 1191 BGB. Die gesetzliche Regelform der Grundschuld braucht also nicht der Absicherung einer bestimmten Forderung zu dienen, sie kann es jedoch in der Form der sog. **Sicherungsgrundschuld**. Ihrer dinglichen Ausgestaltung nach ist die Grundschuld jedoch von einer Forderung unabhängig; sie ist im Gegensatz zur Hypothek nicht akzessorisch, sondern abstrakt. **S 1**

Eine Sonderform stellt die **Eigentümergrundschuld** dar. Sie tritt in verschiedenen Formen auf: **S 2**

a) Als **ursprüngliche** EG (§ 1196 BGB), mit der sich der Eigentümer eine absolute Rangstelle sichert, sie dient in erster Linie als Kreditsicherungsmittel;

b) als **vorläufige** EG, wenn die Forderung einer Hypothek noch nicht entstanden ist (§ 1163 Abs. 1 S. 1 BGB), wenn der Hypothekenbrief noch nicht übergeben ist und auch keine Vereinbarung nach § 1117 Abs. 2 BGB vorliegt (§ 1163 Abs. 2 BGB), oder

Einl I. Grundbuchordnung

wenn bei der Wertpapierhypothek die Voraussetzungen der §§ 1187, 1188 BGB vorliegen. Werden die genannten Voraussetzungen endgültige, weil etwa feststeht, daß die Forderung nicht mehr entstehen kann oder der Brief nicht mehr übergeben wird (etwa im Konkursfall),[1] dann wird die vorläufige EG zur endgültigen;
   c) als **endgültige EG**: Gem. § 1163 Abs. 1 S. 2 BGB, sofern nicht einer der Ausnahmefälle[2] vorliegt; gem. §§ 868, 932 ZPO bei Wegfall der verfahrensrechtlichen Grundlagen einer Zwangs- oder Arresthypothek; bei Ablösung des dinglichen Rechts einer Fremdgrundschuld[3] (sog. „Leistung auf die Grundschuld"); bei Verzicht eines Grundpfandrechtsgläubigers auf das dingliche Recht, § 1168 BGB; bei Ausschluß unbekannter Gläubiger gem. §§ 1170, 1171 BGB und bei der Vereinigung des dinglichen Rechts mit dem Eigentum dch. Abtretung oder Erbfolge gem. § 889 BGB.

II. Inhalt

S 3 1. **Belastungsgegenstand**: wie bei Hypothek, vgl. oben,

S 4 2. **Gläubiger**: wie bei Hypothek, vgl. oben,

S 5 3. **Forderung**: Die abstrakte Natur der Grundschuld verbietet die Eintragung einer Forderung oder auch nur die Bezugnahme auf sie. Daraus ergibt sich nach h. M. auch die Unzulässigkeit der Eintragung des Sicherungszweckes oder der Eigenschaft als Sicherungsgrundschuld.[4]

S 6 4. **Nebenleistungen**: Zur Verzinsung s. § 1192 Abs. 2 BGB; auch bei einer Eigentümer-GS sind Zinsen wegen der Möglichkeit späterer Abtretung, trotz § 1197 BGB, eintragbar;[5] die Zinsfälligkeit kann von der der Hauptsache verschieden sein. Andere Nebenleistungen sind bei der Grundschuld nur eintragbar, wenn sie sich ihrer Art nach auf den dinglichen Grundschuldanspruch beziehen (nicht: auf die Forderung!). Nicht eintragbar deshalb z. B. Geldbeschaffungskosten, Vorfälligkeitsentschädigung, Bürgschaftsgebühren, Disagio.[6] Zur Vermeidung einer GB-Unrichtigkeit muß die Bewilligung die **Art** der Nebenleistung genau bezeichnen.[7]

S 7 5. **Sonstiger Inhalt**: Soweit Klauseln auf das Bestehen einer persönlichen Forderung abstellen, sind sie nicht eintragungsfähig. § 1192 Abs. 1 BGB.
   Häufig vorkommende Klauseln:
   a) **Abtretungsausschluß**.[8] Er ist eintragbar, da er unmittelbar das dingliche Recht betrifft.
   b) **Nur-einmal-Valutierungsklausel**: Durch sie verpflichtet sich der Gläubiger, die GS nur zur Sicherung einer bestimmten Forderung zu verwenden und die GS zur Löschung

---

[1] Vgl. dazu *Eickmann* Rpfleger 72, 80.
[2] MünchKomm/*Eickmann* § 1163 Rdn. 26, 28.
[3] MünchKomm/*Eickmann* § 1191 Rdn. 86.
[4] Palandt/*Bassenge* § 1191 3 a; Staudinger/*Wolfsteiner* § 1191 Rdn. 5; OLG Köln OLGZ 69, 427; OLG Düsseldorf Mitt-RhNotK 77, 35. A. A. MünchKomm/*Eickmann* § 1191 Rdn. 41.
[5] KG HRR 28, 2318; BayObLGZ 54, 202.
[6] So zu Recht *Stöber* ZIP 80, 613; abzulehnen deshalb LG Oldenburg Rpfleger 81, 60 u. 82, 19 und LG Osnabrück Rpfleger 73, 247.
[7] *Stöber* a. a. O.; *Westermann/Eickmann* § 131 IV. Die abw. Auff. der Rspr. (OLG Stuttgart ZIP 86, 1377; LG Berlin Rpfleger 85, 56) ist unzutreffend.
[8] Vgl. Huber a. a. O., S. 163; *Soergel/Konzen* § 1191/1192 Rdn. 17; OLG Stuttgart OLGZ 65, 96, 97; OLG München JFG 16, 291/295; OLG Köln DNotZ 70, 419.

zu bringen, auch wenn ihm nach Tilgung der angesprochenen Forderung noch andere Ansprüche gegen den Eigentümer zustehen sollten. Diese Klausel ist wegen ihres eindeutig schuldrechtlichen Bezuges nicht eintragungsfähig.[9]

c) **Forderungsbindungsklausel:** Sie beinhaltet die Abrede, daß nur die aus dem zugrundeliegenden Schuldverhältnis geschuldeten Ansprüche aus dem Grundstück zu zahlen sind. Eine Klausel dieses Inhalts ist wegen ihres schuldrechtlichen und forderungsbezogenen Charakters nicht eintragungsfähig.

d) **Übergangsausschluß:** Bei Zahlung des Eigentümers auf das dingliche Recht geht die Grundschuld auf ihn über;[10] dieser Übergang kann nicht dch. Vereinbarung ausgeschlossen werden. Davon zu unterscheiden sind Klauseln, die Zahlungen als auf die persönliche Forderung geschehen festlegen; auch sie sind freilich nur schuldrechtlich zulässig und deshalb nicht eintragbar.

III. Pfändung und Verpfändung

1. Pfändung

Literatur:

Stöber BB 64, 1457; *Huber* BB 65, 609; *Stöber* Forderungspfändung Rdn. 1872 ff.; *Behr/Eickmann* Pfändung v. Grundpfandrechten, 2. Aufl. 1989.

a) Die Grundschuld wird gepfändet wie die Hypothek (§ 857 Abs. 6 ZPO), also durch Pfändungsbeschluß und Briefübergabe (-wegnahme) beim Briefrecht; oder Pfändungsbeschluß nebst Eintragung im Buch beim Buchrecht. **S 8**

b) Auch bei der **Sicherungsgrundschuld** vollzieht sich die Pfändung des dinglichen Rechts in gleicher Weise. **S 9**

Häufig ist jedoch hier auch die Pfändung des sog. **Rückgewähranspruches** (vgl. Stöber, Forderungspfändung, Rdn. 1886 ff.).

Dadurch werden die Rechte des Grundschuldgläubigers nicht berührt; er kann mithin weiter über das — noch auf ihn eingetragene — Recht verfügen.

Erst die Erfüllung des Rückgewähranspruches führt zu unterschiedlichen Folgen:

aa) Die Erfüllung des gepfändeten **Verzichtsanspruches** führt zur Entstehung eines Eigentümerrechtes gem. §§ 1168, 1192 BGB. Nach h. M. setzt sich jedoch das Pfandrecht nicht am Eigentümerrecht fort.[11] Der Pfandgläubiger kann deshalb vor der Pfändung des Eigentümerrechts selbst eine Grundbucheintragung nicht verlangen; sein Pfandrecht surrogiert lediglich im Falle der von ihm erzwungenen oder freiwilligen Abtretung (unten cc).

bb) Die Erfüllung des **Aufhebungsanspruches** führt zum Untergang des Rechts; der Pfandgläubiger mag ihn z. B. verfolgen, um mit einem ihm zustehenden nachrangigen Recht aufrücken zu können;

cc) Mit Erfüllung des **Übertragungsanspruches**, also mit Abtretung der Grundschuld vom Gläubiger an den Eigentümer, setzt sich das Pfandrecht an dem Eigentümerrecht

---

[9] Vgl. *Kolbenschlag* DNotZ 60, 475; *Dieck* MittRhNotK 70, 520/527.
[10] Vgl. MünchKomm/*Eickmann* § 1191 Rdn. 65 m. Nachw.
[11] BGH Rpfleger 90, 32; *Stöber* Rpfleger 59, 84; *Dempewolf* NJW 59, 560. A. A. *Tempel* JuS 67, 269 u. OLG Celle JR 55, 146.

fort.[12] Bei einer Umschreibung der Grundschuld ist also das Pfandrecht des Gläubigers mit zu vermerken.

c) **Die Pfändung der Eigentümergrundschuld**
Sie wird nach ganz h. M. nach § 857 Abs. 6 ZPO gem. den Regeln des § 830 ZPO gepfändet.
Hinsichtlich der Eintragung im Buch sind zu unterscheiden:

S 10 aa) die **offene** Eigentümergrundschuld (= die **als solche** eingetragene EGSch): Für sie gilt im Ergebnis nichts anderes als für die Pfändung einer Hypothekenforderung und deren Vollzug im Grundbuch;

S 11 bb) die **verschleierte** Eigentümergrundschuld (= die zwar materiell bereits entstandene, aber im Buch noch nicht verlautbarte EGSch):

Briefrecht
Ist das Recht **vollständig** Eigentümerrecht geworden, so wird mit der Wegnahme oder Übergabe des Briefes die mit dem Pfändungsbeschluß ausgesprochene Pfändung wirksam (§ 857 Abs. 6, § 830 Abs. 1 S. 1 u. 2 ZPO). Auf entsprechende Nachweise hin ist die Pfändung im Wege der Grundbuchberichtigung zu vermerken.
Ist das Recht **teilweise** Eigentümerrecht geworden, dann steht dem Grundstückseigentümer ein Anspruch auf Briefaushändigung nicht zu (§ 1145 Abs. 1 S. 1 BGB). Er kann jedoch aufgrund seines Miteigentums am Brief (§§ 852, 1008 BGB) den Anspruch auf Aufhebung der Gemeinschaft § 749 Abs. 1, § 752 BGB) geltend machen und einen Teilbrief erstellen lassen (§ 61 GBO, § 1145 Abs. 1 S. 2 BGB s. dazu Erl. zu § 61 GBO). Diese Ansprüche zusammen mit dem Berichtigungsanspruch des § 894 BGB muß der Pfandgläubiger pfänden lassen, um die durch Aushändigung des Teilbriefes wirksam gewordene Pfändung — auch wiederum im Berichtigungswege — eintragen zu lassen.

Buchrecht
Die Pfändung des Buchrechts vollzieht sich, wie oben 1.1. (Rdn. 20) dargestellt. Die dazu erforderliche Eintragung setzt jedoch den Nachweis der Unrichtigkeit (= Nachweis der Entstehung der EGSch) voraus; das Vollstreckungsgericht prüft insoweit nicht.
Als Nachweis sind geeignet
– Löschungsfähige Quittung;
– Erklärung des Gläubigers, daß die Forderung nicht entstanden ist und entstehen wird;
– Verzichtserklärung (§ 1168 BGB);
– Nachweis der Beerbung des Gläubigers dch. den Eigentümer;
– Ausschlußurteil (§ 1170 Abs. 2 BGB).

Die Nachweise bedürfen stets der Form des § 29 GBO. Bei der Eintragung der Pfändung ist eine vorherige Umschreibung des Rechts auf den Eigentümer nicht erforderlich (vgl. § 39 Rdn. 23).

S 12 cc) Die Pfändung einer **künftigen** Eigentümergrundschuld ist nicht eintragungsfähig; sie wäre eine inhaltlich unzulässige Eintragung.

2. Verpfändung

S 13 Die Verpfändung einer Grundschuld geschieht gem. § 2191 BGB entsprechend den Vorschriften über die Abtretung des Rechts, §§ 1274, 1154, 1192 BGB.

---

[12] *Stöber* Rpfleger 59, 84 ff.; *Wörbelauer* NJW 58, 1706.

ABSCHNITT T
Eintragungen bei Grundpfandrechten

Übersicht

	Rdn.		Rdn.
I. Löschungsvormerkung	T 1–T 2	III. Zwangsvollstreckungsunterwerfung	T 4
II. Abtretungsvormerkung	T 3	IV. Wirksamkeitsvermerk	T 5

Eintragungen bei Grundpfandrechten

I. Löschungsvormerkung

Durch das Gesetz vom 22. 6. 1977 (BGBl. I S. 998[35] ist das Recht der LöV grundlegend geändert worden; leider läßt die Regelung bei aller Detailbemühtheit manche Probleme offen und erweist sich wegen des Nebeneinander von altem und neuem Recht als reichlich kompliziert.

Künftig müssen unterschieden werden:

1. Die LöV alten Rechts (§ 1179 BGB a. F.): **T 1**
Das alte Recht ist anzuwenden auf eine LöV, die bis zum 31. 12. 77 eingetragen worden ist; auf eine LöV, die nach diesem Zeitpunkt eingetragen wurde, sofern der Antrag vor dem 1. 1. 78 beim GBA gestellt wurde (Art. 8 § 1, II 1 des Gesetzes v. 22. 6. 77); sowie auf eine nach dem 1. Hs. genannten Zeitpunkt eingetragene LöV, sofern sie zugunsten eines gleich- oder nachrangigen Berechtigten oder zugunsten des eingetragenen Gläubigers des betroffenen Rechts – sofern überhaupt zulässig – bestellt wurde, wenn ein gesetzlicher Lö-Anspruch nicht besteht (Art. 8 § 1 Abs. 1 od. 2 a. a. O.). Im letzteren Fall ist somit die LöV alten Rechts auch nach dem 31. 12. 77 noch eintragungsfähig.

Zu ihr ist zu bemerken:
Wegen des Umfanges der Löschungsverpflichtung genügt Bezugnahme.[36]
Berechtigter der LöV kann jeder sein, der ein Interesse an der Löschung des Rechts hat.[37]

2. Die LöV neuen Rechts (§ 1179 BGB n. F.) **T 2**
Sie kann nur für den Gläubiger eingetragen werden, dem ein anderes Recht als ein Grundpfandrecht zusteht, oder dem ein Anspruch (auch ein künftiger oder bedingter) auf Einräumung eines solchen Rechts oder auf Eigentumsübertragung zusteht. Vgl. dazu ausf. *Stöber* a. a. O. Nicht mehr zulässig LöV zugunsten des jeweiligen Inhabers eines Rechts, wohl aber zugunsten des Berechtigten eines subjektiv-dinglichen Rechts.[38] Ebenfalls unzulässig ist LöV zugunsten einer Person, unabhängig von deren Stellung als Berechtigter eines dinglichen Rechts.[39]

II. Abtretungsvormerkung

Sie sichert den dem Grundstückseigentümer persönlich[40] zustehenden Anspruch auf **T 3** Abtretung einer Sicherungsgrundschuld nach Tilgung der gesicherten Forderung und Erledigung der Sicherungsvereinbarung.[41]

---

[35] Vgl. *Stöber* Rpfleger 77, 399, 425.
[36] Vgl. BayObLG DNotZ 56, 275; LG Ulm BWNotZ 58, 303; *Jansen* DNotZ 56, 385; *Rötelmann* DNotZ 58, 545; *Bruhn* Rpfleger 58, 56.
[37] RG RGZ 63, 154; vgl. auch *Staudenmaier* BWNotZ 62, 49.
[38] BayObLG DNotZ 80, 483.
[39] KG DNotZ 80, 487.
[40] Vgl. dazu BGH Rpfleger 58, 53.
[41] *Stöber* Rpfleger 60, 1201; *Wörbelauer* NJW 57, 898/1251; 58, 1513/1705; *Dempewolf* NJW 57, 1257; 59, 556; sowie insbes. Haegele/Schöner/*Stöber* Rdn. 2345.

III. Zwangsvollstreckungsunterwerfung

T 4 Durch die Unterwerfungserklärung gem. § 794 Abs. 1 Nr. 5, § 800 ZPO wird dem Gläubiger die Zwangsvollstreckung aus dem dinglichen Recht in der Rangklasse des § 10 Abs. 1 Nr. 4 ZVG ermöglicht, ohne zuvor den Eigentümer auf Duldung dieser Zwangsvollstreckung verklagen zu müssen.

Zur Unterwerfung vgl. ausf. Haegele/Schöner/*Stöber* Rdn. 2036 ff. Die in § 794 Abs. 1 Nr. 5 ZPO verlangte Urkundenform erfaßt nur die dort geregelte Unterwerfung als solche, nicht jedoch die — gleichzeitige — Bestellung (Bewilligung) des Grundpfandrechts.

Zur Eintragung: Übliche Form „Sofort vollstreckbar gegen den jeweiligen Eigentümer" oder „Der jeweilige Eigentümer ist der sofortigen Zwangsvollstreckung unterworfen". Zulässig jedoch auch „Sofort vollstreckbar gem. § 800 ZPO"[42] oder auch „Vollstreckbar nach § 800 ZPO".[43]

Die Unterwerfung nur bezüglich eines Teiles des Rechts ist bei einer gewöhnlichen Hypothek (Grundschuld) als solche unzulässig, denn sie führt zu einer Teilung des Rechts nach § 1151 BGB (OLG Hamm Rpfleger 84, 60); eintragungsfähig jedoch Unterwerfung „wegen eines zuletzt zu zahlenden Teilbetrages".[44]

Eine „zur Beleihung" erteilte **Vollmacht** soll Unterwerfung nicht mit umfassen.[45] Das ist abzulehnen, weil es natürlicher Betrachtung und dem tatsächlichen Willen des Vollmachtgebers, alles zur Finanzierung Erforderliche zu ermöglichen, widerspricht.

Nach richtiger Auffassung kann auch ein **Nichtberechtigter** die Unterwerfungserklärung abgeben; § 185 BGB ist anwendbar.[46]

IV. Wirksamkeitsvermerk

T 5 Durch einen Vermerk kann ausgedrückt werden, daß ein Grundpfandrecht einer Vormerkung gegenüber wirksam iSv § 883 Abs. 2 BGB ist.[47] Er regelt jedoch nur die relative Beziehung im Verhältnis der beiden Rechte zueinander, und auch das nur in bezug auf das Nichtbestehen eines Anspruches nach § 888 BGB. Rangwirkung, insbesondere für eine Zwangsversteigerung, kann ihm nicht zukommen.[48]

---

[42] LG Weiden Rpfleger 61, 305.
[43] OLG Köln Rpfleger 74, 150; LG Nürnberg-Fürth Rpfleger 66, 338.
[44] Vgl. BGH Rpfleger 90, 16; OLG Hamm Rpfleger 87, 59.
[45] OLG Düsseldorf Rpfleger 88, 357; kritisch dazu *Linderhaus* Rpfleger 88, 474; offenbar auch zust. *Demharter* § 44 Rdn. 28. Vgl. zur Problematik auch OLG Düsseldorf Rpfleger 1989, 499 und MittRhNotK 1992, 268.
[46] BGHZ 108, 375 = Rpfleger 90, 16; OLG Köln Rpfleger 80, 222 und 91, 13. Ebenso jetzt auch *Demharter* § 44 Rdn. 28.
[47] OLG Saarbrücken Rpfleger 95, 404; LG Amberg MittBayNot 96, 41. Vgl. auch *Demharter* EWiR 95, 448; *Lehmann* NJW 93, 1558; *Bühler* BWNotZ 95, 172.
[48] A. A. *Frank* MittBayNot 96, 271; *Streuer* Rpfleger 97, 541; wohl auch *Keller* BWNotZ 98, 25. Wie hier: OLG Köln Rpfleger 98, 106.

ERSTER ABSCHNITT

Allgemeine Vorschriften

Vorbemerkungen

Der erste Abschnitt enthält allgemeine Verfahrensvorschriften verschiedenen Inhalts: In § 1 ist die sachliche und örtliche Zuständigkeit in Grundbuchsachen geregelt, daneben enthält er eine Ermächtigung zum Erlaß von Rechtsverordnungen. § 2 enthält Regeln über die Einrichtung der Grundbuchbezirke, die Bezeichnung der Grundstücke und über die Abschreibung von Grundstücksteilen. § 3 enthält grundsätzliche Ausführungen über die Buchungsform, die Buchungsfreiheit und über die ausnahmsweise Möglichkeit der selbständigen Buchung ideeller Miteigentumsanteile. § 4 regelt die Führung eines gemeinschaftlichen Grundbuchblattes für mehrere Grundstücke eines Eigentümers. In den §§ 5, 6 und 7 wird die Vereinigung, die Bestandteilszuschreibung und die Teilung behandelt. § 8 regelt die Anlegung des besonderen Grundbuchblattes für Erbbaurechte. In § 9 wird die Eintragung eines Vermerks über subjektiv-dingliche Rechte auf dem Blatt des herrschenden Grundstückes geregelt. § 10 behandelt die mit der Aufbewahrung von dem GBA eingereichten Urkunden zusammenhängenden Fragen; § 10 a läßt es zu, Grundakten auch auf Datenträgern aufzubewahren. In § 11 werden Eintragungen, die von einem ausgeschlossenen Grundbuchbeamten bewirkt wurden, für wirksam erklärt. Im Zusammenhang damit sind in der Kommentierung alle anderen, auch mit der Ablehnung und Ausschließung zusammenhängenden Fragen erörtert. In § 12 ist das Recht zu Einsicht des Grundbuchs geregelt; §§ 12 a und b betreffen vom Grundbuchamt zu führende Verzeichnisse und die „Einsicht in ausgelagerte Bücher und Akten". § 12 c schließlich regelt die Zuständigkeit des Urkundsbeamten der Geschäftsstelle.

[Grundbuchämter; Sachliche und örtliche Zuständigkeit]

§ 1

(1) Die Grundbücher, die auch als Loseblattgrundbuch geführt werden können, werden von den Amtsgerichten geführt (Grundbuchämter). Diese sind für die in ihrem Bezirk liegenden Grundstücke zuständig. Die abweichenden Vorschriften der §§ 143 und 144 für Baden-Württemberg und das in Artikel 3 des Einigungsvertrages genannte Gebiet bleiben unberührt.

(2) Liegt ein Grundstück in dem Bezirk mehrerer Grundbuchämter, so ist das zuständige Grundbuchamt nach § 5 des Gesetzes über die Angelegenheiten der freiwilligen Gerichtsbarkeit zu bestimmen.

(3) Die Landesregierungen werden ermächtigt, durch Rechtsverordnung die Führung des Grundbuchs einem Amtsgericht für die Bezirke mehrerer Amtsgerichte zuzuweisen, wenn dies einer schnelleren und rationelleren Grundbuchführung dient. Sie können die Ermächtigung durch Rechtsverordnung auf die Landesjustizverwaltungen übertragen.

§ 1

(4) Das Bundesministerium der Justiz wird ermächtigt, durch Rechtsverordnung, die der Zustimmung des Bundesrates bedarf, die näheren Vorschriften über die Einrichtung und die Führung der Grundbücher, die Hypotheken-, Grundschuld- und Rentenschuldbriefe und die Abschriften aus dem Grundbuch und den Grundakten sowie die Einsicht hierin zu erlassen sowie das Verfahren zur Beseitigung einer Doppelbuchung zu bestimmen. Es kann hierbei auch regeln, inwieweit Änderungen bei einem Grundbuch, die sich auf Grund von Vorschriften der Rechtsverordnung ergeben, den Beteiligten und der Behörde, die das in § 2 Abs. 2 bezeichnete amtliche Verzeichnis führt, bekanntzugeben sind.

Übersicht

	Rdn.		Rdn.
I. Allgemeines		6. Der zur Leitung der zweiten Unterschrift ermächtigte Bedienstete	16
1. Inhalt der Vorschrift	1	7. Verletzung der Regeln über die funktionelle Zuständigkeit	17
2. Geltungsbereich	2	V. Die Geschäftsverteilung in Grundbuchsachen	24
II. Die sachliche Zuständigkeit		VI. Rechtslage in den neuen Bundesländern und im beigetretenen Teil Berlins	25
1. Amtsgericht-Bezirksnotar	3	VII. Anhang: GBO und FGG	
2. Verletzung der Regeln über die sachliche Zuständigkeit	4	1. Grundsätze	26
III. Die örtliche Zuständigkeit		2. Amtsverfahren und Antragsverfahren	27
1. Die gesetzliche Regelung	5	3. Der Beteiligtenbegriff	28
2. Bestimmung durch das Obergericht	6	4. Beteiligten- und Verfahrensfähigkeit	29
3. Zuständigkeitsstreit	7	5. Die Gewinnung der Entscheidungsgrundlagen	31
4. Zuständigkeitskonzentration	8	6. Rechtliches Gehör	33
5. Verletzung der Regeln über die örtl. Zuständigkeit	9	7. Wirksamwerden von Entscheidungen und Abänderungsbefugnis	35
IV. Die funktionelle Zuständigkeit			
1. Begriff	11		
2. Der Grundbuchrichter	12		
3. Der Rechtspfleger	13		
4. Der Urkundsbeamte	14		
5. Der Präsentatsbeamte	15		

I. Allgemeines

1. Inhalt der Vorschrift

1 § 1 regelt die **sachliche und örtliche Zuständigkeit** im Grundbuchverfahren (Abs. 1 und 2) und enthält Ermächtigungen zum Erlaß von Rechtsvorschriften (Abs. 3 und 4), die eine Zuständigkeitskonzentration bestimmen und insbesondere die Einrichtung und Führung der Grundbücher regeln können.

Bis zur Änderung der Norm durch das RegVBG war die genannte Ermächtigung – in eingeschränkter Form – in Abs. 3 enthalten. Aufgrund dieser alten Ermächtigung ist erlassen worden die Grundbuchverfügung vom 8. 8. 1935 (RMBl. S. 637) zuletzt geänd. dch. VO v. 15. 7. 1994 (BGBl. I S. 1606) – GBV –, sie enthält wichtige Vorschriften über die Einrichtung und Führung der Grundbücher. Vom BJM ist aufgrund der auf ihn gem. Art. 129 Abs. 1 GG übergegangenen alten Ermächtigung erlassen worden die „Verf. über die grundbuchmäßige Behandlung der Wohnungseigentumssachen" vom 1. 8. 1951 (BAnz. Nr. 152) zuletzt geänd. dch. VO v. 23. 7. 84 (BGBl. I S. 1025). – WEGGBV –. Aufgrund der (neuen) Ermächtigung in Abs. 4 ist ergangen

Erster Abschnitt. Allgemeine Vorschriften (Eickmann) **§ 1**

die Verordnung über die Anlegung und Führung von Gebäudegrundbüchern (Gebäudegrundbuchverfügung — GGV) vom 15. 7. 1994 (BGBl. I S. 1606).
Die Grundbuchverfügung, die WEGGBV und die GGV sind im Anschluß an die GBO kommentiert wiedergegeben.

2. Geltungsbereich

Die Zuständigkeitsvorschriften ergreifen **2**

a) das gesamte Grundbuchverfahren 1. Instanz; dazu gehören die Entscheidung über Eintragungsanträge, die Vornahme von Eintragungen und die Erteilung von Briefen, die Aufbewahrung von Urkunden und die Führung der Grundakten sowie die Entscheidung über die Grundbucheinsicht. Auch bei der Entscheidung über die Eintragung einer Zwangshypothek (§ 866 Abs. 1 ZPO) handelt es sich um ein Grundbuchverfahren.

b) die besonderen Verfahren des GBA, also das Zwangsberichtigungsverfahren, das Zwangsverfahren nach § 78 SachenRBerG, das Amtslöschungsverfahren und das Rangklarstellungsverfahren.

c) die Fälle, in denen sachlich-rechtliche Erklärungen **gegenüber** dem GBA abzugeben sind. Das sind die Fälle der §§ 875 Abs. 1, 876, 880 Abs. 2 S. 3, 928 Abs. 1, 1168 Abs. 2, 1183, 1196 Abs. 2 BGB, § 8 Abs. 1 WEG Art. 233 § 4 Abs. 6 S. 2 EGBGB.

Die Abgabe einer Erklärung **vor** dem GBA dürfte seit Inkrafttreten des BeurkG nicht mehr möglich sein.[1]

II. Die sachliche Zuständigkeit

Sie regelt, welche Art von Gericht in 1. Instanz eine bestimmte Sache wegen deren Art zu erledigen hat. **3**

1. Amtsgerichte — Bezirksnotar

Sachlich zuständig für alle Grundbuchsachen (s. oben Rdn. 2) ist das Amtsgericht, Abs. 1 S. 1. Das Grundbuchamt als Abteilung des Amtsgerichts führt dessen Bezeichnung ohne den Zusatz „Grundbuchamt", § 1 Abs. 1 d VA vom 25. 2. 1936 (DJ S. 350).[2] Die neuerdings häufiger anzutreffende Bezeichnung „Grundbuchgericht" spricht zwar zutreffend ohnehin Selbstverständliches aus, ist jedoch nicht offiziell; ihre Einführung muß dem Gesetzgeber vorbehalten bleiben.

In Baden-Württemberg ist § 1 Abs. 1 noch nicht in Kraft getreten. Zur dortigen Zuständigkeit der Notare (ehem. badischer Landesteil) bzw. der Bezirksnotare (ehem. württemberg. Landesteil) vgl. §§ 26 ff. LFGG v. 12. 2. 1975 (Bad.-Württ. GBl. 1975, S. 116. Durch § 143 sind die dortigen Besonderheiten ebenso aufrechterhalten, wie durch § 144 im Beitrittsgebiet. Abs. 1 S. 3 verdeutlicht dies.

2. Verletzung der Regeln über die sachliche Zuständigkeit

a) Während die grundbuchrechtliche Literatur bei Verstößen gegen die sachliche Zuständigkeit nur vereinzelt noch die **Unwirksamkeit** der betreffenden Handlung an- **4**

---

[1] Vgl. *Demharter* § 29 Rdn. 1; Meikel/*Brambring* § 29 Rdn. 1, 2.

[2] Landesrechtlich teilw. abw. geregelt, z. B.
Bayern (§ 1 Abs. 1 GBGA), Thüringen (§ 1 Abs. 1 GBA).

nimmt,[3] kann diese Auffassung in der Literatur zum Recht der freiwilligen Gerichtsbarkeit und in der neueren grundbuchrechtl. Literatur als überholt gelten; dort wird überwiegend die Gültigkeit, aber **Anfechtbarkeit** der betreffenden Handlung angenommen.[4]

Die Nichtigkeit kann nicht mit der einschränkenden Bemerkung in § 32 FGG begründet werden, weil die dort genannte „sachliche Zuständigkeit" nach dem damaligen Sprachgebrauch die Fälle meint, die heute als „Grenzüberschreitungen zwischen freiwilliger und streitiger Gerichtsbarkeit" bezeichnet werden (ebenso Baur, a. a. O.); sie kann aber auch nicht mit dem Gegenschluß aus § 7 FGG begründet werden,[5] weil nicht angenommen werden kann, daß das FG-Verfahren an den Fehler strengere Folgen knüpft als das Zivilprozeßrecht.

b) Bei Erklärungen, die gegenüber dem Grundbuchamt abzugeben sind (s. oben Rdn. 2 Buchst. c) tritt **Wirksamkeit** gem. § 130 Abs. 1 und 3 BGB erst mit **Zugang** beim (richtigen) Empfänger ein. Die Abgabe solcher Erklärungen gegenüber einem anderen Gericht als dem Grundbuchamt (= Amtsgericht) macht die Erklärungen unwirksam. Davon zu unterscheiden ist der Fall des Zuganges zwar beim Amtsgericht, aber bei einer anderen Abteilung. Rechtsprechung und Literatur haben z. B. für eine Erbschaftsausschlagung, die anstelle des Nachlaßgerichts dem GBA zuging, wirksamen Zugang angenommen.[6] Gleiches gilt für den Fall, daß Erklärungen nicht dem Grundbuchamt, sondern einer anderen amtsgerichtlichen Abteilung zugehen.[7]

III. Die örtliche Zuständigkeit

Sie regelt die Zuweisung der Rechtspflegeaufgaben in Grundbuchsachen für ein bestimmtes Grundstück an das Amtsgericht eines bestimmten Ortes.

1. Die gesetzliche Regelung

5   Jedes Amtsgericht ist für die in seinem Bezirk liegenden Grundstücke zuständig, Abs. 1 S. 2. Grundbuchamtsbezirk ist somit der Amtsgerichtsbezirk. Ein Grundbuchamtsbezirk kann einen oder mehrere Grundbuchbezirke haben. (Wegen des Begriffes „Grundbuchbezirk" s. § 2 Abs. 1 und § 2 Rdn. 2).

Ausnahmen von der Regel des § 1 S. 2 können sich ergeben:

a) Wenn ein Grundstück im Bezirk mehrerer Grundbuchämter liegt (§ 1 Abs. 2), s. dazu unten Rdn. 6;

b) wenn mehrere Grundstücke zu einem Hof im Sinne der Höfeordnung gehören oder in ähnlicher Weise rechtlich miteinander verbunden sind, und ein gemeinschaftliches Grundbuchblatt angelegt worden ist (§ 4 Abs. 2 S. 1), s. dazu § 4 Rdn. 4, 8;

c) wenn Grundstücke miteinander vereinigt werden (§ 5 Abs. 1 S. 2), s. dazu § 5 Rdn. 20;

d) wenn ein Grundstück einem anderen als Bestandteil zugeschrieben wird (§ 6 S. 2), s. dazu § 6 Rdn. 23.

---

[3] Demharter § 1 Rdn. 25.
[4] *Baur* § 27 BI 2 b; *Lent/Habscheid* § 13 II; *Pikart/Henn* S. 65; *Jansen* § 7 Rdn. 15; *Keidel/Kuntze/Winkler* § 7 Rdn. 26; *Meikel/Böttcher* § 1 Rdn. 16; *Eickmann* Grundbuchverfahrensrecht, Rdn. 44; **a. A.** noch die ältere Rspr.: BGH BGHZ 24, 48 = NJW 57, 832; BayObLG RJA 9, 73.
[5] Jansen a. a. O.; *Baur* § 27 I 26; *Bärmann* § 6 III 3; *Habscheid* NJW 66, 1787.
[6] OLG München JFG 17, 282; Staudinger/*Dilcher* § 130 Rdn. 71.
[7] Ebenso Meikel/*Böttcher* § 1 Rdn. 17.

2. Bestimmung durch das Obergericht

Liegt ein Grundstück im Bezirk mehrerer Grundbuchämter, wird das zuständige Amtsgericht gem. § 5 FGG durch das gemeinschaftliche obere Gericht bestimmt, § 1 Abs. 2. Ist dieses Gericht der BGH, so entscheidet das OLG, zu dessen Bezirk das zuerst mit der Sache befaßte GBA gehört. Der Fall des § 1 Abs. 2 kann auch nachträglich durch eine Änderung des Grundbuchamtsbezirkes eintreten, wenn die neue Bezirksgrenze das Grundstück durchschneidet. Als zuerst mit der Sache befaßtes Gericht ist in diesem Fall das Gericht anzusehen, bei dem das Grundstück bisher gebucht war. In Bayern s. § 199 Abs. 2 FGG i. V. m. Art. 11 Abs. 3 Nr. 1 AGGVG v. 23. 6. 81 (BayRS 300-1-1-J); in Rheinland-Pfalz § 3 Ges. v. 15. 6. 1949 (GVBl. I S. 225) i. d. F. d. § 21 GerichtsorganisationsG v. 10. 5. 1977 (GVBl. S. 333).

6

3. Zuständigkeitsstreit

Bei Streit über die örtliche Zuständigkeit, etwa wegen Zweifel über den Verlauf der Gerichtsgrenzen, ist unmittelbar nach § 5 FGG zu verfahren.[8]
Zum Verfahren bei Zuständigkeitswechsel s. § 25 GBV.

7

4. Zuständigkeitskonzentration

Der durch das RegVBG eingefügte Abs. 3 ermöglicht eine von Abs. 1 abweichende Konzentration der Zuständigkeit, er ist § 689 Abs. 3 ZPO, § 71 Abs. 3 KO, § 1 Abs. 2 ZVG nachgebildet. Er ist zwar nicht auf die maschinelle Grundbuchführung beschränkt, wird jedoch in diesem Zusammenhang von Bedeutung sein. Allgemein ist zur Zurückhaltung zu raten, weil sich Zuständigkeitskonzentrationen erfahrungsgemäß belastend auf die Bürger auswirken.

8

5. Verletzung der Regeln über die örtliche Zuständigkeit

a) Wird ein örtlich unzuständiges Grundbuchamt tätig, so sind seine Handlungen nicht aus diesem Grunde unwirksam, § 7 FGG; die zunächst wirksame Handlung ist jedoch anfechtbar, sie hat zur Folge, daß dem Grundbuchamt für die Zukunft die Bearbeitung entzogen wird.

9

b) Differenzierter ist die Frage zu sehen, inwieweit Erklärungen, die gegenüber einem örtlich unzuständigen Grundbuchamt abgegeben worden sind, Wirksamkeit erlangen können. *Jansen*[9] löst die Frage in Anwendung von § 130 Abs. 1 und 3 BGB dahin, daß eine gegenüber einer Behörde abzugebende Willenserklärung erst mit ihrem Zugang an die örtlich und sachlich zuständige Behörde wirksam werde. Während bezüglich der sachlichen Zuständigkeit dieser Ansicht deshalb beizutreten ist (s. oben Rdn. 4), weil die einschlägigen Vorschriften des materiellen Rechts jeweils „das Grundbuchamt" als Erklärungsempfänger bezeichnen, somit bei dieser unmißverständlichen Rechtslage die Abgabe gegenüber einer falschen Behörde dem Erklärenden angelastet werden kann, ist die Situation bei der örtlichen Zuständigkeit eine andere. Die örtliche Zuständigkeit ist oft nicht einfach zu ermitteln, zumal es vorkommt, daß ein an sich unzuständiges Grundbuchamt das Grundbuch für ein Grundstück tatsächlich führt. Mit Rücksicht darauf ist deshalb eine differenzierte Betrachtungsweise notwendig:[10]

10

---

[8] Meikel/*Böttcher* § 1 Rdn. 22.
[9] § 7 Rdn. 4.

[10] Vgl. *Baur* § 7 IV; *Lent/Habscheid* § 13 I 2; *Keidel/Kuntze/Winkler* § 7 Rdn. 3 ff.

aa) Wird das unzuständige Gericht tätig, d. h. nimmt es die Erklärung entgegen und veranlaßt das Notwendige, weil es z. B. − trotz örtlicher Unzuständigkeit − das Grundbuch für das betreffende Grundstück führt, so muß die Erklärung wirksam geworden sein.[11] Die Parteien können darauf vertrauen, das Gericht habe seine Zuständigkeit zu Recht bejaht.[12]

bb) Nimmt das unzuständige Gericht die Erklärung entgegen und gibt sie an das zuständige Gericht weiter, so ist sie gleichfalls wirksam.[13]

cc) Weist das angegebene Gericht den Erklärenden auf die Unzuständigkeit hin und bleibt im übrigen untätig, so soll die Erklärung gleichfalls wirksam sein.[14] Das erscheint zweifelhaft. Die vorstehend geschilderten Einschränkungen der Regel des § 130 BGB haben ihren Grund im notwendigen und vertretbaren Schutz des Rechtsuchenden; eines solchen Schutzes bedarf aber nicht, wer auf eine bestehende Unzuständigkeit ausdrücklich hingewiesen worden ist.[15] In diesem Fall ist die Erklärung unwirksam, wird sie nicht von dem unzuständigen an das zuständige Gericht weitergeleitet, was allerdings meist ein nobile officium sein wird. Wenn das Gericht auf seine Unzuständigkeit nicht hinweist und nach Entgegennahme der Erklärung untätig bleibt, muß die Erklärung wirksam sein.

dd) Erklärt sich das Gericht für unzuständig und gibt die Erklärung zurück, so ist die Erklärung unwirksam.[16]

IV. Die funktionelle Zuständigkeit

1. Begriff

11 Sie regelt, welches Rechtspflegeorgan für bestimmte Verrichtungen oder Entscheidungen zuständig ist und welche Zuständigkeiten im Rechtsmittelzug gegeben sind. In Grundbuchsachen 1. Instanz werden folgende Rechtspflegeorgane tätig:

2. Der Grundbuchrichter

12 Da das Grundbuchverfahren, soweit nicht die Zuständigkeit des Urkundsbeamten der Geschäftsstelle besteht (s. § 12 c), ohne jeden Vorbehalt voll dem Rechtspfleger übertragen ist (vgl. unten Rdn. 13), kann der Richter nur noch tätig werden, wenn ein Fall des § 4 Abs. 2 RpflG gegeben ist oder wenn ihm der Rechtspfleger eine Sache gemäß § 5 RpflG vorgelegt hat. Steht mit dem vorgelegten oder angefochtenen Geschäft ein anderes in engem Zusammenhang, so ist für dessen Erledigung der Richter u. U. gem. § 6 RpflG zuständig.

---

[11] Ebenso: *Baur* a. a. O.; *Lent/Habscheid* a. a. O.; *Keidel/Kuntze/Winkler* § 7 Rdn. 7; *Meikel/Böttcher* § 1 Rdn. 26.

[12] RG RGZ 71, 380; BGH BGHZ 36, 197 = FamRZ 62, 111; ebenso: *Kersting* Rpfleger 59, 208; und für den Fall der Entgegennahme der Erbschaftsausschlagung *MünchKomm/Leipold* § 1945 Rdn. 8.

[13] *Baur* a. a. O.; *Lent/Habscheid* a. a.O.; *Keidel/Kuntze/Winkler* § 7 Rdn. 6; *Meikel/ Böttcher* § 1 Rdn. 27.

[14] *Baur* a. a. O.; *Keidel/Kuntze/Winkler* § 7 Rdn. 5.

[15] Ebenso: *Meikel/Böttcher* § 1 Rdn. 29.

[16] LG Lübeck SchlHAnz. 59, 104; *Baur* a. a. O.; *Keidel/Kuntze/Winkler* § 7 Rdn. 4; *MünchKomm/Leipold* § 1945 Rdn. 8 für den vergleichbaren Fall der Erbschaftsausschlagung.

Erster Abschnitt. Allgemeine Vorschriften (Eickmann) **§ 1**

Von den Vorlagegründen des § 5 RpflG wird insbes. Abs. 2 (Anwendung ausländischen Rechts) Bedeutung haben. Nicht hierher gehört das IPR, soweit seine Kollisionsnormen auf deutsches Recht verweisen oder deutsches Recht kraft Staatsvertrages anwendbar ist; eine Vorlagemöglichkeit besteht grundsätzlich erst bei Anknüpfung der Kollisionsnormen od. des Staatsvertrages an ausländisches Recht.[17] Das nach dem EinigungsV fortgeltende **Recht der ehemaligen DDR** oder das nach den ins EGBGB eingefügten Regeln des intertemporären Rechts noch anwendbare DDR-Recht ist Recht, das im Geltungsbereich des RpflG gilt, also von § 5 RpflG **nicht** erfaßt wird.[18]

3. Der Rechtspfleger

Die nach den gesetzlichen Vorschriften vom Richter wahrzunehmenden Aufgaben des Amtsgerichts in Grundbuchsachen sind im vollen Umfang dem Rechtspfleger übertragen, § 3 Nr. 1 Buchst. h RpflG. **13**

Er erledigt somit alle Geschäfte, die vom Grundbuchamt nach den Verfahrensvorschriften mit Wirkung nach außen vorzunehmen sind und für die sich nicht aus der GBVfg oder aus der AVOGBO eine besondere Zuständigkeitsregelung ergibt.

Zur Zuständigkeit des Rechtspflegers in Baden-Württemberg vgl. **§ 35 RpflG**; zur Wahrnahmung von Rechtspflegeraufgaben im Beitrittsgebiet s. **§ 34 RpflG**.[19]

Der **Rechtspfleger** ist bei seinen Entscheidungen **nur dem Gesetz unterworfen**, d. h. er ist in gleicher Weise wie der Richter sachlich unabhängig.[20] (§ 9 RpflG u. F.)

Wegen der Ausschließung und Ablehnung des Rechtspflegers vgl. § 11 Rdn. 2 u. 3; wegen der Anfechtung seiner Entscheidungen vgl. d. Erl. zu § 71 ff.

4. Der Urkundsbeamte der Geschäftsstelle

Dazu s. die Erl. zu **§ 12 c**. **14**

5. Der Präsentatsbeamte

Dem **Zeitpunkt des Eingangs eines Eintragungsantrages** beim Grundbuchamt kommt besondere Bedeutung zu (§§ 17, 45 GBO, 879 BGB). Bei jedem Eintragungsantrag oder -ersuchen muß deshalb der Zeitpunkt des Eingangs beurkundet werden. Die Zuständigkeit dafür ist nunmehr in **§ 13 Abs. 3** geregelt; vgl. die Erl. dort. **15**

6. Der zur Leistung der zweiten Unterschrift ermächtigte Bedienstete

In den Fällen des § 12 c Abs. 2 Nr. 2—4 hat neben dem Urkundsbeamten ein zweiter Beamter der Geschäftsstelle oder ein vom Behördenvorstand ermächtigter Justizangestellter den Beglaubigungsvermerk oder die Eintragung zu unterzeichnen („2. Unterschrift"). Im Falle der Ermächtigung nach § 44 Abs. 1 S. 2 Hs. 2, § 56 Abs. 2 ist der Angestellte statt des UdG, im Falle der Ermächtigung nach § 44 Abs. 1 S. 3 statt des zweiten Geschäftsstellenbeamten unterschriftbefugt. Nach § 12 c Abs. 2 Nr. 1 kann er anstelle des UdG Blattabschriften beglaubigen. **16**

---

[17] Vgl. *Dallmayer/Eickmann* RpflG, § 5 Rdn. 8.
[18] LG Berlin Rpfleger 91, 418.
[19] Dazu *Rellermeyer* Rpfleger 93, 45.
[20] Ausf. *Dallmeyer/Eickmann* RpflG, § 9 Rdn. 5 m. w. Nachw.

§ 1 I. Grundbuchordnung

7. Verletzung der Regeln über die funktionelle Zuständigkeit

17   Es sind folgende Möglichkeiten denkbar:

a) Der Richter wird anstelle des Rechtspflegers tätig:
Nach § 8 Abs. 1 RpflG wird die Wirksamkeit des Geschäfts hierdurch nicht berührt.

18   **b) Der Richter wird anstelle des Urkundsbeamten tätig:**
Wenn schon ein vom Richter vorgenommenes Rechtspflegergeschäft wirksam bleibt, obwohl es sich dabei gleichfalls um eine originäre Zuständigkeit handelt, so muß dies ebenso für ein Urkundsbeamtengeschäft gelten, zumal § 8 Abs. 5 RpflG ein Tätigwerden des Rechtspflegers anstelle des Urkundsbeamten wirksam sein läßt.[21]

19   **c) Der Rechtspfleger wird anstelle des Richters tätig:**
Da der Rechtspfleger für alle Entscheidungen und Verrichtungen des Grundbuchamts zuständig ist, die nicht dem Urkundsbeamten zustehen (vgl. oben Rdn. 13), somit eine unmittelbare Richterzuständigkeit nicht mehr besteht, kann ein solcher Fall nur in der Form praktisch werden, daß der Rechtspfleger ein Geschäft selbst bearbeitet, obwohl eine Vorlagepflicht nach § 5 RpflG besteht oder ein Fall des § 4 Abs. 2 RpflG vorliegt. Die Verletzung der Vorlagepflicht ist ohne Einfluß auf die Wirksamkeit des Geschäftes, § 8 Abs. 3 RpflG. Ein Verstoß gegen § 4 Abs. 2 RpflG hat Unwirksamkeitsfolge, § 8 Abs. 4 RpflG.

20   **d) Der Rechtspfleger wird anstelle des Urkundsbeamten tätig:**
Nach § 8 Abs. 5 RpflG wird die Wirksamkeit des Geschäfts dadurch nicht berührt.

21   **e) Der Urkundsbeamte wird anstelle des Rechtspflegers (Richters) tätig:**
Wenn der Urkundsbeamte ein richterliches Geschäft wahrnimmt, das ihm nicht ausdrücklich zugewiesen ist, ist seine Handlung nichtig.[22]

22   **f) Ein Beamter des gehobenen Dienstes, der nicht Rechtspfleger ist, wird tätig:**
Während die Ableistung der vorgeschriebenen Ausbildung, die abgelegte Rechtspflegerprüfung und die beamtenrechtliche Ernennung zum Justizinspektor usw. lediglich zur Wahrnehmung von Rechtspflegergeschäften befähigen, wird die Befugnis dazu erst durch einen weiter hinzutretenden Betrauungsakt erworben (§ 2 Abs. 1 S. 1 RpflG). Diese Betrauung geschieht nach h. M. durch die Zuweisung von Rechtspflegergeschäften im Geschäftsverteilungsplan des jeweiligen Gerichts.[23] Ein Beamter des gehobenen Justizdienstes, dem in der Geschäftsverteilung lediglich Aufgaben der Justizverwaltung zugewiesen sind, ist deshalb nicht befugt – auch nur vertretungsweise – Rechtspflegergeschäfte wahrzunehmen, seine Handlungen sind unwirksam.[24]

23   **g) Ein nicht zum Präsentat ermächtigter Bediensteter beurkundet den Eingang eines Antrages:**
Wegen der außerordentlichen Bedeutung, die dem ordnungsgemäßen Präsentat zukommt, ist die Zuständigkeit zur Entgegennahme von Eintragungsanträgen und zur

---

[21] OLG Köln Rpfleger 77, 105; *Keidel/Kuntze* § 29 Rdn. 30; *Dallmayer/Eickmann* § 8 Rdn. 16. A. A. *Herbst* RpflG, § 8 Rdn. 2.
[22] *Jansen* § 7 Rdn. 18.; *Demharter* § 1 Rdn. 19. Zur Nichtigkeit einer Grundbucheintragung s. BayObLG Rpfleger 92, 147.
[23] *Herbst* § 2, Anm. 3; OLG Frankfurt JVBl. 68, 132.
[24] OLG Frankfurt a. a. O.; Meikel/*Böttcher* § 1 Rdn. 48.

Erster Abschnitt. Allgemeine Vorschriften (Eickmann) **§ 1**

Beurkundung des Eingangszeitpunktes eine ausschließliche, deren Verletzung nach allgemeinen Regeln das Präsentat unwirksam macht.[25] Ist das Präsentat durch einen unzuständigen Beamten erteilt worden, kann der Antrag erst von dem Zeitpunkt an als eingegangen gelten, in dem ein zuständiger Beamter den Antrag ausgehändigt erhalten hat.

V. Die Geschäftsverteilung in Grundbuchsachen

Die Verteilung der Zuständigkeit unter mehrere Rechtspfleger eines Gerichts oder einer Abteilung (eines Grundbuchamts) muß im Geschäftsverteilungsplan nach den von der Rechtsprechung zu den §§ 22 b, 63 GVG (jetzt: § 21 e GVG) entwickelten Grundsätzen geschehen.[26] **24**

Der Geschäftsverteilungsplan muß die Zuständigkeit genau nach allgemeinen Merkmalen verteilen – also in Grundbuchsachen zweckmäßig nach Gemarkungen, soweit das nicht genügt nach Flurstücknummern – sowie die Vertretung jedes einzelnen Rechtspflegers genau bestimmen. Eine Regelung, daß die Rechtspfleger eines Gerichts oder einer Abteilung sich gegenseitig vertreten, ist unzulässig.[27]

Entscheidet ein nach der Geschäftsverteilung unzuständiger Rechtspfleger, so ist § 22 d GVG analog anzuwenden; die Handlung ist wirksam und unanfechtbar.[28]

VI. Rechtslage in den neuen Bundesländern und im beigetretenen Teil Berlins

Hierzu enthält § 144 Abs. 1 Nr. 1, 7, Abs. 2, 3, 4 zeitlich befristete **Sonderregelungen**. **25**
Vgl. die Erl. dort.

VII. Anhang: GBO und FGG

1. Grundsätze

Das Grundbuchverfahren gehört, wie sich aus dem die FG beherrschenden Zuweisungsgrundsatz[29] ergibt, zur Freiwilligen Gerichtsbarkeit. Für es gilt also das FGG insoweit, als es nicht durch Spezialregelungen in der GBO verdrängt wird, oder seine allgemeinen Lehren nicht wegen der Besonderheiten des Grundbuchverfahrens unanwendbar sind. Mit letzterer Behauptung ist jedoch sehr vorsichtig umzugehen; eine nähere Betrachtung zeigt, daß nur ganz wenige Grundsätze des FGG einer Übernahme in das Grundbuchverfahren nicht zugänglich sind. Angesichts der zunehmenden Bestrebungen in der allgemeinen Verfahrensrechtslehre, die verschiedenen gerichtlichen Verfahren einander anzunähern und bei aller Wahrung ihrer Eigenständigkeit dort zu ver- **26**

---

[25] Meikel/*Böttcher* § 1 Rdn. 53; *Demharter* § 1 Rdn. 24.
[26] *Jansen* § 7 Rdn. 10; *Dallmayer/Eickmann* RpflG, § 1 Rdn. 82; *Giese* Rpfleger 53, 149; *Koellreuther* Rpfleger 53, 1; *Schorn* Rpfleger 57, 267; *Wedewer* JVBl. 58, 2; *Ule* Der Rechtspfleger und sein Richter, 1983, S. 44/45.
[27] BGH NJW 56, 1246 und MDR 59, 231 zu § 62 GVG; diese Grundsätze galten für § 22 b GVG sinngemäß, sie haben auch für § 21 e GVG Geltung.
[28] *Dallmayer/Eickmann* RpflG, § 8 Rdn. 8; *Herbst* RpflG, § 8 Rdn. 1.
[29] *Jansen* § 1 Anm. 1.

§ 1 I. Grundbuchordnung

einheitlichen, wo dies ohne schwerwiegende Substanzverluste möglich ist, sollte auch versucht werden, wieder mehr als bisher die das Grundbuchverfahren mit den anderen Verfahren der FG verbindenden Gemeinsamkeiten zu suchen und herauszuarbeiten.[30]

2. Amtsverfahren und Antragsverfahren

27 Die das FGG beherrschende Unterscheidung zwischen Amts- und Antragsverfahren findet sich auch in der GBO. Wenngleich hier der Regelfall (im Gegensatz zum FGG) das Antragsverfahren ist (vgl. § 13), findet sich jedoch auch hier eine Reihe von Amtsverfahren (Amtseintragungsverfahren nach § 53; Löschung wegen Gegenstandslosigkeit nach § 84; Rangklarstellungsverfahren nach § 90). Daneben enthält die GBO eine Reihe von Fällen, in denen einzelne Eintragungen, meist im Zusammenhang mit einer beantragten Eintragung, vom Amts wegen vorzunehmen sind, so z. B. in § 9 Abs. 2 und 3, § 18 Abs. 2, § 23 Abs. 1, § 45 Abs. 1 und 2, §§ 48, 51, 52, § 68 Abs. 3, § 76 Abs. 2. Zu den Amtsverfahren und ihren Besonderheiten vgl. *Eickmann* RpflStud 84, 1 ff.

3. Der Beteiligtenbegriff

28 Er ist der zentrale Begriff des FGG; den Beteiligten in einem Verfahren muß insbesondere rechtliches Gehör gewährt werden und ebenso sind ihnen regelmäßig die ergehenden Entscheidungen bekanntzumachen. Das FGG unterscheidet zwischen dem formell Beteiligten, d. i. jeder, der einen Antrag gestellt hat oder sonst in ein Verfahren einbezogen worden ist, und dem materiell Beteiligten, d. i. jeder, dessen materielle Rechtsstellung durch das Verfahren berührt werden kann.

Diese Grundsätze können auch auf das Grundbuchverfahren übertragen werden: So ist im Antragsverfahren jedenfalls Beteiligter, wer einen Eintragungsantrag gestellt hat. Zu eng ist es jedoch, die Beteiligtenstellung auf ihn zu beschränken, wie dies die Rechtsprechung[31] getan hat. Diese Auffassung ist schon deshalb nicht zutreffend, weil sie sich nicht mit einem anderen, von der h. M. aufgestellten Grundsatz verträgt, nämlich dem, daß beschwerdeberechtigt jeder ist, dem ein Antragsrecht zusteht, auch wenn er im konkreten Fall davon keinen Gebrauch gemacht hat (vgl. dazu § 71 Rdn. 69). Wer beschwerdeberechtigt ist, muß jedoch als Beteiligter in das Verfahren einbezogen werden, d. h. er muß vom Verfahrensgang und Verfahrensabschluß unterrichtet werden, damit er von seinem Beschwerderecht sinnvollen Gebrauch machen kann und dessen Ausübung nicht von Zufälligkeiten abhängig wird.

Beteiligter im Grundbuchverfahren ist also jeder, dem nach § 13 Abs. 2 ein Antragsrecht zusteht, ohne Rücksicht darauf, ob er es im Einzelfalle ausgeübt hat oder nicht.[32]

Wer einen Antrag gestellt hat, obwohl er nicht antragsberechtigt ist, ist nur insoweit beteiligt, als er ein Recht auf Verbescheidung dieses Antrages hat; eine echte Beteiligtenstellung gewinnt er dadurch nicht. Seine Rechtsstellung ist vergleichbar der eines Antragstellers in den anderen FG-Verfahren, der nicht zugleich auch materiell Beteiligter ist.[33]

In die Amtsverfahren muß als Beteiligter jeder mit einbezogen werden, dessen materielle Rechtsstellung durch das Verfahren betroffen werden könnte.[34]

Auch **Verfahrensstandschaft** ist möglich, manchmal sogar notwendig.[35]

---

[30] Vgl. dazu grundsätzlich: *Eickmann* in: Beiträge zum Familienrecht und zur Freiwilligen Gerichtsbarkeit, FS für H. Winter (Publikationen der FHSVR Berlin, Bd. 35.
[31] OLG Hamm OLGZ 65, 342. Ebenso wohl auch *Demharter* § 1 Rdn. 30.
[32] Ebenso: *Eickmann* Lehrbuch, Rdn. 14 u. ausf. in FS für H. Winter S. 11, 16; *Pikart/Henn* S. 69; *Meikel/Böttcher* Einl. F Rdn. 23.
[33] Vgl. dazu *Jansen* Vorbem. vor § 8, Rdn. 4.
[34] Beispiele s. bei *Eickmann* Lehrbuch, a. a. O.
[35] Vgl. dazu *Meikel/Böttcher* Einl. F Rdn. 29, 30.

Erster Abschnitt. Allgemeine Vorschriften (Eickmann) **§ 1**

4. Beteiligten- und Verfahrensfähigkeit

Beteiligtenfähigkeit ist die Fähigkeit, in einem Verfahren der FG Beteiligter zu sein. **29** Diese Fähigkeit hat im allgemeinen FG-Verfahren jeder, der rechtsfähig ist, da nach h. M. § 50 ZPO entsprechend angewendet wird. Am Grundbuchverfahren beteiligt zu sein bedeutet regelmäßig, ein Recht an einem Grundstück oder ein Recht an einem solchen Recht inne zu haben oder erwerben zu wollen. Auch dies ist grundsätzlich nur demjenigen möglich, der rechtsfähig ist.

Beteiligtenfähig im Grundbuchverfahren ist deshalb, wer nach dem maßgebenden materiellen Recht Inhaber eines Grundstücksrechtes sein kann. Ausnahmsweise wird dies auch bei Gebilden zugelassen, denen (noch) keine Rechtsfähigkeit zukommt (vgl. dazu unten § 20 Rdn. 58 ff.).

Das GBA hat keine Nachforschungen darüber anzustellen, ob einem Beteiligten die Beteiligtenfähigkeit zukommt, solange dies nach der von den Beteiligten gewählten Bezeichnung glaubhaft ist und keine entgegenstehenden Tatsachen bekannt sind.

Verfahrensfähigkeit ist die Fähigkeit, im eigenen Namen und ohne Mitwirkung eines **30** gesetzlichen Vertreters Verfahrenshandlungen selbständig vornehmen zu können; d. h. für das Grundbuchverfahren: im eigenen Namen selbständig Eintragungsanträge, Bewilligungen sowie andere Grundbucherklärungen abgeben zu können. In Literatur und Rspr. zum FGG ist streitig, ob sich die Verfahrensfähigkeit nach § 52 ZPO oder nach den bürgerlich-rechtlichen Vorschriften über die Geschäftsfähigkeit beurteilt. Im Grundbuchverfahren muß eine Beurteilung der Verfahrensfähigkeit allein nach bürgerlich-rechtlichen Grundsätzen schon deshalb ausscheiden, weil hier auch andere Rechtsträger als die vom BGB erfaßten, nämlich auch solche des öffentlichen Rechts, auftreten. Im Grundbuchverfahren ist die Verfahrensfähigkeit vielmehr nach § 52 ZPO zu beurteilen.[36]

5. Die Gewinnung der Entscheidungsgrundlagen

Im Grundbuchverfahren finden sich sowohl Elemente des Amtsermittlungsgrundsatzes (§ 12 FGG), wie auch des zivilprozessualen Beibringungsgrundsatzes. **31**

So wird man der Struktur des grundbuchrechtlichen Antragsverfahrens am besten gerecht, wenn man es als eine Mischung aus beiden Elementen begreift: Zwar obliegt es allein dem GBA, den Umfang der erforderlichen Beweise zu bestimmen (Gedanke der Amtsermittlung), jedoch ist den Beteiligten aufgegeben, diese Beweise herbeizuschaffen (Gedanke des Beibringungsgrundsatzes). Man könnte diese eigentümliche Verfahrensstruktur[37] als „grundbuchrechtlichen Beibringungsgrundsatz" bezeichnen. Im Amtsverfahren (vgl. oben Rdn. 26) freilich gilt der Amtsermittlungsgrundsatz des § 12 FGG uneingeschränkt.

Ein wesentlicher Unterschied im Beweisverfahren ergibt sich gegenüber dem anderen **32** FG-Verfahren auch hinsichtlich der zulässigen Beweismittel: Während im FG-Verfahren alle Beweismittel der ZPO zugelassen sind und im Rahmen des sog. Freibeweises darüber hinaus auch andere Mittel der gerichtlichen Überzeugungsbildung, wird das Grundbuchverfahren beherrscht vom Grundsatz der Beweismittelbeschränkung; d. h. daß im Verfahren nach der GBO grundsätzlich nur der Urkundenbeweis zugelassen ist

---

[36] Meikel/*Böttcher* Einl. F Rdn. 54; a. A. BayObLG Rpfleger 69, 16 u. 82, 20; BayObLG Rpfleger 89, 366; OLG Köln MittRhNotK 87, 197; *Demharter* § 1 Rdn. 32.

[37] Vgl. im einzelnen dazu *Eickmann* Lehrbuch, Rdn. 19 ff.

(§ 29). Nur ausnahmsweise sind im Antragsverfahren auch andere Beweismittel zugelassen (vgl. dazu unten Erl. zu § 29). In den Amtsverfahren freilich gelten auch insoweit die Grundsätze des FGG ohne Einschränkung, insbesondere also auch die sich aus § 15 FGG ergebende Zulässigkeit aller Beweismittel. Inwieweit der Freibeweis in den Amtsverfahren der GBO zulässig ist und wann der Strengbeweis erhoben werden muß, kann nicht für alle Verfahren generell entschieden werden.[38]

6. Rechtliches Gehör

33 Daß rechtliches Gehör auch in den Verfahren der FG zu gewähren ist, wird heute allgemein anerkannt.[39] Die Rechtsprechung hat sich in bezug auf das Grundbuchverfahren im wesentlichen bisher nur mit der Anwendung des rechtl. Gehörs im Beschwerdeverfahren befaßt. Es ist jedoch nicht einzusehen, weshalb ein so fundamentales Recht, das in allen anderen Verfahrensarten gerade die erste Instanz in besonderer Weise beeinflußt, ausgerechnet in dem wichtigen und bedeutsamen Grundbuchverfahren erst in zweiter Instanz zur Geltung kommen sollte. Angesichts der zunehmenden Bedeutung, die die Rechtsprechung des BVerfG der ordnungsgemäßen Gewährung rechtlichen Gehörs beimißt, kann nicht bezweifelt werden, daß es auch im Eintragungsverfahren zu beachten ist.[40]

Fraglich ist, ob dieses Recht auf den Antragsteller beschränkt werden kann.[41] Die Entscheidung des OLG Hamm ist insofern widersprüchlich, als sie zunächst ausführt, nur derjenige, der tatsächlich einen Antrag gestellt habe, sei vom GBA „zu beteiligen", später heißt es jedoch dann, die „übrigen materiell Beteiligten" bedürften keines rechtlichen Gehörs, denn sie hätten „in dem zugrundeliegenden Vertragswerk ihren Willen erklärt". Dies würde jedoch genauso für den Antragsteller gelten, so daß dieses Argument zur generellen Versagung des rechtlichen Gehörs führen müßte. Darauf kann es jedoch nicht ankommen, weil rechtliches Gehör vom Gericht im gerichtlichen Verfahren gewährt werden muß; durch Erklärungsmöglichkeiten bei Vertragsabschluß kann es niemals ersetzt werden. Überdies wird ja eine negative Entscheidung des GBA regelmäßig gerade auf Umstände gestützt werden, die beim Vertragsabschluß entweder gar nicht bekannt oder jedenfalls nicht Verhandlungsgegenstand waren.

34 Es können folgende **Grundsätze** formuliert werden:

a) Einer Gewährung rechtlichen Gehörs an andere Beteiligte als den Antragsteller bedarf es nicht, wenn die aus dem vorliegenden Vertragswerk bekannten Tatsachen die Eintragung rechtfertigen und zur Eintragung führen.

b) Beanstandet das GBA den Antrag oder will es ihn zurückweisen, so ist allen materiell Beteiligten rechtliches Gehör zu gewähren. Dies geschieht durch Zustellung der Zwischenverfügung an alle Beteiligten bzw. durch Anheimgabe einer Stellungnahme für alle Beteiligten vor der Zurückweisung.

c) In den Amtsverfahren ist grundsätzlich allen materiell Beteiligten rechtliches Gehör in Form einer Gelegenheit zur Stellungnahme zu gewähren. Der Verfahrenszweck (Eilbedürftigkeit!) kann es jedoch gebieten, davon im Einzelfalle abzusehen.

---

[38] Vgl. dazu *Eickmann* Lehrbuch, Rdn. 22.
[39] Vgl. *Keidel/Kuntze/Winkler* § 12 Rdn. 104 ff.
[40] Ebenso: *Ertl* Rpfleger 80, 1, 9; *Eickmann* Rpfleger 82, 456; *Huhn* RpflStud 78, 30, 33;
Nieder NJW 84, 329; 338; *Meikel/Böttcher* Einl. F Rdn. 69; *Demharter* § 1 Rdn. 48.
[41] OLG Hamm OLGZ 65, 342; *Demharter* § 1 Rdn. 49.

d) Vor einer Grundbuchberichtigung aufgrund Unrichtigkeitsnachweises (§ 22) ist denjenigen rechtliches Gehör zu gewähren, deren grundbuchmäßiges Recht durch die begehrte Eintragung beeinträchtigt werden kann.[42]

7. Wirksamwerden von Entscheidungen und Abänderungsbefugnis

Nach § 16 Abs. 1 FGG werden gerichtliche Verfügungen mit der Bekanntgabe an den jeweiligen Adressaten wirksam. „Verfügungen" ist ein Oberbegriff, er zerfällt in einstweilige Anordnungen (die im Grundbuchverfahren nicht vorkommen), in Zwischenentscheidungen (z. B. die Zwischenverfügung des § 18) und Endentscheidungen. Zu letzteren gehören im Grundbuchverfahren der Zurückweisungsbeschluß, der Beschluß, der ein Amtswiderspruchs- oder Amtslöschungsverfahren einstellt und die Feststellungsbeschlüsse nach §§ 87 und 108 GBO. Eine Entscheidung über den Eintragungsantrag ergeht auch durch die antragsgemäß vorgenommene Eintragung im Grundbuch; für sie gelten jedoch Sonderregeln: Die Eintragungen im Grundbuch werden mit ihrer Vollendung, d. h. mit der in § 44 Abs. 1 S. 2 vorgeschriebenen Unterzeichnung wirksam.

Die Eintragungsverfügung ist lediglich ein Internum des Gerichts, sie ist keine Entscheidung (Verfügung) im hier behandelten Sinne (vgl. § 71 Rdn. 59).

Bei der Bekanntgabe der Entscheidungen sind zwei Fragen zu unterscheiden:
a) an wen ist bekanntzumachen?
b) in welcher Form muß dies geschehen?

a) Adressat der Bekanntgabe ist im Antragsverfahren zunächst der Antragsteller, also derjenige von mehreren Antragsberechtigten, der den Eintragungsantrag tatsächlich gestellt hat; hat der beurkundende Notar gem. § 15 den Antrag gestellt, so ist an ihn bekanntzumachen. Darüber besteht in Literatur und Rechtsprechung Einigkeit (vgl. § 18 Rdn. 31, 59).

Darüber hinaus erscheint es jedoch erforderlich, die ergangenen Entscheidungen den anderen Antragsberechtigten **bekanntzugeben**, auch wenn sie den Eintragungsantrag nicht gestellt haben. Die Notwendigkeit dafür ergibt sich sowohl aus der Tatsache, daß jeder Antragsberechtigte, auch wenn er von seinem Antragsrecht keinen Gebrauch gemacht hat, nach allgemeiner Auffassung beschwerdeberechtigt ist, als auch aus der hier vertretenen Beteiligteneigenschaft jedes Antragsberechtigten. Wenn einem Beteiligten ein Beschwerderecht eingeräumt ist, muß ihm die seiner Anfechtung zugängliche Entscheidung auch vom Gericht bekanntgegeben werden. Dies ist Voraussetzung dafür, daß er sich darüber schlüssig werden kann, ob er sein Beschwerderecht ausüben will.[43] Daß jedem Beteiligten die Endentscheidung zugehen muß, ist allgem. Meinung. Im Amtsverfahren ist jeder materiell Beteiligte (zum Begriff s. oben Rdn. 28) Adressat der Entscheidungen.

b) Die **Form der Bekanntmachung** richtet sich gem. § 16 Abs. 2 FGG danach, ob mit der Bekanntmachung eine Frist in Lauf gesetzt wird:

aa) Bei Zwischenverfügungen wird stets eine Frist in Lauf gesetzt; die Fristsetzung zur Behebung der Eintragungshindernisse ist ja ein wesentlicher Bestandteil der Entscheidung. Zwischenverfügungen sind also stets dem oder den Adressaten förmlich zuzustellen. Gleiches gilt für die Löschungsankündigung nach § 87 Buchst. b;

---

[42] BayObLGZ 94, 177 (= Nacherbenvermerk); LG Nürnberg-Fürth MittBayNot 92, 336; *Demharter* § 1 Rdn. 50.

[43] Meikel/*Böttcher* Einl. F Rdn. 74.

bb) Zurückweisungsbeschlüsse sind im Regelfall mit der unbefristeten Erinnerung anfechtbar. Es genügt deshalb, sie formlos — in der Regel durch einfachen Brief — mitzuteilen. § 16 Abs. 2 S. 2 FGG;

cc) Einstellungsbeschlüsse in den Verfahren nach §§ 53, 84 unterliegen — sofern man ihre Anfechtung überhaupt bejaht — der unbefristeten Erinnerung; sie sind daher gleichfalls formlos mitzuteilen;

dd) Feststellungsbeschlüsse nach § 87 Buchst. c unterliegen gem. § 89 Abs. 1 der befristeten Erinnerung. Sie sind daher förmlich zuzustellen. § 16 Abs. 2 S. 1 FGG;

ee) Rangänderungsvorschläge gem. § 103 sind nach der ausdrücklichen Regelung in § 104 Abs. 1 förmlich zuzustellen;

ff) Beschlüsse nach § 105 Abs. 2, 2. Halbs. (Zurückweisung oder Verwerfung eines Wiedereinsetzungsantrages) sind mit befristeter Erinnerung anfechtbar, sie sind daher förmlich zuzustellen;

gg) Aussetzungsbeschlüsse nach § 106 sind formlos mitzuteilen, wenn sie nach § 106 Abs. 1 ergehen, also ein Aussetzungsantrag vorliegt; ergehen sie nach Abs. 2 a. a. O., so enthalten sie eine Fristsetzung, sind also dann förmlich zuzustellen;

hh) bei Feststellungsbeschlüssen nach § 108 ist zu unterscheiden, ob sie zugleich über den Widerspruch eines Beteiligten entscheiden oder nicht. Im ersteren Falle sind sie gem. § 108 Abs. 2 förmlich zuzustellen, im zweiten Falle genügt die einfache Bekanntgabe;

ii) Einstellungsbeschlüsse nach § 109 unterliegen keiner Anfechtung (S. 2 a. a. O.); sie sind deshalb lediglich formlos bekanntzugeben.

37 Das Gericht kann nach § 18 Abs. 1 FGG seine **Entscheidungen**, sofern ein Fall ursprünglicher Unrichtigkeit vorliegt, grundsätzlich jederzeit **ändern**; freilich erfährt dieser Grundsatz eine ganze Reihe von Ausnahmen.[44]

Abänderungsverbote ergeben sich für das Grundbuchverfahren

a) bei vollzogenen Eintragungen: Sobald eine Eintragung unterschrieben ist, kann sie grundsätzlich nicht mehr geändert werden, weil sich dann der Rechtserwerb vollendet hat, bzw. bei Fehlen materiellrechtlicher Voraussetzungen oder bei bloß berichtigenden Eintragungen jedenfalls die Vermutung des § 891 BGB einsetzt und die Möglichkeit gutgläubigen Erwerbs besteht.

aa) Ausnahmen davon bilden die Löschung gem. §§ 53, 84. Ausnahmen könnten ferner dann für zulässig erachtet werden, wenn es sich um Eintragungen handelt, die nicht dem öffentlichen Glauben des Grundbuchs unterliegen,[45] weil hier die vorerwähnte ratio des Grundsatzes nicht zutreffen kann.[46]

bb) Zulässig ist jedoch die nachträgliche Klarstellung von Eintragungen: Ihre Voraussetzung ist stets, daß durch die Klarstellung keine Änderung in der materiellen Rechtslage, die das Buch verlautbart, herbeigeführt wird; zulässig z. B. also die Richtigstellung tatsächlicher Angaben über die Bebauung des Grundstückes, Änderung der Straßenbezeichnung etc., die Richtigstellung von Namensbezeichnung bei unveränderter Identität,[47] die Änderung von Gesellschaftsformen bei gleichbleibender Identität z. B. Umwandlung einer OHG in eine KG oder BGB-Gesellschaft bei unverändertem Gesellschafterbestand.[48] Vgl. dazu im einzelnen § 22 Rdn. 10–18;

b) bei zurückgewiesenen Anträgen: Hier bedarf es nach § 18 Abs. 1, 2. Halbs. FGG eines neuen Antrages. Ihn kann der bisherige Antragsteller, aber auch ein anderer Antragsberechtigter stellen.[49] Man wird es als ein nobile officium ansehen müssen, daß

---

[44] Vgl. dazu *Keidel/Kuntze/Winkler* § 18 Rdn. 10–27.
[45] Beispiele bei Palandt/*Bassenge* § 892 Rdn. 9 ff.
[46] Vgl. auch OLG Hamm DNotZ 1950, 296.
[47] LG Darmstadt DNotZ 1952, 198.
[48] Vgl. BayObLG DNotZ 1951, 430 u. *Eickmann* Rpfleger 85, 85, 89.
[49] *Demharter* § 18 Rdn. 18.

das GBA auf die Änderung seiner Rechtsauffassung hinweist;[50] wenn man es zuläßt, daß ein anderer Antragsberechtigter den nach § 18 Abs. 1, 2. Halbs. FGG erforderlichen Antrag stellt, wird dieser Hinweis wohl an alle Antragsberechtigten ergehen müssen:
  c) Bei Entscheidungen, die der sofortigen Beschwerde unterliegen, § 18 Abs. 2 FGG;
  d) bei Entscheidungen, die formell oder materiell rechtskräftig geworden sind.

[Grundbuchbezirke. Bezeichnung der Grundstücke]

§ 2

(1) Die Grundbücher sind für Bezirke einzurichten.

(2) Die Grundstücke werden im Grundbuch nach den in den Ländern eingerichteten amtlichen Verzeichnissen benannt (Liegenschaftskataster).

(3) Ein Teil eines Grundstücks soll von diesem nur abgeschrieben werden, wenn ein von der zuständigen Behörde erteilter beglaubigter Auszug aus dem beschreibenden Teil des amtlichen Verzeichnisses vorgelegt wird, aus dem sich die Bezeichnung des Teils und die sonstigen aus dem amtlichen Verzeichnis in das Grundbuch zu übernehmenden Angaben sowie die Änderungen ergeben, die insoweit bei dem Rest des Grundstücks eintreten. Der Teil muß im amtlichen Verzeichnis unter einer besonderen Nummer verzeichnet sein, es sei denn, daß die zur Führung des amtlichen Verzeichnisses zuständige Behörde hiervon absieht, weil er mit einem benachbarten Grundstück oder einem Teil davon zusammengefaßt wird, und dies dem Grundbuchamt bescheinigt. Durch Rechtsverordnung der Landesregierungen, die zu deren Erlaß auch die Landesjustizverwaltungen ermächtigen können, kann neben dem Auszug aus dem beschreibenden Teil auch die Vorlage eines Auszugs aus der amtlichen Karte vorgeschrieben werden, aus dem sich die Größe und Lage des Grundstücks ergeben, es sei denn, daß der Grundstücksteil bisher im Liegenschaftskataster unter einer besonderen Nummer geführt wird.

(4) Ein Auszug aus dem amtlichen Verzeichnis braucht nicht vorgelegt zu werden, wenn der abzuschreibende Grundstücksteil bereits nach dem amtlichen Verzeichnis im Grundbuch benannt ist oder war.

(5) Die Landesregierungen werden ermächtigt, durch Rechtsverordnung zu bestimmen, daß der nach den vorstehenden Absätzen vorzulegende Auszug aus dem amtlichen Verzeichnis der Beglaubigung nicht bedarf, wenn der Auszug maschinell hergestellt wird und ein ausreichender Schutz gegen die Vorlage von nicht von der zuständigen Behörde hergestellten oder von verfälschten Auszügen besteht. Satz 1 gilt entsprechend für andere Fälle, in denen dem Grundbuchamt Angaben aus dem amtlichen Verzeichnis zu übermitteln sind. Die Landesregierungen können die Ermächtigung durch Rechtsverordnung auf die Landesjustizverwaltungen übertragen.

Übersicht

	Rdn.		Rdn.
I. Allgemeines	1	4. Die Übereinstimmung zwischen Grundbuch und amtlichem Verzeichnis	9
II. Die Grundbuchbezirke	2	IV. Die Abschreibung von Grundstücksteilen	
III. Grundbuch und amtliches Grundstücksverzeichnis		1. Grundsatz	11
1. Allgemeines	3	2. Ausnahmen	12
2. Der Grundstücksbegriff	4		
3. Das amtliche Grundstücksverzeichnis	7		

---

[50] KG JW 1937, 478.

§ 2   I. Grundbuchordnung

I. Allgemeines

1   § 2 regelt die Zusammenfassung der Grundbücher für örtlich zusammengehörige Grundstücke in sogenannten Grundbuchbezirken (s. unten Rdn. 2), die Bezeichnung der Grundstücke im Grundbuch (s. unten Rdn. 4) und die Abschreibung von Grundstücksteilen (s. unten Rdn. 11 ff.). Die Vorschrift ist durch das RegVBG neu gefaßt worden.

II. Die Grundbuchbezirke

2   Die Vorschrift, daß die Grundbücher für Bezirke einzurichten sind (§ 2 Abs. 1), soll die Übersichtlichkeit und die Handhabung des Grundbuches, sowie das Auffinden eines bestimmten Grundstückes im Grundbuch erleichtern. Der Amtsgerichtsbezirk (Grundbuchamtsbezirk, s. § 1 Rdn. 5) wird für die Zwecke des Grundbuchs in Teile zerlegt, wodurch die Grundbuchbezirke entstehen (vgl. § 1 GBV). Dabei handelt es sich um Ordnungsgesichtspunkte, nicht um Zuständigkeitsvorschriften. Durch die Grundbuchbezirke wird jedoch häufig die Geschäftsverteilung des GBA bestimmt (vgl. dazu § 1 Rdn. 19). Die Grundstücke werden nach der örtlichen Lage, die sie innerhalb des Grundbuchamtsbezirks haben, buchungsmäßig zusammengefaßt.

Nach § 95 GBV sind landesrechtliche Vorschriften über eine andere Einteilung der Grundbuchbezirke in Kraft geblieben. Dazu s. die Anm. dort.

Überschreitungen der Bezirksgrenzen können durch Zusammenschreibung (§ 4), Vereinigung (§ 5) und Zuschreibung (§ 6) herbeigeführt werden.

III. Grundbuch und amtliches Grundstücksverzeichnis

1. Allgemeines

3   Während das Grundbuch die Rechtsverhältnisse am Grundstück wiedergibt, dient das amtliche Grundstücksverzeichnis der Wiedergabe von deren tatsächlichen Verhältnissen.

2. Der Grundstücksbegriff

4   a) Als Grundstück im Rechtssinn ist ein räumlich abgegrenzter Teil der Erdoberfläche zu verstehen, der auf einem besonderen Grundbuchblatt allein oder auf einem gemeinsamen Grundbuchblatt unter einer besonderen Nummer (s. dazu § 4 Rdn. 1) im Bestandsverzeichnis eingetragen ist oder jedenfalls eingetragen werden kann (buchungsfreies Grundstück s. dazu § 3 Rdn. 4).[1]

5   b) Als **Grundstück im katastertechnischen Sinn** versteht man das Flurstück, die buchungstechnische Einheit des Katasters. Es ist zu beschreiben als ein Teil der Erdoberfläche, der von einer in sich zurücklaufenden Linie umschlossen und in der Flurkarte unter einer besonderen Nummer – der Flurstücksnummer – verzeichnet ist. Ein Grundstück im Rechtssinne kann aus einem einzigen Flurstück oder aus mehreren bestehen (sogenanntes „zusammengesetztes Grundstück").

---

[1] RG RGZ 84, 270; BayObLG JFG 8, 206; BayObLG Bay ObLGZ 54, 258/262; OLG Hamm NJW 66, 2411.

c) Bei **Grundstücksteilen** muß vor der grundbuchmäßigen Verselbständigung nach **6**
§ 2 Abs. 3 (s. unten Rdn. 11) die katastermäßige geschehen. Diese besteht regelmäßig
in der Zuteilung einer eigenen Flurstücksnummer an den weggemessenen Grundstücks
teil. Ist die Darstellung in einer Karte technisch unmöglich, unerwünscht bzw. unzweckmäßig, insbesondere deshalb, weil der Verselbständigung des Teiles für Kataster
und Grundbuch nur vorübergehende Bedeutung zukommt (Abs. 3 S. 2), kann der
Grundstücksteil als sog. **Zuflurstück** bezeichnet werden.[2] Es handelt sich dabei um
einen räumlich abgegrenzten Teil des Grundstückes, der zeitlich bestimmungsgemäß
beschränkt verselbständigt wird. Er erhält keine eigene Flurstücksnummer, sondern
wird unter Hinweis auf das Herkunftsflurstück und das neue Flurstück bezeichnet,
z. B. als „zu 25/1 (aus 25)".

Zuflurstücke gelten für die Anwendung des § 890 als selbständige Grundstücke, sind
aber nicht als solche in das Grundbuch einzutragen.[3] Dazu im einzelnen, auch zum
grundbuchtechnischen Vollzug, § 13 GBV Rdn. 4. Wegen d. Vereinigung v. Zuflurstücken s. § 5 Rdn. 4 u. 5, wegen der Zuschreibung s. § 6 Rdn. 5 u. 6.

d) Im Beitrittsgebiet finden sich häufig sog. **ungetrennte Hofräume**. Es handelt sich **7**
dabei um Grundstücke, die zwar in ihren Außengrenzen katastermäßig dargestellt sind,
nicht jedoch hinsichtlich der zu den einzelnen Bauwerken gehörenden Anteile, die –
nicht selten bezogen auf ganze Innenstadtbereiche – nur als „Anteile am ungetrennten
Hofraum" ausgewiesen sind. Sie sind mit dieser Bezeichnung grundbuchfähig, vgl.
§§ 1, 2 HofraumVO v. 24. 9. 1993 (BGBl. I, 1658).[4] Vgl. auch unten Rdn. 9.

3. Das amtliche Grundstücksverzeichnis

Die Vorschrift, daß die Grundstücke in den **Büchern nach Nummern oder Buchsta- 8
ben eines amtlichen Verzeichnisses** zu benennen sind, bezweckt, die Auffindung der im
Grundbuch verzeichneten Grundstücke in der Örtlichkeit zu ermöglichen. **Abs. 2** gilt
deshalb **nur** für die Bezeichnung des Grundstücks im Bestandsverzeichnis des eigenen
Blattes, nicht jedoch in den anderen Fällen einer Grundstücksbezeichnung (z. B. bei
subjektiv-dinglichen Rechten); dort ist die Grundbuchstelle (Bd., Bl.) anzugeben. Umfang und Grenzen des Grundstückes ergeben sich aus der Beschreibung im Kataster,
auf die Bezug genommen ist. Dies gilt auch für § 891 BGB.[5]

Nach § 6 Abs. 1 AVOGBO waren die bestehenden landesrechtlichen Vorschriften
über die Einrichtung der amtlichen Verzeichnisse zunächst unberührt geblieben (so z. B.
in Preußen die Grund- und Gebäudesteuerbücher, in Bayern das von den Grundbuchämtern selbst geführte Sachregister). Die Vorschrift ist durch das RegVBG **aufgehoben**
worden. Nach der VO über die Einführung des **Reichskatasters** als amtliches Verzeichnis der Grundstücke i. S. des § 2 Abs. 2 GBO vom 23. Januar 1940 (RGBl. I S. 240)
trat in den Bezirken, in denen das Reichskataster fertiggestellt war, in dem vom Reichsminister der Justiz zu bestimmenden Zeitpunkt das Reichskataster an die Stelle des
bisherigen amtlichen Verzeichnisses. Durch Allgemeine Verfügung vom 28. April 1941
(DJ S. 548) hat der Reichsminister der Justiz schließlich allgemein angeordnet, daß in
den Gemeindebezirken, in denen das Reichskataster fertiggestellt ist, das Reichskataster mit dem auf das Ende der Offenlegungsfrist folgenden Tag als amtliches Verzeichnis der Grundstücke an die Stelle des bisherigen amtlichen Verzeichnisses tritt. An die

---

[2] BGH DNotZ 54, 197; BayObLG BayObLGZ 54, 258 = DNotZ 55, 205.
[3] BayObLG a. a. O. und BayObLGZ 57, 356 = DNotZ 58, 388.
[4] Vgl. BezG Erfurt Rpfleger 92, 471 m. Anm. v. *Franz* DNotZ 92, 808; *Ufer* DtZ 92, 272.
[5] BayObLGZ 97, 311 = NJW-RR 98, 524.

§ 2

Stelle des Reichskatasters ist nunmehr als amtliches Grundstücksverzeichnis das von den Ländern geführte **Liegenschaftskataster** (**Abs. 2**) getreten.

9 Von diesem Grundsatz gibt es Ausnahmen, nach denen **ein anderes amtliches Verzeichnis** in Betracht kommen kann:

a) Für die Berichtigung des Grundbuchs nach Durchführung eines **Flurbereinigungsverfahrens** bestimmt § 81 Abs. 1 des Flurbereinigungsgesetzes, daß bis zur Berichtigung des Liegenschaftskatasters der Flurbereinigungsplan als amtliches Verzeichnis der Grundstücke dient; gem. § 80 a. a. O. ist dem GBA ein beglaubigter Auszug aus dem Flurbereinigungsplan vorzulegen. Die Berichtigung des Grundbuchs soll von der Flurbereinigungsbehörde auf Verlangen eines Teilnehmers auch dann betrieben werden, wenn der Flurbereinigungsplan im Ganzen noch nicht unanfechtbar geworden ist, die Rechte eines Teilnehmers durch laufende Beschwerden gegen den Plan aber voraussichtlich nicht berührt werden. In diesem Falle sind dem Berichtigungsersuchen nur die Nachweise für die alten und neuen Grundstücke des Teilnehmers vorzulegen. Dadurch wird ein teilweiser Vollzug des Flurbereinigungsplans im Grundbuch schon in einem Zeitpunkt möglich, in dem der ganze Plan noch nicht unanfechtbar geworden ist.

b) Bei sog. **ungetrennten Hofräumen** (s. oben Rdn. 7) gilt nach § 1 Abs. 1 HofV das Gebäudesteuerbuch oder der Einheitswertbescheid als amtliches Verzeichnis; u. U. auch nach Abs. 2 a. a. O. der Grundsteuerbescheid, der Grunderwerbsteuerbescheid oder der Abwassergebührenbescheid. Die Regelungen sind befristet bis 31. 12. 2010.

c) Nach Durchführung eines **Bodensonderungsverfahrens**[6] dient der sog. Sonderungsplan als amtliches Verzeichnis, § 7 Abs. 2 S. 2 BoSoG.

d) Weitere Ausnahmen gelten gem. §§ 74 Abs. 2, 84 Abs. 1 BauGB für das **Umlegungs- und Grenzregelungsverfahren** sowie gem. § 3 Abs. 1 VZOG für den Zuordnungsplan.

4. Die Übereinstimmung zwischen Grundbuch und amtlichem Verzeichnis

10 a) Die Auffindung der Grundstücke in der Örtlichkeit ist nur gewährleistet, wenn die Angaben im **Bestandsverzeichnis** des Grundbuchs mit dem amtlichen Verzeichnis übereinstimmen. Soweit das Liegenschaftskataster amtliches Verzeichnis ist und die Zurückführung in den Grundbüchern vollzogen wurde, gilt für die Übereinstimmung § 55 Abs. 3, ergänzt durch landesrechtliche Vorschriften.

11 b) **Zuständig für die Anordnung der Eintragungen,** die zur Erhaltung der Übereinstimmung zwischen Grundstücksverzeichnis und Grundbuch dienen, ist der **Urkundsbeamte** der Geschäftsstelle, § 12 c Abs. 2 Nr. 2. Ausgenommen sind die Fälle, in denen es sich nicht nur um Veränderungen der geometrischen Form eines Grundstücks handelt, sondern bei denen zugleich Rechtsänderungen (Auflassung, Anlandung, Vereinigung, Teilung etc.) inmitten liegen. In diesen Fällen ist stets der Rechtspfleger zuständig. Das gleiche gilt, wenn die **Berichtigung** eines Aufnahmefehlers vorliegt, weil hierbei zu prüfen ist, ob der Aufnahme dieser Berichtigung in das Grundbuch ein Eigentumserwerb kraft öffentlichen Glaubens, durch Zuschlag oder ein ähnlicher Rechtsvorgang entgegensteht; ausf. zu den Arten der Berichtigung u. deren Abgrenzung § 12 c Rdn. 10.

Soweit es sich nicht um den Vollzug von Vereinigungen (§ 5 Rdn. 1), Bestandsteilszuschreibungen (§ 6 Rdn. 1) und nicht notwendigen Teilungen (§ 7 Rdn. 21) handelt, sind

---

[6] Darstellungen: *Böhringer* DtZ 93, 336 u. DtZ 94, 50; *Stürmer* JZ 93, 1074; *Strobel* DStR 93, 950; *Pittack/Puls* VIZ 94, 393; *Schmidt/Räntsch* VIZ 93, 432; *Holzer* NJW 94, 481.

die dem Grundbuchamt in Form von Auszügen aus den Veränderungsnachweisen mitgeteilten Änderungen von Amts wegen zu vollziehen.

Die dem GBA zugehenden **Veränderungsnachweise** fallen nicht unter § 38;[7] sie sind Verwaltungsakte, die den UdG binden.[8] Ist der Rechtspfleger zuständig, so kann eine Bindung nicht bestehen, weil die inmitten liegenden Rechtsfragen nicht in die Kompetenz der Verwaltungsbehörde fallen. Die Entscheidung des Rechtspflegers kann von der Katasterbehörde angefochten werden.[9] Abzulehnen ist die Auff. des LG Aachen,[10] daß ein Beschwerderecht des Eigentümers daneben ausscheide; der Charakter als Amtsverfahren allein besagt dazu nichts. Bei nur rein ratsächlichen Berichtigungen besteht kein Beschwerderecht der Katasterbehörde.[11]

IV. Die Abschreibung von Grundstücksteilen

1. Grundsatz

An der Übereinstimmung des Grundbuchs mit dem amtlichen Verzeichnis (s. oben Rdn. 9) besteht ein allgemeines Interesse; so sollen Grundstücksteile nur nach ihrer Grenzfeststellung in Kataster und Grundbuch abgeschrieben und zu selbständigen Gegenständen des Rechtsverkehrs erhoben werden.[12] § 2 Abs. 3 verlangt deshalb in einem solchen Falle regelmäßig die Vorlage eines beglaubigten Auszuges aus dem amtlichen Verzeichnis (Veränderungsnachweis); auf das bis zur Neufassung der Vorschrift durch das RegVBG daneben bestehende Erfordernis einer **Karte** hat der Gesetzgeber grundsätzlich verzichtet. Vgl. auch unten Rdn. 16. Der abzuschreibende Teil muß regelmäßig katastertechnisch verselbständigt sein, also eine eigene Flurstücksnummer erhalten (Abs. 3 S. 2); wegen der Ausnahmen s. oben Rdn. 6. **12**

2. Katasterauszug

Erforderlich ist ein beglaubigter (Ausnahmen: Abs. 5, s. unten Rdn. 15) Auszug (Veränderungsnachweis), der die Identität des abzuschreibenden Teiles nachweist und die für die Eintragungen in Spalten 3 u. 4 des BV erforderlichen Angaben bezüglich des betroffenen Teiles und des verbleibenden Restbestandes ausweist. **13**

Der Auszug ist **entbehrlich**, wenn der abzuschreibende Teil bereits mit einer eigenen Flurstücksnummer versehen ist, also z. B. bei Teilung eines zusammengesetzten Grundstücks entlang der Flurstücksgrenzen. Dasselbe gilt, wenn er mit einer Flurstücksnummer „versehen war". Das kann nur dann der Fall sein, wenn ein bisher ausgewiesenes Flurstück durch Verschmelzung untergegangen ist und nunmehr durch Teilung wieder hergestellt werden soll. Gegen das Absehen von der Auszugsvorlage in einem solchen Fall bestehen trotz des eindeutigen Gesetzeswortlauts erhebliche Bedenken,[13] weil nicht sichergestellt ist, daß die Katasterbehörde eine solche frei gewordene Flurstücksnummer freigehalten hat. **14**

Wegen der Zuflurstücke s. oben Rdn. 6.

Der Auszug ist grundsätzlich zu beglaubigen. Unter den Voraussetzungen des Abs. 5 kann landesrechtlich bestimmt werden, daß maschinell hergestellte Ausdrucke nicht der Beglaubigung bedürfen. **15**

---

[7] OLG Düsseldorf Rpfleger 88, 140.
[8] BayObLG Rpfleger 82, 19; OLG Oldenburg Rpfleger 92, 387.
[9] OLG Hamm Rpfleger 85, 396.
[10] Rpfleger 86, 11.
[11] A. A.: OLG Düsseldorf Rpfleger 88, 140.
[12] BayObLG Rpfleger 94, 205.
[13] Ebenso *Demharter* § 2 Rdn. 32.

§ 3

3. Karte

16 Auf das bis zum RegVBG bestehende Erfordernis der Vorlage einer Karte ist grundsätzlich verzichtet worden. Landesrechtlich kann jedoch das Erfordernis der Kartenvorlage wieder eingeführt werden (Abs. 3 S. 3); dies allerdings nur dann, wenn der betroffene Teil bisher **nicht** als selbständiges Flurstück geführt wird.

[Grundbuchblatt (Realfolium); Buchungsfreie Grundstücke; Buchung von Miteigentumsanteilen]

§ 3

(1) Jedes Grundstück erhält im Grundbuch eine besondere Stelle (Grundbuchblatt). Das Grundbuchblatt ist für das Grundstück als das Grundbuch im Sinne des Bürgerlichen Gesetzbuchs anzusehen.

(2) Die Grundstücke des Bundes, der Länder, der Gemeinden und anderer Kommunalverbände, der Kirchen, Klöster und Schulen, die Wasserläufe, die öffentlichen Wege, sowie die Grundstücke, welche einem dem öffentlichen Verkehr dienenden Bahnunternehmen gewidmet sind, erhalten ein Grundbuchblatt nur auf Antrag des Eigentümers oder eines Berechtigten.

(3) Ein Grundstück ist auf Antrag des Eigentümers aus dem Grundbuch auszuscheiden, wenn der Eigentümer nach Absatz 2 von der Verpflichtung zur Eintragung befreit und eine Eintragung, von der das Recht des Eigentümers betroffen wird, nicht vorhanden ist.

(4) Das Grundbuchamt kann, sofern hiervon nicht Verwirrung oder eine wesentliche Erschwerung des Rechtsverkehrs oder der Grundbuchführung zu besorgen ist, von der Führung eines Grundbuchblatts für ein Grundstück absehen, wenn das Grundstück den wirtschaftlichen Zwecken mehrerer anderer Grundstücke zu dienen bestimmt ist, zu diesen in einem dieser Bestimmung entsprechenden räumlichen Verhältnis und im Miteigentum der Eigentümer dieser Grundstücke steht (dienendes Grundstück).

(5) In diesem Falle müssen an Stelle des ganzen Grundstücks die den Eigentümern zustehenden einzelnen Miteigentumsanteile an dem dienenden Grundstück auf dem Grundbuchblatt des dem einzelnen Eigentümer gehörenden Grundstücks eingetragen werden. Diese Eintragung gilt als Grundbuch für den einzelnen Miteigentumsanteil.

(6) Die Buchung nach den Absätzen 4 und 5 ist auch dann zulässig, wenn die beteiligten Grundstücke noch einem Eigentümer gehören, dieser aber die Teilung des Eigentums am dienenden Grundstück in Miteigentumsanteile und deren Zuordnung zu den herrschenden Grundstücken gegenüber dem Grundbuchamt erklärt hat; die Teilung wird mit der Buchung nach Absatz 5 wirksam.

(7) Werden die Miteigentumsanteile an dem dienenden Grundstück neu gebildet, so soll, wenn die Voraussetzungen des Absatzes 4 vorliegen, das Grundbuchamt in der Regel nach den vorstehenden Vorschriften verfahren.

(8) Stehen die Anteile an dem dienenden Grundstück nicht mehr den Eigentümern der herrschenden Grundstücke zu, so ist ein Grundbuchblatt anzulegen.

(9) Wird das dienende Grundstück als Ganzes belastet, so ist, sofern nicht ein besonderes Grundbuchblatt angelegt wird oder § 48 anwendbar ist, in allen beteiligten Grundbuchblättern kenntlich zu machen, daß das dienende Grundstück als Ganzes belastet ist; hierbei ist jeweils auf die übrigen Eintragungen zu verweisen.

Erster Abschnitt. Allgemeine Vorschriften (Eickmann) **§ 3**

Übersicht

	Rdn.		Rdn.
I. Allgemeines.	1	2. Die Bedeutung der Buchungsfreiheit	5
II. Die Grundsätze des Buchungszwanges		IV. Das Ausbuchungsverfahren.	6
1. Begriff	2	V. Die Buchung von ideellen Miteigentumsanteilen	
2. Das Realfolium	3	1. Voraussetzungen.	7
III. Die buchungsfreien Grundstücke		2. Entscheidung des Grundbuchamtes	8
1. Die einzelnen Fälle der Buchungsfreiheit	4	3. Rechtsfolgen	9

I. Allgemeines

§ 3 enthält den Grundsatz des Realfoliums und des Buchungszwanges für alle Grund- **1** stücke; er regelt die insoweit möglichen Ausnahmen, wozu auch die Möglichkeit der selbständigen Buchung ideeller Miteigentumsanteile gehört. Die Vorschrift ist insbes. im Hinblick auf die Anteilsbuchung durch das RegVBG neu gefaßt worden.

II. Die Grundsätze des Buchungszwanges

1. Begriff

Für Grundstücke und grundstücksgleiche Rechte (§ 118 Abs. 2) besteht, soweit das **2** Gesetz Ausnahmen nicht ausdrücklich zuläßt (s. unten Rdn. 4) Buchungszwang.

Unerheblich ist dabei, ob sie dem Rechtsverkehr unterliegen oder nicht, ausgenommen sind nicht eigentumsfähige Bodenflächen. Miteigentumsanteile sind auf Dauer buchungsfähig nur dann, wenn die Voraussetzungen des Abs. 4 vorliegen (s. unten Rdn. 13 ff.) oder wenn mit ihnen Sondereigentum i. S. des § 1 Abs. 2 WEG verbunden ist.

Nicht buchungsfähig sind wesentliche Bestandteile eines Grundstückes; als Ausnahme ist das zum Zeitpunkt des Inkrafttretens des BGB bestehende Stockwerkseigentum anzusehen, das nach Art. 182 EGBGB bestehen geblieben ist. Rechtlich selbständiges Gebäudeeigentum (Einl. D 49 ff.) stellt insoweit keine Ausnahme dar, weil das Gebäude dann kein Grundstücksbestandteil ist, Art. 231 § 5 Abs. 1 EGBGB. Zu seiner Buchung s. Erl. zur GGV (= Anh. IV).

Wegen des Vermerks von subjektiv-dinglichen Rechten s. § 9.

2. Das Realfolium

Abs. 1 enthält den Grundsatz der gesonderten Buchung jedes einzelnen Grundstük- **3** kes auf einem eigenen **Grundbuchblatt** (Grundsatz des sog. Realfoliums). Ausnahmen von diesem Grundsatz regelt § 4. Doppelbuchungen müssen beseitigt werden; vgl. dazu § 38 GBV.

Das Grundbuchblatt ist nach Abs. 1 S. 2 als „das Grundbuch" i. S. des BGB anzusehen. Die Vorschriften des BGB, die von Eintragungen im Grundbuch sprechen und daran materielle Wirkungen knüpfen (vgl. §§ 873, 875, 879 bis 883, 891, 892 BGB) werden durch §§ 3 und 4 GBO ergänzt; sie regeln, was unter dem „Grundbuch" i. S. dieser Vorschriften zu verstehen ist. Nicht das gesamte Grundbuch des Grundbuchamtes, nicht das Grundbuch eines Grundbuchbezirkes, sondern nur das Grundbuchblatt des Grundstücks bildet sein Grundbuch i. S. der materiell-rechtlichen Vorschriften. Hier müssen die in §§ 873, 875 BGB vorgesehenen Rechtsänderungen eingetragen werden, um materiell wirksam zu sein und um die Vermutungen des § 891 BGB zu begründen; der Inhalt dieses Blattes allein ist für den öffentlichen Glauben des Grundbuchs maßgebend. Deshalb ist es unrichtig, wenn § 5 Abs. 2 S. 4 GGV die Eintragung von **Verfügungsbeeinträchtigungen** in bezug auf einen **Gebäudeeigentümer** nicht im Gebäude-, sondern in Abt. II des Grundstücksgrundbuches bei der sog. Korrespondenzeintragung (§§ 5, 6 GGV) anordnet. Vgl. dazu § 5 GGV Rdn. 6.

Andererseits bildet das ganze Blatt das Grundbuch im materiellrechtlichen Sinne, und zwar ohne Rücksicht auf die Einteilung in Abteilungen (§ 4 GBV). Diese Einteilung beruht auf technischen Vorschriften, die zur Erleichterung der Übersicht gegeben sind (vgl. die Bem. zu § 4 GBV), aber keine materielle Bedeutung haben. Eine Hypothek ist wirksam entstanden, auch wenn sie versehentlich etwa in Abt. II anstatt in Abt. III gebucht ist. Doch ist im Falle einer an unrichtiger Stelle erscheinenden Buchung immer genau zu prüfen, ob es sich wirklich um eine Buchung i. S. des materiellen Rechts handelt und nicht vielleicht nur um eine hinweisende Bemerkung. Nur ausnahmsweise, wenn nämlich das materielle Recht selbst einer Eintragung einen bestimmten Platz im Grundbuch zuweist, wie etwa im Falle des § 881 Abs. 2 Halbs. 2 BGB, muß die Eintragung zur Erreichung materieller Wirksamkeit auch an dieser Stelle des Blattes erfolgen. Vgl. auch § 4 GBV Rdn. 4; auch zu der Frage, ob die Beteiligten die Einhaltung der Vorschriften der §§ 5–12 GBV über die Vornahme der Eintragungen an bestimmten Stellen erzwingen können.

Das materielle Recht allein entscheidet darüber, welches Grundbuchblatt für die Eintragung in Frage kommt; § 3 sagt hierüber nichts. Aus den Vorschriften des §§ 873 ff. BGB folgt, daß stets das Blatt des betroffenen Grundstücks gemeint ist, bei Belastungen also das Blatt des belasteten Grundstücks. Das gilt auch für subjektiv-dingliche Rechte; der nach § 9 vorgesehene Vermerk solcher Rechte auf dem Blatt des herrschenden Grundstücks hat keine materielle Bedeutung, sondern verfolgt andere Zwecke (s. dazu § 9 Rdn. 1, 11).

III. Die buchungsfreien Grundstücke

1. Die einzelnen Fälle der Buchungsfreiheit

4 Als Ausnahme vom Grundsatz des § 3 Abs. 1 S. 1 bestimmt **Abs. 2**, daß bestimmte Grundstücke zwar buchungsfähig, aber nicht buchungspflichtig sind; ein Grundbuchblatt wird für solche Grundstücke nicht von Amts wegen, sondern nur auf Antrag angelegt (s. dazu unten Rdn. 7).

Buchungsfrei sind:

a) Grundstücke des Bundes, der Länder, der Gemeinden und anderer Kommunalverbände.

b) Grundstücke der Kirchen, d. h. der staatlich anerkannten mit Rechtspersönlichkeit ausgestatteten Religionsgemeinschaften, der Schulen und Klöster. Von der Buchungsfreiheit begünstigt sind nur die Religionsgemeinschaften als solche, nicht die einzelnen Kirchengemeinden.[1] Eine Ausnahme muß für die einzelnen Gemeinden der Israelitischen Glaubensgemeinschaft gelten, weil sie eine Gesamtkirche nicht kennen; hier ist in der Regel den einzelnen Kultusgemeinden Rechtspersönlichkeit verliehen.

Nicht buchungsfrei sind Grundstücke von Kirchen- und Kirchenbauvereinen.

c) Buchungsfrei sind ferner alle Wasserläufe. Das Recht der Wasserläufe ist zum Teil bundesrechtlich geregelt (G. über die vermögensrechtlichen Verhältnisse der Bundeswasserstraßen vom 21. 5. 1951, BGBl. I S. 352; Bundeswasserstraßengesetz vom 2. 4.

---

[1] OLG Düsseldorf NJW 54, 1767.

1968 BGBl. II S. 173); daneben bestehen landesrechtliche Regelungen (Zusammenstellung bei Palandt/*Bassenge*, Art. 65 EGBGB Anm. 3).

Wasserläufe sind Gewässer, die in natürlichen oder künstlichen Betten oberirdisch abfließen.[2]

d) **Buchungsfrei** sind weiter **öffentliche Wege**. Ein Weg wird dadurch zu einem öffentlichen, daß ihn die zuständige Verwaltungsbehörde dem öffentlichen Verkehr widmet; maßgebend dafür ist das jeweilige Landesrecht, soweit es sich nicht um Bundesstraßen handelt.

e) **Buchungsfrei** sind schließlich Grundstücke, die einem dem öffentlichen Verkehr dienenden **Bahnunternehmen** gewidmet sind; auf die Rechtsform und Trägerschaft des Unternehmens kommt es nicht an.

2. Die Bedeutung der buchungsfreien Grundstücke

Das Grundbuch ist nach Art. 186 Abs. 2 EGBGB auch für diese nicht gebuchten Grundstücke als angelegt anzusehen. Nach Art. 189 EGBGB sind also auch für sie die Vorschriften des Liegenschaftsrechts im BGB maßgebend. Die **Übertragung des Eigentums** erfordert auch für sie Auflassung und Eintragung, und zwar bedarf es im Hinblick auf § 39 der Eintragung des veräußernden Teiles. Es muß also das Grundbuchblatt angelegt werden.[3] Über die Form der Anlegung vgl. Rdn. 7 ff. Landesrechtliche Ausnahmen hiervon läßt Art. 127 EGBGB für den Fall zu, daß das Grundstück auch in der Hand des neuen Eigentümers nicht buchungspflichtig ist, ein durch die Neuregelung des Grundbuchrechts nicht berührter Vorbehalt, von dem verschiedene Länder Gebrauch gemacht haben (Hinweise bei Palandt/*Bassenge*, Art. 127 EGBGB Rdn. 2).

Die **Belastung** eines buchungsfreien Grundstückes erfordert nach § 873 BGB die Eintragung des Rechts, daher setzt sie die vorherige Anlegung eines Grundbuchblattes voraus. Jedoch ist der besondere Vorbehalt des Art. 128 EGBGB (Begründung und Aufhebung einer Dienstbarkeit an einem buchungsfreien Grundstück) zu beachten. **Aufhebung** von Rechten an nichtgebuchten Grundstücken geschieht grundsätzlich durch Löschung, erfordert also das Vorhandensein eines Grundbuchblattes. Da regelmäßig schon zur Entstehung des Rechts Eintragung, also auch die Blattanlegung, erforderlich war, ergeben sich hier jedoch kaum Schwierigkeiten. Soweit das Recht ohne Eintragung entstanden ist, handelt es sich regelmäßig um eine Belastung alten Rechts, deren Aufhebung gem. Art. 189 Abs. 3 EGBGB ebenfalls nach altem Recht geregelt ist und meist keine Löschung erfordert.

IV. Das Ausbuchungsverfahren

Abs. 3 gibt dem Eigentümer, der nach Abs. 2 für sein Grundstück Buchungsfreiheit genießt, die Möglichkeit, **Antrag auf Ausbuchung** (Ausscheiden des Grundstücks aus dem Grundbuch) zu stellen. Dieser Antrag ist nach § 30 formfrei. Voraussetzung ist, daß eine Eintragung, durch die das Recht des Eigentümers betroffen wird (also eine

---

[2] So BayObLG Rpfleger 66, 332. Wegen der Eigentumsverhältnisse an Wasserläufen s. ausf. *Sievers* DVBl. 62, 77; zur Buchung von Wasserläufen s. *Boehme* und *Staudenmaier* BWNotZ 61, 78 und 62, 241; BayObLG MittBayNot 83, 63. Wegen der Rechtsverhältnisse an Seen vgl. RG RGZ 140, 49 BayObLG NJW 89, 2475. Wegen Rechtsänderungen an Grundstücken aufgrund Wasserrechts vgl. BayObLG Rpfleger 88, 254; OLG Hamm Rpfleger 85, 396 sowie *Bauch* MittBayNot 84, 1.

[3] RG RGZ 164, 385; vgl. auch OLG Celle NdsRpfl. 54, 180; LG Verden RdL 67, 328.

Eintragung in Abt. II oder III) nicht vorhanden ist oder vor der Ausbuchung gelöscht wird. Unerheblich ist, ob die Ausbuchung zusammen mit dem Eigentumserwerb des von der Buchungspflicht befreiten Eigentümers erfolgen soll oder ob sie einen selbständigen Vorgang bildet. Das Gesetz verlangt nur, daß das Eigentum dem Antragsteller zusteht.

Da der rechtsgeschäftliche Erwerb des Eigentums an einem gebuchten Grundstück Eintragung des Erwerbers verlangt, muß diese der Ausbuchung in jedem Fall vorhergehen. Schwierigkeiten ergeben sich, wenn der Erwerb sich auf einen Teil eines Grundstücks (oder ein einzelnes von mehreren auf demselben Blatt eingetragenen Grundstücken) bezieht und dieser sogleich ausgebucht werden soll. Nach den allgemeinen Regeln wäre in diesem Falle zunächst die Abschreibung des Grundstücksteils auf ein neues Grundbuchblatt und die Eintragung des Erwerbers nötig; erst dann wäre das Grundstück auszubuchen (vgl. §§ 6 Abs. 7, 13 Abs. 5 GBV) und das Grundbuchblatt zu schließen (§ 34 GBV). Dieses umständliche Verfahren kann dadurch vermieden werden, daß der Ausbuchungsvermerk mit dem Abschreibungsvermerk verbunden wird; also in Spalte 8 des Bestandsverzeichnisses eingetragen wird:

„Aufgelassen an die Stadt München und eingetragen am ...;
aus dem Grundbuch ausgeschieden am ..."

Zwar sind bei dieser Methode für einen Augenblick auf demselben Grundbuchblatt verschiedene Eigentümer vermerkt, auch findet sich die neue Eigentumseintragung an unrichtiger Stelle, nämlich im Bestandsverzeichnis anstatt in Abs. I. Darüber wird man in diesem Ausnahmefall jedoch hinwegsehen können; die Praxis verfährt jedenfalls entsprechend.[4] Entsprechendes wird in dem umgekehrten Fall zu gelten haben, nämlich wenn ein bisher ungebuchtes Grundstück an einen Erwerber veräußert werden soll, in dessen Hand das Grundstück buchungspflichtig wird. Besteht bereits ein Grundbuchblatt, auf dem schon Grundstücke des Erwerbers eingetragen sind und soll das hinzuerworbene Grundstück — im Wege der Vereinigung, Zuschreibung oder Zusammenschreibung (§ 4) — auf diesem Blatt eingetragen werden, so wird mit der Eintragung des Erwerbers die Voreintragung des Veräußerers durch Vermerke in den Spalten 3, 4 der ersten Abteilung verbunden werden können (vgl. § 6 GBV Rdn. 16).

V. Die Buchung von ideellen Miteigentumsanteilen

1. Voraussetzungen

7 § 3 Abs. 4 enthält einen weiteren Fall der **Buchungsfreiheit** und zwar für Grundstücke, die im wirtschaftlichen Sinn als **Zubehör** mehrerer anderer Grundstücke (oder Wohnungseigentumsberechtigungen)[5] angesehen werden können und im Miteigentum der Eigentümer dieser Grundstücke stehen (Bruchteilseigentum nach §§ 1008 ff. BGB). Gedacht ist an gemeinschaftliche Höfe, Garagenvorplätze, Zufahrtswege usw. Das Grundbuchamt kann von der Führung eines Grundbuchblattes über ein solches Grundstück absehen, sofern die in einem bestimmungsgemäßen räumlichen Verhältnis sich befindet (was regelmäßig durch eine Karte nachzuweisen sein wird) und Verwirrung nicht zu besorgen ist. Ein derartiges Grundstück wird im Rechtsverkehr regelmäßig nicht als selbständige Einheit behandelt; vielmehr spielen nur die dem Anlieger zustehenden Anteile in Verbindung mit dem herrschenden Grundstück eine Rolle. Es wird also regelmäßig den Rechtsverkehr erleichtern, wenn diese wirtschaftliche Besonderheit

---

[4] *Demharter* § 3 Rdn. 21; Meikel/*Nowak* § 3 Rdn. 37.
[5] Vgl. dazu OLG Düsseldorf Rpfleger 70, 394;

BayObLG Rpfleger 75, 90 u. BayObLGZ 94, 221; OLG Celle Rpfleger 97, 522; *Weitnauer* § 7 WEG Rdn. 13 c.

auch grundbuchmäßig in Erscheinung tritt. Dies geschieht durch Nichtbuchung des Gesamtgrundstücks in Verbindung mit der in Abs. 5 vorgeschriebenen Buchung der Anteile.

Weitere Voraussetzung ist, daß von dieser Art der Buchung Verwirrung nicht zu besorgen ist. Verwirrung – ein unbestimmter Rechtsbegriff – ist z. B. zu besorgen, wenn das Grundstück als Ganzes belastet ist.[6]

2. Entscheidung des Grundbuchamtes

Liegen die Voraussetzungen vor, so kann das **Grundbuchamt von der Führung eines** **8** **Grundbuchblattes** für das Gesamtgrundstück **absehen**. Es handelt sich dabei um eine Ermessensentscheidung; bei der Neubildung von Anteilen ist das Ermessen durch Abs. 7 gebunden. Die Norm bewirkt, daß das GBAmt ein Grundbuchblatt nicht anzulegen braucht, wenn ein solches noch nicht vorhanden ist, wie, daß es die Führung eines bereits angelegten Blattes einstellen kann, so daß das Blatt nach § 34 Buchst. b GBV zu schließen ist. Das Grundbuchamt handelt hierbei von Amts wegen, Anträge der Beteiligten sind nur Anregungen; das GBA hat jedoch bei seiner Entscheidung die Interessen aller Beteiligten abzuwägen.

3. Rechtsfolgen

Folge der Nichtbuchung des Gesamtgrundstückes ist die in Abs. 5 vorgeschriebene **9** **Eintragung der Miteigentumsanteile auf den Blättern der herrschenden Grundstücke**. Die Anteile werden buchtechnisch ähnlich wie subjektiv-dingliche Rechte behandelt (vgl. § 8 GBV Rdn. 1); materiellrechtlich sind sie selbständig, wie sich aus Abs. 5 S. 2 ergibt. Eine selbständige Buchung von Anteilen dienender Grundstücke auf einem gesonderten Blatt ist unzulässig, ebenso eine nur teilweise „Schließung" des bisherigen Blattes.[7]

Eine Buchung von Anteilen ist auch zulässig, wenn alle herrschenden Grundstücke **10** sich noch in einer Hand befinden, sofern bereits für sie eigene Blätter angelegt sind. In Nachzeichnung einer vor der Änderung der Norm bereits h. M. (vgl. Vorauflage Rdn. 15) ist dies nunmehr in Abs. 6 ausdrücklich zugelassen. Allerdings kann die Aufteilung in Anteile nach § 3 Abs. 6 nur einheitlich vollzogen werden, d. h. alle Anteile müssen dann gleichzeitig bei herrschenden Grundstücken gebucht werden. Ein Eigentümer, der im Endergebnis eine Buchung nach § 3 Abs. 4, 5 herbeiführen will, ist also gezwungen, von vornherein einen vollständigen Aufteilungsplan zu erstellen, der einheitlich vollzogen werden muß; der Eigentümer hat die Zuordnung gegenüber dem GBAmt zu erklären. Es handelt sich dabei um eine für diese spezielle Eintragungsart erforderliche Erklärung, also eine Eintragungsgrundlage, die deshalb der Form des § 29 Abs. 1 S. 1 bedarf.[8] Wegen der Belastung dieser Anteile s. § 7 Rdn. 9.

Soll das **dienende Grundstück im ganzen**, sei es durch Rechtsgeschäft, sei es im **11** Wege der Zwangsvollstreckung, **belastet** werden, so bestehen gem. Abs. 9 verschiedene Möglichkeiten:

a) Das GBamt kann ein eigenes Blatt anlegen. Das sollte der Regelfall sein, denn wenn eine solche Belastung regelmäßig daran hindert, nach Abs. 4 zu verfahren (oben Rdn. 7), dann sollte sie umgekehrt regelmäßig dazu veranlassen, zum Regelzustand zurückzukehren.

---

[6] OLG Düsseldorf Rpfleger 85, 395; BayObLG Rpfleger 91, 299.
[7] BayObLG Fn. 6.
[8] A. A. (= formfrei): Meikel/*Nowak* § 3 Rdn. 42; *Demharter* § 3 Rdn. 34. Ebenso BT-Drucks. 12/5553 S. 55; f. d. Gericht jedoch nicht verbindlich; sie verkennt das System der GBO.

b) Ist die Belastung gesamtrechtsfähig (Grundpfandrecht, Reallast), so kann sie auf allen herrschenden Blättern am Anteil(!) gebucht werden; § 48 ist zu beachten.

c) Ist die Belastung nicht gesamtrechtsfähig, so muß sie allerorten als Einzelanteilsbelastung gebucht werden; dabei ist darauf hinzuweisen, daß alle anderen Anteile ebenso belastet sind. Der Hinweis ist so zu fassen, daß er nicht mit einem Gesamthaftvermerk verwechselt werden kann. Z. B. „Das Recht lastet als jeweiliges Einzelrecht auch auf den Anteilen ..." Soll das dienende Grundstück als Ganzes **veräußert** werden, so ist ein eigenes Blatt anzulegen.

12 Steht einer oder stehen mehrere Anteile nicht mehr im Eigentum eines Eigentümers der herrschenden Grundstücke, so entfällt die mit der Vorschrift bezweckte Erleichterung; es ist (wieder) ein eigenes Blatt anzulegen, Abs. 8.

[Zusammenschreibung]

§ 4

(1) Über mehrere Grundstücke desselben Eigentümers, deren Grundbücher von demselben Grundbuchamt geführt werden, kann ein gemeinschaftliches Grundbuchblatt geführt werden, solange hiervon Verwirrung nicht zu besorgen ist.

(2) Dasselbe gilt, wenn die Grundstücke zu einem Hof im Sinne der Höfeordnung gehören oder in ähnlicher Weise bundes- oder landesrechtlich miteinander verbunden sind, auch wenn ihre Grundbücher von verschiedenen Grundbuchämtern geführt werden. In diesen Fällen ist, wenn es sich um einen Hof handelt, das Grundbuchamt zuständig, welches das Grundbuch über die Hofstelle führt; im übrigen ist das zuständige Grundbuchamt nach § 5 des Reichsgesetzes über die Angelegenheiten der freiwilligen Gerichtsbarkeit zu bestimmen.

I. Allgemeines

1 Die Vorschrift läßt in Abweichung von § 3 Abs. 1 S. 1 unter gewissen Voraussetzungen die Führung eines **gemeinschaftlichen Grundbuchblattes für mehrere Grundstücke** zu. Man spricht in diesem Falle von „Zusammenschreibung" von Grundstücken; im Gegensatz zur Vereinigung (§ 5) und der Zuschreibung (§ 6) hat die Zusammenschreibung nur formelle Bedeutung, während Vereinigung und Zuschreibung materiell-rechtliche Wirkungen haben.

Die Vorschrift beruht auf der Erwägung, daß die selbständige Buchung jedes Grundstückes in Gegenden mit stark zersplittertem Grundbesitz die Grundbücher zu stark belasten würden. Zudem würde die Übersicht erschwert, auch räumliche und technische Schwierigkeiten wären die Folge. Durch die Zusammenschreibung nähert sich das Grundbuch im Einzelfall dem Prinzip des Personalfoliums. Die Norm ist durch das RegVBG an die veränderte materielle Rechtslage angepaßt worden.

II. Voraussetzung der Zusammenschreibung

2 Es muß sich um **mehrere Grundstücke im Rechtssinne**, also Grundbuchgrundstücke handeln. Den Grundstücken stehen die grundstücksgleichen Rechte gleich, im Falle des § 3 Abs. 4, 5 auch **Miteigentumsanteile**. Auch die Zusammenschreibung mehrerer demselben Eigentümer gehörenden Wohnungs- od. Teileigentumsrechte (z. B. Wohnung u. Garage in Form selbständigen Teileigentums) ist möglich (s. § 1 WEGBV Rdn. 5).

Dies dürfte auch dann gelten, wenn nach Teilung gem. § 8 WEG mehrere Miteigentumsanteile nebst Sondereigentum auf einem Blatt gebucht werden, weil sie sich noch in der Hand des Veräußerers befinden oder von demselben Erwerber erworben werden.[1] Die Grundstücke müssen demselben Eigentümer gehören. Diese Voraussetzung ist auch erfüllt, wenn die Grundstücke im **Miteigentum** oder **Gesamthandseigentum** derselben Person stehen; wenn die Anteile der Beteiligten oder die Art der Gemeinschaft verschieden sind, ist § 4 jedoch nicht anwendbar.[2] Die Grundbücher über die Grundstücke müssen — vorbehaltlich der Ausnahme in Abs. 2 — von demselben Grundbuchamt geführt werden, nicht nötig ist also, daß sie im Bezirk desselben Grundbuchamtes belegen sind.

Schließlich darf durch die Zusammenschreibung **keine Verwirrung** zu besorgen sein. **3** Für diese Frage kommt es vornehmlich auf den Stand der Belastung der einzelnen Grundstücke an; ist die Belastung sehr unterschiedlich, so wird meist Verwirrungsgefahr bestehen (vgl. dazu auch ausführlich § 5 Rdn. 12 ff.). Auch eine allzu große Zahl der zusammenzuschreibenden Grundstücke kann Verwirrung herbeiführen und deshalb die Zusammenschreibung unzulässig erscheinen lassen.

Der Begriff der „Verwirrung" ist ein unbestimmter Rechtsbegriff;[3] eine Ermessensentscheidung ist daher nicht möglich. Bei der erforderlichen Wertung ist nicht nur das öffentliche Interesse an einer reibungslosen Grundbuchführung, sondern auch das private Interesse des Eigentümers oder sonstigen Berechtigten an der ordnungsgemäßen Verwaltung ihres Eigentums und sonstigen Rechts sowie die Erschwernis zu berücksichtigen, die ein unübersichtliches Grundbuchblatt für die Verfügung über eingetragene Rechte bedeutet. Auch das sog. informationelle Selbstbestimmungsrecht mag dabei einer von mehreren gleichrangigen Wertungsgesichtspunkten sein.[4]

III. Verfahren

Das Verfahren ist ein **Amtsverfahren**; ein Antrag des Eigentümers ist nicht erforderlich, seine Anhörung ist jedoch empfehlenswert. Die Zustimmung dinglich Berechtigter ist nicht erforderlich. Die Entscheidung ergeht durch die Eintragung; ein besonderer Beschluß ist nicht erforderlich. Gegen die Entscheidung ist Erinnerung (Beschwerde) zulässig, und zwar, trotz § 71 Abs. 2 (§ 11 Abs. 5 RpflG) auch dann, wenn die Zusammenschreibung erfolgt ist. Denn dies hat keine materiell-rechtlichen Wirkungen, ist also nicht „Eintragung" im Sinne des § 71 Abs. 2. **4**

IV. Wirkung der Zusammenschreibung

Die Wirkungen der Zusammenschreibung beschränken sich auf den grundbuchtechnischen Vorgang; irgendwelche **materielle Bedeutung** hat sie, im Gegensatz zu §§ 5 und 6, **nicht**. Die Grundstücke behalten ihre volle Selbständigkeit, können getrennt veräußert, belastet oder zwangsversteigert werden. Tritt dadurch Verschiedenheit der Eigentümer ein, so ist die Zusammenschreibung wieder aufzuheben. **5**

Durch Eintragung einer Hypothek auf allen oder mehreren Grundstücken entsteht eine Gesamthypothek. Eine besonders sorgfältige Führung der Spalte 2 ist angezeigt; die Praxis vermerkt häufig die Mithaft auch noch in der Hauptspalte, was jedenfalls bei

---

[1] *Weitnauer* WEG, § 7 Rdn. 13 c.
[2] *Güthe/Triebel* § 4 Anm. 5; Meikel/*Böttcher* § 4 Rdn. 6–10.
[3] BayObLG Rpfleger 77, 251.
[4] Vgl. dazu *Böhringer* Rpfleger 89, 313.

einer größeren Zahl von Grundstücken dringend zu empfehlen ist. Eine Zwangshypothek muß, soll sie auf mehreren oder allen Grundstücken eingetragen werden, verteilt werden (§ 867 Abs. 2 ZPO). Ein Verstoß dagegen macht die Eintragung unzulässig.[5]

6 Die **Zusammenschreibung** kann von Amts wegen, wie sie vorgenommen worden ist, auch **wieder aufgehoben** werden, wenn sich ergibt, daß die Voraussetzungen des § 4 von Anfang an nicht vorlagen oder später weggefallen sind oder die Zusammenschreibung sich sonst als unzweckmäßig erweist. Hier ist insbesondere auf wiederholte „Kreuz- und Quer-Belastungen" hinzuweisen, die Gesamtrechte jeweils in bezug auf einige (verschiedene), nicht aber alle Grundstücke schaffen. In solchen Fällen wird von einem bestimmten Zeitpunkt an **nachträglich** Verwirrung zu besorgen sein.

V. Ausnahmen

7 Abs. 2 erweitert die durch den Abs. 1 gegebene Möglichkeit der Zusammenschreibung für Grundstücke, die zu einer rechtlich verbundenen Grundstücksgesamtheit gehören. Das gemeinsame Merkmal besteht in der Verbindung der Grundstücke zu einer rechtlichen Einheit, die sachenrechtlichen Sondervorschriften, insbesondere bezüglich der Veräußerung und Belastung unterworfen ist, einerlei ob diese Sonderregelung öffentlich-rechtlicher oder privatrechtlicher Art ist.[6] Es ist erwünscht, die einheitliche Behandlung der sich aus solcher Sonderregelung ergebenden grundbuchrechtlichen Fragen dadurch zu sichern, daß das Grundbuch über alle zusammengehörigen Grundstücke von einem Grundbuchamt geführt wird. Landwirtschaftliche Anwesen, für die weder Höfe- noch Anerbenrecht gilt, fallen nicht unter Abs. 2.[7]

Die Bedeutung des Abs. 2 liegt darin, daß er in den dort aufgeführten Fällen das Erfordernis des Abs. 1, daß die Grundstücke bei demselben Grundbuchamt gebucht sein müssen, beseitigt. Die übrigen in Abs. 1 für die Zusammenschreibung aufgeführten Voraussetzungen (Grundstücke desselben Eigentümers und keine Besorgnis der Verwirrung) müssen auch in den Fällen des Abs. 2 erfüllt sein. Abs. 2 ist also in den Fällen nicht anwendbar, in denen ausnahmsweise die mehreren rechtlich verbundenen Grundstücke im getrennten Eigentum stehen.

8 In den Fällen des Abs. 2 muß das zuständige Gericht nach § 5 FGG besonders bestimmt werden, sofern es sich nicht um einen Hof im Sinne der Höfeordnung handelt. Hat das hiernach zuständige Gericht die Zusammenschreibung verfügt, so tritt damit ein Zuständigkeitswechsel ein, der nach § 25 GBV durchzuführen ist. Die Neuanlegung eines Blattes (§ 25 Abs. 2 GBV) kommt hierbei jedoch nicht in Frage; vielmehr werden die hinzutretenden Grundstücke auf das jetzt maßgebende Blatt übertragen.

[Vereinigung]

§ 5

(1) Ein Grundstück soll nur dann mit einem anderen Grundstück vereinigt werden, wenn hiervon Verwirrung nicht zu besorgen ist. Werden die Grundbücher von verschiedenen Grundbuchämtern geführt, so ist das zuständige Grundbuchamt nach § 5 des Gesetzes über die Angelegenheiten der freiwilligen Gerichtsbarkeit zu bestimmen.

---

[5] KG KGJ 49, 234; KG JFG 14, 103; RG RGZ 163, 125; OLG Köln NJW 61, 368.

[6] KG JFG 14, 209; KG JFG 18, 124; OLG Hamm Rpfleger 60, 92.

[7] OLG Hamm Rpfleger 87, 195.

(2) Die an der Vereinigung beteiligten Grundstücke sollen im Bezirk desselben Grundbuchamts und derselben für die Führung des amtlichen Verzeichnisses nach § 2 Abs. 2 zuständigen Stelle liegen und unmittelbar aneinandergrenzen. Von diesen Erfordernissen soll nur abgewichen werden, wenn hierfür, insbesondere wegen der Zusammengehörigkeit baulicher Anlagen und Nebenanlagen, ein erhebliches Bedürfnis besteht. Die Lage der Grundstücke zueinander ist durch Vorlage einer von der zuständigen Behörde beglaubigten Karte nachzuweisen. Das erhebliche Bedürfnis ist glaubhaft zu machen; § 29 gilt hierfür nicht.

Übersicht

	Rdn.		Rdn.
I. Allgemeines	1	4. Weitere Erfordernisse	15
II. Die Voraussetzung der Vereinigung		5. Die notwendigen Erklärungen	17
1. Der Vereinigung zugängliche Rechte	2	III. Die Zuständigkeitsregelung	19
		IV. Das Verfahren	20
2. Einheitliche Eigentumsverhältnisse	11	V. Wirkungen der Vereinigung	21
3. Keine Besorgnis der Verwirrung	12	VI. Wiederaufhebung der Vereinigung	22

Literatur:

Corwey Rpfleger 59, 173; *Merkel/Corwey* Rpfleger 60, 391; *Röll* DNotZ 68, 523; *Wendt* Rpfleger 83, 192.

I. Allgemeines

§ 5 befaßt sich mit der Vereinigung von Grundstücken, deren materielle Rechtsgrundlage § 890 BGB gibt. Es handelt sich dabei nicht nur um einen buchungstechnischen, sondern daneben um einen materiellrechtlichen Vorgang; das Grundbuchamt hat die Unterschiede zur Bestandteilszuschreibung (§ 890 Abs. 2 BGB, § 6 GBO) genau zu beachten und deshalb auf eindeutige Eintragungsunterlagen zu bestehen (vgl. unten Rdn. 18), sowie im Hinblick auf spätere Maßnahmen, insbesondere der Zwangsvollstreckung, das Verwirrungsverbot (s. unten Rdn. 12 ff.) regelmäßig streng auszulegen. Durch das RegVBG wurde Abs. 2 angefügt. Er enthält weitere Vereinigungsvoraussetzungen, die sich im Hinblick auf die Integration des Liegenschaftskatasters ergeben. **1**

II. Voraussetzungen der Vereinigung

1. Der Vereinigung zugängliche Rechte

Während der Wortlaut des § 890 Abs. 1 BGB nur die Vereinigung zweier oder mehrerer Grundstücke anspricht, haben Literatur und Rechtsprechung die Möglichkeiten der Vereinigung darüber hinaus noch erheblich ausgeweitet. Es sind folgende Fälle denkbar: **2**

a) **Grundstück mit Grundstück:** Regelfall des § 890 Abs. 1 BGB. **3**

b) **Zuflurstück mit Grundstück:** wegen des Begriffs des Zuflurstücks s. § 2 Rdn. 6. **4** Es gilt nur für die Anwendung des § 890 BGB als selbständiges Grundstück;[1] Vereinigung somit möglich. Wegen der grundbuchmäßigen Behandlung s. § 13 GBV Rdn. 4.

---

[1] BGH DNotZ 54, 197; BayObLG BayObLGZ 57, 356 = DNotZ 58, 388 u. Rpfleger 74, 148 sowie NJW-RR 91, 465.

§ 5

5 c) **Zuflurstück mit Zuflurstück:** Zulässig, aus den oben Rdn. 4 genannten Gründen.

6 d) **Grundstücksgleiches Recht mit grundstücksgleichem Recht:** Grundstücksgleiche Rechte können, da sie rechtlich den Grundstücken gleichgestellt sind, wie Grundstücke miteinander vereinigt werden, sofern sie gleichartig sind.[2] Beschränkungen bestehen beim Bergwerkseigentum, vgl. §§ 24 ff. sowie §§ 151, 154 BundesbergG.

7 e) **Grundstücksgleiches Recht mit Grundstück:** Zulässig, weil grundstücksgleiche Rechte dem Grundstück gleich behandelt werden.[3] Dies gilt jedoch nicht für die Vereinigung des Erbbaurechts mit dem durch es belasteten Grundstück; sie ist unzulässig.[4] Dasselbe hat zu gelten für die Vereinigung von Gebäudeeigentum mit dem belasteten Grundstück.[5] Unzulässig ist die Vereinigung mit Bergwerkseigentum, § 9 Abs. 2 BundesbergG.

8 f) **Wohnungseigentumsberechtigung mit Wohnungseigentumsberechtigung:**
Die Vereinigung ist zulässig, wenn
aa) die Berechtigungen an demselben Grundstück bestehen,
bb) demselben Wohnungseigentümer gehören und
cc) die vom nunmehr einheitlichen Sondereigentum umfaßten Räume in sich abgeschlossen sind, also eine Bescheinigung nach §§ 3 Abs. 2, 7 Abs. 4 Nr. 2 WEG vorgelegt wird.[6]

9 g) **Wohnungseigentumsberechtigung mit Grundstück:** Auch hierfür kann zur Erhöhung von Beleihungs- und Verkehrsfähigkeit ein wirtschaftliches Bedürfnis bestehen. Trotzdem ist die Zulässigkeit umstritten.[7] Bedenken dagegen dürften nicht bestehen, weil der sonst gegen die Vereinigung von Miteigentumsanteilen mit Grundstücken sprechende Grund der fehlenden Buchungsmöglichkeit (s. unten Rdn. 10) nicht gegeben ist, da für den mit Sondereigentum verbundenen Miteigentumsanteil ein eigenes Grundbuchblatt anzulegen ist. Das Argument, der mit Sondereigentum verbundene Miteigentumsanteil sei kein grundstücksgleiches Recht, erschöpft die Problematik nicht. Das Wohnungseigentum ist ein dingliches Recht eigener Art, das durch die Buchung auf einem eigenen Blatt dem Grundstück oder grundstücksgleichen Recht in vielem gleichsteht und deshalb auch in vielfältiger Hinsicht gleich behandelt wird. Eine Parallele zum gewöhnlichen Miteigentumsanteil kann nicht gezogen werden, weil Ausgestaltung und Bedeutung der beiden Rechte völlig verschieden sind.

Wegen der grundbuchmäßigen Behandlung s. Erl. zu § 3 WEGBVfg.

10 h) **Miteigentumsanteil mit Miteigentumsanteilen oder Grundstücken:** Ideelle Miteigentumsanteile sind einer Vereinigung nicht zugänglich.[8] Die Vereinigung eines Mit-

---

[2] MünchKomm/*Wacke* § 890 Rdn. 12; Meikel/*Böttcher* § 5 Rdn. 11. Wegen der Vereinigung v. Erbbaurechten vgl. BayObLGZ 95, 397 (= gleiche Laufzeit!).
[3] MünchKomm/*Wacke* a. a. O. Rdn. 6; Meikel/*Böttcher* § 5 Rdn. 7; für das Erbbaurecht s. *Schulte* BWNotZ 60, 137. A. A. Staudinger/*Gursky* § 890 Rdn. 15.
[4] Meikel/*Böttcher* § 5 Rdn. 7.
[5] ThürOLG Jena Rpfleger 98, 195. Nach LG Mühlhausen soll Gebäudeeigentum dem Grundstück zugeschrieben werden können (Rpfleger 98, 196, zweifelhaft!); *Böhringer* Liegenschaftsrecht, Rdn. 624. A. A. *Demharter* § 5 Rdn. 6.
[6] *Röll* Rpfleger 76, 283; Meikel/*Böttcher* § 5 Rdn. 15; *Weitnauer* § 3 Rdn. 25 b; *Bärmann*/*Pick*/*Merle* WEG § 1 Rdn. 125; OLG Hamburg Rpfleger 66, 79. Hinsichtl. der Abgeschlossenheit a. A. *Demharter* § 5 Rdn. 5; BayObLG 71, 107, 246; KG Rpfleger 89, 500. Originell, weil mit völlig anderem Ansatz: *Streuer* Rpfleger 92, 181, 184.
[7] **Bejahend:** BayObLG Rpfleger 94, 108; Meikel/*Böttcher* § 5 Rdn. 8; *Demharter* § 5 Rdn. 5. Abl.: OLG Düsseldorf DNotZ 64, 361; Staudinger/*Gursky* § 890 Rdn. 16.
[8] RGRK § 890 Bem. 3; Meikel/*Böttcher* § 5 Rdn. 17; *Demharter* § 5 Rdn. 5; BayObLG Rpfleger 94, 108; OLG Düsseldorf DNotZ 63, 753; OLG Hamburg NJW 65, 1765; a. A. *Bünger* NJW 64, 583, der die Vereini-

eigentumsanteils mit einem Grundstück wäre zwar materiellrechtlich nicht undenkbar, scheitert aber daran, daß der Miteigentumsanteil regelmäßig nicht selbständig gebucht werden kann. Im Falle des § 3 Abs. 5 hat das Gesetz, obwohl es diesen Fall eingehend behandelt, die Vereinigung nicht erwähnt, sie muß deshalb als unzulässig angesehen werden.[9]

2. Einheitliche Eigentumsverhältnisse

Die zu vereinigenden Grundstücke (Berechtigungen) müssen im Zeitpunkt der Eintragung demselben Eigentümer (Berechtigten) gehören. Nicht vereinigt werden können Grundstücke, die zwar denselben Personen, jedoch in verschiedenen Gemeinschaftsarten, gehören. Selbst verschiedene Arten von Gesamthandsgemeinschaften lassen eine Vereinigung nicht zu.[10] Wegen verschiedener Miteigentumsanteile s. unten Rdn. 12.

11

3. Keine Besorgnis der Verwirrung

Eine Vereinigung darf, obzwar materiellrechtlich wirksam, im Grundbuch nicht vollzogen werden, wenn dadurch Verwirrung zu besorgen ist (§ 5 Satz 1).

12

Der Begriff „Verwirrung" ist nach richtiger Auffassung[11] ein unbestimmter Rechtsbegriff. Er läßt also keinen Raum für eine Ermessensentscheidung, bei der mehrere Betrachtungsweisen und damit Entscheidungen sachlich begründbar und somit rechtens wären. Bei gegebener Sach- und Rechtslage kann unter Berücksichtigung der ratio legis immer nur eine Entscheidung über das Vorliegen der Verwirrungsgefahr richtig sein. Auszugehen ist dabei von der Sachlage im Zeitpunkt der Entscheidung; die Möglichkeit einer Verwirrung infolge späterer Veränderungen bleibt außer Betracht.[12]

Entscheidungskriterien sind u. a.: Übersichtlichkeit des Buches, eindeutige Bestimmbarkeit der Belastungs- und Rangverhältnisse, Schwierigkeiten bei einer evtl. Zwangsversteigerung.

So ist Verwirrung etwa anzunehmen, wenn die Eintragung derart unübersichtlich und schwer verständlich würde, daß der gesamte grundbuchliche Rechtszustand des Grundstücks nicht mehr mit der für den Grundbuchverkehr notwendigen Klarheit und Bestimmtheit erkennbar ist und die Gefahr von Streitigkeiten zwischen den Berechtigten untereinander oder mit Dritten oder von Verwicklungen, namentlich im Falle der Zwangsversteigerung, besteht.[13]

Verwirrungsmöglichkeit kann bestehen

a) mit Rücksicht auf die **Belastungen**: Unterschiedliche Belastung braucht – wie schon § 7 Abs. 2 andeutet – nicht immer Verwirrung besorgen lassen, kann jedoch bei großer Belastung und komplizierten Rangverhältnissen durchaus zur Ablehnung führen. Im Falle der Zwangsversteigerung besteht zwar die Möglichkeit, die verschieden belasteten Grundstücksteile einzeln auszubieten (§ 63 Abs. 1 ZVG); dies ist allerdings nur dann möglich, wenn die Vereinigung durch gemeinschaftliche Buchung bestehen bleibender Flurstücke unter einer laufenden Nummer im Bestandsverzeichnis vollzogen

13

---

gung für möglich hält, allerdings betont, daß ein praktisches Bedürfnis dafür nicht ersichtlich sei.
[9] Meikel/*Böttcher* a. a. O.; LG Münster DFG 40, 141; KG KGJ 28, 68 = OLG 9, 328; OLG Hamburg a. a. O.; *Staudenmaier* NJW 64, 2145.
[10] BayObLG NJW-RR 91, 465.
[11] BayObLG Rpfleger 77, 251.
[12] OLG Schleswig Rpfleger 82, 371; OLG Hamm FGPrax 98, 44.
[13] Meikel/*Böttcher* § 5 Rdn. 29; KG OLG 8, 300; OLG Hamm Rpfleger 68, 121; s. auch *Röll* DNotZ 68, 523.

wird (vgl. § 13 GBV Rdn. 2), wird hingegen ein einheitliches (neues) Flurstück gebildet, so führt die unterschiedliche Belastung in der Zwangsversteigerung zu Schwierigkeiten. Liegt eine unterschiedliche Belastung mit Grundpfandrechten vor, ist deshalb regelmäßig dann Verwirrung zu besorgen, wenn das neugebildete Grundstück auch **katastermäßig** eine **Einheit** bildet.[14] Soll Wohnungseigentum gebildet werden, so muß aus dem Gebot des § 1 Abs. 4 WEG und dem Verbot des § 11 WEG gefolgert werden, daß eine künftige getrennte Versteigerung nicht mehr statthaft ist, so daß dann – ohne daß es auf die Katastersituation ankäme – stets einheitliche Belastungsverhältnisse verlangt werden müssen (s. OLG Hamm, oben Fn. 12).

Die Bedenken können durch eine **Lastenunterstellung** seitens des Eigentümers ausgeräumt werden. Allerdings werden durch die Lastenunterstellung unterschiedliche Rangverhältnisse geschaffen, weil auf den neu der Pfandhaft unterstellten Teilen die neuen Rechte jeweils Nachrang hinter den bereits eingetragenen Rechten haben. Auch hierdurch kann Verwirrung im Fall der Versteigerung zu besorgen sein; die Besorgnis ist jedoch um so geringer, je besser die Rangstelle der betroffenen Rechte ist und je geringer der Wert der Rechte im Verhältnis zum Grundstückswert ist (Röll a. a. O.). Gegebenenfalls ist eine sog. **Rangregulierung** erforderlich; vgl. dazu ausf. § 45 Rdn. 32 ff.

Verwirrung ist regelmäßig nicht zu besorgen, wenn mit dem Eigentum an einem der zu vereinigenden Grundstücke ein Recht an einem anderen Grundstück verbunden ist oder wenn ein Fall des § 7 Abs. 2 vorliegt und kein Leistungsrecht vorgeht.[15] Keine Verwirrungsgefahr ist ferner gegeben, wenn an den zu vereinigenden Grundstücken (Zuflurstücken) je die gleiche beschränkte persönliche Dienstbarkeit lastet. Eine Pfanderstreckung muß hier schon deshalb ausscheiden, weil sonst das Recht zweimal am gleichen Grundstück lasten würde.

14 b) mit Rücksicht auf die **Eigentumsverhältnisse**: Verwirrung ist stets zu besorgen, wenn die Anteile der Miteigentümer an den zu vereinigenden Grundstücken verschieden sind[16] oder sonst die Eigentumsverhältnisse, z. B. bezüglich der Eigentumsart, nicht gleichartig sind.

4. Weitere Erfordernisse

15 a) Nach dem neu eingefügten **Abs. 2** sollen die Objekte in demselben Grundbuch- und Katasterbezirk liegen und **aneinandergrenzen**. Sofern nicht bereits offen-(akten-)kundig, ist ein Kartennachweis zu erbringen. Bei Bestehen eines erheblichen Bedürfnisses ist eine Ausnahme zulässig; insbesondere im Falle der Begründung von Wohnungseigentum kann im Hinblick auf § 1 Abs. 4 WEG die Vereinigung des Stammgrundstücks mit einem nicht angrenzenden anderen Grundstück (Garagen, Müllentsorgungsanlage, Heizöltank etc.) notwendig werden. Das erhebliche Bedürfnis ist glaubhaft zu machen (Abs. 2 S. 4), § 294 ZPO. Bloßer Sachvortrag genügt also nie. Die Form des § 29 ist nicht erforderlich.

---

[14] OLG Frankfurt/M. Rpfleger 75, 312; BayObLG Rpfleger 77, 251 u. DNotZ 94, 242; KG Rpfleger 89, 500; OLG Schleswig Rpfleger 82, 371; Meikel/*Böttcher* § 5 Rdn. 35; *Demharter* § 5 Rdn. 14; *Röll* DNotZ 68, 531; *Eickmann* Grundbuchverfahrensrecht, Rdn. 78.

[15] Vgl. Staudinger/*Ring* § 1018 Rdn. 14; *Röll* MittBayNotV 60, 187; BayObLG Rpfleger 74, 149 u. MittBayNot 77, 188 sowie Rpfleger 87, 13, dazu auch *Wirner* DNotZ 87, 221; wegen Vereinigung des herrschenden mit dem dienenden Grundstück vgl. BGH Rpfleger 78, 52 und LG Aschaffenburg MittBayNotV 70, 111. Z. Fall des § 7 II: BayObLG Rpfleger 97, 102.

[16] *Güthe/Triebel* § 5 Anm. 6; Meikel/*Böttcher* § 5 Rdn. 34.

b) Verschiedentlich stellen die **Landesgesetze** über den § 890 BGB und § 5 GBO hinausgehende zusätzliche Erfordernisse auf, bei deren Fehlen sie eine Vereinigung für unwirksam oder jedenfalls unvollziehbar erklären. Diese Vorschriften sind wirksam, sofern sie sich auf Art. 119 EGBGB stützen (§ 136 GBO, vgl. die Erl. dort) und die Vereinigung von zusätzlichen **materiellrechtlichen Kriterien** abhängig machen; Zweifel müssen jedoch hinsichtlich der Fortgeltung derjenigen landesrechtlichen Vorschriften bestehen, die lediglich die Grundbuchführung als solche im Auge haben und z. B. den Begriff der Verwirrung durch ausdrückliche Vorschrift in bestimmtem Sinne interpretieren.[17] **16**

Diese landesrechtlichen Vorschriften machen meist die Zulässigkeit der Vereinigung von der Belegenheit in einem Bezirk, von bestimmten Belastungsverhältnissen oder von einem wirtschaftlichen Zusammenhang der Grundstücke abhängig, also von Erfordernissen, die die GBO nicht aufstellt.

Die Geltung solcher Einschränkungen muß bezweifelt werden. Insbesondere gilt dies für das Verbot unterschiedlicher Belastung auch in den Fällen, in denen sie keine Verwirrung besorgen läßt (s. oben Rdn. 13). Diese Interpretation des Verwirrungsbegriffes bedeutet eine unzulässige verfahrensrechtliche Regelung. Nach dem Grundsatz vom Vorrang des Bundesrechts sind solche Normen nichtig.

5. Die notwendigen Erklärungen

a) Die Vereinigung setzt **materiellrechtlich eine hierauf gerichtete Erklärung des Eigentümers** gegenüber dem Grundbuchamt voraus. Eine Zustimmung der dinglich Berechtigten ist nicht erforderlich. Die Erklärung muß eindeutig sein; wegen der unterschiedlichen materiellrechtlichen Folgen muß klar erkennbar sein, ob Vereinigung oder Bestandteilszuschreibung gewollt ist. Wird gleichzeitig eine Ausdehnung der Rechte in Abt. III durch Pfandunterstellung herbeigeführt, so soll sich daraus regelmäßig ergeben, daß der Wille des Eigentümers auf eine Vereinigung gerichtet ist, weil die Pfandunterstellung im Falle der Bestandteilszuschreibung überflüssig wäre.[18] In dieser pauschalen Form kann dem jedoch nicht zugestimmt werden: Zwar tritt bei der Bestandteilszuschreibung gem. § 1131 BGB im Verhältnis Hauptgrundstück/Bestandteilsgrundstück eine automatische Belastungserstreckung ein (vgl. § 6 Rdn. 26), jedoch gilt dies nicht im Verhältnis Bestandteilsgrundstück/Hauptgrundstück. Deshalb hat die Pfandunterstellung auch bei der Zuschreibung ihren guten Sinn. **17**

Das GBA muß deshalb stets auf **eindeutigen Erklärungen** bestehen.[19] Eine Auslegung der Erklärungen dahin, daß im Zweifel immer die Vereinigung gewollt sei, ist nicht möglich. Erklärungen, die auf „Zusammenmessung", „Verschmelzung", „Verbindung" etc. gerichtet sind, bedürfen der durch Zwischenverfügung herbeizuführenden Klarstellung.

b) **Verfahrensrechtlich** ist ein Antrag notwendig; antragsberechtigt ist (nur) der Eigentümer. Ersetzt der Antrag, wie zumeist, die Erklärung gem. § 890 Abs. 1 BGB, dann bedarf er nach § 30 der Form des § 29 Abs. 1 S. 1.[20] **18**

Im Antrag auf Vollzug eines Veränderungsnachweises kann der Antrag auf Eintragung der Vereinigung enthalten sein, auch hier jedoch nur, wenn sich aus der Begründung oder den Anlagen der unzweifelhafte Vereinigungswille ergibt.

---

[17] Vgl. Meikel/*Böttcher* § 5 Rdn. 51.
[18] So BGH DNotZ 54, 197.
[19] Ausf. Meikel/*Böttcher* § 5 Rdn. 26 m. w. N.
[20] KG KGJ 31, 238; BayObLG BayObLGZ 157, 357 = DNotZ 58, 388.

§ 5

Nach Maßgabe des als partielles Landesrecht fortgeltenden Gesetzes über die Beurkundungs- und Beglaubigungsbefugnis der Vermessungsbehörden vom 15. 11. 1937 (RGBl. I S. 1257) sind zur Beurkundung des Antrags auch die Vorstände der Vermessungsbehörden sowie die dort beauftragten Beamten zuständig. Vgl. insoweit § 61 Abs. 1 Nr. 6 BeurkG.

III. Zuständigkeitsregelung

19 Wenn die Grundbücher über die zu vereinigenden Grundstücke von **verschiedenen Grundbuchämtern** geführt werden, so bedarf es einer Bestimmung des zuständigen Gerichts nach § 5 FGG; d. h. das gemeinschaftliche übergeordnete Gericht hat durch unanfechtbaren Beschluß eines der beteiligten Gerichte mit der Fortführung der Angelegenheit zu beauftragen, vgl. **Abs. 1 S. 2.**

Wenn die beteiligten Grundbücher in die Geschäftsaufgaben **verschiedener Rechtspfleger** des gleichen Grundbuchamts fallen, entscheidet die Regelung in der Geschäftsverteilung.

IV. Das Verfahren

20 Das grundbuchrechtliche Verfahren ist in den § 6 Abs. 2 Abs. 5, Abs. 5, Abs. 6 b, c und Abs. 7, § 13 Abs. 1 und 3 GBV geregelt. Vgl. die Erläuterungen bei den genannten Vorschriften.

V. Wirkungen der Vereinigung

21 Aus den bisher selbständigen Grundstücken (Grundstücksteilen, Berechtigungen) wird ein **neues Grundstück** gebildet, dessen Teile ihre rechtliche und tatsächliche Selbständigkeit für die Zukunft verlieren und nichtwesentliche Bestandteile des einheitlichen neuen Grundstückes werden.[21]

Jeder Teil bleibt wie bisher belastet; ein auf den bisherigen Einzelgrundstücken lastendes Gesamtrecht bleibt als solches bestehen; künftige Belastungen ergreifen das gesamte (neue) Objekt. Soll einer der (bisherigen) Teile belastet werden, so gilt § 7.

VI. Wiederaufhebung der Vereinigung

22 Soll eine Vereinigung rückgängig gemacht werden, so kann dies nur durch **Teilung** des neugebildeten Grundstücks geschehen.[22]

Wegen dieser Teilung s. § 7 Rdn. 21.

Eine Wiederaufhebung von Amts wegen ist wegen der eingetretenen materiellrechtlichen Wirkungen nicht möglich, auch wenn sich herausstellen sollte, daß die Vereinigung (etwa wegen Verwirrung) nicht zulässig gewesen wäre. Lag die Vereinigungserklärung nach § 890 Abs. 1 BGB nicht vor, so wird das Grundbuch durch eine trotzdem eingetragene Vereinigung unrichtig. Es ist dann nach § 53 zu verfahren.

---

[21] BGH Rpfleger 78, 52; KG KGJ 31, 241; BayObLG BayObLGZ 54, 258 = DNotZ 55, 205.

[22] BayObLG BayObLGZ 56, 475 = DNotZ 58, 393; BayObLG Rpfleger 74, 311 = DNotZ 75, 147.

[Zuschreibung]

§ 6

(1) Ein Grundstück soll nur dann einem anderen Grundstück als Bestandteil zugeschrieben werden, wenn hiervon Verwirrung nicht zu besorgen ist. Werden die Grundbücher von verschiedenen Grundbuchämtern geführt, so ist für die Entscheidung über den Antrag auf Zuschreibung und, wenn dem Antrage stattgegeben wird, für die Führung des Grundbuchs über das ganze Grundstück das Grundbuchamt zuständig, das das Grundbuch über das Hauptgrundstück führt.

(2) § 5 Abs. 2 findet entsprechende Anwendung.

Übersicht

	Rdn.		Rdn.
I. Allgemeines		5. Erforderliche Erklärungen	21
1. Inhalt der Vorschrift	1	III. Zuständigkeitsregelung	23
2. Begriffe	2	IV. Verfahren	24
II. Voraussetzungen der Zuschreibung		V. Wirkungen	
1. Der Zuschreibung zugängliche Rechte und Berechtigungen	3	1. Grundsatz	25
2. Einheitliche Eigentumsverhältnisse	12	2. Belastungserstreckung durch Rechtsgeschäft	27
3. Keine Verwirrungsgefahr	13	4. Neubelastung	28
4. Weitere Voraussetzungen; Verbote	14	VI. Wiederaufhebung	29

I. Allgemeines

1. Inhalt der Vorschrift

§ 6 befaßt sich mit der Zuschreibung eines Grundstückes zu einem anderen als dessen Bestandteil; die materielle Rechtsgrundlage dazu gibt § 890 Abs. 2 BGB. Es handelt sich dabei nicht um einen lediglich buchungstechnischen, sondern daneben um einen materiellrechtlichen Vorgang; das Grundbuchamt hat die Unterschiede zur Vereinigung (§ 890 Abs. 1 BGB) zu beachten und deshalb auf eindeutigen Eintragungsunterlagen zu bestehen (vgl. unten Rdn. 21). Zwar ist die Zuschreibung nur eine besondere Art der Vereinigung (vgl. unten Rdn. 25), aber sie unterscheidet sich in ihren Wirkungen wesentlich von dieser (vgl. unten Rdn. 26). **1**

2. Begriffe

Bei der Bestandteilszuschreibung unterscheidet man das sog. **„Hauptgrundstück"** und das ihm zuzuschreibende **„Bestandteilsgrundstück"**. Nicht erforderlich ist dabei, daß das Hauptgrundstück das größere oder wirtschaftlich bedeutendere ist.[1] **2**

II. Voraussetzungen der Zuschreibung

1. Der Zuschreibung zugängliche Rechte und Berechtigungen

Während der Wortlaut des § 890 Abs. 2 BGB nur die Zuschreibung eines Grundstücks zu einem anderen vorsieht, haben Literatur und Rechtsprechung die Möglich- **3**

---

[1] BayObLG Rpfleger 72, 18/19 u. Rpfleger 94, 108.

keiten der Zuschreibung darüber hinaus noch erheblich ausgeweitet. Es sind **folgende Fälle** denkbar:

4 a) **Grundstück mit Grundstück:** Normalfall des § 890 Abs. 2 BGB; Größe und wirtschaftliche Bedeutung für die Bezeichnung als Haupt- oder Bestandteilsgrundstück sind unwesentlich. Auch wenn ein Grundstück in Wohnungseigentumsrechte aufgeteilt ist, bleibt es als Grundstück im Rechtssinne insoweit erhalten, als ihm ein anderes Grundstück zugeschrieben werden kann.[2] Zugeschrieben werden können zwar mehrere (Bestandteils-) Grundstücke einem einzelnen Hauptgrundstück,[3] nicht aber ein oder mehrere (Bestandteils-)Grundstücke mehreren Hauptgrundstücken.[4] Es schadet nicht, wenn eines der beiden Grundstücke bereits in Miteigentumsanteile gem. § 8 WEG aufgeteilt ist,[5] die Art des Miteigentums ist ohne Belang.

5 b) **Zuflurstück mit Grundstück:** Das Zuflurstück gilt für die Zuschreibung als Grundstück (s. § 5 Rdn. 4); verschiedentlich wird indes der Fall, daß ein Grundstück einem Zuflurstück als Bestandteil zugeschrieben werden soll, von diesem Grundsatz ausgenommen.[6] Dem kann nicht zugestimmt werden. Der zur Begründung aufgestellte Grundsatz, eine Zuschreibung scheide aus, wenn das Hauptgrundstück keine endgültige Flurstücksnummer aufweise, ist nicht haltbar. Entscheidend ist nicht, welche Art von Grundstücken (Grundstücksteilen) verbunden werden, sondern was als neuer Bestand eingetragen wird.[7]

> **Muster:**
> „Zuflurstück zu $^{15}/_1$ (aus 25) mit 480 qm von Bd. ... Bl. ... hierher übertragen; diesem das aus Bd. ... Bl. ... übertragene FlStck. $^{14}/_{10}$ als Bestandteil zugeschrieben und beides als FlStck. $^{15}/_1$ neu vorgetragen am ..."

6 c) **Zuflurstück mit Zuflurstück:** Zulässig, wenn Haupt- und Bestandteilszuflurstück unter einer neuen Nummer als selbständige Katastereinheit (Flurstück) eingetragen werden.[8]

> **Muster:**
> „Zuflurstück zu 1557/1 (aus 1550) zu 480 qm Bd. ... zu Bl. ... hierher übertragen; diesem das von Bd. ... Bl. ... hierher übertragene Zuflurstück zu 1557/1 (aus 1600) zu 13 qm als Bestandteil zugeschrieben und beide als FlStck. 1557/1 neu vorgetragen am ..."

7 d) **Grundstücksgleiches Recht mit grundstücksgleichem Recht:** Das grundstücksgleiche Recht wird wie ein Grundstück behandelt, Zuschreibung also ohne Bedenken (vgl. § 5 Rdn. 6).

8 e) **Grundstück mit grundstücksgleichem Recht:** Aus dem in Rdn. 7 genannten Grund ohne Bedenken. Unzulässig ist die Zuschreibung eines Erbbaurechts zu dem Grundstück, an dem es lastet;[9] gleiches gilt für die Zuschreibung des Gebäudeeigentums zu dem belasteten Grundstück.[10] Wohl aber kann das Grundstück in beiden Fällen Bestandteil sein.

---

[2] OLG Frankfurt Rpfleger 73, 394 KG Rpfleger 76, 180; OLG Oldenburg Rpfleger 77, 22; Meikel/*Böttcher* § 6 Rdn. 5.
[3] KG HRR 41 Nr. 602; OLG Düsseldorf JMBl. NRW 63, 189.
[4] OLG Düsseldorf a. a. O.; Meikel/*Böttcher* § 6 Rdn. 4.
[5] OLG Oldenburg Rpfleger 77, 22.
[6] *Löscher* Büro 60, 283; BayObLG Rpfleger 72, 18; OLG Frankfurt Rpfleger 76, 245.
[7] So mit überzeugender Begr. *Roellenbleg* DNotZ 71, 286; ebenso: Meikel/*Böttcher* § 6 Rdn. 11; *Demharter* § 6 Rdn. 4.
[8] LG München II MittBayNot 67, 9; Meikel/*Böttcher* § 6 Rdn. 11; *Demharter* § 6 Rdn. 4. A. A. BayObLG Rpfleger 72, 18; OLG Frankfurt Rpfleger 76, 245.
[9] Meikel/*Böttcher* § 6 Rdn. 8; *Demharter* § 6 Rdn. 6.
[10] *Demharter* Fn. 9; *Böhringer* Liegenschaftsrecht, Rdn. 620. OLG Jena Rpfleger 98,

f) **Wohnungseigentumsberechtigung mit Wohnungseigentumsberechtigung:** Die Vereinigung von Wohnungseigentumsberechtigungen ist zulässig (vgl. § 5 Rdn. 8), aus den gleichen Gründen muß auch eine Bestandteilszuschreibung zugelassen werden. **9**

h) **Wohnungseigentumsberechtigung mit Grundstück:** Auch hier ist die Vereinigung zulässig (vgl. § 5 Rdn. 9). Die dafür sprechenden Gründe lassen auch die Bestandteilszuschreibung als zulässig erscheinen. Daß ein Grundstück in Wohnungseigentumsberechtigungen aufgeteilt ist, hindert nicht ihm ein anderes Grundstück zuzuschreiben (s. oben 4); es handelt sich dann jedoch um eine Verbindung von Grundstücken miteinander. Davon zu unterscheiden ist die Verbindung einzelner Wohnungseigentumsrechte mit einem Grundstück. **10**

i) **Miteigentumsanteile:** Ideelle Miteigentumsanteile sind, auch wenn sie gem. § 3 Abs. 3 b verselbständigt worden sind, einer Zuschreibung nicht zugänglich (vgl. dazu die Ausführungen und Nachweise bei § 5 Rdn. 10). **11**

2. Einheitliche Eigentumsverhältnisse

Die Grundstücke müssen demselben Eigentümer, bei mehreren Eigentümern im gleichen Rechtsverhältnis, gehören (s. dazu § 5 Rdn. 11). **12**

3. Keine Verwirrungsgefahr

Eine Zuschreibung darf, obzwar materiellrechtlich wirksam, im Grundbuch nicht vollzogen werden, wenn dadurch Verwirrung zu besorgen ist. § 6 S. 1. Zum Begriff der Verwirrung s. ausführlich § 5 Rdn. 12 ff. **13**

4. Weitere Voraussetzungen; Verbote

Eine Zuschreibung darf im Grundbuch erst vollzogen werden, wenn die neu durch das RegVBG eingefügten Voraussetzungen vorliegen (a), erforderliche Zustimmungen beigebracht sind (b), sie darf nicht vollzogen werden, wenn dem ein gesetzliches Verbot entgegensteht (c). **14**

a) Nach **Abs. 2** ist § 5 Abs. 2 entsprechend anwendbar; es gelten also auch hier die dort geregelten räumlichen und Belegenheitsvoraussetzungen (s. § 5 Rdn. 15). **15**

b) Ist zur Belastung eines Grundstücks eine **behördliche oder sonstige Genehmigung** notwendig, so ist die Zuschreibung dieses Grundstückes zu einem belasteten Grundstück wegen der Wirkung des § 1131 BGB (vgl. unten Rdn. 26) regelmäßig in gleicher Weise genehmigungsbedürftig; s. auch unten Rdn. 19. **16**

Bei **Gütergemeinschaft** bedarf die Zuschreibungserklärung des gesamtgutsverwaltenden Ehegatten der Zustimmung des anderen Ehegatten (§ 1424 BGB), sofern das zuzuschreibende (Bestandteils-)Grundstück bereits zum Gesamtgut gehörte und das Hauptgrundstück mit Grundpfandrechten belastet ist.[11] Wird das Bestandteilsgrundstück erst neu zum Gesamtgut erworben, ist eine solche Zustimmung entbehrlich, weil wirtschaftlich das Gesamtgut infolge des gleichzeitigen Wertzuwachses nicht geschmälert wird.[12] Wird das Hauptgrundstück neu erworben und befindet sich das Bestandteilsgrundstück bereits im Gesamtgut, so ist die Zustimmung erforderlich, falls das Hauptgrundstück mit Grundpfandrechten belastet ist. **17**

---

196. **A. A.** LG Mühlhausen Rpfleger 98, 196.

[11] MünchKomm/*Kanzleiter* § 1424 Rdn. 5; Meikel/*Böttcher* § 6 Rdn. 20.

[12] LG Augsburg Rpfleger 65, 369 mit zust. Anm. v. *Haegele*.

§ 6

18 Der Antrag eines **Testamentsvollstreckers**, ein Nachlaßgrundstück einem anderen mit Grundpfandrechten belasteten Nachlaßgrundstück zuzuschreiben, ist eine Verfügung i. S. des § 2205 BGB. Dazu vgl. § 52 m. Erl.

19 Ist der Eigentümer durch seine Eltern, einen **Vormund**, Betreuer oder **Pfleger** gesetzlich vertreten, so bedarf dessen Erklärung dann der vormundschaftsgerichtlichen (familiengerichtlichen) Genehmigung, wenn ein bereits im Eigentum des Mündels (Pfleglings, Kindes, Betreuten) stehendes Grundstück als Bestandteilsgrundstück einem anderen, mit Grundpfandrechten belasteten Grundstück zugeschrieben werden soll (§ 1821 Abs. 1 Nr. 1 BGB), weil auch die Belastung genehmigungspflichtig ist und die Zuschreibung wirtschaftlich — und darauf stellt § 1821 BGB wohl ab — einer Belastung gleichkommt.[13]

Keine Genehmigung ist erforderlich, wenn das zuzuschreibende Grundstück erst erworben werden soll, hier liegt eine Verminderung des Mündelvermögens nicht vor; es handelt sich um eine genehmigungsfreie Erwerbsmodalität.

20 c) Wegen der aufgrund des Vorbehalts in Art. 119 Nr. 3 EGBGB bestehenden **landesrechtlichen Vorschriften** s. § 5 Rdn. 17.

5. Erforderliche Erklärungen

21 a) **Materiellrechtlich** wird eine auf die Bestandteilszuschreibung gerichtete Erklärung des Eigentümers gegenüber dem Grundbuchamt vorausgesetzt. § 890 Abs. 2 BGB. Wegen der notwendigen Bestimmtheit der Erklärung s. § 5 Rdn. 18. Die materiellrechtliche Erklärung ist als solche formfrei. Da sie jedoch zumeist die Bewilligung mit beinhaltet (ersetzt), ist sie formbedürftig nach § 29 Abs. 1 S. 1.[14]

Einer Zustimmung dinglich Berechtigter bedarf es nicht.

22 b) **Verfahrensrechtlich** ist ein Antrag erforderlich, den wegen § 13 Abs. 1 S. 2 nur der Eigentümer stellen kann; ersetzt er zugleich die Erklärung nach Rdn. 21, so bedarf er der Form des § 29. Der Inhaber eines Grundpfandrechts am Hauptgrundstück hat kein Antragsrecht, da er nur mittelbar Beteiligter ist.

Im Gegensatz zum Antrag auf Vereinigung (s. dazu § 5 Rdn. 19) kann der Zuschreibungsantrag nicht von den Vermessungsbehörden beurkundet werden.

III. Zuständigkeitsregelung

23 Werden die Grundbücher der beteiligten Grundstücke von **verschiedenen** Grundbuchämtern geführt, so bedarf es im Gegensatz zur Regelung in § 5 keiner Zuständigkeitsbestimmung, sondern zur Entscheidung über den Antrag und zur Weiterführung des Grundbuchs nach Vollzug der Zuschreibung ist das Grundbuchamt zuständig, das über das Hauptgrundstück das Grundbuch führt. Wegen des damit verbundenen Zuständigkeitswechsels s. § 25 GBV Rdn. 2.

Wenn die beteiligten Grundbücher in die Geschäftsaufgabe **verschiedener Rechtspfleger** des gleichen Grundbuchamts fallen, entscheidet die Regelung in der Geschäftsverteilung.

---

[13] *Meyer-Stolte* RpflJB 80, 339; MünchKomm/*Wacke* § 890 Rdn. 15; Meikel/*Böttcher* § 6 Rdn. 18.

[14] BayObLG NJW-RR 91, 465.

IV. Verfahren

Das grundbuchtechnische Verfahren ist in den §§ 6 Abs. 2, Abs. 5, Abs. 6 b, c und Abs. 7 sowie 13 Abs. 1 und 3 GBV geregelt, vgl. die Erläuterungen bei den genannten Vorschriften.

24

V. Wirkungen der Bestandteilszuschreibung

1. Grundsatz

Das zugeschriebene Grundstück wird nichtwesentlicher Bestandteil des **neuen, einheitlichen Grundstücks**.

25

2. Belastungserstreckung kraft Gesetzes

Grundpfandrechte, die am Hauptgrundstück lasten, erstrecken sich auch auf das Bestandteilsgrundstück, gehen aber den darauf bereits ruhenden Belastungen im Range nach, §§ 1131, 1192, 1199 BGB. Das gilt auch, wenn einem Erbbaurecht ein Grundstück zugeschrieben wird.[15] Belastungen auf dem Bestandteilsgrundstück erstrecken sich nicht auf das Hauptgrundstück.

26

Aus einem bisher auf beiden Grundstücken ruhenden Gesamtrecht wird ein Einzelrecht. Mit den Grundpfandrechten ergreifen auch die entsprechenden Vollstreckungsunterwerfungen (§ 800 ZPO) das Bestandteilsgrundstück.[16]

Vereinzelt wird die Ansicht vertreten, die Wirkung des § 1131 BGB ergreife auch **Reallasten**, da gem. § 1107 BGB auf die einzelnen Leistungen die für Hypothekenzinsen geltenden Vorschriften entsprechende Anwendung finden.[17] Die herrschende Meinung lehnt dies jedoch zu Recht ab.[18] Zwar finden auf die einzelnen Leistungen die für Hypothekenzinsen geltenden Vorschriften entsprechende Anwendung, dies kann aber nicht bedeuten, daß die Grundlage der Haftung für die Einzelleistungen eine andere ist, als für das Recht selbst.

Streitig ist, ob sich auch ein bei einem Grundpfandrecht am Stammgrundstück eingetragener **Rangvorbehalt** auf das zugeschriebene Grundstück erstreckt.[19]

Der Rangvorbehalt ist sowohl ein Stück vorbehaltenen Eigentums wie auch eine Beschränkung des Gläubigerrechts. Wenn sich nach § 1131 BGB das auf dem Hauptgrundstück lastende Recht ausdehnt, so kann das Bestandteilsgrundstück von ihm nur in dem Umfang erfaßt werden, in dem es besteht. Eine andere Auffassung würde bei Ausübung des RV zu unterschiedlichen Belastungsverhältnissen an einem einheitlichen Grundstück führen, was rechtlich nicht möglich ist.

3. Belastungserstreckung durch Rechtsgeschäft

Soweit keine gesetzliche Erstreckung eintritt, kann eine rechtsgeschäftliche Belastungserstreckung vorgenommen werden. Dadurch entsteht **keine Gesamtbelastung,**

27

---

[15] OLG Hamm DNotZ 74, 94.
[16] BayObLG BayObLGZ 54, 258; Staudinger/Wolfsteiner § 1131 Rdn. 10; Staudinger/Gursky § 890 Rdn. 34; Meikel/Böttcher § 6 Rdn. 49; Haegele/Schöner/Stöber Rdn. 652.
[17] Dietzel MittBayNotV 56, 1; MünchKomm/Joost § 1107 Rdn. 16.
[18] Staudinger/Wolfsteiner § 1131 Rdn. 7; Staudinger/Gursky § 890 Rdn. 33; RGRK/Rothe § 1107 Rdn. 4; Meikel/Böttcher § 6 Rdn. 51.
[19] Bejahend: Bleutge Rpfleger 74, 387; Haegele/Schöner/Stöber Rdn. 652; Staudinger/Gursky § 890 Rdn. 34; Demharter § 6 Rdn. 23; Meikel/Böttcher § 6 Rdn. 50; a. A. Haegele Rpfleger 75, 153, 158; Dassler/Schiffhauer/Gerhardt/Muth ZVG, § 1 Rdn. 9.

auch bleibt das bisherige Rangverhältnis ohne besonderen Rangvermerk erhalten. Eine Vollstreckungsunterwerfung wird durch die rechtsgeschäftliche Belastungserstreckung nicht ausgedehnt. Gegebenenfalls wird zur Herstellung einheitlicher bzw. übersichtlicher Rangverhältnisse auch eine sog. **Rangregulierung** erforderlich werden; vgl. dazu § 45 Rdn. 32 ff.

Zum grundbuchtechnischen Vollzug der Pfanderstreckung s. § 11 GBV Rdn. 8.

4. Neubelastung

28 Neue Belastungen ergreifen das neugebildete einheitliche Grundstück; Belastungen der früheren Teile sind nur nach Maßgabe des § 7 möglich.

VI. Wiederaufhebung

29 Das in § 5 Rdn. 23 Gesagte gilt auch für die Wiederaufhebung einer Bestandteilszuschreibung entsprechend.

[Eintragung eines Erbbaurechts]

§ 6 a

(1) Dem Antrag auf Eintragung eines Erbbaurechts an mehreren Grundstücken oder Erbbaurechten soll unbeschadet des Satzes 2 nur entsprochen werden, wenn hinsichtlich der zu belastenden Grundstücke die Voraussetzungen des § 5 Abs. 2 Satz 1 vorliegen. Von diesen Erfordernissen soll nur abgewichen werden, wenn die zu belastenden Grundstücke nahe beieinander liegen und entweder das Erbbaurecht in Wohnungs- oder Teilerbbaurechte aufgeteilt werden soll oder Gegenstand des Erbbaurechts ein einheitliches Bauwerk oder ein Bauwerk mit dazugehörenden Nebenanlagen auf den zu belastenden Grundstücken ist; § 5 Abs. 2 Satz 3 findet entsprechende Anwendung. Im übrigen sind die Voraussetzungen des Satzes 2 glaubhaft zu machen; § 29 gilt hierfür nicht.

(2) Dem Antrag auf Eintragung eines Erbbaurechts soll nicht entsprochen werden, wenn das Erbbaurecht sowohl an einem Grundstück als auch an einem anderen Erbbaurecht bestellt werden soll.

I. Allgemeines

1 Die durch das RegVBG eingefügte Norm regelt grundbuchtechnische Voraussetzungen für die Eintragung von Gesamt- und Untererbbaurechten. Ob sie geeignet ist, die gegen solche Gestaltungen unter bestimmten Umständen bestehenden grundsätzlichen Bedenken[1] auszuräumen, muß bezweifelt werden. Man wird sie dahin zu verstehen haben, daß das GBAmt bei vorgängiger Bejahung der materiellrechtlichen Frage so-

---

[1] Vgl. dazu *Weber* MittRNotK 65, 548; *Weitnauer* DNotZ 55, 336 (Untererbbaurecht); *Lutter* DNotZ 60, 80; *Rothoeft* NJW 74, 665 (Gesamtrecht). Aus der Rspr.: BGH DNotZ 76, 369 (Gesamterbbaurecht); BGH NJW 74, 1137 (Untererbbaurecht) = Grundsätzlich bejahend, jedoch mit Einschränkungen.

Erster Abschnitt. Allgemeine Vorschriften (Eickmann) **§ 7**

dann grundbuchtechnisch gebunden ist; als gesetzgeberische Entscheidung für die uneingeschränkte Zulässigkeit der in ihr angesprochenen Rechtsformen ist sie wohl nicht zu verstehen.

II. Inhalt

1. Einschränkung; Eintragungsverbot

Abs. 1 stellt für die Eintragung eines Gesamt- oder eines Gesamtuntererbbaurechts **2** einschränkende Voraussetzungen auf (unten Rdn. 3). Abs. 2 untersagt die Eintragung eines Erbbaurechts, wenn es an einem Grundstück und zugleich an einem Erbbaurecht bestellt ist (sog. Teiluntererbbaurecht).

2. Einschränkungen

Ein Gesamt- oder Gesamtuntererbbaurecht darf nur eingetragen werden, wenn die **3** betroffenen Grundstücke im selben Grundbuchamts- und Katasterbezirk liegen und unmittelbar aneinandergrenzen (Abs. 1 S. 1 unter Hinweis auf § 5 Abs. 2 S. 1).

Ausnahmen sind, wie bei § 5 Abs. 2, zur Herbeiführung wirtschaftlich sinnvoller **4** baulicher Gestaltungsformen zulässig. Voraussetzung dafür ist, daß die Grundstücke „nahe beieinander liegen". Dies ist wohl durch eine Karte alleine nicht nachzuweisen; „nahe" ist nach dem Sinnzusammenhang nicht räumlich einschränkbar, sondern nur aus der beabsichtigten Nutzung heraus erklärbar. Der Antragsteller muß glaubhaft machen (Abs. 1 S. 2), daß die von ihm darzulegende Nutzung durch die räumliche Entfernung nicht ausgeschlossen ist. Das GBAmt wird bei der Bewertung grundsätzlich einen großzügigen Maßstab auszulegen haben.

[Belastung eines Grundstücksteils]

§ 7

(1) Soll ein Grundstücksteil mit einem Rechte belastet werden, so ist er von dem Grundstück abzuschreiben und als selbständiges Grundstück einzutragen.

(2) Ist das Recht eine Dienstbarkeit oder eine Reallast, so kann die Abschreibung unterbleiben, wenn hiervon Verwirrung nicht zu besorgen ist. Jedoch sind auch in diesem Falle die Vorschriften des § 2 Abs. 3 über die Vorlegung einer Karte entsprechend anzuwenden.

Übersicht

	Rdn.		Rdn.
I. Allgemeines		IV. Sonderfälle	
1. Zulässigkeit der Teilung	1	1. Die Teilung eines Erbbaurechts	23
2. Begriff der Teilung	2	2. Die Teilung eines Wohnungseigentumsrechts	24
II. Die notwendige Teilung		V. Gesetzliche Teilungsverbote bzw. Zustimmungserfordernisse	
1. Begriff	3		
2. Die Veräußerung von Grundstücksteilen	4	1. Landesrechtliche Vorschriften	29
3. Die Belastung von Grundstücksteilen	5	2. Erforderliche Genehmigung	30
		VI. Verfahren	33
III. Teilung auf Antrag	21	VII. Wirkung	34

§ 7

Literatur:
Röll DNotZ 68, 523; *Böttcher* Rpfleger 89, 133.

I. Allgemeines

1. Zulässigkeit der Teilung

1 Im Gegensatz zur Vereinigung und zur Bestandteilszuschreibung bestehen keine ausdrücklichen materiellrechtlichen Vorschriften für die Grundstücksteilung. Ihre Zulässigkeit ergibt sich aus § 903 BGB. Zu unterscheiden sind:
die **notwendige Teilung**, die von Amts wegen vollzogen wird bei Veräußerung oder Belastung eines Grundstücksteiles (s. unten Rdn. 3),
Die **Teilung** auf ausdrückliche **Erklärung** eines Eigentümers (s. unten Rdn. 21).

2. Begriff der Teilung

2 Eine **Grundstücksteilung im Rechtssinne liegt vor**
a) wenn ein aus einem Flurstück bestehendes Grundstück derart geteilt wird, daß mehrere Grundstücke, je bestehend aus einem neuen Flurstück, entstehen;
b) wenn von einem aus mehreren Flurstücken bestehenden Grundstück ein oder mehrere Flurstücke abgetrennt werden;
c) wenn von einem Grundstück ein Zuflurstück abgetrennt wird.

Keine Teilung im Rechtssinn, sondern lediglich eine katastertechnische Teilung liegt vor, wenn das ein Grundstück bildende Flurstück in zwei Flurstücke vermessen wird, die jedoch beide nach wie vor ein einziges Grundstück im Rechtssinn bilden (vgl. dazu unten Rdn. 22 u. § 13 GBV Rdn. 8).

II. Die notwendige Teilung

1. Begriff

3 Die Teilung ist von Amts wegen zu vollziehen, wenn ein Grundstücksteil veräußert oder belastet wird, § 7 Abs. 1. Diese Vorschrift steht auf den ersten Blick in einem gewissen Gegensatz zu § 5. Dieser gestattet die Vereinigung mehrerer, unter Umständen auch verschieden belasteter Grundstücke zu einem einheitlichen Grundstück, sofern dadurch keine Verwirrung herbeigeführt wird; jener verbietet die gesonderte Belastung eines Grundstücksteiles, auch wenn dadurch keine Verwirrung entstehen kann. Die Rechtfertigung dieses Unterschiedes liegt jedoch darin, daß im Falle des § 5 die Belastung einen Teil ergreift, der früher auch buchmäßig selbständig war und dessen Abgrenzung auch weiterhin buchmäßig deutlich erkennbar bleibt.

2. Die Veräußerung von Grundstücksteilen

4 Soll ein Grundstücksteil veräußert werden, ist er **grundbuchmäßig zu verselbständigen** und auf ein neues Blatt zu übertragen. Die Teilung wird hierbei von Amts wegen vorgenommen, sie bedarf nicht des sonst notwendigen (vgl. unten Rdn. 21) Antrages des Eigentümers.[1]

Die **Anlegung eines neuen Blattes unterbleibt**, wenn der Erwerber die Ausbuchung beantragt, weil er dem Buchungszwang nicht unterliegt (vgl. dazu § 3 Rdn. 4).

---

[1] BayObLG BayObLGZ 56, 476 = DNotZ 58, 393; OLG Frankfurt DNotZ 62, 256. Wegen der genauen Bezeichnung des Teiles vgl. BGH Rpfleger 69, 44.

3. Die Belastung von Grundstücksteilen

a) **Belastung eines realen Grundstücksteils.**

aa) Wird ein realer Grundstücksteil mit **Grundpfandrechten, Erbbaurechten, Vorkaufsrechten, Dauerwohn-** bzw. **Dauernutzungsrechten** nach § 31 WEG belastet, so ist dieser Teil **grundbuchmäßig zu verselbständigen**, d. h. er ist nach Teilung als ein selbständiges Grundstück einzutragen. Das gleiche gilt, wenn ein solches Recht an dem realen Grundstücksteil gelöscht werden soll. § 7 ist ferner entsprechend anzuwenden, wenn eine Vorrangseinräumung oder eine Inhaltsänderung bei den genannten Rechten unter Beschränkung auf einen realen Teil eingetragen werden soll.[2]

§ 7 findet keine Anwendung, wenn eine Belastung zwar das ganze Grundstück ergreifen soll, die Ausübung des Rechts jedoch auf einen Grundstücksteil beschränkt wird, dazu s. unten Rdn. 20.

bb) Soll ein realer Grundstücksteil mit einer **Dienstbarkeit** oder einer **Reallast** belastet werden, so kann die **Abschreibung unterbleiben**, wenn Verwirrung nicht zu besorgen ist und der belastete Teil gem. § 2 Abs. 3 kartenmäßig eindeutig bezeichnet ist. § 7 Abs. 2. Der Wortlaut des Abs. 2 ist den **Änderungen** in § 2 Abs. 3 nicht **angepaßt** worden. Rein verbal müßte er zu dem Ergebnis führen, daß eine Karte nur noch dann erforderlich ist, wenn das Landesrecht sie vorschreibt. Das kann jedoch nicht richtig sein; in den hier geregelten Fällen ist eine Karte **unerläßlich**, weil nur sie überhaupt den Umfang der Belastung verlautbart. Ein Verzicht auf die Karte wäre ein Verstoß gegen den Bestimmtheitsgrundsatz.

Der Grund für die Ausnahme, die vornehmlich für die Eintragung von Wegerechten und Altenteilen bedeutsam ist, dürfte darin liegen, daß diese Rechte am Rechtsverkehr nicht in dem Maße teilnehmen wie die anderen dinglichen Rechte und daher das Bedürfnis für eine grundbuchmäßig so scharfe Umgrenzung, wie sie Abs. 1 vorsieht, nicht als gegeben angesehen wurde. Ob die Erwägung auch bei Reallasten zutrifft, mag zweifelhaft sein; das Grundbuchamt wird in diesem Falle schon wegen der hier möglichen Zwangsvollstreckung in das Grundstück das Erfordernis, daß eine Verwirrungsgefahr nicht bestehen darf, streng auszulegen haben.

Muster:
„auf dem Teil des Grundstücks, der in der der Eintragungsbewilligung beigehefteten Karte (Skizze) rot schraffiert ist ..."

Zu unterscheiden ist § 7 Abs. 2 von dem Fall, daß nicht ein realer Grundstücksteil belastet wird, sondern das ganze Grundstück, wobei lediglich die Ausübung des Rechts auf einen Teil des Grundstücks beschränkt ist, dazu unten Rdn. 20.

cc) § 7 ist unanwendbar auf die Eintragung von **Vormerkungen und Widersprüchen.** Diese können nach einhelliger Rechtsprechung auch **ohne vorgängige grundbuchmäßige Verselbständigung und Abschreibung** des betreffenden Grundstücksteiles eingetragen werden.[3]

Es mag dahingestellt bleiben, ob die dafür angeführten Gründe zutreffen, daß es sich hierbei nicht um „Rechte" i. S. des § 7, jedenfalls nicht um endgültige Belastungen, handele; durchschlagend dürfte die Erwägung sein, daß die Eintragung dieser Vermerke, wenn sie ihren Zweck der Sicherung erreichen sollen, häufig sehr schnell erfolgen muß, was durch das Erfordernis vorheriger Abschreibung (vgl. § 2 Abs. 3!) meist vereitelt würde.

---

[2] Meikel/*Böttcher* § 7 Rdn. 44.
[3] KG KGJ 29, 135; RG HRR 34 Nr. 1222; KG JW 37, 110; DR 41, 2169; BayObLG BayObLGZ 56, 408 = Rpfleger 57, 48; BayObLG BayObLGZ 59, 332 = Rpfleger 60, 400.

Das gleiche gilt für Verfügungsbeschränkungen, die nur einen Grundstücksteil betreffen.[4]

In allen Fällen muß der von der Eintragung betroffene **Grundstücksteil** so **deutlich bezeichnet** werden, daß ein Zweifel am Umfang des Rechts ausgeschlossen ist.[5] Bei der Eintragung von Auflassungsvormerkungen ist die Beibringung von Katasterunterlagen nicht erforderlich. Genügen kann neben einer genauen Bezeichnung der verkauften Teilfläche durch Angabe v. Merkmalen in der Natur oder durch eine gem. § 9 Abs. 1 S. 3 BeurkG in Bezug genommene Lageplanskizze auch die Bezugnahme auf einen vorhandenen, aber noch nicht zum Vollzug vorgelegten Veränderungsnachweis. Die bloße Größenangabe genügt nie.

Davon zu unterscheiden sind die Fälle, in denen die örtliche Lage des verkauften oder sonst geschuldeten Grundstücksteiles noch nicht feststeht:

Ist im schuldrechtlichen Vertrag einer Vertragspartei oder einem Dritten zulässigerweise (§§ 315, 317 BGB)[6] die abschließende Bestimmung (Festlegung) der betroffenen Teilfläche zugewiesen, so kann für diesen Anspruch eine Auflassungsvormerkung auch schon vor Festlegung der betroffenen Fläche eingetragen werden.[7]

Zweckmäßig erscheint die Formulierung:

„Auflassungsvormerkung bezüglich einer noch zu bestimmenden Teilfläche ..."

Anders ist die Rechtslage dann, wenn ohne Zuweisung des Geländebestimmungsrechts an einen Vertragsteil oder an einen Dritten der Grundstücksteil nur mit dem Flächenmaß bezeichnet wird. In einem solchen Fall ist mangels Bestimmbarkeit des Leistungsgegenstandes ein Anspruch nicht entstanden, eine Auflassungsvormerkung ist nicht eintragbar.

9 b) **Belastung eines Miteigentumsanteils.**

Der Anteil eines Miteigentümers kann belastet werden mit einem **Nießbrauch** (§ 1066 Abs. BGB), einem **Vorkaufsrecht** (§ 1095 BGB), einer **Reallast** (§ 1066 Abs. 1 BGB) und einer **Hypothek, Grund- oder Rentenschuld** (§§ 1114, 1192, 1199 BGB). In diesen Fällen ist § 7 nicht anwendbar; zur Form der Eintragung s. § 10 GBV Rdn. 3 und § 11 GBV Rdn. 3. Wegen d. Eintragung einer **Benutzungsregelung** gem. § 1010 BGB § 10 GBV Rdn. 16.

10 Bei einer **Wohnungseigentumsberechtigung** (Miteigentumsanteil, verbunden mit Sondereigentum) muß darüber hinaus die Belastung mit einer Dienstbarkeit, insbesondere einem dinglichen Wohnungsrecht, zulässig sein, sofern sich die Ausübung des Rechts auf das einzelne Sondereigentum bezieht.[8]

11 c) **Belastung eines Eigentumsbruchteils.**

Es ist **grundsätzlich ausgeschlossen**, den Bruchteil eines Alleineigentümers zu belasten;[9] gleiches gilt für einen Anteil an einer Gesamthandsgemeinschaft, weil hier kein Anteil am einzelnen Gegenstand besteht.

---

[4] Meikel/*Böttcher* § 7 Rdn. 49.
[5] KG KGJ 29, 135; BayObLG Rpfleger 81, 232 u. bei einer Vormerkung: BayObLG Rpfleger 98, 241; vgl. dazu ausf. Meikel/*Böttcher* § 7 Rdn. 50–52.
[6] Vgl. RGZ 165, 163; BGH Rpfleger 69, 44 = DNotZ 69, 286.
[7] BayObLG Rpfleger 74, 65 = DNotZ 74, 174; s. auch Bay ObLG MittBayNot 83, 119; OLG Köln Rpfleger 93, 349; BayObLG Rpfleger 98, 241; *Stumpp* Rpfleger 73, 389.
[8] KG DNotZ 68, 750; BayObLG Rfpleger 88, 62; Haegele/Schöner/*Stöber* Rdn. 2952; Meikel/*Böttcher* § 7 Rdn. 60; MünchKomm/*Röll* vor § 1 WEG Rdn. 19; vgl. auch *Meyer-Stolte* Rpfleger 81, 472, 473 mwN).
[9] RG RGZ 88, 26; BGH Rpfleger 68, 114.

Literatur und Rechtsprechung haben folgende **Ausnahmen** anerkannt:

aa) Ein **Nießbrauch** kann auch an Bruchteilen bestellt werden, die nicht im Anteil eines Miteigentümers stehen.[10]   **12**

bb) Wenn das Alleineigentum durch den Hinzuerwerb eines Miteigentumsanteiles entstanden ist, kann eine *Hypothek* auf diesen (früheren Miteigentums-)Anteil erstreckt werden.[11]   **13**

cc) Bei der **Versteigerung eines Miteigentumsanteiles** ist die Sicherungshypothek nach § 128 ZVG auch dann an dem versteigerten Anteil einzutragen, wenn der Ersteher nunmehr Alleineigentümer ist.[12]   **14**

dd) Ist ein früherer Bruchteil durch den nunmehrigen Alleineigentümer anfechtbar erworben (§ 7 AnfG), so kann noch nach wirksamer Anfechtung auf dem Bruchteil wirksam eine **Zwangshypothek** eingetragen werden.[13]   **15**

ee) Erwirbt ein Bruchteilseigentümer den Restbruchteil als **Vorerbe**, kann er den schon bisher ihm zustehenden Bruchteil gesondert mit einem Grundpfandrecht belasten.[14]   **16**

ff) Für den Gläubiger eines **Vermögensübergebers** (§ 419 BGB) konnte vor der Aufhebung der Norm (Art. 33 Nr. 16 EGInsO) auf einem übergebenden Bruchteil eine Zwangshypothek eingetragen werden, auch wenn der Vermögensübernehmer nunmehr Alleineigentümer war.[15]   **17**

gg) Ausnahmen können sich weiter durch die Regeln über den **gutgläubigen Erwerb** ergeben.[16]   **18**

hh) Sind **Anteile an einem Grundstück** gem. **§ 3 Abs. 5 auf das Grundbuchblatt des herrschenden Grundstücks übertragen** worden, so haben sie dadurch eine Verselbständigung erfahren, die es gestattet, jeden von mehreren (noch) demselben Eigentümer gehörenden Anteilen getrennt mit Grundpfandrechten zu belasten oder von diesen freizugeben. Vgl. § 3 Abs. 6 und den insoweit nunmehr ergänzten § 1114 GBG.   **19**

Wegen der Formulierung solcher Eintragungen s. § 11 GBV Rdn. 3.

d) **Belastung eines Grundstückes bei Ausübungsbeschränkungen.**   **20**

Soll eine Belastung zwar das ganze Grundstück ergreifen, die Ausübung des Rechts jedoch auf einen (realen) Grundstücksteil beschränkt bleiben, so ist § 7 gleichfalls nicht anwendbar. Eine **Belastung in dieser Form ist möglich**

aa) bei Dienstbarkeiten;[17]

bb) beim Vorkaufsrecht;[18]

cc) beim Erbbaurecht.[19]

---

[10] KG JFG 13, 447; BayObLG BayObLGZ 30, 342; MünchKomm/*Petzold* § 1030 Rdn. 3; Staudinger/*Frank* § 1030 Rdn. 21.

[11] RG RGZ 68, 81; KG KGJ 36, 237; zweifelhaft ist jedoch die Neubelastung vgl. Staudinger/*Wolfsteiner* § 1114 Rdn. 18.

[12] RG RGZ 94, 154; KG JW 33, 627; *Eickmann* Zwangsversteigerungs- und Zwangsverwaltungsrecht, § 22 II 2.

[13] KG HRR 31, 1709; Staudinger/*Wolfsteiner* § 1114 Rdn. 21.

[14] BayObLG BayObLGZ 68, 151 = Rpfleger 68, 221; *Wolff/Raiser* § 133 I Fn. 2. Vgl. dazu auch *Haegele* Rpfleger 70, 283/286.

[15] OLG Jena JW 35, 3647.

[16] Beispiele RG LZ 29, 838; vgl. OLG Hamm DNotZ 54, 256 mit Anm. von *Hoche*.

[17] BGH DNotZ 69, 486 = Rpfleger 69, 128; OLG Hamm JMBl. NRW 61, 276 u. OLGZ 81, 272; OLG Bremen NJW 65, 2403.

[18] OLG Dresden OLG 4, 76; BayObLG NJW-RR 98, 86.

[19] OLG München DNotZ 44, 179; BayObLG BayObLGZ 57, 221 = DNotZ 58, 409; OLG Frankfurt DNotZ 67, 690; BayObLG Rpfleger 84, 313, vgl. auch BGH DNotZ 69, 486 = Rpfleger 69, 128 und KG Rpfleger 69, 128.

Der Teil des Grundstücks, der der Ausübung des Rechtes unterliegen soll, ist in der Eintragungsbewilligung genau zu bezeichnen.[20] Dabei genügt es, wenn der der Ausübung unterliegende Teil in einer gem. § 9 Abs. 1 S. 3 BeurkG in Bezug genommenen und gem. § 44 BeurkG verbundenen Karte oder Skizze bezeichnet ist. Alle Kennzeichnungsunterlagen müssen dem GBA vorgelegt werden; die Bezugnahme auf Behördenakten (Bauakten) o. ä. genügt wegen des Beibringungsgrundsatzes nicht.

III. Die Teilung auf ausdrücklichen Antrag

21 Wenn der Eigentümer sein Grundstück **rechtlich teilen** will, ohne daß die Veräußerung oder gesonderte Belastung eines Teiles beabsichtigt ist, setzt dies im Gegensatz zu den von Amts wegen durchzuführenden Teilungen, die oben (Rdn. 3 ff.) dargestellt sind, eine darauf gerichtete materiell-rechtliche Erklärung, verfahrensrechtlich einen entsprechenden Antrag voraus (s. dazu unten Rdn. 33).

22 Für den Vollzug einer **rein katastertechnischen Teilung** im eigenen Besitz bedarf es keiner Zustimmung des Eigentümers, weil es sich dabei um eine rein buchungstechnische Maßnahme handelt.

IV. Sonderfälle

1. Die Teilung eines Erbbaurechts

23 Sie ist nur dann möglich, wenn der Erbbauberechtigte mehrere Bauwerke auf dem belasteten Grundstück haben darf und auch hat und wenn nach der Teilung auf jedem neuen Grundstück ein selbständiges Bauwerk besteht.[21]

Ein **Ausschluß der Teilung** kann mit dinglicher Wirkung nicht vereinbart werden, auch eine Bindung an die Zustimmung des Eigentümers (§ 5 ErbbauVO) ist nicht möglich.[22] Die Teilung setzt zunächst die Teilung des mit dem Erbbaurecht belasteten Grundstücks voraus.[23]

Erforderlich ist die Teilungserklärung des Erbbauberechtigten gem. § 875 BGB, sie stellt eine teilweise Aufhebung des alten Erbbaurechts dar und bedarf deshalb der **Zustimmung des Grundstückseigentümers** und der am Erbbaurecht dinglich Berechtigten.[24] Eine zusätzliche **Enthaftungserklärung** des Erbbauberechtigten für jedes Teilgrundstück hinsichtlich des nicht mehr darauf ruhenden Teils des Erbbaurechts ist nicht erforderlich, da diese Erklärung in der Teilungserklärung mitenthalten ist.[25]

Wegen des **technischen Vollzugs** s. § 10 GBV Rdn. 10.

---

[20] Vgl. BGH Rpfleger 82, 16 u. 84, 227; BayObLG MittBayNotV 68, 85 und 215; BayObLG DNotZ 89, 165. Vgl. auch *Böttcher* Rpfleger 84, 227, 229.

[21] *Weber* MittRheinNotK 65, 567; *Haegele* Rpfleger 67, 279/283.

[22] *Haegele* a. a. O.; *Hauschild* Rpfleger 54, 601; *Kehrer* BWNotZ 55, 194; a. A. teilw. *Schulte* BWNotZ 61, 315.

[23] KG KGJ 51, 228; OLG Hamm Rpfleger 55, 232; LG Kassel Rpfleger 55, 230; OLG Neustadt Rpfleger 61, 152; BayObLG BayObLGZ 61, 32; *Huber* NJW 52, 690; *Rohloff* Rpfleger 54, 83; *Oberst* MittBayNotV 56, 206; a. A. *Hauschild* Rpfleger 54, 601; *Kehrer* a. a. O.; *Weitnauer* DNotZ 55, 355.

[24] BGH DNotZ 74, 441 = Rpfleger 74, 147; OLG Neustadt DNotZ 60, 385; LG Kassel Rpfleger 55, 230; Meikel/*Böttcher* § 7 Rdn. 112; Palandt/*Bassenge* § 11 ErbbRVO Rdn. 4; a. A. *Huber* NJW 52, 687 und *Lutter* DNotZ 60, 89/94.

[25] *Lutter* DNotZ 60, 91; Palandt/*Bassenge* a. a. O.; Meikel/*Böttcher* § 7 Rdn. 115; MünchKomm/*v. Oefele* § 15 ErbbauVO Rdn. 43; Haegele/Schöner/*Stöber* Rdn. 1852. A. A. Staudinger/*Ring* § 11 ErbbauVO Rdn. 16; *Ingenstau* § 11 ErbbauVO Rdn. 127; *Muttray* Rpfleger 55, 217; *Roh-*

2. Die Teilung einer Wohnungseigentumsberechtigung

Eine Teilung des mit einem bestimmten Sondereigentum verbundenen Miteigentumsanteils an einem Grundstück (Wohnungseigentum) ist in **vierfacher Weise** denkbar, nämlich

a) dergestalt, daß aus einer bisher einzigen Raumeinheit (Eigentumswohnung) mehrere gebildet werden und gleichzeitig der Miteigentumsanteil geteilt wird („**gemischt real-ideelle Aufteilung**"),

b) daß das Wohnungseigentumsrecht bei real ungeteilt bleibender Raumeinheit (Wohnung) in mehrere ideelle, nach Quoten abgegrenzte Teilrechte aufgeteilt wird („**ideelle Aufteilung**"),

c) daß die Wohnungs- bzw. Teileigentümer den Gegenstand des Sondereigentums nachträglich verändern, ohne daß sich die Miteigentumsanteile ändern („**reale Aufteilung**"),

d) daß bei unverändertem Sondereigentum die Miteigentumsanteile insgesamt neu aufgeteilt werden („**Quotenberichtigung**").

Zu a): Die **gemischt real-ideelle Aufteilung** ist möglich zum Zwecke der Veräußerung einer der neugeschaffenen Wohnungseigentumsberechtigungen, aber auch dann, wenn die neugebildeten Berechtigungen in der Hand des bisherigen Wohnungseigentümers verbleiben sollen (sog. Vorratsteilung).[26]

Die Aufteilung ist eine Verfügung über das zu teilende Wohnungseigentum, weil dessen Inhalt verändert wird. Liegt eine Vorratsteilung vor, so wird eine einseitige Erklärung des Wohnungseigentümers gegenüber dem Grundbuchamt entsprechend § 8 WEG erforderlich; bei gleichzeitiger Veräußerung eines der neugeschaffenen Wohnungseigentumsrechte wird die Teilung durch den Veräußerungsvertrag bewirkt.

Fraglich ist, ob zur Verteilung als solcher die **Zustimmung der anderen Wohnungseigentümer oder eines Dritten** notwendig ist. Dazu wird ausgeführt, daß durch die Aufnahme neuer Wohnungseigentümer eine Änderung der Stimmenzahl (§ 25 Abs. 2 S. 1 WEG) und eine Änderung des Stimmenverhältnisses (§ 18 Abs. 3 WEG) herbeigeführt werde; die Teilung sei daher ein im Wege der Inhaltsänderung vorgenommener Eingriff in den durch die Satzung geschaffenen Status der Eigentümergemeinschaft.[27] Diese Gründe greifen jedoch allenfalls durch, wenn das durch Teilung neugeschaffene Wohnungseigentumsrecht veräußert wird, da jeder Wohnungseigentümer ohne Rücksicht auf die Zahl der ihm gehörenden Wohnungseigentumsrechte nur einmal zählt. Deshalb besteht kein Anlaß, schon für die Teilung als solche eine Zustimmung zu verlangen.[28]

Die Satzung kann jedoch entsprechend § 12 WEG ausdrücklich vorsehen, daß die Veräußerung nach Teilung oder auch schon die Teilung selbst der Zustimmung bedürfen.

Wegen der grundbuchtechnischen Behandlung s. Erl. zu § 3 WEGBV.

Zu b): Da nach allgemeinem bürgerlichen Recht sowohl Alleineigentum als auch gewöhnliches Miteigentum ideell teilbar sind, kann auch das aus Allein- und Miteigentum zusammengesetzte Wohnungseigentum **ideell aufgeteilt** werden.[29] Sie setzt jedoch

---

Ioff 54, 83/85; *Haegele* Rpfleger 67, 283/284 — s. dort in Fn. 49/50 w. Nachw.

[26] BGH BGHZ 49, 250 = Rpfleger 68, 114.
[27] *Karstädt* SchlHAnz 67, 323/325.
[28] BGH a. a. O.; BayObLG Rpfleger 77, 140;

OLG Schleswig MDR 65, 16; OLG Braunschweig MDR 76, 1023.
[29] BGH BGHZ 49, 250 = Rpfleger 68, 114; OLG Neustadt NJW 60, 295.

§ 7

stets die Übertragung eines Bruchteils an eine andere Person voraus. Auch hier bedarf die Teilung als solche nicht der Zustimmung der anderen Wohnungseigentümer.[30]
Zum grundbuchtechnischen Vollzug s. Erl. zu § 3 WEGBV.

27 **Zu c):** Die Wohnungs- bzw. Teileigentümer können durch eine nachträgliche Regelung nach § 5 Abs. 3 WEG den **Gegenstand des Sondereigentums** dergestalt **ändern,** daß Teile des bisherigen Sondereigentums zu gemeinschaftlichem Eigentum erklärt werden. Die Zustimmung Dritter (nicht beteiligte andere Wohnungseigentümer oder Verwalter) ist nicht erforderlich.[31] Wegen der erforderlichen Erklärungen und des grundbuchtechnischen Vollzuges s. § 3 WEGBV Rdn. 11.

Der Gegenstand des Sondereigentums kann sich auch durch Neuerrichtung oder Umbau v. Räumen etc. verändern.

28 **Zu d):** Die Miteigentümer können − ohne daß beim jeweiligen Sondereigentum Änderungen eintreten − ihre **Miteigentumsanteile verkleinern oder vergrößern**.[32] **Voraussetzungen** dafür sind

    aa) Änderungsvereinbarung der Beteiligten
    bb) Teilauflassung hinsichtlich der neu zu erwerbenden (zu veräußernden) Teile (= Anteile)
    cc) Zustimmung der dingl. Berechtigten für die Verkleinerung von Anteilen bzw. Feststellung der Unschädlichkeit.

Auch hier keine Zustimmung nicht beteiligter Miteigentümer oder Dritter.
Wegen des grundbuchtechnischen Vollzuges s. § 3 WEGBV Rdn. 13.
Bei Einzelbelastung beteiligter Miteigentumsanteile ist, wie bei selbständigen Grundstücken, Pfandunterstellung bzw. -freistellung erforderlich.

V. Gesetzliche Teilungsverbote bzw. Zustimmungserfordernisse

1. Landesrechtliche Vorschriften

29 Aufgrund des Vorbehaltes in Art. 119 Nr. 2 EGBGB bestehen landesrechtliche Beschränkungen und Teilungsverbote **Baden-Württemberg:** § 24 WaldG v. 4. 4. 85 (GBl. S. 106). **Brandenburg:** § 18 WaldG v. 17. 6. 91 (GVBl. S. 213). **Hessen:** § 15 ForstG i. d. F. v. 4. 7. 78 (GVBl. S. 424. **Mecklenburg-Vorpommern:** § 27 WaldG v. 8. 2. 93 (GOVBl. S. 90). **Niedersachsen:** G. v. 4. 3. 61 (GBl. S. 99). **Schleswig-Holstein:** § 18 WaldG v. 10. 1. 83 (GVBl. S. 11). **Thüringen:** § 16 WaldG v. 6. 8. 93 (GVBl. S. 470).

2. Erforderliche Genehmigungen

30 Bis zum Inkrafttreten des Bau- und Raumordnungsgesetzes (BGBl. 97, 2141) waren Grundstücksteilungen grundsätzlich nach **§ 19 BauGB a. F.** genehmigungsbedürftig (vgl. dazu Rdn. 30/31 der Voraufl.) Diese alten Regelungen sind noch anzuwenden auf Genehmigungsanträge, die **vor** dem 1. 1. 98 bei der Baubehörde gestellt waren. Das GBAmt legt Anträgen, die bei ihm **ab** 1. 1. 98 gestellt wurden, gleichfalls das **neue** Recht zugrunde.[33]

Die **Neufassung** des § 19 BauGB verzichtet auf eine bundesrechtliche Festschreibung der Genehmigungspflicht; die Gemeinden können jedoch durch Satzung für den Gel-

---

[30] BayObLG Rpfleger 77, 140.
[31] OLG Celle Rpfleger 74, 267; *Tasche* DNotZ 72, 710; *Röll* Rpfleger 76, 283/285.
[32] BayObLG Rpfleger 59, 277 = DNotZ 59, 40 u. Rpfleger 76, 352; BayObLG Rpfleger 84, 268; OLG Neustadt NJW 60, 295.
[33] Vgl. dazu *Finkelnburg* NJW 98, 1; *Stadler* ZfIR 98, 177.

tungsbereich eines Bebauungsplans eine Genehmigungsbedürftigkeit anordnen, es sei denn, die Landesregierung schließt eine solche Befugnis durch RechtsVO aus, § 19 Abs. 5 BauGB. Die Genehmigungsbedürftigkeit in Umlegungs- und Sanierungsgebieten sowie bei Enteignungen (oben Rdn. 32) bleibt unverändert.

Da nach § 20 Abs. 2 S. 2 n. F. BauGB das GBAmt nur teilen darf, wenn ihm Genehmigung oder Negativattest vorgelegt werden, ändert sich für die grundbuchamtliche Behandlung praktisch nichts. Nach dem Wortlaut der Normen ist das GBAmt auch nicht verpflichtet, allgemeine Erklärungen der Gemeinde als Negativattest anzuerkennen.[34] Es wird auch nicht möglich sein, daß eine gem. § 19 Abs. 5 BauGB verfahrende Landesregierung ein Absehen vom Erfordernis des Negativattests regelt. Eine Ermächtigung dafür besteht nicht; Verwaltungsvorschriften binden das GBAmt nicht.

b) Zum Vollzug eines **Zuordnungsbescheides** ist eine Genehmigung nicht erforderlich, § 3 Abs. 2 S. 2 VZOG. Sie wird ferner durch einen **Investitionsvorrangbescheid** ersetzt, § 11 Abs. 1 InVorG. Bei Teilung nach dem **SachenRBerG** ist dessen § 120 Abs. 1 zu beachten. Bei einer Entscheidung durch **Sonderungsbescheid** entfällt eine Genehmigungspflicht, § 9 Abs. 4 BoSoG. **31**

c) Ist eine **Sanierungs- oder Entwicklungsmaßnahme** nach Maßgabe der §§ 144, 169 BauGB angeordnet und der entsprechende Vermerk im Grundbuch eingetragen, so bedarf die Teilung einer Genehmigung, § 144 Abs. 1 Nr. 2, § 169 Abs. 1 Nr. 5 BauGB. Besonderheiten gelten ferner im **Umlegungsverfahren** (vgl. § 51 BauGB) und im **Enteignungsverfahren**, § 109 Abs. 1 BauGB. **32**

VI. Verfahren

Soweit es sich um einen Fall der notwendigen Teilung handelt, wird sie **von Amts wegen** vollzogen (s. oben Rdn. 3). **33**

Im übrigen bedarf es einer auf Teilung gerichteten **Erklärung des Eigentümers** gegenüber dem Grundbuchamt und der **Eintragung in das Grundbuch**.

Eine Zustimmung der dinglich Berechtigten ist nicht erforderlich.[35] Der Eintragungsantrag kann gem. § 13 Abs. 1 S. 2 nur vom Eigentümer gestellt werden. Wenn der Antrag die Teilungserklärung ersetzt, bedarf er nach § 30 der Form des § 29.

Nach Maßgabe des Gesetzes über die Beurkundungs- und Beglaubigungsbefugnis der Vermessungsbehörden vom 15. 11. 1937 (RGBl. S. 1257) sind zur Beurkundung des Antrages auch die Vorstände der Vermessungsbehörden, sowie die von ihnen beauftragten Beamten zuständig; diese Vorschriften gelten als landesrechtliche Bestimmungen weiter und sind durch das Beurkundungsgesetz unberührt geblieben (§ 61 Abs. 1 Nr. 6 BeurkG).

Wegen des grundbuchtechnischen Vollzuges s. § 6 GBV Rdn. 16 und § 13 GBVfg. Rdn. 8.

VII. Wirkung

Die Teile werden selbständige Grundstücke; **Rechte am bisherigen Grundstück** bestehen an den neuen (Teil-)Grundstücken fort, **Grundpfandrechte** lasten nunmehr als Gesamtrechte gem. § 1132 BGB, das gilt auch für Zwangshypotheken, obwohl sie als ursprüngliches Gesamtrecht unzulässig sind. **Grunddienstbarkeiten** und **beschränkt persönliche Dienstbarkeiten** erlöschen an den Grundstücksteilen, die von der Ausübung nicht berührt werden (§§ 1026, 1090 Abs. 2 BGB). Da eine Mitübertragung in diesem **34**

---

[34] *Stadler*, Fn. 33, S. 180. [35] KG NJW 69, 470.

§ 8

Fall nicht zulässig ist (vgl. § 46 Rdn. 4), muß bei einem mit solchen Rechten belasteten Grundstück vor der Teilung erklärt werden, inwieweit das Recht nach Teilung weiterbesteht oder nicht. Die im Buch eingetragene Teilung unterliegt dem öffentlichen Glauben; deshalb ist nur die beschränkte Erinnerung des § 71 statthaft.[36]

[Alte Erbbaurechte]

§ 8

(1) Ist auf dem Blatt eines Grundstücks ein Erbbaurecht eingetragen, so ist auf Antrag für dieses Recht ein besonderes Grundbuchblatt anzulegen. Dies geschieht von Amts wegen, wenn das Recht veräußert oder belastet werden soll.
(2) Die Anlegung wird auf dem Blatte des Grundstücks vermerkt.

Übersicht

	Rdn.		Rdn.
I. Allgemeines	1	2. Grundbuchmäßige Behandlung	3
II. Das Erbbaurecht nach dem BGB		III. Das Erbbaurecht nach der	
1. Wesen	2	ErbbauVO	5

I. Allgemeines

1   § 8 enthält Bestimmungen über die Anlegung eines besonderen Grundbuchblattes für die sog. altrechtlichen Erbbaurechte (§§ 1012 ff. BGB), also die vor dem 22. 1. 1919 begründeten Erbbaurechte. Nur für sie gilt § 8 (vgl. §§ 35, 38 ErbbauVO). Die Norm ist durch das RegVBG v. 20. 12. 93 (BGBl. I S. 2182) **aufgehoben** worden; die in ihr getroffenen Regelungen **gelten** jedoch für alte Erbbaurechte unverändert **weiter**.

II. Das Erbbaurecht nach dem BGB

1. Wesen

2   Das **altrechtliche Erbbaurecht** war (wie das Erbbaurecht nach der ErbbauVO, s. unten Rdn. 5 ff.) gleichfalls eine Grundstücksbelastung des Inhalts, daß dem Gläubiger das veräußerliche und vererbliche Recht zustand, auf oder unter der Oberfläche des Grundstückes ein Bauwerk zu haben (§ 1012 BGB); es konnte auf die Benutzung eines für das Bauwerk nicht erforderlichen Teils des Grundstücks erstreckt werden, wenn damit ein Vorteil für die Benutzung des Bauwerkes verbunden war (§ 1013 BGB). Eine besondere Rangstelle war nicht vorgeschrieben, das Recht konnte somit in der Zwangsversteigerung des belasteten Grundstücks erlöschen, was seine Belastbarkeit wesentlich beeinträchtigte.

2. Grundbuchmäßige Behandlung

3   a) Wenn auf einem Blatt ein altrechtliches Erbbaurecht eingetragen ist, so schreibt § 8 vor, daß für dieses Recht **auf Antrag** ein **besonderes Blatt** anzulegen ist. Der Antrag

---

[36] BayObLG Rpfleger 95, 495.

kann nach § 13 Abs. 2 nur von dem Erbbauberechtigten gestellt werden, da er allein durch die Anlegung begünstigt und niemand davon betroffen wird; er bedarf als reiner Antrag keiner Form.

Das besondere Blatt ist ferner — in diesen Fällen jedoch von Amts wegen — anzulegen, wenn das Erbbaurecht veräußert (wozu wegen Gleichheit des Rechtsgrundes auch der gesetzliche Eigentumsübergang zu rechnen ist) oder belastet werden soll. Als Belastung gilt auch die Eintragung einer Vormerkung oder einer Verfügungsbeschränkung, insbesondere des Versteigerungsvermerks; nicht die Eintragung eines Widerspruchs, da dieser das Erbbaurecht verneint, es also nicht zum Gegenstand des Rechtsverkehrs macht.

Auf dem Blatte des Grundstücks ist die Anlegung des besonderen Blattes zu vermerken (§ 8 Abs. 2). Diese Bestimmung soll es ermöglichen, die beiden Blätter miteinander in Einklang zu halten. Das neue Blatt ist mit dem Vermerk „Erbbaurecht" zu versehen. Seine Einrichtung richtet sich im einzelnen nach §§ 54—59 GBV, auf die in § 60 verwiesen ist. Die Vorschrift des § 14 Abs. 1 S. 3 der ErbbauVO, wonach zur näheren Bezeichnung des Inhalts des Erbbaurechts auf die Eintragungsbewilligung Bezug genommen werden darf, gilt nur für neue Erbbaurechte. Für die hier behandelten alten Erbbaurechte bewendet es insoweit bei den allgemeinen Vorschriften des BGB. Ob hier noch eine Bezugnahme dieser Art zulässig ist, erscheint zweifelhaft, weil es sich hier nicht um die Wiedergabe des Inhalts einer Grundstücksbelastung handelt, von der § 874 BGB spricht, sondern um eine Wiedergabe des Inhalts des Bestandsverzeichnisses.

b) **Das Verhältnis der beiden Blätter zueinander**

Für die Entstehung des Erbbaurechts ist nur das Blatt des Grundstückes maßgebend, **4** dies alleine entspricht dem Grundsatz des § 873 BGB in Verbindung mit § 3 Abs. 1 S. 2 GBO. Ebenso bleibt das Blatt des Grundstücks für alle späteren, das Erbbaurecht betreffenden Akte maßgebend, die vor der Anlegung des besonderen Blattes erfolgen.

Dagegen können Zweifel entstehen über die Frage, **welches Blatt** für diejenigen Rechtsakte **maßgebend** ist, die nach der Entstehung des Erbbaurechts und nach der Anlegung des besonderen Blattes vorgenommen werden. Eine Vorschrift gleich der des § 14 Abs. 3 ErbbauVO gibt es für die alten Erbbaurechte nicht. Man wird zu unterscheiden haben zwischen Rechtsakten, die den Bestand des Erbbaurechts als Grundstücksbelastung betreffen und anderen Eintragungen. Erstere, nämlich die Aufhebung sowie die Änderung des Inhalts und Ranges des Erbbaurechts, müssen, um materiell wirksam zu sein, auf dem Grundstücksblatt eingetragen werden. Dies ergibt sich daraus, daß für das besondere Grundbuchblatt das Erbbaurecht nicht in seiner Eigenschaft als Grundstücksbelastung, sondern als grundstücksgleiches Recht, nämlich als Objekt von Belastungen, in Frage kommt; für den Inhalt des Erbbaurechts selbst bleibt allein das Grundstücksblatt maßgebend.

Dagegen dient das besondere Blatt für die Eintragung aller Rechtsakte, die das Erbbaurecht in seinem Bestande unberührt lassen und es nur als Rechtsobjekt erfassen, also für Veräußerungen und Belastungen des Erbbaurechts. Es ist gerade zu dem Zwecke vorgesehen, das Grundstücksblatt von diesen Eintragungen zu entlasten.

Zwischen den beiden Blättern besteht ein innerer Zusammenhang, der im Gesetz durch § 8 Abs. 2 angedeutet ist und der das GBA nötigt, die beiden Blätter in Übereinstimmung miteinander zu halten. Eintragungen auf dem Grundstücksblatt müssen daher auf dem besonderen Blatt als Berichtigung der Bestandsangaben vermerkt werden; umgekehrt sind Eintragungen auf dem Grundstücksblatt nachzutragen. Wegen der Einzelheiten vgl. § 60 GBV.

III. Das Erbbaurecht nach der ErbbauVO

Das Erbbaurecht nach der ErbbauVO ist oben Einl. Abschn. F ausführlich dargestellt.
Grundbuchtechnische Hinweise finden sich:
Zur Eintragung des Rechts in § 10 GBV Rdn. 13, zur Teilung in Rdn. 15 a. a. O. sowie in den Erläuterungen zu den §§ 54–59 GBV.

[Subjektiv-dingliche Rechte]

§ 9

(1) Rechte, die dem jeweiligen Eigentümer eines Grundstücks zustehen, sind auf Antrag auch auf dem Blatte dieses Grundstücks zu vermerken. Antragsberechtigt ist der Eigentümer des Grundstücks sowie jeder, dessen Zustimmung nach § 876 S. 2 des Bürgerlichen Gesetzbuchs zur Aufhebung des Rechtes erforderlich ist.
(2) Der Vermerk ist von Amts wegen zu berichtigen, wenn das Recht geändert oder aufgehoben wird.
(3) Die Eintragung des Vermerks (Abs. 1) ist auf dem Blatte des belasteten Grundstücks von Amts wegen ersichtlich zu machen.

I. Allgemeines

1 Rechte, die dem jeweiligen Eigentümer eines Grundstücks zustehen (subjektiv-dingliche Rechte), gelten nach § 96 BGB als **Bestandteile des Grundstückes**; die an dem herrschenden Grundstück bestehenden Rechte erstrecken sich auf sie.
Die Möglichkeiten ihrer Kundbarmachung auf dem Blatte des herrschenden Grundstückes ist daher zunächst im Interesse des Eigentümers dieses Grundstückes geboten, weil diese Rechte mit als Kreditunterlage dienen. Nach §§ 876, 877 BGB bedarf die Aufhebung oder Änderung des Inhalts eines solchen Rechtes der Zustimmung der am herrschenden Grundstück dinglich Berechtigten, es sei denn, daß ihr Recht durch diesen Vorgang nicht berührt wird. Diese Zustimmung, die materiellrechtlich immer erforderlich ist, ist grundbuchrechtlich nach § 21 nur dann nötig, wenn das Recht auf dem Blatte des herrschenden Grundstückes vermerkt ist (vgl. § 21 Rdn. 1). Es muß daher auch diesen Berechtigten eine Möglichkeit gewährt werden, durch den Vermerk der Rechte auf dem Blatte des herrschenden Grundstückes sich für ihr Recht verstärkten Schutz zu verschaffen.

II. Die betroffenen Rechte

1. Grundsatz

2 § 9 betrifft nur subjektiv-dingliche Rechte. Hierbei gehören die **Grunddienstbarkeiten** (§ 1018 BGB), die **Reallasten** (§ 1105 Abs. 2 BGB), das **dingliche Vorkaufsrecht** (§ 1094 Abs. 2 BGB), die **Überbau- und Notwegrente**, soweit ihre Höhe vertraglich festgelegt ist (vgl. dazu unten Rdn. 6; §§ 914 Abs. 3, 917 Abs. 2 S. 2 BGB) und der **Erbbauzins** (§ 9 Abs. 2 S. 2 ErbbRVO). Aus dem Bereich des Landesrechtes (§ 117) sind zu nennen **Fischereirechte** nach bayerischem Recht (Art. 10 BayFischereiG vom 15. 8. 08, BayBS IV, 453), die Fischereiberechtigung nach Preußischem Recht; und altrechtliche **Abdeckereigerechtigkeiten**. Die Rechte können zugunsten des jeweiligen Eigentümers eines anderen Grundstückes oder Miteigentumsanteiles eingetragen sein, grundstücksgleiche Rechte stehen auch insoweit gleich.

2. Keine Vereinbarung über Erweiterung

Eine Erweiterung dieses Kreises durch Vereinbarung ist nicht möglich. Unter Zuhilfenahme von aufschiebenden und auflösenden Bedingungen sowie der Rechtsfigur des Vertrages zugunsten Dritter läßt sich zwar unter Umständen für subjektiv-persönliche Rechte eine Rechtslage konstruieren, die sie im Ergebnis einem subjektiv-dinglichen Rechte annähert. Doch stehen sie deshalb den Rechten, die ihrem gesetzlichen Inhalt nach subjektiv-dinglich sind, nicht gleich.[1]

3. Rechte aus öffentlich-rechtlichen Rechtsverhältnissen

§ 9 gilt nicht für Rechte aus einem öffentlich-rechtlichen Rechtsverhältnis.[2]

4. Objektiv-persönliche Rechte

Auch für objektiv-persönliche Rechte gilt § 9 grundsätzlich nicht. Sind sie radiziert, kann durch die Landesgesetzgebung ihre Verlautbarung auf dem Blatt des herrschenden Grundstückes zugelassen sein.

5. Voreintragung

Das Recht muß, bevor es auf dem Blatt des herrschenden Grundstückes vermerkt werden kann, auf dem Blatt des belasteten Grundstücks eingetragen sein. Die Bestimmung ist von besonderer Bedeutung für Grunddienstbarkeiten alten Rechts, die infolge Art. 187 EGBGB in weitem Umfange außerhalb des Grundbuchs vorhanden sind. Rechte, die auf dem belasteten Grundstück nicht eingetragen werden können, wie z. B. die Überbau- und Notwegrente (§§ 914, 917 BGB) können daher auch auf dem Blatte des herrschenden Grundstückes nicht vermerkt werden, es sei denn, sie sind ihrer Höhe nach vertraglich festgestellt worden. Str. ist, ob der Verzicht auf die Überbaurente gem. § 9 auf dem Blatt des rentenberechtigten Grundstückes vermerkt werden kann.[3] Der abl. Auff. ist zuzustimmen, da das Recht selbst nicht eintragungsfähig war, mithin ein Publizitätsschutz nicht erforderlich ist.

Altrechtliche Grunddienstbarkeiten, die nach Landesrecht nicht eingetragen sein müssen, dürfen auf dem Blatt des herrschenden Grundstückes erst vermerkt werden, wenn sie auf dem Blatt des belasteten Grundstückes eingetragen sind.

III. Verfahren

Der Vermerk wird nur auf Antrag eingetragen. **Antragsberechtigt** sind der Eigentümer des herrschenden Grundstückes, sowie jeder am herrschenden Grundstück dinglich Berechtigte, sofern zur Aufhebung des subjektiv-dinglichen Rechtes nach § 876 S. 2 BGB seine Zustimmung erforderlich wäre.

---

[1] RG RGZ 128; 246; KG JFG 9, 207; BGH BGHZ 37, 147 = NJW 62, 1344.
[2] BayObLG BayObLGZ 60, 455.
[3] Bejahend: LG Düsseldorf Rpfleger 90, 288; KG Rpfleger 68, 52; OLG Düsseldorf Rpfleger 78, 16; Staudinger/*Roth* § 914 Rdn. 4 ff. Verneinend: *Böck* MittBayNot 76, 64; Meikel/*Böttcher* § 9 Rdn. 25; *Demharter* § 9 Rdn. 5.

Die Zubilligung eines Antragsrechts an diese dinglich Berechtigten geschieht in Abweichung von § 13 Abs. 1 S. 2, da sie durch die Eintragung des Vermerks nur mittelbar begünstigt werden. Der Antrag bedarf nicht der Form des § 29.

1. Grundbuchtechnisches Verfahren

8 Wegen des grundbuchtechnischen Verfahrens s. die Erläuterungen zu § 7 GBV.
Nach § 9 Abs. 3 ist die Anbringung des subjektiv-dinglichen Vermerks auf dem Blatt des belasteten Grundstücks ersichtlich zu machen. Dies geschieht zu dem Zweck, die Beachtung des § 21 (s. dazu unten Rdn. 11) und die nach Abs. 2 vorgeschriebenen Berichtigungen sicherzustellen (vgl. dazu unten Rdn. 9).

Übersicht zu Rdn. 7

Das eingetragene Recht ist (subj.-dingliche/s)	Der Antragsteller hat am herrschenden Grundstück	Zustimmung nach § 876 S. 2 BGBl. u. damit Antragsrecht
1. Reallast (auch Erbbauzins)	a) Grundpfandrecht oder Reallast	**Ja**, wegen der Bestandteilshaftung, §§ 96, 1120, 1126
	b) Dienstbarkeit	**Nein** (Ausnahme bei tatsächlichem Einfluß auf Ausübung)
	c) Nießbrauch	**Ja**, weil ihm die Einzelleistungen als Rechtsfrüchte (§ 99 Abs. 3) zustehen.
	d) Vorkaufsrecht	**Ja**, weil es sich auf Rechte i. S. des § 96 erstreckt.
2. Dienstbarkeit	a) Grundpfandrecht oder Reallast	**Ja**, w. o.
	b) Dienstbarkeit	grundsätzl. **nein**, w. o.
	c) Nießbrauch	**Ja**, weil ihm auch die Gebrauchsvorteile zustehen.
	d) Vorkaufsrecht	**Ja**, w. o.
3. Vorkaufsrecht	a) Grundpfandrecht oder Reallast	**Nein**, weil kein realer Haftungswert
	b) Dienstbarkeit	**Nein** (ohne Bedeutung f. Ausübung)
	c) Nießbrauch	**Nein**, weil nicht vom Recht erfaßt
	d) Vorkaufsrecht	Wohl **ja**, weil Rechtserweiterung f. d. Berechtigten (Möglichkeit des doppelten Vorkaufs!)

Die Eintragung geschieht in Abt. II Sp. 5, sie lautet etwa:
„Das Recht ist auf dem Blatt des herrschenden Grundstücks vermerkt."

Werden die Grundbücher für das belastete und das herrschende Grundstück von verschiedenen Grundbuchämtern geführt, besteht eine Benachrichtigungspflicht; s. dazu § 41 GBV. **Veränderungen** beim **herrschenden** Grundstück (z. B. dessen Teilung) werden auf dem Blatt des dienenden Grundstückes nicht vermerkt.[4]

---

[4] BayObLG MittBayNot 95, 286.

2. Aufhebung und Änderung

Wird das Recht aufgehoben oder inhaltlich geändert (was nur durch Eintragung auf dem Blatt des belasteten Grundstücks geschehen kann), so ist der Vermerk auf dem Blatt des herrschenden Grundstücks von Amts wegen zu berichtigen (§ 9 Abs. 2; §§ 7, 14 GBV). Deshalb hat das Grundbuchamt des belasteten Grundstücks dem anderen Grundbuchamt von solchen Eintragungen Kenntnis zu geben (§ 41 Abs. 2 GBV). **9**

3. Wohnungseigentum

Im Falle des Wohnungseigentums (Teileigentums) gilt folgendes: Die Begründung von Wohnungseigentum hindert nicht, daß zugunsten des jeweiligen Eigentümers des Grundstücks als Ganzem – nämlich zugunsten der jeweiligen Miteigentümer – subjektiv-dingliche Rechte bestehen bleiben oder neu begründet werden. In solchen Fällen kann jedoch die Vorschrift des § 9 Abs. 1 S. 1, nach der das Recht auf dem Blatt des herrschenden Grundstückes zu vermerken ist, nicht wörtlich befolgt werden, wenn das Blatt für das Grundstück gem. § 7 Abs. 1 S. 3 WEG geschlossen worden ist. An die Stelle des geschlossenen Blattes für das Grundstück sind alle Wohnungsgrundbücher getreten. Daher müssen Eintragungen, die nicht nur einen Miteigentumsanteil, sondern alle Miteigentumsanteile oder das Grundstück als solches betreffen, in allen Wohnungsgrundbüchern erfolgen mit dem Hinweis, daß es sich um eine Eintragung handelt, die das ganze Grundstück betrifft (§ 3 Abs. 7 WEGBV und § 7 GBV Rdn. 6). **10**

Wegen der realen Herrschaftsmacht, die das mit dem Miteigentum verbundene Sondereigentum gewährt (§ 1 WEG), wird es aber auch möglich sein, daß das Wohnungseigentum selbst herrschendes Grundstück im Sinne des § 1018 BGB ist. In einem solchen Falle ist die Berechtigung nur bei dem einzelnen berechtigten (herrschenden) Wohnungseigentum zu vermerken.

Besteht ein gemeinschaftliches Wohnungsgrundbuch (Teileigentumsgrundbuch), so muß der Vermerk ergeben, ob das Recht für einen einzelnen jeweiligen Wohnungseigentümer oder für den jeweiligen Grundstückseigentümer als solchen besteht.

IV. Bedeutung des Vermerks

Der Vermerk hat lediglich kundmachende Bedeutung. Für die Entstehung, Änderung oder Aufhebung des Rechtes ist allein die Eintragung auf dem Blatte des belasteten Grundstücks maßgebend; dieses allein bleibt auch die Grundlage für den öffentlichen Glauben des Grundbuchs.[5] Der Vermerk hat ferner die Wirkung, daß künftig zur Aufhebung oder Änderung des Inhalts des Rechts die Zustimmung der am herrschenden Grundstück dinglich Berechtigten im Rahmen der §§ 876, 877 BGB nicht nur materiellrechtlich, sondern auch verfahrensrechtlich (§§ 19, 21) erforderlich ist.

[Aufbewahrung von Urkunden]

§ 10

(1) **Urkunden, auf die eine Eintragung sich gründet oder Bezug nimmt, hat das Grundbuchamt aufzubewahren. Eine solche Urkunde darf nur herausgegeben werden, wenn statt der Urkunde eine beglaubigte Abschrift bei dem Grundbuchamt bleibt.**

---

[5] KG JFG 10, 204; BayObLG BayObLGZ 69, 292 sowie DNotZ 80, 104 u. Rpfleger 87, 101.

§ 10

(2) Das Bundesministerium der Justiz wird ermächtigt, durch Rechtsverordnung, die der Zustimmung des Bundesrates bedarf, zu bestimmen, daß statt einer beglaubigten Abschrift der Urkunde eine Verweisung auf die anderen Akten genügt, wenn eine der in Absatz 1 bezeichneten Urkunden in anderen Akten des das Grundbuch führenden Amtsgerichts enthalten ist.

I. Allgemeines

1. Inhalt der Vorschrift

1 Die Vorschrift regelt die Behandlung von Urkunden durch das GBA, und zwar in Abs. 1 und 2 derjenigen Urkunden, auf die eine Eintragung sich gründet oder Bezug nimmt. Der bisherige Abs. 3 befaßte sich mit Urkunden über das der Bewilligung zugrundeliegende Rechtsgeschäft.

Die Ermächtigung in Abs. 2 ist ohne inhaltliche Veränderung durch das RegVBG neu gefaßt worden. Der bisherige Abs. 3 wurde durch G. v. 6. 6. 95 (BGBl. I S. 778) gestrichen. Eine **Ergänzung** erfährt die Norm durch § 70 **Abs. 4** LandesAnpG; danach haben die Landw. Produktionsgenossenschaften bzw. deren Rechtsnachfolger Urkunden über die Zuweisung von Nutzungsrechten (§ 291 ZGB) beim GBAmt abzuliefern, dort sind sie bei den Grundakten zu verwahren.

2. Rechtsverhältnis zwischen Einreicher und GBA

2 Umstritten ist, welcher Art das durch die Einreichung von Urkunden zwischen dem GBA und dem Einreicher entstehende Rechtsverhältnis ist. Während die ältere Auff. das Bestehen eines bürgerlichrechtlichen **Verwahrungsvertrages** annimmt,[1] wird zu Recht in der neueren Lit. ein öffentlichrechtliches Verwahrungsverhältnis angenommen.[2]

3. Bezugnahme auf Urkunden

3 Ist in einer Eintragung auf eine Bewilligung Bezug genommen, so ist für den Inhalt des Grundbuches die beim GBA verwahrte Urkunde maßgebend; deckt sie sich nicht mit der beim Notar verwahrten Urkunde, so ist das Grundbuch unrichtig. In einem solchen Fall sind Urkunden und Grundbuch gleichermaßen zu berichtigen, so, als sei der Eintragungsvermerk selbst fehlerhaft.

II. Die verschiedenen Urkunden

1. Urkunden, auf die eine Eintragung sich gründet

4 Das sind die Urkunden, die zur Vornahme der Eintragung nach dem formellen Grundbuchrecht erforderlich sind; der Zweck des § 10 ist es, jederzeit den Nachweis zu ermöglichen, daß die gesetzlichen Voraussetzungen für eine Eintragung vorgelegen haben. Es sind zu nennen:

a) Eintragungsanträge (§ 13), Eintragungsbewilligungen (§ 19), Einigungen, soweit sie nachzuweisen sind (§ 20), Zustimmungs- und Abtretungserklärungen (§§ 22, 26,

---

[1] KG in stRspr., vgl. KGJ 25, 322; 39, 163; 43, 271; 44, 170; *Güthe/Triebel* § 13 Rdn. 39.

[2] *Ertl* DNotZ 67, 339, 350; *Böttcher* Rpfleger 82, 175; Meikel/*Böttcher* § 10 Rdn. 3.

27), behördliche Bescheinigungen (§§ 7 Abs. 4, 9 Abs. 1, 32 Abs. 2 WEG). Hierher gehören auch die Aufteilungspläne nach §§ 7 Abs. 4 Nr. 1, 32 Abs. 2 Nr. 1 WEG, oder Karten, die eine Erklärungsurkunde ergänzen (z. B. im Falle des § 7 Abs. 2 oder § 1023 S. 2 BGB).

b) Urkunden, die eine zur Vornahme der Eintragung notwendige Erklärung ersetzen, also Urteile (§§ 894, 895 ZPO), vollstreckbare Titel aller Art, Pfändungs- und Überweisungsbeschlüsse. Hierher gehören auch Überweisungszeugnisse (§§ 36, 37), behördliche Ersuchen (§ 38) sowie andere Urkunden, die z. B. eine Grundbuchunrichtigkeit beweisen (Sterbeurkunden usw.).

c) Vollmachten, Erbscheine, Testamente und Testamentsvollstreckerzeugnisse, Erbverträge (§ 35), Bescheinigungen des Registergerichts.

d) Auszüge aus dem amtlichen Verzeichnis, sowie Karten (§§ 2 Abs. 3, 7 Abs. 2).

2. Urkunden, auf die eine Eintragung Bezug nimmt

Sie sind durch die Bezugnahme Teil der Eintragung selbst geworden und müssen schon deshalb aufbewahrt werden. Im übrigen fallen sie regelmäßig auch unter die Gruppe der Urkunden, die der Eintragung zugrundeliegen. Aufzubewahren ist jedoch nicht die nach § 1115 Abs. 2 BGB in Bezug genommene Satzung; hier genügt auch grundbuchrechtlich die öffentliche Bekanntmachung.

3. Urkunden über Rechtsgeschäfte, die der Eintragungsbewilligung zugrundeliegen

Es sind dies die Urkunden über schuldrechtliche Rechtsgeschäfte, zu deren Erfüllung die Eintragungsbewilligung dient; z. B. die Kaufverträge oder Hypothekenbestellungsverträge. Diese Urkunden, die zur Vornahme der Eintragung nicht nötig sind, konnten die Beteiligten nach dem nunmehr aufgehobenen Abs. 3 dem GBA zur Aufbewahrung in Urschrift, Ausfertigung oder beglaubigter Abschrift übergen. Nach der Streichung der Norm besteht diese Möglichkeit und die damit korrespondierende Verwahrungspflicht des GBAmts nicht mehr. Dies kann jedoch nur für Urkunden gelten, in denen allein das Verpflichtungsgeschäft verbrieft ist. Sind in einer Urkunde das Verpflichtungsgeschäft und die Auflassung erfaßt, kann das GBAmt eine Trennung nicht verlangen. Selbstverständlich ist die Urkunde über das Grundgeschäft dann zu den Akten zu nehmen, wenn sie zu den Eintragungsunterlagen gehört, z. B. bei Eintragung einer Vormerkung, oder weil die Entgeltlichkeit (Vorerben- bzw. Testamentsvollstreckerverfügung!) zu prüfen oder das Vorliegen einer zu erfüllenden Verbindlichkeit (etwa bei § 181 BGB) nachzuweisen war.

III. Die Aufbewahrungspflicht des GBA

1. Grundsatz

Aufzubewahren sind grundsätzlich alle in Rdn. 4 und 5 genannten Urkunden von Amts wegen, sofern die betroffene Eintragung vorgenommen worden ist.

2. Vor Antragstellung

Ist ein Eintragungsantrag noch nicht gestellt, so besteht keine Aufbewahrungspflicht. Das Entstehen einer Aufbewahrungspflicht setzt jedenfalls den Beginn eines Eintragungsverfahrens voraus; außerhalb eines Eintragungsverfahrens besteht – abgesehen von § 70 Abs. 4 LandwAnpG, oben Rdn. 1 – keine Pflicht des GBA, Schriftstücke irgendwelcher Art zu den Grundakten zu nehmen.³ Ist mit der Stellung des Antrages in absehbarer Zeit zu rechnen, so kann es sich empfehlen, die Urkunden bis zu dessen Eingang zu verwahren.

3. Bei Antragsrücknahme

9 Nach h. M. kann der Bewilligende bis zur Vollendung der Eintragung jederzeit seine **Eintragungsbewilligung zurücknehmen**, bzw. der Einreicher die Urkunde zurückverlangen. Die h. M. begründet dies — soweit sie das Bestehen eines bürgerrechtlichen Verwahrungsvertrages annimmt (s. oben Rdn. 2) — unmittelbar aus § 695 BGB, soweit sie ein öffentlichrechtliches Verwahrungsverhältnis bejaht, mit gleichem Ergebnis aus einer analogen Anwendung dieser Vorschrift. Nach den vom RG entwickelten Grundsätzen einer öffentlichrechtlichen Verwahrung hat sich jedoch das Rücknahmerecht des Einreichers den öffentlichen Interessen an einer ordnungsgemäßen Erledigung des Eintragungsverfahrens unterzuordnen.

Das GBA darf deshalb die Bewilligung während des Eintragungsverfahrens nicht an den Einreicher zurückgeben, weil sie dadurch unwirksam würde⁴ und nicht mehr als Grundlage der Eintragung dienen könnte. Vor dem Beginn und nach dem Ende des Eintragungsverfahrens jedoch ist eine Zurücknahme möglich, der Begünstigte kann sich durch Stellung eines eigenen Antrages dagegen schützen.⁵

4. Bei Zurückweisung des Antrags

10 Im Falle der Zurückweisung eines Antrages wird nach h. M. unbeschadet der Erinnerungs- oder Beschwerdemöglichkeit die Eintragungsunterlage ohne Zurückbehaltung einer beglaubigten Abschrift an den Einreicher zurückgegeben.⁶ Legt von mehreren Antragstellern derjenige, der nicht im Besitz der Bewilligung ist, gegen die Zurückweisung Erinnerung (Beschwerde) ein, so läuft er Gefahr, daß sein Rechtsbehelf aus formellen Gründen zurückgewiesen werden muß, wenn es ihm nicht gelingt, die Bewilligung wieder beizubringen. Richtigerweise muß sich jedoch auch in diesem Fall das Rücknahmerecht dem öffentlichen Interesse an einer sachlich richtigen Beschwerdeentscheidung unterordnen. In einem solchen Falle sind deshalb die Urkunden zu verwahren, falls ein Rechtsmittel bereits angekündigt oder erhoben ist; andernfalls muß — soll das Wiederaufleben des Antrages (§ 74 Rdn. 9) für den Rechtsmittelführer einen Sinn haben — die Wiedervorlage der Bewilligung vom Beschwerdegericht mit Beugemitteln (§ 33 FGG) erzwingbar sein.⁷

IV. Verfahrensvorschriften

11 Wegen des Ortes der Aufbewahrung der Urkunden vgl. § 24 GBV. Über Anträge auf Herausgabe von Urkunden entscheidet der Urkundsbeamte der Geschäftsstelle (§ 12c Abs. 1 Nr. 4). Die in Rdn. 4 und 5 genannten Urkunden dürfen bei Bestehen der Aufbewahrungspflicht nur nach Erstellung einer beglaubigten Abschrift herausgegeben werden. Ist eine Urkunde versehentlich an eine nicht empfangsberechtigte Person ausgehändigt worden, so kann diese vom GBA durch Ordnungsstrafen zur Rückgabe ange-

---

³ BayObLG Rpfleger 75, 360.
⁴ Vgl. Erl. zu § 19 und *Eickmann* Lehrbuch Rdn. 189.
⁵ Vgl. dazu ausf. *Ertl* DNotZ 67, 339/350.
⁶ *Demharter* § 10 Rdn. 14.
⁷ Wie hier: Meikel/*Böttcher* § 10 Rdn. 27.

halten werden; dasselbe gilt für den Fall, daß eine Urkunde trotz Beschwerde eines anderen Verfahrensbeteiligten bereits zurückgegeben worden ist (s. oben Rdn. 10).

Aufgrund der Ermächtigung in Abs. 2 sind Sondervorschriften für die Verweisung auf andere Akten in § 24 GBV getroffen (s. Erläuterungen dort).

[Aufbewahrung auf Datenträgern; Nachweis der Übereinstimmung]

§ 10 a

(1) Die nach § 10 oder nach sonstigen bundesrechtlichen Vorschriften vom Grundbuchamt aufzubewahrenden Urkunden und geschlossenen Grundbücher können als Wiedergabe auf einem Bildträger oder auf anderen Datenträgern aufbewahrt werden, wenn sichergestellt ist, daß die Wiedergabe oder die Daten innerhalb angemessener Zeit lesbar gemacht werden können. Die Landesjustizverwaltungen bestimmen durch allgemeine Verwaltungsanordnungen Zeitpunkt und Umfang dieser Art der Aufbewahrung und die Einzelheiten der Durchführung.

(2) Bei der Herstellung der Bild- oder Datenträger ist ein schriftlicher Nachweis anzufertigen, daß die Wiedergabe mit der Urkunde übereinstimmt. Die Originale der Urkunden sind den dafür zuständigen Stellen zu übergeben und von diesen aufzubewahren. Weist die Urkunde farbliche Eintragungen auf, so ist in dem schriftlichen Nachweis anzugeben, daß das Original farbliche Eintragungen aufweist, die in der Wiedergabe nicht farblich erkennbar sind.

(3) Durch Rechtsverordnung des Bundesministeriums der Justiz mit Zustimmung des Bundesrates kann vorgesehen werden, daß für die Führung des Grundbuchs nicht mehr benötigte, bei den Grundakten befindliche Schriftstücke ausgesondert werden können. Welche Schriftstücke dies sind und unter welchen Voraussetzungen sie ausgesondert werden können, ist in der Rechtsverordnung nach Satz 1 zu bestimmen.

Übersicht

	Rdn.		Rdn.
I. Allgemeines	1–3	IV. Vorgehen bei Herstellung der Bild- oder Datenträger	12–15
II. Gegenstand der papierlosen Archivierung	4–5	V. Aussonderung von Schriftstücken	16–18
III. Technische Verfahren	6–11	VI. Künftige Entwicklungen	19–22

I. Allgemeines

Die Bestimmung wurde durch das RegVBG vom 20. 12. 1993 eingefügt. Sie greift im wesentlichen die Formulierung von § 8 a HGB a. F. (jetzt § 8 a Abs. 3) auf, der bereits durch das Bilanzrichtliniegesetz vom 19. 12. 1985 (BGBl. I 2355) geschaffen wurde und für Schriftstücke gilt, die zum Handelsregister eingereicht werden. Eine vergleichbare Regelung enthält auch § 299 a ZPO. **1**

Abs. 1 und 2 ermöglichen, die Grundakten, die gegenüber den Grundbüchern i. a. einen erheblich größeren Umfang haben, vor Ort papierlos verfügbar zu halten sowie geschlossene Grundbücher mittels moderner Archivierungstechnologien aufzubewahren. Sie ergänzen die Vorschriften über das maschinelle Grundbuch (§§ 126–134), ohne jedoch die maschinelle Führung auch für die Grundakten einzuführen. Ziel ist die Verringerung des Raumbedarfs der Grundbuchämter. Eine inhaltliche Veränderung des Grundaktenbestandes ist damit nicht verbunden. Abs. 3 zielt demgegenüber auf die **2**

§ 10 a

Verringerung bereits des Grundaktenbestands und -anfalls bei den Grundbuchämtern ab. Zum Verhältnis von Abs. 1 und Abs. 3 unten Rdn. 16.

3 Die praktische Umsetzung von Abs. 1 und 2 erfolgt auf der Grundlage allgemeiner Verwaltungsanordnungen der Landesjustizverwaltungen, von Abs. 3 durch Rechtsverordnung des Bundesministeriums der Justiz mit Zustimmung des Bundesrates, die bisher jedoch nicht erlassen wurde.

II. Gegenstand der papierlosen Archivierung

4 Papierlos archiviert werden können grundsätzlich **die gesamten vom Grundbuchamt zu verwahrenden Grundakten.** Da die Einreichung von Dokumenten auf Bild- oder Datenträger entsprechend § 8 a Abs. 4 HGB nicht vorgesehen wurde, müssen sämtliche Dokumente dem Grundbuchamt zunächst in Papierform vorgelegt werden. Die Erfassung wird durch das Grundbuchamt selbst besorgt. Aufzubewahrende Urkunden sind
– gem. § 10 Urkunden, auf die eine Eintragung sich gründet oder Bezug nimmt
– gem. sonstiger bundesrechtlicher Vorschriften: §§ 873 Abs. 2, 876 S. 3 BGB sowie Sondervorschriften für die neuen Bundesländer
– sonstige das Grundstück betreffende und zu den Grundakten genommene Schriftstücke (Verfügungen, Briefentwürfe, Zustellungsnachweise, Kostenrechnungen etc.).

5 **Geschlossene Grundbücher** können unabhängig davon nach Abs. 1 archiviert werden, ob sie vorher in Papierform oder elektronisch[1] geführt wurden.

III. Technische Verfahren

6 § 10 a legt sich nicht auf bestimmte Verfahren fest, sondern ist gegenüber allen geeigneten Archivierungsmethoden – auch künftigen technologischen Entwicklungen – offen, sofern dauerhaft die Wiedergabe oder die Lesbarmachung der Daten sichergestellt ist.

7 Bei der beispielhaft genannten Wiedergabe auf einem **Bildträger** wird durch Mikroverfilmung ein verkleinertes, analoges Abbild des Schriftstücks hergestellt. In der Praxis sind hierfür unterschiedliche Verfahren im Einsatz.[2] Einzelheiten zum Vorgehen bei der Herstellung sowie zur Behandlung von Schriftgut und Mikrofilmen enthalten die **Grundsätze für die Mikroverfilmung von Schriftgut in der Rechtspflege und Justizverwaltung**, deren Anwendung den Landesjustizverwaltungen von der Bund-Länder-Kommission für Datenverarbeitung und Rationalisierung in der Justiz mit Beschluß vom 29. 10. 1990 empfohlen wurde.[3]

8 Welche **anderen Datenträger** verwendet werden können, wurde zweckmäßigerweise mit Rücksicht auf den ständigen und rasanten Fortschritt im Bereich der elektronischen Archivierung nicht im einzelnen festgelegt. In Frage kommen – im Unterschied zur analogen Wiedergabe – vor allem Speichermedien, die mit digitalen Daten beschrieben werden können, also Magnetplatten oder -bänder, Disketten, CD-ROM, WORM o. ä. Entsprechend den Vorschriften über das maschinelle Grundbuch bleibt es der für die Entscheidung über die Erfassung zuständigen Stelle überlassen, ob die Speicherung in codierter Form (als elektronische Zeichen) oder in nichtcodierter Form (als Bilddaten) erfolgt, vgl. § 126 Rdn. 10.

---

[1] Einzelheiten bei Meikel/*Göttlinger* § 10 a Rdn. 29 ff.
[2] Meikel/*Göttlinger* § 10 a Rdn. 6 ff.
[3] Abgedruckt bei Meikel/*Göttlinger* im Anh. zu § 10 a.

Die nachträgliche Erfassung vorhandener, großer Papiermengen wird aus Gründen der Praktikabilität und aus wirtschaftlichen Gründen fast immer durch Mikroverfilmung oder durch Scannen erfolgen und im letzteren Fall regelmäßig zur Speicherung als Bilddaten führen. Die nachträgliche Umwandlung in codierte Daten durch den Einsatz sog. OCR[4]-Software ist möglich, erfordert aber mit Rücksicht auf eine je nach Qualität der zum Einsatz gelangenden Vorlagen und technischen Komponenten nicht unbeträchtliche Erkennungsfehlerquote hohen Nachbearbeitungsaufwand, der nur dort lohnend ist, wo die erfaßten Daten zur unmittelbaren Weiterverarbeitung zur Verfügung gestellt werden. Zur vergleichbaren Problematik beim maschinellen Grundbuch vgl. § 126 Rdn. 10. **9**

Zur **Lesbarmachung** von Bildträgern sind spezielle Lesegeräte erforderlich, die eine vergrößerte Darstellung der Daten auf einem Sichtschirm ermöglichen. Auch die Herstellung von Fotokopien ist möglich. Bei anderen Datenträgern wird die Wiedergabe, wie bei EDV-Anlagen üblich, an geeigneten Bildschirmen oder durch Ausdruck erfolgen. Da in beiden Fällen eine unmittelbare sinnliche Wahrnehmung der gespeicherten Daten nicht mehr möglich ist, müssen Vorkehrungen getroffen werde, die die Verfügbarmachung der Daten innerhalb angemessener Zeit und dauerhaft gewährleisten. Dies schließt Vorkehrungen gegen den unangemessenen langen Ausfall der Wiedergabeeinrichtungen ebenso ein wie die rechtzeitige Anpassung an dem Stand der Technik entsprechende neue Speicherverfahren. **10**

Der Gesetzgeber konnte jedoch mit Rücksicht auf die Aufbewahrung der Originale (Rdn. 15) hier darauf verzichten, so strenge Anforderungen an die Datenhaltung wie § 126 Abs. 1 S. 2 für das maschinelle Grundbuch zu stellen. **11**

IV. Vorgehen bei Herstellung der Bild- oder Datenträger

Abs. 2 stellt eine Reihe von Anforderungen auf, die die Übereinstimmung von Original und Wiedergabe so weit wie möglich gewährleisten, etwaige farbliche Abweichungen ersichtlich machen und die Originale für die dann eingeschränkten Fälle der Einsichtnahme verfügbar halten sollen. **12**

Nach der Erfassung auf Bild- oder Datenträger ist die Wiedergabe – und nicht das Original – Gegenstand der Einsichtnahme in die Grundakten. Es muß daher vom Urkundsbeamten der Geschäftsstelle (§ 12 c Abs. 2 Nr. 5) ein **schriftlicher Nachweis** darüber gefertigt werden, daß Wiedergabe und Originalurkunde übereinstimmen, damit erforderlichenfalls von der Wiedergabe beglaubigte Abschriften erstellt werden können. Original im Sinn der Vorschrift sind auch Ausfertigungen und beglaubigte Abschriften von notariellen Urkunden, die zum Grundbuchamt eingereicht werden, während die Urschrift in der Urkundensammlung des Notars verbleibt. Das Grundbuchamt kann daher solche Dokumente nicht dem Einreicher zurückgeben und Beteiligte an den Notar verweisen mit der Begründung, die Urschrift einer Urkunde werde dort verwahrt.[5] **13**

Herkömmliche Verfahren zur papierlosen Archivierung sind meist nicht in der Lage, **farbliche Eintragungen** entsprechend wiederzugeben. Sie erscheinen in der Regel schwarz auf dem Sicht- oder Bildschirm. Notarielle Urkunden enthalten jedoch häufig farbliche Hervorhebungen, etwa zur Kenntlichmachung des Ausübungsbereichs von Dienstbarkeiten, Sondernutzungsrechten o. ä. Der schriftliche Nachweis muß hierüber **14**

---

[4] Optical Character Recognition (Optische Schrifterkennung).

[5] *Demharter* § 10 a Rdn. 7.

§ 10 a

Aufschluß geben, damit in Zweifelsfällen das Original herangezogen werden kann. Der Gesetzeswortlaut ist mit Rücksicht auf die zunehmende Üblichkeit der Verwendung von Geräten, die zur Wiedergabe von Farben in der Lage sind, so zu verstehen, daß der Hinweis dann entfallen kann, wenn eine farblich korrekte Wiedergabe sichergestellt ist.[6] Zur vergleichbaren Problematik beim maschinellen Grundbuch s. § 91 S. 2 GBV.

15 Die **Originale sind schließlich den zuständigen staatlichen**[7] **Stellen zur Aufbewahrung** zu übergeben. Die Einsichtnahme in die nicht vom Grundbuchamt aufbewahrten Dokumente ist nur noch unter den eingeschränkten Voraussetzungen von § 12 b Abs. 3 zulässig, da – wie der Vorschrift implizit zu entnehmen – der neue Aufbewahrungsort entsprechend dem Zweck der Vorschrift normalerweise außerhalb und entfernt vom Grundbuchamt liegen wird. Ein solcher Fall wird etwa vorliegen, wenn es auf eine genaue farbliche Kennzeichnung ankommt, die in der Wiedergabe nicht erkennbar ist. An die Stelle der Originale tritt im regelmäßigen Einsichtsbetrieb die Wiedergabe auf Bild- oder Datenträger.

V. Aussonderung von Schriftstücken

16 Im Gegensatz zur papierlosen Archivierung nach Abs. 1 und 2, die den Grundaktenbestand lediglich verlagert, soll die Aussonderung von Schriftstücken nach Abs. 3 den Papierbestand und -anfall vermindern. Die weitere Aufbewahrung der ausgesonderten Originale ist nicht vorgesehen.

17 **Ausgesondert** und anschließend **vernichtet** werden dürfen aber nur solche Schriftstücke, die zur Führung des Grundbuchs nicht mehr benötigt werden. Die Rechtsverordnung, die die Aussonderung, die von ihr betroffenen Schriftstücke und die Einzelheiten des Verfahrens regeln soll, ist bisher nicht erlassen worden.

18 Der Intention, den papierenen Grundaktenanfall einzudämmen, dienen auch die vom Bundesministerium der Justiz im Einvernehmen mit den Landesjustizverwaltungen und der Bundesnotarkammer herauszugebenden Anwendungsempfehlungen gem. § 24 a GBV.

VI. Künftige Entwicklungen

19 Die derzeitige Fassung von § 10 a berücksichtigt die Umstellungsschwierigkeiten, die angesichts der fraglichen Datenmengen mit der **Einführung einer vollelektronischen Grundaktenführung** entsprechend dem maschinellen Grundbuch verbunden wären. Statt eines nicht zu bewältigenden „Technologiesprungs"[8] wurden zunächst die Voraussetzungen für einen fließenden Übergang geschaffen. Gleichwohl stellt die Grundaktenführung auf EDV ein vom Gesetzgeber bereits ausdrücklich ins Auge gefaßtes Rationalisierungsziel dar, das auch aus Sicht der Benutzer des Grundbuchs attraktive Perspektiven erlauben würde:

20 – Die Möglichkeit der On-line-Einsichtnahme im Fernabrufverfahren auch in die Grundakten etwa würde den Gang zum Grundbuchamt in den nicht seltenen Fällen ersparen, in denen allein die Einsichtnahme in den Grundbuchinhalt zur sachgerechten

---

[6] Vgl. Begründung des Regierungsentwurfs zum RegVBG, BT-Drucks. 12/5553, 61.

[7] Wegen der Verpflichtung, Einsicht auch in die Originalurkunden zu gewähren, *Demharter* § 10 a Rdn. 6.

[8] So die Begründung zum Regierungsentwurf, BT-Drucks. 12/5553, 61; *Demharter* § 10 a Rdn. 7.

Bearbeitung einer Angelegenheit nicht ausreicht.[9] Die Belastung der Geschäftsstellen der Grundbuchämter würde hierdurch entsprechend verringert.

– Die elektronische Einreichung von Daten[10] und die Möglichkeit zum Abruf von in kodierter Form gespeicherten elektronischen Daten[11] würde die Übergabe bzw. die Übernahme bereits erfaßter Texte ermöglichen und die bei der Umwandlung von papierenen Dokumenten in elektronische Daten und umgekehrt auftretenden Medienbrüche vermeiden. Die Übernahme bereits vorhandener elektronischer Dokumente, etwa aus den EDV-Anlagen der Notare, könnte überdies den Aufbau elektronischer Grundakten wesentlich erleichtern. **21**

– Eine stärkere Heranziehung der Urkundensammlung der Notare zur Einsichtnahme würde sowohl im Sinn von § 10a Abs. 1 als auch Abs. 3 entlastend wirken, und zwar sowohl bei konventioneller Grundaktenführung als auch im Hinblick auf eine spätere EDV-Umstellung.[12] **22**

[Mitwirkung gesetzlich ausgeschlossener Grundbuchbeamter]

§ 11

Eine Eintragung in das Grundbuch ist nicht aus dem Grunde unwirksam, weil derjenige, der sie bewirkt hat, von der Mitwirkung bei der Eintragung kraft Gesetzes ausgeschlossen ist.

I. Allgemeines

§ 11 behandelt die Frage, inwieweit das Bestehen von Ausschließungsgründen Einfluß auf das Verfahren des GBA hat. In diesem Zusammenhang sollen auch die – in § 11 nicht angesprochenen – Fragen der Ablehnung der Grundbuchbeamten erörtert werden. **1**

Angesprochen durch die Vorschrift sind der Grundbuchrichter, der Rechtspfleger, der Urkundsbeamte, der 2. Geschäftsstellenbeamte, der ermächtigte Justizangestellte und der Präsentatsbeamte (vgl. dazu § 1 Rdn. 11–17). Durch das RegVBG ist der Begriff „Grundbuchbeamte" gestrichen und durch eine neutrale Umschreibung ersetzt worden. Für das Beschwerdegericht gilt § 81 Abs. 2.

II. Die Ausschließung

1. Grundbuchrichter, Rechtspfleger, Urkundsbeamter

§ 6 Abs. 1 FGG lautet: **2**

„Ein Richter ist von der Ausübung des Richteramts kraft Gesetzes ausgeschlossen:
1. In Sachen in denen er selbst beteiligt ist oder in denen er zu einem Beteiligten in dem Verhältnis eines Mitberechtigten oder Mitverpflichteten steht;
2. in Sachen eines Ehegatten, auch wenn die Ehe nicht mehr besteht,

---

[9] Vgl. *Becker* Das automatisierte Abrufverfahren des elektronischen Grundbuchs, BNotK-Intern 4/97 in DNotI-Report 23/1997, 6 f.
[10] Für das elektronische Grundbuch bereits angedacht im Pilotprojekt der Bundesnotarkammer mit den Staatsministerien des Justiz in Bayern und Sachsen, vgl. *Göttlinger* Pilotprojekt Elektronisches Grundbuch: Einsatz in Sachsen, DNotZ 95, 381 f.
[11] Vgl. Abschlußbericht zu dem in Fn. 12 genannten Pilotprojekt (nicht veröffentlicht).
[12] Vgl. BT-Drucks. 12/5553, a. a. O.

3. in Sachen einer Person, mit der er in gerader Linie oder im 2. Grade der Seitenlinie verwandt oder verschwägert ist;
4. in Sachen, in denen er als Vertreter eines Beteiligten bestellt oder als gesetzlicher Vertreter eines solchen aufzutreten berechtigt ist."

Er gilt für den Grundbuchrichter, den Rechtspfleger (§ 10 RpflG) und den Urkundsbeamten (sei er Beamter im staatsrechtlichen Sinne oder Angestellter; vgl. dazu § 1 Rdn. 14), soweit ihm nach § 12 c Abs. 1 u. 2 Geschäfte zur selbständigen Wahrnehmung zugewiesen sind. „Beteiligter" i. S. von § 6 FGG ist jede Person, die einen Antrag gestellt hat, zu deren Gunsten das Grundbuchamt tätig werden soll oder deren Recht durch die Tätigkeit des Grundbuchamts betroffen wird.[1]

2. Andere Grundbuchbeamte

Hinsichtlich der übrigen Bediensteten richtet sich die Ausschließung nach dem jeweiligen Landesrecht (§ 200 FGG).

III. Die Ablehnung

1. Selbstablehnung

3 a) **§ 6 Abs. 2 FGG hat folgenden Wortlaut:**
Ein Richter kann sich der Ausübung seines Amtes wegen Befangenheit enthalten. Die Ablehnung eines Richters ist ausgeschlossen.

Satz 2 dieser Vorschrift (Ausschluß der Ablehnung durch die Beteiligten) ist vom BVerfG mit Beschluß vom 8. 2. 1967[2] für verfassungswidrig und daher nichtig erklärt worden. Diese Entscheidung hat nach § 31 Abs. 2 S. 1, § 95 Abs. 3 BVerfGG Gesetzeskraft; sie hat einen jahrelangen Streit beendet, der um die Gültigkeit der Vorschrift geführt worden ist. Die entstandene Gesetzeslücke ist durch entsprechende Anwendung der einschlägigen Vorschriften der ZPO zu schließen (vgl. unten Rdn. 5). Wegen der verfassungskonformen Interpretation von § 6 Abs. 2 S. 1 s. unten Rdn. 4.

Befangenheit liegt vor, wenn der Richter (Rechtspfleger, UdG) wegen seiner Beziehung zu dem/den Beteiligten, einem Verfahrensbevollmächtigten oder zum Verfahrensgegenstand in der betreffenden Sache nicht unvoreingenommen amtieren kann oder jedenfalls ein Beteiligter von seinem Standpunkt aus bei besonnener und vernünftiger Würdigung Grund haben kann, daran zu zweifeln.[3]

4 b) **Selbstablehnung greift Platz**, wenn nach Auffassung des zuständigen Bediensteten Befangenheit i. S. der vorstehenden Darlegungen vorliegt. Nach dem Wortlaut des § 6 Abs. 2 S. 1 FGG war darin eine Freistellung von der Pflicht zur Amtsausübung enthalten, die unmittelbar die Zuständigkeit des Vertreters herbeiführte, ohne daß es noch einer Entscheidung eines anderen Gerichts bedurfte. Demgegenüber hat sich im Schrifttum die Auff. durchgesetzt, daß § 48 Abs. 1 ZPO entsprechend anzuwenden ist.[4] Dem ist beizutreten; die Notwendigkeit zur Wahrung der richterlichen Unabhängigkeit ergibt sich in allen Verfahrensarten gleichermaßen. Ein Grundbuchbeamter, der von einem Verhältnis Kenntnis hat, das ihn als befangen erscheinen läßt, hat deshalb die

---

[1] Meikel/*Böttcher* § 11 Rdn. 6; zum Beteiligtenbegriff s. auch *Habscheid* Rpfleger 64, 200 und oben § 1 Rdn. 29.
[2] BVerfGE 21, 139 = Rpfleger 67, 210.
[3] S. hierzu *Jansen* § 6 Rdn. 14; *Keidel/Kuntze/Winkler* § 6 Anm. 40 ff. m. w. Hinw.; *Bärmann* § 7 II 1 b, III 2. Eine Vielzahl von Einzelfällen behandelt *Teplitzky* in JuS 69, 318.
[4] *Jansen* § 6 Rdn. 15; *Keidel* Rpfleger 69, 181/183; für GBO: Meikel/*Böttcher* § 11 Rdn. 19; *Demharter* § 11 Rdn. 6.

Erster Abschnitt. Allgemeine Vorschriften (Eickmann) **§ 11**

Amtspflicht, dies anzuzeigen. Der Richter hat seine Anzeige an die Zivilkammer des Landgerichts zu richten (§ 48 Abs. 1 mit § 45 Abs. 2 ZPO, §§ 72, 100 GVG), der Rechtspfleger richtet seine Anzeige an den zuständigen Richter (§§ 10, 28 RpflG); das gleiche gilt für den Urkundsbeamten, für den allerdings — wegen der doch wesentlich geringeren Bedeutung der ihm zugewiesenen Geschäfte — auf dem Dienst-(Verwaltungs-)wege der Eintritt eines Stellvertreters verfügt werden kann.[5]

2. Ablehnung durch Beteiligte

Nachdem § 6 Abs. 2 S. 2 FGG nicht mehr gilt, ist eine Ablehnung durch die Verfahrensbeteiligten nach Maßgabe der **§§ 42 bis 48 ZPO** möglich.[6]   5

Die Ablehnungsregeln ergreifen neben Richter und Rechtspfleger (§ 10 RpflG) auch den Urkundsbeamten im Rahmen seines selbständigen Wirkungskreises. Bezüglich der übrigen Grundbuchbediensteten kommt Landesrecht (ggf. in Form des allgemeinen Dienstrechts) zur Anwendung.

IV. Handlungen eines ausgeschlossenen Grundbuchbeamten

Hier ist nach § 11 zu unterscheiden zwischen Eintragungen und den anderen grundbuchamtlichen Tätigkeiten im weitesten Sinn. **Eintragungen** sind nach § 11 nicht deshalb unwirksam, weil sie von einem kraft Gesetz ausgeschlossenen Grundbuchbeamten bewirkt worden sind. Für **alle anderen Tätigkeiten** gilt § 11 nicht. Hier gilt vielmehr § 7 FGG, soweit es sich um Handlungen des Richters, des Rechtspflegers oder des Urkundsbeamten im selbständigen Wirkungskreis handelt. Für die anderen Grundbuchbediensteten finden sich Vorschriften im jeweiligen Landesrecht.   6

V. Handlungen eines Grundbuchbeamten, gegen den Ablehnungsgründe bestehen

Bis über die Selbstablehnung oder den Ablehnungsantrag entschieden ist, gilt § 47 ZPO entsprechend;[7] d. h., der Betroffene darf **nur solche Handlungen** vornehmen, die **keinen Aufschub gestatten**. Diese Handlungen bleiben auch dann voll wirksam, wenn die Ablehnung für begründet erklärt wird.[8] Wird der Rahmen des § 47 ZPO überschritten, werden also Handlungen vorgenommen, die Aufschub geduldet hätten, so ist § 7 FGG entsprechend anwendbar. Die Maßnahmen sind zunächst wirksam, jedoch — sofern gegen sie überhaupt eine Anfechtungsmöglichkeit besteht (vgl. dazu Erl. zu § 71) — wegen Verstoßes gegen § 47 ZPO anfechtbar.[9] Gleiches gilt für ein Tätigwerden nach rechtskräftiger Ablehnung; auch hier ist § 7 FGG entsprechend anwendbar; das Tätigwerden eines wegen Befangenheit mit Erfolg abgelehnten Richters (Rechtspflegers) bildet einen Verfahrensfehler, der mit dem gegen die betreffende Maßnahme (Entscheidung) zulässigen Rechtsmittel (Rechtsbehelf) gerügt werden kann und der die Aufhebung und Zurückverweisung rechtfertigt.   7

---

[5] *Keidel* a. a. O.; Meikel/*Böttcher* § 11 Rdn. 20.
[6] BayObLG BayObLGZ 67, 474 = NJW 168, 802; OLG Braunschweig Rpfleger 70, 167; *Jansen* a. a. O.; *Keidel* a. a. O. und *Keidel/Kuntze/Winkler* § 6 Anm. 39. Wegen des Verfahrens im einzelnen s. *Keidel*/Rpfleger 68, 181/184.
[7] *Jansen* § 6 Rdn. 23; *Keidel* Rpfleger 69, 181/183.
[8] *Jansen* § 6 Rdn. 19; vgl. auch *Thomas/Putzo* § 47 Anm. 1.
[9] *Jansen*, § 6 Rdn. 25; *Keidel/Kuntze/Winkler* § 6 Anm. 66 und BayObLG BayObLGZ 69, 7 = Rpfleger 69, 209.

[Grundbucheinsicht, Abschriften]

§ 12

(1) Die Einsicht des Grundbuchs ist jedem gestattet, der auf ein berechtigtes Interesse darlegt. Das gleiche gilt von Urkunden, auf die im Grundbuche zur Ergänzung einer Eintragung Bezug genommen ist, sowie von den noch nicht erledigten Eintragungsanträgen.

(2) Soweit die Einsicht des Grundbuchs, der im Abs. 1 bezeichneten Urkunden und der noch nicht erledigten Eintragungsanträge gestattet ist, kann eine Abschrift gefordert werden; die Abschrift ist auf Verlangen zu beglaubigen.

(3) Der *Reichsminister* der Justiz kann jedoch die Einsicht des Grundbuchs und der im Abs. 1 S. 2 genannten Schriftstücke sowie die Erteilung von Abschriften auch darüber hinaus für zulässig erklären.

Literatur:
Böhringer Rpfleger 87, 181; *ders.* Rpfleger 89, 309; *ders.* DtZ 91, 272; *Grziwotz* MittBayNot 95, 97; *Melchers* Rpfleger 93, 309; *Schreiner* Rpfleger 80, 51.

Übersicht

	Rdn.		Rdn.
I. Allgemeines	1	III. Der Umfang der Einsicht	7
II. Die Voraussetzungen des Einsichtsrechts		IV. Die Ausübung der Einsicht	8
		V. Die Erteilung von Abschriften	9
1. Die Mögichkeiten der Einsichtserlangung	2	VI. Verfahren	
		1. Zuständigkeit	10
2. Das berechtigte Interesse	3	2. Rechtsbehelfe	11
3. Die Einsicht im Verwaltungswege	5	VII. Die Ermächtigung des Abs. 3	13
4. Einzelfälle	6	VIII. Ergänzende Normen	14

I. Allgemeines

1 Der **materielle Publizitätsgrundsatz** mit seinen Vermutungs- und Gutglaubensschutzwirkungen (§§ 891, 892, 893 BGB) setzt voraus, daß das Grundbuch in weitgehendem Maße der Einsicht durch die am Rechtsverkehr Teilnehmenden unterliegt. Die materiellrechtliche Zurechnung des Buchinhaltes ist nur gerechtfertigt, wenn das Verfahrensrecht die Möglichkeit einräumt, das Grundbuch einzusehen und sich dadurch Gewißheit über die den materiellen Rechtsvorgang beeinflussenden Eintragungen zu verschaffen (formelles Publizitätsprinzip). Andererseits darf aber nicht verkannt werden, daß durch die Einsicht Dritter der Grundstückseigentümer nicht unbeträchtlich betroffen werden kann. Insbesondere durch das mit dem Recht auf Bucheinsicht korrespondierende Recht auf Akteneinsicht (vgl. § 46 GBV Rdn. 2) können Kenntnisse über schuldrechtliche Vereinbarungen aller Art, über Zahlungsverpflichtungen und deren Modalitäten erlangt werden. Eine auf den **Schutz der Individualsphäre des einzelnen** bedachte Rechtspraxis wird daher dafür zu sorgen haben, daß die in den letzten Jahren allzuweit ausgewucherte Interpretation des § 12 wieder zu einer sachgerechten Abwägung der oft widerstreitenden Interessen zurückfindet. Wesentlich für eine Bewältigung des Wertungsproblems ist die klare Erkenntnis, daß das Grundbuch keine allgemeine Auskunfts- u. Informationseinrichtung für Personen mit noch so berechtigten Interessen an bestimmten Fragen ist. Der Zusammenhang mit der materiellen Publizität macht deutlich: Nur wer in bezug auf das im Buch Verlautbarte rechtlich(!) zu handeln beab-

sichtigt, bedarf der Einsicht und hat ein Recht auf sie. Jedes andere, noch so ehrenwerte und anerkennenswerte Interesse (z. B. journalistische Recherchen) ist hier unbeachtlich; eine nahezu grenzenlos nachgiebige Rspr. verkennt häufig den Sinn u. Zweck der Norm.

Wegen des **Eigentümerverzeichnisses** vgl. § 45 GBVfg. Rdn. 5.

Da § 12 nach § 45 Nr. 7 BDSG den Vorschriften des Datenschutzgesetzes vorgeht, sind **Datenschutzregelungen** nicht unmittelbar anwendbar. Dies gilt auch für landesrechtliche Datenschutzregelungen, denen gegenüber § 12 schon wegen Art. 31 GG Vorrang hat.

II. Voraussetzungen des Einsichtsrechts

1. Die Möglichkeit der Einsichtserlangung

Die Gewährung der Grundbucheinsicht kann auf zweierlei Weise erlangt werden   **2**

a) **durch Antragstellung** gem. § 12 **beim Grundbuchamt;** über den Antrag wird in einem durch die Grundbuchordnung geregelten justiziellen Verfahren entschieden (s. unten Rdn. 10 ff.),

b) **durch Antrag bei der zuständigen Justizverwaltungsbehörde;** über diesen Antrag wird im Verwaltungswege entschieden (s. unten Rdn. 5).

Beide Verfahren sind nicht nebeneinander oder wahlweise möglich, sie sind je nach dem für die Einsicht maßgebenden Zwecke gegeben. Das Verfahren nach § 12 ist einzuschlagen, wenn die Einsicht aufgrund rechtlicher oder wirtschaftlicher Beziehungen zum Eigentümer verlangt wird, wenn die Einsicht also aufgrund des formellen Publizitätsgrundsatzes (s. oben Rdn. 1) begehrt wird; wird die Einsicht wegen wissenschaftlicher, z. B. rechtsgeschichtlicher oder volkskundlicher Studien, oder aus künstlerischen Gründen sowie zur Erfüllung öffentlicher Aufgaben verlangt (s. dazu im einzelnen unten Rdn. 5), so handelt es sich um ein im Verwaltungswege zu behandelndes Ersuchen.

2. Das berechtigte Interesse

a) § 12 setzt für die Gewährung der Einsicht das Bestehen eines **berechtigten Interes- 3 ses** und dessen Darlegung voraus.

Der Begriff des berechtigten Interesses ist weiter, als der des rechtlichen Interesses; während letzteres regelmäßig eine Beziehung zu einem bereits bestehenden Rechtsverhältnis, eine Beeinflussung der privat- oder öffentlich-rechtlichen Situation des Betroffenen voraussetzt, umfaßt das berechtigte Interesse z. B. auch wirtschaftliche Interessen. Der Begriff ist andererseits enger als der des bloßen Interesses, es genügt somit nicht jedes beliebige Interesse, sondern nur ein bei verständiger Würdigung der Sachlage (und auch des oft widerstreitenden Interesses des Grundstückseigentümers)[1] als gerechtfertigt anzuerkennendes.[2] Nach der hier vertretenen Auff. ist „berechtigt" i. S. v. § 12 jedoch nur ein Interesse, das sich darauf gründet, daß in bezug auf das im Buch Verlautbarte rechtliches(!) Handeln beabsichtigt ist. Nur ein solches Interesse hat Bezug

---

[1] Dieses ist mit zu berücksichtigen: BGH Rpfleger 81, 287; BayObLG NJW 93, 1142.
[2] *Schreiner* Rpfleger 80, 51; *Frohn* RpflJB 82, 343, 364; *Lüke* NJW 83, 1407; *Nieder* NJW 84, 329, 336; *Böhringer* Rpfleger 84, 181, 182 u. BWNotZ 85, 102, 106; Meikel/*Böttcher* § 12 Rdn. 3. Das Erfordernis rechtlichen Handelns wird betont dch. OLG Düsseldorf Rpfleger 97, 258.

§ 12　　　　　　　　　　　　　　　　　　　　　　　I. Grundbuchordnung

zur materiellen Publizitätswirkung: wer durch das Buch rechtlich handeln will, bedarf des Schutzes des Buches. Das Buch ist keine Bürgerauskunftei für interessante Dinge, sondern ein Instrument des Rechtsverkehrs.

4　b) **Die Darlegungspflicht.** Das berechtigte Interesse ist darzulegen, sofern nicht eine ausdrückliche Ausnahme von der Darlegungspflicht vorliegt. Darlegen ist weniger als Glaubhaftmachen, es ist jedoch mehr als bloßes Behaupten.[3] Gefordert wird das Vorbringen der das Interesse begründenden Tatsachen in solcher Art, daß das Grundbuchamt daraus die Überzeugung von der Berechtigung der verfolgten Interessen erlangen kann.

Ergeben sich begründete Bedenken — nicht nur Zweifel — gegen das Bestehen eines berechtigten Interesses, so kann die Glaubhaftmachung oder der volle Nachweis verlangt werden. In Einzelfällen braucht das (gleichwohl erforderliche) berechtigte Interesse nicht dargelegt zu werden, so insbesondere in den Fällen des § 43 GBV und bei Bauschutzvereinen (AV vom 29. 6. 1937, DJ 1029).

3. Die Einsicht im Verwaltungswege

5　Nach § 35 GeschBehAV sind Anträge von Privatpersonen, ihnen im Verwaltungswege die Einsicht in einzelne bestimmte Grundbücher oder Grundakten oder bestimmte Gruppen von solchen zu gestatten, dem zuständigen Landgerichtspräsidenten zur Entscheidung vorzulegen.

Dem Antrag kann stattgegeben werden, wenn durch die Einsicht unterstützungswürdige Zwecke, insbesondere die in § 35 genannten Studien geschichtlicher oder volkswirtschaftlicher Art, wohl auch Studien volkskundlicher oder künstlerischer Art gefördert werden. Hierher gehören auch Studien wissenschaftlicher Art (z. B. Rechtstatsachenforschung, etwa über die Gestaltungsformen verschiedener Rechtsgeschäfte, über die Häufigkeit des Vorkommens bestimmter Arten des Realkredits, bestimmter Sicherungsformen usw.). Weitere Voraussetzungen sind daneben, daß die Belange Beteiligter nicht beeinträchtigt werden, daß ein Mißbrauch entnommener Informationen ausgeschlossen ist und daß der Geschäftsgang des Grundbuchamtes nicht ungebührlich belastet wird.

Auf die Einsicht besteht in diesen Fällen (im Gegensatz zu den auf das formelle Publizitätsprinzip begründeten Interessenlagen) kein Rechtsanspruch.

4. Einzelfälle

6　**Abgeordnete:** Im Zusammenhang mit umstrittenen Grundstücksgeschäften der öffentlichen Hand haben wiederholt Abgeordnete Einsicht in das Grundbuch verlangt. Zwar hat das Parlament als solches die verfassungsrechtliche Stellung eines Kontrollorgans der Exekutive, nicht jedoch der einzelne Abgeordnete.[4] Ein berechtigtes Interesse besteht daher regelmäßig nicht, etwas anderes gilt für parlamentarische Untersuchungsausschüsse.

Alteigentümer: Sie haben Einsichtsrecht, sofern sie darlegen, daß die Frage eines Restitutionsanspruches bzw. damit zusammenhängende Fragen zu klären sind.

Amtshilfe: Nach Art. 35 GG sind alle Behörden des Bundes und der Länder verpflichtet, einander gegenseitige Amtshilfe und Rechtshilfe zu leisten. Diese Verpflich-

---

[3] Vgl. dazu BayObLG Rpfleger 83, 272.
[4] A. A. *Schreiner* Rpfleger 80, 51, 52 — dort Fn. 17.

tung umfaßt auch das Recht zur Einsichtsgewährung und Auskunftserteilung aus dem Grundbuch.

Auskunfteien: Sie haben kein eigenes Recht auf Einsicht; ein solches kann ihnen nur dann eingeräumt werden, wenn ihr Auftraggeber im Einzelfall ein eigenes Einsichtsrecht hat.[5]

Banken: Wenn sie Behördeneigenschaft haben (Anstalten des öffentlichen Rechts) genießen sie die Vergünstigung des Art. 43 GBVfg. (s. Erläuterungen dort). Im übrigen gilt, was allgemein für Gläubiger (s. dort) gesagt ist. Hat eine Bank nach ihren AGB Anspruch auf Bestellung von Grundpfandrechten, so muß sie doch jedenfalls das Bestehen einer Forderung darlegen, denn dies ist Voraussetzung eines solchen Anspruchs.[6]

Bauschutzvereine: Sie sind von der Darlegung des berechtigten Interesses unter bestimmten Voraussetzungen befreit; vgl. oben Rdn. 4.

Bauhandwerker: Wenn der Werkvertrag abgeschlossen ist, haben sie ein Einsichtsrecht, um sich über ihre Sicherungsaussichten gem. § 648 BGB zu unterrichten.[7] Vor Vertragsabschluß besteht kein Einsichtsrecht.[8]

Behörden: S. § 43 GBVfg.; vgl. auch oben „Amtshilfe".

Berechtigte am Grundstück, also Personen, für die ein Recht eingetragen ist, haben stets ein Recht zur Grundbucheinsicht. Das gleiche muß jedoch auch für den gelten, dessen Recht noch nicht eingetragen ist, sobald entspr. schuldrechtl. Vereinbarungen vorliegen.

Bevollmächtigte: Sie haben das berechtigte Interesse ihres Vollmachtgebers nachzuweisen. Bevollmächtigte können zurückgewiesen werden, wenn begründeter Verdacht besteht, daß nicht das fremde berechtigte Interesse, sondern ein eigenes unberechtigtes Interesse oder das Interesse eines Dritten wahrgenommen werden soll. Wegen des Nachweises der Vollmacht s. unten Rdn. 8.

Ehegatte: Einsichtsrecht besteht bei nicht eingetragener Gütergemeinschaft schon aufgrund der Eigentümerstellung; beim gesetzl. Güterstand im Hinblick auf die evtl. Sicherung eines Zugewinnausgleiches,[9] bei Gütertrennung besteht kein allgemeines Einsichtsrecht, wg. Ausnahmen s. bei „Verwandte".

Gebäudeeigentümer: Ein Einsichtsrecht in das Grundstücksgrundbuch besteht im Hinblick auf mögliche Ansprüche nach dem SachenRBerG.

Gläubiger des Eigentümers oder eines eingetragenen Berechtigten haben stets ein Recht auf Einsicht, ohne Rücksicht darauf, ob sie für ihren Anspruch bereits einen Vollstreckungstitel erstritten haben oder nicht.[10] Ob es dabei generell angängig ist, die Einsicht von der Höhe des Darlehens – mehr als 1.500,– DM – abhängig zu machen, erscheint zweifelhaft, weil der Gläubiger ja nicht unbedingt die Eintragung einer Zwangshypothek beabsichtigt, sondern ihm ja auch andere grundstücksbezogene Vollstreckungsmaßnahmen zur Verfügung stehen, so z. B. Antrag auf Zwangsversteigerung oder Zwangsverwaltung od. auf Pfändung eines Eigentümerrechts. Aber auch wer die Einräumung eines Kredits erst beabsichtigt, kann sich durch die Grundbucheinsicht über den Umfang ihm zu gewährender Sicherheiten vergewissern,[11] wenn er die Kreditverhandlungen darlegt.

---

[5] Meikel/*Böttcher* § 12 Rdn. 15; Haegele/Schöner/*Stöber* Rdn. 525.
[6] Zu eng deshalb LG Berlin Rpfleger 81, 481; wie hier: Meikel/*Böttcher* § 12 Rdn. 16.
[7] Meikel/*Böttcher* § 12 Rdn. 17.
[8] A. A. *Schreiner* Rpfleger 80, 51, 52 Fn. 9.
[9] *Nieder* NJW 84, 329, 336; Meikel/*Böttcher* § 12 Rdn. 27; LG Stuttgart NJW-RR 96, 532.
[10] BayObLG Rpfleger 75, 361.
[11] Meikel/*Böttcher* § 12 Rdn. 30 mwN dort Fn. 82.

§ 12

Käufer bzw. Kaufinteressenten haben ebenfalls ein Einsichtsrecht, auch wenn sie im ersteren Falle noch nicht dinglich gesichert sind; Kaufinteressenten werden jedoch jedenfalls den Eintritt in Kaufverhandlungen darlegen müssen.[12]

Lieferanten des Eigentümers oder eines eingetragenen Berechtigten haben jedenfalls dann ein Einsichtsrecht, wenn es sich um nicht ganz unerhebliche Beträge handelt und diese kreditiert werden sollen.[13]

Makler haben im Regelfall kein Einsichtsrecht, es sei denn, sie seien von ihrem Auftraggeber, dem seinerseits ein Einsichtsrecht zusteht, bevollmächtigt. Eine Ausnahme kann dann gelten, wenn der Makler Einsicht in die Grundakten nehmen muß, um den für die Berechnung der ihm zustehenden Provision maßgebenden Kaufpreis zu erfahren oder um festzustellen, ob an einen von ihm benannten Interessenten verkauft wurde. Ein solcher Ausnahmefall ist jedoch einzelfallbezogen darzulegen.

Notare: Sie brauchen ein berechtigtes Interesse nicht darzulegen, s. Erl. zu § 43 GBV.

Nutzer (i. S. v. § 9 SachenRBerG): s. oben bei „Gebäudeeigentümer".

Presse: Das allgemeine Informationsinteresse genügt schon deshalb nicht, weil es nicht rechtsbezogen (oben Rdn. 3) ist.[14] Das demgegenüber i. d. Rspr. zugelassene Einsichtsrecht in Ausnahmefällen[15] ist im Grunde nichts anderes und völlig unabgrenzbar; es ist abzulehnen.

Rechtsanwälte üben im Gegensatz zu Notaren kein öffentliches Amt aus, sondern werden als Vertreter von Parteiinteressen tätig. Sie sind daher von der Darlegung eines berechtigten Interesses nicht befreit (vgl. § 43 GBV Rdn. 4); das Einsichtsrecht werden sie regelmäßig als Bevollmächtigte eines Einsichtsberechtigten ausüben.

Rotes Kreuz: Das DRK und seine Landesverbände sind keine Behörden, sie haben daher im Einzelfall ein berechtigtes Interesse darzutun.

Sparkassen sind von der Darlegung eines berechtigten Interesses auch dann nicht befreit, wenn ihnen als Anstalten des öffentlichen Rechts Behördeneigenschaft zukommt (vgl. § 43 GBV Rdn. 2).

Untersuchungsausschüsse des Bundestages oder der Landtage haben nach den einschlägigen Verfassungsvorschriften meist das Recht, alle Behörden um Rechts- und Amtshilfe zu ersuchen. Sie sind daher gem. § 43 Abs. 1 GBV zu behandeln.

Verkäufer eines Grundstückes oder eines Rechts an einem Grundstück haben auch nach Eintragung des neuen Eigentümers (Gläubigers, Rechtsinhabers) ein Einsichtsrecht, wenn die mit dem Verkauf zusammenhängenden Rechtsverhältnisse noch nicht vollständig abgewickelt sind.

Verwandte haben allein aufgrund dieser Stellung kein Einsichtsrecht.[16] Nur bei zusätzlich gegebenem Interesse (Unterhaltstitel; Pflichtteilsanspruch) gilt anderes.

Vollstreckungstitel geben stets ein Einsichtsrecht, das gilt selbst dann, wenn erst ein noch nicht für vorläufig vollstreckbar erklärter Mahnbescheid vorliegt.[17]

Wohnungseigentümer: Nach Auffassung des OLG Düsseldorf[18] soll jedes Mitglied der Eigentümergemeinschaft die Grundbücher aller anderen Eigentümer einsehen dür-

---

[12] BayObLG Rpfleger 84, 351; LG Stuttgart BWNotZ 82, 94; Meikel/*Böttcher* § 12 Rdn. 32.
[13] Meikel/*Böttcher* § 12 Rdn. 37.
[14] Im Ergebnis ebenso: *Frohn* RpflJB 82, 343, 366; *Melchers* a. a. O.; *Kollhosser* JA 84, 558, 564; *Böhringer* BWNotZ 85, 102, 106; Meikel/*Böttcher* § 12 Rdn. 45.
[15] „Demokratische Kontrollfunktion"; vgl.
OLG Hamm Rpfleger 88, 473; LG Frankfurt Rpfleger 78, 316; LG Mosbach Rpfleger 90, 60.
[16] BayObLG Rpfleger 98, 338; *Böhringer* BWNotZ 85, 102, 106; Meikel/*Böttcher* § 12 Rdn. 55, a. A. *Nieder* NJW 84, 329, 336 f. Eltern u. Kinder.
[17] LG München II BayNotZ 14, 350.
[18] Rpfleger 87, 199.

fen. Das ist entschieden abzulehnen, weil ein vernünftiges Interesse diesbezüglich nicht erkennbar ist.[19] Wenn Zahlungsrückstände beim Hausgeld oder anderen Gemeinschaftsleistungen bestehen oder ein Anlaß für ein Verfahren nach § 18 WEG gegeben ist, steht dem Verwalter ein Einsichtsrecht zu; sonst auch ihm nicht.

Zessionaren eines Rechts, die außerhalb des Grundbuches erworben haben (oder denen ein Zessionsangebot vorliegt), steht ein Einsichtsrecht zu, weil der Buchinhalt für ihren Erwerb von Bedeutung sein kann (z. B. eingetragene, aber nicht auf dem Brief vermerkte Verfügungsbeschränkungen).

Zukünftige Ansprüche geben dann ein Einsichtsrecht, wenn zur Feststellung des Umfanges und zur Sicherung dieser Rechte bereits jetzt Grundbucheinsicht erforderlich scheint.[20]

III. Der Umfang der Einsicht

Der Einsicht unterliegen das **Grundbuch**, die Urkunden, auf die gem. § 874 BGB Bezug genommen worden ist sowie die noch nicht erledigten **Eintragungsanträge** (Eintragungsersuchen). Bei letzteren ist jedoch eine Einschränkung veranlaßt: In großstädtischen Grundbuchämtern ist eine Feststellung darüber, ob Eintragungsanträge vorliegen, regelmäßig erst möglich, wenn diese von der meist zentral eingerichteten Einlaufstelle des GBA zur einzelnen Geschäftsstelle und damit zu den Grundakten gelangt sind. Auch in der Einlaufstelle werden die eingehenden Anträge regelmäßig nicht nach Grundbuchstellen oder Gemarkungen, sondern in der Eingangsreihenfolge registriert. Es ist deshalb schlechthin nicht möglich, einem Einsicht Begehrenden gegenüber verbindlich zu erklären, ob in bezug auf ein bestimmtes Grundstück weitere, noch nicht bei den Grundakten befindliche Eingänge vorliegen oder nicht. Diese Schwierigkeiten und die damit verbundenen Haftungsgefahren für die Grundbuchbeamten, aber auch z. B. für den einsichtnehmenden Notar, legen es nahe, das Einsichtsrecht (und damit auch die Einsichtspflicht z. B. des Notars gem. § 21 BeurkG) auf die bei den Grundakten befindlichen Eintragungsanträge zu beschränken.

Bereits geschlossene Blätter unterliegen grundsätzlich nicht der Einsicht, denn sie sind nicht mehr „das Grundbuch";[21] ausnahmsweise kann das berechtigte Interesse jedoch in das alte Blatt zurückreichen; das Archivgut kann dann dem Akteninhalt gleichbehandelt werden.

Wegen der Einsicht in Grundakten s. § 46 GBV; wegen des Eigentümerverzeichnisses § 45 GBV Rdn. 5. Da beim Nachweis des berechtigten Interesses das Grundbuch – also in allen Abteilungen – der Einsicht unterliegt, erscheint die Praxis einer grundsätzlichen Einsichtsbeschränkung auf einzelne Abteilungen wohl nicht vertretbar. Wird ein berechtigtes Interesse bejaht – obwohl hier die Praxis häufig zu großzügig verfährt – ist die Beschränkung der Einsicht auf Teile des Grundbuches nur zulässig, wenn dem dargelegten Interesse eindeutig mit der Einsicht in einzelne Teile des Grundbuchs Genüge getan werden kann.[22]

Wegen der **Einsicht durch Notare und Behörden** s. § 43 GBV.

---

[19] Wie hier: *Melchers* Rpfleger 93, 309; Haegele/Schöner/*Stöber* Rdn. 525 (dort FN 19).

[20] Vgl. bezüglich des Einsichtsrechts eines aufgrund Erbvertrages Bedachten vor dem Erbfall: OLG Stuttgart Rpfleger 70, 92, vgl. aber andererseits OLG Düsseldorf Rpfleger 97, 258; BayObLG (FN 16).

[21] Vgl. LG Bonn Rpfleger 88, 311; auch *Böhringer* Rpfleger 89, 309, 311 u. *Wolfsteiner* Rpfleger 93, 273.

[22] A. A.: Haegele/Schöner/*Stöber* Rdn. 529; *Schreiner* a. a. O.; die aber der formalen Einteilung in Abteilungen zuviel Gewicht beimessen; „das Grundbuch" ist jedoch das gesamte Grundbuchblatt.

§ 12

IV. Die Ausübung der Einsicht

8 Das Einsichtsrecht kann **persönlich** ausgeübt werden oder **durch** eine **bevollmächtigte Person**. Dabei ist das berechtigte Interesse des Vertretenen maßgebend. Nachweis der Vollmacht durch Urkunden ist nicht geboten, das Grundbuchamt kann jedoch schriftliche Vollmacht und bei Zweifeln auch Beglaubigung der Unterschrift verlangen (§ 13 S. 3 FGG). Der Vertreter kann zurückgewiesen werden, wenn begründeter Verdacht besteht, daß er nicht das fremde berechtigte Interesse, sondern ein eigenes unberechtigtes Interesse oder das Interesse eines Dritten wahrnehmen will; bloßer Zweifel an der Zuverlässigkeit des Bevollmächtigten genügt jedoch insoweit nicht.

Die Einsicht hat **während der Dienststunden** in den Räumen des Grundbuchamtes zu geschehen. Sie kann nur im Beisein eines Bediensteten des Grundbuchamtes ausgeübt werden (§§ 12 Abs. 5, 16 GeschbehAV). Eine Herausgabe von Grundbüchern an andere Stellen zum Zwecke der Einsicht ist unstatthaft (§ 13 a. a. O.).

Wegen der **Einsicht durch Notare und von ihnen beauftragte Rechtsanwälte** vgl. § 43 GBV; wegen der **Einsicht in Grundakten** s. § 46 GBV; wegen Einsicht und Auskunft im bezug auf das **Eigentümerverzeichnis** s. § 45 GBV Rdn. 5. Vgl. unten Rdn. 14.

V. Die Erteilung von Abschriften

9 Der Umfang des Einsichtsrechts bestimmt auch das Recht, Abschriften selbst zu fertigen, sofern dadurch der Geschäftsbetrieb des Grundbuchamtes nicht beeinträchtigt wird, oder sich solche Abschriften erteilen zu lassen (Abs. 2; vgl. weiter § 46 Abs. 3 GBV).

Wegen der Form dieser Abschriften vgl. §§ 44, 45 GBV.

VI. Verfahren und Rechtsbehelfe (Rechtsmittel)

1. Zuständigkeit

10 Über die Erteilung von Abschriften und die Gewährung der Einsicht entscheidet der **Urkundsbeamte** (§ 12 c Abs. 1 Nr. 1). Die Entscheidung wird regelmäßig mündlich ergehen, jedoch ist Schriftlichkeit in zweifelhaften Fällen, zumal bei Verweigerung der Einsicht, dringend anzuraten. Eine Anfechtung und eine Entscheidung darüber ist selbstverständlich auch bei nur mündlicher Ablehnung möglich, sie sollte jedoch dann jedenfalls durch einen Aktenvermerk festgehalten werden.

2. Rechtsbehelfe

11 a) Lehnt der Urkundsbeamte die Einsichtsgewährung ab, so ist der **Richter anzurufen** (§ 12 c Abs. 4), gegen seine Entscheidung ist die **Beschwerde** nach §§ 71 ff. statthaft, § 12 Abs. 4 S. 2. Wird die Einsicht im Verwaltungswege (s. oben Rdn. 5) verweigert, ist dagegen nur Dienstaufsichtsbeschwerde zulässig.

12 b) Wird die Einsicht bewilligt, so ist die **Anfechtung** dieser Entscheidung **durch den Grundstückseigentümer** solange zulässig, als die Einsicht noch nicht vollzogen ist.[23]

---

[23] BayObLG Rpfleger 75, 361, auch NJW 1993, 1142; *Schreiner* Rpfleger 80, 51, 54; *Frohn* RpflJB 82, 343, 375; *Böhringer* BWNotZ 85, 102, 107; Meikel/*Böttcher* § 12 Rdn. 83.

Die gegenteilige Ansicht[24] stellt darauf ab, daß sich bei der Prüfung des Einsichtsrechts nur Antragsteller und Grundbuchamt gegenüberstünden, der Eigentümer jedoch nicht beteiligt sei und weiter dem Eigentümer ein Anspruch auf Geheimhaltung weder rechtlich oder wirtschaftlich zustünde. Dem kann nicht zugestimmt werden. Der Eigentümer hat häufig ein erhebliches Interesse daran, seine sich im Grundbuch widerspiegelnden wirtschaftlichen Verhältnisse (s. oben Rdn. 1) nicht der Allgemeinheit offenzulegen. Das Gesetz schützt dieses Interesse auch, indem es die Einsicht nur dort zuläßt, wo es der Publizitätsgrundsatz unabdingbar macht; § 12 stellt ausdrücklich nicht auf das Ermessen des Grundbuchamts, sondern auf einen gerichtlich nachprüfbaren Rechtsbegriff ab. Der Eigentümer hat ein Recht darauf, daß Einsicht nur unter den Voraussetzungen des § 12 gewährt wird, also nur, sofern ein berechtigtes Interesse vorliegt. Insoweit kann er die Entscheidung des Grundbuchamtes auch nachprüfen lassen, in Zweifelsfällen sollte er vorher **gehört** werden,[25] wodurch er ohnehin die Stellung eines formell Beteiligten erlangt.

VII. Die Ermächtigung des Abs. 3

Von der Ermächtigungsnorm des § 12 Abs. 3 ist bisher durch § 43 GBV und durch die AV vom 29. 6. 1937 (s. oben Rdn. 4) Gebrauch gemacht worden. Die Ermächtigung dürfte gem. Art. 129 Abs. 3 GG erloschen sein. Nunmehr besteht eine umfassende Ermächtigung nach § 1 Abs. 4. **13**

VIII. Ergänzende Normen

Die Einsicht in das **maschinell** geführte Grundbuch regeln §§ 131–133. Für die Einsicht in die **Grundakten** gilt, soweit nicht § 12 Abs. 1 S. 2 eingreift, § 46 GBV i. V. m. § 142. Für die **Verzeichnisse** des GBAmt s. § 12 a. Für Grundbücher, die nicht beim GBAmt verwahrt werden (**GB-Archive**) gilt § 12 b. **14**

[Verzeichnisse des Grundbuchamtes]

§ 12 a

(1) Die Grundbuchämter dürfen auch ein Verzeichnis der Eigentümer und der Grundstücke sowie mit Genehmigung der Landesjustizverwaltung weitere, für die Führung des Grundbuchs erforderliche Verzeichnisse einrichten und, auch in maschineller Form, führen. Eine Verpflichtung, diese Verzeichnisse auf dem neuesten Stand zu halten, besteht nicht; eine Haftung bei nicht richtiger Auskunft besteht nicht. Aus öffentlich zugänglich gemachten Verzeichnissen dieser Art sind Auskünfte zu erteilen, soweit ein solches Verzeichnis der Auffindung der Grundbuchblätter dient, zur Einsicht in das Grundbuch oder für den Antrag auf Erteilung von Abschriften erforderlich ist und die Voraussetzungen für die Einsicht in das Grundbuch gegeben sind. Unter den Voraussetzungen des § 12 kann Auskunft aus Verzeichnissen nach Satz 1 auch gewährt werden, wenn damit die Einsicht in das Grundbuch entbehrlich wird. Inländischen Gerichten,

---

[24] BGH DNotZ 82, 240; OLG Braunschweig OLG 29, 392; OLG Stuttgart BWNotZ 57, 197 u. Rpfleger 92, 247; *Demharter* § 12 Rdn. 32; Haegele/Schöner/*Stöber* Rdn. 528.

[25] OLG Hamm Rpfleger 88, 473; OLG Düsseldorf Rpfleger 92, 18; ähnlich wohl BayObLG NJW 93, 1142. **A. A.** (obiter) BGH Rpfleger 81, 287.

§ 12 a

Behörden und Notaren kann auch die Einsicht in den entsprechenden Teil des Verzeichnisses gewährt werden. Ein Anspruch auf Erteilung von Abschriften aus dem Verzeichnis besteht nicht. Für maschinell geführte Verzeichnisse gelten § 126 Abs. 2 und § 133 entsprechend.

(2) Als Verzeichnis im Sinne des Absatzes 1 kann mit Genehmigung der Landesjustizverwaltung auch das Liegenschaftskataster verwendet werden.

I. Allgemeines

1 Die Norm ergänzt § 12 (Einsicht in das Grundbuch) und § 46 GBV (Einsicht in die Grundakten) hinsichtlich bestimmter Verzeichnisse. Sie regelt deren Anlegung und Führung sowie die Einsicht in solche Verzeichnisse.

2 Unmittelbar angesprochen sind das **Eigentümer-** und das **Grundstücksverzeichnis**. Andere Verzeichnisse dürfen mit Genehmigung der Landesjustizverwaltung geführt werden. Die Norm ist durch das RegVBG eingefügt worden.

II. Das Eigentümerverzeichnis

1. Zweck

3 Es führt in alphabetischer Folge alle Eigentümer (Grundstückseigentümer, Wohnungseigentümer, Gebäudeeigentümer, wohl auch Erbbauberechtigte) unter Angabe des für deren Eigentum angelegten Blattes auf. Das Verzeichnis gestattet es mithin, die Grundbuchstelle aufzufinden, wenn nur der Name des Eigentümers bekannt ist; es ermöglicht es aber auch – und darin liegt seine besondere Bedeutung für Außenstehende – überhaupt zu ermitteln, ob eine bestimmte Person Immobiliareigentum hat.

2. Führung, Aktualisierung

4 Die Verzeichnisse können in Papierform oder in maschineller Form geführt werden, **Abs. 1 S. 1.** Bei maschineller Führung gelten § 126 Abs. 2 und § 133 entsprechend.

5 Nach **Abs. 1 S. 2** ist das Grundbuchamt (selbst bei Offenlegung des Verzeichnisses) nicht verpflichtet, es auf dem laufenden Stand zu halten; Amtshaftungsansprüche sind für unzutreffende Auskünfte ausgeschlossen. Gleiches muß aber auch gelten, wenn durch Einsicht (unten Rdn. 11) eine nicht mehr aktuelle Sachlage zur Grundlage von Entscheidungen des Einsichtnehmenden gemacht wird und dadurch ein Schaden entsteht. Wesentlich ist, daß eine Amtspflichtverletzung nicht vorliegen kann, wenn die Pflicht zur Aktualisierung nicht besteht; der ausdrückliche Ausschluß von Ansprüchen hat daneben nur bestätigenden, verbalen Charakter.

3. Auskunft und Einsicht

6 a) Grundsatz

Die Norm unterscheidet zwischen Verzeichnissen, die nur für den dienstinternen Gebrauch des Grundbuchamtes eingerichtet, und solchen, die öffentlich zugänglich gemacht sind, **Abs. 1 S. 3**.

7 Die **Offenlegung** der Verzeichnisse ist ein Justizverwaltungsakt i. S. von § 23 EGGVG: Die Maßnahme regelt mit Außenwirkung (Auskunftsanspruch!) eine Angelegenheit auf dem Gebiet der Freiwilligen Gerichtsbarkeit; sie ist kein Rechtsprechungs- oder Rechtspflegeakt, weil ihr Ziel nicht die Rechtserkenntnis ist.[1]

---

[1] MünchKomm/*Wolf* § 23 EGGVG Rdn. 7.

Erster Abschnitt. Allgemeine Vorschriften (Eickmann) **§ 12 a**

Die Offenlegung ordnet der **Gerichtsvorstand** an, sie kann nur für das gesamte **8**
Verzeichnis geschehen und jederzeit wieder rückgängig gemacht werden, letzteres
jedoch auch wiederum nur für das gesamte Verzeichnis. Eine Einzelfallregelung ist
unzulässig.[2]

b) Auskunft **9**
Bis zur Einfügung der Norm waren Auskünfte aus dem Eigentümerverzeichnis –
insbesondere dahin, ob eine bestimmte Person Grundbesitz hat – im Hinblick auf § 11
BDSG nach allgemeiner Auffassung unstatthaft.[3] Dies wird nunmehr durchbrochen
insoweit, als aus dem **offengelegten** Verzeichnis (oben Rdn. 7) Auskünfte zulässig sind.
Daneben d. h. zusätzlich zum Offenlegungserfordernis muß die Auskunft der Auffindung eines Grundbuchblattes dienen (oder die Einsicht bzw. die Abschriftenbeantragung ermöglichen und es müssen immer die Voraussetzungen des § 12 (berechtigtes
Interesse) erfüllt sein, **Abs. 1 S. 3**.

Aus einem **nicht offengelegten** Verzeichnis kann nur ausnahmsweise, nämlich gem. **10**
Abs. 1 S. 4, eine Auskunft verlangt werden. Diese ist dann statthaft, wenn dadurch eine
Grundbucheinsicht entbehrlich wird. Voraussetzung ist also, daß dem Antragsteller
das Grundstück mit seiner Grundbuchbezeichnung (Band, Blatt) oder jedenfalls der
Flurstücksnummer nach **bekannt** ist, denn nur dann könnte er – die Erfüllung von
§ 12 vorausgesetzt – Einsicht nehmen. Niemals kann Abs. 1 S. 4 dazu dienen, Auskunft
darüber zu erhalten, **ob** eine bestimmte Person **überhaupt** Grundbesitz **hat**.[4] Hierdurch
würde nicht eine tatsächlich mögliche(!) Einsicht erspart, sondern eine Einsicht erst
ermöglicht. S. auch unten Rdn. 11.

c) Einsicht **11**
Nach **Abs. 1 S. 5** kann in Verzeichnisse nur inländischen Gerichten, Behörden und
Notaren Einsicht gewährt werden; andere Antragsteller sind auf die Auskunft verwiesen. Nicht eindeutig ist, ob die Norm nur die Einsicht in das offengelegte Verzeichnis
zuläßt, oder auch in die nicht offengelegten. Man wird letzteres annehmen müssen;
auch vor der Neuregelung war anerkannt, daß trotz § 11 BSDG z. B. Notaren zur
Erfüllung ihrer Pflichten aus § 21 Abs. 1 BeurkG eine Einsicht in das Eigentümerverzeichnis zu gewähren war.[5] Das muß auch jetzt noch uneingeschränkt gelten. Freilich
ist bei Anwalts-Notaren die Möglichkeit nicht von der Hand zu weisen, daß unter
Mißbrauch der Notareigenschaft zugunsten eines Mandanten Objekte für einen Vollstreckungszugriff ermittelt werden könnten, was unzulässig ist. Es empfiehlt sich deshalb eine ausdrückliche Versicherung, daß der Anwalts-Notar die Einsicht ausschließlich in seiner Eigenschaft als Notar begehre. Bei Vorliegen konkreter Zweifel können
weitere Nachweise verlangt werden. Grundsätzlich jedoch ist ein berechtigtes Interesse
nicht darzulegen.

d) **Zuständig** für die Entscheidung über Auskunft und Einsicht ist der Urkundsbe- **12**
amte der Geschäftsstelle, § 12 c Abs. 1 Nr. 2.

III. Andere Verzeichnisse

Soweit solche bestehen (z. B. Grundstücks- oder Straßenverzeichnis), gelten die oben **13**
dargestellten Regeln entsprechend.

---

[2] Ebenso: *Demharter* § 12 a Rdn. 6.
[3] KG Rpfleger 86, 299; LG Ravensburg Rpfleger 87, 365; *Lüke/Dutt* Rpfleger 84, 253; ebenso die Voraufl. in § 45 GBV Rdn. 3, 5.
[4] KG FGPrax 97, 87.
[5] Vgl. die Voraufl. in § 45 GBV Rdn. 5. Neuerdings: LG Berlin Rpfleger 97, 12.

§ 12 b

[Einsicht in nicht vom GBAmt aufbewahrte Grundbücher und Grundakten]

§ 12 b

(1) Soweit in dem in Artikel 3 des Einigungsvertrages vom 31. August 1990 genannten Gebiet frühere Grundbücher von anderen als den grundbuchführenden Stellen aufbewahrt werden, gilt § 12 entsprechend.

(2) Absatz 1 gilt außer in den Fällen des § 10 a entsprechend für Grundakten, die bei den dort bezeichneten Stellen aufbewahrt werden.

(3) Für Grundakten, die gemäß § 10 a durch eine andere Stelle als das Grundbuchamt aufbewahrt werden, gilt § 12 mit der Maßgabe, daß abweichend vom § 12 auch dargelegt werden muß, daß ein berechtigtes Interesse an der Einsicht in das Original der Akten besteht.

I. Allgemeines

1   Die Norm wurde durch das RegVBG eingefügt. In Abs. 1 und 2 entspricht sie dem bisherigen § 125. Abs. 3 ergänzt § 10 a; er regelt die Einsicht in das Original von Grundakten, die auf einem Bild- oder sonstigen Datenträger gespeichert sind.

II. Besonderheiten der Grundbucheinsicht im Beitrittsgebiet

2   Im sog. Beitrittsgebiet werden geschlossene Grundbücher und die dazu gehörenden Grundakten vielfach von anderen Stellen als den Grundbuchämtern verwahrt (z. B. Grundbucharchiv in Barby oder in Berlin-Hohenschönhausen). Es handelt sich dabei um Justizverwaltungsbehörden. Dessen ungeachtet sind die grundbuchrechtlichen Vorschriften über die Einsicht in Grundbücher und Grundakten sowie die Erteilung von Abschriften (§ 12 GBO, §§ 43 ff. GBV) entsprechend anzuwenden. Zur Entscheidung zuständig ist der Leiter der Stelle oder ein hierzu ermächtigter Bediensteter, § 12 c Abs. 5. Gegen die Entscheidung ist die Beschwerde nach dem Vierten Abschnitt statthaft; örtlich zuständig ist das Landgericht, in dessen Bezirk die Stelle ihren Sitz hat.

III. Einsicht in das Original von Grundakten

3   Soweit **Urkunden**, die zu den Grundakten gehören, gem. § 10 a auf einem **Datenträger** gespeichert sind, werden sie nicht mehr beim Grundbuchamt, sondern in der Regel in einem Archiv verwahrt, § 10 a Abs. 2 S. 2. Gegenstand von Auskunft und Einsicht ist in diesem Fall grundsätzlich der Datenträger; vgl. insoweit die Erl. zu § 10 a.

4   Im Einzelfall ist es jedoch ausnahmsweise denkbar, daß ein Interesse daran bestehen kann, in das archivierte **Original** Einsicht zu nehmen. Das mag bei Vollständigkeitszweifeln der Fall sein, bei Vorhandensein von Farbvermerken (vgl. § 10 a Abs. 2 S. 3) oder bei Zweifeln in bezug auf die Richtigkeit von Unterschriften, zur Überprüfung im Hinblick auf Radierungen u. ä. In solchen Fällen ist neben den allgemeinen Voraussetzungen des § 12 auch dieses besondere Interesse an der Einsicht des Originals darzutun, Abs. 3.

Wegen der Zuständigkeit s. § 12 c Abs. 5.

[Zuständigkeiten des Urkundsbeamten der Geschäftsstelle]

§ 12 c

(1) Der Urkundsbeamte der Geschäftsstelle entscheidet über:
1. die Gestattung der Einsicht in das Grundbuch oder die in § 12 bezeichneten Akten und Anträge sowie die Erteilung von Abschriften hieraus, soweit nicht Einsicht zu wissenschaftlichen oder Forschungszwecken begehrt wird;
2. die Erteilung von Auskünften nach § 12 a oder die Gewährung der Einsicht in ein dort bezeichnetes Verzeichnis;
3. die Erteilung von Auskünften in den sonstigen gesetzlich vorgesehenen Fällen;
4. die Anträge auf Rückgabe von Urkunden und Versendung von Grundakten an inländische Gerichte oder Behörden.

(2) Der Urkundsbeamte der Geschäftsstelle ist ferner zuständig für
1. die Beglaubigung von Abschriften (Absatz 1 Nr. 1), auch soweit ihm die Entscheidung über die Erteilung nicht zusteht; jedoch kann statt des Urkundsbeamten ein von der Leitung des Amtsgerichts ermächtigter Justizangestellter die Beglaubigung vornehmen;
2. die Verfügung und Eintragungen zur Erhaltung der Übereinstimmung zwischen dem Grundbuch und dem amtlichen Verzeichnis nach § 2 Abs. 2 oder einem sonstigen, hiermit in Verbindung stehenden Verzeichnis, mit Ausnahme der Verfügungen und Eintragungen, die zugleich eine Berichtigung rechtlicher Art oder eine Berichtigung eines Irrtums über das Eigentum betreffen;
3. die Entscheidungen über Ersuchen des Gerichts um Eintragung oder Löschung des Vermerks über die Eröffnung des Konkurs- und Gesamtvollstreckungsverfahrens (ab 1. 1. 1999: „des Insolvenzverfahrens und über die Verfügungsbeschränkungen nach der Insolvenzordnung") oder des Vermerks über die Einleitung eines Zwangsversteigerungs- und Zwangsverwaltungsverfahrens;
4. die Berichtigung der Eintragung des Namens, des Berufs oder des Wohnortes natürlicher Personen im Grundbuch;
5. die Anfertigung der Nachweise nach § 10 a Abs. 2.

(3) Die Vorschriften der §§ 6, 7 des Gesetzes über die Angelegenheiten der freiwilligen Gerichtsbarkeit sind auf den Urkundsbeamten der Geschäftsstelle entsprechend anzuwenden.

(4) Wird die Änderung einer Entscheidung des Urkundsbeamten der Geschäftsstelle verlangt, so entscheidet, wenn dieser dem Verlangen nicht entspricht, der Grundbuchrichter. Die Beschwerde findet erst gegen seine Entscheidung statt.

(5) In den Fällen des § 12 b entscheidet über die Gewährung von Einsicht oder die Erteilung von Abschriften die Leitung der Stelle oder ein von ihr hierzu ermächtigter Bediensteter. Gegen die Entscheidung ist die Beschwerde nach dem Vierten Abschnitt gegeben. Örtlich zuständig ist das Gericht, in dessen Bezirk die Stelle ihren Sitz hat.

I. Allgemeines

1 Die Norm enthält eine mit dem RegVBG vorgenommene Übernahme der §§ 2, 3 und 4 AVOGBO. Ergänzende Regelungen finden sich in § 44 Abs. 1 sowie in § 56 Abs. 2. Die Zuständigkeit des Urkundsbeamten der Geschäftsstelle ist in Grundbuchangelegenheiten damit erschöpfend geregelt.

2 Das Gesetz regelt nicht, wer als Urkundsbeamter tätig werden darf; dies regelt das Landesrecht.

§ 12 c

II. Die Aufgaben des Urkundsbeamten

1. Einsichtsgewährung, Abschriftenerteilung (Abs. 1 Nr. 1)

3 Der UdG entscheidet über die Einsicht in Grundbuch, Grundakten und unerledigte Anträge gem. § 12 Abs. 1, 2. Soweit die Einsicht in das von einem anderen GBAmt geführte Grundbuch gem. § 132 GBO verlangt wird, entscheidet der gem. § 79 Abs. 3 S. 2 GBV besonders bestellte Bedienstete.

4 Werden Einsicht und/oder Abschriftenerteilung zu wissenschaftlichen oder Forschungszwecken begehrt, so entscheidet nicht der UdG, sondern die Justizverwaltung, § 35 GeschbehAV. Bei anderweits verwahrten Grundbüchern (Grundakten) gilt Abs. 5.

2. Auskünfte aus Verzeichnissen, Einsicht (Abs. 1 Nr. 2)

5 Soweit nach § 12 a Auskünfte aus Verzeichnissen oder Einsicht in solche Verzeichnisse begehrt wird, entscheidet der UdG.

3. Andere Auskünfte (Abs. 1 Nr. 3)

6 In den gesetzlich vorgesehenen Fällen (vgl. dazu § 45 GBV Rdn. 2) ist der UdG zur Auskunftserteilung zuständig. Andere Auskünfte, deren Erteilung lediglich ein nobile officium des GBAmts darstellt, (dazu § 45 GBV Rdn. 3) hat der Rechtspfleger zu erteilen.

4. Urkundenrückgabe; Aktenversendung (Abs. 1 Nr. 4)

7 Die Rückgabe von Urkunden kann in den in § 10 Rdn. 9, 10 genannten Fällen geschehen; wegen der Aktenversendung s. § 17 GeschbehAV.

5. Beglaubigungen (Abs. 2 Nr. 1)

8 Der UdG beglaubigt grundsätzlich alle zu erteilenden Abschriften aus den Grundbüchern und -akten, dies auch dann, wenn er über deren Erteilung nicht entscheiden durfte (oben Rdn. 4). Die Beglaubigungen können jedoch auch einem vom Gerichtsvorstand ermächtigten Angestellten zugewiesen werden.

6. Übereinstimmung mit dem amtlichen Grundstücksverzeichnis (Abs. 2 Nr. 2)

9 Die Übereinstimmung mit dem amtlichen Verzeichnis oder den an dessen Stelle tretenden Nachweisen geschieht durch Eintragungen aufgrund eines Veränderungsnachweises der Katasterbehörde, vgl. § 2 Rdn. 11. Diese Fortführungseintragungen fallen in die Zuständigkeit des UdG, sie werden jedoch – auch wenn eine § 6 RpflG vergleichbare Vorschrift fehlt – vom Rechtspfleger vorzunehmen sein, wenn sie mit einem von diesem vorzunehmenden Geschäft (z. B. Eintragung einer Veräußerung) in Zusammenhang stehen und die gemeinsame Erledigung sachgemäß ist; § 6 RpflG kann insoweit analog angewendet werden.

10 Von den planmäßigen Veränderungen sind zu unterscheiden die **Berichtigungen**. Sie können sein tatsächlicher oder rechtlicher Art. Der UdG ist nur zuständig für die Berichtigungen tatsächlicher Art; Berichtigungen rechtlicher Art fallen in die Zuständigkeit des Rechtspflegers. Eine rechtliche Unrichtigkeit in dem hier infrage stehenden Bereich liegt dann vor, wenn die Eintragung vom öffentlichen Glauben des Buches (§§ 891, 892 BGB) erfaßt wird. Nicht darunter fallen die Tatsachenangaben in bezug

Erster Abschnitt. Allgemeine Vorschriften (Eickmann) **§ 12 c**

auf das Grundstück, wie Größe (= Fläche), Lage, Bebauung, Nutzungsart, Hausnummer, Straßenbezeichnung. Rechtliche Unrichtigkeit liegt hingegen vor bezüglich der Angaben über den Grenzverlauf, bei der Falscheintragung eines zu einem anderen Grundstück gehörenden Flurstückes oder der Falscheintragung des zu dem bestimmten Grundstück gehörenden Flurstücks bei einem anderen Grundstück. Sind Grundstücke verwechselt worden, so liegt ein – ebenfalls rechtlicher – Irrtum über das Eigentum vor.

7. Verfahrensvermerke (Abs. 2 Nr. 3)

Der UdG ist zuständig zur Behandlung von gerichtlichen Ersuchen (§ 28) auf Eintragung und Löschung des Konkurs- (Gesamtvollstreckungs-, Insolvenz-)vermerkes. Der Rechtspfleger ist zuständig, wenn die Eintragung auf Antrag des Verwalters (§ 113 Abs. 3 KO) vorzunehmen ist oder wenn der Vermerk über das allgemeine Veräußerungsverbot (§ 106 KO, § 2 Abs. 3 GesO, § 23 Abs. 3 InsO) einzutragen ist. **11**

Der UdG ist ferner zuständig zur Behandlung des gerichtlichen Ersuchens auf Eintragung des Zwangsversteigerungs- und Zwangsverwaltungsvermerkes. Der Rechtspfleger ist zuständig zur Anordnung der Löschung dieser Vermerke, weil darum regelmäßig zusammen mit anderen Eintragungen ersucht wird, vgl. § 130 ZVG. **12**

8. Berichtigung von Personenbezeichnungen (Abs. 2 Nr. 4)

Bei natürlichen Personen kann der UdG auf entsprechenden Nachweis Name, Beruf oder Wohnort richtigstellen. Nicht genannt ist das nach § 15 GBV gleichfalls einzutragende Geburtsdatum. *Demharter*[1] verneint deshalb insoweit die Zuständigkeit des UdG. Eine Zuständigkeit des Rechtspflegers ist jedoch nicht veranlaßt. Es ist anzunehmen, daß die Nennung des Geburtsdatums deshalb unterblieb, weil es in dem hierher übernommenen § 4 Abs. 2 Buchst. d AVOGBO wegen unterbliebener Anpassung an § 15 GBV gleichfalls nicht erwähnt war. Ein sachlicher Unterschied, der zu verschiedener Behandlung nötigen würde, besteht nicht. **13**

9. Nachweise nach § 10 a Abs. 2 (Abs. 2 Nr. 5)

Beim maschinell geführten Grundbuch hat der UdG gem. § 10 a Abs. 2 einen Nachweis darüber zu erstellen, daß der Bild- oder Datenträger für die aufzubewahrenden Urkunden usw. mit den Originalen übereinstimmt. **14**

III. Ausschließung und Ablehnung

Nach Abs. 3 sind die Vorschriften der §§ 6 und 7 FGG auf den UdG entsprechend anzuwenden. Insoweit kann auf die Erläuterungen zu § 11 verwiesen werden. **15**

IV. Anfechtung

Die Entscheidungen des Urkundsbeamten sind mit der Erinnerung anfechtbar, über die der Grundbuchrichter entscheidet. Wegen der Anfechtung von Eintragungen s. § 71; wegen der Rechtsbehelfe im Einsichtsverfahren § 12 Rdn. 11, 12. Die Entscheidungen des Richters sind mit der Beschwerde anfechtbar. **16**

---

[1] *Demharter* § 12 c Rdn. 6.

ZWEITER ABSCHNITT

Eintragungen in das Grundbuch

Vorbemerkungen

Der zweite Abschnitt in das Kernstück der GBO. Er enthält unter der Überschrift „Eintragungen in das Grundbuch" die Vorschriften über die Eintragungstätigkeit des Grundbuchamtes.

(1) In §§ 13 bis 43 sind die Voraussetzungen der GB-Eintragung geregelt, nämlich: a) Antrag (§§ 13 bis 18); b) Eintragungsbewilligung (§§ 19 bis 28); c) Form und Beweis der Eintragungsunterlagen (§§ 29 bis 37); d) Ersuchen einer Behörde (§ 38); e) Voreintragung des Betroffenen und Ausnahmen davon (§§ 39; 40); f) Brief- und Urkundenvorlage (§§ 41 bis 43).

(2) §§ 44 bis 52 regeln die Art und Weise der Eintragungen.

(3) § 53 enthält die Voraussetzungen des Amtswiderspruchs und der Amtslöschung.

(4) Nach § 54 richtet sich die Eintragungsfähigkeit öffentlicher Lasten.

(5) § 55 schreibt vor, wer von der GB-Eintragung zu benachrichtigen ist.

[Antrag]

§ 13

(1) Eine Eintragung soll, soweit nicht das Gesetz etwas anderes vorschreibt, nur auf Antrag erfolgen. Antragsberechtigt ist jeder, dessen Recht von der Eintragung betroffen wird oder zu dessen Gunsten die Eintragung erfolgen soll.

(2) Der genaue Zeitpunkt, in dem ein Antrag beim Grundbuchamt eingeht, soll auf dem Antrag vermerkt werden. Der Antrag ist beim Grundbuchamt eingegangen, wenn er einer zur Entgegennahme zuständigen Person vorgelegt wird. Wird er zur Niederschrift einer solchen Person gestellt, so ist er mit Abschluß der Niederschrift eingegangen.

(3) Für die Entgegennahme eines auf eine Eintragung gerichteten Antrages oder Ersuchens und die Beurkundung des Zeitpunkts, in welchem der Antrag oder das Ersuchen beim Grundbuchamt eingeht, sind nur die für die Führung des Grundbuchs über das betroffene Grundstück zuständige Person und der von der Leitung des Amtsgerichts für das ganze Grundbuchamt oder einzelne Abteilungen zuständige Beamte (Angestellte) der Geschäftsstelle zuständig. Bezieht sich der Antrag oder das Ersuchen auf mehrere Grundstücke in verschiedenen Geschäftsbereichen desselben Grundbuchamtes, so ist jeder zuständig, der nach Satz 1 in Betracht kommt.

Zweiter Abschnitt. Eintragungen in das Grundbuch (Herrmann) **§ 13**

Übersicht

	Rdn.			Rdn.
I. Allgemeines	1	VII.	Wirksamwerden des Antrages	
II. Geltungsbereich			1. Vorlage bei Gericht	37
1. Grundsatz	2		2. Antrag zur Niederschrift gestellt	42
2. Ausnahmen	3		3. Eingangsvermerk	43
3. Formelle Bedeutung des Antragsgrundsatzes	6		4. Öffentliche Urkunde	45
4. Materielle Bedeutung des Antragsgrundsatzes	9	VIII.	Rücknahme des Eintragungsantrages	
			1. Grundsatz	46
5. Vorrangswirkung	17		2. Berechtigte	47
6. Ordnungsvorschrift	19		3. „Unwiderruflicher" Antrag	50
III. Rechtsnatur des Eintragungsantrages			4. Teilweise Rücknahme	51
1. Arten des Antrages	20		5. Wirkung der Rücknahme	52
2. Forderungen	22		6. Mehrheit von Anträgen	53
IV. Form des Antrages		IX.	Antragsberechtigungen (Abs. 2)	
V. Inhalt des Antrages			1. Begriff	54
1. Notwendiger Inhalt	26		2. Grundsätze	55
2. Übereinstimmung mit Bewilligung	31		3. Insbesondere der Passivbeteiligte	60
3. Andere Unterlagen	34		4. Insbesondere der Aktivbeteiligte	61
VI. Auslegung und Umdeutung des Antrages			5. Berechtigung jedes Beteiligten	62
			6. Form des Nachweises	67
1. Auslegung	35		7. Zeitpunkt des Vorliegens	68
2. Umdeutung	36	X.	Erledigung des Antrages	69
		XI.	Ersuchen von Behörden	70

I. Allgemeines

1 Die Bestimmung stellt eine der Hauptregeln des Grundbuchrechtes auf, daß nämlich **Eintragungen** grundsätzlich nur auf **Antrag** erfolgen.

Sie verwirklicht damit den Gedanken, daß Erwerb und Verlust dinglicher Rechte im Belieben der Beteiligten stehen; daher kann die Stellung eines Antrages in der Regel vom Grundbuchamt auch nicht erzwungen werden, ausgenommen der Fall der Grundbuchberichtigung nach § 82. Soweit es sich nicht um Eintragungen im Sinne des 2. Abschnittes der GBO handelt, gelten die Bestimmungen des § 13 nicht; ob und wie weit in solchen Fällen eigene Anträge erforderlich sind, richtet sich nach den einschlägigen Vorschriften (vgl. z. B. §§ 10, Abs. 3 u. 5, 55 usw.).

II. Geltungsgebiet

1. Grundsatz

2 Der Antragsgrundsatz — das behördliche Eintragungsersuchen (§ 38) steht dem Antrag gleich — gilt grundsätzlich für alle Eintragungen im angelegten Grundbuch, die sich auf Rechtsverhältnisse beziehen. In diesem Rahmen gilt er nicht nur für rechtsändernde Eintragungen, sondern auch für Berichtigungen und Löschungen.

2. Ausnahmen

3 Der Grundsatz gilt **nicht**

a) **innerhalb** der Grundbuchordnung

aa) für das **Anlegungsverfahren** (§ 7 ff. Ausf. VO), da es sich insoweit nicht um Eintragungen im Sinn des zweiten Abschnittes der GBO handelt, bb) für Eintragungen rein **tatsächlicher** Art, z. B. Berichtigung der Eigenschaftsangaben eines Grundstückes[1] oder der Schreibweise des Namens der Berechtigten,[2]

cc) aufgrund **besonderer Vorschrift** bei Anlegung und Aufhebung eines gemeinschaftlichen Grundbuchblattes (§ 4); bei Abschreibung eines mit einem Recht zu belastenden Grundstücksteiles (§ 7); für Berichtigung des Vermerkes bei Änderung oder Aufhebung von subjektiv dinglichen Rechten (§ 9 Abs. 2) sowie bei Verlautbarung dieses Vermerkes auf dem Blatt des belasteten Grundstückes (§ 9 Abs. 3); für Eintragung und Löschung einer Vormerkung oder eines Widerspruchs bei Erlaß einer Zwischenverfügung (§ 18 Abs. 2); bei Eintragung eines Widerspruchs gegen eine Löschung von Rechten auf Lebenszeit (§ 23 Abs. 1); bei Eintragung von Rang-Klarstellungsvermerken (§ 45 Abs. 1 und 2); bei Eintragung des Mitbelastungsvermerkes (§ 48); bei gleichzeitiger Eintragung des Nacherben mit dem Vorerben (§ 51) sowie eines Testamentsvollstreckers bei Eintragung der Erben (§ 52); bei Eintragung eines Widerspruches und der Löschung von Amts wegen (§ 53 Abs. 1), für den Vermerk bei Erteilung eines neuen Briefes (§ 68 Abs. 3); für die Löschung von Vormerkung oder Widerspruch bei Rücknahme oder Zurückweisung der Beschwerde (§ 76 Abs. 2); für die Berichtigung von Amts wegen bei Vorliegen der Voraussetzung für ein Grundbuchberichtigungsverfahren (§ 82 a); für die Löschung gegenstandsloser Eintragungen (§ 84) und die Klarstellung der Rangverhältnisse (§ 90 ff.).

4 b) **Außerhalb** des Grundbuchs bei Eintragung von Umstellungsschutzvermerken (§§ 4 Abs. 1 S. 1, 5 Abs. 1 und 8 Abs. 3 GBMaßnG), der Löschung von Umstellungsgrundschulden unter besonderen Voraussetzungen (§ 15 S. 2 GBMaßnG) sowie der Löschung von Abgeltungshypotheken, wenn der Gläubiger seine Forderung nicht nachweist (§ 24 Abs. 3 GBMaßnG); bei Eintragung des Umlegungsvermerkes nach dem Baugesetzbuch (§ 54 Abs. 1 S. 2 BauGB; vgl. dazu auch § 19 Rdn. 157) und bei Eintragung des Sanierungsvermerkes (§ 143 BauGB).

5 c) Wo das Antragsprinzip nicht gilt, das Grundbuchamt also von **Amts wegen** tätig werden muß, hat der Antrag nur die Bedeutung einer Anregung; das Grundbuchamt hat von Amts wegen zu ermitteln, da hier § 12 FGG zu beachten ist.[3]

3. Formelle Bedeutung des Antragsgrundsatzes

6 a) Ist ein Antrag erforderlich, so ist das Grundbuchamt bei der Erledigung an den **Umfang des gestellten Antrages gebunden.**

Keine Bindung des Grundbuchamtes besteht jedoch **an Vorschläge** des Antragstellers für die Fassung der Eintragung.[4] Es hat von sich aus das mit den Eintragungsanträgen Gewollte klar zum Ausdruck zu bringen und kann nach seinem Ermessen bestimmen, was in den Vermerk selbst aufzunehmen und was durch Bezugnahme auf die Eintragungsbewilligung mittelbar zur Eintragung zu bringen ist.[5]

Eine abweichende Auffassung vertreten die Oberlandesgerichte Düsseldorf[6] und Schleswig.[7] Nach ihrer Auffassung hat der Antrag eine maßgebliche Bedeutung, da die

---

[1] KG KGJ 34, 295.
[2] KG JFG 8, 243.
[3] KG KGJ 48, 199; BayObLGZ 52, 28; vgl. auch Rdn. 8.
[4] RGZ 50, 153; KG Rpfleger 66, 305; zust. *Haegele* Rpfleger 66, 306; BGHZ 47, 46 = Rpfleger 67, 142.
[5] BayObLGZ 56, 203 = DNotZ 56, 547; BayObLGZ 60, 231 = DNotZ 60, 599.
[6] Rpfleger 63, 288; JMBl. NRW 62, 125.
[7] Rpfleger 64, 82 = DNotZ 64, 498; Schl.HA 65, 14; ebenso LG Bayreuth NJW 62, 2162 = Rpfleger 63, 289; LG Braunschweig Nieders. Rpfleger 63, 255; LG Köln Rpfleger 63, 289; *Dieckmann* Rpfleger 63, 267.

Eintragung nur auf ihn hin erfolgen könne. Ein vom Antragsteller für die Formulierung ausgesprochener Wunsch dürfe daher nur dann außer acht gelassen werden, wenn er ungesetzlich sei oder die Übersichtlichkeit im Grundbuch gefährden würde. Dieser Auffassung ist jedoch von Haegele/*Riedel*[8] mit Recht entgegengehalten worden, daß es sich bei der Eintragung um einen staatlichen Hoheitsakt handelt, der als solcher nur durch den Antrag veranlaßt werden kann. Eingriffe in dieses Hoheitsrecht, das allgemein bei Eintragungen vorhanden ist, sind nicht möglich. Der Antragsgrundsatz besagt außerdem über dieses Problem nichts, sondern stellt nur den Gegensatz zum Offizialprinzip des FGG klar, der hier nicht gilt.[9]

b) Es ist Sache des Antragstellers, sämtliche für die Eintragung benötigten **Unterlagen** beizubringen.[10] § 12 FGG gilt insoweit nicht. Von diesem Grundsatz zu unterscheiden ist die Ermittlung der von dem Verfahren Betroffenen. Dies ist allein Sache des Grundbuchamtes.[11] Weitere Nachweise darf das Grundbuchamt nur dann verlangen, wenn konkrete Anhaltspunkte für vermeintliche Eintragungshindernisse vorliegen; bloße Vermutungen genügen nicht.[12]

Auf benötigte Unterlagen in den Akten des gleichen Amtsgerichts kann verwiesen werden.[13] Die Beibringungspflicht besteht auch bei Anträgen auf Grundbuchberichtigung.[14]

Die Kenntnis ausländischen Rechtes hat das Grundbuchamt nach einhelliger Auffassung der Rechtsprechung sich selbst zu verschaffen,[15] zu Nachforschungen ist es nicht verpflichtet. Die Vorlage entsprechender Unterlagen ist nach dem Gesetz nicht Sache des Antragstellers. Der einzelne Rechtspfleger muß aber notwendigerweise bei den immer schwieriger und häufiger werdenden Fragen internationalen Rechtes – beispielsweise Ehegatten mit ausländischem Güterstand bei Zwangsversteigerung oder Konkurs – in vielen Fällen restlos überfordert sein. Sofern der Antragsteller daher nicht von sich aus entsprechende Rechtsgutachten vorlegt, ist der Grundbuchbeamte befugt, bei objektiv unübersichtlicher Rechtslage im Hinblick auf das ausländische Recht ein Sachverständigengutachten einzuholen, dessen Kosten als Auslagen dem Antragsteller aufzuerlegen sind. Zweckmäßigerweise sollte jedoch vor Erholung des Gutachtens der Antragsteller auf diesen Umstand hingewiesen werden, da die Kosten eines solchen Gutachtens regelmäßig erheblich sind und der Antragsteller u. U. die Möglichkeit besitzt, auf andere Weise erheblich ist und der Antragsteller u. U. die Möglichkeit besitzt, auf andere Weise den gültigen Rechtszustand nachzuweisen. Im übrigen vgl. auch § 19 Rdn. 154.

Bei Anwendung ausländischen Rechtes kann der Rechtspfleger die Sache dem Richter vorlegen (§ 5 Abs. 2 RPflG). Gibt der Richter die Sache zurück, so ist der Rechtspfleger an die vom Richter mitgeteilte Rechtsauffassung gebunden (§ 5 Abs. 3 RPflG).

c) Soweit das Antragsverfahren reicht, hat das Grundbuchamt weder das Recht noch die Pflicht zu weiteren **Ermittlungen**,[16] auch nicht beim Grundbuchberichtigungsverfahren.[17] Das Grundbuchamt hat lediglich die Möglichkeit, durch Zwischenverfügung dem Antragsteller die Vorlage von fehlenden Unterlagen aufzuerlegen.

---

[8] Rpfleger 63, 265/66; Rpfleger 64, 83.
[9] A. a. O. S. 267.
[10] BayObLGZ 59, 446; 67, 17; 69, 145; 69, 281; 71, 257 = Rpfleger 71, 429.
[11] BayObLG Rpfleger 97, 16 für die Feststellung der zur Löschung Berechtigten bei geschehener Abschreibung von Teilflächen des herrschenden Grundstücks.
[12] BayObLGZ 71, 257; OLG Hamm Rpfleger 69, 359 m. zust. Anm. v. *Haegele*; vgl. dazu auch § 29 Rdn. 124 ff.
[13] OLG München JFG 20, 373; KG JFG 23, 299.
[14] KG JFG 11, 324.
[15] KG JFG 20, 178.
[16] KG KGJ 27, 110; OLG Hamm Rpfleger 58, 15; BayObLGZ 59, 447 = NJW 60, 281; BGHZ 30, 258; Rpfleger 60, 122; BGHZ 35, 139 = Rpfleger 61, 233; KG Rpfleger 68, 224; BayObLGZ 69, 281 = Rpfleger 70, 22; BayObLGZ 71, 257 = Rpfleger 71, 429; Rpfleger 80, 105; BayObLGZ 89, 113; BayObLG DNotZ 90, 741; s. auch Einleitung C 54.
[17] BayObLG Rpfleger 82, 467.

4. Materielle Bedeutung des Antragsgrundsatzes

An den Eingang des Antrags beim Grundbuchamt sind folgende Wirkungen geknüpft:

9 a) der Zeitpunkt des Einganges ist maßgebend für den **guten Glauben** des Erwerbers bei Erwerb von einem Nichtberechtigten (§ 892 Abs. 2 BGB), außer wenn die materiellrechtliche Einigung (§ 873 BGB) erst zu einem späteren Zeitpunkt erfolgt.

10 b) **Verfügungsbeschränkungen** (zum Begriff vgl. § 19 Rdn. 82 ff.) nach Eingang des Antrages hindern die Vollendung des Rechtserwerbs nicht, wenn die von dem Berechtigten abgegebene Eintragungsbewilligung vorher bindend geworden ist (§§ 873, 875, 877, 878 BGB; zur Bindungswirkung **vgl**. § **19** Rdn. 86 ff.).

11 Diese Regelung gilt aufgrund ausdrücklicher, gesetzlicher Bestimmung auch in weiteren Fällen.[18] Die Rechtsprechung wendet die Regelung außerdem an im Falle des Eigentumsverzichtes, bei Zustimmungserklärungen nach §§ 5, 6 ErbbVO, damit auch nach §§ 12, 35 WEG, und §§ 876, 880 Abs. 2, 1183 BGB, bei der Berichtigungsbewilligung sowie auch bei Bewilligung einer Vormerkung.[19]

12 Wird der Antrag durch Zwischenverfügung beanstandet, so bleiben die Wirkungen des § 878 BGB auch dann erhalten, wenn der Antrag erst nach Wirksamwerden der Verfügungsbeschränkung ergänzt wird.[20]

13 Die genannte Wirkung tritt nicht ein, wenn der Antrag zurückgenommen oder zurückgewiesen worden ist und nach Wirksamwerden der Verfügungsbeschränkung erneut gestellt wird.[21] Hebt auf ein Rechtsmittel hin das Grundbuchamt oder das Beschwerdegericht den zurückweisenden Beschluß jedoch auf, so behält der gestellte Antrag seine Wirkung aus § 878 BGB, sofern das Rechtsmittel nicht auf neues Vorbringen gestützt worden ist.

14 Die genannte Wirkung tritt nicht ein bei einem Erwerb im Wege der Zwangsvollstreckung.[22]

15 Die Bestimmung des § 878 BGB darf nicht angewendet werden bei einem absoluten Belastungsverbot,[23] bei Beschränkungen der Geschäftsfähigkeit[24] sowie bei Erwerbsverboten.[25] Sie gilt weiter nicht bei Wegfall der Rechtsinhaberschaft, wobei jedoch im Einzelfall zu beachten ist, daß der Rechtsnachfolger unter Umständen an rechtmäßige Verfügungen des Vorgängers gebunden ist.[26]

16 Im übrigen gilt § 878 sowohl für absolute als auch für relative Verfügungsbeschränkungen[27] ausgenommen wenn sie erst mit der Eintragung in das Grundbuch entstehen.[28]

17 c) **Ohne** Bedeutung ist der Eingang des Antrags für die Entstehung einer **Arresthypothek**; diese entsteht erst mit der Eintragung im Grundbuch. Auch für den Fristenlauf nach §§ 28, 87 VerglO ist nur die Eintragung entscheidend.[29]

---

[18] §§ 880 Abs. 2, 1109 Abs. 2, 1116 Abs. 2, 1132 Abs. 2, 1154 Abs. 3, 1168 Abs. 2, 1180 Abs. 2, 1196 Abs. 2, 1260 Abs. 1 BGB.
[19] KG JFG 4, 338; BayObLGZ 54, 99 = DNotZ 54, 396; BGHZ 28, 185 = NJW 58, 2013; vgl. dazu im einzelnen § 19 Rdn. 92.
[20] OLG Celle OLG 17, 352; KG DNotZ 1930, 631.
[21] BayObLGZ 22, 397.
[22] RGZ 84, 265; KG HRR 34 N. 167; BGHZ 9, 250 = NJW 53, 898; a. A. *Wacke* ZZP 82, 377.
[23] KGJW 34, 1245 zu § 8 Sch-RegG.
[24] KG HRR 36 Nr. 361.
[25] RGZ 120, 118 für ein Veräußerungsverbot durch einstweilige Verfügung.
[26] So für den Nacherben gegenüber Verfügungen des Vorerben KG DR 41, 2196.
[27] RGZ 113, 409; KG JFG 9, 182; OLG München JFG 17, 164.
[28] Vgl. KG JFG 9, 182 zu § 47 RVersG; § 19 Rdn. 91 ff.
[29] BayObLGZ 54, 192 = NJW 55, 144.

5. Vorrangswirkung

Im Zusammenhang mit § 17 gibt der Zeitpunkt des Eingangs dem Antrag **den Vorrang** vor späteren Anträgen. Der Rang selbst richtet sich endgültig jedoch ausschließlich nach der Eintragung im Grundbuch selbst.

6. Ordnungsvorschrift

Der gestellte Antrag erfüllt nur eine **Ordnungsvorschrift** – „soll nur". Die materielle Rechtsänderung erfordert ihn nicht.[30] Die erfolgte Eintragung führt die Rechtsänderung selbst dann herbei, wenn kein oder nur ein fehlerhafter Antrag vorgelegen hat[31] oder dem Antragsteller die Berechtigung fehlt. Jedoch kann die Verletzung der Ordnungsvorschrift zur Amtshaftung führen.

III. Rechtsnatur des Eintragungsantrages

1. Begriff und Arten des Antrages

Zu unterscheiden sind reine Eintragungsanträge und gemischte Anträge.

a) Der **reine Eintragungsantrag** ist das aktive an das Grundbuchamt gerichtete Begehren, eine Eintragung vorzunehmen.[32] Er ist rein prozessualer Natur,[33] der Klageerhebung im Prozeß verwandt und im Gegensatz zur Eintragungsbewilligung stehend, die den Antrag prozessual begründet. Als rein einseitige Verfahrenshandlung[34] aus der prozessualen Gruppe der Erwirkungshandlungen[35] ist er daher zwar jederzeit rücknehmbar, jedoch nicht anfechtbar.

Ein **Verzicht** auf Antragsrücknahme ist unbeachtlich, er hat verfahrensrechtlich keinerlei Wirkung.[36] Ein trotzdem gestellter Antrag ist wirksam, selbst wenn der Antragsteller damit gegen bestehende schuldrechtliche Verpflichtungen verstößt.[37]

b) **Gemischte Anträge** sind solche, in denen zugleich eine Eintragungsbewilligung enthalten ist (vgl. dazu § 30 und Einleitung A 31). Hier richtet sich die Beurteilung zusätzlich für die Form nach § 29, materiell nach den für die Eintragungsbewilligung geltenden Vorschriften.

2. Folgerungen

Aus dieser – offenbar unbestrittenen – Auffassung werden Folgerungen jedoch bisher nicht gezogen:

a) die allgemein herrschende Ansicht wendet auf den Antrag **§ 130 BGB unmittelbar** an. Danach ist der Antrag wirksam gestellt erst mit dem Zeitpunkt des Einganges beim Grundbuchamt. Nach § 130 Abs. 2 ist es ohne Einfluß, wenn der Antragsteller nach der Abgabe stirbt oder geschäftsunfähig wird.[38] Diese unmittelbare Anwendung des § 130 BGB läßt sich jedoch aus der prozessualen Natur des Antrages nicht begründen (vgl. dazu Einl. A 24). Möglich ist daher lediglich eine entsprechende Anwendung die-

---

[30] Vgl. RG JurRdsch. 26 Nr. 938.
[31] LG Lübeck SchlHABl. 65, 213.
[32] OLG Düsseldorf NJW 56, 877.
[33] OLG Hamm DNotZ 75, 696 ff.
[34] OLG Düsseldorf a. a. O.
[35] Vgl. dazu Rosenberg/*Schwab* Komm. z. ZPO § 64 I; Einl. A 22.
[36] BayObLGZ 72, 215; OLG Düsseldorf a. a. O.; *Wörbelauer* DNotZ 65, 518.
[37] *Ertl* Rpfleger 80, 42.
[38] KG KGJ 44, 471.

ser Bestimmung, da sie für Erwirkungshandlungen einen allgemeinen Rechtsgrundsatz zum Ausdruck bringt.

23 b) Die herrschende Lehre verlangt zur Antragstellung **Geschäftsfähigkeit** unter unmittelbarer Anwendung des § 104 ff. BGB. Demnach können Geschäftsunfähige nicht selbst und für diese nur ihre gesetzlichen Vertreter den Antrag stellen. Beschränkt Geschäftsfähige sind zur Antragstellung nur bei Mitwirkung der gesetzlichen Vertreter berechtigt.[39] Diese Meinung berücksichtigt nicht die rein prozessuale Natur des Antrages. Sie ist abzulehnen (vgl. dazu Einleitung A 24).

24 c) Eine **Verwirkung** des Antragsrechtes ist ausgeschlossen, auch wenn der Antrag erst nach Jahren gestellt wird.[40] Umgekehrt besteht ein prozessualer Zwang zur Antragstellung nicht, ausgenommen bei Verfahren nach § 82 GBO.

IV. Form des Antrages

25 Zur Form des Antrages vergleiche die Erläuterungen zu § 30.

V. Inhalt des Antrages

1. Notwendiger Inhalt

Der Antrag muß **notwendig** erkennen lassen

26 a) die **Person** des Antragstellers, damit seine Legitimation geprüft werden kann. Gleichgültig ist, von **wem** der Antrag tatsächlich eingereicht worden ist. Legt ein Unbeteiligter formell und materiell genügende Anträge der Beteiligten dem Grundbuchamt vor, so darf die Erledigung nur dann abgelehnt werden, wenn aus den Umständen ersichtlich ist, daß die Vorlegung ohne oder gegen den Willen der Beteiligten erfolgt ist.[41] Antragstellung durch einen Vertreter ist zulässig. Zur Form der Vollmacht vgl. § 30.

27 b) das **Begehren** der Eintragung. Anträge unbestimmter Art sind unzulässig — dem Passus, die Eintragung werde beantragt, „soweit dies eintragungsfähig und -pflichtig ist", mangelt genügende Bestimmtheit[42] —, bestimmte Ausdrucksweisen jedoch nicht vorgeschrieben wie etwa das Wort „beantragen". Der Antrag muß jedoch auf alsbaldige Eintragung gerichtet sein, er darf diese nicht nur vorsorglich und als später möglich in Aussicht nehmen;[43] das GBA darf die Entscheidung nicht aussetzen, sondern muß sofort entscheiden. Andernfalls würde der Antragsteller im Hinblick auf § 17 ungerechtfertigte Vorteile erreichen. Unzulässig ist daher etwa der Antrag auf Löschung einer Eigentümergrundschuld, sobald und soweit eine solche entsteht.[44] Für Vorbehalte im Antrag gilt die Regelung des § 16. Im Zweifel ist die zulässige Eintragung als gewollt anzusehen.[45] In der Eintragungsbewilligung allein ist im Regelfall kein Antragsbegehren enthalten, jedoch kann dies Auslegungsfrage sein (zur Auslegung grundsätzlich vgl.

---

[39] S. dazu RGZ 145, 286; BGHZ 35, 4 = NJW 61, 1397.
[40] OLG Frankfurt DNotZ 54, 194 für einen 14 Jahre nach Vertragsschluß gestellten Antrag; ebenso OLG Hamm Rpfleger 73, 305; BayObLG DNotZ 94, 182 für einen nach 25 Jahren seit Einreichung der Bewilligung gestützten Antrag.
[41] KG KGJ 28, 256.
[42] OLG Frankfurt Rpfleger 77, 101.
[43] OLG Frankfurt Rpfleger 56, 193.
[44] OLG Hamm JMBl. NRW 56, 80.
[45] KG JW 24, 2047.

Rdn. 35). Ein Eintragungsbegehren kann in Betracht kommen, wenn der Bewilligende selbst die Bewilligung beim Grundbuchamt einreicht. Umgekehrt kann der Antrag auf die Eintragungsbewilligung formell Bezug nehmen, also sich darauf beschränken, die bewilligte Eintragung zu begehren.[46] Überreicht jedoch der durch die Eintragungsbewilligung Begünstigte diese zugleich mit dem Eintragungsantrag des Bewilligenden, so ist darin ein eigener Antrag des Begünstigten nicht zu erblicken.[47]

c) das Verlangen der Eintragung eines **eintragungsfähigen** Rechtes. Darüber enthält die Grundbuchordnung zwar keine ausdrücklichen Vorschriften. Es gelten jedoch die von der Rechtsprechung entwickelten Grundsätze. Demnach sind eintragungsfähig nur die vom Gesetz ausdrücklich als eintragungsfähig anerkannten dinglichen Rechte[48] oder die von einer Rechtsnorm vorgeschriebenen oder jedenfalls zugelassenen Eintragungen.[49] Die Rechtshängigkeit einer Klage ist eintragungsfähig[50] nach herrschender Meinung, jedoch nur aufgrund einstweiliger Verfügung, nicht im Wege der Grundbuchberichtigung nach § 22 GBO.[51] **28**

Nicht eintragungsfähig sind beispielsweise die den Zeitpunkt der Umwandlung einer Hypothek in eine Eigentümergrundschuld entgegen § 1163 Abs. 1 S. 2 BGB bis zum Jahresende hinausschiebende Amortisationsklausel,[52] wenn sie nicht lediglich zur Klarstellung der Zinsberechnung getroffen ist, oder in einem gerichtlichen Vergleich übernommene schuldrechtliche Verpflichtungen, ein Grundstück weder zu veräußern noch zu belasten;[53] vertraglich übertragene Verwaltungsrechte an einem Grundstück[54] oder die bei Bestellung einer Hypothek übernommenen schuldrechtlichen Verpflichtungen des Eigentümers zur Beschaffung eines bestimmten Ranges.[55] **29**

d) den **genauen Inhalt** der begehrten Eintragung. Der Antrag muß **eindeutig** sein. Die Eindeutigkeit fehlt, wenn der Antrag aufgrund einer umfangreichen Urkunde mit zahlreichen eintragbaren und nicht eintragbaren Bestimmungen gestellt wird und es dem Grundbuchamt überlassen wird, diejenigen Bestimmungen einzutragen, welche das Grundbuchamt für eintragungsfähig hält;[56] das gleiche gilt, wenn der Antrag aufgrund eines Vertrages gestellt wird, in welchem die schuldrechtlichen von den dinglichen Vereinbarungen nicht getrennt sind,[57] oder mehrere Bevollmächtigte Anträge stellen, die sich nicht decken. Bei einer Hypothek muß auch die zu sichernde Forderung, bei mehreren Berechtigten auf jeden Fall das Anteilsverhältnis angegeben sein.[58] Einer Grundstücksbezeichnung in der Form des § 28 bedarf es nur, wenn die Eintragungsbewilligung fehlt oder insoweit fehlerhaft ist oder durch den Antrag ersetzt werden soll. **30**

2. Übereinstimmung und Bewilligung

Der Antrag muß sich **mit der Bewilligung decken;**[59] andernfalls ist er unbegründet. Das gilt auch für die Auflassung.[60] Ausnahmsweise ist eine Abweichung des Antrages **31**

---

[46] Vgl. OLG Karlsruhe, OLG 4, 82.
[47] RG Recht 11, Nr. 2461.
[48] OLG Hamm, JMBl. NRW 50, 129; OLG Koblenz DRZ 49, 234.
[49] OLG München Rpfleger 66, 306 = NJW 66, 1030.
[50] OLG München a. a. O.; OLG Stuttgart NJW 60, 1109.
[51] Vgl. OLG München a. a. O., zust. *Wächter* NJW 66, 1366, abl. *Haegele* Rpfleger 66, 307; LG Braunschweig Nieders Rpfleger 150, 174.
[52] OLG Hamm JMBl. NRW 62, 122.
[53] OLG Koblenz DRZ 49, 234.
[54] OLG Hamm JMBl. NRW 50, 129.
[55] OLG Düsseldorf DNotZ 50, 417.
[56] LG Verden Rpfleger 51, 617; LG Kassel NJW 53, 189.
[57] OLG Hamm JMBl. NRW 57, 92; DNotZ 67, 635.
[58] Zu letzterem vgl. OLG Neustadt, DNotZ 65, 613.
[59] BayObLGZ 48/51, 508; LG Köln DNotZ 55, 398; BayObLGZ 76, 188.
[60] BayObLG Rpfleger 78, 447.

§ 13

von der Bewilligung statthaft, wenn sich aus den Erklärungen des Bewilligenden entnehmen läßt, daß der Betroffene mit der Eintragung einer Rechtsänderung im geringeren Umfang einverstanden ist.[61] Der Antrag kann dabei die Bewilligung enthalten, nicht grundsätzlich jedoch umgekehrt; im ersteren Fall ist dann die Form des § 29 GBO erforderlich.

In dem Antrag kann auf die Eintragungsbewilligung Bezug genommen werden,[62] nicht jedoch umgekehrt.[63]

32 Lediglich bloße **Abweichungen in der Bezeichnung der Berechtigten** sind dabei unschädlich; mit Erbfolgennachweis kann aufgrund einer auf den Erblasser lautenden Bewilligung die Eintragung der Erben beantragt werden;[64] ebenso kann die Eintragung des nachgewiesenen Firmeninhabers auch dann beantragt werden, wenn die Bewilligung nur auf die Firma des Einzelkaufmanns lautet.[65]

33 Bei **Schweigen der Eintragungsbewilligung** sind zulässig Ergänzungen durch Antrag dahingehend, daß mehrere Eintragungen nur zusammen erfolgen dürfen (§ 16 Abs. 2), Bestimmungen über das Rangverhältnis (§ 45 Abs. 3), die Person des Briefempfängers (§ 60 Abs. 2) und die Erteilung von Briefen (§§ 63, 65).

Zulässig ist auch, die **mehrdeutige** oder unklare Eintragungsbewilligung durch Antragstellung **klarzustellen,** wenn der Antrag von dem Bewilligenden oder gem. § 15 vom Notar gestellt wird (für letzteren Fall vgl. § 15 Rdn. 32); nur in diesem beschränkten Rahmen ist die Auslegung der Eintragungsbewilligung möglich ohne die Form des § 29.[66]

3. Andere Unterlagen

34 Wird eine Eintragung **aufgrund anderer Unterlagen** als einer Eintragungsbewilligung beantragt, so muß sich der Antrag mit dem Inhalt dieser Unterlagen decken und § 28 entsprechen.

Die Eintragung einer Zwangshypothek kann auch in Höhe eines geringeren Betrages, als in dem Schuldtitel angegeben, beantragt werden.[67]

VI. Auslegung und Umdeutung des Antrags

1. Auslegung

35 Der gestellte Antrag ist als verfahrensrechtliche Erklärung auslegungsfähig in entsprechender Anwendung des § 133 BGB,[68] auch durch das Beschwerdegericht;[69] dabei genügt es, wenn im Wege der Auslegung der Inhalt bestimmbar ist.[70] Die Auslegung darf sich jedoch nur auf den Wortlaut und Sinn der Urkunde stützen, der ursprüngliche Wille der Beteiligten und Auslegungstatbestände außerhalb der Urkunde bleiben außer Betracht.[71] Der gesamte Inhalt der vorgelegten Urkunde ist heranzuziehen,[72] auch

---

[61] LG Köln a. a. O.
[62] KG OLG 4, 82.
[63] KG HRR 29 Nr. 1943.
[64] KG JFG 7, 325; BayObLG 33, 301.
[65] KG HRR 30, Nr. 737.
[66] Ebenso BayObLG Rpfleger 81, 192.
[67] RGZ 71, 371.
[68] BayObLG DNotZ 94, 891 ff. = Rpfleger 95, 352 LS.
[69] BayObLG Rpfleger 79, 106; OLG Hamm Z 92, 398 = NJW RR 92, 1299 = Rpfleger 92, 474.
[70] KG DNotZ 58, 203; zust. *Hieber* a. a. O.; LG Kassel NJW 64, 932.
[71] BGHZ 59, 240; OLG Karlsruhe DNotZ 58, 257; OLG Bremen NJW 65, 2403.
[72] BayObLG DNotZ 94, 892.

schuldrechtliche Erklärungen.[73] Außerdem muß bei der Auslegung auf die besonderen Erfordernisse des Grundbuches Bedacht genommen werden. Der Zweck des Grundbuchs, auf sicherer Grundlage bestimmte und eindeutige Rechtsverhältnisse zu schaffen und zu erhalten, erfordert klare und eindeutige Eintragungen. Sie sind nur möglich, wenn auch die Eintragungsunterlagen eindeutig und zweifelsfrei sind.[74] Es genügt nicht, daß der Grundbuchrichter das Gewollte als möglich folgern kann. Notwendig ist Zweifelsfreiheit,[75] wobei bei Unklarheit oder Mehrdeutigkeit allein die rechtlich zulässige Eintragung als gewollt anzusehen ist.[76] Bleibt der Umfang des gestellten Antrages zweifelhaft, so besteht ein Eintragungshindernis. Das Grundbuchamt hat durch Zwischenverfügung für die Klärung zu sorgen.[77]

Wird eine Eintragung beantragt, deren notwendige Voraussetzung eine andere Eintragung bildet, so ist eine Auslegung dahin möglich, daß alle Eintragungen beantragt sind, welche zur Erreichung des Endzustandes erforderlich sind,[78] wie beispielsweise die Eintragung der Pfändung vor Löschung der gepfändeten und zur Einziehung überwiesenen Hypothek auf Antrag des Pfändungsgläubigers. Bei verschiedenen Möglichkeiten ist im Zweifel die allein zulässige gewollt.[79]

2. Umdeutung

Eine Umdeutung des Antrages nach § 140 BGB ist grundsätzlich nicht möglich,[80] **36** vor allem dann nicht, wenn die Eintragung bei Umdeutung andere und weniger weitgehende Folgen hätte.

VII. Wirksamwerden des Antrages

1. Vorlage bei Gericht

Der Antrag wird wirksam, wenn er einer zur Entgegennahme zuständigen Person **37** vorgelegt ist (§ 13 Abs. 2, Satz 2), d. h. in deren Besitz kommt (§ 19 Abs. 2 b GeschO). Jeder andere Zeitpunkt ist unbeachtlich (§ 19 GeschO a. a. O.)[81], z. B. Einwerfen in den Briefkasten des Amtsgerichts, Aushändigung an den die Postsachen des Amtsgerichts von der Postanstalt abholenden Boten oder später das Öffnen des Briefes. Gleichgültig ist, wer vorlegt (vgl. dazu auch Rdn. 27); gleichgültig auch, ob die Vorlage inner- oder außerhalb der Dienststunde erfolgt. Außerhalb der Diensträume soll die – an sich wirksame – Annahme verweigert werden. Gleichgültig ist schließlich auch, wenn fehlende Beilagen oder Ergänzungen eingehen, wenn der Antrag selbst fehlerhaft oder mangelhaft ist.

Der Antrag wird **nicht wirksam,** wenn bereits vorher oder **gleichzeitig ein Widerruf** des gleichen Antrages bei Gericht eingeht. Dieser Antragswiderruf ist zu unterscheiden von der Antragsrücknahme, die einen gültig gewordenen Antrag voraussetzt. Eine vor Eingang des Antrages oder gleichzeitig mit ihm eingegangene Antragsrücknahme muß als Widerruf des Antrages behandelt werden. Der Widerruf bringt zum Ausdruck, das

---

[73] OLG Frankfurt Rpfleger 96, 101; BayObLG Rpfleger 94, 58.
[74] BayObLG Rpfleger 89, 194; Rpfleger 94, 59.
[75] OLG Frankfurt Rpfleger 56, 193 mwN.
[76] BayObLG Rpfleger 77, 60.
[77] BayObLG Rpfleger 94, 58.
[78] BayObLG 19, 22; BayObLG DNotZ 79, 430.
[79] KG JW 24, 2047.
[80] BayObLGZ 53, 333 = DNotZ 54, 31; dazu abl. *Hieber* DNotZ 54, 303; OLG Hamm JMBl. NRW 59, 66.
[81] BayObLG Rpfleger 97, 259.

§ 13

Beantragte nicht zu wollen; er vernichtet damit, da er vor oder gleichzeitig mit dem Antrag eingeht, jegliche Rechtswirkungen des eigentlichen Antrages und läßt ihn nicht wirksam werden. Als solcher Widerruf ist es auch einzusehen, wenn gleichzeitig mit dem Antrag auf Eintragung in **gesonderter** Urkunde der Antrag auf Löschung des zur Eintragung beantragten Rechtes vorgelegt wird.

Davon zu unterscheiden ist der Fall, daß — bei Veräußerungsverträgen — in der **gleichen** Urkunde die Eintragung der Vormerkung und Zug um Zug mit der Eintragung der Auflassung, deren Löschung beantragt wird.[82] Hier liegt ein Widerruf überhaupt nicht vor. Das gleiche muß auch gelten, wenn der gleiche Sachverhalt in verschiedenen Urkunden verwirklicht wird. Für die Form des Widerrufes gilt Antragsform. § 31 Satz 2 gilt nur für den Vollmachtswiderruf. Nur in eine Antragsrücknahme umdeutbar ist ein Antragswiderruf **nach** Wirksamwerden des Antrages. Form § 31 Satz 2.

Zuständig zur Entgegennahme und zur Beurkundung des Zeitpunkts des Eingangs sind

38 a) der nach der Geschäftsverteilung mit der Führung des Grundbuches für die betreffende Gemarkung beauftragte Rechtspfleger[83] oder Richter (§ 8 Abs. 1 RpflegerG), d. h. derjenige, der nach der Geschäftsverteilung die Aufgabe hat, die Eintragungen auf dem Grundbuchblatt zu vollziehen.

Dem Richter oder Rechtspfleger steht sein geschäftsplanmäßig bestellter Vertreter gleich; vollzieht dieser den Eingangsvermerk, so bedarf es einer Prüfung, ob der Vertretungsfall wirklich vorgelegen hat oder nicht. Dagegen sind die anderen Richter des Amtsgerichts nicht befugt, den Grundbuchrichter zu vertreten. Die Entgegennahme durch einen solchen Richter steht dem Eingang beim Grundbuchamt nicht gleich. § 22 d GVG gilt nicht; § 1 der AusfVO ist ihm gegenüber das speziellere Gesetz.

39 b) Der vom Behördenvorstand für das ganze Grundbuchamt oder auch nur für einzelne Abteilungen bestellte zuständige Beamte oder Angestellte. Auch diesem Beamten steht sein geschäftsplanmäßig bestellter Vertreter gleich, ohne daß es einer Prüfung bedürfte, ob der Vertretungsfall tatsächlich vorgelegen hat.

40 c) Bezieht sich der Antrag auf **mehrere Grundstücke** in verschiedenen Geschäftsbereichen des **gleichen** Grundbuchamtes, so ist jeder der Vorgenannten zuständig, wenn er nur die Zuständigkeit wenigstens für eines der betreffenden Grundstücke besitzt (§ 13 Abs. 3 S. 2). Sind für die Grundstücke **verschiedene** Grundbuchämter zuständig, so muß der Antrag bei jedem Grundbuchamt gesondert wirksam werden.

41 Gelangen nach den für das Amtsgericht bestehenden allgemeinen Geschäftsordnungsvorschriften Anträge auf Eintragung nicht unmittelbar an den zuständigen Beamten, so sind sie von dem annehmenden Beamten unverzüglich dahin abzugeben (§ 19 Abs. 6 GeschO). Bei Gerichtstagen soll möglichst ein zuständiger Beamter anwesend sein (§ 19 Abs. 7 GeschO).

2. Antrag zur Niederschrift gestellt

42 Erklärungen zur Niederschrift des Urkundsbeamten, nach der Änderung des § 29 GBO durch § 57 Abs. 7 BeurkG nur noch möglich für **reine Eintragungsanträge,** sind vor einem zuständigen Beamten mit dem Abschluß der Niederschrift eingegangen (§ 13 Abs. 2 S. 3). Ist der Beamte unzuständig, gilt § 13 Abs. 2 nicht. Wann die Niederschrift abgeschlossen ist, ist bundesrechtlich nicht geregelt. Fehlen landesrechtliche Vorschriften, so ist die Frage aus der Natur der Sache und den Gewohnheiten der Praxis zu

---

[82] Vgl. § 16 Rdn. 10.   [83] § 3 Nr. 1 Buchst. h RpflegerG.

beantworten. Hiernach bedarf ein Protokoll der abschließenden Unterschrift des Beamten und ist erst mit ihrer Vollziehung beendet. Der Zeitpunkt der Unterschrift deckt sich also in diesem Fall mit dem Eingangszeitpunkt (vgl. § 19 Abs. 3 GeschO).

3. Eingangsvermerk

Der Zeitpunkt des Eingangs hat erhebliche Bedeutung (vgl. oben Rdn. 9 ff.) im Hinblick auf §§ 17 und 45. Er soll deswegen auf dem Antrag genau vermerkt werden (§ 13 Abs. 2 S. 1). Im einzelnen gilt dazu nach der GeschO: **43**

a) Die **Anbringung** des Eingangsvermerkes ist Aufgabe des zur Entgegennahme befugten Beamten, dem der Antrag zuerst vorgelegt wird (§ 19 Abs. 2 a GeschO).

b) der Eingangsvermerk ist **auf das Schriftstück** des Antrags zu setzen; wenn der Notar einen Antrag der Beteiligten wiederholt, auch auf dieses Schriftstück, auch auf eine Niederschrift nach § 13 Abs. 2 S. 3, auf Beilagen jedoch nur, wenn sie selbst einen Antrag enthalten. Der Vermerk soll möglichst in der rechten oberen Ecke der ersten Seite angebracht werden und die Zahl etwaiger Beilagen vermerken (§ 19 Abs. 2 c GeschO).

c) Um die **Reihenfolge** mehrerer Anträge jederzeit einwandfrei feststellen zu können, muß der Zeitpunkt des Eingangs nach Tag, Stunde und Minute angegeben werden (§ 19 Abs. 2 a S. 2 GeschO). Mehrere gleichzeitig eingegangene Anträge erhalten den gleichen Eingangsvermerk (§ 19 Abs. 2 b GeschO). Der Vermerk ist von dem Beamten mit dem ausgeschriebenen Namen zu unterzeichnen (§ 19 S. 2 a GeschO). **44**

d) Der in gehöriger Form vollzogene Eingangsvermerk ist eine **öffentliche Urkunde**. Seine Beweiskraft richtet sich nach § 418 ZPO. Gegenbeweis gegen die darin enthaltene Feststellung ist also zulässig. **45**

VIII. Rücknahme des Eintragungsantrages

1. Grundsatz

Die Rücknahme ist möglich bis zur Vollendung der Eintragung, also bis zur Unterzeichnung. Daß die Eintragung bereits verfügt wurde, ist ohne Bedeutung,[84] ebenso, ob die Eintragungsbewilligung bereits bindend geworden ist.[85] Für die Form der Rücknahme gilt § 31. Die Rücknahme eines Eintragungsantrages durch den Antragsteller ist auch nach Konkurseröffnung über ihn möglich, da es sich bei der Rücknahme um eine reine Verfahrenshandlung handelt, die durch das Veräußerungsverbot des § 106 Abs. 1 S. 3 KO nur versagt würde, wenn darin zugleich eine Verfügung über Massegegenstände enthalten wäre, welche das Massevermögen verringert. Dies ist bei der Rücknahme nicht der Fall.[86] **46**

2. Berechtigte

Berechtigt zur Rücknahme ist jeder Antragsteller nur für den von ihm selbst oder seinem Vertreter gestellten Antrag.[87] Durch Erbgang wird der Antrag nicht zu einem Antrag der Erben im verfahrensrechtlichen Sinn. Nach dem Tode des Antragstellers sind die Erben als Rechtsnachfolger jedoch zur Rücknahme befugt, wobei, da es sich bei der Frage der Aufrechterhaltung des Antrages — wegen dessen rein verfahrensrecht- **47**

---

[84] BayObLGZ 54, 146.
[85] KG JFG 8, 229.
[86] KG DNotZ 73, 36 ff.
[87] OLG Schleswig, SchlHA 59, 197.

§ 13

licher Natur — um eine Maßnahme der Verwaltung des Nachlasses handelt, für die Rücknahme ein Mehrheitsbeschluß der Erben genügt.[88] Bei Fortgelten der Eintragungsbewilligung — die eingetretene Bindung wird durch die Rechtsnachfolge nicht aufgehoben — können jedoch die sonstigen Antragsberechtigten erneut den Eintragungsantrag stellen.[89]

48 Die Rücknahme kann auch durch einen rechtsgeschäftlichen oder gesetzlichen **Vertreter** erfolgen. Der Konkursverwalter kann den Antrag des Gemeinschuldners jederzeit zurücknehmen.[90] Bei einer rechtsgeschäftlich erteilten Vollmacht wird grundsätzlich nicht anzunehmen sein, daß die Vollmacht zur Antragstellung auch die Befugnis zur Antragrücknahme erfassen soll, doch ist dies Auslegungsfrage des Einzelfalles. Zur Antragsrücknahme durch einen Notar vgl. § 15 Rdn. 32 und § 31.

Bei Antragsrücknahme durch einen ausdrücklich bevollmächtigten **Notar** ist im Zweifel die rechtsgeschäftlich erteilte Vollmacht auch auf diesen Fall erstreckt.

49 Die anderen Beteiligten können sich gegen eine solche Antragsrücknahme nur dadurch schützen, daß sie **selbst** einen Eintragungsantrag stellen (vgl. Rdn. 53, 62), allerdings mit der Folge, daß sie dann auch für die Kosten der Eintragung haften.[91] Über diese Anträge hat das Grundbuchamt dann zu entscheiden.

3. „Unwiderruflicher Antrag"

50 Eine Rücknahme ist **auch** dann jederzeit möglich, wenn der Antrag „unwiderruflich" gestellt worden ist,[92] da damit bestenfalls eine obligatorische Verpflichtung den anderen Beteiligten gegenüber entstanden ist, verfahrensrechtlich ein solcher Verzicht dem Grundbuchamt gegenüber jedoch wirkungslos ist.[93] Dem gleichzustellen ist ein in der notariellen Urkunde gestellter „unwiderruflicher" Schlußantrag.[94]

4. Teilweise Rücknahme

51 Eine teilweise Rücknahme des Eintragungsantrages kann nur dann als zulässig angesehen werden, wenn entweder die Eintragungsbewilligung gleichzeitig entsprechend abgeändert wird[95] oder die teilweise Rücknahme Punkte betrifft, welche von der Eintragungsbewilligung nicht erfaßt werden (vgl. Rdn. 31).

Liegt eine solche Abänderung der Eintragungsbewilligung nicht vor, so decken sich Antrag und Eintragungsbewilligung nicht mehr mit der Folge, daß der Antrag zu beanstanden oder zurückzuweisen ist.

5. Wirkung der Rücknahme

52 Eine **Verwirkung** des Antrages tritt durch die Rücknahme nicht ein. Ein zurückgenommener Antrag kann neu gestellt werden, ist dann jedoch als Neuantrag mit allen Folgen anzusehen und entsprechend zu behandeln.[96] Eine Anfechtung der Rücknahme ist dagegen im Hinblick auf die prozessuale Natur des Antrages einerseits und die Rechtsfolgen der Erledigung für das Grundbuch gemäß § 17 andererseits ausgeschlos-

---

[88] OLG Düsseldorf NJW 56, 877.
[89] KG JR 51, 761.
[90] Vgl. dazu *Wörbelauer* DNotZ 65, 531.
[91] Vgl. dazu *Wörbelauer* a. a. O.
[92] *Haegele* Rpfleger 57, 293; *Wörbelauer* DNotZ 65, 529 ff.
[93] OLG Düsseldorf NJW 56, 877; BayObLGZ 72, 215; *Ertl* Rpfleger 80, 42 mwN; LG Magdeburg Rpfleger 96, 244.
[94] LG Frankfurt Rpfleger 92, 58 = MitRhNot 92, 116.
[95] OLG München JFG 22, 33.
[96] KG HRR 28, Nr. 587.

sen.⁹⁷ Niemals berührt die Rücknahme eine eingetretene Bindung. Die Gültigkeit der Eintragungsbewilligung ist durch die Rücknahme regelmäßig verbraucht.⁹⁸ Dies gilt nicht, wenn der Antrag nur versehentlich gestellt wurde oder wenn die Rücknahme erfolgt, um einen in der Eintragungsbewilligung vorgesehenen Rang endgültig herbeizuführen.

6. Mehrheit von Anträgen

Bei einer **Mehrheit** von gestellten Eintragungsanträgen ist die Rücknahme unzulässig für Anträge, welche andere Beteiligte aufgrund der gleichen Urkunde gestellt haben;⁹⁹ diese bleiben grundsätzlich unberührt und können eine Grundlage für die Entscheidung des Grundbuchamtes bieten.¹⁰⁰ **53**

Erfolgt die Rücknahme durch einen Vertreter, so ist genau zu prüfen, ob die erteilte Vollmacht die Rücknahme auch im Namen der mehreren Beteiligten deckt. Bei einem Notar wird dies grundsätzlich anzunehmen sein (vgl. § 15 Rdn. 32).

IX. Antragsberechtigung (Abs. 2)

1. Begriff

Unter **Antragsberechtigung** ist die Befugnis zu verstehen, ein Eintragungsverfahren nach dem zweiten Abschn. der GBO in Gang zu bringen. Es handelt sich um ein rein prozessuales Recht,¹⁰¹ das aus der unmittelbaren Nähe der Beteiligten zu der beantragten Eintragung sich ergibt. Es fließt damit auf der Seite des Betroffenen aus dessen allgemeiner Verfügungsbefugnis, auf der Seite des Begünstigten aus dessen vorhandener Anwartschaft. Stets muß beachtet werden, daß es sich trotzdem um eine rein verfahrensrechtliche Befugnis handelt. **54**

Sie kann weder ausgeschlossen, noch eingeschränkt, noch erweitert oder auf Dritte als Recht übertragen werden.¹⁰² Die Beteiligten können sich zwar gegenseitig schuldrechtlich verpflichten, aber kein abweichendes Verfahrensrecht schaffen. Möglich ist dagegen die Übertragung der Ausübung ohne Ausschluß des Berechtigten.

Ein **Verzicht** des Antragsberechtigten auf Ausübung in eigener Person ist auch nicht in der Weise möglich, daß nur der Notar für ihn einen wirksamen Antrag stellen kann.¹⁰³

2. Grundsätze

a) Antragsberechtigt ist nur der **unmittelbar Beteiligte**¹⁰⁴ als „Betroffener" (Passivbeteiligter, verlierender Teil), dessen Rechtsstellung durch die Eintragung einen Verlust erleidet, oder als „**Begünstigter**" (Aktivbeteiligter, gewinnender Teil), dessen Rechtsstellung einen Gewinn erfährt.¹⁰⁵ **55**

---

⁹⁷ KG a. a. O.
⁹⁸ BGH Rpfleger 82, 414; vgl. auch § 19 Rdn. 167; *Ertl* Rpfleger 82, 410.
⁹⁹ Vgl. OLG Schleswig SchlHA 59, 197.
¹⁰⁰ KG KGJ 24 A 95.
¹⁰¹ Vgl. BayObLGZ 76, 180; DNotZ 77, 242.
¹⁰² *Ertl* DNotZ 75, 644, 650; Rpfleger 80, 42.
¹⁰³ Haegele/Schöner/*Stöber* Grundbuchrecht Rdn. 72 b; *Ertl* DNotZ 75, 653; *Herrmann* MittBayNot 75, 173; a. A. − mit der Folge der Zurückweisung des von dem Antragsteller selbst gestellten Antrages − OLG Hamm Rpfleger 75, 250 = DNotZ 75, 686.
¹⁰⁴ KG KGJ 31, 347.
¹⁰⁵ OLG Frankfurt Rpfleger 97, 63.

§ 13

56 b) Beide **Begriffe** sind nicht im wirtschaftlichen, sondern im **abstrakt-rechtlichen** Begriff zu verstehen. Beispielsweise ist der Veräußerer eines Grundstücks der „Betroffene", auch wenn die Veräußerung wirtschaftlich für ihn sehr vorteilhaft ist. Ein großes rechtliches oder berechtigtes Interesse genügt nicht. Ein Eigentümer, auf dessen Grundstück eine Gesamthypothek in der Zwangsversteigerung bestehen bleibt, kann deshalb nicht die Löschung der Hypothek auf anderen Grundstücken beantragen.[106] Ebensowenig genügt die schuldrechtliche Verpflichtung zur Rechtsänderung[107] oder ein wirtschaftlicher Vor- oder Nachteil.

Läßt sich abstrakt nicht entscheiden, wer betroffen oder begünstigt ist, z. B. bei Umwandlung einer Hypothek in eine Grundschuld, so sind beide Teile als betroffen anzusehen.

c) **Unmittelbar** muß die Beteiligung sein.

57 aa) Für den **Aktivbeteiligten** ergibt sich dies bereits aus dem Wortlaut, der darauf abstellt, zu wessen Gunsten „die Eintragung erfolgen soll". Diese Frage läßt sich, wenn man nicht ins Uferlose geraten will, nur aus dem Inhalt der beantragten Eintragung beantworten. Die der Eintragung innewohnende Zweckbestimmung kann allein maßgebend sein; diese deutet auf denjenigen, der durch sie unmittelbar einen rechtlichen Vorteil erlangt. Dem aus einer Auflassungsvormerkung Berechtigten steht daher für ein im Rang vorgehendes Grundpfandrecht kein eigenes Antragsrecht zu, selbst wenn die Auflassung schon erklärt wäre.[108] Diese Auslegung wird bestätigt durch einen Gegenschluß aus §§ 9 Abs. 1 S. 2, 14 sowie § 8 Abs. 2 GBMaßnG, wo jeweils einem mittelbar Begünstigten ausdrücklich und offenbar ausnahmsweise das Antragsrecht beigelegt wird.[109]

58 bb) Das gleiche muß auch für den **Passivbeteiligten** gelten, obwohl der Wortlaut der GBO, insbesondere im Hinblick auf die Bestimmungen in §§ 19, 39 und 55, wo auch mittelbar Betroffene umfaßt werden, Zweifeln Raum geben kann. Es gibt jedoch keinen Anhaltspunkt dafür, daß die Antragsberechtigung der Passivseite weiter ausgedehnt werden sollte als die der Aktivseite. Die Ausdehnung der Antragsberechtigung auf mittelbar Beteiligte würde es diesen ermöglichen, eine Rechtsänderung durch Eintragung im Grundbuch vornehmen zu lassen, welche die unmittelbar Beteiligten, denen nach materiellem Recht allein die Herrschaft über ihre Rechtsbeziehung zusteht, nicht wollen.

cc) Aus dem Gesagten ergibt sich, daß es sich bei dem Erfordernis der Unmittelbarkeit um eine bloße Zweckmäßigkeit handelt, die im Gesetz selbst nicht überall durchgehalten ist (vgl. §§ 19, 39, 55 GBO). Bei seiner strikten Durchführung ergeben sich erhebliche Schwierigkeiten im Einzelfall dort, wo materiell Berechtigte zwar eine Bewilligung abgeben müssen, jedoch die Begründung der Antragsberechtigung Schwierigkeiten macht.[110] Denkbar nach der hier vertretenen Auffassung und durch § 13 nicht ausgeschlossen wäre daher eine zusätzliche Erweiterung der Antragsberechtigten auf mittelbar Beteiligte, wenn und soweit sie nach dem Verfahrensrecht zur Abgabe von Bewilligungen gemäß § 19 verpflichtet sind. es ist kein Grund einzusehen, warum diesem Personenkreis, der in das Verfahren ausdrücklich einbezogen worden ist, die Antragsberechtigung verweigert werden könnte. Die befürchtete Ausweitung ins Uferlose fände nicht statt, da mit dem Antrag Kostenfolgen verbunden sind.

59 d) **Es sind antragsberechtigt**: bei rechtsändernden Eintragungen die Parteien, zwischen denen die Rechtsänderung sich unmittelbar vollzieht; bei berichtigenden Eintra-

---

[106] *Demharter* § 13 Rdn. 43.
[107] KG KGJ 52, 163.
[108] OLG Frankfurt Rpfleger 97, 63.
[109] Vgl. dazu LG Dortmund MDR 60, 320.
[110] Vgl. dazu ausf. *Böttcher* Rpfleger 82, 52 ff.

gungen alle diejenigen, deren grundbuchliche Stellung durch die Berichtigung eine unmittelbare Verbesserung oder Verschlechterung – im abstrakten Sinne – erfährt;[111] z. B. bei Berichtigung durch Löschung einer ungültigen Hypothek der Hypothekengläubiger, der Eigentümer und die nachstehenden Berechtigten; umgekehrt sind mittelbar Berechtigte auch dann nicht antragsberechtigt, wenn sie die Eintragung zu bewirken haben, z. B. gem. § 894 BGB. Der **Nacherbe** ist für den Antrag auf Eintragung des Vorerben nicht unmittelbar Betroffener; er hat daher nach § 13 Abs. 2 kein Antragsrecht.[112]

Das Recht, die **Zuschreibung** eines Grundstücks oder Zuflurstücks zu einem anderen Grundstück als dessen Bestandteil zu beantragen, steht nur dem Grundstückseigentümer zu, nicht auch dem Inhaber eines Grundpfandrechts an dem Hauptgrundstück, da dieser nicht unmittelbar Beteiligter ist.[113] In der genannten Entscheidung wurde ausdrücklich die Frage offengelassen, ob die Antragsberechtigung des Grundpfandrechtsgläubigers ausnahmsweise zu bejahen ist, wenn die Bestandteilszuschreibung nachweislich in seinem Interesse erfolgt. Dies muß jedoch verneint werden, da die prozessuale, auf formale Kriterien sich stützende Rechtslage die gleiche bleibt. Der Hypothekengläubiger hat nach herrschender Meinung die Möglichkeit, als Bevollmächtigter Antragsrechte der betroffenen Eigentümer auszuüben.

3. Insbesondere der Passivbeteiligte

Insbesondere unmittelbar Betroffene als Passivbeteiligte sind: Bei Veräußerung und Belastung eines Grundstücks der Eigentümer; bei Aufhebung eines verpfändeten beschränkten dinglichen Rechts jedoch nicht der Pfandgläubiger.[114] Bei Abtretung eines Rechtes nur der Zedent, nicht der Eigentümer.[115] Der Zedent einer Eigentümergrundschuld ist jedoch nicht berechtigt, die Eintragung der Eigentümergrundschuld zu beantragen, wenn der Eigentümer den Eintragungsantrag zurückgenommen hat;[116] bei Löschung eines Rechts der unmittelbar aus dem Recht Berechtigte; für die Eintragung des Treuhändersperrvermerkes (§§ 70 ff. Vers. AufG) der Eigentümer.[117] Bei Rangrücktritt einer Hypothek auch der Eigentümer, weil sich auch der Rang der zukünftigen Eigentümergrundschuld verschlechtert,[118] auch wenn nur der Rangrücktritt hinter eine Auflassungsvormerkung beantragt wird.[119]

Von einer rechtsändernden Eintragung wird jeweils nur der wahre Berechtigte betroffen,[120] von einer berichtigenden der Buch- oder der wahre Berechtigte. Nicht betroffen ist der Hypothekengläubiger durch den Wechsel des Eigentümers oder der Eigentümer durch den Wechsel des Gläubigers. Bei berichtigender Löschung einer Vormerkung ist betroffen auch derjenige, für dessen Recht die Vormerkung eingetragen ist.[121] Nicht

---

[111] BayObLG BWNotZ 88, 165 für die nachstehenden Berechtigten bei Löschung einer Auflassungsvermerkung wegen Unrichtigkeit im Grundbuch.
[112] LG Berlin Rpfleger 74, 234; vgl. jedoch § 14 Rdn. 1.
[113] BayObLGZ 76, 180; DNotZ 77, 242.
[114] Demharter § 13 Rdn. 46.
[115] OLG Rostock OLG 9, 329.
[116] OLG Celle Rpfleger 89, 499.
[117] BayObLGZ 63, 394; NJW 65, 538; LG Koblenz DNotZ 71, 97 = Rpfleger 70, 22 mit Anm. von *Haegele* a. a. O.; LG München Rpfleger 64, 212, jedoch überholt.
[118] OLG München JFG 15, 364; OLG Schleswig, SchlHA 63, 147; KG NJW 64, 1479; a. A. – mit beachtlichen Gründen – *Böttcher* Rpfleger 82, 52 ff.
[119] KG a. a. O.; a. A. *Haegele* Rpfleger 65, 15; *Riedl* DNotZ 53, 316; LG Bochum DNotZ 53, 314 für Befriedigungsvorrecht; *Bock* BWNotZ 61, 126.
[120] KG KGJ 45, 206.
[121] RGZ 163, 63.

betroffen ist der Eigentümer bei der Verteilung einer Gesamthypothek. Betroffen ist bei der Pfändung einer Hypothek nur der Hypothekengläubiger, nicht auch der Grundstückseigentümer.[122]

4. Insbesondere der Aktivbeteiligte

61 Unmittelbar begünstigt als Aktivbeteiligter ist insbesondere: Bei Eigentumswechsel der neue Eigentümer, bei Neueintragung eines Rechtes der Gläubiger, bei Abtretung eines Rechtes der Zessionar, bei Aufhebung eines beschränkten, dinglichen Rechtes der Eigentümer, bei Grundbuchberichtigung auch der nachgehende Berechtigte, wenn das vorhergehende Recht nicht entstanden oder erloschen ist; auch derjenige, dessen Recht durch eine nichtbestehende Vormerkung beeinträchtigt wird;[123] bei Löschung einer Hypothek nicht der nachstehende Hypothekengläubiger, da er durch die Löschung lediglich im Range aufrückt. Bei Rangvortritt einer Hypothek vor ein Recht der zweiten Abteilung auch der Eigentümer, da sich der Rang der künftigen Eigentümergrundschuld verbessert.[124] Bei Pfändung oder Verpfändung des Auflassungsanspruchs kann der bestberechtigte (§ 1290 BGB) Pfandgläubiger anstelle des Erwerbers die Eintragung auf dessen Namen beantragen;[125] ebenso bei Pfändung oder Verpfändung der aus einer erklärten Auflassung entstandenen Anwartschaft auf Eigentumserwerb.[126] Zum Antragsrecht des Pfandgläubigers vgl. OLG Zweibrücken Rpfleger 76, 214 und *Stöber* Rpfleger 76, 197 jeweils mwN.

5. Berechtigung jedes Beteiligten

62 Zur **Stellung des Antrages** ist **jeder** der Antragsberechtigten befugt, sowohl der Aktivbeteiligte als auch der Passivbeteiligte. Die Anträge können auch nebeneinander von sämtlichen Berechtigten gestellt werden. Sind auf einer Seite mehrere Beteiligte vorhanden, so ist jeder für sich allein antragsberechtigt.[127]

a) Bei Eintragung der **Erbengemeinschaft** im Wege der Berichtigung ist jeder Miterbe für sich allein antragsberechtigt.

b) Der Antrag muß **nicht höchstpersönlich** gestellt werden. Das Antragsrecht kann auch von einem dazu berechtigten Dritten ausgeübt werden. Wurde der Anteil eines Miterben rechtswirksam gepfändet, ist jedoch noch der Erblasser im Grundbuch eingetragen, so ist der Pfändungsgläubiger berechtigt, den Antrag als rein prozessuale Handlung gem. § 13 aus dem Recht des Erben heraus zu stellen.[128] Die Pfändung des materiellen Berichtigungsanspruches des Miterben ist nicht erforderlich.[129]

c) **Bevollmächtigung** ist zulässig, eine Form grundsätzlich nicht erforderlich (§ 30).

d) Zulässig sind auch **schuldrechtliche Vereinbarungen** über die Behandlung des Antragsrechtes.[130] Derartige Vereinbarungen sind für das Grundbuch grundsätzlich unbeachtlich. Unzulässig und aus diesem Grund für das Grundbuchamt unbeachtlich ist

---

[122] BayObLG BayNotV 33, 174.
[123] KG KGJ 52, 164, RGZ 163, 63.
[124] KG NJW 64, 1479; OLG Oldenburg NJW 65, 1768; LG Hannover Rpfleger 77, 310; a. A. LG Bochum DNotZ 53, 314 ff.; LG Dortmund NJW 60, 678 und *Haegele* Rpfleger 65, 15; *Scheyhing* SchlHA 63, 147.
[125] OLG München BayJMBl. 53, 1.
[126] BayObLG JFG 9, 234.
[127] KG OLG 41, 155; a. A. unter Verwechslung von Bewilligung und Antrag KG KGJ 20, 209.
[128] So mit Recht *Stöber* Rpfleger 76, 199.
[129] Ausf. dazu *Stöber* a. a. O., S. 200; a. A. OLG Zweibrücken a. a. O.
[130] BGH LM § 925 BGB Nr. 3; LG München DNotZ 50, 35; OLG Hamm DNotZ 75, 688.

jedoch ein eigener prozessualer Antragsverzicht, auch bei gleichzeitiger Erteilung einer verdrängenden Vollmacht an den beurkundenden Notar.[131]

Im einzelnen wurde entschieden:

Bei bestehender **Testamentsvollstreckung** kann nur der Testamentsvollstrecker die Eintragung der Erben in das Grundbuch beantragen.[132] Der Erwerber eines Erbteils ist berechtigt, seine Eintragung als Rechtsnachfolger des bisherigen Mitglieds der Erbengemeinschaft ohne Mitwirkung des Testamentsvollstreckers zu beantragen.[133] **63**

Wird die Löschung einer Hypothek beantragt, die an einem Gesamtgutsgrundstück lastet, so ist neben dem Gläubiger nur der Gesamtgutsverwalter antragsberechtigt.[134]

Die Eintragung einer **Zwangshypothek** kann nur von dem Gläubiger beantragt werden (§ 867 ZPO); auch bei den übrigen Eintragungen, welche zwangsweise erfolgen (aufgrund Arrestbefehls, einstweiliger Verfügung, Pfändungsbeschluß), ist nur der Gläubiger antragsberechtigt. Bewilligt der Schuldner in diesen Fällen jedoch noch die Eintragung, so hat er insoweit auch ein Antragsrecht.[135] **64**

Das bloße **Widerspruchsrecht** des Antragsberechtigten hindert das Antragsrecht eines anderen Berechtigten nicht. Um wirksam zu sein, muß es prozessual geltend gemacht sein.[136] **65**

Ausgeschlossen ist ein Antrag in den Fällen, in welchen eine **Behörde** um die Vornahme der Eintragung ersucht,[137] ausgenommen im Fall des § 941 ZPO[138] und der ausdrücklichen Vorschrift in § 113 Abs. 3 KO. **66**

6. Form des Nachweises

Nach der **herrschenden Lehre** ist die Antragsberechtigung in der Form des § 29 Abs. 1 Satz 2 nachzuweisen.[139] Richtig ist daran, daß die Tatsachen, aus denen sich die Antragsberechtigung ergibt, offenkundig oder bewiesen sein müssen. In der Praxis wird die Form des § 29 Abs. 1 S. 2 ohnehin meist gegeben sein, weil die Berechtigung sich entweder aus dem Grundbuch oder aus einer Eintragungsbewilligung oder aus den zum Nachweis der Unrichtigkeit des Grundbuches in der Form des § 29 vorzulegenden Urkunden ergibt. Nur dort, wo dies ausnahmsweise nicht der Fall ist, spielt die Frage der Form überhaupt eine Rolle. In diesen Fällen aber kann im Hinblick auf die Regelung des § 30 nicht auf § 29 verwiesen werden. Wenn schon bei einer Antragsvollmacht ein am Verfahren unbeteiligter Bevollmächtigter keinen qualifizierten Nachweis braucht, dann doch wohl erst recht nicht ein am Verfahren Beteiligter. Die Form des § 29 ist daher in diesen Fällen nicht erforderlich.[140] Auch andere Beweismittel genügen. **67**

7. Zeitpunkt des Vorliegens

Die Antragsberechtigung muß vorliegen bei **Vollendung der Eintragung.** Das Antragsrecht des unmittelbar Passivbeteiligten fließt aus seiner Verfügungsbefugnis, das Antragsrecht des unmittelbar Aktivbeteiligten aus seiner vorhandenen Anwartschaftsstellung. Gehen Verfügungsbefugnis oder Anwartschaftsstellung bis zu dem genannten **68**

---

[131] Ausf. dazu *Ertl* DNotZ 75, 644; LG Frankfurt Rpfleger 92, 58; a. A. OLG Hamm DNotZ 75, 686 ff. = Rpfleger 75, 250.
[132] KG KGJ 51, 216; OLG München JFG 20, 273; a. A. *Bertsch* Rpfleger 68, 178.
[133] LG Essen Rpfleger 60, 58 m. Anm. v. *Haegele.*
[134] BayObLG HRR 34 Nr. 1053.
[135] Meikel/*Sieveking* § 13 Rdn. 73.
[136] KG OLG 43, 657.
[137] KG JFG 18, 72; OLG München JFG 23, 230.
[138] KG KGJ 41, 221; JFG 5, 303.
[139] KG JW 36, 1543; *Demharter* § 13 Rdn. 55.
[140] Ebenso Meikel/*Sieveking* § 13 Rdn. 79.

Zeitpunkt verloren, obwohl sie vorher vorgelegen haben, so ist der Antrag wegen Fehlens der Antragsberechtigung als unzulässig zurückzuweisen.[141] Aus dem gleichen Grund ist der gestellte Antrag auch zurückzuweisen, wenn in dem genannten Zeitpunkt eine einstweilige Verfügung vorliegt, durch welche dem Antragsteller die Stellung des Antrags untersagt wird.[142]

Da die Antragsberechtigung des Passivbeteiligten aus seiner Verfügungsbefugnis sich ergibt, erlischt sie, wenn diese Befugnis aufgrund einer inzwischen eingetretenen absoluten Verfügungsbeschränkung, z. B. durch Konkurs, verloren ist.

Liegen mehrere Anträge vor, so ist das Vorhandensein der Antragsberechtigung für jeden Antragsteller gesondert zu prüfen.

Durch bloßen Zeitablauf wird das Antragsrecht für eine rechtsändernde Eintragung nicht verwirkt.[143]

X. Erledigung des Antrages

69 An den Umfang des Antrages ist das Grundbuchamt gebunden. Gegen den Willen der Beteiligten kann das Grundbuchamt nicht tätig werden, es darf nicht darüber hinausgehen und nicht hinter ihm zurückbleiben.[144] Es kann ihn erledigen nur durch Vollzug, Zurückweisung oder in der Zwischenverfügung aufgeben, zusätzliche Eintragungsunterlagen beizubringen oder den Antrag einzuschränken.

Der gestellte Antrag ist in dem vorgelegten Umfang zu erledigen, ein einheitlicher Antrag kann nicht teilweise erledigt, teilweise zurückgewiesen werden,[145] § 16 Abs. 2 ist dafür nicht einschlägig.

XI. Grundbuchersuchen einer Behörde

70 Die Vorschriften des § 13 gelten auch für das Ersuchen einer Behörde. Das in der Form des § 29 Abs. 3 gestellte Ersuchen einer Behörde ersetzt den Antrag.

Zum Ersuchen nach dem zweiten Vermögensrechtsänderungsgesetz vgl. *Böhringer*.[146]

[Erweiterung des Antragsrechts bei Berichtigung]

§ 14

Die Berichtigung des Grundbuchs durch Eintragung eines Berechtigten darf auch von demjenigen beantragt werden, welcher aufgrund eines gegen den Berechtigten vollstreckbaren Titels eine Eintragung in das Grundbuch verlangen kann, sofern die Zulässigkeit dieser Eintragung von der vorgängigen Berichtigung des Grundbuchs abhängt.

I. Allgemeines

1 Die Bestimmung legt in Erweiterung des § 13 Abs. 2 ausnahmsweise einem nur mittelbar Begünstigten das Antragsrecht bei. Die Regelung ist nötig im Hinblick auf § 39,

---

[141] Vgl. OLG München JFG 23, 330.
[142] Vgl. KG OLG 43, 65 ff.
[143] OLG Hamm Rpfleger 73, 305.
[144] *Ertl* Rpfleger 80, 42.
[145] BayObLGZ 74, 299; 81, 56; Rpfleger 86, 220.
[146] Rpfleger 93, 221.

der eine Eintragung regelmäßig davon abhängig macht, daß der Betroffene im Grundbuch eingetragen ist. Über die Bestimmung des § 14 hinaus hat die Rechtsprechung in entsprechender Anwendung des Grundgedankens des § 14 das Antragsrecht einem zusätzlichen Kreis mittelbar Betroffener zugebilligt. Das Recht auf unmittelbare Antragstellung steht auch dem mittelbar Begünstigten danach zu, wenn dieser einen Berichtigungsanspruch gemäß § 984 BGB oder § 895 ZPO hat.[1] Auch der Nacherbe muß infolgedessen ein Antragsrecht auf Eintragung des Vorerben haben.[2]

Bei Eintragung des Erstehers eines Grundstücks im Zwangsversteigerungsverfahren oder einer Sicherungshypothek in diesem Rahmen kann die Berichtigung nur auf das Ersuchen des Vollstreckungsgerichts hin erfolgen. § 14 gilt hier nicht.

II. Unrichtigkeit des Grundbuchs

1. Unrichtigkeit

Es muß eine Unrichtigkeit des Grundbuchs durch Nichteintragung des Berechtigten vorliegen. Gleichgültig ist, ob das dem Berechtigten zustehende Recht überhaupt nicht, oder für einen Nichtberechtigten oder unter Nichtbeachtung des § 47[3] eingetragen oder zu Unrecht gelöscht worden ist. Gleichgültig ist auch, ob der eingetragene Berechtigte sein Recht außerhalb des Grundbuchs übertragen konnte oder trotz Eintragung kein Recht erworben hat.

Der Fall, daß der Eigentümer auf sein Eigentum verzichtet hat, der Verzicht eingetragen, aber der Aneignungsberechtigte noch nicht als Eigentümer eingetragen ist (§ 928 BGB) gehört nicht hierher; denn in diesem Fall ist das Grundbuch nicht unrichtig. Keine Anwendung findet die Bestimmung, wenn es sich um sonstige Unrichtigkeiten handelt, beispielsweise wenn Löschungen von Rechten oder Verfügungsbeschränkungen oder Berichtigungen von Inhalt oder Rang bestehender Rechte in Frage kommen. Hier handelt es sich um keine Eintragung eines Berechtigten.

2. Nichteingetragensein des Berechtigten

Der Berechtigte muß **nicht** eingetragen sein. Berechtigt ist nur derjenige, welcher ein außerhalb des Grundbuchs rechtswirksam vorhandenes dingliches Recht inne hat; der Umfang des Rechtes ist gleichgültig, neben dem Vollrecht des Eigentums kommen daher sämtliche sonstigen dinglichen Rechte in Betracht. Ein bloßes Anwartschaftsrecht genügt jedoch nicht.

Kein dingliches Recht hat, wer nur einen schuldrechtlichen Anspruch auf Einräumung eines dinglichen Rechtes besitzt. Für ihn gilt § 14 nicht.

III. Vollstreckbarer Titel gegen den Berechtigten

Der Antragsteller muß im Besitz eines vollstreckbaren Titels gegen den einzutragenden Berechtigten sein.

1. Vollstreckbarer Titel

Vollstreckbare Titel sind insbesondere die der ZPO (§§ 704, 794, 801). Der Titel kann jedoch ebenso auf Landesrecht beruhen. Er muß den Antragsteller als Gläubiger

---

[1] KGJ 31, 346.
[2] Meyer/*Stolte* Rpfleger 74, 235; a. A. LG Berlin, Rpfleger 74, 234.
[3] RGZ 65, 86.

§ 14   I. Grundbuchordnung

und den einzutragenden Berechtigten als Schuldner bezeichnen. Für die Stellung des Berichtigungsantrages ist die vorherige Umschreibung der Vollstreckungsklausel gegen den Rechtsnachfolger des Schuldners nicht erforderlich.[4] Sind mehrere Berechtigte einzutragen, so muß der Titel gegen alle wirken.[5] Soll die mit Zustellung des Pfändungsbeschlusses (§§ 829 Abs. 3, 857, 859 ZPO) an alle Miterben des Drittschuldners wirksam gewordene Pfändung des Miterbenanteils im Grundbuch vermerkt werden, in dem der Erblasser noch als Eigentümer vermerkt ist, so ist vorherige Grundbuchberichtigung durch Eintragung der Erbengemeinschaft erforderlich (§ 39). Nach § 14 hat der Gläubiger kein unmittelbares Antragsrecht.[6] Jedoch ist er befugt, das Antragsrecht des Erben für diesen auszuüben.[7]

2. Vorlage des Titels

7   Der Antragsteller nach § 14 betreibt damit **nicht** die **Zwangsvollstreckung** aus seinem Titel, sondern **bereitet** sie durch Wegräumung von Hindernissen nur vor. Deshalb genügt die Vorlage des vollstreckbaren Titels, der Nachweis der Zustellung ist nicht erforderlich. Es muß jedoch die konkrete Möglichkeit der Vollstreckung im berechtigten Zeitpunkt der Erledigung gegeben sein. Es müssen also die Voraussetzungen nachgewiesen sein, von denen die Erteilung der Vollstreckungsklausel abhängt (§ 726 ZPO); im Fall des § 751 Abs. 2 ZPO muß der Kalendertag nachgewiesen, eine Zug um Zug zu bewirkende Gegenleistung zumindestens angeboten sein (§§ 751, 765 ZPO). Der Titel kann in einfacher Ausfertigung vorgelegt werden. Lautet der Titel nicht für den Antragsteller oder nicht gegen den Berechtigten, so müssen die Voraussetzungen für die Umschreibung gegeben sein (§§ 727 ff. ZPO). Der Nachweis der Umschreibung für oder gegen den Rechtsnachfolger ist nach dem Gesagten nicht erforderlich.[8] Doch ist es am zweckmäßigsten, den Titel mit umgeschriebener Klausel vorzulegen.

8   Der **Nachweis** der genannten Voraussetzungen braucht, da davon lediglich das Antragsrecht abhängt und der Antrag selbst formfrei ist, nicht in der Form des § 29 geführt zu werden.[9] Der Antrag selbst ist immer formfrei.

3. Notwendiger Inhalt des Titels

9   Aufgrund des Titels muß eine Eintragung **in das Grundbuch verlangt werden können.** Gleichgültig, ob es sich um eine rechtsändernde oder berichtigende Eintragung handelt, ob eine Löschung oder die Eintragung eines Rechtes beantragt ist. Eine Eintragung in das Grundbuch kann verlangt werden, wenn der Titel unmittelbar auf Bewilligung einer Eintragung gerichtet ist (§ 894 ZPO) oder, wie bei einstweiliger Verfügung, eine Eintragung anordnet. Nur mit der Eintragung des Berechtigten darf die Eintragung, welche verlangt werden kann, nicht identisch sein.

10   Ein Titel der genannten Art liegt auch vor, wenn er eine **Geldforderung** zum Gegenstand hat. Gleichgültig ist, ob aufgrund des Titels allein oder erst zusammen mit einem darauf beruhenden Pfändungsbeschluß eine Eintragung verlangt werden kann.[10] Gleichgültig ist, ob die Voraussetzungen für die Eintragung einer Zwangshypothek gegeben sind oder nicht. Gleichgültig auch, ob der geschuldete Geldbetrag auf dem betroffenen Grundstück bereits hypothekarisch gesichert ist, da in diesem Fall der

---

[4] KG Rpfleger 75, 133.
[5] KG KGJ 37, 278.
[6] OLG Zweibrücken Rpfleger 76, 214.
[7] Vgl. § 13 Rdn. 62 sowie ausf. *Stöber* Rpfleger 76, 197 mwN.

[8] **A. A.** *Demharter* § 14 Rdn. 8.
[9] Ebenso Meikel/*Sieveking* § 14 Rdn. 10; a. A. *Demharter* a. a. O. § 14 Rdn. 3 b.
[10] KG JFG 14, 329.

Gläubiger die nach §§ 19 Abs. 1, 146 ZVG als Verfügungsbeschränkung einzutragende Anordnung der Zwangsversteigerung oder Zwangsverwaltung beantragen kann. Keine Rolle spielt dabei, daß die Eintragung auf Ersuchen des Vollstreckungsgerichtes zu erfolgen hat.[11] Ergibt sich allerdings aus dem Vorbringen des Gläubigers, daß die Eintragung einer Zwangshypothek in diesem Fall beabsichtigt ist, so ist der gestellte Antrag abzuweisen. Zurückzuweisen ist außerdem, wenn weder die Eintragung einer Zwangshypothek noch Zwangsversteigerung oder Zwangsverwaltung zulässig sind.

Maßgebend ist stets, daß die Eintragung verlangt werden kann; daß sie tatsächlich verlangt wird, ist nicht erforderlich.

IV. Notwendigkeit der Berichtigung

Inwieweit eine Notwendigkeit besteht, ergibt sich aus § 39 GBO und § 17 ZVG. Soweit Ausnahmen zugelassen sind (vgl. dazu § 40 GBO), entfällt das Antragsrecht.

11

V. Eintragungsersuchen einer Behörde

§ 14 ist **entsprechend** anzuwenden, wenn eine Behörde um Eintragung ersucht und die Erledigung von der vorgehenden Berichtigung des Grundbuchs abhängig ist.[12]

12

§ 14 erweitert nur die **Antragsbefugnis**. Die Grundlagen der Eintragung (§§ 19, 22 Abs. 1, 29) bleiben unberührt. Der Antragsteller hat die Unterlagen daher sich zu beschaffen, gegebenenfalls durch Pfändung und Überweisung des Berichtigungsanspruchs seines Schuldners.

13

VII. Antrag

Beantragt werden kann nur die Eintragung des **Berechtigten** durch Grundbuchberichtigung. Nicht möglich nach § 14 ist der Antrag, den aufgrund einer Auflassung Berechtigten einzutragen, wenn das Grundbuchamt versehentlich einen anderen als Erwerber eingetragen hat.[13] Hier kann nur der ursprüngliche Eigentümer wieder eingetragen werden. Die Eintragung nachweislich Verstorbener kann grundsätzlich nicht verlangt werden.[14]

14

Möglich ist der Antrag, unbekannte Berechtigte – z. B. die unbekannten Erben – einzutragen, wenn die Person des Berechtigten nicht festzustellen ist.[15]

Der Antrag kann selbstverständlich auch durch einen Vertreter gestellt werden. Eine Form ist auch hier (§ 30) nicht erforderlich. Eine Prozeßvollmacht gewährt im Regelfall zu einem Berichtigungsantrag nach § 14 keine Befugnis, da die Grundbuchberichtigung keine durch die Zwangsvollstreckung selbst bedingte Prozeßhandlung ist. Jedoch ist eine Auslegung auch solcher Vollmachten im Einzelfall möglich.

15

Selbst wenn gleichzeitig mit dem Antrag nach § 14 die Eintragung, zu welcher der Vollstreckungstitel endgültig berechtigt, beantragt wird, sind die Anträge genau zu unterscheiden. Auch in diesem Fall wird für den Antrag nach § 14 der Grundbuchbeamte

16

---

[11] KG KGJ 27, 101.
[12] KG JFG 16, 47; vgl. auch § 38 und § 13 Rdn. 70.
[13] OLG Frankfurt Rpfleger 64, 116 m. Anm. v. Haegele.
[14] KG Rpfleger 76, 133 mwN; vgl. dazu jedoch auch oben Rdn. 6.
[15] KG, a. a. O., mwN.

als solcher, nicht als Vollstreckungsrichter tätig. In diesem Fall gelten für den Antrag daher nur die Vorschriften der Grundbuchordnung, nicht der Zivilprozeßordnung.

17 Das Antragsrecht entfällt, wenn die aufgrund des vollstreckbaren Titels zu bewirkende Eintragung ohne Voreintragung des Berechtigten erfolgen kann.[16]

[Antragsrecht des Notars]

§ 15

Ist die zu einer Eintragung erforderliche Erklärung von einem Notar beurkundet oder beglaubigt, so gilt dieser als ermächtigt, im Namen eines Antragsberechtigten die Eintragung zu beantragen.

Übersicht

	Rdn.		Rdn.
I. Allgemeines	1	2. Antragsrecht bei gleichlautenden Anträgen der Beteiligten	20
II. Notar		3. Deutliche Formulierung	24
1. Deutsche Notare	4	4. Nur Eintragungsantrag	27
2. Notar im Amt	5	5. Rücknahme	32
III. Beurkundung oder Beglaubigung einer zur Eintragung erforderlichen Erklärung		6. Beigefügte Urkunden nach Erledigung	33
1. Begriff	7	7. Entgegennahme von materiellrechtlichen Erklärungen	34
2. Vom Notar selbst beurkundet oder beglaubigt	10	VI. Rechtsgeschäftlich erteilte Vollmacht	
IV. Vermutung der Ermächtigung des Notars („gilt")		1. Formulierung	35
		2. Nachweis	36
1. Gesetzliche Vermutung	12	3. Umfang	37
2. Widerlegbare Vermutung	13	VII. Rechtsfolgen	
3. Widerruf	14	1. Bekanntmachung der Entscheidung	38
4. Gegenbeweis	15	2. Rechtsmittel	39
V. Umfang der gerichtlich vermuteten Vollmacht		3. Sonstige Fälle	40
1. Im Namen des Antragsberechtigten	16	4. Kosten	41

I. Allgemeines

1. Die Vorlage eines Antrages beim Grundbuchamt kann erfolgen

a) durch den Beteiligten selbst;

b) durch den Notar als Boten. Hier wird der Notar nur als Übermittler, nicht als Antragsteller tätig;

c) durch den Notar aufgrund nachgewiesener rechtsgeschäftlich erteilter Vollmacht. In diesem Fall ist nur der Umfang der rechtsgeschäftlich erteilten Vollmacht maßgebend, nicht § 15;

d) aufgrund gesetzlich vermuteter Vollmacht; dies ist der Fall des § 15.

Das Antragsrecht der Beteiligten wird in sämtlichen Fällen weder erweitert noch eingeschränkt.

---

[16] §§ 39 Abs. 2; 40; §§ 17 Abs. 1; 146 ZVG.

2. Die Bestimmung schafft eine **gesetzliche Vermutung für** das Vorhandensein der **Vollmacht** eines Beurkundungsnotars zur Stellung eines Eintragungsantrages. Sie findet ihre Rechtfertigung in dem besonderen Verhältnis, in das der Notar durch die Leistung seiner Dienste zu den Beteiligten getreten ist, in der Erwägung, daß er sich nicht ohne Auftrag in das Verhältnis anderer einmischen werde, sowie in der Erfahrung, daß der Wille der Beteiligten regelmäßig auf die Besorgung der ganzen Grundbuchangelegenheiten durch den Notar gerichtet ist;[1] diese Auffassung ist durch § 24 Abs. 1 BNotO bestätigt.

Da es sich nur um die Vermutung einer Vollmacht der Beteiligten handelt, wird lediglich der sonst notwendige Nachweis der Vollmachtserteilung entbehrlich.

Die Bestimmung ist **nicht eng auszulegen**.[2]

II. Notar

§ 15 gilt nur für Notare.

1. Deutsche Notare

Darunter sind nur deutsche Notare zu verstehen.[3] Für ausländische Notare gilt § 15 selbst dann nicht, wenn die von ihnen errichteten Urkunden den Formerfordernissen des § 29 entsprechen.

Die Vermutung des § 15 gilt im Hinblick auf § 24 Abs. 2 BNotO auch für **Rechtsanwaltsnotare,** soweit sie als Notare tätig werden, nicht jedoch für reine Rechtsanwälte oder sonstige Personen oder Stellen.

2. Notar im Amt

Der Notar muß sich zur Zeit der Antragstellung im Amt befinden.[4] Dem Notar stehen der **Notarvertreter** und der Notarverweser gleich. Endet das Amt, so erlischt seine Befugnis und die Berechtigung zur Antragstellung geht auf seinen Amtsnachfolger über.[5]

Ohne Bedeutung für die vermutete Vollmacht ist es dagegen, daß der Notar sich seiner Amtstätigkeit aufgrund der Vorschriften der BNotO enthalten soll oder muß, wie beim Tätigsein eines bestellten Vertreters[6] oder der vorläufigen Amtsenthebung (§ 55 Abs. 2 BNotO).

III. Beurkundung oder Beglaubigung einer zur Eintragung erforderlichen Erklärung

1. Begriff

Unter solchen von dem Notar beurkundeten oder beglaubigten zur Eintragung erforderlichen Erklärungen sind zu verstehen:

a) solche, die eine **unmittelbare Eintragungsgrundlage** darstellen. Dies sind Eintragungsbewilligungen (§ 19), Auflassungen (§ 20), Zustimmungserklärungen (§ 22 Abs. 2,

---

[1] BayObLGZ 55, 160 = DNotZ 56, 213; BGHZ 29, 372 = NJW 59, 883.
[2] BGH a. a. O.
[3] *Haegele* Rpfleger 74, 419.
[4] RGZ 93, 71.
[5] BayObLGZ 48/51, 479; 61, 27 = DNotZ 61, 317; 62, 18 = DNotZ 62, 314; 69, 92 = Rpfleger 69, 243.
[6] § 44 Abs. 1 S. 2 BNotO.

§ 15

27), Verpfändungserklärungen (§ 26), sowie dingliche Zwangsvollstreckungsunterwerfungserklärungen (§§ 794 Abs. 1 Nr. 5, 800 ZPO);

8 b) **nicht** jedoch
aa) das von dem Notar beurkundete schuldrechtliche **Grundgeschäft;** ist in diesem eine Eintragungsbewilligung enthalten, z. B. bei Bewilligung einer Kaufpreisresthypothek, so ist nur diese im Sinne der Bestimmung Eintragungsgrundlage;

9 bb) der von einem Notar beurkundete oder beglaubigte reine **Eintragungsantrag** sowie solche Erklärungen, die nur mittelbar sich auf die Eintragung beziehen. Dazu gehören z. B. Vollmachten, Genehmigungen und Handelsregisterauszüge.

2. Vom Notar selbst beurkundet oder beglaubigt

10 Der Notar muß die bezeichnete Erklärung selbst beurkundet oder beglaubigt haben. Die Beglaubigung der Übereinstimmung einer Abschrift der Eintragungsunterlage mit der Urschrift genügt nicht.[7]

Ebensowenig genügt der Entwurf einer Erklärung, die von einem anderen Notar sodann beglaubigt oder beurkundet wurde.

11 Sind **mehrere Erklärungen** zu einer Eintragung erforderlich, so genügt es, wenn der tätig werdende Notar **eine dieser Erklärungen** beurkundet hat; sind infolgedessen mehrere Notare tätig geworden, so hat jeder das Recht der Antragstellung nach dieser Bestimmung. Ist für den gleichen Beteiligten der Antrag durch mehrere Notare gestellt, so sind jedoch Erklärungen der mehreren Bevollmächtigten nur beachtlich, wenn sie übereinstimmen (vgl. § 13 Rdn. 30).

Der Rechtsschein einer Bevollmächtigung des Notars durch den Grundpfandrechtsgläubiger wird nicht schon dadurch veranlaßt, daß dieser ein mit seinem Namen versehenes Formularblankett dem Notar für die Pfandrechtsbestellung überlassen hat.[8]

IV. Vermutung der Ermächtigung des Notars („gilt")

Der Notar „gilt" im Rahmen des § 15 als ermächtigt:

1. Gesetzliche Vermutung

12 Es handelt sich insoweit um **keine** gesetzliche **Fiktion,** da die Ermächtigung regelmäßig dem Willen der Beteiligten entsprechen wird, das Gesetz jedenfalls nicht einen nichtvorhandenen Tatbestand als vorhanden ansieht. Vielmehr liegt eine **gesetzliche Vermutung** vor. Die Vermutung ist weder vom Auftrag noch von dem Einverständnis der Beteiligten abhängig.[9]

2. Widerlegbare Vermutung

13 Da es sich um eine bloße gesetzliche Vermutung handelt, ist diese jederzeit **widerlegbar.**[10] Der Gegenbeweis kann vor und nach Antragstellung geführt werden. Er kann sich bereits aus dem Inhalt der vorgelegten Urkunde selbst oder dem Handeln des vorlegenden Notars[11] ergeben, oder wenn eine entsprechende Vermutung ausdrücklich

---

[7] OLG München JFG 20, 128.
[8] OLG Düsseldorf Rpfleger 74, 224, nur Leitsatz.
[9] BayObLG Rpfleger 85, 356 m. abl. Anm. v. Labbe.
[10] KG KGJ 44, 170.
[11] OLG Hamburg MDR 54, 493.

ausgeschlossen ist. Ebenso können später entgegenstehende Erklärungen der Beteiligten dem Grundbuchamt vorgelegt werden. Als eine solche entgegenstehende Erklärung ist auch die Einreichung der Kaufvertragsurkunde durch die Beteiligten beim Grundbuchamt anzusehen zur Eigentumsumschreibung, selbst wenn der Notar nur die Vormerkung beantragt hat.[12]

Legt der Notar aufgrund rechtsgeschäftlich erteilter Vollmacht vor, so ist die gesetzliche Vermutung ausdrücklich widerlegt. Diese rechtsgeschäftlich erteilte Vollmacht kann den ganzen Vollzug oder nur einzelne Punkte umfassen, also auch partiell erteilt sein. Da es letztlich in der Hand der Beteiligten liegt, ob sie den Notar aufgrund vermuteter oder ausdrücklich erteilter Vollmacht handeln lassen, kann auch die gesetzliche Vollmacht des § 15 partiell ausdrücklich widerlegt werden.[13]

3. Widerruf

Die vermutete Vollmacht kann auch nachträglich widerrufen werden. Keinen Widerruf stellt es dar, wenn ein Bediensteter des Notars bevollmächtigt wird, selbst wenn diesem nur eingeschränkt Vollmacht erteilt wird. In diesem Fall ist anzunehmen, daß die gesetzliche Vollmacht des Notars daneben bestehen bleiben soll.[14]

4. Gegenbeweis

Das Grundbuchverfahren fordert klare Unterlagen. Gegenbeweis gegenüber der gesetzlichen Vermutung des § 15 sowie nachträglicher Widerruf der vermuteten Vollmacht müssen daher in entsprechender Anwendung des § 31 in der Form des § 29 dem Grundbuchamt nachgewiesen sein, sofern sich der Gegenbeweis nicht aus dem Handeln der Beteiligten beim Grundbuchamt selbst ergibt. Bloße Zweifel, auch wenn sie begründet erscheinen mögen, genügen nicht.[15]

V. Umfang der gesetzlich vermuteten Vollmacht

1. Im Namen des Antragsberechtigten

Der Antrag muß im Namen eines Antragsberechtigten gestellt werden.

a) **Antragsberechtigter.** Der Notar hat **kein eigenes** Antragsrecht. Es besteht lediglich das Recht, in fremdem Namen prozessual zu behandeln. Er stellt den Antrag im Namen eines Beteiligten.

Wer antragsberechtigt ist, ergibt sich aus §§ 13 Abs. 2 und 14. Die Antragsberechtigung des Vertretenen muß **bei Antragstellung** vorliegen und bei Vollendung der Eintragung noch vorliegen, abgesehen von dem Fall des § 130 BGB (vgl. dazu § 13 Rdn. 68). Sie ist daher nicht mehr gegeben, wenn zeitlich ein anderer Eigentümer eingetragen worden und der eingetragene Eigentümer verstorben ist.[16] Zu diesem **Zeitpunkt** muß die Antragsberechtigung gegeben sein. Ist einem Antragsberechtigten durch einstweilige Verfügung die Stellung des Antrages untersagt worden, so ist auch der Notar nicht

---

[12] BayObLG Rpfleger 78, 447 = DNotZ 78, 240.
[13] A. A. „da das Grundbuchamt Rechtssicherheit im durch die gesetzliche Vermutung formalisierten Grundbuchverfahren benötigt" LG Koblenz Rpfleger 96, 449 für die Übersendung der Vollzugsmitteilung.
[14] Vgl. dazu OLG Hamm DNotZ 54, 203 m. Anm. v. *Grußendorf*.
[15] A. A. LG Krefeld Rpfleger 94, 59.
[16] OLG Celle Rpfleger 80, 389.

§ 15   I. Grundbuchordnung

mehr befugt, die Eintragung für diesen Antragsberechtigten zu beantragen.[17] Stirbt der Vertretene vor der Antragstellung oder wird er geschäftsunfähig, so entfällt auch die gesetzlich vermutete Vollmacht des Beurkundungsnotars. Das Gleiche gilt, wenn der Notar die Unterschrift eines Vertreters beglaubigt hat, dessen Vertreterbefugnis zwar z. Z. der Abgabe der Erklärung, nicht mehr jedoch bei Errichtung der Beglaubigung bestanden hat,[18] oder dessen Vertretungsbefugnis vor Wirksamwerden des Antrages weggefallen ist.

18   Andererseits muß der **Antrag nicht im Namen derjenigen Beteiligten** gestellt werden, deren Erklärung der Notar beurkundet oder beglaubigt hat. Vielmehr kann der Antrag im Namen **jedes** oder aller Antragsberechtigten gestellt werden,[19] also auch für einen Beteiligten, dessen Erklärung nicht von ihm beurkundet oder beglaubigt worden ist[20] oder der überhaupt keine Erklärung abgegeben hat,[21] z. B. im Namen des Hypothekengläubigers bei Eintragung einer Hypothek oder im Namen der Gläubiger bei einem Vergleichsverfahren.[22] Beim Antrag auf Eintragung einer Hypothek ist auch der Gläubiger Antragsteller (und Kostenschuldner), sofern nicht klar erkennbar ist, daß für ihn kein Antrag gestellt ist.[23] Selbst bei Abgabe einer Freigabeerklärung unter dem Vorbehalt „Kosten übernehmen wir nicht" ist weder ein Vollmachtsausschluß vorhanden noch die Vermutung des § 15 GBO widerlegt.[24]

19   b) Zweck der Grundbuchordnung ist es, für formelle Klarheit zu sorgen. Der Notar muß daher notwendig **zum Ausdruck bringen, daß und für wen** er den **Antrag** stellt.[25] Der Antrag ist auslegbar in bezug auf die beteiligten Personen und dem Inhalt des Antrages. Dabei kann die Formulierung des Urkundeninhaltes ebenso berücksichtigt werden wie die Interessenlage der Beteiligten.[26] Selbst ein offensichtliches Versehen des Notars ist nach der Rechtsprechung nicht zu berücksichtigen.[27] Wird eine Auflassungsurkunde nach § 15 GBO zum Vollzug vorgelegt, nach welcher der Veräußerer mit Ausnahme der ausdrücklich übernommenen Grundstücksbelastung für den lastenfreien Eigentumsübergang haftet und der Erwerber nur einen Teil der Grundstücksbelastungen ausdrücklich übernimmt, so ist die nächstliegende Bedeutung des Antrags, daß die Löschung der nichtübernommenen Belastung beantragt ist, selbst wenn die Übernahme dieser Rechte offensichtlich nur durch ein Versehen des Notars nicht erfolgte.[28] Schweigen jedoch die Urkunden oder widersprechen sich Urkunde und Antrag, so hat das Grundbuchamt nach § 18 zu verfahren (vgl. § 13 Rdn. 35). Fehlt eine derartige Angabe, oder bleiben Zweifel über die Person des Antragstellers, die auch durch eine entsprechende Rückfrage nicht geklärt werden können, so ist davon auszugehen, daß der Antrag im Namen aller Antragsberechtigten gestellt ist[29] mit Kostenfolgen auch für einen Begünstigten, der keine beurkundete oder beglaubigte Erklärung abgegeben hat[30] auch mit Wirkung für Gläubiger,[31] es **sei denn,** daß die **Umstände des Falles** diese Vermutung **widerlegen.**[32]

Wiederholt der Notar den in der Urkunde allein enthaltenen Antrag des Grundstückseigentümers, so bringt er damit zum Ausdruck, nur für diesen handeln zu wol-

---

[17] BayObLG Rpfleger 23, 232.
[18] KG OLG 2, 390.
[19] RG HRR 29, Nr. 760.
[20] KG KGJ 22, 295.
[21] KG KGJ 21, 96.
[22] Vgl. *Mohrbutter* Rpfleger 56, 274.
[23] BayObLG Rpfleger 85, 356.
[24] BayObLG Rpfleger 87, 14.
[25] BayObLGZ 52, 272.
[26] HansOLG Bremen Rpfleger 87, 494.
[27] BayObLG DNotZ 94, 891.
[28] BayObLG a. a. O.
[29] RGZ 11, 361; OLG Hamburg MDR 54, 493.
[30] LG Landau Rpfleger 82, 338; BayObLG Rpfleger 84, 96.
[31] BayObLGZ 85, 153.
[32] Vgl. KG KGJ 24, 91; OLG Düsseldorf RPfleger 77, 266.

len.³³ Das gleiche gilt, wenn der Notar die Urkunde unter Berufung auf § 15 GBO vorlegt, „den gestellten Anträgen stattzugeben". Hier ist davon auszugehen, daß der Notar den Antrag nur für den Antragsberechtigten stellt, der in der Urkunde den Antrag gestellt hat.³⁴

2. Antragsrecht bei gleichlautenden Anträgen der Beteiligten

Der Notar hat aufgrund der vermuteten Vollmacht das Antragsrecht **auch dann,** **20** wenn **gleichlautende Anträge** in der Urkunde enthalten sind oder bereits beim Grundbuchamt vorliegen. Dabei ist zu unterscheiden:

a) Nach einhelliger Auffassung kann der **Notar** im Namen der Berechtigten aufgrund der vermuteten Vollmacht **auch** dann den **Antrag** stellen, **wenn** die **Beteiligten** die Eintragung in der überreichten Urkunde **selbst beantragt** haben;³⁵ jedoch muß je nach Sachverhalt weiter unterschieden werden:

aa) Anträge der Beteiligten, die in die Urkunde aufgenommen worden sind, werden **21** in den meisten Fällen nach dem regelmäßig vorhandenen stillschweigenden Willen der Beteiligten nur vorsorglich und für den Fall überhaupt formuliert, daß der Vollzug durch den beurkundenden Notar aus irgendwelchen Gründen nicht erfolgen kann. Dies gilt jedenfalls dann regelmäßig, wenn der beurkundende Notar in der Urkunde auch ohne ausdrückliche Vollmachterteilung mit der Herbeiführung des grundbuchamtlichen Vollzuges beauftragt worden ist. Anträge der Beteiligten, die sich daher **in einer vom Notar vorgelegten Urkunde** befinden, sind in diesem Fall **von den Beteiligten nicht gestellt** – eine dahingehende ausdrückliche Erklärung kann der Notar im Rahmen des § 15 als gesetzlicher Bevollmächtigter abgeben – mit der Folge, daß Doppelanträge überhaupt nicht gegeben sind. Sie sind daher für das Grundbuchamt ebenso unbeachtlich wie in die Urkunde aufgenommene Bewilligungen, die erst zu einem späteren Zeitpunkt wirksam werden sollen wie beispielsweise die in der Urkunde enthaltenen Bewilligungen der Eigentumsumschreibung bei Bewilligung und Antrag einer Auflassungsvormerkung.³⁶

bb) **Ist dies nicht der Fall,** so hat der Notar dennoch das Recht, unter eigener An- **22** tragstellung eine Urkunde vorzulegen, in welcher Anträge der Beteiligten bereits enthalten sind;³⁷ die herrschende Meinung nimmt in diesem Fall neben dem Antrag der Beteiligten einen eigenen Antrag des Notars an.³⁸

Diese Auffassung begegnet erheblichen Bedenken. Der Notar hat, wie unbestritten ist, die Möglichkeit, zu erklären, daß einer von mehreren in der überreichten Urkunde enthaltenen Anträge nicht als dem Grundbuchamt zugegangen angesehen werden soll.³⁹ Es ist nicht einzusehen, warum diese Möglichkeit nicht auf alle in der Urkunde enthaltenen Anträge der Beteiligten ausgedehnt werden kann. Weiter wäre der eigene Antrag des Notars, da eine Antragsberechtigung (§ 13 Abs. 2 GBO) fehlt, sofort als

---

[33] OLG Hamburg a. a. O.; OLG Zweibrücken MittBayNot 89, 92.
[34] KG Rpfleger 91, 305 m. Anm. v. *Meyer-Stolte.*
[35] KG KGJ 44, 172; BayObLGZ 52, 272; KG Rpfleger 71, 313.
[36] Ebenso Hägele/Schöner/*Stöber* GBR Rdn. 72 b; **a. A.** m. unzutr. Begründung *Bauch* Rpfleger 82, 457 ff.
[37] KG JW 37, 447; Rpfleger 71, 313; BayObLG JFG 9, 201; BayObLGZ 52, 272.
[38] BayObLGZ 55, 48 = DNotZ 56, 206 stRspr., zuletzt DNotZ 89, 364 ff.; OLG Frankf. a. M. Rpfleger 56, 221 m. Anm. v. *Haegele*; OLG Hamm JMBl. NRW 61, 273; SchlHOlG, SchlHA 59, 197; LG Münster JMBl. NRW 58, 60.
[39] Vgl. KG JW 37, 47; Rpfleger 71, 313; BayObLG DNotZ 78, 242.

§ 15   I. Grundbuchordnung

unzulässig zurückzuweisen mit Kostenfolge für den Notar. Dies ist auch von der h. M. nie behauptet worden. Legt daher der Notar unter eigener Antragstellung aufgrund § 15 eine Urkunde zum Vollzuge vor, in welcher die Anträge der Beteiligten bereits enthalten sind, so bringt er damit zum Ausdruck, daß lediglich der Antrag der Beteiligten in der Form und dem Umfang seines Antrages gestellt sein soll, nicht jedoch die weiteren Anträge der Beteiligten, die insoweit ausgeschlossen werden.[40] Hinsichtlich weitergehender, nicht von ihm gestellter Anträge kann er nicht als Bote der Parteien angesehen werden.[41] Wenn ausnahmsweise neben dem Antrag des Notars auch persönliche Anträge gestellt werden sollen, muß dies ausdrücklich erklärt werden.[42] Der Notar hat eine umfassende Überwachungstätigkeit. Nur er kann beurteilen, wenn und welche Anträge und in welcher Reihenfolge gestellt werden sollen.[43] Dem Grundbuchamt liegt daher auch in diesem Falle lediglich ein durch den Notar für die Beteiligten gestellter Antrag wirksam vor.[44] Reichen trotz des gestellten Antrages die Beteiligten persönlich den Antrag beim Grundbuchamt ein, so wird deren Antrag wirksam. Der Notar ist nicht beteiligt.[45] Dies gilt jedoch nicht, wenn die Beteiligten lediglich als Boten den Antrag des Notars überbringen.

23   b) Haben die **Beteiligten** von sich aus **wirksam** den **Antrag** gestellt und legt später der Notar im Namen der gleichen Beteiligten nach § 15 den Antrag auf grundbuchamtlichen Vollzug vor, so sieht die herrschende Lehre darin einen eigenen weiteren Antrag, der neben dem Antrag der Beteiligten steht und auch ein eigenes rechtliches Schicksal haben kann.[46]

Dabei wird jedoch übersehen, daß der vom Notar gestellte Antrag nicht im eigenen Namen, sondern gerade nur im Namen der gleichen Beteiligten gestellt wird. Es liegt daher keine gesonderte Antragstellung, sondern lediglich eine Wiederholung des bereits gestellten Antrages vor. Diese Wiederholung hat lediglich die prozessuale Bedeutung, daß der Beurkundungsnotar sich nunmehr in das laufende Verfahren einschaltet und damit die Herrschaft über das laufende Verfahren übernimmt, ähnlich wie die Einschaltung eines Prozeßvertreters bei einem bereits laufenden Prozeß. Unterlagen, die er zu seinem Antrag vorlegt, ergänzen die Eintragungsunterlagen, die bereits aufgrund des gestellten Antrages der Beteiligten vorliegen, und umgekehrt. Aus der Tatsache, daß die Beteiligten selbst den Antrag gestellt haben, kann nicht bereits zwingend auf eine Widerlegung der gesetzlich vermuteten Vollmacht geschlossen werden, da kein Notar ohne entsprechenden Auftrag der Beteiligten tätig wird, der Grund der Vermutung des § 15 daher auch in diesem Fall gegeben ist und für den Notar gar keine andere Möglichkeit besteht, sich in ein laufendes Verfahren einzuschalten.

3. Deutliche Formulierung

24   Der Notar muß deutlich zum Ausdruck bringen, daß er von der vermuteten Vollmacht Gebrauch macht.[47] Eine Vorlage „zum Vollzug", „zur weiteren Veranlassung" oder „mit der Bitte, den gestellten Anträgen stattzugeben" sind in ihren Formulierungen so zweifelhaft, daß ein Antragsrecht des Notars sich nicht ersehen läßt; sie bezeu-

---

[40] Ebenso *Hieber* DNotZ 56, 175; OLG Braunschweig DNotZ 61, 414 m. Anm. v. *Hieber* a. a. O.; OLG Köln KGS 68, 245; *Reithmann* Kauf von Bauträger S. 150; BayObLG Rpfleger 77, 135.
[41] OLG Köln Rpfleger 90, 159.
[42] OLG Köln a. a. O.
[43] OLG Köln a. a. O.
[44] Ebenso *Meyer-Stolle* Rpfleger 80, 476.
[45] Vgl. BayObLG Rpfleger 77, 135 = DNotZ 78, 240.
[46] Vgl. oben a. a. O.
[47] BayObLGZ 52, 252; vgl. auch BW NotZ 39, 2.

gen daher lediglich eine bloße Botentätigkeit des Beurkundungsnotars.[48] In einem solchen Fall liegt nur ein von den Beteiligten selbst gestellter Antrag vor.[49] Eigene Antragstellung liegt vor bei einer Vorlage „gemäß § 15 GBO zum Vollzug".[50]

Muß zunächst angenommen werden, daß der **Notar als Bote** vorgelegt hat, so hat der Notar jedoch auch noch nachträglich die Möglichkeit klarzustellen, daß er als Willensvertreter der Beteiligten tätig werden wollte. Dies gilt vor allem dann, wenn der Notar auf Beanstandungen des Grundbuchamtes hin Ausführungen macht[51] oder den Antrag wiederholt.[52] 25

Der Inhalt der Vollmacht (§ 15) des Notars bestimmt sich auch in diesem Fall sowohl für Antragstellung als auch für die ganze oder teilweise Rücknahme der Anträge nach den in der Urkunde enthaltenen Erklärungen,[53] insbesondere den Anträgen der Beteiligten.[54]

4. Nur Eintragungsantrag

Die vermutete Vollmacht gibt dem Notar lediglich die Befugnis zur Stellung des reinen Eintragungsantrages. 26

Der Notar kann daher nicht fehlende Eintragungsunterlagen aufgrund dieser Vollmacht ersetzen,[55] wie z. B. die Zustimmung des Grundstückseigentümers (§§ 22, 27) oder die fehlende Bezeichnung des Grundstücks.[56]

a) Der gestellte **Antrag muß** mit den **Eintragungsbewilligungen** und den sonstigen Eintragungsunterlagen **übereinstimmen;** der Notar ist ohne besondere rechtsgeschäftliche Vollmacht nicht berechtigt, davon abzuweichen,[57] insbesondere vorliegende Bewilligungen inhaltlich zu verändern.[58] Bei Beurkundung der Auflassung ergibt sich daraus daher noch nicht die Möglichkeit, die Eintragung einer Vormerkung aufgrund der Vollmacht zu bewilligen und zu beantragen.[59] Ebensowenig hat der Notar die Befugnis, die Berichtigung des Grundbuchs zu beantragen, um damit ein dem Antrag entgegenstehendes Hindernis zu beseitigen, wenn insoweit noch weitere Erklärungen erforderlich sind,[60] oder kann er die Zuschreibung als Bestandteil selbständig beantragen.[61] Möglich ist bei einem Briefrecht der Antrag auf Brieferteilung.[62] Ein Antrag auf Erteilung von Grundbuchauszügen ist von der gesetzlichen Vollmacht des § 15 nicht erfaßt,[63] jedoch als Antrag auf Vornahme einer Verwaltungshandlung aufgrund formfreier Vollmacht jederzeit zulässig. 27

b) Nach herrschender Auffassung ist der **Notar nicht berechtigt,** eine **Rangbestimmung** im Antrag vorzunehmen, wenn eine solche in der Eintragungsbewilligung nicht enthalten ist,[64] wobei jedoch unbestritten ist, daß eine zeitlich verschiedene Vorlage 28

---

[48] BayObLGZ 11, 335; 12, 339; OLG München JFG 15, 123; KG JW 37, 114; BGH DNotZ 64, 435; OLG Hamburg MDR 54, 492; LG Hannover Rpfleger 85, 147.
[49] BGH DNotZ 64, 434; BayObLG Rpfleger 75, 94.
[50] A. A. OLG München DNotZ 43, 261 m. abl. Anm. v. *Luther*.
[51] BayObLGZ 48/51, 511; 52, 272; 60, 235; 62, 186; 64, 171; 67, 409.
[52] BayObLG Rpfleger 75, 94.
[53] Vgl. *Haegele* Rpfleger 74, 419.
[54] BayObLG Pfleger 75, 94 = DNotZ 76, 103.
[55] OLG Köln Rpfleger 70, 286.
[56] KGJ 21 A 125.
[57] OLG München JFG 22, 30; OLG Düsseldorf DNotZ 50, 41; BayObLG 80, 20; OLG Hamm Rpfleger 86, 367.
[58] Ebenso OLG Hamm Rpfleger 88, 406.
[59] BayObLG JFG 8, 210; zu weitgehend *Hieber* DNotZ 54, 67.
[60] KG KGJ 24, 246.
[61] *Demharter* § 15 Rdn. 16; vgl. jedoch auch § 19 Rdn. 195 ff. und § 29 Rdn. 76 ff.
[62] OLG Düsseldorf Rpfleger 74, 224.
[63] OLG Düsseldorf a. a. O.
[64] OLG Hamm DNotZ 50, 40; OKLG Schleswig, SchlHA 60, 308; OLG Frankfurt Rpfleger 91, 362.

mit entsprechender Rangwirkung ihm niemals verwehrt ist; auch die Befugnis, eine abweichende Bestimmung über die Aushändigung des Briefes nach § 60 Abs. 2 zu treffen, soll er nicht haben.[65] Gegen diese Auffassung bestehen erhebliche Bedenken. Bereits die h. L. erkennt an, daß dem Notar selbst die zeitlich verschiedene Vorlage mit entsprechender Rangwirkung jederzeit offensteht. Darüber hinaus muß bei Annahme einer Vollmacht der bevollmächtigte Notar die gleichen Rechte haben wie der Vollmachtgeber. Da unbestritten ist, daß bei Schweigen der Eintragungsbewilligung entsprechende Regelungen durch Antrag möglich sind (vgl. § 13 Rdn. 33), muß der Notar als Bevollmächtigter nach § 15 das gleiche Recht besitzen. Die einschränkende Auffassung der h. L. wird der Tatsache nicht gerecht, daß eine echte Vollmacht vorliegt.[66] Sie widerspricht dem Grundsatz, die Vorschrift nicht zu eng auszulegen, sowie dem in § 24 Abs. 1 BNotO niedergelegten Betreuungsgrundsatz des Notars und dem Zweck der Bestimmung, dem Grundbuchamt klare Grundlagen für die eigene Arbeit zu geben.

Zur Angabe eines Gemeinschaftsverhältnisses ist der Notar jedoch nicht berechtigt, wenn in der Urkunde nicht entsprechende Angaben enthalten sind.[67]

29 Unbestritten ist es dagegen möglich, daß der **Notar** eine **Bestimmung gemäß § 16 Abs. 2** trifft, soweit und solange Erklärungen der Beteiligten nicht entgegenstehen. Umgekehrt ist er jedoch nicht befugt, sich über bindende Erklärungen der Beteiligten gem. § 16 Abs. 2 hinwegzusetzen.

30 Unbestritten zulässig ist auch die Vorlage einer mehrere Anträge enthaltenden Urkunde mit dem Vermerk, daß nur einer der gestellten Anträge gestellt sein soll, wenn und soweit die mehreren Eintragungen voneinander unabhängig sind, mehrere selbständige Eintragungsbewilligungen vorliegen und es den Beteiligten nicht auf eine gemeinsame Erledigung der Anträge ankommt.[68] Ob die Anträge im Zusammenhang mit den Eintragungsbewilligungen insoweit selbständig sind, hat das Grundbuchamt zu prüfen.[69]

c) **Ergänzungen** der abgegebenen Erklärungen der Beteiligten durch einen Antrag des Notars sind in zweifacher Hinsicht möglich.

31 aa) Der Notar kann einen **unvollständigen Antrag** eines Beteiligten durch einen vollständigen ersetzen und

bb) der Notar ist befugt, den gestellten Antrag zu **erläutern** und mehrdeutige Erklärungen der Beteiligten dadurch klarzustellen,[70] auch durch eine Bescheinigung gem. § 20 Abs. 1 BNotO. Jedoch ist aufgrund der ges. Ermächtigung des § 15 eine **Abänderung** der Eintragungsbewilligung nicht möglich.[71]

5. Rücknahme

32 Den als Vertreter gestellten **eigenen Antrag** kann der Notar jederzeit in der Form des § 24 Abs. 3 BNotO zurücknehmen.[72] Ebenso kann der Notar auch einzelne von mehreren Anträgen zurücknehmen.[73] Haben jedoch die Beteiligten eine Verbindung gemäß § 16 getroffen, so kann er einzelne Anträge nur aufgrund besonderer Vollmacht zurück-

---

[65] KG KGJ 30, 275; RG HRR 32, Nr. 267.
[66] Ebenso *Meyer-Stolte* Rpfleger 91, 363.
[67] OLG Köln Rpfleger 70, 286.
[68] KG Rpfleger 71, 312.
[69] KG a. a. O.
[70] BayObLGZ 55, 162 = DNotZ 56, 214; BayObLG Rpfleger 81, 192; LG Oldenburg Rpfleger 82, 175.
[71] BayObLGZ 73, 222 = Rpfleger 73, 404; BayObLG MittBayNot 79, 238; ebenso wohl – ohne nähere Ausführungen – OLG Frankfurt Rpfleger 79, 419; vgl. auch § 19 Rdn. 195 ff. und § 29 Rdn. 76 ff.
[72] LG Oldenburg Rpfleger 82, 173.
[73] LG Oldenburg Rpfleger 81, 439.

nehmen, welche der Form des § 29 bedarf.[74] Eine Rücknahme ist auch in diesem Fall ohne Vollmacht möglich, wenn bei Vollzug des Antrages das Grundbuch dauerhaft unrichtig würde[75] und eine Abtrennung daher von den Beteiligten für diesen Fall als gewollt vermutet werden kann. Auch eine nur **teilweise Rücknahme** ist zulässig,[76] jedoch nur insoweit, als sie sich mit der Eintragungsbewilligung deckt.[77] Dabei ist — notfalls durch Auslegung — zu prüfen, ob eine teilweise Rücknahme der Erklärungen der Beteiligten, insbesondere der Eintragungsbewilligung, ausgeschlossen sein soll. Im übrigen vergleiche zur Zurücknahme § 31 Rdn. 6 ff.

6. Beigefügte Urkunden nach Erledigung

Die mit dem gestellten Antrag vorgelegten Urkunden können nach Erledigung des Antrages zurückgefordert werden.[78] Zur Rücknahme vor Erledigung des Antrages vgl. § 10.   33

7. Entgegennahme von materiellrechtlichen Erklärungen

Da die Bestimmung des § 15 nicht eng auszulegen ist, kann man auch annehmen, daß der Notar zur Entgegennahme von **Genehmigungen** zu einem beurkundeten Vertrag ermächtigt ist.[79] Zweckmäßig ist jedoch auch eine besondere, dahingehende rechtsgeschäftliche Vollmacht.   34

VI. Rechtsgeschäftlich erteilte Vollmacht

1. Formulierung

Die Bestimmung des § 15 schließt nicht aus, daß der Notar **ausdrücklich** zur Antragstellung ermächtigt wird. Üblich ist eine Formulierung etwa dahingehend: 35

Der amtierende Notar und sein Stellvertreter und Amtsnachfolger im Amt werden beauftragt und ermächtigt, den grundbuchamtlichen Vollzug dieser Urkunde herbeizuführen, insbesondere Eintragungsanträge zu stellen, abzuändern und zurückzunehmen, soweit ihm dies zweckmäßig erscheint, sowie alle sonstigen Erklärungen entgegenzunehmen und abzugeben, die in formeller Hinsicht zum Vollzug dieser Urkunde erforderlich sind. Die Vollmacht soll durch den Tod des Vollmachtgebers nicht erlöschen.

2. Nachweis

Um für das Grundbuchamt bedeutsam zu sein, muß die Vollmacht in der Form des § 29 **nachgewiesen** werden. Bedenken dagegen, daß der Notar die Vollmacht auf sich selbst beurkundet, bestehen insoweit nicht (vgl. dazu die Ausführungen § 19 Rdn. 195).   36

3. Umfang

Ist die Vollmacht erteilt, so bedarf es der gesetzlichen Vermutung des § 15 nicht mehr. Maßgebend für die Befugnis des Notars ist in diesem Fall der Umfang der erteilten Vollmacht. Lediglich zur Auslegung der erteilten Vollmacht können die Grundsätze zu § 15 subsidär herangezogen werden, wobei zu beachten ist, daß eine rechtsgeschäft-   37

---

[74] BayObLGZ 75, 1 = Rpfleger 75, 94.
[75] Ebenso *Meyer-Stolte* Rpfleger 81, 440; **a. A.** LG Oldenburg Rpfleger 81, 439.
[76] BayObLGZ 55, 53 = DNotZ 56, 209.
[77] BayObLG 73, 222; Rpfleger 76, 360.
[78] KG KGJ 44, 173.
[79] BGHZ 29, 371; BayObLGZ 55, 160 = DNotZ 56, 213.

liche Vollmacht nur dann einen Sinn gibt, wenn sie dem Notar mehr Rechte einräumt, als er ohnehin nach § 15 hat.[80] Regelmäßig ist der Notar damit ermächtigt, eine Rangbestimmung gem. § 45 GBO zu treffen, sofern nicht in den Eintragungsbewilligungen bereits abweichende Regelungen getroffen worden sind. Diese Rangbestimmung kann auch noch im Rahmen der Erinnerung erfolgen.[81] „Nächstoffene Rangstelle" ist keine Rangbestimmung.

Zur Frage, ob und inwieweit der Notar aufgrund einer solchen Vollmacht auch selbst Eintragungsunterlagen ergänzen oder abändern kann.[82] Auch ohne ausdrückliche Bestimmung wirkt die rechtsgeschäftlich erteilte Vollmacht über den Tod des Vollmachtgebers hinaus.[83] Zur Form der Antragsrücknahme vgl. § 31.

VII. Rechtsfolgen

Hat der Notar selbst den Antrag gestellt, so hat dies zwei Rechtsfolgen:

1. Bekanntmachung der Entscheidung

38 Die auf den gestellten Antrag hin ergehende Entscheidung muß dem Notar bekanntgegeben werden.[84] Eine Bekanntmachung an den Antragsberechtigten selbst ist unwirksam.[85] Dabei spielt es keine Rolle, ob der Notar den Antrag bereits ursprünglich selbst gestellt hat oder erst den Antrag stellte, nachdem die Beteiligten selbst den Antrag beim Grundbuchamt eingereicht hatten.[86]

2. Rechtsmittel

39 Gegen die ergangene Entscheidung kann der Notar **Beschwerde** und **weitere Beschwerde** einlegen. Dies ist jedoch stets nur möglich im Namen eines Antragsberechtigten, nicht im eigenen Namen.[87] Keine Rolle spielt es, ob der ursprüngliche Antrag bereits im Namen des Beschwerdeführers gestellt wurde.[88] Bezeichnet der Notar nicht genau den Beschwerdeführer, so gelten alle Antragsberechtigten als Beschwerdeführer, sofern sich aus den Umständen nichts anderes ergibt.[89] Die Vermutung ist widerlegbar mit Kostenfolge für den Notar.[90]

3. Sonstige Fälle

40 Die gleiche Befugnis steht dem Notar zu, wenn ihm **rechtsgeschäftlich besondere Vollmacht** zur Antragstellung erteilt worden ist, sofern dies nicht ausdrücklich in der Vollmacht zur Urkunde ausgeschlossen wurde. Hat der Notar dagegen die Urkunde lediglich als Bote überreicht, bedarf er zur Beschwerde einer besonderen Vollmacht. In diesem Fall kann das Beschwerdegericht auf die Vorlage der Vollmachtsurkunde verzichten.[91] Eine weitere Beschwerde muß jedoch wegen Formmangel verworfen werden.

---

[80] BayObLGZ 92, 131, 139 = Rpfleger 93, 15.
[81] BayObLG a. a. O.
[82] Vgl. unten § 19 Rdn. 196 ff. sowie § 29 Rdn. 76 ff.; vgl. auch LG Aschaffenburg Rpfleger 71, 370.
[83] LG Aschaffenburg Rpfleger 71, 370.
[84] RGZ 110, 361; BGHZ 28, 109 = NJW 58, 1532; OLG Zweibrücken Rpfleger 68, 154.
[85] KG KGJ 38, 196; OLG München JLG 18, 20 für die Zwischenverfügung.
[86] KGJ 38, 200.
[87] KG KGJ 35, 199; KG NJW 59, 1086.
[88] BayObLGZ 34, 121.
[89] BayObLGZ 53, 185; 67, 409.
[90] OLG Köln Rpfleger 82, 98. Im einzelnen vgl. § 71 Rdn. 75, 76 und § 80 Rdn. 13–16.
[91] KG JFG 17, 220.

4. Kosten

Der Notar ist nur als Bevollmächtigter tätig. Die Kostenpflicht trifft daher stets nur denjenigen, für welchen er im Rahmen der Vollmacht den Antrag gestellt hat.[92] Hat der Notar einen Eintragungsantrag gestellt ohne anzugeben, für wen, so ist der Antrag als im Namen aller Antragsberechtigten gestellt anzusehen, auch für einen Begünstigten, der keine beurkundete oder beglaubigte Erklärung abgegeben hat; dieser kann als Kostenschuldner in Anspruch genommen werden.[93] **41**

Der Kostenansatz erfolgt nach der Kostenordnung, für welche die Bestimmungen der GBO nicht gelten. Grundsätzlich ist daher die Kostenentscheidung allein dem Kostenschuldner bekanntzumachen und zuzustellen. Die Vollmacht des Notars nach § 15 umfaßt die Entgegennahme der Kostenentscheidung nicht. Jedoch ist der Notar zur Entgegennahme einer Zwischenverfügung befugt, wenn diese zulässigerweise zur Sicherung des Kosteneingangs ergeht.[94] Die Mitteilung in der Zwischenverfügung ersetzt nicht die nach der Kostenordnung erforderliche Mitteilung des Kostenfestsetzungsbeschlusses an den Schuldner.

[Antrag unter Vorbehalt]

§ 16

(1) Einem Eintragungsantrage, dessen Erledigung an einen Vorbehalt geknüpft wird, soll nicht stattgegeben werden.

(2) Werden mehrere Eintragungen beantragt, so kann von dem Antragsteller bestimmt werden, daß die eine Eintragung nicht ohne die andere erfolgen soll.

Übersicht

	Rdn.		Rdn.
I. Zweck und Anwendungsgebiet der Vorschrift		1. Begriff	6
1. Zweck	1	2. Folge der Unzulässigkeit	11
2. Anwendungsgebiet	2	3. Verletzung der Vorschrift durch GBA	12
II. Eintragungsantrag und Erledigung		4. Ausnahme Abs. 2	13
1. Eintragungsantrag	3	IV. Entsprechende Anwendung auf die Eintragungsbewilligung	
2. Erledigung	5	1. Eintragungsbewilligung	23
III. Vorbehalt		2. Vorbehalt	24

I. Zweck und Anwendungsgebiet der Vorschrift

1. Zweck

Entsprechend der vorhandenen Regelung ist zu unterscheiden:

Abs. 1 soll verhindern, daß das Grundbuchamt mit der Prüfung von Fragen beschäftigt wird, die darüber hinausgehen, ob die beantragte Eintragung durch die vorliegen- **1**

---

[92] OLG Hamm DNotZ 52, 86 für Beschwerde im Rahmen der Landwirtschaftsverordnung.
[93] LG Landau Rpfleger 82, 338; *Meyer-Stolte* Rpfleger 80, 475; a. A., nicht überzeugend LG Bayreuth Rpfleger 80, 475 m. abl. Anm. v. *Meyer-Stolte*; wie hier BayObLG Rpfleger 84, 96; einschränkend für die Kostentragung BayObLG Rpfleger 93, 323 nur Leitsatz.
[94] Vgl. dazu § 18 Rdn. 37.

§ 16   I. Grundbuchordnung

den Unterlagen gedeckt wird. Er überträgt den allgemeinen Grundsatz, daß Prozeßhandlungen unbedingt und bestimmt sein müssen, auf den Eintragungsantrag. Abs. 2 will den Bedürfnissen des Verkehrs entgegenkommen. Insbesondere die Erfüllung Zug um Zug wird dadurch erleichtert.

2. Anwendungsgebiet

2   § 16 findet nicht nur auf Anträge, sondern auch auf **Eintragungsersuchen** einer Behörde (§ 38) Anwendung.
Für die **Eintragungsbewilligung** gilt § 16 entsprechend (vgl. dazu unten Rdn. 23 ff.).

II. Eintragungsantrag und Erledigung

1. Eintragungsantrag

3   Jeder Eintragungsantrag im Sinn des § 13 wird durch § 16 erfaßt. Von der ausdrücklichen Ausnahme des Abs. 2 abgesehen, darf der Antrag keinen Vorbehalt enthalten.

4   Davon zu unterscheiden ist die Frage, ob das einzutragende Recht selbst bedingt oder befristet ist. Diese Entscheidung richtet sich ausschließlich nach dem materiellen Recht. Danach ist jegliche Bedingung oder Befristung unzulässig bei der Auflassung (§ 925 Abs. 2 BGB), Bestellung und Übertragung eines Erbbaurechtes (§§ 1 Abs. 4, 11 Abs. 1 S. 2 ErbbauVO; § 1010 BGB), bei Einräumung und Aufhebung von Sondereigentum (§ 4 Abs. 2 S. 2 WEG) und bei der Begründung eines Dauerwohn- oder -nutzungsrechts (§ 33 Abs. 1 WEG). Im übrigen können Rechte materiell grundsätzlich bedingt oder befristet bestellt werden (z. B. eine bedingte Hypothek; Rangvorbehalt nach § 881 BGB usw.). Es bestehen auch keine Bedenken gegen die Eintragung einer Klausel „Aufrechnung ausgeschlossen, soweit nicht erzwingende Gesetzesvorschriften entgegenstehen" bei einer Hypothek, wenn damit § 1142 BGB Rechnung getragen werden soll.[1]

2. Erledigung

5   Die Erledigung darf nicht an einen Vorbehalt gebunden werden. Zur Erledigung gehört nicht nur die eintragung selbst, sondern auch alle Maßnahmen, die daran anschließen, insbesondere die Brieferteilung und Aushändigung bei Briefrechten und die Mitteilung des Vollzuges der Eintragung.

III. Vorbehalt

1. Begriff

6   Als **Vorbehalt** ist jede Erklärung aufzufassen, die die Erledigung des Eintragungsantrages von einem nicht zu den gesetzlichen Voraussetzungen gehörigen Umstand abhängig macht oder es zweifelhaft erscheinen läßt, ob die Eintragung überhaupt gewollt ist.[2]

Daraus ergibt sich:

7   a) **Vorbehalt** ist jede Bedingung und Befristung im Rechtssinn, darüber hinaus auch jeder Zusatz, durch welchen die Erledigung von irgendeinem vergangenen oder künftigen Geschehen oder Nichtgeschehen abhängig gemacht wird,[3] z. B. wenn der Antrag

---

[1] LG Köln DNotZ 65, 601.   [3] KG NJW 38, 2227.
[2] *Demharter* § 16 Anm. 3.

mit dem Vorbehalt gestellt wird, daß er zugleich mit einem erst in Aussicht gestellten Antrag erledigt werden soll.

b) **Unschädlich** sind Rechtsbedingungen, denn diese betreffen nur die ohnehin vorgeschriebenen gesetzlichen Voraussetzungen.

Unschädlich sind auch Zusätze, wenn das Grundbuchamt das Vorliegen des in Betracht kommenden Tatbestandes ohne weitere Mühe und mit Sicherheit aus dem Grundbuch feststellen kann,[4] z. B. ob der Hypothekengläubiger als Eigentümer eines anderen Grundstücks im gleichen Grundbuchbezirk eingetragen ist, oder ob die vorbehaltene Rangstelle frei ist, oder der Hypothekengläubiger im Handelsregister des gleichen Amtsgerichtes eingetragen ist.

c) Bei **Zusätzen** „soweit gesetzlich zulässig", „soweit eintragungsfähig", „soweit angängig" ist zu unterscheiden:

Zwar können diese Zusätze auch so gedeutet werden, daß die Eintragung sämtlicher Bestimmungen in einer Urkunde begehrt wird, daß aber, falls der Grundbuchrichter nur gewisse Bestimmungen für eintragungsfähig und noch nicht eingetragen hielte, dem Antrag mit dieser Beschränkung stattgegeben, also die Zurückweisung des gesamten Antrages vermieden werden solle. In diesem Fall würde die Eintragung sämtlicher Bestimmungen beantragt, und lediglich die Einheitlichkeit des Antrages verneint, um eine vollständige Zurückweisung zu verhüten; es läge also eine unschädliche Rechtsbedingung der Eintragungsfähigkeit vor.[5] Meist ist damit jedoch gewollt, daß die Beteiligten sich eines bestimmten Antrages enthalten und es dem Grundbuchamt überlassen, zu entscheiden, was eingetragen werden soll. Da der Antragsteller die Ansicht des Grundbuchamtes vorher nicht kennen kann, mangelt es in diesem Fall am Bestimmtheitsgrundsatz. Der Antrag ist daher unzulässig.[6]

d) **Keinen** unzulässigen Vorbehalt stellt der Antrag auf Eintragung einer Auflassungsvormerkung dar, verbunden mit dem Antrag auf deren Löschung mit der Eintragung des Käufers, falls kein anderer Eintragungsantrag eingegangen ist[7] oder der Antrag auf Löschung der Vormerkung mit dem Zusatz, daß der Löschung nur solche Zwischeneintragungen oder unerledigte Eintragungsanträge entgegenstehen sollen, die ohne Mitwirkung des Käufers erfolgten.[8]

2. Folge der Unzulässigkeit

Ist der Vorbehalt unzulässig, so soll dem Antrag nicht stattgegeben werden.

Der Antrag ist also grundsätzlich zurückzuweisen. Das Grundbuchamt kann jedoch auch durch eine Zwischenverfügung auf die Beseitigung des Vorbehaltes hinwirken,[9] wenn im übrigen der ohne Vorbehalt gestellte Antrag vollzugsreif wäre. Dagegen ist eine solche Zwischenverfügung ausgeschlossen, wenn der Antragsteller durch den Vorbehalt erreichen will, daß ihm Gelegenheit zur Verschaffung des Verfügungsrechtes[10] oder der Eintragungsunterlagen[11] gegeben wird, oder wenn feststeht, daß dem aufschiebend befristeten Antrag vor Ablauf der Frist nicht entsprochen werden kann.

Auf jeden Fall unzulässig ist eine Aussetzung des Verfahrens.[12]

---

[4] BayObLGZ 12, 372, ebenso in MittBayNot 72, 228.
[5] KG OLG 26, 185; KG KGJ 1, 463.
[6] KG a. a. O.; BayObLGZ 69, 100 = DNotZ 69, 492; OLG Frankfurt Rpfleger 77, 101.
[7] LG Kiel SchlHA 66, 169.
[8] OLG Hamm Rpfleger 92, 474.
[9] KG JFG 19, 137; **a. A.** KG JW 31, 1100 jedoch nur Leitsatz.
[10] KG JW 38, 2227.
[11] KG KGJ 31, 254.
[12] KG HRR 30 Nr. 1505; KG JW 32, 2890.

§ 16 I. Grundbuchordnung

3. Verletzung der Vorschrift durch GBA

12 Verletzt das Grundbuchamt die Vorschriften des § 16 und trägt trotzdem ein, so berührt dies die materielle Gültigkeit der Eintragung nicht, wenn sie im übrigen dem materiellen Recht entspricht. Das Grundbuchamt kann jedoch dadurch eine Amtshaftung (§ 839 BGB) auslösen.

4. Ausnahme Abs. 1

Werden mehrere Eintragungen beantragt, so kann ein Eintrag von dem anderen abhängig gemacht werden.

13 a) **Mehrere** Eintragungen müssen beantragt sein.

aa) Keine Rolle spielt, ob die Anträge von dem gleichen Antragsteller oder von verschiedenen Personen gestellt worden sind. Unerheblich ist, ob eine Grundbuchberichtigung oder eine Rechtsänderung beantragt ist. Die Eintragungen können auch verschiedene Grundbuchblätter betreffen, wenn diese im gleichen Grundbuchamt geführt werden.[13]

14 bb) **Mehrere Eintragungen werden nicht beantragt,** wenn die einzelnen Bestimmungen lediglich die Ausgestaltung des einzelnen Rechtes bezwecken, z. B. bei einer Hypothek die Bestimmungen über Nebenleistungen, Verzinsung, Rückzahlung, Kündigung.[14] Hier liegt ein einziger Antrag vor, der einheitlich erledigt werden muß. Dagegen ist die dingliche Unterwerfungsklausel neben der Hypothek als selbständige Eintragung zu betrachten, da eine Hypothek auch ohne sie eingetragen werden, und die Eintragung der dinglichen Zwangsvollstreckungsunterwerfung auch nachgeholt werden kann.[15]

15 b) Der **Antragsteller** muß eine **Bestimmung** treffen, daß hier eine Eintragung nicht ohne die andere erfolgen soll. Die Bestimmung kann auch noch in der Erinnerung getroffen werden.[16]

aa) Die **Bestimmung** kann dahin gehen, daß keine der mehreren Eintragungen ohne die andere vorgenommen werden soll; bestimmt werden kann auch, daß die eine von zwei Eintragungen nicht ohne die andere, die andere aber ohne die eine erfolgen darf,[17] z. B. im Verhältnis Hypothek und Vormerkung. Die Bestimmung kann auch nachträglich noch eingefügt werden.

16 (1) Eine **bestimmte** Form ist nicht vorgeschrieben, auch nicht bei nachträglicher Einfügung. Es genügt, daß sie stillschweigend gewollt ist, sie muß nicht ausdrücklich ausgesprochen sein.[18]

17 (2) Eine **stillschweigende Bestimmung** ist insbesondere dann anzunehmen, wenn zwischen den Anträgen ein innerer Zusammenhang rechtlicher oder wirtschaftlicher Natur besteht, der die Einheitlichkeit der Erklärung als gewollt vermuten läßt,[19] also auch, wenn mit der Eintragung der Auflassung gleichzeitig Eintragungen zugunsten des Veräußerers beantragt werden,[20] wie z. B. Kaufpreisresthypotheken,[21] Nießbrauchsbestellung[22] oder ein Wohnrecht für den Verkäufer.[23] Im Regelfall ist bei mehreren Rech-

---

[13] BayObLG Recht 09 Nr. 2511; KGJ 44, 201.
[14] OLG Hamm Rpfleger 56, 343.
[15] KG OLG 10, 86; BayObLGZ 2, 576; OLG Colmar OLGZ 13, 197.
[16] BayObLG Rpfleger 93, 13 ff.
[17] KG KGJ 35, 198.
[18] BayObLG Rpfleger 75, 94; OLG Frankfurt Rpfleger 80, 108.
[19] KG KGJ 35, 198; JFG 7, 343; BayObLG Rpfleger 75, 94; MittRhNot 81, 190; OLG Frankfurt a. a. O.; BayObLG Rpfleger 81, 283 nur Leitsatz.
[20] KG OLG 2, 490.
[21] BayObLG 24, 160; JFG 3, 341.
[22] KG KGJ 1, 335; OLG Hamm Rpfleger 73, 305.
[23] LG Hamburg Rpfleger 87, 103.

ten Gleichrang stillschweigend gewollt.[24] Werden im Zusammenhang mit der Veräußerung eines Grundstücks Rechte für den Veräußerer und einen Dritten bestellt, so ist neben einem Vorbehalt gemäß § 16 Abs. 2 GBO grundsätzlich auch eine stillschweigende Rangbestimmung anzunehmen dahingehend, daß das Recht für den Veräußerer vor dem Recht des Dritten eingetragen werden soll.[25] Sind mehrere Grundstücke aufgelassen und ist an diesen eine Gesamthypothek bestellt, so ist Teilvollzug nicht möglich.[26]

Das Gleiche gilt, wenn ein Sequester gemäß § 148 Abs. 2 ZPO die Eintragung des Pfändungsschuldners und einer Sicherungshypothek beantragt,[27] wenn in einem einheitlichen Teilungsvertrag die Eintragung mehrerer Auflassungen beantragt wird,[28] wenn der Eigentümer die Abtretung und Umwandlung einer ihm als Eigentümergrundschuld zugefallenen Hypothek in eine neue Hypothek beantragt.[29]

Der Antrag auf **lastenfreie Umschreibung** enthält neben dem Antrag auf Eintragung des Eigentumswechsels auch den verbundenen Antrag auf Löschung der Lasten durch Nichtübertragung (§ 46 Abs. 2), daher ist nur einheitlicher Vollzug möglich.[30]

Die bloße **äußerliche Vereinigung** der den Anträgen zugrundeliegenden **Bewilligungen** in einer Urkunde oder die gleichzeitige Stellung von Anträgen allein lassen keinen Schluß auf eine stillschweigende Bestimmung des Zusammenhangs zu.[31] Um eine solche Verbindung anzunehmen, muß ein sachlicher innerer Zusammenhang gegeben sein.

(3) Ist eine solche **Bestimmung weder ausdrücklich noch stillschweigend** getroffen, **18** ist jeder Antrag für sich allein vom Grundbuchamt zu behandeln, auch wenn die beiden Anträge in einer Urkunde enthalten sind.[32] Legt ein Beteiligter dem Grundbuchamt eine Urkunde vor, die mehrere Eintragungsanträge enthält, erklärt er dabei aber, daß einer von ihnen nicht erledigt werden soll, so gilt dieser Antrag als noch nicht eingegangen. Dies gilt auch dann, wenn ausdrücklich nur ein Antrag gestellt und mit dem Schweigen zum anderen zum Ausdruck gebracht wird, daß dieser Antrag nicht mehr aufgegriffen werden soll.[33]

bb) Die **Bestimmung** kann **nur vom Antragsteller** getroffen werden. Sind mehrere **19** Anträge von mehreren Personen gestellt, so ist jede bezüglich ihres Antrages zu der Bestimmung berechtigt. Ebenso kann die Abhängigkeit nur einer Eintragung von einer anderen selbst nachträglich und formlos auch durch die Erklärung nur eines Beteiligten herbeigeführt werden. Diese Abhängigkeit ist aber dann nicht gegeben, wenn zur Zeit der Erklärung der Verbindung erst ein Eintragungsantrag vorliegt, der andere aber noch gestellt werden soll.[34] In einem solchen Fall ist der gestellte Antrag als bedingter Antrag unzulässig, daher unvollziehbar und zurückzuweisen.

Der eine Antragsteller kann die Bestimmung des anderen Antragstellers nicht durch eine gegenteilige Erklärung beseitigen, auch wenn er für die mehreren Eintragungen antragsberechtigt ist.[35] Die bloße Antragsberechtigung allein gibt kein Bestimmungsrecht.

---

[24] BayObLG Rpfleger 83, 435; vgl. dazu Bauch/Bilau Rpfleger 83, 421 ff.
[25] BayObLGZ 92, 127, 140 mwN.
[26] BayObLG 18, 286; abweichend KG KGJ 1, 442 mit der Auffassung, daß in diesem Fall die Kaufpreisresthypothek an dem aufgelassenen Teil einzutragen ist, wenn der Verkäufer den Käufer zur Auflassung des Grundbesitzes auch in Teilen an sich selbst oder Dritte bevollmächtigt hat; jedoch steht dem der Begriff der Gesamthypothek entgegen.
[27] KG JFG 7, 343.
[28] OLG München JFG 21, 105.
[29] KG KGJ 39, 249 nur für die Bewilligung; 41, 231.
[30] KG JFG 3, 418.
[31] KG KGJ 35, 198; BayObLG 73, 311.
[32] KG KGJ 35, 195.
[33] OLG Hamm Rpfleger 73, 305.
[34] OLG Frankfurt Rpfleger 76, 401.
[35] KG DNotZ 37, 834; OLG Hamm Rpfleger 73, 305.

20 c) Für das **Verfahren des Grundbuchamtes** gilt,
aa) die **verbundenen Anträge** sind als **verfahrensrechtliche Einheit** zu betrachten.[36] Das Grundbuchamt hat infolgedessen zu prüfen, ob jedem Antrag stattgegeben werden kann.

Besteht bei **einem der Anträge ein Hindernis**, so dürfen auch die übrigen beantragten Eintragungen nicht vorgenommen werden. Jedoch kann ein Vorbehalt, der zwischen den Anträgen auf Eintragung des Eigentumswechsels und eines Nießbrauchs zugunsten des Veräußerers besteht, mit dem Tod des Veräußerers vor Eigentumsumschreibung entfallen.[37] Ist ein Antrag unbegründet, so sind sämtliche Anträge zurückzuweisen, auch der an sich begründete, unter Hinweis auf § 16 Abs. 2, oder beide mit Zwischenverfügung zu beanstanden und die Erledigung beider Anträge bis zum Fristablauf aufzuschieben.[38] Die Zwischenverfügung kann in diesem Fall ausnahmsweise auch dahin lauten, den beanstandeten Antrag oder den Vorbehalt zurückzunehmen.[39] Unzulässig ist teilweiser Vollzug, da dadurch die verfahrensrechtliche Einheit gelöst würde. Die Anträge sind einheitlich abzulehnen.[40] Ist aber unzulässig ein teilweiser Vollzug bezüglich der begründeten Anträge erfolgt, so ist für die Zwischenverfügung kein Raum mehr.[41] Der unzulässige Antrag ist zurückzuweisen,[42] lediglich die Kosten können niedergeschlagen werden.[43] Keinesfalls darf jedoch die Erledigung eines Antrags vom Grundbuchamt von dem gleichzeitigen Vollzug weiterer, noch einzureichender Anträge abhängig gemacht werden.[44]

21 bb) Sind **in einer Urkunde mehrere Anträge** gestellt, **verlangt** der Antragsteller aber nur die **Erledigung eines Antrages**, so hat das Grundbuchamt zu prüfen, ob ein anderer Antragsteller die gleichzeitige Erledigung aller Anträge bedungen hat.[45] Ist das der Fall, so muß der Antragsteller den Vorbehalt gegen sich gelten lassen. Er kann das Recht des anderen nicht dadurch beseitigen, daß er beide Eintragungen für voneinander unabhängig erklärt, auch wenn er hinsichtlich aller Anträge antragsberechtigt ist.[46] Soll die Bestimmung nach § 16 Abs. 2 widerrufen werden, so ist die Zustimmung aller erforderlich, wenn mehrere Antragsteller gegeben sind.[47] Dies gilt auch für den Notar, der gemäß § 15 GBO die Anträge gestellt hat. Ohne ausdrückliche Ermächtigung kann er nicht teilweise zurücknehmen.[48]

22 cc) **Verletzt das Grundbuchamt** unzulässig die Bestimmung des § 16, so wird die materiellrechtliche Wirkung der Eintragung dadurch nicht berührt.[49]

IV. Entsprechende Anwendung auf die Eintragungsbewilligung

1. Eintragungsbewilligung

23 Auf die Eintragungsbewilligung ist die Bestimmung entsprechend anzuwenden. Dabei ist jedoch von vornherein zu beachten, daß mit einer unter Vorbehalt erklärten Eintragungsbewilligung nicht verwechselt werden darf die bedingungslose Bewilligung eines bedingten oder befristeten Rechtes.[50]

---

[36] KG JFG 13, 113.
[37] OLG Hamm Rpfleger 73, 305.
[38] BayObLGZ 76, 187; BayObLG Rpfleger 79, 210.
[39] KG JFG 1, 441; BayObLG a. a. O.; BGH Rpfleger 78, 365; vgl. dazu ausf. § 71 Rdn. 58.
[40] BayObLG Rpfleger 88, 245.
[41] KG a. a. O.
[42] BayObLG Rpfleger 79, 211.
[43] BayObLG a. a. O.
[44] LG Aschaffenburg Rpfleger 71, 319.
[45] KG HRR 37 Nr. 1405; OLG Hamm Rpfleger 73, 305.
[46] OLG Hamm Rpfleger 73, 305.
[47] OLG Hamm a. a. O.
[48] LG Hamburg Rpfleger 87, 103.
[49] KG KGJ 44, 201.
[50] RG JW 34, 282.

2. Vorbehalt

Die — grundsätzlich vorbehaltlose⁵¹ — Eintragungsbewilligung kann den ausdrück- **24** lichen oder stillschweigenden Vorbehalt enthalten, daß eine Eintragung nur mit einer weiteren erfolgen darf.⁵² Ein solcher Vorbehalt kann auch der Auflassung trotz § 925 Abs. 2 BGB beigefügt werden.⁵³

Ist ein solcher Vorbehalt in der Eintragungsbewilligung enthalten, so muß der Eintra- **25** gungsantrag diesen wiederholen. Es genügt jedoch eine Verweisung auf die Eintragungsbewilligung.

[Reihenfolge der Antragserledigung]

§ 17

Werden mehrere Eintragungen beantragt, durch die dasselbe Recht betroffen wird, so darf die später beantragte Eintragung nicht vor der Erledigung des früher geltenden Antrages erfolgen.

Übersicht

	Rdn.		Rdn.
I. Allgemeines	1	1. Spätere Zulässigkeit früheren Antrags	31
II. Voraussetzungen		2. Nachträgliche Bestimmung durch Antragsteller	32
1. Mehrere Anträge	4		
2. Betroffenes Recht	19	3. § 130 Abs. 3 ZVG	33
III. Erledigung		V. Rechtsfolgen der Verletzung	
1. Früherer Antrag	19	1. Ordnungsvorschrift	34
2. Späterer Antrag	26	2. Verletzung	35
IV. Ausnahmen			

I. Allgemeines

Die Bestimmung gibt als Schlüssel für die Erledigung mehrerer miteinander konkur- **1** rierender Anträge die Zeitfolge an, in der sie gestellt sind. Sie gilt nicht uneingeschränkt bei der Eintragung von Rechten, die kraft Gesetzes außerhalb des Grundbuches entstehen.¹ Die Beachtung der Bestimmung des § 17 ist unerläßlich, wenn Schadensersatzansprüche gegen das Grundbuchamt vermieden werden sollen.² Die Bestimmung hat zweifache Bedeutung:

a) Besteht zwischen den **mehreren Eintragungen ein Rangverhältnis,** so dient sie zur **2** Sicherung des richtigen Ranges. Das Rangverhältnis unter mehreren Rechten bestimmt sich nach der Eintragung im Grundbuch (§ 879 BGB). Die Eintragungen haben aber die Reihenfolge zu erhalten, welche der Zeitfolge der Anträge entspricht (§ 45), soweit die Beteiligten nicht Abweichendes bestimmt haben. Für den Fall, daß die mehreren Anträge das gleiche Recht betreffen, sichert § 17 die richtige Rangeintragung auch dann, wenn für den Vollzug des früher gestellten Antrages ein Hindernis besteht.

---

⁵¹ KG KGJ 44, 197; OLG Oldenburg HEZ 1, 109.
⁵² KG KGJ 44, 199; KG HRR 37, 466.
⁵³ KG JFG 1, 337.

¹ Vgl. dazu für die Eintragung einer Sicherungshypothek gem. § 48 Abs. 2 Satz 2 ZPO Thür. OLG Jena Rpfleger 96, 101.
² Lehrreich OLG Köln Rpfleger 80, 222.

§ 17 I. Grundbuchordnung

3 b) Besteht ein solches **Rangverhältnis nicht**, so kann die **Zulässigkeit** der früher beantragten Eintragung durch die Vollziehung der späteren ausgeschlossen sein oder umgekehrt. Für diesen Fall gibt die Bestimmung dem früher eingegangenen Antrag den Vorrang mit der Folge, daß dem zweiten Antrag der Boden entzogen ist.

II. Voraussetzungen

1. Mehrere Anträge

4 a) Es kommen nur **Anträge** in Frage, nicht Eintragungsbewilligungen oder die ersetzenden Urkunden.

Die **Art** der Eintragung ist gleichgültig, es kann sich um rechtsändernde oder berichtigende Eintragungen handeln. Ausgenommen sind lediglich Anträge auf Eintragung von Rechten, die außerhalb des Grundbuchs entstehen (vgl. unten 2 a). Auch Vormerkungen, Widersprüche und Verfügungsbeschränkungen gehören grundsätzlich hierher.

5 Dagegen gilt § 17 keinesfalls für Eintragungen, die **von Amts wegen** zu bewirken sind, da hier der „Antrag" nur die Bedeutung einer Anregung hat (vgl. § 13 Rdn. 5).

6 b) **Mehrere** Anträge müssen gestellt sein. Dies ist nicht der Fall, wenn in einem einzigen Antrag mehrere Eintragungen veranlaßt werden. Hier muß gleichzeitige Erledigung erfolgen, wobei § 16 Abs. 2 zur Anwendung kommen kann.

7 Liegt ein **Antrag** des **Passivbeteiligten** (vgl. dazu § 13 Rdn. 55, 60) **auf Eintragung einer Rechtsänderung** vor und läuft nach ihm ein **Antrag oder Ersuchen auf Eintragung einer Verfügungsbeschränkung** ein, so ist zu prüfen, ob es sich um eine Verfügungsbeschränkung handelt, die dem zuerst Beantragenden die Verfügungsbefugnis mit absoluter Wirkung entzieht, wie z. B. bei Eintritt des Konkurses (vgl. dazu i. E. Einleitung Rdn. J 1 ff. sowie § 19 Rdn. 83). Ist dies der Fall, so ergibt sich aus dem zweiten Antrag, daß eine Antragsberechtigung des ersten Antragstellers nicht mehr gegeben ist. Da die Antragsberechtigung im Zeitpunkt der Vollendung der ersten Eintragung vorliegen muß (vgl. dazu § 13 Rdn. 68), kann § 17 nicht zur Anwendung kommen. Der bereits vorliegende Antrag ist als unzulässig abzuweisen. § 878 BGB kann in diesem Fall ebenfalls keine andere Wirkung herbeiführen, da er zu seiner Anwendung einen rechtswirksamen Antrag voraussetzt, der hier durch den Wegfall der Antragsberechtigung nicht mehr gegeben ist (vgl. dazu § 19 Rdn. 90). Ein Vollzug der beantragten Rechtsänderung bei Wegfall der Verfügungsbefugnis ist daher nach § 878 BGB nur möglich, wenn der Begünstigte selbst oder durch den Notar für sich den Antrag beim Grundbuchamt gestellt hat (vgl. § 19 Rdn. 90 mwN).

Wurde der Eintragungsantrag vom **Aktivbeteiligten** (vgl. dazu § 13, Rdn. 55, 61) gestellt und läuft danach ein Antrag oder Ersuchen auf Eintragung einer Verfügungsbeschränkung ein, so bleibt es bei der Regelung des § 17, wenn der erste Antrag wirksam beim Grundbuchamt vor dem Zeitpunkt des Wirksamwerdens der Verfügungsbeschränkung eingegangen ist, wegen der Regelung des § 878 BGB.[3] Läuft der Antrag des Aktivbeteiligten gleichzeitig mit dem Ersuchen auf Eintragung der Verfügungsbeschränkung ein, so kommt § 17 überhaupt nicht zur Anwendung. Ergibt sich aus dem Antrag auf Eintragung der Verfügungsbeschränkung, daß der Antrag des Aktivbeteiligten, der dem Grundbuchamt bereits vorliegt, nach dem Zeitpunkt des — außerhalb des Grundbuchs gelegenen — Wirksamwerdens der Verfügungsbeschränkung beim Grund-

---

[3] Vgl. dazu i. E. § 19 Rdn. 87 ff., insbes. Rdn. 90 und Rdn. 98; *Hagemann* Rpfleger 84, 397; **a. A.** *Tröster* Rpfleger 85, 337 für das Ersuchen nach § 19 ZVG, jeweils mwN.

buchamt einging, so kann nach der herrschenden Meinung (vgl. dazu § 19 Rdn. 96) der erste Antrag nicht mehr vollzogen werden, da das Grundbuchamt nicht das Recht hat, eine erkannte Unrichtigkeit oder Unvollständigkeit des Grundbuchs unberücksichtigt zu lassen, und diese Pflicht durch § 892 Abs. 2 BGB nicht eingeschränkt wird. Nach der hier vertretenen Auffassung muß es in diesem Fall jedoch bei der Regelung des § 17 im Interesse der Rechtssicherheit bleiben, wenn nicht bloße Zufallsergebnisse unter Durchbrechung des für die Rechtssicherheit so wichtigen § 17 dadurch zustande kommen sollen, daß das eine Grundbuchamt schnell – also vor dem Zeitpunkt des Einlaufs des zweiten Antrages –, das andere langsam vollzieht (vgl. dazu § 19 Rdn. 97), und § 892 Abs. 2 BGB auch vom Grundbuchamt zu berücksichtigen ist (vgl. dazu § 19, Rdn. 99 ff.). Jedoch ist Zwischenverfügung möglich (vgl. dazu i. E. § 18 Rdn. 18).

Gleichgültig ist, **wer die Anträge gestellt** hat, ob sie von einem oder mehreren Antragstellern herrühren. Wird ein Grundstück mehrfach hintereinander aufgelassen, so kann der Letzterwerber nur dann seine unmittelbare Eintragung beantragen, wenn die Zwischenerwerber ihrerseits keinen Eintragungsantrag gestellt haben;[4] anderenfalls sind die Anträge der Zwischenerwerber zuerst zu erledigen.[5] **8**

Das **Ersuchen einer Behörde** steht dem Antrag gleich.[6]

Unerheblich ist, ob für den ersten von mehreren Anträgen ein **Vollzugshindernis** besteht, das nach § 18 zu behandeln ist.[7] **9**

c) **Zu verschiedenen Zeiten** müssen die Anträge gestellt sein. **10**

Maßgebend ist der Eintrag beim Grundbuchamt (§ 13 Rdn. 37 ff.). Gehen Anträge gleichzeitig ein, so sind sie auch gemeinsam zu erledigen. Sind sie begründet, widersprechen sie sich jedoch, so sind sie sämtlich zurückzuweisen, bei beantragter Eintragung einer Verfügungsbeschränkung jedoch nur der dadurch ausgeschlossene Antrag, sofern bei diesem keine Zwischenverfügung möglich ist (vgl. dazu § 18 Rdn. 18).

2. Betroffenes Recht

a) **Recht.** Gemeint sind Eigentum, Rechte an einem Grundstück und Rechte an Grundstücksrechten. Jede Teilhypothek ist in diesem Sinne ein selbständiges Recht, gleichgültig ob ein Brief gebildet ist oder nicht. **11**

Rechte, die außerhalb des Grundbuches entstehen, kommen für die Anwendung des § 17 nicht in Anwendung, z. B. die gem. § 848 Abs. 2 S. 2 ZPO außerhalb des Grundbuches entstehende Sicherungshypothek,[8] da sich der Rang solcher Rechte nach der Zeit der Entstehung richtet.[9]

b) Das **gleiche Recht** muß betroffen sein. Ein Antrag auf Umschreibung des Eigentums an einem Grundstück und ein Ersuchen um Eintragung des Zwangsvollstreckungsvermerks beziehen sich nicht auf das gleiche Recht.[10] Betreffen die beantragten Eintragungen verschiedene Rechte oder verschiedene Teile eines Rechtes, so findet § 17 keine Anwendung; keine Reihenfolge der Erledigung besteht beispielsweise bei Löschung einer Hypothek und Neueintragung einer anderen Hypothek oder bei Eintragung einer Hypothek und Inhaltsänderung einer anderen Hypothek. **12**

c) **Der Begriff des Betroffenseins** ist hier enger als in § 13. Drei Fälle des „Betroffenseins" sind denkbar. **13**

---

[4] KG KGJ 47, 159.
[5] KG OLGZ 43, 178.
[6] RG HRR 40 Nr. 516.
[7] RG HRR 40, 516.
[8] OLG Bremen NJW 54, 1689.
[9] KG KGJ 35, 300.
[10] RG HRR 40 Nr. 516.

14 aa) Wenn zwischen den beantragten Eintragungen ein **Rangverhältnis** besteht, beispielsweise wenn mehrere Grundpfandrechte an dem gleichen Grundstück eingetragen werden sollen.

15 bb) wenn die **eine Eintragung die andere unzulässig machen** würde, z. B. wenn die Eigentumsumschreibung und die Eintragung einer Zwangshypothek gegen den Veräußerer aufgrund eines vollstreckbaren Titels beantragt wird.[11]

16 Das Gleiche gilt, wenn die eine Eintragung die andere an weitere Voraussetzungen knüpfen würde, wenn z. B. die Eintragung der Verpfändung eines Rechtes und dessen Abtretung beantragt wird.

17 cc) Wenn die **früher beantragte Eintragung** erst die **Zulässigkeit der später beantragten Eintragung bewirkt**, z. B. wenn der Käufer eines Grundstückes vor der beantragten Umschreibung die Eintragung einer Dienstbarkeit oder Grundschuld beantragt.

18 Gleichgültig ist dabei, ob die Eintragungen auf dem gleichen Grundbuchblatt oder wie bei Gesamtgrundpfandrechten auf mehreren Blättern erfolgen müssen.

III. Erledigung

19 § 17 fordert grundsätzlich die Erledigung des früher gestellten Antrages vor Behandlung des später gestellten. Das Grundbuchamt hat daher jeden Antrag sofort zu prüfen; für das Verfahren gilt im einzelnen § 20 Abs. 1 GBGeschO.

1. Früherer Antrag

20 Für den früher gestellten Antrag bestehen als Möglichkeit der Erledigung:[12]

a) die **Vollendung** der Eintragung (vgl. dazu § 44 Rdn. 1, 6); die bloße Verfügung der Eintragung genügt nicht.

21 b) Die Eintragung einer **Vormerkung** oder eines **Amtswiderspruches** nach § 18 Abs. 2. Die Zwischenverfügung als solche gilt nicht als Erledigung.

22 c) Die **Zurückweisung** des Antrages durch bekanntgemachte Entscheidung; der bloße Ablauf der in der Zwischenverfügung gesetzten Frist genügt nicht.[13]

23 Wird gegen die Zurückweisung Beschwerde eingelegt, so ändert dies an der Erledigung nichts. Erst wenn der Zurückweisungsbeschluß vom Grundbuchamt (§ 75) oder Beschwerdegericht (§§ 70, 80 Abs. 3) aufgehoben wird, gilt die früher beantragte Eintragung als unerledigt.[14] Inzwischen eingetragene Rechte bleiben aber in ihrem Rang unberührt.[15]

War die Beschwerde auf neues Vorkommen gestützt, so gilt sie als neuer Antrag. Vgl. dazu im einzelnen auch § 74 Rdn. 9.

24 Wird der unbegründete Antrag nicht zurückgewiesen, obwohl dies hätte geschehen müssen (z. B. Antrag auf Eintragung der Pfändung einer Briefhypothek, ohne daß der Pfändungsgläubiger im Besitz des Briefes ist), treten die fehlenden Voraussetzungen (hier Wirksamwerden der Pfändung durch Wegnahme des Briefes) aber später ein, so ist der Antrag erst in dem letztgenannten Zeitpunkt als eingegangen im Sinn von § 17 zu behandeln.[16]

25 d) Zur **Zurücknahme** des Antrages vgl. § 13 Rdn. 46 f., § 31.

---

[11] OLG Dresden JFG 2, 447; zur Löschung eines von der Nacherbfolge betroffenen Rechtes ausführlich *Bestelmeyer* Rpfleger 94, 191 ff.; Meikel/*Schmid* Rdn. 37.

[12] KG OLGZ 43, 117; OLG München JFG 22, 140.

[13] RGZ 60, 396.

[14] BGHZ 45, 191 = DNotZ 66, 673.

[15] BayObLG Rpfleger 83, 101 m. Anm. v. Meyer-Stolte.

[16] KG 14, 445.

2. Späterer Antrag

Der später gestellte Antrag kann nur nach Erledigung des früher gestellten erledigt werden. Eine gleichzeitige Eintragung ist dann nicht verboten, wenn ein etwa bestehendes Rangverhältnis gem. § 679 BGB verlautbart wird.[17] **26**

a) **Vor** dessen Erledigung sind lediglich möglich: **27**

aa) Der Erlaß einer **Zwischenverfügung** für den später gestellten Antrag, wenn für diesen gesonderte Vollzugshindernisse bestehen. Möglich ist jedoch auch die Aufgabe der Beseitigung des ersten Antrages oder die Herbeiführung dessen Vollzuges, wenn die Zulässigkeit der später beantragten Eintragung davon abhängt.

bb) Der Vollzug der **später** beantragten Eintragung, wenn der erste Antrag nach § 18 Abs. 2 erledigt wurde, auch wenn die endgültige Eintragung aufgrund des früheren Antrages dem späteren Antrag die Grundlage entziehen würde, da die später beantragte Eintragung von Amts wegen zu löschen ist, wenn das gemäß § 18 GBO vorgemerkte oder durch Widerspruch gesicherte Recht endgültig zur Eintragung gelangt.[18] Nur wenn die Löschung mit dem späteren Antrag beantragt ist, kann eine Eintragung nicht erfolgen, da es keine vorläufige Löschung gibt. **28**

cc) Die Zurück**weisung** der **später** gestellten Anträge, außer wenn die Zulässigkeit der später beantragten Eintragung von der Entscheidung über den ersten Antrag abhängt, denn in diesem Fall ist eine sachgemäße Entscheidung erst nach Entscheidung über den ersten Antrag möglich.[19] **29**

Bei einem Vorbehalt nach § 16 Abs. 1 müssen beide Anträge zurückgewiesen werden.

b) **nach** Erledigung des ersten Antrages kann durch die Art der Erledigung dem zweiten Antrag der Boden entzogen sein oder umgekehrt er dadurch erst begründet worden sein. Im ersteren Fall ist er nach § 18 abzuweisen, im letzteren Fall zu vollziehen. **30**

IV. Ausnahmen

Ausnahmen sind möglich in folgenden Fällen.

1. Spätere Zulässigkeit des früheren Antrags

Wird die **früher** beantragte Eintragung erst zulässig **nach** Vornahme der später beantragten Eintragung, so ist letztere zuerst vorzunehmen, da der Zweck des § 17 hier nicht zutrifft.[20] Steht der spätere Antrag mit weiteren in einem Zusammenhang gemäß § 16 Abs. 2, so sind sämtliche spätere Eintragungen vor der Erledigung des früheren Antrages vorzunehmen.[21] **31**

2. Nachträgliche Bestimmung durch Antragsteller

Trifft der Antragsteller nachträglich die Bestimmung, daß der von ihm früher gestellte Antrag erst nach dem später gestellten Antrag erledigt werden soll, so wird damit eine formbedürftige (§ 31) teilweise Rücknahme des früheren Antrages ausgesprochen, verbunden mit gleichzeitiger neuer Antragstellung. Ist die Form gewahrt und der Antrag begründet, so bestehen gegen den Vollzug keinerlei Bedenken. **32**

---

[17] Ebenso Meikel/*Schmid* Rdn. 32.
[18] KG HRR 31 Nr. 125 für den Fall der Beantragung einer Hypothek nach beantragter Eigentumsumschreibung auf Dritte.
[19] KG JFG 2, 450.
[20] KG JFG 7, 335.
[21] KG a. a. O.

§ 18

3. § 130 Abs. 3 ZVG

33 Zum Ausnahmefall des § 130 Abs. 3 ZVG vgl. § 38 Rdn. 58.

V. Rechtsfolgen der Verletzung
1. Ordnungsvorschrift

34 § 17 ist nur eine Ordnungsvorschrift.[22] Ein Verstoß macht das Grundbuch nicht unrichtig.[23] Die Eintragung eines Amtswiderspruches scheidet daher aus.[24] Der Betroffene hat daher gegen den Begünstigten keinen Berichtigungsanspruch,[25] regelmäßig auch keinen Schadenersatzanspruch, jedoch kann ein Schadenersatzanspruch gegen den Staat gegeben sein.[26] Als Ordnungsvorschrift hindert die Bestimmung auch nicht den Rechtserwerb eines Dritten (Pfandrecht am Anwartschaftsrecht) nach Stellung des Umschreibungsantrages durch einen Auflassungsempfänger.[27] Jedoch kann dieser Rechtserwerb durch den Gutglaubensschutz inzwischen eingetragener Dritter vor Darstellung der Rechtslage im Grundbuch beeinträchtigt werden.[28]

2. Ausnahme

35 Wird unter Verletzung des § 17 eine Eintragung vorgenommen, durch welche die früher beantragte Eintragung unzulässig wird, so darf der frühere Antrag nicht mehr vollzogen werden. Geschieht dies dennoch, so wird bei Vollzug der früher beantragten Eintragung das Grundbuch unrichtig mit der Folge, daß dagegen ein Amtswiderspruch (§ 53) einzutragen ist. Hat beispielsweise A für B eine Hypothek bestellt und anschließend das Grundstück an C aufgelassen, so fehlt, wenn die Auflassung vorvollzogen wird, für A die Verfügungsbefugnis. Vollzug ist nicht mehr möglich.

[Eintragungshindernisse; Zwischenverfügung]

§ 18

(1) Steht einer beantragten Eintragung ein Hindernis entgegen, so hat das Grundbuchamt entweder den Antrag unter Angabe der Gründe zurückzuweisen oder dem Antragsteller eine angemessene Frist zur Hebung des Hindernisses zu bestimmen. Im letzteren Fall ist der Antrag nach dem Ablauf der Frist zurückzuweisen, wenn nicht inzwischen die Hebung des Hindernisses nachgewiesen ist.

(2) Wird vor der Erledigung des Antrages eine andere Eintragung beantragt, durch die dasselbe Recht betroffen wird, so ist zugunsten des früher gestellten Antrags von Amts wegen eine Vormerkung oder ein Widerspruch einzutragen; die Eintragung gilt im Sinne des § 17 als Erledigung des Antrages. Die Vormerkung oder der Widerspruch wird von Amts wegen gelöscht, wenn der früher gestellte Antrag zurückgewiesen wird.

---

[22] BGHZ 45, 191 = DNotZ 66, 673.
[23] RG HRR 32 Nr. 1658.
[24] BayObLG Rpfleger 95, 16 = DNotZ 95, 68.
[25] RG HRR 32 Nr. 1658.
[26] Vgl. dazu RG HRR 36 Nr. 257.
[27] BGH Rpfleger 68, 83.
[28] BayObLG Rpfleger 94, 162 für das Verhältnis von gesetzlicher Sicherungshypothek zu eingetragener Grundschuld.

Zweiter Abschnitt. Eintragungen in das Grundbuch (Herrmann) § 18

Übersicht

	Rdn.
I. Allgemeines	1
II. Hindernis gegen Eintragungsantrag	
1. Antrag	2
2. Auf Eintragung	5
3. Hindernis	6
III. Zurückweisung zwingend geboten	
1. Fälle des zwingenden Gebots	16
2. Verstoß gegen Zurückweisungspflicht	29
3. Inhalt und Wirksamkeit der Zurückweisung	30
IV. Pflicht zur Zwischenverfügung	
1. Unstreitige Fälle	33
2. Herrschende Lehre: Wahlrecht	38
3. Eigene Stellungnahme	43
4. Nur Zwischenverfügung oder Zurückweisung	47
V. Inhalt der Zwischenverfügung	
1. Begriff und Inhalt	52
2. Wirksamwerden der Zwischenverfügung	59
3. Wirkung der Zwischenverfügung	60

	Rdn.
VI. Rechtsmittel gegen Zwischenverfügung	
1. Arten, Zulässigkeit, Beschwerdeberechtigung	62
2. Antrag und Begründung	66
3. Wirkung der Beschwerdeeinlegung	68
VII. Vormerkung und Widerspruch gemäß Abs. 2	70
1. Voraussetzungen	71
2. Vormerkung oder Widerspruch	76
3. Rechtsnatur	77
4. Form	78
5. Wirkung des Schutzvermerkes	79
6. Fehlerhafte Unterlassung des Schutzvermerkes	83
7. Rechtsmittel gegen Schutzvermerk	84
VIII. Endgültige Eintragung	
1. Früherer Antrag vollzogen	85
2. Früherer Antrag zurückgewiesen	91
3. Wirkungen der Zurückweisung	92
IX. Rechtsmittel gegen Zurückweisung	
1. Beschwerde	99
2. Begründung	100

I. Allgemeines

Das Grundbuchamt ist im Antragsverfahren zu Amtsermittlungen weder berechtigt **1** noch verpflichtet.[1]

Die Bestimmung stellt klar, daß bei Vorliegen eines Antrages, dessen Vollzug ein Hindernis entgegensteht, das Grundbuchamt nur durch Zurückweisung oder Zwischenverfügung entscheiden kann, sofern nicht die sofortige Zurückweisung ohnehin zwingend geboten ist.

II. Hindernis gegen Eintragungsantrag

Es muß ein Antrag auf Eintragung vorliegen, dem ein Hindernis entgegensteht.

1. Antrag

a) Es muß ein **Antrag** (§ 13 Rdn. 20 ff.) vorliegen. Das Ersuchen einer Behörde (§ 38) **2** steht gleich. Dagegen ist die Anwendung ausgeschlossen bei jedem Verfahren von Amts wegen, insbesondere im Berichtigungszwangsverfahren (§ 82 ff.).

b) Wird der Antrag zur **Niederschrift** des Grundbuchamtes erklärt, so darf die Pro- **3** tokollierung nicht abgelehnt werden, vielmehr ist auch hier gemäß § 18 zu verfahren.

---

[1] KG KGJ 52, 166; BayObLGZ 71, 275 = Rpfleger 71, 429; BGHZ 30, 258 = Rpfleger 60, 122; vgl. auch § 13 Rdn. 8.

§ 18

Wegen § 16 Kostenordnung und der daraus sich ergebenden Haftungsmöglichkeit ist ein ins Protokoll aufzunehmender Hinweis auf das bestehende Hindernis ratsam.

4 c) Der Antrag muß **ordnungsgemäß** beim Grundbuchamt eingegangen sein. Ist er von einem Unbefugten vorgelegt worden, hat sofortige Zurückweisung zu erfolgen.

2. Auf Eintragung

5 Der Antrag muß auf eine **Eintragung** gerichtet sein. Auf andere Anträge kann § 18 Abs. 2 nicht, Abs. 1 jedoch entsprechend angewendet werden, z. B. Antrag auf Erteilung eines neuen Hypothekenbriefes (§ 67).

3. Hindernis

6 Dem Antrag muß ein Hindernis entgegenstehen, das in angemessener Zeit beseitigt werden kann.[2] Der Begriff ist vom Gesetz nicht umschrieben, insbesondere läßt er Zweifel offen, ob darunter nur formelle oder auch materielle Mängel zu verstehen sind. Die Rechtsprechung hat versucht, die Lücke zu schließen.

7 a) Das **Hindernis** kann **in allen** für die Eintragung in Betracht kommenden **Vorschriften** bestehen, seien sie zwingend oder nur Ordnungsvorschriften. Jedoch kommen nur solche Ordnungsvorschriften in Frage, die in einer Beziehung zum Grundbuchrecht stehen, nicht etwa beispielsweise handelsrechtliche Ordnungsvorschriften.[3] Insbesondere kommen Mängel der Zuständigkeit, des Antrages, der Eintragungsbewilligung und der sie ersetzenden Urkunden, fehlende Voreintragungen des Betroffenen (§ 39) und mangelnde Briefvorlage (§ 41) sowie fehlende behördliche Genehmigungen in Betracht. Muß außer dem unmittelbar Betroffenen noch ein mittelbar Betroffener bewilligen, so ist ebenfalls eine Zwischenverfügung zulässig.[4]

Zu beachten ist jedoch, daß das Grundbuchamt grundsätzlich zur Prüfung der materiellen Gültigkeit des Grundgeschäftes nicht befugt ist (vgl. Einl. A 41, 42 und § 20). Das Grundbuchamt kann daher nicht prüfen, ob der Erwerber alle Rechtspositionen tatsächlich erlangt, die ihm nach dem schuldrechtlichen Vertrag zustehen,[5] vor allem, wenn der Notar entsprechende Anträge stellt. Eine Ausnahme von diesem Grundsatz ist dann gegeben, wenn Mängel des schuldrechtlichen Geschäfts das dingliche Erfüllungsgeschäft ergreifen.[6]

Kein Hindernis liegt vor, wenn ein Antragsteller lediglich einen gesetzlich nicht statthaften Vorschlag für die Fassung eines Eintragungsvermerkes macht.[7] An diesen Antrag ist das Grundbuchamt nicht gebunden. Kommt die Unrichtigkeit des Grundbuchs bei Vollzug des Antrages in Betracht, so ist ein Hindernis nur zu bejahen, wenn die Unrichtigkeit mit Sicherheit eintreten wird.[8]

8 b) Auch wenn das Hindernis nur den **Teil oder einen von mehreren verbundenen Anträgen** betrifft, ist nach § 18 zu verfahren, außer wenn Teilvollzug möglich ist. Im letzteren Fall ist ggf. durch Zwischenverfügung zu klären, ob Teilvollzug gewollt ist. Ist letzteres nicht der Fall, ist der gesamte Antrag abzuweisen, anderenfalls teilzuvollziehen und nur bezüglich des behinderten Teils nach § 18 zu verfahren.

9 c) Der **Hinderungsgrund** ist auch dann **zu beachten,** wenn er sich nicht aus dem Grundbuch unmittelbar ergibt, sondern nur dem Grundbuchbeamten in amtlicher Ei-

---

[2] BayObLGZ 97, 55, 58.
[3] OLG Oldenburg Rpfleger 74, 264.
[4] BayObLGZ 90, 6.
[5] OLG Celle Rpfleger 96, 336.
[6] Vgl. dazu näher Meikel/*Imhof* § 18 Rdn. 91 ff.
[7] BayObLG Rpfleger 75, 363.
[8] BayObLG Rpfleger 90, 115.

Zweiter Abschnitt. Eintragungen in das Grundbuch (Herrmann) **§ 18**

genschaft zur Kenntnis gekommen ist. Als Hindernis genügen auch bloß Zweifel. Dabei ist jedoch zu unterscheiden:

aa) Es genügen **begründete Zweifel** an dem Vorliegen der Eintragungsvoraussetzungen, die sich nicht nur aus den vorliegenden Eintragungsunterlagen zu ergeben brauchen, sondern auch sonst bekannt geworden sein oder auf der Lebenserfahrung beruhen können.[9] Das Grundbuchamt darf auch Urkunden und Tatsachen berücksichtigen, die ihm anderweit, insbesondere auch aus seinen Grundakten, bekannt geworden sind und der Eintragung im Wege stehen, und zwar auch gegen oder ohne Willen des Antragstellers.[10]

10

Der Grundbuchbeamte muß dabei die sichere Überzeugung gewinnen können, daß durch die bewilligte Eintragung das Grundbuch unrichtig würde.[11] Bei vorgelegter Abgeschlossenheitsbescheinigung nach WEG beschränkt sich die Prüfung des Grundbuchamtes auf erkennbare Widersprüche mit den zum Vollzug vorgelegten Unterlagen, insbesondere mit dem Aufteilungsplan.[12] Das Grundbuchamt darf **Beweise** nur verlangen, wo die **Zweifel** sich ihm **aufdrängen**,[13] die begründet sind.[14] Es müssen konkrete Anhaltspunkte für das Vorhandensein eines Eintragungshindernisses vorliegen.[15]

bb) **Im einzelnen** wurde entschieden: Ein Hindernis im Sinne dieser Bestimmung stellt es dar, wenn das Grundbuchamt aufgrund eigener Sachprüfung Zweifel an der **Genehmigungsbedürftigkeit** eines Rechtsgeschäftes bekommen kann,[16] nicht jedoch, wenn konkrete Anhaltspunkte insoweit nicht gegeben sind;[17] es genügt, wenn der Widerruf einer unwiderruflichen Vollmacht möglicherweise wirksam ist[18] oder wenn **Zweifel an der Rechtsfähigkeit**[19] oder an **der Geschäftsfähigkeit** bestehen,[20] die durch festgestellte Tatsachen hinreichend begründet werden.[21] Die Beurteilung der Geschäftsfähigkeit durch den Notar allein ist für das Grundbuchamt nicht maßgebend.[22] Ein Hindernis stellt es dar, wenn das Grundbuchamt sicher erkennt, daß der Eintragungsbewilligung **keine wirksame Einigung** zugrundeliegt.[23] Wohl zu weit geht die Ansicht, ein Hindernis stelle bereits das Fehlen eines der Bestellungen eines **dinglichen Vorkaufsrechtes** zugrundeliegenden rechtswirksamen schuldrechtlichen Vorkaufsrechtes dar.[24]

11

Ein Hindernis stellt das Fehlen der **vormundschaftsgerichtlichen Genehmigung** einer Hypothekbestellung dar,[25] auch das Fehlen der Genehmigung des Vormundschaftsgerichts, wenn der Vormund die Löschung einer nicht ranglezten Hypothek oder Eigentümergrundschuld beantragt,[26] nicht jedoch das Fehlen der vormundschaftsgericht-

---

[9] BGHZ 35, 140; NJW 61, 1361; BayObLGZ 67, 17 = DNotZ 67, 429 ff.; OLG Hamm Rpfleger 75, 70; BayObLG Rpfleger 75, 348, zur Frage, ob ein Testamentsvollstrecker die gesetzlich gezogenen Grenzen der Verfügungsbefugnis überschritten hat – nur Leitsatz – und Rpfleger 77, 101 zur Frage, ob – bei einer bayrischen Gemeinde – bei einer Veräußerung die Genehmigung nach § 5 der Verordnung über die Veräußerung kommunaler Wertgegenstände erforderlich ist, wenn Eintragungsunterlagen nicht beigefügt sind.
[10] BayObLGZ 54, 292.
[11] OLG Stuttgart DNotZ 60, 600.
[12] BayObLG Rpfleger 90, 115.
[13] OLG Hamm Rpfleger 74, 40.
[14] OLG Frankfurt Rpfleger 77, 103.
[15] OLG Hamm a. a. O., mwN.
[16] OLG Celle DNotZ 67, 639.
[17] Bezügl. § 1365 BGB s. BGHZ 35, 140; OLG Hamburg MDR 68, 497.
[18] OLG Hamburg MDR 62, 217.
[19] Für eine unselbständige Stiftung OLG Frankfurt Rpfleger 97, 105.
[20] OLG Karlsruhe Rpfleger 60, 406; OLG Karlsruhe DNotZ 65, 477.
[21] BayObLGZ 74, 336; Rpfleger 74, 396; BayObLGZ 89, 111; BayObLG Rpfleger 92, 152.
[22] BayObLG a. a. O.
[23] LG Verden MDR 54, 294.
[24] OLG Celle Nieders. Rpfleger 49, 89; wie hier LG Verden NJW 55, 1367.
[25] OLG Saarbrücken SaarRuStZ 50, 95.
[26] OLG Hamm DNotZ 77, 35.

§ 18

lichen Genehmigung der Veräußerung durch einen Minderjährigen bei Vorliegen eines rechtskräftigen Versäumnisurteils auf Grundstücksübereignung.[27] Ein Hindernis stellt auch dar Nichtvorlage des Negativbescheides zum gesetzlichen Vorkaufsrecht nach § 24 ff. BauGB, auch wenn nur der Miteigentumsanteil eines Grundstücks veräußert ist,[28] wobei zu beachten ist, daß bei einem Verkauf von Wohnungs- oder Teileigentum eine solche Bestätigung nicht erforderlich ist.

12 cc) **Kein Hindernis** stellt nur die **Möglichkeit** dar, daß der **Eintragungsantrag mit der Rechtslage nicht im Einklang** steht,[29] z. B. wegen der Einwirkung ausländischen Rechtes, im Gegensatz zu Zweifeln am Vorliegen aller Eintragungsvoraussetzungen. Dies ist einmal der Fall, wenn die Rechtslage rechtlich umstritten ist. In diesem Fall hat das Grundbuchamt selbst rechtlich zu entscheiden. Es ist dies aber auch der Fall, wenn nur Bedenken gegen die Rechtsgültigkeit einer Eintragung bestehen, ohne daß nähere Anhaltspunkte gegeben sind, z. B. wenn bei einer Auflassung zweifelhaft ist, ob mit der Verfügung die Aushöhlung eines gemeinschaftlichen Testaments erfolgt. In einem solchen Fall hat das Grundbuchamt zu vollziehen,[30] auch wenn möglicherweise das Grundbuch dadurch unrichtig wird. Nur dann, wenn durch die Eintragung das Grundbuch ohne den geringsten Zweifel unrichtig würde und es ferner nach Lage der Sache ausgeschlossen erscheint, daß die zur Rechtsentstehung notwendigen, aber noch fehlenden sachenrechtlichen Erklärungen der Eintragung nachfolgen können,[31] liegt infolge der Pflicht des Grundbuchamtes, das Grundbuch richtig zu erhalten, aus materiellrechtlichen Gründen ein „Hindernis" vor, z. B. wenn die Eintragung von in Gütergemeinschaft lebenden Käufern als Bruchteilseigentümern beantragt wird[32] oder ein in Gütergemeinschaft lebender Ehegatte als Alleineigentümer eingetragen werden soll, ohne daß Vorbehaltsgut nachgewiesen ist.[33] Im übrigen ist es Sache der Beteiligten, im Wege des Zivilprozesses gegen materiell rechtlich unrichtige Eintragungen gegeneinander anzugehen.

Zweifel in **tatsächlicher** Hinsicht können vom Grundbuchamt, das auf die Möglichkeiten des § 18 beschränkt ist, nicht aufgeklärt werden.[34] Das Grundbuchamt hat weder das Recht noch die Pflicht, im Eintragungsverfahren besondere Ermittlungen über außerhalb der Urkunde liegende Umstände anzustellen.[35]

Ebensowenig kann ohne Kenntnis weiterer Tatsachen die **Rechtskraft** oder Gültigkeit einer formell ordnungsmäßig vorbehaltlos erteilten **Bodenverkehrsgenehmigung** angezweifelt werden. Entsprechende Nachweise können nicht verlangt werden.[36]

13 dd) Zur Form der Tatsachennachweise, welche das Hindernis begründen können, vgl. § 29 Rdn. 125 ff.

14 ee) Eine bloße **formelle Unklarheit** im Eintragungsantrag oder den Eintragungsunterlagen stellt zwar ein „Hindernis" dar, begründet aber keinesfalls die Zurückweisung, da der Grundbuchbeamte die **Pflicht hat,** durch sachgemäße Belehrung darauf hinzuwirken, daß Zweifel, die sich aus den Erklärungen der Parteien ergeben, geklärt und unvollständige Erklärungen ergänzt werden.[37]

---

[27] BayObLG MDR 53, 561.
[28] OLG Frankfurt Rpfleger 96, 24; Aufgabe der bisherigen Gegenmeinung im Hinblick auf § 28 ABs. 1 Satz 2 BauGB.
[29] BayObLGZ 86, 54 = Rpfleger 86, 370 = DNotZ 87, 98; BayObLG Rpfleger 90, 114.
[30] So OLG Stuttgart DNotZ 60, 600; KG DNotZ 72, 172.
[31] So LG Wuppertal DNotZ 60, 481.
[32] RGZ 155, 344.
[33] KG JFG 15, 192.
[34] OLG Hamm DNotZ 72, 98.
[35] OLG Hamm a. a. O.
[36] OLG Hamm Rpfleger 74, 70.
[37] So RG DR 42, 1413.

d) **Entscheidender Zeitpunkt** für das Vorliegen des Hindernisses ist die Vollendung 15
der beantragten Eintragung;[38] alle Änderungen durch Auftreten neuer oder Beseitigung
bestehender Hindernisse bis zu diesem Zeitpunkt sind zu berücksichtigen.[39] Das gilt
auch, wenn das Hindernis etwa wieder auftritt.[40] Nach diesem Zeitpunkt ist nur eine
Änderung des Grundbuches gem. § 22 oder § 52 möglich.
Ist der Antrag zurückgewiesen oder wurde gemäß Abs. 2 eine Frist bestimmt, so ist
eine Änderung durch das Grundbuchamt bis zur Bekanntmachung der Entscheidung
(§ 16 Abs. 2 FGG) möglich; nach diesem Zeitpunkt kann eine Änderung nur erfolgen,
wenn ein neuer Antrag gestellt oder Beschwerde eingelegt ist (vgl. dazu § 75 Rdn. 2 ff.).

III. Zurückweisung zwingend geboten

Die **Wahl** zwischen Zurückweisung und Zwischenverfügung kommt nur in Betracht,
wenn die Zurückweisung nicht **zwingend** geboten ist. Sie ist zwingend geboten, wenn
das Hindernis nicht in absehbarer Zeit beseitigt werden kann.[41]

1. Fälle des zwingenden Gebots

Zwingend ist die Zurückweisung geboten, wenn **Mängel** vorliegen, die **nicht mit** 16
rückwirkender Kraft geheilt werden können.[42] Insbesondere beim Mangel der Berechtigung der Beteiligten, wenn der gestellte Eintragungsantrag inhaltlich unzulässig ist oder
die vorgelegten Unterlagen Mängel aufweisen, die nicht in absehbarer Zeit behoben
werden können. Mit einer Zwischenverfügung kann deswegen nicht aufgegeben werden, das Recht, dessen Eintrag beantragt ist, inhaltlich abzuändern oder durch ein
anderes Recht zu ersetzen oder die EB von unmittelbar Betroffenen nachträglich beizubringen.[43]

a) Das Hindernis liegt in der **mangelnden Berechtigung** der Beteiligten, wenn der 17
Antragsteller selbst nicht zum Kreis der Berechtigten gehört (vgl. § 13 Rdn. 54 ff.) oder
der die Bewilligung Abgebende in seiner Verfügungsbefugnis durch ein absolutes Verfügungsverbot (vgl. dazu Einl. J 1 ff. und § 19 Rdn. 101) beschränkt ist.

Liegt nur eine **relative Verfügungsbeschränkung** (vgl. dazu § 19 Rdn. 83 ff.) vor, so 18
ist eine Zwischenverfügung des Grundbuchamtes möglich, wenn die nachträgliche Genehmigung des Verfügungsberechtigten denkbar ist. Dies ist auch der Fall, wenn Konkurs, Nachlaßverwaltung oder Testamentsvollstreckung gegeben sind: Der Antrag des
in der Verfügung Beschränkten könnte durch das vertretungsberechtigte Organ genehmigt werden. Ist dem Grundbuchbeamten bekannt, daß gegen den Grundstückseigentümer ein nicht im Grundbuch eingetragenes relatives Verfügungsverbot besteht, so hat
er eine dem Verbot widersprechende Eintragung davon abhängig zu machen, daß entweder das Verfügungsverbot im Grundbuch eingetragen oder ihm nachgewiesen wird,
der durch das Verbot Geschützte habe der Eintragung zugestimmt oder die Eintragung
sei ihm gegenüber wirksam.[44] Nach Auffassung des BayObLG[45] ist bei Vorliegen einer
relativen Verfügungsbeschränkung die Wahl zwischen Zwischenverfügung und Zurückweisung möglich.

---

[38] BayObLG Rpfleger 75, 228; vgl. dazu § 44 Rdn. 1.
[39] Vgl. BayObLGZ 48/51, 365.
[40] BayObLG Rpfleger 75, 228.
[41] BayObLGZ 97, 55, 58.
[42] BGHZ 27, 314 = NJW 58, 1091; BayObLG Rpfleger 83, 395; BayObLG MittBayNot 97, 292.
[43] BayObLG MittBayNot 97, 272; MittBayNot 98, 34.
[44] KG JFG 18, 205 ff.
[45] NJW 54, 1120.

19 Der **Eintragungsantrag muß zurückgewiesen werden,** wenn dem Antragsteller durch **einstweilige Verfügung** oder **Urteil** die Stellung eines Eintragungsantrages verboten ist. Eine Zwischenverfügung ist möglich, wenn eine baldige Aufhebung des ausgesprochenen Erwerbsverbots nicht als völlig unwahrscheinlich angesehen werden kann.[46]

Eine entsprechende Verfügung kann gem. §§ 935, 938 ZPO durch das Prozeßgericht erlassen werden. Sie ist insbesondere dann von Bedeutung, wenn zum Rechtserwerb des Adressaten nurmehr die Eintragung im Grundbuch fehlt. Ist die Verfügung durch Zustellung an den Betroffenen innerhalb der Vollziehungsfrist (§§ 939, 936 ZPO) wirksam geworden, so enthält sie ein verfahrensrechtliches und zugleich ein in die Erwerbsfähigkeit des Betroffenen eingreifendes sachliches Verbot,[47] das zugunsten des Berechtigten ein relatives Veräußerungsverbot schafft.[48] Dieses Verbot ist nicht eintragungsfähig,[49] begründet jedoch ein vom Grundbuchrichter zu beachtendes Eintragungshindernis,[50] da es die prozessuale Verfügungsbefugnis für den Antragsberechtigten und damit die Antragsberechtigung beseitigt.

Es spielt dabei keine Rolle, daß die einstweilige Verfügung erst nach Stellung eines Eintragungsantrages beim Grundbuchamt eingegangen ist, da § 17 nur für mehrere Eintragungsanträge[51] gilt; auch § 878 BGB ist nicht anwendbar, weil die hierfür vorausgesetzte Bindung der Beteiligten an die Eintragung durch die einstweilige Verfügung vorläufig außer Kraft gesetzt wird.[52] Vgl. jedoch § 17 Rdn. 7 bei mehreren Anträgen.

Eine **trotz des Verbotes erfolgte Eintragung** macht dem durch die Verfügung Geschützten gegenüber das **Grundbuch unrichtig.**[53] Die Eintragung eines **Widerspruches** gemäß § 899 BGB, unter Umständen auch § 53 Abs. 1 S. 1 ist möglich.[54] Das Eintragungshindernis entfällt mit der Aufhebung der einstweiligen Verfügung durch ein vorläufig vollstreckbares Urteil; auf die Rechtskraft kommt es nicht an.[55] Eine Entscheidung des Prozeßgerichts über die Aufrechterhaltung der einstweiligen Verfügung ist für das GBA bindend.[56]

Unzulässig ist eine **einstweilige Verfügung,** die sich **direkt an das Grundbuchamt** wendet, da sie einen Eingriff in die Rechte des Grundbuchrichters darstellen würde,[57] der unter eigener Machtvollkommenheit und unter eigener Verantwortung zu entscheiden hat, ob die zu seiner Kenntnis gekommene einstweilige Verfügung die Eintragung hindert;[58] ein Ersuchen des Prozeßgerichts, einem bereits gestellten Antrag auf Eintragung einer Grundschuld nicht zu entsprechen, ist also unzulässig.[59]

20 b) Ein zwingendes Gebot liegt ferner vor, wenn der gestellte Eintragungsantrag **inhaltlich nicht vollziehbar** ist.[60]

aa) Dies ist der Fall, wenn die Eintragung eines nicht eintragungsfähigen Rechtes oder eines eintragungsfähigen Rechtes mit **unzulässigem Inhalt** begehrt wird. Dies ist beispielsweise der Fall, wenn die Eintragung einer Grunddienstbarkeit beantragt wird, mit dem angegebenen Inhalt jedoch lediglich eine beschränkte persönliche Dienstbar-

---

[46] BayObLGZ 97, 55, 58 = Rpfleger 97, 304.
[47] RGZ 117, 290; 118, 119.
[48] RGZ 118, 120; KG DNotZ 62, 400 = Rpfleger 62, 177; OLG Hamm DNotZ 70, 661; BayObLG Rpfleger 78, 306.
[49] KG JFG 18, 193 ff.
[50] RGZ 117, 287; KG a. a. O., OLG Hamm a. a. O.
[51] KG DNotZ 62, 400.
[52] KG a. a. O., mwN.
[53] KG JFG 1, 383; unentschieden RGZ 117, 290.
[54] BayObLGZ 22, 314.
[55] KG JFG 1, 386.
[56] BayObLG Rpfleger 78, 306.
[57] RGZ 120, 118.
[58] LG Wuppertal MitRhNotK 61, 264.
[59] LG Wuppertal a. a. O.
[60] BayObLG Rpfleger 83, 395.

keit eingetragen werden könnte.⁶¹ Das Gleiche gilt bei Antrag auf Eintragung eines unzulässigen Rechtes oder an einem noch nicht gebildeten Recht.⁶²

Wird die Eintragung eines an sich eintragungsfähigen Rechtes beantragt, ist dabei nur die Eintragung einer **Nebenbestimmung unzulässig**, so kann, weil die Eintragung einer Vormerkung insoweit möglich ist, auch eine Zwischenverfügung erfolgen. Ist die unzulässige Nebenbestimmung aber nur überflüssig, so muß sofort eingetragen werden, unter Weglassung des überflüssigen Zusatzes.

bb) Wenn der **Umfang** eines einzutragenden Rechtes **nicht zweifelsfrei** feststeht. Dies gilt jedenfalls dann, wenn bei dem Antrag auf Eintragung einer verzinslichen Hypothek überhaupt kein Zinssatz angegeben ist⁶³ oder bei Abtretung einer verzinslichen Grundschuld, Zinsen nicht erwähnt sind.⁶⁴ Ist der Zinssatz in unzulässiger Weise bestimmt – 2% über Diskont – so ist jedoch eine Zwischenverfügung zulässig, da bei Eintragung einer Vormerkung zwar eine Ungewißheit entsteht, diese jedoch praktisch bedeutungslos ist, da nur der Zins für die kurze Dauer der Zwischenverfügung in Betracht kommt und er außerdem ziemlich genau geschätzt werden kann. Der Grundbuchverkehr wird dadurch wenig belastet.⁶⁵

21

cc) Wenn der **Antrag** selbst gesetzlich **notwendige Bestandteile nicht** enthält.

22

Dies gilt insbesondere, wenn beim Antrag auf Eintragung einer Zwangshypothek die zwingend vorgeschriebene (§ 867 Abs. 2 ZPO) Verteilung der Forderung auf mehrere Grundstücke nicht enthalten ist.⁶⁶ Hier ist der Antrag zugleich Vollstreckungsmaßnahme. Die Verteilung ist Voraussetzung für den Beginn der Zwangsvollstreckung. Die Zulässigkeit einer Zwischenverfügung und der Eintragung einer Vormerkung beim Fehlen der Verteilung würde dazu führen, daß dem Gläubiger ein Rang vorbehalten würde, auf den er wegen des Fehlens einer wesentlichen Voraussetzung keinen Anspruch hat, weil für den Rang der einzutragenden Hypothek ein Zeitpunkt maßgebend wäre, in dem die Zwangsvollstreckung noch nicht zulässig war.⁶⁷ Die Nachholung der Verteilung hat keine rückwirkende Kraft.⁶⁸ Eine Gesamtzwangshypothek kennt das Gesetz nicht. Infolgedessen kann insoweit auch keine Vormerkung eingetragen werden.⁶⁹

Das Gleiche muß auch gelten für das **Fehlen sonstiger Zwangsvollstreckungsvoraussetzungen,**⁷⁰ da auch hier die gleichen Gründe bestehen und diese unabhängig von der bestrittenen Frage sind, ob eine gesetzeswidrig eingetragene Zwangshypothek durch nachträglichen Eintritt der Zwangsvollstreckungsvoraussetzungen mit rückwirkender Kraft wirksam wird.⁷¹ Das Grundbuch wird in jedem Fall durch die Eintragung zunächst unrichtig. Eine unrichtige Eintragung darf der Grundbuchrichter keinesfalls herbeiführen.

23

Den Antrag auf Eintragung einer Zwangshypothek darf das Grundbuchamt jedoch nicht mit der Begründung zurückweisen, das Ersuchen des Vollstreckungsgerichtes auf Berichtigung des Grundstücks läge noch nicht vor.⁷²

---

⁶¹ OLG München HRR 36 Nr. 271.
⁶² BayObLG a. a. O.
⁶³ KG RJA 12, 65 ff.
⁶⁴ BayObLG Rpfleger 97, 258.
⁶⁵ OLG Karlsruhe JFG 4, 404.
⁶⁶ A. A. KG OLG 42, 49; wie hier BayObLGZ 52, 51; BGHZ 27, 314 = NJW 58, 190; OLG Düsseldorf Rpfleger 90, 60; BGHZ 27, 313 ff.
⁶⁷ BGH a. a. O.
⁶⁸ BGH a. a. O.
⁶⁹ BGH a. a. O.
⁷⁰ RGZ 85, 167; BayObLGZ 56, 218 = NJW 56, 1800; BGHZ 27, 313 = NJW 58, 1090; OLG Düsseldorf Rpfleger 78, 216.
⁷¹ Vgl. dazu bejahend KG 21, 89; OLG Frankfurt MDR 56, 111; Baumbach/*Lauterbach* Anm. I E zu § 867 ZPO; BayObLG 75, 398 = Rpfleger 76, 66; verneinend *Furtner* MDR 64, 460 und frühere KG Rspr. z. B. KGJ 53, 189.
⁷² LG Lahn-Gießen Rpfleger 79, 352.

Eine sofortige Zurückweisung hat auch zu erfolgen, wenn die Eintragung einer Zwangshypothek nach Einstellung der Zwangsvollstreckung beantragt wird, da der Titel als Vollstreckungsgrundlage damit ausgeschieden ist.[73]

24 Bestritten ist, ob sich insoweit, als das Grundbuchamt als Vollstreckungsorgan tätig wird, eine Pflicht zu **Ermittlungen** ergibt und wie sich bei Bejahung dieser Pflicht das Grundbuchamt zu verhalten hat, wenn ein weiterer Antrag einläuft.

25 Daß das Grundbuchamt von Amts wegen zu klären versuchen kann, wenn die eingereichten **Unterlagen nicht eindeutig** sind, ist unbestritten. Es kann daher beispielsweise dem Gläubiger anheimstellen oder aufgeben, einen Handelsregisterauszug vorzulegen, wenn an der Identität des Eigentümers mit dem Titelschuldner Zweifel bestehen. Dies ergibt sich daraus, daß das Grundbuchamt hier in einer Doppelfunktion tätig wird, als Grundbuch- und Vollstreckungsgericht. Bei der Prüfung des Antrages nach vollstreckungsrechtlichen Gesichtspunkten hat es die gleiche Aufklärungsmöglichkeit wie jedes andere Vollstreckungsorgan.

Fast unbestritten[74] ist auch, daß es sich insoweit **nicht** um eine **Zwischenverfügung** gem. § 18 handelt, da § 18 sich nur auf die Behebung grundbuchrechtlicher Hindernisse bezieht, hier aber nicht das Fehlen grundbuchrechtlicher, sondern vollstreckungsrechtlicher Voraussetzungen in entsprechender Anwendung des § 139 ZPO gerügt werden müßte.

Wird das Grundbuchamt in dem beschriebenen Umfang tätig, so ist ein **Rangschutzvermerk** jedenfalls dann unzulässig, wenn man mit der herrschenden Lehre eine rückwirkende Kraft der Heilung von Vollstreckungsmängeln verneint, da die Zwangshypothek dann erst mit dem Zeitpunkt der Nachholung der fehlenden Voraussetzung entsteht und infolgedessen ein Rangschutzvermerk der Hypothek einen Rang sichern und bei späterer Eintragung der Hypothek verschaffen würde, auf den ein Anspruch nicht besteht.[75] Auch wenn man dieser Ansicht nicht folgt, muß ein Rangschutzvermerk aus der Erwägung heraus ausgeschlossen bleiben, daß ein Gläubiger, der sich die nötigen Unterlagen noch nicht beschafft hat, keinesfalls einen Vorsprung vor dem Gläubiger sich beschaffen darf, der die gesetzlichen Voraussetzungen erfüllt hat.[76] Davon zu unterscheiden ist der Fall, daß das Fehlen eines grundbuchrechtlichen Erfordernisses gerügt werden muß. Insoweit ist auch hier eine Zwischenverfügung zulässig.[77]

Bestritten ist das Verhalten des Grundbuchamtes, wenn lediglich der Nachweis einer an sich gegebenen Vollstreckungsvoraussetzung fehlt. Nach Rahn[78] und *Demharter*[79] kann in diesem Fall eine Zwischenverfügung erlassen werden. Da jedoch für das Grundbuchamt diese Sachlage von vornherein grundsätzlich kaum erkennbar ist, wird man mit Hoche[80] die Zulässigkeit einer Zwischenverfügung grundsätzlich verneinen und nur dann ausnahmsweise zulassen müssen, wenn der Sachverhalt dem Grundbuchamt aus irgendwelchen anderen Gründen zweifelsfrei bekannt ist.

26 Ob eine **Pflicht zur Amtsermittlung** selbst nach Möglichkeit für das Grundbuchamt als Vollstreckungsgericht besteht, ist vom Bayerischen Obersten Landesgericht[81] unter Hinweis auf die Stellung des Grundbuchamtes in diesem Verfahren als Vollstreckungsorgan bejaht worden. Schweyer[82] hat dies zu Recht mit dem Hinweis auf die Sonderstellung des Grundbuchamtes mit seinen fehlenden Aufklärungsbefugnissen bestritten. Bejaht man aber eine solche Pflicht, dann darf jedenfalls der eingegangene Antrag beim

---

[73] OLG Frankfurt Rpfleger 74, 443.
[74] Abw. nur *Thieme* § 18 Anm. 3.
[75] So mit Recht *Hoche* DNotZ 57, 4.
[76] *Hoche* a. a. O.
[77] RGZ 85, 167; BayObLG 24, 11.
[78] Justiz 62, 58.
[79] § 18 Rdn. 9.
[80] DNotZ 57, 6.
[81] BayObLGZ 56, 222 = DNotZ 56, 597.
[82] NJW 56, 1800.

Fehlen von Vollstreckungsvoraussetzungen nicht sofort abgewiesen werden. Geht bis zur Aufklärung ein weiterer Antrag ein, der vollzugsreif ist, so kann § 17 nicht angewendet werden, da er für Vollstreckungsanträge aus den für den Rangschutzvermerk erwähnten Gründen nicht anwendbar ist.

Eine jetzt erfolgende Abweisung des ersten Antrages nach Einleitung der Amtsermittlungen scheidet aber ebenso aus. In diesem Fall bleibt nur übrig, den ersten Antrag in der Schwebe zu lassen und den zweiten Antrag zu vollziehen.[83]

27 c) Die Zurückweisung ist ferner zwingend geboten, wenn die **Eintragungsbewilligung** oder — bei Eigentumsumschreibung — die **Auflassung fehlerhaft** sind und nicht mit rückwirkender Kraft[84] geheilt werden können.[85] Beispielsweise die Bewilligungen erst erklärt werden müssen;[86] die Auflassung erneut erklärt werden muß[87] oder auch nur eine von mehreren notwendigen Bewilligungen vorliegt[88] oder die gesamte notarielle Urkunde unwirksam ist.[89] In einem solchen Fall darf der Antrag nur den Rang zu dem Zeitpunkt haben, in welchem das bestehende Hindernis beseitigt worden ist.

28 d) Auch wenn bei einem Berichtigungsantrag die **Unrichtigkeit** des Grundbuchs noch **nicht** vorhanden ist, muß der Antrag zurückgewiesen werden. Dies ist insbesondere bei Anträgen auf Berichtigung des Grundbuches durch Vermerk von Verpfändungen oder Pfändungen der Fall, beispielsweise wenn die Pfändung eines Erbteiles vermerkt werden soll, bevor der Pfändungsbeschluß dem Drittschuldner zugestellt wurde[90] oder die Pfändung eines Briefrechtes vermerkt werden soll, bevor der Pfändungsgläubiger in den Besitz des Briefes gelangt.[91] Der Fall ist jedoch nicht gegeben, wenn lediglich versehentlich der Nachweis der Eintragungsvoraussetzungen nicht mitvorgelegt wird,[92] was allerdings für das Grundbuchamt, das unter dem Zwang der Entscheidung steht, eine kaum lösbare Sachlage schafft.

2. Verstoß gegen Zurückweisungspflicht

29 Wird in **unzulässiger Weise** der Antrag **nicht zurückgewiesen** und der Mangel später behoben, so gilt dennoch der Antrag erst vom Zeitpunkt der Behebung des Hindernisses an als im Sinn des § 17 eingegangen.[93]

3. Inhalt und Wirksamkeit der Zurückweisung

30 a) Die Zurückweisung hat mit **schriftlichem Beschluß** zu geschehen. Die Bezeichnung des Beschlusses als Verfügung ist unschädlich. Sie ist zu begründen. Liegen neben den die Zurückweisung herbeiführenden Hindernissen weitere Hindernisse vor, so sind sie sämtlich zu bezeichnen, um die Gefahr erneuter Zurückweisung zu beseitigen.[94]

31 b) Der Beschluß wird erst mit der **Bekanntmachung** an den Antragsteller oder die ersuchende Behörde wirksam.[95] Für die Bekanntmachung gilt grundsätzlich § 16 Abs. 2

---

[83] *Hoche* a. a. O.
[84] §§ 185 Abs. 2, 184 Abs. 1 BGB.
[85] OLG München JFG 21, 105; JFG 23, 145.
[86] BayObLGZ 88, 230.
[87] BayObLG Rpfleger 86, 176.
[88] BayObLGZ 90, 295.
[89] OLG Celle NDS Rpfleger 53, 185 = DNotZ 54, 32; dagegen zu Unrecht *Keidel* DNotZ 54, 36 ff. m. dem Hinw., daß der Mangel in Kürze behoben werden könnte. Dies ändert jedoch nichts daran, daß dem gestellten Antrag dadurch ein unzutreffender Rang beschafft würde.
[90] KG DR 44, 124.
[91] KG JFG 14, 445.
[92] KG DR 44, 124.
[93] KG JFG 14, 445; 23, 146.
[94] RGZ 84, 274.
[95] § 16 Abs. 1 FGG.

Satz 2 FGG.[96] Zustellung nach § 16 Abs. 2 Satz 1 FGG ist nur dort erforderlich, wo die Zurückweisung ausnahmsweise der sofortigen Beschwerde unterliegt. Wurde der Antrag durch den Notar gestellt, so muß die Bekanntmachung an ihn erfolgen.[97] Der Beschluß kann nicht mehr abgesandt werden, wenn das Hindernis vor Wirksamwerden der Bekanntmachung beseitigt worden ist.

32 c) Die **Kosten**tragungspflicht ergibt sich aus der Kostenordnung. Ein Ausspruch darüber ist daher in der Regel entbehrlich.[98] Ein trotzdem aufgenommener Ausspruch hat nur die Bedeutung einer nicht bindenden Anweisung an den Kostenbeamten.[99] Sind mehrere Beteiligte kostenpflichtig, so kommt § 13 a FGG in Anwendung.

IV. Pflicht zur Zwischenverfügung

Liegt kein zwingender Grund für die sofortige Abweisung des Antrages vor, so hat das Grundbuchamt die Zwischenverfügung zu erlassen.

1. Unstreitige Fälle

33 Einigkeit besteht in Rechtslehre und Rechtsprechung über die Pflicht des Grundbuchamtes zum Erlaß einer Zwischenverfügung bei **kleineren formellen Antragsmängeln** und zur Sicherung der Kosten. Die Zwischenverfügung hat demnach zu erfolgen:

34 a) Zur **Klarstellung** des Antrages, wenn er Unklarheiten oder Widersprüche enthält,[100] wenn alsbaldige Vornahme ohne weiteres möglich erscheint und von dem Antragsteller nach den Umständen des Falles erwartet werden kann,[101] nicht jedoch zur Änderung des Vertrages. Die Beteiligung von Ausländern am Grundbuchverfahren erweitert die Prüfungspflicht des Grundbuchamtes nicht. Eine Ungewißheit über das zutreffende Güterrecht ist regelmäßig nicht aufzuklären.[102]

35 b) Zur **Einschränkung** des Antrages,[103] wenn ein unzulässiger Zusatz[104] oder weitere Anträge[105] in Wegfall kommen sollen. Eine Zwischenverfügung ist auch zu erlassen, wenn dem gestellten Antrag in der vorliegenden Form zwar nicht entsprochen werden kann, den Beteiligten aber auch zur Erreichung des von ihnen angestrebten Zweckes andere Möglichkeiten offenstehen, zu denen es nur der entsprechenden Abänderung der Eintragungsbewilligung und des Eintragungsantrages bedarf.[106] Wird fälschlicherweise Grundbuchberichtigung beantragt, wo nur ein Antrag auf Eintragung einer Rechtsänderung möglich ist, so ist eine Umdeutung oder Einschränkung nicht möglich[107] und der Antrag zurückzuweisen.

36 Sind **mehrere Anträge nach § 16 verbunden,** so ist eine Zwischenverfügung möglich zur Rücknahme eines unzulässigen Antrages, um den übrigen Anträgen stattgeben zu

---

[96] Für Bayern vgl. dazu § 4 JMBek. v. 10. 5. 1957 BayBS. VJu III, 295.
[97] Vgl. § 15 Rdn. 37.
[98] OLG München JFG 15, 174; BayObLGZ 48/51, 314; 52, 78; 55, 276; 58, 31; 63, 80; OLG Hamm JMBl. NRW 55, 34; Rpfleger 58, 87; vgl. dazu auch *Wegh* Rpfleger 54, 511; *Keidel* Rpfleger 54, 176.
[99] OLG München JFG 16, 173.
[100] KG HRR 35, 866; KGJ 44, 266; BayObLGZ 56, 122.
[101] BayObLG a. a. O.
[102] OLG Karlsruhe Rpfleger 94, 248.
[103] KG KGJ 44, 268.
[104] BayObLGZ 76, 45; Rpfleger 76, 181.
[105] OLG Hamm DNotZ 71, 48 = Rpfleger 71, 15.
[106] LG Wiesbaden Rpfleger 72, 307 bei Antrag auf Eintragung einer Vormerkung gem. § 883 BGB im Baulandumlegungsverfahren.
[107] KG HRR 30, 887.

können,[108] nicht jedoch dann, wenn die mangelfreien fälschlich bereits vollzogen wurden[109] und damit die Rücknahme eines Einzelantrages verlangt würde. Als Einschränkung ist auch die Beseitigung eines Vorbehaltes zu betrachten.[110] Durch Zwischenverfügung kann auch verlangt werden, daß anstelle der bedingten eine unbedingte Eintragungsbewilligung vorgelegt wird.[111] Eine Zwischenverfügung, die **nur** darauf abzielt, daß der Eintragungsantrag zurückgenommen wird, ist unzulässig,[112] ebenso mit dem Wahlrecht, einen anderen Antrag zu stellen.[113] Vgl. auch § 71 Rdn. 58.

c) Zur **Sicherung des Kostenvorschusses,** falls ein solcher vor Eintragung zulässig verlangt werden kann.[114] Die Zwischenverfügung muß die vom Kostenbeamten festzusetzende Höhe des Vorschusses auch bei Zustellung an den Urkundsnotar enthalten,[115] zweckmäßigerweise sind sonstige bestehende Mängel gleichzeitig mitaufzuführen (vgl. auch § 15 Rdn. 41). 37

2. Herrschende Lehre: Wahlrecht

Nach der herrschenden Lehre hat das Grundbuchamt in allen übrigen Fällen ein **Wahlrecht zwischen Zurückweisung und Zwischenverfügung.** Die Entscheidung hat nach pflichtgemäßem verständigem Ermessen zu erfolgen.[116] Der Erlaß der Zwischenverfügung soll die Regel bilden.[117] Es soll dabei stets auf die Lage des Einzelfalles ankommen, dessen Besonderheiten zu berücksichtigen sind. 38

An Interessen stehen sich grundsätzlich gegenüber einerseits das berechtigte Interesse des Antragstellers an der Rangwahrung des gestellten Antrages und den mit dem Eingang des Antrages verbundenen materiellen Wirkungen,[118] andererseits das Interesse der Allgemeinheit an der Zuverlässigkeit der Grundbucheinsicht und der Schaffung klarer Rechtsverhältnisse durch die rasche Abwicklung, sowie die Interessen späterer Antragsteller. Bei der Abwägung sind unnötige Härten zu vermeiden. 39

Als solche Mängel kommen nach der Rechtsprechung in Frage: fehlender Nachweis einer bereits erteilten Vollmacht,[119] fehlende steuerliche Unbedenklichkeitsbescheinigung,[120] Nichtvorlage des Hypothekenbriefes, sofern dieser zur Eintragung erforderlich ist,[121] 40

fehlende Zustimmungserklärung Dritter und behördliche Genehmigungen[122] beispielsweise bei fehlender vormundschaftsgerichtlicher Genehmigung, wenn die Genehmigung des Gegenvormundes noneh aussteht oder wenn bei Rangänderungen einer Hypothek der Eigentümer nicht zugestimmt hat. 41

Ist der Antrag in Kenntnis des Mangels gestellt und rechnet der Antragsteller auch nicht mit einer abweichenden Ansicht des Grundbuchamtes, so ist zurückzuweisen.[123] Werden jedoch aufgrund zweier einander widersprechender Auflassungen gegensätzli- 42

---

[108] KG JFG 1, 440; OLG Hamm Rpfleger 75, 134.
[109] KG KGJ 13, 112.
[110] KG KGJ 19, 135.
[111] KG HRR 40 Nr. 1077.
[112] OLG Hamm DNotZ 71, 48 = Rpfleger 71, 15; OLG Oldenburg Rpfleger 75, 361.
[113] OLG Oldenburg a. a. O.
[114] § 8 Abs. 2 KostO; KG JFG 15, 315; KG Rpfleger 82, 173; abw. OLG München JFG 13, 74; JFG 15, 74, wonach das Hindernis erst mit der Nichtzahlung eintritt.
[115] OLG München JFG 18, 21.
[116] RGZ 126, 109; BayObLGZ 56, 127; OLG Celle DNotZ 54, 32; OLG Hamm DNotZ 70, 663; BayObLG Rpfleger 79, 210; BayObLG Rpfleger 97, 304.
[117] RG a. a. O.
[118] Vgl. § 13 Rdn. 9 ff.
[119] Meikel/Imhof/*Riedel* § 18 Rdn. 25.
[120] RGZ 126, 107; a. A. KG OLG 41, 23, wenn mit baldiger Beseitigung des Mangels nicht gerechnet werden kann.
[121] OLG Karlsruhe JFG 7, 243.
[122] OLG Saarbrücken SaarlRuStZ 50, 95.
[123] KGJ 50, 136.

che Eintragungsanträge nahezu gleichzeitig gestellt, denen jeweils nur leicht behebbare Mängel entgegenstehen, so muß das Grundbuchamt die Anträge gleich behandeln und nach ihrem zeitlichen Eingang erledigen. Die Zurückweisung des früheren Antrages ist nicht zulässig.[124]

3. Eigene Stellungnahme

43 Die herrschende Lehre überzeugt nicht.

a) Ein **Ermessen des Grundbuchamtes ist nicht gegeben.**[125] Die Entscheidung des Grundbuchamtes gehört zur Rechtsprechung.[126] Der Rechtsanwendung ist das Ermessen fremd; ein Ermessen könnte lediglich auf Mißbrauch nachgeprüft werden, was nach der gesamten Rechtsprechung offensichtlich nicht die äußerste Grenze darstellen soll.

44 b) Zwar läßt der Text der Bestimmung einen Schluß auf einen Ermessensspielraum zu. Es kann dahingestellt bleiben, ob dies früher im Zeitpunkt der ersten Entscheidungen vertreten werden konnte. Das moderne Prozeßrecht hat eine erweiterte Aufklärungs- und Mitwirkungspflicht des Richters entwickelt.[127] Als Teil der freiwilligen Gerichtsbarkeit nimmt das Grundbuchamt an dieser Pflicht teil. Das Instrument der Aufklärung ist die Zwischenverfügung. Dies ist unbestritten. Eine darüber hinausgehende Aufklärungsmöglichkeit ist für das Grundbuchamt nur für den Fall bejaht worden, daß es als Vollstreckungsgericht tätig wird (vgl. dazu oben Rdn. 22 ff.).

45 c) Die **Abgrenzung** nach der herrschenden Lehre zwischen leicht und schwer behebbaren Hindernissen macht **große Schwierigkeiten.** Darüber hinaus ist darauf hinzuweisen, daß durch die mit der Antragstellung verbundenen materiellrechtlichen Wirkungen (vgl. dazu § 13 Rdn. 9 ff.) ein Schutz des Antragstellers mit seinem dadurch gegebenen dinglichen Anwartschaftsrecht durch Artikel 14 GG gegeben sein kann.[128] Dieses Recht des Antragstellers auf möglichst lange Erhaltung des ihn begünstigenden Zustandes hat lediglich dort seine Grenze, wo das Gebot der Grundbuchklarheit entgegensteht.

46 d) In all den Fällen, in denen eine Zurückweisung nicht zwingend geboten ist (vgl. dazu oben Rdn. 16 ff.), ist daher eine Zwischenverfügung zu erlassen. Durch die Möglichkeit der Fristsetzung einerseits und die Eintragung einer Vormerkung oder eines Widerspruches bei nachgehenden Anträgen andererseits hat das Grundbuchamt genügend Möglichkeiten, den Grundsatz der Grundbuchklarheit aufrechtzuerhalten und den durch die Zwischenverfügung erzeugten Schwebezustand zeitlich zu begrenzen.

4. Nur Zwischenverfügung oder Zurückweisung

§ 18 bringt andererseits zum Ausdruck, daß bei Vorhandensein eines Hindernisses **nur** die Möglichkeit einer Zurückweisung oder einer Zwischenverfügung besteht.

Unzulässig, also nicht als Zwischenverfügung, sondern nur mit Dienstaufsichtsbeschwerde angreifbar, **sind also insbesondere**

47 a) die **Aussetzung des Verfahrens,** um dem Antragsteller die Möglichkeit der Beschaffung fehlender Unterlagen offenzuhalten.[129] Dies ist auch mit Zustimmung des Antragstellers oder sämtlicher Beteiligter nicht möglich.[130]

---

[124] LG Oldenburg Rpfleger 81, 232.
[125] So ausf. *Habscheid* NJW 67, 226 ff.; ebenso Haegele/Schöner/*Stöber* Rdn. 430; **a. A.** BayObLGZ 97, 55, 58.
[126] *Habscheid* a. a. O., mwN.
[127] Vgl. dazu *Habscheid* a. a. O., mwN.
[128] Vgl. dazu *Habscheid* a. a. O.
[129] KG DNotZ 30, 494.
[130] KG NJW 32, 2890.

Jedoch ist es möglich, einen Eintragungsantrag mit der Maßgabe zu stellen, daß über ihn erst nach Ablauf einer angegebenen Frist entschieden werden darf. Ist der Antrag vollständig und begründet, so darf der Grundbuchbeamte insoweit folgen.[131] Der Antrag gilt jedoch erst mit Ablauf der Frist gestellt.[132] Unzulässig ist in jedem Fall, den Antrag unerledigt liegenzulassen, wenn die Nachbringung fehlender Unterlagen angekündigt wird. Eine Ausnahme besteht im Fall des § 130 ZVG (vgl. dazu § 38 Rdn. 58).[133]

b) die **formlose Erinnerung**, d. h. die ohne Fristsetzung erfolgende Beanstandung eines Grundbuchantrages. § 72 Bayerische DA, die ein solches Verfahren vorsah, ist seit 1935 nicht mehr anwendbar. Es ist also für das Grundbuchamt gefährlich, in diesem Sinne zu verfahren, da leicht Haftungen entstehen können.

Unzulässig als Zwischenverfügung ist der bloße Hinweis des Grundbuchamtes auf ein nichtbehebbares Eintragungshindernis; dies ist zu betrachten als Gelegenheit zur Stellungnahme vor Zurückweisung in Erfüllung des Gebots des rechtlichen Gehörs.[134]

c) Unzulässig ist eine bloße **Empfehlung, einen Antrag zurückzunehmen**, verbunden mit der Wiedergabe einer Rechtsansicht,[135] ausgenommen dann, wenn ein Antragsverbund mehrerer Anträge vorliegt und ein Antrag mangelhaft ist.[136] Unzulässig ein Vorbescheid, mimt dem Löschung angekündigt wird, falls nicht binnen einer bestimmten Frist ein Rechtsmittel eingelegt würde.[137]

Unzulässig ist es, dem Antragsteller zur Auflage zu machen, den Antrag binnen bestimmter Frist zurückzunehmen. Insoweit handelt es sich um eine bloße Meinungsäußerung des Grundbuchbeamten,[138] keine beschwerdefähige Entscheidung.[139] Dies gilt auch, wenn die Zwischenverfügung als nach § 39 ZPO erlassen bezeichnet wird.[140]

Unzulässig ist die Empfehlung, einen anderen Antrag zu stellen,[141] ein beantragtes Recht inhaltlich zu ändern oder durch ein anderes zu ersetzen.[142] Eine angreifbare Zwischenverfügung liegt vor, wenn bei mehreren durch einen Vorbehalt (§ 16 Abs. 2) verbundenen Anträgen durch die Zurücknahme eines Antrages eine Eintragung auf einen anderen Antrag hin ermöglicht werden soll.[143]

Zulässig ist die Auflage, einen im Antrag enthaltenen Zusatz — Antrag auf Vermerk des Verzichts auf die Überbaurente beim rentenberechtigten Grundstück — fallenzulassen.[144]

Unzulässig ist auch die bloße Bezeichnung des Vollzugs der Urkunde als rechtlich zweifelhaft[145] oder die Bekanntgabe von Eintragungshindernissen ohne Fristsetzung.[146]

d) die **Tätigkeit von Amts wegen**. Im Grundbuchverfahren ist für Beweisaufnahme kein Raum (vgl. dazu oben Rdn. 1), es sei denn, daß das Grundbuchamt als Vollstreckungsgericht tätig wird (vgl. dazu oben Rdn. 24 ff.).

---

[131] KGJ 34, 312.
[132] KG a. a. O.
[133] LG Mainz m. Anm. v. *Hintzen* Rpfleger 91, 206 ff.
[134] OLG Frankfurt Rpfleger 97, 105.
[135] OLG Frankfurt Rpfleger 75, 59; Rpfleger 78, 306; OLG Hamm Rpfleger 75, 134; BayObLG 79, 211; BGH Rpfleger 80, 273 m. Anm. v. *Meyer-Stolte* = NJW 80, 2521.
[136] BGH Rpfleger 78, 365.
[137] BayObLG DNotZ 93, 52 ff. = DNotZ 93, 599.
[138] OLG Danzig Recht 38 Nr. 58.
[139] OLG Hamm Rpfleger 75, 134; OLG Frankfurt Rpfleger 78, 306.
[140] BayObLG DNotZ 93, 595.
[141] OLG Oldenburg Rpfleger 75, 361.
[142] BayObLG Rpfleger 81, 397.
[143] OLG Hamm Rpfleger 75, 134.
[144] BayObLG Rpfleger 76, 180; Rpfleger 76, 181 für eine unzulässige Zinseintragung bei Abtretung einer Eigentümergrundschuld.
[145] BayObLG Rpfleger 81, 284 nur Leitsatz.
[146] BayObLGZ 95, 359 ff.

§ 18 I. Grundbuchordnung

Für das frühere Land Württemberg kann zwar § 70 GBVO als noch gültig angesehen werden;[147] jedoch besteht insoweit eine erhebliche Haftungsgefahr des Landes; außerdem erfüllt diesen Zweck gerade die Zwischenverfügung.

51 e) die **Verweisung des Antragstellers auf den Prozeßweg.** Das Grundbuchamt hat die Pflicht, den vorliegenden Antrag auf einem der beiden zugelassenen Wege selbst zu entscheiden.[148] Es darf sich dieser Pflicht zur Entscheidung nicht entziehen, auch nicht dadurch, daß es von den Beteiligten die Vorlage einer rechtskräftigen Entscheidung des Prozeßgerichtes verlangt.[149] Auch die Ablehnung eines Antrages ohne sachliche Entscheidung ist nicht zulässig.[150]
Genügen aber die Gründe für eine Ablehnung nicht, so ist einzutragen.
Dadurch ist nicht ausgeschlossen, daß wegen der ausdrücklichen gewollten Begrenzung der Prüfungspflicht des Grundbuchamtes die Beteiligten selbst den Prozeßweg wählen, um zu einem materiell richtigen Endergebnis zu kommen. Sie können auch den Erlaß einer einstweiligen Verfügung von sich aus herbeiführen. Die Eintragung der Rechtshängigkeit kann aufgrund einer einstweiligen Verfügung des Prozeßgerichtes erfolgen.[151]
Selbstverständlich gilt dies nicht, wenn die rechtskräftige Feststellung eines bestimmten Rechtsverhältnisses Voraussetzung der Eintragung ist.[152] Eine gesetzliche Ausnahme enthält weiter § 106 im Verfahren zur Klärung der Rangverhältnisse.
Zur Anfechtbarkeit derartiger Verfügungen vgl. im einzelnen § 71 Rdn. 19 und 58.

V. Inhalt der Zwischenverfügung

1. Begriff und Inhalt

52 Die Zwischenverfügung ist die dem Antragsteller gegenüber ergehende **Angabe von Eintragungshindernissen,** verbunden mit der **Fristsetzung zu deren Beseitigung** und der Ankündigung der Zurückweisung bei nicht fristgemäßer Beseitigung (vgl. dazu KG DR 43, 705).
Dementsprechend hat die Zwischenverfügung zu enthalten:

53 a) die **Angabe sämtlicher Hindernisse,** die der Eintragung entgegenstehen. Eine stufenweise Beanstandung ist unstatthaft, da sie die Interessen des Antragstellers ohne zwingende Notwendigkeit schädigt und für das Grundbuchamt lediglich eine Verzögerung bedeutet. Verstößt das GBA gegen diese Pflicht, so kann das Rechtsbeschwerdegericht nur wegweisend ohne Bindungswirkung darauf hinweisen. Für das GBA kommt dann der Erlaß einer weiteren Zwischenverfügung in Betracht.[153] Möglich ist jedoch, bei Auftreten eines weiteren Mangels nach Erlaß der Zwischenverfügung diesen durch Ergänzung der Zwischenverfügung ebenfalls zu beanstanden.

54 b) die **Bezeichnung sämtlicher**[154] **Mittel oder Wege zur Beseitigung der Hindernisse,** die klar aufgezeigt werden müssen;[155] sie muß so abgefaßt sein, daß sie dem Antragsteller eine fachgerechte Entscheidung über seinen Antrag ermöglicht.[156] Daher kann

---

[147] *Schmied* BWNotV 1950/67.
[148] BayObLGZ 16, 93.
[149] KG DNotV 30, 494.
[150] BayObLG a. a. O.
[151] OLG München NJW 66, 1030; OLG Stuttgart NJW 60, 1109 = DNotZ 60, 335.
[152] KG DNotV 30, 494.
[153] BayObLGZ 90, 51, 57.
[154] KG KGJ 52, 208; BayObLGZ 70, 165 = RPfleger 70, 346; vgl. auch OLG Hamm DNotZ 72, 99.
[155] KG KGJ 50, 229; OLG Frankfurt Rpfleger 77, 103.
[156] OLG Hamm JMinBl. NRW 63, 180; Rpfleger 70, 396.

auch aufgegeben werden, die fehlende Eintragungsbewilligung des nur mittelbar Betroffenen beizubringen[157] oder den Eintragungsantrag klarzustellen oder einzuschränken, um ihm einen eintragungsfähigen Inhalt zu geben.[158] Werden aus einem herrschenden Grundstück mehrfach Teilflächen veräußert und wird die Löschung der Dienstbarkeit beantragt, so muß das GBA die namentliche Ermittlung der Eigentümer dieser Teilflächen selbst vornehmen und in der Zwischenverfügung mitteilen.[159] Gibt das Grundbuchamt nicht an, auf welchem Weg ein seiner Auffassung nach bestehendes Eintragungshindernis zu beseitigen ist, sondern erwägt es nur rechtliche Möglichkeiten, die „eventuell" zur Beseitigung des Eintragungshindernisses führen können, so liegt keine wirksame Zwischenverfügung vor.[160] Ein bestimmter Weg darf nicht vorgeschrieben werden.[161] Keinesfalls notwendig ist jedoch die Angabe, **wie** fehlende Unterlagen zu beschaffen sind. Kann das Grundbuchamt aus tatsächlichen Gründen nicht klären, ob eine befreite Vorerbschaft vorliegt, so hat es dem Antragsteller in der Zwischenverfügung die Wahl zu lassen, einen entsprechenden Erbschein oder die Zustimmung der Nacherben beizubringen.[162]

Bestehen Zweifel an der Geschäftsfähigkeit, so ist aufzugeben, die Zweifel soweit zu zerstreuen, daß wieder von dem Grundsatz der Geschäftsfähigkeit ausgegangen werden kann.[163]

c) die **Setzung einer Frist** zur Beseitigung der erwähnten Hindernisse.[164] Die Fristsetzung ist wesentlich.[165] Die Frist muß nach Lage des Einzelfalles angemessen sein.[166] Sie muß genau bestimmt sein;[167] das ist sie dann, wenn entweder ein bestimmter Kalendertag als ihr Endpunkt oder Dauer und Anfangszeitpunkt angegeben werden. 55

Wurde **keine bestimmte Frist** gesetzt, so ist die Zwischenverfügung schon aus diesem Grunde aufzuheben.[168] Die Zurückweisung des Antrages ist nicht möglich.[169] Der Grundbuchrichter kann die Fristsetzung bei einer Erinnerung gegen die Entscheidung des Rechtspflegers auch dann nachholen, wenn der Antragsteller die Annahme eines Eintragungshindernisses beanstandet hat.[170] Wird später zur Erledigung der Hindernisse eine Frist gesetzt, kann darin eine Frist zu sehen sein.[171] Wird dann vor Fristablauf abgewiesen, kann eine Aufhebung nur dann erfolgen, wenn trotz Abweisung die Hindernisse noch in der gesetzten Frist behoben wurden.[172] 56

Die Frist muß **angemessen** sein, d. h. es muß möglich sein, das Hindernis innerhalb der Frist zu beseitigen,[173] wobei grundsätzlich ein objektiver Maßstab anzulegen ist. Weiter muß bei Fristsetzung der Grundsatz der Aufrechterhaltung der Grundbuchklarheit mitberücksichtigt werden. 57

Bei **zu kurzer Frist** ist von Amts wegen oder auf Antrag eine **Verlängerung** möglich,[174] die auch noch nach Fristablauf folgen kann[175] und erst dann nicht mehr möglich ist, wenn der Antrag endgültig zurückgewiesen worden ist. 58

Umgekehrt ist auch eine **Fristverkürzung** zulässig, wenn sich ergibt, daß das Hindernis in kürzerer Frist als angenommen beseitigt werden kann.

---

[157] BayObLG Rpfleger 97, 154.
[158] BayObLG Rpfleger 97, 371.
[159] BayObLG DNotZ 97, 397.
[160] OLG Frankfurt Rpfleger 74, 184.
[161] KG JW 25, 3042.
[162] OLG Hamm DNotZ 72, 96.
[163] BayObLG Rpfleger 92, 152.
[164] KG HRR 40 Nr. 1077; OLG Hamm NJW 67, 2365; OLG Frankfurt Rpfleger 77, 102.
[165] OLG Hamm JMBl. NRW 63, 180.
[166] KG JW 26, 1588.
[167] KG OLG 35, 10.
[168] OLG Hamm NJW 67, 2365; Rpfleger 75, 137; OLG Frankfurt MittRhNot 81, 65; vgl. auch KG DNotZ 71, 415.
[169] KG HRR 40 Nr. 1077.
[170] OLG Hamm a. a. O.
[171] BayObLGZ 95, 359.
[172] BayObLG Rpfleger 96, 191.
[173] KG HRR 40 Nr. 1077.
[174] KG JW 26, 1588.
[175] KG a. a. O.

2. Wirksamwerden der Zwischenverfügung

59 Jede Zwischenverfügung setzt zu ihrer Wirksamkeit die Unterschrift des Rechtspflegers voraus, auch bei einer maschinell erstellten Zwischenverfügung. Ohne Unterschrift stellt die Zwischenverfügung nur einen Entwurf dar.[176] Das Registerverfahrensbeschleunigungsgesetz hat daran nichts geändert. Erforderlich ist jedoch nur die Unterschrift auf der Urschrift der Zwischenverfügung. Der Rechtspfleger verstößt gegen seine Amtspflichten, wenn er von einer Unterschrift absieht. Unterschreibt der Rechtspfleger, wenn auch nach Fristablauf, die auf die Zwischenverfügung bezugnehmende Nichtabhilfeverfügung, so ist von einer wirksamen Zwischenverfügung auszugehen.[177]

Die Zwischenverfügung wird wirksam mit der **förmlichen Zustellung** an den Antragsteller oder die ersuchende Behörde.[178] Bei Antragstellung durch den Notar wird die Frist nur dann in Lauf gesetzt, wenn die Bekanntmachung an ihn erfolgt ist (vgl. § 15 Rdn. 37).

3. Wirkung der Zwischenverfügung

60 Alle Wirkungen des Antrages (§ 13 Rdn. 9 ff.) bleiben erhalten.[179]

61 Das **Grundbuchamt** ist selbst **durch die Zwischenverfügung nicht gebunden**. Es kann jederzeit die Zwischenverfügung aufheben oder abändern[180] und die beantragte Eintragung vornehmen, gleichgültig, ob neue Tatsachen vorliegen, oder das Grundbuchamt eine neue rechtliche Auffassung vertritt. In dem gleichen Umfang kann es die Zwischenverfügung aufheben und eine neue Zwischenverfügung erlassen. Es kann auch die Zwischenverfügung aufheben und den Antrag zurückweisen. Dies ist, obwohl mit der Zwischenverfügung keine Eintragung versprochen wird, wegen des Anspruches des Antragstellers auf möglichst umfassenden Rechtsschutz[181] nur möglich, wenn neue Tatsachen eintreten, die bei einer Aufrechterhaltung der Zwischenverfügung bewirken würde, daß die Grenzen des Anspruches auf Rechtsschutz überschritten würden.

Wird der Zwischenverfügung innerhalb der angegebenen Frist nicht gefolgt, so kann nach Fristablauf der Antrag zurückgewiesen werden. Eine Zurückweisung ist jedoch dann nicht möglich, wenn die zuvor erlassene Zwischenverfügung keine inhaltlich korrekte Bezeichnung der Mittel zur Beseitigung des Hindernisses enthielt.[182]

VI. Rechtsmittel gegen die Zwischenverfügung

1. Arten, Zulässigkeit, Beschwerdeberechtigung

62 Gegen die Zwischenverfügung sind fristlose **Beschwerde** und anschließend **weitere Beschwerde** zulässig. Im einzelnen vgl. § 71 Rdn. 15–19. Hat der Rechtspfleger entschieden, so ist dagegen binnen der für die sofortige Beschwerde geltenden Frist **Erinnerung (§ 11 Abs. 2 RPflG) zum Grundbuchrichter und erst gegen dessen Entscheidung die fristlose Beschwerde (§ 71) gegeben.**

63 Die Beschwerde ist **zulässig**, solange das Grundbuchamt noch nicht endgültig entschieden hat, auch wenn die gestellte Frist bereits abgelaufen ist.[183] Sie wird unzulässig, wenn der Beschwerdeführer durch die angefochtene Entscheidung nicht mehr beschwert ist.[184]

---

[176] BayObLG Rpfleger 89, 188.
[177] BayObLG Rpfleger 96, 148.
[178] § 16 Abs. 2 Satz 1 FGG; OLG Hamm DNotZ 50, 42.
[179] RGZ 110, 206.
[180] BayObLGZ 90, 51, 53.
[181] Vgl. dazu *Habscheid* NJW 67, 226 ff.
[182] LG Köln MittRhNot 79, 196.
[183] KG KGJ 51, 278.
[184] BayObLG Rpfleger 82, 276 mwN.

Jede **Zwischenverfügung** kann mit der **Beschwerde** angefochten werden. Auch wenn das Grundbuchamt die Vornahme einer Eintragung von bestimmten Auflagen abhängig macht und die Zurückweisung des gestellten Antrages für den Fall ankündigt, daß diese nicht fristgemäß erfüllt werden, liegt eine beschwerdefähige Zwischenverfügung vor.[185] Keine beschwerdefähige Entscheidung liegt jedoch vor, wenn das Grundbuchamt lediglich eine Frist zur Zurücknahme eines unverbundenen Antrages oder zur Stellung eines anderen Antrages gesetzt hat.[186] **64**

Zur **Erhebung der Beschwerde** ist jeder **Antragsteller** berechtigt, sowie **jeder der Beteiligten**, auch wenn er nicht selbst den Antrag gestellt hat, wenn er behauptet, durch die Zwischenverfügung in seinen Rechten beschränkt zu sein. Ein nur schuldrechtlicher Anspruch auf Rechtsverschaffung begründet jedoch keine Beschwerdeberechtigung.[187] **65**

2. Antrag und Begründung

Beantragt kann nur werden, die Frist zu verlängern oder sofort wegen Nichtbestehens der Hindernisse die Zwischenverfügung aufzuheben. Da die Zwischenverfügung nicht als wesentlichen Entscheidungsbestandteil die Zusage der Eintragung im Falle der Beseitigung des Hindernisses enthält, ist eine Anfechtung der Zwischenverfügung nicht mit dem Antrag der sofortigen Zurückweisung des Eintragungsantrages möglich.[188] **66**

Das Rechtsmittel kann damit **begründet** werden, daß das beanstandete Hindernis nicht besteht und daher dem Antrag durch sofortige Eintragung hätte stattgegeben werden müssen, oder daß die bestellte Frist zu kurz bemessen sei. Die Beschwerde kann auch auf die Anfechtung einzelner Punkte beschränkt werden.[189] Gegenstand des Erinnerungs- und Beschwerdeverfahrens sind dann die in der Zwischenverfügung erhobenen Beanstandungen des Eintragungsantrages, bei mehreren die mit der Erinnerung angegriffenen.[190] Wurde mit der Zwischenverfügung Ehegattenzustimmung nach § 1365 BGB verlangt und inzwischen die Ehe rechtskräftig geschieden, so ist die Zwischenverfügung als nicht mehr gerechtfertigt anzusehen.[191] **67**

3. Entscheidung, Wirkung der Beschwerdeeinlegung

Das **Beschwerdegericht** kann, wenn nach seiner Auffassung der gestellte Eintragungsantrag ohne Zwischenverfügung sofort hätte zurückgewiesen werden müssen, wegen des Verbots der reformatio in peius die Zwischenverfügung nicht aufheben und den Eintragungsantrag abweisen.[192] **68**

Die Einlegung der Beschwerde hindert wegen deren fehlenden aufschiebenden Wirkung nicht die endgültige Zurückweisung des Antrages durch das Grundbuchamt, solange das Beschwerdegericht nicht entschieden hat.[193] **69**

VIII. Vormerkung und Widerspruch gem. Abs. 2

Diese Bestimmung zieht die Folgerung aus der Zulassung der Zwischenverfügung durch Abs. 1. Ohne sie würde ein später gestellter Antrag gem. § 17 bis zur Erledigung **70**

---

[185] BayObLGZ 53, 29 ff.
[186] KG JFG 13, 111; a. A. OLG Oldenburg Rpfleger 75, 362.
[187] KG DR 43, 705.
[188] KG DR 43, 705; OLG Frankfurt OLGZ 70, 284.
[189] KG JFG 8, 237.
[190] BayObLG 70, 47; 71, 308 = DNotZ 72, 233; 72, 28 = DNotZ 72, 343; DNotZ 73, 307.
[191] BayObLG DNotZ 73, 307 = Rpfleger 72, 368.
[192] OLG Oldenburg NDs. Rpfleger 61, 198; vgl. im übrigen dazu § 77 Rdn. 12.
[193] KG KFJ 51, 276.

§ 18   I. Grundbuchordnung

der Zwischenverfügung in der Schwebe bleiben, was sachlich und technisch gleich unerwünscht wäre. Die Bestimmung gibt infolgedessen die Möglichkeit, den ersten Antrag durch **Eintragung eines Schutzvermerkes** zu sichern, damit grundbuchmäßig zunächst zu erledigen und so den Weg für den zweiten Antrag freizumachen.

1. Voraussetzungen

Die Voraussetzungen des Abs. 2 sind:

71 a) Vorliegen eines **Eintragungsantrages,** dem ein **Hindernis** entgegensteht, das aber zur sofortigen Zurückweisung des Antrages (vgl. oben Rdn. 16 ff.) nicht berechtigt. Ob bereits eine Zwischenverfügung nach Abs. 1 erlassen ist, ist unerheblich.

72 b) **Eingehen eines anderen Eintragungsantrages** oder Eintragungsersuchens, durch welchen das gleiche Recht betroffen wird; der Begriff des Betroffenwerdens ist hier der gleiche wie in § 17 (vgl. § 17 Rdn. 12, 13).

73 c) **Nichtbestehen eines Hindernisses** gegen die Vollziehung des zweiten Antrages. Steht ein Hindernis entgegen, so bedarf es keines Schutzvermerkes, da ein Vollzug des zweiten Antrages noch nicht möglich ist. Erst wenn das dem zweiten Antrag entgegenstehende Hindernis vor Erledigung des ersten Antrages beseitigt wird, kann ein Schutzvermerk eingetragen werden.

74 d) **Eingehen des zweiten Antrages nach dem ersten**; entsprechende Anwendung auf gleichzeitig gestellte Anträge ist zulässig, wenn zwischen den beantragten Eintragungen ein Rangverhältnis besteht.

75 e) Der **Schutzvermerk** muß nach den vorliegenden Unterlagen so formuliert werden können, daß er den Voraussetzungen des Grundbuchs inhaltlich entspricht. Kann das Gemeinschaftsverhältnis (§ 47) nicht angegeben werden, so wird dadurch ein Schutzvermerk nicht ausgeschlossen, da diese Bestimmung sich weder nach ihrem Wortlaut noch nach ihrem Sinn auf den vorläufigen Schutzvermerk des § 18 bezieht. Auch die Voreintragung des Betroffenen (§ 39) braucht nicht bereits erfolgt zu sein, da § 39 nur den endgültigen Grundbuchstand sichern will.

2. Vormerkung oder Widerspruch

76 Liegen die genannten Voraussetzungen vor, so ist **zugunsten des früher gestellten Antrages** eine Vormerkung oder ein Widerspruch einzutragen. Die Eintragung hat von Amts wegen zu erfolgen. Die Eintragung des Schutzvermerkes erfolgt ohne Prüfung seiner Zweckmäßigkeit und steht nicht im freien Ermessen des Grundbuchamtes.

Eine **Vormerkung** ist einzutragen, wenn der frühere Antrag eine rechtsändernde Eintragung zum Gegenstand hat, ein **Widerspruch,** wenn eine Grundbuchberichtigung beantragt wird. Wird jedoch statt einer Vormerkung ein Widerspruch eingetragen oder umgekehrt, so ist dies praktisch bedeutungslos, da jeder der beiden Vermerke nur zum Ausdruck bringt, daß die später beantragte Eintragung nur unter Vorbehalt erfolgt.[194]

3. Rechtsnatur

77 Trotz gleicher Benennung handelt es sich **nicht** um die **Vormerkung oder den Widerspruch des BGB** (§§ 883, 899). Denn weder wird durch die „Vormerkung" des § 18 Abs. 2 ein persönlicher Anspruch auf die Rechtsänderung gesichert — ein solcher liegt oft gar nicht vor —, noch wird die Unrichtigkeit des Grundbuches vorausgesetzt. Viel-

---

[194] OLG Karlsruhe JFG 6, 272.

mehr soll der Schutzvermerk den ersten Antragsteller für eine begrenzte Zeit dagegen schützen, daß ein Antrag durch die frühere Vornahme der später beantragten Eintragung beeinträchtigt oder vereitelt wird. Der Schutzvermerk sichert deswegen den öffentlich-rechtlichen Anspruch des Antragstellers gegen das Grundbuchamt auf endgültige Bescheidung seines Antrages.[195] Der Schutzvermerk ist daher auch dann einzutragen, wenn der zugrundeliegende schuldrechtliche Kaufvertrag nichtig ist[196] oder der gestellte Eintragungsantrag selbst die Eintragung einer Vormerkung oder eines Widerspruchs nach BGB bezweckt. Weiter ergibt sich daraus, daß weder § 24 KO noch § 888 BGB auf Vormerkungen nach § 18 Abs. 2 anwendbar sind.

4. Form

Zur Form der Eintragung vgl. §§ 12, 19 Grundbuchverfügung und Musteranlage 2 a Abt. 3 Nr. 4. **78**

5. Wirkung des Schutzvermerkes

a) In **formeller** Hinsicht bedeutet die Eintragung des Schutzvermerks die grundbuchmäßige **Erledigung** des früheren Antrages im Sinn des § 17; der Vollziehung des späteren Antrages — mit Ausnahme der beantragten Löschung des von der Vormerkung betroffenen Rechtes (vgl. § 17 Rdn. 28) steht nichts mehr im Wege. Die später beantragte Eintragung ist in der gleichen Abteilung unter nächstfolgender Nummer in einer anderen Abteilung mit späterem Datum oder Rangvermerk gem. § 45 Abs. 2 vorzunehmen. **79**

b) Die **materielle** Bedeutung des Schutzvermerkes besteht in der **Rangwahrung** und der Unterhaltung eines vorläufigen Schwebezustandes:

aa) Der Schutzvermerk hat die grundbuchliche **Funktion**, den Vorrang des früheren Antrages zu sichern. Der Vorrang wird selbst dann gesichert, wenn zu dem früheren Antrag eine notwendige Genehmigung erst nach der später beantragten Eintragung erteilt wird.[197] Die Rangwahrung erfolgt endgültig jedoch nur für den Fall, daß der frühere Antrag durch Eintragung erledigt wird. **80**

bb) Vormerkung oder Widerspruch gewähren **Schutz** dagegen, daß infolge einer später beantragten Eintragung dem früheren Antrag nicht oder nicht in vollem Umfang entsprochen werden kann. Sie gewähren aber keinen Schutz gegen Eintragungshindernisse anderer Art, die von der später beantragten Eintragung unabhängig sind. Über den früher gestellten Antrag ist daher so zu entscheiden, als ob die Vormerkung nicht eingetragen wäre. Dies gilt insbesondere bei Verfügungsbeschränkungen, die vor der endgültigen Eintragung eintreten. Eine Zwangshypothek kann deshalb, wenn der Grundstückseigentümer in Konkurs fällt, nicht mehr eingetragen werden, auch wenn der Antrag durch einen Schutzvermerk geschützt ist, da § 14 KO entgegensteht.[198] Ist umgekehrt bereits nach § 878 BGB eine Bindung eingetreten, so ist die Eintragung trotz Konkurseröffnung zulässig; die Vormerkung als solche spielt dabei keine Rolle. **81**

Auch die endgültige **Entscheidung über den späteren Antrag** bleibt in der Schwebe.[199] Die später beantragte Eintragung ist abhängig von der endgültigen Behandlung des früher gestellten, durch Schutzvermerk gesicherten Antrages, da sie nur unter dem sich aus dem Schutzvermerk ergebenden Vorbehalt erfolgt ist. **82**

---

[195] RGZ 110, 207; BayObLGZ 30, 440; KG JFG 23, 146.
[196] RGZ 55, 343.
[197] OLG Karlsruhe JFG 6, 272.
[198] KG KGJ 39, 173.
[199] RGZ 110, 207.

§ 18

6. Fehlerhafte Unterlassung des Schutzvermerkes

83 Wurde die Eintragung des Schutzvermerkes unterlassen, so kann die früher beantragte Eintragung lediglich im Rang hinter der später beantragten Eintragung eingetragen werden. Außerdem ist Gutglaubensschutz gem. § 892 BGB im Vertrauen auf den eingetragenen Zustand möglich.[200] Ist die Eintragung aus irgendwelchen Gründen nicht mehr zulässig, so ist der früher gestellte Antrag zurückzuweisen, jedoch besteht insoweit eine Schadensersatzpflicht des Grundbuchamtes.

7. Rechtsmittel gegen Schutzvermerk

84 Die Eintragung eines Schutzvermerkes kann, wenn der Rpfleger gehandelt hat, mit der Erinnerung, und, wenn der Richter nicht abhilft, mit der unbeschränkten Beschwerde angegriffen werden. § 71 Abs. 2 steht nicht entgegen, da sich an die Eintragung kein gutgläubiger Erwerb anschließen kann.[201] Es kann jedoch nur geprüft werden, ob der gesicherte Antrag früher als der durch Eintragung erledigte beim Grundbuchamt eingegangen ist, nicht jedoch, ob bei richtiger Beurteilung er ohne Zwischenverfügung hätte abgelehnt werden müssen.[202]

VII. Endgültige Eintragung

1. Früherer Antrag vollzogen

85 Wird die früher beantragte Entscheidung nach Beseitigung des Hindernisses **endgültig vorgenommen,** so ist zu unterscheiden:

86 a) die **früher** beantragte Eintragung wird vorgenommen und dadurch die vorläufige Eintragung in die endgültige umgewandelt. Der Schutzvermerk ist von Amts wegen durch Rötung gem. § 19 Abs. 2 Grundbuchverfügung zu löschen.

87 b) Bei der **später** beantragten Eintragung muß wiederum unterschieden werden:

88 aa) **keine Löschung** der später beantragten Eintragung hat zu erfolgen, wenn zwischen den beiden beantragten Eintragungen ein Rangverhältnis besteht und die früher beantragte Eintragung nunmehr endgültig aufgrund des Schutzvermerkes den Rang vor der später beantragten Eintragung erhält. Die später beantragte Eintragung bleibt bestehen.

89 bb) Soweit dagegen die spätere Eintragung dem geschützten Recht widerspricht und nicht mehr hätte bewirkt werden dürfen, wenn die früher beantragte im Zeitpunkt der Eintragung des Schutzvermerkes vorgenommen worden wäre, ist sie **von Amts wegen zu löschen;** sie ist als von vornherein nur unter Vorbehalt späterer Löschung vorgenommen anzusehen.[203]

90 Eine Löschung hat jedoch nicht zu erfolgen, wenn ein Zwangsversteigerungs- und Zwangsverwaltungsvermerk eingetragen wurde, da das Grundbuchamt dem Ersuchen des Vollstreckungsgerichtes auch dann stattgeben muß, wenn der Schuldner nicht mehr als Eigentümer eingetragen ist.[204] Im Vollstreckungsverfahren ist zu beachten, daß hier unter Umständen der früher gestellte Antrag erst nach dem später gestellten als eingegangen anzusehen ist (vgl. oben Rdn. 22). Kann er trotz der bereits vorgenommenen Eintragung noch vollzogen werden, so hat die Eintragung mit Rang hinter der bereits vorgenommenen zu erfolgen. Die Vormerkung ist auch hier von Amts wegen zu löschen.[205]

---

[200] OLG Hamm Rpfleger 95, 246.
[201] KG JFG 7, 329.
[202] KG HRR 32 Nr. 1773.
[203] RGZ 110, 207; KGJ 53, 109; JFG 23, 146; BayObLGZ 30, 440.
[204] KG JFG 1, 312.
[205] Vgl. KG OLG 25, 389; ebenso *Rahn* Justiz 62, 58.

2. Früherer Antrag zurückgewiesen

Wird der früher gestellte Antrag zurückgewiesen, so ist ebenfalls zu unterscheiden: **91**

a) Wird der **früher** gestellte Antrag **zurückgenommen oder zurückgewiesen**, so ist der Schutzvermerk von Amts wegen zu löschen, im letzteren Fall, sobald der Zurückweisungsbeschluß dem Antragsteller bekannt gemacht worden ist. Wird die Löschung zunächst versäumt, so ist sie jederzeit nachholbar.[206] Dies gilt selbst dann, wenn die Zurückweisung des Antrages vom Beschwerdegericht aufgehoben worden ist, denn die Zurückweisung war eine Erledigung des Eintragungsantrages, die bewirkte, daß die später gestellten Anträge so erledigt werden mußten, als ob der frühere Antrag überhaupt nicht gestellt worden war.[207] Wird der Schutzvermerk versehentlich oder aus einem sonstigen Grund zu Unrecht gelöscht, ohne daß über den ersten Antrag entschieden ist, so läßt sich aus § 18 Abs. 2 nichts herleiten, da diese Bestimmung die ausdrückliche Zurückweisung des gestellten Antrages mit der Folge des Erlöschens des durch die Vormerkung gesicherten öffentlichrechtlichen Anspruches auf Entscheidung voraussetzt.[208] Ob und inwieweit in diesen Fällen die Eintragung eines Amtswiderspruches möglich ist, hängt von dem Inhalt der Entscheidung ab, die man in der Löschung des Vermerkes sieht.[209] Die Frage ist bisher in Schrifttum und Rechtsprechung noch nicht entschieden. Ebenso hängt Zulässigkeit und Erfolg einer gegen die zu Unrecht erfolgte Löschung erhobenen Beschwerde von der Beantwortung dieser Frage ab.[210] Auf jeden Fall ist beschwerdeberechtigt nur der den Anspruch besitzende Antragsteller, nicht der durch die Eintragung Begünstigte.[211]

b) Die **später** beantragte Eintragung wird vorbehaltlos wirksam. Dies gilt auch, wenn die Zurückweisung des früher gestellten Antrages auf eine Beschwerde hin aufgehoben wird.

3. Wirkungen der Zurückweisung

a) **Materiellrechtlich** ist die Zurückweisung ohne Einfluß, da es sich um eine rein **92** verfahrensrechtliche Maßnahme handelt. Eine nach den §§ 873 Abs. 2, 875 Abs. 2 BGB eingetretene Bindung der Beteiligten bleibt bestehen.

b) Der gestellte **Eintragungsantrag** ist mit der Zurückweisung **erledigt** im Sinn des **93** § 17. Die eingereichten Urkunden sind an den zurückzugeben, der sie eingereicht hat (vgl. § 10 Rdn. 9; zur Verwendung von Urkunden für Anträge anderer Antragsteller vgl. § 31 Rdn. 15).

Später beantragte Eintragungen können ohne weiteres vorgenommen werden. Die **94** an die Antragstellung geknüpften materiell-rechtlichen Wirkungen (vgl. § 13 Rdn. 9 ff.) sind beseitigt.

Wird der **Antrag neu gestellt,** so richtet sich der Rang ausschließlich nach dem Zeit- **95** punkt des Eingangs des neuen Antrages. Wird jedoch die Zurückweisung des Antrages vom Grundbuchamt oder vom Beschwerdegericht aufgehoben, so leben sämtliche alten Wirkungen wieder auf.[212] Die zwischen der Zurückweisung und ihrer Aufhebung vorgenommenen Eintragungen bleiben jedoch gültig.[213]

---

[206] KG JFG 23, 147.
[207] KG a. a. O.
[208] KG DNotZ 73, 34 = Rpfleger 72, 174.
[209] Zu den verschiedenen Möglichkeiten vgl. KG a. a. O.
[210] Vgl. dazu KG a. a. O.
[211] KG a. a. O.
[212] BGHZ 45, 191 = DNotZ 66, 673.
[213] RGZ 135, 185; BGH a. a. O.

96 War die **Beschwerde auf neues Vorbringen gestützt** (§ 74), so hat ihre Einlegung die Bedeutung eines neuen Antrages, mit der Folge, daß der Rang sich ausschließlich nach dem Zeitpunkt der Beschwerdeeinlegung[214] richtet.

97 c) Der Zurückweisungsbeschluß erwächst nicht in **formelle Rechtskraft**, wenn man darunter allgemein Unabänderlichkeit versteht, sondern kann vom Grundbuchamt jederzeit aufgehoben werden, jedoch gem. § 18 Abs. 1 Halbs. 2 FGG nur auf Antrag eines Antragsberechtigten,[215] der nicht notwendig der ursprüngliche Antragsteller zu sein braucht. Die Änderung ist möglich, solange das Beschwerdegericht nicht sachlich entschieden hat. Ändert das Grundbuchamt seine Ansicht, so ist der Antragsteller darauf hinzuweisen.[216]

98 Ebensowenig kommt dem Zurückweisungsbeschluß **materielle Rechtskraft** zu, die dem Verfahren der freiwilligen Gerichtsbarkeit grundsätzlich fremd ist. Das Grundbuchamt ist an die Entscheidung des Beschwerdegerichts lediglich für den gestellten Antrag gebunden. Ein neuer gleichlautender Antrag ist jederzeit zulässig.

Wird ein solcher Antrag gestellt, so ist über ihn ohne Bindung an das frühere Verfahren zu entscheiden.[217] Das Grundbuchamt ist nicht gehindert, einem neuen Antrag mit gleicher Begründung stattzugeben, wenn es darin nicht etwa den Antrag auf Aufhebung des früheren Beschlusses zu sehen hat.[218]

Ausnahmsweise ist eine Änderung nach § 18 Abs. 2 FGG unzulässig, wenn und soweit die Zurückweisung nur mit der sofortigen Beschwerde angegriffen werden kann (vgl. dazu Rdn. 96).

IX. Rechtsmittel gegen Zurückweisung

1. Beschwerde

99 Die Zurückweisung kann grundsätzlich mit der fristlosen Beschwerde angegriffen werden (§ 71 Abs. 1). Hat der Rechtspfleger entschieden, so ist zunächst binnen der für die sofortige Beschwerde geltenden Frist Erinnerung einzulegen (§ 11 Abs. 2 RPflG). Die sofortige Beschwerde ist vorgeschrieben bei Zurückweisung eines Eintragungsantrages, der nach § 1 oder § 4 Abs. 2 Grundbuchmaßnahmengesetz vom 20. 12. 1963 gestellt wurde. Die Entscheidung des Beschwerdegerichts kann mit der weiteren Beschwerde angefochten werden (§ 78). Vgl. dazu im einzelnen § 71 Rdn. 14.

2. Begründung

100 Begründet werden kann die Beschwerde damit, daß der angegebene Grund nicht vorliegt. Dies ist selbst dann möglich, wenn der Antragsteller die vorausgehende, den gleichen Grund angebende Zwischenverfügung nicht angefochten hatte oder die gegen die Zwischenverfügung eingelegte Beschwerde abgewiesen wurde.[219] Weiter kann zur Begründung geltend gemacht werden, daß zunächst eine Zwischenverfügung hätte erlassen werden müssen[220]; ebenso kann verlangt werden, das Ermessen des Grundbuchamtes nachzuprüfen, wenn man der Auffassung folgt, daß ein Ermessen hier möglich ist. Dies ist auch noch mit der weiteren Beschwerde möglich.[221] Im einzelnen vgl. § 78 Rdn. 13.

---

[214] KGJ 52, 122; BGHZ 27, 317 = Rpfleger 58, 218.
[215] KG JW 37, 478; a. A. *Güthe/Triebel* Anm. 26.
[216] KG JW 37, 487.
[217] Vgl. KG KGJ 44, 303 für Berichtigungsanträge.
[218] KG KGJ 44, 303.
[219] KG HRR 33 Nr. 1027.
[220] KG KGJ 24, 83.
[221] OLG Karlsruhe JFG 4, 405; OLG Hamm DNotZ 54, 32.

Zweiter Abschnitt. Eintragungen in das Grundbuch (Munzig) **§ 19**

[Eintragungsbewilligung]

§ 19
Die Eintragung erfolgt, wenn derjenige sie bewilligt, dessen Recht von ihr betroffen wird.

Übersicht

	Rdn.		Rdn.
I. Bedeutung der Bewilligung	1–13	VIII. Ausnahmen vom Erfordernis der Bewilligung	199–201
II. Rechtsnatur der Bewilligung	14–27		
III. Inhalt der Bewilligung	28–43	IX. Rechts- und Erwerbsfähigkeit des Begünstigten	202–206
IV. Bewilligungsberechtigung	44–81		
V. Verfügungsbeschränkungen	82–164		
VI. Wirksamkeit der Bewilligung	165–184	X. Weisungen an den Notar für den Grundbuchvollzug	207–253
VII. Bewilligung durch Vertreter	185–198		

Literatur:

Eickmann Grundbuchverfahrensrecht, 5. Kap. § 3; *Ertl* DNotZ 1964, 260; Rpfleger 1980, 41; DNotZ 1990, 684; *Ritzinger* BWNotZ 1981, 6; *Rademacher* MittRhNotK 1983, 105.

I. Bedeutung der Eintragungsbewilligung

1. Wirksame Bewilligung als Voraussetzung der GB-Eintragung

a) **Das GBA darf die Eintragung nur vornehmen, wenn die ihr zugrundeliegende Bewilligung im Zeitpunkt der Eintragung wirksam ist.** Dazu müssen folgende drei Voraussetzungen erfüllt (§ 19 Rdn. 170) sein: **1**

1. Die Bewilligung muß durch den im Zeitpunkt der GB-Eintragung Bewilligungsberechtigten (§ 19 Rdn. 44 ff.; 75) mit dem vorgeschriebenen Inhalt (§ 19 Rdn. 28 ff.) in einer dem § 29 entsprechenden Urkunde erklärt sein.
2. Diese Urkunde muß dem GBA im Zeitpunkt der Eintragung vorliegen (Einl. A 53; § 44); denn sie kann im Eintragungsverfahren durch kein anderes Beweismittel ersetzt werden (§ 29 Rdn. 9).
3. Der Wille des Bewilligenden muß diese beiden Voraussetzungen (Erklärung der Bewilligung und Urkundenvorlage an GBA) umfassen und dem GBA eindeutig erkennbar sein (§ 19 Rdn. 167).

Fehlt eine dieser drei Voraussetzungen, dann steht der beantragten Eintragung ein Hindernis entgegen (§ 18 Rdn. 6), sofern nicht ausnahmsweise die Bewilligung entbehrlich ist (§ 19 Rdn. 199) oder durch eine andere Eintragungsgrundlage ersetzt wird (§ 19 Rdn. 200). Zur Streitfrage, ob die Bewilligung durch die in Form des § 29 nachgewiesene Einigung ersetzt wird vgl. § 20 Rdn. 4 ff.

b) **GB-Eintragung ohne Bewilligung** ist eine wirksame Eintragung, weil § 19 nur eine Ordnungsvorschrift ohne materiellrechtliche Bedeutung ist.[1] Das GBA hat in einem solchen Fall „fehlerhaft" eingetragen (Einl. B 59). Die Eintragung kann deshalb unrichtig sein (§ 894 BGB), ist deshalb allein aber noch nicht unwirksam (Einl. B 45 ff., 60). **2**

---

[1] *Demharter* § 19 Rdn. 17; Meikel/*Lichtenberger* § 19 Rdn. 14 ff., 437.

2. Einigungsgrundsatz des BGB

3 Die materiell-rechtliche Einigung über die dingliche Rechtsänderung ist in §§ 873 ff. BGB geregelt. Sie ist ein vom schuldrechtlichen Grundgeschäft unabhängiger, auf die dingliche Rechtsänderung gerichteter Vertrag, für den §§ 104 bis 185 BGB unmittelbar gelten.[2] Sie ist grundsätzlich formfrei, nur als „Auflassung" an die Form des § 925 Abs. 1 BGB, aber an keine Beurkundung gebunden und bedarf **keines bestimmten Wortlauts**, wenn nur aus den Erklärungen der Wille zur dinglichen Rechtsänderung hervorgeht (§ 20 Rdn. 2, 107 ff.).[3] Die Einigung kann grundsätzlich unter aufschiebenden oder auflösenden Bedingungen oder Zeitbestimmungen erklärt werden.[4] Ausnahmen bestehen nur für die Auflassung, das Erbbaurecht und Wohnungseigentum. Im Gegensatz zu schuldrechtlichen Verträgen kann die Einigung bis zur GB-Eintragung einseitig **widerrufen** werden. Gegenseitige Bindung tritt nur unter den Voraussetzungen des § 873 Abs. 2 BGB ein.[5]

3. Einseitige materielle Erklärung

4 a) Anstelle der vertraglichen Einigung genügt in bestimmten Fällen die **einseitige, empfangsbedürftige, rechtsgeschäftliche Erklärung** über die Aufgabe, Bestellung oder Teilung des dinglichen Rechts (z. B. §§ 875, 1168, 1183, 1188, 1196, 928 BGB; § 8 Abs. 1 und § 30 Abs. 2 WEG). Die Bindung tritt unter den Voraussetzungen des § 875 BGB Abs. 2 ein. Im übrigen gelten die Vorschriften für die Einigung. Wegen der Einseitigkeit werden diese Erklärungen leicht mit der verfahrensrechtlichen Bewilligung verwechselt.[6]

5 b) Die „**Bewilligungserklärung**" nach § 885 Abs. 1 BGB ist materiellrechtliche Voraussetzung für die Entstehung einer wirksamen Vormerkung[7] und gerade deshalb von der verfahrensrechtlich nur zur Eintragung notwendigen Bewilligung zu unterscheiden.[8]

4. Bewilligungsgrundsatz der GBO

6 a) Die Bewilligung ist die wichtigste Voraussetzung der GB-Eintragung. Trotzdem regelt die GBO die **Bewilligung nur mit dem aus einem einzigen Satz bestehenden § 19**, der bezüglich Inhalt und Form durch §§ 28, 29, 47 ergänzt wird. Das Gesetz schafft keine Klarheit, ob die ungeregelten Fragen materiell- oder verfahrensrechtlich entschieden werden müssen. Von der Einigung und den oben Rdn. 4 und 5 erwähnten einseitigen materiellrechtlichen Erklärungen unterscheidet sich die Bewilligung dadurch, daß sie nicht im BGB, sondern in der GBO geregelt ist. § 19 erleichtert das GB-Verfahren und nimmt bewußt ein unrichtiges GB in Kauf, wenn trotz der Bewilligung die Einigung mit dem anderen Vertragspartner fehlt (Einl. C 4, 72). Nur in den Fällen des § 20 hat das GBA den Nachweis der Einigungserklärungen zu verlangen (§ 20 Rdn. 11). Andererseits erschwert die GBO das GB-Verfahren durch die Form des § 29, die nur für die Bewilligung, nicht für die Einigung gilt.

---

[2] Palandt/*Bassenge* § 873 Rdn. 10; krit. Staudinger/*Gursky* § 873 Rdn. 34.
[3] S. a. Staudinger/*Gursky* § 873 Rdn. 49 ff.
[4] Staudinger/*Gursky* § 873 Rdn. 108 ff.
[5] Staudinger/*Gursky* § 873 Rdn. 142.
[6] Staudinger/*Gursky* § 875 Rdn. 27; *Ertl* DNotZ 64, 260/266.
[7] H. M.: Staudinger/*Gursky* § 885 Rdn. 2, 3; BGHZ 28, 182/186; BayObLGZ 54, 97/100.
[8] Staudinger/*Gursky* § 885 Rdn. 3; *Ertl* DNotZ 64, 279 mit Lit.

b) **Der Bewilligungsgrundsatz** durchzieht das gesamte GB-Verfahrensrecht und kommt in GB-Erklärungen mit verschiedenem Inhalt zum Ausdruck, die sich alle durch eine Gemeinsamkeit auszeichnen: durch ihre auf das GB-Verfahren beschränkte Wirkung, die dem GBA lediglich eine GB-Eintragung gestattet[9] und zwar durch
1. **Änderungsbewilligung** (§ 19) eine Änderungseintragung (Einl. A 13).
2. **Berichtigungsbewilligung** (§ 22 Abs. 1) eine Berichtigungseintragung (Einl. A 13; § 22 Rdn. 28 ff., 67).
3. **Berichtigungszustimmung des Eigentümers** oder Erbbauberechtigten (§ 22 Abs. 2) dessen Eintragung im Wege der GB-Berichtigung (§ 22 Rdn. 28 ff., 76).
4. **Löschungsbewilligung** eine Löschung (§ 27 Rdn. 3, 18 ff.).
5. **Löschungszustimmung des Eigentümers** (§ 27 S. 1) die Löschung eines Grundpfandrechts (§ 27 Rdn. 7 ff.).

Alle diese GB-Erklärungen sind nach einhelliger Meinung Unterarten der „Eintragungsbewilligung".[10] Die verschiedenen sprachlichen Bezeichnungen für diese Unterarten der Bewilligung machen keine Aussage darüber, ob die durch sie gestattete GB-Eintragung auch materiell die Wirkung einer Rechtsänderung (§§ 873, 875 BGB) oder einer GB-Berichtigung (§ 894 BGB) zur Folge hat (Einl. A 13).

Erkennt man an, daß alle diese Unterarten der Bewilligung ihrem Wesen nach gleich sind und daß sie alle eine GB-Eintragung gestatten, bei der es letztlich für das formelle Recht nicht auf die Erreichung des aus dem Inhalt sich ergebenden materiellen Erfolges ankommt, dann müssen alle Arten der Bewilligung jedenfalls in verfahrensrechtlichen Grundsatzfragen gleich behandelt werden.

5. Unterschiede zwischen Einigung und Eintragungsbewilligung

a) **Einigung und Eintragung** sind zwei selbständige Voraussetzungen der dinglichen Rechtsänderung, die auf verschiedenen Wegen zur dinglichen Rechtsänderung nur führen, wenn sie zu irgend einem Zeitpunkt wirksam sind und inhaltlich übereinstimmen.[11] Solange keine Übereinstimmung besteht, behält jede für sich die ihr eigenen materiellen Wirkungen, die sie auch später noch gemeinsam entfalten können, wenn sie entweder durch Berichtigung des GB oder durch Anpassung der Einigung an den GB-Stand zur Übereinstimmung gebracht werden. Im Gegensatz dazu hat die Bewilligung mit der Eintragung ihren Zweck erfüllt, gleichgültig ob das GB richtig oder unrichtig ist.

b) **Einigung und Bewilligung** sind zwei selbständige Rechtsakte, die viele Unterschiede aufweisen[12] und sich begrifflich nicht decken.[13] Die Einigung (= dinglicher Vertrag) ist die materielle Grundlage der dinglichen Rechtsänderung, die Bewilligung eine von mehreren formellen Voraussetzungen für die Eintragungstätigkeit des GBA. Ihr **Wesensunterschied** besteht darin, daß in der Einigung der Wille der Beteiligten auf die materielle Rechtsänderung gerichtet ist, während mit der Bewilligung der Betroffene einseitig eine GB-Eintragung gestattet, die seine GB-Position beeinträchtigt (§ 19 Rdn. 18 ff.). Mit der Bewilligung duldet er auch ohne Einigung die Eintragungstätigkeit des GBA. Die Bewilligung übt auf die materielle Rechtslage keine unmittelbare Wirkung aus, sondern nur mittelbar über die GB-Eintragung. Die Bewilligung ist daher

---

[9] Ebenso *Eickmann* GBVerfR 5. Kap. § 3 I 1.
[10] Güthe/*Triebel* § 19 Rdn. 24; § 22 Rdn. 31; Meikel/*Lichtenberger* § 19 Rdn. 70 ff.; *Demharter* § 19 Rdn. 3.
[11] Staudinger/*Gursky* § 873 Rdn. 6, 179 ff.
[12] Staudinger/*Gursky* § 873 Rdn. 57 u. 211.
[13] St. Rspr. BGHZ 60, 46/52; DNotZ 83, 309/311.

§ 19 I. Grundbuchordnung

kein Ersatz für die materielle Einigung,[14] die Einigung kein Ersatz für die formelle Bewilligung (§ 19 Rdn. 12; § 20 Rdn. 6 ff.).

10 c) **Die Bewilligung muß der GB-Eintragung vorausgehen, die Einigung kann ihr nachfolgen.** Ohne Bewilligung ist die Eintragung zwar ordnungswidrig, aber nicht wirkungslos, da sie zusammen mit der Einigung die materielle Rechtsänderung bewirkt und ohne Einigung Grundlage eines gutgläubigen Erwerbs sein kann (§§ 892, 893 BGB). Das Fehlen der Bewilligung reicht nicht für sich allein, sondern nur bei materieller Unrichtigkeit des GB zu einem Amtswiderspruch (§ 53).

11 d) **Bewilligung und Einigung sollen sich inhaltlich decken,** da sonst das GB unrichtig wird. Dies ist aber für die GB-Eintragung keine unerläßliche Voraussetzung, wenn das GBA in den Regelfällen des § 19 die Einigung nicht zu prüfen hat. Es ist also möglich, daß Einigung und Bewilligung nicht übereinstimmen oder sich sogar widersprechen.[15]

12 e) **Die Bewilligung ist eine verfahrensrechtliche Voraussetzung,** die zur Eintragung erforderlich ist (Einl. A 40). Sie kann (was durch Auslegung zu ermitteln ist) in der Einigung „enthalten" sein, durch sie aber nicht ersetzt werden (§ 20 Rdn. 6 ff.).[16] Sie muß das Einverständnis des Betroffenen mit der Eintragung unzweideutig zum Ausdruck bringen (§ 19 Rdn. 31) und bezüglich Form und Inhalt andere Voraussetzungen als die Einigung erfüllen (§ 19 Rdn. 3, 6, 28 ff.). Einigung und Bewilligung müssen keineswegs in der gleichen Urkunde oder zur selben Zeit erklärt werden. Aus kautelarjuristischen Erwägungen ist es häufig sogar zweckmäßig, sie voneinander zu trennen, z. B. wenn der Eigentümer beim Verkauf seines Grundstückes zuerst nur die Auflassung erklärt und erst später Zug um Zug gegen Bezahlung des Kaufpreises die Bewilligung abgibt (vgl. Einl. L 31; § 20 Rdn. 9) oder wenn er zunächst die Grundschuld bestellt und später Zug um Zug gegen Auszahlung des Darlehens dem Gläubiger die Bewilligung aushändigt. Daneben gibt es Fälle, in denen die Einigung ohne Bedingung erklärt, die Eintragung aber in der Bewilligung von einem Vorbehalt nach § 16 Abs. 2 abhängig gemacht wird (§ 20 Rdn. 8, 112). Zu den Möglichkeiten des Verkäufer- und Käuferschutzes: Einl. L 31 ff.

13 f) **Erscheinen Einigung und Bewilligung äußerlich aufgrund der Formulierung als Einheit, so ist dies ein Doppeltatbestand** (Einl. A 26 ff.), der in seine beiden Bestandteile zu zerlegen ist: in die nach BGB zu beurteilende Einigung und in die im GB-Verfahrensrecht geregelte Bewilligung.[17] (Vgl. Einl. C 28; § 20 Rdn. 7 ff.).

II. Rechtsnatur der Eintragungsbewilligung

14 Die knappe gesetzliche Regelung der Bewilligung (§ 19 Rdn. 6) zwingt zur Stellungnahme, ob die ungeregelten Fragen nach materiellem oder formellem Recht zu lösen sind. Grundlage dafür ist die Rechtsnatur der Bewilligung.

1. Rechtsgeschäftliche Natur

15 Die Rspr.[18] hielt anfangs die Bewilligung, wie es dem 1. Entwurf zum BGB und zur GBO entsprochen hätte,[19] für eine Willenserklärung des bürgerlichen Rechts und re-

---

[14] Güthe/*Triebel* § 19 Rdn. 10 ff.; Staudinger/*Gursky* § 873 Rdn. 211.
[15] BayObLGZ 52, 40/45.
[16] S. a. Meikel/*Lichtenberger* § 19 Rdn. 18 ff.; *Demharter* § 19 Rdn. 16; § 20 Rdn. 2.
[17] BayObLGZ52, 40/48. Zur Auslegung BGHZ 60, 52 = NJW 73, 323; BayObLG Rpfleger 75, 26.
[18] RGZ 54, 378; 129, 8; 141, 377.
[19] Güthe/*Triebel* § 19 Rdn. 2–5.

gelte alle Fragen unmittelbar nach BGB. Als die vom 1. Entwurf abweichend geregelten verfahrensrechtlichen Wirkungen erkannt waren,[20] wurde diese Meinung zugunsten der Ansicht von der Doppelnatur aufgegeben.

2. Lehre von der Doppelnatur

Nach dieser langezeit herrschenden Meinung ist die Bewilligung eine verfahrensrechtliche Willenserklärung, die auf Gestattung und Rechtfertigung der GB-Eintragung gerichtet ist und eine materiellrechtliche Verfügung enthält.[21] Diese Ansicht von der materiell-verfahrensrechtlichen Doppelnatur widerspricht der im Zivilprozeßrecht erarbeiteten Lehre von der Trennung von Rechtsgeschäft und Prozeßhandlung (Einl. A 33 ff.). **16**

3. Verfahrensrechtliche Lösung[22]

Die Überzeugung, wonach die in der Praxis auftretenden Probleme verfahrensrechtlich besser und einwandfreier gelöst werden können, wurde von *Ertl* dargelegt[23] und läßt sich vor allem an den unterschiedlichen Meinungen zur Wirksamkeit der Bewilligung (§ 19 Rdn. 166 ff.) darstellen, wo sich die wichtigsten praktischen Unterschiede dieser Theorien zeigen.[24] Sie stellt die heute herrschende Meinung dar.[25] **17**

4. Die Eintragungsbewilligung als verfahrensrechtliche Erklärung

Die Eintragungsbewilligung ist die Erklärung, die dem GBA die Eintragungstätigkeit gestattet und die vollzogene GB-Eintragung formell rechtfertigt. Die Bewilligung ist ihrer Rechtsnatur nach eine **reine Verfahrenshandlung.** Sie unterscheidet sich nach Wesen und Wirkungen von der materiellrechtlichen und auf die dingliche Rechtsänderung gerichteten Einigung und ist – ebenso wie die Einigung – vom schuldrechtlichen Grundgeschäft losgelöst. Sie hat als Bewirkungshandlung im Gegensatz zum Eintragungsantrag (§ 13) nur eine mittelbare verfahrensgestaltende Kraft, da sie ihre Verfahrenswirkungen nur entfaltet, wenn sie durch einen Antrag zur Grundlage eines Eintragungsverfahrens gemacht wird. **18**

Diese Meinung gründet sich auf folgende Überlegungen:
a) **Rechtsgrundlagen** sind die in § 19 Rdn. 8 ff. dargestellten Ergebnisse über Grundsatzfragen des materiellen und formellen Grundstücksrechts, die auf der Trennung von Rechtsgeschäft und Verfahrenshandlung beruhen und im übrigen Verfahrensrecht von Rechtsprechung und Rechtslehre längst anerkannt sind (Einl. A 33 ff.). Die Lehre von **19**

---

[20] Zutr. dargestellt bei Güthe/*Triebel* § 19 Rdn. 2 ff.
[21] St. Rspr. BayObLGZ 52, 40; 54, 100; 74, 30; KGJ 43, 149; Güthe/*Triebel* § 19 Rdn. 7 ff.
[22] Dazu mit eingehender Begründung: *Eickmann* Rpfleger 1972, 78; Staudinger/*Ertl* § 873 Rdn. 125 ff.; *Eickmann* Grundbuchverfahrensrecht (= GBVerfR) 5. Kap. § 3 II; Westermann/*Eickmann*, Immobiliarsachenrecht § 86 II 2. Die verfahrensrechtliche Ansicht verneint den rechtsgeschäftlichen Charakter der Bewilligung völlig. Sie wurde von Hesse/Saage/Fischer (§ 19 Anm. II), Staudinger/*Seufert* (11. Aufl. § 873 Rdn. 55 a), *Ertl* (a. a. O.) und *Eickmann* (a. a. O.) weiterentwickelt und ist inzwischen die h. L. geworden. S. a. Meikel/*Lichtenberger* § 19 Rdn 36 ff., 46 ff.; *Demharter* § 19 Anm. 5; Haegele/Schöner/*Stöber* GBR 98, 107.
[23] DNotZ 1964, 260; 1967, 339; 1967, 406; 1990, 684; Rpfleger 1980, 41; 1982, 407.
[24] *Nieder* NJW 84, 331.
[25] BayObLG Rpfleger 1993, 189; *Demharter* § 19 Rdn. 13, Staudinger/*Gursky* § 885 Rdn. 3; § 899 Rdn. 31; Palandt/*Bassenge* § 873 Rdn. 9.

der Doppelnatur hat inzwischen jede wissenschaftliche Grundlage und Unterstützung verloren.

20 b) **In der Bewilligung ist der Wille des Betroffenen auf die Gestattung der GB-Eintragung** gerichtet und nicht wie bei der Einigung auf die dingliche Rechtsänderung.

21 c) **Die Bewilligung gestattet nur die Veränderung der Buchposition** des Bewilligenden. Sie verändert nicht sein materielles Recht und kann deshalb keine Verfügung über ein materielles Recht sein. Hätte die Bewilligung eine materielle Verfügungswirkung, so wäre die ohne Bewilligung vollzogene Eintragung entweder wirkungslos (§ 53 Abs. 1 S. 2; vgl. Einl. B 45 ff.; B 61) oder unrichtig (§ 894 BGB; Einl. B 60; § 19 Rdn. 2), was nicht der Fall ist.

22 d) **Die Bewilligung ist kein Teil der Einigung.**[26] Wäre sie es, müßten sich Bewilligung und Einigung stets decken. Es gibt aber Eintragungen, zu denen eine Bewilligung erforderlich ist, aber keine Einigung, z. B. die Bewilligung zur Eintragung der dinglichen Zwangsvollstreckungsunterwerfung (§ 19 Rdn. 70) oder des Löschungserleichterungsvermerks (§ 23 Rdn. 34), die beide nur verfahrensrechtliche Wirkungen haben und rein „grundbuchmäßige Rechte" sind[27] (dazu Einl. B 12).

23 e) **Die Hauptwirkung der Bewilligung,** dem GBA ohne Nachweis der Einigung die Eintragungstätigkeit zu gestatten, ist **im Verfahrensrecht (§ 19 GBO) geregelt.** §§ 873 Abs. 2; 875 Abs. 2 BGB knüpfen hieran lediglich an. Auch § 874 BGB ist kein Beweis für die rechtsgeschäftliche Natur der Bewilligung. Denn durch Bezugnahme wird die Bewilligung nicht Teil eines Rechtsgeschäfts, sondern Teil der GBEintragung, die nach jetzt h. M. eine „Verfahrenshandlung des Gerichtes (GBA)" darstellt (Einl. A 55).

24 f) **Die Bewilligung enthält die formelle Rechtfertigung der Eintragung.** Sie ist zu unterscheiden von der Einigung über die dingliche Rechtsänderung als materielle Rechtfertigung. In diesem Punkt gleicht die Bewilligung dem Prozeßanerkenntnis, Klageverzicht und Zwangsvollstreckungsunterwerfung, die nach jetzt einhelliger Meinung „Prozeßhandlungen" darstellen (Einl. A 23; 24). Bei Eintragungen ohne sachenrechtliche Bedeutung und Wirkung (Einl. J 26 ff.) bedarf es keiner rechtsgeschäftlichen Erklärung,[28] aber einer Bewilligung (Einl. J 8).

25 g) **Die gesetzliche Regelung der Bewilligung ist nur im Verfahrensrecht zu finden** (§§ 19; 28; 29 GBO), also nicht im materiellen Recht. Dies ist nach der Lehre von den Prozeß- und Verfahrensverhandlungen das wichtigste Kriterium für die Beurteilung der Rechtsnatur einer Erklärung (Einl. A 36; 37).

26 h) **Die Bewilligung wird zu den „Bewirkungshandlungen"** gerechnet, da sie im Gegensatz zum Antrag (§ 13 GBO) keine unmittelbare verfahrensgestaltende Kraft ausübt. Dies ändert an ihrer rein verfahrensrechtlichen Natur nichts, da die Bewirkungshandlungen eine der beiden Gruppen der Verfahrenshandlungen sind und nicht zu den rechtsgeschäftlichen Erklärungen gehören (Einl. A 23).

5. Folgerung aus der verfahrensrechtlichen Ansicht

27 Ist die Bewilligung eine rein verfahrensrechtliche Erklärung, müssen in der GBO ungeregelte Fragen nach den allgemeinen Verfahrensgrundsätzen der freiwilligen Gerichtsbarkeit und nach den für sie passenden Grundsätzen des allgemeinen Verfahrensrechts beantwortet werden. Vorschriften des materiellen Rechts dürfen nur (analog)

---

[26] Vgl. RGZ 54, 384.
[27] BGH DNotZ 76, 490 = Rpfleger 76, 206.
[28] BGH DNotZ 76, 490 zur Vorlöschungsklausel.

herangezogen werden, wenn das Verfahrensrecht schweigt (Einl. A 24).[29] Entsprechend dem Zweck der Bewilligung, das GB-Verfahren auf eine sichere Grundlage zu stellen, muß das GBA in die Lage versetzt werden, allein aus der ihm vorgelegten Bewilligungsurkunde (ohne sonstige Hilfsmittel) das wirksame Einverständnis des Betroffenen und den Inhalt der von ihm gestatteten Eintragung mit der im GBVerfahren erforderlichen Sicherheit festzustellen (vgl. dazu § 19 Rdn. 28 ff., 165 ff.).

III. Inhalt der Eintragungsbewilligung

Die Bewilligung muß ausdrückliche oder auslegungsfähige Erklärungen (Rdn. 29, 30) enthalten über: **28**

a) Gestattung der Eintragungstätigkeit des GBA (Rdn. 31 bis 34)
b) Person des Bewilligenden (Rdn. 35);
c) Art und Inhalt der Eintragung (Rdn. 36 bis 39);
d) Person des Berechtigten (Rdn. 40);
e) das betroffene Grundstück oder Recht (Rdn. 41).

Die Bewilligung kann außerdem Erklärungen enthalten über:

f) Vorbehalt nach § 16 Abs. 2 GBO (Rdn. 32);
g) Gestattung eines geringeren oder getrennten Vollzugs (Rdn. 42);
h) Rangbestimmungen (Rdn. 67).

1. Ausdrücklicher oder auslegungsfähiger Inhalt

a) Der Zweck des GB, sichere Rechtsverhältnisse an Grundstücken zu schaffen und **29** den Rechtsverkehr darüber zuverlässig und erschöpfend zu unterrichten (vgl. Einl. A 7 ff.), verlangt einen klaren und eindeutigen Wortlaut der Bewilligung, die eine feste Grundlage des Eintragungsverfahrens darstellen und einen unmißverständlichen und für jedermann zweifelsfreien GB-Inhalt schaffen muß.[30] Zu beachten ist aber auch die Warnung vor einer Überspannung dieses Grundatzes.[31]

b) Wie die GB-Eintragung ist unter Beachtung der Besonderheiten des Grundbuch- **30** verkehrs[32] auch die **Bewilligung einer Auslegung fähig,** wenn sie keinen eindeutigen Inhalt hat[33] und mit den dem GBA zur Verfügung stehenden Mitteln zu einem den Anforderungen des GB an Klarheit und Bestimmtheit entsprechenden Ergebnis führt (Einl. C 25 ff.).[34] Für ihre Auslegung ist der Wortlaut und Sinn maßgebend, wie ihn jeder unbefangene Dritte objektiv als nächstliegende Bedeutung der Erklärung[35] versteht und wie er aus den dem GBA zugänglichen Urkunden und sonstigen Eintragungsunterlagen hervorgeht. Maßgeblich ist der Wille der Beteiligten, nicht des Notars.[36] Die Erklärungen des Notars können aber verwertet werden, wenn sie dem geäußerten Willen der Beteiligten nicht widersprechen. Einzelheiten Einl. C 11 ff.

---

[29] S. a. *Eickmann* GBVerfR 5. Kap. § 3 II 3.
[30] Vgl. BGH DNotZ 66, 487; BayObLGZ 61, 105; OLG Köln Rpfleger 70, 286; *Herbst* DNotZ 66, 62.
[31] BGH NJW 69, 502/503; OLG Bremen NJW 65, 2403; KG NJW 73, 1128/1130; OLG Frankfurt Rpfleger 83, 61; BayObLG DNotZ 89, 568.
[32] KG OLGZ 65, 244.
[33] BayObLGZ 79, 15; 84, 123.
[34] KG DNotZ 58, 203; OLG Hamm DNotZ 70, 417.
[35] BGH DNotZ 70, 567; 76, 16; BayObLGZ 79, 12.
[36] BGH DNotZ 61, 396; BayObLG Rpfleger 67, 11.

§ 19

2. Gestattung einer Eintragungstätigkeit des GBA

31 a) Die **Bewilligung** muß das **Einverständnis des Betroffenen mit der GB-Eintragung** unzweideutig zum Ausdruck bringen,[37] ohne den Ausdruck „Bewilligung" verwenden zu müssen.[38] Es genügen z. B. die Worte „bitten", „verlangen", „beantragen",[39] „mit der Eintragung einverstanden sein", „GBA wird ermächtigt".

32 b) Die **Eintragungstätigkeit darf nicht von Bedingungen, Zeitbestimmungen oder sonstigen Vorbehalten** abhängig gemacht werden, die das GBA mit den ihm zur Verfügung stehenden Mitteln nicht mit Sicherheit nachprüfen kann.[40] Zulässig ist aber eine Bedingung, Zeitbestimmung oder Zug-um-Zug-Leistung, deren Eintritt dem GBA in der Form des § 29 nachgewiesen wird,[41] die Beifügung einer Rechtsbedingung und ein Vorbehalt nach § 16 Abs. 2, da diese Bestimmung auf die Bewilligung entsprechend anwendbar ist (vgl. § 16 Rdn. 23; § 20 Rdn. 8, 112).

33 c) Zulässig ist auch die vorbehaltlose Bewilligung, ein **bedingtes oder befristetes dingliches Recht** im GB einzutragen (Einl. B 31). Das materielle Recht macht nur Ausnahmen bei Auflassung, Erbbaurecht und Wohnungseigentum (Einzelheiten § 20 Rdn. 110; Einl. E 46; F 9).

34 d) Die **Bewilligung muß vom Betroffenen** in einer dem § 29 entsprechenden Urkunde erklärt und dem GBA vorgelegt werden. Die Wirksamkeit (= Verwendbarkeit) der Bewilligung als Verfahrenshandlung setzt voraus, daß der Bewilligende:
(1) den Inhalt seiner Bewilligung in Form des § 29 erklärt (§ 19 Rdn. 28 ff.),
(2) den Willen hat und dem GBA gegenüber kundtut, daß das GBA die bewilligte Eintragung vornehmen darf (§ 19 Rdn. 170),
(3) diese Erklärung dem GBA selbst oder durch Dritte vorlegt (§ 19 Rdn. 170).
Daher kann die Urkunde dem GBA mit dem Hinweis vorgelegt werden, daß zunächst nur eine oder mehrere bestimmte Bewilligungen vollzogen werden dürfen, andere nicht z. B. nur die Vormerkung, nicht die Auflassung, nur die Hypothek, nicht die Löschungsvormerkung; nur eine von mehreren Löschungen; nur die Auflassung eines von mehreren Grundstücken (§ 19 Rdn. 42).

3. Person des Bewilligenden

35 a) Aus der Erklärung muß sich die Person des Bewilligenden so genau ergeben, daß das GBA sich über die Identität zwischen dem Bewilligenden und dem Betroffenen Gewißheit verschaffen kann. Ergibt sich die Personengleichheit nicht aus der Erklärung selbst, so ist der Nachweis durch öffentliche Urkunden zu führen (z. B. durch Heiratsurkunde oder durch Personenfeststellung des Notars in der Urkunde oder Beglaubigungsvermerk.[42]

b) Die Formulierung „die Beteiligten bewilligen und beantragen ..." ist unschädlich, obwohl richtiger wäre: „der Veräußerer bewilligt und der Erwerber (oder beide) beantragt ..."

c) Wer für **einen anderen die Bewilligung abgibt** (§ 19 Rdn. 185 ff.), hat dies in seiner Erklärung zum Ausdruck zu bringen; eine Feststellung darüber im Beglaubigungsvermerk des Notars genügt dazu nicht.

---

[37] KG DNotZ 58, 203.
[38] OLG Köln NJW 60, 1108; BayObLGZ 74, 365 = DNotZ 75, 685; Rpfleger 84, 145/146; 85, 288.
[39] OLG Frankfurt Rpfleger 80, 63.
[40] KGJ 44, 191; KG HRR 40, 1077; OLG Oldenburg MDR 47, 23.
[41] OLG Frankfurt Rpfleger 75, 177; 80, 291; BayObLG Rpfleger 83, 480.
[42] OLG Hamm DNotZ 65, 46.

d) Unterzeichnet der Bewilligende mit der Firma, einem Künstlernamen oder Pseudonym, so hat der Notar im Beglaubigungsvermerk die entsprechenden Feststellungen zu treffen, damit das GBA die Identität des Bewilligenden mit dem im GB Eingetragenen nachprüfen kann.[43]

4. Art und Inhalt der gestatteten GB-Eintragung

a) **Die Bewilligung muß den im GB einzutragenden materiellen Rechtsvorgang schlüssig darstellen,** bei Rechtsänderung also den maßgeblichen Rechtsakt (z. B. Auflassung, Bestellung oder Abtretung einer Grundschuld, Inhaltsänderung eines eingetragenen Rechts), bei Berichtigung den zur Unrichtigkeit führenden Vorgang (§ 22 Rdn. 68). Denn in der Eintragung ist ihr rechtlicher Grund anzugeben.[44] Bei Löschungsbewilligung ist der Löschungsgrund nicht erforderlich, weil er auch nicht eingetragen wird.[45]

b) Der materiell-rechtliche Vorgang muß jedoch in den Fällen des § 19 nicht nachgewiesen werden, da das GBA nicht berechtigt ist, die materiellrechtlichen Voraussetzungen[46] oder bei Vormerkung das Bestehen eines Anspruches zu prüfen.[47]

c) **Der Inhalt der Bewilligung muß Art und Inhalt der gestatteten Eintragung eindeutig und vollständig so wiedergeben,** wie er vom GBA durch Eintragung und Bezugnahme auf die Bewilligung zum Grundbuchinhalt (Einl. B 39; 40) gemacht werden soll. Dieser Inhalt ist bei den einzelnen Rechten und Vermerken sehr verschieden. Enthält die Urkunde Erklärungen schuldrechtlicher, dinglicher oder sonstiger Art, muß die Bewilligung (notfalls durch Auslegung; Einl. C 25 ff.) den Inhalt der gestatteten GB-Eintragung klar erkennen lassen. Der Bewilligende darf die Entscheidung darüber nicht dem GBA aufbürden, auch nicht durch den Zusatz, daß „alles dinglich sein soll, was gesetzlich zulässig ist".[48] Die Bewilligung erschöpft sich nicht in einem mit den Worten: „Ich bewillige die GB-Eintragung" zum Ausdruck gebrachten abstrakt-formalen Rechtsakt. Sie setzt darüber hinaus den in jede Bewilligung aufzunehmenden konkreten rechtlichen Inhalt der gestatteten Eintragung voraus. In der Bewilligung eines Leibgedings (§ 49 GBO) müssen beispielsweise die einzelnen Rechte nach Art und Umfang genau beschrieben, der Berechtigte (bei mehreren ihr Gemeinschaftsverhältnis) angegeben und die mit den Einzelrechten zu belastenden Grundstücke genau bezeichnet werden. Wegen der Buchungserleichterung des § 49 bedarf es zwar nicht der Aufnahme aller dieser Einzelheiten in den Eintragungsvermerk (§ 49 Rdn. 4 ff.). § 49 setzt aber gerade deshalb eine genaue Fassung der Bewilligung voraus.[49]

d) **Die Bewilligung muß den Inhalt der gestatteten Eintragung vollständig enthalten.** Die Bewilligungserklärung kann jedoch **Bezug nehmen** (= verweisen) auf Unterlagen, die dem GBA sonst vorliegen. Dazu gehören andere genau bezeichnete öffentliche oder öffentlich beglaubigte Urkunden;[50] Satzungen (§ 1115 Abs. 2 BGB), GB-Eintragungen einschließlich der nach § 874 BGB zum GB-Inhalt erklärten Urkunden[51] und geltende gesetzliche Vorschriften.[52] Zum Inhalt der Bewilligung wird dadurch alles, worauf in ihr zulässig Bezug genommen wird.[53] Anlagen zur Bewilligungserklärung i. S. § 9

---

[43] *Huhn/v. Schuckmann* BeurkG § 40 Rdn. 6.
[44] KGJ 40, 270; OLG München JFG 18, 120.
[45] BayObLGZ 52, 322.
[46] OLG Köln DNotZ 66, 677.
[47] KG DNotZ 71, 418.
[48] BayObLG DNotZ 69, 492; *Eickmann* GBVerfR 5. Kap. § 3 V 3.
[49] OLG Hamm Rpfleger 73, 98; BGHZ 73, 211/216 = DNotZ 79, 499.
[50] OLG Frankfurt Rpfleger 56, 194.
[51] OLG Frankfurt Rpfleger 71, 65; BayObLG Rpfleger 84, 145.
[52] KG JFG 4, 378.
[53] BayObLGZ 74, 30 = Rpfleger 74, 159.

Abs. 2 BeurkG,[54] z. B. Pläne, die zum Bestandteil der Urkunde gemacht werden können,[55] gehören in jedem Fall zur Bewilligungserklärung selbst.

Unzulässig ist Bezugnahme auf nicht mehr geltendes Recht oder auf nicht allgemein bekannte[56] oder nur örtlich geltende Vorschriften[57] und auf die „jeweilige Satzung".[58]

5. Person des Berechtigten

40 a) **Die Bewilligung muß den Berechtigten so bezeichnen, wie er nach § 15 GBVerf. eingetragen werden muß.** Ein Nachweis der Richtigkeit dieser Angaben, daß er lebt, als juristische Person rechtsfähig oder als Firma im Handelsregister eingetragen, ist grundsätzlich nicht erforderlich (Einzelheiten § 19 Rdn. 203 ff.).

Der Berechtigte kann eine **natürliche oder juristische Person** sein. Wegen Besonderheiten der Erwerbs- und Grundbuchfähigkeit, vgl. Einl. B 62 ff.; § 19 Rdn. 203; § 20 Rdn. 54 ff. Bei einzelnen Rechten genügt es, wenn er wenigstens aus den in den Eintragungsvermerk aufzunehmenden (Einl. B 39) und für die Feststellung des GB-Inhalts verwendbaren (Einl. C 20 ff.) sachlichen Merkmalen eindeutig bestimmt werden kann (z. B. Einl. G 14; S 9). Bei mehreren personengleichen BGB-Gesellschaften ist ein Unterscheidungszusatz geboten.[59]

b) **Erwerben mehrere Personen,** ist in der Bewilligung das maßgebliche Gemeinschaftsverhältnis nach § 47 anzugeben,[60] das lediglich möglich und rechtlich zulässig sein muß, aber keines Nachweises bedarf.[61]

c) **Subjektiv-dingliche Rechte** (§ 9 Rdn. 1) werden vom jeweiligen Eigentümer eines bestimmten Grundstücks, Miteigentumsanteils, Wohnungseigentums oder Erbbaurechts erworben. In solchen Fällen ist das herrschende Grundstück in Übereinstimmung mit den zu § 28 entwickelten Grundsätzen zu bezeichnen.

d) Beim **Rangvorbehalt** bedarf es keiner Angabe eines Berechtigten, da er nur dem Eigentümer zustehen kann (vgl. § 45 Rdn. 14 ff.).

e) Bei verschiedenen GB-Vermerken gibt es keinen Berechtigten (dazu Einl. B 43).

6. Objekt der GB-Eintragung

41 Das Grundstück oder Recht, an dem die Eintragung gestattet wird, muß in der Bewilligung nach § 28 bezeichnet werden. Wegen Miteigentumsanteilen und realen Teilflächen vgl. § 28 Rdn. 10, 15 ff.

7. Übereinstimmung von Bewilligung und Antrag

42 Bewilligung und Antrag müssen übereinstimmen. Der Antrag darf nicht über die Bewilligung hinausgehen. Die Bewilligung kann aber gestatten, daß der Antrag hinter der Bewilligung zurückbleibt, insbesondere sich auf eine von mehreren Eintragungen beschränkt,[62] also ein geringerer oder getrennter Vollzug erfolgen darf. Zum Vorbehalt nach § 16 Abs. 2 vgl. § 19 Rdn. 32, 168; § 16 Rdn. 23.

---

[54] Meikel/*Lichtenberger* § 19 Rdn. 335 ff.
[55] BGHZ 74, 346 = Rpfleger 79, 253; ihre bloße Verbindung mit der Bewilligungsurkunde oder ein Vermerk auf der Skizze, sie sei Anlage zur Urkunde, würde nicht genügen; vgl. BGH DNotZ 82, 228; OLG Köln Rpfleger 84, 407.
[56] KGJ 53, 207.
[57] KGJ 46, 224.
[58] KG JFG 5, 344.
[59] OLG Hamm DNotZ 83, 750.
[60] BayObLGZ 55, 157; DNotZ 71, 622.
[61] OLG Hamm DNotZ 66, 372.
[62] BayObLGZ 48–51, 515; BayObLG DNotZ 56, 209; LG Köln DNotZ 55, 398.

8. Übereinstimmung von Bewilligung und Einigung

Bewilligung und Einigung sollen sich inhaltlich decken, da sonst GB unrichtig werden kann (§ 19 Rdn. 11). Notwendig ist dies in Fällen des § 19 nicht, in denen das GBA die Einigung nicht zu prüfen hat (§ 19 Rdn. 6 ff.; 202 ff.). **43**

IV. Bewilligungsberechtigung
1. Zur Rechtsgrundlage der Bewilligungsberechtigung

Die Eintragungsbewilligung muß vom „Betroffenen" erklärt werden. Nur dieser ist bewilligungsberechtigt. Zu den Rechtsgrundlagen der Bewilligungsberechtigung werden zwei Meinungen vertreten, die aber letztlich zu gleichen Ergebnissen führen: **44**

a) Nach der einen Meinung, steht die Bewilligungsberechtigung grundsätzlich dem materiell Verfügungsberechtigten zu. Sie wird trotz Anerkennung der verfahrensrechtlichen Lehre damit begründet, daß die Bewilligungsbefugnis Ausfluß der materiellen Verfügungsbefugnis ist[63] oder anders ausgedrückt − die verfahrensrechtliche Bewilligungsbefugnis als Ausfluß der sachlichrechtlichen Verfügungsbefugnis an diese anknüpft.[64]

b) Nach der rein verfahrensrechtlichen Auffassung ist die Bewilligungsberechtigung ein verfahrensrechtlicher Begriff, der wie die Bewilligung als „verfahrensrechtliche Verfügung über ein grundbuchmäßiges Recht" seine Grundlage im Verfahrensrecht haben muß (§ 19 Rdn. 18 bis 27).[65]

2. Der „Betroffene" in § 19 ist nicht ohne weiteres identisch mit dem des § 13 Abs. 2 und § 39 Abs. 1 GBO:

a) **Antragsberechtigt** (§ 13 Abs. 2) ist entsprechend dem Zweck des Antrags nur der unmittelbar Betroffene (§ 13 Rdn. 55), bewilligungsberechtigt neben dem unmittelbar auch jeder mittelbar Betroffene (§ 19 Rdn. 56). **45**

b) Von einer rechtsändernden Eintragung wird der wahre Berechtigte betroffen. Während § 19 deshalb auf den Verfügungsberechtigten abstellt, kommt es für § 39 auf den Rechtsinhaber an.[66] Im Falle der Grundbuchberichtigung ist der Buchberechtigte der Betroffene; hier stimmen die Begriffsbedeutungen von § 19 und § 39 also überein. § 19 bezweckt eine Veränderung eines grundbuchmäßigen Rechts. Er erkennt die Bewilligungsberechtigung deshalb dem zu, der die Rechtsmacht hat, seine Buchposition zu verändern. **46**

3. Die Meinung von der materiellen Bewilligungsberechtigung

a) Zur Eintragung einer Rechtsänderung ist die Bewilligung des wahren Berechtigten erforderlich.[67] Ist er nicht eingetragen, muß er in Form des § 29 sein Recht nachweisen und die auch im GB-Verfahren geltende Vermutung des § 891 BGB widerlegen.[68] Ist er **47**

---

[63] So BayObLG DNotZ 89, 361/362.
[64] So OLG Hamm Rpfleger 89, 148/149; Demharter § 19 Rdn. 48; Haegele/Schöner/Stöber GBR, 100.
[65] Ebenso *Eickmann* GBVerfR 5. Kap. § 3 III; Meikel/*Lichtenberger* § 19 Rdn. 74 ff.
[66] *Demharter* § 39 Rdn. 10; Güthe/*Triebel* § 40 Rdn. 7.
[67] BayObLGZ 86, 495 = DNotZ 87, 365/366; *Demharter* § 19 Rdn. 46.
[68] BayObLGZ 52, 323; 71, 351/354; 72, 46/48.

eingetragen und kennt der GBA die Unrichtigkeit, darf es die Bewilligung des Buchberechtigten nicht zur Grundlage seiner Eintragung machen. Trotz der rein verfahrensrechtlichen Natur der Bewilligung ist es deshalb nicht gerechtfertigt, die Bewilligungsberechtigung nur auf den GB-Eintrag abzustellen.[69] Für den als Gläubiger eines Briefrechts Eingetragenen spricht die Vermutung des § 891 BGB nur, wenn er Besitz am Brief hat.[70] Bei berechtigten Zweifeln (z. B. Vorlage des Briefes durch einen Dritten oder Weiterleitung an Dritte) hat das GBA die Beseitigung dieser Zweifel durch Zwischenverfügung zu verlangen.[71] Bloße Möglichkeiten oder Vermutungen genügen dagegen zur Widerlegung der Vermutung des § 891 BGB nicht.[72]

b) Von einer GB-Berichtigung wird der Buchberechtigte (i. S. des §39 GBO) betroffen,[73] wenn es sich um eine Löschung oder Eintragung des wahren Berechtigten handelt, sonst der wahre Berechtigte.[74]

4. „Bewilligungsmacht" und „Bewilligungsbefugnis"

48 Die „Bewilligungsberechtigung" umfaßt zwei Komponenten, die regelmäßig zusammentreffen, aber unter bestimmten Voraussetzungen unterschiedliche Rechtsgrundlagen und Rechtsfolgen haben (z. B. wenn über das Vermögen des Grundstückseigentümers der Konkurs eröffnet ist). Deshalb ist es rechtssystematisch sinnvoll, die eine Komponente als „Bewilligungsmacht" und die andere als „Bewilligungsbefugnis" zu bezeichnen.[75]

a) Bewilligungsmacht ist das Innehaben der Buchposition, die es gestattet, diese Position zu übertragen, zu ändern oder aufzuheben. Sie ist der verfahrensrechtliche Parallelbegriff zur materiellen Verfügungsmacht.

b) Bewilligungsbefugnis ist die rechtliche Fähigkeit, von der Bewilligungsmacht Gebrauch zu machen. Sie steht in der Regel dem Inhaber der Bewilligungsmacht zu (z. B. dem als Eigentümer Eingetragenen) und ist der verfahrensrechtliche Parallelbegriff zur materiellen Verfügungsbefugnis. Ihm kann durch gesetzliche oder gerichtliche Anordnung (wie bei Konkurs oder Testamentsvollstreckung) die Ausübung dieser Befugnisse entzogen sein. In solchen Fällen ist die Bewilligung des Berechtigten unwirksam, obwohl er von der Eintragung betroffen wird. An seiner Stelle steht dem Konkursverwalter (Testamentsvollstrecker) die Bewilligungsbefugnis zu, obwohl er selbst von der bewilligten Eintragung nicht betroffen wird. Unser Recht kennt ferner eine Vielzahl von Einschränkungen der Bewilligungsbefugnis, in denen der Inhaber der Bewilligungsmacht die Bewilligung nicht allein (vgl. § 19 Rdn. 82 ff.) oder nicht ohne behördliche Genehmigung (§ 19 Rdn. 155 ff.; § 20 Rdn. 155 ff.) abgeben kann.

5. Die Meinung von der formellen Bewilligungsberechtigung

49 Die verfahrensrechtliche Auffassung stützt sich auf folgende Überlegungen:

a) Da das GBA das Buchrecht wie ein Vollrecht und den Buchberechtigten wie den wahren Berechtigten behandeln muß (Einl. B 15) und es auch Eintragungen ohne jede materielle Bedeutung gibt (Einl. J 26 ff.), kommt den oben Rdn. 47 gemachten Unterscheidungen keine praktische Bedeutung zu. Die (frühere) Streitfrage, ob das GBA die

---

[69] *Demharter* § 19 Rdn. 46.
[70] BayObLGZ 73, 246/250, DNotZ 1993, 335.
[71] BayObLG Rpfleger 83, 17.
[72] BayObLG DNotZ 1990, 739/740.
[73] BayObLG DNotZ 88, 781.
[74] So *Demharter* § 19 Rdn. 47.
[75] Dazu eingehend *Eickmann*, GBVerfR 5. Kap. § 3 III; ihm folgend Meikel/*Lichtenberger* § 19 Rdn. 74 ff. S. a. *Böttcher* Rpfleger 83, 49.

Bewilligung des von der Eintragung Betroffenen verwenden darf, wenn es weiß, daß durch die Eintragung das GB unrichtig würde, ist inzwischen vom BGH[76] entschieden: „Die Möglichkeit einer nur vorübergehenden Unrichtigkeit bis zur nachholbaren Einigung (und Briefübergabe) ist kein Hinderungsgrund für die Eintragung." Nicht den im GB eingetragenen Berechtigten, sondern das GBA trifft die Last zur Widerlegung der Vermutung des § 891 BGB.[77]

b) § 19 versteht unter „Recht" jedes „grundbuchmäßige Recht im Sinn der GBO" (Einl. B 12), das nicht mit dem „Recht im Sinn des BGB" und nicht mit dem „Buchrecht" identisch sein muß (Einl. B 11). Die verfahrensrechtliche Ansicht stellt die Bewilligungsberechtigung bei allen Arten von Bewilligungen (§ 19 Rdn. 7) und unabhängig davon, ob die Eintragung sachenrechtliche oder verfahrensrechtliche (Einl. A 57; B 17, 18), rechtsändernde oder berichtigende Wirkung (Einl. A 13) hat, auf eine einheitliche verfahrensrechtliche Grundlage. Unter systematischen Gesichtspunkten ist sie deshalb der materiellrechtlich begründeten überlegen. **50**

c) **Der „von der GB-Eintragung Betroffene" muß die Bewilligung abgeben,** also „derjenige, dessen grundbuchmäßiges Recht im Zeitpunkt der GB-Eintragung rechtlich beeinträchtigt wird oder werden kann".[78] Der BGH geht in st.Rspr.[79] davon aus, daß sich Bewilligung (§ 19) und materiell-rechtliche Erklärung des Betroffenen begrifflich nicht decken (§ 19 Rdn. 9, 11). **51**

Hat die Eintragung — wie dies die Regel ist — für den einen Teil nur einen rechtlichen Vorteil und für den anderen einen rechtlichen Verlust zur Folge, ist nur die Bewilligung des Verlierenden notwendig, die des Gewinnenden nicht. Haben beide Teile mit Sicherheit oder möglicherweise einen rechtlichen Verlust, ist die Bewilligung beider erforderlich. Sind auf der Seite des verlierenden Teiles mehrere Personen beteiligt, müssen alle die Bewilligung abgeben, was aber nicht gleichzeitig geschehen muß.

d) Für die Eintragung von Verfügungen über **Briefrechte,** die zur Geheimhaltung des wahren Gläubigers außerhalb des GB „verdeckt" abgetreten (abgeändert, aufgehoben) werden können (§§ 1154, 1155, 1192, 1196 BGB), enthält das GB-Verfahrensrecht zum Zweck der Legitimation des durch die Eintragung Betroffenen (§ 19 Rdn. 51) in § 39 zwei einander gleichgestellte Tatbestände, von denen entweder der Regelfall des Abs. 1 vorliegen oder der Ausnahmefall des Abs. 2 dem GBA nachgewiesen werden muß. Bei Briefrechten hat grundsätzlich der als Gläubiger im GB Eingetragene die Rechtsmacht, seine Buchposition abzutreten, zu ändern oder aufzugeben, sofern dem GBA der Brief vorgelegt wird (§§ 39 Abs. 1; 41, 42). Denn er ist derjenige, dessen buchmäßiges Recht durch eine solche Eintragung betroffen wird. Nicht er muß seine Bewilligungsmacht im GB-Verfahren nachweisen, sondern es müssen Beweise dafür vorliegen, daß die für ihn sprechende Vermutung widerlegt und er folglich zur Bewilligung nicht berechtigt ist (Einl. C 64, 65). Ein nicht eingetragener Briefrechtsgläubiger ist im GB-Verfahren dem Eingetragenen nur gleichgestellt und folglich ausnahmsweise nur dann bewilligungsberechtigt, wenn er sich im Besitz des Briefes befindet und dem GBA sein Gläubigerrecht nach § 1155 BGB nachweist (§§ 39 Abs. 2; 29 Abs. 1). Durch einen solchen Nachweis wird die Bewilligungsmacht des eingetragenen Gläubigers ausgeschlossen.[80] **52**

---

[76] DNotZ 86, 227/228; dazu Einl. C 69, 72.
[77] *Eickmann* GBVerfR 2. Kap. § 2 IV; Meikel/ Böttcher Einl. F 105 ff.; *Wolfsteiner* DNotZ 87, 67/75.
[78] BGH DNotZ 76, 490/492 und BGH Rpfleger 84, 408/409.
[79] BGHZ 60, 46/52; DNotZ 83, 309/311.
[80] Dazu *Ertl* DNotZ 90, 684/696.

6. Wer ist von der Eintragung betroffen und wer nicht?

53 a) Ist die Beeinträchtigung nicht rechtlicher Natur, sondern lediglich tatsächlicher oder wirtschaftlicher Art (Rdn. 59 ff.) oder macht das Gesetz eine Ausnahme von der materiellen Zustimmungspflicht oder von der formellen Bewilligungspflicht (Rdn. 57, 199), darf das GBA eine Bewilligung dieser Person nicht verlangen.

b) Ob sich das grundbuchmäßige Recht verbessert oder verschlechtert, ist nicht nach der Veränderung der materiellen Rechtslage, sondern[81] **nach der abstrakten Buchposition zu beurteilen**, die durch die Eintragung oder Löschung entsteht,[82] denn jede Eintragung oder Löschung hat auf jeden Fall eine Veränderung der Buchposition zur Folge.

54 c) Für die Frage, wer **ausschließlich einen rechtlichen Vorteil** durch die Eintragung erhält, müssen – wie in § 107 BGB – Erwägungen außer Betracht bleiben, ob der Erwerber öffentliche Lasten oder dingliche Rechte (die bereits bestehen oder neu bestellt werden) übernimmt (dazu § 20 Rdn. 76) oder ob der Erwerber durch das schuldrechtliche Grundgeschäft nicht nur Vorteile erhält, sondern auch Verpflichtungen übernimmt. Nicht einmal eine (den § 107 BGB ausschließende) Vermögensübernahme mit der Folge nach § 419 BGB kann dem Erwerber die Stellung eines ausschließlich Begünstigten im Sinne des § 19 GBO nehmen. Denn die Haftung nach § 419 BGB tritt nicht durch GB-Eintragung, sondern durch Vertrag oder Einverständnis des Erwerbers mit der Vermögensübernahme ein.[83]

55 d) **Der Betroffene steht im Gegensatz zum Begünstigten.** Von einer materiellen Rechtsänderung, zu der eine Einigung erforderlich ist, wird auf jeden Fall derjenige unmittelbar betroffen, dessen Recht eine Einbuße erleidet, von einer Rechtsänderung, zu der ausnahmsweise eine einseitige materielle Erklärung genügt (§ 19 Rdn. 4), immer dieser Berechtigte, von einer GB-Berichtigung stets der eingetragene Buchberechtigte, der die Berichtigungsbewilligung abzugeben hat (§ 22 Rdn. 70 ff.).

56 e) **Sonstige Betroffene sind die mittelbar betroffenen Dritten**, deren Rechtsstellung durch eine Eintragung beeinträchtigt wird oder werden kann.[84] Dazu gehören zwei Gruppen:[85]

(1) **die Zustimmungsberechtigten**, deren Zustimmung materiell zur Rechtsänderung notwendig ist (z. B. §§ 876; 880 Abs. 2 S. 2; 1180 Abs. 2 S. 1; 1183; über § 876 auch §§ 877; 880 Abs. 3 BGB; § 26 ErbbauVO), da diese Vorschriften neben ihrer materiellen auch eine verfahrensrechtliche Bedeutung haben;[86]

(2) **die gleich- oder nachrangigen Berechtigten**, wenn der Umfang eines vor- oder gleichrangigen Rechtes erweitert oder wenn der Inhalt der Belastung verstärkt und dadurch die Haftung des Grundstücks verschärft wird.[87]

7. Ausnahmen vom Erfordernis der Zustimmung

57 Das Gesetz macht trotz einer möglichen Beeinträchtigung bestimmte Ausnahmen, in denen die Zustimmung des Berechtigten nicht notwendig ist:

---

[81] Wie BayObLGZ 9, 557 = OLG 18, 204 angenommen hat.
[82] Güthe/*Triebel* § 19 Rdn. 38; Meikel/*Lichtenberger* § 19 Rdn. 89 ff.; *Eickmann* GBVerfR 5. Kap. § 3 III 2.
[83] BGHZ 53, 174/177.
[84] BGHZ 66, 341/345; 91, 343/346; BayObLGZ 74, 217/220 = Rpfleger 74, 314 BayObLG Rpfleger 85, 355; 87, 156/157.
[85] Meikel/*Lichtenberger* § 19 Rdn. 116; *Demharter* § 19 Rdn. 52.
[86] Staudinger/*Gursky* § 876 Rdn. 5.
[87] BayObLGZ 59, 529 = NJW 60, 1115.

a) § 1119 Abs. 1 BGB: Erhöhung des Zinssatzes bis zu insgesamt 5% bei Grundpfandrechten, auch rückwirkende Erhöhung; dies gilt nicht für andere Nebenleistungen.[88]

b) § 1119 Abs. 2 BGB: Änderung von Zahlungszeit oder Zahlungsort bei Grundpfandrechten und anderen dinglichen Rechten.[89]

c) §§ 1186; 1198; 1203 BGB: Umwandlung von Grundpfandrechten aller Art; ist das umgewandelte Recht z. B. mit Pfandrecht oder Nießbrauch belastet, ist Zustimmung dieses Berechtigten nötig (§§ 877; 876 BGB).

d) § 1151 BGB läßt Rangänderung bei Forderungs- und Hypothekenteilung ohne Zustimmung des Eigentümers zu; gilt auch für Grund- und Rentenschulden.[90]

e) Weitere Ausnahmen vgl. § 19 Rdn. 199, 200.

8. Der „von der Grundbucheintragung" Betroffene

Für die Frage, wer von der Eintragung betroffen wird, ist der Zeitpunkt der Eintragung im GB maßgebend.[91] **58**

4 Beispiele sollen dies verdeutlichen:
1. **Fall:** A hat sein Grundstück an B verkauft und aufgelassen. Die Hypothek für H, die B zur Finanzierung seines Kaufpreises benötigt, ist von B zu bewilligen, wenn sie erst nach Vollzug der Auflassung eingetragen werden soll. Sie ist von A zu bewilligen, wenn sie noch vorher eingetragen werden soll. Im ersteren Fall ist nur B betroffen, auch wenn er zur Zeit der Erklärung und GB-Vorlage noch nicht Eigentümer und deshalb noch nicht bewilligungsberechtigt ist.
2. **Fall:** Das Grundstück ist mit einer Grundschuld für G belastet, die hinter die Hypothek des H zurücktreten soll: G muß den Rücktritt bewilligen und (Fall 1) im ersteren Fall nur B, im letzteren Fall nur A dem Rücktritt als Eigentümer zustimmen (§ 880 Abs. 2 S. 2 BGB).
3. **Fall:** Besteht an der zurücktretenden Grundschuld des G ein Nießbrauch für N, muß N dem Rücktritt zustimmen (§ 880 Abs. 3 BGB), es sei denn, sein Nießbrauch wird vor Eintragung des Rücktritts gelöscht.
4. **Fall:** Besteht am Grundstück ein Vorkaufsrecht für V (§ 1094 Abs. 1 BGB), das hinter die neue Hypothek des H zurücktreten soll, muß V den Rücktritt bewilligen, wenn er bei Eintragung des Rücktritts noch Rechtsinhaber ist, bei vorheriger Abtretung (§ 513 BGB) der neue Vorkaufsberechtigte X.

9. Von einer GB-Eintragung nicht berührte Rechte
sind solche, denen eine Eintragung rechtlich weder einen Gewinn noch Verlust bringt. Für mittelbar Beteiligte (§ 19 Rdn. 56) gibt es Eintragungen, die ihnen vom abstraktrechtlichen Standpunkt – auf den es hier einzig und allein ankommt – gleichgültig sind. Veränderungen persönlicher oder wirtschaftlicher Art müssen unberücksichtigt bleiben.[92] **59**

a) **Änderungen in der Person des Rechtsinhabers.** Die Übereignung eines Grundstücks hat keine rechtlich nachteiligen Wirkungen gegen die an diesem Grundstück dinglich Berechtigten (z. B. Wohnungsberechtigte, Grundpfandgläubiger), die Übertragung eines Grundpfandrechts oder einer Reallast keine rechtlich ungünstigen Folgen **60**

---

[88] Palandt/*Bassenge* § 1119 Rdn. 1; *Haegele* Rpfleger 71, 237.
[89] Staudinger/*Wolfsteiner*, § 1119 Rdn. 18.
[90] Palandt/*Bassenge* § 1151 Rdn. 4.
[91] BGH DNotZ 63, 433; BayObLG Rpfleger 80, 476; OLG Frankfurt Rpfleger 80, 63; Meikel/*Lichtenberger* § 19 Rdn. 121 ff.
[92] Meikel/*Lichtenberger* § 19 Rdn. 99 ff.

§ 19

für den Grundstückseigentümer. Ob persönlich oder wirtschaftlich der neue Eigentümer oder Gläubiger ihnen mehr oder weniger Wert ist, hat keinen Einfluß auf die dinglichen Rechtsbeziehungen.[93]

61 b) **Veränderung innerhalb des Belastungsobjekts.** Nach § 903 BGB darf der Eigentümer sein Grundstück nach Belieben real oder ideell teilen, soweit nicht das Gesetz oder Rechte Dritter entgegenstehen. Werden dingliche Rechte Dritter bei Teilung auf alle dadurch entstehenden Teile mitübertragen, dann werden sie rechtlich nicht beeinträchtigt. Deshalb ist diese Teilung auch ohne Zustimmung der Berechtigten eintragungsfähig. Wirtschaftliche oder verwaltungsmäßige Erschwerungen, die z. B. Grundpfandgläubigern durch Entstehung von Gesamtbelastungen oder zahlenmäßige Vergrößerung der dinglichen Schuldner entstehen, machen jene noch nicht zu „Betroffenen".[94] Eine Einzel- wird zur Gesamthypothek an den neuen Einzelgrundstücken oder Miteigentumsanteilen, ohne daß es einer Zustimmung des Hypothekengläubigers bedarf, wenn das Grundstück real geteilt oder an mehrere Miteigentümer nach Bruchteilen aufgelassen wird.[95] Nach gleichen Grundsätzen ist vertragliche Einräumung von Sondereigentum (§ 3 WEG) und einseitige Teilung oder spätere Unterteilung durch den Eigentümer (§ 8 WEG) beim Wohnungs- oder Teileigentum ohne Zustimmung anderer Wohnungseigentümer, des Grundpfandgläubigers oder sonstiger dinglich Berechtigter zulässig.[96]

62 c) **Veränderungen bei nachrangigen Eintragungen** berühren weder positiv noch negativ die Rechtsinhaber vorrangig eingetragener Rechte und der daran eingetragenen Belastungen. Die Gefahr von Vollstreckungsmaßnahmen wegen Überbeleihung oder einer Erschwerung der freihändigen Veräußerung ist wirtschaftlicher Art und deshalb rechtlich ohne Bedeutung.

10. Abgrenzung der Inhaltsänderung gegenüber anderen Fällen

63 Änderung des Inhalts eines dinglichen Rechts ist jede nachträgliche Änderung der Befugnisse des Berechtigten (KGJ 50, 185), die nicht in einer Änderung der Art des Rechtes besteht und nicht als Neubestellung, Aufhebung, Übertragung, Belastung oder Rangänderung des Rechtes anzusehen ist.[97] Die Grenzen sind zum Teil flüssig und im Einzelfall umstritten.[98]

Keine Inhaltsänderung liegt vor bei
a) **Änderung der Art des Rechts,** z. B. beschränkt persönliche Dienstbarkeit in Grunddienstbarkeit,[99] Grundpfandrecht in Reallast, Wohnungsrecht in Dauerwohnrecht[100] oder umgekehrt; bei Verlegung der Ausübung von Dienstbarkeiten hängt es vom Einzelfall ab, ob Änderung der Art des Rechts oder Inhaltsänderung vorliegt.[101]
b) bei **völliger Veränderung der Befugnisse** des Rechtsinhabers trotz gleicher Art des Rechts, z. B. Änderung eines Überwölbungsrechts in Geh- und Fahrtrecht.[102]
c) **Neubelastung** (§ 19 Rdn. 64, 66), z. B. Erhöhung des Hypothekenkapitals,[103] Erstreckung eines Rechts auf bisher nicht belastetes Grundstück oder Auswechslung des belasteten Grundstücks gegen ein anderes.[104]

---

[93] Güthe/*Triebel* § 19 Rdn. 38.
[94] Güthe/*Triebel* § 6 Rdn. 2.
[95] RGZ 146, 365; BGH NJW 61, 1352.
[96] BGHZ 49, 250, BayObLGZ 57, 102 = NJW 57, 1840; 58, 273 = DNotZ 59, 91; BGH Rpfleger 79, 96; Einl. E 62 ff.
[97] Palandt/*Bassenge* § 877 Rdn. 3.
[98] BayObLG DNotZ 60, 540/542.
[99] KG JFG 1, 414.
[100] Palandt/*Bassenge*, § 31 WEG Rdn. 3.
[101] Staudinger/*Gursky* § 877 Rdn. 16.
[102] BayObLGZ 67, 11; *Riedel* Rpfleger 67, 6.
[103] BayObLGZ 59, 527.
[104] RGZ 127, 5, Einzelheiten Staudinger/*Gursky* § 877 Rdn. 27.

d) **Aufhebung eines Rechts** (§ 19 Rdn. 65), z. B. Teillöschung eines Grundpfandrechts; auch Herabsetzung von Zinsen oder Nebenleistungen[105] und Umwandlung von unbedingten (unbefristeten) in bedingte (befristete) Rechte und Vormerkungen entspricht Teillöschung; die Behandlung des umgekehrten Falls ist materiell-rechtlich streitig.[106]

e) **Übertragung eines Rechts** (§ 19 Rdn. 66); vgl. Staudinger/*Gursky* § 877 Rdn. 37.

f) bei **Rangänderung** ist zu unterscheiden:[107] Soweit sie in § 879, 880, 881 BGB geregelt sind, gelten diese Bestimmungen (§ 19 Rdn. 67), sonst sind sie als Inhaltsänderung zu behandeln (§ 19 Rdn. 68, 69);

g) **Änderung schuldrechtlicher Beziehungen**, vor allem: Veränderungen in der Ausübungsberechtigung, z. B. Überlassung der Ausübung des Nießbrauchs oder der Dienstbarkeit, weil dadurch die Befugnisse des Rechtsinhabers nicht berührt werden.[108]

11. Einzelfälle bei Neueintragungen

Betroffen werden durch Neueintragung **64**

a) eines **dinglichen Rechts** am Grundstück: Der Eigentümer, der das Recht bestellt; bei Bestellung nur an einem Miteigentumsanteil dieser Miteigentümer allein,[109] nicht der Begünstigte und nicht die vorrangig dinglich Berechtigten;

b) eines Rechts am **Grundstücksrecht** der Rechtsinhaber, bei dem das weitere Recht eingetragen werden soll; nicht der Grundstückseigentümer und nicht die übrigen am Grundstück dinglich (auch vorrangig) Berechtigten;

c) einer **Vormerkung am Grundstück** (z. B. Auflassungsvormerkung oder Vormerkung auf Eintragung eines dinglichen Rechts): Der Grundstückseigentümer; nicht der Vormerkungsberechtigte;

d) einer **Vormerkung am Grundstücksrecht** der Inhaber des Grundstücksrechts, bei dem diese Vormerkung eingetragen werden soll; nicht der Grundstückseigentümer und nicht andere dinglich Berechtigte.[110] Zur Frage des dem Grundstückseigentümer zustehenden Rückgewähranspruchs vgl. Staudinger/*Wolfsteiner* Vorbem. zu §§ 1191 Rdn. 79 ff.

e) einer **Löschungsvormerkung** (§ 1179 BGB): der Grundstückseigentümer, weil sie sich gegen das künftige Eigentümerrecht richtet; nicht der Inhaber des betroffenen Grundpfandrechts und nicht andere am Grundstück dinglich Berechtigten;[111]

f) eines **Widerspruchs** (§ 899 BGB): derjenige, dessen Recht durch die GB-Berichtigung betroffen wird (Ausnahme bei Widerspruch nach § 1139 BGB, vgl. § 19 Rdn. 199).

g) einer **Verfügungsbeschränkung**, die erst durch Eintragung entsteht (Einl. J 20) oder gleichzeitig mit dem davon betroffenen Recht im GB eingetragen wird, der Eigentümer des betroffenen Grundstücks oder Inhaber des betroffenen Rechts.

12. Einzelfälle bei Löschungen

Betroffen werden durch Löschung (dazu § 27 Rdn. 18 ff.) **65**

a) eines **Grundpfandrechts** am Grundstück:

aa) der Gläubiger des zu löschenden Rechts; nicht die übrigen am Grundstück dinglich Berechtigten;

---

[105] RGZ 72, 363.
[106] Staudinger/*Gursky* § 877 Rdn. 30.
[107] Staudinger/*Gursky* § 877 Rdn. 42.
[108] KG JFG 1, 412.
[109] BayObLG Rpfleger 81, 352.
[110] Staudinger/*Gursky* § 885 Rdn. 13.
[111] Vgl. LG Düsseldorf Rpfleger 77, 167.

bb) der Grundstückseigentümer gem. § 27 S. 1 GBO auch dann, wenn er nach materiellem Recht nicht betroffen wäre;

cc) die Berechtigten, denen daran ein Recht (Pfandrecht oder Nießbrauch) zusteht wegen § 876 S. 1 BGB;

dd) auch andere möglicherweise Betroffene, z. B. der Eigentümer, der den Gläubiger einer Gesamthypothek befriedigt und deshalb Ansprüche nach § 1173 Abs. 2 BGB haben kann; früherer Eigentümer, wenn Höchstbetragshypothek ohne Feststellung der Forderung[112] oder Arresthypothek gelöscht werden soll und der frühere Eigentümer in Höhe des nicht durch festgestellte Forderungen ausgefüllten Teils des Höchstbetrages eine Eigentümergrundschuld erlangt hat;[113] Vormerkungsberechtigter, dessen Anspruch auf Übertragung gesichert ist;[114]

ee) nicht betroffen wird der Gläubiger nicht abgetretener Zinsen,[115] Vormerkungsberechtigter, dessen Anspruch ausschließlich auf Löschung gerichtet ist;[116]

b) eines **Erbbaurechts** vgl. § 20 Rdn. 127;

c) eines **sonstigen dinglichen Rechts** am Grundstück:

aa) der Berechtigte des zu löschenden Rechts; nicht der Grundstückseigentümer wegen § 875 Abs. 1 BGB und nicht die übrigen am Grundstück dinglich Berechtigten;

bb) die Berechtigten, denen daran ein Recht zusteht, unter den Voraussetzungen des § 876 S. 1 BGB (§ 21 GBO ist zu beachten!);

d) eines **zeitlich beschränkten Rechts** (§ 23 Rdn. 23 ff.; § 24 Rdn. 8);

e) eines **Rechts am Grundstücksrecht** (z. B. Pfand- oder Nießbrauchsrecht an einem Grundpfandrecht): dieser Berechtigte; nicht der Gläubiger des belasteten Rechts, nicht der Grundstückseigentümer und nicht der Löschungsvormerkungsberechtigte;

f) einer **Vormerkung** am Grundstück (z. B. Auflassungsvormerkung) oder am Grundstücksrecht (z. B. Löschungsvormerkung, § 1179): Der Vormerkungsberechtigte und derjenige, für den das Recht aus der Vormerkung verpfändet oder gepfändet ist; nicht der Grundstückseigentümer und nicht sonstige am Grundstück dinglich Berechtigte, sofern sie nicht selbst Vormerkungsberechtigte sind (Sonderfall in § 25 Rdn. 4);

g) eines **Widerspruchs** (§ 899 BGB): der Widerspruchsberechtigte (Sonderfall in § 25 Rdn. 4);

h) eines Nacherbenvermerks vor Eintritt des Nacherbfalles: Der Nacherbe und alle weiteren Nacherben und Ersatznacherben.[117]

i) **Sonderfälle**

aa) Löschung einer verpfändeten und nach § 1182 BGB eingezogenen Hypothek: Der Eigentümer; nicht der Hypothekengläubiger;[118]

bb) Löschung eines Rechts, an dem eine Verfügungsbeschränkung besteht (§ 19 Rdn. 114, 125, 134);

cc) Löschung eines Nießbrauchs, dessen Ausübung abgetreten, verpfändet oder gepfändet ist: nur Nießbraucher,[119] bei Pfändung des Nießbrauchs selbst auch der Pfändungsgläubiger.[120]

---

[112] OLG Dresden JFG 2, 444.
[113] OLG Frankfurt MittBayNot 84, 85.
[114] TFG 9, 220.
[115] JFG 18, 35.
[116] KGJ 33, 294.
[117] Haegele/Schöner/*Stöber* GBR 3510 ff.
[118] BayObLGZ 13, 66.
[119] OLG Frankfurt NJW 61, 1928; *Strutz* Rpfleger 68, 145.
[120] BGHZ 62, 133 = Rpfleger 74, 186; Haegele/Schöner/*Stöber* GBR 1389.

dd) Löschung eines ausgeübten Rangvorbehalts: Grundstückseigentümer und Gläubiger des durch Rangvorbehalt begünstigten Rechts[121] a. A.: Nur der Eigentümer.[122] Letztere Ansicht verdient den Vorzug (dazu § 45 Rdn. 27).
ee) Löschung des Bruchteilsanteils eines Rechts vgl. § 27 Rdn. 21.

13. Einzelfälle bei Übertragung und Belastung dinglicher Rechte

a) Durch **Übertragung des Eigentums oder Erbbaurechts** wird der bisherige Eigentümer bzw. Erbbauberechtigte betroffen, nicht die dinglich Berechtigten, deren Rechte unverändert bestehen bleiben (§ 19 Rdn. 60);

b) Durch **Übertragung und Belastung dinglicher Rechte** werden betroffen:
aa) der dinglich Berechtigte (z. B. der Hypothekengläubiger), der sein Recht abtritt oder belastet; nicht der neue Gläubiger, nicht der Grundstückseigentümer (auch nicht bei Abtretung von Grundpfandrechten, weil dadurch sein Eingentümerrecht nicht beeinträchtigt wird)[123] und nicht diejenigen, denen am übertragenen Recht ein Pfandrecht oder Nießbrauch zustehen; auch nicht Vormerkungsberechtigte, da deren schuldrechtlicher Anspruch durch die Vormerkungswirkung gegenüber neuem Gläubiger erhalten bleibt;
bb) der neue, im GB noch nicht eingetragene Gläubiger eines Briefrechts bei Weiterübertragung oder -belastungen, wenn ihm Brief und Abtretungserklärung ausgehändigt sind, §§ 1154, 1155 BGB,[124] vgl. dazu § 26 Rdn. 2, aber auch Einl. B 15 und § 19 Rdn. 50; 52.
cc) Treten mehrere, die gemeinsam als Bruchteils-, Gesamthands- oder Gesamtberechtigte Gläubiger sind, ihr Recht an einen von ihnen ab, sind nur die betroffen, die ihr Recht verlieren, nicht der Erwerber, selbst wenn alle nur gemeinsam verfügungsberechtigt sind.[125]

c) **Besonderheiten für die aus Hypothek entstandene Eigentümergrundschuld** (§§ 1171 Abs. 1: sog. „forderungs*ent*kleidete Eigentümerhypothek"; § 1171 Abs. 2 sog. „forderungs*be*kleidete Eigentümerhypothek":
aa) Bei Nachweis, daß die Hypothek auf ihn übergegangen ist, kann Eigentümer entweder Umwandlung in Eigentümergrundschuld eintragen lassen oder Hypothek abtreten (§ 1154 BGB), belasten (§§ 1069 Abs. 1; 1274 Abs. 1; 1291), aufheben (§ 875 Abs. 1), Inhalt ändern (§ 877 BGB), ohne seine eigene Voreintragung als Gläubiger.[126]
bb) Eintragung der Umwandlung in Eigentümergrundschuld ist GB-Berichtigung;[127] anschließende Verfügung über Eigentümergrundschuld möglich;
cc) Durch Eintragung der Abtretung und Belastung ohne vorherige Eintragung der Umwandlung wird Grundstückseigentümer betroffen; nicht der noch eingetragene Hypothekengläubiger, da Verfügung über Eigentümerrecht, nicht über Fremdhypothek vorliegt; Eintragungsvermerk im GB muß neben der Abtretung bzw. Belastung auch ausdrücklichen Hinweis enthalten, daß Hypothek auf Eigentümer übergegangen und wieder in Hypothek zurückverwandelt worden ist.[128]
dd) Folgt Umwandlung der Abtretung oder Belastung nach, sind Eigentümer und neuer Gläubiger betroffen;[129]

---

[121] *Fabricius* Rpfleger 56, 155.
[122] BayObLG MittBayNot 79, 113; *Demharter* § 45 Rdn. 44; Staudinger/*Kutter* § 881 Rdn. 46.
[123] KG RJA 5, 210.
[124] KG JFG 12, 321.
[125] KGJ 51, 281; OLG 26, 299.
[126] Dazu § 39 Rdn. 22 ff.; Haegele/Schöner/*Stöber* GBR 2417 ff.
[127] OLG Bremen DNotZ 55, 646; KGJ 45, 285.
[128] RGZ 73.
[129] KGJ 29, 176; 41, 259; KG JFG 12, 323.

§ 19   I. Grundbuchordnung

ee) Durch Abtretung oder Belastung einer nur teilweise zurückbezahlten Tilgungshypothek einschließlich der Eigentümergrundschuld gewordenen Beträge werden Hypothekengläubiger und Eigentümer betroffen; diese Eintragung setzt neben Bewilligung des Gläubigers und Eigentümers auch deren Erklärung und entsprechende Eintragung im GB voraus, welcher Teil Hypothek und welcher Eigentümergrundschuld ist.[130]

d) Durch Übertragung, Verpfändung und sonstige Verfügungen über ein Nacherbenrecht werden alle Nacherben und weiteren Nacherben betroffen; nicht der Vorerbe (§ 19 Rdn. 59) und nicht die Ersatznacherben, auch wenn sie eingetragen sind.[131]

14. Einzelfälle bei Bestimmung und Änderung des Ranges

67   a) Rechtsgrundlagen des Ranges sind materiell §§ 879 bis 881 BGB, formell §§ 17 und 45 GBO.[132]

aa) Materiellrechtlich entsteht ein Recht mit dem gesetzlichen Rang des § 879 Abs. 1 BGB bei Eintragung ohne Rangvermerk trotz Verstoß gegen §§ 17, 45 oder schuldrechtliche Rangbeschaffungsverpflichtungen[133] und im Fall der Einigung über einen bestimmten Rang trotz Eintragung an anderer Rangstelle jedenfalls dann, wenn die Beteiligten das Recht mit dem gesetzlichen Rang entstehen lassen wollten. Andernfalls entsteht das Recht nicht, weil sich Einigung und Eintragung bezüglich des Ranges nicht decken; im Fall der Eintragung ist das GB bezüglich des Rechts, nicht nur des Ranges unrichtig.[134]

bb) Ist ein Rang aus einem Rangvermerk ersichtlich, so ist das GB bezüglich des Ranges nur richtig, wenn Vermerk und Rangeinigung der Beteiligten übereinstimmen.[135] Zu den umstrittenen Rechtsfolgen, wenn der Rangvermerk von der Einigung abweicht vgl. Fn.[136]

b) **Verfahrensrechtlich ist nur die Bewilligung des Betroffenen in Form des § 29 erforderlich.**[137] Eine schuldrechtliche Rangverschaffungsverpflichtung ist keine, auch „Bewilligung an nächstoffener Rangstelle" in der Regel keine Rangbestimmung;[138] was gemeint ist, muß durch Auslegung ermittelt werden,[139] bei Zweifeln Aufklärung durch Zwischenverfügung.

In der Bewilligung kann der Betroffene nach seiner Wahl

aa) keine Rangerklärung abgeben: dann kann Antragsteller im Antrag (der nach § 30 der Form des § 29 bedarf) den Rang formell bestimmen (§ 45 Abs. 3) oder durch den Zeitpunkt der GB-Vorlage den Rang beeinflussen (§§ 17; 45);[140]

bb) Rangbestimmung nach § 45 Abs. 3 treffen oder bis zur Eintragung nachholen (§ 45 Rdn. 14): dann darf sich kein Antrag mit Rangbestimmung in Widerspruch setzen (§ 13 Rdn. 31; § 19 Rdn. 42; § 45 Rdn. 16 ff.);

---

[130] KG JFG 21, 308.
[131] BGHZ 40, 115 = NJW 63, 2320; RGZ 145, 319; OLG Oldenburg JR 63, 23; BayObLG DNotZ 70, 686; OLG Hamm DNotZ 70, 688; *Kanzleiter* DNotZ 70, 693.
[132] Vgl. Erläuterungen dort, Einl. A 63, C 6; *Streuer* Rpfleger 1985, 388; *Böttcher* BWNotZ 1988, 73.
[133] BGHZ 21, 98 = DNotZ 56, 480; OLG Düsseldorf SJZ 50, 913 Anm. *Lent*; OLG Frankfurt DNotZ 81, 580.
[134] BGH MittBayNot 90, 102 = NJW-RR 90, 206.
[135] Staudinger/*Kutter* § 879 Rdn. 65; § 880 Rdn. 11 ff.; 20 ff.; § 881 Rdn. 5, 6.
[136] BayObLG DNotZ 77, 367; *Streuer* Rpfleger 85, 388; *Böttcher* BWNotZ 88, 73; Staudinger/*Kutter* § 879 Rdn. 67 ff.
[137] BayObLG Rpfleger 82, 334.
[138] BayObLG DNotZ 77, 367; OLG Frankfurt DNotZ 81, 580.
[139] OLG Düsseldorf DNotZ 50, 41.
[140] Dazu Staudinger/*Kutter* § 879 Rdn. 38 ff.

cc) Eintragung oder Ausnützung eines Rangvorbehalts gestatten (§ 45 Rdn. 21 ff.);
dd) Nachträgliche Rangänderung (Vorrangs- oder Gleichrangseinräumung, § 880 BGB) gestatten (§ 45 Rdn. 28 ff.).

c) **Rangbestimmung** hat der abzugeben, der durch die Neueintragung betroffen wird (§ 19 Rdn. 64; § 45 Rdn. 14).[141]

d) **Von nachträglicher Rangänderung ist betroffen**
aa) Gläubiger des zurücktretenden Rechts; nicht der vortretende[142] und nicht die Zwischenberechtigten (§ 880 Abs. 5);
bb) mittelbar auch Gläubiger eines am zurücktretenden Rechts bestehenden Rechts (§§ 880 Abs. 3; 876 BGB);
cc) vom Rücktritt eines Grundpfandrechts stets der Grundstückseigentümer (§ 880 Abs. 2 S. 2 BGB),[143] auch wenn für ihn Löschungsvormerkung eingetragen ist. Dies gilt nur für rechtsgeschäftliche Rangänderung, nicht für berichtigende wie z. B. im Falle der Wiedereintragung einer unrichtig gelöschten Rangänderung.[144] Vgl. § 19 Rdn. 69 b.

15. Inhaltsänderungen, von denen beide Teile betroffen sind

Wegen Abgrenzung zu anderen Fällen, die nicht als Inhaltsänderung zu behandeln sind, vgl. § 19 Rdn. 63.

68

Inhaltsänderungen, bei denen beide Teile rechtliche Nachteile erleiden oder wenigstens erleiden können, sind der **Regelfall**. Ob dies zutrifft, läßt sich nicht allgemein, sondern nur im Einzelfall unter Berücksichtigung des bisherigen und neuen Inhalts beantworten.[145] Dazu auch § 19 Rdn. 63.

Beide Teile sind in der Regel von folgenden Inhaltsänderungen betroffen
a) Inhaltsänderungen beim **Wohnungseigentum**[146] und beim **Erbbaurecht**.
b) **Verlängerung** eines bereits bestehenden **Erbbaurechts** oder eines sonstigen zeitlich befristeten Rechts;[147] Zustimmung der Inhaber von Rechten, die daran bestehen (§ 876 BGB), nicht nötig, da sie durch Verlängerung keinen Nachteil erleiden.[148]
c) **Änderung** vertraglicher **Verfügungsbeschränkungen**, die zum Inhalt eines Erbbaurechts, Wohnungseigentums, Dauerwohnrechts gehören: Einzelheiten § 19 Rdn. 115 ff.[149]
d) Nachträgliche Vereinbarung oder **Ausschluß der Übertragbarkeit**.[150]
e) **Auswechslung von Leibgedingsleistungen** (§ 49 Rdn. 4): z. B. Dienstbarkeit in Reallast oder umgekehrt;[151]
f) **Bildung von Einheitshypotheken**;[152]

---

[141] Dazu BayObLG Rpfleger 82, 334; LG Augsburg Rpfleger 83, 425; *Bauch* Rpfleger 83, 421; *Bielau* Rpfleger 83, 425.
[142] KG OLG 3, 230; 16, 151.
[143] BayObLG MittBayNot 89, 310.
[144] OLG Dresden OLG 6, 258; 8, 307.
[145] Einzelheiten BayObLGZ 59, 527 = DNotZ 60, 540/545 Anm. *Weitnauer*; Staudinger/ *Gursky* § 883 Rdn. 223 ff.; *Ertl* MittBayNot 89, 297/299.
[146] BayObLGZ 78, 377 = DNotZ 79, 174.
[147] BayObLG DNotZ 60, 540 = NJW 60, 1155.
[148] Palandt/*Bassenge* § 877 Rdn. 5.

[149] Palandt/*Bassenge* § 877 Rdn. 5; BayObLGZ 89, 354 = MDR 90, 53: Zustimmung der übrigen WEer nicht erforderlich, wenn nur an einem WE-Recht geändert oder aufgehoben wird.
[150] BGHZ 19, 355/359 = NJW 56, 463; OLG Hamm NJXV 68, 1289; Palandt/*Bassenge*, § 877 Rdn. 3.
[151] BayObLGZ 75, 134; 75, 193; Staudinger/ *Gursky* § 877 Rdn. 11.
[152] RGZ 145, 47; OLG Celle Rpfleger 72, 97; ausführlich dazu Haegele/Schöner/*Stöber* GBR, 2693 ff.

g) Umwandlung von Grundpfandrechten z. B. Buch- in Briefrechte, § 1116 BGB;[153] Hypothek in Grundschuld oder Rentenschuld und umgekehrt, §§ 1198, 1203 BGB;[154] Verkehrs- in Sicherungshypothek §1186 BGB; Eigentümergrundschuld in Fremdhypothek, die nur bei gleichzeitiger Abtretung an Fremdgläubiger zulässig ist;[155] Forderungsauswechslung (§ 1180 BGB);[156]

h) Änderung einer Bedingung;[157]

i) Änderung von Zahlungsbestimmungen z. B. Kündigungsklausel,[158] Barzahlungsklausel,[159] Zahlungsort.[160]

16. Inhaltsänderungen, von denen nur ein Teil betroffen ist

69 Solche Inhaltsänderungen liegen ausnahmsweise und nur dann vor (oben Rdn. 68), wenn klar ersichtlich ist, daß nur ein Teil verlieren kann, der andere nicht.

Dies ist der Fall bei

a) **Erhöhung der Zins- oder Nebenleistungen** betroffen ist nur der Eigentümer, selbst wenn er wirtschaftlich für Zinserhöhung ein Entgelt erhält;[161] Herabsetzung von Zins- und Nebenleistungen wird nach h. M. nicht als Inhaltsänderung, sondern als Löschung behandelt (§ 19 Rdn. 63 d);[162]

b) **Rangänderungen,** soweit §§ 880, 881 BGB nicht zutreffen, z. B. bei

aa) nachträglichem Rangvorbehalt: nur Gläubiger des Rechts ist betroffen, bei dem er eingetragen wird;[163]

bb) Austausch zweier Rechte des gleichen Rechtsinhabers; nur dieser Rechtsinhaber ist betroffen;[164]

c) **Ausschluß des Kündigungsrechts** des Eigentümers auf bestimmte Zeit;[165]

d) **nachträgliche Festsetzung des Höchstbetrages des Wertersatzes** (§ 882 BGB): betroffen nur der Gläubiger, nicht der Eigentümer.[166]

17. Unterwerfung unter die Zwangsvollstreckung (§ 800 Abs. 1 ZPO)

Literatur:

Wolfsteiner Die vollstreckbare Urkunde (1978); *Münch* Vollstreckbare Urkunde und prozessualer Anspruch (1989); DNotZ 1995, 749; Haegele/Schöner/*Stöber* GBR 2035 ff.; *Wolfsteiner* DNotZ 1990, 531.

70 a) Die Vollstreckungsunterwerfung (dazu Einl. J 29) ist eine einseitige Erklärung, die lediglich prozeßrechtlichen Vorschriften untersteht.[167] Sie muß in einer Urkunde erklärt werden, die der ZPO (§§ 794 Abs. 1 Nr. 5; 800 Abs. 1 S. 1) und dem Beurkundungsrecht (§§ 8 ff., 14 Abs. 1 BeurkG) entspricht.[168] Die Eintragung der Unterwerfung

---

[153] KGJ 21, 117.
[154] KG JW 35, 2646.
[155] BGH DNotZ 69, 34 = NJW 68, 1674.
[156] S. dazu auch Staudinger/*Gursky* § 877 Rdn. 14; *Lahnert* BWNotZ 66, 234.
[157] KG HRR 33 Nr. 1929; Staudinger/*Gursky* § 877 Rdn. 30.
[158] BGHZ 1, 305; OLG München JFG 22, 101.
[159] KG JW 33, 2597.
[160] JFG 14, 148.
[161] RGZ 72, 362; KGJ 29, 176; Güthe/*Triebel* § 19 Rdn. 42 mit Lit. zur Streitfrage.
[162] Dazu Staudinger/*Gursky* § 877 Rdn. 28.
[163] KG OLG 14, 92; Staudinger/*Kutter*, § 881 Rdn. 4, 7.
[164] BayObLGZ 9, 367; RGZ 142, 237; Staudinger/*Kutter* § 880 Rdn. 19.
[165] OLG München JFG 22, 101 = DNotZ 41, 34; OLG Dresden OLG 8, 305.
[166] Güthe/*Triebel* § 19 Rdn. 42; Staudinger/ *Kutter* § 882 Rdn. 4.
[167] BGHZ 73, 156; 88, 62; DNotZ 85, 474; BayObLG DNotZ 87, 176.
[168] *Wolfsteiner* DNotZ 90, 531.

im GB (§ 800 Abs. 1 S. 2 ZPO; Einl. U 4) verändert den Inhalt des Grundpfandrechts nicht, sondern ist ein prozessuales Nebenrecht,[169] das von Bestand und Eintragung des Grundpfandrechts (Hypothek, Grundschuld, Rentenschuld) abhängig ist und dessen rechtliches Schicksal teilt.

b) Zur Unterwerfung ist berechtigt, wer zur Zeit der Eintragung als Eigentümer die Verfügungsmacht über das Grundstück hat oder für ihn ausüben darf (z. B. als Konkursverwalter; § 19 Rdn. 71, 125 ff.), auch ein von ihm Bevollmächtigter[170] oder Vertreter ohne Vertretungsmacht mit dessen nachträglicher Genehmigung.[171] Fraglich ist bisher, ob und inwieweit auf die Unterwerfung § 185 BGB anwendbar ist.[172] Unstreitig wird sie wirksam, wenn der Verfügungsberechtigte sie formgerecht wiederholt[173] oder wenn der zunächst Nichtberechtigte bei Eintragung der Unterwerfung Eigentümer (Verfügungsberechtigter) ist, also „sein" Grundstück der ZV unterworfen hat.[174]

c) Die Wirkung gegen den jeweiligen Eigentümer reicht nur, soweit sich Unterwerfung und Eintragung decken.[175] Zu jeder späteren Erweiterung (nicht zur Einschränkung) des Inhalts oder Umfangs der dadurch erfaßten Leistungspflichten ist Neuunterwerfung und Eintragung erforderlich.[176] Bei Nachverpfändung ist Unterwerfung dieses Grundstücks, aber keine neue Eintragung beim Mithaftvermerk (§48) notwendig;[177] aber bei Nachverpfändung ohne Unterwerfung muß dies im Mithaftvermerk zum Ausdruck gebracht werden.[178] Die Wirkungen der Bestandteilszuschreibung erstrecken sich kraft Gesetzes auch auf die Unterwerfung (§ 6 Rdn. 26).[179] Wirksam ist die Unterwerfung wegen eines bestimmten Betrages (§ 794 Abs. 1 Nr. 5 ZPO)[180] oder Teilbetrages,[181] wegen eines ranglezten Teilbetrags nur bei Teilung des Grundpfandrechts,[182] unwirksam bei einer dem Bestimmtheitserfordernis widersprechenden Unterwerfung.[183] Im GB eintragungsfähig ist die Unterwerfung „wegen eines zuletzt zu zahlenden Teilbetrags", obwohl die Bedenken gegen eine solche Unterwerfung keineswegs ausgeräumt sind.[184]

d) Die GB-Eintragung der Unterwerfung setzt sich aus dem Eintragungsvermerk (Einl. U 4) und dem zulässig in Bezug genommenen Inhalt zusammen (Einl. B 40).

---

[169] BGH Rpfleger 90, 16 = DNotZ 90, 586 m. Anm. *Wolfsteiner.*
[170] BayObLG Rpfleger 65, 17.
[171] RGZ 146, 308; BayObLGZ 64, 75.
[172] Offen: BayObLG MittBayNot 1992, 190 f.; gegen die Anwendbarkeit die überwiegende Meinung, OLG Frankfurt DNotZ 72, 85; Staudinger/*Gursky* § 185 Rdn. 96; nach a. A. ist Abs. 1 analog anwendbar, OLG Köln DNotZ 80, 628; MünchKomm/*Thiele* § 185 Rdn. 17, nach wieder anderer auch Abs. 2 so *Wolfsteiner* § 12.20 und MünchKomm-ZPO/*Wolfsteiner* § 794 Rdn. 175; Meikel/*Lichtenberger* § 19 Rdn. 278 ff.
[173] AG Bremen DNotZ 61, 355 zust. *Schippel.*
[174] OLG Saarbrücken DNotZ 77, 624; BayObLG DNotZ 87, 216; KG DNotZ 88, 238; BGH Rpfleger 90, 16.
[175] *Saage* DNotZ 57, 676.
[176] BGHZ 26, 344 = NJW 58, 630; DNotZ 65, 544/546; KG DNotZ 54, 199; nach OLG Hamm Rpfleger 87, 297 gegen LG Düsseldorf DNotZ 62, 97 auch bei Umwandlung einer Hypothek in Eigentümergrundschuld.
[177] BGHZ 26, 344.
[178] BGH DNotZ 58, 252/254; LG Essen DNotZ 57, 670 m. Anm. *Saage.*
[179] BayObLGZ 54, 258; Meikel/*Böttcher* § 6 Rdn. 56.
[180] BGHZ 22, 54; 73, 156; DNotZ 80, 307; 83, 679.
[181] BayObLGZ 85, 141/142; OLG Hamm DNotZ 88, 233; vgl. auch BayObLG DNotZ 90, 594 m. Anm. *Münch* zur Höchstbetragshypothek.
[182] OLG Hamm Rpfleger 84, 60; DNotZ 88, 233.
[183] OLG Düsseldorf DNotZ 88, 243.
[184] Dazu BGH Rpfleger 90, 16 und OLG Celle Rpfleger 90, 378 m. krit. Anm. *Muth* und *Wolfsteiner* DNotZ 90, 589/592.

§ 19

Lediglich zur näheren Bezeichnung des Inhalts der Unterwerfung genügt die Bezugnahme auf die Bewilligung. Der Inhalt der Unterwerfungserklärung muß sich entweder aus der Bewilligung selbst (§ 19 Rdn. 38 ff.) oder aus der zulässig in Bezug genommenen, dem GBA vorgelegten oder bereits vorliegenden Urkunde ergeben (§ 19 Rdn. 39). Die Unterwerfung muß dem GBA nicht durch eine zu den Grundakten eingereichte beglaubigte Abschrift der vollstreckbaren Urkunde selbst nachgewiesen werden.[185] § 800 Abs. 1 ZPO verlangt lediglich die Eintragung der dinglichen Unterwerfung. Aus der Eintragung muß sich nicht ergeben, auf welcher Urkunde die Zulässigkeit der Zwangsvollstreckung beruht.[186] Die Prüfung des GBA beschränkt sich auf die grundbuchrechtlichen Eintragungsvoraussetzungen. Sie erstreckt sich nicht auf materiell-, vollstreckungs- und beurkundungsrechtliche Fragen (Einl. J 29).

e) Die verfahrensrechtlichen Eintragungsvoraussetzungen (auch bei einer nachträglichen Eintragung) richten sich ausschließlich nach Grundbuchrecht (Einl. J 49). Dazu ist erforderlich, daß
1. das Grundpfandrecht, bei dem die Unterwerfung eingetragen werden soll, bereits im GB eingetragen ist oder gleichzeitig eingetragen wird,
2. der von der Eintragung der Unterwerfung betroffene Eigentümer des belasteten Grundstücks (oder der Inhaber der Bewilligungsbefugnis) die Eintragung bewilligt (§ 19),
3. er oder der Grundpfandgläubiger die Eintragung beantragt (§ 13).

Zur Eintragung ist es nach h. M. notwendig, nach der hier vertretenen lediglich empfehlenswert, die Urkunde dem GBA vorzulegen und in der Bewilligung auf sie Bezug zu nehmen, damit sich Unterwerfung und Eintragung inhaltlich decken. Die Einigung über das Grundpfandrecht bedarf keiner Beurkundung,[187] die Bewilligung des Betroffenen (§ 19) lediglich der Form des § 29.[188] Eine Bewilligung des Grundpfandgläubigers[189] von Berechtigten nachrangiger oder am Grundpfandrecht selbst lastender Rechte ist nicht erforderlich, weil die Unterwerfung den Inhalt des Grundpfandrechts nicht verändert.[190]

18. Materielle Verfügungsberechtigung

71 a) **Verfügung im Sinne des materiellen Rechts** ist ein Rechtsgeschäft, durch das ein bestehendes Recht unmittelbar übertragen, belastet, aufgehoben oder seinem Inhalt nach geändert wird.[191] Veräußerung und Belastung sind Unterarten der Verfügung. Die Verfügung muß vom Verfügungsberechtigten erklärt werden. Dies ist in der Regel der Inhaber des Rechts. Ihm kann aus verschiedenen Gründen die Verfügungsbefugnis über seine eigenen Vermögensgegenstände entweder völlig entzogen und einem Verwalter übertragen (Einl. J 13; 14) oder in verschiedenem Umfang beschränkt worden sein (Einl. J 15 ff.; § 19 Rdn. 82 ff.).[192] Wie bei der Bewilligungsberechtigung (dazu §19 Rdn. 48) ist es rechtssystematisch sinnvoll, unter dem Oberbegriff „Verfügungsberechtigung" zwischen der „Verfügungsmacht" (= Rechtsinhaberschaft) und der „Verfügungsbefugnis" (= Fähigkeit zur Ausübung der Befugnisse aus der Rechtsinhaberschaft) zu unterscheiden (dazu § 19 Rdn. 48, 73, 82).

---

[185] *Wolfsteiner* § 65.10, anders die h. M., BayObLG DNotZ 1974, 376; Haegele/Schöner/*Stöber* GBR 2049 mwN.
[186] *Saage* DNotZ 57, 676/677 m. Hinw. auf Güthe/*Triebel*.
[187] BGHZ 73, 157 = DNotZ 79, 342.
[188] BayObLGZ 73, 213; 74, 30 = Rpfleger 74, 159.
[189] BayObLG MittBayNot 85, 122.
[190] BGH WM 80, 34/35; Rpfleger 90, 16.
[191] BGHZ 1, 294/304.
[192] S. a. Staudinger/*Gursky* § 873 Rdn. 39 ff.

b) Nach der materiellrechtlich gestützten Meinung (§ 19 Rdn. 16, 44, 47) kann die **72** Bewilligung nur vom materiell Verfügungsberechtigten abgegeben werden.[193] Lediglich bei der Berichtigungsbewilligung (§ 22 Rdn. 67) spricht diese Meinung von einer „Verfügung über die Buchposition".[194]

19. Verfahrensrechtliche Meinung zur Bewilligungsberechtigung

a) Die Bewilligung ist eine „verfahrensrechtliche Verfügung über ein grundbuchmäßiges Recht" (Einl. B 12). Sie enthält keine rechtsgeschäftliche Verfügung und hat keine materielle Verfügungswirkung (dazu § 19 Rdn. 21, 27, 50, S 1).[195] **73**
Diese Meinung wirkt sich auf die Rechtsgrundlagen der Bewilligungsberechtigung aus:
(1) Der Betroffene (i. S. des § 19 GBO) muß verfahrensrechtlich die Berechtigung zur Abgabe einer wirksamen Bewilligung der von ihm gewollten Eintragung haben, die zutreffend als „Bewilligungsmacht" bezeichnet wird (dazu § 19 Rdn. 48). Sie fließt zwar aus der Verfügungsmacht,[196] hat aber rein verfahrensrechtlichen Charakter. Deshalb setzt die Bewilligungsmacht nicht voraus, daß ihr Inhaber über das eingetragene Recht in materiellrechtlich wirksamer Weise verfügen kann.
(2) Lediglich zur Feststellung der Bewilligungsbefugnis muß im GB-Verfahren (wie im Prozeß zur Prozeßführungsbefugnis) auf die Vorschriften über die materiellrechtliche Verfügungsbefugnis zurückgegriffen werden. Das GBA muß deshalb im Rahmen der Eintragungsvoraussetzungen (Einl. A 40; C 80; § 19 Rdn. 1) von Amts wegen prüfen, ob der von der Eintragung (als Inhaber der Buchposition) Betroffene selbst die rechtliche Fähigkeit hat, seine Buchposition zu übertragen, zu ändern oder aufzuheben oder ob er dazu nicht oder nicht allein befugt ist. Ist diese Befugnis ihm entzogen und einem anderen übertragen (z. B. Konkursverwalter, Zwangsverwalter, Testamentsvollstrecker, Vorerbschaftsverwalter; vgl. Einl. J 13, 14), dann hat nur dieser kraft seines Amtes die Bewilligungsbefugnis, obwohl er nicht der Inhaber des grundbuchmäßigen Rechts ist (vgl. § 19 Rdn. 48). Außer der Entziehung der Bewilligungsbefugnis gibt es eine Reihe von sonstigen Verfügungsbeeinträchtigungen, die Auswirkungen nicht nur auf das materielle Recht, sondern auch auf die Bewilligungsbefugnis im GB-Verfahren haben (dazu § 19 Rdn. 82 ff.; 156 ff.; § 20 Rdn. 45 ff.; 155 ff.).

b) **Sind mehrere Personen nur gemeinsam bewilligungsberechtigt,** müssen sie alle die **74** Bewilligung abgeben, wenn auch nicht gleichzeitig, z. B. Gesamtberechtigte (§ 428 BGB); [Besonderheiten bei löschungsfähigen Quittungen § 27 Rdn. 27]; Gesamtgutsverwalter im Falle § 1450 BGB; mehrere Testamentsvollstrecker § 2224 BGB; Gesamthandsberechtigte, (z. B. Miterben in Erbengemeinschaft);[197] Nacherben und weitere Nacherben, aber nicht Ersatzerben, solange Ersatzfall nicht eingetreten ist (vgl. § 19 Rdn. 66 d). Eine Grunddienstbarkeit kann nach Aufteilung des herrschenden Grundstücks in WE aufgrund Bewilligung eines einzelnen WEers auch nicht hinsichtlich des ihm zustehenden WE-Rechts gelöscht werden.[198]

---

[193] BGHZ 30, 255 = NJW 59, 1635; BGHZ 35, 139 = NJW 61, 1301; BayObLGZ 54, 98; Rpfleger 83, 17; DNotZ 87, 366/367.
[194] BayObLG DNotZ 88, 781; Meikel/*Böttcher* § 13 Rdn. 38.
[195] Ebenso *Eickmann* GBVerfR § 5 III 1, 2; Meikel/*Lichtenberger* § 19 Rdn. 46 ff., 74 ff.;
Haegele/Schöner/*Stöber* GBR 100; Schwab/ *Prütting*, § 24 V; *Böttcher* Rpfleger 83, 49/ 50, 56.
[196] *Rahn* BWNotZ 67, 272.
[197] BayObLG DNotZ 89, 361; Einzelheiten § 47 Rdn. 6 ff.
[198] BayObLG Rpfleger 83, 434.

§ 19

75 c) **Maßgeblicher Zeitpunkt der Bewilligungsberechtigung** ist der der GB-Eintragung.[199] Ist vorher eine Verfügungsbeschränkung eingetreten, beeinflußt dies die materielle und verfahrensrechtliche Lage, soweit nicht Ausnahmevorschriften gelten (§ 19 Rdn. 87 ff.).

76 20. **Tod und Beschränkung der Geschäftsfähigkeit des Bewilligenden** haben auf die Bewilligungsberechtigung keinen Einfluß, wenn sie nach Abgabe der Bewilligung eintreten.[200]
a) Nach materiellrechtlicher Auffassung gilt § 130 Abs. 2 BGB unmittelbar.[201]
b) Die Meinung von der Bewilligung als Verfahrenshandlung wendet §130 Abs. 2 BGB analog an. Diese Vorschrift enthält einen allgemeinen Rechtsgrundsatz, der auch für die vom Erblasser erteilte und nicht widerrufene Bewilligung gilt.[202] Eine neue Bewilligung des Erben ist auch bei seiner zwischenzeitlichen Eintragung als Rechtsinhaber nicht erforderlich und könnte von ihm nicht verlangt werden, weil eine noch wirksame Bewilligung des Erblassers vorliegt und zur GB-Eintragung ausreicht.[203] Die gleichen Grundsätze gelten für die Bewilligung dessen, der nachher in seiner Geschäftsfähigkeit beschränkt wird. Für diese entsprechende Anwendung spricht, daß ein Verfahren der freiwilligen Gerichtsbarkeit durch solche Ereignisse nicht unterbrochen wird.[204]

21. Bewilligung durch Nichtberechtigte

77 a) Ein Mangel der Bewilligungsberechtigung, der bei Erklärung oder GB-Vorlage der Bewilligung besteht, kann bis zur Eintragung oder Antragszurückweisung analog § 185 BGB geheilt werden,[205] weil die Bewilligung eine „verfahrensrechtliche Verfügung" ist (§ 19 Rdn. 44) und bei Verfahrenshandlungen (z. B. der Klage) die zunächst fehlende Sach- und Prozeßführungsbefugnis im Laufe des Verfahrens noch geheilt werden kann.[206] § 185 BGB ist aber nicht anwendbar auf eine Bewilligung durch Vertreter ohne Vertretungsmacht (§ 19 Rdn. 198).

78 b) Die „**Bewilligung eines Nichtberechtigten**" liegt vor, wenn jemand eine Bewilligung im eigenen Namen abgegeben hat, obwohl er nicht von der GB-Eintragung betroffen ist (§ 19 Rdn. 51 ff.) oder nicht, nicht allein oder nicht mehr die dazu erforderliche Bewilligungsmacht oder Bewilligungsbefugnis hat (§ 19 Rdn. 71 ff.) und dazu auch nicht (analog § 185 Abs. 1 BGB) ermächtigt ist (§ 19 Rdn. 79). Trägt das GBA trotz dieses Mangels (also ohne wirksame Bewilligung) ein, so verstößt es gegen § 19; die Eintragung ist aber trotzdem wirksam (§ 19 Rdn. 2, 21). Der Mangel hat (anders als die fehlende Verfügungsmacht oder Verfügungsbefugnis) keine materiellrechtlichen Folgen.

---

[199] OLG Hamm DNotZ 54, 209; BayObLGZ 54, 99 BGH DNotZ 63, 433; BayObLG Rpfleger 80, 476; 84, 145; DNotZ 87, 366/367; OLG Frankfurt Rpfleger 80, 63.
[200] Ertl Rpfleger 82, 407/409.
[201] KG JFG 1, 338; Meikel/*Imhof-Riedel* § 19 Rdn. 73.
[202] BayObLGZ 34, 66/68; *Demharter*, § 19 Rdn. 21.
[203] BGHZ 48, 356 = Rpfleger 68, 49; ebenso BayObLG DNotZ 73, 610 für die Auflassung.
[204] Keidel/Kuntze/*Winkler* FGG § 12 Rdn. 50.
[205] OLG Köln DNotZ 80, 628.
[206] So h. M. für die ZPO: Thomas/*Putzo* ZPO Einl. III Rdn. 18; für die GBO ebenso *Eickmann* GBVerfR 5. Kap. § 3 III 2; Meikel/*Lichtenberger* § 19 Rdn. 271; *Demharter* § 19 Rdn. 73; Haegele/Schöner/*Stöber* GBR 101.

Einzelfälle:
Der Eigentümer, wenn aufgrund seiner Bewilligung ein Recht an dem von ihm verkauften Grundstück erst nach Vollzug der Auflassung eingetragen werden soll (er ist nicht mehr bewilligungsberechtigt; § 19 Rdn. 75); der Auflassungsempfänger, wenn am Kaufgrundstück ein Recht bereits vor seinem Eigentumserwerb eingetragen werden soll (er ist noch nicht bewilligungsberechtigt; § 19 Rdn. 80); der Rechtsinhaber, dem die Bewilligungsbefugnis z. B. als Gemeinschuldner im Konkurs, Erbe unter Testamentsvollstreckung fehlt (§ 19 Rdn. 125); ein nicht allein bewilligungsberechtigter Gesamthänder z. B. Miterbe über Nachlaßgegenstände, Gesellschafter über Gesellschaftsvermögen, Ehegatte in Gütergemeinschaft (§ 19 Rdn. 74).

c) Bewilligung durch einen „Bewilligungsermächtigten"

79 Die Bewilligung eines Nichtberechtigten ist von Anfang an wirksam, wenn der Berechtigte vorher eingewilligt hat (analog § 185 Abs. 1 BGB) oder auch dann, wenn der Veräußerer die Eintragung einer Belastung an dem in das Eigentum des Erwerbers übergegangenen Grundstück bewilligt und sich bei der Grundstücksveräußerung diese Belastung vorbehalten hat.[207] Ein Mangel der Bewilligungsmacht liegt in den Fällen der Bewilligungsermächtigung von Anfang an nicht vor.[208] Bei Briefrechten kann die Ermächtigung (z. B. zur Nachverpfändung oder Pfandbeigabe) vom wahren Gläubiger auch „verdeckt" erteilt worden sein.[209]

d) Die Bewilligung eines Nichtberechtigten wird wirksam

80 (1) Rückwirkend, wenn der zur Zeit der Genehmigung Bewilligungsberechtigte genehmigt (analog § 185 Abs. 2 Fall 1 BGB).[210]
(2) Nachträglich ohne Rückwirkung, wenn der Nichtberechtigte das Recht später erwirbt (§ 185 Abs. 2 Fall 2 BGB), z. B. ein Grundstückskäufer, der als Eigentümer nachträglich eingetragen wird. Entsprechend anwendbar wenn der Nichtberechtigte, der in die Bewilligung eines anderen Nichtberechtigten eingewilligt hat, das Recht später erwirbt[211] oder wenn der Vorerbe die Bewilligung abgegeben hat und die Nacherbfolge dann wegfällt.[212] § 185 Abs. 2 2. Fall BGB ist jedoch nicht anwendbar, wenn der vollmachtlose Vertreter das Recht später erwirbt, denn § 185 BGB regelt allein die Fälle, in denen ein Nichtberechtigter (nur) im eigenen Namen über ein fremdes Recht verfügt.[213]
(3) Nachträglich ohne Rückwirkung, wenn der Berechtigte den Nichtberechtigte beerbt und unbeschränkt haftet (analog § 185 Abs. 2 Fall 3 BGB), z. B. wenn der Vorerbe als Nichtberechtigter die Bewilligung abgegeben hat und dann vom Nacherben beerbt wird.[214]

22. Bewilligungsberechtigung des Auflassungsempfängers

81 Zur Frage, ob der Auflassungsempfänger zur Bewilligung von Eintragungen an dem an ihn aufgelassenen, aber noch nicht in sein Eigentum übergegangenen Grundstück berechtigt ist, wird in der Rspr. folgende Auffassung vertreten:

---

[207] OLG Frankfurt Rpfleger 81, 19.
[208] So zutr. Meikel/*Lichtenberger* § 19 Rdn. 272.
[209] Dazu eingehend *Ertl* DNotZ 90, 684/703.
[210] BGH NJW 89, 2049.
[211] BGH LM § 185 Nr. 7.
[212] RGZ 149, 22.
[213] OLG Frankfurt a.M. NJW-RR 1997, 17.
[214] OLG München DNotZ 71, 544.

a) Die Auflassung enthält regelmäßig auch die Einwilligung zur Weiterveräußerung des Grundstücks an einen Dritten.[215] Dies gilt z. B. dann nicht, wenn durch Weiterveräußerung die Rückübereignungsverpflichtung an den Veräußerer vereitelt würde.[216]
Das GBA kann jedoch wegen der Beschränkungen der Auslegung im GB-Verfahren (Einl. C 18, 25 ff.) häufig nicht zum gleichen Ergebnis wie ein Prozeßgericht in einem Rechtsstreit kommen. Die verfahrensrechtliche Bewilligungsermächtigung (§ 19 Rdn. 79) kann deshalb in der Gbpraxis nicht genauso beurteilt werden, wie die materiellrechtliche Verfügungsermächtigung. Zweifel werden vermieden, wenn der Auflassungsempfänger ausdrücklich zur Weiterveräußerung ermächtigt wird.[217]

b) Die Auflassung enthält „nicht ohne weiteres" die Einwilligung zur Belastung des aufgelassenen Grundstücks,[218] auch nicht ohne weiteres die Ermächtigung des Käufers, das Grundstück vor Eigentumsumschreibung „im Rahmen der Kaufpreisfinanzierung" zu belasten.[219] Der Verkäufer hat deshalb bei der Belastung mitzuwirken, z. B. bei der Bestellung der vom Käufer benötigten Grundpfandrechte.[220]

c) Der Auflassungsempfänger kann wegen des Identitätsgebots[221] keine Vormerkung, ibs. Eigentumsvormerkung für Dritte bewilligen.

V. Verfügungsbeschränkungen[222]

1. Wesen und Arten von Beeinträchtigungen der Verfügungsbefugnis

82 a) Verfügungsbeschränkungen beeinträchtigen in verschiedenem Umfang unmittelbar die Verfügungsbefugnis (§ 19 Rdn. 71) des Rechtsinhabers, die zu seinem Vermögen gehörenden Rechtsgegenstände zu übertragen, zu belasten, aufzuheben oder inhaltlich zu ändern. Sie beeinträchtigen im GB-Verfahren die Bewilligungsberechtigung des Inhabers des grundbuchmäßigen Rechts und veranlassen das GBA zur Prüfung der „Bewilligungsbefugnis" (§ 19 Rdn. 73 bis 75).[223]

b) Die privatrechtlichen Beeinträchtigungen der Verfügungsbefugnis lassen sich[224] einteilen in: (1) Verfügungsentziehungen (dazu Einl. J 13, 14; § 19 Rdn. 125 ff.; (2) Verfügungsbeschränkungen (dazu § 19 Rdn. 115 ff.; 135 ff.); (3) Verfügungsverbote gemäß §§ 135, 136 BGB (dazu § 19 Rdn. 110 ff.).

c) Im öffentlichen Recht ist zu unterscheiden zwischen (1) Veräußerungsbeschränkungen (dazu § 20 Rdn. 155 ff.); (2) Belastungsbeschränkungen (dazu § 19 Rdn. 155 ff.); (3) Teilungsbeschränkungen (dazu § 7 Rdn. 29 ff.; § 20 Rdn. 166 ff.).

d) Solche Einteilungen sind rechtssystematisch sinnvoll, machen aber die herkömmliche Unterscheidung zwischen den „absoluten" und „relativen", den „eintragungsfähigen" und „nichteintragungsfähigen" Verfügungsbeschränkungen nicht überflüssig. Daneben gibt es „Sonderfälle", die sich nicht ohne weiteres bestimmten Gruppen zuordnen lassen.

---

[215] BGH NJW 1989, 1093; NJW-RR 1992, 1178, 1180; BayObLG NJW 71, 514.
[216] OLG Düsseldorf OLGZ 80, 343.
[217] *Medicus* DNotZ 90, 275/280, Staudinger/ *Gursky* § 925 Rdn. 126.
[218] BayObLGZ 70, 254/257.
[219] BGH Rpfleger 89, 146.
[220] *Ertl* MittBayNot 89, 53; *Ehmann* BWNotZ 89, 141.
[221] *Amann* DNotZ 1995, 252, Haegele/Schöner/*Stöber* GBR 1493.
[222] Dazu eingehend: *Eickmann* GBVerfR 5. Kap. § 3 III, IV; 9. Kap. § 2; § 3; *Böttcher* Rpfleger 1983, 49; 1983, 187; 1984, 377; 1985, 1; 1985, 381.
[223] S. a. Haegele/Schöner/*Stöber* GBR; 3800 ff.; Meikel/*Sieveking* Anh. zu § 19.
[224] Nach *Böttcher* Rpfleger 83, 49/52 ff.

Zweiter Abschnitt. Eintragungen in das Grundbuch (Munzig) **§ 19**

Überblick

Eintragungsfähigkeit: Verfügungsbeschränkungen Einl. J 3 ff.
Eigentumsbeschränkungen Einl. D 6 ff.
GB-Behandlung von Verfügungsbeschränkungen:
a) absolute § 19 Rdn. 101 ff.; b) relative § 19 Rdn. 113 ff.;
c) vertragliche § 19 Rdn. 115 (im WEG Einl. E 62; in ErbbauVO Einl. F 32 ff.)
d) Konkurs § 19 Rdn. 125; e) Nachlaßverwaltung § 19 Rdn. 125;
f) Testamentsvollstreckung § 19 Rdn. 125; § 52
g) Nacherbfolge § 19 Rdn. 130; § 51
h) Erwerbsbeschränkungen § 20 Rdn. 70; § 19 Rdn. 204.

Einzelfragen zu	Veräußerungs- beschränkungen	Belastungs- beschränkungen	Teilungs- beschränkungen
Bau- und Bodenrecht	§ 20 Rdn. 174	§ 19 Rdn. 156	§ 20 Rdn. 166, § 7 Rdn. 29
LandwirtschaftsR	§ 20 Rdn. 192	§ 19 Rdn. 160	§ 20 Rdn. 200
juristische Personen	§ 20 Rdn. 202	§ 19 Rdn. 161	
AußenwirschaftsR	§ 20 Rdn. 210	§ 19 Rdn. 162	
Sondervermögen	§ 20 Rdn. 211	§ 19 Rdn. 163	§ 7 Rdn. 31; 32
sonstige Beschränkungen	§ 20 Rdn. 215	§ 19 Rdn. 164	
Währungsrecht		§ 28 Rdn. 22	
Wohnungseigentum	Einl. E 62 ff.	Einl. E 69 § 19 Rdn. 116	§ 7 Rdn. 25
Erbbaurecht	Einl. F 32	Einl. F 33 § 19 Rdn. 116	§ 7 Rdn. 23
gesetzlicher Güterstand	§ 19 Rdn. 142	§ 19 Rdn. 142	
Gütergemeinschaft	§ 19 Rdn. 149	§ 19 Rdn. 149	
ausländisches Güterrecht	§ 19 Rdn. 154	§ 19 Rdn. 154	

2. Bedeutung im GB-Verfahren

Einschränkungen der Verfügungs- und Bewilligungsbefugnis sind im GB-Verfahren **83** von Bedeutung, weil das GBA sie nach näherer Prüfung in unterschiedlicher Weise behandeln muß.

a) **Ihre Rechtsgrundlagen** befinden sich im privaten oder öffentlichen Recht. Sie beruhen entweder auf Gesetz (§§ 134, 135 BGB), gerichtlichem oder behördlichem Hoheitsakt (§ 136 BGB) oder rechtsgeschäftlicher Vereinbarung (§ 137 BGB).

b) **Ihr Inhalt** ist je nach der Rechtsgrundlage verschieden: sie können Veräußerungen oder Belastungen oder beides verbieten, sich auf das gesamte Vermögen (z. B. § 1365 BGB, §§ 284, 290 StPO), Vermögensmassen (z. B. Konkursmasse, Nachlaß, Gesamtgut) oder einzelne Gegenstände (z. B. ein Grundstück) beziehen.

c) **Der Zeitpunkt ihres Entstehens** ist für die einzelnen Beschränkungen in den dafür maßgeblichen gesetzlichen Vorschriften geregelt. Sie entstehen in aller Regel außerhalb des GB und nur ausnahmsweise durch GB-Eintragung.

d) **Ihre Eintragungsfähigkeit** ist in Einl. J 1 ff. behandelt. Auch auf die nicht eintragungsfähigen Beschränkungen hat das GBA zu achten und in eigener Zuständigkeit zu entscheiden, ob ihr Bestehen verneint werden kann oder zweifelhaft erscheint.[225]

---

[225] KG JFG 17, 76; BayObLGZ 53, 150 = DNotZ 53, 438/439.

e) **Ein gutgläubiger Erwerber** wird allgemein bei den relativen Beschränkungen (§ 135 Abs. 2 BGB) und sonst nur aufgrund ausdrücklicher Vorschriften geschützt. Solche Beschränkungen sind zur Verhütung eines gutgläubigen Erwerbs eintragungsfähig.

f) **Verfügungsbeschränkungen mit absoluter Wirkung** machen das gegen sie verstoßende Rechtsgeschäft mit Wirkung für und gegen alle nichtig (§ 134 BGB) oder zumindest schwebend unwirksam[226] und bewirken daher eine GB-Sperre (Einzelheiten § 19 Rdn. 101 ff.)

g) **Verfügungsbeschränkungen mit relativer Wirkung** belassen dem Rechtsinhaber die Verfügungsbefugnis, bezwecken nur den Schutz bestimmter Personen, und machen nur ihnen gegenüber die Verfügung unwirksam (§§ 135, 136 BGB; Einzelheiten § 19 Rdn. 110 ff.).

h) **Sonderfälle im materiellen Recht** sind Konkurs, Nachlaßverwaltung, Testamentsvollstreckung und Entziehung der Verfügungsbefugnis des Vorerben (§ 19 Rdn. 125) und Nacherbfolge (§ 19 Rdn. 130).

84 3. **Keine Einschränkung der Verfügungs- und Bewilligungsbefugnis** tritt ein,

a) wenn der Inhaber das Recht selbst (z. B. sein Grundstückseigentum durch Eigentumserwerb eines Dritten)[227] seine Geschäftsfähigkeit (z. B. durch Entmündigung), Vertretungsmacht (z. B. durch Beendigung der elterlichen Gewalt), Rechtsfähigkeit (z. B. durch Tod oder Beendigung seiner Eigenschaft als juristische Person) verliert; umstritten ist dagegen, wie die Umwandlung von Allein − in Gesamthandseigentum außerhalb des GB (z. B. durch Abschluß der Gütergemeinschaft) zu beurteilen ist (dazu Einl. L 30; § 19 Rdn. 150);

b) bei Eintragung einer Vormerkung,[228] Eintritt der Bindung an die Einigung nach § 873 Abs. 2 BGB,[229] Abgabe einer Bewilligung,[230] Vereinbarung einer Bedingung oder Befristung,[231] Ausschluß der Übertragbarkeit einer Forderung.[232]

4. **Zeitpunkt der maßgeblichen Voraussetzungen im Regelfall**

85 Damit das GBA die zur GB-Eintragung führenden Voraussetzungen beachten kann, müssen sie ihm vor Vollendung der Eintragung nachgewiesen (§ 29 Abs. 1 S. 1) werden bzw. offenkundig sein (§ 29 Abs. 1 S. 2).

Der maßgebliche Zeitpunkt ist grundsätzlich (Ausnahmen Rdn. 86):

a) für die zur dinglichen Rechtsänderung notwendigen Voraussetzungen (Einl. A 39) die Vollendung des Rechtserwerbs;[233]

b) für Verfügungsbeschränkungen der Zeitpunkt ihres Entstehens (§ 19 Rdn. 83 c);

c) für die Kenntnis vom GB-Inhalt oder vom Bestehen einer nicht eingetragenen Verfügungsbeschränkung (§ 892 Abs. 1 BGB): die Vollendung des Rechtserwerbs;

d) für den Ausschluß der Gutgläubigkeit des Erwerbers (§ 892 Abs. 1): die Eintragung einer Rechtsänderung oder eines Vermerks über die Verfügungsbeschränkungen im GB;

e) für die zur GB-Eintragung notwendigen Voraussetzungen (Einl. A 40): der Zeitpunkt der GB-Eintragung (§ 44);

f) für den Eintritt der Rechtsänderungs-, Vermutungs- und Gutglaubenswirkung (Einl. A 8): die Eintragung der Rechtsänderung im Grundbuch.

---

[226] BGHZ 19; 359; BGH LM § 134 Nr. 15.
[227] OLG Frankfurt OLGZ 80, 100/104.
[228] RGZ 113, 403/408.
[229] RGZ 73, 50/53; BayObLG Rpfleger 83, 249.
[230] KGJ 49, 152.
[231] H. M. Staudinger/*Gursky* § 892 Rdn. 212.
[232] BGHZ 40, 159; Palandt/*Heinrichs* § 399 Rdn. 11; a. A.: relative Beschränkung RGZ 148, 110; *Scholz* NJW 60, 1837; Lit. zur Streitmeinung Staudinger/*Kaduk* § 399 Rdn. 89 ff., 111 ff.
[233] BHGZ 27, 360/366.

5. Vorverlegung der maßgeblichen Zeitpunkte in Sonderfällen

§ 1117 Abs. 2 BGB i. V. m. § 60 Abs. 2 GBO und §§ 878, 892 Abs. 2 BGB ordnen **86** eine bei Verfügungsbeschränkungen wichtige Vorverlegung der maßgeblichen Zeitpunkte an:

a) **§ 1117 Abs. 2 BGB** Bei Bestellung und Übertragung von Briefrechten erwirbt der Gläubiger das Briefrecht bereits vor der Briefübergabe, wenn eine Vereinbarung besteht, wonach er berechtigt ist, sich den Brief vom GBA aushändigen zu lassen.[234]

b) **§ 878 BGB** Die Verfügungs- und Bewilligungsbefugnis des Betroffenen wird aufrechterhalten, wenn vor Entstehung der Verfügungsbeschränkung die Einigung bindend und Eintragungsantrag beim GBA gestellt worden ist (Einzelheiten § 19 Rdn. 87 ff.).

c) **§ 892 Abs. 2 Halbsatz 1 BGB** Der für den Gutglaubensschutz maßgebliche Zeitpunkt der Kenntnis des Erwerbers wird auf den Zeitpunkt der Antragstellung vorverlegt, wenn die nach § 873 BGB erforderliche Einigung bereits besteht (Einzelheiten § 19 Rdn. 94 ff., 100).

d) **Bei Prüfung des § 892 Abs. 2 BGB ist zu beachten, daß der maßgebliche Zeitpunkt der Gutgläubigkeit verschoben wird:**[235]
(1) wenn eine materielle Erwerbsvoraussetzung fehlt (z. B. Einigung, Briefübergabe, Valutierung der Hypothek) bis zum Regelzeitpunkt der Vollendung des Rechtserwerbs;
(2) bei Verfügung durch Nichtberechtigte (§ 185 BGB) oder vollmachtlosen Vertreter (§ 177 BGB) bis zur Genehmigung des Buchberechtigten;[236]
(3) wenn behördliche Genehmigung fehlt, bis zu ihrer Erteilung;
(4) wenn GB erst zwischen Antragstellung und Eintragung unrichtig wird, bis zum Zeitpunkt dieser unrichtigen Eintragung;
(5) wenn Veräußerer, von dem der Erwerber sein Recht ableitet, zur Zeit der Antragstellung noch nicht eingetragen ist, bis zu dessen GB-Eintragung, vorausgesetzt daß dadurch das GB unrichtig wird und in diesem Zeitpunkt zum Rechtserwerb des Gutgläubigen nur noch seine Eintragung fehlt;
(6) wenn der Vormerkungsberechtigte später das durch die Vormerkung gesicherte Recht erwirbt, bis zum Zeitpunkt der Antragstellung auf Eintragung der Vormerkung.

e) Bei § 1365 BGB ist zu beachten, daß nach der herrschenden subjektiven Theorie eine an sich zustimmungsbedürftige Verfügung eines Ehegatten der Zustimmung des andern nicht bedarf, wenn sie für das vorangegangene Verpflichtungsgeschäft nicht erforderlich war.[237]

6. Bedeutung des § 878 im GB-Verfahren[238]

a) § 878 BGB ist eine materiellrechtliche Vorschrift mit zugleich verfahrensrecht- **87** licher Bedeutung. Sie erhält die Verfügungsbefugnis des Betroffenen bis zur Vollendung des Rechtserwerbs aufrecht, wenn vor Entstehung der Verfügungsbeschränkung (§ 19 Rdn. 83 c):[239]

---

[234] Palandt/*Bassenge* § 1117 Rdn. 3; zur Bedeutung im Konkurs *Eickmann* Rpfleger 72, 80.
[235] Dazu Staudinger/*Gursky* § 892 Rdn. 157 ff.
[236] RGZ 134, 286; Palandt/*Bassenge* § 892 Rdn. 27.
[237] BGH Rpfleger 89, 189; dazu § 19 Rdn. 138.
[238] Dazu *Eickmann* GBVerfR 5. Kap. § 3 III; *Däubler* JZ 1963, 588; *Wörbelauer* DNotZ 1963, 580, 652, 718; 1965, 580; *Rahn* BWNotZ 1967, 269; *Pfister* JZ 1969, 623; *Eickmann* Rpfleger 1972, 17; *Plander* JZ 1973, 45; *Böhringer* BWNotZ 1979, 141; Kl. *Müller* JZ 1980, 554.
[239] S. a. Meikel/*Sieveking* Anh. zu § 19 Rdn. 37 ff.

1. die Einigung nach § 873 Abs. 2 BGB bzw. die einseitige Erklärung nach § 875 Abs. 2 BGB bindend geworden ist und
2. der Eintragungsantrag beim GBA gestellt wurde (§ 13 Abs. 1 S. 2).

Die Reihenfolge beider Voraussetzungen ist gleichgültig.[240] Sie müssen nur beide vor Entstehung der Verfügungsbeschränkung erfüllt sein, bis zur GB-Eintragung bestehen bleiben und zur GB-Eintragung führen. § 878 BGB soll den Verfügungsempfänger gegen Gefahren schützen, die sich daraus ergeben können, daß während des GB-Verfahrens der zur Verfügung Berechtigte in dieser Befugnis unmittelbar durch das Gesetz oder aufgrund behördlicher oder gerichtlicher Anordnung beschränkt wird.[241]

88   b) **Beide Voraussetzungen sind dem GBA nachzuweisen,** also die Tatsachen und der Zeitpunkt ihres Eintritts, um ihn mit dem Zeitpunkt der Entstehung der Verfügungsbeschränkung vergleichen zu können, wozu das GBA dem Begünstigten notfalls durch Zwischenverfügung Gelegenheit geben muß.

aa) In der Praxis ist zu beachten: § 878 BGB verlangt Bindung an die materielle Einigung, die in der Regel formlos erfolgt und dem GBA wegen § 19 nicht nachgewiesen werden muß.

Die Beweisschwierigkeiten[242] können im GB-Verfahren nur durch die in der Rechtslehre entwickelten Beweisregeln vermieden werden (Einl. C 64, 65), im übrigen durch Anwendung von Erfahrungssätzen (§ 29 Rdn. 129 ff.). Für den durch die Eintragung Begünstigten ist es empfehlenswert, selbst den Eintragungsantrag zu stellen (dazu § 19 Rdn. 90, 100).

89   c) **1. Voraussetzung:** Materiellrechtliche Bindung tritt ein[243] durch:
aa) § 873 Abs. 2 Fall 1: Beurkundung der Einigung beider Vertragsteile, die dem GBA durch Vorlage der Urkunde nachgewiesen werden kann; Beglaubigung der Einigung oder Beurkundung der Einigungserklärung des einen Teils ohne Mitwirkung des anderen, z. B. der einseitigen Grundschuldbestellung, reicht dazu nicht (Einzelheiten § 19 Rdn. 3; § 20 Rdn. 53).

bb) § 873 Abs. 2 Fall 2: Abgabe der Einigung vor dem GBA (jetzt praktisch bedeutungslos).

cc) § 873 Abs. 2 Fall 3: Einreichung der Einigung beider Vertragsteile in beglaubigter oder privatschriftlicher Form beim GBA, nachweisbar dadurch, daß der Begünstigte selbst oder durch den Notar seinen Antrag und die mit ihm übereinstimmende wirksame Bewilligung des Betroffenen beim GBA einreicht.

dd) § 873 Abs. 2 Fall 4: Aushändigung der Bewilligung (§ 19) an den Begünstigten in Urschrift oder Ausfertigung; beglaubigte Abschrift reicht nicht, auch Vorlage der Bewilligung an das GBA für sich allein macht nicht bindend (§ 19 Rdn. 171). Der Zeitpunkt dieser Bindung ist aus dem Datum der vom Notar dem Begünstigten erteilten Ausfertigung ersichtlich. Bei Bewilligung in Beglaubigungsform kann der Notar mit Unterschrift und Dienstsiegel bestätigen, ob und wann er die Bewilligung aufgrund Vollmacht für den Begünstigten in Empfang genommen hat. Wurde dem Begünstigten die Bewilligung vom Betroffenen selbst ausgehändigt, sollte der Begünstigte diese Urschrift oder Ausfertigung zusammen mit seinem Antrag dem GBA einreichen.

ee) § 875 Abs. 2 Fall 1: Vorlage der einseitigen Erklärung beim GBA, was in der Regel durch GB-Vorlage der formgerechten Löschungsbewilligung geschieht (§ 19 Rdn. 4).

---

[240] Staudinger/*Gursky* § 878 Rdn. 47.
[241] BGH DNotZ 89, 160.
[242] Dazu *Rahn* BWNotZ 67, 269; NJW 59, 97.
[243] Dazu Staudinger/*Gursky* § 873 Rdn. 147 ff.

ff) § 875 Abs. 2 Fall 2: Aushändigung der Löschungsbewilligung (§ 19) an den Begünstigten in Urschrift oder Ausfertigung (begl. Abschrift reicht nicht), nachweisbar in gleicher Weise wie § 873 Abs. 2 Fall 4 (oben dd).

gg) § 1117 Abs. 2: materiellrechtliche Vereinbarung beider Vertragsteile über die Briefaushändigung; nachweisbar dadurch, daß der Begünstigte selbst oder durch den Notar seinen Antrag und die mit ihm übereinstimmende formelle Bestimmung nach § 60 Abs. 2 GBO beim GBA einreicht; durch Auslegung dieser beiden Verfahrenshandlungen läßt sich die materielle Vereinbarung des § 1117 Abs. 2 BGB ermitteln (wie oben Fall 3 des § 873 Abs. 2).

d) **2. Voraussetzung:** Stellung des Antrags beim GBA. § 13 Abs. 1 hat die Wirkung des § 878 BGB nur, wenn dieser Antrag (nicht etwa ein neuer Antrag) zur Eintragung führt. **90**

Zurücknahme (§ 31) und Zurückweisung des Antrags (nicht Zwischenverfügung)[244] beseitigen diese Wirkung. Wird die Zurückweisung im Rechtsbehelfsverfahren mit „rückwirkender" Kraft aufgehoben, dann lebt der Antrag mit seinen alten Wirkungen, also auch mit der Wirkung aus § 878 BGB wieder auf (§ 17 Rdn. 23; § 18 Rdn. 95, 96; § 74 Rdn. 9). Stellt nur der Betroffene (selbst oder durch den Notar) den Antrag und verliert er vor GB-Eintragung seine Antragsberechtigung (z. B. Konkurs; § 19 Rdn. 125), muß das GBA diesen wirkungslosen Antrag zurückweisen (§ 13 Rdn. 68).[245] Im Hinblick auf die Möglichkeit der Antragsrücknahme ist der Erwerber in jedem Fall nur durch eigene Antragstellung geschützt.

e) **Geltungsbereich des § 878 BGB:** **91**

aa) § 878 gilt für absolute und relative Beschränkungen,[246] aber nicht für die durch Eintragung entstehenden Beschränkungen.[247] Er schützt nur den Erwerber, der durch Rechtsgeschäft erwirbt, nach h. M. nicht im Wege der Zwangsvollstreckung.[248] Ein Erwerb aufgrund einer durch Urteil erzwungenen Einigung oder Bewilligung (§ 894 ZPO) ist rechtsgeschäftlicher Erwerb.

bb) § 878 BGB gilt ausdrücklich für Erklärungen nach §§ 873, 875, 877, 880, 1109 Abs. 2, 1116 Abs. 2, 1132 Abs. 2, 1154 Abs. 3, 1168 Abs. 2, 1180 Abs. 1, 1196 Abs. 2, 1260 Abs. 1 BGB.

cc) § 878 BGB gilt entsprechend für:
1. Bewilligung zur Eintragung einer Vormerkung;[249] **92**
2. Zustimmungserklärung nach §§ 5, 6 ErbbauVO[250] und aus gleichen Erwägungen auch nach §§ 12, 35 WEG;
3. Verzicht nach § 928 BGB;[251]
4. Grundbucherklärungen vgl. dazu § 19 Rdn. 7.[252]
5. Verlust der Verfügungsbefugnis der Hoheitsträger während des Eintragungsverfahrens gem. § 8 VZOG.

---

[244] KG DNotZ 30, 631.
[245] S. a. *Rahn* BWNotZ 67, 269/272, Meikel/Sieveking Anh. zu § 19 Rdn. 119; a. A. Staudinger/*Gursky* § 878 Rdn. 44; Haegele/Schöner/*Stöber* GBR 119 mwN; offengelassen von BGH DNotZ 89, 160/162.
[246] RGZ 113, 409; OLG München JFG 17, 164.
[247] Staudinger/*Gursky* § 878 Rdn. 27.
[248] BGHZ 9, 250; Staudinger/*Gursky* § 878 Rdn. 6; a. A. MünchKomm/*Wacke* § 878 Rdn. 1.

[249] BGHZ 28, 182 = DNotZ 59, 36; dazu *Rahn* NJW 59, 97; *Seufert* NJW 59, 527; *Thieme* MDR 59, 200; BGHZ 33, 123/129; BayObLGZ 54, 97 = NJW 54, 1120; und Aufhebung einer Vormerkung, OLG Köln Rpfleger 73, 299.
[250] BGH NJW 63, 36 = DNotZ 63, 433.
[251] Palandt/*Bassenge* § 878 Rdn. 4.
[252] S. a. Staudinger/*Gursky* § 878 Rdn. 11.

§ 19 I. Grundbuchordnung

93 dd) Anwendung des § 878 umstritten, aber zu bejahen: bei Erwerb mit Einwilligung des Berechtigten (§ 185 Abs. 1 BGB) oder mit nachträglicher Genehmigung, sofern sie vor der Entstehung der Verfügungsbeschränkung erklärt worden ist, weil beide Rückwirkung haben[253] zu verneinen in den Fällen 2 und 3 des § 185 Abs. 2, weil beide keine Rückwirkung haben.[254]

Beispiel:
Am 1. verkauft A Grundstück in notarieller Urkunde mit Auflassung an B und B sofort weiter an C. Am 2. gehen beide Auflassungen beim GBA ein. Am 3. wird gegen B Veräußerungsverbot verhängt und dem GBA mit Ersuchen um Eintragung des Vermerks vorgelegt. Am 5. trägt GBA Auflassung von A an B ein. Für die Eintragung von B an C muß GBA entscheiden, ob in Auflassung des A an B die Einwilligung (§ 185 Abs. 1 BGB) zur Weiterveräußerung von B an C liegt (vgl. § 19 Rdn. 81). Bejaht es diese Frage, muß es Auflassung von B an C eintragen. Verneint es dies, trifft § 185 Abs. 2 Fall 2 zu: Dann war B am 3. bei Veräußerungsverbot noch nicht berechtigt, sein Eigentumserwerb vom 5. wirkt nicht zurück. Auflassung B an C kann nicht vollzogen werden.

Hat A Weiterveräußerung des B an C nachträglich genehmigt (§ 185 Abs. 2 Fall 1), ist Zeitpunkt der Genehmigung entscheidend:[255] a) Genehmigung am 2., also vor Veräußerungsverbot, wirkt zurück: Auflassung von B an C muß vollzogen werden. b) Genehmigung am 4., also nach Veräußerungsverbot, hat keine Rückwirkung mehr: Auflassung an C darf nicht vollzogen werden.

7. Bedeutung des guten Glaubens (§ 892 BGB) im GB-Verfahren[256]

94 a) Nach erfolgter GB-Eintragung muß das GBA das eingetragene Recht gem. § 891 BGB[257] als wirksames Vollrecht behandeln, solange ihm nicht die Schlechtgläubigkeit des Erwerbers mit Sicherheit bekannt oder in Form des § 29 nachgewiesen wird.[258]

95 b) Das GBA hat die Eintragung abzulehnen, wenn ein gutgläubiger Erwerb ausgeschlossen ist.

Einzelfälle:
aa) wenn vorher oder gleichzeitig ein wirksamer (Amts-)Widerspruch[259] selbst wenn entgegen §§ 17, 45 eingetragen worden ist;[260]
bb) wenn der Erwerber das Recht nicht von einem im GB Eingetragenen oder ihm Gleichgestellten (§ 1155 BGB) erwirbt;[261] deshalb sollte die Bedeutung des § 39 GBO und § 1155 BGB nicht unterschätzt werden.[262]
cc) bei persönlicher oder wirtschaftlicher Identität von Veräußerer und Erwerber;[263]

---

[253] Palandt/*Bassenge* § 878 Rdn. 6; Staudinger/*Gursky* § 878 Rdn. 58; Meikel/*Sieveking* Anh. zu § 19 Rdn. 54; Haegele/Schöner/*Stöber* GBR 126; a. A. RGZ 135, 382; BayObLGZ 60, 462; BayObLG Rpfleger 73, 97; keine Stellungnahme bei BGHZ 49, 1971.
[254] RGZ 135, 382; BGHZ 49, 197/207; BayObLGZ 60, 462 = NJW 61, 783; Staudinger/*Gursky* § 878 Rdn. 58.
[255] Staudinger/*Gursky* § 878 Rdn. 58.
[256] Dazu *Eickmann* GBVerfR 5. Kap. § 3 III; *Schönfeld* JZ 1959, 140; *Eickmann* Rpfleger 1972, 17; *Ertl* MittBayNot 1975, 204; Rpfleger 1980, 41/44; *Habscheid* ZZP 1977, 199;

Böttcher Rpfleger 1983, 187/190; *Böhringer* BWNotZ 1985, 102; Rpfleger 1990, 337; *v. Schweinitz* DNotZ 1990, 749; *Foerste* Diss. Münster 1986.
[257] Vgl. KG DNotZ 73, 301/304.
[258] RGZ 116, 340/344; KG JFG 14, 386; BayObLG MittBayNot 81, 125; DNotZ 86, 357; 87, 621/622.
[259] RGZ 128, 55.
[260] MünchKomm/*Wacke* § 892 Rdn. 45.
[261] BGH NJW 70, 943; MünchKomm/*Wacke* § 892 Rdn. 58 ff.
[262] Einl. C 5; *Ertl* DNotZ 90, 684/703.
[263] Palandt/*Bassenge* § 892 Rdn. 6.

dd) in allen Fällen eines nichtrechtsgeschäftlichen Erwerbs z. B. durch Staatsakt, Zwangsvollstreckung, kraft Gesetzes;[264]

ee) bei Erwerb entgegen absoluten Verfügungsbeschränkungen (§ 19 Rdn. 101, 104; § 20 Rdn. 166 ff.), sofern sie nicht ausnahmsweise einem Gutglaubensschutz unterliegen (vgl. § 19 Rdn. 125).

c) Darf ein GBA in Kenntnis der Unrichtigkeit des GB bzw. Bestehens der Verfügungsbeschränkung dem im Zeitpunkt der Antragstellung gutgläubigen Erwerber zur GB-Eintragung verhelfen? Diese Streitfrage wurde früher nahezu einhellig verneint[265] (Einzelheiten unter Rdn. 97). Neuerdings gewinnt mehr und mehr die Auffassung an Boden, daß diese Ansicht mit dem Normzweck des § 892 Abs. 2 BGB und den Grundsätzen des GB-Rechts nicht vereinbar ist (dazu § 19 Rdn. 100). Im übrigen ist die Frage falsch gestellt. Es geht nicht darum, ob das GBA dem Erwerber zur Eintragung verhelfen, sondern ob es trotz der Möglichkeit eines gutgläubigen Erwerbs seine Eintragung verhindern darf. **96**

d) Nach der früher h. M. hat das GBA die Eintragung abzulehnen, wenn es die Unrichtigkeit des GB oder die bereits entstandene eintragungsfähige, aber noch nicht eingetragene Verfügungsbeschränkung kennt und kein Fall des § 878 BGB vorliegt. Es habe nicht das Recht, dem Erwerber zu einem materiell unberechtigten Erwerb aufgrund seines guten Glaubens zu verhelfen.[266] Der Erwerber habe trotz guten Glaubens keinen Anspruch darauf, daß sich sein Rechtserwerb entgegen dem Verfügungsverbot vollendet.[267] Der Grundsatz, daß das GBA von Amts wegen die Verfügungsbefugnis des Bewilligenden zu prüfen und die Eintragung abzulehnen hat, wenn ihm die Verfügungsmacht im Zeitpunkt der Vollendung des Rechtserwerbs, also der Eintragung fehlt, werde nur durch § 878 BGB, nicht durch § 892 Abs. 2 BGB eingeschränkt.[268] **97**

Diese Ansicht durchbricht bewußt den Grundsatz des § 17 GBO und mindert die Bedeutung des § 892 Abs. 2 Halbsatz 1 BGB, indem sie eine Beantwortung der Redlichkeitsfrage erst in einer rückschauenden Betrachtung am Schluß zuläßt, wenn alle Erwerbstatsachen vorliegen.[269] **98**

Daraus ergeben sich für den Rechtsverkehr folgende Konsequenzen:

aa) Vor GB-Eintragung kann sich der Erwerber eines dinglichen Rechts nie auf die Eintragung verlassen.[270] Auch eine Notarbestätigung kann ihm diese Gewißheit nicht verschaffen[271].

bb) Bei Abwicklung von Anderkonten kann[272] der Notar die Weisung, eine GB-Erklärung dem GBA nur gegen sofortige Auszahlung aus dem Anderkonto vorzulegen, nicht ohne eigenes Risiko befolgen. Denn wegen der Gefahren aus einem späteren Bekanntwerden von Verfügungsbeschränkungen kann er bei GB-Vorlage nie wissen, ob der Vollzug erfolgt.

cc) Die Fälligkeit von Kaufpreisen und anderen Zahlungen von der GB-Vorlage der Urkunde (mit oder ohne Notarbestätigung) abhängig zu machen, bedeutet eine Gefahr. Einen sicheren Schutz erhält der Zahlungspflichtige erst mit der Eintragung seines Erwerbs im GB.

---

[264] Palandt/*Bassenge* § 892 Rdn. 2.
[265] BayObLGZ 54, 97; KG DNotZ 73, 304.
[266] OLG München JFG 16, 144/149; KG NJW 73, 56/58 = DNotZ 73, 301/304.
[267] KG JFG 18, 205/208.
[268] BayObLG DNotZ 54, 394, MittBayNot 1994, 324, jeweils mit Lit.
[269] *Schönfeld* JZ 59, 142.
[270] BGH Rpfleger 86, 215/216.
[271] *Ertl* DNotZ 69, 650/667; BayObLG DNotZ 71, 249; OLG Hamm DNotZ 87, 54; *Reithmann* DNotZ 74, 6/14.
[272] *Brambring* DNotZ 90, 615.

§ 19 I. Grundbuchordnung

Zur Veranschaulichung folgender Fall:
Am 30. 3. verkauft A sein Grundstück an B und läßt es an ihn auf.
Am 1. 4. um 9.30 Uhr Konkurseröffnung gegen A (§ 108 KO), 13.45 Uhr Einlauf des Ersuchens um Konkursvermerk beim GBA (§ 113 Abs. 2 KO), um 14.05 Uhr Vorlage an GB-Rpfleger, um 16.50 Uhr Aufgabe des Beschlusses zur Post (§§ 76 Abs. 2; 77 Abs. 1 KO), der bei B am folgenden Tag eingeht.

Fall 1: Auflassungsurkunde geht mit Antrag des B am 1. 4. um 9.29 Uhr beim GBA ein. A ist noch verfügungsberechtigt und bleibt es wegen § 15 KO i. V. m. § 878 BGB. GBA muß B, der vom Berechtigten nach § 878 BGB erwirbt, als Eigentümer eintragen.

Fall 2: GB-Einlauf um 9.30 Uhr. A hat mit Konkurseröffnung um 9.30 Uhr Verfügungsmacht verloren (§ 6 KO), was in diesem Zeitpunkt nur der Konkursrichter weiß. § 878 BGB ist ausgeschlossen, § 892 BGB kann in Frage kommen:

Nach der h. M. (oben Rdn. 97) wird der Rpfleger nur eintragen bevor ihm die Konkurseröffnung bekannt ist, also vor 14.05 Uhr. Trägt er ein, ist GB infolge Gutgläubenserwerbs richtig (§ 15 KO i. V. m. § 892 BGB).

Nach richtiger Ansicht (unten Rdn. 100) muß B als Eigentümer eingetragen werden, da die Voraussetzungen des § 892 BGB und § 17 GBO vorliegen und Schlechtgläubigkeit des B nicht nachgewiesen ist.

Fall 3: GB-Einlauf der Auflassung mit Antrag des B und gleichzeitig auch Ersuchen um Konkursvermerk um 13.45 Uhr. Der Rpfleger darf nicht eintragen. Die Konkurseröffnung ist ihm bekannt (so die Begründung der h. M.), die beiden Anträge gehen gleichzeitig ein, § 17 GBO ist daher nicht erfüllt.

B ist nicht Eigentümer geworden, wenn sein Erwerb gleichzeitig mit Eintragung des Konkursvermerks eingetragen wurde und er deshalb nicht mehr gutgläubig sein kann.

Weitere Konkursfälle: der Paradefall des OLG Düsseldorf.[273]

e) Verhältnis und Abgrenzung zwischen § 878 und § 892 BGB

99 aa) **Beide Vorschriften verfolgen den gleichen Gesetzeszweck,** den Erwerber gegen die Zufälligkeiten der Dauer des Eintragungsverfahrens zu schützen.[274]

bb) **Beide Vorschriften unterscheiden sich:** § 878 schützt den Erwerb vom Berechtigten, § 892 den vom Nichtberechtigten. Für diesen Schutz verlangt § 892 den guten Glauben des Erwerbers, § 878 nicht. Bei der gleichen Verfügungsbeschränkung richtet sich die Rechtslage stets entweder nach der einen oder nach der anderen Vorschrift, niemals nach beiden.[275] Nur ausnahmsweise greifen beide Vorschriften ein, wenn der verfügende Rechtsinhaber gleichzeitig mehreren Verfügungsbeschränkungen unterliegt.[276]

8. Verfahrensrechtliche Ansicht zu § 892 Abs. 2 BGB im GB-Recht

100 Das GBA darf nicht entgegen § 17 GBO einem später eingegangenen Antrag (z. B. auf Eintragung des Konkursvermerks) stattgeben, wenn zu dem nach § 892 BGB rechtmäßigen gutgläubigen Erwerb als letzter, die Rechtsänderung vollendender Akt nur noch die GB-Eintragung fehlt, wenn also:

---

[273] A. a. O.; dazu *Ertl* MittBayNot 75, 204; *Eickmann* Rpfleger 72, 77; *Eickmann* GBVerfR 5. Kap. § 3 III. Zum Wahlrecht nach §§ 17 Abs. 1 KO; 50 Abs. 1 VerglO im Falle des § 878 BGB vgl. *Plander* JZ 73, 45.
[274] Staudinger/*Gursky* § 892 Rdn. 161.
[275] *Schönfeld* JZ 59, 140/141.
[276] Staudinger/*Gursky* § 892 Rdn. 218.

1. alle verfahrensrechtlichen Voraussetzungen für die GB-Eintragung vorliegen und kein früher gestellter anderer Antrag entgegensteht und
2. die in dem nach § 892 Abs. 2 BGB entscheidenden Zeitpunkt erforderliche Gutgläubigkeit des Erwerbers nicht durch einen Gegenbeweis oder andere konkrete Anhaltspunkte in einer für eintragungshindernde Tatsachen ausreichenden Weise entkräftet worden ist.

Eingehende Begründung s. u. Fn.[277]

a) § 892 Abs. 2 BGB soll verhindern, daß durch Zufälligkeiten des Eintragungszeitpunkts unterschiedliche Rechtsfolgen eintreten. Die Eintragung nach § 892 BGB führt nicht zu einem sachlich unberechtigten Erwerb, sondern kraft der unwiderlegbaren Fiktionswirkung des § 892 BGB zu einem rechtmäßigen Erwerb und zu einem richtigen Grundbuch.[278] Die Fiktionswirkung des § 892 Abs. 2 BGB besteht bis zur Eintragung des Rechtserwerbs fort, wenn alle Voraussetzungen eines wirksamen Verfügungsgeschäftes vorliegen, zum Erwerb des Rechts als letzter, die Rechtsänderung vollendender Akt nur noch die Eintragung erforderlich ist und der Erwerber im Zeitpunkt des Antragseingangs beim GBA die Unrichtigkeit des GB oder die Verfügungsbeschränkung nicht gekannt hat, selbst wenn er vor der GB-Eintragung noch von ihr Kenntnis erhält.[279] § 892 Abs. 2 BGB erspart dem Erwerber aber nicht den Nachweis der Erwerbsvoraussetzungen und entbindet ihn nur vom Nachweis seines guten Glaubens,[280] den das GBA nach den Beweisregeln des GB-Verfahrens widerlegen müßte (Einl. C 64).[281]

b) Lehnt das GBA trotz Vorliegen der dargestellten Voraussetzungen die GB-Eintragung ab, verstößt es gegen das Gesetz. Denn der Erwerber erwirbt entweder nach § 878 BGB rechtmäßig oder nach § 892 BGB gutgläubig, aber deshalb nicht weniger rechtmäßig.[282] Für ihn wäre es (nach BGH) „eine unerträgliche Belastung", wenn er sich nicht von seiner Antragstellung an darauf verlassen könnte, daß das GBA seinen Rechtserwerb durch Eintragung vollendet und daß er „ohne Gefahr den Kaufpreis entrichten kann".[283] Niemand kann bei seiner Antragstellung voraussehen, ob sein Erwerb nach § 878 oder § 892 BGB erfolgen wird (wie die Fälle 1. und 2. in Rdn. 98 zeigen). Die hier vertretene Ansicht wird den Bedürfnissen des Rechtsverkehrs besser gerecht (Einl. L 28; § 19 Rdn. 98). Sie entspricht § 17 GBO und § 892 BGB. Einen rechtmäßigen Erwerb, der (unstreitig) das GB richtig macht und nicht gegen eine Verfahrensvorschrift verstößt, darf das GBA nicht verhindern.

c) Umstritten ist, ob dazu ein Antrag des Begünstigten (= des Erwerbers) vorliegen muß[284] oder ein Antrag des Betroffenen genügt (so Meikel/*Böttcher* Anh. zu § 18 Rdn. 78). Wegen der gleichen (vom BGH offengelassenen) Streitfrage in Fällen des § 878 BGB ist es für den Erwerber empfehlenswert, selbst den Antrag zu stellen (§ 19 Rdn. 90).

---

[277] *Ertl* MittBayNot 75, 204; Rpfleger 80, 41/44; *Eickmann* Rpfleger 72, 77; *Böttcher* Rpfleger 83, 187/190; *Eickmann* GB-Verf-Recht 5. Kap. § 3 III 3.4; *Habscheid* FG § 41 III; ZZP 77, 199; MünchKomm/*Wacke* § 892 Rdn. 70; Staudinger/*Gursky* § 892 Rdn. 176; Meikel/*Böttcher* Anh. zu § 18 Rdn. 70 ff.; *Böhringer* BWNotZ 85, 102; Rpfleger 90, 337/338, 344; *v. Schweinitz* DNotZ 90, 749 (zu *Foerste*, Diss. Münster 1986).

[278] So auch BGH Rpfleger 86, 215/216, jedoch ohne abschließende Stellungnahme zum Meinungsstreit.

[279] Palandt/*Bassenge* § 892 Rdn. 27; Staudinger/*Gursky* § 892 Rdn. 161.

[280] RGRZ 141, 383.

[281] S. a. Meikel/*Böttcher* Anh. zu § 18 Rdn. 78; *Böhringer* Rpfleger 90, 337/344.

[282] BGH Rpfleger 86, 215/216; OLG München JFG 16, 149.

[283] BGH DNotZ 71, 240.

[284] So *Ertl* Rpfleger 80, 41/44; *Böhringer* Rpfleger 90, 337/338.

§ 19

101 9. Die GB-Behandlung absoluter Verfügungsbeschränkungen beruht darauf, daß diese dem Rechtsinhaber die materielle Verfügungs- und Bewilligungsbefugnis entziehen oder beschränken (§ 19 Rdn. 48, 71, 83).

102 a) Die eintragungsfähigen und nichteintragungsfähigen absoluten Beschränkungen bewirken wegen der mit ihnen verbundenen Nichtigkeit oder schwebenden Unwirksamkeit eine **von Amts wegen zu beachtende GB-Sperre** gegen die vom verfügungsbeschränkten Rechtsinhaber abgegebenen Verfügungen und Bewilligungen.[285]

103 b) Nach dem Grundsatz, daß die Verfügungsberechtigung (Verfügungsmacht und Verfügungsbefugnis; vgl. § 19 Rdn. 48) bis zur Vollendung des Rechtserwerbs fortbestehen muß[286] ist es grundsätzlich gleichgültig, ob die maßgebliche Verfügung oder Bewilligung vor oder nach der Entstehung der Verfügungsbeschränkung wirksam geworden ist. Eine wichtige Ausnahme davon macht § 878 BGB, der auch für absolute Beschränkungen gilt (§ 19 Rdn. 91).

104 c) **Die durch GB-Vermerke in Erscheinung tretenden absoluten Beschränkungen** des Öffentlichen Rechts, die aufgrund bestimmter Verfahren eintreten (Einl. J 22: z. B. Umlegungs-, Sanierungs-, Entwicklungs-, Enteignungs-, Rückerstattungsverfahren), entstehen vor Eintragung des Vermerks und vor Einlauf des entsprechenden Ersuchens. Sie schließen nach h. M. einen gutgläubigen Erwerb aus (§ 20 Rdn. 175, 182). Das GBA hat sie zu beachten, wenn es sie kennt. Es besteht kein Anlaß, von der Entscheidungsreihenfolge des § 17 GBO abzuweichen (vgl. Einl. A 10; C 6).

105 d) **Nicht eintragungsfähige Beschränkungen** (Einl. J 9) z. B. des öffentlichen Rechts (§ 19 Rdn. 155) und des Güterrechts (§ 19 Rdn. 135) hat das GBA vor der Eintragung von Amts wegen zu prüfen, wenn konkrete Anhaltspunkte dafür erkennbar sind.

106 e) **Die einem Gutglaubensschutz unterliegenden eintragungsunfähigen Beschränkungen** (Einl. J 13 ff.), die nach jetzt h. M. für absolute Beschränkungen gehalten werden, sind vom GBA unterschiedlich zu behandeln:

aa) die Fälle der Entziehung der Verfügungsbefugnis (Einl. J 13) anders als die Nacherbfolge (Einl. J 16; § 19 Rdn. 130),

bb) die durch § 878 BGB erfaßten Fälle (§ 19 Rdn. 87) anders als die des gutgläubigen Erwerbs (§ 19 Rdn. 96). Vgl. auch § 19 Rdn. 100.

107 f) **Bei den eintragungspflichtigen Beschränkungen** (Einl. J 20), die erst mit der Eintragung im GB entstehen (z. B. § 75 BVersG), gilt § 17 GBO uneingeschränkt.

108 g) **Die Zugehörigkeit zu einem Sondervermögen,** das absoluten Beschränkungen unterliegt (Einl. J 21), tritt erst mit Eintragung des Vermerks im GB ein. Hier gilt für die Entscheidung über den Eintragungsantrag die Reihenfolge des Eingangs der Anträge nach § 17 GBO.

109 h) **Sonstige GB-Vermerke** (Einl. J 26 ff.), die keine Verfügungsbeschränkungen enthalten, sondern nur den Erwerber auf ein Verfahren hinweisen wollen, bewirken keine GB-Sperre. Das GBA muß also eintragen, wie wenn ein solcher Vermerk im GB nicht vorhanden wäre.

10. Grundbuchbehandlung relativer Verfügungsverbote[287]

110 Relative Verfügungsverbote lassen dem Rechtsinhaber die volle Verfügungs- und Bewilligungsbefugnis. Sie bezwecken nur den Schutz bestimmter Personen und machen

---

[285] Meikel/*Sieveking* Anh. zu § 19 Rdn. 10; *Eickmann* GBVerfR 5. Kap. § 3 IV 1.
[286] BGHZ 27, 360/366.
[287] Dazu *Eickmann* GBVerfR 5. Kap. § 3 IV; Staudinger/*Gursky* § 888 Rdn. 63 ff.; *Böttcher* Rpfleger 1985, 381; *Ruhwedel* JuS 1980, 161; *v. Schweinitz* DNotZ 1990, 749 m. Hinw. auf *Kohler* (Diss. 1984).

nur ihnen gegenüber die Verfügung unwirksam (§§ 135, 136 BGB). Sie können im Grundstücksrecht nur nach § 888 Abs. 2 BGB (nicht nach § 894 BGB) geltend gemacht werden.[288]

Allen anderen Personen gegenüber sind sie voll wirksam. Ihnen gegenüber erwirbt der Erwerber das Recht.[289] Er kann das Recht behalten, wenn der Verbotsgeschützte zustimmt (§ 19 Rdn. 80) oder seinen Anspruch aus § 888 Abs. 2 BGB nicht ausübt.[290] Um einen gutgläubigen Erwerb (§§ 135 Abs. 2; 892 Abs. 1 S. 2 BGB) auszuschließen, sind relative Verfügungsverbote eintragungsfähig (Einl. J 17, 18). Sind die Voraussetzungen des § 878 BGB nachgewiesen, dann ist die Eintragung ohne Rücksicht auf das Verbot vorzunehmen (§ 19 Rdn. 87 ff.).[291] Anderenfalls sind nach der wohl noch h. M. vier Fälle zu unterscheiden:

a) Ist das Verbot im GB vermerkt und bleibt der Vermerk auch nach der beantragten **111** Eintragung bestehen, so ist der Verbotsgeschützte vor Rechtsverlust an einen gutgläubigen Dritten gesichert. Das GBA hat nach Eintrag des Verfügungsbeschränkungsvermerks alle Eintragungen so zu vollziehen, wie wenn keine Beschränkung bestünde.[292] Eine Ausnahme besteht (wegen § 1 Abs. 4 ErbbauVO) für die Bestellung eines Erbbaurechts; es kann deshalb nur mit Zustimmung des Verbotsgeschützten[293] oder unter den Voraussetzungen des § 878 oder § 892 BGB eingetragen werden.[294]

b) **Ist das Verfügungsverbot weder im GB vermerkt noch dem GBA bekannt**, so ist **112** die beantragte Rechtsänderung einzutragen. Mit der Eintragung erwirbt der Berechtigte, sofern er zur Zeit des Eingangs seines Antrags beim GBA oder einer späteren Einigung gutgläubig war (§ 892 Abs. 2 BGB), das Recht auch im Verhältnis gegenüber dem Verbotsgeschützten nach §§ 135, 136, 892 Abs. 1 S. 2 BGB.[295]

c) **Ist das Verfügungsverbot im GB noch nicht vermerkt, aber dem GBA bekannt** **113** (z. B. aus einem noch unerledigten GB-Einlauf), so hat das GBA nach h. M. (§ 19 Rdn. 97) die Eintragung der Rechtsänderung davon abhängig zu machen, daß das Verfügungsverbot vorher oder mindestens gleichzeitig eingetragen wird oder in Form des § 29 die Umstände nachgewiesen werden, aus denen sich die Wirksamkeit des Rechtserwerbs gegenüber dem Verbotsgeschützten ergibt.[296] Diese Auffassung ist abzulehnen, soweit sie gegen § 17 GBO und § 892 BGB verstößt (dazu Einl. C 6; § 19 Rdn. 94, 100).[297]

d) Die Voraussetzungen einer „**Löschungssperre**" für das vom Verfügungsverbot be- **114** troffene dingliche Recht sind umstritten.

(1) Nach h. M. darf das GBA eine Löschung trotz Eintragung eines Vermerks über das Verfügungsverbot nicht ohne weiteres vornehmen, wenn mit dem Recht auch dieser Vermerk gelöscht wird.[298] Nach *Böttcher*[299] sind drei Fälle zu unterscheiden: Bleibt der Vermerk im GB bestehen, kann die Löschung ohne Rücksicht auf das Verbot erfolgen (was in der Praxis selten möglich ist und von der h. M. wohl kaum in Frage gestellt

---

[288] Staudinger/*Gursky* § 894 Rdn. 40; Meikel/*Sieveking* Anh. zu § 19 Rdn. 27.
[289] Palandt/*Heinrichs* § 136 Rdn. 6.
[290] Dazu *Eickmann* GBVerfR 5. Kap. § 3 IV.
[291] S. a. *Demharter* § 13 Rdn. 9.
[292] BayObLG DNotZ 54, 395; RGZ 105, 76; OLG Stuttgart BWNotZ 85, 127.
[293] *Eickmann* GBVerfR 5, Kap. § 3 IV; *Böttcher* Rpfleger 85, 381/387.
[294] Meikel/*Böttcher* § 18 Rdn. 89.
[295] OLG München JFG 16, 145/149.
[296] BayObLGZ 54, 97 = DNotZ 54, 394; OLG Düsseldorf MittBayNot 75, 225; OLG Stuttgart BWNotZ 85, 127; Palandt/*Bassenge* § 888 Rdn. 10; *Demharter* § 19 Rdn. 59.
[297] S. a. Staudinger/*Gursky* § 888 Rdn. 67; Meikel/*Sieveking* Anh. zu § 19 Rdn. 27, 28; *Böttcher* Rpfleger 85, 381/385 ff. und BWNotZ 1993, 25, 33.
[298] So RGZ 102, 332; *Demharter* § 22 Rdn. 52.
[299] Rpfleger 85, 381/386, 387.

wird). Andernfalls darf das GBA das Recht antragsgemäß nur löschen, wenn entweder ein Fall des § 878 BGB oder der Nachweis der Zustimmung des Verbotsgeschützten vorliegt.

(2) Der h. M. ist im Grundsatz zuzustimmen. Das GBA darf aber mit seiner Entscheidung über den Löschungsantrag weder gegen § 17 GBO noch gegen §§ 878 bzw. 892, 893 BGB verstoßen (dazu Einl. C 6; § 19 Rdn. 91, 98, 100). Auch bei der Löschung eines Rechts kommt allerdings der Gutglaubensschutz des § 893 BGB (z. B. zugunsten des Eigentümers des durch die Löschung lastenfrei gestellten Grundstücks) in Betracht.[300]

11. GB-Behandlung vertraglicher Verfügungsbeschränkungen

115 Dazu Einl. E 62 ff.; F 32 ff.

Der Grundsatz des § 137 BGB, wonach vertragliche Verfügungsbeschränkungen nicht mit dinglicher Wirkung ausgestattet werden können (Einl. J 10), erfährt gesetzliche Ausnahmen bei Erbbaurecht, Wohnungseigentum, Wohnungserbbaurecht und Dauerwohnrecht.[301]

116 a) **Einzelfälle der** Zustimmungsbedürftigkeit

§ 5 Abs. 1 ErbbauVO: Veräußerung des Erbbaurechts (Einl. F 32);

§ 5 Abs. 2 ErbbauVO: Belastung des Erbbaurechts mit Grundpfandrechten Reallast und Inhaltsänderung solcher Rechte (Einl. F 33);

§ 12 Abs. 1 WEG: Veräußerung des Wohnungseigentums (Einl. E 62 ff.);

§ 30 WEG: Beim Wohnungserbbaurecht können Veräußerungsbeschränkungen nach § 12 Abs. 1 WEG mit Veräußerungs- und Belastungsbeschränkungen nach § 5 Abs. 1 und 2 ErbbauVO zusammentreffen (Einl. F 52 ff.);

§ 35 WEG: Veräußerung eines Dauerwohn- oder Dauernutzungsrechts (Einl. P 8).

117 b) **§ 8 ErbbauVO; § 12 Abs. 3 S. 2 WEG Zwangsmaßnahmen:** Verfügungen im Wege der Zwangsvollstreckung, Arrestvollziehung oder durch Konkursverwalter, die einer Beschränkung nach § 5 Abs. 1 oder Abs. 2 ErbbauVO bzw. § 12 Abs. 1 WEG unterliegen, bedürfen der gleichen Zustimmung wie die entsprechenden rechtsgeschäftlichen Verfügungen. Dies gilt auch für Zwangshypotheken[302] und Eintragung einer außerhalb des GB entstehenden Sicherungshypothek gemäß § 848 ZPO.

118 c) **Unzulässig ist das völlige Verbot einer Veräußerung oder Belastung von Erbbaurecht bzw. Wohnungseigentum,** da dies dem Wesen des Eigentums und Erbbaurechts als veräußerliches und belastbares Recht widerspräche.[303]

119 d) **Voraussetzungen:**

Vereinbarung einer zulässigen Beschränkung als Inhalt des Sondereigentums oder Erbbaurechts und Eintragung dieser Vereinbarung im GB.

aa) Nachträgliche Vereinbarung (oder Aufhebung)[304] ist Inhaltsänderung.[305]

bb) Bezugnahme auf Bewilligung ohne Erwähnung im Eintragungsvermerk ist keine wirksame Eintragung. Es genügt aber, das Vorhandensein der Beschränkung und den

---

[300] MünchKomm/*Wacke* § 893 Rdn. 7; MünchKomm/*Eickmann* § 1168 Rdn. 22; *Ertl* DNotZ 90, 684/704.
[301] Zusammenfassende Darstellung bei Haegele/Schöner/*Stöber* GBR 1774 ff. (für Erbbaurecht), Rdn. 2896 ff. (für Wohnungseigentum), *Böttcher* Rpfleger 85, 1/5.
[302] OLG Hamm Rpfleger 85, 233.
[303] BayObLGZ 60, 476 = DNotZ 61, 266.
[304] Vgl. BayObLGZ 89, 354 = Rpfleger 89, 503.
[305] *Haegele* Rpfleger 67, 285; *Lutter* DNotZ 60, 237.

für den Rechtsverkehr wichtigsten Teil des Inhalts in das GB einzutragen und lediglich wegen der näheren Einzelheiten auf Bewilligung Bezug zu nehmen (vgl. § 3 Rdn. 8 WGBVfg.; dazu Einl. B 35, 40).

e) **Wirkungen:** Die Beschränkung wirkt absolut für und gegen alle. Die Eintragung ohne erforderliche Zustimmung macht das GB unrichtig (§ 6 Abs. 1 ErbbauVO; § 12 Abs. 3 WEG). Erst wenn sie in Form des § 29 nachgewiesen ist, darf GBA eintragen (§ 15 ErbbauVO, dessen Grundsätze auch für § 12 WEG gelten). Dazu Einl. E 62 ff.; F 32 ff. **120**

f) **Erteilung der Zustimmung ist möglich** **121**
aa) vorher als Einwilligung (§ 183 BGB), die bis zur Vollendung des Rechtserwerbs (also mindestens bis zur GB-Eintragung) grundsätzlich frei widerruflich ist und vorher nur unwiderruflich wird, wenn Einigung nach §§ 873 Abs. 2; 875 Abs. 2 BGB bindend und Eintragungsantrag beim GBA eingegangen, also § 878 BGB erfüllt ist,[306]
bb) nachträglich als Genehmigung mit Rückwirkung (§ 184 BGB), die sofort unwiderruflich ist,[307] während Verweigerung der Genehmigung materiell das Rechtsgeschäft endgültig nichtig macht.[308] Zustimmung muß GBA in Form des § 29 nachgewiesen werden.

g) **Erzwingung der Zustimmung** **122**
aa) **bei Erbbaurecht** nach § 7 ErbbauVO nur im Verfahren nach FGG, Klage ausgeschlossen.[309] FGG-Verfahren gilt nicht, wenn Eigentümer schuldrechtlich verpflichtet ist, Verfügungen oder Vorrangseinräumung zuzustimmen oder wenn Wirksamkeit der Zustimmung des Eigentümers umstritten ist.[310]
bb) **bei Wohnungs- oder Teileigentum:** Nach § 12 Abs. 2 WEG darf Zustimmung nur aus wichtigem Grund verweigert werden. Anspruch gegen andere Wohnungseigentümer oder gegen Verwalter ist im Verfahren nach §§ 43 ff. WEG, Anspruch gegen sonstige Dritte im Prozeß geltend zu machen.[311]
cc) Dem GBA steht also weder nach ErbbauVO noch nach WEG das Recht zu, bei Verweigerung der Zustimmung selbst über die Ersetzung zu entscheiden.

h) **Keine Zustimmung ist erforderlich:** **123**
aa) Nach h. M.[312] zur Eintragung einer Vormerkung[313] gleichgültig, ob Vormerkung aufgrund Bewilligung oder einstweiliger Verfügung.[314]
bb) Bei Verurteilung durch Prozeßgericht.
cc) Bei Veräußerung eines Erbanteils (§ 2033 BGB), auch wenn Nachlaß nur aus Erbbaurecht[315] oder aus Wohnungseigentum besteht.

i) **§ 12 WEG gilt auch ohne ausdrückliche Regelung nicht,** wenn unerwünschtes Eindringen Dritter nicht in Frage kommt, so wenn sich alle WE-Anteile in einer Hand vereinigen, bei Veräußerung oder Zwangsversteigerung des ganzen Grundstücks.[316] **124**

---

[306] BGH DNotZ 63, 433 = NJW 63, 36.
[307] BGHZ 40, 164.
[308] RGZ 139, 123; BGHZ 13, 137.
[309] BayObLGZ 60, 467/470 = DNotZ 61, 266; BGHZ 33, 76; OLG Hamm DNotZ 67, 499; 68, 426; OLG Köln Rpfleger 69, 300.
[310] BGHZ 48, 296; 98 362 = NJW 87, 442.
[311] *Weitnauer* § 12 Rdn. 5 c; BayObLGZ 77, 40.
[312] Dazu *Böttcher* Rpfleger 85, 1, 6.
[313] OLG Hamm Rpfleger 53, 520; BayObLG NJW 64, 1962.
[314] OLG Nürnberg DNotZ 67, 685; OLG Köln NJW 68, 505.
[315] BayObLG MDR 68, 326 = MittBayNot 68, 161.
[316] Vgl. Palandt/*Bassenge* § 12 WEG Rdn. 4 mit weiteren Fällen.

§ 19 I. Grundbuchordnung

12. Entziehung der Verfügungs- und Bewilligungsbefugnis

125 Konkurs (§§ 6 ff. KO), Nachlaßverwaltung (§§ 1975 ff. BGB), Testamentsvollstreckung (§§ 2197 ff. BGB), Entziehung des Verfügungsrechts des Vorerben (§ 2129 BGB) haben als Verfügungsentziehungen[317] folgende Gemeinsamkeiten:

a) Nach h. M. handelt es sich um absolute Verfügungsverbote (dazu Einl. J 14).[318]

126 b) Die Verfügungs- und Bewilligungsbefugnis ist dem Rechtsinhaber entzogen und einem Verwalter kraft Amtes für die Dauer der Verwaltung übertragen. Sie ist vom GBA zu prüfen.[319] Verfügungen und Bewilligungen des Rechtsinhabers sind die eines Nichtberechtigten (§ 19 Rdn. 78), die gemäß § 185 BGB wirksam sein oder werden können (§ 19 Rdn. 79, 80, 81). Sie bleiben unter den Voraussetzungen des § 878 BGB (§ 19 Rdn. 87 ff.) oder des § 892 Abs. 2 BGB (§ 19 Rdn. 100) wirksam und sind deshalb einzutragen.[320] Bei der Zwangsverwaltung (§§ 148, 152 ZVG) ist die Rechtslage anders; Verfügungs- und Bewilligungsbefugnis verbleiben dem Rechtsinhaber und stehen nicht dem Zwangsverwalter zu.[321]

127 c) Diese Verfügungsentziehungen sind eintragungsfähig als Schutz gegen gutgläubigen Erwerb Dritter (Einl. J 13, 14).

128 d) Die Entziehung der Verfügungs- und Bewilligungsbefugnis tritt außerhalb des GB ein, nicht mit Einlauf des Ersuchens beim GBA und nicht mit Eintragung des Vermerks. Sie (aber auch ihre Ausnahmen; § 19 Rdn. 126) müssen deshalb vom GBA beachtet werden, wenn es davon Kenntnis hat.

129 e) Mit Beendigung der Verfügungsentziehung entfällt die Verfügungs- und Bewilligungsbefugnis des Verwalters und geht wieder auf den Rechtsinhaber über. Für die GB-Eintragung genügt von da an die Bewilligung des Verwalters nicht mehr; sie darf nur aufgrund einer neuen Bewilligung des Rechtsinhabers oder dessen Zustimmung zur Bewilligung des Verwalters vollzogen werden. § 878 BGB gilt dafür nach h. M. nicht.[322] Die Gegenmeinung,[323] daß nach Eintritt der Voraussetzungen des § 878 BGB die Verfügungen des Verwalters durch Beendigung seines Amtes nicht unwirksam werden, verdient aus dogmatischen und praktischen Gründen den Vorzug.[324]

13. Bedingte Verfügungen und Nacherbfolge

130 Dazu Einl. B 27, 34; J 15, 16; § 51 GBO

a) **Anwartschaftsrechte entstehen durch**

1. aufschiebend bedingte oder vom Anfangstermin abhängige Verfügung: Anwartschaftsrecht für den Verfügungsempfänger bis zum Eintritt der Bedingung oder Zeitbestimmung (§ 161 Abs. 1 BGB).[325]

2. auflösend bedingte oder vom Endtermin abhängige Verfügung (z. B. über Erbanteil oder Gesamthandsanteil);[326] Anwartschaftsrecht für den Verfügenden für den Fall des Wegfalls der Bedingung oder Eintritt der Zeitbestimmung (§ 161 Abs. 2 BGB).[327]

---

[317] Dazu *Böttcher* Rpfleger 83, 187; Meikel/*Sieveking* Anh. zu § 19 Rdn. 67, 85, 92, 115.
[318] S. a. RGZ 157, 295; BGHZ 46, 229.
[319] BayObLG Rpfleger 86, 470; 89, 200.
[320] *Böttcher* Rpfleger 83, 198/189, 190.
[321] LG Bonn Rpfleger 83, 324.
[322] OLG Celle DNotZ 53, 158; OLG Frankfurt Rpfleger 80, 63.
[323] MünchKomm/*Wacke* § 878 Rdn. 13; *Däubler* JZ 63, 588/591.
[324] *Böhringer* BWNotZ 84, 137; 85, 102; Meikel/*Sieveking* Anh. zu § 19 Rdn. 42; Haegele/Schöner/*Stöber* GBR 124.
[325] Dazu Meikel/*Sieveking* Anh. zu § 19 Rdn. 31.
[326] Dazu *Winkler* MittBayNot 78, 1.
[327] Dazu Meikel/*Sieveking* Anh. zu § 19 Rdn. 32.

3. **Nacherbfolge:** Bereits mit dem Erbfall entsteht ein nicht entziehbares Anwartschaftsrecht für den Nacherben, auf das § 161 Abs. 2 BGB anzuwenden ist.[328]

131 b) **Wirkungen:** Die Verfügungs- und Bewilligungsbefugnis wird nicht völlig entzogen, sondern nur beschränkt. Auf die Verfügungsbeschränkung kann sich sich jedermann berufen, aber erst nach Eintritt der aufschiebenden Bedingung (Anfangstermin), Wegfall der auflösenden Bedingung (Endtermin) oder Eintritt der Nacherbfolge und nur, wenn zwischenzeitliche Verfügungen das Anwartschaftsrecht vereiteln würden.[329] Der gutgläubige Erwerber wird geschützt (§ 161 Abs. 3 BGB); deshalb sind diese Verfügungsbeschränkungen eintragungsfähig (Einl. J 15). Die Eintragung des Vermerks im GB bewirkt keine Grundbuchsperre (vgl. § 51 Rdn. 20).

132 c) **Verfügungen und Bewilligungen des Rechtsinhabers** sind die eines Nichtberechtigten (§ 19 Rdn. 78), soweit sie das Anwartschaftsrecht des Geschützten vereiteln oder beeinträchtigen. Verfügungen und Bewilligungen des Rechtsinhabers mit Zustimmung des Geschützten sind nach § 185 BGB voll wirksam (§ 19 Rdn. 80) und müssen bei Nachweis dieser Zustimmung (Form: § 29) im GB vollzogen werden.

133 d) **Verfügungen und Bewilligungen des Vorerben** sind voll wirksam und im GB zu vollziehen, soweit er keinen Beschränkungen unterliegt oder davon befreit ist (§ 2136 BGB) oder wenn sie durch eine Verfügung des Erblassers, eines Nachlaßpflegers oder Testamentsvollstreckers begründet sind (vgl. § 51 Rdn. 11; § 52 Rdn. 10, 11).[330]

134 e) **GB-Behandlung von Anträgen ohne solchen Nachweis:** dazu § 51 Rdn. 8 ff.[331]

14. Verfügungsbeschränkungen bei gesetzlichem Güterstand[332]

135 a) **Gesetzlicher Güterstand des BGB**
Der gesetzliche Güterstand der Zugewinngemeinschaft (§§ 1363 bis 1390 BGB) hält die Vermögen der Ehegatten völlig getrennt (§ 1363 Abs. 2 S. 1 BGB). Nach Beendigung der Ehe erfolgt ein Zugewinnausgleich (§§ 1371 ff. BGB). Jeder Ehegatte hat allein die uneingeschränkte Verfügungsmacht über sein bei Eheschließung vorhandenes und nachher erworbenes Vermögen (auch über Grundstücke und Rechte an Grundstücken), soweit nicht § 1365 BGB (oder für Hausrat § 1369 BGB) eingreift.

Dieser Güterstand gilt als ordentlicher gesetzlicher Güterstand:
(1) seit 1. 7. 1958;[333] zur Überleitung des gesetzlichen Güterstands für Ehen vor dem 1. 4. 1953 bzw. 1. 7. 1958 (Art. 8 I Nr. 3 bis 5 GleichberG).[334]
(2) Seit 1. 10. 1969 auch für Vertriebene und Flüchtlinge mit gesetzlichem Güterstand (§ 1 Abs. 1 VFGüterstandsG);[335]
(3) Seit 3. 10. 1990 für Ehegatten, die vorher im Güterstand der ehelichen Vermögensgemeinschaft nach dem Familiengesetzbuch (FGB der DDR) gelebt haben (EGBGB Art. 234 § 4 Abs. 1).[336]

---

[328] BGHZ 52, 269; Staudinger/*Behrends* § 2113 Rdn. 25.
[329] BGHZ 52, 269; Palandt/*Heinrichs* § 161 Rdn. 1.
[330] S. a. *Eickmann* GBVerfR 9. Kap. § 2 III.
[331] S. a. *Eickmann* GBVerfR 9. Kap. § 2 III, IV.
[332] Dazu Staudinger/*Thiele* Einl. zu § 1363; 1365; Haegele/Schöner/*Stöber* GBR 3351; Meikel/*Sieveking* Anh. zu § 19 Rdn. 59 ff.; *Demharter* § 33 Rdn. 4 ff.; *Eickmann* Rpfleger 1981, 213; *Böttcher* Rpfleger 1984, 378; 1985, 1; *Tiedtke* JZ 1984, 1018; *Böhringer* BWNotZ 1987, 56; Rpfleger 1990, 337; *Künzel* FamRZ 1988, 452.
[333] Palandt/*Diederichsen* Grdz. 1 vor § 1363.
[334] Vgl. auch Staudinger/*Thiele* Einl. 26 ff. zu § 1363; *Weber* DNotZ 57, 570.
[335] Dazu *Haegele* Rpfleger 69, 325; *Herz* DNotZ 70, 134; *Firsching* FamRZ 70, 452; Staudinger/*Thiele* Einl. 91 ff. zu § 1363.
[336] S. a. *Rauscher* DNotZ 91, 209; Staudinger/*Thiele* Einl. 96 ff. zu § 1363.

136 b) **Andere gesetzliche Güterstände**
Unter bestimmten Voraussetzungen gilt kraft Gesetzes ein anderer Güterstand:
(1) Gütertrennung (§ 1414 BGB): Sie tritt in den Fällen der §§ 1388, 1449, 1470 BGB kraft Gesetzes ein und enthält keine Verfügungsbeschränkungen.[337]
(2) Der Güterstand der ehelichen Vermögensgemeinschaft des Familiengesetzbuchs der DDR[338] (EGBGB Art. 234 § 4 i. d. F. des Einigungsvertragsgesetzes vom 23. 9. 1990), wenn ein Ehegatte die Weitergeltung dieses Güterstandes form- und fristgerecht verlangt (EGBGB Art. 234 § 4 Abs. 2).[339]
(3) Der gesetzliche Güterstand eines ausländischen Staates, wenn er nach IPR für Ehegatten (auch wenn sie deutsche Staatsangehörige sind) anzuwenden ist (EGBGB Art. 15; dazu § 19 Rdn. 154; § 20 Rdn. 105).

137 c) Gemäß § 1365 Abs. 1 BGB kann jeder Ehegatte über sein „Vermögen im ganzen" nur mit Zustimmung des anderen Ehegatten verfügen. Diese gesetzliche Verfügungsbeschränkung kann nicht im GB eingetragen werden, **ist absoluter Natur, von Amts wegen zu beachten** und schließt gutgläubigen Erwerb aus, auch wenn der Dritte nicht gewußt hat, daß der Verfügende verheiratet ist.[340] Sie ist aber im materiellen Recht durch die subjektive Theorie (jetzt h. M.: § 19 Rdn. 138, 142) und im GB-Verfahren durch die Regeln der Beweislast (Einl. C 64)[341] gemildert.

138 d) Die Nachforschungspflicht des GBA darf nicht überspannt werden (Einl. C 56).[342] Das GBA muß mangels gegenteiliger Kenntnis oder Anhaltspunkte davon ausgehen, daß für Ehegatten der gesetzliche Güterstand gilt.[343] Es ist zur Prüfung und Aufklärung nur berechtigt und verpflichtet, wenn konkrete Anhaltspunkte im Einzelfall vorliegen.[344] Diese konkreten Anhaltspunkte müssen bei der Verfügung über Einzelgegenstände für beide Tatbestandsmerkmale des § 1365 BGB bestehen: Objektiv, daß der Gegenstand tatsächlich das gesamte oder nahezu ganze Vermögen ausmacht; subjektiv, daß der Vertragspartner dies weiß oder die Umstände kennt, aus denen sich dies ergibt.[345] Maßgeblicher Zeitpunkt für die Kenntnis ist der Abschluß des Verpflichtungsgeschäfts.[346] Deshalb bedarf auch das Erfüllungsgeschäft trotz nun bestehender Kenntnis keiner Zustimmung des anderen Ehegatten.[347] Bleibt ungeklärt, ob der von der Eintragung Betroffene durch § 1365 BGB in seiner Verfügung beschränkt ist, muß das GBA (sofern die übrigen Voraussetzungen vorliegen) die Eintragung vornehmen (Einl. C 64).[348]

139 e) **Wirksamkeit und schwebende Unwirksamkeit der Verfügung**
Die Verpflichtung eines Ehegatten zur Verfügung über sein Vermögen im ganzen, das Erfüllungsgeschäft und die isolierte Verfügung über das ganze Vermögen bedürfen entweder der Einwilligung des anderen Ehegatten (§ 1365 Abs. 1 BGB: dann sofort wirksam) oder dessen nachträglicher Genehmigung (§ 1366 Abs. 1 BGB: dann zunächst schwebend unwirksam und mit Genehmigung von Anfang an wirksam). Unter den

---

[337] Dazu Palandt/*Diederichsen* Grdz. 1 zu § 1363; § 1414 Rdn. 1.
[338] GBl. DDR 1966, 2.
[339] S. a. *Böhringer* DNotZ 91, 223.
[340] BGHZ 40, 218 = NJW 64, 347; Palandt/ *Diederichsen* § 1365 Rdn. 1; *Böttcher* Rpfleger 84, 377/380.
[341] S. a. *Böhringer* Rpfleger 90, 337/338.
[342] BGHZ 30, 255; 35, 139.
[343] BayObLG DNotZ 60, 316.
[344] BayObLG DNotZ 68, 38; Rpfleger 81, 62; OLG Zweibrücken DNotZ 89, 577; *Böttcher* Rpfleger 85, 1; Meikel/*Roth* § 33 Rdn. 7.
[345] BGHZ 43, 174/177; DNotZ 69, 422; 75, 628.
[346] BayObLGZ 67, 87; 87, 431; BGH Rpfleger 89, 189.
[347] BGH NJW 89, 1609.
[348] S. a. *Böhringer* Rpfleger 90, 337/338.

Voraussetzungen der §§ 1365 Abs. 2; 1366 Abs. 3 BGB kann sie durch das Vormundschaftsgericht ersetzt werden. Zur Verweigerung der Genehmigung BGH NJW 82, 1099.

f) **Die Bewilligung einer Eintragung (§ 19 GBO) ist kein einseitiges Rechtsgeschäft, sondern Verfahrenshandlung.** Sie kann nachträglich genehmigt werden (vgl. § 19 Rdn. 198). § 1367 BGB ist auf sie nicht anwendbar. **140**

g) Verfügung über das Vermögen im ganzen muß **nach wirtschaftlichen Gesichtspunkten** beurteilt werden. Auf eine (angemessene) Gegenleistung kommt es nicht an.[349] **141**

h) **Einzelfälle von Verfügungsbeschränkungen nach § 1365 BGB**[350] **142**

(1) Verfügung über einzelnen Gegenstand, der das ganze oder nahezu (im wesentlichen, so gut wie) ganze Vermögen ausmacht;[351] Vertragspartner muß dies wissen oder wenigstens Umstände kennen, aus denen sich dies ergibt.[352] Maßgeblicher Zeitpunkt für diese Kenntnis ist der Abschluß des Verpflichtungsgeschäfts.[353]

(2) Belastung eines Grundstücks, wenn es das ganze oder nahezu ganze Vermögen ausmacht, oder Neubelastung unter Berücksichtigung der Vorbelastungen den Grundstückswert ganz oder nahezu ganz ausschöpft.[354]

(3) Verfügung über das ganze oder nahezu ganze Vermögen in mehreren Einzelgeschäften, die in so engem zeitlichen und sachlichen Zusammenhang stehen, daß sie als einheitlicher Lebensvorgang erscheinen, z. B. Veräußerung von Einzelgrundstücken oder Belastung mit mehreren Grundpfandrechten; § 1365 ist aber gegenüber mehreren Vertragspartnern nur anwendbar, wenn sie den objektiven Zusammenhang aller dieser Geschäfte und die Umstände kennen, die die Gesamtverfügung ausmachen.[355]

i) § 1365 BGB nicht anwendbar auf Verfügungen, die juristisch das ganze Vermögen betreffen, aber es in ihrer wirtschaftlichen und vermögensrechtlichen Bedeutung nicht ausschöpfen: z. B. Bestellung eines Vorkaufsrechts;[356] Eigentümergrundschuld[357] – (Gesamtverfügung möglich bei Abtretung der Eigentümergrundschuld) – Bewilligung einer Vormerkung;[358] Grundstückserwerb unter gleichzeitiger Belastung mit Restkaufpreishypothek, Erwerb gegen Nießbrauch oder Rentenreallast; Bestellung eines Nießbrauchs oder Erbbaurechts; Veräußerung eines Miteigentumsanteils, Löschung eines Grundpfandrechts;[359] reale Grundstücksteilung unter den Erben entsprechend ihren Erbanteilen.[360] **143**

k) Durch Ehevertrag können die Beschränkungen des § 1365 BGB ausgeschlossen oder eingeschränkt, aber nicht mit Wirkung gegen Dritte erweitert werden,[361] Ausschluß und Einschränkungen auch wieder aufgehoben[362] und im Güterrechtsregister (nicht im Grundbuch) eingetragen werden.[363] **144**

---

[349] Staudinger/*Thiele* § 1365 Rdn. 35; BGHZ 35, 135/145; 43, 174/176.
[350] Dazu *Böttcher* Rpfleger 1985, 1.
[351] BGHZ 35, 143 = Rpfleger 61, 233; BGH NJW 80, 2350; BayObLGZ 59, 442 = NJW 60, 821.
[352] Jetzt st. Rspr. BGHZ 43, 174/177; 64, 246/247; 77, 293/295.
[353] BayObLGZ 67, 87; BGH Rpfleger 89, 189.
[354] BayObLGZ 59, 442 = DNotZ 60, 316; OLG Hamm NJW 59, 104; *Böttcher* Rpfleger 85, 1/2; zur Belastung mit Wohnungsrecht BGH Rpfleger 89, 404.
[355] Staudinger/*Thiele* § 1365 Rdn. 33; *Böttcher* Rpfleger 85, 1/2.
[356] Staudinger/*Thiele* § 1365 Rdn. 50.
[357] OLG Hamm DNotZ 60, 320.
[358] BayObLGZ 76, 15 = Rpfleger 76, 129; *Böhringer* Rpfleger 90, 337/338.
[359] Staudinger/*Thiele* § 1365 Rdn. 54.
[360] OLG München DNotZ 71, 544.
[361] BGH DNotZ 64, 689.
[362] Staudinger/*Thiele* § 1365 Rdn. 116.
[363] So jetzt BGHZ 66, 203 = NJW 76, 1258.

§ 19

145 l) Endet der gesetzliche Güterstand des BGB (z. B. durch Tod, Ehescheidung), dann wird eine zu diesem Zeitpunkt noch schwebend unwirksame Verfügung nicht ohne weiteres wirksam, weil § 1365 BGB den Zugewinnausgleich schützt.[364] Es muß noch ein Rechtsvorgang hinzutreten, durch den der Schutzzweck (Sicherung des anderen Ehegatten auf Zugewinnausgleich) restlos entfällt, z. B. durch Verzicht[365] oder Tod des zustimmungsberechtigten Ehegatten.[366] Die Verfügung wird aber nicht durch den Tod des verfügenden Ehegatten wirksam, auch nicht wenn er vom anderen allein beerbt wird.[367] Im GB-Verfahren muß deshalb entweder die Zustimmung des geschützten Ehegatten oder der Wegfall des Schutzzweckes nachgewiesen werden.[368]

m) Im GB-Verfahren ist (wie im materiellen Recht) auch dem Fall Rechnung zu tragen, daß die Verfügungsbeschränkung des § 1365 BGB bei Abschluß des Grundstücksgeschäfts noch nicht bestanden hat, aber noch vor dem GB-Vollzug eingetreten ist (z. B. durch Eheschließung, Vereinbarung des gesetzlichen Güterstands, Aufhebung des früher vereinbarten Ausschlusses des § 1365); dazu Einl. L 30; § 19 Rdn. 83, 86, 91, 138.

n) Zu Güterstandsänderungen auf der Seite des Erwerbers (Auflassungsempfänger, Verfügungsempfänger) vgl. § 20 Rdn. 101.

15. Güterstand der Gütertrennung (§ 1414 BGB)

146 Für Ehegatten, die Gütertrennung vereinbart haben oder für die Kraft Gesetzes der Güterstand der Gütertrennung gilt (§ 19 Rdn. 135), bestehen keine güterrechtlichen Verfügungsbeschränkungen.

16. Verfügungsbeschränkungen bei Gütergemeinschaft[369]

147 a) **Für Gesamtgut (§ 1416 BGB) gibt es Verfügungsbeschränkungen;** über Sonder- und Vorbehaltsgut kann ein Ehegatte ohne Mitwirkung des anderen verfügen (§§ 1417, 1418 BGB).

b) **Für Gesamtgut besteht eine Vermutung,** die der widerlegen muß, der die Zugehörigkeit zum Sonder- oder Vorbehaltsgut behauptet,[370] auch dann, wenn das Grundstück nur für einen Ehegatten im GB eingetragen ist.[371] Ist Gütergemeinschaft im GB eingetragen, spricht die Vermutung dafür, daß sie noch besteht und daß das Recht noch zum Gesamtgut gehört, solange das GBA nicht das Gegenteil weiß oder konkrete Anhaltspunkte dafür hat.[372]

148 c) **Die Verfügungsbefugnis über das Gesamtgut steht dem Ehegatten zu, der das Gesamtgut verwaltet:** bei Alleinverwaltung nach §§ 1422 ff.; bei gemeinschaftlicher Verwaltung nach §§ 1450 ff. BGB. Wer Verwalter ist, richtet sich nach Ehevertrag (§ 1421 BGB).[373] Aufgrund Art. 8 I Nr. 6 Abs. 2 GleichberG muß diese Frage verschieden je nach Zeitpunkt des Ehevertrages beurteilt werden.

---

[364] BGH DNotZ 78, 428; Rpfleger 82, 144; BayObLG FamRZ 81, 46; OLG Hamm Rpfleger 84, 15.
[365] BGH NJW 73, 1367.
[366] BGH Rpfleger 82, 144.
[367] OLG Karlsruhe FamRZ 78, 505.
[368] Meikel/*Sieveking* Anh. zu § 19 Rdn. 61; Staudinger/*Thiele* § 1365 Rdn. 103.
[369] Dazu Kommentare zu §§ 1415, 1422 ff. BGB; *Böttcher* Rpfleger 1984, 377; 1985, 1/4; Meikel/*Sieveking* Anh. zu § 19 Rdn. 63 ff.
[370] RGZ 90, 288.
[371] KG OLG 38, 250.
[372] BayObLGZ 24, 19; Haegele/Schöner/*Stöber* GBR 770.
[373] Dazu BayObLGZ 68, 15.

Gesamtgutsverwalter ist bei Ehevertragsabschluß:
aa) vor 1. 4. 1953: nach wie vor der Mann allein;
bb) vom 1. 4. 1953 bis 30. 6. 1958: der im Ehevertrag bestimmte Ehegatte, der notfalls durch Auslegung zu ermitteln ist;[374]
cc) ab 1. 7. 1958: der nach § 1421 BGB bestimmte Ehegatte, mangels einer Bestimmung beide Ehegatten.

d) **Ein Ehegatte ist allein Verwalter:** 149
Seine Verfügungsbefugnis ist dadurch beschränkt, daß er nicht ohne Einwilligung des anderen Ehegatten verfügen kann: 1. über Gesamtgut im ganzen (§ 1423 BGB), 2. über ein Gesamtgutsgrundstück (§ 1424 BGB), 3. durch Schenkung über Gegenstände des Gesamtguts, Vorbehalts- oder Sonderguts (§ 1425 BGB). Bis zur Genehmigung (§ 1427 BGB) oder Ersetzung durch Vormundschaftsgericht (§ 1426 BGB) schwebende Unwirksamkeit.
Gesamtgutsverwalter bedarf also der Zustimmung zur Veräußerung und Belastung von Grundstücken, Bewilligung einer Vormerkung,[375] GB-Berichtigung,[376] Verfügung über Erbanteil, wenn Grundstück zum Nachlaß gehört.[377] Nicht beschränkt bei Verfügungen über Rechte an einem Grundstück, z. B. Abtretung, Übernahme, Umwandlung, Rangänderung, Löschung von Grundpfandrechten, Unterwerfung unter die Zwangsvollstreckung, sofern nicht eine Belastung damit verbunden wird, Belastung mit Kaufpreishypothek, Reallast, Nießbrauch, Dienstbarkeit oder Rückauflassungsvormerkung im Zusammenhang mit Grundstückserwerb;[378] zum Erwerb eines Grundstücks, das einem belasteten Gesamtgutsgrundstück als Bestandteil zugeschrieben wird.[379]

e) Verfügungen des nicht verwaltenden Ehegatten sind unwirksam, können aber nach §§ 182–185 BGB wirksam werden (§ 19 Rdn. 78, 80).[380]

f) **Beide Ehegatten sind Gesamtgutsverwalter (§ 1450 BGB):**
Verfügungen des einen allein sind schwebend unwirksam, bis Genehmigung durch anderen erteilt oder durch Vormundschaftsgericht ersetzt wird (§ 1453 BGB). Dazu § 19 Rdn. 78 ff. Nach vorheriger Alleinverwaltung sind bei beendeter, nicht auseinandergesetzter Gütergemeinschaft beide Ehegatten gemeinsame Verwalter (§§ 1471, 1472 BGB).

g) Die Folgen einer **Güterstandsänderung** des Veräußerers zwischen Auflassung und 150
Eintragung sind umstritten. Hat ein Ehegatte sein Grundstück verkauft und aufgelassen, dann Gütergemeinschaft vereinbart und nachher die Eigentumsumschreibung auf den Käufer beantragt, so ist nach der einen Meinung zur Wirksamkeit der Auflassung die Zustimmung des anderen Ehegatten nötig, weil eine Eigentumsänderung (Umwandlung in Gesamthandseigentum) eingetreten ist.[381] Dies gilt zumindest dann nicht, wenn die Voraussetzungen der §§ 892, 893 BGB vorliegen (vgl. § 19 Rdn. 87 ff., 100).[382] Nach einer weitergehenden Meinung ist dieser Vorgang als Gesamtrechtsnachfolge zu beurteilen; Einigung (Auflassung) und Bewilligung bleiben wirksam; eine Zustimmung des anderen Ehegatten ist nicht erforderlich.[383]

---

[374] Dazu BayObLG Rpfleger 58, 218; OLG Hamm DNotZ 54, 274; 56, 200.
[375] BGHZ 28, 186.
[376] KG RJA 11, 76.
[377] KG DNotZ 39, 508; a. A. BayObLGZ 4, 22.
[378] BayObLGZ 22, 96; BGH NJW 57, 1187.
[379] LG Augsburg Rpfleger 65, 369; Haegele/Schöner/*Stöber* GBR 656; *Böttcher* Rpfleger 85, 1, 4; Staudinger/*Thiele* § 1424 Rdn. 4 ff.
[380] Dazu Staudinger/*Thiele* § 1422 Rdn. 33 ff.
[381] So BayObLG MittBayNot 75, 228.
[382] S. a. *Böttcher* Rpfleger 84, 377/384; Haegele/Schöner/*Stöber* GBR 352, 768.
[383] So Staudinger/*Thiele* § 1416 Rdn. 27; *Böhringer* BWNotZ 83, 133; 85, 102; Rpfleger 90, 337/338.

§ 19

151 h) **Bei fortgesetzter Gütergemeinschaft** (§§ 1483 ff. BGB) ist der überlebende Ehegatte alleiniger Verwalter mit allen Beschränkungen nach §§ 1422 ff. BGB, Abkömmlinge haben Rechtsstellung des Nichtverwaltenden (§ 1487 Abs. 1 BGB).

152 i) **Verkehrsschutz durch Güterrechtsregister oder Grundbuch?** Die Verfügungsbeschränkungen der §§ 1423, 1424 BGB (nicht die des § 1425) können durch Ehevertrag ausgeschlossen, die Befreiungen von diesen Zustimmungserfordernissen im Güterrechtsregister (wie die Gütergemeinschaft selbst) eingetragen werden.[384] Nach h. M. darf an einer solchen Eintragung im Güterrechtsregister der gutgläubige Erwerb eines Rechts (§§ 892, 893 BGB) nicht scheitern, wenn das zum Gesamtgut gehörende Grundstück im Grundbuch noch als Alleineigentum eines Ehegatten ausgewiesen ist. Denn das objektbezogene Grundbuch stellt gegenüber dem personenbezogenen Güterrechtsregister das für dingliche Rechtsverhältnisse an Grundstücken maßgebliche öffentliche Buch (Rechtsscheinträger) dar.[385]

17. Errungenschaftsgemeinschaft und ähnliche Güterstände

153 a) **Errungenschaftsgemeinschaft** (§§ 1519 ff. BGB alter Fassung) kann seit 1. 7. 1958 nicht mehr neu vereinbart werden,[386] gilt aber für frühere ehevertragliche Regelungen weiter.

Verwaltung und Verfügung über Gesamtgut wie bei Gütergemeinschaft. Mann verfügt über sein eingebrachtes Gut allein (§ 1525 BGB). Für Verfügungsmacht über Grundstücke, die zum eingebrachten Gut der Frau gehören, ist wie bei Gütergemeinschaft (§ 19 Rdn. 148) zu unterscheiden: a) Ehevertrag vor 1. 4. 1953: Mann und Frau gemeinsam; b) nach 1. 4. 1953: der im Ehevertrag bestimmte Ehegatte; c) über Vorbehaltsgut der Frau verfügt sie allein (§ 1526 BGB).[387]

b) Zum Güterstand der **ehelichen Vermögensgemeinschaft des FGB** (EGBGB Art. 234 § 4) vgl. § 19 Rdn. 136; § 20 Rdn. 104.

18. Güterrechtliche Beschränkungen nach ausländischem Recht

Literatur:

Kommentare zu EGBGB, §§ 1363, 1412 BGB; § 33 GBO; Fundstellen für ausländisches Güterrecht: Sammlung von *Bergmann-Ferid;* Haegele/Schöner/*Stöber* GBR 3408 ff.

154 a) Im **Sachenrecht**, das im IPR-Gesetz ungeregelt geblieben ist, herrscht gewohnheitsrechtlich der Grundsatz der lex rei sitae, der in einzelnen Punkten eingeschränkt ist und durch das Ehewirkungs- und Güterrechtsstatut überlagert wird.[388] Im Grundstücksverkehr sind bei Beteiligung von Personen, deren Güterrechtsstatut nach deutschem IPR zu ermitteln ist (Art. 3; 15 EGBGB), neben der lex rei sitae die Art. 14 (Ehewirkungsstatut), Art. 15 (Güterrechtsstatut), Art. 12 (Schutz des anderen Vertragspartners), Art. 16 (Schutz Dritter), Art. 220 Abs. 3 (Übergangsvorschrift) des EGBGB

---

[384] Staudinger/*Thiele* § 1423 Rdn. 13; § 1424 Rdn. 20; § 1425 Rdn. 16; zu den Wirkungen gegenüber Dritten vgl. § 1412 BGB; Art. 16 EGBGB; *Gottschalg* DNotZ 70, 274; *Kanzleiter* DNotZ 71, 453; *Amann* MittBayNot 86, 222/224.

[385] So zutr. Staudinger/*Gursky* § 892 Rdn. 215;
Reithmann DNotZ 61, 1/18; 79, 67/77; *Böttcher* Rpfleger 84, 377/380.

[386] *Clamer* NJW 60, 563.

[387] Dazu Haegele/Schöner/*Stöber* GBR 3383 ff.

[388] Palandt/*Heldrich* EGBGB Art. 3 Rdn. 11 bis 15.

und auch das durch Rechtswahl und/oder Ehevertrag geregelte Güterrecht zu beachten.[389]

b) Art. 15 EGBGB: Abs. 1 unterstellt die güterrechtlichen Wirkungen der Ehe dem bei Eheschließung für die allgemeinen Ehewirkungen maßgeblichen Recht (Art. 14). Abs. 2 läßt eine Rechtswahl (in Form des Art. 14 Abs. 4) zu. Abs. 4 stellt klar, daß die Vorschriften des Gesetzes über den ehelichen Güterstand von Vertriebenen und Flüchtlingen[390] unberührt geblieben sind.

c) Art. 220 Abs. 3 EGBGB (Übergangsregelung) unterscheidet (nach BVerfG NJW 89, 1081 nicht verfassungswidrig) drei Gruppen von Ehen:[391]
(1) Bei Heirat vor dem 1. 4. 1953 richten sich (gemäß Abs. 3 S. 6) die güterrechtlichen Wirkungen der Ehe (wie früher gemäß Art. 15 EGBGB a. F.) nach dem Heimatrecht des Ehemannes zur Zeit der Eheschließung.[392] Eine Rechtswahl nach Art. 15 Abs. 2, 3 ist möglich.
(2) Bei Heirat nach dem 8. 4. 1983 gilt die Neuregelung des IPR-Gesetzes ab Eheschließung. Eine Rechtswahl (Art. 15 Abs. 2 und 3) ist (und war auch vor dem 1. 9. 1986) zulässig, eine formlose Rechtswahl unwirksam.
(3) Bei Heirat nach dem 31. 3. 1953 und vor dem 9. 4. 1983 sind die güterrechtlichen Wirkungen für die Zeit nach dem 8. 4. 1983 (Abs. 3 Satz 2 bis 4) und für die Zeit vorher (Abs. 3 Satz 1) zu unterscheiden. Nach h. M. ändert sich aber ab 9. 4. 1983 das Güterrechtsstatut nicht, wenn es sich nach dem Recht des Staates richtet, dem beide Ehegatten bei Eheschließung angehört haben (Abs. 3 S. 1 Nr. 1), oder wenn die Ehegatten ein bestimmtes Ehegüterrecht (ausdrücklich oder konkludent) durch Abschluß eines Ehevertrages oder in sonstiger (auch formloser) Weise gemeinsam dadurch gewählt haben (Abs. 3 S. 1 Nr. 2), daß sie beide sich ihm „unterstellt" haben oder von seiner Anwendung „ausgegangen" sind.[393]

d) Durch Rechtswahl und/oder Ehevertrag können Ehegatten innerhalb der vom Gesetz gezogenen Grenzen ihre güterrechtlichen Verhältnisse (in Form des Art. 14 Abs. 4, im Inland also in notarieller Urkunde) auf verschiedene Weise selbst regeln:
(1) Rechtswahl für die allgemeinen Ehewirkungen (Art. 14 Abs. 2, 3), die auch auf das Güterrecht ausstrahlt;[394]
(2) Rechtswahl des Güterrechtsstatuts (Art. 15 Abs. 2 Nr. 1 oder 2): dann gilt das gesetzliche Güterrecht der gewählten Rechtsordnung, das unter Beachtung des gewählten Rechts (ehevertraglich) abgeändert werden kann;[395]
(3) Wahl des Rechts des Lageortes für unbewegliches Vermögen (Art. 15 Abs. 2 Nr. 3), nach h. M. zulässig gesondert für jedes einzelne Grundstück oder Grundstücksrecht,[396] nach a. A. nur einheitlich für das gesamte gegenwärtige und künftige unbewegliche Vermögen im Bundesgebiet.[397]

---

[389] Dazu Haegele/Schöner/*Stöber* GBR 3409 ff.; *Demharter* § 33 Rdn. 20; Meikel/*Lichtenberger* § 19 Rdn. 353 ff.; § 20 Rdn. 228 ff.; *Lichtenberger* DNotZ 86, 644; 87, 297; MittBayNot 86, 111; 87, 257; *Böhringer* BWNotZ 87, 104; 88, 49; Rpfleger 90, 337/339, 342; *Röll* MittBayNot 89, 1.
[390] BGBl. I 1969, 1067.
[391] Dazu *Lichtenberger* DNotZ 86, 644/671.
[392] BGHZ 50, 373; BayObLGZ 71, 39.
[393] So BGH DNotZ 87, 292/295 und BGH MittBayNot 87, 254/256 je m. zust. Anm. *Lichtenberger*; *Bähringer* BWNotZ 87, 104/106, 107; *Röll* MittBayNot 89, 1/4.
[394] Palandt/*Heldrich* Art. 14 Rdn. 11.
[395] Palandt/*Heldrich* Art. 15 Rdn. 21.
[396] So LG Mainz DNotZ 1995, 564 m. krit. Anm. *Schotten*, *Lichtenberger* DNotZ 86, 644/659; *Böhringer* BWNotZ 87, 104/108, 109; *Röll* MittBayNot 89, 1/3.
[397] So *Langenfeld* FamRZ 87, 13; *Kühne* IPrax 87, 69/73; *Wegmann* NJW 87, 1740.

(4) Abschluß eines Ehevertrages (§§ 1408 ff. BGB; z. B. Gütertrennung nach § 1414 BGB), der nicht dazu führen darf, daß für die einzelnen Grundstücke der Ehegatten verschiedene inländische Güterstände gelten.[398]

e) Im **Grundbuchverfahren** gilt die GBO.[399] Die Rechte und Pflichten des GBA (dazu Einl. C 40 ff., 66 ff.) werden nicht dadurch erweitert, daß eine Unrichtigkeit des GB in Betracht kommt, die nicht kraft deutschen, sondern ausländischen Güterrechts eintritt.[400] Besteht die Auslandsberührung auf der Veräußererseite, also bei dem von der Eintragung Betroffenen (vgl. § 19 Rdn. 49 ff.; § 20 Rdn. 48 ff.), so ist seine Eintragungsbewilligung (§ 19 Rdn. 1) und in Fällen des § 20 GBO seine Einigungserklärung (§ 20 Rdn. 1, 4) für die GB-Eintragung nicht verwendbar, wenn die Vermutung des § 891 BGB widerlegt ist[401] oder wenn ein Mangel der Rechts-, Geschäfts- oder Handlungsfähigkeit des Bewilligenden bestanden hat und der Erwerber diesen Mangel bei Vertragsschluß kannte oder kennen mußte (Art. 12 EGBGB, der auch im GB-Verfahren zu beachten ist).[402] Deshalb darf das GBA die Eintragung nur ablehnen, wenn es sich aufgrund von Tatsachen davon überzeugt hat, daß für den Bewilligenden ausländisches Güterrecht gilt, dieses Recht nicht gegen Art. 6 EGBGB (ordre public) verstoßende Beschränkungen seiner Verfügungs- oder Bewilligungsmacht enthält (§ 19 Rdn. 49 ff.; 71 ff.) und diese Beschränkungen dem anderen Vertragspartner (= Erwerber) bekannt oder fahrlässig nicht bekannt waren.[403] Ist der Erwerber gutgläubig, wird er durch § 892 Abs. 1 S. 1 und 2 BGB geschützt, wenn der Verfügende nicht der wahre Rechtsinhaber (z. B. Eigentümer) ist oder von einer eintragungsfähigen, aber nicht eingetragenen Verfügungsbeschränkung betroffen wird. Gegen absolute Verfügungsbeschränkungen ausländischen Rechts schützt Art. 16 EGBGB i. V. m. § 1412 BGB den Erwerber, wenn der Veräußerer seinen gewöhnlichen Aufenthalt im Inland hat oder hier ein Gewerbe betreibt und sein Güterstand nicht im Güterrechtsregister eingetragen und dem Erwerber auch nicht bekannt ist.[404]

f) Zur Auslandsberührung auf der Erwerberseite vgl. § 19 Rdn. 202 ff.; § 20 Rdn. 52, 54 ff., 105.

19. Öffentlich-rechtliche Beschränkungen im Grundstücksverkehr

155 Dazu § 19 Rdn. 82; § 20 Rdn. 155; § 20 Rdn. 167 (ehemalige DDR) Eintragungen im GB, die keine Veräußerung und keine Belastung enthalten, unterliegen den Verkehrsbeschränkungen des öffentlichen Rechts nicht. Vormerkungen bereiten zwar Veräußerungen oder Belastungen vor (Einl. G 6), können aber grundsätzlich ohne behördliche Genehmigung im GB eingetragen werden (Ausnahmen Einl. G 24).

20. Belastungsbeschränkungen im Bau- und Bodenrecht

156 Baugesetzbuch

a) Das BauGB enthält keine allgemeinen gesetzlichen Belastungsbeschränkungen (§ 20 Rdn. 166 ff.), auch nicht im Grenzregelungsverfahren (§ 20 Rdn. 176).

---

[398] *Böhringer* BWNotZ 87, 104/109; *Röll* MittBayNot 89, 1/3.
[399] Lex fori; Staudinger/*Gursky* Vorbem. 7 zu § 925.
[400] BayObLGZ 86, 81 = DNotZ 87, 98 = BWNotZ 87, 15 m. Anm. *Böhringer*; dazu *Amann* MittBayNot 86, 222; Haegele/Schöner/*Stöber* GBR 3421 ff.
[401] Meikel/*Böttcher* Anh. zu § 18 Rdn. 53 ff.
[402] Dazu *Wolfsteiner* DNotZ 87, 67/82.
[403] Haegele/Schöner/*Stöber* GBR 3421 a.
[404] *Amann* MittBayNot 86, 222/226; *Böhringer* Rpfleger 90, 337/339.

b) Im Umlegungsverfahren (§§ 45 ff. BauGB) und Enteignungsverfahren (§§ 85 ff. **157** BauGB) besteht ein allgemeines Verfügungsverbot für Grundstücke und Rechte an Grundstücken (Einzelheiten § 20 Rdn. 174 ff.; 179), nicht für die Auflassungsvormerkung und nicht für Vormerkungen zur Sicherung des Anspruchs auf Bestellung anderer dinglicher Rechte (§ 19 Rdn. l55; § 20 Rdn. 176).

c) Vorkaufsrechte nach BauGB und BaumaßnahmenG (§ 20 Rdn. 223) hindern Bela- **158** stungen (auch mit rechtsgeschäftlichen Vorkaufsrechten) nicht. Das gesetzliche Vorkaufsrecht geht rechtsgeschäftlichen vor und bringt sie zum Erlöschen (§ 28 Abs. 2 S. 5 BauGB; dazu Einl. K. 37; § 20 Rdn. 234).

d) Im Sanierungsgebiet und Entwicklungsbereich (§§ 142, 165 BauGB) sind Teilun- **159** gen, rechtsgeschäftliche Veräußerungen und Belastungen eines Grundstücks (oder grundstücksgleichen Rechts) sowie das Verpflichtungsgeschäft dazu genehmigungspflichtig (vgl. § 20 Rdn. 180 ff.), Vormerkungen genehmigungsfrei (§ 19 Rd. 155).

21. Belastungsbeschränkungen im Landwirtschaftsrecht

a) **Grundstücksverkehrsgesetz** (§ 2 Abs. 2 Nr. 3: Text § 20 Rdn. 192): **160** Einzige genehmigungspflichtige Belastung ist Nießbrauchsbestellung, die hinsichtlich Genehmigung und Genehmigungsfreiheit der Grundstücksveräußerung gleichsteht. Genehmigungsfrei sind Vormerkungen (§ 19 Rdn. 155). Einzelheiten dazu § 20 Rdn. 192 ff.

b) **Reichssiedlungsgesetz** keine Beschränkungen (§ 20 Rdn. 197).

c) **Flurbereinigungsgesetz** sieht kein allgemeines Belastungsverbot vor, gestattet aber Erlaß eines Belastungsverbots durch die Flurbehörde, das wegen der Wirkung des § 135 BGB eintragungsfähig ist; Einzelheiten § 20 Rdn. 200.

22. Belastungsbeschränkungen für juristische Personen

a) Gemeinden, Landkreise, Bezirke, Zweckverbände (§ 20 Rdn. 202); **161**
b) Wasser- und Bodenverbände (§ 20 Rdn. 203);
c) Bundesbahn (§ 20 Rdn. 204);
d) Sozialversicherungsträger (§ 20 Rdn. 205);
e) Versicherungen, Banken, Sparkassen, Kapitalanlagegesellschaften (§ 20 Rdn. 206);
f) Handwerksinnungen und Handwerkskammern (§ 20 Rdn. 207);
g) Kirchen (§ 20 Rdn. 208);
h) Stiftungen (§ 20 Rdn. 209).

23. Belastungsbeschränkungen im Außenwirtschaftsrecht (Ausländer) (dazu § 20 **162** Rdn. 210).

24. Belastungsbeschränkungen im Recht für Sondervermögen

Nur für Grundstücke, die durch einen entsprechenden GB-Vermerk erkennbar sind: **163**
a) Höfe i. S. des Höferechts (§ 20 Rdn. 212);
b) Rentenstellen für Landarbeit und Handwerker (§ 20 Rdn. 213);
c) Fideikommißvermögen (§ 20 Rdn. 214).

25. Belastungsbeschränkungen sonstiger Art

a) nach § 75 BVG und § 610 Abs. 2 RVO, wenn die Beschränkungen im GB eingetra- **164** gen ist (dazu § 20 Rdn. 215);
b) nach § 35 Abs. 7 BauGB keine Belastungsbeschränkungen (dazu § 20 Rdn. 215);

c) Vermögensbeschlagnahmen umfassen auch das Verbot zu Belastungen aller Art, nach unserer Ansicht auch Bewilligung von Vormerkungen (Einzelfälle und Einzelheiten § 20 Rdn. 216);

d) für Reallasten nach Landesrecht in einzelnen Bundesländern;[405]

e) für Grundpfandrechte nach Landesrecht in Baden, Württemberg, Hessen, ehem. Preußen;[406]

f) für Almgrundstücke in Bayern (dazu § 20 Rdn. 201).

VI. Wirksamkeit der Eintragungsbewilligung

1. Wirksamkeit der Bewilligung ist im Gesetz nicht geregelt

165 a) Der Grundsatz (§§ 145 ff. BGB) der Unwiderruflichkeit von Vertrag bzw. zugegangener Willenserklärung, ist im materiellen Sachenrecht durchbrochen. Einigung und Aufgabeerklärung sind nur unter den besonderen Voraussetzungen der §§ 873 Abs. 2; 875 Abs. 2 bindend.[407]

b) Der Eintragungsantrag (§ 13 GBO) kann bis zur GB-Eintragung jederzeit nach § 31 zurückgenommen und nicht unwiderruflich gestellt werden (§ 13 Rdn. 50; § 31 Rdn. 3).

c) Für die Eintragungsbewilligung (§ 19) fehlt eine entsprechende Vorschrift. Deshalb sind die Voraussetzungen für ihre Wirksamkeit umstritten.

Literatur:
Eickmann, Grundbuchverfahrensrecht 5. Kap. § 3 VI; *Ertl* DNotZ 1967, 339; 1967, 406; Rpfleger 1982, 407; *Rademacher* MittRhNotK 1983, 105; *Nieder* NJW 1984, 329.

2. Die verschiedenen Meinungen zur Wirksamkeit

166 a) Die Ansicht von der Anwendbarkeit des § 130 Abs. 1 und 3 BGB (früher h. M.) geht davon aus, daß die Bewilligung eine rechtsgeschäftliche Erklärung ist (vgl. § 19 Rdn. 16). Danach wird die Bewilligung wirksam und stets gleichzeitig unwiderruflich, wenn die Urschrift, Ausfertigung oder beglaubigte Abschrift der Urkunde mit dem Willen des Erklärenden entweder dem GBA[408] oder dem unmittelbar Begünstigten zugeht,[409] die beide zur Empfangnahme berechtigt sind.[410] Der Einreicher kann vom GBA jederzeit bis zur Eintragung ihre Rückgabe verlangen, selbst wenn sie unwiderruflich geworden ist und ohne sie ein Eintragungsantrag nicht erledigt werden kann. Das GBA hat das Recht, aber nicht die Pflicht, eine beglaubigte Abschrift der Bewilligung bei den Grundakten zu behalten und sie später zur Grundlage einer Eintragung zu machen. Die Bewilligung kann nur bis zu ihrer Wirksamkeit in der Form des § 29 gegenüber einem Empfangsberechtigten widerrufen werden. Der Widerruf kann nicht im GB eingetragen und nicht in den Grundakten unübersehbar aktenkundig gemacht werden.[411]

b) **Die von Staudinger/*Seufert*[412] vertretene verfahrensrechtliche Ansicht** läßt die Bewilligung nur mit ihrer GB-Vorlage wirksam und gleichzeitig damit stets unwiderruf-

---

[405] Dazu Haegele/Schöner/*Stöber* GBR 1318; Staudinger/*Amann* Einl. 2 ff. zu § 1105.
[406] Haegele/Schöner/*Stöber* GBR 4101; 4104.
[407] Staudinger/*Gursky* § 873 Rdn. 142.
[408] BayObLGZ 75, 404 = Rpfleger 76, 66.
[409] OLG Frankfurt DNotZ 70, 162.
[410] Güthe/*Triebel* § 19 Rdn. 28 ff., 78 ff.
[411] BayObLGZ 75, 264 = Rpfleger 75, 360.
[412] 11. Aufl., § 873 Rdn. 55 a, b.

lich werden. Der Begünstigte, der eine möglichst frühzeitige Unwiderruflichkeit der Bewilligung anstrebt, müßte die Bewilligung vor Vollzugsreife beim GBA zur Verwahrung einreichen, für die es keine gesetzliche Grundlage gibt, auch nicht nach § 10 Abs. 3, da das GBA zur Verwahrung jedenfalls nicht verpflichtet ist.[413]

c) **Nach verfahrensrechtlicher Auffassung** (vgl. § 19 Rdn. 167 ff.) ist § 130 Abs. 1 und 3 BGB weder unmittelbar noch analog anwendbar.[414] Der BGH[415] hat sich zur Frage, wie lange die Bewilligung wirksam bleibt, gegen die frühere h. M. dieser Auffassung angeschlossen.

3. Eintritt und Verlust der Wirksamkeit der Bewilligung

a) **Die Bewilligung ist wirksam,** also für die gestattete Eintragung verwendbar, wenn sie **167**
1. vom Bewilligungsberechtigten (§ 19 Rdn. 44) mit dem zur Gestattung der GB-Eintragung erforderlichen Inhalt (§ 19 Rdn. 28) in einer der Form des § 29 entsprechenden Urkunde erklärt worden ist und
2. in Urschrift oder Ausfertigung dieser Urkunde, die das Einverständnis des Bewilligungsberechtigten zu ihrer Verwendung im GB-Verfahren verkörpert, entweder (vgl. § 19 Rdn. 172)
 (a) in einem anhängigen Eintragungsverfahren dem GBA vorliegt,
 (b) oder sich im Besitz des Begünstigten oder eines Dritten befindet,
 (c) oder dem Begünstigten oder Dritten wegen seines originären gesetzlichen Anspruchs von der Urkundsperson nicht vorenthalten werden darf.

Eine beglaubigte Abschrift dieser Urkunde genügt nur, wenn der Bewilligungsberechtigte sein Einverständnis mit der Verwendung der Bewilligung im Eintragungsverfahren dem GBA auf andere eindeutig feststellbare Weise bekundet, z. B. durch eigene Antragstellung, eigene GB-Vorlage von Eintragungsunterlagen, Antragstellung oder Einreichung der Bewilligung durch den Notar im Namen des Betroffenen (§ 19 Rdn. 173), Beteiligung des Begünstigten an der Bewilligungsurkunde ohne Ausschluß seines gesetzlichen Rechts auf eine Ausfertigung (§ 19 Rdn. 181).[416]

b) **Die Bewilligung verliert ihre Wirksamkeit** mit Wegfall ihrer Voraussetzungen vor **168** GB-Eintragung.[417] Der Bewilligungsberechtigte kann die Bewilligung nur rückgängig machen (widerrufen, zurücknehmen), indem er die Voraussetzungen ihrer Wirksamkeit beseitigt und alle Maßnahmen trifft, die ihre Verwendung im Eintragungsverfahren verhindern.[418] Die Bewilligung kann auch ohne eigene Maßnahmen des Bewilligungsberechtigten durch jede andere Art des Wegfalls einer Wirksamkeitsvoraussetzung unwirksam werden. Die Unwirksamkeit kann auf einen Teil der Bewilligung beschränkt sein, sofern die Voraussetzungen der Wirksamkeit der Bewilligung im übrigen bestehen bleiben. So verliert z. B. ein mit der Bewilligung verbundener Vorbehalt (§ 16 Abs. 2) der gleichzeitigen Eintragung von Eigentumswechsel und Nießbrauch für den Ver-

---

[413] BayObLGZ 57, 233 = Rpfleger 57, 351.
[414] Ebenso OLG Düsseldorf Rpfleger 81, 177; OLG Hamm Rpfleger 89, 148; Haegele/Schöner/*Stöber* GBR 107; Meikel/*Lichtenberger* § 19 Rdn. 392; *Eickmann* GBVerfR 5 Kap. § 3 VI; *Böttcher* Rpfleger 83, 49; *Rademacher* RhNotK 83, 105/109 ff.; *Reithmann* DNotZ 84, 124; *Nieder* NJW 84, 329/331.
[415] BGHZ 84, 202 = NJW 82, 2817.
[416] Ebenso BayObLG DNotZ 1994, 182, OLG Hamm Rpfleger 89, 148/149; Meikel/*Lichtenberger* § 19 Rdn. 393 ff.; Haegele/Schöner/*Stöber* GBR 107; *Eickmann* BVerfR 5. Kap. § 3 VI.
[417] OLG Hamm a. a. O.; *Eickmann* GBVerfR 5. Kap. § 3 VI 3 mit Beispielen.
[418] Meikel/*Lichtenberger* § 19 Rdn. 415, 418.

äußerer (vgl. § 19 Rdn. 32; § 16 Rdn. 23) dadurch seine Wirksamkeit, daß der Veräußerer vor dieser Eintragung stirbt.[419]

169 c) Die unwirksam gewordene Bewilligung wird wieder wirksam, wenn die Voraussetzungen ihrer Wirksamkeit später erneut eintreten (§ 19 Rdn. 1167). Die Urkunde, in der die Bewilligung enthalten ist, kann mit Willen des Betroffenen (der sie abgegeben hat) später ohne neue Erklärung der Bewilligung in einem anderen GB-Verfahren wieder für die Eintragung verwendet werden (vgl. § 19 Rdn. 175 Fälle 1 und 5).[420]

4. Grundlagen der verfahrensrechtlichen Auflassung

170 a) **Das GBA darf die Eintragung nur vornehmen, wenn die Bewilligung im Zeitpunkt der Eintragung drei Voraussetzungen erfüllt**
1. Die Bewilligung durch den im Zeitpunkt der GB-Eintragung Bewilligungsberechtigten (§ 19 Rdn. 75) muß mit dem vorgeschriebenen Inhalt (§ 19 Rdn. 28) in einer dem § 29 entsprechenden Urkunde niedergelegt sein.
2. Diese Urkunde muß dem GBA bei der GB-Eintragung vorliegen.
3. Der Wille des Bewilligungsberechtigten muß diese beiden Voraussetzungen umfassen.

Diese drei Voraussetzungen gehören zusammen. Wie bei allen Verfahrenshandlungen müssen sie dem GBA ohne Beweiserhebung aus der Urkunde selbst oder anderen Umständen eindeutig erkennbar sein (§ 19 Rdn. 167).

Fehlt eine dieser drei Voraussetzungen, dann ist die Bewilligung für die GB-Eintragung noch nicht oder nicht mehr verwendbar. Die Grundlagen dieser Auffassung sind in Einl. A 19 ff., ferner bei *Ertl*[421] und in der 3. Aufl. (§ 19 Rdn. 167 ff.) ausführlich dargestellt. Inzwischen hat sich die Rspr. und h. L. dieser Auffassung angeschlossen (Nachweise bei § 19 Rdn. 166 e).

171 b) **Bindung an die Einigung und Unwiderruflichkeit der Bewilligung sind zu unterscheiden** (§ 20 Rdn. 53). Sie können, müssen aber nicht zeitlich zusammenfallen und sind einer freien Parteivereinbarung entzogen.[422] Die widerrufene Einigung ist nichtig. Die zurückgenommene Bewilligung kann (ohne neue Erklärung durch Vorlage der Urkunde) für die GB-Eintragung wieder verwendet werden.[423] So verfährt die Praxis seit Jahrzehnten, was aus verfahrensrechtlicher Sicht zulässig ist und bei konsequenter Anwendung der BGB-Vorschriften abgelehnt werden müßte.

172 c) **Die Bewilligung wird wirksam**
(1) durch GB-Vorlage mit Willen des Bewilligenden (Rdn. 173 ff.),
(2) durch Aushändigung der Urschrift oder Ausfertigung der Urkunde vom Bewilligenden an den Begünstigten oder einen Dritten (Rdn. 176 ff.),
(3) durch eine der Voraussetzungen, die der Aushändigung der Urschrift oder Ausfertigung gleichstehen (Rdn. 181 ff.).
Für die Wirksamkeit der Bewilligung genügt der Eintritt einer dieser Wirksamkeitsvoraussetzungen (§ 19 Rdn. 1).

5. Grundbuchvorlage und Zurücknahme der Bewilligung

173 a) **Die Bewilligung wird wirksam,** wenn sie vom Bewilligenden selbst oder mit seinem Einverständnis dem GBA zur Eintragung vorgelegt wird.[424] Die GB-Vorlage hat

---

[419] OLG Hamm Rpfleger 73, 305.
[420] S. a. Meikel/*Lichtenberger* § 19 Rdn. 422.
[421] DNotZ 64, 260; 67, 339; 67, 406; 67, 432; 67, 562; 90, 684. Rpfleger 80, 41/47; 82, 407.
[422] BGHZ 46, 398 = DNotZ 67, 371.
[423] *Ertl* Rpfleger 82, 407/409 Fall 10.
[424] BayObLGZ 75, 404 = Rpfleger 76, 67.

diese Wirkung nicht, wenn die Zurücknahme dem GBA vor der Bewilligung (oder gleichzeitig mit ihr) zugeht.[425] Enthält die Urkunde mehrere, in keinem Zusammenhang nach § 16 Abs. 2 stehende Bewilligungen, so kann der Einreicher bestimmen, welche von ihnen noch nicht vollzogen werden soll. Eine solche Bestimmung bedarf nicht der Form des § 29. Zur Aktenkundigkeit muß sie aber in einem Schriftstück enthalten sein.[426]

Legt der Bewilligungsberechtigte die Bewilligung dem GBA selbst vor oder stellt er den Antrag, dann bedarf sein Wille zur GB-Vorlage keines weiteren Beweises. Dies gilt auch, wenn der Notar im Namen des Bewilligenden nach § 15 die Bewilligung vorlegt oder den Antrag stellt.

Hat der Begünstigte oder ein Dritter die Bewilligung selbst oder durch den Notar eingereicht oder läßt sich der Einreicher nicht eindeutig feststellen, dann bedarf das für die Wirksamkeit notwendige Einverständnis des Bewilligungsberechtigten zur GB-Vorlage eines Nachweises. Er wird durch Vorlage der Urschrift oder Ausfertigung der Niederschrift (§§ 8, 47 BeurkG) oder der Urschrift der Vermerkurkunde (§ 39 BeurkG), in der die Bewilligung enthalten ist, geführt,[427] aber nicht durch eine beglaubigte Abschrift[428] aus den gleichen Gründen, die für den Nachweis eines Erbscheins oder einer Vollmacht gelten.[429]

b) **Die Bewilligung ist unwiderruflich,** solange das Eintragungsverfahren läuft. Der Betroffene kann seine Bewilligung nur durch eine neue Verfahrenshandlung „zurücknehmen".[430] Nimmt er seinen Eintragungsantrag zu einem Zeitpunkt zurück, zu dem auch ein anderer den Antrag gestellt hat, besteht die Wirksamkeit der Bewilligung weiter; das GBA darf ihm die Bewilligung nicht zurückgeben (§ 19 Rdn. 175 Fall 3). Ist das Verfahren beendet, gilt Rdn. 175. Enthält die Urkunde mehrere Bewilligungen, von denen nur eine widerrufen werden soll, dann müssen Urschrift und alle Ausfertigungen mit einem der Form des § 29 entsprechenden Widerruf verbunden oder auf ihnen ein entsprechender Widerrufvermerk gemacht werden (wie bei Widerruf einer von mehreren erteilten Vollmacht).[431] Die Einreichung der Widerrufserklärung zu den Grundakten wäre kein ausreichender Schutz.[432]

174

c) **Nach Beendigung des GB-Verfahrens ist zu unterscheiden:**
(1) **Endet es mit GB-Eintragung,** hat die Bewilligung ihren Zweck erfüllt. Für die Rückgabe der Urkunde gilt § 10 Abs. 1.
(2) **Endet das Verfahren ohne Eintragung,** ist also ein unter Einreichung einer Eintragungs(Löschungs)-Bewilligung beim GBA gestellter Antrag zurückgenommen oder zurückgewiesen worden, so kann diese Bewilligung auch dann nicht als Grundlage für einen später von einem anderen Antragsberechtigten gestellten Eintragungsantrag dienen, wenn sie beim GBA verblieben ist.[433] Das GBA hat die Pflicht, die Urkunde dem Einreicher unverzüglich zurückzugeben. Gegen den Willen des Bewilligenden dürfte das GBA die Urkunde nicht in einem neuen GB-Verfahren (z. B. aufgrund eines nach Beendigung vom Begünstigten gestellten Antrags) verwenden, da dies eine unzulässige Beschaffung von Eintragungsunterlagen wäre.

175

---

[425] LG Oldenburg Rpfleger 83, 102.
[426] Vgl. dazu OLG Hamm Rpfleger 73, 305.
[427] OLG Frankfurt NJW-RR 1995, 785.
[428] Ertl DNotZ 67, 349.
[429] Vgl. BGH NJW 82, 170; BGHZ 102, 60; KG DNotZ 72, 615; Meikel/*Lichtenberger* § 19 Rdn. 393 ff.; *Demharter* § 19 Rdn. 26; Haegele/Schöner/*Stöber* GBR 107.
[430] Ebenso *Eickmann* GBVerfR 5. Kap. § 3 VI 3; Meikel/*Lichtenberger* § 19 Rdn. 415 ff.
[431] Vgl. BGH NJW 90, 507 = MittBayNot 89, 323.
[432] BayObLGZ 75, 264/266.
[433] BGH 84, 202 = DNotZ 83, 309; dazu *Ertl* Rpfleger 82, 407.

(3) Nach Beendigung des Verfahrens kann der Begünstigte die Eintragung beantragen, wenn er (oder ein Dritter) dem GBA dazu die Urschrift oder Ausfertigung der Urkunde über die Bewilligung vorlegt (§ 19 Rdn. 176 ff.).

Dazu fünf Fälle:
Fall 1: Eigentümer E bewilligt und beantragt für G eine Hypothek. G stellt keinen eigenen Antrag. E nimmt seinen Antrag zurück. GBA gibt ihm die Urkunde zurück.

Die Bewilligung hat mit der Beendigung des GB-Verfahrens ihre Wirksamkeit verloren.[434] E kann aber später diese Bewilligung wieder dem GBA vorlegen, die dann mit GB-Vorlage wieder wirksam und für die Eintragung verwendbar wird (§ 19 Rdn. 169).

Fall 2: Wie 1, aber G stellt den Eintragungsantrag nachdem E seinen Antrag zurückgenommen und bevor das GBA ihm die Bewilligungsurkunde zurückgegeben hatte.

Die Bewilligung hat mit Beendigung des GB-Verfahrens ihre Wirksamkeit verloren, auch wenn sie sich noch beim GBA befindet, und darf nicht vollzogen werden.[435]

Fall 3: Wie 1, aber E und G haben Antrag gestellt; E nimmt ihn zurück, G hält ihn aufrecht.

Die Bewilligung ist (trotz Antragszurücknahme des E) wirksam geblieben, weil Verfahren noch nicht beendet und GBA die Urkunde deshalb dem Einreicher nicht zurückgeben darf.[436]

Fall 4: E bewilligt und beantragt für G (der keinen Antrag stellt) eine Gesamthypothek an Grundstück Nr. 1 und 2. Vor Eintragung ändert E die Bewilligung dahingehend ab, daß die Hypothek nur noch an Nr. 1 eingetragen werden darf. GBA trägt nur an Nr. 1 ein. Später beantragt G Eintragung auch an Nr. 2.

E hat Antrag und Bewilligung wirksam abgeändert. Hat G eine Ausfertigung (oder die Urschrift) der nicht abgeänderten Bewilligungsurkunde, kann er sie vorlegen und die Eintragung auch an Nr. 2 erreichen, andernfalls nicht.

Fall 5: E bewilligt und beantragt für G eine Hypothek. Das GBA weist den Antrag wegen eines Vollzugshindernisses zurück.

Die Bewilligung wird mit Beendigung des GB-Verfahrens unwirksam, auch wenn sie noch beim GBA liegt.[437] E kann sie aber erneut vorlegen und die Eintragung herbeiführen (vgl. § 19 Rdn. 169).

6. Aushändigung und Rückgabe der Bewilligungsurkunde

176 a) Als „verfahrensrechtliche GB-Erklärung" (Einl. A 48) kann die Bewilligung nicht nur gegenüber dem GBA, sondern auch vor dem Eintragungsverfahren gegenüber dem Begünstigten und sonstigen Dritten wirksam abgegeben werden.[438] Aushändigung setzt voraus, daß der Bewilligende einem anderen den unmittelbaren Besitz an der Urkunde überträgt (§ 854 BGB). Die Bewilligung verfolgt im GB-Verfahren den Zweck, dem Besitzer eine vorteilhafte Rechtsstellung zu verschaffen. Für das GBA kommt es nicht darauf an, wer die Bewilligung einreicht, sofern es das Einverständnis des Bewilligenden mit der Eintragung aus der vorgelegten Bewilligungsurkunde (oder anderen Umständen, z. B. seiner eigenen Antragstellung) eindeutig feststellen kann. Praktisch von Bedeutung ist dies z. B. für den Grundstückskäufer, der die Löschungsbewilligung für

---

[434] So auch BGHZ 84, 202 und OLG Hamm Rpfleger 89, 148/149.
[435] Ebenso BGHZ 84, 202 und OLG Hamm a. a. O gegen die frühere h. M.
[436] RG JW 34, 2842, vgl. § 10 Rdn. 9.
[437] Ebenso BGHZ 84, 202.
[438] Ebenso OLG Hamm Rpfleger 89, 148/149; *Eickmann* BVerfR 5. Kap. § 3 VI 2; Meikel/*Lichtenberger* § 19 Rdn. 395 ff.; nach *Demharter* § 19 Rdn. 26 nicht gegenüber Dritten.

eine von ihm nicht übernommene Grundschuld ausgehändigt erhält, dadurch gegen einen Widerruf gesichert ist und nach seiner Eintragung als Eigentümer unter Vorlage der Bewilligung die Löschung der Grundschuld beantragen kann (§ 13). Nach a. A.[439] wäre nur der Verkäufer empfangsberechtigt und der Käufer bis zur Durchführung der Löschung der Gefahr eines Widerrufs ausgesetzt.

b) **Wirksamkeit und Unwiderruflichkeit setzen voraus, daß** der Bewilligende einem anderen die Urkundenausfertigung (§§ 8, 47 BeurkG) oder die Urschrift der Vermerkurkunde (§ 39 BeurkG) aushändigt.[440] Die Aushändigung einer beglaubigten Abschrift reicht dazu nicht.[441] Dies ist in den Fällen unbestritten, in denen es auf den Besitz an der einen Rechtsschein erzeugenden Urkunde ankommt (z. B. gemäß § 172 Abs. 1 BGB für Vollmachten).[442] Die a. A.,[443] die beglaubigte Abschrift hätte zur Wirksamkeit geführt, wenn sie zu dem Zweck übersandt worden wäre, dem Begünstigten die Bewilligung entsprechend dem Willen des Erklärenden zuzuleiten, geht fehl. Sie übersieht nämlich, daß es bei der Aushändigung nicht auf den damit verbundenen Willen ankommen kann, da die Bindungswirkung nicht von einer Parteivereinbarung oder Willenskundgebung abhängig sein kann.[444] Hat der Begünstigte nur eine beglaubigte Abschrift der Bewilligungsurkunde, dann kann er ohne Mitwirkung des Bewilligungsberechtigten die Eintragung nicht herbeiführen. Er muß (wie auch *Demharter* a. a. O. bestätigt) zum GB-Vollzug auf Aushändigung der Urschrift oder Ausfertigung der Bewilligung bestehen. Denn eine vom Begünstigten oder einem Dritten dem GBA vorgelegte beglaubigte Abschrift der Bewilligung des Betroffenen erfüllt das ausschlaggebende Kriterium dafür nicht, daß die Bewilligung wirksam geworden und bei Eintragung noch wirksam ist (vgl. § 19 Rdn. 1, 167, 178).

177

c) **Die Urkunde verkörpert das Einverständnis des Bewilligenden mit der Eintragung, das wegen der Rechtsscheinwirkung der Urkunde keines weiteren Beweises bedarf.** Wer die Urschrift oder Ausfertigung der Bewilligung besitzt, hat für die Dauer dieses Besitzes das Recht, die Urkunde dem GBA zur Eintragung vorzulegen. Weiß das GBA, daß er die Bewilligungsurkunde eigenmächtig an sich gebracht hat, darf es sie nicht zur Grundlage der Eintragung machen.[445] Mit Rückgabe an den Bewilligenden verliert der Besitzer diese Ermächtigung und die Bewilligung ihre Wirksamkeit, sofern sie nicht aus anderen Gründen weiter wirksam bleibt (§ 19 Rdn. 172). Zur Verhinderung der GB-Eintragung muß der Bewilligende also die Urschrift bzw. alle Ausfertigungen zurückverlangen, die sich im Besitz eines anderen befinden. Würde die Eintragung zu einer dauernden oder nach Sachlage nicht behebbaren Unrichtigkeit des GB führen, dann besteht ein Rückgabeanspruch auch gegen den rechtmäßigen Besitzer nach den Grundsätzen der §§ 175, 371, 2361 BGB, 757 ZPO.

178

d) **Der Bewilligende und der Empfänger der Urkunde können sich bei der Aushändigung vertreten lassen.** Auch der Notar kann für den einen oder anderen oder für beide Beteiligte als gemeinsamer Vertrauensmann aufgrund einer entsprechenden Ermächtigung die Bewilligung in Empfang nehmen. Diese Ermächtigung wird nicht nach § 15 GBO vermutet[446] und kann frühestens mit der Erteilung der Ausfertigung ausgeübt

179

---

[439] Z. B. von *Demharter* § 19 Rdn. 26.
[440] BGHZ 46, 398 = DNotZ 67, 370 = Rpfleger 67, 142.
[441] So jetzt h. M.: BayObLG DNotZ 1994, 182; *Eickmann* 5. Kap. § 3 VI 2; Meikel/*Lichtenberger* § 19 Rdn. 396, 397; Haegele/Schöner/*Stöber* GBR 107.
[442] Vgl. BGHZ 102, 60.
[443] So OLG Frankfurt DNotZ 70, 162; *Demharter* § 19 Rdn. 26.
[444] BGHZ 27, 360; 46, 398.
[445] Vgl. zum eigenmächtigen Besitz an der Vollmachtsurkunde § 20 Rdn. 92; BGH NJW 75, 2101.
[446] OLG München DNotZ 66, 285 mit Lit.

werden.[447] Die Urschrift einer Vermerkurkunde (§ 39 BeurkG) kann sofort nach der Unterzeichnung (§ 126 BGB) auch vom Beglaubigungsnotar für einen anderen in Empfang genommen werden, da der Beglaubigungsvermerk auch an einem anderen Ort oder Tag vorgenommen werden darf.[448]

180 e) **Dazu drei Fälle**
Fall 1: E bewilligt und beantragt Hypothek für G. Vor Eintragung nimmt E seinen Antrag zurück, worauf GBA ihm Urkunde zurückgibt. Dann legt G seine Ausfertigung, die er von E erhalten hat, dem GBA mit Antrag auf Vollzug vor.

Das GBA hat die Eintragung vorzunehmen. In der Aushändigung der Ausfertigung der Bewilligungsurkunde, die sie wirksam gemacht hat, liegt der Unterschied zu Fall 1 oben Rdn. 175. Hätte G nur eine beglaubigte Abschrift dem GBA nachgewiesen, dürfte es die Eintragung nicht vornehmen (vgl. § 19 Rdn. 177, 178).

Fall 2: Wie 1, aber E erwirkt gegen G einstweilige Verfügung, die ihm Erwerb der Hypothek verbietet. GBA weist den Antrag des G deshalb zurück.

Das GBA darf die Eintragung nicht vornehmen, weil es gegen das Erwerbsverbot verstoßen würde (so die h. M.: § 20 Rdn. 72; dort auch zu den Bedenken dagegen). Nach unserer Ansicht wird durch die einstweilige Verfügung die Bewilligung nicht wirkungslos, sondern widerruflich. E sollte daher zum Zweck der Verhinderung einer von ihm nicht gewollten Eintragung die Ausfertigung dem G entziehen (vgl. § 19 Rdn. 178). Das GBA darf nicht von sich aus den Erwerb verhindern oder beeinträchtigen (vgl. § 20 Rdn. 72).

Fall 3: Wie 1, aber vor Eingang des Antrags des G reicht E dem GBA einen Widerruf der Bewilligung in Form des § 29 ein.

Solange G eine Ausfertigung hat, ist die Bewilligung wirksam und muß vollzogen werden. Zur Verhinderung der Eintragung müßte E dem G die Ausfertigung entziehen. Ein Widerruf (§ 19 Rdn. 174) genügt nicht, wenn die Bewilligung durch Aushändigung an den Begünstigten (oder Dritten) oder ihr gleichstehende Tatbestände wirksam geworden ist (vgl. § 19 Rdn. 176 ff., 181 ff.).

7. Tatbestände, die der Aushändigung gleichstehen

181 a) Da das GBA nicht zwischen den ausgehändigten oder auf andere Weise in den Besitz des Einreichers gelangten Bewilligungen unterscheiden kann, müssen bestimmte andere Tatbestände der Aushändigung durch den Bewilligenden gleichgestellt werden. Hier handelt es sich ausschließlich um die Fälle, in denen der Notar (also nicht der Bewilligende) die Urschrift oder Ausfertigung der Bewilligung dem Begünstigten oder einem Dritten nach den Vorschriften des Beurkundungsrechtes entweder bereits erteilt hat oder erteilen muß, ohne daß der Bewilligende dies verhindern kann,[449] also um **Tatbestände mit einem unwiderruflichen, originären gesetzlichen Anspruch des Begünstigten oder eines Dritten auf die**

1. **Ausfertigung** der Niederschrift (§§ 51 Abs. 1 BeurkG), sofern er nicht nach § 51 Abs. 2 BeurkG ausgeschlossen oder eingeschränkt ist,
2. **Urschrift** der Niederschrift (§§ 45 Abs. 1; 8 BeurkG),
3. **Urschrift einer Vermerkurkunde** (§§ 45 Abs. 2; 39 BeurkG),

---

[447] BGHZ 46, 398.
[448] *Jansen* BeurkG § 8 Rdn. 11; § 40 Rdn. 33.
[449] H. M.: BGH DNotZ 63, 433; BGHZ 46, 398 = DNotZ 67, 370; *Wörbelauer* DNotZ 65, 518/529; *Becker-Berke* DNotZ 59, 527; *Staudinger/Gursky* § 873 Rdn. 157; *Reithmann* DNotZ 84, 124; *Rademacher* RhNotK 83, 105/110.

4. Urschrift oder Ausfertigung konsularischer Urkunden (§§ 16 Abs. 2, 17 KonsularG),
5. Ausfertigung oder vollstreckbare Ausfertigung eines gerichtlichen Vergleichs (§§ 794 Abs. 1 Nr. 1; 795, 724 ff., 299 ZPO).

Der Begünstigte (oder sonstige Urkundsbeteiligte) kann auf die Urschrift oder Erteilung einer Ausfertigung ganz oder teilweise, ständig oder zeitweise, bei der Beurkundung oder nachträglich verzichten.[450] Ein solcher Verzicht hindert den Eintritt der Wirksamkeit der Bewilligung.

b) **Wirksamkeit und Unwiderruflichkeit treten nicht ein** durch: **182**
1. Erklärung des Bewilligenden, ein dingliches Recht „unwiderruflich" zu bestellen oder zu bewilligen;[451]
2. Ermächtigung oder Anweisung aller Ausfertigungsberechtigten an die Urkundsperson (§ 51 Abs. 2 BeurkG), einem anderen eine Ausfertigung oder beglaubigte Abschrift zu erteilen, da dieser von einem freien Willensentschluß abgeleitete Ausfertigungsanspruch bis zur Erteilung der Ausfertigung widerruflich ist.[452]
3. Unterwerfung unter die sofortige Zwangsvollstreckung, die als freiwillig errichtete vollstreckbare Urkunde kein über § 51 Abs. 1 BeurkG hinausgehendes originäres Recht auf die zur Vollstreckungsklausel notwendige einfache Ausfertigung gewährt und sich insoweit vom vollstreckbaren Urteil unterscheidet.[453] Dazu § 19 Rdn. 244.

8. Anfechtung, Nichtigkeit, sonstige Fehler der Bewilligung

Die **rechtsgeschäftliche Auffassung** läßt Anfechtung der Bewilligung und Geltendmachung ihrer Nichtigkeit nach BGB-Vorschriften grundsätzlich zu und gibt dem GBA ein Recht auf Ablehnung der Eintragung, wenn die Anfechtungs- oder Nichtigkeitsgründe „in gehöriger Form dargetan sind" (also Ermessensentscheidung ohne klare Rechtsgrundlage). **183**

Nach jetzt h. M. gilt folgendes: **184**
a) Auf die Bewilligung als Verfahrenshandlung können die Anfechtungs- oder Nichtigkeitsvorschriften des BGB weder unmittelbar noch analog angewandt werden.[454]
Wegen Willensmängeln kann die Bewilligung also nicht angefochten, sondern allenfalls zurückgenommen oder berichtigt werden, wenn die Voraussetzungen dafür vorliegen. Andernfalls bleibt nur der Prozeßweg oder einstweilige Verfügung.
b) Verstößt die Bewilligung gegen Verfahrensvorschriften (z. B. über Form, Inhalt, Bewilligungsberechtigung), so muß das GBA diesen Mangel nach § 18 beanstanden.
c) Ist die Einigung wegen Anfechtung oder anderer Gründe nichtig, so kann das GBA die vorgebrachten Tatsachen nur unter den in Einl. C 66 ff. dargelegten Voraussetzungen zur Ablehnung der Eintragung verwerten.

---

[450] Keidel/Kuntze/*Winkler* BeurkG § 45 Rdn. 10; § 51 Rdn. 16 ff., *Röll* DNotZ 70, 146; *Rademacher* RhNotK 83, 110.
[451] BGHZ 46, 398; OLG München DNotZ 66, 283; *Ertl* DNotZ 67, 358.
[452] BGHZ 46, 398 = Rpfleger 67, 142; *Jansen* DNotZ 67, 275.
[453] BGHZ 46, 398; OLG Frankfurt DNotZ 70, 163; OLG Celle DNotZ 74, 376; OLG Hamburg DNotZ 87, 356; OLG Hamm DNotZ 88, 241; *Jansen* DNotZ 66, 275; *Ertl* DNotZ 69, 663; Haegele/Schöner/*Stöber* GBR 2057; *Huhn/v. Schuckmann* § 51 Rdn. 24; *Wolfsteiner*, Die vollstr. Urk. § 34; *Rademacher* RhNotK 83, 105/111, a. A. *Röll* DNotZ 70, 147; Keidel/Kuntze/*Winkler* § 52 Rdn. 27.
[454] Ebenso *Eickmann* GBVerfR 5. Kap. § 3 VI 4; Meikel/*Lichtenberger* § 19 Rdn. 433 ff.; *Demharter* § 19 Rdn. 115.

§ 19

d) Als **Verfahrenshandlung** bedarf die Bewilligung für sich allein betrachtet keiner behördlichen Genehmigung.[455] Einer Genehmigung fähig und bedürftig ist allenfalls die dingliche Rechtsänderung.

Die Notwendigkeit behördlicher Genehmigungen ist jedoch im Rahmen der Bewilligungsberechtigung zu prüfen (§ 19 Rdn. 73, 83, 201 e).

Die Genehmigung eines Nießbrauchs nach § 2 Abs. 2 Nr. 3 Grundstücksverkehrsgesetz lautet also beispielsweise nicht: „Die Eintragung des Nießbrauchs am Grundstück Flst. Nr. ... gemäß Bewilligung vom ... wird genehmigt", sondern richtig: „Die Bestellung des Nießbrauchs ... gemäß Urkunde des Notars ... vom ... URNr. ... wird genehmigt."

VII. Bewilligung durch Vertreter

185 Die **Vertretungsmacht** gehört zu den Eintragungsvoraussetzungen im GB-Verfahren bei Bewilligung im Namen des Vertretenen (§ 19 Rdn. 35 c) durch
1. gesetzliche Vertreter natürlicher Personen Rdn. 188 ff.,
2. gesetzliche Vertreter juristischer Personen Rdn. 191,
3. Bevollmächtigte Rdn. 192,
4. Behörden Rdn. 193–194,
5. bevollmächtigten Notar Rdn. 195–197,
6. Vertreter ohne Vertretungsmacht Rdn. 198.

Diese Fälle unterscheiden sich von den Erklärungen eines Nichtberechtigten im eigenen Namen (vgl. § 19 Rdn. 77 ff.; § 20 Rdn. 48, 51).

Zur Vertretung im GB-Verfahren vgl. § 20 Rdn. 73 ff.; § 29 Rdn. 36 ff.; § 32 Rdn. 1 ff.[456]

186 Ein **Mangel in der Vertretungsmacht** verstößt gegen § 19, ein Mangel im Nachweis der Vertretungsmacht gegen § 29 und muß deshalb vom GBA beanstandet werden (§ 18). Trägt das GBA trotzdem ein, ist die GB-Eintragung fehlerhaft, aber wirksam (vgl. Einl. B 8, 59, 61; § 19 Rdn. 2; § 20 Rdn. 4; § 29 Rdn. 3). Die durch Genehmigungserfordernisse eingeschränkte Vertretungsmacht gesetzlicher Vertreter, also Eltern, Vormund, Pfleger (§ 19 Rdn. 188 ff.) ergreift auch die Bewilligung. Deshalb hat das GBA in diesen Fällen auch die erforderliche Genehmigung des Vormundschaftsgerichts (oder Gegenvormunds) zu prüfen (§ 19 Rdn. 190 ff.; § 20 Rdn. 78 ff.).

187 Das GBA hat selbständig zu prüfen,[457] ob

a) **die Bewilligung** innerhalb der Grenzen der Vertretungsmacht liegt, die Vollmacht wirksam ist oder ob zusätzlich eine Genehmigung (z. B. des Vormundschaftsgerichts oder Gegenvormundes) oder ein Beschluß eines bestimmten Organes (z. B. Gemeinderates, Verwaltungsrats) notwendig ist (§ 19 Rdn. 191; § 20 Rdn. 86); diese Fragen richten sich nach materiellem Recht;

b) **die Vertretungsmacht** formgerecht nachgewiesen ist (§ 29 Rdn. 20; § 32 Rdn. 8) und, falls sie auf einer Vollmacht beruht, ob diese unter Berücksichtigung der für GB-Erklärungen geltenden Grundsätze verwendbar ist (Einl. A 44; § 20 Rdn. 87 ff.); diese Fragen sind nach Verfahrensrecht zu beurteilen;

---

[455] *Lent* DNotZ 52, 414.
[456] S. a. *Demharter*, § 19 Rdn. 74 ff., *Eickmann* GBVerfR 5. Kap. § 3 VII; Haegele/Schöner/Stöber GBR 102; 3532 ff.; 3576 ff.; Meikel/Lichtenberger § 19 Rdn. 128 ff.
[457] BayObLGZ 54, 231; BayObLG DNotZ 88, 586/587; 89, 373/374; OLG Hamm DNotZ 54, 38; Rpfleger 85, 288; BGHZ 76, 76 = Rpfleger 80, 146 = RhNotK 80, 131 m. krit. Anm. *Kasper*; OLG Köln Rpfleger 84, 182.

c) die Vertretungsmacht in dem nach Verfahrensrecht (§ 19 Rdn. 172) maßgeblichen Zeitpunkt des Wirksamwerdens der Bewilligung noch bestanden hat. Der spätere Wegfall der Vertretungsmacht schadet der Wirksamkeit der Bewilligung nicht, wenn die Vertretungsmacht nur im Zeitpunkt der Wirksamkeit der Bewilligung bestanden hat.[458]

1. Gesetzliche Vertretung natürlicher Personen

Wenn Eltern bzw. der Vormund oder Betreuer handeln (vgl. § 20 Rdn. 74) ist Genehmigung des Vormundschaftsgerichts erforderlich (§ 1643 Abs. 1 BGB) in den Fällen des § 1821 und § 1822 Nr. 1, 3, 5, 8 bis 11 BGB. **188**

Einzelfälle genehmigungsbedürftiger Geschäfte (dazu Haegele/Schöner/*Stöber* GBR 3680 ff.; *Klüsener* Rpfleger 81, 461; *Damrau* FamRZ 84, 842; Rpfleger 85, 26; *Böttcher* Rpfleger 87, 485).

a) **Auflassung** eines Grundstücks des Kindes (§ 1821 Abs. 1 Nr. 1), Übertragung und Verpfändung des Anwartschaftsrechts (§ 20 Rdn. 134), Übertragung und Verpfändung des schuldrechtlichen Anspruchs auf Auflassung und der Verzicht darauf, der auch in der Aufhebung des schuldrechtlichen Vertrages liegt (§ 1821 Abs. 1 Nr. 2), Übertragung und Änderung von Grundstückseigentum, gleich ob durch Auflassung oder auf andere Weise (Einzelfälle § 20 Rdn. 21 ff.), z. B. Übertragung von Gesamthandsanteil oder gemäß § 8 WEG. **Nicht genehmigungspflichtig** Vereinigung, Teilung und Bestandsteilszuschreibung, letztere aber doch, wenn dadurch Grundpfandrechte auf das Kindesgrundstück gemäß § 1131 BGB erstreckt werden.[459] Die Genehmigung des Verpflichtungsgeschäfts umfaßt i. d. R. auch die nachfolgende Auflassung.[460]

b) **Bestellung, Übertragung, Inhaltsänderung und Aufhebung eines Erbbaurechts** und sonstigen grundstücksgleichen Rechts (§ 1821 Abs. 1 Nr. 1);

c) **Bewilligung einer Auflassungsvormerkung** am Kindesgrundstück (§ 1821 Abs. 1 Nr. 1);[461] Übertragung, Verpfändung und Löschung der Rechte des Kindes aus Auflassungsvormerkung (§ 1821 Abs. 1 Nr. 2: RGZ 52, 11; 83, 438);

d) **entgeltlicher Erwerb eines Grundstücks oder Grundstücksrechts** (§ 1821 Abs. 1 Nr. 5); genehmigungsfrei der schenkweise Erwerb, auch wenn er mit Übernahme oder Begründung dinglicher Belastungen verbunden ist, genehmigungspflichtig aber bei Übernahme persönlicher Verpflichtungen, nachträglicher Belastung oder Rückauflassung;[462]

e) **bei Hypotheken, Grundschulden und Rentenschulden am Kindesgrundstück** (§ 1821 Abs. 1 Nr. 1):

aa) Bestellung von Grundpfandrechten,[463] Eigentümergrundschulden[464] an Kindesgrundstück; nicht Löschungsvormerkung (vgl. Rdn. 189); entgeltlicher Erwerb eines Grundpfandrechts für das Kind (§ 1821 Abs. 1 Nr. 5);

bb) Änderung des Inhalts von Grundpfandrechten, die eine weitere Belastung des Kindesgrundstücks darstellen, z. B. Zinserhöhung, Ausschluß des Kündigungsrechts des Eigentümers, Änderung der Fälligkeit;[465]

---

[458] KG DNotZ 72, 617; OLG Düsseldorf Rpfleger 61, 48; BayObLG Rpfleger 86, 216; *Demharter* § 19 Rdn. 74; Meikel/*Lichtenberger* § 19 Rdn. 154.
[459] Dazu *Klüserer* Rpfleger 81, 464.
[460] BayObLG DNotZ 83, 369; Rpfleger 85, 235.
[461] OLG Frankfurt a.M. Rpfleger 97, 255; Celle Rpfleger 80, 187; *Mohr* Rpfleger 81, 177; *Klüsener* Rpfleger 81, 467.
[462] Vgl. *Klüsener* Rpfleger 81, 465 ff.
[463] RGZ 154, 46.
[464] KG JW 32, 1388.
[465] BGHZ 1, 305; KGJ 29, 20; KG OLG 14, 262; MünchKomm/*Schwab* § 1821 Rdn. 25.

§ 19

cc) Umwandlung von Hypothek oder Rentenschuld in Grundschuld, von Sicherungshypothek in Verkehrshypothek (nicht umgekehrt), weil dadurch Steigerung der Grundstückshaftung eintreten kann;[466]

dd) Vereinbarung über Bestehenbleiben einer Hypothek auf dem vom Kind ersteigerten Grundstück;[467]

ee) Bestandsteilzuschreibung eines Kindesgrundstücks zu einem mit Grundpfandrecht belasteten Grundstück wegen § 1131 BGB, aber nicht Vereinigung oder Teilung;

ff) Verpfändung eines Grundpfandrechts des Kindes für Kredit oder für fremde Schuld (§ 1822 Nr. 8 und 10).[468]

f) **Genehmigungsfrei sind Verfügungen über das Grundpfandrecht** (§ 1821 Abs. 2), soweit keine genehmigungsbedürftige Verfügung über das Grundstück und kein Fall des § 1822 Nr. 8, 10 vorliegt, genehmigungsfrei deshalb Übernahme von Grundstücksbelastungen oder Einräumung eines Nießbrauchs, Wohnungsrechts oder sonstigen Rechts für den Veräußerer im Zusammenhang mit einem Grundstückserwerb des Kindes;[469] Unterwerfung unter Zwangsvollstreckung; da keine Verfügung über Grundstück;[470] Aufhebung oder Abtretung eines Grundpfandrechts (§ 1821 Abs. 2), auch Abtretung einer dem Kind zustehenden Eigentümergrundschuld.[471]

g) **Bei Dienstbarkeiten; Nießbrauch, Vorkaufsrecht, Reallast, Dauerwohn- und Dauernutzungsrecht** (§ 1821 Abs. 1 Nr. 1) genehmigungspflichtig:

aa) Bestellung dieser Belastungen an Kindesgrundstück,[472] entgeltlicher Erwerb eines solchen Rechts für das Kind (§ 1821 Abs. 1 Nr. 5);

bb) Änderung des Inhalts solcher Rechte an Kindesgrundstück;

cc) Änderung des Inhalts oder Ranges und Aufhebung dieser Rechte, die dem Kind zustehen;[473]

dd) Keine Genehmigung erforderlich für: Überlassung der Ausübung eines Nießbrauchs oder Dienstbarkeit und Rangänderung eines dinglichen Rechts an Kindesgrundstück.[474]

h) **Sonstige genehmigungspflichtige Vorgänge:** Verfügungen über Rechte des Kindes, die auf Erwerb eines Grundstücks oder Grundstücksrechts gerichtet sind (§ 1821 Abs. 1 Nr. 2)[475] ferner z. B.:

aa) Einwilligung und Genehmigung zu Verfügungen eines Nichtberechtigten, zu denen Genehmigung erforderlich wäre, wenn Kind diese Verfügung vornehmen würde.[476]

bb) Bewilligung der GB-Berichtigung hinsichtlich eines Rechtsvorganges, der nicht ohne vormundschaftsgerichtliche Genehmigung vorgenommen werden darf, weil darin die Verfügung über ein grundbuchmäßiges Recht liegt und weil sonst Genehmigungspflicht umgangen werden könnte,[477] Verfügungen über Nacherbenrechte des Kindes, die auf Erwerb eines Grundstücks oder Grundstücksrechts gerichtet sind.[478]

---

[466] BayObLGZ 2, 795/799; OLG Dresden OLG 29, 372; MünchKomm/*Schwab* § 1821 Rdn. 25.

[467] *Haegele* Rpfleger 70, 232.

[468] RGZ 63, 78; Staudinger/*Engler* § 1822 Rdn. 119, 120; zur Ersatzverpfändung *Engler*, Rpfleger 74, 144.

[469] BGHZ 24, 372 = Rpfleger 58, 14; BayObLGZ 26, 307; Palandt/*Diederichsen* § 1821 Rdn. 10; MünchKomm/*Schwab* § 1821 Rdn. 22.

[470] BayObLGZ 53, 111 = MDR 53, 561; MünchKomm/*Schwab* § 1821 Rdn. 26.

[471] KG JFG 9, 262.

[472] MünchKomm/*Schwab* § 1821 Rdn. 24.

[473] Staudinger/*Engler* § 1821 Rdn. 32.

[474] MünchKomm/*Schwab* § 1821 Rdn. 27.

[475] *Klüsener* Rpfleger 81, 465.

[476] MünchKomm/*Schwab* § 1821 Rdn. 11.

[477] Staudinger/*Engler* § 1821 Rdn. 23; *Klüsener* Rpfleger 81, 468.

[478] *Klüsener* Rpfleger 81, 465.

§ 19

189 Wenn Vormund oder Pfleger handelt, ist Genehmigung des Vormundschaftsgerichts erforderlich:[479]
a) In allen in Rdn. 188 aufgeführten Fällen,
b) nach § 1822 Nr. 13: zur Aufhebung oder Minderung der Sicherheit für eine Forderung des Mündels, falls Forderung selbst unberührt bleibt (andernfalls kommen § 1812 oder § 1821 Abs. 1 Nr. 1 oder 2 in Frage); Einzelheiten Staudinger/*Engler* § 1822 Rdn. 139, 140: insbesondere zu:
  aa) Löschung wegen Aufgabe der dinglichen Sicherheit,[480]
  bb) Freigabe eines Grundstücks oder Teils aus einem dem Mündel zustehenden Grundpfandrecht,[481]
  cc) Verzicht auf Hypothek des Mündels (§ 1168 BGB),
  dd) Verteilung der Gesamthypothek, § 1132 Abs. 2 BGB,[482]
  ee) Umwandlung einer Verkehrshypothek des Mündels in Sicherungshypothek, nicht umgekehrt,[483]
  ff) Rangrücktritt mit einem dem Mündel zustehenden dinglichen Recht, §§ 880 ff. BGB;[484]
c) **nach § 1812 Abs. 1**: Zur Verfügung über eine Forderung oder Recht, kraft dessen Mündel eine Leistung verlangen kann, sofern der Gesamtanspruch mehr als 300,– DM beträgt und kein Gegenvormund vorhanden ist (bei Gegenvormund dessen Zustimmung erforderlich) insbesondere zu:
  aa) Abtretung, Verpfändung oder Einziehung einer durch Grundpfandrecht gesicherten Forderung des Mündels,
  bb) Löschung einer Eigentümerschuld des Mündels, nicht nur wenn im Rang hinter ihr andere Rechte eingetragen sind,[485] sondern auch wenn sie letztrangig ist.[486]
  cc) Vereinbarung des Bestehenbleibens einer Hypothek des Mündels nach § 91 Abs. 2 ZVG,
  dd) Zustimmung des Mündels zum Rangrücktritt eines am Mündelgrundstück eingetragenen Grundpfandrechts.

190 Der Nachweis der Genehmigung gegenüber dem GBA ist in den Fällen des § 19 anderes geregelt als in denen des § 20 (dazu § 20 Rdn. 87 ff.).[487]
a) Die Fälle des § 19 richten sich materiell teils nach § 1829, teils nach § 1831 BGB:
1. Fall: Materiell ist für die dingliche Rechtsänderung eine Einigung notwendig (§ 873 Abs. 1 BGB, z. B Bestellung einer Hypothek): materiell gilt hier nicht § 1831, sondern § 1829, der nachträgliche Genehmigung des Vormundschaftsgerichts mit rückwirkender Kraft zuläßt.
2. Fall: Materiell genügt eine einseitige Erklärung (§ 875 Abs. 1 BGB, z. B. Aufgabe einer Hypothek; weitere Fälle vgl. § 19 Rdn. 4): nur hier greift § 1831 BGB ein, wonach die Genehmigung des Vormundschaftsgerichts erteilt sein muß (§ 1828 BGB), bevor das einseitige Rechtsgeschäft wirksam wird.
§§ 1829, 1831 BGB sind materiellrechtliche Vorschriften, die im GB-Verfahren in den Fällen des § 19 nicht anzuwenden sind.[488]

---

[479] Dazu Haegele/Schöner/*Stöber* GBR 3710 ff.
[480] KG OLG 10, 10.
[481] KGJ 33, 46.
[482] Palandt/*Diederichsen* § 1822 Rdn. 30.
[483] Palandt/*Diederichsen* § 1822 Rdn. 30.
[484] BayObLGZ 17, 173.
[485] KG JFG 13, 393; LG Limburg NJW 49, 787.
[486] BayObLGZ 84, 218/223 = MittBayNot 84, 192; OLG Hamm DNotZ 77, 35; *Klüsener* Rpfleger 81, 465; Haegele/Schöner/*Stöber* GBR 3722; *Böttcher* Rpfleger 87, 486; vgl. § 27 Rdn. 12.
[487] S. a. Haegele/Schöner/*Stöber* GBR 3743 ff.; Meikel/*Lichtenberger* § 19 Rdn. 256; § 20 Rdn. 274.
[488] Meikel/*Lichtenberger* § 19 Rdn. 244, 245.

b) **Die jetzt einhellige Meinung läßt die Nachreichung der vormundschaftsgerichtlichen Genehmigung an das GBA** bis zum Vollzug der Bewilligung genügen. Nachgewiesen werden muß in den Fällen des § 19 dem GBA nur die Erteilung der vormundschaftsgerichtlichen Genehmigung gegenüber dem gesetzlichen Vertreter (§ 1828 BGB) und in den Fällen des § 20 (vgl. § 20 Rdn. 78 ff.) auch deren Mitteilung nach §1829 BGB.[489]

c) **Die Wirksamkeit der Bewilligung tritt ein, wenn folgende zwei Voraussetzungen erfüllt sind:** Vorlage der Bewilligung beim GBA und Zugang der vormundschaftsgerichtlichen Genehmigung beim gesetzlichen Vertreter, nicht beim GBA (§ 1828 BGB). Dies kann dem GBA entweder durch Vorlage der Genehmigung oder (wenn zwischenzeitlich neue Anträge eingelaufen sind) durch Bestätigung des Vormundschaftsgerichts oder Beiziehung dessen Akten nachgewiesen werden.[490]

Die Bewilligung ist eine Verfahrenshandlung und als solche keiner Genehmigung bedürftig (§ 19 Rdn. 184 d). Das GBA benötigt nur einen Nachweis, daß die vormundschaftsgerichtliche Genehmigung nach § 1828 BGB wirksam geworden ist.[491] In den Fällen des § 19 hat es nie zu prüfen, ob § 1829 bzw. § 1831 BGB beachtet sind.

Sind zwischen dem Einlauf der Bewilligung und der vormundschaftsgerichtlichen Genehmigung andere Anträge eingereicht worden, hat GBA zu unterscheiden: in den Fällen des § 1829 BGB (oben 1. Fall) hat die Genehmigung rückwirkende Kraft. Nach der Bewilligung eingelaufene Anträge sind stets später zu vollziehen. In den Fällen des § 1831 BGB (oben 2. Fall, der nichts mit der Bewilligung des § 19 zu tun hat) sind andere Anträge nur dann vorher zu vollziehen, wenn sie zwar nach der Bewilligung, aber noch vor dem Zeitpunkt des § 1828 BGB beim GBA eingelaufen sind.[492]

2. Die Bewilligung durch Organe juristischer Personen und Firmen

191 Die gesetzliche Vertretung obliegt den durch Gesetz, Satzung oder Gesellschaftsvertrag bestimmten Organen. Die Vertretungsmacht ist dem GBA in Form des § 29 nachzuweisen. Die Einzelheiten sind für die in öffentlichen Registern eingetragenen juristischen Personen und Firmen in § 32 GBO (vgl. dort Rdn. 2), § 9 Abs. 3 HGB, § 69 BGB und § 26 Abs. 2 GenG geregelt. Wegen der Vertretung juristischer Personen des öffentlichen Rechts vgl. § 29 Rdn. 36; § 32 Rdn. 2.[493] Wegen der Vertretungsbescheinigung der Notare vgl. § 21 BNotO;[494] Vertretung ausländischer Gesellschaften.[495]

192 3. **Die Bewilligung durch Bevollmächtigte** muß durch eine wirksame Vollmacht gedeckt sein, die zwar grundsätzlich keiner bestimmten Form bedarf (§ 164 Abs. 2 BGB), aber dem GBA in der Form des § 29 nachgewiesen werden (vgl. § 19 Rdn. 185 ff.; § 20 Rdn. 92; § 29 Rdn. 119, 120, 138 ff.)[496] und im Zeitpunkt des Wirksamwerdens der Bewilligung noch bestehen muß.[497] Ist der Bevollmächtigte im Besitz der Vollmachtsur-

---

[489] OLG Schleswig DNotZ 59, 606; LG Flensburg Rpfleger 66, 267 zust. *Haegele*; Palandt/*Diederichsen* § 1831 Rdn. 2; Haegele/Schöner/*Stöber* GBR 3743 ff.; Meikel/*Lichtenberger* § 19 Rdn. 256 ff.
[490] LG Flensburg 66, 267 zust. *Haegele*.
[491] Güthe/*Triebel* § 19 Rdn. 48.
[492] Zur a. A. vgl. Meikel/*Lichtenberger* § 19 Rdn. 259.
[493] S. a. Haegele/Schöner/*Stöber* GBR 3656 ff.
[494] *Reithmann* MittBayNot 90, 82; *Assenmacher* Rpfleger 90, 195.
[495] OLG Köln Rpfleger 89, 66; LG Aachen MittBayNot 90, 125; Meikel/*Lichtenberger* § 19 Rdn. 221, 222.
[496] S. a. Haegele/Schöner/*Stöber* GBR 102; 3536.
[497] KG DNotZ 72, 617; BayObLG Rpfleger 77, 439.

kunde, hat das GBA in der Regel vom Fortbestand der Vollmacht auszugehen,[498] weil der Vollmachtgeber bei Widerruf die Rückgabe der Urkunde und bei Widerruf durch einen von mehreren Vollmachtgebern die Anbringung eines entsprechenden Vermerks verlangen kann.[499]

Die Vollmacht zum Abschluß des schuldrechtlichen Vertrages (z. B. Kauf) berechtigt im Zweifel auch zur Vertretung bei den im Zusammenhang damit stehenden dinglichen Rechtsgeschäften (§ 20 Rdn. 90), folglich zur Vertretung im GB-Verfahren, also auch zur Bewilligung. Die Vollmacht kann ausschließlich als Verfahrensvollmacht erteilt werden und berechtigt dann zu allen Verfahrenshandlungen, insbesondere zur Bewilligung, aber nicht zum schuldrechtlichen Vertrag oder zur Einigung oder sonstigen materiellen Erklärungen. Sie kann auf bestimmte Verfahrenshandlungen (z. B. die Bewilligung) beschränkt werden oder noch enger nur auf die Abgabe, Änderung oder Zurücknahme (Rdn. 173, 179; § 20 Rdn. 90). Die Bewilligung kann von einem Bevollmächtigten abgegeben oder geändert werden, der keine Berechtigung zur Vertretung bei den materiellen Rechtsgeschäften hat.[500] Wird eine nach ihrem Wortlaut von einem Vertreter abgegebene Bewilligung vom Vollmachtgeber unterzeichnet, ist i. d. R. davon auszugehen, daß er sie selbst abgegeben hat.[501]

4. Die Bewilligung durch Behörden

a) Sie ist nach § 19 zu beurteilen (§ 29 Rdn. 54), nicht nach § 38. Wird sie von einer Behörde in einer öffentlichen Urkunde (§ 415 ZPO) erklärt, so bedarf sie keiner notariellen Beglaubigung. Beurkundungspflichtige Erklärungen (§§ 128, 125 BGB) können nach h. M. nur in einer notariellen Urkunde wirksam abgegeben werden, nicht in einer Eigenurkunde der Behörde.[502]

b) Jede Behörde ist befugt, innerhalb der Grenzen ihrer Amtsbefugnisse und in der vorgeschriebenen Form in einer sog. bewirkenden Eigenurkunde Eintragungsbewilligungen und sonstige GB-Erklärungen in ihren eigenen privatrechtlichen Angelegenheiten abzugeben.[503]

c) Im GB-Verkehr muß die Bewilligung stets mit Unterschrift und Dienstsiegel versehen sein (§ 29 Abs. 3); dadurch wird das GBA der Pflicht zur Nachprüfung enthoben, ob sonstige Formvorschriften bestehen oder ob die Bewilligung der als Ausstellerin bezeichneten Behörde zuzurechnen ist.[504] Bei gesetzlicher Zuständigkeit einer Behörde bedarf es keines zusätzlichen Nachweises ihrer Vertretungsmacht.[505] Wegen der Vertretung jur. Personen des öffentlichen Rechts vgl. § 29 Rdn. 36; § 32 Rdn. 2.[506]

d) Das GBA muß prüfen, ob sich die Behörde innerhalb der Grenzen ihrer Amtsbefugnisse hält[507] und ob Zustimmung anderer Organe (z. B. Gemeinderat) oder von Aufsichtsbehörden zur Wirksamkeit nach außen erforderlich ist. Keiner Prüfung bedarf die innerdienstliche Zuständigkeit des Unterzeichners der Bewilligung.

---

[498] BayObLG NJW 59, 2119; Rpfleger 86, 90; OLG Köln Rpfleger 84, 182.
[499] BGH NJW 90, 507.
[500] OLG Hamm DNotZ 54, 38.
[501] BayObLG Rpfleger 80, 111.
[502] Römer DNotZ 56, 364 mit Lit.; Jansen BeurkG § 1 Rdn. 35, 36.
[503] BayObLGZ 54, 322/330; BayObLGZ 71, 258 = Rpfleger 71, 429; BGHZ 45, 342/366; Huhn/v. Schuckmann § 1 Rdn. 121.
[504] Demharter § 29 Rdn. 45.
[505] BayObLG DNotZ 87, 39.
[506] S. a. Haegele/Schöner/Stöber GBR 3656; für bayerische Gemeinden Demharter, § 19 Rdn. 85 ff.
[507] Meyer-Stolte Rpfleger 84, 61.

194 e) **Bei Erklärungen, die die Behörde nicht in eigenem Namen, sondern als Bevollmächtigter oder gesetzlicher Vertreter abgibt,** hat das GBA zu prüfen, ob diese Vertretung zu den Amtsbefugnissen gerade dieser Behörde gehört. Dies trifft zu bei Erklärungen des Jugendamtes als Amtsvormund für das Kind,[508] ist zu verneinen, wenn eine juristische Person des öffentlichen Rechts als rechtsgeschäftlich Bevollmächtigter für einen anderen im Rahmen privatrechtlicher Aufgaben handelt, die ebenso einer anderen Privatperson übertragen sein können;[509] ist z. B. zu bejahen bei Erklärungen einer Gemeinde für eine unter ihrer Verwaltung stehende Stiftung, wenn die Verwaltung nach der GemeindeO zum Wirkungskreis der Gemeinde gehört. BGHZ 6, 304/307 bejaht Amtstätigkeit bei Wahrung eigener fiskalischer Belange im privatrechtlichen Bereich.

5. Bewilligung durch den Notar

195 a) **Die Vertretung durch den Notar bei der Bewilligung** von GB-Eintragungen ist von ähnlich großer praktischer Bedeutung wie seine in §§ 15 GBO; 24 Abs. 3 BNotO geregelte Antragstellung und -rücknahme. §§ 3, 6, 7 BeurkG hindern den Notar nicht, eine Vollmacht auf sich selbst zu beurkunden, wenn diese der Vorbereitung, Förderung und Durchführung einer von ihm selbst beurkundeten oder beglaubigten Erklärung dient.[510] Der Betroffene kann sich nicht nur bei der GB-Vorlage oder Aushändigung seiner Bewilligung (§ 19 Rdn. 173, 179, 238) durch den Notar vertreten lassen, sondern auch bei der Erklärung, Abänderung, Ergänzung und Zurücknahme der Bewilligung. Die frühere Meinung, der Notar müsse in diesen Fällen seine Unterschrift durch einen anderen Notar beglaubigen lassen[511] ist durch die von *Reithmann*[512] entwickelte und inzwischen von der Rspr. und h. M. anerkannte Lehre von der notariellen Eigenurkunde überholt (§ 29 Rdn. 77 ff.). Da nicht jede von einer Behörde mit Unterschrift und Dienstsiegel versehene Erklärung eine „öffentliche Urkunde" ist (§ 19 Rdn. 194), sind auch hier die Fälle zu unterscheiden, in denen der Notar die Erklärung in einer Eigenurkunde abgeben kann und in denen die Beurkundung oder Beglaubigung durch einen anderen Notar erforderlich ist.

196 b) **Die Erklärung, Ergänzung, Abänderung und Zurücknahme der Bewilligung in einer Eigenurkunde des Notars,** die er mit Unterschrift und Dienstsiegel versehen hat, ist eine dem § 29 Abs. 3 entsprechende öffentliche Urkunde i. S. § 415 Abs. 1 ZPO, wenn der Notar dazu vom Bewilligungsberechtigten (in Form des § 29) ermächtigt worden ist, diese Erklärung im Rahmen der Vollmacht für den Betroffenen abgegeben hat und mit dieser Vertretung bei einer Vollzugs- oder Treuhandtätigkeit eine zu seinem öffentlichen Amt gehörende Aufgabe (i. S. des § 24 BNotO) wahrnimmt.[513] Im Gegensatz dazu ist die vom Notar in eigener Sache abgegebene GB-Erklärung (z. B. Löschungsbewilligung) trotz Einhaltung der für Eigenurkunden vorgeschriebenen Form (Unterschrift und Dienstsiegel) und trotz materieller Wirksamkeit (z. B. weil gemäß § 875 BGB formlos) keine den Voraussetzungen des § 415 Abs. 1 ZPO und § 29 Abs. 3

---

[508] BGHZ 45, 362.
[509] So mit Recht *Meyer-Stolte* gegen OLG Celle Rpfleger 84, 61.
[510] RGZ 155, 172/179; BayObLGZ 55, 155/161.
[511] So BayObLGZ 55, 155/162; 75, 1; OLG Hamm DNotZ 58, 643.
[512] Allg. UrkR S. 28 ff.; DNotZ 75, 324/338.

[513] So einhellige Meinung seit BGHZ 78, 36 = DNotZ 81, 252 m. Anm. *Winkler*; BayObLG DNotZ 83, 434; Rpfleger 88, 60; *Reithmann* DNotZ 75, 324/338; *Behmer* Rpfleger 84, 306/307; *Demharter* § 29 Rdn. 35; Haegele/Schöner/*Stöber* GBR 164; vgl. auch § 29 Rdn. 77 ff.

GBO entsprechende öffentliche Urkunde, weil der Notar diese Tätigkeit nicht im Rahmen der zu seinem öffentlichen Amt gehörenden Aufgaben wahrnimmt.[514] Eine in seine Urkunde aufgenommene Vollmacht, z. B. des Inhalts:

„Die Beteiligten ermächtigen den Notar zur uneingeschränkten Vertretung in allen zur Rechtswirksamkeit und zum GB-Vollzug dieser Urkunde erforderlichen Verfahren" berechtigt den Notar über § 15 hinaus zur Abgabe, Änderung und Rücknahme von Anträgen, Bewilligungen, sonstigen GB-Erklärungen und Verfahrenshandlungen, aber nicht zu rechtsgeschäftlichen Erklärungen (z. B. zur materiellen Auflassung, zu schuldrechtlichen Vereinbarungen) und auch nicht zur beurkundungsbedürftigen Erklärung über die Unterwerfung unter die sofortige Zwangsvollstreckung (§ 794 Abs. 1 Nr. 5 ZPO).

Daß die vom Notar abgegebene Bewilligung das GB-Verfahren erleichtert und fördert, zeigt sich in der Praxis z. B. bei Grundpfandrechtsbestellungen an noch nicht vermessenen Grundstücken oder Freigaben solcher Teilflächen von Belastungen, wenn der Notar ermächtigt wird, diese Teilfläche nach Vermessung so zu bezeichnen, wie es § 28 verlangt (§ 28 Rdn. 12 ff.); bei Erklärung der zur Eintragung der Auflassung erforderlichen Bewilligung,[515] Entgegennahme und Mitteilung der vormundschaftsgerichtlichen Genehmigung (§ 20 Rdn. 83 ff.). Die Vollmacht für einen Notarangestellten ist ein Ausweg, der dem Willen der Beteiligten nur notgedrungen entspricht, haftungsrechtlich dem Notar und dem Notarangestellten schwer zumutbar und grundbuchrechtlich nach jetzt h. M. nicht mehr notwendig ist.

c) **Nach einer noch weitergehenden Auffassung** benötigt der Notar keine besondere Vollmacht zur Abgabe von Bewilligungen.[516] § 15 GBO und § 24 Abs. 3 BNotO enthielten einen allgemeinen Rechtsgedanken, der für die gesamte Vollzugstätigkeit des Notars (nicht nur für Anträge) eine gesetzlich vermutete Vollmacht begründe. Diese Ansicht läßt sich mit dem Wortlaut des § 15 GBO und mit den Wesensunterschieden zwischen Bewilligung und Antrag (Einl. A 22, 23) nicht vereinbaren, obwohl die Vertrauensstellung des Notars eine solche Vollmachtsvermutung rechtfertigen würde und de lege ferenda sinnvoll wäre.[517]

197

6. Die Bewilligung durch Vertreter ohne Vertretungsmacht

Die Bewilligung kann (trotz § 180 BGB) von einem Vertreter ohne Vertretungsmacht abgegeben und nachträglich vom Vertretenen[518] oder dessen Erben[519] nach § 177 BGB wirksam genehmigt werden.[520] Dies folgt aus der Verfahrensnatur der Bewilligung.[521] Der zunächst bestehende Mangel der Vertretungsmacht kann durch nachträgliche Genehmigung bis zur GB-Eintragung geheilt werden.[522] Davon ist der Fall zu unterscheiden, daß der vollmachtlose Vertreter das Recht später erwirbt; auch § 185 BGB, der allein die Fälle regelt, in denen ein Nichtberechtigter (nur) im eigenen Namen über ein fremdes Recht verfügt, kommt hier nicht in Betracht.[523]

198

---

[514] So zutr. OLG Zweibrücken, Rpfleger 82, 276; OLG Düsseldorf DNotZ 89, 638.
[515] Vgl. § 20 Rdn. 9; *Behmer* Rpfleger 84, 306/307.
[516] Meikel/*Imhof-Riedel* § 15 Rdn. 17; *Hieber* DNotZ 56, 172/174.
[517] So auch Meikel/*Lichtenberger* § 19 Rdn. 188.
[518] BayObLG DNotZ 86, 239; 89, 779/780.
[519] OLG Hamm Rpfleger 79, 17.
[520] KG DNotZ 86, 735.
[521] *Ertl* DNotZ 64, 273.
[522] Vgl. § 89 Abs. 2 ZPO; Meikel/*Lichtenberger* § 19 Rdn. 264; *Nieder* NJW 84, 329/332.
[523] OLG Frankfurt a.M. NJW-RR 1997, 17.

VIII. Ausnahmen vom Erfordernis der Eintragungsbewilligung

1. Die Bewilligung ist entbehrlich

199 a) in den Fällen des § 21 GBO (vgl. dort Rdn. 1),

b) nach § 1139 BGB für die Eintragung eines Widerspruchs wegen unterbliebener Darlehenshingabe (Einl. H 17),

c) zu allen Eintragungen, die das GBA von Amts wegen vorzunehmen hat (dazu Einl. C 3; § 1 Rdn. 28; § 13 Rdn. 3).

d) Für Löschungen bestehen gesetzliche Erleichterungen bei umgestellten Rechten und in anderen Ausnahmefällen (dazu § 28 Rdn. 32; § 29 Rdn. 10 ff.; § 35 Rdn. 18 ff.; für gegenstandslose Eintragungen vgl. §§ 84 ff.).

200 2. Die Bewilligung wird ersetzt durch:

a) Nachweis der Unrichtigkeit des GB (§§ 22, 23 Abs. 2; 24, 27 Satz 2),

b) bei der Löschung einer aufgrund einstweiliger Verfügung oder vorläufig vollstreckbaren Urteils eingetragenen Vormerkung oder Widerspruchs durch Aufhebung dieser Entscheidung (§ 25),

c) Abtretungs- oder Belastungserklärung (§ 26),

d) Ersuchen einer Behörde in den Fällen des § 38,

e) Unschädlichkeitszeugnis (§ 27 Rdn. 28),

f) Antrag der Forstaufsichtsbehörde bei der Umwandlung oder Ablösung von Holznutzungsrechten,[524]

g) Ausschlußurteil nach § 927 BGB,[525]

h) gesetzliches Aneignungsrecht des Staates nach § 928 Abs. 2 BGB, wenn er sich als Eigentümer im GB eintragen läßt,[526]

i) vollstreckbare Ausfertigung eines Vollstreckungstitels bei einer Zwangshypothek (§ 867 ZPO; vgl. GBVfg. § 11 Rdn. 30),[527]

k) Arrestbefehl bei Eintragung einer Arresthypothek (§§ 922, 932 ZPO; vgl. GBVfg. § 11 Rdn. 21),[528]

l) Pfändungsbeschluß (§§ 828 ff. ZPO) bei Eintragung des Pfändungspfandrechts.[529]

m) einstweilige Verfügung (§ 938 ZPO; §§ 885, 899 BGB; dazu § 20 Rdn. 72; § 25 Rdn. 3; § 38 Rdn. 10, 11).

3. Bewilligung durch gerichtliches Urteil

201 Die Bewilligung wird erzwungen durch das rechtskräftige Urteil, durch das der Betroffene zur Abgabe der Bewilligung verurteilt ist, § 894 Abs. 1 Satz 1 ZPO.[530]

a) Klage und Urteil können gerichtet sein auf:

1. Erklärungen zum schuldrechtlichen Grundgeschäft;
2. Abgabe der zum dinglichen Rechtsgeschäft notwendigen materiellrechtlichen Erklärungen (§§ 873 ff. BGB; Einl. A 39); auch zur Erklärung der Auflassung;[531]
3. Vornahme der zum dinglichen Rechtsgeschäft notwendigen sonstigen Handlungen (z. B. Aushändigung der Abtretungserklärung oder Übergabe des Hypothekenbriefes, § 1154 BGB);

---

[524] Meikel/*Lichtenberger* § 19 Rdn. 32.
[525] Staudinger/*Pfeifer* § 927 Rdn. 29.
[526] Staudinger/*Pfeifer* § 928 Rdn. 22.
[527] Dazu Haegele/Schöner/*Stöber* GBR 2160 ff.
[528] Dazu Haegele/Schöner/*Stöber* GBR 2226 ff.
[529] *Demharter* § 19 Rdn. 9.
[530] BayObLGZ 48−51, 426/434; BGH BGHZ 90, 323/327 = NJW 84, 1959; Rpfleger 86, 210; 87, 452; vgl. auch § 20 Rdn. 117.
[531] BGHZ 90, 323; WM 82, 211/213; DNotZ 88, 109.

Zweiter Abschnitt. Eintragungen in das Grundbuch (Munzig) **§ 19**

4. Abgabe der Eintragungsbewilligung (§ 19 GBO); kann das Grundstück nicht gemäß § 28 GBO bezeichnet werden, ist die Klage auf Bewilligung der Eintragung der Auflassung nur zulässig, wenn wenigstens ein Veränderungsnachweis vorliegt, auf den im Urteil Bezug genommen werden kann; daß die Teilfläche früher im Kataster als einheitliche Parzelle vermerkt war, reicht zur Bewilligung nicht aus.[532]

5. Abgabe einer Erklärung, die der Form des § 29 bedarf, aber noch nicht entspricht (Einzelheiten vgl. § 26 Rdn. 27);

6. Vorlage von Urkunden an das GBA, die zum GB-Vollzug benötigt werden (z. B. Hypotheken- oder Grundschuldbrief, §§ 41, 42 GBO).

b) **Um im GB vollzugsfähig zu sein, muß der Inhalt der Klage und des Urteilstenors den für GB-Erklärungen geltenden Anforderungen entsprechen** (Einl. A 43 ff.).[533] Vgl. zur Eintragungsbewilligung § 19 Rdn. 28 ff.; Auflassung § 20 Rdn. 93 ff.; Berichtigungsbewilligung § 22 Rdn. 2 ff.; Erklärung über Abtretung oder Belastung von Grundpfandrechten § 26 Rdn. 28; Löschungsbewilligung § 27 Rdn. 18 ff.; löschungsfähige Quittung § 27 Rdn. 23 ff.

c) **Das Urteil ersetzt nur die sich aus ihm ergebenden Erklärungen des Beklagten,** nicht andere Erklärungen des Beklagten (soweit sie nicht durch Auslegung ermittelt werden können), nicht Erklärungen des Klägers (z. B. Entgegennahme der Auflassungserklärung; vgl. § 20 Rdn. 117), nicht Erklärungen Dritter und nicht behördliche Genehmigungen.[534]

d) **Das Urteil macht nur eine an sich notwendige vormundschaftsgerichtliche Genehmigung entbehrlich.**[535] Daher hat das Prozeßgericht zu prüfen, ob die vormundschaftsgerichtliche Genehmigung erteilt werden kann, und die Klage abzuweisen, wenn dies nicht der Fall ist.

e) **Ein Urteil kann unter Vorbehalt** der notwendigen behördlichen Genehmigung ergehen. Der Genehmigungsvorbehalt enthält lediglich eine Rechtsbedingung, die selbst bei der Auflassung zulässig ist (§ 20 Rdn. 112). In derartigen Fällen könnte das Urteil lauten: „Der Beklagte wird verurteilt, unter dem Vorbehalt der erforderlichen Genehmigung nach dem ...-Gesetz die Auflassung des Grundstücks Flst. Nr. ... der Gemarkung ... an den Kläger zu dessen Alleineigentum zu erklären und die Eintragung dieser Auflassung im GB zu bewilligen." Notwendig ist dieser Vorbehalt nicht.[536]

IX. Rechts- und Erwerbsfähigkeit des Begünstigten

In § 19 ist nur festzustellen, ob der Erwerber erwerben kann, nicht ob er auch erwerben will, in § 20 beides.[537] Einzelheiten zur Rechts-, Erwerbs- und Grundbuchfähigkeit vgl. Einl. B 62 ff.; § 20 Rdn. 52, 54 ff. **202**

1. Rechtsfähigkeit

Die Rechtsfähigkeit des Begünstigten, also die Frage, ob er lebt oder als juristische **203** Person besteht, und die nach § 15 GBVerf. erforderlichen Angaben über die Persona-

---

[532] BGH Rpfleger 87, 452 = DNotZ 88, 109.
[533] BGH Rpfleger 84, 310; 86, 210; 87, 452.
[534] RGZ 149, 548; OGH NJW 49, 426; OLG München SJZ 49, 852; Meikel/*Lichtenberger* § 20 Rdn. 262; *Demharter* § 19 Rdn. 116; § 20 Anm. 8 b; Haegele/Schöner/*Stöber* GBR 747.
[535] BayObLGZ 53, 111 = MDR 53, 561; MünchKomm/*Schwab* § 1821 Rdn. 14 mit Lit. zur Streitfrage.
[536] BGHZ 82, 292 = NJW 82, 881/883.
[537] Güthe/*Triebel* § 19 Rdn. 50.

lien, Firma usw. hat das GBA nur nachzuprüfen, wenn die Angaben in den Eintragungsunterlagen in sich widersprüchlich sind oder wenn es aufgrund konkreter Anhaltspunkte berechtigte Zweifel an der Richtigkeit der darüber gemachten Angaben hat. Die Eintragung ist abzulehnen, wenn das GBA mit Sicherheit weiß, daß die Eintragung das GB dauernd unrichtig machen würde (Einl. C 66 ff.). Grundsätzlich genügt es also, wenn der Begünstigte das für ihn bestellte Recht erwerben kann (Einl. B 63 ff.) und die in der Bewilligung zu seiner Bezeichnung gemachten Angaben der Wirklichkeit entsprechen können.[538] Auskünfte oder amtliche Nachweise (z. B. Geburts- oder Heiratsurkunde, Handelsregisterauszug) kann das GBA also in der Regel zur Eintragung des Begünstigten nicht verlangen.

2. Erwerbsfähigkeit

204 Die Erwerbsfähigkeit des Begünstigten hat das GBA nur in besonderen Fällen zu prüfen:

a) Erwerben mehrere Personen, so muß der Erwerb in dem angegebenen Gemeinschaftsverhältnis rechtlich möglich sein (§ 19 Rdn. 40).

b) Soll ein Recht für Miterben und Erbengemeinschaft eingetragen werden ohne Vermerk nach §§ 51 oder 52 (Nacherben- oder Testamentsvollstreckervermerk), ist dem GBA nicht nur nachzuweisen, daß wirklich eine Erbengemeinschaft besteht, sondern auch, daß keine Nacherbfolge und keine Testamentsvollstreckung vorliegt[539] oder daß der Erwerb einer solchen Beschränkungen nicht unterliegt. Ein Testamentsvollstreckerzeugnis allein genügt dazu nicht.[540]

c) Ob gesetzliche Erwerbsverbote bestehen, hat das GBA stets von Amts wegen zu prüfen (§ 20 Rdn. 71).

d) Gerichtliche Erwerbsverbote hat es nur zu beachten, wenn es sie kennt (dazu § 20 Rdn. 70, 72).

e) Bei Erwerb durch Gemeinschuldner ist dieser (nicht der KV), durch Erben sind diese (nicht Nachlaßverwalter, Nachlaßpfleger, Testamentsvollstrecker) einzutragen.[541] Zum Erwerb Unbekannter oder noch nicht Benannter vgl. § 20 Rdn. 64.

3. Erwerbswille

205 Der Erwerbswille des Begünstigten bedarf im Rahmen des § 19 keines Nachweises. Er braucht nicht einmal zu bestehen. Die Bedeutung der Bewilligung liegt gerade darin, daß zur Eintragung nur das Einverständnis des Betroffenen notwendig ist. Es ist denkbar, daß der Begünstigte von seiner Eintragung noch gar nichts weiß und trotzdem nach § 19 zulässig eingetragen wird. Weiß das GBA aber, daß er nicht erwerben will, so darf es die Eintragung nicht vornehmen, weil dadurch das GB nach Sachlage dauernd unrichtig würde (Einl. C 71 ff.).

4. Tod des Begünstigten

206 Nach dem Tode des in der Bewilligung genannten Begünstigten ist, wenn seine Eintragung noch nicht erfolgt ist, zur Eintragung der Erben keine neue Bewilligung, sondern nur ein entsprechender Antrag des Betroffenen oder der begünstigten Erben (§ 13) und ein Nachweis der Erbfolge nötig,[542] vgl. dazu die Fälle des § 20 dort Rdn. 55; 64.

---

[538] KG JFG 7, 276; OLG Düsseldorf NJW 52, 32.
[539] KG JFG 18, 160/164; KG HRR 33, 1451.
[540] KG JW 33, 2776.
[541] OLG Hamm Rpfleger 89, 17.
[542] KG JFG 7, 325; KG Rpfleger 75, 133; LG Düsseldorf Rpfleger 87, 14; *Hagena* Rpfleger 75, 389; Haegele/Schöner/*Stöber* GBR 229; 3345 ff.

X. Weisungen an den Notar für den Grundbuchvollzug

Literatur:

Kommentare zu § 15 GBO, BeurkG, BNotO und DONot. *Reithmann* DNotZ 1975, 324; *Kanzleiter* DNotZ 1979, 314; *Schippel* MittBayNot 1979, 35; *Zimmermann* DNotZ 1980, 451; *Volhard* DNotZ 1987, 523; *Haug* DNotZ 1987, 564; *Brambring* DNotZ 1990, 615.

1. Gesetzliche Grundlagen der Vollzugstätigkeit des Notars

Sie sind spärlich, in verschiedenen Gesetzen verstreut und räumen den Beteiligten ein Weisungsrecht ein, ohne dessen Einzelheiten zu regeln: **207**

a) § 53 BeurkG ist die einzige Vorschrift, die dem Notar eine gesetzliche Pflicht zur GB-Vorlage seiner Urkunden (i. S. §§ 8 ff. BeurkG) bei deren Vollzugsreife auferlegt, sofern nicht alle Beteiligten gemeinsam etwas anderes verlangen.

b) § 24 Abs. 1 BNotO ist die Rechtsgrundlage für Vollzugstätigkeiten, die nicht unter die gesetzliche Amtspflicht des § 53 BeurkG fallen und die der Notar daher auf Ansuchen eines Beteiligten übernehmen, aber auch ablehnen kann. Erklärt er sich dazu bereit oder lehnt er nicht unverzüglich das Ansuchen ab, besteht für ihn die Pflicht zur GB-Vorlage bei Vollzugsreife.[543]

c) § 15 GBO enthält eine gesetzliche Vermutung für die Ermächtigung des Notars zur Antragstellung, § 24 Abs. 3 BNotO zur Zurücknahme solcher Anträge. Diese Ermächtigung kann von den Beteiligten eingeschränkt oder ausgeschlossen werden.

Das BeurkG hat das früher zersplitterte Landesrecht vereinheitlicht und viele, aber nicht alle Zweifelsfragen des Weisungsrechts geklärt. Die aus der Zeit vor dem BeurkG stammenden Entscheidungen, Kommentare und Aufsätze zum Weisungsrecht bedürfen im Einzelfall einer Überprüfung, inwieweit sie noch angewandt werden können.

2. Rechtsnatur der Weisungen

Alle Weisungen an den Notar sind Verfahrenshandlungen (Einl. A 19 ff.), weil das gesamte Beurkundungsrecht zum Verfahrensrecht der freiwilligen Gerichtsbarkeit gehört, alle notariellen Amtshandlungen nach öffentlichem Recht beurteilt werden müssen und der Notar mit den Beteiligten nicht in bürgerlich-rechtliche Beziehungen treten kann, auch wenn er „in deren Auftrag" oder „mit Vollmacht" tätig wird.[544] Für die Weisungen gelten also verfahrensrechtliche Vorschriften und Grundsätze. Bürgerliches Recht darf nur, wenn das Verfahrensrecht schweigt, analog und mit größter Vorsicht angewandt werden (Einzelheiten dazu Einl. A 24). **208**

3. Notwendigkeit von Weisungen

a) **Ohne entsprechende Weisung hat der Notar grundsätzlich weder das Recht noch die Pflicht zur GB-Vollzugstätigkeit.**[545] Er ist nur dann dazu berechtigt, wenn das Gesetz ihm dieses Recht gibt (z. B. § 15 GBO; § 24 Abs. 3 BNotO) und dazu verpflichtet, wenn es ihm die Amtspflicht dazu auferlegt (z. B. § 53 BeurkG).[546] **209**

---

[543] BGH DNotZ 61, 331; Seybold/*Schippel* § 15 Rdn. 28.

[544] BGH DNotZ 60, 265/267 ff.; Seybold/*Schippel* § 14 Rdn. 23; *Schippel* DNotZ 71, 559; *Winkler* DNotZ 71, 716; *Ertl* DNotZ 67, 356; *Zimmermann* DNotZ 80, 451; *Volhard* DNotZ 87, 523.

[545] BGH DNotZ 58, 29; 58, 101; 60, 265/269; 61, 331; LG München I DNotZ 58, 37 zust. *Grussendorf*; Seybold/*Schippel* § 14 Rdn. 23; *Wörbelauer* DNotZ 65, 518/530.

[546] *Volhard* DNotZ 87, 523/524; OLG Hamm DNotZ, 166.

210 b) **Der Notar darf nicht nach einer „hypothetischen Weisung" verfahren,** die durch ergänzende Auslegung des Parteiwillens ermittelt werden müßte,[547] also erst recht nicht nach den Grundsätzen der Geschäftsführung ohne Auftrag,[548] deren Anwendung nach a. A. nicht völlig ausgeschlossen sein soll.[549] Es würde seiner Amtsstellung und dem Wesen des notariellen Verfahrens widersprechen, wenn er eigenmächtig in das von den Beteiligten selbst zu betreibende GB-Verfahren eingreifen würde. Der mutmaßliche (§ 677 BGB) oder nur durch ergänzende Auslegung (§ 157 BGB) feststellbare Wille eines Beteiligten ist keine geeignete Grundlage einer Amtshandlung des Notars, selbst wenn sie ihm aus seiner Sicht richtig oder zweckmäßig erscheint. Denn der Notar kann und darf Fragen, die nur in einem förmlichen Verfahren mit einer förmlichen Beweisaufnahme geklärt werden können, nicht abschließend entscheiden.[550] Entgegen der Meinung, die z. B. das LG Hamburg RhNotK 72, 123[551] für die Abwicklung eines Notaranderkontos vertritt, ist er gesetzlich nicht zu eigenmächtigen Amtshandlungen verpflichtet, die dem mutmaßlichen Interesse oder Vorteil eines Beteiligten dienen. Er ist folglich auch nicht schadenersatzpflichtig, wenn er eine eigene Vollzugsinitiative unterläßt. In besonderen Fällen trifft ihn jedoch eine Amtspflicht zur Belehrung über die Folgen einer unterlassenen GB-Vorlage (z. B. § 53 BeurkG) oder zur Aufklärung des Inhalts auslegungsbedürftiger Weisungen.[552]

4. Einheitliche Verfahrensgrundsätze für alle Weisungen

211 Nur einige Grundsätze gelten für alle Arten von Weisungen:

a) **Der Inhalt der Weisung muß klar, zweifelsfrei und unmißverständlich sein.** Er ist an keinen bestimmten Wortlaut (grundsätzlich auch an keine besondere Form) gebunden und kann durch Auslegung (§ 133 BGB) auch mittelbar aus dem sonstigen Inhalt der beurkundeten Vertragsregelung entnommen werden, aber nicht aus einem von den Beteiligten ersichtlich nicht bedachten und nur durch ergänzende Auslegung (§ 157 BGB) feststellbaren Vertragsinhalt.[553] Schriftform oder Aktenkundigkeit ist in wichtigen Fällen zur Feststellung des Inhalts empfehlenswert.

212 b) **Wirksamkeit, Widerruf und Unwiderruflichkeit der Weisung** richten sich unter Berücksichtigung ihres Zweckes und Wesens nach der Lehre von den Verfahrenshandlungen. Das Ansuchen ist einseitig widerruflich, solange der Notar die verlangte Amtshandlung noch nicht ausgeführt hat (vgl. § 31 GBO), die Ermächtigung dagegen nicht, wenn sie den rechtlich anerkannten Interessen anderer Beteiligter oder der Sicherheit des GB-Verfahrens oder der notariellen Amtstätigkeit dient (Einl. A 25; § 19 Rdn. 222).[554]

213 c) **Ein Verstoß gegen schuldrechtliche Verpflichtungen** für sich allein macht die Weisung nicht unzulässig.[555] Der Notar hat aber zu prüfen, ob schuldrechtliche Vereinbarungen nicht im Wege der Auslegung für den Inhalt der Weisung von Bedeutung sind (vgl. oben Rdn. 211) und ob die aus übergeordneten Gesichtspunkten gezogenen Grenzen des Weisungsrechts noch eingehalten sind (unten Rdn. 215, 216).

---

[547] KG Rpfleger 72, 257 = DNotZ 73, 498/500.
[548] LG München I DNotZ 58, 37.
[549] Seybold/*Schippel* BNotO § 14 Rdn. 28; Grussendorf DNotZ 58, 43; berechtigte Zweifel dazu in *Allianz-Haftpflichtecke* DNotZ 58, 406/409.
[550] BGH DNotZ 60, 265/271.
[551] Abl. Anm. *Custodis*; vgl. auch DNotZ 73, 406.
[552] *Haug* DNotZ 72, 388/410, 420, 476; *Weber* DNotZ 56, 285.
[553] KG Rpfleger 72, 257 = DNotZ 73, 498/500.
[554] S. a. *Volhard* DNotZ 87, 523/526.
[555] BayObLGZ 23, 169; *Becker-Berke* 59, 516/519.

d) **Die Berücksichtigung der dinglichen Rechtslage,** die dem Notar verschiedentlich zur Pflicht gemacht wird, ist ihm in Wirklichkeit gar nicht möglich.[556] Einzelheiten unten Rdn. 235.

214

5. Grenzen des Weisungsrechts

Der Notar hat seine Vollzugstätigkeit zu verweigern

215

a) **nach den dem Verfahrensrecht übergeordneten allgemeinen Rechtsgrundsätzen,** die auch das GBA zur Ablehnung des GB-Vollzugs verpflichten, vor allem bei Verstoß gegen zwingende gesetzliche Vorschriften, gesetzliche Verbote oder gegen die guten Sitten (z. B. §§ 125, 134, 138 BGB), wenn dem Weisungsgeber die Ausführung der vom Notar verlangten Handlung durch Urteil oder durch einstweilige Verfügung verboten ist (§ 19 Rdn. 204; § 20 Rdn. 70 ff.), wenn der Notar weiß, daß die von ihm begehrte Vollzugstätigkeit zu einem Erfolg führen würde, der in einem dauernden Widerspruch zur materiellen Rechtslage steht;

b) **nach dem Notarrecht,** wenn die Weisung die Grenzen überschreitet, die der Notar allgemein bei seiner Amtsausübung zu beachten hat,[557] insbesondere, wenn der Notar durch die verlangte Vollzugstätigkeit seine Pflicht zur Unparteilichkeit verletzen (§ 14 Abs. 1 BNotO),[558] bei einer Handlung, mit der erkennbar unerlaubte oder unredliche Zwecke verfolgt werden, mitzuwirken (§ 14 Abs. 2 BNotO) oder eine Gewährleistung für einen Beteiligten übernehmen würde (§ 14 Abs. 4 BNotO; z. B. bei bestimmten Formulierungen von Notarbestätigungen).[559]

216

Es kann Fälle geben, in denen der Notar zwar eine Urkunde zum Vollzug vorlegen muß (z. B. § 53 BeurkG), aber nur „als Bote", nicht als Verfahrensbevollmächtigter tätig werden darf[560] oder während des Verfahrens die Vertretung niederlegen muß.

6. Rechtliche Behandlung der verschiedenen Weisungen

Die verschiedenen Arten von Weisungen sind entsprechend ihrem Zweck und sonstigen Besonderheiten verschieden zu behandeln.

217

a) Ansuchen und Ermächtigung

Das Ansuchen ist das Gesuch an den Notar, eine zu seinen Aufgaben als Träger eines öffentlichen Amtes gehörende Amtstätigkeit auszuüben.[561] Es hat im notariellen Verfahren als Erwirkungshandlung (Einl. A 22) die gleiche Aufgabe wie der Eintragungsantrag im GB-Verfahren.

Die Ermächtigung gibt dem Notar die formelle Berechtigung für die Amtshandlung. Sie läßt sich mit der Eintragungsbewilligung vergleichen (§ 19 Rdn. 18) und richtet sich nach den Grundsätzen für Bewirkungshandlungen (Einl. A 23).

Gemischte Weisungen vereinigen Ansuchen und Ermächtigung in sich wie der gemischte Antrag nach § 30 GBO (vgl. § 30 Rdn. 7 ff.).

Die Ermächtigung betrifft das Außenverhältnis, das Ansuchen das Innenverhältnis zwischen dem Weisungsgeber und dem Notar.[562] Auch wenn der Notar ermächtigt ist oder kraft Gesetzes als ermächtigt gilt (z. B. § 15 GBO), benötigt er ein Ansuchen, von dieser Ermächtigung Gebrauch zu machen.[563]

---

[556] BGH DNotZ 60, 265/269.
[557] Einzelheiten bei Seybold/*Schippel* § 14 Rdn. 10 ff.
[558] Eingehend dazu BGHZ 51, 301 = DNotZ 69, 503 = NJW 69, 929.
[559] Dazu *Ertl* DNotZ 69, 650/651, 661, 664.
[560] Vgl. BGHZ 51, 303.
[561] Seybold/*Schippel* § 14 Rdn. 23 ff., *Zimmermann* DNotZ 80, 451/454.
[562] OLG Hamm DNotZ 52, 86.
[563] LG München I DNotZ 58, 37; *Wörbelauer* DNotZ 65, 518/530.

218 b) **Dem Zweck der verlangten Amtstätigkeit muß die rechtliche Behandlung entsprechen.** Dieser Zweck kann im GB-Verkehr sehr verschieden sein. Die Weisung kann positiv die Vornahme und negativ die Unterlassung einer Amtshandlung des Notars bezwecken. Sie kann gerichtet sein auf Stellung oder Zurücknahme eines Eintragungsantrags (§§ 13, 31), Vorlage oder Zurücknahme der Eintragungsbewilligung (§ 19) oder sonstiger Urkunden und Unterlagen.

219 c) **Die verschiedene Stellung als Urkunds- oder Verwahrungsnotar**
aa) **Weisungen an den Urkundsnotar,** der die Erklärung beurkundet oder mit einem Unterschriftsbeglaubigungsvermerk versehen hat, richten sich für die Urkundenbehandlung nach dem BeurkG, insbes. §§ 45 ff. (Einzelheiten unten Rdn. 240 ff., 246 ff.) und für die Stellung oder Zurücknahme des Eintragungsantrags nach § 15 GBO und § 24 Abs. 3 BNotO.

bb) **Weisungen an den Verwahrungsnotar,** der eine ihm „zu treuen Händen" übergebene Urkunde als Vertrauensmann für einen oder mehrere Beteiligte verwahrt, sind nach § 24 BNotO und nach den Bestimmungen für öffentlich-rechtliche Verwahrungsverhältnisse zu behandeln (Einzelheiten unten Rdn. 249 ff.).

220 d) **Einseitige oder übereinstimmende Weisungen**
Ob eine einseitige Weisung genügt oder übereinstimmende Weisungen aller Beteiligten notwendig sind, richtet sich nach der Frage: Greift die durch die Weisung angestrebte Amtstätigkeit in die Rechtssphäre eines einzelnen oder mehrerer Personen ein, die zum weisungsberechtigten Personenkreis gehören? (dazu unten Rdn. 229 ff.)

221 e) In der Literatur zu § 53 BeurkG werden **Weisungen für einseitige und mehrseitige Beurkundungen** unterschieden,[564] weil ein Abweichen von der gesetzlichen Vorlagepflicht übereinstimmende Weisungen aller Beteiligten erfordert. Dies gilt nicht ohne weiteres für andere Weisungen (z. B. nicht für Stellung oder Zurücknahme des Eintragungsantrags).

222 f) **Bei Weisungen zugunsten eines andern** ist zu prüfen, ob sie einen im Sinne des Weisungsrechts anerkannten rechtlichen Vorteil für einen anderen Beteiligten bieten. Denn nicht jeder Vorteil gewährt dem Begünstigten ein Recht darauf, daß die Weisung nur mit seiner Zustimmung abgeändert oder aufgehoben werden kann. Die Lösung dieses Problems kann wohl nur auf der Grundlage des Beteiligungsbegriffes gefunden werden (unten Rdn. 229). Einseitig widerruflich ist z. B. die Weisung zur Antragstellung (unten Rdn. 237), die Ermächtigung zur Erteilung einer Ausfertigung nach § 51 Abs. 2 BeurkG (unten Rdn. 243).

7. Urkundenbesitz als wichtigste Grundlage des Weisungsrechts

223 **Im GB-Verfahren kommt es weitgehend auf den Besitz einer Urkunde an.** Das GBA darf nur die ihm vorgelegten Urkunden berücksichtigen und keine anderen Beweise verwenden oder erheben. Nur der Besitzer der Urkunde ist deshalb in der Lage, das GB-Verfahren durch Vorlage oder Zurücknahme der Urkunde zu beeinflussen. Die Pflicht des Notars zur Urkundenvorlage richtet sich nach Weisungsrecht (unten Rdn. 224 ff.), die Zulässigkeit der Urkundenzurücknahme nach Grundbuchrecht (Einzelheiten § 10 Rdn. 2, 7 ff.; § 19 Rdn. 174).

Schlußfolgerungen:

224 a) Bei den Vermerkurkunden mit Unterschriftsbeglaubigung (§§ 39 ff. BeurkG), die als Privaturkunden (§ 416 ZPO) den Beteiligten grundsätzlich auszuhändigen sind (§ 45

---

[564] *Jansen* BeurkG § 53 Rdn. 15 ff.; *Huhn/v. Schuckmann* § 53 Rdn. 38.

Abs. 2 BeurkG), ist nur der Besitzer der Urschrift weisungsberechtigt (Einzelheiten unter Rdn. 246 ff.).

b) Bei **Urkunden in Niederschriftsform** (§§ 8 ff. BeurkG), deren Urschrift in Verwahrung des Notars bleibt (§ 25 BNotO), vertritt nach § 47 BeurkG der Besitz einer Ausfertigung im Rechtsverkehr den Besitz an der Urschrift.[565] Daher hat nur der Besitzer einer Ausfertigung (nicht der beglaubigten Abschrift!) das Weisungsrecht gegenüber dem Notar für die Vorlage oder Zurücknahme der Urkunde (Einzelheiten unten Rdn. 240 ff.). **225**

c) **Das gesetzliche Recht auf die Urschrift** (§ 45 Abs. 2 BeurkG) oder **Ausfertigung** (§ 51 Abs. 1 BeurkG) steht dem Besitz an der Urschrift oder Ausfertigung nicht nur bezüglich der Bindung an die Einigung[566] oder Unwiderruflichkeit der Eintragungsbewilligung (§ 19 Rdn. 181), sondern auch bezüglich des Weisungsrechts gleich. Ein schuldrechtlicher Anspruch auf eine beglaubigte Abschrift genügt dagegen nicht (§ 19 Rdn. 182). **226**

d) **Die Beschränkung oder der Ausschluß des Rechts auf eine Ausfertigung**, die unter den Voraussetzungen des § 51 Abs. 2 BeurkG zulässig sind (unten Rdn. 242), haben zur Folge, daß dieser Beteiligte zeitlich oder dauernd nicht in den Besitz der ihm nach § 51 Abs. 1 BeurkG an sich zustehenden Ausfertigung kommen und daher während dieser Zeit auch nicht zu Weisungen berechtigt sein kann. **227**

e) **Nicht auf den Urkundenbesitz kommt es an** bei allen Eintragungsvoraussetzungen, die nicht durch Urkunden nachzuweisen sind (z. B. beim Antrag, § 13 GBO). Deshalb sind die dafür erteilten Weisungen anders zu behandeln. **228**

8. Weisungsberechtigte Beteiligte

Nur bestimmte Personen haben das Recht, durch Weisungen auf die Amtstätigkeit des Notars Einfluß zu nehmen.[567] Da das BeurkG den Begriff der „Beteiligten" sehr verschieden verwendet ist in jedem Einzelfall der weisungsberechtigte Personenkreis auf der Grundlage folgender Fragen festzustellen:
1. Gehört der Weisungsgeber überhaupt zu den weisungsberechtigten Personen?
2. Gibt es noch andere Beteiligte, deren Zustimmung oder Ablehnung der Notar vor der Ausführung der Weisung zu beachten hat? **229**

a) **Der materiell-rechtliche Beteiligungsbegriff** umfaßt alle Personen, in deren materielle Rechtssphäre die Amtstätigkeit des Notars überhaupt eingreifen kann, selbst wenn dies im Einzelfall in Wirklichkeit nicht geschieht.[568] **230**

b) **Das BeurkG beschränkt das Weisungsrecht** auf die formell Beteiligten,[569] macht aber innerhalb der formellen Beteiligung drei Unterscheidungen: **231**

aa) **Die enge formelle Beteiligung** beherrscht den Beurkundungsvorgang, an dem nur die „Erschienenen" beteiligt sind, gleich ob sie im eigenen oder fremden Namen handeln (§ 6 Abs. 2 BeurkG). Ihre Weisungen sind von Bedeutung, wenn sie in der Urkunde oder im Zusammenhang mit dem Beurkundungsvorgang erteilt werden. Bei Weisungen im fremden Namen hängt ihre Wirksamkeit von der Ermächtigung oder nachträglichen Genehmigung des Vertretenen ab. **232**

---

[565] *Röll* DNotZ 61, 313.
[566] BGHZ 46, 398 = DNotZ 67, 370.
[567] *Huhn/v. Schuckmann* § 53 Rdn. 17. *Jansen* BeurkG § 53 Rdn. 13; *Zimmermann* DNotZ 80, 451/457 ff.
[568] Keidel/Kuntze/*Winkler* FGG § 6 Rdn. 14; *Seybold/Schippel* § 16 Rdn. 16 ff.
[569] *Jansen* BeurkG § 53 Rdn. 13; *Huhn/v. Schuckmann* § 53 Rdn. 22.

233 bb) **Die weite formelle Beteiligung**[570] umfaßt nach § 51 Abs. 1 BeurkG die Personen, die ein gesetzliches Recht auf eine Ausfertigung haben und die demgemäß für die sich an die Beurkundung anschließenden Vollzugstätigkeiten des Notars weisungsberechtigt sind (Lit. oben Rdn. 231).

234 cc) **Eine Erweiterung der formellen Beteiligung**[571] sieht § 51 Abs. 2 BeurkG aufgrund einer gemeinsamen Weisung aller Ausfertigungsberechtigten zugunsten anderer Personen vor (z. B. bei der einseitigen Grundschuldbestellung für den nicht formell beteiligten Gläubiger). Sobald ihnen die Ausfertigung erteilt ist, stehen sie den nach § 51 Abs. 1 BeurkG Weisungsberechtigten gleich, vorher nicht. Wegen Beschränkung oder Ausschluß des Ausfertigungs- und Weisungsrechts vgl. unten Rdn. 242.

235 c) Das Weisungsrecht wird von formellen Voraussetzungen beherrscht.[572] Die Rspr.[573] neigt zwar dazu, verschiedene Amtspflichten des Notars auf die materiellrechtlich Beteiligten auszudehnen.[574] Mitunter wird vom Notar auch die Prüfung der materiellen Rechtslage (z. B. Bindung an die Einigung) gefordert.[575] Dies widerspricht aber dem aus § 6 und § 51 BeurkG entnehmbaren allgemeinen Rechtsgedanken, der auch für die Amtstätigkeiten nach §24 Abs. 1 BNotO[576] und ebenso für die nach anderen Verfahrensgesetzen zu beurteilende Vollzugstätigkeit des Notars gilt. Ebenso wie das GBA kann und darf der Notar nicht über eine materielle Sachbeteiligung entscheiden[577] oder sich gar zum Richter über materiellrechtliche Verhältnisse streitender Beteiligter machen.[578]

9. Weisungen zur Antragstellung (§§ 13, 15 GBO)

236 Weisungsberechtigter ist jeder Antragsberechtigte (§ 13 Abs. 2). Das Ansuchen wird im Gegensatz zur Ermächtigung nicht nach § 15 vermutet, sondern muß ausdrücklich oder aus den Umständen erkennbar an den Notar gerichtet werden (oben Rdn. 209, 210, 217). Zur Ermächtigung vgl. § 15 GBO.

10. Weisungen zur Antragszurücknahme (§ 31 GBO)

237 Jeder Antragsteller kann seinen eigenen und auch den vom Notar für ihn gestellten Eintragungsantrag bis zum GB-Vollzug einseitig zurücknehmen (§ 31). Dem Ansuchen des Antragstellers, den für ihn nach § 15 gestellten Antrag zurückzunehmen, muß der Notar daher auch gegen den Willen anderer Beteiligter nachkommen. Zur Zurücknahme des für andere Antragsberechtigte eingereichten Antrags ist der Notar aufgrund eines solchen Ersuchens nicht berechtigt.

11. Weisungen für die Eintragungsbewilligung (§ 19 GBO)

238 a) **Die Abgabe und Zurücknahme der Eintragungsbewilligung** ist eine Verfahrenshandlung, die durch Aushändigung bzw. GB-Vorlage oder Zurücknahme der die Bewilligung enthaltenden Urkunden erfolgt (§ 19 Rdn. 167 ff.). Für solche Weisungen gelten

---

[570] *Huhn/v. Schuckmann* § 51 Rdn. 5; *Röll* DNotZ 70, 144 ff.
[571] *Keidel/Kuntze/Winkler* BeurkG § 51 Rdn. 23 ff.; *Röll* DNotZ 70, 145.
[572] *Zimmermann* DNotZ 80, 451/453 ff.; *Volhard* DNotZ 87, 523/527 ff.
[573] Z. B. RG DNotZ 32, 249; OLG Bremen DNotZ 56, 215.
[574] *Seybold/Haug* § 19 Rdn. 25 ff.
[575] *Becker-Berke* DNotZ 59, 519 ff.; 61, 468.
[576] BGH DNotZ 69, 503/505.
[577] BGH DNotZ 60, 265/269.
[578] *Jansen* BeurkG § 53 Rdn. 2.

daher die sich aus dem Urkundenbesitz ergebenden Grundsätze (oben Rdn. 223). Sie sind danach zu beurteilen, ob die Bewilligung in einer Urkunde in Niederschriftsform (unten Rdn. 240 ff.) oder in einer Vermerkurkunde mit Unterschriftsbeglaubigung (unten Rdn. 246 ff.) enthalten ist.

b) Zur Ermächtigung des Notars, den Wortlaut der Bewilligung abzuändern oder zu ergänzen, und zur Ausübung dieser Ermächtigung vgl. § 19 Rdn. 196. **239**

12. Weisungen an den Urkundsnotar (§§ 8 ff. BeurkG)[579]

a) Die Urschrift der in Niederschriftsform errichteten Urkunde steht im öffentlichen Eigentum des Staates und bleibt in der Verwahrung des Notars (§ 25 BNotO). Zulässigen Weisungen zur GB-Vorlage der Urschrift soll der Notar dadurch nachkommen, daß er anstelle der Urschrift je nach Lage des Falles eine Ausfertigung oder beglaubigte Abschrift dem GBA vorlegt.[580] Weisungen zur Aushändigung der Urschrift an die Beteiligten sind nur in Fällen mit Auslandsberührung zulässig (§ 45 Abs. 1 BeurkG). **240**

b) Der Besitz und auch schon das gesetzliche Recht auf eine Ausfertigung beinhaltet das Weisungsrecht (§ 51 Abs. 1 BeurkG), das nicht von etwaigen Weisungen anderer Ausfertigungsberechtigter abhängig ist. Denn jeder Weisungsberechtigte könnte statt einer Weisung an den Notar seine eigene Ausfertigung dem GBA selbst vorlegen.[581] Das Weisungsrecht unterscheidet neben den Beteiligten im engen formellen Sinn (oben Rdn. 232) zwei Gruppen von Weisungsberechtigten: **241**

aa) **die in § 51 Abs. 1 BeurkG genannten Personen** (oben Rdn. 233): ihnen steht kraft Gesetzes das Weisungsrecht zu, das ihnen nur mit ihrem Einverständnis durch gemeinsame Bestimmung aller nach § 51 Abs. 1 BeurkG Ausfertigungsberechtigten entzogen oder beschränkt werden kann.[582] **242**

bb) **die nach § 51 Abs. 2 BeurkG bestimmten Personen** (oben Rdn. 234): Sie leiten ihr Weisungsrecht aus einer Ermächtigung aller nach § 51 Abs. 1 BeurkG Ausfertigungsberechtigten ab, das ihnen auch gegen ihren Willen bis zur Erteilung der Ausfertigung durch einen Widerruf der Ermächtigung entzogen werden kann.[583] Sie haben das Weisungsrecht erst mit Erteilung der Ausfertigung. **243**

c) § 52 BeurkG begründet kein originäres Recht des Gläubigers auf eine Ausfertigung der vollstreckbaren Urkunde, sondern bestätigt nur das sich nach anderen Vorschriften richtende Recht auf die Vollstreckungsklausel.[584] **244**

d) Der Besitz einer beglaubigten Abschrift ist keine ausreichende Grundlage für eine Weisung, wie der Notar die Urschrift oder Ausfertigung seiner Urkunde zu verwenden hat (oben Rdn. 225). Der Besitzer kann zwar seine beglaubigte Abschrift dem GBA selbst vorlegen, aber mit ihr jedenfalls nach hier vertretener Meinung nicht immer die GB-Eintragung erreichen (§ 19 Rdn. 167, 173, 177). Die Praxis hält zwar eine beglaubigte Abschrift immer noch für eine ausreichende Eintragungsgrundlage,[585] verkennt aber, daß die beglaubigte Abschrift für sich allein das vom GBA zu prüfende Einverständnis des Erklärenden mit der GB-Vorlage der Urkunde nicht zum Ausdruck bringt. **245**

---

[579] Dazu *Schneider* DNotZ 1966, 16; *Jansen* DNotZ 1966, 267; *Ertl* DNotZ 1967, 562; *Röll* DNotZ 1970, 144; 1970, 398.
[580] Keidel/Kuntze/*Winkler* BeurkG § 51 Rdn. 22, 25; *Haegele* Rpfleger 67, 33/37.
[581] Keidel/Kuntze/*Winkler* BeurkG § 51 Rdn. 25.
[582] *Röll* DNotZ 70, 144.
[583] *Jansen* BeurkG § 51 Rdn. 7; *Ertl* DNotZ 67, 264.
[584] *Jansen* BeurkG § 52 Rdn. 23 mit Lit.; *Wolfsteiner* Die vollstr. Urk § 34; a. A. Keidel/Kuntze/*Winkler* BeurkG § 52 Rdn. 27 mit Lit., *Huhn/v. Schuckmann* § 52 Rdn. 3.
[585] Vgl. *Haegele* Rpfleger 67, 33/39, 40.

§ 19

13. Weisungen an den Beglaubigungsnotar (§§ 39, 40 BeurkG)

246 a) **Die Urschrift von Vermerkurkunden mit notarieller Unterschriftsbeglaubigung ist Privateigentum eines** oder mehrerer Beteiligter, auch wenn der Notar sie entworfen hat.[586] Es liegt nahe, dem Eigentümer das gesetzliche Recht auf Aushändigung der Urschrift zuzubilligen, zumal § 45 Abs. 2 BeurkG nur bestimmt, daß die Urschrift auszuhändigen ist, aber nicht an wen. Soweit ersichtlich, schweigt auch das Schrifttum zu dieser Frage. Der Notar ist aber zur sicheren Feststellung des Urkundeneigentümers nicht in der Lage, da sich das Eigentum im Einzelfall verschieden aus § 950 Abs. 1, § 952 oder §§ 929 ff. BGB ergeben kann.

247 b) **Der Notar ist daher auf eine sichere formelle Grundlage angewiesen,** wem er die Urschrift aushändigen und wessen Weisung er beachten muß (vgl. den ähnlichen Fall des § 60 GBO). Empfangs- und weisungsberechtigt ist zunächst analog § 6 Abs. 2 BeurkG derjenige, dessen Unterschrift vom Notar beglaubigt wird. Hat dieser die Verwahrung der Urschrift durch den Notar verlangt und keine weiteren Weisungen erteilt oder sollen später andere Weisungen gegeben werden, so muß der Weisungsberechtigte analog § 51 Abs. 1 BeurkG dem dort bestimmten Personenkreis angehören oder analog § 51 Abs. 2 BeurkG bestimmt sein. Sind mehrere Personen weisungsberechtigt, darf der Notar mit der Urschrift nur entsprechend ihrer gemeinsamen Weisung verfahren. Bei widersprechenden Weisungen ist der Notar berechtigt und verpflichtet, die Urschrift für alle zu verwahren, bis sie sich geeinigt haben.

248 c) Bei Vermerkungsurkunden hat der Notar nicht die gesetzliche Vollzugspflicht nach § 53 BeurkG, auch wenn er den Text der Erklärung selbst entworfen hat.[587]

Eine Vorlagepflicht nach § 24 BNotO trifft ihn nur, wenn er diese Pflicht auf Ansuchen eines Beteiligten übernommen hat (vgl. § 19 Rdn. 207 b),[588] aber vor allem dann nicht, wenn er die Urkunde dem Empfangsberechtigten aushändigt oder sie mit der Weisung zur späteren Aushändigung vorübergehend verwahrt.

14. Weisungen an den Verwahrungsnotar[589]

249 a) Mit Übernahme einer Urkunde durch den Notar entsteht als Betreuungsaufgabe im Sinne des § 24 BNotO ein öffentlich-rechtliches Verwahrungsverhältnis (§ 10 Rdn. 9; § 19 Rdn. 174).[590] Sein Zweck und Inhalt ist im Einzelfall sehr verschieden. An ihm können auch andere Personen beteiligt sein. Diese Verwahrung von Urkunden auf Ansuchen eines Beteiligten darf der Notar ohne Angabe von Gründen ablehnen (§ 19 Rdn. 207 (b).

250 b) **Weisungsberechtigt** ist in erster Linie derjenige, der dem Notar die Urkunde übergibt. Er kann bestimmen, ob und unter welchen Voraussetzungen der Notar von der Urkunde Gebrauch machen darf und welche Personen auf dieses Verwahrungsverhältnis durch Weisungen Einfluß nehmen können. Verwahrt der Notar eine Urkunde als

---

[586] Staudinger/*Dilcher* § 129 Rdn. 1; Keidel/Kuntze/*Winkler* BeurkG § 40 Rdn. 16.
[587] Daimer/*Reithmann* Rdn. 461; **a. A.** Huhn/v. Schuckmann § 53 Rdn. 5, Keidel/Kuntze/Winkler BeurkG § 53 Rdn. 3; *Jansen* BeurkG § 40 Rdn. 30; § 53 Rdn. 5.
[588] BGH DNotZ 58, 103; 61, 331; LG Hamburg DNotZ 52, 440.
[589] Zu Verwahrungsgeschäften: *Zimmermann* DNotZ 1980, 451; *Haug* DNotZ 1982, 475; 1982, 539; 1982, 592; *Gruber* DNotZ 1989, 658; *Brambring* DNotZ 1990, 615; *Wettach*, DNotZ 1996, 1.
[590] Vgl. *Zimmermann* DNotZ 80, 451/453 zum Verwahrungsverhältnis gemäß § 23 BNotO.

"gemeinsamer Vertrauensmann" für mehrere Beteiligte, so darf er nur übereinstimmende Weisungen aller Beteiligten ausführen.[591]

c) Zu solchen Urkunden, an deren privatrechtlichem Eigentum auch während der notariellen Verwahrung sich nichts ändert, gehören neben der Urschrift der mit Unterschriftsbeglaubigung versehenen Vermerkurkunde (oben Rdn. 246) z. B. Hypotheken- und Grundschuldbriefe,[592] Ausfertigungen und beglaubigte Abschriften gerichtlicher und notarieller Urkunden,[593] der dem Erben erteilte Erbschein, das Testamentsvollstreckerzeugnis, die für die Beteiligten bestimmten behördlichen Genehmigungsbescheide und Unbedenklichkeitsbescheinigungen. **251**

15. Weisungen für die zum Amtsgebrauch bestimmten Urkunden

a) Die nur für den Amtsgebrauch bestimmten Urkunden stehen im öffentlichen Eigentum des Staates und dürfen daher nicht in das Privateigentum von Beteiligten übertragen und ihnen auch nicht ausgehändigt werden. Sie werden von staatlichen Behörden ausgestellt und dem Notar zur Bearbeitung und Weiterleitung an das GBA überlassen. Dazu gehören z. B. der für den Amtsgebrauch bestimmte Veränderungsnachweis des Vermessungsamtes, die dem GBA oder dem Notar erteilten behördlichen Genehmigungsbescheide und Unbedenklichkeitsbescheinigungen. **252**

b) Solche Urkunden unterliegen nicht dem Weisungsrecht der Beteiligten. Die Behörde, der die Verwahrung übertragen ist oder für die die Urkunde bestimmt ist, entscheidet über die GB-Vorlage und gegebenenfalls auch über deren Rückgabe. Hat der Notar von dieser Behörde keine gegenteilige Weisung, so hat er analog § 53 BeurkG diese Urkunde bei Vollzugsreife dem GBA vorzulegen. **253**

[Nachweis der Einigung]

§ 20

Im Falle der Auflassung eines Grundstücks sowie im Falle der Bestellung, Änderung des Inhalts oder Übertragung eines Erbbaurechts darf die Eintragung nur erfolgen, wenn die erforderliche Einigung des Berechtigten und des anderen Teils erklärt ist.

Übersicht

	Rdn.		Rdn.
I. Bedeutung des § 20	1–10	VIII. Form der Auflassung	113–118
II. Geltungsbereich des § 20	11–20	IX. Wohnungs- und Teileigentum	119–123
III. Einzelfälle der Auflassung und GB-Berichtigung	21–44	X. Erbbaurecht	124–128
IV. Die an der Einigung beteiligten Personen	45–53	XI. Verfügungen über Auflassungsanpruch und Anwartschaft	129–54
V. Rechts-, Erwerbs-, Grundbuchfähigkeit des Erwerbers	54–72	XII. Öffentlichrechtliche Beschränkungen	155–217
VI. Einigung durch Vertreter	73–92	XIII. Amtliche Bescheinigungen	218–222
VII. Inhalt der Auflassungserklärungen	93–112	XIV. Gesetzliches Vorkaufsrecht der Gemeinde	223–235

---

[591] Einzelheiten mit lehrreichen Beispielen bei *Daimer* § 25 Rdn. 9–15 und bei *Zimmermann* DNotZ 80, 451/458 ff. (für Verwahrungsgeschäfte i. S. § 23 BNotO.

[592] Staudinger/*Gursky* § 952 Rdn. 11.

[593] OLG München DNotZ 54, 552; Staudinger/*Gursky* § 952 Rdn. 6.

§ 20 I. Grundbuchordnung

Literatur:

Kommentare zu § 925 BGB; § 4 WEG; § 11 ErbbauVO. *Buchholz* Abstraktionsprinzip und Immobiliarrecht. Zur Geschichte der Auflassung und der Grundschuld (1978).

I. Bedeutung des § 20

Literatur:

Ertl Rpfleger 1980, 41; MittBayNot 1992, 102; *Breuer* Rpfleger 1981, 337; *Behmer* Rpfleger 1984, 306; *Streuer* Rpfleger 1988, 513; *Ludwig* DNotZ 1992, 339; *Weser* MittBayNot 1993, 253.

1. Eintragungsvoraussetzungen in Fällen des § 20

1 Das GBA hat zu prüfen:
(1) Ob ein Fall des § 20 vorliegt (§ 20 Rdn. 11 ff.); wenn nein, ob nach § 19 (dazu § 19 Rdn. 1) oder wegen einer Unrichtigkeit des GB nach § 22 zu verfahren ist (dazu § 22 Rdn. 1 ff.).
(2) **Nachweis der Einigungserklärungen**
Die materiellen Voraussetzungen der Einigung richten sich nach BGB, die formellen Anforderungen an ihre Verwendbarkeit im GB-Verfahren nach GB-Verfahrensrecht. Beide Gesichtspunkte sind in Fällen des § 20 von Bedeutung und daher zu prüfen:
a) Einigungsberechtigung der an der Einigung Beteiligten (§ 20 Rdn. 45 ff.); b) Verfügungsbefugnis des Veräußerers (Rdn. 48 ff.); c) Rechts- und Erwerbsfähigkeit und Erwerbswille des Erwerbers (Rdn. 54 ff.); d) Inhalt der Einigung (Rdn. 93 ff.); e) Form der Einigung (Rdn. 113 ff.); f) bei Einigung durch Vertreter dessen Vertretungsmacht (Rdn. 73 ff.), ggf. vormundschaftsgerichtliche Genehmigung (Rdn. 78 ff.) und Zustimmung anderer Organe oder Aufsichtsbehörden (Rdn. 202 ff.); g) Verwendbarkeit der Einigungserklärungen im GB-Verfahren (Rdn. 4, 94, 114).
(3) Bewilligung des Betroffenen (§ 19), die neben der Einigung notwendig ist (§ 20 Rdn. 6 ff.).
(4) Antrag des Veräußerers oder Erwerbers (§ 13).
(5) **Je nach Einzelfall:**
a) Voreintragung des Veräußerers (§§ 39; 40);
b) behördliche Genehmigungen (§ 20 Rdn. 155 ff.);
c) Negativzeugnis zum VorkR nach BauGB (§ 20 Rdn. 223 ff.);
d) Unbedenklichkeitsbescheinigung (§ 20 Rdn. 220);
e) Besondere Voraussetzungen beim WE und ErbbauR (§ 20 Rdn. 119 ff.; 124 ff.);
f) Prüfung des Grundgeschäfts nur in Ausnahmefällen (Einl. A 42).

2. Abweichung vom Bewilligungsprinzip

2 § 20 bestimmt in Abweichung von § 19 die Fälle, in denen für die GB-Eintragung die einseitige Bewilligung des Betroffenen nicht genügt, sondern der Nachweis der Einigungserklärungen (§§ 873 Abs. 1; 925 Abs. 1 BGB) in Form des § 29 erforderlich ist. Der Grund dafür liegt darin, daß wegen der mit dem Grundstückseigentum und Erbbaurecht verbundenen weittragenden privat- und öffentlichrechtlichen Folgen ein besonderes Interesse an der Übereinstimmung von Grundbuch und wirklicher Rechtslage besteht, die vom Gesetz nicht den Betroffenen (§ 19) allein überlassen, sondern dem GBA als Aufgabe im Rahmen des Eintragungsverfahrens übertragen worden ist. § 20 steht im Zusammenhang mit §§ 22 Abs. 2; 82; 82 a GBO und § 925 BGB, die alle diesen Gesetzeszweck verfolgen (§ 22 Rdn. 76; § 82 Rdn. 1).[1]

---

[1] S. a. Staudinger/*Pfeifer* § 925 Rdn. 75.

3. Einigung als Voraussetzung der dinglichen Rechtsänderung

Die Einigung ist neben der Eintragung eine notwendige Voraussetzung für den Eintritt der dinglichen Rechtsänderung (§§ 873 Abs. 1; 925 Abs. 1 BGB).[2] **3**

a) Die Einigung ist der in der Regel formlose dingliche Vertrag, der sich in seinem Wesen durch seine materiellrechtliche Natur von der verfahrensrechtlichen Bewilligung (§ 19 Rdn. 18) unterscheidet.

b) Die Eintragung ändert ohne Einigung die dingliche Rechtslage nicht, sondern macht das GB unrichtig, sofern nicht ausnahmsweise der Rechtsübergang bereits vorher außerhalb des GB erfolgt ist.

c) Folgt bei einer Verletzung des § 20 die Einigung der Eintragung nach, dann tritt die dingliche Rechtsänderung mit der Einigung ein, sofern sie mit der vorausgegangenen GB-Eintragung inhaltsgleich ist.[3]

d) Die Auflassung (§ 925 BGB) ist durch ihre Form und durch ihre Bedingungs- und Befristungsfeindlichkeit ein für die Übertragung des Grundstückseigentums vorgeschriebener Sonderfall der Einigung (§ 873 Abs. 1 BGB), von der sie sich sonst nicht unterscheidet.

e) Die Einigung muß bei Vollendung des Eigentumserwerbs noch wirksam sein. Sie kann in der Zwischenzeit bis zur Eintragung unwirksam werden (dazu Einl. L 26, 30).[4]

4. § 20 ist eine rein verfahrensrechtliche Vorschrift

a) Trotz des Wortlauts „... darf nur erfolgen, wenn ..." enthält § 20 wie § 19 (dazu **4** § 19 Rdn. 2) zwar **nur eine Ordnungsvorschrift**, deren Beachtung aber zu den Amtspflichten des GBA gehört (Einl. C 40 ff.). Ein Verstoß für sich allein hat keinen Einfluß auf die dingliche Rechtslage. Ein Amtswiderspruch darf nur eingetragen werden, wenn § 20 verletzt ist und das GB deshalb unrichtig geworden ist, weil entweder keine oder keine wirksame Einigung besteht oder Einigung und Eintragung nicht übereinstimmen. (§ 53 Abs. 1 S. 1).

b) § 20 besagt, daß die Einigungserklärungen in den von § 20 umfaßten Fällen eine zur GB-Eintragung erforderliche Verfahrensvoraussetzung darstellen (Einl. A 49 ff.). Das Verfahrensrecht stellt an den Inhalt der vom GBA für die Eintragung benötigten Einigungserklärungen strengere Anforderungen als das materielle Recht.

c) Im Rahmen des Grundbuchverfahrens ist die Einigung dem GBA **in Form des § 29 nachzuweisen,** die gegenüber der materiellen Form des § 925 Abs. 1 BGB eine Reihe von Unterschieden aufweist (dazu § 20 Rdn. 113 ff.). Die Urkunde muß dem GBA vorliegen und für die GB-Eintragung verwendbar sein.[5]

d) **§ 20 macht dem GBA zur Pflicht,** darüber zu wachen, daß die Einigung vor der Eintragung erfolgt, obwohl das materielle Recht auch die umgekehrte Reihenfolge zuläßt.[6]

e) Materiellrechtlich kommt es auf das wirksame „Einigsein" der Beteiligten über alle zum Zustandekommen des dinglichen Vertrages wesentlichen Punkte (§ 873 BGB) an. In Fällen des § 925 Abs. 1 BGB ist die dort vorgeschriebene Form zu beachten. Verfahrensrechtlich (§ 20 GBO) kommt es darauf an, daß das GBA (aus der Sicht eines

---

[2] Dazu Staudinger/*Gursky* § 873 Rdn. 4 ff.; § 925 Rdn. 2 ff.
[3] BGH NJW 52, 622.
[4] S. a. Staudinger/*Pfeifer* § 925 Rdn. 107, 112, 113.
[5] Vgl. § 20 Rdn. 94; 107 ff.; 28 Rdn. 4; 15; Staudinger/*Pfeifer* § 925 Rdn. 7, 8; *Ertl* DNotZ 90, 39/41.
[6] Staudinger/*Pfeifer* § 925 Rdn. 108.

außenstehenden Dritten) aus den ihm in Form des § 29 nachgewiesenen Einigungserklärungen den Rückschluß auf dieses „Einigsein" der Beteiligten ziehen kann. Das GBA hat aber wegen der Beweismittelbeschränkung (§ 29) nicht die materielle Wirksamkeit der Einigung, sondern die verfahrensrechtliche Verwendbarkeit der ihm vorgelegten Einigungserklärungen zu prüfen.[7] Weiß es, daß die Einigung nach materiellem Recht nicht wirksam ist, darf es nicht eintragen (Einl. C 68; 70).

5. Ist die Bewilligung neben der Einigung notwendig?

5 a) **Verneint** wird diese Frage unter Hinweis auf § 20 als lex specialis gegenüber § 19 mit der Begründung: Aus der Durchbrechung des formellen Bewilligungsprinzips zugunsten der materiellen Einigung ergibt sich, daß neben dem Nachweis der Einigung nicht auch noch eine Eintragungsbewilligung notwendig sein kann.[8]

6 b) Die h. M. **bejaht** diese Frage.[9] Hierfür spricht, daß eine Trennung von Einigung und Bewilligung unerläßlich ist (§ 19 Rdn. 8 ff.; § 20 Rdn. 8 ff.), im Eintragungsvermerk nur eine Bezugnahme auf die Bewilligung (nicht auf die Einigung) möglich ist (§ 19 Rdn. 38) und das Gesetz (§§ 4; 7 Abs. 3 WEG; 11 Abs. 1; 14 Abs. 1 ErbbVO) neben der Einigung auch die Eintragungsbewilligung verlangt.[10] Auch die neuere Rspr. spricht für diese Auffassung.[11]

7 c) Eine wörtliche Einigung und eine wörtliche Bewilligung ist nicht notwendig, wenn sich für das GBA durch Auslegung ergibt, daß die Erklärungen sowohl die Einigung als auch die Bewilligung enthalten.[12]

Diese Auslegung ist jedoch nur zulässig, wo sie zu einem den Anforderungen des Grundbuchverkehrs entsprechenden zweifelsfreien und eindeutigen Ergebnis führt (Einl. C 25 ff.).

8 d) Eine **klare Trennung von Einigung und Bewilligung** ist unerläßlich, wie folgende Fälle zeigen:

Fall 1: Die Bewilligung unter dem Vorbehalt des § 16 Abs. 2 GBO, daß eine Eintragung nicht ohne eine andere erfolgen darf. Praktisch wichtig z. B. bei Auflassung zweier Tauschgrundstücke, Grundstücksauflassung gegen gleichzeitige Eintragung der Kaufpreishypothek, Auflassung nicht ohne gleichzeitige Löschung des Nacherbenvermerks[13] oder anderer Belastungen (z. B. Grundpfandrechte). Ein solcher Vollzugsvorbehalt ist neben, nicht in der bedingungsfeindlichen Auflassung zulässig.[14] Hier handelt es sich um einen typischen Doppeltatbestand (Einl. A 26 ff.), der in seine beiden Bestandteile zerlegt werden muß: 1. in die bedingungslose Auflassung und 2. in die an den Vorbehalt nach § 16 Abs. 2 geknüpfte Bewilligung. Die Richtigkeit zeigt sich im Ergebnis: Trägt das GBA die Auflassung ohne Kaufpreishypothek ein, ist das GB richtig. Das GBA hat aber unter Verletzung des § 16 Abs. 2 GBO den mit der Bewilligung verbundenen Vorbehalt unberücksichtigt gelassen. Da das GB nicht unrichtig ist, kann

---

[7] *Wolfsteiner* DNotZ 87, 67/72 ff.; *Ertl* DNotZ 90, 39/41.

[8] St. Rspr. RGZ 141, 374/376; KGJ 48, 160; BayObLGZ 50, 426/427; Staudinger/*Seufert* 11. Aufl. § 925 Rdn. 83.

[9] So bereits früher *Hesse/Saage/Fischer* (§ 20 Anm. I) und *Güthe/Triebel* (§ 20 Rdn. 50. jetzt auch Meikel/*Lichtenberger* (§ 19 Rdn. 18 ff.; § 20 Rdn. 4. Demharter § 20 Rdn. 2, Haegele/Schöner/*Stöber* GBR 97, *Behmer* Rpfleger 84, 306 m. Rsprhinw., *Weser*, MittBayNot 1993, 265.

[10] BGHZ 61, 209 = DNotZ 74, 90; vgl. Einl. F 11.

[11] BGH Rpfleger 82, 153; 84, 310; 87, 452; BayObLG Rpfleger 1994, 345; OLG Köln Rpfleger 1992, 299.

[12] BayObLG Rpfleger 75, 26; Haegele/Schöner/*Stöber* GBR 97; Demharter § 20 Rdn. 2; *Ertl* DNotZ 75, 644/647; Rpfleger 80, 41/49; *Behmer* Rpfleger 84, 306.

[13] OLG Frankfurt Rpfleger 80, 107.

[14] § 925 Abs. 2 BGB; *Ertl* Rpfleger 80, 41/49 mwN.

kein Amtswiderspruch nach § 53 Abs. 1 S. 1 GBO eingetragen werden (allenfalls Staatshaftung!).

Fall 2: Der Betroffene stellt in der Urkunde klar, daß er die Auflassung, aber nicht die Bewilligung erklärt. Eine solche Auflassung wäre nur dann nach § 116 S. 2 BGB nichtig, wenn der Betroffene die zum Eigentumsübergang unerläßliche GB-Eintragung entweder nie herbeiführen oder von seiner eigenen Willkür abhängig machen will. Die Auflassung ist aber wirksam, wenn er sich unter bestimmten Voraussetzungen oder zu einem bestimmten späteren Termin verpflichtet, die Bewilligung abzugeben. In solchen Fällen darf das GBA die Eintragung nicht aufgrund der Auflassung allein vornehmen (vgl. § 20 Rdn. 7). Beispiel: Die Beteiligten wollen zur gegenseitigen Bindung das schuldrechtliche Grundgeschäft mit Auflassung vor dem Notar abschließen, aber den GB-Vollzug erst später (z. B. nach Kaufpreiszahlung) durch Abgabe der Bewilligung in Beglaubigungsform (§ 40 BeurkG) durchführen lassen. Durch bedingte Auflassung läßt sich dies wegen § 925 Abs. 2 BGB nicht erreichen. Die Lösung solcher Fälle durch Anweisung an den Notar, den Antrag beim GBA vorerst nicht zu stellen,[15] schuldrechtliche Vereinbarung über den zeitlichen Aufschub des GB-Vollzugs,[16] Verzicht der Beteiligten auf ihr eigenes Antragsrecht mit verdrängender Vollmacht für den Notar[17] ist nicht empfehlenswert.[18] Durch die Erklärung der Auflassung unter zeitlicher Zurückstellung der Bewilligung sind diese Fälle in der Praxis einfach und sicher lösbar.[19]

Fall 3:
a) In der dem GBA vorgelegten Urkunde steht: „A und B sind darüber einig, daß das Eigentum am Grundstück auf B übergeht. B beantragt die Eintragung dieser Rechtsänderung im Grundbuch."

b) Der Grundstückserwerber B legt dem GBA die Ausfertigung der Urkunde vor, die (wie im Fall 3 a) nur die Auflassung, keinen Antrag enthält, und stellt schriftlich den Eintragungsantrag.

c) A und B vereinbaren privatschriftlich die Bestellung eines Erbbaurechts am Grundstück des A für B und reichen diesen Vertrag mit einem gemeinsamen Eintragungsantrag beim GBA ein.

d) A und B haben sich privatschriftlich über die Bestellung einer Hypothek am Grundstück des A für B geeinigt. B reicht diesen Vertrag mit seinem Eintragungsantrag beim GBA ein.

In diesen Fällen ergibt sich aus den dem GBA vorgelegten Erklärungen nicht, jedenfalls nicht eindeutig genug (Einl. C 26, 27), daß der von der Eintragung betroffene Eigentümer A diese Eintragung bewilligt. Deshalb darf das GBA die Eintragung nur vornehmen, wenn ihm die Bewilligung des A (§ 19) in der Form des § 29 vorgelegt wird (ebenso *Rahn* BWNotZ 67, 269/271 zu den Fällen b), c) und d)).

II. Geltungsbereich des § 20

1. Gesetzeswortlaut

§ 20 verlangt den Nachweis der Einigung im Falle der
a) Auflassung eines Grundstücks,
b) Bestellung, Inhaltsänderung oder Übertragung eines Erbbaurechts. Ohne diesen Nachweis soll das GBA in diesen Fällen nicht eintragen (vgl. § 20 Rdn. 4).

---

[15] BGH NJW 53, 1301.
[16] OLG Düsseldorf NJW 54, 1041.
[17] OLG Hamm Rpfleger 75, 250.
[18] Dazu *Ertl* DNotZ 75, 644/655.
[19] Dazu *Behmer* Rpfleger 84, 306; *Weser* Mitt-BayNot 1993, 253; Meikel/*Lichtenberger* § 20 Rdn. 55.

12   2. „**Auflassung**" eines Grundstücks ist die zur rechtsgeschäftlichen Übertragung des Eigentums an einem Grundstück nach § 873 Abs. 1 BGB erforderliche materiellrechtliche Einigung des Veräußerers und des Erwerbers, die bei gleichzeitiger Anwesenheit beider Teile vor dem Notar oder einer sonstigen zuständigen Stelle erklärt werden muß (§ 925 Abs. 1 BGB). Den Gegensatz dazu bildet der Eigentumsübergang außerhalb des GB, der kraft Gesetzes ohne Einigung und Eintragung eintritt und bei dem die GB-Eintragung nur die nachträgliche Berichtigung des mit der wirklichen Rechtslage nicht mehr übereinstimmenden Grundbuchs bewirkt (§ 894 BGB; § 22 GBO). Einzelheiten dazu § 20 Rdn. 21 ff.

13   3. **Auflassung realer Grundstücksteilflächen** wird von § 20 ebenso erfaßt, wie Auflassung eines ganzen Grundstücks. Sie ist nur wirksam, wenn die Teilfläche amtlich vermessen oder in anderer Weise zweifelsfrei bestimmt ist.[20] Vgl. § 28 Rdn. 15, 16; § 20 Rdn. 109.

14   4. **Auflassung von Miteigentumsanteilen** nach Bruchteilen im Sinne der §§ 1008 ff. BGB wird nach § 20 ebenso wie Auflassung des ganzen Grundstücks behandelt.[21] Vgl. § 28 Rdn. 17.

5. **Einräumung und Aufhebung von Sondereigentum nach WEG**

15   Die dazu nach §§ 3 Abs. 1; 4 Abs. 1 WEG notwendige Einigung bedarf der für die Auflassung vorgeschriebenen Form (§ 4 Abs. 2 WEG), enthält keine Übertragung, sondern Inhaltsänderung des Miteigentums (Einl. E 13) und ist in § 20 nicht erwähnt. Folgt man der Ansicht, zur Eintragung sei die Bewilligung (§19) aller Miteigentümer ausreichend,[22] dann steht der Eintragung entgegen, daß dadurch das GB unrichtig werden und bleiben würde.[23] Die jetzt h. L.[24] hält § 20 wegen seines Sinnes und Zweckes für anwendbar und verdient den Vorzug.

16   6. **Übertragung von Wohnungseigentum** erfolgt durch Auflassung und Eintragung, da Wohnungseigentum echtes Eigentum ist (Einl. E 5). Nachweis der Einigung nach § 20 also erforderlich.

7. **Bestellung, Inhaltsänderung, Übertragung von Erbbaurechten**

17   a) § 20 gilt für neue und alte Erbbaurechte. Bei neuen Erbbaurechten (Einl. F 1) ist Einigung beider Teile (§ 11 Abs. 1 ErbbauVO) in Form des § 29 nachzuweisen, aber nicht in der für die Auflassung vorgeschriebenen Form (Einl. F 7).

18   b) Bei alten Erbbaurechten (Einl. F 1) ist für Übertragung und Inhaltsänderung materiell immer noch Auflassungsform vorgeschrieben und nach § 20 nachzuweisen (§§ 35; 38 ErbbauVO).

8. **Bestellung, Inhaltsänderung, Übertragung grundstücksgleicher Rechte**

19   § 20 ist nach § 118 entsprechend anzuwenden auf: Erbpacht einschl. Bündner- und Häuslerrechte (Art. 63 EGBGB); Abbaurechte an nicht bergrechtlichen Mineralien,

---

[20] BayObLGZ 62, 362/371; BGHZ 90, 323 = NJW 84, 1959; BGH Rpfleger 86, 210; 87, 452.
[21] RGZ 76, 413.
[22] So *Demharter* § 20 Rdn. 10; *Weitnauer* WEG § 4 Anm. 5.
[23] So ohne Stellungnahme zum Meinungsstreit BayObLG DNotZ 90, 37.
[24] Meikel/*Lichtenberger* § 20 Rdn. 25 ff.; Haegele/Schöner/*Stöber* GBR 2842; Staudinger/*Pfeifer* §925 Rdn. 19, 101.

z. B. Rechten zur Gewinnung von Steinen, Ton, Schiefer (Art. 68 EGBGB); Bergwerksrechte (Art. 67 EGBGB); Jagd- und Fischereirechte (Art. 69 EGBGB); Zwangsrechte, Bannrechte, Realgewerbeberechtigungen (Art. 74 EGBGB). Zu den verschiedenen Regelungen in den einzelnen Ländern vgl. Kommentare zu EGBGB; OLG Bamberg OLGZ 76, 461 zu Nutzanteilen an altrechtlichen Körperschaftswaldungen in Bayern.

9. **Rechtsgeschäftliche Aufhebung von Erbbaurechten** und grundstücksgleichen Rechten wird von § 20 nicht erfaßt, da sie durch einseitige Erklärung (§ 875 BGB) und einseitige Zustimmung des Grundstückseigentümers (§ 26 ErbbauVO) erfolgt. Dazu § 20 Rdn. 127.

III. Einzelfälle der Auflassung oder Grundbuchberichtigung[25]

1. Allgemeines zum Auflassungserfordernis

Das GBA hat vor Eintragung zu prüfen, ob der Übergang des Eigentums oder Erbbaurechts

a) **durch Rechtsgeschäft**, also Einigung und Eintragung (§§ 873 Abs. 1; 925 Abs. 1 BGB; 11 Abs. 1 ErbbauVO) eintritt: dann ist in den Fällen des § 20 der Nachweis der Einigungserklärungen zu verlangen;

b) **oder außerhalb des Grundbuches** kraft Gesetzes oder Hoheitsaktes bereits eingetreten ist, das GB also nur noch zu berichtigen ist: dann hat es nach § 22 Abs. 1 und Abs. 2 GBO zu verfahren,

c) **oder ob überhaupt kein Rechtsübergang** stattgefunden hat, sondern nur der bisherige Rechtsinhaber seinen Namen oder seine Rechtsform unter Wahrung seiner rechtlichen Identität geändert hat, also lediglich eine Richtigstellung (keine Berichtigung i. S. d. § 894 BGB) des GB zu erfolgen hat (vgl. § 22 Rdn. 10 ff.).

Diese Entscheidung ist nicht immer einfach, zum Teil umstritten. In Zweifelsfällen ist der sicherere Weg zu wählen, nämlich die Beurkundung der Auflassung, da der rechtsgeschäftliche Eigentumsübergang die Regel und der Übergang außerhalb des GB die Ausnahme darstellt und die Auflassung in der Regel den Erfordernissen des § 22 genügt, aber nicht umgekehrt (§ 20 Rdn. 96; § 22 Rdn. 75).[26] Die Eintragung eines Eigentümers oder Erbbauberechtigten im Wege der GB-Berichtigung ist ohne Unrichtigkeitsnachweis (§ 22) nur zulässig, wenn der Neueinzutragende in Form des § 29 seine Zustimmung dazu erteilt (§ 22 Rdn. 76, 79). Zur Vermeidung der Gefahr, daß er durch die Eintragung lediglich eine Buchposition erhält, sollte er sich für den Weg der GB-Berichtigung erst nach sorgfältiger Prüfung der Sach- und Rechtslage entschließen.

2. Erbrecht

a) **Auflassung erforderlich bei:**
Erfüllung eines Vermächtnisses, §§ 2150, 2174 BGB:[27] Erbschaftskauf, § 2374 BGB;[28] Erfüllung einer Teilungsanordnung, §§ 2048, 2049 BGB;[29] Umwandlung eines erbengemeinschaftlichen Grundstücks in Bruchteilseigentum der gleichen Personen;[30] Auseinandersetzung der Erbengemeinschaft (§§ 2042 ff. BGB) durch Übertragung von Grund-

---

[25] Dazu Kommentare zu §§ 894; 925 BGB; Haegele/Schöner/*Stöber* GBR 3287 ff.; Staudinger/*Pfeifer* § 925 Rdn. 13 ff.

[26] S. a. Meikel/*Lichtenberger* § 20 Rdn. 296 ff.; Haegele/Schöner/*Stöber* GBR 3289 ff.

[27] BayObLGZ 7, 349; OLG 39, 218.

[28] KG OLG 1, 384.

[29] RGZ 141, 284; OLG Neustadt MDR 60, 497.

[30] RGZ 105, 251.

besitz auf einen Miterben oder an Dritte,[31] während Wiederherstellung der Erbengemeinschaft durch Aufhebung der Auseinandersetzung nicht mehr möglich ist;[32] Umwandlung der Erbengemeinschaft in andere Gesamthandsgemeinschaft, Gütergemeinschaft, BGB-Gesellschaft, OHG oder KG;[33] Grundstücksübertragung eines Nachlaßgrundstücks, das Testamentsvollstreckung unterliegt, an den Testamentsvollstrecker persönlich, an einen Miterben oder an einen Dritten.[34] Dazu § 20 Rdn. 56.

23 b) **Keine Auflassung erforderlich bei:**
Erbanteilsübertragung, § 2033 BGB,[35] die auch aufschiebend oder auflösend bedingt vereinbart werden kann;[36] Eintritt der Erbfolge (§§ 1922 ff. BGB) oder der Nacherbfolge (§§ 2100 ff. BGB); Übertragung aller Erbanteile, wenn zum Nachlaß Grundbesitz gehört, auf einen Miterben, auf einen Dritten,[37] gleichgültig ob gleichzeitig in einer Urkunde oder nach und nach;[38] Übertragung aller Erbanteile auf eine unter den gleichen Miterben bestehende BGB-Gesellschaft;[39] Übertragung eines Bruchteils an einem Erbanteil;[40] Übertragung eines Grundstücks als nahezu einziger Nachlaßgegenstand im Wege der Auslegung als Erbanteilsübertragung;[41] Erfüllung eines Vorausvermächtnisses an den durch Nacherbfolge beschränkten Alleinerben;[42] Umschreibung auf den Erben, wenn bei Nachlaßkonkurs der Konkursverwalter als Eigentümer im GB eingetragen worden ist.[43]

c) Keine neue Auflassung (Bewilligung) ist erforderlich, wenn der Veräußerer oder Erwerber vor dem Vollzug der Auflassung verstorben ist (dazu § 19 Rdn. 76, 206; § 20 Rdn. 49, 55; Einl. L 30).

3. Güterrecht

24 a) **Auflassung erforderlich bei:**
Auseinandersetzung des Gesamtguts der Gütergemeinschaft (§§ 1471 ff. BGB), auch wenn der Ehegatte ein gesetzliches Recht darauf hat[44] oder der fortgesetzten Gütergemeinschaft;[45] Erfüllung einer ehevertraglichen Erklärung zum Vorbehaltsgut, § 1418 Abs. 2 BGB:[46] Erfüllung der Aufhebung der Vorbehaltsguteigenschaft durch Einbringung in Gesamtgut.[47] Zum Erwerb in Gütergemeinschaft vgl. § 20 Rdn. 99 ff.

25 b) **Keine Auflassung erforderlich bei:**
Begründung der Gütergemeinschaft durch Ehevertrag (§ 1416 Abs. 2 BGB); Ausscheiden eines Abkömmlings aus fortgesetzter Gütergemeinschaft, da sein Anteil den übrigen nach §§ 1490, 1491 BGB anwächst.

c) Zur Rechtslage bei Änderung des Güterstands zwischen Auflassung und Eintragung vgl. § 19 Rdn. 150; § 20 Rdn. 101; Einl. L 30.

---

[31] RGZ 57, 432/434.
[32] KG DNotZ 52, 84; OLG Düsseldorf Rpfleger 52, 343.
[33] OLG Hamm DNotZ 58, 416; BayObLG Rpfleger 58, 345.
[34] RGZ 61, 139; BayObLGZ 7, 349.
[35] BayObLG JFG 7, 319; Rpfleger 84, 463.
[36] Vgl. *Winkler* MittBayNot 78, 1; dazu Einl. B 27.
[37] BayObLGZ 59, 56.
[38] RGZ 88, 116.
[39] KG DR 44, 455.
[40] BGH NJW 63, 1610; OLG Köln Rpfleger 74, 109.
[41] BGHZ 15, 102 = NJW 54, 1883; BGH FamRZ 65, 267.
[42] KG OLG 30, 202.
[43] LG Bonn JW 37, 2121, zust. *Henke* mit Hinw., daß in diesem Fall die Eintragung des K-Verwalters nicht richtig war, während BayObLGZ 32, 380 eine solche Eintragung sogar für unzulässig i. S. d. § 53 GBO hält.
[44] RGZ 20, 259; RG DR 44, 292.
[45] KGJ 36, 200.
[46] KG JFG 15, 194; BayObLGZ 6, 295.
[47] KGJ 52, 137; BGH NJW 52, 1330; a. A. Staudinger/*Thiele* § 1416 Rdn. 33.

4. Miteigentum nach Bruchteilen (§§ 1008 ff. BGB)

Auflassung erforderlich bei: 26
Übertragung eines Miteigentumsanteils von einem Bruchteilseigentümer an einen anderen oder an einen Dritten; Übertragung eines Miteigentumsanteils vom Alleineigentümer an einen Dritten, wodurch Bruchteilsgemeinschaft entsteht; Änderung der Miteigentumsanteile unter den gleichen Miteigentümern;[48] Übertragung von Bruchteilseigentum auf BGB-Gesellschaft oder sonstige Gesamthandsgemeinschaft, auch wenn Bruchteilseigentümer und Gesellschafter die gleichen Personen sind.[49] Zum Erwerb in Bruchteilsgemeinschaft vgl. § 20 Rdn. 98 ff.; zu den Besonderheiten nach §§ 3, 8 WEG vgl. Einl. E 41, 42.

5. Gesellschaft des bürgerlichen Rechts (§§ 705 ff. BGB)

a) **Auflassung erforderlich** zu Grundstücksübereignungen bei: 27
Einbringung eines Grundstücks durch einen oder mehrere Gesellschafter[50] oder durch eine Gesamthand (z. B. Erbengemeinschaft) in BGB-Gesellschaft;[51] Übertragung eines Grundstücks aus der BGB-Gesellschaft in Alleineigentum eines oder Bruchteilseigentum mehrerer Gesellschafter[52] oder in das Vermögen einer anderen, aus den gleichen (oder anderen) Personen bestehenden Personengesellschaft;[53] Aufteilung von Grundbesitz einer BGB-Gesellschaft in verschiedene personengleiche Gesellschaften in der Weise, daß jeder neuen Gesellschaft Grundbesitz zugewiesen wird.[54]

b) **Keine Auflassung erforderlich** bei allen Rechtsvorgängen, die sich (aus unterschiedlichen Gründen) nicht nach Sachenrecht richten,[55] z. B. 28
(1) wenn nach dem Anwachsungsprinzip der Erwerb oder Verlust der Beteiligung eines Gesellschafters am Gesellschaftsvermögen mit seinem Eintritt oder Ausscheiden ohne besonderen Einzelübertragungsakt erfolgt,[56] z. B. bei Eintritt in eine bestehende BGB-Gesellschaft oder Ausscheiden aus ihr[57], Ausscheiden eines Gesellschafters aus zweigliedriger BGB-Gesellschaft unter gleichzeitigem Eintritt eines neuen,[58] Ausscheiden eines Gesellschafters aus zweigliedriger BGB-Gesellschaft unter Übernahme des Grundbesitzes durch den anderen Gesellschafter;[59]
(2) wenn das Grundstück nicht auf die Gesamthand übergeht, z. B. bei Einbringung nur zur Nutzung oder dem Wert nach[60] oder Einräumung eines Verwertungsrechts,[61] weil in diesen Fällen das Grundstückseigentum dem Gesellschafter verbleibt;
(3) wenn die Gesamthand unter Wahrung ihrer Identität lediglich ihre Rechtsform verändert und deshalb kein Eigentumsübergang auf einen anderen Rechtsträger stattfindet (z. B. bei Umwandlung der BGB-Gesellschaft in OHG oder KG oder umgekehrt).

---

[48] RGZ 56, 101; 57, 432; BayObLGZ 58, 263/269.
[49] RGZ 65, 227/233.
[50] RGZ 65, 227/233.
[51] RGZ 136, 402/406; OLG Hamm DNotZ 58, 416; *Schmeinck* MittRhNotK 82, 97/99; Staudinger/*Kessler* § 705 Rdn. 38.
[52] RGZ 57, 432; 65, 233; 89, 57.
[53] RGZ 155, 86; BayObLGZ 50, 430; OLG Hamm DNotZ 83, 750; KG Rpfleger 87, 237.
[54] BayObLGZ 80, 299 = DNotZ 81, 573.
[55] Dazu Staudinger/*Pfeifer* § 925 Rdn. 18, 25.
[56] Vgl. Staudinger/*Kessler* § 705 Rdn. 37.
[57] RGZ 136, 97/99.
[58] Palandt/*Thomas* § 736 Rdn. 8.
[59] So jetzt BGH NJW 60, 1664; 66, 827/828; BayObLG Rpfleger 83, 431; MünchKomm/*Ulmer* § 730 Rdn. 43 ff., 55; im Gegensatz zur früheren, aber aufgegebenen Ansicht in RGZ 68, 410/414; *Canter* NJW 65, 1553/1560.
[60] RGZ 109, 380.
[61] RGZ 162, 78/81; 166, 160/165; Staudinger/*Kessler* § 705 Rdn. 36.

§ 20

c) **Keine neue Auflassung erforderlich,**
wenn zwischen Auflassung und GB-Eintragung (vgl. Einl. L 30) ein Gesellschafterwechsel bei der veräußernden[62] oder bei der erwerbenden BGB-Gesellschaft stattgefunden hat,[63] selbst wenn sämtliche Anteile an der GbR übertragen worden sind.[64] Zum Vollzug sind die erforderlichen GB-Erklärungen (§§ 19, 22) dem GBA vorzulegen, die den Gesellschafterwechsel nachweisen.[65]

6. Personengesellschaften (OHG, KG)

29 a) **Auflassung erforderlich bei:**
Grundstückseinbringung von einem Gesellschafter in OHG oder KG;[66] Einbringung von Bruchteilseigentum in Gesellschaft, auch wenn Bruchteilseigentümer gleichzeitig Gesellschafter sind;[67] Gründung einer OHG oder KG durch Aufnahme eines Gesellschafters in Einzelfirma, wenn Betriebsgrundstück bereits zur Einzelfirma gehört;[68] und auch wenn eintretender Gesellschafter Grundstück in OHG oder KG einbringt;[69] Auseinandersetzung des Gesellschaftsvermögens bei Auflösung der Gesellschaft durch Übertragung auf einen allein[70] oder mehrere oder alle Gesellschafter in Bruchteilsgemeinschaft;[71] (dagegen keine Auflassung, wenn Gesellschafter Grundstück als BGB-Gesellschaft behalten, also nur Rechtsform ändern);[72] Übertragung aus Gesellschaftsvermögen auf einen Gesellschafter, gleichgültig ob er in der Gesellschaft bleibt oder ausscheidet;[73] Einbringung von Gesamthandsgemeinschaft in OHG oder KG;[74] Übertragung von einer OHG auf andere OHG, KG oder GbR, die aus den gleichen Gesellschaftern besteht, vorausgesetzt, daß übertragende und erwerbende Gesellschaft rechtlich selbständig sind;[75] eingehend zur Frage Übertragung oder Identitätswahrung: *Ganßmüller* DNotZ 55, 172 und *Fischer* DNotZ 55, 182.

30 b) **Keine Auflassung erforderlich**
aus den bei der BGB-Gesellschaft genannten Gründen (vgl. § 20 Rdn. 28) z. B. bei Umwandlung von OHG in KG und umgekehrt;[76] Umwandlung von BGB-Gesellschaft in OHG oder KG und umgekehrt, weil Grundstückseigentümer nur seine Rechtsform ändert, gleichgültig ob Umwandlung durch Beschluß oder wegen Zurückgehens auf Kleingewerbe;[77] Eintritt eines Gesellschafters in bestehende OHG oder KG;[78] Ausscheiden eines Gesellschafters aus bestehenbleibender OHG oder KG wegen §738 BGB;[79] Übernahme der Firma mit Grundstück durch einen Gesellschafter bei Auflösung der OHG oder KG ohne Liquidation durch Vereinbarung unter Lebenden oder mit Erben des verstorbenen Gesellschafters;[80] (nach OLG München JFG 14, 498 kann

---

[62] BayObLG Rpfleger 1992, 160; *Jaschke* DNotZ 1992, 160.
[63] *Schmitz/Valkenberg* Rpfleger 87, 300; *Jaschke* Rpfleger 88, 14.
[64] LG Hannover MittBayNot 1993, 389.
[65] Dazu Meikel/*Lichtenberger* § 20 Rdn. 234; Meikel/*Böttcher* § 22 Rdn. 39; Staudinger/*Kessler* § 736 Rdn. 4 ff.
[66] RGZ 65, 233; KG OLG 13, 23.
[67] RGZ 56, 96/101.
[68] LG Dortmund NJW 69, 137; Güthe/*Triebel* § 20 Rdn. 18.
[69] RGZ 65, 233.
[70] KG OLG 13, 23.
[71] RGZ 65, 233.
[72] BayObLG NJW 52, 28.
[73] RGZ 65, 233; 76, 413; 105, 251.
[74] KG JFG 21, 168; OLG München JFG 18, 120; OLG Hamm DNotZ 58, 416; OLG Stuttgart BWNotZ 53, 77.
[75] RGZ 136, 402/406; KG Rpfleger 87, 237.
[76] RGZ 55, 128.
[77] RGZ 155, 75/86; KG JFG 12, 279/285; BayObLGZ 50/51, 430 = NJW 52, 28; OLG Hamm DNotZ 84, 769.
[78] KG OLG 13, 23.
[79] RGZ 68, 410; BayObLGZ 9, 103; 30, 246.
[80] RGZ 65, 227/240; 68, 410/416; BayObLGZ 22, 106.

GBA Übernehmer zwingen, sich mit seinem Namen eintragen zu lassen); Ausscheiden eines Gesellschafters aus zweigliedriger OHG oder KG unter gleichzeitigem Eintritt eines neuen Gesellschafters;[81] Übertragung eines Gesellschafteranteils an einen Dritten[82] oder aller Anteile an mehrere oder einen einzigen Erwerber;[83] keine neue Auflassung bei Gesellschafterwechsel zwischen Auflassung und Eintragung (gleich ob OHG ein Grundstück veräußert oder erwirbt); Firmenänderung, wenn Rechtsinhaber der gleiche bleibt und nur seinen Namen ändert;[84] Umwandlung einer OHG oder KG nach Umwandlungsgesetz, vgl. unten Rdn. 32.

7. Kapitalgesellschaften (AG, GmbH, KGaA)

a) **Auflassung erforderlich bei:** 31

Grundstückseinbringung in Kapitalgesellschaft durch Gesellschafter, auch wenn Grundstück bisher im Miteigentum oder Gesamthandseigentum aller Gesellschafter gestanden hat;[85] Einbringung von OHG oder KG in GmbH, auch wenn gleiche Gesellschafter auf beiden Seiten;[86] Einbringung von GmbH in GmbH & Co. KG, auch wenn GmbH einziger Komplementär ist oder Übertragung von Betriebsgrundstück einer Kapitalgesellschaft auf einen Gesellschafter persönlich, auch wenn er der einzige ist, z. B. bei Liquidation oder Entnahme aus Betriebsvermögen, weil Wechsel des Rechtsträgers; Grundstücksübertragung oder Vermögensübertragung von einer Kapitalgesellschaft auf eine andere oder auf Personengesellschaft bzw. Einzelfirma und umgekehrt (§ 361 AktG), sofern nicht ein Fall der Gesamtrechtsnachfolge nach UmwG vorliegt.

b) **Keine Auflassung erforderlich bei:** 32

(1) Verschmelzung (Fusion) von Unternehmen durch Übertragung des Vermögens des einen Unternehmens auf das andere oder durch Bildung eines neuen Unternehmens, auf das das Vermögen nach dem Gesetz mit Eintragung der Verschmelzung im Handelsregister im Wege der Gesamtrechtsnachfolge übergeht (vgl. § 2 UmwG) und Vermögensübertragungen mit den gleichen, kraft Gesetzes eintretenden Wirkungen bei Verschmelzungen (vgl. §§ 174 bis 189 UmwG);

(2) Spaltung (§§ 123 bis 173 UmwG) da ex lege Gesamtrechtsnachfolge eintritt;

(3) formwechselnde Umwandlungen unter Wahrung der Identität des Rechtsträgers, bei denen kein Eigentumsübergang stattfindet (vgl. §§ 190 bis 304 UmwG);

(4) Aufnahme oder Ausscheiden von Gesellschaftern einer Kapitalgesellschaft, auch bei Vereinigung aller Anteile in einer Hand;

(5) Übergang eines Grundstücks von Vor-GmbH auf GmbH (dazu § 20 Rdn. 68).

8. Juristische Personen des öffentlichen Rechts werden grundsätzlich wie Kapitalgesellschaften (oben Rdn. 31, 32) behandelt (zum Eigentumsübergang durch Gesetz vgl. § 20 Rdn. 41; für buchungsfreie Grundstücke vgl. § 20 Rdn. 44). 33

a) Formwechselnde Umwandlung einer Körperschaft oder Anstalt in GmbH nach §§ 301 bis 304 UmwG wahrt die Identität des Rechtsträgers, also kein Eigentumsübergang.

b) Vermögensübertragung von einer Kapitalgesellschaft auf Gebietskörperschaft oder Zusammenschluß von Gebietskörperschaften ist nach §§ 174 bis 177 UmwG in den Wirkungen der Verschmelzung bzw. Spaltung gleichgestellt;

---

[81] RGZ 136, 96.
[82] BGHZ 13, 179/186; 44, 229/231.
[83] BGHZ 71, 296/299.
[84] KG OLG 10, 407.
[85] Güthe/*Triebel* § 20 Rdn. 17.
[86] RGZ 79, 9; OLG Celle Rpfleger 54, 108; keine Auflassung aber nach Umwandlungsgesetz vgl. unten Rdn. 32.

§ 20

c) **Übergang von einer fiskalischen Stelle** auf eine andere bewirkt keinen Eigentumsübergang, da diese Stellen keine selbständigen Rechtspersönlichkeiten sind, sondern insgesamt den Staat verkörpern,[87] zu behandeln also wie Übergang von Hauptniederlassung auf Zweigniederlassung (oben Rdn. 32).

34 d) **Auflassung dagegen notwendig,** wenn Grundstück von einer juristischen Person des öffentlichen Rechts auf eine andere übergeht und Eigentumsübergang nicht durch Gesetz (oder Kirchengesetz)[88] angeordnet oder gedeckt wird,[89] z. B. von Schulverband auf politische Gemeinde,[90] von Mutterpfarrei auf neugegründete Kirchengemeinde,[91] Teilung einer Kirchengemeinde;[92] Übertragung eines Grundstücks in das Alleineigentum einer durch Teilung einer KirchenGde entstandenen EinzelGde.[93] Aus der Autonomie der Kirche folgt (soweit nicht landesrechtlich eine Ausnahme gilt; Art. 127 EGBGB) nicht die Befugnis, für den Bereich des Bürgerlichen Rechts einen Eigentumsübergang an einem Grundstück außerhalb des GB mit der Wirkung anzuordnen, daß das GB unrichtig wird.[94]

9. Genossenschaften

35 a) **Auflassung erforderlich** nach den gleichen Grundsätzen wie Kapitalgesellschaften (oben Rdn. 31).

36 b) **Keine Auflassung erforderlich** nach den gleichen Grundsätzen wie Kapitalgesellschaften (oben Rdn. 32), insbesondere bei Umwandlungsvorgängen gem. UmwG wie oben bei den Kapitalgesellschaften dargestellt.

10. Vereine, Stiftungen

37 a) **Auflassung erforderlich bei:**
Übertragung von Grundstücken aus Vereinsvermögen an Vereinsmitglied;[95] Grundstückseinbringung in Verein oder Stiftung;[96] Grundstücksübertragung aus Stiftungsvermögen aufgrund Liquidation an den Anfallberechtigten, § 88 BGB.[97]

38 b) **Keine Auflassung erforderlich bei:**
Anfall von Vereins- oder Stiftungsvermögen an Fiskus, §§ 46, 88 BGB;[98] Übergang eines Grundstücks vom nicht rechtsfähigen Verein (dessen Mitglieder persönlich im GB eingetragen sein müssen, vgl. unten Rdn. 65) auf den e. V., wenn der Verein Rechtsfähigkeit erlangt und mit dem früheren nicht rechtsfähigen Verein identisch ist.[99]

11. Fälle des originären Eigentumserwerbs

39 **Hier ist keine Auflassung erforderlich,** insbesondere bei:
a) Aneignung eines herrenlosen Grundstücks nach § 928 BGB. Aneignungsberechtigter erwirbt Eigentum mit seiner GB-Eintragung, wozu Antrag in Form des § 29 erfor-

---

[87] RGZ 59, 404; LG Freiburg BWNotZ 82, 66.
[88] OLG Hamburg Rpfleger 82, 373.
[89] KGJ 30, 40.
[90] KGJ 31, 306.
[91] OLG Düsseldorf NJW 54, 1767.
[92] KGJ 41, 208; OLG Oldenburg DNotZ 72, 492.
[93] OLG Hamm Rpfleger 80, 148; bestätigt durch BVerfG NJW 83, 2571.
[94] *Demharter* § 20 Rdn. 9; Staudinger/*Kanzleiter/Hönle* EGBGB Art. 126, 127.
[95] KG OLG 5, 378; Staudinger/*Weick* § 45 Rdn. 5.
[96] *Güthe/Triebel* § 20 Rdn. 17
[97] BayObLGZ 26, 33/34.
[98] Staudinger/*Coing* § 45 Rdn. 4.
[99] RGZ 85, 256; BGHZ 17, 387; Palandt/*Heinrichs* § 21 Anm. 2; Staudinger/*Coing* § 21 Rdn. 34 mit Lit. zur Streitfrage; **a. A.** *Horn* NJW 64, 87.

derlich ist;[100] aneignungsberechtigt ist ohne Aufgebot und ohne Einhaltung einer Frist auch der Eigenbesitzer, wenn der Fiskus auf sein Aneignungsrecht verzichtet und diesen Verzicht eintragen läßt.[101] Die Auffassung, der Fiskus könne nicht wirksam auf sein Aneignungsrecht verzichten,[102] entspricht nicht dem geltenden Recht, ist aber de lege ferenda erwägenswert.

b) Aneignung nach § 927 BGB aufgrund Ausschlußurteils im Aufgebotsverfahren; originärer Rechtserwerb durch GB-Eintragung[103] aufgrund formlosen Antrags (so h. M.); der Antrag bedarf nach dem aus §§ 20; 22 Abs. 2 GBO abgeleiteten verfahrensrechtlichen Grundsatz der Form des §29 GBO.[104]

c) Buchersitzung nach § 900 BGB.

d) Eigentumserwerb durch Anlandungen oder Neubildung von Inseln nach Landesrecht Artikel 65 EGBGB.[105]

e) **Form der Auflassung ist dagegen erforderlich bei Übertragung des Rechtes auf originären Eigentumserwerb**, z. B.: **40**
aa) Übertragung des Aneignungsrechtes nach § 928 BGB.[106]
bb) Übertragung des Aneignungsrechtes nach § 927 BGB.[107]
cc) Außer Abtretung des Aneignungsrechtes ist auch Auflassung durch einen nach § 58 ZPO zu bestellenden Vertreter oder durch einen Dritten mit Zustimmung des Aneignungsberechtigten zulässig.[108]

12. Eigentumserwerb durch Hoheitsakt oder Gesetz

Er tritt außerhalb des GB ohne Auflassung ein,[109] z. B. durch: **41**

a) Zuschlag in Zwangsversteigerung (§ 90 ZVG); Auflassung dagegen nötig bei sog. „freiwilliger Versteigerung";[110]

b) Flurbereinigungsplan nach §§ 61, 79 FlurbG (vgl. § 2 Rdn. 8); Auflassung dagegen nötig bei „freiwilliger Flurbereinigung" durch Ringtausch verschiedener Grundstückseigentümer auf rechtsgeschäftlicher Grundlage. Zur Bezeichnung eines Einlagegrundstücks bei Verfügungen über das Ersatzgrundstück vgl. § 20 Rdn. 108.

c) Enteignung nach BauGB aufgrund Entscheidung (§ 112 Abs. 2 BauGB) oder Enteignungsbeschluß der Enteignungsbehörde (§§ 112 Abs. 1; 113 BauGB) oder Einigung der Beteiligten in einer von der Enteignungsbehörde aufzunehmenden Niederschrift, die einem nicht mehr anfechtbaren Enteignungsbeschluß gleichsteht (§ 110 BauGB). Mit dem in der Ausführungsanordnung festgesetzten Tag wird (außerhalb des GB) der bisherige durch den neuen Rechtszustand ersetzt (§ 117 Abs. 5 BauGB). Das GBA hat auf Ersuchen der Enteignungsbehörde (§ 38 GBO) im Wege der GB-Berichtigung die Rechtsänderungen einzutragen, die im Enteignungsbeschluß (oder der Niederschrift über die Einigung) und der Ausführungsanordnung bezeichnet sind (§ 117 Abs. 7 BauGB).[111]

---

[100] Staudinger/*Pfeifer* § 928 Rdn. 22.
[101] LG Hamburg DNotZ 67, 34 zust. *Duve*; Palandt/*Bassenge* § 928 Rdn. 4; so jetzt bestätigt durch BGH Rpfleger 89, 497.
[102] Vgl. Staudinger/*Pfeifer* § 928 Rdn. 25.
[103] RGZ 76, 360.
[104] Dazu Staudinger/*Pfeifer* § 927 Rdn. 30.
[105] KG OLG 6, 197; Güthe/*Triebel* § 20 Rdn. 10.
[106] Palandt/*Bassenge* § 928 Rdn. 4; Staudinger/*Pfeifer* § 928 Rdn. 20.
[107] Palandt/*Bassenge*. § 927 Rdn. 4; Staudinger/*Pfeifer* § 927 Rdn. 20.
[108] KG OLG 39, 209.
[109] Dazu Staudinger/*Ertl* § 925 Rdn. 31.
[110] Güthe/*Triebel* § 20 Rdn. 7.
[111] Dazu OLG Hamm NJW 66, 1132; KG Rpfleger 67, 115; BayObLG Rpfleger 72, 26; LG Regensburg Rpfleger 78, 448; zu Verkehrsbeschränkungen in Enteignungsverfahren § 20 Rdn. 179.

Auflassung dagegen notwendig bei freiwilliger Grundabtretung zur Abwendung der Enteignung,[112] auch wenn Kaufpreisfestsetzung unterblieben[113] oder Verwaltungsschätzverfahren vorbehalten worden ist und zur Veräußerung von Grundstücken durch die Gde. gemäß § 89 BauGB.[114]

d) Enteignung nach anderen Bundes- oder Landesgesetzen erfolgt nach ähnlichen Vorschriften (vgl. Kommentare zu Art. 109 EGBGB).[115]

e) Umlegungsplan nach § 72 BauGB (vgl. § 20 Rdn. 177).

f) Grenzregelungsbeschluß nach § 83 BauGB (vgl. § 20 Rdn. 178).

g) Zum Eigentumsübergang nach Ausübung gesetzlicher Vorkaufsrechte der §§ 24 ff. BauGB vgl. § 20 Rdn. 229, 232.

h) Eigentumsübergang durch Gesetz, z. B. Landesgesetz (Art. 1226 EG BGB); § 9 BAutobahnG; zur Rückübertragung von Bund an Bundesland LG Bamberg Rpfleger 83, 347.

13. Grenzfeststellungen

42 Eingehend zu Fragen der Feststellung, Änderung und Berichtigung von Grenzen: *Bengel/Simmerding* § 22 Rdn. 53 ff.

Zu Unterscheiden sind:[116]

a) Einigung zweier Nachbarn im Abmarkungsprotokoll des Vermessungsamtes über Grenzfeststellung im Verlauf der bisherigen Besitzgrenze hat Bedeutung eines Grenzfeststellungsvertrages mit konstitutiver Wirkung für den Grenzverlauf, wozu weder Auflassung noch Eintragung und auch keine Form des § 313 BGB[117] notwendig ist, wenn der Vertrag keine bewußte und gewollte Eigentumsveränderung zum Inhalt hat.[118] Bei grobem Verstoß gegen die Regeln der Vermessungskunst kann der Vertrag wegen fehlender Geschäftsgrundlage unwirksam sein.[119]

b) Einigung über Grenzfestsetzung erfordert Grundabtretungsvertrag (in Form des § 313 BGB), Auflassung und Eintragung, wenn auch nur ein Nachbar davon ausgeht, daß er eine ihm gehörende Fläche dem anderen übereignet.[120]

c) Grenzscheidungsurteil nach § 920 BGB teilt Eigentum zu,[121] wirkt also rechtsbegründend zwischen den Parteien kraft der Gestaltungswirkung des Urteils;[122] wirkt aber auch gegen Dritte (z. B. Realberechtigte), sofern der Prozeß zwischen den wirklichen Eigentümern geführt worden ist.[123] Bei Vorlage des rechtskräftigen Urteils ist GB ohne Zustimmung der Realberechtigten zu berichtigen,[124] auch wenn Prozeßparteien nur buchmäßige Eigentümer sind[125] und GBA die wahren Eigentümer nicht kennt. Stellt sich heraus, daß der strittige Grundstücksstreifen im Eigentum eines Dritten stand, können die wahren Berechtigten und die Realberechtigten ihre Rechte geltend machen.[126]

---

[112] Vgl. BayObLG DNotZ 90, 734.
[113] BGH NJW 67, 31; *Dittus* NJW 65, 2179.
[114] *Schelter* DNotZ 87, 330/348.
[115] S. a. *Sichtermann/Hennings* Rdn. 17.4; *Stecher* MittBayNot 72, 103 zur Beurkundungszuständigkeit.
[116] Dazu *Bengel/Simmerding* § 22 Rdn. 53 ff.; Staudinger/*Pfeifer* § 925 Rdn. 32; zum Grenzregelungsverfahren nach § 90 BauGB vgl. § 20 Rdn. 178.
[117] OLG Nürnberg DNotZ 55, 33 wie bei gemeinschaftlicher Abmarkung unbestrittener Grenzen; OLG Celle NJW 58, 632.
[118] *Bengel/Simmerding* § 22 Rdn. 79, 81.
[119] BGH WM 79, 580.
[120] Staudinger/*Roth* § 920 Rdn. 22.
[121] KG OLG 20, 405.
[122] Staudinger/*Roth* § 920 Rdn. 17 mit Lit.
[123] Staudinger/*Roth* § 920 Rdn. 19.
[124] Palandt/*Bassenge* § 920 Rdn. 3.
[125] Staudinger/*Roth* § 920 Rdn. 17.
[126] Palandt/*Bassenge* § 920 Rdn. 2; Staudinger/*Roth* § 920 Rdn. 19.

d) Die Festlegung von Hoheitsgrenzen (z. B. Gemarkungs-, Landes, Staatsgrenzen) hat Normcharakter,[127] Berichtigungen rein tatsächlicher Art richten sich nicht nach §§ 894 BGB; 22 GBO (vgl. Rdn. 10, 11).

14. Änderung von Gebietskörperschaften (z. B. Bund, Länder, Landkreise, Gemeinden) ist ein sich grundsätzlich auf dem Boden des öffentlichen Rechts vollziehender Vorgang mit privatrechtlichen Folgeerscheinungen, gleichgültig, ob die Änderung kraft Gesetzes oder aufgrund eines durch staatlichen Hoheitsakt genehmigten öffentlich-rechtlichen Vertrages erfolgt. Das Vermögen des untergegangenen Rechtssubjekts geht im Wege der Gesamtrechtsnachfolge wie bei Erbfolge auf die erweiterte oder neu entstandene Gebietskörperschaft über.[128] GB-Berichtigung aufgrund Ersuchens der Aufsichtsbehörde oder Antrags der Gebietskörperschaft unter Nachweis der Änderung, bei gesetzlicher Änderung unter Bezugnahme auf das Gesetz. **43**

15. Buchungsfreie Grundstücke[129]

a) Auflassung erforderlich, wenn Eigentum auf eine buchungspflichtige Person übergehen soll. **44**

b) Keine Auflassung, wenn Grundstück auch nach Übereignung buchungsfrei bleibt; das Landesrecht (Art. 127 EGBGB) kann die Übereignung, insbes. seine Form frei regeln.

IV. Die an der Einigung beteiligten Personen

1. Grundsatzfragen des § 20

a) In den Fällen des § 20 muß die Einigung über die dingliche Rechtsändeung stattfinden: **45**
1. bei der Übertragung des Eigentums an einem Grundstück zwischen Veräußerer und Erwerber (§ 925 Abs. 1 BGB),
2. bei der Bestellung eines Erbbaurechts zwischen dem Grundstückseigentümer und dem Erwerber des Erbbaurechts,
3. bei der Änderung des Inhalts eines Erbbaurechts zwischen dem Grundstückseigentümer und dem Erbbauberechtigten,
4. bei der Übertragung des Erbbaurechts zwischen dem Erbbauberechtigten und dem neuen Erwerber des Erbbaurechts.
Auf der einen Seite steht also der verlierende Teil, dessen dingliches Recht betroffen wird, auf der anderen Seite der gewinnende Teil, der durch den Erwerb begünstigt wird. Gegenstand der Rechtsänderung ist im Falle der Grundstücksübereignung und Erbbaurechtsbestellung ausschließlich das Eigentum am Grundstück, im Falle der Inhaltsänderung und Übertragung des Erbbaurechts ausschließlich das Erbbaurecht.

b) Auch bei der materiellrechtlichen Einigung wird wie bei der Bewilligung (§ 19 Rdn. 51) der Begriff des „Betroffenen" gebraucht, aber in einem anderen Sinn. Im Bereich des materiellen Rechts ist Betroffener derjenige, der in seinem dinglichen Recht einen materiellrechtlichen Verlust erleidet, während bei der Bewilligung derjenige betroffen ist, dessen buchmäßige Rechtslage durch die Eintragung eine Beeinträchtigung erfährt. In beiden Fällen kann, aber muß dies nicht die gleiche Person sein. **46**

---

[127] Bengel/Semmerding § 22 Rdn. 107 ff.
[128] KG OLG 16, 153; 23, 239; RGZ 87, 284; BayObLGZ 6, 466; Meikel/Böttcher § 22 Rdn. 34; Staudinger/Pfeifer § 925 Rdn. 31.
[129] Dazu § 3 Rdn. 4 ff. Staudinger/Kanzleiter/Hönle EGBGB Art. 127, 128; Staudinger/Pfeifer § 925 Rdn. 15.

47 c) Im gleichen Sinn besteht ein Unterschied zwischen der materiellrechtlichen **Verfügungsberechtigung** (Verfügungsmacht und Verfügungsbefugnis), auf die es im materiellen Recht ankommt, und der verfahrensrechtlichen Bewilligungsberechtigung (Bewilligungsmacht und Bewilligungsbefugnis) des nach § 19 von der GB-Eintragung Betroffenen (§ 19 Rdn. 48, 71, 73).

2. Einigungsberechtigung des verlierenden Teils

48 a) **Die Einigungsberechtigung steht dem wahren Rechtsinhaber** (Eigentümer oder Erbbauberechtigten zu.[130] Er muß aber nicht nur Rechtsinhaber, sondern **auch verfügungsberechtigt sein.**[131] Unterliegt er bezüglich seines gesamten Vermögens einer Verfügungsbeschränkung, so ist zu unterscheiden: Ist ihm die Verfügungsbefugnis völlig entzogen und einem Verwalter übertragen (z. B. Konkursverwalter; Testamentvollstrecker; dazu § 19 Rdn. 125), so ist nur dieser Verwalter zur Erklärung der Einigung befugt. Ist der Rechtsinhaber dagegen lediglich in seiner Verfügungsbefugnis beschränkt, so muß die Einigung vom Rechtsinhaber mit Zustimmung des Dritten (dazu § 19 Rdn. 77 ff.) oder Genehmigung der zuständigen Behörde erklärt werden (dazu § 19 Rdn. 82 ff.; § 20 Rdn. 155).[132]

49 b) **Trotz Tod oder Verlust der Geschäftsfähigkeit** des Eigentümers bleibt seine Auflassung wirksam.[133] Der Zustimmung der Erben bedarf die Einigung auch dann nicht, wenn diese zwischenzeitlich als Eigentümer im GB eingetragen worden sind.[134]

50 c) **Ist der wirkliche Eigentümer oder Erbbauberechtigte im GB noch nicht eingetragen**, darf das GBA die Einigung erst dann im GB vollziehen, wenn der Eigentümer oder Erbbauberechtigte vorher als solcher eingetragen worden ist (§ 39 Abs. 1) oder sein Erbrecht nachweist (§ 40 Abs. 1). Der Voreintragungsgrundsatz (Einl. C 5) ist vom GBA im GB-Verfahren zu beachten, auch wenn ein Verstoß gegen diese verfahrensrechtlichen Ordnungsvorschriften (§ 39 Rdn. 1) nicht zur Unwirksamkeit der Einigung führen würde.

51 d) **Der eingetragene Nichtberechtigte ist zur Einigung legitimiert,** auch wenn er selbst den Mangel seines Rechtes kennt. Die dingliche Rechtsänderung tritt aber für den Erwerber nur ein unter den Voraussetzungen des § 892 Abs. 1 BGB. GBA und Notar müssen den eingetragenen Nichtberechtigten als wahren Rechtsinhaber behandeln, da auch für sie die Vermutung des § 891 BGB gilt (§ 19 Rdn. 94). Sie müssen aber ihre Mitwirkung versagen, wenn sie die Unrichtigkeit kennen (Einl. C 66 ff.) und keiner der Fälle des § 185 BGB (§ 19 Rdn. 77 ff.), des § 878 BGB (§ 19 Rdn. 87 ff.) oder des § 892 BGB (§ 19 Rdn. 94 ff.) vorliegt.

52 3. **Erwerbsfähigkeit und Erwerbswille des Erwerbers** sind unerläßliche Voraussetzungen einer wirksamen Einigung (§ 20 Rdn. 54 ff.). Das Recht zum Eigentumserwerb ist Ausfluß der allgemeinen Rechtsfähigkeit natürlicher und juristischer Personen. Das BGB kennt Erwerbsbeschränkungen nur für Erbengemeinschaften (§ 2041 BGB), das öffentliche Recht nur für bestimmte juristische Personen (§ 20 Rdn. 70 ff.).

53 4. **Bindung an die Einigung** tritt grundsätzlich nur nach § 873 Abs. 2 BGB ein,[135] Bindung an die Auflassung nach h. M. auch wenn diese Voraussetzungen nicht vorliegen.[136] Sie kann aber vor GB-Vollzug durch Aufhebungsvertrag (§ 20 Rdn. 118) oder

---

[130] RGZ 54, 364; 77, 78; Staudinger/*Gursky* § 873 Rdn. 65.
[131] BayObLGZ 73, 140 = Rpfleger 73, 296.
[132] S. a. Staudinger/*Pfeifer* § 925 Rdn. 44.
[133] BGHZ 32, 369; ebenso seine Bewilligung: § 19 Rdn. 76.
[134] BayObLGZ 73, 139 = DNotZ 73, 609.
[135] Staudinger/*Gursky* § 873 Rdn. 142 ff.
[136] So BayObLGZ 57, 229; Staudinger/*Pfeifer* § 925 Rdn. 111; a. A. *Bassenge* Rpfleger 77, 8 mwN. zur Streitfrage.

Eintritt von Verfügungsbeschränkungen beseitigt werden (§ 19 Rdn. 82), sofern nicht § 878 oder § 892 BGB eingreift (§ 19 Rdn. 87 ff.). Bindung an die Einigung hindert weder wirksame Verfügungen zugunsten Dritter noch Antragszurücknahme, wirkt nicht zugunsten solcher Dritter[137] und unterscheidet sich von der Unwiderruflichkeit der Eintragungsbewilligung (§ 19 Rdn. 171). Eine mit einer früheren Auflassung in Widerspruch stehende Auflassung des gleichen Grundstücks ist wirksam und vom GBA grundsätzlich zu vollziehen, auch wenn ihm die frühere Auflassung bekannt ist[138] oder eine Auflassungsvormerkung für den ersten Auflassungsempfänger eingetragen ist,[139] weil die Auflassung keine Verfügungsbeschränkung zur Folge hat.[140]

V. Rechts-, Erwerbs-, Grundbuchfähigkeit des Erwerbers

1. Prüfung durch das GBA

Zum Erwerb des Eigentums und aller sonstigen dinglichen und grundbuchmäßigen Rechte ist fähig, wer als natürliche oder juristische Person des privaten oder öffentlichen Rechts rechtsfähig und nicht durch gesetzliche oder gerichtliche Erwerbsbeschränkungen am Erwerb gehindert ist Das GBA hat die Erwerbs- und Grundbuchfähigkeit des Erwerbers von Amts wegen zu prüfen. Diese Prüfungspflicht ist in den Fällen des § 20 umfangreicher als im Rahmen des § 19 (vgl. § 19 Rdn. 202 ff.). Zur Grundbuchfähigkeit vgl. Einl. B 62 ff.; § 20 Rdn. 65 ff. **54**

2. Verstorbene Personen

Stirbt der Auflassungsempfänger vor Eintragung, darf er nicht mehr eingetragen werden.[141] Zur Eintragung der Erben als neue Eigentümer ist weder eine neue Auflassung noch eine neue Bewilligung notwendig, sondern nur der Erbnachweis (§ 35 und ein Antrag auf Eintragung der Erben.[142] **55**

Hat GBA in Unkenntnis des Todes den Verstorbenen eingetragen, ist diese Eintragung weder inhaltlich unzulässig noch unwirksam. Das Eigentum ist vielmehr auf den Erben übergegangen, der nach § 1922 BGB in die Rechtsstellung des Erblassers eingetreten ist, mit der Folge, daß GB durch Eintragung des Erben auf Antrag und Erbnachweis berichtigt werden kann.[143]

3. Erbengemeinschaften können nur im Rahmen des § 2041 BGB Rechte erwerben.[144] **56**

a) Erwerb nach § 2041 BGB kommt nur in Betracht
(1) aufgrund eines zum Nachlaß gehörenden Rechts,
(2) als Ersatz für Zerstörung, Beschädigung oder Entziehung eines Nachlaßgegenstandes,

---

[137] BayObLGZ 73, 298.
[138] BayObLG Rpfleger 83, 249.
[139] RGZ 113, 403/408.
[140] Vgl. § 19 Rdn. 84; Staudinger/*Ertl* § 873 Rdn. 167.
[141] KG Rpfleger 75, 133; dazu für den Fall des § 14 GBO krit. *Hagena* Rpfleger 75, 389; vgl. auch Einl. C 5.
[142] BayObLGZ 33, 299; Meikel/*Lichtenberger* § 20 Rdn. 244; Haegele/Schöner/*Stöber* GBR 3347; *Kofler* MittRhNotK 71, 671.
[143] KG Rpfleger 65, 367.
[144] BGH NJW 68, 1824; KG DNotZ 44, 177; KG JFG 15, 155; OLG Köln OLGZ 65, 117; LG Koblenz DNotZ 50, 65; OGHBrZ NJW 49, 784; OLG München NJW 56, 1880; OLG Köln Rpfleger 87, 409; Haegele/Schöner/*Stöber* GBR 3137; MünchKomm/*Dütz* § 2041 Rdn. 13 ff.

(3) **durch ein sich auf den Nachlaß beziehendes Rechtsgeschäft:** Notwendig ist, daß es subjektiv mit Beziehung auf den Nachlaß abgeschlossen wird und objektiv mit ihm in Zusammenhang gebracht werden kann. Anhaltspunkte aus den dem GBA vorgelegten Erklärungen ergeben sich dafür z. B. wenn ein Miteigentumsanteil zum Nachlaß gehört und der andere Anteil hinzuerworben wird;[145] Erwerb eines Grundstücks, um ein anderes Nachlaßgrundstück besser bewirtschaften oder ausnützen zu können;[146] Erwerb mit Mitteln des Nachlasses rechtfertigt in der Regel die Annahme des objektiven Erfordernisses, sofern nicht begründete Zweifel an der Richtigkeit der Angaben der Beteiligten bestehen.[147]

b) Hinzukommen muß in den Fällen des § 20, daß die Miterben den Willen zum erbengemeinschaftlichen Erwerb haben und ihn in der Urkunde zum Ausdruck bringen.

c) Nicht zum Nachlaß zurückübertragbar sind Gegenstände, die im Wege einer wirksamen Erbauseinandersetzung endgültig aus dem Nachlaß ausgeschieden sind.[148]

57 4. **Ungeborene Personen** können in das GB eingetragen werden, soweit sie aufgrund Erbrechts (§§ 1923 Abs. 2; 2101 Abs. 1 BGB), Vermächtnisses (§ 2162 Abs. 2 BGB), Unterhaltsrechts gegenüber einem durch unerlaubte Handlung Getöteten (§ 844 Abs. 2 S. 2 BGB) Rechte erwerben können.[149] Das Eigentum an einem Grundstück können sie wegen der Bedingungsfeindlichkeit der Auflassung (§ 925 Abs. 2 BGB) nicht erwerben.[150]

5. Verträge zugunsten Dritter und ähnliche Rechtsvorgänge

58 a) Ein dinglicher Vertrag zugunsten eines Dritten analog § 328 BGB (z. B. zwischen A und B in der Weise, daß C ohne seine Mitwirkung durch Eintragung im GB das dingliche Recht wirksam erwirbt) ist nach st.Rspr. nicht zulässig:[151] Die h. L. ist nicht einheitlich, bejaht grundsätzlich die Anwendung des § 328 BGB, hält aber die Bestellung eines Briefrechts (mangels Briefübergabe) und die Auflassung eines Grundstücks (wegen §925 Abs. 2 BGB) zugunsten eines Dritten nicht für wirksam.[152] Verfahrensrechtlich ist die Eintragung des Rechts für den Dritten (abgesehen von den Fällen des § 20 GBO) auf Antrag und Bewilligung des Betroffenen zulässig (§§ 13, 19 GBO). Holt der Dritte die Einigung nach, erwirbt er das Recht. Lehnt er das Angebot auf dinglichen Vertragsschluß ab, ist die Rechtsänderung nicht eingetreten, das GB unrichtig (§ 894 BGB; § 22 Rdn. 20). Der Rückgriff auf die aus dem Schuldrecht stammende Konstruktion des Vertrages zugunsten Dritter (§§ 328, 333 BGB) ist deshalb im Grundstücksrecht nicht notwendig.

59 b) Beim echten Vertrag zugunsten Dritter ist nur der Anspruch des Versprechensempfängers auf Leistung (z. B. Übereignung des Grundstücks) an den Dritten vormerkungsfähig. Es ist aber nicht möglich, den Anspruch des Dritten (z. B. Käufers) zugunsten des Versprechensempfängers vorzumerken.[153]

60 c) Mit „**Sukzessivberechtigung**" des Rechtsinhabers (Recht mit zeitlicher Aufeinanderfolge der Rechtsinhaberschaft) konnten nach früher h. M.[154] dingliche Rechte und

---

[145] KG JFG 15, 155.
[146] KG DR 44, 190.
[147] OLG München NJW 56, 1880; *Johannsen* WM 70, 738.
[148] OLG Düsseldorf Rpfleger 52, 243; KG DNotZ 52, 84; OLG Köln OLGZ 65, 118.
[149] Krit. Staudinger/*Gursky* § 873 Rdn. 86.
[150] Staudinger/*Pfeifer* § 925 Rdn. 49 mwN.
[151] So BGHZ 41, 95 = NJW 64, 1124; BGH Rpfleger 65, 223; NJW-RR 86, 849;
BayObLGZ 58, 164/168; Palandt/*Heinrichs* Rdn. 9 vor § 328; Haegele/Schöner/*Stöber* GBR 1104; Staudinger/*Pfeifer* § 925 Rdn. 52 mwN.
[152] So MünchKomm/*Wacke* § 873 Rdn. 28 mwN.
[153] BGH NJW 83, 1543; Einl. G 14; L 11.
[154] Kritisch nunmehr Haegele/Schöner/*Stöber* GBR 261 a ff.; BayObLG DNotZ 1996, 366 m. Anm. *Liedel*

Vormerkungen (z. B. Reallasten, Grundpfandrechte; in beschränktem Umfang auch Wohnungsrechte) bestellt und eingetragen werden, bei der Übertragung von Grundstückseigentum scheidet jedoch jede gegen § 925 Abs. 2 BGB verstoßende Vereinbarung aus.

d) Für Personen, die eine zur Löschung, Rang- oder Inhaltsänderung erforderliche Erklärung nicht selbst abgeben können, muß ein Pfleger bestellt werden. **61**

e) Bei unechten Verträgen zugunsten Dritter kommt die Eintragung eines Rechts oder einer Vormerkung nur für den als Vertragsgläubiger beteiligten Versprechensempfänger, nicht für einen Dritten in Betracht.[155] **62**

6. Unbekannter oder noch nicht benannter Erwerber

a) Rechtserwerb durch einen nicht bekannten Erwerber **63**

Ein unbekannter Erwerber kann grundsätzlich kein Eigentum und kein sonstiges dingliches Recht erwerben und auch im GB nicht eingetragen werden, weil die Bezeichnung des Berechtigten im Grundbuch zum zwingenden Inhalt einer wirksamen Eintragung gehört. Davon gibt es Ausnahmen, wenn zwar seine Person oder sein Name nicht feststellbar, aber der Personenkreis zu seiner Identifizierung hinreichend bestimmt (also so genau wie nach Lage des Falles möglich; z. B. ein verschollener Miterbe) und für ihn ein vertretungsberechtigtes Organ (z. B. Pfleger für unbekannte Beteiligte, Nachlaßpfleger) vorhanden ist, der ihn beim Erwerbsvorgang vertritt.[156] Dazu Einl. B 62 ff.

b) Kein Erwerb durch einen noch nicht benannten Erwerber **64**

Wird ein Grundstück „an X oder einen von X benannnen Dritten" veräußert, kann X sofort das Eigentum erwerben, der Dritte aber erst, wenn er als Erwerber von X benannt worden ist.[157] Für eine noch nicht bestimmte Person kann auch ein vollmachtloser Vertreter die Auflassung nicht wirksam entgegennehmen.[158] Eine wirksame Auflassung setzt voraus, daß entweder vorher oder gleichzeitig mit der Auflassung diese Benennung in der notariellen Urkunde erfolgt.[159]

7. Nicht rechtsfähige Erwerber

a) Wer nicht rechtsfähig ist, kann grundsätzlich keine Rechte erwerben und auch nicht im GB als Berechtigter eingetragen werden. Deshalb kann z. B. ein nichtrechtsfähiger Verein nicht als solcher, sondern nur mit den Namen sämtlicher Mitglieder und dem Hinweis, daß sie als Mitglieder des nichtrechtsfähigen Vereines berechtigt sind, eingetragen werden.[160] Wegen des späteren Eigentumsüberganges auf den e. V. vgl. oben Rdn. 38.[161] **65**

b) Ob die Eigentümer einer Wohnungseigentümergemeinschaft bei Bestellung eines Rechts oder einer Vormerkung unter ihrem Namen mit Angabe dieses Gemeinschaftsverhältnisses im GB eingetragen werden müssen[162] oder ob das Recht für die „Gemeinschaft der Wohnungseigentümer an Flst. Nr. ..." eingetragen werden kann,[163] ist um-

---

[155] BayObLG DNotZ 58, 639/640; Staudinger/*Scherübl* Einl. 38 zu § 1113; MünchKomm/*Eickmann* § 1113 Rdn. 14; Staudinger/*Gursky* § 883 Rdn. 60, 61.
[156] BayObLG BWNotZ 78, 162; MittBayNot 84, 91; KG Rpfleger 75, 133; *Haegele* Rpfleger 56, 228; Haegele/Schöner/*Stöber* GBR 809.
[157] Staudinger/*Gursky* § 873 Rdn. 103.
[158] BayObLG Rpfleger 84, 11.
[159] AG Hamburg NJW 71, 102.
[160] Staudinger/*Gursky* § 873 Rdn. 93; vgl. für politische Parteien DNotI-Report 1996, 84.
[161] S. a. LG Kaiserslautern MittBayNot 78, 203.
[162] So BayObLGZ 84, 241 = Rpfleger 85, 102; *Demharter* § 19 Rdn. 106; Meikel/*Böttcher* Einl. F 53 a.
[163] So *Bärmann* DNotZ 85, 395; *Röll* NJW 87, 1049; *Böhringer* BWNotZ 88, 1.

stritten. Beachtliche Gründe sprechen für die letztere Möglichkeit. Die Fälle des nichteingetragenen Vereins und der Wohnungseigentümergemeinschaft unterscheiden sich in wesentlichen Punkten, auch wenn beide nicht rechtsfähig sind (dazu Einl. B 62 ff.).

8. OHG und KG

66 a) **OHG und KG, auch GmbH & Co. KG**, können unter ihrer Firma Rechte erwerben (§ 124 Abs. 1 HGB), also auch Grundstückseigentum, sonstige dingliche Rechte, Vormerkungen. OHG und KG sind unter ihrem Firmennamen im GB einzutragen (§ 15 Abs. 1 b GBVfg.).

67 b) Im **Gründungsstadium** kann die „Vor-OHG" (Vor-KG), die kein Grundhandelsgewerbe betreibt und erst mit ihrer Eintragung im Handelsregister entsteht (§ 123 Abs. 2; § 2 HGB), den zum Erwerb eines Grundstücks oder Rechts erforderlichen dinglichen Vertrag (§§ 873, 925 BGB) wirksam schließen[164] und einen vormerkungsfähigen Anspruch erwerben. Die Erwerber können nach ihrer Eintragung im Handelsregister unter ihrer Firma[165] und vorher entweder (unbestritten) als Gesellschafter bürgerlichen Rechts (unter ihrem Namen; vgl. § 20 Rdn. 29; 96 ff.)[166] oder als „Vor-OHG" (Vor-KG; GmbH & Co. KG in Gründung) unter ihrer künftigen Firma mit Gründungszusatz im GB als Eigentümerin eines Grundstücks oder Inhaberin eines dinglichen Rechts eingetragen werden.[167] Die Fähigkeit der Vor-OHG (Vor-KG) zum Erwerb und zur wirksamen Eintragung einer Vormerkung (auch Auflassungsvormerkung) wird nicht mehr bestritten[168] Zwischen der Vor-OHG (Vor-KG) und der durch Eintragung im Handelsregister entstandenen OHG (KG) besteht Rechtsidentität,[169] die keinen Vermögensübergang zur Folge hat und deshalb keine neue Auflassung und keine neue Eintragung erforderlich macht (§ 20 Rdn. 30). Lediglich der „Gründungszusatz" ist als Richtigstellung des GB (§ 22 Rdn. 30; nicht GB-Berichtigung i. S. des § 894 BGB) zu löschen, weil kein Vermögensübergang stattfindet (§20 Rdn. 68).[170]

9. Juristische Personen im Gründungsstadium

68 a) Nach jetzt h. M. können sie (allgemein) Grundstückseigentum und dingliche Rechte an Grundstücken auch von einem Dritten erwerben und sich im GB als Eigentümer (dinglich Berechtigter) eintragen lassen.[171] Diese Meinung beruft sich (mit Recht) auf die BGH-Rspr.[172] Auch die im Gründungsstadium befindliche Einmann-GmbH kann Eigentum erwerben (§ 20 Rdn. 106) und im GB eingetragen werden.[173] Dies alles gilt nicht für die sog. „Vorgründungsgesellschaft" vor Abschluß des notariellen Gründungsvertrages.[174]

---

[164] So BayObLG Rpfleger 84, 13.
[165] So BayObLG a. a. O.
[166] S. a. LG Frankenthal Rpfleger 82, 346.
[167] Ebenso Meikel/*Lichtenberger* § 20 Rdn. 248; *Böhringer* BWNotZ 85, 108; zweifelnd *Demharter* § 19 Rdn. 104; abl. Meikel/*Böttcher* Einl. F 51; Haegele/Schöner/*Stöber* GBR 981 d.
[168] BayObLGZ 85, 214 = Rpfleger 85, 353; LG Essen DNotZ 71, 622; Haegele/Schöner/*Stöber* GBR 981 d; Staudinger/*Gursky* § 883 Rdn. 62.
[169] BayObLG a. a. O.

[170] S. a. Staudinger/*Gursky* § 873 Rdn. 99.
[171] So Haegele/Schöner/*Stöber* GBR 987; *Priester* DNotZ 80, 515/522; *Böhringer* BWNotZ 81, 53; Rpfleger 88, 446; *Kückelhaus* MittRhNotK 84, 89/92; Staudinger/*Gursky* § 873 Rdn. 99.
[172] Z. B. BGHZ 45, 338; 80, 129; 86, 122; 91, 148; NJW-RR 88, 288.
[173] Meikel/*Böttcher* Einl. F 52; Haegele/Schöner/*Stöber* GBR 989; *Böhringer* Rpfleger 88, 446/448.
[174] BGHZ 91, 148 = DNotZ 84, 585; *Böhringer* a. a. O.

b) Die Vor-GmbH besteht nur, solange sie ihre Registereintragung betreibt.[175] Die Rechtsfolgen nach Scheitern der Gründung sind umstritten, z. B. ob sich die Vor-GmbH in eine OHG oder BGB-Gesellschaft umwandelt, als beendete, nicht auseinandergesetzte Gesamthandsgemeinschaft (sui generis) der Gründungsgesellschafter oder als Liquidationsgesellschaft fortbesteht.[176] Betreiben die Gründungsgesellschafter nicht selbst die Berichtigung des GB, ist dies ein Fall des Berichtigungszwanges (§§ 82 ff. GBO).

10. Erwerbswille

In den Fällen des § 20 kommt es bei der Prüfung der materiellen Einigung auf den Erwerbswillen des Erwerbers an, nach § 19 bei der Prüfung der Bewilligung nicht (§ 19 Rdn. 202; 205). Die nach § 20 zu prüfende Einigung ist nicht nur dann unwirksam, wenn ein Erwerber oder mehrere im angegebenen Gemeinschaftsverhältnis nicht erwerben können, sondern auch, wenn sie nicht erwerben wollen.

69

11. Erwerbsverbote gesetzlicher (Rdn. 71) und gerichtlicher (Rdn. 72) Art können im Gegensatz zu den Verfügungsbeschränkungen (Einl. J 1 ff.) nicht im GB eingetragen werden, weil sie sich nicht gegen einen im GB Eingetragenen richten, sondern gegen einen Nichteingetragenen.[177] Ausnahmsweise kann ein Erwerbsverbot im GB vermerkt werden, wenn es sich gegen den Vormerkungsberechtigten richtet.[178]

70

12. Gesetzliche Erwerbsverbote hat das GBA stets von Amts wegen zu prüfen und zu beachten.

71

a) **Ausländische natürliche Personen,** zu denen auch Staatenlose gehören,[179] gemäß Art. 88 EGBGB nach Landesrecht und Staatsverträgen:[180] z. Z. bestehen in keinem Bundesland solche Beschränkungen.

Für Angehörige der EG-Staaten nicht anwendbar laut Gesetz vom 2. 4. 1964.[181]

b) **Juristische Personen mit Sitz im Ausland** nach Art. 86 EGBGB gemäß Landesrecht. Für jur. Personen mit Sitz in EG-Staaten nicht anwendbar laut Gesetz vom 2. 4. 1964.[182] Z. Z. gibt es in keinem Bundesland solche Beschränkungen.

c) Die Einschränkungen des Grunderwerbs durch Hypothekenbanken (§ 5 Abs. 4 HypBkG) und Bausparkassen (§ 4 Abs. 4 BausparkG) hat das GBA nicht zu beachten.[183] Zu Verfügungsbeschränkungen § 20 Rdn. 206.

d) **Sozialversicherungsträger** nach § 85 SGB IV: Seit 1. 7. 1977 bedarf der Erwerb von Grundstücken und grundstücksgleichen Rechten der Genehmigung der Aufsichtsbehörde (Abs. 1), soweit er nicht unter die Freigrenze fällt, die im Einzelfall verschieden ist (Abs. 2) und sich mit dem Baukostenindex verändert (Abs. 3). Da das GBA zu dieser Prüfung kaum in der Lage ist, sollte es von der Genehmigung oder Negativbescheinigungen nur absehen, wenn der feste Freigrenzenbetrag von 20 000,– DM nicht überschritten wird.

---

[175] BayObLG Rpfleger 87, 407.
[176] Dazu BayObLG a. a. O.; *Böhringer* Rpfleger 88, 446/449; Meikel/*Böttcher* Einl. F 52; Haegele/Schöner/*Stöber* GBR 993 mwN.
[177] KG JFG 18, 194; BayObLG Rpfleger 1997, 304.
[178] LG Tübingen BWNotZ 84, 39. Vgl. auch Meikel/*Lichtenberger* § 19 Rdn. 384 ff.; Haegele/Schöner/*Stöber* GBR 1649.
[179] RGZ 120, 198.
[180] Vgl. eingehend Staudinger/*Leiß/Bolck* EGBGB Art. 88.
[181] BGBl. I 248; vgl. § 1 Abs. 2 AusländerG (Sartorius 565).
[182] Palandt/*Heinrichs,* 55. Aufl. Art. 86 EGBGB Rdn. 1.
[183] Haegele/Schöner/*Stöber* GBR 4064, 4066, 4067.

e) Handwerkskammern, Landes- und Bundesinnungsverbände bedürfen für Erwerb und Veräußerung von Grundbesitz keiner Genehmigung der Aufsichtsbehörde mehr.[184]

f) Handwerksinnungen und Handwerkerschaften bedürfen zum Erwerb, Veräußerung und Belastung von Grundbesitz eines Beschlusses der Innungsversammlung und der Genehmigung durch die Handwerkskammern (§61 Abs. 2 Nr. 7 a; Abs. 3 HandwO).[185]

13. Gerichtliche Erwerbsverbote

72 a) Sie können auf einstweiliger Verfügung (§§ 935, 938 Abs. 2 ZPO) oder Gerichtsurteil beruhen und dem Erwerber entweder den dinglichen Rechtserwerb oder die Eintragung dieses Erwerbs im GB verbieten.[186] Ohne Rücksicht auf diesen mitunter verschiedenen Inhalt der Entscheidung wird dem Betroffenen materiellrechtlich der Rechtserwerb und die GB-Eintragung verboten.[187] Obwohl es sich hier lediglich um ein relatives Erwerbsverbot handelt, das nur gegenüber dem Verbotsgeschützten wirkt, und nicht sicher ist, ob das GB bei Verstoß unrichtig wird,[188] darf das GBA ohne Zustimmung des Verbotsgeschützten die Eintragung nicht vornehmen, wenn es das Verbot kennt.[189] Ist trotzdem die Eintragung bereits erfolgt, kann zu dessen Gunsten ein Widerspruch nach § 899 BGB eingetragen werden; bei gleichzeitigem Verfahrensverstoß ein Amtswiderspruch nach § 53 Abs. 1 S. 1.[190]

b) Diese materiell- und verfahrensrechtliche Behandlung ist (mit Recht) starker Kritik ausgesetzt.[191] Um den Erwerber gegen den durch Antragszurückweisung drohenden Rechtsverlust zu schützen, erscheint es richtiger, bei vorläufigen relativen Erwerbsverboten (die wieder aufgehoben werden oder ihre Wirksamkeit verlieren können; vgl. §§ 942, 925 ZPO), zugunsten des Antrags auf Eintragung des Erwerbers einen Schutzvermerk gemäß § 18 Abs. 2 GBO (Verfahrens-Vormerkung; § 18 Rdn. 76 ff.) oder aufgrund einer vor der Eintragung erwirkten einstweiligen Verfügung gleichzeitig mit der Eigentumsumschreibung einen Widerspruch einzutragen.[192] Die Entscheidungsreihenfolge des § 17 GBO (Prioritätsprinzip) ist dabei zu beachten (Einl. C 6).

VI. Einigung durch Vertreter

1. Allgemeines

73 Veräußerer und Erwerber müssen sich bei der Einigung durch ihre gesetzlichen Vertreter vertreten lassen, wenn sie nicht selbst rechtswirksam handeln können (Geschäftsunfähige, beschränkt Geschäftsfähige und juristische Personen) und können sich durch Bevollmächtigte oder Vertreter ohne Vertretungsmacht vertreten lassen, wenn sie nicht

---

[184] § 106 Abs. 1 Nr. 7; Abs. 2 HandwO i. d. F. v. 28. 12. 1965; BGBl. I 1966, 1; Haegele/Schöner/*Stöber* GBR 4088 ff.
[185] Dazu Haegele/Schöner/*Stöber* GBR 4088; 4089.
[186] RGZ 120, 118; KG Rpfleger 62, 177.
[187] KG JFG 18, 194; KG Rpfleger 62, 177; OLG Hamm DNotZ 70, 661.
[188] Unentschieden RGZ 117, 290.
[189] So die h. M.: RGZ 120, 118/119; OLG Hamm DNotZ 70, 661; BayObLG Rpfleger 78, 306; Haegele/Schöner/*Stöber* GBR 1649; Meikel/*Lichtenberger* § 19 Rdn. 377 ff.; *Demharter* § 19 Rdn. 19 a.
[190] BayObLGZ 22, 314.
[191] Vgl. Staudinger/*Gursky* § 888 Rdn. 70, 71; MünchKomm/*Wacke* § 888 Rdn. 23 ff.; § 899 Rdn. 18 mwN; *Habscheid* in: FS Schiedermair, 1976, 245 ff.
[192] Staudinger/*Gursky* § 888 Rdn. 71; § 899 Rdn. 39; *v. Schweinitz* DNotZ 90, 749/750; vgl. auch § 19 Rdn. 110 ff.

Zweiter Abschnitt. Eintragungen in das Grundbuch (Munzig) **§ 20**

selbst handeln wollen. Das GBA hat zu prüfen, ob die Einigungserklärungen vom Vertreter innerhalb seiner Vertretungsmacht wirksam abgegeben worden sind, ob dazu eine Genehmigung (z. B. Vormundschaftsgericht, Aufsichtsbehörde) erforderlich ist und ob die Vertretungsmacht formgerecht nachgewiesen ist (vgl. § 19 Rdn. 185 ff.).

Literatur:

Meyer-Stolte Rpfleger 1967, 294; *Riggers* Jur Büro 1968, 183; *Meyer-Stolte* Rpfleger 1974, 85; *Klüsener* Rpfleger 1981, 461; *Köhler* JZ 1983, 225; *Böttcher* Rpfleger 1987, 485; *Bengsohn* Rpfleger 1990, 189; *Ostheiner* Rpfleger 1990, 193; *Bühler* BWNotZ 1990, 1.

2. Einigung durch gesetzliche Vertreter natürlicher Personen

a) Die gesetzliche Vertretung eines ehelichen Kindes steht **beiden Eltern** zu (§§ 1626, **74** 1629 BGB).[193] Jeder von ihnen ist berechtigt, dem andern Vollmacht zu erteilen für ein oder einzelne Geschäfte und auch für einen Kreis von Angelegenheiten,[194] auch widerrufliche, aber nicht unwiderrufliche Generalvollmacht.[195]

Gesetzlicher Vertreter des **nichtehelichen Kindes** ist die Mutter (§ 1705 BGB), die für Grundstücksgeschäfte keinen Pfleger nach § 1706 BGB benötigt.[196]

b) **Alleinige Vertretungsbefugnis** eines Elternteils besteht bei
aa) tatsächlicher Verhinderung oder Ruhen der elterlichen Sorge des anderen (§§ 1678, 1673, 1674 BGB),
bb) Entzug der elterlichen Sorge, Verwirkung oder Konkurs des Ehegatten, dem die elterliche Sorge nach §§ 1671, 1672 BGB übertragen war (§§ 1679, 1680 BGB),
cc) Tod oder Todeserklärung des anderen (§§ 1681, 1677 BGB),
dd) Übertragung der elterlichen Gewalt durch Vormundschaftsgericht (§§ 1671, 1672, 1679, 1680 BGB).

c) **Ausgeschlossen von der Vertretung** sind Eltern und Vormund in den Fällen der **75** §§ 1629 Abs. 2, 1795 und 181 BGB. Ist ein Elternteil ausgeschlossen, ist es auch der andere.[197] Für ein Rechtsgeschäft, das dem Kind lediglich einen rechtlichen Vorteil bringt (§ 107 BGB), gilt weder das Vertretungsverbot des § 1795 Abs. 1 Nr. 1[198] noch das Verbot des Selbstkontrahierens.[199] In Zweifelsfällen sollte der sichere Weg der Mitwirkung eines Pflegers gewählt werden.[200]

d) **Ein beschränkt Geschäftsfähiger** (§ 106 BGB) kann bei einem für ihn lediglich **76** rechtlich vorteilhaften Geschäft (§ 107 BGB) selbst handeln oder durch seinen gesetzlichen Vertreter (auch durch Insichgeschäft) ohne vormundschaftsgerichtliche Genehmigung vertreten werden.[201] Dazu gehören der unentgeltliche Erwerb eines Grundstücks[202] oder dinglichen Rechts, sofern er für das Kind weder zu einer persönlichen Verpflichtung noch zur Aufgabe von Rechten führt.[203] Diese Voraussetzung liegt z. B. auch vor bei Grundstücksschenkungen unter Übernahme eines bestehenden oder unter Vorbehalt eines für den Schenker oder Dritten gleichzeitig bestellten Grundpfand-

---

[193] S. a. *Meyer-Stolte* Rpfleger 80, 130.
[194] Palandt/*Diederichsen* § 1629 Rdn. 1; *Lange* NJW 61, 1892.
[195] OLG Dresden SeuffArch. 66, 306.
[196] *Göppinger* FamRZ 70, 57.
[197] BayObLGZ 59, 370 = NJW 60, 577.
[198] BGH NJW 75, 1885; BayObLGZ 79, 49 = DNotZ 79, 543.
[199] BGHZ 59, 236 = DNotZ 73, 86; NJW 81, 109; OLG Hamm OLGZ 78, 422; DNotZ 83, 371/372; *Klüsener* Rpfleger 81, 258.
[200] Haegele/Schöner/*Stöber* GBR 3603.
[201] *Meyer-Stolte* Rpfleger 74, 87.
[202] BGHZ 15, 168 = DNotZ 55, 72.
[203] BGHZ 78, 28/34; *Gitter* JuS 82, 252; *Klüsener* Rpfleger 81, 258; *Jauernig* JuS 82, 576.

§ 20   I. Grundbuchordnung

rechts,[204] Nießbrauchs,[205] Wohnungsrechts,[206] Vorkaufsrechts,[207] unter Anrechnungs- oder Ausgleichungspflicht,[208] beim unentgeltlichen Erwerb eines Nachlaßgrundstücks durch den minderjährigen Miterben.[209] Nicht nur rechtliche Vorteile bringt dagegen eine Schenkung unter Auflage,[210] mit Rückübertragungsverpflichtung,[211] mit Pflicht zur Darlehensgewährung,[212] mit gesetzlicher Haftung nach § 419 BGB,[213] mit Übernahme oder Neubegründung einer schuldrechtlichen Wohnberechtigung[214] oder einer dem Grundpfandrecht zugrundeliegenden persönlichen Verpflichtung,[215] beim Erwerb von Wohnungseigentum, wenn der Erwerber für die ihm nach der Gemeinschaftsordnung auferlegten Verpflichtungen auch persönlich haftet;[216] beim Erwerb eines mit einer Reallast belasteten Grundstücks, wenn er gemäß § 1108 Abs. 1 BGB auch persönlich haftet[217] oder eines mit Erbbauzins belasteten Erbbaurechts,[218] bei nachträglicher Bestellung eines vorbehaltenen Rechts am geschenkten Grundstück.[219] Ist mit dem geschenkten Grundstück oder dinglichen Recht eine schuldrechtliche Verpflichtung verknüpft, die zu persönlichen Verpflichtungen des Beschenkten führt,[220] so liegt für den Beschenkten kein rein rechtlicher Vorteil vor, auch wenn er mit dem Erwerb des dinglichen Rechts in dieses Schuldverhältnis ohne rechtsgeschäftliche Schuldübernahme eintritt (z. B. beim Eintritt in ein Miet- oder Pachtverhältnis gemäß § 571 BGB).[221] Sind Zweifel am rein rechtlichen Vorteil aufgrund der Sach- und Rechtslage des Einzelfalls angebracht (z. B. bei Grundstücksschenkungen unter auflösender Bedingung des Schenkungsvertrage oder mit Rücktritts- oder Widerrufsvorbehalt des Schenkers),[222] so sollte der rechtlich sichere Weg der Vertretung des Kindes durch den gesetzlichen Vertreter oder Pfleger beschritten werden.

77 e) Handelt ein **Vormund** (§§ 1773 ff. BGB) **oder Pfleger** (§§ 1909 ff. BGB), ist seine Bestallung dem GBA in Form des § 29 nachzuweisen. Seine Erklärungen müssen im Rahmen seines Wirkungskreises liegen.[223] Von Eltern kann das GBA nur in Zweifelsfällen Nachweis der Vertretungsbefugnis durch Bescheinigung des Vormundschaftsgerichts verlangen.

3. Vormundschaftsgerichtliche Genehmigung

78 a) **Dieser Genehmigung bedürfen Rechtsgeschäfte**
(1) wenn die Eltern für das Kind handeln nach § 1643 BGB (Einzelfälle § 19 Rdn. 188),[224]
(2) wenn der Vormund oder Pfleger handelt nach §§ 1812, 1821, 1822 BGB (Einzelfälle § 19 Rdn. 189).[225]
Das Gesetz hat den Kreis genehmigungsbedürftiger Geschäfte im Interesse der Sicherheit des Rechtsverkehrs streng formal bestimmt. Im Gesetz nicht aufgeführte Ge-

---

[204] BayObLGZ 79, 49.
[205] OLG Celle DNotZ 74, 733.
[206] BayObLGZ 67, 245.
[207] *Klüsener* Rpfleger 81, 261.
[208] BGH DNotZ 55, 72.
[209] BayObLGZ 68, 1.
[210] OLG Frankfurt Rpfleger 74, 429.
[211] BayObLG Rpfleger 74, 309.
[212] BFH NJW 77, 456.
[213] BGHZ 53, 178.
[214] OLG Hamm DNotZ 83, 371.
[215] BayObLGZ 79, 49.
[216] BGHZ 78, 28/33.
[217] *Klüsener* Rpfleger 81, 263.
[218] BGH NJW 79, 102/103.

[219] So zutr. *Klüsener* Rpfleger 81, 262; a. A. OLG Frankfurt Rpfleger 81, 19.
[220] Vgl. dazu Staudinger/*Ertl* Vorbem. 42 ff. zu § 873.
[221] Vgl. OLG Oldenburg DNotZ 89, 92; Feller DNotZ 89, 66; *Klüsener* Rpfleger 81, 262; a. A. *Jerschke* DNotZ 82, 460.
[222] Vgl. *Klüsener* Rpfleger 81, 264; Haegele/Schöner/*Stöber* GBR 3611.
[223] KG JFG 7, 103; KG OLGZ 71, 317; BayObLGZ 77, 130/133.
[224] S. a. Haegele/Schöner/*Stöber* GBR 3684; *Klüsener* Rpfleger 81, 258; 81, 461.
[225] S. a. Haegele/Schöner/*Stöber* GBR 3710.

schäfte sind selbst dann genehmigungsfrei, wenn sie die Interessen des Minderjährigen gefährden.[226] Für genehmigungsbedürftige Geschäfte ist die Vertretungsmacht des gesetzlichen Vertreters eingeschränkt.[227] Genehmigungsgegenstand ist das materielle Rechtsgeschäft, nicht die Bewilligung i. S. d. § 19, auch wenn das Genehmigungserfordernis im Zusammenhang mit der Bewilligungsbefugnis zu prüfen ist (vgl. § 19 Rdn. 184).[228] Die vormundschaftsgerichtliche Genehmigung ist ein Hoheitsakt der freiwilligen Gerichtsbarkeit, der Mängel des genehmigten Geschäftes nicht heilt und fehlende Erfordernisse nicht ersetzt. Das Vormundschaftsgericht kann nicht gestatten, was das Gesetz nicht zuläßt[229] und mit einem Negativattest keine Genehmigungsfreiheit mit verbindlicher Wirkung bescheinigen.[230] Das GBA hat deshalb sämtliche Eintragungsvoraussetzungen selbständig zu prüfen.[231] Entsprechend seinen Amtspflichten (Einl. C 51 ff.) hat es festzustellen, welches Geschäft genehmigt worden ist und ob es im Rahmen der Vertretungsmacht (z. B. Wirkungskreis des Pflegers) liegt. Dabei sind die vormundschaftsgerichtliche Genehmigung und Pflegerbestallung entsprechend den für gerichtliche Hoheitsakte geltenden Grundsätzen auslegungsfähig.[232]

b) **Verträge, die ein gesetzlicher Vertreter für das Kind abschließt, werden erst wirksam, wenn** der gesetzliche Vertreter die Genehmigung dem anderen Vertragsteil mitteilt (§ 1829 Abs. 1 BGB). Der gesetzliche Vertreter kann auch nach der Genehmigung die Mitteilung verweigern und den Vertrag damit unwirksam machen; darauf kann nicht von Anfang an verzichtet werden (§ 1829 Abs. 2 BGB).[233] Einseitige Rechtsgeschäfte (vgl. § 19 Rdn. 190) sind unwirksam, wenn sie nicht vorher genehmigt worden sind (§ 1831 BGB).[234]

c) **Liegt bei der Beurkundung die Genehmigung bereits vor,** genügt etwa folgende Erklärung in der Urkunde: „Der Vertreter des Kindes teilt allen Beteiligten zur Kenntnisnahme mit, daß er zum vorliegenden Vertrag die vormundschaftliche Genehmigung bereits am (Datum) erhalten hat".[235]

d) **Die Vertragspartner können auf die Mitteilung als Wirksamkeitsvoraussetzung der Genehmigung nicht verzichten** oder sie modifizieren. Deshalb sind folgende in der Praxis verwendete Klauseln unwirksam und können auch nicht durch Auslegung als wirksame Doppelvollmacht aufgefaßt werden: „Die Genehmigung des Vormundschaftsgerichts gilt mit dem Eingang beim Notar als wirksam erteilt", oder „... als allen Beteiligten zur Kenntnis gebracht und wirksam".[236]

e) **Das GBA darf die Eintragung in Fällen des § 20 nur vornehmen, wenn ihm in Form des § 29 alle Voraussetzungen des § 1829 Abs. 1 BGB nachgewiesen sind,** also: 1. Erteilung der Genehmigung des VormG gegenüber dem gesetzlichen Vertreter, 2. Mitteilung dieser Genehmigung durch den Vertreter an den anderen Vertragsteil, 3. Entgegennahme dieser Mitteilung durch den anderen Vertragsteil.

f) **Wegen der Schwierigkeiten dieses Nachweises wird in der Praxis ein gemeinsamer Bevollmächtigter ernannt,** meistens der Notar (oder einer seiner Angestellten), dem

---

[226] BGHZ 17, 160/163; 38, 26/28; *Winkler* DNotZ 74, 739.
[227] Staudinger/*Engler* §1828 Rdn. 20.
[228] S. a. *Klüsener* Rpfleger 81, 462.
[229] BGH FamRZ 61, 473.
[230] BGHZ 44, 325 = Rpfleger 66, 79.
[231] *Meyer-Stolte* Rpfleger 67, 295; *Winkler* DNotZ 74, 738; *Klüsener* Rpfleger 81, 461.
[232] RGZ 111, 35/38; Staudinger/*Engler* § 1828 Rdn. 25.
[233] Dazu BGH Rpfleger 64, 143; *Meyer-Stolte* Rpfleger 67, 298 (Fußn. 290 mit weiterer Lit.).
[234] S. a. *Klüsener* Rpfleger 81, 463.
[235] Haegele/Schöner/*Stöber* GBR 3737.
[236] RGZ 121, 30; BGH DNotZ 55, 83; BGH Rpfleger 64, 143; *Meyer-Stolte* Rpfleger 67, 298; Palandt/*Diederichsen* § 1829 Rdn. 6.

§ 20

der gesetzliche Vertreter und der Vertragsgegner Doppelvollmacht erteilen, die keiner ausdrücklichen Befreiung von § 181 BGB bedarf. Die Zulässigkeit dieser Doppelvollmacht, auch für den Notar, ist heute einhellig anerkannt.[237] **Die Doppelvollmacht muß unzweideutig die Ermächtigung zur Mitteilung der Genehmigung und die Ermächtigung zum Empfang dieser Mitteilung zum Ausdruck bringen.**

84   g) **Die Ausübung dieser Vollmacht bedarf materiell keiner Form,**[238] muß aber dem GBA erkennbar zum Ausdruck gebracht werden. Die h. M. läßt es genügen, wenn der Bevollmächtigte (also auch der Notar) ohne Erklärung über die Ausübung der Vollmacht die Urkunde mit der Ausfertigung des Genehmigungsbeschlusses dem GBA zum Vollzug vorlegt.[239] Die strengere Meinung verlangt einen schriftlichen Vermerk, der nicht der Form des § 29 bedarf, weil die Mitteilung und ihre Entgegennahme keine „GB-Erklärung" enthält,[240] während die strengste Ansicht, der Vermerk des Notars über die Ausübung der Doppelvollmacht müsse der Form des § 29 entsprechen, inzwischen mit Recht aufgegeben worden ist.[241]

85   h) Nach hier vertretener Ansicht ist die Doppelvollmacht wirksam ausgeübt, wenn der Notar die Urkunde, in der sie erteilt ist, nach § 15 namens des Minderjährigen dem GBA vorlegt. Versieht er diesen Antrag (wie üblich) mit Unterschrift und Dienstsiegel, ist allen Erfordernissen genügt, dem er (was nicht nötig) den Vermerk „Doppelvollmacht ausgeübt" oder seine Bestätigung über Erteilung und Wirksamwerden der Genehmigung[242] hinzusetzen kann. Diese Form entspricht sogar der strengsten Ansicht, da sie eine formgerechte Eigenurkunde i. S. d. § 29 darstellt (vgl. § 19 Rdn. 196).[243]

86   **4. Einigung durch gesetzliche Vertreter** obliegt den durch Gesetz, Satzung oder Gesellschaftsvertrag bestimmten Organen, die ihre Vertretungsmacht dem GBA in Form des § 29 nachzuweisen haben. Einzelheiten
   a) für die in öffentlichen Registern eingetragenen juristischen Personen und Firmen in § 32 GBO;[244] zur Unterscheidung zwischen Vertretungsorganen und Willensbildungsorganen BayObLGZ 74, 81 = Rpfleger 74, 224;
   b) für die juristischen Personen des öffentlichen Rechts, vgl. § 29 Rdn. 36.[245]

5. Auflassung durch Bevollmächtigte

87   Veräußerer und Erwerber können sich durch Bevollmächtigte vertreten lassen.[246]
   a) **Die Vollmacht muß wirksam erteilt worden sein** und zur Zeit der Auflassung noch bestehen.[247] Durch späteren Widerruf oder Wegfall der Vertretungsmacht wird die Auflassung nicht unwirksam.[248]

---

[237] RGZ 121, 30; 155, 179; BGHZ 15, 97 = DNotZ 55, 83; BayObLG DNotZ 83, 369; *Weber* DNotZ 56, 292; *Meyer-Stolte* Rpfleger 67, 300; *Jansen* BeurkG § 18 Rdn. 45 ff., jeweils mit Lit. Vorschläge bei Beck'sches Notarhandbuch/*Brambring* AI Rdn. 73 ff.; Haegele/Schöner/*Stöber* GBR 3739.
[238] BGHZ 15, 97 = DNotZ 55, 83; OLG Zweibrücken DNotZ 71, 731.
[239] OLG Hamm Rpfleger 64, 313; Palandt/*Diederichsen* § 1829 Rdn. 6; Haegele/Schöner/*Stöber* GBR 3740 mit Lit.
[240] OLG Hamm Rpfleger 64, 313; OLG Zweibrücken DNotZ 71, 731 verlangt ihn nur beispielhaft als eine von mehreren Möglichkeiten.
[241] *Meyer-Stolte* Rpfleger 74, 85/88.
[242] BayObLG DNotZ 83, 369/370.
[243] S. a. Keidel/Kuntze/*Winkler* BeurkG § 3 Rdn. 53, Fn. 6.
[244] Haegele/Schöner/*Stöber* GBR 3621 ff.
[245] S. a. Haegele/Schöner/*Stöber* GBR 3656 ff.
[246] Dazu Haegele/Schöner/*Stöber* GBR 3532 ff.; *Kanzleiter* DNotZ 79, 687; *Görgens* RhNotK 82, 53; *Schüle* BWNotZ 1984, 156; *Stiegeler* BWNotZ 1985, 129.
[247] BayObLG Rpfleger 86, 90; 86, 216.
[248] KG DNotZ 72, 615; BayObLG DNotZ 83, 752.

b) **Die Vollmacht ist materiell regelmäßig formfrei** (§ 167 Abs. 2 BGB).[249] Dies gilt auch für die unwiderrufliche Vollmacht, wenn sich die Unwiderruflichkeit aus einem notariell beurkundeten Vertrag ergibt.[250]

c) **Beurkundungspflichtig** ist die Veräußerungs-, Erwerbs- und Auflassungsvollmacht nur unter den besonderen Voraussetzungen des § 313 BGB,[251] bei deren Vorliegen nicht lediglich die isolierte Vollmacht, sondern das gesamte zugrundeliegende Geschäft unter Mitwirkung des Vollmachtgebers und Bevollmächtigten zu beurkunden ist.[252]

d) **Die Vollmacht muß inhaltlich die Einigung decken.** Dies ist in der Regel auch dann der Fall, wenn sie nach ihrem Wortlaut zum Abschluß des schuldrechtlichen Geschäftes berechtigt.[253] Die Vollmacht kann eine General-, Gattungs-, Spezial-, Einzel- oder Gesamtvollmacht, Haupt- oder Untervollmacht sein. Im letzteren Fall müssen Haupt- und Untervollmacht alle Voraussetzungen erfüllen.[254] Der Umfang der Vollmacht ist notfalls durch Auslegung nach den Grundsätzen der GB-Erklärungen (Einl. C 25 ff.) zu ermitteln.[255] Die Vollmacht darf keine Bedingungen oder Einschränkungen enthalten, die das GBA nicht selbst nachprüfen kann. Andernfalls muß der Eintritt der Bedingung dem GBA in Form des § 29 nachgewiesen werden. Ist der Vollmachtgeber vor Ausübung der Vollmacht verstorben, muß die Vollmacht über den Tod des Vollmachtgebers hinaus erteilt sein, was notfalls durch Auslegung zu ermitteln und in der Regel zu bejahen ist (§§ 168; 672 BGB).[256]

e) **Veräußerer und Erwerber können unter Befreiung von § 181 BGB den gleichen Bevollmächtigten zur Auflassung ermächtigen,**[257] auch den anderen Vertragspartner, der dann im eigenen Namen für sich und als Vertreter für den anderen handeln kann. Der dazu ermächtigte Notar kann in einer Eigenurkunde nur formell ungenügende GB-Erklärungen (§§ 19, 20) ergänzen (§ 20 Rdn. 114), aber nicht die materielle Auflassung (§ 925 BGB), an der er als Amtsperson mitwirkt (§ 20 Rdn. 113, 116). Die Befugnis zur Untervollmacht ohne Befreiung von § 181 BGB gestattet regelmäßig nicht die Erteilung der Untervollmacht unter Befreiung von § 181 BGB.[258]

f) **Verfahrensrechtlich ist die Vollmacht** (Hauptvollmacht und Untervollmacht) dem GBA mit einer jeden vernünftigen Zweifel ausschließenden Eindeutigkeit **in Form des § 29 nachzuweisen.**[259] Eine wirksame Vollmachtsurkunde (§ 172 BGB) ist nur die Urschrift der in Unterschriftsbeglaubigungsform erteilten Vollmacht (§ 40 BeurkG) oder die dem Bevollmächtigten erteilte Ausfertigung der beurkundeten Vollmacht (§§ 8; 9; 51 BeurkG), nicht eine beglaubigte Abschrift davon.[260] Für das GBA genügt es als Nachweis, wenn diese Urschrift oder Ausfertigung dem Notar bei der Auflassung vorgelegt wird und der Notar dies bestätigt[261] oder Vollmacht nachträglich in Form des

---

[249] S. a. RGZ 129, 286; BayObLGZ 53, 55; BGH DNotZ 79, 684/685.
[250] OLG Zweibrücken Rpfleger 82, 216.
[251] Palandt/*Heinrichs* §313 Rdn. 6 f.; Staudinger/*Wufka* § 313 Rdn. 119 ff.
[252] Haegele/Schöner/*Stöber* GBR 3537.
[253] Staudinger/*Pfeifer* § 925 Rdn. 72.
[254] *Wolf* MittBayNot 1996, 270.
[255] OLG Köln Rpfleger 81, 440.
[256] Dazu KG DNotZ 72, 18; zur Auflassungsvollmacht für Käufer oder Verkäufer: OLG Köln OLGZ 69, 305; OLG Düsseldorf DNotZ 70, 27; zur Vollmacht im Testament: OLG Köln NJW 50, 702; zur Vollmacht zur Vertretung der Erben: LG Koblenz Rpfleger 71, 15; wenn Erbe minderjährig ist: BGH DNotZ 69, 481.
[257] OLG München DNotZ 51, 31; *Hieber* DNotZ 51, 212.
[258] BayObLG MittBayNot 1993, 150.
[259] OLG Celle Rpfleger 80, 150 zust. *Meyer-Stolte*; *Wolf* MittBayNot 1996, 268.
[260] BGHZ 102, 60 = DNotZ 88, 551 m. Anm. *Bohrer*; OLG Stuttgart DNotZ 52, 183; Keidel/Kuntze/*Winkler* BeurkG § 12 Rdn. 7.
[261] KG DNotZ 72, 615; OLG Frankfurt Rpfleger 72, 306 zust. *Haegele*; vgl. auch BGHZ 77, 76 = DNotZ 80, 352; Haegele/Schöner/*Stöber* GBR 3577 ff.; *Kasper* RhNotZ 80, 132; LG Aachen RhNotK 81, 39.

§ 29 bestätigt wird. Materiellrechtlich muß die Vollmacht bei Auflassung bereits bestanden haben, andernfalls ist sie auslegungsfähig als nachträgliche Genehmigung,[262] sofern an der Endgültigkeit des geäußerten Willens keine Zweifel (wie z. B. bei der mit Auflage verbundenen Genehmigung) bestehen.[263] Richtet sich die Wirkungsdauer der Vollmacht nach § 171 BGB, so ist ihr Fortbestand nur durch den Nachweis des fehlenden Widerrufs (§ 171 Abs. 2 BGB) zu führen.[264]

VII. Inhalt der Auflassungserklärungen
1. Voraussetzungen für einen wirksamen Inhalt

93 Die Auflassung als dinglicher Vertrag erfordert übereinstimmende Willenserklärungen aller Beteiligten über den gesamten Inhalt. Aus der Auflassung muß ausdrücklich oder auslegungsfähig (§ 20 Rdn. 94) der übereinstimmende Wille aller Beteiligten hervorgehen, von wem und an wen (Rdn. 95 ff.) an welchem Grundstück (Rdn. 101 ff.) Eigentum ohne jede Bedingung oder Zeitbestimmung übertragen wird (Rdn. 104 ff.). Die Nichtigkeit des Grundgeschäfts führt nach dem Abstraktionsprinzip für sich allein nicht zur Nichtigkeit der Auflassung.[265]

Literatur:

Hieber DNotZ 1959, 463; *Panz* BWNotZ 1979, 86; *Rehle* DNotZ 1979, 96; *Tiedtke* FamRZ 1979, 370; *Meyer-Stolte* Rpfleger 1980, 166; *Böhringer* BWNotZ 1983, 133; 1985, 73; *Hagen* DNotZ 1984, 267.

2. Ausdrücklicher oder auslegungsfähiger Inhalt

94 a) **Die Auflassung erfordert eindeutige Erklärungen** (keine bestimmten Formulierungen), die den übereinstimmenden Willen der Beteiligten auf Übertragung des Eigentums vom Veräußerer auf den Erwerber deutlich zum Ausdruck bringen.[266] Auch rein verfahrensrechtliche Erklärungen, z. B. Bewilligung des Betroffenen (§ 19) in Verbindung mit Eintragungsantrag des Begünstigten können die materielle Einigung beinhalten.[267]

b) **Außerhalb des GB-Verfahrens** ist die Auflassung als dinglicher Vertrag mit materieller Rechtsnatur (§§ 873, 925 BGB) nach den für Verträge geltenden allgemeinen Auslegungsgrundsätzen der Auslegung zugänglich (Einl. C 35 ff.).

c) **Im Rahmen des GB-Verfahrens** (Einl. A 43: § 20 Rdn. 4) müssen die Auflassungserklärungen des Veräußerers und Erwerbers in den Fällen des § 20 den strengen Anforderungen an Bestimmtheit, Klarheit und Auslegungsfähigkeit genügen, die für GB-Erklärungen gelten (Einl. C 25 ff.).[268] Eine materiell wirksame Auflassung kann wegen der strengeren Anforderungen des formellen Grundbuchrechts für die GB-Eintragung nicht verwendbar sein.[269]

---

[262] BGHZ 29, 366 = DNotZ 59, 312 = Rpfleger 59, 219.
[263] BGH DNotZ 83, 624.
[264] OLG Köln Rpfleger 84, 182.
[265] OLG Frankfurt DNotZ 81, 40; Staudinger/Gursky § 873 Rdn. 117 ff.
[266] BayObLG DNotZ 86, 237/238.
[267] BGHZ 60, 46/52 = NJW 73, 323/325; BayObLG DNotZ 75, 686.
[268] Dazu BayObLGZ 74, 112/115 = Rpfleger 74, 222; BGH WM 75, 498; BayObLGZ 77, 189 = DNotZ 78, 238.
[269] Vgl. BGH Rpfleger 87, 452; dazu § 20 Rdn. 107.

3. Eigentumsübertragung vom Veräußerer an Erwerber

Aus den übereinstimmenden Erklärungen muß sich ergeben, daß Grundstückseigentum rechtsgeschäftlich übertragen wird und wer der Veräußerer und wer der Erwerber ist.[270] Trotz Auslegungsmöglichkeit (§ 20 Rdn. 94) genügt es nicht, wenn der im GB als Eigentümer Eingetragene durch GB-Berichtigung die Eintragung des wirklichen Eigentümers bewilligt und dieser der Berichtigung zustimmt (§ 22), weil beide das GB als unrichtig ansehen und sich nicht über einen rechtsgeschäftlichen Eigentumsübergang einig sind, wie dies § 873 Abs. 1 BGB verlangt.[271]

4. Gemeinschaftsverhältnis

a) **Auf der Veräußerer- oder Erwerberseite** können mehrere Personen an der Auflassung beteiligt sein:

(1) Sind **mehrere Veräußerer** beteiligt und wirken alle an der Auflassung mit, ergibt sich ihr Gemeinschaftsverhältnis unmittelbar aus dem GB.

(2) Sind **mehrere Erwerber** beteiligt, muß ihr Gemeinschaftsverhältnis gesetzlich zulässig sein, z. B. Bruchteilsgemeinschaft (§ 1008 BGB), Gesellschaft bürgerlichen Rechts (§ 705 BGB), Gütergemeinschaft (§ 1415 BGB), Errungenschaftsgemeinschaft (§ 1519 a. F. BGB), Erbengemeinschaft (§ 2032 BGB), nichtrechtsfähiger Verein (§ 54 BGB), güterrechtliche Gemeinschaften ausländischen Rechts (vgl. § 19 Rdn. 154; § 20 Rdn. 105). Notwendig ist die Angabe des konkreten Gesamthandsverhältnisses, nicht genügend z. B. „Auflassung an die Erwerber zur gesamten Hand".[272] Ein Eigentumserwerb mehrerer als „Gesamtberechtigte gemäß § 428 BGB" ist nicht zulässig,[273] auch wenn für sie in diesem Gemeinschaftsverhältnis eine Auflassungsvormerkung bestellt und eingetragen werden kann.[274] Auch eine Auflassung an Erwerber, die nacheinander Alleineigentümer werden sollen (vgl. § 20 Rdn. 60), wäre als zeitlich befristetes Eigentum (§ 925 Abs. 2 BGB) unwirksam.

(3) **Keine Auflassung an mehrere** liegt vor, wenn zuerst das Grundstück vom Veräußerer an den Erwerber aufgelassen wird und erst dann auf der Erwerberseite ein Gemeinschaftsverhältnis entsteht (vgl. § 20 Rdn. 99) oder wenn der Auflassungsempfänger vor seiner Eintragung das Grundstück an mehrere zu Bruchteilen oder Gesamthand (auch wenn er selbst daran beteiligt ist) weiterüberträgt (vgl. § 20 Rdn. 101).[275]

b) **Übereinstimmende Erklärungen aller Veräußerer und Erwerber** über das Gemeinschaftsverhältnis, in dem mehrere das Grundstück erwerben wollen, gehören zu den Voraussetzungen einer materiell wirksamen (§§ 873, 925 BGB) und formell für die Eintragung verwendbaren Auflassung (§§ 20, 47 GBO). Denn es gibt kein Eigentum und auch kein Gemeinschaftseigentum schlechthin.[276] Die a. A., die Auflassung sei auch ohne Einigung über das Gemeinschaftsverhältnis materiell wirksam, die Erwerber könnten es nachträglich ohne Mitwirkung des Veräußerers untereinander regeln, ändern oder berichtigen, weil § 47 eine Verfahrensnorm und das Innenverhältnis der Erwerber dem Veräußerer gleichgültig ist, ist abzulehnen.[277] Die Kritik an der bisherigen formalistischen Überspitzung des Bestimmtheitsgrundsatzes[278] hat zu einem begrüßens-

---

[270] RG JW 28, 2519.
[271] OLG Frankfurt Rpfleger 73, 394.
[272] KG OLG 22, 179.
[273] BayObLGZ 63, 123.
[274] OLG Köln Rpfleger 75, 19.
[275] OLG Köln Rpfleger 80, 16.
[276] Hieber DNotZ 59, 463, 464.
[277] RGZ 76, 409/413; BayObLGZ 54, 12; 78, 335; OLG Düsseldorf DNotZ 79, 219; Staudinger/Pfeifer § 925 Rdn. 54; a. A. LG Lüneburg Rpfleger 1994, 206; Meikel/Lichtenberger § 20 Rdn. 226.
[278] Z. B. durch Hieber DNotZ 59, 463; Rehle DNotZ 79, 196; Meyer-Stolte Rpfleger 80, 166.

§ 20   I. Grundbuchordnung

werten Wandel in der Rspr. geführt,[279] durch den rechtlich und praktisch viele der früheren Entscheidungen verworfen worden sind.[280] Es genügt, wenn auf der Grundlage der materiell- und verfahrensrechtlichen Auslegungs- und Umdeutungsgrundsätze (Einl. C 22 ff.) das gewollte Gemeinschaftsverhältnis ermittelt und ein unzulässiges in ein zulässiges umgedeutet werden kann, damit der Eigentumserwerb nicht an einer Überspannung des Kongruenzgedankens scheitert.[281] Ist die Auflassung materiell wirksam, genügen die Erklärungen des Veräußerers den verfahrensrechtlichen Anforderungen und verstoßen lediglich die Grundbucherklärungen des Erwerbers gegen § 47, so können sie[282] ohne Mitwirkung des Veräußerers in Form des § 29 nachgeholt, geändert oder berichtigt werden. Der Auflassungsform (§ 925 Abs. 1 BGB) bedürfen nur Nachtragserklärungen, die zur Behebung einer materiellen Unwirksamkeit der Auflassung erforderlich sind.

98 c) **Bei Auflassung an mehrere in Bruchteilsgemeinschaft** (§§ 741, 1008 BGB) muß sich die Einigung auch auf die Größe aller Miteigentumsanteile beziehen und die Summe aller Bruchteile ein Ganzes ergeben. Eine Auflassung an mehrere Erwerber ohne Angabe von Quoten oder ohne Angabe, ob eine Übertragung auf die Erwerber nach Bruchteilen oder ob und in welchem Gemeinschaftsverhältnis gewollt ist, kann mangels entgegenstehender Anhaltspunkte als materiell wirksame Auflassung an sie zu gleichen Bruchteilen ausgelegt werden.[283] Die Einigungserklärungen (§ 20 Rdn. 4) bedürfen aber verfahrensrechtlich zum Zwecke der GB-Eintragung bezüglich der Quoten einer Ergänzung (§ 47), die lediglich die Erwerber in Form des § 29 abgeben müssen, wenn der Inhalt der formellen Erklärungen des Veräußerers (was i. d. R. möglich ist) durch Auslegung zum gleichen Ergebnis führt. Hat das GBA die Größe der Bruchteile entgegen § 47 nicht eingetragen, so hat es dies aufgrund der ihm vorliegenden und erforderlichenfalls nachzureichenden Eintragungsunterlagen nachzuholen.

5. Auflassung an Ehegatten in Gütergemeinschaft

99 a) **Fall 1: Auflassung an einen Ehegatten allein (zum Gesamtgut oder zum Alleineigentum):**
Diese Auflassung ist wirksam, selbst wenn der Erwerber nicht Gesamtgutsverwalter ist. Denn jeder Ehegatte kann allein ein Grundstück (Miteigentumsanteil; Wohnungseigentum; Erbbaurecht) erwerben. Der Erwerb fällt nach einer Meinung durch Auflassung, nach a. A. (wie bei Erbschaft) erst eine „logische Sekunde nach Vollendung des Rechtserwerbs" kraft Gesetzes in das Gesamtgut (vgl. Einl. D 17 zum Streit zwischen „unmittelbarem" oder „abgeleitetem" Erwerb).[284] Das Recht, die Eigentumsübertragung zum Gesamtgut zu beantragen, steht beiden Ehegatten gemeinsam, dem erwerbenden Ehegatten allein und dem Gesamtgutsverwalter unter Nachweis der Gütergemeinschaft zu,[285] nicht dem Erwerber, der nicht Gesamtgutsverwalter ist.[286] Die Eintragung des allein erwerbenden Ehegatten als Alleineigentümer muß das GBA nach § 82 GBO in Kenntnis der Gütergemeinschaft ablehnen.[287]

100 b) **Fall 2: Auflassung an beide Ehegatten nach Bruchteilen:**
Der Streit, ob eine solche Auflassung ohne gleichzeitige Erklärung der Miteigentumsanteile zum Vorbehaltsgut materiell völlig unwirksam ist[288] oder erst durch eine von

---

[279] Vgl. BGHZ 82, 346; OLG Köln Rpfleger 80, 16; BayObLGZ 83, 118.
[280] So zutr. Haegele/Schöner/*Stöber* GBR 3312.
[281] Vgl. *Ertl* Rpfleger 83, 430.
[282] Entgegen BayObLGZ 75, 211 = Rpfleger 75, 302 mwN.
[283] BayObLGZ 77, 189 = DNotZ 78, 238.
[284] S. a. *Hofmann* FamRZ 72, 117; *Tiedtke* FamRZ 76, 510.
[285] BayObLGZ 75, 209 = Rpfleger 75, 302.
[286] Staudinger/*Thiele* § 1416 Rdn. 23.
[287] RGZ 155, 344/347; BayObLG a. a. O.
[288] Wie OLG Frankfurt Rpfleger 77, 204 meint.

allen Beteiligten in Auflassungsform durchzuführende „Berichtigung" des falschen Gemeinschaftsverhältnisses[289] oder nachträgliche Vereinbarung von Vorbehaltsgut voll wirksam wird[290] oder ob die Auflassung entsprechend der Gegenmeinung von Anfang an materiell wirksam und formell nicht zu beanstanden ist, wurde i. S. der letzteren Auffassung vom BGHZ 82, 346 = Rpfleger 82, 135 zust. *Meyer-Stolte* (ihm jetzt folgend BayObLGZ 83, 118/125) entschieden.[291] Deshalb kann jeder in Gütergemeinschaft lebende Ehegatte allein für sich einen Miteigentumsanteil wirksam aufgelassen erhalten, der (wie im Fall 1) nach der Unmittelbarkeitstheorie sofort mit Eintragung oder nach der Durchgangstheorie als abgeleiteter Rechtserwerb eine logische Sekunde später kraft Gesetzes in das Gesamtgut fällt. Das GBA müßte gemäß § 82 die Eintragung der Ehegatten in Bruchteilsgemeinschaft ablehnen, wenn es das Bestehen der Gütergemeinschaft kennt (§ 20 Rdn. 99). Es hat aber ohne Wiederholung, Änderung oder Berichtigung der Auflassung entweder dem Antrag auf Eintragung der Ehegatten in Gütergemeinschaft stattzugeben, wenn sie dies beantragen, oder dem Antrag auf Eintragung des Erwerbs zu Miteigentumsbruchteilen (§ 20 Rdn. 98), wenn ihm die (gleichzeitige oder nachträgliche) ehevertragliche Erklärung der Miteigentumsanteile zum Vorbehaltsgut der Ehegatten nachgewiesen wird.[292]

c) **Fall 3: Güterstandsänderung zwischen Auflassung und Eintragung** 101
(1) Vereinbaren die Ehegatten zwischen Auflassung und Eintragung anstelle Gütergemeinschaft einen anderen Güterstand (z. B. gesetzlich oder Gütertrennung), bleibt die an sie erklärte Auflassung in Gütergemeinschaft materiell wirksam und ist auf entsprechende Erklärung der Erwerber in der Form des § 29 vom GBA zu vollziehen.[293]
(2) Haben die Ehegatten erst zwischen Auflassung und Eintragung Gütergemeinschaft vereinbart, ist die zunächst richtig an sie als Erwerber nach Miteigentumsbruchteilen erklärte Auflassung materiell wirksam und verfahrensrechtlich wie Fall 2 zu behandeln. Zur Rechtslage bei einer solchen Güterstandsänderung auf der Veräußererseite vgl. § 19 Rdn. 150.
(3) Ändern die Erwerber den gesetzlichen Güterstand in Gütertrennung oder umgekehrt (vor oder nach Eintragung), so hat dies auf ihr Gemeinschaftsverhältnis und auf den Inhalt der Auflassung und des Grundbuchs keinen Einfluß. Diese Güterstände können im GB nicht vermerkt werden (Einl. B 55).

d) **Fall 4: Auflassung an beide Ehegatten zum Gesamtgut** 102
Das GBA hat die Ehegatten in Gütergemeinschaft einzutragen, wenn es weiß oder davon ausgehen darf, daß zwischen ihnen Gütergemeinschaft besteht, z. B. weil sich dieser Güterstand aus dem Güterrechtsregister, aus dem GB eines anderen Grundstücks dieser Ehegatten, aus der Bestätigung des Notars, daß ihm der maßgebliche Ehevertrag vorgelegt worden ist oder aus der Erklärung beider Ehegatten ergibt, daß sie gemäß Urkunde des Notars ... vom ... Gütergemeinschaft vereinbart haben. Ob das GBA ohne ausreichende Nachweise oder Anhaltspunkte die „Eintragung zum Gesamtgut" vornehmen soll und darf, wird in der Praxis unterschiedlich gehandhabt (dazu § 33 Rdn. 4).

e) **Fall 5: Auflassung an beide Ehegatten zum Gesamtgut, die keine Gütergemein-** 103
schaft vereinbart haben:
In solchen Fällen ist eine getrennte Beurteilung der materiellen und formellen Rechtslage vorzunehmen:

---

[289] So BayObLG Rpfleger 78, 126; 79, 18.
[290] So BayObLG Rpfleger 82, 18.
[291] Staudinger/*Thiele* § 1416 Rdn. 29.
[292] BayObLG Rpfleger 82, 18.
[293] So OLG Köln Rpfleger 80, 16.

(1) Durch Eintragung der Ehegatten in Gütergemeinschaft wird das GB bezüglich des Gemeinschaftsverhältnisses unrichtig (§ 894 BGB).

(2) Die Auflassung als dinglicher Vertrag kann nach § 140 BGB in eine materiell wirksame Auflassung an die Erwerber zu gleichen Miteigentumsbruchteilen umgedeutet werden, wenn (wie i. d. R.) Veräußerer und Erwerber der Begründung von Gesamthandseigentum keine besondere Bedeutung beigemessen haben, zwischen den Erwerbern keine Gütergemeinschaft und keine andere Gesamthandsgemeinschaft besteht oder beabsichtigt ist und bei Kenntnis des richtigen Güterstandes eine Auflassung an sie zu gleichen Bruchteilen vereinbart worden wäre.[294] Die nach Verfahrensrecht eingeschränkte Umdeutungsfähigkeit der zur Eintragung erforderlichen GB-Erklärungen (Einl. C 29) hat zur Folge, daß im Eintragungsverfahren i. d. R. die GB-Erklärungen des Veräußerers (§§ 19, 20, 47), der den Güterstand der Erwerber nicht kennt, ohne Berichtigung für eine Umdeutung in ein anderes Gemeinschaftsverhältnis ausreichen. Die GB-Erklärungen der Erwerber genügen den verfahrensrechtlichen Anforderungen nicht, weil von ihnen im Interesse einer richtigen Eintragung die Angabe ihres richtigen Güterstandes und des danach zulässigen Gemeinschaftsverhältnisses erwartet und verlangt werden muß. Die Erwerber können die erforderliche Berichtigung ohne Mitwirkung des Veräußerers in Form des § 29 (wie im Fall 3) vornehmen (§ 20 Rdn. 101) und mangels Umdeutungsfähigkeit des alten Antrags (§ 13 Rdn. 36) einen neuen Eintragungsantrag stellen.

(3) Ist die Auflassung materiell wirksam, dann erwerben die Ehegatten durch Einigung und Eintragung (§ 873 BGB), auch wenn sie unrichtig in Gütergemeinschaft eingetragen worden sind, Miteigentum je zur Hälfte.[295]

6. Auflassung an Ehegatten in Errungenschaftsgemeinschaft

104 Dafür gelten die Ausführungen in § 20 Rdn. 99 ff. sinngemäß. Errungenschaftsgemeinschaft besteht nach deutschem Recht selten (§ 19 Rdn. 153), nach ausländischem Recht häufig (§ 19 Rdn. 154). Ein der Errungenschaftsgemeinschaft ähnlicher Güterstand ist die eheliche Vermögensgemeinschaft des FGB (der DDR), die nach EGBGB Art. 234 § 4 weiterbestehen kann (vgl. § 19 Rdn. 136).

7. Auflassung an Ehegatten mit ausländischem Güterstand

Literatur:

Meikel/*Lichtenberger* § 20 Rdn. 229 ff.; Haegele/Schöner/*Stöber* GBR 3421 b; *Reithmann* DNotZ 1985, 540; *Amann* MittBayNot 1986, 222; *Wolfsteiner* DNotZ 1987, 67; *Böhringer* BWNotZ 1988, 49; Rpfleger 1990, 337/342; dazu ferner § 19 Rdn. 154.

105 a) Das Gemeinschaftsverhältnis von Ehegatten, die Eigentum (oder ein sonstiges Recht) an einem Grundstück erwerben wollen oder erworben haben, richtet sich nicht nach Sachenrecht, sondern auch dann nach dem für ihre Ehe geltenden Güterrecht, wenn nach deutschem IPR (Art. 15; 220 Abs. 3 EGBGB) ausländisches Recht anzuwenden ist.[296] Im Grundstücksverkehr ist deshalb ausländisches Güterrecht des Erwerbers ebenso wie deutsches Güterrecht von Bedeutung (§ 19 Rdn. 154). Auch der Notar hat es bei Beurkundungen zu beachten (§17 Abs. 3 BeurkG).[297]

---

[294] MünchKomm/*Kanzleiter* § 925 Rdn. 21; Staudinger/*Gursky* § 873 Rdn. 63.

[295] So jetzt BayObLGZ 83, 118 = Rpfleger 83, 346; Haegele/Schöner/*Stöber* GBR 3312.

[296] Staudinger/*Pfeifer* Vorbem. 11. ff. zu § 925; § 925 Rdn. 57.

[297] S. a. *Wolfsteiner* DNotZ 87, 67/84; Keidel/Kuntze/*Winkler* BeurkG § 17 Rdn. 23.

b) Im Grundbuchverfahren ist ausländisches Güterrecht nicht zu erforschen und nur aufzuklären, wenn wegen konkreter Umstände des Einzelfalles berechtigte Zweifel an der Richtigkeit der von den Beteiligten gemachten Angaben bestehen. Die Aufklärungs- und Prüfungspflicht des GBA wird nicht dadurch erweitert, daß sich der Güterstand des Erwerbers eines Grundstücks nach ausländischem Recht richtet oder richten kann.[298] Das GBA darf die beantragte Eintragung von Allein-, Bruchteils- oder Gesamthandseigentum der Erwerber nur ablehnen, wenn es sichere Kenntnis davon hat, daß das GB unrichtig würde.[299] Deshalb genügt im Regelfall die bloße Angabe, nicht in Güter- oder sonstiger Gesamthandsgemeinschaft zu leben, um den Erwerber als Alleineigentümer (§ 20 Rdn. 99) oder Ehegatten als Bruchteilseigentümer (§ 20 Rdn. 98, 100) einzutragen.[300]

c) Im Grundbuch (§ 47 GBO) sind Ehegatten entsprechend ihren Erklärungen in der Urkunde als Miteigentümer nach Bruchteilen (§ 20 Rdn. 98) oder als Eigentümer in dem für ihre Ehe gesetzlich oder eheverträglich maßgebenden Gemeinschaftsverhältnis einzutragen. Enthält das gesetzliche Güterrecht (welches das GBA i. d. R. zugrundelegen darf)[301] des nach dem Güterrechtsstatut maßgebenden Staates eine Regelung (Güter-, Errungenschafts- oder sonstige Gemeinschaft), wonach ein Erwerb von bloßem Bruchteilseigentum nicht möglich wäre, muß der Erwerber, der als Allein- oder Bruchteilseigentümer eingetragen werden will, entsprechende Angaben machen, aus denen sich schlüssig ergibt, daß dies im konkreten Fall zulässig ist (zu den Folgen unrichtiger Angaben vgl. § 20 Rdn. 99 ff.). Bei Eintragung einer vom bloßen Bruchteilseigentum abweichenden Gemeinschaft ausländischen Rechts sollte entweder deren Natur beschrieben oder eine dem deutschen Recht bekannte schlagwortartige Bezeichnung unter Hinweis auf das maßgebliche ausländische Recht[302] verwendet werden, z. B. Gesamthandsberechtigung „nach holländischem Recht".[303]

8. Ist eine Person auf Veräußerer- und Erwerberseite gleichzeitig beteiligt (z. B. Miterbe erwirbt das Nachlaßgrundstück allein oder mehrere Miterben in Bruchteilseigentum) muß er die Auflassung als Veräußerer erklären und als Auflassungsempfänger entgegennehmen. Auch ein Testamentsvollstrecker, der ein Nachlaßgrundstück übernimmt (z. B. Teilungsanordnung; Vermächtnis), muß bei der Auflassung erklären, daß und in welcher Eigenschaft er auf beiden Seiten handelt. Auf diese Weise wird die Auflassung eines Grundstücks als Sacheinlage an die Vor-GmbH erklärt (dazu § 20 Rdn. 68).

9. Auflassungsgrundstück

a) **Das aufgelassene Grundstück muß in der Eintragungsbewilligung gem. § 28 eindeutig bezeichnet werden.** Materiell ist dies für die Wirksamkeit der Auflassung nicht vorgeschrieben.[304] Eine fehlende Angabe nach § 28 kann in der Regel nur vom Veräußerer gemacht oder nachgeholt werden, weil nur er zu der neben der Auflassung notwendigen Bewilligung berechtigt ist (§ 19 Rdn. 44, 49, 66; § 20 Rdn. 6 ff.),[305] nicht vom Erwerber allein wie dies Rspr.[306] und ein Teil der Literatur[307] als genügend anse-

---

[298] So BayObLGZ 86, 81 = Rpfleger 86, 369; *Böhringer* BWNotZ 88, 49.
[299] BayObLG MittBayNot 1992, 268 f., OLG Hamm, DNotI-Report 1996, 32.
[300] *Böhringer* Rpfleger 90, 337/342.
[301] OLG Hamm DNotZ 66, 236.
[302] So *Reithmann* DNotZ 85, 545/546.
[303] OLG Köln DNotZ 72, 182.
[304] BGH Rpfleger 82, 153; 84, 310; 87, 452; BayObLGZ 62, 362/371 = Rpfleger 63, 243.
[305] S. a. Meikel/*Lichtenberger* § 20 Rdn. 20.
[306] Z. B. BGH Rpfleger 84, 310; OLG Hamm DNotZ 58, 644; BayObLGZ 74, 115 = Rpfleger 74, 222; *Haegele* Rpfleger 73, 272.
[307] *Demharter* § 20 Rdn. 32.

hen. Mit einer die Anforderungen des § 28 nachholenden Erklärung des Erwerbers darf sich das GBA aber begnügen, wenn es an der materiellen Wirksamkeit der Auflassung des Grundstücks keine Zweifel hat und wenn die GB-Erklärungen des Veräußerers so ausgelegt werden können (Einl. C 25 ff.), daß sie mit denen des Erwerbers inhaltlich übereinstimmen (§ 20 Rdn. 94, 95).[308] Ist der Urkundsnotar dazu ermächtigt, kann er in einer Eigenurkunde die Angabe nachholen (§ 19 Rdn. 196; § 28 Rdn. 9).

108 b) **Auflassung des Einlagegrundstücks** im Flurbereinigungs- oder Umlegungsverfahren genügt zur Eintragung der Auflassung am Ersatzgrundstück, wenn die Auflassung vor GB-Vollzug des Flurbereinigungsplanes bzw. Umlegungsbeschlusses erklärt worden ist; Wiederholung oder Berichtigung der Auflassung nicht nötig.[309] Solange das GB nach Anordnung der Ausführung des Flurbereinigungsplanes nicht berichtigt ist, kann die Auflassung nicht eingetragen werden.[310] Vgl. dazu § 20 Rdn. 176, 200.

109 c) **Eine nicht vermessene Teilfläche** kann nur aufgelassen werden, wenn sie eindeutig bestimmt bezeichnet ist.[311] Dies gilt auch für die Klage auf Auflassung.[312] Denn was rechtsgeschäftlich wirksam möglich ist, muß auch im Prozeßweg bei Klage auf Verurteilung zur Erklärung der Auflassung zulässig sein.[313] Kann die Teilfläche nicht bestimmt bezeichnet werden, ist die Verurteilung zur Auflassung ebensowenig möglich[314] wie die rechtsgeschäftliche Auflassung. Denn es besteht Gefahr, daß Einigung und Eintragung nicht übereinstimmen, wie Urteile des BGH[315] zeigen. Richtigkeit des GB und Wirksamkeit des Eigentumserwerbs sind wichtiger als Zeit und Kostenersparnis. Zu Falschbezeichnung, Irrtum, Dissens und den Folgen vgl. Staudinger/*Pfeifer* § 925 Rdn. 65 ff., 118.

10. Unbedingte und unbefristete Auflassung

110 a) **Die Auflassung muß unbedingt und unbefristet sein,** sonst ist sie nichtig (§ 925 Abs. 2 BGB). Ob unzulässige Bedingung oder zulässige Rechtsbedingung gewollt ist, muß im Zweifel durch Auslegung ermittelt werden.[316]

111 b) **Auflassung darf nicht abhängig gemacht werden von** Wirksamkeit oder Bestehenbleiben des Grundgeschäfts[317] oder auflösender Bedingung, z. B. Widerruf eines Vergleichs[318] von Ehescheidung,[319] auch nicht dann, wenn Auflassung in gerichtlichem Vergleich erklärt und Scheidungsurteil im gleichen Termin unter beiderseitigem Rechtsmittelverzicht verkündet wird,[320] vom Abschluß eines Ehevertrages.[321]

112 c) **Zulässige Rechtsbedingungen oder Vollzugsvorbehalte** Auflassung durch Vertreter ohne Vertretungsmacht vorbehaltlich nachträglicher Genehmigung des Vertretenen,

---

[308] Dazu OLG Bamberg OLGZ 76, 641; Schmalz NJW 66, 600.
[309] BayObLGZ 72, 242 = Rpfleger 72, 266; BayObLGZ 80, 108 = Rpfleger 80, 293; Röll DNotZ 60, 650; 61, 635; zur Eintragung der Vormerkung LG Bonn NJW 64, 870.
[310] BayObLGZ 82, 455 = Rpfleger 83, 145.
[311] BayObLGZ 62, 371 = Rpfleger 63, 243; BGH DNotz 88, 109; Meikel/*Lichtenberger* § 28 Rdn. 18 ff.; *Böttcher* Rpfleger 89, 133/134.
[312] Die a. A. BGHZ 37, 233; WM 78, 192; 79, 863 ist überholt.
[313] Ebenso MünchKomm/*Kanzleiter* § 925 Rdn. 20; *Haegele* Rpfleger 73, 272/276.
[314] BGH Rpfleger 82, 153.
[315] DNotZ 68, 22; 69, 286.
[316] Staudinger/*Pfeifer* § 925 Rdn. 93 ff.
[317] OLG Celle DNotZ 74, 731.
[318] BGHZ 46, 278; 88, 364/367 = NJW 84, 312; NJW 88, 415/416.
[319] OLG Stuttgart Justiz 67, 218.
[320] BayObLGZ 72, 257 = Rpfleger 72, 400; LG Aachen Rpfleger 79, 61; *Blomeyer* Rpfleger 72, 385/387.
[321] Staudinger/*Pfeifer* § 925 Rdn. 94.

vorbehaltlich behördlicher oder vormundschaftsgerichtlicher Genehmigung;[322] unzulässig aber, wenn Rechtsbedingung zur rechtsgeschäftlichen Bedingung erhoben wird.[323] Zulässig Auflassung an GmbH im Gründungsstadium (§ 20 Rdn. 68). Zulässig auch, wenn nicht Auflassung, sondern nur ihr Vollzug von einem Vorbehalt nach § 16 Abs. 2 GBO abhängig gemacht wird (dazu § 20 Rdn. 8).[324] Zu Vollzugsvorbehalten im Rahmen des Verkäufer- und Käuferschutzes vgl. Einl. L 31 ff.[325] Zu Weisungen an den Notar für den GB-Vollzug vgl. § 19 Rdn. 207 ff.; 238 ff.[326]

VIII. Form der Auflassung

Vgl. Kommentare zu § 925 BGB.

1. Die zur Übereignung eines Grundstücks erforderliche Einigung (Auflassung) muß **113** vor einem Notar oder einer sonstigen zuständigen Stelle oder in einem gerichtlichen Vergleich erklärt werden (§ 925 Abs. 1 BGB). Der Formzwang, der in der Mitwirkung einer Amtsperson beim Abschluß des dinglichen Vertrages besteht, dient den öffentlichen Interessen an einem richtigen GB und erstreckt sich nur auf die Art und Weise der Auflassungserklärungen.[327] Das Gesetz verlangt, daß die Auflassung erklärt, nicht daß sie „mündlich" erklärt werden muß, wie die h. M. meint. Im Rechtsverkehr ist zwar das verständlich gesprochene Wort die Regel, aber nicht die einzige zwingend vorgeschriebene Art der Erklärungsabgabe. Die Auflassung kann deshalb mündlich und auch auf jede andere unmißverständliche Weise erklärt werden.[328] Sie bedarf nach materiellem Recht nicht der Beurkundungsform des § 313 BGB.

Literatur:

Leikam BWNotZ 1966, 314; *Rahn* BWNotZ 1966, 266; 1966, 316; *Huhn* Rpfleger 1977, 199; *Köbl* DNotZ 1983, 207; 1983, 598.

2. Die Beurkundung der Auflassung ist nur für den verfahrensrechtlichen Nachweis **114** gegenüber dem GBA nach § 29 GBO notwendig.[329] Ein Verstoß gegen diese reine Verfahrensform hat nicht die materiellrechtliche Unwirksamkeit der Auflassung zur Folge. Der Nachweis gegenüber dem GBA, daß und mit welchem Inhalt Veräußerer und Erwerber die Auflassung vor dem Notar (oder der sonst zuständigen Stelle) erklärt haben, ist auf andere Weise nicht möglich.[330] Die Ansicht, ein Tatsachenzeugnis des Notars über eine formgerechte Auflassung kann diese Urkunde ersetzen[331] ist wegen § 8 BeurkG, der die Form der Beurkundung von Willenserklärungen vorschreibt, abzulehnen. Trägt das GBA trotzdem ein, geht das Eigentum über, wenn die Auflassung materiell wirksam erklärt worden ist und mit der Eintragung übereinstimmt.[332] In einer

---

[322] OLG Celle DNotZ 57, 660.
[323] BayObLGZ 72, 258 = Rpfleger 72, 400.
[324] AG München MittBayNot 89, 93.
[325] S. a. Staudinger/*Pfeifer* § 925 Rdn. 98, 99, 145 ff.
[326] S. a. Haegele/Schöner/*Stöber* GBR 3203; 3334.
[327] *Köbl* DNotZ 83, 207/212.
[328] Vgl. Staudinger/*Pfeifer* § 925 Rdn. 85, 86 m.

Nachw. zur Streitfrage; ebenso Münch-Komm/*Kanzleiter* § 925 Rdn. 18.
[329] BGHZ 22, 312 = NJW 57, 459; *Ertl* DNotZ 76, 72.
[330] KG HRR 34, 652; *Huhn* Rpfleger 77, 199.
[331] So OLG Celle MDR 48, 252; LG Oldenburg Rpfleger 80, 223; *Fuchs-Wissemann* Rpfleger 77, 9; 78, 431.
[332] Staudinger/*Pfeifer* § 925 Rdn. 76.

Eigenurkunde kann der dazu ermächtigte Notar nur die formell ungenügenden GB-Erklärungen (§ 20 Rdn. 4) so ergänzen, daß sie im GB-Verfahren verwendbar sind (vgl. § 28 Rdn. 9).[333]

3. Erklärung der Auflassung vor einer zuständigen Stelle

115 Nach geltendem Recht in der Fassung des am 3. 10. 1990 in Kraft getretenen Einigungsvertrages[334] sind zur Entgegennahme der Auflassung zuständig:[335]

a) **Jeder deutsche Notar** (§ 925 Abs. 1 BGB; § 20 Abs. 2 BNotO; § 2 Abs. 3 NotVO i. d. F. d. EinigungsvertragsG).[336] Wirksam ist auch seine Amtshandlung außerhalb des Bundeslandes, in dem er bestellt ist, und auch in den Fällen der §§ 6; 7 BeurkG; 16 BNotO,[337] unwirksam aber seine Amtshandlung im Ausland.[338] Nicht zuständig für Auflassung eines in der Bundesrepublik Deutschland gelegenen Grundstücks sind ausländische Notare und waren bis zum 2. 10. 1990 die Staatlichen Notariate und Notare der DDR,[339] unwirksam auch Auflassung in österreichischen Notariatsurkunden.[340] Seit 3. 10. 1990 sind alle deutschen Notare für die Entgegennahme der Auflassung eines in der Bundesrepublik Deutschland gelegenen Grundstücks (Art. 1; 3 Einigungsvertrag) zuständig.

b) **Jedes deutsche Gericht in einem gerichtlichen Vergleich** (§ 925 Abs. 1 S. 3 BGB) mit der Besonderheit, daß die Beurkundung materielle Wirksamkeitsvoraussetzung der Auflassung ist.[341] Zuständig nach h. M. auch Vollstreckungs-, Konkurs-, Landwirtschaftsgericht;[342] Nachlaßgericht in Verfahren nach §§ 86 ff. FGG;[343] Strafgerichte in Privatklage- und Adhäsionsverfahren,[344] Verwaltungsgerichte.[345]

c) **Die Konsularbeamten der Bundesrepublik Deutschland** (§ 12 Nr. 1 KonsularG), nur zuständig bei Entgegennahme der Auflassung im Ausland, unzuständig im Inland. Zum Konsularrecht: *Geimer*, DNotZ 78, 3.

d) **Der Ratsschreiber im Land Baden-Württemberg** (§ 32 Abs. 3 S. 2 LFGG) nur für Auflassung in Erfüllung eines von ihm beurkundeten Vertrages.[346]

e) **Die zuständige Stelle muß zur Entgegennahme der Auflassung bereit sein.**[347] Sie soll die Auflassung nur entgegennehmen, wenn die nach § 313 BGB erforderliche Urkunde über das schuldrechtliche Grundgeschäft vorgelegt oder gleichzeitig errichtet wird (§ 925 a BGB); die Wirksamkeit der Auflassung wird durch Verstoß gegen die Ordnungsvorschrift nicht berührt.

116 4. **Das Erfordernis gleichzeitiger Anwesenheit beider Teile vor der zuständigen Stelle** ist eine Ausnahme von § 128 BGB,[348] schließt aber weder die Erklärung der Auflassung durch Bevollmächtigte oder vollmachtlose Vertreter noch durch Nichtberechtigte

---

[333] S. a. Haegele/Schöner/*Stöber* GBR 164, 890 ff.
[334] BGBl. II 1990 Nr. 35.
[335] Palandt/*Bassenge* § 925 Rdn. 2; Staudinger/*Pfeifer* § 925 Rdn. 80 ff.
[336] BGBl. II 1990 S. 1156.
[337] BGHZ 22, 312.
[338] A. A. *Huhn/v. Schuckmann* BeurkG § 2 Rdn. 29 für das Gebiet der EU.
[339] OLG Köln Rpfleger 72, 134; *Winkler* NJW 72, 981/985; *Kuntze* Betrieb 75, 193/195.
[340] Vgl. DNotZ 64, 451.
[341] OLG Neustadt DNotZ 51, 465; *Keidel* DNotZ 52, 103.
[342] BGHZ 14, 387.
[343] Haegele/Schöner/*Stöber* GBR 3341; *Zimmermann* Rpfleger 70, 189/195.
[344] OLG Stuttgart NJW 64, 110.
[345] BVerwG NJW 1995, 2179.
[346] Dazu *Kraiß* BWNotZ 75, 114; vgl. § 60 Nr. 68, § 61 Abs. 4 BeurkG.
[347] RGZ 132, 409.
[348] BGHZ 29, 10.

aus[349] und hat zur Folge, daß der dazu ermächtigte Notar keinen der Beteiligten bei einer Auflassung vertreten kann, an der er selbst als Amtsperson mitwirkt (§ 20 Rdn. 91, 114). Als Vertreter kann er die materielle Auflassung nur vor einem anderen Notar oder sonstigen zuständigen Stelle erklären.

5. Ausnahmen vom Erfordernis gleichzeitiger Anwesenheit

a) § 894 ZPO: wenn ein Teil bereits vorher[350] zur Auflassung durch gerichtliches Urteil rechtskräftig verurteilt ist, genügt dieses Urteil und die Auflassungserklärung des anderen Teils vor der zuständigen Stelle.[351] **117**

b) Ein Übertragungsbeschluß des Familiengerichts (§ 1383 BGB) auf Übertragung des Eigentums eines Grundstücks hat die Wirkungen eines gerichtlichen Urteils, ersetzt also ebenso wie § 894 ZPO die Auflassungserklärung des einen Teils.[352]

c) Art. 143 EGBGB gestattet landesrechtliche Vorschriften für Auflassung im Versteigerungstermin.[353]

d) Art. 127 EGBGB läßt Landesrecht für Eigentumsübertragung an buchungsfreien Grundstücken unberührt (dazu § 20 Rdn. 44).

e) Auflassung eines Nachlaßgrundstücks durch einzelne Miterben in getrennten Urkunden, wenn bei jeder der Erwerber anwesend ist und die Auflassung entgegennimmt.[354]

6. Änderung und Aufhebung der Auflassung

a) Änderung vor GB-Vollzug bedarf der Auflassungsform (§ 925 Abs. 1 BGB), Änderung, Ergänzung und Berichtigung der lediglich aus verfahrensrechtlichen Gründen erforderlichen GB-Erklärungen (§ 20 Rdn. 4, 94) der Verfahrensform des § 29. **118**

b) Aufhebung vor GB-Vollzug ist formlos wirksam.[355] Weder eine aufgehobene noch eine aus anderen Gründen unwirksame Auflassung kann zusammen mit der Eintragung den Eigentumsübergang herbeiführen; dazu ist vielmehr eine neue wirksame Auflassung erforderlich.[356]

c) Aufhebung nach GB-Vollzug ist nicht mehr möglich, sondern formgerechte und wirksame Rückauflassung notwendig. Zur Aufhebung des Grundstückskaufvertrages vgl. BGHZ 83, 395.[357] Ist die Auflassung unwirksam oder wirksam angefochten worden (§ 142 BGB), bedarf es keiner Rückauflassung, sondern GB-Berichtigung (§ 894 BGB; § 22 GBO).

d) Der Verlust der verfahrensrechtlichen Verwendbarkeit der Auflassungserklärungen für den GB-Vollzug richtet sich nach den für GB-Erklärungen geltenden Regeln des GB-Verfahrensrechts (vgl. dazu § 20 Rdn. 4; § 19 Rdn. 167 ff.).

IX. Wohnungs- und Teileigentum

Zu Einzelheiten des Wohnungseigentums Einl. E 1 ff.; § 19 Rdn. 116; des Wohnungserbbaurechts Einl. F 52 ff.

---

[349] BGHZ 19, 138; BayObLGZ 53, 55; Staudinger/*Pfeifer* § 925 Rdn. 83.
[350] BayObLGZ 83, 181 = Rpfleger 83, 390 zust. *Meyer-Stolte*.
[351] OLG Celle DNotZ 79, 309; Staudinger/*Gursky* § 925 Rdn. 84.
[352] *Meyer-Stolte* Rpfleger 76, 6; Staudinger/*Pfeifer* § 925 Rdn. 84.
[353] Palandt/*Bassenge* § 925 Rdn. 7.
[354] BayObLGZ 57, 370 = Rpfleger 58, 345.
[355] BayObLGZ 54, 147.
[356] Dazu Staudinger/*Pfeifer* § 925 Rdn. 113.
[357] DNotZ 82, 619 zust. *Ludwig*; abl. *Reinicke/Tiedtke* NJW 82, 2281.

§ 20

1. Geltungsbereich des § 20 beim Wohnungseigentum

119 a) **§ 20 gilt** nach seinem Sinn und Zweck **auch für Einräumung und Aufhebung von Sondereigentum** (vgl. § 20 Rdn. 15). Diese Rechtsvorgänge sind „Inhaltsänderung des Miteigentums" (Einl. E 13). Bei Abwägung des Normzweckes des § 19 (dort Rdn. 6), des § 20 (Rdn. 2, 4) und des § 925 Abs. 1 (vgl. § 20 Rdn. 113) ist kein sinnvoller Grund erkennbar, der die unterschiedliche GB-Behandlung gegenüber der Inhaltsänderung des Erbbaurechts (§ 20 Rdn. 17) und gegenüber der Auflassung eines Grundstücks oder WE-Rechts (§ 20 Rdn. 16) rechtfertigt. Der Zweck des § 19, das GB-Verfahren zu erleichtern, liegt hier nicht vor, da materiell Auflassungsform zwingend ist und die Vorlage der Urkunde über die Einigung ohne Schwierigkeiten möglich ist. Die öffentlichen Interessen an einem richtigen GB[358] sprechen dafür, sie auch im GB-Verfahren durch ausdehnende Anwendung des § 20 zu schützen.

120 b) **Bei Inhaltsänderungen sind zwei Rechtsvorgänge zu unterscheiden**
(1) Änderung des sachenrechtlichen Inhalts (Einl. E 16 ff.; z. B. Umwandlung von Sonder- in Gemeinschaftseigentum und umgekehrt) bedarf der Auflassungsform, die gemäß § 20 nachzuweisen ist.
(2) Änderung der Gemeinschaftsordnung (Einl. E 74 ff.) bedarf keiner Auflassungsform.[359]

121 c) **Genügt materiell die einseitige Erklärung** des Wohnungseigentümers (Einl. E 42; 43), ist auch im GB-Verfahren nicht der Nachweis der Auflassung notwendig, sondern nur einseitige Erklärung in Form des § 29.[360]

122 2. **Verfahrensrechtliche Voraussetzungen für die GB-Eintragung von WE.** Das GBA hat zu prüfen, ob neben den allgemeinen (§ 20 Rdn. 1) folgende besonderen Voraussetzungen vorliegen:
(1) Welcher Rechtsvorgang einzutragen ist und ob dafür a) materiell Auflassungsform vorgeschrieben (Einl. E 41); b) materiell einseitige Erklärung genügt (Einl. E 42); c) alle oder nur einzelne WEer mitwirken müssen (Einl. E 44); d) dinglich Berechtigte zustimmen müssen (Einl. E 45).
(2) Bewilligung des Betroffenen (§ 19);
(3) für Einräumung und spätere Inhaltsänderung von Sondereigentum: Aufteilungsplan und Abgeschlossenheitsbescheinigung (§ 7 Abs. 4 WEG);
(4) Antrag (§ 13);
(5) erforderlichenfalls: a) Zustimmung nach § 12 WEG (Einl. E 63 ff.); b) Zustimmung von dinglich Berechtigten (Einl. E 45); c) Voreintragung des Betroffenen (§ 39); d) behördliche Genehmigungen (§ 20 Rdn. 155 ff.); e) Vorkaufsrechtsbescheinigung (§ 20 Rdn. 222 ff.); f) Unbedenklichkeitsbescheinigung (§ 20 Rdn. 220).

3. Verfügungen über das Wohnungseigentum

123 a) **Übertragung von Wohnungseigentum** und seine GB-Behandlung erfolgen nach den Grundsätzen der Übertragung des Eigentums (dazu § 20 Rdn. 1; 93 ff.), bei Eintragung einer Verfügungsbeschränkung des § 12 Abs. 1 WEG nur gegen Nachweis der

---

[358] BayObLG DNotZ 90, 37/39; *Köbl* DNotZ 83, 211.
[359] Vgl. BayObLG DNotZ 75, 31; 79, 174; 84, 101; 84, 104; 90, 42.
[360] Staudinger/*Pfeifer* § 925 Rdn. 19.

erforderlichen Zustimmung (§ 19 Rdn. 116 ff.; Einl. E 62). In der Übertragung eines Erbanteils liegt keine Veräußerung von WE.[361]

b) Die Voraussetzungen der Änderung, Belastung und Aufhebung von Wohnungseigentum sind in Einl. E 41 ff. behandelt.

X. Erbbaurecht

Zu Einzelheiten des Erbbaurechts und Wohnungserbbaurechts: Einl. F 1 ff.; § 19 Rdn. 116; zur Löschung nach Zeitablauf § 24 Rdn. 10 ff.

1. Verfahrensrechtliche Voraussetzungen für die GB-Eintragung

a) Bestellung eines Erbbaurechts 124
(1) Nachweis der Einigung beider Vertragsteile über die Erbbaurechtsbestellung in Form des § 29 (nach § 11 Abs. 1 ErbbauVO keine Auflassungsform nötig); dies gilt auch für die Verlängerung des Erbbaurechts;
(2) Eintragungsbewilligung des Grundstückseigentümers (§ 19); zu ihrer Notwendigkeit neben der Einigung vgl. BGH Rpfleger 73, 355;
(3) Antrag des Grundstückseigentümers oder Erbbauberechtigten;
(4) Unbedenklichkeitsbescheinigung zur Bestellung[362] und zur Verlängerung des Erbbaurechts;[363] dazu § 20 Rdn. 220;
(5) erforderlichenfalls:
a) Voreintragung des Eigentümers (§ 39),
b) Rangrücktritt aller dinglich Berechtigten, um Erbbaurecht 1. Rangstelle zu verschaffen,
c) behördliche Genehmigungen (§ 20 Rdn. 155 ff.).

b) Inhaltsänderung eines Erbbaurechts 125
Nachweis der Einigung in Form des § 29 (keine Auflassungsform); Bewilligung; Antrag. Zur Teilung eines Erbbaurechts § 7 Rdn. 23.

c) Übertragung eines Erbbaurechts 126
Nachweis der Einigung in Form des § 29 (keine Auflassungsform); Bewilligung; Antrag; Unbedenklichkeitsbescheinigung; erforderlichenfalls Zustimmung des Grundstückseigentümers nach § 5 Abs. 1 ErbbauVO.

2. Voraussetzungen für die Löschung eines Erbbaurechts

Es ist zu unterscheiden zwischen rechtsgeschäftlicher Aufhebung und Erlöschen 127 durch Zeitablauf.

a) **Rechtsgeschäftliche Aufhebung** Löschung gemäß § 19 GBO
(1) Einseitige Erklärung des Erbbauberechtigten, daß er sein Erbbaurecht aufgibt (§ 875 BGB) und dessen Löschung bewilligt (§ 19 Rdn. 65; § 27 Rdn. 18).
(2) Zustimmung des Grundstückseigentümers (§ 26 ErbbauVO);
(3) Zustimmung der dinglich Berechtigten, wenn das Erbbaurecht mit Rechten Dritter belastet ist (§ 876 BGB); dazu § 19 Rdn. 56.[364]

b) **Zur GB-Behandlung des Erlöschens durch Zeitablauf** vgl. § 24 Rdn. 12 ff.

---

[361] OLG Hamm OLGZ 79, 419 = Rpfleger 79, 461.
[362] BFH DNotZ 68, 698.
[363] BFH DNotZ 83, 291.
[364] BayObLG Rpfleger 87, 156.

§ 20 I. Grundbuchordnung

3. Besonderheiten für alte Erbbaurechte

128 a) Für alte Erbbaurechte (vor dem 22. 1. 1919 bestellt) gelten noch die damaligen gesetzlichen Vorschriften, die für die Übertragung und Inhaltsänderung die **Einigung in Auflassungsform** (§ 925 Abs. 1 BGB) angeordnet haben.[365]

b) **Umwandlung** eines „alten" in ein „neues" Erbbaurecht ist Inhaltsänderung,[366] bedarf also der Einigung in Auflassungsform.

XI. Verfügungen über Auflassungsanspruch und Anwartschaft

Hinweise zum Auflassungsanspruch Einl. L 3; Auflassungsvormerkung Einl. G 1 ff.; L 1 ff.; Anwartschaftsrecht des Auflassungsempfängers Einl. L 6 ff. Abtretung des Anspruchs auf Eigentumsverschaffung und des Anwartschaftsrechts Einl. L 22; deren Verpfändung Einl. L 36 ff.; deren Pfändung Einl. L 41 ff.; Sicherungshypothek kraft Gesetzes und deren Rang Einl. L 38; 40; 42, 44 ff.

In folgenden Fällen sind bezeichnet (wie Einl. L 35 ff.): A = Grundstückseigentümer; B = Erwerber und Auflassungsempfänger; C = Zweiterwerber; X = Pfandrechtsgläubiger.

1. Abtretung des Anspruchs auf Eigentumsverschaffung

129 Fall: Der Eigentümer A hat sein Grundstück an den Erwerber B verkauft. Vor seiner Eintragung als Eigentümer überträgt B an den Zweiterwerber C seinen schuldrechtlichen Übereignungsanspruch gegen A.

a) **Voraussetzungen der Abtretung nach materiellem Recht**
Die Abtretung erfolgt materiell durch formlosen Vertrag zwischen B und C ohne Zustimmung des Eigentümers A und ohne Anzeige an A (§ 398 BGB; dazu Einl. L 3; M 22).[367] Sie kann von Bedingungen oder Zeitbestimmungen abhängig gemacht werden.[368] Die Verpflichtung zur Abtretung des Auflassungsanspruchs bedarf nicht der Form des § 313 BGB,[369] unabhängig davon, ob der Anspruch durch Vormerkung gesichert ist.[370] Zu den Gefahren der Anspruchsabtretung vgl. *Ertl* DNotZ 77, 81/91. Zur Abtretung des Anspruchs auf Übereignung realer Teilflächen vgl. BayObLGZ 71, 307 = Rpfleger 72, 16; *Vollkommer* Rpfleger 68, 337; 69, 426; 72, 17; *Röll* MittBayNot 74, 251; *Zeiß* BWNotZ 80, 15; Staudinger/*Gursky* § 883 Rdn. 219.

130 b) **Eintragung und Umschreibung der Vormerkung**
Ist für B bereits eine Vormerkung eingetragen (§ 883 Abs. 1 BGB), geht mit Rechtswirksamkeit der Abtretung des vorgemerkten schuldrechtlichen Anspruchs diese Vormerkung ohne besondere Mitübertragung oder Umschreibung außerhalb des GB auf den Zweiterwerber C gemäß § 401 BGB über.[371] C kann (aber muß nicht) im Wege der GB-Berichtigung (§ 22 Rdn. 48) als neuer Vormerkungsberechtigten aufgrund Berichtigungsbewilligung des B (§ 22 Rdn. 67 ff.) oder unter Nachweis der Abtretung (in Form des § 29) auf Antrag des C (§ 22 Rdn. 57 ff.) eingetragen werden,[372] bei bedingter (befristeter) Abtretung des vorgemerkten Anspruchs durch einen darauf hinweisenden

---

[365] Staudinger/*Pfeifer* § 925 Rdn. 20.
[366] LG Frankfurt DNotZ 56, 488.
[367] BGHZ 89, 41/45 = DNotZ 84, 319/321; BayObLGZ 76, 190 = DNotZ 77, 107.
[368] *Röll* MittBayNot 74, 251; *Schöner* DNotZ 85, 598; *Reithmann* DNotZ 85, 605.
[369] BGH Rpfleger 84, 143 = WM 84, 337; Palandt/*Heinrichs* § 313 Rdn. 6.
[370] *Hagen* DNotZ 84, 267/270.
[371] BayObLGZ 71, 307/310 = Rpfleger 72, 16; Einl. G 10; § 22 Rdn. 47.
[372] Staudinger/*Gursky* § 883 Rdn. 218.

Vermerk im GB (Einl. B 34).³⁷³ Solange für B noch keine Vormerkung eingetragen ist, kann auch die Abtretung im GB nicht eingetragen werden.

c) **Eintragung des Erwerbers B** als Eigentümer setzt Auflassung von A an B, Bewilligung des A und Antrag des A oder B voraus. Auch wenn das GBA die Weiterveräußerung an C kennt und sogar wenn Vormerkung auf C umgeschrieben ist, muß das GBA den B als Eigentümer eintragen.³⁷⁴ Denn das GB wird dadurch nicht unrichtig. Ist in diesem Zeitpunkt die Vormerkung auf C umgeschrieben, darf sie nicht gelöscht werden, außer wenn C diese Löschung bewilligt. **131**

d) **Eintragung das Zweiterwerbers C** als Eigentümer ist ohne Zwischeneintragung des B zulässig und setzt voraus: **132**
aa) §§ 925 BGB, 20 GBO: entweder zwei Auflassungen von A an B und von B an C oder Auflassung von A an C oder Auflassung von B an C mit Zustimmung des A (vgl. § 19 Rdn. 81).
bb) § 19 GBO: Bewilligung des A auf Eintragung des B und Bewilligung des B auf Eintragung des C oder Bewilligung des A zugunsten C oder Bewilligung des B zugunsten C mit Zustimmung des A (dazu § 19 Rdn. 79, 80).
cc) § 13 GBO: Antrag auf Eintragung des C. Antragsberechtigt sind A, B und C. Geht nach dem Antrag auf Eintragung des B ein Antrag auf Eintragung des C beim GBA ein, muß es zuerst über den Antrag auf Eintragung des B entscheiden (§ 17). Die Zwischeneintragung des B kann unterbleiben, wenn Antrag auf Eintragung des B nicht gestellt oder von allen Antragstellern zurückgenommen wird.

e) **Zur Löschung der Vormerkung** ist zu unterscheiden: **133**
aa) Zur Vormerkung für C ist Löschungsbewilligung des C und Antrag des C oder A nötig.
bb) Ist Vormerkung noch für B eingetragen, ist Löschungsbewilligung des B oder Unrichtigkeitsnachweis wie Rdn. 130 und Antrag des B oder Antrag des A (dessen Antragsrecht mit Eigentumsumschreibung erlischt) oder Antrag des C (der ab Eigentumsumschreibung auf jeden Fall und vorher nur unter Unrichtigkeitsnachweis antragsberechtigt ist) erforderlich.

2. Abtretung des Anwartschaftsrechts des Auflassungsempfängers B

a) **Voraussetzungen** **134**
Eine wirksame Abtretung setzt (anders als bei Anspruchsabtretung; oben Rdn. 129) voraus, daß dem Auflassungsempfänger B ein selbständig verkehrsfähiges Anwartschaftsrecht zusteht (dazu Einl. L 4, 6 ff., 18 ff., 23). Eine „Vorausabtretung" wäre nicht wirksam (Einl. L 17). Die Übertragung des Anwartschaftsrechts bedarf der Form der Auflassung, also der Einigung über diese Übertragung zwischen B und C bei gleichzeitiger Anwesenheit vor dem Notar (§ 925 Abs. 1 BGB),³⁷⁵ die Verpflichtung zur Rückübertragung³⁷⁶ und zur Weiterübertragung eines Anwartschaftsrechts der Form des § 313 BGB.³⁷⁷ Die Übertragung des Anwartschaftsrechts muß ihrem Inhalt nach die zwingenden Erfordernisse der Auflassung erfüllen (dazu § 20 Rdn. 93 ff.) und ist bedingungsfeindlich (§ 925 Abs. 2 BGB). Eine Zustimmung des Eigentümers A ist nicht erforderlich und auch keine Anzeige an ihn (Einl. L 22).³⁷⁸ Die Übertragung des Anwart-

---

³⁷³ BayObLG Rpfleger 86, 217.
³⁷⁴ Staudinger/*Pfeifer* § 925 Rdn. 127; *Stöber* DNotZ 85, 587.
³⁷⁵ BGHZ 49, 197/202; BayObLGZ 71, 307/311.
³⁷⁶ BGH NJW 82, 1693.
³⁷⁷ H. M.: *Hagen* DNotZ 84, 267/270; Palandt/*Heinrichs* § 313 Rdn. 6.
³⁷⁸ BGHZ 49, 197/205.

§ 20 I. Grundbuchordnung

schaftsrechts bedarf zu ihrer Wirksamkeit keiner Eintragung (zur Streitfrage ihrer Eintragungsfähigkeit vgl. Einl. L 29). Der Vormerkungsschutz für den Zweiterwerber C läßt sich nur durch Abtretung des schuldrechtlichen Anspruchs erreichen (Einl. L 27; § 20 Rdn. 129 ff.).[379]

135 b) **Eintragung des Auflassungsempfängers B als Eigentümer**
aa) Mit Übertragung des Anwartschaftsrechts hat B seine dingliche und grundbuchmäßige Rechtsstellung in vollem Umfang auf C übertragen. Ein Durchgangserwerb für B darf nicht mehr eingetragen werden (Einl. L 10), während er bei Abtretung des schuldrechtlichen Anspruchs möglich ist (§ 20 Rdn. 131).

bb) **Kennt das GBA die Übertragung nicht**, so hat es die Eintragung des B aufgrund Auflassung des A an B, Bewilligung des A und Antrag des A oder B vorzunehmen. Dadurch wird das GB unrichtig (§ 894 BGB), weil die Eintragung des B nicht durch eine wirksame Auflassung gedeckt ist. *Bergermann* RhNotK 69, 696 hält eine Rückberichtigung auf A entsprechend Sinn und Zweck des § 39 für überflüssig und eine Berichtigung durch unmittelbare Eintragung des C für zulässig (vgl. § 39 Rdn. 12).[380]

136 c) **Eintragung des Zweiterwerbers C als Eigentümer setzt voraus:**
1. §§ 925 BGB, 20 GBO: Auflassung von A an B und Übertragung des Anwartschaftsrechts von B an C.
2. § 19 GBO: Bewilligung des A auf Eintragung des B, die mit der Übertragung des Anwartschaftsrechts auch ohne Änderung ihres Wortlauts die verfahrensrechtliche Wirkung einer Bewilligung auf Eintragung des in die verfahrensrechtliche Stellung des B eingetretenen C erhalten hat (Einl. L 10).
3. § 13 GBO: Antrag auf Eintragung des C, wozu auf jeden Fall A und C berechtigt sind. Haben A oder B oder beide Antrag auf Eintragung des B gestellt, so hat dieser Antrag mit Übertragung des Anwartschaftsrechts die Wirkungen eines Antrags auf Eintragung des C. Nur A kann seinen Antrag einseitig zurücknehmen, weil seine Antragsberechtigung nicht wie die des B auf C übergegangen ist (§ 31). Dagegen kann B weder einen neuen Antrag stellen noch seinen alten Antrag auf seine eigene Eintragung als Eigentümer wirksam zurücknehmen oder abändern. Denn dies würde dem Wesen des durch § 878 BGB und § 17 GBO gesicherten Anwartschaftsrechts widersprechen, das auf der Aufrechterhaltung des Antrags des B beruht.

3. Weiterveräußerung des Grundstücks (Kettenauflassungen)

137 Die Weiterveräußerung des Grundstücks (das noch im Eigentum des Veräußerers A steht) durch den Auflassungsempfänger B an den Zweiterwerber C ist eine Verfügung über fremdes Eigentum, deren Wirksamkeit nach § 185 BGB zu beurteilen ist (vgl. § 19 Rdn. 79, 81),[381] die Übertragung des Anwartschaftsrechts des B an C (vgl. § 20 Rdn. 134) eine Verfügung über sein eigenes Recht (Einl. L 4, 10, 11). Auflassung und Bewilligung gemeinsam (vgl. Einl. L 20 § 19 Rdn. 81)[382] enthalten (wenn sich aus ihnen nichts Gegenteiliges ergibt)[383] die Einwilligung des Veräußerers zur Weiterauflassung seines Grundstücks durch den Auflassungsempfänger an Dritte (§ 185 Abs. 1 BGB). Läßt der Auflassungsempfänger B des Grundstück an einen Dritten C auf, stehen zwei wirksame Auflassungen bezüglich des gleichen Grundstücks nebeneinander (z. B. von A an B und von B an C), von denen jede zusammen mit der entsprechenden Eintragung

---

[379] S. a. *Amann*, DNotZ 1997, 115.
[380] S. a. Meikel/*Sieveking* § 39 Rdn. 8; *Demharter* § 22 Rdn. 33.
[381] S. a. Staudinger/*Pfeifer* § 925 Rdn. 126.
[382] S. a. Staudinger/*Pfeifer* § 925 Rdn. 46, 135.
[383] Vgl. BGH Rpfleger 1997, 207.

des Erwerbers zum Übergang des Eigentums führen kann.[384] Eine Zwischeneintragung des B ist nicht erforderlich, aber möglich und führt dann zum Eigentumserwerb des B (anders bei der Anwartschaftsübertragung; Einl. L 10; § 20 Rdn. 135). Weil in der Zwischenzeit bis zur Eintragung die Auflassung (und die Bewilligung) unwirksam werden[385] oder aufgehoben werden kann[386] ist der Zweiterwerber C nicht gegen die Beseitigung dieser (nahezu fiktiven) Einwilligung geschützt. Deshalb ist es empfehlenswert, zur Weiterveräußerung die ausdrückliche Einwilligung (§ 185 Abs. 1 BGB) oder Genehmigung des Grundstückseigentümers A (§ 185 Abs. 2 BGB) einzuholen,[387] die nicht der Auflassungsform[388] und auch nicht der Beurkundungsform des § 313 BGB bedarf,[389] aber dem GBA gem. § 29 GBO nachzuweisen ist (vgl. § 29 Rdn. 20). In der Praxis wird in der Regel die Weiterveräußerung gegenüber der Anwartschaftsübertragung bevorzugt (Einl. L 33, 34). Sie sollte allerdings nicht ohne Übertragung des Anspruchs samt Vormerkung erfolgen (Einl. L 34; § 20 Rdn. 129).

4. Verpfändung des Anspruchs auf Eigentumsverschaffung

Fall: A hat sein Grundstück an B verkauft, der vor Eigentumsumschreibung seinen Anspruch auf Eigentumsverschaffung an X zur Kreditsicherung verpfändet. B bestellt gleichzeitig (wie in der Praxis üblich) an diesem Grundstück für X eine Grundschuld, mit deren Eintragung an bedungener Rangstelle der Verpfändungsvermerk des X bei der Vormerkung gelöscht werden soll.

138

a) Voraussetzungen der Verpfändung

Die Verpfändung des Eigentumsverschaffungsanspruchs des B gegen A erfolgt materiell durch formlosen Vertrag zwischen B und X,[390] bedarf keiner GB-Eintragung und keiner Zustimmung des A,[391] ist aber nur wirksam, wenn B sie dem A anzeigt (§§ 1273 Abs. 2; 1205; 1280 BGB). Für diese Anzeige ist keine Form vorgeschrieben. Sie sollte aber schriftlich[392] oder noch besser zum Zweck ihrer Verwendbarkeit im GB-Verfahren und zum Rangnachweis gegen Zustellungsnachweis erfolgen (Einl. L 36). Die Verpfändung kann (wie die Abtretung; § 20 Rdn. 129) bedingt und befristet erfolgen (Einl. L 36).[393]

b) Verpfändungsvermerk bei der Vormerkung (Einl. L 37):

139

Nur wenn für B eine Vormerkung eingetragen ist, kann (analog § 22 GBO) ein Verpfändungsvermerk bei der Vormerkung eingetragen werden also auf Antrag des B oder X entweder aufgrund Berichtigungsbewilligung des B (§ 22 Rdn. 67) ohne Nachweis von Verpfändung und Anzeige[394] oder gegen Nachweis sämtlicher Entstehungsvoraussetzungen des Pfandrechts (Bestehen des verpfändeten Anspruchs, Einigung über die Verpfändung und Anzeige) in grundbuchmäßiger Form.[395] **Solange für B noch keine Vormerkung eingetragen ist,** kann die Verpfändung im GB nicht vermerkt werden. Hat A sie bewilligt, kann A, B und auch X[396] die Eintragung der Vormerkung für B beantragen, um den Verpfändungsvermerk zu ermöglichen.

---

[384] BayObLG Rpfleger 1983, 249.
[385] Vgl. BGHZ 84, 202; *Ertl* Rpfleger 82, 407.
[386] BayObLGZ 72, 397 = Rpfleger 73, 97.
[387] So mit Recht *Medicus* DNotZ 90, 275/280, 289.
[388] RGZ 129, 286; Staudinger/*Ertl* § 925 Rdn. 46.
[389] Palandt/*Heinrichs* § 182 Rdn. 2; *Wufka* DNotZ 90, 339 mwN. zur Streitfrage.
[390] BayObLGZ 76, 190; *Ertl* DNotZ 77, 81.
[391] BayObLGZ 67, 295/297 = Rpfleger 68, 18; LG München II Rpfleger 69, 425.
[392] *Vollkommer* Rpfleger 69, 410.
[393] S. a. Haegele/Schöner/*Stöber* GBR 1559 ff.; *Stöber* DNotZ 85, 587; *Schöner* DNotZ 85, 598; *Reithmann* DNotZ 85, 605.
[394] BayObLGZ 67, 297; 76, 190/192; LG Nürnberg-Fürth MittBayNot 1970, 161.
[395] Haegele/Schöner/*Stöber* GBR 1571 ff.
[396] *Vollkommer* Rpfleger 69, 410.

140 c) **Voraussetzungen des Eigentumserwerbs des B**

Zur Übertragung des Eigentums am Grundstück ist die Auflassung von A an B und die Eintragung des B als Eigentümer erforderlich (§§ 873, 925 BGB) und nach der in der Literatur überwiegend vertretenen Auffassung trotz der Verpfändung des Anspruchs auch genügend. Schuldrechtliche Beziehungen haben nach dem Abstraktionsprinzip keine Bedeutung für die dingliche Rechtslage. Die Verpfändung des Anspruchs schränkt nur die Befugnis des B zu Verfügungen über diesen Anspruch, aber weder die Verfügungsmacht des A über sein Grundstück noch die Fähigkeit des B zum Eigentumserwerb ein. Eine relativ unwirksame Auflassung (§ 883 Abs. 2 BGB) sperrt das GB nicht, läßt zusammen mit der Eintragung sofort und endgültig (auch im Verhältnis zwischen A und B) den Eigentumsübergang eintreten, führt nicht zur Unrichtigkeit des GB[397] und hat zur Folge, daß der Vormerkungsberechtigte und der Pfandgläubiger zur Durchsetzung ihrer Ansprüche die Unwirksamkeit gemäß §§ 883 Abs. 2; 888 Abs. 1 BGB geltend machen können.[398] Die relative Unwirksamkeit der Auflassung kann (ebenso wie die völlige Unwirksamkeit; vgl. Einl. L 30; § 20 Rdn. 3) nachträglich eintreten, auch wenn sie vorher wirksam war. Die Ansicht, ein Verstoß gegen §§ 1281, 1282 BGB habe materiellrechtlich die völlige Unwirksamkeit der Auflassung zur Folge,[399] ist auf Kritik gestoßen,[400] von *Stöber*[401] überzeugend widerlegt und zugunsten der schuldrechtlichen Betrachtung aufgegeben worden,[402] daß in einem solchen Fall die Übertragung des Eigentums nicht der geschuldeten Leistung entspricht und keine Erfüllungswirkung (§ 362 BGB) hat. Der Anspruch auf Eigentumsverschaffung samt Pfandrecht und eine zu ihrer Sicherung eingetragene Vormerkung erlöschen nicht; eine Sicherungshypothek nach § 1287 BGB (als Surrogat des Pfandrechts) entsteht nicht.[403]

141 d) **Zustimmung des X zur Eigentumsumschreibung an B**

Zur Streitfrage, ob dem GBA verfahrensrechtlich (§§ 19, 20 GBO) zur Eintragung des B als Eigentümer im GB die Zustimmung (= Bewilligung) des Pfandgläubigers X nachgewiesen werden muß, werden (mit einigen Abweichungen) zwei Meinungen vertreten:

(1) Ist die Verpfändung des Eigentumsverschaffungsanspruchs bei der Auflassungsvormerkung vermerkt, so ist zur Eigentumsumschreibung nach h. M. die Bewilligung des Pfandgläubigers jedenfalls dann erforderlich, wenn für ihn nicht gleichzeitig die Sicherungshypothek (§ 1287 S. 2 BGB) eingetragen wird. Dies gilt für die Verpfändung vor und nach Auflassung. Der Eintragungsbewilligung des Pfandgläubigers bedarf es auch dann, wenn seine Mitwirkungsrechte gemäß § 1284 BGB abbedungen sind. Dieses Erfordernis entfällt nicht, wenn die Verpfändung an die auflösende Bedingung der Entstehung einer vertraglichen Grundschuld für den Pfandgläubiger geknüpft ist und Eigentumsübergang und Grundschuld gleichzeitig eingetragen werden.[404] Diese Meinung geht davon aus, daß die Rechtsstellung des Pfandgläubigers X durch die Eigentumsumschreibung an B in pfandrechtswidriger Weise beeinträchtigt wird oder werden kann (vgl. § 19 Rdn. 51) und deshalb eines Schutzes im GB-Verfahren bedarf.

---

[397] Staudinger/*Pfeifer* § 925 Rdn. 112, 127; Staudinger/*Gursky* § 883 Rdn. 157 ff.
[398] Staudinger/*Gursky* § 883 Rdn. 159, 165; § 888 Rdn. 2, 9, 31.
[399] So BayObLGZ 67, 295; Staudinger/*Riedel-Wiegand* § 1287 Rdn. 13.
[400] *Weidemann* NJW 68, 1334; *Blomeyer* Rpfleger 70, 228.
[401] DNotZ 85, 587.
[402] Staudinger/*Pfeifer* § 925 Rdn. 127 je mwN.
[403] Haegele/Schöner/*Stöber* GBR 1564 ff.; MünchKomm/*Damrau* § 1274 Rdn. 34 je mwN.
[404] So BayObLGZ 87, 59 = DNotZ 87, 625; vgl. auch BayObLG DNotZ 83, 758; 86, 345; *Demharter* § 26 Rdn. 27; Meikel/*Lichtenberger* § 20 Rdn. 294; *Ludwig* Rpfleger 87, 495; DNotZ 1992, 339, 346 f.

(2) Die Gegenmeinung[405] hält die Zustimmung des Pfandgläubigers X im GB-Verfahren für entbehrlich, weil sein Pfandrecht durch die Eintragung des B nicht beeinträchtigt wird. X partizipiert am Vormerkungsschutz und wird gemäß §§ 883, 888 BGB nach Eigentumsumschreibung durch den Vermerk über die fortbestehende Verpfändung ebenso geschützt wie ein Vormerkungsberechtigter.[406] Das GBA habe im GB-Verfahren die relative Unwirksamkeit nicht zu prüfen; es darf sie nicht beanstanden (§ 20 Rdn. 140), auch wenn es sie kennt.

Das BayObLG hat sich dieser Auffassung ausdrücklich nicht angeschlossen.[407]

e) Alle bisherigen Versuche, die Mitwirkung des Kreditgebers X bei der GB-Eintragung entbehrlich zu machen, sind mit einem Risiko für X verbunden. Auch im Interesse des neuen Eigentümers B an einer klaren materiell- und verfahrensrechtlichen Rechtslage ist **eine Erklärung zweckmäßig, wonach der Kreditgeber** X der Eintragung des Erwerbers B zustimmt (§§ 19, 29). Sie kann (materiell- und formellrechtlich) zum Inhalt haben, daß er

1. der Auflassung von A an B und der Eintragung des B als Eigentümer ohne gleichzeitige Eintragung der Sicherungshypothek zustimmt,
2. selbst keinen Antrag auf Eintragung dieser Sicherungshypothek stellt, ohne auf dieses Antragsrecht zu verzichten,
3. die Löschung des Verpfändungsvermerks bei der Vormerkung des B unter dem Vorbehalt (§ 16 Abs. 2 GBO) bewilligt, daß das mit Urkunde vom ... für X bestellte Grundpfandrecht an der bedungenen Rangstelle im GB eingetragen wird (vgl. § 19 Rdn. 65; § 20 Rdn. 144),
4. unter der aufschiebenden Bedingung des Entstehens seines Grundpfandrechts an der von ihm bedungenen Rangstelle seine Sicherungshypothek aufgibt (vgl. dazu Einl. L 48).

f) **Eintragung der Sicherungshypothek** (§ 1287 BGB) erfolgt im Wege der GB-Berichtigung (vgl. Einl. L 38; § 22 Rdn. 84 ff.; Eintragungsgrundlage entweder Unrichtigkeitsnachweis oder Berichtigungsbewilligung) und **setzt voraus** a) wenn Verpfändung bei der Vormerkung vermerkt ist, nur Antrag des X oder B (§ 13) ohne sonstige Nachweise und ohne Bewilligung des B.[408] Nachweis über Pfandforderungshöhe nur nötig, wenn in der Bewilligung auf Eintragung des Verpfändungsvermerks die Forderungshöhe nicht wenigstens dem Höchstbetrag nach enthalten ist.[409] b) Wenn Verpfändung bei der Vormerkung nicht vermerkt ist, entweder Bewilligung des B ohne sonstige Nachweise oder Nachweis sämtlicher Entstehungsvoraussetzungen (oben Rdn. 139) und Antrag des B oder X (§ 13).

g) **Löschung der Vormerkung für B und des Verpfändungsvermerks für X**
Diese beiden Löschungen haben zur Voraussetzung:[410] 1. Bewilligung des B auf Löschung der Vormerkung; 2. Bewilligung des X auf Löschung des Verpfändungsvermerks; 3. Antrag des B auf Löschung der Vormerkung; 4. Antrag des B oder X auf Löschung des Verpfändungsvermerks.

---

[405] *Stöber* DNotZ 85, 587; *Weirich* DNotZ 87, 628; *Blomeyer* Rpfleger 70, 228/231; Haegele/Schöner/*Stöber* GBR 1576.
[406] Staudinger/*Gursky* § 888 Rdn. 4, 9, 31.
[407] DNotI-Report 1995, 129 f.
[408] BayObLGZ 67, 297; *Vollkommer* Rpfleger 69, 410; *Blomeyer* Rpfleger 70, 232; *Schöner* DNotZ 85, 598/604.
[409] *Hieber* DNotZ 54, 175.
[410] Vgl. BayObLG DNotZ 83, 758; Rpfleger 84, 144; *Demharter* § 26 Rdn. 27; *Stöber* DNotZ 85, 587/597; Haegele/Schöner/*Stöber* GBR 1575.

§ 20

Die Löschungsbewilligung des X ist entbehrlich:

a) bei Nachweis (§ 22), daß die Anwendung des § 1281 BGB abbedungen worden ist, also keine Sicherungshypothek entstanden sein kann,[411]

b) bei Nachweis, daß sein Pfandrecht durch Eintritt einer auflösenden Bedingung vor Entstehung der Sicherungshypothek bereits erloschen ist, nur dann, wenn im GB beim Verpfändungsvermerk ein Löschungserleichterungsvermerk (§ 24) steht, wonach zur Löschung des Verpfändungsvermerks der Nachweis des Erlöschens des Pfandrechts des X genügt.[412] Da „Rückstände" nicht ausgeschlossen sind, würde der Unrichtigkeitsnachweis für sich allein nicht genügen (vgl. § 23 Rdn. 4, 33; § 24 Rdn. 3, 6),

c) bei Nachweis, daß der verpfändete Anspruch infolge Erfüllung (beachte dazu § 20 Rdn. 140, 141) erloschen ist, weil mit dem Untergang des Pfandgegenstands auch das an ihm bestellte Pfandrecht erlischt.[413]

5. Verpfändung des Anwartschaftsrechts

145 a) **Voraussetzungen der Verpfändung nach materiellem Recht:** Die Verpfändung des Anwartschaftsrechts erfolgt in Auflassungsform durch Einigung zwischen B und X, ohne GB-Eintragung, ohne Zustimmung des Eigentümers A und ohne Anzeige an A (dazu Einl. L 39). **Ein Verpfändungsvermerk bei der Vormerkung des B** ist nur bei der Verpfändung des schuldrechtlichen Anspruchs zulässig (Begründung Einl. L 29).

146 b) **Eintragung des Auflassungsempfängers B als Eigentümer setzt voraus** 1. Auflassung des A an B (ohne Zustimmung des X); 2. Bewilligung des A auf Eintragung des B; 3. Antrag des X allein oder Antrag des A oder B mit Zustimmung des X[414] (Begründung § 20 Rdn. 140); 4. Zustimmung des X zur Eintragung des B in Form des § 29 (Begründung § 20 Rdn. 135, 141, 142, 147).

147 c) **Eintragung der Sicherungshypothek** erfolgt nicht von Amts wegen, sondern nur auf Antrag des X allein oder des A oder B mit Zustimmung des X unter Vorlage der Urkunde über die Verpfändung. Dazu Einl. L 40; § 20 Rdn. 143.

6. Mitwirkung des Eigentümers bei Grundpfandrechtsbestellung

148 Wirkt der Grundstückseigentümer bei der Bestellung eines Grundpfandrechts mit (z. B. zur Finanzierung des Kaufpreises), dann kann dieses bereits vor Eigentumsumschreibung eingetragen werden.[415]

7. Pfändung des schuldrechtlichen Anspruchs

149 a) **Die Pfändung des schuldrechtlichen Anspruchs** erfolgt nach §§ 846, 848, 828 ff., 829 ZPO: durch gerichtlichen Pfändungsbeschluß und Zustellung des Pfändungsbeschlusses an den Vollstreckungsschuldner B und an den Grundstückseigentümer A als Drittschuldner.[416]

---

[411] Vgl. LG Passau Rpfleger 1992, 426.
[412] BayObLG Rpfleger 84, 144.
[413] BayObLGZ 83, 301 = Rpfleger 84, 144.
[414] *Hoche* NJW 55, 654; Palandt/*Bassenge* § 1287 Rdn. 5.
[415] Dieser Weg verdient gegenüber der Verpfändung den Vorzug. Formulierungsvorschläge zur Mitwirkung des Verkäufers bei *Gaberdiel* Kreditsicherung durch Grundschulden Rdn. 2.5.3. Haegele/Schöner/*Stöber* GBR 3159; *Ertl* MittBayNot 89, 53, mwN, Beck'sches Notarhandbuch/*Amann* AI Rdn. 247.
[416] *Stöber*, Forderungspfändung Rdn. 2034 ff., 2043 ff.

b) **Eintragung des Pfändungsvermerks bei der Vormerkung** des B (die von der Pfändung mitgriffen wird)[417] kann X unter Vorlage des Pfändungsbeschlusses und Nachweises über dessen Zustellung an B und A beantragen. Dieser Vermerk ist zulässig wie bei Verpfändung (vgl. oben Rdn. 139).[418]

c) **Auflassung an Erwerber B als Eigentümer** (§ 848 ZPO): **151**
Aufgrund der Pfändung und der nach § 848 Abs. 1 ZPO erlassenen Anordnung[419] kann die Auflassung von A an B gemäß § 925 BGB (wie bei der Verpfändung nach Pfandreife, oben Rdn. 140) in der Weise erfolgen, daß der auf Antrag des X bestellte Sequester die Auflassung für B entgegennimmt. Weigert sich A, muß sich X nach OLG Dresden[420] den gepfändeten Anspruch zur Einziehung überweisen lassen, eine Voraussetzung, die *Hoche*,[421] und *Stöber*[422] mit Recht für entbehrlich halten, und den Eigentümer A auf Auflassung an B, vertreten durch den Sequester, verklagen. Da der Sequester nur Vertreter des Schuldners B ist (§ 848 Abs. 2 ZPO), kann er keine Erklärungen für A oder für X abgeben und nicht im GB als Eigentümer eingetragen werden.

d) Zu den **Voraussetzungen der Eintragung des B** als Eigentümer (nicht des Sequesters) werden zwei Meinungen vertreten (wie Rdn. 140, 141):
(1) Nach der einen Meinung ist erforderlich (dazu Rdn. 140) Auflassung von A an B, vertreten durch den Sequester, Bewilligung des A auf Eintragung des B und Zustimmung des X in Form des § 29 (vgl. § 20 Rdn. 141) und Antrag des X allein oder Antrag des A oder des Sequesters für B mit Zustimmung des X.
(2) Nach a. A. (dazu Rdn. 141, 142) wird die Befugnis des A zur wirksamen Auflassung an B durch Pfändung des schuldrechtlichen Anspruchs nicht eingeschränkt. Das GBA habe deshalb die Eintragung des B auch ohne Mitwirkung des X und des Sequesters vorzunehmen.[423] Den Schutz gegen Beeinträchtigungen bietet die Vormerkung (Einl. G 7; § 19 Rdn. 110 ff.; § 20 Rdn. 144). samt Pfändungsvermerk (Einl. L 42).

e) **Mit der Eintragung des B als Eigentümer entsteht eine Sicherungshypothek kraft Gesetzes außerhalb des GB,** sofern die Auflassung unter Beachtung der Vorschriften des § 848 Abs. 2 ZPO und § 925 BGB erfolgt ist (§ 848 Abs. 2 Satz 2 ZPO). Ihre Eintragung erfolgt nicht von Amts wegen, sondern nur auf Antrag (wie bei Verpfändung; Rdn. 143; 147) gemäß Bewilligung des Sequesters (§ 848 Abs. 2 ZPO).[424] **152**

8. Pfändung des Anwartschaftsrechts des Auflassungsempfängers

a) **Voraussetzungen dieser Pfändung** (§ 857 ZPO) **153**
1. ein Anwartschaftsrecht des Auflassungsempfängers B, über das verfügt werden kann (zu den verschiedenen Meinungen Einl. L 4); 2. gerichtlicher Pfändungsbeschluß; 3. Zustellung des Pfändungsbeschlusses an den Auflassungsempfänger B; jedoch keine Zustellung an den Eigentümer A.[425] Dazu Einl. L 43.[426]

b) **Eintragung des B als Eigentümer setzt voraus** **154**
1. Auflassung des A an B; 2. Bewilligung des A auf Eintragung des B; 3. Antrag des X allein oder Antrag des A oder B mit Zustimmung des X (Begründung § 20 Rdn. 140); 4. Zustimmung des X (§§ 19, 29) zur Eintragung des B (Begründung § 20 Rdn. 142).

---

[417] OLG Frankfurt Rpfleger 75, 177.
[418] BayObLG Rpfleger 85, 58.
[419] *Hoche* NJW 55, 163.
[420] OLG 33, 113; KG JFG 3, 301.
[421] NJW 55, 163.
[422] A. a. O. Rdn. 2026, 2044.
[423] Einzelheiten dazu *Stöber* Rdn. 2043 a, 2045 a, 2050 a; Haegele/Schöner/*Stöber* GBR 1597 ff.
[424] Dazu *Stöber* Rdn. 2047.
[425] BGHZ 49, 203.
[426] S. a. *Stöber* a. a. O. Rdn. 2054 ff.

§ 20

X erhält durch Pfändungsbeschluß das Recht auf Herausgabe der zur GB-Eintragung erforderlichen Urkunden gemäß § 792 ZPO.[427] Der Mitwirkung eines Sequesters bedarf es nicht, weil die Auflassung von A an B bereits vor der Pfändung erfolgt sein muß und keine Pfändung nach § 848 ZPO stattfindet. Das GBA darf die Auflassung nicht ohne gleichzeitige Eintragung der Sicherungshypothek vollziehen.[428]

XII. Öffentlichrechtliche Beschränkungen im Grundstücksverkehr

Literatur:

Haegele/Schöner/*Stöber* GBR 3800 ff.; *Huhn/v. Schuckmann* BeurkG § 18 Rdn. 6 ff.

1. Amtspflichten des GBA

155 a) **Bei konkreten Anhaltspunkten für absolute Verfügungsbeschränkungen** (Veräußerungs- oder Belastungsverbote) hat das GBA zunächst selbständig ohne Entscheidung der Genehmigungsbehörde sowohl im Rahmen des § 19 bei der Frage der Bewilligungsberechtigung als auch nach § 20 bei der Frage der Verfügungsbefugnis des Veräußerers von Amts wegen zu prüfen, ob der Rechtsvorgang sachlich[429] und zeitlich[430] genehmigungspflichtig ist oder wenigstens sein kann.[431] Zur Aufklärungs- und Prüfungspflicht Einl. C 57, 60 ff.[432]

156 b) **Bejaht das GBA die Genehmigungspflicht** oder hält es sie nach sorgfältiger Prüfung der Sach- und Rechtslage **für nicht völlig ausgeschlossen,** so hat es den Nachweis der Genehmigung oder eine Negativbescheinigung der Genehmigungsbehörde zu verlangen (Rdn. 155),[433] andernfalls darf es die Eintragung nicht von einem Negativ- oder Rechtskraftzeugnis abhängig machen.[434] An die Entscheidung der Genehmigungsbehörde ist das GBA gebunden, auch wenn sie in einer Negativbescheinigung besteht.[435] Lehnt die Genehmigungsbehörde den Antrag auf Negativbescheinigung aus sachlichen Gründen ab, ist davon auszugehen, daß Genehmigungspflicht besteht.[436]

157 c) **Verneint das GBA die Genehmigungspflicht,** hat es die Eintragung vorzunehmen, wenn alle übrigen Voraussetzungen vorliegen. Zu einem solchen Ergebnis kann das GBA schon dann kommen, wenn die Genehmigungspflichtigkeit von der Erfüllung mehrerer Voraussetzungen abhängig ist und die Prüfung ergibt, daß eine von ihnen mit Sicherheit nicht vorliegt.

158 d) **Bei Genehmigung unter einer Auflage** darf das GBA nicht den Nachweis ihrer Erfüllung verlangen, sondern muß eintragen.[437]

---

[427] BayObLG JFG 9, 235.
[428] *Stöber* a. a. O. Rdn. 2060.
[429] KG JFG 17, 76.
[430] KG JFG 22, 301.
[431] BGH Rpfleger 85, 234; BayObLG DNotZ 53, 438; Rpfleger 62, 223 NJW 63, 1455; Rpfleger 68, 233; 69, 301; 72, 408; DNotZ 81, 570; MittBayNot 78, 32; 85, 25; OLG Celle DNotZ 67, 639.
[432] OLG Frankfurt Rpfleger 80, 297 Anm. *Meyer-Stolte.*
[433] OLG Hamm NJW 61, 560; BGHZ 32, 389.
[434] BGH Rpfleger 85, 234; BayObLG Rpfleger 69, 301; Rpfleger 72, 406 = DNotZ 72, 761.
[435] BGH NJW 51, 645; BGHZ 44, 325 = Rpfleger 66, 79; BayObLGZ 52, 56.
[436] *Demharter* § 19 Rdn. 117; dazu § 20 Rdn. 160.
[437] KG JW 37, 895; OLG Koblenz DRiZ 50, 282; *Demharter* § 19 Rdn. 119; *Keidel* DNotZ 53, 657.

e) **Bei Genehmigung unter einer aufschiebenden Bedingung** muß der Eintritt dieser **159**
Bedingung zuerst in Form des § 29 nachgewiesen werden, bevor das GBA die Eintragung vornehmen darf.[438]
Genehmigung unter einer auflösenden Bedingung ist bei Rechtsgeschäften, die von keiner auflösenden Bedingung abhängig gemacht werden können (z. B. Auflassung, Erbbaurecht, Wohnungseigentum), keine geeignete Grundlage einer GB-Eintragung (OLG Stuttgart AgrarR 81, 230). Bei auflösend bedingt zulässigen Rechtsgeschäften ist auch die GB-Eintragung zulässig, wenn sich aus ihr die auflösende Bedingung ergibt, was aber nicht nur in der behördlichen Genehmigung,[439] sondern auch in der Bewilligung und im Antrag zum Ausdruck gebracht werden muß.

f) **Negativzeugnisse** haben unterschiedliche Bedeutungen und Wirkungen, z. B. **160**
durch das Vormundschaftsgericht,[440] durch die Aufsichtsbehörde,[441] zu § 23 Abs. 2 BBauG a. F. und § 5 GrdstVG,[442] zum gesetzlichen Vorkaufsrecht (§ 20 Rdn. 227).
Ein Negativzeugnis, das vom Gesetz der Genehmigung gleichgestellt wird, genügt zwar grundbuchrechtlich als formelle Voraussetzung für die GB-Eintragung. Es ersetzt aber, wenn es unrichtig ist, materiell die zur Wirksamkeit des Rechtsgeschäfts erforderliche Genehmigung jedenfalls dann nicht, wenn der Genehmigungsvorbehalt dem Schutz privater Interessen dient.[443] Werden dagegen ausschließlich öffentliche Interessen und nicht irgendwelche privaten Belange der am Geschäft Beteiligten geschützt, ist auch das unrichtige Negativzeugnis ein vollwertiger Ersatz für die Genehmigung, weil die dafür zuständige Behörde mit der Verneinung der Genehmigungsbedürftigkeit auch das Bestehen schutzwürdiger öffentlicher Interessen verneint.

g) **Die rechtskräftig erteilte oder versagte behördliche Genehmigung** hat rechtsge- **161**
staltende Wirkung und ist deshalb (jedenfalls grundsätzlich) nicht mehr widerruflich.[444] Die Genehmigungsbehörde kann, auch wenn gegen ihren Versagungsbescheid Antrag auf gerichtliche Entscheidung gestellt ist (§ 22 GrdstVG), während dieses Verfahrens den Vertrag genehmigen.[445] Eine Genehmigungsfiktion (z. B. § 7 Abs. 3 GrdstVG) ist auch dann wirksam und unwiderruflich, wenn die Vertragsparteien einen unrichtigen Kaufpreis angegeben haben.[446]

h) **Eine mit Rechtsmitteln anfechtbare Entscheidung** ist keine geeignete Eintragungs- **162**
grundlage. Das GBA hat zunächst selbst zu prüfen, ob dagegen ein Rechtsmittel zulässig ist. Es darf keinen gesonderten Nachweis der Unanfechtbarkeit verlangen, wenn die Genehmigung (z. B. nach BauGB, GrdstVG) uneingeschränkt erteilt worden ist.[447] Dies gilt auch für ein Zeugnis, wonach „die Genehmigung als erteilt gilt".[448]

i) **Sind schuldrechtlicher Vertrag und dingliches Erfüllungsgeschäft genehmigungs-** **163**
pflichtig, hängt es von den gesetzlichen Bestimmungen im Einzelfall ab, ob die Geneh-

---

[438] KG DNotZ 37, 644; OLG Frankfurt OLG? 80, 84 = Rpfleger 80, 297; OLG München und BayObLG DNotZ 53, 651 m. Anm. *Keidel.*
[439] Meikel/*Lichenberger* § 20 Rdn. 269.
[440] BGHZ 44, 325.
[441] KG JFG 16, 84.
[442] BGHZ 76, 242 = Rpfleger 80, 274.
[443] So BGHZ 76, 242 zu § 23 Abs. 2 BBauG a. F.; BGHZ 44, 325/327 zum Negativattest des Vormundschaftsgerichts.
[444] OGHZ 2, 247 = NJW 49, 281 = DNotZ 50, 303; BayObLGZ 52, 209; OLG Celle MDR 56, 170; BVerwG NJW 75, 1240; BayVGH BauR 76, 409; OLG Köln AgrarR 81, 52.
[445] BGH NJW 82, 2251.
[446] BGH NJW 81, 1957.
[447] BGH Rpfleger 85, 234; OLG Hamm Rpfleger 74, 68; *Sellner* NJW 73, 345; *Wolfsteiner* Rpfleger 73, 162; *Faßbender* DNotZ 73, 358.
[448] Z. B. gemäß § 19 Abs. 3 S. 6; § 23 Abs. 2 BauGB; LG Traunstein MittBayNot 72, 65; *Haegele* Rpfleger 72, 391/393.

migung des schuldrechtlichen Geschäftes auch die des dinglichen umfaßt, was dann zutrifft, wenn sich aus dem Genehmigungsbescheid nichts Gegenteiliges ergibt.[449] Da grundsätzlich das GBA das schuldrechtliche Grundgeschäft nicht zu prüfen hat, muß es sich mit der Genehmigung des dinglichen Rechtsgeschäftes begnügen, das grundbuchmäßig zu vollziehen ist (dazu Einl. A 41, 42). Bei einer Kette von Erwerbern setzt die Eintragung des Letzten (ohne Zwischeneintragung der anderen) voraus, daß auch die Zwischengeschäfte genehmigt sind.[450]

164 k) **Nachträgliche gesetzliche Begründung einer Genehmigungspflicht** hat regelmäßig keine Rückwirkung,[451] wenn nur Grundgeschäft bzw. Einigung für genehmigungspflichtig erklärt wird und bereits wirksam ist,[452] aber genehmigungspflichtig, wenn Verfügung schlechthin vor Eintragung einem Genehmigungszwang unterstellt wird[453] (vgl. auch § 20 Rdn. 223 zum gesetzlichen VorkR).

165 l) Bei **Wegfall der Genehmigungspflicht** endet in der Regel die schwebende Unwirksamkeit; die Eintragung kann vollzogen werden;[454] anders aber z. B. bei § 1365 BGB, vgl. § 19 Rdn. 145. Bei vorheriger unanfechtbarer Versagung der Genehmigung ist das Geschäft nichtig;[455] es kann nur durch neuen Vertragsabschluß wirksam werden.[456]

2. Genehmigungspflichtige Rechtsgeschäfte im Grundstücksverkehr

166 a) Nach Bundesrecht besteht keine allgemeine Genehmigungspflicht für Rechtsgeschäfte, die eine Grundstücksveräußerung oder Auflassung enthalten. Das Grundstücksverkehrsgesetz (GrdstVG) vom 28. 7. 1961[457] (dazu § 20 Rdn. 192 ff.) betrifft nur den Grundstücksverkehr mit land- oder forstwirtschaftlichen Grundstücken, das Baugesetzbuch (BauGB) vom 8. 12. 1986[458] (Gesetzesüberblick § 20 Rdn. 168) enthält nur Genehmigungspflichten, wenn bestimmte Voraussetzungen vorliegen. Zu den sonstigen bundesrechtlichen Gesetzen vgl. § 19 Rdn. 156 ff.; § 20 Rdn. 197 ff.

167 b) Im Gebiet der ehemaligen DDR (Art. 3 des Einigungsvertrages) die Verordnung über den Verkehr mit Grundstücken (Grundstücksverkehrsverordnung = GVO) vom 15. 12. 1977,[459] die mehrfach geändert worden ist.[460] Gemäß § 2 GVO sind eine Reihe von Verfügungen über Grundstücke und Rechte an Grundstücken sowie die zugrundeliegenden schuldrechtlichen Verträge genehmigungspflichtig, die im übrigen Bundesgebiet genehmigungsfrei sind. Einzelheiten dazu im Anhang.

3. Bau- und Bodenrecht

168 A. **Überblick über das Baugesetzbuch**

Literatur:

Kommentare zum BauGB; *Grziwotz*, Baulanderschließung; Haegele/Schöner/*Stöber* GBR 3814 ff.; *Sichtermann-Hennings* Rdn. 17; *Schelter* DNotZ 87, 330/342; *Gestefeld* MDR 87, 533; *Hoppenberg* NJW 87, 748; *Stock* ZfBR 87, 101; *Bielenberg-Krautzberger-Söfker* DVBl. 87, 114; *Mößle* MittBayNot 88, 213 (zur Verfassungsmäßigkeit) Vgl. auch § 20 Rdn. 155.

---

[449] So BayObLG Rpfleger 85, 235 für vormundschaftsgerichtliche Genehmigung.
[450] RGZ 129, 153; *Demharter* § 19 Rdn. 119.
[451] Dazu Staudinger/*Gursky* § 873 Rdn. 192.
[452] OLG München JFG 17, 194; JFG 22, 301.
[453] OLG Celle MDR 48, 252; BayObLGZ 77, 209 = MittBayNot 77, 201; *Demharter* § 19 Rdn. 121.
[454] BGH NJW 65, 41; BVerwG DNotZ 80, 413.
[455] RGZ 172, 1; BGB NJW 56, 1918.
[456] Staudinger/*Ertl* § 873 Rdn. 192.
[457] BGBl. III 7810−1.
[458] BGBl. I 2253.
[459] GBl. DDR I 1978, 73.
[460] Zuletzt durch das RegVBG v. 20. 12. 1993 − BGBl. I S. 2182.

1. Baugesetzbuch (BauGB)
Am 1. 7. 1987 ist das BauGB vom 8. 12. 1986[461] in Kraft getreten und hat das bisherige Bundesbaugesetz (BBauG) und Städtebauförderungsgesetz (StBauFG) in einem Gesetzeswerk zusammengefaßt und deren Inhalt weitgehend übernommen. Dies hat für die Praxis zur Folge, daß man zu den meisten Fragen auf die Lit. und Rspr. zum BBauG und StBauFG zurückgreifen kann.
Nach BauGB können Beschränkungen im Grundstücksverkehr bestehen:
a) für die Grundstücksteilung (§§ 19 ff.): vgl. § 20 Rdn. 169 ff.;
b) in Fremdenverkehrsgebieten bzw. sonstigen gemeindlich festgelegten Gebieten für Rechte nach dem WEG (§ 22): vgl. § 20 Rdn. 173;
c) durch das Vorkaufsrecht der Gemeinde (§§ 24 ff.): vgl. § 20 Rdn. 223 ff.;
d) für Austragshäuser (§ 35 Abs. 6): vgl. § 20 Rdn. 215;
e) im Umlegungsgebiet (§§ 45 ff.): vgl. § 20 Rdn. 174 ff.;
f) im Grenzregelungsverfahren (§§ 80 ff.): vgl. § 20 Rdn. 178;
g) im Enteignungsverfahren (§§ 85 ff.): vgl. § 20 Rdn. 179;
h) im Sanierungsgebiet (§§ 136 ff.): vgl. § 20 Rdn. 180 ff.;
i) im Entwicklungsbereich (§§ 165 ff.): vgl. § 20 Rdn. 188
2. Maßnahmengesetz zum Baugesetzbuch (BauGB-MaßnahmenG) Am 1. 6. 1990 ist das BauGB-MaßnahmenG vom 17. 5. 1990[462] in Kraft getreten, das teils anstelle von Vorschriften des BauGB, teils ergänzend dazu gilt. Die wichtigsten Regelungen sind:
a) Vorkaufsrecht der Gemeinde (§ 3 und § 7 Abs. 1 Nr. 2, vgl. § 20 Rdn. 223, 230);
b) Fristen bei der Erteilung von Genehmigungen (§ 5, vgl. § 20 Rdn. 171);
c) Städtebauliche Entwicklungsmaßnahmen (§§ 6, 7, vgl. § 20 Rdn. 189).
Es wurde mit Wirkung vom 1. 1. 1998 in wesentlichen Teilen in das BauGB inkorporiert.

B. Genehmigungspflicht der Grundstücksteilung 169

Literatur:

Kommentare zum BauGB und zu § 7 GBO; Haegele/Schöner/*Stöber* GBR 3814 ff.; *Dürr* NJW 1985, 1310; *Böttcher* Rpfleger 1989, 133; *Finkelnburg* NJW 1998, 1; *Groschupf* NJW 1998, 418; *Grziwotz* MittBayNot 1994, 185; DNotZ 1997, 916. Dazu auch § 20 Rdn. 155, 166.

a) Rechtsgrundlage

§§ 19 bis 23 BauGB. Gemäß § 19 Abs. 1 BauGB i. d. F. vom 22. 4. 1993 bedurfte die Teilung eines Grundstücks unter bestimmten Voraussetzungen in jedem Fall zu ihrer Wirksamkeit der Genehmigung. Mit der Neufassung des BauGB vom 18. 8. 1997[463] ist die Teilungsgenehmigung nur noch auf der Grundlage einer gemeindlichen Satzung notwendig, § 19 Abs. 1, bewirkt dann aber wiederum eine Grundbuchsperre, § 20 Abs. 2 Satz 2 BauGB. Nach § 19 Abs. 5 BauGB kann die Landesregierung durch Rechtsverordnung den Gemeinden ihres Landes (allen oder einzelnen) die Einführung der Teilungsgenehmigungpflicht verbieten (Bayern: VO v. 1. 1. 1998, GVBl, 1; Sachsen-Anhalt: VO v. 2. 1. 1998, GVBl., 1).
Die Genehmigungspflicht nach § 19 BauGB besteht für Grundstücksteilungen (Einzelheiten § 7 Rdn. 30 ff.). „Grundstück" i. S. des BauGB ist jedes „Grundbuchgrundstück",[464] „Teilung" nach der Legaldefinition des § 19 Abs. 2 BauGB, „die dem GBA gegenüber abgegebene oder sonstwie erkennbar gemachte Erklärung des Eigentümers,

---

[461] BGBl. I 2253.
[462] BGBl. I 926.
[463] Bekanntmachung in BGBl. I 1997, 2141.
[464] BVerwG NJW 72, 701; DNotZ 76, 686.

daß ein Grundstücksteil grundbuchmäßig abgeschrieben und als selbständiges Grundstück oder als ein Grundstück zusammen mit anderen Grundstücken oder mit Teilen anderer Grundstücke eingetragen werden soll".[465]

Eine wirksame Teilungserklärung nach § 19 Abs. 2 BauGB kann nur der bürgerlich-rechtliche Grundstückseigentümer abgeben,[466] den Antrag auf Teilungsgenehmigung auch der Nichteigentümer (z. B. Grundstückserwerber) stellen.[467]

170 b) **Keine Genehmigungspflicht** besteht für die Auflassung (BGH Rpfleger 80, 274), Belastungen (§ 19 Rdn. 156), schuldrechtliche Verpflichtungsgeschäfte,[468] Auflassungsvormerkung, auch wenn sie den Anspruch auf Übereignung einer Teilfläche betrifft und die dazu erforderliche Teilung genehmigungsbedürftig ist (§ 19 Rdn. 156; § 7 Rdn. 8), Bestellung eines Erbbaurechts und Wohnungserbbaurechts (Einl. F 7, 54), Aufteilung des Eigentums in Miteigentumsanteile (§ 1008 BGB) und in Wohnungseigentum (Einl. E 46), Unterteilung eines WE (Einl. E 49ff.; § 7 Rdn. 24 ff.), weil sie keine Realteilung des Grundstücks zur Folge haben (Ausnahme: § 22 BauGB für Rechte nach dem WEG; dazu § 20 Rdn. 173).

171 c) **Genehmigung**

(1) Genehmigung oder Negativzeugnis (§§ 19 Abs. 3; 20 Abs. 2 BauGB) Genehmigungsbehörde ist die Gemeinde. Sie hat innerhalb eines Monats nach Eingang des Antrags zu entscheiden und kann die Frist durch Zwischenbescheid höchstens um drei Monate verlängern. Wird die Genehmigung nicht innerhalb der gesetzlichen Frist verweigert, gilt sie als erteilt (Genehmigungsfiktion). Ist für eine Teilung eine Genehmigung nicht erforderlich oder gilt sie als erteilt, ist auf Antrag darüber ein Zeugnis auszustellen, das der Genehmigung gleichsteht (§ 20 Abs. 2 BauGB).

(2) Versagungsgründe

§ 20 Abs. 1 BauGB enthält nur noch einen Versagungsgrund – die Unvereinbarkeit der Teilung oder der mit ihr bezweckten Nutzung mit den Festsetzungen des Bebauungsplans.

(3) Zur Grundstücksteilung in der Sachenrechtsbereinigung (§ 120 SachenRBerG) vgl. *Haegele/Schöner/Stöber* Rdn. 3852.

172 d) Für das **Grundbuchverfahren** sind § 20 Abs. 2 bis Abs. 4 BauGB zu beachten.

(1) Die Eintragung der Grundstücksteilung darf vom GBA nur vorgenommen werden, wenn es sichere Kenntnis hat, daß keine Genehmigungspflicht besteht oder die Genehmigung vorliegt. Die Genehmigung bzw. Negativbescheinigung ist nachzuweisen (vgl. § 20 Abs. 2 Satz 2 BauGB).

(2) Bei Teilung ohne erforderliche Genehmigung ist die Teilung unwirksam und das GB unrichtig,[469] die vollzogene Auflassung an einen gutgläubigen Erwerber wirksam[470] und (solange kein gutgläubiger Erwerb entgegensteht) ein Widerspruch gegen die Grundstücksteilung[471] auf Ersuchen der Genehmigungsbehörde (§ 20 Abs. 3 BauGB) oder von Amts wegen (§ 53 Abs. 1 S. 1 GBO) zulässig.

173 C. **Verkehrsbeschränkungen in Fremdenverkehrsgebieten**

Literatur:

Haegele/Schöner/*Stöber* GBR 3852a ff.; *Demharter* GBO Anh. zu § 3 Rdn. 33. Rechtsgrundlage: § 22 BauGB.

---

[465] Vgl. BayObLGZ 72, 221; 74, 237.
[466] BVerwG DVBl. 75, 512.
[467] BVerwGE 50, 31 = DNotZ 76, 686.
[468] BGHZ 37, 33.
[469] BGHZ 76, 242; OLG Hamm Rpfleger 78, 374.
[470] BayObLG MittBayNot 81, 125; OLG Frankfurt Rpfleger 85, 229; Haegele/Schöner/*Stöber* GBR 3846, 3847.
[471] BGH DNotZ 86, 145; BayObLG DNotZ 75, 149.

a) Die Begründung oder Teilung von Rechten nach dem WEG (§§ 1, 3, 8, 30, 31 WEG) kann unter bestimmten Voraussetzungen in Fremdenverkehrsgebieten von einer Genehmigung der Baugenehmigungsbekörde (§ 22 BauGB) abhängig gemacht werden. Das schuldrechtliche Verpflichtungsgeschäft und die zu seiner Sicherung bewilligte Vormerkung (§ 883 BGB) werden nach dem Gesetz von der Genehmigungspflicht nicht erfaßt. Denn der Erwerber kann ein berechtigtes Interesse an der Eintragung einer Vormerkung bis zur Erteilung oder Versagung einer Genehmigung oder bis zum Wegfall der Genehmigungspflicht haben.

b) Der Genehmigungsvorbehalt wird erst wirksam mit Rechtsverbindlichkeit eines entsprechenden Bebauungsplanes oder einer Satzung. Zum Schutz des Rechtsverkehrs ist die Genehmigung nicht erforderlich, wenn vorher der Antrag auf Eintragung eines genehmigungsbedürftigen Geschäfts beim GBA eingegangen (Abs. 3 Nr. 1) oder ein Negativzeugnis (Abs. 3 Nr. 2) erteilt worden ist. Sie muß erteilt werden zu einem Rechtsgeschäft, für das vorher eine Vormerkung eingetragen oder beantragt worden ist (Abs. 4 S. 2). Nach Wegfall der Voraussetzung ist die Gde. zur Aufhebung des Genehmigungsvorbehalts und Erteilung eines (dem Abs. 6 i. V. m. § 20 Abs. 2 BauGB entsprechenden) Freistellungsbescheides verpflichtet (Abs. 8). Im Einzelfall ist zu prüfen, ob ein Versagungsgrund (Abs. 4) durch geeignete Maßnahmen beseitigt werden kann, z. B. durch eine Fremdenverkehrsdienstbarkeit.[472]

c) Genehmigung, Negativzeugnis und Genehmigungsfiktion richten sich nach § 22 Abs. 5 i. V. m. § 19 Abs. 3 S. 2 bis 5 BauGB (dazu § 20 Rdn. 171) mit der Besonderheit (§ 22 Abs. 6 S. 3 BauGB), daß auf Antrag der Gde. die Erteilung des Negativzeugnisses bis zu zwölf Monaten auszusetzen ist und bis dahin kein Anspruch auf dieses Zeugnis besteht.

d) Für das **GB-Verfahren** besteht eine Grundbuchsperre (§ 22 Abs. 6 i. V. m. § 20 Abs. 2 BauGB). Das GBA darf deshalb in den durch eine Ermächtigungs-VO bezeichneten Gebieten eine von § 22 Abs. 1 BauGB erfaßte Eintragung nur vornehmen, wenn die Genehmigung, ein Zeugnis über die Genehmigungsfiktion oder Genehmigungsfreiheit vorgelegt wird oder wenn es aufgrund eigener Prüfung von der Genehmigungsfreiheit überzeugt ist (dazu § 20 Rdn. 157, 172).

D. Verkehrsbeschränkungen im Umlegungsgebiet 174

Literatur:

Vgl. § 20 Rdn. 155, 166; Haegele/Schöner/*Stöber* GBR 3856 ff.; *Sichtermann-Hennings* Rdn. 17.1; *Röll* DNotZ 1961, 635; *Haegele* Rpfleger 1971, 292; *Schmid* BWNotZ 1974, 148; *Otte* ZfBR 1987, 263; *Grziwotz* DNotZ 1993, 488, 490.

a) Rechtsgrundlage: § 51 Abs. 1 Nr. 1 BauGB

§ 51 Abs. 1 Nr. 1: Von der Bekanntmachung des Umlegungsbeschlusses bis zur Bekanntmachung des Umlegungsplans (§ 71) dürfen im Umlegungsgebiet nur mit schriftlicher Genehmigung der Umlegungsstelle: Ein Grundstück geteilt oder Verfügungen über ein Grundstück und über Rechte an einem Grundstück getroffen oder Vereinbarungen abgeschlossen werden, durch die den anderen ein Recht zum Erwerb, zur Nutzung oder Bebauung eines Grundstücks oder Grundstücksteils eingeräumt wird oder Baulasten neu begründet, geändert oder aufgehoben werden.

---

[472] Dazu BayObLGZ 85, 193 = MittBayNot 85, 123 = DNotZ 86, 228 m. Anm. *Ring*; *Ertl* MittBayNot 85, 126; 85, 177; 90, 36.

175 b) Im Umlegungsgebiet besteht ein allgemeines **Verfügungsverbot** (§ 134 BGB) von der Bekanntmachung des Umlegungsbeschlusses (§ 50) bis zu der des Umlegungsplanes (§ 71). Innerhalb dieser Zeit dürfen im Umlegungsgebiet (§§ 52; 53) Verfügungen aller Art über Grundstücke oder Rechte an Grundstücken, auch die Aufhebung und Löschung dinglicher Rechte,[473] Grundstücksteilungen, bei Grundstücksveräußerungen auch der schuldrechtliche Erwerbsvertrag nur mit Genehmigung der Umlegungsstelle (§ 46 BauGB: Gemeinde) getroffen und im GB eingetragen werden.[474] Verfügungen, die dagegen verstoßen, sind nichtig (§ 134 BGB). Ein gutgläubiger Erwerb (§ 892 BGB) ist ausgeschlossen,[475] auch wenn noch kein Umlegungsvermerk im GB eingetragen ist und der Erwerber des Rechts den Umlegungsbeschluß nicht kennt (dazu Einl. A 10).

c) **Genehmigungsfrei** sind Auflassungsvormerkung,[476] Erbfolge, Erbanteilsübertragung, sonstige Rechtsvorgänge außerhalb des GB[477] und auch solche Änderungen des Inhalts eines Wohnungseigentums oder Erbbaurechts, die nicht den sachenrechtlichen Inhalt, sondern lediglich die verdinglichten schuldrechtlichen Vereinbarungen ändern (dazu Einl. E 74 ff.; F 28 ff.), weil sie keine „Verfügung" über das WE oder ErbbauR enthalten (§ 19 Rdn. 63; 71). § 51 BauGB gilt auch nicht für Rechtsvorgänge im Sanierungs- oder Entwicklungsgebiet (vgl. § 20 Rdn. 180 ff.).

176 d) **Die Verfügungssperre** tritt mit Bekanntmachung des Umlegungsbeschlusses ein (§§ 51 Abs. 1; 50 BBauG), also vor Eintragung des Umlegungsvermerks (§ 54 Abs. 1). Deshalb hat die Umlegungsstelle für unverzügliche GB-Eintragung des Vermerks zu sorgen (dazu Einl. A 10). Zur GB-Behandlung von Verfügungen über neue, im Umlegungsverfahren entstehende Grundstücke vgl. § 20 Rdn. 108.

177 e) Mit Bekanntmachung des Umlegungsplanes wird der bisherige durch den neuen Rechtszustand ersetzt (§§ 71, 72 BauGB; dazu § 20 Rdn. 41; § 38 Rdn. 35). Über die im Umlegungsverfahren entstehenden Grundstücke kann mit Genehmigung nach § 51 BauGB auch vorher bereits verfügt werden vgl. § 20 Rdn. 108.[478]

f) Eine freiwillige Umlegung nach den Vorschriften des BGB (durch Kauf, Tausch, Ringtausch mit Auflassung und Eintragung) ist zulässig.[479] Das BVerwG[480] hat eine solche Vereinbarung noch für einen öffentlichrechtlichen Vertrag gehalten. Neuerdings werden die privat- und öffentlich-rechtlichen Elemente eines solchen Vertrages getrennt beurteilt.[481]

178 E. **Grenzregelungsverfahren**

Rechtsgrundlage: §§ 80 ff. BauGB; GB-Berichtigung gemäß § 84 BauGB.[482] Zulässig ist auch eine private Grenzregelung (dazu §§ 919 ff.; § 20 Rdn. 42).

Das Grenzregelungsverfahren nach BauGB wird im GB nicht vermerkt und hat rechtlich keine Veräußerungs- und Belastungsbeschränkungen zur Folge. Im Grenzregelungsbeschluß können aber betroffene Dienstbarkeiten und Baulasten neu geordnet, begründet und aufgehoben werden und Grundpfandrechte mit Zustimmung der Betei-

---

[473] OLG Hamm OLGZ 80, 267.
[474] BayObLGZ 64, 170 = Rpfleger 64, 215; OLG Celle Rpfleger 65, 275.
[475] BayObLG DNotZ 88, 784.
[476] BayObLGZ 69, 303 = Rpfleger 70, 25.
[477] Ebenso Haegele/Schöner/*Stöber* GBR 3866.
[478] S. a. Haegele/Schöner/*Stöber* GBR 3872 ff.
[479] Dazu Haegele/Schöner/*Stöber* GBR 3877, 3878.
[480] NJW 85, 989.
[481] Vgl. BGHZ 76, 16; BGH NJW 87, 773; BVerwG ZfBR 90, 103 = MittBayNot 90, 196; dazu *Guttenberger* MittBayNot 90, 73/75; *Grziwotz* Baulanderschließung, S. 218 ff.
[482] Dazu OLG Frankfurt Rpfleger 76, 313; *Waibel* Rpfleger 76, 347; Haegele/Schöner/*Stöber* GBR 3879; *Sichtermann/Hennings* Rdn. 17.12.

ligten neu geordnet werden (§ 80 Abs. 2 BauGB).[483] Mit der Bekanntmachung des Grenzregelungsbeschlusses wird der bisherige Rechtszustand durch den neuen ersetzt (dazu § 20 Rdn. 41).[484]

F. Verkehrsbeschränkungen im Enteignungsverfahren nach BauGB 179
Literatur:

Vgl. § 20 Rdn. 155, 166; Haegele/Schöner/*Stöber* GBR 4095; *Sichtermann-Hennings* Rdn. 17.44 (mit Überblick über die Enteignung nach Landes- und Bundesrecht).

a) **Rechtsgrundlage:** §§ 85 ff. BauGB (zur Enteignung von Grundstücken und Rechten an Grundstücken, Enteignungsentschädigung und Enteignungsverfahren).

b) **Genehmigungsbedürftig** sind von der Bekanntmachung über die Einleitung des Enteignungsverfahrens an (§ 108 Abs. 5 BauGB) die in § 51 BauGB bezeichneten Rechtsvorgänge (wie im Umlegungsverfahren; vgl. § 20 Rdn. 174 ff.). Über die Genehmigung entscheidet die Enteignungsbehörde (§ 109 BauGB).

c) Ein **Enteignungsvermerk** über die Einleitung des Enteignungsverfahrens (mit deklaratorischer Bedeutung wie im Umlegungsverfahren; vgl. § 20 Rdn. 176) ist im GB auf Ersuchen der Enteignungsbehörde (ohne Angabe eines Berechtigten) einzutragen (§ 108 Abs. 6 BauGB; Einl. J 22; § 38 Rdn. 36). Es gibt Enteignungsgesetze (z. B. Art. 27 BayEG), die die Eintragung einer „Verfügungs- und Veränderungssperre" im GB vorsehen und wie Enteignungsvermerke zu behandeln sind (dazu Einl. B 46).[485]

d) Mit dem in der Ausführungsanordnung zum Enteignungsbeschluß festzusetzenden Tag (§§ 113, 117 BauGB) wird der bisherige Rechtszustand durch den im Enteignungsbeschluß geregelten neuen Rechtszustand ersetzt (§ 117 Abs. 5 BauGB; dazu § 20 Rdn. 41).

G. Verkehrsbeschränkungen im Sanierungsgebiet 180
Literatur:

Vgl. § 20 Rdn. 155, 166; Haegele/Schöner/*Stöber* GBR 3884 ff.; *Sichtermann-Hennings* Rdn. 17.2; *Haegele* Rpfleger 1971, 387; BWNotZ 1973, 129; *Schön* BWNotZ 1972, 99; *Sarnighausen* NJW 1977, 608; *Krautzberger* NVwZ 1987, 647; *Bielenberg-Krautzberger-Söfker* DVBl. 1987, 119; ausführlich auch DNotI-Report 18/1994, 1 ff.

a) **Rechtsgrundlagen**

Das BauGB hat mit Wirkung ab 1. 7. 1987 das bisherige Städtebauförderungsgesetz aufgehoben und die boden- und verfahrensrechtlichen Bestimmungen im wesentlichen in §§ 136 ff. BauGB übernommen. Das Gesetz unterscheidet (wie früher) zwischen Sanierungs- (§§ 136 ff. BauGB) und Entwicklungsmaßnahmen (§§ 165 ff. BauGB; dazu § 20 Rdn. 188, 189). Für das GBVerfahren bestehen keine Unterschiede.

b) **Genehmigungspflichtig** sind im Sanierungsgebiet die in § 144 Abs. 1 und 2 BauGB 181
bezeichneten Rechtsvorgänge, insbesondere:
Abs. 1 Nr. 2: die Teilung eines Grundstücks (vgl. § 20 Rdn. 169, 171);
Abs. 2 Nr. 1: die rechtsgeschäftliche Veräußerung eines Grundstücks und die Bestellung und Veräußerung eines Erbbaurechts (beachte dazu auch § 120 SachenRBerG);

---

[483] Dazu krit. *Schelter* DNotZ 87, 330/348.
[484] BayObLGZ 81, 8.
[485] BayObLG DNotZ 88, 784 m. Anm. *Sieveking*.

§ 20

Abs. 2 Nr. 2: die Bestellung eines das Grundstück belastenden Rechts (soweit dies nicht mit der Durchführung von Baumaßnahmen i. S. d. § 148 Abs. 2 BauGB im Zusammenhang steht);

Abs. 2 Nr. 3: ein schuldrechtlicher Vertrag, durch den eine Verpflichtung zu einem in Nr. 1 oder 2 genannten Geschäft begründet wird.

Genehmigungspflichtig ist auch die Veräußerung von Teilflächen, Miteigentumsanteilen, Wohnungs- und Teileigentum, Übertragung von Alleineigentum auf einen Miterben (z. B. bei Erbauseinandersetzung).[486] Es besteht aber (anders als im Umlegungsgebiet; vgl. § 20 Rdn. 175) kein allgemeines Verfügungsverbot, also keine Genehmigungspflicht für Löschung und Aufhebung dinglicher Rechte, Aufteilung nach Wohnungseigentum,[487] Eintragung einer Zwangshypothek,[488] Übertragung von Erbanteilen.[489]

182 c) Die Genehmigungspflicht tritt mit Bekanntmachung der Sanierungssatzung ein, nicht erst mit Ersuchen oder Eintragung des Vermerks im GB, der nur deklaratorische Bedeutung hat (§ 143 Abs. 2 BauGB). Gutgläubiger Erwerb wird nicht geschützt. Die Sanierungsbehörde hat deshalb für unverzügliche Eintragung des Vermerks im GB zu sorgen (dazu Einl. A 10). Kaufverträge, die vor förmlicher Festlegung wirksam abgeschlossen wurden, unterliegen der Genehmigungspflicht allerdings nicht.[490]

183 d) Genehmigungsfrei sind kraft Gesetzes (§ 144 Abs. 4 BauGB) Rechtsvorgänge:
(1) an denen die Gemeinde oder der Sanierungsträger als Vertragsteil oder Eigentümer beteiligt ist,
(2) zum Zweck der Vorwegnahme der Erbfolge,
(3) die Teilung eines Grundstücks,
(4) die Zwecken der Landesverteidigung dienen,
(5) der rechtsgeschäftliche Erwerb eines in ein Planfeststellungsverfahrens einbezogenen Grundstücks durch den Bedarfsträger.

184 e) Von der Genehmigungspflicht werden nicht erfaßt
(1) Rechtsvorgänge außerhalb des GB;
(2) Änderungen von verdinglichten Vereinbarungen, die als Inhalt des Sondereigentums oder Erbbaurechts im GB eingetragen sind (Einl. E 71 ff.; F 28 ff.);
(3) Vormerkungen, auch Auflassungsvormerkungen.[491]

185 f) Genehmigung (§ 145 BauGB):
(1) Abs. 1 und Abs. 7 verweisen zur Genehmigung und zum Negativzeugnis auf § 19 BauGB (vgl. § 20 Rdn. 171).
(2) Abs. 2 und Abs. 3 enthalten die Versagungsgründe und die Voraussetzungen einer Pflicht zur Genehmigung.
(3) Abs. 4: Die Genehmigung kann unter Auflagen erteilt werden; deren Erfüllung ist dem GBA nicht nachzuweisen (§ 20 Rdn. 158). Verfügungen über Grundstücke und Rechte an Grundstücken können nicht unter Bedingungen oder Befristungen genehmigt werden.

186 g) § 145 Abs. 5 BauGB: Der Eigentümer hat im Fall der Versagung der Genehmigung einen Anspruch auf Übernahme des Grundstücks durch die Gemeinde.

187 h) Grundbuchverfahren (§ 145 Abs. 7 BauGB)
Für das GBA gilt § 23 BauGB (vgl. § 20 Rdn. 172). Voraussetzung für die Eintragung ist regelmäßig entweder die Vorlage der Genehmigung oder des Negativzeugnisses.[492]

---

[486] OLG Bremen OLGZ 77, 261.
[487] VG Köln NVwZ 85, 516.
[488] LG Regensburg Rpfleger 77, 224.
[489] Haegele/Schöner/*Stöber* GBR 3890.
[490] DNotI-Report 18/1994, S. 2.
[491] *Haegele* Rpfleger 71, 389; BayObLGZ 69, 303 = DNotZ 70, 152 zu § 51 BBauG.
[492] OLG Frankfurt a.M. DNotI-Report 1997, 70.

H. Verkehrsbeschränkungen im Entwicklungsbereich

188

Literatur:

Vgl. § 20 Rdn. 155, 166, 180; Haegele/Schöner/*Stöber* GBR 3900 ff.; *Sichtermann-Hennings* Rdn. 17.3.

1. Rechtsgrundlagen: §§ 165 ff. BauGB

a) Auf die vor dem 1.7.1987 förmlich festgelegten Entwicklungsbereiche sind die Vorschriften der §§ 165 ff. BauGB weiter anzuwenden. Die Gemeinde soll die Grundstücke im Entwicklungsbereich erwerben (§ 163 Abs. 3 BauGB). Der Eigentümer hat einen Anspruch auf Übernahme des Grundstücks durch die Gemeinde (§ 168 BauGB).

b) § 169 Nr. 5 BauGB: Die genehmigungspflichtigen Rechtsvorgänge entsprechen denen im Sanierungsgebiet (§ 20 Rdn. 181).

c) § 171 BauGB: Bei Aufhebung der Erklärung zum Entwicklungsbereich ist der Entwicklungsvermerk auf Ersuchen der Gemeinde zu löschen.

2. Sondervorschriften nach dem BauGB

Vgl. zu diesem Gesetz § 20 Rdn. 168; 223 ff.

189

Die Gemeinde kann neue Entwicklungsbereiche festlegen. Auf Ersuchen der Gde. ist der Entwicklungsvermerk einzutragen. Genehmigungspflichtig sind Rechtsvorgänge wie im Sanierungsgebiet (vgl. § 20 Rdn. 181). Es besteht ein gesetzliches Vorkaufsrecht der Gemeinde, für das Besonderheiten gelten (vgl. § 20 Rdn. 223 ff.).

I. Verkehrsbeschränkungen im Bereich von Erhaltungssatzungen

189 a

Literatur:

Groschupf NJW 1998, 421; *Grziwotz* DNotZ 1997, 935 DNotI-Report 1997, 159 ff. Rechtsgrundlage: § 172 Abs. 1 S. 4 BauGB.

a) Die Begründung von Sondereigentum kann danach unter bestimmten Voraussetzungen im Bereich von sog. Erhaltungssatzungen von einer Genehmigung durch die Gemeinde abhängig gemacht werden.

b) Voraussetzung für die Verkehrsbeschränkung ist wie in § 22 BauGB eine entsprechende Rechts-VO der Landesregierung, das wie eine Schleuse wirkt, indem es die gemeindlichen Erhaltungssatzungen dieses Landes mit einer weiteren bundesrechtlichen Rechtsfolge versieht.[493] Aus dem zu weit geratene Wortlaut ist unter Berücksichtigung der Entstehungsgeschichte der Norm die Genehmigungsbedürftigkeit der Teilung von Neubauten nach WEG auszuscheiden. Gleiches gilt für spätere Änderungen der Teilungserklärung, solange kein neues Sondereigentum begründet wird; umgekehrt ist mit Rücksicht auf den Schutzzweck der Norm wohl auch die Unterteilung von Sondereigentum genehmigungsbedürftig.[494]

c) Nach § 172 Abs. 4 Satz 1 BauGB ist die Genehmigung zu versagen, wenn die Aufteilung konkret nachteilhafte Folgen in städtebaulicher Hinsicht auf die Zusammensetzung der Wohnbevölkerung hat. Die Vorschrift regelt im übrigen auch die Fälle, in denen die Genehmigung zu erteilen ist, u. a. im Rahmen von Modernisierungsmaßnamen, der Erbauseinandersetzung, bei einer Veräußerung an Familienangehörige zur

---

[493] DNotI-Report 1997, 160.   [494] DNotI-Report 1997, 160.

Eigennutzung und wenn bereits ein Anspruch auf Aufteilung und Veräußerung von Sondereigentum vormerkungsgesichert ist oder wenn sich der Eigentümer verpflichtet, die Wohnungen innerhalb von sieben Jahren ab dem Vollzug der Aufteilung im Grundbuch nur an Mieter zu veräußern.

d) Für das GB-Verfahren besteht eine Grundbuchsperre, § 175 Abs. 1 Satz 5 i. V. m. § 20 Abs. 2 Satz 2 BauGB. Danach ist in jedem Fall mindestens ein Negativzeugnis vorzulegen, wenn nur die Landesregierung eine entsprechende Rechts-VO erlassen hat. Zuständig für die Erteilung von Genehmigung bzw. Negativzeugnis ist die Gemeinde; ist eine Baugenehmigung bzw. Zustimmung erforderlich, ist die Baugenehmigungsbehörde zuständig.

e) Das Gesetz trat insgesamt am 1. 1. 1998 in Kraft, ebenso etwaige Rechtsverordnungen, die dann aber auch für bereits vorher bestehende Erhaltungssatzungen gelten, vgl. § 236 Abs. 2 Satz 3 BauGB. Das Genehmigungserfordernis gilt nicht für eine Teilung, die vor dem 26. 6. 1997 beantragt bzw. soweit eine Vormerkung zur Sicherung des Anspruchs auf Begründung von Sondereigentum eingetragen wurde, § 236 Abs. 2 Satz 1 BauGB. Im übrigen werden auch Altanträge, also solche, die nach dem 26. 6. 1997 gestellt und am 1. 1. 1998 noch nicht vollzogen sind, von dem neuen Genehmigungserfordernis erfaßt.

4. Beschränkungen im Wohnungsbau

190 a) Das Wohnungsbindungsgesetz[495] kann zu Gebrauchs- und Nutzungsbeschränkungen führen, enthält aber keine Verfügungsbeschränkungen.[496]

b) Das Gesetz zur Förderung des Bergarbeiterwohnungshaus[497] verlangt zwar eine Sicherstellung der Zweckbindung, enthält aber kein Veräußerungsverbot.[498]

5. Rückübertragung von Grundbesitz in der ehemaligen DDR

191 Rechtsgrundlagen für die Rückübertragung von Vermögenswerten im Gebiet der ehemaligen DDR sind das Gesetz zur Regelung offener Vermögensfragen (Anlage II Kap. III Sachgebiet B Abschn. I Nr. 5 des Einigungsvertrages) und die Anmeldeverordnung i. d. F. vom 3. 8. 1992. § 3 VermG ist keine dinglich wirkende Verfügungsbeschränkung und als solche nicht im Grundbuch eintragbar.[499]

6. Landwirtschaftsrecht

192 A. **Genehmigungspflicht nach Grundstücksverkehrsgesetz** bei Veräußerung land- oder forstwirtschaftlicher Grundstücke nach GrdstVG § 2.

193 a) Diese Genehmigungspflicht[500] besteht für land- oder forstwirtschaftliche Grundstücke (§ 1 Abs. 2);[501] Miteigentumsanteile[502] und Grundstücksteilflächen (§ 1 Abs. 3 GrdstVG), sowie für grundstücksgleiche Rechte und Fischereirechte, soweit durch Landesrecht für anwendbar erklärt.[503]

---

[495] BGBl. I 1985, 1277.
[496] Haegele/Schöner/*Stöber* GBR 4068; dazu *Becker* MittRhNotK 80, 213; 82, 12; 85, 209.
[497] BGBl. I 1957, 418.
[498] BayObLG MittBayNot 84, 88; Haegele/Schöner/*Stöber* GBR 4069.
[499] Meikel/*Böhringer* § 13 B 103.
[500] Dazu Haegele/Schöner/*Stöber* GBR 3924 ff.
[501] Vgl. BGHZ 49, 145 = Rpfleger 68, 148; NJW 79, 2393; AgrarR 80, 160; DNotZ 81, 769; NJW 89, 1223; OLG Stuttgart DNotZ 81, 679, RdL 87, 183.
[502] OLG Celle RdL 66, 151.
[503] Dazu Haegele/Schöner/*Stöber* GBR 3925 ff.

b) Einzelfälle: **194**
Genehmigungspflichtig: Schenkung;[504] Abtretung des Auflassungsanspruchs;[505] Ausübung des Vorkaufsrechtes[506] oder Ankaufsrechts,[507] aber nicht Bestellung eines Vorkaufs- oder Ankaufsrechts;[508] Erbauseinandersetzung,[509] Vermächtniserfüllung;[510] Änderung solcher Verträge nur dann nicht, wenn der Vertragsgegenstand gleichgeblieben ist[511] oder wenn keine Rückauflassung notwendig wird;[512] Vertragsangebot;[513] Veräußerungen aufgrund einheitlichen Vertrages, auch wenn nichtlandwirtschaftliche Grundstücke darunter sind.[514]

Nicht genehmigungspflichtig: Rechtsübergänge außerhalb des GB;[515] Erbbaurechtsbestellung;[516] Übertragung eines Erbbaurechts;[517] Auflassungsvormerkung (§ 19 Rdn. 155), ein auf Erwerb oder Veräußerung landwirtschaftlicher Grundstücke gerichteter Auftrag und die widerrufliche oder unwiderrufliche Vollmacht dazu.[518] In den neuen Ländern gem. § 11 InVorG Verträge aufgrund eines Investitionsvorrangbescheids und der in einem Bescheid gem § 2 VZOG getroffenen Feststellungen. Genehmigungsfähig (aber nicht -pflichtig) die Voranfrage vor Vertragsabschluß[519] und Ankaufsrecht.[520]

c) Genehmigungsfrei sind Rechtsvorgänge: **195**
§ 4: unter den dort genannten Voraussetzungen;[521] § 30 BauGB: im räumlichen Geltungsbereich eines Bebauungsplanes außer wenn es sich um Veräußerung der Wirtschaftsstelle oder einer als land- oder forstwirtschaftlich ausgewiesenen Fläche handelt (§ 191 BauGB); im förmlich festgelegten Sanierungs-oder Entwicklungsgebiet mit den nach § 191 BauGB geltenden Ausnahmen.

d) Landesrechtliche Freigrenzenbestimmungen (§ 2 Abs. 3 Nr. 2 GrdstVG) gelten in **196**
Baden-Württemberg, Bayern, Hessen, Niedersachsen, Saarland, Bremen, Hamburg.[522] Dazu *Haegele*;[523] für Bayern.[524]

Über Größe entscheidet bei Veräußerung einer realen Fläche deren Größe, beim Miteigentumsanteil die Größe des ganzen Grundstücks, nicht der flächenmäßige Anteil.[525] Bei Kettenveräußerungen in einem inneren Zusammenhang nach einem einheitlichen Plan ist die Gesamtfläche aller Veräußerungen maßgebend.[526] Ob sich das GBA auf Angaben der Beteiligten oder Inhalt des GB verlassen darf, ist zweifelhaft; BayObLGZ 69, 144 bejaht dies aus Gründen der Vereinfachung und Ersparung einer Negativbescheinigung, während nach Literaturansicht[527] dagegen erhebliche Bedenken bestehen. Denn Genehmigungspflicht ist die Regel, Freigrenze die Ausnahme. Kann die Aus-

---

[504] BGH NJW 57, 259.
[505] OLG Hamm RdL 55, 55; zur Abtretung durch Nichtlandwirt an Landwirt BGH DNotZ 85, 750.
[506] BGH DNotZ 52, 529.
[507] Haegele/Schöner/*Stöber* GBR 3952.
[508] OLG Celle RdL 66, 181.
[509] OLG Schleswig DNotZ 64, 120.
[510] OLG Hamm RdL 65, 298.
[511] BayObLG Rpfleger 63, 243; BGH MittBayNot 79, 185.
[512] Haegele/Schöner/*Stöber* GBR 3956.
[513] LG Stuttgart BWNotZ 71, 26.
[514] OLG Stuttgart DNotZ 82, 692.
[515] Haegele/Schöner/*Stöber* GBR 3949; 3960; für Erbanteile aber § 2 Abs. 2 Nr. 2 GrdstVG.
[516] BGH DNotZ 76, 369.
[517] *Schwarz* DNotZ 73, 56.
[518] BGHZ 82, 292 = Rpfleger 82, 95.
[519] OLG Köln AgrarR 80, 51.
[520] Rpfleger 83, 397.
[521] Haegele/Schöner/*Stöber* GBR 3959.
[522] Haegele/Schöner/*Stöber* GBR 3961 ff.; *Schönfelder* Anm. zu § 2 GrdstVG.
[523] BWNotZ 77, 61.
[524] *Ertl* RdL 64, 113; MittBayNot 62, 109; 62, 307; 64, 101; BayObLGZ 69, 144 = Rpfleger 69, 301; *Fischer* AgrarR 80, 160; *Hötzel* AgrarR 83, 176.
[525] BayObLGZ 63, 101 = Rpfleger 64, 121.
[526] BGH RdL 57, 173/176; MDR 60, 214; 62, 389; OLG Düsseldorf MittRhNotK 1992, 188.
[527] *Ertl* RdL 64, 114; MittBayNot 64, 101.

§ 20 I. Grundbuchordnung

nahme vom GBA nicht zweifelsfrei festgestellt werden (was der Fall ist, wenn sich Freigrenze nach schuldrechtlichen Veräußerungen richtet) darf sich GBA nicht allein auf Angaben des Veräußerers verlassen, weil für Erwerber die Gefahr eines unwirksamen Erwerbs besteht.

197 B. **Reichssiedlungsgesetz** enthält keine Veräußerungs- oder Belastungsbeschränkungen.

198 Zu den siedlungsrechtlichen Vorkaufsrechten (Einl. K 33; § 20 Rdn. 222) und Wiederkaufsrechten (Einl. K 26 ff.).

199 C. **Entschuldungsrecht**
Die Entschuldung hat nur noch im Beitrittsgebiet Bedeutung.[528]

200 D. **Flurbereinigungsverfahren** nach Flurbereinigungsgesetz vom 16. 3. 1976[529] und landesrechtlichen Ausführungsgesetzen. (Sartorius Nr. 860).[530] Zum „Flurbereinigungsvermerk" Einl. J 30.[531]

a) Kein allgemeines gesetzliches Veräußerungs- oder Belastungsverbot und keine GB-Sperre.[532]

b) Ein Veräußerungs- oder Belastungsverbot kann gemäß §§ 52, 53 FlurbG von der Flurbereinigungsbehörde (oder nach Landesrecht von der Teilnehmergemeinschaft)[533] erlassen und auf deren Ersuchen im GB eingetragen werden (dazu Einl. J 18; § 19 Rdn. 160). Es hat die Wirkung eines relativen Verbots i. S. d. § 136 BGB (§ 52 Abs. 3 FlurbG). c) Nach Durchführung der Flurb. ist der Versagungsgrund nach § 9 Abs. 1 Nr. 2; Abs. 3 Nr. 4 GrdstVG und in Bayern Teilungsbeschränkung (§ 7 Rdn. 29) zu beachten.[534] Zur Auflassung und Belastung von Einlage- und Ersatzgrundstücken vgl. § 20 Rdn. 108.

201 E. **Bayerisches Almgesetz** vom 28. 4. 1932[535]
In Bayern bedarf die Veräußerung von (Teilen von) Almgrundstücken sowie die Belastung mit dinglichen Nutzungsrechten der Genehmigung durch die Kreisverwaltungsbehörde. Bei Genehmigung nach bayer. AlmG ist Genehmigung nach GrdstVG entbehrlich (§ 4 Nr. 5 GrdstVG).[536]

7. Verkehrsbeschränkungen für öffentliche Rechtsträger

202 a) **Gemeinden, Landkreise und Zweckverbände**
unterliegen landesrechtlichen Vorschriften (GdeO; LandkreisO usw.), die zum Teil Veräußerungs- und Belastungsbeschränkungen enthalten.[537]
Für Bayern: Art. 75 BayGO;[538] Vo vom 7. 6. 74.[539] Verschenkung und unentgeltliche Überlassung von Gde.-Vermögen ist unzulässig (Art. 75 Abs. 3; § 134 BGB; deshalb auch Verzicht gemäß § 928 BGB unwirksam)[540] Zur Veräußerung von Gde.-Vermögen

---

[528] Haegele/Schöner/*Stöber* GBR 4056 a.
[529] BGBl. I, 546.
[530] Dazu Haegele/Schöner/*Stöber* GBR 4030 ff.
[531] S. a. Haegele/Schöner/*Stöber* GBR 4037.
[532] OVG Koblenz DNotZ 68, 548; Haegele/Schöner/*Stöber* GBR 4032 ff.
[533] BayObLG Rpfleger 86, 370.
[534] Haegele/Schöner/*Stöber* GBR 4054; 3979 ff.
[535] BayBS IV 359.
[536] Einzelheiten: Haegele/Schöner/*Stöber* GBR 3959; 4102; BayVGH AgrarR 86, 113; Ertl MittBayNot 62, 111. Zum gesetzlichen VorkaufsR gemäß Art. 3 Abs. 1 vgl. BayObLGZ 82, 222 = Rpfleger 82, 337.
[537] Dazu Haegele/Schöner/*Stöber* GBR 4075 ff.; *Schürner* MittRhNotK 70, 443.
[538] GVBl. 1973, 195.
[539] GVBl. 74, 270. dazu MittBayNot 74, 180.
[540] BayObLG Rpfleger 83, 308.

Zweiter Abschnitt. Eintragungen in das Grundbuch (Munzig) § 20

unter Wert bedarf Gde. von bestimmten Ausnahmen abgesehen der Genehmigung der Aufsichtsbehörde (Art. 75 Abs. 5). Für GB-Eintragung genügt in der Regel eine Feststellung im Gde.-Ratsbeschluß, daß und aufgrund welcher Vorschrift das Rechtsgeschäft genehmigungsfrei ist (§ 5 Vo); Bewilligung einer Kaufpreisresthypothek bedarf solcher Genehmigung nicht.[541]

b) **Wasser- und Bodenverbände** **203**
bedürfen zur Veräußerung und Belastung von Grundstücken der Genehmigung ihrer Aufsichtsbehörde.[542]

c) **Bundesbahn** **204**
Beschränkungen unterliegen Grundstücke, die durch einen „Sperrvermerk" im GB erkennbar sind.[543]

d) **Sozialversicherungsträger** **205**
unterliegen keinen Veräußerungs- oder Belastungsbeschränkungen, sondern nur Erwerbsbeschränkungen gem. § 85 Abs. 1 SGB IV (dazu § 20 Rdn. 71).[544]

e) **Versicherungen, Banken, Kapitalanlagegesellschaften** **206**
Verfügungen über ihren Deckungsstock (Einl. J 17) unterliegen Beschränkungen, die für den Grundbuchvollzug unterschiedlich geregelte Auswirkungen haben:
(1) Inländische Versicherungsunternehmen dürfen über die zum Deckungsstock gehörenden Grundstücke und Grundpfandrechte nur mit Zustimmung des Treuhänders verfügen (§§ 70 bis 72 VAG). Das GBA darf nur gegen Nachweis dieser Zustimmung die Eintragung oder Löschung vornehmen (§ 72 Abs. 3 VAG), wenn ein Sperrvermerk eingetragen (Einl. J 17) oder ihm die Zugehörigkeit zum Deckungsstock positiv bekannt ist.[545] Eine Nachforschungspflicht besteht für das GBA nicht.
(2) Verfügungen ausländischer Versicherungsunternehmen über Grundstücke und Grundpfandrechte ihres Deckungsstocks bedürfen der Zustimmung des Bundesaufsichtsamtes und dürfen vom GBA nur bei entsprechendem Nachweis vollzogen werden (§ 110 Abs. 2 VAG).
(3) Verfügungen einer KAG über den zum Deckungsstock gehörenden Grundbesitz bedürfen der Zustimmung der von ihr beauftragten Depot-Bank (§ 31 Abs. 2 KAGG). Eine Verfügung ohne diese Zustimmung ist gegenüber den Anteilsinhabern unwirksam (§ 35 Abs. 2 S. 2 KAGG). Da eine dem § 72 Abs. 3 VAG entsprechende Vorschrift im KAGG fehlt, darf das GBA entsprechend den allgemeinen Grundsätzen für relative Verfügungsbeschränkung (§ 19 Rdn. 110) ohne Nachweis dieser Zustimmung keine Löschung vornehmen, aber Eintragungen vollziehen, wenn der Sperrvermerk im GB steht.[546]
(4) Die Beschränkungen von Hypothekenbanken nach dem HypBkG haben auf die privatrechtliche Wirksamkeit des Rechtsgeschäfts und auf das GB-Verfahren keinen Einfluß.[547]

f) **Nach der HandwerksO** i. d. F. v. 28. 12. 1965[548] bedürfen (1) Handwerkskam- **207**
mern für Veräußerung und Erwerb von Grundstücken keiner Genehmigung (§ 106

---

[541] BayObLG Rpfleger 78, 217. Einzelheiten: Bleutge MittBayNot 75, 4; 75, 201; BayObLG Rpfleger 74, 224; BayObLG MittBayNot 77, 14; LG Passau MittBayNot 75, 275; 75, 279.
[542] Dazu Haegele/Schöner/*Stöber* GBR 4092; Kommentare zu EGBGB Art. 65, 66.
[543] Dazu *Sichtermann-Hennings* Rdn. 18.1.
[544] S. a. Haegele/Schöner/*Stöber* GBR 4059.
[545] Haegele/Schöner/*Stöber* GBR 4065.
[546] Dazu Haegele/Schöner/*Stöber* GBR 4067.
[547] Haegele/Schöner/*Stöber* GBR 4066; Palandt/*Bassenge* Vor § 873 Rdn. 28.
[548] BGBl. 1966 I 1.

§ 20 I. Grundbuchordnung

Abs. 1 Nr. 7; Abs. 2) und nur noch zur Belastung von Grundstücken einer Genehmigung der Obersten Landesbehörde (§ 106 Abs. 1 Nr. 6; Abs. 2),

(2) Landes- und Bundesinnungsverbände für Veräußerung, Erwerb und Belastung von Grundstücken keiner Genehmigung (§ 83 Abs. 1 Nr. 2; § 85 Abs. 2),

(3) Handwerksinnungen und Handwerkerschaften für Veräußerung, Erwerb und Belastung von Grundstücken eines Beschlusses der Innungsversammlung und der Genehmigung der Handwerkskammer (§ 61 Abs. 2 Nr. 7 a; Abs. 3).[549]

208 g) Kirchen
Die Rechtsgrundlagen sind bei ev. und kath. Kirchen und zum Teil auch in den einzelnen Ländern unterschiedlich. Neben der staatsaufsichtlichen Genehmigung (nur von beschränkter Bedeutung) besteht für Veräußerung und Belastung von Grundstücken kirchenaufsichtliche Genehmigungspflicht, die das GBA zu beachten hat.[550] Aus der Vornahme kirchlicher Rechtsgeschäfte über einen längeren Zeitraum ohne die erforderliche Genehmigung kann kein Vertrauenstatbestand hergeleitet werden.[551]

209 h) Stiftungen
unterliegen Landesgesetzen, die zum Teil stiftungsaufsichtliche Genehmigung, bei kirchlichen Stiftungen kirchenaufsichtliche Genehmigung für Veräußerung und Belastung von Grundstücken vorschreiben.[552]

8. Verfügungsbeschränkungen nach Außenwirtschaftsrecht

210 a) Nach **AußenwirtschaftsG** (und AWVo) bestehen zur Zeit keine Veräußerungs- und Belastungsbeschränkungen.[553]

b) **Erwerbsbeschränkungen** für ausländische natürliche und jur. Personen und für Staatenlose bestehen zur Zeit nicht (vgl. § 20 Rdn. 71).

9. Reichsheimstätten

211 Das RHeimstG, das Gesetz zur Änderung des RHeimstG und die AusführungsVO sind durch Gesetz vom 17. 6. 1993 mit Wirkung zum 1. 10. 1993 aufgehoben worden. Der Reichsheimstättenvermerk ist nach dem 31. 12. 1998 von Amts wegen zu löschen, davor bei Verzicht des Eigentümers (Form: § 29) auf Anwendung des § 20 RHeimG.

212 10. **Höfe i. S. der HöfeO** erkennbar aus „Hofvermerk" (Einl. J 21) unterliegen im Geltungsbereich dieses Gesetzes (Hamburg, Niedersachsen, Nordrhein-Westfalen, Schleswig-Holstein) Veräußerungs- und Belastungsbeschränkungen wie nach GrdstVG (dazu § 20 Rdn. 192).[554]

---

[549] Dazu Haegele/Schöner/*Stöber* GBR 4088 ff.
[550] Vgl. OLG Hamm OLGZ 81, 129 = Rpfleger 81, 60; Haegele/Schöner/*Stöber* GBR 4083 ff.; für Baden-Württemberg: *Reichert* BWNotZ 59, 173; *Ripfel* BWNotZ 65, 93; *Denk* BWNotZ 77, 10; für Bayern: Gesetzeshinw. in MittBayNot 70, 69; LG Memmingen Rpfleger 81, 397; 1990, 70; für Nordrhein-Westfalen: *Knott* RhNotK 63, 748.
[551] OLG Braunschweig Rpfleger 1991, 452.
[552] Dazu Haegele/Schöner/*Stöber* GBR 4100, 4103, 4106.
[553] Haegele/Schöner/*Stöber* GBR 4070 ff.
[554] Einzelheiten: Haegele/Schöner/*Stöber* GBR 559, 799; 2847; *Picalo* DNotZ 76, 390; *Faßbender* DNotZ 76, 393; *Dressel* NJW 76, 1244; *Steffen* RdL 76, 57; 76, 200; *Faßbender/Picalo* DNotZ 80, 67; 86, 560; *Bendel* AgrarR 87, 12; 87, 264. Zum Höfeerbrecht vgl. § 35 Rdn. 38 ff. Zum Hofvermerk § 5 GBVerf.; *Kroeschell* AgrarR 82, 226. Rspr.: BGH DNotZ 78, 303; AgrarR 82, 207 Anm. *Bendel*; Rpfleger 82, 375; OLG Köln DNotZ 78, 308; AgrarR 81, 171; OLG Hamm Rpfleger 81, 234; 87, 195; 89, 18; OLG Celle AgrarR 80, 286; BVerfG Rpfleger 83, 267.

11. Rentenstellen für Landarbeiter und Handwerker dazu Einl. J 21; § 5 GBVfg.; **213** die gesetzlichen Vorschriften über diese Rentenstellen sind am 1. 5. 1980 außer Kraft getreten.[555] Zu Rentengütern nach Landesrecht vgl. EGBGB Art. 62 (Einl. J 21).

12. Fideikommißvermögen dazu Kommentare zu EGBGB Art. 59;[556] zum Fideikom- **214** mißvermerk Einl. J 21; zur Löschung dieses Vermerks § 35 Rdn. 6; für Bayern Art. 50 Abs. 4 Nr. 1, 2 StiftungsG vom 26. 11. 1954.[557]

13. Beschränkungen nach § 75 BVG; § 610 RVO; § 35 BauGB erkennbar durch den **215** im GB eingetragenen Vermerk (Einl. J 20).

a) Nach **§ 75 Abs. 1 Bundesversorgungsgesetz** kann angeordnet werden, daß die Veräußerung und Belastung des mit der Kapitalabfindung erworbenen oder wirtschaftlich gestärkten Grundstücks, Erbbaurechts, Wohnungseigentums oder Wohnungserbbaurechts innerhalb einer Frist bis zu 5 Jahren nur mit Genehmigung der zuständigen Verwaltungsbehörde zulässig sind.

b) Nach **§ 610 Abs. 2 RVO** kann angeordnet werden, daß die Weiterveräußerung und Belastung des mit der Abfindungssumme erworbenen Grundstücks oder grundstücksgleichen Rechts innerhalb einer Frist bis zu 5 Jahren nur mit Genehmigung des Trägers der Unfallversicherung zulässig sind.

c) Diese Veräußerungs- oder Belastungsbeschränkungen werden erst mit der Eintragung des Vermerks im GB wirksam und haben (weil sie nicht dem Schutz bestimmter Personen dienen) **absolute Wirkungen im Sinne des § 134 BGB**.[558] Die dem Verbot unterliegenden Veräußerungen und Belastungen darf das GBA nur gegen Nachweis der Genehmigung der zuständigen Behörde eintragen. Höchstdauer der Verfügungsverbote nach § 75 BVG und § 610 RVO 5 Jahre; nach § 35 Abs. 6 BauGB zeitlich unbeschränkt, aber nur als Veräußerungs-, nicht als Belastungsverbot zulässig. Zur und Löschung des Vermerks vgl. *Wolber* Rpfleger 82, 210.

14. Beschlagnahme und Sperre von Vermögenswerten

Dazu Einl. J 19, 22.[559] **216**

a) Die Vermögensbeschlagnahme nach §§ 291 Abs. 1; 443 Abs. 1 StPO führt mit der Bekanntgabe im Bundesanzeiger zum Verlust des Verfügungsrechtes des Angeklagten, dessen Verfügungen gegenüber jedermann unwirksam sind (§ 134 BGB). Die Beschränkung entsteht außerhalb des GB, ist aber gleichwohl eintragungsfähig (Einl. J 19).[560]

b) Die Beschlagnahme von Einzelgegenständen gemäß § 111 c Abs. 2 StPO wird mit Eintragung im GB wirksam, soweit davon ein Grundstück oder Grundstücksrecht betroffen wird. Sie hat die Wirkung eines relativen Veräußerungsverbotes i. S. d. § 136 BGB (§ 111 c Abs. 5 StPO).[561]

c) Der Verfall des aus einer strafbaren Handlung erlangten Vorteils bewirkt mit Rechtskraft der Anordnung den Verlust des Rechts selbst, das auf den Staat übergeht (§§ 73 Abs. 1; 73 d Abs. 1 StGB). Vor Rechtskraft wirkt die Anordnung wie ein Ver-

---

[555] Haegele/Schöner/*Stöber* GBR 4058.
[556] S. a. Haegele/Schöner/*Stöber* GBR 4098; Sichtermann-Hennings Rdn. 18.3.
[557] BayBS II 661.
[558] So BGH BVersBl. 56, 69; *Sichtermann-Hennings* Rdn. 16.81; 16.82; Meikel/*Sieveking* Anh. zu § 19 Rdn. 164, 171; *Wolber* Rpfleger 78, 433; 82, 210.
[559] Ferner Meikel/*Sieveking* Anh. zu § 19 Rdn. 180 ff.
[560] A. A. Meikel/*Sieveking* Anh. zu § 19 Rdn. 180.
[561] Dazu Meikel/*Sieveking* Anh. zu § 19 Rdn. 181.

§ 20

äußerungsverbot i. S. d. § 136 BGB (§ 73 d Abs. 2 StGB). Die Eintragung der Anordnung im GB wirkt deklaratorisch, nicht konstitutiv.[562]

d) Die Einziehung von Gegenständen gemäß § 74 Abs. 1 StGB (und auch gemäß §§ 92 b; 101 a; 109 k StGB) wirkt vor Rechtskraft wie ein Veräußerungsverbot i. S. d. § 136 BGB (§ 74 e Abs. 3 StGB). Die Eintragung wirkt deklaratorisch.[563]

15. Landesrechtliche Veräußerungsbeschränkungen

217 a) Hessen (für Veräußerung von Waldgrundstücken); vgl. Haegele/Schöner/*Stöber* GBR 4099.

b) ehemaliges Preußen für Abveräußerungen von Teilen einer Ansiedlungsund Zukaufsstelle oder eines Rentengutes; dazu Sichtermann-Hennings Rdn. 18.6;

c) für Veräußerung von Genossenschaftsforsten in Niedersachsen;[564] Bayern nach bayer. AlmG; dazu § 20 Rdn. 201

e) landesrechtliche Belastungsbechränkungen; § 19 Rdn. 164; § 20 Rdn. 167.

XIII. Amtliche Bescheinigungen im Grundbuchverfahren

Literatur:

Reithmann Allgemeines Urkundenrecht (1972); Lit. zu § 21 BNotO; § 39 BeurkG.

218 1. **Amtliche Bescheinigungen** sind die von einer dafür zuständigen amtlichen Stelle (Gericht; Behörde; Notar) über eine Rechtslage ausgestellten Zeugnisse, die vom Gesetz mit unterschiedlichen Rechtswirkungen ausgestattet sind und auf die man sich im Rahmen dieser Wirkungen allgemein im Rechtsverkehr verlassen kann, obwohl sie nicht wie öffentliche Urkunden i. S. d. §§ 415; 418 ZPO den vollen Beweis ihrer Richtigkeit begründen.[565]

219 2. **Einzelbeispiele** von Bescheinigungen, die im GB-Verfahren von Bedeutung sind: Erbschein (§§ 2353 ff. BGB); Negativzeugnisse (vgl. § 20 Rdn. 160); Vorkaufsrechtsbescheinigungen (vgl. § 20 Rdn. 222); Abgeschlossenheitsbescheinigung (§ 7 Abs. 4 Nr. 2 WEG); Vertretungsbescheinigung (§ 21 BNotO); Bescheinigungen über Registereintragungen (§§ 32 ff. GBO); Unbedenklichkeitsbescheinigung des Finanzamtes (§ 20 Rdn. 220); des VermAmts zu § 1026 BGB (§ 22 Rdn. 59).

3. Unbedenklichkeitsbescheinigung des Finanzamtes

220 a) **Rechtsgrundlage** der Beistandspflicht des GBA ist § 22 GrEStG v. 17. 12. 1982,[566] wonach der Erwerber eines Grundstücks in das Grundbuch erst dann eingetragen werden darf, wenn eine Bescheinigung der zuständigen Finanzbehörde vorgelegt wird, daß der Eintragung steuerliche Bedenken nicht entgegenstehen.[567] Literatur zum GrEStG: Kommentare von *Boruttau/Egly/Sigloch*; *Kunz/Hennemann*; *Pahlke/Franz*; Haegele/Schöner/*Stöber* GBR 148 ff.

b) **Die Unbedenklichkeitsbescheinigung ist keine materiellrechtliche Voraussetzung** der dinglichen Rechtsänderung,[568] bei deren Fehlen daher das GB nicht unrichtig ist

---

[562] Dazu Meikel/*Sieveking* Anh. § 19 Rdn. 182.
[563] Dazu Meikel/*Sieveking* Anh. zu § 19 Rdn. 183.
[564] Vgl. Haegele/Schöner/*Stöber* GBR 4105. d.
[565] *Reithmann* Allg. UrkR S. 61 ff.; Seybold/ *Reithmann* BNotO Vorb. 14 ff. vor § 20.
[566] BGBl. I 1777.
[567] Vgl. DNotZ 83, 1.
[568] BGHZ 5, 179 = DNotZ 52, 216.

und kein Amtswiderspruch (§ 53 Abs. 1 S. 1 GBO) eingetragen werden darf. Zur Entscheidung über die Steuerpflicht oder -freiheit ist ausschließlich das Finanzamt zuständig.[569]

c) **Trotzdem hat das GBA in eigener Zuständigkeit zu prüfen,** ob der Erwerbsvorgang seiner Art nach dem Grunderwerbsteuergesetz unterliegen kann, nicht ob im konkreten Fall Steuerpflicht oder -freiheit besteht. Verneint das GBA diese Frage oder ist es kraft besonderer Ausnahmevorschrift von seiner Beistandspflicht entbunden,[570] darf es die Eintragung nicht von der Vorlage der UB abhängig machen.[571]

d) **UB ist zur Eintragung nötig,** wenn der Erwerber eines Grundstücks, Grundstücksteils, Miteigentumsanteils, WE-Rechts, Erbbaurechts,[572] Erbanteils[573] aufgrund Rechtsgeschäfts oder im Wege der GB-Berichtigung im GB eingetragen werden soll.[574] In solchen Fällen darf das GBA die Eintragung nicht ohne und nicht aufgrund einer widerrufenen UB vornehmen.[575] Die UB ist wirksam, wenn sie dem GBA unzweideutig Auskunft darüber gibt, auf welchen Rechtsvorgang und damit auf welche Eintragung sich die Bescheinigung der Unbedenklichkeit bezieht. Hierfür genügt es, daß ein erst noch abzutrennendes Grundstück in der Urkunde, auf die die Bescheinigung Bezug nimmt, unzweideutig bezeichnet ist.[576]

4. Steuerliche Anzeigepflichten der Gerichte, Behörden und Notare a) Zur Grunderwerbsteuer: Nach § 18 GrEStG[577] sind Gerichte, Behörden und Notare verpflichtet, Rechtsvorgänge, die ihrer Art nach der Grunderwerbsteuer unterliegen können, dem zuständigen Finanzamt anzuzeigen.

b) **Zur Schenkung- und Erbschaftsteuer:** Nach §34 ErbStG, §§ 12; 13 ErbStDV[578] sind Notare verpflichtet, Rechtsvorgänge, die für die Festsetzung einer Erbschafts- oder Schenkungssteuer von Bedeutung sein können, dem zuständigen Finanzamt anzuzeigen.

5. Nachweis über Nichtausübung eines Vorkaufsrechts:
Eine Bescheinigung darüber benötigt das GBA zur Eintragung der Auflassung:
a) als Nachweis über das Nichtbestehen oder die Nichtausübung des Vorkaufsrechts der Gemeinde (dazu § 20 Rdn. 223 ff.);
b) **kein Nachweis nötig** für das siedlungsrechtliche Vorkaufsrecht nach § 4 RSG, weil dessen Ausübung in das Genehmigungsverfahren nach § 2 GrdStVG einbezogen ist.[579]

XIV. Gesetzliches Vorkaufsrecht der Gemeinde

Literatur:

Kommentare zum BauGB; Haegele/Schöner/*Stöber* GBR 4108 ff.; *Sichtermann-Hennings* Rdn. 9.7. Dazu auch § 20 Rdn. 155, 166; zur früheren Rechtslage und Lit. vgl. Voraufl. § 20 Rdn. 223.

---

[569] BayObLG Rpfleger 52, 189.
[570] Haegele/Schöner/*Stöber* GBR 149, 150.
[571] BGHZ 7, 53; BayObLGZ 57, 305; OLG Stuttgart Rpfleger 76, 134; BayObLG Rpfleger 83, 103; OLG Celle Rpfleger 85, 187; OLG Zweibrücken MDR 87, 56.
[572] BFH DNotZ 68, 698.
[573] BFH BStBl. II 76, 159; *Haegele* Rpfleger 76, 234.
[574] *Weber* NJW 73, 2015; 81, 1940; Haegele/Schöner/*Stöber* GBR 150; der a. A. *Helpser* NJW 73, 1485 kann nicht gefolgt werden.
[575] BayObLGZ 75, 90 = Rpfleger 75, 227.
[576] BFH BStBl. 76 II 32.
[577] BGBl. I 1982, 1777.
[578] BGBl. 1962 I 22.
[579] Haegele/Schöner/*Stöber* GBR 4137, 4175.

§ 20

1. Rechtsgrundlagen des Vorkaufsrechts der Gde.

223 a) Vom 1. 1. 1977 bis 30. 6. 1987:

§§ 24 bis 28 a BBauG; §§ 17, 57 Abs. 1 Nr. 4 StBauFG (dazu Vorauf. § 20 Rdn. 223), noch anzuwenden unter den Voraussetzungen des § 235 BauGB.

b) Seit 1. 7. 1987:

§§ 24 bis 28 Baugesetzbuch (BauGB) v. 8. 12. 1986.[580] Das BauGB hat die Voraussetzungen der Vorkaufsrechte umgestaltet (§§ 24, 25), die Ausnahmen erweitert (§ 20 Rdn. 226), an der Entdinglichung festgehalten (§ 20 Rdn. 227), ein preislimitiertes VorkR (§ 28 Abs. 3) nur für bestimmte Fälle des § 24 Abs. 1 Nr. 1 (Enteignungsmöglichkeit) zugelassen (§ 20 Rdn. 230), einen generellen (widerruflichen) Verzicht der Gde. ermöglicht (§ 28 Abs. 5).

c) Seit 1. 6. 1990:

Das BauGB-Maßnahmengesetz (i. d. F. Art. 2 des Wohnungsbauerleichterungsgesetzes v. 17. 5. 1990)[581] hatte gemäß § 3 (allgemeines preislimitiertes VorkR) und gemäß §§ 6; 7 Abs. 1 Nr. 2 (VorkR im Entwicklungsbereich) weitere gesetzliche Vorkaufsrechte eingeführt. Sie sind wegen der beschränkten Geltungsdauer (Art. 1 WoBauErlG) auf Verkaufsfälle aus der Zeit vor dem 1. 6. 1990 nicht, aus der Zeit vor dem 1. 6. 1995 weiter anzuwenden (§ 12).

d) Seit 1. 1. 1998:

Das BauGB in der Neufassung vom 27. 8. 1997[582] führte die zum 31. 12. 1997 auslaufenden Regelungen des BauGB-Maßnahmengesetz in das BauGB zurück: Das in § 3 BauGBMaßnG begründete allgemeine Vorkaufsrecht der Gemeinde wird in § 24 BauGB integriert; die bisher in § 28 Abs. 4 BauGB a. F. und § 3 Abs. 4 geregelte Ausübung des gemeindlichen Vorkaufsrechts zugunsten Dritter ist künftig einheitlich in § 27 a BauGB geregelt. Das preislimitierte Vorkaufsrecht mir Rücktrittsrecht des Verkäufers gilt nun für alle Fälle, § 28 Abs. 3 BauGB.[583]

e) §§ 504, 505 Abs. 2; §§ 506 bis 509 und 512 BGB sind anzuwenden (§ 28 Abs. 2 S. 2 BauGB), die Vorschriften für das dingliche Vorkaufsrecht (z. B. § 1098 Abs. 2 BGB) nicht.

f) Die Voraussetzungen eines Vorkaufsrechts müssen aus Gründen des Vertrauensschutzes bereits beim Abschluß des Kaufvertrages bestehen. Deshalb wird ein vor Entstehung des Vorkaufsrechts abgeschlossener Kaufvertrag auch dann nicht vom Vorkaufsrecht erfaßt, wenn eine zur Wirksamkeit des Kaufvertrages erforderliche Genehmigung erst nach dessen Entstehung erteilt wird.[584]

g) Im Grundbuchverfahren ist § 28 Abs. 1 S. 2 BauGB zu beachten (vgl. § 20 Rdn. 227).

2. Überblick über das gesetzliche Vorkaufsrecht

224 a) Für das gesetzliche Vorkaufsrecht sind drei Stufen (Entstehung, Vorkaufsfall, Ausübung) zu unterscheiden:[585]

(1) Die Entstehung des VorkR der Gde. an einem Grundstück hängt von bestimmten öffentlichrechtlichen Voraussetzungen ab, z. B. ob und für welche Nutzungsart es in

---

[580] BGBl. I 2253.
[581] BGBl. I 926.
[582] BGBl. I 2141.
[583] Vgl. DNotI-Report 1997, 159 ff.
[584] So BayVGH MittBayNot 79, 252; BGHZ 32, 383 = NJW 60, 1808. *Demharter* § 19 Rdn. 122.
[585] BGHZ 73, 12; 90, 174/178 = DNotZ 84, 375/376.

Zweiter Abschnitt. Eintragungen in das Grundbuch (Munzig) **§ 20**

einem Flächennutzungs- oder Bebauungsplan ausgewiesen ist, ob es im Innen- oder Außenbereich, Umlegungs- oder Sanierungsgebiet, Entwicklungs- oder Geltungsbereich einer Erhaltungssatzung liegt, ob das Wohl der Allgemeinheit die Ausübung rechtfertigt.

(2) Zur Frage, ob ein Vorkaufsfall besteht, lehnt sich das BauGB (§ 28 Abs. 2 S. 2) stark an das Zivilrecht an. Die Berechtigung der Gde. zur Ausübung des VorkR entsteht deshalb erst, wenn der Grundstückseigentümer mit einem Dritten einen rechtswirksamen Kaufvertrag über ein Grundstück geschlossen hat, an dem ihr ein VorkR zusteht (§ 504 BGB).

(3) Die Ausübung des VorkR erfolgt durch Verwaltungsakt (§ 28 Abs. 2 S. 1 BauGB). Die Pflicht zur Mitteilung des Kaufvertrags und aller erforderlichen Genehmigungen, die Folgen einer Verletzung dieser Pflicht, die Ausübungsvoraussetzungen, Ausübungsfrist[586] und Ausübungsfolgen richten sich weitgehend nach bürgerlichem Recht (§ 20 Rdn. 228, 229). Die Folgen der Ausübung eines preislimitierten VorkR weichen vom BGB ab und weisen öffentlichrechtliche Elemente auf (§ 28 Abs. 3 BauGB; vgl. § 20 Rdn. 230 ff.).

b) Das VorkR ist nicht im GB eintragungsfähig, erst nach dem Vorkaufsfall vormerkungsfähig (Einl. K 38) und wirkt nicht wie ein dingliches Vorkaufsrecht. Ob ein VorkR besteht, ob zum vereinbarten oder limitierten Preis, kann meistens nur von der Gde. selbst festgestellt werden. Deshalb hat der Notar bei Beurkundungen lediglich darauf hinzuweisen, daß ein gesetzliches VorkR in Betracht kommen kann (§ 20 BeurkG).

c) Die Gde. hat (auf Antrag) unverzüglich ein Negativzeugnis auszustellen, wenn sie kein Vorkaufsrecht hat oder es nicht ausübt (§ 20 Rdn. 227). Der Käufer hat keine Mitteilungspflicht, aber ebenso wie der Verkäufer ein berechtigtes Interesse daran, daß die Gde. möglichst schnell rechtsverbindlich Klarheit über Bestehen und Ausübung des VorkR schafft und nur dann den Vertragsinhalt erfährt, wenn ihr ein VorkR zusteht. Für diese Prüfung genügt zunächst ein Antrag, aus dem lediglich Datum und URNr. des notariellen Vertrages und das verkaufte Grundstück ersichtlich sind. Ein solcher Antrag setzt allerdings (in der Praxis wichtig!) die Ausübungsfrist nicht in Lauf.[587]

3. Vorkaufsrecht beim Kauf von Grundstücken

a) Der Gde. steht ein Vorkaufsrecht zu „beim Kauf von Grundstücken",[588] Grundstücksteilen (§ 508 BGB) oder Miteigentumsanteilen,[589] auch bei einem Kaufvertrag, der erst durch Ausübung des einem Dritten (z. B. Mieter nach WoBindG) zustehenden Vorkaufsrechts zustande gekommen ist.[590] Handelt es sich um die Veräußerung eines Erb- oder Gesellschaftsanteils, hat die Gde. auch dann kein Vorkaufsrecht, wenn das Vermögen nur aus einem Grundstück besteht.[591]

225

b) Kein Vorkaufsrecht steht der Gde. bei Kaufverträgen zu, wenn die Voraussetzungen eines Vorkaufsfalles (§ 504 BGB) nicht oder noch nicht erfüllt sind, z. B. wenn Verkäufer und Käufer den von einer behördlichen Genehmigung abhängigen (schwebend unwirksamen) Kaufvertrag vor Erteilung dieser Genehmigung aufgehoben ha-

---

[586] BGH DNotZ 54, 532; 57, 307/311; OLG München MittBayNot 84, 141.
[587] OVG Münster DNotZ 79, 617; OLG München MittBayNot 84, 141; *Schelter* DNotZ 87, 330/346.
[588] BGHZ 73, 12 = DNotZ 79, 214.
[589] BGHZ 90, 174/176 = Rpfleger 84, 232; OLG Frankfurt FGPrax 1995, 139.
[590] BayObLG DNotZ 86, 222.
[591] LG Berlin Rpfleger 1994, 502.

ben,[592] ein Miteigentumsanteil an einen anderen Miteigentümer der gleichen Gemeinschaft[593] oder ein Nachlaßgrundstück an einen Miterben verkauft,[594] die Verpflichtung zur Übereignung an einen der Gesamthandseigentümer vereinbart,[595] wie bei einem Verkaufsangebot (Einl. L 10) oder Ankaufsrecht (Einl. L 5, 14) noch kein Kaufvertrag geschlossen oder wie bei Übertragung eines Erb- oder Gesellschaftsanteils[596] kein Grundstück verkauft wird.

c) Kein Vorkaufsrecht besteht (wie nach § 504 BGB) bei sonstigen Grundstücksveräußerungen,[597] z. B. Tausch,[598] Ringtausch,[599] Übergabe, Einbringung in Gesellschaft, Schenkung,[600] gemischte Schenkung,[601] Verkauf durch den Konkursverwalter (§ 512 BGB).[602]

d) Umgehungsgeschäfte lösen das Vorkaufsrecht aus,[603] der Vorkaufsberechtigte trägt die Beweislast für die Umgehungsabsicht.[604]

4. Ausnahmen vom Vorkaufsrecht der Gemeinde

226 Das BauGB enthält Ausnahmevorschriften, wonach ein Vorkaufsrecht entweder nicht besteht oder nicht ausgeübt werden darf.

a) § 24 Abs. 2 BauGB: Beim Verkauf von Rechten nach dem WEG und von Erbbaurechten besteht kein gesetzliches VorkR.

b) § 26 BauGB regelt die Fälle, in denen kraft Gesetzes die Ausübung des VorkR ausgeschlossen ist.
Nr. 1: Wenn der Eigentümer das Grundstück an seinen Ehegatten oder an eine Person verkauft, die mit ihm in gerader Linie verwandt oder verschwägert oder in der Seitenlinie bis zum dritten Grad verwandt ist.
Nr. 2: Bei Verkauf an einen privilegierten Bedarfsträger (für dessen Zwecke).
Nr. 3 und 4: Sonstige Fälle, in denen der Kauf dem Zweck des gesetzlichen VorkR nicht entgegensteht. Dazu gehört z. B. ein Verkauf für den Ausbau einer Straße aufgrund eines Planfeststellungsverfahrens.[605]

c) § 27 BauGB ermöglicht in bestimmten Fällen die Abwendung des VorkR und zu diesem Zweck die Verlängerung der Ausübungsfrist um zwei Monate.

d) § 27 a BauGB ermöglicht unter bestimmten Voraussetzungen die Ausübung des Vorkaufsrechts zugunsten Dritter. In diesem Fall kommt der Kaufvertrag unmittelbar zwischen dem Verkäufer und begünstigten Dritten zustande.

e) § 28 Abs. 5 BauGB: Allgemeiner Verzicht im voraus: Die Gde. kann für das Gemeindegebiet oder sämtliche (nicht einzelne) Grundstücke einer Gemarkung im voraus auf Ausübung ihrer Rechte verzichten und jederzeit diesen Verzicht für zukünftig abzuschließende Kaufverträge widerrufen. Verzicht und Widerruf sind öffentlich bekanntzumachen und dem GBA mitzuteilen.

f) § 28 Abs. 1 S. 4 BauGB: „Vorauserteilung" im Einzelfall

---

[592] BGH DNotZ 77, 349/350.
[593] BayObLGZ 85, 262 = DNotZ 86, 223.
[594] KG Rpfleger 79, 62.
[595] BGH DNotZ 70, 423.
[596] BGH DNotZ 56, 140; 70, 423.
[597] BGHZ 73, 12; BayObLG DNotZ 86, 223/224.
[598] BGH NJW 64, 540.
[599] BGH LM Nr. 11 zu § 504 BGB.
[600] BGH DNotZ 79, 214/ 217.
[601] BGHZ 13, 133; LG Osnabrück Rpfleger 84, 146.
[602] LG Lübeck Rpfleger 90, 159.
[603] BGHZ 115, 335, Staudinger/*Mayer-Maly* § 504 Rdn. 18 ff.
[604] BGH MittBayNot 90, 165.
[605] LG Bielefeld Rpfleger 81, 297.

Die Gde. kann ein Negativzeugnis für einen konkreten Verkaufsfall vor Abschluß des Kaufvertrages erteilen, wenn ihr die Angaben gemacht werden, die sie für die Beurteilung der Frage braucht, ob ein VorkR besteht oder ob sie auf dessen Ausübung verzichtet. Ein solches Zeugnis gilt als Verzicht auf die Ausübung des VorkR, wenn der Kaufvertrag mit dem der Gde. mitgeteilten Inhalt geschlossen wird.

5. Nachweis über Nichtbestehen oder Nichtausübung des VorkR

a) Eintragungshindernis im GB-Verfahren (§ 18 GBO)
Gemäß § 28 Abs. 1 S. 2 BauGB darf das GBA bei Kaufverträgen den Käufer als Eigentümer in das GB nur eintragen, wenn ihm die Nichtausübung oder das Nichtbestehen des Vorkaufsrechts nachgewiesen ist.

b) Negativzeugnis (§ 28 Abs. 1 S. 3 und 4 BauGB):
Die Gde. hat (auf Antrag eines Beteiligten) unverzüglich ein Zeugnis über Nichtbestehen oder Nichtausübung des Vorkaufsrechts auszustellen, das als Verzicht auf die Ausübung des Vorkaufsrechtes gilt, schon vor Rechtswirksamkeit oder vor Abschluß des Kaufvertrages erteilt werden kann (§ 20 Rdn. 226) und alle Fälle des gesetzlichen VorkR nach BauGB (§ 20 Rdn. 223) auch dann umfaßt, wenn dies im Zeugnis nicht zum Ausdruck gebracht worden ist. Das Zeugnis wird durch einen Investitionsvorrangbescheid ersetzt (§ 11 Abs. 1 InvVorG). Ein Negativzeugnis, aus dem sich ergibt, daß es für einen dieser Fälle nicht gelten soll, wäre für das GBA kein geeigneter Nachweis. Hat nach einem Kaufvertrag, für den ein Negativzeugnis bereits vorliegt, ein Dritter ein Vorkaufsrecht ausgeübt, so ist zum GB-Vollzug erneut ein Negativzeugnis erforderlich.[606]

c) Prüfungspflicht des GBA
Das GBA hat die Rechtslage selbständig zu prüfen (§ 20 Rdn. 155). Es darf die Eintragung nicht von einem Negativzeugnis abhängig machen, wenn es aus dem vorgelegten Vertrag oder sonstigen Unterlagen (§ 29 GBO) selbst feststellen kann, daß kein Vorkaufsrecht oder kein Vorkaufsfall besteht oder die Ausübung ausgeschlossen ist (vgl. § 20 Rdn. 225, 226).[607] Nur bei begründeten Zweifeln ist Aufklärung durch Zwischenverfügung geboten. Bei Verdacht eines Umgehungsgeschäftes trifft das GBA die Feststellungslast, wenn es die Eintragung verweigern will (§ 20 Rdn. 225; Einl. C 64, 65).

6. Folgen der Ausübung des Vorkaufsrechts (§ 28 Abs. 2 BauGB)

a) Neuer Vertrag zwischen Gde. und Verkäufer
Mit bescheidweiser Ausübung des gesetzlichen Vorkaufsrechts kommt[608] zwischen der Gde. (bzw. dem Dritten, § 27 a Abs. 2 BauGB) und dem Verkäufer (nicht mit dem Käufer) ein neuer selbständiger Kaufvertrag unter den Bestimmungen (also auch mit dem Kaufpreis und allen sonstigen Verpflichtungen) zustande, die der Verkäufer mit dem Käufer vereinbart hat (§§ 28 Abs. 2 S. 2 BauGB; 505 BGB).[609] Dieser neue Vertrag kann von Genehmigungen abhängig sein (was durch die bereits erteilten Genehmigungen nicht ausgeschlossen wird). Ist oder wird für die Gde. eine Vormerkung eingetragen (Einl. K 38), so sichert sie den Anspruch der Gemeinde gegen den Verkäufer auf Verschaffung des Eigentums am Grundstück aus diesem Vertrag.

---

[606] BayObLGZ 85, 262 = Rpfleger 85, 491.
[607] BGHZ 73, 12/15 = DNotZ 79, 214; OLG Köln Rpfleger 82, 338; BayObLG Rpfleger 86, 52.
[608] Wie bei wirksamer Ausübung nach BGB; BGHZ 67, 395/397 = DNotZ 77, 349/350.
[609] BGH DNotZ 82, 629/630.

§ 20

b) Der Kaufvertrag zwischen Verkäufer und Käufer besteht auch nach Ausübung des VorkR grds. weiter.

229 c) Eigentumserwerb der Gemeinde

Die Gde. erwirbt das Eigentum am Grundstück gemäß §§ 873, 925 BGB durch Einigung (Auflassung) und Eintragung.[610] Die a. A., die Regelung des Eigentumsüberganges nach § 28 Abs. 3 S. 5 BGB sei als allgemeine Vorschrift für alle Fälle der Ausübung des VorkR anzusehen[611] ist wegen des Ausnahmecharakters des Abs. 3 nicht zutreffend. Rechtsgeschäftlich kann die Gde. gutgläubig Eigentum erwerben, nach § 28 Abs. 3 BauGB nicht.

Zur GB-Eintragung müssen die allgemeinen Eintragungsvoraussetzungen vorliegen (vgl. § 20 Rdn. 1), also Nachweis der Auflassung, Einigung, Bewilligung des Eigentümers, Antrag des Eigentümers oder Gde., Unbedenklichkeitsbescheinigung, etwa erforderliche Genehmigungen.

7. Sondervorschriften für preislimitierte Vorkaufsrechte

230 a) Die Rechtslage nach Ausübung eines preislimitierten VorkR richtet sich nach den Sondervorschriften des § 28 Abs. 3 und 4 BauGB (VorkR gegen Enteignungsentschädigung bzw. zum Verkehrswert). Sie weichen als lex specialis[612] von Abs. 2 des § 28 BauGB, aber auch voneinander ab und weisen öffentlichrechtliche Elemente auf (§ 20 Rdn. 224).

231 b) Schuldrechtliche Folgen in den Fällen des § 28 Abs. 3 und 4 BauGB

Mit bescheidweiser Ausübung des VorkR kommt zwischen der Gde. und dem Verkäufer ein Kaufvertrag zustande, bei dem die Gde. den zu zahlenden Betrag (nach dem Gesetz) bestimmt. Gleichzeitig erlöschen die Pflichten des Verkäufers (Ausnahme § 444 BGB) aus dem ursprünglichen Kaufvertrag und damit auch die Erfüllungs- und Schadenersatzansprüche des Käufers gegen den Verkäufer.[613] Übt die Gde. dieses VorkR zum Verkehrswert aus, ist der Verkäufer berechtigt, bis zum Ablauf eines Monats nach Unanfechtbarkeit des Verwaltungsaktes vom Vertrag zurückzutreten. Die Pflichten des Verkäufers erlöschen im Fall des § 28 Abs. 3 BauGB mit Ablauf der Rücktrittsfrist.

232 c) Sondervorschriften für den Eigentumsübergang an die Gde.

(1) Gemäß § 28 Abs. 3 und Abs. 4 BauGB geht das Eigentum am Grundstück auf die Gde. über, wenn der Übergang des Eigentums in das GB eingetragen worden ist.

In diesem Fall handelt es sich um einen gesetzlichen Eigentumsübergang, bei dem (anders als § 20 Rdn. 229) ein gutgläubiger Eigentumserwerb ausgeschlossen ist.

233 d) Verfahrensrechtliche Voraussetzungen der GB-Eintragung:

1. Eintragungsersuchen der Gde. (§ 28 Abs. 2 S. 4 BauGB), das sie in den Fällen des § 28 Abs. 3 BauGB erst nach Ablauf der Rücktrittsfrist beim GBA einreichen darf,
2. Unbedenklichkeitsbescheinigung,
3. etwa erforderliche Genehmigungen.

Die Vorlage des Ausübungsbescheides oder eines Feststellungsurteils ist nicht erforderlich. Das GBA hat nicht zu prüfen, ob der Ausübungsbescheid unanfechtbar geworden ist, statt dessen ist vor dieser Eintragung dem Grundstückseigentümer und dem Käufer rechtliches Gehör zu gewähren (Einl. C 58).

---

[610] Haegele/Schöner/*Stöber* GBR 4126; Finkelnburg/*Ortloff* Öffentliches Baurecht Band I, S. 229.

[611] So Palandt/*Bassenge* Überblick vor § 1094 Rdn. 9.

[612] *Amann* MittBayNot 76, 153/156; 77, 5; *Zeiß* BWNotZ 77, 43 zum früheren Recht.

[613] So BGHZ 93, 298 = DNotZ 87, 30 zum früheren § 28 a BBauG.

8. Löschung erloschener Rechte

Bei Eigentumserwerb der Gde. aufgrund Ausübung des VorkR erlöschen rechtsgeschäftliche Vorkaufsrechte (§ 28 Abs. 2 S. 5 BauGB). Auf Ersuchen der Gde. hat das GBA diese VorkR und eine zur Sicherung des Übereignungsanspruchs des Käufers eingetragene Vormerkung zu löschen (§ 28 Abs. 2 S. 6 BauGB). **234**

9. Gesetzliches Vorkaufsrecht der Gde. in der früheren DDR

Gemäß § 246 a Abs. 1 Nr. 7 BauGB gelten für das gesetzliche Vorkaufsrecht der Gde. im Gebiet der früheren DDR bis zum 31. 12. 1997 Sonderregelungen (vgl. § 20 Rdn. 168). Der von der Gde. in den Fällen des §§ 24 und 25 BauGB bei Ausübung des gesetzlichen Vorkaufsrechts zu zahlende Betrag richtete sich (abweichend von § 28 Abs. 2 S. 2 BauGB) nach § 3 Abs. 3 des BauGB-MaßnahmenG (nunmehr § 28 Abs. 3 BauGB). Diese Vorschrift ist auf Verkaufsfälle vor dem 1. 1. 1989 weiter anzuwenden. Es handelt sich also um ein preislimitiertes Vorkaufsrecht,[614] das einerseits von den allgemeinen Voraussetzungen abhängig ist (§ 20 Rdn. 223 bis 227), andererseits im Fall seiner Ausübung Sondervorschriften unterliegt (§ 20 Rdn. 230 bis 233). Durch den Verkauf des Grundstücks nach dem Investitionsvorranggesetz ist das gemeindliche VorkR ausgeschlossen, § 6 InVorG. Ab dem 1. 1. 1998 sind die Vorschriften des BauGBMaßnG insoweit in das BauGB integriert (vgl. Rdn. 223). **235**

[Wegfall der Bewilligung mittelbar Betroffener]

§ 21

Steht ein Recht, das durch die Eintragung betroffen wird, dem jeweiligen Eigentümer eines Grundstücks zu, so bedarf es der Bewilligung der Personen, deren Zustimmung nach § 876 Satz 2 des Bürgerlichen Gesetzbuchs zur Aufhebung des Rechtes erforderlich ist, nur dann, wenn das Recht auf dem Blatte des Grundstücks vermerkt ist.

Übersicht

	Rdn.		Rdn.
I. Bedeutung	1	III. Bei Vermerk am herrschenden Grundstück gilt § 19	8
II. Voraussetzungen des § 21	4	IV. Wirkungen des § 21	13

Literatur:

Kommentare zu § 9 GBO und § 876 BGB.

I. Bedeutung des § 2

1. Inhalt des § 21

§ 21 enthält eine **Ausnahme vom Bewilligungsprinzip** des § 19, indem er in seinem Anwendungsbereich von der Bewilligung des mittelbar Berechtigten (§ 19 Rdn. 56) zur Aufhebung eines subjektiv-dinglichen Rechts verfahrensrechtlich absieht. **1**

---

[614] *Albrecht* MittBayNot 90, 340/345.

§ 21

2. Herrschendes Grundstück

2 Wegen des Vermerks am herrschenden Grundstück vgl. § 9.

3. Musterbeispiel

3 Am (dienenden) Grundstück des B ist ein Fahrtrecht als Grunddienstbarkeit für den jeweiligen Eigentümer des (herrschenden) Grundstücks des H eingetragen, das wiederum mit einer Grundschuld für G belastet ist. Zur Aufhebung des Fahrtrechts (§ 875 Abs. 1 BGB) ist materiellrechtlich die Zustimmung des Grundschuldgläubigers G gemäß § 876 S. 2 BGB notwendig, verfahrensrechtlich zur Löschung aber nur die Löschungsbewilligung des H (§ 19). Will der Grundschuldgläubiger G diese Folge des § 21 ausschalten, muß er für einen sog. Herrschvermerk sorgen.

Je wichtiger für G das Bestehen des Fahrtrechtes ist (z. B. weil das herrschende Grundstück keine andere Zufahrt hat), um so größer ist für ihn das Interesse an diesem Vermerk. Es gibt aber Fälle, in denen ein subjektiv-dingliches Recht für den Grundpfandgläubiger bedeutungslos, ja ihm nicht einmal bekannt ist. § 21 erleichtert deshalb generell, ohne Gewichtung der Drittinteressen im Einzelfall, die GB-Löschung, obwohl dies dem materiellen Recht widerspricht (§ 21 Rdn. 13).

II. Voraussetzungen

Die Bewilligung des mittelbar Betroffenen ist nicht nötig (§ 21), wenn folgende Voraussetzungen vorliegen:

1. Subjektiv-dingliches Recht

4 Ein subjektiv-dingliches Recht muß bestehen, d. h. ein Recht, das dem jeweiligen Eigentümer eines anderen Grundstücks zusteht (Begriff und Beispiele § 9 Rdn. 2).[1]

2. Betroffen durch Eintragung

5 Dieses Recht muß durch eine Eintragung betroffen werden (§ 19 Rdn. 51 ff.), die aufgrund einer Bewilligung vollzogen werden soll (ob Änderungs- oder Berichtigungsbewilligung ist gleichgültig). Dies ist möglich durch:
a) Aufhebung dieses Rechts, § 876 BGB,
b) Inhaltsänderung, § 877 BGB,
c) Rangänderung, § 880 Abs. 3 BGB,
d) Teilung des herrschenden Grundstücks, wenn das subjektiv-dingliche Recht eine Reallast ist und eine Bestimmung getroffen wird, daß die Reallast nur mit einem dieser Teile verbunden sein soll, § 1109 Abs. 2 BGB.

3. Recht Dritter am herrschenden Grundstück

6 Das herrschende Grundstück muß mit dem Recht eines Dritten belastet sein (z. B. mit einem Grundpfandrecht, Reallast).

4. Fehlender Vermerk am herrschenden Grundstück

7 Das subjektiv-dingliche Recht darf am herrschenden Grundstück nicht nach § 9 vermerkt sein, gleichgültig ob dieser Vermerk zeitlich vor oder nach der Belastung des herrschenden Grundstücks eingetragen worden ist.

---

[1] S. a. Staudinger/*Gursky* § 876 Rdn. 19.

III. Bei Vermerk am herrschenden Grundstück gilt § 19

1. Bewilligung des mittelbar Betroffenen

Die Bewilligung des mittelbar Betroffenen ist außer der Bewilligung des unmittelbar **8** Betroffenen dann **notwendig**, wenn sein am herrschenden Grundstück eingetragenes Recht durch eine beabsichtigte GB-Eintragung im Sinne des § 876 S. 2 BGB berührt, also sachenrechtlich beeinträchtigt wird.[2]

a) Grundpfandrechte und Reallasten werden wegen der für sie maßgeblichen Eigen- **9** schaften des Grundstücks als Sicherungsobjekt und wegen der Erstreckungswirkungen der §§ 1120, 1126, 96 BGB stets beeinträchtigt.[3]

b) Bei anderen Rechten (z. B. Dienstbarkeiten, Nießbrauch, Vorkaufsrecht) muß von **10** Fall zu Fall entschieden werden, ob die Fortdauer für die Verwirklichung des Rechts selbst (nicht des an seine Stelle tretenden Ersatzanspruchs) von Einfluß ist.[4]

Die Bewilligung des mittelbar Betroffenen kann durch Unschädlichkeitszeugnis er- **11** setzt werden (§ 27 Rdn. 28).[5]

2. Zwangsversteigerung

Im Falle der Zwangsversteigerung des herrschenden Grundstücks darf das subjektiv- **12** dingliche Recht auf Bewilligung des Erstehers erst nach Vollzug des Eintragungsersuchens des Versteigerungsgerichts gelöscht werden.[6]

IV. Wesen und Wirkungen des § 21

1. § 21 ist eine verfahrensrechtliche Ausnahmevorschrift zur Erleichterung des GB- **13** Verkehrs,[7] die eine Unrichtigkeit des GB in Kauf nimmt.[8] Dies ergibt sich schon aus der Unterscheidung im Gesetzeswortlaut zwischen der „Bewilligung" und der trotzdem „erforderlichen Zustimmung nach § 876 S. 2 BGB". Fehlt die materielle Zustimmung, wird das GB durch die Löschung materiell unrichtig (§ 894 BGB) und muß auf Verlangen des mittelbar Betroffenen berichtigt werden (§ 22 Rdn. 27) durch Wiedereintragung des zu Unrecht gelöschten Rechts (§ 22 Rdn. 2).[9] Dieser Berichtigungsanspruch steht auch dem Inhaber des gelöschten Rechts zu.[10]

2. Ordnungsvorschrift

§ 21 ist eine reine Ordnungsvorschrift,[11] dessen Beachtung zu den Amtspflichten des **14** GBA gehört (Einl. C 10; 73).

3. Berichtigung von Amts wegen

Ist der Vermerk am herrschenden Grundstück eingetragen, so ist er von Amts wegen **15** zu berichtigen, wenn das Recht geändert oder aufgehoben wird (§ 9 Abs 2).

---

[2] BGH Warn 69, 182; BayObLGZ 59, 520/528; DNotZ 1995, 608; vgl. § 19 Rdn. 56; Staudinger/*Gursky* § 876 Rdn. 20 ff.
[3] RGZ 83, 200; Palandt/*Bassenge* § 876 Rdn. 3.
[4] Staudinger/*Gursky* § 876 Rdn. 23.
[5] S. a. Staudinger/*Gursky* § 876 Rdn. 50.
[6] KG JFG 10, 199; *Demharter* § 21 Rdn. 4.
[7] BayObLGZ 74, 217/221 = DNotZ 75, 34.
[8] *Demharter* § 21 Rdn. 3; Meikel/*Böttcher* § 21 Rdn. 20.
[9] S. a. Staudinger/*Gurksy* § 876 Rdn. 46.
[10] So h. M.: Meikel/*Böttcher* § 21 Rdn. 22 mwN.
[11] Meikel/*Böttcher* § 21 Rdn. 24.

§ 22

[Berichtigung des Grundbuchs]

§ 22

(1) Zur Berichtigung des Grundbuchs bedarf es der Bewilligung nach § 19 nicht, wenn die Unrichtigkeit nachgewiesen wird. Dies gilt insbesondere für die Eintragung oder Löschung einer Verfügungsbeschränkung.

(2) Die Berichtigung des Grundbuchs durch Eintragung eines Eigentümers oder eines Erbbauberechtigten darf, sofern nicht der Fall des § 14 vorliegt oder die Unrichtigkeit nachgewiesen wird, nur mit Zustimmung des Eigentümers oder des Erbbauberechtigten erfolgen.

Übersicht

	Rdn.		Rdn.
I. Bedeutung	1–6	VII. Unrichtigkeit bei Widersprüchen	50–54
II. Unrichtigkeit des Grundbuchs	7–18	VIII. Unrichtigkeit bei Verfügungsbeschränkungen	55–56
III. Unrichtigkeit dinglicher Rechte durch Eintragungen	19–34	IX. Unrichtigkeitsnachweis	57–66
IV. Unrichtigkeit durch Rechtsänderung außerhalb des GB	35–38	X. Berichtigungsbewilligung	67–75
V. Unrichtigkeit „verdinglichter Regelungen"	39–41	XI. Eintragung des Eigentümers oder Erbbauberechtigten	76–83
VI. Unrichtigkeit bei Vormerkungen	42–49	XII. Voraussetzungen des Berichtigungsverfahrens	84–88

Literatur:

Kommentare zu § 894 BGB; *Weimar* MDR 1959, 631; *Furtner* DNotZ 1963, 196; *Köbler* JuS 1982, 181; *Taupitz* WM 1983, 1150; *Eickmann* MittBayNot 1992, 11.

I. Bedeutung des § 22

1. Verschiedene Wege der GB-Berichtigung

1 **GB-Inhalt und materielle Rechtslage stimmen** im Hinblick auf das formelle Konsensprinzip (§ 19 Rdn. 6) und die Möglichkeit des Rechtsübergangs außerhalb des GB (§ 20 Rdn. 21 ff.) **nicht immer überein.** Ein Widerspruch zwischen materieller Rechtslage und GB-Inhalt bedroht den wirklichen Berechtigten wegen des öffentlichen Glaubens des GB mit Rechtsverlust. Ihm stehen daher zur Auswahl:

a) der materiellrechtliche Berichtigungsanspruch aus § 894 BGB, ggf. aus §§ 886 ff. BGB oder schuldrechtlichen Vorschriften;[1]

b) **Eintragung eines Widerspruchs** (§ 899 BGB), notfalls durch einstweilige Verfügung (vgl. § 19 Rdn. 64; § 25 Rdn. 6);

c) der verfahrensrechtliche Weg nach § 22 GBO,

d) Ersuchen an das GBA von Amts wegen tätig zu werden (vgl. § 13 Rdn. 5), nur in besonderen Fällen.

Die Ansicht, daß einer Klage das Rechtsschutzbedürfnis fehlt, wenn der Weg nach § 22 einfacher und sicherer zum Erfolg führt, setzt sich immer mehr durch.[2]

---

[1] Staudinger/*Gursky* § 894 Rdn. 121; MünchKomm/*Wacke* § 894 Rdn. 35); wegen des Verhältnisses von § 894 zu § 1004 und § 886 vgl. Staudinger/*Gursky* § 894 Rdn. 14, 15, 45 ff.; § 886 Rdn. 28; *Köbler* JuS 82, 181; zum Zurückbehaltungsrecht BGHZ 41, 30/35; 71, 19/23; DNotZ 89, 355; Staudinger/*Gursky* § 894 Rdn. 106 ff.

[2] BGH NJW 62, 963; Palandt/*Bassenge* § 894 Rdn. 1; Staudinger/*Gursky* § 894 Rdn. 6.

2. Ziel der Grundbuchberichtigung (auch nach § 22 GBO) ist Beseitigung des unrichtigen GB-Inhalts
a) (1) durch Löschung der Eintragung oder des unrichtigen Teils,
(2) Ergänzung des Inhalts, wenn er unvollständig ist,
(3) Eintragung des richtigen Inhalts, wenn nichts eingetragen war,
(4) Löschung des unrichtigen und Eintragung des richtigen Inhalts, die beim Eigentum nicht auf die Löschung des eingetragenen Eigentümers beschränkt werden kann,[3]
(5) Wiedereintragung des zu Unrecht gelöschten Rechtes.

b) Antrag und Bewilligung müssen den gleichen Inhalt haben wie eine Klage auf GB-Berichtigung.[4] Sie sind auslegungs- (Einl. C 25 ff.) und umdeutungsfähig (Einl. C 29 ff.).[5]

c) Bei zu Unrecht erfolgter Löschung gilt der Grundsatz, daß das gelöschte Recht außerhalb des GB fortbesteht und im Wege der GB-Berichtigung wieder eingetragen werden muß. Es ist also nicht der Löschungsvermerk zu löschen, sondern unter Beachtung aller Anforderungen eine Wiedereintragung vorzunehmen, bei Zwischenrechten mit einem Rangvermerk, der den früheren Rang bestätigt,[6] bei gutgläubigem Zwischenerwerb Dritter im Rang hinter ihnen.[7]

3. § 22 ist eine Ausnahme von § 19 für die Fälle der Unrichtigkeit des GB. Er läßt zur Erleichterung des GBVerkehrs den Unrichtigkeitsnachweis genügen, da ein starres Festhalten am Bewilligungsgrundsatz die GB-Berichtigung verhindern oder verzögern könnte. Antragsteller (§ 13) oder ersuchende Behörde (§ 38) haben im Rahmen des § 22 auch in den Fällen des Abs. 2[8] die Wahl zwischen
a) Berichtigungsbewilligung (Rdn. 67) oder
b) Unrichtigkeitsnachweis (Rdn. 57),
wenn nicht nach Sachlage nur eines von beiden in Frage kommt (§§ 22 Rdn. 59). Beides ist nicht nötig, also neben der Bewilligung kein Nachweis[9] und umgekehrt neben dem Nachweis keine Bewilligung. Ein Berichtigungszwang besteht abgesehen von §§ 82 ff. nicht. Der Nachweis der Unrichtigkeit obliegt dem Antragsteller ohne Rücksicht auf die Beweislast in einem Prozeß.[10]

4. Abweichungen von § 22 Abs. 1
a) § 22 Abs. 2 (Rdn. 76 ff.), b) §§ 23, 24, 25, 26 und 27 (vgl. dort).

II. Unrichtigkeit des Grundbuchs

1. Begriff der Unrichtigkeit

§ 22 muß auf das materielle Recht zurückgreifen und **setzt eine Unrichtigkeit im Sinne des § 894 BGB voraus**, die sich mit dem in § 892 BGB verwendeten Begriff der

---

[3] BGH NJW 70, 1544.
[4] Staudinger/*Gursky* § 894 Rdn. 116; Meikel/Böttcher § 22 Rdn. 84, 97.
[5] BayObLG Rpfleger 82, 141; LG Nürnberg Fürth Rpfleger 80, 227 m. Anm. *Meyer-Stolte*.
[6] Eintragungswortlaut in BayObLGZ 61, 63/70 = Rpfleger 62, 406/408.
[7] BGHZ 51, 50; Staudinger/*Gursky* § 892 Rdn. 181.
[8] RGZ 73, 156.
[9] BayObLGZ 76, 193 = Rpfleger 76, 359.
[10] BayObLGZ 85, 228; DNotZ 89, 166.

§ 22

Unrichtigkeit deckt.[11] Danach ist das GB unrichtig, wenn sein Inhalt mit der materiellen Rechtslage nicht im Einklang steht:

a) bezüglich eines dinglichen Rechts an einem Grundstück oder an einem Grundstücksrecht vgl. unten Rdn. 19 ff.;

b) bezüglich einer eintragungsfähigen, aber nicht oder nicht richtig eingetragenen und zu Unrecht gelöschten Verfügungsbeschränkung (unten Rdn. 55 ff.);

c) bezüglich einer zu Unrecht eingetragenen oder gelöschten Vormerkung oder eines Widerspruchs (§ 22 Rdn. 42 ff.).

2. Heilung oder Wegfall der Unrichtigkeit

8 Wird die Unrichtigkeit vor Gbvollzug geheilt oder fällt sie weg, darf das GBA dem Berichtigungsantrag nicht mehr stattgeben (Einl C 74).

Dies kann insbesondere eintreten durch:

a) Nachholung der fehlenden materiellen Voraussetzung (z. B. Einigung oder Aufgabeerklärung);[12]

b) gutgläubigen Erwerb eines Dritten (§§ 892, 893 BGB);[13]

c) Zeitablauf (§§ 900, 901; bei Dienstbarkeiten auch § 1028 BGB),

d) einseitigen oder vertraglichen Verzicht auf den Berichtigungsanspruch,[14]

e) dadurch, daß der unrichtig Eingetragene das Recht erwirbt,

f) dadurch, daß der Nichteingetragene sein Recht verliert,

g) durch Verwirkung.[15]

3. Arten der Unrichtigkeit

9 a) § 22 gilt für die ursprüngliche (Rdn. 19 ff.) wie nachträgliche Unrichtigkeit (Rdn. 35 ff.), § 53 dagegen nur für die ursprüngliche. § 22 gilt nicht bei einer unrichtigen Behandlung der Rechtslage durch das GBA.[16]

b) Unrichtigkeit im engeren Sinn besteht bei von Anfang an unrichtigen Eintragungen, Unvollständigkeit bei Eintragungen, die nachträglich — außerhalb des GB — unrichtig geworden sind.

c) Teil-Unrichtigkeit einer Eintragung ist möglich, z. B. beschränkt auf den Inhalt (oder einen Teil davon), den Umfang oder den Rang eines Rechts. In diesen Fällen muß die Berichtigung auf diesen Teil beschränkt werden, damit keine neue Unrichtigkeit eintritt (§ 22 Rdn. 28 ff.; 68; vgl. den ähnlichen, aber mit anderen Rechtsfolgen verbundenen Fall der teilweisen Unwirksamkeit; Einl. B 46).

d) Doppel-/Mehrfach-Unrichtigkeit liegt vor, wenn nach Beseitigung der einen Unrichtigkeit das GB aus einem anderen Grund noch unrichtig ist.[17]

4. Nicht unter § 22 fallende Richtigstellungen

10 Gem. § 894 BGB sind nur solche Eintragungen einer Berichtigung fähig, die dem öffentlichen Glauben des GB unterliegen. Von § 22 werden deshalb nicht erfaßt:[18]

---

[11] Staudinger/*Gursky* § 894 Rdn. 16 ff.
[12] Dazu Staudinger/*Gursky* § 873 Rdn. 197 ff.; § 876 Rdn. 31.
[13] Z. B. BayObLG Rpfleger 80, 108; BayObLGZ 85, 402.
[14] Staudinger/*Gursky* § 894 Rdn. 103 ff.
[15] OLG Braunschweig BWNotZ 62, 203; OGHBrZ NJW 49, 182; Staudinger/*Gursky* § 894 Rdn. 102, 110.
[16] BayObLGZ 28, 202; RGZ 55, 404.
[17] Eingehend zu Fällen dieser Art: Staudinger/*Gursky* § 894 Rdn. 80; § 895 Rdn. 2 ff.
[18] Dazu Meikel/*Böttcher* § 22 Rdn. 73 ff.

a) **Richtigstellung von Angaben tatsächlicher Art** über das Grundstück, die dessen Identität unverändert lassen.[19]

Einzelfälle:
aa) Angaben rein tatsächlicher Art über die Bewirtschaftung, Bebauung des Grundstücks, Beseitigung eines Gebäudes, Änderung der Straße oder Hs.-Nr. oder der Größe, sofern damit noch keine Änderung der Grenzen ausgedrückt wird.[20]

bb) Fälle des § 22 (keine Berichtigung tatsächlicher Angaben) sind: Parzellenverwechslungen, weil der Gegenstand des Eigentums unrichtig eingetragen ist;[21] Änderung von Größenangaben, wenn dadurch Umfang oder Grenzen der von der Eintragung erfaßten Grundstücksfläche eine Änderung erfahren können.[22] Grenzveränderungen infolge Überflutung (Art. 7 BayWG) können von Amts wegen (nicht nach § 22) aufgrund eines VN des Vermessungsamtes in das GB aufgenommen werden.[23] Zu den Eigentumsgrenzen an Gewässern, ihren Veränderungen und den dadurch eintretenden Änderungen von beschränkten dinglichen Rechten und sonstigen Rechtsverhältnissen (z. B. des Wasserrechts, von Fischereirechten).[24]

b) **Richtigstellung der Bezeichnung des Berechtigten**, die seine Identität unverändert läßt.

Einzelfälle:[25]
aa) Reine Namensberichtigungen (z. B. wegen Heirat, Scheidung, Adoption),[26] Änderung des Berufes, Wohnorts; Firmenänderungen und Umwandlungen der Rechtsform von Gesellschaften, soweit dadurch die Identität der Gesellschaft nicht verändert wird (z. B. bei Umwandlung einer OHG in KG oder in BGB-Gesellschaft, weil hier nicht der Rechtsträger wechselt, sondern nur eine unzutreffende Bezeichnung des Berechtigten[27] oder nicht mehr zutreffende Firmenbezeichnung der Wirklichkeit angepaßt wird;[28] Umschreibung von der Firma der Hauptniederlassung auf Firma der Zweigniederlassung.[29] Zu Umwandlungsvorgängen vgl. Staudinger/*Gursky* § 894 Rdn. 26.

bb) Auflassung nötig, also Rechtsänderung, nicht Berichtigung bei Wechsel des Rechtsträgers z. B. einer Gesamthandsgemeinschaft in eine andere (z. B. Erbengemeinschaft in Gesellschaft) oder Gesamthandsgemeinschaft in Bruchteilsgemeinschaft (dazu § 20 Rdn. 21 ff.).

c) Richtigstellung einer ungenauen (undeutlichen) Fassung des Eintragungsvermerks (durch Klarstellungsvermerk vgl. Einl. J 25), offenbare Schreibfehler oder technische Mängel.[30] Ist der aus einer Grunddienstbarkeit Berechtigte im Grundbuch durch die Angabe der FlNr. eindeutig, aber abweichend von der Einigung bezeichnet, kommt eine Richtigstellung des Eintragungsvermerks nicht in Betracht.[31]

---

[19] BayObLGZ 69, 284/288; 87, 410 = Rpfleger 88, 254; OLG Oldenburg Rpfleger 1991, 412.
[20] Bengel/*Simmerding* § 22 Rdn. 111 ff.
[21] RGZ 133, 281; Meikel/*Böttcher* § 22 Rdn. 12, 76; Bengel/*Simmerding* Anh. zu § 22 Rdn. 12.
[22] RGZ 73, 129; Staudinger/*Gursky* § 892 Rdn. 26 ff.; § 894 Rdn. 21; Meikel/*Böttcher* § 22 Rdn. 76.
[23] BayObLG Rpfleger 88, 254.
[24] Ausführlich Bengel/*Simmerding* § 22 Rdn. 92.
[25] Dazu Meikel/*Böttcher* § 22 Rdn. 77; Staudinger/*Gursky* § 894 Rdn. 19, 22 ff.
[26] LG Darmstadt DNotZ 42, 198.
[27] OLG Hamburg DNotZ 55, 148 Anm. *Hoche*; FGPrax 1995, 204; OLG Hamm MittBayNot 1996, 235.
[28] BayObLGZ 50–51, 430 = DNotZ 51, 430; LG Darmstadt DNotZ 60, 388; BGH DNotZ 82, 159/162.
[29] RGZ 62, 7; vgl. § 20 Rdn. 32.
[30] KG OLG 7, 197; 18, 210.
[31] BayObLG DNotZ 1997, 335; vgl. auch BGH DNotZ 1994, 230.

16 d) **Berichtigung hinweisender Vermerke,** die nicht dem öffentlichen Glauben unterliegen.[32]

17 e) **Löschung unzulässiger Eintragungen** (§ 53 Abs. 1 S. 2; Einl. B 48 ff.) und gegenstandsloser Eintragungen (§§ 84 ff.); sie erfolgt im Amtsverfahren und ist von den Fällen der Löschung nach § 22 zu unterscheiden.

18 f) **Keine Unrichtigkeit des GB** liegt vor bei einer relativ unwirksamen Eintragung, da diese nach § 888 BGB beseitigt werden muß.[33] Das GB ist dagegen unrichtig bei Verstoß gegen eine absolute Verfügungsbeschränkung (vgl. § 19 Rdn. 82, 83, 101 ff., 156 ff.; § 20 Rdn. 155 ff.).

III. Unrichtigkeit dinglicher Rechte durch Eintragungen

1. Eintragung trotz Nichtübereinstimmung mit der Einigung

19 Dies ist Ausfluß des formellen Konsensprinzips gem. § 19.

20 a) **Eintragung eines Rechts, wenn eine materielle Voraussetzung der dinglichen Rechtsänderung fehlt oder fehlerhaft ist.**
Einzelfälle: wenn die Einigung (§ 873 Abs. 1 BGB) noch nicht erfolgt, nicht wirksam oder bei Eintragung nicht mehr wirksam oder noch keine wirksame neue Einigung erfolgt ist; die Zustimmung eines mittelbar Betroffenen, die nach §§ 876, 877 BGB materiell notwendig ist (§ 19 Rdn. 56; 57), nicht erteilt worden ist, und zwar auch dann, wenn sie nach § 21 vom GBA für die GB-Eintragung gar nicht verlangt werden kann (§ 21 Rdn. 3); wenn dem Bewilligenden die Bewilligungsbefugnis entzogen (z. B. durch Konkurs) oder die Verfügung verboten worden ist (z. B. durch einstweilige Verfügung) und der Erwerber dies weiß, also nicht gutgläubig erwirbt; wenn eine Verfügungssperre aufgrund öffentlichen Rechts eingetreten ist (z. B. aufgrund Umlegungsverfahren, § 20 Rdn. 174 ff.; oder Sanierungsverfahren, § 20 Rdn. 180 ff.) und erst nachher eine Eintragung erfolgt, selbst wenn zu diesem Zeitpunkt weder das GBA noch der Veräußerer und Erwerber dies wissen (vgl. § 20 Rdn. 175, 182).

Rechtsfolge in allen diesen Fällen: GB ist bezüglich der gesamten Eintragung unrichtig.

21 b) **An Stelle des Rechts, über das man sich i. S. d. § 873 BGB geeinigt hat, wird ein völlig anderes dingliches Recht** bewilligt und eingetragen: z. B.: gewollt ist Grunddienstbarkeit, bewilligt beschränkte persönliche Dienstbarkeit oder Reallast; gewollt ist Dauerwohnrecht, bewilligt aber Wohnungsrecht nach § 1093 BGB; gewollt ist Erbbaurecht, bewilligt ein Gebäudeerrichtungsrecht als beschränkte persönliche Dienstbarkeit.

Rechtsfolge: weder das eingetragene noch das gewollte dingliche Recht ist entstanden, das GB ist in vollem Umfang unrichtig.

22 c) **Die Bewilligung bleibt hinter der gewollten Rechtsänderung zurück,** z. B. Einigung über Grundschuld zu 12.000,− DM, bewilligt nur über 10.000,− DM;[34] Einigung über Verkehrshypothek, bewilligt Sicherungshypothek;[35] gewollt ist Nießbrauch an Grundstück Nr. 1 und 2, bewilligt nur an Nr. 1.

Rechtsfolge: die mit einem zu geringen Inhalt eingetragene Rechtsänderung ist eingetreten, wenn anzunehmen ist, daß sich die Beteiligten auf jeden Fall darüber einig

---

[32] Z. B. Löschung des Hofvermerks: OLG Hamm DNotZ 50, 296.
[33] RGZ 132, 424; *Böttcher* Rpfleger 85, 381.
[34] RGZ 108, 149.
[35] RGZ 123, 171.

waren; für den darüber hinausgehenden Teil ist das GB nicht unrichtig; es ist nur die dieser Einigung entsprechende Eintragung noch nicht erfolgt und muß noch durchgeführt werden.[36]

d) **Die Bewilligung geht über den gewollten Inhalt hinaus** z. B. Einigung über Grundschuld zu 10.000,– DM, bewilligt über 12.000,– DM; Einigung über Sicherungshypothek, bewilligt Verkehrshypothek; gewollt ist Nießbrauch an Grundstück Nr. 1, bewilligt an Nr. 1 und 2. **23**

Rechtsfolge: Es handelt sich nicht um völlig verschiedene Rechtsgebilde wie oben Rdn. 21. Daher ist das Recht mit dem übereinstimmend gewollten Inhalt wirksam entstanden und GB bezüglich des darüber hinausgehenden Inhalts unrichtig.[37]

e) **Einigung und Bewilligung stimmen hinsichtlich des Inhalts eines Rechtes nur teilweise, aber nicht völlig überein:** Ist ein unbedingtes Recht gewollt, aber ein bedingtes bewilligt (z. B. ein Nießbrauch),[38] dann ist das eingetragene bedingte Recht wirksam entstanden, wenn anzunehmen ist, daß sich die Beteiligten auf jeden Fall darüber einig waren. Das GB ist bezüglich des unrichtigen Teiles, also der nicht gewollten Bedingung zu berichtigen (dazu Einl. B 36). Ist im umgekehrten Fall anzunehmen, daß auf jeden Fall das Recht ohne Rücksicht auf die gewollte Bedingung zum Entstehen gebracht werden soll, dann ist entsprechend der Willensübereinstimmung durch die Eintragung ein bedingtes Recht entstanden, das GB aber durch nachträgliche Eintragung der Bedingung zu berichtigen. **24**

f) **Einigung und Bewilligung stimmen bezüglich des Berechtigten nicht überein**, z. B. gewollt ist Grundschuld für den Vater, bewilligt für den gleichnamigen Sohn; gewollt ist eine Grunddienstbarkeit für jew. Eigentümer der Flst.Nr. 343; bewilligt für Flst.Nr. 348. **25**

Rechtsfolge: GB ist völlig unrichtig wegen Eintragung des falschen Berechtigten.[39]

g) **Einigung und Bewilligung stimmen bezüglich des Grundstücks nicht überein**, z. B. Einigung über Grundschuld an Nr. 1, bewilligt an Nr. 2. Rechtsfolge: GB ist wegen falschen Belastungsobjekts völlig unrichtig. **26**

2. Löschungen trotz fehlerhafter materieller Voraussetzungen

Wird ein Recht im GB materiell zu Unrecht gelöscht (Einl. B 14; § 22 Rdn. 4), bleibt es gleichwohl außerhalb des GB bestehen (§ 22 Rdn. 49):[40] z. B. wenn die Aufgabeerklärung (§ 875 Abs. 1 BGB) nichtig oder nach Anfechtung nichtig ist[41] oder gegen den Willen des Berechtigten dem GBA oder dem Begünstigten zugeht und nur deshalb eingetragen wird[42] oder dem Bewilligenden die Verfügungsmacht fehlt;[43] wenn zur Löschung einer Hypothek aufgrund Löschungsbewilligung des Gläubigers die Zustimmung des Grundstückseigentümers fehlt oder nicht wirksam ist;[44] in den in § 21 Rdn. 13 dargestellten Fällen des § 876 BGB. **27**

---

[36] RGZ 53, 375; BayObLG DNotZ 88, 167/168; Meikel/*Böttcher* § 22 Rdn. 15.
[37] BGH DNotZ 66, 172; Meikel/*Böttcher* § 22 Rdn. 14.
[38] RGZ 106, 113.
[39] Meikel/*Böttcher* § 22 Rdn. 11; *Demharter* Rpfleger 87, 497 mit Recht gegen OLG Düsseldorf a. a. O.
[40] S. a. Staudinger/*Gursky* § 875 Rdn. 65; § 876 Rdn. 46 ff.
[41] RGZ 88, 286.
[42] KGJ 48, 187.
[43] RGZ 82, 22.
[44] RGZ 73, 175.

3. Eintragungen und Löschungen aufgrund Berichtigungsbewilligung können GB unrichtig machen oder lassen

28 Einzelfälle:

a) **GB war vorher richtig** und wird erst durch die bewilligte Eintragung oder Löschung unrichtig. Dies ist möglich, weil GB-Berichtigung aufgrund Berichtigungsbewilligung erfolgt und das GBA nicht zu prüfen hat, ob wirklich eine Unrichtigkeit bestanden hat. Beispiel: B verlangt vom eingetragenen wahren Grundstückseigentümer A eine Berichtigungsbewilligung und läßt sich mit seiner Zustimmung (§ 22 Abs. 2) selbst als Eigentümer eintragen. Rechtsfolge: GB ist unrichtig geworden. Um richtig zu sein, hätte zwischen A und B eine Auflassung nach § 925 Abs. 1 BGB erklärt werden müssen. Kennt das GBA diesen Sachverhalt, darf es aufgrund einer Berichtigungsbewilligung nicht eintragen (Einl. C 68; § 22 Rdn. 79).[45] Die Berichtigungsbewilligung des B und die Zustimmung dazu des A können nicht als Auflassung ausgelegt werden, weil dazu zumindest die Form des § 925 Abs. 1 BGB fehlt, die eine materielle Voraussetzung darstellt.

29 b) **Trotz Vorlage einer Berichtigungsbewilligung liegt ein Fall der Rechtsänderung vor:** z. B. verlangt B mit der Behauptung, er sei der richtige Vorkaufsberechtigte vom wahren Vorkaufsberechtigten A eine Bewilligung, wonach B als Vorkaufsberechtigter im Wege der Berichtigung eingetragen werden soll. A erteilt sie selbst für den Fall, daß die Behauptung des B nicht zutrifft, ohne dies in der Bewilligung zum Ausdruck zu bringen. Hier war das GB vorher richtig und ist es auch nach der Eintragung. Denn A hat die Eintragung des B bewilligt und beide waren sich über den Übergang des Vorkaufsrechtes einig.

30 c) **Die Berichtigung hat die Unrichtigkeit nicht völlig beseitigt**, z. B. GB wird durch Eintragung der Erben berichtigt, aber ohne Vermerk, daß der Erbanteil eines der Miterben gepfändet ist[46] oder ohne Vermerk, daß Nacherbfolge oder Testamentsvollstreckung besteht (§§ 51, 52).

31 d) **Durch die Berichtigung ist eine neue Unrichtigkeit entstanden**, z. B. Eintragung der Erben im Wege der GB-Berichtigung aufgrund eines unrichtigen Erbscheins.

4. Eintragungen mit fehlerhafter Sachbehandlung des GBA

32 Eintragungen können wegen fehlerhafter Sachbehandlung des GBA zur Unrichtigkeit des GB und zu den gleichen Rechtsfolgen wie oben Rdn. 19 ff. und 28 ff. führen.

a) Die materielle Rechtslage hängt nicht davon ab, ob die Bewilligung von der Einigung abweicht, oder ob das GBA die Eintragung abweichend von der Bewilligung vornimmt. Für die Richtigkeit oder Unrichtigkeit des GB ist allein maßgebend, ob Einigung und Eintragung übereinstimmen oder nicht.[47]

33 b) Das Grundstück, an dem die Eintragung erfolgt, stimmt nicht mit dem amtlichen Grundstücksverzeichnis überein. Infolgedessen wird ein von den Beteiligten übereinstimmend nicht gewolltes Grundstück belastet.

5. Eintragung aufgrund fehlerhafter Eintragungsunterlagen

34 Eintragungen können wegen fehlerhafter Eintragungsunterlagen zur Unrichtigkeit des GB führen, z. B.: Die dem GBA vorgelegte Ausfertigung oder beglaubigte Abschrift

---

[45] BayObLGZ 76, 193.
[46] RGZ 90, 235.
[47] Staudinger/*Gursky* § 873 Rdn. 245, 270.

der Urkunde über die Bewilligung oder Auflassung stimmt nicht mit der Urschrift und damit nicht mit dem wahren Willen der Beteiligten überein. Hier erfolgt die Eintragung aufgrund eines Fehlers des Notars, nicht des GBA. Bezugnahme in der Eintragung auf die Bewilligung (§ 874 BGB) bedeutet Bezugnahme auf die bei den Grundakten befindliche, nicht mit der Urschrift übereinstimmende beglaubigte Abschrift.

IV. Unrichtigkeit durch Rechtsakte außerhalb des Grundbuches

1. Entstehung eines dinglichen Rechts z. B. eines Pfandrechts durch Verpfändung einer Briefhypothek nach §§ 1274 Abs. 1; 1154 Abs. 1 BGB oder einer Sicherungshypothek kraft Gesetzes nach § 1287 BGB (dazu Einl. L 35 ff.), eines Nießbrauchs am Geschäftsanteil einer BGB-Gesellschaft mit Grundbesitz[48] einer altrechtlichen Dienstbarkeit, die nicht eingetragen ist,[49] dinglicher Rechte durch unanfechtbaren Bescheid gem. § 34 Abs. 1 VermG, § 13 Abs. 1 BoSoG. **35**

2. Übergang dinglichen Rechts

a) Die Fälle des Eigentumsübergangs sind bereits in § 20 Rdn. 21 ff. bei der Frage behandelt, ob das Eigentum durch Auflassung und Eintragung oder außerhalb des GB übergeht. Zum Übergang eingetragener Rechte durch für das Beitrittsgebiet geltende Sondervorschriften vgl. *Demharter*, § 22 Rdn. 15. **36**

b) Die Fälle des Übergangs von Briefgrundpfandrechten außerhalb des GB (vgl. § 26 Rdn. 2) und die der Übertragung einer durch Pfandrecht gesicherten Forderung (vgl. § 26 Rdn. 3) sind dort erläutert.

3. Änderung der Rechtslage oder des dinglichen Rechts

Durch Gesetzesänderung, z. B. Änderung der Zinsbedingungen für Hypotheken gemäß § 3 VO v. 22. 12. 1938;[50] Währungsumstellung von RM-Rechten[51] bzw. Rechten in Mark der DDR;[52] nach früherem Recht war das dingliche Recht zur Entstehung nicht eintragungsbedürftig (z. B. altrechtliche Dienstbarkeit);[53] tatsächliche Veränderungen eines Flußverlaufs, die eine Änderung der daran bestehenden dinglichen Rechte (z. B. Fischereirechte) zur Folge haben.[54] Vgl. auch zu Grenzveränderungen § 20 Rdn. 42. **37**

4. Erlöschen dinglicher Rechte

Erlöschen eingetragener dinglicher Rechte, z. B.: **38**
a) einer Grunddienstbarkeit nach § 1026 BGB;[55] einer Grunddienstbarkeit auf Freihalten eines Bahnüberganges von Sichtbehinderungen durch Stillegung der Bahnstrecke

---

[48] OLG Hamm Rpfleger 77, 136; *Eickmann* Rpfleger 85, 85/91,
[49] BayObLG Rpfleger 79, 381; 82, 467; DNotZ 89, 164; NJW-RR 1997, 466; dazu Meikel/*Böttcher* § 22 Rdn. 26.
[50] RGBl. 1905.
[51] BayObLGZ 52, 312 = DNotZ 53, 134; BGHZ 16, 101 = NJW 55, 342.
[52] Vgl. Art. 10 Abs. 5 Einigungsvertrag, vgl. auch *Demharter*, § 28 Rdn. 19.
[53] Vgl. BayObLGZ 53, 86; 67, 401; 69, 292; 85, 228; 88, 107; Rpfleger 79, 381; 82, 467; BGH Rpfleger 88, 353.
[54] OLG Oldenburg AgrarR 81, 109; eingehend dazu *Bengel/Simmerding* § 22 Rdn. 92 ff.
[55] BayObLGZ 54, 291; 71, 1; Rpfleger 87, 451; KG NJW 69, 470; Palandt/*Bassenge* § 1026 Rdn. 2.

und Veräußerung des Bahngeländes;[56] wegen dauernder Unmöglichkeit der Ausübung, Wegfall des Vorteils für die Benutzung des herrschenden Grundstücks,[57]
b) Eintritt einer auflösenden Bedingung oder eines Endtermins;[58]
c) eines Vorkaufsrechts für den ersten Verkaufsfall, wenn Grundstück auf andere Weise als durch Verkauf auf einen Sonderrechtsnachfolger gemäß § 1097 BGB übergeht[59] oder durch Ausübung eines gesetzlichen Vorkaufsrechtes, das die Wirkung hat, rechtsgeschäftliche Vorkaufsrechte zum Erlöschen zu bringen.

V. Unrichtigkeit eingetragener „verdinglichter" Regelungen

1. Schuldverhältnisse im Grundstücksrecht

Literatur:

Canaris, Die Verdinglichung obligatorischer Rechte FS Flume 1978, 371; *Dimopoulos-Vosikis*, Zum Problem der dinglichen Pflicht AcP 167 (1967) 515; *Dulckeit*, Die Verdinglichung obligatorischer Rechte (1951); *Weitnauer*, Verdinglichte Schuldverhältnisse FS Larenz 1983, 703; *Rahn* BWNotZ 61, 53; *Ertl* DNotZ 79, 267; 88, 4; *Ritzinger* BWNotZ 81, 153; *Amann* DNotZ 89, 531; *Ranft*, Die „Verdinglichung" des Erbbaurechtsinhalts (1993).

39 Im Immobiliar-Sachenrecht gibt es „Schuldverhältnisse", die mit dinglichen Rechten verknüpft sind oder werden können (dazu Einl. B 10 mwN). Bei diesen Rechten müssen die „dinglichen" und die „verdinglichten" Rechtsbeziehungen wegen ihrer unterschiedlichen Wirkungen rechtlich getrennt behandelt werden. Deshalb ist zu unterscheiden zwischen:

a) **dem sachenrechtlichen Inhalt** dieser Rechte, der entsprechend der absoluten Natur dinglicher Rechte „dingliche Wirkung für und gegen alle" hat; (Einl. B 10; D 10 ff.; E 16 ff.; F 7 ff.; P 1);[60]

b) **den ihrem Wesen nach schuldrechtlichen Regelungen,** die mit dinglichem Recht verknüpft sind oder werden können, z. B. durch Eintragung als „Inhalt des Sondereigentums" (§ 10 Abs. 2 WEG), „Inhalt des Erbbaurechts" (§ 2 ErbbauVO), „Inhalt des Dauerwohnrechts" (§ 33 Abs. 4 WEG), „Belastung des Miteigentumsanteils" (§ 1010 Abs. 1 BGB); „Inhalt der Dienstbarkeit",[61] „Wirkungen gegen Sondernachfolger", sog. „verdinglichte" Wirkungen erhalten (Einl. D 22 ff.; E 71 ff.; F 28 ff.; P 1);[62]

c) **den Verfügungsbeschränkungen der §§ 12; 35 WEG; 5 ErbbauVO,** die durch Eintragung als „Inhalt des Sondereigentums" (Dauerwohnrechts; Erbbaurechts) das gegen sie verstoßende Rechtsgeschäft zunächst schwebend unwirksam und nach Zustimmungsverweigerung endgültig unwirksam gegenüber jedermann machen.[63]

Einen ähnlichen Fall gibt es bei Hypotheken, bei denen schuldrechtliche Verpflichtungen des Grundstückseigentümers gegenüber dem Hypothekengläubiger nur mittelbar als Kündigungsgrund „Inhalt der Hypothek" werden können.[64]

---

[56] OLG Köln Rpfleger 80, 389.
[57] BGH NJW 80, 179; 84, 2157.
[58] *Güthe/Triebel* § 22 Rdn. 12 e, f, i, 41; BayObLGZ 22, 147.
[59] *Haegele* Rpfleger 57, 330; *Palandt/Bassenge* § 1097 Rdn. 3; *Güthe/Triebel* § 22 Rdn. 12 d.
[60] Dazu *Weitnauer* WEG § 10 Rdn. 29 ff.
[61] Vgl. *Amann* DNotZ 89, 531/541 ff.
[62] *Weitnauer* DNotZ 63, 182/183 ff.; 68, 303/304; 90, 385.
[63] BGHZ 33, 76.
[64] BGHZ 21, 34 = DNotZ 56, 544 = Rpfleger 56, 231.

2. Wirkungen der "verdinglichten" Regelungen

"Verdinglichte" Regelungen werden durch GB-Eintragung nicht zu dinglichen Rechten.[65] Die sich daraus ergebenden Auswirkungen sind zum Teil noch ungeklärt oder umstritten.[66] **40**

3. Eintragungsvoraussetzung

In der Regel ist für die Eintragung eine Bewilligung (§ 19) und für die Eintragung einer Änderung, Übertragung oder Aufhebung (die vorher außerhalb des GB vereinbart wird oder eintritt) eine Berichtigungsbewilligung oder ein Unrichtigkeitsnachweis (analog § 22) erforderlich.[67] **41**

VI. Unrichtigkeit des Grundbuchs bei Vormerkungen

1. Voraussetzungen

Das GB ist unrichtig, wenn es bezüglich einer Vormerkung (§ 883 BGB) mit der wirklichen Rechtslage nicht in Einklang steht.[68] Der Unrichtigkeitsgrund kann darin liegen, daß eine materiellrechtliche Voraussetzung der Vormerkung von Anfang an fehlt oder nachträglich wegfällt oder sich ändert (Einl. G 8 bis 10).[69] Die Eintragung eines Widerspruchs (§ 899 BGB) ist dann wegen seines Zwecks (Einl. H 6) nur insoweit zulässig, als die Vormerkung einen Rechtserwerb aufgrund des öffentlichen Glaubens des GB ermöglicht.[70] Dazu Einl. G 11; H 9. **42**

2. Unrichtigkeit und Unzulässigkeit der Eintragung

Die Vormerkung steht als unzulässige Eintragung im GB (§ 53 Abs. 1 S. 2 GBO; Einl. B 45; § 53 Rdn. 16 ff.), wenn sich aus dem Inhalt des Eintragungsvermerks oder der in Bezug genommenen Bewilligung ergibt, daß sie für einen nicht vormerkungsfähigen Anspruch[71] oder für einen künftigen, aber mangels der erforderlichen festen Rechtsgrundlage nicht vormerkbaren Anspruch[72] bestellt ist oder wenn dem Eintragungsvermerk ein wesentliches Erfordernis fehlt (Einl. G 33). Ist zu dieser Feststellung kein anderes Beweismittel notwendig, ist das GB nicht zu berichtigen, sondern die Vormerkung von Amts wegen zu löschen.[73] **43**

3. Unrichtigkeit wegen unwirksamer Bewilligung (§ 885 BGB)

Einzelfälle: Die vom eingetragenen Nichtberechtigten (§ 19 Rdn. 77) oder im Erbschein zu Unrecht als Erbe Bezeichneten bewilligte Vormerkung macht das GB unrichtig, ermöglicht aber gutgläubigen Erwerb der Vormerkung mit der Folge, daß der gute **44**

---

[65] BayObLGZ 74, 294 = DNotZ 75, 308/309; BayObLGZ 74, 396 = Rpfleger 75, 22/23.
[66] Ertl DNotZ 88, 4/17; Amann DNotZ 89, 531/558.
[67] Meikel/Böttcher § 22 Rdn. 7.
[68] RGZ 163, 62/63; BayObLGZ 71, 310 = Rpfleger 72, 16; Rpfleger 88, 450/451; KG DNotZ 58, 252.
[69] S. a. Staudinger/Gursky § 894 Rdn. 35, 45 ff.; Meikel/Böttcher § 22 Rdn. 5.
[70] BGHZ 25, 16 = Rpfleger 58, 310; KG NJW 77, 1694.
[71] KG JFG 1; 430; RGZ 145, 343/355.
[72] Ertl Rpfleger 77, 354.
[73] Meikel/Böttcher § 22 Rdn. 5.

§ 22

Glaube auch den späteren Erwerb des dinglichen Rechts deckt.[74] GB ist unrichtig, wenn die Bewilligungserklärung fehlt, nicht wirksam ist, z. B. die erforderliche Genehmigung des Vormundschaftsgerichts fehlt.[75]

4. Unrichtigkeit mangels eines Anspruchs

45 Wenn der gesicherte Anspruch nicht oder nicht mehr besteht, ist GB unrichtig.[76] Es entsteht kein Eigentümerrecht.[77] **Beispiele:** Nichtigkeit des Anspruchs z. B. wegen Anfechtung; weil zum Grundgeschäft die erforderliche behördliche Genehmigung unanfechtbar versagt worden ist;[78] anders wenn Teilungsgenehmigung versagt und unter veränderten Umständen noch genehmigt werden kann.[79] Erlöschen des Anspruchs, weil Kaufvertrag aufgehoben,[80] Auflassung vollzogen und Eigentumsverschaffungsanspruch restlos erfüllt ist;[81] weil Zustimmung zur vorgemerkten Belastung verweigert wird,[82] wegen Rücktritt vom Vertrag (§ 346 BGB) oder wegen Eintritts der auflösenden Bedingung (Einl. L 8) oder Ausfall einer aufschiebenden Bedingung (Einl. G 19; L 16, 17, 18). Eine Löschung der Vormerkung kommt nicht in Betracht, wenn die auf Feststellung der Wirksamkeit eines Kaufvertrags gerichtete Klage nur als „derzeit unbegründet" abgewiesen wird.[83] Die Löschung im Wege der Berichtigung ist nur möglich, wenn in einer jeden Zweifel ausschließenden Weise und in der Form des § 29 nachgewiesen wird, daß jede Möglichkeit des Bestehens oder Entstehens des zu sichernden Anspruchs ausgeschlossen ist.[84]

5. Unrichtigkeit wegen Änderung des Anspruchs

46 Eine teilweise Unrichtigkeit liegt vor, wenn der Anspruch abgeändert worden ist.[85]

6. Unrichtigkeit wegen Überganges des Anspruchs

47 a) GB ist unrichtig bezüglich des **Vormerkungsberechtigten** durch Übergang des Anspruchs auf einen anderen, z. B. eines Dritten (§ 398 BGB), weil mit dem Anspruch auch die Vormerkung außerhalb des GB auf den neuen Gläubiger übergeht;[86] ist völlig unrichtig mit Übergang des Anspruchs auf den Eigentümer, weil mit Vereinigung von Schuld und Anspruch der Anspruch und mit ihm die Vormerkung erlischt,[87] und mit Abtretung des Anspruchs unter Ausschluß des Überganges der Vormerkung.[88]

b) Zur „Unrichtigkeit" bei Verpfändung oder Pfändung des Anspruchs vgl. Einl. L 37; § 20 Rdn. 139; § 22 Rdn. 41: Sie wird nur verfahrensrechtlich analog § 22 GBO behandelt.

c) Bei dauernder Einrede gegen den Anspruch (§ 886 BGB) noch keine Unrichtigkeit, sondern nur Anspruch auf Aufhebung der Vormerkung.[89]

---

[74] BGHZ 57, 341/344 = DNotZ 72, 365 = JZ 72, 201 Anm. *Kuntze*.
[75] OLG Oldenburg DNotZ 71, 844.
[76] BayObLGZ 87, 231 = Rpfleger 87, 450.
[77] BGH NJW 81, 36; *Ebel* NJW 82, 724; krit. *Wacke* NJW 81, 1577.
[78] BayObLGZ 59, 223 = DNotZ 59, 543.
[79] BayObLG DNotZ 88, 157.
[80] BayObLG DNotZ 89, 363.
[81] KG DNotZ 58, 255; BayObLG Rpfleger 75, 395; *Ripfel* Rpfleger 62, 200.
[82] LG Bochum Rpfleger 83, 272.
[83] BayObLG DNotZ 1996, 30.
[84] BayObLG Rpfleger 97, 152.
[85] BGH DNotZ 59, 399; Zur Veränderung der Angebotsfrist vgl. MünchKomm/*Wacke* § 885 Rdn. 2; generell vgl. Staudinger/*Gursky* § 883 Rdn. 223 ff.
[86] BayObLGZ 62, 322/325; BayObLG 71, 310 = Rpfleger 72, 16.
[87] BayObLGZ 13, 175; Staudinger/*Gursky* § 886 Rdn. 11, 12; krit. MünchKomm/*Wacke* § 886 Rdn. 6.
[88] Staudinger/*Gursky* § 883 Rdn. 217.
[89] Palandt/*Bassenge* § 886 Rdn. 6; OLG Köln Rpfleger 86, 374.

Zweiter Abschnitt. Eintragungen in das Grundbuch (Munzig) **§ 22**

7. Unrichtigkeit wegen Wegfall der sachenrechtlichen Grundlage

Beispiele: Erlöschen der Vormerkung wegen Schuldübernahme gemäß § 418 Abs. 1 **48**
BGB;[90] Ausschluß des Vormerkungsberechtigten im Aufgebotsverfahren (§ 887 BGB); Aufhebung der einstweiligen Verfügung oder des vorl. vollst. Urteils (dazu § 25 Rdn. 7). Mit Aufgabeerklärung allein (§ 875 BGB) keine Unrichtigkeit.

8. Unrichtigkeit durch zu Unrecht erfolgte Löschung

Beispiele: Löschung ohne wirksame Aufgabeerklärung (z. B. eines Nichtberechtigten; **49**
§ 19 Rdn. 77); bedingte Aufgabeerklärung ohne Eintritt der Bedingung, z. B. Löschung der Auflassungsvormerkung des Käufers ist unter der Bedingung gleichzeitiger Löschung aller Zwischenrechte abgegeben, Vormerkung aber trotz Bestehenbleiben von Zwischenrechten gelöscht worden.[91] In solchen Fällen bleibt Vormerkung außerhalb des GB bestehen.[92] Das GB muß durch Wiedereintragung der Vormerkung möglichst mit altem Rang und Hinweis auf diesen Rang berichtigt werden.[93]

VII. Unrichtigkeit des Grundbuchs bei Widersprüchen

1. Voraussetzungen

Das GB ist unrichtig, wenn es bezüglich eines Widerspruchs (§ 899 BGB) mit der **50**
wirklichen Rechtslage nicht in Einklang steht.[94] Der Widerspruch ist ein Sicherungsmittel des materiellen Sachenrechts (Einl. H 1) und enthält eine den Inhaber dieses Rechts beeinträchtigende „Beschränkung" i. S. d. § 894 BGB.

2. Unrichtigkeit und Unzulässigkeit der Eintragung

Der Widerspruch steht als unzulässige Eintragung im GB (§ 53 Abs. 1 S. 2 GBO; **51**
dazu Einl. B 45 ff.; § 53 Rdn. 16 ff.), wenn sich aus dem Inhalt des GB (Eintragungsvermerk oder der in Bezug genommenen Bewilligung) ohne Zuhilfenahme sonstiger Beweismittel ergibt, daß der Widerspruch seinen Zweck der Verhinderung eines gutgläubigen Erwerbs (Einl. H 6) nicht erfüllen kann (Einzelfälle Einl. H 4) oder wenn dem Eintragungsvermerk ein wesentliches Erfordernis fehlt (Einl. H 15).[95]

3. Unrichtig eingetragener Widerspruch

Der eingetragene Widerspruch macht das GB unrichtig, wenn eine seiner materiellen **52**
Voraussetzungen fehlt (Einl. H 9).
Einzelfälle:
a) GB ist von Anfang an unrichtig, z. B. wenn die Bewilligungserklärung (i. S. d. § 899 BGB) fehlt (Einl. H 9) oder unwirksam ist (z. B. § 19 Rdn. 78) oder wenn die Eintragung, gegen die er sich richtet, nicht unrichtig ist (z. B. § 22 Rdn. 7; 8).
b) GB wird nachträglich durch Wegfall einer Voraussetzung unrichtig, z. B. Eintragung, gegen die er sich richtet, wird nachträglich richtig (§ 22 Rdn. 8); weiterer Fall § 22 Rdn. 53.

---

[90] *Hoche* NJW 60, 464.
[91] BGHZ 60, 46 = DNotZ 73, 367.
[92] Staudinger/*Gursky* § 894 Rdn. 46.
[93] BayObLGZ 61, 63 = Rpfleger 62, 406/408; dazu Einl. B 14.
[94] BGHZ 25, 16; 51, 50; RGZ 132, 424; KG DNotZ 81, 394; Palandt/*Bassenge* § 894 Rdn. 2.
[95] Dazu Meikel/*Böttcher* § 22 Rdn. 6.

§ 22

53   4. **Übergang des Widerspruchs** auf den neuen Berechtigten außerhalb des GB macht GB unrichtig bezüglich des noch eingetragenen alten Berechtigten (dazu Einl. H 8; wie bei Übergang der Vormerkung; vgl. Einl. G 10; § 22 Rdn. 48). Darauf hat das GBA von Amts wegen zu achten, wenn es den Widerspruch aufgrund Bewilligung des (noch) eingetragenen Widerspruchsberechtigten löschen soll. Denn das GBA kann aus dem GB selbst feststellen, ob das dem ursprünglichen Widerspruchsberechtigten zustehende dingliche Recht auf einen anderen Berechtigten und mit ihm kraft Gesetzes auch der Widerspruch übergegangen ist. Trifft dies zu, muß das GBA die Löschung ablehnen und auf Antrag (nicht von Amts wegen) den neuen Widerspruchsberechtigten eintragen. Der Unrichtigkeitsnachweis (§ 22 Rdn. 58) ergibt sich aus dem GB selbst. Beispiel: Im GB ist Widerspruch für den Grundstückseigentümer A gegen die Grundschuld des X eingetragen. Mit Übergang des Eigentums von A an B geht auch der Widerspruch außerhalb des GB auf B über. Zur Löschung des Widerspruchs ist nicht mehr A, sondern nur noch B berechtigt.

54   5. **Zu Unrecht gelöschter Widerspruch** macht GB nach h. M. nicht unrichtig.[96]

VIII. Unrichtigkeit des Grundbuchs bei Verfügungsbeschränkungen

1. Voraussetzungen

55   Stimmt das GB bezüglich einer Verfügungsbeschränkung mit der wirklichen Rechtslage nicht im Einklang, ist es unrichtig, § 894 BGB.[97] Hierfür kommen nun nicht alle eintragungsfähigen Verfügungsbeschränkungen in Frage, sondern nur solche, deren Nichteintragung einen gutgläubigen Erwerb ermöglicht, also:
   a) alle relativen Beschränkungen, §§ 135, 136 BGB.
   b) Konkurs, Nachlaßverwaltung, Testamentsvollstreckung, Entzug des Verfügungsrechts des Vorerben und Nacherbfolge (Einl. J 13 ff.), aber nicht die sonstigen absoluten Beschränkungen (§ 19 Rdn. 104), die zum Teil eintragungsfähig sind, und nicht die sonstigen Vermerke (Einl. J 26 ff.).

2. Einzelfälle

56   a) Verfügungsbeschränkung ist außerhalb des GB entstanden, aber nicht eingetragen, z. B. Nacherbenvermerk (Einl. J 16) oder Pfändung des Nacherbenanwartschaftsrechts,[98] oder wirksam bestelltes Pfandrecht am Erbanteil[99] oder Veräußerungsverbot nach §§ 135, 136 BGB (Einl. J 17, 18) ist nicht eingetragen.

   b) Verfügungsbeschränkung ist eingetragen, aber nie entstanden, z. B. Nacherbenvermerk ist eingetragen, aber letztwillige Verfügung, auf der sie beruht, erweist sich als nichtig.

   c) Verfügungsbeschränkung ist mit falschem Inhalt eingetragen, z. B. durch einstweilige Verfügung ist jegliche Verfügung über ein Grundstück untersagt, im GB aber nur ein „Belastungsverbot" eingetragen.

   d) Verfügungsbeschränkung ist eingetragen, aber außerhalb des GB erloschen, z. B. Testamentsvollstrecker ist gestorben und Erblasser hat für diesen Fall keine Ersatz-

---

[96] Palandt/*Bassenge* § 894 Rdn. 3; Münch-Komm/*Wacke* § 899 Rdn. 6; Staudinger/*Gursky* § 899 Rdn. 57.
[97] Staudinger/*Gursky* § 894 Rdn. 37 ff.; Meikel/*Böttcher* § 22 Rdn. 4, 27.
[98] KG OLG 40, 125; RGZ 83, 438.
[99] RGZ 84, 396; 90, 235.

bestimmung getroffen;[100] wegen unentgeltlicher Verfügung des befreiten Vorerben;[101] oder einstw. Verfügung wird aufgehoben (vgl. § 25 Rdn. 7).

e) Verfügungsbeschränkung ist im GB gelöscht worden, obwohl sie materiell noch besteht, z. B. Nacherbenvermerk ist auf Bewilligung des Nacherben gelöscht, aber die weiteren Nacherben und Ersatznacherben haben der Löschung nicht zugestimmt (vgl. § 19 Rdn. 65 h).[102]

IX. Unrichtigkeitsnachweis

1. Eine Bewilligung ist nicht erforderlich, wenn die Unrichtigkeit des GB in Form des § 29 nachgewiesen werden kann (vgl. § 22 Rdn. 5). 57

2. Das materielle Recht entscheidet über den Inhalt des Nachweises

Das GBA muß an diesen Nachweis strenge Anforderungen stellen, da es zumindest ohne Einverständnis des Betroffenen eine Eintragung, Löschung oder Änderung des GB-Inhalts vornehmen soll.[103] Eine Glaubhaftmachung oder ein gewisser Grad der Wahrscheinlichkeit genügt dazu nicht. Der Antragsteller hat lückenlos alle Möglichkeiten auszuräumen, die der Richtigkeit der Eintragung entgegenstehen können,[104] auch z. B. die eines gutgläubigen Erwerbs[105] oder eines nachträglichen Rechtserwerbs durch den eingetragenen Berechtigten oder eine sonstige Heilung der ursprünglichen Unrichtigkeit (§ 22 Rdn. 8), für die Löschung einer Auflassungsvormerkung, daß der vorgemerkte Anspruch nicht besteht,[106] und nicht mehr entstehen kann,[107] nicht genügend z. B. der Hinterlegungsschein allein zur Löschung einer durch Hinterlegung unter Verzicht auf Rücknahme des hinterlegten Betrages entstandenen Eigentümergrundschuld.[108] Ganz entfernte Möglichkeiten brauchen aber nicht widerlegt zu werden,[109] da das GBA von dem nach der allgemeinen Lebenserfahrung Regelmäßigen ausgehen darf, sofern nicht im Einzelfall konkrete Umstände auf das Gegenteil hinweisen.[110] Ein der Berichtigungsklage stattgebendes rechtskräftiges Urteil ersetzt gemäß § 894 ZPO die formgerechte Berichtigungsbewilligung des Beklagten und ist für das GBA bindend, erbringt aber (wie die Berichtigungsbewilligung) nicht den Unrichtigkeitsnachweis i. S. d. § 22 GBO.[111] Die gemäß ZPO fingierte Bewilligung kann keine weitergehenden Wirkungen haben als die vom Betroffenen freiwillig erklärte (§ 22 Rdn. 67 ff.). Zur Beweiskraft des Handelsregisters im Grundbuchverkehr *Kuntze* DNotZ 90, 173. 58

3. Die Form des Nachweises richtet sich grds. nach § 29.[112] In bestimmten Fällen der Unrichtigkeit kann diese Formvorschrift nicht erfüllt werden.[113] Dann bleibt nur 59

---

[100] RGZ 156, 76; OLG Hamm Rpfleger 58, 15.
[101] BayObLG DNotZ 89, 182.
[102] OLG Hamm Rpfleger 56, 159.
[103] BayObLGZ 71, 339; 86, 317; OLG Düsseldorf Rpfleger 67, 13; BayObLG Rpfleger 80, 347; DNotZ 87, 216; *Eickmann* Rpfleger 81, 213/217; Meikel/*Böttcher* § 22 Rdn. 104.
[104] OLG Hamm Rpfleger 80, 347; 89, 148; OLG Köln Rpfleger 80, 389; BayObLG Rpfleger 82, 467.
[105] KG JFG 2, 406; Rpfleger 73, 23.
[106] OLG Köln Rpfleger 86, 298; BayObLG DNotZ 89, 363.
[107] BayObLG Rpfleger 80, 278.
[108] BayObLG Rpfleger 80, 186.
[109] BayObLGZ 71, 339 = Rpfleger 72, 26; MittBayNot 1995, 43.
[110] BayObLGZ 23, 50; LG München I MittBayNot 88, 43, m. Anm. *Promberger*.
[111] OLG Zweibrücken OLGZ 84, 385; BayObLGZ 87, 325; zur Bedeutung einer Klageabweisung als „derzeit unbegründet" BayObLG DNotZ 1996, 30; Meikel/*Böttcher* § 22 Rdn. 107; Staudinger/*Gursky* § 894 Rdn. 119.
[112] BayObLGZ 71, 339; 85, 401; Rpfleger 82, 468; 88, 525.
[113] Z. B. RGZ 113, 223/231; BayObLG DNotZ 89, 164/166; Rpfleger 80, 186; 80, 476; 84, 463.

der Weg der Berichtigungsbewilligung (unten Rdn. 67) oder des Prozesses (oben Rdn. 1); Eine Bescheinigung des Vermessungsamtes genügt in Fällen des § 1026 BGB[114] und zum Nachweis, daß ein Trennstück im Ausübungsbereich einer altrechtlichen Dienstbarkeit liegt und diese daran fortbesteht.[115] Führt ein Weg über vier benachbarte Grundstücke, so schließt der Nachweis des Bestehens einer altrechtlichen Dienstbarkeit an drei von ihnen nicht den Nachweis ein, daß das Recht auch an dem weiteren Grundstück besteht. Ausnahmsweise genügt die Vorlage eines nicht der grundbuchrechtlichen Form entsprechenden Gesellschaftsvertrags, wenn sonst die Grundbuchunrichtigkeit auch aufgrund einer Berichtigungsbewilligung nicht beseitigt werden könnte.[116]

60 4. **Keine Nachweispflicht bei Offenkundigkeit** der Unrichtigkeit (§ 29 Abs. 1 Satz 2); dies gilt auch für die Beseitigung einer Unrichtigkeit.[117]

5. **Einzelfälle ursprünglicher Unrichtigkeit**

61 a) **Fehlt eine materielle Voraussetzung oder ist sie fehlerhaft**, z. B. Einigung (§ 873 Abs. 1 BGB) oder einseitige Aufgabeerklärung (§ 875 Abs. 1 BGB), ist Unrichtigkeit schwer nachweisbar, vor allem wenn Einigung formlos wirksam ist und von der formgerechten Bewilligung abweicht (vgl. Einzelfälle oben Rdn. 21–26); in Fällen der Auflassung (§ 925 Abs. 1 BGB) ist Nachweis möglich, wenn sich ihr Fehlen oder ihre Unwirksamkeit wegen Form- oder Inhaltsmangels aus der bei den Grundakten befindlichen Urkunde ergibt (vgl. § 20 Rdn. 113 ff.);[118] ist Eintragungsgrundlage ein gerichtlicher oder behördlicher Akt (z. B. einstweilige Verfügung, Urteil, Arrestbefehl, Pfändungsbeschluß), liegt Unrichtigkeit vor, wenn er Form- oder Inhaltsmängel hat oder wenn er durch eine neue Entscheidung aufgehoben wird.[119] Auch Eintragung auf Ersuchen einer Behörde kann zu einer Unrichtigkeit führen.[120]

62 b) **Liegt Unrichtigkeit in einer „Berichtigungseintragung"** (vgl. oben Rdn. 28 ff.), muß nachgewiesen werden, daß das GB vorher richtig war und erst durch diese Eintragung unrichtig geworden bzw. daß unrichtig berichtigt worden ist. Der letztere Fall ergibt sich meist aus den Eintragungsunterlagen des GBA. Im ersten Fall ist zu bedenken, daß die Beteiligten trotz einer als „Berichtigungsbewilligung" bezeichneten Erklärung in Wirklichkeit über eine Rechtsänderung einig gewesen sein können oder die Einigung nachträglich formlos herbeigeführt haben können. Eine solche Einigung kann darin liegen, daß beide Teile mit der im GB eingetragenen und ihnen durch Vollzugsmitteilung bekanntgewordenen Rechtsänderung einverstanden sind (vgl. Rdn. 29). Aus einer Berichtigungsbewilligung kann auch durch Auslegung keine wirksame Auflassung entnommen werden (§ 22 Rdn. 28).

63 c) **Bei Verfahrensfehler des GBA oder des Notars** (vgl. oben Rdn. 32 bis 34) ist zunächst (wie oben Rdn. 62) festzustellen, ob er zu einer materiellen Unrichtigkeit des GB geführt hat und ob noch Unrichtigkeit besteht.

6. **Rechtsakte außerhalb Grundbuchs**

64 Rechtsvorgänge außerhalb des GB können eine Unrichtigkeit zur Folge haben (§ 22 Rdn. 35–38):

---

[114] LG Landshut MittBayNot 78, 215.
[115] BayObLG DNotZ 89, 164.
[116] BayObLG MittBayNot 1992, 47; so auch OLG Zweibrücken MittBayNot 1995, 210; krit. zum Erfordernis der Vorlage in solchen Fällen *Ertl* MittBayNot 1992, 11 und 140.
[117] OLG Stuttgart Rpfleger 60, 338 = DNotZ 61, 94.
[118] S. a. Güthe/*Triebel* § 22 Rdn. 35.
[119] Güthe/*Triebel* § 22 Rdn. 35.
[120] BayObLGZ 52, 157.

a) Staatliche Hoheitsakte (z. B. Zuschlagsbeschluß, Flurbereinigungsplan, Enteignungsbeschluß, Pfändungsbeschluß, Bescheinigung gem. § 12 SpTrUG vgl. § 20 Rdn. 41),
b) rechtsgeschäftliche Erklärungen oder Beschlüsse, die wie z. B. Erbanteilsübertragung, Ehevertrag oder Umwandlungsbeschluß notariell beurkundet oder wie z. B. Änderung bei eingetragenen Firmen im Handelsregister oder Genossenschaftsregister eingetragen sind;
c) Abschluß von Rechtsgeschäften über Grundstücke, die das Erlöschen dinglicher Rechte am Grundstück bewirken (z. B. in Fällen § 22 Rdn. 38),
d) löschungsfähige Quittungen (vgl. § 27 Rdn. 23), aus denen sich der Übergang der Hypothek anhand der Bestimmungen des Hypothekenrechts feststellen läßt,
e) Übertragung und Belastung von Briefrechten ist nach § 26, Unrichtigkeit durch Gesetzesänderung (§ 22 Rdn. 37) durch Hinweis auf das Gesetz, Unrichtigkeit kraft Hoheitsakt oder Rechtsgeschäft durch Vorlage der Urkunde nachzuweisen.

7. Auflassungsvormerkung

Sie kann gelöscht werden aufgrund Unrichtigkeitsnachweis (§ 22 Rdn. 45), z. B. **65** durch

a) nachgewiesene rechtswirksame Auflassung und Umschreibung des Eigentums auf den Vormerkungsberechtigten,[121] sofern keine Zwischeneintragungen bestehen,[122]

b) Vorlage des rechtskräftigen Bescheids über die Versagung einer erforderlichen behördlichen Genehmigung des schuldrechtlichen Grundgeschäfts.[123] Die rechtskräftige Versagung der Teilungsgenehmigung genügt als Unrichtigkeitsnachweis jedoch nicht.[124]

8. Verfügungsbeschränkungen

Ihre Eintragung und Löschung erfolgt in der Regel auf Ersuchen einer Behörde **66** (§ 38), schließt aber nicht aus, daß der Betroffene unter Vorlage der maßgeblichen gerichtlichen oder behördlichen Entscheidungen oder auf bloße Bewilligung die Eintragung oder Löschung des Vermerks über die Verfügungsbeschränkung selbst beantragt (dazu Einl. J 7, 8).[125]

X. Berichtigungsbewilligung

1. Rechtsnatur

Die Berichtigungsbewilligung ist eine Unterart der Eintragungsbewilligung; denn sie **67** beruht auf dem Bewilligungsprinzip des § 19 GBO. Für die Unterscheidung zwischen Eintragungs-, Löschungs- und Berichtigungsbewilligung, die alle verfahrensrechtliche GB-Erklärungen sind (Einl. A 48), kommt es nur auf den aus ihrem Inhalt erkennbaren Zweck an, nicht auf den Eintritt dieses Erfolges (§ 19 Rdn. 7):[126] Die sog. „rechtsändernde Bewilligung" kann in Wirklichkeit eine Unrichtigkeit, die „Berichtigungsbewilligung" eine rechtsändernde Eintragung herbeiführen (§ 22 Rdn. 28 ff.). Auf die Berichtigungsbewilligung sind daher alle für die Bewilligung des § 19 geltenden Vorschriften anzuwenden, soweit nicht aus dem besonderen Zweck Abweichungen geboten sind.

---

[121] KG DNotZ 58, 255.
[122] Vgl. BayObLGZ 83, 301.
[123] BayObLGZ 59, 233 = DNotZ 59, 543 = Rpfleger 60, 61.
[124] BGH NJW-RR 1994, 1356.
[125] LG Koblenz Rpfleger 71, 22; OLG Frankfurt Rpfleger 72, 164.
[126] Ebenso Meikel/*Böttcher* § 22 Rdn. 92 ff.

Das GBA braucht und hat die in der Berichtigungsbewilligung dargestellten Tatsachen, aus denen sich die Unrichtigkeit ergibt, nicht zu prüfen.[127] Die Berichtigungsbewilligung ist keine geeignete Grundlage für die bewilligte Eintragung, wenn das GBA weiß oder sich aus den vorgelegten Urkunden oder anderen dem GBA bekannten Umständen ergibt, daß das GB nicht unrichtig ist oder durch die beantragte Eintragung (Löschung) unrichtig werden oder bleiben würde.[128] Vgl. dazu Einl. C 66 ff.; § 22 Rdn. 86.

2. Inhalt der Berichtigungsbewilligung

68 Der Inhalt der Berichtigungsbewilligung ergibt sich aus § 19 Rdn. 28 ff. und den Besonderheiten ihres Zweckes und richtet sich nach der Art der Unrichtigkeit und der zu ihrer Behebung notwendigen Eintragung:[129]

a) Zur Löschung eines Rechts bedarf es keiner Hervorhebung, daß sie zur Berichtigung des GB abgegeben wird (§ 27 Rdn. 20). Es genügt ohne Angabe eines Grundes die Erklärung, daß die Löschung bewilligt wird.[130]

b) Zur Berichtigung ist nicht nachzuweisen (§ 22 Rdn. 5), aber schlüssig darzulegen, daß das GB derzeit unrichtig ist und durch die bewilligte Berichtigung auch wirklich richtig wird.[131] Die Erklärung, daß alle Beteiligten die vorhandene Eintragung für unrichtig und die beantragte für richtig halten, genügt nicht, damit die „Berichtigung" nicht zu einer Umgehung des § 20 führt.[132] Die Berichtigungsbewilligung und die Zustimmung des Neueinzutragenden (§ 22 Abs. 2) dürfen sich auch nicht widersprechen oder Zweifel begründen (vgl. § 22 Rdn. 79).

c) Zur Wiedereintragung eines zu Unrecht gelöschten Rechts muß die Unrichtigkeit des GB schlüssig dargetan und der Inhalt der Wiedereintragung entsprechend den Ausführungen in § 22 Rdn. 4 wiedergegeben werden, zumindest unter Bezugnahme auf den Wortlaut der gelöschten Eintragung.

d) Zur Berichtigung des Inhalts ist zu unterscheiden, ob es sich um die Löschung eines unrichtigen Teiles der Eintragung (dann wie oben a) oder um eine teilweise Neueintragung (dann wie oben c) oder um beides handelt.

69 3. Für die Form gilt § 29 (vgl. § 29 Rdn. 19).

4. Bewilligungsberechtigung

70 Von der GB-Berichtigung wird der Buchberechtigte betroffen. Er hat die Rechtsmacht, seine Buchposition zu verändern oder aufzugeben (dazu § 19 Rdn. 44 ff.; 49 ff.; 73 ff.).

a) Das GBA kann mit den ihm zur Verfügung stehenden Mitteln zwischen dem wahren Berechtigten und dem Buchberechtigten und zwischen einer „rechtsändernden" und „berichtigenden" Eintragung regelmäßig nicht mit der erforderlichen Sicherheit

---

[127] BayObLGZ 84, 155 = MittBayNot 84, 186; vgl. aber BayObLG MittBayNot 1992, 47; OLG Zweibrücken MittBayNot 1995, 210 zur Berichtigung beim Tod des Gesellschafters einer GbR; krit. *Ertl*, MittBayNot 1992, 11 und 141.

[128] BayObLGZ 84, 155 = MittBayNot 84, 186; vgl. aber BayObLG MittBayNot 1992, 47; OLG Zweibrücken MittBayNot 1995, 210 zur Berichtigung beim Tod des Gesellschafters einer GbR; krit. *Ertl*, MittBayNot 1992, 11 und 141.

[129] Haegele/Schöner/*Stöber* GBR 363 ff.; Meikel/*Böttcher* § 22 Rdn. 97.

[130] RGZ 73, 154; KG OLG 18, 111; BayObLGZ 52, 322.

[131] BayObLG Rpfleger 82, 141; DNotZ 1991, 598; MittBayNot 84, 186.

[132] KG OLG 2, 410; 14, 76.

Zweiter Abschnitt. Eintragungen in das Grundbuch (Munzig) **§ 22**

unterscheiden und braucht dies auch nicht (Einl. A 13). Bewilligungsberechtigt ist immer derjenige, dessen grundbuchmäßiges Recht durch die Berichtigung betroffen wird[133] oder werden kann, genauso wie wenn es sich um eine Neueintragung, Änderung oder Löschung handeln würde (§ 19 Rdn. 49 ff.).[134]

b) Nach teilweise abweichender Ansicht (§ 19 Rdn. 47)[135] kann von einer Berichtigung auch der wahre Berechtigte betroffen werden. Bestehe die Berichtigung in der Löschung eines Rechts oder in der Eintragung des wahren Berechtigten, wird der Buchberechtigte betroffen, handele es sich um eine Berichtigung anderer Art, dann der wahre Berechtigte, der aber wegen § 39 vorher eingetragen werden müsse. Diese Unterscheidung setzt also eine Beurteilung der Rechtslage durch das GBA voraus, wie sie von den Vertretern der Doppelnatur der Bewilligung für erforderlich gehalten wird (§ 19 Rdn. 16 ff., 72). **71**

c) Der Buchberechtigte kann wie in den Fällen des § 19 (vgl. § 19 Rdn. 73)[136] die Bewilligung nicht abgeben, wenn ihm die Bewilligungsbefugnis entzogen, also ein anderer zur Ausübung der Bewilligungsmacht befugt ist (z. B. der Konkursverwalter im Konkurs des eingetragenen Buchberechtigten).[137] **72**

d) **Die Berichtigungsbewilligung aller Betroffenen**, also auch derer, die durch die Berichtigung nur möglicherweise eine Beeinträchtigung ihrer Buchposition erleiden können, ist ebenso wie bei der Eintragungsbewilligung erforderlich (§ 19 Rdn. 56; 74).[138] **73**

e) **Die Berichtigungsbewilligung des Buchberechtigten** reicht nicht weiter als sein Buchrecht. Ist dieses seit Entstehung der Unrichtigkeit durch spätere Eintragungen beeinträchtigt, so kann die Berichtigung nur dieses veränderte Buchrecht umfassen.
Beispiel: Auf Grundstück des A ruht Hypothek für B, die zu Unrecht gelöscht wird. Vor Berichtigung wird Grundschuld für C eingetragen. Im Wege der Berichtigung kann – ohne Zustimmung des C – die Hypothek nur hinter der Grundschuld des C eingetragen werden. **74**

5. Die Berichtigungsbewilligung wird ersetzt

a) durch ein behördliches Ersuchen (§ 38) nach den gleichen Grundsätzen, die für die Eintragungsbewilligung gelten (§ 19 Rdn. 200; § 38 Rdn. 67), **75**

b) durch ein gerichtliches Urteil, durch das der Betroffene zur Abgabe der formellrechtlichen Berichtigungsbewilligung oder materiellrechtlichen Berichtigungserklärung (§ 894 BGB) verurteilt worden ist (§ 894 ZPO).

c) Sie ist im Wege der Auslegung in einer Auflassung zwischen dem unrichtig eingetragenen und dem wahren Eigentümer enthalten, wenn ihre Erklärungen als Berichtigungsbewilligung (§ 22 Rdn. 67 ff.) und Berichtigungszustimmung (§ 22 Rdn. 76) ausgelegt werden können,[139] z. B. wenn davon ausgegangen werden kann, daß sie bei Kenntnis der Rechtslage statt der irrtümlich oder aus Gründen des sichersten Weges (§ 20 Rdn. 21) erklärten Auflassung die GB-Berichtigung gewollt hätten (anders zum umgekehrten Fall vgl. § 20 Rdn. 95).

---

[133] So BayObLG DNotZ 88, 781 für den Betroffenen i. S. d. § 39.
[134] S. a. *Eickmann* GBVerfR 9. Kap. § 1 II; Haegele/*Schöner*/*Stöber* GBR 362; Meikel/*Böttcher* § 22 Rdn. 93 ff.
[135] S. a. *Demharter* § 22 Rdn. 32.
[136] S. a. Meikel/*Böttcher* § 22 Rdn. 94; Demharter § 22 Rdn. 35; *Eickmann* VerfR 9. Kap. § 1 II.
[137] OLG Celle NJW 85, 204.
[138] S. a. Meikel/*Böttcher* § 22 Rdn. 95.
[139] KG OLG 15, 344; LG Nürnberg-Fürth Rpfleger 80, 227 krit. *Meyer-Stolte*.

§ 22

XI. Eintragung eines Eigentümers oder Erbbauberechtigten

1. Bedeutung des § 22 Abs. 2 GBO

76 Die Vorschrift dient dem allgemeinen Interesse an der Übereinstimmung des GB mit der wirklichen Rechtslage. Sie verfolgt letztlich den gleichen Zweck wie §§ 20, 82, 82a und § 925 BGB (vgl. § 20 Rdn. 2, 21) und gilt deshalb (analog) auch für die Eintragung eines originären Eigentumserwerbs.[140] § 22 läßt allgemein statt eines Unrichtigkeitsnachweises die Berichtigungsbewilligung (§ 19) genügen und macht keine Ausnahme für die Fälle des § 22 Abs. 2 und des § 20. Die nicht auszuschließende Gefahr, daß der von der Eintragung Betroffene statt einer den Vorschriften der §§ 925 BGB und 20 GBO entsprechenden Einigung die GB-Berichtigung (§ 894 BGB) bewilligt und der Erwerber deshalb mit der Eintragung im GB mangels Einigung (§ 873 BGB) statt des Eigentums (Erbbaurechts) nur eine Buchposition erhält, ist nicht groß, weil das GBA diese Eintragung gemäß § 22 Abs. 2 nur vornehmen darf, wenn der Erwerber selbst seine Zustimmung in Form des § 29 dazu gibt.[141]

2. Voraussetzungen des § 22 Abs. 2

77 a) Eine Unrichtigkeit des GB im Sinne des § 894 BGB muß sich aus den dem GBA zur Berichtigung vorgelegten Unterlagen ergeben, die durch Eintragung des wahren Eigentümers oder Erbbauberechtigten behoben werden soll (gleichgültig ob eines Allein-, Bruchteils- oder Gesamthandsberechtigten).

Keine GB-Berichtigung ist die Richtigstellung einer unrichtigen Bezeichnung des Berechtigten (oben Rdn. 13).

78 b) § 22 Abs. 2 gilt dagegen nicht:

aa) für den bereits als Eigentümer oder Erbbauberechtigten Eingetragenen, der kein neues oder andersgeartetes Eigentum hinzuerwirbt (z. B. Berichtigung bei Anwachsung eines Gesamthandsanteils).[142]

bb) für den Eingetragenen, der durch die Berichtigung einen Rechtsverlust erleidet (z. B. Berichtigung von Alleineigentum in Bruchteilseigentum BayObLGZ 9, 328).

79 c) Die Zustimmung des „wahren" einzutragenden Berechtigten; sind es mehrere, dann ist Zustimmung aller erforderlich.[143] Das GBA hat jedoch kein Recht zu eigenen Ermittlungen oder Beweiserhebungen (Einl. C 54); neben der Berichtigungsbewilligung des Betroffenen und der Zustimmung dessen, der eingetragen werden will und soll, kann es keine weiteren Nachweise verlangen. Es ist in der Regel bei der Prüfung der Eintragsvoraussetzungen auf den von den Beteiligten in der Berrichtigungsbewilligung und Zustimmungserklärung dargestellten Sachverhalt angewiesen.[144] Die Zustimmung des Neueinzutragenden (§ 22 Abs. 2) ist im Zusammenhang mit der Berichtigungsbewilligung des Betroffenen (§ 22 Abs. 1) zu sehen (oben Rdn. 68): aus beiden muß sich schlüssig ergeben, daß und warum das GB zur Zeit unrichtig ist und durch die verlangte Berichtigung richtig wird. Zu weiteren Nachforschungen hat das GBA weder das Recht noch die Pflicht. Es trägt aber durch die Anforderungen, die es an die Schlüssigkeit des dargelegten Sachverhaltes stellt, dazu bei, daß der Weg des § 22 nicht zu einer Umgehung der Vorschriften über die rechtsgeschäftliche Eigentumsübertragung mißbraucht wird (vgl. § 22 Rdn. 67). Wird der Nachweis durch rechtsgestaltendes Ur-

---

[140] Staudinger/*Pfeifer* § 927 Rdn. 29; § 928 Rdn. 22.
[141] Staudinger/*Gursky* § 894 Rdn. 119.
[142] KG OLG 46, 224.
[143] So z. B. RGZ 73, 156; Haegele/Schöner/*Stöber* GBR 370; Demharter § 22 Rdn. 56.
[144] Ebenso Meikel/*Böttcher* § 22 Rdn. 134.

teil geführt, so ist das GBA in aller Regel daran gebunden.¹⁴⁵ Anders nur, wenn es einen Beweis dafür hat, daß es sich um ein gegen die guten Sitten verstoßendes oder zur Umgehung einer behördlichen Genehmigung erwirktes Urteil handelt.¹⁴⁶

3. Ausnahmefall des § 14

Stellt ein nach § 14 antragsberechtigter Vollstreckungsgläubiger den Berichtigungsantrag, bedarf es keiner Zustimmung des Eigentümers (§ 22 Abs. 2 S. 2).¹⁴⁷

80

4. Ausnahmefall des Unrichtigkeitsnachweises

Bei Berichtigung aufgrund Unrichtigkeitsnachweises (§ 22 Rdn. 57) besteht keine Notwendigkeit, auch noch eine Zustimmung des Eigentümers oder Erbbauberechtigten zu verlangen, da ohnehin strenge Anforderungen an diesen Nachweis gestellt werden und eine Umgehungsgefahr praktisch ausscheidet. Der Antrag des Eigentümers auf GB-Berichtigung bedarf nicht mehr der Form des § 29. Vor der GB-Berichtigung ist aber denjenigen rechtliches Gehör zu gewähren, deren grundbuchmäßiges Recht durch die Eintragung beeinträchtigt werden kann.¹⁴⁸

81

5. Ersetzung durch behördliches Ersuchen

Das behördliche Ersuchen um GB-Berichtigung (§ 38) ersetzt nicht nur den Antrag, sondern auch die nach § 22 Abs. 2 sonst erforderliche Zustimmung, z. B. das Ersuchen des Versteigerungsgerichts nach § 130 ZVG.¹⁴⁹

82

6. Anwendung auf grundstücksgleiche Rechte

§ 22 Abs. 2 gilt auch für GB-Berichtigung durch Eintragung des Berechtigten bei: a) Erbbaurechten (dies sagt Abs. 2 ausdrücklich), b) Erbpacht- und Abbaurechten (§ 118 Abs. 1 GBO), c) sonstigen grundstücksgleichen Rechten.¹⁵⁰

83

XII. Voraussetzungen des Berichtigungsverfahrens

1. Antragsgrundsatz

Bei Unrichtigkeit des GB gilt der Antragsgrundsatz (Einl. C 2; § 13 Rdn. 2) mit allen sich daraus ergebenden Folgen. Eine Anregung auf Löschung wegen Gegenstandslosigkeit gem. § 84 kann als Berichtigungsantrag auszulegen sein,¹⁵¹ nicht umgekehrt.¹⁵² Zur Antragsberechtigung bei Bodenreformgrundstücken *Demharter* § 22 Rdn. 46. Für das GBA besteht weder eine Amtspflicht, die Unrichtigkeit zu beseitigen, selbst wenn es sie kennt, noch eine Amtsermittlungspflicht. Es soll aber die Beteiligten auf eine Unrichtigkeit hinweisen. Der Amtsgrundsatz gilt nur in den gesetzlich zulässigen Fällen (vgl. § 13 Rdn. 3),¹⁵³ z. B. §§ 53 Abs. 1; 82 a; 84 GBO.

84

---

[145] OLG Darmstadt JFG 11, 220.
[146] KG JFG 18, 267.
[147] Einzelheiten § 14, *Stöber* Rpfleger 76, 197/199.
[148] LG Nürnberg-Fürth MittBayNot 1992, 336; BayObLG MittBayNot 1994, 447; *Demharter* § 1 Rdn. 49.
[149] Dazu *Hornung* Rpfleger 80, 249.
[150] Beispiele bei *Demharter* § 22 Rdn. 62.
[151] BayObLG NJW-RR 1989, 1495.
[152] OLG Hamm NJW-RR 1994, 271.
[153] S. a. Meikel/*Böttcher* § 22 Rdn. 78 ff.; *Eickmann* GBVerfR 2. Kap. § 2.

85 Antragsberechtigt ist derjenige,

a) dessen Recht nicht oder nicht richtig eingetragen ist, also der unmittelbar gewinnende Teil, dem der Berichtigungsanspruch nach § 894 BGB zusteht,

b) der zu Unrecht eingetragen ist, also der unmittelbar verlierende Teil als Buchberechtigter,[154]

c) der nach § 14 antragsberechtigte Vollstreckungsgläubiger.

d) Sind mehrere antragsberechtigt, kann jeder für sich allein den Antrag stellen (§ 13 Rdn. 62). GB-Berichtigung durch Eintragung mehrerer Eigentümer (Erbbauberechtigter) kann jeder von ihnen allein beantragen, wenn entweder alle übrigen die Berichtigung bewilligt haben (§ 22 Abs. 2) oder der Antragsteller den Unrichtigkeitsnachweis führt (§ 22 Rdn. 57). Bei Pfändung des Erbanteils kann daher der Pfändungsgläubiger allein die GB-Berichtigung durch Eintragung aller Erben und Eintragung des Pfändungsvermerks beantragen, wenn er die Erbfolge (§ 35) und Wirksamkeit der Pfändung nachweist.[155] Die a. A.[156] ist nicht haltbar; Pfändungsvermerk muß schnell eintragbar sein (vgl. Einl. D 39).

2. Wahl zwischen Berichtigungsbewilligung und Unrichtigkeitsnachweis

86 Zwischen Berichtigungsbewilligung und Unrichtigkeitsnachweis hat der Antragsteller die Wahl (vgl. § 22 Rdn. 5). Der Unrichtigkeitsnachweis ersetzt nur die Berichtigungsbewilligung und die Zustimmung nach § 22 Abs. 2, nicht die sonstigen unten Rdn. 88 aufgeführten Voraussetzungen.

3. Einwendungen gegen die GB-Berichtigung

87 Die dem Betroffenen im Prozeß gegen die Klage auf GB-Berichtigung zustehenden Einwendungen können im GB-Berichtigungsverfahren vom GBA mit den ihm zur Verfügung stehenden Mitteln nur in ganz beschränktem Maß berücksichtigt werden und müssen daher auf Ausnahmefälle beschränkt bleiben. So kann z. B. die im Prozeß zulässige Zurückbehaltungseinrede wegen Verwendungen auf das Grundstück[157] oder der Einwand unzulässiger Rechtsausübung[158] der GB-Berichtigung aufgrund Unrichtigkeitsnachweises nicht entgegengesetzt werden.[159] Nach Meinung OLG Braunschweig[160] ist der Verwirkungseinwand vom GBA zu prüfen.[161]

4. Sonstige Voraussetzungen

88 Als weitere Voraussetzungen müssen vorliegen:

a) in Fällen des § 22 Abs. 2: Zustimmung des Eigentümers oder Erbbauberechtigten (oben § 22, Rdn. 76);

b) in Fällen der §§ 23 oder 24: die dort genannten Voraussetzungen;

c) zur Löschung eines Grundpfandrechts: Zustimmung des Grundstückeigentümers (§ 27 S. 1);

d) erforderlichenfalls Voreintragung des Betroffenen (§§ 39, 40);

e) erforderlichenfalls Briefvorlage (§§ 41, 42);

f) behördliche oder vormundschaftsgerichtliche Genehmigungen, wenn der Rechtsvorgang als rechtsgeschäftliche Rechtsänderung einer Genehmigungspflicht unterliegt

---

[154] BayObLGZ 69, 288 = Rpfleger 70, 26.
[155] *Stöber* Rpfleger 76, 197.
[156] OLG Zweibrücken Rpfleger 76, 214.
[157] RGZ 163, 62.
[158] BGH DNotZ 76, 22.
[159] BayObLGZ 59, 223 = DNotZ 59, 543.
[160] BWNotZ 62, 203.
[161] Berechtigte Bedenken dagegen bei *Grussendorf* AcP 150, 440, *Mühl* NJW 56, 1659.

(§ 20 Rdn. 78 ff., 155), wodurch Umgehung verhindert und Unrichtigkeit nachgewiesen werden soll (dazu § 26 Rdn. 41);[162]
g) Unbedenklichkeitsbescheinigung des Finanzamts, wenn der Rechtsvorgang der Grunderwerbsteuer unterliegen kann (vgl. § 20 Rdn. 220 ff.).

[Löschung auf Lebenszeit beschränkter Rechte]

§ 23

(1) Ein Recht, das auf die Lebenszeit des Berechtigten beschränkt ist, darf nach dessen Tode, falls Rückstände von Leistungen nicht ausgeschlossen sind, nur mit Bewilligung des Rechtsnachfolgers gelöscht werden, wenn die Löschung vor dem Ablauf eines Jahres nach dem Tode des Berechtigten erfolgen soll oder wenn der Rechtsnachfolger der Löschung bei dem Grundbuchamte widersprochen hat; der Widerspruch ist von Amts wegen in das Grundbuch einzutragen. Ist der Berechtigte für tot erklärt, so beginnt die einjährige Frist mit dem Erlaß des die Todeserklärung aussprechenden Urteils.

(2) Der im Abs. 1 vorgesehenen Bewilligung des Rechtsnachfolgers bedarf es nicht, wenn im Grundbuch eingetragen ist, daß zur Löschung des Rechtes der Nachweis des Todes des Berechtigten genügen soll.

Übersicht

	Rdn.		Rdn.
I. Bedeutung	1	V. Widerspruch des Rechtsnachfolgers	29
II. Voraussetzungen	5	VI. Vermerk über Löschungserleichterung (Abs. 2)	33
III. Löschung wenn Rückstände ausgeschlossen sind	23		
IV. Löschung wenn Rückstände möglich sind	24	VII. Verletzung des § 23	39

Literatur:

Gantzer MittBayNot 1972, 6; *Deimann* Rpfleger 1977, 91; *Riedel* JurBüro 1979, 156; *Streuer* Rpfleger 1986, 245; *Böttcher* MittRhNotK 1987, 219; *Amann* DNotZ 1989, 531; *Ertl* MittBayNot 1989, 297; *Lülsdorf* MittRhNotK 1994, 129; *Wufka* MittBayNot 1996, 156; *Amann* DNotZ 1998, 6.

I. Bedeutung der §§ 23 und 24

a) **§§ 23 und 24 ergänzen** § 22, mit dem sie im Zusammenhang zu lesen sind. Sie betreffen die GB-Berichtigung durch Löschung aufgrund eines Unrichtigkeitsnachweises in den Fällen, in denen dieses Recht a) mit dem Ableben des Berechtigten (§ 23) oder b) mit der Erreichung eines bestimmten Lebensalters des Berechtigten (§ 24 Fall 1) oder c) mit dem Eintritt eines sonstigen bestimmten Zeitpunkts oder Ereignisses erlischt (§ 24 Fall 2). §§ 23 und 24 beruhen auf dem gleichen Rechtsgedanken. Sie unterscheiden sich nur dadurch, daß in § 23 der Tod, in § 24 sonstige Zeitpunkte oder Ereignisse das Recht zum Erlöschen bringen (vgl. § 24 Rdn. 1).

1

---

[162] S. a. *Böttcher* Rpfleger 87, 485/489; Meikel/*Böttcher* § 22 Rdn. 145 a.

2 b) § 23 Abs. 1 enthält nach h. M. eine Löschungserschwerung (vgl. § 23 Rdn. 25, 26), § 23 Abs. 2 eine Löschungserleichterung (vgl. § 23 Rdn. 27, 33 ff.) für die Fälle, die nur wegen der Möglichkeit von rückständigen Leistungen nicht ohne weiteres nach § 22 gelöscht werden können. Auch § 23 Abs. 1 Satz 1 enthält mit der Möglichkeit der Löschung nach Jahresfrist allerdings insoweit eine Löschungserleichterung, als die Rückstände zum dinglichen Recht gehören, die Löschung des gesamten Rechts durch Unrichtigkeitsnachweis an sich also nur durchgeführt werden könnte, wenn auch die Rückstandsfreiheit nachgewiesen ist.

3 c) §§ 23 und 24 sind sinngemäß auch auf die grundbuchmäßigen Rechte entsprechend anwendbar, die auf die Dauer des Bestehens einer juristischen Person beschränkt sind.

4 d) §§ 23 und 24 sind verfahrensrechtliche Vorschriften für die Löschung von „Rechten i. S. der GBO" (Einl. B 12), bei denen der von der Löschung Betroffene ein rechtliches Interesse an der Aufrechterhaltung der Eintragung hat oder jedenfalls haben kann. §§ 23 f. berücksichtigen, daß mit dem Tod des Berechtigten (§ 23) oder dem in § 24 genannten Zeitpunkt oder Ereignis noch nicht erfüllte Ansprüche aus dem Stammrecht entstanden sein können. Sie sollen für eine „Übergangszeit" grundbuchlich geschützt sein gegen die Löschung aufgrund eines Unrichtigkeitsnachweises allein hinsichtlich des Stammrechts.[1] Dem Recht würde sonst die buchmäßige Grundlage entzogen, ohne daß es selbst – soweit Rückstände vorhanden sind zum Erlöschen käme.[2] Die Löschungserschwerung hat zur Folge, daß das materiell erloschene Stammrecht eingetragen bleibt. Der Berechtigte kann innerhalb des Sperrjahres (bei Widerspruch auch danach; § 23 Rdn. 29) die zur Löschung erforderliche Bewilligung (§ 22 Rdn. 67) von der Erbringung rückständiger Leistungen abhängig machen. Dem Besteller des dinglichen Rechts steht es frei, es schon bei der Eintragung mit einem Löschungserleichterungsvermerk auszustatten (§ 23 Abs. 2) und dadurch die für ihn später lästige Löschungserschwerung zu vermeiden.

II. Voraussetzungen des § 23

5 1. **Gemeinsame Voraussetzung** der Absätze 1 und 2:
ein auf Lebenszeit des Berechtigten beschränktes Recht mit der Möglichkeit von Rückständen.
Endet das Recht schon vor dem Tod des Berechtigten, ist § 24 anzuwenden. Ein auf Lebensdauer des Berechtigten bestehendes Recht schließt eine zusätzliche Vereinbarung nicht aus, wonach es schon vorher erlöschen kann, z. B. Wohnungsrecht bis zur Wiederverheiratung.[3]

6 Die Beschränkung des Rechts auf Lebenszeit des Berechtigten kann auf Gesetz (Rdn. 7) oder Rechtsgeschäft (Rdn. 8) beruhen:

7 2. **Kraft Gesetzes** sind auf Lebenszeit des Berechtigten beschränkt:
a) **Nießbrauch** (§ 1061 BGB), sofern keine kürzere Dauer vereinbart ist.[4] Unvererblichkeit des Nießbrauchs ist zwingendes Recht.[5]

---

[1] OLG Zweibrücken Rpfleger 89, 450.
[2] BGHZ 66, 341 = DNotZ 76, 490/494.
[3] Vgl. BayObLG Rpfleger 83, 61.
[4] LG München DNotZ 54,260.
[5] OLG Hamm DNotZ 73, 616; Palandt/*Bassenge* § 1061 Rdn. 1.

b) **Beschränkt persönliche Dienstbarkeit** (§ 1092 Abs. 1 BGB), sofern keine kürzere Dauer vereinbart ist.[6]

c) **Wohnungsrecht** (§ 1093 BGB), wenn eine Unterhaltspflicht des Eigentümers zum dinglichen Inhalt gemacht worden ist.[7]

Vorkaufsrecht subjektiv-persönlicher Art (§§ 1098 Abs. 1; 514 BGB), sofern nichts anderes vereinbart und im GB eingetragen ist.[8] Ein auf bestimmte Zeit vereinbartes Vorkaufsrecht ist im Zweifel vererblich (§ 514 S. 2 BGB). Die Wertung des BGH zur Vorlöschungsklausel bei der Vormerkung[9] spricht allerdings dafür, in dem Anspruch, der daraus entsteht, daß das Vorkaufsrecht durch den eingetragenen Gläubiger ausgeübt wurde, der anschließend verstirbt, ebenfalls keinen Rückstand zu erblicken.[10] In der Praxis wird deshalb regelmäßig die (Berichtigungs-) Bewilligung des Rechtsnachfolgers zu fordern sein, wenn nicht vorstehender Anspruch bei Bestellung des Vorkaufsrechts ausgeschlossen wurde.

e) **Reallast** subjektiv-persönlicher Art (§§ 1105, 1111 BGB), wenn ihrer Art nach eine Beschränkung auf Lebenszeit des Berechtigten vorliegt, z. B. beim Leibgeding, Altenteil (§ 49 Rdn. 2), aber nicht die im Rahmen solcher Rechte vereinbarte Tragung von Beerdigungskosten und Grabpflege.[11] Die unwirksame Bewilligung einer Löschungserleichterungsklausel durch den Grundstückseigentümer kann auch nicht in eine Vollmacht des Berechtigten über den Tod hinaus, den nicht zu Lebzeiten des Berechtigten zu erbringenden Teil der Leistungen löschen zu lassen, umgedeutet werden.[12]

3. Durch Rechtsgeschäft sind auf Lebenszeit des Berechtigten beschränkbar: **8**

a) **Subjektiv-persönliche Reallast** (§ 1105 Abs. 1; § 1111 BGB), sofern die Unvererblichkeit besonders vereinbart ist und nicht schon ein Fall oben Rdn. 7 (d) vorliegt.[13]

b) **Hypothek**, wenn das dingliche Recht auf Lebensdauer des Gläubigers beschränkt und Eigentümergrundschuld ausgeschlossen wird.[14] Der Fall, daß nur die persönliche Forderung beschränkt ist, wird nicht von § 23 erfaßt, da die Hypothek nach Ableben des Gläubigers als Eigentümergrundschuld weiterbesteht.[15]

c) **Grundschuld und Rentenschuld,** die wie alle Grundpfandrechte zeitlich auf Lebensdauer des Gläubigers befristet bestellt werden können.[16]

---

[6] LG Nürnberg DNotZ 54, 262; *Wehrens* DNotZ 63, 24; *Lülsdorf* MittRhNotK 1994, 133.
[7] OLG Hamm MittRhNotK 1996, 225, OLG Düsseldorf MittRhNotK 1994, 346, Haegele/Schöner/*Stöber*, GBR 1280, *Lülsdorf* MittRhNotK 1994, 133.
[8] BGH WM 63, 619, OLG Hamm MittBayNot 1989, 27; Meikel/*Böttcher* § 23 Rdn. 9.
[9] Vgl. inbes. BGH DNotZ 1996, 453 m. abl. Anm. *Lülsdorf*.
[10] So schon Güthe/*Triebel* § 23 Rdn. 6; ebenso *Demharter* § 23 Rdn. 11; **a. A.** Haegele/Schöner/*Stöber* GBR Rdn. 1436, *Lülsdorf* MittRhNotK 1994, 139.
[11] BayObLG Rpfleger 1997, 373; BayObLGZ 83, 113 = Rpfleger 89, 308; LG Coburg Rpfleger 83, 145; zur Abgrenzung vgl. OLG Hamm Rpfleger 88, 247; dazu § 23 Rdn. 33.
[12] BayObLG Rpfleger 1997, 373; **a. A.** *Wufka* MittBayNot 1996, 151; *Amann* DNotZ 1998, 6.
[13] Meikel/*Böttcher* § 23 Rdn. 8.
[14] KGJ 33, 241.
[15] *Lülsdorf* MittRhNotK 1994, 132; Meikel/*Böttcher* § 23 Rdn. 6; **a. A.** KG HRR 31 Nr. 29; über Unterschied zwischen Hypothek für bedingte Forderung und bedingte Hypothek OLG Stuttgart NJW 53, 464; gleicher Unterschied zwischen befristeter Forderung und befristeter Hypothek.
[16] Palandt/*Bassenge* § 1113 Rdn. 6, RGZ 68, 141.

d) Pfandrecht an übertragbaren dinglichen Rechten.[17]

e) Umstritten ist, ob **Dauerwohn- und Dauernutzungsrecht** (§§ 31 ff. WEG) **auf Lebenszeit des Berechtigten rechtsgeschäftlich beschränkt werden kann.** Die überwiegende Meinung bejaht dies trotz § 33 Abs. 1 WEG mit dem Hinweis, daß § 41 Abs. 1 WEG eine Befristung zuläßt.[18]

9 4. Bei **Vormerkungen** ist ein Rückstand i. S. d. § 23 nach nunmehr gefestigter Rspr.[19] ausgeschlossen.[20]

5. **Auf Lebenszeit des Berechtigten sind nicht beschränkbar:**

10 a) **Grunddienstbarkeit** (§ 1018 BGB) und die sonstigen subjektiv-dinglichen Rechte (§ 9 Rdn. 2).[21]

11 b) **Erbbaurecht**, weil die Vererblichkeit zu seinem Wesen gehört (§ 1 Abs. 1, 4 ErbbauVO); nach h. M. unzulässig auf Lebensdauer des Bestellers,[22] zulässig Heimfall bei Tod des Erbbauberechtigten.[23] Dazu Einl. F 9.[24]

6. **Besondere Fälle:**

12 a) Bei Tod eines **Gesamtberechtigten** oder **Gesamthänders** bleiben diese Rechte für die übrigen bestehen.[25]

b) Stehen diese Rechte mehreren zu **Bruchteilen** zu, so erlöschen sie mit dem Tod eines Berechtigten nur bezüglich dieses Bruchteils;[26] zur Löschung vgl. § 27 Rdn. 21.

13 c) **Schuldrechtliche Verpflichtung**, daß ein durch Tod erlöschendes Recht den Erben neu zu bestellen ist[27] oder dingliche Bestellung für mehrere in der Weise, daß zunächst der Erstberechtigte bis zu seinem Tod und aufschiebend bedingt von da an der Zweitberechtigte alleiniger Rechtsinhaber ist (vgl. dazu § 20 Rdn. 60).[28]

14 7. **Beschränkung auf Dauer des Bestehens einer juristischen Person** ist sinngemäß wie Beschränkung auf Lebenszeit einer natürlichen Person zu behandeln, aber mit Besonderheiten:[29]

15 a) Bei Vermögensübergang im Wege der **Gesamtrechtsnachfolge** (§ 1059a Nr. 1 BGB) geht das Recht auf den Rechtsnachfolger über, sofern dieser Übergang nicht ausdrücklich ausgeschlossen ist. Im Zweifel also Rechtsübergang zulässig; d. h. das Recht erlischt nicht.

16 b) Durch **Übertragung des Aktiv- und Passivvermögens** kann bei Vorliegen der Voraussetzungen des § 1059a Nr. 2 BGB die dafür zuständige Behörde[30] verbindlich feststellen, daß das Recht auf den Vermögensübernehmer übertragen werden kann.

---

[17] Staudinger/*Wiegand* § 1204 Rdn. 4; § 1205 Rdn. 32.
[18] So Palandt/*Bassenge* WEG §33 Rdn. 2; *Weitnauer* §33 Rdn. 3; MünchKomm/*Röll* § 33 Rdn. 3; Haegele/Schöner/*Stöber* GBR 3002; verneint wird dies z. B. von OLG Neustadt NJW 61, 1974; *Demharter* § 23 Rdn. 5; Meikel/*Böttcher* § 23 Rdn. 13.
[19] BGH DNotZ 1992, 569, DNotZ 1996, 453, BayObLG.
[20] Ebenso Haegele/Schöner/*Stöber* GBR Rdn. 1544ff.
[21] S. a. Meikel/*Böttcher* § 23 Rdn. 8, 9, 11.
[22] BGHZ 52, 271 = Rpfleger 69, 346; OLG Celle Rpfleger 64, 213.
[23] OLG Hamm MDR 65, 574.
[24] v. *Oefele/Winkler* Handbuch des Erbbaurechts Rdn. 2.139 mwN.
[25] BayObLGZ 55, 155/159 = DNotZ 56, 209/212.
[26] KG JFG 13, 448; RG DR 44, 774.
[27] BayObLGZ 11, 573.
[28] S. a. *Amann* MittBayNot 90, 225.
[29] Vgl. Meikel/*Böttcher* § 23 Rdn. 18 ff.
[30] Einzelheiten bei *Jansen* FGG § 23 Rdn. 8.

c) Diese Vorschriften gelten für Nießbrauch (§§ 1059 a bis e BGB), beschränkt persönliche Dienstbarkeit (§ 1092 Abs. 2 BGB) und Vorkaufsrecht (§ 1098 Abs. 3 BGB). **17**

d) **Sie sind auch anwendbar für OHG und KG**, § 1059 a Abs. 2 BGB **und für juristische Personen** des öffentlichen Rechts, auch für solche in Liquidation.[31] **18**

aa) Durch Anwachsung an den allein übernehmenden Gesellschafter der OHG oder KG bleibt das Recht für ihn bestehen;[32] durch Umwandlung in BGB-Gesellschaft bleiben die Gesellschafter Berechtigte,[33]

bb) Bei Veränderung von Gebietskörperschaften und der zu diesem Zweck angeordneten Umgestaltung und Rechtsnachfolge liegt nur ein Wandel im Wesen des unveränderten Rechtsinhabers vor; wegen Wahrung der Rechtsidentität bleibt das Recht also bestehen.[34]

cc) Die Umwandlung im Sinn des UmwG führt regelmäßig zu vollständiger oder **19**
teilweiser Gesamtrechtsnachfolge[35] und damit auch zum Übergang dinglicher Rechte. Problematisch ist allerdings die Behandlung des Nießbrauchs, der beschränkten persönlichen Dienstbarkeit und des Vorkaufsrechts bei einer Aufspaltung, wenn im Einzelfall die Übertragbarkeit ausgeschlossen ist.[36]

8. Möglichkeit von Rückständen

a) „Rückstände von Leistungen" müssen nach dem Wortlaut des § 23 Abs. 1 weder **20**
bestehen noch nachgewiesen werden, sie dürfen lediglich „nicht ausgeschlossen", müssen also möglich sein. Der im Gesetz nicht näher definierte Begriff „Rückstand" bedarf einer Abgrenzung. Nach dem Gesetzeszweck (§ 23 Rdn. 4) umfaßt er alle noch nicht erfüllten Ansprüche auf Leistungen aus dem eingetragenen Recht, selbst wenn sie beim Erlöschen des Rechts noch nicht fällig (z. B. gestundet) sind. Andererseits fallen darunter nur Leistungsrückstände, die durch die GB-Eintragung an der Verdinglichungswirkung teilnehmen. Ob „Rückstände von Leistungen" aus dem zu löschenden Recht möglich oder ausgeschlossen sind, ist nach Lage des Einzelfalles aus dem Inhalt des eingetragenen Rechts zu entnehmen.[37]

b) **Rückstände sind ausgeschlossen**, wenn das zu löschende Recht mit der materiell- **21**
rechtlichen Einschränkung eingetragen ist, daß mit dem Tod des Berechtigten (in Fällen des § 24 mit dem dort genannten Zeitpunkt oder Ereignis) auch alle etwaigen Ansprüche auf Rückstände von Leistungen erlöschen.[38] Sie sind auch dann ausgeschlossen, wenn der Pfandgegenstand untergeht und folglich nach seinem Untergang für nichts mehr haften kann.[39] Selbst bei Dienstbarkeiten wird man rückständige Leistungen nicht generell ausschließen können,[40] sondern wegen der Möglichkeit noch nicht erfüllter Leistungspflichten[41] den Einzelfall prüfen müssen.[42]

---

[31] Staudinger/*Frank* 13. Bearbeitung, § 1059 a Rdn. 3.
[32] BGHZ 50, 307 = NJW 68, 1964.
[33] RGZ 135, 86; BGH NJW 67, 821.
[34] RGZ 163, 142.
[35] Vgl. *Dehmer* UmwG, § 1 Rdn. 26.
[36] Vgl. dazu *Dehmer* UmwG, § 131 Rdn. 21 und § 132 Rdn. 46.
[37] BayObLGZ 79, 372/373; MittBayNot 83, 233; OLG Köln Rpfleger 85, 290; Meikel/*Böttcher* § 23 Rdn. 27 ff.
[38] BGHZ 66, 341 = Rpfleger 76, 206/207; Meikel/*Böttcher* § 23 Rdn. 27; *Demharter* § 23 Rdn. 12.
[39] So BayObLG DNotZ 85, 630 für die Verpfändung eines durch Erfüllung erloschenen Eigentumsverschaffungsanspruchs.
[40] So aber OLG Frankfurt NJW-RR 89, 146; Riedel JurBüro 79, 155/157.
[41] *Amann* DNotZ 89, 531/550 ff.
[42] Meikel/*Böttcher* § 23 Rdn. 33, 34, 36.

9. Einzelfälle

22 Einzelfälle von Rechten, bei denen Rückstände möglich sein können:[43]

a) Grundpfandrechte, Reallast, Erbbauzins (zu „Rückständen" vgl. § 29 ErbbauVO), Pfandrechte,[44] Grundstücksnießbrauch,[45] Rechtsnießbrauch.

b) Leibgeding (Altenteil; vgl. § 49), das i. d. R. mehrere dinglichen Rechte (Reallast, Wohnungsrecht, Nießbrauch) umfaßt, bei denen die Möglichkeit von Rückständen getrennt zu beurteilen ist.[46]

c) Von den dinglichen Nutzungsrechten nicht nur das Wohnungsrecht (§ 1093 BGB), das wegen seiner nießbrauchsähnlichen Gestaltung i. d. R. Rückstände nicht völlig ausschließt,[47] sondern auch die Dienstbarkeiten (§§ 1018, 1090 BGB), Dauerwohn- und Dauernutzungsrechte (§ 31 WEG), wenn nach ihrem Inhalt die Möglichkeit noch nicht erfüllter Leistungspflichten besteht (vgl. § 23 Rdn. 21) und Erbbaurechte, wenn der Entschädigungsanspruch nicht ausgeschlossen ist (vgl. § 24 Rdn. 14 ff.).

d) Beim Vorkaufsrecht (§ 1094 BGB) ist die Möglichkeit von Rückständen aus ähnlichen Gründen wie bei Vormerkungen zweifelhaft.[48] Die Möglichkeit, daß der Vorkaufsberechtigte vor dem Erlöschen sein Recht ausgeübt, es aber nicht mehr durchgesetzt hat, sofern der entstandene Anspruch (§ 1098 Abs. 2 BGB) nicht mit dem Vorkaufsrecht erlischt[49] ist nach der hier vertretenen Meinung im Hinblick auf den Gesetzeszweck des § 23 in der Interpretation, die er durch den BGH[50] erfahren hat, nicht als „Rückstand" anzusehen.

e) Bei Vormerkungen (§ 23 Rdn. 9) sind Rückstände in Form von Ansprüchen aus §§ 883, 888 BGB bei Zuwiderhandlung gegen die Vormerkung auch dann nicht möglich, wenn nur die Vormerkung auf Lebenszeit des Berechtigten beschränkt ist oder wenn der vorgemerkte Anspruch beim Tod des Berechtigten voll wirksam geworden, aber noch nicht erfüllt (= in Rückstand) ist und auf die Erben übergeht.[51] Die Löschung bedarf in diesen Fällen des Unrichtigkeitsnachweises, § 22, oder der Bewilligung der Rechtsnachfolger. Rückstände sind ausgeschlossen, wenn der vorgemerkte Anspruch beim Tod des Berechtigten auf jeden Fall (auch wenn bereits entstanden) erlischt[52] oder wenn die Vormerkung den Anspruch auf Bestellung eines lebenslangen Rechts sichert, bei dem Rückstände ausgeschlossen sind (§ 23 Rdn. 21).

f) Widerspruch (§ 899 BGB), wenn bei dem durch Widerspruch geschützten Recht Rückstände möglich sind.[53]

g) Erbbaurecht (vgl. § 24 Rdn. 13, 14, 18).

III. Löschung, wenn Rückstände ausgeschlossen sind

23 Die Löschung erfolgt nach § 22 auf Antrag (§ 13), wenn dem GBA der Tod des Berechtigten durch Sterbeurkunde, Erbschein, rechtskräftigen Todeserklärungsbeschluß oder in sonstiger Weise nach § 29 nachgewiesen wird.

---

[43] Dazu Meikel/*Böttcher* § 23 Rdn. 28 ff.
[44] BayObLG DNotZ 85, 630.
[45] BGHZ 66, 341.
[46] Meikel/*Böttcher* § 23 Rdn. 40.
[47] BayObLGZ 79, 372; *Lülsdorf* MittRhNotK 1994, 133.
[48] Dafür: Haegele/Schöner/*Stöber* GBR 1436, dagegen: *Demharter* § 23 Rdn. 11.
[49] OLG Hamm Rpfleger 89, 148; OLG Zweibrücken Rpfleger 89, 450; *Deimann* Rpfleger 77, 91.
[50] DNotZ 1996, 453.
[51] BGH DNotZ 1996, 453 Haegele/Schöner/*Stöber* GBR Rdn. 1544 ff.
[52] LG Bochum Rpfleger 71, 314 m. Anm. *Haegele*.
[53] Meikel/*Böttcher* § 23 Rdn. 39.

IV. Löschung, wenn Rückstände möglich sind

Sie erfolgt entweder aufgrund Unrichtigkeitsnachweis (Rdn. 25) oder Berichtigungsbewilligung (Rdn. 26) oder Vermerk über Löschungserleichterung (§ 23 Abs. 2 Rdn. 27). 24

1. Grundbuchberichtigung aufgrund Unrichtigkeitsnachweises ist nur zulässig, wenn 25
1. Todesnachweis dem GBA geführt wird (oben Rdn. 23),
2. Sperrjahr abgelaufen ist: Grundsätzlich 1 Jahr nach Tod des Berechtigten, bei Todeserklärung: 1 Jahr nach Rechtskraft des Beschlusses (§ 49 Abs. 1 VerschG vom 15. 1. 1951,[54]
[Fristberechnung nach §§ 187 Abs. 1; 188 Abs. 2 BGB.]
3. Rechtsnachfolger der Löschung nicht widersprochen hat (unten Rdn. 29).
In diesem Fall ist das Recht auch dann zu löschen, wenn materiell-rechtlich Rückstände vorliegen. Das GB wird in diesem Fall durch die Löschung unrichtig.

2. Löschung aufgrund Bewilligung des Rechtsnachfolgers setzt lediglich voraus: 26
1. Vorlage einer Löschungsbewilligung (§ 19); vgl. § 22 Rdn. 67 ff.;
2. Nachweis der Rechtsnachfolge, die entweder Gesamtrechtsnachfolge[55] oder Sonderrechtsnachfolge[56] sein kann.
Diese Löschung kann vor Ablauf des Sperrjahres und auch gegen den Widerspruch des Rechtsnachfolgers oder eines sonstigen Widerspruchsberechtigten (§ 23 Rdn. 29 ff.) vollzogen werden.

3. Löschung aufgrund Vermerk über die Löschungserleichterung

§ 23 Abs. 2 erübrigt die Löschungsbewilligung und den Nachweis der Rechtsnachfolge und setzt nur den Todesnachweis des eingetragenen Berechtigten voraus (vgl. § 23 Rdn. 33). Der Vermerk muß unmittelbar beim zu löschenden Recht eingetragen sein. Er kann nicht durch Bezugnahme auf die Bewilligung ersetzt werden.[57] Er wird mit dem Recht gelöscht. Soll er vorher gelöscht werden, ist die Löschungsbewilligung des mit dem Recht belasteten Eigentümers (nicht die des Berechtigten) erforderlich.[58] 27

4. Die allgemeinen Voraussetzungen für Löschungen müssen daneben vorliegen, also: 28
a) Antrag (§ 13),
b) bei Löschung eines Grundpfandrechts Zustimmung des Eigentümers (§ 27 S. 1),
c) bei Briefrechten Vorlage des Briefes (§§ 41; 42),
d) etwa erforderliche Zustimmungen Dritter, vormundschaftsgerichtliche oder behördliche Genehmigung usw. (vgl. § 22 Rdn. 88).

V. Widerspruch des Rechtsnachfolgers

1. Rechtsnatur

Der Widerspruch gegen die Löschung ist ein Sicherungsmittel eigener Art zur Aufrechterhaltung des richtigen GB-Standes und Verhinderung einer Unrichtigkeit.[59] Dadurch unterscheidet er sich: 29

---

[54] BGBl. I 63.
[55] LG München DNotZ 54, 260; LG Nürnberg DNotZ 54, 262.
[56] KG JW 38, 2830 = HRR 38 Nr. 1352.
[57] BayObLGZ 83, 304 = Rpfleger 84, 144.
[58] Meikel/Böttcher § 23 Rdn. 49; Demharter § 23 Rdn. 27.
[59] Demharter § 23 Rdn. 20; Güthe/Triebel § 23 Rdn. 18; Meikel/Böttcher § 23 Rdn. 53.

a) von der Vormerkung, die einen schuldrechtlichen Anspruch sichert (§§ 883 ff. BGB; vgl. Einl. G 1), während der Widerspruch ein dingliches Recht erhalten soll,

b) vom Widerspruch nach § 899 BGB, der einen Schutz gegen ein unrichtiges GB und gegen gutgläubigen Erwerb enthält (Einl. H 1), während der Widerspruch nach § 23 Abs. 1 gerade die Richtigkeit des GB voraussetzt,

c) von Vormerkung und Widerspruch nach § 18 Abs. 2 GBO, die einen öffentlich-rechtlichen Anspruch auf Verbescheidung des Antrags sichern (§ 18 Rdn. 70).

2. Voraussetzungen der Eintragung des Widerspruchs

30 Der Widerspruch ist von Amts wegen in das GB einzutragen, wenn

a) eine entsprechende Erklärung durch den von der Löschung des Rechts Betroffenen beim GBA eingegangen ist. Erklärung und Betroffenheit bedürfen des Nachweises in der Form des § 29 (Rdn. 32);

b) zu diesem Zeitpunkt das Recht, gegen dessen Löschung der Widerspruch schützen soll, noch nicht gelöscht ist,[60]

c) kein Vermerk nach § 23 Abs. 2 im GB eingetragen ist,

d) Rückstände nicht ausgeschlossen sind (§ 23 Rdn. 20 ff.).

Sind die Eintragungsvoraussetzungen nicht erfüllt, ist der Widerspruch wirkungslos, weil er seinen einzigen Zweck, die Löschung ohne Bewilligung des Betroffenen zu verhindern, nicht erreichen kann.

3. Widerspruchsberechtigung

31 § 23 Abs. 1 erwähnt ausdrücklich nur den Fall, daß „der Rechtsnachfolger" nach dem Tod des Berechtigten der Löschung widersprochen hat, bei mehreren genügt der Widerspruch eines von ihnen.[61] Aus dem Zweck des Widerspruchs (§ 23 Rdn. 29) folgt, daß auch jeder, der durch Rechtsgeschäft oder im Wege der Zwangsvollstreckung ein Recht daran erworben hat, der Löschung widersprechen kann.[62]

4. Wirkungen

32 Der formgerechte Widerspruch hindert von seinem Eingang beim GBA an die Löschung des Rechts aufgrund Unrichtigkeitsnachweises und ermöglicht nur die Löschung aufgrund Bewilligung des Rechtsnachfolgers. § 17 gilt nur für Eintragungsanträge und findet deshalb keine Anwendung.[63] Die Eintragung des Widerspruchs ist für diese Wirkung nicht notwendig, aber von Amts wegen geboten, damit er nicht übersehen wird.[64]

VI. Vermerk über Löschungserleichterung

1. Bedeutung des § 23 Abs. 2

33 a) Der Löschungserleichterungsvermerk bezweckt die vereinfachte und sofortige Löschung des Rechts nach dem Ableben des Berechtigten lediglich gegen Todesnachweis

---

[60] H. M. *Demharter* § 23 Rdn. 21; Meikel/*Böttcher* § 23 Rdn. 54.
[61] *Güthe/Triebel* § 23 Rdn. 13; Meikel/*Böttcher* § 23 Rdn. 52.
[62] KG JW 38, 2830; Meikel/*Böttcher* § 23 Rdn. 52; Haegele/Schöner/*Stöber* GBR 1354.
[63] *Güthe/Triebel* § 23 Rdn. 16.
[64] Meikel/*Böttcher* § 23 Rdn. 56.

im Wege der GB-Berichtigung nach § 22. Er schaltet das Sperrjahr und Widerspruch aus und erübrigt die Löschungsbewilligung und den Erbnachweis des Rechtsnachfolgers.

b) Der Vermerk allein erlaubt jedoch nicht die Löschung, wenn kein auf Lebenszeit des Berechtigten beschränktes Recht (z. B. Reallast für Beerdigungs- und Grabpflegekosten) vorliegt.[65]

2. Der Vermerk ist rein formellrechtlicher Natur

Er bedeutet für sich allein keine Einschränkung des Rechts in seinem materiellen Umfang und Bestand, sondern gewährt eine formellrechtliche Erleichterung der Löschbarkeit. Durch Löschung allein tritt ein Verlust des materiellen Rechts auf die Leistungsrückstände nicht ein, sie verlieren auch nicht ihre dingliche Sicherung. Beseitigt wird nur das „Eingetragensein". Dem dinglichen Recht wird also die buchmäßige Grundlage entzogen, ohne daß es selbst — soweit Rückstände möglich sind — zum Erlöschen käme.[66] **34**

3. Wirkungen des Löschungserleichterungsvermerk

Der Vermerk stellt lediglich eine formelle Einschränkung des grundbuchmäßigen Bestandes des Rechts dar.[67] **35**

4. Voraussetzungen für die Eintragung des Vermerks

a) **Wird der Vermerk gleichzeitig mit der Eintragung des Rechts bewilligt und eingetragen,** so ist die zusätzliche Bewilligung des zukünftigen Berechtigten entbehrlich. Wer ein Recht (z. B. Nießbrauch) mit der formellen Beschränkung des § 23 Abs. 2 erwirbt, ist nicht Betroffener nach § 19, weil für ihn noch gar kein Recht im GB eingetragen ist.[68] Einziger Betroffener ist der Eigentümer, der das Recht mit dem Vermerk des § 23 Abs. 2 bestellt. Der Vermerk muß unmittelbar bei dem Recht eingetragen werden, dessen Löschung erleichtert werden soll. Er kann nicht durch Bezugnahme auf die Bewilligung ersetzt werden.[69] **36**

b) **Zur nachträglichen Eintragung des Vermerks** bedarf es der Bewilligung des Berechtigten, da sein Recht durch den Vermerk eine — wenn auch nur formelle — Einschränkung erleidet.[70] **37**

5. Anwendungsfälle des § 23 Abs. 2

Der Vermerk kann bei allen in § 23 Rdn. 5 ff. genannten Eintragungen erfolgen, sofern Rückstände nicht ausgeschlossen sind. Seine Eintragung ist abzulehnen, wenn eine dieser Voraussetzungen fehlt, z. B. wenn kein auf Lebenszeit des Berechtigten beschränktes Recht vorliegt (vgl. § 23 Rdn. 33)[71] oder Rückstände ausgeschlossen sind **38**

---

[65] BayObLGZ 83, 113 = Rpfleger 83, 308; BayObLG Rpfleger 88, 98; Meikel/*Böttcher* § 23 Rdn. 48; *Demharter* § 23 Rdn. 26.
[66] So BGHZ 66, 341 = Rpfleger 76, 206 = DNotZ 76, 490/494; BayObLGZ 83, 113; Meikel/*Böttcher* § 23 Rdn. 42.
[67] BGHZ 66, 341; KG Rpfleger 76, 85; BayObLGZ 65, 43 = DNotZ 65, 406; *Horber* § 23 Rdn. 24.
[68] BGHZ 66, 341.
[69] BayObLG 83, 304 = Rpfleger 84, 144.
[70] So BGH Rpfleger 66, 206 auf Vorlagebeschluß BayObLGZ 65, 46; BayObLGZ 79, 372 = DNotZ 80, 157.
[71] BayObLGZ 83, 113; LG Coburg Rpfleger 83, 145.

§ 24

($ 23 Rdn. 21, 22). Wird er trotzdem eingetragen, ist das GB wegen der rein formellen Natur des Vermerks nicht unrichtig,[72] ein Gutglaubenserwerb also nicht möglich. Die Praxis sollte nicht übersehen, daß der Vermerk nicht nur bei Nießbrauch und Reallast, sondern auch bei Grundpfandrechten, Erbbaurechten und anderen Rechten möglich (Rdn. 20, 22) und meist zweckmäßig ist und daß die Vermerke nach § 23 Abs. 2, § 24 auch nebeneinander bestehen können (§ 24 Rdn. 9).

VII. Verletzung des § 23

39 Sie hat keinen Einfluß auf das materielle Recht, da § 23 nur eine Ordnungsvorschrift ist.[73] Hat das GBA Löschung entgegen Widerspruch vorgenommen (oben Rdn. 32), kann die Eintragung eines Amtswiderspruchs nach § 53 Abs. 1 S. 1 in Frage kommen.[74]

[Löschung zeitlich beschränkter Rechte]

§ 24

Die Vorschriften des § 23 sind entsprechend anzuwenden, wenn das Recht mit der Erreichung eines bestimmten Lebensalters des Berechtigten oder mit dem Eintritt eines sonstigen bestimmten Zeitpunkts oder Ereignisses erlischt.

Übersicht

	Rdn.		Rdn.
I. Bedeutung	1	III. Grundbuchbehandlung	7
II. Anwendungsfälle	2	IV. Löschung eines Erbbaurechts nach Zeitablauf	11

Literatur:
Vgl. § 23; Einl. B 26 ff.

I. Bedeutung des § 24

1 a) § 24 dehnt die Vorschrift des § 23 auf die Fälle aus, in denen ein grundbuchmäßiges Recht durch andere Umstände als den Tod des Berechtigten zeitlich beschränkt ist und Rückstände möglich sind.
b) In solchen Fällen ist § 23 Abs. 1 und Abs. 2 anzuwenden.
c) Sind Rückstände ausgeschlossen, gilt § 22 (§ 23 Rdn. 23).

II. Anwendungsfälle des § 24

2 Sie sind weit zahlreicher als die des § 23, der nur die auf Lebenszeit des Berechtigten bestellten Rechte erfaßt (dazu Einl. B 26 ff.).

---

[72] BayObLG a. a. O.
[73] Güthe/*Triebel* § 23 Rdn. 25; Meikel/*Böttcher* § 23 Rdn. 60.
[74] *Demharter* § 23 Rdn. 23.

1. „Bestimmte Umstände"

§ 24 setzt eine zeitliche Beschränkung voraus, die nicht mit dem Tod des Berechtigten zusammenfällt. 3

a) Die zeitliche Beschränkung kann bei allen beschränkten dinglichen Rechten des BGB sowohl auf einem Endtermin (§ 163 BGB) als auch auf einer auflösenden Bedingung beruhen (§ 158 Abs. 2 BGB). Erbbaurechte und Dauerwohn- und Dauernutzungsrechte können dagegen nur durch einen bestimmten Endtermin befristet, aber nicht unter einer auflösenden Bedingung bestellt werden (§ 1 Abs. 4 ErbbauVO; §§ 33 Abs. 1 S. 2; 41 Abs. 1 WEG).

b) Die Sicherheit des GB-Verfahrens und der Bestimmtheitsgrundsatz (Einl. C 7; § 19 Rdn. 32) verlangen nur verfahrensrechtlich für die Löschung im GB bestimmte Umstände, die das GBA mit den ihm zur Verfügung stehenden Mitteln in einer den Regeln des § 29 entsprechenden Weise nachprüfen kann. Materiellrechtlich besteht für das Ende des zu löschenden Rechts diese Einschränkung nicht.[1] Deshalb gibt es auflösend bedingte oder befristete Rechte (Einl. B 31), die zwar eingetragen, aber nicht gemäß § 24 gelöscht werden können, weil die formellrechtlichen Voraussetzungen dafür nicht vorliegen.

2. Einzelfälle

Als Einzelfälle des § 24 kommen in Betracht: 4
a) Erreichung eines bestimmten Lebensalters des Berechtigten;
b) Eintritt eines bestimmten Zeitpunkts (z. B. Kalendertages); 5
c) Eintritt eines bestimmten Ereignisses: Dieses Ereignis kann liegen: 6
aa) in der Person des Berechtigten, z. B. Verheiratung, Volljährigkeit, Geburt des 1. oder eines Kindes, Verlust oder Beschränkung seiner Geschäftsfähigkeit, seiner Verfügungsmacht; aber nicht in seinem Tod: dann gilt § 23; und auch nicht in seinem Lebensalter: dann liegt § 24 Fall 1 vor;
bb) in der Person des Bestellers, z. B. sein Tod, Verheiratung, Übertragung, Aufgabe oder Verlust seines Eigentums,
cc) in der Person eines Dritten, z. B. Tod, Heirat usw. eines Dritten;[2]
dd) in allgemeinen rechtlichen, wirtschaftlichen oder tatsächlichen Verhältnissen, z. B. Übertragung, Pfändung, Verpfändung des Rechts; Änderung bestimmter gesetzlicher Vorschriften, Währungsreform, Veränderung eines bestimmten Lebenshaltungskostenindexes über ein bestimmtes Maß hinaus, Anschluß des Grundstücks an öffentliche Straßen, Wasserleitung, Kanalisation (was durch Bestätigung der Gemeinde in Form des § 29 dem GBA im Fall des Erlöschens nachgewiesen werden kann).

III. Grundbuchmäßige Behandlung

1. Unterschied zu § 23

§ 24 unterscheidet sich von § 23 nur dadurch, daß er als Voraussetzung seiner Anwendung an die Stelle des Nachweises des Todes des Berechtigten (§ 23 Rdn. 23) den Nachweis des Endtermins oder der auflösenden Bedingung setzt (§ 24 Rdn. 3). **Der Vermerk über die Löschungserleichterung** und die diesen Vermerk rechtfertigende Bewilligung muß ihrem Inhalt nach auf die Fälle des § 24 abgestellt sein (oben Rdn. 4–6). 7

---

[1] Meikel/*Böttcher* § 23 Rdn. 26. [2] LG Nürnberg DNotZ 54, 262.

2. Anwendbarkeit des § 23

8 Alle übrigen Voraussetzungen des § 23 gelten auch im Rahmen des § 24
a) § 23 Rdn. 23: wenn Rückstände ausgeschlossen sind,
b) § 23 Rdn. 25: Löschung aufgrund Unrichtigkeitsnachweis,
c) § 23 Rdn. 26: Löschung aufgrund Löschungsbewilligung,
d) § 23 Rdn. 29 ff.: Widerspruch eines Betroffenen,
e) § 23 Rdn. 33 ff.: Vermerk über die Löschungserleichterung,
f) § 23 Rdn. 39: Folgen der Verletzung des § 24.

3. Vermerke nach § 23 Abs. 2 und § 24

9 Die Vermerke über die Löschungserleichterung nach § 23 Abs. 2 und nach § 24 können nebeneinander bestehen, z. B. bei Bestellung eines auflösend bedingt (z. B. durch Wiederverheiratung) oder bis zu einem Endtermin (z. B. bis Vollendung des 25. Lebensjahres) vereinbarten Wohnungsrechts.

In einem solchen Fall genügt es zur Löschung, wenn einer dieser Erlöschensgründe nachgewiesen ist.[3] Ist aber z. B. nur ein Vermerk über die Löschung bei Endtermin eingetragen, so ist die vereinfachte Löschung nicht zulässig, wenn das Recht aus einem anderen Grund (z. B. bei einem Nießbrauch wegen Tod des Berechtigten nach § 1061 BGB) erloschen ist, sofern nicht im Zeitpunkt der Löschung auch der im Vermerk enthaltene Endtermin eingetreten ist.[4]

IV. Löschung des Erbbaurechts nach Zeitablauf

1. Materiellrechtliche Wirkungen des Erlöschens

10 Nach materiellem Recht endet das Erbbaurecht mit allen daran eingetragenen Belastungen ohne besondere Erklärung (Verzicht oder Aufgabe) mit dem Ablauf der vereinbarten Dauer.[5] Zur Dauer Einl. F 26; 27; zu den GB-Eintragungen nach Zeitablauf Einl. F 61 ff.

11 Dies hat zur Folge:
a) **Das GB ist unrichtig** (§ 894 BGB), aber es wird nicht von Amts wegen berichtigt (§ 22 Rdn. 84). Wird das Erbbaurecht im GB des Grundstücks gelöscht, so wird das Erbbaugrundbuch von Amts wegen, also ohne besonderen Antrag, geschlossen (§ 16 ErbbauVO).

b) **§§ 28, 27 Abs. 1 und 2 ErbbauVO** In Höhe der Entschädigungsforderung des Erbbauberechtigten entsteht ein dingliches Recht kraft Gesetzes außerhalb des GB[6] (vgl. auch Einl. F 66), das dingliche Surrogationswirkung hat und nicht von Amts wegen im GB einzutragen ist.[7] Einzelheiten zur Rechtsnatur des Entschädigungsanspruchs Einl. F 64 bis 66.

c) **§ 27 Abs. 3 ErbbauVO:** Der Entschädigungsanspruch erlischt, wenn der Grundstückseigentümer zur Abwendung seiner Zahlungspflicht dem Erbbauberechtigten für

---

[3] BayObLG Rpfleger 83, 61.
[4] LG München I DNotZ 54, 260.
[5] MünchKomm/*von Oefele* § 27 ErbbauVO Rdn. 1.
[6] MünchKomm/*von Oefele* § 28 ErbbauVO Rdn. 1.
[7] Meikel/*Böttcher* § 23 Rdn. 63; ebenso wie die kraft Gesetzes entstehenden Sicherungshypotheken nach § 1287 BGB und § 848 Abs. 2 ZPO.

die voraussichtliche Standdauer des Bauwerks die Verlängerung des Erbbaurechts vor dessen Ablauf anbietet und der Erbbauberechtigte dieses Angebot ablehnt.

d) § 29 ErbbauVO: Ist das Erbbaurecht mit einer Hypothek oder Grundschuld oder mit Rückständen aus einer Rentenschuld oder Reallast oder einem nach den Reallastvorschriften zu behandelnden Recht belastet (z. B. Notweg-, Überbaurente), so hat der Gläubiger am Entschädigungsanspruch ein Recht, das wohl am besten als ein mit dinglicher Surrogationswirkung kraft Gesetzes entstandenes Pfandrecht am Entschädigungsanspruch angesehen und behandelt wird.[8] Eine Eintragung dieses Pfandrechts im GB setzt die Eintragung des Entschädigungsanspruchs voraus. Die Frage, ob nach Eintragung des Entschädigungsanspruchs dieses Pfandrecht von Amts wegen einzutragen ist, muß verneint werden.[9] Denn es besteht keine Vorschrift und kein Grund, dieses Pfandrecht grundbuchmäßig anders zu behandeln als sonstige kraft Gesetzes entstandene Pfandrechte und Grundpfandrechte.

e) **Im Falle eines dinglich wirkenden Erneuerungsvorrechts** (§§ 2 Nr. 6; 31 Abs. 1 ErbbauVO) ist von Amts wegen eine Vormerkung zur Erhaltung dieses Vorrechts mit dem bisherigen Rang des Erbbaurechts im GB des Grundstücks einzutragen, falls das Erbbaurecht vor Ablauf von drei Jahren gelöscht wird.

2. Löschungsvoraussetzungen nach Zeitablauf des Erbbaurechts

Sie sind sehr umstritten: **12**

a) Meinung (1)
Das GBA hat das Erbbaurecht ohne Rücksicht auf Entstehung, Eintragung oder Ausschluß des Entschädigungsanspruchs und ohne sonstige Erklärungen und Nachweise auf reinen GB-Berichtigungsantrag des Grundstückseigentümers oder des Erbbauberechtigten (§§ 22, 13 GBO) zu löschen. Der Rechtsgedanke des § 130 ZVG ist hier nicht anwendbar.[10]

b) Meinung (2) **13**
Nur bei Ausschluß des Entschädigungsanspruchs kommt die einfache Berichtigung nach § 22 Abs. 1 in Betracht (wie Meinung 1). Andernfalls ist § 24 GBO nicht anwendbar, weil es sich bei der erst nach Erlöschen des Erbbaurechts fälligen Entschädigung nicht um „Rückstände" handelt. Deshalb ist zur Löschung des Erbbaurechts die Bewilligung des Erbbauberechtigten und die Zustimmung aller etwaiger Realgläubiger erforderlich, bis deren Recht am Entschädigungsanspruch erledigt oder durch Eintragung gesichert ist.[11]

c) Meinung (3) **14**
Auch § 24 ist anwendbar. Ist deshalb ein Entschädigungsanspruch ausgeschlossen, dann Löschung nach § 22 wie Meinung 1. Ist ein Entschädigungsanspruch nicht ausgeschlossen, dann Löschung nach § 24 i. V. m. § 23 Abs. 1 und 2 GBO mit allen sich daraus ergebenden Erschwerungen und Erleichterungen (so unsere Meinung Rdn. 15 ff.).[12]

---

[8] Staudinger/*Ring* ErbbauVO § 29 Rdn. 5.
[9] Meikel/*Böttcher* § 23 Rdn. 64.
[10] So MünchKomm/*von Oefele* Rdn. 3; Erman/*Hagen* Rdn. 4; Soergel/*Stürner* Rdn. 1; Ingenstau Rdn. 9 je zu § 29 ErbbauVO; a. A. Staudinger/*Ring* § 29 Rdn. 10.
[11] So RGRK/*Räfle* ErbbauVO § 27 Rdn. 1; § 29 Rdn. 5; Güthe/*Triebel* Legitimationsfragen zum Erbbaurecht Abschn. J 2.
[12] Ebenso Staudinger/*Ring* § 16 Rdn. 1; § 27 Rdn. 2; § 29 Rdn. 10; Haegele/Schöner/*Stöber* GBR 1880 ff.; Meikel/*Böttcher* § 23 Rdn. 65 ff.

§ 25

3. Unsere Ansicht zu den Löschungsvoraussetzungen

15   Wir vertreten die Meinung 3 (Rdn. 14). Denn das mit dem Entschädigungsanspruch entstandene dingliche Recht ist wegen der Surrogationswirkung, mit der es als Belastung des Grundstücks an die Stelle des Erbbaurechts tritt, Rückstand von Leistungen i. S. d. § 23 Abs. 1, für die das Grundstück haftet (§ 23 Rdn. 20 ff.) und für die der Gesetzeszweck dieser Vorschrift gilt.[13] Deshalb sind folgende Fälle zu unterscheiden:

16   a) **Ist der Entschädigungsanspruch als dinglicher Inhalt des Erbbaurechts in zulässiger Weise ausgeschlossen** oder ist ein solcher Ausschluß dem GBA in Form des § 29 nachgewiesen, hat das GBA das Erbbaurecht auf Antrag (§ 13) des Grundstückseigentümers oder Erbbauberechtigten ohne sonstige Nachweise zu löschen (§ 23 Rdn. 23).

17   b) **Ist der Anspruch nicht ausgeschlossen** oder jedenfalls sein Ausschluß nicht nachgewiesen, darf die Löschung ohne sonstige Nachweise oder Erklärungen erst nach Ablauf des Sperrjahres erfolgen, sofern weder der Erbbauberechtigte noch einer der Realgläubiger der Löschung widersprochen hat (§ 23 Rdn. 25), vorher nur aufgrund der Löschungsbewilligung des Erbbauberechtigten (§ 23 Rdn. 26). Sind Realgläubiger (i. S. d. § 29 ErbbauVO) vorhanden, bedarf die Löschung ihrer Zustimmung. Die Notwendigkeit dieser Zustimmung beruht auf § 19 (aus den gleichen Gründen wie in § 20 Rdn. 144), um den Untergang oder Rangverlust dieser kraft Gesetzes entstandenen dinglichen Rechte zu verhindern.

18   c) **Ist im GB ein Vermerk über die Löschungserleichterung eingetragen** (§ 23 Abs. 2), dann ist die Löschung ohne sonstige Nachweise und ohne Bewilligung des Erbbauberechtigten und etwaiger Realgläubiger auf reinen GB-Berichtigungsantrag vorzunehmen (§ 23 Rdn. 27). Die Zustimmung der Realgläubiger ist hier entbehrlich, weil sie aufgrund des im GB eingetragenen Vermerks nach § 23 Abs. 2 mit der Löschung des Erbbaurechts von Anfang an rechnen mußten.

19   d) **Der dingliche Entschädigungsanspruch des Erbbauberechtigten ist** im GB des Grundstücks anstelle des erloschenen Erbbaurechts mit dessen Rang im Wege der GB-Berichtigung auf Antrag des Grundstückseigentümers oder Erbbauberechtigten und aufgrund Bewilligung des Grundstückseigentümers oder Nachweises des Bestehens dieses Anspruchs einzutragen.[14]

20   e) **Ein Pfandrecht der Realgläubiger** ist bei dem dinglichen Entschädigungsanspruch im GB zu vermerken: Auf Antrag des Realgläubigers oder des Erbbauberechtigten und aufgrund Bewilligung des Erbbauberechtigten oder Nachweises des Bestehens dieses Anspruchs.[15]

[Löschung von Vormerkungen und Widersprüchen]

§ 25

Ist eine Vormerkung oder ein Widerspruch auf Grund einer einstweiligen Verfügung eingetragen, so bedarf es zur Löschung nicht der Bewilligung des Berechtigten, wenn die einstweilige Verfügung durch eine vollstreckbare Entscheidung aufgehoben ist. Diese Vorschrift ist entsprechend anzuwenden, wenn auf Grund eines vorläufig voll-

---

[13] OLG Celle NJW-RR 1995, 1420.
[14] Palandt/*Bassenge* § 28 Rdn. 1, RGRK/*Räfle* ErbbauVO § 28 Rdn. 1; *Ingenstau* Erb-bauVO § 28 Rdn. 4, *von Oefele/Winkler* Handbuch des Erbbaurechts, Rdn. 5.237.
[15] *Ingenstau* ErbbauVO § 29 Rdn. 8.

streckbaren Urteils nach den Vorschriften der Zivilprozeßordnung oder aufgrund eines Bescheides nach dem Vermögensgesetz eine Vormerkung oder ein Widerspruch eingetragen ist.

Übersicht

	Rdn.		Rdn.
I. Bedeutung	1	III. Löschung nach allgemeinen Vorschriften	10
II. Voraussetzungen der GB-Berichtigung nach § 25	5		

Literatur:

Kommentare zu §§ 885, 899 BGB; § 895 ZPO; *Furtner* DNotZ 1959, 304; JZ 1964, 19; NJW 1964, 745; *Rahn* BWNotZ 1968, 52.

I. Bedeutung des § 25

1. Inhalt der Vorschrift

§ 25 regelt die Löschung einer durch einstweilige Verfügung oder vorläufig vollstreckbares Urteil (§ 895 ZPO) oder Verwaltungsakt nach dem VermG erzwungenen Vormerkung oder Widerspruchs (§§ 885, 899 BGB) im Wege der GB-Berichtigung für den Fall der Aufhebung der jeweiligen Eintragungsgrundlage. **1**

2. Rechtsnatur von Vormerkung und Widerspruch

Vormerkung (§ 883 BGB) und Widerspruch (§ 899 BGB) sind keine dinglichen Rechte am Grundstück, sondern Sicherungsmittel sachenrechtlicher Art mit gewissen dinglichen Wirkungen (dazu Einl. G 1; H 1). Der auf Erwerb und Rangwahrung eines dinglichen Rechts gerichtete Sicherungszweck der Vormerkung und der bei unrichtigem GB gegen die Gefahren eines gutgläubigen Erwerbs gerichtete Schutzzweck des Widerspruchs gebieten eine gesetzliche Möglichkeit, die rasche Eintragung auch gegen den Willen des Betroffenen durch eine vorläufige gerichtliche Entscheidung zu erzwingen. **2**

3. Die Eintragung von Vormerkung und Widerspruch können erfolgen aufgrund: **3**

a) **Bewilligung des Betroffenen** (§ 19 Rdn. 51);
b) **einstweiliger Verfügung** (§§ 935 ff. ZPO);[1]
c) **vorläufig vollstreckbaren Urteils,** das nach § 895 ZPO die Fiktion einer Bewilligung bewirkt;[2]
d) **rechtskräftigen Urteils auf Bewilligung der Eintragung,** das die freiwillige Bewilligung ersetzt, vgl. § 19 Rdn. 201.
e) **Verwaltungsakt** gem. § 34 Abs. 1 Satz 3 VermG, der zugleich die Eintragungsbewilligung fingiert.

4. § 25 als materiell- und verfahrensrechtliche Vorschrift

Die **Eintragung** der Vormerkung bzw. des Widerspruchs wird mit der Aufhebung der hoheitlichen Eintragungsgrundlage in Gestalt der einstweiligen Verfügung und i. V. m. § 895 S. 2 ZPO mit der Aufhebung des vorläufig vollstreckbaren Urteils **unrich- 4**

---

[1] BayObLG Rpfleger 81, 190; NJW 86, 2578.   [2] Thomas/*Putzo* § 895 Anm. 1.

tig.[3] Die Begründung für das Erlöschen der Vormerkung ist immer noch umstritten.[4] Die h. M.[5] begreift § 25 als materiell-rechtliche Vorschrift. Ohne die Bestimmung des § 25 wäre danach selbst eine rechtskräftige Aufhebungsentscheidung nicht geeignet, die Unrichtigkeit des GB nachzuweisen, da nach der Regel des § 776 ZPO die bereits erfolgten Vollstreckungsmaßnahmen einer besonderen Aufhebung bedürften.[6] § 25 begründe materielle Voraussetzungen der Unrichtigkeit des GB **und gleichzeitig die verfahrensrechtlichen Voraussetzungen** zur Beseitigung dieser Unrichtigkeit im GB. Ein Parallelfall dazu befinde sich in §§ 868, 932 ZPO, wonach dem Gläubiger einer Zwangshypothek mit der Aufhebung des Vollstreckungstitels die für ihn aufgrund der Zwangsvollstreckungsmaßnahme eingetragene Hypothek wieder entzogen wird. Die Eintragung der Vormerkung wird jedoch nicht als Vollstreckungsmaßnahme begriffen.[7] Systemgerechter erscheint deshalb, § 25 als rein grundbuchverfahrensrechtliche Vorschrift einzuordnen und die Begründung für das Erlöschen von Vormerkung bzw. Widerspruch in § 895 Satz 2 ZPO zu suchen.

II. Voraussetzungen der Grundbuchberichtigung nach § 25

1. Eingetragene Vormerkung oder Widerspruch

5   § 25 gilt nur für Vormerkungen i. S. d. § 883 BGB bzw. Widersprüche nach § 899 BGB, also nicht für den Amtswiderspruch (§ 53 Abs. 1 S. 1) und nicht für Vormerkungen oder Widersprüche sonstiger Art (Einl. B 22; 23).

6   **2. Aufgrund einstweiliger Verfügung, vorläufig vollstreckbaren Urteils oder eines Bescheides nach dem VermG** muß diese Eintragung erfolgt sein. Es genügt, wenn sich dies aus den Grundakten mit Sicherheit feststellen läßt.[8] Wird die erzwungene Eintragung gleichzeitig[9] oder nachträglich[10] durch eine freiwillige Bewilligung oder durch ein rechtskräftiges Urteil nach § 894 ZPO[11] bestätigt und dies auf Antrag im GB vermerkt, ist eine Löschung nach § 25 nicht zulässig.

3. Aufhebende Entscheidung

7   Die Eintragungsgrundlage muß durch eine vollstreckbare Entscheidung (§§ 925 Abs. 2, 926 Abs. 2, 927, 936, 939, 942 Abs. 1, 3 ZPO) aufgehoben worden sein. Der Aufhebung eines Bescheids nach dem VermG durch Abhilfeentscheidung oder Widerspruchsbescheid steht die Beseitigung seiner sofortigen Vollziehbarkeit gleich.[12]

a) Die aufhebende Entscheidung kann – ebenso wie ihr Erlaß selbst – Urteil oder Beschluß sein, z. B. nach § 942 Abs. 3 ZPO. § 25 S. 1 ist analog anwendbar, wenn die einstweilige Verfügung durch Beschluß des Prozeßgerichts für wirkungslos erklärt wird[13] oder wenn ein Verfügungsverbot aufgrund einstweiliger Verfügung eingetragen ist und diese durch eine vollstreckbare Entscheidung aufgehoben worden ist.[14]

---

[3] BGHZ 39, 21/23 = Rpfleger 63, 190 = NJW 63, 813; Thomas/*Putzo* § 895 Rdn. 5.
[4] Überblick bei Staudinger/*Gursky* 13. Bearbeitung, § 885 Rdn. 34.
[5] BGH/ 39, 21.
[6] So Güthe/*Triebel* § 25 Rdn. 3.
[7] Staudinger/*Gursky* 13. Bearbeitung, § 885 Rdn. 20 m. zahlr. Nachw.
[8] KG OLG 34, 229.
[9] KG HRR 27 Nr. 1021.
[10] KGJ 20, 79.
[11] KG JFG 2, 409; Güthe/*Triebel* § 25 Rdn. 39.
[12] *Demharter* § 25 Rdn. 6.
[13] BayObLGZ 78, 16.
[14] LG Frankfurt Rpfleger 88, 407.

b) Die Entscheidung muß wirksam (Urteil also verkündet, Beschluß zugestellt sein) und gerade gegen den Vormerkungs- bzw. Widerspruchsberechtigten vollstreckbar, d. h. entweder rechtskräftig oder vorläufig vollstreckbar sein. Das eine einstweilige Verfügung aufhebende Urteil ist nach § 708 Nr. 6 ZPO ohne besonderen Ausspruch vorläufig vollstreckbar. Beschlüsse dieser Art sind stets sofort nach § 794 Abs. 1 Nr. 3 ZPO vollstreckbar. Soweit Urteile ein vorläufig vollstreckbares Urteil oder Vollstreckbarkeitserklärung aufheben, sind sie mit der Verkündigung nach § 717 Abs. 1 ZPO vorläufig vollstreckbar.

c) Solange der zugrundeliegende Titel nicht aufgehoben ist, richten sich die Löschungsvoraussetzungen nach § 22, auch wenn der geschützte materielle Anspruch erloschen ist, z. B. weil er nicht vererblich ist und der Tod des eingetragenen Berechtigten urkundlich nachgewiesen ist.[15] Wird die aufgehobene einstweilige Verfügung vom Berufungsgericht wiederhergestellt, muß sie, wenn die Vormerkung gelöscht worden ist, durch Eintragung einer erneuten Vormerkung vollzogen werden.[16] Ist sie noch nicht gelöscht, bedarf es keiner erneuten Eintragung; aber dem Antrag auf Löschung der (alten) Vormerkung darf nicht mehr stattgegeben werden.[17]

4. Nachweis

Dem GBA ist die Wirksamkeit der aufhebenden vollstreckbaren Entscheidung nachzuweisen. Dies geschieht durch Vorlage einer Ausfertigung des Gerichtsurteils, wenn dieses vorläufig vollstreckbar oder mit der Verkündung rechtskräftig ist. Eine etwaige Rechtsnachfolge ist durch Vollstreckungsklausel (§§ 724 ff. ZPO) nachzuweisen.[18] Bei Entscheidungen, die nicht für vorläufig vollstreckbar erklärt und auch nicht ohne weiteres vollstreckbar sind, muß dem GBA Rechtskraftzeugnis vorgelegt werden. Bei Beschlüssen, die erst durch Zustellung wirksam werden (§ 329 Abs. 3, 937 Abs. 3 ZPO), ist diese nachzuweisen.[19] Hängt die Vollstreckbarkeit der aufhebenden Entscheidung von einer Sicherheitsleistung ab, muß auch sie in der von § 29 GBO verlangten Form nachgewiesen werden.[20]

8

5. Sonstige allgemeine Voraussetzungen

a) Löschungsantrag (§ 13),

9

b) Voreintragung des Berechtigten (§ 39), wenn Vormerkung durch Abtretung des gesicherten Anspruchs[21] oder Widerspruch durch Abtretung des geschützten dinglichen Rechts[22] auf einen anderen übergegangen ist, sofern nicht ein Ausnahmefall des § 40 vorliegt. Ist deshalb die Aufhebungsentscheidung gegen den neuen Gläubiger ergangen, während im GB noch der bisherige eingetragen ist, so kann die Löschung erst nach Umschreibung auf den neuen Gläubiger erfolgen; richtet sich die Entscheidung gegen den bisherigen Gläubiger, während im GB bereits der neue steht, so muß die Vollstreckungsklausel umgeschrieben werden; steht im GB noch der bisherige Gläubiger, muß

---

[15] KG DNotZ 81, 394.
[16] LG Dortmund Rpfleger 82, 276.
[17] OLG Hamm Rpfleger 83, 435, Haegele/ Schöner/*Stöber* GBR Rdn. 1550; **a. A.** Staudinger/*Gursky* § 885 Rdn. 34, *Demharter* Anh. zu § 13 Rdn. 9; vgl. § 22 Rdn. 8.
[18] H. M. *Demharter* § 25 Rdn 10; Meikel/*Böttcher* § 25 Rdn. 55; RGZ 81, 289.
[19] KGJ 41, 222.
[20] LG Frankfurt Rpfleger 88, 407.
[21] KGJ 43, 212.
[22] KGJ 47, 177.

das GBA bei Kenntnis der Abtretung die Umschreibung der Vollstreckungsklausel und Voreintragung des neuen Gläubigers verlangen.[23]

c) Vorlage des Briefes (§§ 41, 42), wenn Vormerkung oder Widerspruch bei einem Briefrecht eingetragen ist.

III. Löschung nach allgemeinen Vorschriften

1. Voraussetzungen

10 Die Löschung von Vormerkung und Widerspruch ist (abgesehen von § 25) auch **zulässig**, wenn die dafür notwendigen allgemeinen Voraussetzungen vorliegen:

11 (1) Löschungsbewilligung des Berechtigten (§ 19),

12 (2) Berichtigungsbewilligung oder Unrichtigkeitsnachweis nach § 22,[24] wenn ein Fall der Unrichtigkeit des GB vorliegt, z. B. wenn

a) einstweilige Verfügung nicht innerhalb der Frist des § 929 Abs. 3 ZPO zugestellt wurde;[25]

b) Vormerkung oder Widerspruch nicht entstanden (z. B. wegen unzulässigen Inhalts)[26] oder wieder erloschen ist;[27]

c) vorgemerkter Anspruch oder durch Widerspruch gesichertes Recht nicht entstanden oder wieder erloschen ist;[28]

d) Vormerkung durch Eintragung des gesicherten Rechts (z. B. Eintragung der Auflassung) gegenstandslos geworden ist;

e) vorgemerkter Anspruch übertragen oder der sich aus § 401 BGB ergebende Übergang der Vormerkung ausgeschlossen wird, weil dadurch die Vormerkung erlischt (dazu § 22 Rdn. 47);

f) das durch Vormerkung gesicherte Recht sich mit dem Eigentum in einer Person vereinigt;[29]

13 (3) auf Ersuchen einer Behörde (§ 38) in den Fällen, in denen die Behörde nach gesetzlicher Vorschrift zum Löschungsersuchen befugt ist (§ 38 Rdn. 10 ff.);

14 (4) von Amts wegen in den Fällen
a) § 18 Abs. 2 (vgl. dort Rdn. 89),
b) § 53 (vgl. dort Rdn. 15 ff.),
c) § 76 Abs. 2 (vgl. dort Rdn. 15).

2. Zu Unrecht erfolgte Löschung

15 Sie macht GB unrichtig und gibt Berichtigungsanspruch nach § 894 BGB (vgl. § 22 Rdn. 49, 54). Nach BGHZ 60, 46/52 = DNotZ 73, 367 geht Vormerkung durch Löschung im GB allein noch nicht unter; es bedarf dazu auch der materiellrechtlichen Aufgabeerklärung des Gläubigers (§ 875 BGB).[30] Die Rechtsfolgen des zu Unrecht gelöschten Widerspruchs sind dagegen streitig. Die wohl überwiegende Meinung[31] wen-

---

[23] Güthe/*Triebel* § 25 Rdn. 29.
[24] BayObLGZ 69, 258; KG MDR 69, 141.
[25] RGZ 81, 289; 151, 157; *Horber* § 25 Rdn. 12, Staudinger/*Gursky* § 885 Rdn. 31.
[26] RGZ 48, 61; 53, 415; 55, 273.
[27] RGZ 163, 63.
[28] RGZ 65, 261; 77, 406; 81, 290; KG DNotZ 81, 394; LG Bochum Rpfleger 83, 272.
[29] BayObLGZ 13, 175; Güthe/*Triebel* § 25 Rdn. 34.
[30] Ebenso Meikel/*Böttcher* § 25 Rdn. 72, Staudinger/*Gursky* 13. Bearbeitung, § 886 Rdn. 25 m. zahlr. N.
[31] MünchKomm/*Wacke* § 899 Rdn. 31.

det die gleichen Grundsätze an wie bei der Vormerkung, die Gegenmeinung macht unter Hinweis auf den Wortlaut der §§ 892 Abs. 1 S. 1, 900 Abs. 1 S. 3 BGB die Wirksamkeit des Widerspruchs von seiner Eintragung im GB abhängig.[32]

[Abtretung und Belastung von Grundpfandrechten]

§ 26

(1) Soll die Übertragung einer Hypothek, Grundschuld oder Rentenschuld, über die ein Brief erteilt ist, eingetragen werden, so genügt es, wenn an Stelle der Eintragungsbewilligung die Abtretungserklärung des bisherigen Gläubigers vorgelegt wird.

(2) Diese Vorschrift ist entsprechend anzuwenden, wenn eine Belastung der Hypothek, Grundschuld oder Rentenschuld oder die Übertragung oder Belastung einer Forderung, für die ein eingetragenes Recht als Pfand haftet, eingetragen werden soll.

Übersicht

	Rdn.		Rdn.
I. Bedeutung	1–6	IV. Voraussetzungen der GB-Eintragung	40–43
II. Geltungsbereich	7–17		
III. Erklärung über die Abtretung/Belastung	18–39		

Literatur:

Kommentare zu §§ 1154, 1155; 1030, 1069, 1273 BGB; weitere Nachweise bei § 26 Rdn. 18, 33, 39.

I. Bedeutung des § 26

1. Inhalt des § 26

§ 26 läßt in Abweichung vom Bewilligungsgrundsatz des § 19 die materiellrechtliche **1** Erklärung des von der dinglichen Rechtsänderung Betroffenen genügen, wenn im GB eingetragen werden soll:
a) Abs. 1: Übertragung eines Briefgrundpfandrechts,
b) Abs. 2 Fall 1: Belastung eines solchen Briefrechtes,
c) Abs. 2 Fall 2: Übertragung einer Forderung, für die ein eingetragenes Recht (Buch- oder Briefrecht) als Pfand haftet,
d) Abs. 2 Fall 3: Belastung einer Forderung, für die ein eingetragenes Recht (Buch- oder Briefrecht) als Pfand haftet.

2. § 26 behandelt nur Fälle einer GB-Berichtigung, nämlich **2**

a) **der Übertragung oder Belastung eines Briefrechts,** die sich außerhalb des GB durch Erfüllung folgender 3 Voraussetzungen vollziehen kann:
aa) schriftliche Abtretungserklärung (§§ 1154 Abs. 1; 1192 Abs. 1; 1200 Abs. 1 BGB) oder Belastungserklärung (§ 1069 Abs. 1; § 1274 Abs. 1 BGB),

---

[32] So Staudinger/*Gursky* 13. Bearbeitung, § 899 Rdn. 57 mwN.

bb) formfreie Annahme der Abtretung oder Belastung, die materiell nur durch Vertrag vereinbart, nicht einseitig erklärt werden kann (§ 398 S. 1 BGB),
cc) Übergabe des Briefes (§§ 1154 Abs. 1; 1192 Abs. 1; 1200 Abs. 1 BGB),

3 b) **der Übertragung oder Belastung einer durch Pfandrecht** an dem eingetragenen Recht **gesicherten Forderung,** die sich außerhalb des GB durch Vertrag (§ 398 S. 1 BGB) vollzieht und den Übergang des Pfandrechts kraft Gesetzes zur Folge hat (§§ 401 Abs. 1; 255 Abs. 1 BGB).

4 c) § 26 verlangt in all diesen Fällen das Vorhandensein und die GB-Vorlage der in § 1154 Abs. 1 BGB erwähnten einseitigen Erklärung des bisherigen Gläubigers bzw. des Belastenden über die Abtretung oder Belastung (vgl. § 26 Rdn. 18 ff.), die nach § 1154 Abs. 2 BGB gerade dann nicht nötig ist, wenn die Rechtsänderung durch Einigung und Eintragung eintritt (§§ 873 Abs. 1; 1154 Abs. 2 BGB).

3. Verhältnis zu § 22

5 Grundbuchberichtigung nach § 22 Abs. 1 würde entweder eine Berichtigungsbewilligung oder als Nachweis der Unrichtigkeit auch den Nachweis der Annahme der Abtretung oder Belastung durch den anderen Teil in Form des § 29 und stets den Nachweis der Briefübergabe bei Briefrechten voraussetzen. Diese in der Praxis schwierigen Nachweise macht § 26 entbehrlich, ohne an den übrigen Eintragungsvoraussetzungen etwas zu ändern.[1]

4. § 26 vereinfacht das Eintragungsverfahren

6 a) Er trägt dem Grundgedanken des formellen Bewilligungsprinzips insoweit Rechnung, als er sich mit der Erklärung des von der Abtretung oder Belastung Betroffenen auch für den Gbvollzug begnügt, bei Briefrechten allerdings selbstverständlich die Briefvorlage verlangt (§ 26 Rdn. 40, 41).

b) Er nimmt auf die Gepflogenheiten des Rechtsverkehrs Rücksicht, der zwischen materiellen und verfahrensrechtlichen Erklärungen nicht unterscheidet und in der Regel nur auf die materielle Abtretungs- oder Belastungserklärung in schriftlicher Form Wert legt. Diese materielle Erklärung genügt anstelle der formellen Bewilligung des § 19.[2]

c) Er enthält eine verfahrensrechtliche Ordnungsvorschrift (§ 26 Rdn. 43).

II. Geltungsbereich

1. Rechtsgeschäftliche Übertragung von Briefrechten (Abs. 1)

7 a) Unter „Übertragung" versteht man begrifflich drei Fälle: Abtretung, Überweisung an Zahlungs Statt und gesetzlichen Übergang:

8 § 26 betrifft **nur die rechtsgeschäftliche Abtretung** durch Vertrag, wie sich aus dem Erfordernis der „Abtretungserklärung" ergibt. § 26 wird als Erleichterung gegenüber § 22 für die beiden anderen Fälle nicht benötigt, auch wenn sie gem. § 1155 S. 2 BGB der Abtretungserklärung gleichstehen:

aa) Die gerichtliche Überweisung des Grundpfandrechts an einen anderen Gläubiger (§§ 835 ff. ZPO) zur Einziehung hat nicht die Wirkung einer Abtretung. Sie läßt dem Grundpfandrechtsgläubiger seine Eigenschaft als Rechtsinhaber und seine Verfügungs-

---

[1] BayObLGZ 87, 98 = Rpfleger 87, 363.   [2] Ebenso Meikel/*Böttcher* § 26 Rdn. 2, 3.

macht; Verfügungen sind nur gegenüber dem Verbotsgeschützten relativ unwirksam.³ Die Überweisung an Zahlungs Statt hat zwar die Wirkung einer Übertragung; hier wird die Unrichtigkeit des GB jedoch nach § 22 durch Vorlage des Überweisungsbeschlusses und des Briefes nachgewiesen.

bb) Die gesetzliche Übertragung muß im Wege der GB-Berichtigung nach den Regeln des § 22 entweder aufgrund Berichtigungsbewilligung des Betroffenen oder Nachweis der Unrichtigkeit eingetragen werden.

b) **Abtretung ist** die durch Vertrag zwischen dem bisherigen und dem neuen Gläubiger **vereinbarte Übertragung des Grundpfandrechts** (§ 398 S. 1 BGB), die als abstraktes Rechtsgeschäft eine Verfügung darstellt. Die Rechtsnatur der Abtretung wird in der Literatur uneinheitlich beurteilt.⁴ Zur Wirksamkeit der Abtretung ist die Verfügungsbefugnis des Zedenten bis zur Vollendung des Rechtserwerbs, also auch noch bei einer späteren Briefübergabe erforderlich.⁵

9

aa) Wesentlich ist der nach außen wirkende Gläubigerwechsel.⁶ Er ist erst mit Eintragung des Briefrechts möglich.⁷ Abtretung lediglich zu Treuhand- oder Sicherungszwecken ist zulässig, aber dieser Zweck nicht eintragungsfähig;⁸

bb) Teilabtretung (§§ 1151, 1152 BGB) der Forderung bewirkt Teilung der Hypothek und läßt für die entstehenden Teile abweichende Bestimmungen zu.⁹ Die Teile sind zweifelsfrei zu kennzeichnen.¹⁰

cc) Gesamtrecht kann nur an allen Grundstücken abgetreten werden, nicht beschränkt auf einzelne; aber Verteilung auf einzelne Grundstücke nach § 1132 Abs. 2 BGB möglich. Durch Verteilung zerfällt Gesamtrecht in selbständige Einzelrechte.¹¹

dd) Bedingt und befristet zulässig;¹² aber Bewilligung bzw. Abtretungserklärung muß für die Verwendbarkeit im GB-Verfahren unbedingt und unbefristet sein.¹³

ee) Abtretung an Eigentümer ist zulässig, bei Hypothek nur eintragbar unter gleichzeitiger Eintragung der Umwandlung in Eigentümergrundschuld.¹⁴

ff) Abtretung von Hypotheken für künftige oder bedingte Forderungen (§§ 1113 Abs. 2; 1153 BGB) ebensowie deren Eintragung zulässig; aber Forderung muß nach Art und Gegenstand bestimmbar sein und auf sicherer Grundlage (z. B. Angebot) beruhen.¹⁵

gg) Abtretung der „vorläufigen" Eigentümergrundschuld.¹⁶

hh) Ausschluß der Abtretbarkeit durch Vereinbarung ist nach h. M. zulässig (§§ 399, 413 BGB)¹⁷ und eintragungsfähig,¹⁸ auch in der Weise, daß Abtretung nur mit Zustimmung eines Dritten wirksam ist¹⁹ oder daß Forderung einschließlich Grundpfandrecht durch vereinbarungswidrige Abtretung oder Verpfändung oder durch Pfändung oder Zwangsvollstreckung erlischt (dazu Einl. J 12).

10

---

³ KG OLG 30, 18; Güthe/*Triebel* § 26 Rdn. 4; § 19 Rdn. 132.
⁴ Überblick bei Staudinger/*Wolfsteiner* 13. Bearbeitung, § 1154 Rdn. 4 ff.
⁵ Haegele/Schöner/*Stöber* GBR 2380.
⁶ RGZ 90, 275; Meikel/*Böttcher* § 26 Rdn. 18.
⁷ BGHZ 53, 60 = NJW 70, 322.
⁸ RGZ 148, 206; BGH FamRZ 65, 490.
⁹ Palandt/*Bassenge* § 1151 Rdn. 2.
¹⁰ BayObLGZ 13, 419.
¹¹ RGZ 113, 233; Palandt/*Bassenge* § 1132 Rdn. 11.

¹² RGZ 90, 276.
¹³ *Demharter* § 26 Rdn. 6, 18.
¹⁴ Palandt/*Bassenge* § 1177 Rdn. 1.
¹⁵ RGZ 51, 43; *Westermann* JZ 62, 302.
¹⁶ Vgl. Palandt/*Bassenge* § 1163 Rdn. 9.
¹⁷ S. a. Staudinger/*Wofsteiner* 13. Bearbeitung, § 1154 Rdn. 4, Haegele/Schöner/*Stöber* GBR 2379; einschr. Meikel/*Böttcher* § 26 Rdn. 19.
¹⁸ KG JFG 40, 232.
¹⁹ KG JFG 16, 288/291; RGZ 136, 399; OLG Hamm DNotZ 68, 631.

§ 26 I. Grundbuchordnung

11 c) **Es muß sich um ein Briefrecht** (Hypothek, Grundschuld oder Rentenschuld) handeln. **Für Buchrechte dieser Art gilt nicht § 26**, sondern materiell §§ 1154 Abs. 3, 873 Abs. 1 BGB und verfahrensrechtlich daher § 19: Die Abtretung eines Buchrechtes wird daher aufgrund Bewilligung des betroffenen Grundpfandrechtsgläubigers im GB eingetragen und erfordert materiell einen dem GBA nicht nachzuweisenden Abtretungsvertrag, also keine schriftliche Abtretungserklärung im Sinne des § 1154 Abs. 1 BGB.

2. Belastung von Briefrechten (Abs. 2 Fall 1)

12 a) **Die rechtsgeschäftliche Belastung** kann nur in der Bestellung eines Nießbrauchs (§§ 1030 ff. BGB) oder eines Pfandrechts (§§ 1273 ff. BGB) bestehen. Nicht unter § 26 fällt daher die Pfändung.

b) Nießbrauchsbestellung und Verpfändung richten sich materiell nach den für die rechtsgeschäftliche Übertragung geltenden Vorschriften (vgl. oben Rdn. 2). Die Belastungsfähigkeit kann wie die Abtretbarkeit rechtsgeschäftlich ausgeschlossen oder eingeschränkt und ebenso im GB eingetragen werden (vgl. Einl. J 12).[20]

c) **Es muß sich um Belastung eines Briefrechtes handeln.** Die Belastung von Buchrechten erfolgt materiell durch Einigung und Eintragung (§ 873 Abs. 1 BGB), die GB-Eintragung wiederum aufgrund einseitiger Bewilligung des Grundpfandrechtsgläubigers (§ 19).

3. Übertragung einer Forderung, für die ein eingetragenes Recht als Pfand haftet (Abs. 2 Fall 2)

13 a) Hier handelt es sich nicht um eine Forderung, für die eine Hypothek haftet, da dieser Fall in § 26 Abs. 1 (oben Rdn. 7 ff.) geregelt ist, sondern um zwei andere Fälle:
Fall a): Zur Sicherung einer Forderung ist ein verpfändbares dingliches Recht verpfändet oder gepfändet.
Beispiel: B hat gegen A eine Darlehensforderung in Höhe von 5.000,– DM. Zugunsten des A wiederum ist am Grundstück des E eine Grundschuld von 10.000,– DM eingetragen. A verpfändet nun dem B zur Sicherung der Darlehensforderung seine Grundschuld am Grundstück des E.
Fall b): Eine durch Pfandrecht gesicherte Forderung ist zugunsten einer anderen Forderung verpfändet oder gepfändet.
Beispiel: C hat gegen B eine Kaufpreisforderung von 3.000,– DM. C pfändet zur Sicherung seiner Kaufpreisforderung gegen B die Darlehensforderung des B gegen A, die ihrerseits durch Pfandrecht an der Grundschuld zu 10.000,– DM des A gesichert ist.

14 b) **Das verpfändbare dingliche Recht muß im GB eingetragen** und kann eine Hypothek, Grundschuld, Rentenschuld, subjektiv-persönliche Reallast, Dauerwohn- oder Dauernutzungsrecht oder ein Pfandrecht an einem solchen Recht sein, bei Grundpfandrechten gleichgültig ob Buch- oder Briefrecht; nicht ein Nießbrauch, da bei ihm Verpfändung oder Pfändung der Ausübung zulässig (§§ 1059 S. 2; 1274 Abs. 2 BGB; § 857 Abs. 3 ZPO; dazu Einl. M 17 ff.; N 57).[21]

15 c) Die Pfandhaftung kann auf Verpfändung (§§ 1273 ff. BGB) oder auf Pfändung (§§ 828 ff. ZPO) beruhen.

---

[20] KG HRR 34 Nr. 557; OLG München JFG 16, 291.   [21] S. a. Meikel/*Böttcher* § 26 Rdn. 27.

d) Die oben Rdn. 13 erwähnte **Forderung wird rechtsgeschäftlich abgetreten**. Damit geht das **Pfandrecht kraft Gesetzes** auf den neuen Gläubiger über (§§ 401 Abs. 1; 1250 Abs. 1 BGB), der also das Pfandrecht durch formlosen Abtretungsvertrag (§ 398 BGB) erwirbt. Beispiele (in Forts. der oben Rdn. 13 dargestellten Fälle):
Im Fall a): B tritt seine Darlehensforderung gegen A an den neuen Gläubiger G ab. G erwirbt das Pfandrecht an der Grundschuld zu 10.000,–DM, die für A am Grundstück des E eingetragen ist.
Im Fall b): C tritt seine Kaufpreisforderung gegen B an G ab. G erwirbt das Pfändungspfandrecht an der Darlehensforderung des B gegen A. B ist wiederum durch Verpfändung der Grundschuld zu 10.000,– DM des A am Grundstück des E gesichert.
Dadurch wird das GB unrichtig. Berichtigung erfolgt nach § 26.

4. Belastung einer Forderung, für die ein eingetragenes Recht als Pfand haftet (Abs. 2 Fall 3)

a) Diese Belastung ist nur als Nießbrauch oder Pfandrecht zulässig. Die Bestellung erfolgt materiell nach den für die Übertragung der Forderung geltenden Vorschriften (§§ 1069 Abs. 1; 1274 Abs. 1 BGB).
b) Für diesen Fall gelten die Erläuterungen oben Rdn. 13 ff.

III. Die Erklärung über die Abtretung oder Belastung[22]

1. Rechtsnatur

a) Im Gegensatz zur verfahrensrechtlichen Bewilligung des § 19 handelt es sich bei der in § 26 erwähnten Erklärung um die **empfangsbedürftige, materiellrechtliche Abtretungs- oder Belastungserklärung** des durch die Abtretung oder Belastung materiell Betroffenen.[23] Für sie gelten neben den Vorschriften des materiellen Rechts besondere Grundsätze und Mindestanforderungen, weil sie geeignet sein muß, den öffentlichen Glauben des GB (§ 1155 BGB) zu ersetzen.[24]

b) Soweit diese Erklärung nach materiellem Recht Bedeutung für die dingliche Rechtsänderung hat, muß sie sich nach den Vorschriften des materiellen Rechts über rechtsgeschäftliche Willenserklärungen richten.
aa) Die in §§ 1154 Abs. 1; 1192 Abs. 1; 1200 Abs. 1 BGB vorgeschriebene Erklärung über die Abtretung oder Belastung eines Briefrechtes, die zusammen mit der Briefübergabe außerhalb des GB die Rechtsänderung bewirkt, bedarf materiell zu ihrer Wirksamkeit nur der Schriftform (§ 126 BGB), auch wenn sie in dieser Form für die GB-Berichtigung nach § 26 nicht verwendbar ist. Die Schriftform wird durch GB-Eintragung ersetzt, § 1154 Abs. 2 BGB.
bb) Die dingliche Einigung gem. § 1154 Abs. 3 bedarf keiner bestimmten Form.

c) Wird die Abtretungs- oder Belastungserklärung nach § 26 zur GB-Berichtigung verwendet, ist sie trotz ihrer materiellen Natur zugleich eine verfahrensrechtliche Voraussetzung der GB-Berichtigung und gehört dann zu den „Grundbucherklärungen" (Einl. A 49, 50).

---

[22] Dazu *Lahnert* BWNotZ 1964, 15; *Kehrer* BWNotZ 1964, 177; *Neuschwander* BWNotZ 1975, 167; *Häsemeyer* MDR 1975, 531; *Kohler* WM 1975, 438; *Kollhosser* JA 1979, 232; *Rutke* WM 1987, 93.
[23] Meikel/*Böttcher* § 26 Rdn. 35.
[24] BGH Rpfleger 89, 449.

2. Voraussetzungen der Verwendbarkeit im GB-Verfahren

21 a) Die Erklärung muß trotz ihrer materiellen Natur bezüglich Form und Inhalt alle Voraussetzungen erfüllen, die das Verfahrensrecht an GB-Erklärungen stellt (Einl. A 49, 50). Andernfalls muß das GBA sie als Grundlage einer Eintragung ablehnen, auch wenn sie materiell wirksam ist.[25] Für Form und Inhalt gelten grundsätzlich die gleichen Anforderungen an Beweiskraft, Klarheit und Bestimmtheit wie für die Bewilligung nach § 19 (§ 19 Rdn. 29, 30). Die Auslegung richtet sich bei Verwendung im GB-Verfahren nach den Auslegungsgrundsätzen für GB-Erklärungen (Einl. C 25 ff.), außerhalb dieses Verfahrens nach allgemeinen Auslegungsgrundsätzen (Einl. C 13 ff.; 35 ff.).

22 b) Erfüllt die Erklärung nicht die erforderlichen verfahrensrechtlichen Voraussetzungen, so hat der neue Gläubiger gegen den alten einen sich aus § 1154 Abs. 1 S. 2 BGB ergebenden Anspruch auf eine dem § 29 entsprechende Erklärung, die auch im GB-Verfahren bezüglich Form und Inhalt verwendbar ist. Auf diesen Anspruch ist er zu verweisen.[26]

3. Form der Erklärung

23 Verfahrensrechtlich bedarf sie der Form des § 29, auch wenn materiell nur Schriftform vorgeschrieben ist. Ist sie zur Ersparnis von Kosten materiell wirksam nur privatschriftlich abgegeben worden, muß der Erklärende entweder nachträglich seine Unterschrift notariell beglaubigen lassen (§ 40 BeurkG) oder im Prozeßweg dazu verurteilt werden, „die Erklärung in grundbuchmäßiger Form zu wiederholen"[27] oder „seine am Schluß der Abtretungs- bzw. Belastungserklärung vom ... befindliche Unterschrift als echt anzuerkennen". Denn dies ist die Erklärung, die er zur freiwilligen Beglaubigung seiner Unterschrift vor dem Notar abgeben müßte (§ 40 Abs. 1; 3 BeurkG). Ein solches Urteil ersetzt nach § 894 ZPO im ersteren Fall die gesamte Erklärung einschließlich Beglaubigungsvermerk, im letzteren nur den Beglaubigungsvermerk, was beides nach § 29 genügt. Dagegen wäre eine Verurteilung, „die Erklärung beglaubigen zu lassen", nur nach § 888 ZPO erzwingbar,[28] aber für sich allein kein Ersatz des Beglaubigungsvermerks.

4. Inhalt der Erklärung

24 a) **Grundsätzlich gelten die für die Bewilligung maßgeblichen Anforderungen** an den Inhalt (§ 19 Rdn. 28 ff.) und die Auslegungsfähigkeit (Einl. C 25 ff.) und ergänzend die sich daraus ergebende Besonderheit, daß die Erklärung im Fall des § 1155 S. 1 BGB geeignet sein muß, den öffentlichen Gläuber des Grundbuchs zu ersetzen,[29] auch bezüglich des Erwerbers des Rechts (dazu Einl. B 62 ff.).

Die Erklärung muß daher ausdrücklich oder auslegungsfähig (§ 26 Rdn. 25) enthalten, wer als bisheriger Rechtsinhaber (§ 19 Rdn. 35) an welchen neuen Berechtigten (§ 19 Rdn. 40) das Grundpfandrecht abtritt (§ 19 Rdn. 36; § 26 Rdn. 26 bis 28) und welches Grundpfandrecht (§ 26 Rdn. 29) in dem nach Hauptsumme, Zinsen und Nebenleistungen genau zu bezeichnenden Umfang (§ 26 Rdn. 32 ff.) von dieser Abtretung erfaßt wird.[30] Die Belastungs- oder Übertragungserklärung nach § 26 Abs. 2 muß sinngemäß diesen Voraussetzungen entsprechen.

---

[25] Ebenso Meikel/*Böttcher* § 26 Rdn. 34.
[26] OLG Frankfurt Rpfleger 76, 183.
[27] KG JW 35, 1185.
[28] RGZ 115, 310; BayObLG JW 34, 2247, LG Ansbach MittBayNot 1996, 440.
[29] BGH DNotZ 75, 551/552; 90, 737/738.
[30] BGH Rpfleger 1992, 99, Haegele/Schöner/*Stöber* GBR 2381 ff.

b) **Für die Auslegung der Erklärung gelten die Auslegungsgrundsätze für GB-Erklä-** 25
rungen (Einl. C 25 ff.), die gegenüber den allgemeinen Auslegungsregeln eingeschränkt sind.[31] Die Erklärung muß wegen ihrer Formbedürftigkeit aus sich selbst heraus allen Anforderungen (§ 26 Rdn. 24) entsprechen. Umstände außerhalb der Urkunde sind für die Auslegung nur ausnahmsweise verwendbar, soweit sie nach den besonderen Verhältnissen des Einzelfalles für jeden am Rechtsverkehr beteiligten Dritten ohne weiteres erkennbar (Einl. C 23)[32] und durch Verweisung in zulässiger Weise zum Inhalt der Erklärung gemacht worden sind (§ 19 Rdn. 39).

Für die Auslegung nicht verwendbar sind: ein Wille des Abtreters, der in der Urkunde keinen Niederschlag gefunden hat; die Annahmeerklärung des Abtretungsempfängers, weil es hier nur auf die Abtretungserklärung ankommt[33] und grundsätzlich auch nicht der Grundschuldbrief, sofern er nicht mit der Erklärung zu einer einheitlichen Urkunde verbunden wird.[34] Zulässig und genügend ist die Verweisung auf das GB durch deutliche und zweifelsfreie Bezeichnung des belasteten Grundstücks (§ 28) und des abgetretenen (belasteten) Grundpfandrechts (Forderung); so *Haegele*[35] in seiner überzeugenden Zusammenfassung vieler teils voneinander abweichender Entscheidungen.[36]

c) **Der Wille zur Abtretung (Belastung) und die Person des Abtretungsempfängers** 26
müssen sich aus der Urkunde selbst zweifelsfrei ergeben,[37] auch wenn die Worte „abtreten" oder „verpfänden" nicht vorgeschrieben sind und Formulierungen wie „übereignen", „übermitteln", „zuweisen",[38] „überweisen"[39] oder Abtretung „des Grundschuldbriefes" statt „der Grundschuld"[40] als genügend klar angesehen werden können. Unerläßlich ist aber Klarheit über die Art des Rechtsgeschäfts, also ob und an wen das Recht oder die Forderung abgetreten, verpfändet oder daran ein Nießbrauch bestellt wird, weil sich daraus völlig verschiedene Rechtsfolgen ergeben, die aus dem Eintragungsvermerk im GB ersichtlich sein müssen. Die farblose Formulierung „Umschreibung im GB" schafft diese Klarheit nicht. Eine Blankoabtretung ist weder wirksam noch eintragungsfähig. Sie wird (nicht rückwirkend)[41] erst mit der Ausfüllung der Urkunde durch einen dazu Ermächtigten wirksam.[42]

d) **Die von Bedingungen oder Zeitbestimmungen abhängige Erklärung** ist zwar ma- 27
teriell wirksam,[43] für eine Verwendung im GB-Verfahren aber nur geeignet, wenn der Eintritt der Bedingung oder des Anfangstermins in Form des § 29 dem GBA nachgewiesen wird (vgl. § 19 Rdn. 32). Die mit auflösender Bedingung oder Endtermin verbundene Erklärung ist für eine GB-Eintragung unbrauchbar, weil die Wirkung der Eintragung nicht in Frage gestellt werden darf. Ist die Abtretung oder Belastung materiell an eine Bedingung oder Befristung gebunden, so kann die Eintragung gleichwohl vorgenommen werden, wenn dem GBA eine unbedingte oder unbefristete Bewilligung im Sinne des § 19 vorgelegt wird.[44]

e) Für die GB-Eintragung genügt die Abtretungserklärung, auch wenn sie keine „Be- 28
willigung der Eintragung" i. S. d. § 19 beinhaltet (§ 19 Rdn. 31). Die Eintragung ist dem GBA aber dann nicht gestattet, wenn die Erklärung über die Abtretung (Belastung) mit

---

[31] BGH Rpfleger 69, 202; 74, 351; 89, 449.
[32] BGH a. a. O.
[33] BGH DNotZ 75, 552.
[34] BGHZ 40, 255/262; BGH DNotZ 75, 551.
[35] Rpfleger 75, 158; 75, 396; 76, 248.
[36] Dazu Haegele/Schöner/*Stöber* GBR 2381, 2382; Meikel/*Böttcher* § 26 Rdn. 38; *Demharter* § 26 Rdn. 17.
[37] BGH Rpfleger 69, 202; 89, 449.

[38] Güthe/*Triebel* § 26 Rdn. 12.
[39] KG OLG 7, 372.
[40] RGZ 135, 358/359.
[41] RGZ 63, 230.
[42] BGHZ 22, 132 = NJW 57, 137; Haegele/Schöner/*Stöber* GBR 2385.
[43] RGZ 90, 276.
[44] Güthe/*Triebel* § 26 Rdn. 13; Meikel/*Böttcher* § 26 Rdn. 42.

einem ausdrücklichen Zusatz verbunden wird, wonach „die Eintragung nicht bewilligt" oder „ausgeschlossen" wird. Denn § 26 begründet keine unwiderlegbare Fiktion einer verfahrensrechtlichen Bewilligung, wie sich schon aus dem Gesetzeswortlaut „… genügt es, wenn an Stelle der Eintragungsbewilligung …" ergibt. § 26 geht vom allgemeinen Erfahrungssatz aus, daß der Abtretende oder Belastende nicht nur die Übertragung (Belastung) seines Rechts will, sondern auch die GB-Eintragung duldet, selbst wenn die Eintragung in den Fällen des § 26 materiell nicht notwendig ist, weil die dingliche Rechtsänderung ja außerhalb des GB eintritt. Dieser Erfahrungssatz kann aber nur gelten, sofern sich aus der materiellen Erklärung nicht ausdrücklich ergibt, daß aus ihr der Rückschluß auf eine Duldung der Eintragung nicht gezogen werden darf. Die mit dem Zusatz „Die Eintragung der Abtretung im GB wird nicht bewilligt" verbundene Abtretungserklärung ist also materiell wirksam und führt auch außerhalb des GB zusammen mit den übrigen Erfordernissen den dinglichen Rechtsübergang herbei; sie kann aber nach § 26 nicht zur Eintragung dieser Abtretung verwendet werden,[45] was in der Praxis bei Eigentümergrundschulden zur Verhinderung der Eintragung des Fremdgläubigers zweckmäßig, aber vom Gläubiger nicht immer erwünscht ist.

5. Bestimmtheit der Angaben über das betroffene Recht

29 a) **Das von der Abtretung (Belastung) betroffene Recht muß dem Bestimmtheitsgrundsatz entsprechend bezeichnet werden** (Einl. C 7). Diese Anforderungen können im Einzelfall verschieden sein. Grundsätzlich erforderlich, aber auch genügend ist die Bezeichnung des belasteten Grundstücks entsprechend § 28 und des betroffenen Rechts nach seiner Art (z. B. Hypothek, Grundschuld, mit oder ohne Brief unter Angabe des eingetragenen Nominalbetrages. Zusätzliche Angaben z. B. über lfd. Nummer in Abt. III, Bewilligungsdatum oder Rang[46] sind nur bei Verwechslungsgefahr notwendig. Wird nur ein Teil abgetreten oder belastet, der nach dem Willen der Beteiligten gegenüber dem nicht abgetretenen Rest einen bestimmten Rang haben soll, ist eine Rangbestimmung unerläßlich, z. B. „abgetreten wird der erstrangige (letztrangige) Teilbetrag von …" (dazu § 26 Rdn. 32). Die vieldiskutierte Entscheidung des BGH,[47] die in einer unwirksamen Erklärung (vielleicht zur Wirksamkeit ausreichende) Angaben „über den Rang des abgetretenen Rechts" vermißt hat, darf nach einhelliger Meinung nicht verallgemeinert werden (vgl. die Warnung in Einl. C 11).[48]

30 b) **Bei Hypotheken** kann die Forderung nicht ohne Hypothek und die Hypothek nicht ohne Forderung übertragen werden (§ 1153 Abs. 2 BGB). Dieser zwingende Grundsatz der Untrennbarkeit darf nur ausnahmsweise in den gesetzlich bestimmten Fällen durchbrochen werden.[49] Enthält die Erklärung einen ausdrücklichen Hinweis, daß Forderung und Hypothek durch Abtretung getrennt werden sollen, ist sie nichtig und darf nicht vollzogen werden.[50] „Abtretung der Hypothek" ist aber nach allgemeinem Sprachgebrauch mangels gegenteiliger Anhaltspunkte als Abtretung der Hypothek samt Forderung auszulegen und vom GBA ebensowenig zu beanstanden[51] wie „Abtretung der Forderung" ohne Erwähnung der Hypothek, die nach § 1153 Abs. 1 BGB den Mitübergang der Hypothek kraft Gesetzes zur Folge hat.[52]

---

[45] Ebenso Meikel/*Böttcher* § 26 Rdn. 41; *Demharter* § 26 Rdn. 14.
[46] Dazu BGH Rpfleger 74, 351; OLG Düsseldorf DNotZ 81, 642/647; LG Heilbronn Rpfleger 75, 395.
[47] Rpfleger 74, 351.
[48] Überblick bei *Haegele* Rpfleger 76, 248; Meikel/*Böttcher* § 26 Rdn. 43; Haegele/Schöner/*Stöber* GBR 2382 mwN.
[49] Staudinger/*Wolfsteiner* § 1153 Rdn. 15 ff.
[50] Staudinger/*Wolfsteiner* § 1153 Rdn. 14.
[51] RG JW 38, 44; BayObLGZ 12, 684; Staudinger/*Scherübl* § 1153 Rdn. 6.
[52] Ebenso Meikel/*Böttcher* § 26 Rdn. 44.

c) **Wird eine Forderung abgetreten** (oder belastet), geht nicht nur eine Hypothek, sondern nach § 401 Abs. 1 BGB auch ohne ausdrückliche Erwähnung ein für sie bestehendes Pfandrecht mit über, das bei ausdrücklichem Ausschluß dieses Überganges erlischt (§§ 1250 Abs. 2, 1273 Abs. 2 BGB), ebenso eine zur Sicherung der Forderung eingetragene Vormerkung,[53] aber nicht eine zur Sicherung der Forderung bestellte Grundschuld.[54] Allenfalls besteht schuldrechtliche Verpflichtung zur Mitübertragung der Grundschuld, die das GBA nicht zu beachten hat.

d) **Wird nur ein Teil abgetreten** oder belastet, ist dieser Teilbetrag zweifelsfrei zu kennzeichnen.[55] Durch Teilung entstehen ihrem Wesen nach selbständige Grundpfandrechte,[56] die grundsätzlich unter sich gleichen Rang haben (§ 1151 BGB) und für die bei Briefrechten Teilbriefe zu bilden sind (§ 1152 BGB). Die Briefübergabe kann nicht dadurch ersetzt werden, daß der Abtretende den ungeteilten Brief zugleich als Eigenbesitzer für sich und als Fremdbesitzer für den Abtretungsempfänger besitzt.[57]

6. Bezeichnung der Zinsen und Nebenleistungen[58]

a) Zinsansprüche können, da sie nicht zu den Nebenrechten des § 401 Abs. 1 BGB gehören,[59] im Zuge einer Abtretung von der Hauptforderung in der Weise völlig oder teilweise getrennt werden, daß sie nicht mehr dem gleichen Gläubiger zustehen, und zwar die rückständigen Zinsen (Begriff: § 1159 BGB) ebenso wie die künftigen Zinsen (Begriff: § 1158 BGB). „Nebenleistungen" sind außerhalb des Kapitals zu entrichtende Beträge. Sie sind von der Hauptforderung in der Weise abhängig, daß sie nur entstehen können, wenn die Hauptforderung entstanden ist, und nach deren Erlöschen nicht mehr entstehen können. Ein rechtlicher Unterschied besteht nicht, weil auch Zinsen nach der Fassung des § 1115 Abs. 1 BGB Nebenleistungen (besonderer Art) nämlich Gebrauchsvergütungen sind.[60] Werden sie getrennt, sind sie aber vom Bestehen der Hauptforderung abhängig und enden folglich auch mit ihr.[61] Dies gilt für rückständige wie für künftige Zinsen. Deshalb kann man sich bei der Frage, ob die Abtretung oder Belastung auch die Zinsen umfassen soll, für alles oder nichts und für jede nur denkbare Zwischenlösung entscheiden, ja sogar für „Abtretung nur des gesamten Zinsanspruchs ohne Hauptforderung", was bei Briefrechten die Bildung eines Teilbriefes ausschließlich für die Zinsen zur Folge hat.[62]

b) Unter künftigen Zinsen versteht man „künftig fällig werdende Zinsen" (§ 1158 BGB), unter rückständigen „die im Zeitpunkt der Abtretung fällig gewesenen, aber noch nicht gezahlten Zinsen" (§ 1159 BGB) und unter laufenden „die zwar entstandenen, aber noch nicht fällig gewordenen Zinsen".[63]

So jedenfalls die Rechtssprache des materiellen Rechts (im ZVG werden die Begriffe anders verstanden),[64] die in der Praxis von den Beteiligten nicht immer in diesem Sinne verwendet wird (vgl. Formulierungen unten Rdn. 39).

---

[53] BGHZ 25, 16/23.
[54] RGZ 135, 274; BGH WM 69, 210.
[55] OLG Frankfurt Rpfleger 76, 183.
[56] RGZ 131, 91.
[57] BGHZ 85, 263 = DNotZ 83, 313; Meikel/Böttcher § 26 Rdn. 46.
[58] Dazu *Ripfel* BWNotZ 1965, 313; *Böttcher* Rpfleger 1984, 85, *Bauch* Rpfleger 1985, 466.
[59] BGH NJW 61, 1525; *Böttcher* Rpfleger 84, 85/86.
[60] Dazu *Böttcher* Rpfleger 80, 81 mwN.
[61] H. M. KG JW 38, 2407; LG Regensburg MittBayNot 87, 102; a. A. Meikel/*Böttcher* § 26 Rdn. 58, 59 mwN.
[62] RGZ 74, 78; Staudinger/*Wolfsteiner* § 1152 Rdn. 2.
[63] Krit. Staudinger/*Wolfsteiner* Einl. zu §§ 1113 ff. Rdn. 35.
[64] Vgl. *Zeller/Stöber* ZVG, § 13 Rdn. 1.2.

§ 26 I. Grundbuchordnung

35 c) Der grundbuchrechtliche Bestimmtheitsgrundsatz verlangt (anders als das materielle Recht)[65] bei **Abtretung und Belastung** von Buch- und Briefrechten und von Forderungen, daß die dem GBA vorgelegte Bewilligung (§ 19) oder Erklärung nach § 26 eine eindeutige Angabe darüber enthält, ob, in welchem Umfang und von welchem Zeitpunkt an die Zinsen mit abgetreten oder mitbelastet werden.[66]

36 d) Für die **Verpfändung** teilt das Kammergericht[67] die obige Meinung nicht. Zur Verpfändung von Buchrechten ist eine Angabe, ob und ab wann Zinsen mitverpfändet werden, wegen der gesetzlichen Regel des § 1289 BGB überhaupt nicht[68] und bei Verpfändung von Briefrechten dann nicht erforderlich, wenn Brief und Verpfändungserklärung vom Pfandgläubiger vorgelegt oder Annahme der Verpfändung und eine nach §§ 1274, 1154, 1117 Abs. 2 BGB getroffene Vereinbarung über das Recht des Pfandgläubigers, sich den Brief vom GBA aushändigen zu lassen, in Form des § 29 nachgewiesen werden.[69] Dieser Meinung ist zuzustimmen mit dem Hinweis, daß ein dinglicher Ausschluß der Verpfändung des Zinsanspruchs ausdrücklich erklärt[70] und im GB eingetragen werden muß, wenn nicht die Regel des § 1289 BGB eintreten soll.

37 e) Bei **Abtretung oder Verpfändung einer Tilgungshypothek** einschließlich der durch Tilgung zur Eigentümergrundschuld gewordenen Beträge muß ersichtlich gemacht werden, welcher Teil Hypothek und welcher Eigentümergrundschuld ist.[71] Nur Nachweis, daß eine Eigentümergrundschuld entstanden ist, genügt also nicht.[72] Umschreibung der Hypothek als Eigentümergrundschuld ist nur erforderlich, wenn Verpfänder nicht als Grundstückseigentümer eingetragen ist.[73]

38 f) **Abtretung oder Verpfändung von Zinsrückständen** ist nicht für sich allein eintragungsfähig, sondern nur zusammen „mit laufenden und rückständigen Zinsen".[74] Das Grundbuchrecht läßt (abweichend von § 1159 BGB; oben Rdn. 35) im GB-Verfahren nur Formulierungen zu, die Klarheit über das rechtliche Schicksal des Zinsanspruchs schaffen, wie z. B. kalendermäßige Bezeichnung (seit 1. 1. 1990), Beschreibung eines Kalendertages (vom Tag „der Bewilligung", „der Eintragung der Grundschuld", „der Eintragung der Abtretung" an), „mit allen rückständigen, laufenden und künftigen Zinsen",[75] „mit allen eingetragenen Zinsen",[76] „mit allen Zinsen von Anfang an",[77] „mit den Zinsen seit dem Tag des Zinsbeginns",[78] „ohne jeglichen Zinsanspruch".[79] Abgelehnt wird dagegen z. B. „Abtretung mit laufenden Zinsen", „mit rückständigen Zinsen", „mit künftigen Zinsen", „mit Zinsen", „samt Zinsen" wegen der Zweifel, ob die Beteiligten solchen Formulierungen den in der Rechtssprache üblichen oder einen ganz anderen Sinn beimessen.[80]

---

[65] BGH NJW 61, 524; Meikel/*Böttcher* § 26 Rdn. 48 ff.
[66] BayObLGZ 84, 122 = DNotZ 84, 562 mwN; Meikel/*Böttcher* § 26 Rdn. 48 ff.; Haegele/Schöner/*Stöber* GBR 2383, 2384; *Demharter* § 26 Rdn. 19; *Böttcher* Rpfleger 84, 85; *Böhringer* Rpfleger 88, 389/392.
[67] JFG 11, 260; Recht 27 Nr. 24, 30; KGJ 53, 186 (unter Aufgabe seiner früheren Rspr.) und ihm folgend *Demharter* § 26 Rdn. 19; Meikel/*Böttcher* § 26 Rdn. 49; Haegele/Schöner/*Stöber* GBR 2434, 2449.
[68] KGJ 53, 186.
[69] JFG 11, 260.
[70] KG OLG 12, 286; KG Recht 14, 2878.
[71] KGJ 46, 233; Meikel/*Böttcher* § 26 Rdn. 54.
[72] KGJ 22, 171.
[73] Haegele/Schöner/*Stöber* GBR 2447.
[74] H. M.: KG JFG 6, 323; Güthe/*Triebel* § 26 Rdn. 12; Haegele/Schöner/*Stöber* GBR 2393; *Demharter* § 26 Rdn. 19; a. A. Meikel/*Böttcher* § 26 Rdn. 59.
[75] KG JFG 6, 323.
[76] KG JW 32, 3276.
[77] BayObLG DNotZ 84, 562.
[78] OLG Düsseldorf Rpfleger 86, 468.
[79] RGZ 86, 218/219.
[80] KG HRR 41 Nr. 604; eingehend *Böttcher* Rpfleger 84, 85; Meikel/*Böttcher* § 26 Rdn. 50 ff.; Haegele/Schöner/*Stöber* GBR 2384; krit. Staudinger/*Wofsteiner* § 1154 Rdn. 34.

7. Abtretung von Eigentümergrundschulden und Zinsen

a) Eigentümergrundschulden können wie Fremdrechte[81] von vornherein als verzinslich bestellt und eingetragen werden.[82] Sie können nach jetzt h. M. auch mit rückwirkendem Zinsbeginn abgetreten werden.[83] Beantragt der Eigentümer für eine bisher unverzinsliche Eigentümergrundschuld die Eintragung von Zinsen mit rückwirkendem Beginn und zugleich die Eintragung der Abtretung dieser Grundschuld mit diesen Zinsen, so ist eine solche rückwirkende Zinsabtretung nicht durch § 1197 Abs. 2 BGB ausgeschlossen;[84] zur Zinserhöhung und ihrem Rang vgl. § 19 Rdn. 57, 69; § 45 Rdn. 13.[85] Die Frage, ob der Eigentümer Zinsen aus einer bereits als verzinslich eingetragenen Eigentümergrundschuld für die Zeit vor der Abtretung wirksam abtreten kann, ist vom BGH (a. a. O.) offengelassen und früher vom BayObLG[86] und der h. L. unter Hinweis auf § 1197 Abs. 2 BGB verneint worden.[87]

b) Die Abtretbarkeit einer Eigentümergrundschuld mit rückwirkendem Zinsbeginn wird unter dem Eindruck der für sie sprechenden Argumente von Lichtenberger[88] jetzt von der h. M. bejaht.[89] Für die h. M. spricht, daß der genaue Zeitpunkt der Abtretung einer Briefgrundschuld (§ 26 Rdn. 2, 5) im Hinblick auf die formfreie Annahmeerklärung und Briefübergabe regelmäßig nur schwer nachweisbar ist. Grundschuldzinsen sind wie das Kapital abstrakt, dienen nicht der Sicherung von Zinsforderungen, erhöhen den Betrag der dinglichen Sicherheit[90] und können vom Grundschuldinhaber in der Zwangsversteigerung geltend gemacht werden, auch wenn er sie zur Abdeckung seiner persönlichen Forderung nicht benötigt.[91] Gleich- und nachrangige dinglich Berechtigte werden durch die rückwirkende Zinsabtretung nicht beeinträchtigt, weil sie die Zinsen aus dem GB kennen und damit rechnen müssen, daß die Eigentümergrundschuld samt Zinsen verdeckt (außerhalb des GB) abgetreten worden ist oder durch Zuschlag[92] oder Grundstücksveräußerung Fremdgrundschuld mit den Zinsen wird.

IV. Voraussetzungen der Grundbucheintragung

1. Materiellrechtliche Erklärung

Die GB-Vorlage der materiellrechtlichen Abtretungs- oder Belastungserklärung des bisherigen Gläubigers genügt in den Fällen des § 26

a) nur an Stelle der Bewilligung des bisherigen Gläubigers (§ 19), also nicht der Bewilligung sonstiger Dritter,

b) nur zur Eintragung der Abtretung oder Belastung, also nicht für sonstige Eintragungen (§ 26 Rdn. 42),

---

[81] RGZ 136, 232/ 235.
[82] BGHZ 64, 316/320 = DNotZ 75, 617/618; auch mit Zinsbeginn vor ihrer Eintragung: BayObLGZ 78, 136.
[83] BayObLGZ 87, 241 = DNotZ 88, 116.
[84] BGH DNotZ 86, 227.
[85] S. a. Haegele/Schöner/*Stöber* GBR 2490 ff.
[86] DNotZ 76, 494; 79, 221.
[87] So jetzt noch Palandt/*Bassenge* § 1197 Rdn. 4; Bayer Rpfleger 88, 139; Bayer AcP 1990, 470.
[88] MittBayNot 76, 109; DNotZ 79, 223.
[89] So BayObLGZ 87, 241; OLG Köln Rpfleger 85, 9; OLG Celle Rpfleger 89, 323; OLG Düsseldorf Rpfleger 89, 498; Meikel/*Böttcher* § 26 Rdn. 55; *Demharter* § 26 Rdn. 21; Haegele/Schöner/*Stöber* GBR 2362; zu Recht krit. von seinem Standpunkt aus Staudinger/*Wolfsteiner* § 1197 Rdn. 8; MünchKomm/*Eickmann* § 1197 Rdn. 9; *Willke* WM 80, 858; *Hennings* Rpfleger 89, 363; *Vortmann* ZIP 89, 704.
[90] *Räfle* WM 83, 806/813; *Reithmann* WM 85, 441/444.
[91] BGH Rpfleger 81, 292.
[92] BGH NJW 77, 100/101.

c) und nur dann, wenn die Erklärung bezüglich Form und Inhalt alle verfahrensrechtlichen Voraussetzungen erfüllt, was trotz materieller Wirksamkeit nicht immer der Fall ist (§ 26 Rdn. 21, 22).

Der Antragsteller kann nach seiner Wahl statt dieser materiellen Erklärung die verfahrensrechtliche Bewilligung dem GBA vorlegen (§ 19).

2. Übrige Eintragungsvoraussetzungen

41 Die übrigen Voraussetzungen der Eintragung werden dadurch nicht berührt.[93] Daher sind zusätzlich erforderlich:
 a) Antrag, zu dem der alte und der neue Gläubiger berechtigt sind,
 b) Voreintragung des bisherigen Berechtigten (§ 39 Abs. 1), sofern nicht die Voraussetzungen des § 39 Abs. 2 oder § 40 vorliegen,
 c) Bewilligung Dritter, wenn sie von der Eintragung betroffen werden,
 d) Bei Briefrechten Vorlage des Briefes (§§ 41, 42), nicht genügend Vorlage eines Ausschlußurteils (§§ 1160, 1170, 1171 BGB). Briefvorlage wird nur ersetzt, wenn aufgrund Ausschlußurteils die Erteilung eines neuen Briefes beantragt wird (§ 41 Abs. 2).[94]
 e) Nachweis der vormundschaftsgerichtlichen Genehmigung, wenn diese zur Abtretung (oder Belastung) notwendig ist.[95]

3. Sonstige Eintragungen

42 Wird neben der Abtretung oder Belastung eine weitere Eintragung verfolgt, z. B. eine Inhalts- oder Rangänderung, sind alle dazu erforderlichen Voraussetzungen zusätzlich zu erfüllen. Sie werden durch die Abtretungs- oder Belastungserklärung nicht gedeckt.

4. § 26 Ordnungsvorschrift

43 § 26 ist nur eine Ordnungsvorschrift, deren Verletzung keinen Einfluß auf die materielle Rechtslage hat. Das GB ist also richtig, wenn es trotz eines Verfahrensverstoßes mit der bereits vorher außerhalb des GB eingetretenen dinglichen Rechtsänderung übereinstimmt, und unrichtig, wenn die Eintragung trotz Ordnungsmäßigkeit des Verfahrens der materiellen Rechtslage nicht entspricht.[96]

[Löschung von Grundpfandrechten]

§ 27

Eine Hypothek, eine Grundschuld oder eine Rentenschuld darf nur mit Zustimmung des Eigentümers des Grundstücks gelöscht werden. Für eine Löschung zur Berichtigung des Grundbuchs ist die Zustimmung nicht erforderlich, wenn die Unrichtigkeit nachgewiesen wird.

§ 27 GBO ist durch § 2 der VereinfVO vom 5. Oktober 1941 (RGBl. I S. 573) neu gefaßt worden.

---

[93] BayObLG Rpfleger 87, 363; Meikel/*Böttcher* § 26 Rdn. 61 ff.
[94] BayObLG DNotZ 88, 120.
[95] Vgl. § 22 Rdn. 88; Meikel/*Böttcher* § 26 Rdn. 64.
[96] Ebenso Meikel/*Böttcher* § 26 Rdn. 66.

Zweiter Abschnitt. Eintragungen in das Grundbuch (Munzig) **§ 27**

Übersicht

	Rdn.		Rdn.
I. Bedeutung	1–3	V. Löschungsbewilligung	18–27
II. Geltungsbereich	4–6	VI. Unschädlichkeitszeugnis	28
III. Zustimmung des Eigentümers	7–14	VII. Voraussetzungen und Durchführung der Löschung	29–31
IV. Ausnahmen von der Zustimmung	15–17		

Literatur:

Kommentare zu §§ 875, 1183, 1192, 1200 BGB. *Mausfeld* Rpfleger 1957, 240; *Löscher* JurBüro 1960, 423; 1965, 849; *Wendt/Pommerening* Rpfleger 1963, 272; *Staudenmaier* BWNotZ 1964, 152; 1965, 320; *Eickmann* RpflStudH 1981, 73; *Lotter* MittBayNot 1985, 8; *Böttcher* Rpfleger 1987, 485; *Ertl* DNotZ 1990, 684.

I. Bedeutung des § 27

1. Materiellrechtliche Voraussetzungen der Aufhebung

Die rechtsgeschäftliche Aufhebung eines Grundpfandrechts bedarf nach materiellem **1** Recht:
a) der formlosen Aufgabeerklärung des Gläubigers (§ 875 BGB) und
b) der formlosen Zustimmung des Grundstückseigentümers (§§ 1183, 1192 Abs. 1, 1200 Abs. 1 BGB), die eine Verfügung über seine Anwartschaft auf den Erwerb des Grundpfandrechts darstellt.[1] Deshalb entfällt das Erfordernis der Zustimmung des Eigentümers, wenn aus dem Grundpfandrecht kein Eigentümerrecht entstehen kann (vgl. § 27 Rdn. 15, 16).
Verfahrensrechtlich muß zur Löschung dem GBA die Löschungsbewilligung des Gläubigers und die Zustimmung des Eigentümers vorgelegt werden, was sich bereits aus § 19 ergibt (vgl. § 27 Rdn. 31 zu den Folgen eines Verstoßes). Nach Löschung eines Rechts wird dessen früheres Bestehen vermutet (§ 891 BGB), wenn feststeht, daß die Löschung keine GB-Berichtigung war.[2]

2. Erlöschen außerhalb des GB

Erlischt das Grundpfandrecht außerhalb des GB, muß die Unrichtigkeit im Sinn des **2** § 22 Abs. 1 S. 1 nachgewiesen werden. Der Nachweis wird ersetzt durch die Berichtigungsbewilligung des Gläubigers und zusätzlich der Berichtigungszustimmung des Eigentümers.

3. § 27 macht die Unterscheidung zwischen rechtsändernder und berichtigender Lö- **3** schung entbehrlich. Wird die Löschung nicht aufgrund Unrichtigkeitsnachweises beantragt, ist bei Grundpfandrechten neben der Bewilligung des Gläubigers die Zustimmung des Eigentümers notwendig, um diesen vor dem Verlust seiner Anwartschaft auf Erwerb des Eigentümergrundpfandrechts zu bewahren.[3]

II. Geltungsbereich

1. **§ 27 regelt nur die Löschung von Grundpfandrechten** (Hypotheken, Grundschul- **4** den, Rentenschulden), gleichgültig ob Buch- oder Briefrechte, Einzel- oder Gesamtbela-

---

[1] BayObLGZ 73, 220 = Rpfleger 73, 404; MünchKomm/*Eickmann* § 1183 Rdn. 7; Staudinger/*Wolfsteiner* § 1183 Rdn. 3, 7.
[2] BGH NJW 69, 2139.
[3] *Demharter* § 27 Rdn. 2.

stungen, Verkehrs- oder Sicherungshypotheken, auch Zwangshypotheken (§§ 867, 868 ZPO) und Arresthypotheken (§ 932 Abs. 1 und 2 ZPO), nicht die Löschung anderer dinglicher oder grundbuchmäßiger Rechte, also auch nicht von Reallasten[4] oder von Vormerkungen und Widersprüchen, die sich auf ein Grundpfandrecht beziehen (sonstige Ausnahmen vgl. § 27 Rdn. 15 ff.).

5 2. **Um eine Löschung muß es sich handeln,** gleichgültig, ob sie rechtsändernde oder berichtigende Wirkungen hat oder nach Vorstellung der Beteiligten bezweckt[5] ob Voll- oder Teillöschung, Herabsetzung des Kapitalbetrages oder Senkung des Zinssatzes.[6]

6 3. **Keine Löschung** liegt vor bei:
  a) Verzicht des Gläubigers auf das Grundpfandrecht (§ 1168 BGB), weil dieses mit Eintragung des Verzichts kraft Gesetzes auf den wahren Grundstückseigentümer übergeht;[7] im Gegensatz dazu ist rechtsgeschäftliche Aufhebung der Hypothek auf ihre völlige Beseitigung einschließlich des Eigentümerrechtes gerichtet;[8]
  b) Verzicht des Gläubigers einer Gesamthypothek (§ 1175 Abs. 1 BGB), und zwar sowohl bei Verzicht bezüglich aller Grundstücke (S. 1) als auch eines einzelnen Grundstücks (S. 2);[9]
  c) Pfandfreigabe des Gläubigers (auch Entpfändung oder Pfandentlassung genannt) eines von mehreren belasteten Grundstücken oder eines Grundstücksteils, weil sie in der Regel als Verzicht nach § 1175 Abs. 1 BGB aufzufassen ist;[10]
  d) die Verteilung der Gesamthypothek auf einzelne Grundstücke nach § 1132 Abs. 2 BGB[11] und der entsprechende Fall, daß ein im Alleineigentum stehendes, mit Hypothek belastetes Grundstück auf mehrere Personen als Miteigentümer nach Bruchteilen übergeht;[12]
  e) der Ausschluß unbekannter Gläubiger (§§ 1170, 1171 BGB).

III. Zustimmung des Grundstückseigentümers zur Löschung

1. Rechtsnatur

7 Die Löschungszustimmung ist eine Unterart der Bewilligung (§ 19) und daher eine reine Verfahrenshandlung, die zur Gruppe der Bewirkungshandlungen gehört. Sie ist verfahrensrechtliche GB-Erklärung (Einl. A 48 §19 Rdn. 7; 18 ff.). Von der materiellen Zustimmung des § 1183 BGB (zur Aufhebung des Grundpfandrechts) ist sie zu unterscheiden, auch wenn beide in der Regel in der gleichen Erklärung enthalten sind.[13] Mit Rücksicht auf diese Rechtsnatur muß sie wie die Bewilligung des § 19 behandelt werden, insbesondere bezüglich Form und Inhalt (§ 19 Rdn. 28 ff.).

---

[4] BayObLGZ 81, 158.
[5] OLG München JFG 18, 204.
[6] RGZ 72, 367.
[7] BGH LM LASG § 3a Nr. 2; Palandt/*Bassenge* § 1168 Rdn. 2.
[8] Krit. zur h. M. Staudinger/*Wolfsteiner* 13. Bearb. § 1168 Rdn. 2.
[9] Dazu Staudinger/*Wolfsteiner* § 1175 Rdn. 2, 3; Palandt/*Bassenge* § 1175 Rdn. 2; *Demharter* § 27 Rdn. 8; Meikel/*Böttcher* § 27 Rdn. 9; LG Augsburg MittBayNot 79, 20.
[10] KG JW 37, 1553; OLG München JFG 23, 322; LG Augsburg MittBayNot 79, 20; Meikel/*Böttcher* § 27 Rdn. 10; Staudinger/*Wolfsteiner* § 1175 Rdn. 4; § 1183 Rdn. 28; Leikam BWNotZ 63, 120; *Mausfeld* Rpfleger 57, 240; *Löscher* JurBüro 60, 423; *Lotter* MittBayNot 85, 8; zur „verdeckten" Pfandfreigabe von einem Briefrecht vgl. *Ertl* DNotZ 90, 684.
[11] RGZ 70, 91.
[12] KG JFG 6, 348; Staudinger/*Wolfsteiner* § 1132 Rdn. 62.
[13] Ebenso *Demharter* § 27 Rdn. 10; Meikel/*Böttcher* § 27 Rdn. 73.

2. **Die Form** der Zustimmung richtet sich nach § 29. Sie kann zugleich im Löschungsantrag des Eigentümers enthalten sein, bedarf dann aber als gemischter Antrag nach § 30 der gleichen Form.[14]

3. Inhalt der Zustimmung zur Löschung

Der Inhalt der Zustimmung muß ausdrücklich oder durch Auslegung[15] das Einverständnis des Eigentümers mit der Löschung eines bestimmten Grundpfandrechtes enthalten. Zulässig ist Zustimmung in der Weise, daß im voraus auf die späteren Löschungsbewilligungen der Grundpfandrechtsgläubiger Bezug genommen wird.[16] Ein bestimmter Wortlaut (insbesondere „Zustimmung") ist nicht erforderlich. Im Löschungsantrag liegt die Zustimmung.[17] In der Zustimmung des Eigentümers mehrerer mit einer Gesamthypothek belasteter Grundstücke zur Lastenfreistellung der von ihm verkauften Fläche liegt i. d. R. nicht seine Zustimmung zur Löschung auf allen Grundstücken[18] und nicht zur Löschung nachher eingetragener Grundpfandrechte.[19]

4. Zustimmungsberechtigung

Sie entspricht der Bewilligungsberechtigung des Eigentümers im Zeitpunkt der Löschung und ist im GB-Verfahren nach den für die Bewilligung entwickelten Grundsätzen zu beurteilen (Einzelheiten dazu § 19 Rdn. 44 ff.).

a) Zustimmungsberechtigt zur Löschung ist der wirkliche Eigentümer (oder der ihm gemäß § 40 gleichgestellte Gesamtrechtsnachfolger) im Zeitpunkt der Löschung, weil das Grundpfandrecht gemäß §§ 1163, 1177 BGB entweder (ganz oder teilweise) bereits sein Eigentümerrecht ist oder werden kann (vgl. § 19 Rdn. 56, 65, 73 ff.). Für das GBA gilt auch hier die Vermutung des § 891 BGB. In den Fällen des § 39 Abs. 1 ist der wirkliche Eigentümer vor der Löschung als Eigentümer einzutragen,[20] in den Ausnahmefällen des § 40 nicht. Wird bei einem Eigentumswechsel die Löschung des Grundpfandrechts vor oder gleichzeitig mit der Eigentumsumschreibung vollzogen, genügt die Zustimmung des Veräußerers.[21] Zur Löschung nach Eigentumsumschreibung ist die Zustimmung des neuen Eigentümers erforderlich.[22] Umstritten ist die Anwendbarkeit des § 878 BGB auf die Zustimmung zur Aufhebung des Grundpfandrechts (§ 1183 BGB) und folglich auch auf die Zustimmung zur Löschung (§ 27 GBO).[23] Ebenso umstritten ist die Anwendung des § 893 (vgl. § 27 Rdn. 31).

b) Beschränkungen der Verfügungs- und Bewilligungsbefugnis des zustimmungsberechtigten Eigentümers sind im Verfahren über den Antrag auf Löschung eines Grund-

---

[14] OLG München JFG 21, 83.
[15] BayObLG DNotZ 80, 230; OLG Köln Rpfleger 81, 354.
[16] OLG Köln a. a. O.; Meikel/*Böttcher* § 27 Rdn. 80; *Demharter* § 27 Rdn. 12; a. A. noch OLG Köln Rpfleger 70, 286, dem *Haegele* in Anm. mit Recht entgegengetreten ist.
[17] OLG München JFG 21, 83; BayObLGZ 73, 220 = Rpfleger 73, 404.
[18] BayObLG DNotZ 80, 481.
[19] BayObLG Rpfleger 81, 23.
[20] Staudinger/*Wolfsteiner* § 1183 Rdn. 13.
[21] KG JFG 20, 8.
[22] KG OLG 25, 380; LG Düsseldorf MittRhNotK 87, 124.
[23] Dagegen: Haegele/Schöner/*Stöber* GBR 114, unter Hinw. darauf, daß die Zustimmung sofort mit ihrem Zugang wirksam werde, was dort zweifelhaft erscheint, wo die Zustimmungserklärung der Aufhebungserklärung des Gläubigers vorausgeht; Meikel/Böttcher § 27 Rdn. 84; Palandt/*Bassenge* § 1183 Rdn. 4, Staudinger/*Gursky* § 878 Rdn. 16, der es allerdings genügen läßt, daß die Verfügungsbefugnis im Zeitpunkt des Zugangs der Zustimmungserklärung beim Empfangsberechtigten gegeben ist; dafür: MünchKomm/*Eickmann* § 1183 Rdn. 11, Staudinger/*Wolfsteiner* § 1183 Rdn. 12.

pfandrechts von Bedeutung (vgl. § 19 Rdn. 82 ff.), haben aber je nach ihrem Inhalt unterschiedliche Auswirkungen. Wenn dem Eigentümer die Verfügungsbefugnis entzogen ist, steht die Zustimmungsberechtigung vom Zeitpunkt der Verfügungsentziehung an nicht mehr ihm, sondern dem verfügungsbefugten Verwalter zu (z. B. Konkursverwalter; § 19 Rdn. 125 ff.). Eine vorher vom Eigentümer erteilte Zustimmung verliert ihre Wirksamkeit nicht.[24] Beschränkungen, die sich nur auf Verfügungen über das Eigentum am Grundstück beziehen (z. B. Zwangsversteigerung, Verbot zur Veräußerung oder Belastung des Grundstücks) hindern den Eigentümer nicht an der Löschungszustimmung.[25] Eine Beschränkung der Befugnis des Eigentümers, über das auf ihn übergegangene Grundpfandrecht oder die für ihn künftig entstehenden Eigentümerrechte zu verfügen, ist vom GBA zu beachten[26] und im GB-Verfahren ebenso zu behandeln wie eine gegen den Grundpfandrechtsgläubiger gerichtete Verfügungsbeschränkung (dazu § 19 Rdn. 110 ff., 114; § 27 Rdn. 31). Bei Vorerbschaft ist Zustimmung aller Nacherben (nicht der Ersatznacherben)[27] nötig, außer bei befreiter Vorerbschaft und Nachweis oder Offenkundigkeit der Entgeltlichkeit,[28] Tilgung der Hypothekenforderung aus eigenen Mitteln des Vorerben[29] und Löschung des letztrangigen Grundpfandrechts.[30]

12 c) **Der Vormund bzw. Betreuer (nicht aber die Eltern)** des Eigentümers bedarf zur Löschung im Hinblick auf den damit verbundenen Verzicht auf das Eigentümerrecht der vormundschaftsgerichtlichen Genehmigung (§ 1812 BGB), auch wenn das Grundpfandrecht an letzter Rangstelle steht[31] oder eine Löschungsverpflichtung besteht.[32] Vgl. dazu § 19 Rdn. 189.

13 d) **Steht das Eigentum mehreren Personen zu,** ist zu unterscheiden:
aa) bei Bruchteilseigentum müssen sämtliche Miteigentümer zustimmen,[33] außer wenn nur der Bruchteil belastet ist,
bb) bei Gesamthandseigentum nur alle verfügungsberechtigten Gesamthänder, bei Gütergemeinschaft oder fortgesetzter Gütergemeinschaft also nur der Gesamtgutsverwalter,
cc) bei Gesamtbelastung die Eigentümer aller belasteten Grundstücke.

14 e) Der Eigentümer unterliegt den Beschränkungen des § 181 BGB, wenn er dem GBA gegenüber für sich und zugleich als Vertreter des Grundpfandrechtsgläubigers die Löschung bewilligt und beantragt.[34] Vertritt der die Aufhebung erklärende Gläubiger den Eigentümer bei der Abgabe der Zustimmungserklärung bzw. Bewilligung, ist § 181 BGB weder unmittelbar noch analog anwendbar.[35]

---

[24] Meikel/*Böttcher* § 27 Rdn. 84.
[25] KG JFG 4, 420.
[26] So Meikel/*Böttcher* § 27 Rdn. 84.
[27] BGHZ 40, 115 = NJW 63, 2320; OLG Oldenburg JR 63, 23 Anm. *Jansen*; RGZ 145, 319.
[28] KGJ 43, 266; OLG Hamm NJW 69, 1492; DNotZ 72, 96; *Haegele* Rpfleger 69, 350.
[29] KGJ 50, 210.
[30] KG JFG 15, 187; OLG München JFG 21, 81.
[31] BayObLG Rpfleger 85, 24 m. abl. Anm. *Damrau*; *Klüsener* Rpfleger 81, 461/465; *Böttcher* Rpfleger 87, 485; a. A. *Demharter* § 27 Rdn. 16; *Damrau* FamRZ 84, 842/849; KG OLG 26, 171; 44, 81; KG JW 36, 2745.
[32] OLG Hamm DNotZ 77, 35.
[33] KGJ 22, 140.
[34] So BGHZ 77, 7 = DNotZ 81, 22 = JR 80, 412 zust. *Kuntze*; Haegele/Schöner/*Stöber* GBR 2761; Meikel/*Böttcher* § 27 Rdn. 85 gegen Meikel/*Lichtenberger* § 19 Rdn. 148, 149.
[35] Staudinger/*Wolfsteiner* § 1183 Rdn. 6, *Demharter* § 27 Rdn. 18; a. A. MünchKomm/*Eickmann* § 1183 Rdn. 9.

IV. Ausnahmen von der Zustimmung

1. Nachweis der Unrichtigkeit

a) Der Nachweis der Unrichtigkeit des GB macht die Zustimmung des Eigentümers zur Löschung eines Grundpfandrechts nach § 27 S. 2 entbehrlich.[36] Besteht Grundpfandrecht nicht, kann Eigentümer von der Löschung weder formell noch materiell betroffen sein. § 27 S. 2 entspricht § 22 Abs. 1 S. 2, der bei Unrichtigkeitsnachweis auch Löschungsbewilligung des Gläubigers erübrigt.

b) **Der Inhalt dieses Nachweises** muß dem GBA die Gewißheit verschaffen, daß das Grundpfandrecht materiell entweder nie entstanden oder außerhalb des GB erloschen ist. Der Nachweis kann sich aus dem Inhalt des GB, gesetzlichen Vorschriften oder den dem GBA in Form des § 29 vorgelegten Urkunden ergeben.

c) **Einzelfälle:**
Bei Eintragung des Verzichts des Gläubigers einer Gesamthypothek an einem der belasteten Grundstücke steht nach § 1175 Abs. 1 S. 2 BGB fest, daß sie an diesem Grundstück erloschen ist,[37] ebenso bei der als Verzicht aufzufassenden pfandfreien Abschreibung eines Trennstücks (§ 27 Rdn. 6). Mit Verteilung einer durch Gesamthypothek gesicherten Forderung auf Einzelgrundstücke (§ 1132 Abs. 2 BGB) erlischt die Hypothek in Höhe der überschießenden Beträge.[38]

2. Ausnahmen

Zustimmung des Eigentümers ist entbehrlich für:
Löschung von Grundpfandrechten, aus denen keine Eigentümergrundschulden entstehen können (vgl. § 27 Rdn. 1), z. B. Hypotheken nach dem ZGB der DDR (Art. 233 Abs. 1 EGBGB).

3. Ersetzung der Zustimmung

Die Zustimmung des Eigentümers wird ersetzt durch:
a) **rechtskräftiges Urteil,** durch das der Eigentümer zur Zustimmung verurteilt worden ist (§ 894 ZPO),
b) **Ersuchen einer Behörde** (§ 38) um Löschung, sofern sie dafür zuständig ist (§ 38 Rdn. 5), dies gilt aber nicht zur Löschung eines für die Behörde selbst eingetragenen Grundpfandrechts, wozu Löschungsbewilligung nach § 19 erforderlich ist,
c) **Unschädlichkeitszeugnis** (§ 27 Rdn. 28).

V. Löschungsbewilligung[39]

1. Regelung der Löschungsbewilligung

Die Löschungsbewilligung ist nicht in § 27, sondern in § 19 geregelt. Denn sie ist eine Unterart der Eintragungsbewilligung (§ 19 Rdn. 7).[40] Für sie gelten daher alle Ausführungen zur Bewilligung, vor allem über a) Inhalt (vgl. § 19 Rdn. 28 ff.), b) Form (§ 29), c) Bewilligungsberechtigung (§ 19 Rdn. 44 ff.), also der unmittelbar (§ 19

---

[36] BayObLGZ 53, 171 = Rpfleger 53, 449.
[37] OLG München JFG 23, 322.
[38] Palandt/*Bassenge* § 1132 Rdn. 11.
[39] Dazu Hieber DNotZ 1961, 576; *Bauer* Rpfleger 1963, 43; *Hoffmann* MittRhNotK 1971, 605; *Pfaff* BWNotZ 1968, 182.
[40] Ebenso Meikel/*Böttcher* § 27 Rdn. 18 ff.

Rdn. 55) und der mittelbar Betroffenen (§ 19 Rdn. 56), zu Einzelfällen vgl. § 19 Rdn. 65.

Die Löschungsbewilligung unterliegt der Auslegung (Einl. C 25 ff.). Sie kann z. B. auch in einer Freistellungsverpflichtung in einer Auflassungsurkunde enthalten sein[41] oder im Löschungsantrag (§ 27 Rdn. 22).[42]

2. Löschung

19 Ist GB unrichtig, erfolgt Löschung nach § 22 entweder aufgrund Löschungsbewilligung, die dann eine Berichtigungsbewilligung darstellt (§ 22 Rdn. 67), oder aufgrund Unrichtigkeitsnachweises (§ 22 Rdn. 57), in den **Sonderfällen:**
   a) der auf Lebenszeit des Berechtigten beschränkten Rechte nach § 23,
   b) der sonst zeitlich beschränkten Rechte nach § 24,
   c) der aufgrund einstweiliger Verfügung oder vorläufig vollstreckbaren Urteils eingetragenen Vormerkungen und Widersprüche nach § 25.

3. Inhalt der Löschungsbewilligung

20 Die Löschungsbewilligung weist die Besonderheit auf, daß sie nur abstrakt die Löschung zu gestatten braucht ohne Angabe des Schuldgrundes und ohne Angabe, ob das Recht nach § 875 BGB aufgegeben oder im Wege der GB-Berichtigung gelöscht werden soll. Das GBA hat den Grund der Löschung nicht zu prüfen.[43] Weiß das GBA jedoch, daß die Löschung das GB unrichtig machen würde, darf es aufgrund einer abstrakten Löschungsbewilligung nicht löschen (Einl. C 66 ff.). Hat es aufgrund konkreter Anhaltspunkte berechtigte Bedenken, muß es seiner Aufklärungspflicht nachkommen (Einl. C 56).

4. Löschung des Bruchteilsanteils eines Rechts

21 Bei einem für Bruchteilsberechtigte eingetragenen Recht kann jeder Teilhaber allein über seinen Anteil verfügen (§ 747 BGB), aber ohne Zustimmung der übrigen nicht seinen Anteil mit der Folge löschen lassen, daß die übrigen Bruchteile des Rechts weiterbestehen. Eine solche „Teillöschung" kann nur bezüglich eines durch Teilung entstandenen selbständigen Rechts erfolgen und setzt deshalb die Teilungsbewilligung aller Teilhaber und Löschungsbewilligung für das zu löschende Recht voraus.[44]

5. Löschungsbewilligung — Aufgabeerklärung

22 In der verfahrensrechtlichen Löschungsbewilligung liegt in der Regel die materielle Aufgabeerklärung (§ 875 Abs. 1 BGB), die formlos wirksam ist. Beide unterscheiden sich durch ihre verschiedene Rechtsnatur und unterliegen daher verschiedenen Rechtsvorschriften.[45] Der in Form des § 29 vom Gläubiger gestellte Löschungsantrag ersetzt i. d. R. die Löschungsbewilligung.[46]

---

[41] BayObLGZ 73, 220 = Rpfleger 73, 404.
[42] S. a. Meikel/*Böttcher* § 27 Rdn. 22.
[43] BayObLGZ 52, 322; KG DNotZ 34, 363 = HRR 34 Nr. 651; OLG Hamm DNotZ 58, 547.
[44] Staudinger/*Gursky* § 875 Rdn. 32 f.; Haegele/*Schöner/Stöber* GBR 2750; Staudenmaier BWNotZ 65, 320.
[45] Vgl. Einl. A 26; Palandt/*Bassenge* § 875 Rdn. 3; Staudinger/*Gursky* § 875 Rdn. 61.
[46] RGZ 88, 286; OLG München JFG 18, 204; 21, 83.

6. Löschungsfähige Quittung

Sie ist rechtlich keine Löschungsbewilligung, selbst wenn sie als solche bezeichnet wird. Denn in ihr bestätigt der Gläubiger, daß ihm das Grundpfandrecht nicht mehr zustehen kann.[47] Umgekehrt stellt eine bloße Erklärung, wonach „keine Forderung mehr besteht", „der Gläubiger befriedigt", „die Schuld ausgeglichen ist", rechtlich keine löschungsfähige Quittung dar, auch wenn sie (irrtümlich) eine solche Bezeichnung trägt.[48] Sie kann dann aber – je nach Umständen des Einzelfalls – als Löschungsbewilligung auszulegen sein.[49]

a) Bei **Grundpfandrechten aller Art** setzt eine löschungsfähige Quittung die Erklärung voraus, daß die Forderung bezahlt worden ist, von wem und ggf. für wessen Rechnung.[50] Wird „Zahlung durch den Eigentümer" bestätigt und hat zwischen Bestellung und Löschung ein Eigentumswechsel stattgefunden, muß auch der Zeitpunkt der Zahlung angegeben werden,[51] da ohne diese Angaben die Rechtsfolgen nicht beurteilt werden können. Die in der Praxis häufige Verbindung einer Löschungsbewilligung mit einer solchen Quittung ist für den GB-Vollzug ungeeignet, da der Gläubiger mit der Quittung den Verlust seiner Verfügungsbefugnis bestätigt. Sie kann gleichwohl für die Löschung verwendet werden, weil die „Quittung" regelmäßig lediglich der grundbuchrechtlich unerheblichen Erläuterung der abstrakten Löschungsbewilligung dienen soll.[52]

b) Bei **Höchstbetragshypothek** muß sich ergeben, in welchem Umfang die Forderung entstanden ist.[53]

c) Bei **Tilgungshypothek** können sich durch Übereignung des Grundstücks wegen der dem Voreigentümer grundsätzlich verbleibenden Eigentümerrechte rechtliche Bedenken gegen die Löschung ergeben. Sie sollten dadurch vermieden werden, daß bei jeder Veräußerung die Eigentümerrechte auf den Erwerber übertragen und deren Umschreibung im GB bewilligt werden.

d) Bei **Grundschulden** kommt es darauf an, ob die Zahlung auf das dingliche Recht oder auf die gesicherte schuldrechtliche Forderung geleistet worden ist.[54] Denn nur im letzteren Fall bleibt der Grundschuldgläubiger verfügungsberechtigt.[55] Die löschungsfähige Quittung hat darüber eine Erklärung zu enthalten, sofern sich nicht aus der Grundschuldbestellungsurkunde ergibt, worauf im Zweifelsfall die Zahlungen geleistet werden.[56]

7. Rechtsfolgen der löschungsfähigen Quittung

Sie sind im Einzelfall verschieden:

a) Hat derzeitiger Grundstückseigentümer bezahlt, bedarf die Löschung außer seiner Zustimmung (§ 27 S. 1) keiner weiteren Erklärungen. Hat er als Vorerbe aus eigenen

---

[47] OLG München JFG 21, 81; KG NJW 73, 57 = DNotZ 73, 301.
[48] Wie dies im Fall des LG Hof Rpfleger 82, 174 abl. Anm. *Böttcher* war.
[49] Haegele/Schöner/*Stöber* GBR 2728, 2732.
[50] OLG München JFG 21, 83; OLG Celle DNotZ 55, 317; OLG Köln NJW 61, 368; Rpfleger 64, 149.
[51] KG DNotZ 54, 472; OLG Köln NJW 61, 368.
[52] Güthe/*Triebel*, GBO § 27 Rdn. 11; Haegele/Schöner/*Stöber* GBR 2732; Meikel/*Böttcher* § 27 Rdn. 49 ff.
[53] OLG Dresden OLG 41, 184; Formulierungsvorschlag bei Haegele/Schöner/*Stöber* GBR 2735.
[54] KG Rpfleger 75, 136.
[55] BGH MDR 68, 35; KG JFG 17, 201.
[56] OLG Frankfurt FGPrax 1997, 11.

§ 27

Mitteln gezahlt[57] oder zwar aus Nachlaßmitteln, aber ein mit Löschungsvormerkung nach § 1179 BGB belastetes oder letztrangiges Grundpfandrecht abgelöst,[58] kann ohne Zustimmung des Nacherben gelöscht werden[59] und ebenso wenn der Eigentümer befreiter Vorerbe ist.[60]

b) Steht bei Verkehrshypothek der Anspruch auf Kapital und auf Zinsen verschiedenen Gläubigern zu, kann Hypothek im Hinblick auf § 1178 Abs. 2 BGB einschließlich Zinsen aufgrund Erklärung des Gläubiger des Kapitals gelöscht werden ohne Zustimmung des Zinsgläubigers.[61]

c) In den übrigen Fällen ist zur Löschung die Zustimmung des wahren Berechtigten nötig, auf den die Forderung nach materiellem Recht übergegangen ist. In allen Zweifelfällen muß das GBA also Bewilligung dessen verlangen, der bezahlt hat, wenn Löschung aufgrund löschungsfähiger Quittung vollzogen werden soll.

8. Hypothek für Gesamtgläubiger

27 Steht eine Hypothek Gesamtgläubigern zu (§ 428 BGB), so genügt löschungsfähige Quittung eines der Gesamtgläubiger.[62] Eine Löschungsbewilligung muß dagegen entgegen der h. M.[63] von allen Gesamtgläubigern abgegeben werden, da zweifelhaft ist, ob Erlöschen der Hypothek schlechthin gewollt ist.[64]

VI. Unschädlichkeitszeugnis

28 Fundstellen der landesrechtlichen Gesetze bei Palandt/*Bassenge* EGBGB Art. 120 und Haegele/Schöner/*Stöber* GBR 739.

Literatur:

Kommentare zu Art. 120 EGBGB §§ 19, 27 GBO; Staudinger/*Promberger/Schreiber* Art. 120 EGBGB (zu den landesrechtlichen Gesetzen); Sprau, Justizgesetze in Bayern (zum UnschG in Bayern); Mayer MittBayNot 1993, 333 (zur lastenfreien Abschreibung einer Teilfläche von Forstrechten), *Ripfel* Justiz 1960, 105 (zum UnschG in Baden-Württemberg); Pöttgen MittRhNotK 65, 668; *Röll* MittBayNot 68, 353 (zum UnschG in Bayern).

1. Wesen und Wirkung

Die Bewilligung des Betroffenen und Zustimmung des Eigentümers kann unter bestimmten Voraussetzungen durch Unschädlichkeitszeugnis ersetzt werden, um im Sinne des Übermaßverbots Härten, die durch das Erfordernis von Freigabeerklärungen verursacht würden, jedenfalls dort zu vermeiden, wo es um geringfügige Abschreibungen geht.[65]

2. Rechtsgrundlage ist das nach Art. 120 EGBGB unberührt gebliebene Landesrecht.
In den einzelnen Ländern gelten demnach unterschiedliche Bestimmungen. Die Beteilig-

---

[57] KGJ 50, 210.
[58] KG JFG 15, 187; OLG Saarbrücken DNotZ 50, 66.
[59] OLG München JFG 21, 84.
[60] Vgl. Meikel/*Böttcher* § 27 Rdn. 59, 65.
[61] KG JFG 18, 35; *Demharter* § 27 Rdn. 20.
[62] KG Rechtspfleger 65, 366 zust. *Haegele*.
[63] Z. B. BayObLGZ 1962, 205.

[64] Palandt/*Bassenge* § 875 Rdn. 5; Staudinger/*Gursky* § 875 Rdn. 34; Haegele/Schöner/*Stöber* GBR 2734; Meikel/*Böttcher* § 27 Rdn. 24; KG Rpfleger 65, 366 hat diese Frage wegen BGHZ 29, 363 offengelassen.
[65] Meikel/*Böttcher* § 27 Rdn. 103; Haegele/Schöner/*Stöber* GBR 739.

ten sind von Amts wegen zu ermitteln[66] und vor Erteilung des Zeugnisses zu hören.[67] Im übrigen bestehen in gewissen Grenzen keine verfassungsrechtlichen Bedenken gegen eine lastenfreie Veräußerung eines Grundstücksteils ohne Ausgleich der Wertminderung.[68] Wurde dagegen die Feststellung der Unschädlichkeit vom Wertausgleich an einem anderen Grundstück abhängig gemacht, so ist die lastenfreie Abschreibung im GB möglich, wenn Teilung, Auflassung und Bestandteilszuschreibung bzw. Vereinigung mit Haftungserstreckung in einem einheitlichen Vorgang im GB vollzogen werden; die Haftungserstreckung kann dabei durch einseitige Erklärung des Grundstückseigentümers nachgewiesen werden.[69]

3. **Freigestellt werden können** Grundstücksteilflächen, auch ganze Grundstücke bei Gesamtbelastungen,[70] Miteigentumsanteile,[71] und – über den Wortlaut des BayUnschG hinaus – Wohnungseigentum[72] und Erbbaurecht.[73] Das BayUnschG setzt die Veräußerung der Teilfläche an einen Dritten voraus.[74]

4. **Als Belastungen, von denen freigestellt werden soll,** kommen in Betracht: Grundpfandrechte, Grunddienstbarkeiten, beschränkte persönliche Dienstbarkeiten, Reallasten und Vormerkungen auf Eintragung solcher Belastungen und Sondernutzungsrechte;[75] wegen Freistellung von Wegerecht. vgl. LG Hof Rpfleger 64, 22.

5. **Nicht freigestellt werden können** Grundstücke von einem Erbbaurecht[76] oder von Auflassungsvormerkungen,[77] Nacherbenvermerken[78] und anderen Verfügungsbeschränkungen[79] und nicht eingetragenen Belastungen.[80] Nach Vollzug der Eigentumsumschreibung im GB unter Mitübertragung der Belastung kann kein Unschädlichkeitszeugnis mehr erteilt werden, auch wenn dies vorher zulässig gewesen wäre.[81]

VII. Voraussetzungen und Durchführung der Löschung

1. Formelle Voraussetzungen im GB-Verfahren

Löschung ist negative Art der GB-Eintragung und hängt daher von allen für GB-Eintragungen vorgeschriebenen formellen Voraussetzungen ab (Einl. A 40).
 a) **Löschungsantrag** (§ 13), zu dem Gläubiger und auch Eigentümer berechtigt sind (im Löschungsantrag des Eigentümers liegt auch seine Zustimmung nach § 27 S. 1;[82] bedarf aber dann Form des § 30),
 b) **Löschungsbewilligung** des Gläubigers (§ 19) oder Unrichtigkeitsnachweis (§ 22).
 c) **Zustimmung Dritter** in besonderen Fällen, falls sie durch die Löschung betroffen werden oder werden können (§ 19 Rdn. 56; § 27 Rdn. 18),

---

[66] BayObLG DNotZ 1994, 178.
[67] BayObLG MittBayNot 1994, 129.
[68] BayObLG MittBayNot 1989, 22.
[69] BayObLG MittBayNot 1994, 128.
[70] BGHZ 18, 296 = Rpfleger 55, 348.
[71] BayObLGZ 65, 466 = DNotZ 66, 609.
[72] LG München I MittBayNot 67, 365; 83, 174; MittBayNot 1983, 174; BayObLG 1991, 319; MittBayNot 1993, 368.
[73] BayObLGZ 62, 396 = Rpfleger 63, 87 = MittBayNot 63, 97, BayObLG MittBayNot 1993, 368.
[74] BayObLG MittBayNot 89, 311.
[75] BayObLG Rpfleger 88, 140 m. Anm. Reinl.
[76] Haegele/Schöner/*Stöber* GBR 740; *Demharter* § 19 Rdn. 11; a. A. Meikel/*Böttcher* § 27 Rdn. 100.
[77] Staudinger/*Promberger* EGBGB Art. 120 Rdn. 18.
[78] LG Frankfurt Rpfleger 86, 472.
[79] KGJ 42, 199.
[80] OLG München JFG 14, 317; a. A. Meikel/*Böttcher* § 27 Rdn. 100.
[81] BayObLG MittBayNot 78, 152 = Rpfleger 78, 317.
[82] OLG München JFG 21, 83.

d) **Zustimmung des Eigentümers** (§ 27 Rdn. 7 ff.), sofern nicht ein Ausnahmefall vorliegt (§ 27 Rdn. 15 ff.).

e) **Voreintragung des Eigentümers**[83] und des Gläubigers (§ 39 Abs. 1), sofern nicht ein Ausnahmefall des § 39 Abs. 2 oder § 40 vorliegt; dies ist vor allem bei Briefrechten zu beachten,

f) **Briefvorlage** (§§ 41, 42) bei Briefrechten.

30 2. **Die Löschung im GB erfolgt:**

a) entweder durch Eintragung eines Löschungsvermerks §46 Abs. 1,

b) oder durch Nichtübertragung (§ 46 Abs. 2). Einzelheiten vgl. § 46.

3. **§ 27 als Ordnungsvorschrift**

31 a) § 27 ist eine verfahrensrechtliche Ordnungsvorschrift, deren Verletzung die materielle Rechtslage nicht berührt.[84] Gegen die Löschung ist ein Amtswiderspruch einzutragen, wenn das GB durch einen Verstoß unrichtig geworden ist (vgl. § 53 Rdn. 5 ff.).

b) Fehlt die materiellrechtliche Zustimmung (§ 1183 BGB) oder ist sie unwirksam, dann ist das GB unrichtig mit der Folge, daß das gelöschte Recht außerhalb des GB grundsätzlich bestehen bleibt.[85] Die Unrichtigkeit kann nur durch Wiedereintragung mit dem alten Rang erfolgen (§ 22 Rdn. 4), soweit das gelöschte Recht nicht durch gutgläubigen Erwerb eines Dritten untergegangen ist oder eine Rangverschlechterung eingetreten ist.

c) Ob das Grundpfandrecht gemäß § 875 BGB nur dann erlischt, wenn der wahre Eigentümer zustimmt, ist noch umstritten. Nach der einen Meinung ist § 892 BGB nicht anwendbar[86] und § 893 BGB, der eingreifen könnte, auch nicht.[87] Hier wird jedoch der Gegenauffassung gefolgt. Danach wird ein durch die Zustimmungserklärung des Bucheigentümers begünstigter gutgläubiger Grundpfandgläubiger durch § 893 BGB auch dann geschützt, wenn die Zustimmung gegenüber dem GBA erklärt worden ist.[88] Eine durch § 893 BGB ermögliche wirksame Aufhebung des Grundpfandrechts wirkt sich nicht nur zugunsten des gutgläubigen Grundpfandgläubigers, sondern auf dem Umweg über ihn auch zugunsten Dritter – z. B. nachrangiger dinglich Berechtigter – aus.[89]

[Bezeichnung des Grundstücks und des Geldbetrages]

§ 28

In der Eintragungsbewilligung oder, wenn eine solche nicht erforderlich ist, in dem Eintragungsantrag ist das Grundstück übereinstimmend mit dem Grundbuch oder durch Hinweis auf das Grundbuchblatt zu bezeichnen. Einzutragende Geldbeträge sind in inländischer Währung anzugeben; durch Rechtsverordnung des Bundesministerium

---

[83] OLG München JFG 18, 204.
[84] Meikel/*Böttcher* § 27 Rdn. 112.
[85] Staudinger/*Gursky* § 875 Rdn. 65; § 876 Rdn. 46.
[86] Staudinger/*Wolfsteiner* § 1183 Rdn. 4.
[87] So MünchKomm/*Eickmann* § 1183 Rdn. 15; Meikel/*Böttcher* § 27 Rdn. 82, 84.
[88] So MünchKomm/*Wacke* § 893 Rdn. 8, Palandt/*Bassenge* § 893 Rdn. 3, Staudinger/*Gursky* § 875 Rdn. 44 und § 893 Rdn. 21 ff., 27, 33.
[89] So Staudinger/*Gursky* § 893 Rdn. 33 und § 892 Rdn. 183 ff.

der Justiz im Einvernehmen mit dem Bundesministerium der Finanzen kann die Angabe in einer einheitlichen europäischen Währung, in der Währung eines Mitgliedstaats der Europäischen Union oder des Europäischen Wirtschaftsraums oder einer anderen Währung, gegen die währungspolitische Bedenken nicht zu erheben sind, zugelassen und, wenn gegen die Fortdauer dieser Zulassung währungspolitische Bedenken bestehen, wieder eingeschränkt werden.

Übersicht

	Rdn.		Rdn.
I. Bedeutung	1	V. Verstoß gegen § 28	21
II. Geltungsbereich	2–9	VI. Wertsicherung im GB	22–29
III. Bezeichnung des Grundstücks	10–17		
IV. Angabe von Geldbeträgen	18–21	VII. Währungsreform	30–32

Literatur:

Kommentare zu § 925 BGB; vgl. im übrigen § 28 Rdn. 10, 22, 30.

I. Bedeutung des § 28

§ 28 enthält zwei **verfahrensrechtliche Ordnungsvorschriften**.[1] Sie verfolgen den Zweck, die im GB-Verkehr notwendige Bestimmtheit der maßgeblichen Erklärungen und der sich daran anschließenden Eintragung herbeizuführen und eine Übereinstimmung der GB-Erklärungen mit der GB-Eintragung zu gewährleisten. **1**

Satz 1 fordert eine genaue Bezeichnung des Grundstücks um die Eintragungstätigkeit am richtigen Grundstück zu sichern.[2] Zur Bezeichnung eines Einlagegrundstücks im Flurbereinigungs- und Umlegungsverfahren vgl. § 20 Rdn. 108.

Satz 2 schreibt für die Eintragungsunterlagen und das GB selbst eine **einheitliche Angabe der Geldbeträge** in einer bestimmten Währung vor. Er schließt damit Berechnungsschwierigkeiten aus und gewährleistet die Übereinstimmung der in den Eintragungsunterlagen und im GB angegebenen Geldbeträge. Satz 2 ist durch das RegVBG geändert und um Halbsatz 2 ergänzt worden, um der Beteiligung der Mitgliedsstaaten der Europäischen Union an der Währungsunion Rechnung zu tragen.

II. Geltungsbereich

1. Anwendbarkeit

§ 28 gilt seinem **Wortlaut** nach nur für die **Bewilligung** bzw. den **Eintragungsantrag**, seinem Sinn nach aber auch für alle sonstigen GB-Erklärungen (Einl. A 45) und für alle anderen Eintragungsvoraussetzungen (Einl. A 46 b; § 29 Rdn. 32 ff.). Denn der gesetzgeberische Gedanke, daß alle Eintragungsgrundlagen in den von § 28 berührten Punkten unzweideutig sein und mit dem GB in Einklang stehen müssen, zwingt zu dieser erweiternden Auslegung. Anderseits darf § 28 nicht formalistisch überspannt **2**

---

[1] RGZ 157, 125; BGH Rpfleger 86, 210.
[2] OLG Hamm DNotZ 71, 49; BayObLG Rpfleger 81, 147; 88, 60; OLG Köln, Rpfleger 92, 153; BGH Rpfleger 84, 310/311; 87, 452; OLG Zweibrücken Rpfleger 88, 183; Meikel/*Lichtenberger* § 28 Rdn. 7; *Böhringer* Rpfleger 88, 389/391.

§ 28

werden und ist im GB-Verfahren unter Beachtung der grundbuchrechtlichen Bestimmtheits- und Auslegungsgrundsätze (Einl. C 7, 11 ff.) anzuwenden.[3]

§ 28 ist demnach anzuwenden auf:

3 a) **Bewilligung mit ihren Unterarten** (Einl. A 45 a; 48; § 19 Rdn. 7), also auf die Bewilligung des unmittelbar und mittelbar Betroffenen (§ 19), Berichtigungsbewilligung,[4] Löschungsbewilligung,[5] Berichtigungszustimmung (§ 22 Abs. 2), Löschungszustimmung (§ 27), Urteil auf Abgabe der Bewilligung oder einer ihrer Unterarten,[6] gemischten Antrag, der zugleich eine GB-Erklärung ersetzt (§ 30).

4 b) **Sonstige GB-Erklärungen** (Einl. A 45 b; 49): Abtretungs- und Belastungserklärung nach § 26 (KG JW 37, 896), Vereinigungs-, Bestandteilszuschreibungs- und Teilungserklärung (§§ 5, 6, 7), Verzicht auf Eigentum (§ 928 BGB), Teilungserklärung nach § 8 WEG; Auflassungserklärungen in den Fällen des § 20 (vgl. § 20 Rdn. 4, 94 ff., 107), obwohl ihre materielle Wirksamkeit nicht an der Verfahrensvorschrift des § 28 gemessen werden darf (§ 28 Rdn. 8, 9). Gem. § 126 Abs. 2 Satz 2 UmwG ist § 28 im Spaltungs- und Übernahmevertrag zu beachten.

5 c) **Erklärungen zur Ergänzung und Begründung von GB-Erklärungen** (Einl. A 45 e), insbesondere Vollmachten, nachträgliche Genehmigungen, löschungsfähige Quittungen,

d) **Erklärungen und Ersuchen von Behörden,** aufgrund deren eine Eintragung vorgenommen werden soll (Einl. A 45 c), vor allem behördliche Ersuchen nach § 38; vgl. dazu auch § 8 Abs. 2 InVorG,

6 e) **gerichtliche und behördliche Entscheidungen,** die sich auf die Eintragung an einem bestimmten Grundstück beziehen (Einl. A 46 b): also Urteil,[7] einstweilige Verfügung;[8] Pfändungs- und Überweisungsbeschluß, behördliche Genehmigungen mit der Einschränkung, daß Grundstücksbezeichnung nach GB oder Kataster nicht erforderlich ist, wenn sich deutlich ergibt, auf welchen Rechtsvorgang sich die Genehmigung bezieht, z. B. durch Angabe der Urkunde über den genehmigungspflichtigen Vorgang.[9]

7 f) **Eintragungsantrag** (§ 13) nur, wenn weder Bewilligung noch eine andere an ihre Stelle tretende Urkunde erforderlich ist.

8 2. **§ 28 ist nicht anzuwenden** auf die für die GB-Eintragung nicht benötigten schuldrechtlichen Erklärungen (z. B. Kaufvertrag oder sonstiges schuldrechtliches Grundgeschäft, Schuldanerkenntnis) und auch nicht auf die zur dinglichen Rechtsänderung erforderlichen Erklärungen des materiellen Grundstücksrechts (Einl. A 39; z. B. §§ 873, 875, 885, 1154, 1196 BGB), bei denen zwischen materieller Wirksamkeit und verfahrensrechtlicher Verwendbarkeit zu unterscheiden ist (Einl. A 50).

9 3. **Eintragungsunterlagen, deren Inhalt § 28 nicht genügt** und auch nicht durch Auslegung ermittelt werden kann (Einl. C 25 ff.),[10] sind keine geeignete Grundlage für die GB-Eintragung, auch wenn sie materiell-rechtlich wirksam sind.[11] Die fehlenden

---

[3] BGHZ 90, 323/327 = NJW 84, 1959; Meikel/*Lichtenberger* § 28 Rdn. 14 ff.
[4] KGJ 34, 305; § 22 Rdn. 68; BGH Rpfleger 1986, 210.
[5] BayObLGZ 61, 107.
[6] BGH Rpfleger 87, 452.
[7] BGH DNotZ 88, 109.
[8] OLG Düsseldorf Rpfleger 78, 216; BayObLG Rpfleger 81, 190 Anm. *Meyer-Stolte.*
[9] KG JW 37, 896; vgl. auch LG Leipzig VIZ 1994, 562.
[10] BayObLG DNotZ 83, 172/175.
[11] BGH NJW 84, 1959; 86, 1867; 88, 415; BayObLG Rpfleger 82, 141; 82, 416; DNotZ 88, 117.

Angaben können nicht im reinen Antrag nach § 13 ergänzt,[12] sondern müssen in entsprechender Form nachgeholt werden. Unklarheiten lassen sich durch Auslegung jedenfalls dann nicht beseitigen, wenn nicht ersichtlich ist, an welchem Grundstück die Eintragung erfolgen soll (dazu Einl. C 25 ff.).[13] Ist der Notar dazu ermächtigt, kann er die fehlenden oder ungenügenden Angaben in einer Eigenurkunde nachholen (vgl. § 19 Rdn. 196; § 20 Rdn. 114; § 29 Rdn. 77 ff.),[14] aber nicht die materielle Auflassung ergänzen (§ 20 Rdn. 116).

III. Bezeichnung des Grundstücks[15]

1. Gegenstand der Bezeichnung

10 Bei allen Eintragungen und Löschungen, gleichgültig ob sie das Eigentum oder ein anderes dingliches Recht betreffen, ist in den GB-Erklärungen eine unzweideutige Angabe notwendig, an welchem Grundstück sie zu vollziehen sind. Miteigentumsanteile, Wohnungseigentum, Erbbaurechte und andere grundstücksgleiche Rechte sind nach den gleichen Grundsätzen wie Grundstücke zu bezeichnen (dazu § 28 Rdn. 15 ff.). Haben die Beteiligten das Grundstück übereinstimmend unbewußt falsch bezeichnet (z. B. als Nr. 1), sich aber über ein anderes geeinigt (z. B. Nr. 2), so ist die Einigung nach den für die falsa demonstratio in formbedürftigen Verträgen entwickelten Grundsätzen materiell wirksam über das wirklich gewollte Grundstück zustande gekommen (Einl. C 17),[16] aber die Bezeichnung genügt formell für die GB-Eintragung nur, wenn sie von den Beteiligten in Form des § 29 entsprechend § 28 nachgeholt wird. Ist die Auflassung materiell wirksam, bedarf es keiner neuen Auflassung in Form des § 925 Abs. 1 BGB.

2. Eintragungen an mehreren Grundstücken

11 a) **Grundsätzlich sind alle Grundstücke zu bezeichnen,**[17] wenn die begehrte Eintragung auf ein einzelnes Grundstück beschränkt werden könnte. Stellt das GBA bei einem mehrere Grundstücke betreffenden Berichtigungsantrag in einer „Aufklärungsverfügung" selbst fest, bei welchen Grundstücken nach dem Begehren des Antragstellers Eintragungen vorgenommen werden sollen, dann kann es – wenn der Antragsteller dieser Feststellung nicht widerspricht – den Antrag nicht wegen Verstoßes gegen § 28 Satz 1 zurückweisen.[18]

b) **Die Bezeichnung eines einzigen** von mehreren Grundstücken genügt jedoch bei den in § 48 Rdn. 13 aufgeführten Veränderungen von Gesamtrechten, die zwangsläufig nur an allen Grundstücken durchgeführt werden dürfen.[19] Denn in solchen Fällen ergeben sich die anderen Grundstücke aus dem GB.

c) **Ist Einzelvollzug möglich,** wie bei Aufhebung der Gesamthypothek an einem der belasteten Grundstücke (§ 48 Rdn. 14), müssen in der Löschungsbewilligung alle Grundstücke nach § 28 bezeichnet werden. Allgemeinfassungen genügen nicht, wie

---

[12] KG OLG 40, 42; OLG München JFG 15, 284.
[13] OLG Hamm NJW 66, 2411; *Böhringer* Rpfleger 88, 389/391.
[14] BGHZ 78, 36 = DNotZ 81, 118; BayObLG DNotZ 83, 434; Rpfleger 88, 60.
[15] Dazu *Staudenmaier* BWNotZ 1964, 4; *Müller* DNotZ 1966, 77; *Strober* MittBayNot 1973, 3; *Stumpp* Rpfleger 1973, 309; *Wirner* MittBayNot 1981, 222.
[16] Vgl. *Hagen* DNotZ 84, 284.
[17] OLG Düsseldorf DNotZ 52, 35.
[18] BayObLG, NJW-RR 1990, 722.
[19] KG OLG 43, 181; *Demharter* § 28 Rdn. 8.

§ 28

z. B. „allerorts im Grundbuch",[20] „das Grundstück"[21] oder „das Anwesen X-heim HsNr. 50", wenn auf dem GB-Blatt mehrere Grundstücke vorgetragen sind.[22] Alle GB-Stellen oder Grundstücke müssen aber nicht aufgeführt werden, wenn „die Löschung des Gesamtrechts im GB für ... Band ... Blatt ... und allen aus dem dortigen Mitbelastungsvermerk ersichtlichen Grundstücken bewilligt wird".[23]

d) **Ist bei Bestellung einer Gesamtgrundschuld** der Wille des Bestellers zunächst auf Entstehung einer Einzelgrundschuld gerichtet, muß der Besteller nicht nur alle Grundstücke bezeichnen, sondern auch in der Bewilligung die Gestattung einer Einzelgrundschuldeintragung zum Ausdruck bringen. Die Ermächtigung an den Notar, getrennten Vollzug an einzelnen Grundstücken zu beantragen, beseitigt für sich allein die Zweifel nicht, ob der Besteller zunächst wirklich eine Einzelgrundschuld oder das Entstehen einer Gesamtgrundschuld will.[24]

3. § 28 läßt die Wahl zwischen zwei Bezeichnungsarten

12 a) **In Übereinstimmung mit dem GB** erfolgt die Bezeichnung gemäß § 2 Abs. 2 GBO i. V. m. § 6 Abs. 3 bis 5 GBVerf. durch Angabe von Gemarkung (Flur), Kartenblatt und Flurstücks- bzw. Parzellen-Nummer (Flurstück). Die Angabe des Grundstücksbeschriebs, z. B. Größe, Wirtschaftsart und Lage ist für sich allein aber nicht ausreichend und für die Bezeichnung i. S. d. § 28 nicht notwendig. Sie ist aber beurkundungsrechtlich (vor allem bei Übereignung von Grundstücken) zweckmäßig und in der Praxis üblich.[25] Falsche Angabe der Größe ist unschädlich, wenn das Grundstück in einer der beiden Formen des § 28 bezeichnet ist und Zweifel an seiner Identität nicht vorhanden sind.[26]

13 b) **Hinweis auf GB-Blatt erfordert** mindestens Angaben über das grundbuchführende Gericht, Grundbuchbezirk, Band- und Blatt-Nummer. Sind auf dem Blatt mehrere Grundstücke vorgetragen, muß die laufende Nummer des Bestandsverzeichnisses oder Flurstücks-Nummer hinzugesetzt werden.[27] Sollen alle dort vorgetragenen Grundstücke veräußert oder belastet werden, genügt die Formulierung „an allen im GB des AG ... für ... Band ... Blatt ... vorgetragenen Grundstücken".[28] Um Zweifel auszuschließen, empfiehlt sich aber ein Zusatz, ob alle zur Zeit „der Beurkundung" oder des „GB-Vollzugs" dort vorgetragenen Grundstücke gemeint sind. Es ist rechtlich zulässig und in der Praxis z. B. bei Gesamtbelastungen häufig der Fall, daß der Gesamtbesitz in dem Umfang belastet werden soll, wie er im Zeitpunkt der GB-Eintragung vorgetragen sein wird.

14 c) **Werden beide Möglichkeiten ausgenutzt und stimmt eine davon mit dem GB nicht überein**, ist es Frage des Einzelfalles, ob hier genügende Klarheit über das Grundstück besteht oder nicht.[29] Zur Auslegung können auch die sonst für sich allein nicht genü-

---

[20] BayObLG DNotZ 61, 591 = Rpfleger 62, 20; OLG Neustadt Rpfleger 62, 345; OLG Köln DNotZ 76, 746; *Demharter* § 28 Rdn. 8; **a. A.** *Hieber* DNotZ 61, 576; *Teubner* DNotZ 76, 748; krit. auch Haegele/Schöner/*Stöber* GBR 133, 2752.
[21] BayObLG Rpfleger 81, 190 Anm. *Meyer-Stolte*.
[22] BayObLG Rpfleger 80, 433; 82, 141.
[23] So mit Recht *Haegele* Rpfleger 62, 22; 62, 347; *Bauer* Rpfleger 63, 43; OLG Neustadt Rpfleger 62, 345; Haegele/Schöner/*Stöber* GBR 133, 2752; *Böhringer* Rpfleger 88, 389/393.
[24] OLG Düsseldorf DNotZ 73, 613.
[25] BayObLGZ 4, 232; *Demharter* § 28 Rdn. 12; Meikel/*Lichtenberger* § 28 Rdn. 40.
[26] OLG Zweibrücken Rpfleger 88, 183.
[27] BayObLG Rpfleger 80, 433.
[28] BayObLG Rpfleger 81, 147.
[29] BayObLG Rpfleger 80, 433; 81, 147.

genden Angaben über Lage, Straße, Hausnummer, Wirtschaftsart, Größe usw. herangezogen werden. § 28 muß seinem Zweck entsprechend angewandt (§ 28 Rdn. 1), darf aber nicht formalistisch überspannt werden.[30] Beide Bezeichnungsarten kann das GBA nicht verlangen, eine andere aber ablehnen.[31]

4. Flächenbezeichnung realer Grundstücksteile

Wird an einer realen Grundstücksteilfläche das Eigentum übertragen (vgl. § 20 Rdn. 109) oder ein Recht bestellt (vgl. § 7 Rdn. 5 ff.), muß diese Fläche in der Bewilligung (§ 19) mit einem dem § 28 entsprechenden Inhalt in Form des § 29 so bezeichnet werden, wie sie sich nach Vollzug der Auflassung oder Belastung aus dem Kataster und dem Grundbuch ergibt (vgl. § 7 Rdn. 3 ff.; § 2 Rdn. 6 ff.).[32] **15**

a) **Vermessene Teilflächen** sind unter Heranziehung der Grundsätze des § 28 entsprechend den amtlichen Festsetzungen des Vermessungsamtes im Veränderungsnachweis so zu bezeichnen, wie sie nach dessen Vollzug im GB vorgetragen sein werden. Die Angabe der alten Band- und Blattstelle ist möglich, der neuen noch nicht.

b) Vor Vollzug (nicht vor Erklärung) der **Auflassung eines Grundstücksteiles** (§ 2 Abs. 3) muß diese Teilfläche kataster- und grundbuchmäßig verselbständigt werden (§ 2 Rdn. 6, 11 ff.; § 7 Rdn. 4). Die Teilflächenbezeichnung (Identitätserklärung) muß grundbuchrechtlich dem § 28 S. 1 entsprechen (vgl. § 20 Rdn. 109).[33] Wird ein Teilgrundstück aufgelassen und bestehen nach Vorliegen des Veränderungsnachweises hinsichtlich der Identität der Teilfläche keine vernünftigen Zweifel, darf das Grundbuchamt die Eintragung des Eigentumswechsels nicht von der Vorlage einer Identitätserklärung abhängig machen.[34]

c) Die **Belastung eines Grundstücksteiles** (§ 7 Abs. 1) setzt grundsätzlich die kataster- und grundbuchmäßige Verselbständigung dieser Teilfläche voraus (§ 2 Rdn. 6, 11 ff.; § 7 Rdn. 5). Ausnahmsweise genügt unter den Voraussetzungen des § 7 Abs. 2 für ihre Belastung mit einer Dienstbarkeit oder Reallast, daß sie kartenmäßig eindeutig bezeichnet wird (§ 7 Rdn. 7).

5. Bezeichnung des Ausübungsbereichs von Rechten

a) Bei Belastung des ganzen Grundstücks mit einem Recht, dessen Ausübung rechtsgeschäftlich auf einen realen Grundstücksteil beschränkt ist, muß **16**

(1) **das zu belastende Grundstück** gemäß § 28 S. 1 bezeichnet werden (§ 28 Rdn. 10 ff.),

(2) **der Ausübungsbereich** entsprechend den grundbuchrechtlichen Bestimmtheits- und Auslegungsgrundsätzen (Einl. C 7, 18 ff.) in einer dem Verkehrsbedürfnis entsprechenden Weise zweifelsfrei bezeichnet,[35] aber weder kataster- und grundbuchmäßig verselbständigt, noch in eine amtliche Karte eingezeichnet werden (vgl. § 7 Rdn. 20).[36] Dies kann erfolgen z. B. durch eine in der Bewilligung in Bezug genommene allgemein zugängliche Karte,[37] durch genaue Beschreibung unter Bezugnahme auf Orientie-

---

[30] BGH Rpfleger 84, 310/311; BayObLG DNotZ 61, 591; Rpfleger 80, 433; 81, 147; 82, 62; OLG Hamm DNotZ 71, 49; OLG Zweibrücken Rpfleger 88, 183.
[31] OLG Bremen Rpfleger 75, 364.
[32] BGH DNotZ 88, 109; Böttcher Rpfleger 89, 133/134; Staudinger/*Pfeifer* 13. Bearbeitung § 925 Rdn. 62.
[33] BayObLG Rpfleger 88, 60.
[34] OLG Köln, NJW-RR 1992, 1043.
[35] BGH Rpfleger 76, 126; DNotZ 82, 228; 85, 37; BayObLGZ 83, 253/255.
[36] S. a. *Wirner* MittBayNot 81, 221; Haegele/Schöner/*Stöber* GBR 1119, 1141.
[37] BGHZ 59, 11 = DNotZ 72, 533; *Winkler* Rpfleger 80, 169; *Arnold* DNotZ 80, 262.

rungshilfen,[38] auch wenn die Orientierungshilfen beseitigt werden können[39] oder die Begrenzung der Fläche von der Entschließung einer Behörde (z. B. Bebauungsplan) abhängt.[40] Das Erfordernis der Bezeichnung der Ausübungsfläche entfällt, wenn einem Vertragsteil oder Dritten das Geländebestimmungsrecht übertragen ist.[41]

b) Die gleichen Anforderungen gelten für **Vormerkungen**, Widersprüche, Verfügungsbeschränkungen und sonstige Vermerke (Einl. B 12), die am ganzen Grundstück eingetragen werden, aber lediglich einen realen Grundstücksteil betreffen, z. B. Auflassungsvormerkung für den Anspruch auf Übereignung einer erst noch zu vermessenden Teilfläche (Einl. G 26, 27; § 7 Rdn. 8).[42] Die Vormerkung kann schon vor Festlegung der betroffenen Fläche eingetragen werden, wenn im schuldrechtlichen Vertrag einem Vertragspartner oder Dritten die Flächenbestimmung übertragen worden ist (§§ 315, 317 BGB).[43] Ist der schuldrechtliche Vertrag wegen ungenügender Beurkundung nichtig,[44] ist der Auflassungsanspruch nicht entstanden und folglich nicht vormerkungsfähig, was das GBA zu prüfen und ggf. zu beanstanden hat (Einl. G 15, 32; K 6; § 22 Rdn. 45).

c) Zur **Belastung eines Miteigentumsanteils** mit einem Recht (oder Vormerkung), dessen Ausübung auf einen realen Grundstücksteil beschränkt ist, sind (soweit eine solche Belastung überhaupt zulässig ist; vgl. § 7 Rdn. 9 ff.) der Miteigentumsanteil (§ 28 Rdn. 17) und der Ausübungsbereich des Rechts nach den dafür geltenden Regeln zu bezeichnen.

6. Bezeichnung ideeller Bruchteile (verbunden mit Sondereigentum)

17 Bei Verfügungen über einen Miteigentumsanteil an einem Grundstück (§ 7 Rdn. 9 ff.; § 20 Rdn. 98), WE (Einl. E 14) oder Bruchteil eines Rechts (§ 47 Rdn. 3 ff.) ist dieser Anteil zweifelsfrei zu bezeichnen. Dies geschieht am besten durch Angabe der Größe des Bruchteils (§ 47 Rdn. 5), kann aber auch auf jede andere den Bestimmtheits- und Auslegungsgrundsätzen entsprechende Weise erfolgen (§ 28 Rdn. 2).

Mehrere Fälle sind zu unterscheiden:

a) Verfügt der Miteigentümer über „seinen" im GB eingetragenen Anteil (z. B. zu 1/2), ergibt sich die Größe dieses Anteils aus dem GB und bedarf keiner näheren Bezeichnung.[45]

b) Bei Verfügungen des Alleineigentümers über einen Miteigentumsanteil oder des Miteigentümers über einen Bruchteil seines Anteils, ist dieser Anteil seiner Größe nach genau zu bezeichnen.

c) Verfügungen eines Miteigentümers über seinen ganzen Anteil zugunsten mehrerer Erwerber nach Bruchteilen können materiellrechtlich zwar i. d. R. als Verfügung zugunsten der Erwerber zu gleichen Bruchteilen ausgelegt werden, bedürfen aber verfahrensrechtlich zur GB-Eintragung einer genauen Bezeichnung der Quote eines jeden Erwerbers (§ 20 Rdn. 98).

d) Werden alle Miteigentumsanteile eines Grundstücks veräußert oder belastet, so bedarf dies keiner Hervorhebung. Es genügt Veräußerung bzw. Belastung des ganzen

---

[38] BGH DNotZ 69, 286; 69, 486; 82, 230; BayObLG Rpfleger 82, 335.
[39] BGH DNotZ 82, 230.
[40] BayObLG Rpfleger 83, 344.
[41] BGH DNotZ 73, 609; Rpfleger 81, 286; 84, 227; OLG Hamm Rpfleger 81, 178; BayObLG DNotZ 84.
[42] BGH NJW 72, 2270; BayObLG DNotZ 83, 443.
[43] BayObLGZ 73, 309; *Stumpp* Rpfleger 73, 389.
[44] Dazu Haegele/Schöner/*Stöber* GBR 863 ff., 1503.
[45] RGZ 146, 346.

Grundstücks. Dies kann i. d. R. nicht in eine Verfügung über nur einzelne Anteile umgedeutet werden, wenn entweder nicht alle Miteigentümer mitwirken[46] oder wenn zunächst alle mitwirken, aber die Erklärungen des einen von ihnen unwirksam oder in zulässiger Weise widerrufen werden. Im Regelfall ist davon auszugehen, daß nur über das ganze Grundstück oder gar nicht verfügt werden soll. Ein gegenteiliger Wille muß in den Erklärungen unzweideutig zum Ausdruck gebracht werden (Einl. D 20).

e) Vor Anlegung der Wohnungsgrundbücher ist eine Bewilligungserklärung, die inhaltlich den Anforderungen des § 28 Satz 1 entspricht, grundsätzlich nicht möglich. Eine Ausnahme ist allerdings für den Fall zu machen, daß die Teilungserklärung in der dafür nach § 29 erforderlichen Form mit Aufteilungsplan und Abgeschlossenheitsbescheinigung dem Grundbuchamt bereits vorliegt.[47]

IV. Angabe von Geldbeträgen

1. Geldbeträge

a) Nach § 28 Satz 2 sind Geldbeträge grundsätzlich in inländischer Währung in das GB einzutragen, also seit dem 21. 6. 1948 in „Deutscher Mark zu einhundert Deutschen Pfennigen" (§ 1 WährG).[48] Dies gilt für alle einzutragenden Geldbeträge, gleichgültig ob sie in den Eintragungsvermerk selbst aufgenommen oder nur durch Bezugnahme auf die Bewilligung GB-Inhalt werden, also nicht nur für Grundpfandrechte, sondern auch für Reallasten und Erbbauzins (soweit in Geld vereinbart), Ablösungssummen (§ 1199 Abs. 2 BGB), Höchstbetrag des Wertersatzes (§ 882 BGB).

b) Im Gebiet der ehemaligen DDR wurde die Deutsche Mark als Währung mit Wirkung ab 1. 7. 1990 eingeführt.[49]

c) Die Neuregelung, die § 28 Satz 2 Halbsatz 2 durch das Registerverfahrensbeschleunigungsgesetz erfahren hat, ist nicht auf die Wiedervereinigung zurückzuführen, sondern ist vor dem Hintergrund der Bemühungen um eine europäische Währungsunion zu sehen.[50] Sie korrespondiert mit den §§ 145 a und 158 a ZVG. Der „Euro" soll am 1. Januar 1999 nicht sofort an die Stelle der nationalen Währungen treten, vielmehr ist eine bis zu dreijährige Übergangsphase vorgesehen, in der die DM in Deutschland alleiniges gesetzliches Zahlungsmittel bleiben wird.[51] Die Bestimmung eröffnet (u. a.) die Möglichkeit, auf der Grundlage einer entsprechenden Rechtsverordnung bereits in dieser Übergangszeit Geldbeträge im GB in anderer Währung als die DM anzugeben.[52]

2. Eintragung in nicht mehr geltender Währung

a) Die Neueintragung eines Rechtes in „Reichsmark" (und aus den gleichen Gründen in „DDR-Mark") ist unzulässig (§ 53 Abs. 1 S. 2).[53]

b) Die Wiedereintragung eines zu Unrecht gelöschten Rechtes in der früheren Währung (Einl. B 14; § 22 Rdn. 4, 27) ist keine inhaltlich unzulässige, sondern eine wirk-

---

[46] OLG Düsseldorf JMBlNRW 59, 180.
[47] BGH NJW-RR 1993, 840.
[48] BGBl. III 7600-1-a; KG NJW 54, 1686.
[49] Gesetz v. 21. 6. 1990; GBl. der DDR 1990 I, 357 ff.
[50] *Kuhlmey/Wittmer* Neues Grundbuch- und Registerrecht, S. 45.
[51] Vgl. *Flik* BWNotZ 1996, 163.
[52] Vgl. dazu die „Verordnung über Grundpfandrechte in ausländischer Währung und in Euro vom 30. 10. 1997, BGBl. I, 2683.
[53] LG Hamburg DNotZ 50, 433; KG NJW 54, 1686; *Demharter* § 28 Rdn. 19; Meikel/*Lichtenberger* § 28 Rdn. 55; Meikel/*Böhringer* C Rdn. 974.

same, aber unrichtige Eintragung (§ 894 BGB; Einl. B 60; C 73).[54] Das GBA muß sie ablehnen, wenn das GB mit Sicherheit dauernd unrichtig würde (Einl. C 68 ff.; § 22 Rdn. 31). Die Neu- oder Wiedereintragung zu Unrecht gelöschter Rechte in Mark der DDR ist auch dann unzulässig, wenn sie aufgrund eines behördlichen Ersuchens, das vor dem 1. 7. 1990 eingegangen ist, vorgenommen werden soll.[55] Die Meinung, bei Wiedereintragung sei die frühere Währung anzugeben, weil das Recht ursprünglich so eingetragen war[56] war für RM-Rechte richtig.[57] Die Rechtslage hat sich aber seit dem GB-MaßnG geändert (vgl. § 28 Rdn. 30). Bei Wiedereintragung empfiehlt sich jedenfalls ein Klarstellungsvermerk (Einl. J 25), daß das Recht bei Löschung in der früheren Währung eingetragen war.

3. Fremdwährungen und Wertbeständigkeitsvereinbarungen

20 a) Dingliche Rechte in ausländischer Währung sind mit dem BGB vereinbar (auch Grundpfandrechte).[58] Sie können aber aus währungsrechtlichen Gründen nicht ohne Genehmigung nach § 3 WährG bestellt werden (§ 28 Rdn. 26). Die früheren Vorschriften über Hypotheken in ausländischer Währung sind durch Art. IV des Gesetzes vom 8. 5. 1963[59] aufgehoben worden und bleiben nur noch auf die vor seinem Inkrafttreten in ausländischer Währung eingetragenen Rechte anwendbar.[60] Soweit dingliche Rechte in ausländischer Währung an Grundstücken wirksam bestellt werden können, steht ihrer Eintragung die Verfahrensvorschrift des § 28 S. 2 entgegen,[61] wenn sie nicht durch Rechtsverordnung des BMJ zugelassen sind. Fremdwährungsschulden (§ 3 S. 1 WährG; § 49 Abs. 1 AWG)[62] können aber durch ein in DM bestelltes und eingetragenes Recht gesichert werden, z. B. durch Grundschuld, Sicherungshöchstbetragshypothek,[63] Zwangshypothek.[64]

b) Wertbeständige Grundpfandrechte sind nicht mit dem BGB (das „eine bestimmte Geldsumme" verlangt; §§ 1113, 1191, 1199 BGB) und auch nicht mit § 28 S. 2 GBO vereinbar. Sie waren früher durch gesetzliche Ausnahmevorschriften (im Wege der Erweiterung des numerus clausus dinglicher Rechte) zugelassen (z. B. auf Basis von Feingold, Roggen, Weizen, Kohle, Kali), die nach jetzt h. M. spätestens am 31. 12. 1968[65] außer Kraft getreten sind.[66]

c) Vereinbarungen über die Wertbeständigkeit von Zahlungs- oder Leistungsverpflichtungen können unter bestimmten Voraussetzungen im Rahmen einer Höchstbetragshypothek (Einl. S 13), Grundschuld (Einl. T 1, 5), Reallast (§ 28 Rdn. 28), Erbbauzins (Einl. F 44, 45), oder durch Vormerkung für den Anspruch auf Neufestsetzung

---

[54] Ebenso *Demharter* § 28 Rdn. 18; a. A. Meikel/*Lichtenberger* § 19 Rdn. 55.
[55] KG Rpfleger 1993, 16; ebenso LG Frankfurt/Oder für RM, VIZ 1995, 58.
[56] So LG Bonn NJW 55, 456; LG Berlin JR 56, 19.
[57] *Weber* DNotZ 55, 453/463.
[58] Staudinger/*Wofsteiner* Einl. zu §§ 1113 ff. Rdn. 32.
[59] BGBl. I 293.
[60] Zur materiellen Rechtslage: MünchKomm/*Eickmann* § 1113 Rdn. 44; *Demharter* § 28 Rdn. 20 f., auch zu früheren Verordnungen, die die Eintragung in ausländischer Währung zuließen.
[61] Meikel/*Lichtenberger* § 28 Rdn. 53; Haegele/Schöner/*Stöber* GBR 135.
[62] MünchKomm/*v. Maydell* § 244 Rdn. 34 ff.
[63] RGZ 106, 79.
[64] LG Osnabrück Rpfleger 68, 122.
[65] Vgl. § 3 Abs. 1 S. 2 des Gesetzes vom 10. 7. 1958, BGBl. I 437 i. V. m. § 3 Abs. 1 des Gesetzes über den Abschluß der Sammlung des Bundesrechts vom 28. 12. 1968, BGBl. 1451.
[66] Dazu Meikel/*Lichtenberger* § 28 Rdn. 53; *Demharter* § 28 Rdn. 24 ff. auch zur früheren Rechtslage; MünchKomm/*Eickmann* § 1113 Rdn. 42; Palandt/*Bassenge* § 1113, 14.

(Erhöhung) einer Reallast (Erbbauzins) gesichert werden (dazu § 28 Rdn. 28; Einl. F 49, 50). Die Voraussetzungen der Vormerkungs- und Genehmigungsfähigkeit sind unabhängig voneinander zu beurteilen (dazu Einl. F 50).

V. Verstoß gegen § 28

§ 28 Satz 1 und Satz 2 sind Ordnungsvorschriften (vgl. § 28 Rdn. 1), von denen Satz 1 nicht eng ausgelegt werden darf[67] und auch ein Verstoß gegen Satz 2 die Eintragung grundsätzlich nicht unwirksam macht.[68]

21

Entspricht eine Eintragungsunterlage § 28 nicht, hat das GBA den Antrag nicht sofort zurückzuweisen, sondern Zwischenverfügung zu erlassen.[69]

Verstößt eine Eintragung gegen § 28, ist zu unterscheiden:
a) Eintragung am falschen Grundstück: GB unrichtig (§ 894 BGB).
b) Grundpfandrecht ohne Angabe des Geldbetrages: inhaltlich unzulässig (§ 53 Abs. 1 S. 2);
c) Eintragung eines nicht gewollten Geldbetrages: GB unrichtig (§ 894 BGB);
d) Fehlt eine nach § 3 WährG erforderliche Genehmigung, besteht zunächst schwebende Unwirksamkeit mit der Rechtsfolge eines Amtswiderspruchs nach § 53, der erst zu löschen ist, wenn die Genehmigung nachgewiesen wird. Bei rechtskräftiger Versagung der Genehmigung ist GB unrichtig.

VI. Wertsicherungsvereinbarungen im Grundbuch

Literatur:

Kommentare zu § 3 WährG; zu §§ 244, 245, 1105 BGB; §§ 9, 9a ErbbauVO. *Dürkes* Wertsicherungsklauseln; *Samm/Hafke* Grundbesitz und Wertsicherungsklauseln; Staudinger/*Schmidt* Vorbem. D 158 ff. zu § 244; Haegele/Schöner/*Stöber* GBR 3254 ff. Zur Genehmigungspraxis der Deutschen Bundesbank vgl. *Willms-Wahlig* BB 1978, 973; *Hafke* NWB 1982, 1067; BNotK I intern.

1. Bedeutung im Grundstücksverkehr

a) Wertsicherungsklauseln sind Vereinbarungen, die die Höhe einer Geldschuld vom Preis oder einer Menge anderer Güter oder Leistungen abhängig machen. Sie haben das Ziel, die Geldschuld vom Nennbetrag der geltenden Währung (Nennwertprinzip) zu lösen und wertbeständig zu halten.[70] Zu unterscheiden ist zwischen den a) nach § 3 WährG genehmigungspflichtigen Gleitklauseln (§ 28 Rdn. 23); b) genehmigungsfreien Spannungsklauseln (Rdn. 24) und Leistungsvorbehalten (Rdn. 25); c) weiteren genehmigungsfreien Klauseln (z. B. Sachschuldvereinbarungen).[71]

22

b) Im Grundstücksverkehr kommt es darauf an, mit welchem Inhalt eine Wertsicherungsklausel wirksam vereinbart, im Rahmen eines dinglichen Rechts oder wenigstens durch Vormerkung gesichert werden kann (dazu § 28 Rdn. 20, 28) und ob dazu eine Genehmigung (§ 3 WährG) erforderlich ist (dazu § 28 Rdn. 26, 27, 29).[72]

---

[67] OLG Bremen Rpfleger 75, 364
[68] Meikel/*Lichtenberger* § 28 Rdn. 58, 59.
[69] OLG Hamm DNotZ 71, 49; OLG Düsseldorf Rpfleger 78, 216; BayObLG Rpfleger 81, 190 Anm. *Meyer-Stolte*.
[70] Palandt/*Heinrichs* § 245 Rdn. 18.
[71] Vgl. Staudinger/*Schmidt* (Vorbem. D 223 ff. zu § 244), der auf die uneinheitliche Terminologie hinweist.
[72] S. a. Staudinger/*Schmidt* Vorbem. D 246 ff.; 277 ff.; 302 ff. zu § 244.

c) Nach § 3 WährG genehmigungsbedürftige Vereinbarungen sind bis zur Genehmigung schwebend unwirksam[73] und nach Versagung der Genehmigung nichtig.[74] Eine unwirksame Klausel kann häufig im Wege der ergänzenden Vertragsauslegung durch eine genehmigungsfähige oder genehmigungsfreie Klausel ersetzt werden.[75] Ist dies nicht möglich, sind die Parteien in der Regel verpflichtet (§ 242 BGB), einer solchen Änderung der Klausel zuzustimmen.[76]

d) Im GB-Verfahren hat das GBA die Genehmigungsbedürftigkeit selbständig zu prüfen und bei Zweifeln eine Genehmigung oder ein Negativzeugnis zu verlangen (dazu § 20 Rdn. 156, 157; § 28 Rdn. 21, 29).[77]

2. Genehmigungspflichtige Gleitklauseln (Wertsicherungsklauseln)

23 Bei ihnen liegt das entscheidende Merkmal darin, daß

a) nach dem Willen der Beteiligten eine Änderung der vereinbarten „Bezugsgröße" unmittelbar und zwangsläufig im Wege einer „**Automatik**" eine bestimmte Änderung der durch diese Klausel gesicherten Geldschuld auslöst **und**

b) die vereinbarte Bezugsgröße sich am Preis oder der Menge **anderer** Güter oder Leistungen orientiert.[78]

3. Genehmigungsfreie Spannungsklauseln

24 sind Vereinbarungen, wonach die zu sichernde Geldschuld zwangsläufig ständig in einem bestimmten Verhältnis zum künftigen **Preis oder Wert gleichartiger oder zumindest vergleichbarer** Güter oder Leistungen stehen soll. Die Gleichartigkeit der Relation zwischen Geldschuld und Vergleichsgröße ist der Grund für die Genehmigungsfreiheit solcher Vereinbarungen, weil nach h. M. der Wortlaut des § 3 WährG nur den Bezug auf „andere" Güter oder Leistungen unter den Genehmigungsvorbehalt stellt. Eine Spannungsklausel liegt daher selbst dann vor, wenn sie nur eine Erhöhung der Geldschuld und keine Ermäßigung zuläßt.[79]

Beispiele: Abhängigkeit von Gehalt oder Ruhegehalt mit Entwicklung anderer Gehälter oder Ruhegehälter; Baupreis mit einschlägigem Baukostenindex; Erbbauzins mit Grundstückserträgen oder Preisentwicklung vergleichbarer Räume; nicht bei Anpassung von Erbbauzins oder Kaufpreisrente an Gehaltsentwicklung oder Preisindex für Lebenshaltung.[80]

25 **4. Genehmigungsfreie Leistungsvorbehalte** sind Abreden, wonach die Geldschuld bei Eintritt bestimmter Voraussetzungen durch die Parteien oder Dritte (z. B. Schiedsgutachter) den neuen Gegebenheiten angepaßt werden sollen, also **keine automatische Änderung** eintritt und für die Neufestsetzung ein Ermessensspielraum bestehen muß.[81]

---

[73] BGHZ 14, 306/313; 53, 318.
[74] Staudinger/*Schmidt* a. a. O.
[75] BGH NJW 79, 2250; 86, 983.
[76] BGH NJW 73, 149; 79, 1546.
[77] S. a. Meikel/*Lichtenberger* § 28 Rdn. 57, 62.
[78] Dazu BGHZ 14, 306 = DNotZ 54, 661; BGH NJW 69, 91; 75, 45; DNotZ 77, 411; NJW 80, 589; BB 83, 215; NJW 86, 932/933; Palandt/*Heinrichs* § 245 Rdn. 22.
[79] Dazu BGH DNotZ 70, 536; NJW 74, 273; Rpfleger 76, 54; DNotZ 80, 85; NJW 83, 1910; NJW-RR 86, 877; *Willms/Wahlig* BB 78, 974; Palandt/*Heinrichs* § 245 Rdn. 24 f.; MünchKomm/*v. Maydell* § 244 Rdn. 25.
[80] Palandt/*Heinrichs* § 245 Rdn. 25.
[81] BGH Rpfleger 79, 56; BGH NJW 67, 830; DNotZ 68, 409; 69, 96; 73, 476; 73, 478; NJW 78, 154; *Hafke* NWB 82, 1071; *Willms/Wahlig* BB 78, 974; Palandt/*Heinrichs* § 245 Rdn. 26 ff.; MünchKomm/*v. Maydell* § 244 Rdn. 23.

5. Grundsätze für Genehmigungen nach § 3 WährG

a) § 3 WährG ist ein Verbotsgesetz i. S. d. § 134 BGB mit Erlaubnisvorbehalt.[82] **26**

b) Nach den Genehmigungsgrundsätzen der Deutschen Bundesbank (Nr. 1015/78 v. 9. 6. 1978) kann mit der Genehmigung nach § 3 WährG nur bei Einhaltung bestimmter Voraussetzungen gerechnet werden.[83] Diese Grundsätze sind im Bundesanzeiger Nr. 109/1978 veröffentlicht.[84] Genehmigungsanträge sind bei der örtlich zuständigen Landeszentralbank einzureichen.

c) Im Gebiet der ehemaligen DDR gelten seit dem 1. 7. 1990 Regelungen, die inhaltlich mit § 3 Satz 1 und 2 des Währungsgesetzes übereinstimmen (vgl. Art. 3 der Anlage I des Vertrages über die Währungs-, Wirtschafts- und Sozialunion v. 18. 5. 1990), und die gleichen Genehmigungsgrundsätze.

6. Voraussetzungen der Genehmigung von Wertsicherungsvereinbarungen

a) **Der maßgebliche Wertmesser muß unzweideutig und vollständig bezeichnet werden**, damit er Nr. 2 c der Genehmigungsgrundsätze (Rdn. 26) entspricht;[85] z. B. ein bestimmter vom Statistischen Bundesamt festgestellter Preisindex bzw. eine bestimmte Vergütungsgruppe eines Tarifvertrages oder bestimmte Besoldungsordnung unter Angabe der Besoldungsgruppe, Dienstalterstufe, Ortsklasse. Ungenügend wäre „allgemeiner Kaufkraftschwund", „Preisveränderung der Güter des täglichen Gebrauchs", „wesentliche Änderung der wirtschaftlichen Verhältnisse", „Steigerung des Lebensstandards"; „Änderung des Lebenshaltungskostenindexes" oder „Änderung der Beamtengehälter". **27**

b) **Bestimmte Wertmesser sind** nur unter besonderen Voraussetzungen (z. B. Versorgungszweck der zugrundeliegenden Geldleistungen) **genehmigungsfähig**, z. B. die Entwicklung von Löhnen und Gehältern nur noch für Zahlungen auf Lebensdauer bzw. bis zur Erreichung der Erwerbsfähigkeit oder des Ausbildungszieles des Empfängers (Nr. 3 b) oder die Entwicklung der Grundstückspreise nur noch für Vereinbarungen über die Nutzung eines land- oder forstwirtschaftlichen Grundstücks (Nr. 3 e), also z. B. nicht mehr für Erbbauzins.

c) **Die vorgeschriebene Mindestdauer** wiederkehrender Leistungen (z. B. in Nr. 1 b; 3 a; 3 b) darf bei Begründung des Schuldverhältnisses nicht unterschritten werden und auch nicht durch den Gläubiger einseitig abkürzbar sein, z. B. durch Kündigungs- oder Rücktrittsklauseln.

7. Wertsicherung durch dingliche Rechte

Bei der dinglichen Sicherung im Grundbuch war bis zur Neuregelung durch das Sachenrechtsänderungsgesetz zu unterscheiden zwischen der Reallast (§ 1105 BGB) und Erbbauzinsreallast (§ 9 ErbbauVO).[86] **28**

a) Inhalt einer Reallast (§ 1105 BGB; Einl. R 7, 8) können Wertsicherungsvereinbarungen (genehmigungspflichtige Gleitklauseln oder genehmigungsfreie Spannungsklauseln, vgl. § 28 Rdn. 23, 24) nur sein, wenn der Wertsicherungsmaßstab objektiv und

---

[82] MünchKomm/*v. Maydell* § 244 Rdn. 31; BVerwGE 41, 1.
[83] DNotZ 78, 449; 82, 329; 83, 201.
[84] Auch in § 28 Rdn. 26 der 3. Aufl.; DNotZ 78, 449; NJW 78, 2381; Haegele/Schöner/ Stöber GBR 3256.
[85] *Haegele* Rpfleger 71, 289.
[86] Vgl. dazu BGH Rpfleger 90, 452.

§ 28

zuverlässig feststellbar ist[87] und die Gewähr für seinen Fortbestand während der gesamten Leistungsdauer bietet und wenn der Umfang der jeweils durch die Veränderung des Maßstabs ausgelösten Änderung der Leistungshöhe und der Beginn der neuen Leistungsverpflichtung festgelegt sind.[88] Denn die Reallast muß nicht (wie Grundpfandrechte, Erbbauzins) bestimmt, aber wenigstens in ihrer Höhe bestimmbar[89] und in Geld umwandelbar sein.[90] Unter diesen Voraussetzungen sind brauchbar z. B. die amtlichen Lebenshaltungskostenindices,[91] Beamtengehälter und -pensionen,[92] bestimmte Handwerkertariflöhne,[93] der Wert des belasteten Grundstücks,[94] bestimmbare Sachschulden,[95] der Nettomietwert einer bestimmten Wohnung,[96] nicht dagegen die jeweiligen Bezüge einer individuell festgelegten Person oder der Wert oder Pachtzins anderer Grundstücke gleicher Art und Lage.[97] Ist eine Reallast (z. B. für eine Leibrente) außer einer üblichen (eintragungsfähigen) Wertsicherungsklausel mit einer Vereinbarung versehen, wonach jeder Vertragsteil (oder nur einer) „bei Veränderung seiner wirtschaftlichen Verhältnisse" eine Abänderung des vereinbarten Betrages verlangen kann (§ 323 ZPO), so ist diese Klausel als Inhalt einer zur Sicherung der Leibrente bestellten Reallast nicht ausreichend bestimmt.[98] Sie ist aber dann als Reallast eintragungsfähig, wenn die Anpassungsmaßstäbe für Abänderungen inhaltlich ausreichend bestimmt sind,[99] auch wenn eine Erhöhung in dem sich aus der Klausel ergebenden Umfang nur auf Verlangen des Gläubigers eintritt.[100]

b) Schuldrechtliche Verpflichtungen auf spätere Erhöhungen können (wie beim Erbbauzins; dazu Einl. F 49, 50)[101] durch eine Vormerkung auf Erhöhung der Reallast gesichert werden, wenn der Anspruch in seiner künftigen Höhe hinreichend bestimmbar ist,[102] z. B. wenn der Höchstbetrag jeder einzelnen Rentenerhöhung und der gesamte Erhöhungsrahmen von vornherein feststehen.[103] Es genügt aber nicht, wenn die für die Bemessung der Reallastleistungen oder für die künftige Anpassung maßgebenden Gesichtspunkte dem Vertrag (folglich auch dem GB) nicht entnommen werden können.[104] Mit der Änderung des § 9 Abs. 2 S. 1 ErbbauVO durch das SachenRÄndG vom 21. 9. 1994[105] gelten nunmehr die Regeln für die Reallast uneingeschränkt auch für den Erbbauzins, der deshalb auch in gleicher Weise wertgesichert werden kann wie sonstige Reallasten.[106] Danach ist auch hier ibs. die Vereinbarung automatisch wirken-

---

[87] BGHZ 35, 22/27.
[88] So Staudinger/*Amann* 13. Bearbeitung, § 1105 Rdn. 14; *Müller-Frank* MittRhNotK 75, 345.
[89] BGHZ 22, 54/58 = DNotZ 57, 200/202; BayObLG DNotZ 54, 98; 80, 94/97.
[90] BayObLGZ 59, 301/305 = DNotZ 60, 147/148; MittBayNot 87, 94.
[91] BGH DNotZ 74, 90; *Rasch* NJW 85, 948.
[92] BGHZ 22, 54.
[93] OLG Oldenburg NJW 61, 2261.
[94] BGHZ 22, 220.
[95] OLG Schleswig DNotZ 75, 720.
[96] LG Nürnberg-Fürth MittBayNot 82, 181.
[97] OLG Hamm DNotZ 68, 244; OLG Düsseldorf DNotZ 69, 297. vgl. dazu Staudinger/*Amann* § 1105 Rdn. 11 ff.; Palandt/*Bassenge* § 1105 Rdn. 6; Haegele/Schöner/*Stöber* GBR 1297 ff., 3254 ff.; *Schmitz-Valkenberg* DNotZ 68, 429; *Müller-Frank* MittRhNotK 75, 355; *Amann* MittBayNot 79, 219; *Mayer-Stolte* Rpfleger 84, 462.
[98] BayObLG DNotZ 80, 94; dazu *Amann* MittBayNot 79, 219.
[99] BayObLG MittBayNot 87, 95 = MittRhNotK 87, 280 m. zust. Anm. *Schepp*; BayObLG DNotZ 1994, 180; Haegele/Schöner/*Stöber* GBR 1297 f.
[100] BGH Rpfleger 90, 452.
[101] RGRK/*Räfle* ErbbauVO § 9 Rdn. 25 ff.
[102] OLG Hamm Rpfleger 88, 57; Staudinger/*Gursky* § 883 Rdn. 97.
[103] OLG Düsseldorf Rpfleger 89, 231.
[104] Dazu KG DNotZ 85, 707; OLG Hamm Rpfleger 88, 57; OLG Frankfurt Rpfleger 88, 247.
[105] BGBl. I S. 2457/2489.
[106] BayObLG MittBayNot 1996, 372; Haegele/Schöner/*Stöber* GBR 1811 a; Oefele/*Winkler* Rdn. 6.81.

der Gleitklauseln möglich, die weitere Grundbucheintragungen erübrigen. Die Vereinbarung ermessensabhängiger Anpassungsmaßstäbe läßt sich dagegen nach wie vor nur schuldrechtlich treffen und – soweit genügend bestimmt bzw. bestimmbar – durch Vormerkung sichern.[107] Zwischen diesen beiden Gestaltungen steht eine dritte, bei der die Veränderung des geschuldeten Betrages in Übereinstimmung mit dem Wortlaut des § 9 Abs. 2 S. 1 ErbbauVO vom Verlangen eines Vertragsteils abhängig gemacht wird.[108] Hier bedarf die Veränderung zur dinglichen Wirksamkeit der Eintragung in das Grundbuch, die dann aber am bisherigen Rang der Erbbauzinsreallast teilhat.[109]

c) Umfaßt der Inhalt der Reallast auch die Anpassung der künftigen Reallastleistungen (oben a), besteht kein Anspruch auf eine entsprechende Änderung des dinglichen Rechts. Dann kommt (mangels Anspruch) keine Vormerkung in Betracht.[110] Trägt das GBA die Vormerkung trotzdem ein, kann je nach den Umständen des Einzelfalles eine inhaltlich unzulässige (§ 53 Abs. 1 S. 2) oder unrichtige Eintragung (§ 894 BGB) vorliegen (dazu § 22 Rdn. 42, 43).

8. Genehmigung der Wertsicherungsvereinbarung nach § 3 WährG

Die Genehmigung umfaßt auch die dingliche Bestellung der Reallast.[111] Zur Eintragung einer solchen Reallast ist diese Genehmigung dem GBA nachzuweisen. Ohne diese Genehmigung darf die Reallast nicht mit dem dinglichen Inhalt eingetragen werden, der sich aus der Wertsicherungsvereinbarung ergibt, sondern nur ohne diesen Inhalt (dazu § 28 Rdn. 21, 22). In der Rspr.[112] wurden allerdings Klauseln für genehmigungsfrei gehalten, die den Grundsätzen der Deutschen Bundesbank nicht entsprechen, obwohl deren Befugnis zur Festlegung der Genehmigungsvoraussetzungen vom BVerwG[113] grundsätzlich bejaht worden ist.[114] Das GBA hat die Eintragung einer Reallast auch in Zweifelsfällen von der Genehmigung oder einem Negativzeugnis abhängig zu machen. Der Frage, ob die Genehmigung zu Unrecht versagt wurde, hat das GBA nicht nachzugehen.

VII. Währungsreform

1. Allgemeines

a) Die Auswirkungen der Währungsreform im GB sind in der Praxis nur noch gering.[115]

b) Die Hypothekengewinnabgabe ist nur eine öffentliche Last, wenn sie im GB vermerkt ist (dazu § 54 Rdn. 8).

---

[107] Haegele/Schöner/*Stöber* GBR 1811 a; *Wilke* DNotZ 1995, 654, 663.
[108] *Wilke* DNotZ 1995, 654, 664.
[109] BayObLG MittBayNot 1996, 371; Haegele/Schöner/*Stöber* GBR 1811 a; a. A. *Wilke* DNotZ 1995, 654, 664.
[110] OLG Celle DNotZ 77, 548; Staudinger/*Gursky* § 883 Rdn. 97.
[111] Vgl. Staudinger/*Amann* § 1105 Rdn. 14.
[112] Z. B. des BGH DNotZ 81, 253; 81, 258.
[113] NJW 73, 529.
[114] Dazu Staudinger/*Schmidt* Vorbem. D 209, 210 zu § 244.
[115] Einzelheiten über die bisherige gesetzliche Regelung bei Meikel/Imhof/*Riedel* § 22 Rdn. 45 ff.; Haegele/Schöner/*Stöber* GBR 4200 ff; Staudinger/*Schmidt* Vorbem. A 32 ff. zu § 244. Vgl. Gesetz zum Abschluß der Währungsumstellung v. 17. 12. 1975; BGBl. I 3123; *Seidl* DNotZ 64, 67 zum Grundbuchmaßnahmengesetz (GBMaßnG).

§ 28 I. Grundbuchordnung

c) Ein Umstellungsbetrag auf mehr als 1,– DM für 10,– RM darf nach § 3 GBMaßnG nur eingetragen werden, wenn ein Umstellungsschutzvermerk eingetragen ist (Einl. J 28). Vor der Eintragung der Abtretung eines noch auf RM lautenden Grundpfandrechts muß im GB die Umstellung auf DM erfolgen.[116]

2. Gesetzliches Umstellungsverhältnis

31 Grundpfandrechte und Reallasten (§§ 11, 12 GBMaßnG) bestehen kraft Gesetzes, wenn sie auf Reichsmark lauten, **in Deutscher Mark im Umstellungsverhältnis 10:1** (§ 7 Abs. 1 GBMaßnG). Das Umstellungsverhältnis der gesicherten persönlichen Forderung bleibt dadurch unberührt (§ 7 Abs. 2 GBMaßnG). Die Umstellung des dinglichen Rechts kann auf vereinfachte Weise nach § 8 GBMaßnG durchgeführt werden. Umstellungsgrundschulden, die im Grundbuch nicht als auf den Eigentümer übergegangen eingetragen sind, wurden nach §§ 14 ff. GBMaßnG zum Erlöschen gebracht. Wertbeständige Rechte werden nach den §§ 1 bis 3 GBBerG unter Verlust ihrer Wertbeständigkeit auf DM-Festbeträge umgestellt.[117]

3. Löschung

32 Bei der Löschung von Grundpfandrechten auf gesetzlicher Grundlage ist zu differenzieren zwischen der Rechtslage in der alten Bundesrepublik und dem Beitrittsgebiet nach dem Einigungsvertrag: Hypotheken und Grundschulden bis zum Umstellungsbetrag von 500,– DM, Rentenschulden und Reallasten bis zur Jahresleistung von 25,– DM können aufgrund von Erklärungen und Nachweisen gelöscht werden, die nicht der Form des § 29 oder der in § 35 GBO genannten Beweismittel bedürfen (§ 18 GBMaßnG. Vgl. §29 Rdn. 11; § 35 Rdn. 23; OLG Hamm Rpfleger 83, 146). Ohne Löschungsbewilligung des Gläubigers (z. B. weil er unbekannt, unbekannten Aufenthalts oder verstorben ist),[118] ist die Löschung nach h. M. und wie sich nunmehr im Gegenschluß zu § 10 GBBerG ergibt, außerhalb des Beitrittsgebiets nicht möglich.[119] In der Praxis wäre es zu begrüßen, wenn sich die a. A.[120] durchsetzen würde.

Im Gebiet der früheren DDR galten bis zum 22. 7. 1992 vom GBMaßnG nur die §§ 26 und 28 (Einigungsvertrag Anlage I Sachgebiet B Abschnitt III Nr. 3). Deshalb waren dort jedenfalls zunächst die Vorschriften des GBMaßnG über die Löschungserleichterung nicht anwendbar.[121] Durch §§ 18 bis 20 und 36 a GBMaßnG und durch das GBBerG sind nunmehr für derartige Grundpfandrechte und Reallasten Löschungserleichterungen geschaffen. Für die Löschung von Grundpfandrechten bis zu einem Geldbetrag von umgerechnet 5.000 DM gelten Nachweiserleichterungen. Grundpfandrechte mit einem umgerechneten Nennbetrag von bis zu 10.000 DM können durch Hinterlegung einer um ein Drittel des Nennbetrags erhöhten Geldsumme unter Verzicht auf Rücknahme zum Erlöschen gebracht werden. Bei einer Höchstbetragshypothek muß der Nennbetrag nicht erhöht werden.[122]

---

[116] BGH DNotZ 55, 141.
[117] Staudinger/*Wofsteiner* Einl. zu §§ 1113 ff. Rdn. 161; *Demharter* Anh. zu §§ 84 bis 89, Rdn. 3 ff.
[118] Vgl. *Bertzel* Rpfleger 63, 72.
[119] OLG Neustadt DNotZ 65, 47; LG Düsseldorf JurBüro 80, 277; BayObLG Rpfleger 87, 357; Haegele/Schöner/*Stöber* GBR 4220.
[120] LG Köln MittRhNotK 82, 252; *Keim* MittBayNot 85, 247.
[121] *Albrecht* MittBayNot 90, 340/341.
[122] *Böhringer* DtZ 1994, 194; *Demharter* Anhang zu §§ 84–89 Rdn. 58 ff.; Staudinger/*Wolfsteiner* Einl. zu §§ 1113 ff. Rdn. 149 und 172.

[Nachweis der Eintragungsgrundlagen]

§ 29
(1) Eine Eintragung soll nur vorgenommen werden, wenn die Eintragungsbewilligung oder die sonstigen zur der Eintragung erforderlichen Erklärungen durch öffentliche oder öffentlich beglaubigte Urkunden nachgewiesen werden. Andere Voraussetzungen der Eintragung bedürfen, soweit sie nicht bei dem Grundbuchamt offenkundig sind, des Nachweises durch öffentliche Urkunden.
(2) Erklärungen oder Ersuchen einer Behörde, auf Grund deren eine Eintragung vorgenommen werden soll, sind zu unterschreiben und mit Siegel oder Stempel zu versehen.

Übersicht

	Rdn.
I. Allgemeines	1
II. Geltungsgebiet der Formpflicht	
1. Eintragungsunterlage	5–8
2. Alle Eintragungsunterlagen	9
3. Ausnahmen aufgrund besonderer Normen	10–16
4. Ausnahmen aufgrund der Rechtsprechung	17
III. Eintragungsunterlagen im einzelnen	
1. Zur Eintragung erforderliche Erklärungen	18–38
IV. Form der Eintragungsunterlagen	39
1. Zur Eintragung erforderliche Erklärungen	40
2. Andere Eintragungsunterlagen	41–43
V. Öffentliche Urkunden	
1. Umfang des Begriffes	44–46
2. Begriffsdefinitionen	47
3. Urkunden von Behörden	48–72
4. Urkunden von Personen öffentlichen Glaubens	73–79
5. Umfang der Prüfungspflicht des GBA bei inländischen öffentlichen Urkunden	80
6. Mängel der öffentlichen Urkunden	81–85
VI. Öffentlich beglaubigte Urkunden	
1. Begriff	86
2. Zuständigkeit	87–91
3. Form und Inhalt der Beglaubigung	92–102
4. Beweiskraft der beglaubigten Urkunde	103–105
VII. Ausländische Urkunden	
1. Grundsätze	106, 107
2. Staatsverträge	108
3. Europäisches Übereinkommen v. 17. 6. 68	109
4. Haager Übereinkommen	110
5. Legalisation	111–115
VIII. Vorlage der Urkunden	
1. Regel	116, 117
2. Ausnahmen	118–120
3. Verweisung auf Akten	121
4. Beilagen von Urkunden	122, 123
IX. Offenkundigkeit	
1. Grundsatz	
2. Begriff der Offenkundigkeit	124, 125
3. Aktenkundigkeit	126–128
X. Freie Beweiswürdigung sonstiger Umstände	
1. Grundsatz	129
2. Tatsachen, welche die Zurückweisung des Antrages begründen können	130–133
3. Nebenumstände, welche eine Erklärung erst wirksam machen	134
4. Ausschluß von sehr entfernt liegenden Möglichkeiten	135–137
XI. Insbesondere Vollmacht und Vollmachtswiderruf	
1. Vermutung des Fortbestehens	138
2. Widerruf	139
3. Nachweis des Fortbestehens	140

Literatur:

Beseitigung dinglicher Rechtslagen bei Grundstücken in den neuen Ländern *Böhringer* Rpfleger 95, 51; *Böhringer* Löschung von Grundpfandrechten in den neuen Ländern Rpfleger 95, 139.

I. Allgemeines

1 Die §§ 29 bis 37 gehören innerlich zusammen. Insgesamt befassen sie sich mit der Form der notwendigen Eintragungsvoraussetzungen. Die §§ 30, 31 beschäftigen sich dabei mit der Form derjenigen Erklärungen, welche das Verfahren selbst betreffen, die §§ 29, 32 bis 37 mit der Form der Eintragungserklärungen (vgl. dazu Einl. A 44 ff.), d. h. derjenigen Eintragungsvoraussetzungen, welche die Vollzugsreife des Antrages begründen. Der Zusammenhang ist auch bei der Auslegung zu beachten.

2 Es gehört zu den **grundlegenden** Prinzipien des Grundbuchrechtes, daß das Grundbuchamt von sich aus keinerlei Möglichkeit hat, Beweis zu erheben oder Ermittlungen anzustellen[1] (vgl. dazu Einleitung C 54 und unten Rdn. 9). Es ist Sache des Antragstellers, alle erforderlichen Unterlagen beizubringen. Es geht nicht an, aus Indizien rückschlüsse auf den Inhalt der dinglichen Einigung zu ziehen.[2] Deswegen ist es notwendig, durch § 29 für alle Unterlagen, welche die Schlüssigkeit des gestellten Antrages nachweisen, die strenge Form des Urkundenbeweises vorzuschreiben. Zusätzlich soll dadurch die Gefahr unrichtiger Eintragungen in das Grundbuch im Hinblick auf den mit der Eintragung verbundenen öffentlichen Glauben möglichst beseitigt werden.[3] Ob deswegen, wie es die herrschende Lehre annimmt (vgl. dazu unten Rdn. 17 u. 130), die Vorschrift eng auszulegen ist, muß bezweifelt werden.

3 Es handelt sich trotzdem nur um eine **Ordnungsvorschrift**. Wird sie verletzt, so wird die Eintragung dadurch nicht unrichtig, wenn die materiellrechtlichen Voraussetzungen gegeben waren.[4]

4 Die jetzige Fassung erhielt die Bestimmung durch § 57 Abs. 7 Beurkundungsgesetz vom 28. 8. 1969.[5]

Im Land Baden-Württemberg werden die Grundbücher noch nicht von den Amtsgerichten geführt. § 29 Abs. 1 u. 2 gilt hier noch in der Fassung der Bekanntmachung vom 20. 6. 1898.[6] Die Möglichkeit, Erklärungen zu Protokoll des Grundbuchamtes abzugeben, ist durch das Beurkundungsgesetz[7] beseitigt worden.

II. Geltungsgebiet der Formpflicht

1. Eintragungsunterlagen

5 § 29 gilt für die den Antrag schlüssig begründenden Eintragungsunterlagen. Darunter sind zu verstehen zur Eintragung erforderliche Erklärungen (Abs. 1 Satz 1, vgl. dazu Rdn. 18 ff.) oder andere Voraussetzungen der Eintragung (Abs. 1 Satz 2; vgl. dazu Rdn. 27 ff.).

6 Für **reine Eintragungsanträge** und **bloße Antragsvollmachten** gilt § 29 nicht (§ 30). Ebenso sind alle Anträge formfrei, die nicht auf Vornahme einer Eintragung gerichtet sind, z. B. auf Gewährung einer Grundbucheinsicht.

7 § 29 Abs. 1 Satz 1 ist jedoch **entsprechend** anzuwenden:

Auf die **Zurücknahme eines Eintragungsantrages** und den Widerruf einer Antragsvollmacht (§ 31) sowie

---

[1] BayObLG 69, 281 = Rpfleger 70, 22; Rpfleger 74, 67; KG Rpfleger 68, 224; Rpfleger 79, 209; BayObLGZ 92, 85 für ausländisches Güterrecht.
[2] KG Rpfleger 79, 209.
[3] BayObLG MittBayNot 85, 25; BayOgLG 88, 150 = Rpfleger 88, 478.
[4] BayObLG Rpfleger 84, 463.
[5] BGBl. I 1513.
[6] Art. 8 Abs. 1 ÄVO; vgl. auch § 1, Abs. 1 u. 3; 26 ff., LFGG v. 12. 2. 1975, GVBl. 75, 116 ff.
[7] § 57 Abs. 6 BeurkG.

auf die **abweichende Bestimmung über die Aushändigung eines neu erteilten Briefes** (§ 60 Abs. 2) und den Nachweis des Gläubigerrechtes bei einem Antrag auf Erteilung eines neuen Briefes gem. § 67 c.[8]

Nicht zu den Eintragungsunterlagen gehört der Inhalt des jeweils anzuwendenden Rechtes. Die Kenntnis ausländischen Rechts muß sich daher das Grundbuchamt selbst verschaffen.[9]

2. Alle Eintragungsunterlagen

Für alle Eintragungsunterlagen gilt grundsätzlich die Regelung des § 29. Das Grundbuchamt ist zu eigenen Ermittlungen weder berechtigt noch verpflichtet. § 12 FGG gilt hier nicht. Der Antragsteller hat infolgedessen alle Eintragungsunterlagen formgerecht beizubringen. Beweise durch Augenschein, Zeugen, eidesstattliche Versicherung oder Vernehmung eines Beteiligten sind grundsätzlich unzulässig, ausgenommen im Fall des § 35 Abs. 3.[10] Unklarheiten, die sich nicht durch Auslegung beseitigen lassen, gehen zu Lasten des Antragstellers.[11] Beweisangebote sind nicht zu beachten. Bezugnahme auf andere, der Form des § 29 entsprechende Urkunden ist zulässig. Einer Vorlage der Urkunden bedarf es dann nicht, wenn diese dem das Grundbuchamt führende Amtsgericht bereits vorliegen.[12]

3. Ausnahmen aufgrund besonderer Normen

Aufgrund ausdrücklicher gesetzlicher Vorschriften gilt die Regelung des § 29 nicht in Bagatellfällen und bei besonderen währungspolitischen staatlichen Maßnahmen.

a) Übersteigt nach den §§ 18, 19 **GBMaßnG** vom 20. 12. 1963 (BGBl. I 968) der Geldbetrag einer Hypothek oder Grundschuld den Betrag von 5000,– DM nicht, oder beträgt die Jahresleistung einer umgestellten Rentenschuld oder Reallast nicht mehr als 25,– DM, so bedürfen die zur Löschung des Rechtes erforderlichen Unterlagen keiner besonderen Form. Maßgebend ist dabei der im Grundbuch eingetragene Umstellungsbetrag. Ist ein solcher nicht eingetragen, so kommt es darauf an, ob eine Umstellung im Verhältnis 1,– DM für je 10,– RM zulässig wäre (vgl. dazu §§ 7, 9 GBMaßnG). Ist dies zulässig, so ist von dem Umstellungsbetrag, anderenfalls nur von einem im Verhältnis 1,– DM zu 1,– RM umgestellten Betrag auszugehen.

Im Gebiet der neuen deutschen Bundesländer gilt der Umrechnungssatz von 1,– DM : 2,– RM oder Mark der DDR (§ 36 a GBMaßnG). Eine ähnliche Regelung enthält für die neuen deutschen Länder § 10 Abs. 2 GGV. Kann der in § 10 Abs. 1 GGV vorgesehene amtliche Nachweis für den räumlichen Umfang eines dinglichen Nutzungsrechts, eines Gebäudeeigentums oder eines Rechts zum Besitz nicht vorgelegt werden, genügen andere Unterlagen und eine Versicherung des Rechtsinhabers, die nicht der Form des § 39 entsprechen muß (§ 10 Abs. 2 GGV). Auch bei Nachweisen nach § 8 GGV ist der Formzwang gelockert. Für die neuen deutschen Länder vgl. auch § 14 Grundbuchbereinigungsgesetz.

---

[8] BayObLGZ 88, 148 = Rpfleger 88, 477.
[9] KG JW 32, 2815; JFG 20, 178; LG Aachen Rpfleger 65, 234; OLG Köln DNotZ 72, 182; a. A. Güthe/Triebel § 29 Anm. 10; vgl. dazu aber auch § 13 Rdn. 7.
[10] KG KGJ 27, 110; KG OLG 43, 173; KG KGJ 52, 166; OLG Hamm Rpfleger 58, 15; BayObLGZ 59, 446; NJW 60, 821; BGHZ 30, 258; Rpfleger 60, 122; BGHZ 35, 139; Rpfleger 61, 233; KG Rpfleger 68, 224; BayObLGZ 67, 17; 69, 145; 69, 281; Rpfleger 70, 22; KG Rpfleger 79, 208.
[11] BayObLG Rpfleger 74, 66.
[12] BayObLG DNotZ 76, 603 nur Leitsatz; MittBayNot 75, 93.

§ 29

12 b) Nach § 8 der 5. Abgabe DV-LA vom 21. 8. 1953[13] in Verbindung mit § 139 LAG genügt es, daß sich beauftragte Stellen,[14] die nicht zur Führung eines hoheitlichen Siegels oder Stempels berechtigt sind, bei der Abgabe von Erklärungen gegenüber Gerichten als solche bezeichnen.

13 c) Nach § 1 des Gesetzes über die Eintragung von **Zinssenkungen** vom 11. 5. 1937[15] genügt für die Bewilligungserklärung zur Eintragung einer Zinssenkung schriftliche Form (§ 126 BGB); diese Form genügt bei Eintragung einer Zinssenkung auch für die etwa notwendige Nacherbenzustimmung.[16] Der Nachweis der Vertretungsbefugnis braucht nicht in der Form des § 32 geführt werden;[17] Bewilligung und Zustimmung des Grundstückseigentümers sind nicht erforderlich (§ 2 des genannten Gesetzes).

14 d) Nach Artikel 4 Abs. 2 der 9. DVO zum **Schuldenregelungsgesetz** vom 24. 11. 1937[18] genügt die schriftliche Form[19] für die Bewilligung der Löschung einer Entschuldungshypothek und die Zustimmungserklärung des Eigentümers. Zur Löschung einer Entschuldungsrente genügt schriftliches Ersuchen der verwaltenden Stelle § 7 EAbwG.

15 e) Nach § 9 Abs. 4 der DVO zur VO über die **Aufhebung der Gebäude-Entschuldungssteuer** vom 31. 7. 1942[20] genügt zur Löschung einer Abgeltungshypothek der formlose Antrag des Hypothekengläubigers. Als Löschungsantrag ist auch die Erklärung im Löschungsverfahren nach § 24 GBMaßnG (vgl. a) anzusehen, daß eine Forderung aus dem Abgeltungsdarlehen nicht mehr besteht. Auch die Bewilligung der Eintragung eines **Treuhändervermerkes** nach § 72 VAG bedarf keiner Form.[21]

16 f) Zu **schweizerischen Goldhypotheken** vgl. § 8 Ges. vom 23. Juni 1923 RGBl. II Seite 284 mit § 1 der 2. AusführungsVO vom 9. 11. 1923[22] und § 5 der dritten AusführungsVO in der Fassung des Art. 2 Abs. 2 der vierten AusführungsVO vom 30. 6. 1924.[23]

4. Ausnahmen aufgrund der Rechtsprechung

17 a) Nach der allgemein herrschenden Lehre gilt § 29, da er eng auszulegen ist, **nicht für Erklärungen und Tatsachen,** welche die **Zurückweisung eines Antrages rechtfertigen** können. Solche Tatsachen sind nach dieser Auffassung lediglich geeignet, die Beweiskraft der in § 29 Abs. 1 genannten Beweismittel zu erschüttern oder ganz zu beseitigen. Wollte man an solche Tatsachen gleich strenge Anforderungen stellen, so würde der Vollzug sachlich unrichtiger Tatsachen erleichtert. Außerdem spräche der Wortlaut des § 29 dagegen.[24] Bei der Prüfung der Sach- und Rechtslage dürfe daher das Grundbuchamt auch Tatsachen berücksichtigen, die ihm anderweit bekanntgeworden sind und der Eintragung im Wege stehen.[25]

b) Die Form des § 29 ist nicht erforderlich für Tatsachen, welche die rechtlichen Befugnisse eines Vertretungsorgans im **Innenverhältnis** zur Gesellschaft erst begründen. Für die Außenwirkung und Willenserklärungen der satzungsgemäß vertretungsberech-

---

[13] BGBl. I S. 1030.
[14] Vgl. dazu 4. Abgaben DV-LA vom 8. Okt. 1952 BGBl. I 662.
[15] RGBl. I 579.
[16] OLG München JFG 8, 117.
[17] KG JW 38, 1335.
[18] RGBl. I 1305.
[19] § 126 BGB.
[20] RGBl. I 503.
[21] LG Kiel Rpfleger 51, 282.
[22] RGBl. II 410.
[23] RGBl. II Seite 145.
[24] BayObLGZ 67, 17.
[25] BayObLGZ 54, 286/292 mwN = DNotZ 55, 594; BayObLGZ 67, 13 = DNotZ 67, 429; vgl. dazu i. E. Rdn. 130 ff.

tigten Vorstandsmitglieder eines eingetragenen Vereins muß eine gültige Beschlußfassung dem Grundbuchamt in der Form des § 29 nicht nachgewiesen werden.[26]

c) Bei Prüfung der **Entgeltlichkeit** der Verfügung des **Vorerben** ist das Grundbuchamt berechtigt und verpflichtet, Regeln der Lebenserfahrung und der Wahrscheinlichkeit anzuwenden und das subjektive Tatbestandsmerkmal zu beachten.[27]

d) Privatschriftliche Abtretungs- und Rückabtretungserklärungen mit Vorlage des Grundschuldbriefes können die Vermutung des § 891 widerlegen und wiederherstellen.[28]

III. Eintragungsunterlagen im einzelnen

1. Zur Eintragung erforderliche Erklärungen (Abs. 1 Satz 1):

a) Darunter sind zu verstehen **alle Erklärungen,** die nach den Vorschriften des Grundbuchrechtes zur Eintragung erforderlich sind (vgl. dazu i. E. Einl. A 43 ff.). Dazu gehören:

aa) vom reinen Eintragungsantrag und der Antragsvollmacht abgesehen, **alle ausdrücklich vorgeschriebenen grundbuchrechtlichen Erklärungen,** wie die dingliche Einigung des § 873 bei der Erbbaurechtsbestellung,[29] Eintragsbewilligung, Berichtigungsbewilligung, auch für die Eintragung altrechtlicher Dienstbarkeiten,[30] **Zustimmungen** (§ 22 Abs. 2; 27) des Eigentümers sowie Abtretungs- oder Belastungserklärungen (§ 26), Rangbestimmungserklärungen.[31] Zur Form der Auflassung, bedenklich, Fuchs-Wissemann Rpfleger 78, 431, mwN. Das Formerfordernis des § 313 BGB galt bis zum Inkrafttreten des ZGB auch in der früheren DDR.[32]

bb) **Alle sonstigen Erklärungen,** die eine **grundbuchrechtliche Erklärung ergänzen oder begründen,** wie:
Das Ersuchen des Präs. der OFD auf Anlegung eines Gebäudegrundbuchblattes nach dem Vermögenszuordnungsgesetz;[33] die Voraussetzung für die Begründung von Gebäudeeigentum.[34] Ist ein solcher Nachweis nicht möglich, so ist der Antragsteller auf das Verfahren nach Art. 233 § 2 b) Abs. 3 EGBGB zu verweisen.[35]
Vollmachten, löschungsfähige Quittungen,[36] einschließlich des Nachweises bei Grundschulden, ob der leistende Eigentümer auf die Grundschuld oder auf eine persönliche Schuld geleistet hat,[37] Zustimmungserklärungen bei bestehenden Verfügungsbeschränkungen, insbesondere des Ehegatten nach § 1365 BGB.
Die Zustimmung des anderen Ehegatten, wenn das Grundstück infolge der Vereinbarung der Gütergemeinschaft vor Eintragung der Rechtsänderung in das Grundbuch im Sinn des § 1416 BGB gemeinschaftliches Eigentum geworden ist.[38] Der Nachweis der

---

[26] LG Schweinfurt DNotZ 75, 599; MittBayNot 75, 10, mwN; a. A. teilw. BayObLGZ 72, 296 ff.
[27] BayObLGZ 56, 60; BayObLG Rpfleger 88, 525 mwN.
[28] BayObLG Rpfleger 92, 56; dagegen mit beachtenswerten Einwendungen *Bestelmeier* Rpfleger 93, 279.
[29] BGH Rpfleger 73, 355; KG Rpfleger 79, 208.
[30] BayObLG Rpfleger 79, 383.
[31] BayObLGZ 92, 131, 129.
[32] Brandenburg OLG Rpfleger 95, 455.
[33] Kreisgericht Rathenow m. Anm. v. *Weike* Rpfleger 93, 331 ff.
[34] OLG Rostock, LG Halle Rpfleger 94, 413 m. Anm. v. *Hartung*.
[35] Thür. OLG Jena Rpfleger 97, 104.
[36] BayObLGZ 95, 104 ff. = Rpfleger 95, 410.
[37] OLG Frankfurt Rpfleger 97, 103.
[38] BayObLG MittBayNot 75, 228.

§ 29

Verfügungsbefugnis nach ausländischem Eherecht durch Zustimmung der Beteiligten bei ausländischen Ehegatten, die keinen Wohnsitz im Inland haben.[39]

Der Nachweis, daß ein Grundstück von Minderjährigen nach § 110 BGB mit zur freien Verfügung überlassenem Vermögen erworben wurde.[40]

Der die Zustimmung des Nacherben ausschließende Nachweis, daß mit der Auflassung des Nachlaßgrundstücks durch den nicht befreiten Vorerben ein fälliger Vermächtnisanspruch des Auflassungsempfängers erfüllt wurde.[41]

Erklärungen, die den **Inhalt** eines begründeten Rechtes **konkretisieren**.[42]

Die Zustimmung **des Verwalters** oder der **Wohnungseigentümerversammlung**; der Nachweis der Zustimmung der Eigentümerversammlung erfolgt durch die Vorlage eines Protokolls der Eigentümerversammlung über die Beschlußfassung, bei dem die Unterschriften des Vorsitzenden und eines Wohnungseigentümers und, falls ein Verwaltungsbeirat tatsächlich bestellt ist, auch von dessen Vorsitzenden[43] oder seinem Stellvertreter (§ 24 Abs. 5 WEG) beglaubigt sind.[44] Ist der Beiratsvorsitzende zugleich Versammlungsleiter und bestehen keine Anhaltspunkte, daß ein stellvertretender Beiratsvorsitzender gewählt ist und an der Versammlung teilgenommen hat, so genügt die Beglaubigung der Unterschrift des Vorsitzenden und eines weiteren Wohnungseigentümers.[45] Bestehen konkrete Zweifel daran, daß die Vewaltereigenschaft bei Abgabe der Zustimmungserklärung noch fortbestand, hat das Grundbuch Nachweis über die Fortdauer der Verwalterbestellung zu verlangen.[46] Ist ein Verwalter nicht bestellt, was durch eidesstattliche Versicherung der übrigen Eigentümer nachgewiesen werden kann, so ersetzt die Zustimmung sämtlicher Wohnungseigentümer in notarieller Form die Zustimmung des Verwalters.[47] Die notwendige Zustimmung des Verwalters (§ 12 WEG) zur Aufhebung des Kaufvertrages und der Rückauflassung, wenn der Käufer als Eigentümer eingetragen war.[48]

Die **Verwalterbestellung** bei einer Wohnungseigentümergemeinschaft. Hier genügt die Vorlage einer Niederschrift über den Bestellungsbeschluß, bei der die Unterschrift des Vorsitzenden, des Beiratsvorsitzenden und eines weiteren Eigentümers beglaubigt sind (§§ 26, Abs. 4; 24 Abs. 6 WEG) oder öffentlich beglaubigte Erklärungen des ursprünglichen Eigentümers, welche ersehen lassen, daß und für welche Zeit ein Verwalter von ihm bestellt worden ist.[49] Als Bestätigung genügt die in den notariellen Kaufverträgen mit den Ersterwerbern enthaltene Formulierung „Der Käufer tritt in den zwischen dem Verkäufer und dem Verwalter abgeschlossenen Verwaltervertrag ein", wenn der Kaufvertrag zu einem Zeitpunkt abgeschlossen war, in welchem der Verkäufer noch der alleinige Eigentümer der Anlage war.[50] Hat nach der Gemeinschaftsordnung der Verwalter die Befugnis, diese Eigenschaft einem anderen zu übertragen, so muß die Unterschrift des Übertragenden beglaubigt sein. Ist dies nicht zu erreichen, so muß ein Feststellungsbeschluß der Eigentümer in der Form des § 26 Abs. 4, 24 Abs. 6 WEG genügen.

---

[39] OLG Köln DNotZ 72, 182.
[40] LG Aschaffenburg Rpfleger 72, 134; dagegen krit. – keine Nachweispflicht – *Safferling* Rpfleger 72, 124/126.
[41] BayObLG Rpfleger 77, 285 nur Leitsatz.
[42] OLG Düsseldorf für Vereinbarungen zum Inhalt des Dauerwohnrechtes gemäß §§ 33 Abs. 4 Nr. 1 bis 3 WEG, DNotZ 78, 354.
[43] BayObLG Rpfleger 83, 436.
[44] BayOgLGZ 61, 396 = DNotZ 62, 312.
[45] LG Lübeck Rpfleger 91, 309.
[46] BayObLG Rpfleger 91, 354 nur Leitsatz.
[47] OLG Zweibrücken Rpfleger 87, 157.
[48] BayObLG MittBayNot 78, 26.
[49] BayObLGZ 64, 239 = DNotZ 64, 722; einschränkend – zu Unrecht – OLG Köln Rpfleger 86, 298 „nur wenn der erklärende Eigentümer im Zeitpunkt der Erklärung noch die Rechtsmacht hatte, die bestätigte Rechtshandlung – Bestellung des Verwalters – selbst vorzunehmen".
[50] OLG Köln a. a. O.

Die Form des § 24 Abs. 6 WEG ist jedoch nicht anwendbar zum Nachweis der Eintragungsbewilligung der Wohnungseigentümer oder einer dahingehenden Bevollmächtigung des Verwalters. Sie ist auch nicht anzuwenden auf einen schriftlichen Beschluß der Eigentümer.[51]

Geständniserklärungen gehören hierher, z. B., daß eine Vollmacht erteilt worden ist[52] oder daß bei einer Zweimann-OHG das Geschäft durch einen Gesellschafter mit allen Aktiven und Passiven übernommen worden ist.[53]

Die **Genehmigung** der erklärten Auflassung durch den Konkursverwalter, wenn die zugrundeliegende Vollmacht infolge Konkurseröffnung erloschen ist.[54]

Weiter gehören hierher **Vereinigungs-, Zuschreibungs- und Teilungserklärungen**, auch die Teilungserklärung zum Vollzug der katastermäßigen Teilung im Grundbuch;[55] oder die Bewilligung des Hypothekengläubigers zur Teilung der Hypothek.[56]

Auch **nur klarstellende Erklärungen**, z. B. solche, die den Zeitpunkt des Zinsüberganges klarstellen,[57] Bezeichnung eines gewollt aufgelassenen, jedoch in der notariellen Urkunde nicht oder nicht richtig bezeichneten Grundstücks,[58] oder die Erklärung des Vertreters einer Handelsgesellschaft, ein für die Hauptniederlassung eingetragenes Recht auf die Zweigniederlassung umzuschreiben[59] oder der Nachweis der Aufnahme eines Grundstückes in den Deckungsstock einer Versicherungsgesellschaft,[60] das Vorliegen der Voraussetzungen des § 55 BRAO für den Kanzleiabwickler.[61] Dies gilt jedoch unbeschränkt nur dann, wenn die vorliegenden Unterlagen darüber – auch im Wege der Auslegung – vollständig schweigen. Soll nur ein durch Auslegung erst entstandenes Bedenken ausgeräumt werden, ist die Form des § 29 jedoch nicht erforderlich.[62] In diesem Fall ist bloße Erläuterung durch entsprechende Antragstellung möglich (vgl. dazu § 13 Rdn. 33).

Die Beschränkung des Notars, daß eine Vermögensübertragung von einer Handelsgesellschaft auf die andere im Handelsregister eingetragen wurde.[63]

Zur Glaubhaftmachung der Veräußerungsabsicht bei Bestellung einer beschränkt persönlichen Dienstbarkeit durch den Eigentümer selbst genügt die Beurkundung der Absichtserklärung in gehöriger Form.[64]

Auch die Bewilligung der **Unterwerfung** der Zwangsvollstreckung (§ 800 ZPO) gehört hierher.[65]

Die rechtskräftige Verurteilung zur Abgabe einer Erklärung ersetzt diese.[66]

b) **Nicht hierher gehören Erklärungen,** die zur **Eintragung** nach den maßgebenden grundbuchrechtlichen Vorschriften **nicht** erforderlich sind. Was erforderlich ist, bestimmen §§ 19 bis 28. Daher ist eine eingereichte Einigung als solche, abgesehen vom Fall des § 20, nicht formbedürftig. Dies gilt weiter auch für die Berichtigungsbewilligung

---

[51] BayObLG Rpfleger 86, 299.
[52] BGHZ 29, 368 = NJW 59, 883.
[53] BayObLG Rpfleger 80, 66.
[54] LG Düsseldorf Rpfleger 77, 171.
[55] KG HRR 37, 383; JW 37, 896.
[56] KG JFG 14, 147.
[57] KG HRR 41 Nr. 604.
[58] MünchKomm/*Kanzleiter* § 925 Rdn. 22; BGH Rpfleger 83, 306.
[59] KG JFG 15, 104 = HRR 37 Nr. 821.
[60] OLG Frankfurt Rpfleger 72, 104 m. zust. Anm. v. *Naegele*.
[61] LG Hamburg Rpfleger 81, 482.
[62] BayObLG Rpfleger 81, 192.
[63] LG Frankenthal MittBayNot 71, 371.
[64] OLG Oldenburg DNotZ 67, 688 = Rpfleger 67, 410; abweichend Haegele Rpfleger 67, 410, der auch noch Bestätigung einer dritten Person über Kaufverhandlungen verlangt, z. B. Makler oder Kaufinteressenten, was aber wegen der dadurch bedingten Abhängigkeit des Eigentümers vom guten Willen dieser Personen wohl zu weit geht.
[65] Vgl. dazu OLG Celle DNotZ 54, 32.
[66] RG DNotZ 35, 323.

§ 29

bei nachgewiesener Unrichtigkeit (vgl. § 22). Die Unrichtigkeit selbst jedoch ist in der Form des § 29 nachzuweisen.[67] Auch die Nichtausübung eines gesetzlichen Vorkaufsrechtes ist nicht „erforderlich" zur Eintragung.[68]

2. Andere Voraussetzungen der Eintragung (Abs. 1 Satz 2)

27 sind solche, die nicht in Erklärungen bestehen und daher von Abs. 1 nicht miterfaßt werden. Es handelt sich um für die Eintragung bedeutsame Tatsachen. Im einzelnen kommen beispielsweise in Frage:

28 a) **tatsächliche Vorgänge** wie Geburt, Verheiratung, Tod, Ehescheidung, Erreichung eines bestimmten Lebensalters — Nachweis durch standesamtliche Urkunden oder beglaubigte Auszüge aus Geburten-, Familien- und Sterbebüchern. Die Feststellung des Notars im Eingang der Urkunde genügt zum Nachweis der Verheiratung.[69] Der Eintritt der Genehmigung nach dem BauGB, weil innerhalb der gesetzlichen Frist keine Versorgung erfolgte.[70] Der zur Eintragung einer altrechtlichen Dienstbarkeit erforderliche Nachweis, daß das Recht fortgesetzt ausgeübt wurde. Eidesstattliche Versicherung genügt dafür nicht.[71]

Der **Eintritt** oder **Nichteintritt** einer **Rechtsfolge**, z. B. der Nachweis, daß fortgesetzte Gütergemeinschaft nicht eingetreten ist.[72] Die Möglichkeit, daß ein durch Vormerkung gesicherter Anspruch nicht entstanden ist oder das Fehlen materiell-rechtlicher Voraussetzungen für die wirksame Bestellung eines Rechtes.[73] Der Nachweis der Rechtsfähigkeit einer Stiftung.[74]

Die **Vertretungsmacht** des Vorstandes eines Vereins; ist diese in der Weise beschränkt, daß zu Grundbucherklärungen die Zustimmung eines Mitglieds eines Vereinsorgans erforderlich ist, kann die Zugehörigkeit des Zustimmenden zu diesem Organ in grundbuchmäßiger Form durch Vorlage einer öffentlich beglaubigten Niederschrift über die Versammlung geführt werden.[75]

Die **Zahlung** des Geldbetrages bei einem **Prozeßvergleich**, der die Löschung von der Zahlung abhängig macht.[76] Einer Zustellung der Nachweisurkunde bedarf es nicht.

Der Nachweis der **Übergabe** der vom Prozeßgericht als Sicherheitsleistung zugelassenen **Bankbürgschaft** bei Eintragung einer Zwangshypothek;[77] die Tatsache, daß ein **abzuschreibender** Grundstücksteil von einer für eine andere Teilfläche an dem Grundstück eingetragenen Vormerkung **nicht** betroffen wird. Hier ist eine Bewilligung des Vormerkungsberechtigten nicht erforderlich, wenn der ursprüngliche Lageplan vorliegt.[78]

29 Die **Todeserklärung**; sie kann durch Vorlage einer Ausfertigung des rechtskräftigen gerichtlichen Beschlusses nachgewiesen werden.

30 **Eintritt von Bedingungen,** von Vorbehalten, an die eine Eintragungsbewilligung geknüpft ist;[79] Nicht genügend für den Nachweis des Eintritts einer tatsächlichen Bedingung — Einstellung der Bauarbeiten — eine Notarbestätigung, da es sich insoweit nur

---

[67] OLG Hamm JMBl. NRW 59, 282.
[68] KG Gutachten v. 3. 7. 1919; BayNotZ 19, 320; JFG 2, 336; OLG Düsseldorf JMBl. NRW 56, 209.
[69] Ebenso im Ergebnis LG Wuppertal MittBayNot 77, 38; MittRhNot 76, 597, das aber die Frage der Qualität der Notarbestätigung nicht näher erläutert.
[70] OLG Frankfurt Rpfleger 97, 210.
[71] BayObLG DNotZ 93, 508.
[72] Vgl. dazu OLG Frankfurt Rpfleger 78, 412.
[73] BayObLG Rpfleger 97, 151.
[74] OLG Frankfurt Rpfleger 97, 105 ff.
[75] LG Bochum Rpfleger 79, 462.
[76] OLG Frankfurt Rpfleger 80, 291.
[77] OLG Hamm Rpfleger 75, 261.
[78] BayObLG Rpfleger 74, 14.
[79] KG OLG 10, 84.

um eine gutachtliche Stellungnahme auf dem Gebiet der vorsorgenden Rechtspflege handelt.[80] Bei Eintragung einer Zwangshypothek genügt die als Sicherheitsleistung zugelassene Bankbürgschaft in privatschriftlicher Form, wenn deren Übergabe an den Schuldner durch öffentlich beglaubigte Urkunde nachgewiesen ist. Bei Zustellung von Anwalt zu Anwalt genügt das schriftliche Empfangsbekenntnis des schuldnerischen Anwalts.[81]

Nachweis des Zeitpunkts der Abtretung einer Briefgrundschuld, wenn über das Vermögen des Rechtsvorgängers in der Zwischenzeit das Konkursverfahren eröffnet worden ist.[82]

Nachweise der Bürgschaft, wenn der Bürge den Hypothekengläubiger befriedigt hat.[83] **31**

Nachweis der Zugehörigkeit des Grundpfandrechtes zum Deckungsstock Teil, für welchen der zur Überwachung der die Löschungszustimmung abgebende Treuhänder bestellt ist.[84]

Der **Nachweis der Rechtsnachfolge** und der damit verbundenen Unrichtigkeit des Grundb.;[85] bei Verschmelzung zweier Gesellschaften wird er geführt durch Vorlage eines Registerauszuges, in welchem die Verschmelzung eingetragen ist, und des Verschmelzungsvertrages;[86] Nachweis der **Antragsberechtigung** (§ 13 Abs. 2); Nachweis des Gläubigerrechtes bei Antragstellung auf Erteilung eines neuen Grundschuldbriefes.[87] Nachweis der **Erbfolge,** Nachweis der **Eigenschaft als gesetzlicher Vertreter** (Vormund, Gegen-Vormund, Pfleger, Beistand oder Konkursverwalter). Zum Nachweis genügt nicht die vormundschaftsgerichtliche Genehmigung, sondern nur die Vorlage der Bestallung als Ernennungsbescheinigung.[88] Bei **Eintragung eines erhöhten Erbbauzinses** an der Rangstelle der die Erhöhung sichernden Vormerkung auf Eintragung einer Reallast der Nachweis, daß die Erhöhung im Rahmen der der Vormerkung zugrundeliegenden Vereinbarung liegt.[89] Bei Eintragung **der Pfändung einer Eigentümergrundschuld** der Nachweis des Übergangs der Grundschuld auf den Eigentümer.[90] Nachweis der **Entgeltlichkeit** i. S. § 213 BGB beim befreiten Vorerben. Dabei genügt der Nachweis, daß die Gegenleistung dem Vorerben zugeflossen ist.[91] Der Nachweis der **Rechtshängigkeit** für die Eintragung im Grundbuch, daß ein Rechtsstreit anhängig ist.[92]

b) **Gerichtliche und behördliche Entscheidungen.** Dazu gehören insbesondere: **32**

aa) alle **gerichtlichen Entscheidungen,** sowie, soweit notwendig, auch deren Zustellungen,[93] insbesondere solche, die notwendige Erklärungen der Beteiligten ersetzen, wie beispielsweise der Vollstreckungstitel, welcher die Einigung und Eintragsbewilligung des Grundstückseigentümers zur Umwandlung einer Höchstbetragshypothek in eine Sicherheitshypothek ersetzt,[94] oder die die Abgabe einer Eintragsbewilligung ersetzende Verurteilung zur Abgabe einer solchen Erklärung. **33**

bb) Ein im Grundbuch für eine im Handelsregister **gelöschte Gesellschaft** (GmbH) eingetragenes Recht darf jedoch nicht durch Nachweis der Registerlöschung im Grundbuch gelöscht werden. Vielmehr ist insoweit die Löschungsbewilligung eines – evtl. neu zu bestellenden – Abwicklers notwendig.[95] **34**

---

[80] OLG Frankfurt Rpfleger 96, 151.
[81] LG Karlsruhe NJW 67, 2412 Leitsatz.
[82] OLG Hamm Rpfleger 95, 292.
[83] BayObLGZ 12, 537.
[84] OLG Frankfurt Rpfleger 92, 148.
[85] OLG Hamm JMBl. NRW 59, 282.
[86] KG JW 36, 1543.
[87] BayObLGZ 88, 148 = Rpfleger 88, 477.
[88] LG Ravensburg BWNotZ 51, 157.
[89] OLG Celle DNotZ 76, 539.
[90] HansOLG Rpfleger 76, 401.
[91] LG Stade Nds. Rpfleger 75, 219 ff.
[92] OLG Zweibrücken Rpfleger 89, 276.
[93] BayObLGZ 3, 306.
[94] LG Berlin DNotZ 38, 537.
[95] BayObLGZ 55, 288 ff.

§ 29

35 cc) Insbesondere auch die **vormundschaftsgerichtliche Genehmigung** sowie der Nachweis, daß die Genehmigung dem Vertragspartner mitgeteilt (§ 1829 BGB) wurde.[96] Bei Doppelermächtigung des Notars genügt es aber, wenn der Notar Mitteilung und Genehmigung der vormundschaftsgerichtlichen Genehmigung auf der Urkunde kenntlich macht.[97]

36 c) **Behördliche Erklärungen** aller Art, soweit sie für das Eintragungsverfahren von Bedeutung sind; **beispielsweise** Nachweise der Vertretungsbefugnis bei juristischen Personen des öffentlichen Rechtes. Nachweis der Berechtigung der Kommune, ehemalige volkseigene Betriebe der Wohnungswirtschaft in eine GmbH umzuwandeln und den Wohnungsbestand im Wege der Sachgründung einzubringen. Dieser Nachweis erfolgt grundsätzlich nach den Vorschriften des VZOG. Ein besonderer Nachweis ist jedoch nicht erforderlich, wenn die Kommune gem. § 6 VZOG zur Verfügung über die Grundstücke berechtigt ist.[98] Nachweis der Legitimation eines Bürgermeisters nach der Bayerischen Gemeindeordnung − durch Vorlage einer Ausfertigung des Gemeinderatsbeschlusses,[99] sofern nicht ein Geschäft der laufenden Verwaltung vorliegt.[100]

Kein Nachweis ist erforderlich für einen Stadtdirektor nach § 55 II GdeO. v. NRW.[101]

Zum Nachweis der Vertretungsbefugnis reformierter Kirchengemeinden genügt die Vorlage einer Vollmacht mit der nach der Kirchenverwaltung bestimmten Zahl der Unterschriften der Mitglieder.[102]

Im übrigen erfolgt der Nachweis zweckmäßig durch entsprechende Bestätigung der Aufsichtsbehörden. Nicht der Form des § 29 entspricht ein Vermerk in der Beglaubigung, daß der Unterzeichner einer Eintragungsbewilligung ausweislich der vorliegenden Bescheinigung des zuständigen Bundesministers zur Vertretung einer Anstalt öffentlichen Rechtes befugt ist.[103]

Für den Nachweis der Vertretungsberechtigung kann jedoch bei Abwägung aller in Betracht kommenden Umstände auch eine ältere Bescheinigung des Bundesministers genügen.[104]

Zur Frage der Vertretung einer unter der Verwaltung der Stadt stehenden Stiftung.[105]

37 Nachweis der Unanfechtbarkeit eines von der Verwaltungsbehörde erteilten Genehmigungsbescheides nach dem Grdst-Verkehrsges. − durch Rechtskraftzeugnis oder Bescheinigung, daß bei der Verwaltungsbehörde innerhalb der vorgeschriebenen Frist kein Antrag auf Entscheidung durch das Landwirtschaftsgericht eingegangen ist.[106]

38 Vorlage des rechtskräftigen Beschlusses über die Abtretungspflicht, der rechtskräftigen Entscheidung über die Höhe der Entschädigung sowie Nachweis der Bezahlung (öffentlich beglaubigte Quittung oder Hinterlegungsbescheinigung oder rechtskräftiges Feststellungsurteil über das Erlöschen dieses besonderen Schuldverhältnisses bei einer Zwangsenteignung nach § 11 EnergiewirtschaftsG.[107]

---

[96] OLG Hamm MDR 53, 487; OLG Oldenburg DNotZ 57, 343; OLG Celle MDR 65, 577 = FamRZ 65, 454; vgl. dazu auch *Hieber* DNotZ 57, 343.

[97] OLG Hamm DNotZ 64, 541 = Rpfleger 64, 313 m. zust. Anm. v. *Haegele* dagegen krit., aber nicht überzeugend *Schäfer* BWNotZ 65, 201 abw. dazu LG München II DNotZ 76, 607 nur Leitsatz; MittBayNot 75, 229 m. Anm.

[98] BezG Dresden Rpfleger 93, 190; krit. dazu *Keller* ebd.

[99] BayObLGZ 52, 271 = DNotZ 53, 95; BayObLG Rpfleger 62, 253; 71, 256; 74, 84 u. 92.

[100] BayObLG Rpfleger 75, 95.

[101] OLG Köln JMBl. NRW 61, 198.

[102] LG Aurich NJW 59, 2264.

[103] OLG Düsseldorf Rpfleger 61, 46 = JMBl. NRW 61, 133.

[104] OLG Düsseldorf a. a. O., S. 48.

[105] Vgl. BGHZ 6, 304/307.

[106] LG Traunstein DNotZ 64, 123.

[107] BayObLG Rpfleger 72, 26 nur Leitsatz.

IV. Form der Eintragungsunterlagen

1. Allgemeines

Die Unterscheidung der Eintragungsunterlagen in zur Eintragung erforderliche Erklärungen (vgl. oben Rdn. 18 ff.) und andere Voraussetzungen der Eintragung (vgl. oben Rdn. 27 ff.) sind von Bedeutung für die Form: **39**

2. Zur Eintragung erforderliche Erklärungen

Sie müssen durch **öffentliche Urkunden** (vgl. unten Rdn. 44 ff.) oder **öffentlich beglaubigte Urkunden** (vgl. unten Rdn. 86 ff.) nachgewiesen werden. Eine Berufung auf die Offenkundigkeit ist nicht zulässig.[108] Jedoch beweisen im Zweifel formgerecht abgegebene Erklärungen eines Betroffenen, die ihm ungünstig sind, die Richtigkeit des Inhalts.[109] **40**

Bei Vollmachten ist zu beachten, daß beim Vorliegen von notariell beglaubigten Veräußerungsvollmachten das Grundbuchamt davon auszugehen hat, daß der beglaubigende Notar die Frage der Beurkundungsbedürftigkeit mit Rücksicht auf den Umfang der Vollmacht geprüft und den Vollmachtgeber ausreichend belehrt hat. Er darf daher von sich aus die Beurkundung der Vollmacht nicht verlangen.[110]

3. Andere Eintragungsunterlagen

a) Bei **anderen Voraussetzungen der Eintragung** ist ein Nachweis **nur durch öffentliche Urkunden** möglich (Abs. 1 Satz 2); ein Nachweis durch öffentlich beglaubigte Urkunden ist ausgeschlossen. **41**

Ausnahmen:
Beschlußfassungen der Wohnungseigentümerversammlung (§ 26 Abs. 4 WEG). Eine entsprechende Anwendung dieser Bestimmung ist jedoch ausgeschlossen.

Nachweis der Entgeltlichkeit gem. § 2112 BGB; dieser kann auch erfolgen durch dienstliche Erklärung des Notars in Verbindung mit Kontoauszügen und Überweisungsträgern.[111]

Nachweis des Inhalts eines Gesellschaftsvertrages, der nicht in notarieller Form abgeschlossen wurde. Wurde er schriftlich abgeschlossen, so genügt die Vorlage des Vertrages, wenn das Fehlen einer Nachfolgeklausel beim Tod eines Gesellschafters nachgewiesen werden muß[112] oder aufgrund einer Nachfolgeklausel der Nachlaß nicht betroffen ist und eine Berichtigungsbewilligung des Erben damit ausscheidet.[113] Wurde der Vertrag nur mündlich oder konkludent geschlossen, so hat der Nachweis zu erfolgen durch übereinstimmende Erklärungen der verbliebenen Gesellschafter und aller Erben über den Inhalt des Gesellschaftsvertrages in grundbuchmäßiger Form, wobei die Erklärung der Erben auch dahin gehen kann, von dem Inhalt des Vertrages keine Kenntnis zu haben.[114]

Eine entsprechende Anwendung dieser Bestimmung ist ausgeschlossen. Die Berufung auf die Offenkundigkeit einer Eintragungsvoraussetzung ist jedoch möglich. Nachweis

---

[108] Vgl. LG Kassel Rpfleger 59, 319.
[109] Vgl. KG HRR 33 Nr. 199; KG DNotZ 54, 472.
[110] OLG Karlsruhe Rpfleger 72, 93 m. zust. Anm. v. *Noack*.
[111] LG Stade Nds. Rpfleger 75, 219.
[112] BayObLGZ 92, 259 ff. = Rpfleger 92, 19 = DNotZ 92, 157; Pfälz. OLG Zweibrücken Rpfleger 95, 454; BayObLG Rpfleger 96, 192 ff. m. Anm. v. *Gerka*.
[113] BayObLG DNotZ 93, 394.
[114] BayObLG Rpfleger 93, 109; im Ergebnis weitgehend ebenso *Ertl* MittBayNot 92, 11, 14 ff.

§ 29

der Entgeltlichkeit gemäß § 2112 BGB kann auch erfolgen durch dienstliche Erklärungen des Notars in Verbindung mit Kontoauszügen und Überweisungsträgern.[115]

42 b) **Daneben ist eine Form nicht erforderlich** für die allgemeinen Umstände, welche eine nach Abs. 1 Satz 1 nachzuweisende Erklärung erst wirksam machen, soweit es sich um die Berücksichtigung allgemeiner Erfahrungszustände handelt (vgl. dazu unten Rdn. 129).

Handelt es sich um den Nachweis einer Tatsache, so kann diese gegebenenfalls aufgrund freier Beweiswürdigung aller Eintragungsunterlagen und unter Berücksichtigung allgemeiner Erfahrungssätze als geführt anzusehen sein. Besteht ein allgemeiner Erfahrungssatz, so hat das Grundbuchamt lediglich tatsächlichen begründeten ernsthaften Zweifel an dem Vorlegen der für die Eintragung erforderlichen Tatsachen nachzugehen. Es genügt, wenn nach Zwischenverfügung die bestehenden Zweifel soweit ausgeräumt werden, daß wieder von dem Erfahrungssatz ausgegangen werden kann.[116]

43 c) Schließlich werden durch die §§ 32–37 die allgemeine Beweiskraft der **Zeugnisse** aus dem Handels- und Güterrechtsregister, der Erbscheine, Testamentsvollstreckerzeugnisse und der Zeugnisse über die Fortsetzung der Gütergemeinschaft sowie die Überweisungszeugnisse erheblich erweitert.

V. Öffentliche Urkunden

1. Umfang des Begriffes

44 Der Begriff der öffentlichen Urkunde ist gesetzlich definiert in § 415 ZPO. Diese Definition gilt auch für die Grundbuchordnung.[117]

45 Die Begriffsbestimmung gilt unmittelbar **nur für die öffentlichen Urkunden des Inlandes.** Auf öffentliche Urkunden des Auslandes ist die Begriffsbestimmung entsprechend anzuwenden. Jedoch ist die Echtheitsprüfung in beiden Fällen verschieden.

46 Innerhalb des gezogenen Rahmens gilt die Begriffsbestimmung andererseits für **Urkunden aller Art,** seien es bewirkende Urkunden (Eigenurkunden, die eine Eintragungsbewilligung verkörpern) oder Zeugnisurkunden (die Erklärungen eines anderen bezeugen).[118]

2. Begriffsdefinition

47 Eine **öffentliche Urkunde** liegt nur vor, wenn die folgenden drei Merkmale gegeben sind:

a) **Ausstellung** durch eine **öffentliche Behörde** oder eine mit **öffentlichem Glauben versehene Person,**
b) Ausstellung **unter Einhaltung der Grenzen der Amtsbefugnisse** und
c) Ausstellung **in der vorgeschriebenen Form.**

Bei der Prüfung der einzelnen Merkmale ist zweckmäßigerweise zu unterscheiden zwischen den Urkunden von Behörden einerseits und den Urkunden von mit öffentlichem Glauben versehenen Personen andererseits.

---

[115] LG Stade Nds. Rpfleger 75, 219.
[116] BayObLG NJW RR 90, 722; OLG Hamm Rpfleger 95, 154.
[117] KG KGJ 40, 115; BGHZ 25, 168 = NJW 57, 1673.
[118] Vgl. dazu i. E. *Reithmann* Allg. Urkundenrecht S. 8 ff. u. S. 18 ff.

3. Urkunden von Behörden

a) Öffentliche Behörde wird von der feststehenden Rechtsprechung **definiert** als ein **48** in den allgemeinen Behördenorganismus eingefügtes, von der physischen Person des Amtsträgers unabhängiges Organ der Staatsgewalt, das dazu berufen ist, unter öffentlicher Autorität nach eigenem Ermessen für unmittelbare oder mittelbare Staatszwecke tätig zu sein.[119]

Für den **Behördenbegriff** ist es nicht wesentlich, daß die der Behörde übertragenen **49** Befugnisse Ausübungen hoheitlicher Gewalt sind.[120] Unerheblich ist auch, ob das Organ unmittelbar vom Staate oder von einer dem Staate untergeordneten Körperschaft zunächst für eigene Angelegenheiten bestellt ist, sofern diese Angelegenheiten zugleich in den Bereich der staatlichen oder staatlich geförderten Zwecke fallen.[121] Obwohl der Behördenbegriff zunächst abstellt auf die unmittelbaren oder mittelbaren verfassungsmäßigen Organe des Bundes und der Länder und der diesen eingeordneten Selbstverwaltungskörpern wie Gemeinden und Gemeindeverbänden, ist er doch auszudehnen auf die Handlungsorgane (ges. Vertreter) der zu speziellen Zwecken errichteten sonstigen öffentlichen rechtlichen Körperschaften, Stiftungen und Anstalten des öffentlichen Rechts,[122] sofern diese Träger öffentlicher Gewalt sind;[123] wesentlich ist, daß sie in das staatliche Verwaltungssystem, vor allem in das von ihm erfaßte Behördenwesen, eingegliedert sind.

Ob diese **Gleichstellung der Organe aller auf öffentlichem Verwaltungsrecht beruhenden Körperschaften** mit den Staatsbehörden aufgrund der neueren Rechtsentwicklung mit ihrer großen Vermehrung der öffentlichen Körperschaften allgemein noch in vollem Umfange aufrechterhalten werden kann, mag zweifelhaft sein. Für das hier allein in Rede stehende Urkundenrecht muß daran festgehalten werden. Das, was der öffentlichrechtlichen, dem Staate eingegliederten Körperschaft ihr Gepräge gibt, ist ihre innere Wesensgleichheit mit dem Staate selbst. Dann aber müssen die von ihren verfassungsmäßigen Organen ausgestellten Urkunden öffentliche Urkunden sein, einerlei, ob man diese Organe sonst als Behörden ansieht oder nicht. Die Bedenken des OLG Hamburg,[124] daß Anlaß bestehe, den Begriff der Behörde und seiner Ausdehnung auf Körperschaften des öffentlichen Rechts nicht ohne weiteres zu übernehmen, zumal § 29 Abs. 3 eine enge Auslegung fordere, sind von daher nicht zu halten.

Umgekehrt werden juristische Personen des Privatrechts durch Übertragung staatlicher Aufgaben nicht zu behörden.[125]

Im einzelnen gehören hierher alle Bundes- und Landesbehörden, die Selbstverwal- **50** tungskörper der politischen Gemeinden, Kreis- und Landkreise, der Bezirksverbände und Ämter und der Zweckverbände. Im einzelnen vgl. auch § 80 Rdn. 10.

Zu den Bundesbehörden gehörten bisher auch die Dienststellen der Bundespost und Bundesbahn,[126] der Bundeswasserstraßen und Bundesautobahn, die Bundesbank und die Landeszentralbanken sowie die Deutsche Landesrentenbank.

Behörden in diesem Sinn sind weiter: die Industrie- und Handelskammern,[127] die Handwerkskammern, nicht jedoch die Kreishandwerkerschaft;[128] der Gemeinderat; die Landesbausparkasse.[129]

---

[119] RG JW 25, 351; BGHZ 3, 116 = NJW 51, 799; BayObLGZ 54, 325.
[120] BGH a. a. O.
[121] BayObLGZ a. a. O.
[122] BayObLG a. a. O.
[123] BayObLGZ 69, 94.
[124] NJW 55, 911.
[125] BGHZ 3, 116; NJW 51, 799.
[126] OLG Köln Rpfleger 80, 389, 390.
[127] OLG Karlsruhe Rpfleger 63, 204.
[128] LG Aachen Rpfleger 91, 51.
[129] LG München I, Sparkasse 63, 63.

Bei den Kirchen kommen als Behörde in Frage: die Kirchengemeinde[130] — die Kirchen- u. Pfarrpfründestiftungen, die Konsistorien, die Bischöfe, die Domkapitel, die Synagogengemeinden. Eine katholische Bruderschaft, z. B. eine marianische Kongregation, kann aus geschichtlichen Gründen eine Körperschaft des öffentlichen Rechts sein.[131]

51 Nach § 31 Abs. 3 Sozialgesetzbuch die Träger der Sozialversicherungen, also der gesetzlichen Unfall-, Kranken- und Rentenversicherung; dazu gehört auch die Altershilfe für Landwirte. Für die Vorstände der Knappschaften hat OLG Hamm[132] die Eigenschaft als Behörde bejaht.

Vgl. dazu auch § 80 Rdn. 10 mwN.

52 Keine Behörde im Sinn der Definition ist eine Heimstättengesellschaft auch bei Anerkennung als „Organ der staatlichen Wohnungspolitik";[133] keine Behördeneigenschaft hat auch das Bayerische Rote Kreuz.[134]

53 b) Die Urkunde muß **innerhalb der Grenzen der den Behörden zustehenden Amtsbefugnisse** errichtet worden sein.

Zwingend ist die Einhaltung der sachlichen Zuständigkeit. Wird allein die örtliche Zuständigkeit verletzt, so bleibt die Urkunde trotzdem eine wirksame öffentliche Urkunde.

54 aa) Zuständig zur **Ausstellung von bewirkenden Urkunden** ist jede Behörde, denn diese Erklärungen betreffen ihre Verwaltung, also ihre inneren Verhältnisse, und fallen daher in ihre Amtsbefugnisse.[135] Auch rein privatrechtlich bewirkende Urkunden, welche die öffentliche Behörde im Rahmen ihrer bürgerlich-rechtlichen Amtsbefugnisse über die in ihrem Amtsbereich fallenden Privatrechtsgeschäfte ausstellt, sind öffentliche Urkunden.[136]

55 Jedoch muß sich die Erklärung auf **eigene Angelegenheiten der Behörde** beziehen.[137] Dies ist neben der Beurkundung fremder Erklärungen nicht der Fall bei der Feststellung von außerhalb des eigenen Bereiches entstandenen Tatsachen, wie z. B. Erklärung einer kirchlichen Behörde, daß eine staatsaufsichtliche Genehmigung vorliege.[138] Jedoch ist eine Abgabe von Erklärungen als gesetzlicher Vertreter möglich, wenn die Vertretung gerade zu den Amtsbefugnissen der Behörde gehört (für Jugendamt als Amtsvormund BGHZ 45, 362; zu Erkl. von Gemeinden für verwaltete Stiftungen vgl. § 19 Rdn. 194). Bei der Abgabe von Erklärungen als Bevollmächtigter im fremden Namen kann die Form des § 29 Abs. 3 GBO gewählt werden, wenn die Gemeinde auf einem Gebiet tätig wird, das zu den eigenen Angelegenheiten der Gemeinde gehört.[139] Dies muß jedoch offenkundig sein, da andernfalls das Grundbuchamt überfordert würde, die Zuständigkeit nachzuprüfen.[140] Keine Zuständigkeit besteht bei der privaten Vermögensverwaltung Dritter durch die Gemeinde, wie zum Beispiel Einziehung von Erbbauzinsen, Rangrücktritte mit Erbbauzinser oder Zustimmung zur Belastung von Erbbaurechten.[141]

---

[130] Zum Kirchenvorstand einer katholischen Kirchengemeinde vgl. OLG Hamm Rpfleger 74, 311.
[131] BayObLGZ 54, 327.
[132] JMBl. NRW 54, 106.
[133] KG JFG 14, 220.
[134] Vgl. BayObLGZ 69, 88 = Rpfleger 69, 243.
[135] BayObLGZ 54, 329.
[136] BGHZ 26, 307; 45, 366; BayObLGZ 54, 322.
[137] KG HRR 30 Nr. 1510; LG Berlin WM 64, 614.
[138] KG KGJ 5, 119.
[139] OLG Celle Rpfleger 84, 61.
[140] ebenso *Meyer-Stolte* Rpfleger 84, 61.
[141] Abw. OLG Celle a. a. O.

Es genügt, daß die **Behörde zur Abgabe** der in Frage stehenden **Erklärung** abstrakt **56** befugt ist.[142] Das Grundbuchamt hat nicht zu prüfen, ob die Voraussetzungen, unter denen die Behörde zum Tätigwerden befugt ist, tatsächlich vorliegen. Nur wenn es weiß, daß es an diesen Voraussetzungen mangelt, wenn der zugrundeliegende Sachverhalt sicher bekannt und die hieraus sich ergebende Rechtslage sicher geklärt ist, kann das Grundbuchamt die Urkunde zurückweisen.[143]

bb) Zur **Errichtung** von **bezeugenden Urkunden** ist die Behörde nur zuständig, wenn **57** und soweit sie dazu ausdrücklich gesetzlich ermächtigt ist. Für das Grundbuchamt kommen insbesondere in Frage:

Die Zuständigkeit der **Vermessungsbehörden**[144] im Zusammenhang mit dem als **58** Landesrecht fortgeltenden Gesetz vom 15. 11. 1937,[145] in Bayern ersetzt durch VermKatG v. 31. 7. 1970.[146] Danach können Vorstände von Vermessungsbehörden, die das amtliche Verzeichnis im Sinn der § 2 Abs. 2 der Grundbuchordnung führen, und die von den Vorständen beauftragten Beamten dieser Behörde Anträge der Eigentümer auf Vereinigung und Teilung von Grundstücken – nicht jedoch auch Zuschreibungen[147] – beurkunden oder beglaubigen.

Besteht bei einem Verfahren der **Landbeschaffung für Verteidigungszwecke** Einigung **59** der Beteiligten über den Eigentumsübergang oder die Belastung des benötigten Grundstückes, so hat die Enteignungsbehörde die Befugnis, eine Niederschrift über die Einigung aufzunehmen, die von den Beteiligten zu unterschreiben ist (§ 37 LBG). Ein Bevollmächtigter bedarf einer öffentlich beglaubigten Vollmacht.

Bei freiwilligem Erwerb von Grundstücken, die zu einem **Wasser- und Bodenverband 60** gehören oder durch das Unternehmen eine unwirtschaftliche Form erhalten oder die zur zweckmäßigen Gestaltung der betroffenen Grundstücke zugezogen werden durch den Verband, ist die von dem Fachministerium bestimmte Behörde zur Beurkundung der Auflassung zuständig.[148] Für das Eintragungsersuchen einer nicht siegelführenden Teilnehmergemeinschaft in der **Flurbereinigung** genügt eine mit Siegel versehene Beglaubigung der Unterschriften unter dem Eintragungsersuchen der Teilnehmergemeinschaft mit der Bestätigung, daß diese Person befugt ist, das Ersuchen zu stellen.[149]

Bei Begründung von **Eigenheimen als Rentenstellen** für Handwerker und ländliche **61** Arbeiter ist auch die Durchführungsbehörde zur Entgegennahme und Beurkundung der Auflassung zuständig (§ 8 LandAVO).

In einem Verfahren zur **Zulegung von Bergwerksfeldern** hat die Niederschrift der **62** Bergbehörde über die in dem Vrfahren erzielte Einigung der Beteiligten die Wirkung einer notariellen Urkunde. Eine Zuständigkeit zur Entgegennahme der Auflassung besteht jedoch nicht.

Für die **Beurkundung rechtsgeschäftlicher Willenserklärungen in Prozessen** sind die **63** Gericht zuständig (§§ 159 bis 163 ZPO),

im **Fideikommißverfahren** das oberste Fideikommißgericht oder der beauftragte oder **64** ersuchte Richter.[150]

---

[142] BGHZ 19, 358; BayObLGZ 12, 551; 55, 318; 70, 184; OLG Köln DNotZ 58, 487.
[143] BayObLGZ 71, 343.
[144] § 61 Ziff. 6 BeurkG.
[145] RGBl. I 1275.
[146] GVBl. 369.
[147] *Jansen* BeurkG § 21 Anm. 12; Meikel/*Böttcher* § 6 Rdn. 5; Meikel/*Brambring* § 29 Rdn. 117.
[148] §§ 37, 38 d 1. WasserverbandsVO v. 3. 9. 1937, RGBl. I 933.
[149] BayObLGZ 86, 86 = Rpfleger 86, 370.
[150] § 61 Ziffer 5 BeurkG i. V. mit § 14 der vierten DVO zum Gesetz zur Vereinheitlichung der Fideikommißauflösung vom 24. August 1935; RGBl. I 1103.

65 c) **Wahrung der vorgeschriebenen Form.** Auch hier ist wieder zu unterscheiden zwischen bewirkenden und bezeugenden Urkunden.

66 aa) Bei der Ausstellung von **bewirkenden Urkunden** durch Behörden gilt für die Urkunde die verwaltungsrechtlich vorgeschriebene Form, erleichtert durch die Formvorschrift des § 29 Abs. 3. Diese Form ersetzt die der öffentlichen Beglaubigung, gleichgültig, ob die Urkunde nach ihrem Inhalt zum hoheitlichen oder privatrechtlichen Tätigkeitsbereich der Behörde gehört.[151] Dies gilt auch für die Erteilung von Untervollmachten an Mitarbeiter.[152]

Auch Urkunden, die der mit Ausübung der vormundschaftlichen Obliegenheiten nach § 37 Abs. 2 JWG befaßte **Beamte des Jugendamtes** errichtet, sind dem Jugendamt als Amtsvormundschaft zuzurechnen und bedürfen nicht der öffentlichen Beglaubigung.[153]

67 Die Bestimmung des Abs. 3 soll dem Grundbuchamt die schwierige **Prüfung** ersparen, ob bei Behörden die Form der öffentlichen Urkunde gewahrt ist. Sie gilt daher nur und ausschließlich für das Grundbuchverfahren. Daraus ergibt sich umgekehrt, daß die Form des Abs. 3 auch dann einzuhalten ist, wenn die Erklärung der Behörde im sonstigen Rechtsverkehr auch ohne Siegel oder Stempel eine öffentliche Urkunde darstellt.[154]

Um die Voraussetzungen des Abs. 3 zu erfüllen, müssen **zwei Tatbestandsmerkmale** erfüllt sein:

68 Erforderlich ist, daß die Urkunde mit einer **Unterschrift** versehen ist. Die Unterzeichnung durch einen Kanzleibeamten mit dem Vermerk „beglaubigt durch..." genügt nicht, da aus der Form der Unterzeichnung hervorgeht, daß ein nichtvertretungsberechtigter Beamter die Urkunde unterzeichnet.[155]

69 Abs. 3 ersetzte die Bestimmung des Art. 9 PrAG GBO, was bei der Auslegung zu berücksichtigen ist. Art. 9 PrAG GBO verlangte „ordnungsgemäße" Unterschrift mit der Folge, daß die Prüfung der Zahl der Unterschriften notwendig war. Diese Prüfung ist schwierig und vom Grundbuchamt kaum zu vollziehen. Es genügt daher nunmehr **eine** Unterschrift; das Grundbuchamt kann davon ausgehen, daß eine öffentliche Behörde von sich aus ihre Erklärungen mit der erforderlichen Zahl von Unterschriften versieht.[156]

Die Beidrückung des Siegels begründet für das Grundbuchamt schlechthin die Vermutung der Ordnungsmäßigkeit der Erklärung, d. h. auch der Vertretungsbefugnis der Unterzeichner, sofern die Behörde im Rahmen ihrer Zuständigkeit gehandelt hat.[157]

Die Vertretungsbefugnis der Unterzeichner darf in diesem Fall nur in Zweifel gezogen werden, wenn tatsächlich Anhaltspunkte für den Mangel der Vertretungsbefugnis des Unterzeichners bestehen.[158]

70 Vorgeschrieben sind weiter **Siegel oder Stempel** der Behörde. Es genügen Prägesiegel oder Farbdruckstempel.

71 bb) Für die Form **bezeugender Urkunden** gelten nunmehr allgemein die Vorschriften des BeurkG vom 28. 8. 1969.[159] Diese Formvorschriften gelten für alle Personen und

---

[151] KG OLG R 7, 365; BayObLGZ 54, 322; BGHZ 45, 362; *Jansen* BeurkG § 1 Rdn. 35; a. A. Höfer/*Huhn* Allg. UrkR § 22 Anm. 3.
[152] Für die Treuhand LG Dresden Rpfleger 95, 67.
[153] BGHZ 45, 362.
[154] KG JFG 12, 330.
[155] Ebenso *Demharter* § 29 Rdn. 46.
[156] *Demharter* § 29 Rdn. 46 ff.
[157] BayObLG 54, 329 ff.; KG Rpfleger 74, 399; BayObLG MittBayNot 78, 10; Rpfleger 78, 141.
[158] BayObLGZ 54, 330; BayObLG MittBayNot 78, 11; Rpfleger 78, 141; OLG Hamm Rpfleger 96, 338.
[159] BGBl. I 1513.

Stellen, die im Einzelfall neben den Notaren zur Beurkundung zuständig sind (§ 1 Abs. 2 BeurkG).

Jedoch ist zu beachten, daß die Form der notariellen Beurkundung, soweit sie gesetzlich vorgeschrieben ist, auch dann erforderlich ist, wenn eine juristische Person des öffentlichen Rechts bei der Abgabe der Erklärung gesetzlich durch eine Behörde vertreten wird, da auch diese Personen, wenn sie am bürgerlichen Rechtsverkehr teilnehmen, den Vorschriften des bürgerlichen Rechts unterliegen.[160] Bei der Beurkundung muß das Dienstsiegel der als Beteiligter mithandelnden Behörde nicht beigefügt werden (§ 67 BeurkG). Wird in einer notariellen Urkunde den Unterschriften der für die Behörde handelnden Personen lediglich das Dienstsiegel beigefügt, dann liegt darin weder eine Erklärung nach § 29 Abs. 3 noch ein Nachweis ihrer Vertretungsmacht.[161]

Die notarielle Beglaubigung der Unterschriften der Unterzeichner ersetzt die für die Erklärung juristischer Personen des öffentlichen Rechts vorgeschriebene Beidrückung des Siegels nicht.[162] Wird die Behörde von einem rechtsgültig privatrechtlich Bevollmächtigten vertreten, so ist jedoch umgekehrt die Beifügung eines Siegels nicht zulässig. Die notarielle Beglaubigung seiner Unterschrift ist erforderlich.

72 Die Form der notariellen Beurkundung wird bei einem **gerichtlichen Vergleich** durch die Aufnahme der Erklärung in ein nach den Vorschriften der ZPO errichtetes Protokoll ersetzt (§ 127 a BGB); dies gilt für alle gerichtlichen Verfahren, auch im Rahmen des FGG,[163] sofern in dem jeweiligen Verfahren ein Vergleich überhaupt geschlossen werden darf. Gleichzustellen sind Vergleiche in Armenrechtsprüfungsverfahren[164] und vor dem Wiedergutmachungsamt.[165] Nicht dazu gehören Vergleiche vor Verwaltungsbehörden[166] und vor einer Gütestelle gem. § 794 Abs. 1 ZPO sowie Schiedsvergleiche.[167] In einem solchen Vergleich kann auch die Auflassung erklärt werden (§ 925 Abs. 1 Satz 3), in einem Privatklage- oder Adhäsionsverfahren jedoch dann nicht, wenn sie nicht dazu dient, einem durch eine Straftat Verletzten ein Grundstück zurückzugeben, das der Täter durch die strafbare Handlung an sich gebracht hat.[168] Ein im Vergleich üblicher Widerrufsvorbehalt macht die erklärte Auflassung jedoch nach § 925 Abs. 2 BGB unwirksam,[169] ebenso wie eine erklärte Bedingung. Weiter ist zu beachten, daß, wenn man die Streitfrage bejaht, ob im Anwaltsprozeß eine Partei beim Abschluß eines Vergleiches vor dem Prozeßgericht oder dem Einzelrichter anwaltschaftlich vertreten sein muß, daraus sich ergibt, daß der ohne Anwalt abgeschlossene Vergleich kein gerichtlicher Vergleich ist;[170] kein Anwaltszwang besteht für Vergleiche vor dem beauftragten oder ersuchten Richter.

4. Urkunden von Personen öffentlichen Glaubens

Öffentliche Urkunden sind auch solche, die von Personen öffentlichen Glaubens im Rahmen ihrer Zuständigkeit in der vorgeschriebenen Form errichtet worden sind.

73 a) **Mit öffentlichem Glauben versehene Personen** sind alle diejenigen, welchen die Gesetzgebung diese Befugnis ausdrücklich übertragen hat; es sind dies neben den Notaren (§§ 20 ff. BNotO):
die **Konsuln und konsularischen Beamten**,[171]

---

[160] Vgl. *Jansen* BeurkG § 1 Rdn. 36 mwN.
[161] OLG Frankfurt Rpfleger 90, 112.
[162] KG Rpfleger 74, 399; DNotZ 75, 425 ff.
[163] Vgl. *Jansen* § 1 Rdn. 39 mwN.
[164] *Lappe* Rpfleger 60, 146.
[165] BGH WM 66, 1135.
[166] RGZ 107, 284.
[167] Strittig, a. A. *Jansen* ebdd.
[168] OLG Stuttgart NJW 64, 110; a. A. *Jansen* BeurkR § 1 Rdn. 40.
[169] OLG Celle DNotZ 57, 660.
[170] So mit Recht *Jansen* a. a. O.
[171] §§ 2, 3, 10, 11, 12, 18, 19, 24 Konsularges. v. 11. Sept. 1974 BGBl. 74, 2317 ff.

§ 29

   die **Urkundsbeamten der Geschäftsstellen** und die **Gerichtsvollzieher** bei den ihnen durch die prozeßrechtlichen Vorschriften zugewiesenen Beurkundungen; Gerichtswachtmeister bei der Zustellung von Urkunden (§§ 211, 212 ZPO);

   die **öffentlich bestellten Vermessungsingenieure** (§ 61 Ziff. 7 BeurkG i. V. mit der Berufsordnung der öffentlich bestellten Vermessungsingenieure vom 20. 1. 1938[172] — in Baden-Württemberg aufgehoben durch § 24 Nr. 14, 16 des VermessG vom 4. 7. 1961);[173] in Hessen geändert durch G. v. 26. 10. 1949;[174] in Schl.-Holstein durch ERG VO vom 27. 11. 1959;[175] in Niedersachsen durch Berufsordnung vom 28. 12. 1965;[176] in Nordrhein-Westfalen durch Berufsordnung vom 27. 4. 1965.[177] Danach sind die öffentlich bestellten Vermessungsingenieure zuständig zur Beurkundung von Tatbeständen, die am Grund und Boden durch vermessungstechnische Ermittlungen festgestellt werden und zur räumlichen Abgrenzung der Rechte an Grundstücken der Lage und Höhe nach. Die von ihnen ausgestellten Urkunden genügen daher beispielsweise für den nach § 1026 BGB notwendigen Nachweis, daß ein Grundstücksteil außerhalb der Ausübung der Grunddienstbarkeit liegt.[178] Das Zeugnis genügt selbst dann, wenn es die öffentlichrechtliche Körperschaft betrifft, bei der der Ingenieur angestellt ist;[179]

   in den früheren Ländern Baden-Württemberg die Ratschreiber mit je verschiedener Zuständigkeit für die in ihrem Grundbuchbezirk gelegenen Grundstücke.[180]

74   b) Auch die Personen öffentlichen Glaubens können Urkunden **nur im Rahmen ihrer Amtsbefugnisse** errichten. Dabei schadet ebenfalls nur die Überschreitung der sachlichen, nicht der örtlichen Zuständigkeit.[181] Die Beglaubigung ist im ganzen Bundesgebiet gültig.[182]

Die **sachliche Zuständigkeit** muß jeweils für bezeugende Urkunden ausdrücklich zugewiesen sein. Eine Zuständigkeit zur Errichtung von Eigenurkunden besteht nicht; zu „notariellen Eigenurkunden" vgl. unten d).

75   c) Für die **Form bezeugender Urkunden** gelten ausschließlich die Vorschriften des BeurkG, gleichgültig, durch wen die Urkundeneinrichtung erfolgt. Dabei soll bei fehlerhafter Beurkundung der Auflassung der Notar in wirksamer Weise zum Nachweis der Voraussetzungen des § 925 BGB eine Tatsachenbescheinigung gem. §§ 36, 37 BeurkG erstellen können,[183] ungeachtet der Tatsache, daß eine solche dienstrechtlich unzulässig wäre.[184] Wenn überhaupt, dann ist ein solcher Nachweis nur zulässig mit zusätzlicher Vorlage der fehlerhaften Urkunde.

76   d) Unbestritten kann der Notar gemäß § 20 Abs. 1 BNotO Bescheinigungen in der Form der öffentlichen Urkunde ausstellen. Eine solche Urkunde ist die Feststellung, daß das Handelsregister eingesehen wurde und dort die Übertragung des Vermögens von einer Gesellschaft auf die andere eingetragen ist.[185]

77   Von **Notaren** können auch **bewirkende Urkunden** errichtet werden.[186]

---

[172] RGBl. I 40.
[173] GVBl. 7.
[174] GVBl. 151, GVBl. Hessen II 363-2.
[175] GVBl. 218, DSSCHLH Nr. 219 S. 4.
[176] GVBl. 269.
[177] GVBl. 113 mit DVO vom 28. 8. 1965 GVBl. 246.
[178] KG KGJ 19, 311.
[179] KG a. a. O.
[180] § 61 Abs. 4 BeurkG; § 32 Abs. 3 LFGG v. 12. 2. 1975 (GVBl. 116; vgl. auch Kraiß BWNotZ 75, 114).
[181] F. Notare s. § 11 BNotO.
[182] LG Bonn Rpfleger 83, 309.
[183] Ausführlich dazu Bassenge Rpfleger 77, 9, 11.
[184] Abl. dazu Huhn Rpflger 77, 199 ff.
[185] LG Frankenthal MittBayNotV 71, 371 = MittRhNotK 72, 177; Promberger Rpfleger 77, 355 ff.; LG Mannheim Rpfleger 82, 469; Promberger Rpfleger 82, 460; abw. — mit unzutr. Begründung — LG Augsburg Rpfleger 76, 432.
[186] BGH Rpfleger 80, 465 = DNotZ 80, 118; BayObLG Rpfleger 82, 416 = DNotZ 83, 434; zust. Winkler DNotZ 81, 252.

Es handelt sich dabei um verfahrensrechtliche Grundbucherklärungen, welche der Notar aufgrund ausdrücklicher Vollmacht im Namen eines Beteiligten zur Ergänzung oder Abänderung einer Erklärung abgibt, welche er selbst vorher bereits beurkundet oder beglaubigt hat. Als Form genügt die mit Unterschrift und Siegel versehene Feststellung des Notars.[187] Ein solcher Fall liegt beispielsweise vor, wenn ein noch nicht vermessenes Grundstück unter Herbeiführung der Bindungswirkung (§§ 875 Abs. 2, 873 Abs. 2 BGB) freigestellt werden soll. Hierbei bereitet die notwendige Formulierung der Bezeichnung der freizugebenden Fläche Schwierigkeiten. Der Notar wird daher häufig zur näheren Bezeichnung des freizugebenden Grundstücks bevollmächtigt, die er dann nach erfolgter Vermessung des Grundstücks zweifelsfrei bezeichnet.

Die Erklärungen des Notars können bei bewirkenden Urkunden auch dem Wortlaut nach über die Erklärung der Beteiligten weit hinausgehen, wenn sie zum Vollzug des Parteiwillens erforderlich sind.[188]

Selbstverständlich hat diese Eigenurkunde dort ihre Grenze, wo eine bezeugende Urkunde in Protokollform ausdrücklich vorgeschrieben ist. Die Form des notariellen Protokolls kann und darf sie nicht ersetzen.[189]

Die **Vermut der Echtheit** hat auch die notarielle Eigenurkunde für sich (§ 440 ZPO).

Nicht geregelt ist die Frage der **Beweiskraft** solcher **notarieller Eigenurkunden**; § 17 ZPO regelt die Beweiskraft nur bei behördlichen Eigenurkunden. Eine unmittelbare Anwendung würde die Behördeneigenschaft des Notars voraussetzen.[190] Die Behördeneigenschaft des Notars ist jedoch bisher in der Rechtsprechung nur einmal nebenbei bejaht worden.[191] Ob daraus eine allgemeine Bejahung der Behördeneigenschaften des Notars abgeleitet werden kann, erscheint zumindest zweifelhaft. Eine entsprechende Anwendung der Bestimmung ließe sich aus der Tatsache begründen, daß die betreuende Tätigkeit des Notars als Amtstätigkeit im Rahmen der BNotO und der früheren RNotO erst 1938 lange nach Inkrafttreten der ZPO geschaffen wurde und daher in der ZPO nicht berücksichtigt werden konnte. Jedoch bestehen gegen eine entsprechende Anwendung insofern gewisse Bedenken, als bei der bewirkenden behördlichen Eigenurkunde die Abgabe der Erklärung im eigenen Namen, bei der bewirkenden Urkunde des Notars die Abgabe im fremden Namen als Bevollmächtigter typisch ist, wenngleich mit der Anerkennung der Befugnis zur Abgabe von Erklärungen für Vertretene, wenn dies zu den Amtsbefugnissen der Behörde gehört,[192] die Grenzen sich zu verwischen beginnen.

Die Frage kann jedoch im Rahmen des § 29 auf sich beruhen. Da unstreitig § 29 lediglich den Zweck hat, das Grundbuchverfahren formell auf eine sichere Grundlage zu stellen und in diesem Rahmen auch nur die beglaubigte Erklärung des Beteiligten genügt, andererseits durch die öffentliche Eigenurkunde des Notars Herkunft, Inhalt und Wahrheit der Erklärung mindestens in gleicher Weise für das Grundbuchamt gesichert sind wie bei der öffentlich beglaubigten Erklärung des Beteiligten, muß jedenfalls im Rahmen des § 29 die Beweiskraft einer solchen Urkunde genügen (vgl. im übrigen auch § 19 Rdn. 196).

Eine vollständig andere Art der Eigenurkunde des Notars ist dort gegeben, wo er aufgrund gesetzlicher Vorschriften hoheitlich handeln kann. Dies ist bei seiner Kostenfestsetzung einschließlich aller Zwangsvollstreckungsmaßnahmen der Fall. Auch die

---

[187] BayObLG Rpfleger 88, 60.
[188] OLG Zweibrücken Rpfleger 88, 249.
[189] Ebenso *Reithmann* DNotZ 83, 438.
[190] So m. Recht *Weber* MittBayNot 65, 59 ff.
[191] Vgl. BGH DNotZ 60, 270.
[192] BGHZ 45, 362.

§ 29　　　　　　　　　　　　　　　　　　　　　　　　I. Grundbuchordnung

Löschungsbewilligung für eine Zwangshypothek zur Sicherung von Gebührenforderungen kann daher vom Notar in der Form des § 29 abgegeben werden.[193]

Darüber hinaus sind Erklärungen des Notars in eigener Sache unzulässig und durch die Form des § 29 nicht gedeckt.[194]

5. Umfang der Prüfungspflicht des GBA bei inländischen öffentlichen Urkunden

80　Zu prüfen hat das Grundbuchamt lediglich die zur Begriffsbestimmung **notwendigen einzelnen Tatbestandsmerkmale** der „öffentlichen Urkunde" in dem vorstehend geschilderten Umfang. Liegen diese vor, so ist für das Grundbuchamt sowohl der Beweis der Echtheit der Urkunde als auch der Beweis der Wahrheit der bezeugten Tatsachen als erbracht anzusehen.[195] Bei Anträgen auf Anlegung eines Grundbuchblattes für Gebäudeeigentum[196] liegt eine vorrangige Feststellungszuständigkeit des Präsidenten der Oberfinanzdirektion vor. Soweit darüber hinaus[197] dem Grundbuchamt die Befugnis bleibt, Gebäudeeigentum festzustellen, hat das Grundbuchamt sich auf die Prüfung der Form des § 29 zu beschränken.[198] Bei gesetzlicher Zuständigkeit einer Behörde bedarf es **keines** Nachweises ihrer Vertretungsmacht.[199] Weitere Unterlagen kann das Grundbuchamt nur bei einem auf Tatsachen gestützten Zweifel verlangen.[200] Die Beweiskraft der notariellen Urkunde erstreckt sich auch auf die Angaben über die Feststellung der im Protokoll genannten Beteiligten sowie über deren Personenstand.[201]

Bleiben Zweifel, so hat das Grundbuchamt die Möglichkeit, durch Zwischenverfügung für die Aufklärung zu sorgen. Zur Berücksichtigung entgegenstehender Tatsachen vgl. oben Rdn. 17 und unten Rdn. 130.

6. Mängel der öffentlichen Urkunde

81　Weist die vorgelegte öffentliche Urkunde **äußere Mängel** auf – solche Abweichungen von der Normalbeschaffenheit, die nach der allgemeinen Lebenserfahrung Zweifel an der Zurechnung von Teilen des Textes zum Aussteller aufkommen lassen[202] – so ist zu unterscheiden: **Mängel der zur Begriffsbestimmung notwendigen äußeren Form**, z. B. Fehlen des Siegels, sei es von vornherein nicht vorhanden gewesen oder später aus irgendeinem Grund beseitigt, oder der Unterschrift bewirken, daß die Voraussetzungen des Begriffs der „öffentlichen Urkunde" nicht erfüllt sind.[203] Die Urkunde ist für das Grundbuchverfahren unbrauchbar. Einer Prüfung der Echtheit oder Wahrheit bedarf es nicht.

82　Weckt jedoch das äußere Erscheinungsbild der Urkunde **Zweifel, ob der ganze Text der Urkunde vom Aussteller herrührt**, sei es, daß die Urkunde Streichungen, Radierungen oder Einschaltungen enthält, so hat in entsprechender Anwendung des Gedankens des § 419 ZPO der Rechtspfleger nach pflichtgemäßem Ermessen zu prüfen, ob nach den Umständen und der allgemeinen Lebenserfahrung **Zweifel an der Echtheit** der Ausstellerschaft und der Wahrheit der Erklärung entstehen.[204] Die Auffassung, der

---

[193] A. A. OLG Zweibrücken Rpfleger 82, 276.
[194] OLG Düsseldorf Rpfleger 89, 58 = Mitt-BayNot 89, 15.
[195] Vgl. BayObLGZ 71, 342.
[196] Art. 233 § 2 b EGBGB.
[197] Art. 233 Abs. 3 S. 3 EGBGB.
[198] KG Rpfleger 96, 153.
[199] BayObLG NJW RR 86, 894 = MittBayNot 86, 139.
[200] KG KGJ 21, 101; 33, 190; JFG 4, 261.
[201] KG KGJ 44. 209; LG Berlin Rpfleger 63, 53.
[202] *Reithmann* Allg. UrkR, S. 70.
[203] Ebenso *Reithmann* S. 72 Fn. 131.
[204] OLG Hamm Rpfleger 57, 113; *Reithmann* S. 84.

Rechtspfleger müsse jede Urkunde, die nicht den gesetzlichen Formvorschriften entspricht, beanstanden,[205] wird weder den Erfordernissen des Rechtsverkehrs gerecht, noch entspricht sie Aufgabe und Stellung des Rechtspflegers als selbständigem Rechtspflegeorgan.[206]

Allerdings wird im Hinblick darauf, daß dem Grundbuchamt keinerlei Möglichkeiten einer richterlichen Beweisermittlung zur Verfügung stehen, ein **strenger Maßstab** insoweit angelegt werden müssen.[207] Radierungen werden regelmäßig, Einschaltungen und Streichungen ohne Beachtung des durch die Dienstordnung für Notare vorgeschriebenen Verfahrens[208] in den meisten Fällen Zweifel an der Echtheit der Änderung im Hinblick auf den Aussteller erwecken. Es kommt jedoch stets, wie sich aus § 419 ZPO ergibt, auf den Einzelfall an.

Bestehen Zweifel jedoch insoweit nicht, so muß nicht nur die Echtheits-, sondern auch die **Wahrheitsvermutung** Platz greifen.[209]

Kein äußerer Mangel ist der Wechsel von Maschinenschrift und Handschrift in einer Urkunde. Dieses Verfahren wird von vielen Notaren bewußt gewählt, um die besonders sorgfältige Einhaltung der Vorschriften des Urkundenverfahrens (§ 17 BeurkG) durch Erörterung aller Erklärungen der Parteien vor Protokollabschluß festzuhalten;[210] ebenso werden Zusätze zum fortlaufenden Text, die am Ende vor den Unterschriften stehen, stets von der Echtheitsvermutung erfaßt, gleichgültig, ob in Maschinenschrift oder handschriftlich ausgeführt.

Verfahrensmängel bei der Errichtung der Urkunde sind nach dem Beurkundungsgesetz zu beurteilen. Ergibt sich aus der Niederschrift einer notariellen Urkunde, daß diese vorgelesen worden ist, so bedeutet dies, daß auch die Anlagen verlesen worden sind.[211] Die nach § 9 Abs. 1 BeurkG notwendige Bezeichnung eines Beteiligten muß nicht im Kopf der Urkunde erfolgen. Es reicht aus, wenn über die bloße Unterschrift eines Beteiligten hinaus die Urkunde weitere Angaben enthält, welche dem Unterschriftsleistenden zuzuordnen sind und dadurch eine genügende Abgrenzung zu anderen Personen möglich ist.[212]

Wird auf Skizzen und Zeichnungen verwiesen, die dem Protokoll beigefügt sind, so muß § 13 Abs. 1 BeurkG beachtet sein. Für Skizzen und Zeichnungen außerhalb der Urkunde gilt § 13 a BeurkG.[213]

VI. Öffentlich beglaubigte Urkunden

1. Begriff

Öffentlich beglaubigte Urkunden sind schriftlich abgefaßte Erklärungen, bei denen die Echtheit der Unterschrift oder des Handzeichens von einer Person öffentlichen Glaubens bestätigt werden.

2. Zuständigkeit

Zuständig zur Beglaubigung sind

a) **grundsätzlich die Notare** als Personen öffentlichen Glaubens.[214] Daneben sind unbeschränkt zuständig die Konsuln oder Konsularbeamte.[215]

---

[205] So *Bruhn* Rpfleger 57, 110.
[206] So mit Recht *Reithmann* S. 84.
[207] OLG Hamm a. a. O. S. 114.
[208] § 30 Abs. 3 DONot.
[209] *Reithmann* S. 79; *Knuhr* DNotZ 56, 645 ff.; a. A. BGHZ DNotZ 56, 643; Rpfleger 57, 110.
[210] Ebenso *Reithmann* S. 73.
[211] OLG Celle Rpfleger 83, 310.
[212] LG Oldenburg Rpfleger 87, 104.
[213] Vgl. dazu *Winkler* Rpfleger 80, 169 ff.
[214] § 129 Abs. 1 BGB; § 20 Abs. 1 BNotO.
[215] §§ 10 Abs. 1 Ziff. 2, 18, 19 Konsularges. v. 14. 9. 1974, BGBl. 74, 2318.

88   b) **Beseitigt** ist nun die Beglaubigungsbefugnis der **Gerichte**, vorbehaltlich der Regelung in § 61 BeurkG.

89   c) **In beschränktem Umfang** für die Beglaubigung von Anträgen von Eigentümern auf Vereinigung oder Teilung von Grundstücken sind die **Vermessungsämter** zuständig.[216]

90   Im übrigen sind durch § 57 Abs. 5 BeurkG die früheren **landesrechtlichen Zuständigkeiten** von anderen Stellen als Notaren und durch § 60 BeurkG die entsprechenden landesrechtlichen Bestimmungen beseitigt worden mit Ausnahme des in § 61 Abs. 4 enthaltenen Vorbehaltes für Baden-Württemberg. § 63 BeurkG hat jedoch den Ländern die Zuständigkeit neu eröffnet, für die Beglaubigung von Abschriften oder Unterschriften anderen Stellen als Notaren die Zuständigkeit zuzuweisen. Auch die Beglaubigung von Blankounterschriften, soweit sie im Grundbuchverkehr überhaupt in Frage kommen, ist zulässig, da der Landesgesetzgeber nach § 61 Abs. 3 Nr. 3 keine abweichende Regelung treffen kann.[217] Nicht zugewiesen kann jedoch werden die Beglaubigung eines Handzeichens (§ 126 Abs. 1 BGB), da insoweit ausschließlich Notare oder Konsuln zuständig sind.

91   Aufgrund dieser Bestimmung sind für zuständig erklärt worden:
in **Hessen** die Ortsgerichtsvorsteher[218] für die Beglaubigung von Abschriften und Unterschriften. Zur Beglaubigung von auszugsweisen Abschriften sind sie jedoch nicht zuständig (§ 42 Abs. 3 des Gesetzes).

In **Baden-Württemberg** allgemein neben den Notaren die Ratsschreiber.[219]

In **Rheinland-Pfalz** die Ortsbürgermeister, Verbandsgemeindeverwaltungen, die Gemeindeverwaltungen der verbandsfreien Gemeinden sowie die Stadtverwaltungen der kreisfreien und großen kreisangehörigen Städte.[220]

3. Form und Inhalt der Beglaubigung

92   a) Die **Form** der öffentlichen Beglaubigung einer Unterschrift oder eines Handzeichens richtet sich nach den §§ 39, 40 BeurkG;[221] diese Bestimmungen gelten sowohl für die notarielle als auch für die konsularische Beglaubigung und für die Beglaubigung anderer Urkundspersonen oder Stellen.[222] Grundsätzlich muß sich daher aus der Erklärung selbst ergeben, in wessen Namen diese abgegeben wird.[223]

93   b) **Beurkundet** wird nur die Tatsache der Unterzeichnung oder Anerkennung der Echtheit der Unterschrift (§ 40 Abs. 3 BeurkG).

94   Streng genommen gehört daher nicht in den reinen **Beglaubigungsvermerk**, daß der Unterschreibende die Erklärung im Namen eines anderen abgegeben hat.[224] Die Ansicht, der Notar könne nur bescheinigen, daß eine Vollmacht bestimmten Inhalts vorge-

---

[216] § 61 Abs. 1 Ziff. 6 BeurkG in Verbindung mit dem als Landesrecht fortgeltendem Gesetz vom 15. 11. 1937, RGBl. I 1237, in Bayern ersetzt durch § 9 VermKatGes. vom 31. 7. 1970, GVBl. 369.

[217] So mit Recht *Jansen* BeurkG § 63 Rdn. 2.

[218] § 17 HessOrtsG, in der Fassung des Änderungsgesetzes vom 16. 12. 1969, GVBl. 316.

[219] § 61 Abs. 4 BeurkG; Art. 2 Ges. v. 17. 12. 1974, BGBl. 1974 I 3602; § 32 Abs. 4 LFGG v. 12. 2. 1975, GVBl. 116 ff.; vgl. auch *Kraiß* BWNotZ 75, 114.

[220] § 61 Abs. 4 BeurkG; §§ 2 i. V. m. 1 Abs. 1 Ziffer 1–3 d. Landesges. Rheinland-Pfalz v. 21. 7. 1978, GVBl. Rheinland-Pfalz 1978, 597; wegen der Zuständigkeit der Vorsteher des Ortsgerichtes vgl. § 3 des Gesetzes.

[221] Dazu im einzelnen Winkler DNotZ 71, 140, 145.

[222] § 1 Abs. 2 BeurkG.

[223] LG Ellwangen/Jagst BWNotZ 88, 151 mwN.

[224] So ausf. BayObLGZ 34, 124.

legen habe,[225] ist jedoch zu eng. Aus dem Betreuungsrecht des Notars nach § 24 Abs. 1 BNotO einerseits und der Möglichkeit der Bezeugung von Tatsachen in der Form des einfachen Zeugnisses andererseits[226] ergibt sich die **Möglichkeit der zusätzlichen Feststellung,** daß der Unterzeichnende erklärte, für den Dritten zu handeln. Dies kommt insbesondere dann in Frage, wenn die Erklärung einerseits sachlich unvollständig, andererseits jedoch bereits fertig unterschrieben dem Notar zur Anerkennung der Echtheit der Unterschrift vorgelegt wird und der Wille der Beteiligten dahin geht, eine den grundbuchrechtlichen Vorschriften entsprechende Urkunde zu erstellen.

Als **notwendigen Inhalt** muß der Beglaubigungsvermerk lediglich die Echtheit der Unterschrift bezeugen, die Person bezeichnen, welche die Unterschrift vollzogen oder anerkannt hat, und Unterschrift und Siegel des Notars enthalten. **95**

c) Sind diese Erfordernisse **nicht** gegeben, so wird zwar die etwaige materiellrechtliche Gültigkeit der Urkunde nicht beeinträchtigt, der **Beglaubigungsvermerk** ist jedoch **unwirksam.**[227] Werden dagegen die übrigen Sollvorschriften der §§ 39, 40 BeurkG verletzt, so wird die Gültigkeit der Beglaubigung dadurch nicht berührt, lediglich der Beweiswert der Erklärung gemindert,[228] unbeschadet der dienststrafrechtlich für den Notar eintretenden Folgen und der Haftung für etwaige Schäden. **96**

d) **Nachträgliche Verbesserungen offenbarer Schreibfehler oder Auslassungen** im Text der Urkunde werden von dem Beglaubigungsvermerk in jedem Fall gedeckt.[229] **97**

Bei nachträglichen Änderungen und Einschaltungen anderer Art ist zu unterscheiden:

Nachträgliche Änderungen der über der Unterschrift stehenden Erklärung durch den Unterzeichnenden oder mit dessen Genehmigung sind grundsätzlich zulässig.[230] Sie beeinträchtigen die Form der öffentlichen Beglaubigung nicht, da nur die Unterschrift beglaubigt wird.[231] Jedoch wird der Nachweis der Echtheit der Erklärung (§ 440 Abs. 2 ZPO) dadurch beeinträchtigt, weil die Änderung durch die Beglaubigung nicht gedeckt ist.[232] Es liegt daher im Beweisinteresse und ist durch § 29 gefordert, Textänderungen unterschriftlich zu vollziehen und die Unterschrift zu beglaubigen.[233] **98**

Soweit der **Beurkundungsnotar** im Rahmen nachgewiesenen gesonderten Betreuungsauftrages gem. § 24 Abs. 1 BNotO und aufgrund entsprechender Vollmacht die **Urkunde ergänzt** oder durch **Einschaltungen verändert** und diese Änderung durch Unterschrift und Siegel kenntlich macht, ist nach der **hier** vertretenen Auffassung eine gesonderte Unterschriftsbeglaubigung nicht erforderlich. Die Zulässigkeit solcher Ergänzungen ergibt sich in diesem Zusammenhang aus der Möglichkeit des Notars, auch insoweit öffentliche Urkunden zu errichten (vgl. oben Rdn. 77–79). Die Rechtssicherheit des Verfahrens wird dadurch nicht beeinträchtigt, da der vom Notar festgestellte Wille der Beteiligten im Rahmen der erteilten Vollmacht lediglich in der für das Grundbuchverfahren notwendigen Weise ergänzt wird.[234] **99**

---

[225] So *Demharter* § 29 Rdn. 41 im Anschl. an die genannte Entscheidung.
[226] § 40 Abs. 1 zweite Alternative BeurkG.
[227] So Keidel/*Winkler* FGG § 40 BeurkG Rdn. 20 und 76.
[228] Vgl. *Keidel* a. a. O. Rdn. 77 mwN.
[229] OLG Hamb. DNotZ 51, 422 m. Anm. v. *Bäumler* ebd., vgl. auch RGZ 60, 397.
[230] RGZ 60, 397.
[231] So RGZ 60, 397.
[232] So mit Recht Keidel/*Winkler* FGG § 40 Rdn. 72.
[233] Ebenso OLG Celle MittBayNot 84, 105; a. A. – m. Hinw. auf die Zulässigkeit einer Blankounterschrift – LG Aachen MittRhNot 82, 15 m. zust. Anm. v. *Faßbender*; LG Düsseldorf MittRhNot 84, 107; Keidel/Kunze/*Winkler* BeurkG § 40 Rdn. 72; *Schlegelberger* FGG 7. Aufl. § 183 Rdn. 10, jedoch nur für den Fall, daß keine Zweifel daran bestehen, daß die Ergänzung vom Aussteller stammt oder mit seiner Billigung eingefügt ist.
[234] Ebenso im Ergebnis LG Aachen MittRhNot 82, 151; vgl. dazu auch oben Rdn. 78.

100 e) Als eine Form des § 29 entsprechende Eintragungsunterlage in der Form der öffentlich beglaubigten Urkunde ist auch eine Urkunde anerkannt, bei welcher lediglich eine **Blankounterschrift** beglaubigt wurde,[235] solange nicht Zweifel an der richtigen Ausfüllung bestehen. Die Ausfüllung kann nachträglich durch den Unterzeichner selbst oder durch einen von ihm Beauftragten erfolgen.

Bestehen jedoch begründete und nicht behebbare Zweifel an der abredegemäßen Ausfüllung, so kann der Grundbuchrichter von der Verwendung als Eintragungsunterlage absehen.[236]

101 f) Für die zu beglaubigende Unterschrift selbst gilt, daß ein **Einzelkaufmann auch mit seiner Firma** zeichnen kann;[237] umgekehrt ist trotz entsprechender Beglaubigung eine Firmenunterschrift als Eintragungsunterlage nicht ausreichend, wenn sie die wesentlichen Firmenbestandteile nicht erkennen läßt.[238]

102 Soweit lediglich die einfache Unterschrift erforderlich ist, kann die Unterschrift auch in nicht mehr erkennbaren Zeichen, z. B. willkürlichen Strichen, bestehen. Es handelt sich dann insoweit um ein **Handzeichen,** das dann als solches zu beglaubigen ist.

Nicht notwendig ist, daß sich der Unterzeichner des **gleichen Handzeichens** immer bedient.[239] Die Zuziehung eines Schreibzeugen bei der Beglaubigung eines Handzeichens ist nicht notwendig. Unschädlich ist es, wenn der Notar eine etwa nicht mehr als solche erkennbare Unterschrift im Wege der Unterschriftsbeglaubigung und nicht als Handzeichen beglaubigt.[240]

4. Beweiskraft der beglaubigten Urkunde

103 a) Die Beglaubigung der Unterschrift **verändert nicht** den Charakter der **Erklärung als Privaturkunde.** Der **Beglaubigungsvermerk** selbst ist dagegen eine **öffentliche Urkunde** und begründet vollen Beweis der darin bezeugten Tatsachen: Daß die Erklärungen vom Aussteller der Urkunde abgegeben sind, Ort und Zeitpunkt der Beglaubigung, Feststellungen über die Person, insbesondere auch über Personenstand, Familiennamen, Mädchenname usw.[241] Der Gegenbeweis ist nur im Rahmen des § 418 Abs. 2 ZPO zulässig.

104 b) Mit der Beglaubigung der Echtheit der Unterschrift wird der **unwiderlegbare Beweis** begründet, daß die Erklärung vom Aussteller abgegeben ist (§ 416 ZPO). Auch die Echtheit der Erklärung wird vermutet (§ 440 Abs. 2 ZPO). Gegenbeweis ist zulässig; allerdings erfordert dieser Gegenbeweis den Nachweis der Unechtheit der Unterschrift oder des Handzeichens, da der Einwand, der Aussteller habe die Urkunde nicht gelesen oder verstanden, unzulässig ist.[242] Außerdem bezieht sich die Beweisregel nicht auf die

---

[235] Ebenso *Hornig* DNotZ 71, 69; *Jansen* BeurkG § 40 Rdn. 18; *Horber* § 29 Anm. 5 c; Keidel/*Winkler* FGG § 40 BeurkG Rdn. 70 mwN; a. A. Staudinger § 129 Anm. 3 b; LG Berlin DNotZ 40, 35; Seybold/*Hornig* BNotO § 32 Anm. 13–15.

[236] Ebenso *Demharter* § 29 Rdn. 44; eingehend *Hornig* DNotZ 71, 69.

[237] KG KGJ 37, 228.

[238] KG HRR 39 Nr. 1045.

[239] *Haegele* § 40 BeurkG Anm. V 14; *Jansen* BeurkG § 40 Rdn. 41; Reidel/*Feil* BeurkG § 40 Anm. 56.

[240] LG Bonn BWNotZ 63, 19; *Jansen* § 40 Anm. 41; Keidel/*Winkler* § 40 Rdn. 66.

[241] Keidel/*Winkler* FGG § 40 BeurkG Rdn. 68; KGJ 2, 112; LG Berlin DNotZ 63, 250 = Rpfleger 63, 51; OLG Hamm JMBl. NRW 64, 53 = DNotZ 65, 46; *Haegele* BeurkG § 40 Anm. V 1; *Jansen* BeurkG § 40 Rdn. 11.

[242] *Jansen* BeurkG § 40 Rdn. 11; RG JW 08, 327; RGZ 77, 312.

Richtigkeit des Inhalts der Erklärung, ihr wirksames Zustandekommen und Ort und Zeit der Abgabe.

Ist der **Beglaubigungsvermerk** selbst infolge von Änderungen, z. B. Durchstreichungen oder Radierungen, **mangelhaft**, so wird dadurch die Beweiskraft des Vermerkes nach dem freien Ermessen des Grundbuchrichters ganz oder zum Teil beseitigt (§ 419 ZPO). **105**

Wird eine Erklärung, deren Unterschrift öffentlich beglaubigt wurde, nachträglich durch eine Einschaltung ergänzt, so gilt für den nachträglich eingefügten Text § 440 Abs. 2 ZPO nicht.[243]

VII. Ausländische Urkunden

1. Grundsätze

§ 415 ZPO gilt entsprechend für ausländische Urkunden. Solche Urkunden erfüllen daher grundsätzlich ebenfalls die Voraussetzung des § 29.[244] **106**

Die Prüfung der Echtheit kann jedoch Schwierigkeiten bereiten. Zum Nachweis der Echtheit kann daher das Grundbuchamt die **Legalisation** durch einen deutschen Konsul oder Gesandten verlangen.[245] **107**

Eine Legalisation kann jedoch nur verlangt werden, wenn folgende **Ausnahmeregelungen** nicht zutreffen:

2. Staatsverträge

sehen eine Befreiung vomm Legalisationszwang vor im Verhältnis zu **108**

a) **Belgien**.[246] Alle öffentlichen Urkunden sind gegenseitig anerkannt. Zur Beglaubigung von nichtöffentlichen Urkunden nach Art. 3 Abs. 1 ist die Legalisationsstelle des Ministeriums für auswärtige Angelegenheiten bestimmt worden.[247]

b) **Dänemark**.[248]
Gesiegelte oder gestempelte gerichtliche oder notarielle Urkundne sowie Urkunden von obersten oder höheren Verwaltungsbehörden sind von der Legalisation vollständig befreit. Bei aufgenommenen oder beglaubigten Urkunden der Gerichtsvollzieher, gerichtlicher Hilfsbeamter, der Grundbuchbeamten oder der Urkundsbeamten der Geschäftsstellen genügt Zwischenbeglaubigung durch den zuständigen Richter, bei Urkunden kollegialer Art durch den Vorsitzenden unter Beifügung von Dienstsiegel oder Dienststempel (Art. 1 u. 2). Urkunden in Standesfällen sind zu beglaubigen durch die zuständige dänische Verwaltungsbehörde (Kopenhagen Polizeidirektion, außerhalb Kopenhagens der Polizeimeister unter Beifügung des Amtssiegels; dabei ist zu bescheinigen, daß der Aussteller zur Ausführung der Urkunde befugt ist).

c) **Frankreich**. Deutsch-franz. Abkommen vom 13. 9. 1971 über die Befreiung öffentlicher Urkunden von der Legalisation,[249] in Kraft getreten am 1. 4. 1975.[250] Alle öffentlichen Urkunden sind befreit.

---

[243] BayObLG Rpfleger 85, 105.
[244] KG JFG 6, 305.
[245] § 2 Ges. vom 1. 5. 1878 BGBl. 89; § 13 Konsulargesetz vom 14. 9. 1974, BGBl. 1974, 2320.
[246] Abkommen vom 13. 5. 1975 BGBl. 1980 II, 813; in Kraft seit 1. 5. 1981.
[247] BGBl. 81 II, 193.
[248] Beglaubigungsabkommen vom 17. 6. 1936 BGBl. II 214; Bekanntmachung vom 30. 6. 1963 BGBl. II 186.
[249] BGBl. 1974 II, 1100.
[250] Bek. vom 6. 3. 1975 BGBl. II 353; dazu i. E. Arnold DNotZ 75, 581 ff.

d) **Griechenland** (Staatsvertrag vom 11. 5. 1938;[251] wieder anwendbar[252]). Für Urkunden des griechischen Gerichtshofes erster Instanz oder eines Gerichtes höherer Ordnung, einer griechischen obersten Verwaltungsbehörde oder eines griechischen obersten Verwaltungsgerichts ist keine weitere Beglaubigung erforderlich, wenn die Urkunde von einer dieser Stellen ausgestellt oder beglaubigt und mit Amtssiegel oder Stempel versehen ist. Alle übrigen Urkunden von Notaren usw. müssen durch den Präsidenten des Gerichtshofes erster Instanz unter Beifügung des Amtssiegels oder Stempels beglaubigt werden. Dies gilt auch für ausgestellte oder beglaubigte Urkunden der Urkundsbeamten der Geschäftsstelle eines griechischen Gerichtes (Art. 24).

e) **Italien.** Deutsch-ital. Abkommen vom 7. 6. 1969 über den Verzicht auf Legalisation von Urkunden,[253] in Kraft getreten am 5. 5. 1975.[254] Alle öffentlichen Urkunden sind befreit.

f) **Österreich** (Staatsvertrag vom 21. 6. 1923;[255] wieder anwendbar[256]). Danach bedürfen keiner weiteren Beglaubigung von österreichischen Gerichten und Verwaltungsbehörden ausgestellte, mit Siegel oder Stempel versehene Urkunden (Art. 1), ebenso Auszüge aus Kirchenbüchern und Familienstandsregistern (Art. 2), notarielle Urkunden und von Gerichtsvollziehern und gerichtlichen Hilfsämtern ausgeführte und mit dem jeweiligen Siegel versehene Urkunden. Zu den notariellen Urkunden gehört auch die Beglaubigung (Art. 4). Keine weitere Beglaubigung erforderlich auch für Personenstandszeugnisse und Ehefähigkeitszeugnisse.[257]

g) **Schweiz.** Staatsvertrag vom 14. 2. 1907.[258] Die von Gerichten und Gerichtsschreibern aufgenommenen, ausgestellten oder beglaubigten Urkunden, die mit Siegel oder Stempel versehen sind, bedürfen keiner weiteren Überbeglaubigung (Art. 1). Alle übrigen Urkunden bedürfen keiner Legalisation, wenn sie ausgestellt, oder beglaubigt und mit dem Dienstsiegel versehen sind, wenn es sich handelt um Urkunden der Bundeskanzlei oder der jeweiligen Staatskanzlei in den Kantonen Zürich, Bern, Luzern, Solothurn, Basel-Stadt und -Land, Schaffhausen, St. Gallen, Aargau, Thurgau. Das gleiche gilt bei Urkunden der Standeskanzlei. In den Kantonen Tessin, Wallis, Neuenburg, Freiburg die „Chancellerie d'etat"; der Standeskanzlei in den Kantonen Uri und Unterwalden, Nied dem Wald sowie Graubünden; der Kantonskanzlei in den Kantonen Schwyz und Appenzell a. Rhein, bei letzterem Kanton auch der Landammann und der Standeskommission; im Kanton Unterwalden ob dem Wald die Staatskanzlei und das Landamannamt; in den Kantonen Glarus und Zug die Regierungskanzlei, im Kanton Jura la Chancellerie d'Etat.

3. Europäisches Übereinkommen vom 17. 6. 1968

109 Nach dem europäischen Übereinkommen vom 17. 6. 1968[259] für die Bundesrepublik, in Kraft getreten am 19. 9. 1971, sind Urkunden, die von den diplomatischen oder konsularischen Vertretern eines Vertragsstaates, gleich in welchem Land, errichtet worden sind — auch durch Unterschriftsbeglaubigung (Art. 2 Abs. 2) — und in dem Hoheitsgebiet eines anderen Vertragsstaates vorgelegt werden sollen, von der Legalisation befreit. Zu den Vertragsstaaten gehören außer der Bundesrepublik Deutschland, Frank-

---

[251] BGBl. 39 II 849.
[252] Gem. BGBl. 52 II 634.
[253] BGBl. II 1069.
[254] Bek. vom 22. 4. 1975 BGBl. II 660; i. E. dazu vgl. Arnold DNotZ 75, 581 ff.
[255] RGBl. 24 II 61.
[256] Gem. BGBl. 52 II 436.
[257] Vertrag vom 18. 11. 1980 BGBl. 1981 II 1050; 1982, 207.
[258] BGBl. 1907, 411.
[259] BGBl. II 71, 85 ff.

reich, Italien, die Niederlande, einschl. Niederländische Antillen und Surinam, die Schweiz, das Vereinigte Königreich von Großbritannien und Nordirland (einschl. Insel Man, Guernsey, Jersey) sowie Zypern,[260] weiter Spanien ab 11. 9. 1982, Norwegen seit 20. 9. 1081,[261] Luxemburg seit 30. 6. 1979[262] und Griechenland seit 23. 5. 1979,[263] Österreich,[264] Liechtenstein,[265] Schweden,[266] Norwegen,[267] Spanien,[268] Portugal,[269] die Türkei.[270]

4. Haager Übereinkommen

Aufgrund des Haager Übereinkommens vom 5. 10. 1961 zur Befreiung ausländischer **110** öffentlicher Urkunden von der Legalisation, für die Bundesrepublik in Kraft getreten am 13. 2. 1966,[271] kann für öffentliche Urkunden eine Legalisation nicht mehr verlangt werden (Art. 2). Als öffentliche Urkunden werden angesehen: Urkunden eines staatlichen Gerichts oder einer Amtsperson als Organ der Rechtspflege, einschl. der Urkunden, die von der Staatsanwaltschaft oder einem Vertreter des öffentlichen Interesses, von einem Urkundsbeamten der Geschäftsstelle oder von einem Gerichtsvollzieher ausgestellt sind, weiter Urkunden der Verwaltungsbehörden, notarielle Urkunden, amtliche Bescheinigungen, die auf Privaturkunden angebracht sind, wie z. B. Vermerke über die Registrierung, Sichtvermerke zur Feststellung eines bestimmten Zeitpunkts und Unterschriftsbeglaubigungen (Art. 1).

Anstelle der Legalisation ist eine Echtheitsbestätigung zu erteilen, mit der Bezeichnung „Apostille" (Art. 3 Abs. 1, Art. 4 u. 5). Soweit ein Staatsvertrag Urkunden von dem Erfordernis der Legalisation befreit, kann auch die Apostille nicht verlangt werden (Art. 3 Abs. 2). Dieses Abkommen gilt im Verhältnis zu Antigua,[272] Argentinien,[273] Armenien,[274] den Bahamas,[275] Belgien,[276] Belice,[277] Belarus,[278] Bosnien-Herzogowina,[279] Botsuana,[280] Fidschi,[281] Finnland,[282] Frankreich,[283] Griechenland,[284] das Vereinigte Königreich Großbritannien und Nordirland einschl. Jersey, Guernsey und Insel Man sowie Hongkong und weitere vertretene Gebiete,[285] Israel,[286] Japan,[287] Kroatien,[288] Lesotho,[289] Liechtenstein,[290] Luxemburg,[291] Malawi,[292] Malta,[293] Mauri-

---

[260] Bek. d. ausw. Amts vom 27. 7. 1971 BGBl. II 1023, 30. 11. 1971, BGBl. II 1313 und 10. 1. 1972 BGBl. 2940; vgl. dazu auch *Arnold* NJW 71, 2109.
[261] BGBl. 81 II, 561.
[262] BGBl. 79 II 938.
[263] BGBl. 79 II 338.
[264] Ab 15. 6. 1973 BGBl. II 746.
[265] Ab 7. 8. 1973 BGBl. II 1248.
[266] Ab 23. 11. 1973 BGBl. II 1676.
[267] Ab 13. 7. 1981 BGBl. II 561.
[268] Ab 28. 6. 1982 BGBl. II 639.
[269] Ab 26. 1. 1983 BGBl. II 116.
[270] Ab 22. 7. 1987 BGBl. II 427.
[271] BGBl. II 65, 875.
[272] 10. 3. 1986 BGBl. II 542.
[273] 19. 2. 1988 BGBl. II 235.
[274] 31. 8. 1994 BGBl. II 2532.
[275] 5. 1. 1977 BGBl. II 20.
[276] 7. 1. 1976 BGBl. II 1999.
[277] 21. 6. 1993 BGBl. II 1005.
[278] 21. 6. 1993 BGBl. II 1005.
[279] 16. 12. 1993 BGBl. II 82.
[280] 25. 2. 1970 BGBl. II 121.
[281] 12. 7. 1971 BGBl. II 1016.
[282] 1. 8. 1985 BGBl. II 1006.
[283] Einschl. neue Hebriden Bek. d. ausw. Amts vom 12. 2. 1966 BGBl. II 106.
[284] 22. 8. 1985 BGBl. II 1108.
[285] Bek. d. ausw. Amts vom 12. 12. 1996 BGBl. II 106; 17. 5. 1967 BGBl. II 1811.
[286] 23. 8. 1978 BGBl. II 1198.
[287] 4. 7. 1970 BGBl. II 772.
[288] 16. 12. 1993 BGBl. II 82.
[289] 20. 9. 1972 BGBl. II 1466.
[290] 20. 9. 1972 BGBl. II 1466.
[291] 30. 5. 1979 BGBl. II 684.
[292] 12. 10. 1967 BGBl. II 2390.
[293] 19. 2. 1968 BGBl. II 131.

tius,[294] Mazedonien,[295] die Niederlande,[296] Norwegen,[297] Österreich,[298] Panama,[299] Portugal einschl. aller Gebiete außerhalb des Mutterlandes,[300] Rußland,[301] Seychellen,[302] Slowenien,[303] Surinam,[304] Spanien,[305] Swasiland,[306] Schweiz,[307] Tonga,[308] Türkei,[309] Ungarn,[310] USA,[311] Zypern.[312] Im einzelnen vgl. auch Weber DNotZ 67, 469.

Auf die Apostille kann ausnahmsweise verzichtet werden, wenn nach dem Ermessen des Grundbuchamtes aufgrund der besonderen Umstände des Einzelfalls der Echtheitsnachweis auch ohne Apostille als erbracht angesehen werden kann (Echtheitsbescheinigung des US-amerikanischen Clark of the Circuit Court unter Bezugnahme auf eine Bescheinigung des Secretary of State statt der vom zuständigen Secretary of State zu erteilenden Apostille.[313]

5. Legalisation

111 Die in den **übrigen Fällen** mögliche **Legalisation** begründet die Vermutung der Urkunde sowie weiter, daß der Aussteller die Urkunde in amtlicher Eigenschaft errichtet hat. Sie besagt jedoch nichts darüber, ob der Aussteller die für ihn geltenden Form- und Zuständigkeitsvorschriften eingehalten hat.[314] Es entspricht jedoch einem im internationalen Rechtsverkehr anerkannten Erfahrungssatz, daß echte öffentliche Urkunden nicht fehlerhaft und kompetenzwidrig aufgenommen worden sind.[315] Nur bei Vorliegen wichtiger Gründe kann daher das Grundbuchamt verlangen, daß die Auslandsvertretung ein weiteres Zeugnis darüber ausstellt, daß der Aussteller die Form und Zuständigkeitsvorschriften seines Staates im gegebenen Fall beachtet hat (sog. Legalisation im weiteren Sinn).[316]

112 **Eine Legalisation kann nicht verlangt werden** bei Urkunden deutscher Konsuln, da es sich insoweit um inländische Urkunden handelt.

113 Zu beachten ist, daß auch eine **formgerecht errichtete ausländische Urkunde** trotzdem **deutschen Rechtsvorschriften widersprechen** kann. Dies gilt insbesondere für die Auflassung eines in Deutschland gelegenen Grundstücks vor einem ausländischen Notar. Eine solche Auflassung ist unwirksam.[317]

114 Soweit eine **Legalisation** verlangt werden kann, steht es im **Ermessen des Grundbuchamtes,** ob es eine solche tatsächlich verlangt, es sei denn, daß durch die besonderen Umstände des Einzelfalls der Echtheitsbeweis auch ohne Legalisation als erbracht angesehen werden kann.[318] Der Grundbuchbeamte kann sich auch durch andere Beweismittel (z. B. durch die Bescheinigung einer anderen Behörde) von der Echtheit der Urkunde überzeugen, wenn er diese für ausreichend hält.

---

[294] 25. 2. 1970 BGBl. II 121.
[295] 6. 6. 1994 BGBl. II 1191.
[296] Einschl. niederl. Antillen Bek. d. ausw. Amtes vom 12. 2. 1966 BGBl. II 106; 17. 65. 1967 BGBl. II I1811.
[297] 8. 7. 1983 BGBl. II 478.
[298] 18. 1. 1968 BGBl. II 1976.
[299] 7. 8. 1991 BGBl. II 908.
[300] 21. 1. 1969 BGBl. II 120; 25. 2. 1970 BGBl. II 121.
[301] 24. 8. 1992 BGBl. II 948.
[302] 30. 4. 1979 BGBl. II 417.
[303] 21. 6. 1993 BGBl. II 1005.
[304] 17. 7. 1967 BGBl. II 2082; 1. 6. 1967 BGBl. II 593.
[305] 30. 10. 1978 BGBl. II 1330.
[306] 30. 4. 1979 BGBl. II 417.
[307] 8. 3. 1973 BGBl. II 176.
[308] 16. 3. 1972 BGBl. II 254.
[309] 22. 8. 1985 BGBl. II 1108.
[310] 10. 1. 1973 BGBl. II 65.
[311] 16. 9. 1981 BGBl. II 903.
[312] 13. 4. 1973 BGBl. II 391.
[313] BayObLG Rpfleger 93, 192 = DNotZ 91, 397.
[314] KG JW 33, 524 für Beglaubigungsvermerk nach Staatsvertrag mit der Schweiz.
[315] LG Wiesbaden Rpfleger 88, 17.
[316] KG JFG 20, 177.
[317] OLG Köln Rpfleger 72, 134 mwN.
[318] KG DnotV 31, 29; OLG Hamburg JFG 10, 8; OLG Schl. HA 62, 173.

Zu dem Fall, daß eine **deutsche Auslandsvertretung in dem betreffenden Staat nicht** **115**
vorhanden ist, vgl. im einzelnen Bülow.[319] Werden die deutschen Interessen durch einen fremden Konsul wahrgenommen, so sind die von diesem legalisierten Urkunden ohne weiteres anzuerkennen.[320]

VIII. Vorlage der Urkunden

1. Regel

Die nach § 29 benötigten Urkunden können vorgelegt werden **in Urschrift, Ausferti-** **116**
gung[321] **oder beglaubigter Abschrift**.[322] Eine Ausfertigung im **Auszug** genügt, wenn sie nach den Vorschriften des Beurkundungsgesetzes zulässig ist und die Auflassung enthält.[323] Jedoch kann Vorlage der ganzen Urkunde verlangt werden zur Überprüfung, ob die Auflassung einer behördlichen Genehmigung bedarf oder ein gemeindliches Vorkaufsrecht besteht.[324] Ebenso genügt eine beglaubigte Fotokopie. Diese muß oft zur Herstellung der Identität, z. B. bei nicht wiedergegebenen Siegeln, maschinenschriftlich ergänzt werden. Die Vollständigkeit der Identität der Fotokopie mit dem Original wird durch den Beglaubigungsvermerk des Notars gedeckt. Solche maschinenschriftlichen Ergänzungen sind daher unbedenklich.[325] Auch die beglaubigte Abschrift einer beglaubigten Ablichtung genügt, da zwar die Ablichtung keine Urkunde darstellt, wohl aber der Beglaubigungsvermerk des Notars eine öffentliche Urkunde im Sinn des § 29 Abs. 1 darstellt.[326]

Sind mehrere Bogen einer Ausfertigung nicht durch Schnur und Siegel, sondern **117**
durch Klebestreifen miteinander verbunden, so ist die vorgeschriebene Form des § 29[327] nicht gewahrt.[328]

2. Ausnahme

Die Vorlage einer **beglaubigten Abschrift genügt** jedoch **nicht**, wenn **118**

a) die beglaubigte Abschrift einer **Privaturkunde** vorgelegt wird. Die beglaubigte Abschrift hat keine stärkere Beweiskraft als die Urschrift selbst,[329] oder

b) **an den Besitz der Urkunde Rechtsfolgen** geknüpft sind, wie z. B. bei Erbscheinen, **119**
Bestallungen, Vollstreckungstitel, Vollmachten (vgl. dazu jedoch auch § 35 Rdn. 31). Nur eine beglaubigte Abschrift des Testamentsvollstreckerzeugnisses mit entsprechendem Vermerk genügt, wenn dadurch der Nachweis des Erlöschens der Testamentsvollstreckung erbracht werden soll.[330]

Genügt rechtlich das Bestehen der **Vollmacht bei Errichtung des Aktes** vor dem No- **120**
tar oder der Behörde, so ist ausreichend die Vorlage einer beglaubigten Abschrift der Vollmachtsurkunde beim Grundbuchamt mit der Bescheinigung des Notars oder der

---

[319] DNotZ 55, 41, 42.
[320] KG KGJ 50, 69.
[321] OLG München JFG 22, 362; § 47 BeurkG.
[322] KG JFG 2, 408; OLG Düsseldorf Rpfleger 61, 48.
[323] BayObLG Rpfleger 81, 233 = DNotZ 81, 570.
[324] BayObLG a. a. O.
[325] A. A. LG Aachen Rpfleger 83, 310 für den Fall, daß eine beglaubigte Fotokopie einer Eintragungsbewilligung mit Unterschriftsbeglaubigung zwar die Unterschriften der Beteiligten wiedergab, nicht jedoch die Unterschrift des Notars.
[326] LG Flensburg SchlHA 62, 201.
[327] § 44 BeurkG; § 29 DONot.
[328] OLG Schl. DNotZ 72, 556.
[329] KG JFG 12, 264.
[330] BayObLGZ 90, 51/56.

Behörde, daß die Vollmacht in Urschrift oder Ausfertigung im entscheidenden Zeitpunkt vorgelegen habe.[331] Wird das zunächst nicht nachgewiesene Bestehen einer Vollmacht durch nachträgliche Erklärung des Vollmachtgebers bestätigt, so ist erforderlich, daß der Erklärende in diesem Zeitpunkt noch verfügungsberechtigt ist. Als Form genügt die Unterschriftsbeglaubigung.[332] Vgl. im übrigen zur Vollmacht Rdn. 138 ff.

3. Verweisung auf Akten

121 Liegt die Urkunde in einer der genannten Formen dem gleichen Amtsgericht an anderer Stelle bereits vor, so genügt statt der Vorlage die Verweisung auf diese Akten; die Akten müssen genau bezeichnet werden und darüber hinaus auch die darin enthaltenen Urkunden, die den Nachweis erbringen und den Formerfordernissen des § 29 GBO genügen müssen,[333] ohne Rücksicht darauf, ob die Akten von der Vernichtung ausgeschlossen sind oder nicht.[334] Trifft der letztere Fall zu, so ist eine beglaubigte Abschrift für die Grundakten zu fertigen.[335] Die Urkunden und Akten müssen jedoch ausreichend bezeichnet sein.[336]

4. Beilagen von Urkunden

122 a) Soweit Beilagen von Urkunden in **Erklärungen** und **Zeugnissen** bestehen, gelten für diese die gleichen Bestimmungen wie für die Haupturkunde. Privatschriftliche Erklärungen sind, wenn sie im Rahmen eines notariellen Protokolls verwendet werden, dessen Bestandteile.

123 b) **Karten, Pläne und Planskizzen** gehören zu den außerhalb der Urkunde liegenden Umständen, auf welche in der Erklärung verwiesen wird, damit mit ihrer Hilfe diejenigen Gegenstände der Natur, auf welche sich die Erklärung bezieht, aufgefunden und in ihrer Besonderheit identifiziert werden können. Beurkundungspflichtig ist nicht der Orientierungsbehelf, sondern die rechtsgeschäftliche Erklärung, in welcher auf diesen verwiesen wird.[337] Eine öffentliche Urkunde brauchen daher diese Unterlagen nicht zu sein,[338] eine mit der Urkunde verbundene Handskizze genügt,[339] wenn aus der Skizze Himmelsrichtung und derzeitige Grundstücksgrenzen hervorgehen. Damit die Karte dem Grundbuchverkehr mit seinem Publizitätscharakter entspricht, ist es jedoch notwendig, daß Karte und Urkunde gem. § 44 BeurkG mit Schnur und Prägesiegel verbunden sind[340] und in der Urkunde darauf Bezug genommen wird.[341] Stellt die Skizze die betroffene Grundstücksfläche nicht bestimmt genug dar, so kann nicht zum Zwecke der Klarstellung ohne eine entsprechende erneute Bezugnahmeerklärung in der Form des § 29 eine veränderte neue Skizze vorgelegt werden.[342] Die Bezugnahme auf eine solche Karte ist daher nicht nur bei Eintragung einer beschränkt persönlichen Dienstbarkeit,[343] sondern auch bei dem Antrag auf Eintragung einer Vormerkung zulässig.[344]

---

[331] KG JW 32, 1153; OLG Stuttgart DNotZ 52, 183; BayObLG Rpfleger 77, 439, nur Leitsatz.
[332] KG JFG 18, 246; BGHZ 29, 369 = NJW 59, 883.
[333] BayObLG Rpfleger 92, 192.
[334] KG JFG 23, 299; BayObLG Rpfleger 75, 361.
[335] § 10 Abs. 2 GBO; § 24 Abs. 3 GBVerf.
[336] BayObLG Rpfleger 87, 452.
[337] Weber DNotZ 72, 144.
[338] BGH Rpfleger 72, 250 mwN.
[339] BayObLG RPfleger 81, 232.
[340] BGH a. a. O.
[341] § 9 Abs. 1 Satz 3 BeurkG; BGH Rpfleger 79, 254; NJW 81, 1782 = Rpfleger 81, 286; DNotZ 82, 229.
[342] BayObLG Rpfleger 82, 17; DNotZ 83, 440.
[343] BGHZ 59, 11 = Rpfleger 72, 250.
[344] BGH Rpfleger 72, 437 = DNotZ 73, 96.

IX. Offenkundigkeit

1. Grundsatz

Ein Nachweis durch öffentliche oder öffentlich beglaubigte Urkunde ist nicht notwendig, wenn und soweit Offenkundigkeit vorliegt.
Es ist zu unterscheiden zwischen Offenkundigkeit, Aktenkundigkeit und Erfahrungssätzen (Ziffer X).

2. Begriff der Offenkundigkeit

Der Nachweis der Offenkundigkeit ist nur möglich für Eintragungsvoraussetzungen, **124** die nicht in „Erklärungen" bestehen.[345] Offenkundig im Sinn des § 29 sind bereits – abweichend von der allgemeinen Definition der allen lebenserfahrenen Menschen ohne weiteres bekannten Tatsachen[346] – **alle dem zuständigen Grundbuchamt zweifelsfrei bekannten Tatsachen**[347] sowie **Rechtslagen**, beispielsweise der Umfang der bischöflichen Amtsgewalt, der sich aus Verfassung und Kirchengesetz unmittelbar herleitet.[348] Ob die Kenntnisse amtlich oder außeramtlich erlangt wurden, ist ohne Bedeutung.[349] Selbstverständlich sind daneben offenkundig auch alle diejenigen Tatsachen, die die Voraussetzungen der allgemeinen Definition erfüllen.[350] Beim Nachweis der Entgeltlichkeit gem. § 2113 BGB darf der Grundbuchrechtspfleger unter Berücksichtigung der natürlichen Gegebenheiten die gesamten Umstände des Falles prüfen. Der Offenkundigkeit sind solche Fälle gleichzustellen, in denen die Unentgeltlichkeit durch die Natur der Sache oder die Sachlage ausgeschlossen wird.[351]

Nicht als **offenkundig** zu behandeln sind Veröffentlichungen der Vertretungsbefugnis **125** und der Bestellung von Organen einer öffentlichen Anstalt jedenfalls dann, wenn die Veröffentlichung längere Zeit zurückliegt, da diese Befugnis widerrufen sein kann und dem Grundbuchamt nicht zuzumuten ist, sämtliche Veröffentlichungen der Zwischenzeit daraufhin durchzusehen[352] oder das Grundbuchamt das Veröffentlichungsorgan nicht bezieht.[353] Offenkundigkeit bei einem Grundbuchamt bedeutet bei Abgabe von Akten nicht ohne weiteres auch die Offenkundigkeit für das zweite Grundbuchamt, wenn sie nicht ausdrücklich aktenkundig gemacht ist.[354]

3. Aktenkundig

Aktenkundig sind alle diejenigen Tatsachen, die **in Akten des gleichen Amtsgerichts** **126** erwähnt sind. Dabei ist wiederum zu unterscheiden:

a) **Aktenkundige** Tatsachen sind offenkundig, wenn sie in den Akten zur Entstehung **127** gelangt sind, so wenn beispielsweise eine vormundschaftsgerichtliche Genehmigung erteilt worden ist. Solche Tatsachen sind durch einen Vermerk in der Eintragungsverfügung aktenkundig zu machen (§ 24 Abs. 3 GeschO).

---

[345] KG Rpfleger 79, 209.
[346] RGZ 145, 200.
[347] KG JFG 20, 220; BayObLGZ 52, 324; OLG Frankfurt Rpfleger 72, 104.
[348] BayObLGZ 74, 65.
[349] OLG Hamm R. d. L. 52, 77; BayObLGZ 57, 52 = DNotZ 57, 311.
[350] So LG Köln JMBl. NRW 49, 30; LG Traunstein DNotZ 64, 123.
[351] LG Stade Nds. Rpfleger 75, 220; OLG Hamm DNotZ 71, 242.
[352] LG Kassel Rpfleger 59, 319; OLG Düsseldorf Rpfleger 61, 47 = JMBl. NRW 61, 133.
[353] LG Köln MittRhNot 82, 62.
[354] BayObLGZ 57, 49 = DNotZ 57, 311.

128   b) Sind in Akten Tatsachen nicht entstanden, sondern nur **öffentlich bezeugt**, wie beispielsweise die Tatsache des Todes durch eine Sterbeurkunde, so liegt keine Offenkundigkeit, sondern nur Aktenkundigkeit vor.[355] In diesem Fall ist jedoch eine Verweisung auf diese Akten möglich; dabei spielt es keine Rolle, ob die Akten der Vernichtung unterliegen oder nicht.[356] Verweisung auf Akten eines anderen Amtsgerichtes ist jedoch nicht zulässig,[357] ebenso genügt nicht die Verweisung auf eine in den Akten sich befindende Privaturkunde.

X. Freie Beweiswürdigung sonstiger Umstände
1. Grundsatz

129   Nicht sämtliche Tatsachen, die logisch für eine Eintragung zu prüfen wären, sind offenkundig oder in der Form des § 29 zu belegen. In diesen Fällen befinden sich der Antragsteller und das Grundbuchamt in Beweisnot. Dies ist insbesondere der Fall bei der Frage des Nachweises von Tatsachen, welche gegen die Eintragung sprechen, bei der Frage des Ausschlusses von entfernt liegenden Möglichkeiten, welche gegen die Eintragung sprechen sowie bei der Frage des Beweises von Nebenumständen, welche die nachgewiesene Erklärung oder die sonstigen nachgewiesenen Umstände erst wirksam machen. Alle diese Fälle werden von den Bestimmungen des § 29 nicht erfaßt. Im einzelnen gilt dazu folgendes:

2. Tatsachen, welche die Zurückweisung des Antrages rechtfertigen können

130   Nach der **herrschenden Lehre** gilt § 29 aufgrund seines Wortlautes nur für Erklärungen und Tatsachen, welche die Eintragung rechtfertigen. Er gilt nach dieser Auffassung **nicht für Erklärungen und Tatsachen, welche die Zurückweisung eines Antrages rechtfertigen** können. Solche Tatsachen sind nach dieser Auffassung lediglich geeignet, die Beweiskraft der in § 29 Abs. 1 genannten Beweismittel zu erschüttern oder ganz zu beseitigen. Wollte man demnach an solche Tatsachen gleichstellende Anforderungen stellen, so würde der Vollzug sachlich unrichtiger Tatsachen erleichtert.[358] Bei der Prüfung der Sach- und Rechtslage darf daher das Grundbuchamt nach dieser Auffassung auch Tatsachen berücksichtigen, die ihm andererweit bekannt geworden sind und der Eintragung im Wege stehen.[359] Als solche Tatsachen sind beispielsweise angesehen worden das Fehlen der Geschäftsfähigkeit;[360] der Widerruf oder die Aufhebung der Auflassung,[361] die Nichtwahrung der Vollziehungsfrist bei einer eingetragenen Vormerkung für eine Bauhandwerker-Sicherungshypothek.[362] Stets wird vorausgesetzt, daß die Tatsachen geeignet sind, berechtigte Zweifel an der Fortdauer der Gültigkeit der vorgelegten Eintragungsunterlagen zu begründen.[363] Die Tatsachen selbst müssen daher nach Auffassung des Grundbuchamtes unzweifelhaft feststehen.

131   **Gegenüber der herrschenden Lehre** sind jedoch **Einschränkungen** zu machen. Zwar hat das Grundbuchamt die Pflicht, das Grundbuchamt richtig zu halten und darf daher

---

[355] Dazu eingehend OLG Köln MDR 65, 993.
[356] KG JFG 23, 299.
[357] KG OLG 2, 409.
[358] Vgl. BayObLGZ 67, 17.
[359] BayObLGZ 54, 286/292 mwN = DNotZ 55, 594; BayObLGZ 67, 13 = DNotZ 67, 429; OLG Frankfurt Rpfleger 77, 103.
[360] OLG Karlsruhe DNotZ 65, 476; BayObLG Rpfleger 74, 396.
[361] SchlH OLG SchlHA 46, 428; 57, 36; BGHZ 35, 139; BayObLGZ 67, 13 = 67; 429; zur letztgenannten Entscheidung zust. Ertl DNotZ 67, 431, abl. *Haegele* Rpfleger 67, 145.
[362] OLG Köln Rpfleger 87, 301.
[363] BayObLGZ 67, 18.

grundsätzlich unrichtige Eintragungen nicht vornehmen.[364] Andererseits soll die Sicherheit des Verfahrens unbedingt gewährleistet werden. Diese Sicherheit des Verfahrens geht in der Bewertung des Gesetzgebers der Richtigkeit des Grundbuchs vor, wie sich daraus ergibt, daß der Gesetzgeber bewußt die Unrichtigkeit des Grundbuchs bei fehlender Einigung, aber richtiger Eintragungsbewilligung in Kauf genommen hat (vgl. dazu § 19 Rdn. 11). Aus dem gleichen Grund hat der Gesetzgeber für die gegenüber unrichtigen Tatsachen viel unwichtigere bloße Rücknahme des Eintragungsantrages die Form des § 29 vorgeschrieben. Da offensichtlich in der hier zur Erörterung stehenden Frage eine Gesetzeslücke vorhanden ist, kann diese nur entsprechend den Wertungen des Gesetzgebers ausgefüllt werden. Der Eintragung entgegenstehende Tatsachen können daher wohl nur dann mit Sicherheit verwendet werden, wenn sie offenkundig sind[365] oder aktenkundig sind.[366] Ihre Verwendung ist andererseits dann mit Sicherheit unzulässig, wenn die Behauptungen der Beteiligten dadurch unglaubwürdig erscheinen, daß sie sich von vornherein widersprechen oder nicht eindeutig durch die Umstände des Einzelfalles bestätigt werden.[367] Da das Grundbuchamt unstrittig nicht die Möglichkeit zur Beweiserhebung hat, könnten anderenfalls durch beliebige Beteiligte und durch das Aufstellen von unbewiesenen Behauptungen schwebende Verfahren endlos verzögert oder zu Unrecht gefährdet werden. Solche Behauptungen müssen daher unbeachtlich bleiben. Müssen sich aufgrund festgestellter Tatsachen dem Grundbuchamt Zweifel jedoch geradezu aufdrängen, so ist eine Zwischenverfügung möglich.[368]

Liegen **berechtigte** Zweifel vor, so hat der Grundbuchrichter diesen pflichtgemäß in **132** der Weise nachzugehen, daß er durch eine Zwischenverfügung auf ihre Beseitigung hinwirkt.[369] Da auch diejenigen, welche die entgegenstehenden Tatsachen zur Kenntnis des Grundbuchamtes gebracht haben, dadurch Beteiligte in diesem Verfahren geworden sind und es sich regelmäßig um Erklärungen oder Handlungen von Aktiv- oder Passiv-Berechtigten handeln wird, muß der Grundbuchrichter auch die Möglichkeit haben, soweit erforderlich gegenüber diesen Beteiligten durch Zwischenverfügung auf Nachweis der entgegenstehenden Tatsachen in öffentlicher oder öffentlich beglaubigter Form zu bestehen. Können die die Zweifel begründenden Erklärungen oder Tatsachen nicht in dieser Form nachgewiesen werden, so ist einzutragen: den Beteiligten bleibt es unbenommen, die etwaige materiellrechtliche Unrichtigkeit wie auch in sonstigen Fällen im Prozeßwege gegeneinander geltend zu machen. Die von der herrschenden Meinung vertretene Auffassung, daß abzuweisen sei, wenn die Zweifel des Grundbuchrichters an den ursprünglichen Eintragungsunterlagen nicht beseitigt werden könnten,[370] wertet die unbewiesenen, gegenüber einer wirksamen Eintragungsbewilligung vorgebrachten Tatsachen letztlich höher als die in der Form des § 29 vorliegende Eintragungsbewilligung. Diese Auffassung widerspricht grundsätzlich der Absicht des Gesetzgebers, sämtliche Handlungen des Grundbuchamtes auf sichere Grundlagen zu stellen, wie sich aus der Form der Rücknahme des Eintragungsantrages ergibt. Auch kann das Grundbuchamt in einem solchen Fall in gleicher Weise in eine Haftung geraten, wenn sich nachträglich die materielle Richtigkeit der vorliegen Eintragungsunterlagen herausstellt, wie bei einer etwaigen nachträglich sich als unrichtig erweisenden Grundbucheintragung.

Von den genannten Fällen sind diejenigen Fälle zu unterscheiden, in welchen die **133** **Eintragungsbewilligungen** oder **Antragsberechtigung** aus verfahrensrechtlichen Gründen unwirksam geworden ist (vgl. dazu § 19 Rdn. 167 bis 169 und § 13 Rdn. 68).

---

[364] Vgl. dazu C 66 ff.
[365] BayObLG Rpfleger 75, 396.
[366] BayObLG Rpfleger 74, 396.
[367] Ertl DNotZ 67, 432.
[368] BayObLG Rpfleger 74, 396.
[369] BayObLGZ 67, 18.
[370] So SchlH OLG SchlHA 57, 36.

§ 29

Versucht das Grundbuchamt, bestehende **vertragliche Unklarheiten** durch Auslegung zu klären, so darf es trotzdem bestehenbleibende Unklarheiten nicht durch Beweiserhebung ausräumen.[371]

3. Nebenumstände, welche eine Erklärung erst wirksam machen

134 Nebenumstände, welche eine nach Abs. 1 Satz 1 nachzuweisende Erklärung erst wirksam machen, werden von der **Form des § 29 nicht** erfaßt. Es bedarf daher z. B. keines Nachweises, daß ein vom Notar vorgelegter Brief sich vorher in der Hand des Gläubigers befunden hat;[372] wann die Erklärung an den Empfangsberechtigten zugegangen ist[373] oder wann eine Hypothek zurückbezahlt wurde.[374]

Insoweit hat das Grundbuchamt in freier Würdigung aller ihm bekannten Tatsachen und unter Berücksichtigung allgemeiner Erfahrungsgrundsätze zu entscheiden.[375] Nicht nachgewiesen werden muß daher beispielsweise die Aushändigung einer Vollmachtsurkunde, wenn der Empfänger sie vorlegt, denn dafür spricht ein Erfahrungsgrundsatz.[376] Formgerecht abgegebene Erklärungen eines Beteiligten, die ihm ungünstig sind, beweisen daher mangels entgegenstehender Umstände die Richtigkeit ihres gesamten Inhaltes.[377] Dem Antrag eines Landwirtes und Hofeigentümers, das neu erworbene landwirtschaftliche Grundstück auf das für den Hof bereits angelegte Grundbuchblatt zu übertragen, ist regelmäßig zu entsprechen, da die Hofzugehörigkeit lediglich Verpflichtungen für den Hofeigentümer schafft. Eines besonderen Nachweises der Hofzugehörigkeit bedarf es daher nur, wenn konkrete Anhaltspunkte gegeben sind, daß das Grundstück nicht zum Hof gehören dürfte.[378]

4. Ausschluß von sehr entfernt liegenden Möglichkeiten

135 Soweit Tatsachen weder in der Form des § 29 belegt noch offenkundig sind, insbesondere beim Nachweis negativer Tatsachen, die grundsätzlich schwierig nachzuweisen sind, kann das Grundbuchamt im Wege der freien **Beweiswürdigung der Eintragungsunterlagen** Erfahrungssätze mitverwenden, wenn es sich um den Ausschluß von den nach der allgemeinen Lebenserfahrung sehr entfernt liegenden Möglichkeiten handelt,[379] oder gesetzliche Vermutungen in eine bestimmte Richtung weisen, wie z. B. § 672 Satz 1 BGB in Verbindung mit § 168 Abs. 1 Satz 1 BGB.[380]

Dies gilt jedoch nur, wenn der Nachweis nur zu leerem Formalismus führen und den Geschäftsverkehr des Grundbuchamtes lediglich erschweren würde.[381] Da andererseits die Verfahrensvorschriften das Verfahren auf eine sichere Grundlage stellen und Haftungsansprüche gegen das Grundbuchamt verhüten wollen, ist eine großzügige Anwendung des Grundsatzes ausgeschlossen. Das Grundbuchamt darf daher selbst dann, wenn es von der Richtigkeit des Vorbringens im einzelnen Fall überzeugt ist, nicht davon absehen, Urkunden zu fordern, wo ein formgerechter Nachweis ohne besondere Schwierigkeit möglich ist.[382] Ein Verstoß gegen Verfahrensvorschriften kann leicht zu Haftungsansprüchen führen.[383]

---

[371] BayObLG Rpfleger 74, 66.
[372] KG KGJ 32, 290.
[373] KG JFG 2, 408.
[374] KG DNotZ 54, 472.
[375] KG a. a. O.
[376] KG KGJ 35, 255.
[377] KG a. a. O. mwN.
[378] OLG Celle Rpfleger 74, 433.
[379] BayObLGZ 52, 325.
[380] KG DNotZ 72, 18.
[381] OLG Celle Rpfleger 74, 433.
[382] BayObLGZ a. a. O.; *Demharter* § 29 Rdn. 63.
[383] Vgl. dazu BGHZ 57, 95.

Hat andererseits das Grundbuchamt Zweifel an der **Vollständigkeit oder Richtigkeit der Eintragungsunterlagen**, so darf es deswegen weitere Nachweise nur verlangen, wenn sich Bedenken aufdrängen müssen; es müssen konkrete Anhaltspunkte für das vermeintliche Eintragungshindernis vorliegen; bloße Vermutungen genügen nicht. Beim Nachweis der Unrichtigkeit müssen ganz entfernte Möglichkeiten nicht widerlegt werden.[384] Zur Berichtigung des Grundbuchs aufgrund Unrichtigkeitsnachweises kann das Grundbuchamt von dem nach der allgemeinen Lebenserfahrung Regelmäßigen ausgehen, sofern nicht im Einzelfall konkrete Umstände auf das Gegenteil hinweisen.[385] **136**

In Anwendung dieser Grundsätze hat die Rechtsprechung wie folgt entschieden: **137**

Für die Eintragung der nicht **namentlich genannten Nacherben** genügt nicht die Vorlage des notariellen Testamentes mit der Eröffnungsniederschrift, sondern nur ein entsprechender Erbschein.[386]

Für die Beurteilung der Entgeltlichkeit **der Verfügung des Testamentsvollstreckers** genügt es grundsätzlich, wenn die Beweggründe substantiiert angegeben werden und verständlich und der Wirklichkeit gerecht werdend erscheinen und irgendwelche Zweifel an der Pflichtmäßigkeit der Handlung nicht ersichtlich sind.[387]

Dies gilt jedoch nicht, wenn die Möglichkeit des Nachweises gegeben ist, wie bei der Möglichkeit des Nachweises der Eigenschaft als Erbe bei Gläubigern von Kaufpreisresthypotheken bei einem Verkauf des Testamentsvollstreckers.[388]

Bei der Beurteilung der **Entgeltlichkeit bei einer Verfügung des Vorerben** hat das Grundbuchamt unter Berücksichtigung der natürlichen Gegebenheiten die gesamten Umstände des Falles zu prüfen. Dabei darf das GBA auch Wahrscheinlichkeitserwägungen anstellen, die sich auf allgemeine Erfahrungssätze stützen.[389] Der Offenkundigkeit sind also die Fälle gleichzustellen, in denen bei freier Würdigung der vorgelegten Urkunden durch das Grundbuchamt die Unentgeltlichkeit durch die Natur der Sache oder die Sachlage ausgeschlossen ist.[390] Dies ist regelmäßig dann anzunehmen, wenn die Entgeltlichkeit auf einem zweiseitigen entgeltlichen Rechtsgeschäft, vornehmlich auf einem Kaufvertrag, beruht und der andere Vertragsteil ein unbeteiligter Dritter ist,[391] es sei denn, daß besondere Gründe gegen die Unentgeltlichkeit sprechen.[392] An den Nachweis dürfen jedoch stets nicht zu geringe Anforderungen stellt werden.[393]

Entsprechend diesen Grundsätzen genügt es auch, wenn eine zuständige Behörde versichert, daß eine **verbotene Verschleuderung von Grundstockvermögen** (Art. 81 BayVerf.) nicht vorliegt und die Gegenleistung dem objektiven Verkehrswert entspreche.[394] Bedenken können in diesem Fall nur dann fortbestehen, wenn greifbare, an bestimmten Tatsachen erklärte Zweifel offenbleiben.[395]

Das gleiche gilt, wenn der — nur für diesen Fall zuständige[396] — zweite Bürgermeister zu notariellem Protokoll erklärt, der erste Bürgermeister sei verhindert.[397]

---

[384] BayObLGZ 71, 339.
[385] BayObLGZ 23, 50; LG München MittBayNot 88, 44.
[386] OLG Dresden JFG 7, 267.
[387] KG JFG 7, 286; KG Rpfleger 68, 189; BayObLGZ 69, 283 = Rpfleger 70, 22; *Haegele* Rpfleger 72, 46 noch weitergehend mwN; BayObLG Rpfleger 86, 470.
[388] KG KGJ 18, 163.
[389] OLG Hamm Rpfleger 96, 504.
[390] OLG Hamm Rpfleger 69, 359 m. z. Anm. v. *Haegele*; *ders.* in DNotZ 69, 675.
[391] Rpfleger 68, 224 mwN m. Anm. v. *Haegele*.
[392] LG Aurich MDR 58, 347; LG Verden Rpfleger 52, 341.
[393] OLG Hamm FG Prax 95, 14, 16.
[394] BayObLGZ 69, 283 = Rpfleger 70, 22.
[395] BayObLG a. a. O.
[396] Art. 39 Abs. 1 BayGO.
[397] BayObLGZ 71, 258; Rpfleger 71, 429.

Die gleichen Grundsätze gelten entsprechend auch für Erklärungen nach § 1365 BGB.[398]

Ebenso genügen entsprechende Versicherungen der Beteiligten, daß ein weiterer Verkauf, der die entsprechenden gesetzlichen Freigrenzen[399] beeinträchtigen würde, innerhalb des gesetzlich vorgeschriebenen Zeitraumes nicht erfolgt sei, wenn entsprechende Anhaltspunkte nicht gegeben sind.[400]

XI. Insbesondere Vollmacht und Vollmachtswiderruf

1. Vermutung des Fortbestehens

138 Die Erteilung und das Fortbestehen einer Vollmacht bis zum Rechtswirksamwerden des durch den Bevollmächtigten errichteten Aktes hat der Grundbuchrichter zu prüfen. Auch Grundbuchvollmachten unterliegen der Auslegung, als verfahrensrechtliche Erklärung jedoch nur in beschränktem Umfang. Abzustellen ist auf den Wortlaut und Sinn, nicht darauf, was der Urkundsnotar bezweckt oder welchen Sinn er ihr beigelegt hat.[401] Eine nachgewiesene falsa demonstratio ist zu beachten. Durch die Bezeichnung als Prozeßbevollmächtigter im Rubrum eines amtsgerichtlichen Beschlusses ist die Vollmacht für den formlosen Antrag auf Eintragung einer Sicherungshypothek nachgewiesen.[402]

Die Vollmacht ist dem Grundbuchamt urkundlich mit einer jeden vernünftigen Zweifel ausschließenden Eindeutigkeit nachzuweisen.[403] Es genügt jedoch, wenn sich nach den Gesamtumständen ergibt, daß die Erklärung im fremden Namen eindeutig abgegeben wurde.[404]

Grundsätzlich kann das Grundbuchamt entsprechend dem in § 172 Abs. 2 BGB anerkannten Erfahrungssatz davon ausgehen, daß die Vollmacht nicht erloschen ist, wenn die Vollmachtsurkunde ihm vorgelegt wird.[405] Hat der Verkäufer dem Käufer im notariell beurkundeten Kaufvertrag Auflassungsvollmacht erteilt, so darf das Grundbuchamt weitere Beweismittel in der Form des § 29 GBO nur verlangen, wenn Umstände Zweifel am Fortbestand der Vollmacht begründen.[406] Sollte die Vollmacht jedoch mit der Auflassung erlöschen, so tritt die auflösende Bedingung auch für solche Eintragungsbewilligungen ein, die mit der Auflassung in der gleichen Urkunde erklärt worden sind.[407] Ebenso reicht die Vermutung des § 682 BGB zum grundbuchmäßigen Nachweis des Fortbestehens der Vollmacht aus, und diese braucht nicht ausdrücklich für die Erben erteilt zu sein, wenn sich die Grundlage der Vermutung, nämlich das Vorliegen eines Auftragsverhältnisses, aus dem Inhalt der in der Form des § 29 vorgelegten Vollmacht ergibt.[408]

Ergibt sich aus der Auflassungsverhandlung, in welcher der Vertreter einer Partei mitgewirkt hat, daß den Beteiligten die Vollmachtsurkunde in Urschrift oder Ausferti-

---

[398] Vgl. BayObLGZ 59, 447 = DNotZ 60, 316 und 67, 91.
[399] Art. 2 Abs. 1 BayAG z. GrVG.
[400] BayObLGZ 69, 147; Rpfleger 69, 302 m. zust. Anm. v. *Haegele*.
[401] SchH OLG Schleswig Rpfleger 96, 402.
[402] LG Mannheim BWNotZ 86, 96.
[403] OLG Celle Rpfleger 80, 150, jedoch im konkreten Fall zu weitgehend; ebenso *Meyer-Stolte* ebd.
[404] LG Ravensburg Rpfleger 93, 17; a. A. LG Ellwangen BWNotZ 88, 151 m. Anm. v. *Kraiß*.
[405] KG DNotZ 72, 21.
[406] BayObLGZ 85, 318 ff. = Rpfleger 86, 90 = DNotZ 86, 344.
[407] BayObLG Rpfleger 86, 217.
[408] KG WM 71, 872.

gung vorgelegen hat, so hat das Grundbuchamt von der im Zeitpunkt der Auflassung bestehenden Vertretungsmacht auszugehen und kann nicht die Vorlage der Vollmacht in Urschrift oder Abschrift verlangen.[409]

2. Widerruf

Der **Widerruf einer Vollmacht** bedarf materiell nicht der Form des § 29. Den Nachweis, daß die Vollmacht nicht widerrufen ist, kann der Grundbuchrichter grundsätzlich nicht verlangen, weil sich solche negativen Tatsachen dem Nachweis durch öffentliche Urkunden entziehen.[410] Hat der **Grundbuchrichter Kenntnis vom Widerruf** oder sprechen bestimmte Anhaltspunkte dafür, so muß er diese und das Bestehen der Vollmacht prüfen.[411] Bei einer unwiderruflich erteilten Vollmacht muß bei Widerruf die Annahme begründet sein, daß ein ihm rechtfertigender wichtiger Grund vorlag.[412] Die rein gedachte Möglichkeit des Erlöschens der Vollmacht reicht jedoch nicht aus.[413] Ein seit der Erteilung länger verstrichener Zeitraum rechtfertigt nicht unter allen Umständen, den Nachweis des Fortbestandes der Vollmacht zu verlangen.[414]

139

3. Nachweis des Fortbestehens

Er kann durch Vorlage der Urschrift oder Ausfertigung, aber auch durch eine Bestätigung des Notars erbracht werden, daß die Vollmacht in einer der beiden Formen ihm vorgelegt wurde.[415] Ist eine Auflassungs- oder Belastungsvollmacht im notariell beurkundeten Kaufvertrag enthalten, so genügt zum Nachweis auch die Vorlage einer beglaubigten Abschrift verbunden mit der Bestätigung des Notars, daß ein Widerruf ihm gegenüber nicht erklärt worden ist[416] sowie, daß das Original der Vollmachtsurkunde bei Beurkundung vorgelegen hat.[417] Wird eine solche Urschrift oder auch Ausfertigung vorgelegt, so muß natürlich grundsätzlich sich das Grundbuchamt mit dem allgemein anerkannten Erfahrungssatz, daß die Vollmachtsurkunde zurückgegeben zu werden pflegt, begnügen und kann regelmäßig einen weiteren Nachweis nicht verlangen.[418] Nur wenn besondere, auf die Möglichkeit des erfolgten Widerrufes hinweisende Umstände zur Kenntnis des Grundbuchamtes gelangt sind, können weitere Nachweise über die Fortgeltung der Vollmacht verlangt werden.[419] Bei begründeten Zweifeln am Fortbestehen kann durch Zwischenverfügung Nachweis des Fortbestehens der Vollmacht oder der Genehmigung des Betroffenen verlangt werden.

140

Ist die Vollmacht zur Abgabe der Auflassungserklärung erloschen, so bedarf die ohne Vollmacht erklärte Auflassung der Genehmigung des Konkursverwalters.[420]

Bleiben dem Grundbuchrichter Zweifel, die nicht zerstreut werden können, so ist nach der herrschenden Lehre abzuweisen.[421]

---

[409] KG DNotZ 72, 615.
[410] BayObLGZ 59, 297 = DNotZ 60, 50.
[411] OLG Düsseldorf Rpfleger 86, 91.
[412] OLG Stuttgart MittBayNot 97, 370 mit Anm. v. *Munzig*.
[413] SchlHOLG SchlHA 57, 36; OLG Kiel MDR 47, 163; KG DNotZ 72, 21.
[414] KG HRR 32 Nr. 1038; DNotZ 72, 21.
[415] OLG FfM Rpfleger 72, 306 m. z. Anm. v. *Haegele* mwN; OLG Frankfurt Rpfleger 97, 63 mwN.
[416] OLG Köln DNotZ 84, 569 = MittRhNot 84, 79 ff.; **a. A.** Merkel/*Brambring* § 29 Rdn. 57, 58.
[417] LG Gera Rpfleger 96, 507; vgl. auch BayObLG Rpfleger 77, 439; BGH DNotZ 88, 551.
[418] BayObLG DNotZ 60, 50; KG DNotZ 70, 21.
[419] BayObLGZ a. a. O.; BayObLGZ 52, 327; OLG Düsseldorf Rpfleger 66, 261.
[420] LG Düsseldorf Rpfleger 77, 171.
[421] SchlHOLG, SchlHA 57, 63; OLG Frankfurt Rpfleger 77, 102 vgl. dazu jedoch oben Rdn. 132.

§ 29 a

[Glaubhaftmachung bei Löschungsvormerkung]

§ 29 a

Die Voraussetzungen des § 1179 Nr. 2 des Bürgerlichen Gesetzbuchs sind glaubhaft zu machen; § 29 gilt hierfür nicht.

Übersicht

	Rdn.		Rdn.
I. Allgemeines	1	III. Glaubhaftmachung	7–10
II. Geltungsbereich	2–6		

I. Allgemeines

1   Mit Wirkung ab 1. 1. 1978 wurde das Recht der Löschungsvormerkung neu gefaßt. § 1179 a BGB gewährt den Gläubigern nachrangiger Grundpfandrechte einen gesetzlichen Löschungsanspruch. Andererseits konnte dem Berechtigten nach dem bis zu diesem Zeitpunkt geltenden Rechtszustand nach § 1179 BGB a. F. eine Löschungsvormerkung auch eingetragen werden, wenn ihm keinerlei Recht im Grundbuch zustand. § 1179 BGB n. F. gibt daher wenigstens die Befugnis zur Eintragung von Löschungsvormerkungen für diejenigen, die gemäß Ziffer 1 ein anderes gleichrangiges oder nachrangiges Recht als eine Hypothek-, Grund- oder Rentenschuld an dem Grundstück haben oder gemäß Ziffer 2 einen Anspruch auf Einräumung eines solchen anderen Rechtes oder auf Übertragung des Eigentums am Grundstück besitzen. Um die gemäß § 1179 Ziffer 2 n. F. damit möglicherweise begründeten Beweisschwierigkeiten auszuschalten, wurde § 29 a GBO geschaffen. Ob im Hinblick auf die seltene Anwendung des § 1179 BGB n. F. die Bestimmung größere Bedeutung gewinnen wird, bleibt abzuwarten.

II. Geltungsbereich

1. Allgemeines

2   § 29 a gilt nur für die Einräumung von Löschungsvormerkungen gem. § 1179 Ziffer 2 n. F. Er ist daher weder anzuwenden auf die Veränderung von Löschungsvormerkungen nach dem alten Recht, noch auf solche, die gemäß § 1179 Ziffer 1 BGB einzutragen sind.

2. Anspruch auf Einräumung eines anderen Rechtes als einer Hypothek, Grund- oder Rentenschuld

3   Der Anspruch muß also lauten auf die Einräumung von Grunddienstbarkeiten, Nießbrauch, beschränkte persönliche Dienstbarkeiten, dinglichem Vorkaufsrecht oder Reallast. Der Anspruch muß auf Einräumung eines dinglichen Rechtes gehen. Schuldrechtliche Ansprüche auf Besitz werden von § 1179 Nr. 2 nicht erfaßt. Öffentliche Lasten gewähren zwar ein Recht auf Befriedigung aus dem Grundstück (§ 10 Abs. 1 Nr. 3 ZVG), sind aber nicht Rechte am Grundstück; ein dahingehender Anspruch kann daher gemäß § 1179 Ziffer 2 nicht gesichert werden.[1] Das Dauerwohn- und Nutzungs-

---

[1] Vgl. ebenso Stöber Rpfleger 77, 401.

recht gehört zu dem Kreis der berechtigten Rechte. Nach § 41 Abs. 2 WEG besteht ein gesetzlicher Löschungsanspruch für Rechte, die zeitlich unbegrenzt oder für einen Zeitraum von mehr als zehn Jahren eingeräumt sind. Dieser gesetzliche Löschungsanspruch besteht jedoch erst ab Entstehen des Rechtes. Solange lediglich ein schuldrechtlicher Anspruch auf Einräumung besteht, der noch nicht verwirklicht worden ist, kann eine Sicherung des Anspruchsberechtigten gemäß § 1179 Ziffer 2 n. F. erfolgen.

Keine Rolle spielt, daß der Gläubiger des Anspruchs außerdem noch ein anderes Recht, insbesondere ein Grundpfandrecht, an dem Grundstück hat.[2] Auch muß der Anspruch weder unbedingt noch bereits entstanden sein (§ 1179 Ziffer 2, 2. Halbsatz BGB). Auch ein versehentlich gelöschtes Recht kann einen entsprechenden Anspruch auslösen.[3] **4**

3. Anspruch auf Übertragung des Eigentums am Grundstück

Der Anspruch kann auf Übertragung des Alleineigentums, aber auch nur des Miteigentums gehen. Im letzteren Fall bedarf der Anspruchsberechtigte des gleichen Schutzes. Auf Übertragung des Eigentums geht auch der Anspruch auf Verschaffung einer Eigentumswohnung.[4] **5**

Gleichzustellen sind der Anspruch auf Übertragung eines Erbbaurechtes oder Wohnungserbbaurechtes. Für den Anspruchsberechtigten auf Einräumung eines Erbbaurechtes oder Wohnungserbbaurechtes fehlt jedoch regelmäßig das Rechtsschutzbedürfnis, da das Erbbaurecht ohnehin nur an erster Rangstelle im Grundbuch bestellt werden kann. Auch diese Ansprüche auf Übertragung des Eigentums können bedingt oder erst künftig sein. **6**

III. Glaubhaftmachung

1. In den meisten Fällen werden, insbesondere bei Anspruch auf Verschaffung des Eigentums gemäß § 313 BGB, die Voraussetzungen des § 29 durch die notarielle Beurkundung oder die notwendige Beglaubigung der Eintragungsbewilligung ohnehin erfüllt sein. In den übrigen Fällen ist jedoch für die Begründung des Anspruchs regelmäßig eine Form nicht vorgeschrieben. **7**

Solange eine Eintragungsbewilligung für das endgültige Recht nicht vorliegt, würden daher gemäß § 29 Beweisschwierigkeiten entstehen, ebenso, wenn die Eintragungsbewilligung für die Löschungsvormerkung darüber schweigt.

2. Die Formerleichterung bezieht sich **nicht** auf die **Eintragungsbewilligung** als solche. Diese hat den normalen Vorschriften zu entsprechen. Glaubhaft zu machen ist vielmehr zusätzlich die Zugehörigkeit zum Kreis der Anspruchsberechtigten gem. § 1179 Ziffer 2 BGB. **8**

Glaubhaftmachung bedeutet, daß der Vortrag dem Grundbuchamt schlüssig erscheint, ohne daß die strengen Beweisvorschriften nach § 29 erfüllt sind. Keine Glaubhaftmachung ist erforderlich, wenn der Eigentümer des betroffenen Grundstücks im Rahmen der Eintragungsbewilligung das Bestehen eines entsprechenden Anspruches in der Form des § 29 bestätigt. Eine Glaubhaftmachung kommt daher nur in Frage, wenn eine solche Bestätigung in der Eintragungsbewilligung nicht enthalten ist. **9**

---

[2] Vgl. dazu ausführlich Stöber a. a. O.
[3] Stöber a. a. O.

[4] Vgl. dazu BayObLG Rpfleger 77, 300 und Stöber a. a. O., Fn. 47.

§ 30

10 Zur Glaubhaftmachung muß **jedes Beweismittel** genügen, insbesondere die Vorlage von Privaturkunden oder glaubwürdigen Äußerungen von Beteiligten. Eine Zuständigkeit zur Entgegennahme von eidesstattlichen Versicherungen wurde im Gegensatz zu § 35 nicht begründet. Ein allgemeiner Rechtsgrundsatz dahingehend, daß das Grundbuchamt zur Entgegennahme von eidesstattlichen Versicherungen befugt sei, besteht nicht. Eidesstattliche Versicherungen als Beweismittel zur Glaubhaftmachung scheiden daher aus.[5] Genügen muß die Bezugnahme auf Urkunden, die sich in Akten anderer Behörden oder Gerichte befinden, auch wenn es sich um Privaturkunden handelt.

[Form des Antrags und der Vollmacht dazu]

§ 30

Für den Eintragungsantrag sowie für die Vollmacht zur Stellung eines solchen gelten die Vorschriften des § 29 nur, wenn durch den Antrag zugleich eine zu der Eintragung erforderliche Erklärung ersetzt werden soll.

Übersicht

	Rdn.		Rdn.
I. Allgemeines	1	2. Gemischte Anträge	7
II. Geltungsbereich	2	III. Kosten	11
1. Reine Anträge	2–6		

I. Allgemeines

1 Die Bestimmung ist strenggenommen überflüssig. § 30 gilt unstrittig nur für Anträge, mit denen die Vornahme einer Eintragung angestrebt wird. Diese Bestimmung erfaßt daher von vornherein nicht Anträge, die andere Ziele haben, wie z. B. auf Erteilung eines Briefes, auf Erteilung von Grundbuchblattabschriften oder Gestattung von Grundbucheinsichten und ähnliches.

II. Geltungsbereich

Bei Anträgen, welche die Vornahme einer Eintragung anstreben, ist zu unterscheiden zwischen reinen Anträgen und gemischten Anträgen.

1. Reine Anträge

2 a) Das sind solche, welche ausschließlich das angestrebte Ziel und den Umfang der Eintragung bezeichnen. Dabei kommt es lediglich auf die formelle Ausgestaltung an.
Als reine Anträge anzusehen sind daher

3 aa) diejenigen Fälle, in welchen eine **Eintragungsbewilligung oder eine sonstige Erklärung nicht erforderlich** sind, z. B. bei Anträgen auf Anlage eines Grundbuchblatts für ein buchungsfreies Grundstück (§ 3 Ziffer 2 a), auf Ausscheiden eines buchungsfreien Grundstückes (§ 3 Abs. 2 b), auf Führung oder Aufhebung eines gemeinschaftli-

---

[5] *A. A. Demharter* § 29 a Rdn. 3.

chen Grundbuchblattes (§ 4), auf Anlage eines Erbbaurechtsblattes (§ 8 Abs. 1 Satz 1), auf Vermerk subjektiv dinglicher Rechte beim herrschenden Grundstück (§ 9 Abs. 1 S. 1), auf Berichtigung des Grundbuches wegen nachgewiesener Unrichtigkeit (§ 22), z. B. bei Berichtigung des Grundbuches aufgrund eingetretener Gütergemeinschaft,[1] auf Eintragung einer Zwangshypothek einschl. der notwendigen Verteilungserklärung, gleichgültig, ob für die ganze Forderung oder einen geringeren Betrag.[2] Auch die Erklärung, daß an dem nach § 18 nicht beanstandeten Teil des Antrages festgehalten wird, gehört hierher.[3]

bb) Diejenigen Anträge, in welchen die zur Eintragung erforderlichen Erklärungen **4** entweder **in gesonderter Urkunde** oder **von einem anderen Beteiligten** abgegeben worden sind, z. B. Antrag auf Eintragung einer Vormerkung, wenn der Verkäufer eine solche nur bewilligt hat.

b) **Für reine Eintragungsanträge gilt § 29 nicht.** Dies ergibt sich schon aus § 29 **5** selbst. Jedoch muß er in einem Schriftstück konkretisiert sein, wie sich aus § 13 Abs. 1 Satz 2 ergibt.[4] Die Form des § 126 BGB ist nicht erforderlich. Telegramm genügt, ebenso mechanisch hergestellte Unterschrift ohne Angabe von Ort und Datum. Selbst wenn die Unterschrift fehlt, ist die Form gewahrt, wenn die Person des Ausstellers zweifelsfrei erkennbar ist. Wird der Antrag mündlich gestellt, so muß darüber eine Niederschrift aufgenommen werden.[5] Zu der Aufnahme zuständig ist als Urkundsbeamter neben dem Urkundsbeamten der Geschäftsstelle (§ 11 FGG) auch der Rechtspfleger anstelle des Grundbuchrichters (§ 3 Nr. 1 RpflegerG). Soweit Vorschriften über die Form der Niederschrift nicht vorhanden sind, genügt Unterschrift des aufnehmenden Beamten.

Dies alles gilt auch für das **Ersuchen einer Behörde,** das den Antrag ersetzt. Für Anträge von juristischen Personen des Privatrechts gilt ebenfalls Formfreiheit. Der Nachweis der Vertretungsberechtigung muß nicht nach § 32 GBO geführt werden, wenn sich die Identität des Antragstellers aus dem gedruckten Briefbogen ergibt.[6]

Eine **Antragsvollmacht** kann formlos nachgewiesen werden.[7] Jedoch ist das Grund- **6** buchamt befugt, gem. § 13 Abs. 3 FGG den Nachweis durch öffentliche Beglaubigung zu verlangen.

Der im **Vollstreckungstitel** aufgeführte Prozeßbevollmächtigte des Klägers ist hierdurch zur Stellung des Antrages zur Eintragung einer Zwangshypothek legitimiert, auch wenn das Urteil vom Landgericht erlassen wurde,[8] sofern nicht im Einzelfall Anlaß zu der Annahme besteht, daß die Vollmacht nicht erteilt oder widerrufen ist.

Keines Nachweises bedarf der Notar bei Antragstellung nach § 15.

2. Gemischte Anträge

a) Sie liegen vor, wenn zugleich eine **zur Eintragung erforderliche Erklärung** (§ 29 **7** Abs. 1 S. 1) ersetzt werden soll. Auch hier ist allein die formelle Ausgestaltung entscheidend. Hierunter fallen sowohl die Fälle, in denen die Eintragungsbewilligung oder eine Zustimmungserklärung in die Form des Antrages gekleidet sind,[9] als auch diejenigen Fälle, in denen mit dem Antrag weitere zur Eintragung erforderliche Erklärungen ver-

---

[1] BGH Rpfleger 82, 137.
[2] RGZ 71, 315.
[3] KG KGJ 35, 195.
[4] RG Recht 11, Nr. 2460; KG KGJ 44, 176; BayObLG Rpfleger 77, 135.
[5] RG Recht 11, Nr. 2460.
[6] Ebenso *Böhringer* Rpfleger 94, 449.
[7] KG HRR 39 Nr. 519.
[8] KG DR 39, 447.
[9] OLG Frankfurt Rpfleger 80, 63.

bunden wurden. Hierher gehören beispielsweise Anträge auf Vereinigung, Zuschreibung oder Teilung von Grundstücken, auf ideelle Grundstücksteilung mit der Begründung von Wohnungseigentum nach den WEG, auf Schließung der Teileigentumsbücher (§ 9 Abs. 1 Nr. 2 u. 3 WEG); der Antrag des Gläubigers auf Eintragung der Teilung der Hypothek, wenn die Teile verschiedenen Rang erhalten sollen;[10] der Antrag auf Löschung einer Hypothek, wenn er sich auf die Bewilligung des Gläubigers stützt (vgl. § 27 Rdn. 15); der Antrag, welcher die in der Eintragungsbewilligung unterlassene Bezeichnung des Gemeinschaftsverhältnisses oder des Grundstücks nachholt.[11]

Der Antrag auf Eintragung eines **Widerspruches** gem. § 1139 BGB (strittig);

8 b) In diesen Fällen ist die **Form** des § 29 notwendig, sofern nicht Ausnahmen aufgrund besonderer Gesetzesvorschriften bestehen (vgl. dazu § 29 Rdn. 10 ff.). Für das Ersuchen einer Behörde, welches eine Eintragungsbewilligung ersetzt, gilt stets die Form des § 29 Abs. 3; zur Zulässigkeit von Erklärungen des Notars in diesem Umfang vgl. § 29 Rdn. 76 ff.

9 c) Die gleiche Regelung gilt auch für die **Vollmachtserteilung** zu einem gemischten Antrag.

Für die Prozeßvollmacht genügt die Feststellung im Schuldtitel, jedoch ist zu beachten, daß die Prozeßvollmacht gem. §§ 81, 82 ZPO begrenzt ist. Sofern die Prozeßvollmacht daher keine ausreichende Grundlage darstellen kann, ist gesonderte Vollmacht in der Form des § 29 notwendig.

3. Nachweis der Vertretungsmacht

10 Zu beachten ist, daß der Nachweis der gesetzlichen Vertretungsmacht stets in **der Form der §§ 29, 32** zu erbringen ist. Bei Aktiengesellschaften gilt dies auch für den in § 78 Abs. 3 AktG vorgesehenen unechten Gesamtvertretungsfall durch ein Vorstandsmitglied und einen Prokuristen.[12] In allen übrigen Fällen handelt der Prokurist stets als gewillkürter Vertreter.

III. Kosten

11 Die Aufnahme des reinen Antrages ist gebührenfrei (§ 75 S. 2 KostO).

[Form der Antragsrücknahme und des Vollmachtswiderrufs]

§ 31

Eine Erklärung, durch die ein Eintragungsantrag zurückgenommen wird, bedarf der in § 29 Abs. 1 S. 1 und Abs. 3 vorgeschriebenen Form. Dies gilt nicht, sofern der Antrag auf eine Berichtigung des Grundbuchs gerichtet ist. Satz 1 gilt für eine Erklärung, durch die eine zur Erstellung des Eintragungsantrags erteilte Vollmacht widerrufen wird, entsprechend.

---

[10] JFG 14, 196.
[11] OLG Köln Rpfleger 70, 286; anders für diesen Fall BayObLGZ 55, 162 = DNotZ 56, 214.
[12] RGZ 134, 307.

Übersicht

		Rdn.			Rdn.
I.	Allgemeines	1	VI.	Widerruf von Vollmachten zur Stellung eines Eintragungsantrags	
II.	Geltungsbereich	2		1. Geltungsbereich des § 31	16–18
III.	Begriff der Rücknahme	3, 4		2. Widerruf	19
IV.	Form der Rücknahme			3. Form des Widerrufs	20
	1. Grundsatz	5		4. Zeitpunkt des Zuganges beim GBA	21
	2. Durch den Notar	6–13	VII.	Ordnungsvorschrift	22
	3. Folgen des Formverstoßes	14	VIII.	Kosten	23
V.	Wirkung der Rücknahme	15			

I. Allgemeines

Um dem Grundbuchamt die einwandfreie Feststellung zu ermöglichen, ob ein einmal **1** gestellter Antrag (oder die Vollmacht dazu) noch gilt, hat der Gesetzgeber aus Gründen der Rechtssicherheit für die Zurücknahme des Eintragungsantrages und den Widerruf der Vollmacht zur Stellung eines solchen eine Form vorgeschrieben.

II. Geltungsbereich

§ 31 gilt nur für die **Zurücknahme von Anträgen** oder den Widerruf von Vollmach- **2** ten, mit welchen eine Eintragung begehrt wurde, gleichgültig, ob es sich dabei um reine (vgl. dazu § 30 Rdn. 2 ff.) oder gemischte (vgl. dazu § 30 Rdn. 7 ff.) Anträge handelt, auch für einen Antrag auf Eintragung einer Sicherungshypothek.[1] Für die Zurücknahme sonstiger Anträge gilt § 31 nicht, für die Zurücknahme behördlicher Ersuchen (§ 38) gilt § 29 Abs. 3. Ausdrücklich gilt § 31 nicht für die Rücknahme des Antrags auf Berichtigung des Grundbuchs.

Für die **Zurücknahme oder den Widerruf von Bewilligungen und sonstigen zur Eintragung erforderlichen Erklärungen** gilt § 31 ebenfalls nicht.

§ 31 gilt auch nicht, wenn der Antrag durch das Grundbuchamt zurückgewiesen worden ist. Sind im Rahmen einer dagegen erhobenen Beschwerde die Anträge entsprechend den Beanstandungen des Grundbuchamtes eingeschränkt worden, so gilt § 31 nicht, da durch die Zurückweisung der innere Grund für die formelle Erschwerung entfallen ist.[2]

III. Begriff der Zurücknahme

Zurücknahme ist die verfahrensrechtliche Erklärung, daß die beantragte Eintragung **3** ganz oder zum Teil nicht erfolgen soll. Von § 31 erfaßt wird daher nicht nur die vollständige, sondern auch die teilweise Rücknahme.[3] Um eine solche handelt es sich bei jeder inhaltlichen Änderung, insbesondere bei einer Einschränkung des gestellten Antrages.[4] Die Bestimmung erfaßt infolgedessen nicht eine Ergänzung des Antrages, welche seinen Inhalt unverändert läßt, wie z. B. das nachträgliche Hinzufügen einer Bestimmung nach § 16 Abs. 2 oder die Nachholung der Bezeichnung des Grundstücks.

---

[1] OLG Hamm MittRhNot 85, 76.
[2] KG HRR 34 Nr. 1056.
[3] BayObLGZ 94, 891.
[4] KG HRR 34 Nr. 1956; BayObLGZ 55, 53 = DNotZ 56, 206.

Der Rücknahme eines Eintragungsantrages steht die Verbindlichkeit der erklärten Auflassung nicht entgegen.[5]

4 **Keine Rücknahme** liegt vor, wenn vor dem Eingang des Antrages oder gleichzeitig mit diesem ein Widerruf eingeht, da in diesem Fall der Antrag als nicht gestellt gilt. Keine Rücknahme stellt auch das bloße Verlangen dar, eine eingereichte Urkunde zurückzugeben.[6] Erklärt der Antragsteller, daß einer von mehreren in der Urkunde vorhandenen Anträgen nicht gestellt sein soll oder nicht erledigt werden soll, vielmehr zunächst bei den Grundakten bleiben solle, so liegt ebenfalls keine Rücknahme vor.[7]

IV. Form der Rücknahme

1. Grundsatz

5 Grundsätzlich kann die Zurücknahme durch die Beteiligten nur in der **Form des § 29** erfolgen, ausgenommen der Antrag auf Berichtigung.

2. Durch den Notar

6 Nimmt der Notar einen Antrag zurück, so ist zu unterscheiden:

a) Wurde der **Antrag von ihm selbst** aufgrund der Ermächtigung des § 15 ohne Nachweis einer Vollmacht **gestellt,** so ist der Notar zur Zurücknahme des Antrags ermächtigt (§ 24 Abs. 3 BNotO). Hat er zum Ausdruck gebracht, für wen er den Antrag gestellt hat, so kann er auch nur in diesem Rahmen zurücknehmen. Erfolgte eine solche Klarstellung nicht, so kann er im Zweifel sämtliche Anräge zurücknehmen, da er diese auch gestellt hat.[8]

7 Als Form genügt Unterschrift und Amtssiegel in der Form des Prägesiegels oder Farbdruckstempels.[9] Dabei spielt es keine Rolle, ob es sich um eine ganze oder teilweise Rücknahme handelt;[10] ein Vollmachtsnachweis ist überflüssig.

8 b) Hat der Notar den Antrag **aufgrund nachgewiesener rechtsgeschäftlicher Vollmacht** für den Beteiligten gestellt, so ist für die Befugnis zur Zurücknahme des Antrages der Umfang der erteilten Vollmacht maßgebend. Schweigt die Vollmacht, so wird, sofern sich aus den Umständen nichts anderes ergibt, anzunehmen sein, daß die Befugnisse des Notars nach § 15 durch die Erteilung der rechtsgeschäftlichen Vollmachten nicht ausgeschlossen sein sollen. Da er infolgedessen auch in diesem Fall nach dem Gesetz ermächtigt wäre, nach § 15 den Antrag zu stellen, und es nach der Fassung des § 24 Abs. 3 BNotO lediglich darauf ankommt, daß der Antrag von dem Notar gestellt wurde, ohne Rücksicht darauf, ob dies konkret nach § 15 geschah, hat der Notar auch in diesem Fall die Ermächtigung, den gestellten Antrag zurückzunehmen.[11] Die erteilte Vollmacht bedarf stets der Form des § 29.

9 c) Hat ein **Beteiligter den Antrag** gestellt oder ist ein Antrag der Beteiligten in der Urkunde enthalten, so verlangt die Rechtssprechung eine besondere Bevollmächtigung des Notars zur Rücknahme.[12] Liegt eine solche nicht vor, so soll nur der Beteiligte

---

[5] BayObLG DNotZ 73, 298.
[6] RGZ 60, 396.
[7] Zum Verhalten des Grundbuchamtes im letzteren Falle vgl. § 18 Rdn. 42.
[8] Vgl. *Lappe* Rpfleger 84, 386 und § 15 Rdn. 19.
[9] OLG München JFG 22, 33; BayObLGZ 55, 53 = DNotZ 56, 206; vgl. auch *Berkel* DNotZ 51, 455.
[10] BayObLGZ a. a. O.
[11] Ebenso LG Oldenburg Rpfleger 82, 172.
[12] So BayObLGZ MittBayNot 88, 233.

selbst den Antrag zurücknehmen können.[13] Nach der hier vertretenen Auffassung wird im einzelnen dabei zu unterscheiden sein:

aa) Eine „**Wiederholung**" des **Antrages** der Beteiligten ist dann nicht anzunehmen, wenn in der den Antrag des Notars begleitenden Urkunde lediglich Antragsformulierungen der Beteiligten enthalten sind. Diese Antragsformulierungen in der Urkunde selbst sind regelmäßig von den Beteiligten vorsorglich für den Fall aufgenommen, daß der Notar aus irgendwelchen Gründen nicht im Namen der Beteiligten den Antrag stellen kann oder will. Die eigenständige Vorlage beim Grundbuchamt durch den Notar schließt daher die Berücksichtigung dieser nur hilfsweise formulierten Anträge aus, da der Notar ja stets nicht im eigenen Namen, sondern gerade im Namen der Beteiligten den Antrag stellt. Die in der Urkunde enthaltenen Formulierungen sind in ähnlicher Weise unbeachtlich wie eine wirksam erteilte Vollmacht, die sich noch in der Hand des Vollmachtgebers befindet. Gestellt ist der Antrag der Beteiligten in diesem Fall nur und allein nur durch den Notar.[14] Jedoch bestimmt sich auch in diesem Fall der Inhalt der Vollmacht (§ 15) des Notars sowohl für die Antragstellung als auch für die ganze oder teilweise Zurücknahme der Anträge nach den in der Urkunde enthaltenen Anträgen der Beteiligten, selbst dann, wenn diese nicht als dem Grundbuchamt zugegangen gelten sollen.[15]

Ohne besondere Vollmacht in der Form des § 29 ist er nicht befugt, eine von den Beteiligten erklärte Verbindung der Anträge aufzuheben und teilweise zurückzunehmen.[16]

bb) **Wiederholt der Notar den Antrag im Namen der Beteiligten, nachdem diese** wirksam ihrerseits den **Antrag** beim Grundbuchamt **gestellt** haben, so liegt zwar[17] keine neue Antragstellung des Notars vor, da der Notar keinen Antrag im eigenen Namen, sondern nur im Namen der Beteiligten stellt. Vielmehr liegt in der Wiederholung des Antrags lediglich die prozessuale Erklärung, daß der Notar sich von diesem Zeitpunkt an in das laufende Verfahren einschaltet. Auch bei nachträglicher Einschaltung eines Prozeßbevollmächtigten in einen laufenden Prozeß und der Wiederholung der gestellten Klageanträge nimmt niemand eine neue eigene Klage an. Das gleiche muß gelten, wenn nach Antragstellung der Beteiligten der Notar aufgrund nachgewiesener rechtsgeschäftlicher Vollmacht die Antragsrücknahme erklärt.

Jedoch ist nach der Ausnahmevorschrift des § 24 Abs. 3 BNotO, welche auf einen Vollmachtsnachweis verzichtet und damit eng auszulegen ist, der Antrag, weil er nicht von ihm gestellt worden ist, **nicht rücknehmbar aufgrund bloß vermuteter Vollmacht.** Der Notar muß daher in diesem Fall zum Nachweis seiner Rücknahmebefugnis eine besondere Vollmacht vorlegen, und das gleiche gilt, wenn er lediglich ohne eigene vorherige Antragstellung den Antrag der Beteiligten zurücknehmen will. Diese Vollmacht muß in sinngemäßer Anwendung des § 31 in der Form des § 29 nachgewiesen werden.[18]

cc) Für die **Form** der Rücknahmeerklärung durch den Notar genügt stets Unterschrift und Siegel; eine besondere Beglaubigung nach § 29 ist nicht erforderlich.[19] Dies gilt in sämtlichen vorstehend erörterten Fällen. Sie ist erforderlich aber auch, wenn der Notar als Gläubiger für sich die Eintragung beantragt hat.[20]

---

[13] LG Hannover Rpfleger 85, 146.
[14] So auch im Ergebnis OLG Braunschweig DNotZ 61, 413; vgl. dazu auch § 15 Rdn. 21, 11.
[15] BayObLGZ 75, 1; Rpfleger 75, 94 = DNotZ 76, 103.
[16] BayObLG a. a. O.
[17] Entgegen OLG Schleswig HA 59, 175 und OLG Hamm JMBl. NRW 61, 273.
[18] OLG Hamm JMBl. NRW 61, 273; BGH Rpfleger 78, 365; DNotZ 78, 696; **a. A.** BayObLGZ 55 = DNotZ 56, 206.
[19] BGH Rpfleger 80, 465.
[20] OLG Hamm Rpfleger 85, 231.

3. Folgen des Formverstoßes

14 Wird der Antrag formlos oder nicht in der richtigen Form zurückgenommen, so **bleibt er wirksam.** Infolgedessen hat das Grundbuchamt dem Antragsteller Gelegenheit zur formgerechten Rücknahme zu geben. Erfolgt eine formgerechte Rücknahme nicht, so ist einzutragen.

V. Wirkung der Rücknahme

15 Mit der wirksam formgerecht erfolgten Rücknahme ist der Antrag erledigt.[21] Da es sich um eine rein prozessuale Verfahrenshandlung handelt, ist eine Anfechtung der Rücknahme unzulässig. Der Antrag kann jedoch jederzeit neu gestellt werden.[22] Für die Bewilligung vgl. BGH.[23]

Erledigt ist der zurückgenommene Antrag selbst. Liegen Anträge anderer Beteiligter vor, welche die gleiche Eintragung anstreben, so ist diesen stattzugeben.[24]

Hat der Antragsteller für den Vollzug seines Antrages Urkunden vorgelegt, so sind diese nach der erfolgten Rücknahme an den Antragsteller zurückzugeben.[25]

Liegt jedoch der Antrag eines weiteren Beteiligten auf Vollzug der gleichen Eintragung vor oder geht bis zum Augenblick der Zurücknahme ein weiterer solcher Antrag ein, welchem die zurückgegebenen Unterlagen fehlen, so darf das Grundbuchamt diese Unterlagen als Grundlage der Entscheidung für den weiteren Antrag mitverwenden. Das Grundbuchamt hat lediglich vor der Rückgabe an den Antragsteller des zurückgenommenen Antrages eine beglaubigte Abschrift der zurückgegebenen Unterlagen herzustellen und zu den Grundakten zu geben.[26]

VI. Widerruf von Vollmachten zur Stellung eines Eintragungsantrages

1. Geltungsbereich des § 31

16 Die Bestimmung gilt **nur für eine Vollmacht zur Stellung eines Eintragungsantrages.** Umfaßt werden damit neben einer rechtsgeschäftlichen Vollmacht des materiellen Rechts die Prozeßvollmacht, soweit sie zur Antragstellung berechtigt (vgl. dazu oben § 30 Rdn. 6, 9) und die vermutete Vollmacht des § 15.

17 In sinngemäßer Erweiterung des Wortlauts ist § 31 auf die **Vollmacht zur Zurücknahme eines Antrages** zu beziehen, da der Grund für die Formvorschrift auch hier der gleiche ist.

18 **Sonstige Vertretungsbefugnisse,** insbesondere die gesetzliche Vertretungsmacht, gehören nicht hierher. Gleichgültig ist, ob die Vollmacht selbst formgerecht oder formlos erteilt wurde oder erteilt werden mußte. Auch der Widerruf von Vollmachten zur Stellung anderer Anträge gehört nicht hierher.

2. Widerruf

19 im Sinn des § 31 ist der gemäß § 168 BGB, ferner die Kündigung der Prozeßvollmacht und der Widerruf der gesetzlich vermuteten Vollmacht des § 15. Dagegen kann die Widerlegung der Vermutung des § 15 nicht unter das Formerfordernis gestellt werden.

---

[21] OLG München JFG 22, 140.
[22] KG HRR 28, 587.
[23] DNotZ 83, 309.
[24] KGJ 24, 95.
[25] KG KGJ 44, 141; JFG 8, 227.
[26] Vgl. KG JFG 8, 229.

Ebensowenig fällt darunter die Aufhebung des der Vollmacht zugrundeliegenden Rechtsverhältnisses (§ 168 S. 1 BGB) oder die Kraftlos-Erklärung der Vollmachtsurkunde (§ 176 BGB).

3. Form des Widerrufs

20 Für die **Form** gelten die Vorschriften des § 29 S. 1 aufgrund ausdrücklicher Vorschrift, ausgenommen eine Vollmacht zur Berichtigung des Grundbuches.

4. Zeitpunkt des Zugangs beim GBA

21 Trotz gültiger Form kann der Widerruf dann **nicht beachtet** werden, wenn er erst nach erfolgter Antragstellung beim Grundbuchamt eingeht. Da hier der Antrag formgerecht gestellt wurde, kann dieser nicht mehr rückwirkend beseitigt werden. Es ist infolgedessen nunmehr eine formgerechte Rücknahme des Antrages möglich.

VII. Ordnungsvorschrift

22 § 31 ist nur Ordnungsvorschrift. Wird die Bestimmung verletzt, so ist allein das materielle Recht für die Entscheidung der Frage maßgebend, ob das Grundbuchamt durch die Eintragung unrichtig geworden ist. Jedoch können durch die Verletzung des § 31 Schadensersatzansprüche gegen das Grundbuchamt ausgelöst werden.

VIII. Kosten

23 An Kosten werden erhoben bei Zurücknahme des Antrags nach § 130 Abs. 2 KostO eine ¼-Gebühr, höchstens jedoch ein Betrag von 30 DM, wobei der für die beantragte Eintragung bestimmte Gebührensatz nicht überschritten werden darf; für die teilweise Rücknahme gilt § 130 Abs. 4 KostO. Von der Kostenerhebung kann bei besonderen Umständen abgesehen werden (vgl. § 130 Abs. 5 KostO).

[Nachweis der Vertretungsberechtigung bei Handelsgesellschaften]

§ 32

(1) Der Nachweis, daß der Vorstand einer Aktiengesellschaft aus den im Handelsregister eingetragenen Personen besteht, wird durch ein Zeugnis des Gerichts über die Eintragung geführt.

(2) Das gleiche gilt von dem Nachweis der Befugnis zur Vertretung einer offenen Handelsgesellschaft, einer Kommanditgesellschaft, einer Kommanditgesellschaft auf Aktien oder einer Gesellschaft mit beschränkter Haftung.

Übersicht

	Rdn.		Rdn.
I. Allgemeines	1	III. Notwendigkeit des Nachweises	8
II. Geltungsumfang mit sachlich gleichlautenden Vorschriften		IV. Zeugnis des Registergerichts	
1. Grundsatz	2	1. Inhalt	9
2. Erweiterung	3–6	2. Beweiskraft	10
3. Entsprechend anwendbar	7	V. Sonstige Beweismöglichkeiten	16

§ 32

I. Allgemeines

1 § 32 schafft eine Verkehrserleichterung für den Nachweis der **Vertretungsbefugnis** bei Handelsgesellschaften dadurch, daß abweichend von § 29 ein gerichtliches Zeugnis über die Eintragung im Handelsregister genügt.

Die Bestimmung hat durch § 9 Abs. 3 HBG ihre Bedeutung verloren, ohne formell aufgehoben zu sein. § 9 Abs. 3 HGB erweitert die Regelung auf alle Handelsgesellschaften und gegenüber allen Behörden.

Keinesfalls findet § 32 Anwendung, solange die entsprechenden Eintragungen im Handelsregister noch nicht erfolgt sind, gleichgültig, ob die Anmeldungen dem Gericht bereits vorliegen oder noch nicht. Dies gilt sowohl für den Nachweis der Vertretungsbefugnis als auch den damit eingeschlossenen Nachweis des Bestehens der Gesellschaft. Andererseits sind schon vor dem Zeitpunkt der Eintragung entsprechende Rechtsträger vorhanden. Das gilt nicht nur für Personalgesellschaften, bei denen die Eintragung ohnehin nur rechtsbezeugend wirkt, auch bei den Kapitalgesellschaften ist nach dem notariellen Gründungsakt eine Vorgesellschaft vorhanden, die selbständig Träger von Rechten und Pflichten sein kann und bei der bereits die Vertretung geregelt ist. In allen diesen Fällen müssen daher dem GBA sowohl das Bestehen der Gesellschaft bzw. Vorgesellschaft als auch deren Vertretungsbefugnis durch übereinstimmende Erklärungen aller Beteiligter nachgewiesen werden. Dies geschieht bei Personalgesellschaften durch Vorlage einer beglaubigten Abschrift der Handelsregisteranmeldung, in welcher sämtliche Gesellschafter entsprechende Erklärungen mit notariell beglaubigter Unterschrift abgegeben haben, bei Kapitalgesellschaften durch Vorlage des notariellen Gründungsaktes und der Handelsregisteranmeldung, jeweils mit einer Bestätigung des beurkundenden bzw. beglaubigenden Notars, daß er angewiesen worden ist, diese Erklärungen dem Handelsregister vorzulegen.

II. Geltungsumfang und sachlich gleichlautende Vorschriften

1. Grundsatz

Die Vorschrift gilt nur für inländische Gesellschaften. Für ausländische Gesellschaften verbleibt es bei der Regelung des § 29 GBO,[1] wobei von einem allgemeinen Erfahrungssatz auszugehen ist, daß eine ausländische Kapitalgesellschaft ihren Verwaltungssitz in dem Staat hat, nach dessen Recht sie gegründet worden ist.[2]

2 § 32 gilt **nur** für offene Handelsgesellschaften, Kommanditgesellschaften, Aktiengesellschaften, Kommanditgesellschaften auf Aktien und Gesellschaften mit beschränkter Haftung.

§ 32 gilt nach seinem Wortlaut in diesem Rahmen nur für den Vorstand. Die Vorschrift ist auf Liquidatoren und Prokuristen entsprechend anzuwenden.[3] Durch den Wortlaut ist eine Ausdehnung der Bestimmung auf Einzelkaufleute nicht möglich.

2. Erweiterung

3 Die Bestimmung **ist erweitert** durch die folgenden Vorschriften. Die in ihnen enthaltene Regelung läuft der Regelung des § 32 parallel, reicht jedoch materiell weiter, da der Nachweis nicht nur gegenüber dem Grundbuchamt, sondern auch gegenüber jeder Behörde in der vorgeschriebenen Form möglich ist:

---

[1] OLG Hamm Rpfleger 95, 154.
[2] OLG Hamm a. a. O.
[3] Vgl. KG KGJ 52, 122.

a) § 9 Abs. 3 HGB gibt das Recht zum Nachweis der Vertretungsbefugnis durch Zeugnis des Registergerichts **allen** Handelsgesellschaften, weiter auch dem Einzelkaufmann für seine eingetragene Firma und seinem Prokuristen.

b) § 26 Abs. 2 Genossenschaftsgesetz läßt zur Legitimation des Vorstandes einer eingetragenen Genossenschaft gegenüber Behörden eine Bescheinigung des Gerichts genügen, daß die in der Bescheinigung genannten Personen als Vorstandsmitglieder im Genossenschaftsregister eingetragen sind.

c) § 69 BGB erlaubt den Nachweis der Vertretungsbefugnis des Vorstandes eines Vereins gegenüber Behörden durch ein gerichtliches Zeugnis über die vorhandene Eintragung.

3. Entsprechend anwendbar

sind die Bestimmungen der §§ 32 GBO und 9 Abs. 3 HGB auf den Versicherungsverein auf Gegenseitigkeit — ebenso auf die Treuhändergemeinschaft nach § 70 VAG.[4] Die Ausdehnung läßt sich dadurch rechtfertigen, daß auf ihn die Vorschriften des 1. und 3. Buches des HGB über Kaufleute (außer §§ 1 bis 7 HGB) anwendbar sind und daß er auch im Handelsregister eingetragen ist.

Einen Nachweis über das Bestehen der Gesellschaft erbringt das Zeugnis nur indirekt, denn das Bestehen der Gesellschaft ist Voraussetzung der bezeugten Vertretungsbefugnis. So kann durch das Zeugnis auch das Erlöschen der Gesellschaft oder der Firma des Einzelkaufmanns nachgewiesen werden. Es kann die Auflösung von Handelsgesellschaften gegenüber dem Grundbuchamt durch ein Zeugnis über diese Eintragung im Handelsregister bewiesen werden bei einer AG,[5] der GmbH,[6] der OHG[7] oder KG[8] und der Nichtigerklärung einer AG.[9]

Ist die Firma einer OHG im Handelsregister gelöscht, so ist damit bewiesen, daß die OHG ihr Handelsgeschäft aufgegeben und sich dadurch in eine BGB-Gesellschaft umgewandelt hat.[10]

§ 32 ist überall dort **entsprechend** anwendbar, wo außerhalb des Grundbuchs eine Rechtsänderung eingetreten ist, welche eine Unrichtigkeit des Grundbuchs zur Folge hat, und diese Rechtsänderung im Handelsregister abschließend dokumentiert ist. Dies ist der Fall bei Änderungen der Firma eines Einzelkaufmanns oder einer Handelsgesellschaft, bei Umwandlungen, gleichgültig, ob durch übertragende Umwandlung oder durch Verschmelzung, weiterhin beim Ausscheiden eines Gesellschafters aus einer Zweipersonengesellschaft, wenn die Übernahme des Handelsgeschäftes ohne Liquidation nachgewiesen ist.[11] Ergeben sich die für das GBA erheblichen Tatsachen nicht abschließend aus den Registereintragungen, so bedarf es — insbesondere beim Nachweis der Gesamtrechtsnachfolge — der notariell beglaubigten Ausscheidungsvereinbarung der Gesellschafter oder der notariell beglaubigten Anmeldung der Auflösung der Gesellschaft und des Erlöschens der Firma.[12]

---

[4] LG Hamburg Rpfleger 81, 62.
[5] §§ 362, 263 AktG.
[6] §§ 60–74 GmbHG.
[7] §§ 131–137 HGB.
[8] §§ 161 Abs. 2, 131–137 HGB.
[9] §§ 275–277 AktG.
[10] KG HRR 1939 Nr. 1473.
[11] Ebenso *Kuntze* DNotZ 1990, 172 ff.; im Einzelfall richtig, jedoch generell zu einengend dazu BayObLG DNotZ 90, 171 = NJWRR 89, 877.
[12] BayObLGZ 93, 137 = DNotZ 93, 601 für die Zweimanngesellschaft.

III. Notwendigkeit des Nachweises

8 Der Notwendigkeit des Nachweises bedarf es nur dann, wenn ein Einzelkaufmann oder eine Handelsgesellschaft im Grundbuchverkehr handelnd auftreten, also nicht nur als gewinnender Teil an einer von ihnen nicht beantragten Eintragung beteiligt sind. Kein Nachweis ist infolgedessen erforderlich, wenn lediglich Zustellung erfolgte.[13] Nachzuweisen ist dem Grundbuchamt das Bestehen der Firma oder Gesellschaft[14] und die Vertretungsbefugnis der für sie handelnden physischen Personen. Zu dem Nachweis der Prokura für eine Zweigniederlassung und der Bezeichnung des Gläubigers bei Zuweisung an eine andere Zweigniederlassung vgl. LG Konstanz.[15] Der Nachweis gemäß § 32 erbringt jedoch nur Beweis über die Vertretungsbefugnis als solche, nicht über den Vertretungswillen der handelnden Person oder Personen. Letzteres muß sich aus dem Urkundeninhalt oder der Zeichnungsform ergeben.[16]

Handelt es sich um die Bewilligung einer Zinssenkung, so ist der Nachweis der Vertretungsmacht ganz formfrei.[17]

Zum Nachweis der Gesamtrechtsfolge durch Verschmelzung vgl.[18]

IV. Zeugnis des Registergerichts

1. Inhalt

9 Das Zeugnis hat zu bestätigen, daß im Handelsregister namentlich zu bezeichnende Personen als Firmeninhaber beim Einzelkaufmann oder als Vorstandsmitglieder, Geschäftsführer, Liquidatoren, als persönlich haftende Gesellschafter bei Personalgesellschaften oder als Prokurist mit der Befugnis zur Vertretung einer bestimmten Firma oder Gesellschaft eingetragen sind. Da das Zeugnis Beweis über den Zustand im Zeitpunkt der Ausstellung des Zeugnisses erbringt, muß es datiert sein.

Nicht vermerkt werden können in dem Zeugnis Anmeldungen, die dem Registergericht bereits vorliegen, jedoch noch nicht im Handelsregister eingetragen sind.[19]

2. Beweiskraft

10 a) Das nach § 9 Abs. 3 HGB bzw. den sachlich entsprechenden Vorschriften erteilte Zeugnis erbringt **Beweis für das Bestehen und Erlöschen**[20] der Gesellschaft oder der Firma des Einzelkaufmanns und für die bezeugte Vertretungsbefugnis. Diese Beweiskraft ergibt sich nicht aus dem Handelsregister selbst, das keinen öffentlichen Glauben genießt, sondern stellt eine sachliche Erweiterung aufgrund ausdrücklicher Vorschrift dar.

b) Das **Bestehen der Gesellschaft** kann nach dem Wortlaut der genannten Vorschriften zwar nicht bestätigt werden; diese Tatsache ist jedoch Voraussetzung der bezeugten Vertretungsbefugnis.

---

[13] OLG Hamm Rpfleger 75, 261.
[14] Ebenso OLG Frankfurt Rpfleger 80, 62.
[15] Rpfleger 92, 248 m. Anm. v. *Hintzen*.
[16] Vgl. dazu für den Geschäftsführer einer GmbH bei einer GmbH & Co. KG OLG Oldenburg Rpfleger 75, 264 m. Anm. v. *Hornung*.
[17] Vgl. KG JW 38, 1335.
[18] KG NJW 35, 1543.
[19] OLG Hamburg HRR 33 Nr. 762.
[20] KG HRR 39 Nr. 1473.

c) Der **Umfang der Vertretungsmacht** ist gesetzlich geregelt. Darüber hinausgehende Beschränkungen sind grundsätzlich unwirksam.[21] 11
Bei der Veräußerung oder Belastung von Grundbesitz muß die **Prokura** ausdrücklich erweitert sein (§ 49 Abs. 2 HGB). Mit einer normalen Prokura ist jedoch die Belastung eines erworbenen Grundstückes mit einer Kaufpreisresthypothek zulässig.[22] Die Vertretung durch den Einzelprokuristen ist auch zulässig, wenn bei einer Aktiengesellschaft oder GmbH die Vertretungsregelung für den Vorstand nur echte oder unechte Gesamtvertretung vorsieht.[23]

Beim **Liquidator** ist zu beachten, daß er zwar nach dem Gesetz nur Vertretungsmacht 12 für seinen Geschäftskreis hat[24] – damit ein von dem Liquidator einer Personengesellschaft vorgenommenes einzelnes Geschäft ein nach § 149 HGB zulässiges Abwicklungsgeschäft ist, muß es einmal – objektiv – geeignet, wenn auch nicht unbedingt erforderlich sein, dem Zwecke der Abwicklung zu dienen, dann aber auch subjektiv zu diesem Zweck vorgenommen worden sein[25] –, das Grundbuchamt jedoch grundsätzlich die Liquidationsmäßigkeit des zur Eintragung beantragten Rechtsgeschäftes anzunehmen hat, solange nicht durch Tatsachen begründete Bedenken vorhanden sind. Ist dies der Fall, so hat es durch Zwischenverfügung auf Klarstellung hinzuwirken.[26] Nach § 149 HGB ist nicht zu beanstanden, wenn ein Liquidator die der Gesellschaft gehörenden Grundstücke zugunsten seiner Gebührenforderung mit einer Grundschuld belastet.[27]

d) Grundsätzlich bezieht sich das Zeugnis nur auf den **Rechtszustand zur Zeit seiner** 13 **Ausstellung** und beweist diesen. Es ist daher von Fall zu Fall zu prüfen, ob mit dem Zeugnis die Vertretungsbefugnis der die Erklärung Abgebenden am Tage der Erklärung nachgewiesen ist. Allgemeine Regeln lassen sich insoweit nicht aufstellen.[28] Enthält das Zeugnis ein Datum, welches nach dem Tag der Abgabe der Erklärung liegt, so beweist es grundsätzlich nicht die Vertretungsbefugnis am Tage der Abgabe der Erklärung. Es ist daher prinzipiell nicht verwendbar. Liegt das Datum des Zeugnisses dagegen vor Abgabe der Erklärung, so wird man grundsätzlich davon ausgehen können, daß der Nachweis der Vertretungsbefugnis erbracht ist, jedenfalls dann, wenn ein zeitlicher Zusammenhang zwischen der Herstellung der Bestätigung und der Abgabe der Erklärung angenommen werden kann. Das Grundbuchamt hat jedoch stets im Einzelfall gegeneinander abzuwägen die Notwendigkeit, die Eintragung nur bei möglichst zuverlässigen Nachweisen vorzunehmen, gegen das Erfordernis, den Grundbuchverkehr nicht über Gebühr zu erschweren.[29]

e) Durch **kein Zeugnis** möglich ist der Nachweis der Vertretungsbefugnis des **Han-** 14 **delsbevollmächtigten**. Dieser kann in das Handelsregister nicht eingetragen werden. Seine Vollmacht ist daher nach der allgemeinen Regel des § 29 nachzuweisen.

f) Das Zeugnis erbringt zwar Beweis über die Vertretungsbefugnis, kann jedoch den 15 Grundbuchbeamten **nicht** vollständig **binden**, da es keinen umfassenden Beweis für die Richtigkeit und Vollständigkeit der bezeugten Tatsachen erbringt. Ergeben sich daher für das Grundbuchamt Zweifel, die sich auf positive Tatsachen stützen, welche in

---

[21] Vgl. § 82 Abs. 1 AktG; § 37 Abs. 2 GmbH-Gesetz; § 27 Abs. 2 GenG; § 26 Abs. 2 BGB; § 125 HGB; §§ 49, 50 HGB.
[22] KGJ JFG 6, 264.
[23] KG JFG 5, 236; KG JW 33, 1466.
[24] Vgl. §§ 149, 161 HGB; 70, 71 Abs. 2, 37 Abs. 2 GmbH-Gesetz; §§ 268 Abs. 1 u. 2,
269 AktG; §§ 88, 89, 27 Abs. 2 GenG; § 49 BGB.
[25] OLG Frankfurt Rpfleger 80, 63.
[26] Vgl. KG HRR 32 Nr. 858; a. A. JFG 4, 278.
[27] OLG Frankfurt a. a. O.
[28] Vgl. dazu OLG Düsseldorf Rpfleger 61, 48.
[29] Vgl. KG JFG 17, 230.

§ 33

der Form des § 29 nachgewiesen oder sonst zweifelsfrei bekannt sind, so muß das Grundbuchamt durch Zwischenverfügung die Klarstellung der Rechtslage veranlassen.[30]

V. Sonstige Beweismöglichkeiten

Die erwähnten Zeugnisse sollen lediglich den **Rechtsverkehr erleichtern.** Sie stellen jedoch keine ausschließende Aufzählung der Nachweismöglichkeiten dar. Möglich sind daher insbesondere

16 a) die **Bezugnahme** auf das **Handelsregister,** wenn es bei dem gleichen Amtsgericht geführt wird (§ 34),

17 b) **Vorlage** einer **beglaubigten Abschrift** des Blattes des Registergerichts oder zumindest eines öffentlich beglaubigten Auszuges aus dem Registerblatt. Die Vorlage von bloßen Eintragungsbenachrichtigungen genügt jedoch nicht,

18 c) mit Amtssiegel versehene **Bestätigung des Notars,** daß ihm ein gerichtliches Zeugnis über die Vertreterbefugnis vorgelegen hat, wenn die Notarbestätigung den Inhalt des Zeugnisses wörtlich wiedergibt einschließlich des Datums der Ausstellung des Zeugnisses,

19 d) **Notarbescheinigung** (§ 21 BNotO): Der Notar ist befugt, die Vertretungsberechtigung von bestimmten Personen zu bestätigen, wenn sich diese Vertretungsbefugnis aus einer Eintragung im Handels-, Genossenschafts- oder Vereinsregister ergibt. Die Bestätigung kann auch ohne Zusammenhang mit einer Beurkundungstätigkeit für die Beteiligten erteilt werden. Die Bestätigung muß das Datum angeben, an welchem das Grundbuch vom Notar oder von einem von ihm beauftragten, seiner Weisung unterstellten Mitarbeiter eingesehen wurde oder die ihm vorliegende Abschrift ausgestellt worden ist (§ 21 Abs. 2 Satz 2 BNotO).

Die Bescheinigung des beglaubigenden Notars, durch Einsicht in das Handelsregister sei die Vertretungsbefugnis des unterzeichneten Gesellschafters festgestellt worden, erbringt vollen Beweis für die Alleinvertretungsmacht.[31]

Die Bescheinigung ist anzuerkennen, solange dem Grundbuchamt keine Umstände bekannt sind oder zumindestens naheliegen, die Zweifel an der Fortdauer der Berechtigung begründen. Das höchstzulässige Alter einer Bescheinigung kann nicht festgelegt werden.[32] Dabei sind sämtliche Nebenumstände bei der Errichtung und Vorlage der Urkunde mitzuberücksichtigen.[33]

Die Vorlage einer beglaubigten Abschrift der Notarbestätigung genügt, wenn die Bescheinigung zeitnah zurückliegt.[34]

[Nachweis des Güterrechts]

§ 33

Der Nachweis, daß zwischen Ehegatten Gütertrennung oder ein vertragsmäßiges Güterrecht besteht oder daß ein Gegenstand zum Vorbehaltsgut eines Ehegatten gehört, wird durch ein Zeugnis des Gerichts über die Eintragung des güterrechtlichen Verhältnisses im Güterrechtsregister geführt.

---

[30] KG KGJ 33, 155; KG OLG 41, 146; vgl. dazu auch § 29 Rdn. 130 ff.
[31] OLG Celle Rpfleger 80, 109.
[32] AG Langen Rpfleger 82, 63; vgl. auch oben Rdn. 18; OLG Frankfurt Rpfleger 95, 248.
[33] OLG Frankfurt a. a. O.
[34] Ebenso *Epple* Rpfleger 80, 55.

Übersicht

	Rdn.		Rdn.
I. Allgemeines	1	1. Zugewinngemeinschaft	7
II. Eintragungsfähigkeit des Güterstandes		2. Verfügungsbeschränkungen bei Zugewinngemeinschaft	8–11
1. Eintragungsfähig	2	3. Nachweis der Verfügungsbefugnis	12
2. Eintragungspflicht	3	4. Ausländische Ehegatten	13
3. Gesamtgut bei Gütergemeinschaft	4–6	IV. Zeugnis des Registergerichts	14, 15
III. Weitere Notwendigkeiten des Nachweises		V. Andere Beweismittel	16

I. Allgemeines

In vielen Fällen bedarf es im Grundbuchverkehr des Nachweises, welches Güterrecht **1** zwischen Eheleuten besteht. Nach der allgemeinen Regelung des § 29 wäre dieser Nachweis durch öffentliche Urkunden zu führen. § 33 erleichtert diesen Nachweis, ohne andere Beweismöglichkeiten (vgl. dazu V unten) auszuschließen.

Die Verfügungsbefugnis ausländischer, nicht im Inland wohnender Ehegatten hat das Grundbuchamt anhand des jeweils in Frage kommenden Güterrechtes selbst zu prüfen. Der Nachweis der Verfügungsbefugnis — Zustimmung des anderen Ehegatten bei einer Gütergemeinschaft nach niederländischem Recht — bedarf der Form des § 29 GBO.[1] Die Kenntnis des ausländischen Rechtes hat das Grundbuchamt sich selbst zu verschaffen;[2] vgl. dazu jedoch die Ausführungen zu § 13 Rdn. 7. Zu den einzelnen Güterständen im einzelnen vgl. § 19 Rdn. 142 ff., für ausländisches Güterrecht vgl. § 19 Rdn. 154.

Zu Nachforschungen über das Güterrecht ist das Grundbuchamt nicht berechtigt. Besteht nach den gemachten Angaben und aufgrund des nach dem Kenntnisstand des Grundbuchamtes anwendbaren Rechtes die nicht nur theoretische Möglichkeit, daß ein Ehegatte Alleineigentum erwerben kann, hat das Grundbuchamt die Eintragung vorzunehmen.[3]

II. Eintragungsfähigkeit des Güterstandes

1. Eintragungsfähig

ist der Güterstand nur beim Gesamtgut der ehelichen Gütergemeinschaft, da hier **2** durch den Güterstand eine Gesamthandsgemeinschaft entstanden ist. In diesem Rahmen kann auch eingetragen werden, daß die Gütergemeinschaft fortgesetzt sowie, daß sie beendet, aber noch nicht auseinandergesetzt ist.[4] Bei allen anderen Gütermassen der Gütergemeinschaft sowie bei allen übrigen gesetzlichen oder vertraglichen Güterrechtsregelungen ist eine Eintragung des Güterstandes im Grundbuch nicht möglich, da die Person des Berechtigten durch den jeweiligen ehelichen Güterstand nicht verändert wird. Aufgrund früheren Güterrechts noch fortbestehende Verfügungsbeschränkungen sind nicht eintragungsfähig, da sie auch gegenüber gutgläubigen Dritten wirken.[5]

---

[1] OLG Hamm DNotZ 66, 236; OLG Köln DNotZ 72, 182.
[2] OLG Köln a. a. O.
[3] BayObLG Rpfleger 92, 341.
[4] Vgl. zu letzterem KG KGJ 50, 152; BayObLG 21, 17.
[5] Vgl. KG KGJ 38, 211; vgl. auch § 19 Rdn. 135 ff.

2. Eintragungspflicht

3 Soweit der Güterstand eintragungsfähig ist, **muß** er auch **eingetragen werden**. Ist er dem Grundbuchamt bekannt, hat das Grundbuchamt auf die Vorlage der entsprechenden Urkunden hinzuwirken. Zur Berichtigung ist notwendig entweder eine Bewilligung des eingetragenen Ehegatten oder der Nachweis des Bestehens der Gütergemeinschaft. Da es sich um eine Berichtigung handelt, ist die Zustimmung des anderen Ehegatten entbehrlich.

3. Gesamtgut bei Gütergemeinschaft

4 a) Wird die Eintragung eines nach dem Gesetz **zum Gesamtgut gehörenden Rechtes** für Ehegatten in Gütergemeinschaft **bewilligt**, so ist der **Nachweis** des Bestehens der Gütergemeinschaft nicht erforderlich;[6] das gleiche gilt, wenn ein Ehegatte ein Recht erwirbt und gleichzeitig die Eintragung des anderen Ehegatten als Mitberechtigter in Gütergemeinschaft beantragt.[7]

5 b) **Weiß** umgekehrt das **Grundbuchamt**, daß das **beantragte Recht in das Gesamtgut** einer Gütergemeinschaft fällt, so ist der Eintragungsantrag zurückzuweisen, wenn er nur auf Eintragung des erwerbenden Ehegatten als Alleineigentümer gerichtet ist.[8]

Eine klärende Bezugnahme ist zulässig auf Urkunden, die dem gleichen Grundbuchamt, wenn auch in verschiedenen Grundakten, vorliegen.[9] Ebenso hat das Grundbuchamt den Nachweis zu verlangen, daß fortgesetzte Gütergemeinschaft nicht eingetreten ist, wenn die Umschreibung des Gesamtgutes auf den überlebenden Ehegatten beantragt ist und das Grundbuchamt weiß, daß allgemeine Gütergemeinschaft bestanden hat und ihre Fortsetzung vereinbart war oder als vereinbart gilt.[10]

6 Wird über ein eingetragenes, **zum Gesamtgut gehörendes Recht verfügt** (vgl. dazu § 19 Rdn. 147 ff.), so hat der verfügende Ehegatte seine Verfügungsberechtigung nach dem Ehevertrag und den ergänzenden gesetzlichen Vorschriften nachzuweisen. Das Recht selbst ist für das Grundbuchamt solange als zum Gesamtgut gehörend anzusehen, als das Grundbuchamt keine begründeten Zweifel an der Richtigkeit der Eintragung hat.[11] Soll ein zum Gesamtgut gehörendes Grundstück in das Alleineigentum eines der beiden Ehegatten übergehen, so ist neben der Auflassung die güterrechtliche Vereinbarung als Vorbehaltsgut für dieses Grundstück nachzuweisen.[12] Der Nachweis erfolgt durch Vorlage des entsprechenden Ehevertrages in Ausfertigung oder beglaubigter Abschrift (vgl. § 29 Rdn. 116).

III. Weitere Notwendigkeiten des Nachweises

Ein **sonstiger Nachweis des Güterstandes** ist lediglich notwendig zur Begründung des Verfügungsbefugnisses des Beantragenden (vgl. dazu § 19 Rdn. 135 ff.).

1. Zugewinngemeinschaft

7 Sofern das Grundbuchamt über **keine anderweitige Kenntnis** positiv verfügt, darf es davon ausgehen, daß der **gesetzliche Güterstand**, derzeit also die Zugewinngemeinschaft, besteht.[13] Vgl. dazu auch § 29 Rdn. 135 u. 130.

---

[6] BayObLGZ 92, 131, 134.
[7] Vgl. BayObLGZ 54, 15 = DNotZ 54, 201.
[8] RGZ 155, 344.
[9] BayObLG Rpfleger 75, 243 nur Leitsatz.
[10] Art. 8 Abs. 1 GleichberechtigungsG vom 18. 6. 1957 BGBl. I 609.
[11] Vgl. KG KGJ 29, 149; BayObLG JFG 3, 313.
[12] KG JFG 15, 94.
[13] Vgl. OLG Freiburg DNotZ 52, 95; BayObLGZ 59, 447 = NJW 60, 281.

2. Verfügungsbeschränkungen bei Zugewinngemeinschaft

Nach § 1365 BGB bedarf im gesetzlichen Güterstand ein Ehegatte der Zustimmung **8**
des anderen Ehegatten zu einer **Verfügung über sein Vermögen im ganzen:**

a) auch die Verfügung über **einzelne Vermögensgegenstände** löst das Erfordernis der **9**
Zustimmung des anderen Ehegatten aus, wenn der in Frage kommende Gegenstand
das ganze oder nahezu das ganze Vermögen des verfügenden Ehegatten darstellt;[14] die
herrschende Meinung verlangt jedoch in diesem Fall, daß der andere Vertragspartner
von diesem Sachverhalt positive Kenntnis hat oder zumindestens die näheren Umstände
kennt, aus denen sich diese Folge ergibt.[15]

b) Als **Verfügung** sind nicht nur Veräußerungsgeschäfte, sondern auch Belastungen **10**
anzusehen.[16] Dies ist jedoch nur dann der Fall, wenn die Belastungen den Grundstückswert unter Berücksichtigung etwa vorhandener vorgehender Belastungen ganz oder
überwiegend erreichen.[17] Die Bestellung von Eigentümergrundschulden stellt jedoch
niemals eine solche Verfügung dar.[18]

c) **Keine Verfügung** im Sinn der Bestimmung liegt vor, wenn die Verpflichtung dazu **11**
schon vor Eheschließung eingegangen worden ist[19] oder von einem Ehegatten vor dem
1. 7. 1958 eingegangen wurde.[20]
Zu Einzelfragen vergleiche *Haegele*[21] sowie § 19 Rdn. 135 ff.

3. Nachweis der Verfügungsbefugnis

Er ist für den eingetragenen Ehegatten nur notwendig, wenn das Grundbuchamt **12**
diese begründet bezweifelt. Zu einem solchen Zweifel reicht jedoch nicht die bloße
Möglichkeit aus, daß die Verfügung der Erfüllung einer nicht wirksam eingegangenen
Verpflichtung zu einer Gesamtvermögensverfügung dient. Erforderlich ist, daß sich aus
den Eintragungsunterlagen oder aus sonstigen Umständen, die entweder positiv bekannt sind oder nach der Lebenserfahrung naheliegen, Zweifel oder Anhaltspunkte für
das Vorhandensein der Voraussetzung des § 1365 Abs. 1 BGB vorhanden sind.[22] Vgl.
dazu auch § 29 Rdn. 313 ff.

4. Ausländische Ehegatten

Für sie gelten die Vorschriften des § 33, wenn sie den Wohnsitz im Inland haben.[23] **13**
Zum Nachweis der Verfügungsbefugnis von verheirateten ausländischen Ehegatten
ohne Wohnsitz im Inland vgl.[24] Der Nachweis hat hier in der Form des § 29 GBO zu
erfolgen (vgl. im einzelnen auch § 19 Rdn. 154).

---

[14] Vgl. BayObLGZ 59, 442 = NJW 60, 821; OLG Hamm NJW 59, 104; OLG Celle NJW 60, 437; OLG Bremen NJW 60, 825; BGHZ 35, 143 = Rpfleger 61, 233.
[15] Vgl. BGHZ 43, 176 = Rpfleger 65, 107; BGH DNotZ 69, 422, auch OLG Hamm NJW 60, 1466; OLG Frankfurt NJW 60, 2002.
[16] BayObLGZ 59, 442 = NJW 60, 821.
[17] Vgl. OLG Hamm NJW 59, 104; OLG Düsseldorf JMBl. NJW 59, 53; BayObLG a. a. O.; dazu auch BGH FamRZ 66, 22.
[18] Vgl. OLG Frankfurt Rpfleger 60, 289; OLG Hamm NJW 60, 1352.
[19] OLG Oldenburg DNotZ 55, 545.
[20] BayObLGZ 59, 136 = Rpfleger 59, 223; OLG Hamm Rpfleger 59, 381; OLG Celle NJW 62, 743.
[21] Rpfleger 64, 242 sowie Rpfleger 66, 232.
[22] BGH 35, 138 Rpfleger 61, 233; BayObLGZ 67, 87 Rpfleger 67, 213.
[23] Art. 16 EGBGB, KG JFG 10, 187.
[24] OLG Hamm DNotZ 66, 236 und OLG Köln DNotZ 72, 182.

IV. Zeugnis des Registergerichts

14 Es gelten für **Inhalt und Beweiskraft des Zeugnisses** in sachlicher und zeitlicher Hinsicht die für das Zeugnis über den Inhalt des Handelsregisters gemachten Ausführungen entsprechend (vgl. § 32 Rdn. 9 ff.).

Zu beachten ist, daß mit dem Zeugnis auch die Zugehörigkeit eines Grundstücks oder Rechtes zum Vorgehaltsgut bewiesen werden kann.

15 Das Zeugnis **beweist** logisch neben dem Güterstand auch **das Bestehen der Ehe**, so daß die Vorlage einer gesonderten Heiratsurkunde in diesem Fall stets überflüssig ist.

V. Andere Beweismittel

Das Zeugnis des Registergerichts ist nicht die einzige Möglichkeit, den Güterstand zu beweisen. Daneben kommen als Nachweis in Betracht:

16 a) Vorlage des **Ehevertrages**. Die Lebenserfahrung spricht für das Fortbestehen des Ehevertrages, solange bestimmte Anhaltspunkte für seine Aufhebung oder Änderung fehlen.[25] Eine besondere zeitliche Nähe zu der abgegebenen Erklärung ist nicht erforderlich.

17 Wurde der Ehevertrag von Verlobten geschlossen, so ist die Verehelichung durch Heiratsurkunde nachzuweisen.[26]

18 b) **Eintragungsbewilligung beider Ehegatten;** da beide zusammen zu allen Verfügungen befugt sind, ist ein weiterer Nachweis entbehrlich. Eine Ausnahme gilt für den Fall, daß ein zum Gesamtgut gehöriger Gegenstand auf einen der Ehegatten übertragen werden soll. Dazu ist Vorlage eines Vorbehaltsgut bedingenden Ehevertrages erforderlich (vgl. oben Rdn. 6).

19 c) **Bezugnahme auf das Register** des gleichen Amtsgerichts (§ 34).

20 d) **Beglaubigte Abschrift des Registerblattes** oder öffentlich beglaubigter Auszug. Eine Eintragungsbenachrichtigung allein genügt nicht.

21 e) **Bescheinigung des Notars** über das Vorliegen eines – inhaltlich genau wiederzugebenden – Zeugnisses des Registergerichts.

22 f) **Nicht genügend** ist die Verweisung auf ein anderes Grundbuchblatt des gleichen Amtsgerichts, da die Vermutung des § 891 BGB nur für alle Grundstücke gilt, welche auf dem Grundbuchblatt vorgetragen sind, das die Gütergemeinschaft aufweist.[27]

[Bezugnahme auf Register]

§ 34

Ist in den Fällen der §§ 32, 33 das Grundbuchamt zugleich das Registergericht, so genügt statt des Zeugnisses die Bezugnahme auf das Register.

Übersicht

	Rdn.		Rdn.
I. Allgemeines	1	III. Bezugnahme	
II. Voraussetzungen der Bezugnahme	2, 3	1. Form	4
		2. Die Folgen zulässiger Bezugnahme	5

---

[25] KG KGJ 39, 183.
[26] Vgl. dazu sowie zur Frage der Offenkundigkeit, wenn die Gütergemeinschaft in diesem Fall bereits in einem anderen Grundbuchamt vermerkt ist, BayObLGZ 57, 49 = DNotZ 57, 311.
[27] BayObLGZ 57, 52.

I. Allgemeines

§ 34 ist sinngemäß nicht nur dann anzuwenden, wenn es sich um das Handels- oder Güterrechtsregister handelt, sondern auch gegenüber dem Genossenschafts- und Vereinsregister. Man wird ihn sogar auf alle bei dem GBA geführten Register und Akten (z. B. Erbscheinsakten!) auszudehnen haben,[1] und zwar gleichgültig, ob die Akten dauernd aufzubewahren sind oder nach einer gewissen Zeit der Vernichtung unterliegen.[2]

II. Voraussetzungen der Bezugnahme

Anstelle der Vorlegung des Zeugnisses über den Inhalt des Handels- oder Güterrechtsregisters genügt **Bezugnahme auf das Register,** wenn das Grundbuchamt zugleich das Registergericht ist:

a) Nach der Formulierung der Bestimmung ist eine **Bezugnahme nur auf das Handels- und Güterrechtsregister** möglich. Die Bestimmung gilt jedoch entsprechend für das Genossenschafts- und Vereinsregister sowie für die Bezugnahme auf sonstige bei dem Gericht vorhandenen Register oder Akten.[3]

b) Eine Bezugnahme ist nur möglich, wenn Grundbuch und Register oder Akten von dem **gleichen Amtsgericht** eführt werden. Entscheidend ist hierbei nicht der räumliche Zusammenhang im gleichen Gebäude, sondern lediglich die Identität der Behörde.[4] Die Bezugnahme auf das Register anderer Gerichte ist unzulässig.[5]

III. Bezugnahme

1. Form

Die Bezugnahme muß **deutlich und bestimmt,** wenn auch nicht gerade ausdrücklich sein und sich auf bestimmte Tatsachen richten. Doch sind die Erklärungen der Beteiligten nicht engherzig auszulegen.

2. Die Folgen zulässiger Bezugnahme sind

a) Die Beteiligten sind nicht verpflichtet, ein Zeugnis vorzulegen; insbesondere kann das Grundbuchamt nicht anstelle der Bezugnahme die Vorlage eines Zeugnisses verlangen.

b) Das Grundbuchamt muß das Register einsehen und seinen gesamten Inhalt prüfen (auch wenn das Register von einer anderen Abteilung des Amtsgerichts geführt wird). Eine persönliche Einsichtnahme ist jedoch nicht unbedingt geboten.[6]
Zu prüfen ist der gesamte Registerinhalt.
Bereits vorliegende, aber vom Gericht noch nicht erledigte Anmeldungen sind jedoch nur dann zu berücksichtigen, wenn irgendwelche Bedenken gegen die Richtigkeit der Anmeldung nicht vorhanden sind.
Das Grundbuchamt soll über das Ergebnis seiner Prüfung einen Vermerk zu den Grundakten nehmen. Das entspricht dem Gedanken des § 10.

---

[1] KGJ 20, 291; KG JW 1932, 1757; JFG 23, 299.
[2] JFG 23, 299.
[3] KG JW 32, 1757; OLG München JFG 20, 273; KG JFG 23, 299.
[4] KG JW 35, 30, 42.
[5] BayObLGZ 13, 149.
[6] KG JW 35, 3042.

§ 35

[Nachweis der Erbfolge]

§ 35

(1) Der Nachweis der Erbfolge kann nur durch einen Erbschein geführt werden. Beruht jedoch die Erbfolge auf einer Verfügung von Todes wegen, die in einer öffentlichen Urkunde enthalten ist, so genügt es, wenn an Stelle des Erbscheins die Verfügung und die Niederschrift über die Eröffnung der Verfügung vorgelegt werden; erachtet das Grundbuchamt die Erbfolge durch diese Urkunden nicht für nachgewiesen, so kann es die Vorlegung eines Erbscheins verlangen.

(2) Das Bestehen der fortgesetzten Gütergemeinschaft sowie die Befugnis eines Testamentsvollstreckers zur Verfügung über einen Nachlaßgegenstand ist nur auf Grund der in den §§ 1507, 2368 des Bürgerlichen Gesetzbuchs vorgesehenen Zeugnisse als nachgewiesen anzunehmen; auf den Nachweis der Befugnis des Testamentsvollstreckers sind jedoch die Vorschriften des Absatzes 1 Satz 2 entsprechend anzuwenden.

(3) Zur Eintragung des Eigentümers oder Miteigentümers eines Grundstücks kann das Grundbuchamt von den in den Absätzen 1 und 2 genannten Beweismitteln absehen und sich mit anderen Beweismitteln, für welche die Form des § 29 nicht erforderlich ist, begnügen, wenn das Grundstück oder der Anteil am Grundstück weniger als 5 000,– DM wert ist und die Beschaffung des Erbscheins oder des Zeugnisses nach § 1507 des Bürgerlichen Gesetzbuchs nur mit unverhältnismäßigem Aufwand an Kosten oder Mühe möglich ist. Der Antragsteller kann auch zur Versicherung an Eides Statt zugelassen werden.

Übersicht

	Rdn.		Rdn.
I. Allgemeines	1	3. Eröffnungsniederschrift	69–71
II. Erbfolge		4. Form der Vorlage	72
1. Begriff und Umfang	2–5	5. Lücken der Urkunden und Zweifel	73–78
2. Sonderfälle	6–11	VI. Fortgesetzte Gütergemeinschaft	
III. Nachweis der Erbfolge		1. Begriff	79–81
1. Grundsatz	12	2. Prüfungsumfang des GBA	82–83
2. Ausnahmen	13–23	3. Beweiskraft	84
3. Keine weiteren Möglichkeiten	24	VII. Nachweis der Verfügungsmacht des Testamentsvollstreckers	
IV. Erbschein		1. Zeugnis	85–86
1. Begriff	25	2. Umfang der Prüfungspflicht des Grundbuchamtes	87
2. Prüfungspflicht des Grundbuchamtes	26–60	3. Beweiskraft	88
V. Verfügung von Todes wegen und Eröffnungsniederschrift		4. Entgeltlichkeit der Verfügung	89
1. Allgemeines	61		
2. Verfügung von Todes wegen	62–68		

I. Allgemeines

1 Die Bestimmung regelt die Frage, wie die Erbfolge, die Rechtsnachfolge im Gesamtgut bei fortgesetzter Gütergemeinschaft und die Verfügungsmacht eines Testamentsvollstreckers dem Grundbuchamt nachzuweisen sind. Die Regelung ist unter dem Gesichtspunkt getroffen, dem Grundbuchamt eine oft zeitraubende Prüfung zu ersparen und ihm eine klare Unterlage für seine Entscheidung zu geben.

§ 35

Für den Nachweis der Unrichtigkeit des Grundbuches ist § 35 gegenüber § 29 die speziellere Vorschrift.[1] Dies gilt zweifelsfrei jedoch nur in bezug auf § 29 Abs. 1 S. 1 und § 29 Abs. 3.

II. Erbfolge

1. Begriff und Umfang

a) **Erbfolge** ist der mit dem Tode einer Person eintretende Übergang eines bestimmten Vermögens als Ganzes auf einen oder mehrere Personen (§ 1922 BGB); dieser Übergang kann auf Gesetz (§§ 1924 bis 1936 BGB) oder auf einer Verfügung von Todes wegen (Testament, Erbvertrag) beruhen. Bei Ausländern kann die Erbfolge auch auf ausländischem Recht beruhen.[2] **2**

Grundsätzlich muß es sich um den **Tod** einer Person handeln. Gleichgültig ist dabei, ob sie geschäftsfähig war oder nicht, gleichgültig ist weiter, ob es sich um einen Inländer oder Ausländer oder Staatenlosen handelt. § 35 gilt insoweit ohne Einschränkung.[3] **Zeitlich** umfaßt der Begriff alle Todesfälle nach dem 1. 1. 1900. **3**

b) **Der Erbfolge** nach einer Person wird der Fall **gleich behandelt**, daß ein **Verein** oder eine **Stiftung aufgelöst** wird[4] oder die Rechtsfähigkeit verliert und das Vermögen aufgrund gesetzlicher Vorschrift (§ 45 Abs. 3 BGB) oder der Stiftungsverfassung (§ 88 BGB) an den Fiskus fällt oder nach dem Landesrecht an näher bestimmte Körperschaften, Stiftungen oder Anstalten des öffentlichen Rechts (Art. 85 EGBGB). **4**

Anfall des Vereins- oder Stiftungsvermögens an die Mitglieder oder andere Berechtigte ist dagegen keine Erbfolge.[5] **5**

2. Sonderfälle

a) Für **gebundene Vermögen** gilt nunmehr § 35 ohne Einschränkung, da spätestens mit dem 1. 1. 1939 alle Familienfideikommisse, Lehen, Stammgüter oder sonstige gebundene Vermögen erloschen sind.[6] Auch die bei einer früheren Auflösung[7] geschaffenen Nacherbenrechte[8] sind zum gleichen Zeitpunkt beseitigt (§ 14). Das Vermögen ist seitdem freies Vermögen des letzten Inhabers (§ 2). **6**

b) Gehört zum Nachlaß eine **Reichsheimstätte**, so gilt für die Rechtsnachfolge Sonderrecht.[9] Dabei spielt nach heute herrschender Meinung es keine Rolle, ob der verstorbene Inhaber Alleineigentümer oder nur Miteigentümer zu einem Bruchteil war.[10] **7**

Jedoch gelten Sonderregeln nur, soweit es sich um mehrere Miterben handelt (§ 26 ff. AusfVO).

Hat der Erblasser in einer **Verfügung von Todes** wegen den **Erben** bezeichnet (§ 26 Ziff. 1 AusfVO) oder haben sich die **Erben über die Person des Rechtsnachfolgers geeinigt** und diese Einigung dem zuständigen Nchlaßgericht innerhalb einer Frist von **8**

---

[1] BGHZ 84, 199; BayObLGZ 89, 10.
[2] LG Aachen Rpfleger 65, 234.
[3] LG Aachen Rpfleger 65, 233.
[4] Ebenso BayObLG Rpfleger 94, 410 m. ausf. Begründung.
[5] KG KGJ 25, 133; vgl. auch BayObLG Rpfleger 94, 410.
[6] §§ 1 Abs. 1, 30 Abs. 1 FidErlG vom 6. 7. 1938 RGBl. I 825.
[7] Für Bayern Gesetz vom 23. 8. 1919 und AusführungsVO vom 28. 9. 1919 BayBS III 118.
[8] Wegen deren Nachw. vgl. § 39 DVOzFidErlG vom 20. 3. 1939 RGBl. I 509.
[9] § 24 RHeimstG; §§ 25–40 AusfVO vom 19. 7. 1940 RGBl. I 1027.
[10] Vgl. OLG Ffm DNotZ 51, 272; OLG Schleswig SchlHA 62, 147; BayObLGZ 67, 45 = DNotZ 68, 29; **a. A.** teilw. das Schrifttum, Nachw. BayObLG a. a. O.

§ 35

6 Monaten seit dem Erbfall in öffentlich beglaubigter Erklärung oder zur Niederschrift des Urkundsbeamten der Geschäftsstelle erklärt (§ 26 Ziff. 2) oder ist die **Nachfolge** aufgrund eines vom **Nachlaßgericht eingeleiteten Verfahrens** zur Herbeiführung der Einigung durch Beschluß der Miterben mit ⅔-Mehrheit, gerechnet nach den Erbteilen, **bestimmt** worden (§ 26 Ziff. 3 AusfVO), so tritt kraft Gesetzes Sonderrechtsnachfolge ein. Der Heimstättenanteil kann auch auf einen anderen Erben als den überlebenden Heimstätter übertragen werden, wenn die Heimstätte durch den Erbfall nicht zersplittert wird.[11] Dies ist jedenfalls dann nicht der Fall, wenn die Übertragung dazu dienen soll, die Heimstätte als ganze einem Miterben zu erhalten.[12] Die Bestimmungen der §§ 25 ff. AusfVO sind auch dann anzuwenden, wenn nicht die Heimstätte als ganzes, sondern nur ein Miteigentumsanteil im Wege der Erbauseinandersetzung übertragen wird,[13] da häufig eine Heimstätte im Miteigentum steht. Anderenfalls wäre die Anwendung dieser Vorschriften äußerst selten.

9 Der Heimstättenfolger erwirbt das **Eigentum** mit dem Erbfall (§ 26 Abs. 1); **aufgrund einer Bescheinigung des Nachlaßregisters** über die Heimstättenfolge erfolgt eine reine Berichtigung des Grundbuchs (§ 29 AusfVO). In diese Bescheinigung über die Heimstättenfolge sind auch etwaige Rechte der Miterben auf Eintragung von Hypotheken unter der Bezeichnung des Gläubigers, des Inhalts der Ansprüche und des Rangverhältnisses aufzunehmen (§ 34 AusfVO). Liegt ein solcher Vermerk vor, so darf der Heimstättenfolger nur dann in das Grundbuch eingetragen werden, wenn gleichzeitig entweder die Eintragung der Hypothek oder eine — von Amts wegen einzutragende — Vormerkung zur Sicherung dieses Anspruches im Grundbuch vollzogen wird; andere Eintragungen dürfen nicht zu besserem oder gleichem Rang erfolgen (§ 34 AusfVO).

10 **Findet eine Heimstättenfolge nicht statt**, so kann die Auseinandersetzung der Miterben nur in der Weise erfolgen, daß die Heimstätte veräußert wird (§ 35 AusfVO).

11 Zur Frage einer **Vor- und Nacherbfolge einer Heimstätte** vgl.[14]

III. Nachweis der Erbfolge

1. Grundsatz

12 Der Nachweis kann dem Grundbuchamt gegenüber **grundsätzlich nur durch Erbschein** erfolgen, von der Ausnahme des Satzes 2 abgesehen.

2. Ausnahmen

Von diesem Grundsatz bestehen jedoch folgende Ausnahmen:

13 a) bei **Eintragung als Eigentümer oder Miteigentümer** eines Grundstücks **kann sich das Grundbuchamt** nach Abs. 3 mit **anderen**, nicht der Form des § 29 entsprechenden **Nachweisen begnügen**, wenn das Grundstück oder der Anteil von geringem Wert ist und der Erbschein nur mit unverhältnismäßigem Aufwand an Kosten oder Mühen beschafft werden kann.

Miteigentümer ist auch der **Wohnungseigentümer** und der **Teileigentümer** (§ 1 Abs. 2 und 3 WEG); Eigentümer im Sinne dieser Vorschrift ist auch der **Gesamthandseigentümer**. Die Eintragung des **Erbbauberechtigten** wird der Eintragung des Eigentümers gleichzustellen sein, da das Erbbaurecht von der GBO wie das Eigentum behandelt wird. Auf andere Rechte, wie z. B. Hypotheken, kann die Vorschrift nicht ausgedehnt werden.

---

[11] SchlHOlG SchlHA 62, 147 ff.
[12] A. a. O.
[13] OLG Ffm DNotZ 61, 272; SchlHOlG SchlHA 62, 147; BayObLGZ 67, 45; DNotZ 68, 29.
[14] LG Verden RDL 51, 296.

Der Wert bis zu 5 000,— DM kann mangels anderer Anhaltspunkte oder Nachweise auch durch eine Bestätigung des Durchschnittswertes der betroffenen Grundstücke durch den nach dem BauG gebildeten Gutachterausschuß nachgewiesen werden.

Die **Beschaffung des Erbscheins** muß mit **unverhältnismäßigem Aufwand an Mühe und Kosten** verbunden sein. Dieser Begriff ist **subjektiv** zu verstehen. Die Verhältnisse der Beteiligten sind zu berücksichtigen. Es sind nicht nur die Kosten für die Erteilung des Erbscheins selbst in Betracht zu ziehen, sondern auch die Kosten für die Beschaffung der hierzu nötigen Unterlagen. Ferner ist zu berücksichtigen, ob die ordnungsmäßige Abwicklung des Nachlasses ohnehin einen Erbschein erfordert oder ob der Erbschein nur für die in Frage stehende Grundbuchberichtigung benötigt werden würde. Wenn mehrere, für sich betrachtet, geringwertige Grundstücke zusammengenommen die Kosten eines Erbscheins rechtfertigen, besteht kein Anlaß, vom Erbschein abzusehen. Andererseits sind Kostengesichtspunkte nicht allein entscheidend. Auch die Unverhältnismäßigkeit des Aufwands an Mühe und Zeit, die die Beschaffung eines Erbscheins erfordert, kann es rechtfertigen, von der Vorlage des Erbscheins abzusehen.

Andere Beweismittel können privatschriftliche Testamente, schriftliche, glaubwürdige Äußerungen von Beteiligten oder die ausdrücklich zugelassene eidesstattliche Versicherung des Antragstellers sein. Der Nachweis wird nicht dadurch erbracht, daß der Testamentsvollstrecker unter Vorlage des Testamentsvollstreckerzeugnisses die Erben namentlich bezeichnet.[15]

b) **Ein Nachweis der Erbfolge** ist **überhaupt entbehrlich,** wenn ein Bevollmächtigter aufgrund einer vom Erblasser **über den Tod hinaus** erteilten **Vollmacht** handelt, selbst wenn eine Beschränkung durch Erbfolge und Testamentsvollstreckerschaft angeordnet ist.[16]

Weiter ist ein Nachweis der Erbfolge entbehrlich für den **Testamentsvollstrecker,** da die Erben nicht eingetragen werden müssen. Nötig ist der Nachweis jedoch dann, wenn bei Kaufpreisresthypotheken für die vorhandenen Erben die Entgeltlichkeit der Verfügungen nur durch den Nachweis der Erbeneigenschaft der Gläubiger bewiesen werden kann.[17] Das gleiche gilt bei Umschreibung eines Rechtes auf den Erben,[18] da das Grundbuchamt nicht auf die Beurteilung des Testamentsvollstreckers angewiesen sein soll, wer Erbe ist.

c) Ist der **Erblasser vor dem 1. 1. 1900 gestorben,** so kann ein Erbschein nach BGB nicht ausgestellt werden, da erbrechtliche Verhältnisse sich in diesem Fall nach dem früheren Recht bestimmen.[19] Nach diesen Rechtsvorschriften richtet sich auch der Nachweis der Erbfolge.[20]

d) Der Nachweis der Erbfolge kann auch durch ein **Überweisungszeugnis** geführt werden (§§ 36, 37). Jedoch genügt nicht ein Auseinandersetzungszeugnis nach § 36, das unzulässigerweise erteilt worden ist, obwohl die Erbengemeinschaft hinsichtlich des Nachlaßgrundstückes nicht aufgelöst werden soll.[21]

Zum Nachweis der Erbfolge bei durchgeführten **Rückerstattungsverfahren** vgl.[22]

e) Der Nachweis der Erbfolge ist entbehrlich, wenn sie beim Grundbuchamt **offenkundig** ist (§ 29 Abs. 1 S. 2). Hat der Erblasser seine Ehefrau zur Alleinerbin eingesetzt und für den Fall ihrer Wiederheirat Nacherbfolge angeordnet, so kann der Nichteintritt des Erbfalles sich aus den Umständen und einer eidesstattlichen Versicherung ergeben

---

[15] OLG Köln Rpfleger 92, 342.
[16] KG JFG 12, 276.
[17] KG JFG 18, 161.
[18] KG JW 38, 123.
[19] Art. 213 EGBGB.
[20] KG KGJ 23, 129; 25, 124.
[21] KG HRR 39 Nr. 1363; vgl. § 36.
[22] BayObLGZ 52, 111 NJW/RzW 52, 198.

und dadurch beim Grundbuchamt offenkundig sein.[23] Ebenso kann der in einem notariellen gemeinschaftlichen Testament durch den Längstlebenden unter einer auflösenden Bedingung eingesetzte Erbe die Erbfolge durch Vorlage des Testamentes nach § 35 GBO nachweisen, wenn der Nichteintritt der die Erbeinsetzung auflösenden Bedingung — Geltendmachung des Pflichtteils nach dem Erstversterbenden — nicht zweifelhaft ist. Dazu genügt eine eidesstattliche Versicherung des Erben.[24]

Wird vor Eintritt des Nacherbfalles vom Vorerben und Nacherben die Löschung des eingetragenen Nacherbfolgevermerkes beantragt, so können keine weiteren Nachweise, insbesondere nicht die Vorlage des Erbscheins oder die Einleitung einer Pflegschaft für unbekannte Erben verlangt werden, wenn die Erbfolge auf einer öffentlichen Urkunde beruht und lediglich der Nachweis fehlt, daß aus der Ehe keine weiteren Nacherben hervorgegangen sind. Dieser Nachweis kann durch eidesstattliche Versicherung des Vorerben geführt werden[25] und ist damit offenkundig.

Dies ist nicht der Fall, wenn das Recht des Nacherben — als Verfügungsbeschränkung des Vorerben — im Grundbuch eingetragen ist und Sterbeurkunde des Vorerben vorgelegt wird. In diesem Fall ist Nachweis durch Erbschein erforderlich.[26] Dies gilt auch, wenn Rechte vom Ersatznacherben durch die Löschung betroffen werden.[27]

22 Nicht offenkundig, sondern **nur aktenkundig** ist das Erbrecht des Fiskus im Fall der gesetzlichen Erbfolge bei Vorliegen eines Festsetzungsbeschlusses gem. § 1964. Da die in § 1964 BGB enthaltene Vermutung widerlegbar ist, kann der Festsetzungsbeschluß den Erbschein nicht ersetzen.[28]

23 f) Bei **Löschung umgestellter Hypotheken** oder Grundschulden, deren Nennbetrag 500,— DM nicht übersteigt, sowie zur Löschung umgestellter Rentenschulden und Reallasten, deren Jahresleistung nicht mehr als 25,— DM beträgt, kann das Grundbuchamt sich auch mit **anderen**, nicht der Form des § 29 entsprechenden **Beweismitteln** begnügen, wenn die Beschaffung des Erbscheins nur mit einem **verhältnismäßigen Aufwand an Kosten oder Mühe** möglich ist. Auch eine **Versicherung an Eides Statt** kann zugelassen werden.[29]

3. Keine weiteren Möglichkeiten

24 Soweit **keiner** der oben aufgeführten **Ausnahmefälle** vorliegt, sind **andere Beweismittel ausgeschlossen**. Insbesondere genügt nicht der Nachweis der Tatsachen, aus denen sich das Erbrecht rechtlich notwendig ergibt.[30] Das Grundbuchamt soll nicht an die Stelle des Nachlaßgerichtes treten müssen. Dies gilt auch für die Erbfolge in dem Nachlaß eines Ausländers[31] oder eines Staatenlosen.

IV. Erbschein

1. Begriff

25 Darunter ist **nur der nach dem BGB (§ 2353) erteilte Erbschein** zu verstehen. Der Erbschein eines niederländischen Notars genügt nicht.[32] Für Ausländer ist ein gegenständlich beschränkter Erbschein zu erteilen (vgl. dazu auch unten Rdn. 42).

---

[23] LG Bochum Rpfleger 87, 197.
[24] LG Köln MittRhNot 88, 177.
[25] OLG Frankfurt Rpfleger 86, 51 = DNotZ 86, 240.
[26] BGH NJW 82/2499 = DNotZ 83, 315; OLG Frankfurt Rpfleger 77, 171; OLG Hamm Rpfleger 80, 347.
[27] OL Oldenburg Rpfleger 79, 103.
[28] OLG Köln MDR 65, 993; BayObLG MDR 87, 762; BayObLGZ 89, 11 = Rpfleger 89, 276; OLG Frankfurt MDR 84, 145.
[29] §§ 18, 19 GBMaßnG vom 20. 12. 1963 BGBl. I 1986.
[30] A. A. BayObLGZ 30, 33.
[31] KG KGJ 36, 162.
[32] LG Verden Rpfleger 52, 184.

Ein gegenständlich beschränkter Erbschein wird auch benötigt von Bürgern der alten Bundesländer, die Vermögen in den neuen Bundesländern geerbt haben,[33] insbesondere für einen in der Zeit zwischen dem 1. 1. 1976 und dem 2. 10. 1990 verstorbenen Erblasser mit gewöhnlichem Aufenthalt in der (alten) Bundesrepublik, der Immobilienvermögen in dem Gebiet der früheren DDR besaß.[34] Hat der Erblasser mit letztem gewöhnlichen Aufenthalt in den alten Bundesländern, der in der Zeit zwischen dem 1. 1. 1976 und dem 2. 10. 1990 verstorben ist, in einem Testament eine oder mehrere Personen zu Erben eingesetzt, so gilt diese Erbeinsetzung auch für das in der ehemaligen DDR gelegene Immobilienvermögen.[35] Nicht möglich ist ein gegenständlich beschränkter Erbschein für Vermögen eines in der früheren DDR verstorbenen Erblassers, der Vermögen in der (alten) Bundesrepublik hinterlassen hat.[36]

Besaß ein Ausländer in der früheren DDR Grundeigentum, so richtet sich, auch wenn seit Jahrzehnten er in Deutschland gelebt hat, seine Erbfolge nach diesem ausländischen Recht.[37]

Notwendig ist die Vorlage eines Erbscheins auch für den Nacherben nach Eintritt des Nacherbfalles.

Ein dem Vorerben erteilter Erbschein mit Nacherbenvermerk und Sterbeurkunde des Vorerben reicht nicht aus,[38] jedenfalls dann, wenn die Erblasserin noch als Eigentümerin eingetragen und daher der Nacherbe in Abt. II nicht vermerkt ist (vgl. dazu oben Rdn. 21).

2. Prüfungspflicht des GBA

Das Grundbuchamt hat zu prüfen:

a) Die **sachliche Zuständigkeit** der ausstellenden Stelle. Verletzung der örtlichen Zuständigkeit[39] macht den Erbschein nicht unwirksam (§ 7 FGG).

Sachlich zuständig zur Erteilung sind grundsätzlich die **Nachlaßgerichte**.[40]

Sachlich zuständig innerhalb der Gerichtsorganisation ist grundsätzlich der **Rechtspfleger**;[41] wurde von ihm die Zuständigkeit überschritten, so gilt § 8 Rpfleger Ges.

Für die **Erbfolge nach Ausländern** kann ein Erbschein nur verlangt werden, soweit in Staatsverträgen nichts Abweichendes bestimmt ist. Zur Frage, inwieweit österreichische Einantwortungsurkunden aus früherer Zeit deutschen Erbscheinen gleichzusetzen sind, vgl.[42] Liegt eine solche abweichende Regelung nicht vor, so gelten die allgemeinen Vorschriften.

Zur **Zuständigkeit deutscher Konsulate** im Ausland vgl.[43]

Andere als gerichtlich Behörden in den Fällen, in welchen aufgrund Art. 147 EGBGB **landesrechtlich abweichende Regelungen** getroffen werden konnten.

---

[33] Vgl. dazu näher *Bestelmeyer* Rpfleger 92, 321 ff.
[34] OLG Zweibrücken Rpfleger 90, 113; BayObLG Rpfleger 94, 299 = DNotZ 94, 294; BGH Rpfleger 96, 109 ff.
[35] KG Rpfleger 96, 111 ff.
[36] BayObLG Rpfleger 92, 300.
[37] BayObLG Rpfleger 94, 505.
[38] OLG Frankfurt NJW 57, 265.
[39] § 73 FGG; §§ 7, 12 ZustErg. vom 7. 8. 1952 BGBl. I 407.
[40] § 2553 BGB; § 73 FGG; für den Geltungsbereich der Höfeordnung i. d. F. v. 26. 7. 1976 (BGBl. I 76, 1933); vgl. § 18 Abs. 2 S. 1.
[41] § 3 Nr. 2 c u. § 16 Abs. 1 Nr. 6 Rpfleger Ges.
[42] KG DNotZ 53, 406 m. Anm. v. *Firsching*.
[43] §§ 12 Ziffer 1; 7 Ziffer 2; 19 KonsularGerG vom 7. 4. 1900 RGBl. 213 ff.; §§ 11, 12 Ziffer 1 Konsularbeamtenges. vom 14. 9. 1974 BGBl. I 2317; Keidel/Kuntze/*Winkler* § 73 FGG Anm. 18 ff.

Dies ist der Fall in:
Baden-Württemberg (die staatlichen Notariate),[44] in **Hessen**,[45] **Niedersachsen**,[46] im ehemaligen Preußen.[47]

31 b) **Form.** Der Erbschein ist in **Urschrift oder Ausfertigung** vorzulegen. Eine beglaubigte Abschrift genügt grundsätzlich nicht, da der Besitz des Erbscheins rechtliche Bedeutung hat.[48] Der Besitz muß z. Z. der Eintragung nachgewiesen sein. Die Vorlage kann ersetzt werden durch Verweisung auf die Nachlaßakten des gleichen Gerichtes.[49] Ein vom Richter verfügter, jedoch wegen fehlender Kostenzahlung nicht ausgehändigter Erbschein genügt nicht.[50] Ebenso können die Erben beim Nachlaßgericht beantragen, daß die Nachlaßakte mit der darin enthaltenen Erbscheinsanordnung dem Grundbuchamt zum Nachweis der Erbfolge zugeleitet wird.[51] Eine Bescheinigung des Notars in der Auflassungsverhandlung, die Ausfertigung des dem Eintragungsantrag in Abschrift beigefügten Erbscheines habe ihm vorgelegen, reicht jedenfalls dann nicht aus, wenn zwischen der Auflassungsverhandlung und dem Eingang des Eintragungsantrages ein längerer Zeitraum verstrichen ist.[52] Da durch die Vorlage jedoch lediglich sichergestellt werden soll, daß der Erbschein nicht in der Zwischenzeit eingezogen worden ist, muß anstelle der Vorlage der Urschrift oder Ausfertigung auch eine dienstliche Bestätigung des Notars genügen, daß er den Erbschein in der genannten Form weiterhin verwahrt und das Grundbuchamt von jeder Herausgabe umgehend verständigen wird. Dadurch wird ohne Rechtsgefährdung lediglich ein überflüssiger Transport erspart. Diese hat insbesonere Bedeutung bei Antragstellung an auswärtige Grundbuchämter.

32 Werden **mehrere** auf den Nachweis der Erbfolge gestützte **Anträge** von einem Notar an verschiedene Grundbuchämter gestellt, so genügt die Vorlage einer beglaubigten Abschrift des Erbscheins, wenn der Notar versichert, daß die Ausfertigung sich in seinem Besitz befindet.[53]

c) **Förmlicher Inhalt**

33 aa) Der **Erbschein** ist vor allem darauf zu **prüfen**, ob er das **Erbrecht formell und unzweideutig bezeugt**.[54] Eine weitere Prüfung **hat nicht stattzufinden**.

bb) das Grundbuchamt hat daher zu prüfen:

die Angabe des **Namens des Erblassers und der Erben.** Erbeserben können nicht unmittelbar als Erben angegeben werden. In einem solchen Fall ist für **jeden Erbfall ein besonderer Erbschein** zu erteilen.[55] Die Zusammenfassung mehrerer Erbscheine in einer Urkunde ist zulässig, jedoch nicht praktisch.

34 Das Erbrecht ist festzustellen. Unzulässig ist eine reine Wiedergabe der Bestimmung des Testamentes. Ist der Erbschein unvollständig oder enthält er nicht die in dem Gesetz vorgesehenen Angaben, z. B. Erbquoten, so liegt ein für das Grundbuchamt maßgebender Erbschein überhaupt nicht vor.[56]

35 Zulässig ist neben der Erteilung des Erbscheins über das gesamte Erbrecht auch die Erteilung über einen einzelnen Erbteil (**Teilerbschein**) oder mehrere Erbteile (**Gruppen-**

---

[44] § 1 Abs. 1 u. 2, 38 LFGG vom 12. 2. 1975 GBl. 116.
[45] Art. 23 ff. FGG, § 20 Ortsger. Ges. vom 6. 7. 1952 GVBl. 170.
[46] Art. 11, 13 ff. FGG.
[47] Art. 104 ff. FGG (für Berlin, Hessen und Niedersachsen außer Kraft gesetzt).
[48] § 2361 BGB.
[49] BGH DNotZ 82, 159 ff.; Rpfleger 82, 16.
[50] OLG Hamm Rpfleger 94, 248.
[51] BayObLGZ 1960, 501 ff. = Rpfleger 61, 437; KG Rpfleger 81, 497 ff.
[52] KG DNotZ 72, 615.
[53] SchlHOlG SchlHA 49, 374.
[54] KG OLG 43, 185; BayObLG DNotZ 91, 550 (für das Testamentsvollstreckerzeugnis).
[55] KG KGJ 44, 100.
[56] KG KGJ 34, 227; *Haegele* Rpfleger 51, 547.

erbschein), der auch als Zusammenfassung mehrerer Teilerbscheine in einer Urkunde[57] oder auch als gemeinschaftlicher Teilerbschein[58] ausgestellt werden kann. Auch die Ausstellung eines Erbscheins über einen Mindesterbteil ist zulässig, wenn das Erbrecht im übrigen im ungewissen ist.[59]

36 Durch die **mehreren Teilerbscheine** muß die **gesamte Erbfolge** nachgewiesen sein. Es ist nicht möglich, aufgrund eines Teilerbscheines nur einige von mehreren Erben ins Grundbuch einzutragen, die übrigen aber unerwähnt zu lassen.[60]

37 Das **Grundbuchamt** hat die **Angabe der Erbteile** jedoch nur bei der Feststellung zu **beachten**, ob das Erbrecht in vollem Umfang nachgewiesen ist, da eine Eintragung der Erbteile in das Grundbuch nicht erfolgen kann. Weiter sind die Erbteile zu beachten, wenn ein Miterbe über seinen Anteil ganz oder teilweise verfügt.

38 Im Geltungsbereich der HöfeO i. d. F. v. 26. 7. 1976[61] ist zusätzlich zu unterscheiden, soweit es sich beim Nachlaß um landwirtschaftliche Höfe i. S. d. HöfeO handelt.

39 Für das **hoffreie Vermögen** kann ein normaler Erbschein erteilt werden.[62]

Die Anwendung des § 35 ist ausgeschlossen, wenn der eingetragnee Hofvorerbe mit Genehmigung des Landwirtschaftsgerichts den Hof im Wege der vorweggenommenen Erbfolge auf einen Nacherben übertragen hat und der Vertrag vollzogen wurde.[63]

40 Der nach § 18 Abs. 2 S. 2 HöfeO[64] und § 57 Abs. 11 BeurkGes.[65] zu erteilende Erbschein muß den Hoferben angeben. Zusätzlich ist ein Hoffolgezeugnis erforderlich, wenn einer erbvertraglichen Hoferbeneinsetzung die Möglichkeit einer formlosen Hoferbenbestimmung gemäß § 7 Abs. 2, § 6 Abs. 1 Satz 1 HöfeO entgegenstehen kann.[66] Das an sich nach § 14 HöfeO anzugebende Verwaltungs- und Nutznießungsrecht des überlebenden Ehegatten[67] ist für das Grundbuchamt unbeachtlich, da es nicht eintragungsfähig ist.[68] Anstelle des Erbscheins kann nach § 18 Abs. 2 S. 3 ein Hoffolgezeugnis erteilt werden.[69]

41 Dem Grundbuchamt gegenüber kann die Hoferbfolge auch durch einen **Hoferbenfeststellungsbeschluß** (§ 11 Abs. 1 g. HöfeVfO v. 29. 3. 1976)[70] nachgewiesen werden, zumindest dann, wenn seit der rechtskräftigen Entscheidung fünf Jahre vergangen sind.[71]

42 Ein **gegenständlich beschränkter Erbschein** kann bei dem Vorhandensein inländischen Vermögens eines ausländischen Erblassers erteilt werden (§ 2369 BGB).[72] Die seinerzeit strittige Frage, ob nach § 55 Abs. 2 BayNachlaßO ein Erbschein unter Beschränkung auf einzelne Gegenstände erteilt werden könne,[73] hat durch die nunmehr geltende Kostenregelung seine Bedeutung weitgehend verloren. Auf jeden Fall war auch in dieser Rechtsprechung stets anerkannt, daß das Zeugnis sich nur auf das Erbrecht als solches beziehen könne. Der gegenständlich beschränkte Erbschein kann daher keinesfalls für Gegenstände erteilt werden, welche der Miterbe aus dem Nachlaß im Wege

---

[57] KG KGJ 41, 90.
[58] KG JFG 13, 41; OLG München JFG 15, 353.
[59] Vgl. KG JFG 13, 43; OLG München JFG 15, 355.
[60] AG Osterhofen NJW 55, 468 m. zust. Anm. v. *Thieme* ebd.
[61] BGBl. I 1933.
[62] OLG Hamm JMBl. NRW 53, 42; OLG Köln RDL 53, 291; OLG Düsseldorf NJW 53, 78; OLG Celle RDL 56, 113; OLG Hamburg RDL 58, 186; *Hense* DNotZ 52, 208 ff.
[63] OLG Hamm Rpfleger 85, 489.
[64] 26. 7. 1976 BGBl. I 76, 1933.
[65] Vom 28. 8. 1969 (VGBl. 1513).
[66] OLG Oldenburg Rpfleger 89, 95.
[67] OLG Celle MDR 49, 189.
[68] OLG Celle Rpfleger 68, 155 mwN.
[69] A. A. AG Düren JMBl. NRW 48, 189; dazu m. abl. Stellungnahme *Themmen* ebd.
[70] BGBl. I 1976, 885.
[71] OLG Hamm DNotZ 62, 422.
[72] BGHZ 1, 15 = NJW 51, 152.
[73] So BayObLG 14, 74; 18, 225.

§ 35

der Auseinandersetzung mit den Miterben erlangt hat.[74] Ein solcher Erbschein wäre auf jeden Fall unrichtig und könnte nicht als Unterlage für das Grundbuchamt verwendet werden. War jedoch ein Erbschein in Abweichung von der herrschenden Lehre nach § 55 Abs. 2 erteilt, so ist er gültig und seine Wirkung nicht beeinträchtigt.[75]

43 Von einem gegenständlich beschränkten Erbschein ist zu unterscheiden ein **Erbschein, der nur zu gegenständlich beschränktem Gebrauch erteilt** worden ist.

Die Verwendung eines solchen Erbscheins, der zur ausschließlichen Verwendung in einem anderen Verfahren erteilt worden war, hat das Kammergericht[76] für unzulässig bezeichnet. Mit dem BayObLG[77] muß demgegenüber jedoch die Auffassung vertreten werden, daß ein solcher kostenrechtlicher Vermerk die Gültigkeit und Wirksamkeit des Erbscheins nicht berührt. Ein nur für Zwecke des Rückerstattungsverfahrens erteilter Erbschein ist daher als Grundlage für die Wiedereintragung des Rückerstattungsberechtigten aufgrund einer Rückerstattungsentscheidung oder eines Rückerstattungsvergleichs verwertbar;[78] im übrigen kann und darf jedoch die Verwendung eines solchen Erbscheins, der zur Umgehung der Kostenvorschriften führen würde, vom Grundbuchamt beanstandet werden.

44 cc) Besteht **Testamentsvollstreckung,** so ist auch diese anzugeben (§ 2364 BGB), sofern sie nicht nur für Vermächtnisnehmer besteht. Eine Angabe ist nicht mehr notwendig, wenn die Testamentsvollstreckerschaft weggefallen ist.[79]

Wurde die Testamentsvollstreckerschaft unter einer aufschiebenden Bedingung angeordnet, so ist sie erst nach Eintritt der Bedingung im Erbschein aufzuführen;[80] überflüssig ist die Angabe des Namens und des Aufgabenkreises des Testamentsvollstreckers.

45 dd) Ist für einen **Vorerben** ein Erbschein erteilt worden, so gilt für den Inhalt § 2363 BGB. Nacherben und Ersatznacherben[81] sind nach Möglichkeit mit Namen[82] anzugeben. Anzugeben sind weiter Befreiungen des Vorerben[83] und diesem zugewendete Vorausvermächtnisse, wenn es sich um einen alleinigen Vorerben handelt.[84] Ist das Nacherbenrecht unvererblich, so ist dies anzugeben.[85] Ist zur Ausübung der Rechte des Nacherben[86] oder zur Verwaltung des Nachlasses nach Eintritt des Nacherbfalles[87] Testamentsvollstreckung angeordnet, so ist auch diese anzugeben.

46 Bei allen Vermerken in bezug auf die Nacherben handelt es sich um **Beschränkungen des Vorerben.** Diese Vermerke sind daher vom Nachlaßgericht nur dann aufzunehmen, wenn die Beschränkungen zur Zeit der Erteilung des Erbscheins noch bestehen. Ist der Nacherbe weggefallen oder der Vorerbe durch Erwerb der Anwartschaft des Nacherben Vollerbe geworden,[88] hat ein Nacherbe also seine Anwartschaft auf einen Dritten übertragen, so ist dieser an Stelle des Veräußerers im Erbschein aufzuführen.[89]

47 ee) **Nach Eintritt des Nacherbfalles** kann ein Erbschein nur noch an den Nacherben erteilt werden;[90] der Tat des Anfalls der Nacherbschaft ist anzugeben.[91] Die bis dahin vorhandene Grundbucheintragung ist ohne Bedeutung.[92]

---

[74] Beck DNotZ 51, 505; Hense DNotZ 52, 205.
[75] Vgl. BayObLGZ 52, 69; NJW 52, 825.
[76] HRR 42 Nr. 109.
[77] BayObLGZ 52, 71 = NJW 52, 285.
[78] BayObLGZ a. a. O.
[79] KG KGJ 48, 148; JFG 18, 225.
[80] KG JFG 10, 73.
[81] RGZ 142, 172; BayObLGZ 60, 410; OLG Frankfurt DNotZ 70, 692; LG Oldenburg Rpfleger 79, 102.
[82] OLG Dresden JFG 7, 269.
[83] KGJ 44, 78.
[84] KG JFG 21, 222.
[85] RG JFG 15, 211; OLG Köln NJW 55, 635.
[86] KGJ 43, 95.
[87] KG JW 38, 1411.
[88] KG JFG 18, 225.
[89] KG JFG 20, 121.
[90] KG HRR 32 Nr. 12.
[91] KG JFG 50, 87.
[92] BGH Rpfleger 82, 333.

d) Bei der Berücksichtigung des **materiellen Inhalts des Erbscheins** ist zu unterscheiden:
aa) In Abweichung von der materiellrechtlichen Regelung (§ 2365 BGB) erbringt die **48** Vorlage des Erbscheins nach § 35:
vollen Beweis für den Tod des Erblassers. Ein weiterer Nachweis, etwa eine Sterbeurkunde, ist weder nötig noch zulässig;
vollen Beweis des bezeugten Erbrechtes in dem in dem Erbschein bezeichneten Umfang. Ein Nachweis, daß die Erbschaft angenommen oder nicht ausgeschlagen worden ist, ist daher überflüssig, ebenso der Nachweis, daß der Erbschein nicht für kraftlos erklärt worden ist.

Die **Wirksamkeit des Erbscheins** muß allerdings feststehen. Sie hängt von seiner Bekanntmachung an die Personen ab, für die er seinem Inhalt nach bestimmt ist (§ 16 **49** FGG).
Diese Tatsache bedürfte also an sich des Nachweises; doch kann, wenn der Erbschein von einem Erben vorgelegt worden ist, regelmäßig angenommen werden, daß er ordnungsgemäß bekannt gemacht ist.

Zu beachten ist, daß der einem **Vorerben** erteilte Erbschein nur das Recht des Vorerben bezeugt. Die Angabe der Nacherben, der Voraussetzung des Eintritts der Nacherbschaft und der zur Nacherbschaft Berufenen erfolgt ausdrücklich zum Zweck der Beschränkung der Befugnisse des Vorerben.[93] War der Nacherbfall nachgewiesen, so wird dadurch gleichzeitig bewiesen, daß der dem Vorerben erteilte Erbschein unrichtig geworden ist.[94] **50**

Weiß das Grundbuchamt, daß der Erbschein für kraftlos erklärt oder eingezogen **51** worden ist, so hat es den gestellten Antrag zurückzuweisen oder einen anderen Erbschein zu verlangen. Jedoch genügt nicht, daß ein bloßer Einziehungsantrag von einem der Beteiligten gestellt worden ist,[95] da hier keine Überprüfungsmöglichkeit besteht, ob dieses Verlangen zu Recht erhoben worden ist.

bb) Eine **darüber hinausgehende materiellrechtliche Prüfungsmöglichkeit** hat das **52** Grundbuchamt grundsätzlich **nicht**. Es ist an die Beurteilung der Formgültigkeit eines Testamentes durch das Nachlaßgericht gebunden,[96] ebenso an die Auslegung von letztwilligen Verfügungen durch das Nachlaßgericht.[97] Die Verantwortung für die Richtigkeit des Inhaltes des Erbscheins trägt grundsätzlich das Nachlaßgericht.[98] Das Grundbuchamt ist weder berechtigt noch verpflichtet, in eine sachliche Prüfung des amtlichen Papiers einzutreten.[99] Erweist sich der Erbschein nachträglich als unrichtig, so haftet das Grundbuchamt nicht,[100] sofern die Unrichtigkeit nicht bekanntgeworden ist oder bei gehöriger Aufmerksamkeit ihm hätte bekannt werden müssen. Läßt sich nicht feststellen, daß die Unrichtigkeit bei gehöriger Aufmerksamkeit dem Grundbuchamt nicht hätte entgehen können, so hat dies für die Rechtswirksamkeit des Vollzuges keinerlei Folgen.[101] Eine Gesetzesverletzung (§ 53 GBO) liegt nicht vor.

Werden **dem Grundbuchamt** jedoch **nachträglich neue**, dem Nachlaßgericht bei Er- **53** teilung des Ausweises unbekannt gewesene **Tatsachen positiv bekannt,** welche der sachlichen Richtigkeit des Ausweises entgegenstehen und von denen das Grundbuchamt

---

[93] Vgl. BayObLG JFG 6, 135; OLG Frankfurt NJW 57, 265.
[94] OLG München JFG 16, 328; OLG Frankfurt a. a. O.
[95] KG OLG 40, 156 Fn.
[96] KG KGJ 37, 253; JFG 18, 44; BayObLGZ 90, 53, 86 = DNotZ 91, 548.
[97] KG KGJ 34, 288; OLG München JFG 16, 148; OLG Celle Nds. Rpfleger 58, 140; BayObLG Rpfleger 97, 156.
[98] KG OLG 9, 333.
[99] *Haegele* Rpfleger 51, 547.
[100] OLG Frankfurt Rpfleger 79, 106.
[101] OLG Frankfurt Rpfleger 79, 106.

§ 35

annehmen muß, daß bei ihrer Kenntnis das Nachlaßgericht den erteilten Erbschein einziehen werde, so ist das Grundbuchamt zur Überprüfung berechtigt und verpflichtet.[102] Als Grundlage einer Eintragung kommt er nicht mehr in Betracht.[103] Über das **Verhalten des Grundbuchamtes** in solchen Fällen besteht **Streit**.

54 Die Ansicht, daß das Grundbuchamt den Erbschein zurückweisen könne, wenn seine Erteilung gefestigter Rechtsauffassung widerspreche,[104] ist abzulehnen. Die Verantwortung trägt allein das Nachlaßgericht. Außerdem können die Auffassungen darüber, was als solche Rechtsauffassung zu bezeichnen ist, sehr auseinandergehen,[105] wodurch eine weitere Rechtsunsicherheit für die Beteiligten entstehen würde.[106]

55 Die Auffassung, daß das Grundbuchamt in einem solchen Fall selbst die Richtigkeit des Erbscheins überprüfen könne und dürfe[107] und zu diesem Zweck die Akten des Nachlaßgerichtes beiziehen dürfe,[108] setzt das Grundbuchamt an die Stelle des Nachlaßgerichtes und verletzt damit den Grundgedanken des Grundbuchrechtes, dem Grundbuchamt sichere und klare Verfahrensunterlagen zu beschaffen.

56 Gegen die Auffassung, das Grundbuchamt könne in diesem Falle den Erbschein nicht mehr zugrunde legen und müsse den gestellten Antrag ablehnen,[109] bestehen jedenfalls dann Bedenken, wenn nicht, wie in dem entschiedenen Fall, die Einziehung des Erbscheins durch das Nachlaßgericht vollständig sicher ist.

57 Auch gegen die Auffassung, das Grundbuchamt dürfe den vorhandenen Erbschein nicht mehr für eine Entscheidung zugrunde legen, sondern müsse – offenbar durch Zwischenverfügung – die Vorlage eines neuen Erbscheins verlangen,[110] bestehen Bedenken, da damit verschiedene Beurteilungsmöglichkeiten zwischen Grundbuchamt und Nachlaßgericht möglich sind und damit eine Rechtsunsicherheit für die Beteiligten geschaffen werden kann.

58 In einem solchen Fall wird daher die Auffassung vertreten werden müssen, daß nur eine **Rückfrage an das Nachlaßgericht** mit einer Schilderung des Sachverhalts zur Klärung führen kann.[111] Allein eine solche Rückfrage entspricht dem Zweck des § 35, dem Grundbuchamt die Beurteilung der Erbfolge zu entziehen. Ein Verstoß gegen das Verbot der Amtsermittlung liegt dabei nicht vor, da die Rückfrage lediglich erledigt, was sonst den Beteiligten aufgegeben werden müßte, nämlich eine Überprüfung des Erbscheins von Amts wegen (§ 2361 BGB Abs. 3).

59 Behält das Nachlaßgericht seine alte Stellungnahme bei, so ist das Grundbuchamt an dessen Auffassung gebunden, auch wenn sie selbst unrichtig sein sollte.[112] Die Verantwortung für eine etwa dadurch entstehende Staatshaftung trifft allein das Nachlaßgericht.

60 Leitet das Nachlaßgericht jedoch daraufhin ein Verfahren zur Einziehung des Erbscheines ein, so kann das Grundbuchamt im Wege der Zwischenverfügung den Nachweis verlangen, daß der Erbschein nicht eingezogen worden ist, oder den gestellten Antrag zurückweisen. Jedoch trägt im letzteren Fall das Grundbuchamt das volle Haf-

---

[102] *Haegele* Rpfleger 51, 547.
[103] BayObLGZ 90, 51, 57.
[104] So OLG Frankfurt Rpfleger 53, 36.
[105] So mit Recht OLG Celle Nds. Rpfleger 58, 140.
[106] Ebenso – bei materiellrechtlich unzulässiger Ausstellung eines Erbscheines für einen Vermißten – LG Bamberg BayJMBl. 54, 214.
[107] So *Haegele* Rpfleger 51, 547.
[108] So LG Wuppertal Rpfleger 51, 136.
[109] So KG KGJ 45, 253.
[110] So KG JFG 18, 44.
[111] Ebenso BayObLGZ 90, 51, 57.
[112] So mit Recht OLG Celle Nds. Rpfleger 58, 140; LG Bamberg BayJMBl. 54, 214.

tungsrisiko, daß nachträglich seine und des Nachlaßgerichts Auffassung sich als unrichtig herausstellen sollte. Das gleiche gilt, wenn eine solche Zurückweisung ohne Rückfrage erfolgen sollte.

V. Verfügung von Todes wegen und Eröffnungsniederschrift
1. Allgemeines

Diese Urkunden reichen grundsätzlich nach Abs. 1 u. 2 ebenfalls für den Nachweis der Erbfolge aus. Das Grundbuchamt hat hier besondere Prüfungspflichten. Im Rahmen des § 35 Abs. 1 Satz 2 hat das Grundbuchamt auch andere öffentliche Urkunden als die Verfügung von Todes wegen zu berücksichtigen, vor allem Personenstandsurkunden.[113] **61**

2. Verfügung von Todes wegen

a) **Formgültigkeit der errichteten öffentlichen Urkunden** muß vorliegen. Es kann sich dabei um inländische oder ausländische öffentliche Urkunden handeln. **62**

aa) Nach **deutschem Recht** kommen in Betracht Testamente und Erbverträge (§ 2276 BGB) zur Niederschrift eines deutschen Notars oder eines ermächtigten Berufskonsuls oder Konsularbeamten (vgl. dazu § 29 Rdn. 73), vor dem 1. 1. 1970 auch vor einem Richter,[114] soweit die Gerichte nicht, wie in Bayern, ausgeschlossen waren.[115] **63**

Für Abwicklungsfälle kann bei öffentlichen Militärtestamenten § 3 Abs. 2 d. G. v. 24. 4. 1934 RGBl. I 335 noch von Bedeutung sein.

Ferner das **Nottestament** des § 2249 und das sog. Pesttestament (§ 2250), jeweils zur Niederschrift des Bürgermeisters, vor Inkrafttreten des BeurkG auch nur vor dem Bürgermeister (§§ 2249, 2250 a. F.). Diese Testamente sind jedoch nur dann von Bedeutung, wenn der Erblasser vor dem Ablauf von drei Monaten seit der Errichtung gestorben ist (§ 2252 BGB). **64**

Liegt neben dem öffentlichen Testament ein eigenhändiges Testament vor, so bleibt es bei der Regel des § 35 Abs. 1 Satz 1,[116] es sei denn, daß das eigenhändige Testament offenbar ungültig, widerrufen oder für die Erbfolge unerheblich ist[117] oder daß die durch das öffentliche Testament angeordnete Erbfolge mit der durch das privatschriftliche Testament angeordneten im Einklang steht[118] oder umgekehrt das privatschriftliche Testament die maßgebliche Erbeinsetzung enthält und ein separates notarielles Testament das privatschriftliche Testament als aufrechterhalten oder bestehenbleibend bezeichnet.[119] In diesem letzteren Fall genügt zur Grundbuchberichtigung die Vorlage der in öffentlicher Urkunde enthaltenen Verfügung und der Eröffnungsniederschrift,[120] da das privatschriftliche Testament die Gültigkeit der öffentlichen Urkunde nicht erschüttert. Widerspricht jedoch der Inhalt des privaten Testamentes der öffentlichen Urkunde und geht das privatschriftliche Testament nach, so verliert die öffentliche Urkunde ihre Eigenschaft als Eintragungsgrundlage.[121] Ein Widerspruch ist nicht gege- **65**

---

[113] BayObLGZ 89, 11.
[114] § 2231 Nr. 1 a. F.
[115] Art. 10 Abs. 2 AGGVG vom 17. 11. 1956 BayB S. III, 3 aufgehoben gem. § 60 Nr. 13 BeurkG.
[116] BayObLG, nur Leitsatz, Rpfleger 93, 324; MittBayNot 93, 28.
[117] KG KGJ 47, 144; 52, 119.
[118] KG JFG 18, 332; BayObLG Rpfleger 87, 60.
[119] BayObLG Rpfleger 83, 18.
[120] OLG Oldenburg Rpfleger 74, 434; ebenso *Meyer-Stolte* Rpfleger 75, 313.
[121] Zust. *Meyer-Stolte* Rpfleger 75, 313.

ben, wenn nach Auslegung des privatschriftlichen Testaments Zweifel am Fortbestehen der im ersten Testament enthaltenen Erbeinsetzung sich nicht ergeben.[122]

66 bb) Auch **ausländische öffentliche Urkunden** genügen.[123] Sie sind jedoch auf dieses Erfordernis hin zu prüfen. In der Regel wird es sich um Niederschriften zu Protokoll ausländischer Notare handeln.

Die Kenntnis ausländisches Rechtes hat das GBA sich selbst zu beschaffen.[124]

In Fällen der **interlokalen** Nachlaßspaltung (frühere DDR) richtet sich auch die Testamentsauslegung nach dem dafür geltenden Erbstatut.[125]

67 b) **Zu prüfen** ist weiter der **Inhalt der vorgelegten Verfügung von Todes** wegen. Von Bedeutung ist lediglich die Erbeinsetzung sowie deren Beschränkung durch Anordnung einer Nacherbschaft oder Testamentsvollstreckung. Erforderlich ist eine zweifelsfreie Bestimmung von Erben, Nacherben und Ersatzerben.[126]

68 Im Geltungsbereich der **HöfeO** ist der Hofeigentümer bei Einsetzung eines Hoferben (§ 7 Abs. 1 HöfeO) nicht gebunden, einen gesetzlich zur Hoffolge Berufenen einzusetzen.[127] Der eingesetzte Erbe muß jedoch wirtschaftsfähig sein.[128] Gesetzlich unbeschränkter Vollerbe auf Dauer ist der Abkömmling, dem die Bewirtschaftung des Hofes auf Dauer übertragen ist. Eine bedingte Hoferbfolge ist nicht vorgesehen.[129] Dies gilt auch bei Erbfällen nach dem 1. 7. 1976, wenn die Überlassung auf Dauer vor diesem Zeitpunkt erfolgte. Liegen die Voraussetzungen des § 6 Abs. 1 Nr. 1 HöfeO vor, so kann der Erblasser den Abkömmling auch nicht durch nachfolgende testamentarische Anordnung einer Nacherbschaft beschränken.[130] Die Einsetzung unter Übergehen sämtlicher Abkömmlinge bedarf nicht mehr der gerichtlichen Genehmigung.[131]

3. Eröffnungsniederschrift

69 Vorgelegt werden muß das Eröffnungsprotokoll (§§ 2260 ff., 2273, 2300 BGB). Wird dieses vorgelegt, so kann der Nachweis der Annahme oder der Nichtausschlagung der Erbschaft nicht verlangt werden, auch wenn die Testamentseröffnung ohne Ladung und Anwesenheit der Beteiligten erfolgte.[132]

70 Vorgelegt werden muß diese Niederschrift auch bei einem **ausländischem Testament**, gleichgültig, ob das ausländische Recht eine solche Niederschrift kennt oder nicht.[133] Fehlt es daran, so muß ein Erbschein vorgelegt werden.

71 Ein **gemeinschaftliches Testament** erfordert nach dem Tod des Längstlebenden eine zweite Eröffnungsverhandlung, auch wenn es nach dem Tod des Erstversterbenden eröffnet worden ist.[134] Dies gilt auch beim **Erbvertrag**.

4. Form der Vorlage

72 Die Verfügung von Todes wegen und die Eröffnungsniederschrift können auch in **beglaubigter Abschrift** vorgelegt werden.[135]

---

[122] BayObLGZ 86, 421 = Rpfleger 87, 60.
[123] LG Aachen Rpfleger 65, 234.
[124] LG Aachen a. a. O.; OLG Köln DNotZ 72, 182 f. das ehel. Güterrecht; vgl. dazu aber § 13 Rdn. 7.
[125] OLG Köln Rpfleger 94, 358.
[126] OLG Dresden JFG 7, 269.
[127] BGH RDL 51, 96.
[128] § 7 (Abs. 1) HöfeO; BGHZ 3, 203.
[129] BGH Rpfleger 94, 394.
[130] BGH a. a. O.
[131] § 7 Abs. 2; jedoch kann die Benennung am Vorhandensein eines Hoferbenberechtigten scheitern; zum Begriff der Wirtschaftsfähigkeit vgl. wegen des Nachw. OLG Oldenburg Nds. Rpfleger 59, 175; *Schmidt* MDR 60, 19.
[132] LG Amberg Rpfleger 91, 451.
[133] KG KGJ 36, 164.
[134] RGZ 137, 228.
[135] KG JW 38, 1411.

Die Vorlage wird durch Verweisung auf den die Urkunden enthaltenden Akteninhalt ersetzt, wenn es sich dabei um die Akten des gleichen Amtsgerichtes handelt.[136] Eine vom Erblasser über den Tod hinaus erteilte Vollmacht ermächtigt die Erben nicht, ohne Vorlage eines Erbnachweises die Eintragung einer ungeteilten Erbengemeinschaft zu bewilligen und zu beantragen.[137]

5. Lücken der Urkunden und Zweifel

Lassen Testaments- und Eröffnungsniederschrift Zweifel offen, so ist zu **unterscheiden:**

a) Das Grundbuchamt hat das Testament in **eigener Verantwortung** zu prüfen und auszulegen, auch wenn es sich um die Klärung rechtlich schwieriger Fragen handelt.[138] Die bloße Feststellung der Erbfolge aufgrund der von Amts wegen vorgenommenen Ermittlung der Erben durch das Nachlaßgericht[139] bindet das Grundbuchamt nicht; sie reicht als Grundlage für die Eintragung der Erbfolge in das Grundbuch weder bei gesetzlicher noch bei testamentarischer Erbfolge aus.[140] Bei Ausländern hat es sich die Kenntnis ausländischen Rechts selbst zu beschaffen.[141]

Bei der Auslegung ist zunächst der Erblasserwillen zu erforschen. Diese Auslegung hat Priorität gegenüber Auslegungsregeln.[142] Bei der Auslegung sind auch andere, dem Grundbuchamt vorliegende öffentliche Urkunden zu berücksichtigen.[143] Führt die konkrete Auslegung nicht zum Ziel, so sind die gesetzlichen Auslegungsregeln zu beachten und anzuwenden.[144]

Es hat dabei jedoch zu beachten, daß die gesetzlichen Auslegungsregeln nur dann zur Anwendung kommen können, wenn bei Nachprüfung aller in Betracht kommenden Umstände auf andere Weise nicht zu lösende Zweifel bestehen.[145] Gelangt das Grundbuchamt im Wege der Auslegung zu einer nach seiner Ansicht zweifelsfreien rechtlichen Folgerung, z. B. der Anordnung einer bedingten Erbfolge, welcher der **Antragsteller widerspricht,** so muß es einen Erbschein verlangen.[146]

b) Verbleiben **Zweifel tatsächlicher Art,** so ist weiter zu unterscheiden: Grundsätzlich sind zunächst bei der Beweiswürdigung vorhandene Erfahrungssätze anzuwenden.[147] Reichen solche nicht aus, so genügt eine eidesstattliche Versicherung, wenn unter Anwendung allgemeiner Erfahrungssätze die behaupteten Tatsachen als wahr gelten können. Dies gilt insbesondere, wenn in einem Testament die Einsetzung der Kinder als Schlußerben davon abhängig gemacht ist, daß die Kinder beim Tod des Erstversterbenden ihren Pflichtteil nicht geltend gemacht haben.[148] Verbleiben Zweifel, die nur durch weitere Ermittlungen über den Willen des Erblassers oder über die tat-

---

[136] OLG München JFG 20, 373; KG JFG 23, 299; BGH Rpfleger 82, 16.
[137] LG Heidelberg BWNotZ 75, 47.
[138] BayObLG Rpfleger 70, 139; Rpfleger 83, 104; OLG Stuttgart Rpfleger 75, 135; BayObLGZ 89, 9.
[139] Art. 37 AGGVG f. Bayern.
[140] BayObLGZ 89, 8 ff. unter Abweichung von BayObLGZ 74, 4 ff. = DNotZ 89, 574.
[141] LG Aachen Rpfleger 65, 234, vgl. dazu jedoch § 13 Rdn. 7.
[142] BayObLG Rpfleger 82, 285.
[143] BayObLG Rpfleger 95, 249 = DNotZ 95, 308.
[144] OLG Stuttgart Rpfleger 92, 154; *Preißinger* Rpfleger 92, 427; OLG Stuttgart Rpfleger 92, 154.
[145] OLG Hamm MDR 68, 1012 für § 2269 BGB.
[146] OLG Stuttgart Rpfleger 75, 135.
[147] Ebenso *Meyer-Stolte* Rpfleger 92, 195.
[148] LG Bochum Rpfleger 92, 194, a. A. *Preißinger* Rpfleger 92, 427 ff.; OLG Frankfurt Rpfleger 94, 206 = DNotZ 95, 312, welche den Erfahrungssatz außer Acht lassen, daß ein Kind sich regelmäßig nicht selbst schädigen wird.

sächlichen Verhältnisse geklärt werden können, so muß ein Erbschein verlangt werden.[149] Dies gilt dann nicht, wenn es sich lediglich um den Ausschluß von bloßen Möglichkeiten handelt, bei denen auch das Nachlaßgericht keine anderen Erkenntnismöglichkeien hat als das Grundbuchamt. Fehlt lediglich der urkundliche Nachweis, daß aus der Ehe keine weiteren Kinder hervorgegangen sind, so genügt zum Nachweis die eidesstattliche Versicherung des überlebenden Ehegatten.[150] Wird eine solche eidesstattliche Versicherung vorgelegt, so darf das Grundbuchamt diese eidesstattliche Versicherung nicht von vornherein als unbeachtlich zurückweisen. Ein Erbschein darf nur dann verlangt werden, wenn noch Zweifel verbleiben, die über die abstrakte Möglichkeit eines anderen Sachverhaltes hinausgehen.[151] Abstrakte Zweifel an der Richtigkeit und Vollständigkeit der vorliegenden Urkunden reichen nicht aus. Jedoch sind offenkundige Tatsachen bei der Auslegung der Verfügung zu beachten.[152]

Läßt beispielsweise die vorgelegte Urkunde Zweifel tatsächlicher Art an der Erbfolge offen, ob der Erblasser den Ehegatten zum Vollerben oder Vorerben habe einsetzen wollen, und reichen letztwillige Verfügungen und Eröffnungsprotokoll zum Beweis nicht aus, so tritt wieder der Grundsatz des § 35 Abs. 1 Satz 1 in Kraft, wonach die Vorlage des Erbscheins zu verlangen ist. Damit werden auch die zur Auslegung notwendigen Ermittlungen in das Verfahren und an das Gericht verwiesen, wohin sie nach den vorhandenen Vorschriften gehören und ungehindert durch Formvorschriften vorgenommen werden können. Außerdem werden dadurch abweichende Ergebnisse zwischen Grundbuchamt und Nachlaßgericht vermieden.[153] Fehlt es an der namentlichen Benennung der Nacherben, so kann ein Erbschein nicht verlangt werden, wenn es sich lediglich um die Feststellung der derzeit vorhandenen Abkömmlinge handelt.[154]

Begründete Zweifel an der durch öffentliches Testament ausgewiesenen Erbfolge müssen sich dem Grundbuchamt auch aufdrängen, wenn das Nachlaßgericht mitteilt, daß nach Testamentseröffnung Nachlaßpflegschaft angeordnet worden ist.[155] Nach Ehescheidung ist ein gemeinschaftliches Testament kein Beweismittel mehr.[156]

75 Infolgedessen ist beispielsweise auch ein Erbschein erforderlich, wenn der Erblasser angeordnet hat, daß nach dem Tod des zum alleinigen Vorerben berufenen Ehegatten Nacherbe ein namentlich bezeichnetes Kind sowie diejenigen Kinder werden sollen, welche den Ehegatten etwa noch geboren werden,[157] da die Tatsache, daß kein Kind nachgeboren wurde, sich nicht aus der Testamentsurkunde ergibt. Jedoch ist das Verlangen eines Erbscheins unbeachtlich, wenn die Lücke im Nachweis der Erbfolge ausschließlich durch öffentliche Urkunden – im gegebenen Fall Personenstandsurkunden oder eidesstattliche Erklärungen der Mutter – geschlossen werden kann.[158] Hier werden dem Grundbuchamt keine wesensfremden Ermittlungen aufgebürdet.

76 c) Werden **Tatsachen behauptet**, welche die **Gültigkeit des Testamentes** bei äußerer Formrichtigkeit und innerer Klarheit **beseitigen** würden, z. B. fehlende Testierfähigkeit des Erblasses, so sind diese nur dann durch das Verlangen der Vorlage eines Erbscheins

---

[149] KG JFG 11, 195; JW 38, 1411; OLG Hamm JMBl. NRW 63, 180; MDR 68, 1012; NJW 69, 798; BayObLG 74, 1 = NJW 74, 954 = DNotZ 74, 233 = Rpfleger 74, 434; BayObLG Rpfleger 95, 249.

[150] Vgl. dazu BayObLG Rpfleger 74, 435 m. Anm. *Ockelmann*; OLG Frankfurt Rpfleger 80, 434 mwN; abl. zu dieser Entscheidung *Meyer-Stolte* ebd.

[151] OLG Hamm Rpfleger 97, 210 mwN.
[152] KG JFG 13, 123.
[153] OLG Hamm MDR 68, 1012; DNotZ 72, 97.
[154] BayLG Rpfleger 83, 104; **a. A.** OLG Köln MittRhNot 88, 44.
[155] OLG Frankfurt Rpfleger 78, 412.
[156] OLG Frankfurt a. a. O.
[157] LG Wiesbaden Rpfleger 69, 216.
[158] KG JFG 11, 197; LG Bonn NJW 64, 208.

zu berücksichtigen, wenn beim Grundbuchamt aktenkundig ist, daß ein erstinstanzliches Urteil ergangen ist, welches die Nichtigkeit des Testamentes feststellt.[159]

d) Die bloße Möglichkeit, daß der Erblasser ein **weiteres Testament** errichtet haben könnte, genügt keinesfalls.[160] Vielmehr müssen konkrete Anhaltspunkte für die Errichtung eines neuen Testamentes vorhanden sein. Etwaige abstrakte Möglichkeiten, die nur unter ganz bestimmten Umständen das aus dem Testament hervorgehende Erbrecht in Frage stellen können, genügen niemals, das Verlangen nach einem Erbschein zu begründen.[161] **77**

Gegen **unbegründetes Fordern eines Erbscheins** ist die **Beschwerde** zulässig.[162] **78**

VI. Fortgesetzte Gütergemeinschaft

1. Begriff

a) Wird die Gütergemeinschaft aufgrund ausdrücklicher Bestimmung im Ehevertrag fortgesetzt, so gehört der Anteil des verstorbenen Ehegatten am Gesamtgut nicht zum Nachlaß. Für alle übrigen Gütermassen des Verstorbenen erfolgt Beerbung nach den allgemeinen Vorschriften (§ 1483 Abs. 1 S. 3 BGB). Bei Vorhandensein einseitiger neben gemeinschaftlichen Abkömmlingen gilt § 1483 Abs. 2 BGB. Bei einer vor dem 1. 7. 1958 vereinbarten Gütergemeinschaft gilt die Fortsetzung als vereinbart, wenn sie nicht ausdrücklich ausgeschlossen worden ist.[163] **79**

b) Das Bestehen der fortgesetzten Gütergemeinschaft kann dem Grundbuchamt gegenüber nur durch ein **Zeugnis gem. § 1507 BGB** nachgewiesen werden. Diesem Zeugnis steht das nach Art. 66 des Preuß. AGBGB vom 20. 9. 1899 zu erteilende Fortsetzungszeugnis gleich.[164] Eine Ausnahme besteht nur für den Fall der §§ 36, 37, des Abs. 3 und im Hinblick auf die §§ 18, 19 GBMaßnG. Weitere Ausnahmen sind nicht zugelassen. Dieser Fall steht der gesetzlichen oder durch privatschriftliches Testament bestimmten Erbfolge gleich. **80**

Das Zeugnis soll — entgegen dem zu engen Wortlaut des Abs. 2 — nicht nur das **Bestehen** der fortgesetzten Gütergemeinschaft beweisen, als vielmehr — in Parallele zum Erbschein — die **Rechtsnachfolge bezüglich des Gesamtgutes**.[165] Es kann deshalb auch erteilt werden, wenn die fortgesetzte Gütergemeinschaft nicht mehr besteht.[166] Auch ein negatives Zeugnis darüber, daß die fortgesetzte Gütergemeinschaft nicht eingetreten ist, ist zulässig.[167] Andererseits darf die Bestimmung des Abs. 2 auch nicht dahin verstanden werden, daß Ausschluß (§ 1508 BGB) und Ablehnung (§ 1484 BGB) nur durch ein negatives Zeugnis gem. § 1507 BGB nachgewiesen werden könnten. Zum **Nachweis des Ausschlusses der fortgesetzten Gütergemeinschaft** kommen auch der notarielle **Ehevertrag** in Betracht[168] oder sonstige Nachweise.[169] Zur Eintragung des zum Alleinerben eingesetzten Ehegatten als Alleineigentümer kann der Nachweis des Nichteintritts der fortgesetzten Gütergemeinschaft auch durch Vorlage eines gemeinschaftlichen öffentlichen Testamentes geführt werden.[170] **81**

---

[159] OLG Celle NJW 61, 562.
[160] OLG Hamm JMBl. NRW 63, 181 mwN.
[161] OLG München JFG 22, 186.
[162] KG KGJ 24, 88.
[163] Art. 8 Abs. I Nr. 6 Abs. 1 Gleichberechtigungsgesetz vom 18. 6. 1957 BGBl. I 609.
[164] OLG Hamm Rpfleger 93, 61.
[165] KG KGJ 41, 54.
[166] JFG 12, 198.
[167] KG KGJ 40, 250.
[168] KG JFG 44, 21.
[169] OLG Posen DR 44, 455.
[170] OLG Frankfurt Rpfleger 78, 412.

2. Prüfungsumfang des GBA

Das Grundbuchamt hat zu prüfen:

82 a) Die **Form des Zeugnisses**; das für den Erbschein Gesagte gilt entsprechend (vgl. oben Rdn. 31 ff.);

83 b) den **Inhalt**: Zur Erteilung ist nur der Rechtspfleger zuständig. Das Zeugnis hat den Übergang des Gesamtgutes im Wege der Rechtsnachfolge auf eine bestimmte Person zum Inhalt. Nur die Namen, nicht die Anteile des Verstorbenen und des überlebenden Ehegatten sowie der Abkömmlinge sind anzugeben. Sind jedoch neben gemeinschaftlichen auch einseitige Abkömmlinge vorhanden, so ist der Bruchteil des Gesamtgutes anzugeben, welcher Gesamtgut der fortgesetzten Gütergemeinschaft geworden ist.[171] Fallen anteilsberechtigte Abkömmlinge vor Erteilung des Zeugnisses weg, so sind die nunmehr Berechtigten anzugeben. Fallen sie nach Erteilung des Zeugnisses weg, so kann das Zeugnis auf Antrag berichtigt werden.[172]

3. Beweiskraft

84 Für die Beweiskraft des Zeugnisses gelten die Ausführungen über den **Erbschein entsprechend** (vgl. Rdn. 48 ff.). Bewiesen wird lediglich die Rechtsnachfolge. Wenn es nicht auf einen Bruchteil beschränkt ist, beweist es auch, daß einseitige Abkömmlinge nicht vorhanden sind. Was zum Gesamtgut gehört, kann dagegen durch das Zeugnis niemals bewiesen werden.

VII. Nachweis der Verfügungsmacht des Testamentsvollstreckers

1. Zeugnis

85 Der Nachweis, daß ein Testamentsvollstrecker zur Verfügung über einen Nachlaßgegenstand befugt ist, ist grundsätzlich nur durch ein Zeugnis gem. § 2368 BGB zu erbringen. Die Eintragung der Testamentsvollstreckung im Grundbuch genügt nicht. Denn diese hat nur den Zweck, Verfügungen des Erben zu verhindern (§ 2211 Abs. 2 BGB). Der Nachweis kann grundsätzlich nur durch Vorlage einer Ausfertigung geführt werden.[173] Der Nachweis ist auch dann notwendig, wenn keine Verfügung über einen Nachlaßgegenstand getroffen wird.[174] Im Falle der Offenkundigkeit der Verfügungsbefugnis ist ein Nachweis überflüssig. Bezugnahme auf die Nachlaßakten des gleichen Amtsgerichtes ist möglich. Ein Nachweis darüber, daß das Zeugnis nicht kraftlos geworden ist, kann nur dann verlangt werden, wenn aufgrund besonderer Umstände das Gegenteil anzunehmen ist.[175]

86 Soweit demnach ein **Testamentsvollstreckerzeugnis** vorgelegt werden muß, schafft Abs. 1 S. 2 die gleiche Erleichterung wie für den Nachweis der Erbfolge. Es genügt Vorlegung der öffentlichen, die **Ernennung** des Testamentsvollstreckers **enthaltende Urkunde nebst Eröffnungsprotokoll**. Hinzu kommen muß der Nachweis, daß der Testamentsvollstrecker das Amt gegenüber dem Nachlaßgericht (§ 2202 BGB) **angenommen** hat.[176] Dieser Nachweis wird durch ein Zeugnis des Nachlaßgerichts über die Annahme[177] oder durch ein Protokoll über die Annahmeerklärung erbracht. Eine nur in

---

[171] KG KGJ 34, 231; KG DNotZ 34, 616.
[172] KG OLG 7, 58; 26, 318.
[173] BayObLGZ 90, 82/88; vgl. dazu jedoch § 29 Rdn. 116.
[174] KG KGJ 42, 219.
[175] LG Köln a. a. O.
[176] KG KGJ 38, 136; 28, 283; OLG München HRR 38 Nr. 1018.
[177] KG KGJ 28, 283; 38, 136.

den Akten enthaltene privatschriftliche Annahmeerklärung genügt nicht.[178] Wurde der Testamentsvollstrecker durch einen Dritten bestimmt oder rechtskräftig ernannt (§§ 2198, 2299, 2200 BGB), so sind die Bestimmungen des Dritten oder die rechtskräftige Ernennung durch ein Nachlaßgericht in der Form des § 29 nachzuweisen. Weitere Ausnahmen sind enthalten in den §§ 36, 37 sowie in Abs. 3.

2. Umfang der Prüfungspflicht des Grundbuchamtes

87 Für sie gilt das für den **Erbschein** Gesagte **entsprechend**.[179] Zur Erteilung zuständig ist jedoch **nur** der Richter.[180] § 18 Abs. 2 HöfeO ist auf die Zeugniserteilung nicht anzuwenden.[181]

Endet das Amt des Testamentsvollstreckers, so wird auch das Zeugnis ohne weiteres kraftlos.[182] Nachweis der Beendigung der Testamentsvollstreckung möglich durch ein Testamentsvollstreckerzeugnis, aus dem die Befristung hervorgeht,[183] oder durch ein Zeugnis, das mit einem Vermerk über das geschehene Erlöschen versehen ist.

3. Beweiskraft

88 Das Zeugnis erbringt vollen Beweis, daß die darin genannte Person als Testamentsvollstrecker für den Nachlaß des Verstorbenen berufen worden ist und das Amt angetreten hat.[184]

4. Nachweis der **Entgeltlichkeit** der Verfügung des Testamentsvollstreckers

89 Der Nachweis der Entgeltlichkeit erfolgt grundsätzlich in der Form des § 29 GBO. Einfache Erklärungen des Testamentsvollstreckers genügen, wenn keine begründeten Zweifel erkennbar sind.[185] Hängt die Entgeltlichkeit der Verfügung davon ab, daß der Empfänger der Leistung Miterbe ist, so genügt ein Zeugnis nach § 36.[186]

Kommt es darauf an, daß Miterben wertgleiche Grundstücke erwerben, so muß die Erbeneigenschaft in der Form des § 35 GBO – oder ggf. des § 36 GBO – nachgewiesen werden.[187]

Empfängt ein Vorerbe im Wege der Auseinandersetzung Grundstücke, so ist bei Vollzug der Nacherbenvermerk im Grundbuch einzutragen.[188]

[Zeugnis über Auseinandersetzung eines Nachlasses oder Gesamtgutes]

§ 36

(1) Soll bei einem zum Nachlaß oder zu dem Gesamtgut einer ehelichen oder fortgesetzten Gütergemeinschaft gehörenden Grundstück oder Erbbaurecht einer der Beteiligten als Eigentümer oder Erbbauberechtigter eingetragen werden, so genügt zum Nachweis der Rechtsnachfolge und der zur Eintragung des Eigentumsübergangs erforderlichen Erklärungen der Beteiligten ein Zeugnis des Nachlaßgerichts oder des nach § 99

---

[178] KG OLG 40, 49.
[179] BayObLG DNotZ 90, 86 = DNOtZ 91, 550.
[180] §§ 3 Nr. 2c, 16 RpflegerG.
[181] OLG Oldenburg RDL 53, 281; BGH NJW 72, 582.
[182] OLG München NJW 51, 74; BayObLGZ 53, 361.
[183] BayObLGZ 51, 56.
[184] Vgl. KG OLG 40, 49; LG Wuppertal Rpfleger 51, 135.
[185] BGHZ 57, 95; Rpfleger 72, 49; BayObLGZ 86, 210 = Rpfleger 86, 470; vgl. § 29 Rdn. 137.
[186] BayObLG a. a. O.
[187] BayObLGZ 86, 212.
[188] BayObLGZ 86, 213.

§ 36

Abs. 2 des Gesetzes über die Angelegenheiten der freiwilligen Gerichtsbarkeit zuständigen Amtsgerichts.

(2) Das Zeugnis darf nur ausgestellt werden, wenn:
a) die Voraussetzungen für die Erteilung eines Erbscheins vorliegen oder der Nachweis der ehelichen Gütergemeinschaft durch öffentliche Urkunden erbracht ist und
b) die Abgabe der Erklärungen der Beteiligten in einer den Vorschriften der Grundbuchordnung entsprechenden Weise dem Nachlaßgericht oder dem nach § 99 Abs. 2 des Gesetzes über die Angelegenheiten der freiwilligen Gerichtsbarkeit zuständigen Amtsgericht nachgewiesen ist.

(3) Die Vorschriften über die Zuständigkeit zur Entgegennahme der Auflassung bleiben unberührt.

Übersicht

	Rdn.		Rdn.
I. Allgemeines		4. Das GBA hat zu prüfen	10–13
1. Zweck der Vorschrift	1	III. Beweiskraft	14–16
2. Recht des Antragstellers	2	IV. Weitere Erfordernisse	17
II. Voraussetzungen		V. Abs. 2	
1. Grundstück oder Erbbaurecht	3	1. Allgemeines	18
2. Zugehörigkeit zum Nachlaß oder Gesamtgut	4–6	2. Voraussetzungen	19
3. Umschreibung auf einen Beteiligten	7–9	3. Zuständigkeit des Nachlaßgerichts	20

I. Allgemeines

1. Zweck der Vorschrift

1 Die Vorschrift hat den Zweck, die Auseinandersetzung von Erben- und Gütergemeinschaften in zweifacher Weise zu **erleichtern:**

a) Für das Grundbuchamt schafft sie die Erleichterung, daß es bei Vorlage eines Zeugnisses weder die Rechtsnachfolge noch die zur Auseinandersetzung nötigen Erklärungen der Beteiligten zu prüfen hat. Eine Erleichterung für die Beteiligten liegt insoweit nicht vor, da diese sämtliche auch sonst notwendigen Erklärungen gegenüber dem Nachlaßgericht erbringen müssen.

b) Für die Beteiligten entstehen nach § 111 Abs. 1 Nr. 1 KostenO erheblich geringere Kosten als bei Einhaltung des üblichen Weges.

2. Recht des Antragstellers

2 Das Grundbuchamt kann das Zeugnis nicht fordern. Ob der Antragsteller den Weg des § 36 beschreiten will oder nicht, hat nur dieser zu entscheiden.

II. Voraussetzungen

1. Grundstück oder Erbbaurecht

3 Es muß sich um ein Grundstück oder Erbbaurecht handeln. Gleichzustellen sind Miteigentumsbruchteile, auch Wohnungseigentum und Teileigentum, und die Gesamthandsberechtigung an einem solchen Eigentumsbruchteil.[1] Weitere Rechte werden nicht erfaßt.

---
[1] KG JFG 21, 233.

2. Zugehörigkeit zum Nachlaß oder Gesamtgut

a) Die Bestimmung kommt zur Anwendung, wenn es sich um den Nachlaß einer **Erbengemeinschaft** handelt. Keine Anwendung ist möglich auf den Alleinerben oder alleinigen Vorerben,[2] da der Grundgedanke hier nicht zutrifft.

Jedoch genügt es, wenn zur Zeit der Auseinandersetzung das Grundstück einer Erbengemeinschaft gehört; unerheblich ist, ob zwischen ihr und dem eingetragenen Eigentümer andere Personen, auch Einzelpersonen, als Zwischeneigentümer stehen.[3] Zum Nachlaß gehört alles, was dem Erblasser gehört hat, was im Wege der Surrogation (§ 2041 Abs. 2 BGB) oder was vom Erbschaftsbesitzer mit Mitteln der Erbschaft (§ 2019 BGB) erworben ist.

b) Was zum Gesamtgut der **Gütergemeinschaft** gehört, ist im materiellen Recht geregelt (§§ 1416 ff. BGB).

3. Umschreibung auf einen Beteiligten

a) **Beteiligte** am **Nachlaß** sind nur Erben, Erbeserben sowie Erbteilserwerber.[4] Keine Beteiligten sind Vermächtnisnehmer oder Nachlaßgläubiger. Ist ein Erbe jedoch zugleich auch Vermächtnisnehmer oder Nachlaßgläubiger, so ändert dies an seiner Eigenschaft als Beteiligter nichts, wenn er den Grundbesitz als Erbe erhalten soll.

Beteiligte an der **ehelichen Gütergemeinschaft** sind der Ehegatte (und seine Erben), an der fortgesetzten Gütergemeinschaft des BGB der überlebende Ehegatte (und seine Erben) sowie die erbteilsberechtigten Abkömmlinge.

Auch einseitig erbberechtigte Abkömmlinge müssen im Hinblick auf § 1483 Abs. 2 BGB und die daraus folgende Notwendigkeit einer Auseinandersetzung mit den übrigen Beteiligten nach dem Grundgedanken des § 36 zu den Beteiligten gerechnet werden.

b) Auf **einen** Beteiligten muß umgeschrieben werden. Damit ist diese Bestimmung nicht anwendbar, wenn die Gesamthandsgemeinschaft als solche eingetragen werden soll.[5] Es genügt jedoch, daß auf einen oder alle Beteiligten in Bruchteilsgemeinschaft umgeschrieben werden soll.[6] Ebenso ist § 36 gegeben, wenn jeder von mehreren Beteiligten ein Grundstück aus dem Nachlaß erwirbt.

c) Auf Beteiligte muß **umgeschrieben** werden sollen. Gleichgültig ist, aus welchem Rechtsgrund die Umschreibung erfolgen soll. Betroffen sind Rechtsänderungen ebenso wie Grundbuchberichtigungen.[7] Für Eintragung anderer Art gilt die Erleichterung des § 36 nicht. Jedoch wird man wohl für Vereinbarungen, die anläßlich der Übertragung des Grundbesitzes erfolgen und unmittelbar mit der Auseinandersetzung zusammenhängen, die Bestimmung nach dem Sinn des Gesetzes ebenfalls entsprechend anwenden müssen.

4. Das GBA hat zu prüfen:

a) **Sachliche Zuständigkeit.** Zuständig ist bezüglich des Nachlasses das Amtsgericht als Nachlaßgericht (§ 72 FGG), für ein Gesamtgut das Amtsgericht (§ 99 Abs. 2 FGG), im letzteren Fall ohne Rücksicht darauf, ob ein Vermittlungsverfahren durchgeführt werden soll;[8] für die **örtliche Zuständigkeit** gilt § 73 FGG, bei Gütergemeinschaft § 45

---

[2] KG JFG 14, 137.
[3] KG JFG 18, 32.
[4] KG JFG 22, 161.
[5] KG HRR 39 Nr. 1363.
[6] KG JFG 14, 137; 18, 32; 21, 233.
[7] Z. B. bei Vermerk der Abtretung aller Erbanteile an einen Dritten gem. § 2033 BGB.
[8] KG KJG 48, 156.

FGG. Verletzung der örtlichen Zuständigkeit läßt jedoch die Gültigkeit des Zeugnisses unberührt (§ 7 FGG).

Die Voraussetzungen erfüllen nur deutsche Gerichte. Zeugnisse ausländischer Gerichte oder Behörden genügen daher hier nicht.[9] Hatte der Erblasser als deutscher Staatsangehöriger Wohnsitz/Aufenthalt nur im Ausland, so ist ausschließlich das AG Berlin-Schöneberg zuständig, das aber abgeben kann (§ 73 Abs. 2 FGG); die nach dem KonsularG früher vorhandene Zuständigkeit deutscher Konsuln[10] dürfte durch die Neufassung des FGG in § 73 als des späteren und spezielleren Gesetzes außer Kraft gesetzt worden sein. Zur Zuständigkeit, wenn der Erblasser Ausländer war, vgl.[11]

Landesrechtliche Besonderheiten bestehen aufgrund der §§ 193 FGG, 20 Abs. 4 BNotO für:

Baden-Württemberg;[12] Bayern;[13] Hessen;[14] Niedersachsen;[15] ehemaliges Preußen,[16] wobei jedoch zu beachten ist, daß die Zuständigkeit der Notare insoweit nicht gegeben ist, als nach früherem Landesrecht Notare nicht zuständig waren, wie in Bremen oder Hamburg.

11 b) **Form:** Vorlage des Zeugnisses ist möglich in Urschrift, Ausfertigung oder beglaubigter Abschrift. Die Vorlegung wird durch Verweisung auf Akten des gleichen Amtsgerichtes ersetzt.[17]

12 c) **Inhalt:** Das Zeugnis hat die gesetzliche oder gewillkürte Erbfolge oder das Bestehen wie die Beteiligten an der Gütergemeinschaft anzugeben. Auch mehrere Erbfälle können in einem Zeugnis bezeugt werden, jedoch sind diese einzeln anzugeben. Die Aufnahme nur des Endergebnisses ist unzulässig.[18]

Wie beim Erbschein ist auch die Anordnung einer Nacherbfolge oder eines Testamentsvollstreckers aufzuführen. Beim Testamentsvollstrecker müssen etwaige Beschränkungen angegeben sein. Dies ist nicht etwa im Hinblick auf §§ 51, 52 notwendig, da eine Berichtigung des Grundbuchs wegen § 40 im Regelfall nicht notwendig ist, sondern weil das Zeugnis den Erbschein ersetzt und infolgedessen auch die Qualifikation der Rechtsnachfolge zu bezeugen hat.

13 Die Abgabe **aller** zur Eintragung erforderlichen Erklärungen sämtlicher Beteiligter muß bezeugt sein. Die bloße Bescheinigung der Übereignung oder Übertragung genügt nicht.[19]

III. Beweiskraft

14 Das Zeugnis genügt zum **Nachweis der Erbfolge** oder Sonderrechtsnachfolge. Infolgedessen kann nicht die Zugehörigkeit zum Nachlaß oder Gesamtgut bezeugt werden. Das Zeugnis genießt zwar keinen öffentlichen Glauben wie der Erbschein, soll jedoch für den Grundbuchrichter grundsätzlich die Rechtsgrundlage seiner Entscheidung bilden. Über die bezeugten Punkte kann das Grundbuchamt daher **keine weiteren Nachweise** verlangen. Auch hat das Grundbuchamt nicht zu prüfen, ob die Voraussetzungen

---

[9] KG OLG 3, 112.
[10] §§ 7, Ziffer 2, 19 KonsularGerG vom 7. 4. 1900 RGBl. 213 ff.
[11] Keidel/Kuntze/*Winkler* § 73 Rdn. 18 ff.
[12] Notar § 38 LFGG vom 12. 1. 1975, BGl. 116.
[13] Auch Notar unter bestimmten Voraussetzungen: Art. 9 NachlaßG vom 9. 8. 1902 BayBS III, 114.
[14] Notar Art. 24 Hess. FGG.
[15] Notar Art. 14 NDs. FGG.
[16] Notar Art. 21 ff. PrFGG.
[17] OLG München JFG 20, 373; JFG 23, 299.
[18] KG JFG 18, 32.
[19] KG KGJ 44, 237.

des Abs. 2 erfüllt worden sind, da es sich insoweit lediglich um eine Anweisung an das Nachlaßgericht handelt.

Die **sachliche Richtigkeit** des Zeugnisses ist grundsätzlich **nicht zu prüfen.** Hat jedoch das Nachlaßgericht ein Überweisungszeugnis erteilt, obwohl die Erbengemeinschaft für das betroffene Grundstück nicht aufgelöst werden sollte, so kann mit dem Zeugnis auch nicht die Fortsetzung der Erbfolge nachgewiesen werden.[20] **15**

Sind dem Grundbuchamt Tatsachen bekannt, welche die Einziehung des Zeugnisses in entsprechender Anwendung des § 2361 BGB erwarten lassen,[21] so gelten die für den Erbschein entwickelten Grundsätze entsprechend (vgl. dazu oben § 35 Rdn. 51 ff.). **16**

IV. Weitere Erfordernisse

Neben dem Zeugnis müssen vorliegen: der **Eintragungsantrag** nach § 13, die **Voreintragung** des Betroffenen (§ 39), soweit nicht die Voraussetzungen des § 40 gegeben sind. Diese weiteren Erfordernisse werden durch das Zeugnis nicht ersetzt. Die Zugehörigkeit zum Gesamtgut oder Nachlaß muß nötigenfalls durch öffentliche Urkunden (§ 29) nachgewiesen werden. **17**

V. Abs. 2

1. Allgemeines

Die Bestimmung enthält eine bloße Verfahrensvorschrift für das zuständige Amtsgericht und gehört systematisch in die Grundbuchordnung nicht hinein. **18**

2. Voraussetzungen

Das Zeugnis darf **nur** erteilt werden, wenn die Voraussetzungen für die Erteilung eines Erbscheins auch verfahrensrechtlich vorliegen oder das Vorhandensein der ehelichen Gütergemeinschaft durch öffentliche Urkunden nachgewiesen ist. Außerdem müssen dem zuständigen Gericht sämtliche zur Eintragung erforderlichen Erklärungen der Beteiligten in der Form des § 29 vorliegen: Dies sind Eintragungsbewilligungen (§ 19), Auflassung bzw. Einigungserklärung (§ 20), etwaige Abtretungserklärungen (§ 26) usw. Auch Nebenerklärungen, soweit die Wirksamkeit abgegebener Erklärungen von ihnen abhängt, wie Vollmachten, Vollmachtsbestätigungen oder Zustimmungen, müssen in dieser Form nachgewiesen sein. **19**

3. Zuständigkeit des Nachlaßgerichts

Das Nachlaßgericht ist seit Inkrafttreten des Beurkundungsgesetzes allein bei Durchführung eines Ermittlungsverfahrens zur Beurkundung von Erklärungen der Beteiligten zuständig.[22] Gegenstand eines solchen Verfahrens können auch die zur Durchführung der Auseinandersetzung abzugebenden Erklärungen der Beteiligten sein. Auch die Auflassung kann beurkundet werden.[23] In einem solchen Fall der Durchführung reicht für die Beteiligten sogar vermutetes Einverständnis (§ 91 Abs. 3 FGG) aus.[24] Jedenfalls darf das Zeugnis in einem solchen Fall aber erst mit Rechtskraft des Bestätigungsbeschlusses erteilt werden. **20**

---

[20] KG HRR 39 Nr. 1363.
[21] Dazu KG JFG 14, 138.
[22] Vgl. dazu *Zimmermann* Rpfleger 70, 189/195.
[23] *Zimmermann* a. a. O.
[24] BayObLG 5, 7 = OLG 10, 38; KG KGJ 41, 249.

§ 37

[Ausdehnung des § 36 auf Grundpfandrechte]

§ 37

Die Vorschriften des § 36 sind entsprechend anzuwenden, wenn bei einer Hypothek, Grundschuld oder Rentenschuld, die zu einem Nachlaß oder zu dem Gesamtgut einer ehelichen oder fortgesetzten Gütergemeinschaft gehört, einer der Beteiligten als neuer Gläubiger eingetragen werden soll.

Übersicht

	Rdn.		Rdn.
I. Allgemeines................	1	1. Zugehörigkeit zu Nachlaß oder fortgesetzter Gütergemeinschaft	2
II. Voraussetzungen		2. Auseinandersetzung..........	3

I. Allgemeines

1 Die Bestimmung erweitert die in § 36 enthaltene Regelung auf Hypotheken, Grund- oder Rentenschulden, die zu einer der vorbezeichneten Massen gehören. Es ist daher grundsätzlich auf das in § 36 Gesagte zu verweisen.

II. Voraussetzungen

1. Zugehörigkeit zu Nachlaß oder fortgesetzter Gütergemeinschaft

2 Das Grundpfandrecht muß zu einem Nachlaß oder zum Gesamtgut einer ehelichen oder fortgesetzten Gütergemeinschaft gehören. Zum Nachlaß gehören auch diejenigen Grundpfandrechte, die von den Erben aufgrund eines zum Nachlaß gehörenden Rechtes oder als Ersatz für die Zerstörung, Beschädigung oder Entziehung eines Nachlaßgegenstandes oder durch ein Rechtsgeschäft erworben werden, welches sich auf den Nachlaß bezieht. Auch gehören dazu Hypotheken, die mit den Mitteln des Nachlasses erworben werden.

2. Auseinandersetzung

3 Aus welchem Grund die Eintragung eines Erben oder eines an der Gütergemeinschaft Beteiligten als neuer Gläubiger erfolgen soll, ist gleichgültig. Jedoch muß es sich stets um die Übertragung einer Nachlaßhypothek im Wege einer Auseinandersetzung handeln. Die Bestimmung ist daher weder anwendbar auf die Neubestllung oder Verpfändung eines zum Nachlaß gehörenden Grundpfandrechtes noch zu einer Nießbrauchsbestellung daran, auch wenn dies im Wege der Auseinandersetzung erfolgt. Andererseits werden Eintragungen sowohl bei Rechtsänderungen als auch im Wege der Grundbuchberichtigung erfaßt.

4 Überträgt ein Miterbe seine aus dem Nachlaß erworbene Hypothek an einen Dritten, so kann dieser das Zeugnis als Glied in der Reihe der Abtretungen mit verwenden, ohne daß eine Voreintragung der Erben erforderlich ist.[1]

5 Nicht notwendig ist, daß der neue Berechtigte tatsächlich eingetragen wird. Bewilligt er die Löschung sofort, so genügt die Vorlage des Zeugnisses zum Nachweis seines Rechtes.

---

[1] § 1155 BGB; KG RJA 11, 149.

§ 38

[Eintragung auf Ersuchen von Behörden]

§ 38

In den Fällen, in denen nach gesetzlicher Vorschrift eine Behörde befugt ist, das Grundbuchamt um eine Eintragung zu ersuchen, erfolgt die Eintragung auf Grund des Ersuchens der Behörde.

Übersicht

	Rdn.		Rdn.
I. Allgemeines	1	7. Löschung im Zwangsverwaltungsverfahren	66
II. Voraussetzungen		V. Weitere Erfordernisse	
1. Ersuchen einer Behörde	2–4	1. Grundsatz	67
2. Nach gesetzlicher Vorschrift befugt	5–8	2. Entgegenstehende Regelungen	68
3. Weitere Merkmale	9	3. Durch das Ersuchen der Behörde werden nicht ersetzt	69–71
III. Befugnisse zum Ersuchen im einzelnen		VI. Form und Inhalt des Ersuchens	
1. Bundesrecht	10–37	1. Form	72
2. Landesrecht (Bayern)	38–43	2. Inhalt	73–78
IV. Insbesondere Ersuchen des Vollstreckungsgerichtes		VII. Berichtigung des Ersuchens	
1. Allgemeines	44	1. Vor Vollzug	79
2. Anordnung der Zwangsversteigerung oder Zwangsverwaltung	45–46	2. Nach Vollzug	80
3. Abschluß des Verfahrens	47–54	VIII. Erledigung des Ersuchens	81–85
4. Eintragung des Erstehers als Eigentümer	55–58	IX. Rechtsmittel	86
5. Sicherungshypotheken	59–64	X. Kosten	
6. Vollständigkeit des Ersuchens	65	1. Materielle Regelung	87
		2. Kostenschuldner	88
		3. Verzögerung unzulässig	89

I. Allgemeines

Die Bestimmung ist für sich allein ziemlich inhaltsleer. Sie besagt zunächst nichts **1** weiter, als daß unter Umständen auch ein behördliches Ersuchen Eintragungsgrundlage sein kann. Die Tragweite dieses Satzes muß sich aus dem Gesamtaufbau der GBO und den jeweils in Frage kommenden Gesetzen ergeben.

II. Voraussetzungen

1. Ersuchen einer Behörde

Zum Begriff Behörde vergleiche § 29 Rdn. 48 ff. **2**

Unter **Ersuchen** ist der Eintragungsantrag der Behörde zu verstehen, welcher grundsätzlich auch die sonst notwendigen weiteren Erfordernisse weitgehend ersetzt (vgl. dazu i. E. Rdn. 67 ff.). Das Ersuchen hat sich auf eine Grundbucheintragung zu richten. Soweit aufgrund der Mitteilung einer Behörde das Grundbuchamt eine Eintragung von Amts wegen vorzunehmen hat, ist § 38 unmittelbar nicht anwendbar. Die entsprechende Anwendung im Hinblick auf § 54 Abs. 1 BauGB ist bejaht worden;[1] zumindestens bei § 143 Abs. 4 BauGB ist die Rechtslage die gleiche.

---

[1] Vgl. BayObLGZ 70, 185 = Rpfleger 70, 346.

3 Soweit die Behörde um die Grundbucheintragung ersuchen kann, ist das **Antragsrecht der Beteiligten** grundsätzlich **ausgeschlossen**.[2] Im Fall des § 941 ZPO besteht nach der Rechtsprechung insoweit eine Ausnahme.[3] Auch wo Anträge der Beteiligten ausgeschlossen sind, sind diese jedoch zur Einlegung einer Beschwerde berechtigt.[4]

4 Eine Unterscheidung zwischen **deutschen und nichtdeutschen Behörden** macht das Gesetz nicht. Die notwendige Begrenzung des Rechtes, Eintragungsersuchen zu stellen, ergibt sich aus dem weiteren Erfordernis besonderer gesetzlicher Ermächtigung.

2. Nach gesetzlicher Vorschrift befugt

5 Die Behörde muß nach gesetzlicher Vorschrift befugt sein, das Grundbuchamt um die Eintragung zu ersuchen.

6 a) Die **gesetzliche Vorschrift** kann bundesrechtlicher oder landesrechtlicher Art sein. Landesrecht kommt nur in Betracht, soweit es durch einen bundesrechtlichen Vorbehalt zugelassen ist. Der einzige noch in Kraft befindliche Vorbehalt zugunsten von Landesgrundbuchrecht – wozu die Ermächtigung zur Stellung von Eintragungsersuchen gehört – ist der des § 117.

7 b) Die gesetzliche Vorschrift muß **der Behörde das Recht** zulegen, das Grundbuchamt um eine bestimmte, gerade in Frage stehende Eintragung zu ersuchen. Diesem Erfordernis ist genügt, wenn die Behörde **abstrakt befugt** ist, um die gewünschte Eintragung zu ersuchen, wenn die begehrte Eintragung den **möglichen Inhalt** eines Ersuchens bilden kann.[5] Ob die Behörde auch tatsächlich im vorliegenden Einzelfall dazu befugt ist, bleibt für das Grundbuchamt außer Betracht. Die richtige Anwendung des Gesetzes auf den Einzelfall ist Sache der ersuchenden Behörde, die dafür allein die Verantwortung trägt; das Grundbuchamt kann diese konkrete Entscheidung nicht nachprüfen.[6]

8 Ist **dem Grundbuchamt** jedoch **sicher bekannt**, daß es im Einzelfall an diesen Voraussetzungen mangelt und ist die hieraus sich ergebende Rechtslage ohne jeden Zweifel dahin geklärt, daß dem Ersuchen jede Rechtsgrundlage fehlt, so hat das Grundbuchamt zurückzuweisen. Es darf nicht mitwirken, das Grundbuch unrichtig zu machen.[7] Dem Ersuchen fehlt jede Rechtsgrundlage für übergeleitete Unterhaltsansprüche, die durch Eintragung einer Zwangshypothek vollstreckt werden sollen.[8]

3. Weitere Merkmale

9 Weiter hat das Grundbuchamt zu prüfen: **Form** (vgl. Rdn. 72) und **Inhalt** (vgl. Rdn. 73–78) des Ersuchens.

III. Befugnisse zum Ersuchen im einzelnen

Die Fälle, in denen eine Behörde zur Stellung eines Eintragungsersuchens befugt ist, sind sehr zahlreich; ihre Zahl ist der neueren Gesetzgebung im Zunehmen begriffen.

---

[2] KG JFG 18, 72; OLG München JFG 23, 330.
[3] KG JFG 18, 72; KG KGJ 41, 221; JFG 5, 303.
[4] KG JFG 18, 72.
[5] BayObLG OLG 25, 382; BGHZ 19, 385 = NJW 56, 463; OLG Köln DNotZ 58, 487; BayObLGZ 70, 184 = Rpfleger 70, 346.
[6] KG JFG 7, 399; BayObLGZ 52, 158; 55, 318 = NJW 56, 1639; OLG Köln DNotZ 58, 487; BayObLGZ 70, 185 = Rpfleger 70, 346.
[7] KG KGJ 49, 160; OLG Hamm JMBl. NRW 51, 93; BayObLGZ 52, 159; OLG Köln DNotZ 58, 487; BayObLGZ 70, 185 = Rpfleger 70, 346; BGHZ 19, 355, 357 ff.; BayObLG Rpfleger 93, 486, 487; vgl. auch § 29 Rdn. 130.
[8] LG Detmold Rpfleger 93, 333.

Für Verwaltungsvollstreckungen gilt grundsätzlich, daß sie nur zulässig sind wegen öffentlich-rechtlicher Forderungen oder Forderungen, für welche die Beitreibung im Verwaltungszwangsverfahren ausdrücklich zugelassen ist,[9] daher nicht bei übergeleiteten Unterhaltsansprüchen.

1. Bundesrecht

Aus dem **Bundesrecht** sind vornehmlich zu erwähnen:

a) **Ersuchen des Prozeßgerichtes** auf Eintragung einer Vormerkung, eines Widerspruches oder auch eines Verfügungsverbotes[10] aufgrund einstweiliger Verfügung nach § 941 ZPO.

Gegen die Ansicht des Kammergerichtes, der Nachweis der Zustellung der einstweiligen Verfügung sei aufgrund der Anwendung des § 929 Abs. 3 Satz 1 ZPO nicht notwendig,[11] bestehen erhebliche Bedenken, da die Rechtswirksamkeit der einstweiligen Verfügung erst mit der Zustellung eintritt und das Grundbuchamt vorher nicht mitwirken darf, das Grundbuch unrichtig zu machen.[12]

Eine **Sequestration** (§ 938 Abs. 2 ZPO) kann im Grundbuch nicht vermerkt werden, da sie keine Verfügungsbeschränkung des Eigentümers, sondern lediglich Verwahrung und Verwaltung des Grundstücks durch einen Treuhänder anordnet.[13] Zulässig ist dagegen der Vermerk der Zwangsverwaltung, die ebenfalls durch einstweilige Verfügung angeordnet werden kann.[14]

Der Gläubiger hat neben dem Recht des Gerichts auf Ersuchen der Eintragung ein eigenes Antragsrecht.[15] Aufgrund eines Arrestbefehls kann jeweils nur auf Antrag des Gläubigers eingetragen werden.

b) Das **Vollstreckungsgericht** im Verfahren der Zwangsversteigerung und Zwangsverwaltung gemäß §§ 19, 34, 130, 146, 158 und 161 ZVG; vgl. dazu im einzelnen unten Rdn. 44 ff.

c) das **Konkursgericht** kann um Eintragung und Löschung des nach § 106 KO erlassenen allgemeinen Veräußerungsverbots sowie der Konkurseröffnung ersuchen (§§ 113, 114, 163, 190, 205 KO). Der Konkursverwalter hat ein eigenes Antragsrecht (§ 113 Abs. 3 KO).

d) Das **Vergleichsgericht** kann um Eintragung des allgemeinen Veräußerungsverbotes und von Verfügungsbeschränkungen über einzelne Gegenstände ersuchen (§§ 61, 63, 65, 81, 94, 98 VergleichsO).

e) Das **Vormundschaftsgericht** kann um Eintragung einer Sicherungshypothek nach § 54 FGG ersuchen. Die Bestimmungen der §§ 866 Abs. 3, 867 Abs. 2 ZPO finden keine Anwendung.

f) Das **Vertragshilfegericht** kann um Eintragung und Löschung eines allgemeinen oder besonderen Veräußerungsverbotes ersuchen (§ 12 VHG).

g) Das **Nachlaßgericht** kann um Eintragung und Löschung des Vermerkes über die Anordnung der Nachlaßverwaltung ersuchen, da die Rechtslage hinsichtlich der Verfügungsbeschränkung der Erben die gleiche ist wie bei einem Konkursverfahren.[16] Auch der Nachlaßverwalter hat ein Antragsrecht.

---

[9] LG Detmold Rpfleger 93, 332.
[10] KG JFG 5, 303.
[11] JFG 5, 304.
[12] Vgl. dazu *Neher/Furtner* MDR 55, 136, insbes. S. 139.
[13] Vgl. dazu KG NJW 37, 2115.
[14] KGJ 35, 265; RG 92, 19.
[15] KGJ 41, 221; JFG 5, 303.
[16] Streitig; a. A. Palandt § 1983 Anm. 1, Staudinger/*Lehmann* BGB § 1983 Anm. 4.

§ 38 I. Grundbuchordnung

19 h) Das **Entschuldungsamt** kann um Löschung des Entschuldungsvermerkes ersuchen.[17]

20 i) Das **Landwirtschaftsgericht** kann um Eintragung und Löschung des Hofvermerks ersuchen.[18]

21 k) Das **Fideikommißgericht** kann um Löschung der Fideikommißeigenschaft sowie eines aufgrund fideikommiß-rechtlicher Bestimmungen eingetragenen Nacherbenrechtes ersuchen.[19]

22 l) Die **Gerichtskasse** kann um Eintragung einer Zwangshypothek für rückständige Gerichtskosten und gleichstehende Ansprüche ersuchen.[20] Der Vorlage eines Vollstreckungstitels bedarf es nicht. Das Grundbuchamt hat die Berechtigung der Kostenforderung gegen den Kostenschuldner nicht nachzuprüfen, ebensowenig die Verpflichtung des Vollstreckungsschuldners zur Leistung oder Duldung der Zwangsvollstreckung; die Einhaltung der §§ 866 Abs. 2, 867 Abs. 2 ZPO ist dagegen vom Grundbuchamt zu prüfen.[21]

23 m) Das **Finanzamt** kann ersuchen:
aa) Um Eintragung oder Löschung eines Hypothekengewinnabgabevermerks (§§ 111 a, 111 d LAG).

24 bb) Wegen rückständiger Steuern um Eintragung einer Zwangshypothek (§ 322 AO; 866, 867 ZPO); der hier erwähnte „Antrag" stellt grundbuchrechtlich ein „Ersuchen" dar (§ 322 Abs. 3 AO). Der Vorlage eines Vollstreckungstitels und Zustellungsnachweises bedarf es nicht § 322 Abs. 3 AO.[22] Die Nachprüfung des Vorliegens der Voraussetzungen ist dem Grundbuchamt verwehrt.[23]

25 Das Grundbuchamt kann jedoch verlangen, daß in einem mehrere Abgabenforderungen betreffenden Ersuchen die einzelnen Forderungen getrennt nach Grund und Höhe bezeichnet werden.[24] Die Voraussetzungen der §§ 866 Abs. 3, 867 Abs. 2 ZPO sind vom Grundbuchamt zu überprüfen.[25]

26 Als Gläubigerin gilt im Vollstreckungsverfahren für die geltend gemachten Ansprüche allein die Körperschaft, welcher die Vollstreckungsbehörde angehört (§ 252 AO).

27 Die Eintragung des Finanzamts als Gläubigerin ist auch bei rechtsgeschäftlicher Absicherung durch Grundschuldbestellung für Steuerforderungen zulässig.[26]

Das Ersuchen des Präsidenten der Oberfinanzdirektion auf Anlegen eines Gebäudegrundbuchblattes gem. § 3 Vermögenszuordnungsgesetz.[27]

28 n) Die **Versorgungsbehörde** kann um Eintragung von Verfügungsbeschränkungen ersuchen.[28] Wird mit einer Kapitalabfindung von einem Geschädigten nur ein Miteigen-

---

[17] §§ 4, 5 AbwicklG vom 25. 3. 1952; BGBl. I 203 einschl. der Änderungen durch Ges. vom 25. 7. 1956 BGBl. I 669 und 25. 7. 1968 BGBl. I 859; §§ 4, 5 Bay. AbwicklG vom 28. 11. 1949; BayBS III, 133 sowie §§ 4, 5 AbwicklVO für die britische Zone vom 5. 7. 1948 VOBlBZ 199, jeweils in Verbindung mit der LöschungsVO vom 30. 1. 1962; BGBl. I 67, geändert durch VO vom 22. 7. 1968 BGBl. I 865.
[18] § 35 Abs. 1 und 4 LVO vom 2. 12. 1947 VOBlBZ 157.
[19] § 38 Abs. 1 DVO z. FidErlG vom 20. 3. 1939 RGBl. I 509.
[20] §§ 1, 2, 7 JBeitrO vom 11. 3. 1937 RGBl. I 298 in der Fassung des Art. 5 Kostenänderungsgesetz vom 26. 7. 1957 BGBl. I 861.
[21] BayObLG 48/51, 610 = Rpfleger 52, 33 m. Anm. v. *Bruhn*.
[22] BGH a. a. O.
[23] § 322 Abs. 3 AO; vgl. auch BGH a. a. O.; *Mattern* NJW 51, 544 u. DStZ 59, 353.
[24] KG JFG 7, 400.
[25] Vgl. BayObLGZ a. a. O.
[26] OLG Köln NJW 60, 1110: zweifelnd für Hypothekenbestellung.
[27] Kreisger. Rathenow Rpfleger 93, 331 m. Anm. v. *Weihe*.
[28] § 75 BVersG in der Fassung vom 20. 1. 1967 BGBl. I 142.

tumsbruchteil erworben, so kann die Verfügungsbeschränkung nur bei seinem Anteil eingetragen werden, und zwar auch dann, wenn die Ehefrau des Geschädigten Miteigentümerin ist.[29]

o) Die **Wiedergutmachungsbehörde** kann um Eintragung des Rückerstattungsvermerks ersuchen.[30]

p) Das **Bundesaufsichtsamt für Privatversicherung** kann bei Grundstücken und Hypotheken, die zum Deckungsstock für im Inland abgeschlossene Versicherungen ausländischer Versicherungsunternehmen gehören, um Eintragung der in § 110 Abs. 2 VersAufsG vorgesehenen Verfügungsbeschränkungen ersuchen.

q) Die **Flurbereinigungsbehörde** kann um Eintragung eines Verfügungsverbotes sowie um Berichtigung des Grundbuches entsprechend dem Flurbereinigungsplan ersuchen.[31]

r) Die **Siedlungsbehörde** kann um Vornahme bestimmter Eintragungen und Löschungen ersuchen.[32]

s) Um Eintragung und Löschung eines **Widerspruchs** wegen ungenehmigter Grundstücksveräußerung kann die **Genehmigungsbehörde** ersuchen bei Vorliegen der Fälle des § 7 Abs. 2 Grundstücksverkehrsgesetz,[33] §§ 23 Abs. 3 und 4 BauGB. Die Bestimmung ist entsprechend anzuwenden für genehmigungspflichtige Verfahren (§ 145 Abs. 6 BauGB) und Entwicklungsmaßnahmen (§ 166, 169 Abs. 1 Nr. 5 BauGB).

Das Grundbuchamt hat in diesem Fall nur die formelle Zulässigkeit des Ersuchens gemäß § 23 BauGB zu prüfen, nicht die Frage der sachlichen Berechtigung, also der Unrichtigkeit des Grundbuchs.[34]

Es darf die Eintragung des Widerspruchs allenfalls dann zurückweisen, wenn es mit Sicherheit erkennt, daß das Grundbuch durch die beanstandete Eintragung nicht unrichtig geworden ist.[35] Wird nach Erteilung der Bodenverkehrsgenehmigung zur Teilung des Grundstücks nochmals unterteilt, so ist zwar die Eintragung eines Widerspruchs zulässig, die Eintragung eines Widerspruchsbegünstigten kommt jedoch nicht in Betracht.[36] Diese Bestimmungen sind jedoch auf den Fall des § 51 BauGB nicht anwendbar.[37]

Bei Vorliegen eines Umgehungsgeschäftes hat die Genehmigungsbehörde endgültig zu entscheiden, ob ein solches vorliegt. Ist dies der Fall, so hat das Grundbuchamt auf Ersuchen der Genehmigungsbehörde den Widerspruch einzutragen.[38] Der Widerspruch ist zugunsten des Inhabers des Berichtigungsanspruchs einzutragen. Dies ist nicht die Genehmigungsbehörde.[39]

Jeder der Beteiligten ist berechtigt, die **Löschung** des eingetragenen Vermerkes zu beantragen. Die Bewilligung des Berechtigten genügt in einem solchen Fall jedoch nicht,

---

[29] BGHZ 19, 358 = NJW 56, 463.
[30] Art. 53 Abs. 4 MRGes. Nr. 59 für die brit. Zone; Art. 61 Abs. 4 MRG Nr. 59 für die amerikanische Zone. Für das Gebiet der früheren brit. Zone sind die Wiedergutmachungsbehörden darüber hinaus auch befugt, um Vornahme einer Eintragung zu ersuchen (OLG Hamm NJW/RzW 54, 246; vgl. dazu *Burkhardt* NJW 52, 412 sowie OLG Frankfurt NJW 55, 269.
[31] § 3, 79 FlurBerG vom 16. 3. 1976 BGBl. I 76, 2257 ff.
[32] §§ 2 bis 6 ErgänzungsG z. RSiedlG vom 4. 1. 1935 RGBl. I 1.
[33] Vom 6. 7. 1961 BGBl. I 1091.
[34] BayObLG DNotZ 75, 150.
[35] A. a. O.
[36] BayObLG Rpfleger 74, 313.
[37] Vgl. OLG Celle NJW 63, 1160.
[38] BayObLGZ 55, 314 = NJW 56, 1639.
[39] BayObLGZ 55, 321 = DNotZ 56, 1639.

vielmehr muß der Nachweis erbracht werden, daß die Genehmigung erteilt oder nicht erforderlich ist.[40]

35 t) Die **Umlegungsstelle** kann aa) die Eintragung des Umlegungsvermerkes (§§ 47, 51, 54 BauGB) und bb) um Berichtigung des Grundbuchs entsprechend dem Umlegungsplan ersuchen (§§ 74 ff. BauGB). Der rechtskräftige Umlegungsplan stellt einen gestaltenden Verwaltungsakt dar.[41] Die Rechtsänderung vollzieht sich außerhalb des Grundbuchs, so daß die Eintragung sich als Grundbuchberichtigung darstellt.[42] Trotzdem besteht ein Unterschied: Der Umlegungsplan kann die Rechte derjenigen Betroffenen nicht ändern oder beseitigen, die entweder ihre Rechte nach § 48 Abs. 1 Nr. 3 BauGB nicht angemeldet haben oder infolge Unrichtigkeit des Grundbuchs versehentlich nicht formell beteiligt worden sind.[43] Diese Betroffenen müssen als vom Umlegungsplan nicht Erfaßte ihre Rechte außerhalb des Verfahrens geltend machen.[44] Das Grundbuchamt ist zwar nicht befugt, den materiellen Inhalt des Umlegungsplans nachzuprüfen.[45] Ergibt sich jedoch für das Grundbuchamt, daß Betroffene nach den obigen Ausführungen nicht beteiligt sind, so hat aus den angeführten Gründen der Umlegungsplan nicht gegenüber den sämtlichen notwendig Betroffenen volle Rechtskraft erlangt. Ein Vollzug im Grundbuch ist daher nicht möglich. Das Ersuchen ist unvollziehbar zurückzuweisen.

Von den Kommentatoren wird die Ansicht vertreten, daß es Aufgabe des Grundbuchamtes sei, die Grundschuld- und Hypothekenbriefe (§§ 41, 42 GBO) anzufordern[46] mit der Begründung, daß es sich beim Baugesetzbuch um ein Spezialgesetz handle: Dies ist unrichtig. Ausdrücklich ist eine solche Pflicht des Grundbuchamtes im Baugesetzbuch nicht normiert. Der Gesetzgeber hatte bei der Formulierung des Baugesetzbuches andere Zielrichtungen und hat über diese Frage nicht entschieden. Möglich ist daher nur eine Tätigkeit des Grundbuchamtes im Wege der Amtshilfe. Dafür gilt nicht das Baugesetzbuch, sondern das Verwaltungsverfahrensgesetz des Bundes und der Länder. Nach § 5 BVerwVerfahrensG besteht eine Verpflichtung zur Amtshilfe nur, wenn die gleiche Tätigkeit von der ersuchenden Behörde nicht oder nur mit unverhältnismäßigen Schwierigkeiten erledigt werden kann. Dies ist nicht der Fall. Zwar gilt das Gesetz wiederum nicht für Akte des Grundbuchamtes (§ 3 Ziff. 1 BVerwVerfahrensG). Jedoch ist damit ein allgemeiner Grundsatz des Amtshilferechtes zum Ausdruck gebracht. Zusätzlich wird im Regelfall das Grundbuchamt personalmäßig mit dieser Aufgabe restlos überfordert. Das Grundbuchamt kann daher die Vorlage der Briefe von der ersuchenden Behörde verlangen.

u) Die **Enteignungsbehörde** um Durchführung der Ausführungsanordnung (§ 117 Abs. 7 BauGB). Auch hier handelt es sich um eine Berichtigung.[47]

v) Das **Amt für offene Vermögensfragen** nach § 34 Abs. 2 VermG, § 3 HypAblöVO.

36 Die **Gemeinden** können ersuchen
um Eintragung des Eigentumsüberganges an einem Grundstück nach Ausübung des Vorkaufsrechtes sowie um Löschung einer für den Erstkäufer eingetragenen Vormer-

---

[40] KG JFG 1, 395.
[41] Vgl. *Schrödter* Kommentar zum BBauG, 3. Aufl. § 68 Anm. 1.
[42] *Schrödter* § 72 Anm. 3; *Knaup/Ingenstau* Kommentar zum BBauG, 4. Aufl. § 72 Anm. 1; OLG Hamm Rpfleger 96, 338.
[43] BVerwG RdL 62, 190; *Schrödter* § 72 Anm. 3.
[44] *Seehusen* RdL 54, 208; zweifelnd *Dittus* Kommentar zum BBauG, Einführung S. 93;

Schrödter § 64 Anm. 1; § 73 Anm. 3; *Schütz/Froberg* Kommentar zum BBauG, 3. Aufl. § 72 Anm. 1.
[45] *Schrödter* Kommentar zum BBauG § 75 S. 469; *Knaup/Ingenstau* Kommentar zum BBauG § 74 Anm. 2.
[46] *Knaup/Ingenstau* § 74 Anm. 2; *Zinkhan/Bielenberg* BBauG § 74 Anm. 6.
[47] LG Regensburg Rpfleger 78, 448.

kung (§ 28 Abs. 2, § 4 Abs. 3 BauGB), nicht jedoch um Eintragung eines Amtswiderspruches, wenn das Grundbuchamt ohne Berücksichtigung des gemeindlichen Vorkaufsrechtes gem. § 24 BauGB einen Erwerber als Eigentümer eingetragen hat,[48]
um Eintragung und Löschung von Sanierungsvermerken (§ 143 Abs. 4 BauGB; § 162 Abs. 3 BauGB),
um Eintragung und Löschung von Entwicklungsvermerken (§ 53 Abs. 5, § 63 Abs. 3 StädtebauförderungsG),
um Eintragung einer Auflassungsvormerkung oder Löschung derselben (§ 28 Abs. 2 BauGB) sowie um Berichtigung des Grundbuchs aufgrund eines Grenzregelungsbeschlusses (§§ 47, 84 Abs. 2 BauGB). Das Ersuchen erbringt nur den Beweis der Unrichtigkeit i. S. d. § 22 Abs. 1. Die Prüfung des Grundbuchamtes hat sich daher darauf zu erstrecken, ob die übergehenden Flächen im Ersuchen gem. § 28 Satz 1 in Form von Zuflurstücken bezeichnet und gemäß § 2 Abs. 3 nach Lage und Größe ausgewiesen sind. Außerdem muß der Grundsatz der Voreintragung der Betroffenen (§ 39) gewahrt sein, da der Grenzregelungsbeschluß das Grundbuch nicht sperrt. Da die nachträgliche Änderung des Grenzregelungsbeschlusses nicht zulässig ist, ist bei entsprechenden Mängeln der gesamte Antrag als unvollziehbar zurückzuweisen mit der Folge der Durchführung eines neuen Grenzregelungsverfahrens.[49] Das Grundbuchamt hat nicht zu prüfen, ob die Voraussetzungen für das Grenzregelungsverfahren gegeben sind.[50] Sonstige Mängel des Grenzregelungsbeschlusses können vom Grundbuchamt nur beanstandet werden, wenn daraus sich die Nichtigkeit des Beschlusses herleiten würde. Dies ist kaum jemals der Fall.

37 w) Ersucht das **Grundbuchamt** ein anderes Grundbuchamt um Eintragung der Mitbelastung oder eines Mithaftvermerkes, so ist der Fall des § 38 **nicht** gegeben. Aufgrund der Bestimmung des § 48 wird hier jedes Grundbuchamt von Amts wegen aufgrund eigener Zuständigkeit tätig.[51] Ebensowenig stellt ein Ersuchen im Sinn der hier erörterten Bestimmung ein Verlangen des Beschwerdegerichtes an das Grundbuchamt dar, eine Vormerkung oder einen Widerspruch einzutragen (§§ 76, 80 Abs. 3).

2. Landesrecht (Bayern)

Nach dem Landesrecht (Bayern) können ersuchen:

38 a) In Bayern die **Beitreibungsbehörde** um Eintragung einer Sicherungshypothek für die Staatskasse nach Art. 123 AGBG vom 9. 6. 1899,[52] wobei zu beachten ist, daß diese Vorschrift nicht gilt für Forderungen der Gerichtskassen und im Rahmen des Steuerrechts der Abgabenordnung.[53] Die Vorschrift erfaßt auch nicht Ansprüche eines anderen deutschen Landes oder des Bundes.[54] Auch Ansprüche der Gemeinde fallen nicht unter diese Vorschrift,[55] zulässig Ersuchen um Eintragung einer Zwangssicherungshypothek aufgrund von Leistungsbescheiden zur Beitreibung von Geldforderungen aufgrund vollstreckbarer Ausfertigung eines Ausstandsverzeichnisses.[56] Für die Höhe der einzutragenden Hypothek gilt § 866 ZPO nicht.[57]

39 b) Bisher die **Bayerische Brandversicherungsanstalt**, vertreten durch die Bayerische Versicherungskammer, um Eintragung einer Sicherungshypothek für die festgesetzte

---

[48] BayObLG Rpfleger 83, 344, nur Leitsatz.
[49] Vgl. *Waibel* Rpfleger 76, 347, 349.
[50] OLG Frankfurt Rpfleger 76, 313.
[51] Vgl. KGJ 52, 105.
[52] BayBS III, 98.
[53] BayObLGZ 53, 157.
[54] BayObLGZ 13, 306.
[55] BayObLGZ 18, 260.
[56] Art. 26 Abs. 1 Bay. VwZVG BayObLG Rpfleger 82, 99.
[57] BayObLGZ 23, 82.

Entschädigungssumme an den Grundstücken eines Versicherungsnehmers unter der näheren bezeichneten Voraussetzung.[58]

40 c) Das **Oberbergamt** um Vornahme bestimmter Eintragungen.[59]

41 d) Die **Kreisverwaltungsbehörde** um Eintragung einer Verfügungs- und Veränderungssperre und um Grundbuchberichtigung.[60] Diese Bestimmung gilt nicht für Eintragungen, die aufgrund gütlicher Einigung erfolgen sollen.

42 e) Die Kreisverwaltungsbehörde um Eintragung und Löschung eines Widerspruchs nach Art. 2 Alm Gesetz vom 28. 4. 1932.[61]

43 f) Die **obere Siedlungsbehörde** um Eintragung einer Vormerkung oder eines Sperrvermerks bei Durchführung der Bodenreform,[62] um Eintragung und Löschung des Landabgabevermerks,[63] schließlich bei Zwangsenteignung um Grundbuchberichtigung.[64]

IV. Insbesondere Ersuchen des Vollstreckungsgerichtes

1. Allgemeines

44 Besonders umfangreiche Befugnisse, ein Ersuchen zu stellen, hat das Vollstreckungsgericht. Die Beteiligten haben hier regelmäßig keinerlei Antragsrecht. Hinzuweisen ist insbesondere auf folgende Möglichkeiten:

2. Anordnung und Aufhebung der Zwangsversteigerung oder Zwangsverwaltung

45 Mit der Anordnung ist um Eintragung des entsprechenden Vermerkes zu ersuchen (§§ 19 Abs. 1, 146 ZVG). Der Vermerk muß selbst dann eingetragen werden, wenn der Vollstreckungsschuldner nicht oder nicht mehr als Eigentümer im Grundbuch vorgetragen ist.[65] Eine Grundbuchsperre wird durch den Vermerk nicht bewirkt.[66]

46 Wird das **Verfahren aufgehoben,** so ist um Löschung des Vermerkes zu ersuchen (§§ 34, 161 Abs. 4 ZVG). Dies gilt auch für den Fall, daß das Verfahren ordnungsgemäß zu Ende geführt, der Teilungsplan ausgeführt und der Zuschlag rechtskräftig geworden ist (§ 130 Abs. 1 ZVG). Der Vermerk hat kein materielles Rangverhältnis zu den eingetragenen Grundstücksrechten. Ist daher der Versteigerungsvermerk irrtümlich unrichtig gelöscht worden, so muß er auf ein entsprechendes Ersuchen des Vollstreckungsgerichtes neu eingetragen werden. Die Eintragung eines Vorrangvermerkes für den Zwangsversteigerungsvermerk ist jedoch unzulässig.[67]

3. Abschluß des Verfahrens

47 Ist das Zwangsversteigerungsverfahren in der Weise abgeschlossen worden, daß der Teilungsplan ausgeführt oder die außergerichtliche Befriedigung nachgewiesen worden ist und hat der Zuschlagsbeschluß Rechtskraft erlangt, so ist um **Eintragung des Ver-**

---

[58] Art. 27 des Gesetzes über das öffentliche Versicherungswesen in der Fassung vom 7. Juli 1953 BayBS I 242; vgl. dazu auch Bayerisches Verwaltungszustellungs- und Vollstreckungsgesetz vom 30. 5. 1961 GVBl. 61, 148 ff., insbes. Art. 46.
[59] Art. 40, 67, 217, 218 BergG i. d. F. vom 10. 1. 1967 GVBl. 67, 185.
[60] Art. 27 Abs. 4 Satz 1; Art. 34 Abs. 7 Ges. ü. d. entschädigungspflichtige Enteignung vom 11. 11. 1974 GVBl. 609.
[61] BayBS IV 359.
[62] §§ 3, 5 d. Ges. z. beschleunigten Durchführung d. Bodenreform vom 28. 11. 1947 BayBS IV 346.
[63] § 39 1. AusfVO z. GSB vom 26. 2. 1947 BayBS IV, 338.
[64] § 40 Abs. 2 der 1. AusfVO z. GSB vom 26. 2. 1947 BayBS IV 3, 338.
[65] KG JFG 4, 301.
[66] KGJ 34, 286.
[67] KG JFG 12, 295.

steigerungsergebnisses zu ersuchen (§§ 130 Abs. 1, 145 ZVG). Zum Verfahren beim Grundbuchamt ausführlich siehe Rpfleger 80, 249. Die Vorlage einer Ausfertigung des Zuschlagsbeschlusses oder des Verteilungsprotokolls kann nicht verlangt werden.[68]

Zu ersuchen ist

aa) um die **Löschung des Versteigerungsvermerkes** und aller durch den Zuschlag **48** erloschenen (§ 91 ZVG) Rechte. Nicht ersucht werden kann um die Löschung von Verfügungsbeschränkungen, die sich aus dem öffentlichen Recht ergeben, ausgenommen der Entschuldungsvermerk. Dieser verliert mit der Rechtskraft des Zuschlagsbeschlusses seine Wirkung.[69]

Das Ersuchen hat sich auf alle bis zum Zuschlag eingetragenen Rechte zu erstrecken. **49** Dabei brauchen die nach Eintragung des Versteigerungsvermerks eingetragenen Rechte nicht einzeln, sondern können pauschal bezeichnet werden.

Streitig ist, inwieweit das Ersuchen auch auf die nach dem Zuschlag eingetragenen **50** Rechte erstreckt werden darf, welche aufgrund Bewilligung des Vollstreckungsschuldners oder eines gegen ihn gerichteten vollstreckbaren Titels eingetragen worden sind, wenn der bisherige Eigentümer nicht der Ersteher ist. § 130 Abs. 1 Satz 1 ZVG erfaßt diese Fälle nicht. Mit der h. M. wird man jedoch der Auffassung sein müssen, daß dann die Rechte im Hinblick auf § 90 ZVG nicht entstanden sind und § 130 daher entsprechend angewendet werden muß.[70] Der Ersteher kann die Löschung dieser Rechte auf jeden Fall nach § 22 herbeiführen. Ist ein bei der Feststellung des geringsten Gebotes berücksichtigtes Recht nicht zur Entstehung gelangt oder erloschen, so hat das Ersuchen auch dieses Recht zu erfassen (§ 130 Abs. 2 ZVG). Auch die Beteiligten können die Löschung dieses Rechtes beantragen. Zu beachten ist, daß nur bei einem Ersuchen nach § 130 Abs. 2 ZVG, nicht jedoch im Fall des § 130 Abs. 1 ZVG, die Briefe der zu löschenden Rechte mit vorgelegt werden müssen (§ 131 ZVG).

bb) Erlischt nach § 1181 Abs. 2 BGB eine **Gesamthypothek** auch an den nicht mit- **51** versteigerten Grundstücken, so darf trotzdem nicht um Löschung dieses Rechtes auf den nichtbetroffenen Grundstücken ersucht werden, da die Regelung des § 1182 BGB entgegensteht, und durch den Zuschlag nur Rechte an dem versteigerten Grundstück erlöschen können.[71] Der Vermerk des Erlöschens der Mithaft des versteigerten Grundstücks auf den Blättern der nicht versteigerten Grundstücke muß von Amts wegen erfolgen (§ 48 Abs. 2). Die Löschung an den nicht versteigerten Grundstücken ist Sache der Beteiligten. Das Vollstreckungsgericht kann lediglich die erforderlichen Erklärungen der Beteiligten dem Grundbuchamt übermitteln.

Ist ein **Miteigentumsbruchteil** an einem Grundstück versteigert worden, das mit **52** **Grunddienstbarkeiten** belastet ist, und wurde die Dienstbarkeit nicht in das geringste Gebot aufgenommen, so erlischt die Dienstbarkeit auch an dem nicht versteigerten Bruchteil, weil eine Grunddienstbarkeit an einem bloßen Miteigentumsbruchteil nicht bestehen kann. Um Löschung kann nur für den versteigerten Bruchteil ersucht werden. Ist diese Löschung erfolgt, so ist der verbleibende Eintrag inhaltlich unzulässig und daher nach § 53 von Amts wegen zu löschen.[72]

cc) Werden bei **bestehenbleibenden Rechten** die **Bedingungen geändert**, so kann um **53** deren Eintragung selbst dann nicht ersucht werden, wenn das Bestehenbleiben nach § 91 Abs. 2 ZVG im Verteilungstermin vereinbart wurde. Erklärungen der Beteiligten kann das Vollstreckungsgericht lediglich an das Grundbuchamt weiterleiten. Das glei-

---

[68] KG HRR 33 Nr. 591 mwN.
[69] § 5 a Abwicklungsgesetz in der Fassung des Art. 10 des Ges. vom 20. 8. 1953 BGBl. I 952.
[70] Ausf. dazu *Horny* Rpfleger 80, 249 ff.; a. A. KGJ 34, 282 für den Fall, daß der Eigentümer der Ersteher zugleich war.
[71] KG HRR 33 Nr. 592.
[72] KG JW 33, 626 = DNotZ 34, 52.

§ 38 I. Grundbuchordnung

che gilt, wenn Vereinbarungen über das Fortbestehen eines an sich durch den Zuschlag wegfallenden Rechtes getroffen sind.[73]

54 dd) Wurde versehentlich ein **Recht fälschlich zur Löschung** bezeichnet, so kann das Vollstreckungsgericht um die Wiedereintragung dieses Rechtes ersuchen.[74] Ist, wie bei Briefrechten, jedoch die Möglichkeit eines gutgläubigen Erwerbs denkbar, so kann die Wiedereintragung bestenfalls im Rang nach den zwischenzeitlich eingetragenen Rechten erfolgen.[75] Zur Eintragung des Widerspruchs vergleiche KG.[76]

4. Eintragung des Erstehers als Eigentümer

55 Zu ersuchen ist weiterhin um die Eintragung des Erstehers als Eigentümer (§§ 81, 90 ZVG). Im Hinblick auf § 9 d GBVerf. muß das Ersuchen das Datum des Zuschlagsbeschlusses angeben. Erwerben mehrere Beteiligte, so ist die Angabe des Gemeinschaftsverhältnisses notwendig (§ 47). Die **Unbedenklichkeitsbescheinigung** des Finanzamtes muß beigefügt sein.[77] Der Eigentümer ist auch dann neu einzutragen, wenn Vollstreckungsschuldner und Erwerber identisch sind. Ist dies nicht geschehen, so muß nach § 18 beanstandet werden.

56 Ist der **Erwerber nach Erteilung des Zuschlages verstorben,** so muß er vom Grundbuchamt trotzdem als Eigentümer eingetragen werden.[78] Die Erben haben jedoch die Möglichkeit, die Eintragung von sich als Erben unmittelbar zu beantragen. Wird ein solcher Antrag gestellt, so ist er vom Vollstreckungsgericht an das Grundbuchamt weiterzuleiten. Über den Antrag hat allein das Grundbuchamt zu entscheiden. Sieht es die erforderlichen Voraussetzungen als gegeben an, so kann es dem Antrag der Erben stattgeben.[79]

57 Das Grundbuchamt kann **keine Prüfung** vornehmen, ob irgendwelche für den Grundstückerwerber erforderlichen **Genehmigungen notwendig** sind oder vorliegen. Dies ist ausschließlich Sache des Vollstreckungsgerichtes.

58 Werden vom Ersteher **vor seiner Eintragung** als neuer Eigentümer die **Eintragungen von Rechten bewilligt,** so dürfen entsprechende Eintragungsanträge nicht vor der Erledigung des Ersuchens der Vollstreckungsbehörde erledigt werden (§ 130 Abs. 3 ZVG). Entsprechende Anträge dürfen deswegen jedoch nicht zurückgewiesen werden;[80] dies ist nur dann zulässig, wenn sofortige Entscheidung verlangt wird.[81] In allen übrigen Fällen ist bis zur Erledigung des Ersuchens die Bearbeitung der Anträge auszusetzen; sofern die Anträge im übrigen mit einem „Hindernis" i. S. des § 18 behaftet sind, kann schon vorher eine Zwischenverfügung erfolgen. Wird § 130 Abs. 3 ZVG nicht beachtet, so bleibt die Eintragung wirksam.[82] Ist im Bestandsverzeichnis des ersteigerten Grundstücks vermerkt, daß mit dem Eigentum ein Recht verbunden ist, und bewilligt der Ersteher die Löschung dieses Rechtes vor seiner Eintragung als Eigentümer, so ist § 130 Abs. 3 ZVG entsprechend anzuwenden.[83]

Die gleiche Regelung ist anzuwenden, wenn gegen den Ersteher eines Grundstücks ein Antrag auf Eintragung einer Zwangshypothek gerichtet wird, wenn das Ersuchen des Vollstreckungsgerichts auf Berichtigung des Grundbuchs noch nicht vorliegt.[84]

---

[73] BayObLG Rpfleger 81, 12; nur Leitsatz.
[74] KGJ 25, 311.
[75] KG HRR 33 Nr. 951.
[76] KGJ 25, 311; im übrigen *Mönch* DJust. 37, 1866.
[77] Art. 97 § 5 EG AO 1977 vom 14. 12. 1976 BGBl. I 77, 3341.
[78] KG JFG 10, 208.
[79] Vgl. *Mönch* DJust. 37, 1807.
[80] RG 62, 140.
[81] KG JFG 10, 208.
[82] KGJ 34, 287.
[83] KG JFG 10, 199.
[84] LG Lahn Rpfleger 79, 352 m. zust. Anm. v. *Schiffhauer.*

5. Sicherungshypotheken

Ist das **Bargebot nicht berichtigt** worden, so wird der Teilungsplan dadurch ausgeführt, daß die Forderung gegen den Ersteher auf die Berechtigten übertragen wird (§ 118 Abs. 1 Satz 1 ZVG). Für diese Forderungen sind Sicherheitshypotheken im Grundbuch einzutragen (§ 128 Abs. 1 ZVG). Um deren Eintragung ist zu ersuchen. Gläubiger, Forderungsbetrag und Bedingungen der Forderung sind genau anzuführen, ebenso Rang der Hypothek und etwaige miteinzutragende Rechte Dritter (§ 128 Abs. 1 Satz 2 ZVG). 59

Handelt es sich bei dem versteigerten Grundstück um eine **Heimstätte**, so ist die Zustimmung des Ausgebers zur Eintragung der Hypothek nicht erforderlich.[85] Die Hypothek ist auch dann einzutragen, wenn es sich um einen Miteigentumsanteil handelt und dieser nach § 1114 BGB durch den Zuschlag wegfällt.[86] Die Bestimmungen der §§ 866 Abs. 3, 867 Abs. 2 ZPO gelten für die hier genannten Sicherungshypotheken nicht. 60

Die Eintragung jeder Sicherungshypothek hat unter besonderer Nummer zu erfolgen. Die Eintragung hat für jede Forderung getrennt nach Hauptsache, Zinsen und Kostenanspruch zu erfolgen. Erfolgt die Eintragung in anderer Weise, so ist sie deswegen jedoch weder unwirksam noch gemäß § 53 Abs. 1 Satz 2 unzulässig. Wurde ein Miteigentumsbruchteil versteigert, so ist die Eintragung einer Hypothek trotz § 1114 BGB auch dann möglich, wenn der Anteil infolge des Zuschlages weggefallen ist.[87] 61

Der Vermerk, daß die Eintragung der Hypothek im Rahmen eines Zwangsversteigerungsverfahrens erfolgte, hat von Amts wegen zu erfolgen. Er ist von erheblicher praktischer Bedeutung (§§ 218 Abs. 3, 129, 132 Abs. 1 Satz 1 ZVG).

Ist der **Gläubiger** nach dem Zuschlag, aber vor Vollzug des Ersuchens **verstorben**, so gelten die für den Erwerber des Grundstücks geltenden Grundsätze in gleicher Weise (vgl. oben Rdn. 56). 62

Bei einer **Eventual-Berechtigung** (§§ 120, 121, 123, 124 ZVG) sind Erst- und Zweitberechtigter einzutragen. Die Eintragung muß die Rechtslage deutlich erkennen lassen. Ist der Berechtigte unbekannt (§ 126 Abs. 2 Satz 2 ZVG), so hat auch die Eintragung für den unbekannten Berechtigten zu erfolgen. Kann er später ermittelt oder gemäß §§ 135 ff. ZVG mit seinem Recht ausgeschlossen werden, ersucht das Vollstreckungsgericht um Berichtigung. 63

Bei Eintragung des **Vorrangs einer Sicherungshypothek** nach dem Zwangsversteigerungsgesetz vor einem Briefrecht ist die Vorlegung des Briefes nicht erforderlich (§ 131 ZVG). Auch die nachträgliche Vorlage des Briefes kann vom Grundbuchamt nicht verlangt werden, auch nicht von dem Besitzer des Briefes. 64

6. Vollständigkeit des Ersuchens

Das Ersuchen um Eintragung des Zwangsversteigerungsergebnisses muß vollständig sein. Das Grundbuchamt hat ein Ersuchen, das nur auf Übernahme eines Teils des Versteigerungsergebnisses in das Grundbuch gerichtet ist, als ungesetzlich abzulehnen.[88] Das Ersuchen darf nur einheitlich durch Vollzug oder Ablehnung erledigt werden.[89] 65

---

[85] § 23 AusfVO vom 19. 7. 1940 RGBl. I 1027.
[86] KG JFG 10, 232.
[87] KG JFG 10, 232.
[88] KG HRR 30 Nr. 60; JFG 10, 210.
[89] BayObLGZ 34, 213; KG JFG 10, 210; 10, 234.

§ 38

7. Löschung im Zwangsverwaltungsverfahren

66 Das Vollstreckungsgericht hat auch um Löschung eines Grundpfandrechtes zu ersuchen, wenn und soweit der Gläubiger im Zwangsverwaltungsverfahren befriedigt worden und sein Recht daher erloschen ist (§ 158 Abs. 2 ZVG); die Ausfertigung des Terminprotokolls ist beizufügen (§ 158 Abs. 2 Satz 2 Halbsatz 1 ZVG). Jedoch ist das Grundbuchamt zur Nachprüfung des Ersuchens anhand des Protokolls nicht berechtigt. Die Vorlegung des Briefes ist nicht erforderlich (§ 158 Abs. 2 Satz 2 Halbsatz 2 ZVG).

V. Weitere Erfordernisse

67 Das Ersuchen der Behörde **ersetzt nicht sämtliche Erfordernisse** der Eintragung.

1. Grundsatz

Das Ersuchen ersetzt den Eintragungsantrag (§ 13), die Eintragungsbewilligung (§ 19) sowie die etwa sonst notwendig werdenden Zustimmungen Dritter (§§ 22 Abs. 2, 27). Das Ersuchen ersetzt weiter die anstelle der Eintragungsbewilligung ausnahmsweise erforderliche Einigung (§ 20) sowie den Nachweis der Unrichtigkeit, welcher die Berichtigungsbewilligung ersetzt (§ 22). Auch der Nachweis der Verfügungsbefugnis des von einem Ersuchen betroffenen Rechtes wird ersetzt.

2. Entgegenstehende Regelungen

68 Die vorstehenden Grundsätze gelten jedoch nicht, soweit ausdrückliche gesetzliche Regelungen oder die materielle Rechtslage entgegensteht. Beispielsweise hat das Ersuchen des Prozeßgerichtes nach § 941 ZPO nur die Wirkung eines Eintragungsantrages;[90] wurde im Rahmen der Zwangsversteigerung ein Recht versehentlich gelöscht und ersucht das Vollstreckungsgericht um Wiedereintragung, so ersetzt das Ersuchen nicht die Eintragungsbewilligung derjenigen, welche in der Zwischenzeit gutgläubig der Berichtigung entgegenstehende Rechte erworben haben.[91]

3. Durch das Ersuchen der Behörde werden nicht ersetzt

69 a) Die **Voreintragung des Betroffenen** (§ 39),[92] ausgenommen bei einem Ersuchen des Vollstreckungsgerichtes um Eintragung des Zwnagsversteigerungs- oder Zwangsverwaltungsvermerks.[93] Ist die Voreintragung des Betroffenen erforderlich, so darf die ersuchende Behörde in sinngemäßer Anwendung des § 14 die Voreintragung beantragen, wenn die zugrundeliegende Verfügung gegen diesen wirksam ist.[94]

70 b) Die **Unbedenklichkeitsbescheinigung des Finanzamtes**.[95] Ihr Fehlen ist zu beanstanden.[96]

71 c) Die **Vorlegung des Briefes und der entsprechenden Urkunden** (§§ 41 bis 43).
Dieser **Grundsatz** ist jedoch von Bundes- und Landesrecht mehrfach **durchbrochen**. Die Vorlegung ist nicht erforderlich bei Löschung eines im Zwangsversteigerungs- oder

---

[90] KG JFG 5, 303.
[91] KG JFG 14, 176; 15, 142; KG HRR 33 Nr. 951.
[92] § 39; LG Regensburg BWNotZ 88, 42.
[93] KG JFG 4, 301.
[94] KG JFG 16, 44 ff.
[95] Art. 97 § 5 EG AO vom 14. 12. 1976 BGBl. I 76, 3341.
[96] KGJ 52, 155.

Zwangsverwaltungsverfahren erloschenen Grundpfandrechtes (§§ 131, 158 Abs. 2 ZVG); bei Eintragung einer Sicherungshypothek nach § 128 ZVG mit Vorrang vor einem bestehengebliebenen Grundpfandrecht; weiter, wenn auf Ersuchen des Konkursgerichtes ein allgemeines Veräußerungsverbot oder die Konkurseröffnung eingetragen werden soll;[97] wenn das Vergleichsgericht um Eintragung eines besonderen Veräußerungsverbotes ersucht,[98] bei einem Ersuchen der Enteignungsbehörde nach § 117 Abs. 5 BBauG.[99]

VI. Form und Inhalt des Ersuchens

1. Form

Das Ersuchen hat in der Form des § 29 Abs. 3 zu erfolgen.[100] Wird das Ersuchen zurückgenommen, so gilt für die Rücknahme ebenfalls die Form des § 29 Abs. 3.

Ist die Form gewahrt, so kann das Grundbuchamt keine weiteren Nachweise für die Vertretungsbefugnis des Unterzeichners fordern.[101]

2. Inhalt

a) Es muß deutlich zum Ausdruck gebracht werden, daß eine **Eintragung begehrt** wird; das Wort „Ersuchen" braucht nicht verwendet zu werden.

b) **Inhaltlich** muß das Ersuchen dem Eintragungsantrag und der Eintragungsbewilligung entsprechen, die durch das Ersuchen ersetzt werden. Das Grundstück muß in Übereinstimmung mit dem Grundbuch oder durch Bezugnahme auf ein Grundbuchblatt bezeichnet werden;[102] ein einzutragender Berechtigter ist gemäß § 15 GBVerf. zu bezeichnen. Bei der Eintragung mehrerer Berechtigter ist die Angabe des Gemeinschaftsverhältnisses notwendig.[103]

Das Ersuchen darf **nicht unter einen Vorbehalt** gestellt werden (§ 16). Es darf auch nicht auf eine unzulässige Eintragung gerichtet sein, insbesondere dürfen, soweit nicht abweichendes ausdrücklich bestimmt ist, bei Eintragung einer Zwangshypothek die Mindestbeträge von je 500,– DM nicht unterschritten werden (§§ 866 Abs. 3, 867 Abs. 2 ZPO). Wird Vereinigung oder Zuschreibung beantragt, so ist zu prüfen, ob eine Verwirrung zu besorgen ist.[104]

Eine **Begründung** des Ersuchens ist nicht erforderlich. Klarstellende Hinweise sind möglich, Bezugnahme auf Beilagen zulässig, soweit daraus keine Unklarheiten entstehen.[105]

Vorgeschrieben ist die **Beifügung von Urkunden** in folgenden Fällen: Dem Löschungsersuchen des **Vollstreckungsgerichts** ist eine Ausfertigung des Terminprotokolls beizufügen (§ 158 Abs. 2 ZVG). Die **Flurbereinigungsbehörde** hat bei dem Ersuchen um Grundbuchberichtigung eine Bescheinigung über den Eintritt des neuen Rechtszustands und einen beglaubigten Auszug aus dem Flurbereinigungsplan beizufügen.[106]

---

[97] § 113 Abs. 1 Nr. 2 KO; OLG Hamburg KGJ 23 D 27.
[98] §§ 61 Abs. 1 Nr. 2, 63 Abs. 2 Vergleichsordnung.
[99] Vgl. zu einem parallel gelagerten Fall *Dittus* NJW 56, 612.
[100] OLG Hamm Rpfleger 96, 338; vgl. auch BayObLGZ 70, 185 = Rpfleger 70, 346.
[101] KG JFG 4, 261.
[102] § 28 Satz 1 KG JFG 11, 328.
[103] § 47; KGJ 26, 103.
[104] §§ 5, 6.
[105] KG JFG 15, 67.
[106] § 79 FlurBerG vom 16. 3. 1976 BGBl. I 76, 2257 ff.

§ 38

78 Ersucht das **Fideikommißgericht** nach § 38 DVO zum FidErlg., so sind die dort vorgeschriebenen Urkunden mit vorzulegen; ersucht die **Enteignungsbehörde** nach § 117 Abs. 5 BBauG um Eintragung der Rechtsänderung, so ist eine beglaubigte Abschrift des Enteignungsbeschlusses und der Ausführungsanordnung beizufügen; das gleiche gilt bei einem **Ersuchen nach § 51 LBG** vom 23. 2. 1957 (BGBl. I Seite 142) sowie für das Ersuchen der **Siedlungsbehörde** nach den §§ 2 bis 6 ErgG z. RSG vom 4. 1. 1935 (RGBl. I 1).

VII. Berichtigung des Ersuchens

1. Vor Vollzug

79 Eine Berichtigung oder Ergänzung des Ersuchens ist bis zu seiner Erledigung zulässig. Das Grundbuchamt hat die Pflicht, die ersuchende Behörde auf offensichtliche Schreibfehler oder Widersprüche, z. B. zwischen dem Antrag und den Unterlagen, aufmerksam zu machen, wenn es die Unrichtigkeit erkennt oder erkennen muß.[107]

2. Nach Vollzug

80 Nach Vollzug eines unrichtigen Ersuchens kann jederzeit ein Berichtigungsersuchen gestellt werden, soweit Rechte Dritter, die etwa gutgläubig erworben worden sind, nicht beeinträchtigt werden können.[108]

VIII. Erledigung des Ersuchens

81 Das Ersuchen ist entsprechend den allgemeinen Vorschriften der Grundbuchordnung (§§ 17, 18) zu erledigen. Das Grundbuchamt ist darauf beschränkt, die förmlichen Voraussetzungen des Eintragungsersuchens zu prüfen, nicht dessen sachliche Richtigkeit.[109] Insbesondere hat das Grundbuchamt nicht zu untersuchen, ob die gesetzlichen Voraussetzungen, unter denen die Behörde zu dem Ersuchen befugt ist, tatsächlich vorliegen. Es kann nicht geprüft werden, ob die zugrundeliegende Forderung tatsächlich besteht.[110] Es hat aber zu prüfen, ob die einzutragende Maßnahme offensichtlich unwirksam ist, insbesondere, weil sie an einem besonders schwerwiegenden Verfahrensfehler leidet.[111] Der zugrundeliegende Sachverhalt muß jedoch sicher bekannt und die daraus sich ergebende Rechtslage ohne Zweifel dahingehend geklärt sein, daß dem Ersuchen jede Rechtsgrundlage fehlt.[112] Zum Ersuchen des Vollstreckungsgerichts vgl. oben (Rdn. 65).

82 Grundsätzlich ist das Grundbuchamt in der **Fassung** der Eintragung an die im Ersuchen gewählte Formulierung nicht gebunden.[113] Nur ausnahmsweise ist der Wortlaut der Eintragung gesetzlich vorgeschrieben.[114]

---

[107] Vgl. JW 37, 3176; OLG München RdL 53, 216.
[108] Vgl. KG JFG 14, 176; 15, 138; KG HRR 33 Nr. 951.
[109] OLG Hamm Rpfleger 83, 481.
[110] BayObLG Rpfleger 82, 99.
[111] OLG Hamm Rpfleger 96, 338 für ein Umlegungsverfahren.
[112] KG Rpfleger 97, 154.
[113] KG JFG 14, 379.
[114] Vgl. z. B. § 34 LVO vom 2. 12. 1947 VOBlBZ 157 für die Fassung des Hofvermerkes.

Die ersuchende Behörde ist von der geschehenen Eintragung zu **verständigen**.[115] Sie ist verpflichtet, die Eintragung auf ordnungsgemäße Erledigung des Ersuchens nachzuprüfen.[116] **83**

Wurde dem Ersuchen um Eintragung eines Rechts zu Unrecht stattgegeben und fehlten die gesetzlichen Grundlagen für das Ersuchen oder die Eintragung, so ist die **Eintragung unwirksam**. Es ist dann nach § 53 zu verfahren. **84**

Im übrigen ist § 38 lediglich eine **Ordnungsvorschrift**. Das Grundbuchamt hat sie zu beachten, die Verletzung kann zu Amtshaftungen führen. **85**

IX. Rechtsmittel

Erfolgt auf das Ersuchen hin eine Zurückweisung oder Zwischenverfügung, so gelten für die Rechtsmittel die **allgemeinen Vorschriften**. Neben der Behörde sind auch die Beteiligten zur Einlegung der Rechtsmittel berechtigt.[117] Vgl. dazu im einzelnen § 71 Rdn. 77, 80. **86**

X. Kosten

1. Materielle Regelung

Ersucht ein **Gericht** um Eintragungen oder Löschungen, so sind die Eintragungen grundsätzlich gebührenfrei, ausgenommen in den Fällen des § 69 Abs. 2 der Kostenordnung. **87**

2. Kostenschuldner

2. Kostenschuldner ist grundsätzlich derjenige, dessen Interesse durch das Ersuchen wahrgenommen wird (§ 2 Nr. 2 Kostenordnung). Wird ein Ersteher eingetragen, so ist die Gebühr nur von diesem einzuheben. Werden im Rahmen eines Zwangsversteigerungsverfahrens Sicherungshypotheken für Forderungen gegen den Ersteher zur Eintragung ersucht, so haftet neben den Gläubigern auch der Ersteher als Gesamtschuldner (§ 4 Kostenordnung). **88**

3. Verzögerung unzulässig

Zu beachten ist, daß bei einem Ersuchen auf **Berichtigung des Grundbuchs** oder Eintragung eines **Widerspruches** mit der Eintragung nicht bis zum Eingang eines Kostenvorschusses gewartet werden darf (§ 8 Abs. 2 Satz 2 Kostenordnung). **89**

[Voreintragung des Betroffenen]

§ 39

(1) Eine Eintragung soll nur erfolgen, wenn die Person, deren Recht durch sie betroffen wird, als der Berechtigte eingetragen ist.

(2) Bei einer Hypothek, Grundschuld oder Rentenschuld, über die ein Brief erteilt ist, steht es der Eintragung des Gläubigers gleich, wenn dieser sich im Besitz des Briefes befindet und sein Gläubigerrecht nach § 1155 des Bürgerlichen Gesetzbuchs nachweist.

---

[115] § 55; KG KGJ 49, 240.
[116] OLG Dresden JFG 1, 409; RGZ 138, 116.
[117] KGJ 41, 254; KG JFG 5, 353.

§ 39

Übersicht

	Rdn.		Rdn.
I. Allgemeines		IV. Voreintragung des Betroffenen und des Rechts	
1. Ordnungsvorschrift	1	1. Richtige Voreintragung	18
2. Zweck	2	2. Person des Berechtigten	19, 20
3. Enge Auslegung	3	3. Völlige Richtigkeit	21
4. Abs. 2	4	4. Eigentümergrundschuld	22–32
5. Antragspflicht	5	V. Zeitpunkt	33
II. Eintragung		VI. Briefrecht	
1. Begriff	6	1. Allgemeines	34
2. Alle Eintragungen	7	2. Voraussetzungen	35
3. Neues Grundbuchblatt	8	3. Nachweis der Übergabezeit	36
4. Weitere Ausnahmen	9	4. Nachweis des Gläubigerrechts	37–44
III. Betroffen			
1. Betrofffenes Recht	10–12	5. Eintragung entbehrlich	45
2. Betroffener	13–17		

I. Allgemeines

1. Ordnungsvorschrift

1 Es handelt sich um eine Ordnungsvorschrift. Wird sie verletzt, so entstehen materiellrechtliche Folgen daraus nicht. Vom Grundbuchamt ist die Bestimmung jedoch stets zu beachten, selbst dann, wenn die Anwendung zwecklos ist.[1] Die Bestimmung ist auch auf die Berichtigung nach § 22 GBO anzuwenden.

2. Zweck

2 Der Zweck der Bestimmung des **Abs. 1** ist in sich zwiespältig. Die Bestimmung soll erreichen, daß der Stand des Grundbuches in allen Entwicklungsstufen klar und verständlich wiedergegeben wird.[2] Dies hat erhebliche praktische Bedeutung (vgl. Einl. C 5 ff.). Der Gedanke stößt jedoch mit dem ebenso allgemein gültigen Grundsatz zusammen, das Grundbuch nicht mit unnötigen Eintragungen zu belasten.[3] Es bestehen daher zahlreiche Ausnahmen (vgl. unten Rdn. 8, 9 und § 40). Anknüpfend an die materiellrechtliche Regelung des § 891 BGB soll dem Grundbuchamt die Prüfung der Verfügungsbefugnis erleichtert werden. Diese Legitimationsprüfung ist in jedem Fall notwendig.[4] Wäre das Grundbuchamt in dieser Prüfung ganz frei, so könnte es das materielle Recht des Bewilligenden nach § 19 auch gegen das Grundbuch für nachgewiesen halten und die Eintragung zu Lasten des bereits Eingetragenen aufgrund einer Bewilligung des Nichteingetragenen vollziehen. Der Nichteingetragene wäre also stärker als der Eingetragene; eine Möglichkeit, die materiell gerechtfertigt sein mag, die aber das Grundbuchrecht von seinem Standpunkt aus nicht hinnehmen kann, ohne sich mit sich selbst in Widerspruch zu setzen. Deshalb fordert § 39, daß der Bewilligende, um die Eintragung zu erreichen, als Berechtigter eingetragen sein muß. Das Grundbuchamt darf also die materielle Berechtigung des Bewilligenden erst dann für dargetan halten, wenn sie auch formell durch die vorhandene Eintragung gestützt ist.[5]

---

[1] Vgl. *Weber* DNotZ 55, 457.
[2] RGZ 133, 283; BGHZ 16, 101 = NJW 55, 342.
[3] *Weber* DNotZ a. a. O.
[4] Vgl. dazu *Riedel* DNotZ 54, 602; *Weber* a. a. O.
[5] Vgl. auch *Riedel* a. a. O.

Dieser Gedanke wird jedoch von der vorhandenen Regelung überspannt. Es würde genügen, daß der Bewilligende eingetragen werden könnte, daß er also die grundbuchmäßigen Unterlagen für seine Eintragung vorlegen kann.
Das Gesetz, wie es ist, zwingt immer zur Voreintragung, sogar wenn der so Eingetragene durch Übertragung oder Löschung seines Rechtes weiter verfügen, also sogleich aus dem Grundbuch wieder verschwinden will.

3. Enge Auslegung

Eine weite, die Zulässigkeit von Ausnahmen begünstigende Auslegung ist grundsätzlich nicht zulässig.[6] Jedoch hat die Rechtsprechung selbst immer wieder Wege gefunden, um die Eintragungen auf das wirklich Notwendige zu beschränken (vgl. dazu unten Rdn. 8, 9). Man wird daher mit *Weber*[7] die Auffassung vertreten müssen, daß die Bestimmung des Abs. 1 nur dann anzuwenden ist, wo die gesetzlichen Voraussetzungen vorliegen und Anlaß zu einer Erweiterung der Bestimmung durch Auslegung nicht besteht.

4. Abs. 2

Die Bestimmung des Abs. 2 ergibt sich aus der materiellrechtlichen Regelung des § 1115 BGB.

5. Antragspflichtig

Sie kann vom Grundbuchamt nicht von Amts wegen, sondern muß auf Antrag hin erfolgen. Auch der Vollstreckungsgläubiger hat ein Antragsrecht.[8]
Das Grundbuchamt kann jedoch durch Zwischenverfügung die Stellung eines entsprechenden Antrages veranlassen.[9]

II. Eintragung

1. Begriff

Unter Eintragung ist nur eine solche zu verstehen, welche das Recht des eingetragenen Berechtigten unmittelbar rechtlich verändert. Die Bestimmung gilt daher einerseits nicht für Eintragungen rein tatsächlicher Art, z. B. für solche, welche die Übereinstimmung mit dem Liegenschaftskataster herbeiführen sollen, oder für Eintragungen, die lediglich hinweisenden Charakter haben, beispielsweise Hof-Vermerke.

2. Alle Eintragungen

Andererseits gilt die Regelung des Abs. 1 für alle Eintragungen, durch welche ein Recht wirksam rechtlich beeinträchtigt werden kann. Dies gilt auch für die Eintragung einer Vormerkung auf Löschung eines altrechtlichen Rechtes.[10] Dabei spielt es keine Rolle, ob es sich um eine rechtsändernde oder berichtigende Eintragung oder Löschung handelt. Die Bestimmung gilt insbesondere auch bei der Eintragung und Löschung

---

[6] RG JFG 21, 332.
[7] A. a. O.
[8] Ebenso LG Neubrandenburg Rpfleger 95, 250.
[9] BayObLGZ 90, 51/57.
[10] LG Regensburg Rpfleger 76, 361.

von Vormerkungen,[11] Verfügungsbeschränkungen[12] und Widersprüchen.[13] Nicht dazu gehören jedoch Vormerkungen und Widersprüche nach § 18 Abs. 2.

Soll bei einem **buchungsfreien Grundstück** wegen einer erfolgten Eigentumsübertragung ein Grundbuchblatt angelegt werden, so ist Abs. 1 anzuwenden. Infolgedessen muß dies auf den Namen des Veräußerers geschehen.[14]

Die Bestimmung gilt auch für die Eintragung von Grundstücksvereinigungen und Bestandteilszuschreibungen.

3. Neues Grundbuchblatt

8 Jedoch braucht der alte Eigentümer bei Anlegung eines neuen Grundbuchblattes auf diesem nicht mehr vorgetragen zu werden. Außerdem kann dieser Grundsatz dann keine Geltung haben, wenn die eingetragenen Eigentümer beider betroffenen Grundstücke identisch sind. In diesem Fall wird durch die Voreintragung keine Beeinträchtigung des eingetragenen Rechtes herbeigeführt.[15] Grundstücksteilungen werden bei Aufrechterhaltung der Identität des Eigentümers ebensowenig betroffen.[16] Jedoch wird bei der Aufteilung in Wohnungseigentum stets eine rechtliche Veränderung vorgenommen. In diesem Fall muß daher § 39 voll zur Anwendung kommen. Auch bei Eintragung eines Zwangsversteigerungs- oder Zwangsverwaltungsvermerkes entfällt die Voreintragung.[17]

4. Weitere Ausnahmen

9 Weitere Ausnahmen vom Geltungsbereich des § 39 können sich aus dem Sinn und Zweck sonstiger Gesetzesnormen ebenfalls ergeben. Dies ist beispielsweise der Fall bei der Regelung des § 25 Abs. 2 Satz 2 BBauG; infolgedessen ist die Eintragung des aus einer Auflassungsvormerkung Berechtigten als Eigentümer zur Eintragung einer Vormerkung zum Vorbehalt von Rechten nach § 25 Abs. 2 BBauG nicht erforderlich.[18] Eine gesetzliche ausdrückliche Ausnahme enthält § 10 Nr. 3 Reichsvermögensgesetz vom 16. 5. 1961;[19] ebenso entfällt die Voreintragung bei Aufgebotsverfahren (§ 927 BGB) sowie bei Auflassung eines herrenlosen Grundstücks durch einen bestellten Vertreter (§ 58 ZPO) zur Erfüllung eines durch Vormerkung gesicherten Auflassungsanspruches,[20] oder bei Aneignung eines Grundstückes durch den Fiskus (§ 928 BGB).

III. Betroffen

1. Betroffenes Recht

10 a) Hierunter sind zu verstehen **alle dinglichen Rechte**, welche im Grundbuch eingetragen werden können, weiterhin auch Vormerkungen und Widersprüche sowie Verfügungsbeschränkungen; letztere, obwohl sie nur zum Zweck der Einengung der Verfügungsbefugnis des eingetragenen Berechtigten in das Grundbuch aufgenommen wer-

---

[11] RGZ 72, 276; BayObLG NJW 83, 1567.
[12] OLG Hamm JMBl. NRW 63, 181.
[13] KG HRR 28 Nr. 550.
[14] RG JFG 21, 329.
[15] Vgl. dazu KG OLG 8, 314; KGJ 27, 262.
[16] Strittig: ebenso Güthe/*Triebel* § 39 Anm. 5; Meikel/Imhof/*Riedel* § 39 Anm. 6; **a. A.** *Demharter* § 39 Rdn. 2.
[17] KG JFG 4, 301; LG Heidelberg BWNotZ 75, 135.
[18] LG Hamburg Rpfleger 62, 102; im Ergebnis zust. *Haegele* ebd.; vgl. auch *Weber* DNotZ 61, 249.
[19] BGBl. I 597.
[20] KG KGJ 51, 197.

den, da sie dennoch das Recht desjenigen verlautbaren, der als Begünstigter aus der Verfügungsbeschränkung aufgeführt ist.[21]

b) Das betroffene Recht muß in allen seinen Rechtsbeziehungen so **eingetragen sein, wie es der materiellen Rechtslage** und der sich anschließenden neuen Eintragung entspricht.[22] **11**

Kein betroffenes Recht liegt daher vor, wenn ein dingliches Recht noch nicht voll erworben ist (z. B. nach erklärter Auflassung), oder − bei Pfändungen − vor Erlaß des Pfändungsbeschlusses bereits die Abtretung des Rechtes im Grundbuch eingetragen war.[23]

Bei **berichtigenden Eintragungen** ist zu beachten, daß auch hier das Recht der Betroffenen eingetragen sein muß; die Anwendung der Bestimmung ist daher unzulässig, wenn bei einer Berichtigung das dingliche Recht bereits außerhalb des Grundbuchs auf einen weiteren Erwerber übergegangen ist.[24] Hier würde die Zwischeneintragung das Grundbuch unrichtig machen. **12**

2. Betroffener

a) Der **Begriff des Betroffenen** umfaßt wie bei § 19 (vgl. dazu § 19 Rdn. 50 ff.) nicht nur die mittelbar Beteiligten, sondern auch diejenigen, deren Rechtsstellung von der Rechtsänderung unmittelbar berührt wird (vgl. dazu § 19 Rdn. 57), oder deren Zustimmung zur Erklärung des unmittelbar Beteiligten erforderlich ist (z. B. Eigentümer, welcher der Löschung einer Hypothek zuzustimmen hat),[25] (vgl. auch § 19 Rdn. 58 ff.). **13**

b) Zu **unterscheiden** sind die Fälle der rechtsändernden und der rechtsberichtigenden Eintragungen.

aa) Bei **rechtsändernden Eintragungen** ist Betroffener der verfahrensrechtlich nachgewiesene Inhaber des Rechtes. Im gegensatz zur Eintragungsbewilligung, welche das Recht in der Veränderung betrifft und auf die Verfügungsbefugnis abstellt, kommt es hier auf die Inhaberschaft im Zustand der Ruhe an. Bei einer Gütergemeinschaft müssen daher beide Ehegatten, bei einer fortgesetzten Gütergemeinschaft sämtliche Mitglieder dieser Gemeinschaft eingetragen sein. **14**

Es müssen auch die für die **Gemeinschaft** der betroffenen Veräußerer maßgeblichen Rechtsverhältnisse oder ihre Anteile in Bruchteilen vor Eintragung des Erwerbers als Eigentümer im Grundbuch eingetragen worden sein.[26] Die Eintragung als Gesamtberechtigte genügt nicht. Möglich ist die Eintragung „in Wohnungseigentümergemeinschaft".[27]

Diese Erwägung bildet andererseits die Rechtfertigung der Praxis, welche die Eintragung eines Grundstückerwerbers aufgrund einer ihm nicht vom eingetragenen Eigentümer, sondern von einem nicht eingetragenen Zwischenerwerber erteilten Auflassung zuläßt − sogenannte Kettenauflassung.[28] Die Auflassung ist wirksam, da sie von Nichtberechtigten mit Zustimmung des Berechtigten, also von einem Verfügungsberechtigten (§ 185 BGB), ausgeht; der Vorschrift des § 39 ist genügt, da der Inhaber des Rechtes, auf den die Verfügungsmacht des Auflassenden zurückgeht, eingetragen ist. Das gleiche **15**

---

[21] Vgl. RGZ 83, 438 für den eingetragenen Nacherbenvermerk.
[22] BayObLGZ 53, 312 = DNotZ 53, 133; BGHZ 16, 101 = NJW 55, 342.
[23] OLG Frankfurt Rpfleger 97, 152.
[24] KG KGJ 38, 217.
[25] OLG München JFG 18, 201.

[26] OLG Hamm DNotZ 65, 408 = JMBl. NRW 64, 208.
[27] BayObLG Rpfleger 96, 21.
[28] KGJ 47, 185; RGZ 129, 153; *Weber* DNotZ 55, 457; *Benthien* Rpfleger 62, 370; vgl. auch *Vollkommer* Rpfleger 68, 377.

gilt bei Grundschuldbewilligung durch den (zweiten) Auflassungsempfänger.[29] Diese Einwilligung kann zum Nachteil des letzten Erwerbers bis zu dessen Eintragung jedoch jederzeit widerrufen werden durch formlos zulässige Aufhebung der ersten Auflassung.[30]

Der Schuldner ist zunächst als Eigentümer einzutragen, bevor eine Zwangshypothek eingetragen werden kann,[31] wenn nicht der Gläubiger den Eigentumsübertragungsanspruch hat pfänden lassen mit der Folge der Entstehung der Zwangshypothek kraft Gesetzes bei Eigentumsumschreibung (§ 1287 S. 2 BGB). Einzutragen ist auch der von einem einzutragenden Verfügungsverbot Betroffene als Eigentümer, auch wenn das Ersuchen gemäß § 941 ZPO vom Prozeßgericht ausgeht.[32]

16 bb) Handelt es sich um eine **berichtigende Eintragung**, so ist **nur das Buchrecht**, nicht das materielle Recht betroffen, da letzteres von der auf einer anderen Ebene erfolgenden Eintragung rechtlich nicht berührt wird.[33] In diesem Fall ist demnach der Vorschrift des § 39 stets genügt, da das Wesen des Buchrechts gerade in seinem Eingetragensein besteht.[34]

17 Bei einer **Parzellenverwechslung** ist eine neue Auflassung erforderlich, soweit nicht durch Anfechtung der Verträge wegen Irrtums eine solche unnötig wird.[35]

Zu den Fällen, in denen die Berichtigung nicht in der Löschung eines Rechts oder Eintragung des wahren Rechtsberechtigten besteht, vgl. § 22.

IV. Voreintragung des Betroffenen und des Rechts

1. Richtige Voreintragung

18 Das betroffene Recht und der Berechtigte müssen vollständig und der wirklichen Rechtslage entsprechend eingetragen sein.[36] Voreintragung des Betroffenen ist nicht erforderlich bei Eintragung eines Zwangsvollstreckungs- oder Zwangsverwaltungsvermerkes.[37]

2. Person des Berechtigten

19 Sie muß aus dem Grundbuch ersichtlich sein. Ein verstorbener Erbe des eingetragenen Erblassers kann grundsätzlich nicht eingetragen werden. Seine „unbekannten" Erben nur dann, wenn andernfalls eine einheitlich mögliche Grundbuchberichtigung nicht durchführbar wäre.[38] Bei mehreren ist die Angabe des Anteilsverhältnisses notwendig,[39] nicht genügend die Angabe „als Gesamtberechtigte", jedoch genügend „in Wohnungseigentümergemeinschaft".[40] Zu beachten ist aber die Vermutung des § 891 BGB. Privatschriftliche Abtretungs- und Rückabtretungserklärungen können die Vermutung widerlegen und wiederherstellen.[41]

20 Eine ursprünglich vorhandene oder nachträglich eingetretene **Unrichtigkeit in der Bezeichnung** des Berechtigten kann nicht beanstandet werden, beispielsweise die Be-

---

[29] BayObLGZ 70, 254 = DNotZ 71, 45.
[30] BayObLG DNotZ 73, 298.
[31] OLG Neustadt MDR 62, 486.
[32] OLG Hamm JMBl. NRW 63, 181.
[33] RGZ 133, 279.
[34] Vgl. KG in DFG 37, 186.
[35] RGZ a. a. O.; *Haegele* Grundbuchrecht Bem. 1812.
[36] BayObLGZ 52, 312 = DNotZ 53, 153; BGHZ 16, 101 = NJW 55, 342.
[37] LG Heidelberg BWNotZ 75, 135.
[38] BayObLGZ 94, 158 ff. = Rpfleger 95, 103, vgl. auch § 82.
[39] KGJ 41, 54; OLG Hamm DNotZ 55, 408.
[40] BayObLG Rpfleger 96, 21.
[41] BayObLG Rpfleger 92, 56.

zeichnung der eingetragenen Ehefrau mit ihrem Mädchennamen oder die Bezeichnung von Erben als „Deszendenten" einer bestimmten Person.[42]

Eine bloße **Unrichtigkeit in der Bezeichnung** liegt vor, wenn eine Kommanditgesellschaft nachträglich in eine Gesellschaft des bürgerlichen Rechts umgewandelt wurde,[43] wenn eine OHG nachträglich zu einer Kommanditgesellschaft wurde,[44] in Liquidation gegangen ist[45] oder lediglich die Firma geändert hat.

Ist eine **Vollmacht über den Tod hinaus** erteilt, der Vollmachtgeber gestorben und handelt der Bevollmächtigte aufgrund der erteilten Vollmacht, so ist trotz des Todes der Berechtigte richtig im Grundbuch angegeben. Einer der Eintragung vorausgehenden Berichtigung des Grundbuches durch Eintragung der Erben bedarf es daher nicht. Ist die Vollmacht von den Erben nicht widerrufen und sind die Erben im Grundbuch eingetragen, so bestehen ohnehin keine Probleme.

3. Völlige Richtigkeit

Eine Eintragung bildet ein einheitliches Ganzes. Infolgedessen muß auch das betroffene Recht in **allen** seinen Rechtsbeziehungen so eingetragen sein, wie es der materiellen Rechtslage und der sich anschließenden neuen Eintragung entspricht. 21

4. Eigentümergrundschuld

Bei der Verfügung über Eigentümergrundschulden ist zu unterscheiden, ob es sich um Verfügungen über eine bereits entstandene oder eine künftige Eigentümergrundschuld handelt: 22

a) Liegt eine Verfügung über eine aus einer Fremdhypothek hervorgegangene Eigentümergrundschuld vor, so ist nach einhelliger Auffassung der Rechtsprechung die Eintragung des Eigentümers als Gläubiger nicht erforderlich, weil der eingetragene Eigentümer als evtl. Inhaber der ihm nach den Regeln über die Eigentümerhypothek zufallenden, auf seinem Grundstück lastenden Hypotheken zu gelten hat; dementsprechend gelte der eingetragene Eigentümer auch als ein eingetragener Gläubiger einer entstandenen Eigentümergrundschuld.[46] Einer vorherigen Umschreibung auf den Namen des Eigentümers bedarf es auch dann nicht, wenn es sich bei dem zur Eigentümergrundschuld gewordenen Recht um eine Fremdgrundschuld handelt[47] und der Eigentümer in Abt. I eingetragen ist. Der Eigentümer muß jedoch nachweisen, daß er den Gläubiger wegen der Grundschuld befriedigt hat. Dies hat in der Form des § 29 zu geschehen.[48] Dies gilt auch für die Eintragung einer Vormerkung für den Anspruch des Hypothekengläubigers auf Abtretung der dem Eigentümer bei Nichtentstehen der Hypothekenforderung zustehenden Eigentümergrundschuld.[49] Bei Eintragung der **Pfändung** einer Eigentümergrundschuld muß grundsätzlich der wahre Berechtigte zuvor eingetragen sein. Statt dieser Berichtigung genügt es, daß der Pfändungsgläubiger in grundbuchgerechter Form (§ 29) den Nachweis führt, daß tatsächlich eine Eigentümergrundschuld für den eingetragenen Eigentümer entstanden ist.[50] 23

---

[42] KG KGJ 31, 266.
[43] BayObLGZ 48/51, 430 = NJW 52, 28.
[44] KG JFG 1, 371.
[45] KG JFG 4, 285; OLG Frankfurt Rpfleger 80, 61.
[46] KG JFG 487, 50, 210; OLG Köln NJW 61, 368 = Rpfleger 61, 206; LG Lübeck SchlHA 65, 170; KG Rpfleger 76, 136; OLG Hamm Rpfleger 90, 157; OLG Düsseldorf Rpfleger 96, 194 = DNotZ 96, 559.
[47] KG Rpfleger 76, 136; OLG Düsseldorf a. a. O.
[48] OLG Hamm a. a. O.
[49] BayObLG DNotZ 70 = Rpfleger 70, 24.
[50] Hans. OLG Rpfleger 76, 371.

§ 39

24 Die Voreintragung ist auch in diesen Fällen erforderlich, wenn die Hypothek auf einen von mehreren **Miteigentümern** übergegangen ist,[51] wenn an einer Gesamthypothek neben dem Eigentümer des belasteten Grundstücks noch andere Personen mitberechtigt sind oder die Eigentümergrundschuld wieder in eine Hypothek gleicher Art wie das ursprüngliche Recht umgewandelt werden soll.

25 Die vorherige Eintragung des bisherigen Eigentümers als Grundschuldgläubiger ist weiter auch erforderlich bei **Veräußerung des Grundstücks**, da in diesem Fall die Eigentümergrundschuld sich in eine Fremdgrundschuld wandelt.[52]

26 Steht die Eigentümergrundschuld nur einem **Vorerben** zu, so gilt sie als zur Vorerbschaft gehörend.[53]

27 Die mit der Eintragung einer Hypothek bis zu deren Valutierung entstandene **vorläufige Eigentümerschuld** ist im Grundbuch nicht eintragungsfähig.[54] Erst wenn die vorläufige Eigentümergrundschuld sich endgültig in eine unbedingte Eigentümergrundschuld verwandelt hat, können die hier aufgezeigten Grundsätze angewendet werden.

28 b) **Künftige Eigentümergrundschulden** können im Grundbuch **nicht** eingetragen werden. Soweit solche Verfügungen materiellrechtlich zulässig sind, sind sie nicht eintragungsfähig.[55] Ebensowenig können Vormerkungen zur Sicherung des Anspruchs auf solche Verfügungen eingetragen werden.[56]

29 Erfolgt **trotzdem** eine Eintragung, so ist diese **inhaltlich unzulässig**.[57] Für den materiellrechtlichen Bestand ist die Eintragung ohne Bedeutung. Die Löschung hat von Amts wegen zu erfolgen (vgl. § 53 Rdn. 6 ff.).

30 Eine Ausnahme von dieser Regel gilt für die Eintragung einer **Löschungsvormerkung** nach § 1179 n. F. BGB. Hier ist § 39 nicht anwendbar.[58]

Auch wenn die Hypothek bereits als Grundschuld auf den Eigentümer übergegangen ist, kann eine Löschungsvormerkung noch eingetragen werden, solange die Umschreibung auf den Eigentümer nicht erfolgt ist.[59] Soll auch der Fall der bereits erfolgten Vereinigung erfaßt werden, so ist dies in der Fassung zum Ausdruck zu bringen,[60] jedoch ist auch eine Bezugnahme auf die Eintragungsbewilligung zulässig.[61]

31 c) Hat ein Hypothekengläubiger das belastete Grundstück erworben und wird die dadurch aus der Hypothek entstandene **Eigentümergrundschuld gepfändet**, so ist weder die Eintragung des Eigentümers noch die Verwandlung der Hypothek in eine Grundschuld im Grundbuch zu vermerken. In diesem Fall ist der Pfändungsschuldner als der Berechtigte der Hypothek eingetragen. Die Voraussetzungen des § 39 Abs. 1 sind damit erfüllt. Ist der Pfändungsschuldner weder als Eigentümer noch als Gläubiger eingetragen, so genügt seine Eintragung entweder als Eigentümer oder als Inhaber der entstandenen Eigentümergrundschulden.

32 Gehört eine **Eigentümergrundschuld zum Nachlaß**, so kann die Pfändung des Erbteils bei der Eigentümergrundschuld nach Voreintragung der Erben vermerkt werden.[62]

---

[51] KG KGJ 41, 248.
[52] KG KGJ 36, 259.
[53] Vgl. KG JFG 1, 489.
[54] Vgl. RGZ 75, 251; BayObLGZ 69, 319 = Rpfleger 70, 24.
[55] Vgl. RGZ 145, 351.
[56] OLG Hamm Rpfleger 90, 157.
[57] Vgl. RG a. a. O.
[58] Vgl. OLG Oldenburg Nd. Rpfleger 56, 131;

LG Bonn DNotZ 55, 429; LG Braunschweig Nd. Rpfleger 57, 30; OLG Neustadt DNotZ 57, 33, dazu *Riedel* a. a. O.
[59] BayObLGZ 52, 142; OLG Braunschweig Rpfleger 64, 119.
[60] Vgl. dazu BayObLGZ a. a. O.
[61] BayObLGZ 56, 201 = DNotZ 56, 547.
[62] KG HRR 33 Nr. 140.

V. Zeitpunkt

Der Betroffene muß **spätestens** in dem Zeitpunkt als der Berechtigte eingetragen **33** sein, in dem die Eintragung erfolgen soll. War der Berechtigte früher eingetragen, ist er es jedoch nicht mehr im Zeitpunkt der beantragten Eintragung, so genügt dies nicht.[63] Eine gleichzeitige Eintragung des Berechtigten mit dem Vollzug der beantragten Eintragung genügt.

VI. Briefrecht

1. Allgemeines

Abs. 2 des § 39 stellt der in Abs. 1 enthaltenen Regelung einen gleichwertigen Tatbe- **34** stand an die Seite, weil entweder das Recht oder doch der Berechtigte sofort wieder aus dem Grundbuch verschwinden würden.

2. Voraussetzungen

Vorausgesetzt werden:

a) Eine **Brief**hypothek, -grundschuld oder -rentenschuld;
b) **Brief**besitz. Der Bewilligende muß Besitzer des Briefes sein. Erforderlich ist unmittelbarer oder mittelbarer Eigenbesitz.[64]

Nachweise sind insoweit grundsätzlich nicht erforderlich.[65] Wird der Brief vom be- **35** willigenden Gläubiger vorgelegt, so ist ordnungsgemäße Übergabe zu vermuten.[66] Solange dem Grundbuchamt infolgedessen nicht **Tatsachen** zur Kenntnis kommen, die eine Übergabe ausschließen, können weitere Nachweise nicht verlangt werden. Bloße Zweifel sind gegenüber der gesetzlichen Vermutung des § 1117 Abs. 2 BGB unbeachtlich (vgl. dazu auch § 29 Rdn. 129 ff.).

Zur verdeckten Pfandfreigabe vgl. ausführlich *Ertl*.[67]

3. Nachweise der Übergabezeit

Nachzuweisen ist die Zeit der Übergabe dagegen, wenn der Zeitpunkt für den **36** Rechtserwerb erheblich ist,[68] z. B. im Fall des Konkurses des Zedenten. Ebenso ist ein Nachweis erforderlich, wenn ein Pfändungsgläubiger oder sonstiger Dritter den Brief vorlegt. Es genügt jedoch zum Nachweis eine entsprechende Erklärung des Rechtsvorgängers in der Abtretungsurkunde.

4. Nachweis des Gläubigerrechts

Er ist zu führen durch eine zusammenhängende, auf einen eingetragenen Gläubiger **37** zurückzuführende Reihe von öffentlich beglaubigten Abtretungserklärungen, gerichtlichen Überweisungsbeschlüssen oder öffentlich beglaubigten Anerkenntnissen eines Rechtsüberganges kraft Gesetzes (§ 1155 BGB).

a) **Öffentlich beglaubigte Abtretungserklärungen.** Die öffentliche Beglaubigung wird **38** durch die notarielle Beurkundung ersetzt (§ 129 Abs. 2 BGB). Nur unbedingte und

---

[63] OLG Dresden OLG 3, 3.
[64] RGZ 86, 264.
[65] KG KGJ 32, 287.
[66] §§ 1117 Abs. 3, 1154 Abs. 1 BGB; RGZ 93, 43.
[67] DNotZ 90, 684 ff.
[68] KG KGJ 40, 279; OLG Hamm Rpfleger 95, 292.

§ 40 I. Grundbuchordnung

unbefristete Erklärungen werden von der Bestimmung erfaßt, da anderenfalls der Nachweis ohne weitere Urkunden als den in § 1155 BGB erwähnten nicht eingeführt werden kann.

Der **Zeitpunkt** der Beglaubigung ist unwesentlich.

39 Die **Abtretungserklärung** wird ersetzt durch Eintragungsbewilligung (§ 26), Rechtsfolgezeugnis (§ 37), rechtskräftiges Urteil auf Abtretung (§ 884 ZPO) und bei Gerichtsvollzieherversteigerung das entsprechende Protokoll (§ 844 ZPO);[69] auch der Veräußerungsbeschluß genügt.[70] Hat ein Bevollmächtigter abgetreten, so ist die Vollmacht nachzuweisen.[71]

40 b) **Gerichtliche Überweisungsbeschlüsse.** Nur Überweisungen an Zahlungs Statt (§ 835 Abs. 2 ZPO) kommen in Betracht, nicht Überweisungen zur Einziehung, da diese das Recht nicht übertragen. Die Überweisung darf auch nicht das Endglied der Reihe bilden, da sie einen rechtsgeschäftlichen Erwerb nicht darstellt und daher durch den öffentlichen Glauben des Grundbuchs, auf den die Vorschrift des § 39 Abs. 2 letzten Endes zurückgeht, nicht geschützt wird. Überträgt der Berechtigte jedoch weiter, so gilt Abs. 2 uneingeschränkt.

41 c) **Öffentlich beglaubigte Anerkenntnisse** des gesetzlichen Rechtsübergangs, d. h. rechtsgeschäftliche Anerkennungserklärungen des bisherigen Gläubigers,[72] daß das Recht aufgrund bestimmt bezeichneter Tatsachen kraft Gesetzes dem neuen Gläubiger zusteht.[73] **Andere Urkunden,** die nur den gesetzlichen Übergang durch rechtliche Schlußfolgerung beweisen, genügen nicht, z. B. löschungsfähige Quittung, Verzicht[74] oder Löschungsbewilligungen.[75]

42 Die Urkunden müssen in **ununterbrochenem Zusammenhang** auf einen eingetragenen Berechtigten zurückführen. Trotz der Ausdrucksweise (§ 1155 BGB) genügt bereits eine **einzige** derartige Zwischenurkunde.[76] Die Ausdrucksweise des § 1155 BGB ist auf das materielle Recht zugeschnitten. Als eingetragener Berechtigter gilt bei einer Eigentümergrundschuld auch der eingetragene Grundstückseigentümer.

Daraus ergibt sich:

43 aa) nur **privatschriftlich** nachgewiesene Übergänge unterbrechen den Zusammenhang. Erfolgt keine nachträgliche Beglaubigung, so ist eine Voreintragung notwendig.

44 bb) durch einen **Erbfall** wird die Reihe nicht unterbrochen. Gleichgültig ist, ob der Erwerb durch Erbfolge einer Übertragungserklärung folgt[77] oder vorgeht.[78]

5. Eintragung entbehrlich

45 Der so ausgewiesene Briefbesitzer braucht nicht als Berechtigter eingetragen zu werden, gleichgültig, welche Eintragung bezüglich des Rechtes beantragt ist.

[Ausnahmen vom Voreintragungszwang]

§ 40

(1) Ist die Person, deren Recht durch eine Eintragung betroffen wird, Erbe des eingetragenen Berechtigten, so ist die Vorschrift des § 39 Abs. 1 nicht anzuwenden, wenn

---

[69] KG KGJ 31, 317.
[70] KG HRR 35 Nr. 1592.
[71] RGZ 151, 80.
[72] KG KGJ 52, 189.
[73] RG Warn 30 Nr. 163.
[74] KG JFG 3, 397.
[75] RG HRR 30 Nr. 398.
[76] RGZ 86, 262.
[77] Vgl. RGZ 88, 349; KG KGJ 36, 244.
[78] A. A. KG KGJ 36, 244.

die Übertragung oder die Aufhebung des Rechts eingetragen werden soll oder wenn der Eintragungsantrag durch die Bewilligung des Erblassers oder eines Nachlaßpflegers oder durch einen gegen den Erblasser oder den Nachlaßpfleger vollstreckbaren Titel begründet wird.

(2) Das gleiche gilt für eine Eintragung auf Grund der Bewilligung eines Testamentsvollstreckers oder auf Grund eines gegen diesen vollstreckbaren Titels, sofern die Bewilligung oder der Titel gegen den Erben wirksam ist.

Übersicht

	Rdn.		Rdn.
I. Allgemeines		IV. Übergang oder Aufhebung eines Rechts	
1. Zweck	1		
2. Inhalt	2	1. Keine Voreintragung des Erben	17
II. Begriff des „Erben"			
1. Erbfolge	3–8	2. Rechtsgrundlage unerheblich	18–21
2. Andere Fälle der Gesamtrechtsnachfolge	9–12	V. Sonstige Eintragungen	
III. Voreintragung des Erblassers		1. Grundsatz	22
1. Eintragung	13, 14	2. Besondere Eintragungsunterlagen	23–26
2. Der Eintragung wird gleich geachtet	15, 16	3. Vollstreckbarer Titel	27

I. Allgemeines

1. Zweck

Die Bestimmung will den Grundbuchverkehr erleichtern und den Beteiligten Kosten sparen. Die Reichweise der Bestimmung ist durch die Rechtsprechung bereits stark über den Wortlaut hinaus ausgedehnt, doch bleiben oft zahlreiche Fälle, die auch bei weitester Auslegung nicht davon erfaßt werden können, obwohl dies sachlich durchaus gerechtfertigt wäre. **1**

2. Inhalt

Unter **Recht** sind alle dinglichen Rechte zu verstehen, jedoch nicht der Erbteil selbst. Auf dessen Übertragung ist § 40 Abs. 1 GBO nicht anzuwenden.[1] **2**

Durch die Bestimmung wird lediglich das Grundbuchamt gehindert, die Eintragung der Erben durch Zwischenverfügung zu verlangen. Der Erbe selbst kann jederzeit seine Eintragung beantragen. Das Grundbuchamt hat außerdem die Möglichkeit, nach §§ 82 ff. die Stellung eines entsprechenden Antrages letztlich zu veranlassen.

II. Begriff des „Erben"

1. Erbfolge

Derjenige, dessen Recht im Sinne des § 39 von einer Eintragung betroffen wird, also der prozessual nachgewiesene Inhaber des Rechtes, muß dies Recht durch **Erbfolge** erworben haben.

---

[1] BayObLG Rpfleger 95, 103 = NJWRR 95, 272 = MittBayNot 94, 435 = MittRhNot 94, 254.

§ 40

3   a) **Erbe** im Sinne dieser Bestimmung sind der Alleinerbe, der Erbeserbe,[2] der Vorerbe,[3] der Nacherbe nach Eintritt des Nacherbfalles. Erbe ist weiter die Miterbengemeinschaft — nicht der einzelne Miterbe[4] —; der Vermerk der Übertragung des Erbanteils auf einen Dritten ist nur möglich bei gleichzeitiger Buchung der ganzen Erbengemeinschaft.[5]

4   b) **Keine Erben** im Sinne dieser Bestimmung sind Vermächtnisnehmer und Erbschaftskäufer sowie Pflichtteilsberechtigte und der Erwerber aufgrund Schenkung von Todes wegen. Die sämtlichen hier bezeichneten Berechtigten erwerben durch rechtsgeschäftliche Übertragung. Das gleiche gilt von einem Miterben, der ein Nachlaßgrundstück im Weg der Auseinandersetzung erworben hat. Zur Auseinandersetzung von Betriebsgrundstücken einer Personalgesellschaft nach Erbfällen vgl. *Fischer*.[6] Veräußert der Erbanteilserwerber zusammen mit den übrigen Miterben ein Nachlaßgrundstück, so ist zur Eintragung des Erwerbers des Grundstücks die vorherige Eintragung des Erbanteilserwerbs und der Miterben nicht erforderlich.[7]

5   c) Liegt **Vorerbschaft** vor, so ist zu unterscheiden:
Liegt eine der in Abs. 1 oder Abs. 2 genannten **Eintragungsunterlagen** vor, so erübrigen sich Voreintragung des Vorerben und Nachweis der Zustimmung des Nacherben. Anderenfalls gilt:

6   aa) Bei **Übertragung eines Rechtes** bedarf es keiner Voreintragung, wenn die Zustimmung des Nacherben[8] oder — bei befreiter Vorerbschaft — die Entgeltlichkeit der Verfügung nachgewiesen wird; nur unter diesen Voraussetzungen reicht die Bewilligung des Vorerben aus, solange das Recht des Nacherben nicht eingetragen ist oder gleichzeitig eingetragen wird. Statt der Zustimmung genügt auch der nachgewiesene Verzicht der Nacherben auf die Eintragung des Nacherbenvermerks.[9] Will oder kann der Vorerbe die notwendigen Nachweise nicht erbringen, so muß er auf die durch § 40 gewährte Erleichterung verzichten und sich eintragen lassen. Dann greift § 51 ein. Das Recht des Nacherben wird von Amts wegen vermerkt, und der Vorerbe kann nunmehr, da der Nacherbe geschützt ist und sein Recht nicht mehr entgegensteht, durch Übertragung des Rechtes verfügen. Stellt der Vorerbe keinen entsprechenden Antrag, so ist zurückzuweisen.[10] Wird der Vorerbe nicht eingetragen, ist die Eintragung des Nacherbenvermerkes unzulässig;[11] in einem solchen Fall wäre ein dem Nacherben gegenüber wirksamer Rechtserwerb durch einen gutgläubigen Dritten möglich.

Wird im Rahmen einer Auseinandersetzung ein Grundstück einem Vorerben zu Alleineigentum zugewiesen, so ist, wenn die Auseinandersetzung den Nacherben gegenüber wirksam ist, nur der Nacherbe des betroffenen Vorerben im Grundbuch zu vermerken. Einer Voreintragung der Vorerbengemeinschaft bedarf es nicht. Ist die Auseinandersetzung jedoch den Nacherben gegenüber nicht wirksam, so ist die Vorerbengemeinschaft insgesamt voreinzutragen.[12]

7   bb) Bei **Löschung eines Rechtes** sind stets die genannten Nachweise vorzulegen. Voreintragung wäre bedeutungslos, da die Schutzwirkung des Nacherbenvermerkes mit der Löschung des Rechtes bedeutungslos wird.[13]

---

[2] RGZ 53, 298; KGJ 49, 174.
[3] RGZ 65, 218.
[4] KG JFG 22, 161.
[5] OLG Hamm DNotZ 66, 744; BayObLG Rpfleger 95, 103.
[6] NJW 57, 894.
[7] KG OLG 4, 189; KGJ 44, 240.
[8] OLG Hamm Rpfleger 95, 210.
[9] BayObLGZ 89, 185 = Rpfleger 89, 412 = DNotZ 90, 50; s. auch Erl. zu § 51.
[10] RGZ 65, 217.
[11] KG KGJ 30, 216.
[12] Vgl. dazu näher *Deimann* Rpfleger 78, 244.
[13] RGZ 102, 337; KG JFG 15, 188; OLG München KG JFG 21, 84.

cc) Das Grundbuchamt ist zur Einhaltung der vorerwähnten Grundsätze verpflichtet. Werden sie verletzt, so kann ein **Verstoß** dagegen das Grundbuch unrichtig machen.[14]

2. Andere Fälle der Gesamtrechtsnachfolge

Durch die Rechtsprechung ist der § 40 auf andere erbgangsähnliche Fälle der Gesamtrechtsnachfolge **ausgedehnt** worden.

Für den Erbgang typisch ist der Eintritt in die gesamten Rechtsverhältnisse einer weggefallenen Person kraft Gesetzes. Nicht möglich ist daher die Anwendung auf einen Wechsel im Bestand der Mitglieder einer BGB-Gesellschaft unter Lebenden.[15]
Es gehören hierher:

a) der Anfall des **Vereins- oder Stiftungs**vermögens **an den Fiskus**.[16]

b) Vermögensübergang bei **Umwandlung von Kapitalgesellschaften oder Personalhandelsgesellschaften** gemäß §§ 5, 44 Abs. 1, 49 Abs. 2 Umwandlungsgesetz.[17] Dem steht gleich der Übergang des Vermögens einer Aktiengesellschaft gemäß §§ 346 Abs. 3, 353 Abs. 5, 359 Abs. 2 Aktiengesetz, einer Genossenschaft gemäß § 93 e) Abs. 1 GenG sowie eines Versicherungsvereins auf Gegenseitigkeit gemäß §§ 44a) Abs. 3, 4, 44b) Abs. 2, VAG.

c) Die Fälle des **Rechtsüberganges durch Staatensukzession** (z. B. Art. 135 Abs. 2, 3, 6 GrundG), **Eingemeindung** oder **Teilung von Gemeinden** in Einzelgemeinden.[18]

d) Die Fälle des Rechtsübergangs durch Entstehen der ehelichen oder fortgesetzten **Gütergemeinschaft**. Die Mitglieder dieser Gemeinschaften müssen bei Übertragung oder Löschung eines zum Gesamtgut gehörenden Rechtes auch dann nicht eingetragen werden, wenn das betroffene Recht bisher nur auf den Namen eines Ehegatten eingetragen war,[19] eine entsprechende Anwendung auf sonstige Eintragungen ist jedoch nicht möglich. Keine Rolle spielt, wann die Gütergemeinschaft entstanden ist. Gleichgültig ist daher, ob die Gütergemeinschaft schon bei Eintragung des Rechtes vorhanden war oder erst später entstanden ist.

III. Voreintragung des Erblassers
1. Eintragung

Der Erblasser (oder sonstiger Rechtsvorgänger) muß eingetragen sein. Ist dies nicht der Fall, so verbleibt es bei dem Grundsatz des § 39. Ein verstorbener Erbe des eingetragenen Erblassers kann nicht eingetragen werden, die Eintragung seiner „unbekannten Erben" ist ausnahmsweise dann zulässig, wenn anderenfalls eine nur einheitlich mögliche Grundbuchberichtigung nicht durchführbar wäre (s. Rdn. 2). Ist der Erblasser selbst durch Rechtsübergang außerhalb des Grundbuchs Eigentümer geworden und vor entsprechender Grundbucheinrichtung verstorben, so soll die entsprechende Berichtigung auf ihn unzulässig sein;[20] dies ist grundbuchrechtlich formal richtig, verläßt jedoch den Grundgedanken der Bestimmung des § 40, Vollstreckungen im Grundbuch zu erleichtern, wenn die Rechtsnachfolge nach der Person des Schuldners als solche

---

[14] KGJ 52, 143.
[15] KG Rpfleger 92, 430.
[16] §§ 45 Abs. 3, 46, 88 BGB; KG JFG 1, 292.
[17] BGBl. 69 I 2081.
[18] RGZ 86, 286; KG KGJ 52, 188; RGZ 87, 284; KGJ 41, 216.
[19] KG JFG 1, 295.
[20] KG Rpfleger 75, 133.

klar ist, die Erbermittlung aber die Vollstreckung behindern würde. Von dem Grundgedanken der Bestimmung aus kann es keinen Unterschied machen, ob zufälligerweise die vorhergehende Berichtigung des Grundbuchs zu Lebzeiten des Erblassers erfolgt ist oder nicht.[21]

Bei einer **Vor- und Nacherbschaft** ist nach Eintritt des Nacherbfalles zu unterscheiden:

14 Wurde anstelle des Erblassers der Vorerbe eingetragen, so braucht nach Eintritt des Nacherbfalles der Nacherbe seinerseits nicht eingetragen werden.[22] Ist der Vorerbe noch nicht eingetragen, so verbleibt es bei der Regelung des § 40. War der Erblasser nicht eingetragen, so ist der Nacherbe einzutragen; die Eintragung des Vorerben ist in jedem der beiden Fälle überflüssig, da der Nacherbe nur Erbe des Erblassers, nicht des Vorerben ist.

2. Der Eintragung wird gleich geachtet

15 a) bei Briefrechten der Fall des § 39 Abs. 2; die Eintragung des Erben ist infolgedessen überflüssig, wenn er sich im Besitz des Briefes befindet und das Gläubigerrecht des Erblassers gemäß § 1155 nachweist.[23]

16 b) bei **Eigentümergrundpfandrechten**, wenn der Erblasser als Grundstückseigentümer eingetragen ist und eine Eigentümerhypothek oder -grundschuld erworben hat.[24] Dasselbe wird zu gelten haben, wenn der Erbe des eingetragenen Eigentümers das Eigentümerpfandrecht erworben hat.[25]

IV. Übergang oder Aufhebung eines Rechts

1. Keine Voreintragung des Erben

17 Hier ist die Voreintragung des Erben stets überflüssig. Da in diesen Fällen entweder das Recht oder der Berechtigte gleich wieder aus dem Grundbuch verschwinden würde, hält es das Gesetz für gerechtfertigt, den starren Eintragungszwang zu lockern, um dem Erben Kosten zu sparen. Diesem Gedanken wird insoweit auch der innere Zusammenhang des Grundbuchs zum Opfer gebracht.

Verfügt ein **Vorerbe** zugunsten eines Dritten über ein zum Nachlaß gehörendes Grundstück, so scheidet wegen § 51 die unmittelbare Eintragung des Dritten nach § 40 in der Regel aus.[26] Dies gilt dann nicht, wenn der Nacherbe der Verfügung zugestimmt hat (vgl. § 51 Rdn. 27) oder der Nacherbe auf die Eintragung des Nacherbenvermerkes verzichtet hat[27] (vgl. § 51 Rdn. 17). Diesen Verzicht kann auch der Nacherbentestamentsvollstrecker erklären, selbst dann, wenn er mit Vorerbe ist, da dieser Verzicht keine Verfügung über das Nacherbenrecht oder einen Nachlaßgegenstand darstellt.[28] Eine Übertragung der Erklärung darauf, ob sie zweckmäßig ist und ordnungsmäßiger Wahrnehmung der Interessen des Nacherben entspricht, steht dem Grundbuchamt nicht zu. § 181 GBG ist nicht anwendbar.[29]

---

[21] Vgl. dazu i. E. *Hagena* Rpfleger 75, 389.
[22] KG KGJ 51, 191.
[23] KG KGJ 36, 244; RGZ 88, 349.
[24] KG KGJ 25, 303.
[25] KG KGJ 28, 289.
[26] BayObLGZ 89, 185.
[27] OLG Hamm FGPrax 95, 7 = Rpfleger 95, 209.
[28] BayObLG a. a. O.
[29] BayObLG a. a. O.

2. Rechtsgrundlage unerheblich

Unerheblich ist, auf welcher Grundlage die Eintragung der Übertragung oder Aufhebung beruht, ob auf Bewilligung der Erben oder auf anderen Unterlagen; unerheblich ist auch, ob sie rechtsändernd oder berichtigend ist. **18**

a) **Übertragung** ist neben der rechtsgeschäftlichen Abtretung und Auflassung auch die Übertragung kraft Gesetzes oder aufgrund richterlicher Anordnung; auch die Überweisung an Zahlungs Statt ist eine Übertragung. Sie kann im Gegensatz zu einer etwa vorhergehenden selbständigen Pfändung ohne Voreintragung des betroffenen Erben geschehen. **19**

Auch die Übertragung eines realen Teiles eines Rechtes fällt unter die Bestimmung;[30] dagegen nicht Übertragung eines Bruchteils des für den Erblasser eingetragenen Rechts, da diese zugleich eine inhaltliche Änderung des dem Erben verbleibenden Teiles mit sich bringt.

Gleichzustellen ist der Übertragung eines Rechtes dessen Sicherung durch Eintragung einer **Vormerkung** oder eines **Widerspruchs**.[31] **20**

Gleichgültig ist, ob die Übertragung mit einer **Belastung**,[32] **Inhaltsänderung**[33] oder **Rangänderung**[34] verbunden ist.

b) Zur **Aufhebung** gehören neben der Löschung eingetragener Rechte der Verzicht auf das Eigentum (§ 928 BGB) sowie die Pfandfreigabe von Trennstücken,[35] da es gleichgültig ist, ob das Recht ganz oder teilweise aufgehoben wird. Die Begründung von Wohnungseigentum durch einseitigen Antrag (§ 8 WEG) hebt das bisherige Alleineigentum am Grundstück durch Begründung einer neuen Eigentumsform auf. Sie ist daher ebenfalls von diesem Begriff erfaßt. Auf dem alten Grundbuchblatt ist der Erbe daher keinesfalls zu vermerken. Kann auf dem neuen Grundbuchblatt der neue Erwerber (Käufer) sofort vorgetragen werden, so ist § 40 seinem Grundgedanken nach unmittelbar gegeben. Das Grundbuchblatt ist daher auf den neuen Erwerber anzulegen. Ist dessen sofortige Eintragung nicht möglich, so ist der Erbe als Eigentümer einzutragen (vgl. § 39 Rdn. 8). **21**

V. Sonstige Eintragungen

1. Grundsatz

Sollen andere Eintragungen (Belastung, Änderung des Inhalts oder Ranges, Vormerkung, Widerspruch, Verfügungsbeschränkung) bezüglich eines vererbten Rechtes bewirkt werden, so kann dies nur dann ohne Voreintragung des Betroffenen geschehen, wenn sie entweder auf bestimmt bezeichneten, besonderen Eintragungsgrundlagen beruhen oder durch einen vollstreckbaren Titel ausgewiesen sind. **22**

2. Besondere Eintragungsunterlagen

Eintragungsbewilligung des Erblassers, des Testamentsvollstreckers oder des Nachlaßpflegers. Als Nachlaßpfleger ist auch der **Nachlaßverwalter** anzusehen.

a) Es muß eine **Eintragungsbewilligung** gemäß § 19 gegeben sein. Schuldrechtliche Verpflichtungen des Erblassers zur Eintragung oder Ermächtigung des Erben zu einer Eintragung im Testament genügen nicht.[36] **23**

---

[30] KG JFG 7, 372.
[31] KG JFG 7, 333; 16, 312.
[32] KG DRZ 31, 511.
[33] KG KGJ 36, 240.
[34] KG JFG 7, 372.
[35] KG KGJ 23, 151.
[36] OLG Darmstadt KGJ 50, 239.

§ 41

24   b) Eine Eintragungsbewilligung des Erblassers oder eines Nachlaßpflegers genügt immer, da sie den Erben bindet; das gleiche gilt für die Bewilligung eines Nachlaßverwalters.[37]

25   c) Die Eintragungsbewilligung des **Testamentsvollstreckers** genügt nur dann, wenn sie gegen den Erben wirksam ist, also im Rahmen der Befugnisse des Testamentsvollstreckers liegt (§§ 2205 bis 2209 BGB).

Ist der Erbe seinerseits verstorben, so genügen auch die Bewilligungen der für seinen **Nachlaß** bestellten oben genannten Personen, da die Bestimmung auch für Erbeserben gilt.[38] Zur Vollm. über d. Tod hinaus vgl. § 39 Rdn. 20.

26   d) Besonders zu beachten ist, daß stets bei Vorliegen einer Eintragungsbewilligung eines Testamentsvollstreckers oder Nachlaßpflegers in dem bezeichneten Umfang weder eine Voreintragung der Erben noch eine Voreintragung des Testamentsvollstreckers oder Nachlaßpflegers erforderlich ist. Jedoch muß die Bewilligung des Nachlaß**pflegers** innerhalb der Grenzen seiner Verfügungsmacht liegen; insbesondere ist daher zu prüfen, ob die etwa erforderliche nachlaßgerichtliche Genehmigung vorliegt.

3. Vollstreckbarer Titel

27   a) **Titel:** Jeder Titel genügt, welcher Eintragungsunterlagen unmittelbar oder mittelbar ersetzen kann (§§ 704, 794, 804, 932, 936 ZPO). In Frage kommen insbesondere neben Urteilen, welche eine Bewilligung ersetzen,[39] Urteile, die auf Zahlung einer Geldsumme lauten, aufgrund deren die Eintragung einer Sicherungshypothek verlangt wird. Auch Pfändungsbeschlüsse genügen, da hier mittelbare Grundlage der Eintragung der Vollstreckungstitel ist.[40] Im Verwaltungszwangsverfahren steht die Feststellung der Vollstreckungsbehörde, daß ein vollstreckbarer Anspruch vorhanden ist, einem vollstreckbaren Titel gleich.[41] Weiter gehören hierher einstweilige Verfügungen und vollstreckbare Entscheidungen gemäß § 25.

28   b) Der Titel muß **vollstreckbar** sein. Ist er nur vorläufig vollstreckbar, so kann lediglich eine Vormerkung oder ein Widerspruch ohne vorherige Eintragung der Erben erfolgen (§ 895 ZPO).

29   Eine Vollstreckungsklausel ist **nicht** erforderlich bei einem die Bewilligung ersetzenden Urteil gemäß § 894 Abs. 1 Satz 1 ZPO. Hier gilt die Erklärung mit der Rechtskraft bzw. Verkündung des Urteils als abgegeben.

30   c) Liegt der **Beginn der Zwangsvollstreckung vor dem Tod des Erblassers,** so kann die Vollstreckung mit der alten Vollstreckungsklausel gegen den Erblasser auch in andere Nachlaßgegenstände fortgesetzt werden (§ 779 ZPO). In allen übrigen Fällen muß die Klausel umgestellt und zugestellt worden sein (§§ 727, 750 ZPO). Bei Titeln gegen den Testamentsvollstrecker ist § 748 ZPO einschlägig. Danach entfällt die Voreintragung der Erben nur im Fall der in § 748, Abs. 1 ZPO aufgeführten Möglichkeiten.

[Vorlegung des Hypothekenbriefs]

§ 41

(1) Bei einer Hypothek, über die ein Brief erteilt ist, soll eine Eintragung nur erfolgen, wenn der Brief vorgelegt wird. Für die Eintragung eines Widerspruchs bedarf es

---

[37] RG JFG 13, 388.
[38] Vgl. KG KGJ 49, 176.
[39] § 894 ZPO.
[40] KG JFG 14, 329.
[41] KG JFG 14, 324.

der Vorlegung nicht, wenn die Eintragung durch eine einstweilige Verfügung angeordnet ist und der Widerspruch sich darauf gründet, daß die Hypothek oder die Forderung, für welche sie bestellt ist, nicht bestehe oder einer Einrede unterliege oder daß die Hypothek unrichtig eingetragen sei. Der Vorlegung des Briefes bedarf es nicht für die Eintragung einer Löschungsvormerkung nach § 1179 des Bürgerlichen Gesetzbuchs.

(2) Der Vorlegung des Hypothekenbriefs steht es gleich, wenn in den Fällen der §§ 1162, 1170, 1171 des Bürgerlichen Gesetzbuchs auf Grund des Ausschlußurteils die Erteilung eines neuen Briefes beantragt wird. Soll die Erteilung des Briefes nachträglich ausgeschlossen oder die Hypothek gelöscht werden, so genügt die Vorlegung des Ausschlußurteils.

Übersicht

	Rdn.		Rdn.
I. Allgemeines		2. Sonderfälle	11
1. Inhalt	1	IV. Verfahren des GBA	12, 13
2. Zweck	2	V. Ersatz für die Vorlegung des Briefes	14–16
II. Voraussetzungen der Vorlegungspflicht		VI. Weitere Ausnahmen vom Vorlegungszwang	
1. Briefhypothek	3	1. Nach GBO	17–22
2. Eintragung	4	2. Nach Bundesrecht	23
3. Eintragung „bei" einer Briefhypothek	5–8	3. Nach Landesrecht	24–26
III. Vorlegungspflicht		VII. Verletzung der Vorschrift	27
1. Beschaffung des Briefes	9, 10		

I. Allgemeines

1. Inhalt

§ 41 Abs. 1 Satz 1 stellt für Eintragung bei Briefhypotheken eine **weitere** Eintragungsvoraussetzung auf: Die Vorlegung des Hypothekenbriefes. Dieses Erfordernis ist unverzichtbar für das Grundbuchamt.[1]

Abs. 1 Satz 2 enthält eine Ausnahme von dieser Regelung; Abs. 2 führt gewisse Tatbestände ab, die der Briefvorlage gleichwertig sind.

Abs. 1 Satz 3 schafft Sonderrechte für Löschungsvormerkungen nach neuem Recht.

2. Zweck

Die Regelung des Abs. 1 Satz 1 beruht auf zwei Erwägungen:

Zunächst soll, da die Briefhypothek außerhalb des Grundbuches übertragen werden kann, durch den Zwang, den Brief vorzulegen, die Prüfung der Verüfungsberechtigung des Bewilligenden ermöglicht werden. Ferner dient sie in Verbindung mit § 62 der Erhaltung der Übereinstimmung zwischen Grundbuch und Brief.[2] Da der Brief selbst keinen öffentlichen Glauben genießt, sondern nur im Stande ist, den öffentlichen Glauben des Grundbuchs zu zerstören (§ 1140 BGB), kann sich ein Erwerber der Hypothek gegenüber dem richtigen Grundbuch nicht auf den unrichtigen Inhalt des Briefes berufen.

---

[1] OLG Düsseldorf Rpfleger 95, 105.

[2] Ebenso OLG Frankfurt Rpfleger 79, 205.

§ 41

II. Voraussetzungen der Vorlegungspflicht
1. Briefhypothek

3 Die in Frage stehende Eintragung muß eine Briefhypothek betreffen; Buchhypotheken, über die versehentlich ein Brief erteilt worden ist oder bei denen versehentlich der früher erteilte Brief bei der Umwandlung des Rechts in eine Buchhypothek nicht unbrauchbar gemacht wurde, sind keine Briefhypotheken.

2. Eintragung

4 Es muß eine Eintragung bei der Briefhypothek in Frage stehen. Andere Tätigkeiten des Grundbuchamtes (Gestattung der Einsicht, Erteilung von Abschriften) sind jedenfalls von § 41 nicht erfaßt; es kann sich bei ihnen die Notwendigkeit der Briefvorlage aus anderen Gründen ergeben.

3. Eintragung „bei" einer Briefhypothek

Es muß sich um eine Eintragung **bei** der Hypothek handeln.

5 a) **Auszuscheiden** sind alle **Eintragungen tatsächlicher Art.** Auf diese beziehen sich die Vorschriften des Abschnittes 2 der GBO nicht. Wird daher ein Grundstücksteil unter Übernahme der Hypothek auf ein anderes Grundbuchblatt übertragen, so bedarf es der Vorlegung des Briefes nicht, da der nach § 48 Abs. 1 Satz 2 einzutragende Mithaftvermerk lediglich eine Tatsache bekundet.[3]

Zur Vorlage des Briefes über das Vorbehaltsrecht bei Eintragung des vorbehaltenen Rechts vgl.[4] und § 18 GBVerf.

6 b) In Frage kommen **alle** Eintragungen, welche in der 3. Abteilung unter der Nummer der Hypothek zu erfolgen haben.[5] Gleichgültig ist dabei, ob es sich um rechtsändernde oder berichtigende Eintragungen handelt, ob sie vorläufigen oder endgültigen Charakter haben. § 41 gilt für alle Fälle. Gleichgültig ist auch, ob die Eintragung auf Bewilligung, auf Urteil oder Unrichtigkeitsnachweis beruht, ob sie auf Antrag, auf Ersuchen oder von Amts wegen erfolgt. Unerheblich ist schließlich, ob die Eintragung das Recht des Hypothekengläubigers beeinträchtigt, verbessert oder unberührt läßt.[6] Das Gesetz unterscheidet nicht; auch greift der zweite der oben aufgeführten Gründe für den Vorlegungszwang durch, die Erhaltung der Übereinstimmung zwischen Buch und Brief. Jedoch fallen Eintragungen, die nur Tatsachen aufweisen, ohne die vorhandene Rechtslage ändern zu können, nicht unter den Vorlegungszwang.[7]

Eintragungen, die zwar materiell auf die Hypothek einwirken, aber äußerlich buchmäßig nicht mit ihr in Zusammenhang stehen, erfordern keine Vorlegung des Briefes.[8]

7 Die **Vorlegung** des Briefes ist daher **nötig** bei Eintragung von Abtretungen, Inhalts- und Rangänderungen, Belastungen, Verfügungsbeschränkungen,[9] auch zum Vermerk der Pfändung eines Miterbenanteils bei einer zum Nachlaß gehörenden Grundschuld, Vormerkungen,[10] insbesondere auch Löschungsvormerkungen.[11] Das einen Grundschuldbrief für kraftlos erklärende Ausschlußurteil ersetzt nur den Briefbesitz. An den

---

[3] Vgl. KG KGJ 34, 294; a. A. RGZ 157, 292; abl. Henke/*Groß* ZAkDR 38, 673.
[4] KG KGJ 36, 255.
[5] KG KGJ 36, 222.
[6] KG KGJ 44, 256.
[7] KG KGJ 44, 257.
[8] KG KGJ 53, 208; JFG 11, 342.
[9] KG KGJ 38, 296.
[10] KG KGJ 27, 82.
[11] §§ 1179 n. F., 1163 Abs. 1 Satz 1 BGB; RG RGZ 83, 290; BayObLGZ 52, 37 = DNOtZ 52, 367.

Besitz des Ausschlußurteils ist nicht die Vermutung geknüpft, daß der Brief übergeben wurde.[12] Die Enthaftung eines Grundstücksteils durch Abschreibung und nicht Mitübertragung der Hypothek (§ 46 Abs. 2) gilt als eine vereinfachte Eintragung des Löschungsvermerks bei der Hypothek und macht daher Briefvorlagen nötig.[13] Die Vorlage ist weiter nötig bei der Eintragung von Widersprüchen,[14] ausgenommen die in Abs. 1 Satz 2 genannten Fälle (vgl. dazu Rdn. 11). Bei Eintragung einer Teilabtretung oder eines durch Gesetz eingetretenen Teilübergangs ist neben einem etwaigen Teilhypothekenbrief auch der Stammbrief vorzulegen.[15]

8 Im Widerspruch zu der vorhandenen Ansicht bei Eintragung eines einen Rangvorbehalt ausnutzenden Rechtes vertritt weiter die herrschende Meinung die Auffassung, daß bei Eintragung einer Rangänderung auch der Brief über das vortretende Recht vorzulegen[16] ist, obwohl der einzutragende Rangänderungsvermerk materiellrechtliche Bedeutung nur bei dem zurücktretenden Recht hat; bei dem vortretenden Recht dagegen ist er nur hinweisender Art.

III. Vorlegungspflicht

1. Beschaffung des Briefes

9 Der Antragsteller (oder die ersuchende Behörde) hat den Brief zu beschaffen.[17] Unerheblich ist, ob die Vorlegung tatsächliche Schwierigkeiten bereitet.[18] Dies gilt auch für das Umlegungs- oder Grenzregelungsverfahren nach dem Bundesbaugesetz.[19]

10 Hat das Grundbuchamt den Brief aus anderer Veranlassung in Verwahrung, z. B. weil er unmittelbar vor Inangriffnahme der Eintragung hergestellt wurde und daher noch nicht ausgehändigt war,[20] so gilt er nur dann als vorgelegt, wenn dies aufgrund sorgfältiger Prüfung ganz offenbar dem Willen des dem Grundbuchamt gegenüber Verfügungsberechtigten entspricht oder wenn eine Eintragung von Amts wegen erfolgen soll.[21] Anderenfalls bedarf es einer Erklärung des Verfügungsberechtigten, daß er mit der Verwendung des Briefes in der anderen Sache einverstanden ist. Diese Erklärung bedarf jedoch nicht der Form des § 29.[22] Wird sie mündlich abgegeben, so ist sie aktenkundig zu machen. Befindet der Brief sich aus anderer Veranlassung als der Durchführung des Antrags bei der Gerichtskasse, so steht er nicht zur Verfügung des Grundbuchamtes und ist daher nicht vorgelegt. Der Antragsteller muß in diesem Fall für die Vorlage und das Grundbuchamt sorgen; es genügt nicht, wenn er dem Grundbuchamt anheimgibt, den Brief von der Gerichtskasse einzufordern.[23]

Für die verfahrensrechtliche Eintragungsvoraussetzung der Briefvorlage genügt es auch, wenn der Brief von dritter Seite vorgelegt wird und davon auszugehen ist, daß der Dritte mit der Verwendung des Briefes im Zusammenhang mit der vom eingetragenen Berechtigten erklärten Bewilligung einverstanden ist.[24] Die Form des § 29 GBO ist insoweit nicht erforderlich; vgl. im übrigen § 29 Rdn. 17.

---

[12] BayObLG Rpfleger 87, 363.
[13] OLG Rostock KG KGJ 29, 282.
[14] KG KGJ 38, 296.
[15] KG KGJ 30, 238.
[16] Vgl. KG KGJ 36, 225; 44, 257 mwN.
[17] KG KGJ 30, 282.
[18] OLG Karlsruhe DNotZ 26, 262; OLG Frankfurt Rpfleger 79, 206.
[19] Vgl. dazu oben § 38 Rdn. 36; a. A. LG Hanau Rpfleger 77, 171, mit nicht umfassender Begründung.
[20] BayObLGZ 52, 38.
[21] Vgl. OLG Oldenburg Rpfleger 66, 174.
[22] A. A. KGJ 50, 230.
[23] KG KGJ 50, 228.
[24] BayObLG Rpfleger 92, 56.

§ 41 I. Grundbuchordnung

2. Sonderfälle

11 a) Bei **Eintragung eines Widerspruches** oder einer **Löschung von Amts wegen** ist der Besitz des Briefes nach § 62 Abs. 2 Satz 1 zur Vorlegung zu veranlassen.

b) Die Briefvorlage entfällt vollständig bei Eintragung von Löschungsvormerkungen nach neuem Recht (§ 1179 BGB).

IV. Verfahren des GBA

12 Wird der Brief nicht vorgelegt, so ist nach § 18 zu verfahren. Bleibt die Zwischenverfügung ergebnislos, so hat Zurückweisung des gestellten Antrages zu erfolgen.

13 Wird der Brief vorgelegt, so hat das Grundbuchamt anhand des vorgelegten Briefes die Verfügungsberechtigung des Bewilligenden zu prüfen. Abtretungserklärungen müssen in der From des § 1155 BGB vorliegen. Für das weitere Verfahren gelten § 62 Abs. 1, 69.

V. Ersatz für die Vorlegung des Briefes

14 Die in Abs. 2 aufgeführten Tatbestände **stehen der Vorlegung des Briefes gleich**. Die Vorschrift bezweckt, unnötige Weiterungen zu vermeiden.

15 Die Sonderregelung trifft zu, wenn der Brief gemäß § 1162 BGG für **kraftlos erklärt** worden oder durch ein Ausschlußurteil gemäß §§ 1170, 1171 BGB kraftlos geworden ist. Wird ein neuer Brief beantragt, so genügt Vorlage des Ausschlußurteils. Das gleiche gilt für den Fall, daß die Brieferteilung nachträglich ausgeschlossen oder die Hypothek gelöscht werden soll.

Die Kraftloserklärung wirkt für und gegen alle, selbst dann, wenn das Ausschlußurteil von einem Nichtberechtigten erwirkt worden ist.[25] Das Grundbuchamt ist nicht befugt, das Recht des Antragstellers im Aufgebotsverfahren nachzuprüfen.[26]

Dem Ausschlußurteil nach § 1162 BGB steht gleich ein nach dem Gesetz über die Kraftloserklärung von Hypotheken-, Grundschuld- und Rentenschuldbriefen in besonderen Fällen vom 18. 4. 1905 erwirktes Ausschlußurteil.

16 Wurde der Brief vom Grundbuchamt **aus versehen unbrauchbar gemacht**, so ist zur Löschung der Hypothek weder die Vorlage eines Briefes noch eines Ausschlußurteils notwendig.[27]

VI. Weitere Ausnahmen vom Vorlegungszwang

1. Nach GBO

17 a) Die Briefvorlage ist nicht erforderlich bei **Eintragung eines Widerspruchs** aufgrund einstweiliger Verfügung und aufgrund bestimmter Tatsachen:

aa) Beantragt muß sein die Eintragung eines Widerspruchs. Die Eintragung einer Vormerkung[28] oder einer Verfügungsbeschränkung[29] genügt nicht.

bb) Der Widerspruch muß sich auf **bestimmte Tatsachen** gründen, nämlich darauf, daß

---

[25] KG KGJ 45, 298.
[26] KG a. a. O.
[27] KG KGJ 48, 226.

[28] KG KGJ 27, 82.
[29] BayObLG KGJ 49, 285.

1. die Hypothek oder die zugrundeliegende Forderung nicht besteht; dabei ist unerheblich, ob diese Rechte von Anfang an nicht bestanden haben oder später erloschen sind; auch wenn der Eigentümer nachträglich die Hypothek erwirbt, greift die Bestimmung ein;

2. die Hypothek oder Forderung einer Einrede unterliegen. Dabei kommt jede Einrede in Betracht, die nach §§ 1137, 1157 BGB eintragungsfähig ist, oder

3. die Hypothek unrichtig eingetragen ist. Dies ist der Fall, wenn Inhalt oder Rang der Hypothek unrichtig bezeichnet sind. Für eine Unterscheidung zwischen ursprünglicher oder später eingetretener Unrichtigkeit fehlt eine Handhabe.[30]

Hat der Widerspruch einen anderen Inhalt, so ist der Brief vorzulegen. Dies gilt auch, wenn bei einer Briefgrundschuld der erstrebte Widerspruch aufgrund einstweiliger Verfügung sich nicht gegen den Bestand oder Inhalt der Grundschuld richtet, sondern gegen die Berechtigung des angeblichen Briefbesitzers und dessen Verfügungsrecht.[31]

b) Eintragung aufgrund **einstweiliger Verfügung.** Erfolgt die Eintragung des Widerspruches aufgrund freiwilliger oder nach § 894 ZPO erzwungener Bewilligung oder aufgrund eines vorläufig vollstreckbaren, auf Bewilligung der endgültigen Eintragung gerichteten Titels gemäß § 895 ZPO, so ist der Brief vorzulegen.[32]

Ist entsprechend dieser Bestimmung der Widerspruch eingetragen worden, so hat das Grundbuchamt nach § 62 Abs. 2 Satz 2 den Besitzer des Briefes zur nachträglichen Vorlegung, nötigenfalls durch Ordnungsstrafen, anzuhalten, damit der Widerspruch nachträglich auf dem Brief vermerkt werden kann.

c) Die gleiche Regelung gilt nach § 53 Abs. 2 Satz 1, wenn ein Widerspruch mit dem oben angegebenen Inhalt von Amts wegen eingetragen worden ist. Auch hier gilt für die nachträgliche Vervollständigung des Briefes § 62.

2. Nach Bundesrecht

Auf folgende Bestimmungen ist hinzuweisen: §§ 131, 158 Abs. 2 ZVG, § 6 Satz 1 Grundbuchmaßnahmengesetz vom 20. 12. 1963 BGBl. I 986. Ersucht das Konkursgericht nach § 113 Abs. 1 Nr. 2 um Eintragung eines allgemeinen Veräußerungsverbots oder der Konkurseröffnung, so ist die Vorlegung des Briefes ebenfalls entbehrlich;[33] dies gilt auch für die Ersuchen des Vergleichsgerichts gemäß §§ 61 Abs. 1 Nr. 2, 63 Abs. 2 Vergleichsordnung.

3. Nach Landesrecht

An landesrechtlichen Ausnahmen kommen in Frage

a) für die **frühere britische Zone** bei Eintragung gesetzlicher Veräußerungsverbote nach Art. 1 der Verordnung des ZJA vom 21. 5. 1948.[34]

b) Nach § 8 Abs. 2 **Vereinfachungsverordnung** in der Fassung für die frühere britische und französische Zone ist das Grundbuchamt berechtigt, wenn die Erteilung des Briefs nachträglich ausgeschlossen oder das Grundpfandrecht gelöscht werden soll, auf Antrag selbst die Feststellung zu treffen, daß der Brief durch Kriegseinwirkung vernichtet ist.

---

[30] Strittig: a. A. Güthe/*Triebel* § 41 Anm. 25.
[31] OLG Frankfurt Rpfleger 75, 301.
[32] KG KGJ 38, 296.
[33] OLG Hamburg KGJ 23 D 27.
[34] VOBl. BZ S. 127.

§ 42

26 c) Weiter ist die Briefvorlage allgemein entbehrlich bei Eintragung auf Grund eines **Unschädlichkeitszeugnisses**. An landesrechtlichen Vorschriften kommen hier insbesondere in Frage

aa) **Bayern:** Art. 10 Unschädlichkeitsgesetz vom 15. 6. 1898;[35] Art. 19 AGGBO u. ZVG vom 6. 9. 1899;[36] Art. 40 Abs. 2 Bergg. i. d. F. vom 10. 1. 1967.[37]

bb) **Bremen:** § 38 Enteignungsgesetz;

cc) **Hessen:** bei Eintragungen im Berggrundbuch nach dem Berggesetz und zur Löschung nach dem Enteignungsgesetz ist eine Briefvorlage nicht erforderlich.

dd) **Ehemaliges Preußen:** bei Ersuchen des Oberbergamtes Art. 26 AGGBO; Löschung von Rechten bei Schließung des Blattes über eine Kohlenabbaugerechtigkeit (Art. 38 § 8 Abs. 3 AGBGB), Löschung einer enteigneten Hypothek (§ 6 Enteignungsgesetz), Eintragung einer Vormerkung oder eines Vorzugsrechtes gemäß § 24 Abs. 3 Gesetz betreffend die Errichtung von Landeskulturrentenbanken. Art. 21 Z 4 AGBGB.

VII. Verletzung der Vorschrift

27 Hat das Grundbuchamt eine Eintragung ohne Briefvorlage vorgenommen, so ist zu unterscheiden:

a) War der Bewilligende nicht der Berechtigte, so ist das Grundbuchamt unrichtig geworden und es ist nach den allgemeinen Regeln zu verfahren;

b) Wurde lediglich § 41 verletzt, so berührt dies die Wirksamkeit der vorgenommenen Eintragung nicht.[38] In diesem Fall hat das Grundbuchamt ein Recht, die nachträgliche Vorlegung des Briefes zu veranlassen.[39]

[Vorlegung des Grundschuld- oder Rentenschuldbriefs]

§ 42

Die Vorschriften des § 41 sind auf die Grundschuld und die Rentenschuld entsprechend anzuwenden. Ist jedoch das Recht für den Inhaber des Briefes eingetragen, so bedarf es der Vorlegung des Briefes nur dann nicht, wenn der Eintragungsantrag durch die Bewilligung eines nach § 1189 des Bürgerlichen Gesetzbuchs bestellten Vertreters oder durch eine gegen ihn erlassene gerichtliche Entscheidung begründet wird.

Übersicht

	Rdn.		Rdn.
I. Namensgrundschuld, Namensrentenschuld	1	2. Brief	3
		3. Keine Briefvorlegung	4
II. Inhabergrundschuld, Inhaberrentenschuld		4. Eingetragener Vertreter	5–7
		5. Inhaltliche Zulässigkeit	8
1. Grundsatz	2	III. Weitere Ausnahmen	9

I. Namensgrundschuld, Namensrentenschuld

Satz 1 erklärt die Regelung des § 41 auf Namensgrundschulden und Namensrentenschulden im vollen Umfang anwendbar.

---

[35] BayBS III, 124.
[36] BayBS III, 127.
[37] GVBl. 185.
[38] RGZ 73, 50; BayOLG KGJ 49, 286.
[39] OLG Dresden JFG 7, 415; RGZ 83, 270.

1 Da Grund- und Rentenschulden rechtlich von der etwa zugrundeliegenden Forderung unabhängig sind, kann der in § 41 Abs. 1 Satz 2 erwähnte **Widerspruch** sich jedoch **nur** darauf gründen, daß die Grund- oder Rentenschuld nicht besteht, einer Einrede unterliegt oder unrichtig eingetragen ist. Einreden gegen die zugrundeliegende Forderung können den Widerspruch begründen, wenn daraus eine eintragungsfähige Einrede gegen die Grundschuld erwächst. Dies ist z. B. der Fall, wenn sich ein Widerspruch über § 1157 BGB auf die Nichtvalutierung einer Sicherungsgrundschuld gründet[40] oder der Eigentümer den Grundschuldgläubiger befriedigt hat mit der Folge, daß die Grundschuld auf ihn gemäß § 1143 BGB übergegangen ist.[41] Dies gilt auch bei Ablösung einer Rentenschuld. Diese Fälle sind dem Nichtbestehen der Forderung (§ 41 Abs. 1 Satz 2) gleichzustellen.[42]

Die Eintragung eines Widerspruchs im Grundbuch kann im Fall einer Briefgrundschuld nicht mit der Begründung verweigert werden, daß der durch die beantragte Eintragung Betroffene, z. B. der Inhaber eines Briefrechtes, im Grundbuch gar nicht als Berechtigter eingetragen sei.[43]

II. Inhabergrundschuld, Inhaberrentenschuld

1. Grundsatz

2 Für diese gilt die Regelung des Satzes 2. In Frage kommen nur die genannten Rechte (§§ 1195, 1199 BGB); Inhaberhypotheken sind nur als Buchhypotheken möglich (§ 1187 BGB), kommen hier also nicht in Betracht.

2. Brief

3 Auf den **Inhabergrundschuld- und -rentenschuldbrief** sind die Vorschriften über eine Schuldverschreibung auf den Inhaber (§ 795 BGB) entsprechend anzuwenden (§ 1195 BGB). Daraus ergibt sich die Rechtfertigung für die in Satz 2 getroffene Regelung, die besagt, daß grundsätzlich **stets Vorlegung des Briefes nötig ist,** auch wenn es sich um die Eintragung eines Widerspruchs gemäß § 41 Abs. 1 Satz 2 handelt. Würde man die Eintragung eines solchen Widerspruchs nur im Grundbuch, nicht auf dem Brief zulassen, so würde dies § 796 BGB widersprechen und die Umlaufsfähigkeit des Briefs vereiteln. Zu beachten ist, daß Eintragungen, welche die persönliche Berechtigung betreffen, unzulässig sind. Diese Frage richtet sich nicht nach Liegenschaftsrecht, sondern nach Mobiliarsachenrecht. Die persönliche Berechtigung folgt der Verfügungsmacht über das Papier. Bei Eintragung eines Amtswiderspruches hat sich das Grundbuchamt daher in jedem Fall zuvor den Brief zu verschaffen.

3. Keine Briefvorlegung

4 Nach der Regelung des Satzes 2 bedarf es trotzdem der **Vorlegung des Briefes nicht,** wenn ein **Treuhänder** gemäß § 1189 BGB bestellt ist und die beantragte Eintragung durch eine Bewilligung dieses Treuhänders oder durch gegen ihn erlassene gerichtliche Entscheidung begründet wird. Die Ausnahme rechtfertigt sich dadurch, daß die Verfügungsmacht des Grundbuchvertreters auch ohne Vorlegung des Briefes feststeht und eine Ergänzung des Briefes durch vermerkte Eintragung verkehrsmäßig nicht erforder-

---

[40] Vgl. KG KGJ 53, 219.
[41] Vgl. RGZ 78, 67; KG KGJ 35, 327.
[42] A. A. OLG Rostock KGJ 31, 371.
[43] OLG Frankfurt Rpfleger 75, 301.

lich ist, da die Bestellung des Treuhänders und die Möglichkeit, daß er Verfügungen trifft, sich aus dem Brief ergibt. Auch die nachträgliche Anforderung des Briefes ist daher nicht geboten.

4. Eingetragener Vertreter

5 a) Zu beachten ist, daß, auch wenn ein Vertreter gemäß § 1189 BGB im Grundbuch eingetragen ist, gleichwohl der Gläubiger selbst verfügungsberechtigt bleibt.[44] Verfügt der Gläubiger selbst, ist die Vorlage des Briefes erforderlich.

6 b) Der **Umfang der dem Grundbuchvertreter eingeräumten Vertretungsmacht** ist sorgfältig zu prüfen.[45] Der Name des Vertreters muß im Grundbuch eingetragen sein,[46] der Umfang seiner Vertretungsmacht angegeben sein, zumindestens durch Bezugnahme auf die Eintragungsbewilligung.[47] Für den eingetragenen Vertreter spricht die Vermutung des § 891 BGB.[48] Der Grundbuchvertreter besitzt im Außenverhältnis eine von der Person des Gläubigers unabhängige Vertretungsmacht.[49]

7 c) Dem Vertreter kann das **Recht zur Ernennung eines Nachfolgers** eingeräumt sein.[50] Ist Treuhänder eine Aktiengesellschaft, so erwirbt bei einer Verschmelzung die aufnehmende Gesellschaft auch die Rechtsstellung des Treuhänders.[51] Die nachträgliche Bestellung eines Grundbuchvertreters und Änderungen der Vertretungsmacht sind Inhaltsänderungen der Grund- oder Rentenschuld.[52]

5. Inhaltliche Zulässigkeit

8 Zu beachten ist, daß Eintragungen bei der Inhabergrundschuld oder Inhaberrentenschuld nur insoweit möglich sind, als sie den Bestand oder den Inhalt des Rechtes betreffen. Eintragungen, welche die persönliche Berechtigung betreffen, sind unzulässig (vgl. oben Rdn. 3).

III. Weitere Ausnahmen

9 Für weitere Ausnahmen vom Vorlegungszwang gelten die in § 41 Rdn. 14 ff. aufgeführten Regelungen entsprechend.

Zu beachten ist, daß bei Inhabergrundschulden für eine Ausnahme kein Bedürfnis besteht, soweit es sich um die Eintragung eines Konkursvermerkes oder des allgemeinen Veräußerungsverbotes nach § 61 VerglO handelt, da dieses Recht dem Eigentum am Brief folgt und gutgläubiger Erwerb beweglicher Sachen nach Wirksamwerden dieser Maßnahmen ausscheidet (§ 7 KO, § 61 VerglO). Daß der Eigentümer mit befreiender Wirkung an den Inhaber des Briefs zahlt (§ 793 Satz 2 BGB), wird nicht einmal durch seine Kenntnis des Mangels im Verfügungsrecht gehindert, geschweige denn durch den Vermerk im Grundbuch.

Dagegen bleibt das Bedürfnis der Lockerung des Vorlegungszwangs bestehen für das allgemeine Veräußerungsverbot (§ 106 KO) und das Einzelverfügungsverbot des § 63

---

[44] KG KGJ 45, 279.
[45] BayObLGZ 20, 349 = OLG 41, 182.
[46] RG JFG 13, 285.
[47] BayObLGZ 20, 349.
[48] KG KGJ 51, 307.
[49] RG JFG 13, 283; zu seiner Rechtsstellung im allg. vgl. BayObLG 20, 349; KG JFG 7, 301; RGZ 117, 372.
[50] KG KGJ 51, 306.
[51] RG JFG 13, 281.
[52] KG KGJ 45, 279.

VerglO, durch welche die Vorschriften der §§ 932 ff. BGB über den Erwerb im guten Glauben nicht berührt werden. Diese Verfügungsbeschränkungen können daher ohne Vorlegung des Briefes eingetragen werden.

[Vorlegung bei Hypothek für Inhaber- oder Orderpapier]

§ 43

(1) Bei einer Hypothek für die Forderung aus einer Schuldverschreibung auf den Inhaber, aus einem Wechsel oder einem anderen Papier, das durch Indossament übertragen werden kann, soll eine Eintragung nur erfolgen, wenn die Urkunde vorgelegt wird; die Eintragung ist auf der Urkunde zu vermerken.

(2) Diese Vorschrift ist nicht anzuwenden, wenn eine Eintragung auf Grund der Bewilligung eines nach § 1189 des Bürgerlichen Gesetzbuchs bestellten Vertreters oder auf Grund einer gegen diesen erlassenen gerichtlichen Entscheidung bewirkt werden soll.

Übersicht

	Rdn.		Rdn.
I. Allgemeines	1	3. Erste Eintragung	5
II. Voraussetzungen		III. Beschaffung der Urkunde	6
1. Inhaber- oder Orderhypothek	2, 3	IV. Verfahren des GBA	7–9
2. Eintragung bei der Hypothek	4	V. Ausnahmen	10

I. Allgemeines

Die Bestimmung handelt von Hypotheken für Forderungen aus Schuldverschreibung **1** auf den Inhaber, Wechseln oder anderen durch Indossament übertragbaren Papieren.

Solche Hypotheken sind nach § 1187 BGB zulässig, und zwar ausschließlich als Sicherungshypotheken, bei denen also ein Brief nicht besteht. Die Abtretung der Forderung — und damit der Hypothek (§ 1153 BGB) — richtet sich nicht nach § 1154 Abs. 3 mit § 873 BGB, sondern nach den für die Forderung geltenden Vorschriften. Sie geschieht also durch Übereignung des Papiers, wozu bei Orderpapieren noch das Indossament hinzukommt. Damit nähert sich das Papier dem Hypothekenbrief. Sein Besitz ist maßgebend für das Verfügungsrecht. Da ferner auch die Übereinstimmung zwischen Buch und Papier verkehrsmäßig erwünscht ist, rechtfertigt sich die durch § 43 vollzogene weitgehende grundbuchmäßige Gleichstellung des Papiers mit dem Brief.

II. Voraussetzungen

1. Inhaber- oder Orderhypothek

Es muß sich also um eine Hypothek für die Forderung aus einer Schuldverschreibung **2** auf den Inhaber oder aus einem durch Indossament übertragbaren Papier handeln. Solche Papiere sind der **Wechsel**, der **Scheck** (Art. 14 Scheckgesetz), **Namensaktie** (§ 68 AktienG) sowie die in § 363 HGB aufgeführten Papiere, sämtlich jedoch nur, wenn sie auf Zahlung einer bestimmten Geldsumme lauten (§ 1113 Abs. 1 BGB). Soweit für die Ausgabe von Inhaber- und Orderschuldverschreibung eine staatliche Genehmigungspflicht besteht (§§ 795, 808 a BGB; §§ 3, 4 Gesetz vom 26. 6. 1954 BGBl. I 147), muß die erforderliche Genehmigung vor Eintragung der Hypothek nachgewiesen sein.[1]

3 Die Eintragung des Gläubigers lautet bei der **Orderhypothek** auf den ersten Nehmer mit dem Zusatz „oder den durch Indossament legitimierten Inhaber".[2] Für den jeweiligen Gläubiger kann als Treuhänder ein sogenannter Grundbuchvertreter bestellt werden (§ 1189 Abs. 1 BGB; vgl. dazu § 42 Rdn. 5).

2. Eintragung bei der Hypothek

4 Hier ist auf das zu § 41 Rdn. 5 ff. Gesagte zu verweisen. Hervorgehoben sei, daß Eintragungen, welche die persönliche Berechtigung betreffen, nicht vorkommen; sie widersprechen dem Zweck dieser Hypotheken, der gerade auf Umlauf außerhalb des Grundbuchs geht, und sind daher unzulässig.[3]

Zu den zulässigen Eintragungen, welche den Bestand oder Inhalt betreffen, gehört jedoch auch die Eintragung einer Löschungsvormerkung gemäß § 1179 BGB.[4]

3. Erste Eintragung

5 Bestritten ist, ob die Bestimmung auch auf die erste Eintragung der Hypothek selbst zu beziehen ist. Wie der Wortlaut ergibt, ist hierfür die Vorlage der Schuldurkunden nicht erforderlich; sie wäre auch oft praktisch nicht durchführbar, z. B. weil die Wertpapiere während des Vorgangs der Ausschreibung und Zeichnung der Anleihen oder gar nicht gedruckt vorliegen.[5] Später erfolgende Vermerke auf den Schuldurkunden sind so zu fassen, daß der Zusammenhang mit der eingetragenen Hypothek klargestellt wird.

III. Beschaffung der Urkunde

6 Hier ist auf das § 41 Rdn. 9 ff. Gesagte zu verweisen.

IV. Verfahren des GBA

Dafür gilt folgendes:

7 a) Wird die **Urkunde nicht vorgelegt,** so ist sie durch Zwischenverfügung anzufordern. Geschieht dies trotzdem nicht, so ist der gestellte Antrag zurückzuweisen.

8 b) **Erfolgt die Vorlage der Urkunde,** so hat das Grundbuchamt anhand der Urkunde die Legitimation des Bewilligenden zu prüfen. Wird sie durch Indossamente hergestellt, so müssen diese in der Form des § 29 vorliegen.

9 c) Die vorgenommene Eintragung wird auf der Urkunde vermerkt. Der Vermerk ist mit Unterschrift und Siegel versehen. Für die Unterzeichnung ist § 3 AusfVO entsprechend anwendbar.

V. Ausnahmen

10 § 43 bringt eine dem § 42 Satz 2 entsprechende Ausnahme vom Vorlegungszwang, die auf die gleichen Erwägungen wie den dort dargestellten beruht. Auf die Ausführungen in § 42 Rdn. 4 ff. wird verwiesen.

---

[1] A. A. RGZ 59, 387.
[2] OLG Dresden KGJ 22 D 29; KG KGJ 35 B 31.
[3] KGJ 22 D 28.
[4] KG KGJ 50, 200.
[5] A. A. Horber § 43 Anm. 2 b.

[Inhalt und Form der Eintragung]

§ 44

(1) Jede Eintragung soll den Tag, an welchem sie erfolgt ist, angeben. Die Eintragung soll, sofern nicht nach § 12 c Abs. 2 Nr. 2 bis 4 der Urkundsbeamte der Geschäftsstelle zuständig ist, die für die Führung des Grundbuchs zuständige Person, regelmäßig unter Angabe des Wortlauts, verfügen und der Urkundsbeamte der Geschäftsstelle veranlassen; sie ist von beiden zu unterschreiben, jedoch kann statt des Urkundsbeamten ein von der Leitung des Amtsgerichts ermächtigter Justizangestellter unterschreiben. In den Fällen des § 12 c Abs. 2 Nr. 2 bis 4 haben der Urkundsbeamte der Geschäftsstelle und zusätzlich entweder ein zweiter Beamter der Geschäftsstelle oder ein von der Leitung des Amtsgerichts ermächtigter Justizangestellter die Eintragung zu unterschreiben.

(2) Soweit nicht gesetzlich etwas anderes bestimmt ist und der Umfang der Belastung aus dem Grundbuch erkennbar bleibt, soll bei der Eintragung eines Rechts, mit dem ein Grundstück belastet wird, auf die Eintragungsbewilligung Bezug genommen werden. Hierbei sollen in der Bezugnahme der Name des Notars, der Notarin oder die Bezeichnung des Notariats und jeweils die Nummer der Urkundenrolle, bei Eintragungen auf Grund eines Ersuchens (§ 38) die Bezeichnung der ersuchenden Stelle und deren Aktenzeichen angegeben werden.

(3) Bei der Umschreibung eines Grundbuchblatts, der Neufassung eines Teils eines Grundbuchblattes und in sonstigen Fällen der Übernahme von Eintragungen auf ein anderes, bereits angelegtes oder neu anzulegendes Grundbuchblatt soll, sofern hierdurch der Inhalt der Eintragung nicht verändert wird, die Bezugnahme auf die Eintragungsbewilligung oder andere Unterlagen bis zu dem Umfange nachgeholt oder erweitert werden, wie sie nach Absatz 2 zulässig wäre. Sofern hierdurch der Inhalt der Eintragung nicht verändert wird, kann auch von dem ursprünglichen Text der Eintragung abgewichen werden.

Übersicht

	Rdn.		Rdn.
I. Allgemeines	1	2. Fehlende Unterzeichnung	8
II. Eintragungsverfügung		3. Zuständigkeitsmängel	9
1. Grundsatz	2	4. Drohung, Zwang	10
2. Inhalt	3	5. Nachholung der Unterschrift	11
III. Tagesangabe (Datierung)		V. Sammelbuchung	12
1. Grundsatz	4	VI. Bezugnahme	
2. Fehlende Angabe	5	1. Grundsatz	16
3. Nachholung	6	2. Umfang der Bezugnahme	17
IV. Unterzeichnung der Eintragungen		3. Nachholung	24
1. Grundsatz	7		

I. Allgemeines

Die Norm, durch das RegVBG wesentlich erweitert und neu gefaßt, regelt das grundsätzliche Erfordernis der Eintragungsverfügung, sie schreibt vor, daß jede Eintragung im Grundbuch zu datieren und von den zuständigen Bediensteten zu unterzeichnen ist. Die Angabe des Eintragungszeitpunktes ist bedeutsam für den Rang von Rechten, die in verschiedenen Abteilungen eingetragen sind (§ 879 Abs. 1 S. 2 BGB). **1**

Satz 2, der die Unterzeichnung vorschreibt, will einmal Klarheit darüber schaffen, wann eine abgeschlossene Eintragung vorliegt, daneben soll er die verantwortlichen Beamten zur Nachprüfung der Eintragung veranlassen. Obwohl die Bestimmung im

§ 44

zweiten Abschnitt der GBO steht, gilt sie für Eintragungen aller Art, also auch für die rein tatsächlichen Eintragungen sowie für Umschreibungs- und Schließungsvermerke. Die Norm schreibt weiter vor, von der in § 874 BGB vorgesehenen Bezugnahmemöglichkeit Gebrauch zu machen und bei der Blattumschreibung unterbliebene Bezugnahmen nachzuholen.

II. Eintragungsverfügung

1. Grundsatz

2   Sie ist grundsätzlich erforderlich und ergeht durch den zuständigen Rechtspfleger oder UdG. Sie ist ein Gerichtsinternum, das den Beteiligten nicht bekanntgemacht wird und auch nicht angefochten werden kann. Wegen der Besonderheiten beim maschinell geführten Grundbuch s. § 130 u. § 74 GBV.

2. Inhalt

3   Die Eintragung ist regelmäßig im Wortlaut zu verfügen, sei es auf einem gesonderten Vordruck oder im Handblatt. Anzugeben bzw. anzuordnen sind:
a) Eintragungsort (Band, Blatt, Abteilung, Spalte, lfd. Nr.);
b) Anordnungen über die Brieferteilung und die Aushändigung;
c) Anordnung über technische Hinweise (Rötungen, Durchkreuzungen);
d) Anordnungen über die Anfertigung von Abschriften;
e) Anordnungen über die Benachrichtigungen gem. § 55.

III. Tagesangabe (Datierung)

1. Grundsatz

4   Bei jeder Eintragung ist der Zeitpunkt ihrer Vollendung (s. unten Rdn. 6) anzugeben, und zwar mit Kalendertag, Monat und Jahr. Ergreift eine Eintragung mehrere Spalten des Bestandsverzeichnisses oder einer Abteilung, so bedarf es nur einer Datierung, da die mehreren Vermerke als eine Eintragung gelten (vgl. § 20 GBV Rdn. 1).

2. Fehlende Angabe

5   Fehlt das Datum, so ist die Eintragung trotzdem **wirksam**. Der Rang des Rechts bestimmt sich gegenüber anderen Rechten der gleichen Abteilung nach der räumlichen Reihenfolge (§ 879 Abs. 1 Satz 1 BGB). Über das Rangverhältnis von Rechten in verschiedenen Abteilungen, wenn eines von ihnen undatiert ist, herrscht Streit. Es ist davon auszugehen, daß das Recht nach den Vorschriften des BGB im Augenblick der Vollendung der Eintragung (s. Rdn. 6) entsteht; das Fehlen der Datumsangabe schadet ja materiellrechtlich nicht. Der Rang des Rechts bestimmt sich also materiellrechtlich nach dem Zeitpunkt seiner Entstehung.[1] Davon unabhängig ist die Frage, ob sich dieser Rang später mit hinreichender Sicherheit im Grundbuch nachweisen läßt (z. B. aus den Grundakten, durch die Datierung der Eintragungsmitteilungen o. ä.). Soweit der Rang

---

[1] Vgl. zu den damit zusammenhängenden, äußerst stritt. Fragen MünchKomm/*Wacke* § 879 Rdn. 14 ff.; Westermann/*Eickmann* Bd. II § 97 I; Staudinger/*Kutter* § 879 Rdn. 61; Soergel/*Stürner* § 879 Rdn. 10; Stadler AcP 189 (1989), 427, 448.

nicht nachgewiesen werden kann, muß das undatierte Recht weichen, es hat hinter alle Eintragungen der anderen Abteilung zurückzutreten, soweit sich der Vorrang nicht aus dem Zusammenhang der übrigen Eintragungen zweifelsfrei ergibt.

3. Nachholung

Eine Nachholung der vergessenen Zeitangabe ist **nur durch** einen **ergänzenden Vermerk** möglich und auch nur dann, wenn der Tag der Eintragung zweifelsfrei festgestellt werden kann. Keinesfalls darf das sich aus dem gegenwärtigen Grundbuchinhalt ergebende Rangverhältnis (s. oben Rdn. 5) ohne entsprechende Erklärungen der Beteiligten geändert werden.[2]

6

IV. Unterzeichnung der Eintragungen

1. Grundsatz

Jede Eintragung ist von zwei zuständigen Bediensteten zu unterzeichnen. Abweichungen insoweit gelten in Baden-Württemberg (vgl. § 143 Abs. 1) und im Beitrittsgebiet (vgl. § 144 Rdn. 3). Beim maschinell geführten Grundbuch s. § 130 S. 1. Die Unterschrift ist mit vollem Namen unter den Eintragungstext zu setzen; die Beifügung der Amtsbezeichnung ist nicht üblich, aber unschädlich.

7

Eine vom Richter verfügte Eintragung (z. B. im Falle der §§ 5 oder 6 RpflG, vgl. dazu § 1 Rdn. 11) wird ebenfalls vom Rechtspfleger unterzeichnet.

2. Fehlende Unterzeichnung

Fehlt auch nur eine der beiden Unterschriften, so ist das Recht nicht entstanden, eine **Eintragung im Rechtssinn liegt nicht vor**. Dem steht der Wortlaut des § 44, der von einer Unterzeichnung „der Eintragung" spricht, nur scheinbar entgegen; die Vorschrift verwendet das Wort Eintragung nur in Satz 1 im eigentlichen Sinne, während im Satz 2 „Eintragungsvermerk" zu lesen ist.

8

In Übereinstimmung mit dem sonstigen Beurkundungsrecht ist die Unterschrift ein wesentlicher Bestandteil, ohne den eine Eintragung nicht vorhanden ist. Das gilt zunächst nur für das Grundbuch. Das materielle Recht, soweit es eine Eintragung verlangt, sagt nichts darüber, ob sie unterschrieben sein muß. Es ist jedoch zweifelsfrei, daß materielle Rechtsfolgen nur an eine im Rechtssinn existierende Eintragung geknüpft werden können. Deshalb kann nur eine formell wirksame Eintragung materielle Wirkungen haben. Die Leistung der letzten Unterschrift vollendet die Eintragung, deshalb muß, werden beide Unterschriften an verschiedenen Tagen geleistet, das Eintragungsdatum dem der letzten Unterschrift entsprechen.[3]

3. Zuständigkeitsmängel

Zuständigkeitsmängel führen überwiegend zur **Unwirksamkeit** der Eintragung, so bei der Unterzeichnung durch den Urkundsbeamten anstelle des Rechtspflegers (vgl. § 1 Rdn. 22), bei Unterzeichnung durch einen Beamten des gehobenen Dienstes, der nicht Rechtspfleger ist (§ 1 Rdn. 23), bei der Unterzeichnung durch einen nur zur zwei-

9

---

[2] Eickmann, Grundbuchverfahrensrecht, Rdn. 321.   [3] OLG Köln Rpfleger 80, 477.

ten Unterschrift ermächtigten Angestellten an Stelle des Urkundsbeamten (vgl. § 1 Rdn. 25).

Wirksam ist die Unterzeichnung durch den Richter an Stelle des Rechtspflegers (oben Rdn. 5) oder Urkundsbeamten (§ 1 Rdn. 19); durch den Rechtspfleger an Stelle des Urkundsbeamten (vgl. § 1 Rdn. 21, selbstverständlich kann derselbe Rechtspfleger bei derselben Eintragung nicht beide Unterschriften leisten!) und – entgegen der allgemeinen Regel (vgl. § 1 Rdn. 20) – die Unterzeichnung der vom Richter verfügten Eintragungen durch den Rechtspfleger (s. oben Rdn. 5).

4. Drohung, Zwang

10 Handelt einer der zuständigen Grundbuchbeamten unter Zwang oder Drohung, so liegt eine rechtserhebliche Unterzeichnung nicht vor;[4] in diesem Fall ist die Eintragung **unwirksam**.

Eintragungen eines **unzurechnungsfähigen** Beamten sind wirksam.[5]

5. Nachholung der Unterschrift

11 Ist eine Unterschrift unterblieben, so kann ihre Nachholung das Recht erst in diesem Zeitpunkt zum Entstehen bringen. Davon unabhängig wird jedoch die Frage nach dem Rang dieses Rechts unterschiedlich beantwortet. Überwiegend wird die Auffassung vertreten, es habe Rang nach allen anderen Rechten, auch wenn sie ihm räumlich nachgehen.[6]

Vertritt man diese Auffassung, so kann die Unterschrift nachgeholt werden. Damit das Buch jedoch nicht den Schein eines besseren Ranges verlautbart, muß von Amts wegen ein entsprechender Rangvermerk angebracht werden.[7]

„Das Recht Nr. 2 hat infolge nachträglicher Unterzeichnung Rang nach den Rechten ..."

V. Sammelbuchung

12 § 44 S. 2 ist verletzt, wenn bei der Eintragung mehrerer selbständiger Rechte in einer Abteilung nicht **jeder Vermerk für sich**, sondern nur der letzte Vermerk **unterzeichnet** ist. Etwas anderes gilt bei der sogenannten Sammelbuchung, bei der mehrere materiellrechtlich selbständige Eintragungen zu einer Sammeleintragung zusammengefaßt werden. Dies ist nach h. M. zulässig.[8] Sie ist in zweierlei Form möglich.

13 a) Buchung unter einer Nummer:
Beispiel:
1 1 Je beschränkte persönliche Dienstbarkeit – Wohnungsrecht – für
   a) Josef Meier, Rentner in München
   b) dessen Ehefrau Maria Meier, geb. Huber, Hausfrau in München
   eingetragen gemäß Bewilligung vom ... am ...

---

[4] BGH BGHZ 7, 64.
[5] *Josef* JW 29, 1826; *Hoche* NJW 52, 1289.
[6] *Demharter* § 44 Rdn. 65; MünchKomm/*Wacke* § 879 Rdn. 19; Staudinger/*Kutter* § 879 Rdn. 31.
[7] MünchKomm/*Wacke* § 879 Rdn. 19; *Eickmann* Grundbuchverfahrensrecht, Rdn. 323. A. A. *Demharter* § 44 Rdn. 65.

[8] BayObLG BayObLGZ 57, 322 = Rpfleger 58, 88; OLG Frankfurt NJW 69, 469; LG Fulda Rpfleger 70, 396; ausf. dazu *Jestaedt* Rpfleger 70, 380; zust. auch Meikel/*Ebeling* § 44 Rdn. 48; abl. *Demharter* § 44 Rdn. 11.

Die Buchung von Eintragungen in Abteilung II unter einer laufenden Nummer und ohne Zusatz nach § 47 (s. dort Rdn. 1) sowie ohne Rangvermerk (s. § 45 Rdn. 11) wird überwiegend als zulässig angesehen.[9]

Die Sammelbuchung von **Grundpfandrechten** unter einer Nummer ist abzulehnen, weil die Möglichkeit der Veränderung der Rechte durch Teillöschung oder Teilabtretung das Grundbuch in einem solchen Fall unübersichtlich machen würde.[10]

b) **Buchung unter mehreren Nummern:** 14
Beispiel:

1	1	30 000,– DM	Hypothek ohne Brief für dreißigtausend Deutsche Mark Darlehen der A-Bank in X nebst 7% Jahreszinsen
2	1	10 000,– DM	Grundschuld zu zehntausend Deutsche Mark für die B-Bank in Y nebst 10% Jahreszinsen
			zu Nummern 1 und 2: Gegen den jeweiligen Eigentümer sofort vollstreckbar. Gemäß Bewilligungen je vom ... eingetragen am ...

Diese Buchungsform ist für Grundpfandrechte empfehlenswert, gegen ihre Zulässigkeit bestehen keine Bedenken.[11]

Bei der zulässigen Sammelbuchung decken die abschließenden Unterschriften die 15
Eintragungsvermerke aller Rechte. Der Eintragungstext muß jedoch völlig zweifelsfrei ergeben, daß die Unterschriften und die Datierung sich auf alle Rechte erstrecken sollen.[12] Wegen der Rangverhältnisse bei Sammelbuchungen s. § 45 Rdn. 11. Wegen Sammelbuchungen bei der Grundbuchumschreibung s. § 30 GBV Rdn. 5.

VI. Bezugnahme

1. Grundsatz

Nach § 874 BGB kann bei der Eintragung eines Rechts auf die Bewilligung Bezug 16
genommen werden. Das zulässigerweise in Bezug genommene gilt als eingetragen (sog. „mittelbare Eintragung"). **Abs. 2** schreibt dem GBAmt vor, von der Bezugnahmemöglichkeit Gebrauch zu machen. In S. 2 ist geregelt, wie das eintragungstechnisch zu geschehen hat, eine Vorschrift, die besser in der GBV ihren Platz gefunden hätte.

2. Umfang der Bezugnahme

Die Frage, inwieweit Bezugnahme zulässig ist, gehört zu § 874 BGB (bzw. § 1115 BGB), ist also materielles Recht. Insoweit muß auf die einschlägigen Kommentare verwiesen werden. Hier sollen jedoch die besonders praxisrelevanten Fragen Erwähnung finden.

a) Allgemein

Während der Rechtstyp stets anzugeben und bei Grunddienstbarkeit, b.-p. Dienst- 17
barkeit und Reallast durch einen sog. Charakterisierungszusatz („Wegerecht", „Baube-

---

[9] RG HRR 29, 602 und SeuffA 88, 11; BGH NJW 67, 627; BayObLG BayObLGZ 57, 322 = Rpfleger 58, 88; OLG Oldenburg DNotZ 57, 317 je für Wohnungsrechte; für Dauerwohnrecht: LH Hildesheim NJW 60, 49; für Erbbaurecht: LG Münster MDR 56, 678; bezüglich Vorkaufsrecht oder Nießbrauch: *Bratfisch* Rpfleger 61, 40.

[10] *Jestaedt* Rpfleger 70, 380; Meikel/*Ebeling* § 44 Rdn. 51.

[11] OLG Frankfurt Rpfleger 70, 396, 397; LG Fulda Rpfleger 70, 396; *Jestaedt* a. a. O.

[12] BayObLG BayObLGZ 53, 64 = NJW 53, 826.

§ 45

schränkung", „Geldrente") zu ergänzen ist, kann wegen des Inhalts im übrigen Bezug genommen werden, so z. B. bei Tankstellendienstbarkeiten in bezug auf die Ausschließlichkeit,[13] den Umfang des Betriebsverbots,[14] bei Vereinbarungen nach § 1010 BGB bezüglich der Einzelregelungen,[15] bei Wegerechten bezüglich des Umfanges.

18 b) **Bedingungen und Befristungen** sind als solche im Eintragungstext zu nennen; Bezug genommen werden kann jedoch wegen Art und Inhalt der Beschränkung.[16]

19 c) **Erbbaurecht.** Nach § 14 Abs. 1 ErbbauVO kann zur näheren Inhaltsbezeichnung Bezug genommen werden, vgl. die Erl. zu § 56 GBV.

20 d) **Sachenrechtsbereinigung.** Nach § 7 Abs. 2 S. 3 GGV kann bei der Eintragung des Besitzrechts gem. Art. 233 § 2a EGBGB hinsichtlich Umfang und Inhalt des Rechts Bezug genommen werden, vgl. § 7 GGV Rdn. 5.

21 e) **Wohnungseigentum.** Nach § 7 Abs. 3 bzw. § 32 WEG kann zur näheren Bezeichnung des Gegenstandes und Inhalts des Sondereigentums bzw. Dauerwohnrechts Bezug genommen werden; vgl. § 3 Rdn. 7 WEGBV.

22 f) **Vormerkung.** Gem. § 885 BGB kann zur näheren Bezeichnung des gesicherten Anspruchs auf die Einstw. Verfügung bzw. Bewilligung Bezug genommen werden. Dies ist insbesondere von Bedeutung bei Beschränkung des Anspruchs auf eine Teilfläche. In einem solchen Falle ist im Eintragungstext anzugeben „an einer Teilfläche"; deren Umschreibung, Lage usw. kann durch Bezugnahme auf die Bewilligung eingetragen werden.

23 g) **Hypothek.** Gem § 1115 BGB kann bei ihrer Eintragung hinsichtlich verschiedener Elemente Bezug genommen werden:

aa) **Zinsen.** Hier Bezugnahme bezüglich des Zeitraumes „jährlich".[17]

bb) **Nebenleistungen.** Bezug genommen werden kann wegen deren Art, wegen der Berechnung aus dem Ursprungskapital,[18] nicht jedoch wegen des Befristungszeitraums.[19]

3. Nachholung

24 Während es in § 30 Abs. 1 lit. f GBV noch untersagt war, aus Anlaß einer Blattumschreibung im weiteren Umfange als bisher geschehen Bezug zu nehmen, ist dies nunmehr durch **Abs. 3** sogar vorgeschrieben. Dies gilt auch bei der Übernahme von Belastungen auf ein anderes Blatt (z. B. bei Veräußerung, bei Grundstücksverbindungen, bei Bildung v. Wohnungseigentum). Selbstverständliche Voraussetzung ist, daß der Inhalt nicht verändert werden darf.

[Grundbuchmäßige Darstellung des Ranges]

§ 45

(1) Sind in einer Abteilung des Grundbuchs mehrere Eintragungen zu bewirken, so erhalten sie die Reihenfolge, welche der Zeitfolge der Anträge entspricht; sind die An-

---

[13] BGHZ 35, 382; OLG Hamm Rpfleger 61, 238; BayObLG Rpfleger 59, 22; KG Rpfleger 59, 20.
[14] BayObLG Rpfleger 73, 298.
[15] BayObLG Rpfleger 73, 246.
[16] KG DNotZ 56, 556; OLG Köln DNotZ 63, 48.
[17] OLG Frankfurt/M. Rpfleger 80, 18; OLG Saarbrücken Rpfleger 79, 305; vgl. auch *Meyer-Stolte* Rpfleger 75, 120.
[18] BGH Rpfleger 67, 111.
[19] BGH Fn. 18.

träge gleichzeitig gestellt, so ist im Grundbuche zu vermerken, daß die Eintragungen gleichen Rang haben.

(2) Werden mehrere Eintragungen, die nicht gleichzeitig beantragt sind, in verschiedenen Abteilungen unter Angabe desselben Tages bewirkt, so ist im Grundbuche zu vermerken, daß die später beantragte Eintragung der früher beantragten im Range nachsteht.

(3) Diese Vorschriften sind insoweit nicht anzuwenden, als ein Rangverhältnis nicht besteht oder das Rangverhältnis von den Antragstellern abweichend bestimmt ist.

Übersicht

	Rdn.
I. Allgemeines	
1. Rangverhältnis	1
2. Darstellung des Ranges im Grundbuch	2
3. Betroffene Rechte	3
II. Anwendungsbereich	
1. „Mehrere Eintragungen"	6
2. Bestehen eines Rangverhältnisses	7
3. Ausnahmen	9
III. Darstellung der Rangverhältnisse im Grundbuch	
1. Eintragungen in derselben Abteilung	11
2. Eintragungen in verschiedenen Abteilungen	12
3. Eintragungen in den Haupt- und Veränderungsspalten	13
IV. Abweichende Bestimmung des Rangverhältnisses	
1. Grundsätze	14
2. Zusammentreffen mehrerer Rangbestimmungen	15
3. Regeln	16
V. Der Rangvorbehalt	
1. Rechtsnatur	21
2. Entstehung und Eintragung	22
3. Ausübung des Vorbehalts	26
4. Löschung des Rangvorbehalts	27
VI. Nachträgliche Rangänderung	28
VII. Die Rangregulierung	29

I. Allgemeines

1. Rangverhältnis

Die Vorschrift steht in Zusammenhang mit der des § 879 BGB, die den Rang der **1** Grundstücksrechte untereinander regelt. Das Rangverhältnis bestimmt die Reihenfolge, in der mehrere an einem Grundstück oder grundstücksgleichen Recht bestehende dingliche Rechte in der Zwangsversteigerung und -verwaltung Berücksichtigung finden.

Nach § 879 BGB bestimmt sich der Rang mehrerer eingetragener Rechte (wegen der Rechte, die der Eintragung nicht bedürfen s. unten Rdn. 10) in derselben Abteilung nach der Reihenfolge (§ 879 Abs. 1 S. 1 sog. „Locus-Prinzip"). Sind die Rechte in verschiedenen Abteilungen eingetragen, so entscheidet die Datumsangabe (§ 879 Abs. 1 S. 2, sog. „Prioritätsprinzip"). Ist ein besonderer Rangvermerk eingetragen, richtet sich der Rang nach dem Inhalt dieses Vermerks (§ 879 Abs. 3 BGB). Die Eintragung im Grundbuch bestimmt den Rang auch dann, wenn etwa die materiellrechtliche Einigung erst der Eintragung nachfolgt (§ 879 Abs. 2), weil der Zeitpunkt der Einigung aus dem Buch nicht zu entnehmen ist und gerade über den Rang der dinglichen Rechte Klarheit herrschen muß. § 879 Abs. 2 gilt auch, wenn eine zunächst schwebend-unwirksame Einigung nachträglich genehmigt wird oder wenn eine ursprünglich nichtige Einigung nachgeholt wird. Der Rang gehört zum Inhalt des Rechts.[1]

---

[1] BayObLGZ 56, 461; OLG Zweibrücken Rpfleger 85, 54; Staudinger/*Kutter* § 879 Rdn. 3.

2. Darstellung des Ranges im Grundbuch

2 § 45 bestimmt, wie die äußere Erscheinungsform des Grundbuchs, die den materiellen Rang der Rechte bestimmt, zustande kommt. Er stellt die Regel auf, daß der früher gestellte Antrag zur besseren Rangstelle führt und daß dies gem. § 879 BGB zum Ausdruck zu bringen ist. § 45 ist ferner eine Ergänzung zu § 17. Dort ist bestimmt, daß von zwei Eintragungsanträgen der später gestellte nicht vor dem früher gestellten erledigt werden darf. Besteht die Erledigung des früheren Antrages in einer Zurückweisung, so genügt diese Bestimmung. Besteht die Erledigung dagegen in einer Eintragung, so muß noch gesagt werden, wie diese Eintragung im Verhältnis zur anderen Eintragung beschaffen sein soll, damit der Zweck des § 17 erreicht wird; auch das ist Aufgabe des § 45.

3. Betroffene Rechte

3 a) Die Vorschrift betrifft nicht nur Grundstücksrechte im eigentlichen Sinn, sie ist auch anzuwenden auf **Vormerkungen**,[2] auch wenn diese nicht unmittelbar am materiellen Rang teilhaben; es genügt jedoch, daß sie einen Rang vermitteln (§ 883 Abs. 3 BGB) und in der Versteigerung als erlöschendes Recht einen Erlösanteil erhalten. Problematisch ist, ob ranggleiche Auflassungsvormerkungen am ganzen Grundstück eingetragen werden können, wenn der Auflassungsanspruch das ganze Grundstück erfassen soll. Dies wird überwiegend bejaht[3] mit der Feststellung, es entstünde dann Miteigentum. Dies ist jedoch abzulehnen, da der Erwerb von Miteigentum gegenüber dem zu sichernden Anspruch regelmäßig nicht nur ein minus, sondern ein aliud darstellt.[4]

Wegen des Rangverhältnisses von Verfügungsbeschränkungen zu eingetragenen Grundstücksrechten s. unten Rdn. 8.

4 b) Die Vorschrift erfaßt auch die Eintragung von Rechten an dem **Anteil eines Miteigentümers** (§§ 1095, 1106, 1114, 1192, 1199 BGB); anderes gilt, wenn die Anteile verschiedener Miteigentümer belastet sind.

§ 45 ist auch anwendbar auf die Eintragung von **Rechten an Grundstücksrechten**, soweit sie der Eintragung bedürfen; hier richtet sich der Rang mangels eines gesonderten Rangvermerks nach der räumlichen Reihenfolge (wegen der Form solcher Eintragungen s. § 11 GBV Rdn. 20).

5 c) **Teile und Nebenrechte eines Rechtes** haben, solange sie sich in einer Hand befinden, untereinander grundsätzlich Gleichrang, wenn sie unter einer Nummer gebucht sind und nichts anderes eingetragen ist.[5]

II. Anwendungsbereich

1. „Mehrere Eintragungen"

6 Eine Anwendung des § 45 setzt zunächst voraus, daß mehrere Eintragungen beantragt sind. Die Eintragungen müssen dasselbe Grundstück, grundstücksgleiche Rechte

---

[2] RG RGZ 124, 202.
[3] MünchKomm/*Wacke* § 883 Rdn. 59; Staudinger/*Gursky* § 883 Rdn. 180; Haegele/Schöner/*Stöber* Rdn. 1506; Lüdtke/Handjeri DB 74, 517; *Lemke* JuS 80, 514, 517; *Promberger* MittBayNotV 74, 145; *Wieling* JZ 82, 839.
[4] Wie hier: *Soergel/Stürner* § 883 Rdn. 38; Staudinger/*Kutter*[12] § 879 Rdn. 12.
[5] RG RGZ 132, 110; LG Frankenthal Rpfleger 83, 142.

oder denselben Anteil eines Miteigentümers betreffen. Auf Eintragungen von Amts wegen ist § 45 zwar nicht unmittelbar anwendbar, jedoch hat das GBA auch bei solchen Eintragungen zu prüfen, ob ein Rangverhältnis zwischen der vorzunehmenden Eintragung und anderen Eintragungen bestehen kann. Ist dies der Fall, so ist der Rang nach den Grundsätzen der §§ 879 BGB, 45 GBO gleichfalls von Amts wegen zu verlautbaren.

2. Bestehen eines Rangverhältnisses

§ 45 zielt auf grundbuchmäßige Verwirklichung der Grundsätze des § 879 BGB. Demgemäß findet er **keine Anwendung**, wo entweder überhaupt kein Rangverhältnis in Frage kommt oder wo der Rang gesetzlich bestimmt oder auch ohne Eintragung in das Grundbuch gewahrt ist.

Ein **Rangverhältnis**, d. h. ein Verhältnis, kraft dessen von mehreren, ihrem unmittelbaren Inhalt nach vollwirksamen Rechten das eine dem anderen im Kollisionsfalle vorgeht, ist nur unter beschränkten dinglichen Rechten möglich. Die unbeschränkten dinglichen Rechte können unter sich keinen Rang haben, sondern sich nur gegenseitig ganz verdrängen. Sie können auch zu den beschränkten dinglichen Rechten keinen Rang haben, da sie diesen unter Aufopferung eines Teiles ihrer Substanz stets weichen. Zwischen beschränkten dinglichen Rechten kann ein Rangverhältnis nur in Frage kommen, wenn sie ein und dasselbe Grundstücksrecht betreffen, andernfalls berühren sie sich nicht. Ein in allen Wohnungsgrundbüchern eingetragenes beschränktes dingliches Recht am ganzen Grundstück ruht auch auf dem Teilrecht des einzelnen Wohnungseigentümers[6] und steht daher in einem Rangverhältnis zu den Belastungen, die nur auf einem der Wohnungseigentumsrechte ruhen.

Kein Rangverhältnis besteht zwischen Eintragungen im Bestandsverzeichnis untereinander und zu Eintragungen in den drei Abteilungen, ferner zwischen Eintragungen in Abt. I zueinander und zu den Eintragungen in den anderen Abteilungen. Das gleiche gilt für Eintragungen, sofern sie die Anteile verschiedener Miteigentümer betreffen.

Streitig ist, ob auch auf das Eigentum bezügliche **Verfügungsbeschränkungen** zu Grundstücksrechten in einem Rangverhältnis stehen. Das Bestehen eines echten materiellen Rangverhältnisses wird allgemein verneint.[7] Das schließt jedoch eine Anwendung der formellen Vorschriften der §§ 17 und 45 jedenfalls dann nicht aus, wenn die Darstellung des zeitlichen Vorgehens der einen vor der anderen Eintragung im Grundbuch auch für das materielle Recht bedeutungsvoll ist. Wegen § 892 BGB ist das zeitliche Verhältnis zwischen Verfügungsbeschränkung und Grundpfandrechten von großer Bedeutung.[8] Die entsprechende Anwendung von § 45 ist deshalb insoweit geboten, als der Vorrang eines eingetragenen Rechts vor der Verfügungsbeschränkung oder seine Wirksamkeit ihr gegenüber zu verlautbaren ist.[9] „Vorrang" bedeutet in diesem Falle eben nicht „Befriedigungsreihenfolge" wie beim Verhältnis dinglicher Rechte zueinander, sondern „Wirksamkeitsreihenfolge".

Auch zwischen **Widersprüchen** und Grundstücksrechten besteht zwar kein materielles Rangverhältnis, jedoch erscheint auch hier wegen § 892 Abs. 1 S. 1 BGB die Anwendung der vorstehenden Grundsätze geboten.

---

[6] RG RGZ 146, 365; BGH NJW 61, 1352.
[7] RG RGZ 35, 384; KG HRR 34, 199; JFG 13, 114 und 16, 235; OLG Hamm Rpfleger 57, 19 und 66, 48; OLG Hamburg DNotZ 67, 376; *Westermann/Eickmann* § 96 I 3.
[8] Vgl. *Eickmann* Rpfleger 72, 77; *Böttcher* Rpfleger 83, 49, 55.
[9] Palandt/*Bassenge* § 879 Rdn. 6; *Demharter* § 45 Rdn. 18; *Böttcher* Rpfleger 83, 49, 55.

3. Ausnahmen

9 a) § 45 findet dann keine Anwendung, wenn andere **gesetzliche Vorschriften** für eine Eintragung eine ausdrückliche **Rangbestimmung** enthalten. Hier sind zu nennen:

aa) § 883 Abs. 3 BGB. Ein durch Vormerkung gesichertes Recht erhält den Rang der Vormerkung (deshalb halbspaltige Eintragung der Vormerkung, vgl. § 19 Abs. 1 GBV Rdn. 2−3).

bb) § 10 Abs. 1 ErbbauVO. Vgl. dazu § 8 Rdn. 13; bei den in § 8 Rdn. 14 und 15 gen. Ausnahmen gilt jedoch § 45 wieder.

cc) § 128 Abs. 1 ZVG. Die Sicherungshypotheken für die Forderung gegen den Ersteher eines versteigerten Grundstücks erhalten den Rang des Anspruchs, zu dessen Befriedigung die Forderung übertragen wurde. Das Rangverhältnis muß vom Vollstreckungsgericht in dessen Eintragungsersuchen genau bezeichnet werden.[10] Geschieht dies, wie leider in der Praxis häufig, nicht, so trägt das GBA an nächstoffener Rangstelle ein. Der dann entstehende Rang macht das Buch nicht unrichtig, ist aber nicht der vom Gesetz gewollte (Amtspflichtverletzung des Vollstreckungsgerichts!).

ee) § 130 Abs. 3 ZVG. Hat der Ersteher eines versteigerten Grundstücks vor seiner Eintragung als Eigentümer die Eintragung eines Rechts an dem Grundstück bewilligt, so ist diese Eintragung nicht vor der Erledigung des Ersuchens nach § 130 Abs. 1 ZVG vorzunehmen. Eine förmliche Beanstandung ist jedoch nicht veranlaßt, das GBA stellt die Eintragung bis zur Vollzugsreife nach § 130 ZVG zurück. § 130 Abs. 3 ZVG gilt auch für Löschungen.

10 b) Auch bei Rechten, die **außerhalb des Grundbuchs entstanden** sind, scheidet eine Anwendung von § 45 grundsätzlich aus. Hier sind zu **unterscheiden**:

aa) Rechte, die ohne Rangvermerk zu buchen sind; das sind die öffentlichen Grundstückslasten, falls sie ausnahmsweise eingetragen werden (vgl. § 54 Rdn. 3). Sie gehen, falls nicht gesetzlich etwas anderes bestimmt ist, allen anderen Rechten am Grundstück ohne Rücksicht auf Zeit und Ort ihrer Eintragung im Range vor. Ein trotzdem eingetragener Rangvermerk ist inhaltlich unzulässig.

bb) Rechte, deren außerhalb des Grundbuchs erworbener Rang ohne Rücksicht auf § 45 zu verlautbaren ist. Der Rang richtet sich hier in der Regel nach der Entstehungszeit. So ist bei Pfandrechten an dinglichen Rechten, sofern sie außerhalb des Grundbuchs entstehen, der Zeitpunkt der Zustellung an den Drittschuldner (= Grundstückseigentümer) maßgebend oder, bei Briefgrundpfandrechten, die Briefwegnahme.[11] Ist allerdings zur Entstehung des Pfandrechts die Eintragung erforderlich, gilt § 879 BGB und damit § 45 GBO entsprechend.

Das GBA ist zwar gehalten, beim Vollzug von solchen berichtigenden Einträgen die Regel des § 45 zu befolgen, solange ihm nicht der außerhalb des Grundbuchs entstandene Rang nachgewiesen wird, es ist jedoch empfehlenswert, beim Vorliegen mehrerer solcher Anträge die Beteiligten zum Nachweis des richtigen Rangverhältnisses anzuhalten, da ja das Grundbuch unrichtig wird, wenn der gem. § 45 verlautbarte Rang mit der wahren Rechtslage nicht übereinstimmt.

Mitbenutzungsrechte §§ 321, 322 ZGB, Art. 233 § 5 EGBGB) erhalten den Rang ihres Entstehens, wenn dieser nach § 29 nachgewiesen werden kann oder von den nach-

---

[10] *Demharter* § 45 Rdn. 22; *Zeller/Stöber* § 128 Rdn. 2.

[11] Vgl. zum Vollzug mehrerer Anträge auf Eintragung von Pfandrechten an Grundpfandrechten *Ripfel* DNotZ 36, 857 sowie *Behr/Eickmann* Pfändung v. Grundpfandrechten, S. 73, und wegen der rangmäßigen Behandlung mehrerer Anträge auf Eintragung von Pfandrechten an einem Erbteil *Ripfel* NJW 58, 692. Wegen mehrfacher Hypothekenpfändung vgl. *Behr/Eickmann* a. a. O., S. 73 f.

folgenden Betroffenen bewilligt wird (Art. 233 § 5 Abs. 3 EGBGB), ansonsten werden sie an nächstoffener Rangstelle gebucht.[12]

Eine **Sicherungshypothek** nach § 848 ZPO entsteht mit dem Rang nach einer vereinbarten Kaufpreisresthypothek oder nach anderen Rechten, die dem Veräußerer aufgrund des Rechtsverhältnisses zu bestellen sind, aus dem der gepfändete Auflassungsanspruch entspringt.[13] Die Sicherungshypothek hat aber Vorrang vor Rechten, die der Schuldner als Auflassungsempfänger vor Pfändung einem Dritten bestellt hat,[14] sofern er nicht nach dem der Auflassung zugrundeliegenden Rechtsverhältnis zur Bestellung verpflichtet war oder der Dritte den Vorrang vor der Sicherungshypothek bereits kraft Gutglaubensschutzes erlangt hat.[15] Ein Verstoß gegen diese Regeln führt zur Grundbuchunrichtigkeit.

III. Darstellung der Rangverhältnisse im Grundbuch

1. Eintragungen in derselben Abteilung

Sind die Anträge zu verschiedenen Zeiten gestellt, so erhalten die Eintragungen die Reihenfolge, die der Zeitfolge der Anträge entspricht. Sind die Anträge zur gleichen Zeit gestellt, so muß durch einen besonderen Rangvermerk klargestellt werden, daß nicht das Locusprinzip gilt, sondern daß beide Eintragungen Gleichrang haben. Wegen des Verhältnisses von Haupt- und Veränderungsspalte s. unten Rdn. 13 ff.

Bei **Sammelbuchungen** unter einer Nummer (s. § 44 Rdn. 11) haben die mehreren Rechte Gleichrang, bei Sammelbuchungen unter mehreren Nummern (§ 44 Rdn. 12) entscheidet, sofern kein Rangvermerk gebucht ist, die räumliche Reihenfolge.[16]

2. Eintragungen in verschiedenen Abteilungen

Sind die Anträge zu verschiedenen Zeiten gestellt, so muß die früher beantragte Eintragung den Vorrang vor der anderen erhalten. Dies geschieht entweder dadurch, daß sie an einem früheren Tage ausgeführt wird, dann erhält sie das frühere Datum und damit den besseren Rang. § 879 Abs. 1 S. 2 BGB. Ist das nicht tunlich, werden vielmehr beide Eintragungen unter demselben Datum vorgenommen, so muß der Vorrang der früher beantragten durch einen besonderen Rangvermerk klargestellt werden.

Sind sie gleichzeitig beantragt, so müssen sie gleichen Rang erhalten. Das geschieht dadurch, daß sie am selben Tag bewirkt werden und demgemäß dasselbe Datum erhalten.

3. Eintragungen in den Haupt- und Veränderungsspalten

a) Eintragungen ohne Belastungserweiterung

Werden in der Veränderungsspalte Inhaltsänderungen gebucht, die keine Erweiterung des Umfanges der Belastung ergeben (z. B. Änderung der Zahlungsbestimmungen, der Kündigungsregeln), so haben solche Eintragungen keinen Rang im materiellen Sinne; die Eintragung von Rangvermerken erübrigt sich.

---

[12] Vgl. ausf. *Eickmann* Grundstücksrecht in den neuen Bundesländern, Rdn. 172 b.
[13] BayObLGZ 72, 536 = Rpfleger 72, 182; LG Frankenthal Rpfleger 85, 231; OLG Jena Rpfleger 96, 100; ausf. dazu *Böttcher* Rpfleger 88, 252.
[14] BGHZ 49, 197 = DNotZ 68, 483.
[15] BayObLG Rpfleger 94, 162.
[16] BayObLG 53, 64 = NJW 53, 826; Jestaedt Rpfleger 70, 380.

b) Eintragung einer Zinserhöhung

aa) Liegt ein Fall des § 1119 BGB vor (= Zinserhöhung auf maximal 5%) oder des Art. 233 § 9 Abs. 3 EGBGB (= Zinserhöhung auf maximal 13% bei Aufbauhypothek), so teilt der nachträglich vereinbarte zusätzliche Zinsbetrag den Rang des ursprünglichen Rechtes kraft Gesetzes;[17] ein Rangvermerk ist entbehrlich, freilich als deklaratorischer Vermerk unschädlich.

bb) Ist § 1119 BGB oder Art. 233 § 9 Abs. 3 EGBGB nicht anwendbar, so kann der nachträglich vereinbarte zusätzliche Zinsbetrag Gleichrang mit dem bisher eingetragenen Hauptrecht nur erhalten, wenn die diesem Recht gleich- oder nachstehenden Beteiligten in Abt. II und III zustimmen. Stimmen sie nicht zu, kann der nachträglich vereinbarte zusätzliche Zinsbetrag nur die im Zeitpunkt seiner Eintragung offene Rangstelle erwerben.[18] Die Eintragung solcher Mehrzinsen im Range des Hauptrechts ist also nicht nur eine Inhalts-, sondern auch eine Rangänderung. Als solche bedarf sie nach § 880 Abs. 1 BGB der ausdrücklichen Eintragung. Nach h. M. soll es dabei jedoch genügen, die Zinserhöhung als solche zu buchen, weil die Eintragung in der Veränderungsspalte den Rang der Hauptspalte teile.[19] Die abw. Auff.[20] verlangt die ausdrückliche Buchung eines Rangvermerkes. Dieser Auff. ist zuzustimmen. Das innerhalb einer Abteilung geltende Reihenfolgeprinzip ist eine vereinfachte Umsetzung des Prioritätsgedankens auf die Technik der Grundbuchführung: die Reihenfolge muß ja der zeitlichen Priorität entsprechen.[21] Kann von einer echten Reihenfolge nicht mehr gesprochen werden, nämlich beim Verhältnis von Eintragungen in Haupt- und Veränderungsspalten zueinander, so muß der Grundgedanke der Priorität, die zeitliche Zuordnung, den Rang regeln. Dem stimmt die h. M. ja auch insoweit zu, als sie der nachträglichen Erhöhung grundsätzlich den Nachrang zuweist. Dann kann sie jedoch § 880 Abs. 1 nicht außer Acht lassen, will sie nicht zu dem absurden Ergebnis kommen, daß zwar die Rangänderung ohne Rangvermerk möglich sein soll, jedoch die Eintragung des gesetzlichen Nachranges eines Rangvermerkes bedürfte!

c) Die Pfanderstreckung (nachträgliche Mitbelastung)

Auch bei der nachträglichen Mitbelastung von Grundstücken ergeben sich Rangprobleme.

Beispiel 1. Auf dem Grundstück BestVerz. Nr. 1 lastet eine Hypothek Abt. III/1, das Recht soll auf das bisher unbelastete Grundstück BestVerz. Nr. 2 erstreckt werden.

Die auf BestVerz. Nr. 2 nunmehr neu einzutragende (= durch den Mitbelastungsvermerk zu vermerkende) Hypothek hat auf dem neuen Grundstück ebenfalls die erste Rangstelle, da dieser Rang ja hier noch frei ist; ein Rangvermerk ist entbehrlich.

Beispiel 2. Grundstück BestVerz. Nr. 2 ist belastet mit einer Grundschuld (III/1), BestVerz. Nr. 1 ist belastet mit einer Hypothek (III/2). Die Hypothek soll auf BestVerz. Nr. 1 erstreckt werden.

Die Hypothek steht hinter der Grundschuld; wird sie auf BestVerz. Nr. 2 erstreckt, so kann sie dort nur zweite Rangstelle erwerben, weil die erste Rangstelle besetzt ist. Dieser Nachrang wird jedoch bereits von der Hauptspalte ausgewiesen, so daß es eines Rangvermerkes nicht bedarf.

Beispiel 3. Wie Beispiel 2, jedoch soll die Grundschuld auf BestVerz. Nr. 1 erstreckt werden.

---

[17] MünchKomm/*Eickmann* § 1119 Rdn. 3.
[18] Ganz h. M., vgl. Staudinger/*Wolfsteiner* § 1119 Rdn. 7.
[19] RGZ 132, 106; Haegele/Schöner/*Stöber* Rdn. 2495.
[20] *Schmid* Rpfleger 82, 251 und 84, 130; *Böttcher* BWNotZ 88, 73.
[21] Vgl. MünchKomm/*Wacke* § 879 Rdn. 14 ff.

Auch hier kann die Grundschuld nur zweite Rangstelle erwerben, weil die erste Rangstelle durch die Hypothek besetzt ist. Dieser Nachrang ist jedoch aus dem Buch nicht ersichtlich, weil ja die Grundschuld räumlich vor der Hypothek eingetragen ist. In diesem Falle ist deshalb ein gesonderter Rangvermerk erforderlich. Er kann — zusammen mit dem Mitbelastungsvermerk — lauten:

„Das Grundstück BestVerz. Nr. 1 haftet mit. Im Range nach der Hypothek Nr. 2 eingetragen am ..."

Beispiel 4. Auf BestVerz. Nr. 1 lasten als III/1 eine Hypothek und als III/2 eine Grundschuld. Beide sollen auf das bisher unbelastete Grundstück BestVerz. Nr. 2 erstreckt werden.

Auf dem neuen Grundstück entstehen die beiden Rechte im Augenblick ihrer Eintragung; sie haben dann nach den allgemeinen Grundsätzen des Rangrechts Gleichrang. Die h. M. nimmt demgegenüber an, die Rechte hätten wegen der Einheit von Haupt- und Veränderungsspalte den sich aus der Rangfolge ihrer Ersteintragungen ergebenden Rang.[22] Mit *Meyer-Stolte*[23] ist jedoch entgegen der h. M. von der Geltung der §§ 17, 45 auch in diesem Fall auszugehen. Ohne Vorliegen einer Rangbestimmung (s. oben Rdn. 14 ff.) ist also Gleichrang der Rechte auf dem nachverpfändeten Grundstück anzunehmen.

Meyer-Stolte ist jedoch auch darin zuzustimmen, daß in der Nachverpfändungserklärung eine solche Rangbestimmung im Wege der Auslegung stets dahin gefunden werden kann, die Rechte sollten auch auf dem neuen Grundstück den Rang erhalten, den sie auf dem anderen Grundstück bereits haben.

Auch wenn man diese — stillschweigende — Rangbestimmung richtigerweise annimmt, ist damit noch nichts zur Frage gewonnen, ob es der Eintragung eines **Rangvermerkes** bedarf oder nicht. Soweit die h. M. die Entbehrlichkeit eines solchen Vermerkes annimmt[24] kann sie sich nicht auf *Meyer-Stolte* berufen, weil er zur Buchung nichts aussagt, sondern sich nur mit der Auslegung der Nachverpfändungserklärung befaßt. Wie in allen Fällen der Buchung eines vom Prioritätsgrundsatze abweichenden Ranges gilt jedoch auch hier, daß dieser abweichende Rang durch entsprechende Vermerke kenntlich zu machen ist.[25]

IV. Abweichende Bestimmung des Rangverhältnisses

1. Grundsätze

Der von den Beteiligten gewünschte Rang kann ausdrücklich bestimmt werden, dann findet § 45 keine Anwendung (**Abs. 3**). Die Rangbestimmung kann enthalten sein in der Bewilligung oder im Eintragungsantrag. Daß es möglich ist, die Rangbestimmung in der Bewilligung zu treffen, kann keinem Zweifel unterliegen, unabhängig davon, ob man nun den Rang des Rechts als Bestandteil des Rechtsinhalts ansieht oder als eine besondere Eigenschaft des Rechts. Die Möglichkeit, im Antrag eine Rangbestimmung zu treffen, ergibt sich unmittelbar aus § 45 Abs. 3.

Sofern die Rangbestimmung im Antrag erhalten ist, bedarf dieser der Form des § 29.[26]

---

[22] OLG Hamm Rpfleger 85, 17; *Streuer* Rpfleger 82, 139; *Demharter* § 48 Rdn. 20; Haegele/Schöner/*Stöber* Rdn. 2659, 2666, 2667.
[23] Rpfleger 71, 201/202.
[24] *Demharter* § 48 Rdn. 20; Haegele/Schöner/ *Stöber* a. a. O.; LG Köln MittRhNotK 73, 438.
[25] *Eickmann* Grundbuchverfahrensrecht, Rdn. 358 und *Schmid* Rpfleger 82, 251; 84, 130; ebenso Meikel/Böhringer § 48 Rdn. 103.
[26] BayObLG Rpfleger 82, 334.

§ 45

Streitig ist, ob der Notar im Rahmen des § 15 eine Rangbestimmung treffen kann. Die herrschende Meinung verneint dies.[27] Ihre Auffassung kann jedoch nicht geteilt werden. Wenn der Notar zur Vertretung eines Antragstellers kraft Gesetzes befugt ist und der Antragsteller im Antrag eine Rangbestimmung treffen kann, so ist nicht nachzuvollziehen, weshalb gerade dieser Bestandteil des Antrages der Vertretungsregelung des § 15 nicht unterliegen soll.[28]

2. Zusammentreffen mehrerer Rangbestimmungen

15 Widersprechen Rangbestimmungen in einem Antrag oder mehreren Anträgen Rangbestimmungen in einer Bewilligung, so gilt nach allgemeiner Auffassung nur die letztere. Die Möglichkeit der Bestimmung im Antrag ist also **subsidiär**, sie greift nur ein, wenn die Bewilligungen aller beteiligten Rechte schweigen. Enthält auch nur eine der Bewilligungen zur Rangfrage eine Regelung, so sind Rangbestimmungen in einem Antrag oder in mehreren Anträgen gegenstandslos. Die Erklärung, daß ein Recht erste, notfalls nächstoffene Rangstelle erhalten sollte, stellt nie eine dingliche Rangbestimmung im vorstehenden Sinne dar, sondern nur eine schuldrechtliche Verpflichtung.[29] Rangbestimmungen müssen stets die beabsichtigte Rangstelle eindeutig und ohne Vorbehalt bezeichnen.

Es gelten dabei folgende **Regeln** (nähere **Begründung** und **Nachweise** s. bei *Eickmann* Grundbuchverfahrensrecht, Rdn. 351 ff.):

3. Regeln

16 **Übereinstimmende** Rangbestimmungen in mehreren Bewilligungen oder in mehreren Aufträgen sind stets vollziehbar.

17 Enthält nur **eine Bewilligung** eine Rangbestimmung, so ist sie vollziehbar, es sei denn, eines der beteiligten Rechte ist bereits eingetragen und hat auf diese Weise den Rang, der beansprucht wird, bereits erworben. Unwichtig ist, ob die Rangbestimmung in der zuerst eingegangenen oder in der später eingegangenen Bewilligung enthalten ist.

18 **Widersprechen** sich mehrere Rangbestimmungen in verschiedenen **Bewilligungen**, so sind sie insoweit vollziehbar, als sie mit der Eingangsreihenfolge übereinstimmen.

19 Enthält nur **ein Antrag** eine Rangbestimmung, so ist sie vollziehbar, wenn sie entweder mit der Eingangsreihenfolge übereinstimmt oder der aus der Eingangsreihenfolge Begünstigte seinen besseren Rang preisgibt, der Antrag also von ihm herrührt.

20 **Widersprechen** sich Rangbestimmungen in mehreren **Anträgen**, so werden die Anträge in der Eingangsreihenfolge vollzogen. Es schadet dabei nicht, wenn einem Recht durch den Eingang ein besserer Rang verschafft wird, als für es beantragt ist.

Diese Regeln gelten auch bei der Bestellung von Rechten für einen **Grundstücksveräußerer**, die mit Rechten zusammentreffen, die der Erwerber für Dritte bestellt hat.[30] Hier ist bei Fehlen einer ausdrücklichen gegenteiligen Erklärung auch des Veräußerers stets eine **stillschweigende Rangbestimmung** dahin anzunehmen, daß die Rechte für den Veräußerer Vorrang erhalten sollen.[31]

---

[27] *Demharter* § 15 Rdn. 15; OLG Hamm DNotZ 50, 40 OLG Schleswig SchlHA 60, 208; OLG Frankfurt Rpfleger 91, 362.
[28] *Meikel/Böttcher* § 15 Rdn. 31; *Eickmann* Grundbuchverfahrensrecht, Rdn. 350; vgl. auch oben § 15 Rdn. 28.
[29] BayObLG Rpfleger 76, 302; OLG Frankfurt Rpfleger 80, 477.
[30] *Bauch/Bielau* Rpfleger 83, 421.
[31] BayObLGZ 92, 131; *Demharter* § 16 Rdn. 11.

V. Rangvorbehalt

1. Rechtsnatur

Nach h. M. ist der Rangvorbehalt ein vorbehaltenes Stück Eigentumsrecht, für den **21** Gläubiger eine Beschränkung seines Rechts.[32] Er gestattet es dem jeweiligen Eigentümer (§ 881 Abs. 3 BGB), später im Vorrang vor einem einzutragenden Recht ein anderes Recht eintragen zu lassen (§ 881 Abs. 1 BGB), dieselbe Wirkung also, die durch die Eintragung einer Eigentümergrundschuld erreicht würde. Der Vorbehalt kann jedoch auch Eintragung eines Rechts mit gleichem Rang sichern. Das Recht aus dem Rangvorbehalt ist unübertragbar und unpfändbar.[33]

2. Entstehung und Eintragung

a) **Materiellrechtlich** sind Einigung und Eintragung (§ 873, § 881 Abs. 2 BGB) erfor- **22** derlich; bei einer Eigentümergrundschuld genügt die einseitige Erklärung des Eigentümers.

Formellrechtlich genügt bei gleichzeitiger Eintragung mit dem betroffenen Recht die Bewilligung des Eigentümers. Ist das betroffene Recht bereits eingetragen und es wird bei ihm nachträglich ein RV vermerkt, so ist die Bewilligung des betroffenen Gläubigers und — bei Grundpfandrechten — die Zustimmung des Eigentümers erforderlich.[34]

b) **Gegenstand des Vorbehalts** können alle dinglichen Rechte sowie Vormerkungen **23** sein.

c) **Eingetragen** werden muß der Umfang des Vorbehalts, Bezugnahme auf die Bewil- **24** ligung ist insoweit nicht zulässig, jedoch genügt die Angabe des Betrages von Kapital und Nebenleistung.[35] Der Zeitpunkt des Zinsbeginnes ist nach h. Rspr. immer, nach der hier vertretenen Auffassung nur anzugeben, wenn er vom künftigen Eintragungsdatum abweichen soll.[36] Nicht erforderlich ist die Angabe eines Berechtigten; zulässig ist jedoch die Beschränkung auf eine bestimmte Person oder einen gattungsmäßig bezeichneten Berechtigten. Der Vorbehalt kann bedingt oder befristet sein; zulässig ist weiter eine Beschränkung auf eine bestimmte Zweckschuld (z. B. Baugeld etc.). Zulässig ist auch die Beschränkung auf Rechte, die unter Mitwirkung eines bestimmten Notars bestellt werden.[37]

Zulässig ist auch ein Vorbehalt auf Eintragung eines Rechts mit gleichem Rang.

d) Der RV wird bei dem betroffenen Recht eingetragen (§ 881 Abs. 2, 2. Hs. BGB); **25** die Eintragung wird in der Hauptspalte, bei nachträglicher Begründung des RV in der Veränderungsspalte, bewirkt.

---

[32] BGH NJW 54, 954; *Fabricius* Rpfleger 56, 155, 301 mwN.
[33] RG RGZ 117, 431; BGH BGHZ 12, 241 = DNotZ 54, 378.
[34] Ebenso Haegele/Schöner/*Stöber* Rdn. 2131; Meikel/*Böttcher* § 45 Rdn. 188; a. A. KG JFG 12, 289; *Demharter* § 45 Rdn. 37.
[35] S. dazu OLG Frankfurt Rpfleger 64, 376; LG Itzehoe MDR 68, 1010 u. insbes. LG Essen Rpfleger 82, 172 = genaue Angabe des Umfanges von Nebenleistungen!
[36] LG Aachen Rpfleger 86, 89; OLG Frankfurt Rpfleger 89, 401 u. Rpfleger 96, 340; LG Dresden Rpfleger 94, 292. A. A. BGH Rpfleger 95, 343; BayObLGZ 94, 203, die den Eintragungstag nicht als primären Zinsbeginn ansehen, ebenso *Kutter* DNotZ 90, 744; *Demharter* § 45 Rdn. 38. Für bereits eingetragene Rangvorbehalte gilt lt. BGH der Eintragungstag „als Mindestinhalt"; damit wird das Ganze als reines Auslegungsproblem doch minimiert. Weshalb eine den Normalfall annehmende Auslegung unwahrscheinlicher sein soll als die auf die Ausnahme zielende ist unverständlich.
[37] LG Düsseldorf Rpfleger 85, 100; *Demharter* § 45 Rdn. 39.

§ 45

Muster:

„Vorbehalten ist der Vorrang für ein Grundpfandrecht bis zu 10 000,– DM nebst Zinsen und sonstigen Nebenleistungen bis zu ...%."

Die Fassung bezüglich der Nebenleistungen empfiehlt sich, da umstritten ist, ob die Eintragung eines Höchstzinssatzes auch andere Nebenleistungen umfaßt.[38]

3. Ausübung des Vorbehalts

26 Die Ausnützung des RV steht dem jeweiligen Grundstückseigentümer zu. Die Ausnützung durch einen Gläubiger bei Eintragung einer Zwangshypothek ist nach h. M. nicht möglich.[39]

Die Eintragung geschieht bei dem vortretenden und dem zurücktretenden Recht.

Muster:

a) „Unter Ausnutzung des Vorbehalts mit dem Vorrang vor dem Recht Abteilung III Nr. 1 eingetragen ...

b) Der vorbehaltene Vorrang vor diesem Recht ist dem Recht Abteilung III Nr. ... eingeräumt. Eingetragen am ..."

Der Rangvorbehalt kann auch teilweise oder stufenweise ausgenützt werden.[40] Mittlerweile allgemM ist, daß der RV mehrmals ausgeübt werden kann.[41] Dieser Ansicht ist zuzustimmen, sie ergibt sich aus der Rechtsnatur des RV als eines vorbehaltenen Stücks Eigentum, also eines Zustandsrechts, das ausgeübt werden kann, solange es besteht.

Wegen des Einflusses einer Zuschreibung auf den Umfang d. RV vgl. § 6 Rdn. 26.

4. Löschung des Rangvorbehalts

27 Zur Löschung des Rangvorbehalts genügt formellrechtlich die Bewilligung des Grundstückseigentümers. Die vereinzelt für erforderlich gehaltene Zustimmung des Gläubigers des begünstigten Rechts[42] kann auch dann nicht verlangt werden, wenn der Vorbehalt gegenwärtig ausgenützt wird, weil die Löschung des RV den einmal eingetragenen Vorrang nicht berührt.[43]

Ist der RV ausdrücklich auf einen bestimmten Fall beschränkt (s. oben Rdn. 17), so erlischt er ausnahmsweise mit der Ausübung. In diesem Fall ist die Tatsache des Erlöschens einzutragen.

VI. Nachträgliche Rangänderung

28 Der nach § 879 bestehende Rang der eingetragenen Rechte kann nachträglich durch Vereinbarung der Beteiligten geändert werden.

---

[38] Vgl. OLG Frankfurt Rpfleger 64, 376; LG Wuppertal BlGBW 53, 200; *Schmitz/Valkenberg* NJW 64, 1477; die Frage ist zu bejahen, vgl. Haegele/Schöner/*Stöber* Rdn. 928.

[39] BGH BGHZ 12, 238 = DNotZ 55, 378; OLG Frankfurt MDR 53, 243; vgl. auch *Jansen* NJW 54, 238; a. A. Staudinger/*Kutter* § 881 Rdn. 18; LG Berlin DR 39, 1253; LG Stuttgart NJW 54, 1054.

[40] KG KGJ 40, 236; BayObLG BayObLGZ 56, 462; zur grundbuchmäßigen Behandlung s. ausf. *Unterreitmayer* Rpfleger 60, 282.

[41] BGB/RGRK/*Augustin* § 881 Rdn. 15; Staudinger/*Kutter* § 881 Rdn. 29; Soergel/*Stürner* § 881 Rdn. 14. Abl.: LG Nürnberg-Fürth MittBayNotV 77, 64.

[42] So z. B. *Fabricius* Rpfleger 56, 155 u. 301.

[43] LG Kassel NJW 56, 424; LG Hof MittBayNot 74, 268; *Staudenmaier* Rpfleger 60, 81 mwN.

Materiellrechtlich erfordert die Rangänderung Einigung zwischen dem vortretenden und dem zurücktretenden Gläubiger und die Eintragung in das Grundbuch, bei Grundpfandrechten ist weiter erforderlich die Zustimmung des Grundstückseigentümers (§ 880 Abs. 2 S. 2 BGB). § 876 BGB gilt entsprechend, § 880 Abs. 3 BGB.

Formellrechtlich ist die Rücktrittserklärung des zurücktretenden Gläubigers, bei Grundpfandrechten die Zustimmung des Eigentümers erforderlich. Gesamtberechtigte gem. § 428 BGB müssen den Rangrücktritt gemeinsam bewilligen, es genügt nicht, daß einer der Berechtigten ihn allein erklärt. Die Zustimmung des Eigentümers wird bei der Eintragung des Vorrangs einer Zwangshypothek durch den vollstreckbaren Titel ersetzt.[44]

Tritt ein vormerkungswidrig eingetragenes Recht gem. § 888 BGB hinter eine gem. § 1287 BGB oder § 848 Abs. 2 ZPO entstandene Sicherungshypothek zurück, so bedarf es gleichfalls keiner Eigentümerzustimmung.[45]

Drittberechtigte (Pfandgläubiger, Nießbraucher) müssen gleichfalls zustimmen, § 19 i. V. mit § 876 S. 1 BGB. Die Mitwirkung der am herrschenden Grundstück Berechtigten bei Rücktritt eines subjektiv-dinglichen Rechts (§ 880 Abs. 3, § 876 S. 2 BGB) ist gem. § 21 jedoch nur erforderlich, wenn der Herrschvermerk (§ 9) gebucht ist.

Wegen der Antragsberechtigung, insbesondere des Eigentümers s. Erl. zu § 13.

Wegen der grundbuchtechnischen Durchführung s. § 18 GBV Rdn. 1.

Wird die Rangänderung nur in bezug auf **Teile eines Rechts** vorgenommen, so führt sie zu einer Teilung des Rechts i. S. v. § 1151 BGB.[46] Beim Briefrecht bedarf die rangändernde Teilung keiner Eintragung, wenn gem. § 1154 Abs. 1 BGB verfahren wird.[47]

VII. Die Rangregulierung

Sie wird unter bestimmten Voraussetzungen bei Veränderungen im Grundstücksbestand (Vereinigungen, Bestandteilszuschreibungen) erforderlich.

Beispiel. BestVerz. Nr. 1 ist mit einer Hypothek (III/1), BestVerz. Nr. 2 mit einer Grundschuld (III/2) belastet. Die beiden Grundstücke sollen miteinander vereinigt werden.

Hinsichtlich der beiden Grundpfandrechte führt die Vereinigung zunächst zu keiner Veränderung, weil sie an den bisherigen Grundstücken (nunmehr: realen Grundstücksteilen) bestehen bleiben. Dabei kann es sein Bewenden haben, wenn die Vereinigung dergestalt bewirkt wird, daß die beiden bisherigen Flurstücke katastermäßig erhalten bleiben. In diesem Fall bedarf es keiner Pfanderstreckung und damit auch keiner Rangregulierung.

Wird jedoch durch die Katasterbehörde ein einheitliches neues Flurstück gebildet, so ist regelmäßig im Hinblick auf die unterschiedlichen Belastungsverhältnisse Verwirrung zu besorgen (s. § 5 Rdn. 12 f.). Zur Ausräumung des Verwirrungsbedenkens ist Pfanderstreckung erforderlich. Dies setzt jedoch gleichzeitig eine Rangregulierung, das heißt eine Festlegung über den Rang der beiden Rechte am einheitlichen Grundstück voraus, weil sie ja beide bisher den ersten Rang inne hatten. Dazu sind erforderlich:

a) Bestimmung des Eigentümers gem. § 45 Abs. 3 (bzw. nach den dort geltenden Regeln, s. oben Rdn. 13 ff.), welchen Rang die Rechte nunmehr haben sollen;

---

[44] KG JFG 12, 306; BGH BGHZ 12, 244 = DNotZ 54, 378.
[45] BayObLG NJW-RR 91, 567.
[46] OLG Zweibrücken Rpfleger 85, 54.
[47] OLG Hamm Rpfleger 88, 58 m. zust. Anm. v. *Muth*; *Eickmann* EWiR 88, 151; a. A. *Schmid* Rpfleger 88, 136.

b) Bewilligung des Gläubigers, dessen Recht nunmehr insgesamt schlechteren Rang erhalten soll.

30 **Weiteres Beispiel.** Wie oben, Beispiel Rdn. 32, jedoch soll das Grundstück BestVerz. Nr. 2 dem Grundstück BestVerz. Nr. 1 als Bestandteil zugeschrieben werden.

Auch hier ist — in § 1131 BGB — die Folge der Zuschreibung genau geregelt; bleiben die bisherigen Flurstücke auch nach der Zuschreibung erhalten, so ist weiter nichts veranlaßt.

Wird jedoch ein neues einheitliches Grundstück im Wege der Flurstücksverschmelzung gebildet, so muß Pfanderstreckung insoweit durchgeführt werden, als die Wirkung des § 1131 BGB nicht eintritt. Auch in diesem Fall muß dann durch Rangregulierung ein einheitliches Rangverhältnis am Gesamtgrundstück herbeigeführt werden.[48]

[Löschung]

§ 46

(1) Die Löschung eines Rechts oder einer Verfügungsbeschränkung erfolgt durch Eintragung eines Löschungsvermerks.

(2) Wird bei der Übertragung eines Grundstücks oder eines Grundstücksteils auf ein anderes Blatt ein eingetragenes Recht nicht mitübertragen, so gilt es in Ansehung des Grundstücks oder des Teils als gelöscht.

Übersicht

	Rdn.		Rdn.
I. Allgemeines	1	1. Eintragung eines Löschungsvermerks	4
II. Voraussetzungen der Löschung		2. Nichtübertragung	5
1. Eingetragenes Recht	2	IV. Besonderheiten	
2. Geltung der Eintragungsvorschriften	3	1. Gesetzliche Sonderregelungen	7
III. Arten der Löschung		2. Sonstige Fälle	9

I. Allgemeines

1 Die Bestimmung regelt die grundbuchmäßige Form der Löschung. Da das materielle Recht über die Form der Löschungseintragung nichts aussagt, sind die Vorschriften des § 46 in Verbindung mit § 17 Abs. 1 S. 1 und Abs. 2, 5 GBV zwingendes, das materielle Recht insoweit ergänzendes Recht. Auf andere Weise (Durchstreichen, Einklammern etc.) kann eine Löschung nicht wirksam vorgenommen werden.

§ 46 stellt zwei Formen der Löschung zur Verfügung, nämlich durch Eintragung eines ausdrücklichen Löschungsvermerkes (s. unten Rdn. 4) oder durch Nichtübertragung des Rechts auf ein neues Blatt (s. unten Rdn. 5).

Welche Form der Löschung im Einzelfall zu wählen ist, bestimmt das GBAmt unter Berücksichtigung von Zweckmäßigkeit und Grundbuchklarheit nach seinem Ermessen.[1]

---

[48] Vgl. zu den aufgeworfenen Fragen ausf. *Röll* DNotZ 68, 537/540 und *Eickmann* Grundbuchverfahrensrecht, Rdn. 359 ff.

[1] OLG Köln Rpfleger 59, 290 m. Anm. v. *Rig-gers*; OLG Frankfurt DNotZ 71, 312; *Haegele* Rpfleger 57, 355; a. A. *Tröster* Rpfleger 59, 342.

II. Voraussetzungen der Löschung

1. Eingetragenes Recht

Die Vorschrift gilt nur für eingetragene Rechte.

„Rechte" i. S. des § 46 ist im weitesten Sinne zu verstehen; die Vorschrift umfaßt auch – neben den in Abs. 1 genannten Verfügungsbeschränkungen – Vormerkungen und Widersprüche.

2. Geltung der Eintragungsvorschriften

Für die Löschung gelten alle Vorschriften, die allgemein für Eintragungen getroffen sind, also die §§ 13, 19, 39, 40, 41 und 42.
Wegen der Besonderheiten bei einzelnen Rechten s. unten Rdn. 7.

III. Arten der Löschung

1. Eintragung eines Löschungsvermerkes

Erforderlich ist ein besonderer Vermerk, der die Löschung, d. h. die buchmäßige Beseitigung der betroffenen Eintragung zum Ausdruck bringt. Der Angabe des materiellrechtlichen Grundes bedarf es nicht.

Wegen der Fassung und der Stellung des Vermerks sowie der anderen grundbuchtechnischen Fragen s. § 17 GBV Rdn. 2. Wegen der Behandlung der Briefe s. § 69.

2. Nichtübertragung

a) **Durch Nichtübertragung** des Rechts auf ein neues Blatt wird das **Recht gelöscht**. § 46 Abs. 2 betrifft zwei Fälle, nämlich daß ein Recht auf einem zu übertragenden Grundstück oder Grundstücksteil wegfallen soll und daß es auf einem abzuschreibenden Grundstücksteil nicht (nicht mehr) ruht.

Die **Übertragung** auf ein anderes Blatt ist insbesondere gegeben in den Fällen der **Zusammenschreibung** und deren Aufhebung (§ 4), der **Vereinigung** und deren Aufhebung (§ 5), der **Zuschreibung** und deren Aufhebung (§ 6), der **selbständigen Buchung**, der **Umschreibung** aus buchtechnischen Gründen (§ 28 GBV) sowie der **Neufassung** der Abt. II oder III (§ 33 GBV).

Unter die erstere Alternative (Wegfall eines Rechts) fällt insbesondere die sogenannte Entlassung aus der Mithaft. Erforderlich ist die Bewilligung der pfandfreien (lastenfreien) Abschreibung durch die Betroffenen. Handelt es sich um ein Grundpfandrecht, wird die Entlassung eines Teilstückes aus der Mithaft als Verzicht nach § 1175 Abs. 1 S. 2 BGB angesehen, die eine Eigentümerzustimmung entbehrlich macht.[2]

Ein aus der Mithaft entlassenes (Teil-)Grundstück kann sofort auf ein anderes Blatt übertragen werden. Die vorherige Eintragung der Freigabe durch einen gesonderten Vermerk ist überflüssig und deshalb unrichtig.

Unter die zweite Alternative (ein Recht ruht nicht mehr auf dem abzuschreibenden Grundstücksteil) fallen insbesondere Dienstbarkeiten, wenn im Falle der Teilung eines Grundstücks die außerhalb des Bereichs der Ausübung liegenden Teile gem. §§ 1026, 1090 BGB von dem Recht freiwerden.[3] Bei der Buchung des (freigewordenen) Teil-

---

[2] KG HRR 31, 47; LG München JFG 23, 322; ausf. *Mansfeld* Rpfleger 57, 240 u. *Lotter* MittBayNot 85, 8; *Demharter* § 46 Rdn. 18.

[3] Vgl. dazu ausf. BayObLG Rpfleger 83, 143; 87, 451.

grundstückes ist das Recht nicht mehr mitzuübertragen. Voraussetzung dazu ist, daß die räumliche Einschränkung dem GBA nachgewiesen wird, sollte sie nicht ausnahmsweise offenkundig sein.[4]

Steht fest, daß der abzuschreibende Teil außerhalb des Ausübungsbereiches liegt, darf das Recht auch dann nicht mitübertragen werden, wenn dies ausdrücklich beantragt sein sollte, weil sonst das Buch unrichtig würde.

6 b) Ist ein Recht **irrtümlich nicht übertragen** worden, so ist das Grundbuch, sofern das Recht nicht ohnehin schon erloschen war, unrichtig; auch die irrtümliche Nichtübertragung gilt als Löschung,[5] so daß eine Nachholung der unterbliebenen Mitübertragung ausscheidet. Es ist – auf dem neuen Blatt! – gem. § 53 zu verfahren.

IV. Besonderheiten

1. Gesetzliche Sonderregelungen

7 Die GBO und andere Vorschriften sehen für die Löschung bestimmter Rechte teilweise Sonderregelungen vor.

Übersicht:
Befristete oder bedingte sowie rückstandsfähige **Rechte:** §§ 23, 24 GBO; **Erbbaurecht:** § 31 Abs. 3 ErbbauVO; **Gegenstandslose Eintragungen:** §§ 84 ff. GBO; **Gesamtrechte:** § 48 Abs. 2 GBO; **Grundpfandrechte:** § 27 GBO; **Inhaltlich unzulässige Eintragungen:** § 53 Abs. 1 S. 2 GBO; **Löschungserleichterung** (bei auf Lebenszeit beschränkten Rechten): § 23 GBO; **Vormerkungen und Widersprüche:** §§ 18 Abs. 2, 25, 76 Abs. 2 GBO.

8 Ist ein **Nutzungsrecht** (Art. 233 § 4 EGBGB) oder **Gebäudeeigentum** (Art. 233 §§ 26, 4, 8 EGBGB) **nicht eingetragen**, so wird es durch Einreichung einer notariell beurkundeten Aufhebungserklärung beim GBAmt aufgehoben, Art. 233 § 4 Abs. 6 S. 2, § 2 b Abs. 4, § 8 S. 2 EGBGB. Wird eine lediglich notariell beglaubigte Erklärung eingereicht, so ist sie unwirksam. Zwischenverfügung bzw. Zurückweisung werden nicht möglich sein, weil ja ein förmlicher Antrag auf Eintragung nicht vorliegt. Es wird jedoch ein nobile officium des GBAmts sein, eine Rechtsbelehrung zu erteilen.

2. Sonstige Fälle

9 Besonderheiten gelten auch für die nachstehenden Eintragungen:

a) Bei der teilweisen Löschung einer **Tilgungshypothek** oder **Abzahlungshypothek** muß zusätzlich zum Löschungsvermerk angegeben werden, welche planmäßigen Tilgungsbeiträge und außerordentlichen Rückzahlungen der zu löschende Teilbetrag umfaßt. Dies gilt nicht, sofern es sich um den ranglezten Teilbetrag handelt. Bei einer Tilgungshypothek kann die Eintragung eines Vermerks beantragt werden, der klarstellt, ob Tilgung oder Nebenleistung vom ursprünglichen Kapitalbetrag oder vom Restbetrag zu berechnen ist.

10 b) Die Eintragung einer **Zinssenkung** ist gleichfalls eine Löschung. Sie geschieht jedoch nicht in der Form des § 46, sondern in der Veränderungsspalte:

Sp. 5–7   1   3000,– DM   Die Zinsen sind seit dem 1. Januar 1971 auf 6% ermäßigt. Eingetragen am ...

---

[4] KG KGJ 31, 312; BayObLG Rpfleger 85, 186. Vgl. auch BayObLG Rpfleger 92, 57 bezüglich eines Grundstücksteils mit Versorgungsleitungen in bezug auf ein Wohnungsrecht.
[5] BGH Rpfleger 88, 353; BayObLGZ 88, 127.

Die Eintragung des bisherigen Zinssatzes ist zu röten. Wegen der Formfreiheit für die Erklärung s. Erl. zu § 29. Zu beachten ist auch, daß nach dem G. v. 11. 5. 1937 (RGBl. I S. 579) eine Eigentümerzustimmung nicht erforderlich ist.

c) Der sogenannte **Wirksamkeitsvermerk** stellt klar, daß ein eingetragenes Recht einem Nacherbenvermerk oder einer anderen Verfügungsbeschränkung gegenüber wirksam ist (vgl. dazu § 51 Rdn. 16; § 45 Rdn. 8). Er beinhaltet eine Teillöschung. Auch sie wird nicht gem. § 46 verlautbart, sondern in die Veränderungsspalte eingetragen.

Sp. 5–7 1 3000,– DM Die Hypothek ist dem Nacherben gegenüber wirksam. Eingetragen am ...

Ein solcher Wirksamkeitsvermerk ist auch zulässig, um die Wirksamkeit einer Belastung gegenüber einer Vormerkung (§ 883 Abs. 2 BGB) auszudrücken, vgl. Einl. Rdn. T 5. Ein Vorrangverhältnis kann durch ihn nicht verlautbart werden.[6]

[Gemeinschaftliche Eintragung]

§ 47

Soll ein Recht für mehrere gemeinschaftlich eingetragen werden, so soll die Eintragung in der Weise erfolgen, daß entweder die Anteile der Berechtigten in Bruchteilen angegeben werden oder das für die Gemeinschaft maßgebende Rechtsverhältnis bezeichnet wird.

Übersicht

	Rdn.		Rdn.
I. Allgemeines		2. Einzelfälle	10
1. Grundsatz	1	3. Eintragung	11
2. Ausnahme	2	V. Mitberechtigung nach § 432 BGB	
II. Bruchteilsgemeinschaft		1. Begriff	12
1. Begriff	3	2. Einzelfälle	13
2. Einzelfälle	4	3. Eintragung	14
3. Eintragung	5	VI. Nachweis des Gemeinschaftsverhältnisses	
III. Gesamthandsgemeinschaft			
1. Begriff	6	1. Grundsatz	15
2. Einzelfälle	7	2. Zwangseintragungen	16
3. Eintragung	8	3. Nachträgliche Ergänzung	17
IV. Gesamtberechtigung nach § 428 BGB		4. Angabe des Gemeinschaftsverhältnisses im schuldrechtlichen Vertrag	18
1. Begriff	9		

I. Allgemeines

1. Grundsatz

Wenn ein einzutragendes Recht mehreren gemeinschaftlich zusteht, erfordert es der das Grundbuchrecht beherrschende Bestimmtheitsgrundsatz, daß die Art und der Inhalt dieser Gemeinschaft eingetragen werden, da die Verfügungsbefugnis des einzelnen Beteiligten bei den verschiedenen Arten der Gemeinschaften verschieden ist.

Die Vorschrift betrifft Rechte im weitesten Sinne, also auch Vormerkungen und Widersprüche. Ein gemeinschaftliches Recht ist gegeben, wenn es den Berechtigten in

---

[6] OLG Köln Rpfleger 98, 106.

§ 47

Bruchteilsgemeinschaft (s. unten Rdn. 3), Gesamthandsgemeinschaft (s. unten Rdn. 6), als Gesamtberechtigte gem. § 428 BGB (s. unten Rdn. 9) oder als Mitberechtigte gem. § 432 BGB (unten Rdn. 12), zusteht. Der Bestimmtheitsgrundsatz erfordert, daß das Gemeinschaftsverhältnis nach Art und Inhalt im Buch angegeben wird.

2. Ausnahme

2 Sonderregelungen gelten für die Eintragung von **Altenteilen** (§ 49 Rdn. 5) sowie für die Eintragung eines **gemeinschaftlichen Vorkaufsrechts**; bei letzterem ergibt sich das Verhältnis der mehreren Berechtigten zueinander aus § 513 BGB,[1] im übrigen s. unten Rdn. 4, 7 u. 10; vgl. auch wegen weiterer Ausnahmen § 44 Rdn. 11.

Zur Eintragung einer **Wohnungseigentümergemeinschaft** als Berechtigte eines dinglichen Rechts s. ausf. § 15 GBV Rdn. 7.

II. Bruchteilsgemeinschaft

1. Begriff

3 Bei der Bruchteilsgemeinschaft (§§ 741 ff. BGB) steht das nach ideellen (nicht realen) Anteilen gemeinsame Recht mehreren derart zu, daß es als Teilrecht jedes einzelne eine weitreichend selbständige Ausübung von Befugnissen (Fruchtziehung, Veräußerung, Belastung) hinsichtlich des einzelnen Anteiles gestattet; während gewisse Befugnisse, die Auswirkung auf den Gemeinschaftsgegenstand haben, nur gemeinsam ausgeübt werden können, es sei denn die Interessen der übrigen würden nicht verletzt. Zur Bruchteilsgemeinschaft von Ehegatten in **Beitrittsgebiet** s. § 82 Rdn. 27.

2. Einzelfälle

4 a) **Dienstbarkeit**:
aa) beschränkte persönliche: Bestellung für mehrere Berechtigte zu Bruchteilen möglich, sofern Leistungen teilbar[2] (wegen Wohnungsrecht s. unten).
bb) Grunddienstbarkeit: Bei Bruchteilsberechtigung am herrschenden Grundstück[3] für zulässig gehalten.

b) **Eigentümergrundschuld**: Wenn eine Gesamthypothek an zwei ideellen Grundstückshälften den Eigentümern als Eigentümergrundschuld zusteht, bilden diese eine Bruchteilsgemeinschaft. Auch die Neueintragung einer Eigentümergrundschuld zu gleichen Teilen ist möglich. Miteigentümer eines Grundstücks zu Hälfteanteilen, denen außerdem noch Grundstücke zum Alleineigentum gehören, können ihren ganzen Grundbesitz ebenfalls mit einer ihnen zu Hälfteanteilen zustehenden Grundschuld belasten.[4]

c) **Erbbaurecht**: Bruchteilsgemeinschaft möglich weil grundstücksgleiches Recht.

d) **Grundschuld**: Bruchteilsgemeinschaft möglich (s. unter „Hypothek").

---

[1] BayObLG BayObLGZ 58, 202; OLG Frankfurt DNotZ 86, 239; LG Nürnberg-Fürth, MittBayNot 94, 110. Wegen der Vormerkungssicherung bei einem Vorkaufsrecht nach § 513 BGB vgl. BGH Rpfleger 98, 17 (= keine Angabe nach § 47, aber Hinweis auf § 513. Anders noch KG Rpfleger 97, 377).

[2] KG JW 35, 3564; BayObLG BayObLGZ 57, 322.

[3] BayObLGZ 65, 267 = Rpfleger 66, 367; KG Rpfleger 70, 282; OLG Frankfurt NJW 69, 469.

[4] BayObLG Rpfleger 63, 410 m. Anm. v. *Haegele*.

e) **Grundstück:** Regelfall einer Bruchteilsgemeinschaft.[5] Wegen der gesonderten Buchung von Miteigentumsanteilen s. § 3 Rdn. 13. Bei **Bodenreformgrundstücken** bilden die Zuweisungseigentümer des Art. 233 § 11 Abs. 2 S. 1 Nr. 2 EGBGB stets eine Bruchteilsgemeinschaft, auch wenn sie aus den Erben des Verstorbenen gebildet wird.[6]

f) **Hypothek:** Bruchteilsgemeinschaft möglich.

g) **Leibgeding:** Sonderregelung in § 49.

h) **Nießbrauch:** Bruchteilsgemeinschaft zulässig.[7]

i) **Reallast:** Bruchteilsgemeinschaft muß zulässig sein, sofern teilbare Leistungen geschuldet sind.

j) **Vorkaufsrecht:** Ein mehreren Personen zustehendes Vorkaufsrecht kann nur gemeinsam ausgeübt werden, § 513 BGB. Es kann für mehrere Personen zu Bruchteilen nicht bestellt werden.[8]

k) **Vormerkung:** Wenn das vorzumerkende Recht in Bruchteilsgemeinschaft eingetragen werden kann, gilt dies auch für die darauf gerichtete Vormerkung. Wird die Vormerkung f. d. Anspruch aus einem unter § 513 BGB fallenden Vorkaufsrecht eingetragen, entfällt § 47 (vgl. Fn. 1).

l) **Wohnungseigentum:** Bruchteilsgemeinschaft zulässig.[9]

m) **Wohnungsrecht:** Bruchteilsgemeinschaft nicht möglich.[10]

3. Eintragung

Erforderlich ist die **genaue Bruchteilsangabe** auch dann, wenn das Gesetz Berechnungsregeln aufstellt, oder wenn eine **gesetzliche Vermutung** zur Höhe der Bruchteile besteht (vgl. Art. 234 § 4 a Abs. 1, 3 EGBGB bei Ehegatten im Beitrittsgebiet, die in den Güterstand des BGB übergeleitet wurden). Empfehlenswert ist die Angabe in Ziffern; jedoch genügt auch die Angabe „zu gleichen Teilen". Vgl. im übrigen § 9 GBV Rdn. 2. Jede Änderung des Anteilsverhältnisses ist im Grundbuch einzutragen, sie macht das nicht berichtigte Grundbuch unrichtig. Besonderheiten ergeben sich bei der Eintragung von **Erbteilserwerbern**.[11]

III. Gesamthandsgemeinschaft

1. Begriff

Bei der Gesamthandsgemeinschaft steht das Recht den mehreren Berechtigten zur gesamten Hand zu; der einzelne Gesamthänder kann weder ganz noch teilweise allein darüber verfügen. Fälle: Gesellschaft nach BGB (§§ 705 ff. BGB); nicht rechtsfähiger

---

[5] Wegen der Frage der sog. „Unterbruchteile" vgl. OLG Düsseldorf Rpfleger 68, 188; LG Mönchen-Gladbach DNotZ 67, 434; *Haegele* Rpfleger 68, 173; a. A. BayObLG BayObLGZ 67, 405 = Rpfleger 68, 187. Beispielsfälle und Eintragungsvorschläge s. *Haegele* a. a. O.

[6] Vgl. dazu *Eickmann* Grundstücksrecht in den neuen Bundesländern, Rdn. 100 ff.

[7] RG JR 44, 744; KG KGJ 49, 194; KG HRR 36, 1217.

[8] KG DNotZ 29, 736; *Ischinger* Rpfleger 49, 493. Wg. einer Vormerkung s. Fn. 1.

[9] BGH BGHZ 49, 250 = JZ 68, 562; OLG Neustadt DNotZ 60, 149.

[10] OLG Köln DNotZ 65, 686; vgl. auch *Bader* DNotZ 65, 680.

[11] BayObLGZ 67, 405; BayObLG Rpfleger 81, 21 u. Rpfleger 91, 315; OLG Köln Rpfleger 74, 109. Ausf. dazu *Haegele* Rpfleger 68, 173.

Verein (§ 54 BGB); Erbengemeinschaft am ungeteilten Nachlaß (§§ 2032 ff. BGB); eheliche Gütergemeinschaft (§§ 1416 ff. BGB); fortgesetzte Gütergemeinschaft (§§ 1485 ff. BGB). Die Vorschriften über das gemeinsam verwaltete Gesamtgut einer Gütergemeinschaft sind auch dann anzuwenden, wenn Ehegatten aus dem Beitrittsgebiet gem. Art. 234 § 4 Abs. 2 EGBGB für das Fortbestehen des DDR-Güterstandes optiert haben, vgl. Art. 234 § 4 a Abs. 2 EGBGB.

Fälle einer Gesamthandsgemeinschaft sind auch die OHG und die KG (§§ 105 Abs. 2, 161 Abs. 2 HGB). Auf sie ist § 47 jedoch nicht anzuwenden, da das Recht nicht für den einzelnen Gesellschafter, sondern für die Gesellschaft unter ihrer Firma eingetragen wird, § 15 GBV.

Ehegatten können sich zu einer **GbR** zusammenschließen, auch wenn deren Zweck auf Erwerb, Halten und Bewohnen eines gemeinsamen Familienheimes gerichtet ist.[12]

2. Einzelfälle

7 (Neben der selbstverständlichen Zulässigkeit der Gesamthandsberechtigung beim Grundstückseigentum, bei grundstücksgleichen Rechten und bei Grundpfandrechten):

a) **Dienstbarkeit** (beschränkt persönliche): Zulässig; die einzelnen Berechtigten sind jedoch namentlich zu nennen.[13]

b) **Nießbrauch**: Gesamthandsberechtigung möglich.[14]

c) **Vorkaufsrecht**: Gesamthandsberechtigung zulässig.[15]

3. Eintragung

8 Erforderlich ist die Angabe des **konkreten Gesamthandsverhältnisses**; es genügt nicht die Angabe „zur gesamten Hand". Dabei sind alle beteiligten Gesamthänder zu nennen und nach den Regeln des § 15 GBV einzutragen.

IV. Gesamtberechtigung nach § 428 BGB

1. Begriff

9 Das Recht steht auch hier den Berechtigten gemeinsam und in ihrer gesamthänderischen Verbundenheit zu; wesentlich ist jedoch, daß im Unterschied zur Gesamthand der einzelne Gläubiger Leistung an sich allein verlangen kann und diese Leistung den Schuldner auch gegenüber den anderen Mitberechtigten befreit. Die Gesamtberechtigung ist, wenn auch zögernd, von der Rechtsprechung auch für das Sachenrecht anerkannt worden,[16] sie muß allerdings nach der hier vertretenen Auffassung stets dann versagen, wenn mehrere Berechtigte ein gemeinschaftliches Recht gleichzeitig und nebeneinander ausüben wollen, weil der Eigentümer nach der gesetzlichen Ausgestaltung immer nur die Ausübung durch einen einzelnen Berechtigten zu dulden braucht.

---

[12] BGH Rpfleger 82, 23. Vgl. dazu *K. Schmidt* AcP 82, 481 u. JZ 85, 909; *Rauscher* AcP 86, 550.

[13] BGH NJW 82, 170; BayObLG BayObLGZ 53, 85; BayObLG MittBayNot 72, 118; LG Landshut Rpfleger 97, 433.

[14] RG RGZ 155, 86; Meikel/*Böhringer* § 47 Rdn. 99.

[15] LG Amberg MittBayNotV 64, 385; Meikel/*Böhringer* § 47 Rdn. 101.

[16] Vgl. *Woelki* Rpfleger 68, 208; s. unten Rdn. 10.

2. Einzelfälle

a) **Dienstbarkeit**

aa) beschränkte persönliche: grundsätzlich zulässig, s. jedoch ausf. unten „Wohnungsrecht".

bb) Grunddienstbarkeit: vom BayObLG[17] für zulässig angesehen, wenn mehrere Grundstückseigentümer das Recht erhalten sollen, auf dem dienenden Grundstück eine ihnen gemeinsam zum Vorteil gereichende Anlage zu erstellen.[18] Der bejahenden Auffassung muß schon deshalb zugestimmt werden, weil wohl auch bei Teilung eines berechtigten Grundstückes nach § 1025 BGB ein Gesamtrecht entstehen würde. Die Rechtsgestalt des § 428 BGB mag zwar unpraktisch sein, eine dahingehende Eintragung kann jedoch nicht verweigert werden.[19]

b) **Eigentum**: Gesamtberechtigung nicht zulässig.

c) **Erbbaurecht**: Zulässig.[20]

d) **Grundschuld**: Zulässig.[21] Dies gilt auch für die Bestellung einer einheitlichen Grundschuld an den Anteilen mehrerer Miteigentümer als Gesamtberechtigte nach § 428 BGB.[22]

e) **Hypothek**: Zulässig.[23]

f) **Nießbrauch**: Zulässig.[24]

g) **Reallast**: Zulässig.

h) **Vorkaufsrecht**: Da die in § 513 BGB vorgeschriebene gemeinsame Ausübung mit § 428 BGB nicht vereinbar ist, Gesamtberechtigung wohl nicht zulässig.[25]

i) **Vormerkung**: Auflassungsvormerkung für Gesamtgläubiger zulässig;[26] im übrigen Gesamtberechtigung wohl dann zulässig, wenn das vorzumerkende Recht endgültig für Gesamtberechtigte eingetragen werden kann.

j) **Wohnungsrecht**: Die Zulässigkeit der Gesamtberechtigung ist nunmehr wohl weitgehend anerkannt.[27]

Das Hauptbedenken, daß die Befriedigung eines Gesamtberechtigten gegen alle Berechtigten wirke – was beim Wohnungsrecht nicht denkbar sei – wird vom BGH (a. a. O.) überzeugend ausgeräumt; der Belastete muß eben nicht nur das Wohnen eines Berechtigten, sondern das gleichzeitige Wohnen mehrerer dulden, hierin liegen zwar Anklänge an die Gesamthand oder die Mitberechtigung des § 432 BGB, diese Besonderheit hat aber das Wohnungsrecht mit anderen, für Gesamtberechtigte bestellten Rechten gemeinsam, die keine Leistung sondern primär ein Dulden verlangen.

---

[17] BayObLGZ 65, 256 = Rpfleger 66, 367.
[18] Ebenso: LG Dortmund Rpfleger 63, 197; KG NJW 70, 1686; SchlHOLG SchlHA 75, 94; *Haegele* Rpfleger 66, 368; 67, 62 und 75, 153/154. Abl. *Götz* in: *Meisner/Ring/Götz* Nachbarrecht in Bayern, § 28 Rdn. 45; *Herrmann* DNotZ 74, 189; *Rohs* Geschäftsführung der Notare, S. 25.
[19] Vgl. auch ausf. MünchKomm/*Falckenberg* § 1018 Rdn. 23; wie hier Meikel/*Böhringer* § 47 Rdn. 120, 121.
[20] LG Hagen DNotZ 50, 381; LG Bielefeld Rpfleger 85, 248; Meikel/*Böhringer* § 47 Rdn. 123 mwN.
[21] KG Rpfleger 65, 366; *Woelki* a. a. O.
[22] BGH DNotZ 75, 487 = Rpfleger 75, 84.
[23] KG JFG 11, 275; BGH BGHZ 29, 363; *Woelki* a. a. O.
[24] BGH Rpfleger 80, 464; OLG Hamm Rpfleger 80, 21.
[25] Demharter § 47 Rdn. 3; anders OLG Frankfurt DNotZ 86, 239 u. Haegele/Schöner/Stöber Rdn. 1404.
[26] BayObLG BayObLGZ 63, 128 = DNotZ 64, 343.
[27] BGH BGHZ 46, 253 = Rpfleger 67, 143; LG Köln MittRheinNotK 64, 502; Soergel/Stürner § 1093 Rdn. 13; Staudinger/*Ring* § 1090 Rdn. 11; Meikel/*Böhringer* § 47 Rdn. 133 mwN; *Wolff/Raiser* § 113 I D; *Faßbender* DNotZ 65, 662; *Bader* DNotZ 65, 673.

3. Eintragung

11 Die Gesamtberechtigung ist durch den Zusatz „**als Gesamtgläubiger**" oder den Zusatz „**als Gesamtberechtigte gem. § 428 BGB**"[28] zu kennzeichnen. Nicht genügend ist „als Gesamtberechtigte", weil ohne den Hinweis auf § 428 BGB Verwechslungsgefahr besteht.

V. Mitberechtigung nach § 432 BGB

1. Begriff

12 Mitberechtigung liegt vor, wenn eine im Rechtssinne unteilbare Leistung mehreren dergestalt zusteht, daß sie zwar von jedem der Gläubiger verlangt werden kann, vom Schuldner aber nur gegenüber der Gemeinschaft erbracht werden muß und kann. Der Unterschied zur **Bruchteilsgemeinschaft** besteht in der Unteilbarkeit der geschuldeten Leistung (dazu unten Rdn. 13). Von der **Gesamtgläubigerschaft** des § 428 BGB unterscheidet sie sich darin, daß die Leistung nur an alle, nicht an einen einzelnen Gemeinschafter möglich ist. Die **Gesamthandsverhältnisse** sind zwar insoweit der Mitberechtigung verwandt, als auch bei ihnen nur an die Gemeinschaft geleistet werden kann; da die bestehende rechtliche Gebundenheit die Ansprüche gleichfalls zu unteilbaren macht, fallen sie an sich unter § 432 BGB.[29] Die bei den einzelnen Gesamthandsverhältnissen getroffenen gesetzlichen Verwaltungsregeln verdrängen jedoch § 432 BGB.[30]

Die Eintragungsfähigkeit der Mitberechtigung ist in obiter dicta des BGH[31] und des OLG Hamm[32] bejaht.[33] Dem ist jedenfalls bei akzessorischen Rechten zuzustimmen, weil die schuldrechtliche Berechtigung am Anspruch beim dinglichen Sicherungsrecht dieselbe sein muß. Darüber hinaus werden Wissenschaft und Rechtsprechung die Anwendbarkeit des § 432 BGB im Sachenrecht noch zu klären haben.

2. Einzelfälle

13 § 432 BGB setzt eine rechtlich (nicht unbedingt auch tatsächlich) unteilbare Leistung voraus: Ist eine Leistung tatsächlich ihrer Natur nach nicht teilbar, so ist sie es natürlich auch rechtlich nicht; eine tatsächlich an sich teilbare Leistung (z. B. Geldleistung) kann jedoch rechtlich unteilbar sein, wenn sie gemeinschafts- und zweckgebunden ist, so z. B. bei Mietzinsforderungen mehrerer Vermieter oder bei Ansprüchen der Eigentümergemeinschaft gegen einzelne Wohnungseigentümer auf Zahlung des Hausgeldes nach § 16 WEG,[34] ferner bei dem Erlösüberschuß einer Teilungsversteigerung, wenn für die früheren Gemeinschafter eine Sicherungshypothek nach § 128 ZVG einzutragen ist.

Da § 432 BGB nur von „Leistungen" spricht, wird er wohl nur auf **Leistungsrechte** (= Reallasten, Grundpfandrechte) anwendbar sein. Beim **Vorkaufsrecht** ist er unanwendbar wegen der Sonderregelung des § 513 BGB. Bei **Dienstbarkeiten** und **Nießbrauch** dürfte die Anwendbarkeit ausscheiden.

---

[28] BGH BGHZ 46, 260 = Rpfleger 67, 143 u. Rpfleger 80, 464; BayObLG BayObLGZ 63, 128 = DNotZ 64, 343.
[29] BGHZ 39, 15; Palandt/*Heinrichs* § 832 Rdn. 4 ff.
[30] Vgl. *Nitschke* ZfHK 128, 48.
[31] Rpfleger 80, 464; vgl. auch BGH Rpfleger 79, 56.
[32] Rpfleger 80, 21.
[33] Ausdrücklich bejahen sie Haegele/Schöner/*Stöber* (Rdn. 261) und das LG Bochum (Rpfleger 81, 148).
[34] KG OLGZ 77, 1, 3; BayObLG Rpfleger 79, 217; LG Bochum Rpfleger 81, 148.

3. Eintragung

Einzutragen ist „als Mitberechtigte nach § 432 BGB" oder – da § 432 BGB einen Unterfall der Gesamtberechtigung darstellt – „als Gesamtberechtigte nach § 432 BGB". Nicht genügt, wegen der Verwechslungsgefahr mit § 428 BGB, die Eintragung „als Gesamtberechtigte".[35]

VI. Nachweis des Gemeinschaftsverhältnisses

1. Grundsatz

Die Eintragungsunterlagen müssen, wenn auch nicht mit der gesetzlichen Bezeichnung, so doch dem gesetzlichen Inhalte nach, das gewollte Gemeinschaftsverhältnis ergeben. Fehlen sie, so ist eine Erklärung durch Zwischenverfügung herbeizuführen, eine evtl. nach § 18 Abs. 2 einzutragende Vormerkung kann dann allerdings das Gemeinschaftsverhältnis nicht bezeichnen, was jedoch unschädlich ist. Ist bereits ein Gemeinschaftsverhältnis eingetragen, so genügt es, wenn eine spätere Bewilligung erkennen läßt, daß für die neue Eintragung ebenfalls dieses Verhältnis gelten soll.

Bei einer Auflassung kann die erforderliche Ergänzung nur durch Veräußerer und Erwerber gemeinsam geschehen.[36] Wegen der Besonderheiten bei Ehegatten vgl. § 20 Rdn. 99 ff. Die zunehmend vertretene Auffassung, in der Auflassung liege regelmäßig die stillschweigende **Ermächtigung** durch den Veräußerer, daß die **Erwerber** das Gemeinschaftsverhältnis auch **einseitig** bestimmen können,[37] ist in dieser pauschalen Form abzulehnen. Gewiß ist eine Auslegung der Eintragungsunterlagen statthaft; sie muß aber konkrete Anhaltspunkte ergeben, die es gestatten, auf einen entsprechenden Willen des Veräußerers zu rekurrieren. Jenseits dessen handelt es sich nicht um Auslegung, sondern um bloße Vermutungen, die zu Hilfe gerufen werden, um Beurkundungsschlamperei zu heilen.

2. Zwangseintragungen

Bei einer Zwangseintragung, die auf einem gerichtlichen Vollstreckungstitel beruht, kann nicht der Berechtigte einseitig das fehlende Gemeinschaftsverhältnis ergänzen.[38] Wenn dazu angeführt wird, der Wille des Verpflichteten spiele ohnehin keine Rolle und der Inhalt des Titels würde durch diese Ergänzung nicht geändert, so kann dem nicht zugestimmt werden. Es ist ein Unterschied, auch für den Verpflichteten, ob eine Hypothek nach Bruchteilen oder zur gesamten Hand eingetragen wird oder gar als Gesamtforderung nach § 428 BGB. Der jeweilige sachliche Inhalt der Eintragung muß durch den Titel gedeckt sein, der die Eintragungsbewilligung ersetzt. Ein Titel, der die Art der Gemeinschaft der Berechtigten nicht erkennen läßt, ist als Eintragungsgrundlage nicht geeignet.[39] Dies bedeutet jedoch nicht, daß das Anteilsverhältnis expressis verbis im Tenor festgestellt sein müßte; es genügt, wenn z. B. dem Titel (auch unter Zuhilfe-

---

[35] Vgl. OLG Frankfurt Rpfleger 76, 403 u. OLG Hamm Rpfleger 80, 21.
[36] BayObLG BayObLGZ 58, 353 = Rpfleger 59, 128 u. Rpfleger 75, 302; OLG Hamm DNotZ 65, 408; OLG Düsseldorf Rpfleger 79, 139 – Auflassungsform! –; vgl. auch *Hieber* DNotZ 59, 463.
[37] OLG Köln Rpfleger 80, 16; OLG Frankfurt Rpfleger 94, 206; LG Lüneburg Rpfleger 94, 206; *Demharter* § 20 Rdn. 33.
[38] So aber OLG Köln Rpfleger 86, 91; OLG Frankfurt MDR 89, 365; E. *Schneider* MDR 86, 817.
[39] *Demharter* § 47 Rdn. 14; Meikel/*Böhringer* § 47 Rdn. 197.

nahme der Urteilsgründe) das Anteils- od. Gemeinschaftsverhältnis im Wege der Auslegung entnommen werden kann (z. B.: Titel für Gebührenforderung einer Anwaltssozietät = Gesellschaft nach § 705 BGB).

3. Nachträgliche Ergänzung

17 Wegen der nachträglichen Ergänzung einer fehlenden Angabe gem. § 47 im Grundbuch vgl. § 53 Rdn. 24 Buchst. c.

4. Angabe des Gemeinschaftsverhältnisses im schuldrechtlichen Vertrag

18 Die Angabe über das Gemeinschaftsverhältnis gehört zur dinglichen Einigung, ist diese dem GBA nicht zu unterbreiten (vgl. § 20), so muß die Eintragungsbewilligung das Gemeinschaftsverhältnis festlegen.

Die Angabe des Gemeinschaftsverhältnisses im schuldrechtlichen Vertrag (also insbesondere im Kaufvertrag) vermag die Angabe in der dinglichen Einigung oder in der Bewilligung nur ausnahmsweise zu ersetzen. Zwar kann das GBA bei inhaltlich einfachen und eindeutigen Erklärungen die im schuldrechtlichen Vertrag vereinbarten Regelungen über das Gemeinschafts- oder Anteilsverhältnis im Wege der Auslegung auch der dinglichen Einigung zugrunde legen, doch ist dies nicht ohne weiteres in jedem Falle möglich. Insbesondere dann, wenn zwischen dem Zeitpunkt der Beurkundung des Kaufvertrages und dem der Auflassung einige Zeit verstrichen ist, kann eine solche Auslegung nicht mehr als von vornherein unbedenklich angesehen werden. Dies gilt also nicht, wenn das schuldrechtl. Geschäft und die Auflassung in ein und derselben Urkunde zusammenhängend beurkundet werden.

[Mitbelastung]

§ 48

(1) Werden mehrere Grundstücke mit einem Recht belastet, so ist auf dem Blatte jedes Grundstücks die Mitbelastung der übrigen von Amts wegen erkennbar zu machen. Das gleiche gilt, wenn mit einem an einem Grundstück bestehenden Recht nachträglich noch ein anderes Grundstück belastet oder wenn im Falle der Übertragung eines Grundstücksteils auf ein anderes Grundbuchblatt ein eingetragenes Recht mitübertragen wird.

(2) Soweit eine Mitbelastung erlischt, ist dies von Amts wegen zu vermerken.

Übersicht

	Rdn.		Rdn.
I. Allgemeines	1	2. Buchung der betroffenen Grundstücke auf verschiedenen Blättern	8
II. Voraussetzungen			
1. Mehrere Grundstücke	2		
2. Zulässigkeit eines Gesamtrechts	3	IV. Erlöschen der Mitbelastung	12
3. Doppelsicherung anderer Art	6	V. Eintragung von Veränderungen	
III. Das grundbuchtechnische Verfahren		1. Veränderungen des Gesamtrechts	13
1. Buchung der betroffenen Grundstücke auf demselben Blatt	7	2. Einzelne Veränderungen	14

I. Allgemeines

1 § 48 durchbricht den **Antragsgrundsatz** für den Fall der Gesamtbelastung. Mitbelastungen sind auf allen betroffenen Grundbuchblättern von Amts wegen einzutragen.

Der Grund liegt in dem besonderen Wesen der Gesamtbelastung. Es besteht, ähnlich wie bei der Gesamtschuld des § 421 BGB darin, daß ein einheitliches Recht mehrere Grundstücke erfaßt, und zwar in der Art, daß der Gläubiger seine Befriedigung ganz aus jedem Grundstück suchen kann, jedoch die Befriedigung aus einem Grundstück die anderen befreit (vgl. §§ 1132, 1173 BGB). Für die Bewertung des Rechts im Verkehr ist daher die Tatsache der Mithaft anderer Grundstücke von ausschlaggebender Bedeutung. Ferner würden, wenn die Mithaft nicht erkennbar wäre, sich aus den Regeln über den öffentlichen Glauben Verwicklungen ergeben, die zur Folge hätten, daß das einheitliche Gesamtrecht sich in der Hand gutgläubiger Erwerber in mehrere Einzelrechte je von der Höhe des Gesamtrechts verwandeln könnte.

Trotz **Verstoßes gegen** § 48 bleibt ein ohne Mithaftvermerke eingetragenes Recht Gesamtrecht; das GB ist jedoch dann unrichtig. Der Mithaftvermerk ist in einem solchen Fall von Amts wegen nachzuholen. Dies ist möglich, solange das Gesamtrecht noch dem ersten Berechtigten zusteht. Bei zwischenzeitlichem Übergang auf einen Erwerber muß mit dem gutgläubigen Erwerb von Einzelrechten gerechnet werden, es könnte ein Widerspruch (§ 53) eingetragen werden, wenn die Bösgläubigkeit des Erwerbers hinreichend glaubhaft erscheint.

Nachfolgende Rechte oder die zwischenzeitliche Eintragung von Rechten am Recht hindern die Nachholung des Mithaftvermerkes nicht.

II. Voraussetzungen

1. Mehrere Grundstücke

Voraussetzung ist die Gesamtbelastung mehrerer Grundstücke; den Grundstücken stehen grundstücksgleiche Rechte gleich. Dasselbe gilt für Grundstücksbruchteile, auch wenn sämtliche Miteigentümer oder Wohnungseigentümer ihre Anteile mit demselben Recht belasten. Eine solche Hypothek ist Gesamthypothek, auch wenn die mehreren Eigentümer gemeinschaftlich eine Hypothek an dem ganzen Grundstück bestellen. Ebenso entsteht eine Gesamthypothek, wenn ein mit einer Einzelhypothek belastetes, im Alleineigentum stehendes Grundstück in Miteigentum nach Bruchteilen übergeht. In diesem Falle wird jedoch die Gesamtrechtseigenschaft nicht kenntlich gemacht, sie ergibt sich aus Abt. I.

Reale Grundstücksteile kommen als Objekte einer Gesamtbelastung nicht in Frage. Handelt es sich um ein Gesamtgrundpfandrecht, so muß nach § 7 Abs. 1 der belastete Teil vor der Belastung verselbständigt werden. Bei Reallasten ist nach § 7 Abs. 2 zwar Eintragung ohne Abschreibung möglich; doch wird sie tatsächlich selten in Frage kommen, da eine so eingetragene Gesamtreallast häufig Verwirrung des Grundbuchs mit sich bringen würde (vgl. § 7 Rdn. 7).

Auch **Rechte an Grundstücksrechten** sind nur als selbständige Belastungen vom Gesetz zugelassen.

Unerheblich für die Anwendung des § 48 ist, wann die Gesamtbelastung eintritt, ob von Anfang an bei Begründung des Rechts, ob nachträglich durch Hinzutritt eines weiteren Grundstücks in die Haftung oder ob durch Teilung eines bis dahin selbständigen Grundstücks. § 48 gilt in allen Fällen.

2. Zulässigkeit eines Gesamtrechts

a) Während bei Grundpfandrechten die Gesamtbelastung gesetzlich geregelt und und damit zugelassen ist (§§ 1132, 1192, 1200 BGB; wegen der Ausnahme bei einer

§ 48

Zwangshypothek s. § 867 Abs. 2 ZPO), besteht über die Möglichkeiten der Gesamtbelastung bei den anderen dinglichen Rechten teilweise Streit.

    aa) **Reallast**: Nach herrschender Meinung Gesamtrecht zulässig.[1]
    bb) **Nießbrauch**: Nach herrschender Meinung Gesamtrecht unzulässig.[2]
    cc) **Vorkaufsrecht**: Nach herrschender Meinung Gesamtrecht unzulässig.[3]
    dd) **Erbbaurecht**: Nach herrschender Meinung als Gesamtrecht zulässig (vgl. Einl. F 22).
    ee) **Dienstbarkeit**: Die Zulässigkeit einer Gesamtdienstbarkeit ist lebhaft umstritten.[4]
Der ablehnenden Ansicht ist bei rein dogmatischer Betrachtung zuzustimmen. Anders als bei Verwertungsrechten (Grundpfandrechten) ist es begrifflich ausgeschlossen, daß die naturnotwendig individuellen Befugnisse des Berechtigten einer Dienstbarkeit im ganzen aus einem von mehreren belasteten Grundstücken erbracht werden können (so mit Recht Hampel a. a. O.). Lediglich wegen des Anspruchs auf Wertersatz in der Zwangsversteigerung (§ 92 ZVG) eine Gesamthaftung zuzulassen, ist nicht möglich. Der Wertersatz setzt ein bestehendes Gesamtrecht voraus, an dessen Stelle er hilfsweise tritt, er kann nicht umgekehrt die Bildung eines Gesamtrechts ermöglichen. Trotzdem hat sich aus pragmatischen Gründen die bejahende Auffassung durchgesetzt; nach ihr wird in der Praxis weitgehend verfahren.

    ff) **Dauerwohn- und Dauernutzungsrecht.** Auch hier besteht Streit über die Zulässigkeit.[5]
Im Falle der Teilung des belasteten Grundstücks entstünde, ließe man ein Gesamtrecht nicht zu, wegen § 32 Abs. 1 WEG ein ordnungswidriger Zustand; wie beim Erbbaurecht muß deshalb die Zulässigkeit des Gesamtrechts bejaht werden. Dies gilt dann auch für die ursprüngliche Bestellung.

Wegen des **Altenteils** als Gesamtrecht s. § 49 Rdn. 6.

4   b) **Rechte an Grundstücksrechten** können nicht als Gesamtrechte bestellt werden. Auf Vormerkungen und Widersprüche ist § 48 dann anwendbar, wenn sie sich auf eingetragene Gesamtrechte beziehen.

5   c) Die **Gesamtrechte** müssen einen einheitlichen Inhalt haben. Die Vollstreckungsunterwerfung braucht jedoch nicht hinsichtlich aller Grundstücke vorliegen, auch können Umfang und Rang verschieden sein.

3. Doppelsicherung anderer Art

6   § 48 ist **entsprechend anzuwenden**, wenn zwar kein Gesamtrecht im eigentlichen Sinn, jedoch eine Doppelsicherung anderer Art vorliegt, nämlich bei Sicherung einer

---

[1] KG JW 23, 1038; Staudinger/*Amann* § 1105 Rdn. 2; MünchKomm/*Joost* § 1105 Rdn. 34; *Böttcher* Rpfleger 89, 141.

[2] KG KGJ 43, 347; KG RR 34, 521; Staudinger/*Promberger* § 1030 Rdn. 15; MünchKomm/*Petzold* § 1030 Rdn. 5; *Hampel* Rpfleger 62, 126.

[3] KG JFG 18, 146; BayObLG BayObLGZ 51, 618 = DNotZ 53, 262; *Bratfisch* und *Haegele* Rpfleger 61, 40; *Tröster* Rpfleger 61, 404; *Hampel* Rpfleger 62, 126.

[4] Für Gesamtdienstbarkeit BayObLG BayObLGZ 55, 170 u. Rpfleger 90, 111; LG Hildesheim NJW 60, 49; LG Braunschweig NdsRpfl. 63, 229; Palandt/*Bassenge* § 1018 Rdn. 2; RGRKomm. § 1018 Anm. 5 u. 10; Soergel/*Stürner* § 1018 Rdn. 39 c; Haegele/Schöner/*Stöber* Rdn. 1120; Meikel/*Morvilius* Einl. C Rdn. 212; Staudinger/*Ring* § 1018 Rdn. 15; MünchKomm/*Falckenberg* § 1018 Rdn. 20.
Gegen Gesamtdienstbarkeit: LG Dortmund Rpfleger 63, 197; *Wolff/Raiser* § 106; *Haegele* Anm. bei LG Dortmund a. a. O.; *Lutter* DNotZ 60, 85; *Marcus* Gruch 56, 782; *Hampel* Rpfleger 62, 126.

[5] Für die Zulässigkeit eines Gesamtrechts LG Hildesheim NJW 60, 49 und *Ripfel* S. 155; a. A. BayObLG BayObLGZ 57, 110 =

Forderung durch Verkehrs- und Ausfallssicherungshypothek oder der Sicherung einer Forderung durch Verkehrs- und Zwangshypothek.

In beiden Fällen muß das Gläubigerrecht bezüglich beider Rechte ein einheitliches bleiben; es ist deshalb ein Vermerk entsprechend § 48 erforderlich, um ein Auseinanderfallen des Gläubigerrechts zu vermeiden.

Muster:
„Für dieselbe Forderung ist bereits in Bd. ... Bl. ... eine Verkehrshypothek eingetragen."

III. Das grundbuchtechnische Verfahren

1. Buchung der betroffenen Grundstücke auf demselben Blatt

a) Sollen die **Grundstücke gleichzeitig belastet** werden, so wird die Belastung in der vorgeschriebenen Abteilung einmal eingetragen und die Tatsache der Mithaft durch Aufnahme der Nummern der belasteten Grundstücke in die Nummernspalte zum Ausdruck gebracht.

b) Wird eines der auf demselben Blatt gebuchten Grundstücke **nachträglich mitbelastet**, so wird die Mithaft durch einen Vermerk in der Veränderungsspalte verlautbart. Wegen der Frage, wann bei nachträglicher Mitbelastung Rangvermerke zu buchen sind, vgl. ausf. § 45 Rdn. 28 ff. Ist ein Brief erteilt, so ist nach § 63 zu verfahren.

Eine Ergänzung der Nummernspalte durch Hinzufügen der Nummer des neu in die Mithaft eintretenden Grundstücks ist nicht vorgeschrieben, jedoch empfehlenswert.

Eine Wiederholung der Unterwerfungsklausel in der Veränderungsspalte ist nicht nötig.[6] Es muß aber bezüglich des nunmehr mithaftenden Grundstücks eine solche Unterwerfung **vorliegen**. Dafür genügt eine urkundliche Erklärung der Erstreckung des Grundpfandrechts „samt Unterwerfungsklausel".[7]

c) Wird ein **belastetes Grundstück geteilt** und bleiben die Teile auf demselben Blatt, so ist keinerlei Eintragung nötig. Die Mithaft ergibt sich aus dem Bestandsverzeichnis. Ein etwaiger Brief ist nur auf Antrag zu ergänzen (§ 57 Abs. 3).

2. Buchung der betroffenen Grundstücke auf verschiedenen Blättern

a) Die Blätter werden von demselben GBA geführt:

aa) Bei **gleichzeitiger Gesamtbelastung** muß jede Eintragung den Mithaftvermerk enthalten, und zwar in der Hauptspalte.

bb) Bei **nachträglicher Mitbelastung** ist auf dem Blatte des neu in die Haftung eintretenden Grundstückes die Mithaft in der Hauptspalte, auf dem anderen Blatte in der Veränderungsspalte zu vermerken. Ist ein Brief erteilt, so ist nach § 63 zu verfahren.

cc) Wird ein Grundstücksteil mit dem darauf lastenden Recht **auf ein anderes Blatt übertragen**, so ist auf dem neuen Blatt das Recht nebst Mithaftvermerk in der Hauptspalte einzutragen; auf dem alten Blatt ist der Mithaftvermerk in die Veränderungsspalte aufzunehmen. Entsprechend ist zu verfahren, wenn eines von mehreren selbständigen Grundstücken auf ein anderes Blatt übertragen wird; nur ist in diesem Falle außerdem die Nummer des übertragenen Grundstücks in der Nummernspalte des alten

---

NJW 57, 1814; OLG Frankfurt NJW 59, 1977.
[6] BGH BGHZ 26, 346 = NJW 58, 630; LG Essen DNotZ 57, 670.
[7] BayObLG Rpfleger 92, 196.

§ 48

Blattes rot zu unterstreichen (§ 13 Abs. 3 S. 1 GBV). Die Eintragung des Mithaftvermerks auf beiden Blättern ist keine Eintragung „bei der Hypothek" i. S. des § 42, sondern nur hinweisender Art; einer Vorlegung des Hypothekenbriefes bedarf es daher nicht. Der Brief ist auf Antrag zu ergänzen (§ 57 Abs. 2).

dd) Die Behandlung der **Eintragungsunterlagen** regelt § 24 Abs. 2 GBV. Wegen d. Fassung d. Mithaftvermerkes s. § 11 GBV Rdn. 5.

9 b) Die Blätter werden von **verschiedenen Grundbuchämtern** geführt:

aa) Die **gleichzeitige Gesamtbelastung** wickelt sich wie folgt ab: Das zuerst angegangene GBA trägt das Recht ein, und zwar sogleich als Gesamtbelastung unter Angabe sämtlicher mithaftender Grundstücke in der Hauptspalte (§ 30 Abs. 2 a GeschO). Sodann sendet es den Antrag nebst Unterlagen unter Zurückbehaltung beglaubigter Abschriften für seine Grundakten (§ 10 GBO) sowie eine beglaubigte Abschrift der von ihm vorgenommenen Eintragung gem. § 21 Abs. 2 a GeschO an das andere beteiligte GBA zur weiteren Veranlassung. Dieses GBA trägt das Recht nebst Mithaftvermerk in der Hauptspalte ein und sendet beglaubigte Abschrift seiner Eintragung an das erste GBA zurück. Das erste GBA hat nunmehr die Bezeichnung der mitbelasteten Grundstücke in seinem Grundbuch mit der Mitteilung des zweiten GBA zu vergleichen und sie nötigenfalls – durch Eintragung in der Veränderungsspalte – zu berichtigen (§ 30 Abs. 2 c GeschO). Damit solche nachträglichen Berichtigungsvermerke möglichst vermieden werden, sollen die Grundbuchämter, bevor sie die Eintragung vornehmen, miteinander in formloser Weise Fühlung nehmen und sich über die richtigen Bezeichnungen der Grundstücke verständigen (§ 30 Abs. 2 b GeschO).

Jedes GBA hat nach § 59 Abs. 2 GBO für die Grundbuchblätter, die es führt, einen Hypothekenbrief zu bilden; die Briefe sind miteinander zu verbinden. Damit nachträgliche Berichtigungen der Grundstücksbezeichnungen tunlichst vermieden werden, schreibt § 37 Abs. 2 a GeschO vor, daß die Briefe regelmäßig erst dann auszustellen sind, wenn die sämtlichen beteiligten Grundbuchämter die Eintragungen übereinstimmend vollzogen haben. Über das Verfahren im einzelnen haben sich die Grundbuchämter untereinander zu verständigen (§ 37 Abs. 2 b GeschO).

Weist das zweite GBA den Antrag zurück, so teilt es diese Verfügung dem ersten GBA in beglaubigter Abschrift mit. Das erste GBA berichtigt seine Eintragung – in der Veränderungsspalte – durch Beifügung eines Vermerkes, daß das zweite Grundstück nicht mithaftet. Die auf dem Blatte des ersten GBA hiernach verbleibende Eintragung einer Einzelhypothek ist möglicherweise unrichtig, wenn nämlich diese Eintragung von der Einigung nicht gedeckt wird (§ 139 BGB). Gleichwohl kommt die Eintragung eines Amtswiderspruchs nach § 53 nicht in Frage, da die Eintragung **nicht unter Verletzung** gesetzlicher Vorschriften vorgenommen ist. Die Berichtigung des Grundbuchs muß vielmehr den Beteiligten nach den allgemeinen Vorschriften überlassen werden.

Dies ist das regelmäßige Verfahren; das GBA hat den Antragsteller darauf hinzuweisen, daß es so vorgehen werde (§ 21 Abs. 2 b GeschO). Der Antragsteller kann aber die Sache auch selbst betreiben. Dann hat das erste GBA, nachdem es die in seine Zuständigkeit fallenden Geschäfte erledigt hat, den Antrag nebst Unterlagen dem Antragsteller auf Verlangen auszuhändigen; es hat in diesem Falle begl. Abschriften zurückbehalten (§ 10 Abs. 1 S. 2). Die in § 30 Abs. 1 GeschO vorgeschriebene Mitteilung an die anderen beteiligten Grundbuchämter ist auch in diesem Falle zu machen; ebenfalls haben sich die Grundbuchämter vor der Eintragung untereinander gem. § 30 Abs. 2 b GeschO zu verständigen.

Das erste GBA hat, nachdem es die Eintragung des Gesamtrechts vorgenommen hat, nach § 30 Abs. 2 d GeschO in geeigneter Weise zu überwachen, ob der Eintragungsantrag auch bei den anderen Grundbuchämtern gestellt wird.

Ergibt sich, daß der Antrag in angemessener Zeit nicht gestellt ist, so hat das GBA – im Benehmen mit den anderen beteiligten Ämtern – dem Antragsteller eine Frist zur Stellung des Antrages zu setzen. Wird der Antrag in der Frist nicht gestellt, so ist anzunehmen, daß er nicht gestellt werden soll. Die Lage ist dann die gleiche, als wenn der Antrag von dem zweiten GBA zurückgewiesen wäre; dementsprechend ist zu verfahren.

In der Praxis ist zunehmend zu beobachten, daß die **Anträge** bei allen beteiligten Grundbuchämtern **gleichzeitig eingereicht** werden. Der Grund liegt darin, daß für die Rangwahrung i. S. v. §§ 17, 45 jeder Antrag für sich zu betrachten ist. In solchen Fällen sollen die beteiligten Grundbuchämter sich über die geschäftliche Behandlung verständigen; ist dies nicht möglich, so wird man nach dem Rechtsgedanken aus § 45 den Antragsteller für befugt ansehen können, das sog. „führende GBA" zu bestimmen. Nicht angängig ist jedoch ein kontaktloses „Nebeneinanderherarbeiten" der GBÄmter.

bb) Die **nachträgliche Gesamtbelastung** vollzieht sich folgendermaßen: Der Antragsteller beantragt die Eintragung auf dem Blatte des neu zu belastenden Grundstücks, unter Vorlegung des Briefes oder, wenn ein solcher nicht erteilt ist, einer begl. Abschrift der ersten Eintragung. Das GBA trägt den Mithaftvermerk in der Hauptspalte ein, bildet den Brief, verbindet ihn mit dem alten Brief und sendet ihn an das erste GBA, das die Mithaft in der Veränderungsspalte vermerkt und den ersten Brief berichtigt; letzteres muß im Hinblick auf § 59 für zulässig und erforderlich gehalten werden. Die Vorschriften des § 30 Abs. 2 b und c GeschO gelten auch in diesem Falle.

cc) Wird ein Grundstück oder Grundstücksteil, unter Mitübertragung der Last, **an ein anderes GBA abgegeben** (Zuständigkeitswechsel), so verfährt das alte GBA zunächst nach § 25 Abs. 3, 4 GBV. Bei dem Gesamtrecht ist zunächst nichts zu vermerken.

Das neue GBA übernimmt das abgegebene Grundstück in sein Grundbuch und trägt die Last gehörigen Orts ein, unter Beifügung des Mithaftvermerks des alten Grundstücks. Es vermerkt die Übertragung auf dem Brief und macht dem alten GBA mit Übersendung des Briefes von dem Geschehenen Mitteilung (§ 25 Abs. 4 Satz 2 GBV; § 30 Abs. 1 GeschO). Dieses vermerkt die Mithaft auf seinem Blatt in der Veränderungsspalte. Briefvorlegung ist auch in diesem Falle nicht nötig.

Es entsteht hier also, entgegen § 59, eine Gesamthypothek in verschiedenen Bezirken mit einem Brief.

Vgl. im einzelnen über die Behandlung und Verbindung der Briefe § 37 Abs. 2 GeschO.

Wegen der Fassung d. Mithaftvermerkes s. § 11 GBV Rdn. 5.

IV. Erlöschen der Mitbelastung

Wenn die Kenntlichmachung der Mitbelastung vorgeschrieben ist, muß auch Vorsorge getroffen werden, daß dieser Vermerk in Übereinstimmung mit dem Grundbuch gehalten wird.

Nach Abs. 2 ist das Erlöschen einer Mitbelastung von Amts wegen zu vermerken.

Sämtliche Fälle des Erlöschens, sei es durch Rechtsgeschäft, sei es durch Gesetz, sei es ganz oder teilweise, sind gemeint. Doch kommt dem Zweck der Bestimmung gemäß (übereinstimmende Bücher!) nur ein eingetragenes Erlöschen in Betracht, einerlei, ob die Eintragung rechtsändernd oder berichtigend war.

a) Sind die belasteten Grundstücke **auf einem Blatt** verbucht, so wird das Erlöschen der Mithaft in der Veränderungsspalte vermerkt. Die Nummer des enthafteten Grundstücks in der Nummernspalte ist rot zu unterstreichen (§ 17 Abs. 3 GBV). Auf einem etwaigen Brief ist ein entsprechender Vermerk zu machen (§ 62).

§ 49

b) Sind die Grundstücke **auf verschiedenen Blättern** gebucht, so hat das GBA, welches das Erlöschen einträgt, die Löschung auf einem etwaigen Briefe zu vermerken (sind besondere Briefe nach § 59 Abs. 2 erteilt, so ist der Brief über das erloschene Recht nach Vermerk der Löschung unbrauchbar zu machen und abzutrennen) und sodann gem. § 30 GeschO den anderen Ämtern unter Übersendung des Briefes Mitteilung zu machen. Diese tragen dann ihrerseits das Erlöschen in der Veränderungsspalte ein und vermerken dies auf dem Briefe (§ 62).

V. Eintragung von Veränderungen

1. Veränderungen des Gesamtrechts

13 Sie sind grundsätzlich nur zulässig, wenn sie sich auf alle mithaftenden Grundstücke erstrecken. Dies gilt insbesondere von allen Änderungen in der Person des Berechtigten durch Abtretung, Verpfändung usw. Auch die Pfändung des Gesamtrechts ist nur hinsichtlich aller belasteten Grundstücke, nicht mit Beschränkung auf eines von ihnen zulässig. Kann das Gesamtrecht an einem der Grundstücke nicht gepfändet werden, so ist die Pfändung des Gesamtrechts überhaupt unzulässig. Sofern hierzu Bucheintragungen nötig sind, ist die Änderung nicht vollzogen, bevor sie auf allen betroffenen Grundbüchern eingetragen ist. Eintragungen unter Beschränkung auf ein Grundstück sind inhaltlich unzulässig.

Das GBA, bei dem der Antrag auf Eintragung einer Veränderung gestellt wird, die nur als Gesamtveränderung zulässig ist, hat diesen Antrag, soweit es zuständig ist, zu erledigen. Es verfährt dann weiter nach § 21 Abs. 2a GeschO. Will der Antragsteller selbst die Sache betreiben, so ist § 30 Abs. 2d GeschO (Überwachung durch das GBA) anzuwenden?

Weist das zweite GBA den Antrag zurück, oder ist nach § 30 Abs. 2d GeschO anzunehmen, daß er dort nicht gestellt werden soll, so steht für das erste GBA damit fest, daß die von ihm vorgenommene Eintragung das Grundbuch unrichtig gemacht hat. Obwohl sein Verfahren objektiv keine gesetzliche Vorschrift verletzt hat, wird es doch, in entsprechender Anwendung des § 53 Abs. 1 S. 1, einen Widerspruch einzutragen haben. Der Fall liegt hier insofern anders als der oben (Rdn. 9) besprochene Fall der erstmaligen Eintragung, weil die Möglichkeit eines Wirksamseins der unvollständigen Eintragung hier ausgeschlossen ist.

Etwas anderes gilt, wenn die Eintragung eine berichtigende war (z. B. Abtretung eines Briefpfandrechts durch schriftliche Abtretung und Briefübergabe). In diesem Falle sind die Grundbücher, in denen die Abtretung nicht vermerkt ist, unrichtig.

2. Einzelne Veränderungen

14 Einzelne Veränderungen, die nur Umfang und Rang des Rechts betreffen, sind hinsichtlich einzelner Grundstücke zulässig.

[Eintragung von Altenteilen]

§ 49

Werden Dienstbarkeiten und Reallasten als Leibgedinge, Leibzucht, Altenteil oder Auszug eingetragen, so bedarf es nicht der Bezeichnung der einzelnen Rechte, wenn auf die Eintragungsbewilligung Bezug genommen wird.

Übersicht

	Rdn.		Rdn.
I. Allgemeines	1	III. Eintragung von Altenteilen	
II. Begriff und Rechtsnatur des Altenteiles		1. Bezeichnung	4
		2. Mehrere Berechtigte	5
1. Begriff	2	3. Belastung mehrerer Grundstücke	6
2. Rechtsnatur	3	4. Wertersatz-Klausel	7

I. Allgemeines

Während § 874 BGB die Bezugnahme auf die Eintragungsbewilligung nur zur näheren Bezeichnung des Inhalts eines Rechts zuläßt, erweitert § 49 diese Regel dahin, daß bei sog. Altenteilen (auch Leibgeding, Leibzucht oder Auszug, zum Begriff s. unten Rdn. 2) auch zur Bezeichnung des Rechts selbst eine Bezugnahme gestattet ist. § 49 erweitert somit § 874 BGB und hat deshalb materiellrechtlichen Inhalt.

1

II. Begriff und Rechtsnatur des Altenteils

1. Begriff

Altenteil ist ein vertraglich vereinbarter oder durch letztwillige Verfügung zugewandter Inbegriff von Geld- und (oder) Sachleistungen, die zum Zwecke der dauernden persönlichen Versorgung des Berechtigten dinglich gesichert werden sollen.[1] Die Verbindung mit einer Grundstücksüberlassung ist dabei nicht begriffsnotwendig,[2] Ein Altenteil kann nicht nur auf einem ländlichen, sondern auch auf einem städtischen Grundstück bestellt werden.[3]

2

Wesentlich sind freilich hier insbesondere **landesrechtliche Regelungen** nach Art. 96 EGBGB, die den Begriff einschränkend interpretieren können und z. B. die generationenwechselnde Grundstücksübergabe vorschreiben.

2. Rechtsnatur

Das Altenteil setzt sich in der Regel aus einer **Reallast** (wiederkehrende Leistung von Geld oder Naturalien) und einer beschränkten persönlichen Dienstbarkeit (Wohnungsrecht) zusammen.

3

Möglich ist auch die Verbindung eines (an einem Grundstücksteil – also nicht umfassend! – oder an einem von mehreren Grundstücken bestellten) Nießbrauchs mit einer Reallast.[4] Davon zu unterscheiden ist die Bestellung eines Nießbrauchs am gesamten Vertragsobjekt (also nicht nur an einem Grundstücksteil oder an einem von mehreren Grundstücken). Dies ist im Rahmen eines Leibgedings unzulässig, weil es sich dann nicht mehr um die Sicherung von Versorgungsleistungen, sondern um ein Recht auf uneingeschränkte eigenwirtschaftliche Tätigkeit handelt.[5] Auch einzelne der üblichen

---

[1] RG RGZ 162, 57 und – allg. zum Versorgungszweck – BayObLG DNotZ 75, 662 = Rpfleger 75, 314 sowie BGH NJW-RR 89, 451; BGH NJW 94, 1158; BayObLG Rpfleger 93, 443; OLG Köln Rpfleger 92, 431.

[2] RGZ 162, 57. Anders im Rahmen v. Art. 96 EGBGB: BGH NJW 94, 1158.

[3] BGH NJW 62, 2249; BayObLGZ 64, 346; OLG Köln Fn. 1.

[4] KG OLG 40, 52; OLG Hamm DNotZ 70, 38; **a. A.** OLG Schleswig SchlHA 57, 74; *Reichert* BWNotZ 60, 119.

[5] BayObLG Rpfleger 75, 314; BGH NJW 70, 282/283; *Demharter* § 49 Rdn. 4.

Sach- und Dienstleistungsansprüche können, ohne begrifflich miteinander verknüpft zu sein, als Altenteil vereinbart werden.[6] Auch eine Grabunterhaltungspflicht kann Inhalt des Altenteils sein,[7] ebenso sind einmalige Zahlungen sicherbar, also z. B. Abstandsgelder, Abfindungen oder Begräbniskosten.[8]

III. Eintragung von Altenteilen

1. Bezeichnung

4 Bei der Eintragung genügt die Bezeichnung des Gesamtrechts als „**Altenteil**" (o. ä., s. oben Rdn. 1), es bedarf somit nicht der Angabe der einzelnen in ihm enthaltenen Rechte.

Die **einzelnen Rechte** müssen jedoch nach Art und Umfang in der Eintragungsbewilligung **genau beschrieben** und dadurch bestimmbar sein.[9] Im Wege nachträglicher Inhaltsänderung können die im Altenteil zusammengefaßten Rechte durch andere ersetzt werden.[10]

2. Mehrere Berechtigte

5 Wird das Altenteil für mehrere Berechtigte eingetragen, so bedarf es entgegen § 47 auch keiner Angabe des zwischen ihnen bestehenden Gemeinschaftsverhältnisses. Auch insoweit genügt ausnahmsweise die Bezugnahme auf die Bewilligung. Freilich muß die Bewilligung das Anteilsverhältnis mehrerer Berechtigter genau angeben.[11]

Auch wenn die Berechtigten in Gütergemeinschaft verbunden sind, ist ohne Eintragung dieses Gemeinschaftsverhältnisses die Bezeichnung als Altenteil genügend. Das Gemeinschaftsverhältnis kann für die einzelnen Ansprüche deshalb auch verschieden vereinbart sein.

3. Belastung mehrerer Grundstücke

6 Wird das Altenteil als Gesamtrecht auf mehreren Grundstücken eingetragen, so ist darauf zu achten, daß das in ihm enthaltene **Wohnungsrecht** auf solchen Grundstücken nicht lasten kann, auf denen sich keine zur Wohnung geeignete Einrichtung findet, also z. B. auf Waldflächen, Ackerland etc.[12]

Insoweit muß die Eintragungsbewilligung eingeschränkt werden.

Zur Fassung des **Eintragungsvermerkes** empfiehlt sich nach der hier vertretenen Auffassung:

„Mitbelastet, jedoch nicht mit dem Wohnungsrecht, ist das Grundstück ..."

Die h. M. hält eine ausdrückliche Einschränkung im Buch für entbehrlich und begnügt sich mit der Einschränkung in der Bewilligung.[13] Die dafür ins Feld geführten

---

[6] RG RGZ 152, 104; 162, 58; LG Frankenthal Rpfleger 89, 451.
[7] KG HRR 33, 1352; AG Naila Rpfleger 62, 170.
[8] KG JFG 1, 442; BayObLG BayObLGZ 70, 17 = Rpfleger 70, 202.
[9] BGH NJW 94, 1158; KG DNotZ 32, 520; BayObLGZ 53, 201 = DNotZ 55, 98; OLG Hamm Rpfleger 73, 98; OLG Zweibrücken MittRhNotK 96, 229; LG Aachen MittRhNotK 96, 232.
[10] BGH NJW 57, 1798; KG DNotZ 34, 862.
[11] BGH Rpfleger 79, 56; LG Osnabrück Rpfleger 74, 263.
[12] BGH Rpfleger 72, 88; BayObLG DNotZ 76, 227; KG JW 37, 2606; LG Kassel Rpfleger 60, 404 m. Anm. *Haegele*; Haegele/Schöner/*Stöber* Rdn. 1334; *Hartung* Rpfleger 78, 48.
[13] BGH Fn. 12; OLG Hamm Rpfleger 73, 98; *Demharter* § 49 Rdn. 9; Meikel/*Böhringer* § 49 Rdn. 92.

Rationalisierungserwägungen (vgl. insbes. *Böhringer* Fn. 13) können gegenüber dem materiellrechtlichen Eintragungsgebot nicht durchgreifen. Einschränkungen können weder aus § 874 BGB noch aus § 49 entnommen werden. Die Bezugnahmeerleichterung bezieht sich nur auf Art und Inhalt der Rechte, nicht aber in bezug auf deren Umfang und den Belastungsgegenstand.

[Hypothek für Teilschuldverschreibungen auf den Inhaber]

§ 50

(1) Bei der Eintragung einer Hypothek für Teilschuldverschreibungen auf den Inhaber genügt es, wenn der Gesamtbetrag der Hypothek unter Angabe der Anzahl, des Betrags und der Bezeichnung der Teile eingetragen wird.

(2) Diese Vorschrift ist entsprechend anzuwenden, wenn eine Grundschuld oder eine Rentenschuld für den Inhaber des Briefes eingetragen und das Recht in Teile zerlegt werden soll.

Übersicht

	Rdn.		Rdn.
I. Allgemeines	1	2. Grundbuchvertreter	5
II. Eintragungsmuster		III. Abs. 2	6
1. Grundsatz	2		

I. Allgemeines

Die Bestimmung enthält Abweichungen von § 1115 BGB und dem allgemeinen Bestimmtheitsgrundsatz der GBO. 1

Abs. 1 behandelt die Eintragung einer Hypothek für Teilschuldverschreibungen auf den Inhaber.

a) Sind Teilschuldverschreibungen ausgegeben, so sind die dafür nach § 1187 BGB bestellten Hypotheken selbständige Rechte, die an sich unter besonderen Nummern und unter Angabe des Geldbetrages für jede einzelne Teilverschuldung eingetragen werden müßten; § 50 gestattet ihre Zusammenfassung zu einer Hypothek (Abweichung vom Bestimmtheitsgrundsatz) mit Angabe des Gesamtbetrages, der durch Angabe der Zahl, des Betrages und der Bezeichnung der Teilschuldverschreibungen zu ergänzen ist (Abweichung von § 1115 BGB).

b) Das gleiche gilt für indossable Teilschuldverschreibungen.

c) Zulässig ist auch die Eintragung einer Höchstbetragshypothek, für die aber § 50 nicht gilt.

II. Eintragungsmuster

1. Grundsatz

a) Inhaberschuldverschreibungen (Abs. 1) 2

„Sicherungshypothek für zweihunderttausend Deutsche Mark nebst 4% Jahreszinsen zur Sicherung der von der XY AG ausgegebenen 1000 Stück Teilschuldverschreibungen auf den Inhaber zu je DM 200,–, Reihe A von 1 bis 1000 gem. Bewilligung vom ... eingetragen am ..."

§ 51

3 **b) Orderschuldverschreibungen**

„Sicherungshypothek für zweihunderttausend Deutsche Mark nebst 4% Jahreszinsen zur Sicherung der von der XY AG ausgegebenen, auf die A-Bank oder deren Order gestellten 1000 Stück Teilschuldverschreibungen zu je 200,– DM, Reihe A Nr. 1 bis 1000. Eingetragen für die A-Bank in München oder die durch Indossament ausgewiesenen Inhaber gem. Bewilligung vom ... eingetragen am ..."

4 **c) Teilinhaberbriefgrundschuld (Abs. 2):**

„Grundschuld zu fünfhunderttausend DM nebst 6% Jahreszinsen zerlegt in 500 Teile zu je 1000,– DM, bezeichnet mit den Nrn. 1 bis 500. Eingetragen für die Inhaber der Briefe gem. Bewilligung vom ... am ..."

2. Grundbuchvertreter

5 Wird gem. § 1189 BGB ein Grundbuchvertreter bestellt, so erhalten die Eintragungen folgenden Zusatz:

„Zum Vertreter der jeweiligen Gläubiger ist ... bestellt."

Auch im Falle des § 1189 BGB müssen jedoch in der Eintragung die gesicherten Teilschuldverschreibungen angegeben werden.

III. Abs. 2

6 Er dehnt Abs. 1 auf den Fall aus, daß eine Inhabergrundschuld (oder -rentenschuld) eingetragen und das Recht in Teile zerlegt werden soll. Bei der Eintragung genügt also auch hier Angabe des Gesamtbetrages der Hypothek, verbunden mit Angabe der Anzahl, des Betrages und der Bezeichnung der Teile. Jeder Teil der Grundschuld erhält nach § 70 Abs. 2 einen besonderen Brief.

[Eintragung des Nacherben]

§ 51

Bei der Eintragung eines Vorerben ist zugleich das Recht des Nacherben und, soweit der Vorerbe von den Beschränkungen seines Verfügungsrechts befreit ist, auch die Befreiung von Amts wegen einzutragen.

Übersicht

	Rdn.		Rdn.
I. Allgemeines	1	4. Rechtsbehelfe	18
II. Der Begriff der Vor- und Nacherbschaft		5. Ausnahmen	19
1. Grundsatz	2	IV. Verfügungen des eingetragenen Vorerben	
2. Nachweis der Erbfolge (Auslegungsfragen)	3	1. Grundsatz	20
3. Umfang des Nacherbenrechts	7	2. Löschung eines Rechts	21
4. Befugnisse des Vorerben	8	3. Folgen von Verstößen des GBA	26
III. Die Eintragung des Nacherbschaftsvermerkes		V. Verfügungen des nicht eingetragenen Vorerben	27
1. Grundsatz	13	VI. Löschung des Nacherbschaftsvermerkes	
2. Rangverhältnis des Vermerks	16	1. Vor Eintritt der Nacherbfolge	28
3. Verzicht auf Eintragung	17		

Zweiter Abschnitt. Eintragungen in das Grundbuch (Eickmann) **§ 51**

	Rdn.		Rdn.
2. Nach Eintritt der Nacherbfolge	29	1. Übertragbarkeit	31
3. Wegen Zeitablaufs	30	2. Übertragung auf den Vorerben	32
VII. Verfügungen über das Nacherbenrecht		3. Eigenerwerb durch den Vorerben	33
		VIII. Besonderheiten im Beitrittsgebiet	34

I. Allgemeines

In **Durchbrechung des Antragsgrundsatzes** (§ 13) schreibt § 51 vor, daß bei Eintragung eines Vorerben das Recht des Nacherben (s. zum Begriff unten Rdn. 2) von Amts wegen eingetragen werden muß. **1**

Die Notwendigkeit dafür ergibt sich aus der Rechtsnatur der Stellung des Nacherben, die als solche nicht eintragbar ist (s. unten Rdn. 2), jedoch wegen der Vorschriften der § 2113 ff. BGB (insbesondere § 2113 Abs. 3) als Verfügungsbeschränkung zu Lasten des Vorerben mit der Möglichkeit gutgläubigen Erwerbs zugunsten Dritter wirkt. Setzt das Gesetz das Recht des Nacherben den Gefahren des Verlustes infolge gutgläubigen Erwerbs aus, so muß es ihm auch Schutz durch Eintragung gewähren. Dazu § 19 Rdn. 130 ff.

II. Der Begriff der Vor- und Nacherbschaft

1. Grundsatz

Durch das Institut der Vor- und Nacherbschaft (§ 2100 BGB) hat der Erblasser die Möglichkeit, sein Vermögen zunächst einem Vorerben zuzuwenden, gleichzeitig aber anzuordnen, daß es bei einem späteren — frei vom Erblasser zu bestimmenden — Anlaß einem zweiten Erben, dem Nacherben, zufällt. Vor- und Nacherbe sind jedoch beide Erben des Erblassers. Zu unterscheiden ist davon das Institut des sog. Ersatzerben (§ 2069 BGB), der in zweiter Linie dann mit dem Erbfall Erbe werden soll, wenn der in erster Linie Eingesetzte nicht zur Erbfolge gelangt. **2**

2. Nachweis der Erbfolge (Auslegungsfragen)

Der Nachweis der Nacherbfolge (§ 35) wirft, insbesondere bei der notwendigen Auslegung von letztwilligen Verfügungen, schwierige Rechtsfragen auf. Bloße Erklärungen der Beteiligten genügen dazu nie. **3**

a) Für das GBA am problemlosesten ist der Nachweis der Vor- und Nacherbfolge durch **Erbschein** (§ 2363 BGB). Das GBA darf grundsätzlich jedoch nicht auf der Vorlage eines Erbscheines bestehen, auch dann nicht, wenn die Auslegung der letztwilligen Verfügung rechtliche Schwierigkeiten mit sich bringt. Lediglich dann, wenn zur Auslegung tatsächliche Ermittlungen erforderlich wären, ist ein Erbschein zu verlangen; vgl. dazu § 35 Rdn. 74-77.

b) Eine (öffentliche) **letztwillige Verfügung des Erblassers** (nebst Eröffnungsniederschrift, § 35 Abs. 1) ist nach den allgemeinen Auslegungsregeln dahin zu untersuchen, ob Vor- und Nacherbschaft vom Erblasser gewollt war. Auf die Rechtsansicht der Beteiligten kommt es dabei nicht an; die Auffassung, daß bei Widerspruch des Erben gegen die Rechtsansicht des GBA, er sei Vorerbe, stets ein Erbschein zu verlangen sei,[1] ist

---

[1] So OLG Stuttgart Rpfleger 75, 135.

entschieden abzulehnen. Die Rechtsfrage der Testamentsauslegung ist vom GBA zu entscheiden, der Erbe mag, wenn er die Rechtsauffassung des GBA nicht teilt, gegen die Eintragung des Vor- und Nacherbschaftsvermerkes Beschwerde einlegen. Liegt eine letztwillige Verfügung i. S. des § 35 vor, so kann ein Erbschein auch dann nicht verlangt werden, wenn die Verfügung die Person des NE nicht namentlich, sondern nur anhand allgemeiner Qualifikationsmerkmale (z. B. „die Kinder" o. ä.) bezeichnet.[2]

Grundsätzlich ist davon auszugehen, daß Vorerbschaft und Nacherbschaft dann vorliegen, wenn der Erblasser sein Vermögen zunächst einer Person zugewendet wissen möchte, um mit dem Eintritt eines bestimmten Zeitpunktes oder Ereignisses die Herausgabe an einen anderen anzuordnen (§ 2103 BGB); die Anordnung der Herausgabe kann auch in der Einsetzung auf den Überrest (§§ 2137, 2138 BGB) liegen.

4 Bei **Ehegatten** ist jedoch die Auslegungsregel des § 2269 BGB zu beachten, wonach der überlebende Ehegatte im Zweifel unbeschränkter Erbe, also nicht Vorerbe des zuerst verstorbenen Ehegatten sein soll.[3] Etwas anderes wird bei einer sogenannten **Wiederverheiratungsklausel** gelten, die insbesondere dahin vorkommt, daß der zum Erben berufene überlebende Ehegatte sich im Falle seiner Wiederverheiratung mit den gesetzlich erbberechtigten Abkömmlingen auseinandersetzen muß oder die Erbschaft an sie herauszugeben hat.[4] Hierin ist in der Regel eine bedingte Nacherbeneinsetzung zu erblicken.[5]

Zur Frage, wann in einem solchen Fall befreite bzw. nicht befreite Vorerbschaft vorliegt, s. unten Rdn. 10.

5 Schwierig ist unter Umständen die **Unterscheidung** zwischen **Vorerbschaft und Nießbrauchsvermächtnis**. Auch hier kann aus der Wortwahl des Erblassers nichts Entscheidendes gefolgert werden.[6]

Entscheidend ist der Unterschied in der größeren Freiheit der rechtlichen Stellung (Verfügungsmacht!). Wendet daher der Erblasser einen Nießbrauch mit einem Verfügungsrecht über Grundstücke zu, so ist Vorerbschaft anzunehmen. Wird keine Verwaltungs- und Verfügungsbefugnis über den Nachlaß zugewandt, so spricht dies in der Regel für ein Nießbrauchsvermächtnis.

6 Wenn Zweifel bestehen, ob jemand als **Ersatzerbe oder** als **Nacherbe** eingesetzt ist, so gilt er als Ersatzerbe (§ 2102 Abs. 2 BGB).[7]

3. Umfang des Nacherbenrechts

7 Er ist für das GBA deshalb wesentlich, weil es die Eintragung des Nacherbenrechts (s. dazu unten Rdn. 13) dann unterlassen muß, wenn es weiß, daß sich die Nacherbfolge auf den in Frage stehenden Gegenstand nicht erstreckt.

Das Nacherbenrecht erstreckt sich:

a) **auf die Erbschaft**; also die zur Vorerbschaft gehörenden Gegenstände. Auch ein Erbteil, der dem Vorerben infolge Wegfalls eines Miterben zugefallen ist (§§ 1935, 2094,

---

[2] BayObLG Rpfleger 83, 104; OLG Hamm DNotZ 66, 108; OLG Hamm FGPrax 97, 48 (= eidesstattl. Vers. kann genügen); *Demharter* § 51 Rdn. 9; Meikel/*Roth* § 35 Rdn. 134 ff.
[3] RG RGZ 79, 277; 113, 240; BayObLG BayObLGZ 48, 51 und 66, 49 = MDR 66, 667.
[4] Vgl. dazu ausf. *Haegele* Büro 68, 87 und Rpfleger 76, 73.
[5] RG RGZ 156, 181; KG KGJ 42, 114; *Ripfel* Rpfleger 51, 578; *Aspeck* MDR 59, 897; *Raitz von Frentz* DNotZ 62, 641; *Bokelmann* Rpfleger 71, 337; Staudinger/*Behrends/Avenarius* § 2100 Rdn. 27.
[6] RG JW 18, 434; KG DR 41, 594; BGH LM § 2084 Nr. 2; BayObLG NJW 66, 662 und 1222; Staudinger/*Behrends/Avenarius* § 2100 Rdn. 15–17.
[7] S. dazu ausf. *Diedrichsen* NJW 65, 671 und *Kanzleiter* DNotZ 70, 693.

oder 2094 BGB) unterliegt dem Nacherbenrecht (§ 2110 Abs. 1 BGB). Ein Austausch von Nachlaßgegenständen gegen nicht zum Nachlaß gehörendes Vermögen ist nicht möglich.[8] Ein dem Vorerben zugewendetes Vorausvermächtnis gehört im Zweifel nicht zur Nacherbschaft (§ 2110 Abs. 2 BGB).

b) **auf den Erwerb des Vorerben nach § 2111 BGB** (sog. dingliche Surrogation). Ob ein Erwerb durch Rechtsgeschäft mit Mitteln der Erbschaft vorliegt, ist dabei nicht nach formalen, sondern nach wirtschaftlichen Gesichtspunkten zu entscheiden.[9] Ist eine Hypothek mit Mitteln des Nachlasses abgelöst worden, so fällt die dann entstehende Eigentümergrundschuld in die Nacherbschaft.[10] Dasselbe gilt für eine Eigentümergrundschuld, die dadurch entstanden ist, daß eine zum Nachlaß gehörende Hypothek, die auf einem nicht zum Nachlaß gehörenden Grundstück des Erblassers eingetragen war, im Rahmen der Erbauseinandersetzung durch Verrechnen mit dem Auseinandersetzungsguthaben des Vorerben getilgt worden ist.[11] Alle Gegenstände, die der Vorerbe bei der Auseinandersetzung aus dem Nachlaß erhält, sind gleichfalls Surrogate.[12] Zahlt der Vorerbe eine auf dem Nachlaßgrundstück lastende Hypothek mit eigenen Mitteln zurück, so fällt die entstehende Eigentümergrundschuld nicht in den Nachlaß.[13]

c) Ist der Vorerbe **Gesellschafter** einer **Handelsgesellschaft**, so kann an den zum Gesellschaftsvermögen gehörenden Grundstücken der Nacherbschaftsvermerk nicht eingetragen werden. Sie unterliegen nicht den Beschränkungen nach §§ 2113 ff. BGB, weil das Gesellschaftsvermögen allein der Gesellschaft gehört.[14]

d) § 51 ist ferner **unanwendbar**, wenn bei einer **Gütergemeinschaft** der überlebende Ehegatte den anderen als Vorerbe beerbt;[15] wenn von zwei **Miterben** vor Auseinandersetzung einer den anderen als Vorerbe beerbt;[16] wenn ein **Gesellschafter bürgerlichen Rechts** den anderen als Vorerbe beerbt.[17]

4. Befugnisse des Vorerben

Die Befugnisse des jeweiligen Vorerben in bezug auf den Nachlaß bestimmen wesentlich die Entscheidungen des GBA.

a) Da der Vorerbe echter Erbe (nicht etwa nur Nießbraucher, s. oben Rdn. 2) ist, kann er grundsätzlich **über die Nachlaßgegenstände verfügen** (§ 2112 BGB). Er ist jedoch in seiner Verfügung wie folgt beschränkt:

1. Die Verfügung über ein zum Nachlaß gehörendes **Grundstück** oder ein Recht an einem Grundstück ist im Falle des Eintritts der Nacherbfolge insoweit unwirksam, als sie das Recht des Nacherben vereiteln oder beeinträchtigen würde (§ 2113 Abs. 1 BGB).

---

[8] OLG Köln Rpfleger 87, 60.
[9] BGH BGHZ 40, 115 = DNotZ 64, 623.
[10] BGH Rpfleger 93, 493.
[11] BGH LM zu § 2111 BGB Nr. 2.
[12] BGH MDR 59, 290; KG Rpfleger 93, 236; BayObLGZ 86, 208 = Miteigentumsanteil am Nachlaßgrundstück.
[13] BGH Fn. 10.
[14] BGH NJW 76, 893, NJW 78, 698; OLG Köln NJW-RR 87, 267; Meikel/Kraiss § 51 Rdn. 59 mwN. A. A. K. Schmidt FamRZ 76, 683, 688

[15] BGH NJW 64, 768 u. Rpfleger 76, 205; BayObLG Rpfleger 96, 150; vgl. auch OLG Zweibrücken FGPrax 98, 46.
[16] BGH Rpfleger 78, 52; vgl. auch BayObLG 94, 181; LG Aachen Rpfleger 91, 301 zu ähnl. Konstellationen.
[17] OLG Köln Rpfleger 87, 60; MünchKomm/Grunsky § 2113 Rdn. 3; K. Schmidt FamRZ 76, 683, 689. A. A. Ludwig Rpfleger 87, 155.

§ 51

9 2. Das gleiche gilt für **unentgeltliche Verfügungen** des Vorerben (§ 2113 Abs. 2 BGB). Da § 2113 Abs. 3 BGB jedoch die **Gutglaubensschutzvorschriften** für anwendbar erklärt, muß der Nacherbe gegen gutgläubigen Dritterwerb durch Eintragung des Nacherbschaftsvermerkes geschützt werden (s. dazu unten Rdn. 13). Ist der Vermerk eingetragen, hindert er Verfügungen des Vorerben nicht, weil diese erst mit Eintritt des Nacherbfalles unwirksam werden (s. unten Rdn. 20). Etwas anderes gilt für eine Löschung des betroffenen Rechts, weil durch sie auch der Vermerk entfernt und somit seine Schutzwirkung für den Nacherben wegfiele.

10 b) Der Erblasser kann den Vorerben von den **Beschränkungen** des § 2113 Abs. 1 (nicht jedoch von denen des § 2113 Abs. 2!) **befreien**. § 2136 BGB. Eine bestimmte Wortwahl ist dazu nicht vorgeschrieben, wenn nur der Befreiungswille deutlich zum Ausdruck kommt.[18]

Die Befreiung muß im Erbschein angegeben sein (§ 2363 Abs. 1 BGB). Hat das Nachlaßgericht einen Erbschein erteilt, der den Vorerben als befreit bezeichnet, und ist diese Befreiung eingetragen worden, so wirkt der Gutglaubensschutz des Buches zugunsten eines redlichen Erwerbers auch dann, wenn der **Erbschein eingezogen** wurde, weil das Nachlaßgericht den VE nunmehr als nicht befreit ansieht. Ist die Einziehung dem GBAmt bekannt, so ergibt sich für das Verfahren bei Eintragung eines Erwerbers: Nach der hier vertretenen Auff., daß das GBAmt einen gutgläubigen Erwerb nicht verhindern darf (vgl. § 19 Rdn. 100), hat es den Erwerber nach den Regeln der befreiten Vorerbschaft zu behandeln und einzutragen. Anders ist nur dann zu verfahren, wenn ein nach dem Eingangszeitpunkt vorgehender Berichtigungsantrag vorliegt.

11 c) Auch bei befreiter Vorerbschaft verdrängt das Verwaltungs- und Verfügungsrecht des **Testamentsvollstreckers** grundsätzlich das des Vorerben.[19]

12 d) Strittig ist, ob die vom Erblasser einem Dritten **über den Tod hinaus erteilte Vollmacht** unbeschränkte Rechte für den Bevollmächtigten gibt[20] oder ob sie lediglich als Bevollmächtigung weitergilt, die zur Vertretung des Vorerben ermächtigt, mithin mit den diesem auferlegten Beschränkungen.[21] Letzteres ist richtig, weil der Nacherbe die Vollmacht vor dem NE-Fall mangels Beteiligung am Rechtsverhältnis nicht widerrufen kann, sie dann aber auch nicht gegen sich gelten lassen muß.

Die dem Vorerben erteilte Vollmacht erlischt.

III. Die Eintragung des Nacherbschaftsvermerkes

1. Grundsatz

13 a) Um den gutgläubigen Erwerb Dritter zu Lasten des Nacherben zu verhindern, ist zugleich mit dem Recht des Vorerben bei allen der Nacherbschaft unterliegenden Gegenständen (s. dazu oben Rdn. 7) der Nacherbschaftsvermerk anzubringen. Eine Eintragung des Nacherbschaftsrechtes ohne die Eintragung des Vorerben ist nicht zu-

---

[18] BayObLG BayObLGZ 60, 437 = DNotZ 61, 155 = NJW 60, 407 und BayObLGZ 66, 231; LG Mannheim MDR 60, 497. Einzelheiten dazu bei Staudinger/*Behrends/Avenarius* § 2136 Rdn. 16 f.

[19] Staudinger/*Behrends/Avenarius* § 2112 Rdn. 31; BayObLG BayObLGZ 59, 128 = NJW 59, 1920. S. auch § 52 Rdn. 10.

[20] So KG JFG 12, 278; nach *Demharter* § 51 Rdn. 15 sei hier anzunehmen, der Nacherbe hätte zugestimmt; ebenso *Haegele* Rpfleger 71, 121/129.

[21] So MünchKomm/*Brandner* § 2112 Rdn. 8; RGRK/*Johannsen* § 2112 Rdn. 7.

lässig; der Vorerbe kann jedoch gem. §§ 82 ff. zur Stellung des Berichtigungsantrages angehalten werden.

b) Der Vermerk ist, wenn er das Eigentum oder Rechte in Abt. II betrifft, in Abt. II **14** (s. § 10 GBV Rdn. 4 Buchst. f), wenn er Rechte in Abt. III betrifft, dort einzutragen (vgl. § 11 GBV Rdn. 9). Der Nacherbe ist darin genau zu bezeichnen, bei mehrfacher Nacherbfolge sind alle Nacherben anzugeben. Anzugeben ist ferner ein Ersatznacherbe.

Die Voraussetzungen der Nacherbfolge sind ebenfalls einzutragen, ebenso die Einsetzung auf den Überrest oder die sonst befreite Vorerbschaft.

Muster:

„Nacherbe des (Name des Erblassers) ist Hans Maier, Kaufmann in München. Die Nacherbfolge tritt ein beim Tode des Vorerben. Der Nacherbe ist auf den beim Eintritt des Nacherbfalls vorhandenen Rest der Erbschaft eingesetzt. Eingetragen am ..."

c) Gehört ein Recht nicht zur Nacherbschaft (s. oben Rdn. 7), so kann die Eintragung dieser Tatsache ebenfalls verlangt werden. **15**

Muster (bei einer Hypothek, Sp. 5–7):

„**Als Grundschuld übergegangen** auf den Kaufmann Hans Maier in München. Das Recht gehört nicht zum Nachlaß des (Name des Erblassers). Eingetragen am ..."

2. Rangverhältnis des Vermerks

Nach herrschender Meinung besteht zwischen dem Nacherbschaftsvermerk und Rechten am Grundstück **kein materiellrechtliches Rangverhältnis**.[22] Da jedoch der Vermerk eine Verfügungsbeschränkung darstellt (s. unten Rdn. 20), gilt auch für ihn wegen § 892 BGB ein sog. formelles Rangverhältnis (vgl. dazu § 45 Rdn. 8). **16**

Zur Klarstellung, daß ein eingetragenes Recht dem Nacherben gegenüber wirksam ist, kann ein – deklaratorischer – Wirksamkeitsvermerk eingetragen werden.

Muster:

„Das Recht Nr. 1 ist dem Nacherben gegenüber wirksam. Eingetragen am ..."

3. Verzicht auf Eintragung

Der Vorerbe kann nicht beantragen, sein Recht ohne den Nacherbschaftsvermerk einzutragen, genausowenig wie der Erblasser die Eintragung ausschließen kann. **17**

Der **Nacherbe** oder der Nacherben-Testamentsvollstrecker **kann** jedoch auch ohne Ausschlagung der Nacherbschaft auf die **Eintragung verzichten;**[23] dazu bedarf er jedoch der Mitwirkung etwaiger Ersatznacherben.[24] Die Erklärung bedarf der Form des § 29 Abs. 1 S. 1.

Durch den Verzicht entfällt der Schutz gegen gutgläubigen Dritterwerb; das Nacherbenrecht braucht dann vom GBA nicht mehr beachtet zu werden.

Verzichten einzelne von mehreren Nacherben, so verbleibt der Vermerk als solcher eingetragen, die Namen der Verzichtenden sind zu röten (bzw. wegzulassen). In Sp. 5 ist dann einzutragen:

„Hans Maier und Josef Huber haben je für ihre Person auf die Eintragung des Nacherbenrechts verzichtet. Eingetragen am ..."

---

[22] RG RGZ 135, 284; KG HRR 34, 199 und JFG 13, 114; 16, 235; OLG Hamm Rpfleger 57, 19 und 66, 48; OLG Hamburg DNotZ 67, 376; **a. A.** *Hesse* DFG 38, 88.

[23] KG KGJ 52, 169; RG RGZ 151, 397.

[24] KG DNotZ 40, 286; OLG Köln NJW 55, 633; *Haegele* Rpfleger 56, 159 und Rpfleger 71, 121/129.

Die Eintragung ist dann nicht erforderlich, wenn der Vorerbe mit Zustimmung des Nacherben ein zum Nachlaß gehörendes Recht veräußert.[25] Der Zustimmung evtl. Ersatznacherben bedarf es in diesem Fall nicht.[26]

4. Rechtsbehelfe

18 Gegen die Eintragung des Vermerks ist **Erinnerung (Beschwerde)** mit dem Ziele der Löschung zulässig.[27] Vgl. auch § 71 Rdn. 27.

5. Ausnahmen

19 Die Eintragung unterbleibt selbstverständlich bei Gegenständen, die nicht zum Anlaß gehören (s. oben Rdn. 7) sowie außer im Falle des Verzichts (s. oben Rdn. 17), wenn der Vorerbe, ohne daß er selbst in das Grundbuch eingetragen werden müßte, über ein Grundstück wirksam verfügt (s. dazu unten Rdn. 27).

IV. Verfügungen des eingetragenen Vorerben

Zu unterscheiden sind:
Löschungen eines Rechts (s. Rdn. 21 ff.);
alle anderen Eintragungen (s. Rdn. 20).

1. Grundsatz

20 Der Nacherbschaftsvermerk bewirkt, obwohl er eine Verfügungsbeschränkung verlautbart, **keine Grundbuchsperre**,[28] er schützt jedoch den Nacherben gegen einen Rechtsverlust durch gutgläubigen Erwerb (§§ 1113 Abs. 3, 892 Abs. 1 S. 2 BGB). Ist der Vermerk eingetragen, so kann das GBA Anträge aller Art ohne Rücksicht auf die Nacherbschaft und ohne Prüfung ihrer Wirksamkeit vollziehen, sofern es sich nicht um Löschungen handelt. Es ist dabei bedeutungslos, ob der Vorerbe befreit oder nicht befreit, ob die Verfügung entgeltlich oder unentgeltlich ist.[29]

Eine **Besonderheit** gilt bei der Eintragung eines Erbbaurechtes, weil hier der Nacherbschaftsvermerk wegen seiner der auflösenden Bedingung vergleichbaren Wirkungen die Eintragung anal. § 1 Abs. 4 ErbbauVO hindert.[30]

2. Löschung eines Rechts

21 Etwas anderes gilt für den Vollzug der Löschung eines Rechts, da hier wegen des gleichzeitigen Wegfalls des Vermerkes ein Schutz des Nacherben nicht gewährleistet wäre (s. oben Rdn. 9). Hier ist **zu unterscheiden**, ob der **Vorerbe befreit** oder **nicht befreit** ist (vgl. dazu oben Rdn. 8–10).

---

[25] OLG Colmar OLG 18, 222; KG JFG 12, 277; *Demharter* § 51 Rdn. 27.
[26] RG 145, 316; KG NJW 36, 3563; BGH BGHZ 14, 119 = DNotZ 64, 623; BayObLG BayObLGZ 59, 497 = NJW 60, 965; OLG Oldenburg MDR 62, 57.
[27] KG JFG 21, 252; OLG München JFG 23, 300; BayObLG BayObLGZ 57, 287 = DNotZ 58, 89; OLG Hamm Rpfleger 57, 415.
[28] BayObLG Rpfleger 68, 221; KG KGJ 52, 145; LG Nürnberg-Fürth MittBayNotV 62, 75.
[29] RG RGZ 102, 334; 146, 392; KG KJW 36, 2749; OLG München JFG 14, 340; OLG Schleswig SchlHA 53, 287; OLG Düsseldorf Rpfleger 57, 413; *Haegele* Rpfleger 71, 121/127.
[30] BGH Rpfleger 69, 346.

a) Einem **befreiten Vorerben** ist lediglich die unentgeltliche Verfügung über Nachlaß- **22** gegenstände nicht gestattet (§§ 2113 Abs. 2, 2136 BGB). Das GBA darf somit eine Verfügung nur dann vollziehen, wenn ihre Entgeltlichkeit nachgewiesen oder offenkundig ist (vgl. Rdn. 24).

Unentgeltlichkeit liegt vor, wenn der Vorerbe bei objektiver Betrachtung ohne gleich- **23** wertige Gegenleistung ein Opfer aus dem Nachlaß bringt und, subjektiv betrachtet, entweder den Mangel der Gleichwertigkeit der Gegenleistung kennt oder doch erkennen müßte.[31]

Einzelfälle aus der Rechtsprechung:
Kaufpreisdeckung durch Belastung des Grundstücks bzw. Stundung des Kaufpreises;[32]
Grundstückskauf gegen Leibrentenversprechen und Nießbrauchseinräumung;[33]
Grundstücksverkauf und nicht ausreichende Sicherstellung der Kaufpreisrente;[34]
Grundstücksverkauf gegen Einräumung eines Wohnungsrechts und einer Leibrente;[35]
Über die Frage der Entgeltlichkeit bzw. Unentgeltlichkeit kann das GBAmt nur im **24** Wege **freier Beweiswürdigung** entscheiden.[36] Dies mag im Einzelfall offenkundig sein; eine schlüssige Erklärung des Vorerben kann dazu genügen.

Das GBA hat daher nach der Rechtsprechung unter Berücksichtigung der natürlichen Gegebenheiten die gesamten Umstände des Falles dahin zu prüfen, ob die Entgeltlichkeit hinreichend dargetan ist.[37] Eine allzu ängstliche, auch die entferntesten Möglichkeiten noch berücksichtigende Betrachtungsweise sollte dabei nicht Platz greifen. Keinesfalls kann jedoch eine bloße Behauptung des Vorerben genügen.[38] Wenn das BayObLG[39] ausführt, die Erklärung genüge, wenn Unentgeltlichkeit nach Sachlage ausgeschlossen sei, so stützt es die Eintragung letztlich eben doch nicht auf die bloße Erklärung des Vorerben, sondern auf die Offenkundigkeit der entgeltlichen Verfügung. Eine (nicht an § 29 gebundene) Erklärung des Vorerben muß mithin einen schlüssigen Sachvortrag über die Beweggründe und Umstände seines Handelns enthalten. Gegebenenfalls sollte der Nacherbe dazu gehört werden. Eine Beweiserhebung von Amts wegen findet durch das GBA nicht statt, kann die Entgeltlichkeit nicht nachgewiesen werden, geht das GBA von der Unentgeltlichkeit aus.

Offenkundigkeit ist anzunehmen, wenn bei vernünftiger Würdigung der Sachlage Zweifel am Vortrag des Vorerben nicht ersichtlich sind, so z. B. bei zweiseitigem

---

[31] RG DF 36, 232; KG JFG 18, 160; OLG München JFG 19, 245; BGH NJW 63, 161 und BGHZ 7, 74 = DNotZ 53, 97 sowie BGHZ 18, 67 = NJW 58, 89; BayObLG DNotZ 58, 89 und Rpfleger 88, 525; Rpfleger 68, 224 u. Rpfleger 72, 58.
[32] OLG Hamm Rpfleger 69, 349; KG Rpfleger 68, 224.
[33] OLG Hamm Rpfleger 91, 59; *Alff* Rpfleger 91, 243; *Brinkmann* Rpfleger 91, 299; *Johannsen* WM 70, 3.
[34] OLG Hamm Rpfleger 71, 147.
[35] BayObLG BayObLGZ 57, 285 = DNotZ 58, 89.
[36] So (für den vergleichbaren Fall des § 52) BayObLG Rpfleger 89, 200; *Demharter* § 52 Rdn. 24; ähnlich Meikel/*Kraiss* § 51 Rdn. 139.
[37] BayObLG BayObLGZ 56, 54 = DNotZ 56, 304 u. Rpfleger 89, 200; OLG Hamm Rpfleger 69, 347; OLG Frankfurt Rpfleger 80, 107.
[38] RG RGZ 57, 332 und KG KGJ 40, 180; BayObLGZ 86, 211 f. d. gleichartige Problematik bei TV; *Haegele* Rpfleger 71, 121, 124; *Demharter* § 52 Rdn. 23; a. A. LG Köln JMBlNRW 51, 160; dem kann jedoch nicht zugestimmt werden, weil es allen Grundsätzen und Notwendigkeiten des Rechts der Verfügungsbeschränkungen zuwiderliefe, könnte der in der Verfügung Beschränkte durch eine bloße einseitige Behauptung die Verfügungsbeschränkung hinfällig machen!
[39] BayObLGZ 22, 91 und 56, 60.

§ 51

Rechtsgeschäft mit einem nicht ersichtlich dem Vorerben nahestehenden Dritten, das beiderseitige Verpflichtungen auslöst.[40]

25 b) Bei **nichtbefreiter Vorerbschaft** darf eine Löschung nur vollzogen werden, wenn nachgewiesen ist, daß die Verfügung des Vorerben das Recht des Nacherben weder vereiteln noch beeinträchtigen kann.

Dieser Nachweis wird grundsätzlich nur durch eine in der Form des § 29 abzugebende Zustimmungserklärung des Nacherben erbracht werden können.[41] Eine evtl. Ersatznacherbe braucht nicht zuzustimmen.[42]

Ist der Nacherbe unbekannt, so muß Pflegschaft gem. § 1913 BGB eingeleitet werden.[43]

Die Wirksamkeit kann sich jedoch – in Ausnahmefällen – aus den Umständen des Geschäfts ergeben, so z. B. bei der Löschung eines mit eigenen Mitteln zurückbezahlten Grundpfandrechts (s. oben Rdn. 7), bei der Löschung eines letztrangigen Grundpfandrechts oder bei der Löschung, die in Erfüllung einer Nachlaßverbindlichkeit vorgenommen wird.

3. Folgen von Verstößen des GBA

26 Hat das GBA eine Eintragung (oder Löschung) ohne die erforderliche Zustimmung oder den erforderlichen Nachweis vorgenommen, so muß ein Amtswiderspruch eingetragen werden; nach Eintritt des Nacherbfalles kann der Nacherbe, wenn § 2113 verletzt ist, Berichtigung des Grundbuchs durch seine Eintragung verlangen.

V. Verfügungen des nicht eingetragenen Vorerben

27 Verfügt der Vorerbe über ein Recht, so muß er grundsätzlich zuerst seine Voreintragung herbeiführen, mit der von Amts wegen der Nacherbschaftsvermerk eingetragen wird.

Ausnahmsweise kann der Vorerbe jedoch auch verfügen **ohne** seine Voreintragung herbeizuführen (vgl. § 40). In einem solchen Fall muß das GBA, da ja der Nacherbschaftsvermerk nicht eingetragen werden kann, von Amts wegen die Rechte des Nacherben wahren.

Ist die begehrte Eintragung noch durch die Bewilligung des Erblassers begründet, oder geht sie auf eine Bewilligung eines Nachlaßpflegers oder Testamentsvollstreckers zurück, so kann sie ohne weiteres vollzogen werden, weil die Verfügungen dieser Personen auch den Nacherben binden.

In allen anderen Fällen muß der Vorerbe

a) wenn er befreiter Vorerbe ist, die Entgeltlichkeit nachweisen (s. oben Rdn. 23, 24) oder bei unentgeltlicher Verfügung die Zustimmung des Nacherben beibringen;

---

[40] Vgl. dazu auch *Eickmann* Grundbuchverfahrensrecht Rdn. 251, Beispiel 51, u. OLG Braunschweig Rpfleger 91, 204.

[41] *Demharter* § 51 Rdn. 34; Meikel/*Kraiss* § 51 Rdn. 122.

[42] RG RGZ 45, 316; KG JW 36, 3562; BGH BGHZ 46, 119 = DNotZ 64, 623; BayObLG BayObLGZ 60, 410 und 59, 497 = NJW 60, 965; OLG Köln NJW 55, 633; OLG Oldenburg Rpfleger 62, 181; OLG Stuttgart BWNotZ 57, 152; vgl. dazu auch *Haegele* Rpfleger 71, 121/122 Fn. 11 m. Hinw. auf *Kanzleiter* DNotZ 70, 335.

[43] BayObLG Rpfleger 82, 277 bei Einsetzung „der Kinder"; a. A. OLG Frankfurt Rpfleger 86, 51. Zum Begriff „unbekannt" s. ausführlich *Kanzleiter* DNotZ 70, 326. Die von ihm zu Recht verlangte objektive Auslegung wird von der h. M. abgelehnt, vgl. dazu ausf. *Haegele* Rpfleger 69, 347/348 und Rpfleger 71, 121/123.

b) wenn er nicht befreiter Vorerbe ist, stets die Zustimmung des Nacherben vorlegen.

Ist es dem Vorerben nicht möglich, die erforderlichen Nachweise zu führen, so muß er, auch wenn dies nach § 40 nicht notwendig wäre, seine Voreintragung (und damit die Eintragung des Vermerks) herbeiführen.

VI. Löschung des Nacherbschaftsvermerkes

1. Vor Eintritt der Nacherbfolge

Neben dem Fall des Verzichts (s. oben Rdn. 17) kann eine Löschung in Frage kommen aufgrund **Bewilligung** des Nacherben[44] oder aufgrund **Unrichtigkeitsnachweises** (§ 22). **28**

Unrichtigkeit kann gegeben sein
a) weil ein Nachlaßgegenstand wirksam veräußert worden ist.[45]
b) Weil das Nacherbenrecht nie bestanden hat.

Bei einer Löschung nach § 22[46] ist vor der Entscheidung über die Löschung die **Anhörung** des Nacherben erforderlich.[47] Wegen **Zeitablaufs** s. unten Rdn. 30.

2. Nach Eintritt der Nacherbfolge

Die Löschung ist auf Antrag des Nacherben möglich, wenn er nachweist, daß die Voraussetzungen für den Eintritt der Nacherbfolge erfüllt sind.[48] Im Antrag des Nacherben, ihn als Erben anzutragen, ist in der Regel zugleich der Antrag auf Löschung des Nacherbschaftsvermerkes zu erblicken.[49] **29**

3. Wegen Zeitablaufs

Nach § 2109 BGB ist die Bindung des Nachlasses für bestimmte Fälle auf 30 Jahre begrenzt, häufig wird unter Berufung darauf verlangt, den Nacherbschaftsvermerk 30 Jahre nach dem Erbfall zu löschen, auch wenn der Vorerbe noch lebt. Dem kann in den Fällen des § 2109 Abs. 1 S. 2 BGB nur entsprochen werden, wenn eine Bewilligung (oben Rdn. 28) vorliegt; in den übrigen Fällen ist das Buch offenkundig unrichtig, so daß ein Fall des § 22 gegeben ist.[50] **30**

---

[44] Wegen der Zustimmung v. Ersatznacherben vgl. BayObLG Rpfleger 70, 344; OLG Hamm DNotZ 55, 538; OLG Frankfurt Rpfleger 71, 146. A. A. mit beachtlichen Argumenten: *Sonnenfeld* Betreuungs- u. Pflegschaftsrecht, Rdn. 518. Bei unbekannten NE gilt grundsätzlich § 1913 BGB; ob wegen hohem Alter der Vorerbin darauf verzichtet werden kann, weil künftige Kinder ausgeschlossen sind (OLG Hamm FGPrax 97, 135) erscheint zweifelhaft.

[45] KG KGJ 52, 144; OLG Düsseldorf Rpfleger 57, 414; BayObLG BayObLGZ 57, 288 und LG Verden Rpfleger 52, 341; OLG Frankfurt Rpfleger 77, 170. Vgl. auch OLG Hamm Rpfleger 84, 312 u. 91, 59; KG Rpfleger 93, 236; BayObLG Rpfleger 91, 194.

[46] Wegen des Unrichtigkeitsnachweises s. *Haegele* Rpfleger 71, 121, 129.

[47] OLG Hamm Rpfleger 84, 312; BayObLGZ 94, 177; *Demharter* § 51 Rdn. 37; Meikel/ *Kraiss* § 51 Rdn. 162.

[48] Vgl. dazu KG DNotZ 56, 195; OLG Frankfurt NJW 57, 265 und insbes. *Bokelmann* Rpfleger 74, 1.

[49] KG JFG 1, 366; *Haegele* Rpfleger 71, 121/ 130 Fn. 80; a. A. BayObLG BayObLGZ 52, 260.

[50] S. auch BayObLG NJW-RR 90, 199.

§ 51

VII. Verfügungen über das Nacherbenrecht

1. Übertragbarkeit

31 Das Nacherbenrecht ist im Zweifel **vererblich** (§ 2108 Abs. 2 BGB), es ist auch vor Eintritt des Nacherbfalles **übertragbar**,[51] damit **pfändbar** und **verpfändbar**, und zwar auch bei nur bedingter Nacherbeinsetzung.

Die Verfügung des Nacherben über sein Recht geschieht entsprechend § 2033 Abs. 1 BGB.

Die Pfändung des Nacherbenrechts geschieht bei nur einem Nacherben gem. § 857 Abs. 2 ZPO, weil ein Drittschuldner dann nicht vorhanden ist, bei mehreren Nacherben wird gem. § 857 Abs. 1, § 829 Abs. 3 ZPO gepfändet, weil hier die übrigen Nacherben als Drittschuldner anzusehen sind.

Die Übertragung, Pfändung oder Verpfändung ist, je nach dem betroffenen Recht, in Abt. II Sp. 5 oder Abt. III Sp. 7 einzutragen.

2. Übertragung auf den Vorerben

32 Überträgt der Nacherbe sein Anwartschaftsrecht auf den Vorerben, so vereinigt dieser die Rechte u. Pflichten des Vorerben mit denen des Nacherben in einer Person.[52] Sind Ersatznacherben oder Nachnacherben berufen, so müssen auch diese ihre Anwartschaft übertragen.[53]

3. Eigenerwerb durch den Vorerben

33 Will der Vorerbe ein Grundstück zu „freiem" Eigentum erwerben, d. h. sein Ausscheiden aus dem zugunsten des Nacherben gebundenen Nachlaß bewirken, so kann er dies nicht durch In-sich-Geschäft herbeiführen, weil es in seiner Person keine getrennten Vermögensmassen gibt;[54] möglich ist dies nur im Wege einer Hin- und Rückübereignung zwischen Vor- und Nacherbe. Zustimmung der Ersatznacherben ist nicht erforderlich.

VIII. Besonderheiten im Beitrittsgebiet

34 Dort ist das Erbrecht der DDR anzuwenden, wenn der Erblasser vor dem 3. 10. 1990 gestorben ist (Art. 235 § 1 Abs. 1 EGBGB). Nacherbfolge konnte nach dem am 1. 1. 1976 in Kraft getretenen ZGB nicht angeordnet werden. Wurde in einer Verfügung von Todes wegen, die vor dem Inkrafttreten des ZGB errichtet war, Vor- und Nacherbfolge angeordnet, so galt dies weiter, allerdings war/ist der Vorerbe nicht in seinen Verfügungen beschränkt (vgl. § 8 Abs. 2 EGZGB). In einem solchen Falle ist mithin zweifelhaft, ob nach § 51 zu verfahren ist, denn für die Schutzwirkung des Nacherbenvermerkes besteht angesichts der Verfügungsfreiheit des Vorerben kein Bedürfnis.[55]

---

[51] Zur Frage des Ausschlusses durch den Erblasser vgl. *Kanzleiter* DNotZ 70, 695 u. *Metzger* AcP 152, 382.

[52] BayObLG Rpfleger 70, 344.

[53] KG KGJ 51, 218; OLG Hamm JMBlNRW 53, 80; OLG Köln NJW 55, 634; a. A. *Becher* NJW 69, 1463. Wegen der Löschung des Ersatznacherbenvermerks s. *Bokelmann* Rpfleger 71, 337/342 u. OLG Hamm Rpfleger 70, 242.

[54] OLG Stuttgart OLGZ 73, 262; *Maurer* DNotZ 81, 223, 226.

[55] Für Vermerk: *Bestelmeyer* Rpfleger 92, 233; *Demharter* § 51 Rdn. 4. Dagegen: *Köster* Rpfleger 91, 98.

[Eintragung der Testamentsvollstreckung]

§ 52

Ist ein Testamentsvollstrecker ernannt, so ist dies bei der Eintragung des Erben von Amts wegen miteinzutragen, es sei denn, daß der Nachlaßgegenstand der Verwaltung des Testamentsvollstreckers nicht unterliegt.

Übersicht

	Rdn.		Rdn.
I. Allgemeines.	1	3. Rechtsbehelfe	8
II. Amt des Testamentsvollstreckers		IV. Wirkungen des Vermerkes	
1. Grundsätze	2	1. Keine Erbenverfügung	9
2. Beschränkungen des TV.	3	2. Verwaltungsrecht des TV	10
3. Nachweis der Testamentsvollstreckung	4	V. Löschung des Testamentsvollstreckervermerkes	
III. Eintragung des Testamentsvollstreckervermerkes		1. Grundsatz	17
1. Grundsatz, Muster	5	2. Nachweis der Unrichtigkeit	18
2. Nachholung eines unterbliebenen Vermerkes	7	VI. Besonderheiten im Beitrittsgebiet	19

I. Allgemeines

In Durchbrechung des Antragsgrundsatzes (§ 13) schreibt § 52 vor, daß bei Eintragung eines Erben die Ernennung des Testamentsvollstreckers von Amts wegen mit eingetragen werden muß. **1**

Die Notwendigkeit dafür ergibt sich aus der Rechtsnatur der Testamentsvollstreckung, die die Verfügungsbefugnis des Erben hinsichtlich der Nachlaßgegenstände beseitigt (s. unten Rdn. 7), jedoch zugunsten Dritter gutgläubigen Erwerb gestattet (§ 2211 Abs. 2 BGB). Setzt das Gesetz das Recht des Testamentsvollstreckers den Gefahren des Verlustes infolge gutgläubigen Erwerbs aus, so muß es ihm auch Schutz durch Eintragung gewähren.

II. Amt des Testamentsvollstreckers

1. Grundsätze

Der Testamentsvollstrecker wird durch letztwillige Verfügung ernannt (§§ 2197, 2287 Abs. 2, 2299 BGB). Auf die Wortwahl kommt es nicht an. Das Amt beginnt mit der Annahme (§ 2202 Abs. 1 BGB). **2**

Der Testamentsvollstrecker hat den gesamten Nachlaß zu verwalten (§ 2205 BGB); was der Testamentsvollstrecker durch Rechtsgeschäft mit Mitteln des Nachlasses erwirbt, fällt in den Nachlaß.

Gehört das Grundstück einer BGB-Gesellschaft, so unterliegt es beim Tode eines Gesellschafters nicht der von diesem angeordneten Testamentsvollstreckung.[1] Gleiches gilt bei dem Grundstück einer OHG oder KG.

---

[1] BGHZ 108, 187; BayObLG Rpfleger 91, 58; *Damrau* BWNotZ 90, 69.

§ 52

2. Beschränkungen des Testamentsvollstreckers

3 Die Befugnisse des Testamentsvollstreckers können durch den Erblasser eingeschränkt werden:

a) durch Einziehung einzelner Rechte (§ 2208 BGB),

b) durch Beschränkung[2] auf die Verwaltung auch nur einzelner Gegenstände oder auf den Anteil eines Miterben,

c) durch bloße Übertragung einzelner Befugnisse.

Soll dem Testamentsvollstrecker keine Verwaltungsbefugnis in bezug auf den Nachlaß zustehen, sondern lediglich die Verfügung des Erben zustimmungsbedürftig sein, dann kann nicht nach § 52 verfahren werden, sondern es ist die Verfügungsbeschränkung einzutragen.[3]

Der Testamentsvollstrecker selbst kann eine Verringerung seiner Befugnisse dadurch herbeiführen, daß er dem Erben nach § 2217 BGB Nachlaßgegenstände zur freien Verfügung überläßt, weil dann insoweit sein Verwaltungs- und Verfügungsrecht endgültig erlischt (s. dazu auch unten Rdn. 5).

3. Nachweis der Testamentsvollstreckung

4 Der Nachweis der Anordnung von Testamentsvollstreckung ist dem GBA gegenüber gem. § 35 zu führen, also entweder durch Vorlage eines Testamentsvollstreckerzeugnisses oder durch öffentlich beurkundete Verfügung von Todes wegen mit der Niederschrift über ihre Eröffnung; bloße Erklärungen der Beteiligten sind unbeachtlich. Die Vorlage eines Erbscheins reicht allein nicht aus, ist jedoch in der Regel zum Nachweis der gleichzeitig einzutragenden Erbfolge erforderlich (s. unten Rdn. 5).

Auch hier gilt der Grundsatz, daß das GBA an Stelle des Testaments Zeugnisse des Nachlaßgerichts nur verlangen kann, wenn zur Behebung unüberwindlicher Zweifel oder Unklarheiten tatsächliche Ermittlungen erforderlich würden; rechtliche Schwierigkeiten allein rechtfertigen die Verweisung auf das nachlaßgerichtliche Verfahren nicht (vgl. § 51 Rdn. 3 und die dort aufgeführten Nachweise).

III. Eintragung des Testamentsvollstreckervermerkes

1. Grundsatz, Muster

5 Die Ernennung eines Testamentsvollstreckers ist zugleich mit der Eintragung des Erben einzutragen. Die Eintragung geschieht von Amts wegen, sie ist unzulässig ohne die Eintragung des Erben.[4] Für den Ort der Eintragung gilt das gleiche wie für den Nacherbschaftsvermerk (vgl. § 51 Rdn. 14), die Eintragung erfolgt bei Grundstücken, grundstücksgleichen Rechten, Grundstücksrechten und Rechten an solchen Rechten sowie bei Vormerkungen, Widersprüchen und Verfügungsbeschränkungen.

Muster:
„Testamentsvollstreckung ist angeordnet. Eingetragen am ..."

Nicht einzutragen ist der Name des Testamentsvollstreckers; auch nicht eine Beschränkung seiner Befugnisse; diese ist jedoch insoweit von Bedeutung, als der Testamentsvollstreckervermerk insoweit nicht eingetragen werden darf, als ein Verwaltungsrecht des Testamentsvollstreckers nicht besteht.

---

[2] Vgl. dazu BGH WPM 66, 189; BayObLG BayObLGZ 56, 186; BGH NJW 62, 912.

[3] BayObLG Rpfleger 90, 365.

[4] BayObLG Rpfleger 96, 150.

Ist zur Wahrnehmung der Rechte und Pflichten eines Nacherben Testamentsvollstrekkung angeordnet (§ 222 BGB), so ist dies anzugeben.

Der Testamentsvollstrecker kann zwar auf die Eintragung nicht allgemein **verzichten**, da er sein Amt nicht im eigenen Interesse verwaltet, er kann aber **Nachlaßgegenstände** nach § 2217 BGB aus der Verwaltung **freigeben**. Soweit er dies tut und dem GBA in der Form des § 29 nachweist, unterbleibt die Eintragung des Vermerks, es sei denn, daß es sich um irrtümliche Freigabe gehandelt hat und das Verwaltungsrecht des Testamentsvollstreckers wieder hergestellt worden ist.[5] Ist ein Notar Testamentsvollstrecker, so kann die Freigabe nicht durch eine Eigenurkunde nachgewiesen werden.[6]

Durch eine **Teilauseinandersetzung** hinsichtlich eines einzelnen Nachlaßgegenstandes und der damit bewirkten Zuteilung an einen der Miterben scheidet der Gegenstand nicht aus dem Nachlaß aus, es sei denn, er wird ausdrücklich gem. § 2217 BGB freigegeben.[7]

2. Nachholung eines unterbliebenen Vermerkes

Ist die Eintragung des Vermerks unterblieben, ist eine Nachholung so lange möglich, als das betreffende Recht noch nicht auf einen Dritten umgeschrieben ist. Andernfalls kommt nur noch die Eintragung eines Widerspruchs in Betracht.

3. Rechtsbehelfe

Gegen die Eintragung kann **Beschwerde** mit dem Antrag auf Löschung eingelegt werden, ist die Eintragung unterblieben, kann ebenfalls die Eintragung eines Widerspruchs begehrt werden, sofern eine Nachholung nicht mehr möglich ist (vgl. oben Rdn. 6). Vgl. auch § 71 Rdn. 27.

IV. Wirkungen des Vermerkes

1. Keine Erbenverfügung

Der Vermerk hat zur Folge, daß **Verfügungen des Erben** nicht mehr eingetragen werden dürfen, weil diesem die Verfügungsbefugnis völlig entzogen ist (§ 2211 BGB, vgl. Einl. J 14; § 19 Rdn. 12 G). Solange der Vermerk eingetragen ist (§ 891 BGB), hat das GBA Eintragungsanträge, die auf eine Bewilligung des Erben gestützt sind, zurückzuweisen, es sei denn, der Testamentsvollstrecker stimmt zu.

2. Verwaltungsrecht des Testamentsvollstreckers

a) **Grundsätze.** Der Testamentsvollstrecker hat den Nachlaß **in Besitz zu nehmen** und zu **verwalten** (§§ 2205, 2216 Abs. 1 BGB). Das Verwaltungsrecht hat auch ein allgemeines Verfügungsrecht des Testamentsvollstreckers zur Folge, und zwar auch dann, wenn er nur zur Verwaltung berufen ist.[8] Hat der Erblasser durch Verfügung von Todes wegen dem TV jede Verfügung untersagt, so kann eine entgegenstehende Verfügung mit Zustimmung des Erben wirksam werden.[9] Davon zu unterscheiden ist

---

[5] Vgl. BGH BGHZ 12, 101.
[6] OLG Düsseldorf Rpfleger 89, 58.
[7] BGH NJW 86, 2431 u. NJW 89, 3152; Staudinger/*Reimann* § 2209 Rdn. 9; vgl. auch *Streuer* Rpfleger 92, 350; *Weidlich* DNotZ 93, 403. Zu pauschal BayObLG Rpfleger 92, 62.
[8] RG DNotZ 44, 9; OLG Düsseldorf 52, 1259.
[9] BGH Rpfleger 71, 349.

§ 52

der Fall eines Verstoßes gegen das — gesetzliche — Verbot unentgeltl. Verfügungen, s. dazu unten Rdn. 15.

11 Das Verbot des § 181 BGB (Selbstkontrahieren) gilt für den Testamentsvollstrecker unmittelbar zwar nicht; jedoch sind In-sich-Geschäfte nur im Rahmen einer ordnungsgemäßen Verwaltung (§ 2216 Abs. 1 BGB) gestattet, wobei strenge Anforderungen zu stellen sind.[10] Daraus ist zu schließen, daß dem Testamentsvollstrecker, der nicht Miterbe oder sonst letztwillig bedacht ist, In-sich-Geschäfte untersagt sind.[11] Der Erblasser kann insoweit Befreiung nicht erteilen, weil er den Testamentsvollstrecker nicht von den Verpflichtungen der ordnungsgemäßen Verwaltung befreien kann.[12] Hat der Erblasser dem TV ein Grundstück vermächtnisweise zugewendet, so kann der TV an sich selbst auflassen, weil dann die Erfüllung einer Verbindlichkeit vorliegt.

12 Ist Vor- und Nacherbschaft angeordnet, berührt das die Verfügungsbefugnis des Testamentsvollstreckers nicht, sie wird auch in diesem Fall nur durch §§ 2205 Satz 3 BGB (s. dazu Rdn. 12) beschränkt.[13]

13 Die Verfügungsbeschränkungen des § 1365 BGB gelten für den Testamentsvollstrecker nicht.[14]

14 b) Untersagt sind dem Testamentsvollstrecker jedoch **unentgeltliche Verfügungen** (§ 2205 Satz 2 BGB); der Erblasser kann den Testamentsvollstrecker von dieser Einschränkung nicht befreien (§ 2207 Satz 2 BGB).

Der Begriff der Unentgeltlichkeit ist der gleiche wie in § 51 (s. dort Rdn. 23).

15 Die früher heftig umstrittene Frage, ob eine unentgeltliche Verfügung durch die **Zustimmung** der Erben wirksam wird, ist heute höchstrichterlich im bejahenden Sinne entschieden.[15] Nach wie vor bleibt daran unbefriedigend, daß die Zustimmung dessen, der keine Verfügungsbefugnis hat, die gesetzlich verbotene Verfügung des allein Verfügungsberechtigten wirksam werden lassen soll — ein dogmatischer Widerspruch, den auch der BGH m. E. nicht zu lösen vermocht hat. Immerhin ist dem BGH darin zuzustimmen, daß ein über den Schutz der Erben und evtl. Vermächtnisnehmer hinausgehendes Bedürfnis für die Vorschrift des § 2205 S. 3 BGB nicht ersichtlich ist. So mag bei deren Zustimmung immerhin für die vom BGH vertretene Auffassung sprechen, daß, betrachtet man die Verfügung als wirksam, niemandes schutzwürdige Interessen verletzt werden können.

Voraussetzung für eine Wirksamkeit ist:
1. die Zustimmung sämtlicher Erben, auch Nacherben (wobei letztere entfällt, wenn deren Recht vermerkt ist, weil sie dann geschützt sind).[16]
2. die Zustimmung aller Vermächtnisnehmer, deren Vermächtnisforderung noch nicht voll erfüllt ist, nicht jedoch der Nachlaßgläubiger.[17]

Da der Schutz auch der Vermächtnisnehmer unbedingt gewährleistet sein muß, ist das GBA verpflichtet, sich durch Einsicht in die Testamentsakten Gewißheit darüber zu verschaffen, ob Vermächtnisnehmer vorhanden sind.[18]

16 Das GBA hat sich jeweils davon zu überzeugen, daß eine entgeltliche oder sonst wirksame Verfügung des Testamentsvollstreckers vorliegt. Diese Überzeugung kann das

---

[10] Vgl. BGH BGHZ 30, 67 und NJW 59, 1429; s. ausf. *Haegele* Rpfleger 58, 370; *Lübtow* JZ 60, 151.
[11] BGH BGHZ 30, 67 = NJW 59, 1429.
[12] Vgl. *Lübtow* JZ 60, 151.
[13] BGH BGHZ 40, 115; BayObLG BayObLGZ 58, 304 und 59, 129; OLG Neustadt 56, 1881.
[14] *Staudenmayer/Haegele* Rpfleger 60, 385 und 63, 330; a. A. AG Delmenhorst FamRZ 59, 249.
[15] BGHZ 57, 84 = Rpfleger 72, 49; BayObLGZ 86, 210 = Rpfleger 86, 470.
[16] LG Oldenburg Rpfleger 81, 197.
[17] BayObLGZ 86, 210 = Rpfleger 86, 470.
[18] Ebenso: *Haegele* Rpfleger 72, 43/45.

GBA regelmäßig in freier richterlicher Beweiswürdigung des gesamten Sachverhalts schöpfen. Eine entgeltliche Verfügung ist nämlich immer dann anzunehmen, wenn der Testamentsvollstrecker die einzelnen Beweggründe für seine Verfügung und deren wirtschaftliche und rechtliche Auswirkungen dem GBA vorträgt, die von ihm vorgetragenen Tatsachen bei vernünftiger Würdigung eine wirksame Verfügung erkennen lassen und begründete Zweifel an der Pflichtmäßigkeit der Handlung nicht ersichtlich sind.[19] Niemals genügt jedoch die bloße (nicht durch Tatsachenvortrag untermauerte) Behauptung des Testamentsvollstreckers, die Verfügung sei entgeltlich.[20] Ist ein Nachweis i. d. Form des § 29 möglich, so greifen die Beweiserleichterungen nicht. Vgl. dazu auch § 51 Rdn. 24.

V. Löschung des Testamentsvollstreckervermerkes

1. Grundsatz

Der Testamentsvollstreckervermerk wird — sofern nicht nach §§ 84 ff. zu verfahren ist — auf Antrag gelöscht. Voraussetzung ist, daß entweder der Testamentsvollstrecker die Löschung bewilligt oder Unrichtigkeitsnachweis gem. § 22 geführt wird. **17**

2. Nachweis der Unrichtigkeit

Unrichtigkeit kann vorliegen, **18**

a) weil die Testamentsvollstreckung **beendet** ist; z. B. nach Erledigung aller Aufgaben des Testamentsvollstreckers, bei Tod des Testamentsvollstreckers oder Unfähigkeit gem. § 2201 BGB, sofern keine Ersatzbestimmung getroffen worden ist (die Person des Testamentsvollstreckers spielt im Grundbuch keine Rolle, sie ist auch nicht eingetragen, s. oben Rdn. 5), ebenso bei Kündigung oder Entlassung (§§ 2225–2227 BGB). Die Praxis unterscheidet zuweilen nicht genügend zwischen der Beendigung des TV-Amtes und der Beendigung der Testamentsvollstreckung. Auch trotz des Wegfalls des Testamentsvollstreckers kann sich aus dem Testament der Wille des Erblassers auf Fortdauer ergeben (Hauptfälle: Testamentsvollstreckung bis zur Erreichung eines bestimmten Lebensalters des Erben). Darin kann ein stillschweigendes Ersuchen an das Nachlaßgericht gem. § 2200 BGB liegen.[21]

b) Weil ein Nachlaßgegenstand der **Verfügungsbefugnis des Testamentsvollstreckers nicht mehr unterliegt**, etwa wegen wirksamer Veräußerung oder wegen Überlassung an den Erben gem. § 2217 BGB.

c) Weil die **Testamentsvollstreckung nie bestanden hat** (z. B. bei Erteilung eines unrichtigen Testamentsvollstreckerzeugnisses).

VI. Besonderheiten im Beitrittsgebiet

Wird ein Zuweisungseigentümer gem. Art. 233 § 11 Abs. 2 EGBGB als Eigentümer eines **Bodenreformgrundstückes** eingetragen, so handelt es sich nicht um eine Erbfolge; die Anwendung des § 52 scheidet deshalb aus. **19**

---

[19] Ähnlich die h. Rspr.: KG JFG 7, 284; 18, 161; KG Rpfleger 68, 189; BayObLG BayObLGZ 69, 283 = Rpfleger 70, 22 u. Rpfleger 89, 200.

[20] BayObLGZ 86, 210 = Rpfleger 86, 470; *Demharter* § 52 Rdn. 23.

[21] Vgl. MünchKomm/*Brandner* § 2200 Rdn. 4; Staudinger/*Reimann* § 2200 Rdn. 7, 8.

§ 53 I. Grundbuchordnung

20 Ist bei einem **nicht** der Bodenreform zugehörigen Grundstück der Erblasser vor dem 3. 10. 1990 verstorben, aber nach Inkrafttreten des ZGB (= 1. 1. 1976), so unterbleibt die Eintragung des TV-Vermerkes, weil der Erbe gem. § 371 Abs. 2, 3 ZGB durch die Testamentsvollstreckung nicht in der Verfügungsbefugnis beschränkt wurde.

21 Ist der Erblasser vor dem 1. 1. 1976 verstorben, so galt/gilt eine angeordnete Testamentsvollstreckung auch in bezug auf den Verfügungsentzug unverändert weiter, § 8 Abs. 2 EGZGB. § 52 ist dann anzuwenden.[22]

[Amtswiderspruch und Löschung von Amts wegen]
§ 53

(1) Ergibt sich, daß das Grundbuchamt unter Verletzung gesetzlicher Vorschriften eine Eintragung vorgenommen hat, durch die das Grundbuch unrichtig geworden ist, so ist von Amts wegen ein Widerspruch einzutragen. Erweist sich eine Eintragung nach ihrem Inhalt als unzulässig, so ist sie von Amts wegen zu löschen.

(2) Bei einer Hypothek, einer Grundschuld oder einer Rentenschuld bedarf es zur Eintragung eines Widerspruchs der Vorlegung des Briefes nicht, wenn der Widerspruch den in § 41 Abs. 1 Satz 2 bezeichneten Inhalt hat. Diese Vorschrift ist nicht anzuwenden, wenn der Grundschuld- oder Rentenschuldbrief auf den Inhaber ausgestellt ist.

Übersicht

	Rdn.		Rdn.
I. Allgemeines	1	2. Bedeutung des Widerspruchs	10
II. Voraussetzungen des Amtswiderspruchs		3. Wirkung des Widerspruchs	11
		4. Rechtsbehelfe	12
1. Vorliegen einer wirksamen Eintragung, die am öffentlichen Glauben teilnimmt	2	5. Löschung des Widerspruchs	13
		IV. Voraussetzungen der Löschung von Amts wegen	
2. Verletzung gesetzlicher Vorschriften	5	1. Vorliegen einer selbständigen Eintragung	14
3. Unrichtigkeit des Grundbuchs	8	2. Inhaltliche Unzulässigkeit	15
III. Eintragung des Widerspruchs		V. Vorlegung des Briefes	21
1. Grundsatz	9		

Literatur:

Eickmann RpflStudH 1984, 1 ff.

I. Allgemeines

1 § 53 befaßt sich mit Eintragungen, die unter Verletzung gesetzlicher Vorschriften vorgenommen wurden und deshalb unrichtig oder von ihrem Inhalt her unzulässig sind.

Da die Eintragungen für sich allein regelmäßig keine rechtsbegründende Wirkung haben, bringt die Eintragung eines Rechts allein dieses nicht zum Entstehen, seine Löschung allein es nicht zum Erlöschen.

---

[22] *Köster* Rpfleger 91, 98; *Bestelmeyer* Rpfleger 92, 235.

Fehlen die sich mit der Eintragung deckenden materiellrechtlichen Erklärungen, so ist das GB unrichtig, weil es eine Rechtslage verlautbart, die in Wahrheit nicht besteht. Daraus ergibt sich für die Beteiligten die Gefahr von Rechtsverlusten durch gutgläubigen Erwerb oder Verjährung (§§ 892, 901 BGB). Um den Fiskus vor der Gefahr von Regreßansprüchen zu schützen, sieht Abs. 1 S. 1 die Möglichkeit der Eintragung eines Amtswiderspruchs vor.

Findet sich im GB eine inhaltlich unzulässige Eintragung, so besteht zwar nicht die Gefahr des Rechtsverlustes, weil solche Eintragungen nicht dem öffentlichen Glauben unterliegen, sie belasten aber das GBA unnötig und führen Unkundige irre. Abs. 1 S. 2 sieht deshalb die Löschung solcher Eintragungen vor. Dazu Einl. B 48 ff.

II. Voraussetzungen des Amtswiderspruchs

1. Vorliegen einer wirksamen Eintragung, die am öffentlichen Glauben teilnimmt

Die Eintragung muß vollendet sein (vgl. dazu § 44 Rdn. 6), und sie muß – wegen des Zwecks der Vorschrift (s. oben Rdn. 1) – dem öffentlichen Glauben des GB unterliegen. Hierher gehört auch die Löschung, mag sie gem. § 46 Abs. 1 oder 2 bewirkt worden sein. **2**

Es scheiden aus:

a) Eintragungen rein tatsächlicher Art; diese können jederzeit von Amts wegen berichtigt werden. **3**

b) Die bloß hinweisenden Eintragungen (z. B. die Eintragung einer öffentlichen Last kraft besonderer gesetzlicher Zulassung oder Anordnung § 54 Rdn. 3). Sie unterliegen der Berichtigung von Amts wegen.

c) Die Eintragungen, die nur negativ zur Verhinderung der Vollwirkung einer anderen Eintragung am öffentlichen Glauben teilhaben, wie Widersprüche, Nacherbenvermerke, Testamentsvollstreckervermerke, Zwangsversteigerungsvermerke. Ein Amtswiderspruch gegen sie ist wegen ihres besonderen Charakters zwecklos und deshalb unzulässig. Berichtigung von Amts wegen ist grundsätzlich, abgesehen von §§ 84 ff., nicht zulässig, da dies einen Eingriff in die andere Eintragung bedeutet, die sie einschränken. Die Berichtigung geschieht vielmehr auf Betreiben der Beteiligten.

Bei Vormerkungen kann ein Widerspruch deshalb nur soweit in Frage kommen, als sie einen Rechtserwerb aufgrund öffentlichen Glaubens ermöglichen.[1]

Die Löschung von Widersprüchen, Verfügungsbeschränkungen und Vormerkungen unterliegt stets dem öffentlichen Glauben.[2]

d) Die unvollständigen Eintragungen, bei denen sich die Unvollständigkeit aus ihrem Inhalt ohne weiteres ergibt, wie z. B., wenn bei Eintragung eines Rechts für mehrere gemeinschaftlich Berechtigte die in § 47 vorgeschriebene Angabe unterlassen ist. Dazu vgl. § 47 Rdn. 5, 8 u. 11.

e) Die unklaren Eintragungen. Sie stehen den ersichtlich unvollständigen Eintragungen gleich und können aus denselben Gründen durch einen Klarstellungsvermerk berichtigt werden, wodurch klargestellt wird, was in der Eintragung nur undeutlich zum

---

[1] Vgl. dazu BGH BGHZ 25, 16 = NJW 57, 1229; *Rahn* BWNotZ 57, 117; *Baur* JZ 57, 627; *Medicus* AcP 63, 1; *Furtner* NJW 63, 1484; *Mayer* NJW 64, 2263; *Reinicke* NJW 64, 2373; *Wunner* NJW 69, 113; *Canaris* JuS 69, 80.

[2] BGHZ 60, 46; RG RGZ 132, 43; BayObLG Rpfleger 87, 450.

§ 53

Ausdruck gekommen ist. Ist hierbei eine Eintragung auslegungsbedürftig, so dürfen dazu regelmäßig nur der Eintragungsvermerk selbst und eine zulässigerweise in Bezug genommene Urkunde herangezogen werden.[3] Dasselbe gilt für Schreib- und Rechenfehler und sonstige offenbare Unrichtigkeiten. Über das Verfahren hierbei vgl. § 29 Abs. 2 GeschO.

f) Die inhaltlich unzulässigen Eintragungen. Dazu s. unten Rdn. 16 bis 19.

4 Dagegen kann der Auffassung, daß ein Amtswiderspruch gegen nicht übertragbare Rechte, wie Leibgeding oder Wohnungsrecht, nicht veranlaßt sei,[4] nicht generell beigetreten werden. Auch solche Rechte unterstehen in einzelnen Beziehungen dem öffentlichen Glauben des Grundbuchs, wenn auch nicht i. d. Form des § 892 BGB, so doch in der des § 893 BGB. Außerdem ist der Widerspruch bei solchen Rechten auch deshalb bedeutsam, weil er die Ersitzungsfrist hemmt (§ 900 BGB). Er muß deshalb insoweit zulässig und veranlaßt sein, als sich Gutglaubensschutz mit der Eintragung verbindet.

2. Verletzung gesetzlicher Vorschriften

Die Eintragung muß unter Verletzung gesetzlicher Vorschriften vom GBA vorgenommen worden sein.

5 a) Die **Art der verletzten Vorschrift**, ob materiell oder formell, ob zwingend oder nicht zwingend (Ordnungsvorschrift) ist unerheblich. Gesetzliche Vorschriften sind auch verletzt, wenn das GBA die Beweise objektiv unrichtig gewürdigt hat; ist die vom GBA vorgenommene Auslegung einer Urkunde jedenfalls vertretbar, so liegt ein Gesetzesverstoß nicht vor. Bloße Dienstvorschriften gehören nicht hierher. Auch die Verletzung eines nach deutschem internationalen Privatrecht anwendbaren ausländischen Rechtssatzes durch Nichtanwendung oder unrichtige Anwendung fällt unter § 53. Das GBA hat sich die Kenntnis des ausländischen Rechts selbst zu verschaffen; nur äußerstenfalls ist die Hilfe des Antragstellers in Anspruch zu nehmen. Wegen Auslegungsfehlern s. Rdn. 8.

6 b) Die Gesetzesverletzung muß **vom GBA**, also den Grundbuchbeamten (s. § 1 Rdn. 11–17) ausgehen. Eine Eintragung, die auf Anweisung des Beschwerdegerichts vorgenommen ist, ist in diesem Sinne nicht eine solche des Grundbuchamts. Ist aufgrund des formellen Konsensprinzips eine materiell unrichtige Eintragung erfolgt, so führt dies regelmäßig nicht auf eine Gesetzesverletzung durch das GBA zurück, da dem GBA die Prüfung der materiellen Rechtslage in der Regel verwehrt ist. Dagegen kann eine Gesetzesverletzung darin liegen, daß das GBA offensichtliche Fehler eines Eintragungsersuchens (§ 38) nicht beanstandet hat. Stellt ein Erbschein sich später als unrichtig heraus, so kann eine Gesetzesverletzung des GBAmts (!) nicht vorgelegen haben.[5] Maßgebend ist die dem GBA zur Entscheidungszeit unterbreitete Sachlage; es fehlt deshalb an einer Gesetzesverletzung, wenn das GBA auf den ihm vorgelegten Sachverhalt das Gesetz richtig angewendet hat, der Sachverhalt jedoch – ohne daß dies erkannt werden konnte – falsch war.[6] In einem solchen Falle kann auch über § 71 Abs. 2 S. 2 ein Widerspruch nicht eingetragen werden,[7] weil die gesetzlichen Voraussetzungen

---

[3] RG RGZ 136, 234; BGH Rpfleger 69, 85 u. Rpfleger 85, 101; BayObLG DNotZ 90, 175; OLG Düsseldorf DNotZ 58, 157.

[4] BayObLG BayObLGZ 54, 141; *Demharter* § 53 Rdn. 8. Vgl. auch OLG Frankfurt Rpfleger 79, 418 (wie hier).

[5] OLG Frankfurt Rpfleger 79, 106.

[6] BGHZ 30, 255; KG DNotZ 72, 19; OLG Frankfurt Rpfleger 79, 106; *Demharter* § 53 Rdn. 22; Meikel/*Streck* § 53 Rdn. 68.

[7] *Demharter* § 53 Rdn. 23; *Münzberg* Rpfleger 90, 253. A. A. OLG Celle Rpfleger 90, 112; Meikel/*Streck* § 53 Rdn. 70.

hier wie dort dieselben sind. Die Garantie sog. effektiven Rechtsschutzes kann daran nichts ändern.

c) **Objektive Verletzung** des Gesetzes genügt; Verschulden des Grundbuchamts wird nicht gefordert.[8] Entscheidend dafür ist die Rechtslage, wie sie dem GBA vorlag, nicht, wie sie sich später herausstellte oder entwickelte.[9] Deshalb liegt eine Gesetzesverletzung nicht vor, wenn eine bestimmte Rechtsfrage später durch eine Änderung der höchstrichterlichen Rspr. anders beurteilt wird, als sie vorher allgemein (oder doch überwiegend) beurteilt wurde.[10] Ergibt sich die Unrichtigkeit lediglich aus einer anderen Auslegung von Eintragungsunterlagen, so liegt ein Gesetzesverstoß nur dann vor, wenn bei der ersten Auslegung gegen die geltenden Auslegungsregeln verstoßen worden ist. **7**

Wird das Grundbuch dadurch unrichtig, daß sich ein Gesetz rückwirkende Kraft auf den Zeitpunkt der Eintragung beilegt, dann ist nach dem Willen des Gesetzgebers die Fiktion zugrunde zu legen, daß das Gesetz damals schon wirkte. Daher ist die Eintragung als solche anzusehen, die unter – objektiver – Verletzung der gesetzlichen Vorschrift vorgenommen worden ist.[11]

d) Die **Gesetzesverletzung** muß zur Überzeugung des Grundbuchamts **feststehen**: bloße Zweifel und Bedenken genügen nicht.

3. Unrichtigkeit des GB

Durch die so vorgenommene Eintragung muß das Grundbuch unrichtig geworden sein.

a) **Unrichtigkeit** ist die in § 894 BGB umschriebene Nichtübereinstimmung von Buch- und Rechtslage. Sie ist auch gegeben, wenn eine Verfügungsbeschränkung oder ein Widerspruch nicht oder nicht richtig eingetragen ist. Ebenso, wenn eine Vormerkung zu Unrecht gelöscht ist. **8**

Nie kann sie vorliegen, wenn ein Eintragungsantrag bezüglich eines rechtsgeschäftlich bestellten Rechts nicht erledigt wurde, weil dann das Recht ja nicht entstanden ist;[12] etwas anderes gilt bei Rechten, die außerhalb des Buches entstanden sind. Das Grundbuch wird auch **nicht** unrichtig durch die Eintragung einer vormerkungswidrigen Verfügung,[13] den Widerruf einer Schenkung[14] oder die Eintragung eines später beantragten Rechts vor dem früher beantragten,[15] also allgemein bei Verstößen gegen die §§ 17, 45.

b) Die Unrichtigkeit muß **Folge der Eintragung** sein. Deshalb scheidet ein Amtswiderspruch aus, wenn die Unwirksamkeit einer Arresthypothek wegen Versäumung der Frist des § 929 Abs. 3 S. 2 ZPO eintritt.[16] Die Gesetzesverletzung braucht nicht die Ursache der Eintragung zu sein; sie muß nur bei der Eintragung vorgekommen sein.

c) Die Unrichtigkeit muß **zur Zeit der Eintragung** des Amtswiderspruchs noch bestehen. Die Frage eines gutgläubigen Dritterwerbes ist stets zu prüfen, ebenso eine auf andere Weise bewirkte Heilung der ursprünglichen Unrichtigkeit.

---

[8] BGH BGHZ 30, 255 = NJW 59, 1635; OLG Hamm Rpfleger 60, 405 und DNotZ 67, 686.
[9] RG RGZ 108, 179; KG KGJ 40, 172; OLG Freiburg DNotZ 52, 95; OLG Hamm Rpfleger 60, 405; OLG Düsseldorf JMBlNRW 67, 222.
[10] Vgl. auch *Eickmann* Rpfleger 81, 227.
[11] BayObLG BayObLGZ 24, 62; a. A. LG Frankfurt NJW 53, 588; *Demharter* § 53 Rdn. 22.
[12] BayObLG Rpfleger 82, 176.
[13] OLG Hamm Rpfleger 93, 281.
[14] BayObLG Rpfleger 93, 17.
[15] BayObLG DNotZ 95, 68; Staudinger/*Kutter* § 879 Rdn. 45.
[16] BayObLG Rpfleger 93, 397.

Kommt es auf den gutgläubigen Erwerb eines Dritten an, so unterbleibt die Eintragung des Amtswiderspruchs, solange nicht aufgrund konkreter Anhaltspunkte die Bösgläubigkeit des Erwerbers glaubhaft erscheint.[17]

d) Die Unrichtigkeit des Grundbuchs braucht nicht festzustehen; sie muß nur **glaubhaft** sein. Auch der Widerspruch des § 899 BGB erfordert nur Glaubhaftmachung der Unrichtigkeit; bei dem Widerspruch des § 53 kann nichts anderes gelten, da er dieselbe Bedeutung hat und sonst der Schutzzweck des § 53 vielfach verfehlt würde.[18]

Da der Widerspruch von Amts wegen einzutragen ist, hat das GBA die erforderlichen **Ermittlungen** von **Amts wegen** anzustellen (§ 12 FGG).

III. Eintragung des Widerspruchs

Liegen die vorgenannten Voraussetzungen vor, so ist ein Widerspruch einzutragen.

1. Grundsatz

9   Das GBA hat den Widerspruch von Amts wegen einzutragen, ohne einen Antrag abzuwarten. Doch braucht es nicht ohne besonderen Anlaß in die Nachprüfung der Richtigkeit der Eintragungen einzutreten; dies wäre eine nie endende und daher praktisch unmögliche Aufgabe. Es müssen vielmehr beachtliche Anhaltspunkte dafür gegeben sein, daß eine Gesetzesverletzung vorgekommen und das Grundbuch unrichtig geworden ist.

Die Eintragung eines Amtswiderspruchs wird nicht dadurch ausgeschlossen, daß eine Behörde berechtigt ist, um Eintragung eines Widerspruchs zu ersuchen.

2. Eintragung des Widerspruchs

10   Der Widerspruch ist **dem Widerspruch des § 899 BGB wesensgleich** und wie dieser zu behandeln. Erforderlich ist also die Bezeichnung des Widerspruchsberechtigten und der Unrichtigkeit, gegen die der Widerspruch sich wendet. Anderenfalls ist die Eintragung inhaltlich unzulässig.[19] Widerspruchsberechtigt ist derjenige, dem ein Berichtigungsanspruch nach § 894 BGB zusteht. Bei einem Widerspruch im Falle von §§ 1365, 1368 BGB sind beide Ehegatten einzutragen.[20] Ist das Grundbuch unrichtig, weil eine zu der Verfügung erforderliche behördliche Genehmigung fehlt, so ist nicht etwa die Behörde als Berechtigte zu bezeichnen, selbst dann nicht, wenn sie um Eintragung des Widerspruchs ersuchen kann.

Zur Bezeichnung der Unrichtigkeit genügt nicht die Fassung „Widerspruch gegen die Unrichtigkeit des Grundbuchs", sondern es muß der konkrete (unrichtige) Inhalt angegeben werden; z. B. „Widerspruch gegen die Eintragung des Josef Meier als Eigentümer".

Wegen der Stelle der Eintragung im Grundbuch und ihrer Form vgl. §§ 12, 19 GBV.

---

[17] Meikel/*Streck* § 53 Rdn. 76; *Demharter* § 53 Rdn. 28 u. Rpfleger 91, 41, 42.
[18] KG JFG 7, 253; BayObLG BayObLGZ 52, 27 und 54, 145; BayObLG Rpfleger 87, 101; OLG München BayJMBl. 51, 95; KG DNotZ 56, 195; OLG Hamm Rpfleger 57, 118 und 60, 405; OLG Oldenburg Rpfleger 66, 174.
[19] BGH NJW 62, 963 u. NJW 85, 3070 sowie Rpfleger 89, 189; OLG Hamm MDR 67, 1009.
[20] BGH Rpfleger 89, 189; BayObLG FamRZ 88, 504; vgl. auch *Eickmann* Rpfleger 81, 213.

3. Wirkung des Widerspruchs

Sie ist die des Widerspruchs nach § 899 BGB: Er hindert den Rechtserwerb kraft öffentlichen Glaubens und den Eintritt der Verjährung. Dagegen hindert er als solcher weitere Verfügungen über das betroffene Recht — mit Ausnahme der Löschung — nicht. Dazu Einl. H 1 ff.

4. Rechtsbehelfe

Gegen die Eintragung des Widerspruchs, der selbst dem öffentlichen Glauben nicht untersteht, ist **Beschwerde** mit dem Ziel der Löschung gegeben. Vgl. § 71 Rdn. 25.

5. Löschung des Widerspruchs

Sie geschieht grundsätzlich auf **Antrag**; von Amts wegen nur im Verfahren nach §§ 84 ff. Sie setzt im Regelfall entweder Billigung des Berechtigten oder Nachweis der Unrichtigkeit des Widerspruchs, d. h. der Richtigkeit des Grundbuchs, voraus.

IV. Voraussetzungen der Löschung von Amts wegen

1. Vorliegen einer selbständigen Eintragung

Vorliegen muß eine vom GBA selbständig — nicht nur auf Anordnung des Beschwerdegerichts — vorgenommene Eintragung.

Nicht hierher gehören Löschungen, weil sie nicht ihrem Inhalt nach unzulässig sein können.[21]

2. Inhaltliche Unzulässigkeit

a) Darunter sind folgende **Eintragungen** zu verstehen:

aa) Eintragungen, die ein **nicht eintragungsfähiges Recht** verlautbaren, z. B. ein schuldrechtliches Wiederkaufsrecht, ein Ankaufsrecht oder ein Mietrecht. Der Typenzwang des Sachenrechts verbietet die Eintragungen von Rechtsfiguren, die im Sachenrecht des BGB oder den es ergänzenden Gesetzen (vgl. auch Art. 231, 233 EGBGB!) nicht vorgesehen sind.

bb) Eintragungen, die ein eintragungsfähiges Recht ohne den **gesetzlich gebotenen oder** mit gesetzlich **nicht erlaubtem Inhalt** verlautbaren. Zu ersteren gehören Eintragungen, die den Berechtigten nicht ersehen lassen[22] oder in weiterem als dem gesetzlich zulässigen Umfang auf die Eintragungsbewilligung Bezug nehmen,[23] Eintragungen, bei denen der Charakterisierungszusatz (vgl. unten § 10 V Rdn. 11) fehlt, ferner eine Vormerkung, wenn ein sicherbarer Anspruch nicht gegeben ist oder wenn die fehlende Angabe des Schuldgrunds begründete Zweifel auslösen kann, welcher von mehreren in Betracht kommenden Ansprüchen gesichert sein soll. Bei Vormerkung an einer Teilfläche müssen Buch oder Bewilligung auch die Lage der Teilfläche angeben.[24]

---

[21] OLG Düsseldorf JMBlNRW 55, 30; BayObLG BayObLGZ 61, 36 = NJW 61, 1265.
[22] RG RGZ 88, 83; BayObLG BayObLGZ 53, 83. Existiert der Eingetragene nicht, besteht keine Unzulässigkeit, KG NJW-RR 98, 447.
[23] OLG Hamm DNotZ 54, 207.
[24] BayObLG NJW-RR 98, 522.

§ 53

Eine gegen §§ 134, 138 BGB oder das AGBG verstoßende Eintragung ist inhaltlich unzulässig.[25]

17 Hierher gehören auch Eintragungen, die nicht den gesetzlichen vorgeschriebenen Rang haben (Erbbaurecht; s. auch § 8 Rdn. 13, 14 wg. Wiedereintragung bei irrtümlicher Löschung); unzulässig ist auch eine Zwangshypothek unter 1500,— (bisher: 500,—) DM, einer Zwangshypothek als Gesamtrecht, es sei denn, die Gesamtrechtseigenschaft entstand erst nachträglich durch Grundstücksteilung; sowie eine Eintragung, die § 7 nicht beachtet.

18 cc) Eintragungen, die etwas **inhaltlich Unklares oder Widerspruchsvolles** verlautbaren, wenn die Bedeutung des Eingetragenen nicht erkennbar ist und auch bei zulässiger Auslegung nicht ermittelt werden kann.[26] Ist bei einer Dienstbarkeit der Charakterisierungszusatz (vgl. unten § 10 V Rdn. 11) nicht falsch, sondern nur unzureichend formuliert, so liegt Unzulässigkeit nicht vor.[27]

Festzuhalten ist, daß die Unzulässigkeit sich aus dem Eintragungsvermerk und/oder der zulässig in Bezug genommenen Bewilligung ergeben muß, andere Beweismittel sind unzulässig.[28] Der Vermerk gem. § 867 Abs. 1 S. 1 ZPO beweist deshalb keine unzulässige Gesamtzwangshypothek,[29] wohl aber das Nichtentstehen des zweiten, erneut eingetragenen Rechts. Entscheidend für die Beurteilung ist der Zeitpunkt der ursprünglichen Eintragung; Veränderungen des übrigen Grundbuchinhalts führen nicht zur Unzulässigkeit,[30] wohl aber Veränderungen beim Recht selbst.

Im übrigen vgl. Einl. Rdn. 62.

b) **Folgen der Unzulässigkeit**

Liegt eine unzulässige Eintragung dieser Art vor, so ist sie von Amts wegen zu löschen. Wg. überflüssiger Eintragungen s. Einl. Rdn. 60.

19 aa) Sie ist zu löschen, nicht zu berichtigen oder zu ergänzen, weil sie der rechtlichen Wirkung entbehrt. Doch ist Ergänzung durch besonderen Vermerk (sog. **Klarstellungsvermerk:** „Das Recht Nr. 1 ist ein Wegerecht") zwar ordnungswidrig, aber nicht unwirksam, wenn hierdurch die Eintragung inhaltlich zulässig wird.[31] Die Ergänzung hat jedoch keine rückwirkende Kraft, sie ist auch nur möglich, solange die Eintragungsunterlagen sie noch rechtfertigen (Voreintragung!).[32]

20 bb) Ist die Eintragung teilweise unzulässig, so wird dieser Teil gelöscht, sofern der Rest eine zulässige Eintragung darstellt. Die verbleibende Eintragung kann aber unter Umständen jetzt unrichtig sein und zur Eintragung eines Amtswiderspruchs Anlaß geben.

Dem Betroffenen ist rechtliches Gehör zu gewähren.

Gegen die Löschung ist Erinnerung (Beschwerde) mit dem Ziel des Widerspruchs gegeben.

cc) Infolge der Löschung ist der seinerzeitige Antrag unerledigt; er ist erneut, nach der derzeitigen Rechtslage, zu verbescheiden, vgl. dazu BayObLG (Fn. 32).

---

[25] *Schmid* Rpfleger 87, 133, 137; Meikel/*Böttcher* Einl. H Rdn. 126; *Ulmer* FS für Weitnauer, 1980, S. 205, 222. **A. A.** OLG Köln Rpfleger 89, 405; *Demharter* § 53 Rdn. 48.

[26] RG RGZ 113, 223; BayObLG BayObLGZ 61, 35 = NJW 61, 1265; OLG Hamm Rpfleger 62, 59; OLG Frankfurt Rpfleger 80, 185 u. 280.

[27] BayObLG Rpfleger 89, 361.

[28] BayObLG MittBayNot 80, 203; Rpfleger 81, 190 u. Rpfleger 88, 102; OLG Hamm OLGZ 93, 43.

[29] BayObLG Rpfleger 86, 372.

[30] *Bestelmeyer* Rpfleger 97, 7; **a. A.** BayObLG Rpfleger 96, 240.

[31] KG JFG 9, 196; KG DJ 36, 1376 und JFG 14, 102; OLG Stuttgart Rpfleger 81, 355.

[32] BayObLG Rpfleger 98, 334; S. ausf. *Eickmann* RpflStudH 1984, 1 ff.

V. Vorlegung des Briefes

a) Wird eine Hypothek (Grundschuld, Rentenschuld) nach § 53 Abs. 1 S. 2 **gelöscht,** 21
so sind die allgemeinen Regeln der §§ 44 ff. anzuwenden. Soweit hiernach der Brief vorzulegen ist, hat das GBA für seine Herbeischaffung, nötigenfalls durch Zwang, zu sorgen (§ 62 Abs. 3).

b) Auch für die Eintragung des **Amtswiderspruchs** gilt grundsätzlich die Regel des § 41 Abs. 1 S. 1. Bei Hypotheken (Grundschulden, Rentenschulden), deren Briefe nicht auf den Inhaber lauten, bedarf es zur Eintragung des Widerspruchs einer **Vorlegung des Briefes** dann nicht, wenn der Widerspruch den in § 41 Abs. 1 S. 2 bezeichneten Inhalt hat.

Der Widerspruch ist in diesem Falle nachträglich auf dem Brief zu vermerken; zu diesem Zwecke hat das GBA den Brief, nötigenfalls durch Zwang, herbeizuschaffen (§ 62 Abs. 2). Eine Einforderung des Briefes vor Durchführung der Eintragung ist in diesem Falle nicht zulässig. § 62 Abs. 3 S. 1 bezieht sich trotz weiteren Wortlauts nur auf die Fälle des § 53 Abs. 1, in denen die Vorlegung des Briefes bereits zur Eintragung erforderlich ist.

[Öffentliche Lasten]

§ 54

Die auf einem Grundstück ruhenden öffentlichen Lasten als solche sind von der Eintragung in das Grundbuch ausgeschlossen, es sei denn, daß ihre Eintragung gesetzlich besonders zugelassen oder angeordnet ist.

Literatur:

Huhn RpflStudH 79, 25; *Quack* Rpfleger 79, 281, 283; *Erlt* Rpfleger 80, 1, 6.

I. Inhalt der Vorschrift

Die Bestimmung besagt, daß eine öffentliche Grundstückslast als solche nicht eintragungsfähig ist, sofern nicht die Eintragung ausdrücklich zugelassen ist.

1. Öffentliche Last

Es muß sich um eine „öffentliche Last des Grundstücks" handeln. Der Begriff der 1
öffentlichen Last ist nicht scharf umgrenzt. Ob eine solche tatsächlich vorliegt, muß sich aus dem maßgebenden Bundes- oder Landesrecht, auf dem die Last beruht, ergeben. Bestimmend ist die dingliche Haftung eines Grundstücks für einen öffentlich-rechtlichen Anspruch; ob es sich um wiederkehrende oder um einmalige Leistungen handelt, spielt keine Rolle.[1]

2. Ausschluß von der Eintragung

Die öffentliche Last als solche ist von der Eintragung ausgeschlossen; die gleichwohl 2
erfolgte Eintragung ist inhaltlich unzulässig und nach § 53 Abs. 1 S. 2 von Amts wegen zu löschen.

---

[1] Zusammenstellung bei *Steiner/Hagemann* § 10 Rdn. 69 ff.

§ 54

Der Grund hierfür ist nicht die Zwecklosigkeit der Eintragung im Hinblick auf § 10 Abs. 1 Nr. 3 ZVG, der der öffentlichen Last bereits eine bevorzugte Rangstellung anweist; denn das Verbot gilt auch, soweit die öffentliche Last diese begünstigte Stellung nicht oder nicht mehr hat. Vielmehr beruht die Vorschrift auf der Erwägung, daß die öffentliche Last dem öffentlichen Glauben des Grundbuchs nicht untersteht und deshalb nicht an das Grundbuch gehört; auch bleibt sie vom Zuschlag in der Zwangsversteigerung unberührt.[2]

3. Gesetzliche Vorschriften

3 Etwas anderes gilt, wenn die Eintragung einer öffentlichen Last gesetzlich ausdrücklich angeordnet oder zugelassen wird, so z. B. bezüglich der Last nach § 64 Abs. 3 BauGB (§ 64 Abs. 6 BauGB). Die Eintragung hat jedoch in solchen Fällen stets nur deklaratorische Bedeutung.

4. Keine rückwirkende Kraft

4 Öffentliche Lasten, die nach dem zur Zeit ihrer Eintragung geltenden Recht eingetragen werden konnten, jetzt jedoch nicht mehr eingetragen werden dürfen, bleiben zulässige Eintragungen. Ist aber eine öffentliche Last einmal gelöscht, wenn auch zu Unrecht, so ist sie nicht wieder einzutragen.

II. Sicherung durch dingliche Rechte

1. Grundsatz

5 Aus § 54 folgt, daß nur die Eintragung der öffentlichen Last als solche inhaltlich unzulässig ist. Dagegen kann ihre Eintragung in einem anderen, dem Grundbuch angepaßten rechtlichen Gewande nicht ohne weiteres wegen des Zusammenhangs mit der öffentlichen Last versagt werden.

Nach geltendem Recht ist im Einzelfall zu prüfen, ob die beantragte Eintragung nach allgemeinen Rechtsgrundsätzen materiell möglich ist; nur wenn das verneint wird, ist sie inhaltlich unzulässig. Gibt der Schuldner einer öffentlichen Last ein selbständiges Schuldversprechen (§ 780 BGB) zwecks Erfüllung seiner öffentlich-rechtlichen Verpflichtungen ab, so kann für die aus diesem Schuldversprechen entspringende Forderung unbedenklich eine Hypothek oder Grundschuld eingetragen werden.

6 Zweifelhaft ist die Rechtslage, wenn für die aus der öffentlichen Last entspringende öffentlich-rechtliche Geldschuld unmittelbar eine Hypothek bestellt werden soll. Eine öffentlich-rechtliche Forderung kann nur durch Sicherungshypothek gesichert werden.[3] Der Schwerpunkt liegt bei der Sicherungshypothek auf der Forderung, die durch die Hypothek nur gesichert, ihr aber niemals untergeordnet wird. Dagegen liegt bei der Verkehrshypothek das Gewicht auf dem dinglichen Recht; dieses hat die Kraft, sich die Forderung, die es zu seiner Existenz braucht, unter Umständen selbst zu schaffen (§ 1138 BGB); eine Rechtsgestaltung, die mit dem Wesen der öffentlich-rechtlichen Forderung unvereinbar sein dürfte.

Eine weitere Frage ist, ob es zulässig ist, für eine aus einer öffentlichen Last herrührende und durch diese gesicherte Forderung an demselben Grundstück noch eine Hypo-

---

[2] Vgl. zur Problematik dieser Auffassung *Eickmann* Grundbuchverfahrensrecht, Rdn. 7.

[3] *Demharter* § 54 Rdn. 14.

thek zu bestellen. Da es sich dabei nur um eine Sicherungshypothek handeln kann, ist die Gefahr einer Verdoppelung der dinglichen Last aufgrund des öffentlichen Glaubens nicht gegeben. Es ist jedoch anerkanntes Recht, daß für ein und dieselbe Forderung an demselben Grundstück nicht mehrere Hypotheken bestehen können, und es fragt sich, ob dasselbe nicht auch für das Zusammentreffen von Hypothek und öffentlicher Last gelten muß, da doch beide, jede für sich, bereits das ganze Grundstück ergreifen. Die Frage wird unter der Einschränkung zu bejahen sein, daß die Sicherungshypothek für solche öffentlichen Lasten bestellt werden kann, die nicht mehr das Zwangsvollstreckungsvorrecht des § 10 Abs. 1 Nr. 3 ZVG genießen.[4] Ebenso kann eine Sicherungshypothek unter der aufschiebenden Bedingung des Wegfalls des Vorrechts nach § 10 Abs. 1 Nr. 3 ZVG eingetragen werden.

Muster:
„Sicherungshypothek für eintausend DM Grundsteuerforderung der Stadt München für die Zeit vom ... bis ... Im Wege des Verwaltungszwangsverfahrens eingetragen unter der Bedingung, daß vor Erlöschen des Steueranspruchs das Vorrecht nach § 10 Abs. 1 Nr. 3 ZVG wegfällt, am ..."

Eine unbedingte Sicherungshypothek kann jedoch auf einem anderen Grundstück des Schuldners eingetragen werden.

[Bekanntmachung der Eintragungen]

§ 55

(1) Jede Eintragung soll dem den Antrag einreichenden Notar, dem Antragsteller und dem eingetragenen Eigentümer sowie allen aus dem Grundbuch ersichtlichen Personen bekanntgemacht werden, zu deren Gunsten die Eintragung erfolgt ist oder deren Recht durch sie betroffen wird, die Eintragung eines Eigentümers auch denen, für die eine Hypothek, Grundschuld, Rentenschuld, Reallast oder ein Recht an einem solchen Recht im Grundbuch eingetragen ist.

(2) Steht ein Grundstück in Miteigentum, so ist die in Absatz 1 vorgeschriebene Bekanntmachung an den Eigentümer nur gegenüber den Miteigentümern vorzunehmen, auf deren Anteil sich die Eintragung bezieht. Entsprechendes gilt bei Miteigentum für die in Absatz 1 vorgeschriebene Bekanntmachung an einen Hypothekengläubiger oder sonstigen Berechtigten von der Eintragung eines Eigentümers.

(3) Veränderungen der grundbuchmäßigen Bezeichnung des Grundstücks und die Eintragung eines Eigentümers sind außerdem der Behörde bekanntzumachen, welche das in § 2 Abs. 2 bezeichnete amtliche Verzeichnis führt.

(4) Die Eintragung des Verzichts auf das Eigentum ist der für die Abgabe der Aneignungserklärung und der für die Führung des Liegenschaftskatasters zuständigen Behörde bekanntzumachen. In den Fällen des Artikels 233 § 15 Abs. 3 des Einführungsgesetzes zum Bürgerlichen Gesetzbuche erfolgt die Bekanntmachung nur gegenüber dem Landesfiskus und der Gemeinde, in deren Gebiet das Grundstück liegt; die Gemeinde unterrichtet ihr bekannte Berechtigte oder Gläubiger.

(5) Wird der in § 9 Abs. 1 vorgesehene Vermerk eingetragen, so hat das Grundbuchamt dies dem Grundbuchamt, welches das Blatt des belasteten Grundstücks führt, bekanntzumachen. Ist der Vermerk eingetragen, so hat das Grundbuchamt, welches das

---

[4] KG JFG 18, 175; BayObLG BayObLGZ 56, 122; *Fischer* NJW 55, 1583; *Demharter* § 54 Rdn. 12. Vgl. auch § 322 Abs. 5 AO.

Grundbuchblatt des belasteten Grundstücks führt, jede Änderung oder Aufhebung des Rechts dem Grundbuchamt des herrschenden Grundstücks bekanntzumachen.

(6) Die Bekanntmachung hat die Eintragung wörtlich wiederzugeben. Sie soll auch die Stelle der Eintragung im Grundbuch und den Namen des Grundstückseigentümers, bei einem Eigentumswechsel auch den Namen des bisherigen Eigentümers angeben. In die Bekanntmachung können auch die Bezeichnung des betroffenen Grundstücks in dem in § 2 Abs. 2 genannten amtlichen Verzeichnis sowie bei einem Eigentumswechsel die Anschrift des neuen Eigentümers aufgenommen werden.

(7) Auf die Bekanntmachung kann ganz oder teilweise verzichtet werden.

(8) Sonstige Vorschriften über die Bekanntmachung von Eintragungen in das Grundbuch bleiben unberührt.

I. Allgemeines

1 Die Frage, wer vom Vollzug einer Eintragung zu benachrichtigen ist, wird an verschiedenen Stellen geregelt. § 55 zählt eine Reihe von Personen auf, die infolge ihrer Stellung im Eintragungsverfahren oder ihrer besonderen Beziehung zu dem betroffenen Grundstück einen Anspruch auf Benachrichtigung haben. Die Norm wird durch §§ 55 a, b ergänzt. Bisher in §§ 39, 41 GBV enthaltene Regelungen wurden durch das RegVBG hierher übernommen; bestehen geblieben ist jedoch die Ergänzung in § 39 Abs. 3 GBV.

II. Bekanntmachung

2 Nach § 55 sind „Eintragungen" bekanntzugeben. Gemeint sind, wie durchweg im 2. Abschnitt der GBO alle Eintragungen, sofern sie nicht bloß hinweisender Art sind.

1. Nach § 55 haben Anspruch auf Nachricht:

a) Der **Notar**, sofern er den Antrag „eingereicht" hat; das ist der Fall, wenn er gem. § 15 vertritt, aber auch, wenn er nur als Bote auftritt. Nicht benachrichtigt wird ein nur beurkundender oder beglaubigender Notar, wenn der Antrag nicht durch ihn vorgelegt worden ist.

b) Der **Antragsteller** auch im Falle des § 14. Nach der Neufassung der Norm könnte angenommen werden, daß der Antragsteller stets neben dem Notar zusätzlich benachrichtigt wird. Das kann jedoch dann nicht gelten, wenn der Notar gem. § 15 auftritt; eine andere Verfahrensweise müßte das Wesen der Stellvertretung verkennen.[1] Doppelt zu benachrichtigen ist jedoch, wenn der Notar als Bote auftritt. Entgegenstehende Judikatur bezieht sich auf die alte Fassung der Norm und ist deshalb obsolet. Wer als Antragsteller Nachricht erhält, braucht nicht – aus anderen Gründen – nochmals benachrichtigt zu werden.[2]

Einem Antragsteller steht eine ersuchende Behörde gleich.

Die bloße Anregung einer von Amts wegen vorzunehmenden Tätigkeit ist kein Antrag i. S. des § 55, gibt also auch keinen verfolgbaren Anspruch auf Benachrichtigung, freilich wird der Anreger, sofern er nicht ohnehin zu verbescheiden ist, als nobile officium zu benachrichtigen sein.

---

[1] OLG Düsseldorf NJW-RR 98, 17; LG Koblenz NJW-RR 97, 720.

[2] OLG Zweibrücken Rpfleger 68, 154; einschr. *Schmidt* DNotZ 69, 360.

c) Der eingetragene **Eigentümer**. Dieser erhält grundsätzlich Nachricht von jeder Eintragung, die auf seinem Grundbuchblatt geschieht, auch wenn sie im Einzelfall sein Recht nicht berührt. § 55 hat den im Auge, der als Eigentümer im Grundbuch eingetragen ist. Der nicht eingetragene, wahre Eigentümer hat, auch wenn er dem GBA bekannt ist, keinen Anspruch auf Benachrichtigung. Doch ist das GBA in diesem Falle berechtigt, ihn – neben dem Eingetragenen – zu benachrichtigen.

d) Die aus dem Grundbuch ersichtlichen **Personen, die** durch die Eintragung **begünstigt sind.**
Der Begriff des „Begünstigten" ist derselbe wie in § 13 Abs. 1 (vgl. Erl. zu § 13).
Als Empfänger kommt regelmäßig nur der aus dem Grundbuch ersichtliche Begünstigte in Betracht.

e) Die aus dem Grundbuch ersichtlichen **Personen, die** durch die Eintragung **betroffen werden.**
Der Begriff des „Betroffenseins" deckt sich mit § 19, umfaßt also auch die mittelbar Beteiligten, sofern ihr Recht betroffen wird. Diese müssen regelmäßig die Eintragung bewilligen; es erscheint deshalb sachgemäß, ihnen auch von der Vollziehung Nachricht zu geben.
Auch hier hält sich das GBA hinsichtlich der Person des Betroffenen an das Grundbuch.

f) **Gläubiger**, für die eine Hypothek, Grundschuld, Rentenschuld oder Reallast (oder ein Recht an einem solchen Rechte) eingetragen ist, wenn die Eintragung, die den Gegenstand der Benachrichtigung bildet, eine Eigentümereintragung ist.

g) **Katasterbehörde.** Ihr oder der sonstigen, das amtliche Verzeichnis führenden Behörde sind mitzuteilen:
– Beschriebsveränderungen,
– Eigentumsveränderungen,
– Verzicht auf das Eigentum; Abs. 3, 4.

h) **Aneignungsberechtigter.** Der eingetragene Verzicht auf das Eigentum ist dem aneignungsberechtigten Landesfiskus bekanntzumachen, Abs. 4.

i) **Anderes Grundbuchamt.** Die Eintragung des sog. Herrschvermerkes (§ 9) über ein subjektiv-dingliches Recht auf dem Blatt des herrschenden Grundstückes ist der grundbuchführenden Stelle für das belastete Grundstück mitzuteilen; Abs. 5. Das löst dann eine umgekehrte Benachrichtigungspflicht für ändernde Eintragungen aus, Abs. 5 S. 2. Die Norm gilt entsprechend bei Grundbuchführung innerhalb **eines** Grundbuchamtes.

2. Verzicht

Jeder der genannten Empfangsberechtigten kann auf die Nachricht verzichten; sei es allgemein, sei es für den Einzelfall; Abs. 7. Der Form des § 29 bedarf der Verzicht nicht; er kann mündlich, schriftlich oder zur Niederschrift erklärt werden.

3. Inhalt

Die Benachrichtigung hat die Eintragung wörtlich wiederzugeben (Abschrift oder Abdruck). Sie soll den in Abs. 6 S. 2 genannten Inhalt haben; die Inhalte nach S. 3 a. a. O. sind fakultativ möglich.

4. Form

Sie regelt sich nach § 16 Abs. 2 S. 2, Abs. 3 FGG, der in Grundbuchsachen anwendbar ist; § 42 enthält Ergänzungen.

§ 55

5. Empfänger

Die Nachricht geht an den Empfangsberechtigten in Person. Zur Ermittlung seiner Anschrift darf das GBA zwar vom Inhalt des Grundbuchs ausgehen; doch darf es sich hierauf nicht beschränken. Zur Feststellung der Anschrift muß das GBA vielmehr auch die Grundakten, sonstige ihm zur Verfügung stehende Nachrichten (z. B. Postvermerke auf dem Rückbrief) benutzen; es wird auch befugt, und im Rahmen des nobile officium verpflichtet sein, Ermittlungen einfacher Art anzustellen.

Hat der Empfangsberechtigte einen gesetzlichen Vertreter, der dem GBA bekannt ist, so erhält dieser die Nachricht. Rechtsgeschäftlich bestellte Vertreter erhalten sie, wenn die Bevollmächtigung dem GBA nachgewiesen ist.

6. Vollziehung

Über die geschäftsmäßige Vollziehung der Benachrichtigung vgl. § 33 GeschO.

7. Ordnungsvorschrift

6 § 55 ist eine Ordnungsvorschrift. Ihre Verletzung (nicht jedoch das Unterlassen der Mitteilung) kann im Wege der Erinnerung (Beschwerde) gerügt werden; sie kann auch Grund zu Schadensersatzansprüchen geben. Die Wirksamkeit der Eintragung berührt sie nicht.

8. Prüfungspflicht

7 Die Bekanntmachung ist vom Empfänger genau zu prüfen; erkannte Unrichtigkeiten oder Unklarheiten hat er unverzüglich zu beanstanden. Versäumung dieser Pflicht kann, sofern sie schuldhaft ist, unter Umständen zum Verlust etwaiger Regreßansprüche führen.[3] Freilich kann sich die Prüfungspflicht nur auf Umstände erstrecken, die aus der Mitteilung selbst, in Zusammenhang mit dem gestellten Antrag, erkennbar sind. Eine nochmalige Grundbucheinsicht ist ebensowenig notwendig, wie die Nachprüfung anderer, außerhalb der Mitteilung liegender Umstände (Rangverhältnis im Hinblick auf andere Eingänge etc.).

Auch das Ausbleiben einer Benachrichtigung über die auf gestellten Antrag vorgenommene Eintragung kann dem Antragsteller die Pflicht auferlegen, beim GBA zu erinnern. Die Versäumung dieser Pflicht fällt unter Umständen unter § 839 Abs. 3 BGB.

III. Sonstige Bekanntmachungsvorschriften

8 An sonstigen bundesrechtlichen oder doch überwiegend bundeseinheitlichen Benachrichtigungspflichten — neben den nachfolgenden §§ 55 a, b — kommen beispielsweise[4] in Betracht (vgl. Nr. XVIII MiZi):

1. §§ 39 bis 40 GBV (s. Erl. bei d. einzelnen Vorschriften);
2. § 30 GeschO;
3. §§ 19 Abs. 3, 146 Abs. 1 ZVG: Mitteilung von Eintragungen, die nach Eintragung des Zwangsversteigerungsvermerks erfolgen, an das Vollstreckungsgericht.
4. § 17 ErbbauVO — Mitteilungen von Eintragungen im Grundbuch und im Erbbaugrundbuch —.

---

[3] RG RGZ 138, 114; auch RG JW 36, 1891; BGH BGHZ 28, 104 = NJW 58, 1532.

[4] Weitere Fälle s. Meikel/*Morvilius* Rdn. 51–58.

Zweiter Abschnitt. Eintragungen in das Grundbuch (Eickmann) **§ 55 a**

5. § 54 Abs. 2, § 143 Abs. 4 S. 3 BauGB: Benachrichtigung der Umlegungsstelle von jeder nach Einleitung des Umlegungsverfahrens durchgeführten Eintragung bzw. Benachrichtigung der Gemeinde von jeder Eintragung nach Festlegung eines Sanierungsgebietes.
6. § 108 Abs. 6 BauGB, § 31 Abs. 5 LandbeschG: Benachrichtigung der Enteignungsbehörde von jeder nach Einleitung des Enteignungsverfahrens durchgeführten Eintragung.
7. § 14 GGV. Vgl. die Erl. dort.

IV. Die Benachrichtigungsvollmacht

Ein Benachrichtigungsberechtigter kann einen anderen zur Empfangnahme der Mitteilungen gegenüber dem GBA bevollmächtigten,[5] dann erhält nur dieser die Mitteilung. Dies empfiehlt sich vor allem bei Rechtszessionen außerhalb des Buches (§ 1154 Abs. 1 BGB), damit der tatsächliche Berechtigte die Mitteilungen erhält. **9**

[Mitteilungen an ein anderes GBAmt]
§ 55 a
(1) Enthält ein beim Grundbuchamt eingegangenes Schriftstück Anträge oder Ersuchen, für deren Erledigung neben dem angegangenen Grundbuchamt auch noch ein anderes Grundbuchamt zuständig ist oder mehrere andere Grundbuchämter zuständig sind, so kann jedes der beteiligten Grundbuchämter den anderen beteiligten Grundbuchämtern Abschriften seiner Verfügungen mitteilen.
(2) Werden bei Gesamtrechten (§ 48) die Grundbücher bei verschiedenen Grundbuchämtern geführt, so sind die Eintragungen sowie die Verfügungen, durch die ein Antrag oder Ersuchen auf Eintragung zurückgewiesen wird, den anderen beteiligten Grundbuchämtern bekanntzugeben.

I. Allgemeines

Die Norm ist durch das RegVBG eingeführt worden; sie ergänzt § 55 und das Verfahren des § 48. **1**

II. Inhalt

Sind mehrere Grundbuchämter nebeneinander (Eintragung eines Gesamtrechts) oder hintereinander (Zuständigkeitswechsel bei Veränderungen im Grundstücksbestand) zuständig, so setzt eine sachgerechte Erledigung die Kenntnis von der Vorgehensweise der anderen Gerichte voraus. **2**

Jedes Grundbuchamt hat deshalb den anderen Grundbuchämtern seine Verfügungen (Eintragungs- oder Zwischenverfügung, Zurückweisungsbeschluß) in Abschrift mitzuteilen. Sofern Zwischenverfügungen oder Zurückweisungsbeschlüsse angefochten wer- **3**

---
[5] BayObLG DNotZ 90, 739; OLG Stuttgart Rpfleger 74, 110; LG Ellwangen BWNotZ 68, 126; LG Frankenthal Rpfleger 72, 26.

§ 55 b

den, sollten auch die darauf ergehenden Entscheidungen mitgeteilt werden, weil die entsprechenden Rechtsfragen wegen der häufig gleichgerichteten Anträge auch für die anderen Grundbuchämter von Bedeutung sind.

4 Für die Fälle des § 48 (vgl. Erl. dort) schafft die Norm eine gesetzliche Grundlage zur Durchführung des dabei zu beachtenden und bislang nur in § 30 GeschO geregelten Verfahrens.

[Mitteilungen aufgrund von Rechtsvorschriften]

§ 55 b

Soweit das Grundbuchamt aufgrund von Rechtsvorschriften im Zusammenhang mit Grundbucheintragungen Mitteilungen an Gerichte oder Behörden oder sonstige Stellen zu machen hat, muß der Betroffene nicht unterrichtet werden. Das gleiche gilt im Falle des § 55 a.

I. Allgemeines

1 Die Norm ist durch das RegVBG eingeführt worden; sie ergänzt § 55. Regelungsgegenstand sind die Fälle, in denen das Grundbuchamt Mitteilungen an Gerichte, Behörden und andere Stellen vorzunehmen hat. Hier sind zu nennen:
- Mitteilungen an die das amtliche Verzeichnis des § 2 führende Stelle,
- Mitteilungen an das Vollstreckungsgericht gem. § 19 ZVG,
- Mitteilungen im Umlegungsverfahren (§ 54 BauGB),
- sowie allgemein die Fälle der §§ 55 Abs. 4, 4, 55 a.

II. Inhalt

2 In den oben genannten Fällen bedarf es keiner Unterrichtung des Betroffenen davon, daß solche Mitteilungen getätigt worden sind. Die Norm stellt das im Hinblick auf mögliche datenschutzrechtliche Bedenken klar. Ein verfahrensrechtlich relevantes Bedürfnis für eine solche Benachrichtigung besteht ohnehin nicht.

DRITTER ABSCHNITT

Hypotheken-, Grundschuld-, Rentenschuldbrief

Vorbemerkung

Der dritte Abschnitt erhält Vorschriften, die sich mit dem Inhalt der Grundschuldbriefe befassen sowie die verschiedenen Briefformen (Gesamtbrief, Teilbrief) regeln. Von erheblicher Bedeutung ist § 60, der Vorschriften über die Aushändigung des neu erstellten Briefes enthält.

§ 62 bestimmt, daß der Briefinhalt auf dem laufenden zu halten ist; §§ 63 bis 65 befassen sich mit der Behandlung des Briefes in besonderen Fällen (Nachträgliche Mitbelastung, Verteilung einer Gesamthypothek, Umwandlung einer Hypothek).

[Erteilung und wesentlicher Inhalt des Hypothekenbriefes]

§ 56

(1) Der Hypothekenbrief wird von dem Grundbuchamt erteilt. Er muß die Bezeichnung als Hypothekenbrief enthalten, den Geldbetrag der Hypothek und das belastete Grundstück bezeichnen sowie mit Unterschrift und Siegel oder Stempel versehen sein.

(2) Der Hypothekenbrief ist von der für die Führung des Grundbuchs zuständigen Person und dem Urkundsbeamten der Geschäftsstelle zu unterschreiben. Jedoch kann statt des Urkundsbeamten der Geschäftsstelle ein von der Leitung des Amtsgerichts ermächtigter Justizangestellter unterschreiben.

I. Allgemeines

Die Norm, unwesentlich ergänzt durch das RegVBG, regelt Erteilungszuständigkeit, **1** Inhalt und Form in bezug auf Hypothekenbriefe. Wegen § 70 gilt sie auch für Grundschuldbriefe.

Der Hypothekenbrief ist sachenrechtliches Wertpapier. Seine materiellrechtliche Bedeutung ergibt sich aus den §§ 1116, 1117, 1140, 1155, 1185 BGB. Der Hypothekenbrief kann für sich allein guten Glauben nicht begründen, wohl aber den guten Glauben des GB nach § 1140 BGB zerstören.

II. Der Hypothekenbrief

1. Zuständigkeit

Zuständig für die Ausstellung ist das GBA. **2**
Abweichend ist die Zuständigkeit für die Bildung von **Teilhypothekenbriefen** in § 61 Abs. 1 geregelt. Wegen der Zuständigkeit für die Erteilung von Briefen bei Gesamthypotheken vgl. § 59 Abs. 2. Für Baden-Württemberg gilt § 143.

§ 57

2. Form

3 Der Brief ist vom Grundbuchführer (Rechtspfleger) und vom UdG bzw. einem ermächtigten Angestellten zu unterzeichnen. Mechanische Unterschrift ist unstatthaft; der auch maschinell erstellte Brief beim maschinell geführten Grundbuch muß nicht unterschrieben werden; vgl. § 87 GBV.

Nach der Änderung durch Art. 2 Nr. 3 des Gesetzes v. 22. 6. 1977 (BGBl. I, S. 998) genügt neben der Siegelung nunmehr auch ein Farbstempel. Ausreichend ist für eine Siegelung der Eindruck des Prägesiegels, das sog. Oblatensiegel ist nicht erforderlich, wenn nicht Urkunden miteinander zu verbinden sind.[1] Mechanische Vervielfältigungen der Briefe und der Unterschriften sind nur zulässig bei Bildung von Inhaber-Teilgrundschuld- oder Teilrentenschuldbriefen (§ 70 Abs. 2 GBO; § 793 Abs. 2 Satz 2; § 1195 Satz 2 BGB). Die Erteilung wird im Grundbuch nicht vermerkt, nur der Ausschluß der Erteilung. Anders bei Erneuerung des Hypothekenbriefes gem. § 68 Abs. 3. Der den Brief unterzeichnende Rechtspfleger muß bei Vermeidung des Vorwurfs grober Fahrlässigkeit außer dem Entwurf des Urkundsbeamten auch die Ausfertigung des Hypothekenbriefes selbst auf ihre Richtigkeit prüfen.

3. Nichtigkeit

4 Der Hypothekenbrief ist nichtig, wenn die **zwingenden Erfordernisse** des § 56 verletzt sind; ein solcher Brief ist kein Brief im Sinne des Gesetzes. Die Hypothek ist zwar als Briefhypothek entstanden, jedoch kann über sie nicht verfügt werden (§ 1154 Abs. 1 BGB).

5 Wegen des **notwendigen Inhalts** vgl. § 57 Rdn. 3–6. Er ist dort im Zusammenhang mit dem übrigen Briefinhalt dargestellt.

[Nicht wesentlicher Inhalt des Hypothekenbriefes]

§ 57

(1) Der Hypothekenbrief soll die Nummer des Grundbuchblatts und den Inhalt der Hypothek betreffende Eintragungen enthalten. Das belastete Grundstück soll mit der laufenden Nummer bezeichnet werden, unter der es im Bestandsverzeichnis des Grundbuchs verzeichnet ist. Bei der Hypothek eingetragene Löschungsvormerkungen nach § 1179 des Bürgerlichen Gesetzbuchs sollen in den Hypothekenbrief nicht aufgenommen werden.

(2) Ändern sich die in Absatz 1 Satz 1 und 2 bezeichneten Angaben, so ist der Hypothekenbrief auf Antrag zu ergänzen, soweit nicht die Ergänzung schon nach anderen Vorschriften vorzunehmen ist.

I. Allgemeines

1 § 57 – durch Art. 2 Nr. 4 des Gesetzes vom 22. 6. 1977 (BGBl. I S. 998) geändert – bestimmt den nichtwesentlichen Inhalt des Hypothekenbriefes. Die Nichteinhaltung des § 57 berührt die Gültigkeit des Hypothekenbriefes nicht. Die nähere Ausgestaltung des Briefes ergibt sich aus den amtlichen Mustern. Vgl. §§ 47–52 GBV und die Muster Anl. 3–8 zur GBV.

---

[1] BayObLG Rpfleger 74, 10.

II. Zweck des Hypothekenbriefes

Er hat die grundbuchlichen Verhältnisse zweifelsfrei kundzugeben und die Einsichtnahme des Grundbuches selbst für den Verkehr bis zu einem gewissen Grade entbehrlich zu machen. Materiellrechtlich ist er von Bedeutung für die Entstehung, Übertragung, Belastung, Durchsetzung und Pfändung der Hypothek (§§ 1117, 1154, 1160 BGB, § 830 ZPO). Der Brief für sich alleine genießt zwar keinen öffentlichen Glauben, er kann jedoch den öffentlichen Glauben des Buches zerstören.

III. Der Inhalt des Briefes

1. Notwendige Angaben (§ 56 Abs. 1)

a) **Bezeichnung als Hypothekenbrief.** Vgl. dazu § 47 GBV.

b) **Angabe des Geldbetrages.** Sie geschieht entsprechend der Eintragung im Grundbuch, vgl. dazu § 28.

c) **Bezeichnung des Belastungsobjekts**; allerdings nicht mehr, wie nach früherem Recht, mit dem Grundbuchbeschrieb, sondern nur noch mit der laufenden Nummer des Bestandsverzeichnisses. Bei Belastung eines Erbbaurechts vgl. § 59 GBV; bei Wohnungs- oder Teileigentum vgl. § 5 WEGBV.

2. Nicht wesentlicher Inhalt (Abs. 1)

a) **Blattnummer**, wozu auch die Angabe der Gemarkung gehört; auch die Bandnummer sollte benannt werden.

b) **Inhalt der Eintragungen.** Wiederzugeben ist zunächst der Eintragungstext. Hinzu kommen Widersprüche, Nacherben- und Testamentsvollstreckervermerke sowie andere Verfügungsbeschränkungen, sofern sie das Recht des Hypothekars betreffen. Rangvermerke werden nicht in den Brief aufgenommen;[1] Löschungsvormerkungen entfallen gem. Abs. 1 S. 3.

IV. Änderung des Inhalts des Grundbuches

Bei Eintragungen bei der Hypothek findet § 62 Abs. 1 Anwendung (vgl. ferner § 63 bei Mitbelastung eines anderen Grundstückes); sie sind auch nach der Neufassung von Amts wegen vorzunehmen. Ausgenommen ist jedoch auch hier die Löschungsvormerkung (Abs. 1 Satz 3). § 57 Abs. 2 bezieht sich nur auf die Änderung der sonstigen Angaben; hierbei ist eine zusammenfassende Eintragung mehrerer Änderungen und eine Beschränkung auf die Wiedergabe des Ergebnisses zulässig. Auch die Änderung der Nummer des Grundbuchblattes gehört hierher.

Jeder Briefinhaber – nicht nur der legitimierte – ist berechtigt, den Antrag auf Ergänzung zu stellen.

Vermerke über Änderungen der Angaben des § 58 sind gem. § 49 GBV auf dem Brief im Anschluß an den letzten vorhandenen Vermerk oder auf einen besonderen Bogen zu setzen.

---

[1] LG Krefeld Rpfleger 79, 139; *Mißling* Rpfleger 80, 322; *Demharter* § 57 Rdn. 3. A. A. OLG Zweibrücken Rpfleger 80, 109; OLG Oldenburg NdsRpfl. 80, 264; Meikel/*Bestelmeyer* § 57 Rdn. 4, 5 (mwN).

§ 58

Für die Ergänzung eines vor dem 1. 1. 1978 erteilten Briefes gilt § 57 in seiner alten Fassung; jedoch soll auch in diesem Fall der Vermerk einer Löschungsvormerkung unterbleiben (Art. 8 § 2 des Gesetzes v. 22. 7. 1977, BGBl. I S. 998).

[Verbindung mit der Schuldurkunde]

§ 58

(1) Ist eine Urkunde über die Forderung, für welche eine Hypothek besteht, ausgestellt, so soll die Urkunde mit dem Hypothekenbriefe verbunden werden. Erstreckt sich der Inhalt der Urkunde auch auf andere Angelegenheiten, so genügt es, wenn ein öffentlich beglaubigter Auszug aus der Urkunde mit dem Hypothekenbriefe verbunden wird.

(2) Zum Nachweis, daß eine Schuldurkunde nicht ausgestellt ist, genügt eine darauf gerichtete Erklärung des Eigentümers.

1. Allgemeines

1 § 58 regelt die Verbindung des Briefes mit der über die Hypothekenforderung ausgestellten Schuldurkunde. Zwar wird die Vorlage der Schuldurkunde wegen des formellen Konsensprinzips nicht verlangt, wenn sie jedoch vorhanden ist, muß sie mit dem Brief verbunden werden, um auseinandergehende Verfügungen möglichst zu vermeiden.

Die Urschrift der Schuldurkunde wird mit dem Brief verbunden. Andere Urkunden, z. B. Abtretungsurkunden, sind nicht zu verbinden (§ 37 Abs. 3 GeschO). Bei Urkunden, die nach Begründung der Hypothek ohne Änderung des ursprünglichen Schuldgrundes eine Änderung der Schuld, z. B. eine Änderung von Zahlungsbedingungen und Verzinsung, enthalten, liegt es im Ermessen des Grundbuchamtes, ob es diese Urkunden verbindet oder ob es sich mit einem Vermerk gem. § 62 begnügt.

Nicht verbunden werden Urkunden, die lediglich über die dingliche Erklärung errichtet sind.

Nach § 15 GeschO ist eine beglaubigte Abschrift der Schuldurkunde zu den Grundakten zu nehmen. Es empfiehlt sich, daß die Beteiligten die erforderliche Zahl von Abschriften dem GBA zugleich mit dem Antrage einreichen. Eine Verpflichtung hierzu besteht für sie jedoch nicht.

Wegen Abtrennung der Urkunde bei Umwandlung der Hypothek bzw. der Forderung vgl. § 65.

2. Anderer Inhalt der Schuldurkunde

2 Wenn die Schuldurkunde sich noch auf andere Angelegenheiten erstreckt, genügt Verbindung eines öffentlich beglaubigten Auszugs aus der Urkunde.

Wenn die **Verbindung technisch nicht möglich** ist, z. B. wenn mehrere Briefe verbunden werden sollen und nur eine Urkunde vorliegt, oder wenn die Urschrift der gerichtlichen oder notariellen Urkunde in Verwahrung des Gerichts oder Notars zu bleiben hat, genügt die Verbindung einer Ausfertigung, einer beglaubigten Abschrift oder, wenn sich der Inhalt der Urkunde noch auf andere Angelegenheiten erstreckt, einer auszugsweisen Ausfertigung oder eines beglaubigten Auszuges. Ist die Urkunde eine vollstreckbare nach § 800 ZPO, so kann auch die vollstreckbare Ausfertigung mit dem Brief verbunden werden.

3. Fehlen der Schuldurkunde

Das Nichtvorhandensein einer Schuldurkunde (auch ihr Verlust und die Nichtanfertigung einer neuen Urkunde) ist zu beweisen. Die in Abs. 2 erwähnte Erklärung des Eigentümers genügt für diesen Beweis. Sie unterliegt grundsätzlich nicht der Form des § 29, da es sich nicht um eine zur Eintragung erforderliche Erklärung handelt. Fehlt der Nachweis, daß keine Urkunde ausgestellt wurde, oder wird ein vorhandener Brief nicht vorgelegt, ist Beanstandung nach § 18 und gegebenenfalls Zurückweisung veranlaßt. **3**

4. Ordnungsvorschrift

§ 58 ist nur eine Ordnungsvorschrift. Ihre Verletzung hindert die Wirksamkeit der Eintragung und des Briefes nicht. **4**

[Gesamthypothekenbrief]
§ 59

(1) Über eine Gesamthypothek soll nur ein Hypothekenbrief erteilt werden. Er ist nur von einer für die Führung des Grundbuchs zuständigen Person und von einem Urkundsbeamten der Geschäftsstelle oder ermächtigten Justizangestellten (§ 56 Abs. 2) zu unterschreiben, auch wenn bezüglich der belasteten Grundstücke insoweit verschiedene Personen zuständig sind.

(2) Werden die Grundbücher der belasteten Grundstücke von verschiedenen Grundbuchämtern geführt, so soll jedes Amt für die Grundstücke, deren Grundbuchblätter es führt, einen besonderen Brief erteilen; die Briefe sind miteinander zu verbinden.

I. Allgemeines

§ 59 regelt den Fall, daß mehrere Grundstücke zugleich mit einer Gesamthypothek belastet werden und daß die Brieferteilung für alle gleichzeitig erfolgt. Die nachträgliche Belastung anderer Grundstücke desselben Grundbuchamtsbezirks ist in § 63 geregelt. Über die nachträgliche Belastung von Grundstücken in verschiedenen Grundbuchamtsbezirken vgl. § 48 Rdn. 9. Für den Inhalt gelten §§ 56, 57. Nach dem amtl. Muster ist die Wiedergabe des Mithaftvermerkes nicht notwendig; die Tatsache der Gesamtbelastung ergibt sich aus der Angabe der Nummern der belasteten Grundstücke. Empfehlenswert ist die Beifügung der Worte „... im Wege der Gesamtbelastung". **1**

II. Führung der Grundbücher

a) Werden die Grundbücher der belasteten Grundstücke von **demselben Grundbuchamt** geführt, so soll nach Abs. 1 nur ein Brief erteilt werden. **2**

b) Werden die Grundbücher der belasteten Grundstücke von **verschiedenen Grundbuchämtern** geführt, so gilt Abs. 2. Die Verbindung der Briefe erfolgt in diesem Falle nach § 50 GBV durch Schnur und Siegel (vgl. auch § 48 Rdn. 9–11 sowie § 37 GeschO). **3**

c) Bei **Erlöschen der Mithaft** gilt im Falle des Abs. 1 der § 62. Im Falle des Abs. 2 ist außer dem Vermerk gem. § 62 der Brief über das gelöschte Recht von den übrigen Briefen zu trennen und nach § 69 GBO, § 53 GBV, unbrauchbar zu machen. **4**

d) Über die Verteilung einer **Gesamthypothek** vgl. § 64.

III. Ordnungsvorschrift

5 § 59 ist Ordnungsvorschrift, Verstöße berühren die Wirksamkeit des Briefes nicht.

[Aushändigung des Hypothekenbriefes]

§ 60

(1) Der Hypothekenbrief ist dem Eigentümer des Grundstücks, im Falle der nachträglichen Erteilung dem Gläubiger auszuhändigen.
(2) Auf eine abweichende Bestimmung des Eigentümers oder des Gläubigers ist die Vorschrift des § 29 Abs. 1 Satz 1 entsprechend anzuwenden.

I. Allgemeines

1 § 60 behandelt den Fall der Aushändigung eines neu erteilten Briefes. Nach § 1117 Abs. 1 BGB erwirbt der Gläubiger die Briefhypothek erst, wenn ihm der Brief von dem Eigentümer des Grundstücks übergeben wird. Nach § 1163 Abs. 2 BGB steht die Hypothek bis zur Übergabe des Briefes an den Gläubiger dem Eigentümer zu. Gem. § 1117 Abs. 2 BGB kann die Übergabe durch die Vereinbarung ersetzt werden, daß der Gläubiger berechtigt sein soll, sich den Brief vom GBA aushändigen zu lassen.

II. Aushändigung

1. Normalfall

2 Der neuerstellte Brief ist stets dem Eigentümer des Grundstücks auszuhändigen, bei mehreren Miteigentümern oder verschiedenen Eigentümern mehrerer Grundstücke nur sämtlichen Eigentümern. Der Notar ist zur Empfangnahme nicht ohne weiteres ermächtigt; § 15 gilt hier nicht. Anders, wenn der Berechtigte den Willen ausgedrückt hat, daß der Brief dem Notar übersandt wird; formlose Erklärung genügt. Nach Konkurseröffnung über das Vermögen des Hypothekars ist der Brief dem Verwalter auszuhändigen.[1]

2. Abweichende Bestimmungen

3 a) Abweichende Bestimmungen sind nach Abs. 2 **unbeschränkt zulässig**. Der bestimmungsberechtigte Eigentümer kann bestimmen, daß der Brief dem Gläubiger oder einem Dritten ausgehändigt werden soll. Ist gem. Abs. 1 der Eigentümer empfangsberechtigt, so wird durch die bloße Verurteilung des Eigentümers zur Bewilligung der Eintragung ein Recht des Gläubigers auf unmittelbare Aushändigung des Briefes nicht begründet,[2] nur die rechtskräftige Verurteilung zur Abgabe einer Erklärung gem. § 60 oder § 1117 BGB ersetzt die Bestimmung durch den Eigentümer.

Die Erklärung nach Abs. 2 ist – wie die Eintragungsbewilligung – eine Verfahrenshandlung, es gelten für sie die gleichen Grundsätze wie für diese.

---

[1] *Eickmann* Rpfleger 72, 77/80.
[2] KG KGJ 21, 171; Staudinger/*Wolfsteiner* § 1117 Rdn. 10.

b) **für das GBA ist ausschließlich die abweichende formale Bestimmung maßgebend.** **4**
Daher sind z. B. Vereinbarungen nach § 1117 Abs. 2 BGB für das GBA an sich bedeutungslos (vgl. unten Rdn. 5). Doch kann in einer solchen Vereinbarung eine Bestimmung durch den Eigentümer gem. Abs. 2 gesehen werden. Materiellrechtlich ist die abweichende Bestimmung des Eigentümers zugunsten des Gläubigers (Abs. 2) insofern bedeutungslos, als der Gläubiger auch in einem solchen Fall Hypothek und Brief nicht schon mit der Eintragung oder Herstellung, sondern erst mit der Aushändigung erwirbt; diese steht der Übergabe des § 1117 BGB gleich. Anders ist die Rechtslage nur im Falle der Vereinbarungen gem. § 1117 Abs. 2 BGB, hier erwirbt der Gläubiger die Hypothek mit deren Eintragung.

Eine für die abweichende Bestimmung erteilte Vollmacht unterliegt, wie die Bestimmung selbst, ebenfalls der Formvorschrift des § 29.

Über die **Form der Aushändigung** vgl. § 38 GeschO.

Wegen der versehentlichen Aushändigung des Hypothekenbriefes an einen falschen Empfangsberechtigten vgl. unten Rdn. 7. Sie berührt, da § 60 nur Ordnungsvorschrift ist, weder die Wirksamkeit der Eintragung noch die des Briefes. Doch besteht die Gefahr von Schadensersatzansprüchen wegen Amtspflichtverletzung.

III. Rechtsnatur des Herausgabeanspruchs

Der in § 60 geregelte Herausgabeanspruch gegen das GBA ist **öffentlich-rechtlicher** **5**
Natur; für die Annahme eines daneben von der h. M. behaupteten privatrechtlichen Herausgabeanspruches aufgrund eines verwahrungsähnlichen Rechtsverhältnisses fehlt jeder Anhaltspunkt.[3] Ein privatrechtlicher Anspruch ist jedoch aus dem Eigentum am Brief abzuleiten (§§ 952, 985 BGB), dieser Anspruch wird aber wegen der durch die Eintragungsbewilligung geschaffenen besonderen öffentlich-rechtlichen Rechtsbeziehungen (§ 10 Rdn. 2) vom öffentlich-rechtlichen Anspruch überlagert.

Für den Gläubiger, der zum GBA in keinen Rechtsbeziehungen steht, besteht lediglich im Falle einer Vereinbarung gem. § 1117 Abs. 2 BGB ein Herausgabeanspruch aufgrund des Eigentums am Brief; fehlt es jedoch an einer gleichzeitigen Anweisung gem. § 60 Abs. 2, so kann der Gläubiger seinen Herausgabeanspruch aus § 985 BGB nicht gegen den Justizfiskus geltend machen, weil dann das GBA gegenüber dem Gläubiger für den Eigentümer zum Besitz berechtigt ist. § 986 BGB.

Diese klare Unterscheidung ist wesentlich für die Beurteilung von **Pfändungen** des Herausgabeanspruches:

Gepfändet werden kann nur dann wirksam, wenn öffentlich-rechtlicher und privatrechtlicher Anspruch sich nicht widersprechen, weil bei einem Widerspruch der öffentlich-rechtliche Anspruch den privatrechtlichen verdrängt, der öffentlich-rechtliche Anspruch allein jedoch nicht gepfändet werden kann.[4] Das bedeutet, daß wirksam gepfändet werden kann

a) gegen den **Grundstückseigentümer** im Regelfalle des § 60 Abs. 1 und im Falle des § 60 Abs. 2, wenn eine Vereinbarung nach § 1117 Abs. 2 BGB nicht vorliegt, desgleichen, wenn nur eine Vereinbarung nach § 1117 Abs. 2 BGB getroffen worden ist, jedoch keine Anweisung nach § 60 Abs. 2 erteilt ist;

---

[3] So auch *Derleder* DNotZ 71, 272/278.
[4] KG KGJ 40, 327 und KGJ 44, 278; im Ergebnis ebenso: OLG Neustadt Rpfleger 60, 155; vgl. insbes. ausf. *Behr/Eickmann* Pfändung von Grundpfandrechten, S. 55 ff.

§ 61

b) gegen den **Gläubiger** nur, wenn Vereinbarungen nach § 1117 Abs. 2 BGB u. § 60 Abs. 2 GBO nachgewiesen sind.

Die Pfändung des Herausgabeanspruches ist nur möglich, wenn zugleich die Hypothekenforderung mitgepfändet wird.

IV. Unanwendbarkeit der Norm

6 § 60 gilt nicht, wenn ein bereits ausgehändigter Brief bei einer späteren Eintragung wieder eingereicht wird.

Ein eingereichter Hypothekenbrief ist dem, der ihn in eigenem Namen vorgelegt hat, und falls der Brief in fremdem Namen überreicht wird, dem zurückzugeben, in dessen Namen er eingereicht ist. Hat jedoch derjenige, der den Brief für einen anderen eingereicht hat, Vollmacht zur Empfangnahme, so ist er ihm zurückzugeben. Das trifft regelmäßig auch für die vermutete Vollmacht des § 15 zu. Es kann auch vom Berechtigten die Aushändigung an einen Dritten bestimmt werden. Diese Bestimmung bedarf nicht der Form des § 29, das GBA kann jedoch bei Zweifeln an der Unterschrift diese Form verlangen. Die Bestimmung ist im Gegensatz zu der des § 60 Abs. 2 widerruflich. Fallen die Einreichereigenschaft und das Eigentum am Brief auseinander, so will *Derleder*[5] dem Eigentümer einen Herausgabeanspruch gegen das GBA zugestehen. Dem kann nicht zugestimmt werden, weil das GBA aufgrund der öffentlich-rechtlichen Vorlagepflicht nach § 41 den Brief in Besitz hat und ihn in Erfüllung der ihm aus diesem öffentlich-rechtlichen Verhältnis erwachsenden Pflichten nur nach Maßgabe der o. e. Grundsätze herausgeben darf.

Gegen die vom GBA getroffene Anordnung ist Erinnerung (Beschwerde) gegeben. Vgl. auch § 71 Rdn. 36.

V. Versehentlich falsche Aushändigung

7 Ein versehentlich einer nicht empfangsberechtigten Person ausgehändigter Brief muß zurückgefordert werden, notfalls ist die Rückgabe gem. § 33 FGG zu erzwingen. In wohlerworbene Rechte eines Dritten darf dabei allerdings nicht eingegriffen werden. Dieser Grundsatz gilt wohl nicht für den Empfänger selbst, jedenfalls dann nicht, wenn ihm der Mangel der Empfangsberechtigung bekannt war. In einem solchen Fall besteht kein Anspruch auf Vertrauensschutz.[6]

[Teilhypothekenbrief]

§ 61

(1) Ein Teilhypothekenbrief kann von dem Grundbuchamt oder einem Notar hergestellt werden.

(2) Der Teilhypothekenbrief muß die Bezeichnung als Teilhypothekenbrief sowie eine beglaubigte Abschrift der im § 56 Abs. 1 Satz 2 vorgesehenen Angaben des bisherigen Briefes enthalten, den Teilbetrag der Hypothek, auf den er sich bezieht, bezeichnen sowie mit Unterschrift und Siegel oder Stempel versehen sein. Er soll außerdem eine

---

[5] DNotZ 71, 272/280.
[6] A. A. OLG Düsseldorf Rpfleger 69, 95; wohl auch *Demharter* § 60 Rdn. 17. Im Ergebnis wie hier: Meikel/*Bestelmeyer* § 60 Rdn. 100.

beglaubigte Abschrift der sonstigen Angaben des bisherigen Briefes und der auf diesem befindlichen Vermerke enthalten. Eine mit dem bisherigen Brief verbundene Schuldurkunde soll in beglaubigter Abschrift mit dem Teilhypothekenbrief verbunden werden.
(3) Wird der Teilhypothekenbrief vom Grundbuchamt hergestellt, so ist auf die Unterschrift § 56 Abs. 2 anzuwenden.
(4) Die Herstellung des Teilhypothekenbriefes soll auf dem bisherigen Briefe vermerkt werden.

I. Allgemeines

Im Falle einer Teilung der Forderung kann, sofern nicht die Erteilung des Hypothekenbriefes ausgeschlossen ist, für jeden Teil ein Hypothekenbrief hergestellt werden; die Zustimmung des Eigentümers des Grundstücks ist nicht erforderlich. Der Teilhypothekenbrief tritt für den Teil, auf den er sich bezieht, an die Stelle des bisherigen Briefes (§ 1152 BGB). Die durch das RegVBG geänderte Norm regelt für den Teilbrief die Zuständigkeit zur Herstellung, den Inhalt und die Form.

II. Voraussetzungen für die Bildung des Teilbriefes

1. Teilung der Forderung (oder der Grund- oder Rentenschuld), z. B. wenn an Stelle eines Gläubigers mehrere Gläubiger zu bestimmten Summen oder nach Bruchteilen treten; ferner Pfändung oder Verpfändung eines Teils, die Bestellung eines Nießbrauchs an einem Teil, Übergang eines Teilbetrages auf den Eigentümer oder den persönlichen Schuldner. Einer Teilung in diesem Sinne steht es gleich, wenn ein Teil der Forderung bestehen bleibt, während der andere Teil erlischt und insoweit eine Eigentümergrundschuld entsteht (§ 1177 BGB). Ferner steht es der Teilung gleich, wenn ohne Wechsel in der Person des Berechtigten für einen Teil der Forderung Sonderbestimmungen bewilligt werden. Deshalb liegt Teilung in der Bestimmung verschiedenen Ranges bei Teilbeträgen[1] oder der Vollstreckungsunterwerfung wegen eines erst- oder letztrangigen Teilbetrages,[2] nicht jedoch bei Unterwerfung wegen eines „zuletzt zu zahlenden" Teilbetrages.[3] Bei Abtretung eines Teiles einer Tilgungshypothek einschließlich des getilgten Betrages kann ein Teilbrief über den ganzen abgetretenen Betrag hergestellt werden; die Herstellung eines Teilhypothekenbriefs und eines Teilgrundschuldbriefs ist nicht nötig. Bildung eines Teilbriefs für rückständige Zinsen, Kosten und andere Nebenleistungen ist wegen §§ 1159, 1178 Abs. 1 BGB nicht möglich. Bei Abzweigung des künftigen Zinsrechtes kann über das Zinsrecht ein Teilbrief erteilt werden. Keine Teilung bei Ersetzung eines Teils der Forderung durch eine andere Forderung gem. § 1180 BGB. Die Hypothek zur gesamten Hand steht allen Gläubigern zu, es ist daher kein Teilbrief für den einzelnen Gläubiger möglich.

Nach § 64 ist im Falle der Verteilung einer Gesamthypothek auf die einzelnen Grundstücke für jedes Grundstück ein neuer Brief (kein Teilbrief) zu erteilen.

Mit der Teilung der Forderung darf nicht zugleich eine Teilung des belasteten Grundstückes stattfinden; in diesem Falle sind neue Briefe zu bilden.

Ein Teilbrief kann nicht gebildet werden, wenn der Betrag des Briefes nicht genügend bestimmt ist.

---

[1] OLG Zweibrücken Rpfleger 85, 54.
[2] OLG Hamm Rpfleger 84, 60; OLG Köln JurBüro 84, 122.
[3] BGH Rpfleger 90, 16; OLG Hamm Rpfleger 87, 59 m. Anm. v. *Wolfsteiner* DNotZ 88, 234; vgl. auch BayObLG Rpfleger 85, 355.

§ 61

3   **2. Das Vorhandensein des Stammbriefes.** Es ist kein Teilbrief zu erteilen, wenn ein Teil einer Buchhypothek in eine Briefhypothek umgewandelt wird; ferner wenn eine Buchhypothek als Briefhypothek an mehrere Gläubiger abgetreten wird. Gleichzeitige Herstellung eines Stammbriefes und eines Teilbriefes ist nicht möglich, wohl aber Herstellung mehrerer über den Anteil jedes Gläubigers lautender Stammbriefe gem. §§ 56–58.

4   **3. Die Vorlegung des Stammbriefes.** Nach Abs. 4 ist die Herstellung des Teilhypothekenbriefes auf dem bisherigen Brief zu vermerken. Der Antrag auf Teilbriefherstellung ist abzulehnen, wenn der Stammbrief nicht vorgelegt wird. Doch darf die Eintragung der Abzweigung nicht von der Herstellung des Teilbriefes abhängig gemacht werden. In einem solchen Fall verbrieft ein Brief zwei Teilhypotheken.

5   **4. Der Antrag** ist formfrei. Antragsberechtigt sind der bisherige Gläubiger und der neue Gläubiger, sofern er bereits ein dingliches Recht erworben hat. Der neue Gläubiger bedarf der Zustimmung des alten Gläubigers.[4] Zustimmung des alten Gläubigers ist dann nicht erforderlich, wenn er nach dem Gesetz zur Vorlegung verpflichtet ist und die Vorlegung erfolgt (§§ 1145, 1150, 1167, 1168 BGB). Zustimmung des Eigentümers ist nicht erforderlich (§§ 1151, 1152 BGB).

III. Behandlung des Stammbriefes

6   Auf dem Stammbrief ist die **Bildung des Teilhypothekenbriefes zu vermerken**. Der Vermerk ist von der ausstellenden Stelle zu unterschreiben und zu siegeln.

Weiter ist gem. § 48 Abs. 2 GBV auf dem bisherigen Brief der Betrag ersichtlich zu machen, auf den sich der Brief noch bezieht. Wird auf dem Stammbrief die Herstellung des Teilbriefes nicht vermerkt und die Minderung des Betrages nicht angegeben, so erwirbt ein gutgläubiger Dritter die ganze Hypothek, sofern nicht das Grundbuch die Abzweigung der Teilhypothek ergibt. Ist der Teilbrief nichtig, jedoch der Vermerk auf den Stammbrief erfolgt, so ist die Teilbriefhypothek nicht verkehrsfähig. Bei Fehlern im Muß- und Sollinhalt ist der Brief zur Berichtigung einzufordern. Die Zwangsmaßnahmen zur Vorlegung des Briefes richten sich nach § 33 FGG.

IV. Zuständigkeit

7   Zuständig für die Ausstellung eines Teilhypothekenbriefes sind das GBA oder ein Notar (vgl. § 20 Abs. 2 BNotO).

V. Inhalt

1. Wesentlicher Inhalt

8   a) Bezeichnung als Teilbrief;
b) Beglaubigte Abschrift der in § 56 S. 2 vorgesehenen Angaben des bisherigen Briefes, vgl. dazu die Erl. zu § 48 GBV;
c) Bezeichnung des Teilbetrages;
d) Unterschrift, Siegel oder Stempel. Vgl. dazu § 56 Rdn. 3. Hat der Notar den Teilbrief erstellt, so unterzeichnet natürlich nur er.

---

[4] A. A. *Demharter* § 61 Rdn. 10; Meikel/*Bestelmeyer* § 61 Rdn. 30.

2. Nichtwesentlicher Inhalt

a) Beglaubigte Abschrift der sonstigen (vgl. § 57 Rdn. 4) Angaben; **9**
b) Beglaubigte Abschrift der ergänzenden Vermerke;
c) Herstellungsvermerk, s. Muster Anl. 4 GBV;
d) Eintragungsvermerk, den das GBAmt gem. § 62 anbringt;
e) Evtl. begl. Abschrift der Schuldurkunde.

[Vermerk späterer Eintragungen]

§ 62

(1) Eintragungen, die bei der Hypothek erfolgen, sind von dem Grundbuchamt auf dem Hypothekenbriefe zu vermerken; der Vermerk ist mit Unterschrift und Siegel oder Stempel zu versehen. Satz 1 gilt nicht für die Eintragung einer Löschungsvormerkung nach § 1179 des Bürgerlichen Gesetzbuchs.

(2) Auf die Unterschrift ist § 56 Abs. 2 anzuwenden.

(3) In den Fällen des § 53 Abs. 1 hat das Grundbuchamt den Besitzer des Briefes zur Vorlegung anzuhalten. In gleicher Weise hat es, wenn in den Fällen des § 41 Abs. 1 Satz 2 und des § 53 Abs. 2 der Brief nicht vorgelegt ist, zu verfahren, um nachträglich den Widerspruch auf dem Briefe zu vermerken.

I. Allgemeines

Zweck der Vorschrift ist die dauernde Übereinstimmung zwischen Brief und Grundbuch, denn der Schutz des öffentlichen Glaubens tritt nur ein, wenn Grundbuch und Brief übereinstimmen. Der Brief kann selbständig zwar keinen öffentlichen Glauben begründen, den des GB aber zerstören (§ 1140 BGB), wenn das Grundbuch unrichtig, der Brief aber richtig ist. **1**

II. Eintragungen bei der Hypothek

Alle Eintragungen, soweit sie bei der Hypothek erfolgen, sind **auf dem Briefe zu** **2**
vermerken. Hierher gehören Vormerkungen hinsichtlich der Hypothek, nach der Änderung (Abs. 1 Satz 2) durch Gesetz vom 22. 6. 1977 (BGBl. I S. 998) jedoch nicht mehr Löschungsvormerkungen, Eintragung des Rechts des Nacherben u. teilweise oder gänzliche Löschung, dagegen nicht die Eintragung des vorbehaltenen Rechts auf dem Briefe des Vorbehaltsrechts.
Nicht der Eintragung bedürfen Änderungen des Eigentums am belasteten Grundstück; also auch nicht die lastenfreie Abschreibung einer Teilfläche.[1]
Streitig ist, ob auf einem nach dem 1. 1. 1978 (also ohne Angabe der vorgehenden Rechte) erstellten Brief eine Vorrangseinräumung vermerkt werden muß.[2] Der ablehnenden Auff. ist zuzustimmen, weil ein solcher Vermerk (im Gegensatz zu Briefen nach

---

[1] OLG Celle Rpfleger 85, 398; *Demharter* § 62 Rdn. 3. A. A. *Burkhardt* BWNotZ 87, 111.
[2] Bejahend: *Gaberdiel* Rpfleger 80, 89; *Böhringer* Rpfleger 87, 446; OLG Zweibrücken Rpfleger 80, 109. Verneinend: OLG Celle Rpfleger 85, 398; LG Krefeld Rpfleger 79, 139; *Mißling* Rpfleger 80, 332; *Demharter* § 62 Rdn. 3.

§ 62

altem Recht) keinerlei Aussagewert haben kann und zudem der durch die seinerzeitige Gesetzesänderung erstrebten Rationalisierung zuwiderläuft. Eine teleologische Reduktion der Norm ist deshalb insoweit geboten.

Der Vermerk ist auf den Brief zu setzen, regelmäßig an den **Schluß des Briefes**. Vgl. § 49 GBV. Er ist zu siegeln oder zu stempeln; für die Unterschrift gilt § 56 Abs. 2.

III. Andere Vermerke

3 Vermerke, die **nicht auf Eintragungen im Grundbuch beruhen**, fallen nicht unter § 62. Als solche Vermerke kommen in Frage:

a) alle durch die GBO vorgeschriebenen **formellen Vermerke**, wie z. B. der auf den Stammbrief zu setzende Vermerk, daß ein Teilbrief gebildet ist (§ 61 Abs. 4) und der sog. Gültigkeitsvermerk (§ 48 GBV),

b) Vermerke **anderer Amtspersonen, Behörden oder Beamten**, z. B. der Notare und Vollstreckungsgerichte. Nach § 127 ZVG hat z. B. das Vollstreckungsgericht auf dem Briefe zu vermerken, wenn die Hypothek teilweise infolge der Versteigerung erloschen ist.

IV. Vermerke auf Antrag

4 Eintragungen, die nicht unter § 62 Abs. 1 fallen, sind gem. § 57 Abs. 2 auf Antrag auf dem Briefe zu vermerken.

V. Vorlegung des Briefes

5 Das GBA kann den Besitzer des Briefes nur dann zur Vorlegung anhalten, wenn es dazu ausdrücklich gesetzlich ermächtigt ist.

Hierher gehört nicht der Fall der Verletzung des § 62 Abs. 1. Eine ausdrückliche gesetzliche Ermächtigung für das GBA besteht dagegen nach § 62 Abs. 3 in den Fällen des § 53 Abs. 1 u. 2 GBO sowie nach § 41 Abs. 1 Satz 2 GBO u. nach §§ 88 Abs. 1 und 99.

Die Vorlegung wird sonst nur indirekt erzwungen, indem nach § 41 eine Eintragung ohne Vorlegung nicht erfolgen kann.

Es ist also der **Besitzer zur Vorlegung anzuhalten**, wenn

a) nach § 53 Abs. 1 bei der Hypothek ein Amtswiderspruch einzutragen ist, zu dessen Eintragung das GBA des Hypothekenbriefs bedarf,

b) nach § 53 Abs. 2 die Eintragung von Amts wegen zu löschen ist,

c) die Eintragung des Widerspruchs zunächst ohne Vorlegung des Briefes gem. § 41 Abs. 1 Satz 2, § 53 Abs. 2 erfolgt ist.

In den Fällen zu a) und b) muß der Brief vor der Eintragung beschafft werden, im Falle 3 darf er erst nach der Eintragung verlangt werden.

Die entsprechende Anwendung des § 62 Abs. 3 im Falle der Löschung einer durch Zuschlag in der Zwangsversteigerung erloschenen Hypothek scheidet (entgegen der Auff. der Vorauf.) aus.

Sämtliche **Zwangsmaßnahmen** können sich nur gegen den wirklichen Besitzer des Briefes richten. Ein früherer Besitzer eines Briefes braucht, um das Zwangsverfahren zu vermeiden, nicht den Verlust des Briefes glaubhaft zu machen, vielmehr muß das

GBA von Amts wegen feststellen, wer der gegenwärtige Besitzer ist. Dies folgt aus der Natur des Verfahrens als Amtsverfahren (§ 12 FGG).[3]
Die Durchführung des Zwangsverfahrens richtet sich nach § 33 FGG.

VI. Rückgabe des Briefes

Der Brief ist stets demjenigen zurückzugeben, der ihn eingereicht hat. Einem Notar **6** jedoch nur dann, wenn er besondere Empfangsvollmacht hat. Wegen der Rückforderung bei Aushändigung an einen Nichtberechtigten s. § 60 Rdn. 7.

Hat das GBA aufgrund gesetzlicher Vorschrift vom Besitzer den Brief verlangt und freiwillig oder im Zwangswege erhalten, so darf es auf den Brief andere Vermerke als diejenigen, zu deren Anbringung es nach den obigen Ausführungen gesetzlich berechtigt ist, nur nach Zustimmung des Einreichenden setzen.

[Nachträgliche Mitbelastung]
§ 63
Wird nach der Erteilung eines Hypothekenbriefs mit der Hypothek noch ein anderes, bei demselben Grundbuchamt gebuchtes Grundstück belastet, so ist, sofern nicht die Erteilung eines neuen Briefes über die Gesamthypothek beantragt wird, die Mitbelastung auf dem bisherigen Briefe zu vermerken und zugleich der Inhalt des Briefes in Ansehung des anderen Grundstücks nach § 57 zu ergänzen.

I. Inhalt der Vorschrift

Die Vorschrift regelt den Fall der nachträglichen Mitbelastung eines anderen Grund- **1** stücks desselben Grundbuchamtsbezirks, nicht jedoch der Teilung des ursprünglich belasteten Grundstücks. Nach § 63 kann entweder formlos unter Vorlegung des bisherigen Briefes die Erteilung eines neuen Briefes über die Gesamthypothek beantragt werden (§§ 59, 67, 68), oder es wird die Mitbelastung auf dem bisherigen Brief vermerkt. Dieses Verfahren ist, wenn ein anderer Antrag nicht gestellt ist, stets von Amts wegen zu wählen.

Muster:
„Das Recht ist nachträglich in Moosach Bd. ... Bl. ... in Abt. III Nr. ... eingetragen worden."
Wird die Mitbelastung vermerkt, so ist von Amts wegen der Inhalt des Briefes in Ansehung des anderen Grundstückes nach § 57 zu ergänzen.
Der Vermerk muß Unterschrift, Datum und Siegel oder Stempel tragen.

II. Sonderfall

Für den Fall der nachträglichen Mitbelastung eines in einem anderen Grundbuch- **2** amtsbezirk gelegenen Grundstücks vgl. § 48 Rdn. 9 ff.

---

[3] *Demharter* § 62 Rdn. 18. A. A. Meikel/*Bestelmeyer* § 62 Rdn. 31

§ 65

[Verteilung einer Gesamthypothek]

§ 64

Im Falle der Verteilung einer Gesamthypothek auf die einzelnen Grundstücke ist für jedes Grundstück ein neuer Brief zu erteilen.

I. Allgemeines

1 Gem. § 1132 Abs. 2 S. 1 BGB ist der Gläubiger einer Gesamthypothek berechtigt, den Betrag der Forderung auf die einzelnen Grundstücke in der Weise zu verteilen, daß jedes Grundstück nur für den zugeteilten Teil haftet. § 64 regelt die Behandlung des Briefes in einem solchen Fall; er findet entsprechende Anwendung bei Teilung des Grundstückes und Verteilung der Hypothek auf die einzelnen Teile (§§ 1172, 1175 BGB).

II. Verfahren

2 Die Vorschrift des § 64 ist zwingend, sofern nicht die Erteilung des Briefes nachträglich ausgeschlossen wird. Es muß ein neuer Brief erteilt werden, die Benutzung der nach §§ 59, 63 ausgestellten Briefe ist ausgeschlossen. Teilbriefe können nicht hergestellt werden. Die Briefe sind dem berechtigten Gläubiger auszuhändigen, in den Fällen der §§ 1172, 1175 BGB dem Eigentümer.

Jeder Brief hat nach § 68 Abs. 1 die Feststellung zu enthalten, daß er an die Stelle des bisherigen Briefes tritt; im Grundbuch ist die Erteilung zu vermerken (§ 68 Abs. 3).

Wegen der Behandlung des bisherigen Briefes vgl. § 69.

[Umwandlung der Hypothek und Forderungsauswechslung]

§ 65

(1) Tritt nach § 1177 Abs. 1 oder § 1198 des Bürgerlichen Gesetzbuchs eine Grundschuld oder eine Rentenschuld an die Stelle der Hypothek, so ist, sofern nicht die Erteilung eines neuen Briefes beantragt wird, die Eintragung der Rechtsänderung auf dem bisherigen Briefe zu vermerken und eine mit dem Briefe verbundene Schuldurkunde abzutrennen.

(2) Das gleiche gilt, wenn nach § 1180 des Bürgerlichen Gesetzbuches an die Stelle der Forderung, für welche eine Hypothek besteht, eine andere Forderung gesetzt wird.

I. Allgemeines

1 § 65 regelt die Behandlung des Briefes für den Fall, daß an die Stelle der Hypothek eine Grund- oder Rentenschuld tritt oder die Forderung, die der Hypothek zugrundeliegt, ausgewechselt wird.

Abs. 1 erwähnt zunächst den Fall des § 1177 BGB. Hauptfälle davon sind § 1163 Abs. 1 S. 2, § 1163 Abs. 2, §§ 1168, 1170 Abs. 2 BGB.

Gleichgestellt ist der Fall des § 1198 BGB (Umwandlung einer Hypothek in eine Grundschuld).

Abs. 2 stellt diesen Fällen die Forderungsauswechslung (§ 1180 BGB) gleich.

II. Ausnahmen

Bei **teilweise Umwandlung** der Hypothek in einer Grundschuld kommt § 65 nicht zur Anwendung. Auch bei rechtsgeschäftlicher teilweiser Forderungsauswechslung kann § 65 nicht zur Anwendung kommen, wenn die Forderungen nicht demselben Gläubiger zustehen. In diesem Falle wird auf Antrag ein selbständiger Brief gebildet. Wird kein Antrag gestellt, so bestehen keine Bedenken dagegen, daß der Brief zum Teil über eine Hypothek, zum Teil über eine Grundschuld lautet.[1]

Nicht unter § 65 fallen die Umwandlung einer Briefhypothek in eine Buchhypothek und die Umwandlung einer Buchhypothek in eine Briefhypothek.

III. Verfahren

§ 65 setzt in sämtlichen Fällen die vorherige Eintragung der Rechtsänderung im Grundbuch voraus.

Die Eintragung der Rechtsänderung auf dem neuen Brief und die Abtrennung der Schuldurkunde erfolgen von Amts wegen. Der Vermerk hat Datum, Unterschrift und Siegel oder Stempel zu tragen.

Die Schuldurkunde ist demjenigen zurückzugeben (§ 69 S. 2), der den Brief eingereicht hat, oder seinem Bevollmächtigten.

IV. § 65 ist Ordnungsvorschrift

Seine Verletzung macht den Brief nicht unwirksam, jedoch sind Schadensersatzansprüche möglich.

[Gemeinschaftlicher Brief]

§ 66

Stehen einem Gläubiger mehrere Hypotheken zu, die gleichen Rang haben oder im Rang unmittelbar aufeinanderfolgen, so ist ihm auf seinen Antrag mit Zustimmung des Eigentümers über die mehreren Hypotheken ein Hypothekenbrief in der Weise zu erteilen, daß der Brief die sämtlichen Hypotheken umfaßt.

I. Allgemeines

§ 66 gestattet die Erteilung eines gemeinsamen Briefes für mehrere Hypotheken desselben Gläubigers.

Die Bestimmung sollte, den Motiven zufolge, einem praktischen Bedürfnis entgegenkommen. Ob ein solches heute noch besteht, muß bezweifelt werden, nachdem von der Möglichkeit des § 66 nur noch sehr selten Gebrauch gemacht wird.

---

[1] KG JFG 21, 310; *Demharter* § 65 Rdn. 3; Meikel/*Bestelmeyer* § 65 Rdn. 4; a. A. Güthe/*Triebel* § 65 Anm. 3.

II. Abweichende Behandlung der sog. Einheitshypothek

2 § 66 setzt mehrere selbständige Hypotheken voraus. Zu unterscheiden ist hiervon die Bildung einer sogenannten Einheitshypothek (besser: einheitlichen Hypothek), wonach aufeinanderfolgende Hypotheken durch Vereinbarung zwischen Hypothekengläubiger und Eigentümer und entsprechende Eintragung im Grundbuch zu einer einheitlichen Hypothek, der sogenannten Einheitshypothek, zusammengefaßt werden (vgl. dazu § 11 GBV Rdn. 15). Über die neue einheitliche Post kann auch nur ein einheitlicher Hypothekenbrief bestehen.

Im Antrage auf Eintragung einer Einheitshypothek ist zugleich der Antrag auf Bildung eines neuen einheitlichen Briefes zu erblicken. In dem Brief ist gem. § 68 zu vermerken, daß er an die Stelle der bisherigen Briefe tritt; die alten Briefe sind nach § 69 unbrauchbar zu machen.

III. Voraussetzungen des § 66 sind:

3 a) **Sämtliche Hypotheken** müssen einem Gläubiger zustehen, Teilhypotheken dürfen sich unter den Hypotheken nicht befinden. Der gemeinschaftliche Brief kann nur dann verlangt werden, wenn der zu bildende Brief ein Stammbrief ist; dies auch dann, wenn alle Teile einer früher geteilten Hypothek in einer Hand wieder vereinigt werden.

b) Die Hypotheken müssen **auf demselben Grundstück** oder denselben Grundstücken eingetragen sein.

c) Sie müssen **gleichen Rang** haben oder im Range unmittelbar aufeinander folgen. Es darf also z. B. auch keine Zwischeneintragung in Abt. II vorliegen.

Fraglich ist, ob die Erteilung des gemeinschaftlichen Briefes möglich ist, wenn Zinsen und sonstige Nebenleistungen Rang hinter anderen Rechten haben. Das ist zu bejahen,[1] weil das Verwirrungsverbot auf die Brieferteilung nicht anwendbar ist; es gilt nur für den Inhalt des Grundbuches, der im Brief lediglich entsprechend zu verlautbaren ist.

Die Zustimmung des Eigentümers ist notwendig; sie bedarf nicht der Form des § 29.

IV. Zuständigkeit, Verfahren

4 Zuständig für die Erteilung des gemeinschaftlichen Briefes ist das GBA (§ 56).

Für den Inhalt und die Form des Briefes gelten die allgemeinen Vorschriften (vgl. die Anm. zu §§ 56, 58, 68). Sämtliche Schuldurkunden sind mit dem gemeinschaftlichen Briefe zu verbinden.

Die Erteilung des Briefes ist im Grundbuch zu vermerken.

V. Briefgemeinschaft

5 Die Bildung des **gemeinschaftlichen Briefes** ist auf den selbständigen Bestand der einzelnen Hypotheken ohne Einfluß.

Formellrechtlich ersetzt der gemeinschaftliche Brief die Briefe für die einzelnen Hypotheken. Alle Eintragungen, die sämtliche Hypotheken betreffen oder sich auf einzelne Hypotheken beziehen, aber der Weiterführung des gemeinschaftlichen Briefes

---

[1] KG JFG 9, 316; *Demharter* § 66 Rdn. 6; Meikel/*Bestelmeyer* § 66 Rdn. 7.

nicht entgegenstehen, sind gem. § 62 Abs. 1 auf dem Briefe zu vermerken. Wird für eine der Hypotheken ein besonderer Brief erteilt, so ist das kein Teilbrief, sondern ein selbständiger Brief.

VI. Auflösung der Briefgemeinschaft

Die Auflösung der Briefgemeinschaft kann jederzeit auf Antrag des Gläubigers erfolgen; von Amts wegen nur dann, wenn die Voraussetzungen für die Erteilung des gemeinschaftlichen Briefes fortgefallen sind, so, wenn beispielsweise ein Recht abgetreten, in ein Buchrecht oder in eine Grundschuld oder Rentenschuld umgewandelt wird. **6**

[Erteilung eines neuen Hypothekenbriefs]

§ 67

Einem Antrage des Berechtigten auf Erteilung eines neuen Briefes ist stattzugeben, wenn der bisherige Brief oder in den Fällen der §§ 1162, 1170, 1171 des Bürgerlichen Gesetzbuchs das Ausschlußurteil vorgelegt wird.

I. Allgemeines

§ 67 regelt, wann ein neuer Brief anstelle eines bereits einmal erteilten Briefes ausgefertigt werden darf. Er wird ergänzt durch § 26 GBMaßnG (s. unten Rdn. 3). **1**

II. Voraussetzungen der Neuausstellung

Erforderlich ist ein **Antrag**; eine Erteilung von Amts wegen findet nicht statt, der Antrag bedarf keiner Form. Regelmäßig ist Antragsberechtigter der Gläubiger der Hypothek, auch wenn er nicht eingetragen ist; das Gläubigerrecht ist dann gem. § 29 nachzuweisen.[1] Berechtigter ist auch derjenige, der sein Recht vom Gläubiger ableitet, z. B. aufgrund gerichtlicher Überweisung zur Einziehung. Eine Zustimmung des Eigentümers ist nicht erforderlich. **2**

Die Vorlage eines Ausschlußurteils kann den Nachweis der Antragsberechtigung nicht ersetzen,[2] denn § 1018 ZPO fingiert den Briefbesitz nur gegenüber dem Antragsgegner im Aufgebotsverfahren; auch ersetzt das Urteil nicht den Nachweis der gem. § 1154 Abs. 1 BGB erforderlichen Briefübergabe und an es ist keine § 1117 Abs. 3 BGB vergleichbare Vermutung geknüpft.[3]

Vorzulegen ist der bisherige **Brief**, nicht die Schuldurkunde. Die Erteilung einer neuen Schuldurkunde fällt nicht unter § 67.

Einem aufgrund des § 1162 BGB erwirkten Ausschlußurteil steht im Grundbuchverfahren ein aufgrund des Gesetzes über die Kraftloserklärung von Hypotheken-, Grundschuld- und Rentenschuldbriefen in besonderen Fällen vom 18. 4. 1950 (BGBl. I S. 88) i. d. F. d. G. v. 20. 12. 1952 (BGBl. I S. 830), d. G. v. 25. 12. 1955 (BGBl. I S. 867) und

---

[1] BayObLG Rpfleger 88, 477.
[2] BayObLG Rpfleger 87, 363.

[3] Zum Nachw. des Gläubigerrechts s. BayObLG Rpfleger 87, 493.

d. G. v. 29. 4. 1960 (BGBl. I S. 297) erwirktes Ausschlußurteil gleich (§ 11 Abs. 1 dieses Gesetzes).[4]

Das Verfahren zur Herstellung des neuen Briefes richtet sich nach den §§ 68, 69.

3 § 67 wird ergänzt durch § **26 GBMaßnG** i. d. F. des 2. VermRÄndG v. 14. 7. 1992 (BGBl. I S. 1257, 1283), der folgenden Wortlaut hat:

(1) Einem Antrag des Berechtigten auf Erteilung eines neuen Hypothekenbriefs ist außer in den Fällen des § 67 der Grundbuchordnung auch stattzugeben, wenn der Brief durch Kriegseinwirkung oder im Zusammenhang mit besatzungsrechtlichen oder besatzungshoheitlichen Enteignungen von Banken oder Versicherungen in dem in Artikel 3 des Einigungsvertrages genannten Gebiet vernichtet worden oder abhanden gekommen und sein Verbleib seitdem nicht bekanntgeworden ist. § 68 der Grundbuchordnung gilt auch hier. Mit der Erteilung des neuen Briefs wird der bisherige Brief kraftlos. Die Erteilung des neuen Briefs ist kostenfrei.

(2) Soll die Erteilung des Briefs nachträglich ausgeschlossen oder die Hypothek gelöscht werden, so genügt an Stelle der Vorlegung des Briefs die Feststellung, daß die Voraussetzungen des Absatzes 1 vorliegen. Die Feststellung wird vom Grundbuchamt auf Antrag des Berechtigten getroffen. Mit der Eintragung der Ausschließung oder mit der Löschung wird der Brief kraftlos. Die Feststellung ist kostenfrei.

(3) Das Grundbuchamt hat die erforderlichen Ermittlungen von Amts wegen anzustellen. Es kann das Kraftloswerden des alten Briefs durch Aushang an der für seine Bekanntmachungen bestimmten Stelle oder durch Veröffentlichung in der für seine Bekanntmachungen bestimmten Zeitung bekanntmachen.

(4) Die Vorschriften der Absätze 1 bis 3 gelten für Grundschuld- und Rentenschuldbriefe sinngemäß.

In einem solchen Falle hat das GBA somit von Amts wegen zu ermitteln, ob die Behauptung des Antragstellers zutrifft.[5]

III. Verfahren

4 Für das Verfahren des GBA gilt § 12 FGG. Andere Verlustgründe durch mittelbare Kriegseinwirkung, z. B. Abhandenkommen bei der Vertreibung der Deutschen aus den Gebieten östlich der Oder-Neiße-Linie oder bei der Plünderung durch Besatzungsgruppen, werden einer Vernichtung durch Kriegseinwirkung gleichzusetzen sein.[6]

War der Brief bei einem Notar hinterlegt und ist er in dessen Gewahrsam vernichtet worden, so ist auch der Notar antragsberechtigt.

[Inhalt des neuen Hypothekenbriefs]

§ 68

(1) **Wird ein neuer Brief erteilt, so hat er die Aufgabe zu enthalten, daß er an die Stelle des bisherigen Briefes tritt.**

---

[4] Zu § 8 Abs. 1 dieses Gesetzes vgl. LG Kiel in DNotZ 50, 343; LG Nürnberg-Fürth in DNotZ 50, 477; LG Berlin in DNotZ 51, 87; *Fabian* NJW 52, 925 sowie *Dohse* HW 55, 463 mwN.

[5] Über den Umfang der Ermittlungen und den zu fordernden Grad der Gewißheit vgl. LG Bielefeld NJW 49, 153 (die Entscheidung ist zu § 8 der VO v. 5. 10. 1942 ergangen, kann jedoch wegen der im wesentlichen gleichen Rechtslage noch heute entspr. angewendet werden.

[6] OLG Hamm DNotZ 52, 583; a. A. LG München I DNotZ 50, 347.

(2) Vermerke, die nach den §§ 1140, 1145, 1157 des Bürgerlichen Gesetzbuchs für das Rechtsverhältnis zwischen dem Eigentümer und dem Gläubiger in Betracht kommen, sind auf den neuen Brief zu übertragen.
(3) Die Erteilung des Briefes ist im Grundbuche zu vermerken.

I. Allgemeines

§ 68 gilt für alle Fälle der Erteilung eines neuen Briefes. Er gibt ergänzende Vorschriften über den Inhalt des neuen Briefes und regelt die Kenntlichmachung im Grundbuch. **1**

II. Verfahren

Der neue Brief ist nach der gegenwärtigen Lage des Grundbuches zu erteilen. Außerhalb des Grundbuches erfolgte **Änderungen** sind nur bei Antrag auf Berichtigung des Grundbuches zu berücksichtigen. Dies gilt auch bei Übergang der Hypothek nach § 1154 Abs. 1 BGB außerhalb des Grundbuchs auf einen neuen Gläubiger. **2**

Ebenfalls zu übertragen sind alle **Privatvermerke**. Dies sind zunächst die Vermerke, zu deren Vornahme nach §§ 1145, 1150, 1167 BGB der Hypothekengläubiger verpflichtet ist. Aber auch jeder andere Privatvermerk ist zu übertragen, da er nach § 1140, 1145, 1157 BGB den öffentlichen Glauben ausschließen kann. Ist ein Vermerk unleserlich, so ist zu vermerken, daß sich auf dem alten Brief ein unleserlicher Vermerk befunden hat; auch kann eine Verhandlung mit den Beteiligten zur Klärung des Inhalts vorgenommen werden, wozu jedoch keine Verpflichtung besteht. Die Echtheit von Vermerken ist nicht zu prüfen.

Eine **Schuldurkunde**, die mit dem bisherigen Briefe verbunden war, ist abzutrennen und gem. § 58 mit dem neuen Briefe zu verbinden (vgl. § 69 S. 2).

Wenn die Schuldurkunde nicht mehr vorhanden ist, genügt die Verbindung mit einer begl. Abschrift der bei den Grundakten befindlichen Urkunde.

Ein Ausschlußurteil wird nicht mit dem Brief verbunden, weil es sich nur auf den alten Brief bezieht, jedoch zum Grundpfandrecht nicht in Beziehung steht.

Der Vermerk nach Abs. 1 kann lauten:
„Dieser Brief tritt an die Stelle des bisherigen Briefes."

Die Erteilung des Briefes ist im Grundbuch zu vermerken (Abs. 3). Vgl. hierzu § 11 **3** GBV Rdn. 8. Sie ist außer dem Antragsteller auch dem Eigentümer mitzuteilen.

Die Nichtbeachtung der vorstehenden Vorschriften berührt die Wirksamkeit des **4** Briefes nicht, sofern nicht etwa gegen die Mußvorschrift der §§ 56 S. 2 und 61 Abs. 2 S. 1 verstoßen ist.

[Unbrauchbarmachung des Hypothekenbriefs]

§ 69

Wird eine Hypothek gelöscht, so ist der Brief unbrauchbar zu machen; das gleiche gilt, wenn die Erteilung des Briefes über eine Hypothek nachträglich ausgeschlossen oder an Stelle des bisherigen Briefes ein neuer Hypothekenbrief, ein Grundschuldbrief oder ein Rentenschuldbrief erteilt wird. Eine mit dem bisherigen Briefe verbundene Schuldurkunde ist abzutrennen und, sofern sie nicht mit dem neuen Hypothekenbriefe zu verbinden ist, zurückzugeben.

§ 70

I. Allgemeines

1 § 69 schreibt für verschiedene Fälle des Kraftloswerdens die Unbrauchbarmachung des Briefes vor. Sie bewirkt jedoch nicht die Ungültigkeit des Briefes, diese ergibt sich vielmehr aus dem Vermerk gem. § 62 Abs. 1.

II. Anwendungsbereich

2 § 69 betrifft folgende Fälle:
a) **Völlige Löschung der Hypothek** (nicht Teillöschung, es sei denn, daß über den gelöschten Teil ein besonderer Teilbrief gebildet war). Hat der Brief noch eine Bedeutung für den Rechtsverkehr, so kommt eine Unbrauchbarmachung des Briefes nicht in Frage. Bei einer nach § 59 Abs. 2 verbrieften Gesamthypothek erfolgt nur Unbrauchbarmachung des Briefes, der für das Grundstück erteilt war, auf dem die Hypothek gelöscht wird;
b) **Nachträgliche Ausschließung der Brieferteilung** (vgl. § 1116 Abs. 2 S. 2 BGB; § 1186 BGB);
c) Erteilung eines **neuen Hypothekenbriefes** (§§ 63, 64, 65 Abs. 1 und §§ 66, 67). Auch der Fall der Nichtigkeit des ersten Briefes mit nachfolgender Herstellung eines gültigen gehört hierher;
d) § 127 ZVG (Erlöschen von Grundpfandrechten in der Zwangsversteigerung). Auch hierauf ist ungeachtet der Zuständigkeit des Vollstreckungsgerichts (vgl. unten Rdn. 3) § 69 anzuwenden.

III. Verfahren

3 Zuständig ist das GBA, im Falle des § 127 ZVG jedoch das Vollstreckungsgericht (vgl. § 53 GBV Rdn. 2).

Das Verfahren ist in § 53 GBV geregelt. Die Schuldurkunde ist nicht unbrauchbar zu machen, sondern abzutrennen und dem, der sie eingereicht hat, oder dem von ihm (formlos) Bestimmten zurückzugeben, sofern sie nicht mit dem neuen Brief zu verbinden ist.

Wegen der weiteren Behandlung des unbrauchbar gemachten Briefes vgl. § 53 GBV Rdn. 3.

IV. Rechtsbehelfe

4 Gegen die Anordnung der Unbrauchbarmachung ist Erinnerung (Beschwerde) gegeben; sie richtet sich auf Erteilung eines neuen Briefes mit gleichem Inhalt.

§ 69 ist nur Ordnungsvorschrift; Verstöße haben keine materiellrechtlichen Folgen.

[Grundschuld- und Rentenschuldbriefe]

§ 70

(1) Die Vorschriften der §§ 56 bis 69 sind auf den Grundschuldbrief und den Rentenschuldbrief entsprechend anzuwenden. Der Rentenschuldbrief muß auch die Ablösungssumme angeben.

(2) Ist eine für den Inhaber des Briefes eingetragene Grundschuld oder Rentenschuld in Teile zerlegt, so ist über jeden Teil ein besonderer Brief herzustellen.

Dritter Abschnitt. Hypotheken-, Grundschuld-, Rentenschuldbrief (Eickmann) **§ 70**

I. Verweisung

Die von § 70 vorgeschriebene entsprechende Anwendung der §§ 56–69 auf den **1** Grundschuld- und Rentenschuldbrief ergibt folgendes:

§ 56 gilt unter entsprechender Änderung der Bezeichnung; der Rentenschuldbrief muß die Ablösungssumme angeben (Abs. 1 S. 2);

§ 57 gilt;

§ 58 ist wegen Fehlens einer Schuldurkunde nicht anwendbar.[1] Eine Verbindung mit der Zweckerklärung oder mit Unterlagen über die gesicherte Forderung ist nicht möglich.

§ 59 gilt, jedoch ist die Verbindung von Hypothekenbrief und Grundschuldbrief unzulässig, weil eine Gesamtbelastung nur bei gleichartigen Rechten möglich ist;

§ 60 gilt;

§ 61 gilt, jedoch muß beim Teilrentenschuldbrief der Teilbetrag der Ablösungssumme angegeben werden. Die Verbindung mit einer Schuldurkunde fällt weg.

Mechanische Vervielfältigungen der Unterschriften der Grundbuchbeamten bei Inhaberteilbriefen (§ 1195 S. 2, § 793 Abs. 2 S. 2 BGB) sind zulässig.

§§ 62–64 gelten.

§ 65 Abs. 1 gilt mit entsprechender Abwandlung: Wenn nach §§ 1198, 1203 BGB eine Hypothek oder Rentenschuld an die Stelle einer Grundschuld oder eine Hypothek oder Grundschuld an die Stelle einer Rentenschuld treten, so ist – unbeschadet der Möglichkeit, einen neuen Brief zu beantragen – die Eintragung der Rechtsänderung auf dem alten Brief zu vermerken.

Abs. 2 gilt nicht. Wird eine Grundschuld oder Rentenschuld in eine Hypothek verwandelt, so ist die Schuldurkunde neu mit dem Brief zu verbinden.

§ 66 gilt; unzulässig ist jedoch ein gemeinschaftlicher Brief über verschiedene Arten von Grundpfandrechten.

§§ 67, 68 u. 69 S. 1 gelten.

§ 69 S. 2 gilt nicht, weil die Verbindung mit einer Schuldurkunde nicht in Betracht kommt.

Zins- und Erneuerungsscheine bei Inhabergrundschulden können nicht durch das GBA, sondern nur durch den Eigentümer ausgegeben werden.

Wegen der Form der Briefe vgl. § 51 GBV.

II. Sonderfall

Bei der **Zerlegung des Rechts** in Teilrechte sind Teilbriefe herzustellen (Abs. 2), § 61 **2** ist entsprechend anwendbar.

---

[1] *Ripfel* DJ 57, 87; OLG Düsseldorf NJW 61, 2263; *Demharter* § 70 Rdn. 3.

# VIERTER ABSCHNITT

Beschwerde

Vorbemerkungen

1 I. Das Beschwerdeverfahren in Grundbuchsachen ist im vierten Abschnitt, den §§ 71 bis 81, geregelt: Die §§ 71 bis 77 enthalten Vorschriften über die Erstbeschwerde, die §§ 78 bis 80 befassen sich mit der weiteren Beschwerde, während § 81 ergänzende Vorschriften für beide Rechtsmittelzüge gibt.

2 II. Die Regelung des Beschwerdeverfahrens in den §§ 71 ff. ist erschöpfend. Das bedeutet:

1. Die Vorschriften der ZPO finden keine Anwendung; das gilt auch dann, wenn es sich um die Eintragung einer Zwangshypothek aufgrund des § 866 ZPO handelt[1] oder wenn aufgrund einer einstweiligen Verfügung eine Vormerkung im Grundbuch eingetragen wird. Nur wenn im Gesetz selbst ausdrücklich Vorschriften der ZPO für entsprechend anwendbar erklärt werden (so z. B. in § 78 Satz 2, § 81 Abs. 2), sind diese Bestimmungen ausnahmsweise anzuwenden.

3 2. Die Vorschriften des FGG über die Beschwerde, also die §§ 19 bis 30 FGG, sind – anders als die allgemeinen Vorschriften der §§ 1 bis 18 FGG – nicht anwendbar.[2] Von diesem Grundsatz gibt es jedoch folgende Ausnahmen:

a) § 20 a FGG ist auch in Grundbuchsachen anzuwenden, weil die GBO die Anfechtung der Entscheidung über den Kostenpunkt nicht besonders regelt (vgl. § 71 Rdn. 47 ff.).

b) § 29 Abs. 1 Satz 3 FGG bezieht sich auch auf das Grundbuchverfahren; diese allgemeine Vorschrift erweitert die nach § 15 GBO auf Grundbuchsachen beschränkte Befugnis des Notars zur Einlegung der weiteren Beschwerde[3] (vgl. § 80 Rdn. 13).

c) Die §§ 19 ff. FGG gelten aufgrund der ausdrücklichen Regelung in den §§ 105 Abs. 2, 110 GBO im Verfahren zur Klarstellung der Rangverhältnisse. Dort ist die sofortige Beschwerde nach den Vorschriften des FGG vorgesehen.

d) Eine Sonderregelung treffen die §§ 2, 4 Abs. 4 und 14 Abs. 2 GBMaßnG vom 20. 12. 1963 (BGBl. I, 986). Die Beschwerde in Grundbuchsachen wird bei Zurückweisung eines Eintragungsantrags durch die sofortige Beschwerde nach den Vorschriften des FGG ersetzt.

4 III. Die Beschwerde ist nicht in allen Fällen gegeben. Im Verfahren zur Löschung gegenstandsloser Eintragungen und zur Klarstellung der Rangverhältnisse sind die in den §§ 85 Abs. 2, 91 Abs. 1, 105 Abs. 2 Halbs. 1 und 109 genannten Entscheidungen

---

[1] KGJ 43, 244; OLG Gera NJW 47/48, 155.
[2] OLG Hamm OLGZ 75, 150 = Rpfleger 75, 134.
[3] BayObLGZ 71, 196 = DNotZ 71, 598.

unanfechtbar. Jedoch kann in diesen Fällen das Rechtsmittel der außerordentlichen Beschwerde wegen greifbarer Gesetzwidrigkeit ausnahmsweise dann gegeben sein, wenn die angefochtene Entscheidung mit der geltenden Rechtsordnung schlechtlin unvereinbar ist, weil sie jeder gesetzlichen Grundlage entbehrt und inhaltlich dem Gesetz fremd ist.[4]

Die in der freiwilligen Gerichtsbarkeit bestehende Streitfrage, ob und in welchem Umfang eine **Anschlußbeschwerde** zulässig ist, ist in Grundbuchsachen ohne praktische Bedeutung, weil hier nur in seltenen Ausnahmefällen ein befristetes Rechtsmittel gegeben ist und in diesen Fällen eine Anschlußbeschwerde nicht in Betracht kommt. Soweit die sofortige Beschwerde nach den Vorschriften des FGG vorgesehen ist, wird die Anschlußbeschwerde zuzulassen sein, wenn sich die Beteiligten in Gegnerstellung gegenüberstehen und das Verbot der reformatio in peius gilt.[5] 5

IV. Neben der Beschwerde sind eine Reihe weiterer Rechtsbehelfe zulässig.

1. Hat der **Urkundsbeamte der Geschäftsstelle** entschieden, so ist nach § 12c Abs. 4 zunächst der Rechtsbehelf der **Erinnerung** gegeben, über die der Grundbuchrichter, nicht der Rechtspfleger, zu entscheiden hat; erst gegen dessen Entscheidung findet die Beschwerde statt (vgl. dazu näher § 71 Rdn. 10). 6

2. Hat der **Rechtspfleger** entschieden, so ist nach § 11 Abs. 1 RPflG i. d. F. des Dritten Gesetzes zur Änderung des RPflG u. a. G. vom 6. 8. 1998 (BGBl. I 2030) ab 1. 10. 1998 grundsätzlich das Rechtsmittel gegeben, das nach den allgemeinen verfahrensrechtlichen Vorschriften zulässig ist. Nur wenn danach kein Rechtsmittel gegeben ist, findet nach § 11 Abs. 2 RPflG binnen der für die sofortige Beschwerde geltenden Frist die Erinnerung statt; der Rechtspfleger kann der Erinnerung abhelfen; Erinnerungen, denen er nicht abhilft; legt er dem Richter zur Entscheidung vor. Sind jedoch gerichtliche Verfügungen nach den Vorschriften der GBO wirksam geworden und können sie nicht mehr geändert werden, ist die Erinnerung ausgeschlossen; in diesen Fällen findet unmittelbar die Beschwerde statt (§ 11 Abs. 3 RPflG; vgl. dazu näher § 71 Rdn. 8). 7

3. Im Verfahren zur Klarstellung der Rangverhältnisse enthält § 104 den besonderen Rechtsbehelf des **Widerspruchs** (vgl. dazu näher § 104 Rdn. 1). 8

4. Gegen reine Justizverwaltungsakte findet nicht die Beschwerde nach den §§ 71 ff., sondern die **Dienstaufsichtsbeschwerde** statt. Das Verfahren richtet sich nach den allgemeinen Vorschriften und, falls ein Antrag auf gerichtliche Entscheidung gestellt wird, nach den §§ 23 ff. EGGVG.[6] 9

Justizverwaltungsakte haben ausschließlich die geschäftsmäßige Behandlung einer Grundbuchsache zum Inhalt, z. B. die Verzögerung in der Bearbeitung einer Sache, die Ablehnung, eine Auflassung wegen Geschäftsüberlastung entgegenzunehmen oder die Ablehnung, Grundakten aus verwaltungsmäßigen Gründen zu übersenden, auch die Erteilung oder Nichterteilung einer Auskunft (siehe dazu § 45 GBVfg. Rdn. 6). Wird die ablehnende Verfügung jedoch auf Gründe des sachlichen Rechts oder des Verfah-

---

[4] BGH RPfleger 93, 258; Meikel/*Streck* vor §§ 71–81 Rdn. 5; Keidel/*Kahl* § 19 Rdn. 39 mwN).

[5] BGHZ 71, 314 = JR 78, 459 m. Anm. v. Bökelmann = Rpfleger 78, 301; BGHZ 86, 51 = JR 83, 201 = NJW 83, 578; BayObLGZ 73, 1 = Rpfleger 73, 139; Keidel/*Kuntze* § 22 Rdn. 7; Jansen § 22 Rdn. 12 ff.; *Ruppert* DRiZ 73, 8.

[6] Vgl. dazu näher Keidel/*Kahl* Vorb. 19 Rdn. 38 ff.; *Jansen* Anh. I zu § 34.

rensrechts gestützt (z. B. die Ablehnung einer Auflassung wegen Ungenauigkeit derselben oder die Weigerung, z. B. Grundakten aus Gründen des sachlichen oder Verfahrensrechts zu übersenden), dann ist die Beschwerde nach Grundbuchrecht gegeben; denn in diesen Fällen handelt es sich um eine Sachentscheidung.[7] Wird ein Eintragungsantrag weder abgelehnt noch durch eine Zwischenverfügung nach § 18 beschieden, vielmehr lediglich mitgeteilt, daß dem Antrag wegen Verlustes einer Ordnungsnummer aus den Grundakten z. Z. nicht stattgegeben werden kann, dann soll nach Ansicht des KG[8] nur die Dienstaufsichtsbeschwerde gegeben sein. Das erscheint bedenklich, weil eine Sachentscheidung auf unbestimmte Zeit abgelehnt wird und dies einer unbefristeten Aussetzung des Verfahrens und damit einer Rechtsverweigerung gleichkommt.[9] Lehnt das GBA die vom Notar erbetene Erteilung einer Auskunft (Grundbuchaufschluß) ab, so ist dagegen nicht die Beschwerde nach der GBO eröffnet, sondern nur Dienstaufsichtsbeschwerde möglich.[10] Das gilt auch für die vom Grundbuchrichter bestätigte, vom Urkundsbeamten ausgesprochene Ablehnung einer Auskunftserteilung aus dem gemäß § 21 Abs. 8 AktO geführten Eigentümerverzeichnis.[11] Ebenso ist die Dienstaufsichtsbeschwerde gegeben, wenn der Rechtspfleger bei Erlaß einer Zwischenverfügung nicht sämtliche Eintragungshindernisse benennt, sich vielmehr die Beanstandung weiterer Hindernisse durch weitere Zwischenverfügungen vorbehält.[12]

10 In den **neuen Bundesländern** gilt seit dem 3. 10. 1990 für Beschwerden in Grundbuchsachen die GBO. Zwar wurden in der ehem. DDR die Grundbücher von den Räten der Bezirke – Liegenschaftsdienst – geführt. Jedoch sind nach einer Übergangszeit bis zum 31. 12. 1994 für die Führung der Grundbücher nunmehr die Amtsgerichte zuständig (s. dazu näher § 144 und Erl. dazu). Aber auch soweit die Grundbücher von Verwaltungsbehörden geführt wurden, war nach § 144 Abs. 3 gegen Entscheidungen des GBA die Beschwerde nach § 71 GBO gegeben.

[Zulässigkeit der Beschwerde]

§ 71

(1) Gegen die Entscheidungen des Grundbuchamts findet das Rechtsmittel der Beschwerde statt.

(2) Die Beschwerde gegen eine Eintragung ist unzulässig. Im Wege der Beschwerde kann jedoch verlangt werden, daß das Grundbuchamt angewiesen wird, nach § 53 einen Widerspruch einzutragen oder eine Löschung vorzunehmen.

Literatur:

Blomeyer Die Beschwerde gegen die Zwischenverfügung, DNotZ 71, 329; *Böhringer* Amtsermittlungspflicht und Einbuchungsverfahren bei Fischereirechten, BWNotZ 86, 126; *Böttcher* Zurückweisung und Zwischenverfügung im Grundbuchverfahren, MittBayNot 87, 9 und 65; *Buschmann* Die Beschwerde in Grundbuchsachen, BlGWB 68, 167; *Eickmann* Die Dritte Gewalt – Begriff und Wirklichkeit, Rpfleger 76, 153; *Firsching* Unzulässiger Vorbescheid im Erbscheinsver-

---

[7] KGJ 44, 213; KG JFG 18, 283 = HRR 39 Nr. 32; Meikel/*Streck* Rdn. 21; *Demharter* Rdn. 88.
[8] JR 54, 465 = DNotZ 55, 206.
[9] Ebenso Meikel/*Streck* Rdn. 19.
[10] BayObLGZ 67, 352.
[11] KG OLGZ 86, 308 = NJW-RR 86, 824 = Rpfleger 86, 299. Zur Abgrenzung von Dienstaufsichtsbeschwerde und Sachbeschwerde s. BayObLGZ 86, 412/416 f.
[12] BayObLG FGPrax 95, 95.

fahren? NJW 55, 1540; *Forst* Bestimmt sich die Zulässigkeit der Beschwerde gegen Entscheidungen im Kostenpunkt gem. §§ 31 Abs. 2, 70 Abs. 1 Satz 2 und 94 Abs. 2 Satz 3 KostO nach § 14 Abs. 3 KostO oder nach § 20 a FGG? Rpfleger 62, 371; *Furtner* Die Beschwerde in Grundbuchsachen, DNotZ 61, 453; *ders.* Gutgläubiger Erwerb einer Vormerkung? NJW 63, 1486; Haegele Kann eine Löschungsvormerkung für den Berechtigten „als eingetragenen Gläubiger" einer Hypothek bestellt werden? Rpfleger 73, 8; *ders.* Zum Antragsrecht des Notars in Grundbuchsachen, Rpfleger 74, 417; *Jansen* Zulässigkeit der Beschwerde gegen die Zurückweisung eines Grundbuchberichtigungsantrags, NJW 65, 619; *Kleist* Durchgriffserinnerung und Beschwerde bei Zurückweisung eines Eintragungsantrages bzw. Zwischenverfügung gemäß § 18 GBO, MittRhNotK 85, 133; *Köstler* Der Antrag auf Löschung einer Grundbucheintragung in der Beschwerde, JR 87, 402; *Mayer* Nochmals: Gutgläubiger Erwerb einer Vormerkung, NJW 63, 2263; *Medicus* Vormerkung, Widerspruch und Beschwerde, AcP 163, 1; *Otte* Die Beschwerde gegen die Zurückweisung eines Berichtigungsantrages nach § 22 GBO, NJW 64, 634; *Räfle* Die neue Rechtsprechung des Bundesgerichtshofes zu Hypothek und Grundschuld, WM 83, 806; *Reinicke* Der Schutz des guten Glaubens beim Erwerb einer Vormerkung, NJW 64, 2373; *Riedel* Der Antrag im Abhilfe- und Beschwerdeverfahren in Grundbuchsachen, Rpfleger 69, 149; *Weiß* Beschränkte Erinnerung gegen Eintragungen im Grundbuch, DNotZ 85, 524; *Wolff* Zulässigkeit einer beschränkten Erinnerung gegen Eintragungen im Grundbuch, Rpfleger 84, 385; *Zimmermann* Behörden als Beteiligte im Verfahren der freiwilligen Gerichtsbarkeit, Rpfleger 58, 209.

Übersicht

	Rdn.		Rdn.
I. Allgemeines	1	6. Beschränkte Beschwerde nach § 71 Abs. 2 Satz 2	45
II. Grundbuchamt		7. Kostenentscheidungen	46
1. Grundbuchrichter	3	V. Unanfechtbare Entscheidungen	
2. Rechtspfleger	4	1. Keine Entscheidungen des Grundbuchamts	57
3. Urkundsbeamte der Geschäftsstelle	10	2. Bedeutungslose Entscheidungen	61
4. Beschwerdegericht	12	3. Eventualbeschwerde	62
III. Entscheidungen des Grundbuchamts im allgemeinen	13	VI. Beschwerdeberechtigung	
IV. Anfechtbare Entscheidungen		1. Allgemeines	63
1. Zurückweisung eines Eintragungsantrags	14	2. Beschwerdeberechtigung in besonderen Fällen	68
2. Zwischenverfügung nach § 18	15	3. Beschwerdeberechtigung von Vertretern	72
3. Eintragung im Rahmen des § 71 Abs. 2	20	4. Beschwerdeberechtigung von Behörden	77
4. Sonstige Entscheidungen	36		
5. Zurückweisung eines Berichtigungsantrags	41		

I. Allgemeines

In § 71 Abs. 1 ist der Grundsatz enthalten, daß gegen jede Entscheidung des GBA **1** die Beschwerde stattfindet. In Abs. 2 wird dieser Grundsatz für Eintragungen eingeschränkt. Damit soll verhindert werden, daß das Beschwerdegericht eine nach materiellem Recht vollzogene Eintragung beseitigt, falls aufgrund der Eintragung ein gutgläubiger Erwerb eines Dritten stattgefunden hat. Weil die Feststellung, ob ein gutgläubiger Rechtserwerb erfolgt ist, nicht oder nur sehr schwer möglich ist, wird die Beschwerde gegen Eintragungen generell für unzulässig erklärt. Nur soweit das GBA selbst nach § 53 berechtigt wäre, von Amts wegen die Wirkungen einer Eintragung aufzuheben, kann auch das Beschwerdegericht die in § 53 vorgesehenen Maßnahmen anordnen. Im übrigen ist es Sache der Beteiligten, die Berichtigung des Grundbuchs nach § 22 zu betreiben oder Sicherungsmaßnahmen nach § 899 BGB zu treffen.

§ 71

2 Die Beschwerde ist nicht befristet. Eine Ausnahme enthält § 89. Im Verfahren zur Klarstellung der Rangverhältnisse wird aufgrund der §§ 105 Abs. 2, 110 die Grundbuchbeschwerde durch die sofortige Beschwerde nach den Vorschriften des FGG ersetzt. Dasselbe gilt nach §§ 2, 4 Abs. 4 und 14 Abs. 2 GBMaßnG vom 20. 12. 1963 (BGBl. I, 986).

II. Grundbuchamt

3 Die Beschwerde ist gegen Entscheidungen des GBA gegeben. Die Entscheidungen werden getroffen:

1. Vom Grundbuchrichter

Sie unterliegen, sofern sie nicht unanfechtbar sind, immer der Beschwerde. Das gilt auch dann, wenn der Richter anstelle des Rechtspflegers oder des Urkundsbeamten der Geschäftsstelle in Überschreitung seiner funktionellen Zuständigkeit entschieden hat. Nachdem das RpflG 1970 die Grundbuchsachen dem Rechtspfleger in vollem Umfang übertragen und alle bis dahin geltenden Richtervorbehalte aufgehoben hat (§ 3 Nr. 1 h RpflG), hat der Grundbuchrichter nur noch auf Vorlage einer Sache durch den Rechtspfleger (§ 5 RpflG) oder aufgrund einer Erinnerung (vgl. unter 2) zu entscheiden.

2. Vom Rechtspfleger

4 Er trifft heute in Grundbuchsachen — von den genannten Ausnahmen abgesehen — alle erstinstanzlichen Entscheidungen im Gegensatz zum früheren Recht, insbesondere auch in den Fällen der §§ 22, 35 Abs. 1 und 2, 53 und 82 a ff. Die Rechtsbehelfe gegen Entscheidungen des Rechtspflegers waren zunächst in § 11 RPflG 1970 neu geordnet worden. Danach gilt folgendes:

5 Gegen Entscheidungen des Rechtspflegers war grundsätzlich die an keine Frist gebundene **Erinnerung** zulässig, und zwar auch dann, wenn die Entscheidung, wäre sie vom Richter getroffen, unanfechtbar ist. Von dem Grundsatz, daß der Rechtsbehelf an keine Frist gebunden ist, machte § 11 Abs. 1 Satz 2 RPflG eine Ausnahme: Die Erinnerung war binnen der für die sofortige Beschwerde geltenden Frist einzulegen, wenn gegen die Entscheidung, falls sie der Richter erlassen hätte, die sofortige Beschwerde oder kein Rechtsmittel gegeben wäre. In Gb-Sachen ist die Beschwerde befristet in den Fällen der §§ 105 Abs. 2, 110 Abs. 1 sowie der §§ 2, 4 Abs. 4, 14 Abs. 2 GBMaßnG v. 20. 12. 1963 (BGBl. I, 986); in den Fällen der §§ 85 Abs. 2, 91 Abs. 1, 105 Abs. 2 Halbs. 1 und 109 findet eine Beschwerde nicht statt. Der Rechtspfleger konnte der Erinnerung abhelfen.

6 Nach § 10 RPflG 1957 hatte der Richter über die Erinnerung zu entscheiden. Nur auf Antrag, der bereits beim Einlegen der Erinnerung zu stellen war, hatte der Richter die Erinnerung, falls er ihr nicht stattgeben wollte, unmittelbar dem Rechtsmittelgericht vorzulegen; die Erinnerung wurde damit zu einer Beschwerde (sog. Eventualbeschwerde). Das RPflG 1970 hatte statt dessen die „Durchgriffserinnerung" eingeführt: Der Richter entschied über die Erinnerung, wenn er sie für zulässig und begründet erachtete oder wenn gegen die Entscheidung, falls er sie erlassen hätte, ein Rechtsmittel nicht gegeben wäre. Andernfalls legte er die Erinnerung dem Rechtsmittelgericht vor und unterrichtete hiervon die Beteiligten.[1] Begründete er seine Nichtabhilfeent-

---

[1] Vgl. dazu OLG Hamm Rpfleger 76, 299 m. Anm. v. *Meyer-Stolte*.

Vierter Abschnitt. Beschwerde (Kuntze) **§ 71**

scheidung im Gegensatz zum Rechtspfleger nicht, mußte die Nichtabhilfeentscheidung des Rechtspflegers den Beteiligten mitgeteilt werden.[2] Legte der Richter die Erinnerung dem Rechtsmittelgericht vor, galt die Erinnerung als Beschwerde gegen die Entscheidung des Rechtspflegers (§ 11 Abs. 2 Satz 2 bis RPflG a. F.).

Durch das Dritte Gesetz zur Änderung des Rechtspflegergesetzes und anderer Gesetze v. 6. 8. 1998 (BGBl. I 2030) sind mit Wirkung vom 1. 10. 1998 die Rechtsbehelfe gegen Entscheidungen des Rechtspflegers neu geregelt worden. Da sich die Durchgriffserinnerung nicht bewährt hatte, ist sie abgeschafft worden. An ihre Stelle sind die allgemeinen Rechtsbehelfe des Verfahrensrechts getreten.[3] Nach § 11 Abs. 1 RPflG n. F. ist gegen Entscheidungen des Rechtspflegers das Rechtsmittel gegeben, das nach allgemeinen verfahrensrechtlichen Vorschriften zulässig ist. Soweit danach Entscheidungen des Rechtspflegers nicht anfechtbar sind, trifft § 11 Abs. 2 RPflG n. F. aus verfassungsrechtlichen Gründen folgende Regelung: Ist gegen die Entscheidung des Rechtspflegers nach den allgemeinen verfahrensrechtlichen Vorschriften ein Rechtsmittel nicht gegeben, so findet binnen der für die sofortige Beschwerde geltenden Frist die Erinnerung statt. Der Rechtspfleger kann der Erinnerung abhelfen. Erinnerungen, denen er nicht abhilft, legt er dem Richter zur Entscheidung vor. **6 a**

Die Prüfung der Abhilfe ist nicht in das Ermessen des Rechtspflegers gestellt; vielmehr ist der Rechtspfleger zur Prüfung verpflichtet.[4] Erinnerungen, denen er nicht abhilft oder abhelfen kann, legt er dem Richter vor. Die Nichtabhilfeentscheidung des Rechtspflegers ist in der Regel zu begründen, weil sie eine echte Entscheidung des Rechtspflegers ist.[5] Sie ist nur wirksam, wenn sie unterschrieben ist; der in der fehlenden Unterschrift liegende Verfahrensmangel wird durch die Entscheidung des Richters nicht geheilt.[6] **6 b**

Solange der Rechtspfleger das Rechtsmittel nicht dem Beschwerdegericht vorgelegt hat, ist für eine Beschwerdeentscheidung kein Raum.[7] Entscheidet das Landgericht gleichwohl über das Rechtsmittel, so kann diese Entscheidung keinen Bestand haben.[8] Es ist nicht erforderlich und wird vom Grundsatz des rechtlichen Gehörs (Art. 103 Abs. 1 GG) geboten, vor der Vorlage die Beteiligten anzuhören.[9] Wird das Rechtsmittel auf neue Tatsachen gestützt, ist eine Nichtabhilfeverfügung jedoch zu begründen.[10] Entscheidet das Landgericht über eine Beschwerde, ohne zuvor dem Rechtsmittelführer mitgeteilt zu haben, daß das Amtsgericht seinem Rechtsmittel nicht abgeholfen und die Sache dem Landgericht vorgelegt hat, so kann dieser Verfahrensfehler entscheidungserheblich sein, wenn der Rechtsmittelführer dadurch gehindert war, dem Landgericht neue Tatsachen vorzutragen.[11] **6 c**

---

[2] BayObLG Rpfleger 95, 495 = DNotZ 96, 32/33; OLG Karlsruhe Rpfleger 95, 402.
[3] Siehe dazu näher BT-Drucks. 13/10244 und 13/10871.
[4] OLG Köln Rpfleger 75, 140; OLG Frankfurt Rpfleger 79, 388; LG Wuppertal Rpfleger 88, 471; BayObLG Rpfleger 89, 188; 90, 245/246; Arnold/*Meyer-Stolte* § 11 Rdn. 18; *Dallmayer*/Eickmann Rdn. 134; *Kleist* Mitt-RhNotK 85, 133/139; *Böttcher* MittBayNot 87, 9/16.
[5] OLG München Rpfleger 71, 64; OLG Stuttgart Büro 84, 1410; OLG Düsseldorf Rpfleger 90, 13; LG Heilbronn Rpfleger 93, 328; *Dallmayer*/Eickmann Rdn. 165; Bassenge/ *Herbst* § 11 RpflG Rdn. 16.
[6] BayObLG Rpfleger 89, 188; 90, 245/246; BayObLGZ 95, 271/272; s. a. OLG Köln Rpfleger 75, 140; 91; 198; OLG Frankfurt Rpfleger 79, 388.
[7] BayObLG Rpfleger 87, 57; 88, 244 = AgrarR 88, 196.
[8] BayObLGZ 95, 271 = NJW-RR 96, 38; 97, 1511 = DNotZ 98, 295/296.
[9] *Dallmayer*/Eickmann Rdn. 183; a. A. OLG Köln Rpfleger 91, 197; *Westphal* Rpfleger 97, 462.
[10] OLG Hamburg OLGZ 82, 391.
[11] OLG Hamburg OLGZ 82, 391.

6d Zur Rechtslage bis zum 30. 9. 1998 vgl. des näheren § 71 Rdn. 6 der Vorauflage.[12]

7 Auf die Erinnerung sind im übrigen die Vorschriften über die Beschwerde sinngemäß anzuwenden (§ 11 Abs. 2 S. 4 RPflG). Das Erinnerungsverfahren ist gerichtsgebührenfrei (§ 11 Abs. 4 RPflG).[13]

8 Nach **§ 11 Abs. 3 RPflG** sind Verfügungen, die nach den Vorschriften der GBO wirksam geworden sind und nicht mehr geändert werden können, mit der Erinnerung nicht anfechtbar. Daraus folgt, daß eine Erinnerung gegen eine Eintragung, die der Rechtspfleger verfügt hat, nur zulässig ist, wenn gegen sie die unbeschränkte Beschwerde gegeben ist (vgl. unten Rdn. 25 ff.). In allen anderen Fällen ist die Erinnerung ausgeschlossen und die beschränkte Beschwerde nach § 71 Abs. 2 Satz 2 unmittelbar statthaft.[14] Die früher von *Hesse/Saage/Fischer*[15] und jetzt erneut von *Wolff*[16] und *Weiß*[17] vertretene Ansicht, daß in derartigen Fällen gleichwohl die Erinnerung gegeben sei, da das Beschwerdegericht nach dem Sinn und Zweck der Vorschrift mit Entscheidungen des Rechtspflegers nicht befaßt werden solle, wenn diese vom Richter geprüft worden seien, ist durch die Neufassung von § 11 RPflG überholt, aber auch abzulehnen. Diese Auffassung ist mit dem Wortlaut des § 11 Abs. 3 RPflG nicht zu vereinbaren; entgegen der Auffassung von *Wolff*[18] und *Weiß*[19] läßt § 11 Abs. 3 RPflG wegen seiner absoluten Sperrwirkung auch keine beschränkte Erinnerung zu; außerdem verkennt diese Ansicht den Zweck der Erinnerung, der darin besteht, über einen Antrag anstelle des Rechtspflegers den Richter entscheiden zu lassen, und zwar so, also hätte der Rechtspfleger noch nicht entschieden; dieser Zweck kann bei einer vorgenommenen Eintragung nicht mehr erreicht werden, so daß die Frage, ob ein Amtswiderspruch einzutragen oder die Eintragung von Amts wegen zu löschen ist, nur im Instanzenzug geklärt werden kann.

9 Ist die **Erinnerung unzulässig**, so darf sie nicht sofort verworfen werden; vielmehr ist zu prüfen, ob sie nicht in einen Antrag auf Eintragung eines Amtswiderspruchs umgedeutet werden kann. Was insoweit für die Beschwerde gilt (vgl. unten Rdn. 45), ist hier entsprechend anzuwenden. Deutet der Rechtspfleger die unzulässige Erinnerung in der genannten Weise um, so kann er der Erinnerung gemäß der allgemeinen Regelung abhelfen und dem Antrag entsprechen. Hält er ihn für unbegründet, hat er ihn durch besondere Verfügung abzulehnen; dagegen findet die Beschwerde statt.[20] Diese Verfahrensweise bedeutet keine Umgehung von § 71 Abs. 2, weil hier Gegenstand des Erinnerungs- und Beschwerdeverfahrens nicht die Eintragung selbst, sondern die Ablehnung von Maßnahmen nach § 53 ist.[21]

---

[12] Vgl. außerdem OLG Hamm JMBlNRW 73, 84 = Rpfleger 73, 133; 90, 286; OLG Karlsruhe Rpfleger 73, 219; OLG Frankfurt Rpfleger 78, 63; Rpfleger 79, 388; Arnold/*Meyer-Stolte* § 11 Rdn. 40.

[13] Zu weiteren Einzelfragen vgl. die Erläuterungen zu § 11 bei *Dallmayer*/Eickmann, Arnold/*Meyer-Stolte* Bassenge/*Herbst*; zum Antrag im Erinnerungsverfahren *Riedel* Rpfleger 69, 150.

[14] KG HRR 32 Nr. 1004; BayObLGZ 75, 398/402; KG OLGZ 87, 257 = Rpfleger 87, 301 = NJW-RR 87, 592; *Demharter* Rdn. 8; *Kleist* MittRhNotK 85, 133/139; *Güthe/Triebel* Vorb. 5 vor § 71; *Eickmann* Rpfleger 76, 153/160; Arnold/*Meyer-Stolte* § 11 Rdn. 54.

[15] § 71 Anm. 13.

[16] Rpfleger 84, 385.

[17] DNotZ 85, 524; ebenso Haegele/Schöner/*Stöber* Rdn. 521; Bassenge/*Herbst* § 11 RPflG Rdn. 9; Meikel/*Böttcher* § 22 Rdn. 152; Meikel/*Streck* Rdn. 13; *Dallmayer*/Eickmann Rdn. 44.

[18] Rpfleger 84, 385.

[19] DNotZ 85, 524/538.

[20] KG OLGZ 87, 257 = Rpfleger 87, 301 = NJW-RR 87, 592.

[21] KG a. a. O.

3. Vom Urkundsbeamten der Geschäftsstelle

Außer dem Richter und Rechtspfleger trifft in Grundbuchsachen noch der Urkundsbeamte der Geschäftsstelle Entscheidungen. Nach § 12 c Abs. 4 entscheidet, wenn die Änderung einer Entscheidung des Urkundsbeamten der Geschäftsstelle verlangt wird und dieser dem Verlangen nicht entspricht, der Grundbuchrichter; erst gegen dessen Entscheidung findet die Beschwerde statt (vgl. § 4 Abs. 2 Nr. 3 RPflG). Der Grund liegt darin, daß an Stelle des Urkundsbeamten der Geschäftsstelle der Richter entscheiden soll, als hätte der Urkundsbeamte noch nicht entschieden. Hat nicht der Urkundsbeamte, sondern sofort der Grundbuchrichter entschieden, z. B. einen Antrag auf Grundbucheinsicht abgelehnt, so ist die Entscheidung deshalb nicht unwirksam; auch eine Aufhebung durch das Beschwerdegericht ist aus diesem Grund nicht geboten.[22] Die Beschwerde gegen Entscheidungen des Grundbuchrichters ist nur gegeben, sofern es sich überhaupt um beschwerdefähige Entscheidungen im Sinne des § 71 handelt. Das war bis zur Begründung der Zuständigkeit des Urkundsbeamten nach § 12 c Abs. 1 Nr. 2 durch das RegVBG v. 20. 12. 1993 (BGBl. I, 2182) nicht der Fall, wenn der Grundbuchrichter eine vom Urkundsbeamten ausgesprochene Ablehnung einer Auskunftserteilung aus dem gemäß § 21 Abs. 8 AktO geführten Eigentümerverzeichnis bestätigt hatte.[23] Nimmt der Rechtspfleger ein Geschäft des Urkundsbeamten wahr, so berührt das nicht die Wirksamkeit des Geschäfts (§ 8 Abs. 5 RPflG); in diesem Falle ist, sofern das Geschäft überhaupt einer Anfechtung unterliegt, die Durchgriffserinnerung gegeben.[24] Hat ein Beamter im gehobenen Dienst einen Antrag auf Grundbucheinsicht abgelehnt, ohne daß feststeht, ob er als Rechtspfleger oder als Urkundsbeamter der Geschäftsstelle gehandelt hat, so kann das LG, wenn ihm die Sache vom Grundbuchrichter als Rechtspflegererinnerung vorgelegt wird, in jedem Falle in der Sache entscheiden, sofern dies sachdienlich erscheint.[25]

Gegen eine **vom Urkundsbeamten verfügte Eintragung** ist im Rahmen des § 71 unmittelbar die Beschwerde gegeben; denn der Zweck des § 12 c Abs. 4, über einen Antrag anstelle des Urkundsbeamten den Richter entscheiden zu lassen, als wenn der Urkundsbeamte noch nicht entschieden hätte, kann bei vollzogener Eintragung mit Rücksicht auf die Wirkungen der Eintragung nicht mehr erreicht werden; Ausgangspunkt der Entscheidung des Richters könnte immer nur die Eintragung sein.[26]

4. Vom Beschwerdegericht

Keine Entscheidung des GBA liegt vor, wenn dieses lediglich auf Anordnung des Beschwerdegerichts tätig geworden ist. Eine Beschwerde gegen die zur Ausführung der Entscheidung des Beschwerdegerichts ergangene Verfügung des GBA ist unzulässig, wenn sich in der Zwischenzeit die Sachlage nicht geändert hat und auch sonst keine neuen Tatsachen geltend gemacht werden. In diesem Falle ist nur die Entscheidung des Beschwerdegerichts mit der weiteren Beschwerde anfechtbar.[27]

---

[22] OLG Hamm OLGZ 71, 233 = NJW 71, 899; Meikel/*Streck* Rdn. 15; *Dallmayer/ Eickmann* § 8 Rdn. 16; teilw. a. A.; Arnold/*Meyer-Stolte* § 8 Rdn. 3.

[23] KG OLGZ 86, 308 = Rpfleger 86, 299 = NJW-RR 86, 824.

[24] KG Rpfleger 72, 54; BayObLGZ 76, 106/109; 82, 29/30; FGPrax 97, 13 = Rpfleger 97, 101/102; a. A. OLG Hamm Rpfleger 89, 319; Bassenge/*Herbst* Rdn. 5; *Dallmayer/ Eickmann* Rdn. 36; Arnold/*Meyer-Stolte* Rdn. 13 je zu § 8 RPflG; dagegen zutreffend BayObLG FGPrax 97, 13 = a. a. O.

[25] OLG Frankfurt FGPrax 97, 85 = Rpfleger 97, 205 = NJW-RR 97, 910.

[26] BayObLGZ 76, 106/109; a. A. OLG Oldenburg Rpfleger 92, 387 = NdsRpfl. 92, 235; Meikel/*Streck* Rdn. 16; *Demharter* Rdn. 10; Haegele/Schöner/*Stöber* Rdn. 523.

[27] RGZ 70, 234; KG HRR 33 Nr. 1027; JFG 3, 264; *Demharter* Rdn. 54; Meikel/*Streck* Rdn. 8.

III. Entscheidungen des Grundbuchamts im allgemeinen

13 § 71 setzt eine Entscheidung des GBA voraus. Darunter fallen alle vom GBA in der Sache selbst erlassenen endgültigen Verfügungen oder Zwischenverfügungen, gleichgültig, ob die Verfügung sich auf grundbuchrechtliche oder andere vom GBA anzuwendende materielle oder verfahrensrechtliche Vorschriften stützt.[28] Demnach sind – ebenso wie nach § 19 Abs. 1 FGG – alle sachlichen Entscheidungen des GBA beschwerdefähig, wenn sie ein Verfahren oder einen Abschnitt innerhalb eines anhängigen Verfahrens abschließen.[29] Regelmäßig werden sie schriftlich ergehen; mündliche Verfügungen sind zwar nicht ausgeschlossen, sollen aber im Interesse der Beteiligten an klaren und zuverlässigen Bescheiden möglichst vermieden werden; außerdem ist hierbei besonders darauf zu achten, daß es sich um eine endgültige Sachentscheidung, nicht nur um eine vorläufige Meinungsäußerung, handeln muß. Die Verfügungen müssen außerdem unterschrieben sein; denn gerichtliche Entscheidungen ohne Unterschrift sind nicht wirksam, sondern lediglich Entwürfe.[30] Dies gilt auch dann, wenn sie nur mit einer Paraphe gekennzeichnet sind.[31] Das OLG Zweibrücken[32] läßt eine unterschriebene Nichtabhilfeentscheidung des Rechtspflegers, die auf eine Zwischenverfügung in Form eines nicht unterschriebenen Computerausdrucks Bezug nimmt, ausreichen; das begegnet Bedenken. Über einen Eintragungsantrag kann nur durch Eintragung, Erlaß einer Zwischenverfügung nach § 18 oder durch Zurückweisung des Antrages entschieden werden.[33] Deshalb stellt ein Beweisbeschluß des GBA keine mit der Beschwerde anfechtbare Entscheidung dar.[34]

Die Verfügungen müssen nach außen Rechtswirkungen entfalten, insbesondere für einen Verfahrensbeteiligten bestimmt sein und diesem bekanntgemacht werden; sie dürfen sich also nicht auf interne Vorgänge des GBA beziehen.[35] Deshalb stellt das bloße Unterbleiben der Bekanntmachung einer Eintragung an einen Beteiligten keine beschwerdefähige Entscheidung des GBA dar.[36] Eine Rechtsmittelbelehrung ist zwar nur in § 89 vorgeschrieben, wird sich jedoch im Interesse der Rechtsuchenden allgemein empfehlen.

IV. Anfechtbare Entscheidungen des Grundbuchamts

Das sind vornehmlich:

1. Zurückweisung eines Eintragungsantrags

14 Ebenso wie gegen die Zurückweisung eines Eintragungsantrags (siehe dazu § 18 Rdn. 30–32) ist die Beschwerde gegeben gegen die Zurückweisung eines Eintragungsersuchens nach § 38 oder gegen die Ablehnung einer Anregung, eine Eintragung von

---

[28] KG JFG 12, 269; KGJ 44, 213.
[29] OLG Hamm OLGZ 75, 150 = Rpfleger 75, 134; JMBlNRW 79, 30; OLGZ 79, 419/420 = JMBlNRW 79, 284; OLG Frankfurt Rpfleger 78, 306; Büro 80, 1565; OLG Köln NJW-RR 91, 85/86 = Rpfleger 90, 353/354; *Kleist* MittRhNotK 85, 133/140.
[30] OLG Köln OLGZ 88, 459; BayObLG Rpfleger 89, 388.
[31] OLG Köln Rpfleger 91, 198.
[32] NJW-RR 94, 209 = FGPrax 95, 93; ebenso BayObLGZ 95, 363/365 = FGPrax 96, 32/33.
[33] KG JR 54, 465; *Kleist* MittRhNotK 85, 133/134.
[34] OLG Köln JMBlNRW 90, 177 = NJW-RR 91, 85/86.
[35] BayObLGZ 88, 307/309 = Rpfleger 89, 147; Demharter Rdn. 11.
[36] BayObLGZ 88, 307 = Rpfleger 89, 147 = MDR 89, 170.

Amts wegen vorzunehmen.[37] Mit der Beschwerde können alle Gründe geltend gemacht werden, die geeignet sind, die Zurückweisung des Antrags zu widerlegen.[38] Die Beschwerde kann auch darauf gestützt werden, daß das GBA von der nach § 18 gegebenen Möglichkeit, eine Zwischenverfügung zu erlassen, keinen Gebrauch gemacht hat[39] oder daß die in einer voraufgegangenen Zwischenverfügung für die Behebung des Hindernisses gesetzte Frist nicht angemessen war.[40] Die Beschwerde ist auch dann zulässig, wenn der Beschwerdeführer bereits gegen die der Zurückweisung vorangegangene Zwischenverfügung erfolglos Beschwerde eingelegt hat; jedoch ist das Beschwerdegericht an seine frühere Entscheidung und die in dieser geäußerten Rechtsauffassung gebunden.[41]

Über die Zurückweisung eines Berichtigungsantrages vgl. unten Rdn. 41 bis 44. Über Erledigung der Hauptsache durch Vornahme der beantragten Eintragung vgl. unten Rdn. 52.

2. Zwischenverfügungen nach § 18

Gegen eine Zwischenverfügung (siehe dazu näher § 18 Rdn. 52 ff.) ist die Beschwerde **15** gegeben. Die weitere Beschwerde unter Umgehung des LG ist ausnahmslos – auch nicht aus Gründen der Verfahrensökonomie – unzulässig.[42] Jede einzelne Beanstandung bildet eine Entscheidung im Sinne von § 71, kann also für sich allein angefochten werden. Das Beschwerdegericht ist auf die Entscheidung der in der Zwischenverfügung geltend gemachten Bedenken beschränkt, auf andere Bedenken kann es nur wegweisend hinweisen (vgl. dazu näher § 77 Rdn. 12 ff.).

Die Beschwerde kann aber auch nach erfolgter Zurückweisung des Eintragungsantrags **16** gegen die Zurückweisung selbst eingelegt werden, ohne daß eine vorangegangene Zwischenverfügung angefochten worden ist.[43] Auch nach Ablauf der zur Behebung des Eintragungshindernisses gesetzten Frist bleibt eine Beschwerde gegen die Zwischenverfügung zulässig, solange das GBA den Eintragungsantrag nicht zurückgewiesen oder die Eintragung vorgenommen hat; danach ist nur die Beschwerde gegen die Zurückweisung gegeben; die Beschwerde gegen die Zwischenverfügung wird gegenstandslos und unzulässig.[44] Allerdings trifft dies für eine Beschwerde, die innerhalb der zur Behebung des Hindernisses gesetzten Frist eingelegt ist, nicht zu.[45] Die Hauptsache erledigt sich und die Beschwerde wird unzulässig, wenn das angenommene Eintragungshindernis beseitigt wird.[46] Die Beschwerde gegen eine Zwischenverfügung des GBA, mit der der Nachweis der Zustimmung des Ehegatten gemäß § 1365 BGB verlangt wird, wird nicht dadurch unzulässig, daß die Ehe rechtskräftig geschieden wird; vielmehr ist die Zwischenverfügung, sofern der Nachweis der Zustimmung nicht mehr geboten ist, aufzuheben.[47] Auch für die weitere Beschwerde gilt etwas anderes; siehe dazu § 78 Rdn. 5.

---

[37] OLG München JFG 14, 108; KG OLGZ 87, 257 = NJW-RR 87, 592/593; OLG Hamm MittRhNotK 96, 228.

[38] OLG Hamm JMBlNRW 87, 81/82 = WM 87, 972.

[39] BayObLGZ 84, 126/127 = Rpfleger 84, 406; KG OLGZ 89, 385/386 = NJW-RR 89, 1360; OLG Köln OLGZ 94, 521/522.

[40] KG HRR 40 Nr. 1077; BayObLG bei Goerke Rpfleger 83, 9/12; OLG Frankfurt FGPrax 97, 84 = Rpfleger 97, 255/256 = NJW-RR 97, 719.

[41] KG HRR 33 Nr. 1027; Kleist MittRhNotK 85, 133/143; Böttcher MittBayNot 87, 9/16.

[42] BayObLGZ 93, 228/232 = NJW-RR 93, 1171 = DNotZ 93, 743/745.

[43] OLG Frankfurt OLGZ 94, 262/264 = NJW-RR 94, 203.

[44] KGJ 51, 276; KG JW 36, 2933; OLG Frankfurt OLGZ 70, 284; RReport 96, 97.

[45] A. A. Meikel/Streck Rdn. 35.

[46] BayObLG Rpfleger 82, 275.

[47] BayObLGZ 72, 273 = NJW 72, 2272; s. dazu auch BGH Rpfleger 78, 207 = FamRZ 78, 396; OLG Hamm Rpfleger 84, 15 = OLGZ 84, 23 = FamRZ 84, 53.

17 Mit der Beschwerde gegen die Zwischenverfügung kann vornehmlich die unangemessene Bestimmung der zur Behebung des Hindernisses gesetzten Frist oder die mangelnde sachliche Begründung der Zwischenverfügung, insbesondere auch wegen neu vorgetragener Tatsachen oder wegen neu vorgelegter Beweismittel, gerügt werden. Fehlt in einer Zwischenverfügung eine Frist, so ist die Verfügung auf die Beschwerde eines Beteiligten schon aus diesem Grunde aufzuheben.[48] Das gilt jedoch nicht, wenn der Rechtspfleger die erforderliche Fristsetzung unterlassen hat; in diesem Falle kann sie der Grundbuchrichter im Erinnerungsverfahren nachholen, und zwar auch dann, wenn der Erinnerungsführer nicht das Fehlen der Frist rügt, sondern die Zwischenverfügung aus sachlichen Gründen beanstandet.[49]

18 Ist der Antragsteller einer Zwischenverfügung des GBA nicht nachgekommen, ohne sie jedoch mit der Beschwerde anzugreifen, und wendet er sich dann mit dem Rechtsmittel gegen den seinen Antrag zurückweisenden Beschluß, so kann er im Beschwerdeverfahren nicht hilfsweise den Erlaß derselben Zwischenverfügung verlangen, welche das GBA erlassen hatte und die von ihm nicht beanstandet war.[50] Ebensowenig wie ein Beteiligter eine Zwischenverfügung mit dem Ziel anfechten kann, daß der Eintragungsantrag sofort zurückgewiesen wird,[51] kann mit dem gleichen negativen Ziel der Erlaß einer Zwischenverfügung beantragt oder gegen die Aufhebung einer Zwischenverfügung ein Rechtsmittel eingelegt werden, um die Zwischenverfügung wiederherzustellen.[52] Wird ein Eintragungsantrag vor Ablauf der in einer Zwischenverfügung gesetzten Frist zurückgewiesen, so ist dieser Beschluß vom Beschwerdegericht wegen dieses formellen Mangels nur dann aufzuheben, wenn die Eintragungshindernisse noch innerhalb der Frist behoben werden.[53]

19 Das **Anheimgeben, einen Eintragungsantrag zurückzunehmen**, ist grundsätzlich keine Zwischenverfügung.[54] Eine solche liegt vielmehr nur dann vor, wenn dem Antragsteller die Beseitigung eines nach Ansicht des GBA bestehenden und behebbaren Hindernisses aufgegeben und für den Fall der Nichtbeseitigung die Zurückweisung des Antrags angedroht wird.[55] Das trifft auch zu, wenn das GBA die Vornahme einer Eintragung von bestimmten Auflagen abhängig macht und die Zurückweisung des Eintragungsantrags für den Fall ankündigt, daß diese nicht fristgerecht erfüllt werden.[56] Auch wenn das GBA die Einschränkung des Eintragungsantrags[57] oder das Fallenlassen eines im Eintragungsantrag enthaltenen Zusatzes anheimgibt,[58] handelt es sich um eine beschwerdefähige Zwischenverfügung; denn diese hat einen auf die Einschränkung des

---

[48] KG JFG 7, 398; 8, 342; OLGZ 71, 451 = DNotZ 71, 415; OLG Hamm JMBlNRW 63, 180; OLGZ 75, 150 = Rpfleger 75, 134.
[49] OLG Hamm OLGZ 67, 457 = NJW 67, 2365; *Kleist* MittRhNotK 85, 133/141.
[50] OLG Celle DNotZ 55, 542; *Riedel* Rpfleger 69, 151.
[51] KG DFG 43, 44 = DR 43, 705; OLG Frankfurt OLGZ 70, 284; BayObLGZ 80, 37/40.
[52] OLG Stuttgart OLGZ 68, 336 = Justiz 68, 232; BayObLGZ 80, 37/40; BayObLG Rpfleger 91, 107; BayObLGZ 93, 166/167 = NJW-RR 93, 1043 = DNotZ 95, 304; OLG Hamm FGPrax 95, 14/15; OLG Brandenburg FGPrax 97, 125/126 = MittBayNot 97, 293; a. A. Meikel/*Streck* Rdn. 123, s. a. § 77 Rdn. 12.
[53] BayObLGZ 95, 359/361 = FGPrax 96, 15 = Rpfleger 96, 191.
[54] BayObLGZ 74, 336/342 = DNotZ 75, 555/557.
[55] BGH LM § 71 GBO Nr. 5 = NJW 80, 2521 = Rpfleger 80, 273 m. Anm. v. *Meyer-Stolte*; KG JFG 13, 112 = HRR 35 Nr. 1525; OLGZ 71, 451 = DNotZ 71, 415; OLG Hamm OLGZ 75, 150 = Rpfleger 75, 134; OLG Frankfurt OLGZ 74, 347 = DNotZ 74, 435 = Rpfleger 74, 194; Rpfleger 75, 59; BayObLGZ 95, 359/361 = FGPrax 96, 15 = Rpfleger 96, 191.
[56] BayObLGZ 53, 32.
[57] BayObLGZ 76, 44/45 = Rpfleger 76, 181; BayObLGZ 77, 81/83; BWNotZ 81, 148.
[58] BayObLG Rpfleger 76, 180.

Vierter Abschnitt. Beschwerde (Kuntze) **§ 71**

Eintragungsantrags zielenden Inhalt.[59] Über unzulässige und nicht beschwerdefähige Zwischenverfügungen siehe unten Rdn. 57. Einen beschwerdefähigen Vorbescheid gibt es in Grundbuchsachen nicht (vgl. dazu näher unten Rdn. 60). Wird ein Antrag auf Berichtigung einer ursprünglich unrichtigen Eintragung (siehe dazu näher unten Rdn. 44) durch Zwischenverfügung beanstandet, so ist dagegen die Beschwerde ohne die Beschränkung des § 71 Abs. 2 Satz 2 zulässig.[60]

3. Eintragungen im Rahmen des § 71 Abs. 2

Zwar ist nach § 71 Abs. 2 Satz 1 die Beschwerde gegen eine Eintragung grundsätzlich **20** ausgeschlossen. Doch macht Satz 2 der Vorschrift hiervon eine Ausnahme: Die Beschwerde gegen eine Eintragung ist dann zulässig, wenn mit ihr verlangt wird, daß nicht die Eintragung beseitigt, sondern das GBA angewiesen werden soll, nach § 53 von Amts wegen einen Widerspruch einzutragen oder eine Löschung vorzunehmen.

§ 71 erfaßt seinem Wortlaut nach alle **Eintragungen**, die in das Grundbuch vorzuneh- **21** men sind. Darunter fallen z. B. die Eintragung als Eigentümer,[61] der Vermerk, durch den der Erbanteil eines Miterben auf einen anderen Miterben oder einen Dritten umgeschrieben wird,[62] die Nichtübertragung eines Rechts nach § 46 Abs. 2, die als Löschung des Rechts gilt,[63] die Vereinigung von Grundstücken und die Zuschreibung als Bestandteil[64] — auch die durch Bezugnahme nach § 874 BGB Teil der Eintragung gewordene Gemeinschaftsordnung der Wohnungseigentümer.[65] Löschungen gehören zu den Eintragungen, so daß die Anordnung einer Wiedereintragung unzulässig ist.[66]

Gegen die Eintragung einer **Zwangshypothek** ist die Beschwerde nach § 71 Abs. 2 GBO, nicht die sofortige Beschwerde nach § 793 ZPO gegeben; es gilt auch § 71 Abs. 2 Satz 2.[67] Mit der Beschwerde kann auch nicht trotz der verfassungsrechtlichen Garantie effektiven Rechtsschutzes die Eintragung eines Widerspruchs dann verlangt werden, wenn zwar keine Gesetzesverletzung im Sinne des § 53 Abs. 1 vorliegt, die Eintragung jedoch objektiv der Rechtsordnung widerspricht und das Gb insoweit unrichtig ist.[68] Ebenso findet gegen die Eintragung einer Vormerkung zur Sicherung des Anspruchs auf Eintragung einer Bauhandwerkersicherungshypothek nicht die Vollstreckungserinnerung nach § 766 ZPO oder die sofortige Beschwerde nach § 793 ZPO, sondern die Beschwerde nach § 71 GBO statt.[69]

---

[59] BayObLG a. a. O.
[60] *Demharter* Rdn. 35.
[61] OLG Oldenburg NdsRpfl. 47, 20; BayObLGZ 90, 306/307.
[62] KGJ 40, 168.
[63] KGJ 46, 211.
[64] BayObLGZ 71, 194/198; *Demharter* Rdn. 51.
[65] BayObLG MittBayNot 82, 29/30; DNotZ 95, 68.
[66] RGZ 110, 70; 113, 234; BayObLGZ 89, 136/138.
[67] RGZ 106, 74; OLG Köln OLGZ 67, 499; 91, 154/156; Rpfleger 96, 189/190; BayObLGZ 48–51, 611 = Rpfleger 52, 133; BayObLGZ 75, 398/401 = Rpfleger 76, 67; Büro 82, 1098; 83, 116; BayObLGZ 83, 187 = BWNotZ 83, 147; Rpfleger 95, 106; OLG Hamm Rpfleger 73, 440; OLGZ 75, 305/307; 419/420; FGPrax 97, 86; OLG Frankfurt OLGZ 81, 261; JurBüro 97, 664; 98, 381/382 = RReport 98, 237; OLG Naumburg RReport 98, 107/108; KG OLGZ 87, 257 = Rpfleger 87, 301 = NJW-RR 87, 592; OLG Celle Rpfleger 90, 112/113 = NdsRpfl. 90, 8/9; Meikel/*Streck* Rdn. 7; *Demharter* Rdn. 3 u. 12; s. auch BGHZ 64, 194 = Rpfleger 75, 246 für einen Ausnahmefall; dazu unten Rdn. 31 a; a. M. Baumbach/*Hartmann* § 867 Rdn. 18, die sowohl sofortige Beschwerde nach § 793 ZPO als auch Beschwerde nach § 71 Abs. 2 GBO für gegeben erachten; dagegen zutr. KG a. a. O.
[68] So OLG Celle a. a. O.; *Münzberg* Rpfleger 90, 253; Meikel/*Streck* Rdn. 3; dagegen zutr. *Demharter* Rdn. 49; ebenso oben Rdn. 6 zu § 53.
[69] LG Essen Rpfleger 75, 315; OLG Stuttgart BWNotZ 86, 89 = Justiz 86, 322.

§ 71   I. Grundbuchordnung

22   Die **Anlegung eines Grundbuchblattes** stellt noch keine Eintragung im Sinne des § 71 Abs. 2 dar. Durch sie wird vielmehr erst die Grundlage für künftige Eintragungen geschaffen. Da jedoch der Inhalt des angelegten Blattes bereits dem öffentlichen Glauben des Grundbuchs untersteht,[70] war es erforderlich, die nach § 71 Abs. 1 an sich zulässige Beschwerde gegen die Anlegung auszuschließen.[71] Aus diesem Grunde bestimmt § 125 Satz 1 ausdrücklich, daß die Beschwerde gegen die Anlegung unzulässig ist. Das gilt auch für die einzelne bei der Anlegung vorgenommene Eintragung. Entsprechend § 71 Abs. 2 Satz GBO läßt jedoch § 125 Satz 2 zu, daß das GBA im Beschwerdewege angewiesen wird, unter den Voraussetzungen des § 53 GBO einen Widerspruch einzutragen oder eine Löschung vorzunehmen. Es ist also notwendig, daß eine Verletzung gesetzlicher Vorschriften im Anlegungsverfahren vorgekommen und daß das Grundbuch unrichtig geworden ist.[72] Vgl. dazu auch Erl. zu § 125 Rdn. 2

23   Gegen den die Eintragung erst anordnenden Beschluß des **Beschwerdegerichts** ist die weitere Beschwerde mit dem Ziel, die Anordnung der Eintragung zu beseitigen, gegeben.[73] Ist die angeordnete Eintragung in das Grundbuch schon vorgenommen worden, so ist die Beschränkung der Beschwerde nach § 71 Abs. 2 Satz 2 zu beachten.[74]

24   Der Wortlaut des § 71 Abs. 2 Satz 1 erfordert indessen vom Zweck der Vorschrift eine **Einschränkung**: Unter den Begriff der „Eintragung" fällt nicht alles, was sich im Grundbuch befindet; vielmehr sind darunter nur solche Einträge zu verstehen, welche die Grundlage von Rechten, auf die sich der öffentliche Glaube des Grundbuchs erstreckt, bilden können. Der Ausschluß der Beschwerde gegen eine Eintragung beruht auf dem Gedanken, daß derjenige, der im Vertrauen auf die Richtigkeit des Grundbuchs ein Recht an einem Grundstück oder an einem eingetragenen Recht erworben hat, geschützt und nicht von Amts wegen durch eine Berichtigung oder gar Löschung in die Rechtsstellung der Beteiligten eingegriffen werden soll. Daraus folgt, daß sich § 71 Abs. 2 Satz 1 nur auf solche Eintragungen erstreckt, die unter dem Schutz des öffentlichen Glaubens des Grundbuchs stehen; bei Eintragungen, an die sich kein gutgläubiger Erwerb anschließen kann, ist für die Eintragung eines Amtswiderspruchs, der den öffentlichen Glauben zerstören soll, kein Raum.[75] Wird eine Eintragung mit der Begründung angefochten, sie sei unwirksam, weil sie ein unzuständiges Rechtspflegeorgan vorgenommen habe, so ist ebenfalls die unbeschränkte Beschwerde zulässig.[76] Dagegen steht die Eintragung der Teilung eines Grundstücks unter dem öffentlichen Glauben des Grundbuchs und ist nur mit der beschränkten Beschwerde anfechtbar.[77]

    a) Demnach sind **unbeschränkt anfechtbar** die Eintragung von:

25   aa) **Widersprüchen**.[78] Ist ein Widerspruch auf Anordnung des Beschwerdegerichts eingetragen worden, so ist gegen die Eintragung die weitere Beschwerde gegeben;[79]

---

[70] OLG München JFG 17, 293.
[71] OLG Köln OLGZ 82, 141/142.
[72] OLG München JFG 7, 293.
[73] OLG Düsseldorf JR 50, 686 = JMBlNRW 50, 127.
[74] RGZ 110, 69; BayObLG NJW 83, 1567.
[75] BGHZ 25,16 = NJW 57, 1229; BGHZ 64, 194 = Rpfleger 75, 246; NJW 90/ 258/259 = DNotZ 90, 586; KG Rpfleger 75, 68 = MDR 75, 151; OLG Stuttgart OLGZ 79, 300 = MDR 79, 853; BayObLG RdL 81, 268/269; Rpfleger 87, 57 = NJW-RR 87, 334; stRspr.; OLG Frankfurt Rpfleger 96, 336.
[76] BayObLGZ 92, 14 = Rpfleger 92, 147.
[77] BayObLG Rpfleger 95, 495/496 = DNotZ 96, 32/35.
[78] OLG Düsseldorf JR 50, 686 = SJZ 50, 915; OLG Hamm JMBlNRW 65, 269; Rpfleger 73, 440 = Büro 74, 82/83; BayObLGZ 52, 26; 78, 157/158 = DNotZ 78, 626; BayObLGZ 86, 294/297; 89, 354/356; OLG Stuttgart OLGZ 79, 300 = MDR 79, 853; RGZ 117, 352; OLG Zweibrücken MittBayNot 75, 177; OLG Schleswig SchlHA 96, 161.
[79] OLG Düsseldorf a. a. O.

bb) grundsätzlich auch von **Vormerkungen**. Sie genießen im allgemeinen nicht den Schutz des öffentlichen Glaubens. Allerdings können die Rechte aus einer Vormerkung bei deren Begründung kraft guten Glaubens erworben werden, wenn der eingetragene Nichtberechtigte eine Vormerkung durch Rechtsgeschäft zugunsten eines Gutgläubigen bewilligt, weil die Bestellung einer Vormerkung eine Verfügung über das Recht im Sinne des § 893 BGB darstellt.[80] In diesen Fällen wird man die Beschwerde nur im Rahmen des § 71 Abs. 2 Satz 2 zulassen können; von den schwierigen materiell-rechtlichen Vorfragen, deren Beantwortung von der Vornahme weiterer Ermittlungen abhängen kann, sollte nicht die Zulässigkeit eines Rechtsmittels abhängen.[81] Das gilt jedoch nicht, wenn der Erwerb auf einer einstweiligen Verfügung beruht; in diesem Falle ist die unbeschränkte Beschwerde gegeben.[82]

Für Vormerkungen und Widersprüche nach § 18 Abs. 2 (siehe dazu § 18 Rdn. 84) sowie für Amtswidersprüche nach § 53 Abs. 1 Satz 1 gelten dieselben Erwägungen.[83]

cc) **Verfügungsbeschränkungen** wie z. B. eines Verfügungsverbotes[84] oder des Testamentsvollstreckervermerks[85] oder eines Rechtshängigkeitsvermerk[86] oder des Vor- und Nacherbenvermerks;[87] wird jedoch mit der Beschwerde gegen die Eintragung einer befreiten Vorerbschaft erstrebt, statt dieser eine nicht befreite Vorerbschaft einzutragen, so ist die Beschwerde nur mit der Beschränkung des § 71 Abs. 2 Satz 2 zulässig; denn in diesem Falle wird der gutgläubige Erwerber eines zum Nachlaß gehörenden Grundstücks nach §§ 2113 Abs. 3, 892 Abs. 2 Satz 2 BGB geschützt, er kann sich darauf verlassen, daß über die eingetragene befreite Vorerbschaft hinaus eine weitergehende Verfügungsbeschränkung des Vorerben nicht besteht.[88] Auch der Zwangsversteigerungs- oder Zwangsverwaltungsvermerk fällt unter die Verfügungsbeschränkungen, gegen die die unbeschränkte Beschwerde mit dem Ziel der Löschung zulässig ist.[89] Dasselbe gilt für den Konkursvermerk.[90] Indessen kann ein Beteiligter mit seiner Beschwerde nach § 71 Abs. 2 nicht die Löschung des Versteigerungsvermerks erreichen, weil die Beseitigung der Beschlagnahmewirkung im Vollstreckungsverfahren betrieben werden muß und der auf Ersuchen des Vollstreckungsgerichts in das Grundbuch eingetragene Vermerk nur auf Ersuchen desselben Gerichts gelöscht werden kann.[91]

dd) einer dinglichen **Unterwerfungsklausel** nach § 800 ZPO; sie gehört nicht zum materiellen Inhalt der Hypothek, ist vielmehr ein prozessuales Nebenrecht, das nicht am Gutglaubensschutz teilnimmt.[92]

---

[80] BGHZ 25, 23 = NJW 57, 1229; KG Rpfleger 62, 212; FGPrax 97, 212 = NJW-RR 98, 447 = RReport 78, 79; BayObLG BWNotZ 88, 165/166 = MittRhNotK 89, 52/53; OLG Naumburg RReport 98, 157/158.
[81] Vgl. dazu näher *Medicus* AcP 163, 1 ff.; *Reinicke* NJW 64, 2373; *Mayer* NJW 63, 2263; *Furtner* NJW 63, 1486.
[82] KG Rpfleger 62, 212; BayObLG Rpfleger 87, 57 = NJW-RR 87, 334; a. A. *Furtner* NJW 63, 1486.
[83] OLG Düsseldorf JR 50, 686 = SJZ 50, 915; BayObLGZ 52, 26; BayObLG NJW-RR 87, 812 = Rpfleger 87, 407; 93, 68 = MittBayNot 92, 395; NJW-RR 98, 1025; OLG Zweibrücken MittBayNot 75, 177.
[84] KG DNotV 30, 492.
[85] KGJ 40, 199.
[86] OLG Stuttgart OLGZ 79, 300 = MDR 79, 853.
[87] BayObLGZ 57, 285/287; 70, 137/139; MittRhNotK 82, 142 = DNotZ 83, 318; OLG Hamm Rpfleger 57, 415 = JMBlNRW 58, 16; OLGZ 70, 382 = NJW 70, 1606; OLGZ 76, 180; OLG Oldenburg NdsRpfl. 47, 86; OLG Zweibrücken NJW-RR 98, 666 = RReport 98, 234/235.
[88] OLG Hamm OLGZ 71, 448 = Rpfleger 71, 255.
[89] KG DNotV 30, 630 = HRR 30 Nr. 1509; BayObLG FGPra 97, 13 = Rpfleger 97, 101/102; a. A. Haegele/Schöner/*Stöber* Rdn. 1631.
[90] OLG Zweibrücken Rpfleger 90, 87.
[91] Meikel/*Streck* Rdn. 52; Zeller/*Stöber* § 19 Rdn. 6.
[92] BGH NJW 90, 258/259 = DNotZ 90, 586 m. Anm. v. *Wolfsteiner* = JR 90, 366/367 m. Anm. v. *Probst*; KG DNotZ 32, 30 = HRR 31 Nr. 1704; OLG München JFG 15,

29 ee) **mehreren Berechtigten** ohne die nach § 47 notwendige Angabe des Gemeinschaftsverhältnisses, da es sich hierbei nur um eine Ordnungsvorschrift handelt, deren Verletzung keine Berufung auf den öffentlichen Glauben des Grundbuchs ermöglicht;[93]

30 ff) einem **Mithaftvermerk** nach § 48, er soll lediglich ebenso wie der Widerspruch oder der Zwangsversteigerungsvermerk einen gutgläubigen Erwerb verhindern;[94]

31 gg) von **Rechten, die nicht übertragbar** sind wie z. B. eines dinglichen Wohnungsrechts[95] oder eines persönlichen Vorkaufsrechts nach §§ 514, 1098 BGB[96] oder die zu ihrer Wirksamkeit der Eintragung in das Grundbuch nicht bedürfen wie z. B. altrechtliche Grunddienstbarkeiten nach Art. 187 Abs. 1 EGBGB;[97] sind sie aber einmal im Gb eingetragen, wurden sie insbesondere später zu Unrecht gelöscht, so nehmen sie am öffentlichen Glauben des Gb teil;[98] siehe dazu auch § 53 Rdn. 4. Soweit jedoch ein nicht übertragbares Recht einer juristischen Person zusteht, z. B. eine beschränkte persönliche Dienstbarkeit oder ein Nießbrauch (§§ 1059a Abs. 1, 1092 Abs. 2 BGB), ist nur die beschränkte Beschwerde nach § 71 Abs. 2 Satz 2 zulässig, weil insoweit nach § 1059a Abs. 1 Nr. 2 BGB ein gutgläubiger Erwerb in Betracht kommen kann.[99]

31a hh) einer **inhaltlich zulässigen Zwangshypothek** mit dem Ziel ihrer Löschung **ausnahmsweise** dann, wenn nach dem konkreten Inhalt des Grundbuchs die Möglichkeit eines gutgläubigen Erwerbs sowohl für die Vergangenheit (infolge Fehlens einer entsprechenden Eintragung) als auch für die Zukunft (infolge Eintragung eines Amtswiderspruchs) rechtlich ausgeschlossen ist.[100] Auch die Löschung eines **Bergwerkseigentums** ist unbeschränkt anfechtbar, da ein gutgläubiger lastenfreier Erwerb des Grundstücks ausgeschlossen ist.[101]

32 ii) Werden Eintragungen der vorgenannten Art gelöscht, so ist gegen die **Löschung** grundsätzlich nur die Beschwerde im Rahmen des § 71 Abs. 2 Satz 2 gegeben. So ist gegen eine Amtslöschung nach § 53 Abs. 1 Satz 2 die Beschwerde mit dem Ziel der Eintragung eines Amtswiderspruchs nach § 53 Abs. 1 Satz 1 gegeben.[102] Auch kann gegen die zu Unrecht erfolgte Löschung einer Vormerkung lediglich die Eintragung eines Amtswiderspruchs erstrebt werden.[103] Ist ein Amtswiderspruch gelöscht worden, so ist die Beschwerde mit dem Ziel der Eintragung eines Widerspruchs gegen die durchgeführte Löschung, nicht die Eintragung eines Widerspruchs gegen die ursprüngliche Unrichtigkeit gegeben.[104] Des weiteren ist nur die beschränkte Beschwerde gegen die zu Unrecht erfolgte Löschung einer eingetragenen Unterwerfungsklausel möglich.[105] Eine Ausnahme gilt indessen für die Löschung eines Rechts, das zur Erhaltung seiner Wirksamkeit gegenüber dem öffentlichen Glauben keiner Eintragung bedarf.[106]

---

260 = HRR 37 Nr. 1083; BayObLG DNotZ 87, 216 = MittBayNot 87, 26; *Räfle* WM 83, 806/815.
[93] RG JW 34, 2612.
[94] KG HRR 34 Nr. 278.
[95] BayObLGZ 54, 149; RdL 81, 268/269; Rpfleger 82, 14; MittBayNot 91, 79.
[96] OLG Hamm MittBayNot 89, 215.
[97] RG JR 27 Nr. 810; KG Rpfleger 75, 68 = MDR 75, 151; OLG Bamberg RdL 56, 106/108.
[98] BGHZ 104, 134/142 = NJW 88, 2037 = DNotZ 89, 146/147; früher streitig, s. Voraufl.
[99] BayObLG Rpfleger 82, 14 = RdL 81, 268; MittBayNot 91, 79; *Demharter* Rdn. 43.
[100] BGHZ 64, 194 = Rpfleger 75, 246 = NJW 75, 1282; OLG Frankfurt OLGZ 81, 261; JurBüro 98, 381/382 = RReport 98, 237; OLG Naumburg RReport 98, 107/108.
[101] OLG Frankfurt Rpfleger 96, 336.
[102] OLG Hamm Rpfleger 60, 154; KG OLGZ 75, 301/302; Rpfleger 75, 68 = MDR 75, 151; BayObLGZ 95, 249/251 = FGPrax 95, 188.
[103] RGZ 132, 419.
[104] BayObLGZ 89, 136/138; DNotZ 95, 68; *Demharter* Rdn. 44; Meikel/*Streck* Rdn. 54; a. A. Voraufl.
[105] KG JW 37, 3037 = HRR 37 Nr. 1657.
[106] KG Rpfleger 75, 68 = MDR 75, 151; *Demharter* Rdn. 44.

Vierter Abschnitt. Beschwerde (Kuntze) **§ 71**

kk) Die **tatsächlichen Angaben** des Grundbuchs sind keine Eintragungen im Sinne **33** von § 71 Abs. 2 Satz 1. Werden derartige Einträge wie z. B. die Größe[107] oder andere Eigenschaftsangaben des Grundstücks von Amts wegen berichtigt oder findet die Übernahme einer Veränderung tatsächlicher Art aus dem Liegenschaftskataster in das Gb statt,[108] dann ist dagegen die unbeschränkte Beschwerde nach § 71 Abs. 1 zulässig. Dasselbe gilt, wenn die unzutreffende Bezeichnung des Berechtigten berichtigt wird[109] so z. B. die falsche Schreibweise des Namens[110] oder auch wenn unter Beibehaltung der Firma eine offene Handelsgesellschaft in eine Kommanditgesellschaft[111] oder eine Kommanditgesellschaft in eine Gesellschaft des bürgerlichen Rechts[112] umgewandelt wird.

b) Wendet sich der Beteiligte nicht gegen den Inhalt oder den Umfang einer Eintra- **34** gung, erstrebt er vielmehr eine klarstellende Ergänzung des Eintragungsvermerks, weil dieser mehrdeutig oder mißverständlich ist, dann spricht man von einer sog. **Fassungsbeschwerde**, die unbeschränkt zulässig ist.[113] Die Fassungsbeschwerde kann gleichermaßen der Behebung von Unklarheiten wie auch der Namensberichtigung dienen, solange hierbei die Identität des Namensträgers außer Zweifel steht.[114] Bei Löschung eines Klarstellungsvermerks kann mit der Beschwerde oder weiteren Beschwerde nur die Wiedereintragung des Vermerks, nicht die Eintragung eines Amtswiderspruchs gegen die Löschung verlangt werden.[115]

c) Die **Ergänzung** einer unvollständigen Eintragung kann mit der Beschwerde nur **35** verlangt werden, wenn die Ergänzung einen Punkt betrifft, auf den der öffentliche Glaube des Grundbuchs keine Anwendung findet, andernfalls ist § 71 Abs. 2 Satz 2 zu beachten,[116] so z. B. bei Hinzufügung der Unterwerfungsklausel[117] oder wenn das an der Forderung begründete Pfandrecht bei Eintragung der Hypothek nicht miteingetragen worden ist[118] oder wenn das GBA einen vereinbarten Rangvermerk oder Rangvorbehalt nicht eingetragen hat.[119] Ist ein beantragter Zusatz im Eintragungsvermerk fortgelassen oder in inhaltlich unzulässiger Weise eingetragen worden, so kann mit der Beschwerde erreicht werden, daß er Gegenstand einer neuen selbständigen Eintragung bilden soll.[120]

4. Sonstige Entscheidungen

Daneben gibt es noch eine Reihe von sonstigen Entscheidungen, die beschwerdefähig **36** sind. Das gilt für:

a) **Entscheidungen**, die mit der **Erteilung** eines **Hypothekenbriefes** zusammenhängen. Sie können die Herstellung des Briefes oder seine Ergänzung betreffen, sich aber

---

[107] BayObLGZ 76, 106/109 = Rpfleger 76, 251; BayObLGZ 87, 410/412 = Rpfleger 88, 254; OLG Oldenburg Rpfleger 92, 387 = NdsRpfl. 92, 235.
[108] BayObLG bei *Plötz* Rpfleger 90, 198.
[109] OLG Stuttgart Rpfleger 60, 338.
[110] KG JFG 8, 241 = HRR 31 Nr. 968.
[111] KG JFG 1, 371.
[112] BayObLGZ 48–51, 430 = NJW 52, 28.
[113] KG JFG 5, 400; DR 44, 255; OLG Braunschweig Rpfleger 64, 119; BayObLGZ 52, 142; 56, 198 = DNotZ 56, 547; 68, 442; BayObLGZ 72, 374 = Rpfleger 73, 56; BayObLGZ 84, 239/240; 88, 124/126; 90, 188/189; OLG Düsseldorf Rpfleger 63, 287; JMBlNRW 62, 125; DNotZ 71, 724; OLG Hamm NJW 67, 934; OLG Stuttgart Rpfleger 81, 355 = MDR 81, 680; Haegele/Schöner/*Stöber* Rdn. 487; *Haegele* Rpfleger 73, 11.
[114] BayObLGZ 72, 374 = Rpfleger 73, 56.
[115] BayObLGZ 88, 124/126.
[116] Meikel/*Streck* Rdn. 64 ff.; LG Düsseldorf Rpfleger 63, 50.
[117] KG JW 37, 3037.
[118] KG JFG 4, 417.
[119] *Demharter* Rdn. 48; a. A. Meikel/*Streck* Rdn. 67.
[120] KGJ 46, 256; *Demharter* Rdn. 48; a. A. LG Düsseldorf Rpfleger 63, 50.

§ 71

auch auf den Inhalt des Briefes beziehen; der Hypothekenbrief stellt insofern eine unter § 71 Abs. 1 fallende Willensäußerung des GBA dar, als in ihm das GBA das dingliche Recht und einen bestimmten Teil des Grundbuchinhalts beurkundet und dadurch diejenige Urkunde schafft, die für die Entstehung, Übertragung und Geltendmachung der Hypothek von maßgebender Bedeutung ist.[121] Dem Eigentümer des belasteten Grundstücks steht ein Beschwerderecht gegen den Inhalt des Hypothekenbriefs zu.[122] Auch alle die Aushändigung des Briefs betreffenden Entscheidungen sind beschwerdefähig,[123] so die Entscheidung über den Antrag eines Dritten, ihm statt des bisherigen Besitzers den Brief herauszugeben,[124] oder die Ablehnung, vorgeschriebene Benachrichtigungen an einen Bevollmächtigten des eingetragenen Berechtigten zu richten.[125] Schließlich sind anfechtbar die Entscheidungen über die Einforderung und Unbrauchbarmachung des Briefes, letztere mit dem Antrag, einen neuen gleichlautenden Brief zu erteilen.[126]

37 b) **Entscheidungen** über die **Einsicht** des **Grundbuchs** und die Erteilung von Abschriften (§ 12) sind anfechtbar (s. dazu § 12 Rdn. 11, 12; § 44 GBVfg. Rdn. 7, aber auch oben Rdn. 10 und Rdn. 9 vor § 71).

38 c) Dasselbe gilt für **Entscheidungen** über die **Verwahrung** und **Herausgabe** eingereichter **Urkunden**,[127] die **Erteilung** einer **vollstreckbaren Ausfertigung** einer in den Grundakten befindlichen Urkunde; lehnt das GBA die Erteilung ab, so sind die Rechtsmittel nach GBO, nicht nach der ZPO gegeben.[128]

39 d) Weiter sind anfechtbar **Entscheidungen** über die **Schließung eines Grundbuchblattes** mit dem Ziel auf Anlegung eines neuen Blattes, das den Inhalt des geschlossenen hat;[129] über Rechtsbehelfe bei Umschreibung eines Grundbuchblatts siehe näher § 30 GBVfg. Rdn. 13,

e) über die Einleitung und Durchführung des **Berichtigungszwangsverfahrens** (§ 82; vgl. § 82 Rdn. 21),

f) über die **Gegenstandslosigkeit** einer Eintragung (§ 89),

g) über einen **Widerspruch** im **Rangklarstellungsverfahren** (§ 110),

h) **im Prozeßkostenhilfeverfahren.**

40 Da die GBO über die Prozeßkostenhilfe keine eigene Regelung enthält, ist § 14 FGG anwendbar, wonach die §§ 114–127 ZPO entsprechende Anwendung finden. Für das Beschwerdeverfahren gelten die §§ 71 ff. GBO. Wird die Prozeßkostenhilfe vom Grundbuchrichter verweigert, so ist dagegen Beschwerde gegeben (§ 127 Abs. 2 Satz 2 ZPO). Gemäß §§ 127 Abs. 2 Satz 2, 568 Abs. 2 Satz 1 ZPO ist gegen die Entscheidung des Beschwerdegerichts die weitere Beschwerde nach § 78 GBO ausgeschlossen.[130] Auch wenn das Beschwerdegericht für seine Instanz Prozeßkostenhilfe verweigert, ist eine Anfechtung ausgeschlossen. Das ergibt sich aus einer entsprechenden Anwendung von §§ 127 Abs. 2 Satz 2, 567 Abs. 3 Sätze 1 und 2 ZPO, wonach der Beschluß des Landge-

---

[121] KGJ 52, 213/215; BayObLGZ 74, 55/56 = Rpfleger 74, 160.
[122] KG DNotV 29, 239.
[123] KG JW 25, 1776 = OLGRspr. 44, 163.
[124] KJG 25, 322.
[125] OLG Stuttgart OLGZ 73, 422.
[126] KG HRR 31 Nr. 2060.
[127] BayObLGZ 75, 264/265; § 10.
[128] BGH LM § 71 GBO Nr. 2 = NJW 67, 1371.
[129] KG HRR 33 Nr. 143; siehe dazu auch § 35 GBVfg. Rdn. 2 a. E.
[130] BGHZ 53, 369 = NJW 70, 1273; OLG Hamm NJW 64, 1530; KG OLGZ 67, 84 = NJW 67, 1237; BayObLG NJW-RR 86, 935 = MDR 86, 769; OLG Zweibrücken Rpfleger 92, 166 = MDR 92, 612; *Demharter* Rdn. 44 zu § 1 und Rdn. 56 zu § 71; *Meikel/Streck* Rdn. 94.

richts über die Verweigerung der Prozeßkostenhilfe nicht mit der Beschwerde angegriffen werden kann.[131]

i) **sonstige Zwischenentscheidungen**, z. B. verfahrensleitende Maßnahmen, sind nur ausnahmsweise anfechtbar, wenn sie bereits unmittelbar in die Rechte Beteiligter eingreifen; s. dazu näher Keidel/*Kahl* § 19 Rdn. 9 ff.; *Jansen* § 19 Rdn. 24 ff.; Meikel/*Streck* Rdn. 25 und 91. **40a**

5. Zurückweisung eines Berichtigungsantrags

Wird die Berichtigung des Grundbuchs beantragt, so wendet sich der Antragsteller gegen eine bestehende Eintragung oder Löschung. Wenn dieser Antrag vom GBA zurückgewiesen wird, ist es folgerichtig, die Anfechtbarkeit dieser Entscheidung nach § 71 Abs. 1 und 2 zu regeln.[132] Daraus ergibt sich: **41**

a) Die unbeschränkte Beschwerde nach § 71 Abs. 1 ist gegeben, wenn eine Berichtigung von Eintragungen abgelehnt wird, die nicht unter dem öffentlichen Glauben des Grundbuchs stehen,[133] so wenn beantragt wird, eine Vormerkung zu löschen und der Antrag auf den Nachweis des Nichtbestehens des durch die Vormerkung zu sichernden Anspruchs gestützt wird[134] oder wenn eine Berichtigung von Eintragungen abgelehnt wird, die als rein tatsächliche Angaben nicht mehr unter § 71 Abs. 2 Satz 1 fallen (s. oben Rdn. 33) oder wenn beantragt wird, einen an einem Grundstück eingetragenen Eigentumsverzicht durch Löschung und Wiedereintragung des Berechtigten zu berichtigen.[135] **42**

b) Die Beschwerde gegen die Zurückweisung eines Berichtigungsantrags ist auch dann unbeschränkt zulässig, wenn die Berichtigung nicht auf den Nachweis der Unrichtigkeit des Grundbuchs, sondern gemäß §§ 22, 19 auf die Berichtigungsbewilligung sämtlicher Betroffener gestützt wird.[136] **43**

c) Wird gegen die Zurückweisung eines auf § 22 gestützten Berichtigungsantrags Beschwerde erhoben, so ist zu unterscheiden, ob die Eintragung, deren Berichtigung begehrt wird, ursprünglich richtig war und erst durch spätere Vorgänge außerhalb des Grundbuchs unrichtig geworden ist (nachträgliche Unrichtigkeit) oder ob die Eintragung von Anfang an unrichtig war (ursprüngliche Unrichtigkeit). Im Falle der nachträglichen Unrichtigkeit ist die Beschwerde unbeschränkt zulässig; § 71 Abs. 2 Satz 1 trifft nicht zu, weil die Beschwerde sich nicht gegen die Vornahme der Eintragung richtet, sondern dagegen, daß die Eintragung trotz der nachträglich eingetretenen Rechtsänderung weiterbesteht.[137] Im Falle der ursprünglichen Unrichtigkeit ist die Beschwerde mit dem Ziel der Beseitigung der Eintragung nach § 71 Abs. 2 Satz 1 unzulässig, weil sie **44**

---

[131] OLG Bremen OLGZ 92, 292 = FamRZ 92, 583; OLG Düsseldorf Rpfleger 94, 17; BayObLGZ 91, 414 = Rpfleger 92, 165 = NJW-RR 92, 828; OLG Zweibrücken Rpfleger 92, 166 = MDR 92, 612; OLG Köln RReport 95, 146; OLG Braunschweig RReport 95, 93; 96, 95.

[132] OLG Düsseldorf Rpfleger 63, 287 = JMBlNRW 62, 125.

[133] OLG Celle NJW 55, 1234 = DNotZ 55, 396; BayObLG Rpfleger 93, 58 = MittBayNot 92, 395.

[134] KG OLGZ 69, 202 = NJW 69, 318.

[135] OLG Zweibrücken OLGZ 81, 139/141.

[136] BGH NJW 90, 258/259 = DNotZ 90, 586 m. Anm. v. *Wolfsteiner*; KG OLGZ 65, 72 = Rpfleger 65, 232; RGZ 133, 280; OLG Braunschweig JFG 4, 402; *Demharter* Rdn. 28.

[137] BayObLGZ 52, 159; RGZ 110, 71; KG JFG 1, 366; OLG Hamm OLGZ 88, 17/24 = NJW-RR 88, 461/463 = JMBlNRW 87, 81/82; Rpfleger 93, 486; OLG Frankfurt Rpfleger 96, 336; *Demharter* Rdn. 29; Meikel/*Streck* Rdn. 72.

sich in Wahrheit nicht gegen die Zurückweisung des Berichtigungsantrags, sondern gegen die Eintragung selbst richtet. Dabei ist unerheblich, ob die Unrichtigkeit auf die bei der Vornahme der Eintragung dem GBA vorgelegten Unterlagen oder auf neue Tatsachen oder Beweise gestützt wird. Wird jedoch gemäß § 71 Abs. 2 Satz 2 mit der Beschwerde die Anweisung an das GBA begehrt, nach § 53 einen Amtswiderspruch einzutragen oder eine Amtslöschung vorzunehmen, so ist sie mit dieser Beschränkung zulässig.[138] Deshalb ist die Ablehnung des an das GBA gerichteten Ersuchens, einen Amtswiderspruch einzutragen, neben der beschränkten Beschwerde nach § 71 Abs. 2 nicht gesondert selbständig anfechtbar.[139] Allerdings kann die Löschung einer Grundschuld unter dem Gesichtspunkt anfänglicher Nichtexistenz des eingetragenen Gläubigers mit der unbeschränkten Beschwerde weiterverfolgt werden, weil insoweit nicht der Gutglaubensschutz eingreift.[139a]

6. Beschränkte Beschwerde nach § 71 Abs. 2 Satz 2

45 Mit der Beschwerde gegen eine Eintragung kann verlangt werden, daß das GBA angewiesen wird, nach § 53 von Amts wegen einen Widerspruch einzutragen oder eine Löschung vorzunehmen. Diese Beschränkung des Rechtsmittels braucht nicht ausdrücklich erklärt zu sein; sie kann auch durch Auslegung aus einer ihrem Wortlaut nach auf Beseitigung der Eintragung gerichteten Beschwerde entnommen werden, wenn nicht die gesamten Umstände eindeutig das Gegenteil ergeben. Regelmäßig ist anzunehmen, daß der Beschwerdeführer das Rechtsmittel mit dem zulässigen Inhalt einlegen will.[140] Hält das Beschwerdegericht die Beschwerde gegen eine Eintragung für unzulässig, so hat es zu prüfen, ob das Rechtsmittel nicht mit der Beschränkung des § 71 Abs. 2 Satz 2 gewollt ist und ob die Voraussetzungen des § 53 vorliegen.[141] Die Anweisung, einen Amtswiderspruch einzutragen, kommt allerdings nicht in Betracht, wenn bereits ein solcher eingetragen ist; dagegen hindert ein nach § 899 BGB eingetragener Widerspruch die Buchung eines Amtswiderspruchs nicht.[142] Die vom OLG Frankfurt[143] und von Meikel/*Streck*[144] vertretene Auffassung, daß ein Antrag nach § 71 Abs. 2 Satz 2, der die gleichen Rechtsfragen wie in einem voraufgegangenen Verfahren erneut zur Entscheidung stellt, solange unzulässig sei, als der Sachverhalt sich nicht entscheidend verändert habe, erscheint bedenklich. Entscheidungen, die in Grundbuchsachen ergehen, sind weder der formellen noch der materiellen Rechtskraft fähig. Die

---

[138] BayObLGZ 52, 160; 70, 182/184; 72, 268; 86, 317/319 = NJW-RR 86, 1458/1459; BWNotZ 88, 165/166 = MittRhNotK 89, 52/53; NJW-RR 90, 722/723; DtZ 94, 37; BayObLG bei *Meyer-Stolte* Rpfleger 94, 333/334; WuM 95, 67/68; KG OLGZ 65, 70 = Rpfleger 65, 232; OLGZ 69, 202 = NJW 69, 138; RGZ 110, 70; OLG Oldenburg NdsRpfl. 47, 20; OLG Schleswig SchlHA 58, 9; OLG Hamm OLGZ 69, 303; Rpfleger 93, 486; OLG Frankfurt Rpfleger 79, 418/419; 96, 336; OLG Celle Rpfleger 90, 112/113 = NdsRpfl. 90, 8/9; OLG Köln OLGZ 91, 154/155; *Demhorter* Rdn. 30; Meikel/*Streck* Rdn. 74; *Jansen* NJW 65, 619; a. A. BezG Gera Rpfleger 94, 106; Wolff/Raiser § 27 Fn. 6; *Otte* NJW 64, 634; *Köstler* JR 87, 402.

[139] BayObLG bei *Stanglmair* Rpfleger 75, 48; DNotZ 80, 543/544; MittBayNot 82, 29/30.

[139a] KG FGPrax 97, 212 = NJW-RR 98, 447 = RReport 98, 79.

[140] BayObLGZ 52, 160; 71, 199; Rpfleger 80, 64; RdL 81, 268/269; BayObLGZ 87, 231/235; 431/432; BayObLG FamRZ 90, 98; NJW-RR 90, 722/723; OLG Düsseldorf JMBlNRW 55, 30; OLG Braunschweig NdsRpfl. 49, 105; OLG Schleswig SchlHA 58, 9; SchlHA 96, 161; KG JFG 12, 301; OLG Hamm OLGZ 77, 267; Rpfleger 93, 486/487; OLG Naumburg RReport 98, 107/108 f.; *Riedel* Rpfleger 69, 154.

[141] *Demharter* Rdn. 55; Meikel/*Streck* Rdn. 76.

[142] KG JFG 12, 303.

[143] NJW 63, 2033 = DNotZ 64, 497.

[144] Einl. vor § 71 Rdn. 22.

Beteiligten sind deshalb nicht daran gehindert, die Gerichte in derselben Angelegenheit immer wieder anzurufen, es sei denn, dies würde einen Rechtsmißbrauch darstellen. Zur erstmaligen Geltendmachung eines Widerspruchs im Beschwerdeverfahren mit dem Antrag auf Zurückweisung einer Beschwerde gegen eine Löschungsanordnung nach § 53 Abs. 1 Satz 2, die ein anderer Beteiligter erwirkt hat, vgl. OLG Stuttgart Justiz 69, 136.

7. Kostenentscheidungen

Sie können im Rahmen des § 20 a FGG angefochten werden. **46**

a) Eine **Kostenentscheidung** liegt vor, wenn das Gericht über die Kostentragungspflicht gegenüber der Staatskasse oder über die Kostenerstattung unter den Beteiligten entschieden hat.

aa) Die Pflicht zur **Tragung der Gerichtskosten** und die Person des Kostenschuldners **47** der Staatskasse gegenüber ergeben sich in Grundbuchsachen grundsätzlich unmittelbar aus dem Gesetz (§§ 2 bis 6 KostO), ebenso die Frage, ob und in welcher Höhe überhaupt eine Gebühr entstanden ist. Die Prüfung dieser Fragen obliegt bei der Aufstellung des Kostenansatzes dem Kostenbeamten, der darüber in eigener Verantwortung zu befinden hat (§ 2 KostVfg.). Eine Kostenentscheidung im Sinne des § 3 Nr. 1 KostO gehört daher zu den Ausnahmen. Sie und somit eine Beschwerde nach § 20 a FGG und nicht etwa nach § 14 KostO kann ausnahmsweise in Betracht kommen im Falle des § 114 GBO oder in den besonderen Fällen des § 31 Abs. 2 oder § 70 Abs. 2 Satz 1 KostO.[145]

bb) Eine Entscheidung über die **Kostenerstattung** wird in Grundbuchsachen ebenfalls selten sein, da in diesen Verfahren sich nur selten Beteiligte mit gegensätzlichen Interessen gegenüberstehen.[146] Eine solche Entscheidung kann nach § 13 a FGG oder im Rangklarstellungsverfahren nach § 114 GBO erfolgen. Zu den Einzelheiten der Kostenerstattung nach § 13 a FGG vgl. die Anmerkungen bei Keidel/*Zimmermann* und *Jansen* zu § 13 a. **48**

b) Um eine **Kostenentscheidung** handelt es sich **nicht**, wenn das GBA nach § 8 Abs. 2 **49** KostO die Eintragung von der **Zahlung eines Vorschusses** abhängig macht, sei es durch Zwischenverfügung, sei es ohne solche. Hiergegen ist die Beschwerde, auch wegen der Höhe des Vorschusses, nach den §§ 71 bis 77, 81 GBO zulässig; die Beschwerde ist auch statthaft, wenn der Wert des Beschwerdegegenstandes 100,– DM nicht übersteigt (§ 8 Abs. 3 KostO). Die weitere Beschwerde ist ausgeschlossen, auch wenn sie das LG zugelassen hat.[147]

c) Liegt eine Kostenentscheidung vor, so gilt folgendes:

aa) Ist die **Entscheidung in der Hauptsache** ergangen, so kann die Kostenentschei- **50** dung nicht angefochten werden, wenn in der Hauptsache kein Rechtsmittel eingelegt ist (§ 20 a Abs. 1 FGG). Dies gilt auch, wenn eine ablehnende Kostenentscheidung ergangen ist[148] und selbst dann, wenn die Kostenentscheidung nicht mit der Entscheidung in der Hauptsache verbunden, sondern gesondert erlassen worden ist.[149]

---

[145] BayObLGZ 63, 71 = Rpfleger 63, 208; *Forst* Rpfleger 62, 371; *Jansen* § 20 a Rdn. 5; a. A. KG JFG Erg. 21, 21, BayObLGZ 52, 255.
[146] OLG Stuttgart BWNotZ 86, 89 = Justiz 86, 322.
[147] OLG Celle NdsRpfl. 68, 227; DNotZ 72, 441; BayObLGZ 70, 26/27 = Rpfleger 70, 254; Büro 92, 182; 94, 166/167.
[148] KG DNotZ 55, 437.
[149] BayObLGZ 52, 78; 63, 71; 73, 90 = Rpfleger 73, 250; BayObLG Büro 89, 212; KG Rpfleger 62, 162; OLG Stuttgart MDR 60, 235; OLG Hamm JMBlNRW 64, 275; Keidel/*Zimmermann* § 20 a Rdn. 14; *Jansen* § 20 a Rdn. 10.

§ 71

51 bb) Mit der **Beschwerde gegen die Hauptsache** ist die Kostenentscheidung, soweit sie von der Entscheidung über die Hauptsache abhängig ist, grundsätzlich mit angefochten. Ist dies (z. B. bei § 114 GBO) nicht der Fall, dann ist zu beachten, daß die Beschwerde nach § 20 a FGG dieselbe Beschwerde ist, die auch gegen die Hauptsache gegeben ist. Ist also in der Hauptsache die sofortige Beschwerde vorgeschrieben (z. B. § 110 GBO), so ist auch die Kostenentscheidung innerhalb der Beschwerdefrist anzufechten.

52 cc) Auch im Beschwerdeverfahren nach § 71 kann – wie in allen FGG-Verfahren – eine **Erledigung der Hauptsache** eintreten, wenn der Verfahrensgegenstand durch ein Ereignis, das eine Veränderung der Sach- und Rechtslage herbeigeführt hat, weggefallen ist. Die Erledigung ist von Amts wegen zu beachten.[150] Eine Fortsetzung des in der Hauptsache erledigten Verfahrens zum Zwecke der Feststellung der Rechtswidrigkeit der angefochtenen Entscheidung ist im Verfahren der FG nicht vorgesehen.[151] Erledigt sich die Hauptsache nach Erlaß einer Entscheidung, kann ein zulässiges Rechtsmittel nicht mehr eingelegt werden.[152] Tritt die Erledigung nach Einlegung einer zulässigen Beschwerde ein, wird das Rechtsmittel zur Hauptsache unzulässig; jedoch kann der Beschwerdeführer seinen Antrag auf die Kosten beschränken. Die Kostenentscheidung bleibt nachprüfbar, und zwar ohne Rücksicht auf die Höhe des Beschwerdewerts, da in diesem Falle eine isolierte Anfechtung der Kostenentscheidung nicht vorliegt; das Verfahren wird hinsichtlich der Kosten fortgesetzt.[153] Das Gericht hat über die Kosten des gesamten Verfahrens zu entscheiden, und zwar ausnahmsweise auch über die Gerichtskosten für alle Rechtszüge, selbst wenn und soweit eine solche Entscheidung nur klarstellende Bedeutung hat.[154] Entscheidet das Beschwerdegericht trotzdem in der Sache, so ist die Entscheidung auf weitere Beschwerde aufzuheben und über die Kosten aller Rechtszüge zu entscheiden.[155]

Trifft das Beschwerdegericht weder eine Sach- noch eine Kostenentscheidung, sondern lehnt nur den Antrag auf Feststellung der Erledigung ab, so ist bei Erledigung der Hauptsache auf weitere Beschwerde die Beschwerdeentscheidung aufzuheben und die Sache zur Entscheidung im Kostenpunkt zurückzuverweisen.[156] Erledigt sich in der Rechtsmittelinstanz die Hauptsache im Falle der Zurückweisung eines Eintragungsantrags und beschränkt der Beschwerdeführer das Rechtsmittel auf die Kostenfolge, so ist auszusprechen, daß die Hauptsache erledigt ist und für die Zurückweisung des Antrags keine Gerichtskosten zu erheben sind.[157] Beschränkt er die Beschwerde nicht auf den Kostenpunkt, so wird die Beschwerde unzulässig; daran ändert auch nichts, daß sich der Beschwerdeführer auf die Verletzung des rechtlichen Gehörs durch das

---

[150] S. dazu auch Keidel/*Kahl* § 19 Rdn. 88 f.; Meikel/*Streck* Rdn. 158 ff.; *Demharter* § 1 Rdn. 56.

[151] BGHZ 109, 184 ff. = NJW 90, 1417; OLG Hamm FGPrax 96, 210 = NJW-RR 97, 593; Keidel/*Kahl* § 19 Rdn. 88 mwN.

[152] Keidel/*Kahl* § 19 Rdn. 95 mwN; Demharter § 1 Rdn. 56; a. A. Meikel/*Streck* Rdn. 162.

[153] BGHZ 86, 393/395 = NJW 83, 1672 = MDR 83, 568; BayObLGZ 55, 48, 57, 53; 68, 195/199; MittBayNot 80, 22; 81, 18; Büro 81, 104; 89, 378/379; MittBayNot 91, 78; BayObLGZ 93, 137/138 = MittBayNot 93, 212; NJW-RR 97, 1445; KG Rpfleger 59, 385; OLGZ 72, 113; OLG Frankfurt NJW 62, 2113; NJW-RR 92, 725/726; RReport 98, 204; Keidel/*Zimmermann* § 20 a Rdn. 6; *Jansen* § 20 a Rdn. 11; a. A. OLG Oldenburg NdsRpfl. 54, 202 = DNotZ 55, 659.

[154] BayObLGZ 63, 80/81; 68, 195/199; MittBayNot 80, 22; 81, 18; Büro 81, 104; 89, 378/379; MittBayNot 90, 355; BayObLGZ 93, 137/139 = MittBayNot 93, 212; NJW-RR 97, 1445; OLG Karlsruhe Büro 96, 96.

[155] BayObLG Büro 89, 378/379; OLG Karlsruhe Büro 96, 96; OLG Frankfurt RReport 98, 204.

[156] OLG Karlsruhe Büro 96, 96.

[157] BayObLG MittBayNot 72, 301; Büro 89, 378/379; MittBayNot 90, 355.

GBA beruft.[158] Zur Erledigung der Hauptsache im Verfahren der weiteren Beschwerde s. § 78 Rdn. 6.

dd) Ist eine **Entscheidung in der Hauptsache nicht ergangen**, so kann die — isolierte — **53** Kostenentscheidung selbständig mit der sofortigen Beschwerde nach dem FGG angefochten werden, wenn der Wert des Beschwerdegegenstandes 200,– DM übersteigt. Der Beschwerdegegenstand berechnet sich nach dem Betrag der Kosten, der, wenn dem Beschwerdebegehren stattgegeben würde, vom Beschwerdeführer eingespart werden würde (vgl. die Legaldefinition in § 34 Abs. 2 LwVG).

ee) § 20 a Abs. 1 FGG findet auf die Erinnerung gegen die **Entscheidung des Rechts-** **53a** **pflegers über den Kostenpunkt** keine Anwendung.[159] Die Anfechtbarkeit der vom Rechtspfleger erlassenen isolierten Kostenentscheidung ist auch nicht von der Überschreitung der Wertgrenze des § 20 a Abs. 2 FGG abhängig.[160]

d) Im Geltungsbereich des § 20 a FGG haben die **Rechtsbehelfe des § 14 KostO** nur **54** noch eingeschränkte Bedeutung. Mit ihnen kann geltend gemacht werden, daß der von der Staatskasse in Anspruch Genommene nicht der gesetzliche (§ 2 KostO) oder vom Gericht bestimmte (§ 3 Nr. 1 KostO) Kostenschuldner ist oder daß Gebührenfreiheit besteht[161] oder daß die Höhe der angesetzten Kosten nicht den gesetzlichen Bestimmungen entspricht. Über eine Erinnerung gegen den Kostenansatz entscheidet das Gericht, bei dem die Kosten angesetzt sind, gebührenfrei (§ 14 Abs. 2 KostO). Gegen diese Entscheidung ist Beschwerde nach § 567 Abs. 2, 4, § 568 Abs. 1, §§ 569 bis 575 ZPO zulässig (§ 14 Abs. 3 Satz 1 KostO). Gegen die Entscheidung, die das Landgericht als Beschwerdegericht trifft, ist die weitere Beschwerde statthaft, wenn sie das Landgericht wegen der grundsätzlichen Bedeutung der zur Entscheidung stehenden Frage zuläßt; die weitere Beschwerde kann nur darauf gestützt werden, daß die Entscheidung auf einer Verletzung des Gesetzes beruht (§ 14 Abs. 3 Satz 2 und 3 KostO). Darüber, daß die Vorlage an den BGH bei weiteren Beschwerden nach § 14 KostO nicht in Betracht kommt, vgl. BGHZ 7, 128. Wegen der Zuständigkeit des Bayer. Obersten Landesgerichts zur Entscheidung über weitere Beschwerden nach § 14 KostO vgl. BayObLGZ 52, 192 und Art. XI § 2 KostÄndG vom 26. 7. 1957 in Verbindung mit Art. 11 Abs. 3 Nr. 1 AGGVG v. 23. 6. 1981 (GVBl. 188).

Erinnerungen oder Beschwerden können nach § 14 Abs. 4 Satz 1 KostO in allen **55** Fällen zu Protokoll der Geschäftsstelle oder schriftlich ohne Mitwirkung eines Rechtsanwalts eingelegt werden. Der Kostenbeamte und der im Verfahren nach § 14 KostO entscheidende Richter haben ihrer gebührenmäßigen Beurteilung des Sachverhalts die Rechtsauffassung zugrunde zu legen, die der Grundbuchrichter seiner grundbuchmäßigen Behandlung zugrunde gelegt hat.[162]

Den **Geschäftswert** setzt das Gericht durch Beschluß fest, wenn ein Zahlungspflich- **56** tiger oder die Staatskasse dies beantragt oder es sonst angemessen erscheint (§ 31 Abs. 1 KostO). Gegen den Beschluß findet Beschwerde und weitere Beschwerde gemäß § 14 Abs. 3 und 4 KostO statt (§ 31 Abs. 3 KostO).

V. Unanfechtbare Entscheidungen

1. Keine Entscheidungen des Grundbuchamts

Nicht als Entscheidungen im Sinne von § 71 können angesehen und somit auch nicht **57** angefochten werden:

---

[158] BayObLG MittBayNot 90, 355.
[159] OLG Hamm OLGZ 78, 436 = Rpfleger 79, 62; Keidel/*Zimmermann* § 20 a Rdn. 20; *Jansen* § 20 a Rdn. 23 jeweils mwN.
[160] Keidel/*Zimmermann* und *Jansen* je a. a. O.
[161] BayObLGZ 55, 114; RG HRR 28 Nr. 1466.
[162] BayObLGZ 52, 138.

a) **Unverbindliche Meinungsäußerungen.** Zwar ist es dem GBA nicht verwehrt, den Beteiligten seine Auffassung zu bestimmten Fragen mitzuteilen, um ihnen Gelegenheit zu geben, sich vor Erlaß einer endgültigen Sachentscheidung zu äußern oder ihre Anträge zu ändern, zu ergänzen oder zurückzunehmen. In geeigneten Fällen werden solche Verfügungen sogar zweckmäßig sein. Hierbei handelt es sich aber nur um vorbereitende Maßnahmen für eine endgültige Sachentscheidung, die nicht anfechtbar sind.[163] Wollte man eine Anfechtbarkeit zulassen, so hätte dies zur Folge, daß das GBA seine Verantwortung auf die Rechtsmittelinstanzen abwälzen und daß die Sicherheit und Einfachheit des Grundbuchverkehrs, der baldige, endgültige Entscheidungen und damit klare Rechtsverhältnisse erfordert, beeinträchtigt würde. Nicht mit einem Rechtsmittel angreifbar sind insbesondere gutachtliche Auskünfte des GBA über einen beabsichtigten, noch nicht gestellten Eintragungsantrag,[164] Ankündigungen des GBA, eine Grundbucheintragung von Amts wegen zu löschen[165] oder eine Eintragung oder die Anlegung eines Grundbuchblattes vornehmen zu wollen,[166] mag diese Mitteilung auch in Beschlußform gekleidet und den Beteiligten bekanntgemacht worden sein,[167] Verfügungen des GBA mit dem Anheimgeben, einen von ihm für unzulässig oder unbegründet gehaltenen Eintragungsantrag binnen bestimmter Frist zurückzunehmen, um die Zurückweisung zu vermeiden, oder einen anderen Antrag zu stellen,[168] Verfügungen, in denen den Beteiligten Gelegenheit gegeben wird, innerhalb einer bestimmten Frist die fehlende Rechtswirksamkeit einer Antragsrücknahmeerklärung herbeizuführen[169] oder Verfügungen, mit denen der Antragsteller auf ein nicht behebbares Eintragungshindernis hingewiesen wird, mögen sie auch wegen ihrer äußeren Form als Zwischenverfügungen i. S. von § 18 aufgefaßt werden können.[170] In den genannten Fällen handelt es sich um keine Zwischenverfügung im Sinne von § 18; derartige Verfügungen unterliegen keiner Anfechtung.[171]

58 Jedoch erlangt eine unverbindliche Meinungsäußerung der geschilderten Art dann die Bedeutung einer Zwischenverfügung nach § 18, wenn bei mehreren, durch einen Vorbehalt nach § 16 Abs. 2 verbundenen Anträgen durch Zurücknahme eines Antrags eine Eintragung auf einen anderen Antrag hin ermöglicht werden soll.[172] Die in einem

---

[163] OLG Hamm OLGZ 79, 419/420 = JMBlNRW 79, 284.
[164] KGJ 37, 218; 48, 173.
[165] KG JFG 10, 214.
[166] LG Heilbronn Justiz 82, 19 = BWNotZ 82, 8.
[167] KG JFG 12, 268; OLG München JFG 16, 147; OLG Oldenburg NdsRpfl. 47, 20; BayObLG BWNotZ 81, 122.
[168] BGH LM § 71 GBO Nr. 5 = NJW 80, 2521 = Rpfleger 80, 273 m. Anm. v. *Meyer-Stolte*; KGJ 46, 178; KG JFG 13, 112 = HRR 35 Nr. 1525; OLGZ 71, 451; OLG Hamm OLGZ 75, 150 = Rpfleger 75, 134; JMBlNRW 79, 30 = MittRhNotK 79, 41; OLG Frankfurt OLGZ 74, 347 = DNotZ 74, 435 = Rpfleger 74, 194; Rpfleger 75, 59; Rpfleger 78, 306 = MittRHNotK 79, 42; Büro 80, 1565; Rpfleger 97, 105 = NJW-RR 97, 401; BayObLGZ 77, 268/270; MittBayNot 79, 161/162; BayObLGZ 80, 299/301; 86, 511/512 = DNotZ 87, 368 = NJW-RR 87, 399; bei *Goerke* Rpfleger 87, 356/357; Rpfleger 81, 60; BayObLG NJW-RR 93, 530/531 = DNotZ 93, 595/596; BayObLGZ 95, 359/361 = NJW-RR 96, 589; NJW-RR 98, 737; OLG Oldenburg Rpfleger 75, 361; LG Mainz Rpfleger 91, 302; *Kleist* MittRHNotK 85, 133/134.
[169] KG HRR 31 Nr. 608.
[170] OLG Frankfurt Rpfleger 97, 105 = NJW-RR 97, 401.
[171] BGH, BayObLG, KG, OLG Hamm, OLG Frankfurt je a. a. O.; a. A. OLG Oldenburg Rpfleger 75, 361.
[172] KG HRR 31 Nr. 608; HRR 35 Nr. 1525; OLG Hamm DNotZ 71, 48; OLGZ 75, 150 = Rpfleger 75, 134; BayObLGZ 77, 268/271; MittBayNot 79, 161/162; BWNotZ 81, 148; AgrarR 81, 313 = DNotZ 82, 438; BGHZ 71, 349 = DNotZ 78, 696 = Rpfleger 78, 365 auf Vorlage von OLG Frankfurt, Rpfleger 78, 165; OLG Frankfurt Büro 80, 1565; *Kleist* MittRhNotK 85, 133/134; *Böttcher* MittBayNot 87, 65.

solchen Falle eingelegte Erinnerung wird jedoch unzulässig, sobald das GBA den übrigen Eintragungsanträgen trotz des Verbundes entspricht; denn mit dem Vollzug der Eintragungsanträge entfällt die Berechtigung für eine Zulassung des Rechtsbehelfs.[173] Dagegen ist es im Falle des § 16 Abs. 2 nicht zulässig, mit der Zwischenverfügung aufzugeben, das einzutragende dingliche Recht inhaltlich zu ändern oder durch ein anderes Recht zu ersetzen.[174]

b) **Entschließungen, die lediglich den inneren Geschäftsbetrieb betreffen.** Hierunter fallen insbesondere die Eintragungsverfügungen. Sie enthalten lediglich die Anweisung an den Grundbuchführer, eine Eintragung vorzunehmen, und werden in aller Regel nicht bekanntgemacht. Auch wenn eine Eintragungsverfügung zur Kenntnis eines Beteiligten gelangt sein sollte, unterliegt sie für sich allein nicht der Beschwerde.[175] Dasselbe gilt für die bloße Rötung einer Eintragung, die diese nicht beseitigt und einer Löschung nicht gleichsteht; sie stellt nur eine buchungstechnische Maßnahme dar, um das Grundbuch übersichtlich zu machen.[176] Auch Bleistiftvermerke sind nicht mit der Sachbeschwerde anfechtbar.[177]

c) **Vorbescheide.** In Grundbuchsachen ist der Erlaß eines Vorbescheides, wie er von der h. M. im Erbscheinsverfahren zugelassen wird,[178] nicht statthaft und auch nicht beschwerdefähig. Das GBA würde sich sonst in schwierigen Fällen auf vorbereitende Ankündigungen oder den Erlaß von Eintragungsverfügungen, die bewußt nicht vollzogen werden, beschränken und es den Beteiligten überlassen, die Streitfragen im Rechtsmittelwege auszutragen.[179] Eine Ausnahme ist auch in besonderen Fällen dann nicht zuzulassen, wenn die Löschung einer Eintragung als inhaltlich unzulässig angekündigt wird.[180] Die Zulässigkeit von Vorbescheiden im Erbscheinsverfahren ist durch die Besonderheiten dieses Verfahrens gerechtfertigt und läßt sich nicht auf Grundbuchsachen übertragen.[181] In Grundbuchsachen besteht für den Erlaß eines Vorbescheides kein hinreichendes praktisches Bedürfnis, weil mit dem Widerspruch gegen unrichtige Eintragungen (§ 899 BGB, §§ 53 Abs. 1, 71 Abs. 2 Satz 2, 76 GBO) ausreichende Mittel zur Verfügung stehen.[182]

---

[173] BayObLGZ 79, 81/86.
[174] BayObLG AgrarR 81, 313 = DNotZ 82, 438 = RdL 81, 295.
[175] KG HRR 29 Nr. 1875; OLG München JFG 16, 147; OLG Oldenburg NdsRpfl. 47, 20; *Demharter* Rdn. 20; Meikel/*Streck* Rdn. 22; a. M. Meikel/*Böttcher* § 18 Rdn. 29; LG Lübeck NJW-RR 95, 1420.
[176] KG HRR 31 Nr. 126.
[177] LG München DNotZ 54, 485.
[178] BGHZ 20, 255.
[179] KG JFG 12, 271 gegen KGJ 49, 146; OLG Hamm JMBlNRW 61, 275; OLG Frankfurt Rpfleger 78, 306; OLG Stuttgart Justiz 90, 299; OLG Karlsruhe Rpfleger 93, 192; BayObLGZ 93, 52 = DNotZ 93, 599; BayObLGZ 94, 199 = NJW-RR 94, 1429/1430 = DNotZ 95, 72; OLG Zweibrücken FGPrax 97, 127 = Rpfleger 97, 428; *Demharter* Rdn. 18; Haegele/Schöner/*Stöber* Rdn. 473 a; *Böhringer* BWNotZ 86, 126/129; a. M. *von Schuckmann*, Beiträge zum Familienrecht und zur Freiw. Gerichtsbarkeit, 1982, S. 60 f.; *Eickmann* 10. Kap. § 2 I; *Firsching* NJW 55, 1540; Meikel/*Böttcher* § 18 Rdn. 29; Meikel/*Streck* Rdn. 28; *Minkus* Rpfleger 90, 251.
[180] BayObLGZ 94, 199/201 f. = NJW-RR 94, 1429/1430 = DNotZ 97, 72/73; OLG Karlsruhe Rpfleger 93, 192; *Demharter* Rdn. 18; a. A. OLG Saarbrücken OLGZ 72, 129; LG Freiburg BWNotZ 80, 61; LG Memmingen Rpfleger 90, 250; LG Koblenz Rpfleger 97, 158; Meikel/*Streck* Rdn. 28.
[181] BGH LM § 71 GBO Nr. 5 = NJW 80, 2521 = DNotZ 80, 741/743; BayObLGZ 93, 52/55 f. = DNotZ 95, 599/600; BayObLGZ 94, 199/201 f. = NJW-RR 94, 1429/1430.
[182] So BayObLG, OLG Karlsruhe, OLG Zweibrücken je a. a. O.

2. Bedeutungslose Entscheidungen

61 Die Gerichte sind nicht zu Entscheidungen verpflichtet, die lediglich theoretische Aussprüche enthalten und keinen praktischen Wert mehr haben, so wenn für die Anfechtbarkeit der Entscheidung kein Rechtsschutzbedürfnis mehr besteht[183] oder wenn die Zurückweisung eines Eintragungsantrags angegriffen wird, nachdem die Eintragung aufgrund eines neuen Antrages erfolgt ist.[184] Die Beschwerde gegen eine Zwischenverfügung wird dadurch gegenstandslos und unzulässig, daß das GBA durch eine spätere Entscheidung den Eintragungsantrag zurückweist.[185] Nach Durchführung des Zwangsversteigerungsverfahrens, also nach Erteilung des Zuschlags, ist für ein grundbuchrechtliches Beschwerdeverfahren kein Raum mehr; soweit Beteiligte ein anderes Rangverhältnis für sich in Anspruch nehmen oder ihre Rechte weiterverfolgen wollen, kann dies nur durch Widerspruch gegen den Teilungsplan oder im Wege eines besonderen Rechtsstreits geschehen.[186] Die Beschwerde, die sich lediglich gegen die Entscheidungsgründe, nicht aber den entscheidenden Teil des Beschlusses richtet, ist unzulässig.[187]

3. Eventualbeschwerde

62 Darunter ist eine Beschwerde gegen eine noch nicht ergangene, erst zukünftige Entscheidung für den Fall, daß sie in einem bestimmten Sinn erfolgt, z. B. ablehnend, zu verstehen. Eine solche Beschwerde ist unzulässig.[188] Es tritt auch keine Heilung dadurch ein, daß die Entscheidung später erlassen wird.[189] Hingegen ist eine bedingte Beschwerde, d. h. die für den Fall der Nichtabänderung einer bereits ergangenen Sachentscheidung eingelegte Beschwerde statthaft.[190]

VI. Beschwerdeberechtigung

1. Allgemeines

63 a) Die GBO enthält keine **Vorschrift über die Beschwerdeberechtigung**, obwohl sie die Beschwerde abschließend regelt. § 20 FGG ist weder unmittelbar noch entsprechend anwendbar.[191] Eine Popularbeschwerde kommt ebenso wie in der freiwilligen Gerichtsbarkeit auch in Grundbuchsachen nicht in Betracht.[192] Die Rechtsprechung hat im Laufe der Jahre Grundsätze entwickelt, die für das Beschwerderecht im Grundbuchverfahren maßgebend sein können.[193]

64 b) Demnach ist im **allgemeinen beschwerdeberechtigt** jeder, der durch die Entscheidung in seiner Rechtsstellung mittelbar oder unmittelbar beeinträchtigt ist oder wäre,

---

[183] RGZ 43, 426; KGJ 43, 139.
[184] KG OLG Rspr. 5, 439; BayObLG bei Meyer-Stolte Rpfleger 95, 331/333.
[185] KGJ 51, 278; KG OLGZ 71, 452 = DNotZ 71, 415; OLG München JFG 23, 324; siehe auch oben Rdn. 16.
[186] BayObLGZ 28, 59.
[187] KGJ 48, 175; BayObLG HRR 35 Nr. 128; BayObLGZ 94, 115/117.
[188] KG HRR 29 Nr. 1945; OLG Hamm OLGZ 79, 419/422 = Rpfleger 79, 461; OLG Frankfurt NJW-RR 96, 529/530.
[189] OLG Hamm a. a. O.
[190] KG HRR 29 Nr. 1945.
[191] KG OLGZ 79, 139/140; FGPrax 95, 223 = Rpfleger 96, 104/105; BayObLGZ 90, 151/154; LG Freiburg BWNotZ 80, 61; **a. A.** *Blomeyer* DNotZ 71, 346; vgl. Vorb. vor § 71 Rdn. 3.
[192] BayObLGZ 57, 106; KGJ 52, 103.
[193] Vgl. dazu näher *Furtner* DNotZ 61, 453 ff.

wenn die angefochtene Entscheidung in der von der Beschwerde behaupteten Richtung unrichtig wäre, er also ein rechtlich geschütztes Interesse an ihrer Beseitigung hat.[194] So ist die Beschwerdeberechtigung gegeben, wenn gegen einen einen Eintragungsantrag zurückweisenden Beschluß lediglich geltend gemacht wird, das GBA hätte den Antrag nicht zurückweisen dürfen, sondern mit einer Zwischenverfügung Gelegenheit zur Zurücknahme des Antrags geben müssen[195] oder wenn geltend gemacht wird, das LG hätte auf die Beschwerde nicht nur die Zwischenverfügung aufheben, sondern das GBA anweisen müssen, die beantragte Eintragung vorzunehmen.[196] Die Beeinträchtigung nur wirtschaftlicher oder sonstiger berechtigter Interessen genügt nicht.[197] Das beeinträchtigte Recht braucht nicht dem Privatrecht anzugehören; es kann auch auf öffentlich-rechtlichem Gebiet liegen.[198] Nicht jeder, der anregt, von Amts wegen tätig zu werden, z. B. ein Berichtigungszwangsverfahren nach § 82 einzuleiten oder eine inhaltlich unzulässige Eintragung nach § 53 Abs. 1 Satz 2 zu löschen, hat gegen die ablehnende Entscheidung ein Beschwerderecht, sondern nur der Anregende, dessen Rechtsstellung beeinträchtigt ist.[199] Eine nur formelle Beschwer reicht für die Beschwerdebefugnis nicht aus.[200] So hat der Eigentümer eines mit einer Grunddienstbarkeit belasteten Grundstücks gegen die von Amts wegen vorgenommene Änderung der Bezeichnung des herrschenden Grundstücks dann kein Beschwerderecht, wenn er das Bestehen der Grunddienstbarkeit nicht angreift.[201] Ist dem Eintragungsersuchen einer Behörde nicht entsprochen worden, so kann ein anderer Beteiligter, dessen Recht durch die ablehnende Entscheidung beeinträchtigt wird, beschwerdeberechtigt sein.[202]

c) In folgenden **Fällen** ist **kein Beschwerderecht** gegeben:

64a

aa) Hat das LG auf Beschwerde des Grundstückserwerbers eine Zwischenverfügung des GBA, mit der weitere Eintragungsunterlagen verlangt wurden, aufgehoben, so steht dem Veräußerer selbst dann kein Beschwerderecht für die weitere Beschwerde zu, wenn er selbst den Eintragungsantrag mit gestellt und aus nachträglich entstandenen Gründen ein Interesse daran hat, daß die Eintragung unterbleibt.[203]

bb) Lehnt das GBA die Übernahme der Berichtigung eines sogen. Aufnahmefehlers aus Rechtsgründen ab, so steht dem Grundstückseigentümer, den das GBA nicht zur Mitwirkung veranlaßt hat, kein Beschwerderecht zu.[204]

cc) Wird auf Beschwerde des Veräußerers eines Grundstücks die Zurückweisung des Antrags auf Eintragung der Auflassung in das Grundbuch aufgehoben, so fehlt einem am Grundstück angeblich mitberechtigten Dritten das Beschwerderecht für die weitere Beschwerde mit dem Ziel, den Eintragungsantrag aus anderen Gründen zurückzuwei-

---

[194] BGHZ 80, 126 = NJW 81, 1563; BayObLGZ 53, 125; 57, 105; 77, 251/254; DNotZ 56, 549; Rpfleger 80, 63; 82, 470; BWNotZ 82, 90/91; NJW-RR 87, 1204; 89, 52/53 = BWNotZ 88, 165; BayObLGZ 94, 115/117; OLG Düsseldorf JMBlNRW 56, 209; FGPrax 96, 172; KG JFG 5, 353; 14, 449; OLGZ 79, 139/140; FGPrax 95, 223 = Rpfleger 96, 104/105; OLG Stuttgart OLGZ 73, 422; OLG Hamm OLGZ 93, 284/285 = NJW-RR 93, 529/530 = Rpfleger 93, 281; FGPrax 95, 181 = NJW-RR 95, 1357; FGPrax 96, 44 = NJW-RR 96, 660; FGPrax 96, 210 = NJW-RR 97, 593; *Kleist* MittRhNotK 85, 133/140.
[195] BayObLGZ 79, 81/84 = Rpfleger 79, 210.
[196] BayObLG NJW-RR 87, 1204.
[197] BGHZ 80, 126 = NJW 81, 1563 = DNotZ 82, 240; BayObLGZ 57, 106; BayObLG Rpfleger 82, 470; BayObLGZ 94, 115/117; OLG Hamm FGPrax 96, 210 = NJW-RR 97, 593; KG HRR 32 Nr. 1469.
[198] KG JFG 12, 344; KG OLGRspr. 6, 103 = KGJ 25, 92.
[199] KG JFG 14, 449; BayObLGZ 69, 284/288; BayObLG DNotZ 89, 438/439.
[200] BayObLGZ 94, 115/117; Meikel/*Streck* Rdn. 112.
[201] BayObLG bei *Stanglmair* Rpfleger 76, 291.
[202] KG JFG 17, 354.
[203] BayObLG Rpfleger 80, 63.
[204] LG Aachen Rpfleger 86, 11.

sen.[205] Dasselbe gilt für die weitere Beschwerde eines anderen Beteiligten mit dem Ziel, die zurückweisende Entscheidung des GBA wiederherzustellen.[206]

dd) Die gegen die Löschung des in Abt. II des Grundbuchs eingetragenen Reichsheimstättenvermerks nach Art. 6 § 2 des G zur Aufhebung des RSHG v. 17. 6. 1993 an sich gegebene Beschwerde ist mangels Beschwerdeberechtigung unzulässig.[207] Auch wenn mit der Löschung des Reichsheimstättenvermerks bei den in Abt. III eingetragenen Grundpfandrechten nach Art. 6 § 2 Abs. 3 des G v. 17. 6. 1993 vermerkt wird, für sie gelte weiterhin § 17 Abs. 2 Satz 2 RSHG, ist der Grundpfandgläubiger, der geltend macht, das für ihn eingetragene Grundpfandrecht sei keine unkündbare Tilgungsschuld i. S. von § 17 Abs. 2 Satz 2 RSHG, nicht beschwerdeberechtigt.[208]

ee) Wird eine unverändert bestehen bleibende Dienstbarkeit auf einen anderen Berechtigten, z. B. von einem Grundstückseigentümer auf einen Teileigentümer einer Wohnungseigentumsgemeinschaft, umgeschrieben, so steht dem Eigentümer des belasteten Grundstücks dagegen kein Beschwerderecht zu.[209]

ff) Weist das GBA Eintragungsanträge einschließlich nicht gestellter Anträge zurück und weist das LG das GBA zur Eintragung der gestellten Anträge an, die Beschwerde aber im übrigen zurück, so ist eine weitere Beschwerde, mit der nur die Aufhebung des zurückweisenden Teils der Beschwerdeentscheidung verlangt wird, mangels Beschwerdeberechtigung unzulässig.[210]

gg) Ob der Grundstückseigentümer gegen die Gewährung der Grundbucheinsicht durch das GBA an einen Dritten kein Beschwerderecht hat,[211] ist zweifelhaft; s. dazu näher Rdn. 12 zu § 12.

65 d) Das **Beschwerderecht** steht nicht nur demjenigen zu, der sich im Zeitpunkt des Erlasses der Entscheidung in der beeinträchtigenden Rechtsstellung befindet, sondern auch demjenigen, der erst nach Erlaß in diese Rechtsstellung eintritt.[212] Die Beschwerdeberechtigung muß jedoch mindestens bei der Einlegung des Rechtsmittels vorhanden sein und auch noch **im Zeitpunkt der Entscheidung** über die Beschwerde vorliegen.[213] Ist die ursprünglich vorhandene Beschwerdeberechtigung vor der Entscheidung weggefallen, wird die Beschwerde unzulässig.[214]

66 e) Stirbt im Verfahren der freiwilligen Gerichtsbarkeit der Antragsteller nach Erlaß der abweisenden Verfügung, so steht in der Regel den Erben das Beschwerderecht zu.[215] Das gilt auch für das Grundbuchverfahren.[216] Ist der eingetragene Hofeigentü-

---

[205] BayObLGZ 80, 37.
[206] BayObLG bei *Goerke* Rpfleger 84, 401/404; a. A. in beiden Fällen Meikel/*Streck* Rdn. 122; s. a. OLG Brandenburg FGPrax 97, 125/126 = MittBayNot 97, 293; dazu *Demharter* MittBayNot 97, 270.
[207] OLG Hamm FGPrax 96, 44 = NJW-RR 96, 660; OLG Düsseldorf FGPrax 96, 172; a. A. Haegele/Schöner/*Stöber* Rdn. 3914.
[208] OLG Hamm FGPrax 95, 181 = Rpfleger 95, 501 mit Anm. v. *Knees* = NJW-RR 95, 1357; OLG Düsseldorf FGPrax 96, 172.
[209] BayObLG bei *Goerke* Rpfleger 84, 140/142.
[210] BayObLGZ 94, 115.
[211] So BGHZ 80, 126 = NJW 81, 1563 = Rpfleger 81, 287.
[212] OLG Düsseldorf JR 52, 405; OLG Frankfurt OLGZ 70, 284; OLG Hamm FGPrax 96, 210 = NJW-RR 97, 593.
[213] BayObLGZ 69, 289 = Rpfleger 70, 26; KG OLGRspr. 41, 22; OLG Hamm FGPrax 96, 210 = NJW-RR 97, 593; OLG Frankfurt NJW-RR 97, 1447; Meikel/*Streck* Rdn. 106; Demharter Rdn. 62; *Buschmann* BlGWB 68, 171; Haegele/Schöner/*Stöber* Rdn. 496; a. A. *Güthe/Triebel* Rdn. 18 u. *Thieme* Anm. 7, die auf den Zeitpunkt der Einlegung der Beschwerde abstellen; das widerspricht jedoch allgemeinen Verfahrensgrundsätzen.
[214] BayObLGZ 69, 284/287; OLG Hamm FGPrax 96, 210 = NJW-RR 97, 593; dazu Anm. v. *Demharter* FGPrax 97, 8.
[215] KGJ 45, 146.
[216] *Demharter* Rdn. 59; Meikel/*Streck* Rdn. 107.

mer vor der Zurückweisung des von ihm gestellten Antrags auf Löschung des Höfevermerks gestorben, so muß sein Rechtsnachfolger seine Beschwerdeberechtigung durch Erbschein nachweisen.[217]

f) Im Verfügungsbereich des Testamentsvollstreckers und des Nachlaßverwalters hat der Erbe kein Beschwerderecht,[218] ebenso nicht der Gemeinschuldner im Verfügungsbereich des Konkursverwalters. Das Beschwerderecht ist jedoch gegeben, wenn der Testamentsvollstrecker seine Verfügungsmacht überschreitet, z. B. unentgeltlich verfügt.[219] Stellt der Konkursverwalter einen Löschungsantrag, so ist dies einer Freigabe konkursgebundenen Vermögens gleichzusetzen, und das Beschwerderecht steht dem Gemeinschuldner zu.[220] **67**

g) Ist die Beschwerdeberechtigung erst im Verfahren der weiteren Beschwerde eingetreten, so kann dieser Umstand vom Gericht der weiteren Beschwerde berücksichtigt werden, wenn er die Entscheidung des LG nachträglich als in zulässiger Weise erlassen erscheinen läßt, z. B. wenn das LG den damals bestehenden Verfahrensmangel übersehen und eine Sachentscheidung getroffen hat.[221] **67a**

h) Die Ausübung des Beschwerderechts setzt voraus, daß der **Beschwerdeführer verfahrensfähig** ist. Das ist nach den allgemeinen Grundsätzen des Grundbuchverfahrensrechts zu entscheiden.[222] **67b**

2. Beschwerdeberechtigung in besonderen Fällen

Von dem Grundsatz, daß die mittelbare Beeinträchtigung eines rechtlich geschützten Interesses genügt, gibt es zwei Ausnahmen: Er gilt nicht, wenn im Eintragungsverfahren ein Antrag oder Gesuch zurückgewiesen worden ist und wenn mit der Beschwerde die Anweisung zur Eintragung eines Amtswiderspruchs erstrebt wird. **68**

a) Eintragungsverfahren

aa) **Allgemeines.** Im Falle der Zurückweisung eines Eintragungsantrags oder des Erlasses einer Zwischenverfügung (§ 18) deckt sich die Beschwerdeberechtigung mit dem Antragsrecht.[223] Antragsberechtigt sind nach § 13 Abs. 2 aber nur die unmittelbar Beteiligten, so daß die Beschwerdeberechtigung in diesen Fällen grundsätzlich eine unmittelbare Beeinträchtigung eines Rechts erfordert.[224] Ausnahmsweise genügt eine nur mittelbare Rechtsbeeinträchtigung in den Fällen des § 9 Abs. 1 Satz 2 und des § 14. Jeder Antragsberechtigte ist beschwerdeberechtigt, auch wenn nicht er den Antrag, sondern **69**

---

[217] OLG Hamm JMBlNRW 62, 284; Meikel/Streck Rdn. 107; a. A. Demharter Rdn. 59.
[218] OLG Stuttgart BWNotZ 54, 137; KGJ 51, 216.
[219] KG DR 43, 90.
[220] BayObLGZ 32, 379.
[221] OLG Hamm FGPrax 96, 210 = NJW-RR 97, 593.
[222] S. dazu näher Rdn. 29, 30 zu § 1 sowie BayObLG Rpfleger 82, 20 = MDR 82, 228 und BayObLGZ 96, 4 = FGPrax 96, 58.
[223] OLG Hamm JMBlNRW 62, 284; OLGZ 73, 258/259 = Rpfleger 73, 133; OLGZ 91, 137/139; FamRZ 91, 113/114 = MittRhNotK 90, 278/279; NJW-RR 91, 1399 = ZIP 91, 1385/1386; NJW-RR 96, 1230/1231 = Rpfleger 96, 504; OLG Frankfurt OLGZ 70, 283/284; NJW-RR 88, 139 = Rpfleger 88, 184; FGPrax 96, 208/209 = NJW-RR 96, 1482; FGPrax 97, 11/12 = NJW-RR 97, 209/210 = Rpfleger 97, 103/104; BayObLGZ 74, 434/435; 76, 180/185; 80, 37/39; BWNotZ 88, 165/166 = MittRhNotK 89, 52/53; DNotZ 89, 438; MittBayNot 94, 94, 39/40; BayObLGZ 98, 59 = FGPrax 98, 87 = NJW-RR 98, 1024; s. a. BGH WM 98, 1847.
[224] BayObLGZ 69, 288 = Rpfleger 70, 26; BayObLGZ 74, 294/296 = DNotZ 75, 308; 80, 37/40; BayObLG DNotZ 89, 438; Rpfleger 91, 107; KG HRR 31 Nr. 31; KGJ 45, 205; OLG Frankfurt NJW-RR 88, 139 = Rpfleger 88, 184.

ein anderer Beteiligter gestellt hat.[225] Ein einzelner von mehreren Antragsberechtigten ist bei Zurückweisung eines gemeinsamen Eintragungsantrags berechtigt, Beschwerde mit dem Ziel der Aufhebung der Zurückweisung in vollem Umfang einzulegen.[226]

Die Zurückweisung des Eintragungsantrags allein verschafft dem Antragsteller noch kein Beschwerderecht,[227] insbesondere wenn der Antragsteller nicht antragsberechtigt ist[228] oder wenn ein Antrag zurückgewiesen wird, der gar nicht gestellt wurde.[229] Auch wenn das GBA gegenüber einem nicht antragsberechtigten Beteiligten eine Zwischenverfügung erlassen hat, ist dieser Beteiligte nicht beschwerdeberechtigt.[230] Werden zwei Grundbucheintragungen beantragt, von denen die eine nicht ohne die andere erfolgen soll (§ 16 Abs. 2), so steht dem Antragsteller, der wegen der Zurückweisung eines der Anträge beschwerdeberechtigt ist, auch wegen der Zurückweisung des anderen Antrags ein Beschwerderecht zu, selbst wenn er bei isolierter Antragstellung insoweit nicht beschwerdeberechtigt gewesen wäre.[231] Zur Antragsberechtigung siehe näher § 13 Rdn. 54 ff.

70 bb) **Einzelfälle.** So hat z. B. kein Beschwerderecht der Grundstückseigentümer, wenn die Löschung des Pfandrechts an einer Hypothek abgelehnt wird,[232] ebenso nicht der Miteigentümer, der sich gegen die Belastung des Bruchteils eines anderen Miteigentümers wendet,[233] desgleichen der Gläubiger eines Grundstückserwerbers, wenn der Eintragungsantrag des letzteren zurückgewiesen worden ist.[234] Der schuldrechtlich zur Herbeiführung der Löschung einer Auflassungsvormerkung Verpflichtete hat kein Beschwerderecht zur Durchsetzung der Löschung wegen Unrichtigkeit. Wer einen schuldrechtlichen Anspruch auf Einräumung eines dinglichen Rechts hat, kann durch Widerspruch oder Beschwerde die Eintragung dieses Rechts für einen anderen nicht hindern.[235] Dagegen hat der Gläubiger, der die Zwangsversteigerung aufgrund eines persönlichen Schuldtitels betreibt, kein Beschwerderecht, wenn er das Nichtbestehen eines eingetragenen Rechts geltend macht.[236] Kein Beschwerderecht hat auch der Nacherbe, für den im Grundbuch ein Nacherbenvermerk eingetragen ist, gegen die Anordnung, die vom Vorerben erklärte Auflassung eines Nachlaßgrundstücks im Grundbuch einzutragen.[237] Jedoch steht dem Nacherben im Verfahren auf Löschung des Nacherbenvermerks nach § 22 gegen eine ihm nachteilige Entscheidung ein Beschwerderecht zu.[238] Der aus einer Eigentumsverschaffungsvormerkung Berechtigte hat hinsichtlich eines Grundpfandrechts kein eigenes Beschwerderecht.[239] Wird aber der zunächst nicht beschwerdeberechtigte Vormerkungsberechtigte als Eigentümer im Gb eingetragen, so begründet das seine Beschwerdeberechtigung.[240] Auch dem Vormerkungsberechtigten aus einer Bauhandwerkersicherungsvormerkung steht kein Beschwerderecht gegen eine vormerkungswidrige Eintragung zu.[241]

---

[225] OLG München JFG 14, 342 = HRR 37 Nr. 85; OLG Oldenburg NdsRpfl. 65, 206 = DNotZ 66, 42; KG OLGZ 79, 139/140; BayObLGZ 80, 37/40; OLG Hamm MittRhNotK 95, 317; OLG Frankfurt FGPrax 96, 208/209 = Rpfleger 97, 63 = NJW-RR 96, 1482.
[226] OLG München a. a. O.
[227] BayObLGZ 94, 115/117; BayObLG DNotZ 89, 438/439.
[228] BayObLG MittBayNot 94, 39/40.
[229] BayObLGZ 95, 115/117.
[230] OLG Hamm FGPrax 97, 14/15.
[231] OLG Hamm NJW-RR 96, 1230/1231 = Rpfleger 96, 504.
[232] KG OLGRspr. 30, 22.
[233] KG HRR 32 Nr. 1469.
[234] KG HRR 31 Nr. 31 = DNotV 31, 298.
[235] KG DR 43, 705.
[236] KG HRR 35 Nr. 1406.
[237] BayObLG Rpfleger 80, 64.
[238] OLG Hamm FGPrax 95, 14.
[239] OLG Frankfurt FGPrax 96, 208 = NJW-RR 96, 1482 = Rpfleger 97, 63.
[240] OLG Hamm FGPrax 96, 210 = NJW-RR 97, 593; dazu Anm. v. *Demharter* FGPrax 97, 8.
[241] BayObLG MDR 97, 96 = MittBayNot 97, 37.

cc) **Ziel der Beschwerdeberechtigung.** Die der Antragsberechtigung entsprechende **70a**
Beschwerdeberechtigung ist nur zu dem Zweck eingeräumt, dem Antragsrecht zum
Erfolg zu verhelfen, also den verfahrensrechtlichen Anspruch auf Eintragung in das Gb
zu ermöglichen, nicht aber, um eine Eintragung in das Gb zu verhindern.[242] Deshalb
kann mit der Beschwerde nicht begehrt werden, den Eintragungsantrag zurückzuweisen.[243] Ebensowenig kann mit der weiteren Beschwerde die Aufhebung der Zurückweisung eines Eintragungsantrages mit dem Ziel angefochten werden, den Eintragungsantrag aus anderen Gründen zurückzuweisen.[244] Jedoch muß einem Dritten, der vom
Beschwerdegericht infolge einer Verwechselung der Identität als Beschwerdeführer behandelt wird, das Recht eingeräumt werden, gegen die das Rechtsmittel zurückweisende Entscheidung weitere Beschwerde einzulegen.[245] Zum Beschwerdebegehren bei
Zwischenverfügungen s. oben Rdn. 18.

b) **Eintragungen**

aa) **Allgemeines.** Für Beschwerden gegen Eintragungen gilt die allgemeine Regel (vgl. **71**
oben Rdn. 20 ff.). Wird gemäß § 71 Abs. 2 Satz 2 mit der Beschwerde die Anweisung
an das GBA erstrebt, einen Amtswiderspruch einzutragen, dann ist nur derjenige beschwerdeberechtigt, der einen Anspruch auf Berichtigung des Grundbuchs nach § 894
BGB geltend machen kann. Das ist derjenige, zu dessen Gunsten der Widerspruch zu
buchen ist oder derjenige, dem der Widerspruchsberechtigte den Berichtigungsanspruch
abgetreten hat, damit er im eigenen Interesse zugunsten des Widerspruchsberechtigten
das Grundbuch berichtigen lassen kann.[246] Dabei macht es keinen Unterschied, ob sich
die Beschwerde unmittelbar gegen die Eintragung oder die Anordnung der Löschung
eines Amtswiderspruchs oder gegen die Ablehnung der Anregung, einen Amtswiderspruch einzutragen, richtet. Beschwerdeberechtigt ist nur der wahre Eigentümer, nicht
derjenige, der erst durch Vornahme der beantragten Eintragung Eigentümer werden
soll.[247] Steht einer Wohnungseigentümergemeinschaft ein Berichtigungsanspruch zu, so
ist der Verwalter nach § 27 Abs. 2 Nr. 4 WEG beschwerdeberechtigt.[248] Hat ein im
Güterstand der Zugewinngemeinschaft lebender Ehegatte über ein Grundstück verfügt
und ist der Vertragspartner als Eigentümer im Gb eingetragen, so ist auch der andere
Ehegatte berechtigt, im Wege der Beschwerde die Eintragung eines Amtswiderspruchs
mit der Begründung zu verlangen, es fehle seine Zustimmung nach §§ 1365 Abs. 1,
1368 BGB; als Widerspruchsberechtigte sind beide Ehegatten einzutragen.[249] Wenn die

---

[242] BayObLGZ 80, 37/41; 87, 431/433 = FamRZ 88, 503; 98, 59 = FGPrax 98, 87 = NJW-RR 98, 1024; OLG Hamm FGPrax 95, 14/15; OLG Frankfurt NJW-RR 96, 1168 = RReport 96, 172; *Demharter* Rdn. 65; s. a. BGH WM 98, 1847.
[243] BayObLGZ 87, 431/432 f.; 94, 115/117.
[244] BayObLGZ 80, 37/41.
[245] OLG Frankfurt NJW-RR 96, 1168 = RReport 96, 172.
[246] BGHZ 106, 253/255 = NJW 89, 1609 = FamRZ 89, 475; KG JFG 11, 210; 18, 55; OLGZ 72, 323 = Rpfleger 72, 174; RGZ 112, 265; OLG Celle NJW 63, 1161; OLG Zweibrücken Rpfleger 68, 88; BayObLGZ 77, 1/2; 83, 137 = BWNotZ 83, 61; Rpfleger 80, 64; BWNotZ 82, 90; NJW 83, 1567; BayObLGZ 87, 231/235 = NJW-RR 87, 1416/1417; BayObLGZ 87, 431/433 = FamRZ 88, 503; DNotZ 89, 438; BayObLGZ 89, 136/142; 270/272; FamRZ 90, 98; stRspr.; OLG Hamm OLGZ 93, 284/285 = NJW-RR 93, 529/530 = Rpfleger 93, 281; MittRhNotK 96, 324; FGPrax 96, 210 = NJW-RR 97, 593; stRspr.
[247] BayObLG BWNotZ 82, 90.
[248] OLG Karlsruhe/Freiburg Justiz 83, 307.
[249] BayObLGZ 87, 431/433 f. = FamRZ 88, 503 f.; s. auch OLG Hamm Rpfleger 59, 349 m. zust. Anm. v. *Haegele*.

§ 71

Berichtigung des Gb zugunsten von Miterben erfolgen soll, so ist auch ein Mitglied der Erbengemeinschaft allein beschwerdeberechtigt.[250]

71a bb) **Einzelfälle.** Ein Wasserverband in Württemberg ist nicht berechtigt, im Wege der Beschwerde die Eintragung eines Widerspruchs gegen das Eigentum eines Dritten an einem Fischereirecht zu verlangen.[251] Überträge der Miteigentümer eines Grundstücks seinen Anteil oder einen Bruchteil davon auf einen Dritten, so ist der andere Miteigentümer nicht berechtigt, die Unrichtigkeit der Eintragung des Erwerbers mit der Beschwerde geltend zu machen.[252] Kein Beschwerderecht hat der Grundstückseigentümer, wenn eine Hypothek zu Unrecht auf einen neuen Gläubiger umgeschrieben worden ist[253] oder ein Mithaftvermerk eingetragen oder gelöscht worden ist.[254] Einem Hypothekengläubiger steht gegen die auf Antrag des Eigentümers durch Zusammenschreibung bewirkte Vereinigung des mit der Hypothek belasteten Grundstücks mit einem anderen Grundstück kein Beschwerderecht zu.[255] Ist ein nicht entstandenes Sondernutzungsrecht im Gb eingetragen, so steht den übrigen Wohnungseigentümern ein Beschwerderecht zu.[256] Gegen die Eintragung eines sogen. Rechtshängigkeitsvermerks steht nur demjenigen die Beschwerde zu, der befugt ist, über das Grundstück zu verfügen; ist dies wegen unklarer Führung des Gb zweifelhaft, fehlt es an der Beschwer desjenigen, der das Recht für sich in Anspruch nimmt.[257] Dagegen ist der Hypothekengläubiger berechtigt, Beschwerde gegen die Anordnung der Eintragung eines Widerspruchs einzulegen, der sich gegen die Löschung einer ihm vorgehenden Hypothek richtet.[258] Der Grundstückseigentümer ist beschwerdeberechtigt, wenn ohne seine Zustimmung ein Widerspruch gegen die Eintragung einer angeblich nicht bestehenden Hypothek eingetragen worden ist.[259] Andererseits ist derjenige, zu dessen Gunsten eine Eintragung hätte erfolgen sollen, gegen die Löschung der Amtsvormerkung auch mit dem beschränkten Ziel des § 71 Abs. 2 Satz 2 jedenfalls dann nicht beschwerdeberechtigt, wenn der Eintragungsantrag nicht von ihm gestellt worden war.[260]

Der Erbbauberechtigte kann gegen einen ohne seine Zustimmung eingetragenen Amtswiderspruch gegen die Eintragung von Grundpfandrechten am Erbbaurecht Beschwerde einlegen; dagegen ist er nicht zur Einlegung der Beschwerde berechtigt bezüglich eines Amtswiderspruchs gegen die Eintragung des Erbbauzinses und eines Vorkaufsrechts für den jeweiligen Grundstückseigentümer.[261] Wird gegen einen im Grundbuch vermerkten Vorrang einer Grundschuld vor einer Auflassungsvormerkung ein Amtswiderspruch eingetragen, so ist der Vormerkungsberechtigte nicht beschwerdeberechtigt, weil dadurch seine Rechtsstellung nicht beeinträchtigt wird.[262] Auch dem Inhaber einer Auflassungsvormerkung steht gegen Eintragungen, durch welche der vorgemerkte Anspruch beeinträchtigt wird, kein Beschwerderecht zu.[263] Dagegen ist ein im Gb. eingetragener Rechtsinhaber beschwerdeberechtigt, wenn ein im Rang vorgehendes Recht, z. B. eine Auflassungsvormerkung, wegen Unrichtigkeit gelöscht werden soll.[264]

---

[250] BayObLG MittBayNot 89, 308; FamRZ 90, 98.
[251] LG Ellwangen BWNotZ 81, 19.
[252] BayObLG bei *Plötz* Rpfleger 91, 4.
[253] KG JW 35, 3236.
[254] KG HRR 34 Nr. 278.
[255] KG OLGRspr. 12, 145 = KGJ 31, 241.
[256] BayObLG Rpfleger 91, 308 = MittBayNot 91, 168.
[257] BezG Erfurt DtZ 93, 310.
[258] KGJ 47, 213.
[259] KG JFG 5, 352.
[260] KG OLGZ 72, 323 = Rpfleger 72, 174.
[261] BayObLGZ 86, 294/296.
[262] BayObLG Rpfleger 82, 470; OLG Hamm OLGZ 93, 284/285 = NJW-RR 93, 529/530 = Rpfleger 93, 281.
[263] LG Frankenthal Rpfleger 84, 407; BayObLGZ 87, 231/235 = NJW-RR 87, 1416/1417 = Rpfleger 87, 450/451; BayObLG MittBayNot 91, 78; OLG Hamm OLGZ 93, 284/285 = a. a. O.
[264] BayObLG BWNotZ 88, 165 = MittRhNotK 89, 52.

Zum Beschwerderecht des weiteren Hoferben im Sinne von § 6 Abs. 2 Satz 3 HöfeOBrZ, wenn der Hofvorerbe ein Hofgrundstück veräußert: OLG Oldenburg NdsRpfl. 66, 69 = RdL 66, 59.

3. Beschwerdeberechtigung von Vertretern

a) Legt ein **Vertreter** Beschwerde ein, so hat er seine Vertretungsmacht auf Erfordern nachzuweisen. Eine besondere Form des Nachweises ist nicht erforderlich. Regelmäßig genügt bei Bevollmächtigten eine privatschriftliche Vollmacht. Bei begründeten Zweifeln kann aber das Gericht eine öffentlich beglaubigte Vollmacht verlangen; § 13 Satz 3 FGG gilt entsprechend. Es kann aber auch von der Vorlegung einer Vollmachtsurkunde absehen; das wird es regelmäßig tun können, wenn ein Rechtsanwalt die Beschwerde eingelegt hat, weil von ihm zu erwarten ist, daß er nicht ohne Vollmacht auftreten wird.[265] Für gesetzliche Vertreter gelten diese Grundsätze entsprechend. **72**

Der Vertreter kann **im eigenen Namen** Beschwerde nur einlegen, wenn ihm Kosten auferlegt worden sind oder er ein eigenes rechtliches Interesse an der Abänderung der Entscheidung hat, so wenn es das GBA ablehnt, vorgeschriebene Benachrichtigungen an ihn an Stelle des eingetragenen Berechtigten zu richten.[266] Wird seine Vertretungsbefugnis bemängelt, hat er selbst dagegen kein Beschwerderecht, sondern nur der Vertretene.[267] **73**

Testamentsvollstrecker, Konkurs- und Nachlaßverwalter sind im eigenen Namen kraft ihres Amtes beschwerdeberechtigt. Der Testamentsvollstrecker kann jedoch einen einzelnen Miterben ermächtigen, die Eintragung eines Amtswiderspruchs im Wege der Beschwerde zur Sicherung eines Berichtigungsanspruchs, der einer Erbengemeinschaft zusteht, zu deren Gunsten im eigenen Namen zu fordern.[268] Es bestehen aber entgegen der Ansicht des OLG Zweibrücken Bedenken, die nur für die echten Streitverfahren der freiwilligen Gerichtsbarkeit anerkannten Grundsätze über die gewillkürte Prozeßstandschaft auf die Grundbuchbeschwerde generell anzuwenden; denn den Grundbuchsachen fehlen in aller Regel die Merkmale eines echten Streitverfahrens.[269] Zum Beschwerderecht des Erben und des Gemeinschuldners vgl. oben Rdn. 66, 67. **74**

b) Der **Notar** hat, wenn er im Rahmen von § 15 tätig geworden ist, ohne Vorlage einer Vollmacht ein Beschwerderecht.[270] Hat er eine zur Eintragung erforderliche Erklärung beglaubigt oder beurkundet, so kann er nur im Namen eines zur Antragstellung Berechtigten Beschwerde einlegen; das braucht aber nicht der Antragsberechtigte zu sein, für den der Notar tatsächlich den Antrag gestellt hat.[271] In jedem Fall ist weiter erforderlich, daß der Notar den Antrag nach § 15 gestellt hat; es genügt nicht, daß er nur dazu berechtigt gewesen wäre.[272] Liegen die Voraussetzungen des § 15 (siehe dazu näher § 15 Rdn. 16 ff.) vor, so ist der Notar zur Beschwerde befugt, ohne daß er eine besondere Vollmacht vorzulegen braucht.[273] Dies gilt nicht nur für Rechtsmittel gegen die auf den Eintragungsantrag selbst ergangene Entscheidung, sondern auch für Rechtsmittel gegen eine Entscheidung, die mit dieser in engem sachlichen Zusammenhang steht, z. B. die allein die Eintragungsnachricht betrifft.[274] Hat er keinen Antrag **75**

---

[265] KG JFG 17, 229.
[266] OLG Stuttgart OLGZ 73, 422.
[267] BayObLGZ 74, 294/297 = DNotZ 75, 308/310; Meikel/*Streck* Rdn. 135; *Demharter* Rdn. 75; a. A. *Güthe/Triebel* Rdn. 23.
[268] OLG Zweibrücken Rpfleger 68, 88.
[269] A. A. Meikel/*Streck* Rdn. 127.
[270] *Haegele* Rpfleger 74, 417/420; *Kleist* MittRhNotK 85, 133/140.
[271] BayObLGZ 34, 122.
[272] KG JFG 17, 229; unklar, aber wohl a. A. Meikel/*Streck* Rdn. 154.
[273] BayObLG JFG 9, 201; BayObLGZ 88, 307/308.
[274] BayObLGZ 88, 307/308.

§ 71

nach § 15 gestellt, sondern nur Urkunden beim GBA eingereicht, kann das für eine botenmäßige Handlung sprechen; er kann aber auch gleichwohl als beschwerdebefugt gelten, wenn aus sonstigen Umständen zu entnehmen ist, daß er nicht als bloßer Bote anzusehen ist.[275] Zur Vermeidung von Schwierigkeiten ist es ratsam, daß der Notar die in den Urkunden enthaltenen Anträge von sich aus wiederholt. Zweckmäßigerweise erklärt er, in wessen Namen er Beschwerde einlegt. Hat er das unterlassen, so ist mangels gegenteiliger Anhaltspunkte davon auszugehen, daß er das Rechtsmittel für alle Antragsberechtigten erhoben hat.[276]

76 Der nach § 15 legitimierte **Notar** ist nicht berechtigt, **im eigenen Namen** Beschwerde einzulegen, auch nicht zur Vermeidung von Regreßansprüchen.[277] Ist der Notar nicht nach § 15 ermächtigt, so kann er im Beschwerdeverfahren nur aufgrund besonderer Vollmacht tätig werden.[278] Legt der nicht durch § 15 legitimierte Notar keine Vollmachtsurkunde vor, so ist vor Verwerfung der Beschwerde zu prüfen, ob er nicht rechtsgeschäftlich bevollmächtigt war.[279] Das Gericht wird jedoch von der Vorlegung einer Vollmachtsurkunde in aller Regel absehen können, weil anzunehmen ist, daß ein Notar nicht ohne Vollmacht auftritt.[280] Jedenfalls darf es die Beschwerde nicht mangels Nachweises der Vollmacht als unzulässig verwerfen, ohne daß vorher dem Notar Gelegenheit gegeben wird, die Vollmacht nachzuweisen.[281]

Zur Befugnis des Notars, weitere Beschwerde einzulegen vgl. § 80 Rdn. 13 ff.

4. Beschwerdeberechtigung von Behörden

77 Behörden sind beschwerdeberechtigt, soweit sie das GBA nach § 38 kraft gesetzlicher Vorschrift um eine Eintragung ersuchen dürfen oder soweit sie berechtigt sind, die privatrechtlichen Interessen von Beteiligten zu wahren.[282] Über diesen Rahmen hinaus hat das KG[283] einer Behörde ein allgemeines Beschwerderecht zuerkannt, wenn die sachgemäße Erfüllung der ihr zugewiesenen staats- und volkswirtschaftlichen Aufgaben ohne die Möglichkeit selbständiger Anfechtung von Grundbuchentscheidungen nicht gewährleistet sein würde.[284] Demgegenüber will *Zimmermann*[285] Behörden ein Beschwerderecht nur gewähren, wenn dies im Gesetz ausdrücklich ausgesprochen ist. Das ist jedoch zu eng; der Gefahr einer uferlosen Ausdehnung des Beschwerderechts und

---

[275] BayObLG JFG 9, 201.
[276] BGH LM § 53 GBO Nr. 5 = NJW 85, 3070/3071; BayObLGZ 53, 185; 67, 409; MittRhNotK 84, 12/13; BayObLGZ 85, 153/154; BayObLG DNotZ 87, 39 = NJW-RR 86, 894; NJW-RR 93, 530/531 = MittBayNot 93, 82/83; OLG Hamm OLGZ 65, 343 = DNotZ 66, 236; OLGZ 88, 260/262 = JMBlNRW 88, 173; *Haegele* Rpfleger 74, 417/420.
[277] BayObLGZ 72, 44 = DNotZ 72, 372; KGJ 35, 200; KG NJW 59, 1087; OLG Hamm MittRhNotK 96, 330; *Haegele* Rpfleger 74, 417/420.
[278] OLG Hamm Rpfleger 86, 367/368; MittRhNotK 96, 330.
[279] KG JFG 17, 230.
[280] KG a. a. O.; BayObLGZ 74, 112/114; DNotZ 87, 39 = NJW-RR 88, 894; BayObLG Rpfleger 95, 495/496 = DNotZ 96, 32/34.
[281] BayObLG Rpfleger 95, 495/496 = DNotZ 96, 32/35.
[282] KG JFG 3, 271; 12, 344; 14, 436; 16, 215; 18, 55; JR 54, 465; OLG Celle NdsRpfl. 49, 70; BayObLG RdL 83, 268 = AgrarR 83, 339; MittBayNot 86, 20; OLG Hamm OLGZ 85, 276/277 = JMBlNRW 85, 213/214 = Rpfleger 85, 396 m. zust. Anm. v. *Tröster*; MittRhNotK 96, 228; OLG Düsseldorf OLGZ 88, 58/59 = Rpfleger 88, 140.
[283] JFG 12, 344; 16, 215.
[284] Ebenso OLG Düsseldorf JMBlNRW 56, 209; OLGZ 88, 58/59 = Rpfleger 88, 140; OLG Zweibrücken OLGZ 81, 139/140; das OLG Celle – NdsRpfl. 49, 70 – und das BayObLG – RdL 83, 268 = AgrarR 83, 339 – haben offengelassen, ob der Grundsatz in dieser allgemeinen Form richtig ist oder ob er auf konkrete Fälle zu beschränken ist.
[285] Rpfleger 58, 212.

einer Überbewertung der staatlichen Aufgaben kann dadurch begegnet werden, daß der vom KG entwickelte Grundsatz im Einzelfall nur dann angewandt wird, wenn die Versagung des Beschwerderechts an die Behörde der Beeinträchtigung eines rechtlich geschützten Interesses bei einer Privatperson gleichkäme.[286]

Auch die Rechtsprechung hat bislang Behörden nur in besonders gelagerten Einzelfällen ein Beschwerderecht zuerkannt, so der Devisenstelle,[287] der Grunderwerbssteuerbehörde,[288] dem Kulturamt in Angelegenheiten, die die Durchführung des Siedlungsverfahrens betreffen,[289] dem Landeskulturamt in Fragen der Bodenreform,[290] den Kulturämtern in Flurbereinigungsverfahren[291] – dagegen aber nicht gegen die Ablehnung ihrer Anregung, für eines der von der Flurbereinigung betroffenen Grundstücke das Gb-Blatt zu schließen, auf dem nach Eintritt des neuen Rechtszustands eine Auflassung vollzogen worden ist[292] –, dem Ausgeber einer Heimstätte, wenn er geltend macht, die Verfügung über die Heimstätte widerspreche dem Zweck des RHeimstG und sei deshalb unzulässig,[293] der bei der Siedlungseintragung nach Landesrecht zuständigen Enteignungsbehörde,[294] der beauftragten Stelle für den Lastenausgleich nach § 139 LAG,[295] dem Katasteramt gegen die Ablehnung, die Bestandsangaben des Gb fortzuschreiben.[296] **78**

Dagegen reicht das bloße Aufsichtsrecht einer Behörde nicht aus, um eine Beschwerdebefugnis zu begründen.[297] Demgemäß hat die Rechtsprechung ein Beschwerderecht abgesprochen dem Oberbergamt,[298] dem Nachlaß- oder Vormundschaftsgericht,[299] der Schulaufsichtsbehörde,[300] dem Entschuldungsamt,[301] dem Umlegungsausschuß.[302] Über das Beschwerderecht von Baupolizeibehörden vgl. KG JFG 18, 55. **79**

Dem GBA steht weder gegen die Entscheidung der höheren Instanz noch gegen die eines anderen GBA, so bei gemeinschaftlichen Obliegenheiten,[303] ein Beschwerderecht zu.

Beteiligte, deren Rechtsstellung beeinträchtigt wird, bleiben neben der Behörde, auch im Falle des § 38, beschwerdeberechtigt.[304] **80**

[Beschwerdegericht]

§ 72

Über die Beschwerde entscheidet das Landgericht, in dessen Bezirk das Grundbuchamt seinen Sitz hat.

1. Allgemeines

§ 72 regelt die sachliche und örtliche Zuständigkeit des Beschwerdegerichts. Die Zuständigkeit ist eine ausschließliche. **1**

---

[286] Für eine Einschränkung auch *Demharter* Rdn. 77; Meikel/*Streck* Rdn. 142.
[287] KG JFG 12, 344.
[288] KG JFG 13, 233.
[289] KG JFG 16, 215.
[290] OLG Celle NdsRpfl. 49, 70 u. 141.
[291] OLG Schleswig SchlHA 64, 263 = RdL 64, 306; LG Verden NdsRpfl. 54, 131; BayObLG RdL 83, 268 = AgrarR 83, 339.
[292] BayObLG a. a. O.
[293] OLG Düsseldorf JBMlNRW 56, 209.
[294] KG JFG 3, 271.
[295] BayObLGZ 53, 250.
[296] OLG Düsseldorf OLGZ 88, 58 = Rpfleger 88, 140.
[297] KG JFG 3, 271; 12, 344.
[298] KGJ 20, 14.
[299] KGJ 32, 244.
[300] KGJ 42, 186.
[301] KG JFG 14, 436.
[302] OLG Celle NJW 63, 1161.
[303] KG OLGRspr. 41, 28 = KGJ 52, 102.
[304] KG JFG 5, 299; 17, 354; BayObLG NJW-RR 90, 1510/1511.

§ 72 I. Grundbuchordnung

2. Sachliche Zuständigkeit

2 Die Entscheidung über die Beschwerde wird dem Landgericht, und zwar nach § 81 Abs. 1 einer Zivilkammer, übertragen. Welche Zivilkammer im konkreten Fall zuständig ist, bestimmt der Geschäftsverteilungsplan des LG (§ 21 e GVG).

3. Örtliche Zuständigkeit

3 Örtlich zuständig ist das LG, in dessen Bezirk das GBA seinen Sitz hat, also das dem GBA übergeordnete LG. Wechselt die Zuständigkeit des GBA, nachdem dieses über einen Eintragungsantrag entschieden hatte, und wird sodann Beschwerde eingelegt, so hat das LG über die Beschwerde zu entscheiden, das dem nunmehr zuständigen GBA übergeordnet ist.[1] Liegen Grundstücke, an denen Gesamtrechte bestehen, in den Bezirken verschiedener Landgerichte, so sind widersprechende Entscheidungen möglich; sie können nur durch Ausschöpfen der weiteren Beschwerde und notfalls einer Einschaltung des BGH gemäß § 79 Abs. 2 beseitigt werden. Eine Bestimmung des zuständigen Gerichts kommt nach § 1 Abs. 2 nur für die erste Instanz, nicht aber für das Beschwerdegericht in Betracht.[2]

4. Sonderfälle

4 In **Baden-Württemberg** bestehen die Grundbuchämter nach § 1 Abs. 3, §§ 26–35 Bad.-Württ. LFGG v. 12. 2. 1975 (GVBl. 116), zuletzt geändert durch G v. 18. 12. 1995 (GVBl. 1996, 29), bei den Gemeinden. Dort sind Notare im Landesdienst (bisherige Amtsnotare in Baden und Bezirksnotare in Württemberg) und Ratschreiber tätig. Gegen Entscheidungen der Notare des GBA ist jetzt unmittelbar die Beschwerde an das LG nach §§ 71 ff. GBO gegeben; bisher war die Beschwerde im württembergischen Landesteil erst zulässig, nachdem zunächst der Amtsrichter über eine Abänderung der Entscheidung des GBA im Wege der Erinnerung befunden hatte; zur Frage der Zuständigkeit des LG in einem Fall, in dem der Bezirk des GBA geändert worden ist, siehe OLG Stuttgart Justiz 75, 437. Dagegen entscheidet weiter der Amtsrichter über eine Erinnerung gegen den Kostenansatz des GBA.[3] Gegen Entscheidungen des Ratschreibers ist nach § 33 Bad.-Württ. LFGG die Erinnerung zulässig; über sie entscheidet der Notar. Über die Tätigkeit des Rechtspflegers bei den GBA in Baden-Württemberg siehe § 35 Abs. 1 bis 3 RPflG. Im übrigen s. a. § 143 und Anm. dazu.

5 In den **neuen Bundesländern** entschied bis zur Errichtung der im GVG vorgesehenen Gerichte über Beschwerden in Grundbuchsachen das Bezirksgericht (s. dazu näher Rdn. 10 vor § 71).

Soweit im Gebiet der früheren DDR Grundbücher und Grundakten von anderen als den grundbuchführenden Stellen aufbewahrt werden, entscheidet über die Gewährung von Einsicht in die früheren Grundbücher und Grundakten sowie über die Erteilung von Abschriften gem. §§ 12 b, 12 c Abs. 5 der Leiter der Stelle oder ein von ihm hierzu ermächtigter Bediensteter. Gegen dessen Entscheidung ist die Beschwerde nach § 71 gegeben. Örtlich zuständig ist das Gericht, in dessen Bezirk die Stelle ihren Sitz hat (§ 12 c Abs. 5 Sätze 2 und 3).

6 Für das **landwirtschaftliche Schuldenregelungsverfahren** enthält § 13 des Gesetzes zur Abwicklung der landwirtschaftlichen Entschuldung vom 25. 3. 1952 (BGBl. I, 203) eine Ausnahme: Danach entscheiden über Beschwerden die Oberlandesgerichte; die weitere Beschwerde ist ausgeschlossen.

---

[1] KG JFG 13, 402.
[2] *Demharter* Rdn. 5; Meikel/*Streck* Rdn. 4.
[3] LG Heilbronn Justiz 76, 211.

5. Entscheidung eines unzuständigen Gerichts

Entscheidet ein unzuständiges Gericht über die Beschwerde, so ist grundsätzlich die **7** Entscheidung deshalb nicht unwirksam, sondern nur mit der weiteren Beschwerde anfechtbar. Das Gericht der weiteren Beschwerde muß die Beschwerdeentscheidung aufheben und die Sache an das zuständige Gericht verweisen. Für die örtliche Zuständigkeit ergibt sich das aus § 7 FGG, der auch im Grundbuchverfahren entsprechend anwendbar ist. Aber auch die Verletzung der sachlichen Zuständigkeit führt nicht zur Unwirksamkeit. Weder ist ein Umkehrschluß aus § 7 FGG gerechtfertigt noch kann der einschränkenden Bemerkung in § 32 FGG ein gegenteiliger Standpunkt des Gesetzes entnommen werden.[4] Nur wenn die funktionelle Zuständigkeit in bezug auf die Verteilung von Rechtspflegeaufgaben auf verschiedenartige Rechtspflegeorgan überschritten wird, so wenn z. B. an Stelle des Richters der Rechtspfleger in einem dem Richter vorbehaltenen Geschäft entscheidet (vgl. § 8 RPflG), führt der Mangel zur Unwirksamkeit.[5]

[Einlegung der Beschwerde]

§ 73

(1) Die Beschwerde kann bei dem Grundbuchamt oder bei dem Beschwerdegericht eingelegt werden.

(2) Die Beschwerde ist durch Einreichung einer Beschwerdeschrift oder durch Erklärung zur Niederschrift des Grundbuchamts oder der Geschäftsstelle des Beschwerdegerichts einzulegen.

Literatur:

Keidel Zur Verwirkung des Beschwerderechts im FGG-Verfahren, Rpfleger 60, 240; *Riedel* Der Antrag im Abhilfe- und Beschwerdeverfahren in Grundbuchsachen, Rpfleger 69, 149.

Übersicht

	Rdn.		Rdn.
I. Allgemeines	1	IV. Verwirkung der Beschwerde	7
II. Entgegennahme der Beschwerde	2	V. Wirkung der Beschwerde	8
III. Form der Beschwerde	3–6		
1. Einlegung zur Niederschrift des GBA oder der Geschäftsstelle des Beschwerdegerichts	5, 6	VI. Zurücknahme der Beschwerde	9–12
		VII. Verzicht auf die Beschwerde	13

I. Allgemeines

§ 73 regelt die Einlegung der Beschwerde. Die Vorschrift entspricht § 21 FGG, **1** stimmt mit ihr aber nicht völlig überein.

Die Beschwerde ist nicht befristet. Eine Ausnahme enthält § 89. Im Verfahren zur Klarstellung der Rangverhältnisse wird aufgrund der §§ 105 Abs. 2, 110 die Grund-

---

[4] *Jansen* § 7 Rdn. 15; *Keidel/Zimmermann* § 7 Rdn. 26, beide unter Bezugnahme auf das zit. neuere Schrifttum zum FGG; a. A. BGHZ 24, 47 = NJW 57, 832; ebenso Meikel/*Streck* Rdn. 6; *Demharter* Rdn. 7; vgl. dazu auch § 1 Rdn. 4.

[5] *Jansen* § 7 Rdn. 17; *Keidel/Zimmermann* § 7 Rdn. 15, 16.

buchbeschwerde durch die sofortige Beschwerde nach den Vorschriften des FGG ersetzt. Dasselbe gilt nach §§ 2, 4 Abs. 4 und 14 Abs. 2 GBMaßnG vom 20. 12. 1963 (BGBl. I, 986).

Vor Erlaß der Entscheidung des GBA kann keine Beschwerde eingelegt werden, wohl aber nach dem Erlaß und vor der Bekanntmachung.[1]

Nach § 11 Abs. 2 S. 3 RPflG sind die Vorschriften über die Beschwerde auf Erinnerungen gegen Entscheidungen des Rechtspflegers sinngemäß anzuwenden. Das gilt auch für § 73. Zum Verfahren bei Einlegung einer Erinnerung s. § 71 Rdn. 4 ff.

II. Entgegennahme der Beschwerde

2 Für die Entgegennahme der Beschwerde sind zwei Stellen zugelassen: Das GBA, das in erster Instanz zuständig ist – nicht auch ein anderes GBA oder AG[2] – und das Beschwerdegericht, letzteres nicht nur in dringenden Fällen wie in § 569 Abs. 1 ZPO. Der Beschwerdeführer kann das GBA oder das Beschwerdegericht wählen. Zweckmäßig ist jedoch die Einlegung beim GBA, um die sonst mit Rücksicht auf § 75 in aller Regel erfolgende Rücksendung zu vermeiden. Eine Verpflichtung des Beschwerdegerichts zur Vorlage an das GBA zwecks Prüfung einer Abhilfe besteht jedoch nicht. Das Beschwerdegericht kann auch sofort entscheiden. Geht die Beschwerde bei einem örtlich unzuständigen GBA oder einem anderen Gericht als dem Beschwerdegericht oder einer anderen Behörde ein, so ist sie nicht wirksam eingelegt. Das ist erst der Fall, wenn sie dem zuständigen GBA oder Beschwerdegericht zugeht.

III. Form der Beschwerde

3 Die Beschwerde kann in **zwei Formen eingelegt** werden: Durch eine Beschwerdeschrift oder zur Niederschrift des GBA oder der Geschäftsstelle des Beschwerdegerichts.

1. Beschwerdeschrift

Sie unterliegt weder der Formvorschrift des § 29 GBO oder des § 126 BGB noch dem Anwaltszwang. Immer muß es sich aber um eine Schrift handeln. Eine mündliche oder in aller Regel auch fernmündliche Erklärung genügt nicht.[3] Die eigenhändige Unterschrift des Beschwerdeführers oder seines Vertreters ist zweckmäßig, da sie beweist, daß der über der Unterschrift stehende Text abgeschlossen ist und vom Unterzeichner gewollt ist. Notwendig ist sie jedoch nicht; sie ist entbehrlich, wenn sich die Person des Beschwerdeführers und sein Wille, Beschwerde einzulegen, aus dem Schriftstück zweifelsfrei ergibt.[4] Ein solcher Wille wird sich regelmäßig aus der Fassung des Textes ergeben. Insbesondere bei einer von einem Notar eingelegten Beschwerde wird das so gut wie immer der Fall sein.[5] Demgemäß ist es auch bei Einlegung der Beschwerde

---

[1] Keidel/*Kahl* § 19 Rdn. 51; *Jansen* § 19 Rdn. 33.
[2] BayObLG bei *Plötz* Rpfleger 88, 237/238.
[3] S. dazu näher Keidel/*Kuntze* § 21 Rdn. 4; Meikel/*Streck* Rdn. 10 u. 17.
[4] KG JFG 19, 139 = DFG 39, 91; OLG Köln Rpfleger 80, 222; BGHZ 8, 301 = NJW 53, 624; MDR 59, 923 = Rpfleger 60, 399 für die Person des Beschwerdeführers; BayObLGZ 64, 334; OLG Frankfurt Rpfleger 75, 306; *Jansen* § 21 Rdn. 4; Keidel/*Kuntze* § 21 Rdn. 12.
[5] OLG Köln a. a. O.

durch eine Behörde nicht wesentlich, daß diese von dem zuständigen Beamten unterzeichnet ist; es ist ausreichend, wenn die Beschwerdeschrift klar zum Ausdruck bringt, daß sie dem Willen der Behörde entspricht.[6] Deshalb kann auch mechanische Unterzeichnung, z. B. durch einen Faksimilestempel, nicht ohne weiteres als unzulässig angesehen werden. Hierbei wird unter Berücksichtigung der Verkehrsgewohnheiten im Einzelfall zu prüfen sein, ob eine abgeschlossene Erklärung vorliegt.[7]

Auch **telegrafische Einlegung** ist zulässig, selbst wenn das Telegramm dem Absendepostamt fernmündlich aufgegeben wird.[8] Zur Fristwahrung genügt die fernmündliche Durchsage des Telegrammwortlauts vor Ablauf der Beschwerdefrist durch das Zustellpostamt an eine zur Entgegennahme befugte Person; diese hat über den Wortlaut des Telegramms eine Niederschrift aufzunehmen.[9] Ebenso ist auch Einlegung der Beschwerde durch Fernschreiber zulässig.[10] In diesem Falle ist die Beschwerde in dem Zeitpunkt eingegangen, in dem sie im Empfängerapparat ausgedruckt wird, auch dann, wenn dieser Zeitpunkt nach Dienstschluß liegt und die Fernschreibanlage nicht besetzt ist; gibt das Beschwerdegericht auf seinen Briefbögen die Telexnummer der Fernschreibstelle einer anderen Justizbehörde an, so ist eine an diese Behörde gerichtete Beschwerde fristgerecht eingelegt, wenn sie innerhalb der Frist bei Fristablauf an das Beschwerdegericht weitergeleitet wird.[11] Schließlich ist auch Einlegung der Beschwerde durch Telebrief[12] oder Telefax in Gestalt einer Telekopie zulässig.[13] **4**

2. Einlegung zur Niederschrift des GBA oder der Geschäftsstelle des Beschwerdegerichts

Beim GBA kann sowohl der Richter oder Rechtspfleger als auch der Urkundsbeamte der Geschäftsstelle die Niederschrift aufnehmen,[14] beim Beschwerdegericht dagegen grundsätzlich nur der Urkundsbeamte der Geschäftsstelle. Jedoch soll nach § 24 Abs. 2 RPflG der Rechtspfleger sonstige Rechtsbehelfe als die in Abs. 1 genannten (weitere Beschwerde, Rechtsbeschwerde) aufnehmen, soweit sie gleichzeitig begründet werden. Hat der Rechtspfleger des LG eine Beschwerde in einer Grundbuchsache aufgenommen, ohne daß die Voraussetzungen des § 24 Abs. 2 RPflG vorgelegen haben, so berührt das nach § 8 Abs. 5 RPflG nicht die Wirksamkeit der Beschwerde. Daraus und aus § 8 Abs. 1 RPflG läßt sich entnehmen, daß dasselbe auch für die vom Richter des LG aufgenommene Niederschrift gelten muß, sofern eine solche Niederschrift nicht schon als Beschwerdeschrift (siehe oben Rdn. 3) anzusehen ist.[15] **5**

Für die **Form der Niederschrift** fehlen besondere bundesrechtliche Vorschriften. Das BeurkG, insbesondere dessen § 1 Abs. 2, findet keine Anwendung.[16] Deshalb ist das Landesrecht maßgebend. Die Niederschrift erfordert nicht die Unterschrift des Beschwerdeführers.[17] Doch kann die Ablehnung der Unterschrift durch den Beschwerde- **6**

---

[6] KG a. a. O.; OLG München JFG 21, 2 = DFG 40, 20; BGH MDR 59, 923 = Rpfleger 60, 399.
[7] Meikel/*Streck* Rdn. 8; Keidel/*Kuntze* § 21 Rdn. 13; *Jansen* § 21 Rdn. 4.
[8] KG JFG 19, 139 = DFG 39, 91; OLG München JFG 21, 2 = DFG 40, 20; BGH NJW 53, 25 = Rpfleger 53, 29; BVerwG NJW 56, 605.
[9] BGH a. a. O.
[10] BGHZ 97, 283 = NJW 86, 1759; BGHZ 101, 276/280 = NJW 87, 2586.
[11] BGHZ 101, 276/280 = NJW 87, 2586.
[12] BGHZ 87, 63 = NJW 83, 1498.
[13] BGH NJW 89, 589; 90, 188; BayObLGZ 90, 71/73.
[14] RGZ 110, 314.
[15] Ebenso *Demharter* Rdn. 9; Meikel/*Streck* Rdn. 15; Keidel/*Kuntze* § 21 Rdn. 5; die früher vertretene gegenteilige Auffassung, die auf BGH NJW 57, 990 = Rpfleger 57, 316 beruht, ist überholt; siehe dazu auch Rdn. 17 zu § 80.
[16] *Jansen* § 1 BeurkG Rdn. 7.
[17] BayObLGZ 64, 330/334 = Rpfleger 65, 110; OLG Stuttgart Justiz 61, 311.

§ 73

führer ergeben, daß eine Beschwerde nicht beabsichtigt ist.[18] Mängel aller Art der Erklärung zur Niederschrift werden durch die Unterschrift des Beschwerdeführers geheilt, da dadurch jedenfalls die Erklärung zu einer Beschwerdeschrift wird.

IV. Verwirkung der Beschwerde

7 Anders als im Verfahren der freiwilligen Gerichtsbarkeit kann in Grundbuchsachen wegen der Besonderheiten dieses Verfahrens das Recht zur unbefristeten Beschwerde nicht verwirkt werden.[19] Die dagegen von *Riedel*[20] erhobenen Bedenken können im Ergebnis nicht überzeugen, mögen sie auch in einzelnen Punkten durchaus beachtlich sein.[21]

V. Wirkung der Beschwerde

8 Die Beschwerde hat nur die Wirkung, daß über sie entschieden werden muß. Sie hat insbesondere keine aufschiebende Wirkung und hindert weitere Eintragungen nicht, hat also keine Sperre des Grundbuchs zur Folge. Vgl. jedoch § 76 Rdn. 17 über den Sonderfall der Beschwerde gegen eine Zwangsgeldfestsetzung und § 74 Rdn. 8 und 9 über neue Eintragungsanträge im Beschwerdeverfahren.

VI. Zurücknahme der Beschwerde

9 Eine Zurücknahme der Beschwerde ist bis zum Erlaß der Beschwerdeentscheidung, d. h. bis zu ihrer Herausgabe aus dem Bereich des Gerichts zulässig. Eine zwischen Erlaß und Bekanntmachung der Entscheidung eingehende Rücknahmeerklärung ist unwirksam.[22]

10 Die Zurücknahme der Beschwerde bedarf nicht der **Form** des § 29. Maßgebend ist vielmehr die für die Einlegung vorgeschriebene Form des § 73 Abs. 2. Die Zurücknahme kann also durch einen Schriftsatz oder durch Erklärung zur Niederschrift erfolgen.[23]

11 Die Zurücknahme der Beschwerde enthält **nicht** ohne weiteres einen **Verzicht** auf das Rechtsmittel; für die Annahme eines Verzichts müssen besondere Umstände gegeben sein.[24] Deshalb bleibt eine Wiederholung der Beschwerde möglich.

12 An gerichtlichen **Kosten** wird im Falle der Zurücknahme der Beschwerde ¼ der vollen Gebühr erhoben (§ 131 Abs. 1 Satz 1 Nr. 2 KostO). Der Geschäftswert ist nach § 30 KostO zu bestimmen (§ 131 Abs. 2 KostO). Wegen der Erstattung außergerichtlicher Kosten eines Beteiligten durch einen anderen Beteiligten vgl. § 77 Rdn. 27.

---

[18] KGJ 49, 145.
[19] BGHZ 48, 351 = NJW 68, 105; OLG Hamm MDR 52, 369; Rpfleger 73, 305 = OLGZ 73, 405; BayObLGZ 53, 9; 56, 57; 66, 240; OLG Frankfurt Rpfleger 63, 295 = DNotZ 64, 306; OLG Neustadt NJW 58, 836; *Keidel* Rpfleger 60, 240.
[20] Rpfleger 69, 151 ff.
[21] S. dazu auch Meikel/*Streck* § 71 Rdn. 164.
[22] *Jansen* § 21 Rdn. 15; Keidel/*Kahl* § 19 Rdn. 110; BayObLGZ 65, 347; *Demharter* Rdn. 11; Meikel/*Streck* Rdn. 20; Haegele/Schöner/*Stöber* Rdn. 501; a. A. *Güthe/Triebel* Rdn. 9; *Thieme* Anm. 5, die eine Rücknahme bis zur Bekanntmachung der Entscheidung für zulässig halten; es besteht kein Grund, Grundbuchsachen insoweit anders zu behandeln als alle anderen Angelegenheiten der freiwilligen Gerichtsbarkeit.
[23] A. A. Meikel/*Streck* Rdn. 21, der auch eindeutige mündliche Erklärung ausreichen läßt; wie hier *Demharter* Rdn. 11.
[24] OLG Karlsruhe JFG 7, 242.

VII. Verzicht auf die Beschwerde

Ein Verzicht auf die Beschwerde ist mit unmittelbarer verfahrensrechtlicher Wirkung, die ihre erneute Einlegung hindert, zulässig. Eine trotz Verzichts eingelegte Beschwerde ist als unzulässig zu verwerfen. Der Verzicht kann dem GBA oder dem Beschwerdegericht gegenüber erklärt werden.[25] Er bedarf keiner Form; es liegt im Ermessen des Gerichts, welche Anforderungen es an den Nachweis des Verzichts stellt. Ein einseitiger Verzicht, der vor Erlaß der Entscheidung gegenüber dem Gericht erklärt wird, ist nicht zulässig und daher unwirksam.[26] Die Frage, ob die Beteiligten einen solchen Verzicht vereinbaren können, wird von der h. M. in der freiwilligen Gerichtsbarkeit nur für echte Streitverfahren bejaht.[27] *Demharter* (Rdn. 13) und Meikel/*Streck* § 71 (Rdn. 163) nehmen dies auch für das Grundbuchverfahren an. Dagegen bestehen jedoch Bedenken; denn den Grundbuchsachen fehlen in aller Regel die Merkmale eines echten Streitverfahrens.

[Neues Vorbringen]

§ 74
Die Beschwerde kann auf neue Tatsachen und Beweise gestützt werden.

Literatur:

Kleist Durchgriffserinnerung und Beschwerde bei Zurückweisung eines Eintragungsantrages bzw. Zwischenverfügung gemäß § 18 GBO, MittRhNotK 85, 133; *Riedel* Der Antrag im Abhilfe- und Beschwerdeverfahren in Grundbuchsachen, Rpfleger 69, 149; *Ripfel* Die Wirkungen der Beschwerde gemäß § 71 GBO gegen die Zurückweisung eines Grundbuchantrages – Reformbedürftigkeit der bisherigen Regelung, BWNotZ 64, 141.

I. Allgemeines

§ 74 befaßt sich mit dem Inhalt der Beschwerde und bestimmt, daß zur Begründung neue Tatsachen und Beweise angeführt werden können. Die Vorschrift stimmt mit § 23 FGG wörtlich überein. Sie bezweckt eine Beschleunigung und Vereinfachung des Verfahrens; denn der Beschwerdeführer ist nicht gezwungen, neue Tatsachen und Beweise mit einem neuen Antrag an das GBA geltend zu machen. Weitere Bestimmungen über den Inhalt der Beschwerde enthält die GBO ebenso wie das FGG nicht. In formeller Hinsicht sind an den Antrag und den Inhalt der Beschwerde nur geringe Anforderungen zu stellen. Es genügt, wenn die Person des Beschwerdeführers, die angefochtene Entscheidung und der Wille, diese anzugreifen und eine Abänderung zu erreichen, zu erkennen sind. Bestimmte Formulierungen oder Ausdrücke sind nicht erforderlich. Gegebenenfalls ist auf eine Klarstellung hinzuwirken. Die Beschwerde braucht weder einen Antrag noch eine Begründung zu enthalten. Wird eine Begründung angekündigt, so muß sie das Beschwerdegericht abwarten oder eine Frist zur Abgabe der Begründung

---

[25] KG JFG 12, 69 = JW 35, 2166.
[26] BGHZ 48, 96 = NJW 67, 2061; OLG Frankfurt DNotZ 72, 180; OLG Hamm OLGZ 73, 118 = FamRZ 73, 155; *Demharter* Rdn. 13.
[27] Vgl. Jansen § 21 Rdn. 19 und Keidel/*Kahl* § 19 Rdn. 102 mwN.

§ 74

setzen. Im übrigen gelten die gleichen Grundsätze wie im Verfahren der FG.[1] Im Zweifel ist die Entscheidung des GBA ihrem ganzen Umfang nach angefochten. Die Beschwerde eröffnet dem Beschwerdegericht eine vollständige Nachprüfung in tatsächlicher und rechtlicher Beziehung, auch soweit es sich um die Anwendung des richterlichen Ermessens durch das GBA handelt. Das Beschwerdegericht erhebt jedoch keine Beweise, zu deren Erhebung nicht auch das GBA verpflichtet wäre; insbesondere vernimmt es also im Antragsverfahren keine Zeugen.

II. Vorbringen von neuen Tatsachen und Beweisen

2 Das Vorbringen neuer Tatsachen und Beweise ist im Beschwerdeverfahren uneingeschränkt zulässig. Das kann dazu führen, daß eine ursprünglich richtige Entscheidung aufgehoben werden muß, weil sie der durch das neue Vorbringen geänderten Sachlage nicht mehr entspricht[2] oder weil das dem zu Recht zurückgewiesenen Eintragungsantrag entgegenstehende Hindernis nachträglich behoben worden ist.[3]

1. Neue Tatsachen

3 Neue Tatsachen sind nicht nur solche Ereignisse, die schon vorher entstanden sind, aber erst in der Beschwerdeinstanz geltend gemacht werden, sondern auch solche, deren zeitliche Entstehung nach der Entscheidung des GBA liegt. Es können daher auch solche Angaben und Nachweise, von denen das GBA die beantragte Eintragung abhängig gemacht hat, nachgeholt werden, so die Beibringung eines Grundschuldbriefs.[4] Als neue Tatsache ist z. B. auch die Einzahlung des Kostenvorschusses zu berücksichtigen, wenn das GBA nach fruchtlosem Ablauf der zur Zahlung gesetzten Frist den Eintragungsantrag zurückgewiesen hat.[5] Dasselbe gilt bei beantragten Zwangseintragungen für Tatsachen, von deren Eintritt die Zulässigkeit der Vollstreckung abhängt, wie die Zustellung der Vollstreckungsklausel.[6] Eine neue Tatsache ist auch die erforderliche, nachträglich beigebrachte Zustimmung eines Dritten oder der Eintritt der Voraussetzungen des § 185 Abs. 2 BGB,[7] desgleichen die Nachholung der Verteilung der Forderung nach § 867 Abs. 2 ZPO.[8]

4 Tatsachen, die sich aus dem GBA vorliegenden Akten und Urkunden ergeben und die nicht berücksichtigt worden sind, können dagegen nicht als neue Tatsachen angesehen werden; sie hat das Beschwerdegericht von Amts wegen zu beachten.

2. Neue Beweise

5 Als neue Beweise können nur Beweismittel in Betracht kommen, die im Grundbuchverfahren überhaupt zulässig sind, im Antragsverfahren mithin nur Urkunden, nicht aber Zeugen und Sachverständige.

---

[1] Vgl. dazu Keidel/*Amelung* § 12 Rdn. 32; Jansen § 23 Rdn. 8 f.; Meikel/*Streck* § 77 Rdn. 23.
[2] OLG Braunschweig JFG 10, 220.
[3] KG HRR 41 Nr. 603 = DR 41, 935; LG Stuttgart BWNotZ 75, 94; LG Düsseldorf Rpfleger 86, 175 m. abl. Anm. v. *Meyer-Stolte*; BayObLG Büro 89, 378/380; a. A. zu Unrecht LG Darmstadt MDR 58, 849.
[4] KG DR 41, 935 = HRR 41 Nr. 603.
[5] OLG Braunschweig JFG 10, 220; LG Hannover Büro 73, 904 = NdsRpfl. 72, 280; LG Köln MittRhNotK 85, 216; LG Düsseldorf Rpfleger 86, 175 m. Anm. v. *Meyer-Stolte*.
[6] KG JFG 17, 59 = HRR 38 Nr. 318.
[7] KG JFG 1, 304.
[8] BGHZ 27, 316 = Rpfleger 58, 218.

3. Kein neuer Antrag

Dagegen kann nicht ein völlig neuer Antrag zum Gegenstand der Beschwerde gemacht werden. Neu ist ein Antrag, wenn er die Angelegenheit zu einer anderen macht, als diejenige es war, welche Gegenstand der Entscheidung erster Instanz gewesen ist.[9] Ein solcher Antrag ist unzulässig. Über ihn hat zunächst das GBA zu entscheiden; wird er gleichwohl mit der Beschwerde verfolgt, so macht er das Rechtsmittel unzulässig.[10] **6**

So ist der Antrag auf Eintragung eines neuen Eigentümers aufgrund einer Auflassung ein neuer Antrag gegenüber dem bisherigen im Wege der Berichtigung verfolgten Antrag aufgrund eines Erbausweises.[11] In ein Beschwerdeverfahren, in dem die Ablehnung einer beantragten Grundbuchberichtigung angegriffen wird, kann nicht erstmals als weiterer Verfahrensgegenstand die Grundbuchberichtigung im Amtsverfahren nach § 82 ff. eingeführt werden;[12] ebenso kann im Beschwerdeverfahren auch nicht vom Amtslöschungsverfahren in das Antragsverfahren nach §§ 13, 22 übergegangen werden.[13] Dagegen ist eine Einschränkung des bisherigen Eintragungsantrags im Beschwerdeverfahren zulässig, so z. B. die Erklärung des Gläubigers, daß statt der ursprünglich beantragten Gesamtzwangshypothek die Eintragung bestimmter Teilhypotheken gemäß § 867 Abs. 2 ZPO erfolgen soll[14] oder daß der Vorbehalt im Sinne des § 16 Abs. 2 zurückgenommen wird.[15] Auch eine Ermäßigung des in erster Instanz gestellten Antrags ist statthaft; doch ist insoweit die nach § 31 vorgeschriebene Form zu wahren. Wenn der Beschwerdeführer statt der Zurückweisung eines Antrags den Erlaß einer Zwischenverfügung begehrt, so ist das kein neuer, unzulässiger Antrag.[16] Dasselbe gilt, wenn ein Berichtigungsantrag nicht mehr auf den Nachweis der Unrichtigkeit, sondern auf die Bewilligung des Betroffenen gestützt wird oder umgekehrt.[17] **7**

III. Wirkung des neuen Vorbringens

Die durch neues Vorbringen **erfolgreiche Beschwerde** führt zur **Aufhebung der Vorentscheidung**. Das ist auch dann der Fall, wenn die einen Eintragungsantrag zurückweisende Entscheidung des GBA nach der damaligen Sachlage gerechtfertigt war und die Beschwerdeentscheidung auf dem neuen Vorbringen beruht.[18] Das hat zur Folge, daß die ursprünglich zu Recht gegen die Beteiligten für die Zurückweisung des Antrags angesetzten Kosten in Wegfall kommen.[19] **8**

Wird vom Beschwerdegericht die Zurückweisung eines Eintragungsantrags aufgehoben, so bleibt das auf **Eintragungen**, die **in der Zwischenzeit** aufgrund später gestellter Anträge nach deren formeller Erledigung zugunsten Dritter erfolgt sind, ohne Einfluß.[20] In einem solchen Falle hat jedoch die Entscheidung des Beschwerdegerichts **9**

---

[9] Vgl. dazu näher *Riedel* Rpfleger 69, 153; Keidel/*Kuntze* § 23 Rdn. 3; *Jansen* § 23 Rdn. 4.
[10] KG JFG 4, 420; HRR 34 Nr. 1056; KGJ 52, 124 = OLGRspr. 41, 39; FGPrax 95, 219/221; 97, 87 = Rpfleger 97, 303 = DNotZ 97, 734; BGHZ 27, 316 = Rpfleger 58, 218; OLG Hamm Rpfleger 53, 129; OLGZ 94, 257/260 = NJW-RR 94, 271/272 = Rpfleger 94, 249; BayObLG MittBayNot 78, 155/156.
[11] OLG Hamm Rpfleger 53, 129.
[12] OLG Hamm OLGZ 94, 257/260 = NJW-RR 94, 271/272 = Rpfleger 94, 249.
[13] OLG Thüringen FGPrax 96, 170.
[14] KG HRR 34 Nr. 1056; FGPrax 95, 219/221.
[15] BayObLGZ 74, 365/367.
[16] Meikel/*Streck* Rdn. 8; *Demharter* Rdn. 8.
[17] Meikel/*Streck* Rdn. 6; *Demharter* Rdn. 6.
[18] BayObLG Büro 89, 378/380; KG OLGspr. 41, 38 = KGJ 52, 120; BGHZ 27, 317 = Rpfleger 58, 218; LG Stuttgart BWNotZ 75, 94.
[19] BayObLG, KG, LG Stuttgart jeweils a. a. O.
[20] RGZ 135, 385; BGHZ 45, 191 = NJW 66, 1020; BayObLG bei *Goerke* Rpfleger 83, 9/12.

§ 75

insoweit rückwirkende Kraft, als die durch den Eingang des Antrags beim GBA begründete Rangstellung wiederauflebt, wenn später eingegangene Anträge noch nicht erledigt sind. Das gilt indessen nicht, wenn die Beschwerde nur aufgrund neuer Tatsachen und Beweise Erfolg gehabt hat; denn eine so begründete Beschwerde ist als neuer Antrag anzusehen, der im Zeitpunkt der Beschwerdeeinlegung als gestellt gilt und der nur aus Zweckmäßigkeitsgründen beim Beschwerdegericht angebracht wird.[21] Für die Rangstellung maßgebend ist der Zeitpunkt der Beschwerdeeinlegung beim GBA oder, falls diese beim Beschwerdegericht vorgenommen wird, der Eingang des Beschwerdeantrags beim GBA.[22] Andererseits hat die Entscheidung des Beschwerdegerichts, die aufgrund neuen Vorbringens ergeht, hinsichtlich der Rangstellung rückwirkende Kraft, wenn das Beschwerdegericht feststellt, daß das GBA den Beteiligten durch Erlaß einer Zwischenverfügung hätte Gelegenheit geben sollen, die neuen Tatsachen geltend zu machen. *Ripfel*[23] hat auf die Reformbedürftigkeit der bisherigen Regelung hingewiesen und de lege ferenda vorgeschlagen, der Beschwerde aufschiebende Wirkung beizulegen und sie zu einem befristeten Rechtsmittel umzugestalten. Dieser Vorschlag erscheint erwägenswert, weil er eine größere Rechtssicherheit gewährleistet.

[Abhilfe durch das Grundbuchamt]

§ 75

Erachtet das Grundbuchamt die Beschwerde für begründet, so hat es ihr abzuhelfen.

1. Allgemeines

1 § 75 verpflichtet das GBA, einer Beschwerde, die es für begründet erachtet, abzuhelfen. Die Vorschrift entspricht § 571 ZPO. Sie unterscheidet sich von § 18 FGG dadurch, daß dort die allgemeine Abänderungsbefugnis des erstinstanzlichen Gerichts ohne Rücksicht darauf, ob ein Rechtsmittel eingelegt ist, ausgesprochen wird, während § 75 dies nur für den Sonderfall der Beschwerde vorschreibt.[1] Die allgemeine Abänderungsbefugnis ergibt sich für das GBA aus § 18 FGG, der auch in Grundbuchsachen eingeschränkt anwendbar ist.[2] S. dazu näher § 1 Rdn. 37.

§ 75 gilt auch im Falle des § 89, dagegen nicht für sofortige Beschwerden nach den §§ 105 Abs. 2, 110 sowie nach den §§ 2, 4 Abs. 4, 14 Abs. 2 GBMaßnG v. 20. 12. 1963 (BGBl. I, 986), weil sich diese Rechtsmittel nach den Vorschriften des FGG richten und § 18 Abs. 2 FGG im Falle der sofortigen Beschwerde eine Abänderung untersagt.

Wird weitere Beschwerde eingelegt, so ist nach § 80 Abs. 2 eine Abhilfe ausgeschlossen.

2. Möglichkeiten des GBA

2 a) Ist das **GBA**, gleichgültig aus welchen Erwägungen, überzeugt, daß eine Beschwerde sachlich begründet ist, so **muß** es ihr **abhelfen**. Dazu ist es bis zur Entscheidung des Beschwerdegerichts verpflichtet.[3] Bloße Zweifel an der Richtigkeit seiner Ent-

---

[21] KG JFG 17, 59 = HRR 38 Nr. 318; KGJ 52, 122 = OLGRspr. 41, 38; OLG Braunschweig JFG 10, 220; *Kleist* MittRhNotK 85, 133/143.

[22] BGHZ 27, 317 = Rpfleger 58, 218; a. A. Meikel/*Streck* Rdn. 17.

[23] BWNotZ 64, 141 ff.

[1] LG Wuppertal Rpfleger 88, 471.

[2] Keidel/*Amelung* § 18 Rdn. 56 a.

[3] LG Wuppertal Rpfleger 88, 471.

scheidung reichen nicht aus. Die Abhilfepflicht besteht auch gegenüber einer unzulässigen Beschwerde. Für Anträge, die in der Zwischenzeit eingegangen sind, gilt in vollem Umfang das zu § 74 Rdn. 8 u. 9 Gesagte. Somit hat die Aufhebung der eine Eintragung zurückweisenden Verfügung durch das GBA keinen Einfluß auf Eintragungen, die in der Zwischenzeit zugunsten Dritter erfolgt sind.[4]

Das GBA hat ebenso wie das Beschwerdegericht bei seiner Entscheidung auch **neue Tatsachen und Beweise** zu berücksichtigen. Das LG wird daher regelmäßig eine bei ihm eingelegte Beschwerde dem GBA zwecks Prüfung der Abhilfe übersenden, mag auch eine Verpflichtung zur Vorlage an das GBA nicht bestehen. Über eine auf diese Weise dem GBA vorgelegte Beschwerde, die einen einheitlichen Antrag enthält, muß bei der Abhilfe in vollem Umfang entschieden oder ganz von einer Entscheidung abgesehen werden.[5] Wird mit der Beschwerde ein völlig neuer Antrag gestellt (vgl. dazu § 74 Rdn. 6 und 7), so hat das GBA hierüber so zu entscheiden, als wenn kein Rechtsmittel eingelegt worden wäre. Eine Abhilfe ist nicht mehr möglich, wenn der Eintragungsantrag durch eine inzwischen veränderte Grundbuchlage gegenstandslos geworden ist. **3**

b) Zur **Abänderung befugt** ist nach § 75 der Rechtspfleger und der Grundbuchrichter.[6] Der Rechtspfleger kann einer Erinnerung gegen eine von ihm erlassene Entscheidung nach § 11 Abs. 2 Satz 2 RPflG abhelfen (s. dazu § 71 Rdn. 6b). Der Urkundsbeamte der Geschäftsstelle ist nach § 12c Abs. 4 Satz 1 berechtigt, aufgrund einer Erinnerung seine Entscheidung abzuändern. **4**

3. Abhilfe

Die Abhilfe kann darin bestehen, daß in vollem Umfang den Anträgen des Beschwerdeführers entsprochen wird. Hebt das GBA seine einen Eintragungsantrag zurückweisende Entscheidung auf, so muß sich die Aufhebung auch auf den Kostenausspruch erstrecken, und zwar selbst dann, wenn die Beschwerde nur aufgrund neuen Vorbringens Erfolg hat; denn eine dem § 97 Abs. 2 ZPO entsprechende Vorschrift fehlt.[7] Die Entscheidung kann aber auch nur teilweise geändert werden; so kann eine Antragszurückweisung durch eine Zwischenverfügung ersetzt oder von mehreren Beanstandungen einer Zwischenverfügung eine fallengelassen werden. Das gilt jedoch nicht, wenn der Beschwerdeführer zum Ausdruck gebracht hat, daß er nur eine einheitliche Entscheidung wünscht. Das Verbot der reformatio in peius bezieht sich nicht auf die erste Instanz (für das Beschwerdeverfahren vgl. § 77 Rdn. 9). Gegenüber Eintragungen kann die Abhilfe lediglich in den nach § 53 zulässigen Maßnahmen bestehen, es sei denn, daß die Unrichtigkeit des Grundbuchs nachgewiesen ist; in diesem Falle kann eine Abänderung erfolgen, die sich im Rahmen des § 22 hält. Erachtet das GBA die Beschwerde für unbegründet, so vermerkt es dies in den Akten und legt die Sache dem Beschwerdegericht vor.[8] **5**

4. Mitteilungspflicht des GBA

Das GBA hat dem Beschwerdegericht, sofern dieses bereits von der Beschwerde Kenntnis hatte, mitzuteilen, daß und in welcher Weise es der Beschwerde abgeholfen hat. Ist eine Verständigung unterblieben, so kann neben der Abhilfeentscheidung eine Beschwerdeentscheidung ergehen.[9] **6**

---

[4] RGZ 135, 385; BGHZ 45, 191 = NJW 66, 1020.
[5] KGJ 43, 245.
[6] So auch Meikel/*Streck* Rdn. 6.
[7] KGJ 52, 125; OLG Braunschweig JFG 10, 221; LG Stuttgart BWNotZ 75, 94; BayObLG Büro 89, 378/380.
[8] S. zum Verfahren LG Wuppertal Rpfleger 88, 471.
[9] Vgl. dazu näher *Riedel* Rpfleger 69, 155.

§ 76

[Einstweilige Anordnung: aufschiebende Wirkung]

§ 76

(1) Das Beschwerdegericht kann vor der Entscheidung eine einstweilige Anordnung erlassen, insbesondere dem Grundbuchamt aufgeben, eine Vormerkung oder einen Widerspruch einzutragen, oder anordnen, daß die Vollziehung der angefochtenen Entscheidung auszusetzen ist.

(2) Die Vormerkung oder der Widerspruch (Absatz 1) wird von Amts wegen gelöscht, wenn die Beschwerde zurückgenommen oder zurückgewiesen ist.

(3) Die Beschwerde hat nur dann aufschiebende Wirkung, wenn sie gegen eine Verfügung gerichtet ist, durch die ein Zwangsgeld festgesetzt wird.

Literatur:

Böttcher Zurückweisung und Zwischenverfügung im Grundbuchverfahren, MittBayNot 87, 9 und 65; *Kleist* Durchgriffserinnerung und Beschwerde bei Zurückweisung eines Eintragungsantrages bzw. Zwischenverfügung gemäß § 18 GBO, MittRhNotK 85, 133.

Übersicht

	Rdn.		Rdn.
I. Allgemeines	1	3. Sonstige Maßnahmen	11
II. Voraussetzungen, Zulässigkeit einer einstw. Anordnung	2–4	IV. Verfahren	12–14
1. Voraussetzungen	2, 3	1. Bekanntmachung	12
2. Gericht	4	2. Rechtsmittel	13
III. Inhalt der einstw. Anordnung	5–11	3. Änderung, Aufhebung der Entscheidung	14
1. Vormerkung, Widerspruch	6–9	V. Löschung der Vormerkung oder des Widerspruchs	15, 16
2. Anordnung, daß Vollziehung der angefochtenen Entscheidung ausgesetzt wird	10	VI. Aufschiebende Wirkung	17
		VII. Kosten	18

I. Allgemeines

1 § 76 gibt dem Beschwerdegericht die Möglichkeit, vor seiner Entscheidung einstweilige Anordnungen zu erlassen. Das ist notwendig, weil die Beschwerde grundsätzlich keine aufschiebende Wirkung hat (Ausnahmen nur Abs. 3) und zu keiner Sperre des Gb führt. Hieraus können sich für den Beschwerdeführer Nachteile ergeben. Ist vom GBA ein Eintragungsantrag zurückgewiesen worden, so verliert er seine durch den Eingang beim GBA erreichte Rangstellung; später eingegangene Anträge können erledigt und so den mit der Beschwerde erstrebten Erfolg vereiteln.[1] Ebenso kann das GBA bei Anfechtung einer Eintragung weiteren Eintragungsanträgen, die sich auf die angefochtene Eintragung beziehen, stattgeben. Deshalb ist § 76 Abs. 1 hauptsächlich dann anwendbar, wenn es sich um eine Beschwerde gegen die Zurückweisung eines Eintragungsantrags oder gegen eine Eintragung handelt, ohne daß andere Fälle damit ausgeschlossen wären.

II. Voraussetzungen einer einstweiligen Anordnung, Zuständigkeit

1. Voraussetzungen

2 Voraussetzung für den Erlaß einer einstweiligen Anordnung ist eine zulässige Beschwerde, weil nur in diesem Falle das Beschwerdegericht zu einer sachlichen Prüfung

---

[1] KG JW 31, 1044.

befugt ist.² Daraus ergibt sich weiter, daß es nur eine Regelung bis zum Erlaß der endgültigen Beschwerdeentscheidung treffen kann. Eine einstweilige Anordnung kann auch nur vor einer Entscheidung über die Beschwerde ergehen; sie kann also nicht mehr in der die Beschwerde sachlich erledigenden Entscheidung oder zugleich mit dieser oder gar erst danach getroffen werden.³ Ist weitere Beschwerde eingelegt, so ist nur das Gericht der weiteren Beschwerde befugt, eine einstweilige Anordnung zu erlassen.⁴ Andererseits ist eine einstweilige Anordnung schon zulässig, bevor das GBA gemäß § 75 Gelegenheit gehabt hat, der Beschwerde abzuhelfen; häufig wird der Erlaß sogar vorher geboten sein.

Ob das Beschwerdegericht eine einstweilige Anordnung treffen will, steht in seinem **3** pflichtgemäßen Ermessen.⁵ Für die Ausübung des Ermessens wird bedeutsam sein, ob die Beschwerde Aussicht auf Erfolg hat und ob der Eintritt eines Schadens zu befürchten ist.⁶ Bei Beschwerden gegen Zwischenverfügungen gewährt § 18 Abs. 2 den notwendigen Schutz, allerdings nur bis zur Zurückweisung des Eintragungsantrags; es kann daher eine einstweilige Anordnung des Inhalts erlassen werden, daß dem GBA verboten wird, über den Eintragungsantrag zu entscheiden.⁷ Eine Anordnung nach § 76 ist jedoch entbehrlich, wenn die Beschwerde ausnahmsweise aufschiebende Wirkung hat (Abs. 3) oder eine Eintragung erst nach Rechtskraft der Entscheidung des GBA erfolgen kann (§§ 87 Buchst. c, 111) oder wenn sich an die Eintragung, gegen die sich die Beschwerde wendet, kein gutgläubiger Erwerb anschließen kann.

2. Gericht

Die Anordnung selbst kann nur durch das Gericht, also durch die Zivilkammer und **4** nicht durch den Vorsitzenden, getroffen werden. Das GBA ist nicht berechtigt, von sich aus eine einstweilige Anordnung zu erlassen, insbesondere einen Widerspruch oder eine Vormerkung einzutragen.⁸

III. Inhalt der einstweiligen Anordnung

Welche konkrete einstweilige Anordnung das Gericht treffen will, steht in seinem **5** Ermessen. Es kann jede Maßnahme wählen, die geeignet ist, die berechtigten Interessen des Beschwerdeführers vor Schaden zu schützen. Das Gesetz hebt drei Maßnahmen besonders hervor: Eintragung einer Vormerkung oder eines Widerspruchs oder Aussetzung der Vollziehung der angefochtenen Entscheidung.

1. Vormerkung, Widerspruch

Eine Vormerkung kommt in Frage, wenn der Antrag auf Rechtsänderung, ein Wider- **6** spruch, wenn er auf Berichtigung gerichtet ist. Eine falsche Bezeichnung des Siche-

---

² LG Ellwangen BWNotZ 81, 19.
³ KG JW 31, 1044.
⁴ KG JFG 5, 330.
⁵ BayObLGZ 32, 3.
⁶ *Kleist* MittRhNotK 85, 133/142; *Böttcher* MittBayNot 87, 65/69.
⁷ *Demharter* Rdn. 4; Meikel/*Streck* Rdn. 5; Meikel/*Böttcher* § 18 Rdn. 136; *Böttcher* MittBayNot 87, 65/69; *Kleist* MittRhNotK 85, 133/142.
⁸ *Demharter* Rdn. 1; **a. A.** Meikel/*Böttcher* § 18 Rdn. 74; Arnold/*Meyer-Stolte* § 11

RPflG Rdn. 17; Bassenge/*Herbst* § 11 Rdn. 17; *Dallmayer*/Eickmann § 11 Rdn. 140; *Böttcher* MittBayNot 87, 9/16; *Kleist* MittRhNotK 85, 133/144, die es dem Rechtspfleger und dem Grundbuchrichter gestatten wollen, den Vollzug seiner Entscheidung auszusetzen; dem kann nicht gefolgt werden, weil dies dem eindeutigen Wortlaut des § 76 Abs. 1 widersprechen würde; aus § 11 Abs. 4 RPflG läßt sich eine solche Befugnis nicht herleiten.

§ 76

rungsmittels ist unschädlich, wenn klar ist, welche Art von Rechten gesichert werden soll.[9] Es ist zulässig, eine vorläufige Vormerkung nach § 76 einzutragen, wenn der Antrag selbst nur auf die Eintragung einer Vormerkung gerichtet ist; ebenso kann ein vorläufiger Widerspruch eingetragen werden, wenn lediglich ein Widerspruch beantragt ist.

7 Die **Vorlegung des Hypothekenbriefs** richtet sich nach den allgemeinen Vorschriften des § 41. Auch die Ausnahme des § 41 Abs. 1 Satz 2 ist entsprechend anzuwenden. Für die Beschaffung des Briefes hat das Beschwerdegericht zu sorgen. Hat jedoch das Beschwerdegericht die Eintragung angeordnet, so ist das GBA als untergeordnete Instanz an diese Anordnung gebunden und darf, wenn das Beschwerdegericht davon abgesehen hat, die Vorlegung des Hypothekenbriefes zu verlangen, nicht seinerseits die Eintragung der Anordnung von der Vorlegung abhängig machen.

8 Die **Eintragung** der Vormerkung oder des Widerspruchs geschieht durch das GBA. Dieses ist an die Anordnung des Beschwerdegerichts gebunden.[10] Das gilt aber nicht, wenn die angeordnete Eintragung nicht erfolgen kann, weil ihr eine in der Zwischenzeit eingetretene Veränderung der Grundbuchlage entgegensteht; das GBA hat dies dem Beschwerdegericht unverzüglich anzuzeigen.[11]

9 Fassung und Ort der Eintragung richten sich nach den allgemeinen Vorschriften (§§ 12, 19 GBVfg.). Eine Bezugnahme auf die einstweilige Anordnung ist nicht zulässig. Zweckmäßig ist es, in den Eintragungsvermerk aufzunehmen, daß die Eintragung auf einstweilige Anordnung des Beschwerdegerichts erfolgt, damit im Falle des § 76 Abs. 2 die Voraussetzungen für eine Löschung sofort erkennbar sind.

2. Anordnung, daß die Vollziehung der angefochtenen Entscheidung ausgesetzt wird

10 Eine solche Anordnung kommt – anders als im Falle des § 24 Abs. 3 FGG – in Grundbuchsachen nur selten in Betracht. Sie kann erfolgen bei Verfügungen nach § 33 Abs. 1 und 2 FGG oder bei einem Beschluß, durch den der verspätete Widerspruch gegen eine Löschungsankündigung verworfen wird (§ 87 Buchst. b).

3. Sonstige Maßnahmen

11 Als sonstige Maßnahmen kann das Beschwerdegericht dem GBA verbieten, einen Hypothekenbrief herauszugeben oder, falls eine Zwischenverfügung angefochten ist, über den Eintragungsantrag endgültig zu entscheiden (s. oben Rdn. 3).

IV. Verfahren

1. Bekanntmachung

12 Die einstweilige Anordnung ist den Beteiligten und dem GBA bekanntzumachen. Ist angeordnet, eine Vormerkung oder einen Widerspruch einzutragen, so kann die Bekanntmachung an die Beteiligten nicht im Hinblick auf § 55 unterbleiben (vgl. dazu näher § 77 Rdn. 23).

2. Rechtsmittel

13 Gegen die einstweilige Anordnung oder deren Ablehnung ist weder die weitere Beschwerde noch sonst ein Rechtsmittel gegeben.[12] Der von *Güthe/Triebel* (Rdn. 6) und

---

[9] RGZ 55, 343.
[10] KG JW 31, 1044.
[11] Meikel/*Streck* Rdn. 12; *Güthe/Triebel* Rdn. 7.

[12] BGHZ 39, 168 = NJW 63, 1306; BayObLGZ 32, 6; 67, 280; Rpfleger 75, 196; KG OLGZ 76, 130 = FamRZ 77, 63; OLG Celle NdsRpfl. 71, 207; *Kleist* MittRhNotK

Thieme (Anm. 4) vertretenen Auffassung, daß zwar nicht gegen die einstweilige Anordnung Beschwerde erhoben werden könne, wohl aber gegen die auf einstweilige Anordnung erfolgte Eintragung einer Vormerkung oder eines Widerspruchs, kann nicht gefolgt werden. Da die Anordnung des Beschwerdegerichts regelmäßig zur Eintragung führt, würden auf diesem Umweg Beschwerden gegen die einstweilige Anordnung ermöglicht und damit der mit dem Ausschluß der Anfechtbarkeit verfolgte Zweck illusorisch gemacht werden.[13]

3. Änderung, Aufhebung der Entscheidung

Das Beschwerdegericht kann nach § 18 Abs. 1 FGG seine Anordnung jederzeit ändern oder aufheben; es kann somit auch die Löschung einer Vormerkung oder eines Widerspruchs anordnen.[14]   **14**

V. Löschung der Vormerkung oder des Widerspruchs

Die Löschung der Vormerkung oder des Widerspruchs erfolgt bei Zurücknahme oder   **15**
Zurückweisung der Beschwerde von Amts wegen (Abs. 2). Eine besondere Anordnung des Beschwerdegerichts ist nicht erforderlich. Wenn weitere Beschwerde gegen die endgültige Entscheidung des Beschwerdegerichts eingelegt wird, so hindert das die Löschung nicht. Das Gericht der weiteren Beschwerde kann jedoch eine neue einstweilige Anordnung erlassen.

Wenn der Beschwerde stattgegeben wird, so wird die Vormerkung oder der Widerspruch in das endgültige Recht umgeschrieben. Die Umschreibung erfolgt, wenn mit   **16**
der Beschwerde die Eintragung einer Vormerkung oder eines Widerspruchs erstrebt wird, in der Weise, daß die vorläufige Vormerkung oder der vorläufige Widerspruch durch einen Vermerk als endgültig bezeichnet werden; eine Wiederholung der früheren, wörtlich gleichlautenden Eintragung ist nicht erforderlich.[15]

VI. Aufschiebende Wirkung

Entgegen dem allgemeinen Grundsatz (vgl. § 73 Rdn. 8) hat die Beschwerde ausnahmsweise aufschiebende Wirkung, wenn sie sich gegen die Festsetzung eines Zwangs-   **17**
gelds richtet (Abs. 3). Das stimmt mit § 24 Abs. 3 FGG überein. Die aufschiebende Wirkung tritt kraft Gesetzes ein, wenn mit der Beschwerde eine Zwangsgeldfestsetzung angefochten wird, dagegen nicht, wenn sie sich gegen die Androhung eines Zwangsgeldes wendet.[16]

VII. Kosten

Eintragungen und Löschungen, die aufgrund von einstweiligen Anordnungen des   **18**
Beschwerdegerichts vorgenommen werden, sind nach § 69 Abs. 2 KostO gerichtsgebührenfrei.

85, 133/143; Keidel/*Kuntze* § 24 Rdn. 18; *Jansen* § 24 Rdn. 13.
[13] So auch *Demharter* Rdn. 9; Meikel/*Streck* Rdn. 10.
[14] *Demharter* Rdn. 9; Meikel/*Streck* Rdn. 11.

[15] RGZ 113, 234; KGJ 52, 147 = OLGRspr. 40, 57.
[16] Keidel/*Kuntze* § 24 Rdn. 6; *Jansen* § 24 Rdn. 3; Meikel/*Streck* Rdn. 15.

§ 77

[Beschwerdeentscheidung]

§ 77
Die Entscheidung des Beschwerdegerichts ist mit Gründen zu versehen und dem Beschwerdeführer mitzuteilen

Literatur:

Blomeyer Die Beschwerde gegen die Zwischenverfügung, DNotZ 71, 329; *Ertl* Aktuelle Streitfragen des Grundbuchrechts, MittBayNot 79, 214; *Furtner* Ist im Verfahren der freiwilligen Gerichtsbarkeit bei Fehlen der Beschwerdeberechtigung das Rechtsmittel unzulässig oder unbegründet? JZ 57, 706; *ders.* Die Beschwerde in Grundbuchsachen, DNotZ 61, 453; *ders.* Die Beschwerdeberechtigung im Verfahren nach dem Gesetz über die freiwillige Gerichtsbarkeit, JZ 61, 526; *ders.* Die Beschwerdeberechtigung nach § 20 FGG, DNotZ 66, 7; *Jansen* Die Beschwerde gegen die Zwischenverfügung – eine Entgegnung, DNotZ 71, 531; *Kleist* Durchgriffserinnerung und Beschwerde bei Zurückweisung eines Eintragungsantrages bzw. Zwischenverfügung gemäß § 18 GBO, MittRhNotK 85, 133; *Riedel* Der Antrag im Abhilfe- und Beschwerdeverfahren in Grundbuchsachen, Rpfleger 69, 149; *Zimmermann* Verbot der reformatio in peius in der freiwilligen Gerichtsbarkeit, Rpfleger 59, 251.

Übersicht

	Rdn.		Rdn.
I. Allgemeines	1	2. Entscheidung bei unbegründeter Beschwerde	18
II. Prüfungspflicht des Beschwerdegerichts	5	3. Entscheidung bei begründeter Beschwerde	19–22
1. Im Antragsverfahren	6	IV. Begründung der Beschwerdeentscheidung	23
2. Im Amtsverfahren	7	1. Tatsächliche Feststellungen und Rechtsausführungen	24
3. Bindung an Anträge	8	2. Bezugnahme auf erstinstanzliche Entscheidung	25
4. Verbot der reformatio in peius	9	3. Mängel der Begründung	26
5. Prüfungspflicht bei Zurückweisung eines Eintragungsantrags	10	V. Verfahren nach der Entscheidung	
6. Prüfungspflicht bei Beschwerde gegen eine Eintragung	11	1. Mitteilung der Entscheidung	27
7. Prüfungspflicht bei Anfechtung einer Zwischenverfügung	12–16	2. Keine Abänderung der Entscheidung	28
III. Entscheidung des Beschwerdegerichts		VI. Tätigkeit des Grundbuchamts	29
1. Prüfung der Zulässigkeit der Beschwerde	17	VII. Kosten	30

I. Allgemeines

1 § 77 schreibt vor, daß die **Entscheidung des Beschwerdegerichts** zu begründen und dem Beschwerdeführer bekanntzumachen ist. Inhaltlich übereinstimmende Vorschriften finden sich in allen Verfahrensordnungen, z. B. §§ 25, 16 FGG. Das Gericht der weiteren Beschwerde kann die Beschwerdeentscheidung in rechtlicher Hinsicht nur überprüfen, wenn sie mit Gründen versehen ist. Daß dem Beschwerdeführer die gerichtliche Entscheidung mitzuteilen ist, ist für ein Verfahren, das rechtsstaatlichen Grundsätzen entsprechen soll, selbstverständlich.

2 Über das im übrigen vom Beschwerdegericht einzuschlagende **Verfahren** enthält die GBO ebenso wie das FGG keine Vorschriften. Im Antragsverfahren findet weder eine mündliche Verhandlung noch eine Beweisaufnahme statt. Im Verfahren zur Klarstellung der Rangverhältnisse hat das GBA nach §§ 100, 102 einen Verhandlungstermin abzuhalten; dazu ist auch das Beschwerdegericht berechtigt. In allen übrigen Amtsverfahren kann es die Beteiligten anhören oder Beweise erheben.

Der in Art. 103 Abs. 1 GG normierte **Grundsatz des rechtlichen Gehörs** gilt für das gesamte Gebiet der freiwilligen Gerichtsbarkeit und somit auch für das Beschwerdeverfahren in Grundbuchsachen.[1] Dieser Grundsatz besagt, daß den Beteiligten Gelegenheit gegeben werden muß, sich vor der Entscheidung zum Gegenstand des Verfahrens und zum Sachverhalt zu äußern sowie zu Tatsachen und Beweisergebnissen Stellung zu nehmen, die das Gericht seiner Entscheidung zugrunde zu legen beabsichtigt, und daß solche Tatsachen und Beweise zum Nachteil der Beteiligten nur verwendet werden dürfen, wenn sich diese zu ihnen erklären konnten.[2] Für das Beschwerdeverfahren bedeutet dies insbesondere, daß die angefochtene Entscheidung zuungunsten anderer Beteiligter als den Beschwerdeführer nur geändert werden darf, wenn diese sich zuvor zur Beschwerde äußern konnten. Das Beschwerdegericht muß sich auch mit den wesentlichen Ausführungen des Beschwerdeführers auseinandersetzen.[3] Eine unzulässige Beschwerde wird nicht dadurch zulässig, daß der Beteiligte sich auf eine Verletzung des rechtlichen Gehörs durch das GBA stützt.[4] Im übrigen vgl. zu weiteren Einzelheiten: Keidel/*Amelung* § 12 Rdn. 135 ff.; *Jansen* § 12 Rdn. 84 ff.; Meikel/*Streck* Rdn. 23. Über rechtliches Gehör im Verfahren vor dem GBA siehe Einl. C 58.

Das Beschwerdegericht hat über die Beschwerde zu entscheiden, sobald es dazu in der Lage ist. Eine Aussetzung des Beschwerdeverfahrens kann der Beschwerdeführer nicht verlangen.[5]

II. Prüfungspflicht des Beschwerdegerichts

Die Prüfungspflicht des Beschwerdegerichts ist durch keine gesetzlichen Vorschriften eingeschränkt. Das Beschwerdegericht ist zweite Tatsacheninstanz; es tritt an die Stelle des GBA und hat dessen Entscheidung in tatsächlicher und rechtlicher Beziehung nachzuprüfen. Das bezieht sich sowohl auf zwingende wie Ordnungsvorschriften. Urkunden und Erklärungen hat es selbst auszulegen (vgl. dazu näher Einl. C 11 ff.). Bei allen Ermessensvorschriften hat es nicht nur nachzuprüfen, ob das GBA das Ermessen richtig gehandhabt hat, sondern sein eigenes Ermessen auszuüben. Es kann eine neue, eigene Ermessensentscheidung treffen.[6] Zu berücksichtigen ist der gesamte Tatsachenstoff, der bis zum Erlaß der Entscheidung — das ist der Zeitpunkt der Hinausgabe aus dem Bereich des Gerichts — vorliegt.[7] Der Umfang der Nachprüfung richtet sich nach der Art des Verfahrens und den Anträgen des Beschwerdeführers.

1. Antragsverfahren

Im Antragsverfahren beschränkt sich die Nachprüfungspflicht des Beschwerdegerichts auf den vom Beschwerdeführer vorgelegten Tatsachenstoff. Das Beschwerdegericht hat nicht den gesamten Sachverhalt von Amts wegen aufzuklären, wie es § 12 FGG für das Verfahren der freiwilligen Gerichtsbarkeit vorschreibt; diese Vorschrift ist

---

[1] BayObLGZ 61, 29 = DNotZ 61, 318; Rpfleger 67, 12; 73, 97 = MDR 73, 407; OLG Hamm OLGZ 66, 344 = DNotZ 66, 236; OLG Frankfurt RReport 98, 204; *Ertl* MittBayNot 79, 214/217.
[2] BayObLG Rpfleger 67, 12; 73, 97 = MDR 73, 407.
[3] OLG Köln MDR 81, 1028.
[4] BayObLG MittBayNot 90, 355/356.
[5] *Demharter* Rdn. 8.
[6] LG Traunstein MittBayNot 73, 83.
[7] BGHZ 12, 252 = NJW 54, 639; KGJ 46, 2; BayObLGZ 64, 69/70 = Rpfleger 64, 315; Rpfleger 81, 144; *Jansen* § 18 Rdn. 5.

im Antragsverfahren nicht anwendbar. Das Beschwerdegericht kann aber zur Beseitigung von Unklarheiten Rückfragen beim GBA oder beim Beschwerdeführer halten, diesem die Ergänzung seines Vorbringens oder die Vorlage von Urkunden aufgeben oder andere Beteiligte auffordern, sich zur Beschwerdebegründung oder zu bestimmten Fragen zu äußern.

2. Amtsverfahren

7 Im Amtsverfahren besteht diese Beschränkung nicht. Hier gilt § 12 FGG. Das Beschwerdegericht hat von Amts wegen die zur Feststellung des Sachverhalts erforderlichen Ermittlungen anzustellen und die geeignet erscheinenden Beweise zu erheben, soweit das GBA dieser Verpflichtung noch nicht nachgekommen ist.

3. Bindung an Anträge

8 Die Prüfung hat sich außerdem auch in den Grenzen des vom Beschwerdeführer gestellten Antrags zu halten. Dieser Antrag ist für das Beschwerdegericht bindend. Über ihn darf es nicht hinausgehen. Enthält die Beschwerde keinen bestimmten Antrag, so ist anzunehmen, daß die Entscheidung des GBA in ihrem ganzen Umfang angefochten ist. Über einen neuen Antrag (vgl. dazu § 74 Rdn. 8 u. 9) darf das Beschwerdegericht nicht entscheiden; eine mit einem neuen Antrag eingelegte Beschwerde muß es als unzulässig verwerfen. Indessen ist das Beschwerdegericht in seiner Prüfung nicht auf die vom Beschwerdeführer geltend gemachten Gründe beschränkt. Es hat den ihm vorgelegten Tatsachenstoff in seiner Gesamtheit daraufhin zu prüfen, ob dem gestellten Antrag auch aus anderen Gründen entsprochen werden kann oder nicht.[8] Es darf die Prüfung nicht nur auf einen Teil des Streitstoffes beschränken, etwa auf die Frage, ob die Begründung des GBA zutreffend ist, und die weitere Prüfung an das GBA verweisen.[9]

4. Verbot der reformatio in peius

9 Eine Schlechterstellung des Beschwerdeführers (reformatio in peius) ist grundsätzlich ausgeschlossen. Sie liegt vor, wenn das Rechtsmittelgericht die angefochtene Entscheidung in der Hauptsache zum Nachteil desjenigen ändert, der das Rechtsmittel eingelegt hat. Im Verfahren der freiwilligen Gerichtsbarkeit ist streitig, inwieweit das Verbot der Schlechterstellung gilt.[10] Die h. M. nimmt jedoch seine Geltung für alle echten Streit- und Antragsverfahren an, weil es aus der Dispositionsmaxime folgt.[11] Deshalb ist es konsequent, das Verbot auch im Beschwerdeverfahren in Grundbuchsachen anzuwenden.[12] Es gilt nicht im Abhilfeverfahren (vgl. § 75 Rdn. 5) und für Kostenentscheidungen,[13] ebenso nicht bei Beschwerden gegen die Geschäftswertfestsetzung.[14] Ob das Verbot verletzt ist, richtet sich nach dem Entscheidungssatz, nicht nach den Gründen.[15] Das Beschwerdegericht kann also die Zurückweisung eines Antrags durch das GBA

---

[8] BayObLG Rpfleger 67, 12; KG JFG 5, 434.
[9] KG JFG 1, 301; KJG 31, 14; OLG Hamm JMBlNRW 61, 276.
[10] Vgl. *Zimmermann* Rpfleger 59, 251 ff.
[11] *Jansen* § 25 Rdn. 9; Keidel/*Kahl* § 19 Rdn. 117 ff.; *Zimmermann* Rpfleger 59, 257.
[12] KG JFG 8, 239 = HRR 30 Nr. 1834; BayObLGZ 54, 235; 67, 410; DNotZ 82, 438/440 = AgrarR 81, 313; FGPrax 97, 13 = Rpfleger 97, 101/102; OLG Oldenburg NdsRpfl. 51, 198; *Blomeyer* DNotZ 71, 343 ff.; *Jansen* DNotZ 71, 537.
[13] BayObLGZ 58, 49; 68, 304/311; Rpfleger 79, 318; MittBayNot 91, 79/80; KG Rpfleger 59, 386; *Zimmermann* Rpfleger 59, 259.
[14] BayObLGZ 90, 111/114 = DNotZ 90, 668/670.
[15] OLG München DFG 37, 129.

aus einem anderen, für den Beschwerdeführer ungünstigeren Grund bestätigen, ohne damit gegen das Verbot der Schlechterstellung zu verstoßen.[16] Ebenso kann das OLG anstelle des LG die Erstbeschwerde als unbegründet zurückweisen, wenn das LG die Beschwerde gegen eine Eintragung zu Unrecht als unzulässig verworfen, die Vorlageverfügung des Grundbuchrichters aufgehoben und die Sache an das GBA zurückgegeben hat.[17] Auch sind rechtliche Hinweise für die weitere Sachbehandlung, die an der Bindungswirkung der Entscheidung nicht teilnehmen, zulässig.[18]

Da das Verbot der Schlechterstellung auf der Dispositionsmaxime beruht, ist es nicht anzuwenden, wenn nicht Privatinteressen, sondern zwingende **öffentliche Interessen** in Betracht kommen. So kann z. B. das OLG, wenn es erkennt, daß das LG das GBA angewiesen hat, eine inhaltlich unzulässige Eintragung vorzunehmen, die Anweisung mit Rücksicht auf die nach § 53 Abs. 1 Satz 2 geschützten öffentlichen Interessen aufheben, auch wenn die Beschwerde die Aufhebung dieser Anweisung nicht begehrt hat.[19] Aus den gleichen Erwägungen ist die Löschung einer inhaltlich unzulässigen Eintragung anzuordnen, selbst wenn die Beschwerde nur eine Änderung ihrer Fassung erstrebt hat oder wenn das GBA einen Amtswiderspruch eingetragen und der Beschwerdeführer nur diese Eintragung angegriffen hat.[20]

Verweist das Beschwerdegericht die Sache an die erste Instanz zurück, so kann diese nach erneuter Prüfung der Sach- und Rechtslage, die auch durch Hinweise des Beschwerdegerichts veranlaßt worden sein kann, eine dem Beschwerdeführer ungünstigere Entscheidung treffen.[21]

5. Prüfungspflicht bei Zurückweisung eines Eintragungsantrags

Richtet sich die Beschwerde gegen die Zurückweisung eines Eintragungsantrags, so muß das Beschwerdegericht die gesamte Sach- und Rechtslage überprüfen. Gelangt es zu dem Ergebnis, daß die Begründung der angefochtenen Entscheidung unrichtig ist, so muß es prüfen, ob dem Antrag andere Hindernisse entgegenstehen, und kann entweder das GBA zur Eintragung oder zum Erlaß einer Zwischenverfügung anweisen oder die Beschwerde aus anderen Gründen zurückweisen.[22]

6. Prüfungspflicht bei Beschwerde gegen eine Eintragung

Hält das Beschwerdegericht eine gegen eine Eintragung gerichtete Beschwerde nach § 71 Abs. 2 Satz 1 für unzulässig, so muß es prüfen, ob das Rechtsmittel nicht mit der Beschränkung des § 71 Abs. 2 Satz 2 gewollt ist und ob die Voraussetzungen des § 53 vorliegen (vgl. § 71 Rdn. 45). Ist dies – was in aller Regel der Fall sein wird – zu bejahen, dann muß die Richtigkeit der Eintragung unter allen Gesichtspunkten geprüft werden. Wenn mit der Beschwerde lediglich die Eintragung eines Amtswiderspruchs verlangt wird, so muß das Beschwerdegericht, falls die Eintragung inhaltlich unzulässig ist, gleichwohl die Löschung anordnen;[23] der Antrag und die Begründung der Beschwerde haben in diesem Fall keine entscheidende Bedeutung.

---

[16] *Blomeyer* DNotZ 71, 343 ff.
[17] BayObLG FGPrax 97, 13 = Rpfleger 97, 101/102.
[18] BayObLGZ 60, 216/220; 67, 408/410; BayObLG DNotZ 82, 438/440.
[19] KG JFG 12, 300.
[20] OLG Düsseldorf DNotZ 58, 157; OLG Hamm MittBayNot 73, 89/90; BayObLGZ 84, 239/246.
[21] OLG München NJW 52, 629; *Riedel* Rpfleger 69, 154; **a. A.** Meikel/*Streck* Rdn. 8.
[22] BayObLG Rpfleger 67, 12; FamRZ 89, 321/322 = Rpfleger 89, 190/191; KG JFG 5, 434; DNotZ 72, 178; *Blomeyer* DNotZ 71, 340 ff.; OLG Hamm OLGZ 78, 304 = MittBayNot 78, 167/168.
[23] KG JR 27 Nr. 2127; OLG Hamm Rpfleger 57, 117; BayObLGZ 91, 139/141.

§ 77

7. Prüfungspflicht bei Anfechtung einer Zwischenverfügung

12 Ist eine Zwischenverfügung angefochten, so beschränkt sich das Verfahren und damit die Nachprüfung auf die in dieser Zwischenverfügung geltend gemachten Bedenken oder Eintragungshindernisse. Zu dieser Nachprüfung ist der gesamte Tatsachenstoff heranzuziehen.[24] Werden mehrere Beanstandungen erhoben, die jede für sich die Zurückweisung des Antrags rechtfertigen würde, so kann jede Beanstandung für sich mit der Beschwerde angefochten werden.[25] Bedenken anderer als der in der Zwischenverfügung geäußerten Art können nicht zur Zurückweisung der Beschwerde führen. Gelangt das Beschwerdegericht zu der Auffassung, daß die Zwischenverfügung aus keinem der in ihr genannten Gründe gerechtfertigt ist, so muß es sie aufheben, selbst wenn der Eintragungsantrag unbegründet ist oder dem Antrag andere, bisher vom GBA nicht erörterte Hindernisse entgegenstehen. Es darf jedoch in den Gründen seiner Entscheidung – allerdings nur wegweisend und ohne Bindungswirkung – auf die seiner Ansicht nach bestehenden anderen Bedenken oder Eintragungshindernisse hinweisen.[26] Eine weitere Beschwerde gegen solche Hinweise ist mangels einer Beschwer unzulässig;[27] und zwar auch dann, wenn das Beschwerdegericht, obwohl es das vom GBA angenommene Eintragungshindernis für gegeben hält, die Zwischenverfügung mit der Begründung aufhebt, der beantragten Eintragung stünden weitere Hindernisse entgegen.[28]

13 Eine Zurückweisung des Eintragungsantrags ist in jedem Falle ausgeschlossen,[29] auch in der Weise, daß die Sache an das GBA zur Zurückweisung des Eintragungsantrags zurückverwiesen wird.[30] Auch wenn das GBA gegen den Grundsatz verstoßen hat, alle behebbaren Hindernisse in der Zwischenverfügung auf einmal zu bezeichnen (s. § 18 Rdn. 53), so führt das nicht zur Aufhebung der Zwischenverfügung;[31] das Beschwerdegericht kann weitere Eintragungshindernisse auch in diesem Falle nur wegweisend und ohne Bindungswirkung erörtern.[32]

14 Hat das LG auf Beschwerde eine Zwischenverfügung des GBA aufgehoben, so kann mit der weiteren Beschwerde nicht die Wiederherstellung der Zwischenverfügung begehrt werden (s. dazu § 71 Rdn. 18); es kann auch nicht die bloße Aufhebung der Entscheidung des LG verlangt werden, falls diese die verfahrensrechtliche Stellung des Rechtsbeschwerdeführers beeinträchtigt, um die Bindungswirkung der Entscheidung zu

---

[24] BayObLGZ 54, 289.
[25] KG JFG 8, 236 = HRR 30 Nr. 1834; Rpfleger 65, 367; DNotZ 72, 178; BayObLGZ 67, 410; 70, 134 = DNotZ 71, 108; BayObLGZ 70, 287; 72, 24 = Rpfleger 72, 139; BayObLGZ 72, 144/145 = DNotZ 72, 358; BayObLGZ 74, 374/375 = Rpfleger 75, 95; BayObLGZ 76, 289/292 = Rpfleger 77, 101; BayObLGZ 97, 160/161 = FGPrax 97, 169; stRspr.; OLG Frankfurt Rpfleger 79, 205/206; 315; OLG Hamm MittRhNotK 84, 14 = OLGZ 84, 54; OLG Düsseldorf FGPrax 96, 125.
[26] KG JFG 8, 237 ff.; BayObLGZ 67, 410; BayObLG DNotZ 83, 752; 86, 497 = Rpfleger 86, 217; 89, 99/100 = NJW-RR 89, 142; BayObLGZ 93, 166/168; stRspr.; OLG Frankfurt Rpfleger 79, 315; OLG Saarbrücken OLGZ 91, 153; KG NJW-RR 93, 268 = Rpfleger 93, 236 = OLGZ 93, 270/272; *Kleist* MittRhNotK 85, 133/141.
[27] BayObLG DNotZ 86, 497 = Rpfleger 86, 217; OLG Saarbrücken OLGZ 91, 153; KG OLGZ 93, 270/271 = NJW-RR 93, 268 = Rpfleger 93, 236.
[28] OLG Saarbrücken a. a. O.
[29] OLG Oldenburg NdsRpfl. 51, 198; BayObLGZ 54, 235; BayObLGZ 93, 166/168 = NJW-RR 93, 1043.
[30] BayObLG NJW-RR 87, 1204; KG OLGZ 93, 270/272 = NJW-RR 93, 268 = DNotZ 93, 607.
[31] BayObLG FGPrax 95, 95.
[32] BayObLGZ 90, 51/57 f. = FamRZ 90, 669/671 = NJW-RR 90, 906/908.

beseitigen.³³ Hat aber das LG eine Zwischenverfügung bestätigt, obwohl diese, weil z. B. ein endgültiges Eintragungshindernis vorliegt, nicht hätte erlassen werden dürfen, so muß das Rechtsbeschwerdegericht die Zwischenverfügung insgesamt aufheben, damit das GBA Gelegenheit erhält, den Eintragungsantrag zurückzuweisen.³⁴ Hebt das LG dagegen die Zwischenverfügung nicht nur auf, sondern weist es das GBA darüber hinaus an, über den Eintragungsantrag erneut zu befinden und diesen zurückzuweisen, so ist der Antragsteller dadurch beschwert und zur weiteren Beschwerde berechtigt;³⁵ diese Anweisung ist unzulässig und auf weitere Beschwerde aufzuheben.³⁶

Mit dem Grundsatz der Verpflichtung zur Prüfung des gesamten Rechts- und Streitstoffes steht es nicht in Widerspruch, daß, wenn eine Zwischenverfügung nur wegen eines von mehreren Hindernissen, deren Beseitigung aufgegeben ist, angefochten wird, sich die Nachprüfung darauf beschränkt, ob dieses Hindernis zu Recht besteht, da es dem Beschwerdeführer überlassen bleiben muß, die sonstigen Auflagen des GBA zu erfüllen. Das Beschwerdegericht darf in seiner Entscheidung nicht offenlassen, ob das in der Zwischenverfügung angenommene Hindernis besteht und nicht die Beschwerde mit der Begründung zurückweisen, daß ein anderes Eintragungshindernis vorliege.³⁷ Erachtet das Beschwerdegericht eine Beanstandung für unberechtigt, die andere für berechtigt, so hat es die Zwischenverfügung in dem Umfang aufzuheben, in dem es die Beschwerde für begründet hält; eine Zurückweisung der Beschwerde in vollem Umfang darf nicht erfolgen.³⁸ Wird mit der Beschwerde gegen eine Zwischenverfügung nur die Verlängerung einer Frist verlangt, was zulässig ist, so braucht die Berechtigung der Zwischenverfügung nicht nachgeprüft zu werden.

Gegen diese von der Rechtsprechung erarbeiteten Grundsätze, die das Schrifttum gebilligt hat, hat *Blomeyer*³⁹ Bedenken erhoben. Er meint, das Beschwerdegericht müsse wie bei der Beschwerde gegen die Zurückweisung eines Eintragungsantrags (vgl. oben Rdn. 10) auch bei einer Beschwerde gegen eine Zwischenverfügung über den Eintragungsantrag neu und selbständig entscheiden. *Jansen*⁴⁰ hat demgegenüber mit überzeugenden Gründen nachgewiesen, daß die h. M. in allen Punkten berechtigt ist.⁴¹

III. Entscheidung des Beschwerdegerichts

1. Prüfung der Zulässigkeit der Beschwerde

Das Beschwerdegericht hat vor einer sachlichen Prüfung zunächst in jedem Falle die Zulässigkeit der Beschwerde zu prüfen. Verneint es die Zulässigkeit, so darf es auf die Sache nicht eingehen und hat die Beschwerde als unzulässig zu verwerfen. Das kommt insbesondere dann in Betracht, wenn die angegriffene Entscheidung unanfechtbar ist (vgl. § 71 Rdn. 57 ff.), wenn die vorgeschriebene Form oder Frist nicht gewahrt ist, wenn die Beschwerde in der Hauptsache aufrechterhalten und nicht auf den Kosten-

---

³³ So zutreffend BGH WM 98, 1847; BayObLGZ 98, 59 = FGPrax 98, 87 = NJW-RR 98, 1024; *Demharter* MittBayNot 97, 270 gegen OLG Brandenburg FGPrax 97, 125/126 = MittBayNot 97, 293 und Meikel/*Streck* § 71 Rdn. 122, 123.
³⁴ BayObLGZ 84, 136/138; 91, 97/102; 95, 363/364 = FGPrax 96, 32 = DNotZ 96, 99 f.
³⁵ KG OLGZ 93, 270 = NJW-RR 93, 268 = Rpfleger 93, 236.
³⁶ KG a. a. O.
³⁷ BayObLGZ 72, 24 = DNotZ 72, 343; BayObLGZ 76, 289/292 = Rpfleger 77, 101; BayObLGZ 84, 136/138 = MittBayNot 84, 184; OLG Frankfurt WuM 97, 286/287 = ZMR 97, 367/368 = WE 97, 350.
³⁸ BayObLGZ 70, 134 = DNotZ 71, 108.
³⁹ DNotZ 71, 329 ff.; ebenso Meikel/*Streck* Rdn. 12.
⁴⁰ DNotZ 71, 531 ff.
⁴¹ Ebenso BayObLGZ 72, 24 = Rpfleger 72, 139 = DNotZ 72, 343.

punkt beschränkt wird, obwohl sie gegenstandslos geworden ist (z. B. wenn bei einer Beschwerde gegen eine Zwischenverfügung das Vollzugshindernis beseitigt wird)[42] oder wenn bei behaupteter ursprünglicher Unrichtigkeit des Gb das GBA auf die Beschwerde einen Widerspruch zugunsten des Beschwerdeführers einträgt,[43] wenn im Zeitpunkt der Entscheidung kein Rechtsschutzinteresse gegeben ist und wenn die Beschwerdeberechtigung fehlt. Die Beschwerdeberechtigung ist ein Erfordernis der Zulässigkeit des Rechtsmittels, so daß dieses bei ihrem Fehlen als unzulässig zu verwerfen und nicht als unbegründet zurückzuweisen ist. Das entspricht der fast einhelligen Ansicht von Rechtsprechung und Schrifttum in der freiwilligen Gerichtsbarkeit.[44] In Grundbuchsachen kann nichts anderes gelten.[45] Eine Unterscheidung danach, ob die Beschwerdebefugnis aus Gründen des Verfahrensrechts oder des sachlichen Rechts fehlt, ist abzulehnen.[46] Das gilt auch, wenn die Prüfung der Beschwerdeberechtigung ein Eingehen auf die Sache selbst oder den Anspruch, auf den sich das Rechtsmittel bezieht, erfordert.[47] In diesem Falle genügt es, daß das tatsächliche Vorbringen, seine Richtigkeit unterstellt, bei zutreffender rechtlicher Würdigung die Beschwerdebefugnis ergibt; denn prozessuale Voraussetzungen bedürfen keines Nachweises, soweit sie mit den sachlichen Voraussetzungen identisch sind.[48]

2. Entscheidung bei unbegründeter Beschwerde

18 Hält das Beschwerdegericht die Zulässigkeitsvoraussetzungen der Beschwerde für gegeben, so hat es die Sachprüfung vorzunehmen. Ergibt diese, daß die Beschwerde keinen Erfolg haben kann, dann ist sie als unbegründet zurückzuweisen. Dabei kommt es nur darauf an, ob die angefochtene Entscheidung im Ergebnis berechtigt ist. Die Beschwerdeentscheidung kann auf anderen als den vom GBA angeführten Gründen oder auf vorgebrachten neuen Tatsachen und Beweisen beruhen. Deshalb kann eine im Zeitpunkt ihres Erlasses unrichtige Entscheidung sich infolge neuen Vorbringens oder veränderter Umstände als im Ergebnis zutreffend erweisen. Eine anfänglich begründete Beschwerde ist als gegenstandslos zurückzuweisen, wenn die Grundbuchlage sich so verändert hat, daß es zur Eintragung des beantragten Rechts nicht mehr kommen kann, etwa weil die Berechtigung des Bewilligenden inzwischen aufgehört hat.[49]

3. Entscheidung bei begründeter Beschwerde

19 Erweist sich die Beschwerde als begründet, dann hat das Beschwerdegericht die angefochtene Entscheidung grundsätzlich aufzuheben und selbst die Sachentscheidung zu treffen. Das kann eine abschließende Entscheidung, eine Zwischenverfügung oder eine zurückverweisende Entscheidung sein.

20 a) Die abschließende Entscheidung kann verschiedenen Inhalt haben.
aa) Bei Beschwerden gegen eine Eintragung ist dem GBA aufzugeben, gemäß § 71 Abs. 2 Satz 2 zu verfahren. Die vorzunehmende Eintragung ist genau zu bestimmen,

---

[42] BayObLG Rpfleger 82, 275.
[43] BayObLG WuM 95, 67.
[44] BGHZ 11, 69 = NJW 53, 1666; FamRZ 56, 381; MDR 63, 39 = RdL 63, 17; OLG Hamm NJW 54, 288; *Jansen* § 20 Rdn. 13; *Keidel/Kahl* § 20 Rdn. 16 je mwN; *Furtner* JZ 57, 706; 61, 528; DNotZ 66, 13.
[45] *Meikel/Streck* § 71 Rdn. 108; *Demharter* Rdn. 9; *Furtner* DNotZ 61, 460; OLG Zweibrücken Rpfleger 77, 305; BayObLGZ 80, 37/39; 86, 294/297; BayObLG Rpfleger 82, 470.
[46] Jansen a. a. O.; *Furtner* JZ 61, 529.
[47] *Meikel/Streck* § 71 Rdn. 108 ff.; *Riedel* Rpfleger 69, 155; s. a. BGH MDR 63, 39 = RdL 63, 17.
[48] BayObLGZ 73, 84/86; OLG Zweibrücken Rpfleger 77, 305; s. dazu näher *Keidel/Kahl* § 20 Rdn. 17, 18.
[49] KGJ 26, 244.

so ist der Inhalt eines Widerspruchs genau zu bezeichnen. Ist die Löschung eines Amtswiderspruchs angefochten, so muß dagegen ein Amtswiderspruch, nicht ein neuer Widerspruch gegen die ursprüngliche Eintragung eingetragen werden.[50]

bb) Bei Beschwerden gegen die Zurückweisung eines Eintragungsantrags muß das Beschwerdegericht das GBA anweisen, die Eintragung vorzunehmen.

cc) Bei Beschwerden gegen eine Zwischenverfügung ist das GBA anzuweisen, anderweitig über den Eintragungsantrag zu entscheiden. Eine unmittelbare Entscheidung über den Antrag ist nicht zulässig, weil Gegenstand des Beschwerdeverfahrens nur die Zwischenverfügung ist (vgl. oben Rdn. 12 ff.).

dd) Wird eine sonstige Entscheidung aufgehoben, so ist das GBA zu einer bestimmten Handlungsweise anzuweisen, z. B. die Grundbucheinsicht zu gewähren oder einen Hypothekenbrief zu ergänzen. Hat der Amtsrichter der Erinnerung gegen eine Entscheidung des Rechtspflegers abgeholfen und hebt das Beschwerdegericht die Abhilfeentscheidung auf, so wird dadurch die Entscheidung des Rechtspflegers nicht wiederhergestellt; vielmehr muß das Beschwerdegericht sachlich neu entscheiden.[51]

b) Das Beschwerdegericht ist auch zum **Erlaß einer Zwischenverfügung** berechtigt.[52] **21** Diese muß allen Erfordernissen des § 18 gerecht werden. Regelmäßig wird das Beschwerdegericht aus Zweckmäßigkeitsgründen dem Beschwerdeführer aufgeben, die Beseitigung der Hindernisse dem GBA nachzuweisen.[53] Bei zwischenzeitlich eingegangenen Eintragungsanträgen wird das GBA gemäß § 18 Abs. 2 eine Vormerkung oder einen Widerspruch einzutragen haben. Das Beschwerdegericht kann aber auch dem GBA den Erlaß einer Zwischenverfügung aufgeben.[54] Richtet sich die Beschwerde lediglich gegen die zu kurze Frist einer Zwischenverfügung, so bleibt diese aufrechterhalten; nur die Frist ist zu verlängern.

c) Das Beschwerdegericht kann schließlich auch unter Aufhebung der Vorentscheidung die Sache an das GBA zur erneuten Behandlung und Entscheidung **zurückverweisen**. Das ist aber entsprechend den für das Verfahren der freiwilligen Gerichtsbarkeit entwickelten Grundsätzen nur in besonderen Ausnahmefällen zulässig. Das sind solche Fälle, in denen die erstinstanzliche Entscheidung ohne die erforderliche Sachprüfung ergangen ist oder sonst an so schwerwiegenden Verfahrensmängeln leidet, daß ihre Beseitigung durch das Beschwerdegericht dem Verlust einer Instanz gleichkäme.[55] **22**

IV. Begründung der Beschwerdeentscheidung

Die Beschwerdeentscheidung ist mit Gründen zu versehen, weil die weitere Beschwerde nach § 78 Satz 1 nur auf eine Verletzung des Gesetzes gestützt werden kann und die tatsächlichen Feststellungen nach § 78 Satz 2, § 561 Abs. 2 ZPO für das Rechtsbeschwerdegericht bindend sind. Daraus ergeben sich zugleich auch die Anforderungen, die an die Begründung zu stellen sind. **23**

1. Tatsächliche Feststellungen und Rechtsausführungen

Die Begründung muß klar erkennen lassen, auf welchen tatsächlichen Feststellungen die Rechtsausführungen aufbauen. Nur so kann das Gericht der weiteren Beschwerde **24**

---

[50] KG HRR 34 Nr. 1223.
[51] BayObLGZ 90, 32/35 = Rpfleger 90, 201.
[52] KG JR 27 Nr. 389; JFG 3, 384.
[53] KG OLGRspr. 42, 157; RGZ 111, 397.
[54] KG JFG 3, 384; 5, 434.
[55] BayObLGZ 53, 223; OLG München JFG 23, 194; KG JFG 17, 289; OLG Hamm OLGZ 66, 216 = JMBlNRW 66, 137; Jansen § 25 Rdn. 13; Keidel/*Kuntze* § 25 Rdn. 7 jeweils mwN.

§ 77

nachprüfen, ob das Gesetz auf den in Betracht kommenden Sachverhalt richtig angewendet worden ist.[56] Eine Trennung zwischen Tatbestand und Entscheidungsgründen wie bei Urteilen im Zivilprozeß ist weder vorgeschrieben noch üblich. Regelmäßig wird eine vollständige Sachdarstellung unter erschöpfender Würdigung des Vorbringens der Beteiligten und der durchgeführten Beweisaufnahmen erforderlich sein, wenn auch nicht auf alle, insbesondere unwesentliche Einzelheiten und Behauptungen der Beteiligten, eingegangen zu werden braucht.[57] Auch mit den Angriffen der Beschwerde muß sich die Begründung auseinandersetzen. Allgemeine Redewendungen reichen nicht aus.[58] Schließlich müssen die Gründe die Rechtsanwendung auf den festgestellten Sachverhalt ergeben.

2. Bezugnahme auf erstinstanzliche Entscheidung

25 Eine Bezugnahme auf die erstinstanzliche Entscheidung ist nicht ausgeschlossen. Sie ist aber nur zulässig, wenn die Vorentscheidung ausreichend begründet ist, das Beschwerdegericht diese Gründe billigt und sich die Sachlage in der zweiten Instanz nicht geändert hat.[59]

3. Mängel der Begründung

26 Entsprechen die Gründe auch nur in einer Beziehung nicht den genannten Anforderungen, lassen sie z. B. einen wesentlichen Gesichtspunkt unberücksichtigt, so, wenn das Beschwerdegericht einen Eintragungsantrag auslegt, ohne die maßgeblichen Erwägungen hierfür darzulegen,[60] so liegt eine Verletzung des § 77 vor.[61] Dieser Mangel kann zur Aufhebung der Beschwerdeentscheidung und zur Zurückverweisung der Sache führen, wenn der angefochtene Beschluß auf dem Fehler beruht.[62] Fehlen dagegen die Gründe ganz oder mindestens für einen ganzen Rechtsbehelf oder einen selbständigen Verfahrensgegenstand, so liegt der absolute Rechtsbeschwerdegrund des § 551 Nr. 7 ZPO (vgl. § 78 Satz 2) vor.[63] In diesem Falle darf das Gericht der weiteren Beschwerde in der Sache nicht selbst entscheiden, sondern muß die angefochtene Entscheidung aufheben und die Sache zurückverweisen (vgl. dazu auch § 78 Rdn. 24.

V. Verfahren nach der Entscheidung des Beschwerdegerichts

1. Mitteilung der Entscheidung

27 Die Entscheidung ist dem Beschwerdeführer mitzuteilen. Nur das ist ausdrücklich vorgeschrieben. Daraus kann aber nicht hergeleitet werden, daß die Mitteilung an andere Beteiligte, die im Verfahren aufgetreten sind oder deren Rechtsstellung durch die Beschwerdeentscheidung beeinträchtigt wird, entbehrlich ist. Die Mitteilungspflicht an

---

[56] KGJ 48, 2; OLG Hamm JMBlNRW 59, 113; OLG Köln Rpfleger 81, 398 (Ls.) = MDR 81, 1028; BayObLGZ 86, 218/219; WE 88, 38; OLG Stuttgart Justiz 90, 299; OLG Frankfurt NJW-RR 96, 529/530.
[57] BayObLGZ 48–51, 419; WE 88, 38; OLG Köln, OLG Frankfurt je a. a. O.
[58] KG JW 27, 721; OLG München HRR 36 Nr. 213; OLG Köln a. a. O.
[59] KG OLGRspr. 4, 351; BayObLGZ 65, 328; 86, 218/220; OLG Köln OLGZ 68, 328; MDR 81, 1028 = Rpfleger 81, 398.
[60] SchlH OLG SchlHA 82, 169.
[61] BayObLGZ 52, 117.
[62] *Jansen* § 25 Rdn. 17.
[63] RG JW 27, 1861; RGZ 109, 204.

diese Beteiligten ergibt sich aus den allgemeinen Verfahrensgrundsätzen des FGG.[64] Das gilt auch dann, wenn das Beschwerdegericht eine Eintragung anordnet. Die Benachrichtigung von der Vornahme der Eintragung durch das GBA nach § 55 ist nicht ausreichend, um den Beteiligten die erforderliche Kenntnis von der Entscheidung des Beschwerdegerichts und deren Gründe rechtzeitig zu verschaffen.[65]

2. Keine Abänderung der Entscheidung

28 Das Beschwerdegericht kann seine nach § 16 FGG wirksam gewordene Entscheidung nicht ändern. Für den Fall, daß weitere Beschwerde eingelegt ist, ist dies in § 80 Abs. 2 ausdrücklich bestimmt. Aber auch wenn keine weitere Beschwerde eingelegt ist, gilt für das Beschwerdegericht das Änderungsverbot. Das folgt nicht nur aus dem Zweck des § 80 Abs. 2, sondern auch daraus, daß das Beschwerdegericht nach Erlaß seiner Entscheidung nicht mehr mit der Sache befaßt ist.[66] Die Bindung des Beschwerdegerichts an seine frühere Entscheidung besteht auch dann, wenn es in derselben Sache über eine neue Beschwerde zu entscheiden hat.[67] Das Beschwerdegericht kann seine Entscheidung jedoch aufheben, wenn diese unwirksam ist, z. B. bei einer Entscheidung über eine nicht existente Beschwerde wegen fehlender Einlegung oder Zurücknahme der Beschwerde;[68] auch das Rechtsbeschwerdegericht kann auf weitere Beschwerde eine solche Entscheidung aufheben.[69]

VI. Tätigkeit des Grundbuchamts

29 Das **GBA ist an die Entscheidung** des Beschwerdegerichts **gebunden**. Es ist verpflichtet, die ihm erteilte Anweisung auszuführen, und zwar auch dann, wenn es diese für sachlich nicht berechtigt hält. Hat das Beschwerdegericht das GBA angewiesen, eine Eintragung vorzunehmen, so darf das GBA im Anschluß an die angeordnete Eintragung gegen diese keinen Amtswiderspruch eintragen.[70] Die Anordnung des Beschwerdegerichts hindert jedoch nicht ein abweichendes Verhalten des GBA aus Gründen, über die das Beschwerdegericht nicht entschieden hat. Ist daher ein Teil des Sachverhalts oder eine Rechtslage nicht erörtert worden, so kann das GBA insoweit eine abweichende Entscheidung treffen.[71] Hat das LG eine Zwischenverfügung des GBA aufgehoben und die Sache an das GBA zurückverwiesen, so erstreckt sich die Bindung des GBA an die Beschwerdeentscheidung nur auf die den Beschwerdegegenstand unmittelbar betreffenden Gründe der Entscheidung.[72] Jedoch darf das GBA in keinem Falle der Rechtsauffassung des Beschwerdegerichts zuwiderhandeln.

Dagegen darf das GBA dann anders als das Beschwerdegericht entscheiden, wenn durch eine Veränderung der Grundbuchlage oder eine Änderung des anzuwendenden Rechts die vom Beschwerdegericht angeordnete Eintragung nicht mehr vorgenommen

---

[64] *Jansen* § 25 Rdn. 19; Keidel/*Kuntze* § 25 Rdn. 15; Meikel/*Streck* Rdn. 39; **a. A.** *Güthe/Triebel* Rdn. 17 — und *Thieme* Anm. 6 — halten eine Mitteilung an den Beschwerdegegner für zweckmäßig.
[65] Jetzt auch Meikel/*Streck* Rdn. 39 im Gegensatz zur 6. Aufl.
[66] RGZ 70, 236; KGJ 46, 3; KG OLGZ 66, 608; OLG Düsseldorf JR 52, 686; *Demharter* Rdn. 43; Meikel/*Streck* Rdn. 41; **a. A.** Hesse/Saage/*Fischer* Anm. V.
[67] KG NJW 55, 1074; OLG Hamm OLGZ 71, 84 = NJW 70, 2118; BayObLGZ 74, 18/21 = Rpfleger 74, 148; *Jansen* § 18 Rdn. 17.
[68] BayObLGZ 65, 347; *Demharter* Rdn. 43.
[69] BayObLGZ 88, 259/261.
[70] KG JFG 3, 267 = JR 26 Nr. 168.
[71] BayObLGZ 18, 288.
[72] BayObLGZ 74, 18/21 = Rpfleger 74, 148.

werden kann.[73] Diesem Fall ist der Fall gleichzustellen, in dem die Eintragung nur mit einem schlechteren Range als dem vom Beschwerdegericht angeordneten Range erfolgen kann. Auch wenn das GBA in einem neuen Verfahren mit derselben Sache befaßt wird, entfällt bei veränderter Sach- und Rechtslage die Bindung an die Rechtsauffassung des Beschwerdegerichts.

VII. Kosten

30 Wird die Beschwerde als unzulässig verworfen oder als unbegründet zurückgewiesen, so wird die Hälfte der vollen Gebühr erhoben (§ 131 Abs. 1 Satz 1 Nr. 1 KostO). Der Geschäftswert ist nach § 30 KostO zu bestimmen (§ 131 Abs. 2 KostO). Beschwerden mehrerer Beteiligter gegen dieselbe Entscheidung gelten kostenrechtlich als eine gemeinschaftliche Beschwerde, wenn sie das gleiche Ziel verfolgt hat.[74] Kostenschuldner ist stets der Beschwerdeführer. Wird der Beschwerde stattgegeben, so werden weder Gebühren noch Auslagen erhoben (§ 131 Abs. 1 Satz 2, Abs. 5 KostO).

31 Ein Ausspruch in der Beschwerdeentscheidung darüber, ob gerichtliche Kosten entstanden sind und wer sie zu tragen hat, ist grundsätzlich nicht geboten. Insoweit gilt dasselbe wie für die erste Instanz (vgl. § 71 Rdn. 47 ff.). Über die Erstattung außergerichtlicher Kosten der Beteiligten ist nach § 13 a FGG zu entscheiden. Zu den Einzelheiten vgl. die Anmerkungen von Keidel/*Zimmermann* und *Jansen* zu § 13 a FGG.

[Zulässigkeit der weiteren Beschwerde]

§ 78
Gegen die Entscheidung des Beschwerdegerichts ist das Rechtsmittel der weiteren Beschwerde zulässig, wenn die Entscheidung auf einer Verletzung des Gesetzes beruht. Die Vorschriften der §§ 550, 551, 561, 563 der Zivilprozeßordnung sind entsprechend anzuwenden.

Literatur:

Kleist Durchgriffserinnerung und Beschwerde bei Zurückweisung eines Eintragungsantrages bzw. Zwischenverfügung gemäß § 18 GBO, MittRhNotK 85, 133; *Wulf* Zur Auslegung von Grundbucherklärungen, MittRhNotK 96, 41.

Übersicht

	Rdn.		Rdn.
I. Allgemeines.	1	III. Entscheidung muß auf Verletzung des Gesetzes beruhen	
II. Entscheidung des Beschwerdegerichts		1. Gesetz	7
1. Endgültige Entscheidung in der Sache	2	2. Bindung	11
2. Anweisung, eine Eintragung vorzunehmen	3	3. Verletzung des Gesetzes	16
3. Zurückverweisende Entscheidung.	4	4. Beruhen auf der Verletzung, absolute Rechtsbeschwerdegründe	17
4. Bestätigung einer Zwischenverfügung	5	5. Der Fall des § 563 ZPO	26
5. Gegenstandslos gewordene weitere Beschwerde	6	IV. Beschwerdeberechtigung	27
		V. Entscheidung des Gerichts der weiteren Beschwerde	28

[73] KG JFG 20, 205.

[74] BayObLGZ 58, 219.

I. Allgemeines

§ 78 regelt die Anfechtbarkeit der Entscheidung des Beschwerdegerichts. Die Vorschrift stimmt mit § 27 FGG wörtlich überein. Ebenso wie das FGG stellt die GBO dem Rechtsuchenden drei Instanzen zur Verfügung. Die weitere Beschwerde, die den dritten Rechtszug eröffnet, ist eine Rechtsbeschwerde. Sie kann nur auf eine Verletzung des Gesetzes gestützt werden. Von dieser Rüge hängt aber entgegen der mißverständlichen Ausdrucksweise des Gesetzes nicht die Zulässigkeit des Rechtsmittels ab. Auch wenn der Beschwerdeführer keine Gesetzesverletzung geltend macht oder der von ihm gerügte Rechtsfehler nicht vorliegt, ist die weitere Beschwerde zulässig, jedoch unbegründet.

Ist ausnahmsweise die sofortige Beschwerde nach den Vorschriften des FGG vorgesehen (vgl. § 71 Rdn. 2), so richtet sich die sofortige weitere Beschwerde nach § 27 FGG, so in den Fällen des § 105 Abs. 2 und der §§ 2, 4 Abs. 4 und 14 Abs. 2 GBMaßnG vom 20. 12. 1963 (BGBl. I, 986). Im Falle des § 110 ist die weitere Beschwerde ausgeschlossen (§ 110 Abs. 2).

Die weitere Beschwerde ist ebenso wie die Erstbeschwerde nicht befristet. Eine Ausnahme bildet § 89.

II. Entscheidung des Beschwerdegerichts

1. Endgültige Entscheidung in der Sache

Es muß eine Entscheidung des Beschwerdegerichts, nicht des GBA, vorliegen. Darunter ist eine die Beschwerde sachlich erledigende, endgültige Entscheidung zu verstehen. Das ergibt sich aus § 76, in dem der Entscheidung des Beschwerdegerichts die einstweilige Anordnung gegenübergestellt wird, und aus § 77, der von der Entscheidung des Beschwerdegerichts spricht.[1] Deshalb ist die weitere Beschwerde gegen eine Zwischenverfügung des GBA unter Übergehung des LG in jedem Falle unzulässig.[2] Aus dem gleichen Grunde ist die weitere Beschwerde nicht statthaft gegen alle der Endentscheidung des Beschwerdegerichts vorangehenden Verfügungen und Anordnungen, so z. B. gegen die Aussetzung des Beschwerdeverfahrens[3] oder gegen eine einstweilige Anordnung nach § 76 (vgl. § 76 Rdn. 13). Die weitere Beschwerde ist auch unzulässig gegen nicht entscheidungserhebliche und das GBA nicht bindende Ausführungen des Beschwerdegerichts in den Entscheidungsgründen.[4] Auch ein Zwischenbeschluß des LG in einer Grundbuchsache, durch den dem Beschwerdeführer aufgegeben wird, durch ein nervenfachärztliches Gutachten Zweifel an seiner Geschäftsfähigkeit auszuräumen, ist nicht anfechtbar.[5] Dagegen ist die weitere Beschwerde gegen eine Entscheidung des Beschwerdegerichts, die sich mit einem Vorbescheid sachlich auseinandersetzt, trotz dessen Unzulässigkeit (s. dazu § 71 Rdn. 60) zulässig.[6] Auch im übrigen ist eine Zwischenentscheidung ausnahmsweise anfechtbar, wenn das Gesetz dies ausdrücklich vorsieht oder wenn sie in erheblichem Maße in die Rechte eines Beteiligten eingreift.[7]

---

[1] KG HRR 30 Nr. 1505.
[2] BayObLGZ 93, 228/232 = NJW-RR 93, 1171.
[3] KG HRR 30 Nr. 1505; NJW 57, 1197; *Demharter* Rdn. 4; *Meikel/Streck* Rdn. 4 im Gegensatz zur 7. Aufl.
[4] KGJ 48, 171/175; BayObLG HRR 35 Nr. 128; DNotZ 86, 497 = Rpfleger 86, 217; KG OLGZ 93, 270/271 = NJW-RR 93, 268.
[5] BayObLGZ 96, 4 = FGPrax 96, 58 = NJW-RR 96, 782; a. A. OLG Zweibrücken OLGZ 83, 163; *Meikel/Streck* Rdn. 4.
[6] OLG Karlsruhe Rpfleger 93, 142.
[7] S. dazu näher Keidel/*Kahl* § 19 Rdn. 20 ff.; *Meikel/Streck* Rdn. 4.

§ 78

2. Anweisung, eine Eintragung vorzunehmen

3 Um eine Beschwerdeentscheidung handelt es sich auch, wenn das Beschwerdegericht das GBA angewiesen hat, eine angeordnete Eintragung vorzunehmen. Hat das GBA diese vollzogen, so wird damit die bis zu diesem Zeitpunkt unbeschränkt zulässige weitere Beschwerde nicht gegenstandslos, sondern sie bleibt im Rahmen des § 71 Abs. 2 Satz 2 zulässig; mit ihr kann also die Eintragung eines Amtswiderspruchs oder die Vornahme einer Löschung erstrebt werden.[8] Hat das GBA auf Anordnung des LG einen Widerspruch eingetragen, so kann mit der weiteren Beschwerde die Löschung des Widerspruchs verlangt werden.[9] Gegen die Entscheidung des LG, durch die das GBA zur Löschung einer Vormerkung angewiesen wird, ist nach Vornahme dieser Löschung die weitere Beschwerde mit dem Ziel der Neueintragung der beantragten Vormerkung aufgrund des ursprünglichen Antrags, jedoch nur an bereitester Stelle zulässig.[10] Die weitere Beschwerde mit dem Ziel der Eintragung eines Amtswiderspruchs ist auch zulässig, wenn das GBA einen Eintragungsantrag zurückgewiesen hat, das LG auf die Erstbeschwerde verfahrensfehlerhaft lediglich den Ablehnungsgrund des GBA verworfen und dieses daraufhin nach Prüfung der Voraussetzungen im übrigen die Eintragung vorgenommen hat; der Gegenstand der weiteren Beschwerde beschränkt sich in diesem Falle nicht auf den vom LG geprüften ursprünglichen Ablehnungsgrund.[11]

Hat sich die Erstbeschwerde gegen eine Eintragung gerichtet und ist sie erfolglos geblieben, so ist dagegen die weitere Beschwerde gegeben, unabhängig davon, ob die Erstbeschwerde nach § 71 Abs. 2 zulässig oder unzulässig war.[12]

3. Zurückverweisende Entscheidung

4 Mit der weiteren Beschwerde anfechtbar sind auch Entscheidungen, durch die die Sache an das GBA zurückverwiesen wird; denn solche Entscheidungen beenden den Beschwerderechtszug.[13] Hierdurch ist der Beschwerdeführer auch beschwert, weil seinem Begehren nicht voll stattgegeben worden ist.

4. Bestätigung einer Zwischenverfügung

5 Hat das Beschwerdegericht eine Zwischenverfügung des GBA bestätigt, so wird die gegen diesen Beschluß eingelegte weitere Beschwerde nicht dadurch gegenstandslos, daß das GBA den Eintragungsantrag aus den in der Zwischenverfügung angeführten Gründen endgültig zurückweist.[14] Hat die weitere Beschwerde Erfolg und wird die

---

[8] RGZ 70, 236; BGHZ 106, 253/255 = NJW 89, 1609; KG JFG 3, 266; DNotZ 72, 177; BayObLG Rpfleger 80, 64; BayObLGZ 87, 431/432 = FamRZ 88, 503; NJW-RR 89, 1495/1496 = AgrarR 90, 134; OLG Hamm FamRZ 91, 113/114 = MittRhNotK 70, 278/279; OLGZ 91, 137/138.

[9] OLG Düsseldorf JR 50, 686 = JMBlNRW 50, 127; OLG Hamm Büro 74, 82/83; OLGZ 78, 304 = MittBayNot 78, 167; BayObLG MittBayNot 82, 240; OLG München JFG 17, 295; KGJ 53, 191 = OLGRspr. 41, 33; OLG Frankfurt Büro 85, 1693.

[10] KG JFG 5, 330; a. A. Meikel/*Streck* Rdn. 9.

[11] KG Rpfleger 72, 58 = DNotZ 72, 176.

[12] KG NJW 69, 138.

[13] BayObLGZ 53, 60; OLG Köln JMBlNRW 59, 71.

[14] BGHZ 88, 62/64 = NJW 83, 2262 = Rpfleger 83, 408; BayObLGZ 74, 1/3 = NJW 74, 954; BayObLGZ 78, 335/337; BayObLG MittBayNot 89, 149; MittRhNotK 92, 86/87 = MittBayNot 92, 190; WuM 92, 323/324 = DWE 92, 76; BayObLGZ 92, 131/135 = NJW-RR 92, 1369/1370; stRspr.; OLG Zweibrücken OLGZ 75, 405; OLG Frankfurt Rpfleger 77, 103; FGPrax 97, 11/12 = NJW-RR 97, 209/210 = Rpfleger 97, 103/104; OLG Stuttgart BWNotZ 80, 92; OLG Karlsruhe Justiz 83, 457; OLG Düsseldorf MittRhNotK 97; 399 = ZMR 97, 662/663.

Zwischenverfügung aufgehoben, so ist das GBA anzuweisen, den Zurückweisungsbeschluß von Amts wegen aufzuheben.[15] Mit der weiteren Beschwerde kann dies jedoch nicht verlangt werden; denn eine weitere Beschwerde gegen den Beschluß des GBA unter Übergehung des LG ist nicht statthaft.[16] Wenn nach Einlegung der weiteren Beschwerde auch der Zurückverweisungsbeschluß des GBA mit der Erstbeschwerde angefochten wird, so rechtfertigt das keine andere Beurteilung.[17] Anders liegt der Fall, wenn nur hinsichtlich einer von zwei Beanstandungen einer Zwischenverfügung weitere Beschwerde eingelegt wird.[18] Hat das LG die Beschwerde gegen eine Zwischenverfügung als unzulässig verworfen, so ist die dagegen gerichtete weitere Beschwerde unzulässig, wenn das GBA nach ihrer Einlegung den Eintragungsantrag endgültig zurückweist.[19] Hat das LG aber die Verwerfung auf dieselben Gründe gestützt, die in der Zwischenverfügung als Eintragungshindernis genannt sind, so ist die weitere Beschwerde zulässig.[20] Hingegen ist die weitere Beschwerde unzulässig, wenn das GBA keine anfechtbare Zwischenverfügung erlassen, sondern durch eine nicht mit der Beschwerde angreifbare Verfügung auf einen nicht behebbaren Mangel hingewiesen hat und die Erstbeschwerde vom LG deshalb als unzulässig verworfen worden ist.[21]

Die unterschiedliche Beurteilung der einzelnen Fälle beruht darauf, daß das GBA an die Rechtsauffassung des LG in dem Beschluß, durch den die Zwischenverfügung bestätigt worden ist, bei seiner späteren Entscheidung über die Zurückweisung des Antrags gebunden ist. Dieser Bindungswirkung unterliegt auch das LG. Nur das Gericht der weiteren Beschwerde kann durch Aufhebung der Zwischenverfügung abändernd eingreifen. Dadurch entfällt für die unteren Instanzen die Bindungswirkung. Diese besteht für das GBA andererseits dann jedoch nicht, wenn das LG gar keine Sachentscheidung getroffen, sondern die Erstbeschwerde als unzulässig verworfen hat.

Hat das GBA die beantragte Eintragung einer Auflassung in einer Zwischenverfügung beanstandet und hat sodann das LG auf Beschwerde eines Dritten die Zwischenverfügung aufgehoben, so ist die weitere Beschwerde des Antragstellers mit dem Ziel der Verwerfung der Erstbeschwerde des Dritten unzulässig, und zwar auch dann, wenn der Antragsteller inzwischen ein Interesse daran erlangt hat, daß die Eintragung unterbleibt.[22] Hat in einem solchen Falle der Antragsteller Erstbeschwerde eingelegt, so kann ein Dritter nicht mit dem Ziel weitere Beschwerde einlegen, die aufgehobene Zwischenverfügung wiederherzustellen; denn er ist nicht beschwerdeberechtigt.[23] Hat jedoch das LG eine Zwischenverfügung bestätigt, obwohl diese, weil z. B. ein endgültiges Eintragungshindernis vorliegt, nicht hätte erlassen werden dürfen, so muß das Rechtsbeschwerdegericht die Zwischenverfügung insgesamt aufheben, damit das GBA Gelegenheit erhält, den Eintragungsantrag zurückzuweisen.[24]

---

[15] KGJ 43, 141; KG JFG 6, 350; OLGZ 65, 93; BayObLGZ 52, 263; 69, 280 = Rpfleger 70, 23; BayObLGZ 73, 328/329; 74, 1/3 = FamRZ 74, 384; BayObLGZ 86, 54/55 = NJW-RR 86, 883; 88, 980; BayObLGZ 92, 131/135 = NJW-RR 92, 1369/1370; MittRhNotK 94, 288; stRspr.; OLG Stuttgart BWNotZ 80, 92; Justiz 86, 463 = MittBayNot 87, 29.
[16] BayObLGZ 93, 228/232 = NJW-RR 93, 1171; MittRhNotK 94, 288; s. auch § 71 Rdn. 15.
[17] KG JFG 6, 350; OLG Frankfurt FGPrax 97, 11/12 = Rpfleger 97, 103/104 = NJW-RR 97, 209/210.
[18] KJG 43, 141.
[19] OLG Frankfurt a. a. O.
[20] OLG Frankfurt a. a. O.
[21] KG OLGZ 71, 452 = DNotZ 71, 415.
[22] BayObLGZ 77, 251; Rpfleger 80, 63.
[23] BayObLG bei *Goerke* Rpfleger 83, 9/12.
[24] BayObLGZ 84, 136/138; 91, 97/102; 95, 363/364 = FGPrax 96, 32 = DNotZ 96, 99 ff.

§ 78

5. Gegenstandslos gewordene weitere Beschwerde

6 Die weitere Beschwerde kann infolge von Ereignissen, die nach ihrer Einlegung eingetreten sind, gegenstandslos und damit unzulässig werden, z. B. wenn das GBA Eintragungen vornimmt, die dem Antrag, auf den sich die weitere Beschwerde bezieht, die wesentliche Grundlage nehmen[25] oder wenn sich die Hauptsache dadurch erledigt, daß die Verfügungsberechtigung wegfällt, oder wenn die angefochtene Zwischenverfügung dadurch gegenstandslos wird, daß der Eintragungsantrag aus anderen als den in der Zwischenverfügung genannten Gründen zurückgewiesen wird. In diesen Fällen kann allerdings die weitere Beschwerde auf den Kostenpunkt beschränkt werden, insoweit bleibt sie zulässig.[26] Dies gilt aber nicht, wenn die Erledigung nach Erlaß der Beschwerdeentscheidung, aber vor Einlegung der weiteren Beschwerde eingetreten ist; in diesem Falle ist die weitere Beschwerde unzulässig, auch wenn sie auf die Kosten des Verfahrens beschränkt wird. Ist gegen die Eintragung einer Auflassungsvormerkung Beschwerde mit dem Ziel der Eintragung eines Amtswiderspruchs eingelegt und wird im Verlauf des Beschwerdeverfahrens das Eigentum umgeschrieben und die Auflassungsvormerkung gelöscht, so kann das Beschwerdeverfahren nicht mit dem Ziel der Eintragung eines Amtswiderspruchs gegen den neuen Eigentümer fortgesetzt werden.[27]

Ist die Zuständigkeit zur Führung des Grundbuchs nach der Entscheidung des LG auf ein anderes GBA übergegangen, so wird deshalb die weitere Beschwerde nicht unzulässig.[28]

III. Entscheidung muß auf Verletzung des Gesetzes beruhen

1. Gesetz

7 a) **Gesetz** im Sinne der GBO ist jede Rechtsnorm. Das ergibt sich aus § 135 Abs. 2 in Verbindung mit Art. 2 EGBGB. Es gehören alle Gesetze im formellen und materiellen Sinne, also alle Bundes- und Landesgesetze, Rechtsverordnungen, Staatsverträge, autonome Satzungen und das Gewohnheitsrecht dazu. Es können zwingende Vorschriften oder Ordnungsvorschriften sein, sachlich-rechtliche wie verfahrensrechtliche. Auch die GBVfg. ist eine revisible Rechtsverordnung,[29] Statuten und ähnliche Normen sind ein Gesetz im Sinne des § 78, soweit die Unterwerfung unter sie auf gesetzlichem Zwang beruht. Deshalb unterliegen Satzungen der Kapitalgesellschaften und öffentlichen Kreditanstalten der Nachprüfung durch das Rechtsbeschwerdegericht.[30]

8 b) Die weitere Beschwerde kann auch auf die Verletzung **ausländischen Rechts** gestützt werden, denn die Beschränkung des § 549 ZPO auf Bundesrecht und diesem gleichgestelltes Recht gilt in Grundbuchsachen nicht.[31]

9 c) Die Revisibilität von **Kann- und Sollvorschriften** läßt sich nicht einheitlich beurteilen. Bezweckt die Vorschrift mit ihrer Fassung, daß ihre Nichtbeachtung keine Unwirksamkeit zur Folge hat, so rechtfertigt ein Verstoß die weitere Beschwerde. Bedeutet

---

[25] KGJ 39, 198.
[26] BGHZ 86, 393/395 = NJW 83, 1672 = MDR 83, 568; OLG Frankfurt NJW 62, 2113 = DNotZ 64, 308; KG OLGZ 72, 113; 74, 365; OLG Düsseldorf Rpfleger 96, 404; vgl. auch § 71 Rdn. 52.
[27] OLG Düsseldorf Rpfleger 96, 404.
[28] KG JFG 13, 402.
[29] KG JFG 4, 312.
[30] BGHZ 9, 281; 14, 36; BayObLGZ 85, 391/393; NJW-RR 88, 140; OLG Düsseldorf Rpfleger 89, 374.
[31] KG JFG 16, 29; OLG München JFG 16, 105; BGHZ 44, 127 = NJW 65, 2054; OLG Karlsruhe JFG 8, 119; OLG Frankfurt Rpfleger 94, 17 = NJW-RR 94, 72/73.

die Kann- oder Sollfassung aber nur, daß eine Entscheidung in das pflichtgemäße Ermessen des Gerichts gestellt wird, dann ist eine Verletzung im Rechtsbeschwerdeverfahren nur beschränkt nachprüfbar. Insoweit gelten dieselben Grundsätze wie für richterliche Ermessensentscheidungen (vgl. unten Rdn. 13).

d) Tritt nach Erlaß der Beschwerdeentscheidung eine **Gesetzesänderung** ein, so ist **10** diese vom Rechtsbeschwerdegericht zu beachten. Es kommt nicht auf eine subjektive Gesetzesverletzung der Tatsacheninstanz, sondern darauf an, daß die Entscheidung des Rechtsbeschwerdegerichts objektiv mit dem Gesetz in Einklang steht. Deshalb ist grundsätzlich das im Zeitpunkt der Entscheidung des Rechtsbeschwerdegerichts geltende Recht maßgebend. Das gilt jedoch nicht, wenn der Verfahrensgegenstand nach dem zeitlichen Geltungsbereich des neuen Rechts von der Änderung nicht betroffen wird. Diese im Bereich der ZPO und des FGG heute allgemein anerkannten Grundsätze[32] sind auch in Grundbuchsachen anzuwenden.[33]

Änderungen des Verfahrensrechts ergreifen grundsätzlich, wenn keine gegenteiligen Übergangsvorschriften ergangen sind, anhängige Verfahren, sind also vom Gericht der weiteren Beschwerde zu berücksichtigen.[34]

2. Bindung

Nach § 78 Satz 2 in Verbindung mit § 561 Abs. 1 ZPO unterliegt der Beurteilung **11** des Gerichts der weiteren Beschwerde nur der aus den Gründen der angefochtenen Entscheidung ersichtliche Sachverhalt. Ist die Sachverhaltsschilderung unklar und unbestimmt, dann darf das Rechtsbeschwerdegericht nicht von sich aus versuchen, die tatsächlichen Unklarheiten anhand der Gerichtsakten aufzuklären.[35] Das Gericht der weiteren Beschwerde ist nach § 561 Abs. 2 ZPO an die darin festgestellten **Tatsachen gebunden.** Die Nachprüfung ihrer Richtigkeit ist im dritten Rechtszug ausgeschlossen. Neue Tatsachen und Beweise, die sich auf die Sache beziehen, z. B. nachgebrachte behördliche Genehmigungen, dürfen grundsätzlich nicht berücksichtigt werden.[36]

a) Die Bindung an die tatsächlichen Feststellungen setzt voraus, daß diese in verfahrensrechtlich einwandfreier Weise zustande gekommen sind. Die Würdigung der tatsächlichen Verhältnisse ist nur dahin zu prüfen, ob das Beschwerdegericht das Gesetz verletzt hat. Das ist der Fall, wenn es nicht alle wesentlichen Umstände berücksichtigt, gegen die Denkgesetze oder allgemein anerkannte Erfahrungssätze verstoßen und im Amtsverfahren den maßgebenden Sachverhalt nicht ausreichend aufgeklärt hat.[37]

---

[32] BGHZ 9, 101 = NJW 53, 941; 10, 286 = NJW 53, 1629; 36, 348 = NJW 62, 961; BGHZ 55, 188/91 = NJW 71, 981; BGHZ 60, 68 = NJW 73, 417 = MDR 73, 390; BayObLGZ 52, 311 = NJW 53, 826; 71, 114/118 = NJW 71, 1464; BayObLGZ 77, 200/202 = Rpfleger 77, 327; BayObLG MittBayNot 80, 111 = DNotZ 80, 625/628; BayObLGZ 80, 347/349; 87, 369/371; OLG Hamburg FamRZ 59, 255; OLG Freiburg NJW 51, 661; OLG Hamm OLGZ 72, 371 = FamRZ 72, 309; Rpfleger 77, 415 = FamRZ 77, 742; KG FGPrax 95, 24/25 = Rpfleger 95, 17 = NJW 95, 62; FGPrax 96, 12; *Jansen* § 27 Rdn. 15; Keidel/*Kuntze* § 27 Rdn. 22.

[33] So auch *Demharter* Rdn. 10; jetzt auch Meikel/*Streck* im Gegensatz zur 6. Aufl. Rdn. 17.

[34] S. dazu *Jansen* § 27 Rdn. 16; Keidel/*Kuntze* § 27 Rdn. 23.

[35] OLG Köln Rpfleger 84, 352 = MDR 84, 857.

[36] BayObLGZ 85, 225/227.

[37] OLG Frankfurt OLGZ 94, 262/266 = Rpfleger 94, 206/207 = NJW-RR 94, 203/204, NJW-RR 96, 974.

12 b) Zu der tatsächlichen Würdigung des Streitstoffs gehört auch die Auslegung von Urkunden und Willenserklärungen, so z. B. einer Vollmacht oder eines Testaments. Bei ihnen hat das Gericht der weiteren Beschwerde nachzuprüfen, ob außer den bereits genannten Rechtsfehlern der Tatrichter die gesetzlichen Auslegungsregeln, insbesondere den Sinn und Wortlaut der Erklärung, beachtet[38] oder ob er gar die Auslegung ganz unterlassen hat.[39] Leidet die Auslegung an derartigen Rechtsfehlern, so ist sie für das Rechtsbeschwerdegericht nicht bindend; dieses hat sie dann selbst vorzunehmen.[40] Vgl. im übrigen dazu näher Keidel/*Kuntze* § 27 Rdn. 48 und *Jansen* § 27 Rdn. 20 und unten Rdn. 14.

13 c) **Ermessensentscheidungen** des Tatrichters können nur in der Richtung überprüft werden, ob das Gericht von seinem Ermessen keinen oder einen rechtsfehlerhaften, dem Sinn und Zweck des Gesetzes zuwiderlaufenden Gebrauch gemacht hat oder von ungenügenden oder verfahrenswidrig zustande gekommenen Feststellungen ausgegangen ist oder wesentliche Umstände unerörtert gelassen hat.[41] Nach der herrschenden Lehre, der nicht gefolgt wird (siehe § 18 Rdn. 43–46), steht es im pflichtgemäßen Ermessen des GBA, ob es eine Zwischenverfügung erläßt oder den Antrag alsbald zurückweist;[42] nach der hier vertretenen Ansicht (§ 18 Rdn. 43–46) hat jedoch das OLG zu prüfen, ob vor Antragszurückweisung eine Zwischenverfügung hätte erlassen werden müssen.[43] Im Ermessen des GBA steht es auch, ob über mehrere Grundstücke nach § 4 ein gemeinschaftliches Grundbuchblatt geführt wird oder wie es in den Fällen der §§ 3 Abs. 3, 7 Abs. 2, 82, 82 a und 84 entscheidet.

14 d) Von diesen Grundsätzen besteht nach §§ 561 Abs. 1 Satz 2, 554 Abs. 3 Nr. 3 b ZPO für solche Tatsachen, die ergeben, daß das Gesetz in bezug auf das **Verfahren verletzt** ist, eine **Ausnahme**. Insoweit sind neue Tatsachen im Rechtsbeschwerdeverfahren beachtlich, und das Gericht der weiteren Beschwerde ist in der Würdigung des neuen und des bereits vom LG gewürdigten Tatsachenstoffs frei. Zu den Verfahrensfragen gehören z. B. die Zulässigkeit der Erstbeschwerde, die Wahrung der Form und Frist, die Beschwerdeberechtigung des Beschwerdeführers sowie alle verfahrensrechtlich erheblichen Erklärungen der Beteiligten.[44] Vgl. dazu näher Keidel/*Kuntze* § 27 Rdn. 45 und *Jansen* § 27 Rdn. 40.

Das Gericht der weiteren Beschwerde hat deshalb die Frage, ob ein Grundbuchantrag gestellt ist, ohne Bindung an die Auffassung des Tatrichters zu prüfen.[45] Der selb-

---

[38] OLG Düsseldorf DNotZ 50, 41 = JR 50, 685; KG JFG 11, 204; OLGZ 92, 150/151 = MittRhNotK 91, 317; BayObLGZ 71, 307/309 = DNotZ 71, 661; BayObLG Rpfleger 75, 26/27 = Büro 75, 522/523; BayObLGZ 78, 194/196 = Rpfleger 78, 372/373; BayObLG Rpfleger 79, 425; 81, 147; DNotZ 83, 44; stRspr.; OLG Hamm OLGZ 75, 294/296; MittBayNot 85, 197/198; OLGZ 88, 260/264 = JMBlNRW 88, 173/174.

[39] BayObLG Rpfleger 76, 304; BayObLGZ 84, 155/158; OLG Frankfurt OLGZ 94, 129/130 = MittRhNotK 93, 288.

[40] BGHZ 37, 233/243; KG OLGZ 92, 150/151 = MittRhNotK 91, 317; BayObLG Rpfleger 80, 111; 147; DNotZ 83, 44; MittBayNot 84, 117; DNotZ 84, 562 = BayObLGZ 84, 122/124; 155/158; stRspr.;

OLG Frankfurt OLGZ 94, 129/130 = MittRhNotK 93, 288.

[41] Keidel/*Kuntze* § 27 Rdn. 27; *Jansen* § 27 Rdn. 23 mwN.

[42] OLG Dresden JFG 5, 360; RGZ 126, 109.

[43] *Kleist* MittRhNotK 85, 133/144.

[44] KG OLGZ 65, 376; OLG München JFG 13, 350; OLG Hamm OLGZ 85, 23/25 = WM 85, 45; NJW-RR 88, 461 = OLGZ 88, 17/18; BayObLG MittRhNotK 92, 86/87 = MittBayNot 92, 190.

[45] OLG Braunschweig NJW 61, 1362 = NdsRpfl. 61, 173; OLG Hamm DNotZ 72, 510 = JMBlNRW 72, 195; OLGZ 75, 294/296; OLGZ 92, 398/402 = Rpfleger 92, 474; OLG Frankfurt Rpfleger 96, 104; BayObLGZ 78, 223/226 = DNotZ 79, 25/27; DNotZ 79, 429; Rpfleger 79, 106; MittBayNot 79, 168; 236/238 = Rpfleger 80, 19;

ständigen Würdigung des Rechtsbeschwerdegerichts unterliegen nicht nur prozessuale, sondern auch behördliche Willenserklärungen, die zur Kenntnis von jedermann bestimmt sind,[46] so Entscheidungen von Verwaltungsbehörden[47] oder von Gerichten wie z. B. Zuschlags- oder Pfändungsbeschlüsse,[48] Umfang und Wirkungskreis von Pflegerbestellungen[49] oder von Grundbucheintragungen und in Bezug genommenen Urkunden, wie z. B. Teilungserklärungen, Gemeinschaftsordnungen etc.[50]
Da die Eintragungsbewilligung nach richtiger Ansicht (vgl. dazu § 19 Rdn. 17 ff.) eine rein verfahrensrechtliche Erklärung ist, hat auch sie das Rechtsbeschwerdegericht selbständig auszulegen, ohne an die Auslegung der Tatsacheninstanzen gebunden zu sein.[51]

e) **Neue Tatsachen** dürfen **ausnahmsweise** ferner dann berücksichtigt werden, wenn sie die Sachlage derartig verändern, daß der Antrag infolge Beseitigung seiner wesentlichen Grundlagen zwecklos wird und für eine Entscheidung über ihn kein Raum bleibt[52] oder wenn sie die weitere Beschwerde in der Hauptsache erledigen.[53] **15**
Über eine weitere Ausnahme vgl. unten Rdn. 26.

3. Verletzung des Gesetzes

Das Gesetz muß verletzt sein. Das ist nach § 550 ZPO, der gemäß § 78 Satz 2 entsprechend anzuwenden ist, der Fall, wenn eine Rechtsnorm nicht oder nicht richtig angewandt worden ist. Es genügt eine objektive Gesetzesverletzung, auf ein Verschulden des Beschwerdegerichts kommt es nicht an. Auch ein neuer selbständiger Beschwerdegrund wie in § 568 Abs. 2 Satz 2 ZPO wird nicht gefordert. Das Gesetz ist unrichtig angewandt, wenn auf den festgestellten Sachverhalt eine nicht zutreffende oder nicht mehr geltende Rechtsnorm angewandt oder eine in Frage kommende Rechtsnorm übersehen oder falsch ausgelegt oder ein einzelnes Tatbestandsmerkmal nicht erkannt wird oder wenn die tatsächlichen Feststellungen die einzelnen Tatbestandsmerkmale der anzuwendenden Rechtsnorm nicht ausfüllen.[54] **16**

BayObLGZ 84, 155/158; stRspr.; a. A. OLG Frankfurt Rpfleger 58, 222, das nur eine Überprüfung in rechtlicher Hinsicht für zulässig gehalten hat.
[46] *Jansen* § 27 Rdn. 44.
[47] BGHZ 3, 15; RGZ 102, 3; BayObLGZ 88, 131/133; BayObLG RReport 93, 89.
[48] RGZ 153, 254; BGH MDR 65, 738.
[49] BayObLGZ 86, 294/299 = Rpfleger 86, 471.
[50] RGZ 136, 234; BGHZ 13, 134; 37, 147/149; 59, 205/208; BGH MDR 61, 672; DNotZ 71, 96; DNotZ 76, 16 = WM 75, 498; BGHZ 113, 374/378 = NJW 91, 1616; OLG Hamm Rpfleger 62, 60; OLG Saarbrücken OLGZ 72, 131; BayObLGZ 77, 226/230; 78, 214/217; 270/275; MittBayNot 80, 203; Rpfleger 83, 62 = MittBayNot 83, 13/14; 124 = DNotZ 84, 106; stRspr.; OLG Hamburg OLGZ 89, 318/319; KG OLGZ 92, 133/137 = NJW-RR 92, 214/215; OLG Düsseldorf Rpfleger 93, 193; OLG Zweibrücken ZMR 96, 387/388; OLG Frankfurt FGPrax 97, 221/222 = Rpfleger 98, 20/21.
[51] BayObLG NJW-RR 93, 283/284 = Rpfleger 93, 189; OLG Zweibrücken DNotZ 97, 327/329 = MittBayNot 96, 211/212 = MittRhNotK 96, 229/230; *Demharter* Rdn. 15; *Meikel/Streck* Rdn. 37; *Wulf* MittRhNotK 96, 41/50; a. A. BayObLGZ 84, 122/124; 252/253 ff.; OLG Hamm OLGZ 75, 294/296; 88, 260/264 = Rpfleger 88, 404; offen gelassen vom BayObLG in BWNotZ 89, 15.
[52] OLG München JFG 14, 321 = HRR 37 Nr. 244; KGJ 39, 198; BayObLGZ 83, 301/303; 88, 124/127.
[53] OLG Frankfurt NJW 62, 2113 = DNotZ 64, 308; OLGZ 70, 283/284; FGPrax 95, 180 = NJW-RR 95, 1298/1299.
[54] Keidel/*Kuntze* § 27 Rdn. 24; *Jansen* § 27 Rdn. 18.

4. Beruhen auf der Verletzung; absolute Rechtsbeschwerdegründe

17 Die angefochtene Entscheidung muß auf der festgestellten Verletzung des Gesetzes beruhen, d. h. es muß ein ursächlicher Zusammenhang zwischen der Verletzung und der Entscheidung gegeben sein. Dies erfordert die Feststellung, daß die Entscheidung anders ausgefallen wäre, wenn das Gesetz nicht verletzt worden wäre. Allerdings reicht es bei Verfahrensfehlern aus, daß die angefochtene Entscheidung auf dem Fehler beruhen kann, die Möglichkeit der Ursächlichkeit sich also nicht ausschließen läßt.[55]

18 In den Fällen des § 551 ZPO – auch diese Vorschrift ist nach § 78 Satz 2 entsprechend anzuwenden – ist der ursächliche Zusammenhang stets kraft Gesetzes als gegeben anzusehen. Dies bedeutet, daß hier § 563 ZPO nicht angewendet werden kann und daß, wenn einer der Fälle des § 551 ZPO vorliegt, die angefochtene Entscheidung ohne weitere Prüfung aufgehoben werden muß, mag sie auch sachlich richtig sein.[56]

Für das Grundbuchverfahren kommen folgende **absolute Revisions- oder Rechtsbeschwerdegründe** in Betracht:

19 a) die nicht vorschriftsmäßige Besetzung des Beschwerdegerichts (§ 551 Nr. 1 ZPO);[57]

20 b) die Mitwirkung eines kraft Gesetzes ausgeschlossenen Richters (§ 551 Nr. 2 ZPO); sie macht zwar die Entscheidung nicht unwirksam, gibt jedoch einen absoluten Beschwerdegrund;[58]

21 c) die Mitwirkung eines Richters, der wegen Besorgnis der Befangenheit mit Erfolg abgelehnt worden ist (§ 551 Nr. 3 ZPO); nur bei erfolgreicher Ablehnung liegt der absolute Beschwerdegrund vor;[59] die Ausschließung und Ablehnung eines Richters bestimmt sich gemäß § 81 Abs. 2 nach den §§ 42 bis 48 ZPO (vgl. § 81 Rdn. 8 ff.);

22 d) die irrige Annahme der Zuständigkeit oder Unzuständigkeit durch das Beschwerdegericht (§ 551 Nr. 4 ZPO); die Vorschrift bezieht sich sowohl auf die örtliche als auch die sachliche Zuständigkeit;[60]

23 e) der Mangel einer vorschriftsmäßigen Vertretung von Beteiligten im Beschwerdeverfahren (§ 551 Nr. 5 ZPO); die Vorschrift gilt für die gesetzliche und die rechtsgeschäftliche Vertretung;[61]

24 f) der Mangel der Entscheidungsgründe (§ 551 Nr. 7 ZPO). Dieser absolute Beschwerdegrund ist nur gegeben, wenn die Gründe für die ganze Entscheidung oder für einen Teil, wie etwa für einen Rechtsbehelf oder einen selbständigen Verfahrensgegenstand, fehlen, nicht schon, wenn die Gründe die Sach- und Rechtslage nicht erschöpfen, sondern unzulänglich und lückenhaft sind.[62] Sind zwar Gründe vorhanden, aber so unverständlich und verworren, daß sie nicht erkennen lassen, welche Überlegungen für die Entscheidung maßgebend waren, so ist das einer fehlenden Begründung gleichzusetzen. Dasselbe gilt, wenn die Gründe sachlich inhaltlos sind und sich auf leere Redensarten oder die Wiedergabe des Gesetzestextes beschränken.[63]

---

[55] BayObLGZ 48–51, 333; Keidel/*Kuntze* § 27 Rdn. 18; *Jansen* § 27 Rdn. 28.
[56] Krit. dazu Meikel/*Streck* Rdn. 26.
[57] Vgl. dazu näher *Jansen* § 27 Rdn. 30 und Keidel/*Kuntze* § 27 Rdn. 37.
[58] Vgl. dazu näher Keidel/*Kuntze* § 27 Rdn. 38 und *Jansen* § 27 Rdn. 31.
[59] Vgl. dazu Keidel/*Kuntze* § 27 Rdn. 38 a, *Jansen* § 27 Rdn. 32.
[60] Vgl. dazu näher Keidel/*Kuntze* § 27 Rdn. 39 und *Jansen* § 27 Rdn. 33.
[61] Vgl. dazu näher Keidel/*Kuntze* § 27 Rdn. 40 und *Jansen* § 27 Rdn. 34.
[62] Vgl. § 77 Rdn. 26; RGZ 109, 204; JW 27, 1861; *Jansen* § 27 Rdn. 36; Keidel/*Kuntze* § 27 Rdn. 41.
[63] BGHZ 39, 337 = NJW 63, 2273; BayObLGZ 48–51, 48.

g) Der Fall des § 551 Nr. 6 ZPO — Verletzung der Vorschriften über die Öffentlichkeit — hat für das Beschwerdeverfahren in Grundbuchsachen keine Bedeutung, weil Vorschriften über die Öffentlichkeit nicht bestehen.[64] 25

5. Der Fall des § 563 ZPO

Lassen die Gründe des angefochtenen Beschlusses zwar eine Verletzung des Gesetzes 26 erkennen und beruht die Entscheidung darauf, erweist sie sich aber aus anderen Gründen im Ergebnis als richtig, dann ist die weitere Beschwerde zurückzuweisen (§ 563 ZPO). Diese Bestimmung zeigt den wahren Revisionscharakter der weiteren Beschwerde. Liegt eine Gesetzesverletzung vor, die an sich zur Aufhebung der angefochtenen Entscheidung führen müßte, so tritt das Gericht der weiteren Beschwerde an die Stelle des Beschwerdegerichts.[65] Es kann nunmehr den Sachverhalt in tatsächlicher Hinsicht selbständig und abweichend vom Beschwerdegericht würdigen und neue Tatsachen, mögen diese auch erst nach Erlaß des angefochtenen Beschlusses eingetreten sein, berücksichtigen, wenn ihre Feststellung keine weiteren Ermittlungen erfordert. Das Rechtsbeschwerdegericht kann sodann in der Sache selbst abschließend entscheiden und dabei auch eine eigene Auslegung von Urkunden und Willenserklärungen vornehmen.[66] Erweist sich dabei die Beschwerdeentscheidung als richtig, so ist die weitere Beschwerde zurückzuweisen. Ist die weitere Beschwerde begründet, so ist der angefochtene Beschluß aufzuheben und in der Sache abschließend zu entscheiden. Ist das aber nicht möglich, weil noch weitere tatsächliche Feststellungen erforderlich sind, so muß das Rechtsbeschwerdegericht die Sache an die Vorinstanz zurückverweisen (vgl. § 80 Rdn. 27).

Hat dagegen das Beschwerdegericht den Sachverhalt verfahrensfehlerfrei festgestellt und ist ihm lediglich bei der Anwendung des materiellen Rechts ein Fehler unterlaufen, dann hat das Rechtsbeschwerdegericht unter Bindung an den festgestellten Sachverhalt in der Sache abschließend zu entscheiden; § 565 Abs. 3 Nr. 1 ZPO ist in diesem Falle entsprechend anzuwenden.[67]

IV. Beschwerdeberechtigung

Die Berechtigung zur Einlegung der weiteren Beschwerde richtet sich nach den für 27 die Erstbeschwerde geltenden Grundsätzen.[68] Beschwerdeberechtigt ist jeder, der durch die Entscheidung des LG in seiner Rechtsstellung beeinträchtigt ist, sei es, daß die Entscheidung des GBA zu seinen Ungunsten abgeändert worden ist, oder sei es, daß das LG die Entscheidung des GBA bestätigt hat. Deshalb können auch die Beteiligten, die von ihrem Recht zur Erstbeschwerde keinen Gebrauch gemacht hatten, weitere Beschwerde einlegen. Das gilt allerdings nicht, wenn die Erstbeschwerde als unzulässig verworfen worden ist,[69] und im Falle der sofortigen Beschwerde nur, wenn die Entscheidung des LG noch nicht formell rechtskräftig geworden ist oder einen neuen selbständigen Beschwerdegrund enthält. Hat der Beschwerdeführer jedoch bereits die Erst-

---

[64] BayObLGZ 74, 258 = Rpfleger 74, 314.
[65] BayObLGZ 93, 179/183 = NJW-RR 93, 1417.
[66] BGHZ 35, 142 = NJW 61, 1303; OLG München JFG 14, 316; BayObLGZ 52, 33; 54, 4; 71, 307/309; 82, 90/93; 89, 270/275; Rpfleger 87, 407; OLG Hamm OLGZ 88, 181/184 = Rpfleger 88, 248; Keidel/*Kuntze* § 27 Rdn. 59; *Jansen* § 27 Rdn. 45, 50.
[67] BayObLGZ 93, 179/183 = NJW-RR 93, 1417; *Demharter* Rdn. 22.
[68] BayObLGZ 80, 37/39; OLG Frankfurt FGPrax 96, 139/140; 98, 128; vgl. § 71 Rdn. 63 ff.
[69] *Jansen* § 27 Rdn. 8.

beschwerde eingelegt, dann steht ihm die Befugnis zur weiteren Beschwerde stets zu, wenn seine Erstbeschwerde, gleichgültig aus welchem Grund, erfolglos geblieben ist.[70]

28 V. Zur Entscheidung des Gerichts der weiteren Beschwerde siehe näher Rdn. 23 ff. zu § 80.

[Gericht der weiteren Beschwerde]

§ 79

(1) Über die weitere Beschwerde entscheidet das Oberlandesgericht.

(2) Will das Oberlandesgericht bei der Auslegung einer das Grundbuchrecht betreffenden bundesgesetzlichen Vorschrift von der auf weitere Beschwerde ergangenen Entscheidung eines anderen Oberlandesgerichts, falls aber über die Rechtsfrage bereits eine Entscheidung des Reichsgerichts, des Obersten Gerichtshofs der britischen Zone oder des Bundesgerichtshofs ergangen ist, von dieser abweichen, so hat es die weitere Beschwerde unter Begründung seiner Rechtsauffassung dem Bundesgerichtshof vorzulegen. Der Beschluß über die Vorlegung ist dem Beschwerdeführer mitzuteilen.

(3) In den Fällen des Absatzes 2 entscheidet über die weitere Beschwerde der Bundesgerichtshof.

Literatur:

Müller Anhörung der Verfahrensbeteiligten bei Vorlage einer Rechtsfrage, NJW 57, 1016; *ders.* Das Vorlageverfahren in der freiwilligen Gerichtsbarkeit, ZZP 66, 245; *Schneider* Verfassungsbeschwerde bei Nichtzulassung der Revision, NJW 77, 1043; *Stree* Verfassungsbeschwerde bei Verstoß gegen Vorlegungspflicht, NJW 59, 2051.

Übersicht

	Rdn.		Rdn.
I. Allgemeines.	1	IV. Verfahren des vorlegenden Gerichts	21
II. Zuständigkeit	2	V. Verfahren des BGH	22
III. Voraussetzungen der Vorlegung		1. Prüfung der Vorlagevoraussetzungen	22
1. Abweichende Auslegung	3	2. Entscheidung in der Sache selbst	23
2. Zur Vorlegung verpflichtende Entscheidungen	8	3. Rückgabe der Sache	24
3. OLG muß Abweichung beabsichtigen	19	VI. Folgen der Verletzung der Vorlagepflicht	25

I. Allgemeines

1 § 79 Abs. 1 bestimmt, daß über die weitere Beschwerde in der Regel das OLG zu entscheiden hat. Von diesem Grundsatz enthält Abs. 2 eine Ausnahme: Unter bestimmten Voraussetzungen muß das OLG die Sache dem BGH vorlegen, der nach Art. 8 Abs. 3 Nr. 88 des Rechtseinheitsgesetzes vom 12. 9. 1950 (BGBl. 455, 509) an die Stelle

---

[70] BayObLGZ 67, 138 u. 231; 69, 287; 73, 85; 74, 294/296; 80, 291/301; KG NJW 62, 2354 = FamRZ 62, 531; OLGZ 65, 69 u. 321; 66, 112 u. 238; FamRZ 72, 50; 75, 352/353; OLG Hamm OLGZ 79, 419/420 = JMBlNRW 79, 284; OLGZ 84, 23 = JMBlNRW 84, 18; MittRhNotK 84, 14 = OLGZ 84, 54; stRspr. der genannten Gerichte.

des RG getreten ist. Wird eine Sache vorgelegt, so entscheidet nach Abs. 3 über die weitere Beschwerde der BGH. Die Vorlegungspflicht bezweckt die Einheitlichkeit der Rechtsprechung auf dem Gebiete des Grundbuchrechts zu sichern und zu erhalten.[1] Die Regelung des § 79 stimmt mit § 28 FGG überein. § 79 ist durch das RegVBG v. 20. 12. 1993 (BGBl. I, 2182) im Wortlaut geändert und an die bestehende Rechtslage angepaßt worden.

II. Zuständigkeit

Zuständig für die Entscheidung über die weitere Beschwerde ist nach § 79 Abs. 1 **2** regelmäßig das dem Beschwerdegericht übergeordnete OLG. An Stelle dieses Gerichts entscheidet aufgrund des in § 199 Abs. 1 FGG enthaltenen Vorbehalts in Bayern das Bayer. Oberste Landesgericht (Art. 11 Abs. 3 Nr. 1 Bay-AGGVG v. 23. 6. 1981 [GVBl. 188] und in Rheinland-Pfalz das OLG Zweibrücken (§ 4 Abs. 3 Nr. 2 des Gerichtsorganisationsg v. 5. 10. 1977 − GVBl. 333 − i. d. F. des ÄndG v. 16. 9. 1982 − GVBl. 337). In Berlin ist das Kammergericht zuständig (Art. 7 Ziff. 40 des Rechtseinheitsgesetzes v. 9. 1. 1951 − VOBl. I, 99). In den neuen Bundesländern entschied bis zur Errichtung der im GVG vorgesehenen Gerichte über weitere Beschwerden nach § 78 der Besondere Senat des Bezirksgerichts am Sitz der Landesregierung (Einigungsvertrag v. 31. 8. 1990 BGBl. II 889/924). Die durch Verordnung v. 23. 3. 1936 (RGBl. I, 251) in der Fassung v. 11. 7. 1938 (RGBl. I, 903) begründete Zuständigkeit der Zentralgerichte, des KG und des OLG München, ist durch Art. 8 Abs. 2 Nr. 9 des Rechtseinheitsgesetzes v. 12. 9. 1950 (BGBl. 455, 505) beseitigt worden.

III. Voraussetzungen der Vorlegung

1. Abweichende Auslegung

Es muß sich um die Auslegung einer das Grundbuchrecht betreffenden bundesgesetz- **3** lichen Vorschrift handeln.

a) Unter „**bundesgesetzlicher Vorschrift**" ist jede reichs- oder bundesrechtliche Rechtsnorm zu verstehen, also alle Gesetze im materiellen Sinne, die vom Reich oder vom Bund erlassen worden sind oder nach Art. 124, 125 GG als Bundesrecht fortgelten oder nach den §§ 4 ff. des Gesetzes über die Eingliederung des Saarlandes v. 23. 12. 1956 (BGBl. I, 1011) Bundesrecht geworden sind oder als Bundesrecht gelten. Dasselbe gilt für das Recht der ehem. DDR, das aufgrund des Einigungsvertrages v. 31. 8. 1990 (BGBl. II, 889/892) als Bundesrecht fortgilt. Auch Rechtsvorschriften des Kontrollrats der Alliierten Hohen Kommission oder eines Zonenbefehlshabers gelten als reichsrechtliche Vorschriften[2], so z. B. das REGBrZ[3] und das KR-Ges. Nr. 45.[4] Dasselbe gilt für die Gesetze des Wirtschaftsrats des Vereinigten Wirtschaftsgebiets, so für das WertpBR.[5]

Die Auslegung **landesrechtlicher** Vorschriften begründet keine Vorlegungspflicht, **4** auch dann nicht, wenn die landesrechtliche Vorschrift nach § 549 Abs. 1 ZPO revisibel ist[6] oder wenn das Landesrecht reichs- oder bundesgesetzliche Vorschriften für entspre-

---

[1] BGH NJW 93, 3069 = MDR 93, 1136.
[2] (OGHZ 2, 369 = RdL 50, 10).
[3] (BGHZ 1, 10 = NJW 51, 151).
[4] BGHZ 7, 342 = NJW 53, 23.
[5] BGHZ 3, 123 = NJW 51, 882.
[6] BGHZ 11, 104 = NJW 54, 187; *Müller* ZZP 66, 250 und NJW 54, 187.

§ 79

chend anwendbar erklärt oder wenn die landesrechtliche Norm ihre Grundlage in einem bundesrechtlichen Vorbehalt hat[7] oder wenn die landesgesetzliche Bestimmung und die bundesgesetzliche Vorschrift in der grundsätzlichen Regelung übereinstimmen, so z. B. die Bayer. VO Nr. 127 mit der MRVOBrZ 84.[8]

Auch eine Abweichung, die die Auslegung **ausländischer** Vorschriften betrifft, rechtfertigt keine Vorlegungspflicht.[9]

5 Das **OLG entscheidet in eigener Zuständigkeit**, ob Landesrecht als Bundesrecht weitergilt. Einer Vorlage an das BVerfG nach § 86 Abs. 2 BVerfGG bedarf es nur dann, wenn das Gericht die Rechtsfrage, ob ein Gesetz als Bundesrecht fortgilt, bei Abwägung der für und wider sprechenden Gesichtspunkte für ernstlich zweifelhaft hält,[10] aber nicht, wenn im Schrifttum nur vereinzelt eine abweichende Meinung vertreten wird und die Verfahrensbeteiligten diese nicht teilen.[11]

Das in Berlin übernommene Bundesrecht ist hinsichtlich der Vorlegungspflicht dem Bundesrecht gleichzustellen.[12]

6 b) Die anzuwendende Vorschrift muß das **Grundbuchrecht betreffen**. Dazu gehören alle sachlich-rechtlichen und verfahrensrechtlichen Bestimmungen grundbuchrechtlicher Art.[13] Es ist nicht erforderlich, daß die Vorschrift in der GBO steht; es genügt, wenn sie grundbuchrechtlicher Art ist, nämlich zu den Vorschriften gehört, die das GBA in Erfüllung seiner besonderen Aufgabe anzuwenden hat, gleichgültig, in welchem Reichs- oder Bundesgesetz sie stehen.[14] Daher sind die Bestimmungen der §§ 866, 867 ZPO, die allgemeinen Vorschriften des FGG,[15] ferner § 372 Abs. 1 AO a. F.,[16] § 75 BVersG,[17] § 1197 Abs. 2 BGB bezüglich eines sich aus dieser Vorschrift ergebenden Zinsausschlusses[18] oder die §§ 180 BGB, 89 ZPO,[19] wenn sie für eine Grundbucheintragung von Bedeutung sind, Vorschriften, die das Grundbuchrecht im Sinne von § 79 Abs. 2 betreffen. Dasselbe gilt für viele Bestimmungen der Lastenausgleichs- und Umstellungsgesetzgebung. Auch Vorschriften in Gemeinschaftsordnungen, die nach ihrem Inhalt allgemein für Wohnungseigentumsanlagen gelten, sind wegen ihres normähnlichen Charakters im Interesse einer gleichmäßigen Auslegung wie bundesgesetzliche Vorschriften zu behandeln.[20]

7 c) Die anzuwendende Vorschrift muß grundsätzlich dem **geltenden Recht** angehören. Will das OLG von einer Entscheidung, die zu einem aufgehobenen Gesetz ergangen ist, abweichen, so besteht jedoch dann eine Vorlagepflicht, wenn die gleiche Norm ihrem wesentlichen Inhalt nach Bestandteil eines geltenden Gesetzes ist und das spätere

---

[7] BayObLGZ 48–51, 640 = NJW 52, 507.
[8] BGH LM Bayer. VO Nr. 127 Nr. 1.
[9] BGH LM § 28 FGG Nr. 26 = NJW 80, 532 = Rpfleger 79, 254.
[10] BVerfGE 4, 369.
[11] BGHZ 11, 119 = NJW 54, 190.
[12] *Jansen* § 28 Rdn. 5; Keidel/*Kuntze* § 28 Rdn. 16.
[13] BGHZ 123, 297/300 = NJW 93, 3197 = Rpfleger 94, 157/158; OLG Hamm Rpfleger 59, 379.
[14] RGZ 125, 349; BGH LM § 2113 BGB Nr. 14 = Rpfleger 76, 205; BGH LM § 1197 BGB Nr. 3 = Rpfleger 86, 9/10 = NJW 86, 314/315; BGH LM § 79 GBO Nr. 7 = NJW 89, 1093; BGHZ 123, 297/300 = NJW 93, 3197 = Rpfleger 94, 157/158; BGHZ 129, 1/3 = NJW 95, 1081/1082 = FGPrax 95, 21/22; BGH FGPrax 95, 186 = NJW 95, 2780; BGH WM 97, 535/536.
[15] RGZ 106, 74.
[16] BGHZ 3, 141.
[17] BGHZ 19, 356 = NJW 56, 463.
[18] BGH LM § 1197 BGB Nr. 3 = NJW 86, 314/315.
[19] RGZ 146, 311.
[20] BGHZ 88, 302/304 = NJW 84, 308; BGHZ 92, 18/20 = NJW 85, 2576; BGHZ 113, 374/376 = NJW 91, 1613; BGHZ 121, 236/238 = NJW 93, 1329/1330; FGPrax 97, 184 = NJW 97, 2956.

Gesetz sich an das außer Kraft gesetzte anschließt oder auf diesem aufbaut.[21] Dagegen entfällt die Vorlegungspflicht, wenn eine gesetzliche Vorschrift, auf der die frühere Entscheidung beruht, inhaltlich geändert worden ist,[22] aber nicht, wenn das OLG von einer Entscheidung zu einer inzwischen geänderten Vorschrift, die noch in der früheren Fassung anzuwenden ist, abweichen will.[23] Für eine Entscheidung des BGH ist kein Raum, wenn die Rechtsfrage, die zur Vorlegung geführt hat, durch eine nach der Vorlegung ergangene gesetzliche Vorschrift entschieden worden ist.[24] Das gilt aber nur, wenn die neue gesetzliche Vorschrift die Rechtsfrage zweifelsfrei entscheidet.[25]

2. Zur Vorlegung verpflichtende Entscheidungen

Über dieselbe Frage muß eine Entscheidung eines Oberlandesgerichts als Gericht der weiteren Beschwerde, des Obersten Gerichtshofs für die Brit. Zone, des Reichsgerichts oder des Bundesgerichtshofs ergangen sein. **8**

a) Oberlandesgericht

aa) Wie alt die Entscheidung des anderen **Oberlandesgerichts** ist, spielt grundsätzlich keine Rolle. Insbesondere besteht die Vorlagepflicht auch, wenn von einer vor dem 8. 5. 1945 ergangenen Entscheidung eines anderen OLG abgewichen werden soll.[26] Es muß ein anderes OLG entschieden haben; deshalb kommt eine Vorlegung nicht in Betracht, wenn das OLG von einer Entscheidung eines anderen Senats des gleichen OLG abweichen will.[27]

Würde aber das OLG, von dessen Entscheidung abgewichen werden soll, durch eine Entscheidung des BGH nicht gehindert werden können, seine Auffassung künftig beizubehalten, ohne seinerseits die Sache dem BGH vorlegen zu müssen, oder kann es seine Auffassung nicht mehr zur Geltung bringen, weil es ersatzlos weggefallen ist, so kommt eine Vorlage an den BGH nicht in Betracht (so wegen des seit 1920 nicht mehr zum Deutschen Reich gehörenden OLG Colmar).[28] Daher hat ein OLG die Sache dem BGH nicht vorzulegen, wenn es von einer Entscheidung eines OLG in nunmehr unter fremder Verwaltung stehenden Gebieten des Deutschen Reichs abweichen will, mag die Entscheidung, von der abgewichen werden soll, vor oder nach dem 8. 5. 1945 ergangen sein. Dasselbe gilt für Entscheidungen von Oberlandesgerichten aus der ehem. DDR einschließlich Ost-Berlins.[29] Ist die Zuständigkeit auf das jetzt entscheidende OLG übergegangen (so auf das nach der Verordnung v. 23. 3. 1935 allein zuständige OLG München oder das KG hinsichtlich von früheren Entscheidungen der zu dem jeweiligen Zuständigkeitsbereich gehörenden Oberlandesgerichte),[30] so kommt eine Vorlegung an den BGH ebenfalls nicht in Betracht. Das trifft auch gegenüber einer vor dem 1. 4.

---

[21] BGHZ 19, 357 = NJW 56, 463; BGHZ 44, 222 = FamRZ 66, 94; BGH NJW 93, 3069/ 3070 = MDR 93, 1136.
[22] BGH LM § 79 GBO Nr. 6 = MDR 67, 752; BGH NJW 93, 3069 = MDR 93, 1136; OLG Frankfurt NJW 58, 713.
[23] KG OLGZ 88, 172/174 f. = FamRZ 88, 641/642.
[24] BGHZ 15, 207 = NJW 55, 304.
[25] BGHZ 18, 301 = NJW 55, 1879.
[26] BGHZ 5, 347 = NJW 52, 744; BGHZ 96, 198/201 = NJW 88, 59; a. A. BayObLGZ 48–51, 314.
[27] OGHZ 1, 14 = MDR 48, 408.
[28] RGZ 122, 274; OLG Düsseldorf JMBlNRW 60, 102; a. A. *Müller* ZZP 66, 256.
[29] *Jansen* § 28 Rdn. 13; Keidel/*Kuntze* § 28 Rdn. 22; *Müller* ZZP 66, 257; a. A. *Schlegelberger* § 28 Anm. 6; OLG Hamm MDR 52, 756, das zu Unrecht von der Fortgeltung des einheitlichen Rechts aus der Zeit vor der Teilung in ganz Deutschland ausgeht.
[30] RG JW 37, 679 = JFG 14, 300; RGZ 155, 78.

§ 79

I. Grundbuchordnung

1936 erlassenen Entscheidung eines OLG, die in der Folgezeit von dem zuständig gewordenen Zentralgericht aufgehoben worden ist, zu.[31]

9 bb) Im **Saarland** war nach § 7 Abs. 3 der Rechtsanordnung v. 1. 8. 1946 (Abl. S. 133) der § 79 Abs. 2 GBO nicht mehr anzuwenden. Durch Art. 10 Abs. 1 Nr. 62 des saarländischen Rechtsangleichungsgesetzes v. 22. 12. 1956 (Abl. S. 1667) ist die Rechtsanordnung v. 1. 8. 1946 aufgehoben worden; demnach ist der bis dahin suspendierte § 79 Abs. 2 GBO auch im Saarland wieder anzuwenden. Deshalb besteht die Vorlegungspflicht auch für das OLG Saarbrücken. Andererseits haben auch die anderen Oberlandesgerichte dem BGH vorzulegen, wenn sie von einer Entscheidung des OLG Saarbrücken abweichen wollen. Dies gilt auch für Entscheidungen des OLG Saarbrücken aus der Zeit vor dem 1. 1. 1957, sofern die Entscheidung zu saarländischen Rechtsvorschriften ergangen ist, die nach den §§ 4, 5 des Gesetzes über die Eingliederung des Saarlandes v. 23. 12. 1956 (BGBl. I, 1011) zu Bundesrecht geworden sind.[32]

10 cc) Da das **Kammergericht in Berlin** dem BGH vorzulegen hat, wenn es von einer Entscheidung eines anderen OLG abweichen will (Art. 7 Nr. 41, 42 des Berliner Rechtseinheitsgesetzes v. 9. 1. 1951 – VOBl. I, 99), haben umgekehrt die anderen Oberlandesgerichte vorzulegen, wenn sie von einer Entscheidung des Kammergerichts abweichen wollen. Diese Vorlagepflicht besteht – außer für das KG – auch dann, wenn von einer Entscheidung des früheren Kammergerichts abgewichen werden soll, weil dieses sich im jetzigen KG in Berlin fortgesetzt hat.

11 dd) Das **Bayer. Oberste Landesgericht** braucht nicht vorzulegen, wenn es von einer Entscheidung eines bayer. OLG rechts des Rheins abweichen will; denn es ist als Nachfolgegericht der bayer. Oberlandesgerichte rechts des Rheins oder des OLG München in dessen Tätigkeit als Zentralgericht, das die Nachfolge des früheren Bayer. Obersten Landesgerichts angetreten hatte, anzusehen.[33] Das OLG Neustadt bzw. das OLG Zweibrücken wird in diesem Sinne als Nachfolgegericht der Oberlandesgerichte Zweibrücken und Koblenz anzusehen sein.

12 ee) Die Entscheidung muß **auf weitere Beschwerde** ergangen sein, nicht notwendigerweise in einer Grundbuchsache, sondern auch auf Beschwerde gemäß § 27 FGG, oder auf sonstige weitere Beschwerde der freiwilligen Gerichtsbarkeit.[34] Dem Sinn der Bestimmung entsprechend muß es sich aber um eine Entscheidung auf eine Rechtsbeschwerde[35] oder um einen Antrag auf gerichtliche Entscheidung nach den §§ 23 ff. EGGVG handeln.[36] Somit scheiden die Entscheidungen der Oberlandesgerichte auf weitere Beschwerde in der streitigen Gerichtsbarkeit aus, weil es sich hierbei um eine Tatsachenbeschwerde handelt.

13 Bei widersprechenden Entscheidungen desselben OLG ist die zeitlich letzte maßgebend.[37] Bei widersprechenden Entscheidungen mehrerer Oberlandesgerichte kommen alle in Betracht. Daher besteht die Vorlegungspflicht auch dann, wenn das OLG, von dessen Entscheidung abgewichen werden soll, seinerseits unter Verletzung der Vorlagepflicht entschieden hat.[38] Erklärt das OLG auf Anfrage, daß es an seiner früheren Rechtsauffassung nicht mehr festhalte, so erübrigt sich eine Vorlegung.[39]

---

[31] BayObLGZ 66, 323.
[32] BGHZ 29, 245 = NJW 59, 670.
[33] RGZ 148, 209 = JFG 12, 59; BayObLGZ 59, 171; 73, 84/89 = Rpfleger 73, 246.
[34] RGZ 117, 350; 133, 104.
[35] BGHZ 3, 126 = NJW 51, 882.
[36] BGHZ 46, 90 = NJW 66, 1811; dazu krit. *Jessen* und *Dräger* NJW 67, 352; a. A. *Jansen* § 28 Rdn. 25.
[37] RGZ 148, 179; 158, 53; BGH WM 60, 64; LM § 28 FGG Nr. 23 = NJW 74, 702 = MDR 74, 566.
[38] BGHZ 7, 391 = NJW 53, 181; BGHZ 106, 253/255 = NJW 89, 1609 = FamRZ 89, 475.
[39] KG NJW 67, 224; JFG 22, 5; OLGZ 70, 198/206; FamRZ 77, 405/407; OLG Köln OLGZ 70, 364/369; OLG Frankfurt Rpfleger 59, 276; BayOLGZ 73, 293/295 = Rpfleger 74, 17; OLG Hamm OLGZ 73,

Will das OLG zwar von der Entscheidung eines anderen OLG abweichen, aber einer **14** Entscheidung des BGH oder des RG sich anschließen, so besteht keine Pflicht zur Vorlegung an den BGH.[40] Das gilt auch dann, wenn das andere OLG zeitlich nach der Entscheidung des BGH unter Verletzung seiner Vorlegungspflicht eine abweichende Rechtsauffassung vertreten hat.[41] Ist die Entscheidung des BGH, in derem Sinne das vorlegende OLG entscheiden wollte, erst nach dem Vorlagebeschluß des OLG ergangen, so entscheidet der BGH in der neuen Sache nicht selbst, sondern gibt sie an das OLG zur eigenen Entscheidung zurück.[42] Eine Vorlagepflicht besteht jedoch dann, wenn ein OLG mit ausführlicher Begründung eine Abweichung von einer Entscheidung des BGH verneint hat, ein anderes OLG, das anders entscheiden möchte, eine Abweichung aber für gegeben erachtet, weil nur durch eine Vorlage eine einheitliche Rechtsprechung gesichert werden kann.[43]

b) Der Entscheidung des **Bundesgerichtshofs** steht eine solche des früheren Reichsge- **15** richts[44] und des früheren Obersten Gerichtshofs für die Britische Zone[45] gleich. Die Entscheidung kann der freiwilligen oder der streitigen Gerichtsbarkeit angehört haben; sie braucht nicht auf weitere Beschwerde ergangen zu sein.[46] Unter mehreren Entscheidungen desselben Senats kommt nur die jeweils jüngste in Frage, bei abweichenden Entscheidungen verschiedener Senate kommen alle Entscheidungen in Betracht.[47] Über das Verfahren des BGH bei abweichenden Entscheidungen verschiedener Senate vgl. § 81 Rdn. 4 ff.

Die Vorlegungspflicht nach § 79 Abs. 2 wird durch § 18 Abs. 2 des Gesetzes zur **16** Wahrung der Einheitlichkeit der Rechtsprechung der obersten Gerichtshöfe des Bundes v. 19. 6. 1968 (BGBl. I, 661) dahin ergänzt, daß das OLG die Sache dem BGH auch vorzulegen hat, wenn es von einer Entscheidung des Gemeinsamen Senats der obersten Gerichtshöfe abweichen will. Zur unmittelbaren Anrufung des Gemeinsamen Senats ist das OLG nicht befugt.[48]

Ist die jüngere Entscheidung des Reichsgerichts unter der Herrschaft des Gesetzes v. **17** 28. 6. 1935 (RGBl. I, 844) ergangen, so kommt nur die jüngere Entscheidung in Betracht, wenn sie von der älteren Entscheidung bewußt abgewichen ist.[49]

Erforderlich ist, daß die in Frage stehende Entscheidung dieselbe Rechtsfrage behandelt. Dies bedeutet, daß die frühere Entscheidung nicht zu genau dem gleichen Tatbe-

---

426/428 = Rpfleger 73, 435/436; OLGZ 76, 172/174 = Rpfleger 76, 96; OLGZ 88, 395/397 = Rpfleger 88, 473 = NJW 88, 2482; Keidel/*Kuntze* § 28 Rdn. 22; *Jansen* § 28 Rdn. 12; Meikel/*Streck* Rdn. 25; a. A. *Müller* ZZP 66, 254; *Schulz* MDR 60, 276.

[40] BGHZ 15, 153 = NJW 55, 105; BGHZ 125, 69/70 = NJW 94, 1158 = Rpfleger 94, 347; RG JFG 5, 2; BayObLGZ 64, 236; 71, 147/152; 77, 81/88; 77, 247/251 = DNotZ 78, 39/42 = Rpfleger 78/14/15; BayObLGZ 85, 253/259; BayObLGZ 94, 309/312 = MittBayNot 94, 539/541; KG OLGZ 66, 90 u. 336; Rpfleger 66, 306; OLGZ 68, 471; 87, 1/7; OLG Hamm Rpfleger 58, 156; OLGZ 72, 387/391 = FamRZ 72, 395/396; OLGZ 76, 397/401 = FamRZ 76, 168/170; OLGZ 78, 169/171 = Rpfleger 78, 137/138; OLGZ 85, 23/34; Rpfleger 86, 480; OLG Köln Rpfleger 84, 268; OLG Frankfurt NJW-RR 95, 773.

[41] BGHZ 15, 153 = NJW 55, 105; OLG Hamm OLGZ 73, 446/449 = Rpfleger 73, 397/398.

[42] BGHZ 5, 356 = NJW 52, 744; zweifelnd *Müller* ZZP 66, 261.

[43] BayObLGZ 94, 309/312 = MittBayNot 94, 539/541.

[44] BGHZ 5, 346 = NJW 52, 744; 22, 89 = NJW 56, 1873.

[45] BGHZ 8, 25 = NJW 53, 182.

[46] RGZ 65, 279; BGH MDR 53, 613 = NJW 53, 1708; LM § 53 GBO Nr. 5 = NJW 85, 3070; LM § 79 GBO Nr. 7 = NJW 89, 1093.

[47] BGHSt. 5, 136 = NJW 54, 202; BayObLGZ 79, 243/251; *Müller* ZZP 66, 253.

[48] *Jansen* § 28 Rdn. 10 a.

[49] RGZ 158, 53; OLG München JFG 15, 122.

§ 79

18 stand oder zu derselben Gesetzesvorschrift ergangen sein muß; entscheidend ist allein die Gleichheit der Rechtsfrage.[50]

18 c) Das Oberlandesgericht, der Bundesgerichtshof, der Oberste Gerichtshof für die Brit. Zone oder das Reichsgericht muß die **Frage entschieden haben.** Die Rechtsansicht, von der das OLG abweichen will, muß die Grundlage jener Entscheidung gebildet haben. Dies ist dahin zu verstehen, daß die Entscheidung auf der anderen Beurteilung der Rechtsfrage beruhen muß.[51] Es genügt deshalb nicht, daß die strittige Rechtsfrage in der Entscheidung nur beiläufig gestreift worden ist.[52] Andererseits ist nicht erforderlich, daß gerade die strittige Rechtsfrage in beiden Sachen in der Hauptsache der Gegenstand der Entscheidung gewesen ist; es genügt, wenn die Frage in der Entscheidung erörtert und beantwortet worden und das gefundene Ergebnis auf die Entscheidung von Einfluß gewesen ist.[53]

3. OLG muß Abweichung beabsichtigen

19 Das zur Entscheidung zuständige OLG muß beabsichtigen, von der Entscheidung abzuweichen. Die Abweichung muß in den die Entscheidung tragenden Gründen beabsichtigt sein; es genügt nicht, daß das OLG in einer den Beschluß des LG aufhebenden Entscheidung dem LG lediglich unverbindliche Empfehlungen für die weitere Behandlung der Sache geben will und sich dabei mit einer Entscheidung eines anderen OLG oder des BGH bzw. des RG in Widerspruch setzt.[54] Deshalb ist auch eine Vorlage an den BGH nicht zulässig, wenn sich aus dem Inhalt des Vorlegungsbeschlusses ergibt, daß das vorlegende Gericht die Rechtsfrage, in deren Beurteilung es von einer anderen Entscheidung abweichen will, für seine Entscheidung als nicht erheblich ansieht.[55] Aus dem Vorlagebeschluß muß sich vielmehr ergeben, daß das vorlegende Gericht bei Befolgung der Ansicht, von der es abweichen will, zu einer anderen Fallentscheidung gelangen würde.[56]

20 Eine Vorlegung kommt nicht in Frage, wenn das OLG an eine bestimmte Rechtsauffassung gebunden ist, also keine Wahl hat. Dies kann eintreten, wenn in derselben Sache bereits früher durch Zurückverweisung des OLG an das LG[57] oder des LG an das GBA[58] für das anhängige Verfahren bindend entschieden worden ist.

---

[50] BGHZ 7, 342 = NJW 53, 23; 25, 188; 54, 132/134 = NJW 70, 2160; MDR 53, 613; BGHZ 63, 107 = NJW 75, 112; BGHZ 95, 118/123 = NJW 85, 2717/2718; FamRZ 93, 935/936 = NJW 93, 2241; NJW 90, 3069 = MDR 90, 1136; RGZ 148, 177 und 221; KG OLGZ 67, 86; 85, 65/69; OLG Frankfurt Büro 78, 1241/1242; BayObLGZ 79, 434/444 = Büro 80, 1235/1241; BayObLGZ 88, 54/60; 89, 227/232.

[51] BGH NJW 60, 1621; BGHZ 96, 198/201 = NJW 88, 59; NJW-RR 94, 569/570; RGZ 138, 102; KG OLGZ 65, 117; 66, 119 und 326; 85, 65/69; OLG Hamm FamRZ 72, 512/513; NJW-RR 95, 130 = FamRZ 95, 1595; BayObLGZ 78, 287/294 = Rpfleger 78, 219/220; BayObLGZ 84, 218/224; 88, 24/32; 248/258.

[52] BGHZ 21, 236 = NJW 56, 1516; KG NJW 58, 1826; OLGZ 87, 145/152; 88, 270/280; OLG Frankfurt NJW 63, 817; FGPrax 95, 101; OLG Köln Rpfleger 84, 268; MittRhNotK 95, 321/322; BayObLG MittBayNot 84, 132/133 = MittRhNotK 84, 119/120; BayObLGZ 88, 76/79.

[53] BGHZ 21, 236 = NJW 56, 1516.

[54] BGH NJW 54, 1933; OLG Hamm OLGZ 79, 413/418 = MittBayNot 79, 177/179; BayObLGZ 80, 331/341; OLG Stuttgart FamRZ 94, 1153/1154.

[55] BGH NJW 68, 1477 = LM § 28 FGG Nr. 21; NJW-RR 94, 569/570; NJW 96, 1473 = WM 96, 673/674; OLG Hamm Büro 80, 1395/1396; BGH LM § 1197 BGB Nr. 3 = Rpfleger 86, 9/10 = NJW 86, 314/315.

[56] BGHZ 82, 34 = NJW 82, 517 = MDR 82, 126.

[57] BGH NJW 54, 1445 = LM § 28 FGG Nr. 14; RGZ 124, 322; BayObLGZ 32, 314.

[58] BGHZ 15, 122 = NJW 55, 21.

IV. Verfahren des vorlegenden Gerichts

Liegen die unter III. genannten Voraussetzungen vor, so ist das OLG verpflichtet, die weitere Beschwerde dem BGH vorzulegen. Das gilt auch dann, wenn nach Erledigung der Hauptsache nur noch über die Kosten des Verfahrens zu entscheiden ist.[59] Die Vorlegung geschieht durch einen mit Gründen versehenen Beschluß, der die Rechtsauffassung des vorlegenden Gerichts zu allen in Betracht kommenden Gesichtspunkten enthalten muß. Eine vorherige Anhörung der Beteiligten ist zur Wahrung des rechtlichen Gehörs geboten.[60] Der Vorlegungsbeschluß ist nicht nur, wie es § 79 Abs. 2 Satz 2 vorschreibt, dem Beschwerdeführer, sondern auch den übrigen Verfahrensbeteiligten mitzuteilen; das erfordert der Grundsatz des rechtlichen Gehörs.[61] Ein wirksam gewordener Vorlegungsbeschluß kann nicht mehr zurückgenommen werden.[62]

V. Verfahren des Bundesgerichtshofs

1. Prüfung der Vorlagevoraussetzung

Der BGH prüft die Voraussetzungen der Vorlegung, ohne an die Rechtsauffassung des vorlegenden Gerichts gebunden zu sein.[63] Allerdings kommt es nicht darauf an, ob die zur Vorlegung Anlaß gebende Rechtsfrage nach Ansicht des BGH für die Entscheidung des Falles erheblich ist, sondern es genügt, daß eine von der Rechtsauffassung des vorlegenden Gerichts abweichende Entscheidung vorhanden ist.[64] Es genügt aber nicht eine Verschiedenheit der Begründung derselben Auslegung, vielmehr hat der BGH nachzuprüfen, ob im Ergebnis eine verschiedene Auslegung desselben Gesetzes besteht.[65] Die Beurteilung des vorlegenden OLG, es könne ohne Beantwortung der streitigen Rechtsfrage über die weitere Beschwerde nicht entscheiden, ist aber für den BGH, soweit dies die Zulässigkeit der Vorlage betrifft, bindend.[66] Eine Vorlage an den BGH bleibt auch dann zulässig, wenn das vorlegende OLG, das von einer Entscheidung eines anderen OLG abweichen will, bei Erlaß des Vorlagebeschlusses übersehen hat, daß über die Rechtsfrage bereits eine seiner eigenen Rechtsauffassung entgegenstehende Entscheidung des BGH ergangen ist.[67]

2. Entscheidung in der Sache selbst

Bejaht der BGH die Voraussetzungen der Vorlegung, so entscheidet er über die weitere Beschwerde selbst. Er tritt völlig an die Stelle des OLG, ist also keine diesem übergeordnete Instanz. Der BGH trifft eine echte Sachentscheidung, wie sie sonst dem

---

[59] RGZ 62, 142; 134, 304.
[60] Keidel/*Kuntze* § 28 Rdn. 30; *Müller* NJW 57, 1016; a. A. BayObLGZ 86, 402/412; Jansen § 28 Rdn. 28; Meikel/*Streck* Rdn. 34; *Demharter* Rdn. 18.
[61] *Jansen* § 28 Rdn. 30; Keidel/*Kuntze* § 28 Rdn. 30; *Müller* ZZP 66, 258.
[62] *Müller* ZZP 66, 258; Keidel/*Kuntze* § 28 Rdn. 31.
[63] RGZ 102, 27; BGHZ 5, 357 = NJW 52, 744; 9, 112 = NJW 53, 699; *Müller* ZZP 66, 259.
[64] RGZ 136, 405; 138, 102; 155, 213; BGHZ 7, 341 = NJW 53, 23; BGH NJW 72, 1283 = Rpfleger 72, 250; WM 74, 973; FamRZ 74, 645; LM § 15 PStG Nr. 3; BGHZ 65, 103 = NJW 76, 48; BGHZ 82, 34 = NJW 82, 517; NJW 87, 650; NJW 93, 3069 = MDR 93, 1136; FGPrax 97, 239 = NJW-RR 97, 1162; stRspr.
[65] RG JFG 1, 21; BGH NJW 77, 1014 = FamRZ 77, 384/385; NJW-RR 86, 802; 90, 841; FamRZ 89, 48.
[66] BGHZ 99, 90/92 = WM 87, 262; NJW 90, 258 = JR 90, 366 m. Anm. v. *Probst*.
[67] BGH LM § 28 FGG Nr. 31 = NJW 89, 3160/3161 = Rpfleger 89, 242.

OLG oblegen hätte. Daraus folgt, daß er an die Auffassung des vorlegenden OLG über die Zulässigkeit des Rechtsmittels nicht gebunden ist;[68] er hat deshalb auch über die Gewährung der Wiedereinsetzung in den vorigen Stand gegen die Versäumung der Beschwerdefrist selbständig zu befinden.[69] Der BGH hat jedoch nur über den zur Vorlage führenden Verfahrensgegenstand, nicht auch über einen anderen selbständigen Verfahrensgegenstand, der durch eine Verfahrensbindung von der weiteren Beschwerde erfaßt wird, zu entscheiden.[70]

3. Rückgabe der Sache

24 Verneint der BGH die Voraussetzungen der Vorlegung, so lehnt er die Entscheidung ab und gibt die Sache dem OLG zurück.[71] In diesem Falle entscheidet das OLG, ohne dabei an die Auffassung des BGH gebunden zu sein.

VI. Folgen der Verletzung der Vorlegungspflicht

25 Legt das OLG trotz der Vorschrift des § 79 Abs. 2 die weitere Beschwerde nicht dem BGH vor und weist es die Beschwerde unter Verletzung des § 79 Abs. 2 zurück, so kann der Beschwerdeführer den BGH nicht anrufen.[72] Die Verletzung der Vorlegungspflicht kann in schwerwiegenden Fällen die Verfassungsbeschwerde rechtfertigen.[73]

[Einlegung der weiteren Beschwerde]

§ 80

(1) Die weitere Beschwerde kann bei dem Grundbuchamt, dem Landgericht oder bei dem Oberlandesgericht eingelegt werden. Wird sie durch Einreichung einer Beschwerdeschrift eingelegt, so muß diese von einem Rechtsanwalt unterzeichnet sein. Der Zuziehung eines Rechtsanwalts bedarf es nicht, wenn die Beschwerde von einer Behörde oder von dem Notar eingelegt wird, der nach § 15 den Eintragungsantrag gestellt hat.
(2) Das Grundbuchamt und das Landgericht sind nicht befugt, der weiteren Beschwerde abzuhelfen.
(3) Im übrigen sind die Vorschriften über die Beschwerde entsprechend anzuwenden.

Literatur:

Feuerpeil Einheitlicher Behördenbegriff im Grundbuch? Rpfleger 90, 450; *Jansen* Zur Postulationsfähigkeit der Notare im Verfahren der freiwilligen Gerichtsbarkeit, DNotZ 64, 707; *Kosack*

---

[68] BGHZ 8, 300; NJW 72, 52 = Rpfleger 72, 13.
[69] BGH NJW 72, 52 = Rpfleger 72, 13.
[70] BGH LM § 53 GBO Nr. 5 = NJW 85, 3070/3071.
[71] BGHZ 9, 113 = NJW 53, 699; 11, 120 = NJW 54, 190; BGH LM § 28 FGG Nr. 23 = NJW 74, 702 = MDR 74, 566; LM § 53 GBO Nr. 5 = NJW 85, 3070/3071; LM § 28 FGG Nr. 29 = NJW-RR 86, 802.
[72] RG JFG 13, 192; BGHZ 2, 20 = NJW 52, 144.
[73] BVerfGE 42, 237 = NJW 76, 2128; BVerfGE 76, 93 = Rpfleger 88, 13; s. dazu näher *Jansen* § 28 Rdn. 27; *Stree* NJW 59, 2051; Keidel/*Kuntze* § 28 Rdn. 35; *Schneider* NJW 77, 1043.

Vierter Abschnitt. Beschwerde (Kuntze) **§ 80**

Zum Behördenbegriff in der Grundbuchordnung, JR 58, 8; *Martens* Sind Sozialversicherungsträger Behörden? NJW 64, 852; *Wolf* Die Verwendung eines Fernkopierers zur Dokumentenübermittlung, NJW 89, 2592; *Zimmermann* Das Behördenprivileg bei Einlegung der weiteren Beschwerde in der freiwilligen Gerichtsbarkeit, Rpfleger 60, 141.

Übersicht

	Rdn.		Rdn.
I. Allgemeines	1	VI. Zurücknahme, Verwirkung, Verzicht	21
II. Empfangsstellen der weiteren Beschwerde	4	VII. Entscheidung über die weitere Beschwerde	23
III. Form der weiteren Beschwerde		1. Erlaß einer einstweiligen Anordnung	24
1. Beschwerdeschrift	5	2. Endgültige Entscheidung	25
2. Erklärung zur Niederschrift	17	3. Begründung und Bekanntmachung	28
IV. Inhalt der weiteren Beschwerde	19		
V. Wirkung der weiteren Beschwerde	20	VIII. Wirkung der Entscheidung	29

I. Allgemeines

Die Vorschrift stimmt inhaltlich mit § 29 FGG überein. **Abs. 1** bezeichnet die Stellen, **1** die für die Entgegennahme der weiteren Beschwerde zuständig sind, und regelt die Form des Rechtsmittels. Grundsätzlich gelten zwar die gleichen Vorschriften wie für die Einlegung der Erstbeschwerde. Auch die weitere Beschwerde kann durch Einreichung einer Beschwerdeschrift oder durch Erklärung zur Niederschrift des GBA, des LG oder des OLG eingelegt werden. Jedoch ist für die Beschwerdeschrift der weiteren Beschwerde in der Regel Unterzeichnung durch einen Rechtsanwalt vorgeschrieben, um unzulässige, leichtfertige und gänzlich unbegründete Beschwerden von den oberen Gerichten fernzuhalten.[1] Außerdem dient die Vorschrift dem Schutz der Beteiligten, die sich vor Einlegung der weiteren Beschwerde sachkundig beraten lassen können.

Abs. 2 verbietet dem GBA und dem LG, der weiteren Beschwerde abzuhelfen. Die **2** Vorschrift will im Interesse einer einheitlichen Rechtsprechung der obersten Instanzen in Grundbuchsachen sicherstellen, daß die unteren Instanzen die dazu sich bietenden Gelegenheiten nicht verhindern.[2] Vom Zeitpunkt der Bekanntmachung ab darf das Beschwerdegericht seine Entscheidung nicht abändern, auch wenn keine weitere Beschwerde eingelegt ist.[3]

In Abs. 3 werden einige Vorschriften über die Erstbeschwerde für entsprechend anwendbar erklärt. Es kommen lediglich die §§ 71 Abs. 2, 73 Abs. 2, 76 und 77 in Betracht; die §§ 71 Abs. 1, 72, 73 Abs. 1, 74 und 75 sind dagegen nicht anwendbar. **3**

Eine Frist ist für die Einlegung der weiteren Beschwerde nicht vorgesehen. Eine Ausnahme enthält § 89.

II. Empfangsstellen der weiteren Beschwerde

Für die Entgegennahme der weiteren Beschwerde sind nach Wahl des Beschwerde- **4** führers drei Stellen zugelassen: das GBA, das LG und das OLG. Hat der Landesgesetzgeber von dem Vorbehalt des § 199 Abs. 1 FGG Gebrauch gemacht, so tritt an die Stelle des übergeordneten OLG das Zentralgericht, so in Bayern das Bayer. Oberste

---

[1] Jansen § 29 Rdn. 5.
[2] RGZ 70, 237.
[3] KG RJA 14, 196; vgl. dazu § 77 Rdn. 24.

Landesgericht und in Rheinland-Pfalz das OLG Zweibrücken. In diesen Fällen kann die weitere Beschwerde nur bei dem Zentralgericht, nicht bei dem dem LG übergeordneten OLG wirksam eingelegt werden.[4] Eine bei einer unzuständigen Stelle oder einem unzuständigen Gericht eingelegte weitere Beschwerde ist an das zuständige GBA oder Gericht weiterzuleiten; sie wird aber erst wirksam, wenn sie bei dem zuständigen GBA oder Gericht eingeht.

III. Form der weiteren Beschwerde
1. Beschwerdeschrift

5 Die erste der beiden vom Gesetz zugelassenen Formen der Beschwerdeeinlegung ist die Einreichung einer Beschwerdeschrift. Im Gegensatz zur Erstbeschwerde verlangt § 80 Abs. 1 Satz 2, daß die Beschwerdeschrift der weiteren Beschwerde regelmäßig von einem Rechtsanwalt unterzeichnet sein muß. Das gilt auch dann, wenn die Begründung des Rechtsmittels in einem besonderen Schriftsatz nachgereicht wird, für diesen Schriftsatz.[5] Von dem Grundsatz des Satzes 2 enthält Satz 3 für Behörden und für Notare, die nach § 15 den Eintragungsantrag gestellt haben, eine Ausnahme.

a) Von einem Rechtsanwalt unterzeichnet

6 aa) Der **Rechtsanwalt**, der die Beschwerdeschrift unterzeichnet hat, muß bei einem deutschen Gericht zugelassen sein. Die Zulassung bei dem Beschwerdegericht oder dem zur Entscheidung berufenen OLG ist nicht erforderlich. Auch die Zulassung bei einem Gericht der ehem. DDR oder Ost-Berlins reicht aus.[6] Zur Unterzeichnung befugt ist auch der gerichtlich bestellte Vertreter eines Rechtsanwalts,[7] ebenso der Anwaltsassessor.[8] Der Rechtsanwalt, der in eigener Sache, als Beteiligter kraft Amts oder als gesetzlicher Vertreter eines Beteiligten tätig wird, verliert dadurch nicht die Befugnis zur Unterzeichnung der Beschwerdeschrift.[9] Die Wirksamkeit einer von einem Rechtsanwalt eingelegten weiteren Beschwerde wird nach § 155 Abs. 5 Satz 1 BRAO nicht davon berührt, daß gegen den Rechtsanwalt bei Einlegung der weiteren Beschwerde ein Berufs- und Vertretungsverbot besteht; das gilt auch dann, wenn der Rechtsanwalt das Rechtsmittel in eigener Sache einlegt.[10]

7 bb) Erforderlich ist **eigenhändige Unterzeichnung** durch den Rechtsanwalt. Ein Stempel oder eine faksimilierte Unterschrift genügt nicht.[11] Durch die Unterschrift übernimmt der Rechtsanwalt die Verantwortung für den Inhalt der Beschwerdeschrift. Deshalb reicht die Beglaubigung der Unterschrift des Beschwerdeführers durch einen Rechtsanwalt nicht aus. Auch ein Zusatz, den der unterzeichnende Rechtsanwalt der Unterschrift beigefügt hat und der als Ablehnung der persönlichen Verantwortlichkeit für den Inhalt des Schriftstücks aufzufassen ist, macht die weitere Beschwerde unzulässig.[12] Unschädlich ist es aber, wenn die Beschwerdeschrift von einem Dritten gefertigt und von diesem mitunterzeichnet ist.

---

[4] BayObLGZ 66, 430.
[5] BayObLG Büro 80, 600.
[6] KG NJW 57, 1198; *Jansen* § 29 Rdn. 8; Keidel/*Kuntze* § 29 Rdn. 15; BayObLGZ 79, 232/235; **a. A.** *Müller* Betr. 56, 59.
[7] KG JW 27, 2928.
[8] BayObLGZ 57, 293.
[9] BayObLGZ 48–51, 546; 72, 44 = DNotZ 72, 372; FamRZ 77, 347; BayObLGZ 82, 59/61; OLG Hamm OLGZ 86, 1/2.
[10] BayObLGZ 68, 277 = MDR 69, 153; *Jansen* § 29 Rdn. 7.
[11] KG JR 27 Nr. 1457.
[12] RGZ 65, 82.

cc) Der Rechtsanwalt muß der **bevollmächtigte** Vertreter des Beschwerdeführers sein **8** und sich auf Erfordern als solcher ausweisen (vgl. dazu § 71 Rdn. 72). Die Bevollmächtigung bedarf keiner Form, auch nicht der des § 29, und kann noch in der Instanz der weiteren Beschwerde nachgewiesen werden.[13]

Die weitere Beschwerde kann ebenso wie die Erstbeschwerde auch telegrafisch eingelegt werden, ebenso durch Fernschreiber, Telebrief oder Telefax; im letzteren Falle muß das Original von einem Rechtsanwalt unterschrieben sein.[14] S. dazu näher § 73 Rdn. 4.

b) Eine **Ausnahme** von dem Grundsatz, daß die Beschwerdeschrift von einem **9** Rechtsanwalt unterzeichnet sein muß, besteht, wenn die weitere Beschwerde **von einer Behörde** eingelegt wird.

Der **Begriff der Behörde** ist derselbe wie in § 29 GBO (vgl. deshalb näher dort Rdn. 48 ff.) und in § 29 FGG. Daher ist die Ansicht des OLG Hamburg,[15] das zwischen Behörden nach § 29 und Behörden nach § 80 unterscheiden will, abzulehnen. In Betracht kommt nur eine deutsche, nicht eine ausländische Behörde.[16]

aa) Die **Behördeneigenschaft** kann ausdrücklich durch Gesetz verliehen worden sein, **10** so z. B. dem Zentralbankrat der Deutschen Bundesbank sowie den Vorständen der Landeszentralbanken (Ges. v. 26. 7. 1957 – BGBl. I, 745), den Sparkassenvorständen durch verschiedene Landesgesetze (z. B. Nordrhein-Westf. Ges. i. d. F. v. 2. 7. 1975 [GVBl. 498]) und dem Vorstand der Deutschen Genossenschaftsbank (§§ 1 Abs. 1, 6, 12 des Ges. v. 22. 12. 1975, BGBl. I, 3171). Die Vorstände öffentlich-rechtlicher Körperschaften werden in der Regel Behördeneigenschaft haben. Die Vorstände der Industrie- und Handelskammern (§ 3 Abs. 1 des Ges. v. 18. 12. 1956 – BGBl. I, 920) sind als Behörden anzusehen;[17] dasselbe gilt für die Handwerkskammern (§§ 90, 104, 114 HandwerksO v. 28. 12. 1965 – BGBl. I 1966, 1). Die beauftragten Stellen des Finanzamts bei der Verwaltung der Hypothekengewinnabgabe nach § 139 LAG gelten, wenn sie die ihnen durch die 4. Abgaben-DV-LA v. 8. 10. 1952 (BGBl. I, 662) übertragenen Aufgaben wahrnehmen, als Behörden (§ 9 der 5. Abgaben-DV-LA v. 21. 8. 1953 – BGBl. I, 1030).

Als **Behörden** sind **anerkannt** worden: die Landschaftsdirektionen,[18] das Berliner Pfandbriefamt,[19] das Kulturamt,[20] der Vorstand eines zum kommunalen Bankbetriebe gegründeten Zweckverbandes,[21] der Vorstand der Deutschen Girozentrale,[22] der Landesbank für Westfalen-Girozentrale,[23] der Rheinischen Girozentrale,[24] der Westdeutschen Landesbank-Girozentrale,[25] der Bayer. Landesbank-Girozentrale,[26] Vorstände von öffentlichen Sparkassen,[27] der Vorstand der Hannoverschen Kreditanstalt,[28] der

---

[13] KGJ 32, 288.
[14] BGHZ 87, 63; Wolf NJW 89, 2592/2594; Demharter Rdn. 3; Keidel/Kuntze § 29 Rdn. 27.
[15] NJW 55, 911.
[16] OLG München JFG 20, 133.
[17] OLG Karlsruhe Rpfleger 63, 204; BayObLGZ 74, 479/480; 80, 414/416; 83, 250/251; OLG Hamm OLGZ 78, 38; 86, 21/22; OLG Frankfurt OLGZ 80, 151; 81, 417; Jansen § 29 Rdn. 12; Keidel/Kuntze § 29 Rdn. 20.
[18] KGJ 25, 94; 53, 204.
[19] KGJ 29, 113.
[20] KG JFG 20, 378.
[21] KG JFG 4, 262.
[22] KG JFG 6, 244.
[23] OLG Hamm JMBlNRW 63, 116; ZIP 84, 227; MittRhNotK 85, 121; NJW-RR 88, 461 = OLGZ 88, 17/18.
[24] OLG Düsseldorf OLGZ 66, 490 = JMBlNRW 66, 224.
[25] OLG Hamm DNotZ 71, 421 = Rpfleger 71, 252.
[26] BayObLG MittBayNot 73, 20; BayObLG 85, 141; 89, 136/138.
[27] KG JFG 7, 262; JR 54, 465; OLG Frankfurt OLGZ 70, 280; s. dazu Feuerpeil Rpfleger 90, 450.
[28] OLG Oldenburg MDR 65, 1002 = NdsRpfl. 65, 206.

§ 80   I. Grundbuchordnung

Bayer. Landesbodenkreditanstalt.[29] Auch kirchliche Behörden zählen dazu, so: der ev. Gemeindekirchenrat,[30] kath. Kirchengemeinden,[31] ev. und kath. Pfarrämter,[32] die Aufsichtsbehörde einer kirchlichen Stiftung,[33] der Präfekt einer kath. Bruderschaft,[34] der Vorstand einer Synagogengemeinde[35] und die Kirchenverwaltungen.[36]

Die **Behördeneigenschaft** der Träger der Sozialversicherung ist **streitig**. Für die Allgemeinen Ortskrankenkassen und die Bundesversicherungsanstalt für Angestellte hat sie der BGH verneint;[37] sie wird jedoch anzuerkennen sein,[38] zumal der BGH nunmehr den Trägern der gesetzlichen Rentenversicherungen in Verfahren über den Versorgungsausgleich das Behördenprivileg des § 29 Abs. 1 Satz 3 FGG zuerkannt und sie vom Anwaltszwang des § 621 e Abs. 4 ZPO freigestellt hat.[39] Die Vorstände der Knappschaften gelten als Behörden.[40]

Juristische Personen des Privatrechts, z. B. eine Heimstättengesellschaft mit beschränkter Haftung, sind auch dann **keine** öffentlichen **Behörden**, wenn sie als Organe der staatlichen Wohnungspolitik anerkannt sind.[41] Das Staatsbad Oeynhausen und seine Organe sind keine Behörde,[42] ebenso die Organe des Bayer. Roten Kreuzes.[43]

11   bb) Das Privileg des § 80 Abs. 1 Satz 3 kommt einer **Behörde** nicht nur zustatten, wenn sie im eigenen Namen weitere Beschwerde einlegt, sondern auch, wenn sie **als gesetzlicher Vertreter** eines am Verfahren beteiligten öffentlich-rechtlichen Rechtsträgers auftritt oder wenn sie durch Gesetz, Verordnung oder Verwaltungsanordnung zur Vertretung bestellt ist.[44] Eine Aufsichtsbehörde kann das Behördenprivileg in Anspruch nehmen, wenn sie von der Unterbehörde bevollmächtigt ist.[45] Als gesetzlicher Vertreter eines Rechtssubjekts des Privatrechts (z. B. des Jugendamts als Vormund oder Beistand) kann eine Behörde von § 80 Abs. 1 Satz 3 ebenfalls Gebrauch machen.[46] Tritt dagegen eine Behörde als rechtsgeschäftlich bestellter Vertreter einer natürlichen oder juristischen Person des Privatrechts auf, so gilt § 80 Abs. 1 Satz 3 nicht.[47] Andererseits kann die Behörde nicht andere – auch nicht einen Notar, der nicht Rechtsanwalt ist – bevollmächtigen, für sie weitere Beschwerde einzulegen.[48]

---

[29] BayObLG DNotZ 56, 549.
[30] RGZ 59, 331.
[31] OLG Braunschweig FamRZ 62, 193.
[32] BayObLGZ 54, 326.
[33] BayObLGZ 56, 341; 57, 220.
[34] BayObLGZ 54, 332.
[35] KG JFG 5, 148; BayObLG Rpfleger 88, 366/367.
[36] OLG Zweibrücken OLGZ 82, 190/191.
[37] BGHZ 25, 186 = NJW 57, 1673; BGHZ 40, 225 = NJW 64, 299.
[38] Ebenso *May* NJW 55, 1480 u. 57, 1922; *Kosack* JR 58, 8; *Martens* NJW 64, 852; *Haueisen* NJW 64, 867; *Jansen* § 29 Rdn. 12; Keidel/*Kuntze* § 29 Rdn. 20.
[39] BGH LM zu § 261 e ZPO Nr. 8 = NJW 79, 108; LM § 78 ZPO Nr. 19 = NJW 80, 1958.
[40] OLG Hamm JMBlNRW 54, 106; siehe dazu auch § 29 Rdn. 51.
[41] KG JFG 14, 220; BGHZ 3, 118 = Rpfleger 51, 557.
[42] OLG Hamm OLGZ 70, 445 = Rpfleger 70, 434.
[43] BayObLGZ 69, 91 = Rpfleger 69, 243.
[44] *Zimmermann* Rpfleger 60, 141 ff.; Keidel/*Kuntze* § 29 Rdn. 22; *Jansen* § 29 Rdn. 11.
[45] BayObLGZ 56, 341.
[46] KG FamRZ 57, 186; BGH FamRZ 57, 361; BayObLGZ 59, 34; OLG Düsseldorf OLGZ 65, 336 = FamRZ 65, 290; KG OLGZ 66, 245 = FamRZ 66, 375; Rpfleger 73, 213.
[47] BGHZ 27, 146 = NJW 59, 1092; OLG Hamburg MDR 53, 689; KG FamRZ 64, 325; OLGZ 73, 435/436 = FamRZ 73, 513/514; *Zimmermann* a. a. O. S. 146; Keidel/*Kuntze* § 29 Rdn. 23; *Jansen* § 29 Rdn. 11; *Demharter* Rdn. 4; Meikel/*Streck* Rdn. 12; a. A. KGJ 46, 177; KG JFG 8, 309; OLG München JFG 17, 295; *Güthe/Triebel* Rdn. 5; Hesse/Saage/*Fischer* Anm. II 3 a; *Thieme* Abs. 2.
[48] OLG München JFG 15, 124 = HRR 37 Nr. 820.

cc) Die **Beschwerdeschrift** der Behörde bedarf nicht der **Form** des § 29 Abs. 3, weil **12** sie keine Erklärungen enthält, aufgrund deren eine Eintragung vorgenommen werden soll.[49] Die Beschwerdeschrift braucht nicht vom Leiter der Behörde oder seinem Vertreter unterzeichnet zu sein; die Unterschrift des zuständigen Sachbearbeiters reicht aus,[50] wobei es genügt, daß dem Gericht eine von der Kanzlei der Behörde beglaubigte und mit Dienstsiegel versehene Abschrift eingereicht wird.[51]

c) Eine weitere Ausnahme von dem Grundsatz, daß die Beschwerdeschrift von einem Rechtsanwalt unterzeichnet sein muß, besteht für **Notare**, die nach § 15 einen Eintragungsantrag gestellt haben. **13**

aa) Die **Befugnis der Notare**, weitere Beschwerde einzulegen, bezeichnet Jansen[52] zutreffend als Postulationsfähigkeit. Sie ist allen Notaren mit Rücksicht auf die Notare, die keine Rechtsanwälte sind, eingeräumt worden. Die auf Grundbuchsachen beschränkte Befugnis des Notars nach § 80 Abs. 1 Satz 3 GBO wird durch die allgemeine Vorschrift des § 29 Abs. 1 Satz 3 FGG, die für alle Angelegenheiten der freiwilligen Gerichtsbarkeit einschließlich der Verfahren nach der GBO gilt, erweitert; der Notar ist daher unter beiden Voraussetzungen zur Einlegung der weiteren Beschwerde berechtigt.[53] Der Notar kann demnach nach § 29 Abs. 1 Satz 3 FGG, auch wenn er keine Erklärung beurkundet oder beglaubigt hat, weitere Beschwerde namens eines Beteiligten, für den er im ersten Rechtszug tätig geworden ist, weitere Beschwerde einlegen (zu den Voraussetzungen des § 29 Abs. 1 Satz 3 FGG vgl. *Jansen* § 29 Rdn. 14 ff.; Keidel/*Kuntze* § 29 Rdn. 24 a ff.).

Eine von einem Notar eingelegte weitere Beschwerde ist auch dann zulässig, wenn der Notar dadurch, daß er das Rechtsmittel einlegte, gegen Vorschriften des Standesrechts oder des RBerG verstoßen hat.[54] Allerdings fehlt dem Notar als Testamentsvollstrecker die Postulationsfähigkeit für die weitere Beschwerde.[55]

bb) § 80 Abs. 1 Satz 3 verlangt, daß der Notar einen **Eintragungsantrag nach § 15** **14** nicht im eigenen, sondern im Namen eines Antragsberechtigten **gestellt hat**. Es genügt nicht, daß er die von den Beteiligten gestellten Eintragungsanträge, die er beurkundet hat, dem GBA zum Vollzug übersendet und sich ihnen anschließt[56] oder daß er erst nach Entscheidung über die Beschwerde den Eintragungsanträgen der Beteiligten nach § 15 beitritt.[57] Dagegen liegt eine eigene Antragstellung des Notars vor, wenn er nach Beanstandung der von den Beteiligten selbst gestellten Anträge alsbald mit dem Ziel tätig wird, noch im ersten Rechtszug eine Änderung der Entscheidung zu erreichen,

---

[49] BayObLGZ 57, 220; MittBayNot 82, 242/243.
[50] BGH LM § 72 JWG Nr. 1 = NJW 54, 108; OLG Köln NJW 53, 1728; BayObLGZ 56, 198; 59, 304; 73, 318/319; MittBayNot 82, 242/243; Rpfleger 88, 366/367.
[51] BGHZ 48, 92 = NJW 67, 2059; *Jansen* § 29 Rdn. 13; Keidel/*Kuntze* § 29 Rdn. 24; a. A. OLG Hamm NJW 56, 1116 = JMBlNRW 56, 40; s. auch Gem. Senat d. Obersten Gerichtsh. d. Bundes NJW 80, 172 = Rpfleger 80, 12.
[52] DNotZ 64, 707.
[53] BayObLGZ 71, 196 = DNotZ 71, 598; BayObLGZ 72, 44 = Rpfleger 72, 142; BayObLGZ 81, 324/327; MittBayNot 82, 177; BayObLGZ 85, 31/32; NJW-RR 86, 494 = DNotZ 87, 34; NJW-RR 88, 460; BayObLGZ 88, 102/104; 89, 354/356; MittBayNot 94, 431/432 = DNotZ 94, 888/889; Rpfleger 95, 495; st. Rspr.; *Jansen* DNotZ 64, 709; § 29 Rdn. 15.
[54] BGHZ 54, 275 = DNotZ 71, 54; *Jansen* DNotZ 64, 711 ff.; § 29 Rdn. 14; Keidel/*Kuntze* § 29 Rdn. 24 a; a. A. OLG Stuttgart DNotZ 64, 738 = Justiz 64, 119.
[55] BayObLGZ 72, 44 = DNotZ 72, 372.
[56] OLG München JFG 15, 123 = HRR 37 Nr. 820; BayObLGZ 61, 27 = DNotZ 61, 318.
[57] OLG Stuttgart Justiz 85, 351 = BWNotZ 85, 170.

§ 80

z. B. dadurch, daß er Erinnerung einlegt.[58] Im übrigen gelten dieselben Grundsätze wie für die Berechtigung des Notars, Erstbeschwerde einzulegen (vgl. § 71 Rdn. 75 u. 76). Hat der Notar jedoch für sich ein Antragsrecht nach § 15 in Anspruch genommen, obwohl objektiv die Voraussetzungen des § 15 nicht vorgelegen haben, so genügt dies zur Anwendung des § 80 Abs. 1 Satz 3.[59]

15 cc) Die **Ermächtigung** des beurkundenden Notars, auch seinerseits Eintragungsanträge zu stellen, **endet mit dem Verlust des Amtes**.[60] Mit der Übernahme der Notarstelle durch den Amtsnachfolger gehen die Befugnisse des früheren Notars, darunter auch das Recht, Anträge zu stellen und weitere Beschwerde einzulegen, auf den Nachfolger über.[61] Dasselbe gilt für den Notarverweser.[62]

16 Ist der Urkundsnotar vor der Vornahme einer Amtslöschung nicht angehört worden, so kann er zur Einlegung der weiteren Beschwerde gegen die Amtslöschung als legitimiert angesehen werden, als wenn er selbst die nachträglich beanstandete Eintragung bei dem GBA beantragt hätte.[63] Dem Notar, der den Eintragungsantrag eines anderen Notars mit der Anregung bekämpft, einen Amtswiderspruch einzutragen, steht die Ermächtigung des § 80 Abs. 1 Satz 3 nicht zur Seite.[64]

Hat der Notar nicht den Eintragungsantrag nach § 15 gestellt und nimmt er auch nicht das Recht des § 80 Abs. 1 Satz 3 in Anspruch, so kann er, wenn er gleichzeitig Rechtsanwalt ist, die Beschwerdeschrift in dieser Eigenschaft unterzeichnen, muß aber auf Erfordern des Gerichts seine Vollmacht nachweisen.

2. Erklärung zur Niederschrift

17 Die weitere Beschwerde kann auch durch Erklärung zur Niederschrift, der zweiten vom Gesetz zugelassenen Möglichkeit, eingelegt werden. Die Erklärung muß erfolgen zur Niederschrift des GBA — das sind der Grundbuchrichter, der Rechtspfleger und der Urkundsbeamte der Geschäftsstelle — oder des Landgerichts oder des Oberlandesgerichts bzw. des zuständigen Zentralgerichts (vgl. oben Rdn. 4). Bei den Land- und Oberlandesgerichten ist nur die Geschäftsstelle zuständig. Die Aufnahme der weiteren Beschwerde ist nach § 24 Abs. 1 Nr. 1 a RPflG dem Rechtspfleger übertragen. Das früher dem Urkundsbeamten der Geschäftsstelle obliegende Geschäft ist damit ein echtes Geschäft des Rechtspflegers geworden. Die zu Protokoll des Richters des Beschwerdegerichts eingelegte weitere Beschwerde ist nach § 8 Abs. 1 RPflG wirksam; die frühere gegenteilige Auffassung,[65] die sich auf den Urkundsbeamten der Geschäftsstelle bezog, ist überholt;[66] so auch jetzt BGH[67] für die Rechtsbeschwerde in Bußgeldsachen und BayObLG.[68] Nimmt dagegen der Urkundsbeamte der Geschäftsstelle oder ein Rechts-

---

[58] BayObLGZ 60, 231/235; 62, 184/187; 88, 187/190; MittBayNot 94, 431/432 = DNotZ 94, 888/889.
[59] KG HRR 33 Nr. 949; OLG München JFG 20, 130; 23, 324; BayObLGZ 72, 44 = Rpfleger 72, 142; OLG Hamm MittRhNotK 96, 330.
[60] BayObLGZ 61, 27 = DNotZ 61, 318.
[61] BayObLGZ 48–51, 479; 61, 27 = DNotZ 61, 318; 62, 18 = DNotZ 62, 314; 69, 92 = Rpfleger 69, 243.
[62] BayObLGZ 48–51, 479; 62, 18 = DNotZ 62, 314.
[63] BayObLGZ 61, 27 = DNotZ 62, 318.
[64] OLG Neustadt Büro 64, 694.
[65] RGZ 110, 311; BGH NJW 57, 990 = Rpfleger 57, 346; OLG München JFG 14, 69; OLG Stuttgart Justiz 61, 311; NJW 74, 2052.
[66] So auch Arnold/*Meyer-Stolte* Rdn. 1, Bassenge/*Herbst* Rdn. 2; je zu § 24 RpflG; Keidel/*Kuntze* § 29 Rdn. 30; *Demharter* Rdn. 8.
[67] BGHSt 31, 109 = MDR 82, 1037 = Rpfleger 82, 411.
[68] BayObLGZ 89, 175/177 = Rpfleger 89, 360 mit zust. Anm. v. *Meyer-Stolte*.

pflegeranwärter oder ein anderer Justizbeamter das Protokoll auf, so ist die Einlegung der weiteren Beschwerde unwirksam.[69]

Zuständig ist nur das mit der Sache befaßte GBA oder das diesem übergeordnete LG oder OLG bzw. Zentralgericht. Die weitere Beschwerde kann also nicht zur Niederschrift irgendeines Gerichts, insbesondere nicht des Amtsgerichts des Haftortes erklärt werden.[70]

Für die **Form der Niederschrift** gelten die Ausführungen über die Erstbeschwerde entsprechend (vgl. § 73 Rdn. 6). Die Mitwirkung des Urkundsbeamten bezweckt, daß der Beschwerdeführer sachgemäß beraten wird und daß die Rechtsbeschwerdegerichte nicht mit offensichtlich unbegründeten oder unzulässigen Beschwerden belastet werden. Der Urkundsbeamte soll das vom Beschwerdeführer Vorgetragene selbständig prüfen und sichten und das nach seiner Auffassung Zweckdienliche in die Niederschrift aufnehmen.[71] Er allein soll somit die volle Verantwortung für den Inhalt der Niederschrift übernehmen. Deshalb liegt keine rechtswirksame Niederschrift vor, wenn der Urkundsbeamte ein ihm überreichtes privates Schriftstück lediglich mit der bei Protokollen üblichen Eingangs- und Schlußformel umkleidet und unterzeichnet[72] oder wenn er sich die Erklärung vom Beschwerdeführer wörtlich diktieren läßt oder einfach ohne eigene Prüfung wiederholt.[73] Eine Einschränkung wird sich nur insoweit rechtfertigen lassen, als festgestellt werden kann, daß der Urkundsbeamte eine eigene Prüfung entfaltet und hierbei sich für die wörtliche Benutzung des ihm mündlich oder schriftlich Vorgetragenen entschieden hat.[74] Der Urkundsbeamte darf zur Begründung einer von ihm zu Protokoll genommenen weiteren Beschwerde nicht auf einen ihm übergebenen und der Niederschrift beigefügten privaten Schriftsatz Bezug nehmen. Allerdings macht die Bezugnahme die weitere Beschwerde, die keiner Begründung bedarf, nicht unzulässig, sondern lediglich den privaten Schriftsatz unbeachtlich.[75] Kam es dem Beschwerdeführer jedoch darauf an, weitere Beschwerde nur zu erheben, wenn auch seine Begründung berücksichtigt wird, dann ist die Beschwerdeeinlegung insgesamt unwirksam.[76] **18**

IV. Inhalt der weiteren Beschwerde

Für den Inhalt der weiteren Beschwerde gelten die Ausführungen über den Inhalt der Erstbeschwerde entsprechend (vgl. § 74 Rdn. 1). Ebenso wie die Erstbeschwerde braucht auch die weitere Beschwerde weder einen Antrag noch eine Begründung zu enthalten. Auch die Angabe der nach Ansicht des Beschwerdeführers verletzten Rechtsnorm ist nicht erforderlich.[77] Das Rechtsbeschwerdegericht hat von Amts wegen zu prüfen, ob die angefochtene Entscheidung auf einer Verletzung des Gesetzes beruht. **19**

---

[69] Bassenge/*Herbst* a. a. O.; OLG Karlsruhe Rpfleger 74, 402; BayObLG Rpfleger 93, 103; OLG Düsseldorf Rpfleger 94, 157.
[70] BGH LM § 29 FGG Nr. 10 = NJW 65, 1182; BayObLG bei *Goerke* Rpfleger 86, 292/293; bei *Plötz* Rpfleger 88, 237/238; KG FamRZ 88, 877; OLG Frankfurt OLGZ 90, 149/150; Jansen § 29 Rdn. 18; Keidel/*Kuntze* § 29 Rdn. 11 und 28.
[71] BayObLG Rpfleger 91, 450; OLG Köln FGPrax 95, 85 = RReport 94, 495; 96, 189/190.
[72] RGZ 101, 428; BayObLG Rpfleger 91, 450; 95, 342.
[73] RGZ 150, 16 = JFG 13, 222; OLG Stuttgart Justiz 61, 311.
[74] RG a. a. O.
[75] BayObLGZ 52, 4; 77, 219/222; RdL 81, 268/269; OLG Freiburg Rpfleger 53, 426; OLG Köln Rpfleger 90, 14 = OLGZ 90, 18; Rpfleger 94, 495 = FGPrax 95, 85.
[76] RGZ 150, 16 = JFG 13, 222.
[77] BayObLGZ 53, 120/122; 72, 29/37.

§ 80

Die Anführung neuer Tatsachen ist nur in dem in § 78 Rdn. 11–15 genannten Umfang möglich. Wird eine Begründung der weiteren Beschwerde in einem besonderen Schriftsatz nachgereicht, so gilt dafür § 80 Abs. 1 Satz 2 entsprechend.[78]

V. Wirkung der weiteren Beschwerde

20 Die weitere Beschwerde hat ebenso wie die Erstbeschwerde keine aufschiebende Wirkung. Das für die Erstbeschwerde Ausgeführte gilt sinngemäß (vgl. § 73 Rdn. 8).

VI. Zurücknahme, Verwirkung, Verzicht

21 Die **Zurücknahme** der weiteren Beschwerde ist zulässig. Sie bedarf nicht der Form des § 29 GBO. Das Schrifttum zur GBO nimmt teilweise an, daß die Zurücknahme jedoch der gleichen Form wie die Einlegung bedürfe, also in einer der Formen des § 80 Abs. 1 erfolgen müsse.[79] Demgegenüber wird für das Verfahren der freiwilligen Gerichtsbarkeit allgemein die Auffassung vertreten, daß § 29 FGG nur für die Einlegung, nicht aber für die Rücknahme der weiteren Beschwerde gelte.[80] Es besteht kein zwingender Grund, Grundbuchsachen anders zu behandeln. Weder aus der Besonderheit des Verfahrens noch aus dem entsprechend anwendbaren § 73 Abs. 2 in Verbindung mit § 80 Abs. 1 und 3 läßt es sich rechtfertigen, für die Rücknahme der weiteren Beschwerde die Form des § 80 Abs. 1 zu verlangen.[81]

22 Für den **Verzicht** auf die weitere Beschwerde gilt nichts Besonderes. Es wird deshalb auf die Ausführungen zur Erstbeschwerde verwiesen (vgl. § 73 Rdn. 13). Das trifft auch auf die **Verwirkung** zu (§ 73 Rdn. 7).

VII. Entscheidung über die weitere Beschwerde

23 Wird die weitere Beschwerde weder zurückgenommen noch auf sie verzichtet, so entscheidet über das Rechtsmittel nach § 79 Abs. 1 das OLG bzw. das an seine Stelle tretende Zentralgericht (vgl. § 79 Rdn. 2), sofern nicht nach § 79 Abs. 2 eine Vorlage an den BGH zu erfolgen hat.

Die Entscheidung des Gerichts der weiteren Beschwerde kann sein:

1. Einstweilige Anordnung nach § 76

24 Diese Vorschrift ist nach Abs. 3 entsprechend anwendbar. Die einstweilige Anordnung wird entweder von Amts wegen oder auf Anregung eines Beteiligten erlassen. Ob das Gericht der weiteren Beschwerde von der Möglichkeit des § 76 Gebrauch machen will und welche konkrete Anordnung es trifft, steht in seinem pflichtmäßigen Ermessen. An sich möglich ist auch die Anordnung, daß die Löschung einer nach § 76 Abs. 1 auf Anordnung des LG eingetragenen Vormerkung entgegen § 76 Abs. 2 zu unterbleiben hat. Das ist indessen wenig zweckmäßig und nur dann zulässig, wenn nachfolgende

---

[78] BayObLG Büro 80, 600.
[79] Güthe/Triebel Rdn. 10; Hesse/Saage/Fischer Anm. IV).
[80] BayObLGZ 64, 450; 67, 286/288; Keidel/Kuntze § 29 Rdn. 34; Jansen § 29 Rdn. 23.
[81] So auch jetzt Demharter Rdn. 14; Meikel/Streck Rdn. 24.

Eintragungen nicht vorhanden sind; denn die Wirkung, daß diese mit der Zurückweisung der Erstbeschwerde im Range aufrücken, kann vom Gericht der weiteren Beschwerde nicht rückgängig gemacht werden.[82]

2. Endgültige Entscheidung

Die endgültige Entscheidung kann lauten auf: **25**

a) **Verwerfung wegen Unzulässigkeit.** Dafür kommen die gleichen Gründe wie für die Entscheidung des Beschwerdegerichts in Betracht (vgl. § 77 Rdn. 17). Außerdem ist die weitere Beschwerde als unzulässig zu verwerfen, wenn die Form des § 80 Abs. 1 nicht gewahrt ist.

b) **Zurückweisung als unbegründet.** Dies hat auch dann zu erfolgen, wenn die Beschwerdeentscheidung zwar auf einer Verletzung des Gesetzes beruht, sich jedoch aus anderen Gründen im Ergebnis als richtig erweist (vgl. § 78 Rdn. 26). **26**
Hat das LG eine unzulässige Beschwerde zu Unrecht aus sachlichen Gründen zurückgewiesen, obwohl sie als unzulässig hätte verworfen werden müssen, so ist die weitere Beschwerde mit der Maßgabe zurückzuweisen, daß die Erstbeschwerde als unzulässig verworfen wird.[83] Nach einer anderen Ansicht,[84] die sich auf die frühere, inzwischen aufgegebene Rechtsprechung des BayObLG und des KG stützt, soll die weitere Beschwerde zurückgewiesen werden, ohne daß es einer Abänderung der landgerichtlichen Entscheidung und der Verwendung der Erstbeschwerde bedürfe. Diese Auffassung ist jedoch abzulehnen, weil sie die Sachentscheidung des LG bestehen läßt, obwohl diese vom Gericht der weiteren Beschwerde aufgehoben worden ist.

c) **Aufhebung der landgerichtlichen Entscheidung**, falls die weitere Beschwerde begründet ist. Wenn die Sache zur Entscheidung reif ist, insbesondere keine weiteren tatsächlichen Feststellungen erforderlich sind, entscheidet das Rechtsbeschwerdegericht abweichend vom LG oder auch vom GBA in der Sache selbst abschließend. Ist die Sache noch nicht entscheidungsreif oder liegen die absoluten Revisionsgründe des § 551 ZPO vor (§ 78 Satz 2, vgl. § 78 Rdn. 18 ff.), so ist die Zurückverweisung der Sache erforderlich. Das Gericht der weiteren Beschwerde ist im Gegensatz zum Beschwerdegericht befugt, die Sache an das GBA zurückzuverweisen, ohne daß hierfür besondere Gründe gegeben sein müßten; vielmehr reichen Zweckmäßigkeitserwägungen aus. Auch eine Zurückverweisung an das Beschwerdegericht ist möglich; diese wird vor allem dann in Betracht kommen, wenn die Beschwerdeentscheidung wegen Verletzung einer Verfahrensvorschrift aufgehoben wird oder das LG eine sachliche Entscheidung nicht getroffen hat.[84a] Eine Zurückverweisung an eine andere Kammer des LG, wie sie in § 565 Abs. 1 Satz 2 ZPO bei der Revision vorgesehen ist, kann nicht erfolgen, weil dafür eine gesetzliche Grundlage fehlt. **27**

---

[82] So zutreffend *Demharter* Rdn. 17 gegen Meikel/*Streck* Rdn. 29 und *Güthe/Triebel* Rdn. 13.

[83] BayObLGZ 61, 204; 64, 143; 69, 287; 74, 294/296; 76, 180/185; BayObLG Rpfleger 82, 275/276; RdL 83, 268 = AgrarR 83, 339; stRspr.; KG NJW 62, 2354 = FamRZ 62, 533; OLGZ 65, 72 = Rpfleger 65, 232; OLG Hamm OLGZ 72, 382 = MDR 72, 700; OLGZ 73, 258/261 = MittBayNot 73, 105/106 unter Aufgabe der gegenteiligen Auffassung OLGZ 69, 303 = JMBlNRW 70, 84; OLGZ 93, 284/285 = NJW-RR 93, 529/530; OLG Frankfurt NJW-RR 88, 139 = Rpfleger 88, 184; FGPrax 96, 208/209 = NJW-RR 96, 1482; *Demharter* Rdn. 20; s. a. Meikel/*Streck* Rdn. 31; Jansen § 27 Rdn. 49; Keidel/*Kuntze* § 27 Rdn. 67.

[84] *Güthe/Triebel* Rdn. 16; Hesse/Saage/Fischer Anm. VI 2 b.

[84a] S. dazu KG FGPrax 97, 212/213 = NJW-RR 447/448.

Hat das LG der Beschwerde gegen den einen Eintragungsantrag zurückweisenden Beschluß des GBA zum Teil stattgegeben, würde aber diese Entscheidung zu einer inhaltlich unzulässigen Eintragung führen, so ist die Beschränkung der weiteren Beschwerde des Antragstellers auf den die Erstbeschwerde zurückweisenden Teil der LG-Entscheidung unbeachtlich. Das Rechtsbeschwerdegericht ist in diesem Falle nicht gehindert, den Beschluß des LG ganz aufzuheben und die Erstbeschwerde in vollem Umfang zurückzuweisen.[85]

Der Erlaß einer Zwischenverfügung kommt nur insoweit in Betracht, als die Beibringung neuer Tatsachen in der dritten Instanz zulässig ist oder der Sachverhalt keiner weiteren Ermittlungen mehr bedarf[86] (vgl. § 78 Rdn. 14, 15). Außerdem kann das Rechtsbeschwerdegericht eine nicht vollständige Zwischenverfügung ergänzen.[87] Das Rechtsbeschwerdegericht kann aber jedenfalls dann keine Zwischenverfügung erlassen, wenn zwar das GBA statt der Antragszurückweisung eine Zwischenverfügung hätte erlassen müssen, die Entscheidung des GBA jedoch neun Monate zurückliegt und das in einem Erwerbsverbot bestehende Eintragungshindernis immer noch besteht.[88]

3. Begründung und Bekanntmachung

28 Die Entscheidung des Rechtsbeschwerdegerichts ist mit Gründen zu versehen und den Verfahrensbeteiligten nach § 16 FGG bekanntzumachen. § 77 ist entsprechend anzuwenden. Es kann deshalb auf die Ausführungen über die Entscheidung des Beschwerdegerichts verwiesen werden (vgl. § 77 Rdn. 23 ff.). Dasselbe gilt für das Verbot der Schlechterstellung des Beschwerdeführers (vgl. § 77 Rdn. 9) und die Kosten (vgl. § 77 Rdn. 30, 31); durch die Vorlegung der Sache an den BGH entstehen keine Mehrkosten.

VIII. Wirkung der Entscheidung

29 Das Gericht der weiteren Beschwerde kann seinen Beschluß, nachdem dieser wirksam geworden ist, nicht mehr ändern. Eine Ausnahme hiervon muß für Beschlüsse gemacht werden, durch die die weitere Beschwerde als unzulässig verworfen worden ist, wenn sich nachträglich herausstellt, daß die Verwerfung auf unrichtigen Tatsachen oder auf einer unrichtigen Beurteilung der tatsächlichen Voraussetzungen beruht.[89]

Im Falle der Zurückverweisung sind entsprechend dem Grundsatz des § 565 Abs. 2 ZPO, der auch für das Verfahren der freiwilligen Gerichtsbarkeit und damit auch für Grundbuchsachen sinngemäß anzuwenden ist, das Beschwerdegericht und das GBA an die der Entscheidung des OLG zugrundeliegende Rechtsauffassung gebunden, es sei denn, daß sich der Sachverhalt oder das maßgebende Recht nachträglich geändert hat. Auch das OLG ist an seine frühere Rechtsauffassung gebunden, wenn die Sache auf erneute weitere Beschwerde wieder zu ihm gelangt.[90] Dann besteht auch keine Vorlegungspflicht nach § 79 Abs. 2 (vgl. § 79 Rdn. 20). Die Bindung tritt jedoch nicht für solche Teile der Entscheidung ein, die nur unverbindliche Empfehlungen für die weitere Behandlung der Sache darstellen, auf denen also die Zurückverweisung nicht beruht.[91]

---

[85] BayObLGZ 75, 39/42 = DNotZ 76, 106.
[86] OLG Frankfurt OLGZ 93, 169/172 = Rpfleger 93, 147/148.
[87] BayObLGZ 85, 378/386; 86, 208/211; 90, 51/55 = Rpfleger 90, 363/364.
[88] BayObLGZ 97, 55/59 = FGPrax 97, 89 = Rpfleger 97, 304.
[89] *Demharter* Rdn. 22; Jansen § 29 Rdn. 33; für weitergehende Abänderbarkeit Meikel/*Streck* Rdn. 38.
[90] RGZ 124, 323; BGH LM § 28 FGG Nr. 14 = NJW 54, 1445; BGHZ 15, 122 = NJW 55, 21; OLG Hamm OLGZ 71, 84 = NJW 70, 2118.
[91] BGH NJW 54, 1933; BayObLGZ 74, 18/21 = Rpfleger 74, 148.

Vierter Abschnitt. Beschwerde (Kuntze) **§ 81**

[Ergänzende Vorschriften]

§ 81
(1) Über Beschwerden entscheidet bei den Landgerichten eine Zivilkammer, bei den Oberlandesgerichten und dem Bundesgerichtshof ein Zivilsenat.
(2) Die Vorschriften der Zivilprozeßordnung über die Ausschließung und Ablehnung der Gerichtspersonen sowie die Vorschriften der §§ 132 und 138 des Gerichtsverfassungsgesetzes sind entsprechend anzuwenden.

I. Allgemeines

§ 81 enthält ergänzende Vorschriften. Er regelt die Zuständigkeit und Besetzung der **1** Beschwerdegerichte sowie das vom Bundesgerichtshof zur Wahrung der einheitlichen Rechtsprechung einzuhaltende Verfahren. Außerdem erklärt § 81 die Bestimmungen der ZPO über die Ausschließung und Ablehnung von Gerichtspersonen für entsprechend anwendbar. Abgesehen von dieser Verweisung entspricht die Vorschrift § 30 FGG.

II. Zuständigkeit und Besetzung der Beschwerdegerichte

§ 81 Abs. 1 weist die Entscheidung über Beschwerden bei den Landgerichten einer **2** Zivilkammer, bei den Oberlandesgerichten und dem Bundesgerichtshof einem Zivilsenat zu. Für die Geschäftsverteilung und Besetzung gelten die Vorschriften des GVG. Welche Kammer bzw. welcher Senat zuständig ist, bestimmt die vom Präsidium beschlossene Geschäftsverteilung (§ 21 e GVG). Die Besetzung der Kammern und Senate richtet sich nach den §§ 75, 122 Abs. 1, 139 Abs. 1 GVG. Für die Bearbeitung von Grundbuchsachen während der Gerichtsferien waren bis zur Aufhebung der Gerichtsferien durch Gesetz v. 28. 10. 1996 (BGBl. I, 1546) zum 1. 1. 1997 ebenso wie für die Angelegenheiten der freiwilligen Gerichtsbarkeit Ferienkammern und Feriensenate zuständig.[1]

Über Beschwerden entscheidet beim LG eine Zivilkammer, während für die Entscheidung über weitere Beschwerden ein Zivilsenat beim OLG zuständig ist. Im landwirtschaftlichen Schuldenregelungsverfahren ist das OLG Beschwerdegericht (vgl. § 72 Rdn. 6). In Bayern entscheidet an Stelle des zuständigen OLG das BayObLG und in Rheinland-Pfalz das OLG Zweibrücken (vgl. dazu näher § 79 Rdn. 2). Der BGH ist nach Art. 8 Abs. 3 Nr. 88 des Rechtseinheitsgesetzes v. 12. 9. 1950 (BGBl. 455, 509) an die Stelle des RG getreten.

Die Vorschriften über die Zuständigkeit und Besetzung der Beschwerdegerichte müs- **3** sen im Hinblick auf Art. 101 Abs. 1 Satz 2 GG, wonach niemand seinem gesetzlichen Richter entzogen werden darf, genau eingehalten werden. Entscheidet ein unzuständiges Gericht über die Beschwerde, so ist grundsätzlich deshalb die Entscheidung nicht unwirksam, sondern mit der weiteren Beschwerde anfechtbar (vgl. dazu näher § 72 Rdn. 7). Ist das Beschwerdegericht nicht vorschriftsmäßig besetzt, so stellt das einen absoluten Rechtsbeschwerdegrund nach § 550 Nr. 1 ZPO dar (vgl. dazu § 78 Rdn. 19).

---

[1] BGHZ 9, 30 = NJW 53, 744 unter Aufgabe des im BGHZ 6, 193 = NJW 52, 880 vertretenen gegenteiligen Standpunkts.

§ 81

III. Verfahren des BGH zur Wahrung einheitlicher Rechtsprechung

4 Um die Einheitlichkeit der Rechtsprechung des BGH zu wahren und um Meinungsverschiedenheiten innerhalb dieses Gerichts auszugleichen, erklärte § 81 Abs. 2 die §§ 136, 137 und 138 GVG in der bis zum 31. 12. 1991 geltenden Fassung für entsprechend anwendbar. Die §§ 136 und 137 GVG sind mit Wirkung vom 1. 1. 1992 durch das Rechtspflege-Vereinfachungsgesetz v. 17. 12. 1990 (BGBl. I, 2847) aufgehoben worden; inhaltlich sind die früheren Regelungen in § 132 GVG im wesentlichen übernommen und ergänzt worden. Eine Anpassung des § 81 Abs. 2 an diese Änderungen des GVG ist zunächst unterblieben, dann aber durch das RegVBG v. 20. 12. 1993 (BGBl. I, 2182) nachgeholt worden.

1. Abweichung von früherer Entscheidung: Großer Senat

Nach § 132 Abs. 2, GVG darf ein Zivilsenat, der nach § 79 Abs. 2 über eine ihm vom OLG vorgelegte weitere Beschwerde zu entscheiden hat, von der Entscheidung eines anderen Zivil- oder Strafsenats oder eines Großen Senats oder der Vereinigten Großen Senate nicht abweichen. Will er abweichen, so hat er die Rechtsfrage dem Großen Senat für Zivilsachen oder den Vereinigten Großen Senaten zu unterbreiten. Die Vorlage ist nach § 132 Abs. 3 Satz 1 GVG aber nur zulässig, wenn der Senat, von dessen Entscheidung abgewichen werden soll, auf Anfrage des erkennenden Senats erklärt hat, daß er an seiner Rechtsauffassung festhalten will. Diese Anrufungspflicht ist anders als die Pflicht zur Vorlegung an den BGH gemäß § 79 Abs. 2 nicht darauf beschränkt, daß die Rechtsfrage eine das Grundbuchrecht betreffende Vorschrift zum Gegenstand hat: denn die in § 81 Abs. 2 angeordnete entsprechende Anwendung der §§ 132, 138 GVG enthält keine Einschränkung und nötigt auch nicht zu einer solchen.[2] Die Vorlage an den Großen Senat für Zivilsachen ist nicht nur bei unterschiedlicher Auslegung derselben Gesetzesbestimmung erforderlich, sondern auch dann, wenn der gleiche Rechtsgrundsatz, mag er auch in mehreren Gesetzesbestimmungen seinen Niederschlag gefunden haben, von zwei Senaten unterschiedlich aufgefaßt und gehandhabt wird.[3]

5 Will der Zivilsenat von der Entscheidung eines anderen obersten Gerichtshofs des Bundes oder des Gemeinsamen Senats der obersten Gerichtshöfe abweichen, so hat er, sofern nicht ein Fall vorliegt, in welchem die Rechtsfrage nach § 132 Abs. 2 GVG dem Großen Senat für Zivilsachen oder den Vereinigten Senaten zu unterbreiten ist, die Entscheidung des Gemeinsamen Senats anzurufen; dessen Entscheidung ist für den beschließenden Senat in der vorgelegten Sache bindend (§§ 2, 11, 16 des Gesetzes zur Wahrung der Einheitlichkeit der Rechtsprechung der obersten Gerichtshöfe des Bundes v. 19. 6. 1968, BGBl. I, 661). Da der Gemeinsame Senat nur über die Rechtsfrage entscheidet (§ 15 des Gesetzes), muß der vorlegende Senat des BGH alsdann noch über die weitere Beschwerde befinden.

2. Großer Senat in anderen Fällen

6 Auch wenn keine widersprechende Entscheidung eines anderen Senats vorliegt, kann der zuständige Senat des BGH nach § 132 Abs. 4 GVG in Fragen von grundsätzlicher

---

[2] Ebenso *Demharter* § 81 Rdn. 6; Meikel/*Streck* Rdn. 6; *Jansen* § 30 Rdn. 7; a. A. Hesse/Saage/*Fischer* § 81 Anm. III.

[3] BGHZ 9, 181 = NJW 53, 821.

Bedeutung die Entscheidung des Großen Senats herbeiführen, wenn das nach seiner Auffassung zur Fortbildung des Rechts oder zur Sicherung einer einheitlichen Rechtsprechung erforderlich ist.

3. Entscheidung des Großen Senats

Der Große Senat oder die Vereinigten Großen Senate entscheiden nur über die **7** Rechtsfrage; aufgrund ihrer Entscheidung, die bindend ist, befindet der zuständige Senat über die weitere Beschwerde (§ 138 Abs. 1 GVG).

Will der Große Senat von der Entscheidung eines anderen obersten Gerichtshofs des Bundes oder des Gemeinsamen Senats der obersten Gerichtshöfe abweichen, so hat er die Entscheidung des Gemeinsamen Senats anzurufen; dessen Entscheidung ist in der vorgelegten Sache für den beschließenden Senat bindend (§§ 2, 11 Abs. 2, 16 des Gesetzes v. 19. 6. 1968 – BGBl. I, 661).

IV. Ausschließung und Ablehnung von Gerichtspersonen im Beschwerdeverfahren

§ 81 Abs. 2 regelt schließlich noch die **Ausschließung und Ablehnung von Gerichts-** **8** **personen** im Beschwerdeverfahren und erklärt die Vorschriften der ZPO, also die §§ 41 bis 49, für entsprechend anwendbar. Infolge dieser Sondervorschrift findet § 6 FGG keine Anwendung. Da bei der Entscheidung der Beschwerdegerichte Urkundsbeamte der Geschäftsstelle nicht mitwirken, werden in der Regel nur Richter der Beschwerdegerichte in Betracht kommen. Allerdings kann auch der Urkundsbeamte ausgeschlossen sein oder abgelehnt werden, wenn er eine Beschwerde zur Niederschrift aufgenommen hat. In diesem Falle gelten nach § 49 ZPO die §§ 41 ff. entsprechend. Für den Ausschluß oder die Ablehnung eines Rechtspflegers des Beschwerdegerichts – dieser Fall wird kaum praktisch vorkommen – sind nach § 10 RPflG die für den Richter geltenden Vorschriften maßgebend.

1. Ausschließungsgründe

Die Gründe, aus denen ein Richter kraft Gesetzes von der Ausübung des Richteram- **9** tes ausgeschlossen ist, sind in § 41 ZPO enthalten.

2. Ablehnungsgründe

§ 42 ZPO nennt die Gründe, aus denen ein Richter abgelehnt werden kann. Eine **10** Ablehnung kommt in Betracht, wenn ein Fall des Ausschlusses kraft Gesetzes gegeben ist oder wenn Besorgnis der Befangenheit geltend gemacht wird. Wegen Besorgnis der Befangenheit findet nach § 42 Abs. 2 ZPO die Ablehnung statt, wenn ein Grund vorliegt, der geeignet ist, Mißtrauen gegen die Unparteilichkeit eines Richters zu rechtfertigen. Wegen weiterer Einzelheiten wird auf Stein/Jonas/*Leipold* § 42 Rdn. 2 ff., Baumbach/Lauterbach/Albers/*Hartmann*, § 42 Rdn. 9 ff. und Meikel/*Streck* Rdn. 13 verwiesen.

Das Ablehnungsrecht steht, wie sich aus § 42 Abs. 3 ZPO ergibt, jedem Beteiligten, nicht nur dem Beschwerdeführer zu.

3. Das Verfahren

Das Verfahren ist in den §§ 43 bis 48 ZPO geregelt. Das Gericht entscheidet aufgrund **11** eines Ablehnungsgesuchs eines Beteiligten oder von Amts wegen, wenn der Richter sich selbst ablehnt oder wenn Zweifel bestehen, ob der Richter kraft Gesetzes ausgeschlossen ist (§ 48 ZPO).

Ein auf Besorgnis der Befangenheit gestütztes Ablehnungsgesuch ist nach § 43 ZPO unzulässig, wenn sich ein Beteiligter vor dem Gericht in Kenntnis des Ablehnungsgrundes in eine Verhandlung eingelassen oder Anträge gestellt hat. Demgemäß sind im schriftlichen Verfahren Ablehnungsgründe von Beteiligten mit der nächsten Äußerung nach Bekanntwerden des Grundes geltend zu machen.[4] Nach Beendigung des Rechtszuges kann ein Ablehnungsgrund mit Wirkung für die erlassene Entscheidung nicht mehr angebracht werden.[5] Das gilt auch dann, wenn der Ablehnungsgrund oder die Mitwirkung des Richters erst nach dem Erlaß der Entscheidung bekannt geworden ist.[6]

Form und Inhalt des Ablehnungsgesuchs sind in § 44 ZPO näher geregelt. Über das Ablehnungsgesuch entscheidet nach § 45 Abs. 1 ZPO das Gericht, dem der abgelehnte Richter angehört, oder, wenn dieses Gericht durch das Ausscheiden des abgelehnten Mitglieds beschlußunfähig ist, das im Instanzenzug höhere Gericht. Der Beschluß, durch den das Ablehnungsgesuch für begründet erklärt wird, ist unanfechtbar, während gegen den Beschluß, durch den die Ablehnung für unbegründet oder unzulässig erklärt wird, die sofortige Beschwerde stattfindet (§ 46 Abs. 2 ZPO). Entscheidungen des OLG (BayObLG, KG) oder des BGH sind unanfechtbar.

4. Wirkung der Ausschließung oder Ablehnung

12   Wirkt bei der Entscheidung ein kraft Gesetzes ausgeschlossener oder wegen Besorgnis der Befangenheit mit Erfolg abgelehnter Richter mit, so ist die Entscheidung aus diesem Grunde nicht unwirksam. Das ergibt sich aus § 7 FGG, der in Grundbuchsachen entsprechend anwendbar ist. Wenn in § 7 der abgelehnte Richter nicht erwähnt ist, so ist das ohne Bedeutung; dieser Fall ist dem des ausgeschlossenen Richters gleichzustellen, nachdem das BVerfG den Ausschluß der Richterablehnung in § 6 Abs. 2 Satz 2 FGG für verfassungswidrig und nichtig erklärt hat.[7] Hat bei der Entscheidung des Landgerichts ein ausgeschlossener oder mit Erfolg abgelehnter Richter mitgewirkt, so stellt das nach § 78 Satz 2 GBO, § 551 Nr. 2 und 3 ZPO einen absoluten Rechtsbeschwerdegrund dar. Die weitere Beschwerde führt in diesem Falle ohne Rücksicht auf die Ursächlichkeit des Mangels zur Aufhebung der Entscheidung.[8] Wird dagegen die Ablehnung eines Richters der Beschwerdekammer erst nach Erlaß der den Rechtszug abschließenden Entscheidung für begründet erklärt, so liegt kein absoluter Aufhebungsgrund gemäß § 551 Nr. 3 ZPO vor; vielmehr handelt es sich nur um einen relativen Aufhebungsgrund, der nur zur Aufhebung der Entscheidung führt, wenn sie darauf beruht oder zumindest beruhen kann.[9]

Nach § 47 ZPO darf ein abgelehnter Richter vor Erledigung des Ablehnungsgesuchs nur solche Handlungen vornehmen, die keinen Aufschub gestatten. Er ist deshalb befugt, beim Erlaß von einstweiligen Anordnungen nach §§ 76, 80 Abs. 3 mitzuwirken.

---

[4] *Demharter* Rdn. 12.
[5] *Jansen* § 6 Rdn. 17.
[6] BayObLG MDR 93, 471 = Rpfleger 93, 327.
[7] BVerfGE 21, 139 = NJW 67, 1123 = Rpfleger 67, 210.
[8] OLG Hamm Rpfleger 69, 211; vgl. auch § 78 Rdn. 20 und 21.
[9] BayObLGZ 93, 52/56.

FÜNFTER ABSCHNITT

Verfahren des Grundbuchamts in besonderen Fällen

Vorbemerkungen

I. Der Abschnitt enthält durchweg Vorschriften, die erst nachträglich in die GBO **1** eingefügt worden sind. Er gliedert sich in drei Teile:
1. Grundbuchberichtigungszwang §§ 82, 82 a, 83),
2. Löschung gegenstandsloder Eintragungen (§ 84–89),
3. Klarstellung der Rangverhältnisse (§§ 90–115).

II. Von besonders weittragender Bedeutung ist hierbei der § 82, der den beschränk- **2** ten Grundbuchberichtigungszwang einführt. Häufig stimmt die Eigentümereintragung im Grundbuch nicht mehr mit der wahren Rechtslage überein. Das Eigentum ist außerhalb des Grundbuchs übergegangen. Da die Eigentümer aber den Antrag auf Berichtigung des Grundbuchs nicht stellten und das GBA keine Möglichkeit hatte, die Berichtigung herbeizuführen, blieb – manchmal über mehrere Generationen hinaus – das Grundbuch unrichtig. Diesem allenthalten als äußerst störend empfundenen Mangel soll der § 82 abhelfen, der ergänzt wird durch den durch § 4 GBVereinfVO v. 5. 10. 1942 (RGBl. I, 573) eingefügten – § 82 a und den § 83. § 82 gibt dem GBA die Möglichkeit, in bestimmten Fällen das Grundbuch von Amts wegen zu berichtigen, während § 83 dem Nachlaßgericht gegenüber dem GBA Mitteilungspflichten auferlegt.

III. Auch die Vorschriften über die Löschung gegenstandsloser Eintragungen **3** (§§ 84–89) und über die Klarstellung der Rangverhältnisse (§§ 90–115) sind Mittel, die, insbesondere unter Berücksichtigung der in den §§ 28 ff. GBVfg. vorgesehenen Möglichkeit der Umschreibung der Grundbücher, in hohem Maße geeignet sind, das Grundbuch von veralteten Eintragungen freizuhalten und den Inhalt des Grundbuchs klar und übersichtlich zu gestalten.

Zur Beseitigung der durch die Inflation und Aufwertungszeit eingetretenen Komplizierung des Grundbuchinhalts und der Unübersichtlichkeit der Rangverhältnisse dienten bis zum Inkrafttreten der GBOÄndVO am 1. 4. 1936 die §§ 22 und 24 GrdBBerG v. 18. 7. 1930 (RGBl. I, 305), dem Landesrecht die Möglichkeit gaben, Verfahren zur Löschung gegenstandsloser Eintragungen und zur Klarstellung unübersichtlicher Rangverhältnisse zu schaffen. Die meisten Länder hatten aufgrund vorheriger Verständigung in inhaltlich weitgehend übereinstimmender Weise von der Möglichkeit Gebrauch gemacht. Es erschien angebracht, diese Vorschriften, die sich durchaus bewährt hatten, mit Rücksicht auf ihre Bedeutung zum Dauerbestand der GBO zu machen.

Die §§ 84 bis 89 sind fast wörtlich dem preußischen Ausführungsgesetz zu § 22 GrdBBerG v. 16. 3. 1931 (GS S. 16) und der DVO hierzu vom gleichen Tage, die §§ 90–115 der preußischen VO über das Verfahren zur Klarstellung der Rangverhältnisse vom 16. 3. 1931 (GS S. 20) entnommen. Soweit andere Länder derartige Vorschriften hatten, stimmten sie mit den preußischen Bestimmungen meist wörtlich überein.

Die §§ 22 und 24 GrdBBerG sind durch Art. 2 GBOÄndVO mit Wirkung ab 1. 4. 1936 aufgehoben worden. Landesrechtliche Vorschriften, die ein gerichtliches Berichtigungsverfahren zum Gegenstand hatten, sind außer Kraft getreten.[1]

I. Grundbuchberichtigungszwang

[Verpflichtung zur Antragstellung]

§ 82

Ist das Grundbuch hinsichtlich der Eintragung des Eigentümers durch Rechtsübergang außerhalb des Grundbuchs unrichtig geworden, so soll das Grundbuchamt dem Eigentümer oder dem Testamentsvollstrecker, dem die Verwaltung des Grundstücks zusteht, die Verpflichtung auferlegen, den Antrag auf Berichtigung des Grundbuchs zu stellen und die zur Berichtigung des Grundbuchs notwendigen Unterlagen zu beschaffen. Das Grundbuchamt soll diese Maßnahme zurückstellen, solange berechtigte Gründe vorliegen.

Literatur:

Bertsch Antragsrecht des Erben auf Grundbuchberichtigung bei Testamentsvollstreckung, Rpfleger 68, 178; *Hesse* Die Verordnung zur Vereinfachung des Grundbuchverfahrens vom 5. Oktober 1942 (RGBl. I S. 573); DFG 43, 17; *Krieger* Grundbuchbereinigung im neuen Grundbuchrecht, DNotZ 35, 853; *Riedel* Verfahren beim Grundbuchberichtigungszwang nach § 82 GBO, Büro 79, 659; *Saage* Der Grundbuchberichtigungszwang, DJ 35, 1326.

Übersicht

		Rdn.
I.	Allgemeines	1
II.	Voraussetzungen des Grundbuchberichtigungszwangs	
	1. Unrichtigkeit der Eigentümereintragung	2
	2. Rechtsübergang außerhalb des Grundbuchs	4
	3. Feststellung der Unrichtigkeit	5
III.	Anordnung des Berichtigungszwangs	8
	1. Zurückstellung der Berichtigung	9
	2. Berechtigte Gründe für Zurückstellung	10
IV.	Entscheidung des Grundbuchamts	13
	1. Einstellung des Verfahrens	13
	2. Einstweilige Aussetzung des Verfahrens	13
	3. Durchführung des Verfahrens	13
V.	Rechtsmittel	21
VI.	Kosten	22
VII.	Anwendung der §§ 82–83 auf die Pflichten nach § 78 SachenRBerG	23
VIII.	Anwendung von §§ 82, 82a Satz 1 auf § 14 GBerG	27

I. Allgemeines

1 Der beschränkte Grundbuchberichtigungszwang ist durch die GBVereinfVO mit Wirkung v. 1. 4. 1936 neu in das Gesetz eingeführt worden. Die Schaffung einer derartigen Regelung entsprach einem dringenden praktischen Bedürfnis, um die damals bestehende Unrichtigkeit der Grundbücher im privaten und öffentlichen Interesse zu

---

[1] Vgl. dazu näher *Saage* DJ 35, 1332.

Fünfter Abschnitt. Verfahren des Grundbuchamts in besonderen Fällen (Kuntze) § 82

beseitigen.[2] Das bisherige Recht bot dem GBA keine Handhabe, die Stellung eines Grundbuchberichtigungsantrags durch den oder die Berechtigten herbeizuführen; es war dem Eigentümer eines Grundstücks überlassen, ob und wann er seine Eintragung im Grundbuch beantragen wollte. Demgegenüber gibt § 82 dem GBA die Möglichkeit, unter bestimmten Voraussetzungen von dem Berechtigten die Stellung eines Berichtigungsantrags zu erzwingen. Ursprünglich war die Ausübung des Berichtigungszwanges davon abhängig, daß die alsbaldige Berichtigung des Grundbuchs angezeigt erschien; außerdem war § 82 eine Kann-Vorschrift. Das hat in der Praxis zu Schwierigkeiten geführt. Deshalb ist § 82 durch § 27 Nr. 4 GBMaßnG v. 20. 12. 1963 (BGBl. I, 986) neu gefaßt worden. Dadurch sollte deutlich zum Ausdruck kommen, daß dem außerhalb des Grundbuchs eintretenden Eigentumsübergang grundsätzlich die Berichtigung des Grundbuchs alsbald folgt. An die Stelle der Kann-Vorschrift ist eine Soll-Vorschrift getreten, die von der Voraussetzung, daß die alsbaldige Berichtigung des Grundbuchs angezeigt erscheint, unabhängig ist. Dies wird allerdings durch den neu angefügten Satz 2 dahin gemildert, daß das GBA den Berichtigungszwang zurückstellen soll, solange berechtigte Gründe vorliegen.[3] Der Grundbuchberichtigungszwang ist damit von seiner ursprünglich beschränkten Form zu einem Verfahren umgestaltet worden, in dem das Ermessen des Grundbuchamts weitgehend ausgeschaltet worden ist.

Der § 82 findet seine Ergänzung in den §§ 82 a und 83 (vgl. dazu Rdn. 1 zu diesen Vorschriften).

II. Voraussetzungen des Grundbuchberichtigungszwangs

1. Unrichtigkeit der Eigentümereintragung

Das Grundbuch muß hinsichtlich der Eigentümereintragung − nur dieser Fall kommt in Betracht − unrichtig sein, d. h. die Eigentümereintragung muß mit der materiellen Rechtslage nicht mehr übereinstimmen. Das Grundbuch muß unrichtig im Sinne des § 894 BGB sein. Keine Unrichtigkeit des Grundbuchs in diesem technischen Sinne liegt vor, wenn sich lediglich der Name des Eigentümers geändert hat; dasselbe gilt für eine Änderung des Berufs oder des Wohnorts des Eigentümers (siehe dazu näher § 22 Rdn. 13 ff.). **2**

Wenn dagegen eine offene Handelsgesellschaft unter ihrer Firma im Grundbuch eingetragen ist und einer der beiden Gesellschafter die Firma und das Handelsgeschäft mit Aktiven und Passiven übernimmt, so kann er vom GBA nach § 82 angehalten werden, sich als Eigentümer mit seinem bürgerlichen Namen eintragen zu lassen.[4] § 82 ist auch anwendbar, wenn die nach § 47 erforderliche Eintragung des Gemeinschaftsverhältnisses nicht mehr der wirklichen Rechtslage entspricht.

Die entsprechende Anwendung des § 82 auf Fälle, in denen die tatsächlichen Besitz- **3** und Wirtschaftsverhältnisse mit der materiellen Rechts- und Grundbuchlage nicht übereinstimmen, ist nicht zulässig. Allerdings dürfte bei Unrichtigkeit des Grundbuchs hinsichtlich der Eintragung des Erbbauberechtigten § 82 anwendbar sein.[5] Dagegen ist eine ausdehnende Anwendung der Vorschrift auf andere Rechte als das Eigentum (z. B.

---

[2] Vgl. dazu *Saage* DJ 35, 1326; KG JR 53, 185; OLG Frankfurt Rpfleger 77, 409; 78, 413 sowie Rdn. 2 vor § 82.
[3] Amtl. Begründung des Gesetzesentwurfs − BT-Drucks. IV Nr. 351 S. 17/18.
[4] OLG München JFG 14, 498 = HRR 37 Nr. 464.
[5] *Krieger* DNotZ 35, 859; OLG Hamm OLGZ 93, 147/148 = Rpfleger 93, 282.

§ 82

I. Grundbuchordnung

auf erloschene, aber noch im Grundbuch eingetragene Umstellungsgrundschulden oder bei Umwandlung einer Hypothek in eine Eigentümergrundschuld oder bei Erlöschen des Nießbrauchs durch den Tod des Berechtigten) nicht möglich.

2. Rechtsübergang außerhalb des Grundbuchs

4   Die Unrichtigkeit des Grundbuchs muß auf einem Rechtsübergang außerhalb des Grundbuchs beruhen. Der wichtigste Fall ist hier der Eigentumsübergang kraft Erbgangs (§ 1922 BGB). Weitere Fälle sind beispielsweise: Der Eintritt der ehelichen oder fortgesetzten Gütergemeinschaft (§§ 1416, 1485 BGB), die Veräußerung des Anteils eines Miterben an dem Nachlaß (§ 2033 BGB), die Anwachsung, wenn aus der fortgesetzten Gütergemeinschaft ein Abkömmling durch den Tod ohne Hinterlassung von anteilsberechtigten Abkömmlingen oder durch Verzicht ausscheidet (§§ 1490, 1491 BGB), die Anwachsung, wenn ein Gesellschafter aus einer im übrigen fortbestehenden Gesellschaft des bürgerlichen Rechts ausscheidet (§ 738 BGB) oder das Geschäft einer aus zwei Gesellschaftern bestehenden offenen Handelsgesellschaft von einem Gesellschafter übernommen wird (§ 142 HGB),[6] der Formwechsel von Kapitalgesellschaften oder Personenhandelsgesellschaften nach dem Umwandlungsgesetz v. 28. 10. 1994 (BGBl. I, 3210) sowie die Verschmelzung von Aktiengesellschaften (§§ 339 ff. AktG) oder von Genossenschaften (§§ 93 a ff. GenG).

Die Eigentümereintragung wird durch Rechtserwerb außerhalb des Grundbuchs auch unrichtig, wenn der Ersteher in der Zwangsversteigerung durch den Zuschlag gemäß § 90 ZVG Eigentümer des Grundstücks wird. Da jedoch das Vollstreckungsgericht nach § 130 ZVG das GBA um Eintragung des Erstehers zu ersuchen hat, mithin ein Antrag des Erstehers nicht erforderlich, aber auch nicht ausreichend ist, ist für die Anwendung des § 82 kein Raum.[7]

Die Vorschrift umfaßt nicht die Fälle, in denen die Unrichtigkeit des Grundbuchs auf einer Unwirksamkeit der Auflassung (z. B. weil diese nichtig oder mit Erfolg angefochten ist) oder auf einem sonstigen Grunde beruht.

3. Feststellung der Unrichtigkeit

5   Die Unrichtigkeit des Grundbuchs hinsichtlich der Eigentümereintragung muß feststehen. Nach der ursprünglichen Fassung des § 82 genügte es, wenn begründeter Anlaß zu der Annahme bestand, daß das Grundbuch unrichtig geworden ist. In der geltenden Fassung verlangt die Vorschrift vom GBA die Feststellung, daß das Grundbuch unrichtig geworden ist. Hiervon muß das GBA positive Kenntnis haben und überzeugt sein. Die bloße Vermutung oder die Wahrscheinlichkeit der Unrichtigkeit genügen nicht. Auf welche Weise das GBA die Überzeugung von der Unrichtigkeit erlangt, ist nicht entscheidend. Es ist möglich, daß dem GBA bereits aufgrund seiner Amtstätigkeit die erforderlichen Tatsachen bekannt werden, um von der Unrichtigkeit überzeugt zu sein. Auch durch eine Mitteilung des Nachlaßgerichts nach § 83 kann das GBA die notwendige Kenntnis erhalten. Wenn die Flurbereinigungsbehörde eine Unrichtigkeit des Grundbuchs hinsichtlich der Eigentümereintragung feststellt, sollte sie dem GBA hiervon Mitteilung machen und die Durchführung des Berichtigungszwangsverfahrens an-

---

[6] Vgl. dazu OLG München JFG 14, 498 = HRR 37 Nr. 464.   [7] KG DJ 36, 905.

regen.⁸ Möglich ist weiter, daß ein Beteiligter die Einleitung des Berichtigungszwangsverfahrens anregt⁹ und dadurch das GBA zu einer Tätigkeit veranlaßt.

Zu Ermittlungen über die Richtigkeit oder Unrichtigkeit des Grundbuchs ist das **6** GBA nur genötigt, wenn ihm Tatsachen bekannt werden, die nach den Erfahrungen des Lebens den Schluß zulassen, daß der buchmäßige Eigentümer nicht mehr der wahre Eigentümer ist. Das wird beispielsweise der Fall sein, wenn seit der Eintragung des Eigentümers ein so langer Zeitraum verstrichen ist, daß die Annahme berechtigt ist, der eingetragene Eigentümer sei nicht mehr am Leben.

Steht fest, daß das Grundbuch hinsichtlich der Eigentümereintragung unrichtig geworden ist, so muß das GBA zur Anwendung des Berichtigungszwangs notfalls den **7** oder die Rechtsnachfolger des eingetragenen Eigentümers gemäß § 12 FGG von Amts wegen ermitteln. Solange dem Nachlaßgericht, bei dem das GBA anzufragen haben wird, das Vorhandensein eines Testaments nicht bekannt ist und die gesetzlichen Erben nicht nachweisen, daß der Erblasser eine letztwillige Verfügung errichtet hat, wird das GBA das Verfahren gegen die gesetzlichen Erben einleiten können.¹⁰

Das GBA kann zur Ermittlung der antragsberechtigten Erben auch die Hilfe des Nachlaßgerichts in Anspruch nehmen. Da in diesem Stadium des Verfahrens im Falle des § 82 noch dieselben Voraussetzungen wie im Falle des § 82 a gelten (vgl. § 82 a Rdn. 3), ist auch hier § 82 a Satz 2 anwendbar.¹¹ Das GBA darf sich aber nicht darauf beschränken, lediglich vorläufige Feststellungen über den Erben zu treffen und diesem alsdann den Nachweis seiner Nachfolge in einer dem § 35 entsprechenden Form aufzugeben;¹² das würde mit § 12 FGG und dem eindeutigen Wortlaut des § 82 in Widerspruch stehen, wonach nur der antragsberechtigte, aber nicht der mutmaßliche Eigentümer verpflichtet werden kann.¹³

III. Anordnung des Berichtigungszwangs

Liegen die Unter II erörterten Voraussetzungen vor, so ist das GBA grundsätzlich **8** verpflichtet, das Berichtigungszwangsverfahren einzuleiten. Die ursprüngliche Kann-Vorschrift ist in der geltenden Fassung zu einer Soll-Vorschrift umgestaltet worden. Dadurch ist an die Stelle des freien Ermessens des Grundbuchamts, das Verfahren einzuleiten, die Verpflichtung hierzu getreten. Daß § 82 in der Praxis selten angewandt wird, ändert daran nichts.¹⁴ Bevor das GBA darüber entscheidet, ob das Verfahren einzuleiten ist, weird es zweckmäßigerweise den Eigentümer anhören und ihn über seine Verpflichtung zur Berichtigung belehren.

1. Zurückstellung der Berichtigung

Die Verpflichtung zur Einleitung des Verfahrens wird indessen durch § 82 Satz 2 **9** gemildert. Danach soll das GBA den Berichtigungszwang zurückstellen, solange berechtigte Gründe vorliegen. In der ursprünglichen Fassung des § 82 war der Berichtigungszwang davon abhängig, daß die alsbaldige Berichtigung des Grundbuchs ange-

---

⁸ Vgl. für Nordrhein-Westfalen RdErl. v. 2. 11. 1955, JMBlNRW 57, 254 und für Niedersachsen RdErl. v. 10. 12. 1955, NdsMBl. 56, 13.
⁹ KG JFG 14, 421 = HRR 37 Nr. 385; JFG 14, 448 = HRR 37 Nr. 384.
¹⁰ KG JFG 14, 423 = HRR 37 Nr. 385.
¹¹ *Hesse* DFG 43, 19.
¹² So, in sich widerspruchsvoll, OLG Braunschweig NdsRpfl. 55, 74 im Anschluß an Thieme Anm. 2 b.
¹³ S. dazu näher Meikel/*Ebeling* Rdn. 14.
¹⁴ LG Ellwangen BWNotZ 77, 177 = Büro 79, 759; *Riedel* Büro 79, 659.

zeigt erschien. Danach war das Antragszwangsverfahren nur dann anzuwenden, wenn die alsbaldige Berichtigung einem objektiven, allen beteiligten Interessen gerecht werdenden Bedürfnissen entsprach.[15] Wenn demgegenüber die geltende Fassung eine Zurückstellung des Verfahrens gebietet, solange berechtigte Gründe dafür vorliegen, so verlangt das ebenfalls eine Interessenabwägung: Die Belange der Beteiligten müssen schwerer wiegen als das Interesse an der alsbaldigen Durchführung des Verfahrens.

2. Berechtigte Gründe für Zurückstellung

10 Berechtigte Gründe für eine Zurückstellung des Berichtigungszwanges werden beispielsweise angenommen werden können, wenn das Grundstück veräußert oder einem Miterben im Wege der Erbauseinandersetzung übereignet werden soll oder wenn ein Verzicht auf das Eigentum zu erwarten ist; denn hier braucht nach § 40, der von § 82 unberührt bleibt, der Betroffene nicht erst voreingetragen zu werden.[16] Legt der Eigentümer dem GBA glaubwürdig dar, daß eine Belastung des Grundstücks bevorsteht, bei der ohnehin gemäß § 39 das Grundbuch hinsichtlich der Eigentümereintragung berichtigt werden muß, so wird ebenfalls die Berichtigung zurückzustellen sein. Auch eine bevorstehende Zwangsversteigerung zum Zwecke der Auseinandersetzung wird die Einleitung des Berichtigungsverfahrens regelmäßig überflüssig machen, da das Grundbuch in einem solchen Falle nach §§ 17, 181 Abs. 2 ZVG vorher nicht berichtigt zu werden braucht.[17] Dagegen liegen keine berechtigten Gründe für eine Zurückstellung der Grundbuchberichtigung vor, wenn sich die Verhandlungen über einen beabsichtigten Eigentumswechsel in die Länge ziehen und nicht abzusehen ist, ob und wann sie im Gb vollzogen wird.[18]

11 Es empfiehlt sich jedoch in derartigen Fällen, das Verfahren nur einstweilen auszusetzen, um es, wenn nach angemessener Frist die vom Berechtigten in Aussicht gestellte Verfügung nicht vorgenommen worden ist, weiter durchzuführen.[19]

Der Umstand, daß das Grundstück geringwertig ist, hindert nicht die Einleitung des Berichtigungszwangsverfahrens; hier ist der nach § 35 Abs. 3 erleichterte Nachweis des Rechtsübergangs zu beachten. Auch bei kriegszerstörten Grundstücken ist die Berichtigung der Eigentümereintragung grundsätzlich vorzunehmen.[20]

Berechtigte Gründe für eine Zurückstellung des Berichtigungszwangs können schließlich gegeben sein, wenn sich der wahre Eigentümer im Ausland aufhält und die Herbeiführung des Antrags auf große Schwierigkeiten stoßen würde oder wenn die Beschaffung der Berichtigungsunterlagen zur Zeit nicht möglich ist.

12 Der Einleitung des Berichtigungszwangsverfahrens steht ein **bereits laufendes Berichtigungsverfahren** nicht entgegen. So kann das Zwangsverfahren auch dann eingeleitet werden, wenn ein Beteiligter bereits den Antrag auf Berichtigung gestellt hat; das wird beispielsweise dann notwendig sein, wenn der freiwillig gestellte Antrag ohne Mitwirkung eines sich an dem Antragsverfahren nicht beteiligenden Miteigentümers keinen Erfolg haben kann,[21] insbesondere dann, wenn der Antragsteller den Nachweis der Rechtsnachfolge, z. B. den Erbschein hinsichtlich der Erbfolge nach einem Miterben,

---

[15] Hesse/Saage/*Fischer* Anm. II, 3.
[16] KG JFG 14, 449 = HRR 37 Nr. 384; JFG 22, 117 = HRR 41 Nr. 43; JR 53, 185; OLG Frankfurt Rpfleger 77, 409; *Riedel* Büro 79, 659.
[17] KG JFG 14, 422 = HRR 37 Nr. 385.
[18] BayObLG bei *Plötz* Rpfleger 91, 353/354.
[19] KG JFG 14, 450 = HRR 37 Nr. 384; JFG 22, 119 = HRR 41 Nr. 43.
[20] KG JR 53, 185.
[21] KG JFG 14, 422 = HRR 37 Nr. 385; BayObLGZ 94, 158/163 = NJW-RR 95, 272/273 = Rpfleger 95, 103/104.

nicht selbst beschaffen kann.[22] Jedoch kann in ein Beschwerdeverfahren, in dem die Ablehnung einer beantragten Grundbuchberichtigung angegriffen wird, nicht erstmals als weiterer Verfahrensgegenstand die Grundbuchberichtigung nach § 82 eingeführt werden.[23] Ebenso kann in einem Beschwerdeverfahren nicht vom Amtsberichtigungsverfahren in das Antragsverfahren nach §§ 13, 22 übergegangen werden.[24]

IV. Entscheidung des Grundbuchamts

Die Entscheidung geht entweder auf Einstellung des Verfahrens, auf einstweilige Aussetzung oder auf Durchführung des Verfahrens. **13**

1. Einstellung des Verfahrens

Das Verfahren ist einzustellen, wenn das Grundbuch richtig ist.

2. Einstweilige Aussetzung des Verfahrens

Das Verfahren ist einstweilen auszusetzen, wenn das Grundbuch zwar unrichtig ist, aber berechtigte Gründe für eine Zurückstellung des Berichtigungszwanges vorliegen (vgl. oben Rdn. 11).

3. Durchführung des Verfahrens

Hält das GBA die oben in Anm. II 1–3 erörterten Voraussetzungen für gegeben und wird der Berichtigungsantrag nicht freiwillig gestellt, so hat es dem Eigentümer oder dem Testamentsvollstrecker, dem die Verwaltung des Grundstücks zusteht, die Verpflichtung aufzuerlegen, den Berichtigungsantrag zu stellen und die zur Berichtigung notwendigen Unterlagen zu beschaffen.

a) Der **Inhalt der Verpflichtung** erstreckt sich einmal auf die Stellung des Berichtigungsantrags und zum anderen auf die Beschaffung der zur Berichtigung notwendigen Unterlagen. **14**

Über den Antrag vgl. die Anm. zu § 13. Der Antrag ist als solcher formlos. Nur wenn er zugleich eine zur Eintragung erforderliche Erklärung ersetzt, bedarf er der Form des § 29. Die Zurücknahme eines erzwungenen Antrags ist zulässig; denn § 82 erfordert kein Abweichen von den allgemeinen Grundsätzen, da das GBA notfalls nach § 82 a vorgehen kann.[25]

b) Zu den zur **Berichtigung notwendigen Unterlagen** gehören alle Unterlagen, die erforderlich wären, um einem nicht erzwungenen Antrag zum Erfolg zu verhelfen, beispielsweise der Erbschein oder die Genehmigungen nach dem BBauG. Auch die Unbedenklichkeitsbescheinigung nach § 22 GrEStG v. 17. 12. 1982 (BGBl. I, 1777) stellt eine Eintragungsunterlage dar, da das GBA die Berichtigung erst vornehmen darf, wenn die Bescheinigung vorgelegt wird. Dagegen ist seit der Neufassung des § 22 Abs. 2 durch § 1 GBVereinfVO v. 5. 10. 1942 (RGBl. I, 573) die Zustimmungserklärung des Eigentümers nicht erforderlich, wenn die Unrichtigkeit nachgewiesen wird. Über den Nachweis des Eigentumsübergangs bei geringwertigen Grundstücken durch Beweismit- **15**

---

[22] BayObLG a. a. O.
[23] OLG Hamm OLGZ 94, 257/260 = Rpfleger 94, 249/250.
[24] OLG Thüringen FGPrax 96, 170.
[25] Ebenso *Demharter* Rdn. 18; a. A. Hesse/Saage/*Fischer* § 82 Anm. III, 3 und § 13 Anm. I, 1 d.

§ 82

tel, die nicht den §§ 29, 35 Abs. 1 und 2 entsprechen, vgl. § 35 Abs. 3. Nicht erforderlich zur Berichtigung war die Genehmigung nach dem MRG Nr. 52.[26]

Ist bereits ein Berichtigungsantrag gestellt, so kann sich das Verlangen des Grundbuchamts auf die Beibringung der zur Berichtigung notwendigen Unterlagen beschränken.

16 c) **Der verpflichtete Personenkreis** wird bestimmt durch die Worte „dem Eigentümer oder dem Testamentsvollstrecker, dem die Verwaltung des Grundstücks zusteht". Antragsverpflichtet ist, wer nach den allgemeinen Vorschriften antragsberechtigt ist; denn § 82 verwandelt ein bestehendes Antragsrecht in eine Antragspflicht. Danach ist auch die Frage zu beurteilen, wer von mehreren Beteiligten verpflichtet werden kann.

Bei **Miteigentümern** kann die Verpflichtung einem jeden einzelnen, aber auch allen gemeinsam auferlegt werden.[27] Ein Verfahren nach § 82 kann auch nach dem Tod eines Miterben einer im Grundbuch bereits eingetragenen Erbengemeinschaft gegen einen anderen Miterben eingeleitet werden.[28] Da nach § 22 Abs. 2 bei Unrichtigkeitsnachweis nicht mehr die Zustimmung des Eigentümers erforderlich ist, wird es in der Regel genügen, wenn die Verpflichtung nur einem Miteigentümer auferlegt wird.

Die Tatsache, daß somit unter Umständen nicht sämtliche Miteigentümer (z. B. Miterben) den Antrag zu stellen brauchen, wird gerade in den Fällen von Bedeutung sein, in denen einzelne Miteigentümer der deutschen Gerichtsbarkeit nicht unterliegen, jedoch angenommen werden kann, daß der der deutschen Gerichtsbarkeit unterliegende Miteigentümer in der Lage ist, sie zur Mitwirkung an der Berichtigung zu veranlassen.

17 Ein **Testamentsvollstrecker** kann nur zur Berichtigung angehalten werden, wenn ihm die Verwaltung des Grundstücks zusteht. Steht sie ihm nicht zu, so kann nur der Erbe verpflichtet werden.[29] Das GBA kann grundsätzlich zunächst davon ausgehen, daß dem Testamentsvollstrecker die Verwaltung zusteht (§ 2205 BGB). Zur Abgabe der Zustimmungserklärung nach § 22 Abs. 2 ist der Testamentsvollstrecker ohne Mitwirkung der Erben befugt.[30] Er hat einen Erbschein auch dann vorzulegen, wenn die Berichtigung aufgrund seiner Bewilligung erfolgen soll. Bei Vorhandensein mehrerer Testamentsvollstrecker müssen alle den Antrag stellen und zustimmen, da sie nach § 2224 Abs. 1 BGB ihr Amt grundsätzlich gemeinschaftlich führen. Deswegen muß die Verpflichtung, den Antrag zu stellen, auch allen Testamentsvollstreckern auferlegt werden.[31] Ist ein antragsberechtigter Testamentsvollstrecker vorhanden, so kann nur dieser, nicht auch der Erbe, angehalten werden, den Berichtigungsantrag zu stellen.[32] Gegen einen Nachlaßverwalter, dem hinsichtlich eines zum Gesellschaftsvermögen gehörenden Grundstücks kein Verwaltungsrecht zusteht, kann kein Verfahren nach § 82 eingeleitet werden.[33]

18 d) **Die Form und Durchsetzung der Verpflichtung.** Die Verpflichtung gemäß Anm. IV 3 a und b (Rdn. 14 u. 15) wird den Beteiligten durch besondere Verfügung, die auch als Beschluß bezeichnet werden kann, auferlegt: Hierbei sind die erforderlichen Unterlagen sowie ihre Form im einzelnen zu bezeichnen, um spätere Beanstandungen des Antrags möglichst zu vermeiden. In der Verfügung wird zugleich eine angemessene Frist zur Erledigung zu setzen sein. Jedoch dürfte es nicht angebracht sein, in der

---

[26] LG Hagen SJZ 46, 231; LG Köln JBl. Köln 46, 124; OLG Celle HannRpfl. 47, 77.
[27] OLG Frankfurt Rpfleger 78, 413.
[28] OLG Frankfurt a. a. O.
[29] OLG Hamm OLGZ 93, 147/149 = Rpfleger 93, 282.
[30] KGJ 40, 206 = RJA 11, 125.
[31] OLG München JFG 17, 298 = HRR 38 Nr. 1019.
[32] KGJ 51, 216; OlG München JFG 20, 377; a. A. *Bertsch* Rpfleger 68, 178.
[33] OLG Hamm OLGZ 93, 147 = Rpfleger 93, 282.

Verfügung sogleich Maßnahmen zur zwangsweisen Durchführung der Verpflichtung anzudrohen. Dazu wird das GBA erst Anlaß haben, wenn der Verpflichtete der Aufforderung nicht nachkommt.[34]

Zweifelhaft kann es sein, ob im Berichtigungszwangsverfahren, wenn der Antrag gestellt worden ist, eine Beanstandung des Antrags durch Zwischenverfügung nach § 18 möglich ist. Die Frage ist zu verneinen. Denn würde nach Fristablauf die Beanstandung nicht behoben sein, so wäre der Antrag nach § 18 Abs. 1 Satz 2 zurückzuweisen. Ein solches Vorgehen würde jedoch gerade dem Wesen des Verfahrens und dem schon in ihm erzielten Erfolg (Stellung des Antrags) zuwiderlaufen.[35] Vielmehr ist die Behebung des Hindernisses im Rahmen des Zwangsverfahrens dadurch zu erreichen, daß eine entsprechende Verpflichtung auferlegt wird.

Die zwangsweise Durchsetzung der Verpflichtung richtet sich nach § 33 FGG. Daraus ergibt sich, daß dem einzelnen Eigentümer oder Miteigentümer nur solche Verpflichtungen auferlegt werden können, deren Erfüllung von seinem Willen abhängig ist; andere Verpflichtungen sind nicht erzwingbar.[36] Inhalt der gerichtlichen Verfügung ist außer der oben (IV 3 a) genannten Verpflichtung die Androhung eines in bestimmter Höhe genannten Zwangsgeldes, das von 5 bis 50 000 DM reichen kann. Das GBA hat die Höhe unter Abwägung aller Umstände zu bestimmen.[37] Bleibt die Androhung des Zwangsgeldes ohne Erfolg, so ist das angedrohte Zwangsgeld festzusetzen. Da das Zwangsgeld des § 33 FGG ein reines Beugemittel und keine Sühne für begangenes Unrecht ist, ist das festgesetzte Zwangsgeld nicht nur aufzuheben, wenn die Straffestsetzung zu Unrecht erfolgt ist, sondern auch, wenn das GBA zu der Auffassung gelangt, daß die Berichtigung nicht mehr durchgeführt werden soll, oder wenn der Betroffene die Nichtbefolgung der gerichtlichen Anordnung nachträglich ausreichend entschuldigt.[38] Dies gilt auch dann, wenn der Erbe das Nachlaßgrundstück einem Dritten aufgelassen hat und der Eigentumsumschreibung ein Vollzugshindernis entgegensteht.[39]

19

e) Liegen zwar die Voraussetzungen zur Durchführung des Berichtigungsverfahrens vor, ist es jedoch nicht durchführbar oder bietet es keine Aussicht auf Erfolg, so kann das GBA von der Durchführung des Zwangsverfahrens absehen und das Grundbuch von Amts wegen berichtigen. Vgl. § 82 a und die Anm. dazu.

20

V. Rechtsmittel

Gegen die vom GBA im Antragszwangsverfahren erlassenen Verfügungen steht den Beteiligten das Rechtsmittel der Beschwerde nach den §§ 71 ff. GBO, nicht nach den §§ 19 ff. FGG zu. Auch die Entscheidung des Grundbuchamts über die Einleitung des Berichtigungszwangsverfahrens ist eine Sachentscheidung, und zwar auch dann, wenn das GBA eine Anregung auf Einleitung des Verfahrens ablehnt.[40] Beschwerdeberechtigt ist jeder, dessen Rechtsstellung durch die Entscheidung beeinträchtigt wird, insbesondere jeder, dem ein dingliches Recht am Grundstück oder ein Anspruch auf Verschaffung des Eigentums zusteht.[41] Das gilt nicht nur für ablehnende Entscheidungen.[42] Wer

21

---

[34] *Riedel* Büro 79, 659.
[35] OLG München JFG 23, 70.
[36] OLG München JFG 14, 338 = HRR 37 Nr. 108.
[37] *Riedel* Büro 79, 661.
[38] KG JFG 22, 117 = HRR 41 Nr. 43; OLG Frankfurt Rpfleger 77, 409; *Riedel* a. a. O.
[39] OLG Frankfurt a. a. O.
[40] KG JFG 14, 421 = HRR 37 Nr. 385; JFG 14, 448 = HRR 37 Nr. 384; JR 53, 185.
[41] KG a. a. O.
[42] BayObLGZ 94, 158/163 = Rpfleger 95, 103/104 = NJW-RR 95, 272/273; OLG Hamm OLGZ 94, 257/261 = Rpfleger 94, 249/250 = NJW-RR 94, 271/272.

das Amtsverfahren nach §§ 82 ff. lediglich angeregt hat, ist jedoch gegen die Zurückweisung dieser Anregung nicht beschwerdeberechtigt.[43] Auch ein Titelgläubiger, dem die Erben des eingetragenen Eigentümers bekannt sind und der den Erbanteil seines Schuldners gepfändet hat, ist gegen die Ablehnung des Berichtigungsverfahrens nach § 82 nicht beschwerdeberechtigt.[44] Die Androhung und Festsetzung eines Zwangsgeldes ist dagegen mit dem Rechtsmittel der Beschwerde anfechtbar.

VI. Kosten

22 Die Gebühren für die Berichtigung der Eigentümereintragung richten sich nach den §§ 60, 61 KostO. Im Einzelfall kann jedoch Prozeßkostenhilfe nach § 14 FGG bewilligt werden. Die Gebühren für die Festsetzung eines Zwangsgeldes ergeben sich aus § 119 KostO. Die Beitreibung des Zwangsgeldes erfolgt nach der Justizbeitreibungsordnung in Verbindung mit dem einschlägigen Landesrecht.[45]

VII. Anwendung der §§ 82–83 auf die Pflichten nach § 78 SachenRBerG

23 § 78 des Sachenrechtsbereinigungsgesetzes – SachenRBerG – vom 21. 9. 1994 (BGBl. I, 2457) lautet:

(1) [1]Vereinigen sich Grundstücks- und Gebäudeeigentum in einer Person, so ist eine Veräußerung oder Belastung allein des Gebäudes oder des Grundstücks ohne das Gebäude nicht mehr zulässig. [2]Die Befugnis zur Veräußerung im Wege der Zwangsversteigerung oder zu deren Abwendung bleibt unberührt. [3]Der Eigentümer ist verpflichtet, das Eigentum am Gebäude nach § 875 des Bürgerlichen Gesetzbuchs aufzugeben, sobald dieses unbelastet ist oder sich die dinglichen Rechte am Gebäude mit dem Eigentum am Gebäude in seiner Person vereinigt haben. [4]Der Eigentümer des Gebäudes und der Inhaber einer Grundschuld sind verpflichtet, das Recht aufzugeben, wenn die Forderung, zu deren Sicherung die Grundschuld bestellt worden ist, nicht entstanden odoor erloschen ist. [5]Das Grundbuchamt hat den Eigentümer zur Erfüllung der in den Sätzen 3 und 4 bestimmten Pflichten anzuhalten. [6]Die Vorschriften über den Grundbuchberichtigungszwang im Fünften Abschnitt der Grundbuchordnung finden entsprechende Anwendung.

(2) Der Eigentümer kann von den Inhabern dinglicher Rechte am Gebäude verlangen, die nach § 876 des Bürgerlichen Gesetzbuches erforderliche Zustimmung zur Aufhebung zu erteilen, wenn sie Rechte am Grundstück und in der gleichen Rangstelle und im gleichen Wert erhalten und das Gebäude Bestandteil des Grundstücks wird.

(3) [1]Im Falle einer Veräußerung nach Absatz 1 Satz 2 kann der Erwerber vom Eigentümer auch den Ankauf des Grundstücks oder des Gebäudes oder der baulichen Anlage nach diesem Abschnitt verlangen. [2]Der Preis ist nach dem vollen Verkehrswert (§ 70) zu bestimmen. [3]Im Falle der Veräußerung des Grundstücks ist § 71 anzuwenden. [4]Eine Preisermäßigung nach § 73 kann der Erwerber vom Eigentümer nur verlangen, wenn

1. die in § 73 Abs. 1 bezeichneten Voraussetzungen vorliegen und
2. er sich gegenüber dem Eigentümer wie in § 73 Abs. 1 Satz 2 verpflichtet.

[5]Der frühere Grundstückseigentümer erwirbt mit dem Entstehen einer Nachzahlungsverpflichtung des Eigentümers aus § 73 Abs. 1 ein vorrangiges Pfandrecht an den Ansprüchen des Eigentümers gegen den Erwerber aus einer Nutzungsänderung.

24 Ziel der Sachenrechtsbereinigung ist die Überführung des Gebäudeeigentums und ihm vergleichbarer Nutzungstatbestände in die Rechtsformen des bürgerlichen Rechts.

---

[43] OLG Thüringen FGPrax 96, 170.
[44] OLG Hamm OLGZ 94, 257/262 = NJW-RR 94, 271/272 = Rpfleger 94, 249/250.
[45] Siehe dazu näher Keidel/*Zimmermann* § 33 Rdn. 31.

§ 78 SachenRBerG trifft eine Regelung für bestimmte Fallgruppen des echten Gebäudeeigentums, wenn sich Grundstücks- und Gebäudeeigentum in einer Person vereinigen. Die Vorschrift gilt grundsätzlich in allen Fällen der Vereinigung in einer Hand, es sei denn, die Anwendbarkeit des SachenRBerG ist schlechthin ausgeschlossen.[46] Auch wenn Grundstücks- und Gebäudeeigentum sich in einer Hand vereinigen, kommt es nicht zur Konsolidation nach § 889 BGB.[47] Deshalb schreibt § 78 Abs. 1 Satz 1 SachenRBerG vor, daß dann eine Veräußerung oder Belastung allein des Gebäudes oder des Grundstücks nicht mehr zulässig ist; eine Ausnahme wird nur für eine Veräußerung von Grundstück oder Gebäude im Wege der Zwangsversteigerung oder zu deren Abwendung zugelassen. Um das Ziel der Sachenrechtsbereinigung zu erreichen, verpflichtet § 78 Abs. 1 Satz 3 SachenRBerG den Erwerber zur Aufgabe des Gebäudeeigentums nach § 875 BGB, sobald dieses unbelastet ist oder sich die dinglichen Rechte am Gebäude mit dem Eigentum am Gebäude in seiner Person vereinigt haben. Satz 4 trifft eine entsprechende Regelung für alle Grundschulden. Der Rechtscharakter der Vorschrift ist umstritten,[48] richtiger Ansicht aber als absolutes Verfügungsverbot i. S. von § 134 BGB anzusehen.[49] Über Einzelheiten der Regelung s. näher Eickmann a. a. O. Rdn. 3 ff.

25 Nach § 78 Abs. 1 Satz 5 SachenRBerG hat das GBA den Eigentümer zur Erfüllung der in den Sätzen 3 und 4 bestimmten Pflichten anzuhalten. Zur Durchführung dieser Verpflichtung wird in Satz 6 die entsprechende Anwendung der §§ 82 bis 83 GBO über den Grundbuchberichtigungszwang vorgeschrieben. Dies bedeutet, daß das GBA, sobald die Voraussetzungen der Sätze 3 und 4 vorliegen, dem Grundstückseigentümer die Abgabe einer Löschungserklärung aufzugeben und diese erforderlichenfalls durch Zwangsmaßnahmen nach § 33 FGG durchzuführen hat.[50] Zwar ist durch die pauschale Verweisung auf die §§ 82 bis 83 GBO auch ausnahmsweise die Möglichkeit einer Berichtigung von Amts wegen nach § 82a gegeben. Jedoch muß diese Möglichkeit in den Fällen des § 78 SachenRBerG ausscheiden, weil eine amtswegige Löschung das Gebäudeeigentum mangels einer Aufhebungserklärung des Gebäudeeigentümers nicht zum Erlöschen bringen würde und die materiell-rechtliche Willenserklärung des § 875 BGB durch § 78 Abs. 1 Satz 5 SachenRBerG nicht ersetzt werden kann, das Gb somit unrichtig werden würde.[51] Der Grundbuchberichtigungszwang kann nicht durch Zuschreibung des Gebäudeeigentums zum Grundstück als Bestandteil und umgekehrt des Grundstücks zum Gebäudeeigentum als Bestandteil umgangen werden.[52]

26 Die Befugnis des GBA umfaßt auch das Recht, den Erwerber zur Geltendmachung der in § 78 Abs. 1 Satz 4, Abs. 2 SachenRBerG bestimmten Ansprüche anzuhalten, sofern deren Erfüllbarkeit ohne Mitwirkung bereits eingetragener dinglicher Gläubiger aus dem Gb ersichtlich ist.[53] Es genügt grundsätzlich die Löschungsbewilligung des Gebäudeeigentümers, in der die materiell-rechtliche Aufhebungserklärung zu erblicken ist,[54] die zu den Grundakten einzureichen ist, vgl. Art. 233 § 4 Abs. 6 EGBGB. Dies ist jedoch nur dann ausreichend, wenn das Gebäudeeigentum unbelastet ist oder Zug um Zug mit der Aufgabe des Rechts Erklärungen der dinglich Berechtigten nach Abs. 2

---

[46] S. dazu näher *Eickmann*, Sachenrechtsbereinigung, 1994 ff., § 78 SachenRBerG Rdn. 1 ff.
[47] *Vossius* SachenRBerG, 2. Aufl., 1996, § 78 Rdn. 7; *Eickmann* a. a. O. § 78 Rdn. 1.
[48] S. dazu näher *Eickmann* a. a. O. Rdn. 2 ff.; *Vossius* a. a. O. Rdn. 8.
[49] Ebenso *Eickmann* a. a. O.; *Böhringer* Rpfleger 94, 45/49; OLG Thüringen FGPrax 97, 208 = Rpfleger 97, 432; MünchKomm/*Grüneberg* Rdn. 2.
[50] BT-Drucks. 12/5992 S. 158.
[51] Ebenso *Eickmann* a. a. O. Rdn. 7.
[52] S. dazu näher *Eickmann* a. a. O. Rdn. 7 a.
[53] *Vossius* a. a. O. Rdn. 22; *Eickmann* a. a. O. Rdn. 8.
[54] *Eickmann* a. a. O. Rdn. 10.

vorgelegt werden und der Grundstückseigentümer entsprechende Eintragungen bewilligt und beantragt.[55] Bei Grundschulden ergeben sich praktische Schwierigkeiten daraus, daß das GBA nicht feststellen kann, ob eine Grundschuld noch valutuert ist, und dem Gläubiger gegenüber kein Berichtigungszwang besteht.[56]

VIII. Anwedung von §§ 82, 82a Satz 1 GBO auf § 14 GBBerG

27 § 14 Abs. 1 des Grundbuchbereinigungsgesetzes – GBBerG – v. 20. 12. 1993 (BGBl. I, 2182/2192) schreibt in den Fällen des Art. 234 § 4a Abs. 1 Satz 1 EGBGB die entsprechende Anwendung der §§ 82, 82a Satz 1 GBO vor. § 14 GBBerG und Art. 234 § 4a EGBGB gelten nur in den neuen Bundesländern. § 14 Satz 1 GBBerG muß im Zusammenhang mit dem Güterrecht von in den neuen Bundesländern lebenden Eheleuten gesehen werden. Nach Art. 234 § 4 Abs. 2 Satz 1 EGBGB konnten Ehegatten bis zum Ablauf von zwei Jahren nach Wirksamwerden des Beitritts, also bis zum 2. 10. 1992, dem Kreisgericht gegenüber erklären, daß für ihre Ehe der bisherige gesetzliche Güterstand fortgelten solle. Diese Erklärung bedurfte nicht der Zustimmung des anderen Ehegatten. Wurde die Erklärung abgegeben, so gilt die Überleitung des FGB-Güterstandes in den Güterstand der Zugewinngemeinschaft als nicht erfolgt.[57]

28 Haben dagegen die Ehegatten eine solche Erklärung nicht abgegeben, so wird nach Art. 234 § 4a Abs. 1 Satz 1 EGBGB gemeinschaftliches Eigentum von Ehegatten Eigentum zu gleichen Bruchteilen. § 14 Satz 1 GBBerG ergänzt diese Vorschrift, die in der Praxis in vielen Fällen zu einer dauerhaften Unrichtigkeit des Gb führen kann, dadurch, daß die Vorschriften der §§ 82, 82a Satz 1 GBO über den Grundbuchberichtigungszwang für entsprechend anwendbar erklärt werden. Das GBA wird demnach, wenn die Unrichtigkeit des Gb hinsichtlich der Eigentümereintragung feststeht, das Verfahren nach § 82 durchzuführen haben. Das GBA kann aber auch eine Berichtigung des Gb von Amts wegen durchführen, wenn die Voraussetzungen des § 82a Satz 1 vorliegen. Das wird sich dann anbieten, wenn dem GBA die Unrichtigkeit des Gb hinsichtlich des Beteiligungsverhältnisses z. B. auf grund einer Erklärung der Eigentümer bekannt ist, diese aber keinen Berichtigungsantrag stellen wollen und das Grundstück nur einen geringen Wert hat oder die Eigentümer sich im Ausland aufhalten oder vermögenslos sind.[58]

29 Da für die Berichtigung des Gb dem GBA die Unrichtigkeit der Eintragung nachgewiesen werden muß, schafft § 14 Satz 2 GBBerG eine Erleichterung des Nachweises, daß die Ehegatten eine Optierungserklärung nicht abgegeben haben. Danach kann dieser Nachweis durch die Berufung auf Art. 234 § 4a Abs. 3 EGBGB oder durch übereinstimmende Erklärung beider Ehegatten, bei Ableben eines von ihnen durch Versicherung des Überlebenden oder bei dem Ableben beider durch Versicherung der Erben erbracht werden. Die Erklärung, die Versicherung und der Antrag bedürfen nicht der in § 29 vorgeschriebenen Form. Um eine möglichst große Akzeptanz bei den zur Berichtigung Verpflichteten zu erreichen, soll die einfache Schriftform ausreichen.[59] Die Berichtigung kann nicht nur von jedem Ehegatten bzw. den Erben, sondern auch nach § 14 von einem Gläubiger eines Ehegatten beantragt werden.[60]

30 Nach Art. 234 § 4a Abs. 3 EGBGB wird widerleglich vermutet, daß gemeinschaftliches Eigentum von Ehegatten nach dem FGB der DDR Bruchteilseigentum zu 1/2-

---

[55] LG Magdeburg WM 94, 165; *Vossius* a. a. O. Rdn. 23; *Eickmann* a. a. O. Rdn. 8.
[56] *Eickmann* a. a. O. Rdn. 17.
[57] S. dazu näher *Böhringer* DNotZ 91, 223.
[58] BT-Drucks. 12/6228 S. 81.
[59] BT-Drucks. 12/6228 S. 81.
[60] S. dazu näher Eickmann/*Böhringer* a. a. O. Rdn. 39 ff.

Fünfter Abschnitt. Verfahren des Grundbuchamts in besonderen Fällen (Kuntze) **§ 82 a**

Anteilen ist, sofern sich nicht aus dem Gb andere Anteile ergeben oder sich aus dem Güterrechtsregister etwas anderes feststellen läßt.[61] Zum Wahlrecht der Ehegatten, andere Anteile als die gesetzliche Halbteilung zu bestimmen, s. näher Art. 234 § 4 a Abs. 1 Sätze 2 bis 5 EGBGB und Eickmann/*Böhringer* a. a. O. Rdn. 14 ff.

Die Vermutung des Art. 234 § 4 a Abs. 3 EGBGB gilt auch für das GBA. Im Grundbuchberichtigungsverfahren hat es davon auszugehen, daß die Eheleute zu je 1/2-Anteil Eigentümer des Grundstücks oder Gebäudes sind; es ist nicht verpflichtet, Nachforschungen anzustellen, die zu einer Widerlegung der gesetzlichen Vermutung führen können.[62] Nur wenn das GBA sichere Kenntnis davon hat, daß die Vermutung widerlegt ist, kommt eine Berichtigung des Gb nicht in Betracht; bloße Zweifel oder Vermutungen genüben nicht.[63]

Im übrigen wird wegen weiterer Einzelheiten auf die Erläuterungen zu § 14 GBBerG **31** bei Eickmann/*Böhringer*, Sachenrechtsbereinigung, 1994 ff. sowie auf Eickmann, Grundstücksrecht in den neuen Bundesländern, 3. Aufl. 1996 Rdn. 246 bis 260 verwiesen.

[Berichtigung von Amts wegen]

§ 82 a
Liegen die Voraussetzungen des § 82 vor, ist jedoch das Berichtigungszwangsverfahren nicht durchführbar oder bietet es keine Aussicht auf Erfolg, so kann das Grundbuchamt das Grundbuch von Amts wegen berichtigen. Das Grundbuchamt kann in diesem Falle das Nachlaßgericht um Ermittlung des Erben des Eigentümers ersuchen.

1. Allgemeines

Der § 82 a ist durch § 4 GBVereinfVO v. 5. 10. 1942 (RGBl. I, 573) in die GBO **1** eingefügt worden. Er stellt eine Ergänzung des § 82 dar, der wohl im allgemeinen ausreicht, die Berichtigung des Grundbuchs herbeizuführen, jedoch nicht immer zu dem gewünschten Erfolg führt. Für die letztgenannten Fälle gibt § 82 a dem GBA die Möglichkeit, das Grundbuch von Amts wegen zu berichtigen.[1]

2. Die Berichtigung von Amts wegen

a) **Voraussetzung** für die Berichtigung von Amts wegen ist einmal, daß die Erfordernisse des § 82 erfüllt sind. **2**

aa) Das Grundbuch muß hinsichtlich der Eigentümereintragung **unrichtig** sein. Vgl. hierüber § 82 Rdn. 2 und 3.

bb) Die Unrichtigkeit des Grundbuchs muß auf einem Rechtsübergang außerhalb des Grundbuchs **beruhen**. Vgl. hierüber § 82 Rdn. 4.

cc) Die Unrichtigkeit des Grundbuchs hinsichtlich der Eigentümereintragung muß **feststehen**. Vgl. hierüber § 82 Rdn. 5 bis 7.

dd) Es dürfen **keine berechtigten Gründe für eine Zurückstellung** des Berichtigungszwanges vorliegen. Vgl. hierüber § 82 Rdn. 8 ff.

---

[61] S. dazu näher LG Chemnitz DtZ 94, 288; LG Dresden Rpfleger 96, 405 m. Anm. von *Böhringer*; *Böhringer* Rpfleger 94, 282/283; Peters DtZ 94, 399; Eickmann/*Böhringer* a. a. O. Rdn. 28. ff.

[62] *Böhringer* Rpfleger 94, 282/283.

[63] Eickmann/*Böhringer* a. a. O. Rdn. 32, 34.

[1] S. dazu BayObLG DNotZ 74, 315/316 = Rpfleger 73, 262.

§ 82 a

3 b) Außer den Erfordernissen des § 82 muß, um eine Berichtigung von Amts wegen vornehmen zu können, **zusätzlich** eine **weitere Voraussetzung** gegeben sein. § 82 a verlangt weiter, daß entweder das Berichtigungszwangsverfahren des § 82 nicht durchführbar ist oder daß es keine Aussicht auf Erfolg bietet. Liegen nur die Voraussetzungen des § 82 vor, dann kann lediglich das Berichtigungszwangsverfahren durchgeführt werden. Ob auch das weitere Erfordernis des § 82 a gegeben ist, kann bei Einleitung des Verfahrens zunächst zweifelhaft sein. Eine Klärung wird sich oft erst im Laufe des Verfahrens ergeben. Da die Voraussetzungen der §§ 82 und 82 a insoweit übereinstimmen, als § 82 a den vollen Tatbestand des § 82 einschließt, kann sich das GBA die Entscheidung, welchen der beiden Wege es beschreiten will, bis zum Abschluß seiner Ermittlungen vorbehalten. Führen diese zur Feststellung eines dem Berichtigungszwang des § 82 zugänglichen Eigentümers oder eines zur Stellung des Berichtungsantrags befugten Testamentsvollstreckers, so muß es vom Berichtigungszwang des § 82 Gebrauch machen. Die Berichtigung von Amts wegen kann das GBA nur vornehmen, wenn eine der beiden folgenden Voraussetzungen gegeben ist.

4 aa) **Das Berichtigungsverfahren des § 82 ist nicht durchführbar.** Ob das auf subjektiven oder objektiven Gründen beruht, ist unerheblich. Hierher gehören die Fälle, daß ein an sich feststehender Rechtsübergang sich mit den nach § 29 erforderlichen Beweismitteln nicht nachweisen läßt oder der Aufenthalt des Eigentümers unbekannt ist. Auch eine vorübergehende Undurchführbarkeit des Verfahrens ist ausreichend. Dagegen ist § 82 a nicht schon deswegen anwendbar, weil sich der Weg des § 82 a gegenüber dem des § 82 als zweckmäßiger erweist.[2] Allerdings können Zweckmäßigkeitserwägungen dann eine Rolle spielen, wenn das Verfahren nach § 82 nur vorübergehend nicht durchführbar ist und das GBA zu entscheiden hat, ob deshalb das Verfahren nach § 82 einstweilen auszusetzen oder die Berichtigung von Amts wegen durchzuführen ist.

5 bb) **Das Berichtigungszwangsverfahren bietet keine Aussicht auf Erfolg.** Auch hier können die verschiedensten Gründe vorliegen; z. B. die zwangsweise Durchführung der Berichtigungsverpflichtung im Wege des Zwangsgeldfestsetzungsverfahrens ist nicht möglich, weil der die Stellung des Berichtigungsantrags ablehnende Eigentümer sich im Ausland aufhält und somit die deutsche Gerichtsbarkeit ihm gegenüber versagt oder weil er vermögenslos ist[3] (vgl. § 82 Rdn. 16).

6 c) Für die **Durchführung des Berichtigungsverfahrens** nach § 82 a gilt § 12 FGG. Das GBA soll grundsätzlich die zur Feststellung des Eigentümers erforderlichen Ermittlungen selbst vornehmen. Es ist hierbei nicht an die für das Antragszwangsverfahren geltenden Beweisvorschriften gebunden. Insbesondere ist im Falle der Unrichtigkeit des Grundbuchs infolge Erbgangs, auch wenn die Voraussetzungen des § 35 Abs. 3 nicht vorliegen, nicht der Nachweis durch Erbschein erforderlich.

7 Das GBA kann das zuständige **Nachlaßgericht zur Ermittlung des Erben** des Eigentümers **ersuchen** (§ 82 a Satz 2). Das Ersuchen kann sich nur auf die Ermittlung des maßgeblichen Erbrechts erstrecken; es darf nicht darauf gerichtet sein, einen unrichtigen Erbschein einzuziehen.[4] Das GBA wird von der Möglichkeit des § 82 a Satz 2 vor allem bei Erbfällen Gebrauch machen, bei denen die Ermittlungen zu schwierig oder zeitraubend sind; ferner dann, wenn derselbe Erbfall für mehrere Grundbuchämter von Bedeutung ist und die Gefahr widersprechender Feststellungen besteht oder wenn Ermittlungen zur Vervollständigung eines bereits erteilten Erbscheins notwendig sind; eigene Ermittlungen des GBA scheiden in diesem Falle aus.[5]

---

[2] A. A. KG JR 53, 185.
[3] S. dazu BayObLGZ 94, 158/163 = Rpfleger 95, 103/104 = NJW-RR 95, 272/273.
[4] KG Rpfleger 77, 307.
[5] KG a. a. O.

aa) Das vom GBA angegangene Nachlaßgericht hat nicht etwa einen Erbschein zu erteilen oder eine sonstige, rechtsmittelfähige Entscheidung zu treffen, sondern es hat lediglich im Rahmen des § 12 FGG mit den ihm zu Gebote stehenden rechtlichen und tatsächlichen Hilfsmitteln den Erben zu ermitteln und dem GBA mitzuteilen.

bb) Das ersuchte Gericht kann das **Ersuchen** des GBA **ablehnen**, wenn es überhaupt nicht Nachlaßgericht oder nicht das örtlich zuständige Nachlaßgericht ist. Es kann ferner ablehnen, wenn nach dem für das ersuchte Gericht geltenden Recht die von ihm verlangte Tätigkeit in abstracto unzulässig ist. Dagegen kann das Nachlaßgericht nicht die grundbuchrechtliche Gesetzmäßigkeit oder Zweckmäßigkeit des Ersuchens im Einzelfalle nachprüfen.

Es handelt sich bei der Tätigkeit des Nachlaßgerichts nicht um einen Fall der **Rechtshilfe** im eigentlichen Sinne.[6] Das nötigt aber nicht dazu, die sowohl in Grundbuch- als auch in Nachlaßsachen anwendbaren §§ 157 ff. GVG (vgl. § 1 GBO in Verbindung mit § 2 FGG) auszuschließen; vielmehr ist eine entsprechende Anwendung der §§ 157 ff. GVG geboten. Deshalb kann das GBA gegen die Weigerung des Nachlaßgerichts nach § 159 GVG das zuständige Oberlandesgericht anrufen.[7]

cc) Das GBA ist an das Ergebnis des Nachlaßgerichts nicht gebunden. Es kann das Ergebnis frei würdigen und darüber entscheiden, ob es davon Gebrauch machen will oder nicht.

d) Hat das GBA entweder selbst den Eigentümer ermittelt oder nach § 82a Satz 2 ermitteln lassen, so wird dieser **von Amts wegen** in das Grundbuch **eingetragen**. Dabei ist in Spalte 4 der ersten Abteilung des Grundbuchblattes als Grundlage der Eintragung die Berichtigung von Amts wegen aufgrund des § 82a anzugeben.

Das GBA kann im Falle des § 82a den neuen Eigentümer auch eintragen, wenn die Unbedenklichkeitsbescheinigung der Finanzbehörde nach § 22 GrEStG v. 17. 12. 1982 (BGBl. I, 1777) ihm nicht vorliegt. Es gelten hier die gleichen Grundsätze wie für das Grundbuchanlegungsverfahren.[8] Das GBA hat sich also insbesondere nicht selbst beim zuständigen Finanzamt die Unbedenklichkeitsbescheinigung zu beschaffen.[9]

e) Für die **Rechtsmittel** gegen die Eintragung von Amts wegen gelten die §§ 71 ff.

3. Kosten

Die Gebühren für die Eintragung des Eigentümers aufgrund des § 82a einschließlich des vorangegangenen Verfahrens vor dem GBA oder Nachlaßgericht richten sich nach § 60 Abs. 6 KostO.

[Mitteilungspflichten des Nachlaßgerichts]

§ 83

Das Nachlaßgericht, das einen Erbschein erteilt oder sonst die Erben ermittelt hat, soll, wenn ihm bekannt ist, daß zu dem Nachlaß ein Grundstück gehört, dem zuständigen Grundbuchamt von dem Erbfall und den Erben Mitteilung machen. Wird ein Te-

---

[6] *Hesse* DFG 43, 19.
[7] KG OLGZ 69, 134 = Rpfleger 69, 57; Rpfleger 77, 307; Meikel/*Ebeling* Rdn. 10; *Demharter* Rdn. 25; a. A. *Hesse* DFG 43, 19; Hesse/Saage/*Fischer* Anm. II, 3, die lediglich Dienstaufsichtsbeschwerde zulassen wollen.
[8] Vgl. dazu KG JFG 13, 127.
[9] A. A. KG JR 53, 184.

§ 83

stament oder ein Erbvertrag eröffnet, so soll das Gericht, wenn ihm bekannt ist, daß zu dem Nachlaß ein Grundstück gehört, dem zuständigen Grundbuchamt von dem Erbfall Mitteilung machen und die als Erben eingesetzten Personen, soweit ihm ihr Aufenthalt bekannt ist, darauf hinweisen, daß durch den Erbfall das Grundbuch unrichtig geworden ist und welche gebührenrechtlichen Vergünstigungen für eine Grundbuchberichtigung bestehen.

1. Allgemeines

1 § 83 ergänzt die §§ 82, 82 a. Durch die in ihm aufgestellte Verpflichtung soll dem GBA Kenntnis von den Vorgängen gegeben werden, die zu einer Unrichtigkeit des Grundbuchs geführt haben. Er ist die einzige Vorschrift, die eine Verpflichtung von Behörden oder sonstigen Stellen zur Mitteilung derartiger Vorgänge an das GBA aufstellt.
§ 27 Nr. 5 GBMaßnG v. 20. 12. 1963 (BGBl. I, 986) hat der Vorschrift den Satz 2 hinzugefügt. Dadurch sollte § 83 für die Fälle der Eröffnung einer Verfügung von Todes wegen erweitert werden, um dem GBA eine Grundlage für die Ausübung des Berichtigungszwangs zu geben. Der Hinweis auf die Unrichtigkeit des Grundbuchs soll den Erben veranlassen, die Berichtigung selbst zu beantragen.[1]

2. Nachlaßgericht

2 Das Nachlaßgericht (vgl. § 72 FGG, Art. 147 EGBGB),[2] dem eine etwa für Nachlaßsachen zuständige andere Behörde gleichzustellen ist, soll dem GBA von dem Erbfall und dem oder den Erben **Mitteilung** machen unter folgenden

Voraussetzungen:

a) Wenn es einen Erbschein erteilt hat (§§ 2353 ff. BGB) oder wenn es ein Testament oder einen Erbvertrag eröffnet hat (§§ 2260 ff., 2273 BGB) oder wenn es sonst den Erben ermittelt hat. Hierunter fällt einmal die Ermittlung des Erben durch einen Nachlaßpfleger (§§ 1960, 1961 BGB). Sodann ist besonders auch an die Fälle gedacht, in denen das Landesrecht besondere Verfahren zur Ermittlung der Erben kennt, so z. B. Bayern (Art. 37 BayAGGVG v. 23. 6. 1981 – GVBl. 188)[3] und Baden-Württemberg (§ 41 Bad-Württ.LFGG v. 12. 2. 1975 – GVBl. 116).

b) Wenn ihm bekannt ist, daß zu dem Nachlaß ein Grundstück gehört. Zu Ermittlungen, ob dies der Fall ist, ist das Nachlaßgericht nicht verpflichtet. In Zweifelsfällen dürfte jedoch eine Anfrage bei den Erben geboten sein.

3 Liegen die Voraussetzungen zu a und b vor, so hat das Nachlaßgericht die Mitteilung zu machen. In eine Prüfung, ob die Voraussetzungen des § 82 oder des § 82 a vorliegen, darf es nicht eintreten. Andererseits kann es zweckmäßigerweise die Erben schon auf ihre Pflicht zur Berichtigung des Grundbuchs hinweisen. Im Falle der Eröffnung eines Testaments oder eines Erbvertrags ist es dazu nach § 83 Satz 2 verpflichtet. Die Hinweispflicht erstreckt sich auch auf die gebührenrechtlichen Vergünstigungen einer Grundbuchberichtigung gemäß § 60 Abs. 4 KostO. Nach Art. 37 Abs. 3 BayAGGVG v. 23. 6. 1981 (GVBl. 188) hat das Nachlaßgericht bei den Erben auf die Berichtigung des Grundbuchs hinzuwirken und einen von ihnen gestellten Antrag auf GBberichtigung an das GBA weiterzuleiten.

---

[1] Amtl. Begründung des Regierungsentwurfs BT-Drucks. IV, Nr. 351 S. 18.
[2] Dazu näher *Jansen* § 72 Rdn. 2; Keidel/ *Winkler* § 72 Rdn. 2.
[3] S. dazu BGH NJW 92, 1884/1887 = Rpfleger 92, 251/252.

3. Der Inhalt der Mitteilung

Die Mitteilung muß enthalten: **4**
a) Die Bezeichnung des Grundstücks, das zum Nachlaß gehört,
b) die Bezeichnung des Erblassers und die Zeit seines Todes,
c) die Bezeichnung der oder des Erben, möglichst unter genauer Angabe ihrer Anschrift.

Zweckmäßigerweise wird das Nachlaßgericht das GBA auch von einem Testamentsvollstrecker, dem die Verwaltung des Grundstücks zusteht, Mitteilung zu machen haben.

4. Durchführung der Mitteilung

Die Mitteilung kann entweder durch Übersendung der Akten oder durch besondere **5** Benachrichtigung geschehen.

5. Weitere Benachrichtigungspflichten

Außer nach § 83 gibt es eine gesetzliche Benachrichtigungspflicht im Antragszwangs- **6** verfahren des § 82 oder im Verfahren des § 82 a zur Berichtigung von Amts wegen nicht. Es ist aber nicht nur nicht unzulässig, sondern sogar erwünscht, wenn über den Rahmen des § 83 hinaus auch noch andere Stellen (z. B. Prozeß-, Vormundschafts-, Registergerichte oder Notare) dem GBA von Vorgängen, die zu einer Unrichtigkeit des Grundbuchs geführt haben, Mitteilung machen.

II. Löschung gegenstandsloder Eintragungen

[Begriff der gegenstandslosen Eintragung]

§ 84

(1) Das Grundbuchamt kann eine Eintragung über ein Recht nach Maßgabe der folgenden Vorschriften von Amts wegen als gegenstandslos löschen.

(2) Eine Eintragung ist gegenstandslos:

a) soweit das Recht, auf das sie sich bezieht, nicht besteht und seine Entstehung ausgeschlossen ist;

b) soweit das Recht, auf das sie sich bezieht, aus tatsächlichen Gründen dauernd nicht ausgeübt werden kann.

(3) Zu den Rechten im Sinne der Absätze 1 und 2 gehören auch Vormerkungen, Widersprüche, Verfügungsbeschränkungen, Enteignungsvermerke und ähnliches.

Literatur:

Bruhn Beiträge zur Wiederherstellung der Ordnung im Grundbuch nach der Währungsreform, Rpfleger 53, 151; *ders.* Die Löschung der gegenstandslos gewordenen Umstellungsgrundschulden, Rpfleger 54, 113; *Carmine* Zur Frage der Gegenstandslosigkeit alter Grundlasten in Bayern, DNotZ 57, 7; *Effertz* Löschung einer Vormerkung wegen Gegenstandslosigkeit, NJW 77, 794; *Peter* Löschung gegenstandsloser Rechte, BWNotZ 83, 49; *Schwitzke* Zur Löschung der Auflassungsvormerkung eines Minderjährigen vor und nach Eigentumsübergang, Rpfleger 72, 394.

§ 84

1. Allgemeines

1 Das Gesetz gibt in den §§ 84 ff. dem GBA die Möglichkeit, gegenstandslose Eintragungen in einem Amtsverfahren zu löschen. Das Grundbuch soll von bedeutungslos gewordenen Eintragungen frei gehalten werden, weil diese den Grundbuchverkehr erschweren.[1] Es ist nicht Aufgabe des Verfahrens, einen Streit der Beteiligten über das Bestehen oder Nichtbestehen eines eingetragenen Rechts zu entscheiden.[2] Deshalb kommt eine Löschung nur dann in Betracht, wenn die Gegenstandslosigkeit des eingetragenen Rechts außer Zweifel steht. Im Gegensatz zu § 82 besteht kein Zwang gegen den Inhaber des zu löschenden Rechts, einen Antrag zu stellen oder Unterlagen zu beschaffen.

Während § 84 Abs. 1 den Grundsatz der Amtslöschung von gegenstandslosen Eintragungen enthält, regeln die Absätze 2 und 3 die näheren Einzelheiten. Absatz 2 bestimmt den Begriff der Gegenstandslosigkeit und Absatz 3 besagt, welche Rechte als gegenstandslos gelöscht werden dürfen.

2. Gegenstandslosigkeit einer Eintragung

2 Für eine Amtslöschung kommt nur eine **Eintragung über ein Recht** in Betracht; das ergibt sich sowohl aus Abs. 1 als auch aus Abs. 2. Welche Rechte darunter zu verstehen sind, ist in Abs. 3 näher erläutert. Danach ist der Ausdruck „Recht" im weitesten Sinne zu verstehen. Es gehören dazu nicht nur alle Rechte am Grundstück und an Grundstücksrechten, sondern auch Vormerkungen, Widersprüche, Verfügungsbeschränkungen, Enteignungsvermerke und ähnliche Eintragungen. Mithin kann jede Eintragung in Abteilung II und III des Grundbuchs gelöscht werden.[3] Dagegen kann die Eigentumseintragung in Abteilung I niemals gegenstandslos sein.[4]

3 Eine Eintragung kann als gegenstandslos gelöscht werden entweder aus Rechtsgründen (Abs. 2 Buchst. a) oder aus tatsächlichen Gründen (Abs. 2 Buchst. b). Im Einzelfall können sowohl die Voraussetzungen des Buchst. a) als auch diejenigen des Buchst. b) gegeben sein; das liegt z. B. dann vor, wenn eine Grunddienstbarkeit deshalb erloschen ist, weil sie aus tatsächlichen Gründen auf Dauer nicht mehr ausgeübt werden kann.[5]

a) **Gegenstandslosigkeit aus Rechtsgründen.** Sie ist gegeben, soweit das eingetragene Recht nicht besteht und seine Entstehung ausgeschlossen ist. Das können Rechte sein, die niemals entstanden sind und auch in Zukunft nicht mehr entstehen werden, sowie Rechte, die zwar entstanden, dann aber erloschen sind.[6]

4 aa) **Rechte, die niemals entstanden sind, deren Entstehung auch in Zukunft ausgeschlossen ist,** sind rechtlich gegenstandslos. Ein Recht, bei dem die Eintragung der Einigung vorangegangen ist, kann nicht als gegenstandslos gelöscht werden, solange die Einigung noch nachgeholt werden kann.

5 bb) **Zwar entstandene, aber erloschene Rechte** sind ebenfalls rechtlich gegenstandslos. Das Recht muß vollständig weggefallen sein und darf nicht etwa in anderer Form fortbestehen. Hier kommen solche Rechte in Betracht, die infolge Zeitablaufs oder Erreichens des Endtermins oder Wegfalls des Berechtigten erloschen sind, z. B. Altenteilsrechte, weiter Rechte, die durch einen außerhalb des Grundbuchs eingetrete-

---

[1] S. dazu näher *Peter* BWNotZ 83, 49.
[2] BayObLGZ 86, 218/221 = NJW-RR 86, 1206; *Peter* a. a. O.
[3] *Peter* BWNotZ 83, 49.
[4] KG JFG 20, 379.
[5] BGH NJW 84, 2157/2158; BayObLGZ 86, 218/223.
[6] *Peter* a. a. O.

nen Rechtsvorgang erloschen sind, so eine Grunddienstbarkeit, die infolge Teilung des belasteten Grundstücks nach § 1026 BGB erloschen ist[7] oder wenn sie für die Benutzung des Grundstücks des Berechtigten in Gegenwart und Zukunft jeden Vorteil verloren hat[8] oder die Fälle der §§ 1173 bis 1175 BGB, ferner solche Rechte, die infolge Änderung der Gesetzgebung weggefallen sind. Hierher gehören Grunddienstbarkeiten, deren Inhalt sich mit öffentlich-rechtlichen, sich zweifelsfrei aus dem Gesetz (z. B. dem WohnSG) ergebenden Beschränkungen deckt.[9] Der mit Ablauf des 31. 12. 1992 gegenstandslos gewordene Vermerk über die Anordnung der staatlichen Verwaltung des Grundstücks oder Gebäudes in einem Grundbuch im Gebiet der früheren DDR ist nach § 11a Abs. 2 VermG auf Antrag des Eigentümers oder des früheren staatlichen Verwalters zu löschen; das schließt aber eine Löschung von Amts wegen nach §§ 84 ff. nicht aus.[10] Zur Frage des Erlöschens von alten Grunddienstbarkeiten, die eine Baubeschränkung zum Inhalt haben und deren Bestellung seinerzeit durch inzwischen außer Kraft getretene öffentlich-rechtliche Vorschriften veranlaßt worden ist, vgl. BGH DNotZ 70, 348 = Rpfleger 70, 312.

In den Grundbüchern etwa noch eingetragene Dismembrations (Teilungsverbote) **6** ehemaliger (allodifizierter) Lehen sind gegenstandslos.[11] Auch Verfügungsbeschränkungen, die aufgrund des § 35 Pr.AG zum RSiedlG v. 15. 12. 1919 (GS 20, 31) eingetragen wurden, sind gegenstandslos geworden, nachdem § 35 Pr.AG durch § 39 Abs. 2 Ziff. 7 GrdstVG v. 28. 7. 1961 aufgehoben worden ist.[12] Verfügungsbeschränkungen, die auf Grund des § 4 des Pr. Ges. betr. die Beförderung der Errichtung von Rentengütern v. 7. 7. 1891 (GS S. 279) im Grundbuch eingetragen sind, sind mit dem Inkrafttreten des Ges. zur Bereinigung des in Nordrhein-Westfalen geltenden preußischen Rechts v. 7. 11. 1961 (GV NRW S. 325) weggefallen und können als gegenstandslos gelöscht werden.[13] Dagegen können im Grundbuch eingetragene Rechte nicht als gegenstandslos gelöscht werden, nur weil sie einem für verbindlich erklärten Bebauungsplan widersprechen.[14] Zum Erlöschen von Umstellungsgrundschulden nach § 120 Abs. 1 LAG vgl. BayObLGZ 53, 171 = Rpfleger 53, 449; AG Bremen Rpfleger 55, 322; *Bruhn* Rpfleger 53, 160; 54, 133; 55, 323; bezüglich der zur Sicherung österreichischer Steuern zugunsten des Deutschen Reichs eingetragenen Sicherungshypotheken vgl. BayObLG NJW 55, 390; zur Frage der Gegenstandslosigkeit alter Grundlasten in Bayern vgl. *Carmine* DNotZ 57, 7. Zur Amtslöschung von gegenstandslos gewordenen Nießbräuchen, beschränkten persönlichen Dienstbarkeiten, Wohnungsrechten und sonstigen für eine natürliche Person eingetragenen unvererblichen und unveräußerlichen Rechten, z. B. Reallasten, sowie von Kohleabbaugerechtigkeiten und zu deren Ausübung dem Inhaber eingeräumter Dienstbarkeiten und Vorkaufsrechten in den neuen Bundesländern nach § 5 GBerG v. 20. 12. 1993 (BGBl. I, 2182/2192) s. näher BT-Drucks. 12/5553 S. 92 f. sowie Eickelmann/*Böhringer*, Sachenrechtsbereinigung § 5 GBerG Rdn. 21 f. und Meikel/*Böhringer* Anhang zu § 84; über sonstige gegenstandslose Eintragungen s. näher Eickmann/*Böhringer* a. a. O. Rdn. 42 f. und Meikel/*Böhringer* Anhang zu § 84.

---

[7] OLG Hamm JMBlNRW 64, 78.
[8] BayObLGZ 86, 218/223 = NJW-RR 86, 1206/1207; BayObLGZ 88, 14/15 = NJW-RR 88, 781 = Rpfleger 88, 246.
[9] KG JFG 22, 191.
[10] *Budde* in: Fieberg/Reichenbach/Messerschmidt/Neuhaus (Hrsg.), VermG, § 11a Rdn. 25; a. A. *Demharter* Rdn. 1.
[11] OLG Celle NdsRpfl. 53, 204.
[12] OLG Hamm OLGZ 65, 87 = RdL 65, 173; LG Bielefeld Rpfleger 64, 377.
[13] OLG Hamm RdL 65, 199.
[14] OLG Hamm OLGZ 65, 239 = NJW 65, 2405.

7 Vormerkungen, denen die endgültige Eintragung gefolgt ist, werden dadurch nicht gegenstandslos; vielmehr ist zu prüfen, ob die Aufrechterhaltung der Vormerkungseintragung im Einzelfall erforderlich ist.[15] So unterliegt eine Auflassungsvormerkung trotz der Eintragung der Auflassung nicht der Löschung, wenn das Grundstück zwischen der Eintragung der Vormerkung und der Auflassung ohne Zustimmung des Vormerkungsberechtigten belastet worden ist.[16] Die Vormerkung kann auch dann Bedeutung erlangen, wenn ein wirksamer endgültiger Rechtserwerb, z. B. wegen Geschäftsunfähigkeit eines Vertragspartners, nicht vorliegt.[17] Eine Auflassungsvormerkung darf auch nicht gelöscht werden, wenn für den vorgemerkten Anspruch die 30jährige Verjährungsfrist verstrichen ist.[18] Dagegen kann eine Vormerkung dann als gegenstandslos gelöscht werden, wenn der Anspruch, zu dessen Sicherung sie dienen sollte, nicht besteht und seine Entstehung ausgeschlossen ist.[19]

8 Auch ein gegenstandslos gewordener **Widerspruch** gegen die Eigentümereintragung kann von Amts wegen gelöscht werden.[20]

Dasselbe gilt für einen **Nacherbenvermerk**, wenn er gegenstandslos ist. Über die Fälle der Gegenstandslosigkeit vgl. § 51 Rdn. 28–30. Doch wird der Weg der §§ 84 ff. nur ausnahmsweise in Betracht kommen, wenn ein dringendes öffentliches Bedürfnis an der Klarheit des Grundbuchs besteht. Zur Löschung des Nacherbenvermerks bei einem Hofe im Sinne der HöfeOBrZ vgl. OLG Celle RdL 63, 181.

Wegen des Vermerks der **Pfändung eines Miterbenanteils** nach durchgeführter Teilungsversteigerung vgl. KG JFG 17, 38. Die Eintragung der Verpfändung des Erbanteils eines Miterben wird gegenstandslos, wenn der Testamentsvollstrecker das Grundstück wirksam veräußert.[21]

Ein Recht kann nicht als gegenstandslos gelöscht werden, wenn sein Bestehen durch Abweisung der Löschungsklage rechtskräftig festgestellt worden ist.[22]

9 Unter Abs. 2 Buchst. a fällt auch ein **seinem Inhalt nach unzulässiges Recht**, wobei im Gegensatz zu § 53 Abs. 1 Satz 2 zur Feststellung der inhaltlichen Unzulässigkeit nicht nur der Inhalt der Eintragung, sondern auch andere Umstände herangezogen werden können; z. B. macht ein Verstoß gegen § 1018 BGB die Eintragung inhaltlich unzulässig im Sinne des § 53, ein Verstoß gegen § 1019 BGB macht sie dagegen meistens nur gegenstandslos im Sinne des § 84.[23] Ein inhaltlich unzulässiges Recht kann jedoch nicht gelöscht werden, solange eine nachträgliche Ergänzung noch möglich ist.

10 b) **Gegenstandslosigkeit aus tatsächlichen Gründen** (Abs. 2 Buchst. b). Daß ein Recht aus tatsächlichen Gründen dauernd nicht ausgeübt werden kann, beruht im wesentlichen auf zwei Ursachen:

aa) Das Grundstück **hat sich so verändert**, daß die *Ausübung* des eingetragenen **Rechts unmöglich** ist, insbesondere, wenn der Gegenstand, auf den sich das Recht bezieht, nicht mehr vorhanden ist, z. B. die zu unterhaltende Brücke oder der Weg, dessen Benutzung gestattet ist.[24] Bei einer Dienstbarkeit muß der Berechtigte das Recht infolge der Veränderungen nie mehr ausüben können und auch keinen Anspruch auf

---

[15] LG Nürnberg DNotZ 56, 607; LG Heidelberg BWNotZ 85, 86; *Schwitzke* Rpfleger 72, 394/396.
[16] KGJ 50, 173.
[17] LG Karlsruhe BWNotZ 78, 167/168; *Demharter* Rdn. 8.
[18] OLG Köln OLGZ 86, 310 = Rpfleger 86, 374.
[19] KG JFG 21, 119; siehe auch *Effertz* NJW 77, 794; näher dazu § 22 Rdn. 47 ff. sowie BayObLG Rpfleger 75, 395.
[20] OLG Neustadt Rpfleger 60, 153.
[21] KG JFG 22, 122 = DJ 41, 350.
[22] KG HRR 40 Nr. 868 = DR 40, 1378.
[23] Ebenso *Demharter* Rdn. 5; a. A. Meikel/ *Ebeling* Rdn. 10.
[24] Weitere Beisp. s. bei *Peter* BWNotZ 83, 49/50.

Wiederherstellung des ursprünglichen Zustands haben.[25] Ein dingliches Wohnrecht im Sinne des § 1093 BGB erlischt mit der vollständigen Zerstörung des Gebäudes.[26] Dagegen führt ein in der Person des Berechtigten liegendes Ausübungshindernis nicht zum Erlöschen einer beschränkt-persönlichen Dienstbarkeit.[27] Ein Nießbrauch an einem Hausgrundstück erstreckt sich nach Zerstörung des Hauses ohne weiteres auf das wiederaufgebaute Haus.[28] Auch eine Grunddienstbarkeit, die dazu berechtigt, unter der Oberfläche eines fremden Grundstücks einen Keller zu halten, erlischt grundsätzlich nicht mit der Zerstörung eines auf diesem Grundstück errichteten Gebäudes.[29] Im übrigen s. zur Gegenstandslosigkeit von Dienstbarkeiten in einzelnen Fällen Meikel/*Ebeling* Rdn. 15 ff.

bb) Die **Person des Berechtigten ist nicht mehr feststellbar**. Ob dies der Fall ist, muß sehr sorgfältig geprüft werden. Dabei sind der Sprachgebrauch zur Zeit der Eintragung und die damaligen Verhältnisse zu berücksichtigen. So hat das KG[30] die Eintragung „Die Herrschaft hat das Vorkaufsrecht" dahin ausgelegt, daß die Person des Berechtigten nicht ermittelt werden kann. Noch eingetragene Rechte einer erloschenen juristischen Person können grundsätzlich nicht gelöscht werden; es ist vielmehr noch einmal in das Liquidationsverfahren einzutreten.[31]

3. Verfahren des Grundbuchamts

Die Löschung gegenstandsloser Eintragungen nach §§ 84 ff. erfolgt von Amts wegen. Ob das Löschungsverfahren einzuleiten ist, hat das GBA nach freiem Ermessen zu entscheiden (§ 85 Abs. 2). Eines förmlichen Einleitungsbeschlusses bedarf es regelmäßig nicht. Der Antrag eines Beteiligten hat lediglich die Bedeutung einer Anregung.[32] Daher ist nur der Betroffene nach §§ 87 Buchst. c, 89 beschwerdeberechtigt, nicht auch der Beteiligte, der die Löschung im eigenen Interesse beantragt hatte; dessen Löschungsantrag kann als Berichtigungsantrag nach §§ 13 Abs. 2, 22 ausgelegt und behandelt werden.[33] Die erforderlichen Ermittlungen sind nach § 12 FGG von Amts wegen anzustellen und die geeignet erscheinenden Beweise aufzunehmen. Eine Löschung darf nur erfolgen, wenn die Gegenstandslosigkeit des eingetragenen Rechts außer Zweifel steht[34] (oben Rdn. 1).

4. Kosten

Für die Löschung gegenstandsloser Eintragungen sowie für das vorangegangene Verfahren vor dem GBA, einschließlich der Beurkundung der Erklärungen der Beteiligten, werden nach § 70 Abs. 1 Satz 1 KostO Gebühren nicht erhoben. Die Gebührenfreiheit tritt nur ein, wenn es sich um von Amts wegen erfolgte Löschungen gegenstandsloser Eintragungen nach § 84 GBO handelt. Dagegen sind Löschungen, die auf Antrag vorgenommen werden, gebührenpflichtig.[35] Nach § 70 Abs. 1 Satz 2 KostO kann jedoch das GBA die Gebühr für die Löschung einem Beteiligten auferlegen, wenn dies nach den

---

[25] BayObLGZ 86, 218/221 = NJW-RR 86, 1206/1207 = Rpfleger 86, 373.
[26] BGHZ 7, 271 = NJW 52, 1375; DNotZ 54, 383 = Betrieb 54, 325; Rpfleger 72, 129 = MDR 72, 500.
[27] OLG Zweibrücken OLGZ 87, 27.
[28] BGH DNotZ 65, 165.
[29] BayObLGZ 67, 404.
[30] JFG 10, 280.
[31] BayObLGZ 55, 295.
[32] BayObLGZ 73, 272/273 = Rpfleger 73, 433 = DNotZ 74, 235; NJW-RR 89, 1495/1496 = AgrarR 90, 134; *Peter* BWNotZ 83, 49.
[33] BayObLG a. a. O.; OLG Hamm OLGZ 76, 180/181.
[34] OLG Hamm JMBlNRW 64, 78.
[35] BayObLGZ 55, 106 = Rpfleger 55, 287; OLG Neustadt MDR 57, 240.

Umständen angemessen erscheint. Eine solche Anordnung kann nur das GBA, nicht der Kostenbeamte treffen.[36] Sie wird in Betracht kommen, wenn ein Beteiligter zur Einsparung der Gebühren die Löschung angeregt hat, obwohl einer solchen auf dem ordentlichen Wege sachliche oder persönliche Gründe nicht entgegenstanden.[37] Der Kostenschuldner wird durch § 70 Abs. 1 Satz 1 KostO nur von der Zahlung der Gebühren, nicht aber der Auslagen befreit.[38]

[Einleitung und Durchführung des Verfahrens]

§ 85

(1) Das Grundbuchamt soll das Verfahren zur Löschung gegenstandsloser Eintragungen grundsätzlich nur einleiten, wenn besondere äußere Umstände (z. B. Umschreibung des Grundbuchblatts wegen Unübersichtlichkeit, Teilveräußerung oder Neubelastung des Grundstücks, Anregung seitens eines Beteiligten) hinreichenden Anlaß dazu geben und Grund zu der Annahme besteht, daß die Eintragung gegenstandslos ist.

(2) Das Grundbuchamt entscheidet nach freiem Ermessen, ob das Löschungsverfahren einzuleiten und durchzuführen ist; diese Entscheidung ist unanfechtbar.

1. Allgemeines

1 § 85 trifft nähere Bestimmungen über die Einleitung und Durchführung des Verfahrens.

Durch die §§ 84 ff. soll den Beteiligten nicht die Sorge für die Reinhaltung des Grundbuchs abgenommen werden. Es ist vielmehr in erster Linie ihre Aufgabe, die Löschung einer unrichtigen Eintragung herbeizuführen. Liegt aber im Einzelfall ein dringendes öffentliches Interesse an der Klarheit des Grundbuchs vor, so kann das GBA ohne weiteres den Weg der §§ 84 ff. beschreiten.[1] Es wird sich deshalb vielfach empfehlen, zunächst zu versuchen, die Löschung des Rechts durch die Beteiligten zu erreichen.[2]

2. Voraussetzungen der Einleitung des Verfahrens

2 Es besteht keine Verpflichtung des Grundbuchamts, von Amts wegen das Grundbuch auf die Eintragung gegenstandsloser Rechte zu untersuchen. Vielmehr sind regelmäßig zwei Voraussetzungen zur Einleitung des Verfahrens erforderlich:

a) Ein **hinreichender Anlaß** in Gestalt besonderer äußerer Umstände. Als solcher äußerer Anlaß kommt den im Gesetz erwähnten Umständen auch die durch die Einführung des einheitlichen Grundbuchmusters der GBVfg. (§ 97 Abs. 2) erforderliche Umschreibung der Grundbücher in Frage.

b) **Grund zur Annahme,** daß die Eintragung gegenstandslos ist. Die Prüfung des Grundbuchamts hat sich hiernach auf verdächtige Eintragungen zu beschränken.

3. Entscheidung des Grundbuchamts

3 a) In dem Rahmen der genannten Voraussetzungen **entscheidet** das **GBA nach freiem Ermessen** über die Einleitung des Verfahrens. Bei seiner Entscheidung wird es sich im

---

[36] BayObLGZ 52, 261.
[37] KG JFGErg. 12, 229 = JW 33, 1333.
[38] BayObLGZ 52, 262.

[1] KG JFG 21, 120.
[2] Siehe dazu näher *Peter* BWNotZ 83, 49.

wesentlichen von Zweckmäßigkeitsgesichtspunkten leiten lassen. Das GBA wird deshalb ein Verfahren in der Regel nur einleiten, wenn damit zu rechnen ist, daß es auch zu einer Löschung der fraglichen Eintragung kommt. Sind umfangreiche und kostspielige Ermittlungen erforderlich, wird sich eine Einleitung und Durchführung des Verfahrens nur rechtfertigen lassen, wenn der Aufwand in einem angemessenen Verhältnis zur Bedeutung der Eintragung steht.

Ebenso kann das GBA jederzeit nach freien Ermessen von der Durchführung des eingeleiteten Verfahrens wieder Abstand nehmen, wenn es sich hiervon keinen Erfolg verspricht.

b) Eines **förmlichen Einleitungsbeschlusses** bedarf es — anders ist es im Rangklarstellungsverfahren nach § 91 Abs. 2 — regelmäßig nicht.[3] Wird ein solcher Beschluß gleichwohl erlassen, dann braucht er nicht begründet und den Beteiligten nicht bekanntgemacht zu werden. Es genügt ein Vermerk in den Akten oder die Vornahme von Ermittlungen. Dasselbe gilt, wenn die Einleitung des Verfahrens abgelehnt oder ein eingeleitetes Verfahren eingestellt wird, sofern nicht der Fall des § 86 gegeben ist.[4] **4**

c) Alle in diesem Rahmen vom GBA getroffenen **Entscheidungen** sind **unanfechtbar**, da das GBA die für die Einleitung und Durchführung des Verfahrens maßgebenden Umstände am besten beurteilen kann und sich die auf Zweckmäßigkeitserwägungen beruhende Entscheidung für eine Nachprüfung durch eine höhere Instanz kaum eignet. Außerdem vereinfacht die Unanfechtbarkeit das Verfahren wesentlich. Insbesondere ist die Ablehnung einer Löschung nicht anfechtbar.[5] Das gilt auch, wenn das LG einen Feststellungsbeschluß des GBA nach § 87 Buchst. c aufhebt und damit das eingeleitete Löschungsverfahren zum Abschluß bringt;[6] s. a. § 89 Rdn. 6. Ein unzulässiges Rechtsmittel desjenigen, der eine Löschung erfolglos angeregt hat, ist jedoch als Berichtigungsantrag nach § 22 zu behandeln, wenn die Unrichtigkeit des Grundbuchs nachgewiesen ist.[7] **5**

[Anregung des Verfahrens durch einen Beteiligten]

§ 86

Hat ein Beteiligter die Einleitung des Löschungsverfahrens angeregt, so soll das Grundbuchamt die Entscheidung, durch die es die Einleitung des Verfahrens ablehnt oder das eingeleitete Verfahren einstellt, mit Gründen versehen.

1. Allgemeines

§ 86 enthält für den Fall, daß ein Beteiligter die Einleitung des Löschungsverfahrens angeregt hat, eine Sondervorschrift, ohne den Grundsatz des § 85 Abs. 2, daß das GBA nach freiem Ermessen entscheidet, zu durchbrechen. Die Bestimmung spricht lediglich aus, daß die Entscheidung zu begründen ist, wenn die Einleitung des Verfahrens abgelehnt oder das eingeleitete Verfahren eingestellt wird. **1**

---

[3] OLG Hamm OLGZ 65, 87 = RdL 65, 173 und 199.
[4] *Demharter* Rdn. 4.
[5] BayObLG NJW-RR 87, 1200 = DNotZ 88, 115; NJW-RR 89, 1495/1496 = AgrarR 90, 134/135; BayObLGZ 97, 266/268.
[6] BayObLG NJW-RR 87, 1200.
[7] BayObLGZ 73, 272/273 = DNotZ 74, 235; BayObLG BWNotZ 88, 165/166; NJW-RR 89, 1495/1496 = AgrarR 90, 134/135; KG FGPrax 97, 212 = NJW-RR 97, 447 = RReport 98, 79.

§ 87

2. Begründete Entscheidung

2 a) Die Anregung auf Einleitung des Löschungsverfahrens ist kein Antrag. Da das GBA nach freiem Ermessen durch unanfechtbaren Beschluß entscheidet (§ 85 Abs. 2), wäre eine **Begründung der Entscheidung** nach allgemeinen Grundsätzen nicht erforderlich. Um den Beteiligten nicht in Ungewißheit über seine Anregung zu lassen und ihn gegebenenfalls zur Beschaffung weiterer Unterlagen zu veranlassen, schreibt das Gesetz die Begründung der Entscheidung vor. Doch auch bei Fehlen der Begründung ist kein Rechtsmittel gegen die Entscheidung gegeben. Ein Beschwerderecht steht nur dem Betroffenen nach §§ 87 Buchst. c, 89 zu, nicht auch dem Beteiligten, der die Löschung im eigenen Interesse beantragt hatte.[1]

3 b) Die Entscheidung, die in Form einer Verfügung oder eines Beschlusses ergehen kann, ist den Beteiligten **bekanntzumachen**. Die Art und Weise der Bekanntmachung richtet sich nach § 16 Abs. 2 Satz 2 FGG; es genügt formlose Übersendung der Entscheidung.

4 c) Wer **Beteiligter** ist, sagt das Gesetz nicht. In jedem Falle werden der Anregende und der Grundstückseigentümer zu beteiligen sein.[2] Außerdem können auch diejenigen, für die ein Recht am Grundstück eingetragen ist, als Beteiligte in Betracht kommen, wobei der Ausdruck „Recht" im Sinne von § 84 Abs. 3 auszulegen ist.

[Voraussetzung der Löschung]

§ 87

Die Eintragung ist zu löschen:

a) wenn sich aus Tatsachen oder Rechtsverhältnissen, die in einer den Anforderungen dieses Gesetzes entsprechenden Weise festgestellt sind, ergibt, daß die Eintragung gegenstandslos ist;

b) wenn dem Betroffenen eine Löschungsankündigung zugestellt ist und er nicht binnen einer vom Grundbuchamt zugleich zu bestimmenden Frist Widerspruch erhoben hat;

c) wenn durch einen mit Gründen zu versehenden Beschluß rechtskräftig festgestellt ist, daß die Eintragung gegenstandslos ist.

Literatur:

Krieger Grundbuchbereinigung im neuen Grundbuchrecht, DNotZ 35, 853; *Peter* Löschung gegenstandsloser Rechte, BWNotZ 83, 49.

1. Allgemeines

1 § 87 enthält die verfahrensrechtlichen Voraussetzungen für die Löschung einer gegenstandslosen Eintragung. Das Gesetz läßt für die Löschung drei Wege zu, die unter a, b, und c genannt werden. Jeder für sich rechtfertigt die Löschung. Sie stehen in einem subsidiären Verhältnis, und zwar derart, daß der in Buchst. b genannte Weg erst in Betracht kommt, wenn der in Buchst. a aufgeführte nicht anwendbar ist, und der in

---

[1] BayObLGZ 73, 272/273 = Rpfleger 73, 433 = DNotZ 74, 235.

[2] A. A. Meikel/*Ebeling* Rdn. 3, der eine Pflicht zur Beteiligung des Eigentümers verneint.

Buchst. c erwähnte erst, wenn die in den Buchstaben a und b geschilderten versagen.[1] Die Möglichkeit, nach Buchst. c vorzugehen, ist insbesondere für den Fall gedacht, daß der Betroffene unbekannt ist.[2]

2. Voraussetzungen der Löschung

a) **Feststellung der Gegenstandslosigkeit in grundbuchmäßiger Form (Buchst. a).** Die Eintragung kann gelöscht werden, wenn sich ihre Gegenstandslosigkeit aus Tatsachen oder Rechtsverhältnissen ergibt, die in einer den Anforderungen der GBO entsprechenden Weise festgestellt sind. Hiermit wird auf § 29, der an sich nur für das Antragsverfahren gilt, hingewiesen und die Löschung für zulässig erklärt, wenn die Gegenstandslosigkeit der Eintragung offenkundig oder, sofern sie aus Erklärungen abzuleiten ist, durch öffentliche oder öffentlich beglaubigte Urkunden nachgewiesen wird.[3] Der Offenkundigkeit gleichzusetzen ist die sich unmittelbar aus dem Gesetz ergebende Gegenstandslosigkeit einer Eintragung, so wenn das den Gegenstand der Eintragung bildende Recht durch Gesetz aufgehoben worden ist.[4] In diesen Fällen wäre auch eine Berichtigung nach §§ 19, 22 möglich. § 87 läßt sie von Amts wegen zu, ohne daß der Beteiligte einen Antrag stellt und die Nachweise beibringt.

b) **Widerspruchslose Entgegennahme der Löschungsankündigung (Buchst. b).** Läßt sich die Gegenstandslosigkeit der Eintragung nicht in grundbuchmäßiger Form feststellen, so kann die Löschung erfolgen, wenn dem Betroffenen eine Löschungsankündigung zugestellt ist und er nicht binnen einer zugleich vom GBA bestimmten Frist Widerspruch erhoben hat.

aa) **Die Löschungsankündigung**, über deren Erlaß das GBA gemäß § 85 Abs. 2 nach freiem Ermessen entscheidet, setzt voraus, daß derjenige, der von der Löschung betroffen werden würde, dem GBA bekannt und daß er auch erreichbar ist; denn nach § 88 Abs. 2 Buchst. b ist eine öffentliche Zustellung ausgeschlossen. Eine Pflegerbestellung durch das GBA ist unzulässig.[5] Die Zustellung der Löschungsankündigung erfolgt nach § 88 Abs. 2 an den Betroffenen. Das ist der materiell Betroffene im Sinne des § 19. Ist der in Wirklichkeit Betroffene ein anderer als derjenige, welchen das GBA als den Betroffenen ansieht, so hat dennoch die Zustellung an den nach Auffassung des GBA Betroffenen und die Nichterhebung des Widerspruchs die Wirkung des § 87. Derjenige jedoch, der eine solche Ankündigung zugestellt erhält und dem GBA nicht davon Kenntnis gibt, daß er nicht oder nicht mehr der Berechtigte sei, macht sich dem wirklich Berechtigten gegenüber unter Umständen schadensersatzpflichtig, wenn es zur Löschung kommt und infolgedessen der wirklich Berechtigte sein Recht durch die Wirkung des öffentlichen Glaubens endgültig verliert.

Die Löschungsankündigung wird dem Sinne des Gesetzes entsprechend zwar nicht voraussetzen, daß das GBA die Gegenstandslosigkeit der Eintragung bereits sicher festgestellt hat; wohl aber wird das GBA durch geeignete Ermittlungen vorher festzustellen haben, daß eine hohe Wahrscheinlichkeit für die Gegenstandslosigkeit vorliegt.

bb) **Die Frist** ist vom GBA zugleich mit der Löschungsankündigung zu bestimmen. Sie muß angemessen sein und den gegebenen Verhältnissen gerecht werden.

cc) Der Betroffene darf innerhalb der gesetzten Frist **keinen Widerspruch erhoben** haben. Die in der Löschungsankündigung vom GBA bestimmte Frist ist allerdings keine Ausschluß- oder Notfrist, d. h. ein Widerspruch, der nach Ablauf der Frist, aber vor

---

[1] OLG Karlsruhe Rpfleger 93, 192/193.
[2] S. dazu *Peter* BWNotZ 83, 49/52.
[3] BayObLGZ 55, 296.
[4] OLG Hamm OLGZ 65, 87 = RdL 65, 173 und 199.
[5] BayObLGZ 55, 296.

Ausführung der Löschung eingeht, ist zu beachten. Läßt der Betroffene die Frist zur Erhebung des Widerspruchs unbeachtet, so ist die Versäumnis der Frist als Nachweis der Gegenstandslosigkeit und somit der Unrichtigkeit des Grundbuchs anzusehen.[6] An den weiteren materiellen Erfordernissen der Löschung wird grundsätzlich nichts geändert, z. B. ist Vorlegung des Hypothekenbriefs (§ 41) erforderlich. Das Erfordernis des § 39 (Voreintragung des Betroffenen) ist stets erfüllt, da durch Nichterhebung des Widerspruchs die Unrichtigkeit für das Grundbuchverfahren feststeht und in diesem Falle immer nur der Buchberechtigte betroffen ist. Das Recht des GBA, gleichwohl von der Löschung Abstand zu nehmen, bleibt unberührt (§ 85 Abs. 2). In diesem Falle wird, sofern die Beteiligten von dem Verfahren Kenntnis haben, nach § 86 verfahren. Zu betonen ist, daß die Versäumung der Frist die materiell-rechtliche Erklärung des Betroffenen, die zur Aufhebung des Rechts erforderlich wäre (§ 875 BGB), nicht ersetzt.

Wird Widerspruch erhoben, so kann eine Löschung nur noch nach § 87 Buchst. c aufgrund eines rechtskräftigen Feststellungsbeschlusses erfolgen. Der Widerspruch bedarf keiner Form und keiner Begründung. Auch mündliche Erklärung vor dem GBA ist möglich.

7 c) **Rechtskräftige Feststellung der Gegenstandslosigkeit (Buchst. c).** Läßt sich die Gegenstandslosigkeit der Eintragung nicht in grundbuchmäßiger Form nachweisen und ist auch der Weg der Löschungsankündigung nicht möglich, so kann die Löschung aufgrund eines mit Gründen versehenen Feststellungsbeschlusses erfolgen. Diese Möglichkeit kommt vor allem in Betracht, wenn der Betroffene oder sein Aufenthalt unbekannt ist oder wenn er gegen die Löschungsankündigung Widerspruch erhoben hat. Der Feststellungsbeschluß ist zu begründen und an den Betroffenen zuzustellen (vgl. §§ 88 Abs. 2 Buchst. c und 89). Wird die Beschwerdefrist des § 89 versäumt oder ist der Rechtsweg erschöpft, so erlangt der Feststellungsbeschluß formelle Rechtskraft. Nur diese ist in § 87 Buchst. c gemeint. Ist der Beschluß formell rechtskräftig, so bedeutet dies nicht, daß das GBA nunmehr gezwungen wäre, die Löschung vorzunehmen; es kann vielmehr auch davon Abstand nehmen.

3. Wirkung der Löschung

8 Die Wirkung der Löschung ist in jedem Falle nur buchmäßig. Sie hat nicht das Erlöschen des materiellen Rechts zur Folge; sie beseitigt aber die für den Inhaber des Rechts sprechende Vermutung des § 891 Abs. 1 BGB und begründet zugleich die ihm nachteilige Vermutung des § 891 Abs. 2 BGB.[7] Denn durch die Tatbestände der Buchstaben a bis c wird nur der grundbuchmäßige Nachweis der Unrichtigkeit geführt. Ebenso wie durch eine Löschung nach § 22 das Grundbuch unrichtig werden kann, kann dies auch hier eintreten.[8] Der Betroffene kann verlangen, daß sein Recht wieder eingetragen wird. Ein dritter Rechtserwerber wird nach Löschung durch den öffentlichen Glauben des Grundbuchs gemäß § 894 BGB geschützt.

4. Rechtsmittel

9 Gegen die Löschungsankündigung ist ein Rechtsmittel nicht gegeben;[9] es kann nur der in § 87 Buchst. b vorgesehene Widerspruch eingelegt werden. Über Rechtsmittel

---

[6] A. A. Meikel/*Ebeling* Rdn. 9.
[7] BayObLGZ 86, 218/221 = NJW-RR 86, 1206 = Rpfleger 86, 373.
[8] KG JFG 10, 280 = HRR 32 Nr. 1883; OLG Hamm JMBlNRW 64, 78; *Krieger* DNotZ 35, 864.
[9] KG JFG 10, 214.

Fünfter Abschnitt. Verfahren des Grundbuchamts in besonderen Fällen (Kuntze) **§ 88**

gegen den Feststellungsbeschluß vgl. § 89 und die Anmerkungen zu dieser Vorschrift. Gegen die Löschung ist die Beschwerde im Rahmen des § 71 zulässig. Regelmäßig kann mit der Beschwerde nur die Eintragung eines Amtswiderspruchs verlangt werden. Allerdings ist die Löschung eines Rechts unbeschränkt anfechtbar, wenn dieses Recht nicht dem öffentlichen Glauben des Grundbuchs untersteht und es zur Erhaltung seiner Wirksamkeit gegenüber Dritten nicht der Eintragung bedarf.[10]

[Verfahren]

§ 88

(1) Das Grundbuchamt kann den Besitzer von Hypotheken-, Grundschuld- oder Rentenschuldbriefen sowie von Urkunden der in den §§ 1154, 1155 des Bürgerlichen Gesetzbuchs bezeichneten Art zur Vorlegung dieser Urkunden anhalten.

(2) § 16 des Gesetzes über die Angelegenheiten der freiwilligen Gerichtsbarkeit ist auf die Löschungsankündigung (§ 87 Buchstabe b) und den Feststellungsbeschluß (§ 87 Buchstabe c) mit folgenden Maßgaben anzuwenden:

a) die §§ 174, 175 der Zivilprozeßordnung sind nicht anzuwenden;

b) die Löschungsankündigung (§ 87 Buchstabe b) kann nicht öffentlich zugestellt werden;

c) der Feststellungsbeschluß (§ 87 Buchstabe c) kann auch dann, wenn die Person des Beteiligten, dem zugestellt werden soll, unbekannt ist, öffentlich zugestellt werden.

1. Allgemeines

Durch § 88 werden die Verfahrensvorschriften ergänzt. Das Verfahren des Grundbuchamts regelt sich gemäß § 1 nach den allgemeinen Vorschriften des FGG, soweit sie für das Amtsverfahren Anwendung finden. Insbesondere ist also auch § 12 FGG anwendbar. Diesen allgemeinen Vorschriften fügt § 88 Ergänzungen hinsichtlich der Vorlegung von Briefen und anderen Urkunden sowie der Bekanntmachung der Löschungsankündigung und des Feststellungsbeschlusses hinzu. **1**

2. Vorlegung von Briefen und anderen Urkunden

Der Besitzer von Briefen sowie von Urkunden der in den §§ 1154, 1155 BGB bezeichneten Art kann zur Vorlegung angehalten werden. Die Vorlegung ist nach § 33 FGG erzwingbar. Sie bezweckt Erfüllbarkeit der Vorschriften der §§ 41, 42 und sichere Feststellung des Berechtigten. Deswegen ist den in § 1155 BGB genannten Urkunden auch der Pfändungsbeschluß nach § 830 ZPO gleichzustellen. Entsprechend der Vorschrift des § 62 Abs. 1 ist die Löschung einer Hypothek, Grundschuld oder Rentenschuld auf dem Brief zu vermerken. **2**

3. Bekanntmachung der Löschungsankündigung und des Feststellungsbeschlusses

Die Bekanntmachung der Löschungsankündigung und des Feststellungsbeschlusses richtet sich grundsätzlich nach § 16 FGG, also, da mit ihr eine Frist in Lauf gesetzt wird, nach den Vorschriften der ZPO über die Amtszustellung (§§ 208 ff.). Jedoch sind **3**

---

[10] KG JFG 10, 281; OLG Hamm OLGZ 65, 87 = RdL 65, 173 und 199.

die Vorschriften über Zustellungsbevollmächtigte und Zustellung durch Aufgabe zur Post (§§ 174, 175 ZPO) ausgeschlossen, da bei diesen Arten der Zustellung eine Klärung der Rechtslage regelmäßig nicht erzielt werden würde. Ferner darf die Löschungsankündigung nicht öffentlich zugestellt werden, da hierin eine hinreichende Unterlage für das Präjudiz des § 87 Buchst. b nicht gesehen werden kann. Ist der Aufenthalt des Berechtigten unbekannt, so muß ein Feststellungsbeschluß (§ 87 Buchst. c) erlassen werden, dessen öffentliche Zustellung nicht nur in den Fällen des § 203 ZPO zugelassen ist, sondern darüber hinaus auch in den Fällen, in denen die Person des Beteiligten unbekannt ist. Die Zustellung erfolgt in solchen Fällen an den, den es angeht.

[Beschwerde gegen den Feststellungsbeschluß]

§ 89

(1) Die Beschwerde (§ 71) gegen den Feststellungsbeschluß ist binnen einer Frist von zwei Wochen seit Zustellung des angefochtenen Beschlusses an den Beschwerdeführer einzulegen. Das Grundbuchamt und das Beschwerdegericht können in besonderen Fällen in ihrer Entscheidung eine längere Frist bestimmen.

(2) Auf den zur Zustellung bestimmten Ausfertigungen der Beschlüsse soll vermerkt werden, ob gegen die Entscheidung ein Rechtsmittel zulässig und bei welcher Behörde, in welcher Form und binnen welcher Frist es einzulegen ist.

1. Allgemeines

1 § 89 läßt gegen den Feststellungsbeschluß nur die befristete Beschwerde zu, damit das Verfahren beschleunigt wird und die in § 87 Buchst. c vorgesehene formelle Rechtskraft eintreten kann. Außerdem schreibt § 89 eine Rechtsmittelbelehrung vor.

2. Rechtsmittel gegen den Feststellungsbeschluß

2 a) **Die Beschwerde** ist keine sofortige Beschwerde im Sinne des § 22 FGG, sondern die Grundbuchbeschwerde, welche an eine Frist gebunden ist. Mit dieser Maßgabe finden alle Vorschriften der §§ 71 ff. Anwendung. Das allein soll durch das Klammerzitat des § 71 in Abs. 1 zum Ausdruck gebracht werden. Die Vorschriften des § 22 Abs. 2 FGG über die Wiedereinsetzung in den vorigen Stand sind ebenfalls nicht anwendbar. Das folgt auch — argumentum e contrario — aus § 105.[1] Ebensowenig ist § 18 Abs. 2 FGG anwendbar, an dessen Stelle § 75 GBO tritt.

3 b) **Die Frist** für die Einlegung der Beschwerde beträgt zwei Wochen; sie beginnt mit der Zustellung des angefochtenen Beschlusses (Abs. 1 Satz 1). Nach Abs. 1 Satz 2 kann die Frist in besonderen Fällen verlängert werden. Das kann schon in der Entscheidung selbst oder auch erst während des Laufs der Beschwerdefrist geschehen.

4 c) **Beschwerdeberechtigt** ist der nach § 87 Buchst. c Betroffene, nicht auch der Beteiligte, der die Löschung im eigenen Interesse beantragt hatte.[2]

---

[1] Ebenso *Demharter* Rdn. 3; *Güthe/Triebel* Anm. 3 und für den ähnlichen Fall des § 3 GrdBBerG KG JW 31, 2509; anders für den vorliegenden Fall, jedoch nicht mit überzeugender Begründung KG JFG 16, 322 = JW 38, 124; *Thieme* Anm. zu § 89.

[2] BayObLGZ 73, 272/273 = Rpfleger 73, 433 = DNotZ 74, 235; OLG Hamm OLGZ 76, 180/181.

d) Auch das **Beschwerdeverfahren** ist ein Amtsverfahren, so daß insbesondere § 12 FGG zu beachten ist.

e) Gegen die Entscheidung des Beschwerdegerichts ist die **weitere Beschwerde** gegeben. Auch sie unterliegt der Frist des Abs. 1 (s. oben Rdn. 3). Das ergibt sich aus der Entstehungsgeschichte, welche auf § 6 des preußischen Ausführungsgesetzes zu § 22 GrdBBerG v. 16. 3. 1931 (GS S. 16) zurückführt. Außerdem kommt das in Abs. 1 Satz 2 zum Ausdruck; dort wird das Beschwerdegericht besonders erwähnt. Für die Frist gilt das unter b Gesagte.

Die weitere Beschwerde ist unzulässig, wenn das LG die Gegenstandslosigkeit der fraglichen Eintragung verneint und den Feststellungsbeschluß des GBA aufhebt. Dies ergibt sich daraus, daß die gleiche Entscheidung des GBA nach § 85 Abs. 2 unanfechtbar wäre und das LG mit seiner Sachprüfung und Entscheidung an die Stelle des GBA tritt.[3]

3. Rechtsmittelbelehrung

Die in Abs. 2 vorgeschriebene Rechtsmittelbelehrung ist in die GBO aufgenommen worden, weil die befristete Beschwerde sonst der GBO fremd ist. Auch das LG sollte seiner Beschwerdeentscheidung eine Rechtsmittelbelehrung beifügen.[4] Da es sich um eine Sollvorschrift handelt, ist die Zustellung wirksam und beginnt die Frist des Abs. 1 auch dann zu laufen, wenn die in Abs. 2 vorgesehene Rechtsmittelbelehrung nicht erteilt wird.[5] Jedoch sind Schadensersatzansprüche denkbar, wenn infolge Fristversäumnis ein Recht zu Unrecht gelöscht wird und später kraft des öffentlichen Glaubens des Grundbuchs untergeht.

Die Belehrung soll darüber Aufschluß geben, ob ein Rechtsmittel gegeben ist, und wenn dies zutrifft, bei welcher Behörde, in welcher Form und binnen welcher Frist es einzulegen ist. Die Belehrung soll auf der zur Zustellung bestimmten Ausfertigung des Beschlusses vermerkt werden.

III. Klarstellung der Rangverhältnisse

[Voraussetzungen]

§ 90

Das Grundbuchamt kann aus besonderem Anlaß, insbesondere bei Umschreibung unübersichtlicher Grundbücher, Unklarheiten und Unübersichtlichkeiten in den Rangverhältnissen von Amts wegen oder auf Antrag eines Beteiligten beseitigen.

1. Allgemeines

Die Vorschriften über die Löschung gegenstandsloser Eintragungen (§§ 84 bis 89) werden durch die §§ 90 bis 115 ergänzt. In diesen Bestimmungen wird ein Verfahren zur Klarstellung der Rangverhältnisse der einzelnen Grundstücksrechte geregelt. Es dient dazu, die Grundbücher zu bereinigen und übersichtlich zu machen. Das liegt

---

[3] KG JW 35, 220 = HRR 35 Nr. 256; DR 39, 1822 = HRR 39 Nr. 1364; BayObLG NJW-RR 87, 1200 = DNotZ 88, 115; im Ergebnis ebenso *Güthe/Triebel* Anm. 3.

[4] KG JFG 16, 323 = JW 38, 124.

[5] Ebenso *Güthe/Triebe* Anm. 4; *Demharter* Rdn. 7.

§ 90

nicht nur im Interesse des besseren und sichereren Grundbuchverkehrs, sondern erleichtert etwaige Zwangsversteigerungsverfahren.

Das Bedürfnis für ein Rangklarstellungsverfahren hatte sich aus dem Aufwertungsrecht ergeben. Das GrdBBerG hatte sich in § 24 darauf beschränkt, gewisse Richtlinien aufzustellen, innerhalb deren sich die landesrechtliche Regelung bewegen sollte. Daraufhin ist die Preuß. VO über das Verfahren zur Klarstellung der Rangverhältnisse im Grundbuch v. 16. 3. 1931 (GS S. 20) ergangen. Eine Reihe anderer Länder haben gleichartige Vorschriften erlassen. Diese Bestimmungen, die sich bewährt hatten, sind durch die GBÄndVO mit Wirkung vom 1. 4. 1936 in die GBO übernommen worden. So ist es möglich, bei verwickelten Rangverhältnissen und Rangverschiebungen nunmehr in allen Fällen eine klare Rechtslage zu schaffen.

2. Voraussetzungen des Verfahrens

2 Das Verfahren zur Klarstellung der Rangverhältnisse, das auch als Rangbereinigungsverfahren bezeichnet wird,[1] kann eingeleitet werden, wenn Unklarheiten oder Unübersichtlichkeiten in den Rangverhältnissen bestehen und wenn außerdem ein besonderer Anlaß gegeben ist.

a) Es müssen **Unklarheiten in den Rangverhältnissen** bestehen. Gemeint sind materielle Unklarheiten, d. h. Zweifel oder Meinungsverschiedenheiten über die materielle Rechtslage.

b) Als zweite Alternative kommt in Betracht, daß die **Rangverhältnisse unübersichtlich** sind, d. h. entweder formell grundbuchmäßig unübersichtlich oder formell klar, aber materiell besonders verwickelt sind, z. B. im Falle der Häufung relativer Rangverhältnisse.

c) Formelle Voraussetzung für die Einleitung des Verfahrens ist ein **besonderer Anlaß**. Das Gesetz erwähnt als Hauptfall die Umschreibung wegen Unübersichtlichkeit. In diesem Falle soll nach § 91 Abs. 1 das GBA stets prüfen, ob eine Klarstellung geboten ist. Daneben kommen noch andere Anlässe in Betracht, z. B. das Bevorstehen einer Zwangsversteigerung oder die Umschreibung der Grundbücher auf den einheitlichen Vordruck der GBVfg. Ist ein solcher Anlaß gegeben, so kann das Verfahren entweder von Amts wegen oder auf Antrag eines Beteiligten eingeleitet werden. Auch im letzteren Falle bedarf es des besonderen Anlasses. Dieser wird aber wohl schon dann als gegeben anzusehen sein, wenn der Beteiligte geltend macht, daß bereits Schwierigkeiten aus den Rangverhältnissen entstanden oder unmittelbar zu befürchten sind.

3. Ziel und Art des Verfahrens

3 Zweck des Rangklarstellungsverfahrens ist es, Zweifel oder Meinungsverschiedenheiten über die materielle Rechtslage zu beseitigen und verwickelte Rangverhältnisse zu vereinfachen. Das Verfahren zielt also weitgehend auf eine Klärung oder Änderung der materiellen Rechtslage ab und geht damit weit über den üblichen Aufgabenkreis des GBA hinaus. Es soll einen gerechten und billigen Ausgleich zwischen den verschiedenen Interessen herbeiführen. So kann man es als ein besonderes Verfahren der freiwilligen Gerichtsbarkeit bezeichnen. Deshalb finden außer den Bestimmungen der GBO ergänzend die Vorschriften und Grundsätze des FGG Anwendung.

4. Kosten

4 Vgl. dazu § 114 und die Anmerkung dazu.

---

[1] So *Demharter* Rdn. 2.

Fünfter Abschnitt. Verfahren des Grundbuchamts in besonderen Fällen (Kuntze) **§ 91**

[Einleitung des Verfahrens]

§ 91

(1) Vor der Umschreibung eines unübersichtlichen Grundbuchblatts hat das Grundbuchamt zu prüfen, ob die Rangverhältnisse unklar oder unübersichtlich sind und ihre Klarstellung nach den Umständen angezeigt erscheint. Das Grundbuchamt entscheidet hierüber nach freiem Ermessen. Die Entscheidung ist unanfechtbar.
(2) Der Beschluß, durch den das Verfahren eingeleitet wird, ist allen Beteiligten zuzustellen.
(3) Die Einleitung des Verfahrens ist im Grundbuche zu vermerken.
(4) Der Beschluß, durch den ein Antrag auf Einleitung des Verfahrens abgelehnt wird, ist nur dem Antragsteller bekanntzumachen.

1. Allgemeines

§ 91 enthält Bestimmungen über die Einleitung des Rangklarstellungsverfahrens. Sie **1** sind äußerlich auf den Fall der Unschreibung eines unübersichtlichen Grundbuchblatts zugeschnitten. Es besteht jedoch kein Zweifel, daß das, was für diesen Hauptfall der Einleitung des Rangklarstellungsverfahrens gilt, auch für alle anderen Fälle maßgebend ist.

2. Prüfungspflicht des Grundbuchamts

§ 91 Abs. 1 Satz 1 legt dem GBA die Pflicht auf, vor der Umschreibung eines unüber- **2** sichtlichen Grundbuchblatts zu prüfen, ob die Rangverhältnisse unklar oder unübersichtlich sind und ihre Klarstellung nach den Umständen angezeigt erscheint. Obwohl das Gesetz nur den Fall der Umschreibung ausdrücklich erwähnt, hat das GBA auch in allen anderen Fällen, in denen ein besonderer Anlaß gegeben ist, dieselbe Prüfung vorzunehmen. Während jedoch bei der Umschreibung die Prüfung stets zu erfolgen hat, bedarf es sonst dazu eines besonderen Anlasses.

3. Entscheidung des Grundbuchamts

a) Darüber, ob die Rangverhältnisse unklar oder unübersichtlich sind und ob ihre **3** Klarstellung angezeigt erscheint, ob also das Verfahren einzuleiten ist, **entscheidet das GBA nach freiem Ermessen** (§ 91 Abs. 1 Satz 2). Es wird das Verfahren nur einleiten, wenn seine Durchführung hinreichende Aussicht auf Erfolg verspricht. Ebenso wie im Falle des § 85 Abs. 2 werden im wesentlichen Zweckmäßigkeitsgesichtspunkte maßgebend sein, so daß etwa erforderliche kostspielige und umfangreiche Ermittlungen die Einleitung nur in besonderen Fällen rechtfertigen können. Ein eingeleitetes Verfahren kann das GBA nach § 109 jederzeit einstellen, wenn es sich von seiner Fortsetzung keinen Erfolg verspricht.

b) Das Verfahren beginnt mit einem **förmlichen Einleitungsbeschluß** (Abs. 2). Ein **4** formeller Beschluß ist auch erforderlich, wenn ein **Antrag** eines Beteiligten **auf Einleitung** des Verfahrens **abgelehnt** wird (Abs. 4). Wenn auch im Gesetz eine Begründung des Einleitungs- und Ablehnungsbeschlusses nicht ausdrücklich vorgeschrieben ist, so ergibt sich doch die Pflicht, die Entscheidung zu begründen, aus allgemeinen Verfahrensgrundsätzen.[1]

---

[1] Ebenso Meikel/*Ebeling* Rdn. 5 und 9; a. A. *Demharter* Rdn. 4 und 6.

5 c) Der Einleitungsbeschluß ist nach Abs. 2 allen Beteiligten **zuzustellen**; im übrigen ist § 16 FGG entsprechend anzuwenden. Wer als Beteiligter in Betracht kommt, ergibt sich aus §§ 92 ff. Mit dem Einleitungsbeschluß ist den Beteiligten nach § 93 Satz 2 ein schriftlicher Hinweis auf die Anzeigepflicht des § 93 Satz 1 zuzustellen. Der Beschluß, durch den ein Antrag auf Einleitung des Verfahrens abgelehnt wird, ist nach Abs. 4 nur dem Antragsteller **bekanntzumachen**. Da keine förmliche Zustellung vorgeschrieben ist und von ihr auch nicht der Lauf einer Frist abhängt, erfolgt die Bekanntmachung nach § 16 Abs. 2 Satz 2 und Abs. 3 FGG.

6 d) Die Entscheidung des Grundbuchamts ist wie im Falle des § 85 Abs. 2 stets **unanfechtbar**. Die dort (Rdn. 5) dafür angeführten Gründe treffen auch hier zu.

4. Grundbuchvermerk

7 Abs. 3 schreibt vor, daß die Einleitung des Verfahrens im Grundbuch zu vermerken ist, und zwar nach § 10 Abs. 1 Buchst. c GBVfg. in Abteilung II. Dadurch soll der öffentliche Glaube des Grundbuchs eingeschränkt werden.[2] Nach § 112 hat die das Verfahren abschließende Eintragung der neuen Rangordnung materiellrechtliche Wirkung gegenüber allen Beteiligten. Deshalb müssen die Inhaber der im Grundbuch eingetragenen Rechte, auf die sich das Verfahren erstreckt, sowie ihre Rechtsnachfolger damit rechnen, daß der Rang ihrer Rechte geändert wird. Insoweit muß der öffentliche Glaube des Grundbuchs ausgeschlossen werden. Der Eintragungsvermerk über die Einleitung des Verfahrens bewirkt keine Verfügungsbeschränkung der Beteiligten.

Über die Löschung des Vermerks vgl. § 113.

[Beteiligte]

§ 92

(1) In dem Verfahren gelten als Beteiligte:

a) der zur Zeit der Eintragung des Vermerks (§ 91 Abs. 3) im Grundbuch eingetragene Eigentümer und, wenn das Grundstück mit einer Gesamthypothek (-grundschuld, -rentenschuld) belastet ist, die im Grundbuch eingetragenen Eigentümer der anderen mit diesem Recht belasteten Grundstücke;

b) Personen, für die in dem unter a) bestimmten Zeitpunkt ein Recht am Grundstück oder ein Recht an einem das Grundstück belastenden Recht im Grundbuch eingetragen oder durch Eintragung gesichert ist;

c) Personen, die ein Recht am Grundstück oder an einem das Grundstück belastenden Recht im Verfahren anmelden und auf Verlangen des Grundbuchamts oder eines Beteiligten glaubhaft machen.

(2) Beteiligter ist nicht, wessen Recht von der Rangbereinigung nicht berührt wird.

1. Allgemeines

1 § 92 bestimmt, wer im Rangklarstellungsverfahren als Beteiligter anzusehen ist. Die Vorschrift wird durch die §§ 94, 95 ergänzt.

---

[2] Ebenso *Demharter* Rdn. 5; **a. A.** Meikel/ *Ebeling* Rdn. 7.

2. Beteiligte

Beteiligte sind grundsätzlich alle Personen, deren Rechte von der Änderung der Rangverhältnisse betroffen werden können. Zur Erleichterung des Verfahrens wird jedoch der Kreis der Beteiligten in den §§ 92 bis 97 abschließend bestimmt. Wer nach diesen Vorschriften nicht beteiligt ist, gilt auch dann nicht als Beteiligter, wenn sein Recht durch die Änderung der Rangverhältnisse benachteiligt werden könnte.

Das GBA kann nach seinem Ermessen gemäß § 94 nach der Person der wahren Berechtigten Ermittlungen anstellen mit den Folgen des § 94 Abs. 2 und 3. Für die gesetzliche Feststellung der Beteiligten ist nach § 92 Abs. 1 Buchst. a und b zunächst maßgebend der Inhalt des Grundbuchs zur Zeit der Eintragung des Vermerks nach § 91 Abs. 3. Dies gilt auch für Briefrechte. Personen, die im Grundbuch nicht eingetragen sind, sind Beteiligte unter den Voraussetzungen des § 92 Abs. 1 Buchst. c.

Die ganze Regelung lehnt sich an § 9 ZVG an. Die Rechtsprechung hierzu kann zur Auslegung verwandt werden. Deshalb gehören zu den Rechten am Grundstück auch Vormerkungen, Widersprüche, Verfügungsbeschränkungen, Nacherbenvermerke und dergleichen.

Demnach sind Beteiligte:

a) der eingetragene Eigentümer und bei Gesamtbelastungen die Eigentümer aller übrigen Grundstücke;

b) diejenigen, für die ein Recht am Grundstück oder ein Recht an einem Grundstücksrecht eingetragen oder durch Eintragung gesichert ist;

c) diejenigen, die ein Recht am Grundstück oder an einem Grundstücksrecht im Verfahren anmelden und auf Verlangen glaubhaft machen.

3. Nicht-Beteiligte

Nicht-Beteiligte sind folgende Personen:

a) diejenigen, deren bei Einleitung des Verfahrens bestehende Rechte durch die Rangbereinigung nicht berührt werden (Abs. 2), z. B. Inhaber von Rechten, die allen anderen am Verfahren beteiligten Personen entweder vor- oder nachgehen;

b) diejenigen, die im Lauf des Verfahrens ein neues Recht am Grundstück oder an einem das Grundstück belastenden Recht, das vom Verfahren berührt wird, erwerben, bevor ihre Person dem GBA bekannt ist (§ 95 Abs. 2);

c) Erwerber eines bestehenden Rechts während des Laufs des Verfahrens, bevor ihre Person dem GBA bekannt ist (§ 95 Abs. 1);

d) persönliche Gläubiger des Eigentümers oder eines dinglich Berechtigten, z. B. der Käufer eines Grundstücks, für den keine Auflassungsvormerkung eingetragen ist.

4. Glaubhaftmachung

Wenn jemand ein Recht am Grundstück oder an einem Grundstücksrecht im Verfahren anmeldet, kann verlangt werden, daß der Anmeldende sein Recht glaubhaft macht. Dieses Verlangen, das an keine Frist gebunden ist, kann das GBA oder auch ein Beteiligter stellen.

Die Art der Glaubhaftmachung richtet sich nach § 15 Abs. 2 FGG. Demnach sind alle Mittel der Glaubhaftmachung, insbesondere auch die Versicherung an Eides Statt, zugelassen. Die Formvorschrift des § 29 GBO ist hier nicht anwendbar.

5. Verzicht auf Hinzuziehung

Ein Beteiligter kann auf seine Zuziehung zum Verfahren formlos verzichten. Tut er das, dann gilt er als Nichtbeteiligter; jedoch muß er die neue Rangordnung gegen sich gelten lassen. Der Verzicht berührt die Anzeigepflicht nach § 93 nicht.

§ 94

[Anzeigepflicht des Buchberechtigten]

§ 93

Ist der im Grundbuch als Eigentümer oder Berechtigter Eingetragene nicht der Berechtigte, so hat er dies unverzüglich nach Zustellung des Einleitungsbeschlusses dem Grundbuchamt anzuzeigen und anzugeben, was ihm über die Person des Berechtigten bekannt ist. Ein schriftlicher Hinweis auf diese Pflicht ist ihm zugleich mit dem Einleitungsbeschluß zuzustellen.

1. Allgemeines

1 Wenn auch der Inhalt des Grundbuchs im Zeitpunkt der Eintragung des Einleitungsvermerks in erster Linie maßgebend ist, wer als Beteiligter des Rangklarstellungsverfahrens gilt, so versucht das Gesetz doch, den wahren Berechtigten zum Verfahren hinzuziehen, falls dieser nicht mit dem Buchberechtigten übereinstimmt. Diesem Zweck dient § 93, der dem Buchberechtigten eine Anzeigepflicht auferlegt.

2. Anzeigepflicht des Buchberechtigten

2 § 93 regelt den Fall, daß der im Grundbuch eingetragene Eigentümer oder dinglich Berechtigte, also der **Buchberechtigte**, nicht der wirkliche Inhaber des Rechts ist. Das kann darauf zurückzuführen sein, daß er trotz Eintragung nicht das Recht erworben hat oder sein Recht außerhalb des Grundbuchs auf einen anderen übergegangen ist, z. B. wenn er eine Briefhypothek abgetreten hat.

3 Dem Buchberechtigten legt das Gesetz eine **doppelte Verpflichtung** auf: Einmal hat er unverzüglich, d. h. ohne schuldhaftes Zögern, nach Zustellung des Einleitungsbeschlusses dem GBA anzuzeigen, daß er nur der Buchberechtigte, nicht aber der wahre Berechtigte ist. Zum anderen muß er angeben, was ihm über die Person des wirklich Berechtigten bekannt ist. Der Buchberechtigte wird auf seine Verpflichtung durch einen schriftlichen Hinweis, der ihm mit dem Einleitungsbeschluß zuzustellen ist, ausdrücklich aufmerksam gemacht.

4 Die **Erfüllung der Pflicht** kann nach § 33 FGG erzwungen werden. Die Anzeigepflicht wird durch den Verzicht eines Beteiligten auf Hinzuziehung zum Verfahren nicht berührt (vgl. § 92 Rdn. 7). Verletzt der eingetragene Berechtigte seine Anzeigepflicht, so kann das Schadensersatzansprüche nach sich ziehen; denn § 93 ist ein Schutzgesetz im Sinne des § 823 Abs. 2 BGB zugunsten des wahren Berechtigten.[1]

[Ermittlung des wahren Berechtigten

§ 94

(1) Das Grundbuchamt kann von Amts wegen Ermittlungen darüber anstellen, ob das Eigentum oder ein eingetragenes Recht dem als Berechtigten Eingetragenen oder einem anderen zusteht, und die hierzu geeigneten Beweise erheben. Inwieweit § 35 anzuwenden ist, entscheidet das Grundbuchamt nach freiem Ermessen.

(2) Der ermittelte Berechtigte gilt vom Zeitpunkt seiner Feststellung an auch als Beteiligter.

(3) Bestehen Zweifel darüber, wer von mehreren Personen der Berechtigte ist, so gelten sämtliche Personen als Berechtigte.

---

[1] *Krieger* DNotZ 35, 868; *Demharter* Rdn. 2.

Fünfter Abschnitt. Verfahren des Grundbuchamts in besonderen Fällen (Kuntze) **§ 95**

1. Allgemeines

Dem gleichen Zweck wie § 93, den wahren Berechtigten zum Verfahren hinzuzuziehen (vgl. § 93 Rdn. 1), dient auch § 94. Diese Vorschrift räumt dem GBA die Befugnis ein, nach der Person des wahren Berechtigten Ermittlungen anzustellen; eine Pflicht hierzu wird dem GBA jedoch nicht auferlegt. **1**

2. Ermittlung des Berechtigten

a) Das GBA kann **von Amts wegen Ermittlungen** zur Feststellung des wahren Berechtigten anstellen und hierzu die geeigneten Beweise erheben. Es handelt sich um ein Amtsverfahren, für das die Grundsätze des § 12 FGG gelten. Das GBA hat nicht nur das Recht zu Ermittlungen, sondern dann sogar die Pflicht hierzu, wenn es Kenntnis vom Wegfall des eingetragenen Berechtigten erhält oder sonst begründete Anhaltspunkte dafür hat, daß der eingetragene Berechtigte nicht mehr der wahre Berechtigte ist. Jedoch kommt es hierbei auch darauf an, ob die Ermittlungen eine hinreichende Aussicht auf Erfolg bieten und das Verfahren nicht ungebührlich verzögern. Die Entscheidung ist in das pflichtgemäße Ermessen des GBA gestellt, welches berücksichtigen muß, daß das Gesetz offenbar die Zuziehung des wahren Berechtigten erstrebt. **2**

b) Hinsichtlich des **Nachweises der Erbfolge**, des Bestehens einer forgesetzten Gütergemeinschaft und der Befugnis des Testamentsvollstreckers zur Verfügung über den Nachlaßgegenstand ist das GBA nicht an die Vorschrift des § 35 gebunden. Es ist berechtigt, von der Beibringung eines Erbscheins oder eines öffentlichen Testaments oder eines der in den §§ 1507, 2368 BGB vorgesehenen Zeugnisse abzusehen. Es kann sich mit anderen Beweismitteln begnügen. Hierüber entscheidet das GBA nach freiem Ermessen. **3**

c) Der **ermittelte Berechtigte** gilt vom Zeitpunkt seiner Feststellung an, also ex nunc, als Beteiligter (Abs. 2) und ist deshalb zu dem weiteren Verfahren als solcher hinzuzuziehen. Neben ihm bleibt aber auch der eingetragene Berechtigte Beteiligter, es sei denn, daß er nach § 93 in glaubhafter Weise seine Berechtigung geleugnet hat. **4**

d) **Zweifel über die Berechtigung** mehrerer Personen hat nicht das GBA zu entscheiden. Es hat vielmehr dann alle in Frage Kommenden als Beteiligte anzusehen (Abs. 3). Erforderlich ist jedoch, daß die Zweifel durch Ermittlungen nicht behoben werden können. **5**

[Wechsel der Berechtigten]

§ 95

(1) Wechselt im Laufe des Verfahrens die Person eines Berechtigten, so gilt der neue Berechtigte von dem Zeitpunkt ab, zu dem seine Person dem Grundbuchamt bekannt wird, als Beteiligter.

(2) Das gleiche gilt, wenn im Laufe des Verfahrens ein neues Recht am Grundstück oder an einem das Grundstück belastenden Rechte begründet wird, das von dem Verfahren berührt wird.

1. Allgemeines

Auch § 95 dient dem Zweck, den wahren Berechtigten zum Verfahren hinzuzuziehen (vgl. § 93 Rdn. 1). § 95 enthält Vorschriften für die Fälle, daß die Person des Berechtig- **1**

§ 96

ten während des Laufs des Verfahrens wechselt oder daß ein neues dingliches Recht im Laufe des Verfahrens begründet wird. In beiden Fällen soll möglichst der wirkliche Berechtigte am Verfahren teilnehmen.

2. Wechsel des Berechtigten

2 a) Ein **Wechsel in der Person** eines am Verfahren Beteiligten kann während des Verfahrens durch Vorgänge innerhalb oder außerhalb des Grundbuchs eintreten (z. B. durch Tod oder durch Übertragung des Rechts). Der Rechtsnachfolger ist Beteiligter nicht schlechthin vom Zeitpunkt seines Rechtserwerbes ab, sondern erst von dem Zeitpunkt ab, zu dem der Wechsel und die Person des neuen Berechtigten dem GBA bekannt werden, einerlei auf welche Weise. Der bisherige Berechtigte scheidet aus dem Verfahren aus. Bestehen Zweifel über die Gültigkeit des Rechtswechsels, wo wird § 94 Abs. 3 anzuwenden sein.

3 b) Ebenso wird Beteiligter, wer im Laufe des Verfahrens ein **neues Recht** am Grundstück oder an einem das Grundstück belastenden Recht **erwirbt**, sofern das Recht vom Verfahren berührt wird. Auch ein Erwerb außerhalb des Grundbuchs (z. B. Begründung eines Nießbrauchs oder eines Pfandrechts an einer Briefhypothek) fällt darunter.

4 c) In beiden Fällen des § 95 tritt der neu hinzukommende Beteiligte in das Verfahren in dem Zustand ein, in dem es sich gerade befindet. Er muß das bisherige Verfahren gegen sich gelten lassen.

[Bestellung eines Pflegers]

§ 96

Ist die Person oder der Aufenthalt eines Beteiligten oder seines Vertreters unbekannt, so kann das Grundbuchamt dem Beteiligten für das Rangbereinigungsverfahren einen Pfleger bestellen. Für die Pflegschaft tritt an die Stelle des Vormundschaftsgerichts das Grundbuchamt.

1. Allgemeines

1 § 96 ermöglicht die Bestellung eines Pflegers durch das GBA, damit dieser die Interessen eines unbekannten Beteiligten im Verfahren wahrnehmen kann. Wegen der Bedeutung des Rangklarstellungsverfahrens ist es erforderlich, daß alle Beteiligten am Verfahren teilnehmen und Abwesende ordnungsgemäß vertreten sind.

2. Voraussetzungen der Pflegschaft

2 Die Bestimmung des § 96 hat den § 88 FGG zum Vorbild, geht aber weiter als dieser. Das GBA kann den Pfleger auch dann bestellen, wenn nicht nur der Aufenthalt, sondern sogar die Person des Beteiligten unbekannt ist. Außerdem gestattet § 96 die Bestellung eines Pflegers auch für den Vertreter eines Beteiligten. Unter Vertreter ist sowohl der gesetzliche als auch der rechtsgeschäftliche Vertreter zu verstehen.[1]

In entsprechender Anwendung von § 88 FGG und in Verbindung mit § 1911 BGB ist die Bestellung eines Pflegers auch zulässig, wenn die Person und der Aufenthalt des

---

[1] A. A. *Thieme* Anm. 2, der zu Unrecht § 96 auf die Fälle der gesetzlichen Vertretung beschränken will.

Beteiligten bekannt ist, dieser aber an der Teilnahme und Wahrnehmung seiner Rechte im Rangbereinigungsverfahren durch Abwesenheit verhindert ist.

An die Feststellung der Voraussetzungen für die Pflegschaft sind nicht zu geringe Anforderungen zu stellen, da es das Bestreben des Gesetzes ist, den wahren Beteiligten hinzuzuziehen, und dieser durch einen Pfleger meist nur unvollkommen vertreten wird. Das GBA hat deshalb, bevor es zur Bestellung des Pflegers schreitet, in geeigneter Weise Ermittlungen anzustellen.

Hat der Beteiligte einen Vertreter, dessen Person oder Aufenthalt dem GBA bekannt ist und dessen gesetzliche oder rechtsgeschäftliche Vertretungsmacht für das Rangbereinigungsverfahren, insbesondere auch für die Empfangnahme von Zustellungen, ausreicht, so kommt eine Pflegerbestellung nicht in Frage.

3. Wirkungen der Pflegschaft

Die Pflegschaft des § 96 hat lediglich verfahrensrechtliche Bedeutung und beschränkt **3** sich auf das Rangklarstellungsverfahren. Der Pfleger hat den unbekannten Beteiligten oder dessen Vertreter im Rangklarstellungsverfahren zu vertreten. Seine Erklärungen wirken für und gegen diesen Beteiligten. Alle Zustellungen haben an den Pfleger zu erfolgen. Im übrigen unterliegt die Pflegschaft den Vorschriften des BGB über Pflegschaften; insbesondere ist § 1915 BGB anzuwenden. An die Stelle des Vormundschaftsgerichts tritt das GBA, vor allem auch für die Erteilung etwa notwendig werdender Genehmigungen nach §§ 1812, 1821, 1822 BGB.

4. Beendigung der Pflegschaft

Die Pflegschaft endet, da es sich um eine solche zur Besorgung einer einzelnen Ange- **4** legenheit handelt, nach § 1918 Abs. 3 BGB mit ihrer Erledigung, also mit der Beendigung oder Einstellung des Rangbereinigungsverfahrens. Auch die §§ 1919, 1921 BGB über die Voraussetzungen der Aufhebung der Pflegschaft sind entsprechend anzuwenden. Im Falle der Aufhebung der Pflegschaft ist § 32 FGG anwendbar.

[Zustellungsbevollmächtigter]

§ 97

(1) Wohnt ein Beteiligter nicht im Inland und hat er einen hier wohnenden Bevollmächtigten nicht bestellt, so kann das Grundbuchamt anordnen, daß er einen im Inland wohnenden Bevollmächtigten zum Empfang der für ihn bestimmten Sendungen oder für das Verfahren bestelle.

(2) Hat das Grundbuchamt dies angeordnet, so können, solange der Beteiligte den Bevollmächtigten nicht bestellt hat, nach der Ladung zum ersten Verhandlungstermin alle weiteren Zustellungen in der Art bewirkt werden, daß das zuzustellende Schriftstück unter der Anschrift des Beteiligten nach seinem Wohnort zur Post gegeben wird; die Postsendungen sind mit der Bezeichnung „Einschreiben" zu versehen. Die Zustellung gilt mit der Aufgabe zur Post als bewirkt, selbst wenn die Sendung als unbestellbar zurückkommt.

1. Allgemeines

Die Vorschrift lehnt sich an die §§ 174, 175 ZPO an. Sie bezweckt die Erleichterung **1** des Verfahrens. § 97 Abs. 1 ist durch das RegVBG v. 20. 12. 1993 (BGBl. I, 2182) insofern an die jetzigen Verhältnisse angepaßt worden, als die Worte „Deutsches Reich" durch „Inland" ersetzt worden sind.

§ 99

2. Voraussetzungen des § 97

2 Die Voraussetzungen des § 97 sind:

a) Der Beteiligte wohnt nicht im Inland, also in der Bundesrepublik, sondern im Ausland.

b) Er hat einen im Inland wohnenden Bevollmächtigten nicht bestellt; auch ein Zustellungsbevollmächtigter genügt. Bestehen Zweifel über den Umfang der Vollmacht, so findet § 97 Anwendung.

3. Anordnung des Grundbuchamts

3 Liegen die unter 2. genannten Voraussetzungen vor, so kann das GBA den Beteiligten zur Bestellung eines im Inland wohnenden Zustellungsbevollmächtigten auffordern. Das GBA wird hiervon nur Gebrauch machen, wenn die Zustellung an den Beteiligten selbst Schwierigkeiten macht, was keineswegs bei allen Zustellungen im Auslande, insbesondere im Grenzverkehr, zutrifft. Leitender Gesichtspunkt muß auch hier sein, nach Möglichkeit den Beteiligten selbst heranzuziehen. Das GBA entscheidet nach freiem Ermessen.

4. Wirkung der Anordnung

4 Hat das GBA die Anordnung, daß für den Beteiligten ein Zustellungsbevollmächtigter bestellt wird, erlassen, so können alle Zustellungen, die nach der Ladung zum ersten Verhandlungstermin erforderlich werden, in der in Abs. 2 beschriebenen Weise vorgenommen werden. Die Zustellung des Einleitungsbeschlusses und die Ladung zum ersten Verhandlungstermin müssen in jedem Falle nach den allgemeinen Vorschriften (vgl. § 16 Abs. 2 FGG, § 199 ZPO) bewirkt werden. Ist das nicht möglich und kann auch nicht durch Bestellung eines Pflegers geholfen werden, so bleibt nichts anderes übrig, als das Verfahren einzustellen (§ 109).

[Verbot der öffentlichen Zustellung]

§ 98
Die öffentliche Zustellung ist unzulässig.

Mit Rücksicht auf die tiefgreifenden Wirkungen des Rangbereinigungsverfahrens ist die öffentliche Zustellung, bei welcher eine sichere Gewähr für das Erreichen des Beteiligten nicht besteht, für alle Zustellungen ausgeschlossen. Hier kommt die Tendenz des Gesetzes, nach Möglichkeit den Beteiligten selbst zum Verfahren heranzuziehen, in starkem Maße zum Ausdruck. Als Ersatz für die öffentliche Zustellung dient die Pflegerbestellung nach § 96.

[Vorlegung von Urkunden]

§ 99
Das Grundbuchamt kann den Besitzer von Hypotheken-, Grundschuld- oder Rentenschuldbriefen sowie von Urkunden der in den §§ 1154, 1155 des Bürgerlichen Besetzbuches bezeichneten Art zur Vorlegung dieser Urkunden anhalten.

Entsprechend der Vorschrift des § 88 Abs. 1 hat auch hier das GBA die Befugnis, die Vorlegung von Hypotheken-, Grundschuld- und Rentenschuldbriefen und der in den

§§ 1154, 1155 BGB genannten Urkunden anzuordnen, gegebenenfalls nach § 33 FGG zu erzwingen. Die Vorschrift soll auch hier die sichere Feststellung des Berechtigten und die vorschriftsmäßige Eintragung der Rangänderung ermöglichen.

[Ladung zum Verhandlungstermin]

§ 100

Das Grundbuchamt hat die Beteiligten zu einem Verhandlungstermin über die Klarstellung der Rangverhältnisse zu laden. Die Ladung soll den Hinweis enthalten, daß ungeachtet des Ausbleibens eines Beteiligten über die Klarstellung der Rangverhältnisse verhandelt werden würde.

In § 100 beginnen die Vorschriften über das eigentliche Klarstellungsverfahren. Sie lehnen sich in erheblichem Umfang an die Vorschriften der §§ 86 ff. FGG über das Auseinandersetzungsverfahren zwischen Miterben an, weichen jedoch in einigen wichtigen Punkten davon ab. Auch hier ist wie dort (§ 89) ein Verhandlungstermin zwingend vorgeschrieben, um die Sache mit den Beteiligten zu erörtern und eine Einigung zwischen ihnen herbeizuführen. Die Anberaumung weiterer Termine ist in das Ermessen des GBA gestellt. Im übrigen kann das weitere Verfahren sich nach dem Ermessen des GBA auch schriftlich abspielen, je nachdem, was im Einzelfalle zweckmäßig erscheint. 1

Die Ladung muß allen Beteiligten zugestellt werden. Sie soll den Hinweis darauf enthalten, daß trotz Ausbleibens des Beteiligten die Verhandlung über die Klarstellung stattfinden kann (Satz 2). Die Vorschrift ist, wie die Fassung ergibt, eine Ordnungsvorschrift. Ihre Verletzung beeinträchtigt die Wirksamkeit der Ladung nicht. 2

[Ladungsfrist]

§ 101

(1) Die Frist zwischen der Ladung und dem Termin soll mindestens zwei Wochen betragen.
(2) Diese Vorschrift ist auf eine Vertagung sowie auf einen Termin zur Fortsetzung der Verhandlung nicht anzuwenden. Die zu dem früheren Termin Geladenen brauchen zu dem neuen Termin nicht nochmals geladen zu werden, wenn dieser verkündet ist.

§ 101 stimmt fast wörtlich mit § 90 FGG überein. Nach Abs. 1 soll eine Ladungsfrist von mindestens zwei Wochen gewahrt werden. Der Tag der Zustellung und des Termins ist gemäß § 17 FGG, §§ 187, 188 BGB nicht mitzurechnen. Die Ladungsfrist bezweckt, den Beteiligten die Möglichkeit zur Prüfung der Sach- und Rechtslage sowie zur Beschaffung etwa erforderlicher Urkunden und sonstiger Beweismittel zu geben. Ihre Ausnutzung wird vielfach dadurch gefördert werden, daß das GBA von vornherein zielbewußt die Führung übernimmt. 1

Auch § 101 Abs. 1 ist — ebenso wie § 100 Satz 2 — eine Ordnungsvorschrift. Wird die Ladungsfrist nicht eingehalten, so kann der Termin nicht stattfinden; vielmehr muß neuer Termin unter Wahrung der Frist anberaumt werden. Das ist allerdings nicht erforderlich, der Termin kann also abgehalten werden, wenn alle Beteiligten von vornherein auf die Einhaltung der Frist verzichtet haben oder nachträglich durch Vereinbarung oder im Termin verzichten.[1] 2

---

[1] Vgl. dazu Keidel/*Winkler* § 90 Rdn. 1 ff.

3 Nach Abs. 2 braucht die Ladungsfrist nicht nochmals gewahrt zu werden, wenn der Termin vertagt, d. h. vor Eintritt in die Verhandlung verlegt wird, oder wenn ein neuer Termin zur Fortsetzung der Verhandlung anberaumt wird. Allerdings ist hierbei Voraussetzung, daß die Ladungsfrist für den ersten Termin eingehalten worden ist. Die zum früheren Termin Geladenen müssen grundsätzlich nochmals geladen werden, es sei denn, daß der neue Termin in einem Termin, zu dem sie ordnungsgemäß geladen waren, verkündet worden ist.

[Verhandlungstermin]

§ 102

(1) In dem Termin hat das Grundbuchamt zu versuchen, eine Einigung der Beteiligten auf eine klare Rangordnung herbeizuführen. Einigen sich die erschienenen Beteiligten, so hat das Grundbuchamt die Vereinbarung zu beurkunden. Ein nicht erschienener Beteiligter kann seine Zustimmung zu der Vereinbarung in einer öffentlichen oder öffentlich beglaubigten Urkunde erteilen.

(2) Einigen sich die Beteiligten, so ist das Grundbuch der Vereinbarung gemäß umzuschreiben.

1. Allgemeines

1 § 102 enthält Vorschriften über den Verhandlungstermin selbst. Kernstück der Bestimmung ist die dem GBA übertragene Aufgabe, eine Einigung der Beteiligten auf eine neue, klare Rangordnung herbeizuführen. Um dieser Verpflichtung nachzukommen, wird das GBA alle gegebenen Möglichkeiten für eine Einigung ausschöpfen müssen. Erst wenn es das versucht, gleichwohl aber keine Einigung zwischen den Beteiligten erzielt hat, kann es den Beteiligten einen Vorschlag für eine neue Rangordnung nach den §§ 103, 104 unterbreiten.

2. Verhandlungstermin

2 a) Das GBA hat im Termin zu versuchen, eine *Einigung der Beteiligten auf* eine **klare Rangordnung** herbeizuführen. Diese Aufgabe erfordert, daß schon vor dem Termin Überlegungen darüber angestellt werden, worin die Unklarheit und Unübersichtlichkeit der Rangverhältnisse besteht und auf welche Weise Abhilfe geschaffen werden kann. Deshalb ist es zweckmäßig, daß das GBA den Beteiligten einen etwaigen Plan, nach dem die Klarstellung der Rangverhältnisse seiner Meinung nach erfolgen könnte, schon vor dem Termin, z. B. mit der Ladung, mitteilt. So kann der Termin gründlich vorbereitet werden; außerdem ist für die Erörterung mit den Beteiligten und eine etwaige Einigung eine Grundlage vorhanden; die Beteiligten haben schließlich die Möglichkeit, schon vor dem Termin sich über die Vorschläge des GBA Gedanken zu machen und sie untereinander zu besprechen. Einer solchen Verfahrensweise steht die Vorschrift des § 103 nicht entgegen.[1]

Das **Bemühen** des Grundbuchamts **um** eine **Einigung** steht im Mittelpunkt des Termins. Dabei wird es die Sach- und Rechtslage mit den Beteiligten erörtern und auf

---

[1] Ebenso *Demharter* Rdn. 2; Meikel/*Ebeling* Rdn. 2; **a. A.** *Güthe/Triebel* Anm. 3; *Thieme* Anm. 2.

einen Ausgleich der widerstreitenden Interessen hinwirken, um auf diese Weise eine Einigung zu erreichen. Diese für ein Verfahren der freiwilligen Gerichtsbarkeit typische Aufgabe sollte das GBA sehr ernst nehmen.

Die Einigung der Beteiligten muß eine **klare Rangordnung** zum Ziel haben. Dies bedeutet, daß eine größtmögliche Übersichtlichkeit der Rangverhältnisse geschaffen werden muß. So werden insbesondere relative Rangverhältnisse zu beseitigen, bestehende Rangunterschiede bei einem Recht durch Teilung des Rechts in mehrere selbständige Rechte mit entsprechendem Rang aufzuheben und mehrere aufeinanderfolgende Rechte desselben Gläubigers zu einem einheitlichen Recht zusammenzufassen sein.

b) Gelingt dem GBA eine Einigung, so ist **die Vereinbarung zu beurkunden** (§ 102 Abs. 1 Satz 2). Das GBA hat nur eine solche Einigung zu beurkunden, welche die Unklarheit oder Unübersichtlichkeit der Rangverhältnisse beseitigt. Für die Beurkundung waren bis zum Inkrafttreten des BeurkG die Vorschriften der §§ 168 ff. FGG (vgl. den aufgehobenen § 29 Abs. 2 GBO) maßgebend. An die Stelle dieser Vorschriften ist nunmehr das BeurkG getreten. Da es sich aber im Falle des § 102 Abs. 1 Satz 2 um eine Beurkundung als Teil eines gerichtlichen Verfahrens handelt, sind gemäß § 1 Abs. 2 BeurkG die Vorschriften dieses Gesetzes nicht anwendbar.[2]

Die Beurkundung findet **auch** dann statt, **wenn nicht alle Beteiligten erschienen** sind. In diesem Falle ist sie aber noch nicht wirksam; denn es müssen sich alle Beteiligten einigen. Es bedarf also noch der grundbuchmäßig verlautbarten Zustimmung der Nichterschienenen. Daher ist ihnen zweckmäßigerweise von der getroffenen Einigung unter den Erschienenen Kenntnis zu geben mit dem Anheimstellen, ihr in der durch Abs. 1 Satz 3 vorgeschriebenen Form zuzustimmen. Das kann auch im Wege der Rechtshilfe durch das Amtsgericht des Wohnsitzes eines Beteiligten geschehen. Ausgeschlossen ist eine Mitteilung der beurkundeten Einigung unter der Vermutung der Zustimmung mangels Widerspruchs. Hierin besteht eine wesentliche Abweichung von § 91 Abs. 3 FGG. Der Grund dafür liegt darin, daß die Umschreibung des Grundbuchs auf einer sicheren und zuverlässigen Grundlage beruhen muß und als solche nur tatsächlich abgegebene Einigungserklärungen der Beteiligten angesehen werden können. Gebühren werden für die Beurkundung nicht erhoben (§ 70 Abs. 2 KostO).

c) Kommt eine **Einigung nicht zustande**, dann kann das GBA das besondere Verfahren nach den §§ 103, 104 einleiten, das man als eine Art Versäumnisverfahren bezeichnen kann, oder, wenn es sich hiervon keinen Erfolg verspricht, das Verfahren nach § 109 einstellen.

3. Umschreibung des Grundbuchs bei Einigung

Liegt eine Einigung der Beteiligten vor und hat sie das GBA beurkundet, so muß es das Grundbuch umschreiben (Abs. 2). Die Wirkung ist in § 112 geregelt: Mit der Eintragung tritt die neue Rangordnung an die Stelle der bisherigen. Das GBA kann nicht als berechtigt angesehen werden, das Verfahren noch nach Einigung und Beurkundung einzustellen. § 102 Abs. 2 geht der Vorschrift des § 109 vor. Die Umschreibung geschieht von Amts wegen. Die Grundsätze, die zu § 22 und zu § 39 dargelegt worden sind, gelten daher für diese Eintragung nicht. Die Umschreibung ist gebührenfrei (§ 70 Abs. 2 KostO).

---

[2] *Jansen* BeurkG § 1 Rdn. 24, 25; Keidel/*Winkler* BeurkG § 1 Rdn. 30, 31; a. A. Meikel/*Ebeling* Rdn. 11, der auf § 91 Abs. 1 FGG und die dazu im Schrifttum vertretene Meinung verweist.

§ 104

[Vorschlag des Grundbuchamts]

§ 103

Einigen sich die Beteiligten nicht, so macht das Grundbuchamt ihnen einen Vorschlag für eine neue Rangordnung. Es kann hierbei eine Änderung der bestehenden Rangverhältnisse, soweit sie zur Herbeiführung einer klaren Rangordnung erforderlich ist, vorschlagen.

1 Falls sich die **Beteiligten nicht einigen**, macht ihnen das GBA einen Vorschlag für eine neue Rangordnung. Dies gilt sowohl für den Fall, daß sämtliche Beteiligte erschienen sind und sich nicht einigen, wie für den Fall, daß ein Beteiligter, der nicht erschienen ist, der zwischen den erschienenen Beteiligten geschlossenen Einigung nicht zustimmt; denn, wie in § 102 Rdn. 4 erwähnt, müssen sich alle Beteiligten einigen, ein Versäumnisverfahren mit dem Ziel einer Ersetzung ihrer Zustimmung ist nicht zulässig. Darin, daß trotz Nichteinigung der Beteiligten das Verfahren nunmehr in die Hand des GBA übergeht und von ihm weiter betrieben werden muß, liegt ein weiterer wesentlicher Unterschied zu dem sonst dem Verfahren zum Vorbild dienenden Erbauseinandersetzungsverfahren des FGG. Ob das GBA den Beteiligten einen Vorschlag macht, hat es nach pflichtgemäßem Ermessen zu entscheiden. In aussichtslosen Fällen kann es auch das Verfahren nach § 109 einstellen.

2 Der **Vorschlag** muß so beschaffen sein, daß dadurch klare und übersichtliche Rangverhältnisse erreicht werden. Im Hinblick auf dieses Ziel gestattet das Gesetz dem GBA auch Eingriffe in die bestehenden materiellen Rangverhältnisse (Satz 2). Da die Unübersichtlichkeiten hauptsächlich durch relative Rangverhältnisse geschaffen werden, ist in erster Linie auf ihre Ersetzung durch absolute Rangverhältnisse Bedacht zu nehmen. Zu diesem Zwecke kann auch die Teilung eines Rechts in mehrere Rechte in Betracht kommen. Auch können Teilrechte verselbständigt werden. Daneben wird der Vorschlag alle die Maßnahmen zu enthalten haben, die ohne Änderung der bestehenden Rangverhältnisse doch zu ihrer Klarstellung nötig sind, wie z. B. die Löschung gegenstandsloser Eintragungen nach §§ 84 ff.

[Widerspruch gegen den Vorschlag]

§ 104

(1) Der Vorschlag ist den Beteiligten mit dem Hinweise zuzustellen, daß sie gegen ihn binnen einer Frist von einem Monat von der Zustellung ab bei dem Grundbuchamte Widerspruch erheben können. In besonderen Fällen kann eine längere Frist bestimmt werden.

(2) Der Widerspruch ist schriftlich oder durch Erklärung zur Niederschrift des Urkundsbeamten der Geschäftsstelle eines Amtsgerichts einzulegen; im letzteren Falle ist die Widerspruchsfrist gewahrt, wenn die Erklärung innerhalb der Frist abgegeben ist.

1 Der Vorschlag gemäß § 103 ist allen Beteiligten im Sinne des §§ 92 ff. zuzustellen. Gleichzeitig sind sie darauf hinzuweisen, daß sie binnen bestimmter Frist gegen den Vorschlag Widerspruch erheben können. Solange der zwingend vorgeschriebene Hinweis nicht erfolgt ist, beginnt die Frist auch nicht zu laufen. Die Einlegung des Widerspruchs ist sodann bis zu dem in § 105 Abs. 3 genannten Zeitpunkt zulässig.[1] Die Frist

---

[1] A. A. *Güthe/Triebel* Anm. 3 und *Thieme* Anm. 1, die bei Fehlen des Hinweises den Vorschlag des GBA als unwirksam ansehen.

beträgt regelmäßig einen Monat von der Zustellung ab. Es kann jedoch in besonderen Fällen, z. B. bei besonderer Schwierigkeit der Sache oder bei in der Person eines Beteiligten liegenden Gründen, eine längere Frist bestimmt werden. Die Frist kann auf Antrag oder von Amts wegen, solange sie noch nicht abgelaufen ist, verlängert werden; auch mehrmalige Verlängerung ist möglich. Das gilt auch für die Monatsfrist. Eine Verkürzung der Frist unter einen Monat ist nicht zulässig.

Für die schriftliche Einlegung des Widerspruchs gelten die Vorschriften über die Beschwerdeschrift (vgl. § 73 Rdn. 3) entsprechend. Der Widerspruch kann schriftlich oder bei dem Urkundsbeamten der Geschäftsstelle eines jeden Amtsgerichts eingelegt werden. Im letzteren Falle ist die Widerspruchsfrist bereits mit der Abgabe der Erklärung vor dem Amtsgericht gewahrt. Eine Begründung des Widerspruchs ist nicht vorgeschrieben, aber zu empfehlen. 2

[Wiedereinsetzung in den vorigen Stand]

§ 105

(1) Einem Beteiligten, der ohne sein Verschulden verhindert war, die Frist (§ 104) einzuhalten, hat das Grundbuchamt auf seinen Antrag Wiedereinsetzung in den vorigen Stand zu gewähren, wenn er binnen zwei Wochen nach der Beseitigung des Hindernisses den Widerspruch einlegt und die Tatsachen, die die Wiedereinsetzung begründen, glaubhaft macht.
(2) Die Entscheidung, durch die Wiedereinsetzung erteilt wird, ist unanfechtbar; gegen die Entscheidung, durch die der Antrag auf Wiedereinsetzung als unzulässig verworfen oder zurückgewiesen wird, ist die sofortige Beschwerde nach den Vorschriften des Gesetzes über die Angelegenheit der freiwilligen Gerichtsbarkeit zulässig.
(3) Die Wiedereinsetzung kann nicht mehr beantragt werden, nachdem die neue Rangordnung eingetragen oder wenn seit dem Ende der versäumten Frist ein Jahr verstrichen ist.

1. Allgemeines

Die Regelung der Wiedereinsetzung schließt sich an § 22 Abs. 2 FGG an. Sie weicht jedoch von dieser Vorschrift in drei Beziehungen ab: Erstens ist die Bestimmung des § 22 Abs. 2 Satz 2 FGG, wonach ein Verschulden eines Vertreters dem Antragsteller in jedem Falle zugerechnet wird, nicht übernommen. Hierdurch wird also, je nach den Umständen des Einzelfalls, die Wiedereinsetzung nicht ausgeschlossen. Sodann ist die Entscheidung, die die Wiedereinsetzung gewährt, unanfechtbar; nur gegen die Verwerfung oder Zurückweisung findet die sofortige Beschwerde statt. Endlich kann die Wiedereinsetzung auch dann nicht mehr beantragt werden, wenn die neue Rangordnung eingetragen ist. 1

2. Voraussetzungen der Wiedereinsetzung

Die Wiedereinsetzung in den vorigen Stand setzt voraus: 2
a) Ein Beteiligter hat die Frist des § 104 Abs. 1 versäumt.
b) Der Beteiligte muß ohne sein Verschulden verhindert gewesen sein, die Frist einzuhalten.[1]

---

[1] Vgl. dazu näher Keidel/*Kuntze* § 22 Rdn. 16 ff.; *Jansen* § 22 Rdn. 19 ff.

§ 106

c) Der Beteiligte muß die Wiedereinsetzung beantragen. Der Antrag bedarf keiner Form.

d) Der Beteiligte muß binnen zwei Wochen nach Beseitigung des Hindernisses den Widerspruch einlegen.

e) Der Beteiligte muß binnen zwei Wochen nach Beseitigung des Hindernisses die Tatsachen, die die Wiedereinsetzung begründen, glaubhaft machen.

f) Die neue Rangordnung darf noch nicht eingetragen sein und seit dem Ende der Widerspruchsfrist darf noch kein Jahr verstrichen sein (Abs. 3). Hierbei handelt es sich um eine Ausschlußfrist, die in jedem Falle eine Wiedereinsetzung unmöglich macht.

3. Rechtsmittel

3 a) Wird Wiedereinsetzung in den vorigen Stand gewährt, was durch besonderen Beschluß oder in Verbindung mit der Sachentscheidung geschehen kann, so ist diese Entscheidung unanfechtbar (Abs. 2 Satz 1 Halbs. 1).

4 b) Wird der Antrag auf Wiedereinsetzung als unzulässig verworfen (z. B. weil er verspätet ist oder der Widerspruch nicht rechtzeitig nachgeholt worden oder die erforderliche Glaubhaftmachung unterblieben ist) oder als unbegründet zurückgewiesen, so ist die sofortige Beschwerde nach den Vorschriften des FGG, also nicht die Grundbuchbeschwerde gemäß §§ 71 ff., gegeben (Abs. 2 Satz 1 Halbs. 2). Der Grund dürfte darin liegen, daß die Beschwerde notwendig eine befristete sein mußte und daß es im Interesse der Beschleunigung zweckmäßig erschien, die Abhilfebefugnis des GBA auszuschließen. Eine Beschwerde aber, die diese Eigenarten aufweist, ist nicht mehr als reine Grundbuchbeschwerde anzusehen. Es sind somit die §§ 19 bis 29 FGG, insbesondere die §§ 21, 22, 23, 27 bis 29, anzuwenden; es ist also auch die sofortige weitere Beschwerde nach § 27 FGG zulässig.

[Aussetzung des Verfahrens]

§ 106

(1) Ist ein Rechtsstreit anhängig, der die Rangverhältnisse des Grundstücks zum Gegenstand hat, so ist das Verfahren auf Antrag eines Beteiligten bis zur Erledigung des Rechtsstreits auszusetzen.

(2) Das Grundbuchamt kann auch von Amts wegen das Verfahren aussetzen und den Beteiligten oder einzelnen von ihnen unter Bestimmung einer Frist aufgeben, die Entscheidung des Prozeßgerichts herbeizuführen, wenn die Aufstellung einer neuen klaren Rangordnung von der Entscheidung eines Streites über die bestehenden Rangverhältnisse abhängt.

1. Allgemeines

1 Für die erfolgreiche Durchführung des Rangklarstellungsverfahrens wird regelmäßig die Feststellung der bestehenden materiellen Rangverhältnisse der Ausgangspunkt sein. Herrscht hierüber Streit, ist es nicht Sache des GBA, diesen Streit zu entscheiden. Hierzu ist vielmehr der Prozeßrichter berufen. Da das Grundbuchverfahren als ein Verfahren der freiwilligen Gerichtsbarkeit regelmäßig eine Aussetzungsbefugnis mit Rücksicht auf einen anhängigen Rechtsstreit nicht kennt, bedurfte es der Bestimmung des § 106, um eine Aussetzung zu ermöglichen.

Fünfter Abschnitt. Verfahren des Grundbuchamts in besonderen Fällen (Kuntze) **§ 108**

2. **Aussetzung des Verfahrens**

a) **Aussetzung auf Antrag.** Nach Abs. 1 kann jeder Beteiligte die Aussetzung beantragen, sobald ein Rechtsstreit anhängig ist, der die Rangverhältnisse zum Gegenstand hat. Unerheblich ist, ob der Rechtsstreit bereits zur Zeit der Einleitung des Verfahrens anhängig war oder erst später anhängig geworden ist. Es genügt, daß er zur Zeit der Stellung des Aussetzungsantrags anhängig ist. Der Rechtsstreit muß die Rangverhältnisse zum Gegenstand haben, die auch Gegenstand des Rangklarstellungsverfahrens sind, wobei allerdings nicht erforderlich ist, daß er sich auf alle beteiligten Rechte bezieht. Notwendig ist nicht, daß der Rechtsstreit ein Zivilprozeß ist; es kann sich auch um ein Verfahren der freiwilligen Gerichtsbarkeit oder um ein verwaltungsgerichtliches Verfahren handeln. Den Aussetzungsantrag kann jeder Beteiligte stellen. Liegen die genannten Voraussetzungen vor, dann muß das GBA dem Antrag entsprechen. 2

Gegen die Ablehnung des Antrags ist die Beschwerde nach den §§ 71 ff. gegeben, sofern sie nicht gegenstandslos geworden ist. Der Aussetzungsbeschluß ist dagegen in entsprechender Anwendung des § 109 unanfechtbar.[1] 3

b) **Aussetzung von Amts wegen.** Nach Abs. 2 braucht das GBA einen Antrag nicht abzuwarten, sondern kann das Verfahren von Amts wegen aussetzen und allen oder einzelnen Beteiligten die Erwirkung einer prozeßgerichtlichen Entscheidung aufgeben. Voraussetzung hierfür ist, daß die Aufstellung einer neuen klaren Rangordnung von der Entscheidung eines Streits über die bestehenden Rangverhältnisse abhängt. Über die Aussetzung und die weiteren Maßnahmen entscheidet das GBA nach freiem Ermessen. Das GBA ist nicht in der Lage, die Beteiligten unmittelbar zum Anhängigmachen eines Rechtsstreits zu zwingen; Maßnahmen nach § 33 FGG sind nicht zulässig. Das GBA kann nur dadurch mittelbar einen Druck ausüben, daß es das Verfahren nach § 109 einstellt, wenn die Beteiligten der Auflage nicht nachkommen. 4

[Fortsetzung des Verfahrens)

§ 107

Ist der Rechtsstreit erledigt, so setzt das Grundbuchamt das Verfahren insoweit fort, als es noch erforderlich ist, um eine klare Rangordnung herbeizuführen.

Das GBA ist nach dem Zweck der Aussetzung an die sachliche Entscheidung des Prozeßgerichts über die streitigen Rangverhältnisse, soweit diese Entscheidung reicht, gebunden. Wenn nach ihr eine weitere Unklarheit oder Unübersichtlichkeit nicht mehr verbleibt, so ist das Verfahren gegenstandslos und einzustellen. Es ist aber sehr wohl möglich, daß zwar durch die Entscheidung in dem Rechtsstreit die bestehenden materiellen Rangverhältnisse festgestellt werden, diese aber gleichwohl unübersichtlich geblieben sind, z. B. wenn sie besonders verwickelt sind. In diesen Fällen kann das GBA das Rangklarstellungsverfahren fortsetzen. Es kann hierbei auch in die durch die Entscheidung festgestellten Rangverhältnisse erneut eingreifen.

[Feststellung der neuen Rangordnung]

§ 108

(1) Nach dem Ablauf der Widerspruchsfrist stellt das Grundbuchamt durch Beschluß die neue Rangordnung fest, sofern nicht Anlaß besteht, einen neuen Vorschlag

---
[1] **A. A.** *Güthe/Triebel* Anm. 3.

§ 108

zu machen. Es entscheidet hierbei zugleich über die nicht erledigten Widersprüche; insoweit ist die Entscheidung mit Gründen zu versehen.

(2) Ist über einen Widerspruch entschieden, so ist der Beschluß allen Beteiligten zuzustellen.

1. Allgemeines

1 § 108 enthält Bestimmungen über das weitere Verfahren, wenn das GBA den Beteiligten einen Vorschlag für eine neue Rangordnung nach § 103 gemacht hat. Nach Ablauf der Widerspruchsfrist muß das GBA darüber entscheiden, ob die neue Rangordnung durch Beschluß festgestellt oder den Beteiligten ein neuer Vorschlag gemacht wird. Dabei muß es zugleich über erhobene Widersprüche befinden.

2. Ablauf der Widerspruchsfrist

2 Das GBA kann über die Feststellung der neuen Rangordnung erst entscheiden, wenn die Widerspruchsfrist des § 104 Abs. 1 abgelaufen ist. Das setzt voraus, daß der Vorschlag für eine neue Rangordnung allen Beteiligten ordnungsmäßig zugestellt worden ist. Deshalb wird das GBA zunächst prüfen müssen, ob gegenüber allen Beteiligten die Vorschrift des § 104 Abs. 1 beachtet worden und die Widerspruchsfrist abgelaufen ist. Hierbei ist zu berücksichtigen, daß Widersprüche nicht nur beim GBA, sondern nach § 104 Abs. 2 bei der Geschäftsstelle jedes anderen Amtsgerichts eingelegt werden können; das GBA wird daher mit seiner Entscheidung eine angemessene Zeit warten müssen.

3. Entscheidung des Grundbuchamts

3 a) **Sind keine Widersprüche erhoben,** so ist regelmäßig die neue Rangordnung gemäß dem unangefochten gebliebenen Vorschlag festzusetzen (Abs. 1 Satz 1). Hat jedoch das GBA gegen die Richtigkeit dieser Festsetzung aus irgendwelchen Gründen Bedenken bekommen, so kann es den Beteiligten einen diesen Bedenken Rechnung tragenden neuen Vorschlag machen. Das weitere Verfahren richtet sich sodann nach §§ 103 ff. Eine Festsetzung, die von dem ersten Vorschlag abweicht, kann das GBA in diesem Falle nicht ohne weiteres treffen.

4 b) **Sind Widersprüche erhoben,** so gilt folgendes:
aa) Hält das GBA die Widersprüche für unzulässig oder unbegründet und hat es auch gegen den ersten Vorschlag aus anderen Gesichtspunkten keine Bedenken, so setzt es die Rangordnung nach dem ersten Vorschlag fest und weist gleichzeitig die Widersprüche zurück. Diese Zurückweisung ist nach Abs. 1 Satz 2 Halbs. 2 zu begründen.

5 bb) Ist dagegen ein Widerspruch nach Ansicht des GBA zulässig und begründet, so wird es regelmäßig einen neuen Vorschlag, der dem Widerspruch Rechnung trägt, zu machen haben. Nur wenn durch den begründeten Widerspruch der erste Vorschlag lediglich unwesentlich geändert wird, dürfte es zulässig sein, sogleich einen neuen abgeänderten Feststellungsbeschluß zu erlassen, jedoch nicht bevor den übrigen betroffenen Beteiligten Gelegenheit zur Stellungnahme gegeben worden ist.[1] Will das GBA nur teilweise von seinem Vorschlag abweichen, so genügt es, wenn ein ergänzender Rangordnungsvorschlag aufgestellt und dieser lediglich den Beteiligten zugestellt wird, die von der Änderung des ursprünglichen Vorschlags betroffen werden.[2]

---

[1] Ebenso: *Demharter* Rdn. 5; Meikel/*Ebeling* Rdn. 9; *Thieme* Anm. 2; **a. A.** *Güthe/Triebel* Anm. 4.

[2] *Recke* JW 38, 736.

Fünfter Abschnitt. Verfahren des Grundbuchamts in besonderen Fällen (Kuntze) § 110

c) Das GBA muß mit dem Feststellungsbeschluß über die Rangordnung zugleich **6**
über die noch nicht erledigten, d. h. die nicht zurückgenommenen oder gegenstandslos
gewordenen Widersprüche entscheiden (Abs. 1 Satz 2 Halbs. 1). Eine selbständige Entscheidung über einen Widerspruch sieht das Gesetz nicht vor. Ergeht sie gleichwohl, so ist sie zwar fehlerhaft und im Rechtsmittelverfahren aufzuheben, aber nicht unwirksam. Wird im Feststellungsbeschluß über einen Widerspruch entschieden, so muß die Entscheidung insoweit begründet werden (Abs. 1 Satz 2 Halbs 2).

4. Bekanntmachung der Entscheidung

a) Ist in dem Feststellungsbeschluß über einen Widerspruch entschieden worden, so **7**
muß der Beschluß allen Beteiligten, nicht nur dem Widersprechenden, zugestellt werden
(Abs. 2). Die Zustellung, mit welcher der Lauf der Beschwerdefrist des § 110 beginnt,
richtet sich nach § 16 Abs. 2 Satz 1 FGG.

b) Ist kein Widerspruch erhoben, so ist der Beschluß ebenfalls allen Beteiligten be- **8**
kanntzumachen, da hiervon nach § 16 Abs. 1 FGG seine Wirksamkeit abhängt. Außerdem haben die Beteiligten ein Interesse daran, von dem Beschluß Kenntnis zu erhalten, um die Übereinstimmung der späteren Eintragung mit dem Beschluß prüfen zu können. Diese Bekanntmachung geschieht nach § 16 Abs. 2 Satz 2 FGG.

5. Über die **Wirkung** des Feststellungsbeschlusses vgl. § 111. **9**

6. Wegen der **Rechtsmittel** vgl. § 110. **10**

[Einstellung des Verfahrens]

§ 109
Das Grundbuchamt kann jederzeit das Verfahren einstellen, wenn es sich von seiner Fortsetzung keinen Erfolg verspricht. Der Einstellungsbeschluß ist unanfechtbar.

Die Vorschrift berechtigt das GBA, das Rangklarstellungsverfahren jederzeit von **1**
Amts wegen einzustellen. Voraussetzung hierfür ist lediglich, daß sich das GBA von
der Fortsetzung des Verfahrens keinen Erfolg verspricht. Die Einstellung ist bis zur
rechtskräftigen Feststellung der neuen Rangordnung zulässig. Die Entscheidung hierüber steht im pflichtgemäßen Ermessen des GBA. Die Beteiligten haben kein Recht auf
Durchführung des Verfahrens.

Der Beschluß ist unanfechtbar (Satz 2). Eine Begründung des Beschlusses ist nicht **2**
ausdrücklich vorgeschrieben, jedoch nach allgemeinen Verfahrensgrundsätzen geboten.
Der Beschluß ist allen Beteiligten nach § 16 Abs. 2 Satz 2 FGG bekanntzumachen. Bei
Einstellung des Verfahrens ist nach § 113 der Einleitungsvermerk (vgl. § 91 Abs. 3) zu
löschen.

[Sofortige Beschwerde]

§ 110
(1) Hat das Grundbuchamt in dem Beschluß, durch den die neue Rangordnung festgestellt wird, über einen Widerspruch entschieden, so ist gegen den Beschluß die sofortige Beschwerde nach den Vorschriften des Gesetzes über die Angelegenheiten der freiwilligen Gerichtsbarkeit zulässig.
(2) Die weitere Beschwerde ist unzulässig.

§ 111

1. Rechtsmittel gegen den Feststellungsbeschluß

1 a) Hat das GBA in dem Feststellungsbeschluß über die Rangordnung **nicht** zugleich **über einen Widerspruch** entschieden, so ist die Entscheidung unanfechtbar. In diesem Falle verzichtet das Gesetz auf ein Rechtsmittel, weil kein Beteiligter gegen den Vorschlag für die neue Rangordnung einen Widerspruch erhoben hatte.

2 b) Hat dagegen das GBA in dem Feststellungsbeschluß **über einen Widerspruch entschieden**, so findet gegen den Beschluß die sofortige Beschwerde nach den Vorschriften des FGG statt (Abs. 1). Somit richtet sich auch die Befugnis zur Beschwerdeeinlegung nach § 20 FGG, d. h. die Beschwerde steht jedem zu, dessen Recht durch die Entscheidung unmittelbar beeinträchtigt wird. Das ist in erster Linie der Widersprechende. Ob auch andere Beteiligte beschwerdeberechtigt sind, wird von der Gestaltung des Einzelfalles abhängig sein; dies dürfte indessen nur in dem in § 108 Rdn. 5 erwähnten Ausnahmefall zu bejahen sein.[1]

3 Daß sich im Falle des § 110 die **Beschwerde** nicht nach den Vorschriften der GBO, sondern **nach** den Bestimmungen des *FGG* regelt, beruht auf folgender Erwägung: Die Beschwerde sollte aus Gründen der Zweckmäßigkeit in den wichtigsten Punkten anders als die Grundbuchbeschwerde gestaltet werden. So war sie zu befristen, das Abhilferecht des GBA war zu beseitigen und die Wiedereinsetzung in den vorigen Stand war zuzulassen. Eine Grundbuchbeschwerde mit diesen Besonderheiten ist in Wahrheit aber eine Beschwerde nach dem FGG. Deshalb ist auch eine weitere Beschwerde gegen die Entscheidung über den Wiedereinsetzungsantrag unzulässig, weil die weitere Beschwerde in der Hauptsache nicht zugelassen ist.[2]

4 Die **Wiedereinsetzung** gegen die Versäumung der Beschwerdefrist ist zeitlich begrenzt durch die Eintragung der neuen Rangordnung, obwohl eine dem § 105 Abs. 3 entsprechende Bestimmung hier fehlt. Wegen Gleichheit der Rechtslage muß der Gedanke des § 105 Abs. 3 aber auch hier angewendet werden.[3]

2. Keine weitere Beschwerde

5 Die weitere Beschwerde ist nach Abs. 2 ausgeschlossen, weil sie als reine Rechtsbeschwerde den Besonderheiten des Rangklarstellungsverfahrens nicht gerecht werden würde.

[Umschreibung des Grundbuchs]

§ 111

Ist die neue Rangordnung rechtskräftig festgestellt, so hat das Grundbuchamt das Grundbuch nach Maßgabe dieser Rangordnung umzuschreiben.

1. Allgemeines

1 Der rechtskräftige Feststellungsbeschluß bildet sowohl in formeller wie auch in materieller Hinsicht die Grundlage für die Eintragung der neuen Rangordnung. Er ersetzt

---

[1] So auch *Demharter* § 108 Rdn. 12; **a. A.** *Güthe/Triebel* § 108 Anm. 5.
[2] KG JFG 16, 61.
[3] Ebenso *Demharter* § 108 Rdn. 11; Meikel/*Ebeling* Rdn. 5; **a. A.** *Thieme* Anm. zu § 110.

in formeller Beziehung die Eintragungsbewilligung der Beteiligten, in materieller Hinsicht die Einigungs- und sonstigen Erklärungen. Deshalb verpflichtet § 111 das GBA, das Grundbuch entsprechend der neuen Rangordnung umzuschreiben.

2. Umschreibung des Grundbuchs

a) **Voraussetzung für eine Umschreibung** des Grundbuchs ist, daß die neue Rangordnung rechtskräftig festgestellt ist. Dies bedeutet, daß der nach § 108 erlassene Feststellungsbeschluß gegenüber allen Beteiligten formelle Rechtskraft erlangt haben muß. Der Beschluß muß also allen Beteiligten ordnungsmäßig bekanntgemacht oder, falls mit ihm zugleich über einen Widerspruch entschieden worden ist, zugestellt worden sein und die Beschwerdefrist des § 110 muß abgelaufen oder über eingelegte Beschwerden muß entschieden sein.

Ist die formelle Rechtskraft eingetreten, so hat das GBA die Umschreibung vorzunehmen. Eine Einstellung des Verfahrens in diesem Zeitpunkt kommt nicht mehr in Frage.

b) Unter **Umschreibung** ist grundsätzlich nicht die Umschreibung wegen Unübersichtlichkeit im Sinne der §§ 28 ff. GBVfg. zu verstehen; vielmehr bedeutet Umschreibung hier zunächst nur Verlautbarung der neuen Rangordnung an Stelle der alten im Grundbuch. Diese Verlautbarung muß grundsätzlich auf dem alten Blatte erfolgen. Das kann durch Eintragung von Rangvermerken geschehen. In vielen Fällen wird sich hieraus allerdings eine Unübersichtlichkeit des Grundbuchs ergeben, die zur Umschreibung oder Neufassung im technischen Sinne (§§ 28 ff. GBVfg.) Veranlassung gibt; dann dürfte aber nichts dagegen einzuwenden sein, die Umschreibung ohne vorherige Verlautbarung der Rangordnung auf dem alten Blatte vorzunehmen. Manchmal wird es ausreichen, nur die zweite oder dritte Abteilung des Grundbuchblattes neu zu fassen, was § 33 GBVfg. ermöglicht. Der Einleitungsvermerk ist nach § 113 vor der Umschreibung auf dem alten Blatt zu löschen.

c) Für die **Vorlegung von Grundpfandbriefen** gelten die allgemeinen Bestimmungen (§§ 41 ff., § 62). Das GBA hat daher die Briefe, soweit sie nach diesen Grundsätzen vorliegen müssen, einzufordern. Die Befugnis hierzu ergibt sich aus § 99. Neue Briefe werden bei Umschreibung des Grundbuchs nach § 111 nicht von Amts wegen, sondern nur auf Antrag (vgl. § 67) hergestellt. Werden gleichwohl von Amts wegen neue Briefe gebildet, so stellt das eine unrichtige Sachbehandlung im Sinne von § 16 KostO dar.[1]

3. Kosten

Für die Umschreibung des Grundbuchblatts werden Gebühren nicht erhoben (vgl. dazu §§ 69 Abs. 1 Ziff. 1, 70 Abs. 2 KostO und Rdn. 1 zu § 114).

[Neue Rangordnung]

§ 112

Ist die neue Rangordnung (§ 102 Abs. 2, § 111) eingetragen, so tritt sie an die Stelle der bisherigen Rangordnung.

Durch diese Bestimmung wird klargestellt, daß mit der Eintragung die neue Rangordnung materiellrechtliche **Wirksamkeit** erlangt und die alte Rangordnung vollständig

---
[1] KG JFGErg. 12, 234 = JW 34, 433.

§ 114

beseitigt ist. Die neue Rangordnung ist so zu behandeln, als ob sie von vornherein bestanden hätte. Sie ist nicht eine nachträgliche Rangänderung im Sinne des § 880 BGB. Bei späteren Verfahren darf in keinem Punkte auf die frühere Rangordnung zurückgegriffen werden.

2 Mit der Eintragung der neuen Rangordnung ist die Geltendmachung von **Willensmängeln** bezüglich der Einigungserklärung eines Beteiligten (§ 102 Abs. 2) ausgeschlossen. Ebenso sind **Bereicherungsansprüche ausgeschlossen**. Das folgt daraus, daß die Einigung nach § 102 an die Stelle der Feststellung der Rangordnung durch das GBA tritt und diese ersetzt. Ebensowenig wie gegenüber der Eintragung, die aufgrund der Feststellung geschieht, Willensmängel oder Bereicherungsansprüche geltend gemacht werden können, kann dies gegenüber der Eintragung des § 102 zugelassen werden, wenn man nicht den Gesamterfolg des Verfahrens in Frage stellen will.

3 Eine **Beschwerde** gegen die Eintragung ist nur im Rahmen des § 71 mit der Maßgabe zulässig, daß die eingetragene Rangordnung mit der Rangordnung nicht übereinstimmt, über die sich die Beteiligten geeinigt haben oder welche rechtskräftig festgestellt worden ist. Dabei hat jedoch die Möglichkeit einer Wiedereinsetzung in den vorigen Stand außer Betracht zu bleiben.

[Löschung des Einleitungsvermerks]

§ 113

Wird die neue Rangordnung eingetragen (§ 102 Abs. 2, § 111) oder wird das Verfahren eingestellt (§ 109), so ist der Einleitungsvermerk zu löschen.

Die Löschung des Einleitungsvermerks gehört zur Durchführung des Rangklarstellungsverfahrens. Ebenso wie die positiven Ergebnisse des Verfahrens nach § 111 auf dem betreffenden Grundbuchblatt verlautbart werden, ist der Einleitungsvermerk hier zu löschen. In dem nach §§ 28 ff. GBVfg. etwa durch Umschreibung wegen Unübersichtlichkeit anzulegenden neuen Blatt erscheint von dem Vermerk nur die laufende Nummer mit dem Zusatz „Gelöscht" (vgl. § 30 Abs. 1 Buchst. c GBVfg.).

[Kosten des Verfahrens]

§ 114

Die Kosten des Verfahrens erster Instanz verteilt das Grundbuchamt auf die Beteiligten nach billigem Ermessen.

1. Kosten des Verfahrens

1 Nach § 70 Abs. 2 Satz 1 KostO werden für Eintragungen und Löschungen zur Beseitigung unklarer oder unübersichtlicher Rangverhältnisse Gebühren nicht erhoben. Gebührenfrei ist auch das vorangegangene Verfahren vor dem GBA einschließlich der Beurkundung der Erklärung der Beteiligten. Anders als bei der Löschung gegenstandsloser Eintragungen (§ 70 Abs. 1 Satz 2 KostO) können hier einem Beteiligten keine Gebühren auferlegt werden. Auch für die Umschreibung unübersichtlicher Grundbuchblätter und für die Neufassung einzelner Teile eines Grundbuchblatts gemäß §§ 28 ff. GBVfg. werden nach § 69 Abs. 1 Ziff 1 KostO Gebühren nicht erhoben. Dagegen sind Auslagen im Rahmen der §§ 136 ff. KostO von demjenigen zu erheben, dem sie das

GBA nach § 114 auferlegt hat (§ 70 Abs. 2 Satz 2 KostO). Derjenige, dem die Auslagen auferlegt werden, wird dadurch nach § 3 Abs. 1 Ziff. 1 KostO Kostenschuldner gegenüber der Staatskasse.

2 § 114 betrifft somit nur die gerichtlichen Auslagen und die außergerichtlichen Kosten der Beteiligten. Die Vorschrift regelt lediglich die Kosten des Verfahrens erster Instanz, also vor dem GBA. Für die Kosten des Beschwerdeverfahren gelten die allgemeinen Vorschriften, insbesondere § 131 KostO.

2. Verteilung der Kosten

3 Die gerichtlichen Auslagen und die außergerichtlichen Kosten der Beteiligten hat das GBA nach billigem Ermessen auf die Beteiligten zu verteilen. § 114 enthält keine allgemeinen Grundsätze über die Verteilung der Kosten. Allein entscheidend ist das billige Ermessen des GBA. Hierbei dürfte weniger auf die Tatsache abzustellen sein, wer den Antrag auf Einleitung des Rangklarstellungsverfahrens gestellt hat, als vielmehr darauf, in wessen Interesse die Klarstellung vornehmlich gelegen hat. So kann es berechtigt sein, die gerichtlichen Auslagen auf die Beteiligten zu verteilen oder sie einem Beteiligten allein aufzuerlegen. Dagegen wird in der Regel jeder Beteiligte seine außergerichtlichen Kosten selbst zu tragen haben, es sei denn, daß besondere Umstände eine andere Entscheidung geboten erscheinen lassen. Insoweit kann auf die zu § 13 a FGG entwickelten Grundsätze zurückgegriffen werden.[1]

[Kosten eines erledigten Rechtsstreits]

§ 115

Wird durch das Verfahren ein anhängiger Rechtsstreit erledigt, so trägt jede Partei die ihr entstandenen außergerichtlichen Kosten. Die Gerichtskosten werden niedergeschlagen.

Das Ergebnis des Rangklarstellungsverfahrens kann auf einen bei Einleitung dieses Verfahrens bereits anhängigen oder erst während des Verfahrens anhängig werdenden Rechtsstreit derart einwirken, daß er für die Parteien in der Hauptsache gegenstandslos wird.[1] Erkennen die Parteien oder wenigstens diejenige Partei, die bisher in dem Rechtsstreit einen von der getroffenen Rangfestsetzung abweichenden Standpunkt eingenommen hat, diese Erledigung durch die Rangfestsetzung an, so greift die Regelung des § 115 ein. Sie bezieht sich jedoch nur auf diejenigen Kosten, die bis zu dieser Erledigungserklärung entstanden sind. Eines Ausspruchs des Prozeßgerichts über den Kostenausgleich nach § 115 bedarf es nicht; die Regelung tritt ohne weiteres kraft Gesetzes ein; ein von § 115 abweichender Kostenausspruch des Prozeßgerichts ist nicht möglich.[2] Bei teilweiser Erledigung eines Rechtsstreits, so wenn z. B. außer den Rangverhältnissen noch andere Ansprüche im Streit sind, muß das Prozeßgericht den § 115 im Rahmen seiner Kostenentscheidung nach den §§ 91 ff. ZPO berücksichtigen.

---

[1] Vgl. dazu näher Keidel/*Zimmermann* § 13 a Rdn. 21 ff.; *Jansen* § 13 a Rdn. 9 ff.

[1] RGZ 113, 302.
[2] RGZ 112, 304.

SECHSTER ABSCHNITT

Anlegung von Grundbuchblättern

Vorbemerkungen

Der 6. Abschnitt wurde durch das RegVBG eingefügt. Sein Gegenstand ist die nachträgliche Anlegung eines Grundbuchblattes. Die damit zusammenhängenden Fragen waren zunächst in den §§ 7–17 AVOGBO geregelt; sie finden sich nunmehr nahezu unverändert in den §§ 116–125.

Angesichts der in den entscheidenden Fragen unverändert gebliebenen Vorschriften steht nichts entgegen, die zu den entsprechenden Regelungen der AVOGBO ergangene Judikatur auch hier anzuwenden. Sie ist deshalb nachstehend zitiert, ohne daß jeweils darauf hingewiesen wird, daß sie unter der Geltung der AVO erging.

[Anlegung von Amts wegen]

§ 116

(1) Für ein Grundstück, das ein Grundbuchblatt bei der Anlegung des Grundbuchs nicht erhalten hat, wird das Blatt unbeschadet des § 3 Abs. 2 bis 9 von Amts wegen angelegt.

(2) Das Verfahren bei der Anlegung des Grundbuchblatts richtet sich nach den Vorschriften der §§ 117 bis 125.

I. Allgemeines

1 Das Anlegungsverfahren ist durchzuführen:
 a) wenn ein Grundstück bei der erstmaligen Anlegung des Grundbuches versehentlich nicht gebucht worden ist,
 b) wenn ein buchungsfreies Grundstück auf Antrag des Eigentümers oder Berechtigten gebucht werden soll (§ 3 Abs. 2),
 c) wenn bei Grenzregulierungen ein bisher im Ausland gelegenes Grundstück dem Bundesgebiet einverleibt wird.

II. Besonderheiten

1. Ausnahmen

2 Die §§ 116 ff. sind nicht anwendbar, wenn ein Grundbuchblatt wiederhergestellt werden soll, dazu vgl. § 141.

3 Ein Fall des Anlegungsverfahrens liegt ferner nicht vor, wenn eine Blattanlegung nach § 3 Abs. 8, 9 geboten ist (vgl. § 3 Rdn. 11) oder wenn nach Schließung der Wohnungsgrundbücher (§ 9 Abs. 3 WEG) erneut ein Grundstücksblatt anzulegen ist.

2. Gebäudegrundbuch

Ist für rechtlich selbständiges Gebäudeeigentum (vgl. Einl. D 49 ff.) ein Grundbuchblatt anzulegen, so kann das GBAmt nach den Regeln der §§ 116 ff. verfahren oder nach den Vorschriften der GGV vorgehen. Das erstere Verfahren hat dann stattzufinden, wenn die in § 4 GGV vorgesehenen Nachweise nicht erbracht werden können. Vgl. § 1 GGV Rdn. 8. **4**

[Auszug aus dem Liegenschaftskataster]

§ 117
Das Grundbuchamt hat die zuständige Behörde um Übersendung eines beglaubigten Auszugs aus dem für die Bezeichnung der Grundstücke im Grundbuch maßgebenden amtlichen Verzeichnis zu ersuchen.

Das Anlegungsverfahren beginnt mit dem Ersuchen an die Katasterbehörde oder andere Behörde, die das als amtliches Verzeichnis dienende Verzeichnis (Register o. ä., vgl. § 2 Rdn. 8 ff.) führt. Die Angaben aus dem amtlichen Verzeichnis müssen bei der beabsichtigten Blattanlegung ja in das Bestandsverzeichnis übernommen werden (§ 2 Abs. 2), zunächst dienen sie jedoch als Identifizierungsmerkmale für das Grundstück. Das gilt insbesondere in den Fällen, in denen es nach § 119 zu einem Aufgebot kommt. **1**

[Amtsermittlung]

§ 118
Zur Feststellung des Eigentums an dem Grundstück hat das Grundbuchamt von Amts wegen die erforderlichen Ermittlungen anzustellen und die geeigneten Beweise zu erheben.

I. Allgemeines

Die Norm nennt das Verfahrensziel (= Eigentumsfeststellung) und charakterisiert das Verfahren als Amtsverfahren. Inhaltlich entspricht die Norm § 12 FGG, so daß die dort geltenden Regeln hierher übertragen werden können. **1**

II. Das Verfahren

1. Verfahrenseinleitung

Das Anlegungsverfahren wird **von Amts wegen** durchgeführt. Sofern ausnahmsweise ein **Antrag** erforderlich ist (§ 3 Abs. 2) kann ihn jedoch nur stellen, wer dartut, daß er zu einer der drei in § 116 Rdn. 1 genannten Personengruppen gehört. Erforderlich ist der − formfreie − Nachweis von Tatsachen, die das Eigentum des Antragstellers zumindest wahrscheinlich machen.[1] Erscheint es aufgrund der ermittelten Tatsachen als **2**

---

[1] KG KGJ 34, 218; BayObLG BayObLGZ 65, 403 = Rpfleger 66, 332.

§ 119

ausgeschlossen, daß der Antragsteller zu dem vorgenannten Kreis der Antragsberechtigten gehört, ist sein Antrag zurückzuweisen.

3 Ist ein Antrag nicht erforderlich — ein entsprechend gestellter Antrag somit nur Anregung — muß das Verfahren mit der Anlegung eines Grundbuchblattes enden;[2] ein dann einzutragender Eigentümer braucht allerdings nicht mit dem Antragsteller identisch zu sein.

2. Verfahrensgang

4 Das Grundbuchamt erholt zunächst verschiedene **Unterlagen**, und zwar auch dann von Amts wegen, wenn es sich um Antragsverfahren nach § 3 Abs. 2 handelt. Sodann sind die zur Feststellung des Eigentümers notwendigen **Ermittlungen** anzustellen und dabei die notwendigen Beweise zu erheben. Die Vorschrift stellt für die Feststellung des Eigentums im Grundbuchanlegungsverfahren den Grundsatz des Amtsbetriebes und der Amtsprüfung auf. Das bedeutet, daß der Grundbuchrechtspfleger entgegen den sonst im Grundbuchverfahren geltenden Grundsätzen seine Anordnungen von Amts wegen zu treffen hat und daß er bei Feststellung des Eigentums auf die von den Beteiligten beigebrachten Beweismittel nicht beschränkt und bei der Prüfung der Wahrheit einer Behauptung durch die Erklärung der Beteiligten nicht gebunden, sondern verpflichtet ist, selbständig ohne Rücksicht auf das Vorbringen der Beteiligten den Sachverhalt aufzuklären und die erforderlichen Beweise zu erheben. Das Grundbuchamt ist nicht auf die Benutzung bestimmter Beweismittel beschränkt, ihm stehen vielmehr sämtliche zulässigen Beweismittel zur Verfügung. Auf die Erhebung der Beweise sind die für die einzelnen Beweismittel geltenden Vorschriften anwendbar. Die Verletzung der Ermittlungspflicht im Anlegungsverfahren stellt eine Verletzung gesetzlicher Vorschriften i. S. des § 53 dar, welche die Anordnung eines Widerspruchs nach § 125 S. 2 rechtfertigt.[3]

5 Unzulässig sind bei der Feststellung des Eigentums alle Maßnahmen, die den Fortgang des Anlegungsverfahrens von der freien Entschließung der Beteiligten abhängig machen, denn das Verfahren dient in erster Linie dem Interesse der Allgemeinheit. Deswegen ist auch für eine Zwischenverfügung i. S. des § 18 kein Raum. Aus diesem Grund ist es auch nicht zulässig, daß das Grundbuchamt vor der Eintragung des Eigentümers eine Unbedenklichkeitsbescheinigung der Finanzbehörde fordert, da sonst in den Fällen, in denen eine Grunderwerbssteuer zu entrichten ist, das Anlegungsverfahren hinausgeschoben werden würde, bis der Grundstückseigentümer die Grunderwerbssteuer zahlt oder sich stunden läßt. Das aber ist mit dem Amtsbetrieb des Anlegungsverfahrens nicht zu vereinbaren.

[Aufgebot]

§ 119

Das Grundbuchamt kann zur Ermittlung des Berechtigten ein Aufgebot nach Maßgabe der §§ 120 und 121 erlassen.

---

[2] KG JFG 8, 211/219; KG KGJ 30, 174/175; 49, 156/158; BayObLG; **a. A.** OLG Hamm Rpfleger 52, 245 m. abl. Anm. v. *Bruhn*.

[3] OLG München JFG 17, 293; OLG Hamm Rpfleger 80, 229.

[Inhalt des Aufgebots]

§ 120

In das Aufgebot sind aufzunehmen:
1. die Ankündigung der bevorstehenden Anlegung des Grundbuchblatts;
2. die Bezeichnung des Grundstücks, seine Lage, Beschaffenheit und Größe nach dem für die Bezeichnung der Grundstücke im Grundbuch maßgebenden amtlichen Verzeichnis;
3. die Bezeichnung des Eigenbesitzers, sofern sie dem Grundbuchamt bekannt oder zu ermitteln ist;
4. die Aufforderung an die Personen, welche das Eigentum in Anspruch nehmen, ihr Recht binnen einer vom Grundbuchamt zu bestimmenden Frist von mindestens sechs Wochen anzumelden und glaubhaft zu machen, widrigenfalls ihr Recht bei der Anlegung des Grundbuchs nicht berücksichtigt wird.

[Bekanntmachung des Aufgebots]

§ 121

(1) Das Aufgebot ist an die für den Aushang von Bekanntmachungen des Grundbuchamts bestimmte Stelle anzuheften und einmal in dem für die amtlichen Bekanntmachungen des Grundbuchamts bestimmten Blatte zu veröffentlichen. Das Grundbuchamt kann anordnen, daß die Veröffentlichungen mehrere Male und noch in anderen Blättern zu erfolgen habe oder, falls das Grundstück einen Wert von weniger als 5 000 Deutsche Mark hat, daß sie ganz unterbleibe.
(2) Das Aufgebot ist in der Gemeinde, in deren Bezirk das Grundstück liegt, an der für amtliche Bekanntmachungen bestimmten Stelle anzuheften oder in sonstiger ortsüblicher Weise bekanntzumachen. Dies gilt nicht, wenn in der Gemeinde eine Anheftung von amtlichen Bekanntmachungen nicht vorgesehen ist und eine sonstige ortsübliche Bekanntmachungen lediglich zu einer zusätzlichen Veröffentlichung in einen der in Absatz 1 bezeichneten Blätter führen würde.
(3) Das Aufgebot soll den Personen, die das Eigentum in Anspruch nehmen und dem Grundbuchamt bekannt sind, von Amts wegen zugestellt werden.

I. Grundsätze

Ist der Eigentümer gänzlich unbekannt, kann nach Maßgabe der §§ 119–122 ein Aufgebot erlassen werden. Nach Durchführung des Aufgebots richtet sich das weitere Anlegungsverfahren, insbesondere die Ermittlung des Eigentümers nach den §§ 118, 123. Das Grundbuchamt kann denjenigen, der aufgrund des Aufgebots sein Eigentum angemeldet und glaubhaft gemacht hat, gem. § 123 Nr. 2 als Eigentümer eintragen, sofern es nicht einen anderen Eigentümer ermittelt hat oder das Eigentum einer anderen Person ihm bei Würdigung der erhobenen Beweise glaubhafter erscheint. **1**

Meldet sich ein Berechtigter innerhalb der Aufgebotsfrist nicht, so geht er damit nicht etwa materiell seines Rechtes verlustig. Es hat das lediglich zur Folge, daß sein Recht bei der Anlegung des Grundbuches nicht berücksichtigt wird. Die Verfolgung seines Rechts im ordentlichen Rechtsweg gegen den im Anlegungsverfahren eingetragenen Eigentümer bleibt ihm unbenommen. Die Anmeldefrist des § 120 Nr. 4 ist keine Ausschlußfrist. Auch ein Berechtigter, der sich nach Ablauf der Frist meldet, kann noch **2** als Eigentümer eingetragen werden. Ein Recht auf Berücksichtigung im Anlegungsverfahren hat er jedoch nicht. Das Grundbuchamt ist insbesondere auch nicht verpflichtet, Ermittlungen über sein verspätet vorgebrachtes Eigentumsrecht anzustellen.

3 Meldet sich aufgrund des Aufgebots niemand, so hat das auf den Gang des Anlegungsverfahrens keinen Einfluß. Die Lage ist dann die gleiche, als wenn ein Aufgebotsverfahren nicht stattgefunden hat. Es erübrigt sich jedoch in solchem Falle die Bekanntmachung nach § 122.

II. Inhalt des Aufgebots

Er ist in § 120 bestimmt:

4 a) Das Aufgebot enthält die in § 120 Nr. 1 bezeichnete **Ankündigung**.

5 b) Die in § 120 Nr. 2 vorgeschriebenen **Angaben** dienen der Identifizierung des Grundstücks insbesondere durch die mit dem Aufgebot Angesprochenen. Sie sind den nach § 117 erholten Unterlagen zu entnehmen; hat das GBAmt darüber hinaus Kenntnis von weiteren Charakteristika des Grundstückes (z. B. Bewuchs, frühere Nutzung, besondere Bezeichnung des Grundstückes in der Bevölkerung wie etwa „Schulzenwiese" o. ä.) so sollen auch diese angegeben werden.

6 c) Nach § 120 Nr. 3 ist der **Eigenbesitzer** (§ 872 BGB) anzugeben. Da er auch dann anzugeben ist, wenn er ermittelt werden kann, sind solche Ermittlungen zwingend. Angesichts des subjektiven Elements in § 872 BGB („... als ihm gehörend ...") empfiehlt sich eine Anhörung des Besitzers über die Rechtsgrundlagen seines Besitzes.

7 d) Wesentlich ist letztlich die **Aufforderung** nach § 120 Nr. 4. Die Frist ist großzügig zu bemessen.

III. Bekanntmachung

Die Regeln dafür ergeben sich aus § 121.

8 a) Der vollständige Wortlaut ist an der für den **Aushang** der amtlichen Bekanntmachungen des GBAmts bestimmten Stelle anzuheften. Es empfiehlt sich, den Aushang während des gesamten Fristlaufes (§ 120 Nr. 4) vorzunehmen.

9 b) Daneben ist das Aufgebot in dem für die **amtlichen Bekanntmachungen** bestimmten Blatt (Amtsblatt) zu veröffentlichen. Das GBAmt kann darüber hinaus mehrfache Veröffentlichungen, auch in anderen Blättern anordnen. Es empfiehlt sich jedenfalls eine zusätzliche Veröffentlichung in einer örtlichen Tageszeitung.

10 c) Das Aufgebot ist ferner in der **Belegenheitsgemeinde** in ortsüblicher Weise bekanntzumachen; dies geschieht mittels Amtshilfeersuchen an die Gemeinde. Eine Doppelveröffentlichung in örtlichen Publikationsorgane (oben Rdn. 9) ist dabei zu vermeiden.

11 d) Sind Personen aufgetreten, die das Eigentum für sich in Anspruch nehmen, so ist ihnen das Aufgebot gem. § 16 Abs. 2 FGG zuzustellen.

[Bekanntmachung der bevorstehenden Blattanlegung]

§ 122

Das Grundbuchblatt darf, wenn ein Aufgebotsverfahren (§§ 120, 121) nicht stattgefunden hat, erst angelegt werden, nachdem in der Gemeinde, in deren Bezirk das

Grundstück liegt, das Bevorstehen der Anlegung und der Name des als Eigentümer Einzutragenden öffentlich bekanntgemacht und seit der Bekanntmachung ein Monat verstrichen ist; die Art der Bekanntmachung bestimmt das Grundbuchamt.

I. Grundsatz

Hat ein Aufgebotsverfahren nicht stattgefunden, muß vor der Anlegung in jedem Falle zunächst eine öffentliche Bekanntmachung ergehen. Sie ist auch dann nicht entbehrlich, wenn das Eigentum (z. B. im Falle des § 3 Abs. 2) offenkundig ist.[1] **1**

II. Inhalt; Art

1. Inhalt

a) Das Grundstück ist – zweckmäßig wie in §§ 119/120/121 Rdn. 5 dargestellt – zu bezeichnen. **2**

b) Es ist derjenige, der als Eigentümer eingetragen werden soll, nach den Regeln des § 15 GBV zu bezeichnen.

c) Die Bekanntmachung enthält sodann den Hinweis, daß nach Ablauf eines Monats die Blattanlegung zugunsten des genannten Eigentümers geschehen wird.

2. Art

Das Gesetz schreibt mir vor, daß die Ankündigung „in der Gemeinde" geschieht. Das kann mittels Aushang an der Gemeindetafel der Fall sein, auch durch Veröffentlichung in einem Publikationsorgan der Gemeinde oder in einer öffentlichen Tageszeitung. **3**

[Eintragung des Eigentümers]

§ 123

Als Eigentümer ist in das Grundbuch einzutragen:
1. der ermittelte Eigentümer;
2. sonst der Eigenbesitzer, dessen Eigentum dem Grundbuch glaubhaft gemacht ist;
3. sonst derjenige, dessen Eigentum nach Lage der Sache dem Grundbuchamt am wahrscheinlichsten erscheint.

I. Grundsatz

Die Norm stellt den Grundsatz auf, daß das Grundbuchamt auf jeden Fall einen **Eigentümer einzutragen** hat, wenn es das Verfahren in Gang gesetzt hat (anderes gilt, wenn ein Antragsteller nicht antragsberechtigt war und deshalb das Verfahren gar nicht eingeleitet wurde). Das Anlegungsverfahren darf niemals mit einem „non liquet" enden; § 123 ist insbesondere für den Fall von Bedeutung, daß ein eindeutiges Ermittlungsergebnis nicht vorliegt. **1**

---

[1] RG RGZ 164, 390.

§ 124

II. Entscheidungskriterien

2 Das Grundbuchamt muß nach den allgemeinen Grundsätzen der Freiwilligen Gerichtsbarkeit selbst über das Eigentum **entscheiden** und darf sich dieser Pflicht nicht entziehen. Eine andere Frage ist es, ob nicht die Befugnis besteht, das Anlegungsverfahren mit Rücksicht auf einen schwebenden Rechtsstreit über das Eigentum **auszusetzen**. Hier wird eine Analogie zum Erbscheinsverfahren zu ziehen sein; denn auch dieses Verfahren führt zu einer mit öffentlichem Glauben ausgestatteten Schlußentscheidung. Man wird daher die für das Erbscheinsverfahren entwickelten Grundsätze über die Aussetzung[1] auch im Anlegungsverfahren anwenden können und dem Grundbuchamt die Befugnis geben müssen, in geeigneten Fällen das Verfahren bis zur Entscheidung eines bereits schwebenden Eigentumsprozesses auszusetzen.[2]

Im Anlegungsverfahren muß die vom Grundbuchamt aufgrund pflichtgemäßer Prüfung gewonnene Überzeugung über das Vorliegen der Voraussetzungen der Anlegung und über das Eigentum ihren Ausdruck in der Grundbuchanlegung finden.

3 Ist das Grundbuchamt in freier Würdigung der erhobenen Beweise zur Überzeugung gelangt, daß eine bestimmte Person Eigentümer ist, so hat es diese als Eigentümer einzutragen (Nr. 1).

4 Ist das Beweisergebnis nicht eindeutig gewesen, so hat das Grundbuchamt denjenigen als Eigentümer einzutragen, der gewissermaßen dem Eigentum am nächsten steht, d. h. den Eigenbesitzer (§ 872 BGB) dessen Eigentum dem Grundbuchamt glaubhaft gemacht ist (Nr. 2). Diese Glaubhaftmachung hat gem. § 294 ZPO zu erfolgen, also z. B. Zeugenaussagen, behördliche Bescheinigungen, eidesstattliche Versicherungen usw. Ob ein bestimmter Umstand zur Glaubhaftmachung ausreicht, hat das Grundbuchamt zu entscheiden. Auch im Falle der Nr. 2 muß der Eigenbesitz nachgewiesen sein; insoweit genügt Glaubhaftmachung nicht.

5 Hat das Grundbuchamt keinen Eigentümer ermittelt (Nr. 1) und ist ihm auch das Eigentum eines Eigenbesitzers nicht glaubhaft gemacht (Nr. 2) hat es denjenigen einzutragen, dessen Eigentum ihm nach Lage der Sache unter Berücksichtigung sämtlicher Umstände am wahrscheinlichsten erscheint (Nr. 3).[3] Das Grundbuchamt muß jedenfalls stets zur Eigentumsfrage eine Entscheidung treffen.

6 Die Eintragung als Eigentümer in Anlegungsverfahren hat keine materiellrechtliche Wirkung. Einem materiell Berechtigten ist es überlassen, sein Eigentumsrecht im Prozeßwege gegen den im Anlegungsverfahren eingetragenen Eigentümer durchzusetzen, insbesondere die Eintragung eines Widerspruchs gegen die Eigentümer zu erwirken. Im Anlegungsverfahren selbst kann ein Widerspruch nur im Rahmen des § 53 (bzw. gem. § 125) eingetragen werden.

[Eintragung beschränkter dinglicher Rechte und sonstiger Eigentumsbeschränkungen]

§ 124

(1) Beschränkte dingliche Rechte am Grundstück oder sonstige Eigentumsbeschränkungen werden bei der Anlegung des Grundbuchblatts nur eingetragen, wenn sie bei dem Grundbuchamt angemeldet und entweder durch öffentliche oder öffentlich beglaubigte Urkunden, deren erklärter Inhalt vom Eigentümer stammt, nachgewiesen oder von dem Eigentümer anerkannt sind.

---

[1] Vgl. KG KGJ 35, 110; KG OLG 40, 155 u. FamRZ 68, 219.

[2] **A. A.** *Demharter* § 123 Rdn. 1.

[3] Vgl. dazu BayObLG Rpfleger 81, 300.

(2) Der Eigentümer ist über die Anerkennung anzuhören. Bestreitet er das angemeldete Recht, so wird es, falls es glaubhaft gemacht ist, durch Eintragung eines Widerspruchs gesichert.

(3) Der Rang der Rechte ist gemäß den für sie zur Zeit ihrer Entstehung maßgebenden Gesetzen und, wenn er hiernach nicht bestimmt werden kann, nach der Reihenfolge ihrer Anmeldung einzutragen.

I. Grundsatz

Die Feststellung der Belastungsverhältnisse ist nicht Zweck und Gegenstand des Anlegungsverfahrens. Werden sie jedoch im Verfahren angemeldet sowie nachgewiesen bzw. anerkannt, so werden sie mit berücksichtigt. **1**

II. Berücksichtigung von Rechten

1. Anmeldung

Sie ist die Geltendmachung eines bestimmten dinglichen Rechts. Sie bedarf nicht der Form des § 29. **2**

2. Nachweis; Anerkenntnis

a) Das beanspruchte Recht kann **nachgewiesen** werden (Abs. 1). Geeignet dazu sind lediglich dem § 29 genügende Unterlagen, die eine Erklärung des einzutragenden Eigentümers enthalten. Aus dieser Erklärung muß sich dessen Einverständnis mit dem Recht ergeben, z. B. in Form einer Eintragsbewilligung. **3**

b) Das Recht kann auch durch den als Eigentümer Einzutragenden **anerkannt** sein. Hierfür ist § 29 dem Wortlaut der Norm nach nicht vorgeschrieben; da das GBAmt jedoch davon überzeugt sein muß, daß das Anerkenntnis von Eigentümern herrührt, wird sich bei formlosen Unterlagen die Anhörung nach Abs. 2 nie vermeiden lassen. **4**

c) Ist ein angemeldetes Recht weder nachgewiesen noch überzeugend (s. oben Rdn. 4) anerkannt, so hat das GBAmt den als Eigentümer Einzutragenden **anzuhören**. Anerkennt er das Recht zur Niederschrift des GBAmts (§ 1 Abs. 2 BeurkG!), so ist es einzutragen. Anerkennt er das Recht nicht, so kommt es darauf an, ob das Recht durch den Anmelder wenigstens glaubhaft gemacht wurde, was gem. § 294 ZPO (also auch durch die nach Abs. 1 ausgeschlossenen Beweismittel) geschehen kann und dem GBAmt die Wahrscheinlichkeit der Existenz vermitteln muß. **5**

Ist das Vorbringen des Anmelders glaubhaft gemacht, so wird das Recht zwar nicht eingetragen, aber durch einen **Widerspruch** gesichert: **6**

„Widerspruch gegen die Nichteintragung eines ... (= Art. des Rechts, Charakterisierung) zugunsten des ... (= Anmelder)".

Ist das Vorbringen des Anmelders nicht glaubhaft gemacht, so wird er dahin vorbeschieden, daß die Eintragung des von ihm angemeldeten Rechts **unterbleibt**. Es kommt nicht zu einer Zurückweisung, weil ein Antrag im Rechtssinne nicht vorliegt. **7**

d) Sind **mehrere Rechte** einzutragen, so erhalten sie den Rang ihrer Entstehungszeit, sofern nicht das dafür geltende Recht anderes vorsieht. Das kann jedoch nur gelten, wenn der Zeitpunkt oder die anderen Rangkriterien formgerecht nachgewiesen werden kann. Ansonsten erhalten die Rechte den Rang, der sich aus der Reihenfolge der Anmeldungen ergibt. **8**

§ 125

[Rechtsmittel]

§ 125
Die Beschwerde gegen die Anlegung des Grundbuchblatts ist unzulässig. Im Wege der Beschwerde kann jedoch verlangt werden, daß das Grundbuchamt angewiesen wird, nach § 53 einen Widerspruch einzutragen oder eine Löschung vorzunehmen.

I. Grundsatz

1 Die Anlegung eines Grundbuchblattes stellt noch keine Eintragung im Sinne des § 71 Abs. 2 dar. Durch sie wird vielmehr erst die Grundlage für künftige Eintragungen geschaffen. Da jedoch der Inhalt des angelegten Blattes bereits dem öffentlichen Glauben des Grundbuchs untersteht, war es erforderlich, die nach § 71 Abs. 1 an sich zulässige Beschwerde gegen die Anlegung auszuschließen. Aus diesem Grund bestimmt die Norm ausdrücklich, daß die Beschwerde gegen die Anlegung unzulässig ist. Auch gegen die einzelne bei der Auslegung vorgenommene Eintragung ist die Beschwerde zulässig.

II. Widerspruch

2 Entsprechend § 71 Abs. 2 S. 2 läßt jedoch auch Satz 2 zu, daß das Grundbuchamt im Beschwerdegang angewiesen wird, unter den Voraussetzungen des § 53 einen **Widerspruch** einzutragen oder eine Löschung vorzunehmen. Es ist danach also notwendig, daß eine Verletzung gesetzlicher Vorschriften im Anlegungsverfahren vorgekommen und daß das Grundbuch unrichtig geworden ist. Auch für das Anlegungsverfahren ist der Rechtspfleger zuständig; fraglich ist, ob gegen seine Entscheidung die (Durchgriffs-)Erinnerung zulässig ist, die ja grundsätzlich auch dann eingelegt werden kann, wenn die Entscheidung, hätte sie der Richter getroffen, unanfechtbar ist (vgl. § 11 Abs. 1 S. 2 RpflG). Gerichtliche Entscheidungen, die nach den Vorschriften der GBO wirksam geworden sind und nicht mehr geändert werden können, sind jedoch kraft ausdrücklicher Vorschrift in § 11 Abs. 5 RpflG auch nicht mit der Erinnerung anfechtbar. Das muß auch für den vorliegenden Fall gelten. Mit der Erinnerung kann also nur eines der Verfahren nach § 53 in Gang gesetzt werden.

3 Anfechtbar ist aber die Ablehnung der Anregung, ein Blatt anzulegen. Insoweit ist die unbeschränkte Beschwerde statthaft.[1] Eine Gesetzesverletzung i. S. des § 53 liegt vor, wenn das GBAmt eine der zwingenden Vorschriften des Anlegungsverfahrens mißachtet, oder keine ausreichenden Ermittlungen angestellt hat. Mit der Beschwerde kann jedoch nicht die Beweiswürdigung des GBAmtes angegriffen werden;[2] es sei denn, in der Beweiswürdigung liegt ein eigener Rechtsverstoß (vgl. dazu § 78 Rdn. 11).

---

[1] BayObLG Rpfleger 80, 390; *Demharter* § 125 Rdn. 2.

[2] *Demharter* § 125 Rdn. 3. **A. A.** OLG Oldenburg MDR 56, 112.

SIEBENTER ABSCHNITT

Das maschinell geführte Grundbuch

Vorbemerkung

Die §§ 126 bis 134 wurden als neuer 7. Abschnitt durch das RegVBG vom 20. 12. 1993 (BGBl. I 2182) in die GBO eingefügt. Sie bilden eine praktikable Rechtsgrundlage für das maschinell geführte Grundbuch, mit dem die Schwächen[1] des herkömmlichen Systems überwunden werden sollen: Den Ländern wird die Möglichkeit eröffnet, die Vorteile der modernen EDV zur Rationalisierung und Beschleunigung der Verfahren zu nutzen sowie dem Rechtsverkehr ein zeitgemäßes, leistungsfähigeres Grundbuch als Beitrag zur Stärkung des Wirtschaftsstandorts Deutschland zur Verfügung zu stellen. Hervorzuheben sind die neu geschaffenen Möglichkeiten, entweder bei einem anderen Grundbuchamt oder im on-line-Zugriff unmittelbar Auskunft über den Grundbuchinhalt zu erhalten. Die Notwendigkeit, im Beitrittsgebiet nach Art. 3 des Einigungsvertrages möglichst schnell ein den Anforderungen der Wiedervereinigung gewachsenes Grundbuchwesen zu schaffen, hat die Entwicklung, die an frühere Überlegungen und an Vorbilder im Ausland anknüpfen konnte,[2] sehr gefördert.

— § 126 bestimmt die allgemeinen Anforderungen der maschinellen Führung des Grundbuchs einschließlich von Hilfsverzeichnissen und eröffnet die Möglichkeit der gemeinsamen Nutzung von Datenbeständen solcher Verzeichnisse durch Grundbuchamt und Liegenschaftskataster. Mit der Einführung der Datenverarbeitung im Auftrag können außenstehende Stellen mit technischen Vorgängen der Grundbuchführung beauftragt werden.
— § 127 regelt die mögliche Intergration von Liegenschaftskataster und Grundbuch, wenn beide automatisiert geführt werden.
— § 128 legt den Zeitpunkt fest, zu dem das maschinelle Grundbuch an die Stelle eines herkömmlich geführten Grundbuchblattes tritt.
— § 129 enthält Ausführungen zum Wirksamwerden von Eintragungen, dessen Überprüfung und zur Angabe des Wirksamkeitsdatums im Zusammenhang mit der Eintragung.
— § 130 befreit vom Erfordernis der Unterschrift, die bei Eintragungen in das maschinelle Grundbuch nicht mehr wie bisher geleistet werden kann, und eröffnet die Möglichkeit, von einer gesonderten Eintragungsverfügung abzusehen.
§ 131 führt den Begriff des Ausdrucks anstelle der einfachen Abschrift und des amtlichen Ausdrucks anstelle der beglaubigten Abschrift ein.
— § 132 eröffnet die Einsichtnahme auch bei einem anderen Grundbuchamt als demjenigen, das das Grundbuch führt.

---

[1] Meikel/*Göttlinger* vor §§ 126–134 Rdn. 28 ff.
[2] Vgl. BT-Drucks. 12/5553, 72 ff.; Meikel/*Göttlinger* vor §§ 126–134 Rdn. 3 ff.; Überblick bei Haegele/Schöner/*Stöber* Rdn. 84 ff.; zur Situation in den USA und zur Frage der — vom Autor verneinten — Übertragbarkeit des dortigen Systems auf die Bedürfnisse im wiedervereinigten Deutschland Schmidt-Räntsch in: Das moderne Notariat, hrsg. v. d. Bundesnotarkammer, Köln 1993.

§ 126

- § 133 enthält die Voraussetzungen für die Einrichtung des automatisierten Abrufverfahrens.
- § 134 ermächtigt das Bundesministerium der Justiz, mit Zustimmung des Bundesrates weitere Einzelheiten in einer Rechtsverordnung zu regeln bzw. Verwaltungsvorschriften zu erlassen oder die Ermächtigung auf Länderebene zu delegieren.

Literatur:

Kommentare zu §§ 126 bis 134 je mwN; *Bredl* SOLUM-STAR − Das maschinell geführte Grundbuch, MittBayNot 97, 72; *Frenz* Ein Jahrhundert-Gesetz für die Freiwillige Gerichtsbarkeit, DNotZ 94, 153; *Geiger/Göttlinger/Kobes* Die Konzeption des Computer-Grundbuchs, Rpfleger 73, 193; *Göttlinger* Pilotprojekt Elektronisches Grundbuch: Einsatz in Sachsen, DNotZ 95, 370; *Grziwotz* Das EDV-Grundbuch, CR 95, 68; *Joachimski* Grundbuch online, NJW-CoR 94, 280; *Keim* Das EDV-Grundbuch, DNotZ 84, 724; *Oberseider* Das maschinell geführte Grundbuch, MittBayNot 97, 88; *Schmidt-Räntsch* Das neue Grundbuchrecht, 1994.

[Führung als automatisierte Datei]

§ 126

(1) Die Landesregierungen können durch Rechtsverordnung bestimmen, daß und in welchem Umfang das Grundbuch in maschineller Form als automatisierte Datei geführt wird. Hierbei muß gewährleistet sein, daß
1. die Grundsätze einer ordnungsgemäßen Datenverarbeitung eingehalten, insbesondere Vorkehrungen gegen einen Datenverlust getroffen sowie die erforderlichen Kopien der Datenbestände mindestens tagesaktuell gehalten und die originären Datenbestände sowie deren Kopien sicher aufbewahrt werden;
2. die vorzunehmenden Eintragungen alsbald in einen Datenspeicher aufgenommen und auf Dauer inhaltlich unverändert ins lesbarer Form wiedergegeben werden können;
3. die nach der Anlage zu diesem Gesetz erforderlichen Maßnahmen getroffen werden.

Die Landesregierungen können durch Rechtsverordnung die Ermächtigung nach Satz 1 auf die Landesjustizverwaltung übertragen.

(2) Die Führung des Grundbuchs in maschineller Form umfaßt auch die Einrichtung und Führung eines Verzeichnisses der Eigentümer und der Grundstücke sowie weitere, für die Führung des Grundbuchs in maschineller Form erforderliche Verzeichnisse. Das Grundbuchamt kann für die Führung des Grundbuchs auch Verzeichnisse der in Satz 1 bezeichneten Art nutzen, die bei den für die Führung des Liegenschaftskatasters zuständigen Stellen eingerichtet sind; diese dürfen die in Satz 1 bezeichneten Verzeichnisse insoweit nutzen, als dies für die Führung des Liegenschaftskatasters erforderlich ist.

(3) Die Datenverarbeitung kann im Auftrag des nach § 1 zuständigen Grundbuchamts auf den Anlagen einer anderen staatlichen Stelle oder auf den Anlagen einer juristischen Person des öffentlichen Rechts vorgenommen werden, wenn die ordnungsgemäße Erledigung der Grundbuchsachen sichergestellt ist.

Übersicht

	Rdn.		Rdn.
I. Von der papierenen zur maschinellen Grundbuchführung		4. Datenformate und Erfassung der Altdatenbestände	9
1. Papierene Führung	1	II. Einführung durch Rechtsverordnung	13
2. Automationsunterstützte Führung	2	III. Anforderungen	
3. Vollelektronische Führung	6	1. Allgemeines	14

	Rdn.		Rdn.
2. Grundsätze ordnungsgemäßer Datenverarbeitung	15	2. Sonstige Verzeichnisse des Grundbuchamts	23
3. Speicherung und Wiedergabe	19	3. Gemeinsame Nutzung von Verzeichnissen durch Grundbuchamt und Katasterbehörde	24
4. Maßnahmen zum Datenschutz	21		
IV. Verzeichnisse			
1. Eigentümer- und Grundstücksverzeichnis	22	V. Datenverarbeitung im Auftrag	25

I. Von der papierenen zur maschinellen Grundbuchführung

1. Papierene Führung

Herkömmlich wird das Grundbuch in verschiedener äußerer Form – ursprünglich als fest gebundener Band, in modernerer Art als Loseblattgrundbuch – auf Papier geführt. Darin liegt die fundamentale Gemeinsamkeit der ansonsten im Laufe der Geschichte des Grundbuchs und nach Rechtssystemen unterschiedlichen Formen der Dokumentation von Rechten an Grundstücken.[1] Die Führung auf Papier bestimmt maßgeblich den Ablauf von Eintragungsverfahren, Einsichtnahme, Fertigung von Abschriften[2] usw. Die Übergänge von der handschriftlichen zur maschinenschriftlichen Führung und vom festen Grundbuchband zum Loseblattgrundbuch stellten zwar wichtige Schritte zur Erleichterung und Verbesserung der Grundbuchführung, jedoch keine grundsätzliche Änderung der durch die Verkörperung auf dem Medium Papier vorgegebenen Verfahrensweisen dar. **1**

2. Automationsunterstützte Führung

Erste Überlegungen, das Grundbuch mit Hilfe von EDV-Systemen rationeller zu führen, gehen auf die späten 60-er Jahre zurück.[3] Die Pläne zur Vollautomatisierung des Grundbuchs mußten Anfang der 80-er Jahre jedoch bis auf weiteres aufgegeben werden. Ursache dafür waren u. a. die Nichtverfügbarkeit praktikabler Verfahren zur Erfassung der Altdatenbestände und die damals hohen Kosten der benötigten Speicherkomponenten. **2**

Statt dessen entstanden in verschiedenen Bundesländern Verfahren zur automationsunterstützten Grundbuchführung, bei denen elektronische Datenverarbeitungsanlagen zur komfortablen Abfassung der Eintragungstexte, Vollzugsmitteilungen, des Schriftverkehrs mit den Katasterbehörden und anderer Schriftstücke mit Hilfe von Textbausteinen eingesetzt und die Texte anschließend, z. T. in vorgefertigte Formulare ausgedruckt wurden: **3**

– In Rheinland-Pfalz wurde das Mainzer automatisierte Grundbuch-Verfahren (MAGB) entwickelt und ab 1982 eingeführt. Es findet heute auch in Teilen Thüringens und Hessens Anwendung. **4**

– In Bayern entstand das System SOLUM, mit dem die Amtsgerichte ab Mitte der 80-er Jahre ausgestattet wurden, und das auch in neun weiteren Bundesländern Verbreitung fand.

---

[1] Vgl. die ausf. Darstellung bei Meikel/*Böhringer* Einleitung A (mwN).
[2] *Demharter* § 126 Rdn. 1.
[3] Meikel/*Göttlinger* vor §§ 126–134 Rdn. 3 ff.; vgl. a. den knappen Überblick bei Haegele/Schöner/*Stöber* Rdn. 84 f. sowie die Lit.nachw. dort.

§ 126

— Das von Baden-Württemberg entwickelte System FOLIA strebt die integrierte Behandlung sämtlicher relevanter Vorgänge in Grundbuchamt und Notariat an, ein interessanter Ansatz, der nicht zuletzt vor dem Hintergrund des staatlichen Notariats nahe liegt. Es berücksichtigt außerdem programmtechnisch bereits die Integration des Automatisierten Liegenschaftsbuchs (näheres bei § 127).

— In Mecklenburg-Vorpommern entstand nach der „Wende" ARGUS, wie FOLIA bereits eine moderne Kombination aus Textverarbeitungs- und Datenbankanwendung.

5 Diesen Verfahren ist gemeinsam, daß der Einsatz der EDV auf die Rolle intelligenter Schreibsysteme zur Herstellung papierener Grundbücher beschränkt bleibt. Mit der Verkörperung der erfaßten Daten auf Papier endet grundsätzlich die elektronische Datenhaltung, weshalb Änderungen der GBO insoweit nicht erforderlich waren. Zur Erleichterung der Suche nach einem Eigentümer oder einem Grundstück wurden im Geschäftsgang der Grundbuchämter gleichwohl elektronische Verzeichnisse angelegt, die mit § 12 a GBO durch das RegVBG nachträglich eine Rechtsgrundlage erhielten.

3. Vollelektronische Führung

6 Die durch das RegVBG eingeführte Neuerung besteht darin, daß das Grundbuch selbst (nicht die Grundakten, hierzu s. § 10 a) „in maschineller Form"[4] als automatisierte Datei" geführt werden kann, d. h. nicht durch Ausdruck auf Papier verkörpert werden muß, denn der Inhalt des Datenspeichers selbst stellt das Grundbuch dar (§ 62 GBV). Zur Anlegung des maschinell geführten Grundbuchs vgl. § 128 sowie §§ 67 ff. GBV. Die Darstellung am Bildschirm unterscheidet sich äußerlich nicht vom herkömmlichen Grundbuch (§ 63 GBV). Überlegungen zur Neugestaltung des Grundbuchs anläßlich der Umstellung auf maschinelle Führung wurden nicht realisiert.[5]

7 Das maschinell geführte Grundbuch hat drei Hauptbestandteile:[6]

a) Das **Produktionssystem** enthält die erforderlichen Schreibkomponenten. Es ermöglicht insbesondere die Herstellung der Eintragungstexte.

b) Die **Archivierungskomponente** tritt hinzu. Sie ist die „automatisierte Datei", also das Kernstück des elektronischen Grundbuchs.

c) Mit Hilfe der **Recherchekomponente** erfolgt das für die Einsicht in das maschinelle Grundbuch unerläßliche Wiederauffinden der gespeicherten Daten. Eine Benutzeroberfläche muß sowohl für die Einsichtnahme im Grundbuchamt (§§ 12 ff., 132) als auch den Abruf im automatisierten Verfahren (§ 133) vorgesehen werden.

8 Bei dem ersten und bisher einzigen in der Praxis funktionsfähigen Verfahren SOLUM-STAR[7] wurde SOLUM als Produktionssystem mit den nachstehend beschriebenen Komponenten verbunden. SOLUM-STAR wurde in einem Projektverbund von den Ländern Bayern, Hamburg, Sachsen und Sachsen-Anhalt entwickelt und wird voraussichtlich in weiteren Ländern Verbreitung finden.

4. Datenformate und Erfassung der Altdatenbestände

9 a) **Verschiedene Systeme und offene Schnittstellen:** Wie bei den unterschiedlichen technischen Gegebenheiten der automationsunterstützten Verfahren ist auch beim elektronischen Grundbuch keine bundeseinheitliche gesetzliche Regelung vorgesehen. Die

---

[4] Zur Begriffsbildung Meikel/*Göttlinger* § 126 Rdn. 6 f.

[5] Meikel/*Göttlinger* vor §§ 126–134 Rdn. 40 ff.

[6] Ausf. *Göttlinger* 372 ff.

[7] Zu Einzelheiten des Systems und länderspezifischen Besonderheiten in Sachsen *Göttlinger* DNotZ 95, 370 sowie in Bayern *Bredl* MittBayNot 97, 72.

Länder entscheiden eigenständig über die zum Einsatz gelangenden Systeme und im Rahmen der GBO und GBV über die Vorgehensweise bei der Umstellung. Die GBO beschreibt keine technischen Verfahren und sieht dementsprechend auch keine ausdrücklichen Anforderungen an einheitliche Datenformate oder Schnittstellen vor. Dadurch entsteht die Gefahr, daß spezifische Vorteile des maschinellen Grundbuchs, wie die Möglichkeit der Übergabe und Übernahme von Daten, der on-line-Abfrage o. ä. an den Ländergrenzen enden und entscheidende Vorteile des maschinellen Grundbuchs nicht genutzt werden können. Um ein Mindestmaß an Gemeinsamkeit bei der technischen Gestaltung des elektronischen Grundbuchs sicherzustellen, hat die Bund-Länder-Kommission für Datenverarbeitung und Rationalisierung in der Justiz deshalb auf ihrer 60. Sitzung vom 6.–8. 11. 1996 in Mainz „Organisatorische und technische Grundsätze für die Grundbuch- und Registerautomation" entwickelt,[8] die diesen Gefahren begegnen und bei Beschaffungsmaßnahmen und Ausschreibungen als Orientierungshilfe dienen sollen. Bestimmte technische Anforderungen wurde ferner auf der Grundlage der Ermächtigung in § 134 in die GBV aufgenommen, wobei § 93 GBV den Ländern wiederum die eigenständige Regelung von weiteren Einzelheiten überläßt.

b) **CI- und NCI-Daten**: Mit Hilfe von Textverarbeitungssystemen erfaßte Daten **10** werden normalerweise als Textdaten in Form codierter Information gespeichert (CI). So entstehen etwa die Eintragungstexte im Produktionssystem. Auch Altdatenbestände, also der bei der Umstellung vorhandene Grundbuchinhalt, können durch manuelle Eingabe aller Texte neu erfaßt werden. Dies hat sich etwa in Bayern als wirtschaftlich nicht machbar erwiesen,[9] während in Sachsen nach der „Wende" die Grundbücher insgesamt neu gefaßt und dabei auch textlich wiedererfaßt werden mußten.[10] Bayern entschied sich für die Erfassung durch Scannen, wobei von den einzelnen Seiten ein Bild gefertigt, digitalisiert und als sog. nichtcodierte (NCI) Information abgespeichert wird. Zwar ist der benötigte Speicherplatz bei NCI-Daten um den Faktor 10 höher, der Preisverfall bei Datenspeichern führt aber dennoch dazu, daß diese Art der Erfassung der Eingabe von CI-Daten bei großen Datenbeständen wirtschaftlich überlegen ist. Die kombinierte Darstellung von neu erfaßten CI- und gescannten NCI-Daten auf dem Bildschirm erfolgt so, daß der Benutzer keine Brüche wahrnehmen kann. GBO und GBV berücksichtigen diese technischen Vorgaben, indem verschiedene Formen der Anlegung des maschinellen Grundbuchs (Umschreibung, Neufassung und Umstellung) zugelassen werden, § 128 (dort Rdn. 2 ff.) i. V. m. §§ 67 ff. GBV.

c) **OCR-Nachbearbeitung**: Die nachträgliche Umwandlung von NCI- in CI-Daten **11** ist grundsätzlich jederzeit mittels sog. OCR-Programme (OCR = Optical Character Recognition) möglich. Die Qualität der Umwandlung wird jedoch wesentlich von der Qualität der Vorlagen bestimmt. Handschriftliche Eintragungen, unterschiedliche Schriftqualität, Überschneidungen von Linien und Text, wie bei Papiergrundbüchern häufig, führen zu einer so schlechten Erkennungsquote, daß die erforderliche manuelle Nachbearbeitung diese Verfahren derzeit ebenfalls als nicht praktikabel erscheinen läßt.

d) **Künftige Entwicklungen**: Pilotversuche der Bundesnotarkammer in Zusammenar- **12** beit mit den Justizverwaltungen des Freistaats Bayern und des Freistaats Sachsen haben

---

[8] Einzelheiten bei Meikel/*Göttlinger* vor §§ 126–134 Rdn. 35 f. und in den Leitlinien selbst, die im Anh. dazu abgedr. sind; hervorzuheben ist Abschn. 3.6, der vorsieht, daß der Zugang zu den maschinell geführten Registern durch externe Benutzer im automatisierten Abrufverfahren in allen Ländern über die gleiche offene Schnittstelle ermöglicht werden soll.

[9] Zu bewältigen sind dort insgesamt ca. 5 Mio. Grundbuchblätter von insg. ca. 50 Mio. Seiten, vgl. *Bredl* 74.

[10] Vgl. hierzu *Göttlinger* a. a. O.

gezeigt,[11] daß weitere Rationalisierungs- und Entlastungseffekte durch eine stärkere Integration der Datenverarbeitung von Grundbuchamt und Notaren erreicht werden könnten, etwa durch die Übernahme und Übergabe von elektronischen Daten, wobei im einzelnen zahlreiche organisatorische, technische und rechtliche Probleme zu lösen sind. Als unmittelbar realisierbar erwies sich indes die elektronische Vollzugsmitteilung,[12] die zwar zum Zeitpunkt der Durchführung des Projekts nicht in den eingesetzten Programmen berücksichtigt war, für die in § 42 S. 3 GBV jedoch eine ausreichende Rechtsgrundlage bereits vorhanden ist.

II. Einführung durch Rechtsverordnung

13 Die Entscheidung über die Einführung treffen die Landesregierungen durch Rechtsverordnung,[13] wobei die Verordnungsermächtigung auf die Landesjustizverwaltung übertragen werden kann. Die Entscheidung über den Umfang der Einführung und die Vorgehensweise hierbei steht im Ermessen der Länder und ihrer für die Umstellung zuständigen Stellen.[14] Zweckmäßigerweise wird nicht insgesamt und gleichzeitig für alle Grundbücher eines Landes umgestellt, sondern entsprechend den örtlichen Gegebenheiten und Rationalsierungsbedürfnissen beginnend mit ausgewählten Grundbuchämtern und mit Rücksicht auf einen auch in der Umstellungsphase möglichst reibungslosen Einsichts- und Auskunftsbetrieb meist gemarkungsweise.[15]

III. Anforderungen

1. Allgemeines

14 Die Gewährleistung einer mindestens gleichwertigen Qualität und Sicherheit des maschinellen Grundbuchs im Rechtsverkehr gegenüber dem Papiergrundbuch durch technische und organisatorische Maßnahmen regelt § 126 Abs. 1 Satz 2. Der unkörperliche Inhalt des elektronischen Datenspeichers ist nicht mehr unmittelbar sinnlich wahrnehmbar. Der Sicherheit und Zuverlässigkeit der Datenhaltung durch ordnungsgemäße Datenverarbeitung sowie der dauerhaften, inhaltlich unveränderten Verfügbarkeit und Möglichkeit zur Lesbarmachung des Grundbuchinhalts (§ 126 Abs. 1 Satz 2 Nr. 1 und 2) kommt daher besondere Bedeutung zu. Zu berücksichtigen sind ferner Anforderungen an den Datenschutz in ihrer speziellen, grundbuchrechtlichen Ausprägung (§ 126 Abs. 1 Satz 2 Nr. 3).

---

[11] Berichte über die Tätigkeit der Bundesnotarkammer im Jahr 1995, DNotZ 96, 720 f. und 1996, DNotZ 97, 520 sowie Projektabschlußbericht (nicht veröffentlicht).

[12] Zur geplanten Einführung vgl. *Bredl* 76.

[13] Bayern: VO v. 14. 11. 94, GVBl. 1021, später ersetzt durch VO v. 14. 6. 96, GVBl. 242; Hamburg: VO v. 26. 6. 96, GVBl. 164; Sachsen: VO v. 28. 7. 95, GVBl. 259, geändert durch VOen v. 28. 12. 95, v. 30. 1. 97 und v. 23. 5. 97; Sachsen-Anhalt: VO v. 28. 3. 95, GVBl. 112 m. letzter Änderung d. VO v. 27. 3. 96.

[14] Meikel/*Göttlinger* Rdn. 14 f.; *Demharter* Rdn. 3 (m. Verw. auf § 128 Rdn. 1).

[15] Die Erfahrungen in der Umstellungsphase beschreibt aus notarieller Sicht *Becker* in BNotK-Intern, Beilage zum DNotI-Report 23/1997. Als hilfreich erweist sich in Sachsen die Bekanntgabe des aktuellen Umstellungsstandes bei den betroffenen Amtsgerichten auf der Homepage des Sächsischen Staatsministeriums der Justiz, der zum Zeitpunkt des Redaktionsschlusses unter http://www.sachsen.de/deutsch/buerger/grundbuch/menu.html abgefragt werden konnte.

2. Grundsätze ordnungsgemäßer Datenverarbeitung

Es handelt sich um eine Gesamtheit von Anforderungen, die sich aus der Natur des maschinellen Grundbuchs ergeben, und die in Nr. 1, in §§ 64 bis 66 GBV sowie der Anlage zu Nr. 3 konkretisiert werden. Die Realisierung muß sich nicht an den optimalen, wohl aber an den üblichen Standards orientieren.[16]

Gefordert werden **Vorkehrungen gegen den unbefugten Zugang** von Personen zu den Datenverarbeitungsanlagen sowie zu den gespeicherten Daten. Dies bedingt die entsprechend räumlich abgetrennte Unterbringung der Anlagen, die nur befugten Benutzern den Zutritt ermöglicht, sowie geeignete Identifikations- und Authentifikationsmechanismen an Hard- und Software (PIN, Paßwortschutz). Ist die Anlage an Telekommunikationseinrichtungen angeschlossen, muß der Zugriff außenstehender Dritter (Hacking) ausgeschlossen sein.

Sodann müssen **Datenverlust und -manipulation** verhindert werden. Neben der allgemeinen Sicherstellung eines störungsfreien Betriebs durch Schaffung geeigneter Betriebsbedingungen und Wartung, gegen Fehleingaben weitgehend gesicherten Ablaufgestaltung und progammeigenen Plausibilitätsprüfungen gehören hierzu entsprechende Speichertechnologien (WORM, CD-ROM), die Anfertigung von Sicherungskopien und deren räumlich getrennte Aufbewahrung, die Protokollierung vorgenommener Veränderungen und schließlich auch die elektronische Unterschrift (§ 75 GBV), hierzu § 129 Rdn. 9 f.

Der **dauerhaften Verfügbarkeit der gespeicherten Inhalte** kommt besondere Bedeutung zu, was in Nr. 2 besonders hervorgehoben wird. Dies kann entsprechend dem technischen Fortschritt und veränderten Sicherheitsanforderungen einen Wechsel der zum Einsatz gelangenden Komponenten bedingen.

3. Speicherung und Wiedergabe

Die **alsbaldige Aufnahme von Eintragungen in „einen" Datenspeicher**, der noch nicht das maschinelle Grundbuch selbst zu sein braucht, ermöglicht eine flexible Gestaltung des Eintragungsverfahrens, bei dem zunächst alle Eintragungen in einem vorläufigen Speicher erfaßt und in bestimmten Zeitabständen im Stapelbetrieb in das Grundbuch übertragen werden können. Dadurch können Vorgänge, die den Zugriff auf das Grundbuch einschränken, außerhalb der Dienststunden durchgeführt werden. Im Fall der zentralen Grundbuchführung (etwa in Bayern) kann die Datenfernübertragung von den dezentralen Erfassungsstellen in den Grundbuchämtern zum zentralen Rechenzentrum ebenfalls rationeller gestaltet werden, wenn mehrere Eintragungsvorgänge zusammengefaßt werden.

Die Gewährleistung der **Wiedergabe des Grundbuchs** stellt Anforderungen, die auf die mangelnde unmittelbare Wahrnehmungsmöglichkeit elektronischer Daten sowie deren Flüchtigkeit zurückzuführen sind: Eintragungen müssen **auf Dauer inhaltlich unverändert** wiedergegeben werden können, und zwar **in lesbarer Form**. Diese Vorgaben folgen bereits aus den Grundsätzen ordnungsgemäßer Datenverarbeitung, werden vom Gesetz aber mit Rücksicht auf die zeitlich unbegrenzte Dokumentationsfunktion des Grundbuchs besonders hervorgehoben. Nicht eingeschränkt werden dadurch die Möglichkeiten zur Umschichtung, Umspeicherung oder sonstigen technischen Behandlung der Daten, solange sie wiedergabefähig erhalten bleiben.

---

[16] Vgl. BT-Drucks. 12/5553, 77.

4. Maßnahmen zum Datenschutz

21 Die Vorschriften der GBO, insbesondere § 12 und Abschnitt 7 über das maschinelle Grundbuch, stellen eine gegenüber dem BDSG in spezieller Weise geregelte Form der Datenverarbeitung dar. Der Gesetzgeber hat dies dadurch verdeutlicht, daß er lediglich die zentralen Datenschutzvorschriften der Anlage zu § 9 BDSG in der Fassung vom 20. 12. 1990 (BGBl. I 2954) wörtlich als Anlage zu Nr. 3 übernommen und so zum Gegenstand der GBO selbst gemacht hat. Von einer weitergehenden Verweisung auf das BDSG wurde abgesehen. Die Anforderungen an den Datenschutz decken sich teilweise mit den Grundsätzen ordnungsgemäßer Datenverarbeitung nach Nr. 1 (s. o. Rdn. 15).

IV. Verzeichnisse

1. Eigentümer- und Grundstücksverzeichnis

22 Die Einrichtung von Hilfsverzeichnissen ergab sich bereits im Zusammenhang mit den automationsunterstützen Verfahren und fand ihre nachträgliche, allgemeine gesetzliche Verankerung in § 12 a. Die Einbindung von SOLUM als Produktionssystem in SOLUM-STAR machte die Übernahme des vorhandenen Eigentümer- und Grundstücksverzeichnisses als Programmbestandteil erforderlich, denn SOLUM ist ein Text- und kein Datenbanksystem. Das bedeutet, daß freies Suchen nach diesen Angaben vom Programm selbst nicht unterstützt wird. Die Grundbuchblätter wurden daher bei der Erfassung mit Indices versehen, die ihre Wiederauffindbarkeit ermöglichen. Ist die Grundbuchstelle aber nicht bekannt, sondern – wie in der Praxis häufig – nur der Name des Eigentümers oder die Flurstücksnummer, werden die entsprechenden Hilfsverzeichnisse benötigt, die zu den zum Aufruf benötigten Angaben über die Grundbuchstelle hinführen. § 126 Abs. 2 Satz 1 trägt diesen technischen Vorgaben über § 12 a hinaus auch für die maschinelle Grundbuchführung Rechnung und stellt klar, daß die **Hilfsverzeichnisse als Teil des maschinellen Grundbuchs** elektronisch geführt werden können. Eine Haftung für die Aktualität und Richtigkeit der Hilfsverzeichnisse trägt das Grundbuchamt unabhängig von der Art der Führung und im Gegensatz zum eigentlichen Grundbuchinhalt jedoch nie, § 12 a Abs. 1 S. 2.

2. Sonstige Verzeichnisse des Grundbuchamts

23 Die Vorschrift ist bewußt offen gehalten, um Organisationsabläufe und Dienstleistungsangebot fortentwickeln zu können. Ein gelungenes Beispiel für ein derartiges sonstiges Verzeichnis stellt die sog. **Markentabelle**[17] dar. Aus Sicht des Grundbuchamtes handelt es sich um ein Verzeichnis, das der Verwaltung der eingehenden Eintragungsanträge dient. Für die Benutzer bietet es die Möglichkeit, sich einen Überblick über die dem Grundbuchamt vorliegenden unerledigten Eintragungsanträge zu verschaffen. Obwohl die Einsichtnahme in die Markentabelle weder im positiven noch im

---

[17] Zur grundbuchamtsinternen Funktion vgl. *Göttlinger* 378 f. Es handelt sich daneben um ein Hilfsverzeichnis nach § 12 a Abs. 1, das schon bei den früheren Bemühungen um die Konzeption eines maschinellen Grundbuchs vor dem Hintergrund der in etwa vergleichbaren Einrichtung der „Plombe" des österreichischen Systems von der notariellen Praxis gewünscht worden war; vgl. *Frenz* 160 f. sowie *Keim* 736; zur Ausgestaltung im einzelnen *Göttlinger* a. a. O. und *Bredl* 75.

negativen Sinn guten Glauben an einen bestimmten Grundbuchinhalt begründen kann und keinesfalls eine ausreichende Grundlage etwa zur Erteilung von Rangbescheinigungen darstellt, bietet sie doch wertvolle Informationen und Anhaltspunkte für weitergehenden Nachforschungsbedarf.[18]

3. Gemeinsame Nutzung von Verzeichnissen durch Grundbuchamt und Katasterbehörde

§ 126 Abs. 2 Satz 2 ermächtigt Grundbuchamt und Katasterbehörde wechselseitig zur Nutzung von Verzeichnissen der in Satz 1 bezeichneten Art,[19] um die mehrfache Erfassung, Speicherung und Verwaltung identischer Daten, den erforderlichen Datenabgleich, den damit verbundenen Mehraufwand und Divergenzen zu vermeiden. Nicht erfaßt werden Daten, die in Grundbuch und Kataster selbst enthalten sind. Die Schaffung von Schnittstellen zwischen EDV-Grundbuch und -Liegenschaftsbuch ist jedoch durch § 127 bereits vorgesehen und bildet den Gegenstand von Überlegungen zur Weiterentwicklung beider Systeme. **24**

V. Datenverarbeitung im Auftrag

§ 126 Abs. 3 bezieht sich sowohl auf das maschinelle Grundbuch nach Abs. 1 wie auch auf die Verzeichnisse nach Abs. 2 und geht zunächst davon aus, daß auch beim maschinellen Grundbuch grundsätzlich jedes nach § 1 zuständige Grundbuchamt für die Führung seiner Grundbücher personell und sachlich verantwortlich bleibt. Der Anwendungsbereich der Vorschrift betrifft daher lediglich die prozedurale Frage der Datenverarbeitung auf EDV-Anlagen außerhalb des zuständigen Grundbuchamts, wenn nicht jedes Grundbuchamt mit einer eigenen Rechenanlage ausgestattet werden soll. Den Ländern sind hierfür verschiedene Organisationsmodelle eröffnet. **25**

In Betracht kommen zunächst die gemeinsame Datenverarbeitung für mehrere oder alle Grundbuchämter eines Landes durch eines von ihnen, oder die Wahrnehmung durch allgemeine ADV-Stellen der Justizverwaltung[20] oder anderer staatlicher Stellen. Ferner sind bestehende oder neugegründete juristische Personen des öffentlichen Rechts als Aufgabenträger vorgesehen. Keinesfalls kann die Verarbeitung von Grundbuchdaten privaten oder gewerblichen Auftragnehmern übertragen werden. **26**

Die Anforderungen der GBO an die Grundbuchführung im übrigen bleiben unberührt. Die rechtliche und organisatorische Verantwortung für die Eintragungen verbleibt bei dem nach § 1 zuständigen Grundbuchamt, ebenso die Zuständigkeit für die Prüfung der Darlegung eines berechtigten Interesses bei Einsichtsbegehren, die Gewährung der Einsicht und die Erteilung von Ausdrucken nach § 131 (soweit nicht §§ 132, 133 anwendbar sind). Insbesondere die zeitgerechte und Abs. 1 Satz 2 entsprechende Erledigung müssen sichergestellt sein. **27**

---

[18] Zur Bedeutung für die notarielle Praxis *Becker* 6 (Fn. 15).
[19] Zu den Gestaltungsvarianten Meikel/*Göttlinger* Rdn. 73 ff.
[20] So etwa in Bayern, wo eine Zentrale Grundbuchspeicherstelle beim OLG München besteht, vgl. *Bredl* 73 und *Demharter* Rdn. 15. In Sachsen wird diese Aufgabe ebenfalls zentral beim OLG Dresden erfüllt. Dort besteht die Besonderheit, daß die Anschaffung der EDV-Anlagen durch ein privates Investorenkonsortium vorfinanziert wird. Der Anreiz zu entsprechenden Investitionen wurde mit der von § 133 Abs. 8 eröffneten Möglichkeit der Gebührenabtretung geschaffen (Rdn. 41 f. dort).

§ 127

[Integration mit dem Liegenschaftskataster]

§ 127

(1) Die Landesregierungen können durch Rechtsverordnung, zu deren Erlaß auch die Landesjustizverwaltungen ermächtigt werden können, bestimmen, daß das Grundbuchamt

1. Änderungen der Nummer, unter der das Grundstück im Liegenschaftskataster geführt wird, die nicht auf einer Änderung der Umfangsgrenzen des Grundstücks beruhen, sowie im Liegenschaftskataster enthaltene Angaben über die tatsächliche Beschreibung des Grundstücks aus dem Liegenschaftskataster maschinell in das Grundbuch in Verzeichnisse nach § 126 Abs. 2 einspeichern darf;

2. der für die Führung des Liegenschaftskatasters zuständigen Stelle die Grundbuchstelle sowie Daten des Bestandsverzeichnisses und der ersten Abteilung maschinell übermittelt.

(2) Soweit das Grundbuchamt nach bundesrechtlicher Vorschrift verpflichtet ist, einem Gericht oder einer Behörde über eine Eintragung Mitteilung zu machen, besteht diese Verpflichtung bezüglich der nach Maßgabe des Absatzes 1 aus dem Liegenschaftskataster in das Grundbuch übernommenen Angaben nicht.

1. Integration mit dem Liegenschaftskataster

1 § 127 schafft die Rechtsgrundlage, nach der die Länder die maschinelle Übernahme von Daten des Grundbuchs und des Liegenschaftskatasters aus dem jeweils anderen Verzeichnis einführen können (und zwar über die gemeinsame Nutzung von Hilfsverzeichnissen, vgl. § 126 Rdn. 24, hinaus). Inhaltlich davon betroffen sind hinsichtlich des Grundbuchs die Angaben, die nach § 2 Abs. 2 auch jetzt schon zur wechselseitigen Verwendung, allerdings auf schriftlichem Weg, ausgetauscht werden. Die maschinelle Übermittlung dient zur Vermeidung dieses Medienbruchs und kann erheblich zur Beschleunigung und Rationalisierung der Vorgänge beitragen, da die Mehrfacherfassung bereits vorhandener Daten wegfällt. Entbehrlich ist auch gem. § 129 Abs. 2 S. 2 die Angabe des Tages des Wirksamwerdens eines Eintragung aufgrund § 127 Abs. 1 Nr. 1. Weitere Einzelheiten in § 86 Abs. 1, 2, 3 S. 1 und 4 GBV.

2 In den in § 86 Abs. 3 S. 2, 3 GBV genannten Fällen werden Grundbuchdaten für die Führung von Verzeichnissen benötigt, die (zeitweilig) an die Stelle des amtlichen Verzeichnisses gem. § 2 Abs. 2 treten. Es können daher auch diese Behörden Empfänger und weitere Nutzer der übermittelten Grundbuchdaten sein, allerdings liegt dann kein Fall von § 127 vor.

3 Unberührt bleibt die Zuständigkeit und Verantwortlichkeit der beteiligten Behörden für die Vornahme der Eintragungen, die ihnen auch bei maschineller Übernahme von Daten aus anderen Verzeichnissen zugerechnet werden. Einzelheiten und Rechtsbehelfe vgl. unten Rdn. 7—9.

4 Die **Übernahme von Daten aus dem Liegenschaftskataster** erstreckt sich nach Abs. 1 Nr. 1 auf die Nummer, unter der das Grundstück im Liegenschaftskataster geführt wird, d. h. die Angabe von **Gemarkung** und **Flurstücksnummer**, allerdings nur, wenn letztere nicht das Ergebnis von Grenzveränderungen ist (dann bleibt ein schriftlicher Veränderungsnachweis erforderlich,[1] der bei einer Beurkundung der zugrundeliegenden Rechtsveränderung heranzuziehen ist), ferner auf den **Beschrieb**, d. h. Nutzungsart, Lage und Fläche.

---

[1] Bengel/Simmerding § 183 Rdn. 49.

Nach Abs. 1 Nr. 2 können der für die Führung des **Liegenschaftskatasters** zuständigen Behörde die Angabe der **Grundbuchstelle**, das **Bestandsverzeichnis** (im Hinblick auf die laufende Nummer des Grundstücks im Grundbuch und etwaige besondere Rechtsverhältnisse wie Wohnungs- oder Teileigentum, ein bestehendes Erbbaurecht o. ä.) sowie die **erste Abteilung** des Grundbuchs mit den Angaben zu Eigentümern und Eigentumsverhältnissen übermittelt werden. Eine maschinelle Übermittlung der weiteren Abteilungen des Grundbuchs ist denkbar, richtet sich aber dann nach den Voraussetzungen von § 133, vgl. dort und unten Rdn. 6. **5**

Die automatisierte Übernahme nach § 127 kann außerhalb der sonst geltenden Formvorschrift des § 29 Abs. 3 erfolgen. Sie ist auch nicht an das Erfordernis einer Genehmigung oder Vereinbarung geknüpft, § 86 Abs. 3 S. 1 GBV. Die für die Führung des Liegenschaftskatasters zuständige Behörde gehört jedoch zu den Stellen, denen nach § 133 Abs. 2 die Genehmigung erteilt werden kann bzw. mit der eine Vereinbarung geschlossen werden kann, am automatisierten Abrufverfahren teilzunehmen. Im Unterschied zur Integration von Grundbuch und Liegenschaftskataster dient der on-line-Abruf jedoch nicht dem automatisierten Datenabgleich, sondern stellt eine dem maschinellen Grundbuch adäquate Form der Grundbucheinsicht im Zusammenhang mit § 12 zur Verfügung. Dies schließt allerdings die maschinelle Übernahme von Daten nicht aus. **6**

2. Maschinelle Übermittlung

Voraussetzung zur Übernehmbarkeit von Daten nach § 127 ist, daß sowohl das Grundbuch als auch das Liegenschaftskataster **maschinell geführt** werden. Daneben erfordert die Datenübermittlung **Schnittstellen**, die eine unmittelbare Übernahme ermöglichen, was bei bestehenden Systemen erheblichen Anpassungsaufwand mit sich bringen kann. Weitergehende Überlegungen zielen darauf ab, § 127 so zu ändern, daß auf eine doppelte Haltung der Datenbestände – vergleichbar der gemeinsamen Nutzung von Hilfsverzeichnissen – überhaupt verzichtet werden kann. Dies würde mit Blick auf die Informations- und Sicherungsfunktion des Grundbuchs im Rechtsverkehr jedoch voraussetzen, daß sowohl bei der Einsicht nach §§ 132 als auch beim Fernabruf nach § 133 die entsprechenden Daten des Liegenschaftskatasters als Teil des Grundbuchs zuverlässig sichtbar gemacht werden können. **7**

3. Folgen bei Übernahmefehlern

Die maschinelle Übernahme von Daten ändert nichts an der vollumfänglichen Verantwortung der übernehmenden Stelle für den Inhalt des von ihr geführten Datenbestandes. Bei Fehlern gilt daher: **8**

– **Technische Fehlfunktionen** der verwendeten Anlagen und Programme, die von der übernehmende Seite zur Einspeicherung eingesetzt werden, fallen jeweils der für die Eintragung zuständigen Stelle zur Last, d. h. bei Nr. 1 dem GBA, bei Nr. 2 der katasterführenden Stelle. **9**

– Sind die übernommenen Daten selbst **inhaltlich fehlerhaft**, gilt nichts anderes als bei schriftlicher Übermittlung. Es handelt sich um eine Eintragung zur Erhaltung der Übereinstimmung zwischen dem Grundbuch und dem Liegenschaftskataster nach §§ 2 Abs. 2, 12 c Abs. 2 Nr. 2, die in die Zuständigkeit des Urkundsbeamten der Geschäftsstelle fällt. Hiergegen sind je nach Sachlage die allgemeinen Regeln über die Berichtigung bzw. die allgemeinen Rechtsbehelfe, d. h. zunächst die Erinnerung (§ 12 c Abs. 4) und bei Nichtabhilfe die Beschwerde gem. § 71 eröffnet. **10**

4. Mitteilungspflichten

11 Abs. 2 stellt klar, daß die maschinelle Datenübernahme aus dem Liegenschaftskataster **keine Benachrichtigungspflichten** gegenüber Gerichten und Behörden auslöst. Er steht in sachlichem Zusammenhang mit §§ 55 ff., die wiederum durch §§ 39 Abs. 1 und 40 GBO ergänzt werden (näheres jeweils dort[2]), jedoch auf Eintragungen im Zusammenhang mit Rechtsverhältnissen auf der Grundlage eines Antrags (§ 13) und nicht auf Eintragungen hinweisender oder beschreibender Art zugeschnitten sind; vgl. hierzu auch den Anwendungsbereich von § 12 c Abs. 2 Nr. 2. Der Vorschrift dürfte damit ein eigenständiger Regelungsgehalt lediglich im Zusammenhang mit sonstigen bundesrechtlichen Mitteilungspflichten zukommen, wie in XVIII MiZi aufgelistet,[3] sowie nach landesrechtlichen Vorschriften, die i. R. von § 136 fortgelten.[4]

5. Verordnungsermächtigung

12 Die Einführung der Integration von Grundbuch und Liegenschaftskataster erfolgt durch Rechtsverordnung der **Landesregierung**, die auch die **Landesjustizverwaltung** zum Erlaß ermächtigen kann. Erforderlich wird jedoch das Einvernehmen der für das Liegenschaftskataster zuständigen Verwaltung sein,[5] nachdem das Liegenschaftskataster ausschließlich Landesrecht unterliegt.

[Anlegung und Freigabe]

§ 128

(1) Das maschinell geführte Grundbuch tritt für ein Grundbuchblatt an die Stelle des bisherigen Grundbuchs, sobald es freigegeben worden ist. Die Freigabe soll erfolgen, sobald die Eintragungen dieses Grundbuchblattes in den für die Grundbucheintragungen bestimmten Datenspeicher aufgenommen worden sind.

(2) Der Schließungsvermerk im bisherigen Grundbuch ist lediglich von einer der nach § 44 Abs. 1 Satz 2 zur Unterschrift zuständigen Personen zu unterschreiben.

I. Allgemeines

1 Bevor das maschinelle Grundbuch an die Stelle des Papiergrundbuchs treten kann, muß es angelegt werden. Wie die **Anlegung** im einzelnen vorgenommen wird, ist nicht in § 128 geregelt, sondern in der GBV (Abschnitt XIII Unterabschnitt 2). §§ 67 bis 73 GBV bieten dafür drei verschiedene Möglichkeiten an: **Umschreibung**, **Neufassung** und **Umstellung**. Alle drei Methoden knüpfen an Regelungen an, die für das Papiergrundbuch gelten, s. u. Rdn. 2 bis 4. Beim maschinellen Grundbuch tritt jedoch der Übergang vom Medium Papier zum elektronischen Datenspeicher hinzu, der mit unterschiedlichen technischen Mitteln bewirkt werden kann (vgl. hierzu § 126 Rdn. 9 ff.) und mit der **Freigabe** abgeschlossen wird. Welche Methode gewählt wird, entscheidet gem. § 67 GBV das jeweilige Grundbuchamt selbst, soweit nicht Vorschriften einer landesrechtlichen Verordnung nach § 126 Abs. 1 Satz 1 einzuhalten sind.

---

[2] S. a. *Bengel/Simmerding* § 55 Rdn. 1.
[3] *Bengel/Simmerding* § 55 Rdn. 8.
[4] *Bengel/Simmerding* § 55 Rdn. 10 a. E.
[5] *Meikel/Göttlinger* Rdn. 8.

II. Formen der Anlegung

1. Die **Umschreibung** nach § 68 GBV hat ihr Vorbild in §§ 23 Abs. 1, 28 ff. GBV, ihre Zulässigkeit ist jedoch nicht an die dort genannten Voraussetzungen (insb. Mangel an Raum für Neueintragungen auf dem Papiergrundbuchblatt, Unübersichtlichkeit) geknüpft. Das elektronische Grundbuch kann ohne Vorliegen besonderer Rechtfertigungsgründe jederzeit durch Umschreibung angelegt werden. § 68 Abs. 2 verweist für die Durchführung der Umschreibung auf die entsprechenden Regelungen für das Papiergrundbuch (§ 44 Abs. 3 GBO sowie Abschnitt VI und § 39 Abs. 3 GBV; Einzelheiten jeweils dort), nimmt jedoch § 32 Abs. 1 Satz 2 und § 33 ausdrücklich aus.

2. Die **Neufassung**[1] nach § 69 GBV nimmt auf § 68 Bezug, soweit nicht die von der Vorschrift genannten Abweichungen zu berücksichtigen sind: So erhält das neugefaßte Grundbuchblatt keine neue Nummer, es wird nur der aktuelle Stand eingetragener Rechtsverhältnisse wiedergegeben. Werden lediglich die von § 69 Abs. 3 S. 1 GBV geforderten Angaben übernommen, kann es allerdings zu einer Einschränkung der Aussagekraft des neugefaßten Grundbuchs kommen.[2] Soweit Belastungen nach landesrechtlichen Vorschriften noch in einer einheitlichen Abteilung geführt werden, ist eine Aufgliederung und getrennte Darstellung in der zweiten und dritten Abteilung vorzunehmen. § 39 der GBV gilt nicht, d. h. Benachrichtigungen sind nicht erforderlich. Die Eintragungen sind durch den sog. Neufassungsvermerk abzuschließen.

3. Mit der **Umstellung**[3] nach § 70 GBV ist die Übernahme der Inhalte des Papiergrundbuchs durch Scannen oder die Übernahme von Daten aus Datenspeichern gemeint, die im Zusammenhang mit der elektronisch unterstützten Papiergrundbuchführung entstanden und „vorratsweise"[4] aufbewahrt worden sind. Die Speicherung des Schriftzugs der Unterschriften ergibt sich bei der ersten Variante automatisch. Bei der zweiten Form müßte nachträglich das Abbild der Unterschriften der handelnden Personen digitalisiert und mit dem restlichen Datenbestand verbunden werden. Da ein solches Verfahren aber erheblichen Aufwand verursachen würde, verzichtet die GBV auf diese Anforderung, mit der kein Sicherheitsgewinn verbunden wäre, § 70 Abs. 1 S. 4 GBV.

III. Freigabe

1. Bedeutung und Voraussetzungen

Mit der Freigabe tritt das maschinelle Grundbuch an die Stelle eines Papiergrundbuchblattes. Sie ist der **rechtlich entscheidende Akt** für den Übergang vom Medium Papier zum elektronischen Grundbuch. Der Inhalt des als solcher eindeutig zu bezeichnenden Grundbuchdatenspeichers ist erst ab diesem Zeitpunkt maßgeblich für die Verlautbarung der im Grundbuch registrierten dinglichen Rechte und den daran anknüpfenden öffentlichen Glauben.

---

[1] Dieser Weg wird etwa in Sachsen beschritten. Zu den Gründen und den Vorteilen *Göttlinger* 381 f.; vgl. a. § 2 Abs. 1 der sächsischen VO v. 28. 7. 95, GVBl. 259.

[2] § 2 Abs. 1 der sächsischen VO v. 28. 7. 95 wurde deshalb geändert und bestimmt, daß weitere Angaben, insbes. über den Grund des Rechtserwerbs, aufzunehmen sind.

[3] Ausführungen zur Umstellung, die in Bayern gewählt wurde, bei *Bredl* 74 f.; Rechtsgrundlage ist hier § 2 Abs. 1 der bayerischen VO v. 14. 6. 96, GVBl. 242.

[4] Meikel/*Göttlinger* Rdn. 25.

§ 128

6 Die Freigabe darf nur erfolgen, wenn die **Vollständigkeit und Richtigkeit** des angelegten maschinell geführten Grundbuchs und seine **Abrufbarkeit** aus dem Datenspeicher gesichert sind. Dies setzt entsprechende technische und manuelle Kontrollmechanismen sowohl bei der elektronischen Erfassung als auch bei der abschließenden Überprüfung vor der Freigabe voraus. Sie soll erfolgen, sobald der Inhalt eines Grundbuchblattes in den für die Eintragungen bestimmten Datenspeicher aufgenommen worden ist, also grundsätzlich nach einer abschließenden Feststellung der korrekten Erfassung.

7 Zuständig ist nach § 3 Nr. 1 Buchst. h RPflG grundsätzlich der Rechtspfleger, wobei § 93 GBV die Ermächtigung[5] zur Übertragung auf den Urkundsbeamten der Geschäftsstelle enthält.

2. Vorgehensweise

8 Der Gesetzgeber hat sich dafür entschieden,[6] die blattweise Umstellung zuzulassen und nicht zwingend zu verlangen, daß jeweils eine gesamte Einheit (Gemarkung, Bezirk bzw. Bestand eines Grundbuchamtes) umzustellen sei. Die Grundbuchämter können damit gemäß örtlicher Prioritäten zunächst Bereiche bearbeiten, die vordringlich erscheinen, und das elektronische Grundbuch insoweit sofort in Kraft setzen. Für den Nutzer hat dies den Vorteil, daß er unmittelbar in den Genuß der elektronischen Einsichts- und Abrufmöglichkeiten (s. insb. §§ 132, 133) kommen kann, allerdings den Nachteil, daß er u. U. wiederholt feststellen muß, daß ein von ihm benötigtes Blatt noch nicht erfaßt ist und doch noch als Papiergrundbuchblatt eingesehen werden muß.[7] Einzelheiten mwN § 126 Rdn. 13.

3. Mitteilungspflichten

9 Nur bei Umschreibung sind gem. §§ 68, 39 Abs. 3 GBV Bekanntmachungen erforderlich. Bei Neufassung ist dies mit Rücksicht auf § 69 Abs. 2 S. 4 GBV, bei Umstellung wegen §§ 70 Abs. 2, 101 Abs. 7 GBV nicht der Fall, da diese Vorschriften Mitteilungspflichten ausdrücklich ausschließen.

IV. Schließung des alten Grundbuchblatts

10 Der nach § 128 Abs. 2 vorgesehene Schließungsvermerk im alten Grundbuch richtet sich grundsätzlich nach den auch für Papiergrundbücher geltenden Vorschriften, § 72 GBV. Es genügt, wenn er in Abweichung von § 44 Abs. 1 S. 1 lediglich von einer Person unterschrieben wird, da ihm – anders als der Freigabe, s. o. – nur formelle Bedeutung zukommt. Zuständig ist der Rechtspfleger, wenn nicht die gesamte Freigabe auf den Urkundsbeamten der Geschäftsstelle übertragen worden ist, s. o. Rdn. 7. Eine etwaige Unterlassung hindert nicht den Übergang vom Papiergrundbuch zum elektronischen Grundbuch.

---

[5] Dies ist in Bayern und in Sachsen jeweils durch § 2 Abs. 2 der entsprechenden VOen geregelt, s. § 126 Fn. 13.

[6] Zum Vergleich mit der Umstellung der Katasterbücher auf elektronische Datenverarbeitung *Bengel/Simmerding* Rdn. 1; dazu und zu den Vor- und Nachteilen der denkbaren Vorgehensweisen Meikel/*Göttlinger* Rdn. 31 ff.

[7] Die Akzeptanz in der Praxis leidet in diesen Fällen zusätzlich unter dem Umstand, daß auch für vergebliche Einsichtsversuche die volle Abrufgebühr entrichtet werden muß.

Für die Schließung des papierenen Grundbuchblattes gelten die allgemeinen Regeln, **11** insb. Abschnitt VII der GBV. Für die Schließung eines maschinell geführten Grundbuchblattes gilt im wesentlichen dasselbe, § 72 Abs. 1 GBV. Es soll weiterhin in angemessener Zeit lesbar gemacht werden können.

Für die Archivierung kommt in beiden Fällen die Anwendung von § 10 a in Betracht, **12** dort Rdn. 5.

[Wirksamwerden der Eintragung]

§ 129

(1) Eine Eintragung wird wirksam, sobald sie in den für die Grundbucheintragungen bestimmten Datenspeicher aufgenommen ist und auf Dauer inhaltlich unverändert in lesbarer Form wiedergegeben werden kann. Durch eine Bestätigungsanzeige oder in anderer geeigneter Weise ist zu überprüfen, ob diese Voraussetzungen eingetreten sind.

(2) Jede Eintragung soll den Tag angeben, an dem sie wirksam geworden ist. Bei Eintragungen, die gemäß § 127 Abs. 1 Inhalt des Grundbuchs werden, bedarf es abweichend von Satz 1 der Angabe des Tages der Eintragung im Grundbuch nicht.

1. Allgemeines

§ 129 enthält eine Sonderregelung für das elektronische Grundbuch, die gegenüber **1** § 44 Abs. 1 (nicht Abs. 2 und 3) insoweit vorrangig ist, als sich aus der Natur der maschinellen Grundbuchführung Abweichungen betreffend das **Wirksamwerden von Eintragungen** und die **Angabe des Tages der Grundbucheintragung** ergeben. Eintragungen im Papiergrundbuch werden mit der (handschriftlichen) Unterschrift der für die Führung des Grundbuchs zuständigen verfügenden Person und des vollziehenden Urkundsbeamten wirksam. Ein die Eintragung räumlich und inhaltlich abschließender handschriftlicher Namenszug wäre beim maschinellen Grundbuch begrifflich nur durch die Einfügung des Abbildes einer handschriftlichen Unterschrift denkbar. Die allgemeine Digitalisierung von Unterschriftsbilddaten würde jedoch Mißbrauchsmöglichkeiten eröffnen und kann deshalb nicht als Sicherheitsfaktor in Betracht kommen; vgl. zu ähnlichen Überlegungen bei der Anlegung des maschinellen Grundbuchs durch Umstellung § 128 Rdn. 4. Es bedarf bei der Vornahme von Eintragungen der Bestimmung einer der Unterschrift gleichwertigen (nicht notwendig gleichartigen) Verfahrensweise, die den Anforderungen an die Autorisierung des Inhalts der Eintragung entsprechen kann, s. u. Rdn. 9 f.

Eine weitere Sonderregelung zu § 44 Abs. 1 S. 2 enthalten §§ 130 GBO, 74, 75 GBV **2** durch die Aufgabe der Trennung von Verfügung und Veranlassung. Beide Arbeitsschritte werden in einer Person zusammengeführt, die keine gesonderte Verfügung mehr zu erstellen hat, jedoch in Übereinstimmung mit § 130 S. 2 als Veranlasser aktenkundig sein muß, s. § 130 Rdn. 1, 3 ff.

2. Voraussetzungen der Wirksamkeit

Abs. 1 erfordert zunächst die **Aufnahme in den Datenspeicher** des maschinellen **3** Grundbuchs gem. §§ 126 Abs. 1 Nr. 2 GBO, 62 GBV, läßt also nicht etwa schon die Erzeugung der Daten am Arbeitsplatz des Rechtspflegers und ihre Speicherung auf einem lokalen Speichermedium genügen. Der Eintragungstext wird vielmehr nach seiner Entstehung und abschließenden Überprüfung[1] zunächst durch einen ausdrücklichen **Abspeicherungsbefehl** in seiner Endfassung festgehalten.

4 Das muß aber nicht bedeuten, daß er damit schon in den Grundbuchdatenspeicher gelangt wäre. Die zur Grundbuchführung verwendeten Programme können vorsehen,[2] daß die so vorbereiteten Eintragungen in regelmäßigen Zeitabständen oder außerhalb der Geschäftszeiten des Grundbuchamtes im Stapelbetrieb abgearbeitet und erst dann endgültig in den Grundbuchdatenspeicher übernommen werden. Entscheidend für die Wirksamkeit ist in jedem Fall die technische Wiedergabemöglichkeit (s. u. Rdn. 5) dort.

5 Anders als beim Papiergrundbuch können also die abschließende Bearbeitung durch die zuständigen Personen und die Wirksamkeit der Eintragung zeitlich auseinanderfallen. In der Zwischenzeit kann eine veranlaßte Eintragung in gleicher Weise **zurückgenommen**[3] oder geändert werden wie dies beim Papiergrundbuch in der Zeit zwischen Verfügung und Unterschrift im Grundbuch der Fall ist, etwa bei Bekanntwerden von Eintragungshindernissen oder Verfügungsbeschränkungen.

6 Weiteres Wirksamkeitserfordernis ist die **Wiedergabemöglichkeit** der Eintragung, und zwar **auf Dauer inhaltlich unverändert in lesbarer Form** nach Maßgabe von § 62 GBV. Die Wiedergabe zur Lesbarmachung erfolgt entweder durch Einsichtnahme am Bildschirm des Grundbuchamtes am Ort (§ 79 GBV), bei einem anderen Grundbuchamt (§ 132), im automatisierten Abrufverfahren (§ 133) oder durch Fertigung von Ausdrucken (§ 78 GBV) bzw. von Abdrucken (§ 80 GBV).

7 Verschleiß und technische Fortentwicklung bedingen, daß Hard- und Software von Zeit zu Zeit Änderungen erfahren müssen, die auch den Übergang von Komponenten zu neuerer Technik mit sich bringen. Die Umstellung hat dabei so zu erfolgen, daß keine zeitlichen Ausfälle entstehen, während deren das Grundbuch dem Rechtsverkehr entzogen wäre, und die Daten nach der vorgenommenen Veränderung inhaltlich identisch wiedergegeben werden können.

3. Kontrollmechanismen

8 Nach § 129 Abs. 1 S. 2 muß überprüft werden, ob Abspeicherung und Wiedergabemöglichkeit eingetreten sind. Beispielhaft wird eine **Bestätigungsanzeige** genannt, es kommt aber jede andere geeignete Art der **Überprüfung** in Betracht, vgl. zu weiteren Einzelheiten § 74 Abs. 2 GBV. Damit soll verhindert werden, daß eine Eintragung erstellt und der Abspeicherbefehl ausgelöst wird, aber unbemerkt bleibt, daß etwa durch technisches Versagen die betroffenen Inhalte nicht in den Grundbuchdatenspeicher gelangen.

4. Manipulationsschutz

9 Mit der „**elektronischen Unterschrift**" die in § 75 GVB näher definiert wird, wurde ein Verfahren zum Schutz vor unbemerkten Datenmanipulationen eingeführt, das nicht mit der handschriftlichen Unterschrift verwechselt werden darf. Es handelt sich nicht um das digitalisierte Abbild der Unterschrift des Rechtspflegers, sondern um einen Rechenprozeß, der aus dem elektronisch zu „unterschreibenden" Text eine Art charakteristischer Quersumme errechnet. Der Rechenprozeß kann jederzeit wiederholt werden. Stellt man bei einer solchen Überprüfung fest, daß sich die Quersumme verändert

---

[1] Einzelheiten zur Programmgestaltung bei SOLUM-STAR vgl. *Bredl* 75.
[2] Zu den derzeit gängigen Verfahrensgestaltungen Meikel/*Göttlinger* Rdn. 15 ff.
[3] Zur technischen Verfahrenskonzeption Meikel/*Göttlinger* Rdn. 19 f.

hat, muß der zugrundeliegende Text verändert worden sein. Man spricht deshalb von einem textabhängigen Verfahren. Um die elektronische Unterschrift anstoßen zu können, benötigt man sog. Unterschriftsschlüssel. Das sind Codezeichen, die durch Zuordnung zu einer Person den Rückschluß auf die Identität des „Unterschreibenden" ermöglichen, die elektronische Unterschrift in diesem Sinn also „unterzeichnerabhängig" machen. Im Gegensatz zur handschriftlichen Unterschrift wird die elektronische durch Dazwischentreten technischer Abläufe vermittelt; ihr haften damit keinerlei individualisierten Schriftzüge an. Sie kann vielmehr durch Weitergabe der Schlüssel spurenlos übertragen werden, wenn nicht Sicherheitsvorkehrungen wie biometrische Verfahren die Verwendung durch Nichtautorisierte verhindern.

Da die elektronische Unterschrift als Rechenergebnis durch die verfügbaren Programme nicht in sinnvoller Weise im Grundbuch sichtbar und on-line nachprüfbar gemacht werden kann, ist vorgesehen, daß der Rechtspfleger durch die Angabe seines Nachnamens im Anschluß an die von ihm vorgenommene Eintragung individualisiert wird. Der Eintragungstext einschließlich des Namenszusatzes als elektronisch unterschriebener Datensatz ist jedoch hinsichtlich nachträglicher Änderungen jederzeit vom Grundbuchamt rechnerisch überprüfbar.[4] **10**

5. Tag der Eintragung

In entsprechender Anwendung der Regelung von § 44 Abs. 1, die die Angabe des Tages verlangt, an dem eine Eintragung **erfolgt** ist, ist nach § 129 Abs. 2 S. 1 der Tag maßgeblich, an dem die Eintragung **wirksam** geworden ist (s. o. Rdn. 2 ff.). Angesichts der beschriebenen Eigenschaften der Eintragungsverfahren ist denkbar, daß der Abspeicherungsbefehl und die endgültige Übernahme der Daten in den Grundbuchspeicher an verschiedenen Tagen erfolgen. Mit Rücksicht darauf bewährt sich in der Praxis die maschinelle Hinzufügung des Eintragungsdatums aufgrund programmgesteuerter Abläufe. **11**

Gemäß § 129 Abs. 2 S. 2 ist die Angabe des Tages des Wirksamwerdens entbehrlich, wenn gemäß § 127 Abs. 1 Daten automatisiert aus dem Liegenschaftskataster in das Grundbuch übernommen werden. Zwar handelt es sich um Eintragungen in das Grundbuch, die dem Grundbuchamt auch ohne eigenes Tätigwerden zuzurechnen sind, die Erleichterung ist aber gerechtfertigt, da es sich bei den in Frage kommenden beschreibenden Grundstücksangaben und Berichtigungen um Vorgänge ohne rechtliche Auswirkungen handelt. **12**

[Eintragungsverfügung und Eintragung]

§ 130

§ 44 Abs. 1 Satz 1, 2 Halbsatz 2 und Satz 3 ist für die maschinelle Grundbuchführung nicht anzuwenden; § 44 Abs. 1 Satz 2 erster Halbsatz gilt mit der Maßgabe, daß die für die Führung des Grundbuchs zuständige Person auch die Eintragung veranlassen kann. Wird die Eintragung nicht besonders verfügt, so ist in geeigneter Weise der Veranlasser der Speicherung aktenkundig oder sonst feststellbar zu machen.

---

[4] Zur verfahrensmäßigen Einbindung der digitalen Signatur bei SOLUM-STAR vgl. *Bredl* 75.

§ 130

I. Allgemeines

1 Die Regelung schließt hinsichtlich des Wirksamwerdens von Eintragungen an §§ 129, 44 Abs. 1 an. Sie ermöglicht ferner durch die Aufhebung der Trennung von Eintragungsverfügung und Eintragung (s. u. Rdn. 3 f.) die Verwirklichung von Rationalisierungspotentialen des elektronischen Grundbuchs. Bei Wegfall einer gesonderten Eintragungsverfügung muß gleichwohl sichergestellt sein, daß der Veranlasser einer Eintragung feststellbar bleibt (s. u. Rdn. 6 f.).

II. Eintragungsverfügung und Eintragung

2 1. **Beim Papiergrundbuch** wird herkömmlich eine Eintragung durch den Grundbuchführer zunächst verfügt und anschließend vom Urkundsbeamten der Geschäftsstelle veranlaßt, § 44 Abs. 1 S. 1. Dabei wird die Verfügung auf Papier niedergeschrieben und enthält auch den Eintragungstext. Bei den automationsunterstützten Verfahren wird die Trennung von Eintragungsverfügung und Eintragung beibehalten, jedoch ermöglichen diese Systeme in der Regel, den Eintragungstext mit Hilfe von vorgefertigten Textbausteinen, die am Bildschirm ergänzt werden, weitgehend vorzubereiten und elektronisch zwischenzuspeichern. Der Urkundsbeamte erhält eine Verfügung, die auf den bereits elektronisch gespeicherten Text oder den betreffenden zu vervollständigenden Textbaustein Bezug nimmt, den er dann in das Papiergrundbuch ausdruckt.

3 2. Diese zwingende Aufteilung auf verschiedene Verfahrensbeteiligte gibt § 130 **für das maschinelle Grundbuch** auf, indem zunächst in Abweichung von § 44 Abs. 1 S. 2 die Verantwortung für Verfügung und Eintragung auf nurmehr eine Person übertragen werden kann und ferner gem. § 130 S. 2 die Eintragung nicht mehr besonders verfügt werden muß. Dadurch wird der Praxis der maschinellen Grundbuchführung Rechnung getragen, bei der alle Arbeitsgänge bis hin zum Abspeicherbefehl am Rechner und an einem Arbeitsplatz erledigt werden können, ohne daß Medienbrüche wie das bisher noch erforderliche Ausdrucken erfolgen müßten. Durch den Wegfall von Verfahrensschritten werden außerdem erhebliche Rationalisierungspotentiale als Folge der Grundbuchautomation frei.

4 § 74 GBV greift die Aufhebung der Trennung auf und übernimmt sie als Regelfall. Nur wenn ein Land von dieser Möglichkeit nicht Gebrauch machen will, kann es durch Rechtsverordnung wieder die ursprüngliche Rollenaufteilung einführen. Diese Schwelle wurde vom Gesetzgeber bewußt und mit Rücksicht auf die dadurch verursachte, dem Zweck des Registerverfahrensbeschleunigungsgesetzes zuwiderlaufende Vereitelung von Rationalisierungsvorteilen eingeführt.[1]

5 3. Die **Überprüfung der Urheberschaft von Verfügung und Eintragung** ist beim Papiergrundbuch durch Vergleich der Eintragung und der bei den Grundakten aufbewahrten Eintragungsverfügung leicht möglich. Die **Unterschriften** der die Eintragung veranlassenden Person und des vollziehenden Urkundsbeamten sind Wirksamkeitserfordernis nach § 44 S. 2 2. HS. Auch in den Fällen von § 12 Abs. 2 Nr. 2 bis 4 bleibt es bei dem Erfordernis von zwei Unterschriften.

6 Beim elektronischen Grundbuch wird diese Anforderung ersetzt durch ein technisches Verfahren, s. § 129 Rdn. 9 f., das gem. § 75 GBV aus dem Namenszusatz und der **elektronischen Unterschrift** der Eintragungstextes sowie des Namenszusatzes der die

---

[1] Meikel/*Göttlinger* Rdn. 9.

Eintragung veranlassenden Person besteht, und das ebenfalls eine gewisse Rückverfolgung ermöglicht. § 130 S. 2 sieht nicht zuletzt wegen des Wegfalls der Kontrolle durch eine weitere Person vor, den Veranlasser der Speicherung aktenkundig oder sonst feststellbar zu machen. Dies kann durch einen schriftlichen Vermerk geschehen, der Art und Umfang der vorgenommenen Eintragung sowie die veranlassende Person angibt, und der den Grundakten beigefügt wird.

Für die Zukunft wäre auch denkbar, die zum Vollzug der elektronischen Unterschrift benutzten Unterschriftsschlüssel den Grundbuchführern höchstpersönlich zuzuteilen und hierüber ein gesondertes (elektronisches) Verzeichnis zu führen, mittels dessen eine on-line-Überprüfung durchgeführt werden könnte. Dies würde allerdings die Einrichtung sog. Zertifizierungsstellen[2] bei der Justiz oder in ihrem Auftrag erfordern. **7**

III. Eintragungsdatum

Nach § 130 S. 1 ist § 44 Abs. 1 S. 1, der die Angabe des Datums des Tages der Eintragung vorsieht, nicht anzuwenden. Statt dessen gilt § 129 Abs. 2, d. h. die Angabe des Tages des Wirksamwerdens, s. o. § 129 Rdn. 3 ff. **8**

[Ausdrucke]

§ 131

Wird das Grundbuch in maschineller Form als automatisierte Datei geführt, so tritt an die Stelle der Abschrift der Ausdruck und an die Stelle der beglaubigten Abschrift der amtliche Ausdruck. Die Ausdrucke werden nicht unterschrieben. Der amtliche Ausdruck ist als solcher zu bezeichnen und mit einem Dienstsiegel oder -stempel zu versehen; er steht einer beglaubigten Abschrift gleich.

I. Einsicht, Abschrift und Ausdruck

1. Verhältnis von Einsicht und Abschrift/Ausdruck

§ 131 faßt die Besonderheiten des maschinellen Grundbuchs in Bezug auf den Ausdruck zusammen, § 132 betrifft die Grundbucheinsicht, die jedoch anstelle der Wiedergabe auf einem Bildschirm auch durch Einsicht in einen Ausdruck stattfinden kann, § 79 Abs. 2 GBV. Beide Tatbestände hängen daher eng zusammen. **1**

---

[2] Das Signaturgesetz (Art. 3 des Informations- und Kommunikationsdienstegesetzes (IuKDG) v. 22. 7. 1997, BGBl. I, 1870) hat die rechtlichen Rahmenbedingungen für die digitale Signatur einschließlich der dafür erforderlichen Infrastruktur geschaffen. Es regelt die Tätigkeit und das gegenseitige Verhältnis von Zertifizierungsstellen – technisch und organisatorisch, verzichtet jedoch darauf, diese Verfahren zwingend vorzuschreiben. Gleichwohl werden die hohen Anforderungen des Gesetzes in Zukunft voraussichtlich in vielen Bereichen als Orientierung dienen, wenn nicht gar Eingang in Rechtsvorschriften finden. Es ist bemerkenswert, daß § 75 GBV bereits zu einem Zeitpunkt auf solche technischen Verfahren Bezug nahm, als das Signaturgesetz noch nicht einmal im Entwurf existierte. Allerdings wurde mit Rücksicht auf das Fehlen allgemeingültiger Anforderungen damals auf die Inanspruchnahme einer Zertifizierungsstelle verzichtet. Zur digitalen Signatur i. a. vgl. *Bieser/Kersten* Chipkarte statt Füllfederhalter, Heidelberg 1998.

§ 131 I. Grundbuchordnung

2 Nach § 12 Abs. 2 besteht im Rahmen des Rechts, bei Darlegung eines berechtigten Interesses in das Grundbuch Einsicht zu nehmen, auch das Recht, Abschriften zu verlangen, etwa um diese im Rechtsverkehr als Nachweis über die vom Grundbuch ausgewiesenen Rechte verwenden zu können. Die Abschrift ist auf Verlangen zu beglaubigen. Beim elektronischen Grundbuch tritt an die Stelle der Abschrift der einer Verkörperung des Inhalts eines Datenspeichers angemessenere Begriff des Ausdrucks, ohne daß damit eine Änderung des Umfangs des Einsichtsrechts oder der Zuständigkeit des Urkundsbeamten der Geschäftsstelle (§ 12 c Abs. 1 Nr. 1, Abs. 2 Nr. 1) verbunden wäre.

2. Besonderheiten beim maschinellen Grundbuch

3 Beim maschinellen Grundbuch sind anders als beim Papiergrundbuch weder die Einsichtnahme in das Grundbuch noch die Erstellung von Ausdrucken an das örtlich zuständige Grundbuchamt gebunden. Vielmehr kann sich der Einsichtnehmende unter den allgemeinen Voraussetzungen (insb. Darlegung eines berechtigten Interesses) an jedes Grundbuchamt wenden, dessen besonders benannte Bedienstete Zugang zum fraglichen Grundbuchdatenspeicher haben (§§ 132 GBO, 79 Abs. 3, 4 GBV). Es bleibt daher zu hoffen, daß eines Tages eine möglichst weitgehende, auch länderübergreifende Vernetzung der Grundbuchämter – wie in § 79 Abs. 3 S. 4 vorgesehen – erfolgen wird.

4 Weitere Änderungen im Verfahrensablauf ergeben sich mit Rücksicht auf die Natur des maschinellen Grundbuchs, bei dem eine Sichtbarmachung und Verkörperung der gespeicherten Inhalte mittels Bildschirmen bzw. Druckern erst erfolgen muß, vgl. §§ 77 GBV ff.

5 Sowohl für die Einsicht als auch für Ausdrucke gilt § 63 GBV. Die Darstellung der Inhalte erscheint in beiden Fällen optisch identisch wie im Papiergrundbuch, was die Orientierung beim Lesen erleichtert, allerdings dürfen Rötungen mit Rücksicht auf den höheren Kostenaufwand bei der Anschaffung von Farbdruckern schwarz dargestellt werden, § 91 S. 2 GBV.

II. Arten von Ausdrucken

6 1. Der **einfache Ausdruck** tritt beim maschinellen Grundbuch an die Stelle der einfachen Abschrift. Er wird schlicht als „Ausdruck" bezeichnet und trägt das Datum seiner Erstellung (§ 78 Abs. 1 GBV) sowie ggf. einen Hinweis auf den Eintragungsstand (§ 78 Abs. 3).[1] Dienstsiegel, -stempel und Unterschrift werden nicht angebracht. Die sog. Bildschirmabdrucke[2] haben lediglich interne Bedeutung für den Geschäftsgang des Grundbuchamtes und fallen nicht unter § 131.

7 2. Der **amtliche Ausdruck** hat die rechtliche Funktion sowie die Rechtswirkungen der beglaubigten Abschrift. Er erfüllt das Formerfordernis von § 29. Auch er ist nicht zu unterschreiben, trägt jedoch den Vermerk „beglaubigt"[3] mit dem Namen der Person, die den Ausdruck veranlaßt hat, sowie die Bezeichnung „amtlicher Ausdruck", § 78 Abs. 2 S. 1 GBV. Erforderlich ist ferner ein ausdrücklicher Vermerk über die Entbehr-

---

[1] Hierzu ergänzend die Leitlinien der Landesjustizverwaltungen, Meikel/*Göttlinger* Rdn. 9.
[2] *Demharter* Rdn. 2.
[3] Beglaubigung bedeutet in diesem Zusammenhang nicht die Überprüfung der Übereinstimmung durch eine Person. Die Richtigkeitsgewähr liegt bei den Programmen, vgl. Meikel/*Göttlinger* Rdn. 17; zu möglichen ergänzenden Vorkehrungen gegen Fälschung vgl. Meikel/*Göttlinger* Rdn. 29 und *Bredl* 76.

lichkeit der Unterschrift sowie die Gleichstellung mit der beglaubigten Abschrift; zur Formulierung vgl. § 78 Abs. 2 S. 2 2. HS a. E. Dienstsiegel oder Dienststempel müssen vorhanden sein, können jedoch auch automatisiert beim Vorgang des Ausdruckens aufgebracht werden[4] oder bereits auf dem hierfür verwendeten Papier vorgedruckt sein, § 78 Abs. 2 S. 2 GBV. Hinsichtlich Erstellungsdatum und Eintragungsstand gilt dasselbe wie für einfache Ausdrucke.

3. Sonderregelungen für die Erstellung von **Teilausdrucken**[5] kennen GBO und GBV nicht. Es bleibt insoweit bei der allgemeinen Regelung von § 45 Abs. 1 GBV i. V. m. § 44 Abs. 2 S. 2 innerhalb der Möglichkeiten, die die zur Grundbuchführung verwendeten Programme zu bieten haben.

8

III. Übermittlung

Nach Fertigung eines Ausdrucks gelten für die Übermittlung gegenüber herkömmlichen Grundbuchabschriften keine Besonderheiten, d. h. für ihren körperlichen Transport vom Erstellungs- zum Bestimmungsort. Anders als bisher ermöglicht die maschinelle Grundbuchführung jedoch die **telekommunikative Übermittlung** des Inhalts des Grundbuchdatenspeichers, dessen Verkörperung durch Ausdruck erst beim Empfänger erfolgt. Möglich ist dies nur im Fall des **einfachen Ausdrucks** nach § 78 Abs. 1 S. 2 GBV.

9

Der in der Praxis häufige Fall des Telefaxes, der in den Verfahrensablauf etwa von SOLUM-STAR integriert ist, wäre an erster Stelle zu nennen. In Frage kommen aber auch andere Übermittlungstechniken wie etwa e-mail, nicht jedoch die Datenübermittlung im Rahmen des automatisierten Abrufverfahrens nach § 133 (Einzelheiten s. dort), bei dem nur „Abdrucke" gefertigt werden können, die rechtlich nicht den gleichen Wert besitzen, vgl. § 80 S. 2 GBV.

10

Da die telekommunikative Übermittlung voraussetzt, daß der Empfänger über entsprechende Empfangseinrichtungen verfügt, wird diese Art des Datentransports normalerweise nur auf seine Veranlassung und mit seinem Einverständnis zustande kommen. Das grundsätzliche Problem des Vertraulichkeitsschutzes bei Datenfernübertragung – beim Eintragungsverfahren durch den Einsatz von Verschlüsselungsverfahren gewährleistet[6] – kann deshalb in diesem Zusammenhang weitgehend vernachlässigt werden.

11

IV. Kosten

Nach § 73 Abs. 2 Nr. 1 der Kostenordnung fällt bei Erstellung eines einfachen Ausdrucks eine Gebühr von 20,– DM an entsprechend der Gebühr für eine unbeglaubigte Abschrift nach § 73 Abs. 1 Nr. 1. Für amtliche Ausdrucke wird nach § 73 Abs. 2 Nr. 2 eine Gebühr von 35,– DM erhoben. Derselbe Betrag gilt auch für beglaubigte Abschriften nach § 73 Abs. 1 Nr. 2.

12

---

[4] Zu den organisatorischen Schwierigkeiten hinsichtlich der Angabe des Ortes der zuständigen Behörde bei Auslagerung auf eine andere Stelle nach § 126 Abs. 3 vgl. Meikel/*Göttlinger* Rdn. 15.

[5] Einzelheiten bei Meikel/*Göttlinger* Rdn. 18 ff.

[6] *Bredl* 73 a. E.

§ 132

[Einsicht]

§ 132

Die Einsicht in das maschinell geführte Grundbuch kann auch bei einem anderen als dem Grundbuchamt genommen werden, das dieses Grundbuch führt. Das einsichtgewährende Grundbuchamt entscheidet über die Zulässigkeit der Einsicht.

1. Rechtsgrundlagen

1 Die Voraussetzungen der Einsichtnahme, insb. die Darlegung eines berechtigten Interesses gem. § 12 Abs. 1, sowie die örtliche (§ 1 Abs. 1) und die funktionelle (§ 12c Abs. 1 Nr. 1) Zuständigkeit des Urkundsbeamten am Grundbuchamt, in dessen Bezirk das Grundstück liegt, für die Entscheidung über die Gewährung der Einsicht bleiben durch § 132 unberührt. Zu den praktischen Anforderungen und vorgesehenen Erleichterungen hinsichtlich der Darlegung beim automatisierten Abrufverfahren s. § 133 Rdn. 1, 10 ff., 24 ff.

2. Vornahme der Einsicht beim maschinellen Grundbuch

2 § 132 setzt voraus, daß die Zulässigkeit der Einsichtnahme in das maschinelle Grundbuch weiterhin im Rahmen der allgemeinen Rechtsgrundlagen geregelt bleibt, enthält jedoch eine medienadäquate Rechtsgrundlage für die Erweiterung der tatsächlichen Einsichtsmöglichkeiten. Die Vorschrift erschließt einen wesentlichen Vorteil der maschinellen Grundbuchführung für den Publikumsverkehr, indem durch die **Verbindung elektronischer Datenhaltung mit Einrichtungen der Fernkommunikation** im Grundsatz der Zugriff auf jeden Grundbuchdatenspeicher von jeder beliebigen, dafür zugelassenen Stelle aus eröffnet werden kann. Unbeschadet der Besonderheit des auf bestimmte Nutzerkreise beschränkten automatisierten Abrufverfahrens nach § 133 kommt dafür allerdings nur die Einsichtsgewährung in den Räumlichkeiten eines anderen Grundbuchamts[1] in Betracht, das anstelle des örtlich zuständigen die Berechtigung zur Einsichtnahme überprüft.

Die Gewährung der Einsicht erfolgt nach § 79 GBV durch

3 – **Wiedergabe am Bildschirm**; bei der Gestaltung vor Ort muß aber sichergestellt sein, daß von den Bildschirmeinsichtsplätzen aus nur im zulässigen Umfang Einsicht genommen und nur ein Abruf der Daten, nicht jedoch deren Veränderung vorgenommen werden kann (§ 79 Abs. 1 GBV). Je nach Gestaltung der Programme wird demnach entweder ein Bediensteter des Grundbuchamtes den Aufruf der gewünschten Stelle vornehmen, oder die Recherche kann dem Einsichtnehmenden selbst gestattet werden.

4 – **Einsicht in einen Ausdruck** (§ 79 Abs. 2 GBV); diese Form kommt nach dem Ermessen des Grundbuchamts insbesondere in Betracht, wenn die Kapazitäten an Bildschirmeinsichtsplätzen für einen reibungslosen Einsichtsbetrieb nicht ausreichen, wenn nur eine Teileinsicht gewährt werden kann etc. Soweit der Einsichtnehmende die Mitnahme des Ausdrucks wünscht, was ausdrücklich von § 79 Abs. 4 vorgesehen wird, handelt es sich um einen Fall von § 131, der Gebühren auslöst (§ 131 Rdn. 12).

5 – **Wiedergabe am Bildschirm oder Einsicht in einen Ausdruck bei einem anderen Grundbuchamt** (§ 79 Abs. 3 GBV), soweit dort die technischen Voraussetzungen dafür bestehen und hierfür besonders zu bestimmende Bedienstete mit einer speziellen Ken-

---

[1] Zu den weiteren Anforderungen an Ausstattung und Ablauf vgl. Meikel/*Göttlinger* Rdn. 15 ff.

nung² Zugang zum Datenbestand des örtlich zuständigen Grundbuchamtes haben. Angesichts der zunehmenden Mobilität der Gesellschaft ist zu hoffen, daß die gesetzlich vorgesehene Möglichkeit der grenzüberschreitenden Einsichtnahme von den Bundesländern im Zusammenhang mit der Einführung des maschinellen Grundbuchs technisch verwirklicht wird, so daß die nach § 79 Abs. 3 S. 3 erforderlichen Vereinbarungen geschlossen werden können.

3. Kosten

Die Einsicht in das Grundbuch ist nach § 74 KostO grundsätzlich gebührenfrei; Ausnahmen vgl. oben Rdn. 4 a. E. und in den Fällen von § 133 (Rdn. 38 ff.). **6**

[Automatisiertes Abrufverfahren; Genehmigung]

§ 133

(1) Die Einrichtung eines automatisierten Verfahrens, das die Übermittlung der Daten aus dem maschinell geführten Grundbuch durch Abruf ermöglicht, ist zulässig, sofern sichergestellt ist, daß
1. der Abruf von Daten die nach den oder auf Grund der §§ 12 und 12 a zulässige Einsicht nicht überschreitet und
2. die Zulässigkeit der Abrufe auf der Grundlage einer Protokollierung kontrolliert werden kann.
(2) Die Einrichtung eines automatisierten Abrufverfahrens nach Absatz 1 bedarf der Genehmigung durch die Landesjustizverwaltung. Die Genehmigung darf nur Gerichten, Behörden, Notaren, öffentlich bestellten Vermessungsingenieuren, an dem Grundstück dinglich Berechtigten, einer von dinglich Berechtigten beauftragten Person oder Stelle, der Staatsbank Berlin sowie für Zwecke der maschinellen Bearbeitung von Auskunftsanträgen (Absatz 4), nicht jedoch anderen öffentlich-rechtlichen Kreditinstituten erteilt werden.
Sie setzt voraus daß
1. diese Form der Datenübermittlung unter Berücksichtigung der schutzwürdigen Interessen der betroffenen dinglich Berechtigten wegen der Vielzahl der Übermittlungen oder wegen ihrer besonderen Eilbedürftigkeit angemessen ist,
2. auf seiten des Empfängers die Grundsätze einer ordnungsgemäßen Datenverarbeitung eingehalten werden und
3. auf seiten der grundbuchführenden Stelle die technischen Möglichkeiten der Einrichtung und Abwicklung des Verfahrens gegeben sind und eine Störung des Geschäftsbetriebs des Grundbuchamts nicht zu erwarten ist.
(3) Die Genehmigung ist zu widerrufen, wenn eine der in Absatz 2 genannten Voraussetzungen weggefallen ist. Sie kann widerrufen werden, wenn die Anlage mißbräuchlich benutzt worden ist. Ein öffentlich-rechtlicher Vertrag oder eine Verwaltungsvereinbarung kann in den Fällen der Sätze 1 und 2 gekündigt werden. In den Fällen des Satzes 1 ist die Kündigung zu erklären.
(4) Im automatisierten Abrufverfahren nach Absatz 1 können auch Anträge auf Auskunft aus dem Grundbuch (Einsichtnahme und Erteilung von Abschriften) nach

---

² Der Verw. in § 79 auf § 75 GBV ist durch dessen Änderung gem. VO v. 30. 11. 94 obsolet, vgl. *Demharter* Rdn. 4.

§ 12 und den diese Vorschriften ausführenden Bestimmungen maschinell bearbeitet werden. Absatz 2 Satz 1 und 3 gilt entsprechend. Die maschinelle Bearbeitung ist nur zulässig, wenn der Eigentümer des Grundstücks, bei Erbbau- und Gebäudegrundbüchern der Inhaber des Erbbaurechts oder Gebäudeeigentums, zustimmt oder die Zwangsvollstreckung in das Grundstück, Erbbaurecht oder Gebäudeeigentum betrieben werden soll und die abrufende Person oder Stelle das Vorliegen dieser Umstände durch Verwendung entsprechender elektronischer Zeichen versichert.

(5) Ist der Empfänger eine nicht öffentliche Stelle, gilt § 38 des Bundesdatenschutzgesetzes mit der Maßgabe, daß die Aufsichtsbehörde die Ausführung der Vorschriften über den Datenschutz auch dann überwacht, wenn keine hinreichenden Anhaltspunkte für eine Verletzung dieser Vorschriften vorliegen. Unabhängig hiervon ist dem Eigentümer des Grundstücks oder dem Inhaber eines grundstücksgleichen Rechts jederzeit Auskunft aus einem über die Abrufe zu führenden Protokoll zu geben; dieses Protokoll kann nach Ablauf eines Jahres vernichtet werden.

(6) Soweit in dem automatisierten Abrufverfahren personenbezogene Daten übermittelt werden, darf der Empfänger diese nur für den Zweck verwenden, zu dessen Erfüllung sie ihm übermittelt worden sind.

(7) Genehmigungen nach Absatz 2 gelten in Ansehung der Voraussetzungen nach den Absätzen 1 und 2 Satz 3 Nr. 1 und 2 im gesamten Land, dessen Behörden sie erteilt haben. Sobald die technischen Voraussetzungen dafür gegeben sind, gelten sie auch im übrigen Bundesgebiet. Das Bundesministerium der Justiz stellt durch Rechtsverordnung mit Zustimmung des Bundesrates fest, wann und in welchen Teilen des Bundesgebiets diese Voraussetzungen gegeben sind. Anstelle der Genehmigungen können auch öffentlich-rechtliche Verträge oder Verwaltungsvereinbarungen geschlossen werden. Die Sätze 1 und 2 gelten entsprechend.

(8) Das Bundesministerium der Justiz wird ermächtigt, durch Rechtsverordnung mit Zustimmung des Bundesrates Gebühren für die Einrichtung und die Nutzung eines Verfahrens für den automatisierten Abruf von Daten aus dem Grundbuch zu bestimmen. Die Gebührensätze sind so zu bemessen, daß der mit der Einrichtung und Nutzung des Verfahrens verbundene Personal- und Sachaufwand gedeckt wird; hierbei kann daneben die Bedeutung, der wirtschaftliche Wert oder der sonstige Nutzen für den Begünstigten angemessen berücksichtigt werden. Ansprüche auf Zahlung von Gebühren können auch für die Zukunft abgetreten werden; die Festsetzung der Gebühren kann im gesetzlich vorgesehenen Umfang auch nach einer Abtretung in dem allgemeinen Verfahren angefochten werden. Die Staatskasse vertritt den Empfänger der Abtretung.

Übersicht

	Rdn.		Rdn.
I. Allgemeines	1	V. Kontrolle	24
II. Zugelassener Nutzerkreis		1. Grundlegende Vorschriften	26
1. Uneingeschränkt Abrufberechtigte	5	2. Ablauf der Kontrollen	30
2. Eingeschränkt Abrufberechtige	8	VI. Technische Anforderungen	
III. Zulassung	11	1. Anforderungen im Grundbuchamt	34
1. Allgemeine Zulassungsvoraussetzungen	12	2. Anforderungen beim Abrufer	36
2. Zulassung zum uneingeschränkten Abrufverfahren	16	VII. Gebühren	
		1. Abruf aufgrund Genehmigung	38
3. Zulassung zum eingeschränkten Abrufverfahren	19	2. Abruf aufgrund Verwaltungsvereinbarung oder öffentlich-rechtlichem Vertrag	40
IV. Reichweite der Zulassung	23	3. Gebührenabtretung	41

Literatur:

Kommentare zu § 133; *Becker* Das automatisierte Abrufverfahren des elektronischen Grundbuchs, BNotK-Intern 4/97 in DNotI-Report 23/1997; *Bredl* SOLUM-STAR – Das maschinell geführte Grundbuch, MittBayNot 97, 72; *Oberseider* Das elektronische Grundbuch – Automatisiertes Abrufverfahren, BNotK-Intern 1/98 in DNotI-Report 4/1998; *Püls/Reetz* Kostenmäßige Behandlung des automatisierten Abrufverfahrens im Notariat, NotBZ 98, 13; w. Nachw. vor § 126.

I. Allgemeines

§ 133 ergänzt systematisch §§ 131 und 132, indem er über die Einsichtnahme im Grundbuchamt und die Erteilung von Ausdrucken hinaus ermöglicht, von den Räumlichkeiten des Abrufers aus einen Zugang zum Grundbuchinhalt zu eröffnen. Die Einführung des automatisierten Abrufverfahrens stellt für die regelmäßigen Nutzer[1] des maschinellen Grundbuchs unter den vorgenannten Vorschriften daher den wesentlichsten Fortschritt des maschinellen Grundbuchs dar. §§ 80 ff. GBV regeln die Einzelheiten des Abrufverfahrens, bei dem wie bei der Einsichtnahme im Grundbuchamt §§ 12, 12 a und 12 b GBO beachtet werden müssen, das hierfür allerdings spezifische Sicherheitsmechanismen bereithält, s. u. III. und V., da eine Einzelfallkontrolle im Vorhinein nicht mehr erfolgt. **1**

Der Zugriff umfaßt nicht nur das Grundbuch, sondern (über § 12 a Abs. 1 S. 5 hinaus) nach § 12 a Abs. 1 S. 7 auch die in § 126 Abs. 2 genannten Hilfsverzeichnisse (Eigentümer- und Flurstücksdatei, Markentabelle, § 126 Rdn. 22 f.), die somit unterschiedslos allen Abrufern zugänglich gemacht werden können.[2] **2**

Die Nutzer können den Bildschirminhalt bei sich auf Papier verkörpern. Im on-line-Abruf gefertigte Abdrucke des Grundbuchinhhalts (§ 80 S. 1 GBV) haben jedoch nach § 80 S. 2 nicht den rechtlichen Status von (einfachen) Ausdrucken i. S. v. § 131. **3**

Der Vorteil für die Abrufer, losgelöst von den beschränkten Möglichkeiten des Mediums Papier[3] und über die Geschäftszeiten vor Ort hinaus Einsicht in den Grundbuchinhalt erhalten zu können, trifft sich[4] mit Rationalisierungsvorteilen für die grundbuchführenden Stellen, die einen größeren Teil des mit dem Einsichtsbetrieb verbundenen Aufwandes in die Sphäre der Einsichtnehmenden verlagern können.[5] Nicht zuletzt die ermutigenden Erfahrungen im Ausland[6] haben dazu beigetragen, daß auch der deut- **4**

---

[1] *Becker* 6 und *Oberseider* 4 – beide bereits in der Pilotphase der Einführung des maschinellen Grundbuchs beteiligt – beschreiben ihre Erfahrungen in Sachsen bzw. in Bayern mit dem automatisierten Abrufverfahren in der notariellen Praxis.

[2] Wg. Einschränkungen zur Verhinderung von Ausforschungsersuchen vgl. Meikel/*Göttlinger* Rdn. 29, 33.

[3] Meikel/*Göttlinger* Rdn. 4.

[4] Meikel/*Göttlinger* Rdn. 5.

[5] Die Grundbuchämter haben dies bereits erkannt und durch verminderte Einsichtsmöglichkeiten vor Ort reagiert, vgl. *Oberseider* MittBayNot 97, 88 (Ziff. 3).

[6] In Österreich wurde durch das Grundbuchumstellungsgesetz vom 27. 11. 1980, BGBl. 550, zur Entlastung der Grundbuchämter der Einsichtsbetrieb von den Geschäftsstellen im wesentlichen auf die Notare verlagert, die diese Funktion in ihrer Eigenschaft als Gerichtskommissär, also in unmittelbar staatlicher Eigenschaft wahrnehmen; Das moderne Grundbuch, hrsg. v. d. österreichischen Gesellschaft für Internationale Zusammenarbeit im Notariat und v. Bundesministerium für Justiz, Wien 1992; *Feil* Die Umstellung des Grundbuchs auf automationsunterstützte Datenverarbeitung (GUG), ÖNotZ 81, 2; Erfahrungsbericht über die Umstellung des Grundbuchs auf automationsunterstützte Datenverarbeitung (März 1982), hrsg. v. Bundesministerium für Justiz, ÖNotZ 82, 51. Vgl. a. *Göttlinger* vor §§ 126–134 Rdn. 14. Daneben können in Österreich Anträge elektronisch eingereicht werden. Im Rahmen der Diskussionen um Möglichkeiten der Gerichtsentlastung wird

§ 133

sche Gesetzgeber das on-line-Abrufverfahren von Anfang an mit in die Konzeption einbezogen hat. Anders als im Ausland[7] war mit der Einführung in Deutschland für die Nutzer jedoch eine nicht unerhebliche Kostensteigerung[8] verbunden. Zur Höhe der Kosten der Teilnahme am Verfahren und der Abrufkosten unten Rdn. 37 und 39.

II. Zugelassener Nutzerkreis

1. Uneingeschränkt Abrufberechtigte

5 Der Begriff wird an keiner Stelle von den einschlägigen Rechtsgrundlagen verwendet, er folgt vielmehr im Umkehrschluß aus § 82 Abs. 2, der vom eingeschränkten Abrufverfahren (s. u. Rdn. 8 ff.) spricht.

6 Zum uneingeschränkten Abruf berechtigt sind die in § 133 Abs. 2 S. 2 genannten Stellen, nämlich Gerichte, Behörden, Notare, öffentlich bestellte Vermessungsingenieure und (seinerzeit[9]) die Staatsbank Berlin.

7 Die Regelung schließt an § 43 GBV an, wonach bereits beim Papiergrundbuch Behörden, zu denen in diesem Zusammenhang auch die Gerichte zu zählen sind,[10] Notare und öffentlich bestellte Vermessungsingenieure von der Darlegung (nicht aber vom Vorliegen) eines berechtigten Interesses befreit sind. Dasselbe gilt auch für das Abrufverfahren.

2. Eingeschränkt Abrufberechtigte

8 Zum eingeschränkten Abruf nach § 82 Abs. 2 GBV – den § 133 Abs. 4 S. 1 als maschinelle Bearbeitung von Anträgen auf Auskunft aus dem Grundbuch bezeichnet – können dinglich Berechtigte mit Bezug auf das von ihrem Recht betroffene Grundstück zugelassen werden, ferner vom dinglich Berechtigten beauftragte Personen oder Stellen sowie mit Zustimmung des Eigentümers oder im Zusammenhang mit Zwangsvollstreckungsmaßnahmen Einsicht Nehmende, vgl. §§ 133 Abs. 2, 4 GBO; 82 Abs. 2 GBV.

9 § 133 Abs. 2 S. 2 2. HS stellt klar, daß öffentlich-rechtliche Kreditinstitute (außer vormals der Staatsbank Berlin) nicht zum Kreis der uneingeschränkt Abrufberechtigten zählen. Ihnen kann, ebenso wie anderen Kreditinstituten, nach Abs. 4 jedoch der Abruf im eingeschränkten Verfahren mit Darlegungserklärung (Rdn. 10) eröffnet werden.

10 Im Unterschied zum uneingeschränkten Abrufverfahren müssen die eingeschränkt Zugriffsberechtigten bei jedem Einzelabruf eine (kodierte, s. u. Rdn. 19) Darlegungserklärung über die Art des von ihnen beanspruchten berechtigten Interesses abgeben.

III. Zulassung

11 Die Zulassung des on-line-Abrufs ist grundsätzlich an die Erteilung einer entsprechenden Genehmigung geknüpft, Abs. 2 S. 1, soweit nicht – etwa bei Gerichten und Behörden – eine Verwaltungsvereinbarung oder ein öffentlich-rechtlicher Vertrag geschlossen wird, § 133 Abs. 7 S. 4, § 81 Abs. 1 GBV. Die Genehmigung wird bei Vorlie-

---

auch in Deutschland vorgeschlagen, Notare als Amtsträger der Freiwilligen Gerichtsbarkeit sowie ihre Archive und Datenbestände in stärkerem Maße im Grundbuchverfahren heranzuziehen, vgl. *Becker* 7 und § 10 a Rdn. 22 mwN.

[7] Etwa in den Niederlanden werden on-line-Abfragen gebührenmäßig privilegiert.
[8] *Oberseider* 5; *ders.* MittBayNot 97, 89 f.
[9] Meikel/*Göttlinger* Rdn. 18.
[10] Meikel/*Göttlinger* Rdn. 13.

gen der Zulassungsvoraussetzungen auf Antrag erteilt, § 81 Abs. 2 S. 1 GBV. Die in der GBO und der GBV enthaltenen Zulassungsvoraussetzungen sind abschließend. Genehmigungsbehörde ist die Landesjustizverwaltung, § 133 Abs. 2 S. 1, soweit nicht durch VO[11] etwas anderes bestimmt ist, § 81 Abs. 1 a. E. Zu den auf das Genehmigungsverfahren anwendbaren Vorschriften vgl. § 81 Abs. 2 S. 3. Neben den allgemeinen Zulassungsvoraussetzungen (Rdn. 12–15) sind besondere Zulassungsvoraussetzungen für den uneingeschränkten (Rdn. 16–18) sowie den eingeschränkten (Rdn. 19–22) Abruf zu unterscheiden.

1. Allgemeine Zulassungvoraussetzungen

Sie sind in Abs. 2 S. 3 Ziff. 1 bis 3 aufgeführt und müssen stets erfüllt sein. Der Wegfall auch nur einer von ihnen verpflichtet nach Abs. 3 S. 1 zum Widerruf der Zulassung bzw. zur Kündigung. **12**

a) Ziff. 1 wägt die **schutzwürdigen Interessen der betroffenen dinglich Berechtigten,** insb. des Eigentümers, gegen das Interesse der Einsicht begehrenden Kreise an einem erleichterten Zugang zum Grundbuchinhalt ab. Über die allgemeinen Anforderungen der §§ 12, 12 b hinaus sind jedoch das Bedürfnis nach einer Vielzahl von Übermittlungen und die besondere Eilbedürftigkeit zugunsten der Zulassung gerade dieser Übermittlungsart zu berücksichtigen. Der mit der Einrichtung und dem Abruf verbundene Kostenaufwand dürfte allerdings regelmäßig für das Vorliegen eines besonderen Bedürfnisses beim Antragsteller sprechen.[12] Der genehmigenden Stelle wird bei der Beurteilung ein großzügiger Ermessensspielraum zukommen.[13] **13**

b) Ziff. 2 nimmt auf die **Grundsätze einer ordnungsgemäßen Datenverarbeitung,** die beim Abrufer gewährleistet sein muß, Bezug (hinsichtlich derselben Anforderung im Zusammenhang mit der maschinellen Grundbuchführung beim Grundbuchamt s. § 126 Abs. 1 S. 2 Ziff. 1 und 3; dort Rdn. 14–18, 21). Die Pflicht zur Einhaltung allgemeiner datenschutzrechtlicher Anforderungen stellt darüber hinaus auch § 133 Abs. 6 klar. **14**

c) Ziff. 3 knüpft die Zulassung an das **Vorhandensein entsprechender technischer Möglichkeiten im Grundbuchamt,** was selbstverständlich erscheint, wodurch jedoch klargestellt wird, daß eine Verpflichtung zur Schaffung solcher Abrufmöglichkeiten nicht besteht. Die zuständigten Stellen können hierüber vielmehr im Rahmen ihres Organisationsermessens bei der Dimensionierung, Anschaffung und Einrichtung der Datenverarbeitungsanlage befinden. **15**

2. Zulassung zum uneingeschränkten Abrufverfahren

Beim uneingeschränkten Abruf kommen zu den vorgenannten weitere, von § 82 Abs. 1 GBV bestimmte Anforderungen hinzu: Der Abrufer erhält ein Codezeichen, das ihn identifiziert. Um Mißbräuche zu verhindern, andererseits aber in angemessenem Umfang auch den Zugriff durch Mitarbeiter des zum Abruf Berechtigten bzw. der berechtigten Stelle zu ermöglichen, wird dem Zugelassenen zur Auflage gemacht, das Codezeichen mißbrauchssicher zu verwahren. Es darf ggf. nur vorher namentlich benannten Mitarbeitern zugänglich gemacht werden. **16**

Das Codezeichen dürfte allerdings über den Wortlaut von § 82 Abs. 1 S. 3 hinaus in jedem Fall des Verdachts der Kompromittierung auszutauschen sein. **17**

---

[11] S. o. § 126 Rdn. 13.
[12] *Demharter* Rdn. 14.

[13] Meikel/*Göttlinger* Rdn. 39.

§ 133

18 Im Fall der mißbräuchlichen Nutzung, etwa wenn Einsicht genommen wird, obwohl ein berechtigtes Interesse nicht besteht (s. o. Rdn. 1, 7, 9 und 10), oder wenn die mit der Genehmigung verbundenen Auflagen nicht eingehalten wurden, § 82 Abs. 1 GBV, kann die Genehmigung widerrufen bzw. der öffentlich-rechtliche Vertrag oder die Verwaltungsvereinbarung gekündigt werden, § 133 Abs. 3 S. 2 und 4.

3. Zulassung zum eingeschränkten Abrufverfahren

19 Der eingeschränkte Abruf muß über die vorgenannten Anforderungen (Rdn. 12–18) hinaus an die Verwendung eines weiteren Codezeichens geknüpft werden, das die Art des Abrufs bezeichnet, § 82 Abs. 2 S. 1. Es handelt sich um eine Darlegungserklärung, die das berechtigte Interesse in abgekürzter Form wiedergibt. Beide Codezeichen können verbunden werden.

20 Die Abrufe im eingeschränkten Verfahren sind entweder getrennt oder zusammen mit der generellen Protokollierungspflicht nach § 83 insgesamt festzuhalten und ein Jahr lang zur Überprüfung bereitzuhalten. Damit soll Mißbrauchsmöglichkeiten begegnet werden, die theoretisch auch hier nicht auszuschließen sind, aber in Kauf genommen werden, weil eine Einzelfallkontrolle durch das Grundbuchamt vor jedem Abruf entsprechend der Prüfung vor Einsichtsgewährung ins Papiergrundbuch einen Teil der mit der Automatisierung erreichten Verbesserungen zunichte machen würde.

21 Bei mißbräuchlicher Nutzung droht der Widerruf der Genehmigung bzw. die Kündigung des öffentlich-rechtlichen Vertrags oder der Verwaltungsvereinbarung, § 133 Abs. 3 S. 2 und 4.

22 Die Gestaltung der Programme kann diese Vorgaben sowie die sich aus § 12 a ergebenden Einschränkungen in unterschiedlicher Weise erfüllen durch eine geeignete Menüführung und Merkmale, die eine systematische Ausforschung des Grundbuchinhaltes nach sachfremden Gesichtspunkten verhindern oder wesentlich erschweren, etwa indem der Aufruf eines Grundbuchblattes erst zugelassen wird, nachdem ein eindeutig spezifiziertes Suchergebnis erzielt wurde.[14]

IV. Reichweite der Zulassung

23 Nach Abs. 7 haben Genehmigungen zum on-line-Abruf Geltung im Gesamtgebiet des Bundeslandes, in dem sie erteilt wurden (S. 1) und vorbehaltlich der Schaffung der – bisher nicht gegebenen – technischen Voraussetzungen im übrigen Bundesgebiet (S. 2). Dasselbe gilt, wenn der on-line-Abruf nicht durch Genehmigung, sondern aufgrund eines öffentlich-rechtlichen Vertrags oder einer Verwaltungsvereinbarung eingerichtet wurde (S. 5).

Die Möglichkeit des grenzüberschreitenden Abrufs kann sich auf einzelne Bundesländer beschränken. Zu welchem Zeitpunkt und in welchem Umfang sie besteht, wird das Bundesministerium der Justiz durch Rechtsverordnung mit Zustimmung des Bundesrats feststellen (S. 3). Dadurch wird für die Verwaltung die mehrfache Prüfung des Vorliegens der Zulassungsvoraussetzungen und für die Abrufer die mehrfache Entrichtung der Zulassungsgebühren (§ 133 Rdn. 39) vermieden.

---

[14] Einzelheiten bei Meikel/*Göttlinger* Rdn. 32 bis 34.

V. Kontrolle

24 Da beim on-line-Abruf keine unmittelbare Eingriffsmöglichkeit des Grundbuchamtes mehr besteht, das ggf. vorher über die Berechtigung einer Einsichtnahme entscheiden könnte, kommt der Protokollierung und späteren Möglichkeit einer Auswertung der Protokolle wesentliche Bedeutung zu. Wie bei jeder Einsichtnahme ist die Beachtung der §§ 12, 12 a und 12 b zu überprüfen. Besonderes Augenmerk hat der Gesetzgeber darüber hinaus aber auch auf die **Einhaltung der Belange ordnungsgemäßer Datenverarbeitung und des Datenschutzes** gerichtet, die an verschiedenen Stellen angeordnet und deren Kontrolle ausführlich sowie unter Rückgriff auf allgemeine und besondere Aspekte geregelt ist, vgl. Abs. 1 Nr. 2, Abs. 5 und Abs. 6.

25 §§ 82 Abs. 2, 83 und 84 GBV enthalten ergänzende Ausführungsvorschriften, die allgemeine und nach der Art des Abrufverfahrens differenzierte Mechanismen vorsehen. Zu den ähnlich motivierten Anforderungen bei der maschinellen Grundbuchführung vgl. § 126 Rdn. 14–21.

1. Grundlegende Vorschriften

26 a) Abs. 1 Nr. 2 sieht zur Gewährleistung der beschränkten Öffentlichkeit des Grundbuchs unter **grundbuchrechtlichen Gesichtspunkten** (§§ 12, 12 a) eine entsprechende Protokollierung vor. Es handelt sich hierbei um eine gegenüber dem BDSG spezielle Datenschutzvorschrift.

27 b) Abs. 5 greift auf allgemeine **Vorschriften des Bundesdatenschutzgesetzes** zur Überwachung der Einhaltung datenschutzrechtlicher Vorschriften zurück, verschärft diese aber insoweit, als bei Abrufern, die keine öffentliche Stelle sind, auch ohne Anhaltspunkte für eine Zuwiderhandlung jederzeit Kontrollen durch die Aufsichtsbehörde durchgeführt werden können. § 84 GBV erklärt das jederzeitige Kontrollrecht darüber hinaus auch für anwendbar, wenn der Abrufer keiner allgemeinen Aufsicht unterliegt oder (nur) zum eingeschränkten Abrufverfahren berechtigt ist.

28 Über die während eines gesamten Jahres durchgeführten Abrufe erhält der Eigentümer oder Inhaber eines grundstücksgleichen Rechts jederzeit Auskunft. Das zu diesem Zweck geführte Protokoll (§ 83 Abs. 2 GBV; zum Inhalt s. u. Rdn. 30) kann nach Ablauf dieser Frist vernichtet werden.

29 c) Abs. 6 stellt klar, daß die Übermittlung von Daten im Abrufverfahren **zweckgebunden**, d. h. im Rahmen des dargelegten rechtlichen Interesses erfolgt, und nicht etwa eine Verwertung zu sonstigen Zwecken, etwa kommerzieller Art, zulässig ist.

2. Ablauf der Kontrollen

30 § 83 Abs. 1 GBV ordnet die **generelle Protokollierung** mindestens jedes zehnten Abrufs[15] an, egal ob er im uneingeschränkten oder eingeschränkten Abrufverfahren vorgenommen wird. Die zu erfassenden Daten sind detailliert: Grundbuchamt, Grundbuchblatt, Abrufer sowie Geschäfts- und Aktenzeichen (letzteres nur, wenn der Abrufer diese Angaben nicht selbst protokolliert und zur Überprüfung bereitstellt). In den Fällen des eingeschränkten Abrufverfahrens kommt nach §§ 133 Abs. 4 S. 2 GBO a. E., 82 Abs. 2 GBV die Protokollierung der ggf. kodierten Darlegungserklärung (s. o. Rdn. 19) hinzu.

---

[15] Zulässig wäre auch die Protokollierung aller Abrufe, wenn sie etwa programmtechnisch leichter bewältigt werden kann, vgl. Meikel/*Göttlinger* Rdn. 60.

§ 133

31 Am Ende eines Jahres wird das Protokoll nach § 83 Abs. 2 ausgedruckt und für Einsichtnahmen nach § 133 Abs. 5 S. 2 1. HS GBO durch den **Eigentümer oder den Inhaber des betroffenen grundstücksgleichen Rechts** bis zum Ablauf des folgenden Jahres bereitgehalten, anschließend vernichtet.

32 Abs. 3 sieht die **Aufbereitung der Abrufdaten** in Form einer Liste pro Abrufberechtigtem vor, die dann jeweils **der für die Aufsicht über den Abrufberechtigten zuständigen Stelle zugeleitet** wird. Dies sind bei Gerichten und Behörden die dienstaufsichtführenden Stellen, bei Notaren der Landgerichtspräsident, bei Banken das Bundesaufsichtsamt für das Kreditwesen, bei Versicherungen das Bundesaufsichtsamt für das Versicherungswesen und bei Genossenschaften, die einer gesetzlichen Prüfpflicht durch einen Prüfverband unterliegen, dieser Verband. § 84 GBV gilt in diesen Fällen nicht.

33 Soweit Zugriff im uneingeschränkten Abrufverfahren genommen wird, kann die Überwachung in der Praxis allerdings mit der Befreiung von der Darlegungserklärung insoweit kollidieren, als auf Seiten der Abrufer nur dann ein Entlastungseffekt eintritt, wenn nicht mit Rücksicht auf die Kontrollen doch entsprechende Aufzeichnungen ausschließlich zum Nachweis der Berechtigung von Abrufen geführt werden müssen. In der Praxis sollte durch eine mit dem Gesetzeszweck konforme Handhabung der Kontrollen angestrebt werden, daß es nicht zu einem Mißverhältnis gegenüber der Einsichtspraxis beim Papiergrundbuch kommt, die eine gesonderte Dokumentation zu Kontrollzwecken nicht kennt.

VI. Technische Anforderungen

1. Anforderungen im Grundbuchamt

34 Der Gesetzgeber hat mit Rücksicht auf die erforderliche Flexibilität und den raschen Fortschritt im Bereich der Informationstechnik zu Recht darauf verzichtet, konkrete Anforderungen an die vom Grundbuchamt einzusetzende Hard- und Software festzuschreiben. Die abstrakten Anforderungen der §§ 126 ff. im allgemeinen und von § 133 für das Abrufverfahren im besonderen schaffen jedoch Rahmenregelungen für die Leistungsfähigkeit und Zuverlässigkeit der Anlagen, innerhalb deren die Landesjustizverwaltung die erforderlichen Beschaffungs- und Modernisierungsentscheidungen nach Ermessen treffen kann. Ein Anspruch der Grundbuchnutzer auf eine bestimmte Ablaufgestaltung oder die Bereitstellung einer bestimmten Abrufkapazität – etwa zur Verkürzung der Antwortzeiten – besteht jedoch nicht.

35 Für künftige Entwicklungen wäre erfreulich, wenn das Grundbuchamt Daten kodiert und strukturiert in einer zur direkten Weiterverarbeitung beim Abrufer geeigneten Weise[16] bereitstellen würde, um den jetzt unvermeidlichen Medienbruch zu vermeiden, der eintritt, wenn die abgerufenen Daten von Hand etwa in Urkundsentwürfe wieder eingegeben werden müssen.

2. Anforderungen beim Abrufer

36 Die Hard- und Softwareanforderungen beim Abrufer hängen von der technischen Ausgestaltung des maschinellen Grundbuchs und der zur on-line-Recherche bereitgestellten Software ab. Teilweise erfolgen Spezifikationen durch die zulassende Stelle mit

---

[16] Was derzeit nicht der Fall ist, vgl. *Oberseider* 4.

Siebenter Abschnitt. Das maschinell geführte Grundbuch (Erber-Faller) § 133

Rücksicht auf einen störungsfreien Abrufbetrieb als zwingende Vorgabe,[17] teilweise haben sie aber auch empfehlenden Charakter und können den Abrufern als Orientierung für Organisations- und Kaufentscheidungen dienen.[18] Die vom Abrufer zu erfüllenden Anforderungen werden in Merkblättern der Justizverwaltungen konkretisiert.[19]

Der Kostenaufwand bei Neuanschaffung der erforderlichen Hardware (Rechnereinheit, Tastatur, Monitor) dürfte etwa mit 3.000,– bis 5.000,– DM zu beziffern sein. Ferner ist ein ISDN-Anschluß erforderlich, für den in der Regel die Anschaffung einer bestimmten ISDN-Karte empfohlen wird. Die Kommunikation erfolgt aus Sicherheitsgründen in einer geschlossenen Benutzergruppe.[20] Die Verwendung einer bestimmten Abruf- und Recherchesoftware, für die derzeit mit Lizenzgebühren in Höhe von etwa 1.500,– bis 3.500 DM zu rechnen ist, erfordert schließlich den Einsatz des empfohlenen Betriebssystems und der entsprechenden Benutzeroberfläche, die aber häufig bereits auf der PC-Anlage der Nutzer vorhanden sein werden. 37

VII. Gebühren

1. Abruf aufgrund Genehmigung

Für den Abruf im automatisierten Verfahren aufgrund Genehmigung werden nach Abs. 8 S. 1 in einer vom Bundesministerium der Justiz erlassenen Rechtsverordnung Gebühren für die Einrichtung und die Nutzung des Verfahrens festgelegt. S. 2 umreißt den für die Abwägung der Bemessungsgrundlage heranzuziehenden Rahmen für die Gebührenhöhe, nämlich die Notwendigkeit der Kostendeckung seitens des Staates einerseits und der mit dem on-line-Abruf verbundene Nutzen seitens der Abrufer andererseits. § 85 GBV konkretisiert diese Vorgaben und bestimmt, daß daß sich die Abrufgebühren aus einer einmaligen Einrichtungsgebühr, einer monatlichen Nutzungsgebühr sowie Gebühren für den einzelnen Abruf von Grundbuchblättern oder Daten aus Suchverzeichnissen zusammensetzen. 38

Mit der „**Verordnung über Grundbuchabrufverfahrengebühren**" (BGAbVfV) vom 30. 11. 1994, BGBl. I 3585, geändert durch die 2. EDVGBÄndV vom 11. 7. 1997, BGBl. I 1808, wurde die Verordnungsermächtigung ausgefüllt. Es gelten folgende Gebührensätze: 39

– Einmalig zu entrichtende Einrichtungsgebühr	1.000,– DM
– monatliche Grundgebühr	100,– DM
– Abrufgebühren	
pro Grundbuchblatt	10,– DM
(bei erneutem Abruf innerhalb 6 Monaten	5,– DM)
pro Recherche in einem Suchverzeichnis	5,– DM

2. Abruf aufgrund Verwaltungsvereinbarung oder öffentlich-rechtlichem Vertrag

Gemäß § 85 Abs. 2 S. 1 GBV orientieren sich zu vereinbarende Gebühren an den von der BGAbVfV festgesetzten Sätzen und übernehmen sie mit Rücksicht auf die 40

---

[17] Es besteht kein Anspruch auf Zulassung mit beliebiger eigener Technik; ggf. können von der Landesjustizverwaltung Funktionstests verlangt werden, vgl. Meikel/Göttlinger Rdn. 8, 9 und Bredl 76.

[18] Bredl 76; Oberseider MittBayNot 97, 88 (Ziff. 4).

[19] Vgl. etwa das vom Bayerischen Staatsministerium der Justiz herausgegebene Merkblatt „SOLUM-STAR" und die Broschüre „Das elektronische Grundbuch" des Sächsischen Staatsministeriums der Justiz.

[20] Bredl 76.

Pflicht zur Gleichbehandlung der Grundbuchnutzer in der Regel. Etwas anderes kann nach S. 2 bei Vereinbarungen mit Stellen der öffentlichen Verwaltung bestimmt werden, wobei eine Gebührenermäßigung bis hin zum Gebührenerlaß zulässig ist.

3. Gebührenabtretung

41 Nach § 4 der BGAbVfV werden die Gebühren grundsätzlich durch die Landesjustizverwaltung erhoben. § 133 Abs. 8 S. 3 GBO sieht vor, daß die Gebühren, auch mit Wirkung für die Zukunft, abgetreten werden können. Als Abtretungsempfänger kommen Stellen nach § 126 Abs. 3 oder Dritte in Betracht, die für den Staat die Investitionen zur Bereitstellung der erforderlichen technischen Einrichtung des maschinellen Grundbuchs erbringen. Von dieser Möglichkeit hat der Freistaat Sachsen bereits Gebrauch gemacht.[21]

42 Im Fall der – weiterhin nach den allgemeinen kostenrechtlichen Regelungen uneingeschränkt zulässigen – Anfechtung der Gebühren bleibt es nach S. 4 dabei, daß der Rechtsbehelf gegen die Staatskasse zu richten ist.

[Regelung der Einzelheiten]

§ 134

Das Bundesministerium der Justiz wird ermächtigt, durch Rechtsverordnung mit Zustimmung des Bundesrates nähere Vorschriften zu erlassen über

1. die Einzelheiten der Anforderungen an die Einrichtung und das Nähere zur Gestaltung und Wiederherstellung des maschinell geführten Grundbuchs sowie die Abweichungen von den Vorschriften des Ersten bis Sechsten Abschnitts der Grundbuchordnung, die für die maschinelle Führung des Grundbuchs erforderlich sind;

2. die Einzelheiten der Gewährung von Einsicht in maschinell geführte Grundbücher;

3. die Einzelheiten der Einrichtung automatisierter Verfahren zur Übermittlung von Daten aus dem Grundbuch auch durch Abruf und der Genehmigung hierfür.

Das Bundesministerium der Justiz kann im Rahmen seiner Ermächtigung nach Satz 1 technische Einzelheiten durch allgemeine Verwaltungsvorschriften mit Zustimmung des Bundesrates regeln oder die Regelung weiterer Einzelheiten durch Rechtsverordnung den Landesregierungen übertragen und hierbei auch vorsehen, daß diese ihre Ermächtigung durch Rechtsverordnung auf die Landesjustizverwaltungen übertragen können.

I. Allgemeines

1 Der 7. Abschnitt enthält lediglich die allgemeinen und grundsätzlichen Anforderungen an die maschinelle Grundbuchführung. Die Einzelheiten zur Ausgestaltung von Abläufen und Verfahren sind auf der Grundlage von § 134 entsprechend dem System der Grundbuchordnung in die Grundbuchverfügung integriert worden, um bei einer notwendigen Anpassung an die Veränderung technischer Vorgaben flexibler reagieren zu können. Darüber hinaus werden weitere Detailregelungen auf regionaler Ebene ermöglicht.

---

[21] Pressemitteilung des Sächsischen Staatsministeriums der Justiz Nr. 58/1997, abgedr. in NJW 97, Heft 51 Umschlagsseite XVI.

II. System der Vorschrift

§ 134 enthält drei Ermächtigungen: **2**

1. Aufgrund der **Verordnungsermächtigung** nach § 134 S. 1 hat das Bundesministe- **3** rium der Justiz in Abschnitt XIII der GBV mit Zustimmung des Bundesrats zu den in S. 1 Nrn. 1 bis 3 aufgeführten Themenbereichen folgende Regelungen selbst getroffen:
   - zu Nr. 1: §§ 61 bis 76, 87 bis 93 GBV (Einrichtung, Gestaltung und Wiederherstellung des maschinellen Grundbuchs; Abweichungen von den Abschnitten 1 bis 6 der GBO);
   - zu Nr. 2: §§ 77 bis 79 GBV (Einsicht);
   - zu Nr. 3: §§ 80 bis 85 GBV (Automatisiertes Abrufverfahren).

2. Die Möglichkeit der **Weiterübertragung** nach § 134 S. 2 2. HS wurde in § 93 GBV **4** wahrgenommen. Die Landesregierungen können vorbehaltlich des Erlasses allgemeiner Verwaltungsvorschriften (s. u. Rdn. 5) weitere Einzelheiten regeln und ihrerseits die Ermächtigung auf die Landesjustizverwaltungen delegieren.

3. Das Bundesministerium der Justiz hat bisher keine **allgemeinen Verwaltungsvor-** **5** **schriften** nach § 134 S. 2 1. HS zur Regelung technischer Einzelheiten erlassen. Auch hierfür wäre die Zustimmung des Bundesrates erforderlich. Die Ermächtigung könnte etwa praktische Bedeutung erlangen, falls die von den Ländern eingeführten Verfahren so sehr divergieren, daß eine länderübergreifende Nutzung des maschinellen Grundbuchs nicht in Betracht käme.

ACHTER ABSCHNITT
Übergangs- und Schlußbestimmungen

Vorbemerkung

Der 8. Abschnitt mit den Übergangs- und Schlußbestimmungen ist durch das RegVBG v. 20. 12. 1993 (BGBl. I, 2182) geändert und neu gefaßt worden; er ist an die Stelle des früheren 6. Abschnitts mit den §§ 116 bis 125 getreten. Er enthält im einzelnen folgende Vorschriften: § 135 Abs. 1 regelt das Inkrafttreten der GBO und Abs. 2 erklärt eine Reihe von Bestimmungen des EGBGB für entsprechend anwendbar. § 136 enthält den einzigen noch geltenden Vorbehalt zugunsten des Landesgrundbuchrechts, während sich in § 137 eine Einschränkung dieses Vorbehalts für bestimmte grundstücksgleiche Rechte befindet. Die §§ 138 bis 140 haben Übergangsvorschriften für die Bücher, die nach den bisherigen Bestimmungen als Grundbücher geführt wurden, zum Inhalt. Die §§ 141 und 142 räumen dem Reichs- und jetzt dem Bundesjustizminister und im Falle des § 141 den Landesregierungen Ermächtigungen zum Erlaß bestimmter Vorschriften auf dem Verordnungswege ein, und zwar § 141 über die Wiederherstellung zerstörter oder abhanden gekommener Grundbücher oder Urkunden und über das Ersatzgrundbuch beim maschinell geführten Grundbuch und die Rückkehr zum Papiergrundbuch (§ 141) sowie über die Einsicht in Grundakten und die Erteilung von Abschriften aus ihnen (§ 142). Schließlich enthalten die §§ 143 und 144 Vorbehalte für einzelne Bundesländer über die Führung des Grundbuchs. Während § 143 den Vorbehalt für Baden-Württemberg zum Inhalt hat, regelt § 144 die Anwendung der GBO im Gebiet der früheren DDR.

[Inkrafttreten, Verhältnis zu anderen Gesetzen]

§ 135

(1) Dieses Gesetz tritt, soweit es die Anlegung des Grundbuchs betrifft, gleichzeitig mit dem Bürgerlichen Gesetzbuch, im übrigen für jeden Grundbuchbezirk mit dem Zeitpunkt in Kraft, in welchem das Grundbuch als angelegt anzusehen ist.

(2) Die Artikel 1 Abs. 2, Artikel 2, 50, 55 des Einführungsgesetzes zum Bürgerlichen Gesetzbuch sind entsprechend anzuwenden.

1. Allgemeines

1 Abs. 1 der Vorschrift regelt das Inkrafttreten der GBO, während Abs. 2 eine Reihe von Bestimmungen des EGBGB für entsprechend anwendbar erklärt. Die Bestimmung ist von der GBOÄndVO unverändert aus der alten GBO (§ 82) entnommen und durch Art. 6 § 3 des G. zur Neuregelung des Internationalen Privatrechts v. 25. 7. 1986 (BGBl. I, 1142) mit Wirkung von 1. 9. 1986 geändert worden. In der früheren Fassung verwies Abs. 2 auf die Artikel 2 bis 5, 32 und 55 EGBGB. Artikel 2 und 55 sind durch das G v. 25. 7. 1986 nicht geändert worden und gelten fort. Art. 3 EGBGB a. F. hat in

Art. 1 Abs. 2 und Art. 32 EGBGB a. F. hat in Art. 50 bei jeweils unverändertem Wortlaut einen neuen Standort erhalten. Art. 4 EGBGB a. F. ist im Wege der Textbereinigung gestrichen worden (s. dazu unten Rdn. 12). Art. 5 EGBGB a. F. bezog sich auf das Reichsland Elsaß-Lothringen und war gegenstandslos geworden. Das RegVBG v. 20. 12. 1993 (BGBl. I, 2182) hat die Vorschrift des früheren § 116 unverändert als § 135 übernommen.

2. Inkrafttreten der GBO

Hinsichtlich des Inkrafttretens der GBO ist zu unterscheiden zwischen Vorschriften, die die Anlegung des Grundbuchs betreffen, und den übrigen Bestimmungen des Gesetzes.

a) Soweit die **Anlegung des Grundbuchs** in Frage kommt, gelten die Vorschriften der GBO seit dem 1. 1. 1900, dem Tage des Inkrafttretens des BGB. Unter Anlegung des Grundbuchs ist hier die erstmalige Anlegung zu verstehen. Dies ist im allgemeinen gemäß Art. 186 Abs. 1 EGBGB durch landesrechtliche Verordnungen geregelt, die als auf materiellrechtlichem Vorbehalt beruhend weiter gelten. Nur einzelne Bestimmungen der GBO über die Einrichtung der Grundbücher und die Form der Eintragung spielen auch bei der Anlegung des Grundbuchs im Rahmen der Anlegungsvorschriften eine Rolle und gelten insoweit ab 1. 1. 1900 (z. B. § 2 Abs. 1 und 2; §§ 3 bis 8). Dies bezieht sich natürlich nur auf die GBO in der Gestalt, in der sie am 1. 1. 1900 bestanden hat. Die durch durch die GBOÄndVO v. 5. 8. 1935 vorgenommenen Änderungen haben durch § 135 nicht etwa rückwirkende Kraft erhalten, sondern gelten grundsätzlich erst vom 1. 4. 1936 ab (Art. 7 Abs. 2 GBOÄndVO).

b) **Die übrigen Vorschriften** der GBO setzen ein angelegtes Grundbuch voraus. Sie treten deshalb in jedem Grundbuchbezirk mit dem Zeitpunkt in Kraft, in dem das Grundbuch für den Bezirk als angelegt anzusehen ist. Dieser Zeitpunkt wird nach Art. 186 Abs. 1 EGBGB ebenfalls durch landesrechtliche Verordnung bestimmt; von ihm datiert die Herrschaft des materiellen Liegenschaftsrechts des BGB in dem Bezirk (Art. 189 EGBGB). Im Gebiet der Bundesrepublik einschl. der neuen Bundesländer ist das Grundbuch als angelegt anzusehen. So ist die Anlegung des Grundbuchs im Gebiet des ehemaligen Freistaats Preußen seit dem 2. 12. 1925[1] und in Bayern seit dem 16. 1. 1911[2] beendet.

Ist das Grundbuch für einen Bezirk als angelegt anzusehen, so ist nach Art. 186 Abs. 2 EGBGB die Anlegung auch für solche zu dem Bezirk gehörende Grundstücke, die noch kein Blatt im Grundbuch haben, als erfolgt anzusehen, soweit nicht bestimmte Grundstücke durch besondere Anordnung ausgenommen sind. Hierbei handelt es sich entweder um buchungsfreie Grundstücke oder um solche, für die versehentlich kein Grundbuchblatt angelegt worden ist. Das Verfahren zur nachträglichen Anlegung eines Grundbuchblatts war seit dem 11. 8. 1935 in den §§ 7 bis 17 AVOGBO geregelt und ist durch das RegVBG v. 20. 12. 1993 (BGBl. I, 2182) als 7. Abschnitt mit den §§ 116 bis 125 in die GBO übernommen worden.

Auch hier gilt, daß die GBOÄndVO keine rückwirkende Kraft hat, sondern erst vom 1. 4. 1936 ab wirkt (Art. 7 Abs. 2 GBOÄndVO).

---

[1] Bek. d. Preuß. JM v. 2. 12. 1925 – GS 175.
[2] Bek. d. Beyer. JM v. 22. 12. 1910 – JMBl. 1042.

3. Entsprechende Anwendung von Vorschriften des EGBGB

7 Abs. 2 erklärt einige grundlegende Bestimmungen des EGBGB auf das Grundbuchrecht für entsprechend anwendbar.

8 a) **Art. 1 Abs. 2 EGBGB** besagt, übertragen auf das Grundbuchrecht folgendes: Soweit in der GBO oder der GBOÄndVO die Regelung den Landesgesetzen vorbehalten oder bestimmt ist, daß landesgesetzliche Vorschriften unberührt bleiben oder erlassen werden können, bleiben die bestehenden landesrechtlichen Vorschriften in Kraft und können neue Vorschriften dieser Art erlassen werden. Der einzige Vorbehalt, den die GBO zugrunsten des Landesgrundbuchrechts macht, ist der des § 136. Soweit er reicht (vgl. dazu die Anmerkungen zu § 136), bleiben also die landesrechtlichen Vorschriften auch gegenüber der neuen GBO in Kraft und können auch geändert werden. Doch gilt dies nur im Verhältnis zur GBO, nicht gegenüber anderen Reichs- oder Bundesgesetzen.[3]

9 b) Die Übertragung des **Art. 2 EGBGB** auf das Grundbuchrecht ergibt den Satz: „Gesetz im Sinne des GBO und der GBOÄndVO ist jede Rechtsnorm." Der Begriff „Gesetz" spielt in der GBO eine Rolle in den §§ 13, 38, 53, 54, 78, 136. Überall umfaßt er Gesetze im materiellen Sinn, ohne Rücksicht auf ihre Form, einschließlich des Gewohnheitsrechts (vgl. näher § 78 Rdn. 7). Den Gegensatz zu Rechtsnormen bilden die Verwaltungsnormen, die für die inneren Verhältnisse der Behörden bestimmt sind und nach außen weder berechtigend noch verpflichtend wirken.[4]

10 c) **Art. 50 EGBGB** regelt, übertragen auf das Grundbuchrecht, das Verhältnis der anderen Reichsgesetze grundbuchrechtlichen Inhalts zur GBO und ihrem Einführungsgesetz, der GBOÄndVO. Danach bleiben grundbuchrechtliche Vorschriften anderer Reichs- oder Bundesgesetze in Kraft. Sie treten jedoch insoweit außer Kraft, als sich aus der GBO oder der GBOÄndVO ihre Aufhebung ergibt.

11 d) **Art. 55 EGBGB** regelt das Verhältnis der Landesgesetze grundbuchrechtlichen Inhalts zur GBO und zur GBOÄndVO. Die entsprechende Anwendung besagt, daß grundbuchrechtliche Vorschriften des Landesrechts beseitigt sind, soweit nicht die GBO oder die GBOÄndVO etwas anderes bestimmen. Diese abweichende Bestimmung muß eine ausdrückliche sein. Eine solche befindet sich – abgesehen von Übergangsvorschriften – nur in § 136.

12 e) **Art. 4 EGBGB a. F.**, angewandt auf das Grundbuchrecht, bestimmte, daß dort, wo die GBO Vorschriften außer Kraft gesetzt hatte, auf die in anderen Reichs- oder Landesgesetzen verwiesen ist, diese Vorschriften durch die entsprechenden der GBO ersetzt wurden. Diese globale Änderungsbestimmung für alle früheren Verweisungen wird heute nicht mehr benötigt und ist deshalb gestrichen worden.[5] Dieselbe Vorschrift befindet sich in Art. 7 Abs. 4 GBOÄndVO für das von ihr umfaßte Gebiet.

[Vorbehalte für Landesgrundbuchrecht]

§ 136

(1) Soweit im Einführungsgesetz zum Bürgerlichen Gesetzbuch zugunsten der Landesgesetze Vorbehalte gemacht sind, gelten sie auch für die Vorschriften der Landesgesetze über das Grundbuchwesen; jedoch sind die §§ 12 a, 13 Abs. 3, 44 Abs. 1 Satz 2

---

[3] KG RJA 14, 155.
[4] Vgl. dazu BayObLGZ 69, 118 = Rpfleger 69, 44.
[5] BT-Drucks. 10/504 S. 34.

und 3, § 56 Abs. 2, § 59 Abs. 1 Satz 2, § 61 Abs. 3 und § 62 Abs. 2 auch in diesen Fällen anzuwenden.

(2) Absatz 1 zweiter Halbsatz gilt auch für die grundbuchmäßige Behandlung von Bergbauberechtigungen.

(3) Vereinigungen und Zuschreibungen zwischen Grundstücken und Rechten, für die nach Landesrecht die Vorschriften über Grundstücke gelten, sollen nicht vorgenommen werden.

I. Allgemeines

§ 136 (früher § 117) ist durch das RegVBG v. 20. 12. 1993 (BGBl. I, 2182) unverändert übernommen, während Abs. 1 Halbsatz 2 sowie die Absätze 2 und 3 neu eingefügt worden sind. Abs. 1 enthält den einzigen noch geltenden Vorbehalt zugunsten des Landesgrundbuchrechts. Abs. 2 erklärt die Vorschrift auf die grundbuchmäßige Behandlung von Bergbauberechtigungen für anwendbar, und Abs. 3 beschränkt die Vereinigung und Zuschreibung zwischen Grundstücken und grundstücksgleichen Rechten des Landesrechts. Von ihnen ist nach der Vereinfachung des Grundbuchrechts im Jahre 1935 lediglich der des § 136 Abs. 1 Halbsatz 1 übriggeblieben. Die GBOÄndVO hat alle anderen Vorbehalte beseitigt. Durch Art. 7 Abs. 3 GBOÄndVO sind auch die in anderen Reichsgesetzen enthaltenen Vorbehalte zugunsten des Landesgrundbuchrechts aufgehoben worden.[1] Nur einzelne Vorschriften sind gemäß Art. 8 Abs. 3 GBOÄndVO übergangsweise aufrechterhalten worden. **1**

II. Der Vorbehalt zugunsten des Landesgrundbuchrechts

1. Verhältnis der GBO zum Landesrecht

Die GBO a. F. kannte zahlreiche Vorbehalte zugunsten des Landesgrundbuchrechts. Der Vorbehalt des § 136 Abs. 1 beruht auf der Erwägung, daß das Grundbuchrecht nicht Selbstzweck ist, sondern der Verwirklichung des materiellen Rechts dient; es liefert das Kleid, in dem das materielle Recht in dem Verkehr auftritt. Da das Kleid sich seinem Träger anpassen muß, war es unvermeidlich, auf den Rechtsgebieten, auf denen nach dem EGBGB das Landesrecht noch materiell herrscht, auch die Landesgrundbuchgesetze im Sinn von § 135 Abs. 2, Art. 2 EGBGB aufrechtzuerhalten. Nach § 135 Abs. 2, Art. 1 Abs. 2 EGBGB können die Landesgesetze insoweit auch noch neu erlassen oder geändert werden. **2**

Der Vorbehalt des § 136 Abs. 1 hatte für die Zeit nach dem 8. 5. 1945 bis zum Zusammentritt des Ersten Deutschen Bundestages seine Bedeutung in den Ländern, denen die Gesetzgebungskompetenz auf dem Gebiete des Grundbuchrechts zustand, verloren. Mit dem Zusammentritt des Ersten Deutschen Bundestages hat er jedoch seine volle Bedeutung wiedererlangt, da nach Art. 74 Ziff. 1 GG das Grundbuchrecht zur konkurrierenden Gesetzgebung im Sinne des Art. 72 GG gehört. **3**

2. Inhalt des Vorbehalts

Der Vorbehalt gestattet dem Landesgesetzgeber auf den **landesrechtlichen Reservatgebieten** von den **Vorschriften der GBO abzuweichen,** und zwar grundsätzlich von **4**

---

[1] Vgl. dazu näher *Hesse* DJ 35, 1291.

§ 136

allen ihren Vorschriften. Er kann andere Behörden als die Amtsgerichte zu Grundbuchämtern machen; er kann die Bezirke der Ämter selbständig regeln, über die Bezeichnung der Grundstücke, über die Art der Buchung (ob Personal- oder Realfolium, ob Buchung von Grundstücken oder auch von Anteilen an solchen) Bestimmungen treffen, die materiellen Eintragungsgrundlagen anders ordnen usw. Eine Ausnahme wird jedoch zu machen sein: Der Landesgesetzgeber kann nicht für befugt gehalten werden, eine Regelung vorzunehmen, die die vom Reichs- oder Bundesgesetzgeber für sein Gebiet vorgenommene Regelung berührt und mit ihr im Wesen und Grundsatz nicht vereinbar ist.

5 Der Landesgesetzgeber kann z. B., wie schon hervorgehoben, **andere Behörden als die Amtsgerichte** zu Grundbuchämtern machen. Tut er dies aber nicht, sondern bedient er sich der Amtsgerichte zu diesem Zwecke, so muß die Vertretung des Grundbuchamts nach außen, die „sachliche Zuständigkeit der Grundbuchbeamten", einheitlich sein. Es ist nicht angängig und würde zu großer Rechtsunsicherheit und Unklarheit führen, wenn dasselbe Amtsgericht in diesem Punkte nach verschiedenen Vorschriften zu verfahren hätte, je nachdem, ob es sich um bundes- oder landesrechtliche Angelegenheiten handelt. Bedient sich der Landesgesetzgeber der Amtsgerichte als Grundbuchämter, so muß er auch ihre bundesrechtlich festgesetzte Verfassung hinnehmen.

6 Das war auch der Standpunkt, der in § 20 AVOGBO zum Ausdruck gekommen ist, wo hervorgehoben wurde, daß die reichsrechtlichen (bundesrechtlichen) Vorschriften über die funktionelle Zuständigkeit der Grundbuchbeamten künftig in landesrechtlichen Angelegenheiten gelten. Lediglich für Baden-Württemberg verbleibt es nach § 143 in dieser Beziehung bei dem bisherigen Landesrecht.

7 Ähnliches gilt für die **formelle Einrichtung der Grundbücher** (vgl. § 103 GBVfg. und die Ausführungen dort). Der Landesgesetzgeber könnte für die ihm allein unterstehenden Rechtsgebiete besondere Vordrucke einführen, wie er das auch vielfach getan hat (vgl. die Berg- und Bahngrundbücher). Er kann aber nicht die nach dem Vordruck der GBVfg. geführten allgemeinen Grundbücher benutzen, sich in ihren Rahmen einfügen und dann versuchen, sie durch wesentliche Änderungen umzugestalten. Damit würde eine geordnete Grundbuchführung, die eine einheitliche Ausgestaltung des Vordrucks in den Ländern fordert, unmöglich gemacht. Dagegen steht nichts im Wege, daß der Landesgesetzgeber landesrechtliche Sondergestaltungen dem nach dem Vordruck der GBVfg. geführten Grundbuch zur Aufnahme zuweist, auch über ihre formelle Behandlung Sondervorschriften erläßt, solange diese mit den Grundsätzen der bundesrechtlichen Vorschriften nicht in Widerspruch stehen.

8 Zur Anlegung eines Grundbuchblatts für eine **Fischereigerechtigkeit** nach preuß. Recht im Land Berlin siehe KG OLGZ 75, 138; zur Eintragung von Fischereirechten in das Grundbuch nach bayer. Recht siehe §§ 6 ff. VO v. 7. 10. 1982 (GVBl. 892) sowie BayObLGZ 69, 118 = Rpfleger 69, 244 und BayObLGZ 72, 226 = MittBayNot. 72, 236; zur Anlegung eines Grundbuchblatts für ein selbständiges grundstücksgleiches **Fischereirecht** nach dem FischereiG für Baden-Württemberg v. 14. 11. 1979 (GVBl. 466) s. näher *Böhringer* BWNotZ 84, 153; 85, 153; 86, 126; *Schmid* BWNotZ 78, 21; 81, 73; 86, 117; *Ulshöfer* BWNotZ 90, 13; *Schröder* BWNotZ 94, 97 jeweils mwN.

9 Die **erlassenen Landesgesetze bleiben bestehen**, soweit sie aufgrund des Vorbehalts des § 136 Abs. 1 Halbsatz 1 (früher § 83, 117 GBO a. F.) wirklich erlassen sind, nicht schon soweit sie aufgrund dieses Vorbehalts hätten erlassen werden können. Wenn z. B. das Württembergische AGBGB bestimmte, daß in jeder Gemeinde ein staatliches GBA besteht und daß der zuständige Bezirksnotar Grundbuchbeamter ist, so beruhte diese Bestimmung, auch soweit sie auf landesrechtliche Grundbuchsachen Anwendung fand, nicht auf dem Vorbehalt des früheren § 83 GBO, sondern auf dem stillschweigenden, in § 1 der alten GBO enthaltenen Vorbehalt für die Länder, die Grundbuchämter zu organisieren (siehe für die Zeit ab 1. 7. 1975 näher §§ 1 Abs. 3, 26–35, 47, 48 Abs. 2, 50 Bad. Württ. LFGG v. 12. 2. 1975, GVBl. 116, zuletzt geändert durch G v. 18. 12. 1995 (GVBl. 96, 26). An eine stoffliche Unterscheidung zwischen reichs- und landesrechtlichen Grundbuchsachen war dabei nicht gedacht. Demnach fällt die genannte Bestimmung in Württemberg ganz und gar fort, wenn dort § 1 GBO in Kraft tritt; nicht etwa bleiben die Gemeindegrundbuchämter für die landesrechtlichen Grundbuchsachen bestehen.

3. Einschränkungen des Vorbehalts

a) Die **Übernahme der AVO-GBO in die GBO** durch das RegVBG v. 20. 12. 1993 **10** (BGBl. I, 2182) hat eine Anpassung des früheren § 117 erforderlich gemacht. § 20 AVO-GBO hat die Regelungsbefugnis des Landesgesetzgebers dahin eingeschränkt, daß die Vorschriften des Abschnitts I über die „sachliche" (gemeint ist die funktionelle) Zuständigkeit der Grundbuchbeamten anzuwenden sind. Durch die Einschränkung sollen Rechtsunsicherheit und Unklarheiten vermieden werden, die sich ergeben können, wenn innerhalb des GBA für vergleichbare Tätigkeiten unterschiedliche Zuständigkeitsbestimmungen anzuwenden sind. Diese Einschränkung des Vorbehalts hat sich als zweckmäßig erwiesen und soll deshalb beibehalten werden.[2] Deshalb nimmt § 136 Abs. 1 Halbsatz 2 die in Abschnitt I der früheren AVO-GBO genannten Regelungen der GBO — das sind die im einzelnen genannten Vorschriften — vom Vorbehalt zugunsten des Landesrechts aus. Abs. 1 Halbsatz 2 ist an die Stelle des gegenstandslos gewordenen zweiten Halbsatzes des früheren § 117 über die Hausverfassungen getreten.

b) **Abs. 2** erklärt Abs. 1 auch auf die grundbuchmäßige Behandlung von Bergbaube- **11** rechtigungen für anwendbar. Die Vorschrift entspricht dem durch das BBergG in § 20 AVO-GBO eingefügten Abs. 2. Da das RegVBG die AVO-GBO in die GBO übernommen hat, war es erforderlich, eine dem § 20 Abs. 2 AVO-GBO entsprechende Vorschrift in das Gesetz einzustellen. Das ist durch § 136 Abs. 2 geschehen. Die Vorschrift soll klarstellen, daß auch bei der grundbuchmäßigen Behandlung von Bergbauberechtigungen trotz des Vorbehalts für den Landesgesetzgeber in § 176 Abs. 2 BBergG die in Abs. 1 Halbsatz 2 erwähnten Regelungen über die funktionelle Zuständigkeit anzuwenden sind.

c) Weitere Einschränkungen des Vorbehalts des Abs. 1 finden sich in den §§ 54 und **12** 137.

III. Beschränkung von Vereinigung und Zuschreibung (Abs. 3)

Abs. 3 ist durch das RegVBG v. 20. 12. 1993 (BGBl. I, 2182) eingefügt worden und **13** enthält eine Vorschrift über die Vereinigung und Zuschreibung von Grundstücken und Rechten, für die nach Landesrecht die Vorschriften über Grundstücke gelten. Nach dem materiellen Recht sind zwischen solchen Rechten und Grundstücken Vereinigungen und Zuschreibungen nicht ausgeschlossen. Einen solchen Ausschluß, der für das Bergwerkseigentum bereits in ähnlicher Weise in § 9 Abs. 2 BBergG enthalten ist, hat der Gesetzgeber für zweckmäßig erachtet, weil Vereinigungen und Zuschreibungen von Grundstücken und grundstücksgleichen Rechten des Landesrechts beim maschinell geführten Grundbuch zu Schwierigkeiten führen und darüber hinaus allgemein Unklarheit und

---

[2] BT-Drucks. 12/5553 S. 88.

§ 137

Verwirrung in der Grundbuchführung bewirken können.[3] Die Bestimmung ist als Sollvorschrift ausgestaltet. Dadurch soll erreicht werden, daß bestehende Vereinigungen und Zuschreibungen durch die Rechtsänderung nicht berührt werden.

14 Das **selbständige Gebäudeeigentum** im Gebiet der früheren DDR fällt nicht unter Abs. 3. Für das Gebäudeeigentum gelten Art. 233 § 4 Abs. 1, 7, § 2 b Abs. 5, § 8 Satz 2 EGBGB. Siehe dazu näher Erl. zu § 144.

[Vorbehalt für auf Landesrecht beruhende grundstücksgleiche Rechte]

§ 137

(1) Die Vorschriften des § 20 und des § 22 Abs. 2 über das Erbbaurecht sowie die Vorschrift des § 49 sind auf die in den Artikeln 63, 68 des Einführungsgesetzes zum Bürgerlichen Gesetzbuch bezeichneten Rechte entsprechend anzuwenden.

(2) Ist auf dem Blatt eines Grundstücks ein Recht der in den Artikeln 63 und 68 des Einführungsgesetzes zum Bürgerlichen Gesetzbuch bezeichneten Art eingetragen, so ist auf Antrag für dieses Recht ein besonderes Grundbuchblatt anzulegen. Dies geschieht von Amts wegen, wenn das Recht veräußert oder belastet werden soll. Die Anlegung wird auf dem Blatte des Grundstücks vermerkt.

(3) Die Landesgesetze können bestimmen, daß statt der Vorschriften des Absatzes 2 die Vorschriften der §§ 14 bis 17 der Verordnung über das Erbbaurecht entsprechend anzuwenden sind.

1. Allgemeines

1 Das RegVBG v. 20. 12. 1993 (BGBl. I, 2182) hat die Vorschrift des früheren § 118 als § 137 unverändert übernommen. Die Bestimmung befaßt sich mit den landesgesetzlichen Erbpachtrechten einschließlich den Büchner- und Häuslerrechten (Art. 63 EGBGB) und den landesgesetzlichen Rechten auf Abbau eines den bergrechtlichen Vorschriften nicht unterliegenden Minerals, z. B. Ton, Kalk, Sandstein, Granit u. a. (Art. 68 EGBGB). Diese Rechte unterstehen materiell grundsätzlich dem Landesrecht; doch haben die genannten Bestimmungen des EGBGB sie gewissen reichsrechtlichen (jetzt bundesrechtlichen) Vorschriften unterworfen, durch die sie dem Erbbaurecht des BGB angenähert sind. § 137 führt diesen Gedanken für die grundbuchrechtliche Behandlung weiter und schränkt damit den sonst geltenden Vorbehalt des § 136 ein.

2. Anwendbarkeit von Vorschriften der GBO

2 Es gelten für diese Rechte folgende Vorschriften der GBO entsprechend:

3 a) § 20. Dies bedeutet, daß im Falle der Bestellung, Inhaltsänderung oder Übertragung eines Erbpachtrechts oder Abbaurechts die Eintragung nur erfolgen darf, wenn die Einigung nachgewiesen ist.

4 b) § 22 Abs. 2. Dies hat zur Folge, daß die Berichtigung des Grundbuchs durch Eintragung eines Erbpachtberechtigten oder eines Abbauberechtigten nur mit Zustimmung des Berechtigten erfolgen darf, sofern nicht der Fall des § 14 vorliegt oder die Unrichtigkeit nachgewiesen wird.

---

[3] BT-Drucks. 12/5553 S. 88.

c) § 49. Er hat Bedeutung für den Fall, daß die genannten Rechte nach Landesrecht nicht einheitlicher Art sind, sondern nur eine Zusammenfassung mehrerer selbständiger dinglicher Rechte. Für ihre Eintragung gilt dann bundesrechtlich die dem Altenteil gewährte Erleichterung (vgl. dazu § 49 und die dortigen Anmerkungen).

3. Anlegung eines besonderen Grundbuchblatts

a) Abs. 2 entspricht dem § 8, der die Anlegung eines Grundbuchblatts für Erbbaurechte zum Inhalt hat, die vor dem 22. 1. 1919 in das Grundbuch eingetragen wurden und für die die Vorschriften des BGB über das Erbbaurecht maßgebend blieben. Dabei ist § 60 Buchst. a – nicht aber Buchst. b – GBVfg. zu beachten, so daß das Grundbuchblatt z. B. die Aufschrift „Erbpachtrecht" oder „Kalkabbaurecht" zu tragen hat. Im übrigen gelten für die Einrichtung des Grundbuchblatts nach § 103 GBVfg. die landesrechtlichen Vorschriften.

b) Durch die Übertragung des Bundesrechts auf die genannten Rechte wird im angegebenen Umfang das Landesrecht ausgeschlossen. Jedoch ist es dem Landesrecht nach Abs. 3 gestattet anzuordnen, daß die Rechte hinsichtlich der Anlegung eines besonderen Blattes nicht dem § 8, also dem Erbbaurecht des BGB, sondern den §§ 14 bis 17 ErbbauVO, also den Erbbaurechten neuer Art, gleichgestellt werden. Vgl. hierzu § 104 GBVfg. und die Erläuterungen dort.

[Fortführung bisheriger Bücher]

§ 138

Die Bücher, die nach den bisherigen Bestimmungen als Grundbücher geführt wurden, gelten als Grundbücher im Sinne dieses Gesetzes.

1. Allgemeines

Das RegVBG v. 20. 12. 1993 (BGBl. I, 2182) hat die Vorschrift des früheren § 119 als § 138 unverändert übernommen. Die Vorschrift stellt klar, daß die Bücher, die nach den Bestimmungen, die vor dem 1. 4. 1936 galten, als Grundbücher geführt wurden, auch als Grundbücher im Sinne der jetzt geltenden GBO anzusehen sind, mögen sie auch ihren Anforderungen nicht entsprechen.

Das frühere Recht gestattete (§ 87), daß kraft landesrechtlicher Verordnung ein am 1. 1. 1900 geführtes Buch oder mehrere solcher Bücher für sich allein oder zusammen als Grundbuch gelten sollten. Soweit solche Anordnungen ergangen sind, sind die dadurch geschaffenen Grundbücher als solche durch § 138 beibehalten.

Die notwendigsten Anpassungsvorschriften für solche Bücher gaben die §§ 88, 89 GBO a. F., die in den §§ 139, 140 (früher §§ 120, 121) wiederkehren.

2. Fortführung der bisherigen Bücher

Da die nach den landesrechtlichen Bestimmungen geführten Bücher als Grundbücher im Sinne der GBO anzusehen sind, bleiben die Eintragungen in den bisherigen Büchern bestehen und behalten ihre Wirksamkeit. Vom Inkrafttreten der GBVfg. an, dem 1. 4. 1936, sind neue Eintragungen solange in den alten Büchern vorzunehmen, als diese nicht auf den neuen Vordruck umgeschrieben sind. Jedoch sind neue Grundbuchblätter nach § 97 Abs. 1 GBVfg. anzulegen. Allerdings konnte für eine Übergangszeit die Verwendung der alten Vordrucke besonders zugelassen werden. Dann waren nach § 98

§ 139

Satz 1 GBVfg. die alten landesrechtlichen Vorschriften über die Nummernbezeichnung und die Eintragung im Grundbuch weiterhin anzuwenden.

5 Die **Angleichung der alten Grundbuchblätter** an den Vordruck der GBVfg. erfolgt gemäß § 97 Abs. 2 GBVfg. allmählich, und zwar grundsätzlich durch Umschreibung. Sofern die vorhandenen Grundbücher dem neuen Vordruck im wesentlichen entsprechen, kann auch ihre Weiterführung besonders zugelassen werden. Das ist geschehen, wenn eine Anpassung der alten Vordrucke an das Muster der GBVfg. möglich war, ohne daß darunter das Äußere und die Übersichtlichkeit des Grundbuchs zu leiden hatte. Dabei ist § 98 Satz 1 GBVfg. zu beachten. Für die Umschreibung bereits angelegter Grundbuchblätter auf den neuen Vordruck sind die §§ 29, 30 GBVfg. sinngemäß anzuwenden (§ 99 GBVfg.). Siehe auch die Erläuterungen zu §§ 97–99 GBVfg. Zur rechtlichen Bedeutung einer im Jahre 1922 gemäß § 346 der Bayer. Dienstanweisung für die Grundbuchämter v. 27. 2. 1905 vorgenommenen Eintragung der Eigentümer eines Wegegrundstücks und den Auswirkungen ihrer unveränderten Übernahme auf den neuen Vordruck s. BayObLGZ 87, 121.

6 Die **Umschreibung der Grundbuchblätter** auf den durch die GBVfg. eingeführten neuen Vordruck war mit Beginn des Zweiten Weltkrieges ins Stocken geraten. Sie wurde aufgrund ausdrücklicher Anordnung durch AV des RdJ v. 1. 3. 1943[1] bis auf weiteres eingestellt. Nach dem Kriege sind die Umschreibungsarbeiten in den Ländern wiederaufgenommen worden, so z. B. in Bayern durch Bek. d. JM v. 8. 4. 1952[2] und in Nordrhein-Westfalen durch AV des JM v. 10. 9. 1954.[3]

7 Zur **Umstellung von Grundbuchblättern** in festen Bänden durch Verwendung von Ablichtungen der bisherigen Blätter auf Bände mit herausnehmbaren Einlegebogen (sogen. Loseblattgrundbuch) vgl. § 101 GBVfg. i. d. F. v. 24. 1. 1995 (GBGl. I, 114).

[Mehrere alte Bücher für ein Grundstück]

§ 139

Werden nach § 138 mehrere Bücher geführt, so muß jedes Grundstück in einem der Bücher eine besondere Stelle haben. An dieser Stelle ist auf die in den anderen Büchern befindlichen Eintragungen zu verweisen. Die Stelle des Hauptbuchs und die Stellen, auf welche verwiesen wird, gelten zusammen als das Grundbuchblatt.

1 Das RegVBG v. 20. 12. 1993 (BGBl. I, 2182) hat die Vorschrift des früheren § 120 als § 139 unverändert übernommen. § 139 ist ebenso wie § 140 eine Ergänzungsvorschrift des § 138.

Wo kraft landesrechtlicher Verordnung gemäß § 87 GBO a. F. das Grundbuch aus mehreren Büchern besteht, muß dafür Sorge getragen werden, daß der Grundsatz des Realfoliums (§ 3) gewahrt bleibt. In einem der Bücher muß jedes Grundstück eine besondere Stelle haben; doch brauchen hier nicht alle Eintragungen vereinigt zu werden, sondern es kann hier auf die in den anderen Büchern befindlichen Eintragungen verwiesen werden. Die Stelle des Hauptbuchs und die Stellen, auf welche verwiesen wird, gelten zusammen als das Grundbuchblatt.

2 Im übrigen spielen diese Vorschriften nur noch eine geringe Rolle. Wo solche Grundbücher, die aus mehreren Büchern bestehen, noch vorhanden waren, sollten sie inzwischen auf den durch die GBVfg. eingeführten neuen Vordruck umgeschrieben worden sein.

---

[1] DJ 43, 169.
[2] BayJMBl. 52, 105.
[3] JMBlNRW 54, 219.

[Bezeichnung der Grundstücke in bisherigen Büchern]

§ 140

Sind in einem Buche, das nach § 138 als Grundbuch gilt, die Grundstücke nicht nach Maßgabe des § 2 Abs. 2 bezeichnet, so ist diese Bezeichnung von Amts wegen zu bewirken.

Das RegVBG v. 20. 12. 1993 (BGBl. I, 2182) hat die Vorschrift des früheren § 121 **1** als § 140 unverändert übernommen. § 140 ist ebenso wie § 139 eine Ergänzungsvorschrift des § 138.

Die Bestimmung enthält eine weitere Anpassungsvorschrift für Bücher älterer Art, die nach § 138 als Grundbücher gelten. Nach § 2 Abs. 2 sind die Grundstücke im Grundbuch nach einem amtlichen Verzeichnis zu bezeichnen. Die Vorschrift des § 140 will die Durchführung dieser Bestimmung auch in den nach § 138 fortgeführten alten Grundbüchern sichern. Wo die Grundstücke in den bisherigen Grundbüchern oder in den als solche geltenden Büchern nicht nach Maßgabe des § 2 Abs. 2 bezeichnet sind, ist diese Bezeichnung von Amts wegen zu bewirken, um die Auffindung der Grundstücke in der Örtlichkeit zu sichern.

Wesentliche praktische Bedeutung dürfte der Vorschrift nicht mehr zukommen, da **2** die alte GBO bereits in ihrem § 89 die gleiche Vorschrift enthielt und aufgrund dieser Vorschrift die Bezeichnung bereits größtenteils nachgeholt sein wird.

Gebühren werden nach § 69 Abs. 1 Ziff. 3 KostO für diese Arbeiten nicht erhoben. **3**

[Wiederherstellung von Grundbüchern]

§ 141

(1) Die Landesregierungen oder die von ihnen bestimmten obersten Landesbehörden können durch Rechtsverordnung allgemein oder für bestimmte Grundbücher das Verfahren zum Zwecke der Wiederherstellung eines ganz oder teilweise zerstörten oder abhanden gekommenen Grundbuchs sowie zum Zwecke der Wiederbeschaffung zerstörter oder abhanden gekommener Urkunden der in § 10 Abs. 1 bezeichneten Art bestimmen. Sie können dabei auch darüber bestimmen, in welcher Weise bis zur Wiederherstellung des Grundbuchs die zu einer Rechtsänderung erforderliche Eintragung ersetzt werden soll.

(2) Ist die Vornahme von Eintragungen in das maschinell geführte Grundbuch (§ 126) vorübergehend nicht möglich, so können auf Anordnung der Leitung des Grundbuchamts Eintragungen in einem Ersatzgrundbuch in Papierform vorgenommen werden, sofern hiervon Verwirrung nicht zu besorgen ist. Sie sollen in das maschinell geführte Grundbuch übernommen werden, sobald dies wieder möglich ist. Für die Eintragungen nach Satz 1 gilt § 44; in den Fällen des Satzes 2 gilt § 128 entsprechend. Die Landesregierungen werden ermächtigt, die Einzelheiten des Verfahrens durch Rechtsverordnung zu regeln; sie können diese Ermächtigung auf die Landesjustizverwaltungen durch Rechtsverordnung übertragen.

(3) Die Landesregierungen können durch Rechtsverordnung bestimmen, daß das nach Maßgabe des Siebenten Abschnitts maschinell geführte Grundbuch wieder in Papieform geführt wird. Die Rechtsverordnung soll nur erlassen werden, wenn die Voraussetzungen des § 126 nicht nur vorübergehend entfallen sind und in absehbarer Zeit nicht wiederhergestellt werden können. § 44 gilt sinngemäß. Die Wiederanordnung der maschinellen Führung nach dem Siebenten Abschnitt bleibt unberührt.

§ 141

1. Allgemeines

1 § 141 Abs. 1 entspricht wörtlich § 123 a. F. Die Vorschrift läßt Rechtsverordnungen über das Verfahren zur Wiederherstellung zerstörter oder abhanden gekommener Grundbücher sowie zur Wiederbeschaffung zerstörter oder abhanden gekommener Urkunden der in § 10 Abs. 1 bezeichneten Art zu. Die Ermächtigung, die ursprünglich der Landesgesetzgebung zustand, ist durch die GBOÄndVO auf den Reichsminister der Justiz übertragen worden und gemäß Art. 129 Abs. 1 GG auf den Bundesminister der Justiz übergegangen. § 27 Ziff. 6 GBMaßnG v. 22. 12. 1963 (BGBl. I, 986) hat die Vorschrift dahin abgeändert, daß die Landesregierungen die Ermächtigung übertragen erhalten haben. Die beiden Absätze 2 und 3 sind durch das RegVBG v. 23. 12. 1993 eingefügt worden. Die Vorschriften enthalten Bestimmungen darüber, wie zu verfahren ist, wenn das maschinell geführte GB vorübergehend oder auf Dauer nicht benutzt werden kann.

2. Wiederherstellung von Grundbüchern und Wiederbeschaffung von Urkunden

2 § 141 Abs. 1 bezieht sich auf die **Wiederherstellung** ganz oder teilweise **zerstörter** oder abhanden gekommener **Grundbücher** sowie der ihnen an Bedeutung gleichkommenden Urkunden, auf welche eine Eintragung sich gründet oder Bezug nimmt. Die Bestimmung über die Wiederbeschaffung dieser Urkunden ist erst durch die GBOÄndVO in die GBO aufgenommen worden. Ihre Ausdehnung auf andere Urkunden oder Briefe ist unzulässig. Über die Wiederherstellung von Briefen vgl. § 67 und die dortigen Anmerkungen sowie § 26 GBMaßnG. Sonstige Urkunden sind, soweit möglich, von Amts wegen wiederzubeschaffen (vgl. auch die VO über die Ersetzung zerstörter oder abhanden gekommener gerichtlicher oder notarieller Urkunden v. 18. 6. 1942 – RGBl. I, 395 und §§ 57 Abs. 10, 68 und 46 BeurkG). Ebenfalls bezieht sich § 141 Abs. 1 nicht auf das Handblatt (§ 24 Abs. 4 GBVfg.); es ist von Amts wegen ohne besondere Anordnung wiederherzustellen, wenn es zerstört oder abhanden gekommen ist.

3 Ein **Grundbuch** ist ganz oder teilweise **zerstört**, wenn es wegen Verletzung seiner Substanz für den Rechtsverkehr nicht mehr geeignet ist. Es genügt nicht, wenn lediglich sein Einband zerstört ist; in einem solchen Falle ist das Grundbuch nur neu einzubinden. Auch genügt es nicht, wenn ein Blatt zwar sehr verschmutzt oder sehr zerrissen ist, die Eintragungen aber immer noch entziffert werden können; ein derartiges Blatt ist nach § 28 GBVfg. umzuschreiben. Zerstört ist es vielmehr nur, wenn ein mit Eintragungen versehener Teil in seiner Substanz derart verletzt ist, daß die Eintragungen ganz oder teilweise nicht mehr feststellbar sind.

Unübersichtlichkeit eines Grundbuchblatts ist ebensowenig eine Zerstörung wie Vollgeschriebensein. In beiden Fällen bedarf es der Umschreibung (§§ 23, 28 GBVfg.).

4 Obwohl eine Zerstörung nicht vorliegt, erscheint es doch nicht ausgeschlossen, die **Vorschriften** über die Wiederherstellung zerstörter Grundbücher auf den Fall **entsprechend anzuwenden**, in dem für ein innerhalb der Bundesrepublik gelegenes Grundstück das Grundbuchblatt unter Verstoß gegen die Zuständigkeitsvorschriften von einem außerhalb der Bundesrepublik gelegenen Grundbuchamt geführt wird und die nach den Vorschriften über den Zuständigkeitswechsel (§ 25 GBVfg.) vorgeschriebene Mitwirkung dieses Grundbuchamts nicht erreicht werden kann.[1]

---

[1] Ebenso Meikel/*Böhringer* Rdn. 23; a. A. BayObLGZ 80, 185/189 = Rpfleger 80, 390/391.

Wiederherstellung bedeutet Reproduktion des Buchstandes zur Zeit der Zerstörung 5
oder des Abhandenkommens, nicht etwa Herstellung eines Buches, das den gegenwärtigen Rechtszustand wiedergibt. Letzteres ist Neuanlegung eines Blattes und von der Wiederherstellung begrifflich verschieden. Bei der Wiederherstellung sind Eintragungen nach der Zerstörung oder nach dem Abhandenkommen nur gemäß § 141 Abs. 1 Satz 2 zu berücksichtigen.

3. Verfahren

§ 141 Abs. 1 läßt eine **allgemeine Anordnung** über die Wiederherstellung der Grund- 6
bücher und der in § 10 Abs. 1 bezeichneten Urkunden **oder** aber eine **nur** den **Einzelfall betreffende Regelung** zu. Nachdem zunächst nur Einzelfälle geregelt wurden (z. B. die VO des RdJ v. 23. 2. 1939 – RGBl. I, 422), ist eine allgemeine Regelung aufgrund der Ermächtigung des § 123 a. F. in der Verordnung über die Wiederherstellung zerstörter oder abhanden gekommener Grundbücher und Urkunden v. 26. 7. 1940 (RGBl. I, 1048) durch den Reichsminister der Justiz getroffen worden.

Die Ermächtigung für den Reichsminister der Justiz ist gemäß Art. 129 Abs. 1 GG 7
auf den **Bundesminister für Justiz** übergegangen (vgl. die Entscheidung v. 27. 6. 1951 – BGBl. I, 443). Dieser hat nur die VO über den Rechtsverkehr bis zur Wiederherstellung zerstörter Grundbücher bei dem Amtsgericht in Burgsteinfurt v. 27. 6. 1951 (BGBl. I, 443) erlassen.

Vor dem **Inkrafttreten des Grundgesetzes** sind in einzelnen Ländern im Rahmen ihrer 8
Gesetzgebungskompetenz **Vorschriften** erlassen worden. Es sind zu erwähnen: die Hessische Verordnung zur Änderung und Ergänzung der Verordnung über die Wiederherstellung zerstörter oder abhanden gekommener Grundbücher und Urkunden v. 25. 3. 1948 (Hess. GVBl. 48, 66); die Allgemeine Verfügung des Oberpräsidenten von Rheinland-Hessen-Nassau v. 9. 7. 1946 (JBl. 47, 26), v. 8. 10. 1946 (JBl. 47, 26) und des Justizministers des Landes Rheinland-Pfalz v. 19. 2. 1947 (JBl. 47, 27); für Berlin die Allgemeine Verfügung des Senators für Justiz v. 27. 10. 1949 (JR 49, 552); für das Saarland die Rechtsanordnung über den Ersatz zerstörter Grundbücher v. 16. 12. 1946 (ABl. 47, 104) und die Ausführungsanordnung zu dieser Rechtsanordnung v. 10. 1. 1947 (ABl. 47, 104).

Durch § 27 Ziff. 6 GBMaßnG v. 22. 12. 1963 (BGBl. I, 986) ist die **Ermächtigung** 9
auf die **Landesregierungen** oder die von ihnen bestimmten obersten Landesbehörden **übertragen** worden. Die bisher erlassenen Vorschriften sind dadurch unberührt geblieben. Sie sind weiterhin in Kraft, jedoch sind die Landesregierungen oder die von ihnen bestimmten obersten Landesbehörden nach § 28 GBMaßnG berechtigt, sie zu ändern, zu ergänzen oder aufzuheben. So ist z. B. die VO des Landes Nordrhein-Westfalen über die Wiederherstellung der beim AG Wuppertal zerstörten oder abhanden gekommenen Grundbücher und Urkunden sowie über den Rechtsverkehr bis zur Wiederherstellung v. 13. 1. 1981 (GVBl. 14) ergangen.

4. Vorschriften bei maschineller Grundbuchführung

Auch beim maschinellen Grundbuch können Schwierigkeiten auftreten, die den Zu- 10
griff auf den Grundbuchinhalt zeitweilig oder dauerhaft ausschließen. Soweit nicht eine Wiederherstellung des maschinellen Grundbuchs (s. u. Rdn. 11) in Betracht kommt, die sich im wesentlichen an den allgemeinen Vorschriften über die Wiederherstellung orientiert, regelt § 141 in Abs. 2 und 3 die (zeitweilige) Führung eines papierenen Ersatzgrundbuchs (s. u. Rdn. 12 ff.) bzw. die (dauerhafte, nicht notwendig endgültige) Rückkehr zum Papiergrundbuch (s. u. Rdn. 16 f.).

§ 141

11 Die Notwendigkeit einer **Wiederherstellung des maschinellen Grundbuchs** regelt § 92 Abs. 1 GBV im Rahmen der Verordnungsermächtigung nach § 134 S. 1 Nr. 1. § 92 Abs. 1 S. 3 GBV verweist i. ü. auf die allgemeinen Regelungen über die Wiederherstellung zerstörter oder abhanden gekommener Grundbücher und Urkunden gem. § 141 Abs. 1, s. o. Rdn. 6 ff. Gemeint ist der Fall, daß Datenbestände ganz oder teilweise **dauerhaft nicht mehr in lesbarer Form wiedergegeben** werden können, etwa bei Abhandenkommen oder Zerstörung von Datenträgern, Löschung von Daten durch unsachgemäße Benutzung, Fehlfunktionen oder Sabotage. Zwar treffen die Vorschriften über die maschinelle Grundbuchführung insb. in §§ 126 GBO (nebst Anlage) und §§ 61 ff. GBV dem neuen Medium angemessene und nach menschlichem Ermessen ausreichende Vorsorge gegen derartige Ereignisse, auszuschließen sind sie aber wie beim Papiergrundbuch nicht.

12 Der durch § 141 Abs. 2 zu regelnde Tatbestand betrifft die Führung eines **Ersatzgrundbuchs**, wenn Eintragungen in das maschinelle Grundbuch **vorübergehend**[2] nicht möglich sind. Vorübergehende Störungen sind z. B. Stromausfall oder behebbare Fehler an Hard- und Software.

13 Soweit kurzfristig Abhilfe – etwa durch eine anderweitige Stromversorgung oder Wartungsmaßnahmen – geschaffen werden kann, kommt solchen Vorkommnissen keine Bedeutung zu. Die Anlegung eines Ersatzgrundbuchs würde hier nur zu Verwirrung führen.

14 Anders läge der Fall, wenn längerfristig weder Eintragungen vorgenommen noch Einsicht genommen oder Abschriften erteilt werden könnten und bei den Grundbuchämtern eine Häufung unerledigter Ansuchen eintreten würde. Dann kann ein papierenes Ersatzgrundbuch geführt werden, wobei für Eintragungen die allgemeinen Vorschriften für das Papiergrundbuch nach § 44 gelten. Umgekehrt hat bei der Übernahme der Daten aus dem Ersatzgrundbuch in das wieder funktionstaugliche maschinelle Grundbuch in entsprechender Anwendung von § 128 eine Freigabe der übernommenen Bestände und eine Schließung des Ersatzgrundbuchs zu erfolgen.

15 Beim Ersatzgrundbuch handelt es sich nur um eine auf begrenzte Zeit angelegte Zwischenlösung. Vorgenommene Eintragungen sollen „sobald dies wieder möglich ist" in das maschinell geführte Grundbuch, das weiterhin allein das Grundbuch im Rechtssinn darstellt, übertragen werden. Gleichwohl entfalten die Eintragungen im Ersatzgrundbuch volle Wirksamkeit im Rechtsverkehr, insbesondere im Hinblick auf §§ 873 ff., 892 BGB, und erfordern entsprechende Sorgfalt.

5. Rückkehr zum Papiergrundbuch

16 Die Landesregierungen können durch Rechtsverordnung den Übergang vom maschinellen Grundbuch zurück zum Papiergrundbuch anordnen, jedoch nicht nach freiem Ermessen, sondern nur unter den Voraussetzungen von § 141 Abs. 3 S. 2. Sollte das maschinelle Grundbuch in einer Weise ausfallen, daß weder die vorübergehende Anlegung eines Ersatzgrundbuchs nach Abs. 2 noch die Wiederherstellung als maschinelles Grundbuch nach Abs. 1 in Betracht zu ziehen ist, bleibt die erneute Führung als Papiergrundbuch die einzige Möglichkeit, Eintragungen innerhalb angemessener Zeiträume vornehmen zu können. Für die Wiederanlegung gilt § 44 entsprechend.

---

[2] Nach § 4 der sächsischen VO vom 28. 7. 95 soll ein Ersatzgrundbuch angelegt werden, wenn Eintragungen in das maschinelle Grundbuch länger als zwei Wochen nicht möglich sind.

§ 141 Abs. 3 S. 4 stellt klar, daß die erneute Einführung des maschinellen Grundbuchs, die wiederum den §§ 126 ff. zu folgen hätte, jederzeit rechtlich möglich bleibt. Zu berücksichtigen ist aber der erhebliche finanzielle und organisatorische Aufwand, der häufigere Wechsel im System der Grundbuchführung faktisch ausschließt. **17**

[Einsicht in Grundakten]

§ 142

Der Reichsminister der Justiz kann, unbeschadet der Vorschriften des § 12, Anordnungen über die Einsicht der Grundakten und die Erteilung von Abschriften treffen.

Das RegVBG v. 20. 12. 1993 (BGBl. I, 2182) hat die Vorschrift des früheren § 124 als § 142 unverändert übernommen. § 142 enthält eine Ermächtigung zum Erlaß von Anordnungen über die Offenlegung der Grundakten. **1**

Der frühere Vorbehalt für das Landesrecht in § 94 GBO a. F. zur Regelung der Einsicht in die Grundakten und die Erteilung von Abschriften aus den Grundakten ist durch einen Vorbehalt zugunsten des Reichsministers der Justiz ersetzt worden. Die Ermächtigung ist jetzt gemäß Art. 129 Abs. 1 GG auf den Bundesminister der Justiz übergegangen.

§ 142 betrifft nur die Teile der Grundakten, die nicht unter § 12 Abs. 1 Satz 2 fallen, d. h. solche Schriftstücke, auf die nicht im Grundbuch zur Ergänzung einer Eintragung Bezug genommen ist, und noch nicht erledigte Eintragungsanträge. Für die Einsicht dieser Schriftstücke und für die Erteilung von Abschriften von ihnen gelten die für die Einsicht des Grundbuchs und für die Erteilung von Abschriften aus dem Grundbuch maßgebenden Vorschriften (§ 12; §§ 43 bis 45 GBVfg.). **2**

Aufgrund des Vorbehalts ist die Regelung des § 46 GBVfg. getroffen worden. § 34 FGG ist auf die Einsicht in die Grundakten und auf die Erteilung von Abschriften nicht anwendbar. **3**

[Vorbehalt für Baden-Württemberg]

§ 143

(1) Die in Baden-Württemberg bestehenden landesrechtlichen Vorschriften über die Grundbuchämter und die Zuständigkeit der dort tätigen Personen sowie über die sich hieraus ergebenden Besonderheiten bleiben unberührt; dies gilt auch für die Vorschriften über die Zahl der erforderlichen Unterschriften unter den Grundbucheintragungen und auf den Hypotheken-, Grundschuld- und Rentenschuldbriefen sowie für Regelungen, die von den §§ 12c, 13 Abs. 3 und § 44 Abs. 1 Satz 2 und 3 abweichen. Unberührt bleiben auch Artikel 1 Abs. 1 des Gesetzes über die Ermächtigung des Landes Baden-Württemberg zur Rechtsbereinigung vom 17. Dezember 1974 (BGBl. I S. 3602) sowie die §§ 35 und 36 des Rechtspflegergesetzes.

(2) § 29 Abs. 1 und 3 der Grundbuchordnung gilt auch im Lande Baden-Württemberg in der Fassung, die für das übrige Bundesgebiet maßgebend ist.

I. Allgemeines

Die Norm wurde durch das RegVBG angefügt. Sie enthält Vorbehalte, die sich bisher in § 8 der VO zur Änderung des Verfahrens in Grundbuchsachen v. 5. 8. 1935 (RGBl. I **1**

§ 144

S. 1065 = BGBl. III 315-11-1) fanden, sowie Sonderregelungen aus § 19 AVOGBO. Durch Abs. 2 wurde die Form der Eintragungsunterlagen den im übrigen Bundesgebiet geltenden Regeln angepaßt.

II. Zuständigkeiten

2   In Baden-Württemberg wird das Grundbuch nicht vom Amtsgericht geführt, sondern von den in den Gemeinden errichteten **staatlichen Grundbuchämtern**. Die Grundbuchgeschäfte werden dort von den im Landesdienst stehenden Notaren, Notarvertretern, Ratsschreibern sowie (im badischen Landesteil) auch von Rechtspflegern wahrgenommen.

Daraus ergeben sich auch Sonderregelungen für die Zahl der erforderlichen Unterschriften im Buch und auf den Grundpfandrechtsbriefen.

Grundlagen sind das b.-w. Landesgesetz über die Freiwillige Gerichtsbarkeit v. 12. 2. 1975 (GBl. 116, m. Änd.) sowie die AVO zum LFGG v. 21. 5. 1975 (Gbl. S. 398, m. Änd.). Sie bleiben nach Abs. 1 unberührt.

Ergänzt werden diese Regelungen durch den Vorbehalt in §§ 35, 36 RpflG.

[Anwendung der GBO im Beitrittsgebiet]

§ 144

(1) In dem in Artikel 3 des Einigungsvertrages genannten Gebiet gilt dieses Gesetz mit folgenden Maßgaben:

1. Die Grundbücher können abweichend von § 1 bis zum Ablauf des 31. Dezember 1994 von den bis zum 2. Oktober 1990 zuständigen oder später durch Landesrecht bestimmten Stellen (Grundbuchämtern) geführt werden. Die Zuständigkeit der Bediensteten des Grundbuchamts richtet sich nach den für diese Stellen am Tag vor dem Wirksamwerden des Beitritts bestehenden oder in dem jeweiligen Lande erlassenen späteren Bestimmungen. Diese sind auch für die Zahl der erforderlichen Unterschriften und dafür maßgebend, inwieweit Eintragungen beim Grundstücksbestand zu unterschreiben sind. Vorschriften nach den Sätzen 2 und 3 können auch dann beibehalten, geändert oder ergänzt werden, wenn die Grundbücher wieder von den Amtsgerichten geführt werden. Sind vor dem 19. Oktober 1994 in Grundbüchern, die in dem in Art. 3 des Einigungsvertrages genannten Gebiet geführt werden, Eintragungen vorgenommen worden, die nicht den Vorschriften des § 44 Abs. 1 entsprechen, so sind diese Eintragungen dennoch wirksam, wenn sie den Anforderungen der für die Führung des Grundbuchs von dem jeweiligen Land erlassenen Vorschriften genügen.

2. Amtliches Verzeichnis der Grundstücke im Sinne des § 2 ist das am Tag vor dem Wirksamwerden des Beitritts zur Bezeichnung der Grundstücke maßgebende oder das an seine Stelle tretende Verzeichnis.

3. Die Grundbücher, die nach den am Tag vor dem Wirksamwerden des Beitritts bestehenden Bestimmungen geführt werden, gelten als Grundbücher im Sinne der Grundbuchordnung.

4. Soweit nach den am Tag vor dem Wirksamwerden des Beitritts geltenden Vorschriften Gebäudegrundbuchblätter anzulegen und zu führen sind, sind diese Vorschriften weiter anzuwenden. Dies gilt auch für die Kenntlichmachung der Anlegung des Gebäudegrundbuchblatts im Grundbuch des Grundstücks. Den Antrag auf Anlegung des Gebäudegrundbuchblatts kann auch der Gebäudeeigentümer stellen. Dies gilt ent-

sprechend für nach später erlassenen Vorschriften anzulegende Gebäudegrundbuchblätter. Bei Eintragungen oder Berichtigungen im Gebäudegrundbuch ist in den Fällen des Artikels 233 § 4 des Einführungsgesetzes zum Bürgerlichen Gesetzbuche das Vorhandensein des Gebäudes nicht zu prüfen.

5. Neben diesem Gesetz sind die Vorschriften der §§ 2 bis 34 des Gesetzes über die Angelegenheiten der freiwilligen Gerichtsbarkeit entsprechend anwendbar, soweit sich nicht etwas anderes aus Rechtsvorschriften, insbesondere aus den Vorschriften des Grundbuchrechts, oder daraus ergibt, daß die Grundbücher nicht von Gerichten geführt werden.

6. Anträge auf Eintragung in das Grundbuch, die vor dem Wirksamwerden des Beitritts beim Grundbuchamt eingegangen sind, sind von diesen nach den am Tag vor dem Wirksamwerden des Beitritts geltenden Verfahrensvorschriften zu erledigen.

7. Im übrigen gelten die in Anlage I Kapitel III Sachgebiet A Abschnitt III unter Nr. 28 des Einigungsvertrages aufgeführten allgemeinen Maßgaben entsprechend. Am Tag des Wirksamwerdens des Beitritts anhängige Beschwerdeverfahren sind an das zur Entscheidung über die Beschwerde nunmehr zuständige Gericht abzugeben.

(2) Am 1. Januar 1995 treten nach Absatz 1 Nr. 1 Satz 1 fortgeltende oder von den Ländern erlassene Vorschriften, nach denen die Grundbücher von anderen als den in § 1 bezeichneten Stellen geführt werden, außer Kraft. Die in § 1 bezeichneten Stellen bleiben auch nach diesem Zeitpunkt verpflichtet, allgemeine Anweisungen für die beschleunigte Behandlung von Grundbuchsachen anzuwenden. Die Landesregierungen werden ermächtigt, durch Rechtsverordnung einen früheren Tag für das Außerkrafttreten dieser Vorschriften zu bestimmen. In den Fällen der Sätze 1 und 3 kann durch Rechtsverordnung der Landesregierung auch bestimmt werden, daß Grundbuchsachen in einem Teil des Grundbuchbezirks von einer hierfür eingerichteten Zweigstelle des Amtsgerichts (§ 1) bearbeitet werden, wenn dies nach den örtlichen Verhältnissen zur sachdienlichen Erledigung zweckmäßig erscheint, und, unbeschadet des § 176 Abs. 2 des Bundesberggesetzes im übrigen, welche Stelle nach Aufhebung der in Satz 1 bezeichneten Vorschriften die Berggrundbücher führt. Die Landesregierung kann ihre Ermächtigung nach dieser Vorschrift durch Rechtsverordnung auf die Landesjustizverwaltung übertragen.

(3) Soweit die Grundbücher von Behörden der Verwaltung oder Justizverwaltung geführt werden, ist gegen eine Entscheidung des Grundbuchamts (Absatz 1 Nr. 1 Satz 1), auch soweit sie nicht ausdrücklich im Auftrag des Leiters des Grundbuchamts ergangen ist oder ergeht, die Beschwerde nach § 71 der Grundbuchordnung gegeben. Diese Regelung gilt mit Wirkung vom 1. Oktober 1990, soweit Verfahren noch nicht rechtskräftig abgeschlossen sind. Anderweitig anhängige Verfahren über Rechtsmittel gegen Entscheidungen der Grundbuchämter gehen in dem Stand, in dem sie sich bei Inkrafttreten dieser Vorschrift befinden, auf das Beschwerdegericht über. Satz 1 tritt mit dem in Absatz 2 Satz 1 oder Satz 3 bezeichneten Zeitpunkt außer Kraft.

(4) In den Grundbuchämtern in dem in Artikel 3 des Einigungsvertrages genannten Gebiet können bis zum Ablauf des 31. Dezember 1999 auch Personen mit der Vornahme von Amtshandlungen betraut werden, die diesen Ämtern auf Grund von Dienstleistungsverträgen auf Dauer oder vorübergehend zugeteilt werden. Der Zeitpunkt kann durch Rechtsverordnung des Bundesministeriums der Justiz mit Zustimmung des Bundesrates verlängert werden.

I. Allgemeines

Die Norm enthält verfahrensrechtliche Übergangsregelungen für das sog. Beitrittsgebiet, also die neuen Bundesländer und den ehemaligen Ostteil von Berlin. **1**

§ 144

Während sich Überleitungsvorschriften für das materielle Recht insbesondere in Art. 231 § 5 sowie Art. 233 EGBGB finden,[1] waren solche Regelungen für das Verfahren zunächst in Anl. I Kap. III Sachgeb. Abschn. III Nr. 1−5 des Einigungsvertrages getroffen. Durch das 2. VermRÄndG und das RegVBG sind diese Maßgaben teilweise geändert, aufgehoben oder nunmehr hierher übernommen worden. Auf Einzelheiten ist nachstehend einzugehen.

II. Sonderregelungen

1. Grundbuchämter

2 Die zunächst übergangsweise bestimmte Weiterführung der Grundbücher durch die am 2. 10. 1990 zuständigen Stellen und die dann an deren Stelle getretenen landesrechtlich bestimmten Zuständigkeiten sind mit Ablauf des 31. 12. 1994 beendet. Seit 1. 1. 1995 gilt auch im Beitrittsgebiet § 1 (**Abs. 1 Nr. 1**). In **Abs. 2 S. 4** findet sich eine Ermächtigung zur Errichtung von Zweigstellen der Amtsgerichte sowie zur Zuständigkeitsregelung in bezug auf die Berggrundbücher.

2. Grundbuchbedienstete; Unterschriften

3 a) Die Vorschriften in RpflG und GBO über die funktionelle Zuständigkeit gelten im Beitrittsgebiet noch nicht uneingeschränkt.

Hinsichtlich der Rechtspflegertätigkeit bestand bis 31. 12. 1996 die Maßgabe in Anl. I Kap. III Sachgeb. A Abschn. III Nr. 3 des Einigungsvertrages. Sie ist gem. § 34 Abs. 1 RpflG nach dem genannten Zeitpunkt nicht mehr anzuwenden, wirkt jedoch in gewissem Umfang gem. § 34 Abs. 2 u. 3 RpflG weiter fort.

Im übrigen gelten die am 2. 10. 1990 bestehenden oder später von den Ländern erlassenen Vorschriften fort.

Sie bestimmen auch die Zahl der notwendigen Unterschriften (**Abs. 1 Nr. 1 S. 2, 3**).

4 b) Bis zum 31. 12. 1999 können auch Personen eingesetzt werden, die den GBÄmtern auf Grund von Dienstleistungsverträgen auf Dauer oder auch nur vorübergehend zugeteilt sind. Die Frist kann verlängert werden (**Abs. 4**).

3. Grundbücher; Amtliches Verzeichnis

5 Die **Grundbücher**, die am 2. 10. 1990 nach den seinerzeit geltenden Vorschriften geführt wurden, sind nunmehr Grundbücher im Sinne der GBO (**Abs. 1 Nr. 3**). Die Norm wird ergänzt durch § 105 Abs. 2 GBV.

6 **Amtliches Verzeichnis** ist das am 2. 10. 1990 bestehende Verzeichnis oder das (durch Einrichtung des Liegenschaftskatasters) an seine Stelle getretene (oder tretende) Verzeichnis (**Abs. 1 Nr. 2**). Vgl. dazu auch § 2 Rdn. 8 ff.

4. Gebäudegrundbücher

7 Da das nach DDR-Recht begründete Gebäudeeigentum fortbesteht (vgl. Einl. Rdn. D 51) und dem Grundstücksrecht unterliegt, gilt für es auch der Grundbuchzwang.

---

[1] Ausf. dazu *Eickmann* Grundstücksrecht in den neuen Bundesländern, Rdn. 126 ff.

Deshalb sind die am 2. 10. 1990 geltenden Vorschriften über die Anlegung und Führung von Gebäudegrundbüchern nach **Abs. 1 Nr. 4 S. 1** aufrechterhalten worden.
Aufgrund der Ermächtigung in Art. 18 Abs. 4 Nr. 2 RegVBG ist jedoch am 15. 7. 1994 die **Gebäudegrundbuchverfügung** (GGV) ergangen. Damit wurden die nach Abs. 1 Nr. 4 fortgeltenden alten Vorschriften weitgehend gegenstandslos, soweit nicht die GGV ausdrücklich auf sie Bezug nimmt. Die GGV ist in **Teil IV** (Anhang) kommentiert wiedergegeben.

5. Rechtsanwendung

Nach **Abs. 5 Nr. 5** sind die Vorschriften der §§ 2–34 FGG anwendbar. Dieser Regelung hätte es, sobald die Grundbücher von den Gerichten geführt wurden, nicht bedurft. Das Grundbuchverfahren ist ein Verfahren der Freiwilligen Gerichtsbarkeit. Sobald es wieder den Gerichten zugewiesen war, hatten diese selbstverständlich die für die FGG geltende Verfahrensordnung anzuwenden; diese war auch durch den Einigungsvertrag im Beitrittsgebiet hinsichtlich ihres allgemeinen Teiles uneingeschränkt in Kraft getreten. Daß das FGG insoweit nicht anzuwenden ist, als die GBO Spezialregelungen enthält, entspricht einer allgemeinen Rechtsanwendungsregel, die nicht nur im Beitrittsgebiet Geltung beansprucht. **8**

6. Altanträge

Abs. 1 Nr. 6 enthält eine wohl zwischenzeitlich gegenstandslos gewordene Regelung für Anträge, die bis zum 2. 10. 1990 eingegangen sind; sie sind weiterhin nach den vor dem Beitritt geltenden Verfahrensvorschriften[2] zu behandeln. Auch das materielle Recht richtet sich dann nach den vor dem Beitritt geltenden Vorschriften, vgl. Art. 233 § 7 EGBGB. **9**
Die Norm dürfte durch Zeitablauf überholt sein.

7. Beschwerdeverfahren

Am 3. 10. 1990 anhängig gewesene Beschwerdeverfahren waren an das zuständige Gericht abzugeben (Abs. 1 Nr. 7 S. 2). Das waren zunächst die Bezirksgerichte als Beschwerdegericht und ein besonderer Senat des Bezirksgerichts als Rechtsbeschwerdegericht. Mit der Einführung der Gerichtsorganisation des GVG galt § 81. Solange die Aufgaben des Grundbuchamts durch andere Stellen erledigt werden konnten (also bis zum 31. 12. 1994, vgl. oben Rdn. 2), war auch gegen deren Entscheidungen die Beschwerde des § 71 gegeben. Die Regelung ist durch Zeitablauf außer Kraft getreten, Abs. 3 S. 4. **10**

8. Maßgaben nach dem Einigungsvertrag

In Abs. 1 Nr. 7 S. 1 werden „im übrigen", d. h. also, soweit hier nichts anderes bestimmt ist, die Maßgaben in Anl. I Kap. III Sachgeb. A Abschn. III Nr. 28 EinigungsV aufrechterhalten. **11**

---

[2] Vgl. dazu *v. Schuckmann* Rpfleger 91, 139.

II. Allgemeine Verfügung über die Einrichtung und Führung des Grundbuchs (Grundbuchverfügung)

In der Fassung der Bek. v. 24. Januar 1995 (BGBl. I S. 114)

Vorbemerkungen

I. Die Grundbuchverfügung enthält die Vorschriften über die Einrichtung und Füh- **1** rung der Grundbücher im weitesten Sinne. Ihre Rechtsgrundlage bilden die Ermächtigungsvorschriften der GBO, z. B. § 1 Abs. 4, § 10 Abs. 2, § 10 a Abs. 3, § 12 Abs. 3 und §§ 126, 127, 134, 141 Abs. 3, 142 GBO.

II. Die Bedeutung der Grundbuchverfügung besteht in der Vereinheitlichung der **2** Vorschriften über die Einrichtung und Führung des Grundbuchs. Sie führte für das gesamte Deutsche Reich einen einheitlichen Grundbuchvordruck und reichsrechtliche Vorschriften über die Führung des Grundbuchs ein. Sie regelt das von ihr umfaßte Gebiet grundbuchrechtlich erschöpfend. Durch das RegVBG hat sie umfangreiche Änderungen und Ergänzungen erfahren.

III. Die Grundbuchverfügung ist im wesentlichen eine Rechtsverordnung. Auf die **3** Befolgung der in ihr enthaltenen Vorschriften haben die Beteiligten regelmäßig einen durch Beschwerde (§§ 71 ff. GBO, § 11 RpflG) verfolgbaren Rechtsanspruch. Kraft ausdrücklicher Bestimmung (§ 22 S. 2, § 31 S. 2, § 58 S. 2) sind jedoch die in den amtlichen Mustern befindlichen Probeeintragungen nur Beispiele und nicht Teil der Grundbuchverfügung. Das hat zur Folge, daß das GBA bei Abfassung der Eintragungen nicht an die Formulierungen der Probeeintragungen gebunden ist (vgl. die Anm. zu § 22). Den Wortlaut der Eintragungen bestimmt das GBA (Richter bzw. Rechtspfleger) vielmehr in sachlicher Unabhängigkeit. An Vorschläge der Beteiligten ist das GBA nicht gebunden.[1] Die abw. Meinung[2] will ihre Ansicht aus dem Antragsgrundsatz herleiten. Dem kann nicht zugestimmt werden. Der Antrag bewirkt nur, daß eine Eintragung bestimmten materiellen Inhalts vorgenommen werden kann, ihr Wortlaut liegt – wie bei allen gerichtlichen Entscheidungen – in der Hand des Gerichts, das auch für die Richtigkeit und Gesetzmäßigkeit der Eintragung die alleinige Verantwortung trägt. Zur sog. Fassungsbeschwerde vgl. § 71 GBO Rdn. 35.

Die Grundbuchverfügung enthält nur Sollvorschriften, deren Nichtbeachtung die Wirksamkeit der Eintragung nicht berührt.

---

[1] RG RGZ 50, 153; KG Rpfleger 66, 305; BGH BGHZ 47, 46 = Rpfleger 67, 111; *Haegele-Riedel* 63, 262; *Hamelbeck* DNotZ 64, 498.

[2] OLG Düsseldorf Rpfleger 63, 287 und OLG Schleswig Rpfleger 64, 82.

4 IV. **Die Gliederung der Grundbuchverfügung** ist folgende:
  I. Das Grundbuch, §§ 1–3.
  1) Die Grundbuchbezirke, § 1.
  2) Die äußere Form des Grundbuchs, §§ 2, 3.
  II. Das Grundbuchblatt, §§ 4–12.
  III. Die Eintragungen, §§ 13–23.
  IV. Die Grundakten, § 24.
  V. Der Zuständigkeitswechsel, §§ 25–27 a.
  VI. Die Umschreibung von Grundbüchern, §§ 28–33.
  VII. Die Schließung des Grundbuchblatts, §§ 34–37.
  VIII. Die Beseitigung einer Doppelbuchung, § 38.
  IX. Die Bekanntmachung der Eintragungen, §§ 39–42.
  X. Grundbucheinsicht und -abschriften, §§ 43–46.
  XI. Hypotheken-, Grundschuld- und Rentenschuldbriefe, §§ 47–53.
  XII. Das Erbbaugrundbuch, §§ 54–60.
  XIII. Vorl. Vorschriften über das maschinell geführte Grundbuch, §§ 61–93.
  XIV. Übergangs- und Schlußvorschriften, §§ 94–106.

5 V. Die Vorschriften der Grundbuchverfügung (§§ 1–60) gelten für die gem. § 7 Abs. 1, § 8 Abs. 2 WEG für jeden Miteigentumsanteil anzulegenden besonderen Grundbuchblätter (Wohnungs- oder Teileigentumsgrundbücher) und für die gem. § 30 Abs. 3 WEG anzulegenden Wohnungs- oder Teilerbbaugrundbücher entsprechend, soweit sich nicht aus den §§ 2, 5, 8 und 9 WGBV etwas anderes ergibt (vgl. § 1 WGBV).

Die WGBV ergänzt die GBV. Sie ist wie letztere überwiegend Rechtsvorschrift. Die Probeeintragungen, die in den der WGBV beigefügten Mustern enthalten sind, sind nur Beispiele und nicht Teil der WGBV. Sie haben daher wie die Probeeintragungen in den amtlichen Mustern der GBV nicht die Natur einer Rechtsverordnung (s. oben Rdn. 3 u. Einl. vor § 1 WGBV).

6 Wegen der Rechtslage in den neuen Bundesländern s. § 105 sowie § 144 GBO.

I. Das Grundbuch

1. Grundbuchbezirke

[Gemeindebezirke]

§ 1

(1) Grundbuchbezirke sind die Gemeindebezirke. Soweit mehrere Gemeinden zu einem Verwaltungsbezirk zusammengefaßt sind (Gesamtgemeinden; zusammengesetzte Gemeinden), bilden sie einen Grundbuchbezirk. Jedoch kann ein Gemeindebezirk durch Anordnung der Landesjustizverwaltung oder der von ihr bestimmten Stelle in mehrere Grundbuchbezirke geteilt werden.

(2) Wird ein Gemeindebezirk mit einem anderen Gemeindebezirk vereinigt oder wird ein Gemeindebezirk oder ein Verwaltungsbezirk der im Abs. 1 Satz 3 genannten Art in mehrere selbständige Verwaltungsbezirke zerlegt, so können die bisherigen Grundbuchbezirke beibehalten werden.

I. Das Grundbuch

1. Grundbuchbezirk

(§ 2 Abs. 1 GBO) ist der Gemeindebezirk. Er ist zu unterscheiden vom Grundbuchamtsbezirk, der grundsätzlich der Amtsgerichtsbezirk ist (§ 1 Abs. 1 GBO). Gemeindebezirk ist der Bezirk der politischen Gemeinde. Zum Grundbuchbezirk gehören also sämtliche im Gemeindebezirk gelegenen Grundstücke. Dementsprechend führt auch der Grundbuchbezirk grundsätzlich die Bezeichnung des Gemeindebezirks. Im Falle der Zusammenschreibung, Vereinigung oder Zuschreibung (§§ 4, 5, 6 GBO) kann ein Grundstück in einen anderen Grundbuchbezirk übergehen, bis die Zusammenschreibung, Vereinigung oder Zuschreibung wieder aufgehoben wird (vgl. die Vorschriften über den Zuständigkeitswechsel, §§ 25 ff.). Eine Änderung der Grundbuchbezirke als solche tritt hierdurch jedoch nicht ein. **1**

2. Teilung

Ob eine Teilung des Gemeindebezirks in mehrere Grundbuchbezirke (Abs. 1 S. 2) erfolgen soll, ist eine Zweckmäßigkeitsfrage, für die in erster Linie der Umfang des Gemeindebezirks entscheidend sein wird. **2**

3. Abs. 2

stellt eine Ausnahme von Abs. 1 dar. Nach Abs. 1 ändert sich bei Vereinigung oder Zerlegung des Gemeindebezirks, ohne daß es einer dahingehenden Anordnung bedarf, der Grundbuchbezirk entsprechend; das gleiche gilt für die Zerlegung der in Abs. 1 S. 2 genannten Verwaltungsbezirke in mehrere selbständige Verwaltungsbezirke derselben Art. Die bisherigen Grundbuchbezirke können jedoch beibehalten werden. **3**

Der Vollzug einer Änderung des Grundbuchbezirks im GB richtet sich nach den Vorschriften über den Zuständigkeitswechsel, § 27.

Die Behandlung von gemeindefreien Grundstücken oder Gutsbezirken, die auf Grund der VO des RMJ vom 15. 11. 38 über gemeindefreie Grundstücke und Gutsbezirke (RGBl. I S. 1631) gebildet worden sind oder noch gebildet werden, ist geregelt in der AV des RJM vom 8. 2. 39 (DJ S. 264). Diese Vorschriften sind durch landesrechtliche Regelungen teilweise ersetzt oder aufgehoben worden. **4**

4. Für jeden Grundbuchbezirk

ist ein Grundbuch einzurichten, d. h. mindestens ein Grundbuchband. **5**

5. Übergangsregelung

Soweit die Grundbücher noch für andere Bezirke als die in Abs. 1 und 2 genannten angelegt sind (z. B. für Steuerbezirke), behält es bis zur Auflösung dieser Bezirke bei dieser Einrichtung sein Bewenden. Geändert werden können diese Bezirke als „Grundbuchbezirke" nur durch die Landesjustizverwaltung (vgl. Rdn. 2).

2. Die äußere Form des Grundbuchs

[Grundbuchbände]

§ 2

Die Grundbücher werden in festen Bänden oder nach näherer Anordnung der Landesjustizverwaltungen in Bänden oder Einzelheften mit herausnehmbaren Einlegebogen

geführt. Die Bände sollen regelmäßig mehrere Grundbuchblätter umfassen; mehrere Bände desselben Grundbuchbezirks erhalten fortlaufende Nummern. Soweit die Grundbücher in Einzelheften mit herausnehmbaren Einlegebogen geführt werden, sind die Vorschriften, die Grundbuchbände voraussetzen, nicht anzuwenden.

1. Form der Grundbuchbände

1 Die Grundbücher werden in festen Bänden oder in Loseblattform geführt (zum Loseblattgrundbuch vgl. unten Rdn. 3). Die Führung in Loseblattform bedarf einer ausdrücklichen Anordnung der LJV. Mehrere Grundbuchblätter müssen beim alten System zu einem Bande zusammengefaßt werden. Diesem Erfordernis ist nur genügt, wenn die einzelnen Blätter zu einem einheitlichen, mit Buchrücken und festem Deckel versehenen Buch derart zusammengefaßt sind, daß die einzelnen Blätter oder Seiten nicht ohne Zerstörung oder Beschädigung des ganzen Buches oder seiner einzelnen Teile entfernt werden können. Beim Loseblattsystem erfolgt eine Sammlung der Einzelteile (Blätter oder Hefte) in einem Sammelband.

2. Bezeichnung der Grundbuchbände

2 Jeder Grundbuchband beginnt mit einem Titelblatt, auf dem der Name des Amtsgerichts, der Grundbuchbezirk und beim Vorhandensein mehrerer Bände für den gleichen Grundbuchbezirk seine Nummern anzugeben sind. Außerdem enthält das Titelblatt die Bescheinigung über die Seitenzahl des Bandes (vgl. § 3 Rdn. 1). Auf dem Rücken jedes Bandes ist ein Schild anzubringen, auf dem der Grundbuchbezirk, die Nummer des Bandes und die Nummern der darin enthaltenen Grundbuchblätter angegeben werden (§ 8 Abs. 3, 4, GeschO).

Die Bände jedes Grundbuchbezirks erhalten fortlaufende Nummern (S. 2). Auch die für die Einlagebogen gebildeten Bände entsprechen durchweg diesen Vorschriften; wenn sie in Heftform geführt werden, gelten die für Grundbuchbände getroffenen Vorschriften nicht (Satz 3).

Wegen der Aufbewahrung der Grundbücher vgl. § 12 GeschO.

Das Grundbuch darf nicht von der Amtsstelle entfernt werden (§ 13 GeschO).

3. Loseblattgrundbuch[1]

3 Versuche, das GB in Loseblattform zu führen, gehen bereits auf das Jahr 1929 zurück (vgl. d. PreußAV v. 24. 10. 29 — JMBl. 29, 319), wurden im Jahre 1936 wiederum aufgegriffen (AV d. RJM v. 21. 6. 36 — DJ 36, 1033), konnten sich jedoch nie richtig durchsetzen. Nach dem Kriege haben die Landesjustizverwaltungen den Gedanken erneut aufgegriffen, da diese Art der GB-Führung als die damals wohl rationellste sich angeboten hatte. Zu den landesrechtlichen Vorschriften und den entspr. Fundstellen s. Haegele/Schöner/Stöber Rdn. 45 b. Heute verfolgt die Justizverwaltung die erforderliche Verfahrensrationalisierung auf dem Wege der elektronischen Datenverarbeitung; vgl. dazu §§ 61–93.

---

[1] Vgl. zum Loseblattgrundbuch im einzelnen *Vollmert* JVBl. 59, 7; *Popp* JVBl. 59, 156; *Schmidt* BWNotZ 67, 284; *Pissowotzki/Wahn* JVBl. 69, 193; *Riedel* Rpfleger 70, 277.

I. Das Grundbuch (Eickmann) **§ 3 V**

[Nummernfolge]

§ 3

(1) Sämtliche Grundbuchblätter desselben Grundbuchbezirks erhalten fortlaufende Nummern. Besteht das Grundbuch aus mehreren Bänden, so schließen sich die Blattnummern jedes weiteren Bandes an die des vorhergehenden an.

(2) Von der fortlaufenden Nummernfolge der Grundbuchblätter kann abgewichen werden, wenn das anzulegende Grundbuchblatt einem Bande zugeteilt werden soll, in dem der Umfang der Grundbuchblätter von dem des sonst nach Abs. 1 zu verwendenden Grundbuchblatts verschieden ist.

(3) Wird das Grundbuch in Einzelheften mit herausnehmbaren Einlegebogen geführt, so kann nach Anordnung der Landesjustizverwaltung bei der Numerierung der in Einzelheften anzulegenden Grundbuchblätter eines Grundbuchbezirks neu mit der Nummer 1 oder mit der auf den nächsten freien Tausender folgenden Nummer begonnen werden.

1. Durchnumerierung

Die Grundbuchblätter sind nicht nur innerhalb der einzelnen Bände, sondern durch **1** alle Bände des Grundbuchbezirks hindurch fortlaufend zu numerieren.

Für die Bezeichnung der Erbbaugrundbuchblätter sowie der Wohnungs- oder Teileigentumsgrundbücher und Wohnungs- und Teilerbbaugrundbücher gilt das gleiche. Diese Grundbücher werden nicht in besonderen Bänden geführt, sondern im allgemeinen Grundbuch des Grundbuchbezirks, in dem das Grundstück liegt. Die Grundbuchblätter erhalten die nächste fortlaufende Nummer. Doch werden sie in der Aufschrift besonders gekennzeichnet (vgl. § 5 Rdn. 1; § 55 Rdn. 2).

Bei Wiederverwendung eines geschlossenen Grundbuchblattes zur Anlegung eines neuen Blattes (§ 37 Abs. 2) erhält letzteres die Nummer des alten Blattes unter Hinzufügung des Buchstabens A (§ 37 Abs. 2 b).

Vorschriften über die Numerierung der einzelnen Seiten eines Grundbuchbandes enthält § 8 Abs. 5 GeschO.

2. Abs. 2

trägt dem verschiedenen Raumbedarf der jeweils einzurichtenden Grundbuchblätter **2** Rechnung. Grundsatz ist die Ingebrauchnahme eines Grundbuchbandes für jeden Grundbuchbezirk, so daß jedes neue Blatt die auf das zuletzt angelegte Blatt folgende freie Blattnummer erhält. Da der Raumbedarf eines jeden Grundbuchblattes aber je nach der Zahl und dem Umfang der bereits vorhandenen oder erfahrungsgemäß noch zu erwartenden Eintragungen ein verschiedener sein kann, gestattet Abs. 2, neben dem Normalbande noch einen oder mehrere Bände gleichzeitig in Benutzung zu nehmen, bei denen die Zahl der Bogen eines jeden Grundbuchblattes größer oder kleiner ist als bei dem Normalbande. Werden mehrere Bände nach Abs. 2 in Gebrauch genommen, so muß der Umfang der Blätter jedes dieser Bände voneinander verschieden sein.

3. Abs. 3

ist mit VO v. 21. 3. 74 (BGBl. S. 771) eingefügt worden. Er dient einer vereinfachten **3** Numerierung, indem er vielstellige Blattnummern vermeidet.

II. Das Grundbuchblatt

Vorbemerkung

Der zweite Abschnitt enthält die Beschreibung des Grundbuchvordrucks und die Vorschriften über die Stelle des Grundbuchblattes, an der die Eintragung zu erfolgen hat. Ihre Ergänzung finden diese Bestimmungen im dritten Abschnitt, der die Buchung der Eintragungen regelt.

[Einteilung des Grundbuchblatts]

§ 4

Jedes Grundbuchblatt besteht aus der Aufschrift, dem Bestandsverzeichnis und drei Abteilungen.

1. Anwendungsbereich

1 Das in der GBV geregelte Muster ist das Grundbuchmuster für sämtliche kraft Bundesrechts anzulegenden Grundbuchblätter. Unberührt bleiben die Übergangsregelungen für das Beitrittsgebiet, vgl. § 144 GBO Rdn. 5, § 105 GBV Rdn. 7, 8. Auch die Wohnungs- und Teileigentumsgrundbücher sowie die Wohnungs- und Teilerbbaugrundbücher (vgl. § 1 WEGBV) und das besondere Blatt für Erbbaurechte gem. § 14 der ErbRechtsVO oder § 8 GBO sind nach dem Muster der GBV zu führen (§§ 54, 60).

2 Die Weiterführung der bisher geführten landesrechtlichen Grundbücher ist jedoch zulässig:
1. in den Fällen des § 103; z. B. Berggrundbücher, Bahngrundbücher,
2. im Rahmen der Übergangsvorschriften, §§ 97, 98.

Soweit die alten Vordrucke weitergeführt werden dürfen (vgl. § 97 Rdn. 3) werden auch Wohnungs- und Teileigentumsgrundbücher sowie die Wohnungs- und Teilerbbaugrundbücher auf dem alten Vordruck angelegt. § 10 WEGBV sieht daher die Möglichkeit der Anpassung der WEGBV an landesrechtliche Besonderheiten vor.

Soweit landesrechtlich auf die in den Art. 63, 68 EGBGB genannten Rechte die Vorschriften der §§ 14–17 der ErbRechtsVO für entsprechend anwendbar erklärt sind, ist auch für die Anlegung der Blätter für diese Rechte das Grundbuchmuster nach der GBV zu verwenden (§ 73).

2. Das Grundbuchmuster

3 der GBV lehnt sich im wesentlichen an den früher insbesondere in Preußen in Gebrauch gewesenen Vordruck an (Preußisches System). Auch die Systeme, die gegenüber dem preußischen wesentliche Unterschiede aufweisen, haben wohl größtenteils dem praktischen Bedürfnis genügt. Es war jedoch geboten, um die notwendig werdende Umstellung auf das neue System möglichst einzuschränken, sich bei Gestaltung des einheitlichen Grundbuchs an das preußische System anzuschließen, das bereits den größten Teil Deutschlands beherrschte.

3. Prinzip des Realfoliums

4 Dem Grundsatz des § 3 GBO folgend geht das neue Muster vom Prinzip des Realfoliums aus. Es nähert sich jedoch insofern dem Prinzip des Personalfoliums, als es zugleich als gemeinschaftliches Blatt für die Grundstücke desselben Eigentümers unter den Voraussetzungen des § 4 GBO dient (vgl. § 4 GBO Rdn. 1).

II. Das Grundbuchblatt (Eickmann) §5 V

Über die Gestaltung des Musters im einzelnen vgl. § 22 sowie § 11 Abs. 2 GeschO. Die Einteilung des Grundbuchblattes nach § 4 stellt nur eine Ordnungsvorschrift dar. Da nach § 3 Abs. 1 S. 2 GBO das gesamte Grundbuchblatt als Grundbuch im Sinne des BGB gilt, ist eine entgegen den Vorschriften der GBV an falscher Stelle, aber auf dem richtigen Blatte vorgenommene Eintragung nicht unwirksam, es sei denn, daß durch die ihr zugewiesene Stelle Inhalt und Zweck der Eintragung in Frage gestellt wird. Nur ausnahmsweise, nämlich wo das materielle Recht selbst einer Eintragung einen bestimmten Platz im Grundbuch zuweist, wie im Falle des § 881 Abs. 2 Hs. 2 BGB, muß die Eintragung zur Erreichung materieller Wirksamkeit an dieser Stelle des Blattes erfolgen. Ist hiernach eine an falscher Stelle vermerkte Eintragung wirksam, so kann das GBA trotzdem das Grundbuch durch Eintragung an der richtigen Stelle unter Vermerk eines etwaigen Rangverhältnisses auch formell richtigstellen; ein Rechtsanspruch der Beteiligten auf anderweite Eintragung kann nicht anerkannt werden, solange die Eintragung materiellrechtlich wirksam ist. Eine unwirksame Eintragung ist nach den allgemeinen Vorschriften zu behandeln.

Wird ein Grundbuchblatt auf einem überhaupt nicht oder für andere Fälle vorgesehenen Muster angelegt, so sind die Eintragungen wirksam, wenn das Blatt aus sich selbst heraus noch verständlich ist und die Eintragungen als Grundbucheintragungen angesehen werden können. Ein nach diesem Grundsatz nach Ansicht des Grundbuchamts wirksames Grundbuchblatt ist in entsprechender Anwendung des § 28 Abs. 1 umzuschreiben. Ein hiernach unwirksames Blatt ist neu anzulegen; das alte Blatt wird, unbeschadet der materiellen Rechtslage, zu schließen sein.

[Aufschrift]

§ 5

In der Aufschrift sind das Amtsgericht, der Grundbuchbezirk und die Nummer des Bandes und des Blattes anzugeben. In den Fällen des § 1 Abs. 2 ist durch einen Zusatz auf die Vereinigung oder Teilung des Bezirks hinzuweisen.

Satz 1 bestimmt den Inhalt der **Aufschrift** für den Normalfall. 1

Ausnahmsweise werden nach Bundesrecht beispielsweise in der Aufschrift folgende Vermerke eingetragen:

1. in den Fällen des § 1 Abs. 2 der Hinweis auf die Vereinigung oder Teilung des Grundbuchbezirks (S. 2).
2. der Verweisungsvermerk bei Zuständigkeitswechsel (§ 25 Abs. 2a, § 26 Abs. 3 S. 2),
3. der Umschreibungsvermerk (§ 30 Abs. 1 b),
4. der Schließungsvermerk (§ 36 Buchst. b),
5. der Wiederbenutzungsvermerk (§ 37 Abs. 2 c),
6. bei Erbbaugrundbüchern der Vermerk „Erbbaugrundbuch" (§ 55 Abs. 2) oder „Erbbaurecht" (§ 60 Buchst. a),
7. bei selbständigem Gebäudeeigentum der Vermerk „Gebäudegrundbuch" (§ 3 Abs. 3 GGV),
8. bei Höfen i. S. der HöfeO der Hofvermerk:

„Hof gemäß der Höfeordnung. Eingetragen am ..."

Der Vermerk lautet beim Ehegattenhof, wenn der Grundbesitz der Ehegatten nicht auf demselben Grundbuchblatt eingetragen ist:

„Dieser Grundbesitz bildet mit dem im Grundbuch vom ... Band ... Blatt ... eingetragenen Grundbesitz einen Ehegattenhof gem. der Höfeordnung. Eingetragen am ..."

9. bei den nach dem WEG zu führenden Grundbüchern in Klammern die Vermerke „Wohnungsgrundbuch", „Teileigentumsgrundbuch", „Wohnungs- und Teileigentumsgrundbuch" (vgl. § 2 WEGBV), „Wohnungserbbaugrundbuch" (vgl. § 8 WEGBV), „Gemeinschaftliches Teileigentumsgrundbuch" oder „Gemeinschaftliches Wohnungs- und Teileigentumsgrundbuch" (§ 7 WEGBV)

[Bestandsverzeichnis]

§ 6

(1) In dem Bestandsverzeichnis ist die Spalte 1 für die Angabe der laufenden Nummer des Grundstücks bestimmt.

(2) In der Spalte 2 sind die bisherigen laufenden Nummern der Grundstücke anzugeben, aus denen das Grundstück durch Vereinigung, Zuschreibung oder Teilung entstanden ist.

(3) a) Die Spalte 3 dient zur Bezeichnung der Grundstücke gemäß dem amtlichen Verzeichnis im Sinne des § 2 Abs. 2 der Grundbuchordnung. Hier sind einzutragen:

1. In Unterspalte a: die Bezeichnung der Gemarkung oder des sonstigen vermessungstechnischen Bezirks, in dem das Grundstück liegt;

2. in Unterspalte b: die vermessungstechnische Bezeichnung des Grundstücks innerhalb des zur Nr. 1 genannten Bezirks nach den Buchstaben oder Nummern der Karte;

3. in Unterspalte c und d: die Bezeichnung des Grundstücks nach den Artikeln oder Nummern der Steuerbücher (Grundsteuermutterrolle, Gebäudesteuerrolle oder ähnliches), sofern solche Bezeichnungen vorhanden sind;

4. in Unterspalte e: die Wirtschaftsart des Grundstücks (z. B. Acker, Wiese, Garten, Wohnhaus mit Hofraum, Wohnhaus mit Garten, unbebauter Hofraum) und die Lage (Straße, Hausnummer oder die sonstige ortsübliche Bezeichnung).

Die für die Bezeichnung des Grundstücks nach der Gebäudesteuerrolle oder einem ähnlichen Buche bestimmte Unterspalte d kann nach näherer Anordnung der Landesjustizverwaltung mit der Maßgabe weggelassen werden, daß die Unterspalte c durch die Buchstaben c/d bezeichnet wird; im Rahmen dieser Änderung kann von den Mustern in der Anlage zu dieser Verfügung abgewichen werden. Ferner kann die Landesjustizverwaltung anordnen, daß die in Nummer 3 bezeichneten Eintragungen unterbleiben.

b) Soweit das Grundbuch in Loseblattform mit einer Vordruckgröße von 210 × 297 mm (DIN A 4) geführt wird, kann die Landesjustizverwaltung abweichend von den Bestimmungen unter Buchstabe a) und von den Mustern in der Anlage zu dieser Verfügung anordnen, daß

1. die Unterspalten a und b der Spalte 3 in der Weise zusammengelegt werden, daß die vermessungstechnische Bezeichnung des Grundstücks unterhalb der Bezeichnung der Gemarkung oder des sonstigen vermessungstechnischen Bezirks einzutragen ist, die Eintragung der Bezeichnung der Gemarkung oder des sonstigen vermessungstechnischen Bezirks kann nach näherer Anordnung der Landesjustizverwaltung unterbleiben, wenn sie mit der des Grundbuchbezirks übereinstimmt.

2. die Unterspalten c und d der Spalte 3 weggelassen werden und die für die Eintragung der Wirtschaftsart des Grundstücks und der Lage bestimmte Unterspalte e der Spalte 3 durch den Buchstaben c bezeichnet wird.

c) Soweit in besonderen Fällen nach den bestehenden gesetzlichen Vorschriften ein Grundstück, das nicht im amtlichen Verzeichnis aufgeführt ist, im Grundbuch eingetragen werden kann, behält es hierbei sein Bewenden.

(4) Besteht ein Grundstück aus mehreren Teilen, die in dem maßgebenden amtlichen Verzeichnis als selbständige Teile aufgeführt sind (z. B. Katasterparzellen), so kann die im Abs. 3 a, Nrn. 2 und 3 vorgeschriebene Angabe unterbleiben, soweit dadurch das Grundbuch nach dem Ermessen des Grundbuchamts unübersichtlich werden würde. In diesem Falle müssen jedoch die fehlenden Angaben in einem bei den Grundakten aufzubewahrenden beglaubigten Auszug aus dem maßgebenden amtlichen Verzeichnis der Grundstücke nachgewiesen werden. Das Grundbuchamt berichtigt den beglaubigten Auszug auf Grund der Mitteilung der das amtliche Verzeichnis führenden Behörde, sofern der bisherige Auszug nicht durch einen neuen ersetzt wird. Sofern das Verzeichnis vom Grundbuchamt selbst geführt wird, hat dieses das Verzeichnis auf dem laufenden zu halten. Statt der im Abs. 3 a Nr. 4 vorgeschriebenen Angabe genügt alsdann die Angabe einer Gesamtbezeichnung (z. B. Landgut).

(5) Die Spalte 4 enthält die Angaben über die Größe des Grundstücks nach dem maßgebenden amtlichen Verzeichnis. Besteht ein Grundstück aus mehreren Teilen, die in diesem Verzeichnis als selbständige Teile ausgeführt sind (z. B. Katasterparzellen), so ist entweder die Gesamtgröße oder die Größe getrennt nach den aus dem Grundbuch ersichtlichen selbständigen Teilen anzugeben; ist das Grundstück nach Maßgabe des Absatzes 4 bezeichnet, so ist die Gesamtgröße anzugeben.

(6) In der Spalte 6 sind einzutragen:
a) Der Vermerk über die Eintragung des Bestandes des Blattes bei der Anlegung (Zeit der Eintragung, Nummer des bisherigen Blattes usw.);
b) die Übertragung eines Grundstücks auf das Blatt; soll das Grundstück mit einem auf dem Blatte bereits eingetragenen Grundstück vereinigt oder einem solchen Grundstück als Bestandteil zugeschrieben werden, so ist auch dies anzugeben;
c) die Vereinigung mehrerer auf dem Blatt eingetragener Grundstücke zu einem Grundstück sowie die Zuschreibung eines solchen Grundstücks zu einem anderen als Bestandteil;
d) die Vermerke, durch welche bisherige Grundstücksteile als selbständige Grundstücke eingetragen werden, insbesondere im Falle des § 7 Abs. 1 der Grundbuchordnung, sofern nicht der Teil auf ein anderes Blatt übertragen wird;
e) die Vermerke über Berichtigungen der Bestandsangaben, eines Vermerks in Spalte 6 bedarf es jedoch nicht, wenn lediglich die in Absatz 3 a Nr. 3 für die Unterspalte c vorgeschriebene Angabe nachgetragen oder berichtigt wird.

(7) Die Spalte 8 ist bestimmt für die Abschreibungen, bei denen das Grundstück aus dem Grundbuchblatt ausscheidet.

(8) Bei Eintragungen in den Spalten 6 und 8 ist in den Spalten 5 und 7 auf die laufende Nummer des von der Eintragung betroffenen Grundstücks zu verweisen.

Übersicht

	Rdn.		Rdn.
I. Allgemeines	1	VI. Spalte 5 und 6	
II. Spalte 1	2	1. Spalte 5	14
III. Spalte 2	3	2. Spalte 6	15
IV. Spalte 3		VII. Spalten 7 und 8	18
1. Grundlage der Bezeichnung	4	1. Spalte 7	19
2. Gegenstand der Bezeichnung	6	2. Spalte 8	20
3. Die Ausfüllung der Spalte 3 im einzelnen	7	3. Ausführung der Abschreibung	21
		4. Ausnahmen	22
		VIII. Wohnungseigentum	23
V. Spalte 4	13	IX. Gebäudeeigentum	24

I. Allgemeines

1 In das Bestandsverzeichnis sind Grundstücke, subjektiv-dingliche Rechte (§ 9 GBO) und in gewissen Fällen Miteigentumsanteile an Grundstücken (§ 3 Abs. 3 GBO) einzutragen.

II. Spalte 1

2 Sie dient zur Angabe der laufenden Nummer des Grundstücks.
Über den Begriff des Grundstücks vgl. § 2 GBO Rdn. 4 u. 5.

Jedes Grundstück im Rechtssinne erhält eine laufende Nummer im Grundbuch; gleichgültig aus wievielen vermessungstechnisch selbständigen Teilen (Flurstücken; Katasterparzellen) es besteht. Ein aus mehreren Flurstücken (Parzellen) bestehendes Grundstück ist daher unter einer laufenden Nummer aufzuführen.[1] Bei Umschreibung der bisher geführten, auf Landesrecht beruhenden Grundbücher ist daher Prüfung notwendig, ob ein in diesen Büchern unter einer Nummer eingetragenes Grundstück auch rechtlich als ein selbständiges Grundstück aufzufassen ist, oder ob es nicht vielmehr nur Teil eines unter verschiedenen Nummern eingetragenen Grundstücks ist. Desgleichen ist zu prüfen, ob nicht in den bisherigen Büchern unter einer Nummer mehrere rechtlich selbständige Grundstücke eingetragen sind.

Welche laufende Nummer das Grundstück erhält, richtet sich nach der Zahl bereits im Bestandsverzeichnis stehenden Eintragungen. Gezählt werden hierbei sowohl die Grundstücke wie auch die subjektiv-dinglichen Rechte (§ 7) und die Miteigentumsanteile (§ 8).

III. Spalte 2

3 In ihr sind die bisherigen laufenden Nummern des Grundstücks auf demselben Grundbuchblatt anzugeben. Diese Angabe ist nur möglich, wenn
1. Grundstücke desselben Blattes auf diesem Blatte miteinander vereinigt werden (§ 13 Abs. 1),
2. ein Grundstück einem anderen auf demselben Blatte stehenden Grundstück als Bestandteil zugeschrieben wird (§ 13 Abs. 1),
3. bei Teilung eines Grundstücks ein Teil oder mehrere oder alle Teile auf demselben Blatte stehenbleiben (§ 13 Abs. 2); hierbei ist der bisherigen laufenden Nummer außerdem der Zusatz „Rest von..." oder „Teil von..." beizufügen,
4. im Falle der Berichtigung der Bestandsangaben (vgl. Rdn. 17), wenn das Grundstück von einem anderen Blatt übertragen wird. Dieser Grundsatz gilt auch für die Umschreibung; hier wird die Sp. 2 nur dann ausgefüllt, wenn in den Fällen des § 30 Abs. 1c die Darlegung der Entstehungsgeschichte des Grundstücks erforderlich wird, beispielsweise, weil es aus mehreren früher selbständigen, belasteten Grundstücken entstanden ist.

IV. Spalte 3

4 Die **Bezeichnung der Grundstücke** im Grundbuche zum Zwecke ihrer Auffindung in der Örtlichkeit erfolgt in der Spalte 3.

---

[1] KG KGJ 49, 232; BayObLG BayObLGZ 54, 262.

II. Das Grundbuchblatt (Eickmann) **§ 6 V**

1. Grundlage dieser Bezeichnung

ist das amtliche Verzeichnis i. S. des § 2 Abs. 2 GBO oder die an dessen Stelle tretenden Nachweise (vgl. § 2 GBO Rdn. 8 ff.).

a) Zum Begriff des Amtlichen Verzeichnisses s. § 2 GBO Rdn. 8 ff.

Nur die amtlichen Verzeichnisse dienen als Grundlage zur Ausfüllung der Sp. 3. Auch Wirtschaftsart und Lage sind daher ausschließlich aus dem amtlichen Verzeichnis zu übernehmen. Soweit das amtliche Verzeichnis eine in diese Spalte aufzunehmende Angabe nicht enthält, darf sie nicht etwa aus einem anderen Verzeichnis entnommen werden, selbst wenn es von einer Behörde geführt wird. Verweist jedoch das amtliche Verzeichnis – ausdrücklich oder stillschweigend – auf ein anderes Verzeichnis, so wird dessen Inhalt damit zum Inhalt des amtlichen Verzeichnisses und kann in das Grundbuch übernommen werden. Wegen der Aufrechterhaltung der Übereinstimmung zwischen Grundbuch und amtlichem Verzeichnis vgl. auch Rdn. 12.

b) Ausnahmsweise erfolgt die Bezeichnung eines Grundstücks nicht nach dem amtlichen Verzeichnis, wenn nach den bestehenden Vorschriften ein Grundstück in das Grundbuch eingetragen werden kann, obwohl es nicht im amtlichen Verzeichnis aufgeführt ist (Abs. 3 c). **5**

2. Gegenstand der Bezeichnung

ist das einzelne Grundstück. Besteht das Grundstück aus mehreren vermessungstechnisch selbständigen Teilen, die auch im amtlichen Verzeichnis selbständig aufgeführt sind, so ist grundsätzlich auch im Grundbuche jeder dieser Teile selbständig in Sp. 3, jedoch nur unter einer laufenden Nummer, zu bezeichnen. Ausnahme s. Abs. 4 (vgl. Rdn. 12). **6**

3. Die Ausfüllung der Spalte 3 im einzelnen

a) **Grundsatz (Abs. 3 a).** In den **Unterspalten a und b** ist das Grundstück vermessungstechnisch zu bezeichnen. Durch die Eintragungen in diesen Unterspalten muß das Grundstück vermessungstechnisch und kartenmäßig einwandfrei individualisiert und identifiziert sein, so daß es eines Zurückgreifens auf andere Teile des Grundbuchs nicht bedarf, um das Grundstück in der Öffentlichkeit auffinden zu können. **7**

In der Unterspalte a ist hierbei die Bezeichnung der Gemarkung oder des sonstigen Vermessungsbezirks anzugeben, in dem das Grundstück liegt (Abs. 3 a Nr. 1). Dieser Bezirk kann mit dem Gemeinde- und Grundbuchbezirk räumlich identisch sein; er kann aber auch von ihm abweichen. Insbesondere kann auch seine Bezeichnung eine vom Grundbuch- oder Gemeindebezirk verschiedene sein. Die Angabe ist in jedem Falle zu machen, auch wenn Vermessungsbezirk und Grundbuchbezirk räumlich und in der Bezeichnung übereinstimmen.

In der Unterspalte b, die im amtlichen Muster in zwei Halbspalten aufgeteilt ist, ist das Grundstück nach der Karte des Vermessungsbezirks zu bezeichnen (Abs. 3 a Nr. 2). In der Regel wird die Karte eines Vermessungsbezirks (der sog. Katasterplan, die Flurkarte) in mehrere Teile zerfallen. Auf diesen Fluren sind die einzelnen Flurstücke (Parzellen) eingezeichnet und nach Nummern oder Buchstaben benannt. Zur Angabe dieser Flur- und Flurstücksnummern dienen die beiden Halbspalten der Unterspalte b. Ist nach der augenblicklichen Gestaltung der Karte nur eine dieser beiden Angaben erforderlich und ausreichend, so wird nur eine der beiden Halbspalten ausgefüllt.

In den **Unterspalten c und d** wird die Nummer des Liegenschaftsbuchs (Bestand, Nummer) bei jedem Grundstück eingetragen. Dagegen wird die Nummer des Gebäude- **8**

§ 6 V

buchs nur eingetragen, wenn sie in Sp. 4 des Bestandsblattes vermerkt ist. Ist die Nummer des Gebäudebuchs auf dem Bestandsblatt in Sp. 10 vermerkt, weil die Gebäude nicht Bestandteil des Grundstücks sind, so ist die Nummer in das Bestandsverzeichnis nicht zu übernehmen.

In einzelnen Ländern (Bayern, Niedersachsen) hat man von der Fortführung des Gebäudebuchs Abstand genommen. Mit der Ergänzung von Abs. 3 a (letzter Satz) dch. VO v. 21. 3. 74 (BGBl. S. 771) hat man dieser Tatsache Rechnung getragen; die Eintragungen nach Nr. 3 können dch. entspr. Anordnung für entbehrlich erklärt werden.

9 In der **Unterspalte e** sind Wirtschaftsart und Lage des Grundstücks anzugeben (Abs. 3 a Nr. 4). Auch diese Angaben sind nur aus dem amtlichen Verzeichnis zu übernehmen. Hierbei ist der Begriff der Wirtschaftsart weit zu fassen; er umfaßt z. B. die Beschreibung des Grundstücks nach geographischer Beschaffenheit, Kulturart, Bebauung usw.

b) Ausnahmen:

10 aa) Nach näherer Anordnung der LJV kann die Unterspalte d weggelassen und die Unterspalte c mit c/d bezeichnet werden (Abs. 3 a S. 3).

11 bb) Beim Loseblattgrundbuch (s. § 2 Rdn. 1) des Formats DIN A 4 kann − ebenfalls durch gesonderte Anordnung der LJV − zugelassen werden, daß in Sp. 3 die Unterspalten a und b in der Weise zusammengelegt werden, daß die vermessungstechnische Bezeichnung des Grundstücks unterhalb der Gemarkungsbezeichnung oder des sonstigen vermessungstechnischen Bezirks einzutragen ist. Ferner können die Unterspalten c und d weggelassen und die für die Eintragung der Wirtschaftsart und der Lage bestimmte Unterspalte kann durch den Buchstaben c bezeichnet werden (Abs. 3 b Nr. 1 und 2).

12 cc) Als weitere Ausnahme von der in Abs. 3 a vorgeschriebenen Bezeichnung des Grundstücks gestattet **Abs. 4** die Eintragung des Grundstücks unter einer Gesamtbezeichnung unter folgenden Voraussetzungen:

Es muß sich um ein **Grundbuchgrundstück** handeln. Die Zusammenfassung mehrerer Grundstücke zu einem Grundstück auf Antrag gem. §§ 5, 6 GBO, um die Voraussetzungen des Abs. 4 zu schaffen, ist im Interesse der Übersichtlichkeit des Grundbuchs zulässig. Es geschieht dies in der Weise, daß zunächst die Einzelgrundstücke zu einem Grundstück vereinigt werden; das durch die Vereinigung entstandene Grundstück ist unter neuer Nummer sogleich unter der Gesamtbezeichnung einzutragen, die Eintragungen im Bestandsverzeichnis, die sich auf die Einzelgrundstücke beziehen, sind rot zu unterstreichen (§ 13 Abs. 1). Wird das Grundbuchblatt später umgeschrieben (§ 28) oder das Bestandsverzeichnis neugefaßt (§ 33), so müssen alle Eintragungen des Bestandsverzeichnisses, soweit sie gelöscht sind, mit der laufenden Nummer ihrer Eintragung und dem Vermerk „gelöscht" in das neue Bestandsverzeichnis übernommen werden. Darüber hinaus sind die gelöschten Eintragungen vollinhaltlich zu übernehmen, soweit dies zum Verständnis der noch gültigen Eintragungen erforderlich ist; dieser Fall liegt z. B. vor, wenn eines der vereinigten Einzelgrundstücke besonders belastet war.

Durch die Eintragung aller im amtlichen Verzeichnis als selbständige Teile aufgeführten Parzellen des Grundstücks müßte das Grundbuch nach dem Ermessen des Grundbuchamtes, das sämtliche Umstände des Einzelfalls zu berücksichtigen hat, **unübersichtlich** werden. Eine zu enge Auslegung dieser Bestimmung erscheint nicht am Platze.

Ein **beglaubigter Auszug aus dem amtlichen Verzeichnis,** der sämtliche Parzellen des Grundstücks nachweist, muß sich **bei den Grundakten** befinden. Er ist mit dem Handblatt zu verbinden (§ 31 Abs. 1 GeschO). Das gilt auch für die Durchschrift des Bestandsblattes anläßlich der Zurückführung der Grundbücher auf das Reichskataster. Die Durchschrift muß in diesem Falle von der Vermessungsbehörde beglaubigt werden.

II. Das Grundbuchblatt (Eickmann) §6 V

Enthält ein Grundbuchblatt mehrere nach § 6 Abs. 4 bezeichnete Grundstücke, so ist der beglaubigte Auszug für jedes Grundstück getrennt zu halten (§ 31 Abs. 3 GeschO; ebenso in den von einzelnen Ländern anstelle der GeschO erlassenen Bestimmungen). Auch in den Fällen, in denen das GBA selbst das amtliche Verzeichnis führt (vgl. § 2 GBO Rdn. 9, 15), erübrigt sich die Aufbewahrung des beglaubigten Auszuges nicht.

Der beglaubigte Auszug aus dem amtlichen Verzeichnis ist auf Ersuchen des Grundbuchamts von der zuständigen Behörde herzustellen; diese hat das zur Erhaltung der Übereinstimmung zwischen dem Auszug und dem amtlichen Verzeichnis Vorgeschriebene zu tun; die Berichtigung des Auszuges hat in diesen Fällen das Grundbuchamt auf Grund der Mitteilung der das amtliche Verzeichnis führenden Behörde vorzunehmen (§ 31 Abs. 2 S. 2 GeschO), sofern nicht ein neuer Auszug übersandt wird.

Ist ein Grundstück gem. § 6 Abs. 4 unter einer Gesamtbezeichnung eingetragen, so hat, abgesehen von landesrechtlich besonders geregelten Fällen, die Katasterbehörde (Vermessungsbehörde) nur tätig zu werden, wenn die Neuerteilung eines beglaubigten Auszugs erforderlich ist.

In den Fällen, in denen das amtliche Verzeichnis auf ein anderes Verzeichnis verweist, ist auch der beglaubigte Auszug aus diesem fortlaufend zu berichtigen.

Führt das GBA selbst das amtliche Verzeichnis, so hat es selbst das Verzeichnis und den beglaubigten Auszug auf dem laufenden zu halten (Abs. 4 Satz 4). Es kann dann jedoch die Angabe der Wirtschaftsart (Abs. 3 a Nr. 4) in vereinfachter Form vornehmen, nämlich durch eine zusammenfassende Angabe (Landgut, Wohnanlage, Gärtnereibetrieb etc.).

Sind die vorgenannten Voraussetzungen gegeben, so können die **Unterspalten b, c und d unausgefüllt** bleiben. Die Angaben in der Unterspalte (Abs. 3 a Nr. 1) über die Gemarkung (Vermessungsbezirk) sind stets zu machen. An die Stelle der für jedes Teilstück notwendigen Angaben über Wirtschaftsart und Lage gemäß dem amtlichen Verzeichnis in der Unterspalte tritt die Angabe einer Gesamtbezeichnung für das ganze Grundstück, die nicht aus dem amtlichen Verzeichnis entnommen zu sein braucht.

Der **Zusammenschreibung** eines nach Abs. 4 bezeichneten Grundstücks mit einem nach Abs. 3 bezeichneten auf ein gemeinschaftliches Blatt (§ 4 GBO) steht nichts entgegen. Es ist ebenfalls möglich, über mehrere nach Abs. 4 bezeichnete Grundstücke ein gemeinschaftliches Blatt zu führen.

Soll ein Grundstück mit dem nach Abs. 4 bezeichneten Grundstück **vereinigt** oder ihm als Bestandteil **zugeschrieben** werden, so ist dies im Bestandsverzeichnis zu vermerken (vgl. § 13 Rdn. 3). Das neu entstandene Grundstück ist unter einer neuen laufenden Nummer im Bestandsverzeichnis unter der Gesamtbezeichnung einzutragen. Ferner ist der beglaubigte Auszug aus dem amtlichen Verzeichnis zu ergänzen. Ein besonderes Verfahren ist für die Ergänzung des Auszugs bundesrechtlich nicht vorgeschrieben. Die für den umgekehrten Fall der Abschreibung eines Grundstücksteils gegebene Vorschrift des § 13 Abs. 4 S. 2 (vgl. hierüber § 13 Rdn. 13) dürfte entsprechend anwendbar sein. Sofern nicht zweckmäßigerweise ein neuer beglaubigter Auszug angefordert wird, genügt es, wenn die Vereinigung oder Zuschreibung im alten vom GBA durch einfaches Nachtragen des neuen Teilstücks und Berichtigung der Gesamtgröße vermerkt wird. Der Eintragung des gesamten neuen Bestandes des Grundstücks unter einer neuen laufenden Nummer im Auszug bedarf es nicht. Auch ist eine erneute Beglaubigung des berichtigten Auszugs nicht erforderlich.

Über die **Abschreibung** eines Grundstücksteils vgl. § 13 Abs. 4 und Rdn. 9, 12 a. a. O. Wird ein gem. Abs. 4 bezeichnetes Grundstück **geteilt,** weil beispielsweise ein Teil des Grundstücks belastet werden soll (§ 7 Abs. 1 GBO), so ist für jeden Grundstücksteil erneut zu prüfen, ob die Voraussetzungen des Abs. 4 weiterhin für ihn gegeben sind.

V. Spalte 4

13 Die in Spalte 4 einzutragende Größe des Grundstücks ist ebenfalls aus dem amtlichen Verzeichnis zu entnehmen.

Besteht das Grundstück im Rechtssinne (nicht wirtschaftlich betrachtet) aus mehreren vermessungstechnisch selbständigen Teilen, so ist nicht die Größe jedes einzelnen Teils, sondern entweder die Gesamtgröße oder die jeweilige Größe der einzelnen Teile des Grundstücks anzugeben. Es mag empfehlenswert sein, sich dabei nach der Angabe im amtlichen Verzeichnis (Gesamt- oder Teilangabe) zu richten.

Ist ein Grundstück nach Abs. 4 bezeichnet (s. oben Rdn. 12), so ist nur die Gesamtgröße anzugeben.

VI. Spalten 5 und 6

14 Die Spalten 5 und 6 mit der gemeinsamen Überschrift „Bestand und Zuschreibung" spiegeln das rechtliche Schicksal des Grundstücksbestandes mit Ausnahme der Abschreibungen wider und geben insoweit zu den Eintragungen der Sp. 1—4 die notwendigen Erläuterungen.

1. Die Spalte 5

dient hierbei zur Angabe der laufenden Nummer des Grundstücks in der Sp. 1, auf das sich der in Sp. 6 einzutragende Vermerk bezieht. Sie stellt den Zusammenhang zwischen den Sp. 1—4 und der Sp. 6 her (Abs. 8) und wird nur bei Eintragungen in Sp. 6 ausgefüllt.

2. Spalte 6

15 Über die Technik der Eintragung in der Sp. 6 und ihre buchtechnische Beziehung zu anderen Eintragungen sagt Abs. 6 nichts. Die hierfür maßgebenden Vorschriften enthält § 13.

Im einzelnen ist über den Inhalt der in der Sp. 6 vorzunehmenden Eintragungen zu sagen:

a) Der Vermerk über die **Eintragung des Bestandes** des Blattes (Abs. 6 a) ist einzutragen, sobald das Blatt angelegt wird. Die Anlegung des Blattes ist hier nicht nur gleichzusetzen mit der Anlegung des Grundbuchs. Sie bedeutet die Einrichtung des Grundbuchblattes, umfaßt also:

aa) die erstmalige Anlegung des Grundbuchs (Art. 186 EGBGB),

bb) die nachträgliche Anlegung des Grundbuchs für das Grundstück (§ 122 GBO) sowie

cc) auch jede Anlegung dieses Blattes durch Übertragung eines Grundstücks von einem anderen Blatte; letzteres ist aus den Worten „Nummer des bisherigen Blattes" in Abs. 6 a zu folgern.

Ausnahmsweise ist auch die Anlegung des Grundbuchblattes auf einem bereits bestehenden Blatte zulässig.

Nicht eingetragen wird im Bestandsverzeichnis die rechtliche Grundlage der Anlegung des Blattes oder die Angabe des Grundes, aus dem für das Grundstück das Blatt eingerichtet ist. Desgleichen ist im Falle cc) die Angabe der laufenden Nummer, unter der das Grundstück auf einem bisherigen Blatt eingetragen war, nicht erforderlich. Der

bisherige Grundbuchbezirk wird anzugeben sein, wenn er von dem jetzigen abweicht. In den Fällen aa) und bb) lautet der Eintragungsvermerk in der Spalte 6:
„Bei Anlegung des Grundbuchs eingetragen am..."
Im Falle cc) ist einzutragen:
„Von Band ... Blatt ... (des Grundbuchs von...) hierher übertragen am..."
Über Eintragung des Grundstücksbestandes bei einem umgeschriebenen oder im Bestandsverzeichnis neugefaßten Blatte vgl. § 30, § 33 Abs. 2.

b) Weiter sind in der Sp. 6 einzutragen die Vermerke über **Veränderungen im Grundstücksbestande** mit Ausnahme der Abschreibungen. (Wegen des gleichzeitigen Vermerks in der ersten Abteilung vgl. § 9 Rdn. 3, 5). Hierher gehören: **16**
aa) die Übertragung eines Grundstücks auf das Blatt (Abs. 6 b), d. h. auf ein bereits bestehendes Blatt. Es kann dies geschehen im Wege der bloßen Zusammenschreibung (§ 4 GBO) oder zum Zwecke der Vereinigung mit einem bereits auf dem Blatte eingetragenen Grundstück (§ 5 GBO) oder der Zuschreibung als Bestandteil zu einem solchen Grundstück (§ 6 GBO).
Ausnahmsweise wird man auch die Anlegung des Grundbuchs auf einem bereits bestehenden Blatte für zulässig halten müssen, und zwar, wenn ein buchungsfreies, bisher nicht gebuchtes Grundstück an einen anderen Eigentümer aufgelassen werden soll, der keine Buchungsfreiheit genießt und schon ein Grundbuchblatt hat (vgl. § 3 GBO Rdn. 6). In diesem Falle wird der übliche Anlegungsvermerk in der Sp. 6 des Bestandsverzeichnisses eingetragen. In der ersten Abteilung wird der Vermerk über die Eintragung bei Anlegung mit der Voreintragung des Veräußerers und dem Vermerk über die Auflassung in den Sp. 3 und 4 verbunden. Die Eintragung in der ersten Abteilung kann beispielsweise lauten:
„Grundbuch auf Grund ... (Nachweis des Eigentums im Anlegungsverfahren) für den ... (Veräußerer) hier angelegt. Aufgelassen am ... Eingetragen am..."
bb) Ferner gehört in die Sp. 6 der Vermerk über die Vereinigung mehrerer bereits auf dem Blatte eingetragener Grundstücke zu einem Grundstück (§ 5 GBO) sowie über die Zuschreibung eines solchen Grundstücks zu einem anderen als Bestandteil (§ 6 GBO), Abs. 6 c. Wegen der Vereinigung oder Zuschreibung von Grundstücksteilen vgl. § 13 Rdn. 2–4.
cc) In Sp. 6 werden auch eingetragen die Teilung von Grundstücken und die Eintragung der bisherigen Grundstücksteile als selbständige Grundstücke auf demselben Grundbuchblatt (Abs. 6 d). Soll bei einer Grundstücksteilung auch nur ein Grundstücksteil auf ein anderes Blatt übertragen werden, so ist dies nicht in der Sp. 6 zu vermerken, sonder nals Abschreibung in der Sp. 8 (vgl. Abs. 7, § 13 Abs. 4). Die in dem § 2 Abs. 3 und § 7 Abs. 1 GBO erwähnte „Abschreibung" ist eine Teilung des Grundstücks, die, sofern nicht ein Teil auf ein anderes Blatt übertragen werden soll (Abs. 7), ebenfalls in der Sp. 6 zu vermerken ist.
dd) Über die Ausführung der Eintragungen in den Fällen aa)–cc) im einzelnen vgl. § 13 Rdn. 2–8. S. dort auch wegen der sog. „Katastertechn. Teilung".

c) Schließlich sind in der Sp. 6 noch einzutragen die Vermerke über **Berichtigungen der Bestandsangaben** (Abs. 6 e). Derartige Vermerke, die im Gegensatz stehen zu Eintragungen von Änderungen im Grundstücksbestande (z. B. Vereinigungen, Zuschreibungen, Teilungen), bezwecken die Erhaltung der Übereinstimmung zwischen dem Grundbuch und dem amtlichen Verzeichnis i. S. d. § 2 Abs. 2 GBO oder einem sonstigen hiermit in Verbindung stehenden Verzeichnis. Hierunter zu zählen sind auch die Fälle, in denen die zur Grundstücksbezeichnung dienenden Angaben des amtlichen Verzeichnisses schon bei der Übernahme in das Grundbuch unrichtig waren, oder in **17** denen die Zurückführung der Bestandsangaben auf das amtliche Verzeichnis unrichtig vorgenommen ist. Derartige Unstimmigkeiten sind von Amts wegen zu klären. Die Berichtigung der Bestandsangaben kann nur erfolgen, wenn der sonstige Inhalt des Grundbuchs nicht entgegensteht; materielle Rechte, die sich aus dem Grundbuch ergeben, dürfen dadurch nicht beeinträchtigt werden (vgl. § 2 GBO Rdn. 11).

In der Sp. 6 sind auch die Vermerke über die Berichtigung der Bestandsangaben bei Zurückführung der Grundbücher auf das Kataster einzutragen. Sowohl bei der Zurückführung der Grundbücher auf das Kataster als auch bei der Erhaltung der Übereinstimmung zwischen Grundbuch und Kataster sind die Bestandsangaben grundsätzlich in der Weise zu berichtigen, daß das Grundstück mit den neuen Angaben unter einer neuen laufenden Nummer eingetragen wird. Hierbei ist § 13 Abs. 1 GBV entsprechend anzuwenden (vgl. § 13 Rdn. 15). Sofern die Übersichtlichkeit des Grundbuchs nicht gefährdet wird, kann jedoch die neue Bestandsangabe unter oder über der rot zu unterstreichenden bisherigen Angabe eingetragen werden.

Sind lediglich die Angaben nach Abs. 3 a Nr. 3 (vgl. oben Rdn. 8) zu berichtigen oder nachzutragen, so bedarf es keines gesonderten Berichtigungsvermerkes (und damit auch keiner Datierung und Unterzeichnung) mehr; die neue Angabe wird lediglich in Sp. 3 c vermerkt und ein alter entsprechender Vermerk gerötet.

VII. Spalten 7 und 8

18 In den Spalten 7 und 8 sind Abschreibungen eines Grundstücks oder Grundstücksanteils einzutragen, bei denen das Grundstück oder der Grundstücksteil aus dem Grundbuchblatte ausscheidet. Hier wird auch die Abschreibung der Miteigentumsanteile eingetragen, wenn gem. § 7 Abs. 1 oder § 8 Abs. 2 WEG für die Miteigentumsanteile besondere Grundbuchblätter anzulegen sind (vgl. § 34 Rdn. 3).

1. Die Spalte 7

19 dient zur Angabe der laufenden Nummer des Grundstücks in der Sp. 1, auf das sich der in Sp. 8 einzutragende Abschreibungsvermerk bezieht. Sie stellt den Zusammenhang zwischen den Sp. 1–4 und der Sp. 8 her (Abs. 8).

2. In die Spalte 8

20 gehört der Abschreibungsvermerk bei Ausscheiden des Grundstücks aus dem Grundbuchblatt. Sofern auch nur ein Grundstücksteil aus dem Blatte ausscheidet, ist der gesamte Vorgang der Abschreibung in der Sp. 8 einzutragen. Bleiben bei Abschreibung von Grundstücksteilen die einzelnen Teile dagegen auf demselben Blatt stehen, so hat die Eintragung in der Sp. 6 zu erfolgen. Das Ausscheiden aus dem Grundbuchblatte ist aus drei Gründen möglich:

a) Das Grundstück oder der Grundstücksteil wird auf ein anderes Grundbuchblatt übertragen,

b) das Grundstück oder der Grundstücksteil scheidet überhaupt aus dem Grundbuche aus, sogenannte „Ausbuchung" (vgl. § 3 Abs. 3 GBO),

c) bei Miteigentumsanteilen werden besondere Grundbuchblätter gem. § 7 Abs. 1 oder § 8 Abs. 2 WEG oder gem. § 3 Abs. 4, 5 GBO angelegt.

3. Ausführung der Abschreibungen

21 Über sie in den Fällen zu 2 a und b im einzelnen vgl. § 13 Rdn. 13.

4. Ausnahmen

Ausnahmsweise wird in den Sp. 7 und 8 der Abschreibungsvermerk mit der Eintragung eines neuen Eigentümers verbunden, so daß ausnahmsweise Grundstücke verschiedener Eigentümer vorübergehend auf einem Blatte stehen. Es sind das die in § 25 Abs. Buchst. b behandelten Fälle der mit einer Eigentumsübertragung verbundenen Abschreibungen, wenn dadurch die Zuständigkeit des Grundbuchamts für die Führung des Grundbuchs für das abzuschreibende Grundstück oder den abzuschreibenden Grundstücksteil erlischt (vgl. § 3 GBO Rdn. 6).

Das gilt auch für die entsprechenden Fälle der Veräußerung und Ausbuchung eines von mehreren auf einem Blatte stehenden Grundstücken oder eines Grundstücksteils.

VIII. Wohnungseigentum

Über die Ausfüllung des Bestandsverzeichnisses von Wohnungsgrundbüchern und Teileigentumsgrundbüchern sowie von Wohnungs- und Teileigentumsgrundbüchern vgl. Erl. zu § 3 WEGBV.

IX. Gebäudeeigentum

Wegen des Bestandsverzeichnisses beim Gebäudegrundbuch vgl. Erl. zu § 3 GGV.

[Subjektiv-dingliche Rechte]

§ 7

(1) Vermerke über Rechte, die dem jeweiligen Eigentümer eines auf dem Blatte verzeichneten Grundstücks zustehen, sind in den Spalten 1, 3 und 4 des Bestandsverzeichnisses einzutragen.

(2) In Spalte 1 ist die laufende Nummer der Eintragung zu vermerken. Dieser ist, durch einen Bruchstrich getrennt, die laufende Nummer des herrschenden Grundstücks mit dem Zusatz „zu" beizufügen (z. B. 7/zu3).

(3) In dem durch die Spalten 3 und 4 gebildeten Raum sind das Recht nach seinem Inhalt sowie Veränderungen des Rechts wiederzugeben. Im Falle der Veränderung ist in der Spalte 2 die bisherige laufende Nummer der Eintragung zu vermerken.

(4) In Spalte 6 ist der Zeitpunkt der Eintragung des Rechts zu vermerken.

(5) In Spalte 8 ist die Abschreibung des Rechts zu vermerken.

(6) Bei Eintragungen in den Spalten 6 und 8 ist in den Spalten 5 und 7 auf die laufende Nummer des von der Eintragung betroffenen Rechts zu verweisen.

Der Vermerk subjektiv-dinglicher Rechte auf dem Blatte des herrschenden Grundstücks gem. § 9 GBO geschieht im Bestandsverzeichnis nach Maßgabe der folgenden Ausführungen.

a) Die **Spalte 1** dient zur Angabe der laufenden Nummer des Vermerks (Abs. 2), und zwar erhält er die auf die vorhergehende Eintragung folgende Nummer (vgl. § 6 Rdn. 2). Um kenntlich zu machen, mit welchem Grundstück das Recht verbunden ist, und um den Vermerk zugleich gegenüber den Grundstückseintragungen auch äußerlich hervorzuheben, wird der laufenden Nummer des Vermerks als Nenner eines Bruches mit dem Zusatz „zu" die laufende Nummer beigefügt, die das herrschende Grundstück in der Sp. 1 führt. Wegen des Hinweises bei der Eintragung von Veränderungsvermerken vgl. § 14 Rdn. 2.

2 b) Die **Spalte 2** wird bei der erstmaligen Eintragung des Vermerks auf dem Blatt nicht ausgefüllt. Nur beim Vermerk von Veränderungen des Rechts ist in Sp. 2 die bisherige laufende Nummer des Vermerks anzugeben (Abs. 3 S. 2; vgl. auch § 14 Rdn. 2).

3 c) Die **Spalten 3 und 4** werden als eine Spalte behandelt (Abs. 3). In dem durch sie gebildeten Raum sind einzutragen:

aa) der Inhalt des Rechts.

Hierbei ist das Recht nicht im einzelnen, wie auf dem Blatte des belasteten Grundstücks, zu bezeichnen. Es genügt vielmehr eine allgemeine Angabe des Inhalts des Rechts (z. B. Wegerecht), die Bezeichnung des belasteten Grundstücks und die Angabe der Stelle, an der das Recht im Grundbuche des belasteten Grundstücks eingetragen ist. Hierbei ist in der ersten Abteilung in Sp. 4 die Eintragungsgrundlage des im Bestandsverzeichnis eingetragenen Vermerks anzugeben. Beachte auch § 9 Abs. 3 GBO.

bb) Vermerke über Veränderungen des Rechts.

Hierhin gehören auch z. B. Übertragungen des belasteten Grundstücks auf ein anderes Blatt oder Übertragungen des Rechts auf einn anderes Blatt zur Mithaft. Die Löschung einer Veränderung ist eine Veränderung und daher ebenfalls in dem durch die Sp. 3 und 4 gebildeten Raum einzutragen. Über die Ausführung der Veränderungseintragungen vgl. § 14 Rdn. 2.

4 d) In den **Spalten 5 und 6** ist der Zeitpunkt der Eintragungen des Vermerks der Sp. 3 und 4 anzugeben (Abs. 4, 6).

aa) Die Sp. 5 stellt, wie bei der Eintragung von Grundstücken (vgl. § 6 Rdn. 14), den Zusammenhang her zwischen den Vermerken in den Sp. 3, 4 und Sp. 6 (Abs. 6). Hier ist, ebenfalls in Bruchform, die laufende Nummer, die das Recht oder die Veränderung in Sp. 1 führt, anzugeben.

bb) In Sp. 6 ist der Zeitpunkt anzugeben, in dem das Recht oder die Veränderung des Rechts in den Sp. 3 und 4 vermerkt ist (Abs. 4). Bei erstmaliger Eintragung des Vermerks oder bei Eintragung eines Veränderungsvermerks lautet die Eintragung in Sp. 6:

„Vermerkt am..."

Wird der Vermerk zusammen mit dem herrschenden Grundstück auf ein anderes Grundbuchblatt übertragen, so lautet die Eintragung:

„Von Band ... Blatt ... hierher übertragen am...".

Beachte auch unten Rdn. 5.

5 e) Die **Spalten 7 und 8** dienen zum Vermerk der Abschreibung des Rechts (Abs. 5, 6).

aa) Die Sp. 7 ist, wie bei der Abschreibung von Grundstücken (vgl. § 6 Rdn. 19) zur Herstellung des Zusammenhangs zwischen den Sp. 3, 4 und Sp. 8 bestimmt. Hier ist die laufende Nummer, die der Vermerk in Sp. 1 führt, anzugeben.

bb) In Sp. 8 ist die Abschreibung des Rechts einzutragen. Hierunter fällt (Abs. 5):

der Vermerk der Aufhebung des Rechts und die Übertragung des Rechts mit dem herrschenden Grundstück auf ein anderes Grundbuchblatt.

Über die Ausführung der Abschreibungen vgl. § 14 Rdn. 3.

6 f) Zu beachten ist bei der Eintragung von subjektiv-dinglichen Rechten, wenn herrschendes Grundstück das gemeinschaftliche Grundstück der Wohnungseigentümer (Teileigentümer) ist, daß der nach § 7 erforderliche Vermerk in sämtlichen für Miteigen-

II. Das Grundbuchblatt (Eickmann) §8 V

tumsanteile an dem herrschenden Grundstück angelegten Wohnungs- oder Teileigentumsgrundbüchern einzutragen ist. In Spalte 6 ist auf diese Eintragungen hinzuweisen (§ 3 Abs. 7 WEGBV).

[Miteigentumsanteile]

§ 8

Für die Eintragung eines Miteigentumsanteils nach § 3 Abs. 5 der Grundbuchordnung gilt folgendes:

a) In Spalte 1 ist die laufende Nummer der Eintragung zu vermerken. Dieser ist, durch einen Bruchstrich getrennt, die laufende Nummer des herrschenden Grundstücks mit dem Zusatz „zu" beizufügen;

b) in dem durch die Spalten 3 und 4 gebildeten Raum ist der Anteil der Höhe nach zu bezeichnen. Hierbei ist das gemeinschaftliche Grundstück zu beschreiben;

c) für die Ausfüllung der Spalten 5 bis 8 gilt § 6 Abs. 6 bis 8 entsprechend.

Die Eintragung von ideellen Miteigentumsanteilen ist nur im Falle des § 3 Abs. 4, 5 GBO zulässig. **1**

Obwohl im bürgerlichen Recht die Miteigentumsanteile dem Volleigentum gleichgestellt sind, werden sie im Falle des § 3 GBO dennoch ähnlich wie subjektiv-dingliche Rechte behandelt. Ihre Eintragung erfolgt im Bestandsverzeichnis.

1. Die Spalte 1

wird entsprechend den für Grundstücke (§ 6 Rdn. 2) und subjektiv-dingliche Rechte (§ 7 Rdn. 1) geltenden Vorschriften ausgefüllt. Um kenntlich zu machen, zu welchem Grundstück wirtschaftlich der Miteigentumsanteil gehört, und um ihn auch rein äußerlich gegenüber den eingetragenen realen Grundstücken hervorzuheben, wird der laufenden Nummer in Bruchform als Nenner die laufende Nummer des „herrschenden" Grundstücks mit dem Zusatz „zu" beigefügt (Buchst. a). **2**

2. Die Spalte 2

bleibt bei der erstmaligen Eintragung des Anteils auf dem Blatte unausgefüllt. Im Falle der Eintragung einer Veränderung des Anteils ist in dieser Spalte jedoch die bisherige laufende Nummer der Eintragung zu vermerkeen. Dies folgt daraus, daß die Anteile grundbuchtechnisch wie Grundstücke behandelt werden (vgl. Rdn. 1). **3**

3. Spalten 3 und 4

Für die eigentliche Eintragung des Anteils dient der durch die Spalten 3 und 4 gebildete Raum (Buchst. b). Hier ist der Inhalt des Anteils als solcher genau der Höhe nach zu bezeichnen; hierzu gehört auch die Beschreibung des gemeinschaftlichen Grundstücks, die nach § 6 Abs. 3 oder 4 zu geschehen hat. **4**

4. Spalten 5 bis 8

Für die Ausfüllung der Spalten 5 bis 8 gelten die §§ 6−8 entsprechend (Buchst. c). Hieraus folgt, daß auch die Vorschriften über die Ausführung der Eintragungen, die sich in § 13 finden, entsprechend angewendet werden sollen. **5**

§ 8 V II. Grundbuchverfügung

a) Die **Spalte 5** enthält die laufende Nummer des Anteils in Sp. 1 (vgl. § 6). Angabe in Bruchform nicht erforderlich, aber auch nicht unzulässig.

6 b) In die **Spalte 6** sind einzutragen:
aa) der Vermerk über die Eintragung des Anteils, die Zeit der Eintragung, die Nummer des Blattes, auf dem der Anteil oder das gemeinschaftliche Grundstück bisher eingetragen war.
Gleichzeitig ist in Abt. I die Grundlage der Eintragung des Anteils in Sp. 4 anzugeben (vgl. § 9 Rdn. 4 ff.).

7 bb) die **Veränderungen des Anteils** mit Ausnahme der Abschreibung. Sie sind wie Veränderungen im Grundstücksbestande zu behandeln, so daß die Anteile auch wie das einzelne Grundstück geteilt oder vereinigt werden können.
Deswegen wird man es beispielsweise für zulässig halten müssen, daß der Grundstückseigentümer bei Teilung des herrschenden Grundstücks (ohne Eigentumsübergang) auch den Miteigentumsanteil teilen kann. Teilt er in einem solchen Falle den Anteil nicht, so entfällt damit auch die Möglichkeit, die Miteigentumsanteile im Grundbuch an Stelle des gemeinschaftlichen Grundstücks einzutragen.
Aus § 3 Abs. 8 GBO muß auch gefolgert werden, daß der Erwerb eines anderen Miteigentumsanteils ohne Erwerb des zugehörigen herrschenden Grundstücks die Voraussetzungen für die Eintragung der Miteigentumsanteile entfallen läßt, da sich der Anteil vom herrschenden Grundstück getrennt hat, die erforderliche Beziehung zwischen beiden somit nicht mehr besteht. Nur wenn das Grundstück, zu dem der erworbene Anteil gehört, überhaupt aus dem Kreise der herrschenden Grundstücke ausscheidet, wird die Trennung des Eigentums am Anteil vom Eigentum am ehemals herrschenden Grundstück zulässig sein; in diesem Falle müssen bei Veräußerung des Anteils an einen anderen Miteigentümer, dessen Anteil sich nunmehr aus seinem ursprünglichen und dem neuerworbenen Anteil zusammensetzt, nach Übertragung des neuen Anteils auf das Blatt des herrschenden Grundstücks beide Anteile auf einen vom Eigentümer zu stellenden Antrag als ein einheitlicher eingetragen werden. Wird der Antrag nicht gestellt, so ist die besondere Buchungsform nicht mehr aufrechtzuerhalten. Die Eintragung der beiden Anteile in den Sp. 1–4 ist rot zu unterstreichen (§ 13 Abs. 1). Der einheitliche Anteil ist unter neuer laufender Nummer seinem jetzigen Inhalt nach einzutragen. In der Sp. 2 ist hierbei auf die bisherigen laufenden Nummern der Anteile zu verweisen. In den Sp. 5 und 6 ist dieser Vorgang zu erklären.

8 Erwirbt ein Miteigentümer ein anderes herrschendes Grundstück und den zugehörigen Miteigentumsanteil, so ist zu unterscheiden:
– das neuerworbene Grundstück und der Anteil standen allein auf einem Grundbuchblatt, oder sie werden auf ein anderes Grundbuchblatt, auf dem sie allein stehen, übertragen. Hier bleiben die beiden Anteile getrennt auf verschiedenen Blättern gebucht;
– das neuerworbene Grundstück und der Anteil werden auf das Blatt des ursprünglichen Grundstücks und Anteils übertragen. Bleibt jedes der herrschenden Grundstücke rechtlich selbständig, so bleiben auch die Anteile selbständig gebucht. Werden die herrschenden Grundstücke vereinigt, oder wird ein Grundstück dem anderen als Bestandteil zugeschrieben, so sind auf Antrag des Eigentümers auch die Anteile als ein einheitlicher Anteil einzutragen. Stellt der Eigentümer den Antrag auf Eintragung des einheitlichen Anteils nicht, so entfallen die Voraussetzungen des § 3 Abs. 4 GBO überhaupt, da es nicht zulässig ist, daß zu einem Grundstück mehrere Anteile gehören.
Erwirbt ein Miteigentümer ein anderes herrschendes Grundstück ohne den dazugehörigen Miteigentumsanteil, so liegt der Fall des § 3 Abs. 8 vor; die besondere Buchungsart der Miteigentumsanteile wird unzulässig.

II. Das Grundbuchblatt (Eickmann) **§ 9 V**

cc) die **Berichtigungen der Bestandsangaben** beim dienenden Grundstück (vgl. § 6 Rdn. 17).

c) Die **Spalte 7** enthält die laufende Nummer des Anteils in Sp. 1 (§ 6 Abs. 8; vgl. **9** § 6 Rdn. 14). Auch dürfte, wie in Sp. 5 (vgl. Rdn. 5), Angabe in Bruchform nicht erforderlich sein.

d) Die **Spalte 8** dient zur Eintragung von Abschreibungen des Miteigentumsanteils, **10** bei denen der Anteil ganz oder zum Teil aus dem Grundbuchblatte ausscheidet (vgl. § 6 Abs. 7). Hier sind folgende Möglichkeiten gegeben:

aa) Der Anteil scheidet aus dem Grundbuchblatt aus, weil das gemeinschaftliche Grundstück ein Grundbuchblatt erhalten soll oder muß; oder der Anteil wird mit dem herrschenden Grundstück auf ein anderes Blatt übertragen. Im letzteren Falle sind die für die Abschreibungen von Grundstücken geltenden Vorschriften entsprechend anzuwenden (vgl. § 13 Rdn. 11).

bb) Ein Teil des Anteils wird (mit einem Teil des herrschenden Grundstücks) auf ein anderes Blatt übertragen: Der Restanteil ist unter neuer laufender Nummer einzutragen. Neben dieser Nummer ist in Sp. 2 die bisherige laufende Nummer des Anteils anzugeben. Die ursprüngliche Anteilseintragung ist in den Sp. 1–4 rot zu unterstreichen. Der gesamte Vorgang ist in den Sp. 7 und 8 zu vermerken, wobei die laufende Nummer, unter der der Restanteil in Sp. 1 eingetragen ist, angegeben wird (vgl. § 6 Rdn. 16; § 13 Rdn. 12, 13).

[Abteilung I]

§ 9

In der ersten Abteilung sind einzutragen:

a) In Spalte 1: die laufende Nummer der unter b vorgesehenen Eintragung. Mehrere Eigentümer, die in einem Verhältnis der im § 47 der Grundbuchordnung genannten Art stehen, werden unter einer laufenden Nummer eingetragen; jeder Eigentümer ist in diesem Fall unter einem besonderen Buchstaben oder in vergleichbarer Weise aufzuführen;

b) in Spalte 2: der Eigentümer, bei mehreren gemeinschaftlichen Eigentümern auch die im § 47 der Grundbuchordnung vorgeschriebene Angabe; besteht zwischen mehreren Eigentümern kein Rechtsverhältnis der im § 47 der Grundbuchordnung genannten Art, so ist bei den Namen der Eigentümer der Inhalt ihres Rechts anzugeben;

c) in Spalte 3: die laufende Nummer der Grundstücke, auf die sich die in Spalte 4 enthaltenen Eintragungen beziehen;

d) in Spalte 4: der Tag der Auflassung oder die anderweitige Grundlage der Eintragung (Erbschein, Testament, Zuschlagsbeschluß, Bewilligung der Berichtigung des Grundbuchs, Ersuchen der zuständigen Behörde, Enteignungsbeschluß usw.), der Verzicht auf das Eigentum an einem Grundstück (§ 928 Abs. 1 BGB) und der Tag der Eintragung.

1. Allgemeines

Die erste Abteilung dient zur Eintragung des Eigentümers. In Ausnahmefällen wird **1** der Eigentumsübergang nicht in der ersten Abteilung, sondern in den Sp. 7 und 8 des Bestandsverzeichnisses eingetragen. Vgl. hierüber § 6 Rdn. 16; § 3 GBO Rdn. 6.

2. Eintragungen in der ersten Abteilung

2 a) In der **Spalte 1** ist die laufende Nummer der in Sp. 2 eingetragenen Eigentümer einzutragen. Es erhält also nicht jede Eintragung in der ersten Abteilung eine neue laufende Nummer.

Steht das Grundstück im Eigentum einer Gemeinschaft (§ 47 GBO, vgl. Anm. dort), so werden die mehreren Eigentümer nur unter einer laufenden Nummer eingetragen. Innerhalb der laufenden Nummer erhält jeder Eigentümer aber einen besonderen Buchstaben, z. B. 1 a, b. Zulässig ist nach der Ergänzung der Norm dch. VO v. 15. 7. 1994 (BGBl. I S. 1606) auch die Untergliederung in anderer Weise, also z. B. durch römische Zahlen, wohl auch durch sog. Spiegelstriche, wie sie in der Praxis ostdeutscher Grundbuchämter häufiger verwendet werden. Freilich bestehen dagegen gewisse Bedenken, weil der numerative Charakter anderer Bezeichnungen hier fehlt. Steht ein Anteil wiederum im Gesamteigentum, z. B. einer Erbengemeinschaft, so empfiehlt sich zur Bezeichnung der einzelnen Gemeinschafter die Verwendung römischer Ziffern (z. B. „2 b I...“), da die einzelnen Gemeinschafter – auch jeder Untergemeinschaft[1] – erkennbar sein müssen. Verwandelt sich das Alleineigentum in Gemeinschaftseigentum, oder tritt zu einer Gemeinschaft ein weiterer Eigentümer oder ändert sich sonst die Zusammensetzung der Gemeinschaft, so hat die Eintragung der Gemeinschaft unter neuer laufender Nummer zu erfolgen. In solchem Falle ist in Sp. 4 die Grundlage der Eintragung anzugeben. Ändert sich der Name eines Gemeinschafters, so ist diese Veränderung unter der bisherigen laufenden Nummer, die in Sp. 1 zu wiederholen ist, zu vermerken. Bei Veräußerung eines Bruchteils eines Bruchteils entsteht keine neue Unterbruchteilsgemeinschaft, die Erwerber treten bei entsprechender Quotelung vielmehr ein.[2]

3 b) Die **Spalte 2** dient zur Eintragung des oder der Eigentümer (Buchst. b). Wie der Eigentümer zu bezeichnen ist, richtet sich nach § 15 (vgl. dort Rdn. 2 ff.).

aa) Bei mehreren gemeinschaftlichen Eigentümern sind in der Sp. 2 entweder die Anteile der Berechtigten in Bruchteilen anzugeben oder das für die Gemeinschaft maßgebende Rechtsverhältnis ist zu bezeichnen (§ 47 GBO), vgl. dazu § 47 GBO Rdn. 3, 8 u. 11. Das gilt auch für die erste Abteilung des Wohnungsgrundbuchs (Teileigentumsgrundbuchs), wenn das Wohnungseigentum (Teileigentum) mehreren gemeinschaftlich zusteht.

bb) Statt der unter a genannten Angabe wird der Inhalt des Rechts der Eigentümer bei ihrem Namen angegeben, wenn kein Rechtsverhältnis der im § 47 GBO genannten Art besteht.

cc) Berichtigungen oder Veränderungen in der Bezeichnung des Eigentümers gehören ebenfalls in Sp. 2,

z. B.

„Der Eigentümer heißt mit Vornamen richtig: Paul. Berichtigt am...“

Eine derartige Eintragung erhält in Sp. 1 keine neue laufende Nummer. Sie ist unter der bisherigen Nummer, die in Sp. 1 zu wiederholen ist, einzutragen. Sie ist in Sp. 2 zu unterschreiben.

dd) Die Sp. 2 wird nicht stets ausgefüllt, wenn die Sp. 3 und 4 ausgefüllt werden, sondern nur, wenn ein neuer Eigentümer eingetragen wird. Über die Behandlung der alten Eigentümereintragung bei Eintragung eines neuen Eigentümers vgl. § 16.

---

[1] Vgl. BayObLG Rpfleger 91, 503; vgl. auch die Hinw. in Fn. 2.
[2] BGHZ 49, 250, 252; BayObLG DNotZ 80, 98. S. auch *Venjakob* Rpfleger 93, 2 und Rpfleger 97, 19; *Böhringer* Rpfleger 96, 244. A. A. LG Dresden Rpfleger 96, 243; streitig ist die Frage insbes. bezüglich der Erbengemeinschaft, vgl. Meikel/*Ebeling* § 9 Rdn. 8.

II. Das Grundbuchblatt (Eickmann) §9 V

c) Die **Spalte 3** enthält die laufenden Nummern der Grundstücke im Bestandsverzeichnis (Sp. 1), auf die sich die in Sp. 4 enthaltenen Eintragungen beziehen. Zugleich mit der Ausfüllung der Sp. 4 muß auch die Ausfüllung der Sp. 3 erfolgen. Jede laufende Nummer ist ausdrücklich einzutragen. Die Zusammenfassung mehrerer aufeinander folgender Nummern ist grundsätzlich nicht statthaft. Ändert sich die laufende Nummer der Grundstücke im Bestandsverzeichnis, z. B. durch Vereinigung, Zuschreibung oder Teilung, so wird diese Änderung in Sp. 3 der Abt. I nicht nachgetragen, um eine Überfüllung dieser Spalte zu vermeiden. Die vielfach abweichende Übung der Praxis ist aber unbedenklich.

d) Die **Spalte 4** gibt die Grundlage der Eintragung in Abs. I an. Sie muß bei jeder Eintragung in Abt. I ausgefüllt werden. Anzugeben sind hier nur solche Tatsachen, auf denen die dingliche Rechtsänderung beruht oder die sonst die Eintragung unmittelbar begründen, unzulässig ist danach die Angabe des der Auflassung zugrundeliegenden Rechtsgeschäfts sowie der Vermerk, daß die Auflassung aufgrund einer Vormerkung erfolgt ist.

aa) Erwerb durch Auflassung. Anzugeben ist grundsätzlich der Tag der Auflassung; im Falle ergänzender Beurkundung sind alle Daten anzugeben. Dies gilt sowohl für den Fall, daß bei Eigentumswechsel das Grundstück schon vor der Übereignung auf dem Blatte stand, als auch für den Fall, daß das Grundstück von einem anderen Blatte eines anderen Eigentümers unter gleichzeitiger Übereignung abgeschrieben und auf das jetzige Blatt übertragen wird. Auf welchem Blatte das Grundstück bisher eingetragen war, ergibt sich im letztgenannten Fall aus der Eintragung im Bestandsverzeichnis. Über die Fassung der Eintragung in Sp. 4, falls das Grundbuch auf einem bereits bestehenden Blatt erst angelegt und das Grundstück aufgelassen wird, vgl. § 6 Rdn. 16. Im Falle einer sog. „Kettenauflassung" wird unter Aussparung von Zwischen„erwerbern" nur der Enderwerber eingetragen; Rechtsgrundlage seines Erwerbes ist, geht man von der Bewertung des Vorganges nach § 185 BGB aus, nur die letzte Auflassung an den Einzutragenden.[3]

Wird ein Grundstück ohne Eigentumswechsel von einem Blatte auf ein anderes Blatt übertragen, so wird die auf dem ersten Blatte verzeichnete Grundlage der Eintragung auch in dem neuen Blatte angegeben; z. B.:

„Aufgelassen am 5. Juni 1970 und in Band 2 Blatt 40 eingetragen am 1. Juli 1970. Hierher übertragen am 7. März 1971."

Im Bestandsverzeichnis findet sich ebenfalls ein Übertragungsvermerk. So ist auch zu verfahren, wenn auf dem alten Blatte die Eigentümereintragung ausnahmsweise mit dem Abschreibungsvermerk verbunden worden ist.

bb) Die anderweitige Grundlage der Eintragung kann außer den in § 9 Buchst. d genannten Beispielen ferner noch sein: Ausschlußurteil, Aneignung, Zeugnis über die Fortsetzung der Gütergemeinschaft, Zeugnis über den Abschluß einer ehelichen Gütergemeinschaft (s. auch KG FGG 7, 339) oder auch die durch vertragliches Ausscheiden eines Gesellschafters bewirkte Anwachsung (§ 738 BGB). Dasselbe gilt für die Abwachsung bei Eintritt eines Gesellschafters entsprechend.[4]

Die die Eintragungsgrundlage bildende Urkunde ist durch Angabe von Datum und ausstellender Behörde näher zu kennzeichnen. Wegen der Eintragung des Ergebnisses eines Flurbereinigungsverfahrens vgl. § 13 Rdn. 16.

---

[3] Vgl. zu Einzelheiten die gute Darstellung bei Meikel/*Ebeling* § 9 Rdn. 27.

[4] Muster für die bei der BGB-Gesellschaft notwendig werdenden Eintragungen s. bei *Eickmann* Rpfleger 85, 85.

§ 10 V   II. Grundbuchverfügung

Zu kennzeichnen sind auch die Fälle der **gesetzlichen Eigentumszuweisungen**, z. B. „Eigentumszuweisung gem. § 1 des Wohnungsgenossenschaftsvermögensgesetzes"[5], „Zuweisungseigentümer gem. § 11 Abs. 2 Nr. 1 EGBGB"[6]

8   cc) In der Spalte 4 ist auch der Verzicht des Eigentümers auf das Eigentum am Grundstück (§ 928 Abs. 1 BGB) einzutragen. Die Eintragung erfolgt auf formlosen Antrag, der regelmäßig in der Verzichtserklärung enthalten sein wird:
„Der Eigentümer hat am ... den Verzicht auf das Eigentum erklärt. Eingetragen am..."
Über die Behandlung der alten Eigentümereintragung vgl. § 16 Rdn. 2.
Eine Löschung des Eigentums, wie sie das OLG Celle[7] in irrtümlicher Anwendung der für beschränkte dingliche Rechte vom KG[8] dargelegten Grundsätze für zulässig hält, ist begrifflich nicht möglich.

9   dd) Im Falle des Vermerks eines subjektiv-dinglichen Rechts (§ 9 GBO) im Bestandsverzeichnis oder der Eintragung eines Miteigentumsanteils (§ 3 Abs. 3 b GBO) ist auch in Sp. 4 der ersten Abteilung die Grundlage dieser Eintragung anzugeben.

[Abteilung II]

§ 10

(1) In der zweiten Abteilung werden eingetragen:
a) Alle Belastungen des Grundstücks oder eines Anteils am Grundstück, mit Ausnahme von Hypotheken, Grundschulden und Rentenschulden, einschließlich der sich auf diese Belastungen beziehenden Vormerkungen und Widersprüche:
b) die Beschränkung des Verfügungsrechts des Eigentümers sowie die das Eigentum betreffenden Vormerkungen und Widersprüche;
c) die im Enteignungsverfahren, im Verfahren zur Klarstellung der Rangverhältnisse (§§ 90 bis 115 GBO) und in ähnlichen Fällen vorgesehenen, auf diese Verfahren hinweisenden Grundbuchvermerke.
(2) In der Spalte 1 ist die laufende Nummer der in dieser Abteilung erfolgenden Eintragungen anzugeben.
(3) Die Spalte 2 dient zur Angabe der laufenden Nummer, unter der das betroffene Grundstück im Bestandsverzeichnis eingetragen ist.
(4) In der Spalte 3 ist die Belastung, die Verfügungsbeschränkung oder der sonstige Vermerk inhaltlich einzutragen.
(5) a) Die Spalte 5 ist zur Eintragung von Veränderungen der in den Spalten 1 bis 3 eingetragenen Vermerke bestimmt, und zwar einschließlich der Beschränkungen des Berechtigten in der Verfügung über ein in den Spalten 1 bis 3 eingetragenes Recht, auch wenn die Beschränkung nicht erst nachträglich eintritt.
b) In der Spalte 5 ist auch die Eintragung des im § 9 Abs. 1 der Grundbuchordnung vorgesehenen Vermerks ersichtlich zu machen (§ 9 Abs. 3 GBO).
(6) In der Spalte 7 erfolgt die Löschung der in den Spalten 3 und 5 eingetragenen Vermerke.
(7) Bei Eintragungen in den Spalten 5 und 7 ist in den Spalten 4 und 6 die laufende Nummer anzugeben, unter der die betroffene Eintragung in der Spalte 1 vermerkt ist.

---

[5] *Eickmann* Grundstücksrecht in den neuen Bundesländern, Rdn. 42.
[6] *Eickmann* Fn. 5, Rdn. 100.
[7] NdsRpfl. 54, 181.
[8] KGJ 39, 178.

II. Das Grundbuchblatt (Eickmann)   § 10 V

Übersicht

	Rdn.		Rdn.
I. Allgemeines.	1	6. Erbbaurecht.	13
II. Die einzelnen Spalten		7. Grunddienstbarkeit	17
1. Spalte 1	2	8. Nießbrauch	18
2. Spalte 2	3	9. Pfändung v. Rechten	19
3. Spalte 3	4	10. Reallast	23
4. Spalte 4	5	11. Rechtshängigkeitsvermerk	24
5. Spalte 5	6	12. Untererbbaurecht	25
6. Spalten 6 und 7	7	13. Veräußerungsverbote und Verfügungsbeschränkungen	26
III. Muster		14. Vereinbarungen zwischen Miteigentümern	33
1. Altenteil	8	15. Vorkaufsrecht	34
2. Auflassungsvormerkung	9	16. Vormerkung für den Erwerber künftigen Raumeigentums	35
3. Belastung eines realen Grundstücksteils	10	17. Wohnungsrecht	36
4. Beschränkte persönl. Dienstbarkeit	11		
5. Dauerwohnrecht	12		

I. Allgemeines

Die Vorschrift regelt die Vornahme von Eintragungen in Abs. II. Die Veränderungsspalte ist ihrem Begriff nach als Ergänzung der Hauptspalte anzusehen. Deshalb haben die Eintragungen in der Veränderungsspalte räumlich, d. h. im Verhältnis zu anderen Eintragungen der Hauptspalte, grundsätzlich die gleiche Stellung wie die Eintragungen der Hauptspalte, zu denen sie gehören (vgl. dazu § 45 GBO Rdn. 5). **1**

II. Die einzelnen Spalten

1. Die Spalte 1

dient zur Angabe der laufenden Nummer der in Sp. 3 erfolgenden Eintragungen (Abs. 2). Alle Eintragungen werden fortlaufend numeriert, ohne Rücksicht darauf, welches Grundstück des Grundbuchblattes sie betreffen. Jedes Recht erhält hierbei eine besondere Nummer. Wegen der Eintragung mehrerer Rechte unter einer laufenden Nummer (sog. Sammelbuchung) vgl. § 44 GBO Rdn. 10–12. **2**

2. In der Spalte 2

wird die laufende Nummer angegeben, die das von der Eintragung betroffene Grundstück im Bestandsverzeichnis führt (Abs. 3). Hierbei ist die laufende Nummer eines jeden betroffenen Grundstücks ausdrücklich einzutragen. Die Zusammenfassung mehrerer aufeinanderfolgender Nummern ist grundsätzlich nicht statthaft. Erhält das betroffene Grundstück im Bestandsverzeichnis nachträglich eine andere laufende Nummer oder wird nachträglich noch ein auf demselben Grundbuchblatt stehendes Grundstück mitbelastet, so wird diese Änderung in Sp. 2 der Abt. II nicht nachgetragen, um eine Überfüllung dieser Spalte zu verhüten. Die vielfach abweichende Übung der Praxis ist aber unbedenklich. Wegen der Eintragung des Ergebnisses eines Flurbereinigungsverfahrens vgl. § 13 Rdn. 16. **3**

Auch bei Belastung eines Miteigentumsanteils genügt es, wenn in Sp. 2 nur die Nummer des Grundstücks angegeben wird, weil die Tatsache der Belastung nur des Miteigentumsanteils in Sp. 3 verlautbart wird (vgl. unten Rdn. 4, b). Die Praxis formuliert jedoch häufig in Sp. 2:

„ 1

nur am Hälfteanteil des Hans Meier"

Diese Behandlung erscheint zweckmäßig.

3. In der Spalte 3

4 erfolgt die eigentliche Eintragung. Hierher gehören:

a) alle **Grundstücksbelastungen** mit Ausnahme der Hypotheken-, Grund- und Rentenschulden (Abs. 1 a); z. B. Erbbaurecht, beschränkte persönliche Dienstbarkeit, Grunddienstbarkeit, dingliches Vorkaufsrecht, Reallast, dingliches Wiederkaufsrecht, Dauerwohnrecht (Dauernutzungsrecht) nach §§ 31 ff. WEG. Hier ist auch die vertragsmäßige Feststellung der Höhe einer für einen Überbau oder einen Notweg zu entrichtenden Rente sowie der Verzicht auf die Rente (§§ 914 Abs. 2, 917 Abs. 2 BGB) einzutragen. Auch die öffentlichen Lasten sind, soweit sie überhaupt eintragungsfähig sind (vgl. § 54 GBO Rdn. 3) hier zu buchen;

b) die **Belastungen von Miteigentumsanteilen** mit Ausnahme der Belastung durch Hypotheken, Grund- und Rentenschulden (Abs. 1 a); hierbei bedarf die Tatsache, daß es sich um die Belastung eines Anteils handelt, nur des Eintrags in Sp. 3, nicht dagegen auch in Sp. 2 (vgl. jedoch oben Rdn. 3).

c) Die „**Belastungen**" eines Miteigentumsanteils gem. § 1010 Abs. 1 BGB und eines Erbanteils gem. § 2044 BGB; hierher gehören nicht Veräußerungs-, Belastungs- oder sonstige Verfügungsbeschränkungen, sie sind nicht gem. § 1010 BGB eintragbar;[1]

d) **Vormerkungen,** die den Anspruch auf Einräumung der in Abt. II Sp. 1 bis 3 einzutragenden Rechte betreffen (Abs. 1 a).

e) **Widersprüche** gegen die Nichteintragung oder Löschung von Rechten, deren endgültige Eintragung in Abt. II, Sp. 1 bis 3 zu erfolgen hat (§ 12 Abs. 1 b, 2);

f) **Beschränkungen des Verfügungsrechts** des Eigentümers (Abs. 1 b), z. B. das Recht eines Nacherben (§ 51 GBO), die Ernennung eines Testamentsvollstreckers (§ 52 GBO), die Anordnung der Zwangsversteigerung oder Zwangsverwaltung eines Grundstücks (§ 19 Abs. 1 ZVG), das Veräußerungsverbot (Verfügungsverbot) des Konkursgerichts bzw. Insolvenzgerichts, die Eröffnung des Konkursverfahrens, Insolvenzverfahrens oder des Gesamtvollstreckungsverfahrens (§ 113 KO) bzw. die Anordnung einer Nachtragsverteilung, die Pfändung oder Verpfändung des Erbanteils eines Miterben.

g) Die das Eigentum betreffenden **Vormerkungen und Widersprüche** (Abs. 1 b).

h) **Vermerke,** die auf gewisse Verfahren hindeuten (Abs. 1 c), so z. B. die Vormerkung über ein eingeleitetes Enteignungsverfahren, der Vermerk gem. § 91 Abs. 3 GBO über die Einleitung des Rangklarstellungsverfahrens; der Vermerk gem. § 92 Abs. 5 SachenRBerG; der Sanierungsvermerk (s. unten Rdn. 37) u. d. Entwicklungsvermerk (a. a. O.).

i) **Nebenbestimmungen** (wie z. B. Rangvorbehalt, Mithaft), die gleichzeitig mit dem Recht eingetragen werden, gehören ebenfalls in Sp. 3. Die Beschränkung des Berechtig-

---

[1] OLG Hamm DNotZ 73, 549; *Walter* DNotZ 75, 518. Vgl. im übrigen oben Einl. D 31, 32.

II. Das Grundbuchblatt (Eickmann) § 10 V

ten in der Verfügung über ein in den Sp. 1–3 eingetragenes Recht ist dagegen stets in Sp. 5 einzutragen, auch wenn die Eintragung der Verfügungsbeschränkung gleichzeitig mit der Eintragung des Rechts erfolgt.

4. Die Spalte 4,

in der die laufende Nummer der betroffenen Eintragung anzugeben ist, stellt den Zusammenhang zwischen den Haupt- und den Veränderungseintragungen her (Abs. 7).

5. Die Spalte 5

ist bestimmt zur Eintragung von

a) **Veränderungen** der in den Sp. 1–3 eingetragenen Vermerke (Abs. 5 a). Hierhin gehören insbesondere die Übertragung des Rechts, die Änderung des Rangverhältnisses (§ 880 BGB), die nachträgliche Eintragung eines Rangvorbehalts (§ 881 BGB), die nachträgliche Anlegung eines besonderen Grundbuchblattes für ein Erbbaurecht nach §§ 8 Abs. 2 GBO, die Mitbelastung eines anderen Grundstücks in den Fällen des § 48 Abs. 1 S. 2 GBO, das Erlöschen der Mithaft usw. Auch der Vermerk nach § 9 Abs. 3 GBO ist hier einzutragen.

b) **Beschränkungen** des Berechtigten in der Verfügung über ein in den Sp. 1–3 eingetragenes Recht, auch wenn die Beschränkung gleichzeitig mit dem Recht und nicht erst nachträglich eingetragen wird (Abs. 5 a). Stets ist die Verfügungsbeschränkung in der Veränderungsspalte zu vermerken.

Beispiele: Nacherbenvermerk (§ 51 GBO), Testamentsvollstreckung (§ 52 GBO), Konkursvermerk, Gesamtvollstreckungsvermerk, Insolvenzvermerk und allgemeines Veräußerungsverbot (§ 113 Abs. 1 Nr. 2 KO; § 21 II Nr. 2 InsO).

c) **Vormerkungen** auf Einräumung eines in Sp. 5 einzutragenden Rechts an einem Recht, das in Abt. II gehört (§ 12 Abs. 1 b).

d) Vormerkungen in den Fällen des § 12 Abs. 1 c (vgl. auch § 19 Abs. 1).

e) **Widersprüche** gegen die Eintragung eines in Sp. 1 bis 3 eingetragenen Rechts, gegen die Eintragung eines Rechts an einem Grundstücksrecht, gegen die Nichteintragung oder Löschung eines Rechts an einem Grundstücksrecht und gegen die unrichtige Eintragung eines Rechts oder eines Rechts an einem solchen Rechte (§ 12 Abs. 2).

6. Die Spalten 6 und 7

dienen zur Löschung sämtlicher in Abt. II vorgenommenen Eintragungen, gleichgültig, ob es sich um Eintragungen in Sp. 3 oder in Sp. 5 handelt.

a) Die Sp. 6 gibt die laufende Nummer des von der Löschung betroffenen Rechts an. Sie dient zur Herstellung des Zusammenhangs zwischen dem Löschungsvermerk und der gelöschten Eintragung (Abs. 7).

b) In Sp. 7 wird der Löschungsvermerk eingetragen (Abs. 6). Über die Löschung im einzelnen vgl. § 17 Rdn. 2.

III. Muster

Vorbemerkung. Die nachstehenden Eintragungsmuster sind keine „Normtexte", sondern Anregungen und Hilfestellungen bei der Ermittlung des für den Einzelfall passenden Eintragungstextes. Die Normierung und Schablonisierung von Grundbucheintragungen scheint uns nicht generell nützlich zu sein; sie könnte vielmehr geeignet sein, die Tatsache zu verwischen, daß der Eintragungstext vom Rechtspfleger in sachlicher Unabhängigkeit bestimmt wird (vgl. Vorbem. vor § 1 Rdn. 3). Ein zunehmender Druck zur Verwendung von Normtexten könnte sich so als eine Gefährdung der Unabhängigkeit des GBA erweisen, wodurch dem Rechtsstaat sicherlich ein schlechter Dienst erwiesen würde.

1. Altenteil

8 „Altenteil (oder: Leibgeding oder: Auszug oder: Leibzucht) für ... Zur Löschung genügt der ... (Todesnachweis, Verheiratungsnachweis usw.). Wertersatz gem. § 882 BGB: ... DM. Eingetragen gem. Bewilligung vom ...".

Vgl. dazu auch Anm. zu § 49 GBO mit Hinw. auf Eintragungsbesonderheiten. Enthält das Recht auch die Verpflichtung zur Tragung v. Beerdigungs- und Grabpflegekosten, so ist mangels Beschränkung dieser Teilansprüche auf Lebenszeit auch keine Löschungserleichterung eintragbar.[2]

2. Auflassungsvormerkung

9 „Auflassungsvormerkung bezüglich einer Teilfläche von 1000 qm aus FlSt. 100 für den Bäckermeister Hans Meier, geb. 4. 3. 1960, in München, gem. Bewilligung vom ... eingetragen am ...".[3]

3. Belastung eines realen Grundstücksteiles

10 „Beschränkte persönliche Dienstbarkeit (Anpflanzungsrecht) bezüglich eines Grundstücksteiles nach Maßgabe des Lageplanes des Katasteramtes ... vom ...".

Vgl. dazu § 7 Rdn. 8.
Unterscheide davon die Belastung des ganzen Grundstückes mit Ausübungsbeschränkung auf einen realen Teil des Grundstücks (§ 7 GBO Rdn. 20).

4. Beschränkte persönliche Dienstbarkeit

11 Bei der Eintragung einer beschränkt persönlichen Dienstbarkeit ist der Inhalt des Rechts schlagwortartig anzugeben. Häufiger vorkommende Rechtstypen: Baubeschränkung (= jede Art von Beschränkung bei Errichtung eines Bauwerkes); Betretungsrecht; Garten(mit-)benutzungsrecht; Geh- und Fahrtrecht; Gewerbebetriebsbeschränkung; Kanalrecht, Kraftfahrzeugeinstellrecht; Tankstellenrecht (= Recht zur Errichtung, Unterhaltung und zum Betrieb einer Tankstelle); Versorgungsleitungsrecht; Wasserleitungsrecht; Wegerecht; Weiderecht; Wohnungsbesetzungsrecht (= Verpflichtung des Eigent., Wohnung nur an vom Berechtigten Benannte zu vermieten); Wohnungsrecht.

5. Dauerwohnrecht nach WEG

12 „Dauerwohnrecht an der Wohnung Nr. 3 im Erdgeschoß (Nr. 3 des Aufteilungsplanes) für ... Es besteht eine Veräußerungsbeschränkung nach Nr. 10 der ...; eine Vereinbarung nach § 39 WEG ist getroffen. Eingetragen gem. Bew. vom ... am ...".

„Beschränkte persönliche Dienstbarkeit (− Inhalt des Rechts, s. unten −) für ... Wertersatz gem. § 882 BGB ... DM. Eingetragen gem. Bewilligung vom ... am ...".

---

[2] BayObLG Rpfleger 88, 98, vgl. aber auch OLG Hamm Rpfleger 88, 248.

[3] Vgl. dazu BayObLG Rpfleger 57, 48 u. NJW-RR 98, 522; LG Nürnberg-Fürth Rpfleger 58, 378; LG Würzburg DNotZ 63, 367. Wegen der Eintragung einer nur bestimmbaren Person als Berechtigter vgl. OLG Schleswig DNotZ 57, 661. Die AV kann auch subjektiv-dinglich eingetragen werden (RG RGZ 128, 346). Zur Behandlung der AV bei oder nach Vollzug der Auflassung s. *Ripfel* Rpfleger 62, 200.

II. Das Grundbuchblatt (Eickmann) § 10 V

Wegen der Eintragung der Veräußerungsbeschränkung s. ausf. § 3 WEGBV Rdn. 8. Die Eintragbarkeit und Eintragungsbedürftigkeit der Beschränkung nach § 39 WEG ist allgem. Meinung.[4] Neben der Eintragung beim begünstigten Dauerwohnrecht sind Eintragungen bei den betroffenen Rechten notwendig:
„Bezüglich Abt. II Nr. 1 ist eine Vereinbarung gem. § 39 WEG getroffen. Eingetragen am ...".

6. Erbbaurecht

6.1. Eintragung des Rechts[5]

a) Grundstücksblatt: **13**
„Erbbaurecht für den Kaufmann Max Bauer, geb. 19. 10. 1950, in München auf die Dauer von 99 Jahren seit dem Eintragungstag, unter Bezugnahme auf die Nr. 1 des Bestandsverzeichnisses des Erbbaugrundbuches von ... Bd. ... Bl. ... mit dem Vorrang vor der Post 1 der Abteilung III eingetragen am ..."

b) Blatt des Erbbaugrundbuches:
„Erbbaurecht an dem Grundstück
Moosach 427/1 Gartenland 0.250
(Moosach Bd. 25 Blatt 23) eingetragen in Abt. II Nr. 1 für die Dauer von 99 Jahren seit dem 1. 2. 1970. Die Veräußerung des Erbbaurechts bedarf der Zustimmung des Grundstückseigentümers.
Als Eigentümer des belasteten Grundstücks ist eingetragen der Kaufmann Hans Maier in München. Gem. Bew. vom 2. 1. 1970 bei Anlegung des Blattes hier vermerkt am ..."

6.2. Teilung des Erbbaurechts (vgl. dazu § 7 GBO Rdn. 23): **15**

a) Eintragungen im Grundstücksblatt:
aa) Teilung des Grundstücks (s. dazu § 7 GBO Rdn. 21 und § 13 GBVfg. Rdn. 8).
bb) Abt. II, Sp. 4 u. 5:
„Das Erbbaurecht ist geteilt. Es lastet je ein selbständiges Erbbaurecht an FlSt. ... u. FlSt. ... Eingetragen je unter Bezugnahme auf die Nr. 1 der Erbbaugrundbücher ... am ..."

b) Eintragungen im Blatt des Erbbaurechts:
Best. Verz. Sp. 1–4:
„Nach Teilung des Grundstücks in FlSt. ... u. FlSt. ... (VN ...) und Teilung des Erbbaurechts lastet je ein selbständiges Erbbaurecht an den obenbezeichneten Grundstücken."
Nach Teilung des Erbbaurechts das neubegründete selbständige Erbbaurecht an FlSt. ... übertragen nach Band ... Blatt ... am ...

6.3. Erbbauzins:

„Erbbauzins von sechshundert Deutsche Mark jährlich seit dem Eintragungstag für den jeweili- **16**
gen Eigentümer des im Grundbuch von ... Bd. ... Bl. ... unter Nr. 1 des Bestandsverzeichnisses eingetragenen Grundstücks. Gemäß Bewilligung vom ... eingetragen am ..."
aber auch (nach Änderung des § 9 ErbbauVO dch. das SachenRÄndG): „Wertgesicherter Erbbauzins von derzeit ... usw."

7. Grunddienstbarkeit

„Grunddienstbarkeit (– Inhalt des Rechts, s. unten –) für den jeweiligen Eigentümer von **17**
BestVerz. Nr. ... Band ... Blatt ... Eingetragen und nach § 9 GBO vermerkt gem. Bewilligung vom ... am ..."

---

[4] Weitnauer § 39 Rdn. 13; OLG Schleswig SchlHA 62, 146; LG Hildesheim Rpfleger 66, 116.

[5] S. allg. BGH Rpfleger 73, 355 (wichtige Hinw. auf Inhalt der EB!).

Wie bei beschränkt persönlicher Dienstbarkeit auch hier genaue Bezeichnung des Gegenstandes des Rechts erforderlich. S. dazu die Zusammenstellung oben Rdn. 11 u. allgemein zum Inhalt Einl. Der Hinweis auf den Vermerk nach § 9 GBO kann im Falle der gleichzeitigen Eintragung des Rechts auch in die Hauptspalte übernommen werden.
Belastbar Grundstück oder realer Teil (vgl. § 7 GBO Rdn. 7). Davon ist zu unterscheiden die beschränkte Ausübung bei Belastung des ganzen Grundstücks (vgl. § 7 GBO Rdn. 20).

8. Nießbrauch

18 „Nießbrauch für Anna Meier, Schneidermeisterwitwe in München, geb. 4. 7. 1930. Zur Löschung genügt der Todesnachweis. Eingetragen am ..."

Bezugnahme erforderlich bei Einschränkungen des gesetzlichen Inhalts, etwa bei Ausschluß einzelner Nutzungen.
Wegen der Löschungserleichterung s. Erl. zu § 23 GBO.
Wegen des Verhältnisses mehrerer Berechtigter s. § 47 GBO Rdn. 4, 7, 10.

9. Pfändung von Rechten in Abt. II oder Abt. I

9.1. Ansprüche aus Auflassungsvormerkung

19 „Gesicherter Anspruch gepfändet wegen einer Kaufpreisforderung v. 10 000,− DM für ... gem. Pfändungs- und Überweisungsbeschluß des AG München vom ... (AZ ...) eingetragen am ..."

9.2. Nießbrauch[6]

20 „Gepfändet wegen ... für ... gem. ... (usw.)"

Es ist nicht etwa einzutragen „Ausübungsbefugnis gepfändet", weil die Pfändung das Stammrecht selbst erfaßt.[7] Trotz fehlender Möglichkeit der Übertragung besteht ein Bedürfnis, die Pfändung einzutragen, weil anders eine das Pfandrecht gefährdende Löschung nicht verhindert werden kann.[8]

9.3. Anteil eines Miterben

21 „Miterbenanteil des ... am ungeteilten Nachlaß gepfändet für ... gem. ... eingetragen am ..."

9.4. Nacherbenrecht

22 „Nacherbenrecht des ... gepfändet für ... gem. ... eingetragen am ..."

10. Reallast

23 „Reallast (− Inhalt des Rechts, s. unten −) für ... gem. Bewilligung vom ... eingetragen am ..."

Der Inhalt des Rechts ist schlagwortartig anzugeben. Häufigste Fälle: Rentenrecht (auch: Leibrente), Recht auf Pflege, Recht auf Verpflegung, Lieferung von ...
Wegen des Verhältnisses mehrerer Berechtigter s. oben § 47 GBO Rdn. 4, 7, 10.

11. Rechtshängigkeitsvermerk

24 „Gegen (− Bezeichnung der mit der rechtshängigen Klage angefochtenen Eintragung −) hat ... Klage erhoben; eingetragen gem. ... am ..."

---

[6] S. allg.: *Böttcher* Zwangsvollstreckung im Grundbuch, Rdn. 501 ff.
[7] BGH Rpfleger 74, 186; vgl. auch *Böttcher* (Fn. 6), Rdn. 503.
[8] *Böttcher* (Fn. 6), Rdn. 507.

II. Das Grundbuchblatt (Eickmann) § 10 V

12. Untererbbaurecht

„Untererbbaurecht am Erbbaurecht Bd. ... Bl. ...; in Abt. II Nr. ... eingetragen auf ... Jahre **25** ab dem dortigen Eintragungstag. Das Obererbbaurecht lastet am Grundstück Band ... Bl. ... BestVerz. Nr. ... und ist dort eingetragen in Abt. II Nr. ... auf ... Jahre ab dem dortigen Eintragungstag. Der Obererbbauberechtigte bedarf zur Veräußerung und Belastung des Obererbbaurechts mit ... der Zustimmung des Eigentümers; im übrigen ist das Obererbbaurecht eingetragen gem. Bewilligung vom ... Der Untererbbauberechtigte bedarf zur Veräußerung und Belastung des Untererbbaurechts mit ... der Zustimmung des Obererbbauberechtigten. Obererbbauberechtigter: ... Gemäß Bewilligung vom ... eingetragen beim Obererbbaurecht am ...; Blatt angelegt am ..."

Auf dem Blatt des belasteten Obererbbaurechts wird das Recht wie ein Erbbaurecht eingetragen. Auch hier gilt das Erstrangigkeitsgebot (Erbbauzins!).

13. Veräußerungsverbote und Verfügungsbeschränkungen

13.1. Veräußerungsverbot nach § 106 KO (§ 21 II Nr. 2 InsO)

„Gegen ... ist ein Veräußerungsverbot nach § 106 KO ergangen; eingetragen am ..." **26**
„Gegen ... ist ein Verfügungsverbot nach § 21 II Nr. 2 InsO ergangen ..."

13.2. Konkurseröffnung

„Über das Vermögen des Eigentümers (– u. U.: „Miteigentümers ... oder „Gläubigers" –) ist **27** Konkurs (oder: das Insolvenzverfahren) eröffnet. Eingetragen auf Ersuchen des AG ... (AZ ...) am ..."

13.3. Nachtragsverteilung im Konkurs, in der Insolvenz

„Das Grundstück (oder: „Das Recht") unterliegt einer Nachtragsverteilung. Eingetragen auf **28** Ersuchen des AG ... (AZ ...) am ..."

Anordnung einer Nachtragsverteilung läßt Konkursbeschlag wieder ex nunc aufleben. Zur Verhinderung gutgläubigen Erwerbs muß diese Tatsache ebenso wie der ursprüngliche Konkursbeschlag eintragbar sein.

13.4. Verfügungsverbot (allgemein)

„Dem Eigentümer ist zugunsten von ... verboten, das Grundstück zu veräußern oder zu belasten. Eingetragen gem. ... am ..." **29**

13.5. Veräußerungsverbote im Vergleichsverfahren

„Gegen den Eigentümer ist das allgemeine Veräußerungsverbot nach §§ 59, 61 VerglO ergangen. **30** Eingetragen am ..."
oder:
„... ist ein besonderes Veräußerungsverbot gem. §§ 59, 63 VerglO ergangen".

Während bei § 106 KO eine Unterscheidung nach dem allgemeinen oder dem besonderen VV nicht in der Eintragung zum Ausdruck gebracht zu werden braucht, weil beide gleichermaßen nach §§ 135, 136 BGB zu behandeln sind,[9] muß bei den VV nach der VerglO unter Angabe der §§ 61 bzw. 63 VerglO die Rechtsnatur der Beschränkung wegen der teilweise unterschiedlichen Rechtsfolgen genau kenntlich gemacht werden.

---

[9] Vgl. dazu ausf. *Eickmann* KTS 74, 202.

13.6. Verfügungsverbot nach dem Flurbereinigungsgesetz

31 „Verfügungsverbot nach § 53 Abs. 2 Flurbereinigungsgesetz für die Teilnehmergemeinschaft ...; eingetragen am ..."

13.7. Verfügungsbeschränkung nach Bundesversorgungsgesetz

32 „Verfügungsverbot nach § 75 Bundesversorgungsgesetz. Eingetragen am ..."
Die Angabe eines Berechtigten ist hier nicht erforderlich.

14. Vereinbarung zwischen Miteigentümern

33 „Die Miteigentümer haben die Verwaltung und Benutzung des Grundstückes geregelt und die Aufhebung der Gemeinschaft für immer ausgeschlossen. Als Belastung jedes Miteigentumsanteiles zugunsten der anderen Miteigentümer eingetragen gem. Bewilligung vom ... am ...".

Einzutragen als Belastung jedes Anteiles. Wegen der näheren Regelung genügt Bezugnahme auf Bewilligung.[10] Es genügt, wenn die Grundstücksteile, auf die sich die Benutzungsregelung bezieht, in eine in der Bewilligung in Bezug genommene Karte (Lageplan, Skizze) eingezeichnet sind.[11] Umstritten bezüglich der Eintragungsfähigkeit ist die Verpflichtung zur Tragung der Lasten und Kosten (vgl. Einl D 31).

15. Vorkaufsrecht

34 „Vorkaufsrecht für alle Verkaufsfälle für den Kaufmann Max Bauer in München, geb. 7. 9. 1975, – (oder: für den jeweiligen Eigentümer des Grundstücks Moosach Bd. ... Bl. ...) – eingetragen am ..."

Vorkaufsrecht sowohl bestellbar für eine bestimmte Person als auch subjektiv-dinglich. Ein für einen bestimmten Berechtigten und seinen Rechtsnachfolger bestelltes VR ist jedoch kein subjektiv-dingliches nach § 1094 Abs. 2 BGB.[12] Wegen des Verhältnisses mehrerer Berechtigter s. § 47 GBO Rdn. 4, 7, 10.

16. Vormerkung für den Erwerber künftigen Raumeigentums

35 „Vormerkung zur Sicherung des Anspruchs auf Übertragung eines Miteigentumsanteils von ... und auf Bildung und Übertragung eines damit zu verbindenden Sondereigentums an ... für ... gemäß ... eingetragen am ..."

Der Gegenstand des Sondereigentums ist genau zu bezeichnen.[13] Dabei ist in der Regel die Vorlage eines Aufteilungs- oder Bauplanes[14] oder die Beschreibung der – schon erstellten – Räume in der Bewilligung[15] notwendig. Stets muß der Miteigentumsanteil genau beziffert werden.[16] Die Eintragung der Vormerkung ist auch möglich, wenn noch keine Abgeschlossenheitsbescheinigung vorliegt, es sei denn, das GBAmt ist der Auffassung, sie könne nicht erteilt werden.[17]

17. Wohnungsrecht

36 Muster s. § 44 GBO Rdn. 11.

---

[10] Haegele/Schöner/*Stöber* Rdn. 1469; vgl. wegen des Umfanges der Bezugnahme auch BayObLG Rpfleger 73, 246.
[11] OLG Hamm Rpfleger 73, 167.
[12] BGH DNotZ 63, 235.
[13] Vgl. OLG Frankfurt DNotZ 72, 180; BayObLG Rpfleger 77, 300; *v. Barby* NJW 72, 8.
[14] BayObLG Rpfleger 74, 261.
[15] BayObLG Rpfleger 77, 300; OLG Köln DNotZ 85, 450.
[16] LG Hannover Rpfleger 75, 284; LG Hamburg Rpfleger 82, 272; *Meyer-Stolte* Rpfleger 77, 121; *Demharter* Anh. § 44 Rdn. 112; a. A. *Schmedes* Rpfleger 75, 285.
[17] LG Köln MittRheinNotK 90, 224.

[Abteilung III]

§ 11

(1) In der dritten Abteilung werden Hypotheken, Grundschulden und Rentenschulden einschließlich der sich auf diese Rechte beziehenden Vormerkungen und Widersprüche eingetragen.

(2) Die Spalte 1 ist für die laufende Nummer der in dieser Abteilung erfolgenden Eintragungen bestimmt.

(3) In der Spalte 2 ist die laufende Nummer anzugeben, unter der das belastete Grundstück im Bestandsverzeichnis eingetragen ist.

(4) Die Spalte 3 dient zur Angabe des Betrags des Rechts, bei den Rentenschulden der Ablösungssumme.

(5) In der Spalte 4 wird das Recht inhaltlich eingetragen.

(6) In der Spalte 7 erfolgt die Eintragung von Veränderungen der in den Spalten 1 bis 4 vermerkten Rechte, einschließlich der Beschränkungen des Berechtigten in der Verfügung über ein solches Recht, auch wenn die Beschränkung nicht erst nachträglich eintritt.

(7) In der Spalte 10 werden die in den Spalten 3, 4 und 6, 7 eingetragenen Vermerke gelöscht.

(8) Bei Eintragungen in den Spalten 7 und 10 ist in den Spalten 5 und 8 die laufende Nummer, unter der die betroffene Eintragung in der Spalte 1 eingetragen ist, und in den Spalten 6 und 9 der von der Veränderung oder Löschung betroffene Betrag des Rechts anzugeben.

Übersicht

	Rdn.		Rdn.
I. Allgemeines	1	III. Muster	
II. Die einzelnen Spalten		1. Brief- u. Buchhypothek	
1. Spalte 1	2	(m. Abtretung u. Inhaltsänderungen)	10
2. Spalte 2	3	2. Pfändung einer Hypothek	24
3. Spalte 3	4	3. Rentenschuld	25
4. Spalte 4	5	4. Rückgewährvormerkung bei Sicherungsgrundschuld	26
5. Spalte 5	6	5. Hypothekenverteilung	27
6. Spalte 6	7	6. Rangvorbehalt	28
7. Spalte 7	8	7. Zinssatzerhöhungen	29
8. Spalten 8 bis 10	13	8. Zwangshypothek	30

I. Allgemeines

Die Abt. II dient zur Eintragung der Grundpfandrechte und der diese betreffenden Neben-(Zusatz-)eintragungen. Sie ist in 10 Spalten (Sp. 1–3: Haupteintragungen; Sp. 5–7: Veränderungen, Sp. 8–10: Löschungen) eingeteilt. 1

Wegen des Verhältnisses der Haupt- und Veränderungsspalten zueinander ist zu bemerken: Die Veränderungsspalte ist als Ergänzung der Hauptspalte anzusehen, deshalb haben die Eintragungen in der Veränderungsspalte räumlich (d. h. im Verhältnis zu anderen Eintragungen der Hauptspalte) grundsätzlich die gleiche Stellung wie die Eintragungen der Hauptspalte, zu denen sie gehören.[1] Innerhalb der Veränderungsspalte spielt das räumliche Verhältnis i. d. Regel keine Rolle (vgl. § 45 GBO Rdn. 5).

---
[1] RG JFG 22, 106 u. JFG 22, 286.

II. Die einzelnen Spalten

1. Spalte 1

2 dient zur Angabe der laufenden Nummer der in den Sp. 3 und 4 vorzunehmenden Eintragung. Die Eintragungen werden fortlaufend numeriert, ohne Rücksicht darauf, welches Grundstück sie betreffen (Abs. 2). Jedes Recht wird regelmäßig unter einer besonderen Nummer gebucht. Wegen der Zulässigkeit sog. Sammelbuchungen (= Buchung mehrerer Rechte unter einer Nummer oder unter mehreren Nummern bei Zusammenfassung in einem Vortrag) s. § 44 Rdn. 10 ff.

2. In der Spalte 2

3 wird die laufende Nummer angegeben, die das von der Eintragung betroffene Grundstück in Sp. 1 des Bestandsverzeichnisses führt (Abs. 3). Wird nachträglich noch ein auf demselben Grundbuchblatt stehendes Grundstück mitbelastet, so wird seine Nummer in Sp. 2 nicht nachgetragen. Die vielfach abweichende Übung der Praxis ist aber unbedenklich. Wesentlich bedenklicher ist die leider weit verbreitete Nachlässigkeit, bei Veränderungen im Grundstücksbestand die Sp. 2 nicht entsprechend zu ergänzen bzw. zu berichtigen.

Wegen der Belastung eines Miteigentumsanteiles vgl. § 10 Rdn. 3, 4; ähnliches dürfte f. d. Belastung v. Eigentumsbruchteilen i. d. Fällen d. § 7 GBO Rdn. 11–19 gelten.

3. In Spalte 3

4 ist bei Hypotheken und Grundschulden der Betrag des Rechts, bei Rentenschulden der Betrag der Ablösungssumme anzugeben (Abs. 4). Die Angabe erfolgt in Ziffern; § 17 Abs. 1 S. 1 gilt nur für die Eintragungsspalten. Die Währungsangabe kann abgekürzt werden (z. B. DM). Bei jeder Teillöschung ist der gelöschte Teil von dem Betrage abzuschreiben (§ 17 Abs. 5). Der Geldbetrag von Nebenforderungen ist in Sp. 3 nicht aufzunehmen.

Wegen der Kenntlichmachung einer sog. Zusatzhypothek vgl. Rdn. 8.

4. In Spalte 4 erfolgt

5 a) die inhaltliche Eintragung der Hypothek, Grund- oder Rentenschuld (Abs. 5). Hierbei sind Geldbeträge in Buchstaben zu schreiben (§ 17 Abs. 1 S. 1). Nicht eingetragen wird hier die Zusammenfassung mehrerer im Range aufeinanderfolgender Hypotheken desselben Gläubigers zu einer sogenannten Einheitshypothek (besser: einheitlichen Hypothek). Sie stellt vielmehr eine Inhaltsänderung der betroffenen Posten dar und ist daher in der Veränderungsspalte einzutragen.

Die Erhöhung des Hypothekenkapitals ist grundsätzlich in Sp. 4 einzutragen. Doch sind Ausnahmen zulässig (vgl. Rdn. 8 Buchst. dd).

b) Auch Vormerkungen, die den Anspruch auf Einräumung einer Hypothek, Grund- oder Rentenschuld sichern sollen, sind in Sp. 4 einzutragen (§ 12 Abs. 1 b). Vgl. § 19 Rdn. 2, 4.

c) Ferner gehören hierher Widersprüche gegen die Nichteintragung oder Löschung von Hypotheken, Grundschulden und Rentenschulden (§ 12 Abs. 1 b, 2; vgl. § 19 Rdn. 4).

d) In Sp. 4 gehören auch die Nebenbestimmungen, die gleichzeitig mit dem Recht eingetragen werden, z. B. die Mithaft, Ausschließung der Erteilung des Hypothekenbriefes, der Verzicht auf das Widerspruchsrecht aus § 1160 Abs. 1 BGB, der Rangvorbehalt (§ 881 BGB; beim zurücktretenden und begünstigten Recht jeweils Rangvermerke!).

Wegen der Eintragung der **Mitbelastung** vgl. § 30 GeschO.

Wird ein Gesamtrecht auf einer großen Zahl von Blättern eingetragen, so dürfte es, um eine Überfüllung der einzelnen Blätter zu vermeiden, zulässig sein, nur auf einem der Blätter im Mithaftvermerk sämtliche Mithaftgrundstücke mit ihrer Grundbuchstelle zu bezeichnen. Bei den anderen Eintragungen kann der Mithaftvermerk dann wie folgt lauten:

„Es besteht Gesamthaft. Die mithaftenden Grundstücke ergeben sich aus der jeweils gültigen Eintragung im Grundbuch von ... Band ... Blatt ... Abt. III, Nr. ..."

Diese Verweisung dürfte zulässig sein sowohl dann, wenn das „führende" Blatt bei demselben GBA geführt wird, als auch dann, wenn es bei einem anderen GBA geführt wird.[2]

Die Beschränkung des Berechtigten in der Verfügung ist stets in Sp. 7 einzutragen (vgl. Rdn. 9).

Wegen der Nichterteilung eines Briefes vgl. Rdn. 8.

5. Die Spalte 5

stellt den Zusammenhang mit der Haupt- und der Veränderungseintragung her (Abs. 8). Hier ist die laufende Nummer des von der Veränderung betroffenen Rechts einzutragen. Besonderheiten gelten für Teilabtretungen (vgl. § 17 Abs. 4 und dort Rdn. 5).

6

6. Die Spalte 6

dient zur Angabe des Betrages (in Ziffern mit abgekürzter Währungsangabe), der von der Veränderung betroffen wird. Es kann dies der ganze Betrag des Rechts oder auch nur ein Teilbetrag sein. Bei Teilabtretungen wird so z. B. der abgetretene Teilbetrag angegeben; hierüber im einzelnen § 17 Rdn. 5. Wird ein Teilbetrag teilweise gelöscht, so ist außer der Abschreibung in Sp. 3 auch der gelöschte Teilbetrag in Sp. 6 von dem Teilbetrag abzuschreiben (§ 17 Abs. 5 Satz 2).

7

7. Die Spalte 7

ist bestimmt zur Eintragung von allen Veränderungen im weitesten Sinne (Abs. 6). Hier sind einzutragen:

8

a) **Veränderungen des Rechts** im eigentlichen Sinne. Hier kommen vor allem in Betracht:

aa) Abtretungen, Änderungen des Rangverhältnisses (§ 880 BGB), die nachträgliche Eintragung eines Rangvorbehalts (§ 881 BGB), der Vermerk über die Ausnutzung eines Rangvorbehalts bei dem zurücktretenden Recht, die Aufhebung eines in Sp. 4 eingetragenen Rangvorbehalts (wegen der Aufhebung eines in Sp. 7 eingetragenen Rangvorbehalts vgl. unten (Rdn. 13), die nachträgliche Ausschließung der Erteilung eines Briefes oder die Aufhebung der Ausschließung (§ 1116 Abs. 2, 3), der nachträgliche Verzicht auf das Widerspruchsrecht aus § 1160 Abs. 1 BGB, die Änderung der Zinsbedingungen (auch wenn ein Teil der Zinsen im Range nachsteht; jedoch ist dann im Vermerk das

---

[2] Meikel/*Böhringer* § 48 GBO Rdn. 68 bezeichnen diese Eintragung als „zweifelhaft", haben aber keine Bedenken gegen eine Bezeichnung des Mithaftumfanges nur in der Bewilligung.

Rangverhältnis anzugeben, der Zahlungszeit oder des Zahlungsortes (§ 1119 BGB), die Pfändung oder Verpfändung des Rechts (§§ 1154 Abs. 2, 3, 1192 BGB; § 830 ZPO), die Änderung der Forderung, für welche die Hypothek besteht (§ 1180 BGB), die Umwandlung einer Hypothek, Grundschuld oder Rentenschuld (§§ 1177, 1186, 1198, 1203 BGB), der Übergang der Hypothek auf den Eigentümer infolge Verzichts (§ 1168 BGB), sowie die Erteilung eines neuen Briefes (§ 68 Abs. 3 GBO).

bb) Die nachträgliche Mitbelastung eines anderen Grundstücks (§ 48 Abs. 1 S. 2 GBO), die Übertragung eines mithaftenden Grundstücks auf das Blatt eines anderen mithaftenden Grundstücks, das Erlöschen der Mithaft (wegen der Behandlung der Mithaft vgl. § 30 GeschO).[3]

cc) In Sp. 7 wird auch die Zusammenfassung mehrerer Hypotheken zu einer sog. Einheitshypothek (besser: einheitlichen Hypothek), die eine Inhaltsänderung darstellt, eingetragen. Es ist zweckmäßig, der Einheitshypothek statt der Bezeichnung durch mehrere laufende Nummern eine einheitliche Bezifferung zu geben; hierzu eignen sich am besten römische Ziffern. Beispiel: „1, 2, 3 (jetzt I)". Diese Bezeichnung führt die Einheitshypothek auch bei späteren Veränderungen und Löschungen in den Sp. 5 oder 8: „I (früher 1, 2, 3)". Eine Eintragung in den Sp. 1–4 findet nicht statt. Muster unten Rdn. 15.

dd) Auch die Eintragung einer Zinserhöhung (wegen der Rangfragen vgl. § 45 GBO Rdn. 13 u. unten Rdn. 29) ist eine Veränderung.

ee) In allen Fällen einer Erweiterung des Hypothekenkapitals ist grundsätzlich eine neue Eintragung in der Hauptspalte geboten.[4] Das folgt jedoch nicht, wie überwiegend angenommen wird, aus dem Bestimmtheitsgrundsatz; denn die Höhe der dinglichen Belastung des Grundstücks wird ja hinreichend bestimmt angegeben. Die Notwendigkeit der Eintragung einer Kapitalerhöhung in der Hauptspalte folgt vielmehr aus dem Aufbau der dritten Abteilung des Grundbuchmusters, deren Ziel es ist, dem Leser aus den Haupteintragungsspalten sofort einen klaren Überblick über die Höhe der Grundstücksbelastungen zu geben. Von diesem wichtigen Grundsatz kann nur in Ausnahmefällen, und zwar nur dann, wenn keine Unklarheiten entstehen können, abgesehen werden. Ob das Grundbuch durch die Eintragung der Erhöhung als Veränderung unrichtig wird, hängt von dem Vorhandensein von Nacheintragungen ab.

ff) Auch die Herabsetzung des Zinssatzes wird, obwohl sie rechtlich eine Löschung eines Teils des Rechts darstellt (vgl. § 46 GBO Rdn. 7), in der Veränderungsspalte eingetragen. Muster s. § 46 Rdn. 7.

9 b) **Beschränkungen** des Berechtigten in der Verfügung über ein in den Sp. 1 bis 4 vermerktes Recht, auch wenn die Beschränkung gleichzeitig mit dem Recht und nicht erst nachträglich eingetragen wird (Abs. 6).

10 c) **Vormerkungen** auf Einräumung eines in Sp. 7 einzutragenden Rechts an einer Hypothek, Grundschuld oder Rentenschuld (§ 12 Abs. 1b; vgl. auch § 19 Rdn. 4).

11 d) **Vormerkungen** in den Fällen des § 12 Abs. 1c (vgl. § 12 Rdn. 4).

12 e) **Widersprüche** der in § 10 Rdn. 6 genannten Art.

8. Die Spalten 8 bis 10

13 dienen der Löschung sämtlicher in Abt. III vorgenommenen Eintragungen, gleichgültig, ob es sich um die Löschung von Eintragungen in den Sp. 1 bis 4 oder 5 bis 7, oder

---

[3] Ausf. dazu *Saage* DFG 38, 109 ff.
[4] KG JFG 14, 378; 16, 248; RG RGZ 143, 425.

II. Das Grundbuchblatt (Eickmann)

ob es sich um völlige oder teilweise Löschungen handelt. Hier wird auch die Aufhebung eines in den Sp. 5 bis 7 eingetragenen Rangvorbehalts eingetragen,[5] denn es handelt sich nicht um eine Inhaltsänderung, sondern um eine echte Aufhebung.[6]

a) Die Sp. 8 soll den Zusammenhang zwischen dem Löschungsvermerk und der gelöschten Eintragung herstellen. Hier wird daher die laufende Nummer des von der Löschung betroffenen Rechts eingetragen (Abs. 8). Bei Löschungen von Teilabtretungen ist auch der Buchstabe (und gegebenenfalls die römische Zahl), den der Teilbetrag in Sp. 5 neben der laufenden Nummer führt (§ 17 Abs. 4), anzugeben.

b) Die Sp. 9 dient zur Angabe des gelöschten Betrages in Ziffern.

c) In Sp. 10 wird der Löschungsvermerk selbst eingetragen. Vgl. hierüber im einzelnen § 17 Rdn. 2.

III. Muster

Auch hier gilt das in der Vorbemerkung zu Rdn. 8 bei § 10 GBVfg Gesagte.

1. Brief- und Buchhypothek

50.000,– DM Hypothek (evgl.: ohne Brief) für fünfzigtausend Deutsche Mark Darlehen des Kaufmanns Otto Bauer in München, geboren am 22. 8. 1960; verzinslich mit jährlich bis zu 10% und weiteren Nebenleistungen bis zu 5%; gegen den jeweiligen Eigentümer sofort vollstreckbar. Gemäß Bewilligung vom ... eingetragen am ... 14

a) Wegen des zulässigen Inhalts s. Bem. zu Einl. Abschn. S.

b) Wegen der Bezeichnung des Gläubigers s. Erl. zu § 15 GBV

c) Eintragung der Zinsen und Nebenleistungen: 15
aa) Bei gleitendem Zinssatz ist Höchstzinssatz anzugeben.[7]
Die Voraussetzungen der Zinserhöhungen müssen in der Bewilligung klar geregelt sein.[8]
Zinsbeginn ist – dch. Bezugnahme – einzutragen; die Bewilligung muß darüber klare Angaben enthalten. Ist der Zinsbeginn nicht feststellbar, muß der Antrag beanstandet werden. Im Wege der Auslegung kann jedoch regelmäßig festgestellt werden, daß der Zinsbeginn mit dem Eintragungstag zusammenfallen soll.
bb) Wegen der Zusammenfassung von Zinsen und anderen Nebenleistungen vgl. Einl. S. 20 u. ausf. Böttcher Rpfleger 80, 81. Dort auch zu Fragen der Eintragung des Zinsbeginns u. a.

d) Eintragung der Unterwerfungsklausel:
Zulässig wie obiges Muster;[9] zulässig auch „Sofort vollstreckbar nach § 800 ZPO".[10]

---

[5] A. A. (= Veränderungsspalte): *Demharter* § 45 Rdn. 45; Meikel/*Böttcher* § 45 Rdn. 206.
[6] Palandt/*Bassenge* § 881 Rdn. 12; Münch-Komm/*Wacke* § 881 Rdn. 10; *Erman/Hagen* § 881 Rdn. 8. A. A. (= Inhaltsänderung): Staudinger/*Kutter* § 881 Rdn. 43; RGRK/ *Augustin* § 881 Rdn. 18.
[7] Vgl. BGH DNotZ 63, 436 u. DNotZ 75, 680 = Rpfleger 75, 296 auch wegen Angabe eines Mindestzinssatzes, KG DNotZ 71, 415; *Riedel* DNotZ 54, 454/562; *Ripfel* DNotZ 55, 62.
[8] BGHZ 35, 22 = Rpfleger 61, 231; OLG Stuttgart DNotZ 55, 80.
[9] Haegele/Schöner/*Stöber* Rdn. 2050.
[10] LG Weiden Rpfleger 61, 305; LG Nürnberg-Fürth Rpfleger 66, 338; OLG Köln Rpfleger 74, 150.

1.1. Abtretung einer Grundschuld unter Umwandlung in eine Hypothek

16 „Abgetreten mit Zinsen und Nebenleistungen seit ... an ... unter Umwandlung in eine Hypothek ohne Brief für eine Darlehensrückzahlungsforderung mit geänderten Zins- und Zahlungsbedingungen. Gemäß § 800 ZPO vollstreckbar. Eingetragen gem. Bewilligung vom ... am ..."

1.2. Abtretung der aus einem Fremdrecht entstandenen Eigentümergrundschuld

17 „Als Grundschuld kraft Gesetzes auf den Eigentümer übergegangen; abgetreten mit Zinsen und Nebenleistungen seit ... an ... Gem. Bewilligung vom ... eingetragen am ..."

1.3. Abtretung mit Zinssatzerhöhung

18 „Abgetreten mit rückständigen, laufenden und künftigen Zinsen an ...; ab ... Zinssatz geändert in ...%. Die ...% übersteigenden Zinsen jährlich haben Rang vor Abt. ... Nr. ... Eingetragen am ..."

Wegen des Rangvermerkes s. § 45 GBO Rdn. 13.

1.4. Abtretung einer Teil-Eigentümergrundschuld

19 „Teilbetrag von ... DM als Grundschuld kraft Gesetzes im Range nach dem Restrecht des Gläubigers auf Eigentümer übergegangen und mit Zinsen ... usw. (wie Beispiel 1.2)."

Das Rangverhältnis des § 1176 BGB ist im Buch zu verlautbaren.[11]

Die Eintragung einer vor dem Zessionswirksamkeitszeitpunkt liegenden Abtretung von Zinsen ist nach jetzt h. M. zulässig.[12]

1.5. Forderungsauswechslung

20 „An die Stelle der Darlehensforderung ist eine Kaufpreisforderung in gleicher Höhe mit 6% Jahreszinsen getreten. Gemäß Bewilligung vom ... eingetragen am ..."

1.6. Arresthypothek

21 „Höchstbetragshypothek zu ... DM für ... gem. Arrestbefehl des ... vom ... (AZ ...) eingetragen im Wege der Zwangsvollstreckung am ...".

1.7. Einheitshypothek

22 1 2000,– DM
2 1000,– DM
3 3000,– DM
jetzt:
I 6000,– DM

Die Hypotheken Nrn. 1, 2 und 3 sind zusammengefaßt zu einer einheitlichen Hypothek für sechstausend Deutsche Mark Darlehen mit bis zu 8% Jahreszinsen und bis zu 5% weiteren Nebenleistungen. Gegen den jeweiligen Eigentümer sofort vollstreckbar. Die bisherigen Hypothekenbriefe sind zu einem einheitlichen Hypothekenbrief zusammengefaßt worden. Gemäß Bewilligung vom ... eingetragen am ...

---

[11] KG KGJ 29, 184; Staudinger/*Wolfsteiner* § 1176 Rdn. 12; MünchKomm/*Eickmann* § 1176 Rdn. 9.

[12] Vgl. nunmehr BayObLG Rpfleger 87, 364, OLG Celle WM 89, 890; MünchKomm/*Eickmann* § 1197 Rdn. 9. A. A. *Bayer* Rpfleger 88, 139; abl. wohl auch Staudinger/*Wolfsteiner* § 1197 Rdn. 8 unter Hinw. auf § 1178, der aber für Rückstände nicht gelten kann, die nicht gezogen werden konnten.

II. Das Grundbuchblatt (Eickmann) § 11 V

In der Hauptspalte (Sp. 4) bedarf es keiner Veränderung, auch keiner Rötung.[13] Die zusammenfassenden Rechte müssen bei der Zusammenfassung in bezug auf Forderungsart, Zins- und Zahlungsbestimmungen und Form des Grundpfandrechts gleich sein! Unterschiedlicher Zinsbeginn schadet nicht.[14] Die Zusammenfassung ist nicht möglich, wenn bei einem Recht Veräußerungsverbote auf Übertragung des Rechts (anders bei Löschungsvormerkungen), Widersprüche oder Pfandrechte eingetragen sind.[15]

1.8. Änderung von Zins- und Zahlungsbestimmungen oder andere Inhaltsänderungen

„Zinsbestimmungen (– Zahlungsbestimmungen, Kündigungsvereinbarungen, Bedingungen –) sind geändert. Eingetragen gem. Bewilligung vom ... am ..." **23**

Liegt eine Erweiterung der Leistungspflicht (also eine inhaltliche Verschlechterung für den Eigentümer) vor, so kann – sofern entsprechend bewilligt – die Unterwerfung gem. § 800 ZPO mit eingetragen werden.

2. Pfändung der Hypothek

„Gepfändet mit Zinsen seit ... für ... wegen einer ... Forderung von ... DM mit ... Zinsen gemäß Pfändungs- und Überweisungsbeschluß des ..., eingetragen am ..." **24**

Sollen Zinsen erst ab Eintragungstag der Pfändung oder ab Briefwegnahme gepfändet sein, so bedarf es keiner Eintragung, die Pfändung erstreckt sich auch ohne Eintragung auf diese Zinsen.[16] Rückständige Zinsen müssen gesondert gepfändet werden (§ 829 ZPO! § 830 ist insoweit nicht anwendbar); der zeitliche Pfändungsumfang ist einzutragen.

Gläubiger und Forderungsgrund der zu sichernden Forderung (= Forderung des pfändenden Gläubigers) sind ausdrücklich einzutragen. Streitig ist, ob der Geldbetrag der zu sichernden Forderung nebst Zinsen etc. anzugeben ist,[17] dies wird jedoch zu bejahen sein, weil er den Umfang des Befriedigungsrechts beschränkt und der Rechtsumfang stets unmittelbar zu verlautbaren ist.

3. Rentenschuld

20 000,– DM Rentenschuld zu halbjährlich fünfhundert Deutsche Mark, ablösbar mit zwanzigtausend Deutschen Mark, für den Rentner Josef Meier in München. Gemäß Bewilligung vom ... eingetragen am ... **25**

4. Rückgewährvormerkung bei Sicherungsgrundschuld

„Abtretungsvormerkung (– oder, je nach Inhalt des Anspruchs: Verzichtsvormerkung, Aufhebungsvormerkung) für ... gemäß Bewilligung vom ... eingetragen am ..." **26**

Die Bezeichnung ist je nach dem Inhalt des Anspruchs zu wählen. Umfaßt der Anspruch sowohl Abtretung, wie auch Verzicht und Aufhebung, so kann der zusammenfassende Ausdruck „Rückgewährvormerkung" gewählt werden.

---

[13] *Saage* DFG 37, 115 und 38, 101; Haegele/Schöner/*Stöber* Rdn. 2701; *Ripfel* S. 196; a. A. *Kutzner* JW 35, 2543; *Fraß* DNotZ 37, 61; *Pyrkosch* Rpfleger 37, 116.
[14] LG Hof Rpfleger 64, 375.
[15] Haegele/Schöner/*Stöber* Rdn. 2702.
[16] RG RGZ 136, 233; OLG Oldenburg Rpfleger 70, 100; *Böttcher* Zwangsvollstreckung im Grundbuch, Rdn. 805.
[17] Verneinend: OLG Nürnberg BayJMBl. 55, 116; wie hier: *Böttcher* (Fn. 16) Rdn. 739. Im Ergebnis („zweckmäßig und praktische Übung") so auch Meikel/*Ebeling* § 11 Rdn. 33.

5. Hypothekenverteilung

27 „Nach Verteilung lasten:
... DM an BestVerz. Nr. ...
... DM an BestVerz. Nr. ...
... DM an BestVerz. ... Nr. ... Im übrigen ist die Mithaft erloschen. Eingetragen am ..."

Vorstehendes Muster setzt Buchung aller belasteten Grundstücke auf demselben Blatt voraus.

Bei Buchung der belasteten Grundstücke auf verschiedenen Blättern ist einzutragen:

„Nach Verteilung lastet das Recht hier noch in Höhe von ... DM; im übrigen ist die Mithaft erloschen. Eingetragen am ..."

6. Rangvorbehalt

28 „... Vorbehalten ist der Vorrang (− od.: Gleichrang −) für ein ... (− Angabe des Rechts; fehlt Einschränkung: Grundpfandrecht −) bis zu ... DM mit Zinsen bis zu ...% und anderen Nebenleistungen bis zu ...%. Gem. Bewilligung vom ... eingetragen am ..."

Zwar muß der Rechtstyp angegeben werden, dem der Vorrang vorbehalten ist, jedoch ist eine genauere Typenbezeichnung (Buch- oder Briefrecht) nicht erforderlich.

Der RV kann auf eine bestimmte Schuldart (etwa Darlehensforderungen) beschränkt werden; Bezugnahme genügt insoweit zur Eintragung. Der Umfang des vorbehaltenen Rechts muß − wenn auch mit Höchstbeträgen − genau bezeichnet sein. Vgl. dazu auch § 45 GBO Rdn. 17 ff.

7. Zinssatzerhöhungen

29 Eine Erhöhung bis zu 5% (bei Aufbauhypotheken nach ZGB: bis zu 13 %) ist ohne Zustimmung gleich- oder nachrangiger Berechtigter möglich; über diesen Satz hinaus bedarf ein Zinssatz, der Gleichrang mit dem Hauptrecht haben soll, der Zustimmung. Wird die Zustimmung nicht erteilt, haben die Mehrzinsen Nachrang. Wegen der Rangfrage s. § 45 GBO Rdn. 13. Einzutragen deshalb:

a. Bei Zustimmung (= Zinserhöhung bei Post III/1):

„Die Zinsen sind seit ... auf 15% erhöht. Eingetragen gem. Bewilligung vom ... im Range vor der Post 2 am ..."

b. Ohne Zustimmung, also bei Nachrang des Zinsmehrbetrages kann die Erhöhung ohne Rangvermerk gebucht werden; ein solcher empfiehlt sich jedoch aus Klarheitsgründen.

8. Zwangshypothek

30 Eintragung grundsätzlich wie bei rechtsgeschäftlicher Hypothek; jedoch Gesamtzwangshypothek nicht möglich (§ 867 Abs. 2 ZPO), dies gilt auch bei Belastung mehrerer ideeller Miteigentumsanteile. Gläubiger muß verteilen; Eintragung kann jedoch wie folgt zusammengefaßt werden:

Sp. 1−4   6   1   1500,− DM   Zu lfd. Nummern 6 und 7:
             7   2   500,− DM   Sicherungshypotheken von zusammen zweitausend Deutsche Mark für den Kaufmann Hans Maier in München geb. am .... Im Wege der Zwangsvollstreckung gem. Vollstreckungsbescheid des AG München (Az. ...) vom ... eingetragen am ...

Die Einzelhypotheken können auch auf weniger als 500,− DM lauten, sofern es sich um ein Recht handelt, das noch nicht der Neufassung v. § 867 ZPO dch G. v. 17. 12. 97 (BGBl I, 3039) unterliegt.

II. Das Grundbuchblatt (Eickmann) § 12 V

[Vormerkung]

§ 12

(1) Eine Vormerkung wird eingetragen:
a) wenn die Vormerkung den Anspruch auf Übertragung des Eigentums sichert, in den Spalten 1 bis 3 der zweiten Abteilung:
b) wenn die Vormerkung den Anspruch auf Einräumung eines anderen Rechts an dem Grundstück oder an einem das Grundstück belastenden Rechte sichert, in der für die endgültige Eintragung bestimmten Abteilung und Spalte;
c) in allen übrigen Fällen in der für Veränderungen bestimmten Spalte der Abteilung, in welcher das von der Vormerkung betroffene Recht eingetragen ist.

(2) Diese Vorschriften sind bei der Eintragung eines Widerspruchs entsprechend anzuwenden.

1. Allgemeines

§ 12 bestimmt die Abteilung und die Spalte, in der **Vormerkungen und Widersprüche** 1 eingetragen werden sollen. Er behandelt sämtliche Arten dieser Vermerke; sowohl solche, die sich auf das Eigentum beziehen, wie auch solche, die sich auf beschränkte dingliche Rechte an Grundstücken oder auf Rechte an solchen Rechten beziehen; so beispielsweise die Vormerkungen der §§ 883 ff., 1179 BGB, § 18 Abs. 2 GBO, § 76 GBO und die Widersprüche der §§ 899, 927, 1139, 1140, 1160 BGB, §§ 18 Abs. 2, 41, 53, 62, 71, 76 GBO, § 38 GBV. Nicht unter § 12 fällt der Widerspruch des § 23 Abs. 1 GBO (vgl. § 23 GBO). Seine Eintragung richtet sich nach den allgemeinen Vorschriften. Er wird, wenn er gleichzeitig mit dem Recht eingetragen wird, in der Haupt-, sonst in der Veränderungsspalte vermerkt. Ergänzt wird § 12 durch § 19.

2. Inhalt des § 12

Im einzelnen sind nach § 12 zu unterscheiden:

a) Vormerkungen und Widersprüche, die sich auf das Eigentum am Grundstück 2 beziehen. Ihre Eintragung erfolgt in Abt. II, Sp. 1 bis 3 (**Abs. 1a**). Hier sind auch die Widersprüche gegen unrichtige Vereinigungen und Zuschreibungen zu vermerken.

b) Vormerkungen auf Einräumung (**Abs. 1b**): 3
aa) eines in die zweite Abteilung einzutragenden Rechts (vgl. § 10 Rdn. 4);
bb) eines Rechts an einem in die zweite Abteilung einzutragenden Recht (vgl. § 10 Rdn. 6).
cc) einer Hypothek, Grundschuld oder Rentenschuld (vgl. § 11 Rdn. 4).
dd) eines Rechts an einer Hypothek, Grundschuld oder Rentenschuld (vgl. § 11 Rdn. 8).
In den Fällen 2a bis d erfolgt die Eintragung der Vormerkung in der für die endgültige Eintragung bestimmten Abteilung und Spalte (Abs. 1b).

c) Alle übrigen Vormerkungen, soweit die endgültige Eintragung in Abt. II oder III 4 zu erfolgen hat (**Abs. 1c**). Sie sind dort in der Veränderungsspalte der Abteilung einzutragen, in der das von der Vormerkung betroffene Recht eingetragen ist (vgl. § 10 Rdn. 6 und § 11 Rdn. 5, 7, 10). Hierher gehören z. B. Vormerkungen zur Sicherung des Anspruchs auf Löschung von Rechten oder Rechten an solchen Rechten und auf Änderung des Inhalts oder Ranges eines solchen Rechts.

d) Widersprüche gegen die Nichteintragung oder Löschung eines Rechts am Grund- 5 stück oder eines Rechts an einem solchen Recht (**Abs. 2, 1b**). Sie sind in der für die endgültige Eintragung bestimmten Abteilung und Spalte einzutragen.

§ 13 V
II. Grundbuchverfügung

6 e) alle übrigen Widersprüche (**Abs. 2, 1 c**). Sie sind stets in der Veränderungsspalte der Abteilung einzutragen, in der das angegriffene Recht eingetragen ist.

3. Löschung von Vormerkungen und Widersprüchen

7 Sie ist zu unterscheiden von dem Fall, daß die Vormerkung oder der Widerspruch durch die endgültige Eintragung ihre Bedeutung verliert (vgl. § 19 Abs. 2). Die Löschung richtet sich nach den für die Löschung von anderen Eintragungen geltenden Vorschriften. Sie erfolgt in allen Fällen in der Löschungsspalte der betreffenden Abteilung, in welcher der Vermerk eingetragen ist (vgl. § 10 Rdn. 7, § 11 Rdn. 13).

III. Die Eintragungen

Vorbemerkung

Während im II. Abschnitt der Grundbuchvordruck beschrieben und die Stelle des Grundbuchblattes angegeben wird, an der die Eintragungen zu erfolgen haben, regelt der III. Abschnitt in Ergänzung des II. Abschnitts die buchmäßige Durchführung der Eintragungen.

[Vereinigung; Zuschreibung; Abschreibung]

§ 13

(1) Bei der Vereinigung und der Zuschreibung von Grundstücken (§ 6 Abs. 6 b und c) sind die sich auf die beteiligten Grundstücke beziehenden Eintragungen in den Spalten 1 bis 4 rot zu unterstreichen. Das durch die Vereinigung oder Zuschreibung entstehende Grundstück ist unter einer neuen laufenden Nummer einzutragen; neben dieser Nummer ist in der Spalte 2 auf die bisherigen laufenden Nummern der beteiligten Grundstücke zu verweisen, sofern sie schon auf demselben Grundbuchblatt eingetragen waren.

(2) Bisherige Grundstücksteile (§ 6 Abs. 6 d) werden unter neuen laufenden Nummern eingetragen; neben diesen Nummern ist in der Spalte 2 auf die bisherige laufende Nummer des Grundstücks zu verweisen. Die Eintragungen, die sich auf das ursprüngliche Grundstück beziehen, sind in den Spalten 1 bis 4 rot zu unterstreichen.

(3) Wird ein Grundstück ganz abgeschrieben, so sind die Eintragungen in den Spalten 1 bis 6, die sich auf dieses Grundstück beziehen, sowie die Vermerke in den drei Abteilungen, die ausschließlich das abgeschriebene Grundstück betreffen, rot zu unterstreichen. Dasselbe gilt für die nach § 3 Abs. 5 der Grundbuchordnung eingetragenen Miteigentumsanteile, wenn nach § 3 Abs. 8 und 9 der Grundbuchordnung für das ganze gemeinschaftliche Grundstück ein Blatt angelegt wird.

(4) Wird ein Grundstücksteil abgeschrieben, so ist Absatz 2 entsprechend anzuwenden. Besteht das Grundstück aus mehreren Teilen, die in dem amtlichen Verzeichnis im Sinne des § 2 Abs. 2 der Grundbuchordnung als selbständige Teile aufgeführt sind, und wird ein solcher Teil abgeschrieben, so kann das Grundbuchamt von der Eintragung der bei dem Grundstück verbleibenden Teile unter neuer laufender Nummer absehen; in diesem Fall sind lediglich die Angaben zu dem abgeschriebenen Teil rot zu unterstreichen; ist die Gesamtgröße angegeben, so ist auch diese rot zu unterstreichen und die neue Gesamtgröße in Spalte 4 des Bestandsverzeichnisses anzugeben. Ist das

III. Die Eintragungen (Eickmann) § 13 V

Grundstück nach Maßgabe des § 6 Abs. 4 bezeichnet, so ist auch in dem bei den Grundakten aufzubewahrenden beglaubigten Auszug aus dem maßgebenden amtlichen Verzeichnis der Grundstücke die Abschreibung zu vermerken; eine ganz oder teilweise abgeschriebene Parzelle ist rot zu unterstreichen; eine bei dem Grundstück verbleibende Restparzelle ist am Schluß neu einzutragen.

(5) Die Vorschriften der Absätze 3 und 4 gelten auch für den Fall des Ausscheidens eines Grundstücks oder Grundstücksteils aus dem Grundbuche (§ 3 Abs. 3 GBO).

Übersicht

	Rdn.		Rdn.
I. Allgemeines	1	IV. Absatz 3	
II. Absatz 1		1. Abschreibung auf dem alten Blatt	9
1. Grundstücke auf demselben Blatt	2	2. Lösung von Miteigentumsanteilen	11
2. Grundstücke auf verschiedenen Blättern des gleichen GBA	3	V. Absatz 4	13
3. Blätter bei verschiedenen Grundbuchämtern	5	VI. Absatz 5	14
III. Absatz 2	8	VII. Die Zurückführung von Bestandsangaben	15

I. Allgemeines

§ 13 behandelt die Eintragung von Veränderungen im Grundstücksbestande; er ergänzt insoweit § 6. **1**

Er regelt ferner in Abs. 3 S. 2 die Behandlung der Miteigentumsanteile (§ 3 Abs. 5 GBO), wenn für das ganze gemeinschaftliche Grundstück ein Blatt angelegt wird.

Dabei ist es im Interesse einer einheitlichen Grundbuchführung notwendig, nur die bundesrechtlich vorgesehenen Bezeichnungen zu gebrauchen. Bei Vereinigung mehrerer Grundstücke gem. § 890 Abs. 1 BGB ist das Wort „vereinigen", für die Zuschreibung gem. § 890 Abs. 2 BGB das Wort „zuschreiben" zu gebrauchen; bei Teilung eines Grundstücks ist das Wort „teilen" zu verwenden. Vermessungstechnische Ausdrücke, wie etwa „verschmelzen" u. ä., dürfen nicht verwendet werden. Bei Zusammenschreibung mehrerer Grundstücke gem. § 4 GBO wird im Bestandsverzeichnis lediglich die Tatsache der Übertragung auf das Blatt eingetragen. Werden durch die Änderungen im Grundstücksbestand Änderungen hinsichtlich der Belastungen der beteiligten Grundstücke verursacht, so wird im Bestandsverzeichnis nichts hierüber vermerkt. Inwieweit in der zweiten und dritten Abteilung eine Eintragung erforderlich ist, vgl. Rdn. 2.

II. Absatz 1

Er behandelt **Vereinigung** und **Zuschreibung**. Hierbei ist zu unterscheiden, ob die zu verbindenden Grundstücke bereits auf demselben Grundbuchblatt oder bisher auf verschiedenen Grundbuchblättern eingetragen waren.

1. Grundstücke auf demselben Blatt

Die Grundstücke sind bereits auf demselben Grundbuchblatt eingetragen. Hier werden die Eintragungen in den Sp. 1 bis 4 des Bestandsverzeichnisses rot unterstrichen. Das durch die Verbindung entstehende Grundstück ist unter einer neuen laufenden Nummer in den Spalten 1 bis 4 einzutragen; hierbei werden in der Spalte 2 die bisherigen laufenden Nummern der verbundenen Grundstücke auf dem Blatte angegeben. Die Verbindung wird in Sp. 5 und 6 zweckmäßigerweise wie folgt eingetragen: **2**

a) bei Vereinigung:

„Nr. 3 und Nr. 4 vereinigt und als Nr. 5 eingetragen am ..."

b) bei Zuschreibung:

„Nr. 3 der Nr. 1 als Bestandteil zugeschrieben und Nr. 3 mit Nr. 1 als Nr. 4 eingetragen am ..."

In den Abt. I–III ist die jeweilige Sp. 2 (= Nummer des belasteten Grundstücks) entsprechend zu korrigieren und die alte Nummer zu röten, sofern das Recht nunmehr auf dem ganzen Grundstück lastet. Wegen d. Formulierung v. Bestandteilszuschreibungen bei Zuflurstücken s. § 6 GBO Rdn. 5 und 6; s. auch unten Rdn. 4.

2. Grundstücke auf verschiedenen Blättern eines GBA

3 Die Grundstücke sind auf verschiedenen Blättern desselben Grundbuchamts eingetragen. Hier kann entweder ein neues Blatt angelegt werden, auf das die zu verbindenden Grundstücke unter Abschreibung von ihrem bisherigen Blatte übertragen werden, oder es kann eines der bereits bestehenden Blätter benutzt werden, auf welches das andere Grundstück vor der Verbindung unter einer eigenen Nummer zu übertragen ist.

a) Die Eintragungen in den Sp. 1 bis 4 des Bestandsverzeichnisses sind rot zu unterstreichen. Das durch die Verbindung entstehende Grundstück ist unter einer neuen laufenden Nummer (Sp. 1 in den Sp. 1 bis 4 einzutragen. In Sp. 2 sind die laufenden Nummern anzugeben, die die verbundenen Grundstücke bisher (in Sp. 1) führten. Die Worte „sofern sie schon auf demselben Grundbuchblatt eingetragen waren" in Abs. 1 S. 2 Halbs. 2 a. E. sagen etwas Selbstverständliches, da die Grundstücke zur Durchführung der Verbindung stets vorher auf demselben Blatte eingetragen sein müssen. In Sp. 5 und 6 wird die Übertragung und die Verbindung vermerkt.

Ein Grundstücksteil, der mit einem Grundstück vereinigt oder einem Grundstück als Bestandteil zugeschrieben werden soll, ist vorher katastermäßig zu verselbständigen (vgl. § 2 Abs. 3 GBO) und im Grundbuch als selbständiges Grundstück einzutragen (vgl. § 5 GBO). Sodann ist nach § 13 Abs. 1 zu verfahren.

4 Bei **Zuflurstücken** (Begriff s. § 2 GBO Rdn. 6) ist die Voreintragung begrifflich nicht möglich. Sie werden sofort mit dem Stammgrundstück verbunden.

„Nr. 1 mit dem von Bd. ... Bl. ... hierher übertragenen Zuflurstück zu 25/1 (aus 25) vereinigt und als Nr. 2 eingetragen am ..."

„Zuflurstück zu 25/1 (aus 25) von Bd. ... Bl. ... hierher übertragen, der Nr. 1 als Bestandteil zugeschrieben und beide neu eingetragen am ..."

Wegen d. Bestandteilszuschreibung von zwei Zuflurstücken vgl. § 6 GBO Rdn. 5 u. 6.

b) Ist das übertragene Grundstück auf dem alten Blatt schon vor der Übertragung und Verbindung auf den Namen des jetzigen Eigentümers eingetragen, so wird in Abt. I in Sp. 4 der auf dem alten Blatt befindliche Vermerk für Tag und Grundlage der Eintragung übernommen und zugleich die Übertragung vermerkt (vgl. § 9 Rdn. 5).

Wird das übertragene Grundstück erst von dem Eigentümer erworben, so werden in Abt. I in Sp. 4 nur der Tag und die Grundlage der Eintragung angegeben (vgl. § 9 Rdn. 4).

c) In der zweiten und dritten Abteilung ist die Belastung des übertragenen Grundstücks je nach der materiellen Rechtslage einzutragen. Haftet das Grundstück bereits für eine auf den anderen Grundstücken, die auf dem neuen Blatte stehen, ruhende Last, so wird diese nicht neu eingetragen, sondern nur in der Veränderungsspalte die Übertragung des Grundstücks auf das Blatt vermerkt. Sp. 2 ist entsprechend zu ergänzen. Das Rangverhältnis des § 1131 S. 2 BGB bedarf keiner besonderen Hervorhebung im Grundbuch (vgl. § 18 Rdn. 2).

III. Die Eintragungen (Eickmann) **§ 13 V**

3. Blätter bei verschiedenen Grundbuchämtern

Die Grundbuchblätter der beteiligten Grundstücke werden von verschiedenen **5** Grundbuchämtern geführt. Vor Durchführung der Verbindung muß hier das zuständige Grundbuchamt zunächst über die Verbindung Beschluß fassen. Es ist also eine Verständigung zwischen den beiden Grundbuchämtern erforderlich. Es sind dabei folgende Fälle zu unterscheiden:

a) Das mit einem anderen Grundstück beim zuständigen anderen GBA zu verbin- **6** dende Grundstück ist für sich allein auf einem Blatte eingetragen.

aa) Sollen die Grundstücke ohne Eigentumswechsel verbunden werden, so ist nach Beschlußfassung § 25 Abs. 1 auf das abzugebende Grundstück anzuwenden (vgl. § 25 Rdn. 1).

bb) Soll zugleich ein Eigentumswechsel erfolgen, so ist zunächst dieser einzutragen; denn das andere Amtsgericht würde für diese Eintragung unzuständig sein. Erst hierauf ist die Beschlußfassung über die Verbindung möglich. Auf das weitere Verfahren ist § 25 Abs. 1 anzuwenden (vgl. § 25 Rdn. 1).

b) Das zu verbindende Grundstück ist ein Grundstück, über das ein gemeinschaftli- **7** ches Blatt geführt wird (§ 4 GBO), oder ein Grundstücksteil.

aa) Sollen die Grundstücke ohne Eigentumswechsel verbunden werden, so ist nach Beschlußfassung § 25 Abs. 3 a anzuwenden. Der Anlegung eines besonderen Blattes für das abzugebende Grundstück bedarf es nicht (vgl. § 25 Rdn. 1).

bb) Tritt gleichzeitig ein Eigentumswechsel ein, so muß zunächst dieser eingetragen werden, wobei grundsätzlich ein besonderes Blatt für das abzugebende Grundstück oder den Grundstücksteil anzulegen ist. Im übrigen s. oben Rdn. 6. Das abgebende GBA kann aber auch von der Anlegung eines Blattes für das abzugebende Grundstück absehen und die Eintragung des neuen Eigentümers mit dem Abschreibungsvermerk in den Sp. 7 und 8 des Bestandsverzeichnisses verbinden, falls durch die Verbindung Verwirrung nicht zu besorgen ist und andere gem. § 16 Abs. 2 GBO zu berücksichtigende Eintragungsanträge nicht vorliegen.

c) Die Verbindung selbst erfolgt in der vorgenannten Weise. Im Übertragungsvermerk ist auch das bisher zuständige GBA anzugeben.

III. Absatz 2

Er behandelt die **Grundstücksteilung**, bei der die bisherigen Teile als selbständige **8** Grundstücke auf demselben Grundbuchblatt eingetragen werden (vgl. dagegen Abs. 4). Über die Voraussetzungen vgl. § 7 GBO Rdn. 1, 3, 21. Die bisherigen Grundstücksteile und jetzt selbständigen Grundstücke werden in den Sp. 1 bis 4 unter neuen laufenden Nummern (Sp. 1) eingetragen. In Sp. 2 ist hierbei auf die bisherige laufende Nummer zu verweisen („Teil von Nr. ..."). Die Eintragungen in den Sp. 1 bis 4 des Bestandsverzeichnisses, die sich auf das ursprüngliche Grundstück beziehen, sind rot zu unterstreichen. In Sp. 5 werden die laufende Nummer des ursprünglichen Grundstücks und die laufenden Nummern der neuen, durch die Teilung entstandenen Grundstücke angegeben. In Sp. 6 wird die Teilung vermerkt; z. B.

„Nr. 9 geteilt und als Nrn. 11 u. 12 eingetragen am ..."

In den drei Abteilungen wird nichts vermerkt.

Eine reine **katastertechnische Teilung**, bei der ein Grundstück, das bisher aus einem Flurstück bestand, in zwei Flurstücke zerlegt wird, jedoch ein Grundstück im Rechtssinn bleibt (vgl. § 7 GBO Rdn. 2), geschieht folgendermaßen:

In Sp. 1 erhält das Grundstück eine neue Nummer, in Sp. 2 ist die bisherige Nummer zu nennen. In Sp. 3 wird der neue Grundstücksbeschrieb dargestellt, beide Flurstücke sind gesondert aufzuführen. In Sp. 4 ist die Größe jedes Flurstücks nicht gesondert darzustellen, vielmehr ist die Gesamtgröße einzutragen. Für den Vermerk in Sp. 6 wird vorgeschlagen:

„Nr. 1 besteht nunmehr aus den Flurstücken ... Eingetragen als neue Nr. ... gemäß VN vom ... am ..."

Der Ausdruck „geteilt" sollte vermieden werden, damit der Vorgang nicht mit einer echten Teilung im Rechtssinn (§ 7 GBO) verwechselt wird.

IV. Absatz 3

Er regelt die **Abschreibung** eines ganzen Grundstücks.

1. Abschreibung auf dem alten Blatt

9 a) Die Eintragungen in den Sp. 1 bis 6 des Bestandsverzeichnisses, die das abzuschreibende Grundstück betreffen, sind rot zu unterstreichen. Die Abschreibung ist in Sp. 7 und 8 einzutragen. Der Vermerk in Sp. 8 lautet:

„Übertragen nach Moosach Bd. ... Bl. ..."

Bleibt das Grundstück in demselben Grundbuchbezirk, so genügt die Angabe des Bandes und des Blattes. Geht das Grundstück in den Grundbuchbezirk eines anderen Grundbuchamts über, so ist auch das GBA im Abschreibungsvermerk anzugeben. Der Angabe der laufenden Nummer, die das Grundstück auf dem neuen Blatt führt, bedarf es nicht. Ist bei der Abschreibung dem GBA noch nicht bekannt, auf welches Blatt das Grundstück übertragen wird, so ist im Abschreibungsvermerk die Bezeichnung des Blattes, auf das das Grundstück übertragen wird, zunächst offenzulassen. Sie wird nach Bekanntwerden nachgetragen (vgl. § 25 Abs. 4, § 27).

Im Falle des § 25 Abs. 3 b. S. 2 ist der Abschreibungsvermerk mit der Eintragung des neuen Eigentümers zu verbinden. Der Vermerk lautet dann:

„Aufgelassen an den Kaufmann Friedrich Meyer in Bonn und eingetragen am 10. Mai 1970. Übertragen nach Bd. ... Bl. ... des Grundbuches von ... am 19. Mai 1970."

b) In den Abt. I–III werden die Vermerke, die ausschließlich das abgeschriebene Grundstück betreffen, rot unterstrichen. Danach sind sowohl die Belastungen wie auch die Eintragungen in Abt. I, Sp. 3 und 4, die sich auf das abgeschriebene Grundstück allein beziehen, rot zu unterstreichen. Die Übertragung etwaiger Belastungen auf das neue Blatt wird auf dem alten Blatte nicht vermerkt; sie kommt allein durch den Übertragungsvermerk in Sp. 8 des Bestandsverzeichnisses zum Ausdruck. Auch im Falle der pfandfreien Abschreibung bedarf es keines besonderen Löschungsvermerks, da die Löschung schon gem. § 46 Abs. 2 GBO zum Ausdruck kommt. War dagegen außer dem abgeschriebenen Grundstück noch ein anderes auf demselben Blatte stehendes Grundstück mit dem Recht belastet, so wird die Belastung nicht rot unterstrichen, es ist vielmehr die Mithaft des abgeschriebenen Grundstücks in der Veränderungsspalte zu vermerken; ferner sind die laufenden Nummern des abgeschriebenen Grundstücks in Abt. I, Sp. 3 und in Abt. II u. III, Sp. 2 rot zu unterstreichen.

10 c) Die Eintragung des abgeschriebenen Grundstücks auf dem neuen Blatte hat unter neuer laufender Nummer in den Sp. 1 bis 6 des Bestandsverzeichnisses zu geschehen. Der Vermerk in Sp. 6 lautet, wenn das Grundstück als selbständiges eingetragen bleiben soll:

„von Bd. ... Bl. ... hierher übertragen am ..."

Über die Eintragung in Abt. I vgl. § 9 Rdn. 5.

III. Die Eintragungen (Eickmann) **§ 13 V**

Falls das übertragene Grundstück belastet war, ist die Belastung in Abt. II oder III des neuen Blattes, je nach der materiellen Rechtslage, zu vermerken. Haftet das Grundstück bereits für eine auf den anderen Grundstücken ruhende Last, so ist in der Veränderungsspalte die Übertragung des Grundstücks auf das Blatt zu vermerken. Sp. 2 ist entsprechend zu ergänzen.

2. Löschung von Miteigentumsanteilen (Abs. 3 Satz 2)

Vor der Anlegung des Grundbuchblattes für das ganze gemeinschaftliche Grundstück **11** sind die die einzelnen Miteigentumsanteile betreffenden Eintragungen (§ 3 Abs. 5 GBO) zu löschen. Dazu werden die den Anteil betreffenden Eintragungen in den Sp. 1 bis 6 des Bestandsverzeichnisses rot unterstrichen. In Sp. (7 und) 8 wird vermerkt:
„Bei Anlegung des Grundbuchblattes für das gemeinschaftliche Grundstück Bd. ... Bl. ... gelöscht am ..."
Die ausschließlich den Miteigentumsanteil betreffenden Vermerke in den drei Abteilungen sind rot zu unterstreichen.

Von der Löschung des Miteigentumsanteils ist die bloße **Abschreibung** zu unterschei- **12** den, die erforderlich wird, wenn der Anteil mit dem herrschenden Grundstück zusammen auf ein anderes Grundbuchblatt übertragen werden soll. Hierauf sind die für die Abschreibung von Grundstücken geltenden Vorschriften entsprechend anwendbar (§ 8 Buchst. c). Die Eintragung in den Sp. 1 bis 6 des Bestandsverzeichnisses, die sich auf den Anteil beziehen, sind rot zu unterstreichen. Der Vermerk über die Abschreibung des Grundstücks und der Vermerk über die Abschreibung des Anteils in Sp. 8 werden zweckmäßigerweise vereinigt.
Beispiel:
Spalte 7: 8,
Spalte 8: $^{10}/_{zu\ 8}$
„Übertragen nach Bd. ... Bl. ... am ..."

V. Absatz 4

Er erklärt auf die **Abschreibung eines Grundstücksteils** die Regeln des Abs. 2 entspre- **13** chend anwendbar.

a) Besteht das Grundstück aus mehreren katastertechnischen Einheiten (vgl. dazu § 2 GBO Rdn. 4, 5), so bedarf es keiner Neueintragung des (nunmehr aus einer geringeren Zahl von Katastergrundstücken bestehenden) Grundstücks. Zu röten sind lediglich die Angaben über den abzuschreibenden Grundstücksteil; ist die Gesamtgröße angegeben, ist sie zu röten und die neue Gesamtgröße in Sp. 4 einzutragen. Der Abschreibungsvermerk in Sp. 8 lautet dann wie folgt:
Spalte 8: „Von Nr. 1 nach Teilung das Flurstück 2/1 übertragen nach Bd. ... Bl. ... am ..."
Bei einem Zuflurstück (s. dazu § 2 Rdn. 6) ist zu vermerken:
Spalte 8: „Von Nr. 1 das Zuflurstück zu 25/1 übertragen nach Bd. ... Bl. ... am ..."

b) Ist das Grundstück, von dem ein Teil abgeschrieben werden soll, nach § 6 Abs. 4 bezeichnet, so richtet sich die Berichtigung des beglaubigten Auszugs aus dem amtlichen Verzeichnis nach § 13 Abs. 4. Im Auszug bedarf es nicht der Eintragung des Restbestandes unter einer neuen laufenden Nummer. Es wird lediglich die Abschreibung im Auszug vermerkt und das abgeschriebene Flurstück rot unterstrichen. Nur für den Fall, daß von einem Flurstück nur ein Teil abgeschrieben wird, ist in Abs. 4 Satz 3

§ 14 V   II. Grundbuchverfügung

Halbs. 3 bestimmt, daß der Rest des Flurstücks, der bei dem Grundstück verbleibt, am Schlusse des Auszugs neu aufzuführen ist.

Einer erneuten Beglaubigung des vom Grundbuchamt ergänzten Auszuges aus dem amtlichen Verzeichnis bedarf es nicht.

Eine **Abschreibung ohne** vorgängige **Teilung** ist begrifflich unmöglich, weil gegen § 93 BGB verstoßend; diese in der Praxis zuweilen zu beobachtende Unsitte macht das Buch unrichtig und kann zu Amtshaftung führen.

VI. Absatz 5

14 Es regelt die **Ausbuchung** eines Grundstücks oder Grundstücksteils (§ 3 Abs. 3 GBO). Über die Voraussetzungen der Buchungsfreiheit und der Ausbuchung vgl. § 3 GBO Rdn. 4–6. Auf die Ausbuchung sind die für die Abschreibung eines Grundstücks oder Grundstücksteils geltenden Vorschriften der Abs. 3 und 3 entsprechend anzuwenden:

Die Ausbuchung ist in Sp. 7 und 8 des Bestandsverzeichnisses zu vermerken.

Zum **Beispiel:**

„Aus dem Grundbuch ausgeschieden am ..."

oder bei Ausbuchung eines Grundstücksteils:

„von Nr. ... das Flurstück ... aus dem Grundbuch ausgeschieden am ... Rest: Nr. ..."

VII. Die Zurückführung der Bestandsangaben

15 auf das Liegenschaftskataster kann auf zweierlei Weise geschehen:

a) Wenn Verwirrung nicht zu besorgen ist und die Übersichtlichkeit des GB nicht leidet, können die neuen Angaben über oder unter den alten Angaben vermerkt werden; letztere sind rot zu unterstreichen.

In Sp. 5 u. 6 ist zu vermerken:

1 Auf das Liegenschaftskataster zurückgeführt am ...

b) Ist Verwirrung oder Unübersichtlichkeit zu besorgen, so ist in entspr. Anwendung von Abs. 1 zu verfahren:

Der alte Bestand ist zu röten, der neue Bestand ist unter neuer Nummer und bei gleichzeitiger Verweisung in Sp. 2 auf die alte Nummer neu vorzutragen. In Sp. 5/6 ist der Zurückführungsvermerk (s. oben a)) anzubringen.

[Veränderung bei subjektiv-dinglichen Rechten; Rötung]

§ 14

(1) Wird ein Vermerk über eine Veränderung eines Rechts, das dem jeweiligen Eigentümer eines auf dem Blatte verzeichneten Grundstücks zusteht, eingetragen, so ist der frühere Vermerk in den Spalten 3 und 4 insoweit rot zu unterstreichen, als er durch den Inhalt des Veränderungsvermerks gegenstandslos wird. Ferner ist bei der bisherigen Eintragung in Spalte 1 ein Hinweis auf die laufende Nummer des Veränderungsvermerks einzutragen.

(2) Im Falle der Abschreibung eines solchen Rechts sind in den Spalten 1 bis 6 des Bestandsverzeichnisses die Eintragungen, die sich auf dieses Recht beziehen, rot zu unterstreichen.

III. Die Eintragungen (Eickmann) § 15 V

1. Allgemeines

Die Vorschrift ergänzt § 7, sie behandelt die Eintragung des Vermerks über die Veränderung eines subjektiv-dinglichen Rechts sowie der Abschreibung eines solchen Rechts.

2. Eintragung

Der Vermerk über eine Veränderung ist in dem durch die Sp. 3 und 4 des Bestandsverzeichnisses gebildeten Raum einzutragen. Näheres vgl. § 7 Rdn. 1, 3. Die Änderung ist möglichst kurz und genau zu bezeichnen. In den Sp. 5 und 6 ist das Eintragungsdatum des Veränderungsvermerks anzugeben: „Vermerkt am...". Nicht jede Veränderung des subjektiv-dinglichen Rechts, die auf dem Blatte des belasteten Grundstücks eingetragen wird, macht zugleich eine Änderung des Vermerks auf dem Blatte des herrschenden Grundstücks erforderlich. Da der Vermerk nur kundmachende Wirkung hat (vgl. § 9 GBO Rdn. 11), ist nur eine solche Veränderung des Rechts zu vermerken, die auch zugleich den Inhalt des alten Vermerks berührt.

Der alte Vermerk wird insoweit rot unterstrichen, als er durch den Inhalt des Veränderungsvermerks gegenstandslos geworden ist. Der laufenden Nummer in Sp. 1 des bisherigen Vermerks ist ein Hinweis auf die laufende Nummer des Veränderungsvermerks zuzufügen. Es geschieht dies beispielsweise durch den Vermerk:
(vgl. 10/zu 6)
Ein Vermerk in Abt. I wird anläßlich der Veränderungseintragung nicht eingetragen. Ein solcher ist nur bei der erstmaligen Eintragung des Vermerks des Rechts auf dem Blatte erforderlich.

3. Vermerk

Die Abschreibung des Rechts wird in den Sp. 7 und 8 vermerkt (vgl. § 7 Rdn. 5). Wird das Recht aufgehoben, so lautet der Vermerk: „Gelöscht am..."; wird es mit dem herrschenden Grundstück auf ein anderes Blatt übertragen, so wird der Vermerk mit dem Abschreibungsvermerk über das Grundstück vereinigt, z. B.

Spalte 7:
6, 10/zu 6
Spalte 8:
„Übertragen nach Bd. ... Bl. ... am ..."
Sämtliche Eintragungen, die sich auf das Recht beziehen, sind sodann, gleichviel ob sie sich im Bestandsverzeichnis oder in Abt. I befinden, rot zu unterstreichen.

[Bezeichnung des Berechtigten]

§ 15
(1) Zur Bezeichnung des Berechtigten sind im Grundbuch anzugeben:
a) bei natürlichen Personen der Name (Vorname und Familienname), der Beruf, der Wohnort, sowie nötigenfalls andere die Berechtigten deutlich kennzeichnende Merkmale (zum Beispiel das Geburtsdatum); das Geburtsdatum ist stets anzugeben, wenn es sich aus den Eintragungsunterlagen ergibt; wird das Geburtsdatum angegeben, so bedarf es nicht der Angabe des Berufes und des Wohnortes;
b) bei juristischen Personen, Handels- und Partnerschaftsgesellschaften der Name oder die Firma und der Sitz.

(2) Bei Eintragungen für den Fiskus, eine Gemeinde oder eine sonstige juristische Person des öffentlichen Rechts kann auf Antrag des Berechtigten der Teil seines Vermögens, zu dem das eingetragene Grundstück oder Recht gehört, oder die Zweckbestimmung des Grundstücks oder des Rechts durch einen dem Namen des Berechtigten in Klammern beizufügenden Zusatz bezeichnet werden. Auf Antrag kann auch angegeben werden, durch welche Behörde der Fiskus vertreten wird.

(3) Steht das Eigentum oder ein beschränktes dingliches Recht nach dem Inhalt des Grundbuchs den Mitgliedern einer Gesellschaft bürgerlichen Rechts zur gesamten Hand zu und wird diese Gesellschaft bürgerlichen Rechts eine Handels- oder Partnerschaftsgesellschaft, so ist das Grundbuch auf Antrag zu berichtigen, indem die Handelsgesellschaft oder die Partnerschaft als Eigentümerin oder Inhaberin des Rechts eingetragen wird. Zum Nachweis genügt eine Bescheinigung des Registergerichts über die Eintragung und darüber, daß die Handelsgesellschaft oder die Partnerschaft nach dem eingereichten Vertrag aus der Gesellschaft bürgerlichen Rechts hervorgegangen ist. Die Sätze 1 und 2 gelten für Vormerkungen und Widersprüche zugunsten der Gesellschaft bürgerlichen Rechts sinngemäß.

1. Allgemeines

1 § 15 regelt die Frage, wie ein Berechtigter im Grundbuch zu bezeichnen ist. Wer überhaupt als Berechtigter eingetragen werden kann, bestimmt sich nach den materiellrechtlichen Vorschriften.

2 Die Vorschrift des § 15 gilt für die Bezeichnung aller Berechtigten im Grundbuch, gleichgültig, ob es sich um Eigentümer oder sonstige dinglich Berechtigte handelt. Sie ist ein Ausfluß des Bestimmtheitsgrundsatzes, es handelt sich hierbei aber um eine Vorschrift des formellen Rechts. Ob eine Eintragung, die gegen § 15 verstößt, materiellrechtlich wirksam ist, hängt davon ab, ob sich aus den eingetragenen Angaben die Person des Berechtigten zweifelsfrei entnehmen läßt.[1]

Die Eintragung des Namens ist durch andere Bezeichnungen zu ersetzen, wenn sie rechtlich unzutreffend oder praktisch unmöglich ist. So müssen beispielsweise die Inhaber subjektiv-dinglicher Rechte durch die Angabe des herrschenden Grundstücks bezeichnet werden, ferner können eingetragen werden die künftigen Abkömmlinge oder unbekannten Erben eines Verstorbenen,[2] nicht jedoch die Erben einer noch lebenden Person oder die vom Veräußerer erst noch zu bezeichnenden Personen.[3]

Die hier aufgestellten Erfordernisse bei der Bezeichnung des Berechtigten sind Mindesterfordernisse, die vom GBA stets zu beachten sind, das GBA hat den Berechtigten antragsgemäß gleichlautend mit dem im Erwerbstitel genannten Namen einzutragen oder die Eintragung insgesamt abzulehnen.

2. Bezeichnung

3 a) **Natürliche Personen** (Abs. 1 a). Anzugeben sind:
aa) der Name (Vorname und Familienname), gleichgültig, ob es sich um deutsche oder ausländische Namen handelt. Unstatthaft ist die Eintragung eines Pseudonyms. Die Angabe nur des Anfangsbuchstabens des Vornamens genügt nicht, jedoch brauchen nicht alle Vornamen eingetragen zu werden. Eintragungsfähig ist auch der Doktortitel,[4] sowie jeder andere akademische Grad.

---

[1] KG JFG 7, 34; RG RGZ 61, 355; 65, 278; 72, 40; vgl. auch OLG Düsseldorf NJW 52, 32.
[2] OLG Hamm Rpfleger 89, 17; KG Rpfleger 75, 133; Haegele/Schöner/*Stöber* Rdn. 808, 3618 (dort Fn. 2).
[3] Vgl. BayObLGZ 58, 168.
[4] LG Hamburg Rpfleger 69, 94.

bb) Nach der Änderung von Abs. 1 Buchst. a (= Ersetzung von „Stand" durch „Beruf") ist klargestellt, daß nicht der Familienstand, sondern der Beruf zu vermerken ist; die Angabe des Berufes ist jedoch entbehrlich bei Angabe des Geburtsdatums. Die Bezeichnung als „Hausfrau" dürfte nach heutiger Auffassung ohne weiteres eine solche Berufsbezeichnung darstellen.[5]

cc) Das Geburtsdatum, sofern es sich aus den Eintragungsunterlagen ergibt. Das GBA ist also nicht befugt, die Angabe des Geburtsdatums anzufordern.

dd) Der Wohnort, es sei denn, das Geburtsdatum ist angegeben.

b) **Einzelfirmen:** Eine Einzelfirma kann als solche nicht in das Grundbuch eingetragen werden, einzutragen ist vielmehr ihr Inhaber als einzelne Person.[6] Ein Zusatz „... als Alleininhaber der Firma..." ist unzulässig.[7] Dies alles gilt auch dann, wenn der zur Eintragung einer Zwangshypothek vorgelegte Titel den Gläubiger mit seiner Firma bezeichnet.

c) **Handelsgesellschaften und juristische Personen** (Abs. 1 b). Anzugeben ist:

aa) der Name oder die Firma. Beide müssen mit der Eintragungsbewilligung bzw. dem Eintragungsersuchen und dem Eintrag im Handelsregister genau übereinstimmen, das gilt auch hinsichtlich der Schreibart. Bei der Eintragung von juristischen Personen im Gründungsstadium tauchen vielfältige Probleme auf; eine gute Zusammenfassung gibt *Ebeling* in Meikel, § 15 Rdn. 26 ff.

Die Eintragung einer Zweigniederlassung dürfte nach mittlerweile h. M. ohne Angabe der Hauptniederlassung möglich sein.[8]

bb) Der Sitz, d. h. der Ort, wo die Verwaltung geführt wird (vgl. § 17 Abs. 1 S. 2 ZPO).

Ändert sich die Bezeichnung des Berechtigten, so ist das Grundbuch auf formlosen Nachweis von Amts wegen oder auf Antrag richtigzustellen.[9] Darauf ist besonders bei der Grundbuchumschreibung zu achten.

1. Mehrheit von Berechtigten

Bei Eintragung einer Mehrheit von Berechtigten ist § 47 GBO zu beachten. Bei einer **BGB-Gesellschaft** sind die Gesellschafter mit dem Zusatz „als Gesellschafter bürgerlichen Rechts" einzutragen; wenn personengleiche BGB-Gesellschaften bestehen, ist es zulässig, eine Schlagwortbezeichnung beizufügen, die Verwechslungen vermeidet.[10]

a) Praktische Probleme ergeben sich bei der Eintragung dinglicher Rechte (insbes. Zwangshypotheken wegen Hausgeldrückständen) zugunsten einer **Wohnungseigentümergemeinschaft**. Nach richtiger Auff. kann nicht die Gemeinschaft als solche („Eigentümergemeinschaft Sonnenhügel"), sondern es müssen alle Wohnungseigentümer –

---

[5] OLG Hamm Rpfleger 62, 274; BayObLG Rpfleger 63, 295.
[6] RGZ 72, 40; KG HRR 30, 737; BayObLG Rpfleger 81, 192 u. Rpfleger 88, 309.
[7] LG Bremen Rpfleger 77, 211.
[8] OLG Düsseldorf NJW 52, 32 und NJW 69, 2151; LG Bonn DNotZ 70, 663; Woite NJW 70, 548; BayObLG Rpfleger 73, 56; LG Memmingen Rpfleger 81, 233. A. A. OLG Schleswig NJW 69, 215 und *Haas* Rpfleger 61, 43.

[9] Wegen des Nachweises einer Firmenänderung vgl. OLG Hamm Rpfleger 68, 122; wegen der Änderung des Namens bei Verheiratung s. OLG Hamm DNotZ 65, 46 und LG Berlin Rpfleger 62, 53 sowie Haegele/Schöner/*Stöber* Rdn. 239: Ausreichend Notarbestätigung, so auch LG Berlin DNotZ 63, 250 = Rpfleger 62, 53.
[10] OLG Frankfurt Rpfleger 75, 177; OLG Hamm Rpfleger 83, 432.

auch der Schuldner! – namentlich eingetragen werden.[11] Das folgt zwingend aus der fehlenden Rechtsfähigkeit der Gemeinschaft. Eine Eintragung zugunsten der „jeweiligen Eigentümer des Grundstückes..."[12] wäre inhaltlich unzulässig, weil der numerus clausus der Sachenrechte ein subjektiv-dingliches Grundpfandrecht nicht vorsieht. Als Gemeinschaftsverhältnis ist „Gesamtberechtigte gem. § 432 BGB" einzutragen; dem ist „in Wohnungseigentümergemeinschaft" hinzuzusetzen.[13] Die bloße Angabe „in Wohnungseigentümergemeinschaft" reicht ebensowenig aus wie die bloße Angabe der Gesamtberechtigung.

Der WEG-Verwalter kann nur dann als Gläubiger eingetragen werden, wenn die Forderung an ihn als Treuhänder abgetreten ist;[14] die Abtretung ist gem. § 29 GBO nachzuweisen. Das alles gilt auch dann, wenn der Verwalter den Titel als Prozeßstandschafter auf seinen Namen erwirkt hat, denn es handelt sich nur um eine Vollmachtstreuhand, nicht um Rechtsinhaberschaft.

Es ist beabsichtigt, durch eine Ergänzung von § 26 WEG die Eintragung der Gemeinschaft zu ermöglichen; das entspr. Gesetz bleibt abzuwarten.

b) Die Sondervorschrift des Abs. 2

8 gibt die Möglichkeit eines Zusatzes zu der nach Abs. 1 erforderlichen Bezeichnung für juristische Personen des öffentlichen Rechts. Auf formlosen Antrag des Berechtigten kann der Teil seines Vermögens, zu dem das Grundstück oder Recht gehört, oder die Zweckbestimmung des Grundstücks oder Rechts, durch einen Klammerzusatz zu dem Namen angegeben werden. Nach der Einfügung von Abs. 2 Satz 2 dch. VO v. 15. 7. 94 (BGBl. I S. 1606) ist es – entgegen der bisherigen herrschenden Meinung – nunmehr auch zulässig, die zur Vertretung des Fiskus zuständige Behörde anzugeben. Es wird jedoch daran festzuhalten sein, daß sich der öffentliche Glaube des Buches auf diese Eintragung nicht erstreckt.

9 c) Ein **nicht rechtsfähiger Verein** kann nicht eingetragen werden, auch nicht als Bezirksverband einer politischen Partei.[15] Einzutragen sind die einzelnen Mitglieder. Als Gemeinschaftsverhältnis wird angegeben „zur gesamten Hand als Mitglieder des nicht rechtsfähigen Vereins...".[16] Daß dabei keines der bei § 47 GBO angesprochenen konkreten Gesamthandsverhältnisse angegeben werden kann, muß hingenommen werden, weil eine andere Bezeichnung nicht möglich ist.

2. Eintragung eines Verpflichteten

10 Ist der Verpflichtete in das Grundbuch einzutragen, z. B. der Schuldner einer Hypothekforderung, so wird er zweckmäßigerweise ebenfalls nach den Grundsätzen des § 15 zu bezeichnen sein.

11 3. Der neu eingefügte **Abs. 3** enthält Regelungen in Ergänzung von § 29 GBO. Wenn die als Berechtigte in Person ihrer Mitglieder eingetragene GbR zur Handels- oder

---

[11] BayObLG Rpfleger 85, 102 u. NJW-RR 86, 564; OLG Celle Rpfleger 86, 484; *Weitnauer* JZ 85, 928; Haegele/Schöner/*Stöber* Rdn. 2182; *Böttcher* Zwangsvollstreckung im Grundbuch, Rdn. 79; *Demharter* § 19 GBO Rdn. 106.

[12] So *Bärmann* DNotZ 85, 395; *Röll* NJW 87, 1049; *Böhringer* BWNotZ 88, 1. Ebenso: Meikel/*Ebeling*, Rdn. 32.

[13] KG Rpfleger 85, 435; ebenso *Demharter* § 19 GBO Rdn. 106.

[14] OLG Celle Rpfleger 86, 484; OLG Köln Rpfleger 88, 526; **a. A.** LG Lübeck Rpfleger 92, 343.

[15] OLG Zweibrücken Rpfleger 86, 12; *K. Schmidt* NJW 84, 2249; *Demharter* § 19 GBO Rdn. 101. **A. A.** *Jung* NJW 86, 157; vgl. auch Morlock/Schulte-Trux NJW 92, 2058.

[16] OLG Zweibrücken (Fn. 15).

III. Die Eintragungen (Eickmann) §17 V

Partnerschaftsgesellschaft wird, so liegt keine Grundbuchunrichtigkeit iSv § 22 GBO vor, sondern es handelt sich um eine bloße Namens- und Bezeichnungsänderung.[17] Für sie ist der Freibeweis statthaft, den Abs. 3 in der dort genannten Nachweisart konkretisiert.

[Rötung bei Eigentumswechsel]

§ 16
Bei der Eintragung eines neuen Eigentümers sind die Vermerke in den Spalten 1 bis 4 der ersten Abteilung, die sich auf den bisher eingetragenen Eigentümer beziehen, rot zu unterstreichen.

Bei der Eintragung eines neuen Eigentümers sind sämtliche Eintragungen der Abt. I zu röten. Bei Übertragung eines Miteigentumsanteils ist nur die auf den bisherigen Miteigentümer bezügliche Eintragung in Sp. 1 und 2 rot zu unterstreichen, ebenso beim Gesellschafterwechsel in einer Gesellschaft bürgerlichen Rechts.

Wird der Verzicht auf das Eigentum eingetragen, so ist § 16 sinngemäß anzuwenden; die sich auf den bisher eingetragenen Eigentümer beziehenden Eintragungen sind rot zu unterstreichen; nicht jedoch der Verzichtsvermerk.

1

[Geldbeträge in Buchstaben; Rötung in Abteilung II und III]

§ 17
(1) Bei Reallasten, Hypotheken, Grundschulden und Rentenschulden sind die in das Grundbuch einzutragenden Geldbeträge (§ 1107, § 1115 Abs. 1, § 1190 Abs. 1, §§ 1192, 1199 BGB) in den Vermerken über die Eintragung des Rechts mit Buchstaben zu schreiben. Das gleiche gilt für die Eintragung einer Veränderung oder einer Löschung bezüglich eines Teilbetrags eines Rechts sowie im Falle des § 882 des Bürgerlichen Gesetzbuchs für die Eintragung des Höchstbetrags des Wertersatzes.
(2) Wird in der zweiten oder dritten Abteilung eine Eintragung ganz gelöscht, so ist sie rot zu unterstreichen. Dasselbe gilt für Vermerke, die ausschließlich die gelöschte Eintragung betreffen. Die rote Unterstreichung kann dadurch ersetzt werden, daß über der ersten und unter der letzten Zeile der Eintragung oder des Vermerks ein waagerechter roter Strich gezogen wird und beide Striche durch einen von oben links nach unten rechts verlaufenden roten Schrägstrich verbunden werden; erstreckt sich eine Eintragung oder ein Vermerk auf mehr als eine Seite, so ist auf jeder Seite entsprechend zu verfahren. Im Falle der Löschung eines Erbbaurechts unter gleichzeitiger Eintragung der im § 31 Abs. 4 Satz 3 der Verordnung über das Erbbaurecht vom 15. Januar 1919 (Reichsgesetzbl. S. 72) bezeichneten Vormerkung ist auf diese im Löschungsvermerk hinzuweisen.
(3) Wird in der zweiten oder dritten Abteilung ein Vermerk über eine Veränderung eingetragen, nach dessen aus dem Grundbuch ersichtlichen Inhalt ein früher eingetragener Vermerk ganz oder teilweise gegenstandslos wird, so ist der frühere Vermerk insoweit rot zu unterstreichen. Wird der früher eingetragene Vermerk ganz gegenstandslos, so gilt Absatz 2 Satz 3 entsprechend.

---

[17] Meikel/*Böttcher* § 22 GBO Rdn. 77 mwN;
Eickmann Rpfleger 85, 85, 89.

(4) a) Bei Teilabtretungen der in der dritten Abteilung eingetragenen Rechte ist der in Spalte 5 einzutragenden Nummer ein Buchstabe hinzuzufügen.

b) Werden von einem Teilbetrage weitere Teilbeträge abgetreten, so ist der in Spalte 5 einzutragenden Nummer außer dem nach a vorgesehenen Buchstaben eine römische Zahl beizufügen.

(5) Wird eine Hypothek, Grundschuld oder Rentenschuld teilweise gelöscht, so ist in der Spalte 3 der dritten Abteilung der gelöschte Teil von dem Betrag abzuschreiben. Bezieht sich diese Löschung auf einen Teilbetrag (Abs. 2), so ist der gelöschte Teil auch in Spalte 6 von dem Teilbetrag abzuschreiben.

1. Absatz 1

1 Nach Abs. 1 sind Geldbeträge bei Reallasten, Hypotheken, Grundschulden und Rentenschulden sowie der Höchstbetrag des Wertersatzes in dem Vermerk über die Eintragung des Rechts (d. h. in Abt. II in Sp. 3 und in Abt. III in Sp. 4) in Buchstaben zu schreiben. Bei Rentenschulden ist sowohl die Ablösungssumme als auch der Betrag der Jahresleistung in Buchstaben anzugeben. Die Vorschrift gilt auch für die Eintragungen von Veränderungen und für Löschungen bezüglich eines Teilbetrages (Satz 2). Die Währung kann mit einer gebräuchlichen Abkürzung bezeichnet werden (vgl. § 21 Rdn. 2).

Abs. 1 gilt nur für die Vermerke über die Eintragung des Rechts, der Veränderung oder Löschung, jedoch nicht für die Eintragung des Betrages in den Sp. 3, 6 und 9 der Abt. III; hier wird der Betrag nur in Ziffern angegeben (vgl. § 11 Rdn. 4).

2. Absatz 2

2 Die Löschung von Eintragungen (Abs. 2), gleichgültig, ob Haupt- oder Veränderungseintragungen, in Abt. II oder III geschieht durch Eintragung eines Löschungsvermerks in der Löschungsspalte. In Abt. III ist, sofern ein Grundpfandrecht teilweise gelöscht wird, der Geldbetrag im Löschungsvermerk anzugeben; z. B.

„Eintausend Deutsche Mark gelöscht am ..."

Bei der Löschung von Veränderungen empfiehlt es sich, die gelöschte Veränderung im Löschungsvermerk kurz inhaltlich zu kennzeichnen, z. B.:

„Die am ... eingetragene Verfügungsbeschränkung gelöscht am ..."

3 Nicht nötig ist dies in der Regel bei Löschung von abgetretenen Teilbeträgen von Hypotheken, Grundschulden oder Rentenschulden, da hier wegen der Vorschrift des Abs. 4 schon in der Sp. 8 eine genaue Bezeichnung des betroffenen Teilbetrages möglich ist (vgl. Rdn. 6). Die gelöschte Eintragung ist in allen Spalten rot zu unterstreichen. Auch die Vermerke, die ausschließlich die gelöschte Eintragung betreffen (z. B. Löschungsvormerkungen), sind rot zu unterstreichen. Nach der Neufassung von Abs. 2 kann das rote Unterstreichen durch eine sog. „Buchhalternase" ersetzt werden, die Neuregelung vereinfacht insoweit den Grundbuchvollzug. Das Durchstreichen nach Abs. 2 S. 3 ist zulässig beim Haupteintrag und bei allen Nebeneintragungen (Veränderungen). Selbstverständlich ersetzt auch das Durchstreichen nicht den nach § 46 Abs. 1 GBO erforderlichen Löschungsvermerk. Der Löschungsvermerk selbst darf nicht gerötet werden. Wird ein ausgeübter Rangvorbehalt gelöscht, so werden die sich lediglich auf ihn beziehenden Teile der Vermerke beim zurückgetretenen und begünstigten Recht gerötet; nicht aber der in Sp. 7 eingetragene Vermerk über die Ausnutzung des Rangvorbehalts, da er als Rangvermerk für das zurückgetretene Recht noch von Bedeutung ist (vgl. § 45 GBO Rdn. 20).

Abs. 2 S. 3 regelt den Sonderfall der Löschung eines Erbbaurechts bei gleichzeitiger Eintragung der Vormerkung nach § 31 Abs. 4 ErbbRVO. Der Löschungsvermerk muß hier auf die Vormerkung hinweisen.

III. Die Eintragungen (Eickmann) § 17 a V

3. Eintragung von Veränderungen in Abt. II und III

Wird ein Vermerk über eine Veränderung eingetragen, so sind frühere Vermerke **4** insoweit rot zu unterstreichen, bzw. gem. Abs. 2 S. 3 zu durchkreuzen, als sie inhaltlich gegenstandslos sind. Das Rotunterstreichen ist im allgemeinen nicht zulässig, wenn ein Vermerk materiell gegenstandslos wird.

Das Rotunterstreichen führt für sich allein die Löschung nicht herbei. Über die Beseitigung einer versehentlichen Rötung vgl. § 29 Abs. 2 GeschO.

4. Teilabtretungen

Die Eintragung von Teilabtretungen der Hypotheken, Grund- und Rentenschulden **5** geschieht grundsätzlich wie jede andere Veränderungseintragung; insbesondere ist in Sp. 3 nicht zu vermerken. Besonderheiten gelten nur hinsichtlich der in Sp. 5 einzutragenden laufenden Nummer der Post (Sp. 1). Jedem abgetretenen Teilbetrag ist hier ein Buchstabe beizufügen (Abs. 4 a). Werden von einem Teilbetrag weitere Teilbeträge abgetreten, so ist der laufenden Nummer und dem gemäß Abs. 4 a beigefügten Buchstaben außerdem eine römische Zahl beizufügen.

Seinem Wortlaut nach bezieht sich Abs. 4 zwar nur auf Teilabtretungen, er wird aber sinngemäß auch auf Teilungen von Hypotheken, Grund- oder Rentenschulden ohne Wechsel des Gläubigers anzuwenden sein.

5. Teillöschungen

von Hypotheken, Grund- und Rentenschulden unterliegen den gleichen Grundsätzen **6** wie die Löschungen des ganzen Rechts oder die Löschungen von Veränderungen. In Sp. 8 wird die laufende Nummer des Rechts (oder des Teilbetrags; Abs. 4), in Sp. 9 der gelöschte Betrag in Ziffern angegeben. Sp. 10 enthält sodann den Löschungsvermerk unter Bezeichnung des gelöschten Betrages in Buchstaben, z. B.:

„Fünftausend Deutsche Mark gelöscht am ..."

Besonderes gilt aber hinsichtlich der gleichzeitig erforderlichen Abschreibungen des gelöschten Betrages in der Sp. 3. Jeder gelöschte Teilbetrag ist in Sp. 3 von dem jeweiligen Betrage des Rechts abzuschreiben; es geschieht dies in der Form einer Subtraktion. Rot unterstrichen wird die bisherige Betragsangabe weder in Sp. 3 noch in Sp. 4.

Wird von einem Teilbetrag ein Teil gelöscht, so ist der gelöschte Teil nicht nur in Sp. 3 von dem jeweiligen Betrag des Rechts, sondern auch in Sp. 6 von dem Teilbetrag in Form einer Subtraktion abzuschreiben. Auch hier wird die Betragsangabe nicht gerötet. Wie sich aus Abs. 5 ergibt, sind auch auf die Löschung eines Teils eines Teilbetrags die Vorschriften des Abs. 2 über die Löschung anzuwenden; so sind Vermerke, die ausschließlich den gelöschten Teilbetrag betreffen, rot zu unterstreichen.

[Entsprechende Anwendung]

§ 17 a

§ 17 Abs. 2 Satz 3 ist auch bei Löschungen in dem Bestandsverzeichnis oder in der ersten Abteilung sinngemäß anzuwenden.

Die Norm ist durch VO v. 15. 7. 1994 (BGBl. I S. 1606) neu eingefügt worden. Sie **1** geht zurück auf Anregungen aus der Praxis.

Die Verwendung der sog. „Buchhalternase" war mangels einer entsprechenden Rege- **2** lung im Bestandsverzeichnis und in Abt. I nicht zulässig. Die Norm erstreckt § 17

Abs. 2 Satz 3 nunmehr auch auf Rötungen in diesen Blattbereichen. Im BV ist dies hilfreich bei Veränderungen im Bestand mehrerer Grundstücke, in Abt. I bei Umschreibung umfangreicher Eigentumsverhältnisse, z. B. Erbengemeinschaften.

[Rangvermerke]

§ 18

Angaben über den Rang eines eingetragenen Rechts sind bei allen beteiligten Rechten zu vermerken.

1 § 18 gilt nur für die Fälle, in denen ein Rangvermerk überhaupt eingetragen zu werden braucht (vgl. § 45 GBO Rdn. 12, 21). Er ist eine grundbuchtechnische Vorschrift; die materielle Entstehung des Ranges wird durch sie nicht berührt; materiellrechtlich genügt der Rangvermerk beim zurücktretenden Recht.[1]

Soweit ein Rangvermerk eingetragen werden muß, ist er verfahrensrechtlich bei allen beteiligten Rechten vorgeschrieben. Wird der Rangvermerk zugleich mit der Eintragung des Rechts eingetragen, so ist er in der Hauptspalte einzutragen. Erfolgt die Eintragung des Vermerks erst nach der Eintragung des Rechts, so dient hierzu die Veränderungsspalte; in ihr geschieht die Eintragung „bei" mehreren Rechten durch die Angabe von deren laufender Nummer.

2 Das Rangverhältnis des § 1131 S. 2 BGB bedarf keiner besonderen Hervorhebung im Grundbuch; es ergibt sich aus dem Gesetz, dem Übertragungsvermerk in der dritten Abteilung und der Eintragung der Zuschreibung im Bestandsverzeichnis.

[Vormerkung und Widerspruch in Halbspalte]

§ 19

(1) In den Fällen des § 12 Abs. 1 b und c ist bei Eintragung der Vormerkung die rechte Hälfte der Spalte für die endgültige Eintragung freizulassen. Das gilt jedoch nicht, wenn es sich um eine Vormerkung handelt, die einen Anspruch auf Aufhebung eines Rechts sichert.

(2) Soweit die Eintragung der Vormerkung durch die endgültige Eintragung ihre Bedeutung verliert, ist sie rot zu unterstreichen.

(3) Diese Vorschriften sind bei der Eintragung eines Widerspruchs entsprechend anzuwenden.

1. Allgemeines

1 § 19 ergänzt § 12. Während § 12 lediglich Abteilung und Spalte der Eintragung angibt, bestimmt § 19 Abs. 1 den Platz, welcher der Vormerkung und dem Widerspruch innerhalb der einzelnen Spalte zukommt. § 19 ist nur auf die unter § 12 fallenden Vormerkungen und Widersprüche anwendbar (vgl. dazu § 12 Rdn. 1).

---

[1] *Westermann/Eickmann* Bd. II § 98 II 2; *Soergel/Stürner* § 880 Rdn. 5; *MünchKomm/Wacke* § 880 Rdn. 9; *Demharter* § 45 GBO Rdn. 58. A. A. Staudinger/*Kutter* § 880 Rdn. 22.

2. Eintragung

Wird die endgültige Eintragung in einer anderen Spalte eingetragen als die Vormerkung oder der Widerspruch, so wird die Vormerkung oder der Widerspruch über die ganze Breite der Spalte geschrieben. Kommt das zu schützende Recht in derselben Spalte wie die Vormerkung oder der Widerspruch zur Eintragung, so werden diese nur auf der linken Hälfte der Spalte eingetragen, während die rechte Hälfte für die endgültige Eintragung frei zu lassen ist. Im einzelnen folgt hieraus: **2**

a) Die Vormerkung, die den Anspruch auf Übertragung des Eigentums sichert, sowie der Widerspruch gegen das Eigentum (§ 12 Abs. 1 a, 2) sind über die ganze Spalte zu schreiben (vgl. § 10 Rdn. 4 Buchst. g). **3**

b) Die Vormerkung, die einen Anspruch auf Aufhebung eines Grundstücksrechts oder eines Rechts an einem solchen Recht sichert, sowie der Widerspruch gegen die Eintragung eines Grundstücksrechts oder eines Rechts an einem solchen Rechte sind ebenfalls über die ganze Spalte zu schreiben, denn die endgültige Eintragung kann nur in der Löschungsspalte erfolgen (Abs. 1, S. 2, 2). **4**

c) Alle anderen Vormerkungen und Widersprüche sind nur auf der linken Hälfte der betreffenden Spalte einzutragen (Abs. 1, S. 1, 2). Die endgültige Eintragung ist dann in der freigebliebenen zweiten Spaltenhälfte vorzunehmen. Sie wird eingeleitet mit „Umgeschrieben in..." und muß sodann alle notwendigen Elemente der endgültigen Eintragung (nochmals) enthalten.

3. Löschung

Die Eintragung der Vormerkung oder des Widerspruchs ist rot zu unterstreichen, soweit ein Löschungsantrag gestellt u. die Löschung vom Berechtigten bewilligt ist oder – von Amts wegen – sofern sie durch die endgültige Eintragung ihre Bedeutung verliert (Abs. 2). Ob sie ihre Bedeutung verliert, ist in jedem Fall sorgsam zu prüfen. Maßgebend dafür ist nicht die materielle Rechtslage, sondern allein der Grundbuchinhalt. So verliert eine Auflassungsvormerkung dann nicht ihre Bedeutung, wenn zwischen der Eintragung der Vormerkung und der Auflassung das Grundstück belastet wurde, einerlei ob die Belastung materiell wirksam ist oder nicht, oder wenn zwischenzeitlich der Versteigerungs- oder Konkursvermerk eingetragen worden ist.[1] Eine Umschreibung der Eigentumsverschaffungsvormerkung findet nicht statt,[2] weil dafür kein Bedürfnis besteht; der Berechtigte ist durch das vorstehend Gesagte hinreichend geschützt. **5**

Eine gem. § 18 Abs. 2 GBO eingetragene **Rangschutzvormerkung** wird nach Eintragung des endgültigen Rechts deshalb nicht bedeutungslos, weil sich der Rang des Rechts im Verhältnis zur anderen Abteilung nicht nach dem beim Recht eingetragenen Datum bemißt, sondern nach dem Datum der Vormerkung. Diese Vormerkung ist deshalb nicht zu röten.[3]

---

[1] Vgl. dazu LG Nürnberg-Fürth DNotZ 56, 607 und ausf. *Hoche* DNotZ 52, 21; *Hieber* DNotZ 51, 500 und 52, 23; *Siegloch* Mitt-WürttNotV 51, 227; *Ripfel* Rpfleger 62, 200; *Riedel* Rpfleger 68, 285.

[2] LG Karlsruhe BWNotZ 78, 167; LG Heidelberg BWNotZ 85, 86; *Nieder* NJW 84, 329; Meikel/*Ebeling* § 19 Rdn. 24.

[3] A. A. (ohne die Rangfrage anzusprechen): *Demharter* § 18 GBO Rdn. 49; Meikel/*Böttcher* § 18 GBO Rdn. 139.

[Eintragung in mehreren Spalten]

§ 20

Sind bei einer Eintragung mehrere Spalten desselben Abschnitts oder derselben Abteilung auszufüllen, so gelten die sämtlichen Vermerke im Sinne des § 44 der Grundbuchordnung nur als eine Eintragung.

1. Allgemeines

1 § 20 ergänzt § 44 GBO. Jede Eintragung wird regelmäßig die Ausfüllung mehrerer Spalten des Grundbuchs notwendig machen. Nach § 20 ist dann nicht etwa die Ausfüllung jeder einzelnen Spalte als gesonderte Eintragung anzusehen und zu unterschreiben. Vielmehr gelten die zusammengehörigen Eintragungen und sämtlichen Spalten desselben Abschnitts (Bestandsverzeichnisses) oder derselben Abteilung als eine Eintragung im Sinne des § 44 GBO; es ist daher nur einmal die Unterzeichnung erforderlich.

2. Ort der Unterschrift

2 a) Im Bestandsverzeichnis.
aa) Bei Eintragungen in den Sp. 1 bis 6 erfolgen die Unterschriften in Sp. 6.
bb) Bei Abschreibungen ist in Sp. 8 zu unterschreiben.
b) In Abt. I sind die Eintragungen in Sp. 4 zu unterschreiben. Vgl. jedoch § 9 Rdn. 5 a. E.
c) In Abt. II ergibt sich folgendes:
aa) Eintragungen in den Sp. 1 bis 3 sind in Sp. 3 zu unterschreiben.
bb) Eintragungen in den Sp. 5 und 4 werden in Sp. 5 unterschrieben.
cc) Löschungen (Sp. 6 und 7) werden in Sp. 7 unterschrieben.
d) In Abt. III ist entsprechend Nr. 3 zu verfahren.
Hier hat die Unterschrift in den Sp. 4, 7 oder 10 zu erfolgen.

[Äußere Form der Eintragung]

§ 21

(1) Die Eintragungen sind deutlich und ohne Abkürzung zu schreiben. In dem Grundbuche darf nichts radiert oder unleserlich gemacht werden.

(2) Für Eintragungen, die mit gleichlautendem Text in einer größeren Zahl von Grundbuchblättern vorzunehmen sind, ist die Verwendung von Stempeln mit Genehmigung der Landesjustizverwaltung oder der von ihr bestimmten Stelle zulässig.

(3) Die sämtlichen Eintragungen in das Bestandsverzeichnis und in der zweiten und dritten Abteilung sind an der zunächst freien Stelle in unmittelbarem Anschluß an die vorhergehende Eintragung derselben Spalte und ohne Rücksicht darauf, zu welcher Eintragung einer anderen Spalte sie gehören, vorzunehmen.

(4) Sollen bei einem in Loseblattform geführten Grundbuch Eintragungen gedruckt werden, so kann abweichend vom Absatz 3 der vor ihnen noch vorhandene freie Eintragungsraum in den Spalten, auf die sich die zu druckende Eintragung erstreckt, nach Maßgabe der folgenden Vorschriften gesperrt werden. Unmittelbar im Anschluß an die letzte Eintragung wird der nicht zu unterzeichnende Hinweis gebracht: „Anschließender Eintragungsraum gesperrt im Hinblick auf nachfolgende Eintragung"; für den Hinweis können Stempel verwendet werden, ohne daß es der Genehmigung nach Absatz 2

bedarf. Sodann werden auf jeder Seite in den freien Eintragungsraum oben und unten über die ganze Breite der betroffenen Spalten waagerechte Striche gezogen und diese durch einen von oben links nach unten rechts verlaufenden Schrägstrich verbunden. Der obere waagerechte Strich ist unmittelbar im Anschluß an den im Satz 2 genannten Hinweis und, wenn dieser bei einer sich über mehrere Seiten erstreckenden Sperrung auf einer vorhergehenden Seite angebracht ist, außerdem auf jeder folgenden Seite unmittelbar unter der oberen Begrenzung des Eintragungsraumes, der untere waagerechte Strich unmittelbar über der unteren Begrenzung des zu sperrenden Raumes jeder Seite zu ziehen. Liegen nicht sämtliche betroffenen Spalten auf einer Seite nebeneinander, so ist die Sperrung nach den vorstehenden Vorschriften für die Spalten, die nebeneinanderliegen, jeweils gesondert vorzunehmen.

1. § 21 regelt die Form der Grundbucheintragungen

Die Eintragungen sind deutlich, übersichtlich und leserlich zu schreiben. Der Druck von Eintragungen ist nur mit besonderer Genehmigung statthaft. Die Entscheidung über die Genehmigung ist durch § 10 Abs. 2 S. 2, § 3 GeschO den Oberlandesgerichtspräsidenten übertragen. Druck wird dann zweckmäßig sein, wenn in zahlreiche Grundbuchblätter Eintragungen gleichen Inhalts vorgenommen werden sollen. Die Eintragungen können zunächst gedruckt und die einzelnen Blätter sodann zu Grundbuchbänden vereinigt werden. In welcher Weise gedruckte Eintragungen in den Grundbuchbänden unterzubringen sind, wird bei der Genehmigung jeweils bestimmt (§ 10 Abs. 2 S. 1 GeschO). **1**

Werden die Grundbucheintragungen gedruckt, so darf auch das Handblatt gedruckt werden (§ 10 Abs. 2 S. 3 GeschO).

Eintragungen in das Grundbuch mittels eines Vervielfältigungsverfahrens ist weder als Druck noch als Stempelverwendung anzusehen. Über die Zulässigkeit eines solchen Eintragungsverfahrens entscheidet im Einzelfalle die Landesjustizverwaltung.

a) Die Eintragungen sind ohne **Abkürzungen** zu schreiben. Das schließt jedoch gewisse allgemein gebräuchliche und verständliche Abkürzungen nicht aus, so z. B. „DM" = Deutsche Mark, „Abt." = Abteilung; „Gde." = Gemeinde, „Gem." = Gemarkung, „Flst." = Flurstück, „Nr." = Nummer, „Sp." = Spalte, „VN" = Veränderungsnachweis, „LG" = Landgericht, „AG" = Amtsgericht, sowie AG, KG, GmbH usw. **2**

b) Das Radieren und Durchstreichen im Grundbuch ist verboten; wird trotzdem radiert, so bleibt rechtlich die ursprüngliche Eintragung erhalten. Die nach der Radierung eingetragenen Bestandteile sind nichtig; sie können auch nicht Gegenstand des Gutglaubensschutzes sein.[1] Schreibversehen, die vor dem Unterschreiben bemerkt werden, können mit Genehmigung des Beamten, der die Eintragung verfügt hat, durch Verbesserung des Eintrages berichtigt werden, wenn dadurch der ursprüngliche Eintrag nicht unleserlich oder unübersichtlich wird. Die Berichtigung der Eintragung ist am Schluß als solche zu vermerken (§ 29 Abs. 1 GeschO). Ergibt sich sonst Anlaß zur Berichtigung von Schreibversehen, so ist die Sache dem Rechtspfleger zur Entscheidung vorzulegen. Das gilt auch, wenn eine versehentlich erfolgte Rotunterstreichung beseitigt werden soll. Die Beseitigung erfolgt in der Weise, daß der rote Strich durch kleine schwarze Striche durchkreuzt wird (§ 29 Abs. 2 GeschO). Wird der Fehler erst nach Vollzug der Eintragung bemerkt, so ist Berichtigung von Amts wegen zulässig und **3**

---

[1] OLG Frankfurt Rpfleger 81, 479.

notwendig. Der materielle Inhalt eines Rechts darf jedoch dadurch nie geändert werden.

4 c) Sind gleichlautende Eintragungen in einer größeren Zahl von Blättern vorzunehmen, so kann die Verwendung von Stempeln genehmigt werden.

2. Ort der Eintragung

5 a) Die sämtlichen Eintragungen in das Bestandsverzeichnis und in die Abt. II u. III sind an der zunächst freien Stelle im unmittelbaren Anschluß an die vorgehende Eintragung der Spalte und ohne Rücksicht darauf, zu welcher Eintragung einer anderen Spalte sie gehören, vorzunehmen. Zwischenräume zwischen den einzelnen Eintragungen, d. h. den zusammengehörigen, einen Rechtsvorgang darstellenden Vermerken, sind also nicht zulässig. Unzulässig ist es auch, jede Eintragung durch einen quer über die ganze Seite gezogenen Strich abzuschließen. Diese Regelung hat sich beim Druck von – teilweise – einheitlich zu beschreibenden Blättern (z. B. bei der Anlegung von Wohnungsgrundbüchern) als unpraktisch erwiesen, weil sie wegen des Gebots eines unmittelbaren Anschlusses der Eintragungen aneinander oft den Druck auch der einheitlichen Eintragungen verhinderte. Durch VO v. 1. 12. 77 (BGBl. I S. 2313) ist mit der Einführung des in Abs. 4 näher beschriebenen „Sperrvermerkes" dem Anliegen der Praxis Rechnung getragen worden.

6 b) Abs. 2 ist nicht anwendbar auf Eintragungen in der ersten Abteilung. Hier richtet sich die Stelle, an der ein neuer Eigentümer in den Sp. 1 und 2 eingetragen werden soll, nach dem durch die Ausfüllung der Sp. 3 und 4 für die vorgehende Eigentümereintragung verbrauchten Raum dieser Spalten; d. h. die Eintragung in den Sp. 1 und 2 erfolgt nicht an der zunächst freien Stelle dieser Spalten, sondern in gleicher Höhe mit der zunächst freien Stelle der Sp. 3 und 4. Ist die Eintragung in den Sp. 1 und 2 größer als die Eintragung in den Sp. 3 und 4, so erfolgt die neue Eintragung in den Sp. 3 und 4 in gleicher Höhe mit der an der zunächst freien Stelle der Sp. 1 und 2 vorgenommenen Eintragung.

[Eintragungsmuster]

§ 22

Die nähere Einrichtung und die Ausfüllung des Grundbuchblatts ergibt sich aus dem in Anlage 1 beigefügten Muster. Die darin befindlichen Probeeintragungen sind als Beispiele nicht Teil dieser Verfügung.

Die GBV hat im wesentlichen den Charakter einer Rechtsverordnung (vgl. Vorbem. vor § 1 Rdn. 3). Nach Satz 2 sind jedoch die in dem amtlichen Muster befindlichen Probeeintragungen nicht Teil der GBV, sondern nur Beispiele. Als solche haben sie nicht die Bedeutung einer Rechtsverordnung oder auch nur einer Dienstanweisung. Die Beteiligten haben keinen Anspruch darauf, daß das GBA sich bei Abfassung der Eintragungen an die Probeeintragungen hält.

Den Wortlaut der Eintragungen bestimmt der Rpfleger (Richter) in sachlicher Unabhängigkeit (s. ausführlich Vorbem. vor § 1 Rdn. 3). Dienstliche Anweisungen, sich an den Wortlaut der Probeeintragungen oder anderer Muster zu halten, sind unverbindlich.

IV. Die Grundakten (Eickmann) § 24 V

[Umschreibung bei Raummangel]

§ 23

(1) Bietet ein Grundbuchblatt für Neueintragungen keinen Raum mehr, so ist es umzuschreiben.
(2) Eine Fortsetzung eines Grundbuchblatts auf einem anderen, auch auf einem geschlossenen Blatte desselben oder eines anderen Blattes ist unzulässig.

Ein Grundbuchblatt, das für Neueintragungen keinen Raum mehr bietet, ist umzuschreiben (vgl. §§ 28 bis 31). Hieraus folgt einmal, daß das Einheften von Einlagebogen verboten ist (Ausnahmen vgl. § 8 Abs. 5 c GeschO). Unzulässig ist ferner die Fortsetzung eines Grundbuchblattes (Abs. 2) oder einer einzelnen Abteilung oder einer einzelnen Eintragung auf einem anderen, auch auf einem geschlossenen Blatte desselben oder eines anderen Bandes. Unstatthaft ist es auch, eine einzelne Abteilung oder eine einzelne Eintragung an einer anderen Stelle desselben Grundbuchblattes fortzusetzen.

Wegen der Umschreibung auf **Verlangen** des Eigentümers s. § 28 Rdn. 3.

IV. Die Grundakten

[Inhalt der Grundakten: Handblatt]

§ 24

(1) Die Urkunden und Abschriften, die nach § 10 der Grundbuchordnung von dem Grundbuchamt aufzubewahren sind, werden zu den Grundakten genommen, und zwar die Bewilligung der Eintragung eines Erbbaurechts zu den Grundakten des Erbbaugrundbuchs.
(2) Betrifft ein Schriftstück der im Abs. 1 bezeichneten Art Eintragungen auf verschiedenen Grundbuchblättern desselben Grundbuchamts, so ist es zu den Grundakten eines der beteiligten Blätter zu nehmen; in den Grundakten der anderen Blätter ist auf diese Grundakten zu verweisen.
(3) Ist ein Schriftstück der im Abs. 1 bezeichneten Art in anderen der Vernichtung nicht unterliegenden Akten des Amtsgerichts enthalten, welches das Grundbuch führt, so genügt eine Verweisung auf die anderen Akten.
(4) Bei den Grundakten ist ein in seiner Einrichtung dem Grundbuchblatt entsprechender Vordruck (Handblatt) zu verwahren, welcher eine wörtliche Wiedergabe des gesamten Inhalts des Grundbuchblatts enthält. Die mit der Führung des Grundbuchs beauftragten Beamten haben für die Übereinstimmung des Handblatts mit dem Grundbuchblatte zu sorgen.

1. Aufbewahrung

Abs. 1 schreibt vor, wie die Aufbewahrung der Schriftstücke zu geschehen hat, deren Verwahrung § 10 GBO anordnet. **1**

Über die Rückgabe derartiger Schriftstücke vgl. § 10 GBO Rdn. 7–10. Wegen der Aufbewahrung wichtiger Urkunden, die nicht zu den Grundakten gehören, vgl. § 23 GeschO.

2. Mehrere Grundbuchblätter

Wenn eines der in § 24 Abs. 1 bezeichneten Schriftstücke Eintragungen auf verschiedenen Grundbuchblättern desselben Grundbuchamts betrifft, so ist es zu den Grundak- **2**

§ 24 a V   II. Grundbuchverfügung

ten eines der beteiligten Blätter zu nehmen, und zwar nach § 14 Abs. 3 GeschO zu den Grundakten, bei denen es seine erste Ordnungsnummer gem. § 20 Abs. 2 a GeschO erhalten hat. Zu den Grundakten, bei denen sich die Eintragungsunterlagen befinden, ist auch die Eintragungsverfügung zu nehmen (§ 25 Abs. 2 GeschO).

In den Grundakten der Blätter, zu denen das Schriftstück nicht genommen wird, ist auf die Akten zu verweisen, bei denen es sich befindet.

3. Absatz 3

3 dient der Ausfüllung des Vorbehalts in § 10 Abs. 3 GBO. Er hat nur Bedeutung für die Sicherung des Beweises über die Eintragungsunterlagen, nicht dagegen für die Frage, ob zum Nachweis der Eintragungsvoraussetzungen auf Urkunden, die sich bei anderen Akten desselben GBA befinden, Bezug genommen werden darf. Statt der Aufbewahrung einer beglaubigten Abschrift genügt eine Verweisung in den Grundakten auf die anderen Akten desselben Gerichts, wenn diese der Vernichtung nicht unterliegen. Ob eine beglaubigte Abschrift zu den Grundakten genommen oder ob verwiesen wird, entscheidet der Rechtspfleger (Richter). Reichen die Beteiligten bereits eine beglaubigte Abschrift ein, so ist sie zu den Grundakten zu nehmen. Der Rechtspfleger (Richter) kann auch selbst die Anfertigung einer beglaubigten Abschrift zu den Grundakten anordnen; er kann aber nicht den Beteiligten die Beibringung der Abschrift aufgeben.

4. Handblatt

4 Das nach **Abs. 4** zu führende Handblatt ist nicht Bestandteil der Grundakten.

Das Handblatt muß wörtlich mit dem Grundbuchblatt übereinstimmen (Abs. 4 S. 1). Für die Übereinstimmung des Handblattes mit dem Grundbuchblatt haben die mit der Führung des Grundbuchs beauftragten Beamten (vgl. § 3 Nr. 1 lit h RpflG, § 12 c GBO) zu sorgen. Insbesondere hat die Geschäftsstelle das Handblatt nach Eintragung im Grundbuch zu vervollständigen und den Tag der Eintragung zu vermerken. Mit der Führung des Grundbuchs beauftragt sind die Bediensteten, denen die Ausführung der verfügten Eintragungen im Grundbuch obliegt. Unterschrift der Eintragung im Handblatt ist nicht erforderlich; die Namen der Beamten, die die Eintragung im Grundbuch unterschrieben haben, sind im Handblatt anzugeben. Der Rechtspfleger (Richter) ist nicht gehindert, die Eintragung in dem Handblatt zu entwerfen und von dort in das Grundbuch übertragen zu lassen.

Wird ein Grundbuchblatt umgeschrieben, so ist auch stets ein neues Handblatt herzustellen.

[Gestaltung der aufzubewahrenden Urkunden]

§ 24 a

Urkunden oder Abschriften, die nach § 10 der Grundbuchordnung bei den Grundakten aufzubewahren sind, sollen tunlichst doppelseitig beschrieben sein, nur die Eintragungsunterlagen enthalten und nur einmal zu der betreffenden Grundakte eingereicht werden. § 18 der Grundbuchordnung findet insoweit keine Anwendung. Das Bundesministerium der Justiz gibt hierzu im Einvernehmen mit den Landesjustizverwaltungen und der Bundesnotarkammer Empfehlungen heraus.

V. Der Zuständigkeitswechsel (Eickmann) **§ 25 V**

I. Normzweck

Die Vorschrift ergänzt § 10 GBO hinsichtlich der **äußeren Ausgestaltung** der nach **1**
der GBO vorzulegenden und aufzubewahrenden Eintragungsunterlagen. Sie sind häufig
sehr umfangreich und werden nicht selten mehrfach vorgelegt (z. B. zur Eintragung der
Vormerkung und sodann erneut zur Eigentumsumschreibung). Diese Verfahrensweise
belastet nicht nur den Rechtspfleger unnötig, sondern läßt auch den Umfang des zu
verwahrenden Aktengutes in einem Maße zunehmen, daß die Gerichte sich vor erhebliche Raumprobleme gestellt sehen.

II. Regelung

Die Notare werden daher aufgefordert, **Doppeleinreichungen** durch die Erstellung **2**
auszugsweiser Ausfertigungen (Abschriften) zu vermeiden und die Urkunden **doppelseitig** zu beschreiben.
Diese Verfahrensweise ist jedoch nur eine rechtlich unverbindliche **Empfehlung**. **3**
Durch **Satz 2** ist klargestellt, daß ein Eintragungsantrag **nicht** deshalb **beanstandet** werden kann, weil der Notar sich nicht an die Empfehlungen gehalten hat.
Die in Satz 3 angesprochenen Empfehlungen liegen derzeit noch nicht vor. Zu den **4**
Beratungen und Entwürfen vgl. *Mock* ZfIR 97, 117.

V. Der Zuständigkeitswechsel

[Schließung und Neuanlegung des Grundbuchblatts]

§ 25

(1) Geht die Zuständigkeit für die Führung eines Grundbuchblatts auf ein anderes
Grundbuchamt über, so ist das bisherige Blatt zu schließen; dem anderen Grundbuchamt sind die Grundakten zu übersenden, nachdem die wörtliche Übereinstimmung des
Handblatts mit dem Grundbuchblatt von dem Richter und dem Urkundsbeamten der
Geschäftsstelle bescheinigt ist.

(2) a) In der Aufschrift des neuen Blattes ist auf das bisherige Blatt zu verweisen.

b) Gelöschte Eintragungen werden in das neue Blatt insoweit übernommen, als dies
zum Verständnis der noch gültigen Eintragungen erforderlich ist. Im übrigen sind nur
die laufenden Nummern der Eintragungen mit dem Vermerk „Gelöscht" zu übernehmen. Die Übernahme der Nummern der Eintragungen mit dem Vermerk „Gelöscht"
kann unterbleiben und der Bestand an Eintragungen unter neuen laufenden Nummern
übernommen werden, wenn Unklarheiten nicht zu besorgen sind.

c) Die Übereinstimmung des Inhalts des neuen Blattes mit dem Inhalt des bisherigen
Blattes ist im Bestandsverzeichnis und jeder Abteilung von dem Richter und dem Urkundsbeamten der Geschäftsstelle zu bescheinigen. Die Bescheinigung kann im Bestandsverzeichnis oder einer Abteilung mehrfach erfolgen, wenn die Spalten nicht
gleich weit ausgefüllt sind. Befinden sich vor einer Bescheinigung leergebliebene Stellen,
so sind sie zu durchkreuzen.

d) Das Grundbuchamt, welches das neue Blatt anlegt, hat dem früher zuständigen
Grundbuchamt die Bezeichnung des neuen Blattes mitzuteilen. Diese wird dem Schließungsvermerk (§ 36 Buchstabe b) auf dem alten Blatte hinzugefügt.

§ 25 V

(3) a) Geht die Zuständigkeit für die Führung des Grundbuchs über eines von mehreren, auf einem gemeinschaftlichen Blatt eingetragenen Grundstücken oder über einen Grundstücksteil auf ein anderes Grundbuchamt über, so ist das Grundstück oder der Grundstücksteil abzuschreiben. Dem anderen Grundbuchamt sind ein beglaubigter Auszug aus dem Handblatt sowie die Grundakten zwecks Anfertigung von Abschriften und Auszügen der das abgeschriebene Grundstück betreffenden Urkunden zu übersenden.

b) Ist der Übergang der Zuständigkeit von einem vorherigen, die Eintragung des neuen Eigentümers erfordernden Wechsel des Eigentums abhängig, so hat das bisher zuständige Grundbuchamt den neuen Eigentümer auf einem neu anzulegenden Blatte einzutragen; sodann ist nach Abs. 1, 2 zu verfahren. Das bisher zuständige Grundbuchamt kann jedoch auch, wenn der Übergang der Zuständigkeit auf das andere Grundbuchamt durch Verständigung mit diesem gesichert ist, die Eintragung des neuen Eigentümers mit dem Abschreibungsvermerk verbinden und sodann nach Abs. 3 a verfahren, falls durch die Verbindung Verwirrung nicht zu besorgen ist und andere gemäß § 16 Abs. 2 der Grundbuchordnung zu berücksichtigende Eintragungsanträge nicht vorliegen. Tritt in diesem Falle der Zuständigkeitswechsel infolge nachträglicher Ablehnung der Übernahme durch das andere Grundbuchamt nicht ein, so hat das Grundbuchamt ein neues Grundbuchblatt anzulegen.

(4) Im Abschreibungsvermerk (Abs. 3 a und 3 b Satz 2) ist die Bezeichnung des Blattes, auf das das Grundstück oder der Grundstücksteil übertragen wird, zunächst offenzulassen. Sie wird auf Grund einer von dem nunmehr zuständigen Grundbuchamt dem früher zuständigen Grundbuchamt zu machenden Mitteilung nachgetragen. Im Falle des Abs. 3 b Satz 3 ist der Abschreibungsvermerk durch Nachtragen des neu angelegten Blattes zu ergänzen.

1. Allgemeines

1 Die Vorschrift behandelt die grundbuchtechnischen Folgen des Übergangs der Zuständigkeit für die Führung eines Grundbuchblattes auf ein anderes GBA. Ein solcher Übergang kann sich vollziehen kraft Gesetzes (infolge Änderung der Gerichtsbezirke), kraft gerichtlicher Bestimmungen (bei Vereinigung – § 5 GBO – oder Zusammenschreibung mehrerer Grundstücke – § 4 Abs. 2 GBO) oder kraft Zuschreibung (§ 6 GBO) oder bei Aufhebung einer Zusammenschreibung, wenn für die Führung eines oder mehrerer Grundstücke ein anderes GBA zuständig ist (vgl. § 4 Abs. 2 GBO). Der Übergang der Zuständigkeit vollzieht sich im ersten Falle mit der Änderung des Bezirks, in den letzten Fällen erst, wenn das zuständige GBA die Verbindung, Zusammenschreibung oder Aufhebung der Zusammenschreibung beschlossen hat.

Die Vorschriften über den Zuständigkeitswechsel sind entsprechend anwendbar, wenn ein Grundbuchblatt von einem unzuständigen GBA geführt wird.

2. Wechsel der Zuständigkeit

2 a) **Abs. 1** ist anwendbar, wenn die Zuständigkeit zur Führung des ganzen Grundbuchblatts auf ein anderes GBA übergeht. Geht die Zuständigkeit zur Führung des Grundbuchs über eines von mehreren auf einem gemeinschaftlichen Blatt eingetragenen Grundstücks oder einen Grundstücksteil auf ein anderes GBA über, so ist hierfür **Abs. 3** maßgebend.

Die Behandlung des alten Blattes ist in Abs. 1 geregelt. Wegen der Schließung vgl. § 36. Dem Schließungsvermerk (§ 36 Buchst. b) wird die Bezeichnung des neuen Blattes

V. Der Zuständigkeitswechsel (Eickmann) § 25 V

hinzugefügt. Diese hat das GBA dem früher zuständigen GBA mitzuteilen (**Abs. 2 d**). Der Vermerk kann z. B. lauten.

„Das Blatt ist wegen Übergangs der Zuständigkeit für die Führung des Blattes auf das AG ... geschlossen am ..."

b) **Abs. 2** gibt die Vorschriften über das neue Grundbuchblatt. Sie gelten jedoch nur für den Fall, daß bei dem neuen GBA für die Grundstücke ein neues Grundbuchblatt angelegt wird (vgl. Abs. 2 a). Sie können daher in den Fällen, in denen sich der Zuständigkeitswechsel infolge Vereinigung, Zuschreibung oder Zusammenschreibung vollzieht, keine Anwendung finden; denn in diesen Fällen wird das Grundstück auf ein bereits bestehendes Blatt übertragen. Abs. 2 wird somit nur in den Fällen des Zuständigkeitswechsels kraft Gesetzes anzuwenden sein. **3**

aa) **Abs. 2 a.** Der Verweisungsvermerk in der Aufschrift des neuen Blattes kann beispielsweise lauten: **4**

„Dieses Blatt ist wegen Übergangs der Zuständigkeit zur Führung des Blattes an die Stelle des geschlossenen Blattes ... getreten. Eingetragen am ..."

bb) **Abs. 2 b.** Bestehende Eintragungen werden stets wörtlich in das neue Blatt übernommen. Die Unterschriften der Grundbuchbeamten sind mit dem Zusatz „gez." zu übernehmen. Gelöschte Eintragungen werden im Wortlaut und rot unterstrichen insoweit übernommen, als dies zum Verständnis der noch gültigen Eintragungen erforderlich ist; d. h. sie werden nur dann übernommen, wenn sie für die buchmäßige Darstellung der Tragweite der noch unmittelbar wirksamen Eintragung bedeutsam sind. Gelöschte Eintragungen sind dann in das neue Blatt zu übernehmen, wenn sie Rechte betreffen, die bei einer noch wirksamen Rangänderung beteiligt gewesen sind. **5**

Im übrigen sind aus dem alten Grundbuchblatte – und zwar aus dem Bestandsverzeichnis und aus allen Abteilungen (vgl. die Neufassung von Abs. 2 Buchst. b dch. VO v. 21. 3. 74) – im Hinblick auf die Rechtsvermutung des § 891 Abs. 2 BGB gelöschte Eintragungen nur mit ihrer laufenden Nummer und dem Vermerk „Gelöscht" zu übernehmen. Die Mitübertragung der laufenden Nummer der gelöschten Eintragungen mit dem Vermerk „Gelöscht" erleichtert besonders im Bestandsverzeichnis die Benutzung des neuen Blattes und die Erhaltung der Übereinstimmung mit dem amtlichen Verzeichnis i. S. des § 2 GBO. Auch von der Übernahme dieser Kurzvermerke kann dann abgesehen werden, wenn Unklarheiten nicht zu besorgen sind. Das wird im Bestandsverzeichnis nahezu stets der Fall sein, weil nur der gegenwärtige Bestand von Bedeutung ist. In Abt. I wird eine Übernahme der Kurzvermerke ratsam sein bei Veränderungen z. B. in Erbengemeinschaften hinsichtlich der alten (ausgeschiedenen) Miteigentümer; bei Wechsel des Alleineigentums dürfte stets ein Fall von Satz 3 a. a. O. vorliegen.

In Abt. II und III sollte von Satz 3 nur Gebrauch gemacht werden, wenn keinerlei Rangänderungen, Rangvorbehalte, Teilabtretungen etc. vorlagen.

cc) Durch die Bescheinigung nach **Abs. 2 c** soll eindeutig klargestellt werden, welche Eintragungen, im Gegensatz zu späteren Eintragungen auf dem neuen Blatt, aus dem alten Blatt übernommen sind. Dementsprechend kann die Bescheinigung an mehreren Stellen des Bestandsverzeichnisses oder der Abteilungen erfolgen. Soweit sich vor einer solchen Bescheinigung leergebliebene Stellen befinden, sind sie (schwarz) zu durchkreuzen. **6**

dd) Solange das neue GBA die Mitteilung nach **Abs. 2 d** noch nicht gemacht hat, ist die Bezeichnung des neuen Blattes im Schließungsvermerk zunächst noch offen zu lassen. Erfolgt die Mitteilung, so wird die Bezeichnung nachgetragen. **7**

c) Wird bei dem Zuständigkeitswechsel der Bestand des alten Blattes auf ein bereits bestehendes Blatt übertragen, so ist das Verfahren das gleiche wie bei jeder sonstigen **8**

Übertragung von Grundstücken auf ein bereits bestehendes Grundbuchblatt. Zu beachten ist hier jedoch, daß im Übertragungsvermerk auch das bisher zuständige GBA aufgeführt wird, z. B.:

„Von Bd. ... Bl. ... des Grundbuchs von ... des AG ... hierher übertragen am ..."

3. Wechsel der Zuständigkeit für Teile

9 Abs. 3 behandelt im Gegensatz zu Abs. 1 den Fall, daß die Zuständigkeit zur Führung des Grundbuchs über eines von mehreren auf einem gemeinschaftlichen Blatte eingetragenen Grundstücken oder über einen Grundstücksteil auf ein anderes GBA übergeht.

Abs. 3 ist auch dann anwendbar, wenn die Zuständigkeit zur Führung des Grundbuchs über mehrere von mehreren auf einem gemeinschaftlichen Blatte eingetragenen Grundstücken oder über mehrere Grundstücksteile wechselt.

10 a) **Abs. 3 a** regelt den Zuständigkeitswechsel ohne Eigentumsübergang.

aa) Ist der Fall des Abs. 3 a gegeben, so wird das betreffende Grundstück oder der Grundstücksteil abgeschrieben. Es tritt nach Abschreibung des Grundstücks oder des Teils eine vorübergehende Ausbuchung des Grundstücks oder Grundstücksteils ein. Im Abschreibungsvermerk ist die Bezeichnung des Blattes, auf das das Grundstück oder der Grundstücksteil übertragen wird, zunächst offenzulassen. Sie wird später nachgetragen (vgl. Abs. 4). Der dem GBA zu übersendende Auszug aus dem Handblatt braucht nur die Eintragungen enthalten, die für das abgeschriebene Grundstück (oder den Grundstücksteil) von Bedeutung sind.

bb) Das nunmehr zuständige GBA hat, je nachdem, ob das Grundstück auf einem neuen oder einem bereits bestehenden Blatte eingetragen werden soll, wie oben Rdn. 3, 8 zu verfahren. Nach Anfertigung der notwendigen Abschriften und Auszüge hat es die Grundakten wieder an das bisherige GBA zurückzusenden, weil nicht die Führung des ganzen Grundbuchblattes übergegangen ist.

11 b) **Abs. 3 b** behandelt den Fall, daß der Übergang der Zuständigkeit zur Führung des Grundbuchs über eines von mehreren auf einem Grundstücksteil mit einem Eigentumswechsel verbunden ist. Es stellt dem abgebenden GBA zwei Wege zur Wahl: Entweder die Anlegung eines neuen Grundbuchblattes für das abzuschreibende Grundstück oder den abzuschreibenden Grundstücksteil oder die Verbindung des Abschreibungsvermerks mit der Eigentümerübertragung.

12 aa) Das bisher zuständige GBA hat für das abzuschreibende Grundstück oder den Grundstücksteil ein neues Grundbuchblatt anzulegen und auf diesem den Erwerber als Eigentümer einzutragen (vgl. § 9 Rdn. 5). Ist dies geschehen, so vollzieht sich der Zuständigkeitswechsel nunmehr nach § 25 Abs. 1 und 2.

13 bb) Abs. 3 b Satz 2 und 3 sehen demgegenüber ein vereinfachtes Verfahren vor, bei dem von der Anlegung eines neuen Blattes für das abzuschreibende Grundstück oder den abzuschreibenden Grundstücksteil abgesehen wird. Die Eintragung des Erwerbers als neuen Eigentümer erfolgt daher nicht wie oben auf einem neu anzulegenden Grundbuchblatt. Sie wird vielmehr unter Verbindung mit dem Abschreibungsvermerk in Sp. 8 des Bestandsverzeichnisses eingetragen (über den rechtsähnlichen Fall der Ausbuchung eines Grundstücks oder Grundstücksteils unter gleichzeitigem Eigentumswechsel vgl. § 3 GBO Rdn. 6. Eine solche Eintragung kann beispielsweise lauten:

Sp. 7: „2, 6"; Sp. 8:

„Von Nr. 2 das Flst. 102 aufgelassen an den Kaufmann Friedrich Meyer in München und eingetragen am 19. 5. 1970. Übertragen nach Bd. ... Bl. ... des Grundbuchs von ... am 19. 5. 1970."

V. Der Zuständigkeitswechsel (Eickmann) § 26 V

Ist diese Eintragung vollzogen, so hat das bisher zuständige GBA wie bei einem Zuständigkeitswechsel ohne Eigentumswechsel dem nunmehr zuständigen GBA einen beglaubigten Auszug aus dem Handblatt sowie die Grundakten zwecks Anfertigung von Abschriften und Auszügen der das abgeschriebene Grundstück oder den abgeschriebenen Grundstücksteil betreffenden Urkunden zu übersenden (Abs. 2 b S. 2 i. Verb. mit Abs. 3 a S. 2). Der Auszug aus dem Handblatt braucht nur die Eintragungen zu enthalten, die für das abgeschriebene Grundstück (oder den Grundstücksteil) von Bedeutung sind.

Die eng auszulegenden Voraussetzungen für die Anwendung des vereinfachten Verfahrens sind:
1. Der Übergang der Zuständigkeit auf das andere GBA soll gesichert sein. Zu diesem Zwecke haben sich die beiden Grundbuchämter über die Übernahme der Grundbuchführung zu verständigen. Über den Fall der nachträglichen Ablehnung der Übernahme durch das andere GBA vgl. unten Rdn. 14.
2. Durch die Verbindung der Eigentümerübertragung mit dem Abschreibungsvermerk darf Verwirrung nicht zu besorgen sein. Verwirrung wird regelmäßig anzunehmen sein bei Abschreibungen, bei denen zahlreiche Rechte zur Mithaft zu übertragen sind.
3. Schließlich dürfen andere gem. § 16 Abs. 2 GBO zu berücksichtigende Eintragungsanträge nicht vorliegen.

Lehnt im Falle des Abs. 3 b S. 2 das andere GBA trotz ursprünglich erklärter Bereit- **14** willigkeit nachträglich die Übernahme der Zuständigkeit zur Grundbuchführung für das abzuschreibende Grundstück (Grundstücksteil) ab, so hat das bisherige GBA für das Grundstück (Grundstücksteil) ein neues Grundbuchblatt anzulegen (Abs. 3 b Satz 3) oder, das Grundstück (Grundstücksteil) auf ein anderes Grundbuchblatt des neuen Eigentümers zu übertragen. Der Abschreibungsvermerk ist in diesem Falle durch Nachtragen der Bezeichnung des neu angelegten Blattes oder der Bezeichnung des bereits von dem GBA geführten anderen Grundbuchblattes des neuen Eigentümers zu ergänzen (Abs. 4 S. 3).

4. Abschreibung

Abs. 4 ist lediglich auf die in Abs. 3 geregelten Fälle der Abschreibung anwendbar; **15** im Falle des Abs. 1 findet eine Abschreibung nicht statt.

5. Wegen der **Benachrichtigung** der Beteiligten von dem Zuständigkeitswechsel vgl. **16** § 40 Abs. 1.

6. Wegen des Zuständigkeitswechsels beim **Loseblattgrundbuch** s. § 27 a. **17**

[Abgabe des Grundbuchbandes]

§ 26

(1) Geht bei einer Bezirksänderung die Führung des Grundbuchs in Ansehung aller Blätter eines Grundbuchbandes auf ein anderes Grundbuchamt über, so ist der Band an das andere Grundbuchamt abzugeben. Dasselbe gilt, wenn von der Bezirksänderung nicht alle, aber die meisten Blätter eines Bandes betroffen werden und die Abgabe den Umständen nach zweckmäßig ist.

(2) a) Der abzugebende Band ist an das andere Grundbuchamt zu übersenden.
b) Die von der Bezirksänderung nicht betroffenen Grundbuchblätter sind zu schließen. Ihr Inhalt ist auf ein neues Grundbuchblatt zu übertragen. § 25 Abs. 2 a bis c

§ 26 V §nbsp; §nbsp; §nbsp; §nbsp; §nbsp; §nbsp; §nbsp; II. Grundbuchverfügung

findet entsprechende Anwendung. In dem Schließungsvermerk (§ 36 Buchstabe b) ist die Bezeichnung des neuen Blattes anzugeben.

(3) Die abgegebenen Grundbuchbände und Blätter erhalten nach Maßgabe des § 2 Satz 2 und des § 3 neue Bezeichnungen. In der neuen Aufschrift (§ 5) sind in Klammern mit dem Zusatz „früher" auch der bisherige Bezirk und die bisherigen Band- und Blattnummern anzugeben.

(4) Mit den Grundbuchbänden sind die Grundakten sowie die sonstigen sich auf die darin enthaltenen Grundbuchblätter beziehenden und in Verwahrung des Gerichts befindlichen Schriftstücke abzugeben.

(5) Bei Grundstücken, die kein Grundbuchblatt haben, sind die sich auf sie beziehenden Schriftstücke gleichfalls abzugeben.

(6) Geht die Führung der Grundbuchblätter eines ganzen Grundbuchbezirks auf ein anderes Grundbuchamt über, so sind auch die Sammelakten und Verzeichnisse (z. B. Katasterurkunden) abzugeben, soweit sie sich auf diesen Bezirk beziehen.

(7) In den Fällen der Absätze 4, 5 und 6 ist über die Abgabe ein Vermerk zurückzubehalten.

1. Anwendungsbereich

1 §nbsp; §nbsp; Die Absätze 1 bis 4 behandeln das Verfahren bei einer Bezirksänderung, wenn die Führung des Grundbuchs in Ansehung aller oder der meisten Blätter eines Grundbuchbandes auf ein anderes GBA übergeht.

2 §nbsp; §nbsp; a) Sind alle Blätter eines Bandes von der Bezirksänderung betroffen, so ist der ganze Band abzugeben (Abs. 1 S. 1), d. h. an das nunmehr zuständige GBA zu übersenden (Abs. 2 a). Die Blätter werden aber nicht geschlossen. Gleichzeitig sind auch die Grundakten sowie die sonstigen in Verwahrung des Gerichts befindlichen Urkunden (nicht aus Sammelakten oder sonstigen Verzeichnissen), die die in dem abzugebenden Band enthaltenen Grundbuchblätter betreffen, abzugeben (Abs. 4). Über die Angabe hat das GBA einen Vermerk zurückbehalten (Abs. 7).

Das zuständige GBA hat, nachdem es die Bände und die Grundakten erhalten hat, beide mit neuen Bezeichnungen zu versehen (Abs. 3).

3 §nbsp; §nbsp; b) Sind nicht alle, aber die meisten Blätter eines Bandes von der Bezirksänderung betroffen, so hat das GBA zu prüfen, ob es nach Abs. 1 oder nach § 25 Abs. 1 verfahren will. In der Regel wird die Abgabe des ganzen Bandes unter Schließung der von der Bezirksänderung nicht betroffenen Blätter zweckmäßig sein (Abs. 1), um das umständlichere Verfahren des § 25 zu vermeiden, und um nicht einen Grundbuchband weiterführen zu müssen, in dem die meisten Blätter geschlossen sind. Ist die Abgabe des ganzen Bandes zweckmäßig, so muß das GBA ihn abgeben.

Vor Abgabe hat das GBA die Blätter, für deren Führung es zuständig bleibt, zu schließen. Ihr Inhalt ist unter Anwendung des § 25 Abs. 2 a bis c auf ein neues Grundbuchblatt zu übertragen. Im Schließungsvermerk (§ 36 Buchst. b) ist die Bezeichnung des neuen Blattes anzugeben (Abs. 2 b). Im übrigen gilt für die Abgabe des Bandes, der Grundakten und sonstiger Urkunden und ihre Bezeichnung bei dem neuen GBA oben Rdn. 2.

4 §nbsp; §nbsp; c) Über die Benachrichtigung der Beteiligten von dem Zuständigkeitswechsel vgl. § 40 Abs. 1.

2. Absatz 5

5 §nbsp; §nbsp; behandelt den Fall, daß ein Grundstück, für das kein Grundbuchblatt angelegt ist, in einen anderen Bezirk gelangt. Dieser Fall kann nur durch eine Bezirksänderung eintreten. Hier sind sämtliche Schriftstücke, die sich auf das ungebuchte Grundstück beziehen, abzugeben. War das Grundstück früher gebucht, und ist es dann gem. § 3 Abs. 3 GBO ausgebucht worden, so sind auch die früheren Grundakten abzugeben. Über die Abgabe ist vom abgebenden GBA ein Vermerk zurückzubehalten (Abs. 7).

3. Bezirksänderung

Geht die Führung sämtlicher Grundbuchblätter eines ganzen Grundbuchbezirks (§ 1 Abs. 1) auf ein anderes GBA über, so sind außer den in Abs. 4 bezeichneten Grundakten und Schriftstücken auch die Sammelakten und Verzeichnisse, soweit sie sich auf diesen Bezirk beziehen, abzugeben. Über die Abgabe hat das abgebende GBA einen Vermerk zurückzubehalten (Abs. 7). Im übrigen richtet sich das Abgabeverfahren nach Abs. 1–4. Da die in Abs. 6 bezeichneten Akten und Verzeichnisse nur abzugeben sind, wenn die Führung des ganzen Grundbuchbezirks auf ein anderes GBA übergeht, ist für die Fälle, in denen ein Teil des Bezirks die Zuständigkeitswechsel, zu folgern, daß insoweit eine Abgabe nicht zulässig ist. Hier sind lediglich Abschriften zu erteilen.

6

[Wechsel des Grundbuchbezirks]

§ 27
Die Vorschriften des § 25 und des § 26 Abs. 1, 2, 3 sind entsprechend anzuwenden, wenn ein Grundstück in einen anderen Grundbuchbezirk desselben Grundbuchamts übergeht.

§ 27 regelt den Übergang eines Grundstücks in einen anderen Grundbuchbezirk (§ 1 Abs. 1) desselben Grundbuchamts. Dies kann geschehen infolge Veränderung der Bezirksgrenzen, Verbindung (§§ 5, 6 GBO), Zusammenschreibung mehrerer Grundstücke (§ 4 GBO) oder Aufhebung einer Zusammenschreibung, wenn Grundstücke aus verschiedenen Grundbuchbezirken beteiligt sind; durch die bloße Aufhebung einer Zusammenschreibung tritt eine Änderung der Grundbuchbezirke als solche nicht ein.
Die Vorschriften des § 25 und des § 26 Abs. 1, 2, und 3 sind entsprechend anzuwenden. Nicht anwendbar sind daher alle die Vorschriften, die sich aus der Beteiligung zweier verschiedener Grundbuchämter erklären.
Wegen der Benachrichtigung der Beteiligten vgl. § 40 Abs. 2.

[Abgabe von Grundbuchblättern]

§ 27 a
(1) Geht die Zuständigkeit für die Führung eines oder mehrerer Grundbuchblätter auf ein anderes Grundbuchamt über und wird bei beiden beteiligten Grundbuchämtern für die in Frage kommenden Bezirke das Grundbuch in Einzelheften mit herausnehmbaren Einlegebogen geführt, so sind die betroffenen Blätter nicht zu schließen, sondern an das nunmehr zuständige Grundbuchamt abzugeben. § 26 Abs. 3, 4, 6 und 7 ist entsprechend anzuwenden. Im Falle des § 27 ist nach Satz 1 und § 26 Abs. 3 zu verfahren.
(2) Wird das Grundbuch in Einzelheften mit herausnehmbaren Einlegebogen nur bei einem der beteiligten Grundbuchämter für den in Frage kommenden Bezirk geführt, so ist nach § 25 Abs. 1 und 2, § 26 Abs. 3, 4, 6 und 7 zu verfahren. Im Falle des § 27 ist nach § 25 Abs. 1 und 2, § 26 Abs. 3 zu verfahren.

§ 28 V   II. Grundbuchverfügung

1   Wird das GB in **Loseblattform** geführt (vgl. § 2 Rdn. 1), gibt § 27 a für die Durchführung des Zuständigkeitswechsels ein praktisches Verfahren, das in der Übersendung der in Frage stehenden Blätter an das neue GBA besteht, so fern auch dieses nunmehr neu zuständige GBA das Loseblattgrundbuch führt (Abs. 1 S. 1).

2   Führt das anzunehmende (neu zuständige) GBA das GB **nicht in Loseblattform,** so gelten die §§ 25 Abs. 1 und 2, 26 Abs. 3, 4, 6 und 7 entsprechend, das Verfahren entspricht also dem in § 25 Rdn. 2 ff. und § 26 Rdn. 2, 3 geschilderten.

VI. Die Umschreibung von Grundbüchern

[Fälle der Umschreibung]

§ 28

(1) Ein Grundbuchblatt ist, außer dem Falle des § 23 Abs. 1, umzuschreiben, wenn es unübersichtlich geworden ist.

(2) Ein Grundbuchblatt kann umgeschrieben werden:

a) wenn es durch Umschreibung wesentlich vereinfacht wird;

b) wenn außer ihm in demselben Grundbuchband keine oder nur wenige in Gebrauch befindliche Blätter enthalten sind und die Ausscheidung des Bandes angezeigt ist.

1. Zwingende Umschreibung

1   Ein Grundbuchblatt, das unübersichtlich ist, muß umgeschrieben werden. Ob ein Blatt unübersichtlich ist, hat der Rechtspfleger (Richter) nach freiem Ermessen zu entscheiden. Nicht nur die Vielzahl sich kreuzender Eintragungen und zahlreiche bereits im Grundbuch stehende Veränderungseintragungen können für diese Frage von Bedeutung sein; es bleibt darüber hinaus weiter zu prüfen, ob die noch vorzunehmenden neuen Eintragungen die gerade noch vorhandene Übersichtlichkeit zerstören würden. Eine innere Unklarheit des Inhalts der Eintragung kann jedoch nicht durch Umschreibung beseitigt werden. Dies wäre eine unzulässige Inhaltsänderung.

Die Umschreibung eines unübersichtlichen Handblattes für sich allein ist unzulässig (vgl. auch § 24 Rdn. 4).

2. Fakultative Umschreibung

2   Sie ist in Abs. 2 geregelt; ihre Voraussetzungen sind:

a) Das Grundbuchblatt wird durch die Umschreibung wesentlich vereinfacht (Abs. 2 a). Das wird beispielsweise der Fall sein, wenn es zahlreiche gelöschte Eintragungen oder viele Veränderungseintragungen aufweist, ohne daß es darum als unübersichtlich anzusprechen wäre. Oftmals wird auch die Zurückführung der Grundbücher auf das amtliche Verzeichnis eine geeignete Gelegenheit zur Umschreibung geben.

b) Die Umschreibung nach Abs. 2 b hat zur Voraussetzung, daß das umzuschreibende Blatt das einzige nicht geschlossene Grundbuchblatt in einem Bande ist, oder daß außer ihm nur noch wenige nicht geschlossene Blätter in dem Bande vorhanden sind. In der Regel wird dann auch die Ausscheidung des Grundbuchbandes angezeigt sein.

3   c) Fraglich ist, ob der **Eigentümer** aus anderen Gründen die Umschreibung **verlangen** kann. Dies geschieht zuweilen, wenn alte Zwangsversteigerungs- oder Konkursvermerke oder alte Zwangshypotheken zwar längst gelöscht, aber trotzdem noch erkennbar sind und sich diskriminierend und kreditschädigend auswirken. Das Schrifttum steht einem solchen Verlangen grundsätzlich positiv gegenüber;[1] die Rspr. lehnt einen derartigen Anspruch grundsätzlich ab.[2] Ein Anspruch auf Umschreibung muß jedenfalls dann anerkannt werden, wenn die diskriminierenden Eintragungen vorgenommen wurden, obwohl die gesetzlichen Voraussetzungen nicht vorlagen (Folgenbeseitigung).[3] Im übrigen müssen die Interessen des Eigentümers abgewogen werden gegenüber der Aufgabe der Grundbucheinrichtung, einen lückenlosen Überblick über die sachenrechtlichen Vorgänge zu gewähren. Gelöschte Eintragungen sind zuweilen für das Verständnis der Buchungszusammenhänge erforderlich, vgl. § 30 Rdn. 4. Eine Orientierung hinsichtlich der Frage des Zeitablaufes an der andernorts (§ 915 a ZPO), festgelegten 3-Jahres-Schranke kann grundsätzlich als sachgerecht angesehen werden.[4]

3. Das Verfahren der Umschreibung

richtet sich in allen Fällen nach den §§ 29−32. **4**

[Verfahren vor Umschreibung]

§ 29

Vor der Umschreibung hat der Grundbuchrichter Eintragungen, die von Amts wegen vorzunehmen sind, zu bewirken (z. B. §§ 4, 53 GBO). Er hat über die Einleitung eines Löschungsverfahrens (§§ 84 bis 89 GBO) oder eines Verfahrens zur Klarstellung der Rangverhältnisse (§§ 90 bis 115 GBO) zu beschließen und das Verfahren vor der Umschreibung durchzuführen; auch hat er gegebenenfalls die Beteiligten über die Beseitigung unrichtiger Eintragungen sowie über die Vereinigung oder Zuschreibung von Grundstücken zu belehren.

1. Inhalt der Vorschrift

§ 29, der für alle Umschreibungsfälle gilt, regelt die Behandlung des alten Grund- **1**
buchblattes vor der Umschreibung. Nach der Umschreibung ist § 30 Abs. 2 maßgebend.

Die Umschreibung erfolgt von Amts wegen. Eines Antrages von Beteiligten bedarf es nicht; er hätte nur die Bedeutung einer Anregung.

Schon vor der eigentlichen Umschreibung hat das GBA den Inhalt des Grundbuchblattes möglichst zu vereinfachen. Es hat hierbei zu prüfen, welche Eintragungen von Amts wegen zu diesem Zwecke vorgenommen werden können. § 29 begründet jedoch keine Amtspflicht zur Durchführung von Nachforschungen, die nicht schon nach den allgemeinen Vorschriften notwendig wären. S. 2 gibt dafür Beispiele.

Weiterhin ist das GBA verpflichtet, falls sich nur auf Antrag der Beteiligten eine **2**
Vereinfachung des Grundbuchblattes (zum Beispiel durch Vereinigung, Zuschreibung oder Beseitigung unrichtiger Eintragungen) erreichen läßt, auf diese Möglichkeit der

---

[1] Vgl. zur Problematik *Schiffhauer* Rpfleger 78, 404 u. ZIP 81, 934; *Vollkommer* Rpfleger 82, 2; *Böhringer* Rpfleger 89, 309, 312. Ableh. jedoch *Demharter* § 3 GBO Rdn. 12.
[2] OLG Düsseldorf Rpfleger 87, 409 u. FG Prax 97, 83; BayObLG Rpfleger 92, 513; LG Köln MittRhNotK 84, 247; LG Bonn Rpfleger 88, 311.
[3] OLG Frankfurt NJW 88, 976; *Demharter* § 3 GBO Rdn. 12.
[4] *Meikel/Ebeling* § 28 Rdn. 10.

Vereinfachung hinzuweisen und auf die Stellung der erforderlichen Anträge hinzuwirken.

Es ist zweckmäßig, vor der Umschreibung festzustellen, ob dem auf dem umzuschreibenden Blatte als Eigentümer eingetragenen noch andere Grundstücke desselben Grundbuchamtsbezirks gehören. Ist dies der Fall, so ist zu prüfen, ob eine Vereinigung (§ 890 Abs. 1 BGB) dieser Grundstücke oder die Zuschreibung eines oder mehrerer Grundstücke als Bestandteil zu einem anderen (§ 890 Abs. 2 BGB), gegebenenfalls unter einer Gesamtbezeichnung nach § 6 Abs. 4 (vgl. § 6 Rdn. 12), angezeigt ist.

Diese Verfahren sind vor der Umschreibung noch auf dem alten Blatte durchzuführen. Hierzu gehört auch die Löschung des Vermerks gem. § 113 GBO, wenn die neue Rangordnung eingetragen oder das Verfahren eingestellt ist; dieser Vermerk ist nur mit seiner laufenden Nummer und dem Vermerk „Gelöscht" in das neue Blatt zu übernehmen (§ 30 Abs. 1 c).

3 Allgemein hat sich bei der Erledigung der nach § 29 vorzunehmenden Arbeiten eine **unmittelbare Verhandlung mit den Beteiligten** als außerordentlich zweckmäßig erwiesen.

[Gestaltung des neuen Blattes]

§ 30

(1) Für das neue Blatt gelten die folgenden Bestimmungen:

a) Das Blatt erhält die nächste fortlaufende Nummer; § 3 Abs. 2 ist anzuwenden.

b) In der Aufschrift des neuen Blattes ist auf das bisherige Blatt zu verweisen.

c) Gelöschte Eintragungen werden unter ihrer bisherigen laufenden Nummer in das neue Blatt insoweit übernommen, als dies zum Verständnis der noch gültigen Eintragungen erforderlich ist. Im übrigen sind nur die laufenden Nummern der Eintragungen mit dem Vermerk „Gelöscht" zu übernehmen. Die Übernahme der Nummern der Eintragungen mit dem Vermerk „Gelöscht" kann unterbleiben und der Bestand an Eintragungen unter neuen laufenden Nummern übernommen werden, wenn Unklarheiten nicht zu besorgen sind.

d) Die Eintragungsvermerke sind tunlichst so zusammenzufassen und zu ändern, daß nur ihr gegenwärtiger Inhalt in das neue Blatt übernommen wird.

e) Veränderungen eines Rechts sind tunlichst in den für die Eintragung des Rechts selbst bestimmten Spalten einzutragen; jedoch sind besondere Rechte (z. B. Pfandrechte), Löschungsvormerkungen sowie Vermerke, die sich auf mehrere Rechte gemeinsam beziehen, wieder in den für Veränderungen bestimmten Spalten einzutragen.

f) — aufgehoben —

g) In der zweiten und dritten Abteilung ist der Tag der ersten Eintragung eines Rechts mit zu übertragen.

h) 1. Jeder übertragene Vermerk, dessen Unterzeichnung erforderlich ist, ist mit dem Zusatz „Umgeschrieben" zu versehen und von dem Richter und dem Urkundsbeamten der Geschäftsstelle zu unterzeichnen.

2. In Spalte 6 des Bestandsverzeichnisses genügt der Vermerk: „Bei Umschreibung des unübersichtlich gewordenen Blattes ... als Bestand eingetragen am..."; der Vermerk in Spalte 4 der ersten Abteilung hat zu lauten: „Das auf dem unübersichtlich gewordenen Blatt ... eingetragene Eigentum bei Umschreibung des Blattes hier eingetragen am...".

i) In den Fällen des § 30 (§§ 31, 32) des Reichsgesetzes über die Bereinigung der Grundbücher vom 18. Juli 1930 (Reichsgesetzbl. I S. 305) ist nach Möglichkeit an Stelle der Bezugnahme auf das Aufwertungsgesetz ein Widerspruch mit dem im § 30 des Gesetzes über die Bereinigung der Grundbücher bezeichneten Inhalt einzutragen, sofern eine endgültige Klarstellung in einem Verfahren zur Klarstellung der Rangverhältnisse (§§ 90 bis 115 GBO) oder auf andere Weise nicht erreichbar ist.

(2) Das umgeschriebene Blatt ist zu schließen. In dem Schließungsvermerk (§ 36 Buchstabe b) ist die Bezeichnung des neuen Blattes anzugeben.

1. Allgemeines

§ 30 bezieht sich auf alle Fälle der Umschreibung. Er behandelt in Abs. 1 die Gestaltung des neuen Blattes, während er in Abs. 2 Vorschriften über die Schließung des umgeschriebenen Blattes gibt.

Die praktische Bedeutung der Umschreibung beruht vornehmlich auf der Beseitigung der gelöschten Eintragungen und besonders auf der Zusammenfassung der in der Veränderungs- und Hauptspalte enthaltenen Eintragungen.

2. Gestaltung des neuen Blattes

Bei der Umschreibung und der Fassung des neuen Grundbuchblattes ist deshalb davon auszugehen, daß die Umschreibung nur eine äußerliche technische Unübersichtlichkeit beseitigen kann. Eine innere, den Inhalt betreffende Unklarheit kann nicht durch Umschreibung beseitigt werden. Dies wäre nur durch Änderung des Inhalts der Eintragungen möglich.

Im einzelnen gilt folgendes:

a) **Abs. 1 a:** Das neue Grundbuchblatt erhält grundsätzlich die nächste fortlaufende Nummer. Unter den Voraussetzungen des § 3 Abs. 2 kann jedoch von der fortlaufenden Nummernfolge abgewichen werden.

b) **Abs. 1 b:** Der Verweisungsvermerk ist mit Datum und Unterschrift zu versehen. Er lautet etwa:

„Dieses Blatt ist an die Stelle des wegen ... (z. B. Unübersichtlichkeit) geschlossenen Blattes ... getreten. Eingetragen am ..."

c) **Abs. 1 c:** Grundsätzlich sind nur die gegenwärtig noch wirksamen und bedeutungsvollen Eintragungen zu übernehmen, insbesondere soweit sie die Grundlage für die Rechtsvermutungen des § 891 BGB und den öffentlichen Glauben des Grundbuchs gem. § 892 BGB bilden. Andere, insbesondere gelöschte Eintragungen werden unter ihrer bisherigen Nummer nur insoweit übernommen, als dies zum Verständnis der noch gültigen Eintragungen erforderlich ist[1]. So sind beispielsweise gelöschte Eintragungen dann in das neue Blatt zu übernehmen, wenn sie Rechte betreffen, die bei einer noch wirksamen Rangänderung beteiligt gewesen sind. Auch die Übertragung eines gelöschten Nacherbenvermerks kann mit Rücksicht auf die Wirksamkeit der während der Dauer der Vor- und Nacherbschaft getroffenen Verfügungen notwendig sein. Im übrigen sind aus dem unübersichtlichen Grundbuchblatte aus dem Bestandsverzeichnis und den Abt. I–III gelöschte Eintragungen (mit Rücksicht auf die Rechtsvermutung des § 891 Abs. 2 BGB) nur mit der laufenden Nummer und dem Vermerk „Gelöscht" in das neue Blatt zu übernehmen. Bei den gelöschten Eintragungen ist diese Art der andeutenden Übertragung vorgeschrieben im Hinblick auf die Rechtsvermutung des § 891 Abs. 2 BGB; daneben erleichtert diese Mitübertragung besonders im Bestandsverzeichnis die Benutzung des neuen Blattes, den Zusammenhang mit dem alten Blatte und die

---

[1] Vgl. dazu OLG Düsseldorf FGPrax 97, 83.

Erhaltung der Übereinstimmung mit dem amtlichen Verzeichnis i. S. des § 2 Abs. 2 GBO. Von der Übernahme auch dieser Kurzvermerke kann im gleichen Umfang wie bei § 25 Abs. 2 Buchst. b abgesehen werden (vgl. dort Rdn. 5).

5   d) **Abs. 1 d, e:** Die Übernahme der Eintragungen erfolgt im Gegensatz zu § 25 Abs. 2 c nicht wörtlich, vielmehr sind die Eintragungsvermerke zusammenzufassen, so daß nur ihr gegenwärtig noch bedeutsamer Inhalt in das neue Blatt übernommen wird.

Buchst. f, der eine Erweiterung der bisherigen **Bezugnahme** untersagte, ist durch das RegVBG v. 20. 12. 1993 (BGBl. I S. 2182) aufgehoben worden. Insoweit gilt nunmehr § 44 Abs. 3 GBO, vgl. Erl. dort.

Bei der Umschreibung ist im übrigen nur eine Umgestaltung in der Form oder im Wortlaut zulässig. Gegenstandslos gewordene Teile eines Eintragungsvermerks, gleichviel ob sie dessen Inhalt oder die Person des Berechtigten betreffen, sind wegzulassen, soweit nicht besondere Gründe entgegenstehen. So sind bei der neuen Eintragung des Rechts Veränderungen, die das Recht seit seiner ersten Eintragung erlitten hat, tunlichst in der Haupteintragungsspalte einzutragen. Rangvermerke sind grundsätzlich in den Haupteintrag zu übernehmen (s. jedoch unten Rdn. 6). Jedoch sind Vermerke, die ihrer Natur nach oder nach der ausdrücklichen Vorschrift der GBV nur in der Veränderungsspalte eingetragen werden können (z. B. Pfandrechte, Löschungsvormerkungen, Verfügungsbeschränkungen), auch im neuen Blatt wieder in der Veränderungsspalte einzutragen. Das gleiche gilt für Vermerke, die sich auf mehrere Rechte gemeinsam beziehen (z. B. der Vermerk über die Erteilung eines gemeinschaftlichen Hypothekenbriefs). Empfehlenswert ist die Zusammenfassung v. Grundpfandrechten i. Form d. Sammelbuchung bei Beibehaltung der jew. Nummern.

Es muß möglichst verhindert werden, daß gelöschte Eintragungen in erheblichem Umfange in das neue Blatt übernommen werden.

6   Eine Umstellung der Eintragungen in Abt. II u. III nach ihrer zur Zeit der Umschreibung bestehenden Rangfolge unter Weglassung der Rangvermerke wird jedoch durch Abt. 1 d und e nicht gerechtfertigt. Eine solche Umstellung würde eine Änderung der Nummernbezeichnung für die einzelnen Rechte zur Folge haben; das könnte zu Schwierigkeiten bei der Benutzung des neuen Blattes führen, ließe sich bei relativen Rangverhältnissen nicht durchführen und würde auch eine Berichtigung der Briefe erforderlich machen. Eine Umstellung ist selbst dann nicht zulässig, wenn vor- und zurücktretendes Recht im Range unmittelbar aufeinander folgen oder mehrere Rechte vor- oder zurückgetreten sind, zumal immer die Möglichkeit des Vorhandenseins nicht eingetragener Zwischenrechte besteht. Bei allen Rangänderungen aufgrund der §§ 880, 881 BGB muß die Herkunft des Rangverhältnisses im Grundbuch ersichtlich bleiben, da sie für die Tragweite des so erworbenen Vorrangs bedeutsam ist (vgl. § 880 Abs. 4 BGB). Anderes gilt bei der Eintragung des Ergebnisses eines Rangklarstellungsverfahrens.

7   Auch die Bezeichnungen der Grundstücke, auf die sich die Eintragungen in den drei Abteilungen beziehen, sind bei der Umschreibung, soweit möglich, den inzwischen eingetretenen Veränderungen im Bestandsverzeichnis anzupassen.

8   e) Mit Rücksicht auf § 879 BGB ist in der zweiten und dritten Abteilung der Tag der ersten Eintragung mit zu übertragen. Es geschieht dies zweckmäßigerweise so, daß Eintragungs- und Umschreibungsvermerke zusammengefaßt werden:

„Eingetragen am ... und umgeschrieben am..."

9   f) Bei jedem übertragenen Vermerk, dessen Unterzeichnung notwendig ist (vgl. § 44 GBO Rdn. 1), muß zum Ausdruck gebracht werden, daß er umgeschrieben ist. Es geschieht dies durch den Zusatz „Umgeschrieben". Bei der Übertragung der Eintragung des Bestandsverzeichnisses genügt in Sp. 5 und 6 ein Übertragungsvermerk über den

VI. Die Umschreibung von Grundbüchern (Eickmann) **§ 31 V**

ganzen Bestand an Stelle der gesonderten Übertragung der einzelnen sich auf die übertragenen Nummern beziehenden Vermerke. Auch in Abt. I ist in Sp. 3 und 4 nur ein sich auf alle Grundstücke, Anteile und subjektiv-dingliche Rechte beziehender Übertragungsvermerk erforderlich. Die in Abs. 1 h Nr. 2 aufgeführten Vermerke sind nur Beispiele für die Umschreibung nach § 28 Abs. 1. Bei Umschreibung gem. § 23 Abs. 1 oder § 28 Abs. 2 ist der Vermerk entsprechend zu fassen.

Jeder mit dem Zusatz „Umgeschrieben" versehene Vermerk ist von den zuständigen Beamten zu unterzeichnen.

g) **Abs. 1 i** stellt eine Ergänzung des Abs. 1 d, e im Hinblick auf den heute gegenstandslosen § 30 GrBerG dar. **10**

3. Schließung des alten Blattes

Das umgeschriebene Blatt ist gem. § 36 zu schließen. Der in der Aufschrift einzutragende Schließungsvermerk, bei dem der Grund der Schließung (§ 36 Buchst. b) und die Bezeichnung des neuen Blattes anzugeben ist, lautet etwa: **11**
„Wegen Unübersichtlichkeit auf das Bl. ... umgeschrieben und geschlossen am ..."
Der Vermerk ist zu unterzeichnen.

4. Wegen der **Benachrichtigung** von der Umschreibung vgl. § 39 Abs. 3. **12**

5. Rechtsbehelfe

Teilt das GBA den Beteiligten mit, daß es das Grundbuchblatt umzuschreiben beabsichtigt, so ist gegen diese Mitteilung Erinnerung (Beschwerde) unzulässig, weil es sich dabei erst um die Ankündigung eines gerichtl. Verfahrens handelt. Hat das GBA die Umschreibung vorgenommen, so ist gegen die Umschreibung im ganzen ein Rechtsbehelf ebenfalls unzulässig, da durch die Umschreibung als solche nicht in Rechte der Beteiligten eingegriffen wird. Der einzelne hat kein Recht darauf, daß über sein Grundstück gerade ein bestimmtes Blatt geführt wird, sondern nur, daß überhaupt ein ordnungsgemäßes Blatt geführt wird. Dagegen ist gegen die einzelne bei der Umschreibung vorgenommene Übertragung und Zusammenfassung oder gegen die Nichtübertragung eines einzelnen Rechts die Erinnerung (Beschwerde), gegebenenfalls im Rahmen des § 71 Abs. 2 S. 2 GBO, zulässig. Anfechtbar muß auch die Entscheidung sein, mit der das GBA einer Anregung auf Umschreibung nicht entspricht. **13**

6. Notwendigkeit der Umschreibung der Briefe

Inwieweit bei einer Umschreibung auch eine Berichtigung der Hypotheken-, Grundschuld- und Rentenschuldbriefe notwendig wird, richtet sich nach den allgemeinen Vorschriften über nachträgliche Vermerke auf den Briefen. Vgl. §§ 57 Abs. 3, 62 GBO. Durch § 39 Abs. 3 GBV ist die Änderung der Blattnummer auf dem Hypothekenbrief vorgeschrieben. Diese Berichtigung stellt einen nachträglich kraft gesetzlicher Vorschrift auf den Brief gesetzten Vermerk dar, der nach § 49 GBV zu behandeln ist. **14**

[Muster für Umschreibung]

§ 31
Die Durchführung der Umschreibung im einzelnen ergibt sich aus den in den Anlagen 2 a und b beigefügten Mustern. § 22 Satz 2 gilt entsprechend.

Wegen der Bedeutung der Muster s. die Anm. zu § 22 und Vorbem. vor § 1 Rdn. 3.

1131

§ 33 V II. Grundbuchverfügung

[Neues Handblatt]

§ 32

(1) Die für das geschlossene Grundbuchblatt gehaltenen Grundakten werden unter entsprechender Änderung ihrer Bezeichnung für das neue Blatt weitergeführt. Nach dem umgeschriebenen Blatt ist ein neues Handblatt herzustellen. Das alte Handblatt ist bei den Grundakten zu verwahren; es ist deutlich als Handblatt des wegen Umschreibung geschlossenen Blattes zu kennzeichnen.

(2) Mit Genehmigung der Landesjustizverwaltung oder der von ihr bestimmten Stelle können auch die für das geschlossene Grundbuchblatt gehaltenen Akten geschlossen werden. Das alte Handblatt und Urkunden, auf die eine Eintragung in dem neuen Grundbuchblatt sich gründet oder Bezug nimmt, können zu den Grundakten des neuen Blattes genommen werden; in diesem Fall ist Absatz 1 Satz 3 Halbsatz 2 entsprechend anzuwenden. Die Übernahme ist in den geschlossenen Grundakten zu vermerken.

1 Bei der Umschreibung des Blattes werden die bisherigen Grundakten weitergeführt. Sie erhalten lediglich die Bezeichnung des neuen Blattes. Der neu eingefügte **Abs. 2** ermöglicht jedoch auch eine Aktenschließung. Dabei sind alle für das Verständnis des neuen Blattes erforderlichen Vorgänge in die neuen Grundakten zu übernehmen.

2 Die Herstellung des neuen Handblattes richtet sich nach § 24 Abs. 4. Um Verwechslungen vorzubeugen, ist das alte Handblatt als Handblatt des wegen Umschreibung geschlossenen Grundbuchs zu kennzeichnen, nachdem die wörtliche Übereinstimmung hinsichtlich der Vermerke, die anläßlich der Umschreibung auf dem alten Blatt eingetragen wurden, hergestellt ist.

[Teilweise Unübersichtlichkeit]

§ 33

(1) Sind nur das Bestandsverzeichnis oder einzelne Abteilungen des Grundbuchblatts unübersichtlich geworden, so können sie für sich allein neu gefaßt werden, falls dieser Teil des Grundbuchblatts hierfür genügend Raum bietet.

(2) a) § 29 ist entsprechend anzuwenden.
b) Der neu zu fassende Teil des Grundbuchblatts ist durch einen quer über beide Seiten zu ziehenden rot-schwarzen Doppelstrich abzuschließen und darunter der Vermerk zu setzen: „Wegen Unübersichtlichkeit neu gefaßt". Die über dem Doppelstrich stehenden Eintragungen sind rot zu durchkreuzen.
c) § 30 Abs. 1 Buchstaben c, d, e, g und i sind entsprechend anzuwenden, Buchstabe c jedoch mit Ausnahme seines Satzes 3.
d) 1. Jeder übertragene Vermerk, dessen Unterzeichnung erforderlich ist, ist mit dem Zusatz: „Bei Neufassung übertragen" zu versehen und von dem Richter und dem Urkundsbeamten der Geschäftsstelle zu unterzeichnen.
2. In Spalte 6 des Bestandsverzeichnisses genügt der Vermerk: „Bei Neufassung des unübersichtlich gewordenen Bestandsverzeichnisses als Bestand eingetragen am...".
c) Die nicht neu gefaßten Teile des Grundbuchblattes bleiben unverändert.

1. Voraussetzungen

1 Die Neufassung auch nur eines Teiles des GB-Blattes ist bezüglich aller Abteilungen zulässig.

Neben der Unübersichtlichkeit ist weitere Voraussetzung der Neufassung, daß der betroffene Teil des Grundbuchblattes für die Neufassung genügend Raum bietet. Unzu-

VII. Die Schließung des Grundbuchblatts (Eickmann) **§ 34 V**

lässig ist die Einheftung von Einlagebogen, um auf diese Weise die Neufassung zu ermöglichen. Zulässig muß nach dem Wortlaut des geänderten Abs. 1 auch die Neufassung mehrerer einzelner Abteilungen sein (also z. B. Best. Verz. und Abt. III), ohne daß deswegen eine Vollumschreibung des ganzen Blattes notwendig wäre.

2. Durchführung

Auf die Neufassung finden im wesentlichen die Vorschriften über die Umschreibung **2** entsprechende Anwendung, mit den Abweichungen, die sich daraus ergeben, daß nicht das ganze Blatt, sondern nur ein Teil des Blattes neugefaßt wird. § 29 ist im vollen Umfange anwendbar. Desgleichen sind die für die eigentliche Umschreibung geltenden Vorschriften des § 30 entsprechend anzuwenden (Abs. 2 b). Anwendbar sind von § 30 Abs. 1 die Buchst. c, d, e, g und i. Da Satz 3 von Buchst. c ausdrücklich ausgenommen ist, sind alle alten Eintragungen zumindest in der sog. „Kurzform" (§ 30 Abs. 1 Buchst. c, Satz 2) zu übernehmen. In den in Rdn. 4 a. a. O. genannten Fällen ist die Vollübernahme empfehlenswert. An die Stelle der Schließung (§ 30 Abs. 2) tritt bei der Neufassung die Abschließung des neuzufassenden Teils des Grundbuchblattes durch einen rotschwarzen Doppelstrich. Der Schließungsvermerk (§ 36 Buchst. b) wird ersetzt durch den Vermerk:

„Wegen Unübersichtlichkeit neugefaßt".

(§ 33 Abs. 2 b). Mit Rücksicht darauf, daß das alte Blatt fortgesetzt und die Neufassung auf demselben Teil des Grundbuchblattes vollzogen wird, erscheint eine Unterzeichnung des Vermerks nicht erforderlich, dürfte aber zweckmäßig sein. Im übrigen sind die über dem Doppelstrich stehenden, jetzt neugefaßten Eintragungen rot zu durchkreuzen (Abs. 2 b S. 2). Besonders zu beachten ist, daß die nicht neugefaßten Teile des Grundbuchblattes gänzlich unverändert bleiben.

3. Die **Grundakten** bleiben bei der Neufassung völlig unverändert. Das Handblatt **3** ist gem. § 24 Abs. 4 mit dem neugefaßten Teil des Grundbuchblattes wieder in Übereinstimmung zu bringen.

4. Eine **Benachrichtigung** der Beteiligten von der Neufassung ist nicht ausdrücklich **4** vorgeschrieben. Eine entsprechende Anwendung des § 39 Abs. 3 wird jedoch zweckmäßig sein.

VII. Die Schließung des Grundbuchblatts

[Weitere Fälle der Schließung]

§ 34

Außer den Fällen des § 25 Abs. 1, § 26 Abs. 2, § 27, § 27 a Abs. 2 und § 30 Abs. 2 wird das Grundbuchblatt geschlossen, wenn:

a) alle auf einem Blatt eingetragenen Grundstücke aus dem Grundbuchblatt ausgeschieden sind;

b) an Stelle des Grundstücks die Miteigentumsanteile der Miteigentümer nach § 3 Abs. 4 und 5 der Grundbuchordnung im Grundbuch eingetragen werden und weitere Grundstücke nicht eingetragen sind;

c) das Grundstück untergegangen ist.

§ 34 fügt den in § 25 Abs. 1, § 26 Abs. 2, § 27, § 27 a und § 30 Abs. 2 geregelten **1** Fällen der Schließung **drei weitere Fälle der Schließung** hinzu.

§ 35 V

Ein Grundbuchblatt muß geschlossen werden:

2 a) wenn alle auf einem Blatte eingetragenen Grundstücke aus dem Blatte ausgeschieden sind (**Buchst. a**). Das ist der Fall, wenn entweder alle Grundstücke abgeschrieben, d. h. auf ein anderes Blatt übertragen, oder als buchungsfrei gem. § 3 Abs. 2 GBO ausgebucht sind.

3 b) Wenn für ein im Miteigentum stehendes Grundstück die Miteigentumsanteile der Miteigentümer gem. § 3 Abs. 4, 5 GBO auf den Grundbuchblättern der herrschenden Grundstücke eingetragen werden und auf dem Blatte, auf dem das gemeinschaftliche Grundstück bisher eingetragen war, weitere Grundstücke nicht eingetragen sind (**Buchst. b**).

4 Ähnlich liegt der Fall, wenn im Falle des § 7 Abs. 1 oder § 8 Abs. 2 WEG für jeden Miteigentumsanteil von Amts wegen ein besonderes Grundbuchblatt (Wohnungsgrundbuch, Teileigentumsgrundbuch, Wohnungs- und Teileigentumsgrundbuch) angelegt wird. In diesem Falle wird das Grundbuchblatt des Grundstücks gem. § 7 Abs. 1 S. 3, § 8 Abs. 2 WEG von Amts wegen geschlossen, es sei denn, daß auf dem Grundbuchblatt von der Abschreibung der Miteigentumsanteile (Anlegung der besonderen Grundbuchblätter) nicht betroffene Grundstücke eingetragen sind (§ 6 Satz 2 WGBVfg.).

5 c) Ein Grundbuchblatt ist auch dann zu schließen, wenn das (allein) auf dem Blatte verzeichnete Grundstück (im tatsächlichen Sinne) untergegangen ist (**Buchst. c**); z. B. durch Erdrutsch oder Abschwemmung. Es muß feststehen, daß das Grundstück auf der Erdoberfläche infolge des Untergangs nicht mehr vorhanden ist. Hiervon zu unterscheiden ist der Fall, daß sich das Grundstück in der Örtlichkeit nicht mehr nachweisen läßt; hierüber vgl. § 35 Rdn. 1, 2.

Ist eines von mehreren auf einem gemeinschaftlichen Grundbuchblatte (§ 4 GBO) eingetragenen Grundstücken oder ein Grundstücksteil untergegangen, so ist entweder das untergegangene Grundstück oder der untergegangene Grundstücksteil oder der noch vorhandene Restbestand des Blattes abzuschreiben. Sodann ist das Blatt, das den untergegangenen Bestand enthält, zu schließen.

[Nicht nachweisbares Grundstück]

§ 35

(1) Das Grundbuchblatt wird ferner geschlossen, wenn das Grundstück sich in der Örtlichkeit nicht nachweisen läßt.

(2) Vor der Schließung sind alle, denen ein im Grundbuch eingetragenes Recht an dem Grundstück oder an einem solchen Rechte zusteht, aufzufordern, binnen einer vom Grundbuchamt zu bestimmenden angemessenen Frist das Grundstück in der Örtlichkeit nachzuweisen, mit dem Hinweis, daß nach fruchtlosem Ablauf der Frist das Blatt geschlossen werde. Die Aufforderung ist den Berechtigten, soweit ihre Person und ihr Aufenthalt dem Grundbuchamt bekannt ist, zuzustellen. Sie kann nach Ermessen des Grundbuchamts außerdem öffentlich bekanntgemacht werden; dies hat zu geschehen, wenn Person oder Aufenthalt eines Berechtigten dem Grundbuchamt nicht bekannt ist. Die Art der Bekanntmachung bestimmt das Grundbuchamt.

1. Allgemeines

1 § 35 regelt einen Sonderfall der Schließung, wenn sich das Grundbuchgrundstück in der Örtlichkeit nicht nachweisen läßt oder nicht zu beseitigende Ungewißheit über den Nachweis des Grundstücks besteht.

VII. Die Schließung des Grundbuchblatts (Eickmann) § 36 V

2. Besonderes Verfahren vor Schließung

Mit Rücksicht auf die durch die Schließung des Grundbuchs eintretende Verschlechterung der Rechtslage der Beteiligten sieht § 35 ein der Schließung vorangehendes besonderes Verfahren vor, das zugleich auch den Zweck hat, nach Möglichkeit die örtliche Lage des Grundstücks festzustellen.

a) **Aufforderung**

aa) Die Aufforderung nach Abs. 2 S. 1 ist den Berechtigten, soweit ihre Person und ihr Aufenthalt dem GBA bekannt ist, zuzustellen. Hierbei hat das GBA grundsätzlich von dem Inhalt des Grundbuchs auszugehen. Es ist nicht verpflichtet, Ermittlungen über Person und Aufenthalt anzustellen; ist ihm jedoch Person und Aufenthalt des nicht im Grundbuch eingetragenen wahren Inhabers eines im Grundbuch eingetragenen Rechts bekannt, so hat es diesem zuzustellen. Die Zustellung richtet sich nach § 16 Abs. 2 FGG.

bb) Neben der Zustellung ist auch die öffentliche Bekanntmachung der Aufforderung nach dem Ermessen des Grundbuchamtes möglich (Abs. 2 S. 3). Sie ist zwingend vorgeschrieben, wenn die Person oder der Aufenthalt auch nur eines Berechtigten nicht bekannt ist (Abs. 2 S. 3) und infolgedessen eine Zustellung an ihn nicht erfolgen kann, dürfte sich jedoch davon unabhängig stets empfehlen.

b) **Nach Ablauf der Frist** hat das GBA zu prüfen, ob dem Beteiligten der Nachweis des Grundstücks in der Örtlichkeit gelungen ist. Ist dies der Fall, so ist das Grundbuch nicht zu schließen, sondern je nach Lage der Sache von Amts wegen richtigzustellen. Stellt es sich hierbei heraus, daß ein Fall der Doppelbuchung vorliegt, so ist nach § 38 zu verfahren. Ist der Nachweis nicht gelungen, so ist das Grundbuchblatt zu schließen. Auch nach Ablauf der Frist eingehende Nachweise hat das GBA noch zu berücksichtigen; denn es handelt sich um ein im öffentlichen Interesse geschaffenes Verfahren, die Frist ist keine Ausschlußfrist.

Hatte das GBA das Blatt schon geschlossen und gelingt danach der Nachweis des Grundstücks in der Örtlichkeit, so ist ein neues Blatt für das Grundstück anzulegen. Die Wiedereröffnung des geschlossenen Blattes ist nicht möglich. Die dem GBA beigebrachten Tatsachen können dem GBA u. U. Anlaß geben, von Amts wegen neue Ermittlungen anzustellen.

Die Schließung des Blattes richtet sich nach § 36. Sie hat lediglich formelle Bedeutung, sie berührt die materielle Rechtslage nicht. Den Beteiligten steht gegen die Schließung die Erinnerung (Beschwerde) mit dem Ziele der Neuanlegung des Blattes offen.

Gemeinschaftliches Blatt

Ist eines von mehreren auf einem gemeinschaftlichen Blatte (§ 4 GBO) eingetragenen Grundstücken oder ein Grundstücksteil in der Örtlichkeit nicht nachweisbar, so ist das Grundstück oder der Grundstücksteil entweder von dem Blatte abzuschreiben und für das Grundstück oder den Grundstücksteil ein neues Blatt anzulegen, oder die in der Örtlichkeit nachweisbaren Grundstücke oder Grundstücksteile sind auf ein neues Blatt zu übertragen. Dann ist hinsichtlich des nicht in der Örtlichkeit nachweisbaren Grundstücks oder Grundstücksteils nach § 35 Abs. 2 zu verfahren.

[Form der Schließung]

§ 36

Das Grundbuchblatt wird geschlossen, indem
a) sämtliche Seiten des Blattes, soweit sie Eintragungen enthalten, rot durchkreuzt werden;

§ 37 V

b) ein Schließungsvermerk, in dem der Grund der Schließung anzugeben ist, in der Aufschrift eingetragen wird.

§ 36 regelt die Durchführung der Schließung für sämtliche möglichen Fälle. Alle Seiten des Grundbuchblattes (einschließlich der Aufschrift), die Eintragungen enthalten, sind rot zu durchkreuzen. Im Hinblick auf eine etwaige Wiederverwendung des geschlossenen Blattes empfiehlt es sich, die einzelnen Seiten nur insoweit rot zu durchkreuzen, als sie Eintragungen enthalten. In der Aufschrift ist ein Schließungsvermerk einzutragen. Dieser darf jedoch nicht rot durchkreuzt werden. Er muß den Grund der Schließung (z. B. Umschreibung wegen Unübersichtlichkeit, Zuständigkeitswechsel, Nichtnachweisbarkeit des Grundstücks in der Örtlichkeit, Untergang des Grundstücks) angeben. Der Vermerk ist mit Datum zu versehen und von den zuständigen Beamten zu unterschreiben.

[Wiederverwendung geschlossener Blätter]

§ 37

(1) Geschlossene Grundbuchblätter dürfen zur Anlegung eines neuen Blattes nicht wieder verwendet werden.

(2) a) Jedoch kann der zuständige Oberlandesgerichtspräsident unter Berücksichtigung der besonderen örtlichen Verhältnisse bei allen oder einzelnen Grundbuchämtern seines Bezirks die Wiederverwendung geschlossener Grundbuchblätter zur Einrichtung eines neuen Blattes desselben Grundbuchbezirks gestatten, sofern dadurch eine nennenswerte Ersparnis erzielt und die Übersichtlichkeit des Grundbuchs nicht beeinträchtigt wird.

b) Das neue Blatt erhält die Nummer des alten Blattes unter Hinzufügung des Buchstabens „A".

c) Das alte Blatt ist in der Aufschrift, im Bestandsverzeichnis und in den drei Abteilungen, soweit sich darin Eintragungen befinden, durch einen quer über beide Seiten zu ziehenden rot-schwarzen Doppelstrich abzuschließen und darunter mit dem Vermerke zu versehen: „Wieder benutzt als Blatt Nr. ... A." In der Aufschrift ist dieser Vermerk durch Angabe des Amtsgerichts und des Bezirks zu ergänzen. Die neuen Eintragungen haben unter neuen laufenden Nummern zu erfolgen.

(3) Die Absätze 2 a bis 2 c sind nicht anzuwenden, wenn das Grundbuch in Einzelheften mit herausnehmbaren Einlegebogen geführt wird. In diesem Falle kann jedoch nach Anordnung der Landesjustizverwaltung die Nummer eines geschlossenen Grundbuchblatts im Einzelheft für ein neues Blatt desselben Grundbuchbezirks unter Hinzufügung des Buchstabens A (B, C usw.) wiederverwendet werden.

1 1. Im Interesse der Übersichtlichkeit des Grundbuches schreibt **Abs. 1** als Grundsatz vor, daß geschlossene Grundbuchblätter zur Anlegung eines neuen Blattes nicht wieder verwendet werden dürfen. **Abs. 2** läßt jedoch die Wiederverwendung geschlossener Grundbuchblätter zur Einrichtung eines neuen Grundbuchblattes unter den im Text genannten Voraussetzungen zu.

2. **Form der Wiederbenutzung** (Abs. 2 b, c)

In welcher Weise die Wiederbenutzung zu geschehen hat, ist in **Abs. 2 b und c** geregelt:

2 a) Das neue Blatt erhält keine gänzlich neue Blattnummer. Damit nicht die fortlaufende Numerierung der Blätter des Bandes unterbrochen wird, erhält es die Nummer des alten geschlossenen Blattes unter Hinzufügung des Buchstabens „A" (Abs. 2 b).

b) Das alte Blatt ist in der Aufschrift, dem Bestandsverzeichnis und den Abt. I—III unterhalb der gem. § 36 Buchst. a rot durchkreuzten Teile durch einen quer über beide Seiten (in der Aufschrift und in Abt. I selbstverständlich nur über eine Seite) zu ziehenden rotschwarzen Doppelstrich abzuschließen. Darunter ist der Vermerk zu setzen:
„Wieder benutzt als Bl. ... A."
Unterzeichnung des Vermerks ist nicht erforderlich, aber empfehlenswert. Die Aufschrift ist der Vorschrift des § 5 entsprechend zu ergänzen (Abs. 2 c S. 1 u. 2).

c) Die neuen Eintragungen in sämtlichen Teilen des Blattes sind unter neuen laufenden Nummern vorzunehmen (Abs. 2 c S. 3).

3. Die Grundakten und das Handblatt (§ 24 Abs. 4)

sind für das neue Grundbuchblatt neu anzulegen (vgl. § 32 GeschO). Die Weiterbenutzung der für das alte Blatt geführten Akten ist wegen Fehlens jedes inneren Zusammenhangs zwischen dem alten und dem neuen Blatt nicht zweckmäßig.

4. Die Ausnahme des Abs. 2

gilt nicht, wenn das Grundbuch in Loseblattform geführt wird; hier wäre durch die Fortführung eines einzelnen Blattes eine nennenswerte Ersparnis in der Regel nicht zu erzielen (Abs. 3). Nach dem durch VO v. 21. 3. 75 (BGBl. I S. 771) angefügten Satz 2 kann jedoch die Landesjustizverwaltung die Wiederverwendung der Nummer (nicht des Blattes!) zulassen.

VIII. Die Beseitigung einer Doppelbuchung

§ 38

(1) Ist ein Grundstück für sich allein auf mehreren Grundbuchblättern eingetragen, so gilt folgendes:
a) Stimmen die Eintragungen auf den Blättern überein, so sind die Blätter bis auf eins zu schließen. Im Schließungsvermerk (§ 36 Buchstabe b) ist die Nummer des nicht geschlossenen Blattes anzugeben.
b) 1. Stimmen die Eintragungen auf den Blättern nicht überein, so sind alle Blätter zu schließen. Für das Grundstück ist ein neues Blatt anzulegen. Im Schließungsvermerk (§ 36 Buchstabe b) ist die Nummer des neuen Blattes anzugeben.
2. Das Grundbuchamt entscheidet darüber, welche Eintragungen aus den geschlossenen Blättern auf das neue Blatt zu übernehmen sind. Nicht übernommene Eintragungen sind durch Eintragung von Widersprüchen zu sichern. Das Grundbuchamt hat vor der Entscheidung, soweit erforderlich und tunlich, die Beteiligten zu hören und eine gütliche Einigung zu versuchen.
c) Die wirkliche Rechtslage bleibt durch die nach a und b vorgenommenen Maßnahmen unberührt.
(2) a) Ist ein Grundstück oder Grundstücksteil auf mehreren Grundbuchblättern eingetragen, und zwar wenigstens auf einem der Grundbuchblätter zusammen mit anderen Grundstücken oder Grundstücksteilen (§§ 4, 5, 6, 6 a GBO), so ist das Grundstück oder der Grundstücksteil von allen Blättern abzuschreiben. Für das Grundstück oder den Grundstücksteil ist ein neues Blatt anzulegen.
b) Für die Anlegung des neuen Blattes gilt Abs. 1 Buchstabe b Nr. 2 entsprechend.

§ 38 V
II. Grundbuchverfügung

c) Würde das nach den Absätzen a und b anzulegende neue Blatt mit einem der alten Blätter übereinstimmen, so wird dieses fortgeführt und das Grundstück oder der Grundstücksteil nur von den anderen alten Blättern abgeschrieben.

d) Die wirkliche Rechtslage bleibt von den nach den Absätzen 2 a bis c vorgenommenen Maßnahmen unberührt.

1. Allgemeines

1 Das Verfahren zur Beseitigung einer Doppelbuchung ist verschieden gestaltet, je nachdem, ob das Grundstück für sich allein auf mehreren Grundbuchblättern eingetragen ist (Abs. 1), oder ob ein Grundstück oder Grundstücksteil auf mehreren Blättern eingetragen ist, und zwar wenigstens auf einem der Grundbuchblätter zusammen mit anderen Grundstücken oder Grundstücksteilen (Abs. 2).

2. Absatz 1

2 a) Steht das Grundstück auf **mehreren Blättern** je für sich **allein** eingetragen und stimmen die Eintragungen auf sämtlichen Blättern genau wörtlich (auch im Eintragungsdatum) überein, so wird nur eines der Blätter weitergeführt. Die nicht weitergeführten Blätter sind zu schließen (vgl. § 36); im Schließungsvermerk (§ 36 Buchst. b) ist die Nummer des nicht geschlossenen Blattes anzugeben (Abs. 1 a).

3 b) **Stimmen die Eintragungen** auf den Blättern **nicht überein,** so sind alle Blätter zu schließen. Für das Grundstück ist ein neues Blatt anzulegen. Auf diese Anlegung sind nicht etwa die §§ 116 ff. GBO anzuwenden. Das neue Blatt ist vielmehr aufgrund des Inhalts der alten Blätter anzulegen. Bei der Entscheidung der Frage, welche Eintragungen aus den alten Blättern auf das neue Blatt zu übernehmen sind (Abs. 1 b Nr. 2), ist die materielle Rechtslage zu berücksichtigen; es werden nur solche Eintragungen übernommen, die das GBA für materiell wirksam hält.

Es sind daher regelmäßig die Beteiligten zu hören, um etwaige Differenzen im Wege einer gütlichen Einigung beizulegen; auf dieses Ermittlungsverfahren ist § 12 FGG anwendbar.

Scheitert eine Einigung, so legt das GBA das neue Blatt mit den nach seiner Ansicht wirksamen Eintragungen an. Diese Entscheidung hat keine materielle Bedeutung.

Nicht übernommene Eintragungen sind, wenn die Anlegung nicht auf gütlicher Einigung der Beteiligten beruht, durch Eintragung eines Widerspruchs zu sichern; hierdurch wird materiellen Rechtsverlusten der Beteiligten vorgebeugt, die etwa nach Anlegung des neuen Blattes wegen des öffentlichen Glaubens des Grundbuchs entstehen können. Entsprechendes muß gelten, wenn auf dem neuen Blatte ein anderer Berechtigter als auf einem der geschlossenen Blätter eingetragen wird. Für eine Prüfung der sachlichen Richtigkeit des Widerspruchs hinsichtlich des wirklichen Bestehens des durch den Widerspruch gesicherten Rechts ist kein Raum.

Die Nummer des neuen Blattes ist im Schließungsvermerk der alten Blätter (§ 36 Buchst. b) anzugeben (Abs. 1 b Nr. 1).

3. Absatz 2

4 Ist ein Grundstück oder Grundstücksteil auf mehreren Blättern eingetragen, aber wenigstens auf einem der Blätter zusammen mit anderen Grundstücken oder Grundstücksteilen, so ist das Grundstück oder der Grundstücksteil von allen Blättern abzuschreiben. Gegebenenfalls, wenn nämlich die Voraussetzungen des § 34 Buchst. a infolge der Abschreibung hinsichtlich eines Blattes erfüllt sein würden, ist nach der Abschreibung des Grundstücks die Schließung dieses alten Blattes notwendig.

IX. Die Bekanntmachung der Eintragungen (Eickmann) **§ 39 V**

Es ist ein neues Grundbuchblatt für das Grundstück anzulegen (Abs. 2 a). In dem Abschreibungsvermerk (im Falle des § 34 Buchst. a im Schließungsvermerk) ist die Nummer des neuen Blattes und der Grund der Abschreibung anzugeben.

4. Rechtsmittel

Erinnerung (Beschwerde) gegen die einzelne Eintragung anläßlich der Beseitigung **5** der Doppelbuchung ist nach Maßgabe des § 71 Abs. 2 S. 2 GBO zulässig. Gegen die Eintragung eines Widerspruchs ist gleichfalls Erinnerung zulässig.

IX. Die Bekanntmachung der Eintragungen

[Bekanntmachung an Behörden]

§ 39

(1) — Aufgehoben —
(2) — Aufgehoben —
(3) Die Umschreibung eines Grundbuchblatts ist dem Eigentümer, den eingetragenen dinglich Berechtigten und der Katasterbehörde (Flurbuchbehörde, Vermessungsbehörde) bekanntzugeben. Inwieweit hiermit eine Mitteilung von etwaigen Änderungen der Eintragungsvermerke zu verbinden ist, bleibt, unbeschadet der Vorschrift des § 55 der Grundbuchordnung, dem Ermessen des Grundbuchrichters überlassen. Die Änderung der laufenden Nummern von Eintragungen (§ 30 Abs. 1 Buchstabe c Satz 3) ist dem Eigentümer stets, einem eingetragenen dinglich Berechtigten, wenn sich die laufende Nummer seines Rechts ändert oder die Änderung sonst für ihn von Bedeutung ist, bekanntzugeben. Ist über eine Hypothek, Grundschuld oder Rentenschuld ein Brief erteilt, so ist bei der Bekanntgabe der Gläubiger aufzufordern, den Brief zwecks Berichtigung, insbesondere der Nummer des Grundbuchblatts, dem Grundbuchamt alsbald einzureichen.
(4) — Aufgehoben —

1. Die bisherigen Absätze 1, 2 und 4 wurden durch das RegVBG vom 20. 12. 1993 **1** (BGBl. I S. 2182) aufgehoben. Die in den aufgehobenen Vorschriften getroffenen Regelungen finden sich nunmehr in § 55 Abs. 3, 4 u. 8 GBO.

2. Mitteilungen nach Blattumschreibung

Abs. 3 schreibt die Mitteilung von der Umschreibung eines Grundbuchblattes vor. **2** Die Vorschrift gilt für alle Fälle einer Blattumschreibung (§ 23 Abs. 1, § 28 Abs. 1, Abs. 2 a u. b). Mitzuteilen ist hierbei grundsätzlich nur die Tatsache der Umschreibung.

a) Bekanntzugeben ist die Umschreibung dem Eigentümer, den eingetragenen dinglich Berechtigten und der Katasterbehörde (Vermessungsbehörde) oder der sonstigen Behörde, die das nach § 2 Abs. 2 GBO maßgebende amtliche Verzeichnis führt.

b) Ist auf dem umgeschriebenen Blatte ein Briefrecht eingetragen, so hat das GBA bei der Mitteilung der Umschreibung an den Gläubiger diesen zugleich aufzufordern, den Brief zur Berichtigung dem GBA einzureichen.
Vgl. dazu Nr. XVIII/1 MiZi.
Verfährt das GBA nach § 30 Abs. 1 Buchst. c Satz 3 (= Neunumerierung auf dem **3** neuen Blatt), so sind zu benachrichtigen:
  aa) immer der Eigentümer,

bb) ein dinglich Berechtigter, der im Buch eingetragen ist, wenn sein Recht eine neue Nummer erhalten hat;

cc) jeder dinglich Berechtigte, für den die Änderung von Bedeutung sein kann. Hier ist insbesondere zu denken an die Inhaber von Rechten an eingetragenen Rechten (Pfandgläubiger) oder sonstige im Sinne von § 19 GBO mittelbar Betroffene.

4 Inwieweit der Zwang zur Vorlegung des Hypotheken-, Grundschuld- oder Rentenschuldbriefes zwecks Berichtigung (vgl. § 39 Abs. 3 S. 3) ausgeübt werden kann, richtet sich nach den allgemeinen Vorschriften (vgl. § 62 GBO).

[Bekanntmachungen bei Zuständigkeitswechsel]

§ 40

(1) Geht die Zuständigkeit für die Führung des Grundbuchblatts infolge einer Bezirksänderung oder auf sonstige Weise auf ein anderes Grundbuchamt über (§§ 25, 26), so hat dieses hiervon den eingetragenen Eigentümer und die aus dem Grundbuch ersichtlichen dinglich Berechtigten unter Mitteilung der künftigen Aufschrift des Grundbuchblatts zu benachrichtigen. Die Vorschriften des § 39 Abs. 3 Sätze 3 und 4 sind entsprechend anzuwenden. Die vorstehenden Bestimmungen gelten nicht, wenn die Änderung der Zuständigkeit sich auf sämtliche Grundstücke eines Grundbuchbezirks erstreckt und die Bezeichnung des Grundbuchbezirks sowie die Band- und Blattnummern unverändert bleiben.

(2) Die Vorschriften des Absatzes 1 Satz 1 und des § 39 Abs. 3 Sätze 3 und 4 sind entsprechend anzuwenden, wenn ein Grundstück in einen anderen Grundbuchbezirk desselben Grundbuchamts übergeht (§ 27).

1 Absatz 1 regelt die Benachrichtigung der Beteiligten in den Fällen des Zuständigkeitswechsels. Die Benachrichtigung ist erforderlich, um dem im Grundbuch eingetragenen Eigentümer und den aus dem Grundbuch ersichtlichen dinglichen Berechtigten von der neuen Bezeichnung des Grundbuchblattes Kenntnis zu geben (Abs. 1 S. 1). Die Benachrichtigung erübrigt sich daher, wenn die Änderung der Zuständigkeit sich auf einen ganzen Grundbuchbezirk erstreckt und die Bezeichnung des Blattes unverändert bleibt (Abs. 1 S. 2). Für die Benachrichtigung gilt § 39 Abs. 3 Sätze 3 u. 4 entsprechend; d. h. daß der Eigentümer stets, ein dinglich Berechtigter dann zu benachrichtigen ist, wenn die Änderung für ihn von Bedeutung ist. Das muß im vorliegenden Falle wohl stets angenommen werden. Vgl. im übrigen § 39 Rdn. 4 ff.

2 Die in Abs. 1 S. 1 vorgeschriebene **Benachrichtigung** hat auch zu erfolgen, wenn ein Grundstück in einen anderen Grundbuchbezirk desselben Grundbuchamts übergeht (§ 27). Auch in diesen Fällen ist den in Abs. 1 S. 1 genannten Beteiligten die neue Bezeichnung des Grundbuchblattes bekanntzugeben.

§ 41

— Aufgehoben —

[Inhalt der Benachrichtigungen]

§ 42

Erforderliche maschinell erstellte Zwischenverfügungen und die nach den §§ 55 bis 55 b der Grundbuchordnung vorzunehmenden Mitteilungen müssen nicht unterschrieben werden. In diesem Fall soll auf dem Schreiben der Vermerk „Dieses Schreiben ist maschinell erstellt und auch ohne Unterschrift wirksam" angebracht sein. Zwischenverfügungen und Mitteilungen können, wenn die Kenntnisnahme durch den Empfänger allgemein sichergestellt ist und der Lauf von gesetzlichen Fristen wirksam in Gang gesetzt und überwacht werden kann, auch durch Bildschirmmitteilung oder in anderer Weise elektronisch erfolgen.

Die Vorschrift gilt für sämtliche in der Grundbuchordnung und Grundbuchverfügung vorgeschriebenen Benachrichtigungen sowie für Zwischenverfügungen im maschinellen Verfahren. Sie müssen nicht unterschrieben werden; auf diesen Umstand ist durch den allgemein üblichen Hinweis aufmerksam zu machen.

Wegen der Besonderheiten im maschinellen Verfahren s. ausf. Erl. zu §§ 61 ff.

X. Grundbucheinsichten und -abschriften

[Einsicht durch Notare und Behörden]

§ 43

(1) Beauftragte inländischer öffentlicher Behörden sind befugt, das Grundbuch einzusehen und eine Abschrift zu verlangen, ohne daß es der Darlegung eines berechtigten Interesses bedarf.

(2) Dasselbe gilt für Notare sowie für Rechtsanwälte, die im nachgewiesenen Auftrag eines Notars das Grundbuch einsehen wollen, für öffentlich bestellte Vermessungsingenieure und dinglich Berechtigte, soweit Gegenstand der Einsicht das betreffende Grundstück ist. Unbeschadet dessen ist die Einsicht in das Grundbuch und die Erteilung von Abschriften hieraus zulässig, wenn die für den Einzelfall erklärte Zustimmung des eingetragenen Eigentümers dargelegt wird.

1. Allgemeines

§ 43 beruht auf der Rechtsgrundlage des § 12 Abs. 3 GBO. Er erleichtert über den Rahmen des § 12 hinaus die Grundbucheinsicht und die Erlangung von Abschriften aus dem Grundbuch.

2. Inhalt der Vorschrift

a) Auch im Falle des § 43 ist Voraussetzung der Einsichtsgewährung und der Abschriftenerteilung das Vorliegen eines **berechtigten Interesses** (dazu s. § 12 GBO Rdn. 3). Während grundsätzlich dieses berechtigte Interesse dem GBA darzulegen ist, befreit § 43 die darin Genannten von dieser Darlegungspflicht, weil in den erfaßten Fällen regelmäßig von seinem Vorliegen ausgegangen werden kann und ein Mißbrauch zumeist nicht zu besorgen ist. Da das berechtigte Interesse jedoch auch hier vorliegen muß,[1] muß das Grundbuchamt die Einsicht bzw. Abschriftenerteilung verweigern, wenn es weiß, daß ein berechtigtes Interesse ausnahmsweise nicht vorliegt.

---

[1] BayObLG BayObLGZ 52, 82.

2 b) Von der Darlegung eines **berechtigten Interesses sind befreit:**
aa) **öffentliche Behörden:** Zum Begriff der Behörde s. Erl. zu § 29 GBO. Öffentlich-rechtliche Sparkassen genießen das Behördenprivileg nicht.[2]
Der Einsichtnehmende muß sich als Beauftragter der Behörde ausweisen.

3 bb) **Notare:** Sie sind den öffentlichen Behörden hinsichtlich Einsicht und Abschriftenerteilung gleichgestellt. Regelmäßig genügt deshalb der Hinweis auf die Eigenschaft als Notar, um die Einsicht zu rechtfertigen.

4 cc) **Rechtsanwälte:** Für sie gilt die Erleichterung des § 43 nur, wenn sie im Auftrage eines Notars handeln. Da Abs. 2 ausdrücklich einen „nachgewiesenen Auftrag" verlangt, dürfte eine dahingehende einfache Erklärung des Rechtsanwalts nicht genügen.[3] Der Auftrag ist vielmehr durch Vorlage einer Vollmacht nachzuweisen; empfehlenswert ist auch die Erklärung, in rein notarieller Angelegenheit tätig zu sein, um klar gegen die Anwaltstätigkeit abzugrenzen, die nicht privilegiert ist. Dies gilt insbesondere bei Anwaltsnotaren.

In anderen Angelegenheiten – also ohne Auftrag eines Notars – gelten für Rechtsanwälte die Regeln des § 12 GBO (s. dort Rdn. 6).

5 dd) **Bauschutzvereine:** Sie genießen gleichfalls gewisse Erleichterungen, s. dazu § 12 GBO Rdn. 6.

6 ee) **Vermessungsingenieure:** Sie genießen die Erleichterung des § 43, jedoch nur in bezug auf das Grundstück, d. h. ihre erleichterte Einsicht beschränkt sich auf das Bestandsverzeichnis.

7 ff) **Dinglich Berechtigte:** Sie fallen regelmäßig bereits unter § 12 GBO, so daß ihre Nennung hier keine Besonderheit bedeuten kann.

8 c) **Allgemeine Einsicht bei Zustimmung**
Da § 12 GBO neben seiner die Buchpublizität gewährleistenden Funktion auch die – viel zu sehr vernachlässigte – Aufgabe hat, die informationelle Selbstbestimmung des Eigentümers (und der eingetragenen Berechtigten) zu schützen, kann bei Fehlen der Voraussetzung des § 12 GBO ein Einsichtsrecht durch Zustimmung der Geschützten (hier: nur Eigentümer) erlangt werden. Daß die Zustimmung nicht nachzuweisen, sondern nur „darzulegen" ist, muß angesichts des skandalösen Mißbrauches, der mit der Grundbucheinsicht in großem Ausmaß getrieben wird, als gesetzgeberische Fehlleistung bezeichnet werden. Angesichts der in dieser Beziehung tagtäglich anzutreffenden Bereitschaft zur schamlosen Lüge darf sich das GBAmt keinesfalls mit der unsubstanziierten Behauptung begnügen, der Eigentümer sei einverstanden. Der Einsichtbegehrende hat sich vielmehr darüber zu erklären, wann, wo, unter welchen Umständen und in welchem Zusammenhang der Eigentümer sich so erklärt habe. Besteht Anlaß, daran zu zweifeln (Makler, Adressenverlage, Gebäudereinigungsunternehmen u. ä. suchen auf diesem Wege potentielle Kunden, die dann mit Werbung belästigt werden!), so sollte ein Nachweis verlangt werden.

9 d) § 43 ist nicht etwa eine **Ausführungsvorschrift zu** § 12 GBO, sondern dürfte vielmehr eine Ergänzung bzw. Änderung dieser Vorschrift darstellen. Es gibt daher, wie § 12 GBO, einem mit den üblichen Rechtsbehelfen verfolgbaren Einsichtsanspruch (vgl. dazu § 12 GBO Rdn. 10–12).

10 e) Wegen der **Einsicht in die Grundakten** und der Erteilung von Abschriften daraus vgl. im übrigen § 46. Wegen **Auskünften** bzw. Einsichten i. d. **Eigentümerverzeichnis** s. § 45 Rdn. 5.

---

[2] Vgl. BVerfG Rpfleger 83, 388.
[3] Meikel/*Böttcher* § 12 GBO Rdn. 41; a. A. *Demharter* § 12 Rdn. 15.

X. Grundbucheinsichten und -abschriften (Eickmann) § 44 V

[Grundbuchabschriften]

§ 44

(1) Grundbuchabschriften sind auf Antrag zu beglaubigen.
(2) Die Bestätigung oder Ergänzung früher gefertigter Abschriften ist zulässig. Eine Ergänzung einer früher erteilten Abschrift soll unterbleiben, wenn die Ergänzung gegenüber der Erteilung einer Abschrift durch Ablichtung einen unverhältnismäßigen Arbeitsaufwand, insbesondere erhebliche oder zeitraubende Schreibarbeiten erfordern würde; andere Versagungsgründe bleiben unberührt.
(3) Auf einfachen Abschriften ist der Tag anzugeben, an dem sie gefertigt sind. Der Vermerk ist jedoch nicht zu unterzeichnen.
(4) Von gelöschten Eintragungen wird lediglich die laufende Nummer der Eintragung mit dem Vermerk „Gelöscht" in die Abschrift aufgenommen. Dies gilt nicht, wenn ihre Aufnahme in vollem Wortlaut beantragt ist oder soweit die Abschrift durch Ablichtung hergestellt wird.

1. Absatz 1

ergänzt § 12 Abs. 2 Hs. 2 GBO. Wer eine Grundbuchabschrift zu verlangen berechtigt ist, kann auch ihre Beglaubigung beantragen; der Berechtigte hat die Wahl, ob er eine einfache oder eine beglaubigte Abschrift verlangen will. Ist nicht ausdrücklich eine beglaubigte Abschrift verlangt, so wird eine einfache zu erteilen sein. Das Recht auf die Einsicht in das Grundbuch schließt die Befugnis des Berechtigten ein, sich selbst Abschriften zu fertigen. Die Anfertigung der Abschriften kann auch unter Benutzung einer Schreibhilfe und auch in der Weise erfolgen, daß die Schreibhilfe in Gegenwart und auf Anweisung des Berechtigten unmittelbar die Abschrift herstellt. **1**

Zuständig zur Beglaubigung der Grundbuchabschriften ist der Urkundsbeamte der Geschäftsstelle, § 12 c Abs. 2 Nr. 1 GBO. **2**

Die Form der Beglaubigung richtet sich nach Landesrecht. Es genügt, wenn der Beglaubigungsvermerk vom Urkundsbeamten unterzeichnet wird. Eine Verbindung mit Schnur und Siegel kann nicht verlangt werden.[1] **3**

2. Absatz 2

bezieht sich sowohl auf beglaubigte wie auch auf einfache Abschriften, auf Abschriften des ganzen Blattes wie auch auf Teilabschriften (§ 45 Abs. 1, 2). Eine Bestätigung einer früher gefertigten Abschrift geschieht dadurch, daß auf die frühere Abschrift ein Vermerk des Inhalts gesetzt wird, daß seit Erteilung der Abschrift oder seit ihrer letzten Ergänzung weitere Eintragungen auf dem Grundbuchblatte nicht vorgenommen sind. Bei der Ergänzung einer früher erteilten Abschrift werden die seit der Fertigung der Abschrift oder seit der letzten Ergänzung auf dem Blatte eingetragenen Vermerke nachgetragen. **4**

Das GBA kann die Ergänzung ablehnen, wenn sie gegenüber der heute allgemein üblichen Ablichtung einen erheblichen Arbeitsaufwand veranlassen würde. Das ist stets anzunehmen, wenn Neueintragungen zu ergänzen sind; eine Ergänzung wird wohl nur noch hinsichtlich Löschungen in Frage kommen können.

3. Abs. 3

behandelt die einfachen Abschriften. Danach ist auf einer einfachen Abschrift der Tag anzugeben, an dem sie gefertigt ist. Dieser Vermerk ist jedoch weder von dem Grundbuchamten noch von den Kanzleikräften zu unterzeichnen. **5**

---

[1] BayObLG Rpfleger 82, 172.

§ 45 V

4. Abs. 4

6 regelt die Behandlung der gelöschten Eintragungen in den Grundbuchabschriften; er gilt für einfache und beglaubigte Abschriften in gleicher Weise. Abs. 4 bestimmt, daß grundsätzlich von gelöschten Eintragungen nur die laufende Nummer der Eintragung mit dem Vermerk „Gelöscht" in die Abschrift aufzunehmen ist. Wird die Aufnahme der gelöschten Eintragungen im vollen Wortlaut in die Abschrift gewünscht, so ist dies ausdrücklich zu beantragen. Diesem Antrag wird allerdings nur stattzugeben sein, wenn ein rechtliches Interesse an der Übernahme des Volltextes dargetan wird. Eines solchen Antrages bedarf es nicht, wenn die Abschrift durch Ablichtung hergestellt wird.

5. Rechtsmittel

7 Die Beschwerde gegen die Erteilung einer Grundbuchabschrift ist zulässig; jedoch steht sie dem Eigentümer dann nicht mehr zu, wenn die Abschrift dem Dritten erteilt ist. Gegen die Ablehnung der Erteilung einer Abschrift durch den Urkundsbeamten der Geschäftsstelle ist zunächst der Richter anzurufen. (§ 12 Abs. 4 GBO, § 4 Abs. 2 Nr. 3 RpflG).

[Beglaubigte Abschrift von Blatteilen]

§ 45

(1) Die Erteilung einer beglaubigten Abschrift eines Teils des Grundbuchblatts ist zulässig.

(2) In diesem Falle sind in die Abschrift die Eintragungen aufzunehmen, welche den Gegenstand betreffen, auf den sich die Abschrift beziehen soll. In dem Beglaubigungsvermerk ist der Gegenstand anzugeben und zu bezeugen, daß weitere ihn betreffende Eintragungen in dem Grundbuche nicht enthalten sind.

(3) Im übrigen ist das Grundbuchamt den Beteiligten gegenüber zur Auskunftserteilung nur auf Grund besonderer gesetzlicher Vorschrift verpflichtet. Die Erteilung eines abgekürzten Auszugs aus dem Inhalt des Grundbuchs ist nicht zulässig.

1. Absätze 1 und 2

1 behandeln die Erteilung einer beglaubigten Abschrift eines Teils des Grundbuchblattes.

Die Erteilung einer solchen Abschrift ist zulässig, obwohl sie einen Fall der Auskunftserteilung darstellt. Nicht zulässig ist dagegen die Erteilung einer einfachen (unbeglaubigten) Abschrift eines Teils des Grundbuchblattes.

Wird die Abschrift eines Teils des Grundbuchblattes verlangt, so sind in die Abschrift nur die Eintragungen aufzunehmen, die den Gegenstand betreffen, auf den sich die Abschrift beziehen soll. Dieser Gegenstand ist im Beglaubigungsvermerk anzugeben. Ferner ist im Beglaubigungsvermerk zu bezeugen, daß weitere den Gegenstand betreffende Eintragungen im Grundbuch nicht enthalten sind (Abs. 2).

Den Umfang des zu beglaubigenden Teils und den Inhalt des Beglaubigungsvermerks hat der Urkundsbeamte der Geschäftsstelle zu bestimmen.

2. Abs. 3

2 behandelt die **Auskunftserteilung** des Grundbuchamts

a) Eine Pflicht zur Auskunftserteilung besteht nur aufgrund ausdrücklicher gesetzlicher Vorschrift (Abs. 3 S. 1). Hierher gehören folgende Fälle:

aa) § 45 Abs. 2 S. 2 GBV, §§ 17 Abs. 2, 10 Abs. 2 ZVG. Eine Pflicht zur Auskunftserteilung aus dem **Eigentümerverzeichnis** ergibt sich unter den Voraussetzungen des § 12 a Abs. 1 S. 3 GBO.

bb) Gegenüber Behörden ergibt sich eine Auskunftspflicht aus Art. 35 GG.

b) In den übrigen Fällen ist das GBA zur Auskunftserteilung nicht verpflichtet, insbesondere können – von wem auch immer – telefonische Grundbuchaufschlüsse nicht verlangt werden. **3**

Unschwer zu erteilende Auskünfte an der Amtsstelle können u. U. ein nobile officium sein.[1] Das muß jedoch Ausnahme bleiben; unzulässig ist jedoch eine Auskunft darüber, ob eine bestimmte Person Grundbesitz hat, wenn die Voraussetzungen des § 12 a Abs. 1 S. 3 GBO nicht erfüllt sind.

c) Ausdrücklich verboten ist die Auskunftserteilung im Falle des § 45 Abs. 3 S. 2. **4** Die Erteilung eines abgekürzten Auszuges aus dem Inhalt des Grundbuchs ist nicht zulässig. Im Gegensatz zur Abschrift eines Teils des Grundbuchblattes enthält der abgekürzte Auszug nicht die vollständige Abschrift des betreffenden Teils des Grundbuchblattes; der Inhalt des Grundbuchs wird nicht wörtlich, sondern nur in verkürzter Form wiedergegeben. Der Grund dieses Verbots ist, daß bei Erteilung derartiger Auszüge leicht Versehen vorkommen, die zu Schadensersatzforderungen führen können.[2]

e) Zuständig für die Auskunftserteilung in den gesetzlich vorgesehenen Fällen ist **5** der Urkundsbeamte der Geschäftsstelle (§ 12 c Abs. 1 Nr. 3 GBO).

f) Die Erinnerung (Beschwerde) gegen die Erteilung oder Nichterteilung einer Auskunft war nach früherer Auffassung[3] nicht zulässig; der die Auskunft Begehrende (bzw. der Eigentümer) wurde auf die Dienstaufsichtsbeschwerde verwiesen. Im Hinblick auf § 12 c Abs. 1 Nr. 3, Abs. 4 GBO kann dies keine Geltung mehr beanspruchen. **6**

[Einsicht in die Grundakten]

§ 46

(1) Die Einsicht von Grundakten ist jedem gestattet, der ein berechtigtes Interesse darlegt, auch soweit es sich nicht um die im § 12 Abs. 1 Satz 2 der Grundbuchordnung bezeichneten Urkunden handelt.

(2) Die Vorschrift des § 43 ist auf die Einsicht von Grundakten entsprechend anzuwenden.

(3) Soweit die Einsicht gestattet ist, kann eine Abschrift verlangt werden, die auf Antrag auch zu beglaubigen ist.

1. Allgemeines

§ 46 betrifft nur die Teile der Grundakten, die nicht unter § 12 Abs. 1 S. 2 GBO **1** fallen, d. h. solche Schriftstücke, auf die nicht im Grundbuch zu Ergänzung einer Eintragung Bezug genommen ist; ebenfalls werden noch nicht erledigte Eintragungsanträge nicht von § 46 umfaßt. Für die Einsicht dieser unter § 12 Abs. 1 S. 2 GBO fallenden Schriftstücke und für die Erteilung von Abschriften von ihnen gelten die für die Einsicht des Grundbuchs und für die Erteilung von Abschriften aus dem Grundbuch maßgebenden Vorschriften (§ 12 Abs. 1 S. 1, Abs. 2 GBO; §§ 43–45 GBV).

---

[1] BayObLGZ 67, 351.
[2] Vgl. BGH Betrieb 56, 1059.
[3] Vgl. KG KGJ 23, 213, s. auch noch KG Rpfleger 86, 299.

§ 48 V   II. Grundbuchverfügung

Nicht anwendbar ist § 46 auch auf die Einsicht des Handblattes (§ 24 Abs. 4 GBV). Das Handblatt ist nicht Teil der Grundakten; es ist nur bei den Grundakten zu verwahren. Da es auch nicht zum Grundbuch oder zu den in § 12 Abs. 1 S. 2 GBO genannten Urkunden gehört, besteht ein Anspruch auf Einsicht des Handblatts nicht. Wegen des **Eigentümerverzeichnisses** s. oben § 45 Rdn. 2.

Die Bestimmungen der §§ 12, 124 GBO und §§ 43–46 GBV ersetzen § 34 FGG.

2. Voraussetzungen, Zuständigkeit

2   a) Die **Voraussetzungen** für die Einsicht der Grundakten und für die Erteilung von Abschriften aus den Grundakten sind die gleichen wie für die Einsicht des Grundbuches und die Erteilung von Abschriften aus dem Grundbuche.

aa) Die Einsicht von Grundakten ist jedem gestattet, der ein berechtigtes Interesse darlegt (s. dazu § 12 GBO Rdn. 3). Dem Recht auf Akteneinsicht wird dadurch genügt, daß die Grundakten dem Berechtigten bei dem Grundbuchamt zur Verfügung gehalten werden. Ein Recht auf Vorlegung bei einem anderen Gericht ist mit ihm nicht – auch nicht für öffentliche Behörden und Notare – verbunden.

bb) Wer zur Einsicht der Grundakten berechtigt ist, kann auch eine Abschrift aus den Grundakten verlangen, sei es eine einfache oder eine beglaubigte.

3   b) **Zuständig** für die Entscheidung über die Anträge auf Einsicht der Grundakten oder auf Erteilung von Abschriften aus den Grundakten ist der Urkundsbeamte der Geschäftsstelle, § 12 c Abs. 1 Nr. 1 GBO.

XI. Hypotheken-, Grundschuld- und Rentenschuldbriefe

[Überschrift des Briefes]

§ 47

Die Hypothekenbriefe sind mit einer Überschrift zu versehen, welche die Worte „Deutscher Hypothekenbrief" und die Bezeichnung der Hypothek (§ 56 Abs. 1 GBO) enthält, über die der Brief erteilt wird. Die laufende Nummer, unter der die Hypothek in der dritten Abteilung des Grundbuchs eingetragen ist, ist dabei in Buchstaben zu wiederholen.

1   § 47 regelt das **Äußere** der Hypothekenbriefe. Ihr Inhalt ist in den §§ 56 ff. GBO vorgeschrieben.

In die Überschrift des Hypothekenbriefes gehören die Worte „Deutscher Hypothekenbrief" und die Bezeichnung der Hypothek, über die der Brief erteilt wird nach Maßgabe des § 56 Abs. 1 GBO. Dort sind genannt der Geldbetrag des Rechts sowie die Bezeichnung des belasteten Grundstücks.

Nicht anzugeben ist auf den Briefen die Geschäftsnummer.

2   Die Verletzung der Vorschriften des § 47 hat nicht die Nichtigkeit des Hypothekenbriefes zur Folge, sofern nur die zwingenden Vorschriften des § 56 GBO gewahrt sind.

[Kennzeichnung bei Teillöschungen und Teilbriefen]

§ 48

(1) Wird eine Hypothek im Grundbuche teilweise gelöscht, so ist auf dem Briefe der Betrag, für den die Hypothek noch besteht, neben der in der Überschrift enthaltenen

Bezeichnung des Rechts durch den Vermerk ersichtlich zu machen: „Noch gültig für (Angabe des Betrags)." Der alte Betrag ist rot zu unterstreichen.

(2) In derselben Weise ist bei der Herstellung von Teilhypothekenbriefen auf dem bisherigen Briefe der Betrag ersichtlich zu machen, auf den sich der Brief noch bezieht.

1. Kennzeichnung in Brief

Nach § 62 Abs. 1 GBO sind Eintragungen, die bei der Hypothek vorgenommen werden, auch auf dem Hypothekenbrief zu vermerken. Der Vermerk ist mit Unterschrift und Siegel zu versehen. An welche Stelle des Briefes der Vermerk zu setzen ist, ergibt sich aus § 49. Eine Eintragung, die bei der Hypothek erfolgt, ist auch die teilweise Löschung der Hypothek. Außer dem Vermerk nach § 62 Abs. 1 GBO ist bei der Teillöschung gem. § 4 Abs. 1 GBV die Betragsangabe am Kopfe des Briefes zu berichtigen. Dies geschieht derart, daß neben der Bezeichnung des Rechts der Betrag ersichtlich zu machen ist, für den das Recht noch besteht; also „Noch gültig für ... DM". Dieser Vermerk ist zu unterzeichnen.

Die alte Betragsangabe in der Überschrift des Briefes ist rot zu unterstreichen. Dagegen wird die Betragsangabe an anderen Stellen des Briefes, z. B. beim „Inhalt der Eintragung", nicht rot unterstrichen.

Ist eine Hypothek in der Zwangsversteigerung teilweise erloschen, so ist der nach § 127 Abs. 1 S. 2 ZVG vorgeschriebene Vermerk vom Versteigerungsgericht vorzunehmen.

§ 48 Abs. 1 S. 2 ist der einzige Fall, in dem ein Rotunterstreichen auf dem Hypothekenbrief zugelassen ist. In allen anderen Fällen ist Rotunterstreichen auf dem Briefe unzulässig. Insbesondere ist die entsprechende Anwendung des § 17 Abs. 2–5 GBV auf die Vermerke auf dem Briefe unstatthaft. Das gilt auch bei Erlöschen der Mithaft im Falle des § 59 Abs. 1 GBO; es handelt sich hierbei nicht um ein teilweises Erlöschen i. S. § 48 Abs. 1.

2. Die Herstellung eines Teilhypothekenbriefes

soll nach § 61 Abs. 3 GBO auf dem bisherigen Briefe vermerkt werden. Es geschieht dies zweckmäßigerweise im Anschluß an den nach § 62 Abs. 1 GBO notwendigen Vermerk über die Abtretung des Teilbetrages. Unterschrift und Siegel sind notwendig. Darüber hinaus schreibt § 48 Abs. 2 vor, daß auf dem bisherigen Brief der Betrag, auf den sich der Brief noch bezieht, ersichtlich zu machen ist. Dies geschieht in der Weise, daß der Betrag, für den der bisherige Brief noch gilt, durch den neben der Überschrift zu setzenden Vermerk: „Noch gültig für (Angabe des Betrages)" hervorgehoben wird. Der alte Betrag ist rot zu unterstreichen. Im übrigen s. oben Rdn. 1.

[Nachtragsvermerke]

§ 49

Vermerke über Eintragungen, die nachträglich bei der Hypothek erfolgen, sowie Vermerke über Änderungen der im § 57 der Grundbuchordnung genannten Angaben werden auf dem Brief im Anschluß an den letzten vorhandenen Vermerk oder, wenn hierfür auf dem Briefe kein Raum mehr vorhanden ist, auf einen mit dem Briefe zu verbindenden besonderen Bogen gesetzt.

§ 49 bestimmt, wo die gem. § 62 Abs. 1 GBO vorgeschriebenen Vermerke sowie die nach § 57 Abs. 2 GBO auf Antrag vorzunehmenden Ergänzungen des Auszuges einzu-

§ 51 V

tragen sind. Sie sind im Anschluß an den letzten auf dem Brief vorhandenen Vermerk zu setzen. Bietet der Brief zur Aufnahme des Vermerks keinen Raum mehr, so ist er auf einen besonderen Bogen zu setzen, der nach § 50 GBV mit dem Brief durch Schnur und Siegel verbunden werden muß. Sind mehrere Vermerke gleichzeitig auf dem Brief aufzunehmen, so geschieht das in der zeitlichen oder räumlichen Reihenfolge der Grundbucheintragungen.

2 Wegen der nachträglich auf die Briefe zu setzenden Vermerke s. § 57 GBO Rdn. 7.

[Versendung]

§ 49 a

Wird der Grundpfandrechtsbrief nicht ausgehändigt, soll er durch die Post mit Zustellungsurkunde oder durch Einschreiben versandt werden. Die Landesjustizverwaltungen können durch Geschäftsanweisung oder Erlaß ein anderes Versendungsverfahren bestimmen. Bestehende Anweisungen oder Erlasse bleiben unberührt.

1 Angesichts der Bedeutung des Briefes muß für seine sichere Zu- bzw. Rücksendung Sorge getragen werden. Die Empfangsberechtigung bestimmt sich nach § 60 GBO. Die Zustellungsnachweise oder anderen Nachweise sind zur Grundakte zu nehmen und dort mit der entsprechenden Verfügung zu verbinden.

[Verbindung durch Schnur und Siegel]

§ 50

Die im § 58 Abs. 1 und § 59 Abs. 2 der Grundbuchordnung sowie im § 49 dieser Verfügung vorgeschriebene Verbindung erfolgt durch Schnur und Siegel.

Eine Verbindung von Urkunden oder Bogen ist in folgenden Fällen vorgeschrieben:

1 a) Ist eine Urkunde über die Forderung ausgestellt, so soll sie mit dem Hypothekenbrief verbunden werden (§ 58 Abs. 1 GBO). Von der Schuldurkunde ist eine beglaubigte Abschrift zu den Grundakten zu nehmen (§ 15 GeschO). Urkunden, die lediglich eine Abtretungserklärung enthalten, werden mit dem Briefe nicht verbunden (§ 37 Abs. 3 GeschO).

2 b) Die über eine Gesamthypothek hergestellten mehreren Briefe sind miteinander zu verbinden (§ 59 Abs. 2 GBO). Es empfiehlt sich hier im allgemeinen, die einzelnen Briefe erst nach der Eintragung der Mitbelastung auszustellen; jedoch kann im Einzelfall ein anderes Verfahren geboten sein (vgl. § 37 Abs. 2 a GeschO).

In allen unter a) genannten Fällen ist die Verbindung durch Schnur und Siegel vorzunehmen.

[Grundschuld- und Rentenschuldbriefe]

§ 51

Die Vorschriften der §§ 47 bis 50 sind auf Grundschuld- und Rentenschuldbriefe entsprechend anzuwenden. In der Überschrift eines Rentenschuldbriefes ist der Betrag der einzelnen Jahresleistung, nicht der Betrag der Ablösungssumme, anzugeben.

XI. Hypotheken-, Grundschuld- und Rentenschuldbriefe (Eickmann) **§ 53 V**

Die Vorschriften der §§ 47—50 über die Hypothekenbriefe sind auf die Grundschuld- und Rentenschuldbriefe entsprechend anzuwenden. Nicht anwendbar sind diese Vorschriften nur insoweit, als sich daraus, daß Grundschuld und Rentenschuld von der persönlichen Forderung losgelöst sind, etwas besonderes ergibt.

[Muster und Vordrucke für Briefe]

§ 52

(1) Für die Hypotheken-, Grundschuld- und Rentenschuldbriefe dienen die Anlagen 3 bis 8 als Muster.

(2) Für die Ausfertigung der Hypotheken-, Grundschuld- und Rentenschuldbriefe sind die amtlich ausgegebenen, mit laufenden Nummern versehenen Vordrucke nach näherer Anweisung der Landesjustizverwaltung zu verwenden.

1. Abs. 1

Die der Grundbuchverfügung beigefügten Anlagen 3—8 dienen nur als Muster für **1** den sachlichen Inhalt der Hypotheken-, Grundschuld- und Rentenschuldbriefe. Die Muster haben nur den Charakter von Beispielen. Sie sind, wie die Probeeintragungen (vgl. § 22), nicht Teil der Grundbuchverfügung, sie sind weder Rechtsverordnung noch Dienstanweisung. Die Beteiligten haben keinen Anspruch darauf, daß das GBA sich bei Fassung des Inhalts des Hypothekenbriefes an die Muster hält.

2. Nach **Abs. 2** sind bestimmte amtliche Vordrucke zu verwenden. Dies gilt auch, **2** wenn ein Notar einen Brief (Teilbrief) erstellt. S. dazu die landesrechtlichen Vorschriften: **Baden-Württemberg** AV vom 13. 11. 1991 (Die Justiz S. 540); **Bayern** §§ 53 bis 60 GBGA vom 7. 12. 1981 (JMBl. S. 190); **Berlin** AV vom 3. 7. 1970 (ABl. S. 752); **Hamburg** AV vom 1. 9. 1970 (JVBl. S. 103) mit Änderung durch AV vom 17. 4. 1980 (JVBl. S. 87); **Hessen** RdErl. vom 5. 3. 1991 (JMBl. S. 136); **Niedersachsen** AV vom 28. 4. 1970 (NdsRpfl. S. 101) mit Änderung durch AV vom 1. 2. 1971 (NdsRpfl. S. 30) und AV vom 11. 3. 1974 (NdsRpfl. S. 97); **Nordrhein-Westfalen** AV vom 5. 1. 1981 (JMBl. S. 41); **Rheinland-Pfalz** RdSchr. vom 2. 5. 1980 (JBl. S. 138); **Schleswig-Holstein** AV vom 23. 6. 1980 (SchlHA S. 139).

[Unbrauchbarmachung]

§ 53

(1) Ist nach dem Gesetz ein Hypotheken-, Grundschuld- oder Rentenschuldbrief unbrauchbar zu machen, so wird, nachdem die bei dem Rechte bewirkte Grundbucheintragung auf dem Briefe vermerkt ist, der Vermerk über die erste Eintragung des Rechts durchstrichen und der Brief mit Einschnitten versehen.

(2) Ist verfügt worden, daß der Brief unbrauchbar zu machen ist, und ist in den Grundakten ersichtlich gemacht, daß die Verfügung ausgeführt ist, so ist der Brief mit anderen unbrauchbar gemachten Briefen zu Sammelakten zu nehmen. Die Sammelakten sind für das Kalenderjahr anzulegen und am Schluß des folgenden Kalenderjahres zu vernichten. In der Verfügung kann angeordnet werden, daß ein unbrauchbar gemachter Brief während bestimmter Zeit bei den Grundakten aufzubewahren ist.

§ 55 V

1   1. Abs. 1. Unbrauchbar zu machen ist ein Hypotheken-, Grundschuld- oder Rentenschuldbrief:
   a) wenn ein Recht gelöscht wird;
   b) wenn die Erteilung des Briefes nachträglich ausgeschlossen wird;
   c) wenn an Stelle des bisherigen Briefes ein neuer Brief erteilt wird;
   d) wenn ein Recht als Folge der Zwangsversteigerung erloschen ist.

2   In den Fällen, in denen ein Brief unbrauchbar zu machen ist, wird, nachdem die bei dem Recht nach § 62 GBO erforderliche Grundbucheintragung auf dem Briefe vermerkt und der Vermerk mit Unterschrift und Siegel (§ 62 Abs. 1 Halbs. 2 GBO) versehen ist, der Vermerk über die erste Eintragung des Rechts (rot) durchstrichen und der Brief mit Einschnitten versehen.

3   2. Abs. 2. Der unbrauchbar gemachte Brief ist nicht den Beteiligten zurückzugeben oder zu vernichten, sondern in Sammelakten aufzubewahren. Dort sind die Briefe bis zum Schluß des folgenden Kalenderjahres aufzubewahren und dann gemeinsam zu vernichten.

Dies gilt nicht, wenn der Rechtspfleger ausdrücklich eine längere Aufbewahrung anordnet. Der Brief ist dann zu den Grundakten zu nehmen.

XII. Das Erbbaugrundbuch

[Entsprechende Anwendung der allgemeinen Vorschriften]

§ 54

Auf das für ein Erbbaurecht anzulegende besondere Grundbuchblatt (§ 14 Abs. 1 der Verordnung über das Erbbaurecht vom 15. Januar 1919 – Reichsgesetzbl. S. 72) sind die vorstehenden Vorschriften entsprechend anzuwenden, soweit sich nicht aus den §§ 55 bis 59 Abweichendes ergibt.

1   § 54 legt fest, daß auf das für ein Erbbaurecht nach der ErbbauVO anzulegende Erbbaugrundbuchblatt die Vorschriften der Abschnitte I–XI der GBVfg. entsprechend anzuwenden sind (vgl. auch § 57 Abs. 2). Insbesondere ist für dieses Blatt das allgemeine Grundbuchmuster (§ 4) zu verwenden. Besonderes gilt nur hinsichtlich der Aufschrift (§ 55 Abs. 2) und der Ausfüllung des Bestandsverzeichnisses (§ 56); ferner für die Eintragung in Abt. I (§ 57 Abs. 1) und für die Bildung der Hypotheken-, Grundschuld- und Rentenschuldbriefe (§ 59).

Für die Benachrichtigung über Eintragungen im Erbbaugrundbuch ist § 17 ErbbauVO zu beachten.

2   Die Vorschriften der §§ 55–59 gelten nach § 3 Abs. 1 GGV – vorbehaltlich der Besonderheiten in der GGV – auch für das Gebäudegrundbuchblatt.

[Nummernfolge; Aufschrift]

§ 55

(1) Das Erbbaugrundbuchblatt erhält die nächste fortlaufende Nummer des Grundbuchs, inn dem das belastete Grundstück verzeichnet ist.

(2) In der Aufschrift ist unter die Blattnummer in Klammern das Wort „Erbbaugrundbuch" zu setzen.

XII. Das Erbbaugrundbuch (Eickmann) § 56 V

Ist ein Erbbaugrundbuchblatt anzulegen, so erhält es die nächste fortlaufende Nummer des allgemeinen Grundbuchs des Grundbuchbezirks, in dem das mit dem Erbbaurecht belastete Grundstück verzeichnet ist. **1**

Um die Erbbaurechtsblätter nach § 14 Abs. 1 der ErbbauVO äußerlich von den in dem Grundbuchbande befindlichen Blättern für Grundstücke hervorzuheben und um auf den besonderen Charakter des Blattes hinzuweisen, bestimmt Abs. 2, daß in der Aufschrift unter die Blattnummer (§ 5) in Klammern das Wort „Erbbaugrundbuch" zu setzen ist. Eine Unterzeichnung des Vermerks ist nicht erforderlich. **2**

[Bestandsverzeichnis beim Erbbaugrundbuch]

§ 56

(1) Im Bestandsverzeichnis sind in dem durch die Spalten 2 bis 4 gebildeten Raum einzutragen:
a) die Bezeichnung „Erbbaurecht" sowie die Bezeichnung des belasteten Grundstücks, wobei der Inhalt der Spalten 3 und 4 des Bestandsverzeichnisses des belasteten Grundstücks in den Spalten 3 und 4 des Erbbaugrundbuchs zu übernehmen ist;
b) der Inhalt des Erbbaurechts;
c) im unmittelbaren Anschluß an die Eintragung unter b der Eigentümer des belasteten Grundstücks;
d) Veränderungen der unter a bis c genannten Vermerke.
(2) Bei Eintragung des Inhalts des Erbbaurechts (Abs. 1 b) ist die Bezugnahme auf die Eintragungsbewilligung zulässig; jedoch sind Beschränkungen des Erbbaurechts durch Bedingungen, Befristungen oder Verfügungsbeschränkungen (§ 5 der Erbbaurechtsverordnung) ausdrücklich einzutragen.
(3) In der Spalte 1 ist die laufende Nummer der Eintragung anzugeben.
(4) In der Spalte 6 sind die Vermerke über die Berichtigungen des Bestandes des belasteten Grundstücks, die auf dem Blatte dieses Grundstücks zur Eintragung gelangen (§ 6 Abs. 6 e), einzutragen. In der Spalte 5 ist hierbei auf die laufende Nummer hinzuweisen, unter der die Berichtigung in den Spalten 3 und 4 eingetragen wird.
(5) Verliert durch die Eintragung einer Veränderung nach ihrem aus dem Grundbuch ersichtlichen Inhalt ein früherer Vermerk ganz oder teilweise seine Bedeutung, so ist er insoweit rot zu unterstreichen.
(6) Die Löschung des Erbbaurechts ist in der Spalte 8 zu vermerken.

1. Allgemeines

§ 56 behandelt das Bestandsverzeichnis des Erbbaurechtsblattes. Da das Erbbaurecht wie ein Grundstück behandelt wird, entsprechen die im Bestandsverzeichnis des Erbbaurechtsblattes gemachten Eintragungen über das Erbbaurecht den im Bestandsverzeichnis des gewöhnlichen Grundbuchblattes gemachten Eintragungen über das Grundstück; insbesondere entspricht der Beschreibung des Grundstücks im gewöhnlichen Blatte die Beschreibung des Erbbaurechts im Erbbaurechtsblatte. **1**

2. In Spalte 1

ist die laufende Nummer der Eintragung anzugeben (Abs. 3), d. h. der Eintragung, die in dem durch die Sp. 2–4 gebildeten Raum vorgenommen wird. Gleichgültig ist hierbei, welcher Art die Eintragung ist und auf welche bereits bestehende Eintragung im Bestandsverzeichnis sie sich bezieht. **2**

3. Die Spalten 2—4

3 gelten bei der Eintragung des Erbbaurechts als eine Spalte. In dem durch sie gebildeten Raum sind einzutragen: Das Erbbaurecht, die Bezeichnung des belasteten Grundstücks, sein Eigentümer und etwaige Veränderungen dieser Angaben (Abs. 1).

a) Hierbei ist das Erbbaurecht zu bezeichnen.

4 aa) Nach Abs. 1a ist ausdrücklich die Bezeichnung „Erbbaurecht" vorgeschrieben. Das mit dem Erbbaurecht belastete Grundstück ist zu beschreiben, und zwar in derselben Weise, wie es in seinem Grundbuch beschrieben ist, d. h. sowohl grundbuchmäßig nach Band und Blatt wie auch nach dem amtlichen Verzeichnis. Die Angaben der Sp. 3 und 4 des Bestandsverzeichnisses des Grundbuchblattes des belasteten Grundstücks sind in die Sp. 3 und 4 des Bestandsverzeichnisses des Erbbaugrundbuchs zu übernehmen.

5 bb) Zur Bezeichnung des Erbbaurechts gehört auch die Angabe seines Inhalts (§§ 1, 2, 5 ErbbauVO; § 56 Abs. 1b GBV). Nach § 14 Abs. 1 S. 3 ErbbauVO kann zur näheren Bezeichnung des Inhalts des Erbbaurechts auf die Eintragungsbewilligung Bezug genommen werden. Dieser materiellrechtlichen Vorschrift entsprechend gestattet auch § 56 Abs. 2 formell bei der Eintragung im Bestandsverzeichnis hinsichtlich des Inhalts des Erbbaurechts auf die Eintragungsbewilligung Bezug zu nehmen. Nicht zulässig ist die Bezugnahme auf die Eintragungsbewilligung, soweit es sich um die Eintragung von Bedingungen, Befristungen und Verfügungsbeschränkungen handelt, die sich auf das Erbbaurecht beziehen. Diese sind also stets ausdrücklich einzutragen.

Die Verfügungsbeschränkungen gehören dagegen kraft ausdrücklicher Vorschrift in § 5 Abs. 1 ErbbauVO zum Inhalt des Erbbaurechts, wegen des Inhalts des Rechts kann jedoch gem. § 14 Abs. 1 S. 3 ErbbauVO auf die Bewilligung Bezug genommen werden, so daß die Verfügungsbeschränkung bei Bezugnahme mit der Eintragung des Rechts entsteht. Wegen der Bedeutung einer solchen Abrede ordnet jedoch § 56 Abs. 2 ausdrücklich die Eintragung an. Ein Verstoß dagegen hat zwar keine materielle Bedeutung, das GBA muß der Vorschrift jedoch entsprechen.[1] Es genügt jedoch, die Verfügungsbeschränkung als solche zu vermerken; nähere Bestimmungen, auch Ausnahmen, können durch Bezugnahme eingetragen werden.[2]

6 b) Nach § 14 S. 2 ErbbauVO soll auch der Eigentümer (und jeder spätere Erwerber) des belasteten Grundstücks im Erbbaugrundbuch vermerkt werden. Dies geschieht in dem durch die Sp. 2—4 gebildeten Raum des Bestandsverzeichnisses in unmittelbarem Anschluß an die Eintragung des Inhalts des Erbbaurechts.

7 c) In den durch die Sp. 2—4 gebildeten Raum sind auch einzutragen die Veränderungen der in den Sp. 2—4 eingetragenen Vermerke (Abs. 1d). Hierhin gehören beispielsweise etwaige Veränderungen des Inhalts des Erbbaurechts, Berichtigungen der Bestandsangaben des belasteten Grundstücks u. Eintragungen späterer Erwerber des belasteten Grundstücks, die nach § 14 Abs. 1 S. 2 ErbbauVO im Erbbaugrundbuch zu vermerken sind. Nicht hierher gehört der Vermerk über die Löschung des Erbbaurechts.

4. Die Spalte 5

8 wird nur ausgefüllt, wenn in Sp. 6 ein Vermerk eingetragen wird. In diesem Falle ist in Sp. 5 auf die laufende Nummer der Sp. 1 hinzuweisen, unter der die Berichtigung in den Sp. 3 und 4 eingetragen wird.

---

[1] Vgl. LG Marburg Rpfleger 68, 26; s. auch *Schmidt* BWNotZ 61, 299.

[2] BayObLG DNotZ 80, 50.

5. Die Spalte 6

wird nicht wie bei dem allgemeinen Grundstücksgrundbuch immer schon dann ausgefüllt, wenn in den Sp. 2—4 eine Eintragung vorgenommen wird. Die Eintragungen in den Sp. 2—4 sind im Erbbaugrundbuch vielmehr in der Regel für sich allein verständlich; sie enthalten sämtliche Eintragungserfordernisse, wie z. B. Eintragungsdatum und Unterschrift. Nur in einem Falle werden die dort eingetragenen Vermerke in der Sp. 6 erläutert, nämlich bei Berichtigungen der Bestandsangaben des mit dem Erbbaurecht belasteten Grundstücks, die auf dem Blatte dieses Grundstücks zur Eintragung gelangen, sie sind auch in das Erbbaugrundbuch in die Sp. 3 und 4 zu übernehmen (Abs. 4), und zwar unter einer neuen laufenden Nummer. Diese Berichtigung ist in Sp. 6 zu erklären. Datum und Unterschrift gehören in diese Spalte und nicht in die Sp. 3, 4.

Muster:
„Die auf dem Blatte des belasteten Grundstücks unter lfd. Nr. ... des Bestandsverzeichnisses auf Grund des Auszuges aus dem Veränderungsnachweis von ... am ... eingetragene Berichtigung der Spalte ... hier vermerkt am ..."
In Sp. 5 wird dabei die Nummer der Sp. 1 angegeben, unter der die Berichtigung in den Sp. 3 und 4 eingetragen wird.

6. Die Spalte 7

wird im Erbbaugrundbuchblatt nur ausgefüllt, wenn auf dem Blatte mehrere Erbbaurechte eingetragen sind.

7. In Spalte 8

wird die auf dem Blatte des belasteten Grundstücks vorgenommene Löschung des Erbbaurechts vermerkt. Gem. § 16 ErbbauVO ist dabei das Erbbaugrundbuch von Amts wegen zu schließen. Auf die Schließung sind die Vorschriften über die Schließung von Grundstücksgrundbuchblättern entsprechend anzuwenden (§ 54).
Wegen der Vormerkung nach § 31 Abs. 4 S. 3 ErbbauVO auf dem Blatte des belasteten Grundstücks bei Löschung des Erbbaurechts vgl. § 17 Abs. 2.

8. Absatz 5

enthält die gleichen Gedanken wie die §§ 13, 16, 17 Abs. 2, 3 § 19 Abs. 2. Wird ein Vermerk über eine Veränderung im Bestandsverzeichnis eingetragen, so sind frühere Vermerke, ganz gleich, an welcher Stelle des Erbbaugrundbuchblattes sie stehen, insoweit rot zu unterstreichen, als sie nach dem aus dem Grundbuch ersichtlichen Inhalt des Veränderungsvermerks ganz oder teilweise ihre Bedeutung verloren haben. Maßgebend für die Frage, ob ein Vermerk seine Bedeutung verloren hat, ist allein der Grundbuchinhalt.

[Eintragungen in den Abteilungen des Erbbaugrundbuchs]
§ 57
(1) Die erste Abteilung dient zur Eintragung des Erbbauberechtigten.
(2) Im übrigen sind auf die Eintragungen im Bestandsverzeichnis sowie in den drei Abteilungen die für die Grundbuchblätter über Grundstücke geltenden Vorschriften (Abschnitte II, III) entsprechend anzuwenden.

§ 60 V II. Grundbuchverfügung

1 In Abt. I wird der Erbbauberechtigte eingetragen. Auf seine Eintragung finden die Vorschriften der §§ 9, 15, 16 GBV entsprechende Anwendung.

Die Eintragung eines neuen Erbbauberechtigten ist nach § 14 Abs. 3 S. 2 ErbbauVO unverzüglich auf dem Blatte des Grundstücks zu vermerken, und zwar in den Sp. 4 und 5 der Abt. II.

2 Auf die Eintragungen im Erbbaugrundbuch sind die Vorschriften des II. und III. Abschnitts der Grundbuchverfügung entsprechend anzuwenden, die Anwendung der übrigen Vorschriften der Grundbuchverfügung folgt bereits aus § 54.

Wegen der Eintragung v. Belastungen aller Art vgl. deshalb die Erl. zu §§ 10 u. 11.

[Muster für Erbbaugrundbuch]

§ 58

Die nähere Einrichtung und die Ausführung des für ein Erbbaurecht anzulegenden besonderen Grundbuchblattes ergibt sich aus dem in der Anlage 9 beigefügten Muster. § 22 Satz 2 ist entsprechend anzuwenden.

Die Anl. 9 betrifft ein Erbbaugrundbuch für ein Erbbaurecht nach der ErbbauVO, nicht nach § 8 GBO. Wegen der Bedeutung der Bezugnahme auf § 22 S. 2 vgl. Vorbem. 3 vor § 1.

[Hypothekenbriefe bei Erbbaurechten]

§ 59

Bei der Bildung von Hypotheken-, Grundschuld- und Rentenschuldbriefen ist kenntlich zu machen, daß der belastete Gegenstand ein Erbbaurecht ist.

Entsprechend der Belastungsmöglichkeit von Erbbaurechten mit Hypotheken, Grundschulden und Rentenschulden ist auch die Bildung von Hypotheken-, Grundschuld- und Rentenschuldbriefen möglich. Nach § 54 sind grundsätzlich hierauf die Vorschriften des XI. Abschnitts der GBV anzuwenden. Es sind die allgemeinen Briefvordrucke zu verwenden. Anstelle der früher vorgeschriebenen Wiedergabe der Erbbaurechtseintragung genügt nunmehr der Vermerk: „Das in Bd. ... Bl. ... eingetragene Erbbaurecht".

[Grundbuchblatt für die bis 21. 1. 1919 begründeten Erbbaurechte]

§ 60

Die vorstehenden Vorschriften sind auf die nach § 8 der Grundbuchordnung anzulegenden Grundbuchblätter mit folgenden Maßgaben entsprechend anzuwenden:
 a) In der Aufschrift ist an Stelle des Wortes „Erbbaugrundbuch" (§ 55 Abs. 2) das Wort „Erbbaurecht" zu setzen;
 b) bei der Eintragung des Inhalts des Erbbaurechts ist die Bezugnahme auf die Eintragungsbewilligung (§ 56 Abs. 2) unzulässig.

1. Allgemeines

Die Bestimmung des § 60 gilt nur für die nach § 8 GBO anzulegenden besonderen **1** Grundbuchblätter für **altrechtliche Erbbaurechte** nach dem BGB. Mit Rücksicht auf die geringe Zahl dieser Blätter kommt ihr kaum mehr praktische Bedeutung zu.

2. Entsprechende Anwendung

Grundsätzlich sind auf die Blätter nach § 8 GBO die für das Erbbaugrundbuch der **2** ErbbauVO geltenden Vorschriften entsprechend anzuwenden (vgl. die Erl. zu den §§ 54–59).

a) Entgegen der Vorschrift des § 55 Abs. 2 ist bei den Blättern nach § 8 GBO zum Unterschied zu den Erbbaugrundbüchern der ErbbauVO in der Aufschrift unter die Blattnummer das Wort „Erbbaurecht" zu setzen (Buchstabe a).

b) Die Vorschrift des § 14 Abs. 1 S. 3 ErbbauVO, wonach zur näheren Bezeichnung des Inhalts des Erbbaurechts auf die Eintragungsbewilligung Bezug genommen werden darf, gilt nur für Erbbaurechte nach der ErbbauVO. Für die Erbbaurechte nach dem BGB gelten die allgemeinen Vorschriften des BGB; vgl. dazu § 8 GBO Rdn. 3.

Die Bezugnahme auf die Eintragungsbewilligung ist jedenfalls formellrechtlich für die alten Erbbaurechte verboten. Ihr gesamter Inhalt ist ausdrücklich im Grundbuch eingetragen. Dasselbe gilt für die Umschreibung alter Blätter.

XIII. Vorschriften über das maschinell geführte Grundbuch

Vorbemerkung

Die §§ 61 bis 93 enthalten die Ausführungsvorschriften zum Siebenten Abschnitt der GBO. Ihre urspüngliche Fassung wurde mit dem RegVBG v. 20. 12. 1993, BGBl. I 2182, erarbeitet und mit dessen Erlaß in die GBV – zunächst entsprechend dem später aufgehobenen § 106 erprobungshalber – übernommen. Damit sollte den Ländern, in denen bereits Pilotprojekte zur Einführung maschineller Grundbücher begonnen worden waren, eine sichere Planungsgrundlage gegeben werden.

Die heutige Fassung des XIII. Abschnitts ergibt sich aus der Bekanntmachung der Neufassung der GBV durch das Bundesministerium der Justiz v. 24. 1. 1995, BGBl. I 114, mit den Änderungen durch die Zweite Verordnung zur Änderung von Vorschriften für das maschinell geführte Grundbuch (2. EDVGB-ÄndV) v. 11. 7. 1997, BGBl. I 1808.

Literatur:

Meikel/*Göttlinger* zu §§ 61 bis 93 mwN; Nachweise vor § 126 und § 133 GBO.

1. Das maschinell geführte Grundbuch

[Grundsatz]

§ 61

Für das maschinell geführte Grundbuch und das maschinell geführte Erbbaugrundbuch gelten die Bestimmungen dieser Verordnung und, wenn es sich um Wohnungsgrundbuchblätter handelt, auch die Wohnungsgrundbuchverfügung und die sonstigen allgemeinen Ausführungsvorschriften, soweit im folgenden nichts Abweichendes bestimmt wird.

1. Geltung der allgemeinen Vorschriften im Grundsatz

1 § 61 bestimmt, daß bei maschineller Grundbuchführung die allgemeinen Vorschriften der GBV in grundsätzlich gleicher Weise wie für das Papiergrundbuch gelten. Papiergrundbücher einschließlich der Erbbau- und Wohnungsgrundbücher und maschinell geführte Grundbücher sollen für den Grundbuchführer wie für den Benutzer **möglichst wenig differieren.**

2 Von Überlegungen zu einer grundsätzlichen Neugestaltung des Grundbuchs, die im Zusammenhang mit der Einführung des maschinellen Grundbuchs durchaus angestellt worden waren, wurde letztlich abgesehen.[1] Die Vorschrift stellt deshalb klar, daß es sich beim Übergang vom papierenen zum maschinellen Grundbuch um einen Wechsel des Trägermediums, jedoch **nicht** um einen **Wechsel im System der Grundbuchführung** handelt.

3 Gleichwohl bedingt die maschinelle Grundbuchführung ihrer Natur nach eine Reihe von Sondervorschriften, s. u. Rdn. 4.

2. Abweichende Bestimmungen

4 Die notwendigen Sonderregelungen sind im wesentlichen im Siebenten Abschnitt der GBO und im XIII. Abschnitt der GBV zusammengefaßt. Hinzu kommt § 141 mit seinen neuen Abs. 2 und 3. Hier die wichtigsten Vorschriften im Überblick:

– **Grundbuch im Rechtssinn** ist nach §§ 126 GBO, 62 S. 1 GBV die automatisierte Datei, die den Grundbuchinhalt umfaßt und auf dem dafür bestimmten Datenspeicher abgelegt ist.
– Für die eingesetzte Hard- und Software im allgemeinen einschließlich des Umgangs mit ihr sowie für die grundbuchspezifischen Datensicherheits- und Datenschutzfragen waren **technisch-organisatorische Anforderungen** festzulegen, vgl. insbesondere §§ 126 (nebst Anlage), 133 GBO; 63 bis 66, 75, 79 Abs. 1, 80 bis 84 GBV.
– Der Weg zur **Integration von Grundbuch und Kataster** wurde eröffnet, §§ 127 GBO, 86 GBV.
– Die **Arbeitsabläufe im Grundbuchamt** wurden – teilweise mit Rationalisierungsmöglichkeiten verbunden – auf die maschinelle Grundbuchführung abgestimmt, §§ 128 bis 130 GBO; 67 bis 75 GBV.
– Anstelle von Abschriften werden künftig **Ausdrucke** erteilt, §§ 131 GBO, 78 GBV.
– Die **Grundbucheinsicht** wurde medienspezifisch eingerichtet; das **automatisierte Abrufverfahren** ist als wesentliche Neuerung hinzugekommen, §§ 132, 133 GBO; 79 bis 85 GBV.
– Bei **Briefrechten** gelten erleichterte Vorschriften, §§ 87 bis 98.
– Bei schwerwiegenden Störungen bieten §§ 141 GBO, 92 GBV die Möglichkeit der **Wiederherstellung** des maschinellen Grundbuchs, der Führung eines papierenen **Ersatzgrundbuchs** oder der dauerhaften **Rückkehr zum Papiergrundbuch.**
– Der Bund hat von der Weitergabemöglichkeit der Ermächtigung zum **Erlaß von Ausführungsvorschriften durch die Länder** in § 134 GBO Gebrauch gemacht, § 93.[2]

---

[1] Einzelheiten *Keim* 724 ff. und Meikel/*Göttlinger* Rdn. 1 ff. und vor §§ 126–134 GBO Rdn. 40 ff.
[2] Zu den entsprechenden landesrechtlichen VOen vgl. Nachw. zu § 126 GBO Rdn. 13; zum System der Verordnungsermächtigungen im Zusammenhang mit dem maschinellen Grundbuch vgl. Überblick in § 93 Rdn. 2.

XIII. Vorschriften über das maschinell geführte Grundbuch (Erber-Faller) **§ 62 V**

[Begriff des maschinell geführten Grundbuchs]

§ 62

Bei dem maschinell geführten Grundbuch ist der in den dafür bestimmten Datenspeicher aufgenommene und auf Dauer unverändert in lesbarer Form wiedergabefähige Inhalt des Grundbuchblatts (§ 3 Abs. 1 der Grundbuchordnung) das Grundbuch. Die Bestimmung des Datenspeichers nach Satz 1 kann durch Verfügung der zuständigen Stelle geändert werden, wenn dies dazu dient, die Erhaltung und die Abrufbarkeit der Daten sicherzustellen oder zu verbessern und die Daten dabei nicht verändert werden. Die Bestimmung kann auch in allgemeiner Form und vor Eintritt eines Änderungsfalls getroffen werden.

I. Allgemeines

Die Vorschrift knüpft an §§ 3 Abs. 1, 126 Abs. 1 Nr. 2 und 129 Abs. 1 GBO an. **1**

Beim Papiergrundbuch ist der Inhalt des Grundbuchs i. S. v. § 3 Abs. 1 S. 1 verkörpert und greifbar. Beim maschinellen Grundbuch, das als Inhalt eines Datenspeichers nicht greifbar ist, mußte der Gesetzgeber gesondert festlegen, was und wo das **Grundbuch im Rechtssinn** ist. Es mußte „verortet" werden.[1] **2**

Die ausdrückliche Verweisung (nur) auf § 3 Abs. 1 nimmt Bezug auf die **grundlegende Definition des Grundbuchblatts**, bedeutet jedoch nicht, daß das maschinelle Grundbuch ausschließlich in Form des Realfoliums geführt werden könnte und die Anlegung von Personalfolien nach § 4 ausgeschlossen würde,[2] wie insb. die Vorschriften zu Anlegung und Freigabe des maschinellen Grundbuchs durch Umstellung zeigen, §§ 128 GBO Rdn. 4, 70 GBV Rdn. 3 f. **3**

§ 126 Abs. 1 Nr. 2 verlangt die alsbaldige Aufnahme in einen Datenspeicher und die Möglichkeit dauerhafter, inhaltlich unveränderter Wiedergabe in lesbarer Form. § 129 Abs. 1 knüpft hieran das Wirksamwerden von Eintragungen. § 62 S. 1 legt fest, daß diese Anforderungen von dem **dafür bestimmten Datenspeicher** zu erfüllen sind. **4**

II. Anforderungen an den Datenspeicher

1. Technische Beschaffenheit des Datenspeichers

Die zur Erfüllung der Anforderungen an ein zuverlässiges und leistungsfähiges maschinelles Grundbuch notwendigen Maßnahmen müssen angemessen umgesetzt werden. Der Gesetzgeber hat jedoch davon abgesehen, bestimmte Speichertechnologien vorzuschreiben und Einzelheiten hinsichtlich deren Dimensionierung, Konfigurierung oder Aktualisierung festzulegen. Bei der Beschaffung, Instandhaltung und Fortschreibung der Anlagen wird den Ländern daher sowohl ein entsprechender Planungsspielraum als auch ein großes Maß an Verantwortung bei der Einschätzung der nach dem jeweiligen Stand der Technik am besten geeigneten Mittel zukommen. **5**

Die zum Einsatz gelangenden Bestandteile (Produktionssystem, Archivierungskomponente und Recherchekomponente, § 126 GBO Rdn. 7) des maschinell geführten Grundbuchs müssen insgesamt in der Lage sein, **Eintragungen** in vertretbaren Zeiträumen **abzuspeichern** sowie die **Grundbuchdaten unverändert** und ebenfalls in vertretba- **6**

---

[1] Meikel/*Göttlinger* Rdn. 3; BT-Drucks. 12/5553, 242.

[2] Vgl. Begründung bei Meikel/*Göttlinger* Rdn. 29 ff.

§ 63 V

ren Zeiträumen wieder **sichtbar zu machen**. Speichermedien, die keinen unmittelbaren Zugriff auf die Daten erlauben,[3] die nicht zu deren dauerhafter Aufnahme bestimmt sind[4] oder die lediglich für Sicherungszwecke angelegt[5] wurden, erfüllen diese Anforderungen nicht (vgl. aber unten Rdn. 10).

2. Bestimmung durch Verfügung

7 Erforderlich und ausreichend für die Bestimmung des Grundbuchdatenspeichers ist eine **ausdrückliche und grundsätzlich schriftlich**[6] **niederzulegende Verfügung** der zuständigen Stelle (§ 126 Rdn. 25 ff.), d. h. der Stelle, in deren Verantwortungsbereich der Datenspeicher geführt wird. Nicht notwendig ist die Aufnahme in eine Rechtsverordnung (§§ 134 GBO, 93 GBV), möglich ist aber die Verbindung mit Dienstanweisungen nach § 65 Abs. 1.

8 Die **Bestimmung** kann erforderlichenfalls mit der obengenannten Maßgabe (Rdn. 6) **geändert** werden, wenn der Grundbuchdatenspeicher ausfällt und dauernd oder zeitweilig durch Sicherungskopien ersetzt werden muß. Dasselbe gilt, soweit aufgrund Verschleiß, Beschädigung oder technischer Weiterentwicklungen Änderungen an der Archivierungskomponente vorgenommen werden.

9 Maßgeblich ist, daß die Daten durch die Speicherumschichtung nicht vorsätzlich oder fahrlässig und von der grundbuchführenden Stelle unbemerkt inhaltlich verändert werden können, was durch geeignete Vorkehrungen sicherzustellen ist. Der **Erkennbarkeit von Änderungen** dient insbesondere die elektronische Unterschrift (§ 75).

10 Die **Bestimmung** kann auch **in allgemeiner Form und im voraus** erfolgen, wie § 62 S. 3 ausdrücklich klarstellt.[7] Bedeutung kommt dem etwa zu, wenn durch technische Vorkehrungen die jederzeitige Übereinstimmung des Grundbuchdatenspeichers mit einem oder mehreren Sicherungsdatenspeichern, die parallel geführt werden, gewährleistet ist. Ein ausdrückliches Reagieren des Grundbuchamtes braucht dann nicht mehr erfolgen, wenn bestimmt wird, daß bei einem Ausfall des Originalspeichers ohne weiteres die bzw. eine der Sicherungskopien an die Stelle des eigentlichen Grundbuchdatenspeichers treten soll.

[Gestaltung des maschinell geführten Grundbuchs]

§ 63

Der Inhalt des maschinell geführten Grundbuchs muß auf dem Bildschirm und in Ausdrucken so sichtbar gemacht werden können, wie es den durch diese Verordnung und die Wohnungsgrundbuchverfügung vorgeschriebenen Vordrucken entspricht. Die Vorschriften, die Grundbuchbände voraussetzen, sind nicht anzuwenden.

1. Inhaltliche Identität der Darstellung

1 Im Anschluß an § 61 bestimmt § 63, daß Papiergrundbuch und maschinelles Grundbuch nicht nur grundsätzlich identisch geführt werden (§ 61 Rdn. 1 f.), sondern auch, daß die auf dem Bildschirm **sichtbare Information identisch** mit der im Papiergrund-

---

[3] Meikel/*Göttlinger* Rdn. 6 mwN.
[4] Meikel/*Göttlinger* Rdn. 7.
[5] Meikel/*Göttlinger* Rdn. 8.
[6] Zu Ausnahmefällen und dem dann gebotenen Vorgehen Meikel/*Göttlinger* Rdn. 22.

[7] § 62 S. 3 wurde angefügt durch die 2. EDVGB-ÄndV v. 11. 7. 1997, BGBl. I 1808; zu den Hintergründen BR-Drucks. 386/97 und Meikel/*Göttlinger* Rdn. 26 ff.

buch dargestellten sein muß. Das bedeutet zum einen, daß sich der Aufbau und Inhalt des Grundbuchblatts nach den Abschnitten II und III der GBV an die herkömmliche Trennung in Aufschrift, Bestandsverzeichnis und Abteilungen I, II und III sowie die allgemeinen Regeln für Eintragungen halten muß. Gemeint ist aber auch, daß es keinen „aktuellen Auszug" gibt, der nur die noch gültigen Eintragungen darstellt (zu der vergleichbaren Problematik bei der Anlegung durch Neufassung vgl. § 69 Rdn. 3).

2. Äußere Identität der Darstellung

Durch ausdrücklichen Verweis auf die Vordrucke wird zunächst klargestellt, daß **2** dieselbe Information wie beim Papiergrundbuch sichtbar zu machen ist (dazu oben Rdn. 1). Daneben wird dadurch ausgedrückt, daß die optische Darstellung am Bildschirm sich nach dem **äußeren Erscheinungsbild des Papiergrundbuchs** zu richten hat, § 22 S. 1 i. V. m. Anlage 1 zur GBV. So muß etwa der Spaltenaufbau beibehalten werden. Dies kann zu technischen Anforderungen an die zur Wiedergabe verwendeten Bildschirme führen, die über ein entsprechendes Bildauflösungsvermögen verfügen[1] müssen, um eine gut lesbare Darstellung einer ganzen „Papierseite" erzeugen zu können.

Da die Größe der Darstellung am Bildschirm einerseits von dessen Größe, andererseits von der Verwendung von Zoom-Funktionen abhängt, hat ein Festhalten an den **3** Formaten für das Papiergrundbuch (beim Loseblattgrundbuch normalerweise DIN A 3; evtl. DIN A 4, § 6 Abs. 3 b)) beim maschinellen Grundbuch keinen Sinn mehr.

3. Nichtanwendbare Vorschriften

Vorschriften, die Grundbuchbände voraussetzen und deshalb nicht anzuwenden **4** sind, sind zunächst §§ 2; 3 Abs. 1 S. 2, Abs. 2 und 3. Weitere nicht anwendbare Vorschriften sind in §§ 16; 17 Abs. 2 und 3; 19 Abs. 2; 21 enthalten. Für Rötungen gelten nach § 91 S. 2 abweichende Vorschriften.

[Anforderungen an Anlagen und Programme]

§ 64

(1) Für das maschinell geführte Grundbuch dürfen nur Anlagen und Programme verwendet werden, die den bestehenden inländischen oder international anerkannten technischen Anforderungen an die maschinell geführte Verarbeitung geschützter Daten entsprechen. Sie sollen über die in Absatz 2 bezeichneten Grundfunktionen verfügen. Das Vorliegen dieser Voraussetzungen ist, soweit es nicht durch ein inländisches oder ausländisches Prüfzeugnis bescheinigt wird, durch die zuständige Landesjustizverwaltung in geeigneter Weise festzustellen.

(2) Das eingesetzte Datenverarbeitungssystem soll gewährleisten, daß

1. seine Funktionen nur genutzt werden können, wenn sich der Benutzer dem System gegenüber identifiziert und authentisiert (Identifikation und Authentisierung),

---

[1] Zu den von den Landesjustizverwaltungen für das automatisierte Abrufverfahren herausgegebenen Empfehlungen an die einzusetzende Technik vgl. § 133 GBO Rdn. 36 f.; nichts anderes gilt in diesem Zusammenhang auch für die Bildschirme im Grundbuchamt selbst. Empfohlen wird für SOLUM-STAR, mindestens 17-Zoll-, besser 21-Zoll-Monitore einzusetzen, um nicht nur ein erträgliches, sondern auch bei längerer Bildschirmarbeit zumutbares Ergebnis zu erhalten.

2. die eingeräumten Benutzungsrechte im System verwaltet werden (Berechtigungsverwaltung),
3. die eingeräumten Benutzungsrechte von dem System geprüft werden (Berechtigungsprüfung),
4. die Vornahme von Veränderungen und Ergänzungen des maschinell geführten Grundbuchs im System protokolliert wird (Beweissicherung),
5. eingesetzte Subsysteme ohne Sicherheitsrisiken wieder hergestellt werden können (Wiederaufbereitung),
6. etwaige Verfälschungen der gespeicherten Daten durch Fehlfunktionen des Systems durch geeignete technische Prüfmechanismen rechtzeitig bemerkt werden können (Unverfälschtheit),
7. die Funktionen des Systems fehlerfrei ablaufen und auftretende Fehlfunktionen unverzüglich gemeldet werden (Verläßlichkeit der Dienstleistungen),
8. der Austausch von Daten aus dem oder für das Grundbuch im System und bei Einsatz öffentlicher Netze sicher erfolgen kann (Übertragungssicherheit).
Das System soll nach Möglichkeit Grundbuchdaten übernehmen können, die in Systemen gespeichert sind, die die Führung des Grundbuchs in Papierform unterstützen.

Übersicht

	Rdn.		Rdn.
I. Allgemeines	1	4. Beweissicherung	15
II. Anerkannte technische Anforderungen	5	5. Wiederaufbereitung	16
III. Feststellung	7	6. Unverfälschtheit	17
IV. Grundfunktionen		7. Verläßlichkeit der Dienstleistung	18
1. Identifikation und Authentisierung	9	8. Übertragungssicherheit	19
2. Berechtigungsverwaltung	12	V. Datenübernahme bei Vorratsspeicherung	21
3. Berechtigungsprüfung	13		

I. Allgemeines

1 Das Grundbuchrecht kennt – anders als das Notarrecht in Bezug auf die Bücher des Notars und die Herstellung der Urkunden[1] – keine allgemeinen und einheitlichen Anforderungen an die zur Herstellung des Papiergrundbuchs verwendeten Materialien. Daraus sind bisher keine Gefährdungen für das Grundbuch bekannt geworden.

2 Die Inhomogenität der Eigenschaften gängiger EDV-Systeme und ihre ebenfalls unterschiedliche Eignung in Bezug auf höhere Sicherheitsanforderungen einerseits, die Öffnung der Grundbuchdatenspeicher für Fernzugriffe (§§ 127, 132, 133 GBO) und die dadurch neu begründeten Gefahren andererseits machen jedoch **für das maschinelle Grundbuch bundeseinheitliche Regelungen** erforderlich. Andernfalls besteht die Gefahr, daß die Sicherheit in einzelnen Bereichen des maschinellen Grundbuchs nicht gewährleistet ist und die Systeme der Länder so sehr divergieren, daß eine bundesweite Vernetzung über offene Schnittstellen (§ 132 GBO Rdn. 5, § 79 Rdn. 12; § 133 GBO Rdn. 23) nicht verantwortet werden kann. § 64 ist im Zusammenhang mit §§ 65, 66 zu sehen. Die drei Vorschriften bilden ein technisch-organisatorisches Gesamtkonzept (§ 65 Rdn. 1).

---

[1] Vgl. etwa §§ 7 Abs. 2 S. 1, 14 Abs. 1 S. 3, 26 ff. DONot.

XIII. Vorschriften über das maschinell geführte Grundbuch (Erber-Faller) **§ 64 V**

Die in § 64 Abs. 2 aufgelisteten Anforderungen beziehen sich auf die zur Führung 3
des maschinellen Grundbuchs verwendeten Systeme insgesamt, nicht auf einzelne Teile
oder Komponenten.²

Sie müssen **programmgesteuert und automatisch ohne menschliches Dazwischentre-** 4
ten ablaufen, weil für letzteres § 64 nicht gilt.³ Der Bereich der Verhaltensregeln fällt
vielmehr unter § 65, der aber auch darüberhinausgehende Anforderungen an die Sicherheit der Anlagen und Programme enthält und durch die Vorschriften von § 66 zur
Datensicherung im engeren Sinn fortgesetzt wird.

II. Anerkannte technische Anforderungen

Die Vorschrift schließt an § 126 Abs. 1 S. 1 sowie die zu Nr. 3 ergangene Anlage an 5
und konkretisiert in Abs. 2 insbesondere den Begriff der **Grundsätze ordnungsgemäßer**
Datenverarbeitung sowie die speziellen **grundbuchrechtlichen Anforderungen an Datensicherheit und Datenschutz** (§ 126 Rdn. 14 ff.). Die Anwendung des BDSG wird dadurch ausgeschlossen.

Mit der Bezugnahme auf „technische Anforderungen" wurde eine offene Formulie- 6
rung⁴ gewählt, die durch Normen, Standards oder andere Festlegungen nationaler sowie internationaler Gremien ausgefüllt und dadurch stets aktuell fortgeschrieben werden kann.

III. Feststellung

Die erforderliche Feststellung kann in erster Linie auf der Grundlage eines **Prüfzeug-** 7
nisses einer inländischen oder ausländischen Behörde getroffen werden. In Deutschland
etwa werden solche Zeugnisse vom Bundesamt für Sicherheit in der Informationstechnik (§ 4 des Gesetzes über die Errichtung des BSI v. 17. 12. 1990, BGBl. I 2834) erteilt.

Liegt ein Prüfzeugnis nicht vor, muß die Landesjustizverwaltung die Feststellung auf 8
andere geeignete Weise vornehmen. In Betracht kommt die **Begutachtung** durch eine
vom BSI akkreditierte (private) Prüfstelle⁵ oder eine andere hinreichend sachkundige
Einrichtung.

IV. Grundfunktionen

1. Identifikation und Authentisierung

Abs. 2 Nr. 1 verlangt, daß sich der Benutzer gegenüber dem EDV-System **identifi-** 9
ziert, d. h. sich als individuelle Person zu erkennen gibt.

Das System muß ihn anschließend **authentisieren**, d. h. überprüfen, ob der Identifi- 10
zierte zur Nutzung des Systems überhaupt zugelassen ist. Es handelt sich an dieser
Stelle noch nicht um eine Berechtigungsprüfung (hierzu s. u. Rdn. 13 f.).

Neben der Zuteilung von Netzadressen und Paßwörtern⁶ kommt auch die Nutzung 11
von hardwarebasierten Identifikations- und Authentisierungsmechanismen wie etwa
Chipkarten mit persönlichen Identifikationsnummern (PIN) oder biometrischen Merk-

---

² BT-Drucks. 12/5553, 243.
³ Meikel/*Göttlinger* Rdn. 8.
⁴ Meikel/*Göttlinger* Rdn. 4, 6.
⁵ Dieses Modell wurde etwa auch beim Signa-

turgesetz für die Überprüfung von Zertifizierungsstellen gewählt, vgl. Begründung zu
§ 4 SigG, BT-Drucks.13/7385, 30.
⁶ Meikel/*Göttlinger* Rdn. 9.

malen als Zugangsmechanismus in Betracht. Letztere sind teurer und erfordern zusätzliche organisatorische Maßnahmen in Bezug auf Kartenausgabe und -verwaltung. Sie gelten allerdings nach den Vorgaben des Signaturgesetzes[7] als deutlich sicherer.

2. Berechtigungsverwaltung

12 Im System müssen alle zugelassenen Nutzer **registriert** werden können. Bei der Anmeldung am System zu Beginn einer Arbeitssitzung muß das Programm die Übereinstimmung der Identifikations- und Authentisierungsdaten mit den gespeicherten Benutzerdaten etwa im Rahmen der Login-Prozedur prüfen und bei Diskrepanzen den Zugriff verweigern. Die Berechtigungsverwaltung ist nicht zu verwechseln mit der Berechtigungsprüfung, s. u. Rdn. 13.

3. Berechtigungsprüfung

13 Im Unterschied zur reinen Berechtigungsverwaltung, die nur zwischen verschiedenen, dem System bekannten Benutzern unterscheidet, findet die Berechtigungsprüfung im Zusammenhang mit **einzelnen Benutzungsarten**, die beim maschinellen Grundbuch vorgesehen sind, statt:
- Nur Lesen (jeder zur Einsicht Berechtigte), ggf. auch Ausdrucken (Urkundsbeamter der Geschäftsstelle, § 12 c Abs. 1 Nr. 1, Abs. 2 Nr. 1), darf etwa bei der Grundbucheinsicht nach § 79 Abs. 1, 2 und 4 ermöglicht werden.
- Fernzugriff, Lesen und Abdrucke erstellen darf den zum on-line-Abruf Berechtigten gestattet werden, wobei das System zwischen dem uneingeschränkten (§§ 81, 82 Abs. 1) und dem eingeschränkten (Prüfung der zusätzlichen Anforderungen nach § 82 Abs. 2) Abrufverfahren unterscheiden und die jeweils geforderten Eingaben verlangen muß.
- Die Erstellung von einfachen und amtlichen Ausdrucken nach § 78 muß der zuständigen Person (i. d. R. der Urkundsbeamte der Geschäftsstelle, § 12 c Abs. 2 Nr. 1) möglich sein.
- Schreibvorgänge im Zusammenhang mit Eintragungen in das Grundbuch nach §§ 74, 75 schließlich bleiben dem jeweils zuständigen Rechtspfleger (§ 3 Nr. 1 Buchst. h RPflG) vorbehalten.

14 Es ist Aufgabe des Systems, die verschiedenen **Berechtigungsprofile zuzuordnen** und erforderlichenfalls den begehrten Vorgang zu verweigern.

4. Beweissicherung

15 Sichergestellt werden muß, daß **Veränderungen und Ergänzungen protokolliert**[8] werden, damit im Nachhinein überprüfbar ist, ob eine Eintragung in das Grundbuch in

---

[7] Die Signaturverordnung v. 22. 10. 1997, BGBl. I 2498, verlangt vom Benutzer vor Leistung einer digitalen Signatur, daß er sich gegenüber dem System „durch Besitz (der Chipkarte) und Wissen (der PIN)" ausweist, § 16 Abs. 2 S. 2, ggf. zusätzlich den Einsatz biometrischer Merkmale, die gegenüber dem übertragbaren Merkmal „Wissen" als noch sicherer gelten, § 16 Abs. 2 S. 3. Das Signaturgesetz und die Signaturverordnung waren bei Konzeption der Vorschriften über das maschinelle Grundbuch noch nicht erlassen. Es existiert zur Zeit kein zwingender Anwendungsbereich, da der Gesetzgeber von der in § 1 Abs. 2 SigG ausdrücklich genannten Verweisungsmöglichkeit bisher nicht Gebrauch gemacht hat. Weitere Einzelheiten vgl. § 75 Rdn. 12 ff.

[8] Zum Mindestinhalt der Protokolle Meikel/*Göttlinger* Rdn. 12.

XIII. Vorschriften über das maschinell geführte Grundbuch (Erber-Faller) § 64 V

zulässiger Weise erfolgt ist. Eine Aufbewahrungsgrenze hinsichtlich dieser Protokolle sieht § 64 Abs. 2 im Gegensatz zu §§ 82, 83 nicht vor. Die Einzelheiten zur Sicherstellung der Dauerhaftigkeit der gespeicherten Daten und notfalls erforderliche Änderungen am Datenspeicher, die sich jedoch nicht auf Inhalt und Aussagekraft der Protokolldaten auswirken dürfen, können in der Dienstanweisung nach § 65 Abs. 1 S. 3 (Rdn. 7 f.) enthalten sein.

5. Wiederaufbereitung

Der Begriff der Subsysteme[9] meint die **Gesamtheit der als maschinelles Grundbuch zum Einsatz gelangenden Hard- und Softwarekomponenten**, insbesondere die als Grundbuchdatenspeicher eingesetzten Geräte; s. a. § 126 Rdn. 7. Verwandte Regelungen, die schon dem Verlust von Datenbeständen vorbeugen sollen, und Nr. 5 ergänzende Vorschriften hinsichtlich der zuverlässigen Wiederherstellung von Datenbeständen enthalten §§ 65, 66. **16**

6. Unverfälschtheit

Gemeint sind hier nur **Fehlfunktionen des Systems** selbst, nicht Datenmanipulationen durch Personen innerhalb und außerhalb des Grundbuchamts (zum Schutz hiergegen s. u. Rdn. 19). Gefordert wird der Einsatz entsprechender Prüfroutinen, die Warnmeldungen erzeugen, sobald an den Datenbeständen Auffälligkeiten eingetreten sind. Die Ursache ist egal: Es kann sich um Veränderungen der Inhalte, um Datenverluste oder um Probleme bei der Lesbarmachung handeln. **17**

7. Verläßlichkeit der Dienstleistung

Entsprechende **Warnmeldungen** durch das System müssen ebenfalls selbsttätig erzeugt werden, sobald Fehler auftreten, die die Einhaltung der Anforderungen in Nr. 1 bis 6 oder aus sonstigen Gründen die Sicherheit und Zuverlässigkeit des maschinellen Grundbuchs gefährden. Die Meldungen müssen präzise genug sein, daß unverzüglich Wartungsmaßnahmen ergriffen werden können. **18**

8. Übertragungssicherheit

Erforderlich ist eine **Absicherung jeder Datenfernkommunikation**. Das Problem der Übertragungssicherheit tritt bereits bei Übermittlung von Daten innerhalb des lokalen Netzes eines Grundbuchsystems auf. Es gewinnt an Schärfe bei Einsatz öffentlicher Netze, d. h. wenn das Netz der Telekom oder eines ihrer privaten Konkurrenten genutzt wird, weil dann kein Zugriff des Grundbuchamts mehr auf diese Leitungen besteht, andererseits aber potentielle Angriffe Dritter hinzukommen können, hierzu § 65 Rdn. 9 f. Öffentliche Netze werden vor allem dann in Anspruch genommen werden, wenn von der Möglichkeit der Datenübertragung im Auftrag Gebrauch gemacht wird, § 126 Abs. 3 GBO, bei der Integration von Grundbuch und Liegenschaftskataster, § 127 GBO, im Fall der Einsichtnahme bei einem anderen Grundbuchamt, § 132 GBO, das auch einen Ausdruck erstellen kann, §§ 132 GBO i. V. m. § 79 Abs. 2 GBV und beim automatisierten Abrufverfahren, § 133 GBO.[10] **19**

---

[9] Vgl. a. die beispielhafte Auflistung bei Meikel/*Göttlinger* Rdn. 15 ff.
[10] Zur Erhöhung der Sicherheit kommt z. B. die Einrichtung geschlossener Benutzergruppen innerhalb des ISDN-Dienstes in Betracht, vgl. *Bredl* 76.

§ 65 V

20 Der **Begriff des öffentlichen Netzes**, das auch von einem privaten Betreiber angeboten werden kann, ist zu unterscheiden von den Anforderungen bei der Datenverarbeitung im Auftrag nach § 126 Abs. 3, die öffentlich-rechtlich organisiert sein muß.[11]

V. Datenübernahme bei Vorratsspeicherung

21 Soweit im Rahmen der automationsunterstützten Führung des Papiergrundbuchs (§ 126 Rdn. 2 ff.) Datenbestände mit dem Grundbuchinhalt auch über die erfolgte Verkörperung hinaus gespeichert bleiben, haben diese keine rechtliche Funktion. Bei Einführung des maschinellen Grundbuchs ist das Zurückgreifen auf diese Datenbestände jedoch ein großer Vorteil. Es ermöglicht die zügige **Anlegung des maschinellen Grundbuchs durch Umstellung** etwa nach § 70 Abs. 1 S. 3, indem einfach der Datenspeicher mit dem Grundbuchinhalt nach § 62 zum maschinellen Grundbuch „umgewidmet" oder umkopiert wird (§ 70 Rdn. 5). An der komfortablen Unterstützung einer Übernahme dieser Datenbestände als elektronisches Grundbuch durch das System besteht daher ein erhöhtes Interesse.

[Sicherung der Anlagen und Programme]

§ 65

(1) Die Datenverarbeitungsanlage ist so aufzustellen, daß sie keinen schädlichen Witterungseinwirkungen ausgesetzt ist, kein Unbefugter Zugang zu ihr hat und ein Datenverlust bei Stromausfall vermieden wird. In dem Verfahren ist durch geeignete systemtechnische Vorkehrungen sicherzustellen, daß nur die hierzu ermächtigten Personen Zugriff auf die Programme und den Inhalt der maschinell geführten Grundbuchblätter haben. Die Anwendung der Zugangssicherungen und Datensicherungsverfahren ist durch Dienstanweisungen sicherzustellen.

(2) Ist die Datenverarbeitungsanlage an ein öffentliches Telekommunikationsnetz angeschlossen, müssen Sicherungen gegen ein Eindringen unbefugter Personen oder Stellen in das Verarbeitungssystem (Hacking) getroffen werden.

1. Allgemeines

1 Im Anschluß an § 64, der sich mit der Errichtung des maschinellen Grundbuchs (vergleichbar mit einer Anweisung zur Herstellung von Papierurkunden, § 64 Rdn. 1) befaßt, regelt § 65 die Sicherheit von Anlagen und Programmen. Zusammen mit § 66, der die Sicherung von Datenbeständen (vergleichbar mit Anforderungen an die Verwahrung von Papierdokumenten) betrifft, ist eine relativ umfangreiche **technisch-organisatorische Gesamtregelung** entstanden, die die Anforderungen von §§ 126 Abs. 1 Nr. 1 bis 3 (einschließlich der Anlage zu Nr. 3), 129 Abs. 1 umsetzt. Die Problematik ist für den Gesetzgeber neu. Die Sorge um die Sicherheit und Zuverlässigkeit des maschinellen Grundbuchs rechtfertigt deshalb die detaillierte Behandlung.

2 § 65 unterscheidet in Abs. 1 zwischen der **Datenverarbeitungsanlage (Hardware)**, Rdn. 3 ff., und den **Programmen (Software)**, Rdn. 6. Abs. 2 regelt den **Anschluß an ein öffentliches Telekommunikationsnetz (Datenfernkommunikation)**, Rdn. 9 f.

---

[11] Meikel/*Göttlinger* Rdn. 27 a. E.

XIII. Vorschriften über das maschinell geführte Grundbuch (Erber-Faller) **§ 65 V**

2. Schutz der Hardware

Die Datenverarbeitungsanlage umfaßt alle zur maschinellen Grundbuchführung eingesetzten Geräte im Grundbuchamt oder bei Stellen, die nach § 126 Abs. 3 im Auftrag tätig werden.

Ihre Aufstellung muß so erfolgen, daß schädliche **Witterungseinflüsse**, etwa durch Nässe, Sturm, übermäßige Kälte oder Hitze ausgeschlossen sind. Die Gebäude müssen gegen die genannten Umstände sichern, wozu eine zuverlässige Klimatisierung, ggf. auch Feuchtigkeitsregelung gehört. Die Maßnahmen brauchen jedoch nicht durch unverhältnismäßigen Aufwand auf gänzlich unwahrscheinliche Ereignisse wie Naturkatastrophen ausgerichtet zu werden.

Im Anschluß an Ziff. 1 der Anlage zu § 126 Abs. 1 S. 2 Nr. 3 GBO gilt ferner, daß die Gebäude und ihre Einrichtungen so abgeschlossen sein müssen, daß ein **Zutritt Unbefugter** ausgeschlossen wird. Zu schützen ist in erster Linie der Grundbuchdatenspeicher, aber auch jedes Peripheriegerät, von dem aus ein Zugriff auf das maschinelle Grundbuch denkbar ist.

3. Schutz der Software und der gespeicherten Inhalte

Vorzusehen ist eine zuverlässige Berechtigungsverwaltung und -prüfung bereits nach § 64 Abs. 2 Nr. 2 und 3 i. V. m. Nr. 5 der Anlage zu § 126 Abs. 1 S. 2 Nr. 3 GBO. Die in der Anlage unter Nr. 2–4, 6–9 genannten Maßnahmen sind des weiteren zu nennen. Es handelt sich nicht nur um den **tatsächlichen Ausschluß nichtautorisierter Zugriffe und Manipulationen**, sondern ebenso um die **Sicherstellung der nachträglichen Überprüfbarkeit durchgeführter Veränderungen**, damit diese ggf. rückgängig gemacht und die Verursacher festgestellt werden können.

4. Regelung durch Dienstanweisung

Es bietet sich an, in einer Dienstanweisung nach Abs. 1 S. 3 sämtliche Anforderungen und Maßnahmen hinsichtlich Datensicherheit und Datenschutz zusammenzufassen. Über die in § 65 Abs. 1 S. 1 und 2 vorgesehenen Maßnahmen des Hard- und Softwareschutzes hinaus können insbesondere die Anforderungen der §§ 64, 65 Abs. 2, 66 und 75 beschrieben und erläutert werden.

Es kann eine einheitliche Dienstanweisung im Zusammenhang mit der Rechtsverordnung nach § 126 Abs. 1 erlassen werden, wenn diese durch die Landesjustizverwaltung ergeht.[1] Möglich ist aber auch eine Übertragung auf eine andere Stelle der Justiz.

5. Schutz vor Hacking bei Datenfernkommunikation

Hacking, also das Eindringen Unbefugter über öffentliche Datenleitungen in fremde Datenverarbeitungsanlagen, ist ein ernstzunehmendes Problem, gegen das immer dann Vorkehrungen zu treffen sind, wenn eine Anlage zum Zweck der **Datenfernübertragung** an ein **öffentliches Telekommunikationsnetz** angeschlossen werden soll. Die GBO hat diese Möglichkeit zum Vorteil der an der Grundbuchführung beteiligten Behörden und Grundbuchnutzer mehrfach vorgesehen, vgl. §§ 126 Abs. 3, 127, 132, 133 GBO. Die mit der Datenübermittlung einhergehende Gefährung der Daten (§ 64 Abs. 2 Nr. 8;

---

[1] Dieses Vorgehen hat den Vorteil einer landesweiten einheitlichen Handhabung für sich, vgl. Meikel/*Göttlinger* Rdn. 20.

vgl. a. § 64 Rdn. 19) und der beteiligten Datenverarbeitungsanlagen (hierauf bezieht sich § 65 Abs. 2) stellt die Kehrseite der Zugangserleichterungen dar.

10 Denkbare Schutzmaßnahmen[2] sind Hardware- oder kombinierte Hard- und Softwaremechanismen wie Router, Firewalls oder auch geschlossene Benutzergruppen. Besonderes Augenmerk wird künftig auf den im Hinblick auf seine leichte Verfügbarkeit erstrebenswerten, aber besonders gefährdeten Zugang über Internet zu richten sein.[3]

[Sicherung der Daten]

§ 66

(1) Das Datenverarbeitungssystem soll so angelegt werden, daß die eingegebenen Eintragungen auch dann gesichert sind, wenn sie noch nicht auf Dauer unverändert in lesbarer Form wiedergegeben werden können.

(2) Das Grundbuchamt bewahrt mindestens eine vollständige Sicherungskopie aller bei ihm maschinell geführten Grundbuchblätter auf. Sie ist mindestens am Ende eines jeden Arbeitstages auf den Stand zu bringen, den die Daten der maschinell geführten Grundbuchblätter (§ 62) dann erreicht haben.

(3) Die Kopie ist so aufzubewahren, daß sie bei einer Beschädigung der maschinell geführten Grundbuchblätter nicht in Mitleidenschaft gezogen und unverzüglich zugänglich gemacht werden kann. Im übrigen gilt § 65 Abs. 1 sinngemäß.

1. Allgemeines

1 § 66 Abs. 1 betrifft zunächst den **Schutz der Arbeitsabläufe im Vorfeld von Grundbucheintragungen** (Rdn. 3). Zentraler Regelungsgegenstand der Vorschrift sind jedoch die anschließenden, in Abs. 2 und 3 enthaltenen Ausführungsbestimmungen zu § 126 Abs. 1 S. 2 Nr. 1 GBO, der das **Prinzip tagesaktueller Sicherungskopien** (unten Rdn. 5) und deren **sichere Aufbewahrung** (Rdn. 6) als grundlegende Schutzmaßnahmen in Bezug auf die maschinellen Grundbuchblätter festlegt. Zum Regelungszusammenhang der Vorschrift i. ü. vgl. § 64 Rdn. 2 und § 65 Rdn. 1.

2 Maßnahmen nach § 66 gehören in die Dienstanweisung nach § 65 Abs. 1 S. 3, s. o. § 65 Rdn. 7 f.

2. Sicherung noch nicht wirksamer Eintragungen

3 Eintragungen in das maschinelle Grundbuch werden in der Regel erst am Bildschirm entworfen und — je nach Schwierigkeit und Komplexität des Eintragungsvorgangs kür-

---

[2] Meikel/*Göttlinger* Rdn. 26 und *Bredl* a. a. O.

[3] Wegen der mangelnden Flexibilität der derzeit eingesetzten proprietären Fernzugangssysteme und der hohen Telekommunikationskosten, die für räumlich entferntere Grundbuchnutzer anfallen, wenn der ISDN-Einwählvorgang landesweit bei nur einer einzigen Zentralstelle zulässig ist, werden von verschiedenen Landesjustizverwaltungen bereits Internet-Lösungen erwogen. An die Stelle der geschlossenen Benutzergruppe müssen dann — neben den weiterbestehenden sonstigen Schutzvorkehrungen — adäquate Sicherungsmaßnahmen treten. Die Bundesnotarkammer konzipiert ein Projekt, mit dem die Eignung der asymetrischen Kryptoverfahren mit zertifizierten Schlüsseln, die den Anforderungen des Signaturgesetzes v. 22. 7. 1997, BGBl. I 1869, genügen sollen, als Zugangs-, Manipulations- und Vertraulichkeitsschutz im Rahmen des geplanten Internetzugangs zur zentralen Datenbank des Deutschen Notarinstituts nachgewiesen werden soll. Die Erfahrungen hieraus sollen auch in die Überlegungen zur Weiterentwicklung des Grundbuchzugangs eingebracht werden.

XIII. Vorschriften über das maschinell geführte Grundbuch (Erber-Faller) **§ 66 V**

zer oder länger − bearbeitet. Vor Erteilung des endgültigen Abspeicherungsbefehls (§ 129 GBO Rdn. 3) und dem Wirksamwerden einer Eintragung, d. h. der Möglichkeit der Wiedergabe auf Dauer unverändert in lesbarer Form i. S. v. § 129 Abs. 1 GBO (dort Rdn. 6), kann daher u. U. ein **längerer Entstehungsvorgang** liegen. Zwar kommt den **Entwürfen von Eintragungen** keinerlei rechtliche Bedeutung zu, so daß die anspruchsvollen Vorgaben der GBO für die maschinelle Grundbuchführung darauf nicht übertragbar sind. Es entspricht aber einem praktischen Bedürfnis im Hinblick auf den reibungslosen und rationellen Geschäftsstellenbetrieb in den Grundbuchämtern, von der eingesetzten Technik zu verlangen, daß sie während des Entstehungsprozesses den jeweiligen Bearbeitungsstand des zuständigen Grundbuchführers zuverlässig festhält, indem sie auch hierfür Datensicherungsvorkehrungen bereithält.

3. Sicherung der Grundbuchblätter

Abs. 2 und 3 betreffen die **Sicherung** der Grundbuchblätter, also **des Inhalts des** **4** **Grundbuchdatenspeichers selbst**. Zwar ist auch die Sicherung anderer Daten wichtig (vgl. die Sicherung noch nicht wirksamer Eintragungen, Rdn. 3, oder von Protokolldaten nach §§ 64 Abs. 2 Nr. 4, 82 Abs. 2, 83). In keinem Fall hätte ein Datenverlust jedoch gravierendere Folgen als in diesem. Dem wird durch entsprechend hohe Anforderungen an Datensicherungsmaßnahmen Rechnung getragen.

Abs. 2 ordnet die Fertigung mindestens einer vollständigen **Sicherungskopie** an, die **5** **tagesaktuell** gehalten werden muß, § 129 Abs. 1 S. 2 Nr. 1, also den jeweiligen Stand der Grundbuchblätter am Ende eines Arbeitstages wiedergeben muß. Die Fertigung weiterer Sicherungskopien wird dadurch nicht ausgeschlossen, sondern ist mehr als empfehlenswert, um auch bei einer Verkettung von Umständen, die das Original und eine Sicherungskopie betreffen, die Daten schnell wieder einsetzen zu können.

Unbedingt geboten ist die vom Originaldatenspeicher **getrennte Aufbewahrung** der **6** Sicherungskopie(n), da denkbare Störfälle u. U. nicht nur den Grundbuchdatenspeicher selbst, sondern auch die Räumlichkeiten in Mitleidenschaft ziehen können, in denen er sich befindet (Einbruch, Brand o. ä.). Für die Beurteilung einer sicheren Aufbewahrung von Sicherungskopien kann sinngemäß § 65 Abs. 1 herangezogen werden[1] (Rdn. 3 ff.).

4. Zugänglichmachung

Falls der Originaldatenspeicher ausfällt, muß eine Sicherungskopie **unverzüglich**[2] zur **7** Verfügung stehen. Die Kopie muß zum Datenspeicher bestimmt werden (§ 62 S. 2) und anschließend vollumfänglich die Rolle des Grundbuchs übernehmen.

5. Vorgehen bei Datenverlust

Soweit der Inhalt des Originaldatenspeichers verloren gegangen ist, hat dies auf die **8** Wirksamkeit der Eintragungen im Grundbuch keinen Einfluß. Die Sicherungskopie ist gerade dafür vorgesehen, seine Funktion nahtlos zu übernehmen.

---

[1] Meikel/*Göttlinger* Rdn. 15.
[2] Zur Auslegung des Begriffs „unverzüglich" unter Heranziehung von § 141 Abs. 2, 3 GBO vgl. Meikel/*Göttlinger* Rdn. 17. Die sächsische VO über das maschinell geführte Grundbuch v. 28. 7. 95 schreibt in § 4 Abs. 1 grundsätzlich nach einem Zeitraum von zwei Wochen die Anlegung eines Ersatzgrundbuchs vor. Ein solcher Zeitrahmen dürfte tatsächlich die alleroberste Grenze der zeitlichen Toleranz bilden, innerhalb deren der Einsatz von Sicherungskopien ermöglichbar sein muß.

§ 67 V

9 Sind auch die Datenbestände sämtlicher Sicherungskopien nicht mehr verfügbar, bleibt nur die **Wiederherstellung** nach § 141 Abs. 1 GBO (dort Rdn. 10) entsprechend den allgemeinen Regeln. Schließlich kann bei Vorliegen der Voraussetzungen auch vorübergehend ein **Ersatzgrundbuch** geführt werden, § 141 Abs. 2[3] (Rdn. 12 ff.). Eine **Rückkehr zum Papiergrundbuch** nach § 141 Abs. 3 (dort Rdn. 16 f.) dürfte nur unter außergewöhnlichen Umständen in Betracht kommen.[4]

2. Anlegung des maschinell geführten Grundbuchs

[Festlegung der Anlegungsverfahren]

§ 67

Das Grundbuchamt entscheidet nach pflichtgemäßem Ermessen, ob es das maschinell geführte Grundbuch durch Umschreibung nach § 68, durch Neufassung nach § 69 oder durch Umstellung nach § 70 anlegt. Die Landesregierungen oder die von diesen ermächtigten Landesjustizverwaltungen können in der Verordnung nach § 126 Abs. 1 Satz 1 der Grundbuchordnung die Anwendung eines der genannten Verfahren ganz oder teilweise vorschreiben. Sie können hierbei auch unterschiedliche Bestimmungen treffen. Der in dem Muster der Anlage 2 b zu dieser Verordnung vorgesehene Vermerk in der Aufschrift des neu anzulegenden Blattes wird durch den Freigabevermerk, der in dem Muster der Anlage 2 a zu dieser Verordnung vorgesehene Vermerk in der Aufschrift des abgeschriebenen Blattes wird durch den Abschreibevermerk nach § 71 ersetzt.

1. Anlegung, Umschreibung, Umstellung und Neufassung beim Papiergrundbuch

1 Die im Zusammenhang mit der **Anlegung des maschinellen Grundbuchs** verwendeten Begriffe lehnen sich an die Terminologie des Papiergrundbuchs[1] an. Die geregelten Sachverhalte unterscheiden sich aber gleichwohl grundlegend, da beim maschinellen Grundbuch der Übergang vom Medium Papier auf ein grundlegend anders geartetes Medium bewältigt werden muß, vgl. Überblick bei § 128 GBO Rdn. 1 bis 4.

2 Der Begriff der **Anlegung** wird beim Papiergrundbuch im Zusammenhang mit der Anlegung des Grundbuchs an sich (§ 135 GBO) oder bezüglich der nachträglichen Anlegung einzelner Grundbuchblätter (§ 116 GBO) verwendet.

3 **Umschreibung** kommt unter den Voraussetzungen von §§ 23, 28 Abs. 1 in Betracht, wenn für Neueintragungen kein Platz mehr vorhanden ist. Der Begriff hat auch historisch im Zusammenhang mit der Änderung des Systems der Grundbuchführung mehrfach eine Rolle gespielt.[2]

4 Eine **Neufassung** von Papiergrundbuchblättern ist bisher nur in § 33 in Bezug auf unübersichtliche Teile eines Grundbuchblatts vorgesehen. Der Begriff wurde im Zusammenhang mit dem maschinellen Grundbuch als Sonderfall der Umschreibung auf das gesamte betroffene Grundbuchblatt ausgedehnt.

5 Die **Umstellung** wiederum knüpft an § 101 an, der die Überführung der festen Grundbücher in das Loseblatt-Grundbuch betrifft.

---

[3] Die Voraussetzungen hierfür können die VOen der Länder zum maschinellen Grundbuch näher regeln, vgl. vorangehende Fn.
[4] Meikel/*Göttlinger* Rdn. 6.
[1] Zur Begriffsbildung und zum historischen Hintergrund Meikel/*Göttlinger* Rdn. 1 bis 4, 6.
[2] Meikel/*Göttlinger* Rdn. 2.

XIII. Vorschriften über das maschinell geführte Grundbuch (Erber-Faller) **§ 68 V**

2. Anlegung des maschinellen Grundbuchs

Die Vorschriften zur Anlegung des maschinellen Grundbuchs gehen – anders als bei der Anlegung eines Papiergrundbuchblatts – auf der Grundlage von § 128 GBO davon aus, daß bereits ein Grundbuchblatt existiert, das allerdings vom Medium Papier auf EDV überführt werden muß. Sofern allerdings der Übergang zur maschinellen Grundbuchführung bereits begonnen oder vollzogen ist, ist auch für erstmals zu buchende Grundstücke die unmittelbare Anlegung eines maschinellen Grundbuchblatts ohne den Umweg über ein Papierblatt entsprechend § 70 Abs. 1 S. 2 zulässig, wobei es im übrigen natürlich bei den grundsätzlichen Voraussetzungen für eine Anlegung wie beim Papiergrundbuch bleibt. **6**

Beim maschinellen Grundbuch stehen drei **Anlegungsformen** (Umschreibung, § 68; Neufassung, § 69; Umstellung, § 70) zur Verfügung; zu deren Besonderheiten und ggf. Abweichungen in Bezug auf die für das Papiergrundbuch geltende Regelungen jeweils dort. **7**

Über die am besten geeignete Anlegungsform entscheidet das Grundbuchamt nach pflichtgemäßem Ermessen, soweit nicht eine Rechtsverordnung des betreffenden Landes gem. § 67 S. 2 i. V. m. § 126 Abs. 1 S. 1 GBO (dort Rdn. 13) bestimmte Vorgaben macht. **8**

3. Freigabe

Nach § 128 Abs. 1 GBO ist das maschinelle Grundbuch freizugeben, bevor es an die Stelle des Papiergrundbuchs treten darf (zu den Anforderungen § 128 GBO Rdn. 5 ff.). **9**

Hieran knüpft § 67 S. 4 an und verweist auf die näheren Regelungen in § 71 zum **Freigabevermerk**, der beim maschinellen Grundbuch die Funktion des Umschreibungsvermerks beim Papiergrundbuch übernimmt. **10**

4. Schließung des Papiergrundbuchblatts

Das bisherige Grundbuchblatt ist nach § 128 Abs. 2 zu schließen, wobei die Unterzeichnung des **Schließungsvermerks** (anders als grundsätzlich von § 44 Abs. 1 S. 2 2. HS vorgesehen) durch lediglich eine Person genügt. **11**

Vgl. im einzelnen zu Umschreibung und Neufassung §§ 68, 69 i. V. m. § 30 Abs. 2; zur Umstellung § 70 i. V. m. §§ 101 Abs. 5, 30 Abs. 2. **12**

Für die Vornahme der Schließung gilt im übrigen § 36; zu den durch die 2. EDVGB-ÄndV[3] eingeführten Erleichterungen bei der Umstellung s. § 70 Rdn. 7. **13**

[Anlegung des maschinell geführten Grundbuchs durch Umschreibung]

§ 68

(1) Ein bisher in Papierform geführtes Grundbuchblatt kann auch umgeschrieben werden, wenn es maschinell geführt werden soll. Die Umschreibung setzt nicht voraus, daß für neue Eintragungen in dem bisherigen Grundbuchblatt kein Raum mehr ist oder daß dieses unübersichtlich geworden ist.

---

[3] 2. EDVGB-ÄndV v. 11. 7. 1997, BGBl. I 1808.

§ 68 V

(2) Für die Durchführung der Umschreibung nach Absatz 1 gelten § 44 Abs. 3 der Grundbuchordnung und im übrigen die Vorschriften des Abschnitts VI sowie § 39 Abs. 3 mit der Maßgabe, daß die zu übernehmenden Angaben des umzuschreibenden Grundbuchblatts in den für das neue Grundbuchblatt bestimmten Datenspeicher durch Übertragung dieser Angaben in elektronische Zeichen aufzunehmen sind. § 32 Abs. 1 Satz 2 und 3 und § 33 finden keine Anwendung.

1. Begriff

1 Die Umschreibung ist eine Art der Anlegung (§ 67 Rdn. 6) des maschinellen Grundbuchs, die ihr Vorbild in §§ 28 ff. hat. § 30 legt fest, wie das neue Grundbuchblatt im einzelnen aufzubauen ist. Dabei werden grundsätzlich **nur noch gültige Eintragungen** aus einem alten, bereits bestehenden Grundbuchblatt in ein neues übernommen, für gelöschte Eintragungen gibt es zur besseren Verständlichkeit jedoch die Ausnahme von § 30 Abs 1 c). Zum vergleichbaren Problem der Aussagekraft des neuen Grundbuchblatts bei Neufassung vgl. § 69 Rdn. 3.

2 Beim Papiergrundbuch ist das Ziel der Umschreibung eine übersichtlichere, straffere Fassung der Eintragungstexte, also die **leichtere Lesbarkeit des Grundbuchs**. Sie muß erfolgen bei unübersichtlich gewordenen Grundbuchblättern (§ 28 Abs. 1). Es kann insbesondere eine Klarstellung unübersichtlicher Rangverhältnisse erforderlich sein (§ 91 GBO). Eine Umschreibung kommt darüber hinaus nach § 28 Abs. 2 bei einer wesentlichen Vereinfachung oder aus organisatorischen Gründen (§ 28 Rdn. 2) in Betracht.

3 Beim maschinellen Grundbuch gelten insoweit Besonderheiten, Rdn. 4.

2. Umschreibung beim maschinellen Grundbuch

4 § 68 Abs. 1 stellt ausdrücklich fest, daß allein die Absicht, das Grundbuch künftig maschinell zu führen, als Rechtfertigungsgrund für die Wahl des Anlegungsverfahrens durch Umschreibung genügt. Vor allem der beim Papiergrundbuch zwingende Grund der Unübersichtlichkeit des alten Blattes (§ 28 Abs. 1) braucht nicht vorzuliegen. Dies schließt nicht aus, daß im Zusammenhang mit der Einführung des maschinellen Grundbuchs die Umschreibung gewählt wird, weil wegen Unübersichtlichkeit der betroffenen Blätter die Anlegung durch Umstellung (§ 70) nicht zweckmäßig erscheint. Die Entscheidung liegt jedoch im pflichtgemäßen Ermessen des Grundbuchamtes oder ergibt sich aus der Rechtsverordnung nach §§ 126 Abs. 1 GBO, 67 (dort Rdn. 8).

3. Durchführung der Umschreibung

5 §§ 72 Abs. 1 (für die Anlegung des maschinellen Grundbuchs im allgemeinen), 68 Abs. 2 (als Sondervorschrift für die Umschreibung) verweisen für die Durchführung grundsätzlich auf die **Regeln über das Papiergrundbuch**, §§ 44 Abs. 3 GBO (Regelungen für Eintragungen), 28 ff. (Umschreibung von Grundbüchern), 39 Abs. 3 (Mitteilungen), nicht aber auf § 24 Abs. 4 (Handblatt).

6 Ausdrücklich ausgenommen ist § 32 Abs. 1 S. 2 und 3, woraus i. V. m. der ebenfalls fehlenden Verweisung auf § 24 Abs. 4 folgt, daß für das maschinelle Grundbuch **kein neues Handblatt** angelegt wird. Die Regelung wird ergänzt durch § 73, der die **Aussonderung und Vernichtung des alten Handblattes** gestattet. Die Entscheidung hierüber trifft das Grundbuchamt nach Ermessen. Werden die alten Handblätter weiterhin aufbewahrt, müssen sie gem. § 32 Abs. 1 Satz 3 2. HS deutlich als zu dem geschlossenen Blatt gehörig gekennzeichnet werden.

XIII. Vorschriften über das maschinell geführte Grundbuch (Erber-Faller) § 69 V

Ebenfalls nicht anwendbar ist § 33. Die **teilweise Umschreibung**, die die Führung des Grundbuchblattes teils als maschinelles, teils als Papiergrundbuch zum Ergebnis haben würde, ist zu Recht durch § 128 Abs. 1 GBO nicht vorgesehen worden. **7**

Mit Rücksicht auf die begriffsnotwendige Veränderung am Datenbestand durch die Umschreibung kann mit „**Aufnahme der zu übernehmenden Angaben in den Datenspeicher in Form von elektronischen Zeichen**" nur gemeint sein, daß die Angaben in codierter Form manuell erfaßt werden. Dabei kann es sich durchaus um eine Erfassung mit Hilfsmitteln wie Textbausteinsystemen handeln, nicht jedoch um eine Erfassung durch Scannen,[1] da hierbei ein identisches Abbild des Originalblattes gefertigt wird. Selbst bei einer etwaigen OCR-Nachbearbeitung (§ 10a Rdn. 9, § 126 Rdn. 11) bliebe der Inhalt des Grundbuchblattes im Widerspruch zu § 30 unverändert. **8**

4. Vermerke

Nach §§ 68 Abs. 2, 30 Abs. 1 h) Nr. 1 und 2 sind die dort vorgesehenen **Umschreibungsvermerke** erforderlich. Die in § 30 angeordnete Unterschrift kommt beim maschinellen Grundbuch nicht in Betracht. Die elektronische Unterschrift nach § 75[2] kann im Wege der ergänzenden Auslegung als Ersatz herangezogen werden, obwohl sie aufgrund ihrer systematischen Stellung nur bei Eintragungen, nicht aber im Anlegungsverfahren zum Einsatz kommen muß. **9**

Nach § 128 Abs. 1 ist das maschinelle Grundbuch nach seiner Anlegung freizugeben. §§ 67 S. 4, 71 sehen einen **Freigabevermerk** (§ 67 Rdn. 10) vor, der die Art der Anlegung wiedergibt. **10**

Der bisherige Schließungsvermerk auf dem alten Blatt wird nach §§ 67 S. 4, 71 durch den dort vorgesehenen **Abschreibevermerk** ersetzt, der ebenfalls über die Anlegungsform des neuen, maschinellen Grundbuchblatts informiert. **11**

[Anlegung des maschinell geführten Grundbuchs durch Neufassung]

§ 69

(1) Das maschinell geführte Grundbuch kann durch Neufassung angelegt werden. Für die Neufassung gilt § 68, soweit hier nicht etwas Abweichendes bestimmt wird.

(2) Das neugefaßte Grundbuchblatt erhält keine neue Nummer. Im Bestandsverzeichnis soll, soweit zweckmäßig, nur der aktuelle Bestand, in den einzelnen Abteilungen nur der aktuelle Stand der eingetragenen Rechtsverhältnisse dargestellt werden. Soweit Belastungen des Grundstücks in einer einheitlichen Abteilung eingetragen sind, sollen sie, soweit tunlich, getrennt in einer zweiten und dritten Abteilung dargestellt werden. § 39 Abs. 3 gilt nicht.

(3) In Spalte 6 des Bestandsverzeichnisses ist der Vermerk „Bei Neufassung der Abteilung 0/des Bestandsverzeichnisses als Bestand eingetragen am ..." und in Spalte 4 der ersten Abteilung der Vermerk „Bei Neufassung der Abteilung ohne Eigentumswechsel

---

[1] Meikel/*Göttlinger* Rdn. 23.
[2] Im Ergebnis ebenso Meikel/*Göttlinger* Rdn. 24, der jedoch § 75 über die elektronische Unterschrift für direkt anwendbar hält; die Ersatzfunktion der elektronischen Unterschrift oder digitalen Signatur für die handschriftliche Unterschrift im Rechtsverkehr ist nicht unproblematisch, vgl. *Fritzsche*/*Malzer* Ausgewählte zivilrechtliche Probleme elektronisch signierter Willenserklärungen, DNotZ 95, 3; *Malzer* Zivilrechtliche Form und prozessuale Qualität der digitalen Signatur nach dem Signaturgesetz, DNotZ 98, 96.

eingetragen am ..." einzutragen. Wird eine andere Abteilung neu gefaßt, so ist in dem neugefaßten Blatt der Vermerk „Bei Neufassung der Abteilung eingetragen am ..." einzutragen. In den Fällen der Sätze 1 und 2 ist der entsprechende Teil des bisherigen Grundbuchblatts durch einen Vermerk „Neu gefaßt am ..." abzuschließen. Die für Eintragungen in die neugefaßten Abteilungen bestimmten Seiten oder Bögen sind deutlich sichtbar als geschlossen kenntlich zu machen. Der übrige Teil des Grundbuchblatts ist nach § 68 oder § 70 zu übernehmen. § 30 Abs. 1 Buchstabe h Nr. 1 ist nicht anzuwenden.

(4) Die Durchführung der Neufassung im einzelnen ergibt sich aus den in Anlagen 10a und 10b beigefügten Mustern. Die darin enthaltenen Probeeintragungen sind als Beispiele nicht Teil dieser Verordnung.

1. Begriff

1 Die Neufassung ist beim Papiergrundbuch aufgrund § 33 bei teilweiser Unübersichtlichkeit des Grundbuchblattes als **Unterfall der Umschreibung** vorgesehen.[1] § 69 behandelt die — ganze oder teilweise — Anlegung des maschinellen Grundbuchs durch Neufassung in Abs. 1 entsprechend und erklärt grundsätzlich die für die Umschreibung geltenden Vorschriften für anwendbar, enthält jedoch in Abs. 2 bis 4 einige Sonderregelungen (dazu unten Rdn. 4).

2. Neufassung beim maschinellen Grundbuch

2 Die Anlegungsform der Neufassung wurde in Sachsen entwickelt und hat ihre Grundlage in dem dortigen Vorhandensein verschiedener Grundbuchtypen, die zur besseren Lesbarkeit im Rahmen der Anlegung des maschinellen Grundbuchs vereinheitlicht werden sollen.[2] Vorteile sind die Möglichkeit der Umschreibung unter Beibehaltung der alten Blattnummer, § 69 Abs. 2 S. 1, durch CI-Datenerfassung (§ 126 Rdn. 10) ein geringerer Speicheraufwand sowie die grundsätzliche Möglichkeit, den Abruf weiterverarbeitbarer Daten zu eröffnen.[3]

3 Die sächsischen Erfahrungen haben gezeigt, daß der bei der Neufassung wie bei der Umschreibung (vgl. § 68 Rdn. 1) verringerte Informationsgehalt der Grundbucheintragungen zu einer im Rechtsverkehr problematischen Verminderung der Aussagekraft des maschinellen Grundbuchs führt, wenn über die Art des Rechtserwerbs sowie etwa zugrundeliegende Rechtsgeschäfte keinerlei Hinweis aus dem Grundbuch zu entnehmen ist. Sachsen hat hierauf durch Änderung von § 2 Abs. 1 seiner VO über das maschinelle Grundbuch[4] reagiert und die Aufnahme weiterer Angaben, insb. über den Grund des Rechtserwerbs in Form von Zusätzen zum Neufassungsvermerk (unten Rdn. 5) angeordnet.

---

[1] Einzelheiten im Überblick bei Meikel/*Göttlinger* Rdn. 1 ff.
[2] *Göttlinger* 381.
[3] *Göttlinger* a. a. O.; in dem von Göttlinger zitierten Pilotprojekt der Bundesnotarkammer sollte der elektronische Rechtsverkehr zwischen Notar und Grundbuchamt umfassend erprobt werden. Eine Übergabe kodierter und strukturierter Grundbuchdaten gelang jedoch auf der Basis des damaligen Standes von SOLUM-STAR nicht. In Vorbereitung befindet sich die automatisierte Vollzugsmitteilung, für die §§ 55 GBO, 42 GBV eine ausreichende Rechtsgrundlage enthält, und die bei der Weiterentwicklung des Grundbuchprogramms integriert werden soll. Vgl. für Bayern hierzu auch *Bredl* 76.
[4] VO v. 30. 1. 1997, GVBl. 108.

XIII. Vorschriften über das maschinell geführte Grundbuch (Erber-Faller) **§ 70 V**

3. Durchführung der Neufassung

Über die **grundsätzliche Geltung der Vorschriften für die Umschreibung** hinaus sind **4** bei der Neufassung einige **besondere** — vorwiegend erleichterte — **Anforderungen** zu berücksichtigen:
- Das neugefaßte Grundbuchblatt erhält keine neue Nummer, Abs. 1 S. 1.
- Es wird nur der aktuelle Stand übernommen, Abs. 2 S. 2; zur Problematik vgl. oben Rdn. 3.
- Die Trennung von Belastungen in Abteilung II und III ist v. a. für die neuen Bundesländer von Bedeutung,[5] § 69 Abs. 2 S. 3.
- Mitteilungspflichten gibt es nicht, denn Abs. 2 S. 3 erklärt § 39 Abs. 3 für unanwendbar.
- Abs. 3 läßt die Anlegung nur einzelner Abteilungen des maschinellen Grundbuchs durch Neufassung zu, dann müssen jedoch die anderen Abteilungen des Grundbuchblattes nach § 68 oder § 70 angelegt werden. Eine gemischte Führung desselben Blattes auf maschinelle und papierene Weise ist ausgeschlossen (§ 68 Rdn. 7).
- Abs. 4 nimmt für die Einzelheiten Bezug auf die Anlagen 10 und 10 a, die beispielhafte Eintragungen wiedergeben.

4. Vermerke

Die in Abs. 3 vorgesehenen **Neufassungsvermerke** richten sich nach dem Umfang der **5** Neufassung, die nicht das gesamte Grundbuchblatt betreffen muß (oben Rdn. 4). Zusätze sind zur Erhöhung der Aussagekraft des Grundbuchs zulässig (Rdn. 3). Die Vorschrift ist gegenüber §§ 30 Abs. 1 h), 33 Abs. 2 d vorrangig i. S. v. § 69 Abs. 1 S. 2. Durch den ausdrücklichen Ausschluß von § 30 Abs. 1 h) entfällt das Unterschriftserfordernis, das § 68 beibehält, vgl. dort aber Rdn. 9.[6]
Der **Freigabevermerk** richtet sich nach § 71; vgl. i. ü. § 67 Rdn. 10 und § 68 Rdn. 10. **6**
Zum **Abschreibevermerk** vgl. § 71 und § 68 Rdn. 11. **7**

[Anlegung des maschinell geführten Grundbuchs durch Umstellung]
§ 70
(1) Die Anlegung eines maschinell geführten Grundbuchs kann auch durch Umstellung erfolgen. Dazu ist der Inhalt des bisherigen Blattes elektronisch in den für das maschinell geführte Grundbuch bestimmten Datenspeicher aufzunehmen. Die Umstellung kann auch dadurch erfolgen, daß ein Datenspeicher mit dem Grundbuchinhalt zum Datenspeicher des maschinell geführten Grundbuchs bestimmt wird (§ 62). Die Speicherung des Schriftzugs von Unterschriften ist dabei nicht notwendig.
(2) § 101 Abs. 2 Satz 1, Abs. 4, Abs. 5 Satz 1, Abs. 7 und § 36 Buchstabe b gelten entsprechend. Das geschlossene Grundbuch muß deutlich sichtbar als geschlossen kenntlich gemacht werden.

---

[5] Meikel/*Göttlinger* Rdn. 13.
[6] Die Ungleichbehandlung ist weder logisch noch sachlich geboten. Angesichts der Verfügbarkeit der elektronischen Unterschrift, die bei Eintragungen ausdrücklich und bei § 68 in ergänzender Auslegung zur Anwendung gelangt, sollte der Anwendungsbereich auch auf die Anlegung durch Neufassung erstreckt werden.

§ 70 V

Sämtliche Grundbuchblätter eines Grundbuchbandes oder eines Grundbuchamtes können durch einen gemeinsamen Schließungsvermerk geschlossen werden, wenn die Blätter eines jeden Bandes in mißbrauchssicherer Weise verbunden werden. Der Schließungsvermerk oder eine Abschrift des Schließungsvermerks ist in diesem Fall auf der vorderen Außenseite eines jeden Bandes oder an vergleichbarer Stelle anzubringen. Die Schließung muß nicht in unmittelbarem zeitlichen Zusammenhang mit der Freigabe erfolgen; das Grundbuchamt stellt in diesem Fall sicher, daß in das bisherige Grundbuchblatt keine Eintragungen vorgenommen werden und bei der Gewährung von Einsicht und der Erteilung von Abschriften aus dem bisherigen Grundbuchblatt in geeigneter Weise auf die Schließung hingewiesen wird.

1. Begriff

1 Die Anlegung (§ 67 Rdn. 1 f., 6 f.) des maschinellen Grundbuchs durch Umstellung hat ihr Vorbild in § 101, der den Übergang von der Grundbuchführung in festen Bänden auf das Loseblattgrundbuch regelt. Die Umstellung erfolgt beim papierenen Loseblattgrundbuch durch Fertigung von Ablichtungen. Im Gegensatz zu Umschreibung (§ 68 Rdn. 1) und Neufassung (§ 69 Rdn. 1, 4) führt dieses Vorgehen zum **vollständigen Erfassen** sämtlicher, **auch der gelöschten Eintragungen** des alten Grundbuchblattes.

2. Umstellung beim maschinellen Grundbuch

2 § 70 Abs. 1 bietet in S. 2 und 3 zwei veschiedene Vorgehensweisen an, die wie beim Papiergrundbuch das vollständige Erfassen des bisherigen Grundbuchblattes gewährleisten:

3 Mit der **elektronischen Aufnahme des Inhalts des bisherigen Blattes** ist dessen optische Erfassung durch Scannen gemeint, bei der quasi eine elektronische Fotokopie aufgenommen wird, die im NCI-Format (§ 126 GBO Rdn. 10) abgespeichert und bei Grundbucheinsicht oder -abruf wieder als Bild dargestellt wird.

4 Dem Vorteil der wesentlich schnelleren Erfaßbarkeit von Inhalten als bei der Neueingabe durch Umschreibung oder Neufassung stehen jedoch verschiedene Nachteile gegenüber. So bleibt das äußere Erscheinungsbild der Eintragungen unverändert, die Übersichtlichkeit und Lesbarkeit des Grundbuchs wird nicht verbessert. Die Übergabe kodierter oder sogar strukturierter Daten zur unmittelbaren Weiterverarbeitung in den EDV-Anlagen von Abrufern scheidet aus, soweit nicht eine OCR-Nachbearbeitung (§ 126 Rdn. 11) erfolgt. Angesichts der oft schlechten Qualität der Vorlagen ist bei einer solchen Nachbearbeitung allerdings mit Aufwand in einem Umfang zu rechnen, der den wirtschaftlichen Vorteil des Scannens wieder zunichte machen würde. Schließlich kommt der Nachteil hohen Speicherbedarfs für Bilddaten hinzu. Je nach Struktur des vorliegenden Bestandes bleibt jedoch aus wirtschaftlichen Gründen oft keine andere Möglichkeit, als diese Form der Umstellung zu wählen.

5 Die genannten Nachteile vermeidet die Umstellung durch **Bestimmung eines Datenspeichers mit dem Grundbuchinhalt zum Datenspeicher des maschinell geführten Grundbuchs**. Hierbei handelt es sich um die, meist im Rahmen der automationsunterstützten Führung des Grundbuchs ohnehin entstehende „Urversion" des Eintragungstextes, die vorratsweise gespeichert bleibt, um sie bei der Anlegung des maschinellen Grundbuchs zu verwenden. Die Umstellung erfolgt, indem gem. § 62 der sie beinhaltende Datenspeicher zum elektronischen Grundbuch bestimmt wird.

6 Diese Umstellungsform wird gleichwohl nur dort in Betracht kommen, wo entsprechende automationsunterstützte Verfahren flächendeckend in Betrieb sind, die über die technische Möglichkeit zur Vorratsspeicherung verfügen (§ 64 Abs. 2 a. E.; Rdn. 21), und nicht zu große Altdatenbestände in zu kurzer Zeit erfaßt werden müssen.

XIII. Vorschriften über das maschinell geführte Grundbuch (Erber-Faller) **§ 71 V**

3. Durchführung der Umstellung

Für die Vorgehensweise bei Umstellung **verweist** § 70 Abs. 2 auf verschiedene Regelungen von § 101: **7**
- Das maschinelle Grundbuchblatt behält (wie bei der Neufassung nach § 69 Abs. 2 S. 1) die alte Nummer, § 101 Abs. 2 S. 1.
- Von der Übernahme von Abt. II oder III kann abgesehen werden, wenn keine aktuellen Eintragungen vorhanden sind und die gelöschten Eintragungen zum Verständnis nicht benötigt werden.
- Das alte Grundbuchblatt ist zu schließen und dabei deutlich als solches zu kennzeichnen, §§ 101 Abs. 5 S. 1, 70 Abs. 2 S. 2.
- Mit der durch die 2. EDVGB-ÄndVO[1] eingeführten Erleichterung in Form von Sammelschließungsvermerken für ganze Bände oder sogar die Bestände ganzer Grundbuchämter, Abs. 2 S. 3, wurden erhebliche Rationalisierungsressourcen eröffnet.[2] In Abs. 2 S. 5 wurde das Auseinanderfallen der Schließung des alten und der Freigabe des maschinellen Grundbuchs zugelassen, wobei die Schließung der Freigabe zeitlich erheblich nachfolgen kann. Dadurch entsteht erstmals eine Situation, in der die Ungültigkeit des alten Grundbuchs über längere Zeit hinweg nicht aus diesem selbst entnommen werden kann. Den daraus resultierenden Verwechslungsgefahren im Eintragungs- wie im Einsichtsbetrieb kann nur durch erhöhte Sorgfalt im Umgang mit den zu schließenden Grundbüchern begegnet werden.
- Benachrichtigungen sind nicht erforderlich, § 101 Abs. 7.
- Ein Handblatt wird nach § 73, der nicht auf § 23 Abs. 4 verweist, nicht angelegt, vgl. a. § 68 Rdn. 6 und § 73 Rdn. 6 ff.

4. Vermerke

Abs. 2 S. 1 verweist nicht auf § 101 Abs. 3. Daraus folgt, daß **keine Umstellungsvermerke** erforderlich sind. **8**

Der **Freigabevermerk** richtet sich nach § 71; vgl. i. ü. § 67 Rdn. 10 und 68 Rdn. 10. **9**

Zum **Abschreibevermerk** vgl. § 71 und § 68 Rdn. 11. **10**

[Freigabe des maschinell geführten Grundbuchs]

§ 71

Das nach den §§ 68 bis 70 angelegte maschinell geführte Grundbuch tritt mit seiner Freigabe an die Stelle des bisherigen Grundbuchblatts. Die Freigabe erfolgt, wenn die Vollständigkeit und Richtigkeit des angelegten maschinell geführten Grundbuchs und seine Abrufbarkeit aus dem Datenspeicher gesichert sind. In der Wiedergabe des Grundbuchs auf dem Bildschirm oder bei Ausdrucken soll in der Aufschrift anstelle des in Anlage 2 b vorgesehenen Vermerks der Freigabevermerk erscheinen. Der Freigabevermerk lautet:
1. in den Fällen der §§ 69 und 70:
„Dieses Blatt ist zur Fortführung auf EDV umgestellt/neu gefaßt worden und dabei an die Stelle des bisherigen Blattes getreten. In dem Blatt enthaltene Rötungen sind schwarz sichtbar. Freigegeben am/zum ... Name(n)."

---

[1] 2. EDVGB-ÄndV v. 11. 7. 1997, BGBl. I 1808.
[2] Zu den Vorteilen im Arbeitsablauf im einzelnen, aber auch zu den Bedenken ausführlich Meikel/*Göttlinger* Rdn. 19.

2. in den Fällen des § 68:
„Dieses Blatt ist zur Fortführung auf EDV umgeschrieben worden und an die Stelle des Blattes (nähere Bezeichnung) getreten. In dem Blatt enthaltene Rötungen sind schwarz sichtbar. Freigegeben am/zum ... Name(n)."
In der Aufschrift des bisherigen Blattes ist anstelle des in Anlage 2 a zu dieser Verordnung vorgesehenen Vermerks folgender Abschreibevermerk einzutragen:
1. in den Fällen der §§ 69 und 70:
„Zur Fortführung auf EDV umgestellt/neu gefaßt und geschlossen am/zum ... Unterschrift(en)."
2. in den Fällen des § 68:
„Zur Fortführung auf EDV auf das Blatt ... umgeschrieben und geschlossen am/zum ... Unterschrift(en)."

1. Allgemeine Voraussetzungen der Freigabe

1 Nach § 128 GBO kann das maschinelle Grundbuch erst nach der Freigabe an die Stelle des bisherigen Grundbuchs treten. Die Freigabe erfordert wiederum eine **Aufnahme der Grundbucheintragungen in den dafür bestimmten Datenspeicher**.

2 Zuständig ist nach § 3 Nr. 1 Buchst. h RPflG für den gesamten Anlegungsvorgang einschließlich der Freigabe grundsätzlich der Rechtspfleger, soweit nicht nach § 93 eine Übertragung auf den Urkundsbeamten der Geschäftsstelle stattgefunden hat, vgl. § 128 GBO Rdn. 7 mwN.

3 § 71 wiederholt und ergänzt sowohl die **technischen Anforderungen** (unten Rdn. 4 f.), die der Freigabe vorangehen müssen, als auch die Regelungen zu ihrer **Verlautbarung** (unten Rdn. 6 ff.) auf dem alten wie dem neuen Grundbuchblatt.

2. Technische Anforderungen

4 Sicherzustellen sind nach S. 2 die **Vollständigkeit und Richtigkeit** des angelegten maschinellen Grundbuchs. Die Einzelheiten richten sich gem. S. 1 zwingend nach der jeweiligen Anlegungsform (§ 67 Rdn. 1 ff.) und erfassen im Fall der Umschreibung oder Neufassung etwa die Frage, ob alle nach §§ 68, 69, 30 notwendigen Eintragungen erfaßt wurden oder im Fall der Umstellung, ob alle Seiten vollständig und richtig gescannt wurden bzw. der herangezogene Vorratsdatenspeicher vollständig, richtig und funktionstüchtig ist. Verantwortlich ist die für die Anlegung zuständige Person, s. § 128 GBO Rdn. 7. Bei fehlerhafter Erfassung oder bei Mißachtung von Formvorschriften der §§ 71 ff. liegt jedoch **kein Wirksamkeitshindernis** vor.[1] Etwa erforderliche Fehlerkorrekturen richten sich vielmehr nach den allgemeinen Vorschriften.

5 Sicherzustellen ist nach S. 2 ferner die **Abrufbarkeit des maschinell geführten Grundbuchs aus dem Datenspeicher**. Bereits aus § 126 Abs. 1 S. 2 Nr. 2 folgt die Grundanforderung der inhaltlich unveränderten, dauerhaften Wiedergabemöglichkeit (§ 126 GBO Rdn. 20). § 71 greift diese zentrale Anforderung auf und stellt klar, daß die in § 128 GBO vorgesehene Aufnahme in den Datenspeicher allein nicht genügt. Es handelt sich um ein **Wirksamkeitserfordernis**.[2] Analog §§ 129 Abs. 1 S. 2 GBO (dort Rdn. 8), 74 Abs. 2 wird daher zu fordern sein, daß die Abrufbarkeit durch geeignete Maßnahmen wie nochmaligen Aufruf, programmgesteuerte Bestätigungsanzeigen oder Ausdruck überprüft werden muß.[3]

---

[1] Meikel/*Göttlinger* Rdn. 5, 10.
[2] Meikel/*Göttlinger* Rdn. 3.
[3] So zu Recht Meikel/*Göttlinger* Rdn. 7 f.

3. Vermerke

S. 3 bestimmt, daß **auf dem maschinell geführten Grundbuchblatt ein Freigabever-** **6**
merk erscheint, der die Funktion des Umschreibungsvermerks nach Anlage 2 b übernimmt. Die Art seiner Erzeugung und seine Formulierung richten sich im übrigen nach der gewählten Anlegungsform. Er enhält entsprechend § 91 S. 2 den Hinweis, daß Rötungen schwarz erscheinen.

Für ihn gelten die allgemeinen Regelungen über Grundbucheintragungen, er muß **7**
daher bei jeder Wiedergabe des maschinellen Grundbuchs erscheinen.

Zum Nachweis der Verantwortlichkeit für die Freigabe ist der Freigabevermerk mit **8**
dem Namen − im Unterschied zum Abschreibevermerk, s. u. Rdn. 9 nicht mit der Unterschrift − des Veranlassers zu kennzeichnen. § 75 (elektronische Unterschrift) gilt systematisch zwar nur für Eintragungen in ein bestehendes, d. h. vollständig angelegtes und freigegebenes maschinelles Grundbuch und nicht für Vorgänge während der Anlegung.[4] Es kann sich jedoch empfehlen, zur Sicherung der Authentizität der angelegten maschinellen Grundbuchblätter diese unabhängig von der Anlegungsform einschließlich des Freigabevermerks mit der elektronischen Unterschrift zu „versiegeln".[5]

Auf dem nach §§ 68 Abs. 2 und 69 Abs. 1 S. 2 je i. V. m. § 30 Abs. 2 S. 1 bzw. nach **9**
§ 70 Abs. 2 i. V. m. § 101 Abs. 5 S. 1 **zu schließenden Grundbuchblatt** ist der nach § 71 S. 5 entsprechend der gewählten Anlegungsform (§ 67 Rdn. 1 ff.) zutreffende **Abschreibevermerk** anzubringen. Seine Formulierung trägt dem Umstand Rechnung, daß beim maschinellen Grundbuch die Wirksamkeit erst zu einem späteren Datum eintreten kann (vgl. § 129 GBO Rdn. 5). Da es sich um eine Eintragung in das Papiergrundbuch handelt, gelten die allgemeinen Bestimmungen hierfür. Der Vermerk ist daher handschriftlich zu unterzeichnen, § 44 Abs. 1 GBO.

[Umschreibung, Neufassung und Schließung des maschinell geführten Grundbuchs]

§ 72

(1) Für die Umschreibung, Neufassung und Schließung des maschinell geführten Grundbuchs gelten die Vorschriften der Abschnitte VI und VII sowie, außer im Fall der Neufassung, § 39 Abs. 3 sinngemäß, soweit in diesem Abschnitt nichts Abweichendes bestimmt ist.

(2) Der Inhalt der geschlossenen maschinell geführten Grundbuchblätter soll weiterhin wiedergabefähig oder lesbar bleiben.

1. Allgemeines

Die Vorschrift behandelt einmal angelegte, maschinell geführte Grundbuchblätter im **1**
Grundsatz wie Papiergrundbuchblätter nach den Abschnitten VI und VII, wobei jedoch einige Besonderheiten des XIII. Abschnitts gelten.

Vorgesehen sind nur **Umschreibung** und **Neufassung**. Das bereits maschinell geführte **2**
Grundbuch kann hingegen **nicht umgestellt** werden, da § 70 bewußt nicht zu den in § 72 ausdrücklich aufgeführten Vorschriften gehört: Die Umstellung nach §§ 70, 101

---

[4] Im Ergebnis ebenso Meikel/*Göttlinger* Rdn. 23; vgl. a. § 68 Fn. 2.
[5] Vgl. a. *Bredl* 75, der von der Versiegelung jedoch ebenfalls erst für Eintragungen, allerdings bezogen auf das gesamte Grundbuchblatt berichtet.

beruht auf der Vorstellung, daß ohne Inhaltsänderung ein Abbild eines Papiergrundbuchs erzeugt und anschließend zum maschinellen Grundbuch erklärt wird. Existiert jedoch bereits eine maschinelles Grundbuch, richtet sich eine bloße Änderung des Grundbuchdatenspeichers nach § 62 S. 2 (dort Rdn. 7 ff.).

2. Umschreibung

3 Als Umschreibungsgrund kommen die **Unübersichtlichkeit** des Grundbuchblattes und eine **wesentliche Vereinfachung** in Betracht, § 28 Abs. 1 und Abs. 2 a). In der Praxis ohne Bedeutung wird § 28 Abs. 2 b) sein, der von dem festen Verbund von in Bänden geführten Grundbuchblättern ausgeht, und damit nicht auf die Andersartigkeit der maschinellen Grundbuchführung übertragbar ist.

4 § 72 verweist nicht auf § 23, der die räumliche Begrenztheit fester Grundbuchbände voraussetzt und aus diesem Grund ebenfalls nicht auf die maschinelle Grundbuchführung übertragbar ist.

5 Die Durchführung der Umschreibung richtet sich nach § 68 Abs. 2 (Rdn. 5 ff.) und erfolgt durch **Aufnahme elektronischer Zeichen in den Grundbuchdatenspeicher**. Dabei kann selbstverständlich zur Vermeidung einer vollständigen Neueingabe über die Tastatur auf den vorhandenen Datensatz zurückgegriffen sowie dessen Inhalt mit den Möglichkeiten der maschinellen Textverarbeitung im zweckmäßigen Umfang übernommen und – z. B. auch mit Textbausteinsystemen – ergänzt werden.

6 Das alte Blatt ist nach § 30 Abs 2, 36 zu schließen. Es erhält den **Schließungsvermerk**, der die neue Grundbuchstelle sowie den Grund der Schließung angeben muß. Für die nach § 36 a) erforderliche Durchkreuzung ist § 91 S. 2 insoweit vorrangig, als die rote Kennzeichnung auch schwarz dargestellt werden darf.

7 Die in § 71 vorgesehenen Vermerke sind nicht erforderlich, da sie auf die (erstmalige) Anlegung eines maschinellen Grundbuchblattes abgestimmt sind.

8 Die Umschreibung löst die von § 39 Abs. 3 vorgesehenen **Mitteilungspflichten** aus.

3. Neufassung

9 Nach § 69 kann die Neufassung bei Anlegung abweichend von § 33 das gesamte Blatt umfassen (§ 69 Rdn. 1). Entsprechend kann auch ein bereits existierendes maschinelles Grundbuchblatt **ganz oder auch teilweise neugefaßt** werden.

10 Grundsätzlich richtet sich die Neufassung als Unterfall der Umschreibung nach § 69 i. V. m. § 68. **Besonderheiten** der Neufassung sind:
- Das neugefaßte Grundbuchblatt erhält keine neue Nummer, § 69 Abs. 2 S. 1.
- Mitteilungen nach § 39 Abs. 3 sind nicht vorgesehen, § 69 Abs. 2 S. 4.
- Erforderliche Neufassungsvermerke richten sich nach § 69 Abs. 3.
- Bei teilweiser Neufassung müssen die neugefaßten Abteilungen nach § 69 Abs. 3 S. 4 deutlich sichtbar als geschlossen kenntlich gemacht werden. Die Vorschrift ist gegenüber § 33 Abs. 2 b speziell, so daß die dort vorgeschriebene Form der Durchkreuzung i. V. m. § 91 S. 2 gewählt werden kann, aber nicht muß.

4. Wiedergabefähigkeit geschlossener Grundbuchblätter

11 Abs. 2 korrespondiert mit § 10 a GBO (vgl. dort Rdn. 5), der für papierene wie maschinelle Grundbuchblätter gilt. Danach kommen verschiedene Archivierungsformen für geschlossene maschinelle Grundbuchblätter in Betracht:

XIII. Vorschriften über das maschinell geführte Grundbuch (Erber-Faller) § 73 V

- nach § 10 a Wiedergabe auf einem Bildträger oder einem Datenträger, der zu Archivierungszwecken gefertigt wird;
- Weiterführung als geschlossenes Grundbuchblatt im Grundbuchdatenspeicher nach § 62;[1]
- Ausdruck und Archivierung der papierenen Verkörperung.[2]

[Grundakten]

§ 73

Auch nach Anlegung des maschinell geführten Grundbuchs sind die Grundakten gemäß § 24 Abs. 1 bis 3 zu führen. Das bisher geführte Handblatt kann ausgesondert und auch vernichtet werden; dies ist in den Grundakten zu vermerken. Wird das bisher geführte Handblatt in den Grundakten verwahrt, gilt § 32 Abs. 1 Satz 3 Halbsatz 2 entsprechend.

1. Allgemeines

§ 73 S. 1 stellt ausdrücklich fest, daß sich die maschinelle Grundbuchführung nur auf das Grundbuch selbst, nicht jedoch auf die Grundakten erstreckt, die weiterhin nach § 24 Abs. 1 bis 3 zu führen sind. Moderne Archivierungstechnologien werden für die inhaltlich unveränderten Grundakten durch § 10 a GBO zugelassen. **1**

§ 73 S. 2, macht von diesen Grundsätzen eine Ausnahme und erlaubt, das nach § 24 Abs. 4 vorgeschriebene Handblatt gänzlich auszusortieren und zu vernichten, Rdn. 6 ff. **2**

2. Auf die Grundaktenführung anwendbare Vorschriften

§ 24 verweist auf § 10 GBO, der im einzelnen festlegt, welche Urkunden vom Grundbuchamt aufzubewahren sind. Nach § 10 Abs. 3 müssen die Schriftstücke im Original, bei notariellen Urkunden in Ausfertigung (die die Urschrift im Rechtsverkehr vertritt, § 47 BeurkG), oder in beglaubigter Abschrift zu den Grundakten genommen werden, die damit weiterhin grundsätzlich als papierene Akten zu führen sind. **3**

§ 10 a, der aufgrund des RegVBG v. 20. 12. 93[1] in die Grundbuchordnung eingefügt wurde, läßt zwar nicht die maschinelle Führung der Grundakten zu, ergänzt jedoch die Vorschriften über die maschinelle Grundbuchführung, indem für die Aufbewahrung der Grundakten sowie geschlossener Grundbuchblätter (§ 72 Rdn. 11) neben der papierenen Aktenführung der Einsatz von Bild- oder Datenträgern zugelassen wird. Zu den gängigen Technologien vgl. § 10 a Rdn. 6 ff. **4**

§ 10 a läßt jedoch nicht die Einreichung von Bild- oder Datenträgern oder gar die elektronische Einreichung durch Datenfernkommunikation zu. Vorzulegen ist vielmehr das papierene Original, von dem das Grundbuchamt selbst das entsprechende Archivierungsstück fertigt, § 10 a Rdn. 4. **5**

---

[1] Meikel/*Göttlinger* Rdn. 24.
[2] Der Ausdruck ist allerdings nicht mit dem maschinellen Grundbuch identisch, denn dieses ist ausschließlich der dazu bestimmte Datenspeicher, § 62. § 72 nimmt darauf Rücksicht, indem lediglich die Formulierung „Der Inhalt ..." gewählt wurde. Die mit dem maschinellen Grundbuch verbundenen Vorteile der Raum- und Papierersparnis dürften diese Archivierungsform nur in Ausnahmefällen attraktiv erscheinen lassen. Meikel/*Göttlinger* Rdn. 25 weist daher zu Recht darauf hin, daß die Zweckmäßigkeit im Einzelfall zu prüfen sein wird.

[1] Registerverfahrensbeschleunigungsgesetz v. 20. 12. 1993, BGBl. I 2182.

3. Handblatt

6 § 73 S. 1 enthält keine Verweisung auf § 24 Abs. 4, der die Führung eines Handblattes bei der Führung von Grundakten zum Papiergrundbuch vorsieht. Die **Anlegung eines Handblattes** ist bei Anlegung des maschinellen Grundbuchs damit nicht erforderlich, vgl. a. § 68 Rdn. 6.

7 S. 2 regelt darüber hinaus ausdrücklich die **Aussonderung und Vernichtung** des alten Handblattes, die dem Grundbuchamt freigestellt wird.[2] Wird das Handblatt ausgesondert oder vernichtet, muß ein entsprechender Nachweis hierüber zu den Grundakten gebracht werden.

8 Verbleibt das Handblatt bei den Grundakten, ist es nach § 32 Abs. 1 S. 3 HS 2 deutlich als Handblatt des geschlossenen Blattes zu kennzeichnen.

9 Gerechtfertigt wird die Möglichkeit der Aussonderung und Vernichtung durch die beim elektronischen Grundbuch verbesserten Möglichkeiten, auf den Grundbuchinhalt jederzeit und auch auf Distanz (§§ 132, 133 GBO) sowie unabhängig von örtlichen Einschränkungen zuzugreifen,[3] die beim Papiergrundbuch etwa auftreten, wenn das Grundbuch im Geschäftsgang benötigt und deshalb von seinem Platz vorübergehend entfernt wird. Das Handblatt verliert damit seinen Zweck als Informationsträger, der die Verfügbarkeit des Grundbuchinhalts erhöht.

10 Auch dem Anliegen der Sicherheit und Rekonstruierbarkeit der Grundbucheintragungen wird beim maschinellen Grundbuch bereits durch technische Sicherheitsvorkehrungen[4] wie die Anforderungen an die Grundbuchprogramme, die Fertigung von Sicherungskopien und Protokollierungsvorgänge Rechnung getragen.

3. Eintragungen in das maschinell geführte Grundbuch

[Veranlassung der Eintragung]

§ 74

(1) Die Eintragung in das maschinell geführte Grundbuch wird, vorbehaltlich der Fälle des § 127 der Grundbuchordnung, von der für die Führung des maschinell geführten Grundbuchs zuständigen Person veranlaßt. Einer besonderen Verfügung hierzu bedarf es in diesem Fall nicht. Die Landesregierung oder die von ihr ermächtigte Landesjustizverwaltung kann in der Rechtsverordnung nach § 126 der Grundbuchordnung oder durch gesonderte Rechtsverordnung bestimmen, daß auch bei dem maschinell geführten Grundbuch die Eintragung von einem Urkundsbeamten der Geschäftsstelle auf Verfügung der für die Führung des Grundbuchs zuständigen Person veranlaßt wird.

(2) Die veranlassende Person soll die Eintragung auf ihre Richtigkeit und Vollständigkeit prüfen; die Aufnahme in den Datenspeicher (§ 62) ist zu verifizieren.

1. Allgemeines

1 § 74 enthält Ausführungsvorschriften zu §§ 129, 130 GBO, die von den Regelungen über die Vornahme von **Eintragungen** im Papiergrundbuch nach § 44 GBO Ausnahmen bzw. Sonderregelungen für die maschinelle Grundbuchführung vorsehen.

---

[2] Soweit nicht Bestimmungen hierüber in der Rechtsverordnung nach § 93 von der Landesregierung oder Landesjustizverwaltung erlassen werden; Meikel/*Göttlinger* Rdn. 16.

[3] Meikel/*Göttlinger* Rdn. 14.
[4] Meikel/*Göttlinger* Rdn. 13.

XIII. Vorschriften über das maschinell geführte Grundbuch (Erber-Faller) **§ 74 V**

Die Änderungen betreffen zunächst den mit der **Erzeugung von Eintragungstexten** am Bildschirm durch eine einzige Person verbundenen Rationalisierungsvorteil, der auch die Einsparung von Arbeitschritten ermöglicht (Rdn. 4). Dieser Vorteil soll konsequent genutzt und nur in besonderen Fällen außer Kraft gesetzt werden (Rdn. 7). Die Richtigkeit und Vollständigkeit der Eintragungen beim maschinellen Grundbuch muß eigens geprüft und nachgewiesen werden (Rdn. 8 ff.). 2

Schließlich gibt es beim maschinellen Grundbuch **Eintragungsvorgänge ohne Veranlassung durch eine Person**, nämlich bei automatisierter Datenübernahme aus dem Liegenschaftskataster, s. hierzu aber § 127 GBO Rdn. 8 ff. § 74 nimmt diese Vorgänge deshalb ausdrücklich aus. 3

2. Wegfall der gesonderten Verfügung

§ 130 S. 1 2. HS GBO nimmt auf § 44 Abs. 1 GBO Bezug, gibt aber die dort vorgesehene Verteilung der **Eintragungsverfügung** und des **Eintragungsvollzugs** auf verschiedene Personen auf. Beim maschinellen Grundbuch kann der gesamte Eintragungsvorgang ohne Medienbrüche von einem einzigen Arbeitsplatz aus rationell erledigt werden, s. a. § 130 Rdn. 3. 4

Zuständig ist nach § 3 Nr. 1 Buchst. h RPflG in der Regel der Rechtspfleger, nach §§ 44 Abs. 1 S. 2 1. HS, 12 c Abs. 2 Nr. 2 bis 4 der Urkundsbeamte der Geschäftsstelle. 5

§ 130 sieht mit Rücksicht auf die verminderte Kontrolle durch nur noch eine Person vor, daß der **Veranlasser** in geeigneter Weise **aktenkundig oder sonst feststellbar zu machen** ist. Diese Wirkung kann etwa der elektronisch unterschriebene Eintragungstext entfalten, der den Nachnamen der veranlassenden Person enthält, oder – bei entsprechender organisatorischer Einbindung – die elektronische Unterschrift selbst, § 130 Rdn. 6 f., § 75 Rdn. 23 f. Daneben kann es sich anbieten, einen schriftlichen Vermerk über die Veranlassung zu den Grundakten zu bringen.[1] 6

3. Anordnung der Beibehaltung

Abs. 1 S. 3 ermöglicht die Beibehaltung der herkömmlichen Aufgabentrennung. Mit Rücksicht auf die dadurch ungenutzten Rationalisierungspotentiale der maschinellen Grundbuchführung soll hiervon aber nur **ausnahmsweise** Gebrauch gemacht werden. Die Vorschrift führt deshalb als Hürde das Erfordernis einer entsprechenden Bestimmung durch **Rechtsverordnung** auf Landesebene ein. 7

4. Überprüfung von Eintragungen

Abs. 2 knüpft an § 129 Abs. 1 S. 2 GBO an, der die **Überprüfung des Wirksamwerdens** von Eintragungen ausdrücklich anordnet. Die Überprüfung hat zwei Zielrichtungen: eine inhaltliche und eine technische, die nach Abs. 2 beide von der veranlassenden Person selbst zu leisten sind. 8

Die **inhaltliche Überprüfung** bezieht sich auf die Richtigkeit und Vollständigkeit der Eintragungstexte, § 74 Abs. 2 1. HS. 9

Dazu kommt die Kontrolle, ob die Aufnahme in den für die Grundbucheintragungen bestimmten Datenspeicher (§ 62 Rdn. 4) **technisch korrekt vollzogen** wurde, damit die Eintragung i. S. v. § 129 Abs. 1 S. 1 GBO auf Dauer inhaltlich unverändert wiedergegeben werden kann. Sie kann durch nochmaligen Aufruf des betreffenden Grundbuchblattes und die Überprüfung der Richtigkeit und Vollständigkeit am Bildschirm erfol- 10

---
[1] Meikel/*Göttlinger* Rdn. 3.

gen. Es gibt aber auch technische Gestaltungen der Grundbuchprogramme, aufgrund deren eine Bestätigungsanzeige erzeugt wird, wie in § 129 Abs. 1 S. 2 ausdrücklich angesprochen.[2] Diese Anzeige kann auf dem Bildschirm oder in Form eines Ausdrucks ausgegeben werden.

11   Eine Unterlassung der Überprüfung bleibt ohne Auswirkungen auf die Wirksamkeit der Eintragung.[3]

[Elektronische Unterschrift]

§ 75

Bei dem maschinell geführten Grundbuch soll eine Eintragung nur möglich sein, wenn die für die Führung des Grundbuchs zuständige Person oder, in den Fällen des § 74 Abs. 3, der Urkundsbeamte der Geschäftsstelle der Eintragung ihren oder seinen Nachnamen hinzusetzt und beides elektronisch unterschreibt. Die elektronische Unterschrift soll in einem allgemein als sicher anerkannten automatisierten kryptographischen Verfahren textabhängig und unterzeichnerabhängig hergestellt werden. Die unterschriebene Eintragung und elektronische Unterschrift werden Bestandteil des maschinell geführten Grundbuchs. Die elektronische Unterschrift soll durch die zuständige Stelle überprüft werden können.

Übersicht

	Rdn.		Rdn.
I. Wesen und Funktionen der eigenhändigen Unterschrift	1	3. Funktionsweise	8
II. Elektronische Unterschrift/digitale Signatur in der Theorie		III. Die digitale Signatur in der Praxis	
1. Ausgangssituation	5	1. Rechtslage nach dem Signaturgesetz	12
2. Begriffsbestimmung	7	2. Die digital signierte Erklärung im Rechtssystem	16
		3. Anwendung im Grundbuchbereich	21

Literatur:

Meikel/Göttlinger zu § 75; *Bettendorf* XX. Internationaler Kongreß des Lateinischen Notariats — Berichte der deutschen Delegation, EDV-Dokumente und Rechtssicherheit, Bundesnotarkammer (Hrsg.) 1992; *Bieser/Kersten* Chipkarte statt Füllfederhalter, 1998; *Erber-Faller* Perspektiven des elektronischen Rechtsverkehrs, MittBayNot 95, 182; *dies.* Gesetzgebungsvorschläge der Bundesnotarkammer zur Einführung elektronischer Unterschriften, CR 96, 375; *Fritzsche/Malzer* Ausgewählte zivilrechtliche Probleme elektronisch signierter Willenserklärungen, DNotZ 95, 3; *Malzer* Zivilrechtliche Form und prozessuale Qualität der digitalen Signatur nach dem Signaturgesetz, DNotZ 98, 96; *Mellulis* Zum Regelungsbedarf bei der elektronischen Willenserklärung, MDR 94, 109; *Schippel* Die elektronische Form — Neue Formvorschriften für den elektronischen Rechtsverkehr, in: FS Odersky 1996, 657.

I. Wesen und Funktionen der eigenhändigen Unterschrift

1   In der herkömmlichen, vom Papier geprägten Rechtswelt spielt die eigenhändige Unterschrift eine überragende Rolle. Das Gesetz definiert sie nicht, sondern setzt sie in § 126 BGB als einen in seinen rechtlichen und sozio-kulturellen Wirkungen im Bewußt-

---

[2] *Meikel/Göttlinger* Rdn. 8.   [3] *Meikel/Göttlinger* Rdn. 10.

sein der Bevölkerung verwurzelten Begriff voraus. Die Bedeutung der im allgemeinen Teil des BGB geregelten Schriftform geht über den Bereich der Rechtsgeschäftslehre weit hinaus, da auch andere Rechtsgebiete auf dieses einfache Modell – teils mit Modifikationen und mit unterschiedlichen Rechtswirkungen – zurückgreifen.[1]

Die Attraktivität des Schriftdokuments mit Unterschrift folgt sicherlich zunächst aus seiner in einer alphabetisierten und industrialisierten Gesellschaft leichten Verfügbarkeit sowie seiner Anpassungsfähigkeit an verschiedene Lebenssachverhalte. Sie liegt ferner in dem gesellschaftlichen Konsens, der ihm bestimmte **Funktionen** zuerkennt, von denen drei von besonderer Bedeutung sind:[2]

– Die **Identitätsfunktion** der Unterschrift führt auf die Person des Unterzeichners hin. Sie folgt aus der Einmaligkeit und Unverwechselbarkeit der individuellen Handschrift, die sich auch im Namenszug ausdrückt.
– Die **Abschlußfunktion** der Unterschrift umfaßt das Einverständnis mit dem Inhalt und die Vollständigkeit des darüberstehenden Textes. Sie bürgt für die Authentizität der verkörperten Erklärung.
– Die **Beweisfunktion** des Schriftdokuments erstreckt sich sowohl auf die Identität des durch die Unterschrift individualisierten Unterzeichners als auch auf den Inhalt der abgegebenen Erklärung.

Auch die Grundbuchordnung als Verfahrensgesetz greift auf das Modell der Schriftlichkeit zurück und ordnet in § 44 Abs. 1 S. 2 für Eintragungen im Grundbuch die Unterschrift sogar von zwei Personen an. Nach § 130 Abs. 1 GBO gilt diese Vorschrift für Eintragungen im maschinellen Grundbuch verständlicherweise nicht. Mit § 75 war jedoch ein Mechanismus zu schaffen, der den Funktionen von Schriftlichkeit und Unterschrift möglichst nahekommen soll.

II. Elektronische Unterschrift/digitale Signatur in der Theorie

1. Ausgangssituation

Elektronische Dokumente sind ihrem Wesen nach flüchtig, manipulierbar und nicht aus sich selbst heraus individualisierbar. Infolge der zunehmenden Ersetzung traditionell mündlicher oder gewillkürt schriftlicher Erklärungen im Rechtsverkehr wurden **die Gefahren wie die Gefährdung des ungesicherten elektronischen Dokuments** offenbar.

In den 70-er Jahren wurden jedoch mathematische Verfahren entwickelt, mit denen bei geeigneter technisch-organisatorischer Einbindung (s. u. Rdn. 14 f.) elektronische Dokumente gegen unbemerkte Veränderung geschützt und einem Urheber zugeordnet werden können.

---

[1] Im Zusammenhang mit der Diskussion über die Einführung einer elektronischen Form hat das Bundesministeruim der Justiz die Zahl der Schriftformvorschriften im deutschen Recht mit etwa 3.000 ermittelt, darunter 452 Vorschriften, die dem Zivil-, Handels- und Wirtschaftsrecht zuzuordnen sind, von denen wiederum die wenigsten im BGB selbst stehen. Vgl. a. Ansprache von MDgt. Peter Gass anläßlich des Dritten Forums Elektronischer Rechtsverkehr der Bundesnotarkammer am 13. 3. 1997 in Köln sowie Diskussionsentwurf des BMJ zur Änderung des BGB und anderer Gesetze v. 31. 1. 1997 (beides nicht veröffentlicht; als Bestandteil der Tagungsunterlagen bei der Bundesnotarkammer verfügbar).

[2] Zu weiteren Funktionen und ihrem Bedeutungszusammenhang vgl. *Palandt/Heinrichs* § 125 Rdn. 1, *Bettendorf* 48.

2. Begriffsbestimmung

7 In der technischen Fachwelt hat sich hierfür der Begriff der **digitalen Signatur** herausgebildet. Juristen haben diese Überlegungen fortgesetzt und in der Diskussion über eine **Eignung** solcher Sicherungsmechanismen **als Unterschriftsersatz** dafür den Begriff der elektronischen Unterschrift geprägt. § 75 greift dieses Verständnis auf. Das mittlerweile erlassene Signaturgesetz[3] bevorzugt gleichwohl den technisch korrekteren Begriff der digitalen Signatur. Ein prinzipieller Unterschied in der Bedeutung besteht jedoch nicht.

3. Funktionsweise

8 Zum Verständnis der ablaufenden Vorgänge muß man sich von dem Vergleich mit der eigenhändigen Unterschrift lösen. Die digitale Signatur ist ihrem Urheber nur indirekt zuzuordnen, umfaßt aber im Gegensatz zu der stets nur angefügten manuellen Unterschrift den signierten Text mit. Diese Zusammenhänge meint auch § 75 S. 2, wenn von einer **textabhängigen und unterzeichnerabhängigen Herstellung der elektronischen Unterschrift** die Rede ist. Die digitale Signatur bezweckt somit die Gewährleistung von **Integrität** und **Authentizität** der signierten Texte. Davon zu trennen ist die **Wahrung der Vertraulichkeit**, die mittels des Einsatzes derselben, leicht abweichend angewandten Verfahren erreicht werden kann, die den betreffenden Text für Unbefugte verschlüsseln, also unleserlich machen. Digitale Signatur und diese Art von Verschlüsselungsverfahren bauen also auf denselben mathematischen Grundlagen auf, unterscheiden sich aber in dem von ihnen erzielten Ergebnis.

9 Das mathematische **Prinzip**, das den digitalen Signaturverfahren zugrunde liegt, macht sich den Umstand zunutze, daß es stets einfach ist, aus zwei gegebenen Faktoren das Produkt zu errechnen, jedoch bisher kein Verfahren bekannt geworden ist, um sehr große Zahlen anders als durch Ausprobieren in ihre Primfaktoren zu zerlegen. Handelt es sich um ausreichend große Zahlen, ist der dafür erforderliche Rechenaufwand so enorm, daß die Zerlegung unmöglich oder jedenfalls unwirtschaftlich wird. Die Möglichkeit zur **Erzeugung** einer digitalen Signatur setzt voraus, daß der Signierende ein zusammengehöriges Paar von mathematischen „Unterschriftsschlüsseln" besitzt, das sich aus dem Produkt aus zwei solchen Primzahlen als sog. **öffentlichen Schlüssel** und einem der Faktoren als sog. privaten oder **geheimen Schlüssel** zusammensetzt.

10 Der **private oder geheimen Schlüssel** darf nur dem Signierenden selbst bekannt sein. Er dient zur Erzeugung der Signatur, indem aus dem zu signierenden Text eine Art charakteristische Quersumme gebildet wird. Der **öffentliche Schlüssel** wird als seinem Inhaber zugehörig bekannt gegeben. Er kann von den Empfängern signierter Dokumente benutzt werden, um die Signatur, d. h. die Unversehrtheit des signierten Textes und die Identität des Absenders zu überprüfen. Bei der Überprüfung wird zunächst die vorgenannte Quersummenberechung nochmals vollzogen und mit der ursprünglichen Quersumme verglichen. Änderungen des Textes würden auffallen, weil sie sich auf die Quersumme auswirken. Die **Identitätsprüfung** setzt schließlich voraus, daß ein Verzeichnis zur Verfügung steht, in dem die öffentlichen Schlüssel und ihre Inhaber aufgeführt sind, und das dem Prüfenden zugänglich ist. Wegen der Verwendung zweier unterschiedlicher Schlüssel, und weil dieselbe Technologie mit geringen Änderungen auch zum Verschlüsseln, d. h. zum Unkenntlichmachen des Textes gegenüber Unbefugten verwendet werden kann (s. o. Rdn. 8), spricht man von **asymmetrischen Kryptoverfahren**.

---

[3] Signaturgesetz v. 22. 7. 1997, BGBl. I 1869 (Art. 3 des Informations- und Kommunikationsdienstegesetzes).

XIII. Vorschriften über das maschinell geführte Grundbuch (Erber-Faller) **§ 75 V**

Diese Verfahren lösen nach der oben beschriebenen Funktionsweise theoretisch das **11**
Problem der Identität des Autors und der Authentizität des Inhalts einer elektronischen
Erklärung und entsprechen den Anforderungen von § 64 Abs. 2 Nr. 1. Das Verfahren
hat — obwohl es nach dem Stand der Technik als sehr sicher gilt — gleichwohl einige
technikimmanente **Schwachpunkte**:
— Eine Manipulation kann nur im Ergebnis durch die Änderung der Quersumme entdeckt, aber nicht einzelnen Textstellen zugeordnet werden. Sie entwertet somit den gesamten Text.
— Die Zuverlässigkeit der technischen Komponenten und der Stelle, die die Verbindung zwischen öffentlichen Schlüsseln und deren Inhabern herstellt, ist entscheidend für die Vertrauenswürdigkeit des gesamten Verfahrens.
— Das Verfahren erlaubt nur den indirekten Rückschluß vom öffentlichen Schlüssel auf seinen Inhaber und wirft dabei in Mißbrauchsfällen ähnliche Probleme auf wie die Feststellung, wer zu einem bestimmten Zeitpunkt aus von einem Telefonanschluß ein Gespräch geführt hat oder wer im Fall des behaupteten Mißbrauchs von EC-Karten oder Kreditkarten eine Transaktion veranlaßt hat. Diese Problematik soll in den nächsten Jahren durch den Einsatz bereits in der Entwicklung befindlicher biometrischer Merkmale behoben werden, bei denen sich der Schlüsselinhaber gegenüber der verwendeten Technik nicht nur durch Eingabe einer persönlichen Identifikationsnummer (PIN), sondern durch ein seinem Körper unverwechselbar zuzuordnendes Merkmal (Fingerabdruck, Netzhauthintergrund) ausweist.

III. Die digitale Signatur in der Praxis

1. Rechtslage nach dem Signaturgesetz

Das **Signaturgesetz** und die daran anschließenden Ausführungsbestimmungen der **12**
Signaturverordnung[4] sowie die von §§ 12 Abs. 2, 16 Abs. 6 SigV vorgesehenen **Maßnahmenkataloge** greifen das Anliegen der asymmetrischen Kryptoverfahren auf, elektronische Dokumente gegen Manipulationen zu schützen und sie auf einen Urheber zurückzuführen. Sie schaffen den für den Praxiseinsatz in einem offenen Umfeld nötigen rechtlichen und organisatorischen Rahmen, der einem Einsatz außerhalb geschlossener Benutzergruppen bisher entgegenstand. Dabei mußten zahlreiche **Problembereiche** überwunden werden, von denen nachfolgend beispielhaft einige genannt seien:
— Der **Begriff der digitalen Signatur** mußte gesetzlich festgelegt werden, § 2 Abs. 1 SigG. **13**
— Die **Sicherheit der digitalen Signatur** ist u. a. abhängig von der vertrauenswürdigen Erzeugung von Schlüsseln durch „gute" mathematische Verfahren und ihrem Einsatz mittels sicherer EDV-Komponenten. § 14 Abs. 4 SigG regelt daher die Zertifizierung von Algorithmen, Soft- und Hardware durch zugelassene Prüfstellen.
— Ein wesentlicher Vertrauensfaktor ist ferner die eindeutige Zuordnung der öffentli- **14**
chen Schlüssel zu ihren Inhabern durch das sog. **Zertifikat**, § 2 Abs. 3 SigG, das keinesfalls mit den Zertifikaten verwechselt werden darf, die bei der Prüfung nach Rdn. 13 ausgestellt werden. Es handelt sich hier vielmehr um eine Bescheinigung der Zusammengehörigkeit von Schlüssel und Inhaber, die von einer **Zertifizierungsstelle** (§ 2 Abs. 2 SigG) elektronisch erteilt wird und im Rahmen der Überprüfung einer digitalen Signatur bei ihr abgerufen werden kann.

---

[4] Verordnung zur digitalen Signatur — SigV
v. 22. 10. 1997, BGBl. I 2498.

§ 75 V

15 – Die Organisation der Zertifizierung von Schlüsseln nach Rdn. 14 für den Einsatz in einem offenen Umfeld soll mit staatlicher Unterstützung in Gang gebracht werden, um eines Tages in eine allgemein verfügbare **Sicherungsinfrastuktur**, d. h. ein System von interoperabel agierenden Zertifizierungsstellen zu münden, auf die jede natürliche oder juristische Person im Rechtsverkehr zurückgreifen kann.

2. Die digital signierte Erklärung im Rechtssystem

16 Das Signaturgesetz beschränkt sich auf die **Festlegung der technisch-organisatorischen Aspekte** der digitalen Signatur. Von der bereits vorgesehenen Möglichkeit, daß andere Gesetze auf das Signaturgesetz Bezug nehmen, wurde bislang nicht Gebrauch gemacht. Zivilrechtliche und zivilprozeßrechtliche Regelungen wurden – wie von der Bundesnotarkammer gefordert – im Zusammenhang mit dem Erlaß des Signaturgesetzes bereits diskutiert, es kam jedoch nicht zu einer zeitgleichen Verabschiedung.

17 Für elektronische Willenserkärungen, gleich ob digital signiert oder nicht, gilt daher bis auf weiteres, daß sie im Rechtsverkehr überall zum Einsatz kommen können, wo nicht eine bestimmte **Form** vorgeschrieben ist. Andernfalls ist die abgegebene Erklärung nichtig, § 125 BGB. Im Zivilprozeß ist das elektronische Dokument einer Schrifturkunde i. S. v. §§ 415 ff. ZPO nicht gleichzusetzen, sondern wird nach § 371 ZPO als **Augenscheinsobjekt**, ggf. unter Hinzuziehung eines Sachverständigen nach §§ 402 ff. ZPO, behandelt.

18 Im Bereich des Zivil- und des Zivilprozeßrechts könnte sich diese Einordnung in absehbarer Zeit ändern. Die Bundesnotarkammer hat bereits im Jahr 1995 einen Entwurf vorgelegt, der 1997 in erweiterter Fassung präsentiert wurde, und der die **Einführung einer elektronischen Form** vorschlägt, die etwa der Schriftform entspricht, sowie die **Einführung des elektronischen Urkundsbeweises**. Die technischen Grundlagen sollen danach durch Bezugnahme auf das Signaturgesetz geregelt werden. Das Bundesministerium der Justiz prüft derzeit den bestehenden Handlungsbedarf.

19 Im Verwaltungsbereich wird ebenfalls konkret daran gearbeitet, statt schriftlicher Verfahrenshandlungen digital signierte Erklärungen zuzulassen, so etwa in der Sozial- und Gesundheitsverwaltung,[5] in der Steuerverwaltung[6] und im Bereich der Städte und Gemeinden.

20 Ob es jedoch gelingen wird, eine technologische Zersplitterung zu vermeiden, die der Papierwelt fremd ist, bleibt abzuwarten.

3. Anwendung im Grundbuchbereich

21 Zum Zeitpunkt des Erlasses des RegVBG befand sich die Diskussion über ein Signaturgesetz in ihren Anfangsgründen.[7] Die Aufnahme einer Vorschrift wie § 75 in die GBV stellte seinerzeit eine Pioniertat dar, die hoch einzuschätzen ist. Da eine Verweisungsmöglichkeit damals nicht bestand, mußte die GBV den **Einsatz der digitalen**

---

[5] Ansprache des Bundesministers für Arbeit und Sozialordnung, Dr. Norbert Blüm, aus Anlaß der 21. DAFTA, GDD-Mitteilungen 6/97, 4.

[6] *Herzig* Die digitale Kommunikation mit dem Finanzamt – Ein Anwenderbericht der Datev eG, 218, in: Die digitale Kommunikation, AWV 1997.

[7] Am 18./19. 11. 1993 hatte in Köln ein von der Bundesnotarkammer und TeleTrusT Deutschland e. V. gemeinsam veranstaltetes Forum mit dem Titel „Elektronischer Rechtsverkehr – Digitale Signaturverfahren und Rahmenbedingungen" (gleichnamiger Tagungsband hrsg. von der Bundesnotarkammer 1995) stattgefunden, auf dem die Problematik auch mit Bezug auf das RegVBG diskutiert und ein Tätigwerden des Gesetzgebers gefordert wurde.

XIII. Vorschriften über das maschinell geführte Grundbuch (Erber-Faller) § 76 V

Signatur im Zusammenhang mit Eintragungsvorgängen im Grundbuch **eigenständig regeln**:
- Das Grundbuchprogramm soll Eintragungen überhaupt nur dann zulassen, wenn eine **elektronische Unterschrift** geleistet wurde, S. 1. Es handelt sich um eine sinnvolle Datensicherungsmaßnahme im Anschluß an §§ 126 Abs. 1 S. 2 Nr. 3 GBO, 64 Abs. 2.
- Die Person, die eine Eintragung vornimmt, hat der Eintragung ihren **Nachnamen** hinzuzusetzen und sodann den **Eintragungstext sowie den Namen elektronisch zu unterschreiben**, S. 1.
- Die elektronisch unterschriebene Eintragung einschließlich des Namenszusatzes sowie die elektronische Unterschrift werden **Bestandteil des maschinellen Grundbuchs**, S. 3.
- Die Unversehrtheit des Textes kann mittels des beschriebenen Verfahrens (Rdn. 8 ff., 10), die Übereinstimmung von Namensangabe und Inhaberschaft des verwendeten Schlüssels aufgrund der dienstinternen Unterlagen im Einzelfall **überprüft werden**, S. 4. Eine **Zertifizierung** nach dem Signaturgesetz ist **nicht vorgesehen**.

22

Das Inkrafttreten des SigG hat an diesen Vorgaben nichts geändert. Ein unmittelbarer Anpassungsbedarf von § 75 besteht ebenfalls nicht, da der derzeitige Einsatz der digitalen Signatur im Eintragungsverfahren sich auf den grundbuchamtsinternen Betrieb beschränkt und lediglich die manipulationssichere und nachprüfbare Abspeicherung umfaßt. Eine on-line-Überprüfung der Identität des nach § 75 elektronisch unterschreibenden Grundbuchführers etwa beim automatisierten Abrufverfahren ist im Außenverhältnis nicht vorgesehen und wohl auch nicht erforderlich. Ebensowenig findet eine Zertifizierung der Abrufer statt. Vielmehr gelten auch für das Abrufverfahren gesonderte Regelungen (§ 133 GBO, §§ 80 ff.).

23

Für die Zukunft könnte etwas anderes dann gelten, wenn ein offener Verkehr mit gesicherten elektronischen Dokumenten auch im Grundbuchbereich zu gestalten wäre und dabei der Zugang statt als geschlossene Benutzergruppe im ISDN-Netz der Telekom[8] über das Internet[9] eröffnet würde. Zu denken ist an die on-line-Einreichung von Anträgen seitens der Notare, die Versendung förmlicher Erklärungen wie Zwischenverfügungen, Zurückweisungsbescheide o. ä. Diese Vorgänge müßten dann mit digitalen Signaturen gesichert werden, die auf die Anforderungen in einem offenen Umfeld eingerichtet sind.

24

Vgl. zu den Zukunftsperspektiven des maschinellen Grundbuchs ferner § 10 a GBO Rdn. 19 ff. und § 130 GBO Rdn. 6 f.

25

[Äußere Form der Eintragung]

§ 76

Die äußere Form der Wiedergabe einer Eintragung bestimmt sich nach dem Abschnitt III.

§ 76 steht in einer Reihe mit §§ 61 (Rdn. 1), 63 (Rdn. 1) und 77 (Rdn. 1), die ebenfalls dem **Prinzip der weitgehenden Identität von Papiergrundbuch und maschinellem**

1

---

[8] *Bredl* 76.
[9] Derartige Überlegungen sind bereits in den ersten Bundesländern in Gang, vgl. Abschlußbericht der Arbeitsgruppe Registerautomation des Landes NRW bezogen auf das Handelsregister (nicht veröffentlicht). Dabei spielen auch die hohen Telekommunikationskosten eine Rolle, die bei zentraler Einwahl im derzeitigen Verfahren entstehen; vgl. a. Fn. 3 zu § 65.

Grundbuch folgen. Danach ist sowohl bei der Bildschirmdarstellung als auch bei Ausdrucken der herkömmliche Aufbau nach Abteilungen und Spalten beizubehalten, innerhalb deren die einzelnen Inhalte wie gewohnt plaziert sind. Der Wechsel vom Medium Papier zur maschinellen Grundbuchführung bleibt ohne Einfluß auf die Grundsätze der Grundbuchführung. Für die Sichtbarmachung von Eintragungen im maschinellen Grundbuch sind somit § 22 und das als Anlage 1 zur Grundbuchverfügung beigegebene Muster maßgeblich.

2   Die Vorschriften des Abschnitts III (§§ 13 bis 23) können allerdings nur insoweit Anwendung finden, als nicht Abschnitt XIII **vorrangige Regelungen** enthält. Dies trifft auf § 91 S. 2 zu, der die Darstellung von Rötungen in Schwarz erlaubt. Ferner ist zu beachten, daß Bestimmungen, die ein papierenes Grundbuch voraussetzen, gegenstandslos sind (§ 21 Abs. 1 S. 2 hinsichtlich Radierungen; § 21 Abs. 2 betreffend die Verwendung von Stempeln bei gleichlautenden Eintragungen; § 21 Abs. 4 über den Ausdruck von Eintragungen im Loseblattgrundbuch; § 23 zur Umschreibung bei Raummangel, vgl. hierzu aber § 68 Rdn. 4 und § 72 Rdn. 4).

4. Einsicht in das maschinell geführte Grundbuch und Abschriften hieraus

[Grundsatz]

§ 77

Für die Einsicht in das maschinell geführte Grundbuch und die Erteilung von Abschriften gelten die Vorschriften des Abschnittes X entsprechend, soweit im folgenden nichts Abweichendes bestimmt ist.

I. Allgemeines

1   Das **Prinzip der weitgehenden Identität von Papiergrundbuch und maschinellem Grundbuch** gilt auch für die **Einsichtnahme**. § 77 schließt insoweit systematisch an §§ 61 (Rdn. 1), 63 (Rdn. 1) sowie 76 (Rdn. 1) an und erklärt die Vorschriften des X. Abschnitts grundsätzlich für anwendbar. Abweichende sowie darüber hinausgehende und die Einsichtsmöglichkeiten z. T. erheblich erweiternde Regelungen sind außer in §§ 78 f. auch in §§ 132, 133 GBO sowie den diese ergänzenden §§ 80 bis 85 enthalten.

II. Einzelne Vorschriften des Abschnitts X

1. Privilegiert Einsichtsberechtigte

2   § 43, der insbesondere Behörden, Gerichten (die hier nicht ausdrücklich genannt sind, vgl. aber § 133 GBO Rdn. 7), Notaren und öffentlich bestellten Vermessungsingenieuren die Einsichtnahme **ohne Darlegung eines berechtigten Interesses** gestattet, gilt beim maschinellen Grundbuch uneingeschränkt fort.

3   Er ist auch im Rahmen von § 132 GBO anzuwenden und wurde ferner auf das automatisierte Abrufverfahren erstreckt, das diesen Einsichtnehmenden den on-line-Abruf im uneingeschränkten Abrufverfahren gestattet, § 133 GBO Rdn. 6 f., ohne daß eine codierte Darlegungserklärung wie beim eingeschränkten Abruf verlangt würde, § 133 GBO Rdn. 19, § 82 Rdn. 2, 12.

2. Grundbuchabschriften

§ 44 Abs. 1 wird durch § 131 GBO sowie § 78 insoweit ergänzt und abgeändert als der Begriff der „Grundbuchabschrift" dem neuen Medium entsprechend durch die Bezeichnung „**Ausdruck**" ersetzt wird. Anstelle einer „beglaubigten Abschrift" wird beim maschinellen Grundbuch ein „**amtlicher Ausdruck**" erteilt. **4**

Die **Bestätigung oder Ergänzung** früherer Abschriften nach § 44 Abs. 2 wird wegen unverhältnismäßigen Aufwandes gegenüber einem Neuausdruck stets abzulehnen sein.[1] **5**

Ob dasselbe für Ausdrucke gilt, die nach § 44 Abs. 4 nur die **aktuellen Eintragungen** enthalten, hängt im Einzelfall von den Möglichkeiten des verwendeten Grundbuchprogramms ab.[2] **6**

Teilausdrucke sind nach § 45 Abs. 1 als amtliche Ausdrucke weiterhin zulässig und ebenfalls im Rahmen des Leistungsprofils der zur Grundbuchführung verwendeten Programme[3] sowie unter Beachtung von § 45 Abs. 2 möglich. Eine **Auskunftspflicht** besteht insoweit jedoch auch beim maschinellen Grundbuch nur auf Grund besonderer gesetzlicher Vorschrift, § 45 Abs. 3 S. 1. **Abgekürzte Auszüge** bleiben nach § 45 Abs. 3 S. 2 untersagt. **7**

3. Einsicht in die Grundakten

Die Einsicht in die Grundakten bestimmt sich weiterhin nach § 46, da die maschinelle Grundbuchführung nur das Grundbuch selbst erfaßt. § 73 stellt dies ausdrücklich klar, gestattet jedoch, von der Führung eines Handblattes abzusehen. Zu beachten ist jedoch § 10 a GBO, der eine Führung der Grundakten auf Bild- oder Datenträgern erlaubt, wodurch sich die Art der Einsichtnahme dem jeweiligen Speichermedium anpaßt, § 10 a GBO Rdn. 10. **8**

[Ausdrucke aus dem maschinell geführten Grundbuch]

§ 78

(1) Der Ausdruck aus dem maschinell geführten Grundbuch ist mit der Aufschrift „Ausdruck" und dem Hinweis auf das Datum des Abrufs der Grundbuchdaten zu versehen. Der Ausdruck kann dem Antragsteller auch elektronisch übermittelt werden.

(2) Der Ausdruck gilt als beglaubigte Abschrift, wenn er gesiegelt ist und die Kennzeichnung „Amtlicher Ausdruck" sowie den Vermerk „beglaubigt" mit dem Namen der Person trägt, die den Ausdruck veranlaßt oder die ordnungsgemäße drucktechnische Herstellung des Ausdrucks allgemein zu überwachen hat. Anstelle der Siegelung kann in dem Vordruck maschinell ein Abdruck des Dienstsiegels eingedruckt sein oder aufgedruckt werden; in beiden Fällen muß auf dem Ausdruck „Amtlicher Ausdruck" und der Vermerk „Dieser Ausdruck wird nicht unterschrieben und gilt als beglaubigte Abschrift." aufgedruckt sein oder werden. Absatz 1 Satz 2 gilt nicht.

(3) Auf dem Ausdruck oder dem amtlichen Ausdruck kann angegeben werden, welchen Eintragungsstand er wiedergibt.

1. Allgemeines

Die Vorschrift enthält die Ausführungsbestimmungen zu § 131 GBO, der wiederum § 12 GBO bei maschineller Grundbuchführung ergänzt. § 131 GBO führt die Begriffe **1**

---

[1] Einzelheiten bei Meikel/*Göttlinger* Rdn. 7.
[2] Meikel/*Göttlinger* Rdn. 8.
[3] Einzelheiten bei Meikel/*Göttlinger* § 131 GBO Rdn. 18 ff.

Ausdruck anstelle der Abschrift sowie **amtlicher Ausdruck** anstelle der beglaubigten Abschrift ein und regelt zusammen mit § 78 die von der Papierabschrift abweichende Herstellung von Ausdrucken.

2 Im übrigen gelten mit Rücksicht auf das **Prinzip der weitgehenden Identität von Papiergrundbuch und maschinellem Grundbuch**, § 61 Rdn. 1 mwN, das auch in § 77 zum Ausdruck kommt, die Vorschriften des Abschnitts X entsprechend. Einzelheiten vgl. § 77 Rdn. 2 ff.

3 Für die Erteilung von Ausdrucken ist grundsätzlich das Grundbuchamt **örtlich zuständig**, das das betreffende Grundbuchblatt führt, § 1 Abs. 1 GBO. Beim maschinellen Grundbuch tritt jedoch die Zuständigkeit nach §§ 132 S. 1 GBO, 79 Abs. 3 S. 1, Abs. 4 hinzu. Die **funktionelle Zuständigkeit** liegt gem. § 12 c Abs. 1 Nr. 1, Abs. 2 Nr. 1 beim Urkundsbeamten der Geschäftsstelle. Beim maschinellen Grundbuch sind zusätzlich die Einschränkungen von § 79 Abs. 3 S. 2 und 3 zu beachten, die in den Fällen von § 132 nur bestimmten Grundbuchamtsbediensteten den Fernzugriff auf den fremden Grundbuchdatenbestand gestatten. Zu den vergleichbaren Zuständigkeitsfragen bei der Einsichtgewährung s. § 79 Rdn. 4.

2. Inhalt

4 §§ 132 GBO, 78 treffen neben den für **Ausdrucke im allgemeinen** geltenden Bestimmungen (Rdn. 5 ff.) ergänzende Sonderregelungen für **amtliche Ausdrucke** (Rdn. 9 ff.).

Allgemein gilt:

5 – Der Ausdruck muß die jeweils zutreffende **Bezeichnung** tragen, also entweder „Ausdruck" oder „amtlicher Ausdruck".

6 – Anzugeben ist das **Datum**, an dem der Ausdruck aus dem Grundbuchspeicher abgerufen wurde, auch wenn die Veranlassung durch den zuständigen Bediensteten oder die Verkörperung durch Ausdruck aufgrund systembedingter Verarbeitungsprozeduren (vgl. § 126 Rdn. 19) des Grundbuchprogramms an einem anderen Tag erfolgte bzw. erfolgt. Von Bedeutung kann dies sein, wenn sich der Ausdruck nach dem Abruf verzögert und nachträgliche Eintragungen vorgenommen werden. Für den **Vertrauensschutz** gilt dann dasselbe, wie bei weiteren Eintragungen im Fall einer papierenen Abschrift, die das Datum gemäß § 44 Abs. 3 trägt.[1] Die Vorschrift ist so zu verstehen, daß die Angabe des Kalendertags[2] genügt, auch wenn bei maschineller Grundbuchführung exaktere Zeitangaben unschwer möglich und zulässig sind.

7 – Abs. 3 läßt die **Angabe des Eintragungsstandes**, also des Tages der letzten Änderung im Grundbuch zu. Der anzubringende Vermerk[3] hierüber erleichtert die Feststellung, ob der Ausdruck dem aktuellen Grundbuchstand noch entspricht.

8 – Zu beachten ist § 91 S. 2, der die Darstellung von **Rötungen** in Schwarz gestattet.

Für amtliche Ausdrucke gilt nach Abs. 2 zusätzlich:

9 – Zusätzlich zur Bezeichnung als amtlicher Ausdruck (Rdn. 5) ist der **Vermerk „beglaubigt"** anzubringen und der **Name** der Person anzugeben, die den Ausdruck veranlaßt hat. Diese Art der Beglaubigung umfaßt jedoch nicht die Überprüfung der Übereinstimmung von Grundbuchinhalt und Inhalt des Ausdrucks durch diese Person, sondern nur die staatliche Richtigkeitsgewähr für das korrekte Funktionieren

---

[1] Meikel/*Göttlinger* Rdn. 12.
[2] Zur Auslegung des Begriffs „Datum" und zum Vergleich mit entsprechenden Vorschriften, die die Worte „Tag" oder „Zeit" verwenden Meikel/*Göttlinger* Rdn. 10.
[3] Zur Formulierung des Vermerks Meikel/*Göttlinger* § 131 GBO Rdn. 9.

des EDV-Systems. Zur Klarstellung wurde § 78 Abs. 2 S. 1 durch die 2. EDVGB-ÄndV entsprechend neu gefaßt.[4] Unberührt bleibt die Notwendigkeit regelmäßiger Überprüfung der Funktionsfähigkeit der eingesetzten Programme und Hardware im normalen Geschäftsgang, die jedoch keine unmittelbaren rechtlichen Auswirkungen hat.

— Die als Regelfall vorgesehene und weiterhin mögliche herkömmliche **Siegelung** wird beim maschinellen Grundbuch indes normalerweise durch die Möglichkeit ersetzt werden, das Abbild des Dienstsiegels mit auszudrucken oder entsprechend vorbedrucktes Druckerpapier zu verwenden.[5] **10**

— Es ist schließlich ein **weiterer Vermerk** erforderlich, der lautet: „Dieser Ausdruck wird nicht unterschrieben und gilt als beglaubigte Abschrift." **11**

— **Teilausdrucke** sind nur als amtliche Ausdrucke zulässig, s. § 77 Rdn. 7 mwN. **12**

3. Elektronische Übermittlung

Abs. 1 S. 2 gestattet die **elektronische Übermittlung mittels aller dem Grundbuchamt zur Verfügung stehenden Techniken**, etwa per Fax, e-mail o. ä., jedoch nur beim einfachen Ausdruck. Für amtliche Ausdrucke schließt Abs. 2 S. 3 diese Übermittlungsform ausdrücklich aus, um den Anforderungen an Sicherheit und Zuverlässigkeit der öffentlichen Urkunde unter allen Umständen zu genügen und etwaige Risiken zu vermeiden. Bei Übermittlung eines „amtlichen Ausdrucks" entgegen der Vorschrift liegt ein solcher daher nicht vor. **13**

Die Überlegungen entsprechen denjenigen, die auch für § 80 S. 2 maßgeblich waren; zu evtl. Zukunftsperspektiven s. dort Rdn. 7. **14**

Die gängigen Übermittlungsformen verwenden — anders als beim on-line-Abrufverfahren — keine Vorkehrungen zur **Sicherung der Vertraulichkeit** der übermittelten Daten. Völlig problemlos im Hinblick auf die beschränkte Öffentlichkeit des Grundbuchs und die allgemeinen Anforderungen an einen wirksamen Datenschutz ist dies nur dann, wenn die Übermittlung auf Anforderung und im Einverständnis des bzw. aller zum Erhalt einer Abschrift Einsichtsberechtigten erfolgt, § 131 Rdn. 11. Ein solcher Fall wird jedoch nicht immer vorliegen. Wegen der bisher beschränkten Verfügbarkeit von wirksamen Verschlüsselungsverfahren im offenen Umfeld ist Abhilfe allerdings nur schwer zu schaffen. Sollten sich im Zuge der Einführung des Signaturgesetzes (§ 75 Rdn. 12 ff.) auch Dienstleistungen etablieren und verbreiten, die jedermann den Zugang zu solchen Verfahren eröffnen, ist zu bedenken, ob bei der Übermittlung von Ausdrucken Handlungsbedarf besteht. Bis dahin dürften gewisse Restrisiken nicht auszuschließen, jedoch hinnehmbar sein. **15**

4. Kosten

Zu den Kosten s. § 131 Rdn. 12. **16**

[Einsicht]

§ 79

(1) **Die Einsicht erfolgt durch Wiedergabe des betreffenden Grundbuchblatts auf einem Bildschirm.** Der einsichtnehmenden Person kann gestattet werden, das Grund-

---

[4] Vgl. Begründung zur Neufassung von § 78 Abs. 2 S. 1 durch die 2. EDVGB-ÄndV, BR-Drucks. 386/97.
[5] Zu verschiedenen Gestaltungen in der Praxis Meikel/*Göttlinger* Rdn. 24 f.; zu Fragen eines ggf. weitergehenden Fälschungsschutzes Meikel/*Göttlinger* § 131 GBO Rdn. 29.

§ 79 V
II. Grundbuchverfügung

buchblatt selbst auf dem Bildschirm aufzurufen, wenn technisch sichergestellt ist, daß der Umfang der nach § 12 oder § 12 b der Grundbuchordnung oder den Vorschriften dieser Verordnung zulässigen Einsicht nicht überschritten wird und Veränderungen des Grundbuchinhalts nicht vorgenommen werden können.

(2) Anstelle der Wiedergabe auf einem Bildschirm kann auch die Einsicht in einen Ausdruck gewährt werden.

(3) Die Einsicht nach Absatz 1 oder 2 kann auch durch ein anderes als das Grundbuchamt bewilligt und gewährt werden, das das Grundbuchblatt führt. Die für diese Aufgabe zuständigen Bediensteten sind besonders zu bestimmen. Sie dürfen Zugang zu den maschinell geführten Grundbuchblättern des anderen Grundbuchamts nur haben, wenn sie eine Kennung verwenden, die ihnen von der Leitung des Amtsgerichts zugeteilt wird. Diese Form der Einsichtnahme ist auch über die Grenzen des betreffenden Landes hinweg zulässig, wenn die Landesjustizverwaltungen dies vereinbaren.

(4) Die Gewährung der Einsicht schließt die Erteilung von Abschriften mit ein.

1. Allgemeines

1 Die Vorschrift schließt an §§ 12, 132 GBO an und enthält nähere Ausführungen für die Vornahme der **Einsicht** in das maschinelle Grundbuch. Im Gegensatz zum Papiergrundbuch müssen die Eintragungsdaten beim maschinellen Grundbuch erst aufbereitet werden, um der **sinnlichen Wahrnehmung durch Lesen** (vgl. §§ 126 Abs. 1 S. 2 Nr. 2, 129 Abs. 1 S. 1 GBO; §§ 62 S. 1, 63 S. 1, 66 Abs. 1, 76 und 77) zugänglich zu sein. § 79 sieht lediglich zwei Einsichtsformen vor, nämlich die **Einsicht am Bildschirm** (Rdn. 5 ff.) und die **Einsicht in einen Ausdruck** (Rdn. 11), die beide **auch bei einem anderen Grundbuchamt** (Rdn. 12 ff.) gewährt werden können.

2 Der Begriff Ein„sicht" beinhaltet technisch ebenfalls denkbare andere Ausgabeformen (Sprachausgabe, Braillezeile) nicht.

3 Eine über § 132 noch hinausgehende Erweiterung der Einsichtsmöglichkeiten beim maschinellen Grundbuch enthält § 133 GBO, der das automatisierte Abrufverfahren betrifft. Dessen Ausführungsvorschriften haben in §§ 80 bis 85 eine umfassende eigene Regelung erfahren.

4 Für die Gewährung der Einsicht ist grundsätzlich das Grundbuchamt **örtlich zuständig**, das das betreffende Grundbuchblatt führt § 1 Abs. 1 GBO. Beim maschinellen Grundbuch tritt jedoch die Zuständigkeit nach § 132 S. 1 GBO, §§ 79 Abs. 3 S. 1 hinzu. Die **funktionelle Zuständigkeit** liegt gem. § 12 c Abs. 1 Nr. 1 beim Urkundsbeamten der Geschäftsstelle. Beim maschinellen Grundbuch sind zusätzlich die Einschränkungen von § 79 Abs. 3 S. 2 und 3 zu beachten, die in den Fällen von § 132 GBO nur bestimmten Grundbuchamtsbediensteten den Fernzugriff auf den fremden Grundbuchdatenbestand gestatten. Zu den vergleichbaren Zuständigkeitsfragen bei der Gewährung von Ausdrucken s. § 78 Rdn. 3.

2. Einsicht durch Wiedergabe am Bildschirm

5 Abs. 1 sieht als Regelfall die Einsichtnahme in eine Bildschirmdarstellung der Grundbuchdaten vor, die äußerlich dem herkömmlichen Papiergrundbuch entspricht, §§ 63 S. 1, 76. Die Grundbuchprogramme greifen im Regelfall aus Standardprogrammen bekannte Mittel auf, die es dem Leser erlauben, sich durch die oft umfangreichen Grundbuchdarstellungen zu bewegen. Vor allem bei Grundbüchern, die durch Umstellung nach § 70 Abs. 1 S. 2, also durch Scannen angelegt wurden, kann die Wiedergabequalität mit Rücksicht auf die evtl. Unübersichtlichkeit der Vorlagen eingeschränkt sein. Die Zoom-Funktion leistet hier gute Dienste.

XIII. Vorschriften über das maschinell geführte Grundbuch (Erber-Faller) **§ 79 V**

Die Einschränkung, daß Veränderungen des Grundbuchinhalts bei Gelegenheit der **6** Einsichtnahme am Bildschirm ausgeschlossen sein müssen, ist selbstverständlich. Die Einsicht findet im Grundbuchamt mit Rücksicht darauf deshalb zweckmäßigerweise an dafür bestimmten, **besonders ausgestatteten Einsichtsbildschirmen und -plätzen** statt. Soweit nicht der einsichtnehmenden Person gestattet wird, sich das Grundbuchblatt selbst aufzurufen, Abs. 2 S. 2, wird dies durch einen Bediensteten des Grundbuchamts geschehen.

Die weitere Einschränkung, daß die Einhaltung der Begrenzungen von §§ 12, 12 b **7** technisch sichergestellt sein muß, kann bedeuten, daß dieser Bedienstete in jedem einzelnen Fall die betreffenden Blätter oder Abteilungen freizugeben hat, soweit nicht eine automatisierte Steuerung durch das System vorgesehen ist.[1]

Die Zahl und Ausstattung der Bildschirmarbeitsplätze sowie die Betreuung der Ein- **8** sichtnehmenden in dem nach § 79 erforderlichen Umfang muß ausreichend sein, um **einen der Funktion des Grundbuchs entsprechenden regulären Einsichtsbetrieb** zu gestatten. Dieser wird abhängig vom Umstellungsstand möglicherweise zunächst gering sein, mit der voranschreitenden Erfassung von Grundbuchblättern jedoch zunehmen. Zu berücksichtigen ist jedoch, daß als Alternative auch die Einsichtnahme in einen Ausdruck in Betracht kommt, Rdn. 11, etwa soweit durch die Bereitstellung von Bildschirmarbeitsplätzen ein unzumutbarer Aufwand entsteht, zur Entlastung der Einsichtsplätze in „Stoßzeiten", zur einfacheren Gewährung einer Teileinsicht oder wenn die Einsicht in einen Ausdruck ausdrücklich gewünscht wird.

Eine technische Beschränkung des inhaltlichen Umfangs der Einsichtsbefugnis ist in **9** den Fällen des § 43 nicht erforderlich, da hier die Darlegung eines berechtigten Interesses an der Einsichtnahme, das auch in diesen Fällen vorliegen muß, nicht im Einzelfall vom Grundbuchamt geprüft werden muß.

Die in einzelnen Bereichen aus der Praxis bekannt gewordene bewußte **zeitliche Be- 10 grenzung der Einsichtsmöglichkeiten** gegenüber dem Kreis der privilegiert Einsichtsberechtigten mit dem ausschließlichen Zweck, diese zur Nutzung des automatisierten Abrufverfahrens zu bewegen, verkennt die vom Staat zu gewährleistende Funktion des Grundbuchs im Rechtsverkehr und ist auch vor dem Hintergrund der erheblichen Kosten des on-line-Abrufverfahrens bedenklich. Eine solche Begrenzung kann vor allem nicht schon vorsorglich bei minimalem Umstellungsstand in Betracht kommen, wenn eine Überlastung der Einsichtsbildschirme (Rdn. 8) noch nicht zu befürchten ist. Die Bereitstellung von Einsichtsplätzen muß sich an der Zahl der maschinell verfügbaren Grundbuchblätter sowie dem sich daraus ergebenden Grad der Beanspruchung der Einsichtsplätze orientieren. Im übrigen kann eine Entlastung in der Übergangszeit auch durch verstärkte Aufklärung über die bereits umgestellten Grundbuchstellen herbeigeführt werden, um die Zahl vergeblicher Einsichtsversuche zu vermindern. Die Attraktivität von on-line-Anschlüssen würde hierdurch und durch einen Verzicht auf die Erhebung von Einsichtsgebühren für vergebliche Einsichtsversuche (s. a. Fn. 7 zu § 85 Rdn. 9) gesteigert.

3. Einsicht in einen Ausdruck

Die Einsichtnahme in einen Ausdruck, der wie die Bildschirmdarstellung dem ge- **11** wohnten Muster des Papiergrundbuchs entspricht, §§ 63 S. 1, 76, kann nach Abs. 2 als Alternative zur Darstellung am Bildschirm in Betracht kommen, Rdn. 5 ff. Der einzelne

---
[1] Organisationsbeispiel bei Meikel/*Göttlinger* Rdn. 13 f.

Ausdruck wird aufgrund des Einsichtsbegehrens erzeugt und **verbleibt beim Grundbuchamt**, sofern der Einsichtnehmende nicht die − nach den Regeln der Erteilung von Ausdrucken − kostenpflichtige **Mitnahme** wünscht, vgl. § 132 GBO Rdn. 4, § 131 GBO Rdn. 12. Gründe für die Einsichtnahme in einen Ausdruck statt am Bildschirm vgl. o. Rdn. 8 a. E.

4. Einsicht bei einem anderen Grundbuchamt

12 Die von § 132 GBO vorgesehene Möglichkeit der Einsichtnahme bei einem anderen Grundbuchamt, die einen wesentlichen Vorteil der maschinellen Grundbuchführung für den Publikumsverkehr erschließt, wird von § 79 Abs. 3 näher ausgestaltet. Abs. 3 S. 4 bezieht sich ausdrücklich auch auf die derzeit noch nicht bestehende **Einsichtnahme über die Landesgrenzen hinweg**.

13 Diese Form der Einsichtnahme kommt nur in Betracht, wenn bei dem die Einsicht gewährenden Grundbuch die erforderlichen technischen Einrichtungen zum Datenabruf vorhanden sind. Zu beachten sind die von Abs. 3 ausdrücklich geregelten Einschränkungen der funkionellen Zuständigkeit, Rdn. 4, die den Zugang zum fremden Grundbuchdatenspeicher nur besonders bestimmten Bediensteten mittels einer ihnen zugeteilten besonderen Kennung gestattet.[2]

14 Auch das andere Grundbuchamt kann nach Abs. 4 uneingeschränkt Abschriften[3] (gemeint sind entsprechend der von § 78 geprägten Teminologie wohl Ausdrucke) erteilen.

5. Kosten

15 Zu den Kosten s. § 132 GBO Rdn. 6

5. Automatisierter Abruf von Daten

[Abruf von Daten]

§ 80

Die Gewährung des Abrufs von Daten im automatisierten Verfahren nach § 133 der Grundbuchordnung berechtigt zur Einsichtnahme in das Grundbuch in dem durch die §§ 12 und 12b der Grundbuchordnung und in dieser Verordnung bestimmten Umfang sowie zur Fertigung von Abdrucken des Grundbuchblatts. Abdrucke stehen den Ausdrucken nicht gleich. Wird die Abrufberechtigung einer nicht-öffentlichen Stelle gewährt, ist diese in der Genehmigung oder dem Vertrag (§ 133 der Grundbuchordnung) darauf hinzuweisen, daß sie die abgerufenen Daten nach § 133 Abs. 6 der Grundbuchordnung nur zu dem Zweck verwenden darf, für den sie ihr übermittelt worden sind.

1. Allgemeines

1 Die Vorschriften des 5. Unterabschnitts schließen an § 133 GBO an und enthalten detaillierte Ausführungsvorschriften für die neu geschaffene Einsichtsform des **automa-**

---

[2] Die Vorschrift über die Zuteilung der Kennung wurde mit Rücksicht auf organisatorische Erfordernisse durch die 2. EDVGB-ÄndV v. 11. 7. 1997, BGBl. I 1808 neu gefaßt. Details und Werdegang der Regelung vgl. Meikel/*Göttlinger* Rdn. 24 f.

[3] Abs. 4 wurde klarstellend ohne sachliche Änderung durch die 2. EDVGB-ÄndV v. 11. 7. 1997, BGBl. I 1808 neu gefaßt.

tisierten Abrufverfahrens, dessen Bedeutung von Vertretern der Praxis schon im Gesetzgebungsverfahren unterstrichen wurde,[1] und das in seiner konkreten Ausgestaltung insgesamt positiv aufgenommen wird.[2]

§ 80 stellt klar, daß sich auch die Einsichtnahme im Wege des on-line-Abrufs im Rahmen von §§ 12, 12 b halten muß. Hinsichtlich der **Darlegung des berechtigten Interesses** wurde — soweit nicht § 43 einschlägig ist und eine Darlegung aus diesem Grund nicht gefordert wird (§ 133 Rdn. 6 f.) — eine dem Abrufverfahren angepaßte Form der Darlegungserklärung eingeführt, § 133 Rdn. 19, § 82 Rdn. 12 f. **2**

§ 133 gestattet die **Einsichtnahme** (Rdn. 4), die **Fertigung von Abdrucken** (Rdn. 5 ff.) und die **Weiterverarbeitung der abgerufenen Daten** (Rdn. 10 f.). **3**

2. Umfang der Einsichtnahme

Im Wege des automatisierten Abrufs kann auf sowohl auf das **maschinelle Grundbuch** selbst als auch auf die **Hilfsverzeichnisse** nach § 12 a GBO, und zwar grundsätzlich uneingeschränkt zugegriffen werden. Die derzeitigen Programme unterscheiden hinsichtlich der einsehbaren Inhalte zwischen eingeschränkt und uneingeschränkt Abrufberechtigten (zur Begriffsbildung § 133 GBO Rdn. 6 f.) nur beim Eigentümerverzeichnis, das zur Vermeidung von Ausforschungsansuchen beim eingeschränkten Abruf nur die Suche nach eindeutigen Treffern zuläßt[3]. Bei der Abfrage mehrerer Grundbuchstellen muß daher die Suche immer wieder neu gestartet werden; eine gezielte Suche z. B. nach dem gesamten Grundbesitz eines Eigentümers wird erschwert. **4**

Die Einsichtsberechtigung umfaßt die **Herstellung von Abdrucken**. Diese Möglichkeit dient zur Erleichterung der Arbeitsabläufe beim Abrufer, der nicht einen Teil der Vorteile des Abrufverfahrens durch den Zwang verlieren soll, die Daten vom Bildschirm abzuschreiben, bevor er sie in seinen Geschäftsgang einbringen kann. **5**

Nach S. 2 haben die Abdrucke jedoch nicht die rechtliche Stellung von Ausdrucken. Mit dieser Einschränkung wurde dem Umstand Rechnung getragen, daß mit der Datenfernübertragung im Bereich der vorsorgenden Rechtspflege Neuland betreten wurde. Auf Erfahrungen zur **Sicherheit und Zuverlässigkeit der Übermittlung von Registerinhalten** konnte nicht zurückgegriffen werden. Die Beweggründe für diese Vorschrift stehen in einer Linie mit § 78, der für amtliche Ausdrucke in Abs. 2 S. 3 die Datenfernübermittlung ausdrücklich ausschließt, um den Anforderungen an Sicherheit und Zuverlässigkeit der öffentlichen Urkunde unter allen Umständen zu genügen und keine Risiken einzugehen, § 78 Rdn. 13. Die in Österreich mit dem maschinellen Grundbuch damals bereits eingeführte Möglichkeit, daß Notare Grundbuchausdrucke für den Rechtsverkehr erstellen, wurde trotz des Wissens um die damit verbundene Entlastungsmöglichkeit für die Grundbuchämter seinerzeit bewußt nicht realisiert.[4] Allerdings ist nicht nachvollziehbar, weshalb die Übermittlung einfacher Ausdrucke an beliebige Empfänger mit beliebigen Mitteln nach § 78 (dort Rdn. 13 ff.) zulässig ist, nicht jedoch im Rahmen von § 80, der nur auf einen dem Grundbuchamt bekannten und überprüfbaren Personenkreis anwendbar und dadurch gegen Mißbräuche besser geschützt ist. **6**

§ 78 wurde mittlerweile in der Erkenntnis geändert, daß die Richtigkeitsgewähr bei der Erstellung von amtlichen Ausdrucken nicht mehr in der Überprüfung durch eine Person, sondern in dem fehlerfreien Funktionieren des Grundbuchsystems liegt.[5] Bei **7**

---

[1] *Frenz* 154, 163.
[2] Vgl. *Becker* und *Oberseider*, a. a. O.
[3] Meikel/*Göttlinger* § 133 GBO Rdn. 33.
[4] Meikel/*Göttlinger* Rdn. 12.
[5] So die Begründung zur Neufassung von § 78 Abs. 2 S. 1 durch die 2. EDVGB-ÄndV, BR-Drucks. 386/97, 9.

weiterer **Bewährung des Abrufverfahrens,** bei dem Fehlfunktionen bisher ebenfalls nicht bekannt geworden sind, könnte im Zusammenhang mit der Gerichtsentlastungsdiskussion nunmehr auch darüber nachgedacht werden, die Erteilung von Grundbuchausdrucken wie in Österreich auf Notare zu übertragen. Zusätzliche Datenschutzprobleme wie bei der elektronischen Übermittlung von Ausdrucken, § 78 Rdn. 15, würden sich dadurch nicht ergeben, da die Absicherung des Übertragungsweges durch Verschlüsselungsverfahren und die Bildung einer geschlossenen Benutzergruppe im automatischen Abrufverfahren bereits Vertraulichkeit gewährleisten.

3. Bestimmungsgemäße Verwendung der abgerufenen Daten

8 Durch die 2. EDVGB-ÄndV[6] wurde an § 80 ein neuer S. 3 angefügt, der § 133 Abs. 6 GBO insoweit aufgreift, als die abgerufenen Daten nur zu dem Zweck verwendet werden dürfen, zu dem sie übermittelt wurden. Die Bezugnahme auf „personenbezogene Daten" fehlt in S. 3, jedoch geht aus der Begründung des Verordnungsgebers hervor, daß mit der Vorschrift das in §§ 133 Abs. 6 GBO zum Ausdruck kommende **Anliegen des Datenschutzes** besonders unterstrichen werden sollte.[7] Die Regelung tritt somit neben § 12 GBO, nach dem das berechtigte Interesse eine besondere grundbuchrechtliche Zweckbindung für übermittelte Daten darstellt.

9 S. 3 sieht vor, Abrufberechtigte, die **nicht-öffentliche Stellen** sind, auf die vorgenannte Pflicht **besonders hinzuweisen.** Der vom Verordnungsgeber zum Ausdruck gebrachte Anwendungsbereich ist nicht restlos klar, da sich der Kreis der nicht-öffentlichen Stellen im Sinn dieser Vorschrift anscheinend teilweise mit dem Kreis der uneingeschränkt Abrufberechtigten überschneiden (§ 133 GBO Rdn. 6 f.) und dabei auch Inhaber eines öffentlichen Amtes umfassen soll.[8]

10 Hintergrund der Einführung ist indes die Frage, ob die abgerufenen Daten in die EDV-Anlagen der Abrufer zur **Speicherung** und zur **unmittelbaren Weiterverarbeitung** übernommen werden dürfen. Aus der Begründung zu § 80 S. 3 geht hervor, daß dies bereits nach § 133 Abs. 6 GBO im Rahmen der Zweckbindung für zulässig erachtet wird. Erlaubt ist etwa, daß Notare den Inhalt des Grundbuchs in eine Urkunde übernehmen oder Banken den Inhalt des Grundbuchausdrucks (gemeint ist wahrscheinlich -abdrucks) ihrer Kundenakte[9] beifügen. Die Grundbuchprogramme dürfen diese Möglichkeiten also vorsehen.

11 Die Vorschrift greift ein wesentliches Bedürfnis der Praxis auf, wird allerdings erst dann ihre volle Bedeutung erlangen, wenn die Grundbuchprogramme durchgehend kodierte und ggf. auch strukturierte Daten liefern (vgl. a. § 126 GBO Rdn. 10 bis 12), die von den Programmen der Nutzer tatsächlich verarbeitet werden können.

12 Die Zweckbindung hat zur Folge, daß eine zeitlich oder inhaltlich über sie hinausgehende Speicherung oder Verwendung unzulässig ist.[10]

---

[6] 2. EDVGB-ÄndV v. 11. 7. 1997, BGBl. I 1808.
[7] Begründung zur Einführung von § 80 S. 3 aufgrund der 2. EDVGB-ÄndV, BR-Drucks. 386/97, 11.
[8] Die Begründung zur § 80 S. 3 spricht jedenfalls ausdrücklich von den Notaren, BR-Drucks. 386/97, a. a. O., die jedoch nach § 1 BNotO unabhängige Träger eines öffentlichen Amtes auf dem Gebiet der vorsorgenden Rechtspflege und als solche der Aufsicht durch die Justiz unterstellt sind.
[9] BR-Drucks. 386/97, a. a. O.
[10] Vgl. die bei Meikel/*Göttlinger* Rdn. 20 f. genannten Beispiele (Speicherung durch eine Bank nur im Rahmen der bestehenden Geschäftsbeziehung; Unzulässigkeit des Aufbaus von Grundbuchauskunftssystemen); für den Fall des Handelsregisters BGH, CR 89, 984; vgl. a. *Tountopoulos* CR 98, 129, zum Verhältnis von EU-Datenbankrichtlinie und Handelsregister.

XIII. Vorschriften über das maschinell geführte Grundbuch (Erber-Faller) **§ 81 V**

[Genehmigungsverfahren, Einrichtungsvertrag]

§ 81
(1) Die Einrichtung eines automatisierten Abrufverfahrens bedarf bei Gerichten, Behörden und der Staatsbank Berlin einer Verwaltungsvereinbarung, im übrigen, soweit nicht ein öffentlich-rechtlicher Vertrag geschlossen wird, einer Genehmigung durch die dazu bestimmte Behörde der Landesjustizverwaltung.
(2) Eine Genehmigung wird nur auf Antrag erteilt. Zuständig ist die Behörde, in deren Bezirk das betreffende Grundbuchamt liegt. In der Rechtsverordnung nach § 93 kann die Zuständigkeit abweichend geregelt werden. Für das Verfahren gelten im übrigen das Verwaltungsverfahrens- und das Verwaltungszustellungsgesetz des betreffenden Landes entsprechend.
(3) Die Genehmigung kann auf entsprechenden Antrag hin auch für die Grundbuchämter des Landes erteilt werden, bei denen die gesetzlichen Voraussetzungen dafür gegeben sind. In der Genehmigung ist in jedem Fall das Vorliegen der Voraussetzungen nach § 133 Abs. 2 Satz 2 und 3 Nr. 1 und 2 der Grundbuchordnung besonders festzustellen.
(4) Der Widerruf einer Genehmigung erfolgt durch die genehmigende Stelle. Ist eine Gefährdung von Grundbüchern zu befürchten, kann in den Fällen des Abs. 3 Satz 1 die Genehmigung für einzelne Grundbuchämter auch durch die für diese jeweils zuständige Stelle ausgesetzt werden. Der Widerruf und die Aussetzung einer Genehmigung sind den übrigen Landesjustizverwaltungen unverzüglich mitzuteilen.

I. Allgemeines

§ 81 enthält nähere **Regelungen zur Einrichtung des automatisierten Abrufverfah-** **1** rens, das nur bestimmten **Nutzerkreisen** (§ 133 GBO Rdn. 5 ff., Rdn. 4 ff.) nach Durchlaufen einer förmlichen **Zulassung** (Rdn. 7 ff.) bei Vorliegen der **Zulassungsvoraussetzungen** (Rdn. 12 ff.) eröffnet werden darf. Dem Wortlaut nach gilt § 81 nur für die uneingeschränkt Abrufberechtigten; § 82 Abs. 2 greift jedoch für die Fälle des eingeschränkten Abrufs ebenfalls auf das allgemeine Zulassungssystem zurück.

Ergänzend gelten die Verwaltungsverfahrensgesetze der Länder, Rdn. 9. Bei auftre- **2** tenden Problemen sieht die Vorschrift die Möglichkeit des **Widerrufs** oder des **vorläufigen Einschreitens** vor.

Unbeschadet der Eröffnung umfassender Einsichtsmöglichkeiten (§ 80 Rdn. 4) gelten **3** auch für diese besondere Einsichtsform §§ 12, 12 b GBO. Zur **Darlegung des berechtigten Interesses** § 80 Rdn. 2 und § 82 Rdn. 12 f.

II. Zugelassener Nutzerkreis

§ 133 Abs. 2 S. 2 und Abs. 4 GBO i. V. m. § 82 Abs. 1 S. 1 lassen erkennen, daß der **4** Gesetz- und Verordnungsgeber bei der Konzeption des Abrufverfahrens zwei verschiedene Nutzerkreise im Auge hatte:

Die **uneingeschränkt Abrufberechtigten** (zur Begriffsbildung § 133 Rdn. 5 ff.) decken **5** sich mit denjenigen Personen oder Stellen, bei denen nach § 43 eine Darlegung des berechtigten Interesses an der Einsichtnahme nicht im Einzelfall gefordert wird, weil sein Vorliegen vermutet werden kann, s. a. § 133 GBO Rdn. 5 bis 7.

Für die Zulassung der **eingeschränkt Abrufberechtigten** enthält § 82 Abs. 2 Sonderre- **6** gelungen zur Automatisierung der Darlegungserklärung, § 82 Rdn. 12 f.

III. Zulassung

1. Arten

7 § 81 greift § 133 GBO auf, der die Zulassung zum automatisierten Abrufverfahren grundsätzlich an die Erteilung von **Genehmigungen** bzw. den Abschluß von **öffentlich-rechtlichen Verträgen** oder **Verwaltungsvereinbarungen** knüpft. Der Abschluß von Verwaltungsvereinbarungen[1] kommt lediglich bei Gerichten und Behörden (seinerzeit auch bei der Staatsbank Berlin), vgl. § 133 GBO Rdn. 6, die auch zum Kreis der uneingeschränkt Abrufberechtigten gehören, in Betracht. Für die übrigen uneingeschränkt Abrufberechtigten sowie sämtliche nach § 82 Abs. 2 eingeschränkt Abrufberechtigten wird die **förmliche Genehmigung als Regelfall**, der öffentlich-rechtliche Vertrag als mögliche Alternative vorgesehen. Das Erfordernis des Vorliegens der allgemeinen Zulassungsvoraussetzungen (Rdn. 12) wird von der Form der Zulassung nicht berührt.

8 Die Genehmigung wird gem. Abs. 2 S. 1 nur auf **Antrag** erteilt, in Verbindung mit dem der Antragsteller das Vorliegen der erforderlichen rechtlichen und technischen[2] Voraussetzungen erklären, ggf. auch nachweisen muß.

9 Gem. Abs. 2 S. 3 gelten für das Verfahren die Verwaltungsverfahrens- und -zustellungsrechte der Länder ergänzend. Aus dieser rechtlichen Einordnung und aus der abschließenden Aufzählung der Zulassungsvoraussetzungen (§ 133 GBO Rdn. 11) wird man folgern können, daß auf die Genehmigung als begünstigendem Verwaltungsakt bei Vorliegen der rechtlichen Voraussetzungen und der beiderseitigen technischen Infrastruktur ein **Anspruch**[3] besteht.

2. Zuständigkeit

10 Die Zuständigkeit für die Erteilung der förmlichen Genehmigung liegt bei der Behörde, in deren Bezirk das betreffende Grundbuchamt liegt. Je nach gewähltem Organisationsmodell für die maschinelle Grundbuchführung (§ 126 Rdn. 25 ff.) wird dies das **Amtsgericht** oder eine andere, nach § 93 durch Rechtsverordnung **bestimmte Stelle** sein.

11 Für den Abschluß von Verwaltungsvereinbarungen und öffentlich-rechtlichen Verträgen ist nach Abs. 1 die **Landesjustizverwaltung** unmittelbar zuständig,[4] da Abs. 2 nur für das förmliche Genehmigungsverfahren gilt.

3. Allg. Zulassungsvoraussetzungen

12 Eine Zulassung, gleich in welcher Form, darf bereits nach § 133 Abs. 2 S. 2 und 3 Nr. 1 und 2 (§ 133 Rdn. 12 ff.) nicht erteilt werden, wenn nicht die allgemeinen Zulassungsvoraussetzungen vorliegen (zu den zusätzlichen besonderen Voraussetzungen beim eingeschränkten Abruf § 82 Rdn. 4). Abs. 3 bestimmt für den Fall der Genehmigung, daß das Vorliegen dieser Voraussetzungen in dem Genehmigungsbescheid **besonders**

---

[1] Ausnahme für den eigenen Geschäftsbereich s. Meikel/*Göttlinger* Rdn. 10; hier genügt eine innerdienstliche Verwaltungsanordnung.

[2] Eine weitere Voraussetzung ist in der Praxis der Einsatz der einzigen verfügbaren Client-Software, die der Abrufer erwerben muß, und die den Zugang über die bisher nicht offen gelegten Schnittstellen ermöglicht.

[3] *Erichsen* (Hrsg.) Allgemeines Verwaltungsrecht § 11 II 5 Rdn. 30 ff. mwN; *Maurer* Allgemeines Verwaltungsrecht § 8 Rdn. 1 ff. mwN.

[4] Zur Übertragung dieser Zuständigkeit Meikel/*Göttlinger* Rdn. 28.

XIII. Vorschriften über das maschinell geführte Grundbuch (Erber-Faller) **§ 81 V**

festzustellen ist, d. h. die Genehmigungsbehörde ebenso wie der Antragsteller werden veranlaßt, sich mit den Zulassungsvoraussetzungen ausdrücklich auseinanderzusetzen. Es ist vor diesem Hintergrund zweckmäßig, wenn auch nicht ausdrücklich vorgeschrieben, auch bei den anderen Zulassungsformen so zu verfahren.

4. Reichweite

Die Genehmigung, die entsprechend § 82 Abs. 2 S. 1 grundsätzlich auf den **Bereich** 13 **des sie erteilenden Grundbuchamts** beschränkt ist, kann nach Abs. 3 auf entsprechenden Antrag hin auch für **die anderen Grundbuchämter des Landes** erteilt werden, bei denen die gesetzlichen Voraussetzungen dafür gegeben sind, also das Grundbuch maschinell geführt wird. Dies gilt sinngemäß auch für die anderen Zulassungsformen.

Für die Grundbuchämter und die Nutzer liegt hier ein wesentlicher Vorteil des Abrufverfahrens, der gerade bei räumlichen Distanzen aufwendige Reisetätigkeit oder Schriftverkehr bzw. die Einschaltung eines ortsansässigen zugelassenen Abrufers zu vermeiden hilft. 14

Während der Umstellungsphase ist daran zu denken, daß die Zulassung bereits vorab auf **die künftig noch hinzukommenden Grundbuchämter eines Landes** erstreckt werden kann.[5]

Darüber hinaus können die Zulassungen **im ganzen Bundesgebiet** Geltung erlangen, sobald die entsprechende Feststellung durch Rechtsverordnung des Bundesministeriums der Justiz nach § 133 GBO Abs. 7 S. 3 getroffen worden ist. 15

IV. Entzug und Aussetzung der Zulassung

§ 133 Abs. 3 S. 1 GBO sieht im Fall der Genehmigung den **Widerruf** ohne Ermessen vor, wenn eine der allgemeinen Zulassungsvoraussetzungen nach § 133 Abs. 2 S. 3 Nr. 1 bis 3 (Rdn. 12 ff.) wegfällt. Bei mißbräuchlicher Benutzung kann die zuständige Behörde nach § 133 Abs. 3 S. 2 hierüber nach pflichtgemäßem Ermessen eine Entscheidung treffen, und dabei insbesondere berücksichtigen, ob Wiederholungsgefahr besteht. 16

Diese Vorschriften gelten sinngemäß auch bei Bestehen einer Verwaltungsvereinbarung oder eines öffentlich-rechtlichen Vertrages. In diesen Fällen ist statt des Widerrufs die **Kündigung** auszusprechen, § 133 GBO Abs. 3 S. 3. 17

Zuständig ist die genehmigende bzw. an der Vereinbarung oder dem öffentlich-rechtlichen Vertrag beteiligte Stelle. 18

In allen Fällen sind theoretisch Situationen denkbar, bei denen durch on-line-Abrufer eine Gefährdung der Grundbücher eintreten kann, sei es durch Hacking (§ 65 Rdn. 9), aber auch durch technische Fehlfunktionen der eingesetzten Programme. Unmittelbares Handeln kann erforderlich sein, um schwerwiegende Verluste oder Manipulationen zu verhindern. Die Zulassung kann in solchen Fällen kurzfristig **ausgesetzt** werden, d. h. im Verhältnis zu dem angeschlossenen Abrufer wird der Anschluß technisch unterbunden. Auf die Frage eines Verschuldens kommt es hierbei nicht an. Zwar sollten die eingesetzten Anlagen und Programme technisch so gestaltet sein, daß Datenschutz und Datensicherheit stets auf hohem Niveau gesichert sind (§ 126 GBO Rdn. 14 ff.). Tritt ein solcher Problemfall aber ein, muß er vor Ort unmittelbar einer vorübergehenden Lösung zugeführt werden können. **Zuständig** für die Aussetzung ist diejenige Stelle, 19

---

[5] Meikel/*Göttlinger* Rdn. 33.

§ 82 V

die für den Grundbuchdatenspeicher verantwortlich ist, bei ortsübergreifenden Zulassungen neben der zulassenden Stelle jede für das einzelne Grundbuchamt zuständige Stelle, Abs. 4 S. 2.

20 Dauert das Problem an, ist zu entscheiden, ob die Aussetzung in einen Widerruf oder eine Kündigung wegen Wegfalls der allgemeinen Voraussetzungen oder wegen mißbräuchlicher Nutzung (Rdn. 16 f.) münden muß.

21 Durch die Pflicht zur Unterrichtung der anderen Landesjustizverwaltungen nach Abs. 4 S. 3 soll sichergestellt werden, daß Abrufer, die eine Gefährdung bedeuten, ggf. präventiv erkannt und erforderliche Schritte eingeleitet werden können.

[Einrichtung der Verfahren]

§ 82

(1) Wird ein Abrufverfahren eingerichtet, so ist systemtechnisch sicherzustellen, daß Abrufe nur unter Verwendung eines der berechtigten Stelle zugeteilten Codezeichens erfolgen können. Der berechtigten Stelle ist in der Genehmigung zur Auflage zu machen, dafür zu sorgen, daß das Codezeichen nur durch deren Leitung und bestimmte, der genehmigenden Stelle vorher zu benennende, Mitarbeiter verwendet und mißbrauchssicher verwahrt wird. Der Wechsel der als Verwender des Codezeichens benannten Personen ist der Genehmigungsbehörde anzuzeigen, die dann ein neues Codezeichen ausgibt, wenn dies notwendig erscheint, um einen unbefugten Zugriff auf die Grundbuchdaten zu verhindern.

(2) Wird ein Abrufverfahren für den Fall eigener Berechtigung an einem Grundstück, einem grundstücksgleichen Recht oder einem Recht an einem solchen Recht, für den Fall der Zustimmung des Eigentümers oder für Maßnahmen der Zwangsvollstreckung eingerichtet (eingeschränktes Abrufverfahren), so ist der berechtigten Stelle in der Genehmigung zusätzlich zur Auflage zu machen, daß der einzelne Abruf nur unter Verwendung eines Codezeichens erfolgen darf, das die Art des Abrufs bezeichnet. Das zusätzliche Codezeichen kann mit dem Codezeichen für die Abrufberechtigtigung verbunden werden. Die berechtigte Stelle wird verpflichtet, die Abrufe zu protokollieren und das Protokoll zur Prüfung durch die Aufsichtsbehörde oder, wenn eine solche nicht besteht, durch die in § 84 bezeichnete Stelle bis zum Ablauf des auf den Abruf folgenden Kalenderjahres bereitzuhalten. § 83 Abs. 1 Satz 2 gilt entsprechend. Von der Verpflichtung nach Satz 3 kann abgesehen werden, wenn das Grundbuchamt die Abrufe sämtlich protokolliert.

1. Allgemeines

1 § 133 GBO unterscheidet in Abs. 1 und Abs. 4 zwischen der „Einrichtung eines automatisierten Abrufverfahrens" und der „maschinellen Bearbeitung von Auskunftsanträgen". § 82 greift dieses System weitgehend, aber nicht durchgehend auf und definiert in Abs. 2 den **Begriff** des **eingeschränkten Abrufverfahrens**, aus dem in der Praxis die Bezeichnung des **uneingeschränkten Abrufverfahrens** für die übrigen Fälle abgeleitet wurde, vgl. a. § 133 GBO Rdn. 5 ff.

2 Danach sind als **uneingeschränkt Abrufberechtigte** von den in § 133 Abs. 1 GBO Genannten diejenigen zugelassen, die das Vorliegen eines berechtigten Interesses an der Einsichtnahme nach § 43 nicht darzulegen brauchen, nämlich Behörden, Gerichte, Notare und öffentlich bestellte Vermessungsingenieure.

XIII. Vorschriften über das maschinell geführte Grundbuch (Erber-Faller) § 82 V

Alle übrigen in § 133 Abs. 1 Genannten, sowie die unter § 133 Abs. 4 Fallenden können als **eingeschränkt Abrufberechtigte** zugelassen werden. Dasselbe gilt für Versorgungsunternehmen, vgl. § 86 a Rdn. 3. **3**

§ 82 trifft die erforderlichen Vorkehrungen, um die Angehörigen der beiden Gruppen von Abrufern durch **allgemeine Codezeichen** identifizieren und authentisieren zu können, Rdn. 6 f., sowie die Darlegung des **berechtigten Interesses** in einer maschinengerechten Weise entgegennehmen zu können, Rdn. 12 f. **4**

Da eine individuelle Kontrolle bei Vornahme der Abrufe nicht mehr erfolgt, werden Mechanismen für den **Umgang mit den Codezeichen**, Rdn. 8 ff., die **Protokollierung der Abrufe**, Rdn. 14, und nachträgliche **Kontrollen**, Rdn. 16 f., eingeführt. **5**

2. Codezeichen zur Identifizierung und Authentisierung

Abs. 1 ordnet an, daß jedem Abrufer bei der Einrichtung eines Abrufverfahrens ein **Codezeichen** zuzuteilen ist, das er bei Abrufen zu verwenden hat. Zuständig ist entweder die genehmigende Stelle (§ 81 Rdn. 10 f.) oder die Stelle, die das System technisch verwaltet, etwa im Fall von § 126 Abs. 3 GBO (dort Rdn. 25 ff.).[1] **6**

Das Codezeichen übernimmt die von § 64 Abs. 2 Nr. 1 vorgeschriebene Identifizierung und Authentisierung des Benutzers gegenüber dem System, das i. S. v. § 64 Abs. 2 Nr. 2 und 3 seinerseits in der Lage sein muß die Berechtigungen zu verwalten und zu überprüfen. Die Funktion des Codezeichens entspricht etwa derjenigen, die die persönliche Identifikationsnummer (PIN) beim Einsatz von Euroscheck- oder Kreditkarten an Bankautomaten oder an Terminals von Zahlungssystemen hat. Ohne diese Art des Sich-Ausweisens gegenüber dem System darf auch ein Abruf aus dem maschinellen Grundbuch systemtechnisch nicht möglich sein. Die Ausgestaltung des Verfahrens im einzelnen kann variieren.[2] **7**

Im **Umgang mit dem Codezeichen** sind nach Abs. 1 S. 2 und 3 verschiedene Anforderungen zu beachten: **8**

— Jede abrufberechtigte Stelle erhält **nur ein allgemeines Codezeichen**. Da innerhalb der betreffenden Stellen oft mehrere Personen das Abrufverfahren bedienen sollen, ist vorgesehen, den Gebrauch auf bestimmte, gegenüber der genehmigenden Stelle zuvor namentlich benannte Mitarbeiter zu beschränken. **Änderungen** bei den Verwendern, etwa das Ausscheiden eines benannten Mitarbeiters, sind der Genehmigungsbehörde **anzuzeigen**. **9**

— Die **mißbrauchssichere Verwahrung** des Codezeichens hat besonders bei Nutzung durch mehrere Personen Bedeutung. Zu verhindern ist, daß Unbefugte Kenntnis von dem Codezeichen erlangen und dadurch in die Lage versetzt werden, auf den Inhalt des maschinellen Grundbuchs zuzugreifen. **10**

— Die **Ausgabe eines neuen Codezeichens** wird über den Wortlaut der Vorschrift hinaus nicht nur dann in Betracht kommen, wenn bei Mitarbeiterwechsel ein Mißbrauch zu befürchten ist, sondern auch in den sonstigen Fällen des möglichen Bekanntwerdens gegenüber Unbefugten, etwa bei Einbruch oder Diebstahl, sowie bei Verlust, technischem Versagen o. ä. Das Unterlassen der unverzüglichen Einschaltung der Genehmigungsbehörde kann den **Widerruf** der Zulassung (§ 81 Rdn. 16 f.) bzw. deren Aussetzung (§ 81 Rdn. 19 f.) wegen mißbräuchlicher Benutzung rechtfertigen. **11**

---

[1] Meikel/*Göttlinger* Rdn. 8.
[2] Vgl. Beispiele bei Meikel/*Göttlinger* Rdn. 9 ff.

3. Darlegungserklärung

12 Beim eingeschränkten Abrufverfahren (Rdn. 1) besteht zusätzlich zur Identifikations- und Authenikationsprüfung das Erfordernis, die Anforderungen von §§ 12, 12 b GBO zu überprüfen, d. h. die Darlegung eines berechtigten Interesses an der Einsichtnahme festzustellen. Da beim automatisierten Abruf eine Einzelfallprüfung durch einen Grundbuchamtsbediensteten nicht mehr erfolgt, wurde die **kodierte Darlegungserklärung** entwickelt. Nach § 82 Abs. 2 müssen die zum eingeschränkten Abruf Berechtigten – und nur diese – ein zusätzliches Codezeichen verwenden, mit dem die Art der Einsichtsberechtigung bezeichnet wird.

13 Abs. 2 S. 2 sieht zwar die Möglichkeit vor, dieses weitere Codezeichen ebenso wie das allgemeine Codezeichen (Rdn. 6 f.) durch eine zentrale Stelle zuzuteilen. Dies wird aber im Regelfall in der Praxis weniger zweckmäßig sein, weil es dabei nicht um die Mitteilung von nur dem Verwender und dem Grundbuchamt bekannten Identifikationsdaten geht, die für jeden Abrufer unterschiedlich sind, sondern um eine begrenzte Zahl von Tatbeständen, die zur Einsicht in das Grundbuch berechtigen, und die leicht schematisiert abgebildet werden können, vgl. die Auflistung in § 133 GBO Rdn. 8. Die gängigen Verfahren bieten daher ein Auswahlmenü an, aus dem der Abrufer die für ihn zutreffende Angabe auswählen muß.

4. Protokollierung

14 Abs. 2 S. 3 bis 5 konkretisieren die in § 133 Abs. 5 S. 2 GBO eingeführte und mit Rücksicht auf § 64 Abs. 2 Nr. 4 **systemtechnisch zu verwirklichende Protokollierungspflicht** für den Anwendungsfall des eingeschränkten Abrufverfahrens. Gem. S. 4 gelten hierfür dieselben Regelungen wie für die grundsätzlich durch das Grundbuchamt zu führenden allgemeinen Protokolle, zu denen §§ 83 und 84 nähere Ausführungen enthalten; Einzelheiten s. dort. Im Unterschied dazu hat jedoch die zum eingeschränkten Abruf zugelassene Stelle selbst die gesonderte Protokollierung ihrer Abrufe sicherzustellen und das Protokoll nach Abs. 2 S. 3 bis zum Ablauf des auf den Abruf folgenden Kalenderjahres „bereitzuhalten" (nicht notwendig zu kopieren oder auszudrucken, § 83 Rdn. 9). Hierauf kann nach S. 5 verzichtet werden, soweit das Grundbuchamt ein vollständiges Protokoll über sämtliche Abrufe führt.

15 – Zum **Inhalt** des Protokolls vgl. § 83 Rdn. 6
16 – Zur **Auswertung** der Protokolle durch die Aufsichtsbehörde oder genehmigende Stelle sowie durch den Eigentümer vgl. § 83 Rdn. 9 ff.
17 – Zur **zusätzlichen Kontrolle** nach § 84 s. dort.

[Überprüfung]

§ 83

(1) Das Grundbuchamt protokolliert mindestens jeden zehnten Abruf im Durchschnitt einer zum automatisierten Abrufverfahren berechtigten Person oder Stelle. Das Protokoll muß das Grundbuchamt, das Grundbuchblatt, die abrufende Person oder Stelle, deren Geschäfts- oder Aktenzeichen, das Datum, zu welchem der Abruf erfolgte, bei eingeschränktem Abrufverfahren auch eine Angabe über die Art des Abrufs ausweisen. Einer Speicherung des Akten- oder Geschäftszeichens bedarf es nicht, wenn die abrufende Person oder Stelle selbst eine Protokollierung der Abrufe durchführt und das Protokoll zur Einsicht durch die zur Prüfung befugten Stellen und den Eigentümer

des Grundstücks oder grundstücksgleichen Rechts bis zum Ende des auf den Abruf folgenden Kalenderjahres bereithält.

(2) Am Ende eines jeden Kalenderjahres wird das Protokoll nach Abs. 1 Satz 1 und 2 kopiert oder ausgedruckt. Der Eigentümer des jeweils betroffenen Grundstücks, Gebäudeeigentums oder grundstücksgleichen Rechts kann bis zum Ablauf des folgenden Kalenderjahres Auskunft darüber verlangen, wer im Abrufverfahren Einsicht in das Grundbuch genommen hat, bei eingeschränktem Abruf auch über die Art des Abrufs. Nach Ablauf der in Satz 2 bezeichneten Frist werden das Protokoll, die Kopie und der Ausdruck vernichtet.

(3) Mindestens einmal im Jahr wird für jeden Abrufberechtigten ein seine Abrufe auflistender Ausdruck des Protokolls erstellt und der für die Aufsicht über die Person oder Stelle zuständigen Behörde, bei Banken und Versicherungen dem jeweiligen Bundesaufsichtsamt, bei Genossenschaften, die einer gesetzlichen Prüfpflicht durch einen Prüfverband unterliegen, diesem Verband, im übrigen der genehmigenden Stelle zum Zweck der Stichprobenkontrolle zugeleitet. Die Daten des Protokolls können statt auf einem Ausdruck auch in anderer Form, insbesondere auch durch Zuleitung eines Datenträgers oder durch Datenfernübertragung, übermittelt werden, wenn sie inhaltlich unverändert in lesbarer Form wiedergegeben werden können. Das Protokoll wird auch bei Übermittlung nach Satz 2 dort nach Durchführung der Kontrolle, spätestens ein Jahr nach seinem Eingang, vernichtet, sofern es nicht für weitere Prüfungen benötigt wird.

1. Allgemeines

Da beim automatisierten Abrufverfahren die Möglichkeit einer präventiven Einzelfallüberprüfung von Abrufen nicht besteht, sehen die dafür geltenden Vorschriften ein System von präventiven und nachträglichen Maßnahmen vor, mit denen insbesondere die Beachtung von §§ 12, 12 b GBO sichergestellt werden soll. **1**

Präventive Maßnahmen sind das Zulassungsverfahren, § 81 Rdn. 7 ff., die Vergabe von Codezeichen zur Identifizierung der Abrufer, § 82 Rdn. 6 f., sowie die kodierte Darlegungserklärung, § 82 Rdn. 12. **2**

§ 133 Abs. 5 S. 2 GBO ordnet ferner zum Zweck der **nachträglichen Überprüfbarkeit** die Führung eines **Protokolls** über die im Wege des automatisierten Abrufverfahrens vorgenommenen Abrufe an. § 83 enthält Ausführungsvorschriften zum **Umfang** der Protokollierung, Rdn. 5, zum **Inhalt**, Rdn. 6, und zur **Auswertung**, Rdn. 9 ff., der Protokolle. Die Vorschrift fügt sich gleichwohl nicht nahtlos in das System der Grundbuchverfügung ein, Rdn. 13 ff. **3**

Das Protokoll wird nicht etwa von einer Person erstellt, sondern aufgrund eines vorprogrammierten Ablaufs auf der Grundbuchrechenanlage, die sich ggf. nach § 126 Abs. 3 GBO außerhalb des Grundbuchamts befinden kann, automatisiert aufgezeichnet und auf einem geeigneten Datenspeicher abgelegt. **4**

2. Protokollierungspflicht

Abs. 1 S. 1 sieht die Protokollierung **mindestens jedes zehnten Abrufs** im Durchschnitt vor. Das bedeutet, daß zwar nicht genau jeder zehnte Abruf erfaßt werden muß, es dürfen aber nicht insgesamt nicht weniger als dieser Anteil mitgeschrieben werden, da sonst eine effektive Kontrolle nicht möglich wäre. Eine **umfassende Protokollierung** ist zulässig und mit Rücksicht auf die einfachere technische Ablaufgestaltung beim Grundbuchamt sowie die Entlastung der eingeschränkt Abrufberechtigten von der eigenen Protokollierungspflicht vorteilhaft, vgl. § 82 Abs. 2 S. 5. **5**

6 Das Protokoll enthält nach Abs. 1 S. 2 **Angaben** zu Grundbuchamt, Grundbuchblatt, Abrufer, dessen Geschäfts- oder Aktenzeichen, Abrufdatum und — beim eingeschränkten Abrufverfahren — die Darlegungserklärung in kodierter oder offener Form.

7 Das **Geschäfts- oder Aktenzeichen** ist lediglich bei eigener Protokollierung der abrufenden Person oder Stelle entbehrlich, § 82 Rdn. 14. Ohne diese Angabe ist oft die nachträgliche Zuordnung der Vorgänge zum Zweck der Überprüfung nicht mehr möglich. Selbst mit dieser Angabe hat sich die Zuordnung in der Praxis in Fällen als problematisch erwiesen, in denen die abrufende Stelle nicht verpflichtet ist, während der Aufbewahrungszeit unter dem betreffenden Aktenzeichen eine gesonderte Dokumentation zu führen. Aus § 83 kann jedoch nicht abgeleitet werden, daß die abrufende Stelle eine lückenlose Dokumentation solcher Fälle über die für sie allgemein geltenden Vorschriften hinaus zu führen hat. Es kann nur im Rahmen einer Abwägung der beteiligten Interessen (s. a. unten Rdn. 14 f.) im Rahmen der Verhältnismäßigkeit verlangt werden, eine Nachprüfung zu ermöglichen.

8 Sinnvollerweise muß das Protokoll zur Überprüfung nach verschiedenen Kriterien **aufbereitet** werden können, insbesondere **geordnet nach Grundbuchstellen** bzw. **Eigentümern** (vgl. § 133 Abs. 5 S. 2 GBO) sowie nach **Abrufern** (vgl. §§ 82 Abs. 2 S. 2; 83 Abs. 2 S. 2, Abs. 3 S. 1).

3. Auswertung der Protokolle

9 Nach Abs. 2 S. 1 ist **am Ende eines jeden Kalenderjahres** zum Zweck der Vorhaltung durch das Grundbuchamt von den gespeicherten Protokolldaten eine **Kopie**[1] oder ein **Ausdruck** zu erstellen; zur Bereithaltungspflicht bei der abrufenden Stelle, s. § 82 Rdn. 14.

10 Hinsichtlich der nach Abs. 3 S. 1 vorgesehenen Übermittlung an die aufsichtsführenden Stellen war ursprünglich die Erstellung von Ausdrucken und deren Übersendung vorgesehen. Zur Verringerung der zu bewegenden Aktenmengen kommt neuerdings auch eine **Übermittlung per Datenträger** oder **Datenfernübertragung** in Betracht. Die entsprechende Änderung von Abs. 3 wurde durch die 2. EDVGB-ÄndVO[2] nachträglich in die GBV eingefügt.

11 Die **Aufbewahrungszeit** ist in allen Fällen beschränkt auf den **Zeitraum von einem Kalenderjahr** ab Ausdruck bzw. Eingang, vgl. § 83 Abs. 1 S. 3 für die selbst protokollierende abrufende Stelle, Abs. 2 S. 3 für das Grundbuchamt und Abs. 3 S. 2 für die aufsichtsführende Stelle. Innerhalb dieser Frist kann eine **Einsichtnahme durch den Eigentümer**[3] sowie eine **Auswertung durch die zuständige Stelle** (entweder die Aufsichtsstelle oder — soweit eine solche nicht besteht — durch die genehmigende Stelle, Abs. 3 S. 1) vorgenommen werden. Eine dauerhafte Archivierung der Protokolle ist mit Rücksicht auf die entstehende Datenmenge nicht vorgesehen.

12 Zur jeweils zuständigen Aufsichtsstelle vgl. § 133 GBO Rdn. 32; zu den zusätzlichen Kontrollen bei Fehlen einer solchen Stelle und beim eingeschränkten Abrufverfahren s. § 84.

---

[1] Zu den Möglichkeiten der Erstellung von Kopien auf Datenträger oder auf Mikrofilm Meikel/*Göttlinger* Rdn. 15.

[2] 2. EDVGB-ÄndV v. 11. 7. 1997, BGBl. I 1808.

[3] Einzelheiten zur Realisierung des Auskunftsanspruchs Meikel/*Göttlinger* Rdn. 19 ff.

4. Verhältnis zu anderen Vorschriften

Zur Frage des Verhältnisses von § 83 zur **Einsicht nach § 79 beim Grundbuchamt** selbst wurde zu Recht darauf hingewiesen,[4] daß der Auskunftsanspruch des Eigentümers systematisch nicht schlüssig ist, da eine entsprechende Auskunftsmöglichkeit für den Eigentümer beim Papiergrundbuch generell und beim maschinellen Grundbuch in all den Fällen nicht besteht, in denen eine Protokollierungpflicht nicht vorgesehen ist. Dies gilt insbesondere auch für die Fälle der **Einsicht nach § 132 GBO bei einem anderen als dem örtlich zuständigen Grundbuchamt** sowie bei der **Fertigung von Ausdrukken nach § 78**. 13

In den Fällen der **privilegiert Abrufberechtigten nach § 43** darf nicht durch die Protokollierung die Notwendigkeit entstehen, über die Abrufe eine eigene, gesonderte Dokumentation zu führen, um bei Überprüfungen die Vorgänge nachträglich zuordnen und die Rechtmäßigkeit der Einsichtnahme im Einzelfall belegen zu können, weil dies faktisch zum **Verlust der Darlegungserleichterung** führen würde. Wünschenswert wäre gleichwohl, daß die vom Abrufer zu benutzende Client-Software Dokumentationsoptionen für die interne Organisation eröffnet. 14

Bei der Gestaltung der Möglichkeiten, nach §§ 132, 133 GBO sowie §§ 43, 78, 79 und 80 ff. vom Inhalt des maschinellen Grundbuchs Kenntnis zu nehmen, wurde bereits eine **Abwägung** getroffen zwischen dem Datenschutzinteresse des Eigentümers, das in §§ 12, 12b GBO seine spezielle grundbuchrechtliche Ausprägung gefunden hat, und der Funktion des Grundbuchs als Dokumentationssystem für den Rechtsverkehr mit Grundstücken, das in gewissem Umfang und ohne zu großen Aufwand zugänglich sein muß. Auch im Rahmen der Auslegung und der praktischen Anwendung der Kontrollvorschriften sollten diese Grundüberlegungen mit dem Ziel Berücksichtigung finden, den on-line-Zugang zum maschinellen Grundbuch für den ohnehin beschränkten dafür in Betracht kommenden Nutzerkreis attraktiv zu halten. 15

[Kontrolle]

§ 84

Die berechtigte Person oder Stelle, die einer allgemeinen Aufsicht nicht unterliegt oder die zum eingeschränkten Abrufverfahren berechtigt ist, muß sich schriftlich bereiterklären, eine Kontrolle der Anlage und ihrer Benutzung durch die genehmigende Stelle zu dulden, auch wenn diese keinen konkreten Anlaß dafür hat. § 133 Abs. 5 der Grundbuchordnung bleibt unberührt.

1. Zusätzliche Kontrolle

§ 84 sieht vor, daß über die in § 133 Abs. 5 GBO vorgesehene Protokollierungspflicht hinaus für die in der Vorschrift genannten beiden Nutzergruppen zusätzliche Kontrollen ihrer Anlage sowie deren Benutzung stattfinden. Die Kontrollen können **ohne konkreten Anlaß** durchgeführt werden, erst recht aber, wenn der Verdacht auf Unregelmäßigkeiten besteht. 1

Die **Zuständigkeit** liegt bei der **Genehmigungsbehörde** selbst, die sich bei der Durchführung jedoch der Unterstützung etwa des mit den Grundbuchanlagen betrauten Fachpersonals bedienen kann. 2

---

[4] Meikel/*Göttlinger* Rdn. 26.

3 Unter **Anlage** ist die Gesamtheit der zum Abruf benutzten Hard- und Software einschließlich der Kommunikationseinrichtungen zu verstehen, soweit sie beim automatisierten Abruf zum Einsatz gelangen. Sonstige, für andere Zwecke betriebene EDV-Anlagen bleiben außer Betracht, soweit von ihnen keine störenden Auswirkungen auf den Abrufbetrieb ausgehen können.

4 Die Kontrolle der **Benutzung** umfaßt die innerbetriebliche Organisation des Abrufverfahrens (etwa den Umgang mit den Codezeichen, die Auswahl der verantwortlichen Mitarbeiter etc.) sowie die Art und Weise der Durchführung einzelner Abrufe (ordnungsgemäße Verwendung der Codezeichen; Sicherstellung, daß Abrufe nur zu den erlaubten Zwecken stattfinden etc.).

5 Die zusätzliche Kontrolle hat den Sinn, **präventiv** zu wirken, und zwar sowohl gegen unbeabsichtigte Störungen des Abrufbetriebs als auch gegen etwaige Mißbräuche. Die **schriftlich zu erklärende Einwilligung**, die mit dem Antrag auf Genehmigung (§ 81 Rdn. 8) oder mit der abzuschließenden Verwaltungsvereinbarung bzw. dem öffentlich-rechtlichen Vertrag (§ 81 Rdn. 7) verbunden werden kann, führt den Betroffenen dieses Anliegen vor Augen.

2. Die der besonderen Kontrolle Unterworfenen

6 Die Vorschrift sieht vor, daß die besonderen Kontrollen bei zwei Nutzerkreisen durchgeführt werden:

7 – bei **Personen oder Stellen, die keiner Aufsichtspflicht unterliegen**, da hier keine regelmäßigen und regulären Kontrollen der Amts- oder Geschäftsführung stattfinden, anläßlich deren etwaige Mißbräuche oder Störungsquellen entdeckt werden könnten. § 84 soll hierfür einen gewissen, auf das Abrufverfahren beschränkten Ausgleich schaffen.

8 – bei **zum eingeschränkten Abruf Berechtigten**, da ihnen die Abrufberechtigung im Gegensatz zu den uneingeschränkt Berechtigten nicht im Hinblick auf eine von ihnen wahrgenommene amtliche bzw. öffentlich-rechtlich strukturierte Funktion erteilt worden ist, sondern vielmehr vor einem individuellen wirtschaftlichen Hintergrund. Auch das Verfahren der kodierten Darlegungserklärung (§ 82 Rdn. 12), bei dem keine präventive Prüfung des berechtigten Interesses mehr stattfindet, läßt die Möglichkeit, bei einzelnen Abrufberechtigten zusätzliche Kontrollen durchzuführen, geboten erscheinen.

[Gebühren, Entgelte]

§ 85

(1) Für die Einrichtung und Nutzung des automatisierten Abrufverfahrens werden von dem Empfänger für die Einrichtung eine einmalige Einrichtungsgebühr und für die Nutzung eine monatlich fällig werdende Grundgebühr sowie Abrufgebühren erhoben. Die Abrufgebühren sind zu berechnen
 1. bei dem Abruf von Daten aus dem Grundbuch für jeden Abruf aus einem Grundbuchblatt,
 2. bei dem Abruf von Daten aus Verzeichnissen nach § 12 a der Grundbuchordnung für jeden einzelnen Suchvorgang.
(2) Wird eine Vereinbarung zwischen der zuständigen Behörde der Landesjustizverwaltung und dem Empfänger über die Einrichtung und Nutzung geschlossen, so ist ein Entgelt zu verabreden, das sich an dem Umfang der im Falle einer Genehmigung

XIII. Vorschriften über das maschinell geführte Grundbuch (Erber-Faller) § 85 V

anfallenden Gebühren ausrichtet. Mit Stellen der öffentlichen Verwaltung können abweichende Vereinbarungen geschlossen werden.
(2 a) § 8 der Justizverwaltungskostenordnung ist anzuwenden.
(3) Die Höhe der in Abs. 1 bestimmten Gebühren wird durch besondere Rechtsverordnung des Bundesministeriums der Justiz mit Zustimmung des Bundesrates festgelegt.

1. Allgemeines

Im Gegensatz zur gebührenfreien Einsicht in das Grundbuch (§ 79) werden für die Einsichtnahme im maschinellen Abrufverfahren Gebühren erhoben. Die Gebühren haben ihre abgestufte Rechtsgrundlage an drei verschiedenen Stellen: **1**

— § 133 GBO Abs. 8 ordnet die Gebührenerhebung auf der Basis einer mit Zustimmung des Bundesrats zu erlassenden Rechtsverordnung des Bundesministeriums der Justiz **grundsätzlich** an und bestimmt, daß die Gebührenbemessung in erster Linie dazu dient, die bei der Justiz anfallenden Kosten des Abrufverfahrens zu decken, des weiteren aber auch der Nutzen der Abrufmöglichkeit aus Sicht der Abrufberechtigten in die Bemessung eingehen kann. Der Gesetzgeber hat sich also durchaus mit der Frage auseinandergesetzt, daß die Kosten des Verfahrens ein wesentlicher Faktor sind, der die Verbreitung von on-line-Anschlüssen bestimmen und damit sowohl zur Gebührenerzielung als auch zur Entlastung der Grundbuchgeschäftsstellen beitragen kann.[1] **2**

— Der Verordnungsgeber hat in § 85 Abs. 1 die Ermächtigung aufgegriffen und die **Struktur** der Gebührenerhebung konkretisiert. Erhoben werden eine einmalige Einrichtungsgebühr (Rdn. 6), eine monatlich zu entrichtende Grundgebühr (Rdn. 7) sowie für die Abrufe von Fall zu Fall zu erhebende Gebühren (Rdn. 8 ff.), vgl. a. § 133 GBO Rdn. 38. § 85 Abs. 2 stellt klar, daß die Gebührenregelung nur für das Genehmigungsverfahren unmittelbar gilt, jedoch grundsätzlich auch in den anderen Fällen aus Gründen der Gebührengerechtigkeit heranzuziehen ist (Rdn. 11 f.). **3**

— Die **Höhe**[2] **der Gebühren im einzelnen** regelt die ebenfalls zustimmungspflichtige Verordnung über **Grundbuchabrufverfahrengebühren (GBAbVfV)** v. 30. 11. 94, BGBl. I 3585, geändert durch die 2. EDVGBÄndV v. 11. 7. 1997, BGBl. I 1808 auf der Grundlage einer weiteren, in § 85 Abs. 3 enthaltenen Ermächtigung an das Bundesministerium der Justiz. **4**

Die **Erstellung der Abrechnungen** kann im einzelnen mit Aufwand für die Grundbuchämter verbunden sein.[3] Programmtechnische Weiterentwicklungen sollen jedoch diesen Vorgang künftig komfortabel unterstützen.[4] **5**

2. Gliederung der zu erhebenden Gebühren

Die **einmalige Einrichtungsgebühr** von derzeit 1.000,– DM ist dazu bestimmt, den Aufwand pauschal abzugelten, der der Justizverwaltung mit der Schaffung der techni- **6**

---

[1] Zu dem weiteren, krit. zu bewertenden und vom Gesetz nicht vorgesehenen Faktor einer Förderung der Beteiligungsbereitschaft am Abrufverfahren durch Einschränkung der Einsichtsmöglichkeiten im Grundbuchamt, vgl. a. § 133 GBO Fn. 5.
[2] Zur Frage der Behandlung der Gebühren in der notariellen Praxis vgl. *Püls/Reetz* (Nachw. vor § 133 GBO).
[3] Meikel/*Göttlinger* Rdn. 28. Gesetz und Verordnung enthalten keine Regelungen, wie die Erfüllung der Gebührenschuld zu begleichen ist. Hierfür gelten somit die allgemeinen Kostengesetze.
[4] Bredl 75.

schen Voraussetzungen für den Abruf, der Bearbeitung des Zulassungsantrages, der Prüfung der technischen Voraussetzungen beim Antragsteller und der Zuteilung des bzw. der Codezeichen entsteht.[5] Sie ist grundsätzlich bei jeder Antragstellung zu erheben, fällt aber nur einmal an, wenn für mehrere Grundbuchämter eine gemeinsame Datenverarbeitungsanlage gehalten wird (§ 126 Abs. 3 GBO) und die Zulassung sich hierauf erstreckt, ebenso wenn die Zulassung für sämtliche Grundbuchämter eines Landes erteilt wird (§ 81 Rdn. 13). Derzeit ist für jedes Bundesland (mindestens) eine gesonderte Zulassung zu beantragen, vgl. § 81 Abs. 3 S. 1. Mit dem Erlaß der von § 133 Abs. 7 S. 3 GBO vorgesehenen Rechtsverordnung werden solche Zulassungen jedoch ohne weitere Formalitäten, und damit ohne weitere Einrichtungsgebühren, Geltung über die Landesgrenzen hinaus erlangen. Die Regelung fügt sich in das System der maschinellen Grundbuchführung nahtlos ein, nach dem bei flächendeckender Elektronisierung der Grundbücher nach bundeseinheitlichen Grundsätzen eine bundesweite Abfrage über offene Schnittstellen möglich sein soll, § 64 Rdn. 2.

7 Die **monatliche Grundgebühr** von derzeit 100,– DM deckt den pauschalen Aufwand für die laufende Bereithaltung der Grundbuchdaten und für die Erstellung der Protokolle nach § 83.[6] Auch sie ist pro Abrufberechtigtem nur einmal zu erheben, soweit sich seine Zulassung auf mehrere oder alle von einer gemeinsamen Datenverarbeitungsanlage versorgten Grundbuchämter eines Landes erstreckt.

8 Bei der **Gebühr für den Einzelabruf** ist zu unterscheiden, ob es sich um ein Grundbuchblatt oder um die Einsicht in ein Hilfsverzeichnis nach § 12 a handelt:

9 – Im Fall eines **Grundbuchblattes** beträgt die Gebühr gegenwärtig 10,– DM[7] und ermäßigt sich **für Folgeabrufe** zum selben Grundbuchblatt **innerhalb von sechs Monaten** auf 5,– DM. Zur Feststellung, ob es sich um dasselbe Grundbuchblatt handelt, kann die stets erforderliche Angabe des Aktenzeichens (§ 83 Abs. 1 S. 2) vom Grundbuchrechner maschinell ausgewertet werden[8].

10 – Als einsehbare Verzeichnisse kommen derzeit das **Eigentümer-** und das **Grundstücksverzeichnis** sowie die **Markentabelle** (vgl. § 126 GBO Rdn. 22 f.) in Betracht. Die anfallenden Gebühren von 5,– DM gelten auch bei gemeinsamer Nutzung von Verzeichnissen durch Grundbuch- und Katasteramt (§ 126 GBO Rdn. 24).

3. Vereinbarung des Entgelts

11 Nach Abs. 2 S. 1 orientieren sich die außerhalb von Genehmigungsverfahren festzulegenden Gebühren grundsätzlich an den bei Genehmigungsverfahren geltenden Gebühren, um ungerechtfertigte Gebührenvorteile einzelner Kreise auszuschließen.[9]

12 Etwas anderes gilt nach Abs. 2 S. 2 für Vereinbarungen mit Stellen der öffentlichen Verwaltung, zu denen die in § 81 Abs. 1 S. 1 genannten Stellen gerechnet werden (s. a.

---

[5] Meikel/*Göttlinger* Rdn. 10 f.
[6] Meikel/*Göttlinger* Rdn. 16.
[7] Soweit die Gebühr in Ländern, deren Grundbuchwesen sich in Umstellung befindet, zur Zeit auch für vergebliche Abrufversuche betreffend noch nicht elektronisierte Grundbuchblätter erhoben wird, steht dies im Widerspruch zum Wortlaut der BGAbVfV („Abruf von Daten aus einem Grundbuchblatt"), so a. Meikel/*Göttlinger* Rdn. 20, der auf die tatsächliche Übertragung von Grundbuchdaten abstellt.

[8] Meikel/*Göttlinger* Rdn. 27 f.; den Abrufern ist daher zu raten, das Aktenzeichen so zu gestalten, daß die maschinelle Einordnung als Folgeabruf dauerhaft und eindeutig möglich ist, also nicht etwa in Abhängigkeit von Bearbeitern oder anderen variablen Angaben.
[9] Das bei Meikel/*Göttlinger* genannte Beispiel der Notare hat bisher keine praktische Bedeutung erlangt, da immer (zu Recht?) die Beantragung einer Genehmigung verlangt wurde.

XIII. Vorschriften über das maschinell geführte Grundbuch (Erber-Faller) § 86 V

dort Rdn. 7). Mit ihnen können Gebührenermäßigungen bis hin zum Gebührenerlaß vereinbart werden, was die 2. EDVGB-ÄndV[10] durch Einfügung der Verweisung auf § 8 der Justizverwaltungskostenordnung als neuen Abs. 2 a klargestellt hat. Diese Vorschrift, die nach dem ebenfalls neu eingefügten § 106 auch in bereits bestehenden Fällen Anwendung findet, regelt die Gebührenfreiheit für öffentliche Körperschaften.

4. Gebührenabtretung

Die vorstehenden Regelungen gelten auch im Fall der Abtretung von Gebühren bzw. Entgelten nach § 133 Abs. 8 S. 3 GBO, da hierdurch nicht die Gebührenstuktur und ihre Rechtsgrundlage, sondern nur der Zahlungsempfänger geändert wird. Die Abtretbarkeit bleibt ohne Einfluß auf die Rechtsstellung des Schuldners im Rechtsbehelfsfall, vgl. a. § 133 GBO Rdn. 41. **13**

Unberührt bleiben im Fall der Abtretung auch die datenschutzrechtlichen Anforderungen und die Anforderungen an die Verschwiegenheitspflichten im Umgang mit Daten, die ihren Ursprung etwa in Notariaten haben. Im Hinblick auf die gängige Verwendung von Beteiligtennamen als Aktenzeichen und die Auswertung der Aktenzeichen im Rahmen der Gebührenabrechnung (Rdn. 9) sind die Mitarbeiter des Abtretungsempfängers, soweit sie keiner gesetzlichen Verschwiegenheitspflicht unterliegen, nach § 1 des Verpflichtungsgesetzes[11] zu verpflichten. **14**

6. Zusammenarbeit mit den katasterführenden Stellen und Versorgungsunternehmen

[Zusammenarbeit mit den katasterführenden Stellen]

§ 86

(1) Soweit das amtliche Verzeichnis (§ 2 Abs. 2 der Grundbuchordnung) maschinell geführt wird und durch Rechtsverordnung nach § 127 der Grundbuchordnung nichts anderes bestimmt ist, kann das Grundbuchamt die aus dem amtlichen Verzeichnis für die Führung des Grundbuchs benötigten Daten aus dem Liegenschaftskataster anfordern, soweit dies nach den katasterrechtlichen Vorschriften zulässig ist.
(2) Soweit das Grundbuch maschinell geführt wird, dürfen die für die Führung des amtlichen Verzeichnisses zuständigen Behörden die für die Führung des automatisierten amtlichen Verzeichnisses benötigten Angaben aus dem Bestandverzeichnis und der ersten Abteilung anfordern.
(3) Die Anforderung nach den Absätzen 1 und 2 bedarf keiner besonderen Genehmigung oder Vereinbarung. Auf Ersuchen der Flurbereinigungsbehörde, der Umlegungsstelle, der Bodensonderungsbehörde, der nach § 53 Abs. 3 und 4 des Landwirtschaftsanpassungsgesetzes zuständigen Stelle oder des Amtes oder des Landesamtes zur Regelung offener Vermögensfragen übermittelt das Grundbuchamt diesen Behörden die für die Durchführung eines Bodenordnungsverfahrens erforderlichen Daten aus dem Grundbuch der im Plangebiet gelegenen Grundstücke, Erbbaurechte und dinglichen Nutzungsrechte. Bei Fortführungen der Pläne durch diese Behörden gelten Absatz 1 und Satz 1 entsprechend.
(4) Die Übermittlung der Daten kann in den Fällen der vorstehenden Absätze auch im automatisierten Verfahren erfolgen.

---

[10] 2. EDVGB-ÄndV v. 11. 7. 1997, BGBl. I 1808.
[11] Verpflichtungsgesetz v. 2. 3. 1974, BGBl. I 469, 547, geändert durch § 1 Nr. 4 des Gesetzes v. 15. 8. 1974, BGBl. I 1942.

§ 86 V

1. Allgemeines

1 Während § 127 GBO die Rechtsgrundlage für eine langfristig anzustrebende echte Integration von Grundbuch und Kataster schafft, ermöglicht § 86 den Ländern in der Übergangszeit die **Einrichtung von Kooperationsmöglichkeiten**, die die Aufrechterhaltung der Übereinstimmung von Grundbuch und Kataster mit technischen Mitteln unterstützen, ohne eine weitergehende Integration bereits zu erfordern bzw. herbeizuführen.

2 Über den Wortlaut des Titels der Vorschrift hinaus regelt § 86 nicht nur in Abs. 1 und 2 (Rdn. 2 ff.) die **Zusammenarbeit mit den Katasterbehörden**, sondern auch in Abs. 3 (Rdn. 7 ff.) die **Zusammenarbeit mit den Bodenordnungsbehörden**.

3 Alle Kooperationsformen sind frei von besonderen Genehmigungserfordernissen, Abs. 3 S. 1, setzen aber eine Verständigung über die notwendigen technischen Vorkehrungen voraus, die angesichts der auf beiden Seiten bereits vorhandenen, nach unterschiedlichen Maßgaben entstandenen Systeme u. U. mit nicht zu unterschätzendem Aufwand verbunden sein kann.

2. Zusammenarbeit mit den katasterführenden Stellen

4 Sofern sowohl das Grundbuch als auch beim Liegenschaftskataster das Buchwerk[1] maschinell geführt werden, kommt der in § 86 vorgesehene Datenaustausch[2] in Betracht. Er kann durch Datenfernübertragung oder auch durch den Austausch jeder Art von geeigneten Datenträgern vollzogen werden. Nach Abs. 4 ist ferner eine **Übermittlung im automatisierten Verfahren**, d. h. aufgrund eines vorprogrammierten maschinellen Ablaufs, zulässig.

5 Die Angaben aus dem **Liegenschaftskataster**, die zur Führung des Grundbuchs benötigt werden, ergeben sich hauptsächlich aus § 6, der die Gestaltung des Bestandsverzeichnisses betrifft, beschränken sich aber nicht hierauf. Zulässig ist nach Abs. 1 im Rahmen der katasterrechtlichen Vorschriften die Übernahme aller in Frage kommenden Daten.[3]

6 Die Katasterbehörden können ihrerseits nach Abs. 2 die Daten des Bestandsverzeichnisses und der ersten Abteilung aus dem **maschinellen Grundbuch** anfordern.

3. Zusammenarbeit mit den Bodenordnungsbehörden

7 Mit Rücksicht darauf, daß nach § 2 Abs. 2 GBO bei Durchführung von Bodenordnungsverfahren anstelle des Katasters andere Verzeichnisse für die Bezeichnung der Grundstücke maßgeblich sein können, sieht Abs. 3 eine dem Datenaustausch zwischen Grundbuchamt und Katasterbehörde entsprechende Kooperation mit den zuständigen Behörden vor, die nach Abs. 4 ebenfalls automatisiert (Rdn. 4) ablaufen kann und nicht besonders genehmigt werden muß (Rdn. 3).

8 In den betreffenden Fällen erfolgt der Datenaustausch jedoch nur „für die Durchführung" des Verfahrens, ist also auf dessen Zweck und Dauer, nicht jedoch wie bei Abs. 1 und 2 inhaltlich begrenzt, Abs. 3 S. 2. Die umfassende Übermittlung ist vor allem deshalb erforderlich, da innerhalb dieser Verfahren oft auch eine Neuordnung der Belastungen erfolgen muß.

9 Nach Abs. 3 S. 3 kann das Grundbuchamt nach Abschluß des Verfahrens seinerseits die geänderten Angaben zurückübernehmen.

---

[1] Meikel/*Göttlinger* Rdn. 5.
[2] Zu bereits jetzt praktizierten Vorstufen dieses Verfahrens vgl. Meikel/*Göttlinger* Rdn. 10 f.
[3] Vgl. Meikel/*Göttlinger* Rdn. 13.

XIII. Vorschriften über das maschinell geführte Grundbuch (Erber-Faller) § 87 V

[Zusammenarbeit mit Versorgungsunternehmen]

§ 86 a

(1) Unternehmen, die Anlagen zur Fortleitung von Elektrizität, Gas, Fernwärme, Wasser oder Abwasser oder Telekommunikationsanlagen betreiben (Versorgungsunternehmen), kann die Einsicht in das Grundbuch in allgemeiner Form auch für sämtliche Grundstücke eines Grundbuchamtsbezirks durch das Grundbuchamt gestattet werden, wenn sie ein berechtigtes Interesse an der Einsicht darlegen.

(2) Soweit die Grundbuchblätter, in die ein Versorgungsunternehmen aufgrund einer Genehmigung nach Absatz 1 Einsicht nehmen darf, maschinell geführt werden, darf das Unternehmen die benötigten Angaben aus dem Grundbuch anfordern. Die Übermittlung kann auch im automatisierten Verfahren erfolgen. Die Einzelheiten dieses Verfahrens legt die in § 81 Abs. 2 bestimmte Stelle fest.

Die aufgrund der 2. EDVGB-ÄndV[1] neu geschaffene Vorschrift trägt dem Bedürfnis **1** der Versorgungsunternehmen Rechnung, ihre Rechte aus den Verordnungen über die allgemeinen Versorgungstarife rationeller überprüfen zu können. In diesen Fällen ist die Einsichtnahme in eine Vielzahl von Grundbuchblättern erforderlich, was bei einer Einzeleinsichtnahme nur mit großem Aufwand zu verwirklichen ist.

Auch im Rahmen von § 86 a ist zu beachten, daß ein **berechtigtes Interesse** an der **2** Einsichtnahme bei jedem einzelnen betroffenen Grundbuchblatt gegeben sein muß. Darüber hinaus erfordert die Vorschrift ein berechtigtes Interesse gerade an der Sammeleinsichtnahme, die sich nach Abs. 1 auf sämtliche Grundstücke eines Grundbuchamtsbezirks beziehen kann. Möglich ist aber ebenso eine Beschränkung auf eine oder mehrere Gemarkungen, wenn dargelegt wird, daß nur diese von einer Maßnahme des Unternehmens betroffen sind.

Die Form der Einsichtnahme und ihrer technischen Realisierung ist in § 86 a nicht **3** festgelegt. Bei maschineller Grundbuchführung hat jedoch gerade für diese Fälle das **maschinelle Abrufverfahren** nach §§ 80 ff. erhebliche Vorteile. Abs. 2 S. 2 erweitert deshalb den Kreis der möglichen Eingeschränkten, d. h. von der Darlegung des berechtigten Interesses nicht befreiten Abrufberechtigten entsprechend.

Zur kodierten Darlegungserklärung § 82 Rdn. 12; zu den Einzelheiten der Zulassung **4** § 81 Rdn. 7 ff.; zur Kontrolle der Benutzung des Abrufverfahrens §§ 83, 84.

7. Hypotheken-, Grundschuld- und Rentenschuldbriefe

[Erteilung von Briefen]

§ 87

Hypotheken-, Grundschuld- und Rentenschuldbriefe für in dem maschinell geführten Grundbuch eingetragene Rechte müssen abweichend von § 56 Abs. 1 Satz 2 der Grundbuchordnung nicht unterschrieben und mit einem Siegel oder Stempel versehen werden, wenn sie maschinell hergestellt werden. Sie tragen dann anstelle der Unterschrift den Namen des Bediensteten, der die Herstellung des Briefes veranlaßt hat, und den Vermerk „Maschinell hergestellt und ohne Unterschrift gültig". Der Brief muß mit dem Aufdruck des Siegels oder Stempels des Grundbuchamtes versehen sein oder wer-

---

[1] 2. EDVGB-ÄndV v. 11. 7. 1997, BGBl. I 1808.

§ 88 V   II. Grundbuchverfügung

den. § 50 ist nicht anzuwenden; die Zusammengehörigkeit der Blätter des Briefs oder der Briefe ist in geeigneter Weise sichtbar zu machen.

1 Die grundbuchmäßige Behandlung von Briefrechten und die Ausstellung von Hypotheken-, Grundschuld- und Rentenschuldbriefen richten sich auch bei maschineller Grundbuchführung grundsätzlich nach §§ 56 ff. GBO, 47 ff.

2 Die **Herstellung der Briefe** und der in ihnen enthaltenen Angaben wird bei maschineller Grundbuchführung jedoch in der Regel programmgesteuert aus den für die Eintragung der Rechte eingegebenen Daten und den Benutzerkennungen der veranlassenden Rechtspfleger lediglich durch Eingabe entsprechender Menübefehle erfolgen können. Eine manuelle Einzelüberprüfung der Vorgänge entfällt wie bei der Herstellung von amtlichen Ausdrucken (§ 78 Rdn. 9).

3 § 87 **erleichtert** dementsprechend in Abweichung von den allgemeinen Regeln die Herstellung der Briefe. Wie bei der Herstellung amtlicher Ausdrucke (§ 78 Rdn. 9) genügt auch hier die Namensangabe der veranlassenden Person, deren eigenhändige Unterschrift nicht mehr erforderlich ist. Ferner ist ein Vermerk über die maschinelle Herstellung und die Entbehrlichkeit der Unterschrift auf dem Brief anzubringen. Die individuelle Anbringung des Siegels oder Stempels wird ersetzt durch den Aufdruck des Siegels oder Stempels des Grundbuchamts, der bereits auf dem verwendeten Papier vorgefertigt sein oder beim Ausdruck des Textes des Briefs mitgestellt werden kann.

4 Mit der 2. EDVGB-ÄndV[1] wurde S. 4 angefügt, der zur weiteren Rationalisierung den **Verzicht auf eine Verbindung mit Schnur und Siegel** der Blätter eines Briefs oder mehrerer Briefe erlaubt, da dieser Vorgang nicht maschinell erledigt werden kann. Die Zusammengehörigkeit der Blätter muß dann allerdings in anderer geeigneter Weise deutlich gemacht werden, etwa durch Angabe der Grundbuchblattnummer, die Angabe der Gesamtzahl der Seiten[2] oder einen entsprechenden Vermerk auf jedem Blatt („Seite m von n"). Durch diese Ergänzung wurde für den 7. Unterabschnitt ein allgemeines Prinzip eingeführt, das zunächst nur in § 88 S. 3 für die Verbindung von Schuldurkunden mit dem Brief galt. § 88 S. 3 konnte im Zuge der Änderung daher gestrichen werden.

[Verfahren bei Schuldurkunden]

§ 88

Abweichend von § 58 und § 61 Abs. 2 Satz 3 der Grundbuchordnung muß ein Brief nicht mit einer für die Forderung ausgestellten Urkunde, Ausfertigung oder einem Auszug der Urkunde verbunden werden, wenn er maschinell hergestellt wird. In diesem Fall muß er den Aufdruck „Nicht ohne Vorlage der Urkunde für die Forderung gültig" enthalten.

1 § 88 erstreckt die für die Brieferteilung als solche nach § 87 geltenden Grundsätze auf die Fälle von §§ 58 und 61 Abs. 2 S. 3 GBO, in denen mit dem Brief die zugrundeliegende **Schuldurkunde** im Original oder in vollständiger bzw. teilweiser Ausfertigung oder beglaubigter Abschrift **zu verbinden** ist. Auch hier gilt, daß bei maschineller Herstellung des Briefs die anschließende manuelle Verbindung nach § 50 mit Schnur und Siegel unrationell wäre.

---

[1] 2. EDVGB-ÄndV v. 11. 7. 1997, BGBl. I 1808.
[2] Begründung zur Ergänzung von § 87, BR-Drucks. 386/97, 13.

XIII. Vorschriften über das maschinell geführte Grundbuch (Erber-Faller) **§ 90 V**

Zwar ist wegen des formellen Konsensprinzips die nur deshalb veranlaßte Ausstellung und Vorlage einer Schuldurkunde für die Eintragung des Briefrechts nicht erforderlich (§ 58 GBO Rdn. 1), die Verbindung erfolgt bei deren Vorhandensein jedoch, um zu verhindern, daß mißbräuchlicherweise über das Grundpfandrecht und die verbriefte Forderung eine besondere Verfügungen getroffen wird.[1] Ist eine Schuldurkunde nicht vorhanden, muß deren Nichtvorhandensein nachgewiesen werden, § 58 Abs. 2 GBO. § 88 schreibt deshalb vor, daß der maschinell erstellte Brief einen besonderen Aufdruck erhält, der auf das grundsätzliche Erfordernis der Vorlegung der zugrundeliegenden Schuldurkunde hinweist, auch wenn diese nicht fest mit dem Brief verbunden ist. **2**

S. 3 der Vorschrift wurde aufgrund der 2. EDVGB-ÄndV[2] gestrichen, vgl. § 87 Rdn. 4 a. E. **3**

[Ergänzungen des Briefes]

§ 89

Bei einem maschinell hergestellten Brief für ein im maschinell geführten Grundbuch eingetragenes Recht können die in §§ 48 und 59 vorgesehenen Ergänzungen auch in der Weise erfolgen, daß ein entsprechend ergänzter neuer Brief erteilt wird. Dies gilt auch, wenn der zu ergänzende Brief nicht nach den Vorschriften dieses Abschnitts hergestellt worden ist. Der bisherige Brief ist einzuziehen und unbrauchbar zu machen. Sofern mit dem Brief eine Urkunde verbunden ist, ist diese zu lösen und dem Antragsteller zurückzugeben.

§ 89 setzt die schon im Rahmen von §§ 87 und 88 geltenden **Erleichterungen** auch für die Fälle der **Ergänzung von Briefen** fort. Unabhängig davon, ob der zu ergänzende Brief bereits maschinell oder noch herkömmlich hergestellt wurde, regelt die Vorschrift, daß statt einer Anbringung der Änderungen auf dem ursprünglichen Brief ein neues, inhaltlich entsprechend fortgeschriebenes Original erteilt wird, das nur noch den erleichterten Anforderungen nach §§ 87, 88 entspricht. **1**

Der alte Brief wird unbrauchbar gemacht. Mit ihm nach § 58 GBO etwa verbundene Urkunden werden dem Eigentümer zurückgegeben, da sie nach § 88 nicht mehr mit dem (neuen) Brief verbunden werden. An ihre Stelle tritt der Vermerk nach § 88 S. 2. **2**

8. Schlußbestimmungen

[Datenverarbeitung im Auftrag]

§ 90

Die Bestimmungen dieser Verordnung gelten für die Verarbeitung von Grundbuchdaten durch eine andere Stelle im Auftrag des Grundbuchamts sinngemäß. Hierbei soll sichergestellt sein, daß die Eintragung in das maschinell geführte Grundbuch und die Auskunft hieraus nur erfolgt, wenn sie von dem zuständigen Grundbuchamt verfügt wurde oder nach § 133 der Grundbuchordnung oder den Unterabschnitten 5 und 6 zulässig ist.

---

[1] *Demharter* § 58 GBO Rdn. 1.
[2] 2. EDVGB-ÄndV v. 11. 7. 1997, BGBl. I 1808.

§ 90 V   II. Grundbuchverfügung

1. Allgemeines

1   Nach § 126 Abs. 3 GBO (dort Rdn. 25 ff.) kann die Verarbeitung der Grundbuchdaten im Auftrag des zuständigen Grundbuchamtes durch eine andere Stelle wahrgenommen werden, wenn die ordnungsgemäße Erledigung der Grundbuchsachen sichergestellt ist. § 90 enthält die diesbezüglichen Ausführungsvorschriften, um sicherzustellen, daß die **Zuständigkeit für die Grundbuchführung** im rechtlichen Sinn uneingeschränkt **beim Grundbuchamt** verbleibt (Rdn. 3). Die „andere Stelle" nimmt als reine Dienstleistungseinrichtung lediglich eine technische Hilfsfunktion[1] ohne eigene grundbuchrechtliche Kompetenzen (Rdn. 2) wahr.

2. Anwendung der Grundbuchordnung auf die andere Stelle

2   § 90 S. 1 stellt klar, daß auf die Tätigkeit der anderen Stelle nach § 126 Abs. 3 GBO die Vorschriften der Grundbuchverfügung im vollen Umfang ihrer Zuständigkeit für die Datenverarbeitung Anwendung finden. Dies betrifft insbesondere:
- die technische **Verantwortung für den Grundbuchdatenspeicher** nach § 62;
- die **Bereitstellung, Bereithaltung und den Schutz der Anlagen** nach den Anforderungen der §§ 64 und 65;
- die **Datensicherung** nach § 66;
- die Einrichtung der **technischen Vorkehrungen**, ggf. die Vornahme der **Erstellung von Ausdrucken** nach § 78 auf Veranlassung der zuständigen Person im Grundbuchamt;
- die Einrichtung der **technischen Vorkehrungen zur Einsichtnahme**, auch bei einem anderen Grundbuchamt, nach § 79, die ebenfalls nur auf Veranlassung der zuständigen Person im Grundbuchamt stattfinden darf;
- die technische **Bereitstellung des automatisierten Abrufverfahrens** einschließlich der Zuteilung der Codezeichen und der Prüfung des Vorliegens der technischen Voraussetzungen beim Antragsteller bzw. Partner des öffentlich-rechtlichen Vertrages oder der Verwaltungsvereinbarung;
- die technische Unterstützung der **Zusammenarbeit mit den Katasterbehörden, Bodenordnungsbehörden und Versorgungsunternehmen**, wenn das zuständige Grundbuchamt eine solche veranlassen möchte.

3. Ausschließliche Verantwortung des Grundbuchamtes für die Grundbuchführung

3   § 90 S. 2 grenzt davon – entsprechend der geltenden Rechtslage – ausdrücklich die uneingeschränkte Verantwortung des zuständigen Grundbuchamts für die inhaltliche Grundbuchführung ab. Darunter fällt insbesondere:
- die **Verfügung bzw. Veranlassung von Eintragungen,** die nur der zuständigen Person obliegt, §§ 129, 130 GBO;
- die Entscheidung über die Gewährung von **Auskunft durch Einsicht und Ausdrucke,** §§ 131; 132; 12; 12 c Abs. 1 Nr. 1, 2, Abs. 2 Nr. 1 GBO; §§ 78, 79; davon zu unterscheiden und zulässig ist die bloße Herstellung und Versendung von Ausdrucken durch die andere Stelle im Auftrag des Grundbuchamtes;
- die Entscheidung nach §§ 133 Abs. 2 GBO, 81 über die Genehmigung des Anschlusses an den Grundbuchdatenspeicher zum Zweck der **Auskunft im automatisierten Abrufverfahren** bzw. den Abschluß entsprechender öffentlich-rechtlicher Verträge oder Verwaltungsvereinbarungen;

---

[1] Meikel/*Göttlinger* Rdn. 5.

XIII. Vorschriften über das maschinell geführte Grundbuch (Erber-Faller) **§ 91 V**

– die Veranlassung der **Zusammenarbeit mit den Katasterbehörden, Bodenordnungsbehörden und Versorgungsunternehmen**, wenn die rechtlichen Voraussetzungen nach §§ 86, 86 a vorliegen.

[Behandlung von Verweisungen, Löschungen]

§ 91

Sonderregelungen in den §§ 54 bis 60 dieser Verordnung, in der Wohnungsgrundbuchverfügung und in der Gebäudegrundbuchverfügung gehen auch dann den allgemeinen Regelungen vor, wenn auf die §§ 1 bis 53 in den §§ 61 bis 89 verwiesen wird. Soweit nach den in Satz 1 genannten Vorschriften Unterstreichungen, Durchkreuzungen oder ähnliche Kennzeichnungen in rot vorzunehmen sind, können sie in dem maschinell geführten Grundbuch schwarz dargestellt werden.

1. Allgemeines

§ 91 hatte als einzige Vorschrift des XIII. Abschnitts zunächst keine Überschrift, bis durch die 2. EDVGB-ÄndV[1] der jetzt geltende Text eingefügt wurde. **1**

Die Vorschrift regelt zwei voneinander unabhängige Fragen: **2**
– in S. 1 das Verhältnis der **Verweisungen des Abschnitts XIII** zu den allgemeinen Regelungen der Grundbuchführung und zu bereits bestehenden Sonderregelungen (Rdn. 3 ff.);
– in S. 2 die **Darstellung von Rötungen** im maschinellen Grundbuch und in Ausdrukken (Rdn. 6).

2. System der Verweisungen

Auch für die maschinelle Grundbuchführung gelten grundsätzlich die Vorschriften der Grundbuchverfügung, was durch zahlreiche Verweisungen im XIII. Abschnitt (vgl. etwa §§ 61, 63, 67 S. 3, 68 Abs. 2, 69 Abs. 1 S. 2, 70 Abs. 2, 72, 73, 76, 77, 87 ff.) immer wieder zum Ausdruck gebracht wird. **3**

Nun enthalten (und enthielten bereits vor Inkrafttreten des RegVBG) bundes- und landesrechtliche Vorschriften **Besonderheiten für das Erbbau-, Wohnungs- oder Gebäudegrundbuch**, etwa was die Wiedergabe von Eintragungen und die diesbezüglichen Vordrucke betrifft. **4**

S. 1 bestimmt, daß solche **Sondervorschriften noch vor den allgemeinen Grundsätzen der GBV zu beachten** sind, selbst wenn der XIII. Abschnitt lediglich auf die allgemeinen Regelungen verweist.[2] **5**

3. Rötungen

S. 2 gestattet – ebenso wie § 101 Abs. 2 S. 2 bei der Umstellung auf das Loseblattgrundbuch durch Anfertigung von Kopien der Blätter aus festen Bänden – die **Darstellung von Rötungen in Schwarz**, schließt die grundsätzlich vorgesehene Darstellung in Rot aber nicht aus. Die Vorschrift trägt dem Umstand Rechnung, daß die in den Grundbuchämtern vorhandenen EDV-Anlagen oft zur Farbdarstellung nicht in der Lage sind und die Anschaffung bzw. Nachrüstung von Farbdruckern und von entsprechender Computerhard- und Software in der Regel mit erhöhten Kosten einhergeht. **6**

---

[1] 2. EDVGB-ÄndV v. 11. 7. 1997, BGBl. I 1808.
[2] Beispiele bei Meikel/*Göttlinger* Rdn. 2 f.

§ 92 V

[Ersetzung von Grundbuchdaten, Ersatzgrundbuch]

§ 92

(1) Kann das maschinell geführte Grundbuch (§ 62 Satz 1) ganz oder teilweise auf Dauer nicht mehr in lesbarer Form wiedergegeben werden, so ist es wiederherzustellen. Sein Inhalt kann unter Zuhilfenahme aller geeigneten Unterlagen ermittelt werden. Für das Verfahren gilt im übrigen in allen Ländern die Verordnung über die Wiederherstellung zerstörter oder abhanden gekommener Grundbücher und Urkunden in ihrer im Bundesgesetzblatt Teil III, Gliederungsnummer 315-11-4, veröffentlichten bereinigten Fassung.

(2) Für die Anlegung und Führung des Ersatzgrundbuchs (§ 141 Abs. 2 Satz 1 der Grundbuchordnung) gelten die Bestimmungen dieser Verordnung, der Wohnungsgrundbuchverfügung und die in § 144 Abs. 1 Nr. 4 der Grundbuchordnung bezeichneten Vorschriften sinngemäß. Das Ersatzgrundbuch entspricht dem Muster der Anlage 2b dieser Verordnung, jedoch lautet der in der Aufschrift anzubringende Vermerk „Dieses Blatt ist als Ersatzgrundbuch an die Stelle des maschinell geführten Blattes von ... Band ... Blatt ... getreten. Eingetragen am ...". Dies gilt für Erbbaugrundbücher, Wohnungs- und Teileigentumsgrundbücher sowie Gebäudegrundbücher entsprechend.

1. Allgemeines

1 § 92 knüpft an § 141 GBO an und regelt die **Wiederherstellung von Grundbüchern** (Rdn. 3) und − ausschließlich für das maschinelle Grundbuch − die **Anlegung von Ersatzgrundbüchern** (Rdn. 5), nicht jedoch die **Rückkehr zum Papiergrundbuch** (Rdn. 8).

2 Die Vorschriften über die Wiederherstellung in § 141 Abs. 1 GBO (zuvor § 123 GBO) betrafen ursprünglich nur das Papiergrundbuch; die Abs. 2 und 3 sind durch das RegVBG eingefügt worden, s. a. § 141 Rdn. 10 ff.

2. Wiederherstellung des maschinellen Grundbuchs

3 Auch bei schwerwiegenden Problemen mit dem maschinellen Grundbuch wird es in der Regel möglich sein, auf einen der Sicherungsdatenspeicher nach § 66 Abs. 2 zuzugreifen und diesen nach § 62 S. 1 zum Grundbuchdatenspeicher zu bestimmen. Erst dann, wenn die Grundbuchdaten oder der Grundbuchdatenspeicher und alle Sicherungskopien vollständig zerstört oder verlorengegangen sind, oder wenn sie zwar noch vorhanden sind, die **Eintragungen** aber **dauerhaft nicht mehr in lesbarer Form wiedergegeben werden können** (vgl. § 126 Abs. 1 S. 2 Nr. 2 GBO), kann die Notwendigkeit bestehen, das Grundbuch − und zwar als maschinelles Grundbuch − wiederherzustellen.

4 Das Verfahren zur Wiederherstellung richtet sich nach §§ 141 Abs. 1 GBO, 92 Abs. 1, d. h. nach den allgemein für die Wiederherstellung von Grundbüchern geltenden Regeln (§ 141 GBO Rdn. 6 ff.).

3. Ersatzgrundbuch

5 Die Führung eines papierenen Ersatzgrundbuchs kommt nach § 141 Abs. 2 S. 1 GBO in Betracht, wenn **Eintragungen** in das maschinelle Grundbuch **vorübergehend**[1] nicht

---

[1] Die Frage, wann dieser Fall gegeben ist, kann durch landesrechtliche Vorschriften ausgefüllt werden; vgl. etwa § 4 der sächsischen MaschGBV (s. a. Fn. 2 zu § 66).

möglich sind. Dies kann bei behebbaren Programmstörungen der Fall sein, oder wenn Sicherungskopien zwar vorhanden, aber infolge ungewöhnlicher Umstände nicht sofort verfügbar sind.

Um sowohl einen Stillstand des Grundbuchrechtsverkehrs als auch ein Aufstauen unerledigter Eintragungsanträge in den Geschäftsstellen zu vermeiden, können für die betroffenen Vorgänge papierene Ersatzgrundbuchblätter angelegt werden. Die Anlegung erfolgt nach dem ausdrücklichen Wortlaut von § 141 Abs. 2 S. 1 GBO lediglich, wenn Eintragungen nicht vorgenommen werden können, nicht jedoch nicht schon dann, wenn Auskunftsersuchen im Wege der Einsicht oder der Erteilung von Ausdrucken nicht entsprochen werden kann.[2]

Es ist ein **vollständiges**, dem Muster der Anlage 2 b entsprechendes **Grundbuchblatt** anzulegen, das den ausdrücklich von Abs. 2 S. 2 vorgeschriebenen Vermerk erhält. Nach Behebung der Störung sind die vorgenommenen Eintragungen unter Anwendung der für Eintragungen in das maschinelle Grundbuch geltenden Vorschriften (§§ 128 f. GBO, 67 ff.) unverzüglich **in das maschinelle Grundbuch zu übernehmen**, § 141 Abs. 2 S. 2 GBO.

4. Rückkehr zum Papiergrundbuch

§ 92 enthält keine Regelungen zu der in § 141 Abs. 3 GBO behandelten Frage der endgültigen und dauerhaften Rückkehr zum Papiergrundbuch; vgl. hierzu § 141 GBO Rdn. 16 f.

[**Ausführungsvorschriften**]

§ 93

Die Landesregierungen werden ermächtigt, durch Rechtsverordnung die Anlegung des maschinell geführten Grundbuchs einschließlich seiner Freigabe ganz oder teilweise dem Urkundsbeamten der Geschäftsstelle zu übertragen und in der Grundbuchordnung oder in dieser Verordnung nicht geregelte weitere Einzelheiten des Verfahrens nach diesem Abschnitt zu regeln, soweit dies nicht durch Verwaltungsvorschriften nach § 134 Satz 2 der Grundbuchordnung geschieht. Sie können diese Ermächtigung auf die Landesjustizverwaltungen übertragen.

1. Allgemeines

Die Vorschrift steht im Zusammenhang eines **Systems verschiedener Verordnungsermächtigungen**, mit denen auf Bundes- und Landesebene eine **Ausfüllung der Vorschriften über das maschinelle Grundbuch** vorgesehen ist:
- § 126 Abs. 1 GBO Ermächtigung der Landesregierungen mit Delegationsmöglichkeit auf die Landesjustizverwaltungen nach Abs. 1 S. 3;
- § 127 Abs. 1 GBO Ermächtigung der Landesregierungen mit Delegationsmöglichkeit auf die Landesjustizverwaltungen;
- § 133 Abs. 7 S. 3 GBO Ermächtigung des Bundesjustizministeriums mit Zustimmung des Bundesrates;

---

[2] Meikel/*Göttlinger* Rdn. 9.

- § 133 Abs. 8 S. 1 GBO Ermächtigung des Bundesjustizministeriums mit Zustimmung des Bundesrates;
- § 134 Abs. 1 GBO Ermächtigung des Bundesjustizministeriums mit Zustimmung des Bundesrates mit Delegationsmöglichkeit nach Abs. 2 auf die Landesregierungen, die ihrerseits auf die Landesjustizverwaltungen delegieren können;
- § 141 Abs. 3 GBO Ermächtigung der Landesregierungen.

3 Das Bundesjustizministerium hat in § 93 an die ihm **durch § 134 erteilte Ermächtigung** angeknüpft und in S. 1 einen Teil seiner Regelungskompetenz mit Weitergabebefugnis nach S. 2 auf die Landesregierungen übertragen.

2. Verordnungsermächtigung nach § 93

4 Wichtigster Gegenstand von § 93 S. 1 ist die **vollständige oder teilweise**[1] **Übertragung der Anlegung einschließlich der Freigabe des maschinellen Grundbuchs** nach §§ 128 GBO, 67 ff. auf den **Urkundsbeamten** der Geschäftsstelle. Hierfür ist nach § 3 Nr. 1 h) RPflG grundsätzlich der **Rechtspfleger** zuständig. Durch die Übertragung soll die Einführung des maschinellen Grundbuchs organisatorisch erleichtert und beschleunigt werden.

5 Die Regelung weiterer Einzelheiten ist den Ländern unter dem Vorbehalt des Erlasses von Verwaltungsvorschriften des Bundes nach § 134 S. 2 GBO (dort Rdn. 5) möglich. Das Bundesministerium der Justiz hat von der entsprechenden Ermächtigung bisher nicht Gebrauch gemacht.

6 Erforderlich ist der **Erlaß einer Rechtsverordnung**, was auch in Verbindung mit den anderen oben aufgeführten Verordnungsermächtigungen geschehen kann,[2] soweit sie sich an die Länder richten.

XIV. Übergangs- und Schlußvorschriften

[Inkrafttreten]

§ 94

Diese Verfügung tritt am 1. April 1936 in Kraft, soweit sich nicht aus den nachfolgenden Vorschriften Abweichendes ergibt. Vorschriften des Landesrechts, welche das von dieser Verfügung umfaßte Gebiet betreffen, treten mit derselben Maßgabe außer Kraft.

1. Inkrafttreten

1 Die GBV ist am 1. April 1936 in Kraft getreten.
Da aber die Umstellung auf das neue Grundbuchsytem notwendigerweise eine gewisse Zeit in Anspruch nahm, war es erforderlich, auf bestimmten Gebieten und in bestimmtem Umfange dem Landesrecht noch für eine Übergangszeit Geltung zu lassen.

---

[1] Zur Zweckmäßigkeit einer teilweisen Übertragung durch Rechtsverordnung und Alternativen im einzelnen Meikel/*Göttlinger* Rdn. 8 f.

[2] Vgl. a. § 133 GBO Rdn. 13.

XIV. Übergangs- und Schlußvorschriften (Eickmann) **§ 96 V**

Die GBV trat daher insoweit noch nicht in Kraft, als sich das aus den §§ 95 ff. ergibt. Danach ist insbesondere Abweichendes bestimmt:
1. im § 95 für Grundbuchbezirke,
2. im § 96 für die Form der Grundbuchbände,
3. im § 100 Abs. 2 für die Anlegung von Grundakten,.

2. Landesrecht

Am 1. April 1936 sind die Vorschriften des Landesrechts, welche das von der GBV **2** umfaßte Gebiet bestrafen, außer Kraft getreten, soweit sich nicht aus den §§ 95 ff. Abweichendes ergibt. In der Bestimmung des § 94 S. 2 ist der kodifikatorische Charakter der GBV verankert. Sie regelt das von ihr umfaßte Gebiet erschöpfend; neben ihr ist für Landesgrundbuchrecht kein Raum (vgl. auch § 5 GBO Rdn. 17).

Das von der GBV umfaßte Gebiet ist die gesamte Einrichtung und Führung des **3** Grundbuchs im weitesten Sinne. Neben ihr, auch nicht zu ihrer Ergänzung ist, soweit das nicht ausdrücklich zugelassen wird (wie z. B. in § 39 Abs. 4), für landesrechtliche Grundbuchvorschriften kein Raum.

Nicht von der GBV umfaßt sind Vorschriften rein geschäftsordnungsmäßigen Charakters. Diese sind daher durch sie auch nicht außer Kraft gesetzt worden.

Durch § 64 Satz 2 sind nur Vorschriften des Landesrechts außer Kraft gesetzt worden. Reichsrechtliche Vorschriften sind dagegen bestehengeblieben.

[Frühere Grundbuchbezirke]

§ 95

Soweit die Grundbücher bisher für andere Bezirke als die im § 1 Abs. 1 Satz 1 und 2 genannten angelegt sind, behält es bis zur Auflösung dieser Bezirke bei dieser Einrichtung sein Bewenden; jedoch bedarf es zur Änderung dieser Bezirke einer Anordnung der Landesjustizverwaltung.

§ 95 stellt die Übergangsvorschrift für § 1 dar, nach dem Grundbuchbezirke die Gemeindebezirke sind; der Grundbuchbezirk soll mit dem politischen Bezirk übereinstimmen. Da nach Landesrecht die Grundbuchbezirke zum Teil nach anderen Gesichtspunkten eingerichtet waren und die sofortige Umstellung Schwierigkeiten bereitet hätte, bestimmt § 95, daß bis zur Auflösung der landesrechtlich gebildeten Grundbuchbezirke die bisherige Bezirkseinteilung beibehalten werden konnte.

[Fortführung bisheriger Grundbuchhefte]

§ 96

Soweit bisher jedes Grundbuchblatt in einem besonderen Grundbuchheft geführt worden ist, bedarf es der Zusammenfassung zu festen, mehrere Blätter umfassenden Bänden (§ 2) nicht, solange die bisherigen Blätter fortgeführt werden (§§ 97 bis 99).

§ 96 Abs. 1 gestattet, soweit jedes Grundbuchblatt bei dem Inkrafttreten in einem besonderen Grundbuchheft geführt wurde, die Weiterführung in der bisherigen Form, solange die bisherigen Grundbuchblätter fortgeführt werden. Danach brauchen diese Grundbuchhefte nicht zu einem Bande zusammengefaßt zu werden, wenn die Umschreibung der Blätter angeordnet ist, weil dabei ohnehin neue Grundbuchbände angelegt werden müssen. Die Zusammenfassung ist weiterhin dann nicht erforderlich, wenn die Weiterführung der alten Blätter zugelassen ist (§ 97 Abs. 2).

[Umschreibung auf den neuen Vordruck]

§ 97

(1) Vom Zeitpunkt des Inkrafttretens dieser Verfügung an sind neue Grundbuchblätter nur unter Verwendung des hier vorgeschriebenen Vordrucks (§§ 4 bis 12, 22) anzulegen, soweit nicht für eine Übergangszeit die Weiterverwendung des alten Vordrucks besonders zugelassen wird.

(2) Sämtliche Grundbuchblätter sind nach näherer Anordnung der unter Verwendung des neuen Vordrucks umzuschreiben, sofern nicht ihre Weiterführung besonders zugelassen wird.

1. Allgemeines

1 § 97 enthält die für die Umstellung des bisherigen Landesgrundbuchrechts auf den Vordruck der GBV wichtigsten Vorschriften. Er bildet – zusammen mit § 99 – den Ausgangspunkt für sämtliche von den Landesjustizverwaltungen erlassenen Anordnungen, die die Umstellung auf den amtlichen Vordruck der GBV betreffen. Er enthält nur Grundsätze und ist der Ergänzung und Abänderung durch Einzelanordnungen fähig. In Abs. 1 wird die Neuanlegung von Grundbuchblättern behandelt, in Abs. 2 die Umstellung auf das neue Grundbuchmuster.

2. Neue Blätter

2 Neue Grundbuchblätter sind grundsätzlich nur unter Verwendung des Vordrucks der GBV (§§ 4–12) anzulegen (**Abs. 1**).

a) Unter „**Anlegung**" ist hier nicht nur die Anlegung des Grundbuchs im technischen Sinne (Art. 186 EGBGB und § 122 GBO) zu verstehen, sondern die Einrichtung des Grundbuchblattes, sie umfaßt also die erstmalige Anlegung des Grundbuchs (Art. 186 EGBGB), die nachträgliche Anlegung des Grundbuchs (§§ 116 ff. GBO) und jede Anlegung des Blattes infolge Abschreibung eines Grundstücks von einem anderen Blatte oder infolge Umschreibung eines anderen Blattes.

b) § 67 Abs. 1 bezieht sich auf alle Grundbuchblätter, auch auf **Erbbaugrundbuchblätter** sowie auf **Wohnungs- und Teileigentumsgrundbuchblätter**. In den Fällen des § 72 und in den in Rdn. 2 oben genannten Fällen kann jedoch der bisherige landesrechtlich vorgeschriebene Vordruck weiterverwendet werden. Dagegen bezieht sich § 67 Abs. 1 auch auf die in § 73 genannten Blätter.

c) Grundsatz ist, daß neue Blätter nur auf dem neuen **Vordruck** angelegt werden können. Eine Ausnahme galt nur für den Fall, daß für eine Übergangszeit die Weiterverwendung des alten Vordrucks besonders zugelassen war. Diese Zulassung mußte ausdrücklich für die Neuanlegung gem. § 67 Abs. 1 geschehen. Es genügte nicht, daß einstweilen die Weiterverwendung schlechthin zugelassen wurde; auch in solchen Fällen mußten neue Blätter auf dem neuen Vordruck angelegt werden.

3. Absatz 2

3 enthält die Vorschriften über die Überleitung der bisher geführten landesrechtlichen Grundbücher auf den Reichsvordruck.

XIV. Übergangs- und Schlußvorschriften (Eickmann) § 99 V

Er unterscheidet hierbei zwei Wege: Die Umschreibung der bisherigen Grundbücher auf den neuen Vordruck und die Weiterführung der bisherigen Vordrucke, gegebenenfalls unter Anpassung an das Reichsmuster. Ist eine Anpassung an das neue Muster nicht möglich, bleibt nur der Weg der Umschreibung. Ist eine Anpassung der alten Vordrucke an das Reichsmuster möglich, ohne daß darunter das Äußere und die Übersichtlichkeit des Grundbuchs leiden, so wurde die Weiterführung der alten Vordrucke angeordnet, und es wurden Vorschriften über die Anpassung erlassen.

[Frühere Vorschriften bei Benutzung alter Vordrucke]

§ 98

Die bestehenden Vorschriften über die Nummernbezeichnung und die Eintragung im Grundbuche bleiben unberührt, solange die alten Vordrucke weder umgeschrieben sind noch ihre Weiterführung nach § 97 Abs. 2 besonders zugelassen ist. Jedoch ist ein Grundbuchblatt, das für Neueintragungen keinen Raum mehr bietet, in jedem Fall unter Verwendung des neuen Vordrucks umzuschreiben.

1. Satz 1

§ 98 S. 1 beruht auf der Erwägung, daß die Vorschriften der GBV auf den neuen **1** Vordruck zugeschnitten sind und deshalb grundsätzlich nicht angewandt werden können, solange der alte Vordruck fortgeführt wird. In den Fällen, in denen alte Vordrucke ohne Änderung weitergeführt werden dürfen, kann die Bezeichnung der nach diesem Vordruck eingerichteten Grundbuchblätter sowie die Art und Form der Eintragungen sich grundsätzlich nur nach den alten Vorschriften richten. Deshalb läßt § 68 die bestehenden Vorschriften über die Nummernbezeichnungen und über die Eintragungen im Grundbuche so lange unberührt, wie die alten Vordrucke weder umgeschrieben sind, noch ihre Weiterführung nach § 67 Abs. 2 besonders zugelassen ist. Das bedeutet, daß die alten Vorschriften nur anwendbar sind, solange das alte Blatt unverändert, ohne Anpassung an den neuen Vordruck, weitergeführt werden kann. Soweit die Vorschriften der GBV nicht auf den neuen Vordruck zugeschnitten sind, also auch bei Fortführung alter Vordrucke anwendbar sind, sind die neuen Eintragungsvorschriften auch bei Eintragungen im alten Muster anzuwenden.

Soweit die alten Blätter forgeführt werden, müssen auch die Blätter eines neu anzulegenden Bandes nach den alten Vorschriften bezeichnet werdne. Dies folgt aus § 98 S. 1; die Grundbuchblätter ein und desselben Grundbuchbezirks können nicht in verschiedener Weise bezeichnet werden.

2. Satz 2

Eine Ausnahme gilt nach Satz 2, wonach ein Grundbuchblatt, das für Neueintragun- **2** gen keinen Raum mehr bietet, in jedem Falle unter Verwendung des neuen Vordruckes umzuschreiben ist.

[Verfahren bei Umschreibung auf neuen Vordruck]

§ 99

Bei der Umschreibung der bereits angelegten Grundbuchblätter auf den neuen Vordruck sind die §§ 29, 30 sinngemäß anzuwenden. Weitere Anordnungen zur Behebung von hierbei etwa entstehenden Zweifeln bleiben vorbehalten.

§ 101 V   II. Grundbuchverfügung

§ 69 bezieht sich auf alle Fälle, in denen Grundbuchblätter auf den neuen Vordruck umzuschreiben sind, gleichgültig, ob die Umschreibung aufgrund des § 97 Abs. 2, aufgrund des § 98 S. 2 oder aus sonstigen Gründen, etwa wegen Unübersichtlichkeit des Blattes, vorgenommen wird.

Satz 1 erklärt die §§ 29, 30 für anwendbar. Hierdurch soll nicht die Anwendbarkeit des § 32 und des § 39 Abs. 3 ausgeschlossen werden; diese Vorschriften greifen in den von § 99 erfaßten Fällen ebenfalls Platz.

[Weiterführung und Neuanlegung von Grundakten]

§ 100

(1) Die bisher für jedes Grundbuchblatt geführten Grundakten können weitergeführt werden.

(2) Sofern bisher Grundakten nicht geführt sind, sind sie für jedes Grundbuchblatt spätestens bei der Neuanlegung (§ 97 Abs. 1) oder bei der Umschreibung des bisherigen Blattes (§ 97 Abs. 1, § 98 Satz 2) anzulegen, und zwar aus sämtlichen das Grundbuchblatt betreffenden Schriftstücken, die nach den für die Führung von Grundakten geltenden allgemeinen Vorschriften zu diesen gehören, auch sofern sie schon vor der Anlegung der Grundakten bei dem Grundbuchamt eingegangen sind. Das gleiche gilt für das Handblatt (§ 24 Abs. 3).

1 Die vor dem Inkrafttreten der GBV für jedes Grundbuchblatt geführten Grundakten können mit dem Inhalt, den sie beim Inkrafttreten der GBV hatten, weitergeführt werden. Seit dem Inkrafttreten der GBV richtet sich die Führung der Grundakten nach den Vorschriften der Aktenordnung, der Grundbuchverfügung und der Geschäftsordnung.

2 Abs. 2 bestimmt den Zeitpunkt, in dem in den Teilen Deutschlands, in denen vor Inkrafttreten der GBV keine Grundakten geführt wurden, die Grundakten spätestens anzulegen sind.

Die Grundakten sind spätestens, d. h. soweit sie nicht nach anderen Vorschriften schon zu einem früheren Zeitpunkt angelegt werden müssen, bei der Neuanlegung oder bei der Umschreibung des bisherigen landesrechtlichen Grundbuchblattes gem. § 97 Abs. 2 oder § 98 S. 2 anzulegen.

[Umstellung auf das Loseblattgrundbuch]

§ 101

(1) Grundbuchblätter in festen Bänden können nach näherer Anordnung der Landesjustizverwaltung durch die Verwendung von Ablichtungen der bisherigen Blätter auf Bände mit herausnehmbaren Einlegebogen umgestellt werden.

(2) Das neue Blatt behält seine bisherige Bezeichnung; ein Zusatz unterbleibt. In der Aufschrift ist zu vermerken, daß das Blatt bei der Umstellung an die Stelle des bisherigen Blattes getreten ist und daß im bisherigen Blatt enthaltene Rötungen schwarz sichtbar sind.

(3) Die Übereinstimmung des Inhalts des neuen Blattes mit dem bisherigen Blatt ist im Bestandsverzeichnis und in jeder Abteilung zu bescheinigen. § 25 Abs. 2 Buchstabe c gilt entsprechend.

(4) Enthält die zweite oder dritte Abteilung nur gelöschte Eintragungen, kann von der Ablichtung der betreffenden Abteilung abgesehen werden, wenn nicht die Über-

nahme zum Verständnis noch gültiger Eintragungen erforderlich ist. Auf dem für die jeweilige Abteilung einzufügenden Einlegebogen sind die laufenden Nummern der nicht übernommenen Eintragungen mit dem Vermerk „Gelöscht" anzugeben. Die Bescheinigung nach Absatz 3 lautet in diesem Falle inhaltlich:
„Bei Umstellung des Blattes neu gefaßt." Enthält die zweite oder dritte Abteilung keine Eintragungen, so braucht für die betreffende Abteilung lediglich ein neuer Einlegebogen eingefügt zu werden; Absatz 3 ist anzuwenden.

(5) Das bisherige Blatt ist zu schließen. § 30 Abs. 2 Satz 2 und § 36 gelten entsprechend.

(6) Für Grundbuchblätter in einem festen Band, die vor der Umstellung geschlossen wurden, können in den Band mit herausnehmbaren Einlegebogen neue Blätter zur Wiederverwendung eingefügt werden. Das neue Blatt erhält die Nummer des alten Blattes unter Hinzufügung des Buchstabens A. Tritt das neue Blatt an die Stelle eines Blattes, das bereits mit einem solchen Zusatz versehen ist, ist an Stelle dieses Zusatzes der Buchstabe B hinzuzufügen.

(7) Die Umstellung braucht dem Eigentümer, den eingetragenen dinglich Berechtigten und der Katasterbehörde nicht mitgeteilt zu werden.

[Briefvordrucke]

§ 102

Die noch vorhandenen Vordrucke für Hypotheken-, Grundschuld- und Rentenschuldbriefe können nach näherer Anordnung der Landesjustizverwaltung oder der von ihr bestimmten Stelle weiterverwendet werden. Jedoch ist die etwa am Kopfe des Briefes befindliche Angabe des Landes, in dem der Brief ausgegeben wird, zu durchstreichen und durch die Überschrift „Deutscher Hypothekenbrief" („Grundschuldbrief" o. ä.) zu ersetzen.

— Von Kommentierung wurde abgesehen —

[Landesrecht]

§ 103

In den Fällen des § 136 der Grundbuchordnung behält es bei den landesrechtlichen Vorschriften über Einrichtung und Führung von Grundbüchern sein Bewenden.

Nach § 136 GBO gelten, soweit im EGBGB zugunsten der Landesgesetze Vorbehalte gemacht sind, diese auch für die Vorschriften der Landesgesetze über das Grundbuchwesen. Dementsprechend hält auch die GBV in diesen Fällen die landesrechtlichen Vorschriften über die Einrichtung und Führung von Grundbüchern aufrecht. **1**

Sämtliche landesrechtlichen Vorschriften, die für das betreffende Gebiet gelten, sind aufrechtzuerhalten, insbesondere auch die Vorschriften über die Grundbuchbezirke und über den Grundbuchvordruck. § 103 hat jedoch nur die Fälle im Auge, in denen kraft Landesrechts besondere Grundbücher geführt werden, nicht aber solche Fälle, in denen landesrechtliche Sondergestaltungen auf dem allgemeinen Vordruck eingetragen werden. Im einzelnen vgl. die Erl. zu § 136 GBO. **2**

Soweit die bundesrechtlichen Grundbuchvorschriften landesrechtliche Regelungen aufrechterhalten, gilt dies auch für besondere Vorschriften über die geschäftliche Behandlung auf diesen Gebieten (§ 39 Abs. 2 GeschO). **3**

§ 104 a V   II. Grundbuchverfügung

[Erbpacht-, Büdner-, Häusler- und Abbaurechte]

§ 104

Soweit auf die in den Artikeln 63 und 68 des Einführungsgesetzes zum Bürgerlichen Gesetzbuch bezeichneten Rechte nach den Landesgesetzen die §§ 14 bis 17 der Verordnung über das Erbbaurecht für entsprechend anwendbar erklärt worden sind (§ 137 Abs. 3 GBO), sind die Vorschriften über das Erbbaugrundbuch (Abschnitt XII) entsprechend anzuwenden.

In demselben Umfange, wie die Landesgesetze auf die in den Art. 63 und 68 EGBGB bezeichneten Rechte (Erbpacht-, Büdner-, Häuslerrechte sowie Abbaurechte an nicht bergrechtlichen Mineralien; vgl. § 137 GBO), die die grundbuchliche Behandlung der Erbbaurechte betreffenden Vorschriften (§§ 14 bis 17) der Erbbaurechtsverordnung für entsprechend anwendbar erklären, ordnet § 73 die Anwendung der das Erbbaugrundbuch betreffenden Bestimmungen der GBV. (Abschnitt XII, §§ 54—59) an. In diesen Fällen gelten also nicht die landesrechtlichen Vorschriften über die Einrichtung und Führung des Grundbuchs (§ 72), sondern die Vorschriften der GBV.

[Nachweis der Rechtsinhaberschaft]

§ 104 a

Zum Nachweis der Rechtsinhaberschaft ausländischer staatlicher oder öffentlicher Stellen genügt gegenüber dem Grundbuchamt eine mit dem Dienstsiegel oder Dienststempel versehene und unterschriebene Bestätigung des Auswärtigen Amtes. § 39 der Grundbuchordnung findet in diesem Fall keine Anwendung.

1. Normzweck

1 In jüngerer Zeit sind Probleme aufgetaucht, die in der Aufspaltung von Staaten (z. B. UdSSR, Jugoslawien, CSSR) ihre Ursache haben: Sind für solche nunmehr aufgespaltenen Staaten dingliche Rechte eingetragen, so ist darüber der nunmehr selbständige (ehem. Teil-)Staat verfügungsberechtigt, auf den der entsprechende Vermögenswert übergegangen ist. Die Norm soll die Schwierigkeiten beheben, die sich aus der Notwendigkeit einer beweiskräftigen Feststellung solcher Vermögenszuordnungen naturgemäß ergeben. Die Norm ist also eine Ergänzung von §§ 29 u. 39 GBO und gehört als Vorschrift nicht nur rein technisch, sondern verfahrensrechtlichen Charakters eigentlich in die Grundbuchordnung.

2. Inhalt

Die Norm enthält zwei Regelungen:

2 a) Zur Feststellung der **Rechtsinhaberschaft**, also der Verfügungsberechtigung oder verfahrensrechtlich der Bewilligungsberechtigung, dient eine der Form des § 29 Abs. 3 GBO entsprechenden Bescheinigung des Auswärtigen Amtes. Sie hat inhaltlich festzustellen, daß der eingetragene Vermögenswert nunmehr einem bestimmten Staate zusteht. Die Feststellung, welche von dessen Behörden (Stellen, Einrichtungen) ihm in bezug auf den Vermögenswert vertritt, kann und soll mit der Bescheinigung verbunden werden.

3 b) Aus der Natur des geregelten Falles folgt, daß der heutige Rechtsinhaber nicht eingetragen ist; anderenfalls bedürfte es einer Anwendung der Norm nicht. Neben ihrem Charakter als Beweisregelung enthält sie in **Satz 2** auch noch eine **Befreiung** von der **Voreintragungspflicht** des § 39 GBO. Der Inhaberstaat kann also jegliche Art von Verfügung vornehmen, ohne daß es seiner vorgängigen Eintragung bedürfte. Das ist zwar sinnvoll bei Aufhebung oder Veräußerung des eingetretenen Rechts, nicht aber bei Verfügungen, die den Vermögenswert in der Hand des betreffenden Staates belassen. In diesen Fällen bleibt das Grundbuch auf Dauer unrichtig. Außerdem ist zweifelhaft, ob die vorgelegte Bescheinigung auch für spätere Verfügungen noch als Nachweis dienen kann, oder ob sie nicht auch den allgemeinen Regeln über die schwindende Beweiskraft von Berechtigungsnachweisen unterliegt. In Fällen dieser Art sollte deshalb, soweit es sich um übergegangenes Eigentum handelt, die Anwendung der §§ 82, 82 a GBO erwogen werden. Nur die Eintragung des Eigentümers (Rechtsinhabers) liefert im Hinblick auf die andauernde Beweiskraft des Buches eine sichere Grundlage auch für spätere Verfügungen.

[Maßgaben für das Beitrittsgebiet]

§ 105

(1) In dem in Artikel 3 des Einigungsvertrages genannten Gebiet gilt diese Verordnung mit folgenden Maßgaben:
1. Die §§ 43 bis 53 sind stets anzuwenden.
2. Die Einrichtung der Grundbücher richtet sich bis auf weiteres nach den am Tag vor dem Wirksamwerden des Beitritts bestehenden oder von dem jeweiligen Lande erlassenen späteren Bestimmungen. Im übrigen ist für die Führung der Grundbücher diese Verordnung entsprechend anzuwenden, soweit sich nicht aus einer abweichenden Einrichtung des Grundbuchs etwas anderes ergibt oder aus besonderen Gründen Abweichungen erforderlich sind; solche Abweichungen sind insbesondere dann als erforderlich anzusehen, wenn sonst die Rechtsverhältnisse nicht zutreffend dargestellt werden können oder Verwirrung zu besorgen ist.
3. Soweit nach Nummer 2 Bestimmungen dieser Verordnung nicht herangezogen werden können, sind stattdessen die am Tag vor dem Wirksamwerden des Beitritts geltenden oder von dem jeweiligen Lande erlassen späteren Bestimmungen anzuwenden. Jedoch sind Regelungen, die mit dem in Kraft tretenden Bundesrecht nicht vereinbar sind, nicht mehr anzuwenden. Dies gilt insbesondere auch für derartige Regelungen über die Voraussetzungen und den Inhalt von Eintragungen. Am Tag vor dem Wirksamwerden des Beitritts nicht vorgesehene Rechte oder Vermerke sind in entsprechender Anwendung dieser Verordnung einzutragen.
4. Im Falle der Nummer 3 sind auf die Einrichtung und Führung der Erbbaugrundbücher sowie auf die Bildung von Hypotheken-, Grundschuld- und Rentenschuldbriefen bei Erbbaurechten die §§ 56, 57 und 59 mit der Maßgabe entsprechend anzuwenden, daß die in § 56 vorgesehenen Angaben in die entsprechenden Spalten für den Bestand einzutragen sind. Ist eine Aufschrift mit Blattnummer nicht vorhanden, ist die in § 55 Abs. 2 vorgesehene Bezeichnung „Erbbaugrundbuch" an vergleichbarer Stelle im Kopf der ersten Seite des Grundbuchblatts anzubringen. Soweit in den oben bezeichneten Vorschriften auf andere Vorschriften dieser Verordnung verwiesen wird, deren Bestimmungen nicht anzuwenden sind, treten an die Stelle der in Bezug genommenen Vorschriften dieser Verordnung die entsprechend anzuwendenden Regelungen über die Einrichtung und Führung der Grundbücher.
5. Für die Anlegung von Grundbuchblättern für ehemals volkseigene Grundstücke ist ein Verfahren nach dem Sechsten Abschnitt der Grundbuchordnung nicht erforder-

§ 105 V   II. Grundbuchverfügung

lich, soweit für solche Grundstücke Bestandsblätter im Sinne der Nummer 160 Abs. 1 der Anweisung Nr. 4/87 des Ministers des Innern und Chefs der Deutschen Volkspolizei über Grundbuch und Grundbuchverfahren unter Colidobedingungen — Colido-Grundbuchanweisung — vom 27. Oktober 1987 vorhanden sind oder das Grundstück bereits gebucht war und sich nach der Schließung des Grundbuchs seine Bezeichnung nicht verändert hat.
    6. Gegenüber dem Grundbuchamt genügt es zum Nachweis der Befugnis, über beschränkte dingliche Rechte an einem Grundstück, Gebäude oder sonstigen grundstücksgleichen Rechten oder über Vormerkungen zu verfügen, deren Eintragung vor dem 1. Juli 1990 beantragt worden ist und als deren Gläubiger oder sonstiger Berechtigter im Grundbuch
    a) eine Sparkasse oder Volkseigentum in Rechtsträgerschaft einer Sparkasse,
    b) ein anderes Kreditinstitut, Volkseigentum in Rechtsträgerschaft eines Kreditinstituts, eine Versicherung oder eine bergrechtliche Gewerkschaft,
    c) Volkseigentum in Rechtsträgerschaft des Staatshaushalts oder eines zentralen Organs der Deutschen Demokratischen Republik, des Magistrats von Berlin, des Rates eines Bezirks, Kreises oder Stadtbezirks, des Rates einer Stadt oder sonstiger Verwaltungsstellen oder staatlicher Einrichtungen.
    d) eine juristische Person des öffentlichen Rechts oder ein Sondervermögen einer solchen Person, mit Ausnahme jedoch des Reichseisenbahnvermögens und des Sondervermögens Deutsche Post, eingetragen ist, wenn die gundbuchmäßigen Erklärungen von der Bewilligungsstelle abgegeben werden; § 27 der Grundbuchordnung bleibt unberührt. Bewilligungsstelle ist in den Fällen des Satzes 1 Buchstabe a die Sparkasse, in deren Geschäftsgebiet das Grundstück, Gebäude oder sonstige grundstücksgleiche Recht liegt, und in Berlin die Landesbank, in den übrigen Fällen des Satzes 1 jede Dienststelle des Bundes oder einer bundesunmittelbaren Körperschaft oder Anstalt des öffentlichen Rechts. Für die Löschung
    a) von Vermerken über die Entschuldung der Klein- und Mittelbauern beim Eintritt in Landwirtschaftliche Produktionsgenossenschaften auf Grund des Gesetzes vom 17. Februar 1954 (GBl. Nr. 23 S. 224),
    b) von Verfügungsbeschränkungen zugunsten juristischer Personen des öffentlichen Rechts, ihrer Behörden oder von Rechtsträgern sowie
c) von Schürf- und Abbauberechtigungen
gilt Satz 1 entsprechend; Bewilligungsstelle ist in den Fällen des Buchstabens a die Staatsbank Berlin, im übrigen jede Dienststelle des Bundes. Die Bewilligungsstellen können durch dem Grundbuchamt nachzuweisende Erklärung sich wechselseitig oder andere öffentliche Stellen zur Abgabe von Erklärungen nach Satz 1 ermächtigen. In den vorgenannten Fällen findet § 39 der Grundbuchordnung keine Anwendung. Der Vorlage eines Hypotheken-, Grundschuld- oder Rentenschuldbriefes bedarf es nicht; dies gilt auch bei Eintragung eines Zustimmungsvorbehalts nach § 11 c des Vermögensgesetzes.
    (2) Als Grundbuch im Sinne der Grundbuchordnung gilt ein Grundbuchblatt, das unter den in Absatz 1 Nr. 5 genannten Voraussetzungen vor Inkrafttreten dieser Verordnung ohne ein Verfahren nach dem Sechsten Abschnitt der Grundbuchordnung oder den §§ 7 bis 17 der Verordnung zur Ausführung der Grundbuchordnung in ihrer im Bundesgesetzblatt Teil III, Gliederungsnummer 315-11-2, veröffentlichten bereinigten Fassung vom 8. August 1935 (RGBl. I S. 1089), die durch Artikel 4 Abs. 1 Nr. 1 des Gesetzes vom 20. Dezember 1993 (BGBl. I S. 2182) aufgehoben worden ist, angelegt worden ist.
    (3) Bei Eintragungen, die in den Fällen des Absatzes 1 Nr. 6 vor dessen Inkrafttreten erfolgt oder beantragt worden sind, gilt für das Grundbuchamt der Nachweis der Ver-

fügungsbefugnis als erbracht, wenn die Bewilligung von einer der in Absatz 1 Nr. 6 genannten Bewilligungsstellen oder von der Staatsbank Berlin erklärt worden ist. Auf die in Abs. 1 Nr. 6 Satz 2 und 3 bestimmten Zuständigkeiten kommte es hierfür nicht an.

I. Allgemeines

Die durch das RegVBG vom 20. 12. 1993 (BGBl. I S. 2182) eingefügte und durch VO v. 15. 7. 1994 (BGBl. I S. 1606) ergänzte Norm enthält sog. Maßgaben für die Grundbuchführung im Beitrittsgebiet. Sie ist also nur in den neuen Bundesländern und im ehemaligen Ostteil Berlin anzuwenden. **1**

II. Norminhalt

1. Anwendung der GBV (Grundsatz)

Stets anzuwenden sind nach **Abs. 1 Nr. 1** die Regeln über **2**
— Grundbucheinsicht und -abschriften,
— Grundpfandrechtsbriefe.

Bei der gebotenen Anwendung der anderen Normen ist darauf zu achten, ob nach dem nachstehend Gesagten eine Sonderregelung besteht (vgl. unten Rdn. 3 ff.).

2. Einrichtung und Führung der Bücher

a) Die **Einrichtung** der Grundbücher richtet sich bis auf weiteres nach den Bestimmungen, die am Beitrittstag bestanden bzw. nach den danach erlassenen landesrechtlichen Bestimmungen, **Abs. 1 Nr. 1 S. 1**. Vgl. dazu aber nunmehr auch § 144 GBO. **3**

Nicht anzuwenden sind jedoch Regelungen, die mit dem materiellen Bundesrecht nicht vereinbar sind, insbesondere in bezug auf den Inhalt von Eintragungen (auch: Bezugnahme), sowie über die in der GBO geregelten Eintragungsvoraussetzungen. Daraus folgt, daß es sich bei den noch anwendbaren Regelungen lediglich um solche rein formal-technischen Charakters handeln kann. Man wird wie folgt unterscheiden müssen. **4**

— Rechtsinhalt (= Typenzwang nach Typus und Typeninhalt)	Grds. Bundesrecht, sofern nicht Rechtstypen nach EGVGB a) aufrechterhalten, und b) neu/wieder eintragbar sind.
— Verfahrensvoraussetzungen und Verfahrensgang	Grds. Bundesrecht, jedoch mit Sonderregelungen z. B. zu §§ 29, 39 GBO
— Buchungsgestaltung, Buchungstechnik	§ 105 Abs. 1 Nr. 2, 3 GBV

Die Regeln der GBV sind stets uneingeschränkt anzuwenden, wenn Rechtstypen oder -vorgänge zu buchen sind, die das Recht der DDR nicht vorsah, **Abs. 1 Nr. 3 S. 4**. **5**

Für die Einrichtung und Führung von **Erbbaugrundbüchern** sowie die Bildung von Grundpfandbriefen für Rechte, die am Erbbaurecht lasten, gelten jedoch — auch wenn nach Abs. 1 Nr. 3 noch Altrecht anwendbar ist — die §§ 56, 57 und 59 mit den in Abs. 1 Nr. 4 beschriebenen formalen Anpassungen. **6**

b) Bei der Überführung von Grundstücken in **Volkseigentum** wurden die Grundbücher geschlossen. Es existierte fortan nur das sog. Bestandsblatt i. S. d. Colido-Grund- **7**

§ 105 V   II. Grundbuchverfügung

buchanweisung.¹ Es war jedoch auch nach dem Rechtsverständnis der DDR **kein** Grundbuch, so daß es auch nicht nach § 144 Abs. 1 Nr. 3 GBO als Grundbuch fortgelten konnte.

Für solche Grundstücke sind mithin Grundbuchblätter **anzulegen**. Dabei ist die Einhaltung des förmlichen Verfahrens nach §§ 116 ff. GBO nicht erforderlich.
– wenn ein Bestandsblatt vorhanden ist, oder
– die alte Grundbucheintragung (wenngleich auf einem geschlossenen Blatt!) noch feststellbar ist, sofern sich an der Grundstücksbezeichnung nichts geändert hat; **Abs. 1 Nr. 5.**

8 Diese Erleichterung konnte erst mit Inkrafttreten der VO v. 15. 7. 1994 wirksam werden. Trotzdem hatte die Praxis in großem Umfang Blätter ohne Durchführung des förmlichen Anlegungsverfahrens angelegt. **Abs. 2** heilt diese nach damaligem Rechtszustand fehlerhaften Verfahren und erklärt auch solche Blätter zum Grundbuch im Rechtssinn. Dem Sinn und Zweck der Norm entsprechend muß ihr eine – im Wortlaut freilich nicht hinreichend zum Ausdruck kommende – **Rückwirkung** beigelegt werden, d. h., daß alle seit Blattanlegung bis zum Inkrafttreten der ÄndVO vorgenommenen Eintragungen als ordnungsgemäße Eintragungen i. S. des materiellen Rechts anzusehen sind. Zweifelhaft ist freilich, ob eine solche Rückwirkungsregelung nicht hätte in einem förmlichen Gesetz getroffen werden müssen, denn es handelt sich im Grunde nicht um eine im § 1 Abs. 4 GBO angesprochene Angelegenheit des formalen Rechts (das ist es nur für die Zukunft), sondern um die Heilung von möglicherweise nicht wirksam gewordenen materiellen Verfügungen.

3. Sondervorschriften für den Nachweis der Verfügungsberechtigung

9 a) In **Abs. 1 Nr. 6** finden sich Regeln über den Nachweis (besser: Nichtnachweis) der Verfügungs-(Bewilligungs-)berechtigung bezüglich beschränkter dinglicher Rechte, die für bestimmte Rechtsinhaber eingetragen sind. Die Regelung ist also nicht anwendbar für Verfügungen über das Eigentum.
Sie ist **zeitlich beschränkt** bis zm 21. 12. 2010.

10 b) Der Kern der Regelung in Nr. 6 Satz 1 besteht darin, bei bestimmten Gläubiger(Inhaber-)Eintragungen kraft einer (freilich überaus fragwürdigen)² Fiktion bestimmte „Bewilligungsstellen" zu bezeichnen, deren Grundbucherklärungen die Norm für ausreichend erklärt.

Eingetragen ist:	Bewilligungsstelle
a) Sparkasse oder Volkseigentum mit Rechtsträger Sparkasse	Sparkasse der Belegenheit; in Berlin auch Landesbank
b) Anderes Kreditinstitut oder Volkseigentum mit Rechtsträger Kreditinstitut; bergrechtliche Gewerkschaft	
c) Volkseigentum, Rechtsträger: Staatsorgane; Kommunale Gebietskörperschaften; Staatliche Organe und Einrichtungen	b–d: Jede Dienststelle des Bundes, bundesunmittelbare Körperschaft oder Anstalt des öffentlichen Rechts
d) Juristische Personen des öffentlichen Rechts; Sondervermögen (Ausn.: unten Rdn. 13!)	

---

¹ GB-Anweisung v. 27. 10. 1987, Nr. 4/87 des Min. d. Inneren (nicht öffentlich bekanntgemacht).

² Vgl. *Eickmann* RpflStud 95, 20.

XIV. Übergangs- und Schlußvorschriften (Eickmann) **§ 105 V**

Die im Text genannte „Staatsbank Berlin" existiert unter dieser Bezeichnung nicht **11** mehr. Die Staatsbank Berlin ist seit 30. 9. 1994 erloschen; ihr Vermögen ist auf die „Kreditanstalt für Wiederaufbau" übergegangen.[3]

c) Die in S. 1 genannten Regeln gelten entsprechend für die Löschung der in **Satz 3** **12** genannten Eintragungen, also nicht für andere darauf gerichtete Verfügungen.

Eingetragen ist	Bewilligungsstelle
Entschuldungsvermerk	Kreditanstalt für Wiederaufbau
Verfügungsbeschränkung zug. öffentlicher Investitionen	jede Dienststelle des Bundes
Schürf- und Abbaugerechtigkeiten	

d) Die Bewilligungsbefugnis nach dieser Norm gilt **nicht** für das Vermögen der **13** Reichsbahn und der Deutschen Post.[4]

e) Soweit die Norm anwendbar ist, findet § 39 GBO keine Anwendung; nach dem **14** Sinn und Zweck der Regelung setzt sie ja gerade voraus, daß der Bewilligungsberechtigte nicht voreingetragen ist; **Satz 5**.

Die Vorlage von Grundpfandrechtsbriefen ist entbehrlich, **Satz 6**. **15**

f) die unübersichtliche Regelungssystematik erschließt sich durch die Vornahme folgender **Prüfungsschritte**: **16**

Stufe 1: Was ist Gegenstand der Verfügung?
a) Das Eigentum: § 105 Nr. 6 ist unanwendbar; es gelten die allgemeinen Regeln.
b) eine sonstige Berechtigung im weitesten Sinne:
    Weiter mit Stufe 2.

Stufe 2: Wann wurde die Eintragung der Berechtigung beantragt, über die verfügt werden soll?
a) Am 1. 7. 1990 oder danach: § 105 Nr. 6 ist unanwendbar, es gelten die allgemeinen Regeln.
b) Vor dem 1. 7. 1990: Weiter mit Stufe 3.

Stufe 3: Welcher Art ist die Verfügung?
a) Sie ist eine Löschung: Weiter mit Stufe 4.
b) Sie ist eine andere Verfügung: Weiter mit Stufe 5.

Stufe 4: Welche Art von Berechtigung soll gelöscht werden?
a) Ein Entschuldungsvermerk, eine Verfügungsbeschränkung f. d. öffentliche Hand oder eine Schürf- bzw. Abbaugerechtigkeit   : S. oben Rdn. 12
b) eine andere Berechtigung   : Weiter mit Stufe 5.

Stufe 5: Für wen ist die Berechtigung eingetragen?
a) Für einen Berechtigten der in Abs. 1 Nr. 6 S. 1 lit a–d genannten Art   : S. oben Rdn. 10
b) Für einen anderne Berechtigten   : § 105 Nr. 6 ist unanwendbar,
                                                           es gelten die allgemeinen Regeln.

---

[3] G. über die Kreditanstalt für Wiederauf i. d. F. d. G. v. 8. 7. 1994, BGBl. I S. 1465; z. Vermögensübertragung; VO v. 13. 9. 1994, BGBl. I S. 2554.

[4] Vgl. zu deren Behandlung *Böhringer* Grundbuchrecht-Ost, Rdn. 252.

III. Verfügung über die grundbuchmäßige Behandlung der Wohnungseigentumssachen

i. d. Fassung der Bek. v. 24. Januar 1995 (BGBl. I S. 134)

Vorbemerkung

Die WEGBV ergänzt die GBV für den Bereich der WE-Sachen. Sie ist wie die GBV in weiten Teilen Rechtsverordnung (s. Vorbem. vor § 1 GBVfg.), im übrigen Verwaltungsvorschrift. Die WEGBV regelt die grundbuchmäßige Behandlung von Wohnungs- und Teileigentum sowie Wohnungs- und Teilerbbaurecht. Das in den §§ 31 ff. WEG geregelte Dauerwohnrecht wird wie andere Grundstücksbelastungen behandelt und untersteht daher den Regeln der GBV. Im Beitrittsgebiet ist sie nach Maßgabe von Anl. I Kap. III Sachgeb. B Abschn. III Nr. 5 EinigungsV anzuwenden.

§ 1

Für die gemäß § 7 Abs. 1, § 8 Abs. 2 des Wohnungseigentumsgesetzes vom 15. März 1951 (Bundesgesetzbl. I S. 175) für jeden Miteigentumsanteil anzulegenden besonderen Grundbuchblätter (Wohnungs- und Teileigentumsgrundbücher) sowie für die gemäß § 30 Abs. 3 des Wohnungseigentumsgesetzes anzulegenden Wohnungs- und Teilerbbaugrundbücher gelten die Vorschriften der Grundbuchverfügung entsprechend, soweit sich nicht aus den §§ 2 bis 5, 8, 9 und etwas anderes ergibt.

1. Nach § 7 Abs. 1 WEG ist für jedes Wohnungseigentum ein eigenes Grundbuchblatt anzulegen. „Anlegung" hat hier jedoch nicht die Bedeutung wie sie in §§ 116 ff. GBO geregelt ist, sondern verlangt lediglich die nunmehrige gesonderte Eintragung der einzelnen Wohnungseigentumsrechte auf eigenen Blättern. Das Wohnungseigentum entsteht erst, wenn sämtliche Wohnungseigentumsrechte eingetragen sind.
Gleiches gilt für das Teileigentumsgrundbuch.

2. Abweichend von der Regel des § 7 Abs. 1 WEG kann von der Anlegung besonderer Grundbuchblätter abgesehen werden, wenn hiervon Verwirrung nicht zu besorgen ist. Dazu vgl. Erl. zu § 7 WEGBV.

3. Auch im Falle des § 8 WEG (sog. Vorratsteilung) sind für die einzelnen WE-Rechte eigene Grundbuchblätter anzulegen. §§ 8 Abs. 2 S. 1, 7 Abs. 1 WEG.

4. Bei der Begründung von Wohnungserbbaurechten werden für die einzelnen Anteile ebenfalls eigene Grundbuchblätter angelegt. § 30 Abs. 2 WEG.

5. Für die Anlegung der vorgenannten Blätter und für deren weitere Führung gelten die Vorschr. d. GBV entsprechend, soweit sich nicht aus den Vorschriften der WEGBV etwas anderes ergibt.
Anwendbar dürften sein:
§§ 1, 2, 3, 4, 5 (jedoch ergänzt durch § 2 WEGBV), 7, 9, 10 (jedoch ergänzt durch § 4 WEGBV), 11, 12, 13, 15 bis 56, 57 Abs. 1, 2 a (ergänzt durch § 5 WEGBV) und 58 bis 60.

§ 3 W III. WE-Grundbuch-Verfügung

§ 2

In der Aufschrift ist unter die Blattnummer in Klammern das Wort „Wohnungsgrundbuch" oder „Teileigentumsgrundbuch" zu ersetzen, je nachdem, ob sich das Sondereigentum auf eine Wohnung oder auf nicht zu Wohnzwecken dienende Räume bezieht. Ist mit dem Miteigentumsanteil Sondereigentum sowohl an einer Wohnung als auch an nicht zu Wohnzwecken dienenden Räumen verbunden und überwiegt nicht einer dieser Zwecke offensichtlich, so ist das Grundbuchblatt als „Wohnungs- und Teileigentumsgrundbuch" zu bezeichnen.

1 Je nachdem, ob sich das mit dem Miteigentumsanteil verbundene Sondereigentum auf eine Wohnung oder auf nicht zu Wohnzwecken dienende Räume bezieht, ist das Blatt in der Aufschrift als „Wohnungsgrundbuch" oder „Teileigentumsgrundbuch" zu bezeichnen. Sind mit dem Miteigentumsanteil Räumlichkeiten beider Art verbunden, so entscheidet diejenige Nutzungsart, die wirtschaftlich offensichtlich überwiegt. Ist ein solches Überwiegen nicht eindeutig erkennbar, so sind beide Bezeichnungen in die Aufschrift aufzunehmen.

2 Der Begriff „Wohnung" im Sinne der Vorschrift ergibt sich aus Nr. 4 der „Richtlinien für die Ausstellung von Bescheinigungen gem. § 7 Abs. 4 Nr. 2 und § 32 Abs. 2 Nr. 2 des Wohnungseigentumsgesetzes" vom 19. 3. 74 (BAnz. Nr. 58), dort ist unter Hinweis auf DIN-Blatt 283 (abgedruckt GemMinBl. 51, 79 ff.) ausgeführt: „Eine Wohnung ist die Summe der Räume, welche die Führung eines Haushaltes ermöglichen, darunter stets eine Küche oder ein Raum mit Kochgelegenheit. Zu einer Wohnung gehören außerdem Wasserversorgung, Ausguß und Abort. Die Eigenschaft als Wohnung geht nicht dadurch verloren, daß einzelne Räume vorübergehend oder dauernd zu beruflichen oder gewerblichen Zwecken benutzt werden."

Der Unterschied zu den „nicht zu Wohnzwecken dienenden Räumen" ergibt sich aus der Zweckbestimmung, die dem Raum von Anfang an beigelegt ist. Hierher gehören z. B. Läden, Werkstätten, Praxisräume usw.

§ 3

(1) Im Bestandsverzeichnis sind in dem durch die Spalte 3 gebildeten Raum einzutragen:

a) der in einem zahlenmäßigen Bruchteil ausgedrückte Miteigentumsanteil an dem Grundstück;

b) die Bezeichnung des Grundstücks nach den allgemeinen Vorschriften; besteht das Grundstück aus mehreren Teilen, die in dem maßgebenden amtlichen Verzeichnis (§ 2 Abs. 2 der Grundbuchordnung) als selbständige Teile eingetragen sind, so ist bei der Bezeichnung des Grundstücks in geeigneter Weise zum Ausdruck zu bringen, daß die Teile ein Grundstück bilden;

c) das mit dem Miteigentumsanteil verbundene Sondereigentum an bestimmten Räumen und die Beschränkung des Miteigentums durch die Einräumung der zu den anderen Miteigentumsanteilen gehörenden Sondereigentumsrechte; dabei sind die Grundbuchblätter der übrigen Miteigentumsanteile anzugeben.

(2) Wegen des Gegenstandes und des Inhalts des Sondereigentums kann auf die Eintragungsbewilligung Bezug genommen werden (§ 7 Abs. 3 WEG); vereinbarte Veräußerungsbeschränkungen (§ 12 WEG) sind jedoch ausdrücklich einzutragen.

(3) In Spalte 1 ist die laufende Nummer der Eintragung einzutragen. In Spalte 2 ist die bisherige laufende Nummer des Miteigentumsanteils anzugeben, aus dem der Miteigentumsanteil durch Vereinigung oder Teilung entstanden ist.

(4) In Spalte 4 ist die Größte des im Miteigentum stehenden Grundtsücks nach den allgemeinen Vorschriften einzutragen.

(5) In den Spalten 6 und 8 sind die Übertragung des Miteigentumsanteils auf das Blatt sowie die Veränderungen, die sich auf den Bestand des Grundstücks, die Größe des Miteigentumsanteils oder den Gegenstand oder den Inhalt des Sondereigentums beziehen, einzutragen. Der Vermerk über die Übertragung des Miteigentumsanteils auf das Blatt kann jedoch statt in Spalte 6 auch in die Eintragung in Spalte 3 aufgenommen werden.

(6) Verliert durch die Eintragung einer Veränderung nach ihrem aus dem Grundbuch ersichtlichen Inhalt eine frühere Eintragung ganz oder teilweise ihre Bedeutung, so ist sie insoweit rot zu unterstreichen.

(7) Vermerke über Rechte, die dem jeweiligen Eigentümer des Grundstücks zustehen, sind in den Spalten 1, 3 und 4 des Bestandsverzeichnisses sämtlicher für Miteigentumsanteile an dem herrschenden Grundstück angelegten Wohnungs- und Teileigentumsgrundbücher einzutragen. Hierauf ist in dem in Spalte 6 einzutragenden Vermerk hinzuweisen.

1. Inhalt der Vorschrift

In § 3 ist die Führung des Wohnungsgrundbuches geregelt. Im einzelnen gilt folgendes:

Sp. 1 dient zur Angabe der laufenden Nr. der Eintragung; sie wird für die Eintragung 1 des WE, aber auch für die Eintragung z. B. eines subjektiv-dinglichen Rechts geführt.

Sp. 2 dient zur Angabe der bish. laufenden Nummer einer Eintragung, auf die sich 2 eine unter einer neuen laufenden Nr. zu vollziehende Eintragung bezieht. Hierher gehören Fälle der Veränderung des Miteigentumsanteiles durch Vereinigung, Teilung, Veränderung des Grundstücksbestandes sowie Berichtigung der Bestandsangaben des Grundstücks.

In **Sp. 3** wird das Wohnungseigentumsrecht als solches eingetragen, und zwar: 3
a) der Miteigentumsanteil,
b) die Bezeichnung des Grundstücks gem. § 6 Abs. 3 GBV, besteht das Grundstück aus mehreren Flurstücken (katastertechnisch selbständigen Einheiten), so ist auf die Erfüllung des Gebotes in § 1 Abs. 3 WEG (vorherige Vereinigung mehrerer Grundstücke im Rechtssinne) ausdrücklich hinzuweisen, z. B. durch die Formulierung
„... an dem im Rechtssinne einheitlichen Grundstück
Fl.St. Nr. ...
Fl.St. Nr. ..."
c) das mit dem Miteigentumsanteil verbundene Sondereigentum und die Beschränkung des Miteigentums durch die Einräumung der zu den anderen Miteigentumsanteilen gehörenden Sondereigentumsrechte (§§ 3, 5 WEG). Die Blätter der anderen Anteile sind anzugeben. Wegen des Gegenstandes und des Inhalts des Sondereigentums kann gem. § 7 Abs. 3 WEG auf die EB Bezug genommen werden (s. dazu unten Rdn. 7). Vereinbarte Veräußerungsbeschränkungen sind jedoch ausdrücklich einzutragen (s. unten Rdn. 8).

Sp. 4 dient der Eintragung der Grundstücksgröße nach den allgemeinen Vorschriften 4 (vgl. § 6 GBV).

In **Sp. 5 u. 6** ist das rechtliche Schicksal des Miteigentumsanteiles zu verlautbaren: 5
Sp. 5 dient zur Angabe der lfd. Nr. der Sp. 1, auf die sich die Eintragung in Sp. 6 bezieht;
Sp. 6 enthält den Herkunftsvermerk
„Miteigentumsanteil bei Anlegung dieses Blattes von Bd. ... Bl. ... übertragen am ..."

Dieser Herkunftsvermerk kann jedoch auch in den Haupteintrag in Sp. 3 mit einbezogen werden.

In Sp. 6 sind auch Veränderungen des Miteigentumsanteiles hinsichtlich seiner Größe (jedoch mit Ausnahme von Abschreibungen, vgl. unten Rdn. 6) einzutragen. Die Vereinigung von Miteigentumsanteilen geschieht dabei wie die Vereinigung von Grundstükken (vgl. § 13 GBV).

Weiter werden in Sp. 6 eingetragen:
Vermerke über Inhaltsänderungen des Sondereigentums,
Vermerke über Veränderungen im Grundstücksbestand,
Vermerke über Berichtigung der Bestandsangaben des Grundstückes.

6 In den **Sp. 7 und 8** werden solche Veränderungen des Miteigentumsanteiles eingetragen, die Abschreibungen darstellen oder solchen gleichstehen. Hierher gehören:

a) Die Teilung eines Miteigentumsanteiles. Unter der neuen lfd. Nr. in Sp. 3 wird nur der veränderte Miteigentumsanteil mit dem Sondereigentum eingetragen. Der frühere Vermerk in Sp. 3 bleibt bestehen, soweit er durch die Änderung nicht berührt wird;

b) Die Teilveräußerung von Sondereigentum ohne gleichzeitige Verfügung über den Miteigentumsanteil;

c) Die Abschreibung eines realen Teiles des gemeinschaftlichen Grundstückes. Hier ist § 13 Abs. 4 GBV entsprechend anzuwenden. Die Vermerke sind auf allen Wohnungsgrundbüchern einzutragen. Der reale Teil erscheint auf dem Blatt, auf das er übertragen wird, entweder auf den Namen aller Miteigentümer, oder, im Falle einer Veräußerung, sogleich auf den Namen des Erwerbers;

d) die Abschreibung des ganzen WE-Rechtes (Miteigentumsanteil mit Sondereigentum) infolge Übertragung auf ein anderes Blatt;

e) Die Aufhebung des Sondereigentums gem. § 4 WEG. Die Wohnungsgrundbücher werden in diesem Fall gem. § 9 Abs. 1 S. 1 WEG geschlossen.

2. Wegen des Gegenstandes und des Inhalts des Sondereigentums

7 kann auf die Bewilligung Bezug genommen werden (§ 7 Abs. 3 WEG). Der Begriff „Gegenstand des SE" ist in § 5 Abs. 1–3 WEG geregelt.

Wegen des Inhalts des SE vgl. § 13 Abs. 1 WEG. Hierher gehören auch Vereinbarungen, durch die die Wohnungseigentümer gem. § 10 Abs. 2 WEG ihr Verhältnis untereinander regeln; zu denken ist an

Vereinbarungen über die Verwaltung und Benutzung (§§ 1010, 746 BGB);
Vereinbarungen über den Anteil an Früchten (Nutzungen);
Vereinbarungen über die Schuldenberichtigung und die Teilung im Falle der Aufhebung der Gemeinschaft.

Hierher gehören auch die sog. **Sondernutzungsrechte**. Es handelt sich dabei um Vereinbarungen der WEigentümer gem. § 15 WEG, durch die ein Gemeinschaftsmitglied unter Ausschluß der anderen den Alleingebrauch an Teilen des Gemeinschaftseigentums eingeräumt erhält. Sie sind eintragungsfähig (§ 5 Abs. 4 WEG), aber nicht eintragungsbedürftig.[1] Ein ausdrücklicher Hinweis, z. B.

„Ein Sondernutzungsrecht ist zugeordnet"

wird jedoch allgemein empfohlen.[2]

---

[1] OLG Hamm Rpfleger 85, 109; KG Pfleger 87, 305; *Ertl* Rpfleger 79, 82.

[2] *Ertl* (Fn. 1); *Noack* Pfleger 76, 196. Bei *Ertl* finden sich auch zahlreiche Eintragungsmuster.

3. Veräußerungsbeschränkungen

Als Inhalt des SE können auch Veräußerungsbeschränkungen vereinbart werden (§ 12 WEG); im Gegensatz zu Gegenstand und übrigem Inhalt des SE sind Veräußerungsbeschränkungen jedoch ausdrücklich im GB einzutragen.

Die Vorschrift hat allerdings nur Ordnungscharakter, eine durch – unzulässige – Bezugnahme eingetragene Beschränkung wäre materiell rechtlich wirksam, weil sie zum Inhalt des Rechts nach § 874 BGB gehört.[3] Das GBA hat § 3 Abs. 2 jedoch, dessen ungeachtet, zu beachten.

Strittig ist, in welchem Umfange eine Wiedergabe der Beschränkung erforderlich ist. Während in der älteren Judikatur die Auffassung vertreten wird, die Beschränkung müsse mit allen Einzelheiten im vollen Wortlaut eingetragen werden,[4] dürfte die abweichende Meinung, die lediglich die Eintragung der Tatsache des Bestehens einer Verfügungsgeschränkung genügen läßt,[5] mittlerweile h. M. sein. Wie *Weitnauer* zu Recht bemerkt, gilt auch für die Eintragung von Bedingungen oder Befristungen der Grundsatz, daß nur die Tatsache ihres Bestehens einzutragen ist, wegen der näheren Modalitäten jedoch auf die EB Bezug genommen werden kann.

Es genügt deshalb, einzutragen:
„Zur Veräußerung des Wohnungseigentums ist in bestimmten Fällen nach Maßgabe des § ... der Gemeinschaftsordnung eine Zustimmung erforderlich."

4. Vermerk über Dienstbarkeit

Der Vermerk nach § 9 GBO über eine Dienstbarkeit muß, wenn herrschendes Grundstück das gemeinsame Grundstück ist, erkennen lassen, daß das Recht nicht nur zugunsten des einzelnen Wohnungseigentums eingetragen ist. **Abs. 7** verlangt deshalb entsprechende Kenntlichmachung.

„2. zu 1 Hier sowie auf den für die übrigen Miteigentumsanteile angelegten Blättern (Band ... Blätter ...) vermerkt am ..."

5. Eintragungsvorschläge

a) Wohnungsvorschläge

„1 20/1000 Miteigentumsanteil an dem Grundstück Moosach 1125/10 Wohnhaus mit Garten verbunden mit dem Sondereigentum an der Wohnung im ersten Stock rechts; das Miteigentum ist durch die Einräumung der zu den anderen Miteigentumsanteilen (eingetragen Bd. ... Blätter ...) gehörenden Sondereigentumsrechte beschränkt. Zur Veräußerung des Wohnungseigentums ist in bestimmten Fällen nach Maßgabe des § ... der Gemeinschaftsordnung eine Zustimmung erforderlich. Im übrigen gem. Bew. vom ... eingetragen am ..."

b) Inhaltsänderung

„1 Der Inhalt des Sondereigentums ist geändert
a) durch neue Voraussetzungen der Veräußerungsbeschränkung
b) durch eine Gebrauchsvereinbarung bezüglich des Hofraumes
Gem. Bew. vom ... eingetragen am ...;"
oder; bei Änderung des SE im **Gegenstand**[6]

„1 Der Gegenstand des Sondereigentums ist geändert. Eingetragen gem Bew. vom ... am ..."

---

[3] *Weitnauer* § 12 Anm. 7.
[4] LG Marburg Rpfleger 60, 336; LG Mannheim Rpfleger 63, 301; AG Göppingen Rpfleger 66, 14; LG Nürnberg-Fürth, B. vom 15. 2. 67, zitiert bei *Diester* Rpfleger 68, 41.
[5] LG Kempten Rpfleger 68, 58; *Weitnauer* § 12 Rdn. 8; *Diester* Rpflger 68, 205/207; *Demharter* Anh. § 3 GBO Rdn. 34; Haegele/Schöner/*Stöber* Rdn. 2902/2903.
[6] Dazu oben Einl. E 52–54.

12   **c) Veräußerung des Miteigentumsanteiles**
Zunächst ist der Neubeschrieb des verbleibenden Wohnungseigentumsrechts in Sp. 1–3 vorzutragen; in Sp. 2 ist zu vermerken „Rest von 2". Sodann ist zu vermerken in Sp. 7 u. 8:
„1, 2 Von Nr. 1 20/100 Miteigentumsanteil, verbunden mit Sondereigentum an dem Laden im Erdgeschoß und den anderen in der Bew. vom ... bezeichneten Räumen übertagen nach Bs. ... Bl. ... am ... Rest: Nr. 2."
Die Zulässigkeit einer Teilveräußerung nach Teilung (vgl. § 7 GBO Rdn. 24 ff.) ist zu bejahen, sofern mit jedem Teil des Miteigentumsanteiles Sondereigentum verbunden ist und das Abgeschlossenheitserfordernis des § 3 Abs. 2 WEG für den verbleibenden und den zu veräußernden Teil vorliegt.[7]

13   **d) Quotenänderung**
Sie liegt vor, wenn die Miteigentumsquoten im Verhältnis der Wohnungseigentümer untereinander ohne Veränderung im Bestand des Sondereigentums geändert werden. Es handelt sich dabei um eine Inhaltsänderung, die eine Änderungsvereinbarung und Teilauflassungen sowie deren Eintragung voraussetzt. Sp. 5 und 6
„1 Miteigentumsanteil durch Teilauflassung und Inhaltsänderung geändert am ..."
In Sp. 3 ist der alte Anteil zu röten und der neue Anteil darüber zu vermerken. In Abt. I ist keine Eintragung erforderlich.[8] Soweit Miteigentumsanteile verkleinert werden, bedarf dies der Zustimmung der Inhaber dinglicher Rechte, sofern die betroffenen WE-Rechte selbständig belastet sind.

14   **e) Hypothekenverteilung**
Die auf dem ursprünglichen Grundstück lastenden Rechte werden meist nach Anlegung der WE-Blätter auf die einzelnen WE-Rechte verteilt. Möglichkeiten des grundbuchtechnischen Vollzuges:

aa) Verteilung noch auf dem alten Blatt und Übertragung auf die neuen Blätter in der nach Veränderung entstehenden Höhe;

bb) Übertragung aus dem alten Blatt auf die neuen Blätter als Gesamtrecht, dort Verteilung in üblicher Form

„Die Post Nr. 3 ist unter Löschung des übersteigenden Betrages verteilt und lastet hier noch in Höhe von ... DM. Die Mithaft ist erloschen; es ist ein neuer Brief erteilt. Eingetragen am ..."

Löschung in Sp. 8–10 ist unnötig; in Sp. 4 ist der Mithaftvermerk zu röten.

cc) Die Praxis wendet häufig § 46 Abs. 2 GBO dergestalt an, daß sie – ohne Eintragungen auf dem alten Blatt – im neuen Blatt nur noch verlautbart:

In Sp. 3 den nunmehrigen (Teil-)betrag

„Sp. 4 Hypothek für ... für den verteilten Betrag von ... DM mit Jahreszinsen bis zu ...%. Eingetragen gem. Bew. vom ... in Bd. ... Bl. ... und nach Hypothekenverteilung unter Herstellung eines neuen Briefes als Einzelrecht hierher übertragen am ..."

Wird ein mit einem Rangvorbehalt versehenes Recht verteilt, ergeben sich bei der Übertragung des RV auf die neuen Blätter Schwierigkeiten, weil dadurch u. U. die Ausnützung des RV in der Hand der einzelnen Eigentümer liegen kann. In solchen Fällen hat das GBA auf vorherige Löschung des RV zu bestehen, der ohnehin angesichts der Veräußerung der einzelnen WE-Einheiten für den bisherigen Eigentümer ohne Interesse ist.

---

[7] Dazu oben Einl. E 49.   [8] BayObLG Rpfleger 59, 277.

§ 4

(1) Rechte, die ihrer Natur nach nicht an dem Wohnungseigentum als solchem bestehen können (wie z. B. Wegerechte), sind in Spalte 3 der zweiten Abteilung in der Weise einzutragen, daß die Belastung des ganzen Grundstücks erkennbar ist. Die Belastung ist in sämtlichen für Miteigentumsanteile an dem belasteten Grundstück angelegten Wohnungs- und Teileigentumsgrundbüchern einzutragen, wobei jeweils auf die übrigen Eintragungen zu verweisen ist.

(2) Absatz 1 gilt entsprechend für Verfügungsbeschränkungen, die sich auf das Grundstück als Ganzes beziehen.

Gewisse Rechte können ihrer Natur nach nicht am einzelnen Wohnungseigentum als solchem bestehen, sondern nur an dem ganzen Grundstück (z. B. Geh- und Fahrtrechte, Leitungsrechte, Rechte auf Sicherung von Abstandsflächen etc.). Diese Rechte sind in Sp. 3 dergestalt einzutragen, daß die Belastung des ganzen Grundstücks erkennbar ist. Die Belastung ist in sämtlichen für Miteigentumsanteile an dem belasteten Grundstück angelegten Wohnungsgrundbüchern (Teileigentumsgrundbüchern) einzutragen, dabei ist jeweils auf die übrigen Eintragungen zu verweisen. Entsprechendes gilt für Verfügungsbeschränkungen, die sich auf das Grundstück als Ganzes beziehen.

Sp. 3 der Abt. II:

„Geh- und Fahrtrecht an dem Grundstück FlNr. 1125/1 für den jeweiligen Eigentümer des Grundstücks ... eingetragen in Bd. ... Bl. ... am ... und hier sowie auf die für die anderen Miteigentumsanteile angelegten Blätter (Bd. ... Blätter ...) übertragen am ..."

Soweit es sich um Rechte an dem Grundstück handelt, die als Gesamtrechte an den Miteigentumsanteilen weiterbestehen (z. B. Reallasten), werden sie als Belastung des Miteigentumsanteiles unter Angabe der übrigen mithaftenden Anteile eingetragen.

Die Eintragung ist inhaltlich unzulässig i. S. v. § 53 Abs. 1 S. 2 GBO, wenn sie auch nur auf einem Wohnungsgrundbuchblatt nicht gebucht ist.[1] Sie muß deshalb auf allen Blättern von Amts wegen gelöscht werden, wenn das Recht bei der Zwangsversteigerung eines Wohnungseigentums gem. § 52 ZVG erloschen ist.

§ 5

Bei der Bildung von Hypotheken-, Grundschild- und Rentenschuldbriefen ist erkenntlich zu machen, daß der belastete Gegenstand ein Wohnungseigentum (Teileigentum) ist.

Für den Brief gelten die allgemeinen Vorschriften der GBV. Wegen der Bezeichnung des Belastungsgegenstandes vgl. die entspr. Vorschrift des § 59 GBV.

§ 6

Sind gemäß § 7 Abs. 1 oder § 8 Abs. 2 WEG für die Miteigentumsanteile besondere Grundbuchblätter anzulegen, so werden die Miteigentumsanteile in den Spalten 7 und 8 des Bestandsverzeichnisses des Grundbuchblattes des Grundstücks abgeschrieben. Die Schließung des Grundbuchblattes gemäß § 7 Abs. 1 Satz 3 WEG unterbleibt, wenn auf dem Grundbuchblatt von der Abschreibung nicht betroffene Grundstücke eingetragen sind.

---

[1] BayObLG Rpfleger 95, 455; KG Rpfleger 75, 68; OLG Frankfurt Rpfleger 79, 149.

Nach Aufteilung des Grundstücks in Mitgeintumsanteile sind diese in Sp. 7 u. 8 des Bestandsverzeichnisses (Grundstücksblatt) abzuschreiben und bei Belegung der Wohnungsgrundbuchblätter dort zu buchen.

„²⁷/₁₀₀ Miteigentumsanteil übertragen nach Bd. ... Bl. ... am ..."

Die Auflassung des Miteigentumsanteils ist erst im Wohnungsgrundbuch zu verlautbaren. Einer zusätzlichen Eintragung der Begründung des Sondereigentums in Abt. I des Wohnungsgrundbuches, wie *Ripfel*[1] sie verlangt, bedarf es nicht. Die Begründung des Sondereigentums wird im Bestandsverzeichnis in genügender Form eingetragen; eine weitere Eintragung in Abt. I wäre unnötige Förmelei.[2]

Satz 2 ergänzt hinsichtlich der Schließung des Grundstücksblattes § 7 Abs. 1 Satz 3 WEG; das gleiche ergibt sich auch aus § 34 Buchst. b GBV.

§ 7

Wird von der Anlegung besonderer Grundbuchblätter gemäß § 7 Abs. 2 WEG abgesehen, so sind in der Aufschrift unter die Blattnummern in Klammern die Worte „Gemeinschaftliches Wohnungsgrundbuch" oder „Gemeinschaftliches Teileigentumsgrundbuch" (im Falle des § 2 Satz 2 dieser Verfügung „Gemeinschaftliches Wohnungs- und Teileigentumsgrundbuch") zu setzen; die Angaben über die Einräumung von Sondereigentum sowie über den Gegensatnd und Inhalt des Sondereigentums sind als Bezeichnung des Gemeinschaftsverhältnisses im Sinne des § 47 GBO gemäß § 9 Buchstabe b der Grundbuchverfügung in den Spalten 2 und 4 der ersten Abteilung einzutragen.

1. Besondere Blätter

1 Abweichend von der Regel des § 7 Abs. 1 WEG kann das GBA von der Anlegung besonderer Blätter für die Einzelnen Miteigentumsanteile absehen und ein gemeinschaftliches Blatt für alle Miteigentümer anlegen (§ 7 Abs. 2 WEG).

Voraussetzung dafür ist, daß Verwirrung nicht zu besorgen ist. Der Verwirrungsbegriff ist identisch mit dem in § 3 Abs. 3, §§ 4–6 GBO gebrauchten (vgl. die Erl. dort).

Verwirrung dürfte insbesondere zu besorgen sein, wenn entweder die Zahl der Miteigentümer Abt. I unübersichtlich werden ließe oder wenn die Wohnungseigentumsrechte in Abt. III so unterschiedlich belastet sind, daß eine eindeutige und klare Darstellung der Belastungs- und Rangverhältnisse nicht mehr möglich ist. Im Zweifel sollte hier ein strenger Maßstab angelegt werden.

Die Buchung nach § 7 Abs. 2 WEG ist nicht anwendbar im Falle der Vorratsteilung nach § 8 WEG. Das ergibt sich aus der Nichtanführung der Vorschrift in § 8 Abs. 2 Satz 1 WEG. Bei Verstoß ist die Teilung jedoch wirksam.[1]

2. Gemeinschaftliches Blatt

2 Bei der Angelegenheit eines gemeinschaftlichen Blattes ist im BestVerz. das Grundstück in üblicher Weise einzutragen. In Abt. I werden die Wohnungseigentümer mit ihrem Anteilsverhältnis eingetragen, die Angaben über die Einräumung von Sondereigentum sowie über den Gegenstand und Inhalt sind als Bezeichnung des Gemeinschaftsverhältnisses in Abt. I Sp. 2 u. 4 einzutragen.

1 Hans Maier, Kaufmann in München
2 Karl Huber, Händler in München

---

[1] BWNotZ 69, 224.
[2] Ebenso: *Weitnauer* § 7 Rdn. 35.

[1] *Bärmann/Pick/Merle* § 8 Rdn. 29.

Miteigentümer je zur Hälfte; jeder Miteigentumsanteil ist verbunden mit Sondereigentum an einer Wohnung, das Miteigentum ist durch die Einräumung der Sondereigentumsrechte beschränkt.
Das Grundstück ist an die Miteigentümer aufgelassen am ... Wegen des Gegenstandes und des Sondereigentums wird auf die Bew. vom ... Bezug genommen. Nach näherer Bestimmung in ... ist eine Veräußerungsbeschränkung vereinbart. Eingetragen am ...

3. Zusammenschreibung

Von der Führung eines gemeinschaftlichen Wohnungsgrundbuches gem. § 7 Abs. 2 WEG ist zu unterscheiden die Zusammenschreibung (§ 4 GBO) mehrerer Wohnungseigentumsrechte desselben Eigentümers. Die Zulässigkeit einer solchen Zusammenbuchung ist zwar zu bejahen,[2] weil sowohl § 7 WEG als auch § 1 WEGV die Anwendung aller nicht ausdrücklich ausgenommenen grundbuchrechtlichen Vorschriften auch im Bereich des WE anordnen. Allerdings dürfte das allgemeine Gebot der Übersichtlichhaltung des Grundbuchs eine solche Buchung regelmäßig ausschließen.

3

§ 8

Die Vorschrift der §§ 2 bis 7 gelten für Wohnungs- und Teilerbbaugrundbücher entsprechend.

Bei Anlegung der besonderen Grundbuchblätter empfiehlt sich auf dem Blatt des belasteten Grundstücks folgender Vermerk:

„Das Erbbaurecht ist gem. §§ 8, 30 WEG geteilt. Es sind nunmehr eingetragen
Nr. 1 a in Bd. ... Bl. ...
Nr. 1 b in Bd. ... Bl. ...
usw."

Diese Eintragung ist zwar nicht ausdrücklich vorgeschrieben, weil Inhaltsänderungen auf dem Blatt des belasteten Grundstücks nicht verlautbart zu werden brauchen, sie empfiehlt sich aber zum besseren Hinweis auf die neu anzulegenden Blätter.

Allgemein gelten für das Wohnungs- bzw. Teilerbbaurecht die Vorschriften der §§ 2–7 WEGBV und §§ 54–60 GBV entsprechend.

§ 9

Die nähere Einrichtung der Wohnungs- und Teileigentumsgrundbücher sowie der Wohnungs- und Teilerbbaugrundbücher ergibt sich aus den als Anlagen 1 bis 3 beigefügten Mustern. Für den Inhalt eines Hypothekenbriefes bei der Aufteilung des Eigentums am belasteten Grundstück in Wohnungseigentumsrechte nach § 8 WEG dient die Anlage 4 als Muster. Die in den Anlagen befindlichen Probeeintragungen sind als Beispiele nicht Teil dieser Verfügung.

Die der WEGBV beigefügten Muster sind, ebenso wie die Muster der GBVfg., für das GBA nicht bindend (vgl. dazu ausf. Einl. vor § 1 GBV).

Da sie teilweise auch in ihren Formulierungen zu ausführlich oder aus anderen Gründen überholt sind, wurde auf ihren Abdruck verzichtet. Eintragungsvorschläge finden sich jeweils bei den einschlägigen Vorschriften.

---

[2] *Weitnauer* § 7 Anm. 37; *Demharter* § 4 GBO Rdn. 3; Meikel/*Böttcher* § 4 GBO Rdn. 3.

§ 10

(1) Die Befugnis der zuständigen Landesbehörden, zur Anpassung an landesrechtliche Besonderheiten ergänzende Vorschriften zu treffen, wird durch diese Verfügung nicht berührt.

(2) Soweit auf die Vorschriften der Grundbuchverfügung verwiesen wird und deren Bestimmungen nach den für die Überleitung der Grundbuchverfügung bestimmten Maßgaben nicht anzuwenden sind, treten an die Stelle der in Bezug genommenen Vorschriften der Grundbuchverfügung die entsprechenden anzuwendenden Regelungen über die Einrichtung und Führung der Grundbücher. Die in § 3 vorgesehenen Angaben sind in diesem Falle in die entsprechenden Spalten für den Bestand einzutragen.

(3) ist eine Aufschrift mit Blattnummer nicht vorhanden, ist die in § 2 erwähnte Bezeichnung an vergleichbarer Stelle im Kopf der ersten Seite des Grundbuchblattes anzubringen.

§ 11

Diese Verfügung tritt am Tage nach ihrer Verkündigung in Kraft.

IV. Gebäudegrundbuchverfügung

VO über die Anlegung und Führung von Gebäudegrundbüchern (Gebäudegrundbuchverfügung — GGV) vom 15. 7. 1994, BGBl. I S. 1606.

[Anwendungsbereich]

§ 1

Diese Verordnung regelt
1. die Anlegung und Führung von Gebäudegrundbuchblättern für Gebäudeeigentum nach Artikel 231 § 5 und Artikel 233 §§ 2 b, 4 und 8 des Einführungsgesetzes zum Bürgerlichen Gesetzbuche,
2. Die Eintragung
   a) eines Nutzungsrechts,
   b) eines Gebäudeeigentums ohne Nutzungsrecht und
   c) eines Vermerks zur Sicherung der Ansprüche aus der Sachenrechtsbereinigung aus dem Recht zum Besitz gemäß Artikel 233 § 2 a des Einführungsgesetzes zum Bürgerlichen Gesetzbuche
in das Grundbuchblatt des betroffenen Grundstücks.

I. Allgemein

Die GGV regelt Eintragungen im Grundbuch von Grundstücken, an denen rechtlich selbständiges Gebäudeeigentum oder ein Recht zum Besitz i. S. des sog. sachenrechtlichen Moratoriums besteht, sowie die Anlegung und Führung von Gebäudegrundbüchern. **1**

II. Die Gebäudegrundbücher

Nach der ausdrücklichen Nennung in **Nr. 1 gilt** die GGV **unmittelbar** für folgende Fälle rechtlich selbständigen Gebäudeeigentums: **2**

a) Art. 233 § 2 b EGBGB: Gebäude landwirtschaftlicher Produktionsgenossenschaften (§ 27 LPGG), sowie Gebäude von Arbeiter-Wohnungsgenossenschaften und von gemeinnützigen Wohnungsgenossenschaften auf ehemals volkseigenen Grundstücken (= unten § 4 Abs. 2);

b) Art. 233 § 4 EGBGB: Gebäude auf ehemals volkseigenen oder genossenschaftlich genutzten Grundstücken, die in Ausübung eines verliehenen oder zugewiesenen Nutzungsrechts errichtet wurden, §§ 288 Abs. 4, 292 Abs. 3 ZGB (= unten § 4 Abs. 1);

c) Art. 233 § 8 EGBGB: Gebäude die aufgrund vertraglicher Vereinbarung von einem VEB, staatlichen Organen oder Einrichtungen auf nicht volkseigenen Grundstücken errichtet wurden, § 459 ZGB (= unten § 4 Abs. 3).

3 Die GGV ist jedoch auf alle anderen, nicht genannten Arten von Gebäudeeigentum **entsprechend** anwendbar[1] dies muß der Nennung von Art. 231 § 5 EGBGB entnommen werden, der ja keine bestimmte Art des Gebäudeeigentums, sondern dessen allgemeinen Begriff bezeichnet.

4 In den Fällen a) und c), sowie in allen übrigen Fällen – ausgenommen die Fallgruppe b) – muß das Gebäude vor dem Beitritt errichtet worden sein, denn insoweit wird nur bereits entstandenes Gebäudeeigentum aufrechterhalten. In den von b) erfaßten Fällen konnte und kann das Gebäudeeigentum auch noch **nach** dem Beitritt entstehen, Art. 231 § 5 Abs. 1 Satz 2 EGBGB.

III. Das Grundbuch des Grundstückes

5 Die GGV sieht vor, daß parallel zur Anlegung eines Gebäudegrundbuches im Blatt des **Grundstückes** Eintragungen vorgenommen werden (**Nr. 2 lit a und b**). Es werden eingetragen:

a) die einem bestehenden Gebäudeeigentum zugrundeliegenden Nutzungsrechte in den Fällen oben Rdn. 2 b, vgl. § 5;

b) in den Fällen Rdn. 2 a und c wird jeweils das (nutzungsrechtslose) Gebäudeeigentum als solches, wie eine quasi-Belastung, eingetragen, vgl. § 6.

6 Neben diesen unselbständigen Eintragungen, die stets im Zusammenhang mit einem Gebäudegrundbuchblatt stehen, regelt die Verordnung gem. **Nr. 2 lit c** noch die Eintragung eines Vermerks über das **Recht zum Besitz** gem. Art. 233 § 2 a EGBGB, vgl. § 4 Abs. 4.

7 Die Verordnung regelt **nicht** die Eintragung eines **noch nicht ausgeübten** („isolierten") **Nutzungsrechts**. Da es, wie oben Rdn. 4 erwähnt, auch künftig noch ausgeübt werden kann, dient die Eintragung der Erhaltung des Rechts gegenüber gutgläubigen Grundstückserwerbern, vgl. Art. 233 § 4 Abs. 2 EGBGB. Seine Eintragung ist Grundbuchberichtigung und unterliegt § 22 GBO.

IV. Verhältnis der VO zu den allgemeinen Vorschriften

8 Die GGV enthält keine direkte Regelung ihres Verhältnisses zu den §§ 22, 116 ff. GBO, die ja gleichfalls die Berichtigung des Grundbuches und die Anlegung von Grundbuchblättern regeln. Daß die §§ 116 ff. GBO nur von „Grundstücken" sprechen, dürfte im Hinblick auf die weitgehende Gleichstellung von Gebäudeeigentum und Grundstück ohne Belang sein. Auch kann die Auffassung nicht geteilt werden, seit dem Inkrafttreten der GGV verdränge sie die allgemeinen Vorschriften[2] nach dem Spezialitätsgrundsatz. Dem steht einmal die ausdrückliche Regelung in Art. 233 § 2 b Abs. 3 Satz 3 EGBGB entgegen, daneben zeigt schon die Formulierung in § 4 („... genügt ..."), daß die GGV keine abschließende, sondern eine ergänzende Regelung darstellt.[3]

9 Das formstrenge Verfahren nach §§ 22, 29 GBO wird in den Fällen der §§ 228, 292 ZGB ohnehin keine anderen Nachweise voraussetzen, als § 4. Freilich: bei Urkundenverlust (Nutzungsurkunde kann nicht mehr vorgelegt werden!) greift § 4 nicht mehr;

---

[1] *Schmidt-Räntsch/Sternal/Baeyens* in: Rechtshandbuch Vermögen ..., § 1 GGV Rdn. 1.

[2] KG Rpfleger 96, 151 mwN; OLG Jena Rpfleger 97, 104; Meikel/*Ebeling* § 4 Rdn. 5.

[3] S. *Eickmann* Grundstücksrecht ..., Rdn. 234, 235; *Demharter*, § 144 GBO Rdn. 19.

im Verfahren nach § 22 GBO kann sich das GBAmt auch mit einer formgerechten Bescheinigung der Verleihungsbehörde begnügen; bei Verleihungen durch eine LPG ist § 70 Abs. 4 LwAnpG hilfreich. In den Fällen des § 459 ZGB wird das formstrenge Verfahren regelmäßig gegenüber dem der GGV nur den Unterschied aufweisen, daß der Vertrag zwischen VEB und Grundstückseigentümer formgerecht i. S. v. § 29 GBO sein muß.

[Grundsatz für vorhandene Grundbuchblätter]

§ 2

¹Die Führung von vorhandenen Gebäudegrundbuchblättern richtet sich nach den in § 144 Abs. 1 Nr. 4 Satz 1 und 2 der Grundbuchordnung bezeichneten Vorschriften. ²Diese Grundbuchblätter können auch gemäß § 3 fortgeführt, umgeschrieben oder neu gefaßt werden.

Literatur:

Keller, Die Behandlung von Gebäudeeigentum im Grundbuchverfahren, 1994.

Die Norm befaßt sich mit **bereits bestehenden**, d. h. vor Inkrafttreten der GGV angelegten Gebäudegrundbuchblättern. Sie können nach den bisher geltenden Vorschriften[1] weitergeführt werden, um den mit einer umfassenden Neuanlegung verbundenen Arbeitsaufwand zu vermeiden. **1**

Die angesprochenen Vorschriften, die noch auf der in der DDR seinerzeit bestehenden Rechtslage beruhen, kennen den in den §§ 5, 6 vorgeschriebenen **unselbständigen Parallelvermerk** im Grundstücksgrundbuch nicht für alle Fälle von Gebäudeeigentum.[2] Auch wenn für das Gebäude die alten Blätter fortgeführt werden, müssen deshalb die Paralleleintragungen nach §§ 5, 6 vorgenommen (nachgeholt) werden.[3] Die Fortführung kann auf den alten oder den neuen Vordrucken geschehen. Im letzteren Falle wird das im Wege der Umschreibung oder Neufassung durchzuführen sein. **2**

[Gestaltung und Führung neu anzulegender Gebäudegrundbuchblätter]

§ 3

(1) Für die Gestaltung und Führung von neu anzulegenden Gebäudegrundbuchblättern gelten die Vorschriften über die Anlegung und Führung eines Erbbaugrundbuches, soweit im folgenden nichts Abweichendes bestimmt ist.
(2) Ist ein Gebäudegrundbuchblatt neu anzulegen, so kann nach Anordnung der Landesjustizverwaltung bestimmt werden, daß es die nächste fortlaufende Nummer des bisherigen Gebäudegrundbuchs erhält.
(3) In der Aufschrift des Blattes ist anstelle der Bezeichnung „Erbbaugrundbuch" die Bezeichnung „Gebäudegrundbuch" zu verwenden.

---

[1] Nr. 75 ff. der Colido-Grundbuchausweisung.
[2] Vgl. aber für die Nutzungsrechte § 4 Abs. 3 NutzRG; Nr. 12 Abs. 2 lit a, Nr. 75 Abs. 3 Colido-Grundbuchanweisung.
[3] *Schmidt-Räntsch/Sternal/Baeyens* § 2 Rdn. 2. **A. A.** *Keller* S. 19.

(4) ¹Im Bestandsverzeichnis ist bei Gebäudeeigentum auf Grund eines dinglichen Nutzungsrechts in der Spalte 1 die laufende Nummer der Eintragung, in der Spalte 2 die bisherige laufende Nummer der Eintragung anzugeben. ²In dem durch die Spalten 3 und 4 gebildeten Raum sind einzutragen:
1. Die Bezeichnung „Gebäudeeigentum auf Grund eines dinglichen Nutzungsrechts auf" sowie die grundbuchmäßige Bezeichnung des Grundstücks, auf dem das Gebäude errichtet ist, unter Angabe der Eintragungsstelle; dabei ist der Inhalt der Spalten 3 und 4 des Bestandsverzeichnisses des belasteten oder betroffenen Grundstücks zu übernehmen;
2. der Inhalt und der räumliche Umfang des Nutzungsrechts, auf Grund dessen das Gebäude errichtet ist, soweit dies aus den der Eintragung zugrundeliegenden Unterlagen ersichtlich ist; sind auf Grund des Nutzungsrechts mehrere Gebäude errichtet, so sind diese nach Art und Anzahl zu bezeichnen;
3. Veränderungen der unter den Nummern 1 und 2 genannten Vermerke, vorbehaltlich der Bestimmungen des Satzes 5.
³Bei der Eintragung des Inhalts des Nutzungsrechts sollen dessen Grundlage und Beschränkungen angegeben werden. ⁴Bezieht sich das Nutzungsrecht auf die Gesamtfläche mehrerer Grundstücke oder Flurstücke, gilt Satz 2 Nr. 1 für jedes der betroffenen Grundstücke oder Flurstücke. ⁵Die Spalte 6 ist zur Eintragung von sonstigen Veränderungen der in den Spalten 1 bis 3 eingetragenen Vermerke bestimmt. ⁶In der Spalte 8 ist die ganze oder teilweise Löschung des Gebäudeeigentums zu vermerken. ⁷Bei Eintragungen in den Spalten 6 und 8 ist in den Spalten 5 und 7 die laufende Nummer anzugeben, unter der die betroffene Eintragung in der Spalte 1 vermerkt ist.

(5) Verliert ein früherer Vermerk durch die Eintragung einer Veränderung nach ihrem aus dem Grundbuch ersichtlichen Inhalt ganz oder teilweise seine Bedeutung, so ist er insoweit rot zu unterstreichen.

(6) ¹Bei dinglichen Nutzungsrechten zur Errichtung eines Eigenheims sowie für Freizeit- und Erholungszwecke sind mehrere Gebäude unter einer laufenden Nummer im Bestandsverzeichnis zu buchen, es sei denn, daß die Teilung des Gebäudeeigentums gleichzeitig beantragt wird. ²Im übrigen sind mehrere Gebäude jeweils unter einer besonderen laufenden Nummer im Bestandsverzeichnis oder in besonderen Blättern zu buchen, es sei denn, daß die Vereinigung gleichzeitig beantragt wird. ³Bei der Einzelbuchung mehrerer Gebäude gemäß Satz 2 können die in Absatz 4 Satz 2 bezeichneten Angaben zusammengefaßt werden, soweit die Übersichtlichkeit nicht leidet.

(7) ¹Für die Anlegung eines Grundbuchblatts für nutzungsrechtsloses Gebäudeeigentum gemäß Artikel 233 §§ 2 b und 8 des Einführungsgesetzes zum Bürgerlichen Gesetzbuche gelten die vorstehenden Absätze sinngemäß mit der Maßgabe, daß an die Stelle des Nutzungsrechts das Eigentum am Gebäude tritt. ²An die Stelle des Vermerks „Gebäudeeigentum auf Grund eines dinglichen Nutzungsrechts auf ..." tritt der Vermerk „Gebäudeeigentum gemäß Artikel 233 § 2 b EGBGB auf ..." oder „Gebäudeeigentum gemäß Artikel 233 § 8 EGBGB auf ...".

I. Normzweck; Grundsatz

1 Die Norm, eine der zentralen Regelungen der GGV, enthält Vorschriften über die **Gestaltung** und **Führung** der Gebäudegrundbuchblätter. Wegen der funktionellen Vergleichbarkeit von Gebäude- und Erbbaugrundbuch verweist Abs. 1 auf die Vorschriften der §§ 54—59 GBV; diese gelten entsprechend, soweit die Absätze 2—7 nichts Abweichendes regeln (vgl. unten II).

VO über die Anlegung und Führung von Gebäudegrundbüchern (Eickmann) **§ 3**

II. Spezielle Regelungen

1. Numerierung (Abs. 2)

Nach § 55 Abs. 1 GBV erhält ein Erbbaugrundbuchblatt die nächste fortlaufende **2** Nummer des Grundbuches, in dem das Grundstück gebucht ist. Diese Regelung, innerhalb einer Nummernfolge sowohl Grundstücks-, wie auch Erbbaugrundbücher einzustellen, gilt grundsätzlich auch hier. Wie der Wortlaut von Abs. 2 verdeutlicht, kann die Landesjustizverwaltung jedoch auch anordnen, die Gebäudegrundbücher getrennt und fortlaufend zu führen. Dies war in der DDR weit verbreitet und soll schon im Hinblick auf § 2 Satz 2 weiter möglich sein.

2. Aufschrift (Abs. 3)

In der Aufschrift des Gebäudegrundbuchblattes ist anstelle der Bezeichnung „Erb- **3** baugrundstück" die Bezeichnung „Gebäudegrundbuch" zu verwenden.

3. Bestandsverzeichnis (Abs. 4)

Im Bestandsverzeichnis ist das Gebäudeeigentum darzustellen. Sp. 1 enthält die lau- **4** fende Nummer; ggf. ist — z. B. nach einer Teilung — in Sp. 2 auf die bisherige Nr. zu verweisen. In den **Sp. 3, 4** geschieht die eigentliche Eintragung (**Satz 2 Nr. 1**):

„Gebäudeeigentum auf Grund eines dinglichen Nutzungsrechts nach § 287 ZGB zur Errichtung eines Eigenheimes auf dem Grundstück Flurstück 100 (Band 50 Blatt 801 Bestandsverzeichnis Nr. 1), Bauplatz an der Fridolinstraße zu 500 qm.

Nach **Satz 2 Nr. 2** sind Inhalt und räumlicher Umfang anzugeben, nach **Satz 3** sollen **5** Grundlage und Beschränkung angegeben werden. „Inhalt" ist die mit dem Nutzungsrecht verliehene Befugnis („Errichtung eines Eigenheimes"); der räumliche Umfang ergibt sich aus der Nutzungsrechtsurkunde oder aus Art. 233 § 4 Abs. 3 Satz 3 EGBGB. Unter „Grundlage" ist wohl die gesetzliche Grundlage (z. B. § 287 ZGB) zu verstehen. Wegen der Buchung **mehrerer Gebäude** (Nr. 2, letzter Hs.) siehe unten Rdn. 7—9.

Satz 4 regelt den im ländlichen Raum nicht seltenen Fall, daß das Gebäude **mehrere Grundstücke** belastet. Sie sind dann alle nach Maßgabe von Rdn. 4 zu bezeichnen.

Sätze 5 bis 7 regeln Eintragungen in den Spalten 6—8 wie beim Erbbaugrundbuch.

4. Rötungen (Abs. 5)

In Abs. 5 ist — wegen § 54 GBV eigentlich überflüssig — bestimmt, daß gegenstands- **6** lose Eintragungen zu röten sind.

5. Mehrere Gebäudeeigentumsrechte (Abs. 6)

Werden in Ausübung eines Nutzungsrechts mehrere Gebäude errichtet, so bestehen **7** entsprechend viele rechtlich selbständige Eigentumsrechte; anders wird dies bei Nutzungsrechten zur Errichtung eines Eigenheimes und für Freizeit und Erholungszwecke gesehen.[1] Davon ausgehend differenziert die Norm:

a) NR zur Errichtung eines Eigenheimes und für Freizeit- und Erholungszwecke **8**

---

[1] *Schmidt-Räntsch/Sternal/Baeyens* § 3 Rdn. 12.

§ 4 IV. Gebäudegrundbuchverfügung

In diesen Fällen sind nach **Abs. 6 Satz 1** mehrere Gebäude unter einer laufenden Nummer zu buchen, es sei denn, daß gleichzeitig eine Teilung beantragt wird. Die Gebäude sind nach Art und Anzahl zu bezeichnen, Abs. 4 Satz 2 Nr. 2.

9 b) Nutzungsrecht anderer Art
In diesen Fällen wird, sofern nicht gleichzeitig ein Vereinigungs(Verbindungs-)antrag gestellt ist – für jedes Gebäude ein eigenes Gebäudeeigentumsrecht gebucht. Das kann geschehen:
  aa) indem für jedes Eigentum ein eigenes Blatt nach den vorstehenden Vorschriften angelegt wird;
  bb) indem die mehreren Rechte auf einem Blatt aber jeweils unter einer eigenen Nummer gebucht werden, wobei jede Nummer den gesamten Eintragungstext i. S. des Abs. 4 für sich selbst enthält;
  cc) indem die mehreren Rechte auf einem Blatt, jeweils unter einer eigenen Nummer gebucht werden, wobei jedoch die in Abs. 4 Satz 2 genannten Angaben für alle Eigentumsrechte zusammengefaßt sind.

6. Nutzungsrechtloses Gebäudeeigentum (Abs. 7)

10 In den Fällen von Gebäudeeigentum, dem kein Nutzungsrecht zugrundeliegt (§ 1 Rdn. 2 a, c, 3), gelten die Abs. 1–6 entsprechend. Anstelle der Angabe des Nutzungsrechts ist die spezielle Art des Gebäudeeigentums anzugeben.

11 Abs. 7 nennt zwar nur die Fälle des Art. 233 § 2 b bzw. § 8 EGBGB. Da jedoch allgemein die Auffassung vertreten wird, daß die GGV auf alle Fälle von Gebäudeeigentum entsprechend anwendbar ist,[2] sind in den nicht ausdrücklich genannten Fällen die Blätter gleichfalls in entsprechender Anwendung des Abs. 1–7 anzulegen; die spezielle Art des Gebäudeeigentums ist jeweils in der Eintragung zu verdeutlichen.

[Nachweis des Gebäudeeigentums oder des Rechts zum Besitz gemäß Artikel 233 § 2 a EGBGB]

§ 4

(1) ¹Zum Nachweis des Bestehens des Gebäudeeigentums gemäß Artikel 233 § 4 des Einführungsgesetzes zum Bürgerlichen Gesetzbuche und des Eigentums daran genügt die Nutzungsurkunde, die über das diesem Gebäudeeigentum zugrundeliegende Nutzungsrecht ausgestellt ist, und die Genehmigung zur Errichtung des Gebäudes auf dem zu belastenden Grundstück oder ein Kaufvertrag über das auf dem belasteten Grundstück errichtete Gebäude. ²Anstelle der Genehmigung oder des Kaufvertrages kann auch eine Bescheinigung der Gemeinde vorgelegt werden, wonach das Gebäude besteht. ³Eine Entziehung des Gebäudeeigentums oder des Nutzungsrechts ist nur zu berücksichtigen, wenn sie offenkundig, aktenkundig oder auf andere Weise dem Grundbuchamt bekannt ist.

(2) Zum Nachweis von Gebäudeeigentum gemäß Artikel 233 § 2 b des Einführungsgesetzes zum Bürgerlichen Gesetzbuche genügt der Bescheid des Präsidenten der Oberfinanzdirektion nach Absatz 3 jener Vorschrift, wenn auf dem Bescheid seine Bestandskraft bescheinigt wird.

---

[2] Vgl. § 1 Fn. 1.

(3) Zum Nachweis von Gebäudeeigentum gemäß Artikel 233 § 8 des Einführungsgesetzes zum Bürgerlichen Gesetzbuche genügt
1. die Vorlage des Vertrages, der die Gestattung zur Errichtung von Bauwerken enthalten muß, und
2. a) die Zustimmung nach § 5 der Verordnung über die Sicherung des Volkseigentums bei Baumaßnahmen von Betrieben auf vertraglich genutzten nichtvolkseigenen Grundstücken vom 7. April 1983 (GBl. I Nr. 12 S. 129) oder
b) ein Prüfbescheid der staatlichen Bauaufsicht nach § 7 Abs. 5 und § 11 der Verordnung der Deutschen Demokratischen Republik über die staatliche Bauaufsicht vom 30. Juli 1981 (GBl. I Nr. 26 S. 313), der sich auf den Zustand des Gebäudes während oder nach der Bauausführung bezieht; der Nachweis der Bauausführung durch andere öffentliche Urkunden ist zulässig.
(4) Zum Nachweis der Ansprüche aus der Sachenrechtsbereinigung aus dem Recht zum Besitz gemäß Artikel 233 § 2 a des Einführungsgesetzes zum Bürgerlichen Gesetzbuche genügt:
1. ein Nachweis seines Gebäudeeigentums nach Absatz 2 oder 3, oder
2. die Vorlage eines Prüfbescheids der staatlichen Bauaufsicht oder ein Abschlußprotokoll nach § 24 Abs. 6 der Verordnung über die Vorbereitung und Durchführung von Investitionen vom 30. November 1988 (GBl. I Nr. 26 S. 287), aus dem sich ergibt, daß von einem anderen Nutzer als dem Grundstückseigentümer ein Gebäude auf dem zu belastenden Grundstück oder Flurstück errichtet worden ist, oder
3. die Vorlage eines den Nutzer zu anderen als Erholungs- und Freizeitzwecken berechtigenden Überlassungsvertrages für das Grundstück oder
4. die Vorlage eines vor dem 22. Juli 1992 geschlossenen oder beantragten formgültigen Kaufvertrages zugunsten des Nutzers über ein Gebäude auf einem ehemals volkseigenen oder LPG-genutzten Grundstück oder
5. die Vorlage einer gerichtlichen Entscheidung, durch die die Eintragung angeordnet wird, oder
6. die Vorlage der Eintragungsbewilligung (§ 19 der Grundbuchordnung) des Grundstückseigentümers.
(5) Die Nachweise nach den Absätzen 1 bis 4 sind zu den Grundakten des Gebäudegrundbuchblattes oder, wenn dieses nicht besteht, zu den Grundakten des belasteten oder betroffenen Grundstücks zu nehmen.

I. Normzweck; Grundsätze

Die Norm, neben § 3 die zweite zentrale Regelung der GGV, enthält Vorschriften darüber, wie das Gebäudeeigentum dem Grundbuchamt **nachgewiesen** werden kann (muß); daneben ist auch der Nachweis des Rechts zum Besitz (Art. 233 § 2 a EGBGB) geregelt: Die Eintragung dieser Rechte ist deshalb notwendig, weil sie mangels Eintragung (bzw. rechtzeitiger Beantragung) bei einer Grundstücksveräußerung untergehen, Art. 231 § 5 Abs. 3 EGBGB, § 111 SachenRBerG. 1

Der **Umfang der** zu erbringenden **Nachweise** ist naturgemäß verschieden: Bei dem Gebäudeeigentum aufgrund eines verliehenen oder zugewiesenen Nutzungsrechts (Art. 233 § 4 EGBGB) sind dem Grundbuchamt nachzuweisen die Existenz des Nutzungsrechts und die tatsächliche Ausübung, d. h. die Gebäudeerrichtung, s. **Abs. 1.** Bei nutzungsrechtlosem Gebäudeeigentum (Art. 233 § 2 b EGBGB) muß die das Gebäudeeigentum rechtfertigende gesetzliche Situation zur Überzeugung des Grundbuchamtes feststehen und wiederum die Gebäudeerrichtung nachgewiesen oder offenkundig sein, vgl. **Abs. 2.** 2

Beim Gebäudeeigentum nach § 459 ZGB sind nachweisbedürftig das zur Bebauung ermächtigende Vertragsverhältnis und wiederum die Bauausführung, vgl. **Abs. 3**.

Für das Recht zum Besitz ist einer der gesetzlichen Tatbestände nachzuweisen, **Abs. 4**.

3 Diese Nachweise wären bei ausschließlicher Geltung der grundbuchrechtlichen Vorschriften in vielen Fällen nicht formgerecht (§ 29 GBO!) zu erbringen; das Verfahren der §§ 116 ff. GBO ist aufwendig und zeitraubend. Die GGV enthält demgegenüber vereinfachte Regelungen von Mindestvoraussetzungen („... genügt ..."). Wegen der daneben weiter anwendbaren allgemeinen Regeln s. § 1 Rdn. 8.

II. Das Gebäudeeigentum aufgrund eines dinglichen Nutzungsrechts (Abs. 1)

4 Hier ist, wie oben Rdn. 2 festgestellt, ein **doppelter Nachweis** erforderlich: einmal der des Bestehens eines Nutzungsrechts, denn es ist die rechtliche Grundlage für das Gebäudeeigentum, daneben aber auch der Nachweis der tatsächlichen Ausübung des Rechts, denn das Gebäudeeigentum kann schon rein begrifflich erst mit der Bauwerkserrichtung entstehen.

5 Zum Nachweis des **Nutzungsrechts** dient die Vorlage der seinerzeit ausgestellten Nutzungsurkunde.[1]

6 Zum Nachweis der **Bauerrichtung** genügt die Baugenehmigung, die zwar, streng betrachtet, nicht geeignet ist, den Nachweis der tatsächlichen Bauherstellung zu erbringen, was jedoch aus Vereinfachungsgründen bewußt in Kauf genommen wird.[2] Daneben kann der Baunachweis auch durch einen Kaufvertrag über den Erwerb des (nicht vom Antragsteller errichteten) Gebäudes erbracht werden. Letztlich kann der Baunachweis auch durch eine Bescheinigung der Belegenheitsgemeinde erbracht werden.

7 Nach §§ 290, 294 ZGB konnten **Nutzungsrechte entzogen** werden.[3] Da in solchen Fällen die Urkunden einzuziehen waren, erbringt die Vorlage der Urkunde durch den Antragsteller jedenfalls den Anscheinsbeweis dafür, daß eine Entziehung nicht stattfand. Dieser kann nach **Abs. 1 S. 3** widerlegt werden. Dabei wird ein Fall der Offenkundigkeit[4] wohl kaum vorstellbar sein; aktenkundig[5] wäre die Entziehung, wenn sie sich aus Akten, auch einer anderen Abteilung desselben Gerichts, ergibt. Welche Bedeutung daneben der dritten Variante in Satz 3 („... auf andere Weise bekannt ...") zukommt, ist nicht klar, denn jede wie auch immer geartete Mitteilung des Entziehungsvorganges macht ihn ja ohnehin aktenkundig.

III. Das nutzungsrechtlose Gebäudeeigentum (Abs. 2)

8 Abs. 2 befaßt sich mit den in **Art. 233 § 2 b EGBGB** geregelten Fällen, nämlich
- dem Gebäudeeigentum gem. § 27 LPGG für landwirtschaftliche Produktionsgenossenschaften und die nach § 46 LPGG gleichgestellten Genossenschaften und Einrichtungen, sowie
- dem Gebäudeeigentum von Wohnungsbaugenossenschaften.

---

[1] Wegen des Verfahrens bei Unauffindbarkeit der Urkunde s. *Eickmann* Grundstücksrecht, Rdn. 230.

[2] *Schmidt-Räntsch/Sternal/Baeyens* § 4 Rdn. 4.

[3] Zur Frage, ob diese Möglichkeit auch nach dem Beitritt fortbestand vgl. *Eickmann* Grundstücksrecht, Rdn. 152.

[4] § 29 GBO Rdn. 124.

[5] A. a. O. (Fn. 4) Rdn. 126.

Hierher gehören auch die Fälle von Gebäudeeigentum, das für landwirtschaftliche **9** Produktionsgenossenschaften vor Inkrafttreten des LPGG z. B., aufgrund der Musterstatuten für LPG, Typen I–III[6] entstanden ist.[7]

Die **Wohnungsbaugenossenschaften** sind durch § 1 WoGenVermG Eigentümer des **10** von ihnen für Wohnzwecke genutzten, ehemals volkseigenen Grund und Bodens geworden. Das bereits vorher entstandene Gebäudeeigentum,[8] blieb davon, wie sich aus § 1 Abs. 4 WoGenVermG eindeutig ergibt, unberührt.

Nach Abs. 2 genügt zur **Anlegung** des Gebäudegrundbuches in den genannten Fällen **11** ein mit dem Vermerk seiner Bestandskraft versehener Zuordnungsbescheid des Präsidenten der Oberfinanzdirektion, vgl. Art. 233 § 26 Abs. 3 EGBGB. Dieser Bescheid ist für das Grundbuchamt bindend, § 1 Abs. 1 VZOG.

Nach **Art. 233 § 2 b Abs. 3 Satz 2 EGBGB** bleibt es den Grundbuchämtern ausdrück- **12** lich unbenommen, auch nach den grundbuchrechtlichen Vorschriften zu verfahren. Dabei ist ausdrücklich klargestellt, daß die um einen Zuordnungsbescheid angegangene OfD den Antragsteller nicht an das Grundbuchamt verweisen darf, d. h. die OfD muß auch ohne ein vorhergegangenes Grundbuchverfahren tätig werden. Umgekehrt ist streitig, ob das zuerst angegangene Grundbuchamt zunächst in Ermittlungen gem. §§ 116 ff. GBO eintreten muß, oder ob es sofort einen Zuordnungsbescheid verlangen kann.[9] Aus der Formulierung, dem Grundbuchamt „bleibe es unbenommen" muß wohl gefolgert werden, daß die Wahl zwischen den beiden Verfahrensarten dem pflichtgemäßen(!) Ermessen des Grundbuchamtes obliegt.[10] Keinesfalls kann einer Praxis zugestimmt werden, die ohne nähere Einzelfallprüfung stets einen Feststellungsbescheid verlangt. In vielen Fällen (z. B. Bebauung eines volkseigenen Grundstücks durch eine Wohnungsgenossenschaft) ist eine unmittelbare Entscheidung durch das GBAmt unschwer möglich; eine Verweisung des Antragstellers an die OfD ist dann mit dem Verhältnismäßigkeitsgrundsatz kaum zu vereinbaren.

Wegen des Nachweises der **Rechtsinhaberschaft** vgl. unten Rdn. 26–29.

IV. Das Gebäudeeigentum nach § 459 ZGB (Abs. 3)

Es handelt sich um Gebäudeeigentum, das aufgrund vertraglich gestatteter Bebauung **13** eines nicht volkseigenen Grundstücks durch volkseigene Betriebe, staatliche Organe oder Einrichtungen, vor dem Beitritt entstanden und in Art. 233 § 8 EGBGB aufrechterhalten ist.

Hier besteht, ungeachtet der pauschalen Bezugnahme auf § 2 b in Art. 233 § 8 EGBGB keine Möglichkeit, einen Zuordnungsbescheid zu erlassen.[11]

Ähnlich der Regelung in Abs. 1 ist auch hier ein **Doppelnachweis** vorgeschrieben, **14** nämlich der der Bebauungsbefugnis und der Nachweis der Ausübung dieser Befugnis.

Der Nachweis der **Bebauungsbefugnis** wird durch den zwischen dem VEB usw. und **15** dem Grundstückseigentümer abgeschlossenen Vertrag erbracht, **Abs. 3 Nr. 1**. Der Vertrag bedarf nicht – darin liegt die mit der GGV beabsichtigte Vereinfachung – einer

---

[6] GBl. I 1959 S. 333, 350; GBl. I 1962, S. 521.
[7] S. auch die Zusammenstellung bei *Eickmann* Grundstücksrecht, Rdn. 127.
[8] Vgl. *Eickmann* Grundstücksrecht, Rdn. 127.
[9] Vgl. *Eickmann* Grundstücksrecht, Rdn. 232.
[10] Dazu *Eickmann* Grundstücksrecht, Rdn. 232 u. *Stellwag* VIZ 95, 573.
[11] *Schmidt-Räntsch/Sternal/Baeyens* § 4 Rdn. 11. A. A. *Keller* Die Behandlung von Gebäudeeigentum im Grundbuchverfahren, 1994, S. 17.

der Formen des § 29 GBO. Nach § 4 der in Abs. 3 Nr. 2 lit a) genannten Verordnung bedurfte der Vertrag allerdings der Schriftform, was auch nach dem Recht der DDR bedeutete, daß er eigenhändig unterzeichnet sein mußte.[12] In **dieser** Form muß der Vertrag jedenfalls vorliegen; er muß die Bebauungsbefugnis ausdrücklich enthalten.

16 Daneben sind Nachweise über die **Ausübung** der Baubefugnis notwendig, vgl. **Abs. 3 Nr. 2.** Auch hier genügt — vergleichbar Abs. 1 — bereits die behördliche Zustimmung zu den Baumaßnahmen nach § 5 der genannten VO, vgl. Nr. 2 **lit a**. Anstelle dieser Zustimmung kann auch ein Prüfbescheid der staatlichen Bauaufsicht vorgelegt werden (**lit b**); letztlich ist ganz allgemein der Nachweis der Bauausführung durch andere öffentliche Urkunden zulässig. Hier ist insbesondere an die schon in Abs. 1 Satz 2 genannte Bescheinigung der Gemeinde zu denken. Wegen des Nachweises der Rechtsinhaberschaft vgl. unten Rdn. 26—29.

V. Das Recht zum Besitz nach Art. 233 § 2 a EGBGB (Abs. 4)

1. Allgemeines

17 Zur Sicherung etwaiger Ansprüche nach dem SachenRBerG kann gem. Art. 233 § 2 c Abs. 2 EGBGB ein Vermerk eingetragen werden, wenn ein Recht zum Besitz i. S. von § 2 a a. a. O. besteht. Dieser Vermerk (aber auch die Eintragung von Gebäudeeigentum bzw. Nutzungsrecht oder das Notarvermerks gem. § 92 Abs. 5 SachenRBerG) verhindert, daß gem. § 111 SachenRBerG bei Verfügungen nach dem 31. 12. 1999 ein Rechtsverlust eintritt.

2. Nachweismöglichkeiten

18 a) **Gebäudeeigentum (Nr. 1).** Es genügt der Nachweis von Gebäudeeigentum nach Abs. 2 oder 3, nicht jedoch nach Abs. 1 (dazu unten b) und d). Diese Nachweise genügen zwar auch zur Anlegung eines Gebäudegrundbuchblattes für dieses Gebäudeeigentum. Es ist jedoch denkbar, daß der Gebäudeeigentümer den Ankauf des Grundstückes (§ 15 Abs. 1 SachenRBerG) beabsichtigt und diesen Anspruch sichern will. Da er nach Eigentumserwerb am Grundstück ohnehin verpflichtet ist, das Gebäudeeigentum aufzuheben (§ 78 Abs. 2 Satz 3 SachenRBerG), ist die Anlegung des Gebäudegrundbuches überflüssig. Ähnliches gilt, wenn der Nutzer die Bestellung eines Erbbaurechtes anstrebt.

19 b) **Baunachweis (Nr. 2).** Ansprüche aus der Sachenrechtsbereinigung bestehen auch dann, wenn ein anderer als der Eigentümer ein Grundstück gebaut hat, ohne daß Gebäudeeigentum entstand, sofern die Bebauung mit Billigung staatlicher Stellen geschah (vgl. § 1 Abs. 1 Nr. 1 lit c, § 9 Abs. 1 Nr. 5 SachenRBerG). Daran knüpft Nr. 2 an, wenn sie den Nachweis der Billigung durch die im Text genannten Unterlagen zuläßt. Die amtlichen Bescheide müssen nicht den Antragsteller des Grundbuchverfahrens als Genehmigungsempfänger ausweisen. Angesichts der üblichen Praxis, im komplexen Wohnungsbau die Bauausführung sog. Hauptauftraggebern zu übertragen,[13] lauteten Baugenehmigungen u. ä. regelmäßig auf diesen. Es genügt der Nachweis, daß die Errichtung des Gebäudes durch einen anderen als den Grundstückseigentümer geschah.[14]

---

[12] *Göhring u. a.* Komm. z. ZGB, § 66 Anm. 1.
[13] Vgl. dazu *Eickmann* Grundstücksrecht, Rdn. 43.
[14] *Schmidt-Räntsch/Sternal/Baeyens* § 4 Rdn. 19.

Offen bleibt die Behandlung sog. „unechter Datschen". Darunter versteht man die Fälle, in denen einem Bürger ein Nutzungsrecht zu Erholungszwecken (§ 312 ZGB) zustand, das ihn zur Errichtung eines Wochenendhauses berechtigte. In nicht wenigen Fällen haben die Berechtigten jedoch — auch nach dem Recht der DDR eindeutig rechtswidrig — auf diesen Grundstücken Wohnhäuser errichtet. Diese Fälle unterliegen nach dem erklärten — freilich rechtlich kaum nachvollziehbaren — Willen des Gesetzgebers der Sachenrechtsbereinigung,[15] § 9 Abs. 1 Nr. 5, § 10 Abs. 2 Satz 2 SachenRBerG. Trotzdem besteht in diesen Fällen kein Recht zum Besitz. Selbst wenn man den in Art. 233 § 2 a Abs. 1 lit a EGBGB verwendeten Begriff der „Billigung staatlicher Stellen" aus dem Lichte des fragwürdigen § 10 SachenRBerG interpretieren sollte, so steht dem doch entgegen, daß Art. 233 § 2 a EGBGB noch den — an sich richtigen — Zusatz „entsprechend den Rechtsvorschriften" enthält — ein Zusatz, der sich im SachenRBerG aus vordergründig populistischen Gründen nicht mehr findet. In den Fällen der sog. „unechten Datschen" besteht mithin kein eintragungsfähiges Recht zum Besitz;[16] der Nutzer muß alsbald zum Schutz seiner Ansprüche das notarielle Vermittlungsverfahren betreiben, um auf diese Weise Schutz über § 92 Abs. 5 SachenRBerG zu erlangen.

20

c) **Überlassungsverträge (Nr. 3).** Im Falle eines unter Art. 232 § 1 a EGBGB einzuordnenden Rechtsverhältnisses[17] liegt ein schriftlicher Vertrag vor, der eine evtl. Bauberechtigung und das Grundstück ausweist. Es handelt sich dabei stets um Grundstücke, die unter staatlicher oder treuhänderischer Verwaltung gestanden haben. Verträge, die lediglich zur Nutzung für Erholungs- und Freizeitzwecke berechtigten, fallen nicht unter die Norm, vgl. auch Art. 233 § 2 a Abs. 7 EGBGB. Nach der zuletzt genannten Vorschrift gilt ein Miet- oder Pachtvertrag nicht als Überlassungsvertrag.

21

d) **Volkseigene oder LPG — genutzte Gebäude und/oder Grundstücke (Nr. 4).** Ein Recht zum Besitz besteht auch gem. Art. 233 § 2 a Abs. 1 Satz 1 lit d EGBGB für den, der durch einen vor dem 22. 7. 1992 abgeschlossenen oder (das kann nur gelten für die Zeit vor dem Beitritt:) beantragten Kaufvertrag ein Gebäude erworben hat. Erfaßt sind Fälle, in denen der Kauf ein volkseigenes Gebäude betraf oder ein Gebäude, das auf LPG-genutztem Boden errichtet war.

22

e) **Gerichtliche Entscheidung (Nr. 5).** Die Eintragung kann in einem gegen den Grundstückseigentümer ergangenen Urteil oder in einer einstweiligen Verfügung angeordnet werden.

23

f) **Eintragungsbewilligung (Nr. 6).** Nach den allgemeinen Regeln (§ 19 GBO) kann der Grundstückseigentümer die Eintragung des Besitzrechts auch bewilligen. Es handelt sich dabei um eine sog. Berichtigungsbewilligung,[18] denn das Grundbuch ist in bezug auf das eintragungsfähige aber nicht eingetragene Besitzrecht unrichtig. Die Berichtigungsbewilligung muß mit einem schlüssigen Sachvortrag versehen sein, aus dem sich die Unrichtigkeit (hier: Bestehen eines Rechts zum Besitz) ergibt.[19] Kommt das Grundbuchamt zu der Erkenntnis, daß das behauptete Recht nicht besteht, so darf es nicht eintragen, weil sonst die vorgebliche „Berichtigung" das Buch erst unrichtig werden ließe.

24

---

[15] Vgl. dazu *Eickmann* DNotZ 1996, 139, 144.
[16] Ebenso: *Böhringer* in: *Eickmann* Sachenrechtsbereinigung, Art. 233 § 2 a EGBGB Rdn. 5.
[17] Einzelheiten: *Schmidt-Räntsch* ZOV 1992, 2 ff.
[18] Dazu: *Eickmann* Grundbuchverfahrensrecht, Rdn. 363.
[19] *Meikel/Böttcher* § 22 GBO Rdn. 97; *Haegele/Schöner/Stöber* Grundbuchrecht, Rdn. 363 ff.

VI. Aufbewahrung der Eintragungsunterlagen (Abs. 5)

25 Die in den Absätzen 1–4 genannten Eintragungsunterlagen sind zu den Grundakten für das Gebäudeeigentum zu nehmen. Besteht kein Gebäudegrundbuch, z. B. in den Fällen des Abs. 4, so werden die Eintragungsunterlagen zu den Grundakten des Grundstücks genommen.

VII. Nachweis der Person des Gebäudeeigentümers

26 Die GGV befaßt sich nur mit dem Nachweis der einzutragenden Rechte (Gebäudeeigentum, Recht zum Besitz), nicht jedoch mit dem Nachweis der jeweiligen Rechtsinhaberschaft. Dafür gelten die **allgemeinen Vorschriften**. In den Fällen des Abs. 1 können insoweit Probleme nicht auftreten, weil die Person des Nutzers sich aus der Urkunde ergibt.

27 Bei Abs. 2 wird die Person des Gebäudeeigentümers ohnehin im Zuordnungsbescheid mit festgestellt (vgl. Art. 233 § 26 Abs. 3: „... und wem es zusteht ..."); auch bei der Feststellung im Anlegungsverfahren nach §§ 116 ff. GBO ist die Eigentümerfeststellung Teil des Verfahrens.

28 In den Fällen des **Abs. 3** können Zweifel nicht bestehen, wenn Gebäudeerrichter ein VEB war, denn dann gilt § 11 Abs. 2 THG und es bedarf lediglich eines Auszuges aus dem Handelsregister, der die Identität zwischen antragstellender GmbH und dem szt. VEB dartut. Bei Bauwerkserrichtung durch staatliche Organe können (müssen aber keinesfalls immer!) sich Zweifel in bezug auf Art. 21, 22 EinigungsV ergeben, dann muß der Antragsteller einen Zuordnungsbescheid nach §§ 1, 2 VZOG erwirken. Dieser Bescheid kann zwar nicht das Bestehen des Gebäudeeigentums bindend feststellen, aber er kann die sachenrechtliche Zuordnung dieses (gem. Abs. 3 nachzuweisenden) Volkseigentums festlegen.[20]

29 Bei **Abs. 4** können sich Probleme wohl nur in den Fällen der Nr. 2 ergeben, wenn die Baugenehmigung usw. nicht dem heutigen Gebäudenutzer erteilt wurde. Dann freilich wird man zur Eintragung des Besitzberechtigten (vgl. § 7 Rdn. 5) noch den Nachweis der Grundstücksnutzung (z. B. in Form einer Gemeindebescheinigung, ähnlich wie in § 11 Abs. 5) erbringen müssen.

[Eintragung des dinglichen Nutzungsrechts]

§ 5

(1) ¹In den Fällen des Artikels 233 § 4 Abs. 1 Satz 2 des Einführungsgesetzes zum Bürgerlichen Gesetzbuche ist das dem Gebäudeeigentum zugrundeliegende Nutzungsrecht in der zweiten Abteilung des für das belastete Grundstück bestehenden Grundbuchblattes nach Maßgabe des Absatzes 2 einzutragen. ²Ist ein Gebäudegrundbuchblatt bereits angelegt, so gilt Satz 1 entsprechend mit der Maßgabe, daß die Eintragung bei der nächsten anstehenden Eintragung im Gebäudegrundbuchblatt oder, soweit das Bestehen des Nutzungsrechts dem Grundbuchamt bekannt ist, im Grundbuchblatt des belasteten Grundstücks vorzunehmen ist.

---

[20] Ähnlich *Schmidt-Räntsch/Sternal/Baeyens* § 4 Rdn. 14.

VO über die Anlegung und Führung von Gebäudegrundbüchern (Eickmann) **§ 5**

(2) ¹In Spalte 1 ist die laufende Nummer der Eintragung anzugeben. ²In der Spalte 2 ist die laufende Nummer anzugeben, unter der das belastete Grundstück im Bestandsverzeichnis eingetragen ist. ³In Spalte 3 sind einzutragen das Nutzungsrecht unter der Bezeichnung „Dingliches Nutzungsrecht für den jeweiligen Gebäudeeigentümer unter Bezugnahme auf das Gebäudegrundbuchblatt ..." unter Angabe der jeweiligen Bezeichnung des oder der Gebäudegrundbuchblätter. ⁴Die Spalte 5 ist zur Eintragung von Veränderungen der in den Spalten 1 bis 3 eingetragenen Vermerke bestimmt, und zwar einschließlich der Beschränkungen in der Person des Nutzungsberechtigten in der Verfügung über das in den Spalten 1 bis 3 eingetragene Recht, auch wenn die Beschränkung nicht erst nachträglich eintritt. ⁵In der Spalte 7 erfolgt die Löschung der in den Spalten 3 und 5 eingetragenen Vermerke. ⁶Bei Eintragungen in den Spalten 5 und 7 ist in den Spalten 4 und 6 die laufende Nummer anzugeben, unter der die betroffene Eintragung in der Spalte 1 vermerkt ist.

(3) Bezieht sich das Nutzungsrecht auf mehrere Grundstücke oder Flurstücke, ist § 48 der Grundbuchordnung anzuwenden.

I. Normzweck

Die Norm regelt (wie § 6), daß neben der Eintragung im Gebäudegrundbuch eine **1** mit dessen Bestandsverzeichnis korrespondierende Eintragung auf dem Blatt des Grundstückes zu geschehen hat. Die Eintragung ist in doppelter Weise für die Frage eines gutgläubigen Erwerbers von Bedeutung: Einmal für den (positiven) Schutz redlicher Erwerber in bezug auf das Gebäudeeigentum, weil der Redlichkeitsschutz die Eintragung auf dem Grundstücksblatt voraussetzt (Art. 233 § 4 Abs. 1 Satz 3 EGBGB), zum anderen dient die Eintragung (negativ) dem Ausschluß eines redlichen „Wegerwerbes" des Nutzungsrechts und des Gebäudeeigentums bei Verfügung über das Grundstück nach dem 31. 12. 1999 Art. 233 § 4 Abs. 2 Satz 1 und Art. 231 § 5 Abs. 3 EGBGB – „Doppelfunktion des Vermerks".

II. Eintragung von Amts wegen (Abs. 1)

Die Eintragung des Nutzungsrechts geschieht stets von Amts wegen. Sie ist zu unter- **2** scheiden von der nur auf Antrag vorzunehmenden, in der GGV nicht geregelten Eintragung eines isolierten Nutzungsrechts, vgl. § 1 Rdn. 7.

Ist Antrag auf Anlegung eines Gebäudegrundbuches gestellt, so ist vorher das zu- **3** grundeliegende Nutzungsrecht von Amts wegen im Grundstücksblatt einzutragen, Art. 233 § 4 Abs. 1 Satz 2 EGBGB. Dies regelt Abs. 1 Satz 1.

Ist bereits ein Gebäudegrundbuch angelegt, jedoch eine Eintragung des Nutzungs- **4** rechts unterblieben, so ist diese von Amts wegen nachzuholen. Das Grundbuchamt soll jedoch nicht zu Nachforschungen dahingehend genötigt sein; die Eintragung ist deshalb im Zusammenhang mit einer anderen auf dem Grundstücks- oder Gebäudeblatt anstehenden Eintragung vorzunehmen.

III. Inhalt der Eintragung (Abs. 2)

Das Nutzungsrecht wird in der zweiten Abteilung in den Spalten 1–3 eingetragen. **5** Die Formulierung „Dingliches Nutzungsrecht für den jeweiligen Gebäudeeigentümer ..." knüpft an Art. 231 § 5 Abs. 2 EGBGB an, der das Nutzungsrecht zum Bestandteil des Gebäudes erklärt. Das Nutzungsrecht ist mithin wie ein subjektiv-dingliches Recht ausgestaltet, so daß § 876 S. 2 BGB jedenfalls entsprechend anzuwenden sein wird. Für seine Aufhebung ist das in Art. 233 § 4 Abs. 6 EGBGB ausdrücklich vorgesehen; dies muß jedoch auch für einen Rangrücktritt gelten. § 21 GBO ist wegen des § 3 Abs. 4 Nr. 1 stets erfüllt.

6 Eigentümlich ist die Regelung in Abs. 2 Satz 3, der (in Sp. 5) die Eintragung von **Verfügungsbeschränkungen** in bezug auf den Gebäudeeigentümer vorschreibt. Beim Erbbaurecht werden solche Eintragungen (z. B. der Gesamtvollstreckungsvermerk) in Abt. II des Erbbaugrundbuches vorgenommen, denn dieses ist gem. § 14 Abs. 3 ErbbauVO das Grundbuch im Sinne des Gesetzes. Die allgemeine Bezugnahme auf die Vorschriften für Erbbaugrundbücher legt deshalb nahe, Verfügungsbeschränkungen, die sich auf den Gebäudeeigentümer beziehen, entsprechend im Gebäudegrundbuch einzutragen; dies sollte auch deshalb gelten, weil die Eintragung des Nutzungsrechts im Grundstücksblatt den Gebäudeeigentümer, also den Betroffenen, ja nicht einmal in Person bezeichnet. Da alle Verfügungen des Gebäudeeigentümers auf dem Gebäudeblatt vollzogen werden, ist dieses für das Gebäudeeigentum das Grundbuch im Sinne des Gesetzes. Dann aber müssen Verfügungsbeschränkungen dort gebucht werden, sollen sie ihre materiellrechtlichen Wirkungen (z. B. § 892 Abs. 1 Satz 2 BGB) entfalten. Dies darf keinesfalls unterbleiben.

IV. Gesamtbelastung (Abs. 3)

7 Da insbesondere im ländlichen Raum häufig nach der natürlichen Nutzbarkeit und ohne Rücksicht auf die Grundstücksgrenzen Nutzungsrechte vergeben und gebaut wurde, erfassen die Rechte häufig mehrere Grundstücke. Dann ist § 48 GBO entsprechend anzuwenden, d. h. es ist das Nutzungsrecht auf allen Grundstücksblättern einzutragen und korrespondierend zu vermerken „Das Grundstück Bd. ... Blatt ... ist mitbelastet." Sind alle Grundstücke jedoch auf einem Blatt gebucht, so muß die Benennung von deren Nummern des Bestandsverzeichnisses in der Spalte 2 der Abt. II genügen.

8 Daß neben dem Fall der Belastung mehrerer Grundstücke Abs. 3 auch „Flurstücke" nennt, ist nicht nachzuvollziehen. Entweder sind die mehreren Flurstücke im Bestandsverzeichnis unter **einer** Nummer eingetragen, dann sind sie **ein** Grundstück im Rechtssinne. Eine Belastung dieses einen, einheitlichen Grundstückes ist keine Gesamtbelastung; die — auch nur entsprechende — Anwendung von § 48 GBO ist dann sachenrechtlich falsch und könnte nur Ursache gefährlicher Irrtümer sein. Sind die Flurstücke jedoch unter verschiedenen Nummern oder auf verschiedenen Blättern gebucht, dann sind sie ohnehin rechtlich selbständige Grundstücke und es gilt das oben Rdn. 7 Gesagte.

[Eintragung des Gebäudeeigentums gemäß Artikel 233 §§ 2 b und 8 EGBGB]
§ 6
[1]Vor Anlegung des Gebäudegrundbuchblattes ist das Gebäudeeigentum von Amts wegen in der zweiten Abteilung des Grundbuchblatts für das von dem Gebäudeeigentum betroffenen Grundstück einzutragen. [2]Für die Eintragung gelten die Vorschriften des § 5 Abs. 2 und 3 sinngemäß mit der Maßgabe, daß an die Stelle des Nutzungsrechts das Eigentum am Gebäude tritt. [3]An die Stelle des Vermerks „Dingliches Nutzungsrecht ..." tritt der Vermerk „Gebäudeeigentum gemäß Artikel 233 § 2 b EGBGB ..." oder „Gebäudeeigentum gemäß Artikel 233 § 8 EGBGB ...". [4]§ 5 Abs. 1 gilt entsprechend.

I. Normzweck

Die Norm befaßt sich mit den Fällen des nutzungsrechtslosen Gebäudeeigentums, **1** also den Fällen des § 4 Abs. 2. Da hier kein Nutzungsrecht auf dem Grundstücksblatt eingetragen werden kann, muß – weil die in § 5 Rdn. 1 dargestellte Rechtslage auch hier entsprechend besteht – das Gebäudeeigentum selbst, als Quasi-Belastung, eingetragen werden. Die Situation ist in diesen Fällen in besonderem Maße der beim Erbbaurecht angenähert, weil auch dort das Recht selbst auf dem Grundstücksblatt eingetragen ist.

II. Die Eintragung

Da Satz 4 auf § 5 Abs. 1 verweist, gilt das in § 5 Rdn. 5 Gesagte entsprechend. **2**
Der Inhalt des Vermerkes nennt das Gebäudeeigentum und bezeichnet es mit seiner Rechtsgrundlage.

Zweifelhaft ist die Bezeichnung des **Berechtigten**. Die Verweisung auf § 5 Abs. 2 darf **3** nicht dazu führen, „Gebäudeeigentum ... für den jeweiligen Gebäudeeigentümer ..." einzutragen. Diese Eintragungsform ist in den Fällen des § 5 richtig, weil Nutzungsrecht und Gebäudeeigentum zwei verschiedene dingliche Rechte sind, deren eines (Nutzungsrecht) als Bestandteil des anderen anzusehen ist; die Parallele zu den subjektiv-dinglichen Rechten (vgl. § 96 BGB!) liegt nahe, das – rechtlich zu unterscheidende – Bestandteilsrecht steht dem Eigentümer des anderen(!) Rechts zu. In den Fällen des § 6 jedoch haben wir nicht zwei verschiedene Sachenrechte, die miteinander durch die subjektiv-dingliche Natur des einen verknüpft sind, sondern nur **ein Recht**, das Gebäudeeigentum, das auf zwei verschiedenen Blättern, aber eben doch immer als dasselbe Recht, in Erscheinung tritt. „Eigentum für den jeweiligen Eigentümer" ist eine sachenrechtlich sinnlose Tautologie. Richtig kann es deshalb nur sein, wenn hier – wie beim Erbbaurecht in Abt. II des Grundstücksblattes – der Gebäudeeigentümer **in Person** gem. § 15 GBV bezeichnet wird.

Über § 3 Abs. 1 gilt dann auch § 14 Abs. 3 Satz 2 ErbbauVO entsprechend, d. h. **4** bei Eigentumsveränderungen auf dem Gebäudeblatt ist die Eintragung in Abt. II des Grundstücksblattes entsprechend zu berichten.

[Vermerk zur Sicherung der Ansprüche aus der Sachenrechtsbereinigung aus dem Recht zum Besitz gemäß Artikel 233 § 2 a EGBGB]

§ 7

(1) Die Eintragung eines Vermerks zur Sicherung der Ansprüche aus der Sachenrechtsbereinigung aus dem Recht zum Besitz gemäß Artikel 233 § 2 a des Einführungsgesetzes zum Bürgerlichen Gesetzbuche erfolgt in der zweiten Abteilung und richtet sich nach Absatz 2.

(2) [1]In der Spalte 1 ist die laufende Nummer der Eintragung, in der Spalte 2 die laufende Nummer, unter der das betroffene Grundstück in dem Bestandsverzeichnis eingetragen ist, anzugeben. [2]In der Spalte 3 ist einzutragen „Recht zum Besitz gemäß Artikel 233 § 2 a EGBGB ..." unter Angabe des Besitzberechtigten, des Umfangs und Inhalts des Rechts, soweit dies aus den der Eintragung zugrundeliegenden Unterlagen hervorgeht, sowie der Grundlage der Eintragung (§ 4 Abs. 4). [3]§ 44 Abs. 2 der Grundbuchordnung gilt sinngemäß. [4]§ 9 Abs. 1 und 2 gilt sinngemäß mit der Maßgabe, daß

§ 7 IV. Gebäudegrundbuchverfügung

an die Stelle der grundbuchmäßigen Bezeichnung des oder der betroffenen Grundstücke die laufende Nummer tritt, unter der diese im Bestandsverzeichnis eingetragen sind. ⁵Die Spalte 5 ist zur Eintragung von Veränderungen der in den Spalten 1 bis 3 eingetragenen Vermerke bestimmt, und zwar einschließlich der Beschränkungen in der Person des Besitzberechtigten in der Verfügung über das in den Spalten 1 bis 3 eingetragene Recht, auch wenn die Beschränkung nicht erst nachträglich eintritt. ⁶In der Spalte 7 erfolgt die Löschung der in den Spalten 3 und 5 eingetragenen Vermerke. ⁷Bei Eintragungen in den Spalten 5 und 7 ist in den Spalten 4 und 6 die laufende Nummer anzugeben, unter der die betroffene Eintragung in der Spalte 1 vermerkt ist.

I. Normzweck

1 Die Norm regelt, wie der Vermerk über das **Recht** zum Besitz gebucht wird. Daß er gebucht werden kann, folgt aus § 1 Nr. 2 c; die Voraussetzungen der Eintragung finden sich in § 4 Abs. 4.

II. Die Eintragung

1. Ort der Eintragung

2 Der Vermerk ist in Abt. II einzutragen; er erhält dort die nächstoffene laufende Nummer in Spalte 1; in Spalte 2 ist das betroffene Grundstück zu nennen.

2. Inhalt der Eintragung

3 a) Das **Recht** ist als „Recht zum Besitz gem. Art. 233 § 2 a EGBGB" zu bezeichnen.

4 b) Der **Besitzberechtigte** wird nach den allgemeinen Regeln (§ 15 GBV) bezeichnet. Dabei ist zu beachten, daß in den Fällen des Art. 233 § 2 a Abs. 1 Satz 1 lit c) EGBGB nicht nur derjenige besitzberechtigt ist, der den Überlassungsvertrag abgeschlossen hat, sondern auch „diejenigen, die mit diesem einen gemeinsamen Hausstand führen." Auf Antrag sind auch diese Personen mit einzutragen, sofern der gemeinsame Hausstand nachgewiesen wird, wofür eine Bescheinigung der Meldebehörde und ein schlüssiger Sachvortrag genügen sollten. „Gemeinsamer Hausstand" kann nicht nur mit Ehegatten und Verwandten bestehen, sondern allgemein beim Zusammenleben mehrerer Personen, wenn dies auf Dauer angelegt ist. Mit Mietern (Untermietern) besteht kein gemeinsamer Hausstand. Wegen des Gemeinschaftsverhältnisses i. S. v. § 47 GBO s. § 8 Rdn. 11.

5 c) „Umfang und Inhalt des Rechts" sollen angegeben werden, wenn sie sich aus den Eintragungsunterlagen ergeben. **Inhalt** des Rechts ist stets das Besitzrecht i. S. des § 986 BGB, ein Mehr oder Weniger ist kaum denkbar, so daß die Norm insoweit anwendungslos bleiben wird. „Umfang" muß wohl räumlich-flächenmäßig verstanden werden; erfaßt das Besitzrecht nicht das ganze Grundstück, so gilt zunächst § 10, die Umfangsbeschränkung ist nach den allgemeinen Regeln[1] und unter Beachtung von § 9 darzustellen.

6 d) In entsprechender Anwendung von § 44 Abs. 2 GBO ist auf die **Eigentumsgrundlage** des § 4 Abs. 4 Bezug zu nehmen.

---

[1] Vgl. § 7 GBO Rdn. 7.

e) In den Spalten 4 und 5 werden **Veränderungen** eingetragen. Das können Inhalts- 7
veränderungen sein, wohl auch Rangänderungen, aber auch eine nach Art. 233 § 2 a
Satz 2 EGBGB zulässige Übertragung des Besitzrechts.[2]

f) In den Spalten 6 und 7 werden **Löschungen** vorgenommen. 8

[Nutzungsrecht, Gebäudeeigentum oder Recht zum Besitz für mehrere Berechtigte]

§ 8

¹Soll ein dingliches Nutzungsrecht oder ein Gebäudeeigentum als Eigentum von Ehegatten eingetragen werden (§ 47 GBO), kann der für die Eintragung in das Grundbuch erforderliche Nachweis, daß eine Erklärung nach Artikel 234 § 4 Abs. 2 und 3 des Einführungsgesetzes zum Bürgerlichen Gesetzbuche nicht abgegeben wurde, auch durch übereinstimmende Erklärung beider Ehegatten, bei dem Ableben eines von ihnen durch Versicherung des Überlebenden und bei dem Ableben beider durch Versicherung der Erben erbracht werden. ²Die Erklärung, die Versicherung und der Antrag bedürfen nicht der Form des § 29 der Grundbuchordnung. ³Für die bereits ohne Beachtung der Vorschrift des § 47 der Grundbuchordnung eingetragenen Rechte nach Satz 1 gilt Artikel 234 § 4 a Abs. 3 des Einführungsgesetzes zum Bürgerlichen Gesetzbuche entsprechend mit der Maßgabe, daß die Eintragung des maßgeblichen Verhältnisses nur auf Antrag eines Antragsberechtigten erfolgen soll.

I. Normzweck

Die Norm befaßt sich mit der von § 47 GBO verlangten Eintragung des zwischen 1
mehreren Berechtigten bestehenden Rechtsverhältnisse. Leider regelt die Norm die damit zusammenhängenden Fragen nur für Ehegatten; für andere Personenmehrheiten fehlt eine Regelung, Lösungen für die insoweit aufgeworfenen Fragen müssen aus der Systematik der allgemeinen Regeln entwickelt werden, vgl. dazu unten Rdn. 5–13.

II. Eintragung von Ehegatten

Sind Ehegatten Inhaber eines Nutzungsrechts, Gebäudeeigentümer oder Besitzbe- 2
rechtigte, so steht ihnen das Recht, sofern sie vor dem Beitritt im Güterstand der ehelichen Vermögensgemeinschaft lebten und nicht gem. Art. 234 § 4 Abs. 2 EGBGB optiert haben, nunmehr in Bruchteilsberechtigung zu je ½ zu, Art. 234 § 4a Abs. 1 EGBGB. Ehegatten oder deren Erben können auf dem in Satz 1 angesprochenen, § 14 GBBerG entsprechenden Wege durch formlose Erklärung (Versicherung) dartun, daß sie nicht optiert haben.

Ist bereits eine Eintragung ohne Angabe des Gemeinschaftsverhältnisses geschehen, 3
so kann unter Berufung auf die Vermutung des Art. 234 § 4 a Abs. 3 EGBGB die Ergänzung der Eintragung beantragt werden.

Da § 14 GBBerG auch hier anzuwenden ist, kann das Grundbuchamt, wenn ein 4
Antrag nach Satz 3 nicht gestellt wird, das Verfahren nach §§ 82 ff. GBO betreiben.

---

[2] Zu der überaus prekären Frage, ob dieses Recht isoliert oder nur zusammen mit der es auslösenden Rechtsposition übertragen werden kann, ist hier nicht Stellung zu nehmen.

III. Andere Berechtigte

1. Erbengemeinschaften

5 Ist ein einzutragendes Recht von mehreren Erben im Wege der Erbfolge erworben worden, so kann das unschwer gem. § 35 GBO nachgewiesen werden. Sie sind dann als ungeteilte Erbengemeinschaft einzutragen.

2. Gesellschaft bürgerlichen Rechts

6 Mehrere neu einzutragende Berechtigte können beantragen, sie als Gesellschafter bürgerlichen Rechts zu buchen. Eine Vorlage des Gesellschaftsvertrages ist nicht erforderlich; gegebenenfalls kann in der gemeinsamen Erklärung ein solcher gesehen werden.

3. Andere Rechtsverhältnisse

7 a) Ein Fall des § 47 GBO kann bei den Rechten nach § 4 **Abs. 1** nur in bezug auf Ehegatten vorliegen (dazu oben Rdn. 2–4); an andere Personenmehrheiten wurden Nutzungsrechte nicht verliehen.

8 b) In den Fällen des § 4 **Abs. 2 und 3** mag es zwar denkbar sein, daß z. B. mehrere Wohnungsgenossenschaften oder VEBs auf einem Grundstück gebaut haben. Es handelt sich dabei nicht um ein Gebäudeeigentum mehrerer Berechtigter, sondern um mehrere rechtlich selbständige Berechtigungen jeweils eines Berechtigten; eine Bereinigung ist ggf. im Wege der Bodensonderung herbeizuführen. Im Falle einer späteren Spaltung der aus dem VEB usw. hervorgegangenen Kapitalgesellschaft kann anhand des Spaltungsplanes nachgewiesen werden, welcher der neuen Gesellschaften das Gebäudeeigentum usw. zusteht, vgl. § 2 Abs. 1 Nr. 9 SpTrUG. Ein Fall des § 47 GBO liegt **nicht** vor.

c) Zu den Fällen des § 4 **Abs. 4** ist folgendes zu sagen:

9 Nr. 1: Hier gilt das in Rdn. 8 Gesagte.

10 Nr. 2: Aus der staatlichen Baugenehmigung bzw. Prüfbescheinigung ergibt sich regelmäßig nur ein Nutzer, allenfalls erging der Bescheid zugunsten von Ehegatten, dann gilt oben Rdn. 2–4. Wird die derzeitige Nutzung durch andere Personen dargetan (vgl. § 4 Rdn. 29), so bleibt, sofern es sich nicht wiederum um Ehegatten handelt, nur der oben Rdn. 6 aufgezeigte Weg.

11 Nr. 3: Wurde ein Überlassungsvertrag zugunsten mehrerer Erwerber abgeschlossen, so war in ihm das Rechtsverhältnis der Erwerber anzugeben; es ist zu übernehmen, sofern es sich nicht um Ehegatten handelt. Fehlen die erforderlichen Angaben, so bleibt mangels Nachholbarkeit auch hier nur der oben Rdn. 6 aufgezeigte Weg. War der Vertrag nur mit einem Einzelerwerber abgeschlossen, sollen jedoch auch Personen eines gemeinsamen Hausstandes (§ 7 Rdn. 5) zusammen mit dem Erwerber eingetragen werden, so werden sie regelmäßig eine Rechtsgemeinschaft gem. § 432 BGB bilden. Dies folgt daraus, daß die Hausstandszugehörigen kein eigenes, sondern nur ein vom Recht des Vertragsberechtigten abgeleitetes Recht haben, so daß ein auf eine unteilbare Leistung gerichtetes Verhältnis vorliegt.

12 Nr. 4: Auch hier gilt das oben zu Nr. 3 Gesagte.

13 Nr. 5 und 6: Gerichtliche Entscheidungen und Eintragungsbewilligung müssen das Rechtsverhältnis mehrerer Berechtigter enthalten. Ist das der Fall, so ist entsprechend einzutragen, ist das nicht der Fall, so ist unter Hinweis auf § 47 GBO durch Zwischenverfügung eine Ergänzung anzufordern.

[Nutzungsrecht oder Gebäudeeigentum auf bestimmten Grundstücksteilen]

§ 9

(1) ¹Bezieht sich das Gebäudeeigentum nur auf eine Teilfläche des oder der belasteten oder betroffenen Grundstücke oder Flurstücke, so sind dem in § 3 Abs. 4 Satz 2 Nr. 1 oder § 6 Abs. 1 Satz 3 vorgesehenen Vermerk die Bezeichnung „... einer Teilfläche von ...", die Größe der Teilfläche sowie die grundbuchmäßige Bezeichnung des oder der belasteten oder betroffenen Grundstücke oder Flurstücke anzufügen. ²Soweit vorhanden, soll die Bezeichnung der Teilfläche aus dem Bestandsblatt des Grundbuchblattes für das Grundstück übernommen werden.

(2) Soweit sich im Falle des Absatzes 1 das Gebäudeeigentum auf die Gesamtfläche eines oder mehrerer Grundstücke oder Flurstücke sowie zusätzlich auf eine oder mehrere Teilflächen weiterer Grundstücke oder Flurstücke bezieht, sind die grundbuchmäßige Bezeichnung der insgesamt belasteten oder betroffenen Grundstücke oder Flurstücke und der Vermerk „... und einer Teilfläche von ..." unter Angabe der Größe der Teilfläche sowie der grundbuchmäßigen Bezeichnung der teilweise belasteten oder betroffenen Grundstücke oder Flurstücke anzugeben.

(3) Für die Eintragung des Nutzungsrechts oder des Gebäudeeigentums im Grundbuch des oder der belasteten oder betroffenen Grundstücke gelten die Absätze 1 und 2 sinngemäß mit der Maßgabe, daß statt der grundbuchmäßigen Bezeichnung des oder der Grundstücke die laufende Nummer anzugeben ist, unter der das oder die Grundstücke im Bestandsverzeichnis eingetragen sind.

I. Normzweck

Die Norm gefaßt sich, wie auch § 10, mit Nutzungsrechten und Gebäudeeigentum auf **Teilflächen**, gleichviel, ob die Belastung nur den Teil eines Grundstückes erfaßt, oder ein ganzes und den Teil eines anderen. Im Unterschied zu § 10 handelt es sich hier um Fälle, in denen die Grundstücke und die Teilfläche **grundbuchmäßig bestimmt** sind. **1**

II. Die Eintragungen

1. Grundsatz

Eine grundbuchmäßige Bestimmtheit liegt vor, wenn das Grundstück selbst grundbuchmäßig nachgewiesen ist und die betroffene Teilfläche grundbuchmäßig, d. h. nach dem für § 7 GBO geltenden Regeln dargestellt werden kann. **2**

2. Eintragung im Grundstücksblatt

Bei Vorhandensein eines Grundstücksblattes (vgl. Abs. 1 Satz 2) unterliegt die Eintragung der Teilbelastung den allgemeinen Regeln. In der insoweit unzureichenden Fassung von Abs. 3 wäre ein Hinweis auf § 7 **Abs. 2** GBO wesentlich wichtiger gewesen, als die ohnehin selbstverständliche Wiederholung von § 10 Abs. 3 GBV. Der von Nutzungsrecht und/oder Gebäudeeigentum erfaßte Grundstücksteil ist in den Eintragungsunterlagen so genau zu bezeichnen, daß Zweifel nicht entstehen können. Dazu dient die von der zuständigen Behörde beglaubigte **Karte** (§ 2 Abs. 3 GBO), deren Vorlegung das Grundbuchamt nach § 7 Abs. 2 GBO in der Regel verlangen muß. **3**

Eingetragen wird dann in Abt. II: **4**

„Dingliches Nutzungsrecht an einer in der Karte vom ... rot schraffierten Teilfläche von 500 qm ...".

§ 10   IV. Gebäudegrundbuchverfügung

Wenn die belastete Teilfläche bei einem zusammengesetzten Grundstück mit einem (ganzen) Flurstück identsich ist, kann auch eingetragen werden:

„Dingliches Nutzungsrecht an Flurstück 100 ...".

3. Eintragung im Gebäudeblatt

5 Im Bestandsverzeichnis des Gebäudeblattes sind die Eintragungen des § 3 Abs. 4 Nr. 1 durch die Angabe der Teilflächenbelastung zu ergänzen:

„Gebäudeeigentum ... auf einer Teilfläche von 500 qm des Grundstücks Flurstück 100 ..., die in der in den Grundakten Bd. 50 Bl. 100 befindlichen Karte rot schraffiert ist ...".

oder auch:

„Gebäudeeigentum auf einer Teilfläche von 500 qm, bestehend aus dem Flurstück 100 ...".

[Nutzungsrecht, Gebäudeeigentum oder Recht zum Besitz auf nicht bestimmten Grundstücken oder Grundstücksteilen]

§ 10

(1) Besteht ein dingliches Nutzungsrecht, ein Gebäudeeigentum oder ein Recht zum Besitz an einem oder mehreren nicht grundbuchmäßig bestimmten Grundstücken oder an Teilen hiervon, so fordert das Grundbuchamt den Inhaber des Rechts auf, den räumlichen Umfang seines Rechts auf den betroffenen Grundstücken durch Vorlage eines Auszugs aus dem beschreibenden Teil des amtlichen Verzeichnisses oder einer anderen Beschreibung nachzuweisen, die nach den gesetzlichen Vorschriften das Liegenschaftskataster als amtliches Verzeichnis der Grundstücke ersetzt.

(2) [1]Soweit die in Absatz 1 genannten Nachweise nicht vorgelegt werden können und der Berechtigte dies gegenüber dem Grundbuchamt versichert, genügen andere amtliche Unterlagen, sofern aus ihnen die grundbuchmäßige Bezeichnung der belasteten oder betroffenen Grundstücke hervorgeht oder bestimmt werden kann; diese Unterlagen und die Versicherung bedürfen nicht der in § 29 der Grundbuchordnung bestimmten Form. [2]Ausreichend ist auch die Bestätigung der für die Führung des Liegenschaftskatasters zuständigen Stelle oder eines öffentlich bestellten Vermessungsingenieurs, aus der sich ergibt, auf welchem oder welchen Grundstücken oder Flurstücken das dingliche Nutzungsrecht, das Gebäudeeigentum oder das Recht zum Besitz lastet. [3]Vervielfältigungen dieser anderen amtlichen Unterlagen sowie dieser Bestätigungen hat das Grundbuchamt der für die Führung des amtlichen Verzeichnisses zuständigen Stelle zur Verfügung zu stellen.

I. Normzweck

1 Die Norm regelt, wie § 9, eine Teilflächenbelastung mit Nutzungsrecht und/oder Gebäudeeigentum. Während bei § 9 jedoch das belastete Grundstück und die Ausübungsfläche grundbuchmäßig zumindest gem. § 7 Abs. 2 GBO bestimmt und nachgewiesen sind, ist dies bei § 10 nicht der Fall. Situationen der hier geregelten Art ergeben sich insbesondere im ländlichen Raum, wo Nutzungsrechte häufig inmitten eines großflächigen, möglicherweise sogar unvermessenen Raumes, jedenfalls aber völlig unabhängig von Grundstücksgrenzen, vergeben wurden.

II. Der Grundsatz der Vermessung bzw. Bodensonderung (Abs. 1)

Grundsätzlich ist derjenige, der die Anlage eines Gebäudegrundbuches oder die Eintragung eines Besitzrechtes beantragt, durch Abs. 1 gehalten, für sachenrechtliche Bestimmtheit in bezug auf den räumlichen Umfang seines Rechtes zu sorgen. Das Grundbuchamt wird ihn durch Zwischenverfügung aufgeben, entweder bei der Katasterbehörde die **Vermessung** zu betreiben und die entsprechenden Katasternachweise sodann vorzulegen, oder ein **Bodensonderungsverfahren** nach § 1 Nr. 1 BoSoG zu betreiben. **2**

III. Ausnahmsweiser Nachweis durch andere Unterlagen (Abs. 2)

Soweit die in Abs. 1 genannten Nachweise nicht erbracht werden können, sieht Abs. 2 Erleichterungen vor. Nach Wortlaut und Sinn der Regelungen besteht kein unmittelbarer Anspruch auf eine Verfahrensgestaltung nach Abs. 2, d. h. es liegt nicht im Belieben des Antragstellers, ob er die Verfahren des Abs. 1 betreiben will oder nicht. Das Grundbuchamt wird, sofern der Antragsteller auf Abs. 2 rekurriert, eine schlüssige Darlegung („versichert") dahin verlangen, weshalb nicht nach Abs. 1 verfahren werden kann. Dabei darf es nicht genügen, daß der Antragsteller lediglich behauptet, die Angelegenheit sei „eilbedürftig", sondern es muß konkret dargetan werden, weshalb die sicheren Verfahren des Abs. 1 zugunsten anderer, wesentlich weniger sicherer Verfahrensgestaltungen aufgegeben werden sollen. Dabei muß eine Situation dargetan werden, die es nach dem Verhältnismäßigkeitsgrundsatz unangemessen erscheinen läßt, nach Abs. 1 zu verfahren. Angesichts der Bedeutung des sachenrechtlichen Bestimmtheitsgrundsatzes und der mit Abs. 2 verbundenen Gefahr der Beeinträchtigung von Rechten Dritter muß das Grundbuchamt an die Versicherung des Antragstellers einen strengen Maßstab anlegen. Es darf keinesfalls im Interesse einer falsch verstandenen „Vereinfachung" oder „Erleichterung" dazu kommen, daß das Verfahren des Abs. 2 zur Regel wird. **3**

Nach Abs. 2 genügen ausnahmsweise andere amtliche(!) Unterlagen, wie z. B. Bauunterlagen (Baugenehmigung, Bauplan), Bestätigung der Gemeinde, Bestätigung eines öffentlich bestellten Vermessungsingenieurs oder der zuständigen Katasterbehörde, sofern sich daraus entnehmen läßt, welche Grundstücke betroffen sind. Die Nachweise müssen nicht der Formstrenge des § 29 GBO genügen. **4**

[Widerspruch]

§ 11

(1) In den Fällen der §§ 3, 5 und 6 hat das Grundbuchamt gleichzeitig mit der jeweiligen Eintragung einen Widerspruch gegen die Richtigkeit dieser Eintragung nach Maßgabe der Absätze 2 bis 5 von Amts wegen zugunsten des Eigentümers des zu belastenden oder betroffenen Grundstücks einzutragen, sofern nicht dieser die jeweilige Eintragung bewilligt hat oder ein Vermerk über die Eröffnung eines Vermittlungsverfahrens nach dem in Artikel 233 § 3 Abs. 2 des Einführungsgesetzes zum Bürgerlichen Gesetzbuche genannten Gesetz (Sachenrechtsbereinigungsgesetz) in das Grundbuch des belasteten oder betroffenen Grundstücks eingetragen ist oder gleichzeitig eingetragen wird.

(2) Die Eintragung des Widerspruchs nach Absatz 1 erfolgt
1. in den Fällen des § 3 in der Spalte 3 der zweiten Abteilung des Gebäudegrundbuchblattes; dabei ist in der Spalte 1 die laufende Nummer der Eintragung anzugeben;

2. in den Fällen der §§ 5 und 6 in der Spalte 5 der zweiten Abteilung des Grundbuchblattes für das Grundstück; dabei ist in der Spalte 4 die laufende Nummer anzugeben, unter der die betroffene Eintragung in der Spalte 1 vermerkt ist.

(3) Der Widerspruch wird nach Ablauf von vierzehn Monaten seit seiner Eintragung gegenstandslos, es sei denn, daß vorher ein notarielles Vermittlungsverfahren eingeleitet oder eine Klage auf Grund des Sachenrechtsbereinigungsgesetzes oder eine Klage auf Aufhebung des Nutzungsrechts erhoben und dies bis zu dem genannten Zeitpunkt dem Grundbuchamt in der Form des § 29 der Grundbuchordnung nachgewiesen wird.

(4) Ein nach Absatz 3 gegenstandsloser Widerspruch kann von Amts wegen gelöscht werden; er ist von Amts wegen bei der nächsten anstehenden Eintragung im Grundbuchblatt für das Grundstück oder Gebäude oder bei Eintragung des in Absatz 1 Halbsatz 2 genannten Vermerks zu löschen.

(5) [1]Ein Widerspruch nach den vorstehenden Absätzen wird nicht eingetragen, wenn
1. der Antrag auf Eintragung nach Absatz 1 nach dem 31. Dezember 1996 bei dem Grundbuchamt eingeht oder
2. der Antragsteller eine mit Siegel oder Stempel versehene und unterschriebene Nutzungsbescheinigung vorgelegt oder
3. sich eine Nutzungsbescheinigung nach Nummer 2 bereits bei der Grundakte befindet.
[2]Die Nutzungsbescheinigung wird von der Gemeinde, in deren Gebiet das Grundstück belegen ist, erteilt, wenn das Gebäude vom 20. Juli 1993 bis zum 1. Oktober 1994 von dem Antragsteller selbst, seinem Rechtsvorgänger oder auf Grund eines Vertrages mit einem von beiden durch einen Mieter oder Pächter genutzt wird. [3]In den Fällen des Satzes 1 Nr. 2 und 3 wird der Widerspruch nach Absatz 1 auf Antrag des Grundstückseigentümers eingetragen, wenn dieser Antrag bis zum Ablauf des 31. Dezember 1996 bei dem Grundbuchamt eingegangen ist. [4]Der Widerspruch wird in diesem Fall nach Ablauf von 3 Monaten gegenstandslos, es sei denn, daß vorher ein notarielles Vermittlungsverfahren eingeleitet oder eine Klage auf Grund des Sachenrechtsbereinigungsgesetzes oder eine Klage auf Aufhebung des Nutzungsrechts erhoben und dies bis zu dem genannten Zeitpunkt dem Grundbuchamt in der Form des § 29 der Grundbuchordnung nachgewiesen wird. [5]Absatz 4 gilt entsprechend.

I. Normzweck

1 Die Norm erklärt sich aus bestimmten Regelungen des Sachenrechtsbereinigungsgesetzes: Dem aktuellen Gebäudeeigentümer (Nutzer) stehen gegen den Grundstückseigentümer grundsätzlich die Ansprüche aus § 15 SachenRBerG zu. Diesen Ansprüchen kann der Eigentümer gem. § 29 SachenRBerG bestimmte Einreden entgegenhalten, die persönlicher Art und an die Person des ursprünglichen Gebäudeeigentümers geknüpft sind. Bei der Veräußerung des Gebäudes an einen in bezug auf die Einrede redlichen Erwerber würde die Einredemöglichkeit verlorengehen. Nach Einleitung der Verfahren nach dem Sachenrechtsbereinigungsgesetz werden entsprechende Verfahrensvermerke eingetragen, die den Eigentümer schützen. Bis dahin schützt der hier vorgesehene Widerspruch den Eigentümer temporär. Es handelt sich mithin, entgegen der Auffassung von *Stellwaag*,[1] nicht um die Verhinderung eines gutgläubigen Erwerbs des Gebäudeeigentums, sondern um die Verhinderung des einredefreien Erwerbes.[2]

---

[1] VIZ 1995, 336.
[2] *Schmidt-Räntsch/Sternal/Baeyens* § 11 Rdn. 3.

II. Anlaß der Widerspruchseintragung

Nach Abs. 1 ist der Widerspruch bei der Neuanlegung des Gebäudeblattes (§ 3) und der Vornahme der Korrespondenzeintragungen nach §§ 5, 6 **von Amts wegen** auf **beiden** Blättern einzutragen, sofern nicht ein Fall des Abs. 5 vorliegt. Es ist dabei unbeachtlich, auf welche Art und Weise das Bestehen des Gebäudeeigentums dargetan wurde; der Widerspruch wird also auch dann eingetragen, wenn Eintragungsgrundlage ein Zuordnungsbescheid ist, denn der Widerspruch protestiert nicht gegen das Eigentum des Eingetragenen, sondern gegen die Einredefreiheit.[3] Wegen der bewilligten Anlegung s. unten Rdn. 8.

Nicht unmittelbar angesprochen ist der Fall der **nachträglichen** Buchung von Gebäudeeigentum bzw. Nutzungsrecht auf dem Grundstücksblatt, § 5 Abs. 1 Satz 2, § 6 Satz 3. Zwar könnte wegen der pauschalen Bezugnahme auf §§ 5, 6 in solchen Fällen der Widerspruch auf dem Grundstücksblatt mit gebucht werden, offen bleibt, ob er auch auf dem Gebäudeblatt nachträglich gebucht werden kann. Sinnvoll ist jedoch die Buchung nur auf beiden Blättern, zumal der Erwerb des Gebäudeeigentums sich auf dessen Blatt vollzieht. Nach Auffassung von *Schmidt-Räntsch/Sternal/Baeyens*[4] soll in diesen Fällen die Eintragung überhaupt unterbleiben. Dem kann nicht zugestimmt werden. Die Zufälligkeit der Anlegung des Blattes vor Inkrafttreten der GGV mag zwar bereits zu Rechtsverlusten des Eigentümers des Grundstücks geführt haben, vermag jedoch nicht zu rechtfertigen, daß der nunmehr angeordnete Eigentümerschutz länger als es die Verhältnismäßigkeit gebietet, zurückgestellt wird. Es wäre sicherlich im Hinblick auf die Belastung der Grundstücksämter unterverhältnismäßig, müßten diese wegen der möglichen Eintragung von Widersprüchen den gesamten Blattbestand durchsehen. Wenn jedoch „bei der nächsten anstehenden Eintragung" (§ 5 Abs. 1 Satz 2) die Korrespondenzbuchungen geschehen, kann unschwer dort und auf dem Gebäudeblatt der Widerspruch gebucht werden, sofern nicht Abs. 5 erfüllt ist.

III. Inhalt der Eintragung

1. Ort der Eintragung

Der Widerspruch wird auf dem Gebäudeblatt in den Spalten 1–3 der zweiten Abteilung und auf dem Grundstücksblatt in den Spalten 4 und 5 gebucht. Auf dem Gebäudeblatt erhält er die nächstoffene laufende Nummer, auf dem Grundstücksblatt wird in Spalte 4 die laufende Nummer genannt, unter der das Nutzungsrecht oder Gebäudeeigentum eingetragen ist.

2. Bezeichnung

Jeder Widerspruch muß das von ihm **betroffene Recht** bezeichnen.[5] Das kann das Bestehen des eingetragenen Nutzungsrechts und/oder Gebäudeeigentums, die Berechtigung des Nutzungsberechtigten (Gebäudeeigentümers), oder die – vermeintliche – **Einredefreiheit** in bezug auf § 29 SachenRBerG sein. Einzutragen ist deshalb: „Widerspruch gegen die Nichteintragung der Einreden gem. § 29 SachenRBerG und gegen die Richtigkeit der Eintragung des Nutzungsrechts (Gebäudeeigentums) zugunsten …".

---

[3] **A. A.** *Stellwaag* a. a. O. (= Fn. 1).
[4] § 11 Rdn. 6.
[5] Einl. H 15.

3. Berechtigte

6 Inhaber der Einrede ist derjenige Grundstückseigentümer, gegen den die Ansprüche aus der Sachenrechtsbereinigung geltend gemacht werden, § 14 SachenRBerG. Als Widerspruchsberechtigter ist deshalb „der jeweilige Grundstückseigentümer" einzutragen.[6]

4. Eintragungsgrundlage

7 In der Eintragung ist der Grund der Eintragung anzugeben;[7] zweckmäßig: „... eingetragen von Amts wegen gem. § 11 GGV am ...".

III. Unterbleiben der Eintragung

1. Bewilligte Blattanlegung

8 Die Eintragung eines Widerspruches unterbleibt nach **Abs. 1**, wenn der Grundstückseigentümer die Blattanlegung bzw. die Eintragung des Nutzungsrechts/Gebäudeeigentums bewilligt hat; denn in einem solchen Falle hatte er Gelegenheit, seine eigene Rechtsposition zu überprüfen und in geeigneter Weise sicherzustellen.

2. Anhängigkeit eines notariellen Vermittlungsverfahrens

9 Die Eintragung des Widerspruchs unterbleibt gleichfalls, wenn dem Grundbuchamt ein Eintragungsersuchen nach § 92 Abs. 5 SachenRBerG vorliegt, oder der entsprechende Vermerk bereits gebucht ist. Diese gleichfalls in Abs. 1 vorgesehene Einschränkung begegnet freilich erheblichen Bedenken. Sie wäre richtig, hätten beide Eintragungen (Widerspruch und Verfahrensvermerk) dieselbe Funktion und damit Wirkung. Das ist jedoch nicht der Fall: der Verfahrensvermerk hat nach § 92 Abs. 6 SachenRBerG die Wirkung einer Vormerkung(!) zur Sicherung der jeweiligen (positiven) Ansprüche aus § 15 SachenRBerG; er schützt mithin den Anspruchsinhaber, d. h. den Nutzer. Der Widerspruch des § 11 GGV soll dem Grundstückseigentümer die gegen den Nutzer bestehenden Einreden erhalten, er schützt also den Anspruchsgegner des Nutzers, den Eigentümer. In Hinblick darauf erscheint es sachlich falsch, wenn die VO bei Buchung des Verfahrensvermerkes von dem völlig anders gearteten Widerspruch absieht.

3. Zeitliche Begrenzung

10 Nach **Abs. 5 Nr. 1** unterbleibt die Eintragung des Widerspruches, wenn der Antrag auf Anlegung des Gebäudeblattes nach dem 31. 12. 1996 eingeht. Diese Befristung stimmte überein mit anderen, sich auf Gutglaubensschutz beziehenden Fristen in den neuen Bundesländern (vgl. etwa Art. 231 § 5 Abs. 3 oder Art. 233 § 4 Abs. 4 EGBGB, § 111 Abs. 1 SachenRBerG). Alle diese Fristen sind durch das Eigentumsfristengesetz v. 20. 12. 1996 (BGBl. I S. 2028) auf den 31. 12. 1999 verlängert worden. Eine Verlängerung der hier geregelten Frist sieht das Gesetz **nicht** vor. Dies muß jedoch als ein Redaktionsversehen gewertet werden, denn der Zusammenhang mit den allgemeinen Gutglaubensschutzregeln ist unverkennbar.

---

[6] Ebenso: *Schmidt-Räntsch/Sternal/Baeyens* § 11 Rdn. 7. **A. A.** *Keller* Gebäudeeigentum ..., S. 20: Der Eigentümer im Zeitpunkt der Eintragung des Widerspruches.

[7] Einl. B 39 f., B 41.

4. Vorliegen einer Nutzungsbescheinigung

Die Eintragung des Widerspruchs unterbleibt nach **Abs. 5 Nr. 2, 3** auch, wenn dem Grundbuchamt eine Bescheinigung vorliegt, die dartut, daß das Gebäude(!) in dem Zeitraum von der Vorlage des Entwurfes des SachenRBerG bis zum Inkrafttreten der GGV genutzt wurde. Der letztere Zeitpunkt wurde aus praktischen Gründen gewählt; ein Nutzungsnachweis bis zum Eintragungszeitpunkt wäre tatsächlich nicht möglich gewesen. So verbleibt eine offene Zeitlücke, die der Eigentümer selbst absichern muß[9] (z. B. durch Eintragung der Einrede aufgrund einstweiliger Verfügung oder durch Herbeiführung des Vermittlungsverfahrens). 11

Die Bescheinigung wird durch die kreisfreie oder kreisangehörige Stadt oder Gemeinde der Belegenheit erteilt, bei Zugehörigkeit der Gemeinde zu einem Amt, dem alle öffentlichen Aufgaben obliegen, ist dieses zuständig. Eine Selbstverwaltungsangelegenheit liegt nicht vor, weil es sich um ein Tätigwerden kraft Bundesrechts handelt. 12

Die Bescheinigung muß den Inhalt nach **Abs. 5 Satz 2** haben, d. h. sie muß sich ausdrücklich auf das Gebäude beziehen und dessen Nutzung im genannten Zeitraum dartun, wobei die Nutzung geschehen sein muß

- durch den Antragsteller (= Gebäudeeigentümer) oder dessen (Einzel- oder Gesamt-)Rechtsvorgänger, oder
- durch einen Mieter/Pächter aufgrund Vertrages mit dem Gebäudeeigentümer bzw. dessen Rechtsvorgänger.

Die Bescheinigung muß nicht bestandskräftig sein.[10] Unterbleibt die Eintragung von Amts wegen, so kann der Grundstückseigentümer gem. **Abs. 5 Satz 3** durch einen vor dem 1. 1. 1997 zu stellenden Antrag gleichwohl die Eintragung erreichen. Dies mag geboten sein, wenn der Eigentümer die Bescheinigung inhaltlich für unzutreffend hält. Wegen der Frist s. oben Rdn. 10. 13

IV. Geltungsdauer und Löschung des Widerspruches

1. Gegenstandslosigkeit

Der **von Amts wegen** (Abs. 1) eingetragene Widerspruch wird nach Ablauf von **vierzehn Monaten** seit Eintragung, der **auf Antrag** (Abs. 5 Satz 3) eingetragene nach Ablauf von **drei Monaten** gegenstandslos, Abs. 3, Abs. 5 Satz 4. Diese Gegenstandslosigkeit tritt nicht ein, wenn 14

- vor Fristablauf ein notarielles Vermittlungsverfahren eingeleitet oder eine Klage auf Grund des Sachenrechtsbereinigungsgesetzes oder eine Klage auf Aufhebung des Nutzungsrechts erhoben wurde und
- dies vor Fristablauf dem Grundbuchamt in der Form des § 29 GBO nachgewiesen wird.

Da die Klage erst mit Zustellung an den Beklagten erhoben ist (§ 253 ZPO), müßte an sich diese Zustellung vor Fristablauf liegen. Man wird jedoch § 270 Abs. 3 ZPO anwenden können, wonach die fristgemäße Klageeinreichung genügt, sofern die Zustellung demnächst erfolgte. Nachzuweisen sind dem Grundbuchamt mithin stets die Klageeinreichung und deren Zustellung. 15

---

[9] *Schmidt-Räntsch/Sternal/Baeyens* § 11 Rdn. 16.

[10] *Schmidt-Räntsch/Sternal/Baeyens* § 11 Rdn. 19.

2. Löschung

16 Der Widerspruch ist auf beiden Blättern von Amts wegen zu löschen, sobald er nach dem oben Rdn. 14 Gesagten gegenstandslos geworden ist und eine Eintragung auf auch nur einem der beiden Blätter vorzunehmen ist. Er kann jedoch jederzeit, d. h. auch ohne den Zusammenhang mit einer Neueintragung, gelöscht werden, sobald er gegenstandslos geworden ist.

17 Er wird wohl auch dann zu löschen sein, wenn vor Eintritt der Gegenstandslosigkeit eine den Erfordernissen oben Rdn. 11, 12 genügende Nutzungsbescheinigung vorgelegt wird. Dies ist zwar nicht ausdrücklich vorgesehen, ergibt sich jedoch als zwingende Konsequenz aus Abs. 5: Wenn die ursprüngliche Vorlage der Nutzungsbescheinigung dazu führt, daß zwingend die Eintragung des Widerspruches unterbleibt, so muß die nachträgliche Vorlage dessen Löschung ermöglichen.[11] Problematisch ist allerdings die Stellung des Abs. 5 Satz 3 in solchen Fällen: wäre die Bescheinigung bereits seinerzeit, d. h. bei Blattanlegung vorgelegt worden, so wäre zwar eine amtswegige Eintragung unterblieben, der Eigentümer hätte jedoch den Widerspruch durch seinen Antrag erwirken können und wäre durch ihn drei Monate (Abs. 5 Satz 4) geschützt gewesen. Sind diese drei Monate (ab Blattanlegung) noch nicht verstrichen, so darf es dem Eigentümer nicht zum Nachteil gereichen, daß der Nutzer die Bescheinigung erst jetzt vorlegt. Der Eigentümer ist deshalb in solchen Fällen vor Löschung zu hören; stellt er — was möglich sein muß — jetzt noch den **Antrag**, so unterbleibt die Löschung bis zum Ablauf der Dreimonatsfrist. Danach wäre sie möglich, sofern nicht eine Verfahrensanhängigkeit nach oben Rdn. 14 nachgewiesen wird. Ist bei Vorlage der Nutzungsbescheinigung die Dreimonatsfrist bereits verstrichen, so hat der Grundstückseigentümer durch den eingetragenen Widerspruch ja bereits länger Schutz erfahren, als ihm nach der objektiven Sach- und Rechtslage eigentlich zustand. In einem solchen Fall kann sofort gelöscht werden, sofern nicht eine Verfahrensanhängigkeit nach oben Rdn. 14 nachgewiesen ist.

[Aufhebung des Gebäudeeigentums]

§ 12

(1) Die Aufhebung eines Nutzungsrechts oder Gebäudeeigentums nach Artikel 233 § 4 Abs. 5 des Einführungsgesetzes zum Bürgerlichen Gesetzbuche oder nach § 16 Abs. 3 des Vermögensgesetzes ist in der zweiten Abteilung des Grundbuchs des oder der belasteten oder betroffenen Grundstücke oder Flurstücke einzutragen, wenn das Recht dort eingetragen ist; ein vorhandenes Gebäudegrundbuchblatt ist zu schließen.

(2) ¹Sofern im Falle des Absatzes 1 eine Eintragung im Grundbuch des belasteten Grundstücks oder die Schließung des Gebäudegrundbuchblattes nicht erfolgt ist, sind diese bei der nächsten in einem der Grundbuchblätter anstehenden Eintragung nachzuholen. ²Ist das Grundbuchblatt des belasteten Grundstücks infolge der Aufhebung des Nutzungsrechts oder Gebäudeeigentums gemäß Absatz 1 geschlossen oder das belastete oder betroffene Grundstück in das Gebäudegrundbuchblatt übertragen worden, so gilt ein als Grundstücksgrundbuchblatt fortgeführtes Gebäudegrundbuchblatt als Grundbuch im Sinne der Grundbuchordnung.

(3) ¹Sind die für Aufhebung des Nutzungsrechts oder Gebäudeeigentums erforderlichen Eintragungen erfolgt, ohne daß eine Aufgabeerklärung nach Artikel 233 § 4 Abs. 5

---

[11] Ebenso: *Schmidt-Räntsch/Sternal/Baeyens* § 11 Rdn. 20, 1.

des Einführungsgesetzes zum Bürgerlichen Gesetzbuche dem Grundbuchamt vorgelegen hat, hat das Grundbuchamt die Erklärung von dem eingetragenen Eigentümer des Grundstücks bei der nächsten in einem der Grundbuchblätter anstehenden Eintragung nachzufordern. ²Ist der jetzt eingetragene Eigentümer des Grundstücks nicht mit dem zum Zeitpunkt der Schließung des Grundbuchblattes für das Grundstück oder das Gebäude eingetragene Eigentümer des Gebäudes identisch, so hat das Grundbuchamt die in Satz 1 bezeichnete Erklärung von beiden anzufordern. ³Nach Eingang der Erklärungen hat das Grundbuchamt die seinerzeit ohne die notwendigen Erklärungen vorgenommenen Eintragungen zu bestätigen; Absatz 2 Satz 2 gilt entsprechend. ⁴Wird die Erklärung nicht abgegeben, werden Grundstück und Gebäude in der Regel wieder getrennt gebucht.

I. Normzweck

Die Norm enthält die grundbuchtechnischen Regelungen zur Umsetzung der materiellen Normen über die Aufhebung von Nutzungsrecht und Gebäudeeigentum. **1**

II. Die materiellrechtliche Aufhebung

Bei Gebäudeeigentum, dem ein **Nutzungsrecht** zugrundeliegt, gilt Art. 233 § 4 **2** Abs. 6, 7 EGBGB. Das **eingetragene** Nutzungsrecht erlischt durch
– materiell formfreie Aufhebungserklärung
– die Zustimmung eventueller am Gebäudeeigentum dinglich Berechtigter, und
– die Löschung des Rechts, §§ 875, 876 BGB.

Aufgehoben wird, ungeachtet Art. 231 § 5 Abs. 2 EGBGB, das Nutzungsrecht; das Gebäudeeigentum erlischt dann kraft Gesetzes, Art. 233 § 4 Abs. 6 Satz 3 EGBGB.

Ist das Nutzungsrecht **nicht eingetragen**, so genügt die notariell beurkundete Aufhe- **3** bungserklärung; eine Grundbucheintragung (Löschung) geschieht nicht und zwar auch dann nicht, wenn ein Gebäudeblatt – ohne Korrespondenzeintragung im Grundstücksblatt – besteht.

Für **nutzungsrechtloses Gebäudeeigentum** gilt das oben Rdn. 2, 3 Gesagte entspre- **4** chend, Art. 233 § 2 b Abs. 4 EGBGB. Aufgehoben wird hier unmittelbar das Gebäudeeigentum.

Neben dieser rechtsgeschäftlichen Aufhebung können Nutzungsrechte noch durch **5** Bescheid des AROV im **Restitutionsverfahren** aufgehoben werden, § 16 Abs. 3 VermG. Mit Rechtsbeständigkeit des Bescheides ist das Nutzungsrecht aufgehoben und das Gebäudeeigentum erloschen. Im Gegensatz zu den oben Rdn. 2–4 erfaßten Fällen liegt hier eine Grundbuchberichtigung vor, denn die Erlöschungswirkungen treten außerhalb des Buches ein.

III. Die Löschung

Die Löschung i. d. Fällen Rdn. 2, 4 setzt voraus: **6**
– Antrag des Grundstückseigentümers oder des Gebäudeeigentümers, § 13 GBO, bzw. Ersuchen des AROV
– Löschungsbewilligung (§ 19 GBO) des Gebäudeeigentümers i. d. Form des § 29 GBO

§ 12

— evtl. Zustimmung der am Gebäudeeigentum dinglich Berechtigten (§ 876 Satz 1 BGB, § 19 GBO) i. d. Form des § 29 GBO.

In den Fällen Rdn. 5 gilt § 22 GBO. Der Nachweis ist durch den mit einer Bestätigung der Rechtsbeständigkeit versehenen Restitutionsbescheid zu erbringen.

7 Es gilt dann **Abs. 1**:[1] Die Löschung ist in Spalten 6 und 7 der Abt. II des Grundstücksblattes einzutragen: „Gelöscht am ...", oder auch „Infolge Aufhebung gelöscht am ...".

Das Gebäudeblatt ist dann von Amts wegen zu schließen. Bei einem Erbbaurecht muß vor der Schließung des Erbbaurechtsblattes die auf dem Grundstücksblatt eingetragene Löschung im Erbbaurechtsblatt (Spalte 8 des Bestandsverzeichnisses) deklaratorisch vermerkt werden, § 56 Abs. 6 GBV. Wegen der allgemeinen Verweisung in § 3 Abs. 1 wird das auch hier zu gelten haben. Die Schließung geschieht nach § 36 GBV.

IV. Die Bereinigung von Verfahrensverstößen

1. Unvollständige Erledigung (Abs. 2 Satz 1)

8 Liegt ein Löschungsantrag (-ersuchen) vor, so ist er/es unvollständig erledigt, wenn entweder der konstitutive Löschungsvermerk oder die deklaratorische Blattschließung noch nicht geschehen ist. Ist die Löschung auf dem Grundstücksblatt noch nicht geschehen, so sind bei rechtsgeschäftlicher Aufhebung Nutzungsrecht und/oder Gebäudeeigentum noch nicht erloschen. Da jedoch das Gebäudeblatt bereits geschlossen wurde, kann über das materiell fortbestehende Gebäudeeigentum ohnehin nicht mehr verfügt werden, so daß es genügt, wenn Abs. 2 Satz 1 anordnet, daß der Löschungsvermerk aus Anlaß einer anderen Eintragung nachgeholt wird. Ist zwar ein Löschungsvermerk im Grundstücksblatt gebucht, jedoch das Gebäudeblatt nicht geschlossen worden, so ist das Gebäudeeigentum trotzdem erloschen, denn die Blattschließung ist lediglich deklaratorischer Natur. Im Hinblick auf Art. 233 § 2 Abs. 3, § 4 Abs. 1 Satz 3 EGBGB ist ungeachtet der Existenz eines Grundbuches für das erloschene Gebäudeeigentum ein Erwerb kraft Gutglaubensschutzes ausgeschlossen. Deshalb genügt es auch in diesen Fällen, wenn die Blattschließung aus Anlaß einer Eintragung nachgeholt wird.

2. Umfunktionierte Gebäudeblätter (Abs. 2 Satz 2)

9 Bei der Aufhebung von Gebäudeeigentum an ehedem volkseigenen Grundstücken im Zusammenhang mit sog. „Modrow-Kaufverträgen" (G. v. 7. 3. 1990) existierte häufig für das Grundstück ein Grundbuchblatt, sondern nur die Bestandskarte nach Nr. 160 der Colido-Grundbuchanweisung. Die Liegenschaftsdienste (Grundbuchämter) haben dann häufig anstelle der Schließung des Gebäudeblattes und der Anlegung eines Grundstücksblattes unter Streichung des Wortteiles „Gebäude" das Gebäude- als Grundstücksblatt fortgeführt. Abs. 2 Satz 2 sanktioniert dieses Vorgehen und bezeichnet das umfunktionierte Blatt als Grundbuch im Sinne der Gesetze. Die Vorschrift darf freilich nur als Heilungsnorm für Verfahrensverstöße in Übergangszeiten verstanden werden; sie billigt nicht etwa eine solche Verfahrensweise allgemein und auch für die Zukunft.

3. Löschung ohne Rechtsgrundlage (Abs. 3)

10 Vielfach sind Löschungen und/oder Schließung bzw. Umfunktionierung (Rdn. 9) des Gebäudeblattes geschehen, ohne daß die erforderliche Aufhebungserklärung (Lö-

---

[1] Abs. 1 nennt noch „Art. 233 § 4 Abs. 5 EGBGB"; der frühere Absatz 5 ist jetzt Absatz 6!

schungsbewilligung) vorlag. Diese genügte weder nach DDR-Recht noch nach Bundesrecht; Nutzungsrecht und/oder Gebäudeeigentum **bestehen fort**.

Abs. 3 sieht vor, daß die Erklärung aus Anlaß der nächsten anstehenden Eintragung 11
beim dortigen Grundstückseigentümer anzufordern sind; hat das Eigentum zwischenzeitlich gewechselt, so ist gem. Satz 2 die Erklärung vom derzeitigen und vom vorherigen Eigentümer anzufordern. Gehen die notwendigen Erklärungen ein, so hat das Grundbuchamt gem. Satz 3 die seinerzeitigen Eintragungen „zu bestätigen". Dies hat dann durch eine erneute Eintragung in den Spalten 6 und 7 zu geschehen: „Der am ... eingetragene Löschungsvermerk gem. § 12 Abs. 3 GGV bestätigt am ...". Die Löschung ist dann erst mit dem Tage des Bestätigungsvermerkes als geschehen anzusehen.

Ist nur das Gebäudeblatt geschlossen oder dieses umfunktioniert worden, so ist ein 12
Schließungsvermerk zu bestätigen, insbesondere aber ist der Löschungsvermerk im Grundstücksblatt (erstmals) einzutragen. Das ist zwar in der Vorschrift nicht ausdrücklich vorgesehen, ist aber zwingende Notwendigkeit für die vom Verordnungsgeber angestrebte Herbeiführung einer materiell wirksamen Aufhebung.

Gehen die angeforderten Erklärungen nicht ein, so sind nach Satz 4 regelmäßig 13
Grundstück und Gebäude getrennt zu buchen. Das kann insbesondere dann unterbleiben, wenn Gebäude- und Grundstückseigentum sich in einer Hand befinden und der Eigentümer gem. § 78 Abs. 1 Satz 3 SachenRBerG verpflichtet ist, das Gebäudeeigentum aufzuheben. Dann kann nämlich das Grundbuchamt den Eigentümer gem. § 82 GBO, § 33 FGG dazu anhalten, die erforderlichen Erklärungen nachzureichen, § 78 Abs. 1 Satz 5 und 6 SachenRBerG.

[Bekanntmachungen]

§ 13

[1]Auf die Bekanntmachungen bei Eintragungen im Grundbuch des mit einem dinglichen Nutzungsrecht belasteten oder von einem Gebäudeeigentum betroffenen Grundstücks oder Flurstücks sowie bei Eintragungen im Gebäudegrundbuchblatt ist § 17 der Erbbaurechtsverordnung sinngemäß anzuwenden. [2]Bei Eintragungen im Gebäudegrundbuchblatt sind Bekanntmachungen gegenüber dem Eigentümer des belasteten oder betroffenen Grundstücks jedoch nur dann vorzunehmen, wenn das Recht dort eingetragen ist oder gleichzeitig eingetragen wird und der Eigentümer bekannt ist.

Die Norm regelt die **Bekanntmachung von Eintragungen** durch das Grundbuchamt. Als Grundsatz verweist sie auf § 17 ERbbauVO, der seinerseits § 55 GBO ergänzt. Daraus folgt:

a) **Eintragungen im Grundstücksblatt** werden bekanntgemacht dem einreichenden 1
Notar, dem Antragsteller, dem Eigentümer sowie allen Betroffenen und Begünstigten; die Eintragung eines Eigentümers auch den Inhabern von Grundpfandrechten und Reallasten.

Die Eintragung eines Eigentümers, von Verfügungsbeschränkungen gegen diesen so- 2
wie die Eintragung eines Widerspruchs gegen das Eigentum ist auch dem Gebäudeeigentümer bekanntzumachen.

b) **Eintragungen auf dem Gebäudeblatt.** Hier gilt es oben Rdn. 1 u. 2 Gesagte ent- 3
sprechend; Rdn. 2 jedoch nach Satz 2 nur dann, wenn das das Nutzungsrecht/Gebäudeeigentum auf dem Grundstücksblatt vermerkt und der Grundstückseigentümer bekannt ist.

§ 14

[Begriffsbestimmungen, Teilung von Grundstück und von Gebäudeeigentum]

§ 14

(1) Nutzer im Sinne dieser Verordnung ist, wer ein Grundstück im Umfang der Grundfläche eines darauf stehenden Gebäudes einschließlich seiner Funktionsflächen, bei einem Nutzungsrecht einschließlich der von dem Nutzungsrecht erfaßten Flächen unmittelbar oder mittelbar besitzt, weil er das Eigentum an dem Gebäude erworben, das Gebäude errichtet oder gekauft hat.

(2) Bestehen an einem Grundstück mehrere Nutzungsrechte, so sind sie mit dem sich aus Artikel 233 § 9 Abs. 2 des Einführungsgesetzes zum Bürgerlichen Gesetzbuche ergebenden Rang einzutragen.

(3) ^{1}Die Teilung oder Vereinigung von Gebäudeeigentum nach Artikel 233 § 2 b oder 8 des Einführungsgesetzes zum Bürgerlichen Gesetzbuche kann im Grundbuch eingetragen werden, ohne daß die Zustimmung des Grundstückseigentümers nachgewiesen wird. ^{2}Bei Gebäudeeigentum nach Artikel 233 § 4 jenes Gesetzes umfaßt die Teilung des Gebäudeeigentums auch die Teilung des dinglichen Nutzungsrechts.

(4) ^{1}Soll das belastete oder betroffene Grundstück geteilt werden, so kann der abgeschriebene Teil in Ansehung des Gebäudeeigentums, des dinglichen Nutzungsrechts oder des Rechts zum Besitz gemäß Artikel 233 § 2 a des Einführungsgesetzes zum Bürgerlichen Gesetzbuche lastenfrei gebucht werden, wenn nachgewiesen wird, daß auf dem abgeschriebenen Teil das Nutzungsrecht nicht lastet und sich hierauf das Gebäude, an dem selbständiges Eigentum oder ein Recht zum Besitz gemäß Artikel 233 § 2 a des Einführungsgesetzes zum Bürgerlichen Gesetzbuche besteht, einschließlich seiner Funktionsfläche nicht befindet. ^{2}Der Nachweis kann auch durch die Bestätigung der für die Führung des Liegenschaftskatasters zuständigen Stelle oder eines öffentlich bestellten Vermessungsingenieurs, daß die in Satz 1 genannten Voraussetzungen gegeben sind, erbracht werden.

I. Normzweck

1 Die Norm definiert zunächst in Abs. 1 den in § 4 Abs. 4 Nr. 2−4 verwendeten Begriff des Nutzers. Sie bestimmt sodann in Abs. 2 die Eintragung des Ranges mehrerer Nutzungsrechte, regelt in Abs. 3 die Teilung des Gebäudeeigentums und in Abs. 4 die Teilung des Grundstückes.

II. Begriff des Nutzers (Abs. 1)

2 Der hier gegebene und in § 4 Abs. 4 Nr. 2−4 verwendete Nutzerbegriff ist nicht der des § 9 SachenRBerG; dort kennzeichnet er alle aus dem Gesetz Berechtigten, hier kennzeichnet er − enger − alle aus dem Recht zum Besitz des Art. 233 § 2 a EGBGB Berechtigten. Die Definition geht zurück auf frühere Interpretationsempfehlungen der BMJ zu Art. 233 § 2 b EGBGB.[1] Sie enthält

3 a) das **Besitzmoment**: Nutzer kann nur sein, wer unmittelbar oder mittelbar (§ 868 BGB) Besitzer ist;

---

[1] Grundbuch-Info 2, S. 25 ff., auch: Bnz. Nr. 150 v. 13. 8. 93.

b) das **Erwerbsmoment**: Nutzer kann nur sein, wer Gebäudeeigentümer ist, wer das **4** Gebäude errichtet oder wer wenigsten einen schuldrechtlichen Kaufvertrag darüber abgeschlossen hat, auch wenn dessen Erfüllung noch aussteht.
Darüber hinaus ist der Umfang des Rechts des Nutzers allgemein flächenmäßig beschrieben.

III. Der Rang mehrerer Nutzungsrechte (Abs. 2)

Mehrere Nutzungsrechte haben den Rang, der sich aus ihren **Entstehungszeitpunkten** **5** ergibt (Art. 233 § 9 Abs. 2 EGBGB), denn es handelt sich um Rechte, die zu ihrer Entstehung nicht der Eintragung im Grundbuch bedurften.

Entstehungszeitpunkt ist beim Nutzungsrecht des § 278 ZGB der in der Urkunde **6** genannte Zeitpunkt des Nutzungsbeginns; beim Nutzungsrecht des § 291 ZGB das Datum der Ausstellung der Urkunde.[2]

Die sich daraus ergebende Rangfolge ist entsprechend § 45 Abs. 1 GBO zu verlautbaren. **7**

IV. Teilung und Verbindung von Gebäudeeigentum (Abs. 3)

1. Teilung

Ob die Teilung eines Gebäudeeigentums überhaupt uneingeschränkt möglich ist, erscheint **8** zweifelhaft. Der bloße Hinweis auf die in Art. 233 § 4 Abs. 1 u. 7 EGBGB verfügte grundsätzliche Gleichstellung mit dem Grundstückseigentum ist dafür nicht genügend,[3] steht doch auch das Erbbaurecht einem Grundstück gleich und unterliegt trotzdem hinsichtlich seiner Teilbarkeit eigenen Regeln.[4] In den hier zu erörternden Fällen wird, wie beim Erbbaurecht gelten müssen, daß nach der Teilung auf jeden Ausübungsteil (Grundstücksteil) ein **selbständig nutzbares** eigenes **Bauwerk** besteht, denn an einem bloßen Gebäudeteil kann wegen § 93 BGB kein selbständiges Gebäudeeigentum (nebst evtl. Belastungen) bestehen. Schon daran wird die Teilung wohl regelmäßig scheitern.

Ist nach dem Rdn. 8 Gesagten eine Teilung möglich, so ist zu unterscheiden, ob es **9** sich um Gebäudeeigentum aufgrund eines Nutzungsrechts (Art. 233 § 4 EGBGB) oder um nutzungsrechtloses Gebäudeeigentum handelt. Im letzten Falle ist eine Mitwirkung des Grundstückseigentümers nach Abs. 3 Satz 1 nicht erforderlich. Bei Bestehen eines **Nutzungsrechts** ist nach Satz 2 **auch dieses** zu teilen. Die darin zu erblickende **Inhaltsänderung** bedarf der Mitwirkung des Grundstückseigentümers, §§ 877, 873 BGB.

2. Verbindung

Die Vereinigung (besser: Verbindung) mehrerer Gebäudeeigentumsrechte wird allgemein **10** als zulässig angesehen.[5] Bedenken dagegen bestehen nicht; es gelten die allgemeinen Regeln; einer Mitwirkung des Grundstückseigentümers bedarf es hier nicht.

---

[2] Ausf. dazu: *Eickmann* Grundstücksrecht, Rdn. 135. A. A. offenbar *Schmidt-Räntsch/ Sternal/Baeyens* § 14 Rdn. 3.

[3] So aber *Schmidt-Räntsch/Sternal/Baeyens* § 14 Rdn. 4.

[4] *Meikel/Böttcher* GBO, § 7 Rdn. 101 ff.

[5] *Böhringer* Grundbuchrecht-Ost, Rdn. 43.

Daß bei Vereinigung der Gebäudeeigentumsrechte bestehende Nutzungsrechte gesamtrechtsähnlich verbunden werden (s. § 5 Abs. 3!), ist im Gegensatz zur Teilung wohl keine Inhaltsänderung, weil sich die Ausübung als solche nicht verändert.

V. Teilung des Grundstückes (Abs. 4)

11 Die Regelung greift bei einer Grundstücksteilung den Rechtsgedanken aus § 1026 BGB auf, hier freilich nur verfahrenstechnisch; eine vergleichbare materiellrechtliche Norm fehlt.[6] Ein neugebildeter Grundstücksteil kann lastenfrei in bezug auf Nutzungsrecht, Gebäudeeigentum oder Besitzrecht abgeschrieben werden, wenn nachgewiesen ist, daß der abzuschreibende Teil außerhalb des Ausübungsbereiches dieser Rechte liegt. Das kann sich entweder schon aus dem Buch oder den Grundakten gem. § 10 ergeben, dann besteht Offenkundigkeit, die einen Nachweis erübrigt. Ansonsten kann eine Karte (Bestätigung) der Katasterbehörde oder eines Vermessungsingenieurs vorgelegt werden.

[Überleitungsvorschrift]

§ 15

(1) Es werden aufgehoben:
1. § 4 Abs. 3 des Gesetzes über die Verleihung von Nutzungsrechten an volkseigenen Grundstücken vom 4. Dezember 1970 (GBl. I Nr. 24 S. 372),
2. § 10 Abs. 1 der Verordnung über die Sicherung des Volkseigentums bei Baumaßnahmen von Betrieben auf vertraglich genutzten nichtvolkseigenen Grundstücken vom 7. April 1983 (GBl. I Nr. 12 S. 129),
3. Nummer 9 Abs. 3 Buchstabe a, Nummer 12 Abs. 2 Buchstabe a, Nummer 18 Abs. 2, Nummer 40 und Nummer 75 Abs. 3 sowie Anlage 16 der Anweisung Nr. 4/87 des Ministers des Innern und Chefs der Deutschen Volkspolizei über Grundbuch und Grundbuchverfahren unter Colidobedingungen − Colido-Grundbuchanweisung − vom 27. Oktober 1987.

Nach diesen Vorschriften eingetragene Vermerke über die Anlegung eines Gebäudegrundbuchblattes sind bei der nächsten anstehenden Eintragung in das Grundbuchblatt für das Grundstück oder für das Gebäudeeigentum an die Vorschriften des § 5 Abs. 2 und 3, § 6, § 9 Abs. 3 und § 12 anzupassen.

(2) § 4 Abs. 1 gilt nicht für Gebäudegrundbuchblätter, die vor dem Inkrafttreten dieser Verordnung angelegt worden sind oder für die der Antrag auf Anlegung vor diesem Zeitpunkt bei dem Grundbuchamt eingegangen ist.

(3) § 14 Abs. 2 und 3 gilt nur für Eintragungen, die nach Inkrafttreten dieser Verordnung beantragt worden sind.

Die Norm enthält **Überleitungsvorschriften**. In Kraft getreten ist sie am 1. 10. 1994.[1] Abs. 1 Satz 1 hebt alle bisher noch fortgeltenden Rechtsvorschriften der DDR auf, die sich mit grundbuchtechnischen Fragen in bezug auf Nutzungsrechte und Gebäudeeigentum befassen.

---

[6] Das ist nicht unbedenklich, weil ja Voraussetzung der freien Buchung zunächst das materielle Freiwerden sein muß, vgl. BayObLGZ 1954, 286, 295.

[1] Art. 5 der VO v. 15. 7. 1994 (BGBl. I S. 1606).

Satz 2 läßt Eintragungen, die nach diesen Vorschriften bewirkt worden sind, zunächst bei Bestand, ordnet jedoch aus Anlaß einer anderen Eintragung die Anpassung der alten Eintragung an die Regeln dieser VO an. Diese Anpassung wird in der Veränderungsspalte der Abt. II zu geschehen haben. Im Falle von Nr. 9 Abs. 3 a Colido-Anweisung (= Vermerk des Gebäudeeigentümers gem. § 459 ZGB in der ersten Abteilung!) wird eine völlige Neueintragung in den Spalten 1–3 der zweiten Abteilung notwendig sein; der Vermerk in Abt. I ist zu röten.

Abs. 2 bestimmt, daß die Blätter, die vor dem Inkrafttreten dieser VO angelegt waren oder deren Anlegung vor Inkrafttreten beantragt war, die bisherigen Vorschriften gelten.

Abs. 3 unterwirft Eintragungen i. S. des § 14, die vor Inkrafttreten beantragt worden sind, nicht den in § 14 getroffenen Regelungen. Da sich das dort Geregelte jedoch als unmittelbare Konsequenz des materiellen Rechts ergibt, kann auch für früher beantragte Eintragungen im Ergebnis nichts anderes gelten, weil sonst das Grundbuch unrichtig würde.

Sachregister

Die **fetten Zahlen** beziehen sich: ohne Zusatz auf die §§ der GBO, mit dem Zusatz **V** auf die §§ der GBVerfügung, mit dem Zusatz **W** auf die WEGBVerfügung, mit dem Zusatz GebV auf die Gebäudegrundbuchverfügung. Der fette Zusatz **Einl.** verweist auf die Einleitung zur GBO, der fette Zusatz **Anh.** auf den Anhang am Schluß der Kommentierung, **Vor** auf die Vorbemerkungen vor den betreffenden Paragraphen.
Die **mageren Zahlen** verweisen auf die Randziffern.
Zur Einleitung befindet sich eine systematische Übersicht auf den Seiten 55 und 56 und eine alphabetische Übersicht auf den Seiten 56 bis 59.

Abänderungsbefugnis
  und Beschwerdeentscheidung 77 28
  nach FGG 1 35, 37
Abbaurechte 20 19 104 V 1
  Art 68 EGBGB **Einl** P 2
Abdeckereigerechtigkeiten 9 2
Abdruckherstellung
  Grundbucheinsicht und − 80 V 5
Abgabe DV-LA
  Grundbucherklärungen 29 12
Abgabe des Grundbuchbandes
  bei Bezirksänderung 26 V 1 ff
Abgabe von Grundbuchblättern
  bei Zuständigkeitswechsel 27 a V 1
Abgeltungshypothek 29 15
Abgeordnete
  Grundbucheinsicht 12 6
Abgeschlossenheit
  und Sondereigentum **Einl** E 29
Abgeschlossenheitsbescheinigung Einl E 29
Abgesondertes Miteigentum Einl E 24
Abhilfe
  durch das Grundbuchamt im Beschwerdeverfahren 75 1 ff
Abkürzungen
  und Grundbucheintragung 21 V 2
Ablehnung
  von Gerichtspersonen und Grundbuchbeamten 11 1 ff 81 8 ff
Abrufverfahren
  Maschinelle Grundbuchführung
  s. Grundbuch (maschinell geführtes)
Abschreibung
  eines ganzen Grundstücks 13 V 9, 10
  von Grundstücksteilen 2 12, 7,7 13 V 13
Abschriften
  Ausdruck bei maschineller Grundbuchführung 131 1 ff
  aus dem Grundbuch 12 9 44 V 1 ff 77 V 4 ff
  Zuständigkeit (Erteilung und Beglaubigung) 1 13 12 10
Absolute Verfügungsbeschränkungen
  s. Verfügungsbeschränkungen

Absolutheitsgrundsatz
  subjektiv dinglicher Eigentümerrechte **Einl** C 1
Abstraktheit
  der Grundschuld **Einl** S 1, 5
Abstraktionsprinzip Einl A 41
Abteilungen
  des Grundbuchs
  s. Grundbuchabteilungen
Abtretung
  s. Übertragung von Rechten
Abtretungsvormerkung
  Grundpfandrechte **Einl** T 3
Abzahlungshypothek
  Löschung, teilweise 46 9
Änderung
  Art eines Rechts 19 63
  bedingte, befristete eines Rechts **Einl** B 34
  einer Bedingung, Befristung 19 68
  des Belastungsobjektes 19 61
  Dingliche Rechtsänderung
    s. dort
  Einstweilige Anordnung im Beschwerdeverfahren 76 14
  Gesamtrecht 48 13
  Grundbuchbezirk 26 V 1 ff
  Grundbuchinhalt und Hypothekenbrief 57 5
  des Grundpfandrechts 11 V 8
  des Inhalts eines Rechts 19 63, 68, 69
  Inhaltsänderungen, von denen beide Teile betroffen sind 19 68
  bei nachrangigen Rechten 19 62
  Neubelastung 19 63
  Person des Rechtsinhabers 19 60
  des Rang eines Rechts 19 63, 67
  Rangänderung, nachträgliche 19 67 45 28
  Rechtsänderung, noch ausstehende Eintragung als letzter Akt 19 100
  Rechtsänderung außerhalb des Grundbuchs 32 7
  der Rechtsinhaber-Befugnisse 19 63
  des Rechtsinhabers 19 60

1275

der Rechtslage, des dinglichen Rechts und unrichtiges Grundbuch 22 37
schuldrechtlicher Regelungen 19 63
von Sondereigentum Einl E 13
des Sondereigentums ohne Änderung der Miteigentumsanteile Einl E 52
subjektiv-dinglicher Rechte 14 V 1 ff
des Wohnungseigentums Einl E 41 ff 20 119 ff
von Zahlungsbestimmungen 19 68
Zinsbestimmungen 11 V 23
Änderungsbewilligung
bedingte, befristete eines Rechts 19 7 Einl A 13
AGB, AGBG
und Erbbaurecht Einl F 36
Gemeinschaftsordnung der Wohnungseigentümer Einl E 87 Einl E 88
Grundbuchamt und AGB-Kontrolle Einl C 75
und Sachenrecht Einl C 76
und Vormerkung Einl C 79
Aktenkundigkeit
und Offenkundigkeit 29 126 ff
Aktenverweisung
Urkundenvorlage, Ersatz durch – 29 121
Aktiengesellschaft
Auflösung 32 7
Grundstückserwerbs 20 31, 32
Nachweis der Vertretungsberechtigung 32 2
Vermögensübergang 40 10
Vertretung 19 191 20 86
Aktivbeteiligter
Antragsteller 17 7
Begriff 13 55
Akzessorietät
Hypothek Einl R 3
Alleineigentum
Selbstständigkeit eines übergegangenen Miteigentumsanteils Einl D 18
Unzulässigkeit quotenmäßiger Vorratsteilung Einl D 14
Almgrundstücke
Bayer.Almgesetz 20 201
Belastungsbeschränkungen 19 164
Alteigentümer
Grundbucheinsicht 12 6
Altenteil
Eintragung 49 1 ff
Eintragung in der zweiten Grundbuchabteilung 10 V 8
Wohnrecht, dazugehöriges Einl N 67
Altrechtliche Erbbaurechte
Belastungsbeschränkungen 8 1 ff
Altrechtliche Grunddienstbarkeiten Einl N 35

Amortisationshypothek
s. Tilgungshypothek
Amortisationsklausel
Belastungsbeschränkungen 13 29
Amtliche Bescheinigungen
Abgeschlossenheits- und Aufteilungsbescheinigung 20 122
Genehmigung oder Negativbescheinigung 20 156, 227
im Grundbuchverfahren 20 218
Negativbescheinigung 20 156, 227
Vorkaufsrechtsbescheinigung 20 222
Amtlicher Ausdruck
Ausdrucke aus dem maschinell geführtem Grundbuch 78 V 9 ff
Amtliches Grundstücksverzeichnis
s. Grundstücksverzeichnis
Von Amts wegen
s. Amtsverfahren
Amtseintragung
Nacherbenrecht 51 1 ff
Testamentsvollstreckung 52 1 ff
Amtsermittlung
im Anlegungsverfahren 3 9
im Antragsverfahren 13 8 Einl C 54
Eigentumsfeststellung und Grudbuchblattanlage 118 1 ff
Grundbuchunrichtigkeit nach Gesetzesverletzung 53 8
Unrichtigkeit und Berichtigungszwang 82 5 ff
Amtsgericht
als Grundbuchamt 1 3, 5 136 4
Zeugniserteilung durch das AG Schöneberg 36 10
Amtsgerichtsbezirk
als Grundbuchamt 2 2
Amtshilfe
Grundbucheinsicht 12 6
Amtslöschung
und Briefvorlage 41 11
Eintragung, inhaltlich unzulässige 53 15 ff
Gegenstandslose Eintragungen 84 1 ff 85 1 ff 86 1 ff 87 1 ff
und wirksame Eintragung Einl B 63
Amtspflichten des Grundbuchamts
im Amtsverfahren Einl C 49
im Antragsverfahren Einl C 51
Antragsverfahren und Aufklärungspflicht Einl C 57
Aufklärungspflicht 19 138 Einl C 56
und Beweislastregeln Einl C 64
Eintragungsfähigkeit, Prüfung Einl B 1
Eintragungspflicht Einl C 52
Eintragungsvoraussetzungen, Wirksamkeit Einl C 62

Fette Zahlen = §§, magere Zahlen = Rdn., V = GBVfg., W = WEGBVfg., GebV = GGV.

Fürsorgepflicht, keine besondere **Einl** C 59
Grundlagen **Einl** C 40 ff
Öffentlich-rechtliche Beschränkungen im Grundstücksverkehr **20** 155 ff
Pflichtverletzung **Einl** C 46
Prüfungspflicht **19** 138 **Einl** C 60
Rangklarstellungsverfahren und Ermittlung des wahren Berechtigten **94** 1 ff
Testamentsvollstreckerverfügung, Frage der Entgeltlichkeit **52** 16
als Vollstreckungsgericht **18** 26
Amtsverfahren
Amtspflichten **4** 5 8 10 **Einl** C 8, 10, 49
Berichtigung von Amts wegen wegen unrichtiger Eigentümereintragung **82 a** 1 ff
und Beschwerdegericht **77** 7
Dingliche Nutzungsrechte, Eintragung **5 GebV** 2 ff
Eigentumsfeststellung **118** 1 ff
Grundbuchberichtigung **22** 1
und Rangverhältnis bei einer Eintragung **45** 6
Amtswiderspruch
und Berichtigung des Grundbuchs, Abgrenzung **53** 3
Beschwerde, beschränkte **71** 45
Eintragung **53** 9 ff
nach Eintragung unter Verletzung gesetzlicher Vorschriften **53** 1 ff
Eintragung, wirksame als Voraussetzung **53** 2 ff
Grundbuchbeamter und Gesetzesverletzung **53** 6
Löschung als Eintragung **53** 2
Löschung des Widerspruchs **53** 13
Öffentlicher Glaube wirksamer Eintragung **53** 2 ff
Rechtsmittel **53** 12
Unrichtigkeit des Grundbuchs **53** 8
Unwirksame Eintragung **Einl** B 50
Vorerbenverfügung **51** 26
Wirkung **53** 11
Aneignung 20 39 **55** 2
Anfangstermin 19 130 **Einl** F 26
Anfechtung
einer Antragsrücknahme **13** 52 **31** 15
Auflassung **20** 118
einer Eintragungsbewilligung **19** 183
eines Grundbuchantrags **13** 20
Anfechtung als Rechtsmittel
s. Rechtsmittel
Angabe von Geldbeträgen
Grundbucheintragung **28** 18 ff
Angebot
Bezeichnung des Angebotsempfängers **Einl** G 14

Angleichung
alter Grundbuchblätter **138** 1 ff
Anhängigkeit eines Verfahrens
Eintragungsfähigkeit eines Vermerks **Einl** J 30
Ankaufsrecht
Bezeichnung des Angebotsempfängers **Einl** B 53 **Einl** K 2
und Vormerkung **Einl** G 49
Anlagen
aufgrund Dienstbarkeit **Einl** N 20
zur Bewilligungserklärung **19** 39
Anlandungen 20 39
Anlegung des Grundbuchs
und Beschwerdemöglichkeit **71** 22
Geltung der GBO **13** 2 **135** 3
Maschinelle Grundbuchführung
s. Grundbuch (maschinell geführtes)
Wohnungsgrundbuch **1 W** 1
Anregung
Amtslöschung gegenstandsloser Eintragungen **86** 1 ff
Anschlußbeschwerde
und Grundbuchsachen **Vor 71** 5
Anspruch
auf Auflassung **Einl** L 3
Bedingter, befristeter Anspruch **Einl** G 20
auf dingliche Rechtsänderung **Einl** G 12
auf Eigentumsverschaffung **Einl** L 3
Künftiger Anspruch **Einl** G 20 **Einl** G 24
Schuldrecht und Sachenrecht **Einl** B 10
Schwebend unwirksamer **Einl** G 25
Vormerkungsfähigkeit **Einl** G 12 **Einl** G 6
Ansuchen an den Notar 19 217
Antrag, Antragsverfahren
Amtsverfahren **13** 5 **Einl** C 51
Andere Ziele als Eintragung **30** 1
Angabe von Geldbeträgen **28** 2, 18 ff
Antragsverfahren **13** 1, 2 **Einl** C 3, 8, 10, 51
Aufklärungspflicht **Einl** C 56
Ausbuchung **3** 6
Ausscheiden buchungsfreien Grundstücks **30** 3
Ausnahmen vom Antragsprinzip **13** 3
Aussetzung des Verfahrens **18** 47
Beibringung von Unterlagen **13** 7
und Bekanntmachung von der Eintragung **55** 2
Berechtigter zur Antragstellung **19** 45, 46
Berechtigung zur Antragstellung
s. Antragsberechtigung
Berichtigung des Grundbuchs **30** 3 **71** 41 ff
Berichtigungsverfahren **22** 84
und Beschwerdegericht **77** 6

1277

im Beschwerdeverfahren 18 66
Beschwerdeverfahren und neuer Antrag 74 6, 7
ohne Bewilligung 30 3
Bewilligung und Antrag-erforderliche Übereinstimmung 19 42
keine Bindung an Eintragungsvorschlägen 13 6
Bindung, Zurücknahme 19 165
Dienstaufsichtsbeschwerde, bloße 18 47 ff
Einigung, fehlende **Einl** A 52
Eintragung, Löschung **Einl** B 17
Eintragungsanträge: reine Anträge, gemischte Anträge 30 1 ff
Empfehlung der Zurücknahme 18 49
Entgegennahme eines Antrags 1 15 1 23
Erbbaurechtsblatt 30 3
kein Ermittlungsrecht des GBA 13 8
Ersuchen einer Behörde 30 5
und FGG § 12, nicht geltender **Einl** C 54
Formelle Bedeutung des Antragsprinzips 13 6 ff
Geltung des Antragsprinzips 13 2 ff
Gemischte Anträge 30 7 ff
Gesetzlich notwendige Bestandteile 18 22
Grundbuchamt und Antragswirkung 19 87 19 90
Grundbuchblattanlage 30 3
als Grundbucherklärung 29 19
Grundsatz (Antragsgrundsatz) **Einl** C 3
Grundstücksbezeichnung 28 2, 10 ff
Grundstücksbezeichnung, Angabe von Geldbeträgen 28 7
Inhalt des Antrags 13 26 ff
Kennzeichnung der Person des Antragstellers 13 26
auf lastenfreie Umschreibung 16 17
Materielle Bedeutung des Antragsprinzips 13 9 ff
Notar 31 6 ff
Notarweisungen zur Antragstellung 19 236
Notarweisungen zur Antragszurücknahme 19 237
Notwendige Bestandteile 13 26 ff
Ordnungsvorschrift (Antragsprinzip) 13 19
Prinzip (Antragsprinzip) 13 6 ff
Rechtsnatur des Antrags 13 20 ff
Reine Anträge 30 2 ff
Subjektiv dingliches Recht 9 7
Teilhypothekenbrief 61 5
Teilung eines Grundstücks 7 21, 22
Tod des Antragstellers 71 66
Unterlagen, beizubringende 13 7
Urkunden 10 4
und Urkundenaufbewahrung 10 8

Vereinigung von Grundstücken 5 18
Verfahren (FGG, GBO) 1 27
Verfügungsbeschränkung **Einl** J 7 13 10
Verfügungsbeschränkung, Antragstellung nach Antrag auf Eintragung einer Rechtsänderung 17 7
Vermerk subjektiv dinglichen Rechts beim herrschenden Grundstück 30 3
Verweisung auf den Prozeßweg 18 51
Vollmacht, Nachweis 30 6
Vollmachtswiderruf 31 16 ff
Vorbehalt 16 3 ff
Vormerkung **Einl** G 28
Weisung an den Notar zur Antragstellung 19 236
Weisungen an den Notar zur Antragstellung, zur Antragszurücknahme 19 236, 237
Widerruf des Antrags 13 37
Wiederholung eines Antrags 31 10 ff
Wirksamkeit des Antrags 13 22
Zurückgewiesener Antrag 1 37
Zurücknahme eines Antrags
  s. Zurücknahme
Zurücknahme eines Antrags, Formerfordernis 31 5 ff
Zurückweisung
  s. dort
Zwang zur Antragstellung 13 24

Antragsberechtigung
Aktivbeteiligte 13 61
Begriff 13 54
Behörde, ersuchende 13 66
Berichtigungsverfahren 22 85
Erweiterung 14 1 ff
Grundsatz 13 55 ff
Mangel der – 18 17
Mittelbar Beteiligter 14 1 ff
des Nacherben zur Vorerbeneintragung 14 1
Notar 15 1
Passivbeteiligte 13 60
Testamentsvollstreckung 13 63
Unmittelbar Beteiligter 13 57 ff
Unwirksamkeit aus verfahrensrechtlichen Gründen 13 68 19 167 ff 29 133
Vermerk subjektiv dinglicher Rechte 9 7
Verwirkung 13 24
Widerspruchsrecht anderer Beteiligter 13 65
Zeitpunkt, maßgeblicher 13 68
bei Zuschreibung 6 22
bei Zwangshypothek 13 64

Antragszurücknahme
s. Zurücknahme

Fette Zahlen = §§, magere Zahlen = Rdn., V = GBVfg., W = WEGBVfg., GebV = GGV.

Antragszurückweisung
s. Zurückweisung
Antragszwangverfahren
Berichtigungszwang **82** 1 ff
Anwartschaft
und Anwartschaftsrecht **Einl L** 2
Anwartschaftsrecht
Abtretung des Anwartschaftsrechts des Auflassungsempfängers **20** 134
des Auflassungsempfängers **20** 129 ff **Einl L** 2 **Einl L** 25 **Einl L** 6
eines bedingt Berechtigten **Einl J** 15
und bedingte Verfügungen **19** 130
Entstehung, Wirkung **19** 130, 131
Nacherbfolge **19** 130
Pfändung, Verpfändung des Anwartschaftsrechts des Auflassungsempfängers **20** 145 ff
Rechtsnatur **Einl B** 10
Verfügungen und Bewilligungen des Rechtsinhabers **19** 132 ff
Anzeigepflicht
und Rangklarstellungsverfahren **93** 1 ff
nach Steuerrecht (Grunderwerbsteuer) **20** 221
Archivierung
von geschlossenen Grundbüchern **10 a** 1
Grundbuchführung, maschinelle **126** 7
Arresthypothek
Antragstellung, Zeitpunkt **13** 17
Eintragungsmuster **11 V** 21
Aufbauhypothek
als fortgeltende Hypothek des DDR-Rechts **Einl R** 27
Aufbewahrung
Gebäudeeigentum, Eintragungsunterlagen **4 GebV** 25
Grundbuch, maschinell geführtes **66 V** 1, 6
von Urkunden beim GBA **10** 1 ff **10 a** 1 ff **24 a** 1 ff
Auffindung von Grundstücken
von geschlossenen Grundbüchern **2** 8
Aufgabe
Bindung **19** 165
dinglichen Rechts **19** 4
Grunddienstbarkeit **Einl N** 35
Löschungsbewilligung und materielle Aufgabeerklärung **27** 22
Aufgebot
Eigentümerermittlung **119, 120, 121** 1 ff
Aufhebung
Auflassung **20** 118
Belastetes Recht **19** 56 **21** 3
Einstweilige Anordnung im Beschwerdeverfahren **76** 14

Erbbaurecht **20** 20, 127
Gebäudeeigentum **Einl D** 55 **12 GebV** 1 ff
eines Grundpfandrechts **27** 1
Grundschuld **Einl S** 9
Grundstücksgleiche Rechte **20** 20
Nießbrauch **Einl M** 25
eines Rechts **19** 4 **19** 63 **40** 17
Sicherungshypothek **Einl L** 48
Sondereigentum **Einl E** 62
eines Sondernutzungsrechts **Einl E** 86
Subjektiv-dingliches Recht **10** 9 **21** 5
von Vormerkung, Widerspruch durch vollstreckbare Entscheidung **25** 7
von Wohnungseigentum **Einl E** 41 ff
Wohnungseigentümergemeinschaft **Einl E** 7
Aufklärungspflicht
des Grundbuchamtes **Einl C** 56 **19** 138
Auflage
Genehmigung unter – **20** 158
Auflassung
Änderung, Aufhebung vor Vollzug **20** 118
Aktiengesellschaft **20** 31
Alte Erbbaurechte **20** 18 **Einl F** 1
Anwartschaft des Empfängers **20** 134
Anwartschaftsrecht **Einl L** 6
Bedingungs- und Befristungsfeindlichkeit **16** 4 **19** 3, 33 **20** 110
Begriff, Rechtsnatur **20** 12
Behördliche Genehmigung **20** 155 ff
Beurkundung **20** 114
Beurkundung, fehlerhafte **29** 75
durch Bevollmächtigten **20** 87 ff
und Bewilligung **19** 81 **20** 5 ff **Einl L** 3
Bewilligung, fehlerhafte **18** 27
Bewilligung, Klarstellung einer nicht erklärten **20** 9
und Bewilligung, Übereinstimmung **13** 31
BGB-Gesellschaft **20** 27
an Bruchteilsgemeinschaft **20** 98
von buchungsfreien Grundstücken **3** 5
an Ehegatten mit ausländischem Güterstand **20** 99
Einigungsnachweis **20** 11 ff
Eintragung nach Abtretung des Anspruchs **20** 129 ff
Eintragung nach Abtretung der Anwartschaft **20** 134 ff
Eintragung nach Pfändung des Anspruchs **20** 149 ff
Eintragung nach Pfändung der Anwartschaft **20** 153 ff
Eintragung nach Verpfändung des Anspruchs **20** 138 ff
Eintragung nach Verpfändung der Anwartschaft **20** 145 ff

Eintragung für Zweiterwerber (Kettenauf-
 lassung) 19 81 20 137
und Eintragung, Rechtslage dazzwischen
 Einl L 1 ff
und Eintragungsvoraussetzungen 19 170 ff
Einzelfälle notwendiger − 20 21 ff
Empfänger 19 81
Erbrecht 20 22, 23
und Erbschein 35 31
Errungenschaftsgemeinschaft 20 24, 104
Formell fehlerhafte Einl A 52
Formvorschrift (Beurkundung) 20 114
GBA-Prüfung zum Auflassungserfordernis
 20 21
Gemeinschaftsverhältnis 20 96 47 15
Genehmigung durch Konkursverwalter 29
 20
Genossenschaften 20 35
Gesellschaftsrechtliche Vorgänge (Berichti-
 gung, Auflassung) 20 27 ff
Gesetzliche Vertretung, vormundschaftsge-
 richtliche Genehmigung 19 188
durch gesetzlichen Vertreter 20 74 ff
Gleichzeitige Anwesenheit, erforderliche 20
 116, 117
GmbH 20 31
Grenzvereinbarungen 20 42
Grundbuchamt, Prüfungspflicht 20 1
eines Grundstücks 20 12, 113
Grundstücksbezeichnung 20 107
Grundstücksbezeichnung, Angabe von Geld-
 beträgen 28 4
von Grundstücksteilflächen 20 13, 109 28
 15
Grundstücksübertragung 20 12, 137
Gütergemeinschaft 20 24
Güterrecht und erforderliche − 20 24
halben Miteigentumsanteils Einl D 16
Inhalt 20 93 ff
Juristische Personen des öffentlichen Rechts
 20 33
Kettenauflassung 20 137 39 15
KG 20 29
vor Konsulat 20 115
Mängel 18 27
Miteigentum Einl D 16 20 26
Nachweis gegenüber Grundbuchamt 20 1,
 4, 114
Notar, ausländischer 20 115
Notar, deutscher 20 115
Notarvollmacht 15 7
OHG 20 29
Prozeßvergleich 20 115
Ratsschreiber in Baden-Württemberg 20
 115

Rechtsbedingung 20 112
Rechtsgeschäftlicher Eigentumserwerb 20
 21
durch Rechtsgeschäft 20 21 20 21
Rechtsvorgänge außerhalb des Grundbuchs
 Einl L 30
oder Richtigstellung, Abgrenzung 22 15
Schutz des Auflassungsempfängers Einl L
 25 ff
Stiftung 20 37
Unwirksamkeit Einl A 52
Verein 20 37
Verfahrensrechtliche − 19 170
Vollmacht 20 87 ff 29 140
Vollzugsvorbehalt 20 112
Vormerkung
 s. Auflassungsvormerkung
Vormundschaftsgerichtliche Genehmigung
 20 78 ff
Weiterübertragung (Kettenauflassung) 20
 137
Wohnungseigentum 20 15, 16 Einl E 12
 Einl E 41 ff
Zeitbestimmung 20 110
Zuständige Stellen 20 115
Zwangsvollstreckung Einl L 14
und Zweiterwerber Einl L 33
Auflassungsvormerkung
Anspruch auf Auflassung, auf Eigentums-
 verschaffung Einl G 13
und Anwartschaftsrecht Einl L 6 ff
durch Auflassungsempfänger 19 81
Begriff Einl G 14
und Beschwerdeberechtigung 71 71 a
Eintragung in der zweiten Grundbuchabtei-
 lung 10 V 9
Ersuchen um Grundbucheintragung 36 36
Gegenstandslosigkeit 84 7
Genehmigungsfreiheit 20 174 20 186
Gesetzliche Vertretung 19 188
Grundstücksteilfläche, noch zu vermes-
 sende 28 16
Käuferschutz Einl G 7 Einl L 32
Löschung und Betroffener hiervon 19 65
Nachweis durch notarielle Urkunde Einl G
 34
Nachweis der Unrichtigkeit 22 65
Neueintragung und Betroffene hiervon 19
 64
Schutz der Vormerkung Einl L 27
Tod des Verpflichteten Einl G 48
Auflösung
von Handelsgesellschaften 32 7
Aufschiebende Wirkung
Einstweilige Anordnung im Beschwerdever-
 fahren 76 17

Fette Zahlen = §§, magere Zahlen = Rdn., V = GBVfg., W = WEGBVfg., GebV = GGV.

Aufschrift
Gebäudegrundbuch 3 GebV 3
Grundbuchblatt und Inhalt der — 5 V 1
Aufteilungsplan Einl E 29, 47
Auftrag
Verarbeitung von Grundbuchdaten 126
25 ff 90 V 1 ff
Ausbuchung
eines Grundstücks, Grundstücksteils 13 V 14
Ausbuchungsverfahren 3 6
Ausdruck
Grundbuchführung, maschinelle 131 1 ff 78 V 1 ff
Auseinandersetzung
BGB-Gesellschaft 20 27
Erbengemeinschaft 20 22
Erbengemeinschaft, Gütergemeinschaft (erleichterte Umschreibung) 36 1 ff 37 1 ff
Güterrechtliche Gemeinschaft 20 24, 104
Miteigentümergemeinschaft 20 26
OHG, KG 20 29
Ausfertigung
der Bewilligungsurkunde 19 177 19 181
einer Bewilligungsurkunde und Weisungsrecht gegenüber dem Notar 19 241 ff
und Doppeleinreichung 24 a 2
Urkundenvorlage 29 116
Aushändigung
der Bewilligung 19 89, 176
des Briefes 19 89 60 1 ff
Gleichstellung mit anderen Tatsachen 19 181
Auskunfteien
Grundbucheinsicht 12 6
Ausländer
Erbscheinerteilung 35 25
Ausländische Behörde
Zeugniserteilung 36 10
Ausländische Ehegatten
Nachweis der Verfügungsbefugnis 33 13
Ausländische Gesellschaften
Nachweis der Vertretungsberechtigung 32 2
Ausländische juristische Personen
Grundstückserwerb 20 71
Ausländische natürliche Personen
Grundstückserwerb 20 71
Ausländische Urkunden 29 106 ff
Ausländischer Erblasser
Erbscheinerteilung 35 42
Ausländischer Notar 15 4 20 115
Ausländischer Güterstand
Grundstückseigentumsübertragung 20 105, 106
Ausländischer Wohnsitz
Zeugniserteilung 36 10

Ausländisches Gericht
Zeugniserteilung 36 10
Ausländisches Recht
Abweichende Auslegung 79 4
Güterrecht 19 154 20 105
Kenntnis des GBA 13 7
und Zulässigkeit weiterer Beschwerde 78 8
Auslandsberührung
und Verfügungsbeschränkung Einl J 9
Auslegung
Abtretung der Hypothek 26 30
Abtretungs- und Belastungserklärungen (Grundpfandrechte) 26 24 ff
Allgemeine Grundsätze Einl C 13 ff
von Anträgen 13 35
der Auflassung 20 94
Bedeutung Einl C 11
BGH-Vorlagepflicht bei abweichender Auslegung 79 3 ff
und Berichtigungsbewilligung 22 75
und Beschwerdeverfahren Einl C 38
Bewilligung 19 28 ff Einl C 25
Dingliche Erklärungen Einl C 35
Eintragungsunterlagen 47 15
Erbfolge 51 3 ff
von Gesetzen Einl C 19
von Grundbucherklärungen Einl C 25 19 30
Grundbucherklärungen, unklare 29 9
Grundbuchverkehr, Besonderheiten Einl C 18
von Hoheitsakten Einl C 33
Notar, Antragsrecht 15 3
von sonstigen Verfahrenshandlungen Einl C 32
von Willenserklärungen Einl C 35
Ausschließung
von Gerichtspersonen im Beschwerdeverfahren 81 8 ff
von Grundbuchbeamten 11 1 ff
Ausschluß jeder Nutzungsmöglichkeit
aufgrund beschränkt persönlicher Dienstbarkeit Einl N 53
Ausschluß von Nutzungen
Wohnrecht und Eigentümerstellung Einl N 60
Ausschlußurteil (§ 927 BGB)
als Bewilligungsersatz 19 200
Außenwirtschaftsrecht 20 210
Aussetzung des Verfahrens
Berichtigungszwang 82 13
mit Dienstaufsichtsbeschwerde angreifbare 18 47
des Grundbuchverfahrens, unbekannte Einl C 53
Rangklarstellungsverfahren 1061 ff 3, 4

1281

Austrag
s. Altenteil
Ausübung
des Vorkaufsrechts
s. Vorkaufsrecht
Ausübung von Rechten
Ausschluß aufgrund beschränkt persönlicher Dienstbarkeit **Einl N** 55
und Bestimmtheitsgrundsatz 28 16
und Grunddienstbarkeitsinhalt **Einl N** 31 ff
Nießbrauch **Einl M** 19
Ausübungsbeschränkung 7 20
Auswechselung von Forderungen
als Inhaltsänderung 19 68
Auszahlungsentschädigung
Hypothek **Einl R** 15
Authentisierung
eines EDV-Benutzers **64 V** 9 ff
Automatisation
s. Grundbuch (maschinell geführtes)

Baden-Württemberg
Automatisiertes Grundbuch-Verfahren 126 4
Beschwerdezuständigkeit 72 4
Erbscheinerteilung 35 30
Grundbuchführung 29 4
Grundbuchgeschäfte, Sonderrgelung 143 1, 2
Muster, Vordrucke für Briefe 52 2
Öffentlich beglaubigte Urkunden 29 90, 91
Ratsschreiber 20 115
Umschreibung auf einen Auseinandersetzungsbeteiligten 36 10
Bahngrundstücke 20 204 3 4
Balkone
und Wohnungseigentum **Einl E** 31
Banken
Belastungsbeschränkungen 19 161
Grundbucheinsicht 12 6
Verfügungsbeschränkungen 20 206
Bannrechte 20 19
Bau- und Bodenrecht
Belastungsbeschränkungen 19 156 20 166 **Einl F** 24
Baubeschränkung
aufgrund beschränkt persönlicher Dienstbarkeit **Einl N** 53
Bauerrichtung
Gebäudeeigentum und Nutzungsrechte 4 **GbeV** 6
Baugesetzbuch 20 168 **Einl J** 20 **Einl K** 38, 32, 33
Bebauungsplan und Genehmigungsbedürftigkeit von Teilungen 7 30

Behördenersuchen bei ungenehmigter Grundstücksveräußerung 36 33
Bekanntmachungsvorschriften 55 8
Beschränkungen im Grundstücksverkehr (Übersicht) 20 168
Bauhandwerker
Grundbucheinsicht 12 6
Bauhandwerkersicherungshypothek
Eintragung einer Vormerkung 71 21
Baulastenbücher Einl J 33
Bauliche Veränderungen
beim Wohnungseigentum **Einl E** 57
Baunachweis
und Sachenrechtsbereinigung 4 **GebV** 19
Bauschutzvereine
Grundbucheinsicht 12 6 43 **V** 5
Bausparkassen
Erwerbsbeschränkungen 20 71
Verfügungsbeschränkungen 20 206
Bauträger
Erstveräußerung von Wohnungseigentum **Einl E** 67
Bauwerk
s. Erbbaurecht
Bauwerke
aufgrund Dienstbarkeit **Einl N** 20
Bauwerkerrichtung
Vormerkungsfähigkeit **Einl E** 97
Bayerische Brandversicherungsanstalt
Behördliches Eintragungsersuchen 36 39
Bayerisches Oberstes Landesgericht
und BGH-Vorlagepflicht 79 11
Zuständigkeit für die weitere Beschwerde 79 2
Bayern
Automatisiertes Grundbuch-Verfahren 126 4
Behördliches Eintragungsersuchen 36 38 ff
Fischereirechte 9 2
Forstrechte, Forstnebenrechte **Einl N** 1
Muster, Vordrucke für Briefe 52 2
Nutzanteile an altrechtlichen Körperschaftswaldungen 20 19
Umschreibung auf einen Auseinandersetzungsbeteiligten 36 10
Unschädlichkeitszeugnis und entbehrliche Briefvorlage 41 26
Veräußerungsbschränkungen 20 217
Verkehrsbeschränkungen für öffentliche Rechtsträger 20 202
Verschleuderung von Grundstücksvermögen 29 137
Beamtengehalt
Wertsicherung beim Erbbauzins **Einl F** 47

Fette Zahlen = §§, magere Zahlen = Rdn., V = GBVfg., W = WEGBVfg., GebV = GGV.

Bedingung
Abtretungs- und Belastungserklärungen (Grundpfandrechte) **26** 27
Anspruch, bedingter und Vormerkung **Einl G** 19
Anspruch, bedingter **Einl L** 8
Anwartschaftsrecht eines bedingt Berechtigten **Einl J** 15
Auflassung, bedingungsfeindliche **20** 110, 111, 112
Behördliches Ersuchen um Grundbucheintragung **38** 75
Bewilligung **19** 32 **Einl B** 29
Bewilligungsantrag ohne Vorbehalt **16** 23
Bezugnahme der Eintragungsverfügung **44** 18
Dauerwohnrecht **Einl O** 11
Einigung unter – **19** 3
Eintragung, bedingte **Einl B** 26, 33, 34
Eintragungsantrag ohne Vorbehalt **16** 1 ff
Eintragungsbewilligung für ein dingliches Recht mit einer – **19** 33
Eintritt der Bedingung als Eintragungsvoraussetzung **29** 30
Forderung, der Hypothek zugrundeliegende **Einl R** 11
Grunddienstbarkeit **Einl N** 16 **Einl N** 37
Klärung ihres Bezugs **Einl B** 26
Nießbrauchsbestellung **Einl M** 16
Pfandrecht an Rechten, bedingtes **20** 138
Recht, bedingtes **16** 4 **Einl B** 31
Übereignungs- und Rückübereignungsansprüche, Vormerkung **Einl G** 53
Übertragung, bedingte **Einl B** 34
Umwandlung in ein unbedingtes Recht (und umgekehrt) **19** 63
Verfügung, bedingte **Einl B** 27 **Einl J** 16
und Verfügungs- und Bewilligungsbefugnis **19** 84
Vormerkung für bedingte Ansprüche **Einl B** 31 **Einl G** 34, 37, 43
Zwangsversteigerung und bestehenbleibende Rechte **38** 53

Beeinträchtigung von Rechten
und Beschwerdeberechtigung **71** 64

Befristung
Abtretungs- und Belastungserklärungen (Grundpfandrechte) **26** 27
Anspruch und Vormerkung **Einl G** 19
Auflassung, befristungsfeindliche **20** 110
Beschwerdeeinlegung **73** 1
Bezugnahme der Eintragungsverfügung **44** 18
Dauernutzungsrecht **Einl O** 6
Einigung unter – **19** 3

Eintragung, Befristung **Einl B** 26, 33, 34
Eintragungsbewilligung für ein dingliches Recht mit einer – **19** 33
Forderung, der Hypothek zugrundeliegende **Einl R** 11
Grunddienstbarkeit **Einl N** 16 **Einl N** 37
Klärung ihres Bezuges **Einl B** 26
Löschung **46** 7
Löschung eines zeitlich beschränkten Rechts **19** 65
Nießbrauchsbestellung **Einl M** 16
Umwandlung in ein befristetes Recht (und umgekehrt) **19** 63
und Verfügungs- und Bewilligungsbefugnis **19** 84
Vormerkung **Einl B** 31 **Einl G** 37, 43

Beglaubigte Abschrift
der Bewilligungsurkunde **19** 177
Erbschein **35** 31 **35** 32
aus dem Grundbuch **44 V** 1 ff
von Grundbuchblatteilen **45 V** 1 ff
Handelsregisterauszug **32** 17
Privaturkunde **29** 118
Rechtsfolgen des Besitzes einer Urkunde **29** 119
und Teilhypothekenbrieferteilung **61** 9
Urkundenvorlage **29** 116
Urkundenvorlage, nicht ausreichende **29** 118 ff
Verfügung von Todes wegen **35** 72
Vollmacht **29** 120
und Weisungsrecht gegenüber Notar **19** 245

Beglaubigter Auszug
aus dem Grundstücksverzeichnis **6 V** 12

Beglaubigung
Öffentlich beglaubigte Urkunden **29** 86 ff

Begründung
Beschwerdeentscheidung **77** 1 ff
Beschwerdeentscheidung, weitere **80** 28
von Grundbucherklärungen: Grundstücksbezeichnung, Angabe von Geldbeträgen **28** 5

Begünstigter
Begriff **13** 55
und Betroffener **19** 55
Erwerbsfähigkeit **19** 204
Erwerbswille **19** 205
Rechtsfähigkeit **19** 203
Tod **19** 206

Behörden
Auslegung von Hoheitsakten **Einl C** 33
Bekanntmachung von Eintragungen an – **39 V** 1 ff
Bescheinigung **10** 4
und Beschwerdeberechtigung **71** 77 ff

Beschwerde, weitere 80 9 ff
Bewilligung 19 193
Grundbuchämter 136 7
Grundbucheinsicht 12 6 43 V 1 ff
Grundbuchersuchen 13 70 14 12 17 8
Mitteilungspflichten des Grundbuchamts 55 b 1, 2
Siegel, Stempel 29 70
Steuerliche Anzeigepflicht 20 221
Urkunden von Behörden 29 48 ff
Verfügungsverbot Einl J 18
Behördenersuchen
Antragsrecht Beteiligter, grundsätzlich ausgeschlossenes bei − 38 3
Baugesetzbuch 38 33, 35
Bayern 38 38, 39
Befugnis aufgrund gesetzlicher Vorschrift 38 5 ff
Begriff des Ersuchens 38 2
Begründung, nicht erforderliche 38 76
Berichtigung eines Ersuchens 38 79 ff
Briefvorlage 38 71
Bundesaufsichtsamt für das Versicherungswesen 38 30
Bundesrechtliche Befugnisse 38 10 ff
Deutsche Behörden, nichtdeutsche Behörden 38 4
Eintragungsantrag, Eintragungsbewilligung und entsprechendes − 38 74
und Eintragungserfordernisse 38 67 ff
Enteignungsbehörde 38 35
Entschuldungsamt 38 19
Erledigung 38 81, 82
Fideikommißgericht 38 21 38 78
Finanzamt 38 23 ff
Flurbereinigungsbehörde 38 31 38 77
Form des Ersuchens 38 72
Gemeinden 38 36
Genehmigungsbehörde wegen ungenehmigter Grundstücksveräußerung 38 33
Gerichtskasse 38 22
Grundbuchamt, anderes 38 37
Grundstücksbezeichnung 38 74
Grundstücksverkehrsgesetz 38 33
Inhalt des Ersuchens 38 73 ff
Konkursgericht 38 14
Kosten 38 87 ff
Kreisverwaltungsbehörde 38 41
Landesrechtliche Befugnisse 38 38 ff
Landwirtschaftsgericht 38 20
Löschung eingetragenen Vermerks 38 34
Nachlaßgericht 38 18
Oberbergamt 38 40
Prozeßgericht, ersuchendes 38 10
Rechtsmittel 38 86

Sequestration 38 12
Sicherungshypothek, Entstehung **Einl** R 3
Siedlungsbehörde 38 32, 43
Umlegungsstelle 38 35
Unbedenklichkeitsbescheinigung, nicht ersetzte 38 70
Urkundenbeifügung 38 77
Urkundenvorlage 38 71
Vergleichsgericht 38 15
VermG (Amt für offene Vermögensfragen) 38 35
Versorgungsbehörde 38 28
Vertragshilfegericht 38 17
Verzögerung, unzulässige bei Berichtigung oder Widerspruch 38 89
Vollstreckungsgericht 38 13, 44 ff, 77
Vollzugszeitpunkt und Berichtigung des Ersuchens 38 79, 80
Vorbehalt 38 75
Voreintragung des Betroffenen, nicht ersetzte 38 69
Vormundschaftsgericht 38 16
Wiedergutmachungsbehörde 38 29
Zurückweisung 38 8
Zwangsversteigerung, Zwangsverwaltung 38 45 ff
Behördliche Erklärungen
als Eintragungsvoraussetzungen 29 32 ff
Beibringungsgrundsatz 1 32 13 7 Einl C 54
Beitreibungsbehörde
Behördliches Eintragungsersuchen (Bayern) 36 38
Beitrittsgebiet
Beschwerde in Grundbuchsachen **Vor** 71 10
Beschwerdezuständigkeit 72 5
Bodenreformgrundstücke 52 19
Erbschein 35 25
Grundbuchbereinigungsgesetz 82 27 ff
Grundbucheinsicht 12 b 2
Grundbuchordnung, Anwendung 144 1 ff
Grundbuchverfügung, Anwendung 105 V 2
Grundbücher, Einrichtung und Führung 105 V 3 ff
Löschung nach GBMaßnG 29 11
Nacherbfolge 51 34
SachenRBerG
s. dort
Verfügungsberechtigung, Sondervorschriften für den Nachweis 105 V 9 ff
und Währungsgesetz 28 26
Bekanntmachung
s. a. Mitteilung
Aufgebot zur Eigentümerermittlung 119, 120, 121 1 ff
Beschwerdeentscheidung 77 1 ff

Fette Zahlen = §§, magere Zahlen = Rdn., V = GBVfg., W = WEGBVfg., GebV = GGV.

Beschwerdeentscheidung, weitere 80 28
Einstweilige Anordnung im Beschwerdeverfahren 76 12
von Eintragungen 39 V 1 ff 55 1 ff
von Entscheidungen 1 35
Gebäudegrundbuch 13 GebV 1 ff
Grundbuchblattanlegung 122 1 ff
bei Notaranträgen 15 38
Zurückweisung eines Eintragungsantrags 18 31
Zuständigkeitswechsel für Grundbuchblattführung 40 V 1, 2
Belastung
Ausübungsbeschränkung 7 20
Betroffensein von der − 19 66
BGB § 1010 **Ein B** 10 **Einl D** 22
von Briefrechten 26 12
und Briefvorlage 41 7
Buchungsfreies Grundstück 3 5
Dauerwohnrecht, Dauernutzungsrecht **Einl O** 14
Dingliches Recht mit einem Pfandrecht 19 66
Eintragung in der zweiten Grundbuchabteilung 10 V 1 ff
Erbbaurecht **Einl F** 51, 52
und Erbfolge 40 21 40 22
einer Forderung, für die ein eingetragenes Recht als Pfand haftet 26 17
Genehmigungserfordernisse 6 16
Gesamthandsanteil **Einl D** 39, 41
Grunddienstbarkeit **Einl N** 27 **Einl N** 3 ff
Grundpfandrechte 26 1 ff
Grundstück als Ganzes bei Wohnungseigentum **Einl E** 45
Grundstücksbelastung 19 64
Grundstücksbezeichnung 28 16
Grundstücksbezeichnung, Angabe von Geldbeträgen 28 4
Grundstücksteilfläche 28 15
und Hypothekenbrief 57 2
des Kaufgrundstücks durch Auflassungsempfänger 19 81
des Kaufgrundstücks durch Mitwirkung des Eigentümers 20 148
Mitbelastung 48 1 ff
Mitbelastung, nachträgliche 45 13
Miteigentümerregelung § 1010 BGB **Einl D** 22
Miteigentum und Grundstücksbelastung insgesamt **Einl D** 20
Miteigentumsanteil 7 9 ff **Einl D** 19 **Einl D** 19
Neubelastung 19 63
durch Pfandrecht am eingetragenen Recht gesicherten Forderung 26 3

und Rangregulierung 45 29
Rechtsgeschäft und Zuschreibung 6 27
Teilflächen 7 5 ff
Unschädlichkeitszeugnis 27 28
und Vereinigung 5 13
als Verfügung 19 71
Vollmacht 29 140
von Wohnungseigentum **Einl E** 41 ff, 59
Wohnungseigentumsrecht, einzelnes **Einl E** 59
Wohnungseigentumsgrundstück **Einl E** 60
Wohnungseigentumsgrundstück, Belastung des ganzen **Einl E** 60
und Zuschreibung 6 26
Belastungsbeschränkungen
Almgrundstücke 19 164
Außenwirtschaftsrecht 19 162
Baugesetzbuch 19 156
Bundesversorgungsgesetz 20 215
Enteignungsverfahren 19 157
Entschuldungsverfahren 19 160
Entwicklungsverfahren 19 159
für Erbbaurecht 19 116 **Einl F** 33
für Fideikommiß 19 163
Flurbereinigungsverfahren 19 160
Forstwirtschaftliche Grundstücke 19 160
für Heimstätten 19 163
für juristische Personen 19 161
Kirchen 19 161
Landesrecht 19 164
Landwirtschaftliche Grundstücke 19 160
Sanierungsverfahren 19 159
Stiftungen 19 161
Umlegungsverfahren 19 157
Vermögensbeschlagnahme 19 164
Versicherungen 19 161 20 206
bei Vorkaufsrecht 19 158
Wasser- und Bodenverbände 19 161
für Wohnungseigentum 19 116
Wohnungseigentum **Einl E** 70
für Wohnungserbbaurecht 19 116
Belastungsverbote
Absolute Verbote und Antragsgrundsatz 13 15
Relative − **Einl J** 18
Belgien
Öffentliche Urkunden 29 108
Benachrichtigung
im Amtsberichtigungsverfahren 83 6
im Antragszwangsverfahren 83 6
Benutzung
aufgrund Dienstbarkeit **Einl N** 18 ff
Benutzungsregelung
als Belastung eigener Art **Einl D** 22
Wohnungseigentum **Einl E** 45

1285

Berechtigte Zweifel
Ausschluß sehr entfernt liegender Möglichkeiten 29 135
und Beweislastregeln **Einl** C 64, 65
Eintragungsantrag, Rücknahme 13 47
Eintragungsvoraussetzungen, wirksame 1 32, 33 18 10 **Einl** C 57, 62, 68, 70
über Erklärungsinhalt 18 21
und freie Beweiswürdigung 1 33
über Genehmigungsbedürftigkeit 18 11
Nebenumstände 29 134
Testaments- und Eröffnungsniederschrift 35 73 ff
an Vollständigkeit, Richtigkeit von Eintragungsunterlagen 29 136
und Zwischenverfügung 29 132

Berechtigter
Antragsberechtigung
s. dort
Belastung § 1010 BGB **Einl** D 28
einer beschränkt persönlichen Dienstbarkeit **Einl** N 45
Benutzung maschinell geführten Grundbuchs 64 V 13
Beschwerdeberechtigter 71 63 ff
Bewilligungsberechtigung
s. dort
Dauerwohn- und Dauernutzungsrecht **Einl** O 3, 4
Eigentümer, Erbbauberechtigter: Berichtigungsbewilligung statt Unrichtigkeitsnachweis 22 76 ff
Einigungsberechtigter
s. dort
Feststellbarkeit, nicht mehr mögliche 84 11
Grundbuchbezeichnung des − 15 V 1 ff
Grundbucheinsicht 12 6
Grundbuchfähigkeit **Einl** B 62
Grunddienstbarkeit (herrschendes Grundstück) **Einl** N 9 ff
Gutglaubensschutz beim Erwerb vom − 19 99
auf Lebenszeit beschränktes Recht 23 5
Löschung bei Ausschluß von Leistungsrückständen 23 23
eines Nießbrauchs **Einl** M 10
Rangklarstellungsverfahren 94 1 ff
Richtigstellungen 22 13
Voreintragungsgrundsatz 39 19 ff
Widerspruchsberechtigter 53 10
eines Wohnrechts **Einl** N 64
Zustimmung zur Löschung von Grundpfandrechten 27 10 ff

Berechtigtes Interesse
Grundbucheinsicht 12 3 ff 43 V 2 77 V 2

Bergwerksfelder
Zulegung 29 62
Bergwerksrechte 20 19
Berichtigung des Ersuchens um Grundbucheintragung
und Zeitpunkt des Vollzugs 38 79 ff
Berichtigung des Grundbuchs
Abgrenzungen 22 10 ff
aufgrund Abtretungserklärung 26 18 ff
von Amts wegen 53 3
Anspruch **Einl** B 40
Antragsverfahren 22 84 ff
Aufnahmefehler 2 11
aufgrund Belastungserklärung 26 18 ff
Berichtigungsbewilligung 22 67
Berichtigungseintragung 22 62
Berichtigungszwang 82 1 ff
Beschwerde gegen Antragszurückweisung 71 41 ff
Bestandsangaben 6 V 17
Bewilligung s. Berichtigungsbewilligung
und Bewilligungsgrundsatz 22 5
Buchberechtigter als Betroffener 19 46
Dingliche Rechte, Unrichtigkeit 22 19 ff
Eigentümereintragung 22 76 ff 82 1 ff 82 a 1 ff
Eintragungsunterlagen, fehlerhafte 22 34
Einwendungen 22 87
Erbbaurecht 22 76 ff
Flurbereinigungsverfahren 2 9
GBA-Fehler 22 32, 33, 63
Grundpfandrechte, Abtretung und Belastung 26 1 ff
Leistungsrückstände und Grundbuchberichtigung 23 24 ff
Löschungen, unrichtige 22 27 ff
Nachweis der Unrichtigkeit 22 57
durch Rechtsakte außerhalb des Grundbuchs 22 35 ff 22 64
Richtigstellung, bloße 22 10 ff
Sachenrechtliche Grundlage, Wegfall 22 48, 49
Unrichtigkeit des Grundbuchs
s. dort
Unrichtigkeit, noch nicht gegebene und Antragszurückweisung 18 28
Verdinglichte Regelungen 22 39
nach Vollzug behördlichen Ersuchens 38 80
Voraussetzungen 22 7, 84 ff
Voreintragungsgrundsatz 39 16
bei Vormerkungen 22 42 ff
bei Widersprüchen 22 50 ff
Ziel 22 2
Berichtigungsanspruch Einl B 40
Berichtigungsbewilligung
und berichtigende Eintragung **Einl** A 13

Fette Zahlen = §§, magere Zahlen = Rdn., V = GBVfg., W = WEGBVfg., GebV = GGV.

Bindung **13** 11
als Eintragungsbewilligung **Einl** A 48
Grundstücksbezeichnung, Angabe von Geldbeträgen **28** 3
Inhalt, Rechtsnatur **22** 67 ff
Berichtigungsverfahren 22 84 ff
Berichtigungszustimmung
des Eigentümers oder Erbbauberechtigten **19** 7
Berlin
Kammergericht
s. dort
Muster, Vordrucke für Briefe **52** 2
Bescheinigungen
Amtliche Bescheinigungen
s. dort
Beschlagnahme 20 216 **Einl** J 18, 19
Beschluß
Zurückweisung eines Eintragungsantrags **18** 30
Beschlußfassung
Rangverhältnisse, Klarstellung **91** 1 ff
der Wohnungseigentümergemeinschaft **Einl** E 78
Beschränkte dingliche Rechte
Eintragung bei Grundbuchblattanlegung **124** 1 ff
Beschränkte persönliche Dienstbarkeit
Altenteil **49** 3
Änderung der Art des Rechts **19** 63
Anspruch auf Einräumung **29 a** 3
Ausschluß gewisser Handlungen **Einl** N 53
Ausschluß einer Rechtausübung **Einl** N 55
Baubeschränkungen, Bauverbote **Einl** N 54
Begriff **Einl** N 43
Belastungsgegenstand **Einl** N 44
Berechtigter **Einl** N 45
Dauerwohnrecht, Umdeutung in − **Einl** O 1
Eigentümerdienstbarkeit **Einl** N 46
Eintragung in der zweiten Abteilung **10** V 11
Entstehung, Erlöschen **Einl** N 56
an Gebäudeteilen **Einl** M 9
Gewerbebetrieb, Nichteinrichtung, Nichtausübung **Einl** N 54
und Grunddienstbarkeit, Abgrenzung **Einl** N 43
Inhalt **Einl** N 51
auf Lebenszeit **23** 7
Mehrheit von Berechtigten **Einl** N 47
und Nießbrauch, Abgrenzung **Einl** M 12
Nießbrauchsbestellung, unzulässige **Einl** M 9
Nutzung des Grundstücks in einzelnen Beziehungen **Einl** N 52

Rechtsschutzbedürfnis **Einl** N 50
Teilung eines Grundstücks **7** 34
Überlassung der Ausübung **Einl** N 57
Vorteilhaftigkeit der − **Einl** N 50
Wettbewerbsverbote, Sicherung **Einl** N 53
Wohnungsrecht als Unterart **Einl** N 58
zugunsten öffentlich-rechtlicher Körperschaften **Einl** N 54
zugunsten Rechtsnachfolgers einer Person **Einl** N 48
Beschwerde
Abhilfe durch das Grundbuchamt **75** 1 ff
Absolute Beschwerdegründe **78** 17 ff
und Amtslöschung **71** 20
und Amtswiderspruch **53** 12 **71** 20
Anfechtbare Entscheidungen des Grundbuchamts **71** 14 ff
Anfechtbarkeit, fehlende **71** 57 ff
Anschlußbeschwerde **Vor 71** 5
Antrag, miteinander verbundene **71** 58
Aufhebung landgerichtlicher Entscheidung **80** 27
Aufhebung der Vorentscheidung **74** 8
Auskünfte, Ankündigungen des GBA **71** 57
Auslegung, Nachprüfung **Einl** C 38
Ausschluß bei unanfechtbaren Entscheidungen **Vor 71** 4
Baden-Württemberg **72** 4
Bedeutungslose Entscheidungen **71** 61
Behörden, Beschwerdeberechtigung **71** 77 ff
Beitrittsgebiet und Zeitpunkt des Beitritts **144** 10
Beitrittsgebiet **Vor 71** 10 **72** 5
Berechtigung zur Beschwerde **71** 63 ff **82** 21
Berechtigung zur weiteren Beschwerde **78** 27
Berichtigungsantrag, zurückgewiesener **71** 41 ff
Berichtigungszwangsverfahren, Einleitung und Durchführung **71** 39
Berichtigungszwang **82** 21
Beschwerdegericht, vollzogene Entschädigungen **71** 12
Beschwerdegericht, Eintragung angeordneten Beschlusses **71** 23
Beschwerderecht, nicht gegebenes **71** 64 a ff
Dienstaufsichtsbeschwerde statt der − **Vor 71** 9
Einlegung **73** 1 ff
gegen Eintragung, beschränkte Beschwerde **71** 45
Eintragungen und Beschwerdebefugnis **71** 71, 71 a
gegen Eintragung, grundsätzlich ausgeschlossene **71** 20 ff

1287

Eintragungsverfahren und Beschwerdeberechtigung 71 69 ff
Entscheidungen des Grundbuchamts 71 1 ff
Entschließungen, den inneren Geschäftsbetrieb betreffende 71 59
Erbschein, unbegründetes Fordern 35 78
Ergänzung unvollständiger Eintragung 71 35
und Erinnerung **Vor 71** 6, 7 **71** 8 **71** 9
Eventualbeschwerde 71 62
Fassungsbeschwerde 71 34
gegen Feststellungsbeschluß 89 1 ff
FGG-Vorschriften, anwendbare und nicht anwendbare **Vor 71** 2
Gegenstandslosigkeit einer Eintragung **Vor 71** 4 **71** 39
Gemeinschaftsverhältnis, fehlendes 71 29
Gesetzesverletzung 78 16 ff
Grundbuchblatt, Anlegung 71 22 125 1 ff
Grundbuchblattschließung 71 39
Grundbucheinsicht 71 37
Grundbuchrichter, Entscheidungen 71 3
Hypothekenbrief, Unbrauchbarmachung 69 4
Hypothekenbrieferteilung 71 36
Justizverwaltungsakte **Vor 71** 9
gegen Kostenentscheidungen 71 46 ff
Landgericht als Beschwerdegericht 72 1 ff
Landwirtschaftliches Schuldenregelungsverfahren 72 6
gegen Löschung 71 32
Meinungsäußerungen, unverbindliche 71 57
gegen Mithaftvermerk 71 30
Nachlaßverwaltung und Erbenausschluß 71 67
Neues Vorbringen 74 1 ff
im Prozeßkostenhilfeverfahren 71 40
Rangklarstellungsverfahren, Widerspruch 71 39
Rechte, nicht übertragbare 71 31
Rechtspflegerentscheidungen 71 4 ff
gegen Schutzvermerk 18 84
Tatsächliche Grundbuchangaben 71 33
Testamentsvollstreckervermerk 52 8
Testamentsvollstreckung und Erbenausschluß 71 67
Tod des Antragstellers 71 66
gegen Unterwerfungsklausel 71 28
Urkundenentscheidungen 71 38
Urkundsbeamter der Geschäftsstelle, Entscheidungen 71 10, 11
Verfahrensfähigkeit 71 67 b
Verfügungen, Zwischenverfügungen 71 13
gegen Verfügungsbeschränkungen 71 27
Vertreter, Beschwerdeberechtigung 71 72 ff

Vorbescheide 71 60
gegen Vormerkung 71 26
Weitere Beschwerde
s. Beschwerde (weitere)
und Widerspruch als besonderer Rechtsbehelf **Vor 71** 8
gegen Widerspruchseintragung 71 25
ZPO-Vorschriften, nicht anwendbare **Vor 71** 2
Zulässigkeit 71 1 ff
gegen Zurückweisung eines Eintragungsantrags 18 99, 100 71 14
Zuständigkeit des Gerichts, fehlende 72 7
Zwangshypothek, Eintragung 71 21
gegen Zwangshypothek, inhaltlich zulässige 71 31 a
gegen Zwischenentscheidungen (sonstige) 71 40 a
gegen Zwischenverfügungen 18 62 ff 71 15 ff, 57, 58
Beschwerde (sofortige)
Rangklarstellungsverfahren 110 1 ff
Beschwerde (weitere)
Absolute Beschwerdegründe 78 17 ff
Abweichung, beabsichtigte und BGH-Vorlage 79 3 ff
Aufhebung landgerichtlicher Entscheidung 80 27
Ausländisches Recht, verletztes 78 8
Auslegungsprobleme 78 12
Ausschließung und Ablehnung von Gerichtspersonen 81 8 ff
Begründung, Bekanntmachung 80 28
durch Behörde 80 9 ff
Beschwerdeberechtigung 78 27
Beschwerdegerichtliche Entscheidung, vorliegende 78 2
Beschwerdeschrift 80 5 ff
BGH-Verfahren 81 4 ff
BGH-Verfahren nach Vorlage 79 22 ff
Einlegung 80 1 ff
Einstweilige Anordnung 80 24
Eintragungsanweisung, angefochtene 78 3
Entscheidung 80 23 ff
Ermessensentscheidungen des Tatrichters 78 13
Form 80 5 ff, 80
Gegenstandslosigkeit der – 78 6
Gesetzesänderung 78 10
Gesetzesverletzung und Beruhen der Entscheidung 78 17 ff
Gesetzesverletzung 78 7 ff
Inhalt 80 19
Neue Tatsachen, ausnahmsweise beachtliche 78 14 78 15

Fette Zahlen = §§, magere Zahlen = Rdn., V = GBVfg., W = WEGBVfg., GebV = GGV.

Notarbefugnis **80** 13 ff
Oberlandesgericht als Gericht der weiteren Beschwerde **79** 1 ff
Rechtsanwalt, Unterzeichnung der Beschwerdeschrift **80** 6 ff
als Rechtsbeschwerde **78** 1, 26
Richtigkeit der Beschwerdeentscheidung trotz Gesetzesverletzung **78** 26
Tatsachenbindung **78** 11
keine Übergehung des Landgerichts **78** 2
Unzulässigkeit, Unbegründetheit **80** 25 ff
Verwirkung **80** 22
Verzicht **80** 22
Vorlegung an den BGH **79** 3 ff
Wirkung **80** 20 **80** 29
Zulässigkeit **78** 1 ff
zur Niederschrift erklärte – **80** 17, 18
Zurücknahme **80** 21
Zurückverweisende Entscheidung, angefochtene **78** 4
Zuständigkeit, Besetzung der Gerichte **81** 1 ff
Zwischenverfügung **78** 2
Zwischenverfügung, Anfechtung einer bestätigten **78** 5
Beschwerdegericht
Antragsverfahren, Amtsverfahren und Prüfungspflicht des – **77** 5 ff
Ausschließung, Ablehnung von Gerichtspersonen **81** 8 ff
Aussetzung einer Vollziehung **76** 10
Baden-Württemberg **72** 4
Begründetheit, Unbegründetheit der Beschwerde **77** 18 ff
Begründung der Beschwerdeentscheidung **77** 23 ff
Beitrittsgebiet **72** 5
BGH-Verfahren zur Wahrung einheitlicher Rechtsprechung **81** 4 ff
Bindung an Anträge **77** 8
Einlegung der Beschwerde **73** 2, 5, 6
Einstweilige Anordnung, Voraussetzungen und Zulässigkeit **76** 1 ff
Einstweilige Anordnung, Inhalt **76** 5 ff
Eintragung, Anweisung auf Vornahme **78** 3
Eintragung, Beschwerde hiergegen **77** 11
Eintragungsantrag, zurückgewiesener **77** 10
Entscheidung **77** 18 ff **78** 2
Entscheidung, das Gesetz verletzende **78** 7 ff
Entscheidung, zurückverweisende **78** 4
Ermessensentscheidungen **78** 13
Gericht der weiteren Beschwerde **79** 1 ff
und Gesetzesverletzung **53** 6
Grundbuchamt und Anordnungen des – **71** 12

und Grundbuchamttätigkeit **77** 29
Kosten **77** 30
Landwirtschaftliche Schulenregelungsverfahren **72** 6
Prüfungspflicht **77** 5 ff
Reformatio in peius, Verbot **77** 9
Unzuständige Gericht, Entscheidung **72** 7
Verfahren, weiteres nach der Entscheidung **77** 23 ff
Vormerkung, Widerspruch im Wege einstweiliger Anordnung **76** 5 ff
und weitere Beschwerde, Zulässigkeit **78** 1 ff
Zulässigkeitsprüfung **77** 17
Zuständigkeit (sachliche, örtliche) **72** 1 ff
Zuständigkeit, Besetzung des Beschwerdegerichts **81** 2, 3
Zwischenverfügung, Beschwerde **77** 12 ff
Zwischenverfügung, Bestätigung **78** 5
Besitz
Anspruch auf Einräumung **29 a** 3
an Bewilligungsurkunde **19** 176
Briefrecht **39** 35
Erbschein **35** 31
Hypothek für Inhaber- und Orderpapier **43** 1
und Verwaltungsrecht des Testamentsvollstreckers **52** 10
Besitzrecht
SachenRBerG, Sicherung des Anspruchs **7 GebV** 1 ff
Bestandsangabe
Zurückführung **13 V** 15
Bestandsverzeichnis
Eintragungen ohne Rangverhältnis **45** 7
Erbbaugrundbuch **56 V** 1 ff
Gebäudegrundbuch **3 GebV** 4, 5
und Grundstücksveränderungen **6 V** 12 **6 V** 16
und Liegenschaftskataster **2** 10
Löschung **17 a** 1, 2
und maschinell geführtes Grundbuch **69 V** 1 ff
Miteigentumsanteile **8 V** 1 ff
Spalteneinteilungen **6 V** 1 ff
Subjektiv-dingliche Rechte **7 V** 1 ff
und Wohnungsgrundbuch **Einl E** 90 **3 W** 1 ff
Bestandteile
Nießbrauchserfassung **Einl M** 15
und Wohnungseigentum **Einl E** 7
Bestandteilszuschreibung
Grundstücksbezeichnung, Angabe von Geldbeträgen **28** 4
und Rangregulierung **45** 29
Wohnungseigentum **Einl E** 48

Bestellung dinglicher Rechte
Dauerwohnrecht, Dauernutzungsrecht **Einl O** 5
Bestellung dinglicher Rechte
s. a. Einigung
s. a. Dingliche Rechte
s. a. Eintragungsfähigkeit von Rechten
s. a. Belastung
Beschränkte persönliche Dienstbarkeit **Einl N** 56
Einigungsgrundsatz, einseitige materielle Erklärung **19** 3 ff
Wohnungsrecht **Einl N** 59
Bestimmtheitsgrundsatz Einl B 28 **Einl C** 1, 7
Abtretungs- und Belastungserklärungen **26** 29 ff
Ausübungsbereich von Rechten **28** 16
Erbbaurecht **Einl F** 11
Gemeinschafts- und Sondereigentum **Einl E** 11
Gemeinschaftsverhältnis **47** 1
Hypothek für Teilschuldverschreibungen auf den Inhaber **50** 1
Sondereigentum und gemeinschaftliches Eigentum, Abgrenzung **Einl E** 16
Vormerkung **Einl G** 29, 12
Wohnungseigentum **Einl E** 11
Beteiligte
und Antragsberechtigung **13** 55
und Behördenersuchen **38** 3
Rangklarstellungsverfahren **92** 1 ff
Weisungsrecht und Eintragungsbewilligung **19** 229 ff
Beteiligten- und Verfahrensfähigkeit
Begriff des Beteiligten **1** 28
Betretensrecht
aufgrund Dienstbarkeit **Einl N** 19
Betreuer
als gesetzlicher Vertreter **19** 188 **19** 189
Zustimmung zur Löschung von Grundpfandrechten **27** 12
Betreuung 6 19
Betriebsuntersagung
aufgrund beschränkt persönlicher Dienstbarkeit **Einl N** 53
Betroffener bei Antragstellung
Begriff des Beteiligten **13** 55
und Bekanntmachung von der Eintragung **55** 2
Betroffene Rechte
Rangdarstellung **45** 3 ff
Betroffener einer Bewilligung
und Auflassung **20** 46
und Begünstigter **19** 55
durch Belastung **19** 66

bei Briefrechten **19** 52
durch Eintragung **19** 51, 53 ff
von Eintragung **19** 58 ff
von Grundbuch-Eintragung — **19** 51
durch Inhaltsänderung **19** 68, 69
durch Löschung **19** 65
Mittelbar Betroffener **21** 8 ff
durch Neueintragung **19** 64
durch Rangänderung **19** 67
durch Übertragung **19** 66
Betroffener einer Eintragung
Voreintragungsgrundsatz **39** 13 ff
Betroffensein
desselben Rechts bei mehreren Eintragungen **17** 13
Beurkundung
der Auflassung **20** 114
Einigung im Rangklarstellungsverfahren **102** 3
Öffentlich beglaubigte Urkunden **29** 92 ff
Beurkundungsgesetz
und Beteiligtenbegriff **19** 229 ff
und Vollzugstätigkeit des Notars **19** 207
und Weisungsrecht der Beteiligten **19** 231
Bevollmächtigung
s. Vertretung
Beweisgrundsatz
Grundbuchverfahren **Einl C** 8 1 33 29 2
Beweiskraft
Erbfolge **36** 14
Erbschein **35** 48 ff
Öffentlich beglaubigte Urkunden **29** 103 ff
Sonderrechtsnachfolge **36** 14
Testamentsvollstreckerzeugnis **35** 88
Urkunden von Personen des öffentlichen Glaubens **29** 78
Zeugnis über fortgesetzte Gütergemeinschaft **35** 84
Zeugnis des Registergerichts für Bestehen, Erlöschen einer Gesellschaft, Vertretungsbefugnis **32** 10
Beweislast
s. a. Berechtigte Zweifel
Grundbuchverfahren **Einl C** 64, 65
Beweismittel
Erbfolge, Nachweis **35** 24
Grundbuchverfahren **1** 32
Güterrecht **33** 16 ff
Neue Beweise im Beschwerdeverfahren **74** 1 ff
Beweissicherung
Benutzung maschinell geführten Grundbuchs **64 V** 15
Beweisverfahren
GBO, FGG **1** 32 **18** 1, 50

Fette Zahlen = §§, magere Zahlen = Rdn., V = GBVfg., W = WEGBVfg., GebV = GGV.

Beweiswürdigung
Eintragung und freie – **29** 129 ff
Entgeltlichkeit, Unentgeltlichkeit einer Vorerbenverfügung **51** 22
Bewilligung
Abgabe der Erklärung **19** 176
Abweichung vom Bewilligungsprinzip **20** 2
Abweichungen vom Antrag **13** 31
und Änderung des Rechts, Auseinanderfallen **22** 19 ff
Änderung schuldrechtlicher Beziehungen **19** 63
Änderungen des Belastungsobjektes **19** 61
Änderungen in der Person des Berechtigten **19** 60
Änderungsbewilligung **19** 7 **Einl A** 13
AGBG-Bedeutung **Einl C** 79
Anfechtung **19** 183 ff
Angabe von Geldbeträgen **28** 2, 18 ff
Antrag und Bewilligung, Unterschied **19** 26
Antrag und Bewilligung, Übereinstimmung **13** 31 **19** 42
Anwartschaftsrechte **19** 130 ff
Arten **19** 7, 50
Arten, Unterarten **19** 7
bei Auflassung **Einl L** 3 **20** 2, 5
Auflassung (Grundlagen verfahrensrechtlicher Bewilligung) **19** 170 ff
Auflassung und Klarstellung nicht erklärter – **20** 9
Auflassungsbewilligung, fehlerhafte **18** 27
durch Auflassungsempfänger **19** 81
Auflassungsgrundstück, Bezeichnung **20** 107
Ausfertigungsrecht **19** 181
Aushändigung **19** 176 ff
Ausländisches Recht, Güterrechtsbeschränkungen **19** 154
Auslegung **19** 29 ff **Einl C** 25 ff
Ausnahme vom Erfordernis einer – **19** 199 ff **21** 1 ff
Außenwirtschaftsrecht, Belastungsbeschränkungen **19** 162
Bau- und Bodenrecht, Belastungsbeschränkungen **19** 156
Bedeutung **19** 1 ff
Bedingte Verfügungen **19** 130 ff
Bedingungen **19** 32
Beeinträchtigung und Betroffenheit **19** 53, 59 ff
nach Beendigung des Verfahrens **19** 175
Befristung **19** 32
Begünstigter, Betroffener **19** 55
Begünstigter, Rechts- und Erwerbsfähigkeit **19** 202 ff

durch Behörden **19** 193
und behördliches Ersuchen um Eintragung **38** 67
bei Belastungen **19** 66
Belastungsbeschränkungen **19** 82
des Berechtigten **19** 44 ff
Berechtigung
s. Bewilligungsberechtigung
Berechtigung, Rechtsgrundlagem **19** 44
Berechtigungsmangel **19** 77
Berichtigung des Grundbuchs und Beilligungsprinzip **22** 5
Berichtigungsbewilligung **22** 70
s. dort
Besitzrecht (SachenRBerG) **4 GebV** 24
Beteiligte, weisungsbefugte **19** 229
des Betroffenen **19** 51 ff
durch Bevollmächtigte **19** 192
Bewilligungsbefugnis, Entziehung **19** 125 ff
durch Bewilligungsermächtigten **19** 79
Bewilligungsgrundsatz **Einl C** 4 **19** 6
Bewilligungsgrundsatz, Abweichung **20** 2
Bewilligungsgrundsatz, Ausnahmen **21** 1 22 **5 26** 1
als Bewilligungshandlung **19** 26
Bewilligungsmacht, Bewilligungsbefugnis **19** 48
Bezugnahme **19** 39
Bindung an Einigung, Eintragungsantrag **19** 89
Bindung (Wirksamkeit) **19** 165 ff
Bindungswirkung **13** 10
Buchposition, veränderte **19** 21
Buchrecht und Berechtigung **19** 49
Dauer des Eintragungsverfahrens, Schutz hiergegen **19** 99
DDR-Eintragungen **19** 155
Dingliche Rechte, Übertragung und Belastung **19** 66
Dingliches Vorkaufsrecht **Einl K** 7
Doppelnatur **19** 16
als Doppeltatbestand **19** 13
Eigentümerrechte **Einl D** 48
Einigung und Bewilligung, Übereinstimmung **19** 43
Einigung und Bewilligung, Unterschiede **19** 8 ff, 19 ff
und Einigung als Doppeltatbestand **19** 13
und Einigung im Falle des § 20 GBO, Verhältnis **20** 5 ff
Einigung und spätere Verfügungsbeschränkung **19** 87
Einigung kein Teil der – **19** 22
Einigung, Abweichung **22** 19
kein Einigungsbestandteil **19** 22

1291

Einigungsnachweis **19** 6
und Einigung, Verhältnis **20** 4 ff
als einseitige materielle Erklärung (Fälle) **19** 4, 5
kein einseitiges Rechtsgeschäft **19** 140
zur Eintragung vorgelegte – **19** 173
und Eintragungsantrag **13** 31
und Eintragungsantrag, Übereinstimmung **19** 42
Eintragungsantrag und spätere Verfügungsbeschränkung **19** 87
Eintragungsantrag ohne erforderliche – **30** 3
und Eintragungsbedingungen **19** 38
als Eintragungsrechtfertigung in formeller Hinsicht **19** 24
Entbehrlichkeit **19** 199
des Erblassers **40** 23
Ermächtigter **19** 79
Errungenschaftsgemeinschaft **19** 153
Ersetzung **19** 200
vor Ersteigerung **38** 58 **45** 9
Erwerbsfähigkeit des Begünstigten **19** 202 ff
Erwerbswille **19** 205
Fehlerhaftigkeit **19** 183
für Firmen **19** 191
durch Firmen **19** 191
Formelle Bewilligungsberechtigung **19** 49
GBA-Vorlage **19** 173
GBO-Geltung und Auslandsberührung **19** 154
Gemeinschaftsverhältnis **19** 40
Gemischte Anträge **13** 21 **30** 7
Gesamtberechtigte **19** 74
Geschäftsfähigkeit **19** 76, 84
durch gesetzliche Vertreter **19** 188 ff
Gesetzlicher Güterstand **19** 135
als Gestattung einer Eintragungstätigkeit **19** 31 ff
zur Grundbuchberichtigung **20** 70 ff
als Grundbucherklärung **29** 19
Grundbuchsperre **19** 102
Grundbuchvorlage **19** 173 ff
Grundpfandrechte, Abtretung und Belastung und Ausnahme vom Bewilligungsprinzip **26** 1 ff
Grundstücksbezeichnung **19** 41 28 2, 10 ff
Grundstückskauf und Verkäuferschutz **Einl** L 31
Gütergemeinschaft **19** 147 ff
Güterrechtsbeschränkungen nach ausländischem Recht **19** 154
Gütertrennung **19** 136, 146
Gutglaubenserwerb **19** 83, 86, 94 ff
Inhaber des Rechts, Änderungen **19** 60

Inhalt **19** 28
Inhaltsänderungen **19** 68, 69
IPR **19** 154
Juristische Person, Belastungsbeschränkungen **19** 161
für juristische Personen **19** 191
Klage auf Abgabe der – **19** 201
Konkurs **19** 83
Konkursvermerk **19** 100
durch Konkursverwalter **19** 125 ff
Landwirtschaftsrecht, Belastungsbeschränkungen **19** 160
Löschungen **19** 65
Löschungsbewilligung
s. dort
Löschungszustimmung **19** 7
Mängel **19** 183
und materieller Rechtsvorgang **19** 36
Materiellerechtliche Erklärung § 885 Abs 1 BGB **19** 5
Mehrheit von Bewilligungsberechtigten **19** 74
des mittelbare Betroffenen **19** 56 ff
Nacherbfolge **19** 130 ff
Nachlaßpfleger **40** 23
des Nachlaßverwalters **19** 83, 125
Nachrangige Eintragungen **19** 62
Neueintragungen **19** 64
durch Nichtberechtigte **19** 77 ff
Nichtigkeit **19** 183 ff
durch Notar **19** 195 ff
Notar-Vollmacht **15** 7
Objekt der Belastung, Änderungen **19** 61
Objekt der Bewilligung **19** 41
Öffentlich-rechtliche Beschränkungen **19** 155
Ordnungsvorschrift **19** 2
durch Organe juristischer Personen **19** 191
Person des Berechtigten **19** 40
Person des Bewilligenden **19** 35
Rangänderung **19** 67, 63
Rangbestimmung **19** 67 **45** 14
Rangvorbehalt **19** 40
Recht und Berechtigung **19** 50
Rechte, von Eintragung nicht berührte **19** 59
Rechtsfähigkeit des Begünstigten **19** 203
als Rechtsgeschäft **19** 15, 23
Rechtsinhaber, Änderungen **19** 60
Rechtsinhaberschaft, Wegfall **13** 15
Rechtsnatur **19** 14 ff
und Rechtsvorgang, materieller **19** 36
Rückgabe der Urkunden **19** 176 ff
Schuldrechtsbziehungen, Änderung **19** 63
Schwebende Unwirksamkeit einer Verfügung **19** 139

Fette Zahlen = §§, magere Zahlen = Rdn., V = GBVfg., W = WEGBVfg., GebV = GGV.

Sondervermögen, Belastungsbeschränkungen 19 163
Sperre des Grundbuchs 19 102
Subjektiv dingliche Rechte 19 40
Teilungsbeschränkungen 19 82
Testamentsvollstreckung 19 85, 125 ff 40 23
Tod des Begünstigten 19 206
Tod des Bewilligenden 19 76
Übereinstimmung mit dem Antrag 13 31 19 42
Übertragung und Belastung 19 66
Unrichtigkeit des Grundbuches 19 6
unter Vorbehalt 16 23 19 32 20 8
Unwiderruflichkeit 19 171, 174, 177, 181, 182
Unwirksamkeit 19 168, 169
Unwirsamkeit aus verfahrensrechtlichen Gründen 13 68 19 167 ff 29 133
Urkunde 10 4
Urkunde über zugrundeliegendes Rechtsgeschäft 10 6
Urkunden, Aushändigung und Rückgabe 19 176 ff
Urkundenbesitz und Weisungsbefugnis 19 223
Urkunden, sie ersetzende Einl B 40
Urkunde, Rechtsnatur und Bedeutung 19 178
Urschrift 19 181
durch Urteil 19 91, 201
Veräußerungsbeschränkungen 19 82
Vererbte Rechte 40 23
Verfahrenshandlung 19 18, 73, 140
als verfahrensrechtliche Voraussetzung 19 12
Verfahrensrechtliche Natur 19 17 ff
und Verfügungs- und Bewilligungsbefugnis 19 84
Verfügungsbefugnis, Entziehung 19 125 ff
Verfügungsbeschränkungen, vertragliche 19 115 ff
Verfügungsbeschränkung aufgrund Güterrechts 19 135 ff
Verfügungsbeschränkung und Rechtserwerb 19 87
Verfügungsbeschränkung und bereits materiellrechtliche Bindung 19 89
Verfügungsbeschränkungen Einl J 8
Verfügungsverbote, absolute 19 101 ff
Verfügungsverbote, relative 19 110 ff
Verfügungsverbote 19 125
Vermerke und absolute Beschränkungen 19 104
durch Vertreter ohne Vertretungsmacht 19 198

Vertretung 19 185, 192
Verwendbarkeit 19 1
einer Vormerkung Einl G 32 19 5 25 3
Vormundschaftsgerichtliche Genehmigung und Vollzug der − 19 190
Wegfall der Voraussetzungen vor Eintragung 19 168
Weisungen für die − 19 229 ff
Widerruf 19 167 ff
Widerspruch Einl H 9, 13 25 3
Wirksamkeit 19 165 ff
Wirkungen 19 21, 23, 24
Zahlungszeit, Zahlungsort (Änderungen) 19 57
Zeitbestimmung 19 32
Zinssatz 19 57
Zugewinngemeinschaft 19 135
Zurückgabe 19 176
Zurücknahme 19 173
Zustimmung zur − 19 56, 57
Zwangseintragung 47 16
Zwangsvollstreckungsunterwerfung 19 70
Bewilligungsberechtigung
s. a. Verfügungsberechtigung
s. a. Verfügungsbeschränkungen
Änderung von Verfügungsbeschränkungen 19 68
des Auflassungsempfängers vor Eintragung 19 81
Ausschluß der Übertragbarkeit 19 68
Belastung dinglicher Rechte 19 66
zur Berichtigungsbewilligung 22 70
bei Briefrechten 19 52
Eigentümergrundschuld 19 66
Einheitshypothek 19 68
Eintragung dinglicher Rechte 19 64
Erbbaurechtsverlängerung 19 68
zur Grundbuchberichtigung 20 70 ff
Grundpfandrechtsumwandlung 19 68
Hypothekenumwandlung 19 66
Hypthekenabtretung 19 66
Inhaltsänderungen 19 63
Leibgedingeänderung 19 68
Löschung dinglicher Rechte 19 65
Löschung eines Nacherbenvermerks 19 65
Löschung einer Vormerkung 19 65
Löschung eines Widerspruchs 19 65
Löschungsvormerkung 19 64
Mangel 18 17
Mehrheit von Personen 19 74
Neueintragung 19 64
Rangänderung 19 67
Rangbestimmung 19 67
Tilgungshypothek 19 66
Übertragung dinglicher Rechte 19 66
Übertragung des Nacherbenrechts 19 66

Umwandlung in Eigentümergrundschuld 19 66
des Verfügungsberechtigten 19 71 ff
des Verfügungsberechtigten (materielle Verfügungsberechtigung) 19 71 ff
Verfügungsbeschränkungen 19 64, 68, 82 ff
Verfügungsmacht 19 71
Vormerkung 19 64
Widerspruch 19 64
Zeitpunkt 19 75
Bewirkungshandlungen 19 26
Bewilligungsgrundsatz, Ausnahmen **Einl A** 23
Bezeichnung
Grundbucherklärung und Grundstücksbezeichnung 28 10 ff
Grundstücksbezeichnung in alten Büchern 140 1 ff
Bezirksnotar 1 3
Bezugnahme
Auslegung **Einl C** 22
Bedingung, Zeitbestimmung **Einl B** 35
auf Bewilligung 19 38
auf Bewilligung oder sie ersetzende Urkunden **Einl B** 40
auf Eintragungsbewilligung bei Wohnungsgrundbucheintragung **Einl E** 91
Eintragungsverfügung 44 16 ff
und Grundbucheintragung **Einl B** 38
auf Handelsregister 32 16
auf Register 34 1 ff
auf Unterlagen, die dem GBA sonst vorliegen 19 39
auf Urkunden 10 3, 5
Vorkaufsrecht **Einl K** 23
Vormerkung **Einl G** 38
BGB-Gesellschaft
Auflassung, Berichtigung 20 27 20 28
Gesellschafterwechsel 16 1
Grundbuchberechtigte 15 V 6
Inhaber einer Nutzungsrechts, Gebäudeeigentümer, Besitzberechtigte 8 **GebV** 6
Mitgliederbestand 40 9
Nießbrauchsbestellung am Anteil **Einl M** 5
und Testamentsvollstreckung 52 2
Umwandlung 1 37
Verfügung über Gesamthandsanteil **Einl D** 41
Bildschirm
Abrufverfahren, automatisiertes 79 V 1 ff
Bildschirmwiedergabe
Maschinelle Grundbuchführung 132 3, 5
Bildträger
Archivierungsmethode 10 a 7
Lesbarmachung 10 a 10

Bindung
an Auflassung 20 53
des Beschwerdegerichts an Antragstellung 77 8
Beschwerde, weitere 78 11 ff
einer Bewilligung 13 10
an Einigung 19 84, 86, 89
an Einigung und Aufgabeerklärung 19 165
des GBA an Antrag 13 6
des GBA an vorgelegtes Material, an Parteierklärungen **Einl C** 61
des GBA an Zwischenverfügung 18 61
Zeugnis über Vertretungsberechtigung 32 15
Bodenbestandteile
Entnahmeberechtigung **Einl N** 52
Bodenordnungsbehörden
und Grundbuchamt, Datenaustausch 86 V 7 ff
Bodenreformgrundstücke
Bruchteilsgemeinschaft 47 4
Zuweisungseigentümer als Eigentümer 52 19
Bodensonderungsverfahren 2 9
Bodenverbände
Verfügungsbeschränkungen 20 203
Bodenverkehrsgenehmigung
Gültigkeit 18 12
Bremen
Unschädlichkeitszeugnis und entbehrliche Briefvorlage 41 26
Briefhypothek
Eintragung bei einer — 41 5 ff
Eintragungsmuster 11 V 14, 15
Pfändung des Herausgabeanspruchs 60 5
Briefrecht
s. a. Hypothekenbrief; Grundschuldbrief; Rentenschuldbrief
Abtretungserklärung, öffentlich beglaubigte 39 38
Abtretung und Belastung außerhalb des Grundbuchs, Grundbuchberichtigung 26 1 ff
Amtswiderspruch 53 21
und behördliches Ersuchen um Eintragung 38 71
Belastung 26 12
und dingliche Rechtsänderung **Einl A** 39
Eigentümergrundschuld **Einl S** 11
Eintragung, entbehrliche 39 34 ff
Eintragung von Verfügungen über — 19 52
Gläubigerrecht, Nachweis 39 34 ff
Gleichstellung eines Papiers mit dem Brief 43 1
und Grundbuch 41 2

Fette Zahlen = §§, magere Zahlen = Rdn., V = GBVfg., W = WEGBVfg., GebV = GGV.

und Grundbuchvertreter **42** 5 ff
und Gutglaubensschutz **41** 2
und maschinelle Grundbuchführung **87** V 1 ff
Hypothek, Grundschuld, Rentenschuld **26** 11
Löschung **27** 4
Muster, Vordrucke für Briefe **52** 2
Rangklarstellungsverfahren **99** 1 ff
Unbrauchbarmachung **53** 1 ff
Umwandlung in Buchrechte **19** 68
Verdeckte Abtretung und Eintragung von Verfügungen über – **19** 52
Verkehrshypothek **Einl** R 2
Vorlegung **88** 1 ff
Vorlegung des Briefes und Gläubigereintragung **41** 1 ff **42** 1 ff
und Wohnungseigentum **5** W 1
Bruchteilsbelastung 7 11
s. a. Quote
Bruchteilseigentum
s. Miteigentum
Bruchteilsgemeinschaft
Auflassung gegenüber – **20** 98
Begriff **47** 3
und Bruchteilseigentum **Einl** D 10
Dauerwohn- und Dauernutzungsrecht **Einl** O 3
und dingliches Vorkaufsrecht **Einl** K 13
Eintragung **47** 5
Einzelfälle **47** 4
und Mitberechtigung, Abgrenzung **47** 12
und Miteigentum **Einl** D 10
am Miteigentumsanteil, ausgeschlossene **Einl** D 15
Bruchteilsrecht
am Erbbaurecht **Einl** F 54
Buchberechtigter
als wahrer Berechtigter **19** 49
Buchberechtigung
und Bewilligungsberechtigung **22** 70
Grundbuchberichtigung und – **19** 46
Buchhypothek
Eintragungsmuster **11** V 14, 15
Buchposition
und Eintragungsbewilligung **19** 21
Buchrecht
und Anwartschaftsrecht des Auflassungsempfängers **Einl** L 29
Begriff **Einl** A 1 **Einl** B 11
Beseitigung **Einl** C 72
Eigentümergrundschuld **Einl** S 11
Löschung **27** 4
und Rangklarstellungsverfahren **93** 1 ff
kein Rechtsmittel **Einl** C 72

Rechtsnatur, Wirkungen **Einl** B 11 **Einl** C 72
Umwandlung in Briefrechte **19** 68
zu Unrecht gelöschtes **Einl** B 14
zu Unrecht gelöschtes Recht ist kein – **Einl** C 69
Verkehrshypothek **Einl** R 2
als Vollrecht **19** 49
und Vollrecht **Einl** B 15, 16
Buchung im Grundbuch
Ausbuchung **13** V 14
Eintragungsverfügung **44** 1 ff
und Löschung durch Nichtübertragung eines Rechts **46** 5
Mitbelastung **48** 7 ff
ohne Rangvermerk **45** 10
Umschreibung aus buchtechnischen Gründen **46** 5
Unrichtigkeit **3** 3
Buchungsfähigkeit 3 2
Buchungsfreies Grundstück
Begriff **3** 4
Belastung **3** 5
Buchungsfreiheit
und Auflassung **20** 44
und Grunddienstbarkeit **Einl** N 6
Buchungszwang 3 2 **Einl** A 9 **Einl** B 4
Bündner- und Häuslerrechte 20 19 **104** V 1
Bürgerliches Gesetzbuch Einl A 4
Begriff des Rechts **Einl** B 10
Willenserklärungen, Rechtsgeschäfte **Einl** A 18
Bürgschaft
Nachweis als Eintragungsvoraussetzung **29** 31
Bürgschaftsgebühren
Hypothek **Einl** R 15
Bund
Buchungsfreie Grundstücke **3** 4
Bundesaufsichtsamt für das Versicherungswesen
Ersuchen um Grundbucheintragung **36** 30
Bundesbahn
Belastungsbeschränkungen **19** 161
Verfügungsbeschränkungen **20** 204
Bundesbehörden 29 50
Bundesgerichtshof
Verfahren zur Wahrung einheitlicher Rechtsprechung **81** 4 ff
Vorlage der weiteren Beschwerde bei beabsichtigter Abweichung **79** 3 ff
Bundesrecht
Behördenersuchen einer Grundbucheintragung **38** 10 ff
Bekanntmachungsvorschriften **55** 8

BGH-Vorlagepflicht bei abweichender Auslegung 79 3
Briefvorlage, nicht erforderliche 41 23
Genehmigungspflichtige Rechtsgeschäfte im Grundstücksverkehr 20 166
Bundesversorgungsgesetz
   Belastungsbeschränkungen 19 164
   Veräußerungsbeschränkungen 20 215
   Vermerk Einl J 20

Codezeichen
   und automatisiertes Abrufverfahren 82 V 6 ff

Dachgärten
   und Wohnungseigentum Einl E 31
Dänemark
   Öffentliche Urkunden 29 108
Darlehensbuchhypothek
   Widerspruch Einl H 17
Datenfernkommunikation
   Benutzung maschinell geführten Grundbuchs
   s. Grundbuch (maschinell geführtes)
Datenschutz
   und Grundbucheinsicht 12 1
Datenspeicher
   und maschinelle Grundbuchführung
   s. Grundbuch (maschinell geführtes)
Datenverarbeitung
   Archivierungsmethode 10 a 7
   und maschinelle Grundbuchführung
   s. Grundbuch (maschinell geführtes)
Datierung
   Eintragungsverfügung 44 4 ff
Dauer
   eines Rechts Einl B 26, 31
Dauerwohn- und Dauernutzungsrecht
   Anspruch auf Einräumung 29 a 3
   Abgrenzung beider Arten Einl O 1
   Bedingte, befristete Bestellung Einl O 11
   Belastungsgegenstand Einl O 2
   Berechtigter Einl O 3, 4
   Eigentümerdauerwohnrecht Einl O 4
   Eintragung in der zweiten Abteilung 10 V 12
   Erbbaurechtsbelastung Einl F 51
   Erlöschen Einl O 15
   Gesetzliche Grundlage § 31 WEG Einl O 1
   und gesetzliche Vertretung 19 188
   Grunddienstbarkeitsbestellung, unzulässige Einl N 8
   Heimfallvereinbarung Einl O 9
   Inhalt Einl O 5
   auf Lebenszeit 23 8
   Leistungsrückstände 23 22

   Mitbelastung 48 3
   Sondernutzungsrecht, abzugrenzendes Einl O 16
   Übertragung, Vererblichkeit Einl O 13
   Vereinbarungen nach § 33 Abs 4 WEG Einl O 7
   Verpfändung 26 14
   Wohnung, Raum als Gegenstand Einl O 5
   Wohnungseigentumsrecht, Belastung eines einzelnen Einl E 59
   Zwangsversteigerung Einl O 10
DDR-Recht 20 167
DDR, ehemalige
   Hypotheken, fortgeltende des DDR-Rechts Einl R 24 ff
   Rückübertragung von Grundbesitz 20 191
Depot-Banken 20 206
Devisenrechtliche Genehmigung 20 210
Dienendes Grundstück
   Grunddienstbarkeit Einl N 3 ff
Dienstaufsichtsbeschwerde
   Fälle der Möglichkeit lediglich einer – 18 47 ff
   gegen Justizverwaltungsakte Vor 71 9
Dienstbarkeiten
   und Ausübungsbeschränkungen 7 20
   Begriff Einl N 1
   Bruchteilsgemeinschaft 47 4
   Erbbaurechtsbelastung Einl F 51
   Gesamtgläubigerschaft 47 10
   Gesamthandsgemeinschaft 47 7
   und gesetzliche Vertretung 19 188
   Leistungsrückstände 23 22
   Nießbrauch als besondere – Einl M 1
   Mitbelastung 48 3
   und Mitberechtigung 47 13
   Wohnungseigentumsrecht, Belastung eines einzelnen Einl E 59
   Wohnungseigentumsgrundstück, Belastung des ganzen Einl E 60
Digitale Signatur
   und Schriftlichkeitserfordernis 75 V 5 ff
Dingliche Berechtigte
   Grundbucheinsicht 43 V 7
Dingliche Erklärungen
   Auslegung Einl C 35
Dingliche Rechte
   s. a. Einigung; Sachenrecht
   Absolute Rechte Einl B 10
   Anspruch auf Einräumung 29 a 3
   unter Bedingung, Befristung 19 33
   Belastung 19 66
   Bestimmtheitsgrundsatz Einl C 7
   als betroffene Rechte (Voreintragung) 39 10
   Bezugnahme auf Bewilligung Einl B 40

Fette Zahlen = §§, magere Zahlen = Rdn., V = GBVfg., W = WEGBVfg., GebV = GGV.

Einigungsgrundsatz oder einseitige materielle Erklärung **19** 3 ff
Eintragung, Bedeutung **Einl** A 11
Eintragung bei Grundbuchblattanlegung **124** 1 ff
Eintragungsbedürftigkeit **Einl** B 4
Eintragungsfähigkeit **Einl** B 2, **19 Einl** F 64
Eintragungsvermerk, Inhalt **Einl** B 39
Eintragung, unzulässige **Einl** B 54
Entstehung und Grundbuchunrichtigkeit **22** 35
Erbfolge und Voreintragungsgrundsatz **40** 1 ff
Erlöschen und Grundbuchunrichtigkeit **22** 38
Gebäudeeigentum und Nutzungsrechte **4 GbeV** 4 ff
Grundbuchunrichtigkeit aufgrund von Rechtsakten außerhalb des Grundbuches **22** 35 ff
Grundsatz der Geschlossenheit **Einl** B 19 ff
und materielles Sachenrecht **Einl** B 10
Neueintragung und Betroffene hiervon **19** 64
Numerus-clausus-Prinzip **Einl** C 1
Nutzungsrechte, Eintragung **5 GebV** 1 ff
Schuldrechtlicher Anspruch und dingliches Recht **Einl** G 15
und Teilung des Belastungsobjektes **19** 61
Übergang und Grundbuchunrichtigkeit **22** 36
Übertragung **19** 66
Umwandlung
  s. dort
Unrichtigkeit aufgrund Eintragung **22** 19 ff
und verdinglichtes Recht **Einl** B 10
Sicherung öffentlicher Lasten **54** 5, 6
Vormerkung kein − **Einl** G 1
Währungsreform **28** 31
Wertsicherung durch − **28** 28
gegen Wesen dinglicher Rechte verstoßende Vereinbarungen **Einl** B 20
zu Unrecht gelöschte Rechte **Einl** B 14
Dingliche Rechtsänderung
und Einigung **20** 3
Einigung oder einseitige Erklärung **19** 190
und Einigungsgrundsatz **Einl** A 1 **19** 3 ff
Grundstücksbezeichnung, Angabe von Geldbeträgen **28** 8
Dingliche Zwangsvollstreckungsunterwerfung
s. Zwangsvollstreckungsunterwerfung
Dinglicher Vertrag
s. Einigung
Dingliches Erfüllungsgeschäft
Genehmigungspflicht **20** 163

Dingliches Rechtsgeschäft
Klage auf Erklärungen zum − **19** 201
und schuldrechtliches Grundgeschäft **Einl** A 41
Dingliches Vorkaufsrecht
s. Vorkaufsrecht
Dingliches Wiederkaufsrecht
s. Wiederkaufsrecht
Disagio
Hypothek **Einl** R 15
Dispositionsnießbrauch **Einl** M 13
Doppelbuchung **Einl** B 46
Beseitigung **38 V** 1 ff
Doppelgaragen
und Wohnungseigentum **Einl** E 33
Doppelnatur
Begriff, Abgrenzung zum Doppeltatbestand **Einl** A 29
der Bewilligung **19** 16 **Einl** A 35
Eintragungsbewilligung und Lehre von der − **19** 16
Doppelsicherung **48** 6
Doppeltatbestand **Einl** A 26, 27
Einigung und Bewilligung **19** 13
und Einzeltatbestand **Einl** A 28
Doppelvollmacht **20** 85
Dritter, Dritte
Auflassung an − **Einl** L 13
und Briefaushändigung **60** 3
Erwerbsfähigkeit eines noch nicht benannten − **20** 64
als mittelbar Betroffene **19** 56
Rangänderung **45** 28
Vertrag zugunsten − **20** 58
Wegebenutzung **Einl** N 52
Zustimmungserklärungen **18** 41
Drohung
Eintragung **44** 10
Duldungsklage
und Zwangsvollstreckungsunterwerfung **Einl** T 4
Duldungspflichten
Grunddienstbarkeit **Einl** N 14 ff
Durchgriffserinnerung **71** 6
EDV-System
Grundbuchführung
  s. Grundbuch (maschinell geführtes)
EGBGB
und Grundbuchrecht **135** 7 ff
Rechte Art 63 und Art 68 **104** 1
Ehe
Güterrechtliche Wirkungen (IPR) **19** 154
Ehegatten
Erklärungen nach § 1365 BGB **29** 137

1297

als Erwerber 20 96
Grundbuchbereinigungsgesetz 82 27 ff
Grundbucheinsicht 12 6
Inhaber einer Nutzungsrechts, Gebäudeeigentümer, Besitzberechtigte 8 GebV 1 ff
und Nacherbfolge 51 4
als Veräußerer 19 135
Eheliches Güterrecht
s. Güterrecht
Eheregister
Zeugnis 33 14, 15
Ehescheidung
und Grundbuchverfügung 19 145
Eheschließung
und Grundbuchverfügung 19 145
Ehevertrag 19 144, 152, 154
Eigentümer
Amtsberichtigung 82 a 1 ff
Aufgebot zur Ermittlung 119, 120, 121 1 ff
Berichtigunsgbewilligung statt Unrichtigkeitsnachweis 22 76 ff
und Berichtigungszwang 82 2 ff
und Beschwerdeberechtigung 71 71 a
Einigungsberechtigung 20 48 ff
Eintragung 20 1 22 76 ff 123 1 ff
Eintragung bei Eigentumswechsel 16 1
Eintragung des Erstehers 38 55 ff
und Erbbaurecht 56 V 6
Erbfolge, Nachweis 35 13
Feststellungen 118 4
Gebäudeeigentümer 4 GebV 26 ff
Gesamtberechtigungsverhältnis Einl D 3
und Grunddienstbarkeit Einl N 11, 12
und Rangregulierung 45 29
Subjektiv-dingliche Rechte als Grundstücksbestandteile 9 1 ff
Wohnungseigentümer Einl E 5 Einl E 6
Zustimmung zur Löschung von Grundpfandrechten 27 7 ff
Zuweisungseigentümer 52 19
Eigentümerdauerwohnrecht Einl 0 4
Eigentümerdienstbarkeit Einl N 33, 46
Eigentümergrundschuld
Abtretung vorläufiger 26 9
Abtretung und Zinsforderung 26 39
Abtretung der aus einem Fremdrecht entstandenen – 11 V 17
Abtretung einer Teileigentümergrundschuld 11 V 19
Bruchteilsgemeinschaft 47 4
Formen Einl S 2
Grundpfandrecht ohne Möglichkeit der Entstehung einer – 27 16
aus Hypothek entstandene 19 66
Nachlaßzugehörigkeit 39 32

Offene, verschleierte Einl S 10 Einl S 11 Einl S 9
Pfändung Einl S 9 39 31
Rangvorbehalt 45 22
Unzulässigkeit der Eintragung künftiger – 39 28
Voreintragungsgrundsatz 39 22 ff
Eigentümergrundpfandrecht
Voreintragung 40 16
Eigentümernießbrauch
und Nießbrauchsbestellung Einl M 11
Eigentümerrechte
Bestellung Einl D 44
Eigentümerverzeichnis
und maschinelle Grundbuchführung 126 22
Eigentum
und Berichtigungszwang 82 2 ff
Bruchteilseigentum
s. dort
Gemeinschaftseigentum
s. Wohnungseigentum
Gesamtgläubigerschaft 47 10
Gesamthandseigentum
s. dort
Grundbuchblatt und Eigentumsfeststellung 118 1 ff
Miteigentum
s. dort
Sondereigentum
s. Wohnungseigentum
Vereinigung 5 14
Vorstufen des Grundstückseigentums Einl L 3
Wesen Einl D 1
Wohnungseigentum als echtes Einl E 3 ff
Zuschreibung 6 12
Eigentumsbeschränkungen
Eintragungsfähigkeit Einl D 6
Eigentumsbruchteil
Belastung 7 11 ff
Eigentumserwerb
Aneignung 20 39
Anlandungen 20 39
an buchungsfreien Grundstücken 20 44
durch Einigung und Eintragung 20 3, 45 Einl A 1 Einl L 2
der Gemeinde 20 229, 232
durch Hoheitsakt 20 41
kraft Gesetzes 20 41, 43
Eigentumsübergang
außerhalb des Grundbuchs 20 21 ff
buchungsfreier Grundstücke 20 44 3 5
GBA-Prüfung zum Auflassungserfordernis 20 21
Eigentumsverschaffungsanspruch
Grundstückseigentum 29 a 5, 6

Fette Zahlen = §§, magere Zahlen = Rdn., V = GBVfg., W = WEGBVfg., GebV = GGV.

Eigentumsverzeichnis 12 1 12 a 1 ff
Eigentumsvormerkung
 und Auflassungsvormerkung **Einl** G 13, 14
Einbringung
 Gesellschaftsrecht und Grundstückseinbringung 20 27, 29, 31, 37
Eingangsvermerk
 Rechtsnatur 13 43
Einheitshypothek
 Eintragungsmuster 11 V 22
Einigung
 AGBG **Einl** C 76
 aufgrund Urteils 19 91
 Auflassung
  s. dort
 Auslegung **Einl** C 35
 Bedingungen 19 3
 Beteiligte Personen 20 45
 und Bewilligung 19 8 ff 20 4 ff **Einl** A 52
 und Bewilligung als Doppeltatbestand 19 13
 und Bewilligung, Abweichung 19 11
 kein Bewilligungsteil 19 22
 und Bewilligung, Übereinstimmung 19 43
 und Bewilligung, Unterschiede 19 8 ff
 und Bewilligung, Verhältnis im Rahmen des § 20 GBO 20 5 ff
 Bindung 19 3, 84, 86, 89, 165 20 53
 und dingliche Rechtsänderung 19 190 20 3 **Einl** A 39
 Dingliche Rechtsänderung und Grundsatz der − 19 3
 über dingliche Rechtsänderung, Voraussetzungen 19 3 ff
 Dingliche Rechtsänderung und Grundsatz der − **Einl** A 1
 Dingliches Vorkaufsrecht **Einl** K 4
 Doppeltatbestand 19 13
 zugunsten Dritter 20 58
 Einseitige Erklärung statt einer − 19 190
 und Eintragung **Einl** A 1, 54, 60 45 22, 28
 Eintragung trotz Nichtübereinstimmung mit der − 22 19 ff
 Eintragung ohne − **Einl** C 72
 und Eintragung (Wohnungseigentum) **Einl** E 12 **Einl** E 41
 und Eintragung, Unterschiede 19 8 ff
 Erbbaurecht **Einl** F 8 ff
 Erbbauzins **Einl** F 43
 Form 20 113
 Geschäftsfähigkeit 20 49 20 74 ff
 durch gesetzliche Vertreter 20 74 ff
 als Grundbucherklärung (Erbbaurechtsbestellung) 29 19
 keine Grundbucherklärung **Einl** A 46

 Grunddienstbarkeit **Einl** N 33
 Grundsatz **Einl** C 1
 Inhalt 20 93
 Konsensprinzip 19 1 ff 22 19
 Nachweis der Einigung, erforderlicher 20 1, 11 ff
 noch fehlende **Einl** A 52
 Rangänderung 45 28
 über Rangordnung im Rangklarstellungsverfahren 102 1 ff 103 1, 2
 Rangvorbehalt 45 22
 Rechtsnatur 20 3 **Einl** A 1 ff
 und schuldrechtliches Grundgeschäft **Einl** A 41
 Tod des Berechtigten 20 49
 Urkunde 10 4
 und Verfügungs- und Bewilligungsbefugnis 19 84
 durch Vertreter 20 73 ff
 Vormundschaftsgerichtliche Genehmigung 20 78 ff
 Widerruf 19 3
 Wortlaut 19 3
 Zweifel an Wirksamkeit als Hindernis 18 11
Einigungsberechtigung
 Eintragung, noch nicht erfolgte 20 50
 Erwerber 20 54
 Nichtberechtigter, eingetragener 20 51
 Rechtsinhaber, wahrer 20 48
Einleitungsbeschluß
 Rangverhältnisse, Klarstellung 91 1 ff
Einschränkung eines Eintragungsantrags 18 35
Einseitige Erklärung
 des bisherigen Gläubigers über Abtretung, Belastung von Grundpfandrechten 26 4
 statt einer Einigung 19 190
 Dingliche Rechte (Aufgabe, Bestellung, Teilung) 19 4
 Wohnungseigentum **Einl** E 42
Einseitige Teilungserklärung Einl E 46
Einseitiges Rechtsgeschäft
 Bewilligung ist kein − 19 140
Einsicht
 in Eigentümerverzeichnis 12 a 1 ff
 in Grundakten 46 V 1 ff
 in das Grundbuch
  s. Grundbucheinsicht
Einstweilige Anordnung
 durch Beschwerdegericht 76 1 ff
 Beschwerde, weitere 80 24
Einstweilige Verfügung
 Antragstellung, verbotene 18 19
 Aufhebung von Vormerkung, Widerspruch 25 5 ff

1299

Eintragung von Verboten **Einl J** 18
Eintragung von Vormerkung, Widerspruch 25 3
Erwerbsbeschränkungen 20 72
Grundbuchamt als Adressat 18 19
Grundstücksbezeichnung, Angabe von Geldbeträgen 28 6
Löschung von Vormerkungen 25 1 ff
Löschung von Widersprüchen 25 1 ff
Prozeßgericht, Ersuchen um Grundbucheintragung 38 10
Widerspruchseintragung 41 17
Eintragung
  Abkürzungen 21 V 2
  Ablehnung durch Grundbuchamt (Einzelfälle) **Einl C** 74
  Abtretungs- und Belastungserklärungen bei Grundpfandrechten 26 40 ff
  Änderungsbefugnis 1 37
  Äußere Form 21 V 1 ff
  Allgemeine Eintragungsvoraussetzungen **Einl A** 40 **Einl C** 80
  Altenteil 49 1 ff
  Amtsverfahren 13 3 **Einl C** 49, 50
  Amtswiderspruch
    s. dort
  Andere Voraussetzungen als Grundbucherklärungen 29 27 ff
  Antrag auf Eintragung
    s. Eintragungsantrag
  Antragsverfahren 13 1, 2 **Einl C** 3, 51 ff
  Arten von Eintragungen **Einl A** 14
  Auflassung 19 170 ff 20 1
  Auflassung nach Abtretung des Anspruchs 20 129 ff
  Auflassung nach Abtretung der Anwartschaft 20 134 ff
  Auflassung nach Pfändung des Anspruchs 20 149 ff
  Auflassung nach Pfändung der Anwartschaft 20 153 ff
  Auflassung nach Verpfändung des Anspruchs 20 138 ff
  Auflassung nach Verpfändung der Anwartschaft 20 145 ff
  Auflassung an Zweiterwerber (Kettenauflassung) 19 81 20 137
  Auflassung, fehlerhafte 18 27
  und Auflassung, Rechtslage dazwischen **Einl L** 1 ff
  Auslegung **Einl C** 20
  Ausschluß sehr entfernt liegender Möglichkeiten 29 135
  Ausstehende Eintragung als letzter Teilakt der Rechtsänderung (Gutglaubensschutz) 19 100

Bauhandwerkersicherungshypothek, Vormerkung 71 21
Bedeutung der Eintragung **Einl A** 11
Bedingungen **Einl B** 28, 33
Behördliche Erklärung als Voraussetzung 29 36 ff
Bekanntmachung 55 1 ff
Berechtigter, Verpflichteter 15 V 1 ff
Berichtigende Eintragung **Einl A** 13
Berichtigung des Grundbuchs
  s. dort
Berichtigung von Amts wegen 53 3
und Beschwerdeberechtigung 71 69 ff
Beschwerde, beschränkte 71 45
und Beschwerdegericht 77 11
und Beschwerdemöglichkeit 71 20 ff
Besitzrecht aufgrund SachenRBerG 7 **GebV** 1 ff
Bestandsverzeichnis 45 7
Beweisgrundsatz **Einl C** 8
Beweislast für Voraussetzungen **Einl C** 64
ohne Bewilligung 19 2
Bewilligung als formelle Rechtsfertigung 19 24
Bewilligungsgrundsatz 19 1 ff
Bewilligungsgrundsatz der GBO 19 6 ff
Bewilligung, wirksam werdende mit Vorlage zur — 19 173
Briefrecht 39 34 ff
Briefrechte und Eintragung 41 1 ff
Briefvorlage, fehlende 41 27
Bruchteilsgemeinschaft 47 5
Buchrecht **Einl A** 1
Buchungsfreie Grundstücke 3 5
Datierung der Eintragungsverfügung 44 4 ff
Dingliche Nutzungsrechte 5 **GebV** 1 ff
Dingliche Rechte **Einl A** 11
und dingliche Rechtsänderung **Einl A** 39
und dinglicher Vertrag **Einl A** 54
Dingliches Vorkaufsrecht **Einl K** 6
Drohung, Zwang 44 10
Eigentümer 123 1 ff
Eigentümer und Amtsberichtigung 82 a 1 ff
Eigentümerrechte **Einl D** 48
Eigentumswechsel 16 1
Einigung und Eintragung **Einl A** 1 45 22, 28
und Einigung (Wohnungseigentum) **Einl E** 12
Einigung, fehlende **Einl C** 72
Einigung, Nichtübereinstimmung 22 19 ff
und Einigung, Unterschiede 19 8 ff
Einstweilige Anordnung im Beschwerdeverfahren 76 8
Einstweilige Verfügung
  s. dort

Fette Zahlen = §§, magere Zahlen = Rdn., V = GBVfg., W = WEGBVfg., GebV = GGV.

Eintragungsverfügung und Eintragung bei maschineller Grundbuchführung **130** 1 ff
Eintragungsverfügung **44** 2 ff
Eintragungsvermerk, Bezugnahme **Einl B** 38
und elektronische Unterschrift **75** V 5 ff
Elektronisches Grundbuch, Sonderregelung **129** 1 ff
Erbbaugrundbuch **Einl F** 38 **57** V 1, 2
Erbbaurecht **Einl F** 37 ff **6 a** 1 ff **20** 124, 125, 126
Erbengemeinschaft, erleichterte Umschreibung bei Auseinandersetzung **36** 1 ff
Erbschein **35** 31
Ergänzung **71** 35
und Erinnerung **71** 8
Ersetzung von Unterlagen **40** 27 ff
Ersuchen **7** 12
Fassung des Antrags **38** 82
Fehlerhafte Eintragung **Einl B** 6, 8, 59
Freie Beweiswürdigung **29** 129 ff
Gebäudeeigentum **6 GebV** 1 ff
Gebäudegrundbuch **Einl D** 53
Gegenstandslose Eintragungen und Amtslöschung **84** 1 ff **85** 1 ff **86** 1 ff
Gegenstandslosigkeit und Beschwerdeausschluß **Vor 71** 4
Gegenstandslosigkeit einer Eintragung **Einl B** 61
Gegenstandslosigkeit **Einl B** 9
Gemeinschaftsverhältnis **Einl G** 36
Gerichtliche Entscheidung als Voraussetzung **29** 32 ff **Einl A** 56
Gesamtgläubigerschaft **47** 11
Gesamthandsgemeinschaft **47** 8
Grundbuchabteilungen und Muster **10** V 8 ff **11** V 10 ff
und Grundbuchabteilungen **45** 11 ff
Grundbuchfähigkeit, fehlende **Einl B** 6
und Grundbuchmuster **4** V 4
Grunddienstbarkeit **Einl N** 33 **Einl N** 34
Grundpfandrechte **Einl T** 1 ff
Grundpfandrechtsmuster **11** V 14 ff
Grundschuldbrief **42** 1 ff
Gütergemeinschaft, erleichterte Umschreibung bei Auseinandersetzung **36** 1 ff
Gutglaubenserwerb und GBA-Ablehnung der Eintragung **19** 100
Gutglaubensschutz und Grundbuchverfahren **19** 94 ff
Hypothek und Briefvermerk **62** 1 ff
Hypothek für Teilschuldverschreibungen auf den Inhaber **50** 1 ff
Hypothekenbrief **41** 1 ff
Inhaber- oder Orderhypothek **43** 1 ff
Inhaberhypothek **43** 1 ff

Inhalt der Eintragung **19** 36 ff **Einl B** 37 ff
Inhaltlich unzulässige Eintragungen **53** 3
Inhaltsfehler **Einl B** 61
Klarstellung **1** 37 **Einl J** 25
Löschung, zu unterscheidende **Einl C** 69
Maschinell geführtes Grundbuch
 s. Grundbuch (maschinell geführtes)
Materielle Bedeutung, fehlende **19** 49 **Einl J** 26 ff
Mehrheit von Eintragungen **45** 6 ff
Miteigentümerregelungen § 1010 BGB **Einl D** 22
Miteigentum nach Bruchteilen **Einl D** 21
Muster **22** V 1
Nacherbe **51** 1 ff
Nebenumstände einer Erklärung **29** 134
Neueintragung und Betroffenheit **19** 64
Nießbrauchsinhalt **Einl M** 12
vom Notar beurkundete, beglaubigte zur Eintragung erforderliche Erklärung **15** 7 ff
Öffentliche Lasten **54** 1 ff
Orderhypothek **43** 1 ff
Ort der Eintragung **21** V 5, 6
Rangänderung **45** 28
und Rangdarstellung **45** 1 ff
Rangordnung, neue nach Rangklarstellung **112** 1 ff
Rangverhältnis und Mehrheit von Eintragungen **45** 6 ff
Rangvorbehalt **45** 22
Rechtlicher Vorteil einer Eintragung **19** 54
Rechtsändernde Eintragung **Einl A** 13
Rechtsändernde, rechtsberichtigende Voreintragung **39** 13 ff
Rechtskraftwirkung **Einl A** 60
durch Rechtspfleger verfügte **71** 8
im Rechtssinn **Einl B** 37
Rechtsvermutungen (Regeln, Ausnahmevorschriften) **Einl C** 65
Reihenfolge bei mehreren Anträgen **17** 1 ff
Rentenschuldbrief **42** 1 ff
Sachenrechtliche Bedeutung **19** 24
und schuldrechtliches Grundgeschäft **20** 3
Schuldverschreibung und Hypothek **43** 1 ff
Sicherung öffentlicher Lasten **54** 5, 6
Spaltenmehrheit **20** V 1, 2
Staatshoheitsakt **Einl A** 55
Subjektiv-dingliches Eigentümerrecht **9** 7
Tatbestandswirkung **Einl A** 11, 58
Tatsächliche Eintragungen **53** 3
Testamentsvollstreckung **52** 1 ff
Tatsächliche Vorgänge als Voraussetzung **29** 27 ff
Überflüssige Eintragung **Einl B** 19, 61

1301

Umdeutung **Einl** C 31
Unanfechtbarkeit **Einl** A 62
Unklare Eintragungen 53 3
Unrichtige Löschung 22 4
Unrichtigkeit **Einl** B 60 **Einl** C 73
und Unrichtigkeitsfolge 53 8
Unterschrift 20 V 2
Unvollständige Eintragungen 53 3 **Einl** B 44
und Unwiderruflichkeit einer Bewilligung 19 174
Unwirksamkeit **Einl** B 45 ff **Einl** B 7
Urkunden
s. dort
Urkunden, auf die die Eintragung Bezug nimmt 10 5
Urkunden, auf die sich die Eintragung gründet 10 4
durch Urkundsbeamten der Geschäftsstelle 71 11
Urteilstitel auf – 14 9
Vereinigung, Zuschreibung, Abschreibung 13 V 1 ff
Verfahren **Einl** C 1 ff
Verfahrensrecht (GBO) **Einl** B 17
Verfahrensverstoß **Einl** B 61
Verfügung des Grundbuchamtes 44 2 ff
Verfügungsbeschränkungen **Einl** J 7 ff 45 8
Verletzung gesetzlicher Vorschriften 53 1 ff
Vertretungsmacht als Voraussetzung 19 185
Vollendung 13 68
Voraussetzungen **Einl** A 40
Voreintragung
s. dort
Vorkaufsberechtigter, Eigentumserwerb 20 229
Vormerkung 25 3 12 V 1 ff 19 V 1 ff **Einl** B 22 **Einl** G 36
Wegfall der Bewilligung mittelbar Betroffener 21 5
Wesen **Einl** A 54
Widerspruch 25 3 12 V 1 ff 19 V 1 ff **Einl** B 23 **Einl** H 15
Widerspruch aufgrund einstweiliger Verfügung 41 17 ff
Wirksamkeit 19 2 **Einl** C 62
Wirkungen **Einl** A 57 ff
Wohnungseigentum **Einl** E 46
Wohnungserbbaurecht **Einl** F 57
Wohnungsgrundbuch 3 W 10 ff
Zinserhöhung 45 13
Zuständigkeit 1 10 ff
Zuständigkeitsverstoß **Einl** B 61
Zwangshypothek 71 21
Zwangsvollstreckungsunterwerfung 19 70 **Einl** J 29

Eintragungsantrag
s. a. Antrag, Antragsverfahren
Auseinandersetzung der Erbengemeinschaft, Gütergemeinschaft und erleichterte Umschreibung 36 17
Auslegung 13 35
Begehren der Eintragung 13 27
und Behördenersuchen
s. dort
Berechtigungsnachweis 13 67
und Beschwerdeberechtigung 71 69 ff
Betroffensein gleichen Rechts von Anträgen 17 11 ff
und Bewilligung, Übereinstimmung 13 31 ff
Bindung des GBA 13 6
und Eigentumserstehung 38 58
Eingangsvermerk 13 43
Einsichtnahme 12 7
Eintragungsfähigkeit des Rechts 13 28
Erledigung 17 19
Formulierung 13 27
Früherer Antrag 17 20 ff
Gesamtbelastung 48 1 ff
Geschäftsfähigkeit 13 23
Geschäftsfähigkeit, Wegfall 13 23
Hindernisse 18 1 ff
Markentabelle 126 23
Mehrheit von Anträgen und gegenseitiger Abhängigkeiten 16 13 ff
Mehrheit konkurrierender Anträge 17 1 ff
Nachweis der Berechtigung 13 67
Notar 15 16 ff 80 13 ff
Rangbestimmung 45 14
Rechtsfolge 18 12
Rechtsnatur 13 20 ff
Reihenfolge bei mehreren Anträgen 17 1 ff
Rücknahme 13 46
Rücknahmemöglichkeiten 13 20
Schweigen der Eintragungsbewilligung 13 33
Späterer Antrag 17 26 ff
Umdeutung 13 36
Unterlagen, andere 13 34
Untersagung 18 19
Unwiderruflichkeit 13 50
Verfügungsbeschränkung und vorliegender Antrag 17 7
Vollendung 13 68
Nicht vollziehbarer 18 20
Vorbehalt 16 1 ff
Voreintragung 39 5
Vorerbe 51 1 ff
Widerruf 13 37
Wirksamwerden 13 37, 42
Zeitpunkt des Eingangs 13 43

Fette Zahlen = §§, magere Zahlen = Rdn., V = GBVfg., W = WEGBVfg., GebV = GGV.

zur Niederschrift **13** 42 **18** 3
Zurückweisung, zwingende **18** 16
Zusätze **16** 9
Zweifel des GBA **18** 12
Eintragungsbedürftige Rechte
und eintragungsfähige Rechte **Einl B** 4
Eintragungsbewilligung
s. Bewilligung
Eintragungsfähigkeit
AGBG **Einl C** 76
Amtslöschung bei Verstoß gegen − **Einl B** 1, 45 ff
Anhängigkeit eines Verfahrens **Einl J** 30
Anwartschaftsrecht des Auflassungsempfängers **Einl L** 29, 12
Bedeutung **Einl A** 7, 10
Bedingte Verfügungsbeschränkung **Einl J** 16
Begriff des Rechts **Einl B** 10 ff
Belastungsbeschränkung **Einl F** 32, 33
Belastungsverbot **19** 160 **Einl J** 18, 20
Beschlagnahmevermerk **20** 216 **Einl J** 19
Beschränkt persönliche Dienstbarkeit **Einl N** 53
Bewilligungsbefugnis und Verfügungsbefugnis, Entziehung (Fälle) **19** 127
Buchrecht, Vollrecht (keine GBO-Unterscheidung) **Einl B** 15, 16
Dingliche Rechte **Einl B** 39
Eigentümergrundschuld, künftige **39** 28
Eigentum am Grundstück **Einl A** 6 **Einl D** 1
Eigentumsbeschränkungen **Einl D** 6
Eintragung und Eintragungsfähigkeit **Einl A** 40
und Eintragungsantrag **13** 28, 29
Eintragungsantrag, nicht vollziehbarer bei fehlender − **18** 20
und Eintragungsbedürftigkeit **Einl B** 4
Entschuldungsvermerk **Einl J** 22
Entwicklungsvermerk **20** 188 **Einl J** 22
Erbanteile, Verfügungen **Einl D** 38
Fehlerhafte Eintragung, unwirksame Eintragung **Einl B** 6, 7, 45 ff
Fideikommißvermerk **20** 214 **Einl J** 21
Flurbereinigungsvermerk **20** 200 **Einl J** 30
Gemeinschaftsregelungen der Wohnungseigentümer **Einl E** 79
Gesamthandsanteile, Verfügungen **Einl D** 41
Gesamthandseigentum **Einl D** 35
Grenzregelungsverfahren **Einl J** 22
Grunddienstbarkeit **Einl N** 14 ff
Güterstand **33** 2
Heimstättenvermerk **20** 211 **Einl J** 21
Herrschendes Grundstück **21** 8 ff
Hindernisse **18** 1 ff

Hofvermerk **20** 212 **Einl J** 21
Hypothek **62** 1 ff
Hypothek und Briefvermerk **62** 1 ff
Inhaltlich unzulässige Eintragungen **53** 16 ff **53** 3 **Einl B** 52 ff
Inhaltlich unzulässiges Recht **18** 20
kein Katalog eintragungsfähiger Rechte **Einl B** 3
Klarstellungsvermerk **Einl J** 25
Konkursvermerk **19** 127 **Einl J** 14, 18
und Löschung **46** 7
Löschungserleichterungsvermerk **23** 33 ff **24** 7 **Einl J** 28
Löschungsvermerk **Einl J** 24
Miteigentümerregelungen § 1010 BGB **Einl D** 22, 26
Miteigentum nach Bruchteilen **Einl D** 21
Mithaftvermerk **Einl J** 24
Nacherbenvermerk **Einl J** 16 **51** 13 ff
Nachlaßverwaltungsvermerk **19** 127 **Einl J** 14
Öffentliche Lasten **Einl J** 31 **54** 1 ff
Öffentliche Rechtsverhältnisse **Einl J** 33
Öffentlichrechtliche Vorkaufsrechte **Einl J** 32
Pfändungsvermerk **Einl J** 24
Prüfung im GB-Verfahren **Einl B** 1 **Einl C** 60
Rangklarstellungsverfahren „Einleitungsvermerk" **Einl J** 30 **91** 7 **113** 1
Rangvermerk **Einl J** 24
von Rechten **Einl B** 2
Rechtsquellen **Einl B** 3, **19** ff
Reichsheimstättenvermerk **Einl J** 21
Rentenguts-Sperrvermerk **Einl J** 22
Sachenrechtliche Vermerke **Einl J** 23
Sanierungsvermerk **Einl J** 22
Sperrvermerk **Einl J** 17
Subjektiv-dingliche Rechte **14 V** 1 ff **7 V** 1 ff
StPO, StGB-Beschlagnahme **Einl J** 19
bei subjektiv-dinglichen Rechten „Aktivvermerk" **9** 10 **Einl J** 28
Testamentsvollstreckervermerk **Einl J** 14 **52** 5 ff
Umlegungsvermerk **Einl J** 22
Veräußerungsbeschränkung **Einl E** 63 **Einl J** 10
Veräußerungsverbot **Einl J** 18, 20
Verfügungs- und Bewilligungsbefugnis, Entziehung (Fälle) **19** 127
Verfügungsbeschränkungen **Einl B** 24 **Einl J** 1 ff **Einl J** 3 ff
Verfügungsverbote **19** 160 **Einl J** 18, 20
Vergleichsordnung **Einl J** 18

1303

Vermerke sonstiger Art **Einl B** 25
von Vermerken **Einl J** 1, 2
Vermögensbeschlagnahme 19 164 **Einl J** 19
Verpfändungsvermerk **Einl J** 24
Voraussetzungen (Übersicht) **Einl B** 2
Vorerben-Verfügungsentzug 19 127 **Einl J** 14
Vorkaufsrecht, dingliches **Einl K** 3 ff
Vorkaufsrechte, öffentlich-rechtliche **Einl J** 32
Vorkaufsrecht, gesetzliches **Einl K** 31 ff
Vormerkung **Einl B** 22
Widersprüche **Einl B** 23
Wiederkaufsrecht des RSG **Einl K** 27
Wirksame fehlerhafte Eintragungen **Einl B** 59 ff
Wirksamkeitsvermerk **Einl J** 25
Wohnungseigentum, Gemeinschaftsregelungen **Einl E** 79
Zwangsversteigerungsvermerk **Einl J** 18
Zwangsversteigerungsvermerk, Löschung 38 48
Zwangsverwaltungsvermerk **Einl J** 18
Zwangsvollstreckungsunterwerfung 19 70 **Einl J** 29

Eintragungsunterlagen
Beibringungspflicht 29 9
Berichtigungszwang 82 15 ff
Eintragung aufgrund fehlerhafter 22 34
Erklärungen, erforderliche 29 18 ff
Grundstücksbezeichnung, Angabe von Geldbeträgen 28 9
Zweifel des Grundbuchamts an Vollständigkeit, Richtigkeit 29 136

Einverständnis des Betroffenen
Eintragungsbewilligung als — 19 31

Einzelkaufmann
Zeugnis des Registergerichts 32 10

Einzeltatbestand
und Doppeltatbestand **Einl A** 26
Rechtsnatur **Einl A** 33 ff

Elektronische Grundaktenführung 10 a 19

Elektronische Grundbuchführung
s. Grundbuch (maschinell geführtes)

Elektronische Unterschrift
und Schriftlichkeitserfordernis 75 V 5 ff

Eltern
als gesetzliche Vertreter 19 188 20 74, 75
Vertretungsbefugnis 20 74
Zustimmung zur Löschung von Grundpfandrechten 27 12

Empfangsberechtigung
Urkunden 19 175 19 178

Enteignung
Eigentumserwerb ohne Auflassung 20 41

Enteignungsbehörde
Behördenersuchen um Grundbucheintragung 36 35

Enteignungsverfahren
BauGB 20 179 7 32
Bekanntmachungsvorschriften 55 8

Enteignungsvermerk
BauGB **Einl B** 5 **Einl J** 30

Entgegennahme
Auflassung 20 115

Entgelte
s. Kosten

Entschädigung
Erbbaurecht **Einl F** 31, 62, 64 ff

Entscheidung
Gerichtliche Verfügung in GB-Sachen 1 35

Entscheidungen
des Gerichts
s. Gerichtliche Entscheidungen
des Grundbuchamts 71 3 ff

Entschuldungsamt
Behördenersuchen um Grundbucheintragung 38 19

Entschuldungsverfahren 20 199 **Einl J** 22

Entstehung dinglicher Rechte
s. a. Dingliche Rechte
s. a. Einigung
s. a. Eintragung
Einigung und Eintragung 19 3 **Einl A** 1
Einseitige Erklärung und Eintragung 19 4
Gesetzliche Entstehung 20 41 **Einl D** 8 **Einl K** 33, 37
Hoheitsakt 20 41 ff
und Hypothekenbrief 57 2

Entwicklungsbereiche
Verkehrsbeschränkungen 20 188
Vorkaufsrecht 20 189, 223

Entwicklungsmaßnahmen
Teilungsgenehmigung 7 32

Entwicklungsvermerk Einl J 22
Ersuchen um Grundbucheintragung 36 36

Erbanteil
Pfändung **Einl D** 39
Übertragung **Einl D** 38, 40
Verpfändung **Einl D** 39

Erbanteilsübertragung
Auflassungserfordernis, fehlendes 20 23

Erbbaugrundbuch
Anwendung allgemeiner Vorschriften 54 V 1
Aufschrift 55 V 1, 2
Bestandsverzeichnis 56 V 1 ff
EGBGB, Rechte in Art 63, 68 **104** 1
Eintragung in den Abteilungen 57 V 1, 2
und Gebäudegrundbuch, Vergleich 3 **GebV** 1

Fette Zahlen = §§, magere Zahlen = Rdn., V = GBVfg., W = WEGBVfg., GebV = GGV.

Grundbuchblatt für bis 21.1.1919 begründete Erbbaurechte 60 V 1, 2
Hypothekenbriefe 59 V 1
Muster 58 V 1
Nummernfolge 55 V 1, 2
Erbbaugrundstück Einl F 16
Erbbaurecht
AGB-Kontrolle Einl F 36
Alte Erbbaurechte 20 18 8 1 ff Einl F 1 60 V 1, 2
Aufhebung, rechtsgeschäftliche 20 20
Ausübungsbereich, beschränkter Einl F 18 ff
und Ausübungsbeschränkungen 7 20
BauGB-Genehmigung 20 175, 181, 192
Bauwerk Einl F 11, 24, 25
Bedingungen Einl F 8
Bedingungs- und Befristungsfeindlichkeit 16 4 19 3 19 33
Befristung Einl F 8
Bekanntmachungsvorschriften 55 8
Belastungen, sonstige Einl F 51
Berichtigunsbewilligung statt Unrichtigkeitsnachweis 22 76 ff
und Beschwerdeberechtigung 71 71 a
Besonderes Blatt 8 4
Bestellung 20 17 Einl F 7, 13
Bestimmtheitsgrundsatz Einl F 11
Bezugnahme auf Bewilligung Einl B 40
Bezugnahme der Eintragungsverfügung 44 19
Bruchteilsgemeinschaft 47 4
Dauer Einl F 26
Dauerwohn- und Dauernutzungsrecht Einl O 2, 15
Dienstbarkeiten, Abgrenzung Einl N 1
Eigentümer-Erbbauberechtigter-Verhältnis Einl F 28
Einigung und Eintragung Einl F 7, 10
Einigung als Grundbucherklärung 29 19
Einigungsnachweis, erforderlicher 20 11 20 17, 18
Eintragung 6 a 1 ff
Eintragung des Berechtigten 22 76 ff
Eintragung in der zweiten Abteilung 10 V 13
Eintragungsfähigkeit von Vereinbarungen Einl F 29, 31
Eintragungsvoraussetzungen, verfahrensrechtliche 20 124 ff
Entschädigung Einl F 31, 62
Erbbauberechtigter Einl F 14
Erbbaugrundstück Einl F 16
Erbbauzins Einl F 42 ff
Erbengemeinschaft, Gütergemeinschaft (erleichterte Umschreibung) 36 1 ff

Erlöschen durch Zeitablauf Einl F 61
Erneuerungsvorrecht Einl F 31, 63
Gemeinschaftsverhältnis Einl F 15
Genehmigung nach BauGB 20 175, 181, 192
Gesamterbbaurecht Einl F 22
Gesamtgläubigerschaft 47 10
Gesetzliche Grundlagen Einl F 1
Gesetzliche Vertretung 19 188
Gesetzlicher Inhalt Einl F 12
Grundbuchmäßige Behandlung 8 3 Einl F 6, 37, 38
Grundstücksgleiches Recht Einl F 5
Grundstückszuschreibung 6 26
Hypothekenbrief 59 V 1
Inhalt Einl F 11 ff
Inhaltsänderung 20 125 20 17
Landesrechtlicher Vorbehalt 137 1 ff
keine Lebenszeitbeschränkung 23 11
Löschung 46 7
Löschung und hiervon Betroffene 19 65
Löschung nach Zeitablauf 24 11
Löschung, Voraussetzungen 20 127, 128
Materielle, formelle Wirksamkeit Einl A 52
Mitbelastung 48 3
Nachbar-Erbbaurecht Einl F 21
Nießbrauch Einl M 2
Rang Einl F 39, 40
Rechtsgrundlagen Einl F 1, 3
Schuldverhältnis, Verdinglichung Einl F 28 ff
Teilung 7 23
Übertragung 20 126 20 17
Übertragungsanspruch 29 a 6
Untererbbaurecht Einl F 23
Unwirksamkeit Einl A 52 Einl F 41
Veräußerungs- und Belastungsbeschränkung, absolut wirkende Einl F 32
Verbot, völliges der Veräußerung oder Belastung 19 118
Verfügungsbeschränkungen Einl F 32 56 V 5
Verlängerung 19 68 Einl F 27
Vertragsmäßiger Inhalt Einl F 28 ff
Wohnungseigentum, Abgrenzung Einl E 15
Zustimmungserzwingung bei Verfügungen 19 122
Erbbauzinsen
Begriff Einl F 42
Entstehung Einl F 43 ff
Genehmigungsfähigkeit Einl F 50
Leistungsrückstände 23 22
Neufestsetzung Einl F 47 ff
Rang Einl F 46
als subjektiv-dingliches Recht 9 2

Vormerkung für Erhöhung **Einl** F 49
Wohnungserbbaurecht **Einl** F 53, 56
Zwang, kein gegebener **Einl** F 42, 45, 46
Erbe
Beschwerdeberechtigung nach Tod des Antragstellers 71 66
Ermittlung 82 a 7
Mitteilung des Nachlaßgerichts 83 1 ff
Rücknahme von Erblasserverfügungen 13 47
Testamentsvollstreckervermerk und Erbenverfügungen 52 9
und Voreintragungsgrundsatz (Ausnahme) 40 1 ff
Erbengemeinschaft
und Auflassung 20 22
Auseinandersetzung 20 22
Beteiligung an Gesamthandsgemeinschaft **Einl** D 43
Erleichterung der Auseinandersetzung (Umschreibung auf einen Beteiligten) 36 1 ff 37 1 ff
Erwerbsfähigkeit 20 56
Gesetzliches Vorkaufsrecht **Einl** K 33
Umwandlung 20 22
Erbfall
Mitteilung des Nachlaßgerichts 83 1 ff
Erbfolge
Abtretungserklärung, öffentlich beglaubigte 39 44
Begriff, Umfang 35 2 ff
Eigentumsübergang und Berichtigungszwang 82 4
Fortgesetzte Gütergemeinschaft 35 79 ff
Inhaber einer Nutzungsrechts, Gebäudeeigentümer, Besitzberechtigte 8 **GebV** 5
Nachweis 35 1 ff 51 3 ff
Nachweis durch Erbschein 35 12 35 25 ff
Nachweis durch Verfügung von Todes wegen, Eröffnungsniederschrift 35 61 ff
und Testamentsvollstreckung 35 85 ff
und Voreintragungsgrundsatz (Ausnahme) 40 1 ff
und Zeugniserteilung 36 11
Erblasser
Voreintragung 40 13
und Zwangsvollstreckung 40 30
Erbpacht 20 19
Erbpachtrechte 104 V 1
Art 63 EGBGB **Einl** P 1
Erbrecht
und Auflassung 20 22, 23
und Erbscheinbezugung 35 33
Feststellung 35 34

Erbschaft
und Nießbrauchsbestellung **Einl** M 7
und Umfang des Nacherbenrechts 51 7
Erbschaftskauf
und Auflassung 20 22
Erbschaftsteuer 20 221
Erbschein
Begriff 35 25
Förmlicher Inhalt und GBA-Prüfung 35 33 ff
GBA-Prüfungspflichten 35 26 ff
und Gesetzesverletzung 53 6
Materieller Inhalt und GBA-Prüfung 35 48 ff
Mitteilung des Nachlaßgerichts 83 2
Nachweis der Erbfolge 35 12
Vorbescheid 71 60
Zeugniserteilung für erleichterte Umschreibung nach Auseinandersetzung 36 12
Erbteil
Nießbrauchsbestellung **Einl** M 5
Erbteile 35 37
Erbvertrag
und Nachweis der Erbfolge 35 61 ff
und Vormerkung **Einl** G 47
Erfahrungssätze
und GBA-Tätigkeit **Einl** C 8, 57, 70
Ergänzungen von Grundbucheintragungen
und Beschwerdebefugnis 71 35
Ergänzungen von Grundbucherklärungen
Grundstücksbezeichnung, Angabe von Geldbeträgen 28 5
Erinnerung
Amtswiderspruch 53 12
Durchgriffserinnerung 71 6
gegen Eintragung 71 8
Hypothekenbrief, Unbrauchbarmachung 69 4
Nacherbschaftsvermerk 51 18
gegen Rechtspflegerentscheidungen 71 5, 6 **Vor** 71 7
Testamentsvollstreckervermerk 52 8
Umdeutung unzulässiger Erinnerung 71 9
Urkundsbeamter der Geschäftsstelle, Entscheidungen **Vor** 71 6
anstelle Zwischenverfügung 18 48
gegen Zwischenverfügung 18 62
Erklärungen
gegenüber GBA 1 2
Grundbucherklärungen **Einl** A 45 ff
Materielle Erklärungen **Einl** A 15, 18
durch Urkunden ersetzte 10 4
Verfahrensrechtliche Erklärungen **Einl** A 16 ff
Zuständigkeitsverstoß 1 4, 9

Fette Zahlen = §§, magere Zahlen = Rdn., V = GBVfg., W = WEGBVfg., GebV = GGV.

Erledigung behördlichen Eintragungsersuchens **38** 81 ff
Erledigung von Eintragungsanträgen **17** 19 ff
Erledigung der Hauptsache
   und Kostenentscheidung **71** 50 ff
Erloschene Rechte **22** 37, 38
   nach Ausübung des Vorkaufsrechts **20** 234
Erbbauzins **Einl F** 42, 46
Ermächtigung
   Bewilligung durch Bewilligungsermächtigten **19** 79
   Gemeinschaftsverhältnis **47** 15
   für Notar **19** 217
   des Notars zur Antragstellung **80** 15
Ermessensentscheidungen
   und weitere Beschwerde **78** 13
Erneuerungsvorrecht **Einl K** 2
Eröffnungsniederschrift
   Verfügung von Todes wegen **35** 69 ff
Ersatzgrundbuch **92 V** 5 ff
Ersetzung einer Briefvorlage **41** 14 ff
Ersetzung von Eintragungsunterlagen
   durch vollstreckbaren Titel **40** 27 ff
Ersetzung von Erklärungen
   Berichtigungsbewilligung **22** 75
   Bewilligung **19** 200
   Zustimmung **19** 122
Ersitzung **20** 39
   Grunddienstbarkeit **Einl N** 32
Ersuchen einer Behörde
   s. Behördliches Ersuchen
Erwerbsbeschränkungen **19** 204
   Gerichtliche – **20** 72, 70
   Gesetzliche – **20** 71
Erwerbsfähigkeit
   Auflassung **20** 54 ff
   Bewilligung **19** 202 ff
Erwerbsverbot
   und Antragsgrundsatz **13** 15
Erwerbswille
   des Begünstigten **19** 205
Erwirkungshandlungen
   des Begünstigten **Einl A** 22
Europäisches Übereinkommen
   Legalisation **29** 109
Eventualbeschwerde **71** 62

Faktische Wohnungseigentümergemeinschaft **Einl E** 74
Familiengesetzbuch (DDR) **19** 136 **20** 104
Familienrecht
   und Grundbucheintragung **Einl B** 55
Familienrechtliche Gesamthandsgemeinschaft
   Verfügung über Anteile **Einl D** 42

Fassung der Eintragung **Einl B** 37 **Einl J** 25
Fehler, Fehlerhaftigkeit
   s. Mängel
Fernabrufverfahren **10 a** 20
Feststellungsbeschluß
   im Rangklarstellungsverfahren **110** 1 ff
Feststellungslast
   GB-Verfahren **Einl C** 64, 65
Fideikommiß
   Belastungsbeschränkungen **19** 163 **20** 214
   Eintragungsfähigkeit **Einl J** 21
Fideikommißgericht
   Behördenersuchen um Grundbucheintragung **38** 21, 78
Fideikommißverfahren **29** 64
Finanzamt
   Ersuchen um Grundbucheintragung **38** 23 ff
   Unbedenklichkeitsbescheinigung **20** 218
Firma
   Bewilligungsberechtigte **19** 40
   Eintragung **Einl D** 5
   und Grundbuchbewilligung **19** 191
   Öffentlich beglaubigte Urkunden **29** 101
   Zeugnis des Registergerichts **32** 10
Fischereirecht **20** 19
   Art 69 EGBGB **Einl P** 3
   Grundbuchblatt für Fischereigerechtigkeit **136** 8
   als subjektiv-dingliches Recht **9** 2
Fiskus
   Anfall von Vereins- oder Stiftungsvermögen **40** 9
Fläche, nicht vermessene
   s. Grundstücksteile (reale)
Flur
   Grundstücksbezeichnung **28** 12
Flurbereinigungsverfahren
   Belastungsbeschränkungen **19** 160
   Behördliches Ersuchen um Grundbucheintragung **38** 31, 77
   Einlage-/Ersatzgrundstück **20** 108
   Enteignung **20** 41
   Flurbereinigungsplan **2** 8 **20** 41
   Flurbereinigungsvermerk **Einl J** 30
   Freiwillige Flurbereinigung **20** 41
   Grundbuchberichtigung **2** 9
   Verfügungsverbot **20** 200 **Einl J** 18 **10 V** 31
Flurstück
   Begriff **2** 5
   Grundstücksbezeichnung **28** 12
   Verschmelzung **5** 1
   Zerlegung **7** 2
   Zuflurstück **2** 6

Forderung
 Abtretung bei Hypothek für Inhaber- und Orderpapier **43** 1
 Abtretung und Pfandrechtsübergang **26** 16
 Belastung bei Pfandhaftung eines eingetragenen Rechts **26** 17
 und Grundschuld **Einl S** 1 **Einl S** 5
 und Hypothek **Einl A** 39 **Einl R** 3, 6, 7, 11 ff
 und Hypothek, Grundsatz der Untrennbarkeit **26** 30
 aus Schuldverschreibung **43** 2
 Teilung der Forderung und Teilhypothekenbrief **61** 1 ff
 Übertragung bei Pfandhaftung eines eingetragenen Rechtes **26** 13

Forderungsauswechselung
 Hypothek **19** 68
 und Hypothekenbrief **65** 1 ff
 als Inhaltsänderung **19** 68

Forderungsbindungsklausel
 Grundschuld **Einl S** 7

Form
 Antragsrücknahme **31** 5 ff
 Auflassung **20** 113 ff
 Auflassungsvollmacht **20** 88, 89
 Behördliches Ersuchen um Grundbucheintragung **38** 72
 Bekanntmachung einer Eintragung **55** 5
 Berichtigungszwang **82** 18
 Beschwerde **73** 3 ff
 Beschwerde, weitere **80** 5 ff
 Bezugnahme auf Register **34** 4 ff
 Briefaushändigung **60** 4
 Eintragung **21 V** 1 ff **44** 1 ff
 Eintragung bei maschineller Grundbuchführung **76 V** 1 ff
 Eintragungsbewilligung **19** 1
 Eintragungsunterlagen **29** 39 ff
 Erbscheinerteilung **35** 31
 Grundbuch **2 V** 1 ff
 Grundbucherklärungen **1** 36
 Hypothekenbrief **56** 3
 Löschungsformen **46** 1
 Nachweis der Grundbuchunrichtigkeit **22** 59
 Öffentlich beglaubigte Urkunden **29** 92 ff
 Schließung des Grundbuchblattes **36 V** 1
 Verpflichtungsgeschäft **Einl G** 31
 Vollmachtswiderruf zur Eintragungsantragstellung **31** 16 ff
 Wohnungseigentum **Einl E** 93, 94
 Zeugnisvorlage bei erleichterter Umschreibung nach Auseinandersetzung **36** 11

Formelle Unklarheit
 im Eintragungsantrag, Eintragungsunterlagen **18** 14

Formelles Grundbuchrecht Einl A 5

Formelles Konsensprinzip
 s. Bewilligung

Formularmäßige Klauseln
 und AGB-Kontrolle **Einl C** 79

Formulierung
 Gebrauchmachen von notarieller Vollmacht **15** 24

Forstwirtschaftliche Grundstücke 20 192, 193

Fortgesetzte Gütergemeinschaft
 Auflassung **20** 24
 Auseinandersetzung und erleichterte Umschreibung **36** 1 ff **37** 1 ff
 Nachweis **35** 79 ff
 Verfügungsbeschränkung **19** 151

Frankreich
 Öffentliche Urkunden **29** 108

Freie Beweiswürdigung
 Eintragungsverfahren und – **29** 129 ff

Freigabe
 Grundbuch, maschinell geführtes **128** 5 ff **67 V** 9, 10 **71 V** 1 ff

Freiwillige Gerichtsbarkeit
 Abänderungsbefugnis **1** 35, 37
 Anschlußbeschwerde **Vor 71** 5
 Berichtigungszwang **82** 19
 und Beschwerdeverfahren in Grundbuchsachen **Vor 71** 3
 Eigentümerverzeichnis, Offenlegung **12 a** 7
 Grundbuchverfahren **1** 26 ff **144** 8
 Rechtskraft **Einl A** 61
 WEG-Verfahren **Einl E** 1

Fremdenverkehrsgebiet
 Verkehrsbeschränkungen **20** 173

Fremdhypothek Einl B 16

Fremdwährung
 und Grundbucheintragung **28** 20

Frist
 Beschwerde **89** 2
 und GB-Verfahren **Einl C** 53
 Rangklarstellungstermin, Ladungsfrist **101** 1 ff
 Zwischenverfügung, Erledigung **18** 52

Früherer Eintragungsantrag 17 19 ff

Garagen
 und Wohnungseigentum **Einl E** 33

Garagenvorplatz 3 7

GBMaßnG
 und zur Löschung des Rechts erforderliche Unterlagen **29** 11

Fette Zahlen = §§, magere Zahlen = Rdn., V = GBVfg., W = WEGBVfg., GebV = GGV.

GBVereinfVO
und Einführung des beschränkten Grundbuchberichtigungszwanges **82** 1
Gebäude
beim Erbbaurecht **Einl** F 24, 25
beim Wohnungseigentum **Einl** E 8
Nießbrauchsbestellung an Teilen, unzulässige **Einl** M 9
und Wohnrechtsbestellung **Einl** N 59
Gebäude-Entschuldungssteuer
Grundbucherklärungen **29** 15
Gebäudeeigentum Einl D 49
Aufhebung **12 GebV** 1 ff
Grundbucheinsicht **12** 6
und Grundstücksteilung **14 GebV** 11
Löschung **12 GebV** 6 ff **46** 8
Nutzungsrechtloses **3 GebV** 10, 11 **4 GbeV** 8 ff
Teilung, Verbindung **14 GebV** 8 ff
Verfügungsbeschränkungen **3** 3
ZGB § 459 **4 GebV** 13 ff
Gebäudegrundbuch
Gebäudegrundbuchverfügung **144** 7
Grundbuchzwang **144** 7
Gebäudegrundbuchverfügung
und allgemeine Vorschriften **1 GebV** 8 ff
Anwendungsbereich **1 GebV** 1 ff
Aufhebung des Gebäudeeigentums **12 GebV** 1 ff
Aufschrift **3 GebV** 3
Baunachweis **4 GebV** 19
Bekanntmachungen **13 GebV** 1 ff
Besitzrechte Art. 233 § 2 a EGBGB **4 GebV** 17 ff
Bestandsverzeichnis **3 GebV** 4, 5
Datschen, unechte **4 GebV** 20
Dingliches Nutzungsrecht **4 GebV** 4 ff
Dingliches Nutzungsrecht, Eintragung **5 GebV** 1 ff
Ehegatteneintragung **8 GebV** 2 ff
Eintragungsbewilligung **4 GebV** 24
Erbbaugrundbuch und Gebäudegrundbuch, Vergleichbarkeit **3 GebV** 1
Gerichtliche Entscheidung **4 GebV** 23
Grundbuch des Grundstücks **1 GebV** 5 ff
Grundbuchblätter, vorhandene **2 GebV** 1, 2
Grundbuchblätter, neu anzulegende **3 GebV** 1 ff
Löschung **12 GebV** 6
Mehrheit von Berechtigten **8 GebV** 1 ff
Mehrheit von Eigentumsrechten **3 GebV** 7, 8
Nachweis des Bestehens **4 GebV** 1 ff
Nachweis der Person des Gebäudeeigentümers **4 GebV** 26 ff

Numerierung **3 GebV** 2
Nutzerbegriff **14 GebV** 2 ff
Nutzungsrecht anderer Art **3 GebV** 9
Nutzungsrechtloses Gebäudeeigentum **3 GebV** 10, 11 **4 GebV** 8 ff
Nutzungsrechtloses Gebäudeeigentum, Eintragung als Quasi-Belastung **6 GebV** 1 ff
Rang mehrerer Nutzungsberechtigter **14 GebV** 5 ff
Rötungen **3 GebV** 6
Sachenrechtsbereinigung, Vermerk zur Anspruchssicherung **7 GebV** 1 ff
Teilfläche, betroffene **10 GebV** 1 ff **9 GebV** 1 ff
Teilung, Verbindung von Gebäudeeigentum **14 GebV** 8 ff
Überlassungsverträge **4 GebV** 21
Überleitungsrecht **15 GebV** 1
Verfahrensverstöße **12 GebV** 8 ff
Volkseigene oder LPG-genutze Gebäude/Grunstücke **4 GebV** 22
Widerspruchseintragung **11 GebV** 1 ff
ZGB § 459 **4 GebV** 13 ff
Gebietskörperschaften
Gebietsänderungen **20** 43
Gebühren
s. Kosten
Gegenständlich beschränkter Erbschein 35 42, 43
Gegenstandslose Grundbucheintragung
Amtslöschungsverfahren **84** 1 ff **85** 1 ff
Begriff **Einl** B 9, 61
Löschung **46** 7
Löschung und Ausschluß einer Beschwerde **Vor 71** 4
Geldbeschaffungskosten
Hypothek **Einl** R 15
Geldbeträge
Eintragung **17 V** 1 ff
Grundbucheintragung und Angabe von – **28** 18 ff
Gemarkung
Grundstücksbezeichnung **28** 12
Gemeindebezirk
und Grundbuchbezirk **2 V** 1 ff
Gemeinden
Belastungsbeschränkungen **19** 161
Beschränkte persönliche Dienstbarkeiten zugunsten – **Einl** N 45
Buchungsfreie Grundstücke **3** 4
Ersuchen um Grundbucheintragung **36** 36
Gebietsänderungen **20** 43
Negativzeugnis **20** 227
Verfügungsbeschränkungen **20** 202
und Voreintragungsgrundsatz **40** 11
Vorkaufsrecht **20** 223

1309

Gemeingebrauch
 und Grunddienstbarkeit **Einl** N 5
Gemeinschaftliches Eigentum
 s. Wohnungseigentum
Gemeinschaftlicher Brief
 Briefhypothek und − 66 1 ff
Gemeinschaftsordnung
 s. Wohnungseigentum
Gemeinschaftsverhältnis
 als Auflassungsinhalt 20 96
 Beschwerde gegen fehlende Angabe 71 29
 Bewilligungsberechtigte 19 40
 Bruchteilseigentum 3 7
 Bruchteilsgemeinschaft 47 3 ff
 und Buchungsfreiheit 3 7
 Dauerwohn- und Dauernutzungsrecht **Einl** O 3, 4
 Dingliches Vorkaufsrecht **Einl** K 11
 Eintragung der Berechtigten 15 V 9
 Eintragungsbewilligung 19 38
 Erbbaurecht **Einl** F 15
 Gesamtberechtigung § 428 BGB **Einl** D 3 47 9 ff
 Gesamthandsgemeinschaft 47 6 ff
 Inhalt des Eintragungsvermerks **Einl** B 39
 Leibgeding **Einl** B 40
 Mitberechtigung 47 12 ff
 Nachweis 47 15 ff
 und Nießbrauchsbestellung **Einl** M 10
 und Schutzvermerk 18 75
 und Voreintragungsgrundsatz 39 14
 Vormerkung **Einl** G 36
 und Zwangseintragung 47 16
Gemischte Eintragungsanträge 30 7 ff
Gemischter Antrag
 Begriff 13 21
 als Eintragungsbewilligung **Einl** A 48
Genehmigungen
 Abrufverfahren, Zulassung 81 V 7 ff
 Aufsichtsbehörden 20 203
 Bau- und Bodenrecht 20 166 ff
 BauGB 20 166 ff
 Bayerisches Almgesetz 20 201
 Belastungen 6 16
 Bundesaufsichtsamt 20 206
 Depot-Banken 20 206
 DV-Behörde 20 213
 und Eigentumsentstehung bei der Zwangsversteigerung 38 57
 Entschuldungsverfahren 20 199
 Fehlende Genehmigung als Hindernis 18 11
 Flurbereinigungsverfahren 20 200
 Grenzregelungsverfahren 20 178
 Grundstücksveräußerung, ungenehmigte und Behördenersuchen 36 33

 Grundstücksverkehrsgesetz 20 192 ff
 Handwerkskammer 20 207
 Heimstättenausgeber 20 211
 Kreisverwaltungsbehörde 20 201
 Nachweis gegenüber dem GBA 19 190
 Prüfungspflicht des Grundbuchamtes 20 155 ff
 Rechtskraft 20 162
 Stiftungsaufsicht 20 209
 Teilung 20 173 6 29 ff
 Umlegungsstelle 20 174
 Unfallversicherungsträger 20 215
 unter Auflagen 20 158
 unter Bedingungen 20 159 ff
 Versagung 20 161
 Vorkaufsrechtsbestellung **Einl** K 24
 Vormundschaftsgerichtliche Genehmigung 19 188 ff 20 78
 Wertsicherungsvereinbarungen (WährG) 28 22 ff
Genossenschaft
 Auflassung, Grundbuchberichtigung 20 35, 36
 Nachweis der Vertretungsberechtigung 32 5
Gerichtliche Entscheidungen
 Auflassung durch − 20 117
 Auslegung **Einl** C 33
 und Behördenersuchen um Grundbucheintragung 38 10 ff
 Berichtigungsbewilligung, ersetzte 22 75
 Beschwerdegericht
  s. dort
 Besitzrecht (SachenRBerG) 4 GebV 23
 Bewilligungsersatz 19 201
 Einigung, Bewilligung aufgrund − 19 91
 Eintragung von Vormerkung, Widerspruch 25 3
 Eintragungsgrundlage als anfechtbare − 20 162
 als Eintragungsvoraussetzungen 29 32 ff
 Erwerbsverbot 20 72
 Grundbucheintragung als − **Einl** A 56
 Grundstücksbezeichnung, Angabe von Geldbeträgen 28 6
 Rechtskraft **Einl** H 62
 Zustimmung des Eigentümers zur Grundpfandrechtslöschung 27 17
Gerichtliche Überweisung
 des Grundpfandrechts an anderen Gläubiger zur Einziehung 26 8
Gerichtlicher Vergleich
 Ersatz der Form notarieller Beurkundung 29 72
 als öffentliche Urkunde 20 115
Gerichtliches Verfügungsverbot Einl J 18

Fette Zahlen = §§, magere Zahlen = Rdn., V = GBVfg., W = WEGBVfg., GebV = GGV.

Gerichtskasse
Ersuchen um Grundbucheintragung **38** 22
Gerichtskosten
Anfechtung von Kostenentscheidungen **71** 46 ff
Gerichtsvollzieher
als Person öffentlichen Glaubens **29** 73
Gesamtbelastung
Dingliche Nutzungsrechte **5 GebV** 7, 8
Gesamtberechtigung
s. a. Gemeinschaftsverhältnis
als Bewilligungsberechtigte **19** 74
Eigentümerverhältnis § 428 BGB **Einl D** 3
und Nießbrauchsbestellung **Einl M** 10
Gesamtgläubigerschaft
Begriff, Einzelfälle **47** 9, 10
und Bruchteilsgemeinschaft, Abgrenzung **47** 12
Dauerwohn- und Dauernutzungsrecht **Einl O** 3
Eintragung **47** 11
und Gesamthandsberechtigung, Abgrenzung **47** 12
und Mitberechtigung, Abgrenzung **47** 12
Gesamtgrundschuld
Bestellung **28** 11
Gesamtgut
Eintragung **33** 4 ff
Umschreibung, erleichterte bei Auseinandersetzung **36** 1 ff
Gesamthandsberechtigte
als Bewilligungsberechtigte **19** 74
Gesamthandseigentum
Auseinandersetzung von Erbengemeinschaft, Gütergemeinschaft: Erleichterte Umschreibung bei Zeugnisvorlage **36** 1 ff
Bruchteilsbelastung, ausgeschlossene **7** 11
Eigentumsobjekte **Einl D** 37
Eintragungsfähigkeit **Einl D** 35
Eintragungsinhalt **Einl D** 36
Erwerb **Einl D** 17
und Gesamthandsgemeinschaft **Einl D** 34
Umwandlung von Alleineigentum in − **19** 84
am Wohnungseigentum **Einl E** 14
Wohnungseigentum, Abgrenzung **Einl E** 15
Zusammenschreibung **4** 2
Zustimmung zur Löschung von Grundpfandrechten **27** 13
Gesamthandsgemeinschaft
Begriff **Einl D** 34 **47** 6
Dauerwohn- und Dauernutzungsrecht **Einl O** 3
Eintragung **47** 8
Einzelfälle **47** 7

und Mitberechtigung, Abgrenzung **47** 12
und Nießbrauchsbestellung **Einl M** 10
und Testamentsvollstreckung **52** 2
Gesamthypothek
Brieferteilung nach Verteilung **64** 1, 2
Erlöschen bei Zwangsversteigerung **38** 51
Verteilung auf einzelne Grundstücke **27** 6
Gesamthypothekenbrief
Erteilung **59** 1 ff
Gesamtrecht
und Mitbelastung **48** 2
und Mitteilungen an andere Grundbuchämter **55 a** 2
Gesamtrechte
Löschung **46** 7
Gesamtrechtsnachfolge
und Nießbrauchsübertragung **Einl M** 21
und Voreintragungsgrundsatz **40** 9 ff
Geschäftsfähigkeit
und Antragsgrundsatz **13** 15
und Auflassung **20** 49
und Einigung **20** 76
Grunddienstbarkeitsbestellung **Einl N** 33
und Verfügungs- und Bewilligungsbefugnis **19** 84
Zweifel als Eintragungshindernis **18** 11
Geschäftswert 71 56
Beschwerdezurücknahme **73** 12
Gesellschafterausscheiden
und Auflassung **20** 32
Gesellschaftereintritt
und Auflassung **20** 32
Gesellschaftsanteil
und Nießbrauchsbestellung **Einl M** 5
und Umfang des Nacherbenrechts **51** 7
Gesellschaftsform
Eintragungsklarstellung **1** 37
Gesellschaftsvermögen
Verfügungen über Gesamthandsanteile **Einl D** 41
Gesetzesänderung
und Zulässigkeit weiterer Beschwerde **78** 10
Gesetzesverletzung
und Amtswiderspruch **53** 5 ff
Zulässigkeit weiterer Beschwerde **78** 7 ff
Gesetzliche Entstehung
Sicherungshypothek **Einl R** 3
Gesetzliche Grundlage
eines Behördenersuchens um Grundbucheintragung **38** 5 ff
Gesetzliche Rangbestimmung 45 9 ff
Gesetzliche Teilungsverbote 7 29 **7** 29 ff
Gesetzliche Vermutung
Ermächtigung des Notars **15** 12

1311

Gesetzliche Vermutung § 891 BGB
und GB-Eintragung **Einl A 11**
und Voreintragungsgrundsatz **Einl C 5**
Gesetzliche Vertretung
Bewilligungen für juristische Personen und Firmen **19 191**
Bewilligungen für natürliche Personen **19 188**
Einigung **20 74 ff**
Juristische Personen **20 86**
Natürliche Personen **19 188 20 74**
Zuschreibung **6 19**
Zustimmung zur Löschung von Grundpfandrechten **27 12**
Gesetzliche Vorkaufsrechte
Arten **Einl K 1**
Ausübung **20 228 ff**
Eintragungsbedürftigkeit, fehlende **Einl K 31**
Eintragungsfähigkeit **Einl J 32 Einl K 31 ff**
Ersuchen um Grundbucheintragung **36 36**
der Gemeinde **20 228 ff**
Grundbuchverfahren **20 222**
Landesrecht **Einl K 34 ff**
Gesetzlicher Güterstand
s. Zugewinngemeinschaft
Gewerbeausübung
aufgrund Dienstbarkeit **Einl N 21**
Gewerbebetrieb
und beschränkt persönliche Dienstbarkeit **Einl N 53**
Gläubiger
und Bekanntmachung von der Eintragung **55 2**
und Briefaushändigung **60 3**
und Forderungsteilung **61 2**
Grundbucheinsicht **12 6**
Gläubigerrecht
Briefrecht und Nachweis des – **39 37 ff**
Eintragung aufgrund Briefvorlage **41 1 ff 42 1 ff**
Gläubigerwechsel
bei Grundpfandrechten **26 9**
Glaubhaftmachung
bei Löschungsvormerkung (§ 1179 Nr 2 BGB) **29 a 1 ff**
Gleichzeitige Anwesenheit 20 116
Gleisanlagen
Mitbenutzung **Einl N 52**
GmbH
Auflösung **32 7**
Gelöschte GmbH **29 34**
Nachweis der Vertretungsberechtigung **32 2**
Vor-GmbH, Grundstücksübertragung auf – **20 32**

Grenzfeststellung
Grenzänderungen **20 42, 43**
durch Urteil **20 42**
Grenzregelungsbeschluß
Behördliches Ersuchen um Eintragung **36 36**
Grenzüberbauung
und Wohnungseigentum **Einl E 7**
Griechenland
Öffentliche Urkunden **29 108**
Gründungsstadium
und Auflassung **20 67**
Grundakten
Aktenschließung, mögliche bei Umschreibung **32 V 2**
Anlegung maschinell geführten Grundbuchs **73 V 1 ff**
Aufbewahrung **24 V 1**
Beglaubigter Auszug aus dem amtlichen Verzeichnis **6 V 12**
Einsicht **142 1 ff 43 V 10 46 V 1 ff 77 V 8**
Einsicht **12 7, 14**
Einsicht im Beitrittsgebiet **12 b 3**
Inhalt (Handblatt) **24 V 1 ff**
Inkrafttreten der Grundbuchverfügung **100 1, 2**
Mehrheit von Grundbuchblättern **24 V 2**
Papierlose Verfügbarkeit **10 a 2 ff**
und Umschreibung **32 V 1, 2**
Urkundenaufbewahrung **24 a 1 ff**
Grundbuch
Abgabe des Grundbuchbandes bei Bezirksänderung **26 V 1 ff**
Ablehnung von Eintragungen **Einl C 74**
Abteilungen **3 3**
Anlehnung **13 2 135 3**
Äußere Form: Grundbuchbände **2 V 1 ff**
und amtliches Grundstücksverzeichnis, Übereinstimmung **2 3, 10**
Amtspflichten **Einl C 40 ff**
Anpassungsvorschriften für alte Bücher **138 1 ff 139 1, 2 140 1 ff**
Archivierung geschlossenen – **10 a 2**
Auffinden des Grundstücks **2 8**
Aufgaben **Einl A 7**
und Auslegung **Einl C 18 ff**
Beitrittsgebiet **105 V 1 ff 144 5**
und Beschwerdegericht **Einl C 44**
Bestandsverzeichnis
s. dort
Bindung an vorgelegtes Material **Einl C 61**
und Briefrecht **41 2**
Buchung an unrichtiger Stelle **3 3**
Doppelfunktion (GBA, Vollstreckungsgericht) **18 25**

1312

Fette Zahlen = §§, magere Zahlen = Rdn., V = GBVfg., W = WEGBVfg., GebV = GGV.

Eintragungsfähigkeit, Prüfung von Amts wegen **Einl** B 1
Eintragungsform 21 V 1 ff
Eintragungsinteresse und materielle Richtigkeit **Einl** C 71
Erbbaugrundbuch
 s. dort
Erklärungen gegenüber — 1 4 13 22
Ersatzgrundbuch 92 V 5 ff
Formelle Selbstbindung **Einl** A 62
Fortführung bisheriger Bücher 138 1 ff
Funktion **Einl** A 6
Gebäudegrundbuch
 s. dort
Grundbuchblatt als — 3 3
und Grundbucherklärungen **Einl** A 52
und Grundbuchverfügung (RVO) **Vor** 1 V 3
Hindernisse für Grundbucheintragung 18 1 ff
Identität Papiergrundbuch/maschinell geführtes Grundbuch 63 V 1 ff
Legalitätsgrundsatz **Einl** C 80
Lesbarkeit 68 V 2
Loseblattgrundbuch 2 V 3
Materialien zur Herstellung des — 64 V 1
Materielles Recht, Pflicht zur Wahrung **Einl** C 66
Nebengrundbücher **Einl** J 33
Neufassung 128 3
Nummernfolge 3 V 1 ff
Papierene Führung 126 1
Papiergrundbuch (Anlegung, Umschreibung, Umstellung und Neufassung) 67 V 1 ff
Rangdarstellung 45 2
Rechte und Pflichten **Einl** C 42
 im Rechtssinne 61 V 4 62 V 2
RegVBG
 s. dort
und Schriftlichkeitsmodell 75 V 4
und schuldrechtliches Grundgeschäft **Einl** A 42
Schutz gegen Rechtsvorgänge außerhalb des — **Einl** L 30
Sicherheit des Verfahrens und Richtigkeit des Grundbuchs, Verhältnis 29 131
Tatsächliche Angaben und Beschwerdemöglichkeit 71 33
Umschreibung
 s. dort
Umstellung auf maschinell geführtes 128 4
Unrichtigkeit
 s. dort
Urkundenaufbewahrung 10 1 ff

Verletzung gesetzlicher Vorschriften **Einl** C 46
Vermerke des Verfahrensrechts **Einl** J 28
Voreintragungsgrundsatz 39 2
Warn- und Schutzfunktion **Einl** A 10
Wiederherstellung 141 1 ff
Wohnungseigentumssachen **Vor** 1 W
Wohnungserbbaurecht 1 W 4
Wohnungsgrundbuch
 s. dort
Zerstörung 141 2 ff
Zweifel an Eintragungsvoraussetzungen 18 10
Grundbuch (maschinell geführtes)
Abrufbarkeit, gesicherte 128 6
Abrufverfahren, Kontrolle 84 V 1 ff
Abweichende Bestimmungen 61 V 4
Änderungsprotokollierung 64 V 15
Äußere Form der Eintragungen 76 V 1 ff
Allgemeine Vorschriften, Geltung 61 V 1 ff
Altdatenbestände, Erfassung 126 9 ff
Amtliche Ausdrucke 78 V 9 ff
Anlagenanforderungen, Programmanforderungen 64 V 1 ff
Anlagensicherung, Programmsicherung 65 V 1 ff
Anlegung 128 1 ff 67 V 1 ff
Anlegung durch Neufassung 69 V 1 ff
Anlegung durch Umschreibung 68 V 1 ff
Anlegung durch Umstellung 70 V 1 ff
Arbeitsabläufe im Grundbuchamt 61 V 4
Archivierungskomponente 126 7
Aufgabentrennung, herkömmliche 74 V 4 ff
Aufnahme in den Datenspeicher 129 3 ff
Ausdruck 78 V 1 ff 131 1 ff
Ausdruck, Einsicht 132 4
Ausführungsvorschriften der Landesregierungen 93 V 1 ff
Authentisierung des Nutzers 64 V 9 ff 82 V 6 ff
Automationsunterstützte Führung 126 2 ff
als automatisierte Datei 126 1 ff
Automatisierter Datenabruf 80 V 1 ff 133 1 ff
Automatisiertes Abrufverfahren, Nutzerkreis 81 V 1 ff
Automatisiertes Abrufverfahren, Einrichtung 82 V 1 ff
Automatisiertes Abrufverfahren, Überprüfung 83 V 1 ff
Begriff 62 V 1 ff
Benutzeridentifikation 64 V 9 ff
Berechtigungsprüfung, Berechtigungsverwaltung 64 V 12, 13
Beweissicherung 64 V 15

1313

Sachregister

Bildschirm und Grundbucheinsicht 79 V 1 ff
Bildschirmdarstellung 63 V 1 ff
Bildschirmwiedergabe 132 3
Blattweise Umstellung 128 8
Bodenordnungsbehörden, Zusammenarbeit 86 V 7 ff
Briefergänzungen 89 V 1, 2
Brieferteilung 87 V 1 ff
Bundeseinheitliche Lösung, fehlende 126 9
CI-Daten 126 10
Codezeichen und automatisiertes Abrufverfahren 82 V 6 ff
Datenabruf und Datenverwendung 80 V 8 ff
Datenabruf, automatisierter 80 V 1 ff
Datenfernkommunikation, Absicherung 64 V 19
Datenfernkoommunikation und Hacking 65 V 9
Datenschutz 61 V 4 64 V 5 126 21
Datensicherung 66 V 1 ff
Datenspeicher 126 19
Datenspeicher, Anforderungen 62 V 5 ff
Datenübernahme aus Liegenschaftskataster 127 1 ff
Datenübernahme bei Vorratsspeicherung 64 V 21
Datenverarbeitung und Grundbuchverantwortlichkeit 126 25
Datenverarbeitung im Auftrag 90 V 1 ff 126 25 ff
Datenverarbeitung, Grundsätze ordnungsmäßiger 64 V 5 126 14 ff
Datenverfügbarkeit, dauerhafte 126 18
Datenverlust 66 V 8
Datenverlust, Datenmanipulation 126 17
Dienstanweisungen und Hardware- und Softwareschutz 65 V 7, 8
Dienstleistung, Verläßlichkeit 64 V 18
Digitale Signatur 75 V 7 ff
Eigentümerverzeichnis 126 22
Eintragung, äußere Form 76 V 1 ff
Eintragungen, Sicherung noch nicht wirksamer 66 V 3
Eintragungen, Überprüfung 74 V 8 ff
Eintragungen, Veranlassung 74 V 1 ff
Eintragungsverfahren 126 19
Eintragungsverfügung und Eintragung 130 1 ff 74 V 4
Eintragung, Wirksamwerden 129 1 ff
Elektronische Unterschrift 75 V 1 ff
Elektronische Übermittlung von Ausdrukken 78 V 13 ff
Ergänzungsprotokollierung 64 V 15

Ermächtigungen 134 1 ff
Ersatzgrundbuch 92 V 5 ff 141 12
Fehlfunktionen des Systems selbst 64 V 17
Freigabe als entscheidender Akt 128 5 ff 68 V 9, 10 71 V 1 ff
Gefahr ungesicherter elektronischer Dokumente 75 V 6
Gestaltung 63 V 1 ff
Grundakten 73 V 1 ff
Grundbuch im Rechtssinne 61 V 4
Grundbuchabschriften 77 V 4 ff
Grundbuchamt und Notar, Integration 126 12
Grundbuchamt, ausschließliche Verantwortung 90 V 3
Grundbuchblätter, Sicherung 66 V 4 ff
Grundbucheinsicht 132 1 ff 77 V 1 ff 79 V 1 ff
Grundbucheinsicht durch automatisierten Abruf 80 V 1 ff
Grundbuchverantwortlichkeit 126 25
Grundstücksverzeichnis 126 22
Hacking, Schutz 65 V 9
Handblatt 68 V 6
Hard- und Software, Anforderungen 61 V 4
Hard- und Softwarekomponenten 64 V 16
Hardware, Schutz 65 V 3 ff
Hauptbestandteile 126 7
Identifizierung des Nutzers 82 V 6 ff
Katasterbehörde und Grundbuchamt, gemeinsame Nutzung von Verzeichnissen 126 24 86 V 1 ff
Kontrolle des Abrufverfahrens 84 V 1 ff 133 24.ff
Kontrollmechanismen 129 8
Kosten des Abrufverfahrens 133 38 ff 85 V 1 ff
Kosten eines Ausdrucks 131 12
Kosten der Einsicht 132 6
Lesbarkeit 126 20
Liegenschaftskataster, Integration 127 1 ff
Manipulationsschutz 129 9
Markentabelle 126 23
NCI-Daten 126 10
Neufassung als Anlegungsform 128 3 69 V 1 ff
Neufassung des − 72 V 9, 10
Nutzerkreis und Abrufverfahren 133 5 ff 81 V 1 ff
OCR-Nachbearbeitung 126 11
Öffentliches Netz 64 V 20
On-line-Abruf 133 5 ff
Papiergrundbuchblatt, Schließung 68 V 11 ff

Fette Zahlen = §§, magere Zahlen = Rdn., V = GBVfg., W = WEGBVfg., GebV = GGV.

Papierene Führung **126** 1
Papierene Führung und maschinelles Grundbuch:Inhaltliche Identität **63** V 1 ff **78** V 2
Papiergrundbuch, Rückkehr **66** V 9 **92** V 8 **141** 16, 17
Produktionssystem **126** 7
Programmanforderungen, Anlagenanforderungen **64** V 1 ff
Programmsicherung, Anlagensicherung **65** V 1 ff
Protokollierung von Veränderungen, Ergänzungen **64** V 15
Protokollierung der Nutzung **82** V 14 ff
Protokollierung des Abrufs **83** V 5 ff
Recherchekomponente **126** 7
Rechtspfleger und Freigabe **128** 7
RegVBG-Grundlage **Vor 126**
Richtigkeit **128** 6
Rötungen **91** V 6
Schließung alten Grundbuchblatts **128** 10
Schließung des – **72** V 1 ff
Schuldurkunden **88** V 1 ff
Sicherheitsprobleme **64** V 2
Sicherungskopie **66** V 7
Signatur, elektronische und Signaturgesetz **75** V 7 ff
Software, Schutz **65** V 6
Subsysteme **64** V 16
Tag der Eintragung **129** 11, 12
Textverarbeitungssysteme **126** 10
Übermittlung eines Ausdrucks **131** 9 ff
Übernahmefehler **127** 8 ff
Überprüfung des Abrufverfahrens **83** V 1 ff
Überprüfung von Eintragungen **74** V 8 ff
Übertragungssicherheit **64** V 19
Umschreibung als Anlegungsform **128** 2 **68** V 1 ff
Umschreibung und Bekanntmachungen **128** 9
Umschreibung des – **72** V 1 ff
Umstellung **70** V 1 ff
Umstellung als Anlegungsform **128** 4
Umstellung des Papiergrundbuches **67** V 1 ff
Unterschrift, elektronische **129** 9 **75** V 1 ff
Unverfälschtheit **64** V 17
Urheberschaft von Verfügung und Eintragung **130** 5
Urkundenbeweis, elektronischer **75** V 18
Verfügung über Datenspeicher **62** V 7 ff
Vermerk **71** V 6 ff
Vermerke bei Anlegung **68** V 9 ff **69** V 5 ff
Versorgungsunternehmen, Zusammenarbeit **86 a** V 1 ff

Verweisungen **91** V 3 ff
Verzeichnisse des Grundbuchs **126** 22, 23
Vollelektronische Führung **126** 6 ff
Vollständigkeit **128** 6
Warnmeldungen **64** V 18
Wiedergabe gespeicherter Daten **126** 20
Wiederherstellung des – **92** V 3, 4
Wirksamwerden von Eintragungen **129** 1 ff
Zugang, unbefugter **126** 16
Zugriffsausschluß und Wiederherstellung **141** 10 ff
Zulassung zum Abrufverfahren **133** 12 ff **81** V 7 ff
Zuständigkeit für Ausdruck **78** V 3
Grundbuchabschriften 44 V 1 ff
Grundbuchabteilungen
  Eintragungen in Abteilung I **9** V 1 ff
  Eintragungen in Abteilung II **10** V 1 ff
  Eintragungen in Abteilung III **11** V 1 ff
  und Grundbuchblatt, ganzes **3** 3
  Haupt- und Veränderungsspalten **45** 13
  und Rangdarstellung **45** 1 ff
  Rangverhältnisse, Darstellung **45** 11 ff
Grundbuchamt
  s. a. Amtsermittlung; Amtsgericht; Amtspflichten; Amtsverfahren; Berechtigte Zweifel
  Abhilfe im Beschwerdeverfahren **75** 1 ff
  und Anordnungen des Beschwerdegerichts **71** 12
  Amtspflicht der Richtighaltung des Grundbuchs **29** 131
  Arbeitsabläufe **61** V 4
  Arbeitsabläufe und maschinelle Grundbuchführung **74** V 4 ff
  Ausschluß sehr entfernt liegender Möglichkeiten **29** 135
  und Behördenersuchen um Grundbucheintragung **38** 8
  Beitrittsgebiet **144** 2 ff
  Bekanntgabe einer Eintragungen gegenüber einem anderen – **55** 2
  Berichtigung
    s. dort
  Berichtigungszwang **82** 1 ff
  und Beschwerdeeinlegung **73** 1 ff
  und Beschwerdeeinlegung (weitere Beschwerde) **80** 1 ff
  Beschwerdeentscheidung und Tätigkeit des – **77** 29
  und Bodenordnungsbehörden **86** V 7 ff
  und Briefaushändigung **60** 4
  Eintragung, Eintragungsverfahren
    s. dort
  Eintragungsverfügung **44** 2 ff

1315

Entscheidungen 71 3 ff
Entschließungen zum inneren Geschäftsbereich 71 59
und Erbscheininhalt 35 53
Ersuchen anderen Grundbuchamtes um Eintragung 36 37
Gemeinschaftsordnung, Prüfung **Einl E** 87
und Gesamthypothekenbrief 59 2 ff
Gesetzesverletzung und Amtswiderspruch 53 5 ff
Glaubhaftmachung gegenüber — 29 a 7 ff
und Grenzregelungsverfahren 36 36
und Katasteramt, Zusammenarbeit 86 V 1 ff
Klarstellung der Rangverhältnisse
Nebenumstände, freie Würdigung 29 134
s. Rangverhältnisse (Klarstellung)
Meinungsäußerungen, unverbindliche 71 57 71 58
Mitteilung des Nachlaßgerichts 83 1 ff
Mitteilungen an ein anderes — 55 a 1 ff
Prüfungspflicht bei inländischen öffentlichen Urkunden 29 80
Prüfungspflichten 35 26 ff
Sachbehandlung, fehlerhafte 22 32
Sicherheit des Verfahrens und Richtigkeit des Grundbuchs, Verhältnis 29 131
und Unanfechtbarkeit von Entscheidungen 71 57 ff
Urkundenvorlegung, Briefvorlegung 88 1 ff
Verantwortlichkeit, ausschließliche 90 V 3
Verarbeitung von Grundbuchdaten 126 25 ff 90 V 1 ff
Verfahren in besonderen Fällen (Übersicht) **Vor 82** 1 ff
Verfahrensfehler 22 63
und Versorgungsunternehmen 86 a V 1 ff
Verzeichnisse und maschinelle Grundbuchführung 126 22 ff
Vorbescheide, nicht statthafte 71 60
Zuständigkeit
s. dort
Zuständigkeitswechsel 25 1 ff
Zweifel
s. Berechtigte Zweifel
Grundbuchamtsbezirk
Begriff 1 5 2 2
Grundbuchbeamte
Ablehnung 11 3 ff
Ausschließung 11 7
Gesetzesverletzung 53 6
Handlungen bei Ablehnungsgründen 11 7
Zuständigkeit 1 3, 5, 10
Grundbuchbereinigungsgesetz
und Berichtigungszwang 82 27 ff

Grundbuchbezirk
Abgabe des Grundbuchbandes bei Änderung des — 26 V 1 ff
Begriff 2 2
Früherer Bezirk 95 V 1
Geltung der GBO 135 4
Gemeindebezirk 2 V 1
Teilung des Gemeindebezirks 2 V 2
Vereinigung oder Zerlegung des Gemeindebezirks 2 V 3, 4
Wechsel 27 V 1
Grundbuchblatt
Absehen von der Führung 3 8
Altrechtliches Erbbaurecht 8 3
Angleichung, Umschreibung, Umstellung alter Blätter 138 1 ff
Anlegung 3 7 ff
Anlegung von Amts wegen 116 1 ff
Anlegung, Beschwerdemöglichkeit 71 22
und Aufgebotsverfahren 119, 120, 121 1 ff
Aufschrift 4 V 1 5 V 1
Beglaubigte Abschrift von Blatteilen 45 V 1 ff
Bekanntmachung bevorstehender Blattanlegung 122 1 ff
Beschränkte dingliche Rechte bei Anlegung eines — 124 1 ff
Beschwerde gegen Schließung 71 39
Beschwerde, ausgeschlossene gegen Anlegung eines — 125 1 ff
Bestandsverzeichnis, Spalteneinteilungen 6 V 1 ff
Buchungsfähigkeit 3 2
Einteilung (Aufschrift, Bestandsverzeichnis, drei Abteilungen) 4 V 1 ff
Eintragung im falschen — **Einl B** 45
Fischereigerechtigkeit 136 8
Gebäudeeigentum
s. Gebäudegrundbuch
Gemeinschaftliches Grundbuchblatt 4 1
als Grundbuch 3 3
Grundbuch, maschinelle Führung 62 V 3
Grundbuch, maschinell geführtes und Sicherung des — 66 V 4 ff
Grundstück, nicht nachweisbares 35 V 1 ff
und Hypothekenbrief 57 4
Inkrafttreten der Grundbuchverfügung 97 V 1 ff 98 V 1, 2 99 V 1
Mehrheit bezeichneter Grundstücke 6 V 12
Mitbelastung 48 7 ff
Muster der GBV 4 V 1 4 V 3
und Neufassung eines Teils des Grundbuchblatts 33 V 1 ff
Nichtübertragung eines Rechts auf ein neues Blatt 46 5

Fette Zahlen = §§, magere Zahlen = Rdn., V = GBVfg., W = WEGBVfg., GebV = GGV.

Nummernfolge 3 V 1 ff
Realfoliumsprinzip 3 3 4 V 4
Schließung alten Grundbuchblatts bei Freigabe maschinell geführten Grundbuchs 128 10
Schließung 129 10 30 V 11 34 V 1 ff 35 V 1 ff 36 V 1 37 V 1 ff
Schließung bei Anlegung maschinell geführten Grundbuchs 67 V 11 ff
Schließung maschinell geführten Grundbuchs 72 V 1 ff
Schließungsfälle, weitere 34 V 1 ff
Schließungsform 36 V 1
Teilung 7 4
Umschreibung und Gestaltung des neuen – 30 V 1 ff
Umschreibung unübersichtlichen Grundbuchblatts und Rangverhältnisse 91 1 ff
Umschreibung, erforderliche 23 V 1
Umstellung auf Loseblattgrundbuch 101 1
Unübersichtlichkeit und Neufassung eines Teil des – 33 V 1 ff
Vermögenszuordnungsgesetz 36 27
und Voreintragung 39 8
Widerspruch bei Anlegung eines – 125 2, 3
Wiederverwendung geschlossener Blätter 37 V 1 ff
Wohnungsgrundbuch
  s. Wohnungseigentum
Zuständigkeitswechsel 25 1 ff
Zuständigkeitswechsel und Abgabe von Grundbuchblättern 27 a V 1
Zuständigkeitswechsel, Bekanntmachungen 40 V 1, 2

Grundbucheinsicht
Abdruckherstellung 80 V 5
Abrufverfahren, automatisiertes 133 1 ff 79 V 1 ff
Beitrittsgebiet 12 b 1 ff
Beschwerdemöglichkeit 71 37
Datenabruf im automatisierten Verfahren und Berechtigung zur – 80 V 1 ff
Grundsatz 12 1
Interesse 12 3 ff
Maschinelle Grundbuchführung 132 2 ff 77 V 1 ff
durch Notar, Behörden 43 V 1 ff
Rechtsbehelfe 12 10 ff
Verwaltungseinsicht 12 5

Grundbucherklärungen
  s. a. Verfahrensrecht
  s. a. Einigung
  s. a. Eintragungsbewilligung
  s. a. Berichtigungsbewilligung
  s. a. Zustimmung
  s. a. Antrag, Antragsverfahren
Abgrenzungen Einl A 45, 46
Angabe von Geldbeträgen 28 18 ff
Auslegung Einl C 18, 25
Bedeutung Einl A 44
Doppeltatbestand Einl A 51
Grundbuchmäßige Behandlung Einl A 52
Grundlagen Einl A 43 ff
Grundstücksbezeichnung 28 10 ff
Umdeutung Einl C 29
Vereinigung 5 17
Wirkungen Einl A 47
zur Eintragung erforderliche (Übersicht) 29 19
zur Eintragung nicht erforderliche 29 26

Grundbuchheft
Fortführung bisheriger 96 V 1

Grundbuchmäßiges Recht
als Recht im GBO-Sinne Einl B 12

Grundbuchmuster 4 V 3

Grundbuchordnung Einl A 5
Formelle Klarheit 15 19
Recht im Sinne der GBO Einl B 12

Grundbuchrecht
  s. a. Materielles Recht
  s. a. Verfahrensrecht
Abweichende Auslegung 79 6
Begriff Einl A 3 ff
Begriff des Rechts Einl B 10
Beitrittsgebiet und GBO 144 1 ff
und Buchrecht Einl B 11
EGBGB 135 7 ff
und FGG-Recht 1 26 ff
Formelles Recht Einl A 5
Inkrafttreten der GBO 135 1 ff
und Liegenschaftsrecht Einl A 3
Materiell- und verfahrensrechtliche Lösungen Einl A 64
Materielles und formelles Recht Einl A 15
Vorbehalt zugunsten Landesgrundbuchrecht 136 2 ff
Wirksame Eintragung und – Einl A 59
Zweck Einl A 15

Grundbuchrichter
Ablehnung 11 3 ff
Ausschließung 11 2
Beschwerde gegen Entscheidungen 71 3
Beschwerdeeinlegung 73 5
und Durchgriffserinnerung 71 6
Richterprivileg Einl C 47
Schutzvermerk 18 84
Zuständigkeit 1 12
Zuständigkeit, Verletzung der Regeln 1 17 ff

Grundbuchsachen
Begriff 1 2

1317

Geschäftsverteilung **1** 24
Rechtsmittel
  s. dort
Grundbuchsperre
  und Nacherbschaftsvermerk **51** 20
Grundbuchverfahren
  s. Verfahrensrecht
Grundbuchverfügung
  Allgemeine Verfügung über Einrichtung und Führung des Grundbuchs (Übersicht) **Vor 1 V** 1 ff
  Beitrittsgebiet **105 V** 1 ff
  Berichtigungszwang **82** 13 ff
  Eintragungsverfügung und Eintragung bei maschineller Grundbuchführung **130** 1 ff
  Eintragungsverfügung **44** 2 ff
  als Entscheidungen **71** 13
  und Erinnerung **71** 8
  Gebäudegrundbuchverfügung
    s. dort
  Grundbuchdatenspeicher **63 V** 7 ff
  Löschungsvermerk **46** 1 ff
  und maschinelle Grundbuchführung **74 V** 4 ff
  und Mitteilungen an andere Grundbuchämter **55 a** 3
  Sammelbuchung **44** 12 ff
  Sonderregelung für maschinell geführtes Grundbuch (Übersicht) **61 V** 4
  und Vorbescheid, nicht statthafter **71** 60
  WE-Sachen **Vor 1 W**
  Wirksamwerden, Abänderungsbefugnis **1** 35, 37
  Zwischenverfügung
    s. dort
Grundbuchvertreter
  und Briefvorlage **42** 5 ff
  Hypothek für Teilschuldverschreibungen auf den Inhaber **50** 5
Grunddienstbarkeit
  Änderung der Art des Rechts **19** 63
  Altrechte, Aufhebung nicht eingetragener **Einl** N 35
  Anspruch auf Einräumung **29 a** 3
  Bauwerke, Anlage zu haben **Einl** N 20
  Bedingung, Befristung **Einl** N 16 **Einl** N 37
  Belastung ideellen Miteigentumsanteils, unzulässige **Einl** N 8
  Belastungsgegenstand (dienendes Grundstück) **Einl** N 3 ff
  Benutzungsrecht in einzelnen Beziehungen **Einl** N 18 ff
  Berechtigter (herrschendes Grundstück) **Einl** N 9 ff
  und beschränkte persönliche Dienstbarkeit, Abgrenzung **18** 20 **Einl** N 43

Bestimmbarkeit **Einl** N 15
Betretensrecht **Einl** N 19
Buchungsfreie Grundstücke, belastete **Einl** N 6
am Dauerwohn- oder Dauernutzungsrecht, unzulässige Bestellung **Einl** N 8
Duldung des Überbaus **Einl** N 17
Duldungs- und Unterlassungpflichten kraft Gesetzes, fehlende Eintragungsfähigkeit **Einl** N 17
Eigentümeridentität **Einl** N 12
Eintragung **Einl** N 34
Eintragung in der zweiten Abteilung **10 V** 17
Entstehung **Einl** N 32 ff
Erlöschen **Einl** N 35 ff
Ersitzung **Einl** N 32
Gegenstandslose Eintragungen und Amtslöschung **84** 5
Gemeingebrauch **Einl** N 5
Gesamtgläubigerschaft **47** 10
Gewerbeausübung **Einl** N 21
Handelspflicht des Eigentümers, unzulässige **Einl** N 23
Inhalt **Einl** N 14 ff
keine Lebenszeitbeschränkung **23** 10
Löschung **Einl** N 35
Mehrheit belasteter Grundstücke **Einl** N 4
Miteigentumsbruchteil und Zwangsversteigerung **38** 52
Nachbarschaft **Einl** N 13
neben öffentlicher Last **Einl** N 17
Nebenpflicht aktiven Tuns **Einl** N 30
Nichtigkeit wegen fehlenden Vorteils **Einl** N 13
Personenbezogene Nutzungsuntersagung, unzulässige **Einl** N 28
Reale Grundstücksteile, belastete **Einl** N 7
Realer Grundstücksteil, Ausschluß als herrschendes Grundstück **Einl** N 10
Rechtsausübung, ausgeschlossene **Einl** N 31
Rechtsgeschäftliche Begründung **Einl** N 33
Rechtsnatur **Einl** N 2
als subjektiv-dingliche Rechte **9** 2
Tatsächliche Nutzung, untersagte **Einl** N 26
Teilflächenbeschränkung **Einl** N 7
Teilung eines Grundstücks **7** 34 **Einl** N 40
Übertragbarkeit, ausgeschlossene **Einl** N 35
Unmöglichkeit der Ausübung **Einl** N 38
Unterlassungspflicht des Eigentümers **Einl** N 24 ff
Untersagungsrecht des Berechtigten **Einl** N 24 ff
Verbot bereits aufgrund Gesetzes **Einl** N 29
Verbote, unzulässige **Einl** N 27

Fette Zahlen = §§, magere Zahlen = Rdn., V = GBVfg., W = WEGBVfg., GebV = GGV.

Vereinigung der beteiligten Grundstücke **Einl** N 39
Verwaltungsakt **Einl** N 17
Verwertung natürlicher Eigenschaften **Einl** N 22
Vorteilerfordernis **Einl** N 13
am Wohnungseigentum **Einl** N 25, 36
Wohnungseigentum, selbständige Belastbarkeit **Einl** N 8
zugunsten Mehrheit von Grundstücken **Einl** N 11
Zwangsenteignung **Einl** N 41
Zwangsversteigerung des dienenden Grundstücks **Einl** N 36
Grunderwerbsrecht
und Vormerkung **Einl** G 50
Grunderwerbsteuer
Unbedenklichkeitsbescheinigung des Finanzamts **20** 220
Grundgeschäft
s. Schuldrecht
Grundpfandrechte
Ablösungssumme **11** V 4
Abtretung **26** 9
Abtretung und Belastung **26** 1 ff
Abtretung von Teilbeträgen **17** V 3
Abtretungsvormerkung **Einl** T 3
Änderung der Art des Rechts **19** 63
Aufhebung **27** 1
Belastung eines realen Grundstücksteiles **7** 5
und Beschwerdeberechtigung **71** 71 a
und Bestandteilszuschreibung **6** 26
und Bestimmtheitsgrundsatz **Einl** C 7
Eintragung **Einl** T 1 ff
Eintragungen in Abteilung III **11** V 1 ff
Geldbetrag, Eintragung **11** V 5 **17** V 1 ff **17** V 3
Gesamtgläubigerschaft **47** 10
Gesamthandsgemeinschaft **47** 7
und gesetzliche Vertretung **19** 188
Glaubhaftmachung bei Löschungsvormerkung § 1179 Nr 2 BGB **29 a** 1 ff
Leistungsrückstände **23** 22
Löschung **27** 1 ff **46** 7
Löschung von Eintragungen **11** V 13
Löschung nach GBMaßnG **29** 11
Löschung auf gesetzlicher Grundlage **28** 32
Löschung und hiervon Betroffene **19** 65
Löschungsbewilligung **27** 18 ff
Löschungsfähige Quittung **27** 23, 24
Löschungsvormerkung (alten und neuen Rechts) **Einl** T 1 ff
und Mitberechtigung **47** 13
Miteigentumsbelastung **7** 9 **11** V 3

Muster für die Eintragung **11** V 14 ff
Nachlaßzugehörigkeit und Auseinandersetzung **37** 1 ff
Nebenbestimmungen **11** V 5
und Rangregulierung **45** 29
Teillöschung **19** 63 **17** V 6
Teilung **7** 34 **26** 32
Umwandlung **19** 68
Veränderungen des Rechts **11** V 8
Verpfändung **26** 14
Vormerkung **11** V 10 **11** V 5
Währungsreform **28** 31
Widerspruch **11** V 12 **11** V 5
Wirksamkeitsvermerk **Einl** T 5
Wohnungseigentumsrecht, Belastung eines einzelnen **Einl** E 59
Zustimmung zur Löschung **27** 7 ff
Zwangsvollstreckungsunterwerfung **Einl** T 4
Grundschuld
s. a. Grundpfandrechte
Abstraktheit **Einl** S 5
Abtretung vom Gläubiger an den Eigentümer **Einl** S 9
Abtretung von Teilbeträgen **17** V 3
Abtretung unter Umwandlung in Hypothek, Eintragungsmuster **11** V 16
Abtretungsausschluß **Einl** S 7
Abtretungsvormerkung bei Sicherungsgrundschuld **Einl** T 3
Arten **Einl** S 1 ff
Aufhebungsanspruch, Erfüllung **Einl** S 9
Bedingung, Befristung **Einl** B 31
und Beschwerdeberechtigung **71** 71 a
Briefrecht **26** 11
Bruchteilsgemeinschaft **47** 4
Duldungsklage und Zwangsvollstreckungsunterwerfung **Einl** T 4
Eigentümergrundschuld, Pfändung **Einl** S 10, 11
Eigentümergrundschuld **Einl** S 2
Eintragung in Abteilung III **11** V 1 ff
Endgültige Eigentümergrundschuld **Einl** S 2
Erbfolge, Nachweis **35** 23
Forderungsbindungsklausel **Einl** S 7
Forderung, Sicherungszweck: keine Eintragung **Einl** S 5
Geldbetrag, Eintragung **11** V 4 **17** V 1 ff
Gesamtgläubigerschaft **47** 10
Gesetzliche Vertretung **19** 188
Glaubhaftmachung bei Löschungsvormerkung § 1179 Nr 2 BGB **29 a** 1 ff
Inhabergrundschuld und Gläubigereintragung **42** 2 ff
Inhabergrundschuld, Zerlegung **50** 6

1319

auf Lebenszeit 23 8
Löschung 27 1 ff
Löschung nach GBMaßnG 29 11
Löschungsfähige Quittung 27 25
Miteigentumsanteil, Belastung 7 9
Nachlaßzugehörigkeit und Auseinandersetzung 37 1 ff
Namensgrundschuld und Gläubigereintragung 42 1 ff
Nebenleistungen Einl S 6
Nießbrauchsbestellung Einl M 5
Pfändung, Verpfändung Einl S 8 ff
Rechtsnatur Einl S 1
Rückgewähranspruch, Pfändung Einl S 9
Sicherungsgrundschuld, Pfändung Einl S 9
Teillöschung 17 V 6
Teilung 61 2
Übergangsausschluß Einl S 7
Valutierungsklausel Einl S 7
Verpfändung 26 14
Verschleierte Eigentümergrundschuld Einl S 11
Verzinsung Einl S 6
Vorläufige Eigentümergrundschuld Einl S 2

Grundschuldbrief
Äußere Form 51 1
Amtswiderspruch 53 21
Anwendung der Regeln für den Hypothekenbrief 70 1, 2
Ausschlußurteil 41 7
Eintragung des Gläubigerrechts 42 1 ff
und maschinelle Grundbuchführung 87 V 1 ff
Muster 52 1, 2
Rangklarstellungsverfahren 99 1 ff
Unbrauchbarmachung 53 1 ff
Wohnungseigentum 5 W 1

Grundstück
Abschreibung eines ganzen 13 V 9, 10
Auffindung 2 10
Ausbuchung 13 V 14
Begriff 2 4 Einl A 6
Bestandsveränderungen, Eintragung 13 V 1 ff
Bestandsverzeichnis 6 V 1 ff
Bewilligungsobjekt 19 41
Bezeichnung in alten Büchern 140 1 ff
Bezeichnung in Grundbucherklärungen 28 10 ff
Bruchteilsgemeinschaft 47 4
Buchungsfreies — 3 4
Dauerwohn- und Dauernutzungsrecht Einl O 2
Eigentum, Eigentümer
s. Eigentum
s. Eigentümer

Erbbaugrundstück Einl F 6, 16
Erbengemeinschaft, Gütergemeinschaft (erleichterte Umschreibung) 36 1 ff
und Flurstück 2 5
und Gebäudeeigentum Einl E 7 1 GebV 5 ff
und gegenstandslose Eintragung 84 10
und Grundbuch 3 2
Grundbuchgrundstücke 6 V 12
und Grundbuchzuständigkeit 1 5
Grunddienstbarkeit am — Einl N 3
Grundstücksmehrheit 48 2
Herrschendes Grundstück und subjektive Rechte 9 1 ff
Hypothekenbelastung Einl R 5
im katastertechnischen Sinn 2 5
Mehrere alte Bücher für ein — 139 1 ff
und Miteigentumsanteil, Vereinigung 5 10
Nachweisbarkeit, nicht mögliche 35 V 1 ff
Nießbrauch Einl M 2
Nutzungseinschränkung Einl N 52, 53
und Rangregulierung 45 29
und Rangverhältnis 45 1
im Rechtssinn 2 4 Einl A 6
Richtigstellungen 22 11
Teile eines — 2 6
Teilung 7 3
Veränderungen des Belastungsobjektes 19 61
Vereinigung 5 3
und WE-Berechtigung, Vereinigung 5 10
und WE-Berechtigung, Zuschreibung 6 10
und Wohnungseigentum
s. dort
Wohnungseigentum und Rechte am ganzen — 4 W 1 ff
und Wohnungsgrundbuch 3 W 1 ff
als Zubehör 3 7
Zusammenschreibung 4 1
Zuschreibung 6 4

Grundstücksbeschrieb 28 12
Grundstückserwerb
Gesetzliche Vertretung 19 188
Grundstücksgleiche Rechte
Aufhebung, rechtsgeschäftliche 20 20
Bestellung, Inhaltsänderung, Übertragung 20 19
Erbbaurecht Einl F 5, 51
Grundbuchberichtigung durch Berechtigteneintragung 22 83
Grunddienstbarkeit an — Einl N 3
Herrschendes Grundstück und subjektive Rechte 20 19 4 2
Hypothekenbelastung Einl R 5
Landesrechtlicher Vorbehalt 137 1 ff
des Landesrechts Einl N 1

Fette Zahlen = §§, magere Zahlen = Rdn., V = GBVfg., W = WEGBVfg., GebV = GGV.

Nießbrauch **Einl** M 2
und Rangverhältnis **45** 1
Vereinigung mit Grundstück **5** 7
Zuschreibung beim Grundstück **6** 7
Grundstückskaufvertrag
GBA-Prüfung **Einl** A 41, 42
Grundbucheinsicht **12** 6
Wohnungseigentum **Einl** E 93, 94
Grundstücksrecht
Begriff **Einl** A 4
und Bewilligungsgrundsatz **Einl** C 4
Formelles Recht, materielles Recht **Einl** A **15** ff
Grundsätze des materiellen – **Einl** C 1
Recht an einem Grundstücksrecht **45** 4
Rechte an Grundstücksrechten und Gesamtrechtsbestellung **48** 4
Voraussetzung dinglicher Rechtsänderung **Einl** A 39
Grundstücksteile (reale)
Abschreibung **2** 12 13 V 13
Auflassung realer Teilflächen **20** 13
vor Auflassungsvollzug **28** 15
Belastung **28** 15 **7** 5 ff
Belastungseintragung in der zweiten Abteilung **10** V 10
Dauerwohn- bzw. Dauernutzungsrechtsbelastung **7** 5
Dienstbarkeitsbelastung **7** 7
Erbbaurechtsbelastung **7** 5
Flächenbezeichnung **28** 15
Freistellung noch nicht vermessener – **29** 77
Grunddienstbarkeitsbestellung, ausgeschlossene zugunsten – **Einl** N 10
Grunddienstbarkeitsbelastung **Einl** N 7
Grundpfandrechtsbelastung **7** 5
Identitätserklärung **28** 15
Katastermäßige Verselbständigung
s. Zuflurstück
Nießbrauch **Einl** M 2
Reallast, Belastung **7** 7
Verkäuferschutz bei Messungskauf **Einl** L 31
Vermessene Teilflächen **28** 15
Vorkaufsrechtbelastung **7** 5
Vormerkung **7** 8
Vormerkung bei Übereignungsanspruch einer noch nicht vermessenen Fläche **Einl** G 41
Grundstücksteilung
s. Teilung eines Grundstücks
Nutzungsrecht, Gebäudeigentum **10** GebV 1 ff **9** GebV 1 ff

Grundstücksveräußerung
Behördenersuchen bei ungenehmigter – **36** 33
Grundstücksvereinigung
s. Vereinigung von Grundstücken
Grundstücksverkehr
Öffentlich-rechtliche Beschränkungen
s. Genehmigung
und Wertsicherungsvereinbarungen **28** 22 ff
Grundstücksverkehrsgesetz
Behördenersuchen bei ungenehmigter Grundstücksveräußerung **36** 33
als Belastungsbeschränkung **19** 160
Genehmigungsfreiheit **20** 195 ff
Genehmigungspflicht **20** 193 ff
Grundstücksverkehrsordnung 20 167
Grundstücksverzeichnis
Abschreibung von Grundstücksteilen **2** 13
Auszug **2** 11
Begriff **12 a** 13 **2** 3, 7, 8
und Bestandsverzeichnis **2** 10
und Grundakte **6** V 12
Teilung eines Grundstücks **7** 2
Übereinstimmung zwischen Grundbuch und – **2** 10
Gütergemeinschaft
Auflassung **20** 99
Beendigung **Einl** D 42
Eigentumsübergang und Berichtigungszwang **82** 4
Erleichterung der Auseinandersetzung (Umschreibung auf einen Beteiligten) **36** 1 ff **37** 1 ff
und Umfang des Nacherbenrechts **51** 7
Verfügungsbeschränkungen **19** 147 ff
Verfügungsbeschränkung, nicht eintragbare **Einl** J 9
und Voreintragungsgrundsatz **40** 12
und Zeugniserteilung **36** 11
Zuschreibungserklärung **6** 17
Güterrecht
Auflassung **20** 24, 25, 101
Ausländisches Recht **19** 154
Beweismittel **33** 16 ff
Eintragungsfähigkeit, Eintragungspflicht des Güterstandes **33** 2 ff
Erklärungen nach § 1365 BGB **29** 137
Errungenschaftsgemeinschaft **19** 153
Fortgesetzte Gütergemeinschaft **19** 151
Gesetzlicher Güterstand **19** 135 ff
Gütergemeinschaft **19** 147 ff
Gütertrennung **19** 146
und Verfügungsbeschränkungen **20** 24
Vermögensgemeinschaft (FGB-DDR) **19** 135, 136 **20** 104
bei Vertriebenen **19** 135, 154

1321

Sachregister

Gutglaubensschutz
  Abgrenzung des Erwerbs vom Berechtigten, vom Nichtberechtigten 19 99
  Ablehnung der Eintragung durch das GBA 19 100
  und Amtswiderspruch 53 2 ff
  Antrag, Zeitpunkt 13 9
  für Auflassungsempfänger **Einl** L 28, 32
  Bedeutung des guten Glaubens im Grundbuchverfahren 19 94 ff
  und Belastung eines Eigentumsbruchteils 7 18
  und Berichtigungsantrag 22 8
  und Briefrecht 41 2
  und Eintragung, noch fehlende als letzter Rechtsakt 19 100
  Grundbuch und Briefhypothek, Übereinstimmung 62 1
  und Grundbucheintragung **Einl** A 11
  und Grundbuchvermutung **Einl** A 60
  Hypothek **Einl** R 2, 3
  und Löschung 53 3
  Nießbrauch **Einl** M 25
  Publizitätsgrundsatz 12 1 **Einl** C 9
  und Schutzvermerk 18 83
  und unwirksame Grundbuch-Eintragung **Einl** B 40
  und Verfügungsbeschränkungen 19 83 **Einl** J 6, 18
  Voreintragungsgrundsatz **Einl** C 5
  Vorerbenbefugnisse 51 9
  für Vormerkung **Einl** G 11
  für Widerspruch **Einl** H 7
  Zeitpunkt der Gutgläubigkeit 19 86

Haager Übereinkommen
  Befreiung von der Legalisation 29 110
Hacking
  Schutz bei Datenfernkommunikation 65 V 9
Häuslerrechte 104 V 1
Hamburg
  HöfeO 20 212
  Muster, Vordrucke für Briefe 52 2
Handblatt
  und Grundakte 24 V 4
  und maschinelle Grundbuchführung 73 V 6 ff
Handelnspflichten
  nicht aufgrund einer Dienstbarkeit **Einl** N 23
Handelsbevollmächtigter
  Vertretungsbefugnis 32 14
Handelsgeschäft
  und Nießbrauchsübertragung **Einl** M 22

Handelsgesellschaften
  Eigentumsübergang und Berichtigungszwang 82 4
  Nachweis der Vertretungsberechtigung 32 1 ff
Handelsregister
  und Nachweis der Vertretungsberechtigung bei Handelsgesellschaften 32 1
  Vorlageverlangen 18 25
Handlungsausschluß
  aufgrund beschränkt persönlicher Dienstbarkeit **Einl** N 53
Handwerksinnungen
  Belastungsbeschränkungen 19 161
  Erwerbsbeschränkungen 20 71
Handwerkskammer
  Belastungsbeschränkungen 19 161
  Erwerbsverbot, früheres 20 71
Hard- und Software
  s. Grundbuch (maschinell geführtes)
Hauptgrundstück 6 2
Hauptsachenerledigung
  und Kostenentscheidung 71 50 ff
Heimfallvereinbarung
  Dauerwohnrecht, Dauernutzungsrecht **Einl** O 9
Heimstätte
  Belastungsbeschränkung 19 163
  Genehmigungspflicht 20 211
  Zwangsversteigerung 38 60
Herausgabeanspruch
  Briefaushändigung 60 1 ff
Herrschendes Grundstück 21 2
  Grunddienstbarkeit **Einl** N 9 ff
  und subjektiv-dingliche Rechte des Eigentümers 9 1 ff
  Wohnungseigentumsrecht als − **Einl** E 14
Hessen
  Erbscheinerteilung 35 30
  Muster, Vordrucke für Briefe 52 2
  Öffentlich beglaubigte Urkunden 29 91
  Umschreibung auf einen Auseinandersetzungsbeteiligten 36 10
  Unschädlichkeitszeugnis und entbehrliche Briefvorlage 41 26
  Veräußerungsbschränkungen 20 217
Hindernis
  Grundbucheintragung, bestehendes − 18 8 ff
Hinweisende Grundbucheintragung 53 3
Höchstbetragshypothek
  als fortgeltende Hypothek des DDR-Rechts **Einl** R 26
  Künftige Forderung **Einl** R 11
  Löschungsfähige Quittung 27 25
  Rechtsnatur **Einl** R 3

Fette Zahlen = §§, magere Zahlen = Rdn., V = GBVfg., W = WEGBVfg., GebV = GGV.

Höferecht
und Beschwerdeberechtigung 71 71 a
Erbschein 35 38 35 38 ff
Grundbuchblatt, Aufschrift 5 V 1
und Nießbrauchsbestellung Einl M 6
Veräußerungs- und Belastungsbeschränkungen 19 163 20 212
Verfügung von Todes wegen 35 68
WE-Sachen Einl E 1
Hofräume
Ungeteilte, ungetrennte – 2 7
Hoheitsakt
Auslegung Einl C 33
Eigentumserwerb durch – 20 41
Eintragung, Löschung als – Einl B 30
Hypothek
Abtretung 26 9
Abtretung von Teilbeträgen 17 V 3
Abzahlungshypothek 46 9
Arresthypothek, Eintragungsmuster 11 V 21
Arten Einl R 1 ff
Aufbauhypothek § 456 ZGB Einl R 27
Aufrechnung ausgeschlossen-Klausel 16 4
Bedingte Hypothek 16 4
Bedingung, Befristung Einl R 17
Belastungsgegenstand Einl R 5
und Beschwerdeberechtigung 71 71 a
Bezugnahme auf Bewilligung Einl B 40
Bezugnahme der Eintragungsverfügung 44 23
Briefrecht 26 11
Bruchteil des Alleineigentums, nicht belastbarer Einl R 5
Bruchteilsgemeinschaft 47 4
Darlehensbuchhypothek Einl H 17
DDR-Recht, fortgeltende Hypotheken Einl R 24 ff
Dingliche Rechtsänderung Einl A 39
Duldungsklage und Zwangsvollstreckungsunterwerfung Einl T 4
Eigentümergrundschuld, aus Hypothek entstandene 19 66
Einheitshypothek 19 68 66 2
Einheitshypothek, Eintragungsmuster 11 V 22
Eintragung in Abteilung III 11 V 1 ff
Eintragungsmuster 11 V 14 ff
Erbfolge, Nachweis 35 23
Forderung und Hypothek, Grundsatz der Untrennbarkeit 26 30
Forderungsart Einl R 11 ff
Forderungsauswechselung 19 68 65 1 ff
Forderungsbegründung durch Vertrag zugunsten Dritter Einl R 8

Fremdhypothek Einl B 16
Geldbetrag, Eintragung 11 V 4 17 V 1 ff
Gesamtgläubigerschaft 47 10
Gesamthandsanteil, nicht belastbarer Einl R 5
Gesamthypothek, Verteilung 64 1, 2
Gesetzliche Vertretung 19 188
Gläubiger Einl R 7
Glaubhaftmachung bei Löschungsvormerkung § 1179 Nr 2 BGB 29 a 1 ff
Grundbuch und Briefhypothek, Übereinstimmung 62 1
Höchstbetragshypothek Einl R 3, 11, 13
Höchstbetragshypothek § 454 a ZGB Einl R 26
Inhaber- oder Orderhypothek, Eintragung 43 1 ff
Künftige Abkömmlinge, noch unbekannte Erben als Gläubiger Einl R 9
auf Lebenszeit 23 8
Löschung 27 1 ff
Löschung nach GBMaßnG 29 11
Löschung, teilweise 46 9
Löschung verpfändeter Hypothek 19 65
Löschungsfähige Quittung 27 23 ff
Mehrfache Sicherung einer- und derselben Forderung Einl R 14
Mehrheit von Grundstücken für eine einheitliche Forderung Einl R 6
Mehrheit von Hypotheken desselben Gläubigers 66 1 ff
Miteigentumsanteil, Belastung 7 9 Einl R 5
Nachlaßzugehörigkeit und Auseinandersetzung 37 1 ff
Nachträgliche Mitbelastung 63 1 ff
Nebenleistungen Einl R 15
Nebenleistungen, Zusammenfassung Einl R 18
Neubelastung durch Erhöhung des Hypothekenkapitals 19 63
Nießbrauchsbestellung Einl M 5
Notarielle Vollmacht 15 18
Öffentlich-rechtliche Ansprüche Einl R 12
Pfändung Einl R 20
Pfändung, Eintragungsmuster 11 V 24
Rechtsnatur Einl R 1
Reihenfolge der Erledigung von Anträgen 17 12
Sicherung öffentlicher Lasten 54 6
Sicherungshypothek Einl R 3, 11
Sicherungshypothek § 452 ZGB Einl R 25
Teillöschung 17 V 6
Teilschuldverschreibung auf den Inhaber 50 1 ff
Tilgungshypothek Einl R 4 46 9

Tilgungsleistungen **Einl R** 15
Übertragung 43 1
Umwandlung 19 68 65 1 ff
Valutierung, fehlende **Einl B** 16
Verkehrshypothek **Einl R** 2
Verpfändung 26 14 **Einl R** 21
Verteilung 11 **V** 27
Verzinsung **Einl R** 23
Vormundschaftsgerichtliche Genehmigung, fehlende 18 11
Wertgesicherte Forderungen **Einl R** 13
Wertpapierhypothek **Einl R** 3 **Einl R** 7
Wohnungseigentum und Verteilung der — 3 **W** 14
Zinsen und andere Nebenleistungen **Einl R** 15
Zinshöhe **Einl R** 16
Hypothekenbrief
Änderung des Grundbuchinhalts 57 5
Äußere Form 47 **V** 1, 2
Amtswiderspruch 53 21
Angaben, notwendige 57 3
Aushändigung 60 1 ff
Aushändigung, versehentlich falsche 60 7
Ausstellung, Zuständigkeit 56 2
Beschwerdefähige Grundbuchentscheidungen 71 36
Briefgemeinschaft 66 5, 6
Einstweilige Anordnung im Beschwerdeverfahren 76 7
Eintragung des Gläubigerrechts 41 1 ff
Erbbaurecht 59 **V** 1
Erteilung eines neuen Briefs 67 1 ff 68 1 ff
Forderungsauswechselung 65 1 ff
Forderungsteilung 61 2
Form 56 3
Gemeinschaftlicher Brief für mehrere Hypotheken desselben Gläubigers 66 1 ff
Gesamthypothekenbrief 59 1 ff
Gesamthypothek, Verteilung 64 1, 2
Herausgabeanspruch 60 1 ff
Kennzeichnung bei Teillöschung und Teilbriefen 48 **V** 1, 2
und maschinelle Grundbuchführung 87 **V** 1 ff
Muster 52 1, 2
Nachträgliche Mitbelastung anderen Grundstücks 63 1, 2
Nachtragsvermerke 49 **V** 1, 2
Nichtigkeit 56 4, 5
Rangklarstellungsverfahren 99 1 ff
Rückgabe 62 6
und Schuldurkunde 58 1 ff
Stammbrief 61 3 ff
Teilhypothekenbrief 61 1 ff

Umwandlung der Hypothek 65 1 ff
Unbrauchbarmachung 53 1 ff 69 1 ff
Verbindung durch Schnur und Siegel 50 **V** 1, 2
Vermerk späterer Eintragungen 62 1 ff
Versendung 49 a **V** 1
Vorlegung des Briefes, Anhalten seitens des GBA hierzu 62 5
Nicht wesentlicher Inhalt 57 1 ff
Wohnungseigentum 5 **W** 1 9 **W** 1
Zweck 57 2

Ideelle Miteigentumsanteile
  s. Miteigentum
Identifikation
  eines EDV-Benutzers 64 **V** 9 ff
Immobiliarrecht Einl A 2
Index
  bei Erbbauzins **Einl F** 49, 50
Inhabergrundschuld
  Eintragung aufgrund Briefvorlage 42 2 ff
  Zerlegung des Rechts in Teile 50 6
Inhaberhypothek
  Eintragung 43 1 ff
Inhaberrentenschuld
  Eintragung aufgrund Briefvorlage 42 2 ff
  Zerlegung des Rechts in Teile 50 6
Inhaberschuldverschreibungen
  Hypothek für Teilschuldverschreibungen auf den Inhaber 50 1 ff
Inhalt
  Änderung des Inhalts dinglichen Rechts, Abgrenzungen 19 63
  Änderung des Inhalts, von denen beide Teile betroffen sind 19 68
  Antragsinhalt 13 26 ff
  Auflassung 20 93 ff
  Ausdrucke aus dem maschinell geführtem Grundbuch 78 **V** 4 ff
  Behördliches Ersuchen um Grundbucheintragung 38 73 ff
  einer beschränkt persönlichen Dienstbarkeit **Einl N** 51
  Bewilligung 19 28
  Dingliches Recht **Einl A** 4
  Einstweilige Anordnung im Beschwerdeverfahren 76 5
  Grundbuchinhalt **Einl B** 38 ff
  Grunddienstbarkeit **Einl N** 14 ff
  Grundschuld **Einl S** 3 ff
  Hypothekenbrief 57 1 ff
  des Nießbrauchs **Einl M** 12
  Teilhypothekenbrief 61 8
Inhaltlich unzulässige Eintragung
  und Amtswiderspruch 53 16 ff 53 4
  Einzelfälle **Einl B** 52 ff

Fette Zahlen = §§, magere Zahlen = Rdn., V = GBVfg., W = WEGBVfg., GebV = GGV.

Grundbucheintragung **Einl B** 48 ff
Sichtbarmachung im Grundbuch **Einl B** 51
Unzulässigkeit, teilweise **Einl B** 46
Inhaltsänderung
und Briefvorlage **41** 7
Dingliche Rechte **19** 63
Erbbaurecht **20** 17
Grundstücksgleiche Rechte **20** 19
Rangänderung **19** 63
Inhaltsfehler Einl B 61
Inhaltsprüfung
AGB, AGBG
s. dort
Inkrafttreten
der GBO **135** 1 ff
der Grundbuchverfügung **94 V** 1
Innenbereich 20 169
Instandsetzungpflichten
Dauernutzungsrecht **Einl O** 7
Interessen
und Beschwerdeberechtigung **71** 64
Investitionsvorrangbescheid 7 31
Isolierte Übertragung
eines Sondernutzungsrechts **Einl E** 85
Isolierter Miteigentumsanteil Einl B 46
Isoliertes Gebäudeeigentum Einl D 51
Isoliertes Nutzungsrecht 1 GebV 7
Italien
Öffentliche Urkunden **29** 108

Jagdausübung
Dienstbarkeit **Einl N** 52
Jagdrechte 20 19
Juristische Personen
Beschränkung auf Dauer des Bestehens **23** 14 ff
Beschwerde, weitere **80** 10
Bewilligungsberechtigte **19** 40
Gelöschte – **29** 34
Gesetzliche Vertretung **20** 86
Gründungsstadium und Grundstückserwerb **20** 67, 68
Löschung von auf deren Dauer des Bestehens beschränkten Rechten **23** 14
mit ausländischem Sitz als Grundstückserwerberin **20** 71
Nießbrauchsberechtigte **Einl M** 10 **Einl M** 20
des öffentlichen Rechts, Verfügungsbeschränkungen **20** 202
des öffentlichen Rechts, Auflassung **20** 33
des öffentlichen Rechts als Berechtigter beschränkt persönlicher Dienstbarkeit **Einl N** 45
Wohnrechtsberechtigter **Einl N** 64

Justizverwaltungsakte
Dienstaufsichtsbeschwerde **Vor 71** 9
Kammergericht
und BGH-Vorlagepflicht **79** 10
Zuständigkeit für die weitere Beschwerde **79** 2
Kapitalabfindung
nach BVG **20** 215
nach RVO **20** 215
Kapitalanlagegesellschaften
Verfügungsbeschränkungen **20** 206
Kapitalgesellschaften
Auflassung **20** 31
Grundbuchberichtigung **20** 32
Karten
bei Abschreibung von Grundstücksteilen **2** 16
bei Grundstücksteilung **7** 7
als Urkundenbeilagen **29** 123
bei Vereinigung von Grundstücken **5** 15
Kartenblatt
Grundstücksbezeichnung **28** 12
Kataster
Grundbuchamt und Katasterbehörde, gemeinsame Nutzung von Verzeichnissen **126** 24 **86 V** 1 ff
als Liegenschaftskataster
s. Grundstücksverzeichnis
Katasterbehörde
Anlegung eines Grundbuchblattes **117** 1
und Bekanntmachung von der Eintragung **55** 2
Kaufinteressenten
Grundbucheinsicht **12** 6
Kaufvertrag
s. Grundstückskaufvertrag
Keller
und Wohnungseigentum **Einl E** 30
Kenntnis des Erwerbers
von Grundbuchunrichtigkeit **19** 100 **Einl C** 70
von Verfügungen über Gesamtvermögen **19** 142
Kettenauflassung 20 137
und Voreintragungsgrundsatz **39** 15
Kindesgrundstück
und gesetzliche Vertretung **19** 188
Kirchen
als Behörden **29** 50
Belastungsbeschränkungen **19** 161
Buchungsfreiheit der Grundstücke **3** 4
Verfügungsbeschränkungen **20** 208
Kirchengemeinde
und Auflassung **20** 34

Klage, Klagbarkeit
auf Bewilligung einer Eintragung 19 201
auf dingliche Erklärungen 19 201
Duldungsklage und Zwangsvollstreckungsunterwerfung **Einl T 4**
auf Erklärungen zum schuldrechtlichen Grundgeschäft 19 201
und Grundbuchberichtigung 22 1
Verweisung eines Antragstellers auf den Prozeßweg 18 51
Klarstellende Erklärungen
als Eintragungsunterlagen 29 22
Klarstellung der Rangverhältnisse
s. Rangverhältnisse (Klarstellung)
Klarstellungsvermerke **Einl J 25**
Körperschaften
auf öffentlichem Verwaltungsrecht beruhende – 29 49
Kommanditgesellschaft
Auflassung 20 29
Auflösung 32 7
Erwerbsfähigkeit 20 66
Nachweis der Vertretungsberechtigung 32 2
Nießbrauchsberechtigte **Einl M 10 Einl M 20**
und Testamentsvollstreckung 52 2
Umwandlung 1 37
Verfügung über Gesamthandsanteile **Einl D 41**
Vor-KG **Einl B 64**
Kommanditgesellschaft auf Aktien
Nachweis der Vertretungsberechtigung 32 2
Konkurs
und Behördenersuchen um Grundbucheintragung 38 14
und Beschwerdeberechtigung 71 74
Eintragung in der zweiten Abteilung 10 V 27 ff
Genehmigung der Auflassung durch Konkursverwalter 29 20
Grundbuchantrag, Antragsrücknahme und Konkurseröffnung 13 46
Konkursvermerk, Eintragungsfähigkeit **Einl J 18**
Verfügungsbeschränkungen 19 83
Vormerkung und Konkursschutzwirkung **Einl G 7**
und Zwangshypothek 18 81
Zwangsvollstreckungsunterwerfung durch Konkursverwalter 19 70
Konsensprinzip
s. Bewilligung
s. Einigung
und Gesetzesverletzung 53 6
Konstruktive Teile
und Wohnungseigentum **Einl E 34**

Konsul
Öffentlich beglaubigte Urkunden 29 86 ff
als Person öffentlichen Glaubens 29 73
Konsularische Beamte
Öffentlich beglaubigte Urkunden 29 86 ff
als Personen öffentlichen Glaubens 29 73
Kontrahierungszwang
und Grunddienstbarkeit **Einl N 27**
Konzentration der Zuständigkeit 1 8
Kosten
Abruf bei maschineller Grundbuchführung 133 38 ff 85 V 1 ff
Abrufverfahren, automatisiertes 85 1 ff
Antragszurücknahme 31 23
Ausdruck bei maschineller Grundbuchführung 131 12
Behördliches Ersuchen um Grundbucheintragung 38 87 ff
Berichtigung der Eigentümereintragung 82 22
Beschwerdeentscheidung 77 30, 31
Beschwerdezurücknahme 73 12
Eigentümereintragung im Amtswege **82 a** 13
Einstweilige Anordnung im Beschwerdeverfahren 76 18
Ersuchen der Gerichtskasse um Eintragung für rückständige Kosten 38 22
Gegenstandslose Eintragung, Amtslöschung 84 13 85 1 ff
Notaranträge 15 41
Rangklarstellungsverfahren 114 1 ff 115 1
Umschreibung, erleichterte bei Auseinandersetzung der Erbengemeinschaft, Gütergemeinschaft 36 1
Zurückweisung eines Eintragungsantrags 18 32
Kostenentscheidungen
Anfechtung 71 46 ff
Kraftloserklärung
und Ersetzung der Briefvorlage 41 15
Künftige Ansprüche
und Grundbucheinsicht 12 6
Hypothek **Einl R 11**
und Vormerkung **Einl G 20, 24, 45**
Künftige Eigentümergrundschuld
Grundbucheintragung, nicht mögliche 39 28
Künftige Gläubiger
Hypothek **Einl R 9**
Künftige Zinsen 26 34

Länder
Buchungsfreie Grundstücke 3 4
Landbeschaffungsgesetz
Vorkaufsrecht **Einl K 33**

Fette Zahlen = §§, magere Zahlen = Rdn., V = GBVfg., W = WEGBVfg., GebV = GGV.

LandesAnpG
 Urkundenverwahrung **10** 1
Landesbehörden 29 50
Landesrecht
 s. a. Bundesländer, einzelne
 Abweichende Auslegung **79** 4
 Baulasten **Einl J** 33
 Behördenersuchen einer Grundbucheintragung **38** 38 ff
 Belastungsbeschränkungen **19** 164
 Briefvorlage, nicht erforderliche **41** 24 ff
 Erbscheinerteilung **35** 30
 Fideikommiß **20** 214
 Fremdenverkehrsgebiete **20** 173
 GrdVG **20** 196
 und Grundbuchverfügung, Inkrafttreten **94 V** 2, 3
 Grundbuchwesen, Vorschriften **103** 1 ff
 Grundstücksgleiche Berechtigungen **Einl N** 1
 Grundstücksgleiche Rechte **137** 1 ff
 Landesgrundbuchrecht **136** 2 ff
 Nachbarrechtliche Beschränkungen **Einl P** 5
 Objektiv-persönliche Rechte **9** 5
 Öffentlich beglaubigte Urkunden **29** 90
 Öffentliche Rechtsträger **20** 202
 Stiftungen **20** 209
 Teilungsbeschränkungen **20** 200 **7** 29, 30
 Umschreibung auf einen Auseinandersetzungsbeteiligten **36** 10
 Unschädlichkeitszeugnis **27** 28
 Vereinigung von Objekten **5** 16
 Vereinigung, Zuschreibung von Grundstücken **136** 13
 Verkehrsbeschränkungen **20** 201, 217
 Vorkaufsrechte, gesetzliche **Einl K** 34, 35
 Wohnrecht, zu einem Altenteil gehörendes **Einl N** 67
 Zuständigkeit für die weitere Beschwerde **79** 2
Landgericht
 Aufhebung seiner Entscheidung **80** 27
 und Beschwerdeeinlegung (weitere Beschwerde) **80** 4
 als Beschwerdegericht **72** 1 ff
Landkreis
 Verkehrsbeschränkung für − **20** 202
Landwirtschaftliches Schuldenregelungsverfahren
 Beschwerdezuständigkeit **72** 6
Landwirtschaftliche Produktionsgenossenschaften
 Nutzungsrechtloses Gebäudeeigentum **4 GebV** 8 ff

Landwirtschaftsgericht
 Behördenersuchen um Grundbucheintragung **38** 20
Landwirtschaftsrecht
 Almgrundstück **19** 164 **20** 201
 Entschuldungsrecht **19** 160 **20** 200
 Flurbereinigung **19** 160 **20** 200
 Genehmigungspflicht **20** 193 ff
 Grundstücksverkehrsgesetz **19** 160 **20** 192
 Siedlungsrecht **20** 197, 198 **20** 222 **Einl K** 26 ff **Einl K** 33
Lasten, öffentliche
 s. Öffentliche Lasten
Lastenfreie Umschreibung
 Antrag auf − **16** 17
Lastentragung
 Nießbrauch **Einl M** 14
Lebenszeitrechte
 Löschung **23** 1 ff
Legalisation
 ausländischer Urkunden **29** 106 ff
Legalitätsgrundsatz
 und Grundbuchrecht **Einl C** 10, 80
Legalschuldverhältnis 22 39, 40 **Einl B** 10, 20
Leibgeding
 Auswechselung von Leistungen **19** 68
 Bruchteilsgemeinschaft **47** 4
 Inhalt der Bewilligung **19** 38 **Einl B** 40
 Leistungsrückstände **23** 22
Leistungsrechte
 und Mitberechtigung **47** 13
Leistungsrückstände
 und Löschung **23** 20 ff
Leitungen
 und Wohnungseigentum **Einl E** 36
Lesbarkeit des Grundbuchs 68 V 2
Lex rei sitae 19 154
Liegenschaftskataster
 Beitrittsgebiet **144** 6
 Grundbuchführung, maschinelle und Integration mit dem − **127** 1 ff
Liegenschaftsrecht
 und Grundbuchrecht **Einl A** 2
 Öffentliche − **Einl B** 13
Liegenschaftsverzeichnis
 Anlegung eines Grundbuchblattes **117** 1
Liquidator
 Vertretungsmacht **32** 12
Locus-Prinzip 45 1
Löschung
 in Abteilungen II, III **17 V** 1 ff
 Abzahlungshypothek **46** 9
 Allgemeine Voraussetzungen **Einl A** 40
 von Amts wegen
 s. Amtslöschung

1327

des Amtswiderspruchs 53 13
im Antragsverfahren 1 28 **Einl** C 3
Arten 46 4 ff
Bedingung **Einl** B 28
befristeter Rechte 24 1 ff
Beschwerde gegen – 71 32
und Beschwerdeausschluß **Vor** 71 4
im Bestandsverzeichnis 17 a 1, 2
und Betroffenheit von der Löschung 19 65
Bewilligung 19 7
Bewilligung als Eintragungsbewilligung **Einl** A 48
Dingliches Recht und zu Unrecht erfolgte – **Einl** B 10
des Eigentümers 22 2
Einstweilige Anordnung im Beschwerdeverfahren 76 15, 16
Eintragung und Löschung, zu unterscheidende **Einl** C 69
Eintragung eines Löschungsvermerks 46 4
Erbbaurecht 19 65 20 127, 128 46 7 56 V 11
Erbbaurecht vor Zeitablauf 20 127
Erleichterung 23 33 **Einl** J 28
Ersuchen um Grundbucheintragung 36 36, 48
Formen 46 1
GBMaßnG 29 11
GBO-Verfahrensrecht **Einl** B 17
Gebäudeeigentum 12 **GebV** 6 ff 46 7
Gebäudegrundbuch 3 **GebV** 6
Gegenstandslose Eintragung 46 7
gegenstandsloser Eintragung im Amtsverfahren 84 1 ff
gegenstandsloser Eintragung 87 1 ff
Gesamtrechte 46 7
Gesetzliche Sonderregelungen 46 7, 8
Grunddienstbarkeit **Einl** N 35
Grundpfandrechte 19 65 27 1 ff 46 7
von Grundpfandrechten auf gesetzlicher Grundlage 28 32
und Gutglaubensschutz 53 3
und Hypothekenbrief 69 2
auf Lebenszeit beschränkte Rechte 23 5 ff
und Leistungsrückstände 23 20 ff
Löschungserleichterungsvermerk 23 33 ff
Löschungsvermerk 46 1 ff
und maschinelle Grundbuchführung 91 V 6
Materiell fehlerhafte Voraussetzungen 22 27
Mitbelastung 48 12
Miteigentumsanteile 13 V 11, 12
Nacherbschaftsvermerk 19 65 51 28 ff
Nichtübertragung eines Rechts auf ein neues Blatt 46 5

eines Nießbrauchs 19 65
Nutzungsrecht 46 7
Rangklarstellungsverfahren, Löschung des Einleitungsvermerks 113 1
Rangvorbehalt 19 65 45 27
eines Rechts am Grundstücksrecht 19 65
eines Rechts mit Verfügungsbeschränkung 19 65
sonstiger dinglicher Rechte am Grundstück 19 65
als Staatshoheitsakt **Einl** A 55
Tatbestandswirkung **Einl** A 11
Teillöschung 17 V 6
Testamentsvollstreckervermerk 52 17 ff
Tilgungshypothek 46 9
Unwirksame Löschung **Einl** B 45 **Einl** B 50
Unzulässige Eintragungen 46 7
Verfahrensrecht **Einl** B 17
Vermerke über Verfügungsbeschränkungen **Einl** B 12, 17 **Einl** J 7, 8
Vermerke, sonstige **Einl** B 12, 17 **Einl** J 7, 8
des Verpfändungsvermerks 20 144
Vollstreckungsgerichtliches Ersuchen 38 77
Voraussetzungen, allgemeine **Einl** A 40
und Voreintragungsgrundsatz 40 7
Vorerbe, Verfügungen des eingetragenen 51 21
Vormerkung 19 65 19 V 5 46 7
Vormerkung samt Pfandrechtsvermerk 20 144
von Vormerkungen 25 10
Vormerkung, zu Unrecht erfolgte 25 15
Wegfall der Bewilligung mittelbar Betroffener 21 13
Wesen **Einl** A 55
Widerspruch 19 65 25 10 11 **GebV** 16, 17 19 V 5 46 7
Widerspruch, zu Unrecht erfolgte 25 15
Wirksamkeitsvermerk 46 11
Wirkungen **Einl** A 57 ff
zeitlich beschränkter Rechte 19 65
Zinssenkung 46 10
zu Unrecht 22 27, 49 22 4 **Einl** B 14 **Einl** C 69 **Einl** C 69
Zustimmung zur Löschung von Grundpfandrechten 27 7 ff
Zwangsversteigerungsvermerk 38 48
im Zwangsverwaltungsverfahren 38 66
Löschung, Abtretung von Teilbeträgen
Geldbetrag, Eintragung 17 V 3
Löschungsbewilligung
und Aufgabeerklärung (materielle) 27 22
und Bewilligungsgrundsatz 19 7
als Eintragungsbewilligung (Unterart) 27 18
Grundpfandrechte 27 18 ff

Fette Zahlen = §§, magere Zahlen = Rdn., V = GBVfg., W = WEGBVfg., GebV = GGV.

Grundstücksbezeichnung, Angabe von Geldbeträgen **28** 3
Löschungsgrund, nicht erforderliche Angabe **19** 36
Löschungsfähige Quittung
    als Eintragungsunterlage **29** 20
    bei Grundpfandrechten **27** 24
    bei Grundschulden **27** 25
    bei Höchstbetragshypothek **27** 25
    Rechtsfolgen **27** 26 ff
    Rechtsnatur **27** 23
    bei Tilgungshypothek **27** 25
Löschungssperre 19 114
Löschungsvormerkung
    Grundschuld **Einl T** 1 ff
    Neueintragung und Betroffene hiervon **19** 64
    und Voraussetzungen des § 1179 Nr 2 BGB **29 a** 1 ff
Löschungszustimmung
    und Bewilligungsgrundsatz **19** 7
    des Eigentümers **19** 7
    als Eintragungsbewilligung **Einl A** 48
    Grundstücksbezeichnung, Angabe von Geldbeträgen **28** 3
Loggias
    und Wohnungseigentum **Einl E** 31
Loseblattgrundbuch 101 1 2 **V** 3

Mängel
    Antragsmängel und Wahlrecht des Grundbuchamtes **18** 33 ff
    der Berechtigung zur Bewilligung **19** 77, 78
    Beschwerdeentscheidung **77** 26
    einer Bewilligung **19** 183
    Eintragung ohne Bewilligung **19** 2
    Eintragungsmängel **Einl B** 6, 59
    Eintragungsunterlagen **19** 2 **Einl A** 40
    Eintragungsverfügung **44** 5, 9
    Grundbuchmängel, richtigzustellenden oder Auflassungserfordernis **22** 15
    Materieller Voraussetzung **22** 61
    der öffentlichen Urkunde **29** 81 ff
    der Vertretungsmacht **19** 186
Makler
    Grundbucheinsicht **12** 6
Markentabelle 126 23
Maschinell geführtes Grundbuch
    s. Grundbuch (maschinell geführtes)
Materielles Recht
    s. a. Verfahrensrecht
    Antragsgrundsatz **13** 9 ff
    Antragszurückweisung **18** 92
    Auflassung **20** 114
    Berichtigungsanspruch **22** 1

Bewilligungsberechtigung **19** 47
Bewilligungserklärung § 885 Abs 1 BGB **19** 5
BGB-Willenserklärungen und Rechtsgeschäft **Einl A** 18
Doppeltatbestand **Einl A** 31, 32
Einigung **20** 4
Eintragungsantrag und materielle Rechtslage **18** 12
und Eintragungsbewilligung **19** 37
Eintragungsinteresse und materielle Richtigkeit **Einl C** 71
Erbscheininhalt **35** 48 ff
und formelles Grundbuchrecht, Wechselwirkungen **Einl A** 15
GBA-Pflicht zur Wahrung des – **Einl C** 66
und Grundbuchbedeutung **3** 3
und Grundbuchinhalt **22** 1
Grundbuchunrichtigkeit **22** 61
Grundpfandrechte, Aufhebung **27** 1
Grundstücksrecht und dingliche Rechtsänderung **28** 8
Grundstücksrecht **Einl A** 4 **Einl C** 1
Löschung **22** 27
und Löschungseintragung **46** 1
Materiell- und verfahrensrechtliche GB-Lösungen **Einl A** 64 ff
Rang von Grundstücksrechten **45** 1
Rangvorbehalt **45** 22
Trennung von materiellen und formellen Erklärungen **Einl A** 17
Unklarheit der Rangverhältnisse **90** 3
und unwirksame Eintragung **Einl B** 49
Vormerkung, Erlöschen aufgrund Aufhebung eines Hoheitsaktes **25** 4
WE-Sachen **Einl E** 1
Mecklenburg-Vorpommern
    Automatisiertes Grundbuch-Verfahren **126** 4
    Altenteilsberechtigte **49** 5
Mehrheit
    von Anträgen und Bestimmung einer Abhängigkeit **16** 13
    von Anträgen und Zwischenverfügung **18** 36
    Belastung mehrerer Grundstücke **48** 1 ff
    von Berechtigten **19** 40 8 **GebV** 1 ff
    von Berechtigten einer beschränkt persönlichen Dienstbarkeit **Einl N** 47
    von Berechtigten im Grundbuch **15 V** 6 ff
    von Betroffenen **19** 55, 56
    von Bewilligungsberechtigten **19** 40 **19** 74
    von Eintragungen, Bestehen eines Rangverhältnisses **45** 6 ff
    von Eintragungen und Betroffensein desselben Rechts **17** 13

von Eintragungsanträgen 13 53 17 11 ff
von Erwerbern 19 40 20 96
von Gebäudeeigentumsrechten 3 GebV 7 ff
Gleichlautende Beteiligtenanträge und Notar-Vollmacht 15 20 ff
im Grundbuchblatt bezeichneter Grundstücke 6 V 12
von Grundstücken und Eintragungen hieran 28 11
von Grundstücken und gleiche Dienstbarkeit Einl N 4
von Grundstücken und Gesamtdauerwohnrecht Einl O 2
von Grundstücken und Hypothekenforderung Einl R 14 Einl R 6
von Grundstücken und Nießbrauch Einl M 4
von Grundstücken, von zuständigen Grundbuchämtern 1 5
von herrschenden Grundstücken, Dienstbarkeit Einl N 11
von Hypotheken desselben Gläubigers 66 1 ff
von Nießbrauchsrechten an gleicher Sache Einl M 8
von Veräußerern 19 74
Messungskauf
Verkäuferschutz Einl L 31
Mietverhältnis
und Grunddienstbarkeit Einl N 27
und Wohnrecht Einl N 61
Mikroverfolmung
Archivierungsmethode 10 a 7
Minderjährigkeit
Gesetzliche Vertretung 20 74
Mitbelastung
Hypothekenbrief und nachträgliche – 63 1 ff
Mehrheit von Grundstücken 48 1 ff
Pfanderstreckung, nachträgliche 45 13
Mitbenutzungsrechte
Rang 45 10
Mitberechtigung
Begriff, Einzelfälle 47 12, 13
Miteigentum
auf Alleineigentümer übergegangener Anteil Einl D 18
Auflassung halben Miteigentumsanteils Einl D 16
Auseinandersetzung von Erbengemeinschaft, Gütergemeinschaft:Erleichterte Umschreibung bei Zeugnisvorlage 36 1 ff
Belastung eines realen Grundstücksteils eines Anteils am – 28 16
Belastungsmöglichkeiten eines Anteils 7 9, 10

Berichtigungszwang 82 16
Beschränkt persönliche Dienstbarkeit zugunsten eines Miteigentümers Einl N 47
nach Bruchteilen Einl D 10
und Bruchteilsgemeinschaft §§ 741 ff BGB Einl D 10
keine Bruchteilsgemeinschaft am Miteigentumsanteil Einl D 15
Buchung ideeller Anteile 3 7
Buchungsfreiheit 3 7
Dauerwohn- und Dauernutzungsrecht Einl O 2
Eintragung im Bestandsverzeichnis 8 V 1 ff
Entstehung des Bruchteileigentums Einl D 13
Erbfolge, Nachweis 35 13
Erwerb 20 96 ff
und gegenstandslose Eintragung 84 8
Gesamthändererwerb und Frage entstehenden Miteigentums Einl D 17
Grundbucheintragung Einl D 21
Grunddienstbarkeit am ideellen Miteigentumsanteil, ausgeschlossener Einl N 8
Grundpfandrechtsbelastung 11 V 3
und Hypothekenbelastung Einl R 5
Innenverhältnis Einl D 11, 12
Löschung von Anteilen 13 V 11, 12
Nießbrauch Einl M 2
Quotenmäßige Vorratsteilung des Alleineigentums, unzulässige Einl D 14
Rang 45 4
Rechtsverhältnis der Miteigentümer untereinander Einl D 11 ff
Regelungen § 1010 BGB Einl D 22 ff 10 V 33
Veräußerlichkeit, Belastbarkeit Einl D 19
Veräußerung, Belastung des Gesamtgrundstücks Einl D 20
Vereinigung mit Miteigentumsanteilen oder Grundstücken 5 10
Verfügungen über einen Miteigentumsanteil 28 17
Versteigerung eines mit Grunddienstbarkeit belasteten Anteils 38 52
Wohnungseigentum, Abgrenzung Einl E 15
Wohnungseigentum und Anteil am – s. Wohnungseigentum
Zusammenschreibung 4 2
Zustimmung zur Löschung von Grundpfandrechten 27 13
Mithaftvermerk Einl J 24
Beschwerde 71 30
Mitsondereigentum Einl E 20
Mitteilung
s. a. Bekanntmachung

Fette Zahlen = §§, magere Zahlen = Rdn., V = GBVfg., W = WEGBVfg., GebV = GGV.

von Abhilfe im Beschwerdeverfahren 75 6
Freigabe maschinell geführten Grundbuchs 128 9
des Grundbuchamts 55 a 1 ff 55 b 1, 2
Grundbuchführung, maschinelle und Integration mit dem – 127 11
des Nachlaßgerichts vom Erbfall, Erben 83 1 ff
Mittelbar Beteiligter
Antragsrecht, fehlendes 13 55
Mittelbar Betroffener
Eintragungsbewilligung 19 56

Nachbarerbbaurecht Einl F 21
Nachbarrecht
Beschränkungen aufgrund Landesrechts Einl P 5
und Eigentumsbeschränkungen Einl D 7
Nachbarschaft
zwischen herrschendem/dienendem Grundstück Einl N 13
Nacherbe
Eintragung 51 1 ff
Nacherbschaft
und Amtswiderspruch 53 3
Begriff 51 2
Beitrittsgebiet 51 34
Beschwerde 71 27
Eintragung des Nacherbschaftsvermerks 51 13 ff
Eintragungsfähigkeit Einl J 15
Erbscheinerteilung 35 47
und Grundbuchsperre 51 20
Löschung und hiervon Betroffene 19 65
Nacherbenvermerk, gegenstandsloser 84 8
Rangverhältnis Einl F 40
und Testamentsvollstreckung 52 11
Umfang, Erstreckung des Nacherbenrechts 51 7
Verfügungen über das Nacherbrecht 51 31 ff
Verfügungsbeschränkungen 19 130 ff
Nachlaßgericht
und Erbenermittlung 82 a 7
Erbscheinerteilung 35 27
Ersuchen um Grundbucheintragung 38 18
und Grundbuchamt 35 53 ff
Mitteilung vom Erbfall, vom Erben 83 1 ff
Zugehörigkeit zum Nachlaß 36 10
Nachlaßpfleger
Bewilligung 40 23
Nachlaßverwalter
Verfügungsbefugnis 20 48
Nachlaßverwaltung
und Beschwerdeberechtigung 71 74

und Erbenausschluß im Beschwerdeverfahren 71 67
Verfügungsbeschränkungen 19 83
Nachlaßzugehörigkeit
Eigentümergrundschuld 39 32
und erleichterte Umschreibung bei Auseinandersetzung der Erbengemeinschaft, Gütergemeinschaft 36 1 ff
Nachrangige Eintragungen
Veränderungen bei – 19 62
Nachricht
s. Bekanntmachung
Nachträgliche Mitbelastung 11 V 8 45 13
Nachträgliche Rangänderung 45 28
Nachträgliche Gesamtbelastung 48 10
Nachträgliche Mitbelastung
und Hypothekenbrief 63 1 ff
Nachweis
Antragsberechtigung 13 67
Auflassungsvollmacht 20 92
beanspruchter Rechte bei Grundbuchblattanlegung 124 1 ff
des bisherigen Gläubigers über Abtretung, Belastung von Grundpfandrechten 26 4
Briefrecht 39 37 ff
Einigung 20 1 ff
Erbfolge 35 1 ff 51 3 ff
Erbfolge, Sonderrechtsnachfolge bei erleichterter Umschreibung 36 14
des Gebäudeeigentums 4 GbeV 1 ff
des Gebäudeeigentümers 4 GebV 26 ff
Gemeinschaftsverhältnis 47 15, 16
Grundstücksnachweis, nicht möglicher 35 V 1 ff
Güterrechtsnachweis 33 1 ff
Rechtsinhaberschaft ausländischer Stellen 104 a V 1 ff
Testamentsvollstrecker, Verfügungsmacht 35 85 ff
Testamentsvollstreckung 52 4
Unrichtigkeit des Grundbuchs 22 57 ff 27 15
der Verfügungsberechtigung im Beitrittsgebiet 105 V 9 ff
Vertretungsbefugnis 20 77
Vertretungsberechtigung bei Handelsgesellschaften 32 1 ff
Vollmacht 29 138 ff
Wirksamkeit vollstreckbarer Entscheidung für Aufhebung von Vormerkung/Widerspruch 25 8
Name im Grundbuch
Änderung des Namens 82 2
Handelsgesellschaft Einl D 5
Namensgrundschuld
und Gläubigereintragung 42 1 ff

Namensrentenschuld
und Gläubigereintragung 42 1 ff
Natürliche Person
als Berechtigter im Grundbuch 15 V 3 ff
Bewilligungsberechtigte 19 40
Naturschutz Einl K 34, 36
Nebenbestimmung
Eintragungsfähiges Recht und unzulässige
− 18 21
Nebenleistungen
Bezugnahme der Eintragungsverfügung 44 23
Erhöhung 19 69
der Grundschuld Einl S 6
Hypothek Einl R 15
Trennung von der Hauptforderung 26 33
Nebenräume
und Wohnungseigentum Einl E 30
Nebenrechte
und Rang 45 5
Negativbescheid
Nichtvorlage als Hindernis 18 11
Negativbescheinigung 20 156, 227
Neuausstellung
eines Hypothekenbriefes 67 1 ff 68 1 ff
Neue Bundesländer
s. Beitrittsgebiet
Neueintragung
Betroffenheit durch eine − 19 64
Neuer Eintragungsantrag
nach Zurückweisung 1 37
Neues Vorbringen
im Beschwerdeverfahren 74 1 ff
im Verfahren der weiteren Beschwerde 78 15, 26
Neufassung
Anlegung maschinell geführten Grundbuchs durch − 128 3 67 V 4 69 V 1 ff 72 V 1 ff
Nichtberechtigter
Bewilligung durch − 19 77, 78
und gesetzliche Vertretung 19 188
Gutglaubensschutz beim Erwerb vom − 19 99
Rechtsinhaber und Anwartschaftsrechte 19 132 ff
Zwangsvollstreckungsunterwerfungserklärung Einl T 4
Nichtigkeit
s. a. Unwirksamkeit
einer Bewilligung 19 183
Einigung Einl C 76
GBA-Prüfung 19 183 Einl C 74
Grunddienstbarkeitsbestellung Einl N 13
Hypothekenbrief 56 4

bei Verfügungsbeschränkungen mit absoluter Wirkung 19 83
gegen Wesen dinglichen Rechts verstoßende Vereinbarungen Einl B 20
Zuständigkeitsmängel 1 4
Nichtrechtsfähiger Verein
Grundbuchfähigkeit Einl B 64 15 V 9
Nichtübertragung eines Rechts
als Löschungsform 46 5
Niedersachsen
Erbscheinerteilung 35 30
HöfeO 20 212
Muster, Vordrucke für Briefe 52 2
Umschreibung auf einen Auseinandersetzungsbeteiligten 36 10
Veräußerungsbschränkungen 20 217
Niederschrift
Beschwerdeeinlegung 73 3 ff
Beschwerde, weitere 80 17, 18
Grundbucheintragungsantrag zur − 13 42
Grundbucheintragungsantrag bei Eintragungshindernis zur − 18 3
Nießbrauch
Anspruch auf Einräumung 29 a 3
Ausübungsüberlassung Einl M 17, 19
Bedingung, Befristung Einl M 16
Berechtigte Einl M 10
an beschränkt persönlicher Dienstbarkeit, unzulässiger Einl M 9
Bestandteile, erfaßte Einl M 15
an Briefrechten 26 12
Bruchteilsgemeinschaft 47 4
Dispositionsnießbrauch Einl M 13
Eigentümernießbrauch Einl M 11
am Eigentumsbruchteil (Alleineigentum) 7 12
Eintragung in der zweiten Abteilung 10 V 18
an Erbschaft Einl M 7
Erlöschen Einl M 23 ff
an Gebäudeteilen, unzulässiger Einl M 9
Gegenstand eines − Einl M 2
Gesamtgläubigerschaft 47 10
Gesamthandsgemeinschaft 47 7
Gesamtrechtsnachfolge Einl M 21
und gesetzliche Vertretung 19 188
und Grundstückszuschreibung Einl M 3
Hypothek 7 13
Inhalt Einl M 12
Juristische Personen als Berechtigte Einl M 20
Lastentragung Einl M 14
auf Lebenszeit 23 7
Leistungsrückstände 23 22
Löschung 19 65

Fette Zahlen = §§, magere Zahlen = Rdn., V = GBVfg., W = WEGBVfg., GebV = GGV.

an mehreren Grundstücken **Einl M** 4
für Mehrheit von Berechtigten **Einl M** 17, 24
Mehrheit von Berechtigungen an gleicher Sache **Einl M** 8
Mitbelastung **48** 3
und Mitberechtigung **47** 13
Miteigentumsanteil, Belastung **7** 9
am Nießbrauch selbst, unzulässiger **Einl M** 9
Nutzungen, sämtliche **Einl M** 12
Nutzungsausnahme **Einl M** 12
Pfändung **Einl M** 18
Quotennießbrauch **Einl M** 9
Rechtsmißbrauch **Einl M** 1
an übertragbaren Rechten **Einl M** 5
Übertragung, Ausnahmen **Einl M** 21, 22
Übertragung, Überlassung zur Ausübung **Einl M** 17
Unternehmensübertragung **Einl M** 22
am Vermögen **Einl M** 6
Verpfändung, ausgeschlossene **Einl M** 17
Vorerbschaft oder Nießbrauchsvermächtnis **51** 5
Wohnungseigentumsrecht, Belastung eines einzelnen **Einl E** 59
Noch nicht benannter Grundstückserwerber 20 64
Nordrhein-Westfalen
HöfeO **20** 212
Muster, Vordrucke für Briefe **52** 2
Notar
Antrag im fremden Namen **15** 16 ff
Antragsrecht bei gleichlautenden Beteiligtenanträgen **15** 20 ff
Antragsrecht jedes beurkundenden Notars **15** 11
Antragsrecht, Kostenpflicht **15** 41 ff
Antragsrücknahme **15** 32
Antragstellung, Rechtsfolgen **15** 38 ff
Antragszurücknahme, Antragswiederholung **31** 6 ff
Auflassung, fehlerhafte Beurkundung **29** 75
Auflassung vor Notar **20** 115
Begriff **15** 4, 5
Bekanntmachung von einer Eintragung gegenüber – **55** 2
Bescheinigung zur Vertretungsberechtigung **32** 19
und Beschwerdeberechtigung **71** 75 **71** 76
Beschwerde, weitere **80** 13 ff
Bestätigung zur Vertretungsbefugnis **32** 18
Beurkundung, Beglaubigung einer zur Eintragung erforderlichen Erklärung **15** 7 ff
Bewilligung durch – **19** 195, 196

und Bewilligung, Übereinstimmung **15** 27
als Bote **15** 25
und Briefaushändigung **60** 2
Deutscher Notar **15** 4
Doppeleinreichung **24 a** 2
Doppelvollmacht **20** 85
Echtheitsvermutung, Beweiskraft von Eigenurkunden **29** 77, 78
nur Eintragungsantrag **15** 26 ff
Eintragungsunterlagen, fehlende **15** 26
Entgegennahme von Erkläungen, Genehmigungen **15** 34
Ergänzungen **15** 30
Erläuterungen **15** 31
Gegenbeweis gegen Antragsrecht **15** 15
Grundbucheinsicht **12** 6 **43 V** 1 ff
Hoheitliche Tätigkeit **29** 79
Klarstellung, für wen gehandelt wird **15** 19, 24
Öffentlich beglaubigte Urkunden **29** 86 ff
Rangbestimmung **15** 28 **45** 14
Rechtsgeschäftlich erteilte Vollmacht **15** 35 ff
Rücknahme **15** 32
Umfang gesetzlich vermuteter Vollmacht **15** 16 ff
Urkunden, bewirkende **29** 77
Verfahrensfehler **22** 63
Vermutung des Antragsrechts **15** 12
Vollmacht, Umfang gesetzlich vermuteter **15** 16 ff
Vollzugstätigkeit, Grundlage **19** 207
Vollzugstätigkeit, verweigerte **19** 215
Widerlegbarkeit des Antragsrechts **15** 13
Widerruf des Antragsrechts **15** 14
Zurücknahme eines Antrags **31** 6 ff
Zwang zu deutlicher Antragstellung **15** 24 ff
Notar und Grundbuchamt Einl C 59
Notar und Steuer
Anzeigepflicht **20** 221
Notaranderkonten
Abwicklung und Grundbuch-Weisungen **19** 98
Notarbestätigung 19 98
Notarielle Beurkundung
Ersatz durch gerichtlichen Vergleich **29** 72
Formerfordernis **29** 71
Notarielle Eigenurkunde
Fälle **19** 195, 196
Notar, Weisungen 19 207 ff
Nottestament
und Nachweis der Erbfolge **35** 64
Notwegrente
als subjektiv-dingliches Recht **9** 2

1333

Numerus-clausus-Prinzip
  im Sachenrecht Einl C 1
Nummernfolge
  der Erbbaugrundbuchblätter 55 V 1, 2
  der Gebäudegrundbuchblätter 3 GebV 2
  der Grundbuchblätter 3 V 1 ff
Nutzer
  Automatisierte Grundbuchführung 133 1 ff
  Grundbucheinsicht 12 6
Nutzungen
  Abbaurechte Einl P 2
  aufgrund beschränkt persönlicher Dienstbarkeit Einl N 52
  aufgrund Dienstbarkeit Einl N 18 ff
  Dauerwohn- und Dauernutzungsrechte Einl O 1 ff
  Erbpachtrechte Einl P 1
  Fischereirechte Einl P 3
  und Gebäudeeigentum
    s. Gebäudegrundbuch
  Löschung von Nutzungsrechten 46 8
  Mitbenutzungsrechte 45 10
  Nachbarrechtliche Beschränkungen aufgrund Landesrecht Einl P 5
  als Nießbrauchsinhalt Einl M 12
  Pfarrnutzungsrechte Einl P 4
  Sondernutzungsrechte (WEG) Einl O 16

Obergericht
  Zuständigkeitsbestimmung 1 6
Oberlandesgericht
  s. a. Beschwerde (weitere)
  und Beschwerdeeinlegung (weitere Beschwerde) 80 4
  als Gericht der weiteren Beschwerde 79 1 ff
    81 1 ff
Objektiv-persönliche Rechte 9 5
Öffentlich beglaubigte Urkunden
  Begriff 29 86
  Beweiskraft 29 103 ff
  Form, Inhalt der Beglaubigung 29 92 ff
  Zuständigkeit 29 87 ff
Öffentlich-rechtliche Vermerke Einl J 4, 22
Öffentlich-rechtliche Ansprüche
  Hypothek Einl R 12
Öffentlich-rechtliche Vermerke
  Verfügungsbeschränkungen 19 155
Öffentliche Beglaubigung
  Briefrecht und Abtretungserklärungen 39 37 ff
Öffentliche Lasten
  Dienstbarkeiten, Abgrenzung Einl N 1
  Eintragungsfähigkeit Einl B 5 Einl J 31 54 1 ff
  keine Rechte am Grundstück aufgrund − 29 a 3

Öffentliche Liegenschaftsrechte Einl B 13
Öffentliche Rechte
  Arten Einl B 13
  Eintragungsfähigkeit Einl B 58
  Register für − Einl J 33
Öffentliche Rechtsträger
  Verkehrsbeschränkungen 20 202 ff
Öffentliche Urkunden
  Ausländische Urkunden als − 29 106 ff
  Beglaubigungsvermerk als − 29 103
  Begriff 29 44 ff
  Eintragungsunterlagen 29 41
  Mängel 29 81 ff
  Prüfungspflicht des GBA 29 80
Öffentliche Wege
  Buchungsfreiheit 3 4
Öffentliche Zustellung
  Rangklarstellungsverfahren 98 1
Öffentlicher Besitz
  und Grunddienstbarkeit Einl N 5
Öffentlicher Glaube
  s. Gutglaubensschutz
  Urkunden von Personen 29 73 ff
Öffentliches Bodenrecht Einl A 2
Öffentliches Recht
  Absolute Verfügungsbeschränkungen aufgrund − 19 104
  Juristische Personen des −
    s. Juristische Personen
  Sondernutzungsrechte nach dem Wasserrecht Einl P 6
  Verfügungsbeschränkungen 19 82
Öffentliches Telekommunikationsnetz
  Benutzung maschinell geführten Grundbuchs 64 V 20 65 V 2, 9, 10
Öffentliches Testament
  und Nachweis der Erbfolge 35 65
Öffentlichkeitsgrundsatz Einl C 9
Öffentlichrechtliche Beschränkungen
  des Grundstücksverkehrs
    s. Genehmigung
Örtliche Zuständigkeit
  Beschwerdegericht 72 3
  Folgen eines Verstoßes 1 9, 10
  des Grundbuchamtes 1 5
Österreich
  Notariatsurkunde 20 115
  Öffentliche Urkunden 29 108
Offene Handelsgesellschaft
  Auflassung, Grundbuchberichtigung 20 29
  Auflösung 32 7
  Erwerbsfähigkeit 20 66
  Nachweis der Vertretungsberechtigung 32 2
  Namensänderung und Berichtigungszwang 82 2

Fette Zahlen = §§, magere Zahlen = Rdn., V = GBVfg., W = WEGBVfg., GebV = GGV.

Nießbrauchsberechtigte **Einl M** 10 **Einl M** 20
  und Testamentsvollstreckung 52 2
  Umwandlung 1 37
  Verfügungen über Geamthandsanteile **Einl D** 41
  Vor-OHG **Einl B** 64
Offenkundigkeit
  Aktenkundigkeit 29 126 ff
  Begriff 29 124, 125
  Entgeltlichkeit, Unentgeltlichkeit einer Vorerbenverfügung 51 24
  Nachweis der Erbfolge 35 21
Offenlegung
  von Verzeichnissen 12 a 8
On-line-Einsichtnahme 10 a 20 133 11 ff
Optionsrecht
  und Vormerkung **Einl G** 50
Orderhypothek
  Eintragung 43 1 ff
Ordnungsvorschriften
  und Amtswiderspruch 53 5
  Auflassung, Einigungsnachweis 20 4
  Bekanntmachung einer Eintragung 55 6
  Grundbuchblatt, Einteilung 4 V 4
  Hypothekenbrief 58 4 59 5 65 4
  Voreintragungsgrundsatz 39 1
Organe juristischer Personen
  Bewilligung durch – 19 191
Organe öffentlicher Körperschaften 29 49
Originärer Eigentumserwerb 20 39

Pachtverhältnis
  und Grunddienstbarkeit **Einl N** 27
Papierene Grundbuchführung
  Übergang zur maschinellen Grundbuchführung 126 1 ff
Parzellenverwechselung
  Voreintragungsgrundsatz 39 17
Passivbeteiligter
  als Antragsteller 17 7
  Begriff 13 55, 58
  Beispiele 13 60
Personengesellschaften
  Auflassung 20 29
  Grundbuchberichtigung 20 30
Pfändung
  der Anwartschaft des Auflassungsempfängers 20 153 **Einl L** 4, 41
  des Auflassungsanspruchs 20 149 **Einl L** 4, 41
  Briefherausgabeanspruch 60 5
  Eigentümergrundschuld **Einl S** 9 39 31
  Eintragung in der zweiten Abteilung 10 V 19

Erbanteil **Einl D** 39
und gegenstandslose Eintragung 84 8
Gesamtgutsanteil **Einl D** 42
Gesellschafteranteil **Einl D** 41
Grundbuchvermerk, Eintragungshindernis **Einl J** 24
Grundschuld **Einl S** 8 ff
Hypothek **Einl R** 20 11 V 24
und Hypothekenbrief 57 2
Nacherbenrecht **Einl J** 12
Nießbrauch **Einl M** 18
Pfändungs- und Überweisungsbeschluß
  Grundstücksbezeichnung, Angabe von Geldbeträgen 28 6
Pfanderstreckung
  Nachträgliche Mitbelastung von Grundstücken 45 13
Pfandfreigabe 27 6
Pfandhaft
  auf Verpfändung oder auf Pfändung beruhende 26 15
Pfandrecht
  Belastung, Übertragung durch Pfandrecht am eingetragenen Recht gesicherten Forderung 26 3
  an Briefrechten 26 12
  auf Lebenszeit 23 8
  Leistungsrückstände 23 22
Pfarrnutzungsrechte
  Art 80 Abs 2 EGBGB **Einl P** 4
Pfleger 6 19
  als gesetzlicher Vertreter 19 189
  Rangklarstellungsverfahren 96 1 ff
Pflichten des Grundbuchamtes
  s. Amtspflichten
Pläne
  als Urkundenbeilagen 29 123
Planskizzen
  als Urkundenbeilagen 29 123
Präsentatsbeamter
  Begriff 1 5
Presse
  Grundbucheinsicht 12 6
Preußen (ehemaliges)
  Fischereigerechtigkeit 136 8
  Umschreibung auf einen Auseinandersetzungsbeteiligten 36 10
  Unschädlichkeitszeugnis und entbehrliche Briefvorlage 41 26
Prioritätsprinzip Einl C 1
  und Rangverhältnis 45 1
Privaturkunde 29 118
Prokura
  Veräußerung oder Belastung von Grundbesitz 32 11

Prozeß
  Anhängigkeit und eintragungsfähiger Vermerk **Einl J** 30
Prozeßgericht
  s. Gerichtliche Entscheidungen
Prozeßhandlungen Einl A 19 ff
  und Bewilligung (Vergleich) 19 24
  und Verfahrenshandlungen **Einl A** 20
Prozeßkostenhilfe
  Beschwerdemöglichkeit 71 40
Prüfungspflicht eines Benachrichtigten
  nach Bekanntmachung einer Eintragung 55 7
Prüfungspflicht des Bescherdegerichts 77 5 ff
Prüfungspflicht des Grundbuchamtes Einl A 40 ff **Einl C** 60, 80
  Abrufverfahren, automatisiertes 83 **V** 1 ff 84 **V** 1 ff
  und Eigentumserstehung 38 57
  Eintragungsvoraussetzungen **Einl A** 40
  Grundbuchführung (maschinell geführtes) s. dort
  Grundgeschäft **Einl A** 41, 42
  Legitimationsprüfung 39 2
  Rangverhältnisse 91 1 ff
  Umfang **Einl C** 80
Publizitätsprinzip 12 1 **Einl C** 9

Quittung
  Löschungsfähige −
  s. Löschungsfähige Quittung
Quotenänderung
  Wohnungseigentum 3 **W** 13
Quotenbelastung
  des Alleineigentums 7 11 **Einl D** 14
  eines Miteigentumsanteils **Einl D** 14 **Einl E** 50
Quotennießbrauch Einl M 9

Rang
  Abweichende Bestimmung 45 14
  Änderung und Bestimmung des Rangs, Betroffenheit hiervon 19 67
  Änderung nachrangiger Eintragung 19 62
  Änderung des Ranges, Betroffener 19 69
  Bestandsverzeichnis, Eintragungen 45 7
  Bestimmung in Bewilligung, im Eintragungsantrag 45 14
  Betroffene Rechte 45 3 ff
  Buchung ohne Rangvermerk 45 10
  und Eintragung 16 2
  Eintragung des Rangvermerks 18 **V** 1, 2
  Erbbaurecht **Einl F** 39, 40 53 17
  Feststellungsbeschluß **Einl J** 24
  und Forderungsteilung 61 2
  Gesetzliche Bestimmung 45 9
  und Grundbuchabteilungen 45 11 ff
  Grundbuchmäßige Darstellung 45 1 ff
  von Grundstücksrechten 45 1
  Grundstückszuschreibung 6 26
  als Inhalts des Rechts 45 1
  Locus-Prinzip 45 1
  Mehrheit von Eintragungen 45 6 ff
  und Mehrheit von Hypotheken 66 3
  Mehrheit von Rangbestimmungen, Zusammentreffen 45 15
  Mitbenutzungsrechte 45 10
  Nacherbschaftsvermerk 51 16
  Neuer Antrag nach Zurückweisung 18 95
  Notarvollmacht ohne Rangbestimmungsrecht 15 28
  Pfanderstreckung (nachträgliche Mitbelastung) 45 13
  Rangordnung, neue nach Rangklarstellung 112 1 ff
  Rechtsentstehung außerhalb des Grundbuchs 45 10
  Rechtsgrundlagen, materiellrechtliche 19 67
  und Rechtskraft **Einl A** 63
  Schuldrechtliche Verschaffungspflicht 19 67
  Schutzvermerk und Rangwahrung 18 79
  Sicherungshypothek **Einl C** 47 **Einl L** 46 45 9, 10
  und Vereinigung 5 13
  Verfahrensrechtliche Bestimmung und Änderung des − 19 67
  Verfügungsbeschränkungen 45 8
  Vermerke **Einl J** 24
  Vorkaufsrechte **Einl K** 14
  und Vormerkung **Einl G** 7 45 3, 9
  Widerspruch 45 8
  und Wirksamkeitsvermerk **Einl T** 5
  Zinserhöhung 45 13
Rangänderung
  und Briefvorlage 41 7
  und Erbfolge 40 21
  Grundpfandrechte 11 **V** 8
  und Inhaltsänderung, Abgrenzung 19 63
  Nachträgliche − 45 28
  von nachträglicher Änderung Betroffener 19 67
Rangregulierung
  bei Veränderungen im Grundstücksbestand 45 29
Rangverhältnisse (Klarstellung)
  Anzeigepflicht des Buchberechtigten 93 1 ff
  Aussetzung des Verfahrens 106 1 ff
  Berechtigter, wahrer 94 1 ff
  Beschwerde, sofortige gegen Feststellung neuer Rangordnung 110 1 ff

Fette Zahlen = §§, magere Zahlen = Rdn., V = GBVfg., W = WEGBVfg., GebV = GGV.

Beseitigung materieller Zweifel 90 3
Beteiligte 92 1 ff
Beurkundung einer Vereinbarung 102 3
Einigung 102 3
Einigung und Grundbuchumschreibung 102 6
Einigungsvorschlag des GBA 103 1, 2
Einigungsvorschlag des GBA, Widerspruch 104 1 ff
Einstellung des Verfahrens 109 1, 2
Entscheidung des GBA über Klarstellungserfordernis 91 3 ff
Feststellung neuer Rangordnung 108 1 ff
Fortsetzung nach Aussetzung 107 1
Grundbuchbereinigungszweck 90 1
Grundbuchvermerk 91 7
Kosten 114 1 ff 115 1
Ladung zum Verhandlungstermin 100 1, 2
Ladungsfrist 101 1 ff
Löschung des Einleitungsvermerks 113 1
Neue Rangordnung anstelle bisheriger Rangordnung 1121 ff 1 ff
Öffentliche Zustellung, unzulässige 98 1
Pflegerbestellung 96 1 ff
Prüfungspflicht des Grundbuchamts 91 1 ff
Umschreibung nach Feststellung neuer Rangordnung 111 1 ff
Unklare Rangverhältnisse 90 2
Urkundenvorlegung 99 1 ff
Verhandlungstermin 102 1 ff
Wechsel der Berechtigten 95 1 ff
Wiedereinsetzung 105 1 ff
Zustellungsbevollmächtigter 97 1 ff
Rangvorbehalt
Ausübung 45 26
Bedingung 16 4
Eintragungsmuster 11 V 28
Enstehung, Eintragung 45 22 ff
keine Berechtigtenangabe 19 40
Löschung 45 27
Rechtsnatur 45 21
Raum
Dauerwohnrecht, Dauernutzungsrecht Einl O 5
Sondereigentum Einl E 9 ff
Raumeigentum
Sondereigentum als echtes – Einl E 8 ff
Realer Grundstücksteil
s. Grundstücksteile (reale)
Realfolium
Begriff 3 3
Prinzip 4 V 4
Realgewerbeberechtigungen 20 19
Reallast
Änderung der Art des Rechts 19 63

Altenteil 49 3
Anspruch auf Einräumung 29 a 3
Bestimmbarkeit Einl C 7
Bruchteilsgemeinschaft 47 4
Dienstbarkeiten, Abgrenzung Einl N 1
Erbbaurecht Einl F 42
Erbbauzins Einl F 47
Geldbetrag, Eintragung 17 V 1 ff
Gesamtgläubigerschaft 47 10
und gesetzliche Vertretung 19 188
Grundstückszuschreibung 6 26
auf Lebenszeit 23 7
Leistungsrückstände 23 22
Mitbelastung 48 3
und Mitberechtigung 47 13
Miteigentumsanteil, Belastung 7 9
und Nießbrauch, Abgrenzung Einl M 12
Nießbrauchsbestellung Einl M 5
als subjektiv-dingliches Recht 9 2
Verpfändung 26 14
Währungsreform 28 31
Wertsicherungsvereinbarung 28 28
Wohnungseigentumsrecht, Belastung eines einzelnen Einl E 59
Rechtlicher Vorteil
einer Eintragung 19 54
Rechtliches Gehör
Amtswiderspruch 53 20
Beschwerdeverfahren 77 3
Grundsatz Einl C 58
Rechtliches Interesse
berechtigtes Interesse 12 3
Recht, Rechte
Ausschluß der Rechtsausübung aufgrund beschränkt persönlicher Dienstbarkeit Einl N 55
Bedingte, befristete Rechte Einl B 31
Begriff im BGB, GBO Einl B 10
Betroffene Rechte bei der Voreintragung 39 10
Betroffensein des gleichen Rechts von beantragten Eintragungen 17 1 ff
Buchrecht
s. dort
Dingliche Rechte Einl A 4, 7, 11 Einl B 2, 10, 19 40 2
Dingliche Rechte im Sinne der GBO (grundbuchmäßiges Recht) Einl B 12
Gegenstandslose Eintragungen 84 2 ff
Gleiches Recht 17 12
Grundbuchblattanlegung und Berücksichtigung von Rechten 124 1 ff
und Grundbucheintragung 19 58 ff
Grundbucheintragung, Entstehung außerhalb 45 10

Grundbuchmäßige Rechte im Sinne der
  GBO 19 50
Grunddienstbarkeit und Bentzungsrecht
  Einl N 18 ff
und Grundstücksbelastungen 7 8
am Grundstücksrecht, Löschung 19 65
Materielles, formelles, privates, öffentliches
  Recht Einl A 2 ff
Öffentliche Liegenschaftsrechte Einl B 13
und Rang 45 1
Schuldrechtlicher Anspruch und dingliches
  Recht Einl G 15
Sonstige Rechte Einl B 42
Subjektiv-dingliche Rechte 9 1, 2
Teile eines Rechts, Nebenrechte eines
  Rechts 45 5
Umfang eines Rechts, nicht zweifelsfrei feststehender 18 21
Vereinigung, zugängliche — 5 2
Vererbte Rechte 40 1 ff
Verfügungen über Bruchteil eines Rechts 28 17
Vollrecht Einl B 15
Zeitliche beschränkte Rechte 23 5 ff 24 3 ff
zu Unrecht gelöschte Rechte Einl B 14
Zuschreibung, zugängliche — 6 3

Rechtsänderungen
  und Buchrecht Einl A 1
  Voraussetzungen 1 39
Rechtsanwalt
  Beschwerde, weitere 80 5 ff
  Grundbucheinsicht 12 6 43 V 4
Rechtsanwaltsnotar
  Vollmachtsvermutung 15 4
Rechtsausübung
  Ausschluß aufgrund beschränkt persönlicher Dienstbarkeit Einl N 55
Rechtsbedingung
  bei Auflassung 20 112
  und bedingtes Recht Einl B 32
  Unschädlichkeit 16 8
Rechtsbeschwerdeverfahren
  s. Beschwerde (weitere)
Rechtseinheitsgesetz 79 2
Rechtsfähigkeit
  des Begünstigten einer Bewilligung 19 203
  Bewilligungsberechtigte 19 40
  des Erwerbers 20 54 ff
  und Grundbuchfähigkeit Einl B 62
  Grundstückserwerb 20 65
  und Verfügungs- und Bewilligungsbefugnis 19 84
  Verlust 35 4
  Zweifel als Eintragungshindernis 18 11

Rechtsgeschäftliche Verfügungsbeschränkungen
  s. Verfügungsbeschränkungen
Rechtsgeschäft
  Begriff Einl A 18
  Dingliches, schuldrechtliches Einl A 41
Rechtshängigkeitsvermerk Einl J 30 10 V 24
  71 27 71 71 a
Rechtsinhaber
  Änderung des Namens 20 21 ff
  Änderung der Rechtsform 20 21 ff
  Änderung seiner Befugnisse 19 63
  Änderungen der Person 19 60
  und Antragsgrundsatz 13 15
  und Anwartschaftsrechte 19 132 ff
  und Auflassung 20 48
  Feststellung des wahren — Einl C 5
  als Verfügungsberechtigter 19 71
Rechtsinhaberschaft
  Nachweis ausländischer Stellen 104 a V 1 ff
Rechtskraft
  der Eintragung Einl A 60, 62
  der Genehmigung 20 161
  Materielle Rechtskraftwirkung Einl A 61
  oder Tatbestandswirkung Einl A 12
  des Zurückweisungsbeschlusses 18 97, 98
Rechtsmittel
  Amtslöschung gegenstandsloser Eintragungen 85 5 87 9
  Amtswiderspruch 53 12
  bei Antragstellung durch den Notar 15 39
  Behördliches Ersuchen um Grundbucheintragung 38 86
  Berichtigungszwang 82 21
  Beschwerde
    s. dort
  Dienstaufsichtsbeschwerde, Möglichkeit
    bloßer 18 47 ff
  Einstweilige Anordnung im Beschwerdeverfahren 76 13
  Eintragungsgrundlage einer anfechtbaren
    Entscheidung 20 162
  Erbschein, unbegründetes Fordern 35 78
  Erinnerung
    s. dort
  gegen Feststellungsbeschluß 89 1 ff
  Grundbuchabschrift, Erteilung 44 V 7
  Grundbucheinsicht 12 10 ff
  Hypothekenbrief, Unbrauchbarmachung 69 4
  und Kostenentscheidung 71 46 ff
  Nacherbschaftsvermerk 51 18
  Rangklarstellungsverfahren, Widerspruch
    gegen Grundbuchvorschlag 104 1 ff
  Rangklarstellungsverfahren und Wiedereinsetzung 105 3, 4

Fette Zahlen = §§, magere Zahlen = Rdn., V = GBVfg., W = WEGBVfg., GebV = GGV.

Rangklarstellungsverfahren, Feststellungsbeschluß **110** 1 ff
Testamentsvollstreckervermerk **52** 8
gegen Schutzvermerk **18** 84
Urkundsbeamter der Geschäftsstelle, Entscheidungen **12 c** 16
gegen Zurückweisung eines Eintragungsantrags **18** 99, 100
gegen Zwischenverfügung **18** 62 ff
Rechtsnachfolge
  Auseinandersetzung von Erbengemeinschaft, Gütergemeinschaft: Erleichterte Umschreibung bei Zeugnisvorlage **36** 1 ff
  und beschränkt persönliche Dienstbarkeit **Einl N** 48
  Löschungsbewilligung **23** 26
  Miteigentümerregelung § 1010 BGB **Einl D** 23, 24
  Nachweis als Eintragungsvoraussetzung **29** 31
  und Nießbrauchsübertragung **Einl M** 21, 22
Rechtspfleger
  Ablehnung **11** 3 ff
  Ausschließung **11** 2
  Begriff, Zuständigkeit **1** 13
  Beschwerde gegen Entscheidungen **71** 4
  Beschwerdeeinlegung **73** 5
  Eintragungsverfügung **44** 2 ff
  Erinnerung als Rechtsbehelf **Vor 71** 7
  und maschinelle Grundbuchführung **74** V 5
  Schutzvermerk **18** 84
  Zuständigkeitsmangel **44** 9
Rechtsquellen
  des formellen Grundbuchrechts **Einl A** 5
  des materiellen Grundstücksrechts **Einl A** 4
Rechtsscheinwirkung
  von Eintragung, Löschung **Einl A** 12
Rechtsschutzbedürfnis
  für beschränkt persönliche Dienstbarkeit **Einl N** 50 **Einl N** 54
  Klage auf Grundbuchberichtigung **22** 1
Rechtsstellung
  und Beschwerdeberechtigung **71** 64
Rechtsübergang
  und Berichtigungszwang **82** 2 ff
Rechtsverlust
  und Fürsorgepflicht des GBA **Einl C** 59
Rechtsvermutungen
  und Eintragungsvoraussetzungen **Einl C** 65
Reformatio in peius
  und Beschwerdeverfahren **77** 9
Register
  Bezugnahme statt Registerzeugnis **34** 1 ff
RegVBG
  Eigentümerverzeichnis, Offenlegung **12 a** 2

Eintragung, Eintragungsverfügung **44** 1 ff
Erbbaurechtseintragung **6 a** 1 ff
Papierlose Urkundenaufbewahrung **10 a** 1
Übernahme AVO-GBO in GBO **136** 10
Zuschreibung im Grundbuch **6** 14
Reichsheimstätte
  Eintragungsfähigkeit des Vermerks **Einl J** 21
  Nachlaßzugehörigkeit **35** 7
Reichssiedlungsgesetz **19** 160 **20** 197 **20** 198
Reichsversicherungsordnung **Einl J** 20
Reihenfolge
  der Antragserledigung **17** 1 ff
  der Antragserledigung, Ausnahmen **17** 31 ff
  der Antragserledigung, Rechtsfolge einer Verletzung **17** 34
  und Rangverhältnis **45** 1 ff
Reine Eintragungsanträge **13** 20 **30** 2 ff
Relative Verfügungsbeschränkungen
  s. Verfügungsbeschränkungen
Relatives Verfügungsverbot **Einl J** 17, 18
Rentenguts-Sperrvermerk **Einl J** 21
Rentenschuld
  Ablösungssumme, Eintragung **11** V 4
  Abtretung von Teilbeträgen **17** V 3
  Briefrecht **26** 11
  Eintragung in Abteilung III **11** V 1 ff
  Eintragungmuster **11** V 25
  Geldbetrag, Eintragung **17** V 1 ff
  Gesetzliche Vertretung **19** 188
  Glaubhaftmachung bei Löschungsvormerkung § 1179 Nr 2 BGB **29 a** 1 ff
  Inhaberrentenschuld und Gläubigereintragung **42** 2 ff
  Inhaberrentenschuld, Zerlegung **50** 6
  auf Lebenszeit **23** 8
  Löschung **27** 1 ff
  Miteigentumsanteil, Belastung **7** 9
  Nachlaßzugehörigkeit und Auseinandersetzung **37** 1 ff
  Namensrentenschuld und Grundbucheintragung **42** 1 ff
  Nießbrauchsbestellung **Einl M** 5
  Teillöschung **17** V 6
  Teilung **61** 2
  Verpfändung **26** 14
Rentenschuldbrief
  Äußere Form **51** 1
  Amtswiderspruch **53** 21
  Anwendung der Regeln für den Hypothekenbrief **70** 1, 2
  Eintragung des Gläubigerrechts **42** 1 ff
  und maschinelle Grundbuchführung **87** V 1 ff
  Muster **52** 1

1339

Rangklarstellungsverfahren 99 1 ff
Unbrauchbarmachung 53 1 ff
Wohnungseigentum 5 W 1
Rentenstellen
für ländliche Arbeiter, Belastungsbeschränkungen 20 213 Einl J 21
Rheinland Pfalz
Automatisiertes Grundbuch-Verfahren 126 4
Muster, Vordrucke für Briefe 52 2
Öffentlich beglaubigte Urkunden 29 91
Zuständigkeit für die weitere Beschwerde 79 2
Richter
Grundbuchrichter
s. dort
Richtighaltung des Grundbuchs
Grundbuchrichter Einl C 66
Voreintragungsgrundsatz 39 21
Richtigstellung des Grundbuchs
Abgrenzung zur Grundbuchberichtigung 22 10 ff
Bezeichnung des Berechtigten 22 13
Tatsächliche Angaben 22 11
Ungenauigkeiten 22 15
bei Vermerken 22 16
Rötung
s. a. Löschung
Eigentumswechsel 16 1
Gebäudegrundbuch 3 GebV 6
Löschung im Bestandsverzeichnis 17 a 2
Löschung von Vormerkung, Widerspruch 19 V 5
und maschinelle Grundbuchführung 91 V 6
Teillöschung 17 V 6
Rotes Kreuz
Grundbucheinsicht 12 6
Rückauflassung
Auflassung 20 118
Rückgabe
der Bewilligungsurkunde 19 176
Urkunden zur Eintragungsbewilligung 19 174, 175, 176, 192
Rückgewähranspruch
Bewilligungsberichtigung 19 64, 66
Vormerkung Einl G 53
Rückgewährvormerkung
bei Sicherungsgrundschuld 11 V 26
Rücknahme eines Antrags
s. Zurücknahme
Rückstände von Leistungen
Leistungsrückstände 23 20, 22 24 13
und Löschung 23 20 ff
Zinsen 26 38

Rückübertragung
von DDR-Grundbesitz 20 191
Ruhen des Verfahrens
dem GB-Verfahren unbekanntes — Einl C 53
SachenRBerG
Berichtigungszwang 82 23 ff
Besitzrecht, Sicherung des Anspruchs 7 GebV 1 ff
Bezugnahme der Eintragungsverfügung 44 20
Sicherung etwaiger Ansprüche 4 GebV 17 ff
Teilung nach dem — 7 31
Vermerk zur Anspruchssicherung 7 GebV 1 ff
Sachenrecht
s. a. Dingliche Rechte
und AGBG Einl C 76
Bindung an Einigung und Aufgabeerklärung 19 165
und Buchrecht Einl B 11 ff
und Eintragung 19 24
und Eintragungsunzulässigkeit Einl B 54
Erbbaurecht Einl F 6, 7
Grundbuchunrichtigkeit wegen Wegfalls der Grundlage im — 22 48
und IPR-Neuregelung 19 154
und Rechtsbegriff Einl B 10
Vermerk, eintragungsfähige mit sachenrechtlicher Bedeutung Einl J 23 ff
Vormerkung Einl G 1, 4
und Wohnungseigentum Einl E 3, 4 Einl E 3 ff
Wohnungserbbaurecht Einl F 53
Sachleistung Einl F 42
Sachliche Zuständigkeit 1 3
Beschwerdegericht 72 2
Sachprüfung des GBA Einl C 10
Sammelbuchung
Grundbuchverfügung 44 12 ff
Sammelgaragen
und Wohnungseigentum Einl E 33
Sanierungsmaßnahmen
Teilungsgenehmigung 7 32
Sanierungsverfahren
Belastungsbeschränkungen 19 159
Verkehrsbeschränkungen 20 180 ff
Vermerk Einl J 22
Sanierungsvermerk
Ersuchen um Grundbucheintragung 36 36
Schenkungsteuer 20 218
Schenkungsvertrag
und Vormerkung für Rückübertragungsansprüche, vorbehaltene Einl G 53

Fette Zahlen = §§, magere Zahlen = Rdn., V = GBVfg., W = WEGBVfg., GebV = GGV.

Schiffe
 Nießbrauch Einl M 2
Schleswig-Holstein
 HöfeO 20 212
 Muster, Vordrucke für Briefe 52 2
Schließung eines Grundbuchblatts
 s. Grundbuchblatt
Schuldenregelungsgesetz (1937)
 Grundbucherklärungen 29 14
Schuldrecht
 Änderung der Verpflichtung 19 63
 Ankaufsrecht Einl G 49
 und Auflassungsbedingung 20 111
 Dingliches Recht und schuldrechtlicher Anspruch Einl B 10 Einl G 15
 Eigentumsverschaffungsanspruch, Verpfändung Einl L 36
 und Einigung, materiell-rechtliche über dingliche Rechtsänderung 19 3
 der Eintragung zugrunde liegende Urkunde über die Verpflichtung 10 6
 Erbbaurecht Einl F 28
 Erbbauzins Einl F 47
 Gemeinschaftsverhältnis 47 18
 Genehmigungspflicht für das Grundgeschäft 20 163
 Grundbuchantragsrecht, Verpflichtungen hierzu 13 62
 und Grundbucheintragung, unzulässige Einl B 53
 Grundbuchverfahren und Verpflichtungsgeschäft Einl A 41
 Grunddienstbarkeit Einl N 33, 34
 Grundstücksbezeichnung, Angabe von Geldbeträgen 28 8
 Hypothekenbrief und Schuldurkunde 58 1 ff
 Klage auf Erklärungen zum Verpflichtungsgeschäft 19 201
 Nießbrauch Einl M 1, 12
 Notar-Vollmacht und Verpflichtungsgeschäft 15 8
 Pfändung des Anspruchs Einl L 41
 Rangverschaffungspflicht 19 167
 Verfügungsbeschränkungen, Grundbuchbehandlung schuldrechtlicher 19 115 ff
 Verpflichtungsgeschäft (Grundgeschäft) Einl A 41, 42
 Vollmacht für die Verpflichtung, Erstreckung auch auf dingliches Rechtsgeschäft 19 192
 Vormerkung und Verpflichtung Einl E 95 Einl G 1, 6, 19, 29
 Wiederkaufsrecht Einl G 48 Einl K 2
 und Wohnungseigentum Einl E 3, 93, 94

Wohnungseigentum und Veräußerungsbeschränkungen Einl E 65
 Wohnungserbbaurecht Einl F 53
Schuldurkunden
 und maschinelle Grundbuchführung 88 V 1 ff
Schuldverschreibungen
 Hypothek für Teilschuldverschreibungen auf den Inhaber 50 1 ff
 Inhaber- oder Orderhypothek, Gläubigereintragung 43 1 ff
Schutz
 Grundbuchfunktion Einl A 10
 Gutglaubensschutz
  s. dort
 der Individualsphäre und Grundbucheinsicht 1 21
 Schutzvermerk 18 70 ff
Schwebende Unwirksamkeit
 Ehegattenverfügung 19 139
 bei Verfügungsbeschränkungen 19 83
 Vormerkung eines Anspruchs Einl G 25, 44
Schwebezustand
 durch Schutzvermerk 18 81
Schweiz
 Öffentliche Urkunden 29 108
Schweizerische Goldhypotheken
 Grundbucherklärungen 29 16
Selbstkontrahieren 20 75, 91
Selbstkontrahierungsverbot
 und Testamentsvollstreckung 52 11
 Zustimmung zur Löschung von Grundpfandrechten 27 14
Sequestration
 und Behördenersuchen um Grundbucheintragung 38 12
Sicherungsgrundschuld Einl S 1
 Abtretungsvormerkung Einl T 3
 Pfändung Einl S 9
 Rückgewährvormerkung 11 V 26
Sicherungshypothek
 am Eigentumsbruchteil (Alleineigentum) 7 14
 und Eigentumserstehung 38 59 ff
 Eintragung 20 143
 als fortgeltende Hypothek des DDR-Rechts Einl R 25
 kraft Gesetzes 20 152
 Löschung 27 4
 Rang 45 10
 Rechtsnatur Einl R 3
 Sicherung öffentlicher Lasten 54 6
 Vormundschaftsgerichtliches Eintragungsersuchen 38 16

Sicherungswirkung
　Öffentliche Lasten, Sicherung durch dingliche Rechte 54 5, 6
　einer Vormerkung **Einl G** 7
Siedlungsbehörde
　Ersuchen um Grundbucheintragung 36 32
Siedlungsrecht
　keine Verkehrsbeschränkungen im − 19 160 20 197
　Vorkaufsrecht nach − 20 222 **Einl K** 33
　Wiederkaufsrecht nach − **Einl K** 26 ff
Signatur, digitale
　und Schriftlichkeitserfordernis 75 **V** 5 ff
Software, Hardware
　s. Grundbuch (maschinell geführtes)
Sondereigentum
　s. Wohnungseigentum
Sondernutzungsrechte
　s. Wohnungseigentum
Sondernutzungsrecht
　Dauernutzungsrecht, Abgrenzung **Einl O** 16
Sondervermögen
　und Nießbrauchsbestellung **Einl M** 6
Sonstige Rechte
　Eintragungsvermerk **Einl B** 42
Sozialversicherungsträger
　als Behörden 29 51
　Beschwerde, weitere 80 10
　Grundstückserwerb 20 71
Späterer Grundbucheintragungsantrag 17 26 ff
Spaltung
　und Auflassung 20 32
Sparkassen
　Grundbucheinsicht 12 6
Speicher
　und Wohnungseigentum **Einl E** 30
Speichermedien
　Archivierungsmethode 10 a 8
Staatensukzession
　und Voreintragungsgrundsatz 40 11
Staatsverträge
　Legalisation ausländischer Urkunden 29 106 ff
Stammbrief
　und Teilhypothekenbrief 61 3
Steuerschulden
　Ersuchen des Finanzamts um Grundbucheintragung 38 23 ff
Stiftung
　Auflösung 35 4
Stiftungsvermögen
　Anfall an den Fiskus 40 9
Stockwerkseigentum 3 2
Straßenverzeichnis 12 a 13

Subjektiv-dingliche Rechte
　Begriff 9 2 ff
　Eintragung von Vermerken 7 **V** 1 ff
　Grundbuchvermerk 9 6
　Veränderung 14 **V** 1 ff
　Wegfall der Bewilligung 21 1 ff
Sukzessivberechtigung 20 60
Tagesangabe
　Eintragungsverfügung 44 4 ff
Tariflohn
　Wertsicherung **Einl F** 49, 50
Tatbestandswirkung
　von Eintragungen und Löschungen **Einl A** 12 **Einl A** 58
Tatsächliche Vorgänge
　als Eintragungsvoraussetzungen 29 28 ff 53 3
Teilabtretung, Teilbelastung
　von Grundpfandrechten 26 32
Teile eines Rechts
　und Rang 45 5
Teileigentum
　s. Wohnungseigentum
Teilhypothekenbrief
　Herstellung 61 1 ff
Teillöschung
　Grundpfandrechte 17 **V** 6
Teilschuldverschreibung
　Hypothek auf den Inhaber 50 1 ff
Teilung des Belastungsobjektes
　und dingliche Rechte 19 61
Teilung dinglicher Rechte
　Einigungsgrundsatz, einseitige materielle Erklärung 19 3 ff
Teilung eines Erbbaurechts 20 125 7 23
Teilung der Forderung
　und Teilhypothekenbrief 61 1 ff
Teilung von Gebäudeeigentum 14 **GebV** 8, 9
Teilung der Grundschuld 61 2
Teilung eines Grundstücks
　Antrag 7 21
　Begriff 7 1
　Bestandsverzeichnis 6 **V** 12
　Eintragung 13 **V** 8
　und Gebäudeeigentum 14 **GebV** 11
　Genehmigungen 20 166 7 30 ff
　und Grunddienstbarkeit **Einl N** 27, 40
　Katastermäßige Teilung 2 6
　Rechtliche Teilung 7 1, 2
　und Teilung einer Forderung, Abgrenzung 61 2
　bei Veräußerung, Belastung 7 3 ff
　Verbote 7 29
　Verfahren 7 33

Fette Zahlen = §§, magere Zahlen = Rdn., V = GBVfg., W = WEGBVfg., GebV = GGV.

Wirkung **7** 34
Zulässigkeit **7** 1
Teilung eines Miteigentumsanteils Einl E 50 ff
und Wohnungsgrundbuch **3 W** 6
Teilung einer Wohnungseigentumsberechtigung Einl E 49 **7** 24 ff
Teilungsanordnung
und Auflassung **20** 22
Teilungsbeschränkungen
Baugesetzbuch **20** 169
Enteignungsverfahren **20** 179
Entwicklungsbereich **20** 188
Flurbereinigung in Bayern **20** 200
Fremdenverkehrsgebiet **20** 173
Genehmigungspflicht **7** 29
Sanierungsgebiet **20** 181
Umlegungsgebiet **20** 174
Teilungserklärung
s. Wohnungseigentum
Teilungserklärungen
als Eintragungsunterlagen **29** 21
Grundstücksbezeichnung, Angabe von Geldbeträgen **28** 4
Teilveräußerung
eines Miteigentumsanteils **Einl** D 15
Telekommunikationsnetz
Benutzung maschinell geführten Grundbuchs **65 V** 2, 9, 10
Terrassen
und Wohnungseigentum **Einl** E 31
Testament
und Nachweis der Erbfolge **35** 61 ff
und Vormerkung **Einl** G 47
Testamentsvollstreckung
Amt, Beschränkungen **52** 2, 3
und Amtswiderspruch **53** 3
und Auflassung **20** 22
Beitrittsgebiet **52** 19
Berichtigungszwang **82** 16 ff
Beschwerde gegen Vermerk **71** 27
und Beschwerdeberechtigung **71** 74
Bewilligung des Testamentsvollstreckers **40** 23
Eintragung **52** 1 ff **52** 5 ff
Eintragungsfolgen **52** 9 ff
und Erbenausschluß im Beschwerdeverfahren **71** 67
Entgeltlichkeit einer Verfügung **29** 137
Entgeltlichkeit einer Verfügung, Nachweis **35** 89 **35** 89
und Erbfolgenachweis **35** 18
Erbscheinerteilung **35** 44
und Gesamthand **52** 2
und Grundbuchamt **52** 15, 16
Löschung des Vermerks **52** 17 ff

Nachweis **52** 3
Selbstkontrahieren **52** 11
Testamentsvollstreckerzeugnis **35** 86
Unentgeltliche Verfügungen, untersagte **52** 14
Verfügungsbeschränkungen **19** 83
Verfügungsmacht, Nachweis **35** 85 ff
Vollstreckervermerk **Einl** J 14
und Vorerbenbefreiungen **51** 11
Vorerbschaft, Nacherbschaft **52** 11
Tilgungshypothek
Abtretung oder Verpfändung **26** 37
und Forderungsteilung **61** 2
Löschung, teilweise **46** 9
Löschungsfähige Quittung **27** 25
Rechtsnatur **Einl** R 4
Tod
des Antragstellers **13** 22
des Antragstellers und Beschwerderecht des Erben **71** 66
des Auflassungsempfängers **20** 55
des Begünstigten **19** 206
des Berechtigten, Nachweis **23** 23
des Bewilligenden **19** 76
des Eigentümers und dessen Auflassung **20** 49
des Erblassers **40** 30
des Erblassers, Beweis **35** 48
des Erblassers und Vollmachtswirkung **51** 12
eines Gesamtberechtigten, Gesamthänders **23** 12
Löschung bei Ausschluß von Leistungsrückständen **23** 23
des Nießbrauchsberechtigten **Einl** M 23
Todeserklärung **29** 29
des Veräußerers **20** 49
Treu und Glauben
im Grundbuchverfahren **Einl** C 60 ff, 74
Treuhändergemeinschaft (§ 70 VAG)
Nachweis der Vertretungsberechtigung **32** 7
Treuhändervermerk **20** 206 **Einl** J 17
Treuhandschaft
und Briefvorlage **42** 4

Überbaurente Einl D 8, 9
als subjektiv-dingliches Recht **9** 2
Übereignung
Vormerkung des Anspruchs **Einl** G 53
Übereinstimmung
von Grundbuch und amtlichem Verzeichnis **2** 9
Überflüssige Eintragungen Einl B 9, 61
Übergabe
Briefbesitz **39** 36

Übermittlung
  Ausdruck bei maschineller Grundbuchführung 131 9 ff
Übertragung auf anderes Grundstücksblatt
  und Löschung durch Nichtübertragung eines Rechts 46 5
Übertragung von Rechten
  Abtretung von Grundpfandrechten 26 9
  Abtretung der Hypothek, Auslegung 26 30
  Abtretung einer Teileigentümergrundschuld 11 V 19
  Abtretung unter Umwandlung in Hypothek, Eintragungsmuster 11 V 16
  Abtretungserklärung, öffentlich beglaubigte bei Briefrechten 39 37 ff
  Abtretungserklärungen 41 13
  Aneignungsrecht 20 40
  des Anwartschaftsrechts des Auflassungsempfängers 20 40, 134 ff **Einl** L 15
  Auflassung
    s. dort
  Auflassungsrecht **Einl** L 4
  Ausschluß, Beschränkungen **Einl** J 12
  Begriff der − 26 7
  Beschränkt persönliche Dienstbarkeit **Einl** N 57
  und Beschwerde in Grundbuchsachen 71 31
  Betroffensein von der − 19 66
  Briefhypothek 41 2
  und Briefvorlage 41 7
  Dauerwohnrecht, Dauernutzungsrecht **Einl** O 13
  Eigentümergrundschuld, Abtretung der aus einem Fremdrecht entstandenen (Eintragungsmuster) 11 V 17
  Eigentum am Grundstück 20 12, 95
  Eigentumsübergang kraft Gesetzes 20 41
  Eigentumsübergang durch Hoheitsakt 20 41, 64
  Eigentumsverschaffungsanspruch 20 129 ff
  Erbanteile 20 23
  Erbbaurecht nach ErbbauVO 20 126
  durch Erben 40 17
  Forderungsabtretung 26 16
  Geschäftsanteil 20 32
  und Grundbucheinsicht 12 6
  Grunddienstbarkeit, fehlende Übertragbarkeit **Einl** N 35
  Grundpfandrechte 26 1 ff 11 V 8
  Grundschuld **Einl** S 7
  Grundstücksbezeichnung, Angabe von Geldbeträgen 28 4
  Grundstücksgleiche Rechte 20 19
  Hypothek für Inhaber- und Orderpapier 43 1 ff

Hypothekenbrief 57 2
Inhaltsänderung von Rechten, Abgrenzung 19 63
Miteigentumsanteil am Grundstück 20 12, 14
Miteigentumsanteil beim Wohnungseigentum 20 123
Nacherbenrecht 51 31
Nießbrauch **Einl** M 5, 17 ff
Originärer Eigentumserwerb 20 29
  durch Pfandrecht am eingetragenen Recht gesicherten Forderung 26 3
Urkunde 10 4
Verdeckte Abtretung von Briefrechten 19 52
und Voreintragungsgrundsatz 40 6
Vormerkung **Einl** G 11, 53
Wohnungseigentum/Teileigentum 20 16, 123 **Einl** E 45 ff
von Zinsrückständen 26 38
Umdeutung
  Dauerwohnrecht in beschränkt persönliche Dienstbarkeit **Einl** O 1
  unzulässiger Erinnerung 71 9
  von Grundbucheintragungsanträgen 13 36
  von Grundbucheintragungen **Einl** C 31
  von Grundbucherklärungen **Einl** C 29
  von Verfahrenshandlungen **Einl** C 32
Umlegungsstelle
  Behördenersuchen um Grundbucheintragung 36 35
Umlegungsverfahren
  Belastungsbeschränkungen 19 157
  Genehmigung der Umlegungsstelle 20 174
  Grundbuchberichtigung 2 9 20 41
  Teilung eines Grundstücks 7 32
  Umlegungsplan 20 177
  Verfügungssperre 19 157 20 175, 176
  Verkehrsbeschränkungen 20 174, 175
  Vermerk 20 176 **Einl** J 22, 31
Umschreibung
  alter Grundbuchblätter 138 1 ff
  Anlegung maschinell geführten Grundbuchs durch − 68 V 1 ff
  aufgrund Neueintragung 23 V 1
  Auseinandersetzung von Erbengemeinschaft, Gütergemeinschaft (Erleichterungen bei Zeugnisvorlage) 36 1 ff 37 1 ff
  nach Einigung im Rangklarstellungsverfahren 102 6
  Fälle der Umschreibung 28 V 1 ff
  und Gestaltung des neuen Grundbuchblattes 30 V 1 ff
  und Grundaktenfortführung 32 V 1, 2
  Inkrafttreten der Grundbuchverfügung 97 V 1 ff

Fette Zahlen = §§, magere Zahlen = Rdn., V = GBVfg., W = WEGBVfg., GebV = GGV.

des maschinell geführten Grundbuchs **128 2** 72 **V** 1 ff
Muster **31 V** 1
Neufassung als Unterfall der – **69 V** 1
des Papiergrundbuchs **67 V** 3
Papiergrundbuch, Zweck der – **68 V** 2
im Rangklarstellungsverfahren nach rechtskräftiger Feststellung neuer Rangordnung **111** 1 ff
Verfahren vor einer – **29 V** 1 ff
Umstellung
alter Grundbuchblätter **138** 1 ff
Anlegung maschinell geführten Grundbuchs durch – **70 V** 1 ff
Grundbuch, maschinell geführtes **128** 4
auf Loseblattgrundbuch **101** 1
des Papiergrundbuchs **67 V** 5
Umstellungsgrundschulden 13 4
Umstellungsschutzvermerk 13 4 **Einl J** 28
Umwandlung von dinglichen Rechten
Abtretung unter Umwandlung in Hypothek, Eintragungsmuster **11 V** 16
von Alleineigentum in Gesamthandseigentum **19** 84
und Auflassung **20** 22 **20** 32
Bedingtes, befristetes Recht **19** 63, 68
Briefhypothek und Hypothekenumwandlung, Forderungsauswechselung **65** 1 ff
Bruchteilseigentum in Gesamthandseigentum **20** 26
Erbbaurecht (alt) **20** 128
von Grundpfandrechten **19** 68
Hypothek in Eigentümergrundschuld **19** 66
Leibgedingsleistungen **19** 68
von Teileigentum in Wohnungseigentum oder umgekehrt **Einl E** 55
von unbedingten und bedingte Rechte **19** 63
Vorkaufsrecht **Einl K** 10
Umwandlung von Gesellschaften
Eigentumsübergang und Berichtigungszwang **82** 4
Gebietskörperschaften **20** 33
Genossenschaften **20** 36
Juristische Personen **20** 33
Kapitalgesellschaften **20** 32
Personengesellschaften **1** 37 **20** 28, 30
und Voreintragungsgrundsatz **40** 10
Unbedenklichkeitsbescheinigung 18 40 **20** 218, 220
und behördliches Ersuchen um Eintragung **38** 70
Unbekannter Grundstückserwerber 20 63
Unbestimmter Eintragungsantrag 13 27
Unbrauchbarmachung
eines Briefes **53** 1 ff **69** 1 ff

Unentgeltlichkeit
Begriff **51** 23
Testamentsvollstreckerverfügung, untersagte **52** 14
Unerledigter Eintragungsantrag 17 1 ff
Unfallversicherung
Veräußerungs- und Belastungsverbot **Einl J** 20
Ungeborene Person
Erwerbsfähigkeit **20** 57
Unklarheit
einer Eintragung **Einl J** 25 **53** 3
eines Eintragungsantrags **13** 26 ff **18** 14
im Eintragungsantrag, Eintragungsunterlagen **18** 14
der Rangverhältnisse **90** 2
Unmöglichwerden
Ausübung einer Grunddienstbarkeit **Einl N** 38
Unnötige Eintragung Einl B 9
Unrichtigkeit des Grundbuchs
Amtspflichten des GBA **Einl C** 45, 49, 66
wegen Antragsverbots **18** 19
Begriff **22** 7 ff
Berechtigter, nichteingetragener **14** 5
trotz Berichtigung **22** 29, 62
Berichtigungsbewilligung statt Unrichtigkeitsnachweis **22** 76 ff
und Berichtigungszwang **82** 2 ff
Beseitigung der Gefahr **29** 2
und Buchrechte **Einl C** 69
Buchung, unrichtige **3** 3
Eigentümereintragung **82** 1 ff **82 a** 1 ff
Eintragung ohne Briefvorlage **41** 27
durch Eintragungen **22** 19 ff **53** 8
und Eintragungsantragsrecht **14** 1 ff
Erbbaurecht, erloschenes **Einl F** 61
Feststellung **82** 5
aufgrund Gesetzesverletzung durch das Grundbuchamt **53** 8
Grundbuchliche Inkaufnahme **21** 13
Grundpfandrecht, nicht bestehendes **27** 15
Leistungsrückstände und Grundbuchberichtigung **23** 24 ff
durch Löschungen **22** 27 ff **Einl C** 69
Nachweis **22** 57 ff **27** 15
Relativ unwirksame Eintragung **22** 18
Sicherheit des Grundbuchverfahrens, vorgehende **29** 131
Testamentsvollstreckervermerk **52** 18
Überzeugung des GBA **Einl C** 70
als unwirksame Eintragung **Einl B** 45, 47
bei verdinglichten Regelungen **22** 39 ff
und Verfahrensrecht **Einl C** 72
bei Verfügungsbeschränkungen **22** 55 ff

1345

bei Vormerkungen 22 42 ff
Wegfall der – 22 8
bei Widersprüchen 22 50 ff
als wirksame Eintragung **Einl B 60 Einl C 73**
Unschädlichkeitszeugnis
Briefvorlage, entbehrliche 41 26
Rechtsnatur, Rechtsgrundlage 27 28
Untererbbaurecht Einl F 23
Eintragung 6 a 1 ff
Eintragung in der zweiten Abteilung 10 V 25
Unterlassungspflichten
des Eigentümers eines belasteten Grundstücks **Einl N 24 ff**
Grunddienstbarkeit **Einl N 14 ff**
Unternehmensübertragung
und Nießbrauchsübertragung **Einl M 22**
Untersagungsrecht
des Berechtigten einer Grunddienstbarkeit **Einl N 24 ff**
Unterschrift
Beschwerde, weitere 80 6 ff
Eintragung 20 V 2
Eintragung im elektronischen Grundbuch 129 9
Eintragungsverfügung 44 7 ff
Funktionen eigenhändiger – 75 V 3
zur Leistung zweiter Unterschrift ermächtigter Bediensteter 1 16
Maschinell geführtes Grundbuch und elektronische – 75 V 1 ff
Schriftlichkeitsmodell der GBO 75 V 4
Untersuchungsausschüsse
Grundbucheinsicht 12 6
Unterteilung
eines WE-Rechts **Einl E 49**
Unübersichtlichkeit
und Neufassung eines Teils des Grundbuchblatts 33 V 1 ff
Unklarheit der Rangverhältnisse 90 2
Unvollständige Grundbucheintragung 53 3 Einl B 44
Unwiderruflichkeit
s. Widerruf
Unwirksamkeit
s. Wirksamkeit, Unwirksamkeit
Unzulässigkeit
einer Eintragung **Einl B 52**
eines Eintragungsantrag 18 20
Eintragungsfähiges Recht und unzulässige Eintragung 18 21
eines Eintragungsvorbehalts 16 1 ff
Grunddienstbarkeit mit unzulässigem Inhalt (Einzelfälle) **Einl N 24 ff**

Nießbrauchsbeschränkungen (Dispositionsnießbrauch) **Einl M 12, 13**
Quotenmäßige Vorratsteilung von Alleineigentum **Einl D 14**
Urkunden
Abtretungserklärung, öffentlich beglaubigte 39 37 ff
für Amtsgebrauch ausschließlich bestimmte – 19 252, 253
Antragsgrundlage 10 4
und Antragsverfahren **Einl C 55**
Arten 10 4 ff
Aufbewahrung 10 1 ff **Einl C 55**
Aufbewahrung, papierlose 10 a 1 ff
Ausländische – 29 106 ff
Auslegung und Heranziehung von – **Einl C 23**
von Behörden 29 48 ff
Behördliches Ersuchen um Grundbucheintragung 38 71, 77
Beilagen 29 122, 123
Beschwerdemöglichkeit 71 38
Besitz und Rechtsfolgen 29 119
Eintragung, Bezugnahme 10 5
Eintragungsunterlagen 29 40
Erbschein 35 31
Ersatz von Erklärungen 10 4
Grundakten und Aufbewahrung von – 24 a 1 ff
Grundbuchwiederherstellung 141 2 ff
Hypothekenbrief und Schuldurkunde 58 1 ff
Notar, Eigenurkunden 20 85
Öffentlich beglaubigte Urkunden 29 86 ff
Öffentliche Urkunden 29 44 ff
Offenkundigkeit statt Nachweis mittels – 29 124 ff
als Originale bei papierloser Archivierung 10 a 15
von Personen öffentlichen Glaubens 29 73 ff
Privaturkunde 29 118
Prüfungspflicht des GBA 29 80
Rangklarstellungsverfahren 99 1 ff
Rechtsgeschäfte 10 6
Schuldurkunden und maschinelle Grundbuchführung 88 V 1 ff
Verfügungen von Todes wegen 35 62
Verfügungen von Todes wegen, Lücken der Urkunden und Zweifel 35 73 ff
Verweisung auf Akten 29 121
Vorlage 29 116 ff **Einl A 23**
Zwangsvollstreckungsunterwerfung **Einl J 29**
Urkundsbeamter der Geschäftsstelle
Ablehnung und Ausschließung 11 1 ff

Fette Zahlen = §§, magere Zahlen = Rdn., V = GBVfg., W = WEGBVfg., GebV = GGV.

Auskunftserteilung, Einsichtgewährung **12 c** 1 ff
Ausschließung, Ablehnung **12 c** 15
Beglaubigungen **12 c** 8
Berichtigung von Personenbezeichnungen **12 c** 13
Beschwerde gegen Eintragungsverfügung seitens des — **71** 11
Beschwerdeeinlegung **73** 5
Eintragungsverfügung **44** 2
Erinnerung als Rechtsbehelf **71** 10 **Vor 71** 6
Erklärungen zur Niederschrift **13** 42
Grundbucheinsicht, abgelehnte **12** 11
und Grundstücksverzeichnis, Übereinstimmung **12 c** 9, 10
und maschinelle Grundbuchführung **74 V** 5
Nachweise bei besonderer Archivierung (Bild- oder Datenträger) **12 c** 14
als Person öffentlichen Glaubens **29** 73
Rechtsmittel gegen Entscheidungen **12 c** 16
Urkundenherausgabe **10** 11
Urkundenrückgabe, Aktenversendung **12 c** 7
Verfahrensvermerke **12 c** 11, 12
Zuständigkeit **1** 18, 20
Zuständigkeitsmangel **44** 9
Urkundsnotar 19 219
Urschrift
Anspruch auf die Urschrift **19** 181, 213 ff
der Bewilligungsurkunde **19** 177 **19** 181
Erbschein **35** 31
der Urkunde **19** 240, 246
Urkundenvorlage **29** 116
Urteil
s. Gerichtliche Entscheidungen

Valutierung
der Hypothek **Einl B** 16
Valutierungsklausel
Grundschuld **Einl S** 7
Veräußerung
Grundstückseigentumsübertragung **20** 95
Miteigentum und Veräußerung des Gesamtgrundstücks **Einl D** 20 3 **W** 12
Miteigentumsanteil **Einl D** 19
als Verfügung **19** 71
Veräußerungsbeschränkungen
Eintragung in der zweiten Abteilung **10 V** 26
Erbbaurecht **Einl F** 32
nach Landesrecht **20** 217
Wohnungseigentum **Einl E** 63 ff **Einl E** 66
Verbindung
von Urkunde mit Plan **19** 39
Verbindung von Gebäudeeigentum 14 GebV 10

Verbundene Eintragungsanträge **16** 20
Verdinglichte Regelungen
Unrichtigkeit eingetragener — **22** 39 ff
Verdinglichung 22 39 **Einl B** 10 **Einl F** 28
Verein
Auflassung, Grundbuchberichtigung **20** 37, 38
Auflösung **35** 4
Nachweis der Vertretungsberechtigung **32** 6
Vereinfachungsverordnung 41 25
Vereinigung von Grundstücks- und Gebäudeeigentum Einl D 56
Vereinigung von Grundstücken
Begriff **5** 1
Bestandsverzeichnis **6 V** 12
und Bestandteilszuschreibung, Abgrenzung **5** 1
Eintragung **13 V** 1 ff
Grunddienstbarkeit **Einl N** 10 **Einl N** 39
Landesrecht **136** 13
und Löschung durch Nichtübertragung eines Rechts **46** 5
Materielle, formelle Wirksamkeit von Grundbucherklärungen **Einl A** 52
Nießbrauch **Einl M** 3
und Rangregulierung **45** 29
Rechte, zugängliche **5** 2 ff
Verwirrung **5** 12
Voraussetzungen **5** 2 ff
Wiederaufhebung **5** 23
Wirkung **5** 22
Zulässigkeit **5** 2 ff
Zuständigkeit **5** 20
Vereinigung von Miteigentumsanteilen Einl D 15
mit Miteigentumsanteilen, mit Grundstücken **5** 10
Vereinigung mit Wohnungseigentumsberechtigung
WE-Berechtigung mit WE-Berechtigung **5** 8 **Einl E** 48
WE-Berechtigung mit Grundstück **5** 9
Vereinigungserklärungen
als Eintragungsunterlagen **29** 21
Vereinigungserklärung
Grundstücksbezeichnung, Angabe von Geldbeträgen **28** 4
Vereinsvermögen
Anfall an den Fiskus **40** 9
Verfahren
Rangverhältnisse, Klarstellung **91** 1 ff
Verfahrensfähigkeit 1 29
im Beschwerdeverfahren **71** 67 b
Verfahrensrecht
s. a. Materielles Recht

1347

Amtsverfahren 1 28 13 3, 4 Einl C 49, 50
Antragsverfahren 1 28 13 1, 2 Einl C 3, 51
Antragszurücknahme 31 15
Auflassung 20 114
Auflassung und Einigungsnachweis 20 4
Auflassungsempfänger, Rechtsstellung Einl L 5
Begriff, Gegenstand einer Verfahrenshandlung Einl A 19 ff
und Beschwerdeverfahren in Grundbuchsachen Vor 71 2, 3
Beschwerde, weitere 78 14
Besondere Fälle (Übersicht) Vor 82 1 ff
Bewilligung 19 166
Bewilligungsberechtigung 19 73
Doppelnatur einer Verfahrenshandlung Einl A 38
Eintragung oder Löschung, maßgebliche Einl B 15
Eintragung und Löschung Einl B 17
Eintragungsbewilligung 19 17
Erbbaurecht 20 127 ff
Gegenstandslose Eintragung, Amtslöschung 84 12
Grundbucheintragungen Einl A 12, 13, 40 Einl B 12, 17
Grundbuchlöschungen Einl B 17
und Gutglaubensschutz 19 100
Materiell- und Verfahrensrechtliche Lösungen im Grundbuchrecht Einl A 64 ff
Prioritätsgrundsatz Einl C 6
Rangänderung 45 28
Rangbestimmung, Rangänderung 19 67
Teilung 7 33
Umschreibung, erleichterte bei Auseinandersetzung von Erbengemeinschaft, Gütergemeinschaft 36 18
und unrichtiges Grundbuch Einl C 72
Unwirksame Eintragung Einl B 50
und Unwirksamkeit von Eintragungsbewilligungen, Antragsberechtigungen 13 68 19 167 ff 29 133
Urkundenaufbewahrung 10 11
Verbundene Anträge 16 20
Verfahrenshandlungen und Grundbucherklärungen Einl A 46
Verfahrenshandlungen und Prozeßhandlungen Einl A 20
Verfahrensverstoß, Bedeutung Einl B 61
Vermerke des Grundbuchrechts Einl J 28
Vormerkung Einl G 28
Vormerkung, Erlöschen aufgrund Aufhebung eines Hoheitsaktes 25 4
Wohnungseigentum, Grundbucheintragung Einl E 1 20 122

Zeugniserteilung bei Erbfolge, Gütergemeinschaft 36 19
Verfügungen
Bedingte, befristete − 19 130 Einl B 27
Begriff (materielles Recht) 19 71
Belastung als Verfügung s. dort
des Berechtigten 20 46, 48
des Grundbuchamts s. Grundbuchverfügungen
über grundbuchmäßiges Recht Einl A 1
über Nacherbenrecht 51 31 ff
Testamentsvollstreckervermerk und Erbenverfügungen 52 9
Veräußerung als Verfügung 19 71
des Vorerben 51 8, 20 ff
Verfügungen von Todes wegen
und Nachweis der Erbfolge 35 61 ff
Verfügungsbefugnis 20 47
Absolute, relative − 19 91
und Anwartschaft des Auflassungsempfängers Einl L 13
Ausländische Ehegatten 33 13
Beitrittsgebiet und Nachweis der − 105 V 9 ff
Entziehung als absolute Verfügungsverbote 19 125
und Grunddienstbarkeit Einl N 27
Hypothek für Inhaber- und Orderpapier 43 1
als Rechtsinhaberschaft 19 71
Testamentsvollstreckerverfügungen 52 12 ff
und Verfügungsermächtigung 19 79, 81 20 47
Verfügungsmacht, Verfügungsbefugnis als Unterbegriffe 19 71
und Voreintragungsgrundsatz 39 2
Zugewinngemeinschaft 33 12
Verfügungsbeschränkungen (allgemeine Hinweise)
s. a. Verfügungsbeschränkungen (Einzelfälle)
s. a. Belastungsbeschränkungen
s. a. Teilungsbeschränkungen
s. a. Verfügungsverbote
Absolute Einl E 64
Absolute Beschränkungen, Grundbuchbehandlung 19 101
Absolute Beschränkungen und Grundbuchvermerke 19 104
Absolute Beschränkungen, nicht eintragungsfähige 19 105
Absolute, relative 19 82 22 18
Absolute, relative: Rechtsfolgen 19 83
Antragseingang und spätere − 13 10

Fette Zahlen = §§, magere Zahlen = Rdn., V = GBVfg., W = WEGBVfg., GebV = GGV.

Arten **19** 82
Behördenersuchen um Grundbucheintragung **38** 10 ff
Beschwerde **71** 27
und Briefvorlage **41** 7
Dienstbarkeiten, Abgrenzung zu den eigentumsrechtlichen – **Einl** N 1
Eintragung in der zweiten Abteilung **10** V 26
Eintragung, nicht erfolgte und Grundbuchunrichtigkeit **22** 56
Eintragungsfähigkeit, fehlende Eintragungsfähigkeit **19** 82
Eintragungsfähigkeit **Einl** B 24 **Einl** J 1 ff
Eintragungsvoraussetzungen **Einl** J 6 ff
Erbbaurecht **56** V 5
Gegenstandslose Eintragungen und Amtslöschung **84** 6
Grundbuchbehandlung (Übersicht) **19** 82 **19** 83
und Grundbuchsperre **19** 102
und Grundbuchunrichtigkeit **22** 18
Grundstücksfläche, reale **28** 16
Löschung eines Rechts mit – **19** 65
Löschung und Gutglaubensschutz **53** 3
Nachweis der Unrichtigkeit **22** 66
Neueintragung und Betroffene hiervon **19** 64
und Rangverhältnis **45** 8
Relative Beschränkungen, Grundbuchbehandlung **19** 110 ff
Relative Beschränkungen, weder vermerkte noch dem GBA bekannte **19** 112
Relative Beschränkungen, noch nicht vermerkte aber dem GBA bekannte **19** 113
Relative Beschränkungen **19** 83
und Schutzvermerk **18** 81
Unrichtigkeit des Grundbuchs **22** 55
Zeitpunkt **13** 10 ff **18** 17
und Zurückweisung eines Antrags **18** 17
Verfügungsbeschränkungen (Einzelfälle)
Almgrundstücke **20** 121
Ausländer **20** 210
Bahngrundstücke **20** 204
Banken **20** 206
Bedingte Verfügungen **19** 130, 131
Behördliche Verfügungsverbote **19** 110 **Einl** J 18
Bodenverbände **20** 203
Bundesversorgungsgesetz **20** 215
Dauerwohnrecht **19** 116
Enteignungsverfahren **20** 179
Entschuldungsverfahren **20** 199
Entwicklungsverfahren **20** 188, 189
Erbbaurecht **19** 116
Fideikommiß **19** 214
Flurbereinigungsverfahren **20** 200
Forstwirtschaftliche Grundstücke **20** 192
Fremdenverkehrsgebiet **20** 173
Gemeinden **20** 202
Gerichtliche Verfügungsverbote **19** 110 **Einl** J 18
Grundstücksverkehrsverordnung **19** 167
Güterrecht **19** 154, 153, 137, 146 ff
Handwerkskammer **20** 207
Heimstätten **20** 211
Höfe **20** 212
Juristische Personen **20** 202
Kapitalanlagegesellschaft **20** 206
Kirchen **20** 208
Konkurs **19** 125
nach Landesrecht **20** 217
Landkreise **20** 202
Landwirtschaftliche Grundstücke **20** 192
Miteigentümerregelung § 1010 BGB **Einl** D 25
Nacherbfolge **19** 130, 131
Nachlaßverwaltung **19** 125
Rechtsgeschäftliche Beschränkungen, Eintragungsfähigkeit **Einl** J 10
Rechtsgeschäftliche Beschränkungen **Einl** J 10
Reichsheimstätten **20** 211
Reichsversicherungsordnung **20** 215
Sanierungsverfahren **20** 180, 181
Sozialversicherungsträger **20** 205
Sparkassen **20** 206
Stiftungen **20** 209
Testamentsvollstreckung **19** 125
Umlegungsverfahren **20** 174, 175
Verfügungsentziehung für Vorerben **19** 125
Vermögensbeschlagnahme **20** 216
Versicherungen **20** 206
Vertragliche Beschränkungen, Grundbuchbehandlung **19** 115 ff
Wasserverbände **20** 203
Wohnungseigentum **19** 116 **Einl** E 64
Wohnungserbbaurecht **19** 116
Zugewinngemeinschaft **33** 8 ff
Zweckverbände **20** 202
Verfügungsentziehung 19 82 **Einl** J 13
Verfügungsermächtigung
durch Verfügungsberechtigten **19** 79 **19** 81 **20** 47
Verfügungsmacht
Testamentsvollstrecker, Nachweis **35** 85 ff
Verfügungsverbote
Behördliches, gerichtliches **Einl** J 18
Entstehen, Erlöschen **Einl** J 4
Gesetzliche **Einl** J 17

1349

Prozeßgericht, Ersuchen um Grundbucheintragung 38 10
Relative — **Einl** J 17, 18
Vergleich
Auflassung mittels — 20 115
und Behördenersuchen um Grundbucheintragung 38 15
Vergleichsgericht Einl J 18
Vergleichsverfahren
Eintragung in der zweiten Abteilung 10 V 30
Vergrößerung
von Miteigentumsanteilen **Einl** E 51
Verkehrsfähigkeit von Rechten
Auflassungsrecht **Einl** L 4, 18 ff
Verkehrshypothek
Löschung 27 4
Rechtsnatur **Einl** R 2
Verkleinerung
von Miteigentumsanteilen **Einl** E 51
Vermächtnis
Nießbrauchsvermächtnis oder Nacherbfolge 51 5
und Testamentsvollstreckung 52 15
Vermächtniserfüllung
Auflassungsrecht 20 22
Vermerke im Grundbuch
Eintragungsfähigkeit
s. dort **Einl** B 5, 25
bei maschineller Grundbuchführung 68 V 9 ff 69 V 5 ff 70 V 8 ff 71 V 6 ff
Vermerke, sonstige
Grundstücksfläche, reale 28 16
Vermessungsämter
Öffentlich beglaubigte Urkunden 29 89
Vermessungsbehörden 29 58
Vermessungsingenieure
Beurkundung durch — 29 73
Grundbucheinsicht 43 V 6
VermG
Eintragung von Vormerkung, Widerspruch 25 6
Vermögen
und Nießbrauchsbestellung **Einl** M 6
Vermögensbeschlagnahme
Eintragungsfähigkeit 20 216 **Einl** J 19
Vermögensübertragung
und Auflassung 20 33
Vermögensübernahme
und Zwangshypothek 7 17
Vermögenszuordnungsgesetz
Ersuchen um Anlegung eines Grundbuchblattes 36 27
Vermutung, gesetzliche
s. Gesetzliche Vermutung

Verpfändung
der Anwartschaft des Auflassungsempfängers **Einl** L 15, 39
des Auflassungsanspruchs **Einl** L 4, 36
von Briefrechten 26 12
von Briefrechten, Mitverpfändung von Zinsen 26 36
von Buchrechten 26 36
von Buchrechten, Mitverpfändung von Zinsen 26 36
Gesellschaftsanteil **Einl** D 41
Grundschuld **Einl** S 13
Hypothek **Einl** R 21
Nießbrauch **Einl** M 17
Notar-Beurkundung der Verpfändungserklärung 15 7
Tilgungshypothek 26 37
Vermerk **Einl** J 24
Vormerkungen und Verpfändungsvermerk 20 139, 144
von Zinsrückständen 26 38
Verpflichteter
Grundbucheintragung 15 V 10, 11
Verschleuderung von Grundstücksvermögen 29 137
Verschmelzung
und Auflassung 20 32
Eigentumsübergang und Berichtigungszwang 82 4
Versicherungen
Erwerbsbeschränkungen 20 71
Verfügungsbeschränkungen 20 206
Versicherungsaufsicht Einl J 17
Versicherungsverein auf Gegenseitigkeit
Nachweis der Vertretungsberechtigung 32 7
Versorgungsanlagen
und Wohnungseigentum **Einl** E 36
Versorgungsbehörde
Ersuchen um Grundbucheintragung 36 28
Versorgungsrecht (BVG) 20 215
Versorgungsunternehmen
und Grundbuchamt, Zusammenarbeit 86 a 1 ff
Verteidigungszwecke
Landbeschaffung 29 59
Vertrag
s. a. Einigung
s. a. Schuldrechtliches Grundgeschäft
aller Miteigentümer (Begründung von Wohnungseigentum) **Einl** E 46
Auflassung zugunsten Dritter 20 58 ff
Dinglicher Vertrag 20 3 **Einl** A 41, 54
Schuldrechtlicher Vertrag **Einl** A 41
Verfügungsbeschränkungen aufgrund — 19 115 ff
und Willenserklärung **Einl** A 18

Fette Zahlen = §§, magere Zahlen = Rdn., V = GBVfg., W = WEGBVfg., GebV = GGV.

Vertrag zugunsten Dritter
　Auflassung 20 58 ff
　Hypothek **Einl** R 8
Vertragshilfegericht
　Ersuchen um Grundbucheintragung 38 17 **Einl** J 18
Vertreter ohne Vertretungsmacht
　Bewilligung durch – 19 198
Vertretung
　bei Auflassung 20 73
　und Beschwerdeberechtigung 71 72 ff
　Beschwerde, weitere 80 8
　Beweismöglichkeiten, sonstige 32 16 ff
　bei Bewilligung 19 185 ff
　GBA-Prüfung der – 19 187
　Gesetzliche Vertretung
　　s. dort
　Grundbuchbewilligung aufgrund – 19 192
　Grundbucheinsicht 12 6, 8
　Grundbuchvertreter
　　s. dort
　Nachweis bei Handelsgesellschaften 32 1 ff
Vertretungsmacht
　als Eintragungsvoraussetzung 19 185
　Handelsgesellschaften und Umfang der – 32 11 ff
　und Verfügungs- und Bewilligungsbefugnis 19 84
Verurteilung
　s. Klage, Klagbarkeit
　s. Gerichtliche Entscheidungen
Verwahrungsnotar 19 219
Verwalter
　Konkursverwalter 19 125
　Nachlaßverwalter 19 124
　Testamentsvollstrecker 19 125
　Vorerbschaftsverwalter 19 125
　Zwangsverwalter 19 126
Verwaltungsakt
　Eintragung von Vormerkung, Widerspruch 25 3
Verwaltungskostenbeiträge
　Hypothek **Einl** R 15
Verwaltungsweg
　und Grundbucheinsicht 12 5
Verwandte
　Grundbucheinsicht 12 6
Verweisung
　s. Bezugnahme
Verwertung eines Grundstücks
　aufgrund Dienstbarkeit **Einl** N 22
Verwirkung
　des Antragsrechts 13 24, 52
　Beschwerderecht 73 7
　Beschwerde, weitere 80 22

Verwirrungsgefahr
　bei Teilung 7 3
　bei Vereinigung 5 12 ff
　bei Zusammenschreibung 4 3
　bei Zuschreibung 6 13
Verzicht
　Antragsrücknahme 13 20
　Bekanntmachung einer Eintragung 55 3
　Beschwerderecht 73 13
　Beschwerde, weitere 80 22
　Erfüllung gepfändeten Grundschuldsverzichtsanspruchs **Einl** S 9
　auf Grundpfandrecht 27 6
　Nacherbschaftsvermerk 51 17
　Rechtsmittelverzicht 73 11
Verzinsung
　s. Zinsen, Verzinsung
Vollmacht
　s. a. Vertretung
　zur Auflassung 20 87 ff
　zur Beleihung erteilte Vollmacht und Unterwerfungserklärung **Einl** T 4
　Beglaubigte Abschrift 29 120
　Benachrichtigungsvollmacht 55 9
　als Eintragungsunterlage 29 20
　über Erblassertod hinaus erteilte – 35 17 51 12
　Gesetzlich vermutete Vollmacht des Notars 15 1 ff
　Grundbuchbewilligung aufgrund – 19 192
　und Grundbucheinsicht 12 6
　Nachweis 20 92 30 10
　Nachweis des Fortbestehens 29 140
　Nachweis bei gemischten Anträgen 30 9
　Nachweis bei reinen Eintragungsanträgen 30 6
　Nachweismängel 18 40
　Rangklarstellung und Zustellungsbevollmächtigter 97 1 ff
　Rechtsgeschäftliche Vollmacht des Notars 15 35 ff
　Vermutung des Fortbestehens 29 138
　Widerruf 29 139
Vollrecht
　und Buchrecht **Einl** B 15, 16
Vollstreckbare Ausfertigung
　Nachweis 19 182, 244
Vollstreckbare Entscheidung
　Aufhebung von Vormerkung, Widerspruch 25 5 ff
　und Berichtigung des Grundbuchs 14 6
　Ersetzung von Eintragungsunterlagen 40 27 ff
　und Gemeinschaftsverhältnis 47 16

Vollstreckungsgericht
und Behördenersuchen um Grundbucheintragung 38 13 38 44 ff
Vollstreckungstitel
Grundbucheinsicht 12 6
Vollzugstätigkeit des Notars 19 207 ff
Vorbehalt
s. Bedingung
Rangvorbehalt
s. dort
Vorbehaltsgut 19 147 20 24
Vorbescheid
im Grundbuchverfahren keine Staathaftigkeit eines – 71 60
Voreintragungsgrundsatz
Antragserfordernis 39 5
und Auflassung 20 50
Auslegung, enge 39 3
Ausnahmen 39 2, 9 40 1 ff
und behördliches Ersuchen um Eintragung 38 69
Berechtigter 39 19, 20
Betroffener 39 13 ff
Betroffenes Recht 39 10 ff
Bewilligung, als Berechtigter eingetragener 39 2
Briefrecht 39 34 ff
Eigentümergrundschuld 39 22 ff
Eintragung 39 6 ff
Erbe, Erbfolge 40 2 ff
Gemeinschaftsverhältnis 39 14
Gesamtrechtsnachfolge 40 9 ff
Grundbuchverkehr, erleichterter 40 1
und neues Grundbuchblatt 39 8
als Grundsatz **Einl C** 5
Herrschendes Grundstück, belastetes Grundstück 9 6
als Ordnungsvorschrift 39 1
Parzellenverwechselung 39 17
Rechtsändernde, rechtsberichtigende Eintragungen 39 14
Richtige Voreintragung 39 18
Zweck 39 2
Vorerbe
Entgeltlichkeit einer Verfügung 29 137
Erbscheinerteilung 35 45 35 46
Vorerbschaft
Befreiung von Beschränkungen 51 10
Begriff 51 2
Beschwerde 71 27
Entgeltlichkeit, Unentgeltlichkeit einer Vorerbenverfügung 51 22
oder Nießbrauchsvermächtnis 51 5
und Testamentsvollstreckung 52 11
und Umfang des Nacherbenrechts 51 7

Verfügungen des eingetragenen Vorerben 51 20 ff
und Verfügungen über das Nacherbenrecht 51 31 ff
Verfügungen des nichteingetragenen Vorerben 51 27
und Vollmachtserteilung 51 12
und Voreintragungsgrundsatz (Ausnahme) 40 5
Vorerbenbefugnisse 51 8
Vorfälligkeitsentschädigung
Hypothek **Einl R** 15
Vorkaufsrecht
Anspruch auf Einräumung 29 a 3
Ausübung **Einl K** 1 **Einl K** 5
und Ausübungsbeschränkungen 7 20
Bruchteilsgemeinschaft 47 4
Dingliches Vorkaufsrecht als subjektiv-dingliches Recht 9 2
Dingliches Vorkaufsrecht **Einl K** 3 ff
Eintragung in der zweiten Abteilung 10 V 34
Gesamtgläubigerschaft 47 10
Gesamthandsgemeinschaft 47 7
und gesetzliche Vertretung 19 188
Gesetzliche Vorkaufsrechte
s. dort
Leistungsrückstände 23 22
Mitbelastung 48 3
Miteigentumsanteil, Belastung 7 9
Negativbescheid, Nichtvorlage 18 11
Öffentlich-rechtliche Vorkaufsrechte **Einl K** 1, 31 ff
Privatrechtliche Vorkaufsrechte **Einl K** 1
Reallast 7 9
Rechtsgeschäftliche Vorkaufsrechte **Einl K** 1, 3
Schuldrechtliche Vorkaufsrechte **Einl** & 51 **Einl G** 51 **Einl K** 1
Wohnungseigentumsrecht, Belastung eines einzelnen **Einl E** 59
Vor-KG 20 67 **Einl B** 64
Vorläufige Vollstreckbarkeit
Eintragung von Vormerkung, Widerspruch 25 3
Vorlegung
Briefhypothek, Vorlegung des Briefes 62 5
und Gläubigereintragung 41 3 ff 42 1 ff
Urkundenvorlegung, Briefvorlegung 88 1 ff
Vormerkung
Abtretung **Einl G** 11
Abtretungsvormerkung bei Sicherungsgrundschuld **Einl T** 3
AGBG-Bedeutung **Einl C** 79
Anspruch, keine GBA-Prüfung 19 37

1352

Fette Zahlen = §§, magere Zahlen = Rdn., V = GBVfg., W = WEGBVfg., GebV = GGV.

Anspruchsabhängigkeit 22 45 Einl G 10, 12
Anspruchsnachweis nicht gegenüber GBA Einl G 33
Anspruchsübergang 22 47
Auflassungsvormerkung
  s. dort
BauGB-gesetzliches Vorkaufsrecht Einl K 38
Bauhandwerkersicherungshypothek 71 21
Bauwerkerrichtung und Wohnungseigentum Einl E 97
Bedingte, befristete Ansprüche Einl G 37, 43
Bedingung, Befristung Einl B 31
Beschwerde 71 25
Bestimmtheit des schuldrechtlichen Anspruchs Einl G 29
Bewilligung Einl G 32
Bezugnahme auf Bewilligung Einl B 40 Einl G 38
Bezugnahme der Eintragungsverfügung 44 22
Bindung 13 11
Bruchteilsgemeinschaft 47 4
kein dingliches Recht Einl G 1
Einstweilige Anordnung im Beschwerdeverfahren 76 6 ff
Eintragung Einl G 36 12 V 1 ff
Eintragung in Halbspalte 19 V 1 ff
Eintragung in der zweiten Abteilung 10 V 35
Eintragungsfähigkeit Einl B 22
Eintragungsvoraussetzungen 25 3, 6
Einzelfälle Einl G 41
Erbbaurecht Einl F 34
Erbbauzinserhöhung Einl F 49
und Erbfolge 40 20
Gegenstandslosigkeit 84 7
für Gemeinde 20 224, 228
Gemeinschaftsverhältnis 47 1
Gesamtgläubigerschaft 47 10
Grundpfandrechte 11 V 11
Grundstücksfläche, reale 28 16
Künftige Ansprüche Einl G 45 ff
Künftige Forderung und Hypothek Einl R 11
Leistungsrückstände 23 22
Löschung 25 1, 10
Löschung und hiervon Betroffene 19 65
Löschung und Gutglaubensschutz 53 3
Mehrheit selbständiger Vormerkungen Einl G 39
Neueintragung und Betroffene hiervon 19 64
Prozeßgericht, Ersuchen um Grundbucheintragung 38 10

Rang des gesicherten Rechts 45 9
Rangänderung 45 28
Rangdarstellung 45 3
Rangschutzvormerkung 19 V 5
Rechtsnatur 25 2
und Rückstand 23 9
Sachenrechtliches Sicherungsmittel Einl G 1
Sachenrechtliche Voraussetzungen Einl G 30
Schuldgrund, entbehrliche Eintragung Einl G 31
und Schuldrecht Einl B 53
Schuldrechtlicher Anspruch Einl G 29
Schutzvermerk, Abgrenzung 18 76
Sicherungsgrundschuld, Rückgewährvormerkung 11 V 26
nach Tod zu erfüllende Einl G 48
Unrichtigkeit 22 42 ff
Unwirksamkeit Einl B 45 ff
Unzulässigkeit 22 43
und Verfügungs- und Bewilligungsbefugnis 19 84
und Verfügungsbeschränkung 19 92
Verpfändungsvermerk 20 139
Vorvertrag Einl G 46
und Widerspruch Einl H 5
und Wirksamkeitsvermerk Einl T 5
Wohnungerbbaurecht Einl F 60
Wohnungseigentum, erster Erwerber Einl E 74
Wohnungseigentum Einl E 45, 95 ff
zu Unrecht gelöschte Einl B 14
Vormund
  als gesetzlicher Vertreter 19 188 19 189
  Zustimmung zur Löschung von Grundpfandrechten 27 12
Vormundschaftsgericht
  Ersuchen um Eintragung einer Sicherungshypothek 38 16
Vormundschaftsgerichtliche Genehmigung
  Bewilligungsvollzug und Vorliegen der – 19 190
  als Eintragungsvoraussetzung 29 35
  Fehlen erforderlicher – 18 11
  bei gesetzlicher Vertretung 19 188
  und Klage auf Abgabe einer Bewilligungserklärung 19 201
  Zustimmung zur Löschung von Grundpfandrechten 27 12
Vor-oHG 20 67 Einl B 64
Vorratsteilung
  Wohnungseigentum Einl E 12
Vorteilhaftigkeit
  einer beschränkt persönlichen Dienstbarkeit Einl N 50
Vorvertrag
  und Vormerkung Einl G 46

1353

Währung
und Grundbucheintragung 28 18 ff
Währungsgesetz
und Wertsicherungsvereinbarungen 28 22 ff
Währungsreform
und Grundbuchfolgen 28 30
Wahlrecht
zwischen Zurückweisung eines Antrags und Zwischenverfügung 18 38 ff
Wasser- und Bodenverbände
Belastungsbeschränkungen 19 161
Grundstückserwerb 29 60
Wasserläufe Buchungsfreiheit 3 4
Wasserrecht
Sondernutzungsrechte Einl P 6
Wege- und Durchfahrtsrechte Einl N 52
Weisungsrecht
für zum Amtsgebrauch bestimmte Urkunden 19 252
zur Antragsrücknahme 19 237
zur Antragstellung 19 236
Beglaubigungsnotar 19 246
Berechtigte Beteiligte 19 229
zur Bewilligung 19 238
gegenüber Notar 19 207 ff
Grenzen 19 215
Notarielle Urkunden in Niederschriftsform 19 240
Notwendigkeit 19 209
Rechtliche Behandlung 19 217
Rechtsnatur 19 208
Übergebene Urkunden 19 249
Urkundenbesitz 19 223
Urkundsnotar 19 240
Verfahrensgrundsätze 19 211
Vermerkurkunden mit Unterschriftsbeglaubigung 19 246
Verwahrungsnotar 19 249
Weitere Beschwerde
s. Beschwerde (weitere)
Weiterveräußerung
eines Grundstücks (Kettenauflassung) 20 137
Wertbeständigkeitsvereinbarungen
und Grundbucheintragung 28 20
Wertpapierhypothek
Gläubiger und Forderungsinhaber Einl R 7
Rechtsnazur Einl R 3
Wertsicherungsvereinbarungen
und Grundbucheintragung 28 22 ff
Wettbewerbsverbot
Beschränkt persönliche Dienstbarkeit Einl N 53
Widerruf
Bewilligung 19 171, 174, 177

einer Einigung 19 3
Eintragungsantrag 13 50
Notarvollmacht 15 14
Vollmacht 20 88, 89 29 139
von Vollmacht zur Eintragungsantragstellung: Form 31 16 ff
Widerspruch
Amtswiderspruch
s. dort
Antragsform 30 8
und Antragsrecht eines anderen 13 65
Arten von Widersprüchen Einl B 23 Einl H 17
Behördenersuchen bei ungenehmigter Grundstücksveräußerung 36 33
Berechtigter Einl H 1, 9
und Berichtigung des Grundbuchs, Abgrenzung 53 3
Beschwerde 71 25
und Briefvorlage 41 11 41 17
bei Darlehensbuchhypothek Einl H 17
Einstweilige Anordnung im Beschwerdeverfahren 76 6 ff
Eintragung Einl H 15, 16 12 V 1 ff
Eintragung in Halbspalte 19 V 1 ff
Eintragungsfähigkeit Einl B 23
und Eintragungshindernis 18 19
Eintragungsvoraussetzungen 25 3 Einl H 12 ff
Entstehen Einl H 9
und Erbfolge 40 20
Erlöschen Einl H 10
gegen GBA-Vorschlag im Rangklarstellungsverfahren 104 1 ff
Gebäudeeigentum 11 GebV 1 ff
gegen gegenstandslose Eintragung 84 8
Gemeinschaftsverhältnis 47 1
Grundbuchberichtigung und − 22 1
Grundbuchblattanlegung 125 2, 3
Grundpfandrechte 11 V 12
Grundstücksfläche, reale 28 16
und Gutglaubensschutz 53 3
Inhalt Einl H 15, 16
Löschung 25 1, 10
Löschung und hiervon Betroffene 19 65
Löschung und Gutglaubensschutz 53 3
Löschung zu Unrecht 22 54
Neueintragung und Betroffene hiervon 19 64
Prozeßgericht, Ersuchen um Grundbucheintragung 38 10
im Rangklarstellungsverfahren 71 39
Rangverhältnis 45 8
des Rechtsnachfolgers 23 29
Rechtsnatur Einl B 23 Einl H 1, 5

Fette Zahlen = §§, magere Zahlen = Rdn., V = GBVfg., W = WEGBVfg., GebV = GGV.

Rechtsnatur, Vergleich mit dem Amtswiderspruch **53** 10
Schutzvermerk, Abgrenzung **18** 76
Übergang **22** 53
Unrichtigkeit des Grundbuchs **22** 50 ff
Unwirksame Eintragung **Einl B** 49
Unzulässiger Inhalt **Einl H** 4
Vormerkung **7** 8
und Vormerkung **Einl H** 5
Wirkungen **Einl H** 6
zu Unrecht gelöschter − **Einl B** 14
Wiedereinsetzung
im Rangklarstellungsverfahren **105** 1 ff
Wiedergutmachungsbehörde
Ersuchen um Grundbucheintragung **36** 29
Wiederherstellung
von Grundbüchern **141** 1 ff **92 V** 3, 4
Wiederholung
eines Antrags **31** 10 ff
Wiederkaufsrecht
Dingliches Wiederkaufsrecht **Einl G** 48 **Einl K** 2, 27
Entstehung **Einl K** 28
Inhalt **Einl K** 29, 30
Siedlungsrechtliches − **Einl K** 26
Willenserklärungen
Merkmale **Einl A** 18
Wirksamkeit, Unwirksamkeit
Antragsberechtigung, Unwirksamkeit aus verfahrensrechtlichen Gründen **13** 68 **19** 167 ff **29** 133
Auflassung **20** 1 **Einl L** 8
einer beschränkt persönlichen Dienstbarkeit **Einl N** 48
der Bewilligung **19** 165 ff, 168 ff
Bewilligung eines Nichtberechtigten **19** 80
Datierung der Eintragungsverfügung, fehlende **44** 5
von Einigung und Eintragung **Einl A** 1
einer Eintragung **Einl B** 37, 45, 59
Eintragung im elektronischen Grundbuch **129** 1 ff
Eintragungsantrag **13** 22, 37
Eintragungsbewilligung, Unwirksamkeit aus verfahrensrechtlichen Gründen **13** 68 **19** 167 ff **29** 133
eines Erbbaurechts **Einl F** 41
Erbschein **35** 49
von gerichtlichen Entscheidungen **1** 35
Grundbuchbeamter, Handlungen bei Ablehnungsgründen **1** 17
Testamentsvollstreckerverfügungen **52** 12 ff
Unterzeichnung der Eintragungsverfügung **44** 8
Zuständigkeitsmängel bei Eintragungsverfügung **44** 9

Zuständigkeitsverletzung **1** 4 ff
einer Zwischenverfügung **18** 59
Wirksamkeitsvermerk Einl J 25
Grundpfandrechte **Einl T** 5
Wohnung
Begriff im Sinne der WE-Grundbuch-Verfügung **2 W** 1
Dauernutzungsrecht **Einl O** 5
Dauerwohnrecht **Einl O** 5
und nicht zu Wohnzwecken dienende Räume: Sondereigentum **Einl E** 28 ff
Wohnungsbaugenossenschaften
Nutzungsrechtloses Gebäudeeigentum **4 GebV** 8 ff
Wohnungsbindungsgesetz 20 190 **Einl K** 33
Wohnungseigentum
Abgeschlossenheit, Abgeschlossenheitsbescheinigung **Einl E** 29, 48
Abgesondertes Miteigentum **Einl E** 24 ff
Absehen von Anlegung besonderer Grundbuchblätter **7 W** 1 ff
Änderung, Begründung von WE **Einl E** 41 ff
AGB-Kontrolle der Gemeinschaftsordnung **Einl E** 88
Anlegung eines Wohnungsgrundbuchs **1 W** 1 ff
Auflassung **20** 15, 16
Aufschrift im Wohnungsgrundbuch **2 W** 1, 2
Aufteilungsplan **Einl E** 29 **Einl E** 91
Auseinandersetzung von Erbengemeinschaft, Gütergemeinschaft: Erleichterte Umschreibung bei Zeugnisvorlage **36** 1 ff
Außenwand, Außenseiten **Einl E** 31
Balkone **Einl E** 31
Bauwerkerrichtungsanspruch nicht vormerkungsfähig **Einl E** 97
Bedingungs- und Befristungsfeindlichkeit **16** 4 **19** 3 **19** 33
Begründung **Einl E** 46
Begründung, Mindestinhalt der Erklärungen **Einl E** 47
Belastung eines einzelnen WE-Rechts **Einl E** 59
Belastung des ganzen WE-Grundstücks **Einl E** 60
Benutzungsregelung § 1010 BGB **Einl E** 45
Berechtigte **15 V** 7
Beschlußfassung der WE-Versammlung **29** 41
Beschlußfassung und Vereinbarungen, zu unterscheidende **Einl E** 78
und Beschwerdeberechtigung **71** 71 a
Bestandsverzeichnis **3 W** 1 ff

1355

Bestandteilszuschreibung 6 9, 10 **Einl** E 48
Bestimmtheit noch zu erbauender Räume, Gebäude usw. **Einl** E 11
Bestimmtheitsgrundsatz: Abgrenzung zwischen Gemeinschaftseigentum und Sondereigentum **Einl** E 11, 16
Beurkundungspflicht **Einl** E 93
Bewilligung, Bezugnahme bei der Eintragung 44 21 **Einl** E 91 3 **W** 7
Bruchteilsgemeinschaft 47 4
Dachgärten **Einl** E 31
Dauernutzungsrecht **Einl** O 16
Dauerwohn- und Dauernutzungsrecht **Einl** O 2
Dienstbarkeit am einzelnen WE-Recht **Einl** E 59
Dienstbarkeitsbelastung 7 10 3 **W** 9
Doppel- und Sammelgaragen **Einl** E 33 ff
Eigentümer, an Einräumung und Aufhebung von WE beteiligte **Einl** E 44
Eigentümerstellung in beiden Sphären **Einl** E 6
als Eigentum des BGB, besondere Art **Einl** E 5
Eigentum, echtes **Einl** E 3
Eigentum, gewöhnliches einzelner Wohnungseigentümer und Dritter **Einl** E 26
Einigung und Eintragung aller Miteigentümer **Einl** E 41
Einigungsnachweis 20 15
Einseitige Erklärung statt Einigung **Einl** E 42
Eintragung im Wohnungsgrundbuch **Einl** E 89 ff 3 **W** 3
Eintragungsfähigkeit von Gemeinschaftsregelungen **Einl** E 79
Eintragungsunterlagen 29 20
Eintragungsvoraussetzungen 20 122 **Einl** E 41 **Einl** E 41
Eintragungsvorschläge 3 **W** 10 ff
Entstehung 1 **W** 1
Erbfolge, Nachweis 35 13
Faktische Gemeinschaft **Einl** E 74
Freiwillige Versteigerung **Einl** E 1
Garagen **Einl** E 32
Gebäudeeigentum **Einl** E 15
Gebäude, noch herzustellendes **Einl** E 94
Gemeinschaftliche Gelder **Einl** E 18
Gemeinschaftliches Grundbuchblatt 7 **W** 2
Gemeinschaftsanlagen im Freien **Einl** E 40
Gemeinschaftseigentum, zwingendes Recht **Einl** E 17, 35
Gemeinschaftseigentum, Zugehörigkeit **Einl** E 18, 19
Gemeinschaftseigentum und Aufspaltungsverbot **Einl** E 25

Gemeinschaftseigentum wird Sondereigentum **Einl** E 53
Gemeinschaftsordnung **Einl** E 75 ff
Gemeinschaftsordnung, zwingendes Recht **Einl** E 81
Gemeinschaftsordnung und GBA-Prüfung **Einl** E 87, 88
Gemeinschaftsräume **Einl** E 39
Gemeinschaftsregelungen, Einzelfälle eintragungsfähiger **Einl** E 82
Gesamthandseigentum, Abgrenzung **Einl** E 15
Gesetzliche Grundlagen **Einl** E 1
Grenzüberbauung **Einl** E 7
Grundbuch-Verfahrensrecht, Grundlagen **Einl** E 1
Grundbuchaufgaben des Wohnungsgrundbuchs **Einl** E 90
Grundbuchblätter, Absehen von besonderer Anlegung 7 **W** 1 ff
Grundbucheinsicht 12 6
Grundbuchrecht **Einl** E 3
und Grundbuchverfügung, anwendbare 1 **W** 5
Grunddienstbarkeitsbelastung **Einl** N 8
Grundpfandrechtsbelastung **Einl** E 59
Grundschuldbrief, Kennzeichnung 5 **W** 1
Grundstück als Ganzes und Wohnungsgrundbuch **Einl** E 92
Grundstück, Belastung als Ganzes **Einl** E 45
Grundstück, Gebäude und Gebäudebestandteile: rechtliche Einheit **Einl** E 7
Grundstück, Grundstücksflächen im Freien **Einl** E 27
Grundstück, noch ungeteiltes und Vormerkung von Ansprüchen **Einl** E 96
Grundstücksbezeichnung und WE-Begründung **Einl** E 47
Grundstücksflächen, Hinzuerwerb **Einl** E 58
Handlungsbeschränkung aufgrund beschränkt persönlicher Dienstbarkeit **Einl** N 53
Höferecht **Einl** E 1
Hypothekenbrief, Kennzeichnung 5 **W** 1
Hypothekenverteilung 3 **W** 14
Inhaltsänderungen 20 120 3 **W** 11
Innenseiten, Bodenbelag **Einl** E 31
Kaufvertrag über herzustellendes Gebäude **Einl** E 94
Keller, Speicher, sonstige Nebenräume **Einl** E 30
Kfz-Abstellplatz **Einl** E 27
Konstruktive Teile **Einl** E 31 **Einl** E 34

Fette Zahlen = §§, magere Zahlen = Rdn., V = GBVfg., W = WEGBVfg., GebV = GGV.

Leitungen **Einl** E 36
Loggias **Einl** E 31
Materielles Recht, Grundlagen **Einl** E 1
Miteigentum, abgesondertes **Einl** E 24 ff
Miteigentum, Abgrenzung zum gewöhnlichen **Einl** E 15
Miteigentumsanteil, selbständige Belastung **Einl** E 45
Miteigentumsanteil und Sondereigentum: Verhältnis **Einl** E 10
Miteigentumsanteil, Teilung ohne Änderung der Raumeinheit **Einl** E 50 ff
Miteigentumsanteil, Veräußerung **3 W** 12
Miteigentumsanteile, besondere Grundbuchblätter **6 W** 1
Miteigentumsanteile, Gesamtbelastung **Einl** E 45
Miteigentumsanteile, Vergrößerung und Verkleinerung **7 28 Einl** E 50 ff
Mitsondereigentum **Einl** E 20 ff
Muster nach WEGBV **9 W** 1
Neues WE-Recht, Bildung aus anderen WE-Rechten **Einl** E 56
Nichtkonstruktive Teile **Einl** E 35
Nießbrauch **Einl** M 2
Quotenänderung **3 W** 13
Räume im gemeinschaftlichen Eigentum, im Sondereigentum **Einl** E 18
Raumeigentum (Sondereigentum) **Einl** E 8 ff
vor Raumherstellung **Einl** E 9
Raumneuerrichtung, Raumänderung **Einl** E 57
Rechte am ganzen Grundstück **4 W** 1 ff
Rechtsverhältnis der Wohnungseigentümer untereinander **Einl** E 72 ff
als Reichsheimstätte **Einl** E 1
Rentenschuldbrief, Kennzeichnung **5 W** 1
Sachenrechtliche Grundlagen **Einl** E 3 **Einl** E 4 ff
Schuldrechtliches Rechtsverhältnis **Einl** E 3
Schuldrechtliches Verpflichtungsgeschäft (Form des § 313 BGB) **Einl** E 93, 94
Selbständigkeit eines jeden WE-Rechts **Einl** E 14
Sondereigentum und Gemeinschaftseigentum, Abgrenzung **Einl** E 11
Sondereigentum und WE-Begründung **Einl** E 47
Sondereigentum als echtes Raumeigentum **Einl** E 8 ff
Sondereigentum, Änderung **Einl** E 13
Sondereigentum, ausgeschlossenes **Einl** E 19
Sondereigentum, Änderung ohne Änderung der Miteigentumsanteile **Einl** E 52

Sondereigentum, Abtrennung und Verbindung mit anderem ME-Anteil **Einl** E 54
Sondereigentum, Begriff **Einl** E 19
Sondereigentum, Einräumung und Aufhebung **20** 119 **Einl** E 62
Sondereigentum, Inhalt **3 W** 7
Sondereigentum, nachträgliche Änderung des Gegenstandes **7** 27
Sondereigentum, zu überführender Gebäudeanteil **Einl** E 45
Sondernutzungsrechte **3 W** 7
Sondernutzungsrechte und Wohnungseigentum, Abgrenzung **Einl** E 15
Sondernutzungsrechte, Einräumung, Übertragung, Änderung und Aufhebung **Einl** E 61
Sondernutzungsrechte, Begriff und Gegenstand **Einl** E 83 ff
Sondernutzungsrechte im Wohnungsgrundbuch **Einl** E 90
Sonderrechtsnachfolge **Einl** E 78
Stockwerkseigentum **Einl** E 15
Strukturen **Einl** E 3
Subjektiv-dingliche Rechte am Grundstück als Ganzem **10** 10
Teileigentum, Wohnungseigentum: kein Unterschied **Einl** E 4
Teileigentumsgrundbücher **1 W** 1
Teilung einer Berechtigung **7** 24 ff
Terrassen **Einl** E 31
Übertragung von WE **20** 16, 123
Umwandlung von Teileigentum in WE, von Wohnungseigentum in TE **Einl** E 55
Unter-WE am WE **Einl** E 59
Unterteilung eines WE-Rechts **Einl** E 49
Veräußerung eines Miteigentumsanteils **3 W** 12
Veräußerungsbeschränkungen **Einl** E 63 ff **3 W** 8
Veräußerungsbeschränkungen und Wohnungsgrundbuch **Einl** E 90
Verbot, völliges der Veräußerung oder Belastung **19** 118
Vereinigung WE-Berechtigung mit WE-Berechtigung **5** 8
Vereinigung WE-Berechtigung mit Grundstück **5** 9
Verfahren in WE-Sachen, Grundlagen **Einl** E 1
Verfügung über die grundbuchmäßige Behandlung **Vor 1 W**
Verfügungen **20** 123
Vermerke **Einl** E 90
Versorgungsanlagen **Einl** E 36
Verwalterbestellung **29** 20

1357

Vormerkung auf Bildung, Übertragung von WE **Einl** E 45
Vormerkung schuldrechtlicher Ansprüche **Einl** E 95 ff
Vorratsteilung (dem BGB fremde) **Einl** E 12
Vorratsteilung und Wohnungsgrundbuch 1 W 3
WE-Recht, einzelnes im Wohnungsbrundbuch **Einl** E 90
Wohnsitzberechtigung, Abgrenzung **Einl** E 15
Wohnungen, nicht zu Wohnzwecken dienende Räume **Einl** E 28 ff
Wohnungsbegriff 2 W 2
Wohnungseigentümer untereinander, Rechtsverhältnis **Einl** E 72 ff
Wohnungseigentümergemeinschaft, Entstehung **Einl** E 73 ff
Wohnungserbbaugrundbücher 8 W 1
Wohnungserbbaurecht, Abgrenzung **Einl** E 15
Wohnungsgrößen, falsche **Einl** E 91
Wohnungsgrundbucheintragung, verfahrensrechtliche Voraussetzungen 20 122
Wohnungsgrundbuch, Eintragung **Einl** E 89 ff
Wohnungsgrundbuch, vor und nach Anlegung **Einl** E 95 ff
Wohnungsvorschläge 3 W 10
Zuerwerb von Grundstücksflächen **Einl** E 58
Zusammenschreibung mehrerer WE-Rechte 4 2 7 W 3
Zuschreibung mit WE-Berechtigung, mit Grundstück 6 9, 10
Zustimmung des Verwalters, der Wohnungseigentümerversammlung 29 20
Zustimmungsbedürftige Verfügungen 19 116 19 117
Zustimmungserzwingung bei Verfügungen 19 122
Wohnungserbbaurecht
als Art des Erbbaurechts **Einl** F 52
Begründung **Einl** F 54
Begründung, eigene Grundbuchblätter 1 W 4
Dauerwohn- und Dauernutzungsrecht **Einl** O 2
Eintragung **Einl** F 57
Erbbauzins **Einl** F 42
Rechtsverhältnis der Beteiligten **Einl** F 53
Übertragungsanspruch 29 a 6
Verpflichtungsgeschäft **Einl** F 58
Vormerkung **Einl** F 60
Vorratsteilung **Einl** F 55

Zustimmungsbedürftige Verfügungen 19 116
Wohnungsgrundbuch
s. Wohnungseigentum
Wohnungsrecht
Änderung der Art des Rechts 19 63
Altenteil 49 3
Berechtigter **Einl** N 64 ff
Beschränkt persönliche Dienstbarkeit, Unterart des − **Einl** N 58
Bestellung **Einl** N 59
Bruchteilsgemeinschaft 47 4
Eigentümerausschluß von Mitbenutzung **Einl** N 60
Eintragung in der zweiten Abteilung 10 V 36
Erlöschen **Einl** N 67
Gemeinschaftsanlagen, Mitbenutzung **Einl** N 63
Gesamtgläubigerschaft 47 10
Lastentragung **Einl** N 62
auf Lebenszeit 23 7
Leistungsrückstände 23 22
Mehrheit von Berechtigten **Einl** N 65
Mietvertrag, daneben bestehender **Einl** N 61
Wohnungseigentumsrecht, Belastung eines einzelnen **Einl** E 59

Zeitdauer
des dinglichen Rechts **Einl** B 31
des Erbbaurechts **Einl** F 26, 27
Löschung nach Zeitdauer 24 1 ff
Zeitpunkt
der Antragstellung 13 43 17 10
Zerstörung
eines Grundbuchs 141 2 ff
Zeugnis
Erbengemeinschaft, Gütergemeinschaft (erleichterte Umschreibung) 36 1 ff
Zinsen, Verzinsung
Abtretung von Eigentümergrundschulden 26 39
Abtretung der Hauptforderung 26 33
Abtretung von Zinsrückständen 26 38
Änderung von Zinsbestimmungen 11 V 23
Bezugnahme der Eintragungsverfügung 44 23
Erhöhung 19 69
Gesetz über Eintragung von Zinssenkungen (1937) 29 13
Grundschuld **Einl** S 6
Hypothek **Einl** R 15, 16
Künftige Zinsen 26 34
und Teilbrief 61 2

Fette Zahlen = §§, magere Zahlen = Rdn., V = GBVfg., W = WEGBVfg., GebV = GGV.

Verpfändung von Buch- und Briefrechten **26** 36
Zinssatzerhöhung **45** 13 **11 V** 29
Zinssenkung **46** 10
Zinsveränderung und Zustimmungserfordernis **19** 57
Zivilprozeßordnung
und Beschwerdeverfahren in Grundbuchsachen **Vor 71** 2
Doppeltatbestand **Einl A** 34
und Grundbuchverfahren **Einl A** 24
Zubehör
Buchungsfreiheit für Grundstücke als Zubehör **3** 7
Zufahrtswege 3 7
Zuflurstück
Begriff **2** 6
Grenzregelung **36** 36
Vereinigung mit Grundstück **5** 4, 5
Zuschreibung bei einem Grundstück **6** 5
Zuschreibung bei Zuflurstück **6** 6
Zug um Zug Leistung
Eintragungstätigkeit des GBA **19** 32
Vormerkung bei einer Leistung – **Einl G** 42
Zugewinngemeinschaft
Eintragungsbewilligung und gesetzlicher Güterstand **19** 135 ff
Verfügungsbeschränkungen, Nachweis der Verfügungsbefugnis **33** 8 ff
Zulassung
Automatisierte Grundbuchführung und automatisiertes – **133** 11 ff **81 V** 7 ff
Zulässigkeit, Unzulässigkeit
Eintragungsfähiges Recht und unzulässige Eintragung **18** 21
Zurücknahme
Anfechtung **13** 62
von Anträgen, Formerfordernis **31** 5 ff
Begriff **31** 3
Berichtigung **13** 47, 48
der Beschwerde **73** 9 ff
Beschwerde, weitere **80** 21
Eintragungsantrag **13** 46 **19** 165
Empfehlung zur – **18** 49
Grundsatz **13** 46
Mehrheit von Anträgen **13** 53
durch Notar **15** 32
von Notaranträgen **15** 32
Schutz gegen – **13** 49
Teilweise Zurücknahme **13** 51
Unwiderruflicher Antrag **13** 50
Urkunden **10** 9
Vertreter **13** 49
kein Verzicht **13** 20

Weisungen an den Notar **19** 237
Weisungen zur – **19** 23
Zulässigkeit **13** 46
Zurückweisung
eines Antrags **1** 37
eines Antrags als anfechtbare Entscheidung **71** 14
eines Antrags und Prüfungspflicht des Beschwerdegerichts **77** 10
eines Antrags aufgrund von Erklärungen und Tatsachen **29** 17
eines Antrags und Möglichkeit freier Beweiswürdigung **29** 130 ff
als Antragserledigung **17** 22
eines Behördenersuchens um Grundbucheintragung **38** 8
Berichtigung des Grundbuchs **71** 41 ff
Beschluß (Rechtskraft) **18** 97, 98
Inhalt, Wirksamkeit eines Beschlusses zur – **18** 30
Mitteilung des Beschlusses **1** 36
Rechtsmittel **18** 99
Tatsachen, die die Antragszurückweisung rechtfertigen können **29** 130 ff
Verstoß gegen das zwingende Gebot der – **18** 29
Wahlrecht Zwischenverfügung oder Zurückweisung **18** 38
Wirkungen **18** 92 ff
Zwingendes Gebot der – **18** 16
Zusammenschreibung
Wohnungseigentumsrechte **7 W** 3
Zuschreibung von Grundstücken
Antragsrecht **13** 59
Begriff **6** 1, 2
Belastungserstreckung **6** 27, 28
Bestandsverzeichnis **6 V** 12
Eintragung **13 V** 1 ff
Landesrecht **136** 13
Nießbrauch **Einl M** 3
und Vereinigung von Grundstücken, Abgrenzung **5** 1
Verfahren **6** 24
Voraussetzungen **6** 3 ff
Wirkungen **6** 25 ff
Zulässigkeit **6** 3 ff
Zuständigkeit **6** 23
Zuschreibungserklärungen
als Eintragungsunterlagen **29** 21
Zuständigkeit
Abrufverfahren, Genehmigung **81 V** 10, 11
Amtsgericht, Bezirksnotar **1** 3
Ausdrucke aus dem maschinell geführtem Grundbuch **78 V** 3
Beschwerdegericht **72** 1 ff

1359

Beschwerde, weitere 79 2
Einstweilige Anordnung im Beschwerdeverfahren 76 2
und Eintragungsverfügung 44 9
Erbscheinerteilung 35 26 ff
Funktionelle Zuständigkeit 1 11
Gemeinschaftlicher Brief, Erteilung 66 4
Geschäftsverteilung 1 25
Grundakteneinsicht 46 V 3
des Grundbuchamtes: funktionelle, örtliche und Sachliche 1 3 ff
Grundbuchblätter und Zuständigkeitswechsel 25 1 ff 27 a V 1 40 V 1, 2
Grundbuchrichter 1 12
Hypothekenbrief, Ausstellung 56 2
Konzentration 1 8
Nachlaßgericht 36 10
Obergerichtliche Bestimmung 1 6
Örtliche Zuständigkeit 1 5
Präsentationsbeamter 1 15
Rechtspfleger 1 13
Sachliche Zuständigkeit 1 3
Streit über die örtliche Zuständigkeit 1 7
Teilhypothekenbrief 61 7
Unterschrift, zweite 1 16
Urkundenerrichtung durch Behörden 29 53
Urkundenerstellung durch Personen öffentlichen Glaubens 29 74
Vereinigung von Grundstücken 5 19
Verletzung der Zuständigkeitsregeln 1 17, 9, 4
Wechsel der Zuständigkeit 48 11
Zuschreibung von Grundstücken 6 23
Zustellungsbevollmächtigter
Rangklarstellungsverfahren 97 1 ff
Zustimmung
und behördliches Ersuchen um Eintragung 38 67
Berechtigte 19 56
des dinglich Berechtigten zur Begründung, Änderung von Wohnungseigentum **Einl** E 45
Fehlende Erklärung eines Dritten 18 41
Grundbucheinsicht 43 V 8
als Grundbucherklärung 29 19
Löschung von Grundpfandrechten, Eigentümerzustimmung 27 7 ff
mittelbar Betroffener 19 56
Rangänderung 45 28
Unentgeltliche Verfügung des Testamentsvollstreckers 52 15
Veräußerung eines Dauerwohnrechts **Einl** O
Veräußerung von Wohnungseigentum **Einl** E 69

bei Verfügungsbeschränkungen 19 116
Vertragliche Verfügungsbeschränkungen 19 115 ff
zur Bewilligung 19 78, 80
zur Eigentumsumschreibung 20 141
zur Verfügung des Nichtberechtigten 19 78, 80
Zwang
Berichtigungszwang 82 19
Grundbucheintragung unter – 44 10
Zwangshypothek
Abweichung des Antrags vom Titel 13 34
Antragsrecht 13 64
Beschwerde gegen Eintragung 71 21
am Eigentumsbruchteil (Alleineigentum) 7 15
nach Einstellung der Zwangsvollstreckung 18 23
Eintragung, inhaltlich unzulässige 53 17
Eintragungsmuster 11 V 30
Ersuchen der Gerichtskasse um Eintragung für rückständige Kosten 38 22
Forderungsverteilung, zwingend notwendige 18 22
und Konkursfall 18 81
Inhaltlich unzulässige – 71 31 a
Löschung 27 4
und Rangschutzvermerk 18 25
Teilung eines Grundstücks 7 34
Zuständigkeit 1 2
Zwangsrechte 20 19
Zwangsversteigerung
und Amtswiderspruch 53 3
Beschwerde 71 27
Bewilligung von Eintragungsanträgen 38 58
Bewilligung vor Ersteigerung 45 9
Dauerwohnrecht **Einl** = 10 **Einl** O 10
Eigentumserwerb ohne Auflassung 20 41
Eigentumsübergang und Berichtigungszwang 82 4
Eintragung des Erstehers 38 55 ff
Eintragungsersuchen des Vollstreckungsgerichts 38 44 ff
Eintragungsfähigkeit des Vermerks **Einl** J 18
und Gesamthypothek 38 51
und Grunddienstbarkeit **Einl** N 36
Heimstätte 38 60
Klarstellung der Rangverhältnisse 90 1
Löschung des Vermerks 38 48
Miteigentumsbruchteil, mit Grunddienstbarkeit belasteter 38 52
Nießbrauchserlöschen **Einl** M 25
und Rangverhältnis 45 1
Vollstreckungsgericht, Ersuchen um Grundbucheintragung 38 13, 44 ff

Fette Zahlen = §§, magere Zahlen = Rdn., V = GBVfg., W = WEGBVfg., GebV = GGV.

Wegfall der Bewilligung mittelbar Betroffener 21 12
Zwangsverwaltung
Beschwerde 71 27
Eintragungsersuchen des Vollstreckungsgerichts 38 44 ff
Eintragungsfähigkeit des Vermerks **Einl J** 18
Löschung 38 66
und Rangverhältnis 45 1
Vollstreckungsgericht, Ersuchen um Grundbucheintragung 38 13, 44 ff
Zwangsvollstreckung
Auflassungsanspruch **Einl L** 14
Doppelfunktion des Grundbuchamts 18 25
und Eigentumsumschreibungsantrag 17 12
und Eintragung einer Zwangshypothek 18 23
und Erblassertod 40 30
Grundbucheinsicht 12 6
Schutzwirkung einer Vormerkung **Einl G** 7
Sicherungshypothek, Entstehung **Einl R** 3
und Verfügungsbeschränkung 19 91
Vorbereitung durch Eintragung eines Berechtigten 14 7
Zwangsvollstreckungsunterwerfung
Beleihungsvollmacht **Einl T** 4
Beschwerde 71 28
Bewilligung der Eintragung 19 70
Bewilligung als Eintragungsunterlage 29 24
Dingliche Unterwerfung, Vermerk **Einl J** 29
und Duldungsklage **Einl T** 4
Eintragungsmuster 11 V 15
Eintragungsvoraussetzungen 19 70
und Eintragung, Übereinstimmung 19 70
Fehlen von Voraussetzungen 18 23
und Forderungsteilung 61 2
bei Grundpfandrechten **Einl T** 4

Inhalt der Erklärung über – 19 70
durch Nichtberechtigten **Einl T** 4
Notarvollmacht 1 57
als Prozeßhandlung 19 24
Urkunde über dingliche – 19 70
Wirksamkeit 19 70
Zweckverbände
Verfügungsbeschränkungen 20 202
Zweiterwerber
Schutz **Einl L** 33
Zwischenverfügung
als anfechtbare Entscheidung 71 15 ff
Anheimgeben einer Antragsrücknahme 71 19
bei Antrag unter Vorbehalt 16 11
Antrageingang und Bedeutung einer – 13 12
Bedingung, Befristung **Einl B** 26
Begriff 18 52
bei berechtigten Zweifeln 29 132
wegen Berechtigtenbezeichnung **Einl N** 49
und Beschwerdegericht 77 12 ff 77 21 78 5
Briefvorlage 41 12
Doppelfunktion des Grundbuchamts 18 25
Endgültige Erledigung 18 85 ff
Fristsetzung 18 55 ff
als Grundbuchentscheidung 71 13
Notwendiger Inhalt 18 53 ff
Pflicht zum Erlaß 18 33 ff
Rechtsmittel 18 62 ff 18 84
Schutzvermerk 18 70 ff
und späterer Antrag 17 27
Urkundenbeschaffung 1 38
Vormerkung und Widerspruch 18 70 ff
Wahlrecht zwischen Antragszurückweisung und – 18 38 ff
Wirksamwerden 18 59
Wirkung 18 60, 61
Zustellung 1 36 18 59